Inhaltsverzeichnis

Vorwort

Mit dieser zweibändigen Sammlung von Beiträgen aus *Kindlers Neuem Literatur Lexikon* zu den Hauptwerken der französischen Literatur folgt der Verlag der Anregung zahlreicher Benutzer dieser Enzyklopädie, bestimmte Literaturbereiche aus dem zwanzigbändigen Gesamtwerk herauszulösen und in Form von Auswahlbänden für Lehrer und Schüler, Studenten und Dozenten der entsprechenden philologischen Fachbereiche sowie für Kenner und Liebhaber der betreffenden Nationalliteraturen zur Verfügung zu stellen.

Anders als im Gesamtlexikon, wo die Werkbeiträge durchgehend von A bis Z nach dem Alphabet der Autoren angeordnet sind, gilt bei den Auswahlbänden ein chronologisches Ordnungssystem: Die Beitragskomplexe zu den einzelnen Autoren – beispielsweise zu Molière, Baudelaire, Zola oder Sartre – findet man im literarhistorischen Zusammenhang, dort aber jeweils wieder in alphabetischer Reihenfolge. Beiträge zu anonymen Werken stehen – gleichfalls alphabetisch sortiert – innerhalb der einzelnen Epochenabschnitte am Ende.

Zusätzlich findet der Leser am Ende des Bandes ein alphabetisches Register aller Autoren, deren Werke besprochen sind. Mit dieser in erster Linie chronologischen, in zweiter Linie alphabetischen Anordnung der Autoren und Beiträge wird der Stoff unterrichts- und examensgerecht präsentiert, denn aus dem historischen Entwicklungszusammenhang der Literatur, vor allem der verschiedenen Gattungen, ergeben sich die im Unterricht und Studium am häufigsten angewandten Möglichkeiten der Stofferschließung: „Das klassische französische Drama", „Die romantische Lyrik von Victor Hugo bis Baudelaire", „Der realistische Roman von Balzac bis Flaubert", „Die Literatur des Existentialismus", „Der moderne schwarzafrikanische Roman" oder ähnliche Themen dominieren im akademischen Unterricht und Examenwesen. Auf derartige Zusammenhänge ist die vorliegende Auswahl bewußt ausgerichtet.

Daß auch die neueste Literatur reichhaltig vertreten ist, versteht sich von selbst. Insofern ist die Zusammenstellung auch ein Überblick über die französische Gegenwartsliteratur. In Band II berücksichtigt wurden auch wichtige Werke der in Südfrankreich geschriebenen okzitanischen Literatur – von den Trobadors bis zur Gegenwart. Besonders verwiesen sei indes auf die neuen Literaturen außerhalb Frankreichs, denen in Band II viel Raum gegeben wird. Damit trägt dieser Band der Tatsache Rechnung, daß in den letzten beiden Jahrzehnten der Blick für die Vielgestaltigkeit der französischsprachigen Weltliteratur geschärft und die Praxis in Lehre und Unterricht an Hochschule und Schule nachhaltig verändert wurde. Und so wie die traditionelle französische Literatur im einleitenden Essay zu Band I im Überblick skizziert wird, ist auch den neueren Literaturen in Band II jeweils ein kurzer Überblicksessay gewidmet.

Der erste dieser beiden Bände bietet einen Überblick über die französische Literatur vom Mittelalter bis zum Ende des 19. Jahrhunderts, die mit einem Essay eingeleitet wird. Angesichts der in jüngster Zeit lebhaften Diskussion über literarhistorische Kanonbildung wirkt ein Begriff wie „Hauptwerke" problematisch, vielleicht sogar schon anachronistisch. Gleichwohl muß in einer Enzyklopädie wie *Kindlers Neuem Literatur Lexikon* pragmatisch verfahren und der Kanon möglichst flexibel gehalten werden. Das gilt auch für die vorliegenden Auswahlbände, in denen seit jeher bevorzugte Werke neben zu Unrecht vernachlässigten oder ganz aktuellen zu finden sind. Orientierungspunkte waren vor allem die Bedürfnisse von Schule und Universität; als Richtschnur dienten entsprechende Lektürepläne und Leseempfehlungen.

Die Epochenabgrenzungen sind im Falle der französischen Literatur recht unproblematisch und folgen den Einteilungen der wissenschaftlichen Standardbibliographien: Mittelalter (12.–15. Jahrhundert), Renaissance (16. Jahrhundert), Klassik (17. Jahrhundert) und Aufklärung (18. Jahrhundert). Trotz des großen Umfangs erschien es sinnvoll, die Literatur des 19. Jahrhunderts (Romantik bis Naturalismus) versammelt aufzuführen. Immerhin hat bereits Walter Benjamin Paris als „Hauptstadt des 19. Jahrhunderts" bezeichnet.

Einen besonderen Hinweis verdienen die breite Berücksichtigung der Lyrik (meist unter dem Kollektivtitel *Das lyrische Werk* den anderen Beiträgen zu den Werken des betreffenden Autors vorangestellt) und die teilweise sehr ausführlichen, aktuellen Bibliographien. Wie im zwanzigbändigen Lexikon spiegelt sich natürlich auch in der vorliegenden Auswahl, bedingt durch die große Zahl der Mitarbeiter, die Vielzahl der individuellen Methoden, Stile und Temperamente im Umgang mit Literatur, trotz des vorgegebenen Rahmens. Hier wurde von der Redaktion bewußt nicht normierend eingegriffen, zeigt sich doch darin ein wesentliches Element der Beschäftigung mit Literatur: Auch auf wissenschaftlicher Ebene darf weder die Individualität des literarischen Textes noch die des Betrachters einem abstrakten Konzept geopfert werden. Die bei einer derart umfangreichen Enzyklopädie trotz größter Sorgfalt unvermeidlichen Fehler wurden, soweit erkannt, in der vorliegenden Auswahl berichtigt, wobei auch die Zuschriften aufmerksamer Leser ausgewertet wurden. Für die auch diesmal übersehenen Fehler bittet die Redaktion um Nachsicht.

Wolfgang Rössig

Die französische Literatur

von Erich Köhler

Wer sich über das Wesen des »französischen Geistes« klarzuwerden sucht, braucht zunächst nur die französische Literatur zu befragen. Denn diese Literatur nimmt im Kulturbild der Nation eindeutig eine Vorrangstellung ein, die sie weniger ihren einzelnen Gipfelleistungen verdankt als ihrem im Lauf der Geschichte immer wieder manifest gewordenen und bis heute sichtbar gebliebenen Modellcharakter – Modellcharakter in mehrfachem Sinne: dem der Priorität, dem der Anverwandlung und Ausstrahlung einer Vielfalt an literarischen Formen und Stilen, dem des Bewußtseins von der Verantwortlichkeit des Schriftstellers vor der Gesellschaft und schließlich im Sinne des Begriffs der Literatur selbst als der Einheit aller sprachlichen Kundgebungen, des Schrifttums in jeglicher Gestalt, in dem der Geist seinen Anspruch in die Öffentlichkeit trägt.

Zeitlicher Vorsprung

Unter den romanischen Literaturen ist die französische die erstgeborene. Die französische Sprache hat sich am schnellsten und am weitesten vom Latein entfernt und konnte somit schon früher als andere, verwandte Sprachen dem Bedürfnis nach einer Literatur gerecht werden, die keine Kenntnis des Lateins vorauszusetzen hatte. Wieviel ihr dabei auch an Stoffen, Motiven und Formen aus der antiken Tradition, dem Mittellatein, der keltischen Mythologie, ja der arabischen Dichtung zugeflossen sein mochte: alle diese Elemente sind in Frankreich in etwas völlig Neuem aufgegangen, und die Entstehung der volkssprachlichen Literatur erscheint dem über die Jahrhunderte zurückschweifenden Blick wie eine *creatio ex nihilo*.

Frankreich war es jedenfalls, wo die Geschichte der großen mittelalterlichen Heldenepik wie auch diejenige des Romans in Vers und Prosa begann. Das altfranzösische Heldenepos, die *chanson de geste*, setzte – nach nicht erhaltenen und deshalb strittigen Vorstufen – um 1100 sogleich mit seiner großartigsten Leistung ein, der *Chanson de Roland (Rolandslied)*, in der die Idee der Universalität von Christenheit und Kaisertum, das Ethos der Kreuzzüge, das kriegerische Menschenideal der vorhöfischen Feudalgesellschaft sowie die früheste Form des Nationalbewußtseins zu einer nie wieder erreichten Synthese gediehen sind.

Ihr Zustandekommen läßt sich nur aus der vollendeten Auswertung aller künstlerischen Möglichkeiten erklären, die einer noch auf ein ungebildetes Publikum angewiesenen, an memorierenden Gesangsvortrag gebundenen und noch alle Stände ansprechenden Dichtung damals beschieden waren. Der höfische Versroman erlangte bei seinem Schöpfer CHRÉTIEN DE TROYES (um 1140 – vor 1190) bereits seine endgültige Gestalt und fand seine großen, die höfisch-ritterliche Dichtung Europas noch jahrhundertelang faszinierenden, die Forschung bis heute erregenden Themen: Artusritterschaft sowie Aventure und Gral noch bei Chrétien selbst, den Tristanstoff bei dem Anglonormannen THOMAS. Ja die höfisch-ritterliche Welt ist in Frankreich und im französischsprechenden England erstmals zum Bewußtsein ihrer geschichtlichen Rolle und zum reifen literarischen Ausdruck ihrer idealen Selbstauslegung gelangt. Daneben bildeten die französischen Trouvères, nach dem Vorbild der provenzalischen Trobadors, die für Jahrhunderte gültige Formensprache des Minnesangs aus. Es war, als hätten die Völker des Abendlandes auf die Literatur des hochmittelalterlichen Frankreichs wie auf die Mündigkeitserklärung ihrer eigenen Dichtung gewartet. Die Pariser Universität wurde zum Zentrum der Theologie und Philosophie des Mittelalters. Sie ist gewiß – um nur die größten »Ausländer« zu nennen – ohne den Deutschen ALBERTUS MAGNUS (um 1200–1280) und die Italiener THOMAS VON AQUIN (um 1225–1274) und BONAVENTURA (1217[1221?]–1274), ohne den von den Arabern vermittelten ARISTOTELES (384–322 v. Chr.) und ohne AURELIUS AUGUSTINUS (354–430), ihrer aller Wirkung aufs westliche Abendland, aber auch ohne Paris nicht zu denken.

Neben der lateinischen – oder ins Lateinische übersetzten – Philosophie wurde hier aber auch die römische Dichtkunst rezipiert; am beliebtesten, und nicht nur in Gelehrtenzirkeln, OVID (dessen *Ars amatoria* als erster CHRÉTIEN DE TROYES übersetzte). Die »Renaissance des 12. Jahrhunderts« wurde geradezu als ein »Zeitalter Ovids« bezeichnet. Auch sie trug, wie vor ihr schon die sogenannte »Karolingische Renaissance«, nicht wenig dazu bei, die Kontinuität des antiken Kulturerbes aufrechtzuerhalten. Die großen Mönchsorden als Erzieher der Feudalwelt, die Kunststile der Romanik und Gotik, geistige Bewegungen wie Scholastik und Mystik, aber auch Einzelschulen wie der Averroismus und endlich eschatologische Häresien wie diejenige des JOACHIM VON FIORE (1130/1135 bis 1201/02): das alles sammelte auf französischem Boden seine ganz Europa berührende geistesgeschichtliche Wirkungsmacht.

Während der – einen beispiellosen geistigen und künstlerischen Aufschwung verheißende – italienische Renaissance-Humanismus von der Gegenreformation zu formalistischen Ausflüchten gezwungen oder gar erstickt wurde, während die gleiche Gegenreformation in ihrem Kernland Spanien dagegen das Goldene Zeitalter seiner Literatur heraufführen half, bereitete Frankreich, nach Abkehr von seiner eigenen Renaissanceliteratur, das zweite große Zeitalter seiner Weltgeltung vor. Rund zwei Jahrhunderte lang prägten die französische Klassik und ihre normative Ästhetik das Gesicht der »offiziellen« nationalen Literaturen. Sogar ihre Abwehr durfte sich überall auf die Reaktion des französischen Geistes selbst berufen. LESSING (1729–1781) bekämpfte die Herrschaft des zum Zwangskorsett gewordenen französischen Klassizismus in Deutschland, indem er die nicht geringsten seiner Argumente dem Werk DIDEROTS (1713–1784) entnahm. Die Aufklärung, nach einem berühmten Wort KANTS der *»Ausgang des Menschen aus seiner selbstverschuldeten Unmündigkeit«*, schmiedete ihre schärfsten geistigen Waffen in dem Land, dessen große Revolution zum Fanal für das ganze Abendland werden und das Bewußtsein von den unveräußerlichen Menschenrechten für alle Folgezeit befestigen sollte.

Die französische Romantik, gespeist aus Rousseauismus, Auflehnung gegen Institutions- und Regelzwang von seiten des Ancien régime und der Klassik, aus deutschen Einflüssen und aus dem bei Dichtern wie Victor HUGO (1802–1885) zu programmatischer Klarheit gediehenen Gefühl, im Bereich der Literatur die Revolution nachvollziehen zu müssen, entband bei dieser Literatur selbst die Kräfte, die, zum Unterschied etwa von Deutschland, der Gefahr einer selbstgefälligen Vereinzelung des Individuums erfolgreich entgegenwirkten. Sie nötigte sie zur Auseinandersetzung mit der modernen bürgerlichen Industriegesellschaft, deren brutale kapitalistische Anfänge durch das Bündnis mit der Restauration das Land um alle Früchte seiner Opfer und Wagnisse zu bringen drohten. Später »unecht« und unverbindlich geworden, wurde die Romantik vom Realismus und Naturalismus assimiliert und zuletzt überwunden, wiederum der sonstigen europäischen Entwicklung voraus. Erstaunlicherweise war es von allen literarischen Gattungen die Lyrik, die, alles andere als »realistisch«, mit BAUDELAIRE (1821–1867) aus der neuen Erfahrung der Großstadt und der Masse heraus als erste den Schritt zur *modernité* vollzog.

Der Kreis der Nationalliteraturen, die die Entwicklung der Formen, Stile und Themen der abendländischen Literatur bestimmen, hat sich im 19. und 20. Jahrhundert erheblich erweitert. Die französische Literatur aber hat ihre Fähigkeit, die vorgeschobensten Positionen zu beziehen und die aktuellste geschichtliche Situation künstlerisch zu artikulieren, bis heute nicht verloren. Die von Symbolismus, Surrealismus und Verslibrismus geschaffenen Ausdrucksmittel sind integrierender Bestandteil der modernen Dichtung geworden. Die französische Bühne, so lebendig wie je, ist heute noch immer die Stätte der Bewahrung klassischen Bildungsguts und Schauplatz der kühnsten Experimente zugleich. Die Kunst des *Nouveau Roman* repräsentiert die denkbar kritischste und radikalste Auflehnung gegen die große Überlieferung der für die bürgerliche Gesellschaft so charakteristischen Gattung des Romans. Aber gerade die Schärfe ihres Protests ist Beweis noch für die Lebenskraft des angeblich Antiquierten.

Kraft der Anverwandlung

So oft und so nachhaltig aber die französische Literatur im Lauf der Jahrhunderte das Schrifttum der anderen europäischen Länder befruchtet hat: ausschließlich Gebende konnte sie dank des Vorsprungs ihrer Entwicklung nur zur Zeit des Hochmittelalters sein. Willig öffnete sich der französische Geist, der erschöpften und schließlich in das substanzlose Virtuosentum der *rhétoriqueurs* einmündenden mittelalterlichen Tradition müde, bei der ersten ernsthaften Berührung der Gedanken- und Formenwelt der italienischen Renaissance, dem Petrarkismus und dem Platonismus, den lyrischen Gattungen des Sonetts und der Ode, dem Kunstepos, der Novellistik, dem am antiken Theater und an den Theorien des Aristoteles ausgerichteten Drama. Für die französische Literatur des 16. Jahrhunderts, vor allem für die Lyrik, gilt das gleiche wie für seine Malerei, Architektur und Musik: begierige Rezeption und Anverwandlung des Fremden und Neuen an die eigene Welt. Damit wurde zwar manche hervorragende künstlerische Einzel- und Eigenleistung ermöglicht, wie sie etwa das Werk RONSARDS (1524[1525?]–1585) darstellt, aber keine säkulare Stilform von eigener, weithin wirkender Tragkraft entwickelt. RABELAIS (um 1494?–1553), wohl der typischste, »gallischste« Repräsentant der Zeit des Übergangs vom Mittelalter zur Renaissance französischer Prägung, blieb ohne nennenswerte Nachfolge. MONTAIGNES (1533–1592) *Essais* jedoch, beunruhigend neu in der »Offenheit« ihrer scheinbar bloß assoziativ bestimmten Form und in ihrem eine vorgeblich unverbindliche Subjektivität zur zwingenden Perspektive erhebenden Inhalt, hinterließen tiefe Spuren in Menschenbild und Literatur des 17., des klassischen Jahrhunderts, das im übrigen alle literarischen Erzeugnisse des 16. wie einen Ballast abstieß.

Neben und vor das italienische Vorbild trat im 17. Jahrhundert das spanische, sichtbar am Theater und vor allem an den Gattungen der Erzählkunst. Der pikareske Roman hat, wie der *Don Quijote*, den französischen Roman nicht weniger stark beeinflußt als den englischen und den deutschen. Die französische Aufklärung wiederum empfing entscheidende Impulse aus England, im besonderen vom Deismus, vom Sensualismus LOCKES (1632–1704), von der experimentellen Naturwissenschaft NEWTONS (1642–1727) und vom bewunderten Vorbild der englischen Verfassung. Für MONTESQUIEU (1689–1755) und VOLTAIRE (1694–1778) bedeutete ein Englandaufenthalt eine grundlegende Neuorientierung. Seit der Romantik haben auch deutsche Dichtung und Philosophie, die in Mme. de STAËL (1766–1817) ihre erste begeisterte Fürsprecherin fanden, auf die französische Literatur eingewirkt: Von nun an zeigte diese sich für alle Anregungen von außen empfänglich, ohne ihre Fähigkeit zur Assimilation und zur fruchtbaren Aneignung jemals zu verlieren. Sieht man von dem Protest des bedeutenden Renaissance-Philologen Henri ESTIENNE (1528 bis 1598) gegen die Invasion italienischer Sprachmoden und von der geschichtsfremden Polemik einer Gruppe von Schriftstellern (u. a. BOURGET, MAURRAS, MARITAIN) ab, die sich am Ausgang des letzten und zu Anfang unseres Jahrhunderts gegen den das lateinische Wesen Frankreichs angeblich bedrohenden oder sogar korrumpierenden germanischen Geist wehren zu müssen glaubten, so hat man in Frankreich eher selten das ernsthafte Bedürfnis verspürt, sich gegen eine »Überfremdung« durch ausländische Einflüsse zu verwahren. Seit den siebziger Jahren ist in Frankreich allerdings eine Tendenz erkennbar, dem wachsenden amerikanischen Einfluß (der in polemischer Absicht oft als »Kulturimperialismus« gebrandmarkt wird) verstärkt ein eigenständiges – bzw. in den letzten Jahren auch gesamteuropäisches – Kulturschaffen entgegenzusetzen.

Bündnis und Konflikt mit der Gesellschaft

Diese innere Sicherheit der Literatur beruht primär nicht so sehr auf dem freilich stets wachen Bewußtsein ihrer Autoren, in einer großen, fest in sich gegründeten und weit zurückreichenden Tradition zu stehen, als vielmehr auf der Tatsache ihrer engen Verbundenheit mit der Gesellschaft. Daraus erklären sich auch viele ihrer charakteristischen Züge. Sie ihrerseits erklären sich freilich nicht aus dem vielbeschworenen spezifischen Nationalcharakter, sondern sind wie dieser Charakter selbst das Resultat einer Geschichte, deren Besonderheit es ist, alle denkbaren Staats- und Gesellschaftsformen in geradezu exzessiver und daher stets auch provozierender Weise verwirklicht zu haben.

Frankreich ist im Mittelalter das am frühesten und gündlichsten feudalisierte Land Europas gewesen. Es hat den Absolutismus zum Modellfall ausgebildet und die Idee der Republik mit eruptiver Gewalt und unter blutigen Opfern in die Tat umgesetzt. Die Koinzidenz von literarischen Epochengrenzen und Einschnitten der politischen Geschichte, der Zusammenhang zwischen Literatur- und Gesellschaftsgeschichte ist nirgends so augenfällig und eindeutig wie in Frankreich. Deshalb pflegt die französische Philologie ja auch mit einem gewissen Recht ihre Forschungsbereiche exakt nach Jahrhunderten aufzuteilen – eine Periodisierung, die im großen ganzen der geschichtlichen Entwicklung, vor allem seit dem Ausgang des Mittelalters, durchaus angemessen ist. Hatte etwa der Feudalismus mit seinem raschen Fortschreiten zum Territorialfürstentum zur Entstehung höfischer Mittelpunkte und damit größerer Städte geführt, so zog die im Absolutismus gipfelnde, mit dem aufstrebenden Bürgertum sich gegen den Feudaladel verbündende Monarchie alle geistigen Potenzen des Reichs in den unwiderstehlichen Sog ihrer Bestimmungsgewalt. Der Zentralismus der französischen Monarchie, der so früh den feudalen Partikularismus zugunsten der nationalen Einheit überwinden sollte, hatte die Konzentration der hervorragendsten Köpfe zur Folge. Die Napoleonische Ära mit ihrer straffen Vereinheitlichung von Verwaltung und Erziehungswesen und die Republik, die nur kraft der gleichen Zentralisierung der Gewalten ihren Feinden zu widerstehen vermochte, konnten diese Tendenz nur verstärken. Wir haben es in Frankreich also mit einer geschichtlich bedingten, allmählich zur »Natur« gewordenen Konstante zu tun, die immer wieder die Vergesellschaftung der Literatur erzwingt und damit auch deren aufregende Aktualität bewirkt. Nicht zufällig ist hier die Geschichte der Literatur so unlösbar mit höfischen Mittelpunkten, hauptstädtischen Salons und Cénacles verknüpft. Provinzielle Gruppenbildungen und Salons, wie die Lyoneser Dichterschule um Maurice SCÈVE im 16. Jahrhundert oder der Salon der Mme. de STAËL in Coppet, blieben seit dem Mittelalter, das auch bürgerliche Dichterschulen in den aufblühenden Provinzstädten kannte, Episoden. Wo wir derjenigen literarischen oder vielmehr im Fall bedeutender Schriftsteller zur Literatur gewordenen Form begegnen, die räumliche Distanz voraussetzt, nämlich der des persönlichen Briefs, drängt sich uns die Vermutung auf, daß Schreiber oder Adressat zufällig auf Reisen oder aber in die Provinz verbannt war – eine Vermutung, angesichts der Briefe der Mme. de SÉVIGNÉ (1626–1696) nicht weniger begründet als im Hinblick auf jene FLAUBERTS (1821–1880).

Sehen wir in diesem Zusammenhang von der Briefform als einem Mittel künstlerischer Darstellung ab, wie es in Frankreich und anderswo der Briefroman des 18. Jahrhunderts entwickelte (in den *Liaisons dangereuses* von Choderlos de LACLOS, 1741–1803, dient sie geradezu als Medium der Verführungs- oder vielmehr Korruptionsstrategie): seit PASCALS Kampfschrift gegen die Jesuiten, den *Lettres provinciales*, wird sie zum Mittel der Publizistik, zum Vehikel auch der Moral- und Gesellschaftskritik, von dem später die Aufklärer, voran MONTESQUIEU *(Lettres persanes)*, VOLTAIRE (*Lettres philosophiques* oder *Lettres anglaises*) und ROUSSEAU *(Lettre à d'Alembert, Lettres écrites de la montagne)*, einen überaus wirkungsvollen Gebrauch machen. Stets bleiben solche »Briefe« Teil eines lautlosen, noch so einseitig geführten Zwiegesprächs – des wortmächtigen Einzelnen mit der Gesellschaft. Und die Gesellschaft ihrerseits antwortet, indem sie die vom Schriftsteller aufgeworfenen, ihr gleichsam zugeworfenen Probleme öffentlich diskutiert. Autor und Gesellschaft also begegnen sich in der »Sache«, und eben um der Sache willen sind sie zu gleichen Teilen »betroffen«, sind sie stets aufeinander angewiesen.

Gewiß fehlt es nicht an Vertretern der Gegenposition, aber auch deren scheinbar antisoziale Haltung gilt selten der Gesellschaft an sich. Wenn etwa ROUSSEAU (1712–1778) einer »verderbten« Kultur das Idealbild des natürlichen, stadt- und zivilisationsfremden Einzelmenschen gegenüberstellt, so deshalb, weil er an eine bessere Gesellschaft der Zukunft glaubt. Auch die Bewegung des *l'art pour l'art* wendet sich primär nicht prinzipiell gegen die Gesellschaft als solche, sondern nur gegen den utilitaristischen Mißbrauch der Kunst durch eine bestimmte Gesellschaft. FLAUBERT leugnet bei seinem freiwilligen Rückzug in ein provinzielles Asketendasein niemals dessen wahre Ursache ab: die permanente Provokation durch die *bêtise bourgeoise*. DIDEROT hatte in einem Anflug von Pessimismus einmal den Schriftsteller-Philosophen mit einem Flötenspieler verglichen, den die Menschen *»mit Vergnügen oder Verachtung anhören und trotzdem bleiben, was sie sind«*. STENDHAL (1783–1842) widmet seinen größten Roman *»to the happy few«* und charakterisiert seine Epoche als ein Zeitalter der Hypokrisie. Die Schule des *l'art pour l'art*, Flaubert, die GONCOURTS, zerschneiden in geradezu beleidigender Form das Band zu einem Publikum, das eine sie immer wieder enttäuschende, von falscher Moral triefende, vom Gedanken ans Geld besessene Gesellschaft repräsentiert, und doch machten sich die großen Realisten unverdrossen an die kritische, von den modernen wissenschaftlichen Methoden inspirierte Analyse dieser Gesellschaft. Charles BAUDELAIRE geißelt in grimmiger Ironie die in der Entfremdung von Schriftsteller und Publikum sichtbar werdende Selbstentfremdung des beginnenden Industriezeitalters, indem er sich selber mit dem Leser identifiziert: *»Hypocrite lecteur – mon semblable –, mon frère!«*

Gesellschaftskritischer Aktualismus ist ein Grundzug auch der modernen französischen Literatur, bei ihren illusionslosen Zeitanalytikern nicht weniger als bei ihren aktivistischen »Engagierten«. Bei einem Marcel PROUST (1871–1922), dem nichts ferner lag als die Absicht eines Eingreifens und »Veränderns«, bestimmt sich die Kunst, der Gesellschaft das Urteil sprechend, als einziges Mittel zur Behebung des heillosen Kommunikationsverlustes zwischen Mensch und Mensch.

Nach alledem nimmt es auch kaum wunder, daß die »Stillen im Lande« in Frankreich allezeit selten gewesen sind. Die authentische Poesie der Einsamkeit, die aus der Not der Vereinzelung fast eine Tugend macht, gedeiht hier schlecht. Selbst die Romantik hat die Vereinsamung des Individuums nur mit dem beständigen Blick auf deren Publikum verklärt. Sie wirkt daher oft posenhaft, kann aber nur demjenigen unecht scheinen, der die Realität – und poetische Realisierbarkeit – zweifelhafter Gefühle leugnet. In *Madame Bovary* sind diese Ambivalenz und ihre kritische Durchleuchtung zum Gegenstand höchster Kunst erhoben. Wenn FLAUBERTS berühmte Romanheldin aus der Enge ihrer Verbannung immer wieder in eine romantisch verklärte gesellschaftliche Welt auszubrechen sucht, so erscheint sie geradezu als Empörerin gegen ein Schicksal, dem sich umgekehrt Flauberts passiver Held der *Éducation sentimentale* resigniert unterwirft. Wo in der französischen Literatur des 19. und 20. Jahrhunderts das Thema der Verbannung auftaucht, handelt es sich keineswegs immer um eine Vertreibung im politischen Sinn, sondern um einen im Lande selbst erfahrenen Leidenszustand, dem ein tiefgreifender Konflikt zwischen Individuum und Gesellschaft zugrunde liegt. Einsamkeit wird als unverständliche Strafe eines erbarmungslosen Schicksals empfunden – wie in CHATEAUBRIANDS *René* (1805) – oder als Folge eines Verbrechens, das die böswillig-materialistische Gesellschaft gerade an dem Genie begeht – so in VIGNYS *Chatterton* (1835).

Die französische Romantik hat niemals das Erbe der vielverlästerten Aufklärung und der Revolution preisgegeben. Sie hat daher, anders als die entpolitisierte, »verinnerlichte« deutsche Romantik, die Revolte sowohl im sozialen und politischen wie im metaphysischen Sinne (siehe CAMUS' *homme révolté)* lebendig erhalten und ihre Fackel weitergereicht. Soweit von einer Flucht in die Innerlichkeit und in die Vergangenheit die Rede sein kann, machte sie auf halbem Wege halt. Zwischen VOLTAIRES mutigem Eingreifen in die Affäre Calas und ZOLAS unerschrockenem Artikel *J'accuse…!*, der, das Gewissen der Zeit wachrüttelnd, die Wendung im Dreyfus-Prozeß brachte, klafft keine Lücke. »Engagierte« Literatur kennt Frankreich lang, bevor SARTRE ihr den Namen gab. Im Zeichen der Revolte gegen Gesellschaftsordnung, Natur, Gott begegnen sich Aufklärung, Romantik, Symbolismus, Surrealismus und Moderne, begegnet sich der Marquis de SADE mit NERVAL (1808–1855), VIGNY (1797–1863), BAUDELAIRE (1821–1867), RIMBAUD (1854–1891), LAUTRÉAMONT (1846–1870) und Albert CAMUS (1913–1960). Prometheus, Luzifer, Kain, ja Christus selbst werden zu Verkörperungen der von

einem grausam-blinden Geschick mißhandelten Menschheit.
Bei seiner Auseinandersetzung mit der Gesellschaft und den in ihr herrschenden Mächten darf freilich der französische Schriftsteller im allgemeinen auf eine andere Resonanz zählen als etwa der deutsche. Geht er einmal von der in seinem Werk immanenten Kritik zur offenen, unvermittelten Stellungnahme über, so wird dieses weder als »unkünstlerisch« gebrandmarkt noch als »Irrweg« verharmlost, sondern als humane Gewissensäußerung der Nation ernst genommen. Die ästhetische Bewertung eines literarischen Werks fragt nicht nach einer »Zeitlosigkeit«, die dem Verzicht auf »Tendenz« und Aktualität gleichkäme. Der »Poesie«-Begriff deckt noch heute die lyrische Form – und nur diese.
Der Aktualismus der französischen Literatur, das Bedürfnis des Lesers gerade nach diesem Aktualismus, die Auffassung der Literatur als der berufenen Trägerin der »öffentlichen Meinung« (der deutsche Ausdruck ist Lehnübersetzung aus dem Französischen): dies alles gehört zum unverlierbaren Erbgut des 18. Jahrhunderts. Literarische Zeitschriften sind langlebiger, die Buchbesprechungen in Tages- und Wochenzeitungen ausführlicher und interessanter als überall sonst, und weder die »Dichter« noch die Akademiker scheuen sich, in die »Niederungen« der journalistischen Publizistik hinabzusteigen.
Das gesellschaftskritische Element war bereits in mehreren Einzelgattungen der mittelalterlichen Literatur Frankreichs scharf ausgeprägt, darunter dem Tierepos *(Roman de Renart)*, den *Fabliaux* und den Farcen. Aber es begnügte sich noch damit, als einfacher – oft schonungsloser – »Ständespiegel« zu figurieren, als Satire *sub specie aeternitatis*, die nicht ernstlich an einer angeblich naturgegebenen Hierarchie rüttelte. Lediglich in den von JEAN DE MEUNG verfaßten Partien des *Roman de la rose* stellt – noch im 13. Jahrhundert – ein Radikalismus averroistisch-häretischer Prägung die gesamte Stände- und Weltordnung in Frage. Auch die Utopien des 16. und 17. Jahrhunderts sind, trotz der humanistisch-erasmischen Erneuerungshoffnung, wie sie etwa in der von RABELAIS entworfenen Idealabtei Thelema Gestalt angenommen hat, mehr in der Vorstellungswelt vom Goldenen Zeitalter angesiedelt als im Bereich konkreter Zukunftserwartungen. Auf dem Höhepunkt der klassischen Dichtung und des absolutistischen Staats unter Ludwig XIV. (1643–1715) bricht der große Moralist LA BRUYÈRE (1645–1696) in die Klage aus, daß *»einem Autor, der Christ und Franzose ist, die Behandlung aller großen Fragen versagt und ihm nur über Geringfügiges zu schreiben«* möglich sei. Derselbe La Bruyère hat freilich, wie BOILEAU (1636–1711), der »Gesetzgeber« der klassischen Dichtung, und wie RACINE (1639–1699), ihr Vollender auf dem Theater, in der »Querelle des anciens et des modernes« auf der Seite derjenigen gestanden, die in den dichterischen Schöpfungen der Antike ein ebenso unerreichbares wie stets nachzuahmendes Vorbild erblickten. Aber er sah noch nicht, daß in diesem Literaturstreit sich der Geltungsanspruch neuer Denkweisen und neuer Formen zum Wort meldete, daß hier der Begriff des Fortschritts wenn nicht zur Idee entwickelt, so doch erstmals eben als Begriff in die öffentliche Debatte geworfen wurde. Einer der entschiedensten und wortmächtigsten Fürsprecher der »Modernen« und ihrer Überlegenheit, FONTENELLE (1657–1757), ist neben Pierre BAYLE (1647–1706), dem hochgelehrten Vorläufer der Enzyklopädisten, der einflußreichste Vertreter der Frühaufklärung, der als erster konsequent die jüngsten Erkenntnisse der Wissenschaft dem im Verlauf des 17. Jahrhunderts aus Adel und Bürgertum, *la cour et la ville*, hervorgegangenen Publikum von Gebildeten zugänglich machte und somit den Weg einschlug, auf dem die Aufklärer ihr Ziel, den menschlichen Geist aus den dunklen Bereichen der Vorurteile und Dogmen zum Licht (»Aufklärung« französisch: *siècle des lumières*) zu führen, verfolgen sollten.
Die Aufklärer wollten Schriftsteller und Philosophen zugleich sein. Diese durch die größten unter ihnen – MONTESQUIEU, VOLTAIRE, DIDEROT, D'ALEMBERT – glänzend repräsentierte, für die ganze Epoche vorbildhafte Personalunion entspringt dem unverzagten Willen, die neugewonnene Einsicht in die Veränderlichkeit der Gesellschaft und den Glauben an die Perfektibilität des Menschen mit Hilfe philosophischer, historischer und naturwissenschaftlicher Erkenntnisse für die Schaffung einer vorurteilsfreien, toleranten und menschenwürdigen Gesellschaft fruchtbar zu machen. Die Überzeugung von der zugleich universalen und aktuellen Aufgabe des Schriftstellers und von der objektiven Notwendigkeit, die Mitwelt mit den Ideen der Aufklärung zu durchdringen, hat ihren recht monumentalen Ausdruck in der Gemeinschaftstat der französischen *Encyclopédie* (1751–1772) gefunden. Die französische Literatur hat im 18. Jahrhundert den ganzen Tiefenraum der Gesellschaft durchmessen, hat aktualistisch auf deren Geschick eingewirkt und sich für alle Folgezeit das unbestrittene Recht auf kritische Stellungnahme zu allen Erscheinungen des öffentlichen Lebens gesichert.
Der Anspruch des Romans im 19. Jahrhundert, die zeitgenössische Gesellschaft in ihrer Totalität zu erfassen und ihr Wesen kritisch, erbarmungslos kritisch bloßzulegen, ist ohne jenen Vorgang nicht zu verstehen. STENDHAL will mit *Le rouge et le noir* (1830) die »Chronik« seiner Epoche schreiben, BALZAC mit der *Comédie humaine* (1842–1848) der »Historiker« der Gesellschaft seiner Zeit sein. Der Realismus, für den die Geschichte stets offen, die Gesellschaft in dynamischer, allerdings meist pessimistisch gesehener Entwicklung begriffen ist, verwirft die traditionelle Romanstruktur als das künstlerische Spiegelbild einer Scheinwahrheit. Der »Neue Roman« unserer Tage sucht, sich polemisch gegen den Realismus wendend und ihn letztlich doch, nach FLAUBERT und PROUST, in ge-

wissem Sinne weiterführend, wo nicht gar überbietend, im äußersten Mißtrauen gegen die Fiktion eines seiner Geschicke mächtigen Menschen noch die letzten Überreste der Fabel selbst zu zerstören.

Aus dem Bedürfnis des Lesepublikums, die Totalität der Gesellschaft kritisch dargestellt und selbst ihre disparatesten Elemente in der ganzen Vielfalt ihrer Wechselbeziehungen zu einem Gesamtbild vereinigt zu sehen, dürfte sich auch die Häufigkeit des Zyklenromans in Frankreich erklären. Waren die großen Vers- und Prosazyklen des Mittelalters idealisierende Projektionen des zum Bewußtsein seiner geschichtlichen Führungsrolle und seiner Kulturaufgabe gelangenden, im Verfall sich schließlich selbst bespiegelnden Ritterstandes gewesen, so waren die heroisch-galanten Mammutromane des 17. Jahrhunderts, im wesentlichen zur Bekämpfung des *ennui* bestimmt, weniger Abbilder als Wunschbilder einer Welt, die noch und nur von einem in Wahrheit funktionslos gewordenen Adel ihr Gepräge empfing. Und dürfen die umfänglicheren unter den Romanen des 18. Jahrhunderts zum großen Teil als konfessionshafte Bemühungen des einzelnen gelten, ein von Natur her unveräußerliches Eigenrecht gegen die alte Gesellschaft zu verfechten, so sucht der Zyklenroman BALZACS (1799–1850) und ZOLAS (1840–1902), aber auch derjenige Jules ROMAINS' (1885–1972), Georges DUHAMELS (1884–1966), Romain ROLLANDS (1866–1944), Roger MARTIN DU GARDS (1881–1958) und PROUSTS (1871–1922) von vornherein die Totalität der Gesellschaft mit dem Blick zu umspannen, und das selbst da, wo deren Wesen, scheinbar ganz subjektiv, nur im Bewußtsein weniger einzelner reflektiert wird.

Die Aufklärung, der die Literatur als Instrument zu einer Veränderung des Denkens und der Gesellschaftsordnung galt, war überzeugt gewesen, daß die Sprache der Vernunft auch für die Dichtung maßgeblich und verbindlich war. Der Mathematiker und Philosoph D'ALEMBERT durfte mit der Zustimmung vieler seiner Zeitgenossen rechnen, als er schrieb, es gebe nichts, was sich nicht besser in Prosa als in Versen ausdrücken ließe. Demgemäß war auch die Lyrik des 18. Jahrhunderts eine, wie man mit Recht gesagt hat, *poésie sans poésie*, keiner neuen Impulse mehr fähig. Damals wurde eine tiefe Kluft zwischen Vers- und Prosakunst aufgerissen, die bis heute nicht ganz überbrückt ist (auch wenn das Prosagedicht von BAUDELAIRE bis SAINT-JOHN PERSE neben dem modernen Verslibrismus als ein – in seiner Art origineller und bedeutsamer – Versuch gelten darf, eine prosaisch gewordene Welt zu poetisieren und also Poesie und Prosa in einer »modernen« Eigengattung von neuem zu versöhnen).

Wenn aber Verfall und Vermischung der alten poetischen Gattungen und der Einbruch neuer Gattungen nicht aufzuhalten waren – ein Prozeß, in dem sich die Auflösung des Ancien régime spiegelt –, so bleibt doch selbst in der zeitgenössischen Ästhetik und Poetik die Vorherrschaft der Vernunft nicht unangefochten. In seinen *Réflexions critiques sur la poésie et la peinture* hatte der Abbé DUBOS bereits 1719 im *sentiment* einen sechsten Sinn entdeckt und ihn zur wichtigsten ästhetischen Instanz erklärt, was – wie E. Cassirer meinte – einer Überwindung DESCARTES' durch NEWTON gleichkam. Die Vernünftigkeit des Geschmacksurteils wurde also dem Gefühl des Individuums unterstellt oder vielmehr durchaus abgeleitet – daraus und nicht mehr aus einer ihm scheinbar übergeordneten ästhetischen Gesetzlichkeit. Das Genie, noch im 17. Jahrhundert als »sublimierte Räson« mit der perfekten Einhaltung der Regeln identisch, wird wieder, was es in der Renaissance gewesen war: Inbegriff des schöpferischen, sich jeder Reglementierung souverän entziehenden Menschen. Die Einbildungskraft, von MONTAIGNE als Defekt des Geistes, von PASCAL als mitschuldig an der falschen Selbsteinschätzung des Menschen denunziert, von der Klassik als Prinzip der Verführung zum Unwirklich-Romanesken bekämpft, wird vornehmlich bei DIDEROT und ROUSSEAU und gleichzeitig im Einklang mit englischen und deutschen Theorien wieder zum Grundvermögen des Genies.

Doktrinen und Reflexionen

Aber nicht nur im Zeitalter der Aufklärung lief neben dem Strom literarischen Schaffens ein solcher der Reflexion über Sinn, Zweck, Technik und Wirkungsweise der Dichtung, ihre Stil- und Gattungsprobleme, ihr Verhältnis zur Wirklichkeit und dergleichen her. Es gehört sogar zu den Eigentümlichkeiten der französischen Literatur, daß hier, von den ersten Trobadors bis zu den Autoren unserer Tage, in sehr viel höherem Grade als anderswo, die Dichter und »schöngeistigen« Schriftsteller selbst sich theoretisch über Art und Sinn ihrer Bemühungen Rechenschaft abzulegen suchten. Zweifellos ist ihren Äußerungen häufig ein doktrinärer Zug eigen, der sich bei näherem Zusehen meistens als Folge polemischer Auseinandersetzung mit vorausgehenden Theorien oder herrschender Praxis erklären läßt, wie auch die leidenschaftliche Reaktion auf die jeweils herrschenden Verhältnisse sie oftmals zu zugespitzten Formulierungen oder gar Formeln verführt haben mochte. Immer von neuem wurde jedenfalls von den Autoren selbst der Versuch unternommen, gültige Maßstäbe zu errichten und Regeln für ihre Anwendung zu fixieren.

Schon die Poetik- und Rhetoriktraktate des Mittelalters, ob lateinisch oder volkssprachlich abgefaßt, sind samt und sonders normativ-didaktischer Natur. Sie lehren, wie Dichtung »gemacht« wird, gemacht werden soll. Normativ und doktrinär in einem umfassenderen, um die eigentlich ästhetische Problematik erweiterten Sinn ist die Poetik des 17. Jahrhunderts. Ihre nach der Freizügigkeit der Renaissanceliteratur zunächst befremdliche Strenge wird uns dann begreiflich, wenn man einen Seitenblick auf die allgemeine geschichtliche Entwicklung wirft.

Die brudermörderischen Glaubenskämpfe des 16. Jahrhunderts hatten in allen Kreisen und Schichten der Bevölkerung ein verstärktes Verlangen nach Ordnung und Sicherheit geweckt, und eben dieses Verlangen nutzte Richelieu entschlossen als die psychologische Chance nicht nur für die Befestigung der königlichen Zentralgewalt, sondern für die Einführung des Absolutismus. Die gleichen Dichter, Grammatiker und Gelehrten, die mit der sprachlichen und literarischen Tradition des 16. Jahrhunderts zugunsten von Ordnung und Klarheit brachen, wurden willige Helfer des großen Kardinals, dessen Kulturpolitik 1635 in der Gründung der Académie Française gipfelte. Was zunächst nur zweckmäßig oder opportun war, wurde in den adligen Salons, voran demjenigen der Marquise de Rambouillet, der die Keimzelle der Akademie wie des Preziösentums bildete, für die Umgestaltung einer ganzen Gesellschaft fruchtbar gemacht: die sprachlichen Disziplinarmaßnahmen von MALHERBE (1555–1628) und VAUGELAS (1585–1650) nicht weniger als die in Honoré D'URFÉS (1568–1625) Schäferroman *Astrée* propagierten Umgangsformen. Hier kam es auch nach dem faszinierenden Vorbild von CASTIGLIONES (1478–1529) *Il libro del cortegiano (Das Buch vom Hofmann)* zur Ausprägung eines neuen menschlichen Idealtyps, des *honnête homme*, ausgezeichnet durch eine von aller Affektiertheit freie, zur Natur gewordene Kunst des Redens und Benehmens, vollendete Rücksichtnahme und Höflichkeit und ausschließliche Verwendung jener von den Kritikern geforderten Sprache des *bon usage*. Auf Jahrzehnte zielte die Stoßkraft politischen Herrscherwillens in die gleiche Richtung wie die Triebkraft der gesellschaftlichen und geistigen Entwicklung. Ludwig XIV., der ein Mäzenatentum größten Stils über die Grenzen seines Reichs ausdehnen sollte, fand bei seinem Regierungsantritt einen bereits domestizierten Adel vor, den er für den Verlust des politischen Mitspracherechts durch eine glänzende höfische Statistenrolle entschädigte. Bei dem einstigen Frondeur LA ROCHEFOUCAULD (1613–1680) wandelte sich gescheiterter politischer in literarischen Ehrgeiz, aus dem heraus ihm eine stilistisch brillante Analyse menschlichen Wesens gelingt. Ein pessimistisches Menschenbild, nicht ohne Zusammenhang mit demjenigen der Jansenisten, ist die Kehrseite des glänzenden Bildes, wie es Staat und Gesellschaft bieten. Wer im Gefüge der von diesem gespiegelten Ordnung den ihm zugewiesenen Standort verläßt, verfällt – wie in den Komödien MOLIÈRES – tödlicher Lächerlichkeit, denn er verstößt zugleich gegen die rationale Gesetzlichkeit einer höheren Ordnung, der der ewig gleichbleibenden Natur, aus der jene andere ihren eigenen Sinn, ihr eigenes Recht herleitet. Auch beim einzelnen kann und muß, wie DESCARTES' vielgelesener Traktat *Les passions de l'âme* verkündet, der stets aufbegehrende, keine Grenze respektierende Trieb vom rä songeleiteten Willen gemeistert werden.

Und das gleiche gilt für die Literatur. *»Aimez donc la raison«* – fordert der Kartesianer BOILEAU (1636–1711). Im Namen von *raison, bon sens, vérité, vraisemblance* und *bienséance* werden in seinem *Art poétique* die Regeln für Stil und Inhalt der Einzelgattungen wie für die Metrik fixiert, werden Zensuren verteilt und fünf Jahrhunderte französischer Dichtung verdammt. ARISTOTELES und HORAZ sind die Gewährsleute für Boileau, gesehen durch die Brille der italienischen Kommentatoren und gemessen am rationalen Ordnungsbegriff der eigenen Zeit. Die italienischen Theoretiker hatten die deskriptive Poetik des Aristoteles als eine normative gedeutet und nur zu ergänzen versucht. Die französische Klassik treibt dieses Mißverständnis auf die Spitze. Sie macht die drei Einheiten des Orts, der Zeit und der Handlung für das Drama zur Regel: daher die eigentümliche Struktur der klassischen Tragödie, die Strenge ihres Aufbaus, das Beengte ihrer nur dank vertiefter Psychologie und verdichteter Dialogführung »wahrscheinlich« anmutenden Konflikte und Peripetien. Die Werke CORNEILLES (1606–1684) und RACINES (1639–1699) repräsentieren nicht nur zwei große individuelle Schöpfungen der französischen Klassik, sondern auch zwei Abschnitte ihrer geschichtlichen Entfaltung. Beide orientieren sich an der Antike. Corneille eliminiert allerdings den antiken Schicksalsglauben zugunsten einer Freiheit des Willens, die dem verstaatlichten Menschen in einem vermenschlichten Staat wieder Eigenrecht zu erwirken vermag. Die Gestalten Racines hingegen gehen angesichts einer verhängnisvollen Leidenschaft an der Ohnmacht gerade ihres Willens zugrunde, und sie müssen zugrunde gehen, weil jene Leidenschaft etwas von der Unerbittlichkeit des antiken Schicksals, der Gnadenlosigkeit des jansenistischen Gottes an sich hat und es in einer keinen »staatsfreien« Raum, kein Außenseitertum duldenden Lebensordnung nicht die Möglichkeit eines Ausweichens gibt. Der Protest des Individuums gegen diese Lebensordnung wiederum bezeugte sich in einer Rechtfertigung, wo nicht Glorifizierung der Leidenschaft: zunächst nicht in einem der unablässig den Konflikt *raison–passion, esprit–cœur* abwandelnden Bühnenwerke oder Traktate, sondern in den – auch von RILKE übersetzten – anonymen *Portugiesischen Briefen (Lettres portugaises)*, die lange der portugiesischen Nonne Mariana Alcoforado (1640–1723) zugeschrieben worden waren, und in den Schriften des Moralisten VAUVENARGUE (1715–1747).

Gelenkte Sprachentwicklung

Die französische Literatur des 17. Jahrhunderts wäre jedoch niemals zur »klassischen« geworden, wäre nicht die Sprache in jener Zeit einem durchgreifenden Wandlungsprozeß unterlegen, genauer gesagt: unterworfen worden, denn die Sprache der klassischen Epoche, die das Französische entscheidend geprägt hat und das allgemeine Urteil über seinen Charakter noch heute mitbestimmt, ist keine volkstümliche, naturhaft gewachsene, sondern ist eine »von oben« her, von Grammatikern, von gebildeten Aristokraten und Bürgern und großen Schriftstellern geschaffene Sprache. Ihre einzelnen Merkmale lassen auch noch etwas von der Stärke der Einwirkungen erkennen, die das höfische Machtzentrum des Landes, fordernd und prägend, auf sie ausübte: die Klarheit, Verständlichkeit, Gefälligkeit, Reinheit, Präzision, Nüchternheit, Geschmeidigkeit ihrer Diktion und nicht zuletzt ihr allen zugänglicher Wortschatz. Diese Sprache ist das Produkt einer Elite, die sich in der hochkultivierten Art des Sprechens und Schreibens und in dem sie voraussetzenden »guten Geschmack« selbst erkennt, und sie wird, getragen von der Bedeutung ihrer Literatur und von den Ideen der Aufklärung, für lange Zeit zur europäischen Bildungssprache schlechthin. Sie hat die große Revolution nicht bloß überlebt, sondern ist dank dieser Revolution für das ganze Volk zum maßgeblichen Ausdrucksidiom geworden, und dies nicht trotz, sondern infolge ihrer syntaktischen Strenge.

Sprachliche Zucht ist in Frankreich, was anderswo nur selten der Fall ist, fast selbstverständlich. Man übertreibt nicht mit der Feststellung, daß auch der französische Durchschnittsliterat einen ungleich besseren Stil schreibt als sein auf dem gleichen Niveau stehender Geistesbruder in anderen Ländern. Dem engeren Verhältnis von Geschlecht und Literatur entspricht in Frankreich gleichzeitig ein vertieftes Sprachbewußtsein, Sprach-Verantwortungsbewußtsein, und das bereits seit dem 17. Jahrhundert, dem jeder Leben oder Welt betreffende Gedanke erst dann als verbindlich erschien, wenn er von einer durchreflektierten und stets erneut auf die Probe gestellten Sprache Körper und Gestalt empfangen hatte. Ohne Wahrheit, Logik, Ordnung und Klarheit war Schönheit nicht zu denken. Der *beau désordre*, in dem das 18. Jahrhundert eine neue irrationale, nur dem »sensiblen« Menschen zugängliche Schönheit entdeckte, berührte nicht die Struktur der Sprache selbst. DESCARTES' *Discours de la méthode* (1637) gab dem sprachlichen Erziehungswerk der Grammatiker und der Dichter die philosophische Weihe. Er gehört bis heute zum Grundbestand der Schullektüre.

Aus dem Bisherigen wird bereits deutlich geworden sein, wie eng das Geschick der französischen Sprache mit der politischen Geschichte des Landes verflochten ist. Von Anfang an entscheidend für ihre Entwicklung war die frühzeitige Gewinnung der nationalen Einheit. Während in Italien das Toskanische, dank des Prestiges seiner überragenden Literatur (DANTE, PETRARCA und BOCCACCIO), bald alle anderen Dialekte überflügelte, in Spanien das Kastilische sich mit der vom Norden nach Süden verlaufenden Reconquista, der Rückeroberung der von den Arabern beherrschten Gebiete, durchsetzte, verdankt die Mundart der Île de France ihren Aufstieg zur Nationalsprache der zentralistischen Machtpolitik der französischen Monarchie. An der Literatur des 12. Jahrhunderts hat das Franzische, der Dialekt der Île de France, noch kaum Anteil. Die großen Dichter schreiben in pikardischer, champagnischer und anglonormannischer Mundart. Bereits um 1200 aber klagt der Trouvère CONON DE BÉTHUNE darüber, daß er am königlichen Hof seiner pikardischen Mundart wegen getadelt worden sei. Und die hier offenbar sich anbahnende Entwicklung wird abgeschlossen, als im Jahre 1540 das Französische durch Franz' I. Ordonnanz von Villers-Cotterrets zur Gerichtssprache für das ganze Reich erhoben wird: Nun waren das Latein wie das Okzitanische ausgeschaltet.

Mit dem Aufkommen des Humanismus war auch in Frankreich das Problem einer eigentlichen Nationalsprache wieder akut geworden. Die Bestrebungen, dem Französischen und seiner Literatur einen sowohl dem Italienischen wie dem Latein ebenbürtigen Rang zu verschaffen, führten nicht nur zur Abkehr von der eigenen – mittelalterlichen – Tradition, sondern zur bewußten Bereicherung der heimischen Sprache, deren Programm in der berühmten *Défense et illustration de la langue française* (1549) von DU BELLAY formuliert wurde. Die Klassik jedoch, voran deren erster Lehrmeister MALHERBE (1555–1628), merzte die Mehrzahl von Archaismen, Latinismen, Italianismen, Fachausdrücken und vor allem Dialektwörtern wieder aus und zog erstmals aus dem schon im 13. Jahrhundert einsetzenden Verfall der Zweikasusflexion die volle Konsequenz für eine streng geregelte Syntax (Grundregel: Subjekt – Prädikat – Objekt). Man vergleiche eine Seite aus dem Roman *La princesse de Clèves* der Mme. de LA FAYETTE (1634–1693) mit einer Seite aus dem Werk von RABELAIS (um 1494?–1553), um zu ermessen, welchen Wandlungsprozeß das Französische in rund hundert Jahren durchlaufen hat. Hier die strengste sprachliche Disziplin, dort noch die sprachliche Orgie. Was das Französische an Kraft, Volkstümlichkeit, Reichtum des Wortschatzes, Anschaulichkeit, Freiheit der Satzbildung und Wortbildung verloren hat, das hat es an Präzision, an begrifflicher Durchsichtigkeit, Flüssigkeit, Regelmäßigkeit und Eleganz gewonnen. Diese Eigenschaften, deren es auch dann nicht verlustig ging, als es die strenge Vorschrift der Klassik gelockert oder, wie in der Romantik, sogar widerrufen hatte, sind die Ursachen für seinen europäischen Primat und seine noch heute bestehende Anziehungskraft. Bereits im Mittelalter hatte der

Italiener Brunetto LATINI, der Lehrer DANTES, ein enzyklopädisches Werk in französischer Sprache abgefaßt, weil sie die *»angenehmste und allen Leuten geläufigste«* sei. Aus den gleichen Gründen hatte Marco POLO (1254–1324) seinen berühmten Reisebericht französisch diktiert. Im 18. Jahrhundert ist Französisch die zweite – wenn nicht sogar die erste – Sprache der gesamten europäischen Bildungs- und Oberschicht. (Auch heute sind es gewiß nicht nur äußere Gründe, die »Ausländer« wie IONESCO und BECKETT zur Wahl des Französischen als der ihren künstlerischen Absichten gemäßesten Ausdruckssprache bewogen haben.)
Damals hatte die Berliner Akademie die Preisfrage stellen können (1782), was das Französische zur europäischen Universalsprache gemacht habe und wodurch es diesen Vorrang verdiene. Gekrönt wurde zwei Jahre später RIVAROLS Schrift *De l'universalité de la langue française*, die den berühmten Satz enthält: *»Was nicht klar ist, ist nicht französisch.« (»Ce qui n'est pas clair, n'est pas français.«)* Rivarol (1753–1801) hätte als Franzose des 18. Jahrhunderts die gleiche Formel auch auf den *esprit*, den *goût* und auf die gleiche formale Perfektion der französischen Literatur anwenden und damit ebensoviel Wahres wie Einseitiges sagen können. Erst als die Romantik sich allgemein gegen die »Seelenlosigkeit« des aufklärerischen Rationalismus verwahrte, wurde im Ausland das Prestige der französischen Sprache in Frage gestellt. Das bewußte Streben nach Perfektion der künstlerischen Form wurde nun plötzlich als Formalismus gebrandmarkt, die Klarheit als Beweis für mangelnde Tiefe. Aber wenn Formalismus und Oberflächlichkeit für den um Form und Klarheit bemühten Geist natürlicherweise eine gewisse Versuchung bedeuten, so läuft der auf formlose Tiefe Bedachte Gefahr, einer nicht weniger seichten Unklarheit zu verfallen. Die überragenden künstlerischen Leistungen beruhen hier wie dort allein auf einer echten Synthese von Gestalt und Gehalt.
Wenn jedenfalls die französische Literatur, dem Geist ihrer Sprache und dem ihrer Tradition getreu, die Klarheit einer bis ins letzte durchgebildeten Form zur ersten Vorbedingung für ein Schaffen erhebt, dem selbst das Dunkelste, Leidenschaftlichste, Tiefsinnigste nicht fremd zu bleiben braucht, so hat sie nicht zuletzt damit einen unverwechselbaren, ja exemplarischen Beitrag zur Weltliteratur geleistet. Denn was, fragt, alle Zweifel und Vorbehalte beschwichtigend, Paul VALÉRY, *»Was gibt es Geheimnisvolleres als die Klarheit?«*

Literaturhinweise

A. Bibliographien und Lexika

J. P. de Beaumarchais, D. Couty u. A. Rey (Hg.), *Dictionnaire des littératures de langue française*, 3 Bde., Paris 1984; 4 Bde., Paris 1987.

R. Bossuat, *Manuel bibliographique de la littérature française au moyen-âge*, Melun 1951.

D. C. Cabeen, später R. A. Brooks (Hg.), *A Critical Bibliography of French Literature*, New York 1951–1980.

A. Cioranescu, *Bibliographie de la littérature française du 16e siècle*, Paris 1959.

Ders., *Bibliographie de la littérature française du 17e siècle*, 3 Bde., Paris 1965/66.

Ders., *Bibliographie de la littérature française du 18e siècle*, Paris 1969 ff.

K. Engelhardt u. V. Roloff, *Daten der französischen Literatur*, 2 Bde., München 1979.

W. Engler, *Lexikon der französischen Literatur*, Stuttgart ²1984.

G. Grente (Hg.), *Dictionnaire des lettres françaises*, 7 Bde., Paris 1951–1972.

P. Harvey u. J. E. Heseltine, *The Oxford Companion to French Literature*, Oxford 1987.

R. Hess, M. Frauenrath u. G. Siebenmann, *Literaturwissenschaftliches Wörterbuch für Romanisten*, Frankfurt a.M. 1971; ²1989.

O. Klapp (Hg.), *Bibliographie der französischen Literaturwissenschaft*, Frankfurt a.M. 1956 ff.

W.-D. Lange (Hg.), *Kritisches Lexikon der romanischen Gegenwartsliteraturen*, Tübingen 1984 ff. [Loseblattsammlung].

M. Naumann (Hg.), *Lexikon der französischen Literatur*, Leipzig 1987.

B. Woledge, *Bibliographie des romans et nouvelles en prose antérieurs à 1500*, Genf 1954.

B. Literaturgeschichte

P. Abraham u. R. Desné (Hg.), *Histoire littéraire de la France*, 12 Bde., Paris 1974–1980.

A. Adam, *Histoire de la littérature française au XVIIe siècle*, 5 Bde., Paris 1948–1957.

J. Altwegg u. A. Schmidt, *Französische Denker der Gegenwart. Zwanzig Porträts*, München 1988.

J. Bersani, M. Autrand u. J. Lecarme, *La littérature en France depuis 1945*, Paris 1970.

J. A. Billy (Hg.), *Histoire de la vie littéraire*, Paris 1945 ff.

P. de Boisdeffre, *Histoire de la littérature contemporaine 1900–1962*, Paris 1963.

Ders., *Une histoire vivante de la littérature aujourd'hui 1938–1964*, Paris 1964.

R. Bray, *La formation de la doctrine classique*, Paris 1963.

H. Bremond, *Histoire littéraire du sentiment religieux en France*, 9 Bde., Paris 1916–1932; Nachdruck 11 Bde., Paris 1967–1971.

J. Brenner, *Histoire de la littérature française de 1940 à nos jours*, Paris 1978.

P. Brockmeier u. H. H. Wetzel, *Französische Literatur in Einzeldarstellungen*, 3 Bde., Stuttgart 1981/82.

J. Calvet (Hg.), *Histoire de la littérature française*, 9 Bde., Paris 1931–1955.

H. Clouard, *Histoire de la littérature française, du symbolisme à nos jours*, 2 Bde., Paris 1959–1962.

J. Grimm (Hg.), *Französische Literaturgeschichte*, Stuttgart 1989.

Grundriß der romanischen Literaturen des Mittelalters, Heidelberg 1968 ff.

H. Hatzfeld, *Literature through Art. A New Approach to French Literature*, New York 1969.

V. van der Heyden-Rynsch (Hg.), *Vive la littérature! Französische Literatur der Gegenwart*, München 1989.

Histoire de la littérature française, 2 Bde., Paris 1988 (Coll. H. Mitterand).

Histoire des littératures, Hg. R. Queneau, Bd. 3, Paris 1958.

D. Hollier, *A New History of French Literature*, Cambridge 1989.

E. v. Jan, *Französische Literaturgeschichte in Grundzügen*, Heidelberg [4]1956.

R. Jasinski, *Histoire de la littérature française*, Paris 1947.

V. Klemperer, *Geschichte der französischen Literatur im 18. Jh.*, Bd. 1, Berlin 1954.

Ders., *Geschichte der französischen Literatur im 19. und 20. Jahrhundert (1800–1925)*, Bd. 1, Berlin 1956.

E. Köhler, *Vorlesungen zur Geschichte der französischen Literatur*, 11 Bde., Stuttgart 1983–1987.

K. Kohut (Hg.), *Literatur der Résistance und Kollaboration*, 3 Bde., Wiesbaden/Tübingen 1982–1984.

W.-D. Lange (Hg.), *Französische Literatur der Gegenwart in Einzeldarstellungen*, Stuttgart 1971.

Littérature. Textes et documents, 5 Bde., Paris 1986 ff. (Coll. H. Mitterand).

Littératures françaises, connexes et marginales (in *Encyclopédie de la Pléiade*).

H.-J. Lope, *Französische Literaturgeschichte*, Heidelberg 1978.

M. Nadeau, *Histoire du surréalisme*, Paris 1958 (dt.: *Geschichte des Surrealismus*, Reinbek 1965; rde).

C. Pichois (Hg.), *Littérature française*, 16 Bde., Paris 1968–1979.

G. Picon, *Panorama de la nouvelle littérature française*, Paris 1960.

D. Poirion (Hg.), *Précis de littérature française du moyen-âge*, Paris 1983.

L. Pollmann, *Geschichte der französischen Literatur der Gegenwart (1800–1980)*, Darmstadt 1984.

J. Rousset, *La littérature de l'âge baroque en France*, Paris 1963.

P.-H. Simon, *Histoire de la littérature française au 20e siècle*, Paris 1967.

A. Thibaudet, *Histoire de la littérature française de 1789 à nos jours*, Paris 1952 (dt.: *Geschichte der französischen Literatur von 1789 bis zur Gegenwart*, Freiburg i. B. 1953).

Ph. van Tieghem, *Les grands doctrines littéraires en France*, Paris 1963.

Ders., *Les influences étrangères sur la littérature française (1550–1880)*, Paris 1961.

B. Vercier u. J. Lecarme, *La littérature en France depuis 1968*, Paris 1982.

W. v. Wartburg, *Évolution et structure de la langue française*, Bern 1962.

C. Geschichte der Gattungen

1. Roman und Novelle

K. A. Blüher, *Die französische Novelle*, Tübingen 1985.

W. Engler, *Der französische Roman von 1800 bis zur Gegenwart*, München 1965.

H. Friedrich, *Drei Klassiker des französischen Romans*, Leipzig 1939; Frankfurt a.M. [8]1980.

K. Heitmann (Hg.), *Der französische Roman vom Mittelalter bis zur Gegenwart*, 2 Bde., Düsseldorf 1975.

K. W. Hempfer, *Poststrukturale Texttheorie und narrative Praxis. »Tel Quel« und die Konstitution eines »Nouveau Nouveau Roman«*, München 1976.

F. P. Kirsch, *Epochen des französischen Romans*, Darmstadt 1986.

W. Krömer (Hg.), *Die französische Novelle*, Düsseldorf 1976.

M. Nadeau, *Le roman français depuis la guerre*, Paris 1970.

W. Pabst (Hg.), *Der moderne französische Roman. Interpretationen*, Berlin 1968.

J. Ricardou, *Problèmes du nouveau roman*, Paris 1967.

Ders., *Le Nouveau Roman*, Paris 1990.

J. v. Stackelberg, *Von Rabelais bis Voltaire. Zur Geschichte des französischen Romans*, München 1970.

W. Wehle, *Französischer Roman der Gegenwart. Erzählstruktur und Wirklichkeit im Nouveau Roman*, Berlin 1972.

Ders. (Hg.), *Nouveau Roman*, Darmstadt 1980.

F. Wolfzettel (Hg.), *Der französische Sozialroman des 19. Jahrhunderts*, Darmstadt 1981.

G. Zeltner-Neukomm, *Das Wagnis des französischen Gegenwartsromans*, Hamburg 1960 (rde).

2. Theater

K. A. Blüher, *Modernes französisches Theater. Adamov, Beckett, Ionesco*, Darmstadt 1982.

D. Bradby, *Modern French Drama 1940–1980*, Cambridge/London 1984.

G. Cohen, *Le théâtre en France au moyen-âge*, Paris 1948.

M. Esslin, *Das Theater des Absurden*, Reinbek 1965; erw. 1987.

J. Grimm, *Das avantgardistische Theater Frankreichs 1895–1930*, München 1982.

J. de Jomaron (Hg.), *Le théâtre en France*, 2 Bde., Paris 1988 ff.

H. C. Lancaster, *A History of French Dramatic Literature in the 17th Century (1610–1700)*, 9 Bde., Baltimore 1929–1942.

J. Rousset, *L'intérieur et extérieur. Essais sur la poésie et sur le théâtre au 17e siècle*, Paris 1968.
J. Scherer, *La dramaturgie classique en France*, Paris 1950.
K. Schoell, *Das französische Drama seit dem zweiten Weltkrieg*, Göttingen 1970.
Ders., *Die französische Komödie*, Wiesbaden 1983.
J. v. Stackelberg (Hg.), *Das französische Theater vom Barock bis zur Gegenwart*, 2 Bde., Düsseldorf 1968.

3. Lyrik

H. Friedrich, *Die Struktur der modernen Lyrik*, Reinbek 1956; erw. Neuausgabe 1985.
H. Hatzfeld, *Die französische Renaissancelyrik*, München 1924.
H. Hinterhäuser (Hg.), *Die französische Lyrik von Villon bis zur Gegenwart*, 2 Bde., Düsseldorf 1975.
V. Klemperer, *Die französische moderne Lyrik von 1870 bis zur Gegenwart*, Leipzig 1929.
R. Lebègue, *La poésie française de 1560 à 1630*, 2 Bde., Paris 1951.
W. Pabst, *Französische Lyrik des zwanzigsten Jahrhunderts*, Berlin 1983.
W. Raible, *Moderne Lyrik in Frankreich*, Stuttgart 1972.
J. Rousselot, *Histoire de la poésie française des origines à 1940*, Paris [2]1982.
R. Sabatier, *Histoire de la poésie française*, 9 Bde., Paris 1975–1988.

D. Kultur- und Filmgeschichte

F.-J. Albersmeier, *Die Herausforderung des Films an die französische Literatur. Entwurf einer »Literaturgeschichte des Films«*, Heidelberg 1985.
E. R. Curtius u. A. Bergsträsser, *Frankreich*, 2 Bde., Stuttgart [5]1931.
E. K. Münz, *Frankreich*, Nürnberg [2]1964.
B. Schmidt u. a., *Frankreich-Lexikon*, 2 Bde., Berlin 1981–1983.
F. Sieburg, *Gott in Frankreich. Ein Versuch*, Frankfurt a.M. 1965.
K. Vossler, *Frankreichs Kultur im Spiegel seiner Sprachentwicklung*, Heidelberg [2]1929.
M. Wandruszka, *Der Geist der französischen Sprache*, Hamburg 1959 (rde).

I. Mittelalter. Von den Anfängen bis zum Ende des 15. Jahrhunderts

Adam de la Halle

auch Adam le Bossu
* um 1235 Arras
† um 1285/88 Neapel

Literatur zum Autor:
H. Guy, *Essai sur la vie et les œuvres du trouvère A. de la H.*, Paris 1898. – G. Meyer, *Lexique des œuvres d'A. de la H.*, Paris 1940. – J. Maillard, *A. de la H. Perspective musicale*, Paris 1982. – Ders., *A. de la H. Bibliographie, discographie*, Paris/Genf 1982.

LI JUS ADAN

(afrz.; *Das Spiel von Adam*). Satirisches Schauspiel von Adam de la Halle, entstanden um 1275. – Um Verwechslungen mit dem liturgischen Adamsspiel zu vermeiden, wird das Stück allgemein unter seinem zweiten Titel, *Le jeu de la feuillé (Spiel unter dem Blätterdach)* zitiert, wobei dieser Titel sich nicht auf den Inhalt, sondern auf die – nicht feststehende – Tatsache bezieht, daß es bei der Maifeier unter einem Laubendach aufgeführt wurde. Der Autor führte sich selbst als handelnde Person in das Stück ein, und sicherlich wirkte er bei der ersten, vielleicht einzigen, Aufführung selbst mit.
Zu Beginn der Handlung hat Adam es sich in den Kopf gesetzt, endlich seinen langgehegten Traum wahrzumachen und seine Studien in Paris wieder aufzunehmen. Schon zuviel Zeit hat er an das Provinzleben und seine mittlerweile auch nicht mehr taufrische Ehefrau verschwendet. Sein Vater verweigert allerdings das für diesen Plan nötige Geld und behauptet, er sei krank und leidend. Der hinzugezogene Arzt entlarvt jedoch die vorgebliche Krankheit des Alten als extremen Geiz, von dem auch noch eine ganze Reihe Bürger und Bürgerinnen der Stadt befallen sind. Zu dieser Personengruppe, deren Mitglieder alle mit ihren wirklichen, historischen Namen genannt werden, gesellt sich nunmehr Dame Douche, eine stadtbekannte Frau, die ihre Gunst offensichtlich recht freigebig verteilt. Bei einer offen auf der Bühne dargestellten Urinprobe stellt sich zu ihrem Entsetzen heraus, daß der Grund ihrer Leibschmerzen in einer fortgeschrittenen Schwangerschaft besteht. Die nächste Szene spielt auf einem Jahrmarkt. Ein Mönch verhökert dort seine Reliquien als Wunderheilmittel gegen alle Arten von Verrücktheit, und jeder der Anwesenden hält seinen lieben Nachbarn für einen potentiellen Kunden, wobei alle Bürger ihr Fett abbekommen. Nunmehr tritt die Schicksalsfee Morgue mit ihren Begleiterinnen auf den Plan, für die man zum Festtag köstliche Speisen bereitgestellt hat, um sie günstig zu stimmen. Zwischendurch erscheint das wilde Heer mit seinem König Hellekin, den die Forschung sowohl mit Harlekin und mit der Hölle wie mit dem Erlkönig in Zusammenhang gebracht hat. Die Feen spenden den Gastgebern verschiedene Sorten von Glück. Adam wird dabei mit höfischer Liebe und Dichtkunst begabt, eine unzufriedene Fee verfügt jedoch in ihrem Zorn, daß Adam nicht zum Studium nach Paris fährt, sondern den Annehmlichkeiten des gesellschaftlichen Lebens von Arras verfällt und in den Armen seiner Frau die hochfliegenden Pläne begraben muß. Besagte Feen zaubern Fortunas berühmtes Rad herbei, an dem die Bilder einiger angesehener Bürger von Arras auf- und abwärts gedreht werden, wobei einiges an politischen Mißständen in Arras ans Tageslicht befördert wird. Zum Schluß begeben sich alle Akteure in ein Wirtshaus; dort wird auch der Mönch Opfer eines Streiches, da man ihn beim Auswürfeln der Zeche betrügt und er dem Wirt seine Reliquien als Pfand zurücklassen muß. Adam aber wird in Arras bleiben.
Die außerordentliche Komplexität des Schauspiels, dessen Handlung jeder Einheit und Logik zu entbehren scheint, hat zu erregten Deutungskontroversen geführt. *»Sicher ist, daß das Jeu de la feuillé gerade wegen der rätselhaften Heterogenität seiner Szenen, wegen seiner grotesken, nichts verschonenden Satire, wegen des Auftretens des Dichters selbst, seiner Angehörigen und Freunde zu den merkwürdigsten und originellsten Schöpfungen des mittelalterlichen Theaters gehört«* (E. Köhler). Alfred Adler vertrat die These, daß die Themen und Personen des *Jeu de la feuillé* als Projektionen von Wesensaspekten und Konflikten des Verfassers selbst zu werten seien, daß sie Gefahren seines Charakters und Spiegelungen möglicher falscher Entscheidungen verkörperten. Begreift man das Schauspiel als Psychodrama, werden einzelne Handlungsteile besser verständlich, und hinter ihrer Disparatheit läßt sich eventuell doch eine übergreifende Einheit erkennen. Vielleicht ist das Stück am ehesten in seiner Verbin-

dung mit dem mittelalterlichen karnevalesken Fest zu verstehen, das jenen sanktionierten Freiraum schafft, der dem Autor ermöglicht, seinen Unwillen über das beengte Leben in Arras, die Vulgarität und Borniertheit seiner Bürger, über die Verständnislosigkeit des Vaters und der Ehefrau für die Bildungsbestrebungen des Dichters zum Ausdruck zu bringen. Es vermittelt die *»Erfahrung eines totalen Theaters, das auf der Straße gespielt wird, ohne Bühne, mit einem sich selbst spielenden Publikum, das nichts dabei findet, sich selbst schonungslos durch den Kakao zu ziehen und seine peinlichsten Schwächen selbstkritisch darzustellen, um sie zu überspielen«* (E. Köhler). In diesem Sinne realisiert dieses mittelalterliche Stück bereits manche radikale Forderung moderner Dramentheoretiker. W.R.

Ausgaben: Paris 1828, Hg. L. J. N. Monmerqué. – Paris 1917, Hg. E. Langlois [krit.]. – Paris 1923, Hg. ders. [m. neufrz. Übers.]. – Paris 1951; [2]1978, Hg. ders. (CFMA). – Würzburg 1971, Hg. O. Gsell [krit.; mit dt. Übers.]. – Mchn. 1972, R. Bordel u. a. [mit dt. Übers.]. – Gent 1977, Hg. J. Dufournet [krit.; mit neufrz. Übers.].

Übersetzungen: *Das Laubenspiel*, O. Gsell, Würzburg 1971. – Dass., R. Bordel u. a., Mchn. 1972.

Literatur: A. Guesnon, *A. de la H. et le »Jeu de la feuillé«*, Paris 1917. – A. Adler, *Sens et composition du »Jeu de la feuillé«*, Ann Arbor 1956. – G. Lütgemeier, *Beitrag zum Verständnis des »Jeu de la feuillé«*, Bonn 1969. – N. R. Cartier, *Le bossu desenchanté*, Genf 1971. – C. Mauron, *Le »Jeu de la feuillé«. Étude psychocritique*, Paris 1973. – J. Dufournet, *A. de la H. à la recherche de lui-même ou le jeu dramatique de la Feuillé*, Paris 1974. – Ders., *Sur le »Jeu de la feuillé«. Études complémentaires*, Paris 1977. – P. Ménard, *Le sens du »Jeu de la feuillé«* (in TLL, 16, 1978, S. 381–393). – A. Kay, *Une étude de la réalité du »Jeu de la feuillé«* (in Chimères, 13, 1979, S. 17–45). – C. Méla, *»Je suis ses fieus, il est mes pere«* (in C. M., *Blanchefleur et le saint homme ou la semblance des reliques*, Paris 1979, S. 74–122). – M. Rousse, *Le »Jeu de la feuillé« et les coûtumes du cycle de mai* (in *Mélanges C. Foulon*, Rennes 1980, S. 313–327). – J.-H. Grisward, *Les fées, l'aurore et la fortune* (in *Études de langue et de littérature offertes à A. Lanly*, Nancy 1980, S. 121–136). – P. Homan, *Structure et mouvement dans le »Jeu de la feuillé«* (in Chimères, 15, 1982, S. 13–25). – A. Leupin, *Le ressassement. Sur le »Jeu de la feuillé« de A. de la H.* (in MA, 89, 1983, S. 239–268). – E. Vance, *»Le jeu de la feuillé« and the Poetics of Charivari* (in MLN, 100, 1985, S. 815–828). – E. Köhler, *»Le jeu de la feuillé«* (in E. K., *Vorlesungen zur Geschichte der französischen Literatur: Mittelalter II*, Hg. D. Rieger, Stg. 1985, S. 95 ff.). – D. Musso, *Adam o dell'ambivalenza* (in L'Immagine riflessa, 8, 1985, S. 3–26).

Benoît de Sainte-More

2. Hälfte 12. Jh.

CHRONIQUE DES DUCS DE NORMANDIE

(afrz.; *Chronik der Herzöge der Normandie*). Verschronik von Benoît de Sainte-More, entstanden ab 1174. – In dem fast gleichzeitig entstandenen *Roman de Rou*, der ebenfalls die Geschichte der normannischen Herzöge, insbesondere die des Herzogs Rollo, beschreibt, beklagt sich der Autor Wace bitter darüber, daß nicht ihm, sondern Benoît der offizielle Auftrag Heinrichs II. von England zuteil wurde; vermutlich deshalb, weil Benoît sich mittlerweile mit seinem im wesentlich raffinierteren Stil geschriebenen *Roman de Troie* (1165), einem bedeutenden höfischen Roman mit antikem Stoff, einen Namen gemacht hatte. (Die Identität der beiden Benoît, von L. Constans noch bestritten, wird seit den Studien von C. Fahlin nicht mehr in Frage gestellt.) Benoît schöpft aus lateinischen Quellen wie Ordericus Vitalis (1075 bis nach 1142) und Wilhelm von Malmesbury (um 1080–1142), die er romanhaft erweitert. – Die Geschichte der Herzöge der Normandie beginnt nach der Art mittelalterlicher Weltchroniken, mit einer an der *Bibel* orientierten historischen und geographischen Einführung, die von der Erschaffung der Welt bis zur Geschichte der Normannen führt. Mit größter Genauigkeit schildert Benoît die Taten der Herzöge seit ihrer Auswanderung aus Dänemark, ihre verwickelten Kämpfe bei der Landnahme bis hin zur Eroberung Englands und die erste Festigung der normannischen Königsmacht in England. Das Werk schließt mit dem Tod Heinrichs I., blieb also unvollendet. – Die aus über 44 000 Achtsilbern bestehende Chronik ist in zwei ausgezeichneten Handschriften überliefert, wobei das Manuskript von Tours wegen seines hohen Alters – die Niederschrift erfolgte kurz nach Entstehung des Werks – wie auch wegen seiner Länge und lückenlosen Überlieferung als einmalig in der altfranzösischen Literatur gelten darf. B.L.-KLL

Ausgaben: Paris 1836–1844 [Hs. B]. – Uppsala/Stockholm 1951–1979, Hg. C. Fahlin [Hs. T]. – Bayeux 1976, Hg. P. Fichet [neufrz. Übers.].

Literatur: F. Settegast, *Benoît de Saint-More, eine sprachliche Untersuchung über die Identität des Verfassers des »Roman de Troie« und der »Chronique des Ducs de Normandie«*, Breslau 1876. – H. Andresen, *Über die von Benoît in seiner normannischen Chronik benutzten Quellen* (in RF, 1, 1883, S. 327–412; 2, 1886, S. 477–538). – Ders., *Zu Benoîts »Chronique des Ducs de Normandie«* (in ZfrPh, 11, 1887, S. 231–246; 345–370). – C. Fahlin, *Étude sur le manuscript de Tours de la »Chronique des ducs de Normandie«*, Diss. Uppsala 1937. – G. A. Beckmann, *Trojaroman und Normannenchronik*, Mchn. 1965. – S. Sandqvist, *Études syntaxiques sur la »Chronique des Ducs de Normandie« par Benoît*, Lund 1976. – E. M. C. van Houts, *The Adaptation of the »Gesta Normannorum Ducum« by Wace and Benoît* (in *Non Nova, Sed Nove*, Hg. M. Gosman u. J. van Os, Groningen 1984, S. 115–124).

LE ROMAN DE TROIE

(afrz.; *Der Trojaroman*). Versroman in 30108 paarweise gereimten Achtsilbern von BENOÎT DE SAINTE-MORE, entstanden um 1165. Die eingeschobene Widmung an die *»riche dame de riche rei«*, womit wohl Eleonore von Poitou gemeint ist, die 1152 den späteren König von England, Heinrich II., heiratete, und die zahlreichen Beziehungen zu den anderen antikisierenden Versepen, dem *Roman de Thèbes*, dem *Roman d'Énéas* etc., ermöglichen die Datierung des Werks; über den Autor gibt es keine gesicherten Angaben. – Mit polemischer Wendung gegen HOMER, der ihm zweifellos nur dem Namen nach bekannt war, beruft sich Benoît im Prolog auf die Chronik des DARES PHRYGIUS, des »Augenzeugen« des Geschehens. Dieser bildet bis Vers 22425 seine Quelle, danach benutzt er DICTYS, mit gelegentlichen Rückgriffen auf Dares. Die ständige Berufung auf seine antiken Quellen, denen Benoît bis auf den Buchstaben folgen will, sind als Topoi zu verstehen, in Wirklichkeit läßt er sich in der ausschmückenden Erweiterung oder Hinzufügung mancher Episoden einen beträchtlichen Spielraum. An dem überlieferten Handlungsgerüst verändert er fast nichts, verschoben sind lediglich die Schwerpunkte: Der Akzent liegt jetzt auf den zwar politisch bedingten, aber doch vor allem psychologisch bedeutsamen Liebesepisoden, die deutlich das Gepräge höfischer Stilisierung tragen. Jason, der das Goldene Vlies in seinen Besitz bringen will, zieht wie ein Artusritter auf Abenteuer in ferne Länder, er will die Welt kennenlernen und seine Tapferkeit beweisen. Geschickt, aber skrupellos baut er das Liebeserlebnis mit Medea in seine Strategie ein; kaum hat er sein Ziel, das Goldene Vlies, erreicht, sind alle Treueschwüre vergessen, was ihm eine schwere Rüge von seiten des Autors einträgt, da dieses Verhalten höfischer Liebe widerspricht.

Die Brücke zum zweiten Abschnitt, der ersten Zerstörung Trojas und dem anschließenden Wiederaufbau, bildet das Rachemotiv: Bei der Landung der Argonauten vor Troja verstießen die Trojaner gegen alle Gesetze der Gastlichkeit und forderten sie zur Weiterfahrt auf. Eine Verbindung wird auch durch die Gestalt der Medea hergestellt: Wie Helena im späteren trojanischen Krieg hat nun Medea eine Schlüsselrolle im politischen Ränkespiel inne. Bei den verschiedenen Belagerungen Trojas wartet Benoît mit unzähligen Kampfszenen auf, deren stereotype Beschreibungstechnik und detaillierte Grausamkeit noch deutlich an die *chansons de geste* erinnern. Das ermüdende Einerlei von Zweikämpfen und diplomatischen Schachzügen wird mit einer neuen Liebesgeschichte verknüpft, dem Raub der Helena mit der anschließenden achttägigen Hochzeit in Troja. Die Griechen rüsten sich zur Rache: Die Fronten werden gemustert, alle Protagonisten müssen Revue passieren, Charakter und äußere Erscheinung werden kurz beschrieben. Dann laufen sieben der insgesamt zweiundzwanzig geschilderten Schlachten ab, bis die Handlung wieder auf einen wahrscheinlich ganz von Benoît erfundenen Liebeskonflikt zusteuert, die tragische Freundschaft von Troilus und Briseis – tragisch, weil Briseis, die Tochter des trojanischen Sehers Kalchas, im Austausch gegen trojanische Gefangene an die Griechen ausgeliefert wird und sich von Troilus trennen muß. Sie vermag der Liebe des jungen Diomedes, der mit höfischem Anstand um sie wirbt, auf die Dauer nicht zu widerstehen. Ausgiebig zieht Benoît über die Unbeständigkeit der Frauen her: *Beauté* und *chasteté* finden sich selten in einer Frau vereint. Briseis' anfänglicher, wohlkalkulierter Widerstand gegenüber dem sehnsuchtsvoll-unbedingten Werben des Diomedes wird von Benoît genau analysiert unter dem Aspekt weiblicher Minnestrategie. Briseis ist kein Glück beschieden, sie weiß, daß sie mit ihrer Untreue gegen die höfische Liebe verstoßen hat, und leidet an dieser Schuld: *»Mauvais sen oi e fol espeir / Quant je trichai a mon ami / Qui onc vers mei nel deservi« (»Eine schlechte Gesinnung und eine törichte Hoffnung hatte ich, als ich meinen Freund betrog, der dies niemals im Hinblick auf unsere Liebe verdient hätte«)*. Ihre Geschichte bleibt eng mit dem Kriegsgeschehen verbunden, denn geschickt versteht es Benoît, auch die militärische Seite des Liebeskonflikts darzustellen und somit beide Motive, *militia* und *amor*, miteinander zu verknüpfen: Als es zu einem Zweikampf zwischen Troilus und Diomedes kommt, bringt die Sorge um den verletzten Diomedes Briseis' Liebe erst wirklich zur Entfaltung. Ähnlich verfährt Benoît in der Darstellung von Achills Liebe zu Polyxena, der jüngsten Tochter des Priamus, die er während des Waffenstillstands, der nach Hektors Tod vereinbart wurde, erblickt und in die er sich unsterblich verliebt. Amor schlägt ihm eine tödliche Wunde. *Aventure*, der zufällige Lauf der Begebenheiten, hat eine denkbar tragische Situation herbeigeführt: Achill ist verzweifelt, in seiner ganzen Existenz erschüttert. In einem langen Monolog spielt er die Ausweglosigkeit des Konflikts, die hoffnungslose Liebe zur Schwester des von ihm getöteten Hektor, mit dialektischer Schärfe durch. Auf dem Hintergrund der Liebeskonflikte gewinnen die darauffolgenden Zweikämpfe besondere Bedeutung. Achill tötet Troilus, er seinerseits wird von Paris in einen Hinterhalt gelockt und umgebracht, Paris daraufhin von Ajax getötet. Mit der Totenklage der Helena, deren inbrünstige Todessehnsucht an die Klage Énides in CHRÉTIENS *Érec et Énide* gemahnt, ist ein vorläufiges Ende der Konflikte erreicht. Dem rächenden Eingreifen

Penthesileas kann daher ein langer geographischer Exkurs über den Orient vorausgeschickt werden. Der weitere Verlauf der Geschichte, Einnahme und Plünderung Trojas, der anschließende Konflikt Pyrrhus – Andromache, Irrfahrten und Tod des Odysseus, werden ziemlich gerafft behandelt. Das Ende ist versöhnlich. Telegonus, Sohn des Odysseus und der Circe, der seinen Vater ermordete, versöhnt sich mit Telemach und hat mit ihm die Herrschaft über Ithaka inne. Diesem guten Ausgang entspricht die Freundschaft der beiden Söhne Andromaches, Achillides, des Sohnes von Pyrrhus, und Laudemantas, des Kindes aus ihrer Ehe mit Hektor. *Militia* und *amor*, unentwirrbar miteinander verflochten während des ganzen Geschehens, münden ein in die *amicitia*.

Benoîts Originalität liegt sicher in der Darstellung der Liebeskonflikte und ihrer psychologischen Komplikationen. Hier geht er weitgehend unabhängig von seiner Quelle zu Werke, während er bei der Darstellung der Kriegshandlungen ziemlich pauschal und farblos bleibt und wenig verändert; von einer Übertragung auf mittelalterliche Verhältnisse kann keine Rede sein. Auch von der Struktur des Romans her sind die Liebesszenen unerläßlich als Orientierungspunkte in dem unabsehbaren Schlachtengewirr. Der Konflikt wird konzentriert und privatisiert und gewinnt dadurch an Einprägsamkeit; ein zusätzliches strukturierendes Element sind die weitausholenden deskriptiven Exkurse, die Beschreibung der *»chambre de beauté«*, wo Hektor von seiner Verwundung genest, des Grabtempels Hektors, der Exkurs über den Orient, von kleineren deskriptiven Ruhepunkten abgesehen. Die Möglichkeiten einer Aneignung des antiken Stoffes wurden ausgeschöpft, gleichzeitig zeigen sich deren Grenzen, die durch den historisch vorgegebenen Stoff gezogen sind: Der Übergang zur *matière de Bretagne* ist in Sicht.

Benoîts *Trojaroman* wurde ein großer literarischer Erfolg. 39 Handschriften sind erhalten geblieben, daneben zahlreiche Bearbeitungen und Übersetzungen ins Italienische und Spanische. Er beeinflußte vor allem die deutschen Trojadichtungen; die *Historie van Troyen* des Niederländers Jacob van Maerlant geht ebenso auf Benoît zurück wie der *Polemos tis Troados*, eine Übersetzung ins Griechische aus dem 14. Jh. W.E.

Die *Historia destructionis Troiae* (1287), eine Bearbeitung des *Roman de Troie* durch → Guido de Columnis, hat gegenüber ihrer Vorlage durchaus eigenständigen Wert. In einer kürzeren, geschlosseneren Form, im allgemeinverständlichen Latein zeichnet sich das Werk durch selbständige Ausführung der Reden, der Schlachten- und Naturschilderungen aus. Besondere Sorgfalt gilt den Details, die die Glaubwürdigkeit des Berichts erhöhen. Guido fügt zahlreiche gelehrte Abschweifungen – so über die Wichtigkeit der Sternkunde für die Schiffahrt, über Sonnenfinsternis etc. – oder moralische Betrachtungen über die Falschheit der heidnischen Religion, über die Folgen mangelnder Höflichkeit der Prinzen und die erotische Zügellosigkeit junger Menschen ein; er verhehlt seine misogyne Haltung nicht, weshalb er auch Briseis treuloser und verschlagener erscheinen läßt als Benoît.

Die Wirkung von Guidos *Historia* sollte die des *Roman de Troie* noch weit übertreffen. In fast alle europäischen Sprachen übersetzt, beeinflußte sie insbesondere das Trojabuch des Hans Mair aus Nördlingen (1392), das *Troy Book* von John Lydgate (vgl. Abschn. 14) und den *Recueil des hystoires troyennes* (1464) von Raoul Lefevre. Auf Guido fußt auch das weltliche Mysterienspiel von Jacques Milet (ca. 1425–1466) *L'histoire de la destruction de Troye la grant* (1450/52 in Orleans entstanden), ein seltenes Beispiel profanen Theaters im Frankreich des 15. Jh.s. Die Troilus-Briseis-Episode wurde durch Guidos Roman in der europäischen Literatur weiterverbreitet. Über John Lydgate, Boccaccio (*Il Filostrato*, entstanden 1337 bis 1339), Chaucer (*Troilus and Criseyde*, vollendet um 1385) und über eine englische Übersetzung des *Recueil* von Raoul Lefevre durch William Caxton (1471) wurde sie an Shakespeare (*The Historie of Troylus and Cresseida*, um 1601/03) vermittelt.

Ausgaben: Paris 1904–1911, Hg. L. Constans, 6 Bde.; Nachdr. 1968. – Tübingen 1963, Hg. K. Reichenberger (Ausz.). – Paris 1987, Hg. E. Baumgartner (Ausw.; m. neufrz. Übers.; 10/18).

Literatur: B. Woledge, *La légende de Troie et les débuts de la prose française* (in *Mélanges offerts à M. Roques*, Bd. 2, Paris 1953). – R. M. Lumiansky, *Structural Unity in B.'s »Roman de Troie«* (in Rom, 79, 1958, S. 410–424). – A. Adler, *Militia et Amor in the »Roman de Troie«* (in RF, 72, 1960, S. 14–29). – G. A. Beckmann, *Troiaroman und Normannenchronik*, Mchn. 1965. – P. Wunderli, *Zur Sprache der Mailänder Handschrift des Trojaromans* (in VRo, 27, 1968, S. 27–49). – G. Raynaud de Lage, *Du »Roman de Troie« de Benoît au »Roman de Troie« en prose* (in *The French Language. Studies pres. to L. Ch. Harmer*, Hg. T. G. S. Combe u. P. Rickard, Ldn. 1970, S. 175–181). – I. Hansen, *Zwischen Epos und höfischem Roman. Die Frauengestalten im Trojaroman des Benoît de Sainte More*, Mchn. 1971. – J. L. Levenson, *The Narrative Format of B.'s »Roman de Troie«* (in Rom, 100, 1979, S. 54–70). – M. Thiry-Stassin, *Interpellations féminines dans »Le roman de Troie« de B.* (in *Mélanges P. Jonin*, Aix-en-Provence/Paris 1979, S. 645 bis 660). – R. Crespo, *Un frammento del »Roman de Troie« di B.* (in Studi Medievali, 21, 1980, S. 889 bis 897). – P. Sullivan, *Translation and Adaptation in the »Roman de Troie«* (in *The Spirit of the Court*, Hg. G. S. Burgess u. R. A. Taylor, Cambridge 1985, S. 350–359). – P. Sullivan, *Medieval Automata. The ›Chambre de beautés‹ in B.'s »Roman de Troie«* (in Roman Studies, 6, 1985, S. 1–20). – E. Baumgartner, *Vocabulaire de la technique littéraire dans le »Roman de Troie« de B.* (in Cahiers de lexicologie, 51, 1987, S. 39–48). – M.-R. Jung,

Hector assis (in *Romania ingeniosa. Fs. G. Hilty*, Bern u. a. 1987, S. 153 bis 169). – M. S. Brownlee, *Narrative Structure and the Rhetoric of Negation in the »Historia troyana«* (in Rom, 105, 1985, S. 439–455). – F. Jacquesson, *Darès, voyageur du temps, où: Comment revint le roman* (in Médiévales, 9, Herbst 1985, S. 80–102). – J. L. Freire, *Los códices gallegos basados en el »Roman de Troie« y sus ediciones. Bibliografía dumaria* (in RRo, 24, 1989, S. 116–125).

Béroul

12. Jh.

LE ROMAN DE TRISTAN

(afrz.; *Der Roman von Tristan*). Höfischer Roman von Béroul. – Diese nur fragmentarisch überlieferte Tristandichtung zerfällt in zwei deutlich voneinander abgesetzte Teile. Vom Verfasser ist lediglich der Name bekannt. Dabei bleibt umstritten, ob Béroul, wie sich der Autor an einer Stelle des Versromans nennt, nur den ersten, archaischer wirkenden Teil verfaßt hat oder beide Teile des Fragments. Umstritten wie die Frage der Autorschaft ist die der Datierung. Die Annahme, das Werk sei »um 1191« entstanden, stützt sich auf eine Konjektur im Text; wird diese – wie von der neueren Forschung – in Zweifel gezogen, so kann der erste Teil bis in die Jahre »vor 1170« zurückdatiert werden. – Der Inhalt des ersten Teils deckt sich mit der Version des Tristanstoffs, wie ihn der *Tristrant* des Eilhart von Oberg bietet. Béroul folgt damit der älteren, sogenannten spielmännischen Version und nicht der modernen höfischen, die sein Zeitgenosse Thomas d'Angleterre in seinem Tristanroman musterhaft inaugurierte.

Die Handlung setzt mit dem belauschten Stelldichein im Baumgarten ein. Die vorausgehenden Abenteuer (Kampf mit Morolt, Irlandfahrten, Drachenkampf), die ihren Höhepunkt und Abschluß in der Minnetrankszene finden, fehlen also. Das Stelldichein endet mit einem Triumph der Liebenden, die vor den Lauschern, Marke und einem Zwerg, Feindschaft heucheln, um damit ihre Unschuld unter Beweis zu stellen. Doch das nachfolgende Bettsprungabenteuer führt zur Aufdeckung des ehebrecherischen Verhältnisses und zur Verurteilung des Paars. Tristan, vom Liebesdrang besessen, springt in Isoldes Bett, obwohl Mehl zwischen ihre Betten gestreut wurde; eine alte Wunde bricht auf und hinterläßt auf Bett und Mehl ihre blutige Spur. Tristan kann sich der Hinrichtung entziehen und Isolde aus der Hand der Aussätzigen befreien, mit denen sie, einem grausigen Urteil Markes folgend, ihre verbotene Lust büßen soll. Das Paar entflieht vor den Häschern in den wilden Wald, wo es ein Leben in Liebeseinheit, doch ohne deren gesellschaftliche Repräsentation führt – die Dialektik von Minneleid und Minnefreude kann selbst hier nicht aufgehoben werden. – Ans Ende des Waldlebens schließt sich jener zweite Teil des Fragments an, der eine nur hier überlieferte Episode enthält. Marke lädt Isolde vor das Gericht des Artus, wo sie ihre Unschuld beeiden soll. Tristan, verkleidet als Aussätziger, erscheint, um der Geliebten beizustehen. Es schickt sich, daß er sie, als ihr Pferd in einem sumpfigen Graben versinkt, auf die Schultern nimmt und durch die Furt trägt. Nun kann Isolde vor Artus schwören, nie habe sie einen Mann zwischen den Schenkeln gehabt außer Marke, ihrem Gemahl, und diesem Aussätzigen.

Das Aussätzigenmotiv und das Motiv vom betrügerischen Eid, das in anderer Ausformung auch die höfische Version kennt, verschränken sich in dieser Episode. An ihr wird die Maxime exemplifiziert, daß der Liebende der Geliebten wegen krank wird und zum Lasttier. Daß das Aussätzigenmotiv diese extensive Ausformung erfuhr, mag von seiner unterschwelligen Faszinationskraft herrühren. Die Schöne im Arm des Aussätzigen evoziert, was meist an der Minne verhüllt bleibt: die krasse Sexualität und die Ambivalenz der Gefühlsregungen, die sie hervorruft. – Im Hang zum Sensationellen, in den formelhaften Anreden ans Publikum, den Anspielungen auf allgemein bekannte Sentenzen und Erzählmotive erkennt man den spielmännischen Dichter und die Erwartungen seines Publikums. Kausale Verknüpfungen und psychologische Durchdringung der Handlung, wie sie die höfischen Tristandichter anstreben, ist seine Sache nicht. Und dennoch: Das gut erfaßte sinnliche Detail, das rasche, zuweilen hektische Tempo der Erzählung, die Leidenschaft, die aus den Versen schlägt, machen die Béroulsche Fassung zur vielleicht angemessensten Gestaltung des Tristanstoffes. Stoffgeschichtlich stellt sie eine weiterentwikkelte spielmännische Fassung dar, das einzige greifbare Zwischenglied zwischen dem frühen Roman Eilharts von Oberg und dem programmatischen Neubeginn des Thomas. G.Schi.

Ausgaben: Paris 1902–1905, Hg. J. Bédier, 2 Bde. – Paris 1903, Hg. E. Muret; [4]1974 (CFMA). – Oxford 1939, Hg. A. Ewert (Bd. 1; m. Einf., Glossar u. Index). – Paris [4]1947, Hg. M. L. Defourgues. – Paris 1956, Hg. P. d'Espezel [Vorw. J. Marx]. – Mchn. 1962 [frz.-dt.; Übers. U. Mölk]. – Paris 1978, Hg. J. C. Payen (Class. Garn).

Literatur: M. K. Pope, *Note on the Dialect of B.'s »Tristan« and a Conjecture* (in MLR, 8, 1913, S. 189 ff.). – G. Schoepperle, *Tristan and Isolt. A Study of the Sources of the Romance*, Ffm. 1913, 2 Bde.; ern. Hg. R. S. Loomis, NY 1960. – F. M. Williams, *Notes on the »Tristan Romance«* (in Arthuriana, 2, 1920, S. 36–43). – S. Hofer, *Streitfragen zur altfranzösischen Literatur: Die Komposition des »Tristanromans«* (in ZfrzSp, 65, 1949, S. 256–288). – P. Le Gentil, *La légende de »Tristan« vue par B. et Thomas* (in RPh, 7, 1953/54, S. 11–129; dt. in *Der arthurische Roman*, Hg. K. Wais, Darmstadt 1970, S. 134–164). – Ders., *L'épisode du Morois et la signification du »Roman de Tristan« de B.* (in *Studia in honorem L. Spitzer*, Bern 1957, S. 267–274). – J. Caulier, *Glossaire complet du »Tristan« par B.*, Lüttich 1958. – G. Raymond de Lage, *Faul-il attribuer à B. tout le »Tristan«?* (in MA, 64, 1958, S. 249–270). – J. Frappier, *Sur deux passages du »Tristan« de B. I. vers 1909–1911; II. vers 3928–3954* (in Rom, 83, 1962, S. 251–258). – Ders., *Structure et sens du »Tristan«: version commune, version courtoise* (in Ccm, 6, 1963, S. 225–280; 441–454). – A. Vàrvaro, *Il »Roman de Tristan« di B.*, Turin 1963. – G. Raymond de Lage, *Du style de B.* (in Rom, 85, 1964, S. 518–530). – T. B. W. Reid, *On the Text of the »Tristan« of B.* (in *Medieval Miscellany Presented to E. Vinaver*, Ldn./NY 1965, S. 263–288). – G. Whitteridge, *The »Tristan« of B.* (ebd., S. 337–356). – J. Frappier, *La reine Iseut dans le »Tristan« de B.* (in RPh, 26, 1972, S. 215–228). – T. B. W. Reid, *The »Tristan« de B.*, Oxford 1972. – G. Andrieu u. a., *Le roman de »Tristan« de B. Concordancier complet des formes graphiques occurrentes*, Aix-en-Provence 1974. – D. Poirion, *Le »Tristan« de B.* (in Inf. litt, 26, 1974, S. 199–207). – E. Baumgartner, *Du »Tristan« de B. au »Roman de Tristan en prose«* (in *Der altfranzösische Prosaroman*, Hg. E. Ruhe u. R. Schwaderer, Mchn. 1979, S. 11–25; Diskussion S. 26–45). – J.-C. Payen, *Le peuple dans les romans de »Tristan«* (in Ccm, 23, 1980, S. 187–198). – *La légende de Tristan au moyen âge*, Hg. D. Buschinger, Göppingen 1982. – P. S. Noble, *B.s »Tristan« and the »Folie de Berne«*, Ldn. 1982. – J.-C. Huchet, *Les masques du clerc* (in Médievales, 5, 1983, S. 96–116). – K. Holzermayr, *B. »Le roman de Tristan«* (in K. H., *Historicité et conceptualité de la littérature médievale*, Mchn. 1984). – B. N. Sargent-Baur, *Between Fabliau and Romance* (in Rom, 105, 1984, S. 292–311). – V. Roloff, *Der Märchenwald als Traum* (in *Artusrittertum im späten Mittelalter*, Hg. F. Wolfzettel, Gießen 1984, S. 146–158). – J. Ribard, *Pour une interprétation théologique du »Tristan« de B.* (in Ccm, 28, 1985, S. 235–242).

ALAIN CHARTIER

* 1385 Bayeux
† 1433 Avignon

LITERATUR ZUM AUTOR:
E. J. Hoffmann, *A. Ch. His Work and Reputation*, NY 1942 (Nachdr. Genf 1975). – C. J. H. Walravens, *A. Ch.*, Amsterdam 1971. – F. Rouy, *L'esthétique du traité moral d'après les œuvres d'A. Ch.*, Genf 1980.

LAI DE LA BELLE DAME SANS MERCY

(frz.; *Lai von der schönen Dame ohne Gnade*). Verserzählung von Alain CHARTIER, erschienen 1490. – Gegenstand der 100 Oktaven umfassenden Dichtung ist das Gespräch zwischen einer koketten Dame und ihrem Verehrer, das der Autor – er ist während eines Spaziergangs in eine fröhliche Gesellschaft geraten – im Schutze einer Laube belauscht. Für das inständige Werben des jungen Mannes hat die Schöne allerdings nur taube Ohren, da sie ihre persönliche Freiheit dem Liebesdienst vorzieht. In der Vorfreude auf einen glänzenden Ball läßt sie ihren Liebhaber schließlich stehen, den alsbald die erlittene maßlose Enttäuschung und sein übergroßer, ohnmächtiger Zorn töten.

Das in ein konventionelles Reimschema *(ababbcbc)* gefaßte und überdies seit der Blüte der Troubadourlyrik geläufige Thema der vergeblichen Werbung um eine stolze Frau löste gleichwohl im 15. Jh. einen literarischen Skandal aus. Der Grund für den heftigen Meinungsstreit, der sich nach dem Erscheinen des Gedichts erhob und bis ins 16. Jh. seinen Niederschlag in zahlreichen Nachahmungen und polemischen Widerlegungen fand, lag in dem Verstoß gegen das erste Gebot einer im Jahre 1401 zu Paris mit königlicher Protektion gegründeten einflußreichen Institution, der »Cour Amoureuse« (Liebeshof), das streng untersagte, die Ehre des weiblichen Geschlechts anzutasten.

Den Titel seiner das Motiv der Vorlage allerdings frei abwandelnden Ballade *(La Belle Dame Sans Mercy)* entnahm KEATS einer englischen, ursprünglich CHAUCER zugeschriebenen Übersetzung, die man heute allgemein für ein Werk von Sir Robert Ros hält. KLL

AUSGABEN: Lyon o. J. [1490]. – Paris 1901, Hg. L. Charpennes [Nachdr. einer Ausg. von 1617]. – Genf 1945, Hg. A. Piaget (krit.: TLF); ^{2}1949. – Monte Carlo 1959. – Ldn. 1974, Hg. J. C. Laidlaw (in *The Poetical Works of A. Ch.*).

LITERATUR: A. Jeanroy, *Les origines de la poésie lyrique en France au moyen âge*, Paris 1925, S. 225/226. – J. Huizinga, *Herbst des MAs*, Mchn. 1928; ern. Stg. 1965. – C. S. Shapley, *Ch.'s »La belle dame sans mercy«* (in C. S. S., *Studies in French Poetry of the Fifteenth Century*, Den Haag 1970, S. 32–120). – D. Rieger, *Ch.'s »Belle Dame sans mercy« oder der Tod des höfischen Liebhabers* (in *Sprachen der Lyrik. Fs. H. Friedrich*, Hg. E. Köhler, Ffm. 1975, S. 683–706). – M. Tietz, *Die »Belle Dame sans mercy« und die »Dame des belles cousines«* (in *Beiträge zum Romanischen Mittelalter*, Hg. K. Baldinger, Tübingen 1977, S. 358–376). – W. W. Kibler, *The Narrator as Key to Ch.'s »La belle dame sans mercy«* (in FR, 52, 1978/79, S. 714–723). – G. Galigani,

L'effimera conquista dell'ideale. »La belle dame sans mercy«, Pisa 1984.

LE QUADRILOGUE INVECTIF

(frz.; *Das Streitgespräch zwischen vier Personen*). Prosawerk von Alain CHARTIER, verfaßt zwischen dem 12. April und dem 30. August 1422, weite handschriftliche Verbreitung (ca. 40 erhaltene Hss.), erste Druckfassung 1474. – Dieses polemische patriotische Werk ist nur vor dem Hintergrund der Lage Frankreichs im Laufe der ersten Hälfte des Hundertjährigen Krieges zu verstehen und zu bewerten: Krieg und Bürgerkrieg, Zwistigkeiten zwischen französischen Fürsten und überwältigende Siege der Engländer (etwa Azincourt 1415) führten zu dem für Frankreich schandhaften Vertrag von Troyes 1420; weitere militärische Rückschläge (Niederlagen des Dauphin) machten die Hoffnungen der verbliebenen französischen Patrioten zunichte. Chartier, der im Dienste des Dauphin stand, vertrat, wie viele andere französische Schriftsteller seiner Zeit (CHRISTINE DE PIZAN, Jean GERSON, Jean JUVENAL DES URSINS, Robert BLONDEL u. a.) die patriotische Sache. Sein *Quadrilogue invectif*, mit dem er die Mächtigen Frankreichs zu rettenden Taten bewegen wollte, reiht sich daher in die lange Serie seines politisch-polemischen Schrifttums ein (*Le Livre des quatre Dames*, 1415), *Débat patriotique*, 1422 (*Patriotisches Streitgespräch*), *Lay de la Paix*, 1425 (*Friedensleich*), an den Herzog von Burgund, *Lettre sur Jeanne d'Arc adressé à l'Empereur Sigismond*, 1429 (*Brief über Jeanne d'Arc an Kaiser Sigismund*).
In einer kurzen Einleitung, in der sich Chartier als *»entfernter Nachahmer der alten Redekünstler«* bezeichnet, wendet er sich an alle Stände gleichzeitig (*»... und soll ja keiner den einen Teil ohne den anderen lesen, so daß er nicht versucht werde, die gesamte Schuld auf einen Stand allein zu schieben«*), wobei er die schlechte Lage Frankreichs als Strafe Gottes und Zeichen der Wandelbarkeit aller irdischen Dinge bezeichnet, sowie Titel und Zweck seiner Schrift erläutert. Das eigentliche Streitgespräch kleidet sich in die Form einer Allegorie, die mit dem traditionellen Topos des Traumgesichts eingeleitet wird. Hier begegnet uns – wohl zum erstenmal in der französischen Literatur – die Gestalt Frankreichs (*France*). Diese steht, in königlichem Ornat, aber den Umständen entsprechend zerrissen und mitleiderregend anzuschauen – inmitten ihrer Kinder, den Ständen: ein stehender bewaffneter Ritter, ein sitzender, stiller Kleriker und ein am Boden liegender Vertreter des gemeinen Volkes. *France* eröffnet das Gespräch mit einer anklagenden Rede an ihre Kinder; das Volk entschuldigt sich mit einem Hinweis auf seine ausgebeutete und entrechtete Lage, die ihm jede weitere Anstrengung zum Tragen der Kriegskosten unmöglich macht. Der Ritter betont seine eigenen Opfer im Kriegsdienst und weist den vom Volk vorgebrachten Vorwurf des Wohllebens, der Eigenmächtigkeit und des Opportunismus zurück. Nach einigem Gerangel bricht der Vertreter des Klerus (*le Clergé*) sein Schweigen, mahnt alle Stände zur Eintracht, Opferbereitschaft und Gehorsam gegenüber der Obrigkeit, verteidigt den vom Hofe verbannten Dauphin, wünscht den Mächtigen weise und uneigennützige Ratgeber aus den Reihen des gelehrten Standes und präsentiert letztlich ein gesamtheitliches nationales Reformprogramm, in dem wir in etwa die politischen Vorstellungen Chartiers erkennen dürfen. Der Ritter hat noch einige Einwände, aber *France* unterbricht ihn, um sich direkt an den Autor – der dem Streitgespräch gelauscht hatte – zu wenden. Sie ermahnt ihn, da er selbst *»weder Leibeskraft noch Waffenkunst«* besitze, dem Allgemeinwohl dadurch zu dienen, daß er die unvereinbaren Positionen des *Quadrilogue* niederschreibe, damit darin jeder Stand seine eigenen Fehler und Versäumnisse erkennen und korrigieren könne.
Im Einklang mit den Gattungsregeln des Streitgesprächs wird hier keine Synthese angestrebt, sondern lediglich die in sich kohärenten Vorstellungen der jeweils sich widersprechenden Positionen präsentiert. In einer für die Zeit meisterhaft an lateinischen Vorbildern geschulten Sprache, die Chartier den Beinamen *»Vater der französischen Redegewandtheit«* einbrachte, gelingt es dem Autor, jedem der Streitenden seinen eigenen Sprachduktus zu verleihen. Insbesondere werden die *Exempla* (Beispiele), mit denen in gattungstypischer Art die Reden reichhaltig gespickt sind, auf den jeweiligen Sprecher abgestimmt: So bedient sich das Volk einer bildlichen, an Personifikationen reichen Sprache, der Adlige greift hauptsächlich auf Überlieferungen antiker Geschichte und auf Ritterromane zurück, und der Kirchenmann mit seinen biblischen und klassisch-gelehrten Beispielen beweist humanistische Bildung. Der Text ist eine Abfolge von Monologen, die gelegentlich aufeinander Bezug nehmen: Der Streit findet zwischen Volk und Ritter statt, der Kleriker ermahnt – kaum widersprochen – alle, *France* klagt alle an.
Chartiers *Quadrilogue* markiert mit seiner Synthese mittelalterlicher Topik und humanistischer Form einen entscheidenden Punkt in der Evolution einer genuin französischen Rhetorik. Seine Wirkung auf das folgende Jahrhundert war groß, spätere Zeiten schätzten vor allem die patriotischen Inhalte, die wie ein früher Anklang modernen nationalstaatlichen Denkens wirken. M.G.D.

GEORGES CHASTELLAIN

* um 1415 Aalst / Flandern
† 13.2.1475 Valenciennes

LITERATUR ZUM AUTOR:
G. Pérouse, *G. C., étude sur l'histoire politique et littéraire du 15e siècle*, Paris 1910. – K. Orwin, *G. C., sa vie, ses œuvres*, Paris 1931. – L. Hommel, *G. C., 1415–1474*, Brüssel 1945. – J.-C. Delclos, *Le témoignage de C.*, Genf 1980.

LE LIVRE DES FAITS DU BON CHEVALIER MESSIRE JACQUES DE LALAING

(frz.; *Buch der Heldentaten des edlen Ritters Jacques de Lalaing*). Biographisches Werk, vermutlich verfaßt von Georges CHASTELLAIN, entstanden um 1470. – *»Die spätmittelalterliche Heldenverehrung hat ihre literarische Form in der Biographie des vollkommenen Ritters«* (Huizinga). Eines der wichtigsten Beispiele für die Gattung des *livre des faits*, das Epos und höfischen Roman ablöste und besonders am burgundischen Hof gepflegt wurde, ist das Leben des Jacques de Lalaing.
Zu Beginn wird kurz von seinen Vorfahren im Hennegau und seiner Jugend auf dem elterlichen Schloß berichtet. Der Herzog von Clèves, ein Neffe Philipps des Guten von Burgund, nimmt Jacques mit an den burgundischen Hof, wo er sich in Turnieren und schließlich im Waffengang mit einem sizilianischen Ritter ersten Ruhm erwirbt. Nach dem Ritterschlag tritt er eine Turnierfahrt durch Europa an. An den königlichen Höfen von Frankreich, Navarra, Kastilien, Portugal, Schottland und England wird er freudig aufgenommen, und immer wieder hat er Gelegenheit, in Waffengängen mit den Tapfersten des jeweiligen Landes seine unvergleichliche Rittertugend zu beweisen. Nach der Rückkehr stellt er sich für ein Jahr an der Fontaine des Pleurs allen, die sich mit ihm messen wollen: 22 Ritter kann er in dieser Zeit besiegen. Den Höhepunkt seines Lebens aber bilden eine Mission als Gesandter des burgundischen Herzogs, die ihn nach Italien führt, und die Aufnahme in den Orden des Goldenen Vlieses. Mit 32 Jahren stirbt er durch einen Kanonenschuß.
Der Schluß der Erzählung ist lückenhaft: Nur eine abschließende Laudatio ist erhalten – sie endet mit dem Satz: *»Car meilleur fut que nul escrit de George«* (*»Denn er war besser als irgendeiner, den George beschrieb«*). Mit größter Wahrscheinlichkeit ist hier Georges Chastellain, der berühmte Historiograph Karls des Kühnen von Burgund gemeint, den man für den Verfasser oder wenigstens den Kompilator hält. Auffällig ist allerdings, daß das *Livre* die sonst bei Chastellain üblichen moralisierenden Einschübe vermissen läßt, wie sie der Autor vor allem in *La chronique des choses de ce temps*, ab 1464 *(Die Chronik der Ereignisse dieser Zeit)*, gebraucht, in der er unter Verwendung historischer Quellen die burgundische Geschichte zwischen 1419 und 1475 schildert. So wurden auch andere Mitglieder des burgundischen Hofs als Verfasser in Betracht gezogen: LEFEBVRE DE SAINT-REMY (J. Kervyn de Lettenhove) und der Herold CHAROLAIS (A. Rudnitzki).
In jedem Fall aber entstand das Turnierbuch im Umkreis und wohl auf Veranlassung Karls des Kühnen; es ist typisch für diese Phase des Spätmittelalters, in der antiquierte Waffentaten idealisiert werden und wenig von der Realität beginnender moderner Kriegführung die Rede ist. B.L.

AUSGABEN: Brüssel 1863–1866; Faks. Genf 1971 (in *Œuvres*, Hg. J. Kervyn de Lettenhove, 8 Bde., 8).

LITERATUR: G. Raynaud (in Rom, 31, 1902, S. 546–556). – A. Rudnitzki, *Der Turnierroman »Livre des faits« in der Anholter Handschrift*, Münster 1914. – K. Heilemann, *Der Wortschatz von G. C.*, Lpzg./Paris 1937. – J. Huizinga, *Herbst des MAs*, Stg. 91965.

CHRÉTIEN DE TROYES

* um 1140 Troyes / Champagne (?)
† vor 1190

LITERATUR ZUM AUTOR:
Bibliographien:
Bull. bibliographique de la Société Arthurienne, Paris 1948 ff. – D. Kelly, *C. de T. An Analytic Bibliography*, Ldn. 1977.
Gesamtdarstellungen und Studien:
G. Cohen, *Un grand romancier d'amour et d'aventure au 12e siècle*, Paris 1931; 21948 erw. – W. Förster, *Wörterbuch zu Kristian von Troyes' sämtlichen Werken*, Halle 21933. – W. Kellermann, *Aufbaustil und Weltbild C. von T.' im Percevalroman*, Halle 1936; ern. Tübingen 21967. – R. R. Bezzola, *Le sens de l'aventure et de l'amour*, Paris 1947; 21968 (dt. *Liebe und Abenteuer im höfischen Roman*, Reinbek 1961; rde). – R. S. Loomis, *Arthurian Tradition and C. de T.*, NY 1949; 21952. – S. Hofer, *C. de T. Leben und Werk des altfranzösischen Epikers*, Graz/Köln 1954. – E. Köhler, *Ideal und Wirklichkeit in der höfischen Epik*, Tübingen 1956; 21970. – J. Frappier, *C. de T., l'homme et l'œuvre*, Paris 1957; 31968 [erw]. – I. Nolting-Hauff, *Die Stellung der Liebeskasuistik im höfischen Roman*, Heidelberg 1959. – A. Micha, *La tradition manuscrite des ro-*

mans de C. de T., Genf 1966. – L. Maranini, *Personaggi e immagini nell'opera di C. de T.*, Mailand 1966. – P. Haidu, *Aesthetic Distance in C. de T.*, Genf 1968. – Ders., *Lion-Queue-Coupée. L'écart symbolique chez C. de T.*, Genf 1972. – K. O. Brogsitter, *Artusepik*, Stg. ²1971 (Slg. Metzler). – W. Brand. *C. de T. Zur Dichtungstechnik seiner Romane*, Mchn. 1972. – W. Völker, *Märchenhafte Elemente bei C. de T.*, Diss. Bonn 1972. – Z. P. Zaddy, *C. Studies*, Glasgow 1973. – V. Roloff, *Reden und Schweigen*, Mchn. 1973. – C. Luttrell, *The Creation of the First Arthurian Romance*, Ldn. 1974. – J. Bednar, *La spiritualité et le symbolisme dans les œuvres de C. de T.*, Paris 1974. – I. Nolting-Hauff, *Märchen und Märchenromane* (in Poetica, 6, 1974, S. 129–178; 417–455). – S. Gallien, *La conception sentimentale de C. de T.*, Paris 1975. – L. Carasso-Bulow, *The Merveilleux in C. de T.' Romances*, Genf 1976. – M. Altieri, *Les romans de C. de T., leur perspective proverbiale et gnomique*, Paris 1976. – H. Weber, *C. und die Tristandichtung*, Bern/Ffm. 1976. – R. Warning, *Formen narrativer Identitätskonstitution im höfischen Roman* (in GRLMA, 4/1, Heidelberg 1978, S. 25–59). – K. O. Brogsitter, *C. de T.* (in *Enzyklopädie des Märchens*, Hg. K. Ranke u. a., Bln./NY 1979, Bd. 2, Sp. 1366–1380). – B. Schmolke-Hasselmann, *Der arthurische Versroman von C. bis Froissart*, Tübingen 1980. – *Réception critique de l'œuvre de C. de T.* (in OCrit, 5, 1980/1981 H. 2; Sondernr.). – N. J. Lacy, *The Craft of C. de T.*, Leiden 1980. – L. T. Topsfield, *C. de T.*, Cambridge 1981. – P. S. Noble, *Love and Marriage in C. de T.*, Cardiff 1982. – Europe, Okt. 1982, Nr. 642 (Sondernr. *C. de T.*). – P. Gallais, *Dialectique du récit medieval*, Amsterdam 1982. – *The Sower and His Seed*, Hg. R. Pickens, Lexington 1983. – *C. de T. and the Troubadours*, Hg. P. S. Nobel u. L. M. Paterson, Cambridge 1984. – *The Romances de C. de T.*, Hg. D. Kelly, Lexington 1985.

CLIGÈS

(afrz.; *Cligès*). Höfischer Roman in ca. 6784 Versen von CHRÉTIEN DE TROYES, entstanden um 1176. – Auch Chrétiens zweiter großer Roman ist am Artushof angesiedelt, wenngleich die ideelle und strukturelle Bindung der Handlung an den Hof gegenüber dem *Erec* hier gelockert ist. Obwohl der Artushof weiterhin ein wichtiges Zentrum der Handlung ist, hat Chrétien als Ausgangspunkt und Ziel der Handlung den byzantinischen Hof in Konstantinopel gewählt. Aus dem Prolog des Werkes entnehmen wir, daß der *Cligès* ein Werk aus der Feder des Autors ist, der nicht nur *Erec*, sondern auch eine Ovidbearbeitung *(Philomena)* und eine Geschichte verfaßte, die von *roi Marc et d'Ysalt* handelt, also Chrétiens – heute allerdings verlorene – Version des Tristan-Stoffs. Auf diesen spielt übrigens der *Cligès* mehrere Male direkt an; verschiedentlich hat man den Roman auch als »Anti-Tristan« gedeutet. Chrétien selbst nennt auch ein, freilich bisher nicht nachweisbares *»livre«* aus der Kathedrale von Beauvais als Vorlage des Werks.

Zunächst wird die Brautwerbefahrt des Prinzen Alixandre erzählt, die das erste Drittel des Werks (V. 1–2560) einnimmt. Alixandre reist von Griechenland quer durch Europa nach England, wo er am Artushof in Guincestre (Winchester) empfangen wird. Auf der Überfahrt in die Bretagne begleitet er als einziger junger Ritter Artus und verliebt sich in Soredamors, die Schwester von Artus' Neffen, dem vorbildlichen Ritter Gauvain. Mit stilistischer Sorgfalt und psychologischer Einfühlung hat Chrétien in verschiedenen Monologen und Gesprächen das allmähliche Erwachen der wechselseitigen Liebe der beiden Figuren dargestellt. Das Idyll wird durch einen Kriegszug von König Artus unterbrochen, der gegen seinen abtrünnigen Stellvertreter in London, den Grafen Angrès, ziehen muß, einen übleren Verräter als Ganelon, wie Chrétien mit einem Hinweis auf das *Rolandslied* meint (*»qui pires est de Guenelon«*; V. 1068). Vor der Abreise schlägt er Alixandre zum Ritter, wozu dieser ein kostbares Hemd von Guenièvre erhält, in das Soredamors eines ihrer goldfarbenen Haare gewoben hat. In der sich anschließenden Belagerung von Guinesore (Windsor) wagt Alixandre eine List, worauf man ihn zeitweise für tot hält, was Soredamors besonders betrübt. Doch Alixandre kehrt unversehrt mit Angrès als Gefangenen zurück. Seine Belohnung ist zweifach: Von Artus erhält er einen goldenen Becher, während Guenièvre ein heimliches Stelldichein der beiden Liebenden in ihrem eigenen Zelt arrangiert. Wenig später wird zugleich die Siegesfeier von Artus und die Hochzeit von Alixandre und Soredamors begangen. Deren Sohn Cligès wird dreizehn Monate später geboren, *»zu dessen Gedächtnis dieser Roman gemacht wurde«* (*»an cui mimoire/ Fu mise an romans ceste estoire«*; V. 2345 f.).

Während Alixandres langer Abwesenheit ist inzwischen in Griechenland dessen jüngerer Bruder Alis zum König erhoben worden. Als Alixandre zurückkehrt, muß sich Alis verpflichten, nicht zu heiraten, um so die Herrschaft des rechtmäßigen Thronfolgers Cligès zu gewährleisten. Nach dem Tod seiner Eltern zieht Cligès nach Byzanz, wo der wortbrüchige Alis die deutsche Prinzessin Fenice heiraten will. Cligès begleitet ihn auf seiner Brautwerbefahrt nach Köln, wo er sich mit einem sächsischen Herzog duelliert, der seinerseits im Auftrag seines Onkels um die Hand der Prinzessin anhalten sollte. Bald verliebt sich Cligès in Fenice. Diese entzieht sich dem ihr angetrauten Alis mit Hilfe eines Zaubertranks, den ihre Amme und Erzieherin Tessala zubereitet. Es folgen eine Reihe weiterer Kämpfe, insbesondere der sächsische Herzog erweist sich als hartnäckiger Widersacher, dessen zwölf Kämpfer Cligès jedoch besiegt. Der Sachse sinnt auf Rache und bringt durch eine List Fenice in seine Gewalt. Einen Kampf gegen den Herzog um die Freiheit von Fenice besteht Cligès, der sodann zum Artushof aufbricht und die heimliche Geliebte in ihrem Schmerz zurückläßt. Cligès vollbringt inzwischen wahre Wunder bei dem Turnier von Osenefort (Oxford), wo er Lancelot und Perceval, nicht jedoch seinen Onkel Gauvain besiegt. Von Artus' Höfen in England und auf dem Festland führt sein Weg nach Konstantinopel zurück, wo er der geliebten Fenice wiederbegegnet. Er ersinnt eine List, um Fenice, die nun doch in eine gemeinsame Flucht einwilligt, zu entführen. Mit Hilfe eines weiteren von Tessala gemischten Tranks kann Fenice Krankheit und schließlich auch ihren Tod vortäuschen. In einem kunstvollen, speziell dafür von Cligès erdachten, von dem Steinmetz Jehan ausgeführten, turmartigen Grabmal wird Fenice zum Schein bestattet. Cligès flieht mit ihr und kehrt erst zurück, als ihm Meister Jehan meldet, Alis sei aus Kummer oder Ärger über die entdeckte Flucht der Liebenden gestorben, so daß Cligès endlich den Thron von Byzanz besteigen kann.

Man hat oft angeführt, der *Cligès* sei mit der Artusthematik nur oberflächlich verbunden. Tatsächlich scheint es sich bereits im Prolog des Werks um eine Strategie zur Leserlenkung zu handeln, wenn Chrétien den Helden des Romans als griechischen Ritter aus dem Hause von Artus *(»D'un vaslet qui an Grece fu / Del linage le roi Artu«)* bezeichnet. Von der klassischen Komposition der Versromane *Erec* oder *Yvain* weicht der *Cligès* ab, indem er die diesen Texten zugrundeliegende Symbolstruktur des »Doppelweges« des Helden durch die Zweiteilung ersetzt: Die Genealogie des Helden geht der eigentlichen Jugendgeschichte des Cligès als eine Art Miniaturroman voraus, wie Chrétien im Prolog selbst heraushebt: *»Orroiz de son pere la vie,/ Dom il fu, et de quel linage« (»Hört das Leben seines Vaters, von wem er abstammt und von welcher Familie«)*. Das Hauptthema des Prologes ist jedoch die von E. Gilson u. E. Köhler zur Sprache gebrachte Theorie der *translatio studii*, d.h. des Übergangs der antiken Kultur und Gelehrsamkeit auf die Autoren des christlichen Mittelalters, als deren emanzipierter Repräsentant Chrétien sich begreift. Dabei geht es Chrétien nicht nur um die Vermittlung der antiken Weisheit von Athen nach Rom und Frankreich, sondern auch um die Tradition des französischen Rittertums, das so auf seine Wurzeln in der Antike zurückgeführt werden soll (*»Puis vint chevalerie a Rome/ Et de la clergie la some,/Qui or est an France venue«*; V. 31 ff.). Der Rückgriff auf die Antike vollzieht sich im *Cligès* dabei nicht nur durch die Einbeziehung der an den Werken Ovids geschulten Minnethematik und durch die exotische Thematik, die der byzantinische Schauplatz mit sich bringt. Vielmehr wird das antik-orientalisierende Kolorit auch auf die vom herkömmlichen Artusroman leicht abweichende Struktur und durch thematische Bezüge auf die antikisierenden Romane bewirkt. Hinzu kommen von der Forschung bislang übersehene Parallelen zum »hellenistischen« Roman *(Apollonius de Tyr)*, zu dessen Motivarsenal gerade Zaubertränke, die Flucht und Trennung der Liebenden, unfreiwillige Heiraten und kunstvolle Beschreibungen zählen, eine Tradition also, an die sich auch der Chrétien zugeschriebene Roman *Guillaume d'Angleterre* anschließt. In andere Literaturen ist der *Cligès*, abgesehen von einer fragmentarisch erhaltenen Übertragung ins Mittelhochdeutsche (Ulrich von Türheim, *Clîes*), zwar nicht eingegangen, doch setzt sich seine Rezeption in einer Prosafassung (1454) bis ins 16. Jh. fort. Die byzantinische Thematik des Werks wurde schnell zum Topos und scheint überdies auf die spätere Entwicklung der Ritterbücher im 16. Jh. mit ihrem griechisch-asiatischen Kolorit *(Palmerín de Oliva)* Einfluß genommen zu haben. G.Wil.

Ausgaben: Halle 1884 (in *Sämtliche erhaltene Werke*, Hg. W. Foerster, 4 Bde., 1884–1899, 1; Nachdr. Amsterdam 1965). – Halle 1888, Hg. ders. [m. Einl., Anm. u. Glossar; [2]1901; [4]1921]. – Halle 1934, Hg. ders. u. H. Breuer (Slg. Romanischer Übungstexte, 12; Ausw.). – Paris 1957, Hg. A. Micha [m. neufrz. Übers.]. – Paris 1970 (*Les romans de C. de T. édités d'après la copie de Guiot (Bibl. nat. fr. 794), II: Cligès*, Hg. ders.; ern. 1978; CFMA).

Literatur: G. Paris, *»Cligès«* (in Journal des Savants, 1902, S. 1694). – A. G. van Hamel, *»Cligès« et »Tristan«* (in Rom, 23, 1904, S. 465–489). – G. Cohen, *Textkritisches zum »Cligès«* (In ZfrzSp, 27, 1904, S. 117–159; 349–351). – D. W. Robertson, *C.'s »Cligès« and the Ovidian Spirit* (in CL, 7, 1955, S. 32–42). – G. Favati, *Le »Cligès« de C. dans les éditions critiques et dans les manuscrits* (in Ccm, 10, 1967, S. 385–407). – L. Cocito, *Il »Cligès« di C.*, Genua 1968. – P. Haidu, *Aesthetic Distance in C. de T.*, Genf 1968. – N. J. Lacy, *Form and Pattern in »Cligès«* (in OL, 25, 1970, S. 307–313). – W. Bergerfurth, *Kommentar zu C. de T.s »Cligès«*, Diss. Mannheim 1971. – D. W. Robertson, *The Idea of Fame in C.'s »Cligès«* (in StPh, 69, 1972, S. 414–433). – D. J. Shirt, *»Cligès«. Realism in Romance* (in FMLS, 13, 1977, S. 368 380). P. Haidu, *Au début du roman, l'ironie* (in Poétique, 9, 1978, S. 443–446). – J. C. Kooijman, *Cligès, héros ou anti-héros* (in Rom, 100, 1979, S. 505–519). – H. P. Schwake, *Der Wortschatz des »Cligès« von C. de T.*, Tübingen 1979. – M. Freeman, *The Poetics of Translatio studii and Conjointure. C.'s »Cligès«*, Lexington 1979. – Dies., *Transpositions structurelles et intertextualité. Le »Cligès« de C.* (in Littérature, 1981, Nr. 41, S. 50–61). – D. J. Shirt, *»Cligès«, a Twelfth-Century Matrimonial Case-Book* (in FMLS, 18, 1982, S. 75–89). – L. Polak, *C. »Cligès«*, Ldn. 1983. – M. Freeman, *»Cligès«* (in *The Romances of C. de T.*, Hg. D. Kelly, Lexington 1985, S. 89–131).

ÉREC ET ÉNIDE

(afrz.; *Érec und Énide*). Artusroman in 6958 Versen von Chrétien de Troyes, vermutlich nach 1170 entstanden. – Im Prolog bezeichnet sich Chrétien als derjenige, der dem folgenden *conte d'aventure* (Abenteuererzählung), der Geschichte von Érec, eine besonders wohlgestaltete Anordnung *(une molt bele conjointure)* verliehen habe. Bemerkenswert ist das erstaunlich reflektierte Bewußtsein dieses mittelalterlichen Literaten, der sich stolz darauf beruft, mit Gottes Gnade seine Talente zu nutzen.

Ausgangspunkt der Handlung ist Cardigan, wo König Artus zu Ostern Hof hält. Da eine besonders große Zahl tapferer Ritter und edler Damen anwesend ist, beschließt er, bevor er die Versammlung aufhebt, den sagenhaften weißen Hirsch zu jagen. Am anderen Morgen bricht die Jagdgesellschaft frohgemut auf. Königin Guenièvre bleibt mit ihrer Zofe und Érec, dem jungen Sohn des Königs Lac, in ein höfisches Gespräch versunken, hinter der Jagdgesellschaft zurück. Kurz darauf begegnet die Gruppe einem Zwerg, der mit einem wohl gerüsteten Ritter und dessen schöner Begleiterin reitet und auf die höfliche Frage der Zofe mit einer Beleidigung reagiert: Er schlägt die Zofe und auch den hinzutretenden Érec im Beisein der Königin mit seiner Peitsche mitten ins Gesicht. Da Érec nur mit einem Schwert bewaffnet ist, beschließt er, der Gruppe nachzureiten, bis sich Gelegenheit ergibt, diese Schmach zu tilgen. Érec folgt dem Unbekannten bis zu einem Burgflecken, wo reges Treiben ein bevorstehendes Fest ankündigt: Der unbekannte Ritter will hier ein drittes Mal um den als Preis ausgesetzten Sperber kämpfen, der zugleich als Anerkennung für die schönste Freundin gilt. Érec kehrt bei einem verarmten Ritter ein, mit dem er ein Abkommen trifft: Um am folgenden Tag gegen den unbekannten Beleidiger kämpfen zu können, leiht er sich eine Rüstung und tritt mit Énide, der schönen Tochter seines Gastgebers, die er zu heiraten verspricht, gegen den Unbekannten an. Nach langem Kampf siegt Érec, als ihm ein Blick Énides besondere Kraft verleiht. Den besiegten Ritter und seine Begleiter schickt Érec an den Artushof, wo der Grobian sich entschuldigen und Guenièvres Gnade ausliefern muß. Am Artushof feiert man Énide, die ihre ärmliche Kleidung gegen eines der Prunkgewänder Guenièvres eintauschen darf, als die schönste Frau. Nach der eingehend beschriebenen, mehrtägigen prachtvollen Heirat zieht sich das Paar Érec und Énide aus der Gesellschaft zurück, um nur noch der Liebe in einer trügerischen Zweisamkeit zu leben, die erst durch das Seufzen Énides abrupt endet, welche nachts die *recreantise* ihres geliebten Mannes beklagt, d.h., daß er seine Ritterschaft durch fehlende Ausübung verloren habe. Diese Schande aus dem Mund seiner Frau muß Érec im zweiten Teil des Werks zu tilgen versuchen: Heimlich und nur mit dem Nötigsten versehen, bricht er mit Énide auf, um Abenteuer zu suchen. Seiner Frau verbietet er bei schwerster Strafe, ein Wort mit ihm zu sprechen. In schneller Folge besteht Érec eine Reihe Abenteuer in stets steigender Schwierigkeit. Dabei bricht Énide jedes Mal im rechten Moment das Schweigeverbot, um ihren Mann vor drohender Gefahr zu warnen, dieser straft sie, indem er jeweils die ihr gemachten Auflagen verschärft und seine Frau durch niedere Arbeiten, wie diejenige eines Stallknechts, demütigt. Er besiegt nacheinander drei, dann fünf Wegelagerer; in einer Schenke verliebt sich ein Graf in Énide, den Érec, obwohl er zunächst dem Kampf aus dem Weg gehen will, ebenfalls besiegt. Sodann muß er gegen Guivret le Petit, einen irischen König von zwergenhaftem Wuchs und Bärenkräften, einen besonders schwierigen Zweikampf bestehen. Das Paar verbringt eine Nacht auf Guivrets naher Burg, nachdem die beiden Ritter Freunde geworden sind. Am nächsten Tag begegnet er der Hofgesellschaft von Artus und besiegt Truchseß Kex, verbringt darauf eine Nacht im Hoflager des Königs, wo Guenièvre die schwere Wunde pflegt, die Érec im Kampf gegen Guivret erhielt.

Am folgenden Tag begegnet dem Paar ein weinendes Mädchen, dessen Freund von zwei Riesen mißhandelt wird. Érec befreit den Ritter Cadoc aus der Gewalt der Übeltäter. Da jedoch Érecs Wunde wieder aufbricht, sinkt er in eine todesähnliche Ohnmacht. Der des Wegs kommende Graf Oringles verliebt sich in die schutzlose Énide und schafft sie und den vermeintlich toten Gatten auf sein Schloß, wo er sie noch in derselben Nacht heiraten will. Da Énide ihm Widerstand leistet, schlägt er sie beim Hochzeitsmahl. Von ihren Schmerzensschreien erwacht der in der Totenkammer aufgebahrte Érec, erscheint, noch in Leichentücher gehüllt einem Gespenst gleich, und erschlägt den Grafen. Hierauf versöhnt sich Érec mit Énide. Inzwischen hat Guivret von Érecs Notlage erfahren und will dem Freund zu Hilfe eilen. Da Érec den in voller Rüstung heranstürmenden Ritter nicht erkennt, kämpft er auch gegen diesen, um Énide zu schützen, unterliegt aber. Nach freudigem Wiedererkennen und einer vierzehntägigen Rast auf Pointurie, einer von Guivrets Schwestern bewohnten Burg, brechen die Freunde zum Artushof auf, kommen aber vom Weg ab und stehen vor der Burg Brandigan. Das mörderische Abenteuer, vor dem jeder Érec warnt und das mit diesem Ort verbunden ist, hat bereits zahllosen Rittern das Leben und ihren Damen die Freiheit gekostet: Érec besiegt in dem märchenhaften Garten mit dem zweideutigen Namen *Joie de la Cort* (Die Hofesfreude) den Ritter Mabonagrain und beendet so den grausamen Brauch, der damit begann, daß dieser Ritter aus Liebe zu seiner Freundin versprach, so lange in dem Garten mit ihr zu bleiben, bis ein Ritter ihn besiege. Zur allgemeinen Freude kann der siegreiche Érec achtzig Frauen befreien, die so durch Mabonagrain zu Witwen wurden. Gemeinsam kehren alle nun Versammelten zum Artushof zurück. Érec und Énide treten nach dem Tod des alten Königs Lac die Herrschaft in Karnant an.

Der Roman ist nicht nur Chrétiens erstes Werk dieser Art, sondern wahrscheinlich das früheste Beispiel eines Artusromans überhaupt. Typisch ist das überaus begrenzte Figurenarsenal, das in Chrétiens folgenden Texten kaum erweitert wird. Auch die Thematik – ein Ritter gewinnt über einen zweistufigen Reifungsprozeß, in dem er unterschiedliche Abenteuer zu bestehen hat, Frau und Herrschaft –

wird von Chrétiens zahlreichen Nachfolgern übernommen. Besonders gelungen und insofern einzigartig im Vergleich zu den Werken der Epigonen ist jedoch in Chrétiens Roman die Verbindung, die erzähltechnische, kompositionelle und ideelle Eigenheiten eingehen. Bereits die Inhaltsangabe macht hier deutlich, daß Chrétien besonders gerne mit rhetorischen Figuren arbeitet, die den Handlungsablauf gliedern. Motivverdoppelungen, Variationen von ähnlichen Episoden, Symmetriebildungen und Parallelismen gehören zum Inventar, durch das Chrétien die märchenähnliche Erzählung strukturiert. Die Gesamthandlung ist nach dem Prinzip des »doppelten Kursus« mit einer steigernden Reprise angelegt. Dabei entspricht jedem Abenteuer im ersten Teil des Textes, wie H. Kuhn in einer noch immer grundlegenden Studie gezeigt hat, eine analoge Station im zweiten Teil, wobei jedem Abenteuer ein einzigartiger Stellenwert in der individuellen Entwicklung des Helden zukommt. In der *Joie de la Cort*-Episode ist die Problematik des gesamten Textes nochmals gespiegelt: Die Situation des freiwillig eingeschlossenen Ritters Mabonagrain entspricht derjenigen, aus der sich Érec zu Beginn des zweiten Teils befreien muß.

Über den Sinn des Werks ist immer wieder spekuliert worden. Man kann sich an den Autor selbst halten, der, wie in seinen anderen Prologen, dem *Érec* ein Sprichwort zugrunde legt: *»tel chose a l'an despit qui molt valt mialz que l'an cuide«* (*»manches wird gerne verachtet, das viel mehr wert ist, als man glaubt«*; V. 1 f.); obwohl dies zunächst metapoetisch die hohe Qualität des Werks preist, ist damit gleichzeitig auch das zentrale Problem der Prüfung Énides und Érecs umschrieben, die sich erst am Ende des Textes als gesellschaftlich sinnvolle Gemeinschaft erkennen. Man hat gerne versucht, Chrétiens Artusromane auf Motivkerne der Folklore zurückzubeziehen, andererseits auf die naheliegende Vorläuferrolle von Autoren wie Geoffrey of Monmouth und Wace und ihren Artuschroniken verwiesen. Dennoch kann die Leistung Chrétiens hier kaum überschätzt werden, dem es gelang, die folkloristischen Erzähltraditionen keltischer Herkunft mit den mittellateinischen Historien mittels einer an der mittelalterlichen Rhetorik geschulten Sprache und Erzähltechnik zu einer neuartigen Form der fiktionalen Literatur zu verschmelzen. Dabei sollte die besondere Rolle des Erzählers nicht übersehen werden, welcher uns im Vergleich zu seinen Zeitgenossen besonders selbstbewußt und zugleich ironisch entgegentritt: Eines der typischen poetischen Mittel dieses Romantyps sind ausgedehnte Beschreibungen von Handlungen (vor allem von Turnieren und Kämpfen), Personen und Gegenständen. Häufig bedient sich Chrétien dabei der Technik der Allegorie und der Personifikation, die gelegentlich ironisiert sind, wenn er beispielsweise das Lob von Énides Schönheit augenzwinkernd um den Zusatz ergänzt, das Mädchen sei so schön gewesen, daß selbst Mutter Natur sich 500mal gewundert habe, wie sie dies zustande gebracht habe. Wie schon die Prologtexte Chrétiens, so verdeutlichen zahlreiche vergleichbare Partien des Werkes seine spielerische Haltung einem an sich märchenhaften Stoff gegenüber. – Bald nach seiner Verbreitung in Frankreich ist Chrétiens *Érec* durch die freie Nachdichtung Hartmanns von Aue als einer der frühesten Artusromane in die deutsche Literatur eingegangen und hat so diese Gattung auch in Deutschland begründet. G.Wil.

Ausgaben: Lpzg. 1856 (*Des Christian von Troyes' Erec und Enide*, Hg. I. Bekker, in ZfdA, 10, S. 373–550). – Halle 1890 (in *Sämtliche erhaltene Werke nach allen bekannten Handschriften*, Hg. W. Foerster, 4 Bde., 1884–1899, 3; Nachdr. Amsterdam 1965). – Halle ³1934, Hg. W. Foerster [m. Einl., Anm. u. Variantenauswahl]. – Paris 1953 (in *Les romans de C. de T. édités d'après la copie de Guiot; Bibl. nat. fr. 794. I: Érec et Énide*, Hg. M. Roques; ern. 1981; CFMA).

Übersetzung: *Érec et Énide*, H. Klüppelholz, Rheinfelden 1977. – *Érec und Énide*, I. Kasten, Mchn. 1979 [afrz.-dt.]. – Dass., A. Gier, Stg. 1987.

Literatur: W. Meyer-Lübke, *C von T., »Érec und Énide«* (in ZfrzSp, 44, 1916, S. 129–188). – E. Hoepffner, *Matère et sens dans le roman d'Érec et Énide* (in Archivum Romanicum, 18, 1934, S. 433–450). – A. Adler, *Sovereignty as the Principle of Unity in C.s »Érec«* (in PMLA, 60, 1945, S. 917–936). – R. R. Bezzola, *Le sens de l'aventure et de l'amour*, Paris 1947 (dt.: *Liebe und Abenteuer im höfischen Roman*, Hbg. 1961; rde). – H. Kuhn, *»Érec«* (in *Fs. P. Kluckhohn u. H. Schneider*, Tübingen 1948, S. 122–147; ern. in H. K., *Dichtung und Welt im Mittelalter*, Stg. 1959; ²1969, S. 133–150). – J. Frappier, *La brisure du couplet dans »Érec et Énide«* (in Rom, 86, 1965, S. 1–21). – Z. P. Zaddy, *The Structure of C.'s »Érec«* (in MLR, 62, 1967, S. 608 619). J. Frappier, *Pour le commentaire d'»Érec et Énide«* (in MR, 20, 1970, S. 15–30). – D. Kelly, *The Source and Meaning of ›conjointure‹ in C.'s »Érec«* (in Viator, 1, 1970, S. 179–200). – Ders., *La forme et le sens de la quête dans l'»Érec et Énide«* (in Rom, 92, 1971, S. 326–358). – N. J. Lacy, *Narrative Point of View and the Problem of Érec's Motivation* (in KRQ, 18, 1971, S. 355–362). – H. P. Kramer, *Erzählerbemerkungen und Erzählerkommentare in Chrestiens und Hartmanns »Érec« und »Iwein«*, Göppingen 1971. – E. J. Mickel, *A Reconsideration of C.'s »Érec»* (in RF, 84, 1972, S. 18–44). – M. Delbouille, *Le ›Draco Normannicus‹ source d'»Érec et Énide«* (in *Mélanges P. Le Gentil*, Paris 1973, S. 181–198). – V. Roloff, *›Parole‹ und ›teisir‹ in C.s »Érec et Énide«* (in V. R., *Reden und Schweigen*, Mchn. 1973, S. 139–164). – T. Artin, *The Allegory of Adventure*, Ldn. 1974. – F. Wolfzettel, *Le rôle du père dans le procès d'arthurisation du sujet Érec/Gereint* (in MR, 25, 1975, S. 95–104). – G. Hilty, *Zum »Érec«-Prolog von C. de T.* (in *Philologica Romanica, Fs. E. Lommatzsch*, Mchn. 1975, S. 245–256). – D. Maddox, *Structure and Sacring. The Systematic Kingdom in*

C.'s »Érec et Énide«, Lexington 1978. – C. Cormeau, *›Joie de la curt‹* (in *Formen und Funktionen der Allegorie*, Hg. W. Haug, Stg. 1979, S. 194–205). – B. Schmolke-Hasselmann, *Henry II Plantagenêt, roi d'Angleterre, et la genèse d'»Érec et Énide«* (in Ccm, 24, 1981, S. 241–246). – S. Mussetter, *The Education of C.'s Énide* (in RomR, 73, 1982, S. 147–166). – S. Sturm-Maddox, *The ›Joie de la cort‹* (in Rom, 103, 1982, S. 513–528). – N. C. Zak, *The Portrayal of the Heroine in C.'s »Érec et Énide«, Gottfried von Strassburg, Tristan and Flamenca*, Göppingen 1983. – G. S. Burgess, *»Érec et Énide«*, Ldn. 1984. – K.-H. Bender, *Beauté, mariage amour* (in *Amour, mariage et transgressions au moyen âge*, Hg. D. Buschinger, Göppingen 1984, S. 173–183). – P. Sullivan, *The Education of the Heroine in C.'s »Érec et Énide«* (in Neophilologus, 69, 1985, S. 321–331). – W. Haug, *C. de T.' »Érec«-Prolog und das arthurische Strukturmodell* (in W. H., *Literaturtheorie im deutschen Mittelalter*, Darmstadt 1985, S. 91–106). – E. Buckbee, *»Érec et Énide«* (in *The Romances of C. de T.*, Hg. D. Kelly, Lexington 1985, S. 48–88). – J. Le Goff, *Codes vestimentaires et alimentaire dans »Érec et Énide«* (in J. Le G., *L'imaginaire médiéval*, Paris 1985, S. 188–207). – J.-G. Gouttebrouze, *Le statut sociologique du mariage d'Érec et Énide* (in *Actes du 14e Congrès international Arthurien*, Rennes 1985, S. 218–240). – R. Fisher, *Räuber, Riesen und die Stimme der Vernunft in Hartmanns und C.s »Érec«* (in DVLG, 60, 1986, S. 353–374).

LE CHEVALIER DE LA CHARRETE

(afrz.; *Der Karrenritter*). Artusroman in ca. 7134 Versen von CHRÉTIEN DE TROYES, entstanden um 1177–1181. – Chrétiens dritter Artusroman setzt mit dem Lob der Auftraggeberin Marie de Champagne ein, die ihm den Stoff dieses Werks vorgegeben habe, wobei verschiedene Interpreten anmerkten, das Thema des ewig duldenden Minneritters Lancelot habe Chrétien nur ungern übernommen und wohl aus diesem Grund den Roman unvollendet gelassen.

Am Himmelfahrtstag erscheint ein unbekannter Ritter und provoziert die Artusrunde: Er habe zahlreiche Untertanen von Artus in seiner Gewalt, die er freigebe, wenn ein Ritter gegen ihn siege, jedoch fordere er im Gegenzug die Königin als Einsatz. Der Truchseß Kex verleitet Artus zu einem unüberlegten Versprechen, das diesen dazu verpflichtet, Kex die Königin anzuvertrauen, um die Ehre des Artushofes gegen den unbekannten Ritter zu verteidigen. Kex unterliegt, und der Provokateur, der erst viel später Meleagant, der berüchtigte Sohn des Königs von Gorre, genannt wird, kann die Königin von Kex entführen. Gauvain bricht vom Artushof auf, um die Königin zu retten. Gleichzeitig mit ihm setzt ein weiterer Ritter zur Verfolgung an, der erst viel später als der berühmte Lancelot du Lac erkannt wird. Lancelot stellt die Übermacht der Entführer, besiegt einige; Meleagant jedoch läßt entgegen den Regeln des ritterlichen Duells zunächst Lancelots Pferd, sodann ein weiteres, welches ihm Gauvain zur Verfügung stellt, abstechen. Lancelot kann den flüchtenden Entführern nur folgen, indem er das Angebot eines Zwerges in Anspruch nimmt, auf dessen Karren mitzufahren, was als besonders ehrlos gilt, da auf dem Karren sonst die verurteilten Verbrecher zur Schau gestellt werden. Um die Verfolgung fortsetzen zu können, nimmt Lancelot diese Demütigung und die sich daraus ergebenden Beschimpfungen zahlreicher Personen auf sich, die dem immer noch anonymen Karrenritter begegnen. Unter den Schmähern sind auch einige edle Damen, auf deren Schloß Gauvain und Lancelot übernachten. Gauvain wird am folgenden Morgen Zeuge, wie der Unbekannte, als er von weitem die Königin im Gefolge der Entführer vorüberziehen sieht, offenbar in eine tiefe Lethargie verfällt und fast aus dem Fenster stürzt; so ahnt Gauvain, daß es sich bei dem Karrenritter um Lancelot handeln müsse, da allgemein bekannt ist, daß Lancelot in Guenièvre verliebt ist. Auch ein Mädchen, das den Karrenritter am nächsten Abend nötigt, mit ihr im selben Bett zu schlafen, vermutet dies, da Lancelot keinerlei Annäherungsversuche unternimmt. An einer Wegkreuzung trennen sich Gauvain und Lancelot, um den Entführern in das Reich Gorre zu folgen, in das nur über zwei besonders gefährliche Brücken zu gelangen ist.

Im Lauf der Verfolgung besteht Lancelot an drei aufeinanderfolgenden Tagen eine Reihe von Abenteuern: Er besiegt den Wächter an einem Flußübergang, der *Passage des Pierres*, und nimmt diesem Ritter einen Kamm ab, den die Königin zuvor dort als Wegzoll zurücklassen mußte. Ein Streit mit einem Ritter, der Lancelot provoziert, wird durch einen anderen Ritter geschlichtet. Auf einem geheimnisvollen Friedhof, auf dem die Grabplatten der größten lebenden Artusritter bereits für eine ferne Zukunft aufgestellt sind, gelingt es Lancelot als erstem, eine Grabplatte aufzuheben. Durch diese Probe weist er sich als der künftige Befreier von Meleagants Gefangenen aus. Je näher Lancelot dem fremden Land kommt, desto größer werden die Hindernisse; nacheinander kommt es zu mehreren Auseinandersetzungen mit feindlichen Rittern. Dabei wird das zunächst dominante Motiv der Karrenschande nicht nur abgebaut, sondern den immer noch anonymen Ritter umgibt fortan ein messianischer Nimbus, der die in Gorre gefangenen Untertanen von König Artus zum erfolgreichen Widerstand gegen ihre Unterdrücker anstachelt. Vor der Burg Meleagants muß Lancelot als äußerste Steigerung seines Leidensweges die gefährliche »Schwertbrücke« überschreiten. Es folgen zwei Kämpfe gegen Meleagant, die immer kurz vor Lancelots endgültigem Sieg abgebrochen werden, da Meleagants Vater Bademaguz und Guenièvre um Gnade für ihn bitten. Zwischen diesen Kämpfen fügt sich als Mittel- und Wendepunkt des Werkes eine Minnebegegnung zwischen Lancelot und Guenièvre ein. Als Lancelot aufbricht, um den an der »Brücke unter Wasser« verschollenen Gauvain zu retten, gerät er in einen Hinterhalt Meleagants, der zugleich die Königin, Gauvain und Kex durch einen gefälschten Brief Lancelots veranlaßt, zu Artus zurückzukehren, wo einer Abmachung gemäß nach festgesetzter Vierzigtagesfrist ein Entscheidungskampf um Gueniėvre stattfinden soll. Gegen ein Minneversprechen nach seiner Rückkehr entläßt die Frau seines Wächters Lancelot vorübergehend aus dem Gefängnis. Natürlich erkennt man den wiederum anonymen Lancelot an seinen Turniererfolgen, wobei Gueniėvre, um Liebe und Gehorsam »ihres« Ritters auf die Probe zu stellen, Lancelot wissen läßt, er solle – bis auf Widerruf – möglichst ehrlos kämpfen. Als Meleagant erfährt, daß Lancelot vorübergehend in Freiheit war, läßt er ihn in ein noch sichereres Gefängnis stecken. An dieser Stelle bricht Chrétiens ursprünglicher Text bei Vers 6149 ab, um von Geoffrey de Lagny beendet zu werden. Meleagants Schwester befreit Lancelot und stattet ihn mit Waffen aus, so daß er in letzter Minute am Artushof erscheint und nach langem Kampf Meleagant mit ausdrücklicher Billigung der Königin tötet.

Hervorragendes Merkmal dieses Artusromans ist die besonders starke Verrätselung der Handlung: Lancelot und Meleagant bleiben während der ersten Hälfte des Textes inkognito, wenngleich der Erzähler sich immer wieder die Perspektive Lancelots zu eigen macht. Doch auch einzelne Aspekte der Handlung, etwa die Existenz der bretonischen Gefangenen in Gorre oder die Dominanz der Karrenschande, verleihen dem Werk eine archaische Abstraktheit, die einen Gegenpol zu dem Thema der Minne bildet, dem Hauptanliegen des Romans. Reflexe der provenzalischen Minnedoktrin weist der Text in den zahlreichen variierenden Spiegelungen von Grundthemen und sich wiederholenden Situationen auf, etwa dann, wenn Lancelot immer wieder Demütigungen aus Liebe zur Königin auf sich nimmt, die – ganz im Sinne des provenzalischen Ideals des *fin amors* – als standesmäßig höhergestellte und verheiratete Frau letztlich unerreichbar bleibt. Auch eine stark christliche Prägung des Werks ist auffallend: Tatsächlich weist Lancelot auf seinem Aventureweg Züge auf, die ihn in die Nähe eines an Christus gemahnenden Dulders rükken: Immerhin sind die Schwertbrücken- und Karrenepisoden im 13. Jh. sogar in kirchlichen Predigten als Exempel verwendet worden. Diesem messianischen Aspekt entgegen scheint jedoch immer wieder Chrétiens Hang zu ironischer und parodistischer Verfremdung des Stoffs durch. Anders als die vorausgegangenen Werke leitet der Roman vom *Karrenritter* die Untergattung der *romans de la quête* ein. Das zentrale Handlungsmuster dieser Romane, die der Suche und Befreiung einer entführten oder verschollenen Person gelten, war im *Erec* oder im *Cligès* lediglich als eine mögliche Form der ritterlichen Bewährungsprobe aufgefaßt worden. Einmalig in Chrétiens Romanen ist hier das »Böse« durch einen einzigen profilierten Gegenspieler, Meleagant, vertreten, der als Drahtzieher sämtlicher Intrigen mit seinen Helfershelfern gegen Lancelot und den Artushof handelt. Auffällig an der Komposition des Werks ist die noch stärkere Vervielfältigung nicht nur einzelner Motive, sondern ganzer Partien: Erstmals führt dies im Artusroman an Stelle der Einsträngigkeit ansatzweise zu einer Verdoppelung der Handlungsfäden, was zum Ansatzpunkt für richtungweisende Neuentwicklungen im Bereich der Romanliteratur werden sollte. So ist Chrétiens *Chevalier de la Charrete* auch in den bedeutendsten Prosaroman des 13. Jh.s, den *Lancelot Propre*, eingefügt worden. Dessen Verbreitung in nahezu alle westeuropäischen Literaturen ist es zu verdanken, daß das durch Lancelot und Gueniėvre exemplarisch verkörperte Minneideal bis zu Dante und noch Cervantes fortlebt. G.Wil.

Ausgaben: Halle 1899 (*Der Karrenritter (Lancelot) und Das Wilhelmsleben von Kristian von Troyes*, in *Sämtliche erhaltene Werke*, Hg. W. Foerster, 4 Bde., 1884–1899, 4; Nachdr. Amsterdam 1965). – Paris 1958 (*Les romans de C. de T. édités d'après la copie de Guiot (Bibl. nat. fr. 794), III: Le chevalier de la charrette*, Hg. M. Roques; ern. 1981; CFMA). – NY 1981 (*Lancelot or the Knight of the Cart (Le chevalier de la Charrette)*, Hg. W. W. Kibler; m. engl. Übers.).

Übersetzung: *Lancelot*, H. Jauss-Meyer, Mchn. 1973 [afr.-dt.].

Literatur: P. Märtens, *Zur Lanzelotsage. Eine literaturhistorische Untersuchung*, Bonn 1880. – G. Paris, *Étude sur les romans de la table ronde: »Le chevalier de la charrette«* (in Rom, 12, 1883, S. 459–534). – T. P. Cross u. W. A. Nitze, *Lancelot and Guenevere. A Study on the Origin of Courtly Love*, Chicago 1930. – A. Micha, *Sur les sources de la »Charrette«* (in Rom, 71, 1950, S. 345–358; ern. in A. M., *De la chanson de geste au roman*, Genf 1976, S. 75–88). – L. Maranini, *Queste e amore cortese nel »Chevalier de la Charrette«* (in RLM, 2, 1951, S. 204–223). – M. Roques, *Pour l'interprétation du »Chevalier de la Charrette« de C. de T.* (in Ccm, 1, 1958, S. 141–152). – D. Kelly, *Sens and conjointure in the »Chevalier de la Charrette«*, Den Haag/Paris 1966. – J. Rychner, *Le prologue du »Chevalier de la Charrette«* (in Vox Romanica, 26, 1967, S. 1–23). – Ders., *Le sujet et la signification du »Chevalier de la Charrette«* (ebd., 27, 1968, S. 50–76). – E. I. Condren, *The Paradox of C.'s »Lancelot«* (in MLN, 85, 1970, S. 434–453). – A. H. Diverres, *Some Thought on the ›sens‹ of the »Chevalier de la Charrette«* (in FMLS, 6, 1970, S. 24–36). – E. H. Soudek, *Structure and Time in »Le Chevalier de la Charrette«* (in Rom, 93, 1972, S. 96–108). – F. Bogdanow, *The Love Theme in C.s »Chevalier de la Charrette«* (in MLR, 67, 1972, S. 50–61). – J. Ribard, *C. de T. »Le chevalier de la Charrette«*, Paris 1972. – J. Frappier, *Le prologue du »Chevalier de la Charrette« et son interprétation* (in Rom, 93, 1972, S. 337–377). – D. J. Shirt, *C. de T. and the Cart* (in *Studies ... F. Whitehead*, Manchester 1973, S. 279–301). –

W. Brand, *Die kompositionelle Einheit von »Lancelot« und »Yvain«* (in RF, 85, 1973, S. 330–340). – J. Frappier, *Remarques sur le texte du »Chevalier de la Charrette«* (in *Mélanges C. Rostaing*, Lüttich 1974, S. 317–331). – E. J. Mickel, *The Theme of Honor in C.'s »Lancelot«* (in ZfrPh, 91, 1975, S. 243–272). – D. J. Shirt, *Godefroy de Leigny et la composition de la »Charrette«* (in Rom, 96, 1975, S. 27–52). – W. Haug, *›Das Land, von welchem niemand wiederkehrt‹: Mythos, Fiktion und Wahrheit in C.s »Chevalier de la Charrette«, im »Lanzelet« Ulrichs von Zatzikhoven und im »Lancelot«-Prosaroman*, Tübingen 1978 [m. Bibliogr.]. – J.-C. Kooijman, *Du conte au roman: recherches sur la structure du »Chevalier de la Charrette« de C. de T.* (in RR, 69, 1978, S. 278 ff.). – A. Wolf, *›Ja por les fers ne remanra‹* (in LJb, 20, 1979, S. 31–69). – G. Morgan, *The Conflict of Love and Chivalry in »Le chevalier de la Charrette«* (in Rom, 102, 1981, S. 177–201). – F. Lebsanft, *Wer lacht über Lancelot?* (in RJb, 33, 1982, S. 85–96). – L. N. de Looze, *Chivalry Qualified: The Character of Gauvain in C.'s »Chevalier de la Charrette«* (in RR, 74, 1983, S. 253–259). – A. V. Borsari, *Lancilotto liberato*, Florenz 1983. – M. Accarie, *L'éternel départ du Lancelot. Roman clos et roman ouvert chez C. de T.* (*Mélanges A. Planche*, Nizza/Paris 1984, S. 1–20). – K. D. Uitti, *Autant en emporte ›li funs‹* (in Rom, 105, 1984, S. 270–291). – D. Kelly, *The Rhetoric of Adventure in Medieval Romance* (in *C. and the Troubadours*, Hg. P. Noble u. L. Paterson, Cambridge 1984, S. 172–185). – B. Schmolke-Hasselmann, *Der Ritter mit dem Herz aus Holz. Zur Gestaltung des Bösen in den »Lancelotromanen«* (in *Artusrittertum im späten Mittelalter*, Hg. F. Wolfzettel, Gießen 1984, S. 177–184). – *Lancelot*, Hg. D. Buschinger, Göppingen 1984. – C. Méla, *La reine et le Graal*, Paris 1984, S. 257–323. – W. Haug, *Inspiration und dichterisches Selbstverständnis in C.'s »Lancelot« und »Cligès«* (in W. H., *Literaturtheorie im deutschen Mittelalter*, Darmstadt 1985, S. 107–117). – D. Hult, *Lancelot's Two Steps. A Problem in Textual Criticism* (in Speculum, 61, 1986, S. 836–858). – D. Maddox, *Lancelot et le sens de la coutume* (in Ccm, 39, 1986, S. 339–353). – E. Kennedy, *Lancelot und Perceval, zwei junge unbekannte Helden* (in Wolfram-Studien, 9, 1986, S. 228–241). – M. T. Bruckner, *An Interpreters Dilemma, Why are there so many Interpretations of C.'s »Chevalier de la Charrette«?* (in RPh, 40, 1986/1987, S. 159–180).

LI CONTES DEL GRAAL

oder *Le roman de Perceval* (afrz.; *Die Geschichte vom Graal* oder *Der Roman von Perceval*). Artus-Gral-Roman in 9698 Versen von CHRÉTIEN DE TROYES, vor 1190 entstanden. – Auch Chrétiens unvollendet gebliebener, letzter Roman setzt mit einem an die Heilige Schrift gemahnenden Sprichwort ein, das bereits im ersten Vers die Mehrdeutigkeit anklingen läßt, die diesen Text zu einem der vielschichtigsten, wie auch interessantesten und folgenreichsten des romanischen Mittelalters gemacht hat: *»Ki petit semme petit quelt« (»Wer geringe Saat macht, erntet wenig«)*. Obwohl sich dies auch auf den Inhalt des Werks zu beziehen scheint (die Helden des Werks, Gauvain und Perceval, müssen sich ihrer selbst entäußern, um zu ihrem spezifischen Heil zu gelangen), entscheidet sich Chrétien für eine metapoetische Lesart, wenn er nicht ohne Stolz ankündigt, er sei nun im Begriffe, den eben beginnenden Roman als Ernte zu holen. Dies sei ihm durch das großzügige Mäzenatentum Philipps von Flandern möglich gewesen, der überschwenglich mit den Topoi des Stifterlobes gerühmt wird. Tatsächlich scheint der Wechsel Chrétiens an den flandrischen Hof auch der Anlaß für die stärker religiöse Orientierung des Spätwerks gewesen zu sein, wissen wir doch, daß Philipps Familie zum Heiligen Land traditionell enge Bindungen hatte und anders als der Hof der Marie de Champagne zu dem Ideal der höfischen Liebe ein distanzierteres Verhältnis besaß. So ist auch die Artusthematik mit ihrer Welt des auf ritterliche Bewährung gerichteten Heldentums durch die Einbeziehung der Gralsthematik zurückgenommen.

In der Einöde des walisischen Waldes wächst Perceval fern der höfischen Kultur auf. Seine Mutter, die Witwe eines Ritters, hat ihn von der Ritterwelt bewußt ferngehalten, bis zu dem Tag, an dem ihm drei Artusritter begegnen. Beeindruckt durch den Glanz ihrer Rüstungen, hält er sie zunächst für Engel und beschließt auf ihre Erzählungen über die höfische Welt des Artusrittertums hin, auszuziehen, um selbst Ritter zu werden. Percevals Mutter, die ihn nicht zurückhalten kann, gibt ihm drei folgenreiche Lehren mit, von denen sie meint, daß sie ihrem Sohn in der höfischen Welt nützlich sein könnten: Wenn er einer Frau begegne, müsse er ihr voller Achtung begegnen, sie küssen und ein Geschenk von ihr verlangen; er solle stets den Rat weiser Männer befolgen und, wo sich Gelegenheit bietet, zu Gott beten. Als Perceval so ausgestattet sein Heim verläßt, sinkt seine Mutter vor Schmerz über die Trennung tot zu Boden. Die mütterlichen Ratschläge beginnt Perceval sogleich auf teils komische, teils für die Beteiligten fatale Weise umzusetzen: Als er an einem prächtigen Zelt vorbeikommt, hält er es für eine Kirche, die er zum Gebet betreten möchte. Hier findet er ein Mädchen, das er in unhöfisch brutaler Weise zu einem Kuß nötigt und dem er den Verlobungsring ihres Geliebten als »Geschenk« abnimmt. Als dieser zurückkehrt, findet er zwar Perceval nicht mehr vor, zieht jedoch aus den sichtbaren Fakten den Schluß, seine Freundin sei ihm untreu geworden, und bestraft sie auf strenge Weise. Perceval hat den Artushof erreicht, wo er Artus in tiefer Melancholie versunken antrifft, da der »Rote Ritter«, der noch vor Artus' Burg weilt, die Ehre des Hofes verletzte, indem er einen goldenen Becher raubte. Perceval tötet den »Roten Ritter« durch eine Wurfspieß, nimmt dem Toten seine Rüstung ab und bringt Artus den Becher zurück. Perceval gelangt zur Burg Gornemants, eines alten Edelmanns, der ihn in ritterlicher

Waffenpraxis unterweist, zum Ritter schlägt und ihm gute Ratschläge auf den Weg mitgibt. Perceval kommt zu dem Schloß Belrepeire, das alle äußeren Zeichen materieller Not aufweist und das Gornemants Nichte Blancheflor gehört. Blancheflor nimmt Perceval mit höfischen Sitten auf. Das Erwachen ihrer gegenseitigen Liebe zeichnet sich ab. Blancheflor berichtet Perceval, daß sie von Clamadeu des Illes bedrängt wird. Der junge Held besiegt daraufhin im Zweikampf sowohl dessen Seneschall Engyngerons als auch Clamadeu selbst und seine Streitmacht, unterwirft den Aggressor der Gnade von Blancheflor und schickt ihn an den Artushof. Nachdem Perceval von der geliebten Blancheflor Abschied genommen hat, erreicht er spät abends in einer äußerst unwirtlichen Gegend die Burg des »Fischerkönigs«, wo er gastlich aufgenommen wird. Beim Abendessen, das er mit dem kranken Burgherrn einnimmt, werden ein als *un graal* bezeichneter, jedoch nicht näher beschriebener Gegenstand und eine blutende Lanze in einer Art Prozession vorbeigetragen. Da Perceval sich hier an Gornemants Ratschlag, bei Hof nie zu viel zu sprechen, erinnert, unterläßt er es, sich nach der wunderlichen Begebenheit zu erkundigen, vor allem den Burgherren nach seiner Krankheit zu fragen, was ihm später von einer Botin des heiligen Grals als schwere Sünde vorgeworfen wird. Auf dem Weg zum Artushof besiegt er den Ritter Orgueillos de la Lande und rettet so das Mädchen, das er einst küßte, aus seiner mißlichen Lage. Wieder am Artushof wird Perceval von einem häßlichen Fräulein auf einem Esel, der Gralsbotin, beschimpft, worauf er beschließt, nicht mehr zu ruhen, bis er die Gralsburg gefunden hat. Außer Perceval brechen an die fünfzig Artusritter zur Gralssuche auf. Lediglich Gauvain, der von dem Ritter Guingambresil verleumdet wurde, muß zunächst versuchen, diese Rechtsangelegenheit zu ordnen, was den Hauptteil der zweiten Hälfte des Werks einnimmt: Obwohl Gauvain sich für den Gerichtskampf gegen Guingambresil schonen will, wird er in eine Reihe von Abenteuern verwickelt. Er nimmt erfolgreich als Ritter der Tochter des Thibaut de Tintaguel an einem Duell teil, in dem er Meliant le Lis, den Ritter von Thibauts hochnäsiger älterer Tochter besiegt. In Escavalon, der Stadt seines Widersachers Guingambresil, wird er zunächst freundlich aufgenommen, dann als Feind des abwesenden Herren erkannt, jedoch nach anfänglichem Kampf aufgrund des geltenden Gastrechts geschont, als der Herr von Escavalon hinzukommt. Gauvain soll ihm binnen eines Jahres eine wunderbare Lanze bringen. Inzwischen gelangt Perceval am Karfreitag in eine Einsiedelei, wo er nicht nur Aufschlüsse über tiefe Glaubensfragen erhält, er hat in der langen Zeit seiner Suche Gott vergessen. Auch seine individuelle Schuld, der durch ihn verschuldete Tod seiner Mutter, wird ihm angelastet. Außerdem klärt ihn der fromme Waldbruder über die Bewandtnisse des Grals und des Fischerkönigs auf. Nachdem der Einsiedler ihn zu innerer Umkehr und Buße überzeugt hat, bricht in Vers 6518 die Percevalhandlung ab, ohne von Chrétien selbst fortgesetzt zu werden; statt dessen hat der Autor Gauvains Romanteil – immerhin noch ca. 2700 Verse – weiter ausgebaut. Es folgen zunächst Gauvains Abenteuer mit dem Mädchen Orgeluse und dem verwundeten Ritter Greoreas. Gauvain gelingt es, in ein verzaubertes Schloß einzudringen, wo er einige teils wunderbare Abenteuer zu bestehen hat, unter anderem mit einem verzauberten Bett. Sodann gerät er in einen Zweikampf mit Orgueillos del Passage a l'Estroite Val und begegnet Guiromelant, der in ihm den Mörder seines Vetters erkennt und ihn zum Duell fordert. Mit der Ankunft eines Boten, der die Nachricht dieses Kampfes an den Artushof bringt, bricht das Werk Chrétiens ab.

Von allen Werken Chrétiens hat der *Conte du Graal* nicht nur die unmittelbaren Nachfolger, sondern auch Generationen von Lesern unterschiedlichster Ausrichtung fasziniert. Gerade die hier bewußt in der Schwebe gelassene Gralsvorstellung hat zu mancherlei Spekulationen Anlaß gegeben. Im deutschsprachigen Raum ist der *Perceval*-Roman in Wolfram von Eschenbachs *Parzival* um 1200 übersetzt, erweitert und umgedeutet worden, während in Frankreich drei Fortsetzer, Pseudo-Wauchier, Gerbert de Montreuil und Manessier, Versuche unternahmen, den Torso zum Abschluß zu bringen. Bei diesen Fortsetzungen handelt es sich um Werke von beträchtlicher Länge (insgesamt an die 60000 Verse) und unterschiedlicher Qualität, die aufgrund ihres Materialreichtums bisher noch kaum wissenschaftlich ausgeschöpft wurden. Hinzu treten noch zwei Prologe *(Bliocadran, Elucidation)*, die aber kein neues Material bringen. Weder die Herkunft von Chrétiens Gralsthematik ist bislang zureichend geklärt, noch die hier besonders wichtige Frage der Datierung, muß doch angenommen werden, daß Chrétien von einem Teil der Werke von Robert de Boron schon Kenntnis hatte. Die Frage nach Chrétiens tatsächlicher Konzeption des Grals und seiner weltanschaulichen Bedeutung ist – von K. Burdachs immer noch maßgeblicher, wenngleich selbst Fragment gebliebener Studie einmal abgesehen – ein Objekt weitgehend romantisierender Spekulation, die insbesondere in der Nachfolge der deutschen Romantik und der sog. Geheimwissenschaften immer wieder zu verstiegenen Deutungen reizt. Auf Chrétiens Text zurückverwiesen, läßt sich feststellen, daß dieser nicht ausschließlich Perceval und dem Gral gewidmet ist, wenngleich schon im Titel der Gral genannt ist. Umgekehrt läßt die Breite der Gauvain-Partien nicht nur vermuten, daß Chrétien hier Material aus einem ursprünglich eigenständigen Roman eingeflochten hat, sondern daß er als Gegenpol zu Percevals stark mystisch-religiösem Rittertum die Rolle des höfischen Ritters Gauvain um so deutlicher hervorkehren wollte. Durch diese besondere strukturelle Eigenheit als echter Doppelroman und durch das hier wohl erstmals bereitgestellte thematische Material, d.h. die Verbindung von Artus- und Gralswelt, kommt dem *Conte du Graal* wie auch den genannten Fortsetzungen für die Entstehung neuer Romanformen im 13. Jh. (vgl. *Lancelot-Graal*-Zyklus) eine hervorragende literaturgeschichtliche Stellung zu. G.Wil.

AUSGABEN: Freiburg i. B. 1911 (*Contes del Graal, Percevaus li Galois*, Hg. G. Baist). – Heidelberg 1913 (*Perceval*, Hg. J. Campion u. F. Holthausen). – Halle 1932 (*Der Percevalroman*, Hg. A. Hilka, in *SW*, Hg. W. Foerster, Bd. 5). – Genf 1959 (*Le roman de Perceval ou Le conte du Graal*, Hg. W. Roach; TLF). – Paris 1972–1975 (*Les romans de C. de T. édités d'après la copie de Guiot; Bibl. nat. fr. 794, V/VI: Le Conte du Graal, Perceval*, Hg. F. Lecoy, 2 Bde., CFMA; ern. 1981).

ÜBERSETZUNG: *Perceval oder Die Geschichte vom Gral*, K. Sandkühler, Stg. 1929; [5]1976.

VERFILMUNG: Frankreich 1978 (Regie: E. Rohmer).

LITERATUR: W. Kellermann, *Aufbaustil und Weltbild C.s v. T. im »Percevalroman«*, Halle 1936; ern. Tübingen 1967. – J. Fourquet, *Wolfram d'Eschenbach et le »Conte del Graal«*, Paris 1938; ern. 1966. – K. Busdach, *Der Gral*, Stg. 1938. – R. Lejeune, *La date du »Conte du Graal« de C. de T.* (in MA, 60, 1954, S. 51–79). – R. S. Loomis, *The Grail Story of C. de T. as Ritual and Symbolism* (in PMLA, 71, 1955/1956, S. 840–852). – M. de Riquer, *Perceval y las gotas de sangre en la nieve* (in RFE, 39, 1955, S. 186–219). – H. Hatzfeld, *Deuten Stilelemente in C.s »Perceval« auf eine strukturelle Einheit?«* (in *Medium Aevum Romanicum*, Mchn. 1963, S. 140 bis 160). – L. Pollmann, *C. und der »Conte del Graal«*, Tübingen 1965. – E. Köhler, *Zur Diskussion über die Einheit von C.s »Li contes del Graal«* (in E. K., *Esprit und arkadische Freiheit*, Ffm./Bonn 1966, S. 104–122). – P. Haidu, *Aesthetic Distance in C. de T. Irony and Comedy in »Cligès« and »Perceval«*, Genf 1968. – M. Delbouille, *C. et le ›livre del Graal‹* (in TLL, 6, 1968, S. 7–35). – T. Hunt, *The Prologue to C.s »Li contes del Graal«* (in Rom, 92, 1971, S. 359–379). – J. Frappier, *C. de T. et le mythe du Graal*, Paris 1972; ern. 1979. – P. Gallais, *Perceval et l'initiation*, Paris 1972. – J. Grisward, *›Com ces trois goutes de sanc furent...‹* (in *Mélanges F. Lecoy*, Paris 1973, S. 158–164). – V. Roloff, *Formen des Schweigens in C.s »Perceval«* (in V. R., *Reden und Schweigen*, Mchn. 1973, S. 139–164). – T. Ehlert u. G. Meissburger, *»Perceval« et »Parzival«. Valeur et fonction de l'épisode dit des trois gouttes de sang sur la neige* (in Ccm, 18, 1975, S. 197–227). – L. D. Wolfgang, *»Bliocadran«. A Prologue to the »Perceval« of C. de T.*, Stg. 1976. – G. Andreiu u. J. Piolle, *»Perceval« ou le »Conte du Graal« de C. de T. Concordancier complet...*, Paris 1976. – R. T. Pickens, *The Welsh Knight*, Lexington 1977. – C. Méla, *»Perceval«* (in YFSt, 55–56, 1977, S. 253–279). – D. Poirion, *Du sang sur la neige* (in *Voices of Conscience*, Hg. R. Cormier, Philadelphia 1977, S. 143–165). – J. Frappier, *Autour du Graal*, Genf 1977. – Ders., *»Le conte du Graal« (Perceval) de C. de T.* (in GRLMA, 4/1, Heidelberg 1978, S. 332–354). – C. Foulon, *Les quatres repas de Perceval* (in *Mélanges J. Wathelet-Willem*, Lüttich 1978, S. 165–174). – J. Lods, *›La pucelle as manches petites‹* (in ebd., S. 357–379). – R. Rohr, *Zur ›Schuld‹ Percevals* (in *Mélanges C. Camproux*, Montpellier 1978, S. 459–468). – P. Le Rider, *Le chevalier dans le »Conte du Graal«*, Paris 1978. – C. Méla, *Blanchefleur et la Saint Homme ou la semblance des réliques*, Paris 1979, S. 13–46. – P. Duval, *La pensée alchimique et le »Conte du Graal«*, Paris 1979. – J.-C. Huchet, *Mereceval* (in Littérature, 40, Dez. 1980, S. 69–94). – R. J. Dragonetti, *La vie de la lettre au moyen âge. »Le conte du Graal«*, Paris 1980 (dazu: C. Méla, *La lettre tue, cryptographie du Graal*; in Ccm, 26, 1983, S. 209–221). – G. Hayart-Neuez, *Structure narrative du »Conte du Graal«*, Valenciennes 1981. – A. Leupin, *Le Graal et la littérature*, Lausanne 1982. – *C. de T. et le Graal*, Paris 1984. – R. T. Pickens, *»Le conte du Graal« (Perceval)* (in *The Romances of C. de T.*, Hg. D. Kelly, Lexington 1985, S. 232–286).

YVAIN OU LE CHEVALIER AU LION

(afrz.; *Yvain oder der Löwenritter*). Artusroman in 6818 Versen von CHRÉTIEN DE TROYES, entstanden zwischen 1180 und 1190. – Als einziger von Chrétiens Artusromanen setzt *Yvain* ohne Prolog ein, und auch ein nur vier Verse umfassender Epilog enthält nur den ursprünglichen Titel des Werks *Le chevalier au lion* und die Selbstnennung des Autors. Wie fast alle Artusversromane setzt auch dieser Text mit der Evokation arturischer Hofesfreude ein. Artus und sein Hof begehen in Carduel das Pfingstfest feierlich. Trotz einer Meinungsverschiedenheit mit dem Seneschall Keu erzählt der Ritter Calogrenant auf Bitten der Königin zur Belehrung und Unterhaltung seinen Gefährten ein Abenteuer, das zu bestehen ihm einst versagt war: Vor sieben Jahren sei er auf Abenteuer ausgeritten und habe nach gastlicher Aufnahme in einer Herberge durch den Hinweis eines ortskundigen, aber in höfischen Sitten keineswegs erfahrenen Hirten von ungeschlachtem Äußeren eine wunderbare Quelle gefunden. Als Calogrenant auf den Rat des Hirten hin Wasser auf den Brunnenstein neben der Quelle gegossen habe, habe er ein gewaltiges Unwetter hervorgerufen. Daraufhin sei ein Ritter erschienen, der ihn zum Duell forderte, ihn mit seiner Lanze aus dem Sattel hob und anschließend sein Pferd wegführte. Zu Fuß in die Herberge zurückgekehrt, habe er erfahren, daß er als erster dieses Abenteuer überlebt habe. Auf die Erzählung Calogrenants hin beschließt Yvain als sein Vetter, die Familienehre wiederherzustellen, indem er selbst die Brunnenaventure zu bestehen versucht. Die verletzenden Worte Keus, Yvain habe wohl zu viel getrunken und sei deshalb so versessen auf das Abenteuer, stacheln den jungen Ritter nur noch mehr an. Als schließlich König Artus hinzukommt,

von dem Abenteuer erfährt und beschließt, selbst am Vorabend des Johannistages mit seinem Gefolge dorthin zu reiten, faßt Yvain den Plan, heimlich bereits vor Artus den wunderbaren Ort aufzusuchen, um so das Calogrenant gegebene Versprechen einzuhalten, seine Schmach zu rächen.
Heimlich verläßt Yvain den Hof, findet die beschriebene Quelle und löst den wunderbaren Mechanismus aus. Als der unbekannte Verteidiger des Brunnens erscheint, kämpft Yvain mit ihm, verletzt ihn tödlich und verfolgt ihn bis auf dessen nahegelegene Burg, da er von dem Ergeiz besessen ist, dem gehässigen Keu einen Beweis seiner Heldentat zu liefern. So jagt er in den Burghof, dessen Falltore herabgelassen werden. Dabei verliert Yvain sein Pferd und ist in der Burg gefangen. Ein Fräulein, das sich später als Lunete, die Zofe der Burgherrin, erweist, möchte Yvain helfen, da er ihr, als sie als einst unerfahrenes Mädchen an den Artushof kam, als einziger Ritter seine Aufmerksamkeit zugewendet habe. Lunete gibt Yvain einen Ring, der ihn unsichtbar macht und versorgt ihn mit Nahrung. Yvain wird Zeuge des Leichenbegängnisses des Burgherren und verliebt sich in dessen Frau. Das diplomatische Geschick Lunetes bewirkt nicht nur, daß Laudine, die durch Yvain Witwe und schutzlose Landesherrin wurde, ihren Groll mäßigt, sondern überredet sie auch, Yvain kennenzulernen und anzuhören. Nachdem Laudine die Zustimmung der Vasallen ihres getöteten Mannes eingeholt hat, wird Yvain durch die Hochzeit mit Laudine Lehensherr. Kurz darauf besiegt er zunächst unerkannt mit geschlossenem Visier Keu, der als erster von Artus' heranrückendem Gefolge das Brunnenabenteuer versucht. Eine Woche dauernde Festlichkeiten mit der Artusgesellschaft auf Yvains Burg schließen sich an. Dabei versucht Gauvain Yvain dazu zu überreden, mit ihm auf Turniere zu ziehen, damit seine Tapferkeit nicht wegen einer Frau nachlasse. Schließlich zieht Yvain mit Gauvain auf Turniere, nachdem er Laudine versprochen hat, nach Jahresfrist zurückzukehren. Zum Abschied gibt sie ihm einen Ring, der ihn unverwundbar macht, solange seine Liebe besteht. Doch Yvain vergißt über den Turnieren den festgesetzten Termin einzuhalten. Laudine schickt eine Botin an den Artushof, kündigt Yvain die Treue auf und verlangt ihren Ring zurück. Der Auftritt verfehlt seine Wirkung bei Yvain nicht: Er stiehlt sich vom Hof fort und wird in der Wildnis wahnsinnig, wo er sich von rohem Fleisch, Beeren und den Speisen ernährt, die ihm ein Einsiedler bringt. Schließlich findet ihn die Herrin der Burg Noroison, die ihn durch eine Zaubersalbe der Fee Morgue von Wahnsinn und Melancholie heilen kann und gesund pflegt. Yvain revanchiert sich, indem er den Grafen Aliers, der seit geraumer Zeit die Herrin von Noroison bedrängt, besiegt und künftig zu Frieden verpflichtet. In der folgenden Episode rettet Yvain einen Löwen, der gegen einen Lindwurm zu unterliegen droht. Aus Dankbarkeit weicht der Löwe ihm künftig nicht mehr von der Seite und kommt ihm in der sich anschließenden Abenteuerfolge mehrmals aktiv zu Hilfe. Yvain gelangt zufällig an die Zauberquelle, bei deren Anblick er in so tiefe Melancholie versinkt, daß er Selbstmord zu begehen versucht, was der Löwe ihm gleichtun will. In einer Kapelle findet er die eingeschlossene Lunete, die von drei Vasallen des Verrats bezichtigt wird. Yvain verspricht, am Gerichtstag für sie einzutreten. Doch zuvor muß er ein zufälliges Abenteuer bestehen, das eine Einhaltung dieses Termins gefährdet: Er bezwingt den Riesen Harpin, der Yvains Gastgeber übel mitspielt und bereits zwei von dessen Söhnen tötete. Erst dann macht er sich zur Rettung Lunetes vor dem drohenden Scheiterhaufen auf und besiegt den Seneschall, der sie fälschlich beschuldigte. Yvain erfährt von der Not der Tochter des Grafen de la Noire Espine, die von ihrer Schwester um ihr Erbe gebracht wird, falls sich nicht binnen vierzig Tagen ein Kämpfer am Artushof für sie findet. Zuvor muß Yvain jedoch bei der Einkehr auf der Burg Pesme Aventure (»Zum schlimmen Abenteuer«) noch eine weitere Probe bestehen. In dem darauffolgenden Kampf am Artushof stehen sich Yvain und Gauvain gegenüber und erkennen einander erst in einer Pause des erbitterten Gerichtskampfes. Da beide aus Freundschaft sich als besiegt erklären, fällt Artus den Urteilsspruch nach eigenem Ermessen zugunsten der betrogenen Erbin. Yvain begibt sich nun zur Zauberquelle zurück, wo wiederum Lunete die Versöhnung von Laudine und Yvain herbeiführen kann.
Die Komposition des *Yvain* wurde vorbildlich für eine große Gruppe von Artusversromanen in Frankreich und Deutschland, wo Chrétiens Text durch die Übertragung Hartmanns von Aue *(Iwein)* eingeführt wurde. Als Gegenstück zu *Érec* ist das zentrale Thema des *Yvain* das Terminversäumnis des Helden, der über der Ritterschaft den Minnedienst vernachlässigt. Daß Yvain im zweiten Teil des Werks ständig unter Termindruck handelt und vor den versprochenen Hilfs- und Befreiungstaten immer wieder dazwischenkommende Abenteuer bestehen muß, entspricht dem mitteralterlichen Bestreben nach innerer Analogie und Symmetrie von Teilen der erzählten Geschichte und bewirkt eine Reihe besonders kunstvoller Schachtelungen der Handlung. Die Erzählweise ist im *Yvain* von vornherein nicht nur komplexer als in den vorausgegangenen Artusromanen; durch die eingelegte Geschichte des Calogrenant und die Thematisierung der Romanlektüre in der *Pesme Aventure*-Episode wird das Erzählen und Vorlesen selbst Gegenstand des Romans. Auch eine eingeflochtene Episode aus dem *Chevalier de la Charrette*, in der geschildert wird, wie Gauvain sich aufmacht, um die von Meleagant entführte Königin zu suchen, weist nicht nur auf Chrétiens Tendenz hin, seine Werke durch Querverweise zu verbinden, sondern zeigt einmal mehr die Bewußtheit von Chrétiens erzählerischer Meisterschaft. G.Wil.

Ausgaben: Hannover 1862 (*Li romans dou chevalier au lyon*, Hg. W. L. Holland; ern. 1902; Glossar A. Schulze). – Halle 1888 (*Der Löwenritter, Yvain, von Kristian von Troyes*, in *Sämtliche erhaltene Werke*, Hg. W. Foerster, 4 Bde., 1884–1899, 2; Nachdr. Amsterdam 1965). – Chapel Hill 1940 (*Li chevalier au lyon or Yvain edited from Bibl. nat. 794*, Hg. R. W. Linker). – Paris 1960 (*Les romans de C. de T. édités après la copie de Guiot (Bibl. nat. fr. 794), III: Le Chevalier au lion. Yvain*; ern. 1982; CFMA). – Manchester 1961, Hg. u. Einl. T. B. W. Reid. – Tübingen ²1966, Hg. R. Baehr. – NY 1985 (*The Knight with the Lion*, Hg. W. W. Kibler).

ÜBERSETZUNG: *Yvain*, I. Nolting-Hauff, Mchn. 1962; ern. 1983 [afrz.-dt.].

LITERATUR: E. Auerbach, *Der Auszug des höfischen Ritters* (in E. A., *Mimesis*, Bern/Mchn. 1946; ⁷1982, S. 120–138). – J. Harris, *The Role of the Lion in C. de T.' »Yvain«* (in PMLA, 64, 1949, S. 1143–1163). – J. H. Reason, *An Inquiry into Structural Style and Originality of C.'s »Yvain«*, Washington/D.C. 1958. – M. Roques, *Pour une introduction à l'édition du »Chevalier au Lion« de C. de T.* (Rom, 80, 1959, S. 1–18). – F. Whitehead, *Yvain's Wooing* (in *Medieval Miscellany E. Vinaver*, Manchester 1965, S. 321–336). – J. Frappier, *Étude sur »Yvain« ou le »Chevalier au Lion« de C. de T.*, Paris 1969. – Z. P. Zaddy, *The Structure of C.'s »Yvain«* (in MLR, 65, 1970, S. 523–540). – W. Mohr, *Iweins Wahnsinn: die Aventüre und ihr ›Sinn‹* (in ZfdA, 100, 1971, S. 73–94). – A. Wolf, *Erzählkunst und verborgener Schriftsinn* (in Sprachkunst, 2, 1971, S. 1–42). – P. Haidu, *Lion-queue-coupée. L'écart symbolique chez C. de T.*, Genf 1972. – A. H. Diverres, *Chivalry and fin'amor in »Le chevalier au Lion»* (in *Studies F. Whitehead*, Manchester 1973, S. 91–116). – E. C. Schweitzer, *Pattern and Theme in C.'s »Yvain«* (in DVLG, 30, 1974, S. 145–189). – J. Le Goff u. P. Vidal-Naquet, *Lévi-Strauss en Brocéliande* (in Critique, Juni 1974, Nr. 325, S. 541–571). – I. Nolting-Hauff, *Märchen und Märchenroman: zur Beziehung zwischen einfacher Form und narrativer Großform in der Literatur* (in Poetica, 6, 1974, S. 129–178). – R. J. Cormier, *Cu Chulainn and Yvain* (in StPh, 72, 1975, S. 115–139). – W. Brand, *»Yvain«* (in *Der frz. Roman*, Hg. K. Heitmann, Düsseldorf 1975, Bd. 1, S. 37–62, 360–362). – C. Cormeau, *Artusroman und Märchen* (in Wolfram-Studien, 5, 1980, S. 63–78). – P. Lonigan, *C.'s »Yvain«. A Study of Meaning Through Style*, Ann Arbor 1978. – M. Accarie, *La structure du »Chevalier au Lion« de C. de T.* (in MA, 84, 1978, S. 13–34). – M. Stanesco, *Le chevalier au Lion d'une déesse oublié* (Ccm, 24, 1981, S. 221–232). – O. Kratins, *The Dream of Chivalry: A Study of C. de T.' »Yvain« and Hartmann von Aue's »Iwein«*, Washington/D.C. 1982. – F. Bogdanow, *The Tradition of the Troubadours and the Treatment of the Love Theme in C.'s »Chevalier au lion«* (in Arthurian Literature, 2, 1982, S. 76–91). – S. Knight, *Prowess and Courtesy. C.'s »Le chevalier au lion«* (in S. K., *Arthurian Literature and Society*, Ldn. 1983, S. 68–104). – T. Hunt, *Beginnings, Middles and Ends: Some Interpretative Problems in C.'s »Yvain« and Its Medieval Adaptations* (in *The Craft of Fiction*, Hg. L. Arathoon, Rochester 1984, S. 83–117). – P. Haidu, *Romance: Idealistic Genre or Historical Text?* (ebd., S. 1–46). – F. Dubost, *»Le chevalier de la Charrette« Une ›conjointure‹ signifiante* (in MA, 90, 1984, S. 195–222). – A. Gier, *Leo est femina. Yvain, Ébide und der Löwe* (in *Mittelalterbilder aus neuer Perspektive*, Hg. E. Ruhe u. R. Behrens, Mchn. 1985, S. 269–288). – K. D. Uitti, *»Le chevalier au Lion« (Yvain)* (in *The Romances of C. de T.*, Hg. D. Kelly, Lexington 1985, S. 182–231). – E. Vance, *C.'s »Yvain« and the Ideologies of Change and Exchange* (in YFSt, 70, 1986, S. 42–62). – B. Woledge, *Commentaire sur le »Yvain« (Le chevalier de la Charrette) de C.*, Genf 1986. – T. Hunt, *C. de T. »Yvain«*, Ldn. 1986.

CHRISTINE DE PIZAN

* 1365 Venedig
† um 1430 Poissy

LITERATUR ZUR AUTORIN:
Bibliographien:
E. C. Yenal, *Ch. de P., a Bibliography of Writing By Her and About Her*, Metuchen/N.J. 1982. – A. J. Kennedy, *Ch., a Bibliographical Guide*, Ldn. 1984.
Gesamtdarstellungen und Studien:
M. J. Pinet, *Ch. de P.*, Lyon 1927. – M. W. L. Boldingh-Goemans, *Ch. de P.*, Rotterdam/Den Haag 1948. – J. Moulin, *Ch. de P.*, Paris 1962. – S. Solente, *Ch. de P.*, Paris 1969. – E. Mc Leod, *The Order of the Rose. The Life and Ideas of Ch. de P.*, Ldn. 1976. – *Ideals of Women in the Works of Ch. de P.*, Hg. D. Bornstein, Detroit 1981. – R. Pernoud, *Ch. de P.*, Paris 1982. – M. Favier, *Ch. Muse des cours souveraines*, Genf 1984. – Ch. C. Willard, *Ch. Her Life and Works*, NY 1984. – F. Wolfzettel, *Zur Poetik der Subjektivität bei Ch. de P.* (in *Lyrik des ausgehenden 14. u. 15. Jh.s*, Hg. F. V. Spechtler, Amsterdam 1984, S. 375–397). – U. Liebertz-Grün, *Marie de France, Ch. de P. und die deutschsprachige Autorin im Mittelalter* (in Euphorion, 78, 1984, S. 219–236). – Dies., *Autorinnen im Umkreis der Höfe* (in *Frauen, Literatur, Geschichte*, Hg. H. Gnüg u. R. Möhrmann, Stg. 1985, S. 16–34).

ÉPISTRE AU DIEU D'AMOURS

(frz.; *Sendbrief an den Gott der Liebe*). Versepistel von CHRISTINE DE PIZAN, entstanden Mai 1399. – Noch der berühmte französische Historiker G. LANSON bezeichnete Christine als *»einen der vollkommensten Blaustrümpfe, den es in unserer Literatur gibt, die erste Vertreterin jenes unausstehlichen*

Geschlechts von Autorinnen, die über alles schreiben können und die während ihres lieben langen Lebens sich nichts anderes angelegen sein lassen, als die Beweise für ihren unermüdlichen Schreibfluß zu mehren, der ihrer umfassenden Mittelmäßigkeit entspricht«. Heute gilt die erste ernstzunehmende Autorin im französischen Kulturbereich jedoch als *»französische Schriftstellerin aus der Zeit des Frühhumanismus, die zu den bemerkenswertesten Gestalten der europäischen Literaturgeschichte gehört«* (J. Bumke). In diesem Werk wendet sich Christine, die sich in *Le livre de la cité des dames* dann umfassend mit der Diskriminierung der Frau in der spätmittelalterlichen Gesellschaft auseinandersetzt, gegen den Autor des zweiten Teils des berühmten *Roman de la rose*, Jean de Meung, besonders gegen dessen ihrer Meinung nach unschickliche Benennung der menschlichen Genitalien; dann das von ihm in der sogenannten »Rede der Alten« verbreitete Frauenbild, das in die eindringliche Warnung vor dem weiblichen Geschlecht mündet. Die Form der *lettres royales* amüsant parodierend, läßt sie die beleidigten Frauen aller Stände auftreten und sich bei Cupido über die treulosen und falschen Männer beklagen. Der Liebesgott erklärt sich daraufhin alsbald zum Feind der schlechten Kavaliere, die mit ihren Missetaten in den Tavernen und sogar bei Hofe protzen, und ist willens, die Liebeswonnen, die er zu verschenken hat, nur treuen Rittern vorzubehalten. Die Dichterin hält anschließend ein Plädoyer für die Vorzüge der Frauen, wobei sie mit viel gesundem Menschenverstand einfache und logische Argumente zusammenzutragen weiß und mahnt, über den Verirrungen einiger nicht die Tugendhaftigkeit der meisten zu vergessen. Vom Kampfeseifer hingerissen, schließt sie ihre Ausführungen mit einer heftigen Kritik an der *Ars amatoria* des Ovid und am *Roman de la rose*.

Mit diesem Gedicht machte sich Christine de Pizan die zahlreichen Anhänger Jean de Meungs, besonders Jean de Montreuil, zu Feinden, fand aber bei einigen hohen Herren, besonders dem Pariser Theologen Jean Gerson, auch Unterstützung. Vermutlich war der *Sendbrief* der Anlaß für den berühmten Streit um den *Rosenroman*, zu dem Christine neben kritischen Briefen auch die Versdichtung *Le dit de la rose*, 1401 *(Die Erzählung von der Rose)*, beisteuerte, die den Höhepunkt ihrer Polemik gegen Jean de Meung bildet. Die *Épistre* hatte jedenfalls beträchtliche Wirkung und erhob die Verfasserin unter die bekanntesten Autoren der Zeit. Vor allem wurde das Gedicht zum Ausgangspunkt einer ganz neuen moralisierenden Literaturrichtung, die sich die Verteidigung des weiblichen Geschlechts zum Ziel setzte. Noch im 16. Jh. erschien es unter dem Titel *Contre romant de la rose*. Dies ist das älteste gedruckte Exemplar. Eine gekürzte englische Version erschien 1721 als *The Letter of Cupido*. I.P.-KLL

Ausgaben: *Contre romant de la rose, nommé le Gratia Dei*, o. O. u. J. – Paris 1787 (*Épistre au dieu d'amour*, in Mlle de Kéralio, *Collection des meilleurs ouvrages composés par des femmes*, Bd. 2, S. 109–167; Bd. 3, S. 1–32; Ausz.). – Paris 1886–1896 (in *Œuvres poétiques*, 3 Bde., 2, Hg. M. Roy; Nachdr. NY 1965). – Paris 1977 (in *Le débat sur le roman de la rose*, Hg. E. Hicks; m. Einl. u. Anm.; krit.).

Literatur: A. Piaget, *Chronologie des Épitres sur le »Roman de la rose«* (in *Études romanes dédiées à G. Paris*, Paris 1891, S. 113–120). – Ch. C. Willard, *A New Look at Ch. de P.'s Épistre au Dieu d'Amours«* (in *Seconda miscellanea di studi e ricerche sul Quattrocento francese*, Turin 1967, S. 71–92). – E. C. Hicks, *The ›Querelle de la Rose‹ in the »Roman de la Rose«* (in Les Bonnes Feuilles, 3, 1974, S. 152–163). – Ders. u. E. Ornato, *Jean de Montreuil et le débat sur le »Roman de la rose«* (in Rom, 98, 1977, S. 34–64, 186–219). – Ch. C. Willard, *Christine and the Order of the Rose* (in *Ideals of Women in the Works of Ch. de P.*, Hg. D. Bornstein, Detroit 1981, S. 51–67).

LE LIVRE DE LA CITÉ DES DAMES

(frz.; *Das Buch von der Stadt der Frauen*). Prosaschrift von Christine de Pizan, entstanden 1404/05. – Hatte Christine bereits in *Épistre au Dieu d'Amours* frauenfeindliche Tendenzen in Jean de Meungs Fortsetzung des *Roman de la rose* kritisiert, geht es ihr in *Le livre de la cité des dames*, einem *»spätmittelalterlichen Lese- und Trostbuch für Frauen«* (M. Zimmermann) darum, das Selbstbewußtsein der Frauen ihrer Zeit zu stärken, indem sie sich entschieden gegen die frauenfeindliche Literatur zur Wehr setzt, die gerade im Spätmittelalter besonders zahlreiche Blüten trieb: *»In meinem Innern war ich verstört und fragte mich, welches der Grund, die Ursache dafür sein könnte, daß so viele und so verschiedene Männer, ganz gleich welchen Bildungsgrades, dazu neigten und immer noch neigen, in ihren Reden, Traktaten und Schriften derartig viele teuflische Scheußlichkeiten über Frauen und deren Lebensumstände zu verbreiten.«* Doch bislang haben sich die Frauen nie gegen die jahrhundertelange üble Nachrede der Männer zur Wehr gesetzt: *»Die Frauen, gutmütig und ohne Falschheit, haben das göttliche Gebot der Langmut befolgt und gelassen die schweren Beschimpfungen erduldet, die ihnen in Rede und Schrift, völlig zu Unrecht, zugefügt wurden.«*

Christine beschränkt sich jedoch nicht darauf, in einem moralischen Traktat die haltlosen Anschuldigungen zurückzuweisen, denn diese *»Bosheiten, die allerorts über die Frauen verbreitet werden, fallen letzten Endes auf die Verleumder und nicht auf die Frauen zurück«*, sondern beschreibt die Erscheinung dreier gekrönter Frauen, die sich als allegorische Figuren der Vernunft *(Raison)*, der Rechtschaffenheit *(Droiture)* und der Gerechtigkeit *(Justice)* zu erkennen geben. Diese drei Damen wollen Christine Trost spenden, die nach der Lektüre der *Lamentationes Matheoli* (um 1300, *Die Klagen des Matheolus*), einer besonders üblen Tirade gegen die Frauen, an sich und ihrem Geschlecht zu zweifeln

beginnt. Doch gleichzeitig fordern sie die Erzählerin auf, eine Stadt zu errichten, die allen *»hochherzigen und rechtschaffenen Frauen einen Ort der Zuflucht, eine umfriedete Festung gegen die Schar der boshaften Belagerer«* bieten soll. Als Baumaterial dienen die rühmenswerten Taten und Werke von Frauen. In einem Frage- und Antwortspiel liefern die drei Damen die nötigen Argumente und Beispiele für die tagtäglichen Auseinandersetzungen mit frauenfeindlichen Denkweisen, damit die Baumeisterin Christine daraus starke Mauern, Türme und Kastelle und dahinter Häuser und Paläste bauen kann. Viele dieser Argumente muten erstaunlich »modern« an. Gegen die Behauptung, Frauen taugten nur dazu, Männer zu umarmen und Kinder großzuziehen, führt die Dame Vernunft an, daß Frauen sich in allen bisher Männer vorbehaltenen Bereichen einsetzen könnten: *»Vorausgesetzt sie sind willens, sich ernsthaft mit diesen Dingen zu beschäftigen, werden diese ihnen ebenso geläufig wie den Männern, und wenn sie sich ernsthaft ins Zeug legen, dann können sie ewigen Ruhm erlangen, dessen Besitz den vorzüglichsten Männern sehr angenehm ist.«* Auch den Vorwurf einer geringeren weiblichen Intelligenz läßt die Vernunft nicht gelten und plädiert für gleichberechtigte Erziehung: *»Wenn es üblich wäre, die kleinen Mädchen eine Schule besuchen und im Anschluß daran, genau wie die Söhne, die Wissenschaften erlernen zu lassen, dann würden sie genausogut lernen und die letzten Feinheiten aller Künste und Wissenschaften ebenso mühelos begreifen wie jene ... Je stärker die Frauen den Männern an Körperkraft unterlegen, je schwächer und je weniger geschickt sie zu gewissen Dingen sind, desto größere Klugheit und desto mehr Scharfsinn entfalten sie überall dort, wo sie sich wirklich ins Zeug legen.«*
Die Exempla, welche den Aussagewert der Behauptungen illustrieren sollen, verraten den Einfluß der im Mittelalter beliebten Sammlungen wie die des Valerius Maximus, des *Speculum historiale* von Vincent von Beauvais und der *Legenda aurea* des Jacobus de Voragine, die Christine in ihrem Sinne bearbeitet. Zahlreiche Frauengeschichten sind aus Boccaccios Werk *De claris mulieribus (Über berühmte Frauen)* entlehnt, das 104 anekdotenhafte Kurzbiographien zu großen Frauengestalten, überwiegend aus der Frühgeschichte und der Antike, enthält. Stets warnt Christine die Frauen eindringlich davor, den Pfad der Tugend zu verlassen, der sündigen Liebe zu entfliehen, wohl wissend, wie eng die Grenzen der Frau in ihrer Zeit gesteckt sind, denn *»die Rechnung bezahlt immer nur ihr«*. Die Stadt der Frauen wird nur durch die Tugendhaftigkeit ihrer Bewohnerinnen, mittels derer sie allen Anschuldigungen der Männer trotzen können, Bestand haben. – Im Jahre 1521 erschien in London die englische Übersetzung *The Boke of the Cyte of Ladys*, die von der Popularität dieses Werks zeugt. W.R.

Ausgaben: Diss. Vanderbilt Univ. 1976, Hg. M.Ch. Curnow. – Paris 1986, Hg. E. Hicks u. Th. Moreau.

Übersetzung: *Das Buch von der Stadt der Frauen*, M. Zimmermann, Bln. 1986 [m. Einl.].

Literatur: A. Jeanroy, *Boccace et Ch. de P.: Le »De claribus mulieribus« source principale du »Livre de la cité des dames«* (in Rom, 48, 1922, S. 92–105). – G. Bozzolo, *Il »Decamerone« come fonte del »Livre de la cité des dames« di Ch. de P.* (in *Miscellanea di studi e ricerche sul Quattrocento francese*, Turin 1966, S. 1–24). – M. C. Curnow, *»The Boke of the Cyte of Ladyes«, an English Translation of Ch. de P.'s »Le livre de la cité des dames«* (in Les Bonnes Feuilles, 3, 1974, S. 116–137). – C. M. Reno, *Christine's Use of the »Golden Legend« in the »Cité des dames«* (ebd., S. 89–99). – L. Dulac, *Un mythe didactique chez Ch. de P.: Sémiramis ou la veuve héroique du »De mulieribus claris« de Boccace à la »Cité des dames«* (in *Mélanges de philologie romane offerts à Charles Camproux*, 2 Bde., Montpellier 1978, S. 325–343). – C. M. Reno, *Virginity as an Ideal in Ch. de P.'s »Cité des dames«* (in *Ideals for Women in the Works of Ch. de P.*, Hg. D. Bornstein, Detroit 1981, S. 69–90). – P. A. Philippy, *Establishing Authority. Boccaccio's »De claris mulieribus« and Christine's »Le livre de la cité des dames«* (in RoR, 77, 1986, S. 167–194). – J. Bumke, Rez. (in FAZ, 3. 1. 1987). – M. Blöcker, Rez. (in NZZ, 6. 6. 1987). – U. Krechel, Rez. (in SZ, 9. 3. 1988).

PHILIPPE VAN DEN CLYTE, SEIGNEUR DE COMMYNES

* 1447 Schloß Commynes bei Hazebrouck
† 18.10.1511 Schloß Argenton

Literatur zum Autor:
J. Dufournet, *La vie de Ph. de C.*, Paris 1969. – Ders., *Etudes sur Ph. de C.*, Paris 1975. – J. Liniger, *C., un Machiavel en douceur*, Paris 1978. – H. Baumann, *Der Geschichtsschreiber Ph. de C. und die Wirkung seiner politischen Vorstellungen in Frankreich um die Mitte des 16. Jh.s*, Mchn. 1981. – J. Dufournet, *Sur Ph. de C. Quatre études*, Paris 1982.

LES MÉMOIRES DE MESSIRE PHILIPPE DE COMMINES, CHEVALIER, SEIGNEUR D'ARGENTON sur les principaux faicts et gestes de Louis onzième et de Charles huictième, son fils, Roys de France

(frz.; *Die Erinnerungen des Ritters Philipp von Commynes, Herrn von Argenton, über die wichtigsten Taten und Werke Ludwigs XI. und Karls VIII., seines Sohnes, Könige von Frankreich*). Historisch-politische Gedanken und Erinnerungen von Philippe

Van den Clyte, Seigneur de COMMYNES; *Erster Teil* entstanden 1489–1491, erschienen 1524 unter dem Titel *Cronique et hystoire faicte et composée par feu Messire Philippe de Commines; Zweiter Teil* entstanden 1495–1498, erschienen 1528 unter dem Titel *Croniques du Roy Charles huytiesme de ce nom*. Beide Teile zusammen erschienen seit 1539 in mangelhaften Ausgaben, die 1552 durch die Edition des Originaltextes von Denis SAUVAGE ersetzt wurden.

Im Prolog widmet Commynes, wahrscheinlich nur einer literarischen Tradition folgend, sein Werk Angelo Cato, dem Erzbischof von Vienne, der es als Materialsammlung für eine lateinische Vita Ludwigs XI. auswerten wolle. Der *Erste Teil* – von Denis Sauvage in sechs Bücher eingeteilt – umfaßt die Zeit vom Jahr 1464, als Karl der Kühne, der letzte Herzog von Burgund, den Verfasser in seinen Dienst nahm, bis zum Tod Ludwigs XI. (1483). Commynes diente Karl als Kammerherr und Berater bis 1472, ging dann zu dessen Gegner Ludwig über, zu dem er seit 1468 Verbindung unterhielt. Dem politisch außerordentlich gewandten und verschlagenen König geistig verwandt, wurde er bald dessen engster Ratgeber. Im Mittelpunkt der Memoiren stehen die Gestalt Ludwigs XI. sowie die Auseinandersetzung des Königs mit Karl dem Kühnen von Burgund, dessen Herzogtum im Hundertjährigen Krieg zu großer Macht gelangt und zur Gefahr für das Königtum geworden war. Commynes, zuerst auf burgundischer Seite, hat Einblick in die Vorbereitung der *Ligue du bien public* (1465) sowie in die ferneren Ereignisse des burgundisch-königlichen Konfliktes, der bis über Karls Tod (1477) hinausreicht und mit der Grundlegung der unumschränkten Monarchie endet. Den Memoiren kommt zugute, daß Commynes seit 1472 auf der Seite des Königs steht, der dem verständnisvollen Ratgeber bald Einblick in die Motive seines politischen Handelns gewährt und ihn mehrfach in diplomatischer Mission verwendet. Mit dem Bericht über Krankheit und Tod des Königs schließt der erste Teil der Memoiren.

Unter ganz anderen Voraussetzungen ist der *Zweite Teil* entstanden, den Sauvage in zwei Bücher (7 und 8) einteilt. Commynes genießt unter Karl VIII. nicht mehr im gleichen Maß das Vertrauen des jungen Königs und seiner zunächst mit ihrem Gemahl die Regentschaft ausübenden Schwester Anna. Er beschreibt den Italienzug (1494), an dem er teilnahm, ohne ihn zu billigen. Mit dem Tod Karls und der Krönung Ludwigs XII. (1498) enden die Memoiren.

Commynes schreibt keine persönlichen Memoiren, wie man sie seit dem 17. Jh. kennt, sondern schweigt meist über die eigene Person. Er entfernt sich andererseits mit diesem ersten modernen Geschichtswerk von der herkömmlichen Historiographie eines JOINVILLE oder eines FROISSART, indem er sich nicht mit dem Bericht der Ereignisse begnügt, sondern versucht, in die vielfach verschlungenen Intrigen und in die Beweggründe des Geschehens einzudringen, dessen Hintergünde zu erklären, wobei er die psychologische Motivierung historischer Ereignisse eingehend verfolgt, besonders im Fall des impulsiv handelnden, von ritterlichen Idealen bestimmten Karl von Burgund und seines ungleich mehr differenzierten Gegners Ludwig XI.

Nicht weiter reduzierbare Wendungen kriegerischen und politischen Geschehens schreibt er dem aktiven Eingreifen Gottes zu – keineswegs nur ein technischer Kunstgriff oder eine leere Floskel, sondern Ausdruck seiner Religiosität. Commynes Memoiren nähern sich dem in Italien beliebten Genre des Fürstenspiegels: Der Verfasser sucht aus den berichteten Ereignissen Maximen für politisches Handeln zu gewinnen. Die Ereignisse werden zu anschaulichen Exempeln, die er scharfsinnig analysiert und in langen Exkursen neben vergleichbare Fälle stellt, um daraus Ratschläge für politisches Handeln abzuleiten. Die Politik wird zum ethisch wertfreien Gegenstand der Analyse und zur lernbaren Kunst, moralische Bedingtheit der Politik ist nur soweit relevant, als sie selbst ins politische Kalkül einbezogen ist.

Die Memoiren wurden bis zum Ende des Ancien régime als Handbuch für Politiker und Diplomaten viel gelesen; es erschienen zahlreiche Nachdrukke und Übersetzungen. Tatsächlich enthalten sie Empfehlungen, die in Frankreich erst Jahrhunderte später Wirklichkeit wurden, wie der Gedanke, Steuern nur im Einverständnis mit den Bürgern festzusetzen. Als historische Quelle für das ausgehende Mittelalter darf das Werk gerade im Hinblick auf die politische Rolle und die didaktische Absicht des Autors nur mit vorsichtiger Kritik benutzt werden. K.En.

AUSGABEN: Paris 1524 [Tl. 1]. – Paris 1528 [Tl. 2]. – Paris 1539 [1. GA]. – Paris 1552, Hg. D. Sauvage. – Ldn./Paris 1747, Hg. Lenglet du Fresnoy, 4 Bde. Paris 1840–1847, Hg. E. Dupont, 3 Bde. – Paris 1901–1903, Hg. B. de Mandrot, 2 Bde. [m. Einl. u. Anm.]. – Paris 1924/25, Hg. J. Calmette u. G. Durville, 3 Bde.; Les classiques de l'histoire de France du moyen âge, fasc. 3, 5, 6; ern. 1964/65. – Columbia 1969–1973 (*The Memoirs of C.*, Hg. u. engl. Üs. S. Kinser u. I. Cazeaux, 2 Bde.). – Paris 1979 (*Mémoires sur Louis XI, 1464–1483*, Hg. J. Dufournet; Folio).

ÜBERSETZUNGEN: *Histori, Ursprung und Ursach des Burgundischen Kriegs und Beschreibung des neapolitanischen Kriegs*, C. Hedion, Straßburg 1551. – *Histori von König Carle ausz Frankreich den achten und von dem Krieg zu Naples*, ders. Straßburg 1552. – *Historien von den Thaten Ludovici XI Königs in Franckreich*, M. Klostmans, Ffm. 1643. – *Die Denkwürdigkeiten Ph. v. Commynes, Herrn von Argenton*, S. Aschner, Mchn. 1920. – *Memoiren. Europa in der Krise zwischen Mittelalter u. Neuzeit*, M. Krabusch-Schaefer, Stg. 1952; ern. 1983.

LITERATUR: B. Croce, *Il personaggio italiano che esortò il C. a scrivere i »Mémoires« (Angelo Catone)*,

Neapel 1932. – G. Heidel, *La langue et le style de Ph. de C.*, Lpzg. 1934. – J. Bastin, *Les »Mémoires« de Ph. de C.*, Brüssel 1941. – A. Prucher, *I »Mémoires« di Ph. de C. e l'Italia del quattrocento*, Florenz 1957 (vgl. dazu J. Frappier in RLC, 32, 1958, S. 583–586). – K. Bittmann, *Ludwig XI. u. Karl der Kühne. Die Memoiren des Ph. de C. als historische Quelle*, Göttingen 1964–1970. – J. Dufournet, *La destruction des mythes dans les »Mémoires« de Ph. de C.*, Genf 1966. – J. Dufournet, *Art et déformation historique dans les »Mémoires« de C.* (in Rom, 90, 1969, S. 145–175). – I. Voss, *C. und sein Memoirenwerk in der Forschung seit 1945* (in Deutsches Archiv für die Erforschung des Mittelalters, 29, 1973, S. 224–235). – P. Archambault, *C. History as Lost Innocence* (in P. A., *Seven French Chroniclers*, Syracuse 1974, S. 101–115). – J. Demers, *C. mémorialiste*, Montreal 1975. – W. J. Meyer, *Erlebte Geschichte. Möglichkeiten ihrer Darstellung am Beispiel der »Memoiren« von C.*, Mchn. 1977. – R. Bertrand, *Livre 1 des »Mémoires« de C. Index automatique du vocabulaire*, Aix-en-Provence/Marseille 1982. – O. Soutet u. C. Thomasset, *Des marques de la subjectivité dans les »Mémoires« de C.* (in *La chronique au moyen âge*, Hg. D. Poirion, Paris 1984, S. 27–44).

CONON DE BÉTHUNE

* um 1150 im Artois
† 17.12.1219/20 Konstantinopel (?)

KREUZ- UND MINNELIEDER von Conon de Béthune.

Unter dem Namen des aus einer pikardischen Adelsfamilie stammenden bedeutenden Trouvères sind vierzehn Lieder (davon zehn mit Melodie) überliefert, doch können ihm nach dem Herausgeber A. WALLENSKÖLD nur zehn davon mit Sicherheit zugeschrieben werden. Seine Teilnahme am dritten Kreuzzug (1189–1193) läßt sich nur aus dem HUON D'OISI einhellig zugeschriebenen, aber unvollständig überlieferten Lied *Maugré tous sainz (Gegen den Willen aller Heiligen)* erschließen, das die frühe Rückkehr Conons zum Thema hat. Im vierten Kreuzzug (1202–1204) verhandelte der redegewandte Dichter *(»qui molt ere sages et bien enparlez«)* mit den byzantinischen Kaisern Alexius III. und IV., wie GEOFFROY DE VILLEHARDOUIN in seiner zwischen 1207 und 1213 entstandenen *Histoire de la conquête de Constantinople (Geschichte der Eroberung von Konstantinopel)* berichtet. Nicht zweifelsfrei zu klären ist, ob er selbst oder sein gleichnamiger ältester Sohn nach der Eroberung Konstantinopels durch das Kreuzfahrerheer unter der Führung Graf Balduins von Flandern 1217 Seneschall und 1219 Reichsregent des Byzantinischen Reichs wurde.

Aus der literarischen Produktion des artesianischen Trouvères ragen vor allem die zwei Kreuzlieder heraus. Der Aufruf in seinem berühmten ersten Kreuzlied *Ahi! Amors, com dure departie (O weh, Liebe, welch harter Abschied)*, das wohl bald nach der Kreuznahme der vorübergehend versöhnten Könige von Frankreich und England (etwa Februar/März 1188) verfaßt wurde, könnte einem Kreuzzugserlaß entnommen sein und formuliert die damals allgemeingültige Überzeugung: *»Honi soient tot chil ki remanront / S'il n'ont poverte ou viellece ou malaige! /et cil qui sain et jone et riche sont/ ne poevent pas demorer sans hontaige« (»Verwünscht seien alle diejenigen, die zurückbleiben, /wenn sie nicht Armut oder Alter oder eine Krankheit haben!/Und diejenigen, die gesund und jung und reich sind, /können nicht ohne Schande hier bleiben«*; Übers. Ph. A. Becker). Doch verbindet dieses Lied die freudige Aufbruchsbegeisterung des höfisch Liebenden mit dessen sehr persönlich vorgetragenem Schmerz über den Abschied von seiner geliebten Dame. Allerdings fährt nur der Körper *(cors)* ins Heilige Land, das Herz *(cuers)* bleibt bei der Geliebten; diese Trennung ist ein beliebter Topos der Minnekanzone, wobei hier zu der ohnehin vorhandenen sozialen Distanz zwischen Dichter und Dame die räumliche tritt: *»Se li cors va servir Nostre Signor,/ mes cuers remaint del tot en sa baillie« (»Wenn der Körper geht, unserem Herrn zu dienen, /so bleibt mein Herz gänzlich in ihrer Gewalt zurück«*; Übers. D. Rieger). Im Entschluß zur Kreuzfahrt verbindet sich die religiöse Verpflichtung, Gott nicht im Stich zu lassen *(»car je ne doi faillir mon Creator«)*, mit dem durchaus weltlichen Wunsch des Dichters, seiner Dame mit Rittertaten im Heiligen Land zu gefallen *(»Ou on conquiert Paradis et honor/Et pris et los et l'amor de s'amie« – »Wo man das Paradies erlangt und Ehre/ und Lob und Preis und die Liebe seiner Geliebten«)*. Die im Kreuzlied stets präsente Furcht des Liebenden, seine Dame könne ihm während seiner langen Abwesenheit untreu werden, läßt Conon nicht gelten, denn da sich die guten Leute alle im Heiligen Land befinden, bleiben nur die feigen zurück, mit denen sich eine wirklich höfische Dame niemals einlassen würde: *»Et les dames ki chastement vivront/ Et loiauté feront ceaus ki iront./ Et s'eles font par mal consel folaige,/ A lasques gens mauvaises le feront,/ Car tot li boin iront en cest voiaige« (»Und die Damen, die keusch leben werden / und die* [Ritter], *die gehen werden, werden Treue üben: / und wenn sie* [die Damen] *auf einen schlechten Rat hin eine Torheit machen, /werden sie diese mit feigen, schlechten Leuten begehen, /denn alle guten werden auf diese Fahrt gehen«)*.

Auf das bekannte Lied, dessen Melodie in drei verschiedenen Varianten überliefert ist, wurden im deutschen Sprachraum mehrere Kontrafakturen gedichtet, wie die Kreuzlieder *Mîn herze und mîn lîp, diu wellent scheiden* von FRIEDRICH VON HAUSEN und *Mich mac der tot von ir minnen wôl scheiden* von ALBRECHT VON JOHANSDORF, die beide die

Trennung von Herz und Körper des liebenden Kreuzfahrers wieder aufgreifen. Während Friedrich sich jedoch ganz für Gott entscheidet, bleibt bei Albrecht, wie bei Conon, Minne und Gottesfahrt vereinbar. – Conons zweites, wohl im Sommer 1188 entstandenes Kreuzlied *Bien me deüsse targier (Ich hätte mich wohl zurückhalten sollen)* setzt sich dagegen kritisch mit der heillosen Zerstrittenheit der Fürsten auseinander, die aufgrund neu aufgeflammter kriegerischer Fehden ihre Verpflichtung zum Kreuzzug vergessen haben und die göttliche Langmut mißbrauchen. Doch Gott hat sich schon an den Schuldigen gerächt: *»Li Quens s'en est ja vangiés,/ Des haus barons, qui or li sont faillit./ C'or les eüst anpiriés,/ Qui sont plus vil que onques mais ne vi!/Dehait li bers qui est de tel sanblance/Con li oixel qui conchiët son nit!/ Po en i a ki n'aït son renne honi, /Por tant qu'il aït sor ses homes possance« (»Schon hat sich Gott an den hohen Baronen gerächt, die ihm nicht Wort gehalten haben. Möchte ich sie übel hergerichtet sehen, denn sie sind verächtlicher denn je. Pfui über den Menschen, der sich benimmt wie der Vogel, der sein Nest beschmutzt. Nur wenige haben ihre Herrschaft nicht entehrt, soweit sie über ihre Leute Gewalt haben«*; Übers. Ph. A. Becker). Die Pflichtvergessenheit der hohen Herren bewog wohl nicht nur Conon, dessen Tatkraft man monatelang für die eigensüchtigen Zwecke der Großen abgelenkt und mißbraucht hatte, dazu, seine Heimat wieder aufzusuchen, wo er von Huon d'Oisi, an den sich Conons Lied wandte, mit bitterem Mitgefühl empfangen wurde: *»Si remaindroiz avoec vo roi failli« (»Ihr könnt jetzt ruhig zu Hause bleiben mit Eurem wortbrüchigen König«)*.

Von den eher konventionellen, aber sehr persönlich gehaltenen Minneliedern Conons setzt sich die Tenzone *L'autrier avint en cel autre pais (Neulich geschah es in jenem anderen Land)* ab. Der Dichter parodiert hier eine besondere Spielart der Streitlieddichtung *(débat amoureux)*, in der sich ein Mädchen mit allen Mitteln der Rhetorik den Zudringlichkeiten des werbenden Mannes widersetzt, um schließlich doch nachzugeben. Bei Conon ist die alternde Dame zur reichlich späten Einsicht gekommen, ihrem Liebhaber nun endlich ihre Gunst zu schenken, und wird von diesem mit wenig schmeichelhaften Worten abgewiesen. Sogar den Vergleich mit den Ruinen von Troja muß sie sich gefallen lassen, und weder ihr provokanter Vorwurf der Homosexualität *(»Ains vos prendroit envie / D'un bel vallet baisier et acoler« – »Eher packte Euch die Lust,/ einen schönen Knappen zu küssen und zu umarmen«)* noch die Vorzüge ihres Standes und Reichtums können den Ritter dazu bewegen, den Wünschen der Dame zu entsprechen, denn: *»On n'aime pas dame por parenté, / Mais quant ele est belle et cortoise et saige. / Vos en savrés par tans la verité« (»Man liebt eine Dame nicht wegen ihrer Abkunft,/sondern wenn sie schön ist und von höfischer Art und klug./ Ihr werdet bald erkennen, wie wahr dies ist«)*.

Conons Lieder sind in einem Dialekt abgefaßt, der um die Stadt Arras herum gesprochen wurde und der im 12. Jh. noch durchaus literaturfähig war. Im Lied *Mout me semont Amors ke je m'envoise (Sehr mahnt mich Amor, daß ich mich lustig mache)* klagt Conon jedoch über einen seiner Sprache geltenden schmerzenden Tadel der königlichen Zuhörer, besonders seiner vermutlichen Gönnerin Marie de Champagne. Der Dichter wehrt sich mit dem Argument, daß seine Sprache durchaus verständlich sei: *»Ne chil ne sont bien apris ne cortois, /S'il m'ont reprise se j'ai dit mos d'Artois, / Car je ne fui pas norris a Pontoise« (»Und diese sind weder wohlerzogen noch höfisch/ wenn sie mir vorwerfen, daß ich Wörter aus dem Artois gebrauche/ denn ich wurde nun einmal nicht in Pontoise großgezogen«)*. Diese biographische Anmerkung liefert wertvolle Aufschlüsse darüber, wie schon im 12. Jh. das in der Île de France gesprochene Französisch (wobei die Stadt Pontoise für ihre besonders reine Sprache bekannt war) allmählich als allgemeinverbindliche Literatursprache angesehen wurde, und andere Dialekte in den Hintergrund zu drängen begann. W.R.

AUSGABEN: *Chansons de C. de B., trouvère artésien de la fin du XIIe siècle*. Hg. A. Wallensköld, Helsinki 1891 [krit.]. – *Les chansons de C. de B.*, Hg. ders., Paris 1921 (krit.; CFMA). – *Poèmes d'amour des XIIe et XIIIe siècles*, Hg. E. Baumgartner u. F. Ferrand, Paris 1983 (Ausw.; m. neufrz. Übers.; 10/18).

ÜBERSETZUNG: In *Mittelalterliche Lyrik Frankreichs II. Lieder der Trouvères*, Hg. D. Rieger, Stg. 1983 (Ausw.; afrz.-dt.; m. Komm.; RUB).

LITERATUR: A. Jeanroy, *Sur deux chansons de C. de B.* (in Rom, 21, 1892, S. 418–424). – F. Gennrich, *Zu den Liedern des C. de B.* (in ZfrPh, 42, 1922, S. 231–241). – A. Jeanroy, *Les origines de la poésie lyrique en France au Moyen-Âge*, Paris ³1925, S. 45–70; 517–521. – Ph. A. Becker, *Die Kreuzlieder des C. de B. und Huon d'Oisi* (in ZfrzSp, 64, 1942, S. 305–312). – F. Wentzlaff-Eggebert, *Kreuzzugsdichtung des Mittelalters*, Bln. 1960. – C. Cremonesi, *C. de B., Rambaldo de Vaqueiras e Peire Vidal* (in C. C., *Studi romanzi di filologia e letteratura*, Brescia 1984, S. 399–410).

EUSTACHE DESCHAMPS

* 1344 Vertus / Marne
† 1404

L'ART DE DICTIER ET DE FERE CHANÇONS

(frz.; *Kunst der Diktion und des Verseschmiedens*). Poetik von Eustache DESCHAMPS, entstanden

1392; erschienen 1891. – Die um die Mitte des 14. Jh.s von GUILLAUME DE MACHAUT ausgehende Erneuerung der französischen Lyrik, die vor allem die Gedichte mit vorgeprägter Form wie *rondel, chant royal, ballade, lai, virelai* betraf, fand ihren didaktischen Niederschlag in diesem Werk. Es ist die erste Schrift über französische Verskunst, die nicht in lateinischer, sondern in französischer Sprache geschrieben ist. Die Poesie wird hier als Zweig der Musikkunst und nicht, wie sonst im Mittelalter üblich, als der Rhetorik zugehörend dargestellt. Die Schrift beginnt mit einer kurzen Beschreibung der sieben freien Künste: Grammatik, Logik, Rhetorik, Geometrie, Arithmetik, Astronomie und Musik. Über die Musik äußert sich Deschamps ausführlicher; er unterscheidet zwischen einer *»musique artificiele«* und einer *»musique naturele«*. Unter *»künstlicher Musik«* versteht er die mit Instrumenten erzeugte Musik, unter *»natürlicher«* die Laute der menschlichen Stimme. Zu ihr gehört die Verskunst.

Nach diesen grundsätzlichen Erörterungen geht Deschamps zur Darstellung der am Ende des 14. Jh.s in Blüte stehenden Gedichtformen über. *Lai, virelai, ballade, rondel* usw. werden beschrieben, ihre typischen Eigenheiten hervorgehoben und an Beispielen erläutert. Leiden die theoretischen Darlegungen oft an Unklarheit, so zeigen die gewählten Beispiele, die alle aus Deschamps' Feder stammen, den damaligen Stand der Entwicklung um so deutlicher. Für didaktische Zwecke bestimmt, hat das Werk auf die zeitgenössischen Dichter einen großen Einfluß ausgeübt. Heute zeigt es dem Literarhistoriker, daß einzelne dieser lyrischen Formen um 1400 den Höhepunkt ihrer Entwicklung noch nicht erreicht hatten. A.K.

AUSGABE: Paris 1891 (in *Œuvres complètes*, Hg. A. de Queux de Saint-Hilaire u. G. Raynaud, 11 Bde., 1878–1903, 7).

LITERATUR: E. Hoepffner, *E. D. Leben u. Werke*, Straßburg 1904. – G. Cote, *Quelques remarques sur »l'Art de dictier« d'E. D.* (in *Mélanges à E. Hoepffner*, Paris 1949, S. 361–367). – R. Dragonetti, *La poesie ... ceste musique naturelle* (in *Fin du moyen âge et renaissance. Mélanges à R. Guiette*, Antwerpen 1961, S. 49–64). – D. Poirion, *Le poète et le prince*, Paris 1965; ern. Genf 1978. – K. Varty, *E. D.s »Art de dictier«* (in FS, 19, 1965, S. 164–167). – H. Heger, *Die Melancholie bei den frz. Lyrikern des Spätmittelalters*, Bonn 1967. – G. Olson, *D.s »Art de dictier« and Chaucer's Literary Environment* (in Speculum, 48, 1973, S. 714–723). – D. Poirion, *E. D. et la société de cour* (in *Littérature et société au moyen âge*, Hg. D. Buschinger, Paris 1978).

JEAN FROISSART

* um 1337 Valenciennes / Hennegau
† um 1410 Chimay

CRONIQUES DE FRANCE, D'ANGLETERRE, D'ESCOCE, D'ESPAIGNE, DE BRETAIGNE, DE GASCOGNE, DE FLANDRES, ET LIEUX CIRCUNUOISINS

(frz.; *Chronik von Frankreich, England, Schottland, Spanien, der Bretagne, der Gascogne, Flandern und den umliegenden Gegenden*). Geschichtswerk von Jean FROISSART, entstanden zwischen 1373 und 1400. Das Werk umfaßt vier Bände: der erste, der über die Zeit von 1325 bis 1378 berichtet, folgt auf weiten Strecken der älteren Chronik von JEAN LE BEL; der zweite, dritte und vierte (unvollendete) Band, die jeweils einen wesentlich kürzeren Zeitabschnitt behandeln (1378–1385; 1385–1388; 1388–1400), entstanden fast gleichzeitig mit den berichteten Geschehnissen: Es ist die Zeit des Hundertjährigen Krieges zwischen England und Frankreich, eine Zeit der glanzvollsten Entfaltung, aber auch des beginnenden Niederganges ritterlicher Kultur. Die damaligen Ereignisse wurden beeinflußt von den vielen kleinen Herzogtümern und Grafschaften, die jeweils für kurze Zeit, durch das Kriegsglück begünstigt, tonangebend im kulturellen Leben waren. Froissart lebte als Geistlicher und Chronist nacheinander an allen wichtigen Höfen, auch am englischen und spanischen. Er schrieb stets unter dem Einfluß der Umwelt, in der er sich gerade befand: so entstand z. B. der dritte Band am Hofe Gastons von Foix, der vierte an dem Albrechts von Bayern.

Dennoch zeigt sein Werk keine politische Parteinahme; Froissart hatte es verhältnismäßig leicht, da sein Frankreich ja keine Nation, sondern ein Gebilde aus autonomen Kleinstaaten war. Es ging ihm vor allem um die Schilderung ritterlicher Taten und um die Charakterisierung großer Helden, die es seiner Meinung nach auf allen Seiten gab. Seine Berichte sind lebendig, bunt, anekdotisch und haben wenig gemein mit den trockenen Chroniken seiner Zeitgenossen; die Akteure in diesem Kriegsspiel, das dem Chronisten sichtlich Freude macht, kommen immer wieder selbst zu Wort, denn er kannte die meisten persönlich. Er ist nicht der Typ des Archivars, sondern er reist den Ereignissen nach, um in seiner nie zu befriedigenden Neugier noch zu erhaschen, was wirklich geschah, bevor es durch neue Ereignisse in Vergessenheit gerät. Seine breite Kenntnis des Gegenwartsgeschehens gibt ihm die Möglichkeit, Pro und Kontra, Recht und Unrecht, Wahrheit und Übertreibung voneinander zu scheiden; das macht seine Chronik zu einem wesentlichen Dokument französischer Geschichte dieses

Zeitabschnittes. Froissart ist ein mitreißender Erzähler, der allerdings nur das bunte Treiben der Ritter an den Höfen und auf den jeweiligen Kriegsschauplätzen schildert, nicht aber das alltägliche Leben des kleinen Mannes, den eigentlichen Hintergrund für das höfische Leben des 14. Jh.s. So enthält seine Chronik einen nicht nur zeitlich, sondern vor allem sozial begrenzten Ausschnitt aus der Geschichte, zu deren Darstellung ihn pädagogische Überlegungen bestimmt haben. In seinem Prolog fordert er alle jungen Männer auf, das schon zu einem Mythos gewordene Ideal mittelalterlichen Rittertums wieder zum Leben zu erwecken. KLL

Ausgaben: Paris 1495, 4 Bde. – Paris 1835 (*Les chroniques*, Hg. J. A. C. Buchon, 3 Bde.). – Brüssel 1867–1877, Hg. K. de Lettenhove, 26 Bde. (Nachdr. Osnabrück 1967). – Paris 1869–1976, Hg. Société de l'Histoire de France [bisher 15 Bde.]. – Genf 1972 (*Premier livre des Chroniques publié d'après le manuscrit de Rome*, Hg. G. T. Diller; krit.; TLF).

Übersetzung: *Die Bürger von Calais*, U. F. Müller, Ebenhausen bei Mchn. 1975 (Ausw.).

Literatur: F. G. Welter, *Über die Sprache F.s.*, Essen 1889. – M. Darmesteter. *F.*, Paris 1894. – M. Wilmotte, *J. F.*, Brüssel 1942. – S. G. Nichols jr., *Discourse in F.'s »Chroniques«* (in Speculum, 39, 1964, S. 279–287). – G. T. Diller, *La dernière rédaction du premier livre des »Chroniques« de F.* (in MA, 76, 1970, S. 91–125). – P. F. Ainsworth, *Style indirect et peinture des personnages chez F.* (in Rom, 93, 1972, S. 498–522). – P. J. Archambault, *F. and the Ockhamist Movement* (in Symposium, 1974, S. 197–211). – J. Picoche, *Le vocabulaire psychologique dans les »Chroniques« de F.*, 2 Bde., Paris 1976 u. 1984. – *F. Historian*, Hg. J. N. Palmer, Totowa 1981. – G. Jäger, *Aspekte des Krieges und der Chevalerie im 14. Jh. in Frankreich*, Bern/Ffm. 1981. – G. T. Diller, *Attitudes chevaleresques et réalités politiques chez F.*, Genf 1984. – P. Ainsworth, *Du berceau à la bière* (in *Dies illa. Death in the Middle Ages*, Hg. J. H. M. Taylor, Liverpool 1984, S. 125–152).

Gautier de Coincy

* 1177/78 Coincy
† 25.9.1236 Soissons

LES MIRACLES DE LA SAINTE VIERGE

(afrz.; *Die Wunder der Heiligen Jungfrau*). Verslegenden von Gautier de Coincy, entstanden zwischen 1218 und 1236. – Die Sammlung von Marienwundern des Gautier de Coincy entstand, als die Marienverehrung des Hochmittelalters ihren Höhepunkt erreichte. Sie wird, was Umfang (30 000 Verse) und Zahl (58 Mirakel), künstlerische Eigenleistung und Nachwirkung anlangt, von keiner anderen volkssprachlichen Sammlung Frankreichs übertroffen. Die Mirakel, deren bekanntestes wohl die Legende von Theophil ist (die Gottesmutter hilft einem abtrünnigen Geistlichen, seinen Pakt mit dem Teufel rückgängig zu machen), sind mit den verschiedensten Wallfahrtsstätten zu Ehren der Heiligen Jungfrau verbunden. Besonders viele knüpfen sich an aufblühende französische Orte (Soissons, Arras, Rocamadour), andere stammen aus Marienkulten des östlichen Mittelmeerraums (Konstantinopel u. a.).

Gautier selbst bezeichnet seine Tätigkeit im Prolog als Übersetzungsarbeit: *»Miracles que truis en latin/ Translater voel en rime« (»Mirakel, die ich in lateinischer Fassung finde, werde ich in Verse übertragen«)*. Als Vorlage dienten ihm dabei ein lateinisches Manuskript der Abtei St-Médard bei Soissons – hier war er zu Ende seines Lebens Prior – und vor allem die Mirakelsammlungen des Hugues Farsit (12. Jh), ebenfalls aus Soissons. Gautier begnügt sich aber nicht mit der Übersetzung und Versifizierung, sondern fügt eigene moralisierende und häufig sehr treffende satirische Bemerkungen ein, die keinen Stand ungeschoren lassen, so daß er sich mitunter auch zu vehementen Polemiken gegen die Juden und auch gegen Christen, die Juden in ihrer Mitte wohnen lassen, hinreißen läßt. Er fühlte sich als »Spielmann Unserer Lieben Frau«, der ohne festen Plan ihre Wundertaten sammelte, sie in überreichen Bildern pries und kühne Spekulationen über ihre besondere Stellung im Heilsplan mit kindlicher Zuneigung verband.

24 vollständige Handschriften und viele Fragmente sind überliefert. Die Beliebtheit und die intensive Nachwirkung des Werkes stehen außer Zweifel; keine spätere französische Mirakelsammlung, die nicht von ihm abhängig wäre. Die bedeutendsten Nachfolger Gautiers waren Rutebeuf *(Le miracle de Théophile)* und Villon *(Ballade pour prier Notre Dame)*, die die von ihm aufgezeichneten Mirakelstoffe in andere Formen brachten. B.L.-KLL

Ausgaben: Paris 1857, Hg. A. Poquet. – Göteborg 1935 (*Deux miracles*, Hg. E. Boman; m. Einl., Anm. u. Glossar; Diss. Göteborg). – Helsinki 1953 (*De la bonne empereris qui garda loiaument son mariage*, Hg. E. v. Kraemer; krit.). – Uppsala 1955 (*Deux miracles de la Sainte Vierge*, Hg. E. Rankka; krit.; frz.-afrz.). – Genf/Lille/Paris 1955-1970 (*Les miracles de Notre Dame*, 4 Bde.; TLF). – Helsinki 1960 (*Huit miracles*, Hg. E. v. Kraemer; frz.-afrz.). – Helsinki 1963 (*Les miracles de Notre Dame de Soissons*, Hg. H. Lindgren; frz.-afrz.).

Übersetzungen: *Unser lieben Frauen Wunder. Afrz. Marienlegenden*, S. Rüttgers, Lpzg. 1914 (Ausz.; IB). – *Drei Legenden Unserer lieben*

Frau ..., G. Terramare, Wien 1921. – *Der Fiedler von Rocamadour*, E. Lommatzsch (in *Geschichten aus dem alten Frankreich*, Ffm. 1947, Reihe 1). – *Der trunkene Sakristan*, ders. (ebd.). – *Die Jungfrau und der Dieb*, ders. (ebd.).

LITERATUR: A. Mussafia, *Über die von G. de C. benutzten Quellen* (in Denkschriften der königl. Akademie der Wiss. zu Wien, Wien 1896, 44, S. 1 ff.). – A. Långfors, *Mélanges de poésie lyrique française, II, G. de C.* (in Romania, 53, 1927, S. 474–538). – M. A. Stadtmüller, *Die Marienlieder des G. de C.* (in ZfrzSp, 54, 1931, S. 481–510). – H. Spanke, *Zu den lyrischen Einlagen in den Versmirakeln G.s v. C.* (in NphM, 34, 1934, S. 154–173). – P. Verrier, *La chanson de Notre Dame de G. de C.* (in Romania, 59, 1933, S. 497–519). – A. P. Ducrot-Granderye, *Études sur les »Miracles de Nostre Dame« de G. de C.*, Helsinki 1932. – R. Vandeck, *Les rimes intérieurs dans le »Miracle de l'Imperatrice« de G. de C.* (in Romanica Gandensia, 12, 1969, S. 21–52). – M. G. Giacobbe, *Esame stilistico dei »Miracles« di G. de C.* (in *Omaggio a C. Guerrieri-Crocetti*, Genua 1971, S. 315–351). – M. Bambeck, *Weidenbaum und Welt* (in ZfrzSp, 88, 1978, S. 195–212). – B. Cazelles, *La faiblesse chez G. de C.*, Saratoga 1978. – D. Colombani, *La chute et la modification* (in *Le diable au moyen âge*, Aix-en-Provence 1979, S. 133–154). – Ders., *La liturgie dans les »Miracles de Nostre Dame« de G. de C.* (in Mosaic, 12, 1979, S. 33–54). – J. Larmat, *La religion populaire chez G. de C.* (in MR, 30, 1980, S. 167–175). – D. Colombani, *La prière du cœur dans les »Miracles de Nostre Dame« de G. de C.* (in *La prière au moyen âge*, Aix-en-Provence/Paris 1981, S. 73–96). – *G. de C., le texte du »miracle«* (in Médiévales, 2, 1982; Sondernr.). – F.-J. Beaussart, *Figures de la maladie dans les »Miracles de Nostre Dame«* (ebd., 4, 1983, S. 74–90). – M. L. Arcangeli-Marenzi, *Dalle canzoni cortesi alle »Chansons à la vierge« di G. de C.* (in M. L. A.-M., *Forme di discorso medievali*, Abano-Terme 1984, S. 29–86). – B. Cazelles, *Le cercle maudit* (in SFR, 10, 1986, S. 259–280).

GEOFFROY DE VILLEHARDOUIN

* 1150 Schloß Villehardouin bei
Bar-sur-Aube
† 1218 Mistra / Thrakien

L'HISTOIRE DE LA CONQUÊTE DE CONSTANTINOPLE

(afrz.; *Die Geschichte der Eroberung von Konstantinopel*). Chronik von GEOFFROY DE VILLEHARDOUIN, entstanden zwischen 1207 und 1213. – Über das Leben des Autors ist nur wenig bekannt. Als Marschall der Champagne und Adjutant des Grafen Thibaud III. spielte er bei der Vorbereitung des Vierten Kreuzzugs eine wichtige Rolle, u. a. war er Mitglied der Kommission, die mit dem Dogen von Venedig über den Seetransport der Kreuzfahrer verhandelte. Mit dem Bericht über diese Mission beginnt Villehardouin seine in 116 Kapitel und 500 Abschnitte gegliederte Chronik, die durch ihre klare Trennung von episch-literarischer Idealität und zeitgeschichtlicher Wahrheit in der Geschichtsschreibung des Mittelalters einen einmaligen Rang einnimmt.

Die Venezianer verpflichten sich, für 85 000 Silbermark *(marcs d'argent)* die benötigten Schiffe zur Verfügung zu stellen. Die Überfahrt wird auf den Juni des Jahres 1202 festgesetzt. Aber Thibaud stirbt kurz vorher, und Boniface de Montferrat übernimmt den Oberbefehl. Da die von den Venezianern geforderte Geldsumme nicht aufgebracht werden kann, schlägt der Doge Dandolo ein Tauschgeschäft vor: Die Kreuzfahrer sollen für die »Republik von San Marco« den Hafen Zara zurückgewinnen, den der König von Ungarn besetzt hält. Auch der byzantinische Kronprätendent Alexios (später Alexios IV.) bietet seine Unterstützung an, und zwar 200 000 Silbermark und ein Truppenkontingent von 10 000 Mann. Als Gegenleistung fordert er den Beistand der Ritter bei der Rückeroberung des ihm zustehenden Kaiserthrons, der nach einem Staatsstreich seinem Onkel, Alexios III., zugefallen war. Zara wird genommen, und nach einigen Verzögerungen schifft sich das Heer nach Konstantinopel ein. Auf der Zwischenstation Korfu verhindert Villehardouin durch seine Redegewandtheit und Überzeugungskraft, daß das aus den verschiedensten Volksstämmen rekrutierte Heer sich noch vor Beginn der Kämpfe wieder auflöst. Zweimal wird Konstantinopel belagert und erobert: das erste Mal für Alexios IV., der sich dann aber weigert, seinen Bundesgenossen den versprochenen Gegendienst zu erweisen. Seine Regierungszeit währt nur einige Monate; der Usurpator Murzuphles läßt ihn ermorden. Nach der zweiten Eroberung wird Baudouin von Flandern Kaiser von Konstantinopel, Boniface mit der Regentschaft über Griechenland und Kleinasien betraut und Villehardouin Marschall von Romanien. Die einzelnen Besitzungen werden unter die Kreuzritter verteilt. Aber der Kampf gegen Murzuphles, gegen die Bulgaren und Griechen, die in Nicaea das byzantinische Kaiserreich (Laskariden-Dynastie) neu gegründet haben, geht weiter. Baudouin stirbt als Gefangener des Bulgarenkönigs Johannes; Villehardouin rettet das fränkische Heer bei Adrianopel vor gänzlicher Vernichtung und übernimmt die Führung der Truppen auf dem Rückzug. Henri von Flandern wird 1206 als Nachfolger seines verstorbenen Bruders Baudouin zum Kaiser gekrönt. Der Bericht über den Tod von Villehardouins Gönner Boniface (4. 9. 1207), der ebenfalls im Kampf gegen die Bulgaren fällt, beschließt das möglicherweise fragmentarisch gebliebene Werk.

Die *Histoire de la conquête de Constantinople* ist das erste authentische Geschichtswerk – wenn nicht überhaupt das erste Prosawerk – in französischer Sprache. Dank der Bemühung des Autors, die Geschehnisse wahrheitsgetreu, untendenziös und exakt wiederzugeben, gilt es noch heute als eine der zuverlässigsten Quellenschriften zur Geschichte der Kreuzzüge. Die Einwände mancher Forscher, als Unterhändler und Heerführer habe Villehardouin die politischen und militärischen Vorgänge doch wohl nicht unparteiisch schildern können, sind durch genaue Prüfung seiner Angaben weitgehend entkräftet worden. Objektiv beurteilt er auch Erfolg oder Fehlschlag von Unternehmungen anhand der Analyse von lehnsrechtlichen Verhältnissen, Vertragsklauseln oder den psychologischen Eigenarten der Beteiligten. Man hat, soweit möglich, auch festgestellt, daß er nichts zu vertuschen, zu verschweigen oder zu rechtfertigen versucht, und daraus geschlossen, daß man in Villehardouin – der sich übrigens selbst stets in der dritten Person nennt, sozusagen als einer unter vielen – eine außergewöhnlich integre, ebenso kluge wie redliche Persönlichkeit sehen muß. Seine besondere Stärke sind knappe, treffende Charakterisierungen der maßgeblichen Persönlichkeiten.

Zwei andere zeitgenössische Chroniken ergänzen Villehardouins Ausführungen: Robert de Clari (um 1170 – nach 1216) schildert in *De chiaus qui conquistrent Constantinople (Über diejenigen, die Konstantinopel eroberten)* die Kämpfe und vor allem das bunte Alltagstreiben in der byzantinischen Metropole aus der nicht minder interessanten Perspektive des »gemeinen Ritters«, der von der Strategie der Feldherren allerdings keine Ahnung hat. So mythisiert Robert de Clari die Eroberung der oströmischen Hauptstadt zur Zurücknahme des ersten christlichen Schismas. Konstantinopel als Oberhaupt der Ostkirche wird zum zweiten Troja stilisiert, dessen Einnahme so gerechtfertigt wird. – Henri de Valenciennes (geb. um 1170) beschreibt in seiner *Histoire de l'empereur Henri de Constantinople (Geschichte des Kaisers Heinrich von Konstantinopel)*, die in vier der sieben erhaltenen Villehardouin-Handschriften unmittelbar anschließt, die Ereignisse vom 25. 5. 1208 bis ins Jahr 1209. Der vermutlich geistliche Verfasser betont in einem Prolog zwar die frommen, erbaulichen Absichten seines Werks, doch ist diese Tendenz in Wirklichkeit weniger spürbar als die Begeisterung für die Taten seines Kaisers, die er detailliert und lebendig – zuweilen auch etwas geschwätzig – beschreibt. Zwar kann die Geschichtstreue auch dieses Augenzeugen-Chronisten kaum bezweifelt werden, doch herrscht auch in seiner Darstellung des Unternehmens – stärker noch als bei Robert de Clari – die Tendenz vor, Ereignisse geschichtstheologisch als Teil eines Heilsplanes zu deuten. Zeitgenössische griechische Historiographen (u. a. Georgios Akropolites) und überlieferte Dokumente bestätigen Henris Darstellung des Feldzugs Kaiser Heinrichs gegen den Bulgarenfürsten Boril und des sogenannten Lombardenkriegs bis in Einzelheiten. – Die von G. Paris vertretene Ansicht, daß der uns überlieferten Prosaversion eine Reimchronik im Stil der *chansons de geste* zugrunde lag, da auffallende Assonanzen innerhalb der einzelnen Abschnitte auf ursprüngliche Alexandrinerlaissen deuteten, wurde fünfzig Jahre später von L.-F. Flutre widerlegt mit dem Hinweis auf ein verbindendes Form- und Gedankengut, das Vers- und Prosadichtung durchzieht. KLL

Ausgaben: Paris 1585 *(L'histoire ... par les barons françois associez aux vénitiens, l'an 1204)*. – Paris 1656/57 (*Histoire de l'empire de Constantinople*, Hg. Du Cange). – Paris 1838 (*De la conqueste de Constantinople*, Hg. P. Paris). – Paris 1870 *(Conquête de Constantinople avec la continuation de Henri de Valenciennes*, Hg. N. de Wailly; m. nfrz. Übers.; ³1882). – Paris 1891 (*La conquête de Constantinople*, Hg. É. Bouchet, 2 Bde.; m. nfrz. Übers.). – Paris 1938/39 (*La conquête de Constantinople*, Hg. E. Faral, 2 Bde.; krit.; CHF, 18/19). – Paris 1938 (in *Robert de Clari, G. de V., Joinville, Froissart, Commynes*. Hg. A. Pauphilet; m. Einl. u. Anm.). – Paris 1969, Hg. J. Dufournet (GF). – Nancy 1978 [Computergestützte Ausg. des Ms. BN 2137].
Zu Robert de Clari: Paris 1924 (*La conquête de Constantinople*, Hg. P. Lauer; CFMA; ern. 1974).
Zu Henri de Valenciennes: Paris 1948 (in *Documents relatifs à l'histoire des croisades*, Hg. J. Longnon, Bd. 2).

Übersetzungen: *Die Eroberung von Constantinopel im Jahre 1204*, B. Todt, Halle 1878. – Dass., F. Getz, Lpzg. 1915.

Literatur: C. A. Sainte-Beuve, *G. de V.* (in C. A. S.-B., *Causeries du lundi*, Bd. 9, Paris ³1866, S. 381–412). – E. Faral, *G. de V.: La question de sa sincérité* (in Revue Historique, 177, 1936, S. 530–582). – E. Siepmann, *Die Wortstellung i. d. »Conquête de Constantinople« v. G. de V.*, Bochum 1937 [zugl. Diss. Münster]. – L.-F. Flutre, *»L'histoire de Henri de Constantinople« ... est-elle un poème dérimé?* (in Rom, 65, 1939, S. 204–217). – J. Longnon, *Sur »L'histoire de l'empereur Henri de Constantinople«* (in Rom, 69, 1946, S. 198–241). – A. Pauphilet, *R. de C. et »La conquête de Constantinople«* (in A. P., *Le legs du moyen-âge*, Melun 1950, S. 219–238). – C. Cordié, *Villehardouin, scrittore* (in C. C., *Saggi e studi di letteratura francese*, Padua/Mailand 1957, S. 7–71). – P. M. Schon, *Studien z. Stil d. frühen franz. Prosa. R. de C., G. de V., H. de V.*, Ffm. 1960. – J. M. A. Beer, *V., Epic Historian*, Genf 1968. – J. Dufournet, *Les écrivains de la quatrième croisade. V. et C.*, 2 Bde., Paris 1973. – C. Buridant, *Motifs et formules dans »La conquête de Constantinople« de V.* (in RSH, 38, 1973, S. 355–376). – J. Larmat, *Sur quelques aspects de la religion chrétienne dans les »Chroniques« de V. et de R. de C.* (in MA, 80, 1974, S. 403–427). – P. Archambault, *History in Black and White* (in P. A., *Seven French Chroniclers*, Syracuse 1974, S. 25–39). – J. Frappier, *Les discours dans la chroni-*

que de V. (in J. F., *Histoire, mythes et symboles*, Genf 1976, S. 55–83). – R. Hartmann, *La quête et la croisade*, NY 1977. – J. Longnon, *Les compagnons de V.*, Genf 1978. – J. Dufournet, *R. de C., V. et H. de V., juges de l'empereur Henri de Constantinople* (in *Mélanges J. Lods*, Paris 1978, Bd. 1, S. 183–202). – D. Poirion, *Les paragraphes et le pré-texte de V.* (in Langue française, 40, Dez. 1978, S. 45–59). – S. Monsonegro, *Morphologie du verbe dans les six manuscrits de la »Conquête de Constantinople« de V.*, Nancy 1978. – C. Buridant, *Blaise de Vigenère traducteur de la »Conquête de Constantinople«* (in RSH, 180, 1980, S. 95–118). – P. Rickard, *Blaise de Vigenère's Translation of V.* (in ZfrzSp, 91, 1981, S. 1–40). – J. Longnon, *V., un chevalier à la croisade*, Paris 1981. – L. Struss, *Prosa-Kreuzzugshistoriographie und neue narrative Muster der Gegenwartserfahrung. Vierter Kreuzzug: Robert de Clari, G. de V., Henri de Valenciennes* (in GRLMA, Bd. XI/1, Hg. H. U. Gumbrecht u. a., Heidelberg 1987, S. 980–986).

Gervais du bus

* vor 1300
† um 1339

LE ROMAN DE FAUVEL

(afrz.; *Der Roman vom Fauvel*). Satirischer Versroman von Gervais du Bus, entstanden 1310 (1. Teil) und 1314 (2. Teil). – Der Autor der 3280 Achtsilber umfassenden Satire unterzeichnete nur das zweite Buch (in Form eines Rätsels), so daß man annimmt, daß noch ein weiterer Verfasser an dem Roman gearbeitet hat. Wie in anderen Werken dieser Zeit muß als Ziel der Satire des *Roman de Fauvel* der wichtigste politische Konflikt der Epoche, der erbitterte Machtkampf zwischen Papsttum und Monarchie, gesehen werden. In der Auseinandersetzung zwischen dem französischen König Philipp IV., dem Schönen (reg. 1285–1314), und Papst Bonifaz VIII., die in der Gefangennahme des Papstes 1303 und der Übersiedlung Clemens' V. in französisches Hoheitsgebiet, nach Avignon, 1309 gipfelte, verteidigte Gervais du Bus den Standpunkt der Kirche. Im Gegensatz zu Dante, der um 1310 in *De monarchia libri tres* offen die Unabhängigkeit der weltlichen Macht forderte, mußte Gervais du Bus als Notar der königlichen Kanzlei seiner Streitschrift die Form einer allgemein moralisierenden Allegorie geben, deren politische Aktualität nicht unmittelbar sichtbar ist, zumal er auch Mißstände innerhalb der Kirche geißelt.
Der Esel Fauvel, eine allegorische Gestalt von fahlroter Farbe (die Farbe der Eitelkeit), deren Name aus den Anfangsbuchstaben ihrer sechs Haupteigenschaften – *flatterie* (Schmeichelei), *avarice* (Geiz), *vilenie* (Gemeinheit), *varieté* (Unbeständigkeit), *envie* (Neid) und *lâcheté* (Feigheit) – zusammengesetzt ist, hat sich die weltlichen und geistlichen Fürsten untertan gemacht. Die Ordnung der Welt hat sich verkehrt, seitdem der Mensch Fauvel als Herrn anerkannt hat; desgleichen hat die geistliche Macht (die Sonne) gegenüber der weltlichen (dem Mond) an Einfluß und Ansehen eingebüßt. Die Schwäche des Papsttums äußert sich u. a. darin, daß nun der König, nicht mehr die Kirche, den »Zehnten« in Empfang nimmt und daß der Papst den neuen Herrscher Fauvel mit seinem Vermögen unterstützt. Während die Geistlichkeit in Luxus schwelgt, eignen sich die Gerichte des Königs die Gewalt über den Klerus an. Die Überheblichkeit und Bosheit der weltlichen Herrn führt überdies dahin, daß die Gleichheit aller Menschen vergessen und der Nächste mißachtet wird. Die Taten Fauvels bieten außerdem Anlaß zu Exkursen über das Ende der Welt und die Stellung des Menschen in der Welt (als Mikrokosmos, der die Ordnung des Makrokosmos widerspiegelt), Reden, die von den allegorischen Gestalten »Fortuna«, »Vaine Gloire« (Eitler Ruhm), »Melancholie« und »Natur« gehalten werden. – Im zweiten Buch bricht Fauvel in die Hauptstadt Makrokosmos auf, um Fortuna zu heiraten und endgültig ihrer Huld sicher zu sein. Nachdem sie ihn abgewiesen und ihm in einer langen Rede von ihrer Herkunft (sie ist die Schwester der »Weisheit« und Tochter des obersten Herrn) und ihrer Herrschergewalt über alles Veränderliche und Zeitgebundene berichtet hat, heiratet er auf ihren Rat Vaine Gloire. Mit ihr zeugt er unzählige »Fauveaus«, die zerstörerisch in die schönsten Länder der Erde einbrechen. Auch Frankreich, der *»schöne Garten voller Anmut, in dem Gott die Lilie des Königtums pflanzte und vorzüglich den Samen für die Blume des Christentums säte«*, wird ein Opfer der Verwüstungen Fauvels und seiner Nachkommenschaft. Die *»Lilie der Jungfräulichkeit«* (Jungfrau Maria), so schließt der Autor sein Werk, *»möge die Blume Frankreichs retten«* und Fauvel, der nicht unsterblich ist, unschädlich machen.
Die im normannischen Dialekt geschriebene Satire wurde vom *Roman de la rose* und dem Testament des Jean de Meun angeregt. Weitgehende Übereinstimmungen mit *Renart le nouvel* (zweite Hälfte des 13. Jh.s) von Jacquemart Gielee deuten auf einen direkten Einfluß hin; sie könnten allerdings auch auf der Benutzung gemeinsamer Quellen beruhen. Die scharfe Kritik zeitgenössischer Zustände im *Roman de Fauvel* fand zur Zeit der Veröffentlichung einen breiten Widerhall; mehrere Autoren des 14. Jh.s führten das Werk fort. So entwickelte bereits 1316 Raoul Chaillou de Pesstain († 1337) das Werk nicht nur dichterisch, sondern auch musikalisch weiter. Diese vielgestaltigen musikalischen Formen (Conductus, Motette) der *Fauvel*-Handschriften stellen die kongeniale Ergänzung des satirischen Textes dar. R.B.-KLL

AUSGABEN: Paris 1907, Hg. P. Aubry [Ms. 146 der Bibl. Nat. Paris]. – Paris 1914–1919, Hg. A. Långfors.

LITERATUR: Ch.-V. Langlois, *La vie en France ... d'après quelques moralistes*, Paris 1908, S. 276–304. – R. Hess, *Der »Roman de Fauvel«*, Diss. Göttingen 1909. – Ph.-A. Becker, *»Fauvel« u. Fauvelliana*, Lpzg. 1936. – H. Spanke, *Zu den musikalischen Einlagen im »Fauvelroman«* (in NphM, 37, 1936, S. 188–226). – G. Ulrichshofer, *Der »Roman de Fauvel« 1310–1314*, Diss. Wien 1959. – H. R. Jauss, *Untersuchungen zur mittelalterlichen Tierdichtung*, Tübingen 1959. – G. A. Harrison Jr., *The Monophonic Music in the »Roman de Fauvel«*, Stanford 1963. – F. Guibert-Sledziewski, *»Fauvel« ou le pouvoir fait âne-agramme* (in Lectures, 3, 1979, S. 11–21). – J. Dauphiné, *Objet et réalité dans le »Roman de Fauvel«* (in *L'image du corps humain dans la littérature et l'histoire médiévales*, Nizza 1981, S. 101–104). – Dies., *Fortuna dans le »Roman de Fauvel«* (in *Mélanges J. Larmat*, Hg. M. Accarie, Paris 1983, S. 95–100).

SIMON GREBAN
ARNOUL GREBAN

Simon Greban
† vor 1473
Arnoul Greban
* um 1420
† um 1471

LE TRIUMPHANT MYSTÈRE DES ACTES DES APÔTRES

(frz.; *Das den Sieg feiernde Mysterienspiel von den Taten der Apostel*). Mysterienspiel, verfaßt entweder von Simon GRÉBAN, vielleicht in Zusammenarbeit mit seinem Bruder Arnoul GRÉBAN (vgl. dessen Passionsspiel *Passion de Paris*), oder von Jean DU PRIER (dem Verfasser der *Résurrection de Nostre Seigneur Jésuchrist*, vgl. *La seinte resurrecion*), entstanden zwischen 1472 und 1478 im Auftrag von König René dem Guten von Anjou (1409–1480). – Das Apostelspiel ist eines der umfangreichsten Mysterienspiele des Mittelalters. Seine 61 908 Verse verteilen sich auf 494 Rollen, und die glanzvollen Aufführungen in Bourges (1536) und Paris (1541) nahmen 40 Tage in Anspruch. Das Spiel ist in zwei Manuskripten und drei Buchausgaben aus den Jahren zwischen 1527 und 1541 überliefert; die Abweichungen der einzelnen Fassungen voneinander hat R. LEBÈGUE unter Nachweis humanistischer und protestantischer Einflüsse herausgestellt.

Das von den Kopisten in neun Bücher eingeteilte Werk behandelt neben Christi Himmelfahrt und der Ausgießung des Heiligen Geistes die Missionstätigkeit und das Martyrium aller Apostel außer Johannes. Im Zentrum stehen Petrus und Paulus, denen zahlreiche Abenteuer und Wundertaten, vor allem Heilungen und Auferweckungen, zugeschrieben werden. Eine wichtige Rolle nimmt auch Maria ein, deren Tod, Begräbnis und Himmelfahrt vorgeführt werden. Darüber hinaus sind in bunter Folge Fakten aus der römischen Kaisergeschichte (so der Tod von Tiberius, Caligula, Herodes und Nero) und die traditionellen Teufelsszenen *(diableries)* eingeflochten, deren volkstümlich derbe Komik sehr zur Beliebtheit des Mysterienspiels beitrug.

Als Quellen dienten dem Verfasser neben der *Apostelgeschichte* apokryphe Berichte über das Leben und Martyrium der Apostel, die im Mittelalter vor allem durch die *Legenda aurea* des JACOBUS DE VORAGINE und die *Historia* des ABDIAS weit verbreitet waren, ferner wahrscheinlich SUETONS Kaiserbiographien sowie das *Speculum historiale* von VINZENZ VON BEAUVAIS und die *Historia scolastica* des PETRUS COMESTOR.

Während der literarische Wert des Mysterienspiels vor allem aufgrund seiner improvisatorischen Entstehung nicht sehr hoch zu veranschlagen ist, nimmt es auf Grund seiner ungewöhnlichen Länge und der komplizierten Bühnentechnik, die zu seiner szenischen Realisierung benötigt wurde, eine Sonderstellung im Rahmen der europäischen Theatergeschichte ein. Das wichtigste Zeugnis hierfür legen die zeitgenössischen Berichte über jene berühmte Aufführung im römischen Amphitheater von Bourges ab, das zum Schutz der Zuschauer bereits mit einem farbigen Zeltdach überspannt werden konnte. Neben dem finanziellen und personellen Aufwand einer Inszenierung, an der sich die führenden weltlichen und kirchlichen Kreise der Stadt gleichermaßen beteiligten, beeindruckt vor allem die technische Raffinesse des riesigen Bühnenapparats, dessen Maschinerie auch die wunderbarsten Begebenheiten glaubwürdig erscheinen ließ und der somit ein Höchstmaß an mittelalterlicher Illusionstechnik darstellte. Obgleich die Mysterienspiele keineswegs aristotelischen Forderungen entsprachen, erfreuten sie sich bis in die Renaissance uneingeschränkter Beliebtheit. Erst durch den Einfluß der Reformation, der die eigenartige Mischung ernster und heiterer Szenen innerhalb des Stücks suspekt erschien, kam es 1548 zu einem generellen Aufführungsverbot durch das französische Parlament. Dennoch hielt sich die Gattung, die durch die Werke der Brüder Gréban exemplarisch vertreten wird, mancherorts bis zum Aufkommen der klassischen Tragödie. H.Ei.-KLL

AUSGABEN: Bourges 1538. – Paris 1540. – Paris 1541.

LITERATUR: L. Petit de Julleville, *Histoire du théâtre en France. Les mystères*, 2 Bde., Paris 1880. – A. Piaget, *S. G. et J. Milet* (in Rom, 12, 1892, S. 230 bis 243). – R. Lebègue, *»Le mystère des actes des apôtres«, contribution à l'étude de l'humanisme et du protestantisme français au 16e siècle*, Paris 1929. – G. Frank, *The Medieval French Drama*, Oxford 1954, S. 192/193. – G. Cohen, *Études d'histoire du théâtre en France au Moyen-âge et à la Renaissance*, Paris 1956, S. 144 f. – H. Kindermann, *Theatergeschichte Europas*, Bd. 1, Salzburg 1957, S. 307 f. – S. C. Ashton, *A Further Note on Mathieu d'Escouchy and S. G.* (in *Mélanges J. Frappier*, Genf 1970, S. 35–40).

GUILLAUME DE LORRIS
JEAN DE MEUNG

Guillaume de Lorris
* zwischen 1200 und 1210
Lorris-en-Gâtinais
† nach 1240

Jean de Meung
* um 1240 Meung-sur-Loire
† um 1305

LE ROMAN DE LA ROSE

(afrz.; *Der Rosenroman*). Allegorischer Versroman von GUILLAUME DE LORRIS und JEAN DE MEUNG, entstanden: erster Teil etwa 1230–1240, zweiter Teil 1275–1280. – Am *Rosenroman*, dem Meisterwerk des Mittelalters, haben zwei Verfasser unabhängig voneinander gearbeitet, die ihrer Veranlagung, ihrer Herkunft und der Absicht nach, die sie mit ihrer Dichtung verbanden, so verschieden waren, daß man von zwei getrennten Werken sprechen könnte, hätte nicht Jean de Meung bewußt den unvollendeten Roman von Guillaume fortgesetzt und, wenn auch mit vielen Unterbrechungen und sicher in anderem Sinn als der erste Verfasser, die Handlung zu Ende geführt. Jeder von beiden beeinflußte auf seine Art entscheidend die Dichtung und das Denken des Mittelalters und des Humanismus bis in die Zeit der Pléiade.

Über die Lebensumstände des Guillaume de Lorris, der die ersten 4000 Verse schrieb, ist wenig bekannt. Er war ein gebildeter Mann und schrieb für den zeitgenössischen Adel, dem er mit seinem Werk eine »Neue Liebeskunst« in der Nachfolge des ANDREAS CAPELLANUS bieten wollte. In der Form des Gedichts, das aus paarweise gereimten Achtsilbern besteht, lehnt er sich an die höfische Dichtung an; seine Minneauffassung entspricht dem geltenden Ideal, wenn man davon absieht, daß die im höfischen Roman immer wieder betonte Verpflichtung des Liebenden zur Abenteuersuche fehlt. Die Darstellung der Liebe ist in die Form einer Allegorie gekleidet, die der Dichter *»in seinem zwanzigsten Lebensjahr«* als Traum erlebt haben will: An einem Maienmorgen geht er auf dem Lande spazieren und befindet sich plötzlich vor einer hohen Mauer, die einen Garten umschließt. Eine Reihe von allegorischen Gestalten, die auf die Mauer gemalt sind, verteidigt symbolisch den Zugang zum Garten. »Oyseuse«, die Verkörperung des höfischen Müßiggangs, öffnet dem Dichter jedoch den Garten und erzählt über »Sinnenlust«, seinen Besitzer, der innen mit seiner Freundin »Fröhlichkeit« und anderen allegorischen Figuren ein höfisches Fest feiert. Von der Atmosphäre der allgemeinen Freude und dem Gesang der Vögel ist der Dichter ganz entzückt; schließlich fällt sein Blick im Wasserspiegel eines verzauberten Brunnens (Brunnen des Narziß) auf eine herrliche Rose, Sinnbild der Geliebten. Amor, mit seinen Pfeilen »Schönheit«, »Einfachheit«, »Aufrichtigkeit«, »Geselligkeit« und »Schöne Erscheinung«, erklärt dem Dichter nun in einer offenbar OVID nachgeahmten Schlüsselszene in allen Einzelheiten, wie er sich der Geliebten zu nähern habe: Er müsse aller Niedrigkeit entsagen, sich dem Dienst an der Frau ergeben, seinen Körper pflegen sowie Treue und Freigebigkeit zeigen. Doch die Wache, die der Rose beigegeben ist, »Verleumdung«, »Dangier« (die Hindernisse, die sich der Leidenschaft entgegenstellen), »Scham« und »Angst«, verbietet dem Dichter die Annäherung; und die »Vernunft«, die von einem hohen Turm alles überblickt, rät ihm von der Liebe ab. Er will jedoch nicht aufgeben, und »Freund« gibt ihm Ratschläge, wie er die Wächter beschwichtigen könne. Dies gelingt, doch nun verbietet »Keuschheit« ein weiteres Vordringen, bis sich schließlich Venus einmischt und der Dichter durch einen Kuß die Geliebte an sich binden kann. Nun werden die Wächter zornig: »Verleumdung« ruft »Eifersucht«, die einen Turm und eine Mauer um das Rosenbeet errichtet und auch den Helfer des Dichters, den »Guten Empfang«, der wahrscheinlich das höfische Liebesspiel verkörpert, mit einschließt. Mit einem Klagemonolog endet hier die Erzählung Guillaumes.

Die Allegorie, die als *»beliebtestes ... Darstellungsmittel den epochalen Stil der spätmittelalterlichen Literatur bestimmt«* (H. R. Jauss), war für den Leser der damaligen Zeit die selbstverständliche Form, um Charaktereigenschaften und Seelenzustände zu analysieren und sie damit aus ihrer individuellen Begrenzung auf die Ebene allgemeiner Verbindlichkeit zu heben. Die Geliebte wird, im Symbol der Rose, zum Typ der höfischen Frau. Die ihr zugeteilten Eigenschaften wie Schamgefühl, Angst und Keuschheit sind keine persönlichen Charakterzüge, da sie auch auf andere Personen projiziert werden können.

Für den Liebhaber gilt das gleiche: Er existiert nicht mehr als selbständig handelnde Person, sondern ist Kräftespiel verschiedener Eigenschaften und Regeln, die miteinander im Widerstreit liegen; der innere Kampf wird nach außen gekehrt und verallgemeinert. So hat Guillaume de Lorris die höfische Minne als formales Kampfspiel enthüllt, dabei aber *»seine höfische Psychomachie völlig von dem heilsgeschichtlichen oder mythologischen Grund abgelöst, in dem sie bei seinen Vorgängern noch wurzelte... Guillaumes allegorische Welt gibt sich zum ersten Mal als eine reine Fiktion ... aus der Verschmelzung verschiedener Traditionen: der höfischen Liebesdoktrin, der biographischen Form der Vision und des personifizierenden Verfahrens der ›Psychomachia‹ ist hier ein Werk hohen Ranges geschaffen worden, das als Anfang und nicht wieder erreichter Gipfel der Minneallegorie vor den Augen der Nachwelt steht«* (H. R. Jauss).

Jean de Meung, der Verfasser des mit 18000 Verszeilen ungleich größeren zweiten Teils, knüpft zwar an die traditionelle Form an, gibt ihr jedoch einen völlig anderen Inhalt. Er war, und das erklärt seinen kritischen Abstand zur höfischen Lebensweise, kein Adeliger, gehörte jedoch zu den gebildetsten Menschen seiner Zeit und war als Übersetzer von Boethius und Vegetius mit den antiken Schriftstellern wohlvertraut. So steigt »Vernunft« nochmals von ihrem Turm herab, um in einem 2000 Verszeilen langen, an moralischen Beispielen aus den Schriften der Alten reichen Traktat eine methodische Abhandlung über Liebe und Leidenschaften zu geben und damit die ganze im ersten Teil vertretene Konzeption der höfischen Liebe zu widerrufen. Gemäß der bürgerlichen Tradition wird das Weib zur Gefahr; der unerfahrene Liebhaber kann nur dank seiner Jugend für seinen Leichtsinn entschuldigt werden. Auch »Freund« hält nochmals einen längeren Monolog, in dessen Verlauf er sich als kühner Freigeist entpuppt. Da aber die Anwendung dieser Theorien dem Liebhaber nur Enttäuschungen bringt, tritt nun »Liebe« auf, die mit ihrem Hofstaat die Mauer erstürmen will. Bei ihr befindet sich die »Heuchelei« der Priester und Mönche, die im bekanntesten und bezeichnendsten Teil des Werks von Jean de Meung eine Erklärung ihrer Handlungsweise gibt. Sie ist ein Lügner, der keine Buße tut und der durch seine Skrupellosigkeit nicht nur über die ahnungslosen Guten, sondern auch über die Hochmütigen, die Ehrgeizigen und die Verschlagenen Macht hat. Unter heiligem Gewand und hinter frommen Worten, so erklärt sie der »Liebe«, könne sich die größte Niedertracht mühelos verbergen. Auf die Aufforderung von »Liebe«, fortzufahren, weitet sich diese Tirade zu einer allgemeinen Kritik an den Mönchen aus, die in einer Apologie von Guillaume de Saint-Amour und seiner Verteidigung der weltlichen Hochschullehrer gipfelt. Danach kehrt der Dichter wieder zur ursprünglichen Handlung zurück: »Heuchelei« ist die ideale Verbündete von »Liebe«; sie erwürgt »Verleumdung« und befreit den »Guten Empfang«. Schon will der Dichter die Rose pflücken, als wiederum »Angst« und »Scham« erscheinen. Fast hätte Venus den Kampf zwischen den Allegorien entschieden, als der Autor schnell wiederum das Thema wechselt und den Leser in die Schmiede der Natur führt, wo diese, die Schöpferin des Lebens, ihrem Vorgesetzten »Genius« Rechenschaft ablegt. Diese Beichte (eine freie Nachahmung des *De planctu naturae* von Alain de Lille) stellt eine umfassende Übersicht des gesamten Wissens dieser Zeit dar. »Natur« legt dar, daß alles auf dieser Welt ihren Gesetzen untergeordnet ist, und philosophiert gelehrt über den freien Willen, die Bedeutung der Träume und den Wert der Astrologie. Die Antwort des »Genius« verliert sich in komplexen Erörterungen. Nach diesem Einschub bringt Jean de Meung die Handlung hastig zu einem Ende: Die Burg wird erstürmt, und der Dichter pflückt die begehrte Rose.

Obgleich Jean de Meung damit den Roman im Sinne Guillaume de Lorris' abschließt, steht der von ihm verfaßte Teil in extremem Gegensatz zur Dichtung seines Vorgängers. E. Langlois, der in jahrzehntelangen Forschungen die auch heute noch in ihrem philologischen Wert unübertroffene erste kritische Edition des *Rosenromans* erstellte, sah, und mit ihm die gesamte ältere Forschung, die Bedeutung der Fortsetzung Jean de Meungs, von einigen sehr gelungenen Stellen abgesehen, nicht in der künstlerischen Qualität, sondern in dem dokumentarischen Quellenwert für die Kultur und die lebhaften geistigen Auseinandersetzungen des ausgehenden 13. Jh.s. Jean de Meung, der möglicherweise von der Philosophie des Averroes beeinflußt war, erweist sich dieser Auffassung nach als bürgerlicher Gelehrter, für den die Liebe nur ein zweitrangiges Phänomen ist, das nicht an sich, sondern nur in seinen physischen und moralischen Folgen interessant ist, da es durch die rational aufgefaßten Gesetze der Natur bestimmt wird. Sie interessieren den Dichter in erster Linie; daher stehen im Mittelpunkt seines Werks nicht der Liebende und die Rose, sondern Allegorien wie »Vernunft« und »Heuchelei«, durch die er sein Wissen aggressiv und kritisch darlegen kann. Seine Dichtung gleicht eher einer Enzyklopädie, in der er alle Fragen, auch so unpoetische wie Probleme der Scholastik und philosophisch-moralische Streitfragen, behandelt. In vielem ist er seiner Zeit weit voraus: Die Verwendung antiker Texte und seine kritische Einstellung zu der weltlichen und religiösen Hierarchie weisen auf die Renaissance, vor allem auf Rabelais hin, und in seinem wissenschaftlichen Skeptizismus ist er mit Voltaire verwandt. Der Einfluß dieses Werks war daher vor allem in der Zeit des Humanismus und der Aufklärung spürbar. Vom 14. bis zur Mitte des 16. Jh.s war der *Rosenroman* des Jean de Meung sogar das meistgelesene Werk der französischen Literatur. Noch 1399 war er so bekannt, daß Christine de Pizan heftig gegen das ungünstige Bild der Frau, das darin geboten wird, protestierte. Johannes Gerson, der Kanzler der Universität, verurteilte in seiner *Vision de Gerson* (1402) die Kühnheiten des Jean de Meung. Die Dichter der Pléiade, die sonst in ihrer Beurteilung mittelalterlicher Literatur sehr streng waren, schätzten den *Rosenroman* hoch ein; 1527

veröffentlichte Clément Marot eine neufranzösische Übersetzung, die in der Folgezeit den altfranzösischen Text verdrängte.
Den nachhaltigsten Einfluß außerhalb Frankreichs hat der *Rosenroman* jedoch auf die englische Literatur ausgeübt. Für Chaucers gesamtes Werk stellte der *Rosenroman* wohl die wichtigste Quelle dar. Nicht zuletzt deshalb sind entscheidende Anstöße der Forschung immer wieder von der englischen Kritik ausgegangen. Einen Meilenstein in der Forschung bedeutete dabei die umfangreiche Studie von A. M. F. Gunn, dessen wesentliche Erkenntnis nach K. A. Otts Forschungsbericht darin besteht, daß beide Teile des Romans, thematisch gesehen, eine Einheit bilden, daß die Liebe auch bei Jean de Meung das zentrale Thema bleibt und er ebenso wie sein Vorgänger einen »Liebesspiegel« verfaßt hat. Seine beständigen Digressionen erweisen sich so als Mittel der kommentierenden Amplifizierung, mit denen der Autor das Thema der Liebe in seiner gesamten Komplexität zu erfassen sucht. Auf diese Weise sei es ihm gelungen, die *narratio* seines Vorgängers sinngemäß fortzusetzen und zugleich um eine kommentierende *disputatio* zu erweitern, so daß sein Werk als ganzes sowohl einen *»Bildungsroman«* wie auch eine *»Psychomachie der Jugend«* enthalte.
Gunn hat die bis dahin eher spärliche Forschung zum *Roman de la Rose* in ungeahnter Weise beflügelt. Die Anzahl der in den letzten Jahrzehnten erschienenen Studien ist heute kaum noch überschaubar. Hervorzuheben ist insbesondere der umstrittene Versuch von D. W. Robertson, der den Roman christlich auszudeuten versuchte und dabei die Vertrautheit des mittelalterlichen Lesers mit der umfangreichen theologischen Überlieferung voraussetzte. Grundlegend bleiben auch die Untersuchungen von H. R. Jauss, der die allegorischen Traditionen herausarbeitete, auf denen der *Rosenroman* beruht. In neuerer Zeit ist von K. A. Ott der bis dahin unbestrittene höfische Charakter des ersten Teils des *Roman de la rose* in Frage gestellt worden. Ott sieht nicht nur Jean de Meung, sondern auch Guillaume de Lorris als »bürgerlichen« Dichter. Guillaumes Werk weiche in wesentlichen Zügen vom klassischen Modell des höfischen Romans ab, die besondere Art, in der in ihm höfisches Wesen dargestellt werde, vor allem aber die vollständige Allegorisierung höfischer Werte, erweise sich bei näherer Betrachtung als eine *bürgerliche* Auffassung *höfischen* Lebens. KLL

Ausgaben: Paris 1526. – Paris 1814, Hg. M. Méon, 4 Bde. – Paris 1864, Hg. F. Michel, 2 Bde. – Paris 1914–1924, Hg. E. Langlois, 5 Bde. (SATF). – Paris 1965/66, Hg. F. Lecoy, 2 Bde. (CFMA). – Oxford 1967 (*The Romaunt of the Rose and Le Roman de la Rose*, Hg. R. Sutherland). – Paris 1974, Hg. D. Poirion (GF). – Paris 1984, Hg. A. Mary (Folio).

Übersetzungen: *Das Gedicht von der Rose*, H. Fährmann, Bln. 1839 [Vorw. F. H. v. d. Hagen]. – *Der Roman von der Rose*, ders., bearb. v. J. Gregor, Wien 1921. – *Der Rosenroman*, G. Inichen, Bln. 1956; [2]1967 [Vorw. W. Stammler]. – Dass., K. A. Ott, 3 Bde., Mchn. 1976–1979 [afrz.-dt.].

Literatur: E. Langlois, *Origines et sources sur le »Roman de la Rose«*, Paris 1890 [Nachdr. Genf 1973]. – C. S. Lewis, *The Allegory of Love*, Ldn. 1936. – E. R. Curtius, *Rhetorische Naturschilderungen im MA* (in RF, 56, 1942, S. 219–256). – F. W. Müller, *Der »Rosenroman« und der lateinische Averroismus des 13. Jh.s*, Ffm. 1947. – D. W. Robertson jr., *The Doctrine of Charity in Medieval Literary Gardens* (in Speculum, 26, 1951, S. 24–50). – A. F. Gunn, *The Mirror of Love: A Reinterpretation of the »Romance of the Rose«*, Lubbock/Tex. 1952. – D. W. Robertson jr., *A Preface to Chaucer*, Princeton 1962, S. 91–104, 196–207. – R. Tuve, *Allegorical Imagery: Some Medieval Books and their Posterity*, Princeton 1966. – M. R. Jung, *Der »Rosenroman« in der Kritik seit dem 18. Jh.* (in RF, 78, 1966, S. 203–252). – E. Köhler, *Narziß, die »Fontaine d'Amors' und G. de Lorris«* (in E. K., *Esprit und arkadische Freiheit*, Ffm./Bonn 1966, S. 123–141; ern. Mchn. 1984). – H. R. Jauss, *Entstehung und Strukturwandel der allegorischen Dichtung* (in GRLMA, 6: *La littérature didactique, allégorique et satirique*, Heidelberg 1968, S. 146–224; ern. in *Alterität und Modernität der mittelalterlichen Literatur*, Mchn. 1977, S. 148–244). – J. V. Fleming, *The »Roman de la Rose«: A Study in Allegory and Iconography*, Princeton 1969. – M.-R. Jung, *Études sur le poème allégorique en France au moyen âge*, Bern 1971. – G. Hilder, *Der scholastische Wortschatz bei J. de Meung*, Tübingen 1972. – D. Poirion, *Le »Roman de la Rose«*, Paris 1973. – J. Batany, *Approches du »Roman de la Rose«*, Paris 1974. – R. Louis, *Le »Roman de la Rose«*, Paris 1974. – J. Huizinga, *Herbst des Mittelalters*, Stg. [11]1975 (KTA). – J.-Ch. Payen, *La rose et l'utopie: Révolution sexuelle et communisme nostalgique chez J. de Meung*, Paris 1976. – K. A. Ott, *›Armut‹ und ›Reichtum‹ bei G. de Lorris* (in *Beiträge zum Romanischen Mittelalter*, Hg. K. Baldinger, Tübingen 1977, S. 282–305). – E. Hicks, *Le Débat sur le »Roman de la Rose«. Édition critique*, Paris 1977. – I. Glier, *Der »Rosenroman«, ein Modell* (in *Europäisches Spätmittelalter*, Hg. W. Erzgräber, Wiesbaden 1978, S. 428–433). – D. Kelly, *G. de Lorris and the Imagination in the »Roman de la Rose«* (in D. K., *Medieval Imagination*, Madison 1978, S. 57–95). – R. Dragonetti, *Pygmalion ou les pièges de la fiction dans le »Roman de la Rose«* (in *Orbis medievalis. Mélanges R. R. Bezzola*, Hg. G. Güntert u. a., Bern 1978, S. 89–111). – M. Zink, *Roman rose et rose rouge*, Paris 1979, S. 69–93). – P.-Y. Badel, *Le »Roman de la Rose« au XIVe siècle: Étude de la réception de l'œuvre*, Genf 1980. – K. A. Ott, *Der Rosenroman*, Darmstadt 1980 (EdF). – E. J. Richards, *Dante and the »Roman de la Rose«*, Tübingen 1981. – N. Freeman-Regalado, *›Des contraires choses‹. La fonction poétique de la citation et des ›exempla‹ dans le »Roman de la

Rose« de J. de Meung (in Littérature, Febr. 1981, Nr. 41, S. 62–81). – M. Luria, *A Reader's Guide to the »Roman de la Rose«*, Hamden/Conn. 1982. – M. Zink, *Bel-accueil le travesti* (in Littérature, Okt. 1982, Nr. 47, S. 31–40). – Ch. Méla, *Le miroir périlleux ou l'alchimie de la rose* (in Europe, Okt. 1983, Nr. 654, S. 72–83). – J. V. Fleming, *Reason and the Lover*, Princeton 1984. – A. Strubel, *Le »Roman de la rose«*, Paris 1984. – *Études sur le »Roman de la Rose«*, Hg. J. Dufournet, Genf 1984. – R. H. Bloch, *J. de Meung and the Poetics of the City* (in *Mittelalterstudien. E. Köhler zum Gedenken*, Hg. H. Krauss u. D. Rieger, Heidelberg 1984, S. 43–59). – E. Köhler, *Der »Rosenroman«* (in E. K., *Vorlesungen zur Geschichte der Französischen Literatur: Mittelalter II*, Stg. 1985, S. 131–168). – H. M. Arden, *The Romance of the Rose«*, Boston 1987 (TWAS). – G. Duby, *Le »Roman de la Rose«* (in G. D., *Mâle moyen âge. De l'amour et autres essays*, Paris 1988, S. 83–117).

Guillaume de Machaut

auch Guillaume de Machault
* um 1300 Machaut / Ardennen
† 1377 Reims

DAS LYRISCHE WERK (afrz.) von Guillaume de Machaut.

Als der Marqués de Santillana Mitte des 15. Jh.s in seiner berühmt gewordenen *Carta Prohemio* an Don Pedro de Portugal einen apologetischen Abriß zur Geschichte der jüngeren Dichtkunst abfaßte, bezeugte er neben Guillaume de Lorris, Jean de Meung und Alain Chartier seine Hochachtung auch Guillaume de Machaut als dem vielseitigen Verfasser zahlreicher *baladas, canciones, rondeles, lays, virolays*. Den Ruhm des hochberühmten Poeten und Musikers mehrten indes schon die Zeitgenossen. So erwies etwa F. Andrieu anläßlich von Machauts Tod im Jahre 1377 diesem eine Ehre, wie sie nur Fürsten und höchsten Kirchenherren zukam, indem er die Doppelballade *Armes, amours/O flour des flour* nach Worten von E. Deschamps zum Lob Machauts, des *»irdischen Gottes der Harmonie«*, vertonte, die mit dem Vers ausklingt: *»Car on ploura en France, en Artois, la mort Machaut, le noble rethouryque« (»Denn in Frankreich und im Artois wird man den Tod Machauts, des edlen Poeten beweinen«)*. Doch trugen zum Fortleben von Machauts vielgestaltigem Werk nicht nur die Bewunderer bei, sondern in erster Linie auch der überaus selbstbewußte Dichter, der bereits zu Lebzeiten sein Werk in aufwendig illuminierten Handschriften sammeln und verbreiten ließ, die neben dichterischen und musikalischen Werken sogar zwei zeitgenössische Porträts von Machaut enthalten und für die höchsten Herrn Europas, wie etwa die kunstsinnigen Mäzene Jean de Berry, Karl von Navarra und Johann von Böhmen, bestimmt waren. – Machauts Meisterschaft offenbart sich in der virtuosen Beherrschung eines großen Spektrums lyrischer Formen der altfranzösischen Dichtung, die er selbst vertont hat: Kleinformen wie Rondeau, Ballade, das typische zwölfstrophige *Lai, Virelai, Chanson Royale* und *Complainte* finden sich neben den maßgeblichen musikalischen Großformen der Epoche; Machaut hat nicht nur die Motette entwickelt, sondern auch das erste Beispiel einer vollständigen vierstimmigen Meßkomposition hinterlassen.

Der Sammlung der Werke Machauts ist in einer Reihe von Manuskripten ein später abgefaßter *Prologue* beigegeben. In vier Balladen führt *Nature* dem Dichter ihre Kinder, die allegorischen Gestalten *Sens, Rhétorique* und *Musique*, zu. Es gesellen sich die Allegorien *Dous Penser, Plaisance* und *Esperance* als Gaben von *Amours* hinzu. Hier schließt sich jeweils eine Ballade an, in der Machaut seinen Dank an *Nature* und *Amours* bekundet. In einem längeren Gedicht aus gereimten Achtsilbern erläutert Machaut sodann den Nutzen dieser Geschenke für seine Kunst und stellt sein eigenes »poetisches System«, die Gattungen seiner Dichtung und den Vorzug der Musik im Rahmen dieser Kunst heraus. Darauf kündigt er als erstes seiner Werke den *Dit du vergier (Das Gedicht vom Garten)* an, ein Werk von rund 1300 Versen, das gemeinhin als eines der frühesten Werke Machauts betrachtet und dessen enge Abhängigkeit zum *Roman de la rose* verschiedentlich hervorgehoben wird. Im *Dit du vergier* findet sich der Poet an einem wunderschönen Aprilmorgen in einem Garten, den er durchwandert. Völlig unter dem Eindruck der Erinnerung an seine spröde Geliebte hat der Dichter eine Vision, die den größten Teil des allegorischen Gedichts einnimmt: Er erblickt sechs junge Frauen und sechs Jünglinge – es sind dies die Allegorien von *Franc Voloir, Penser, Dous Plaisir, Loyauté, Celer* und *Desir, Grace, Pitié, Esperance, Souvenir, Franchise* und *Attemprance*, die zwölf Eigenschaften der Liebe. In ihrer Gesellschaft befindet sich ein geflügelter und blinder Liebesgott, der sich an den Dichter wendet, um mit ihm über die Liebe zu diskutieren. Die sechs Gegner der Liebe, *Dangier, Cruautez, Durtez, Doubtance, Honte* und *Paour*, werden mit den sechs allegorischen jungen Damen in ein Streitgespräch verwickelt, aus dem diese, und damit *Amour*, als Sieger hervorgehen. Es folgen einige Empfehlungen von *Amour* an den Dichter, der wegen seiner eigenen unglücklichen Liebesangelegenheit um Rat fragt. In einem kurzen Epilog befindet sich der Dichter wieder im Garten, wo er sich vornimmt, die Ratschläge von *Amour* zu beherzigen.

Anders als die allegorische Traumerzählung des *Dit du vergier* greift das vor 1346 entstandene, etwa 2000 Verse umfassende *Jugement dou Roy de Be-*

haigne (Das Urteil des Königs von Böhmen) auf die Form des Disputs aus der Minnekasuistik zurück. Der Dichter beobachtet bei einem Spaziergang eine Dame, deren Ritter starb, und einen Ritter, den seine Geliebte wegen eines anderen Mannes verließ. Beide disputieren über ihr Los und darüber, wessen Schicksal bitterer sei. Der Dichter schlägt beiden vor, den König von Böhmen urteilen zu lassen. Wiederum unterstützt von einer Reihe allegorischer Figuren *(Raison, Amour, Jeunesse)*, fällt dieser das Urteil zugunsten des Ritters. – Präziser als in den vorausgegangenen Werken bezieht Machaut die zeitgenössische Wirklichkeit in die Fiktion seines *Jugement dou Roy de Navarre (Das Urteil des Königs von Navarra)* ein, das als Fortsetzung und Erwiderung des vorangegangenen kasuistischen Diskurses zu deuten ist. Deutlich sind hier die intertextuellen Echos des vorangegangenen *Jugements*, dessen Resultat nun nochmals untersucht wird. Der Charakter des »Streitgesprächs« über einen Liebeskasus wird so vom einzelnen Text explizit auf einen Teil des Gesamtwerkes ausgeweitet. Am »9. November« des Pestjahres 1349 hat sich der Dichter, der im Lauf des *Jugements* mehrmals als *»Guillaumes de Machault«* genannt wird, vor dem Schwarzen Tod und der Winterskälte in seine Stube zurückgezogen, die er erst im Frühling wieder verläßt. Hier macht *Bonneürté*, eine Allegorie des Glücks, dem Poeten das Urteil in dem vorausgegangenen *Jugement du Roi de Behaigne* zum Vorwurf. Eine »Wiederaufnahme« des Kasus soll unter dem Vorsitz des Königs von Navarra stattfinden, der unterstützt von seinen allegorischen Beratern *(Avis, Mesure, Congnoissance* und *Raison)* das Urteil zugunsten der Dame fällt, deren Liebhaber starb. Beide *»Jugements«* stellen den reinsten Ausdruck einer deutlich reflektierten Dichtungsanschauung dar, in der allegorische Verfahren zugleich dem sinnstiftenden Prinzip des dialogischen Widerstreits von Texten dienen.

Über 4000 Verse umfaßt das gegen 1356 entstandene *Remède de fortune (Heilmittel des Geschicks)*. Stärker spürbar ist hier die Tendenz zur Dramatisierung der Handlung, die den allegorischen Kernteil umrahmt und die auf topische Weise das Motivrepertoire des *Dit du vergier* wiederaufnimmt. Auch hier ist der Dichter in eine Dame verliebt, der er ein *Lay* widmet. Dieses Gedicht fällt zufällig in die Hände der Angebeteten. Auf ihre Frage, wer das Werk verfaßt habe, flüchtet der tief verletzte Dichter weinend in einen Garten, wo er sich in einem Gedicht über *Amour* und *Fortune* beklagt, bis die Allegorie von *Esperance* erscheint, um ihm Trost zu spenden. Er kehrt aus dem Garten in das Haus der angebeteten Dame zurück und bekennt ihr seine Liebe. Sie akzeptiert schließlich den Dichter als ihren *ami*.

Die allegorische Bildwelt des Mittelalters, die am deutlichsten sichtbar in den Pariser Tapisserien des Musée de Cluny *(»La dame à la licorne«)* erhalten geblieben ist, begegnet uns in den beiden folgenden *Dits* von Machault. In dem um 1341 entstandenen *Dit dou lyon (Die Erzählung vom Löwen)*, der mit den mittelalterlichen Bestiarien und einigen Hauptwerken des mittelalterlichen Romans (Chrétien de Troyes' *Le chevalier au lion*) in Beziehung zu sehen ist, wird der Dichter von einem Löwen attackiert, der ihn dann zu einer Dame auf eine Insel bringt. Der Dichter erkennt schließlich, daß der Löwe selbst in seine Herrin verliebt ist. Im *Dit de l'alerion (Erzählung vom Adler)* werden die verschiedenen Jagdvögel, die der Dichter einst besaß, allegorisch in Bezug zu Frauen gebracht, die er verehrte.

Eine Reihe von kleineren Werken entstand nach 1360. Im *Dit de la harpe* vergleicht der Dichter seine Geliebte einmal mit einer Harfe, deren Saiten mit 25 hervorragenden Eigenschaften seiner Dame allegorisiert werden. Im *Dit de la marguerite* und im *Dit de la fleur de lis* setzt er die Geliebte zu Blumen (Margerite, Lilie) in Beziehung. Der *Dit de la rose* nimmt den allegorischen Rosentopos wieder auf, der von Alain de Lille über den Lancelotroman bis zur zentralen Allegorie des *Roman de la rose* in mittelalterlichen Texten immer wieder Verwendung fand.

Parallel zu den *Dits* entstanden Machauts Spätwerke. Der *Dit de la fonteinne amoureuse (Erzählung vom Liebesquell)* nimmt ein Thema des Märchens und der mittelalterlichen Romanliteratur auf: Der Dichter und ein junger Mann, der voller Schmerz an seine ferne Geliebte denkt, schlafen in einem Garten nah bei einer Quelle ein. Hier träumen sie, wie der unglückliche Jüngling von Venus selbst Trost empfängt, indem sie ihm seine Geliebte zuführt. – Das schon erwähnte, über 8000 Verse zählende *Livre du voir dit (Buch von der wahren Begebenheit)* ist Machauts bekanntestes Werk, in dem man gerne das *Journal intime* der Liebe des bald sechzigjährigen Machaut zu der gerade achtzehnjährigen Peronelle d'Armentières sehen wollte. Es entspinnt sich zwischen dem Mädchen Toute-Belle, das die Liebe des Dichters durch ein *rondeau* entflammt, und dem greisen Machaut ein Briefwechsel. Diese Briefe und Gedichte dokumentieren die einzelnen Stationen der Liebesbeziehung. – Das letzte große dichterische Werk Machauts schließlich, das 8800 Verse zählende Gedicht *La prise d'Alexandrie* fügt sich in den Rahmen der bisher dargestellten allegorischen Texte nur schwer ein. Es nimmt eine Mittelstellung zwischen Heldenepos, Ritterbiographie und Kreuzzugschronik ein. Es hat die Lebensgeschichte des Pierre aus der traditionsreichen Kreuzfahrerfamilie der Lusignan zum Thema. Der aufopferungsreiche Kampf Pierres, dem die Krone von Armenien angetragen wird, im Heiligen Land endet letztlich mit seiner Ermordung durch die eigenen Leute.

Als Vollender und Neuerer hat Machaut gleichermaßen musikalisch wie literarisch einen bedeutenden Einfluß auf das Spätmittelalter ausgeübt. Er beschränkt sich einerseits nicht darauf, sich der genannten dichterischen Gattungen zu bedienen, um Einzelwerke zu schaffen, sondern faßt mehrere Texte unterschiedlicher Form und Gattung zu neuen größeren Werken zusammen, deren hervorstechendes Merkmal ihr gleichzeitiger Anteil an lyrischer, dramatischer und narrativer Dichtung ist, und die zur Entstehung neuer Gattungen innerhalb der spätmittelalterlichen Literatur geführt haben. Zum andern ist Machaut einer jener volkssprachlichen Dichter, die sich nicht nur über die poetologischen Grundlagen der eigenen Kunst, sondern auch über den Stellenwert der Texte im Leben des Autors (eine vielleicht rein fiktive) Auskunft geben. Indem er in seiner Verserzählung *Livre du voir dit* eine autobiographische Reinterpretation seines Werkes vornimmt, weist Machaut seinem Œuvre den *»Sitz im Leben«* (H. R. Jauß) in doppelter Weise zu: So sind seine Werke als Produkt dichterischer Selbststilisierung gekennzeichnet, die privateste Erfahrung mit dem Mittel der Allegorie und den Verfahren der Gerichtsrede, in sog. *Débats* und *Jugements*, »objektivieren«. Zugleich verleiht der Autor seinem lyrischen Werk einen Öffentlichkeitsanspruch, der auf ein elitäres Publikum aus aristokratischen Kennern zugeschnitten scheint, in welchem der Poet als *primus inter pares* ohne falsche Bescheidenheit auftritt. Besonders in den Pariser Prachthandschriften, bei denen es sich um die *»entscheidenden Werke der französischen Buchmalerei des 14. Jahrhunderts«* (J. Avril) handelt, wird in ästhetischer und inhaltlicher Hinsicht der Status deutlich, den Machaut als *arbiter elegantiarum* in Dingen der Liebeskasuistik einzunehmen beabsichtigt. Die Gattungen der kasuistisch-rhetorischen »Jugements« und »Débats« und der narrativ-allegorischen »Dits« werden von seinen Nachfolgern weiterhin gepflegt. Zumal auf Autoren wie Christine de Pizan, Eustache Deschamps, Charles d'Orléans und Jean Froissart hat er gewirkt. Zu Recht hat man diese Epoche mitunter als das »Zeitalter Machauts« bezeichnet. G.Wil.

Ausgaben: *Le livre du Voir-Dit*, Hg. P. Paris, Paris 1875. – *La prise d'Alexandrie*, Hg. L. de Mas Latrie, Genf 1877. – *Œuvres de G. de M.*, Hg. E. Hoepffner, 3 Bde., Paris 1908–1921. – *Poésies lyriques*, Hg. V. Chichmaref, 2 Bde., Paris 1909. – *Dit de la harpe*, Hg. K. Young (in *Essays in Honour of A. Feuillerat*, New Haven 1943, S. 1–20). – *Dit de la Fleur de lis et de la Marguerite*, Chapel Hill 1970. – *La louange des dames*, Hg. N. Wilkins, Edinburgh 1972. – *Dit de la rose* u. *Dit du cerf blanc* (in J. Froissart, *»Dits« et »Débats«. Avec en appendice quelques poèmes de G. de M.*, Hg. A. Fourrier, Genf 1979; TLF).

Literatur: G. Hanf, *Über G. de M.s »Voir Dit«* (in ZfrPh, 22, 1898, S. 145–196). – E. Hoepffner, *Anagramme und Rätselgedichte bei G. de M.* (ebd., 30, 1906, S. 401–413). – R. de Gourmont, *Le Roman de G. de M. et de Peronne d'Armentières* (in R. de G., *Promenades littéraires*, Bd. 5, Paris 1913, S. 7–37). – C. de Boer, *G. de M. et L'Ovide moralisé* (in Rom, 43, 1914, S. 335–352). – J. Geiselhardt, *M. und Froissart. Ihre literarischen Beziehungen*, Jena 1914. – F. Gennrich, *Zur M.-Forschung* (in ZfrPh, 50, 1930, S. 351–357). – G. Cohen, *Le »voir dit« de G. de M. vers 1365* (in LR, 1, 1947, S. 99–111). – S. Levarie, *G. de M.*, NY 1954. – A. Machabey, *G. de M. La vie et l'œuvre musical*, Paris 1955. – U. Günther, *Chronologie und Stil der Kompositionen G. de M.s* (in Acta Musicologica, 35, 1963, S. 96–114). – D. Poirion, *Le poète et le prince. L'évolution du lyrisme courtois de G. de M. à Charles d'Orléans*, Paris 1965. – H. Heger, *Die Melancholie bei den französischen Dichtern des Spätmittelalters*, Bonn 1967. – G. B. Gybbon-Monypenny, *G. de M.'s Erotic Autobiography: Precedent for the Form of the »Voir-Dit«* (in *Studies ... in Memory of F. Whitehead*, Hg. W. Rothwell u. a., Manchester 1973, S. 133–152). – W. Calin, *A Poet at the Fountain. Essays on the Narrative Verse of G. de M.*, Lexington 1974. – D. Kelly, *Medieval Imagination: Rhetoric and the Poetry of Courtly Love*, Madison 1978. – K. Brownlee, *The Poetic Œuvre of G. de M.: The Identity of Discourse and the Discourse of Identity* (in *M.'s World: Science and Art in the Fourteenth Century*, Hg. M. Pelner Cosman u. B. Chandler, NY 1978, S. 219–233). – Ders., *Transformations of the Lyric ›je‹: The Example of G. de M.* (in EsCr, 18, 1978, S. 5–18). – J. Cerquiglini, *Tension sociale et tension d'écriture au XIVè siècle: Les »Dits« de G. de M.* (in *Littérature et société au Moyen Age. Actes du colloque d'Amiens des 5 et 6 mai, 1978*, Hg. D. Buschinger, Paris 1978, S. 111–129). – *G. de M., poète et compositeur. Actes du colloque de Reims des 19–22 avril*, Paris 1982. – K. Brownlee, *Poetic Identity in G. de M.*, Madison 1984. – J. Cerquiglini, *›Un engin si soutil‹. G. de M. et l'écriture au XIVe siècle*, Genf 1985. – R. S. Sturges, *Speculation and Interpretation in G. de M.'s »Voir-Dit«* (in Romance Quarterly, 33, 1986, S. 23–33). – A. Leupin, *The Powerlessness of Writing* (in YFS, 70, 1986, S. 127–149).

Jean de Joinville

* 1224/25 Schloß Joinville / Champagne
† 24.12.1317 Champagne

L'HISTOIRE DE SAINT LOUIS

(afrz.; *Die Geschichte des heiligen Ludwig*). Biographie- und Memoirenwerk von Jean de Joinville, geschrieben 1305–1309 auf Wunsch von Johanna von Navarra, der Gemahlin Philipps IV., des Schönen. Da die Königin starb, bevor Joinville sein Werk vollendet hatte, widmete er es ihrem Sohn, dem späteren Ludwig X. von Frankreich. – Diese Geschichte zum Ruhme Ludwigs IX., des Heiligen, den die Kirche und das Volk schon zu Lebzeiten wegen seiner Frömmigkeit und seines Edelmuts verehrt hatten, war für Joinville mehr als nur ein Auftragswerk. Als blutjunger Seneschall der Champagne hatte er mit einem eigenen Truppenkontingent an der Kreuzfahrt seines Königs teilgenommen und nach dem unglücklichen Ausgang des Unternehmens die Gefangenschaft in Ägypten mit ihm geteilt. Nach Zahlung eines hohen Lösegelds wieder in die Heimat zurückgekehrt, gehörte Joinville auch weiterhin zum engsten Freundeskreis des Königs. Diese nahe Beziehung erklärt, warum es sich bei der *Histoire de saint Louis* gleichzeitig – oder richtiger: abwechselnd – um eine Biographie und eine Autobiographie handelt. Der Autor teilt das 149 Kapitel (bzw. 769 Abschnitte) umfassende Werk in zwei Hauptteile ein: *»Der erste Teil erzählt, wie Ludwig sein Leben lang Gott und der Kirche gemäß zum Nutzen seines Reiches regierte. Der zweite Teil des Buches berichtet von seinem Rittertum und seinen Waffentaten.«* Er beginnt damit, Beispiele der unbeirrbaren Gottergebenheit des Königs aufzuzählen, von denen einige als Anekdoten volkstümlich geworden sind, z. B. Ludwigs Gespräch mit Joinville über die Todsünden, die Fußwaschung der Armen durch den König am Gründonnerstag, seine Rechtsprechung unter einer Eiche. – Im zweiten Teil gibt der Verfasser zunächst einen Überblick über die Ahnenreihe des Kapetinger-Hauses, schildert dann Ludwigs Kindheit und Jugend, die eindrucksvolle große Hofversammlung in Saumur (1241), bei der der sechzehnjährige Jean seinen König zum ersten Mal sah, und nennt schließlich die Gründe, die den jungen König bewogen, zur Eroberung des Morgenlands auszuziehen.

Die nun folgende Beschreibung des Sechsten Kreuzzugs (1248–1254) hat Joinville aus seinen bereits um 1272 aufgezeichneten Memoiren übernommen. Sie bildet mit etwa 550 Abschnitten den Hauptteil des Werks und ist als Augenzeugenbericht von größtem Quellenwert. Allerdings steht hier nicht Ludwig, sondern der Schreiber selbst im Vordergrund. Bei der anschließenden Behandlung des Siebten Kreuzzugs (1270), auf den er seinen König nicht begleitet hat, muß er sich auf die Auskünfte anderer verlassen und faßt sich daher kurz. Dennoch ist Joinville die wichtigste Quelle für diesen nur spärlich dokumentierten »Alleingang« Ludwigs, der so schnell scheitern sollte. Den Tod des Königs, der im Heerlager von Tunis an einer Seuche starb, beschreibt Joinville nach der Darstellung von Ludwigs fünftem Sohn, Pierre d'Alençon. Das Werk schließt mit Mitteilungen über die Zeremonie der Heiligsprechung Ludwigs IX. in Rom (1297), der der Verfasser selbst beigewohnt hat, und mit der Erzählung eines Traums, in dem der König seinem Freund Joinville erschienen ist.

Man kann die Diskrepanz zwischen dem äußeren Ordnungsprinzip und der sprunghaften, kompositorisch unbeholfenen Ausführung nicht allein damit erklären, daß es sich um das Werk eines Achtzigjährigen handelt. Obwohl vielseitig gebildet, war Joinville im Unterschied zu dem versierten Chronisten GEOFFROY DE VILLEHARDOUIN, der hundert Jahre zuvor mit seiner *Histoire de la conquête de Constantinople* die Geschichtsschreibung in altfranzösischer Sprache begründet hatte, kein Intellektueller. Doch zeichnen ihn die gleiche Redlichkeit und das gleiche Gefühl der Verantwortung vor der Geschichte aus. Er ist den Aussagen seiner Gewährsmänner gegenüber skeptisch und erwähnt eher etwas gar nicht, als daß er vage oder unwahrscheinlich klingende Meldungen weitergibt. Er vermerkt ferner ausdrücklich, daß er einen großen Teil der Taten des heiligen Königs in einem »Roman« gefunden habe. Es handelt sich offensichtlich um eine Chronik, die in die Vita des heiligen Denis eingefügt ist. – Die Originalhandschrift Joinvilles ist schon früh verlorengegangen, und die drei überlieferten Manuskripte wie auch die ersten Buchausgaben aus dem 15. und 16. Jh. weichen stark voneinander ab. Um die Rekonstruktion der ursprünglichen Fassung hat sich Natalis de WAILLY (1805–1886) verdient gemacht. G.Wo.

AUSGABEN: Poitiers 1547 (*L'histoire et chronique du tres-chrestien roy s. Loys IX*..., Hg. A. P. de Rieux). – Paris 1668 (*Histoire de s. Louys*..., Hg. Du Cange). – Paris 1761, Hg. A. Melot, C. Sallier, J. Capperonnier. – Paris 1858 (*Mémoires ou Histoire du roi s. Louis*, Hg. F. Michel). – Paris 1867 (in *Œuvres de J.*, Hg. N. de Wailly; nfrz.). – Paris 1874 (*Mémoires ou Histoire de s. Louis*, Hg. N. de Wailly; m. nfrz. Übers.). – Paris 1928 (*La vie du saint roi Louis*, Hg. H. Longnon; nfrz.). – Paris [20]1931, Hg. N. de Wailly. – Paris 1958 (in *Historiens et chroniqueurs du moyen âge*, Hg. A. Pauphilet; Pléiade). – Sherbrooke 1977, Hg. N. L. Corbett [krit.].

ÜBERSETZUNGEN: *Leben des heiligen Ludwig von Frankreich*, Th. Nissl, Regensburg 1852. – *Geschichte König Ludwigs des Heiligen*, N. Driesch, Trier 1853. – *Geschichte d. heiligen Ludwig*, S. Aschner, Mainz 1928.

LITERATUR: G. Paris, *Jean, sire de J.* (in *Histoire littéraire de la France*, Bd. 32, Paris 1897, S. 291–459). – A. Foulet, *Notes sur la vie de saint Louis de J.* (in Rom, 58, 1932, S. 551–564). – Ders., *When Did J. Write His »Vie de saint Louis«?* (in RomR, 32, 1941, S. 233–243). – H. Hatzfeld, *Studien z. Prosastil J.s* (in *Studia Romanica, Gedenkschr. f. E. Lerch*, Stg. 1955, S. 220–251). – P. Archambault, *The Silences of J.* (in Papers on Language and Literature, 7, 1971, S. 115–132). – J. Monfrin, *J. et la mer* (in *Mélanges F. Lecoy*, Paris 1973, S. 445–468). – P. Archambault, *J. History as Chivalric Code* (in P. A., *Seven French Chroniclers*, Syracuse 1974, S. 41–57). – M. Zink, *J. ne pleure pas mais il rêve* (in Poétique, 9, Febr. 1978, S. 28–45). – M. K. Bilson, *J.'s »Histoire de Saint Louis«* (in The American Benedictine Review, 31, 1980, S. 418–442). – M. Slattery, *Myth, Man and Monarch. Louis IX in J.'s Sources*, NY u. a. 1985. – K. D. Uitti, *Nouvelle et structure hagiographique. Le récit historiographique nouveau de J.* (in *Mittelalterbilder aus neuer Perspektive*, Hg. E. Ruhe u. R. Bejrens, Mchn. 1985, S. 380–391).

Je(h)an Bodel d'Arras

* 1165 Arras
† 1210 Arras

LA CHANSON DES SAÏSNES

(afrz.; *Das Sachsenlied*). Heldenepos von Je(h)an Bodel d'Arras, verfaßt zwischen 1196 und 1200. – Dieses Epos erhielt durch die einleitende Aufzählung der altfranzösischen Epen- und Romanstoffe besondere Bedeutung; denn an der in Vers 6 und 7 von Jehan Bodel vorgenommenen Einteilung der altfranzösischen Literatur in drei bevorzugte Stoffgebiete orientierte sich später die Literaturwissenschaft. Es heißt dort: *»Ne sont que trois matières à tout home entendant / De France, de Bretagne et de Rome la grant.«* (*»Für jeden verständigen Menschen gibt es nur drei Stoffgebiete: das Frankenreich, die Bretagne und das große Rom.«*) Hieran anschließend bekundet Bodel seine Vorliebe für das erstgenannte Gebiet und seine Absicht, eines der wichtigsten Kapitel im Leben Karls des Großen, die Sachsenkriege, episch zu gestalten. Das *Sachsenlied* gehört somit zum *Cycle carolingien* und innerhalb dieses Zyklus zur *Geste du Roi*, also zu den Epen, die sich unmittelbar mit der Gestalt Karls des Großen befassen.

Der Sachsenherrscher Guiteclin (Wittekind) haßt Karl und sinnt auf Rache, da Pippin III., Karls Vater, Wittekinds Vater Justamon erschlagen hat. Als Wittekind von Karls Niederlage bei Roncevaux, vom Tod Rolands und Oliviers erfährt, beschließt er, diese günstige Gelegenheit zu einem Rachefeldzug zu nützen; er nimmt Köln ein und setzt Baudouin, Rolands Bruder, gefangen. Sébile, Wittekinds zweite Frau, verliebt sich in den Gefangenen, der ein zweiter Roland zu sein scheint. Karl wendet sich nun seinerseits mit einem Heer gegen Wittekind, besiegt und tötet ihn. Wittekinds Sohn läßt sich taufen und bietet Karl das Sachsenreich an. Dieser bestimmt Baudouin, der Sébile heiratet, zum Herrscher über das Sachsenland. – Im zweiten Teil berichtet der Verfasser von einem Aufstand der Verwandten Wittekinds gegen Baudouin. Zwar können die aufständischen Sachsen besiegt werden, Baudouin aber fällt.

Das Epos folgt nicht immer den historisch verbürgten Geschehnissen. Auffällig in dieser Hinsicht ist unter anderem die Schilderung der Sachsen, die sich kaum von jener der Sarazenen in den anderen Epen unterscheidet. Auch sie erscheinen als Anhänger Mohammeds, ihre Unterwerfung wird als ähnlich heilbringend wie die der mohammedanischen Heiden dargestellt. Das *Sachsenlied* weist manche verwandte Züge mit dem im 12. Jh. entstehenden höfischen Roman auf. So ist beispielsweise die Ausschmückung des Handlungsgerüsts mit zahlreichen Abenteuern und Parallelepisoden gänzlich verschieden von dem klaren, schlichten Handlungsablauf des wesentlich älteren *Rolandsliedes*. Auch die Darstellung der Liebe zwischen Baudouin und Sébile erscheint vom höfischen Roman beeinflußt: Bewerbung um die Liebe der Frau durch Bestehen von Abenteuern; Sébiles Schmerz und Trauer um den gefallenen Baudouin, während hingegen die Verlobte Rolands, Aude, als sie von der Niederlage bei Roncevaux erfährt, dem Geliebten wortlos in den Tod folgt. Bodel verändert also die Struktur des Heldenepos, ohne allerdings diese Gattung ganz zu verlassen. B.L.

Ausgaben: Paris 1839, Hg. F. Michel. – Marburg 1906, Hg. F. Menzel u. E. Stengel.

Literatur: P. A. Becker, *J. B.s Sachsenlied* (in ZfrPh, 60, 1940, S. 321–358; ern. in Ph. A. B., *Zur romanischen Literaturgeschichte*, Mchn. 1967, S. 430–465). – Ch. Foulon, *L'œuvre de J. B.*, Paris 1958. – G. Gasca Queirazza, *»La Chanson des Saïsnes«*, Turin 1973 [m. Textausw.]. – K. D. Uitti, *Remarques sur la »Chanson des Saïsnes« de J. B.* (in *Actes du Congrès international de linguistique et philologie romane*, Hg. M. Bourdreault u. F. Möhren, Laval 1976, S. 841–851). – H. Meter, ... *de chevaleries d'amours et de cembiaus'. Liebesthematik und Genre-Problematik in J. B.s Sachsenlied* (in *Das Epos in der Romania, Fs. D. Kremer*, Hg. S. Knaller u. E. Mara, Tübingen 1986, S. 271–297). – K. Sinclair, *Le gué périlleux dans la »Chanson des Saïsnes«* (in ZfrzSp, 97, 1987, S. 68–72). – H. Legros, *La »Chanson des Saïsnes«, témoin d'une évolution typologique et/ou expression narrative d'un milieu urbain* (in *Au carrefour des routes d'Europe, la chanson de geste*, Aix-en-Provence 1987, Bd. 2, S. 797–814).

DE HAIMET E DE BARAT E TRAVERS

(afrz.; *Haimet, Barat und Travers*). Fabliau von Je(h)an Bodel d'Arras, entstanden Ende des 12. Jh. – Von den acht Schwankerzählungen des Dichters ist dies die umfangreichste (518 achtsilbige Verse) und komplexeste; die erste, kürzere der beiden Episoden schildert eine Probe der Kunstfertigkeit eines Meisterdiebs. Haimet stiehlt einer brütenden Elster die Eier aus dem Nest, ohne daß sie es bemerkt; sein Bruder Barat fordert ihn dazu heraus, sie ebenso wieder zurückzulegen. Während Haimet erneut den Baum hinaufklettert, folgt ihm Barat und stiehlt ihm die Hosen. Die Geschichte, die – vor allem als Eingangssequenz zu wechselnden Fortsetzungen – weit verbreitet ist (vgl. das Grimmsche Märchen *Die vier kunstreichen Brüder*, wo die Steigerung durch den Hosendiebstahl fehlt), macht dem dritten Dieb Travers bewußt, daß er es mit den beiden anderen nicht aufnehmen kann; deshalb verläßt er sie und wird ehrlich.

Die zweite Episode berichtet in über 400 Versen, wie Barat und Haimet versuchen, ihrem ehemaligen Kumpan und seiner Frau eine Speckseite abzujagen: Sie brechen nachts bei ihnen ein; Barat schleicht zum Ehebett, gibt sich für Travers aus und entlockt dessen Frau so das Versteck. Travers seinerseits läuft den Dieben nach, tut so, als wäre er Haimet, und bringt Barat dazu, daß er ihn die Beute ein Stück »tragen« läßt. Barat bemerkt den Betrug, verkleidet sich notdürftig als Travers' Frau und schafft es, diesem die Beute wieder abzujagen. Travers holt sie endgültig zurück, indem er auf den Baum klettert, unter dem die beiden ein Feuer angezündet haben, um den Speck zuzubereiten; als er sich am Arm von einem Ast herunterhängen läßt, glauben die Diebe, den Geist ihres gehenkten Vaters zu sehen, und laufen davon. Zu Hause wollen Travers und seine Frau nun ihrerseits den Speck kochen; als ihnen die Diebe unterdessen aufs Dach steigen wie Max und Moritz bei Witwe Bolte, beschließen sie notgedrungen, mit ihnen zu teilen, um das Fleisch nicht ganz zu verlieren.

Auch diese zweite Episode ist – wenn auch nicht in gleichem Maße wie die erste – in der modernen mündlichen Überlieferung verbreitet; wie sie zu Jehan Bodel gelangte, ist ungeklärt. Er hat wesentlich die komischen Elemente herausgearbeitet, auch Stereotypen aus Ritterroman und Epos zitiert, um die dem bäuerlichen Milieu angehörenden Protagonisten vor seinem städtischen (aber in der höfischen Literatur bewanderten) Publikum lächerlich zu machen. Dagegen fehlt ein moralisierendes Epimythion, wie es sich in Jehan Bodels kürzeren Fabliaux meist findet (vgl. z. B. *De Brunain la vache au prestre – Braunchen, die Kuh des Priesters*, wo die Naivität eines Bauern über die Habgier eines Priesters triumphiert); in *Des sohaiz que sainz Martins dona anvieus et coveitos (Die Wünsche, die der heilige Martin dem Habgierigen und dem Neidischen gewährte)* treten sogar allegorische Protagonisten auf, die belehrende Absicht überwiegt eindeutig gegenüber dem Interesse an der Erzählung. A.Gi.

AUSGABEN: Dakar 1959 (in *Les fabliaux*, Hg. P. Nardin; ern. Paris 1965; erw.). – Tübingen 1961 (in *Trois fabliaux*, Hg. H. Walthers-Gerig). – Assen 1984 (in *Nouveau recueil complet des fabliaux*, Hg. W. Noomen u. H. van den Boogaard, Bd. 2, S. 62–75).

ÜBERSETZUNG: In *Fabliaux. Französische Schwankerzählungen aus dem Hochmittelalter*, A. Gier, Tübingen 1985 [afrz.-dt.].

LITERATUR: Ch. Foulon, *L'œuvre de J. B.*, Paris 1958. – H.-D. Merl, *Untersuchungen zur Struktur, Stilistik und Syntax in den Fabliaux J. B.s*, Bern/Ffm. 1972. – A. Riccadonna, *I fabliaux di J. B.* (in *Prospettive sui fabliaux*, Hg. Ch. Lee u. a., Padua 1976, S. 45–81). – R. Luciano, *J. B. et l'origine du Fabliau* (in *La nouvelle*, Hg. M. Picone u. a., Montreal 1983, S. 45–63). – J. C. Payen, *Le statut de l'écrivain dans les fabliaux de J. B.* (in *Comique, satire et parodie dans la tradition renardienne et les fabliaux*, Hg. D. Buschinger u. A. Crépin, Göppingen 1983, S. 47–58). – H. Legros, *Un auteur en quête de son public. Les fabliaux de J. B.* (in Rom, 104, 1983, S. 102–113). – A. Gier, *Chrétien de Troyes et les auteurs de fabliaux: la parodie du roman courtois* (in *The Legacy of Chrétien de Troyes*, Hg. N. J. Lacy u. a., Bd. 2, Amsterdam 1988, S. 207–214).

LI JUS DE SAINT NICHOLAÏ

(afrz.; *Das Spiel vom heiligen Nikolaus*). Ältestes französisches Mirakelspiel von JE(H)AN BODEL D'ARRAS, erstmals vermutlich aufgeführt am 5. 12. 1200 in Arras. – Der heilige Nikolaus erfreute sich seit dem 12. Jh. besonderer Verehrung in ganz Westeuropa (1087 waren seine Reliquien nach Bari gelangt); er galt nicht nur als Schutzpatron der Kleriker und Scholaren, sondern ihm wurde unter anderem auch die Fähigkeit zugeschrieben, Schätze vor Dieben zu sichern und Gestohlenes wiederzubeschaffen. Entsprechende Wunder des Heiligen werden in allen lateinischen und französischen Nikolaus-Viten erzählt.

Eine solche Episode bearbeitet auch Jehan Bodel: Ein heidnischer König wird von einem christlichen Heer angegriffen; er beschimpft daraufhin seinen Gott Tervagan (nach mittelalterlicher Vorstellung einer der drei Götter, die die Mohammedaner angeblich verehren), fleht ihn dann aber um Beistand an und verspricht ihm ein Goldopfer für den Fall seines Sieges. Tervagans Statue prophezeit ihm durch Lachen den militärischen Erfolg, kündigt aber zugleich durch Weinen an, daß der König danach seinem Glauben abschwören wird. – Mit der Hilfe seiner Vasallen, die er zusammengerufen hat, besiegt dieser das christliche Heer; ein frommer Mann *(preudome)* wird gefangengenommen, während er vor einem Standbild des heiligen Nikolaus betet. Als er dem König die wunderbaren Fähigkeiten des Heiligen beschreibt, beschließt der Heide, dem Standbild seinen Schatz anzuvertrauen; wenn etwas davon gestohlen wird, soll der Christ hingerichtet werden. Im Gefängnis tröstet ihn ein Engel, der auch schon den christlichen Kämpfern vor der Schlacht erschienen war. Inzwischen treffen sich drei Zecher in einer Schenke und beschließen, den Schatz des Königs zu stehlen, um ihre Schulden beim Wirt bezahlen zu können. Ihr Vorhaben gelingt; anschließend kehren sie in die Schenke zurück, um die Nacht bei Wein und Würfelspiel zu verbringen. Als der Diebstahl entdeckt wird, will der König seinen Gefangenen hinrichten lassen, aber dieser erwirkt einen Tag Aufschub und fleht Nikolaus um Hilfe an; der erscheint den Dieben, maßregelt sie mit drastischen Worten (er nennt sie *Fil a putain*, Hurensöhne) und fordert sie auf, den gestohlenen Schatz zurückzubringen, was sie tun. Der König schwört daraufhin den falschen Göttern ab; Tervagan wird vom Sockel gestürzt, alle lassen sich taufen.

Das Mirakelspiel (über 1500 achtsilbige Verse) wurde außerhalb der Kirche, möglicherweise von einer Laienbruderschaft, aufgeführt; dem Prolog zufolge, in dem ein »Prediger« den Inhalt zusammenfaßt und der trotz geäußerter Bedenken vermutlich von Jehan Bodel selbst stammt, am Vorabend eines Nikolaus-Festes. Für sein städtisches Publikum (die Bürger von Arras) hat der Autor den geistlichen Stoff durch komische Elemente aufgelockert, die auf die Alltagswirklichkeit der Zuschauer Bezug nehmen: Der Schankwirt, sein Gehilfe Caignet, Raoul, der in bildhaften Worten den Wein anpreist (und mit Connart, dem städtischen Ausrufer, in Streit gerät), und die drei Diebe wirken zumindest auf den modernen Betrachter ausgesprochen lebensnah; sie sprechen ihre Umgangssprache, und die breit ausgemalte Würfelpartie folgt genau den (nicht leicht zu durchschauenden) zeitgenössischen Spielregeln. – Andererseits bezieht sich Jehan Bodel bei der Darstellung des Kampfes zwischen Christen und Heiden auch auf das Modell der Heldenepik, mit dem er spielt, ohne es im eigentlichen Sinn zu parodieren. A.Gi.

AUSGABEN: Heidelberg 1904 (in G. Manz, *Li Jus di Saint Nicholai des Arraser J. Bodel. Text mit einer Untersuchung der Sprache und des Metrums des Stükkes nebst Anmerkungen und Glossar*). – Paris 1925, Hg. A. Jeanroy. – Oxford 1951, Hg. F. J. Warne. – Brüssel 1962; ³1981, Hg. A. Henry. – Genf 1981, Hg. ders. (krit.; TLF).

ÜBERSETZUNG: *Das Spiel vom heiligen Nikolaus*, K.-H. Schroeder, W. Nitsch u. M. Wetzel, Mchn. 1975 [m. Einl.; afrz.-dt.].

LITERATUR: J. Frappier, *Le théâtre profane en France au moyen âge*, Paris 1959, S. 35–51. – A. Adler, *Le »Jeu de Saint Nicolas« édifiant, mais dans quel sens?* (in Rom, 81, 1960, S. 112–120). – T. B. W. Reid, *On the Text of the »Jeu de Saint Nicolas«* (in *Studies in Medieval French*, Oxford 1961, S. 96–120). – K. Heitmann, *Zur Frage der inneren Einheit von Jeans »Jeu de Saint Nicolas«* (in RF, 75, 1963, S. 289–315). – F. W. Marshall, *The Staging of the »Jeu de Saint Nicolas«* (in AJFS, 2, 1965, S. 9–38). – H. S. Robertson, *Structure and Comedy in »Le jeu de Saint Nicolas«* (in StPh, 64, 1967, S. 551–563). – J. C. Payen, *Les éléments idéologiques dans le »Jeu de Saint Nicolas«* (in Rom, 94, 1973, S. 484–504). – T. Hunt, *A Note of the Ideology of J. B.'s »Jeu de Saint Nicolas«* (in StF, 20, 1976, S. 67–72). – Ch. Horton, *The Role of the Emir d'outre l'arbre sec in J. B.'s »Jeu de Saint Nicolas«* (in AJFS, 14, 1977, S. 3–31). – M. Zink, *»Le jeu de Saint Nicolas« de J. B., drame spirituel* (in Rom, 99, 1978, S. 31–46). – H. Rey-Flaud, *Pour une dramaturgie du moyen âge*, Paris 1980. – R. Dragonetti, *Le »Jeu de Saint Nicolas« de J. B.* (in *The Craft of Fiction*, Hg. L. A. Arrathoon, Rochester/Mich. 1984, S. 369–391; ern. in R. D., *La musique et les lettres*, Genf 1986, S. 456–487). – F. W. Marshall, *A propos d'une nouvelle édition du »Jeu de Saint Nicolas«* (in New Zealand Journal of French Studies, 7, 1986, S. 17–38). – A. Arens, *Untersuchungen zu J. B.s Mirakel »Le jeu de saint Nicolas«*, Stg./Wiesbaden 1986.

JE(H)AN RENART

12./13.Jh.

LITERATUR ZUM AUTOR:
P. H. Beekman, *J. R. and His Writings*, Paris 1935. – R. Lejeune, *L'œuvre de J. R., contribution à l'étude du genre romanesque au moyen âge*, Paris/Lüttich 1935. – C. Cremonesi, *J. R., romanziere del XIII secolo*, Mailand 1950. – A. Limentani, *J. R., dal romanzo anti-idillico all'antiromanzo* (in *Mittelalterstudien. E. Köhler zum Gedenken*, Hg. H. Krauss u. D. Rieger, Heidelberg 1984, S. 166–178). – M.-C. Struyf, *Symbolique des villes et demeures dans le roman de J. R.* (in Ccm, 30, 1987, S. 245–261).

LE ROMAN DE LA ROSE OU DE GUILLAUME DE DÔLE

(afrz.; *Der Roman von der Rose oder von Guillaume de Dôle*). Höfischer Roman in 5655 Achtsilbern mit lyrischen Einlagen von JE(H)AN RENART, entstanden entweder um 1212 (R. Lejeune), möglicherweise jedoch erst um 1228 (F. Lecoy). – Das dem späteren Bischof von Beauvais, Milon de Nanteuil († 1234), gewidmete Werk hieß ursprünglich *Le roman de la rose*; um Verwechslungen mit dem berühmteren *Roman de la rose* von GUILLAUME DE LORRIS und JEAN DE MEUNG zu vermeiden, erweiterte man in späterer Zeit den Titel, indem man den Namen der Hauptperson hinzufügte.

Der junge Kaiser Konrad, der von seinen Rittern und Untertanen hochgeschätzt wird und dessen Hof ein Zentrum höfischen Lebens ist, weigert sich, trotz der Bitten seiner Umgebung, eine Heirat einzugehen. Eines Tages berichtet ihm jedoch sein Spielmann Jouglet von Guillaume de Dôle, einem mit allen höfischen Tugenden ausgestatteten Ritter, und dessen außergewöhnlich schönen Schwester Lïenor, die mit ihrer Mutter auf dem Familiensitz in Dôle ein zurückgezogenes Leben führt. Allein aufgrund der Beschreibung des Spielmanns entbrennt der Kaiser in Liebe zu Lïenor und beschließt, ihren Bruder Guillaume an seinen Hof zu holen. Im Verlauf eines Turniers zeichnet sich Guillaume auch tatsächlich durch Tapferkeit und Großmut aus. Daraufhin teilt ihm der Kaiser seinen Entschluß mit, Lïenor zu heiraten, und versammelt seine Barone in Mainz, um deren Zustimmung zu erhalten. Sein mißgünstiger Seneschall jedoch, der fürchtet, zugunsten Guillaumes immer mehr an Einfluß zu verlieren, begibt sich heimlich auf das Schloß der Auserkorenen, um die Heirat zu verhindern. Zwar gelingt es ihm nicht, zu Lïenor vorzudringen, doch erschleicht er sich das Vertrauen ihrer Mutter, einer etwas geschwätzigen alten Dame, die ihm törichterweise ein bislang streng gehütetes Geheimnis verrät: Die schöne Lïenor trägt auf dem Oberschenkel ein Muttermal in Form einer roten Rose. Als der Kaiser dem Seneschall von seinen Heiratsplänen berichtet, heuchelt dieser Verlegenheit und behauptet schließlich, die Liebesgunst des jungen Mädchens genossen zu haben, wobei er als Beweis seine Kenntnis von Lïenors intimem Rosenmal anführt. Schweren Herzens nimmt der Kaiser nunmehr Abstand von seinen Heiratsplänen. Guillaume, dem Konrad die Freundschaft nicht entzogen hat, versinkt daraufhin in Melancholie. Als einer seiner Neffen das ahnungslose Mädchen in Dôle zur Rede stellt, kommt die Wahrheit schnell ans Tageslicht. Um ihre Unschuld vor der Gesellschaft zu beweisen, muß Lïenor jedoch erst zu einer List greifen: Nachdem sie dem Seneschall unter dem Namen einer Burgherrin, die seine Liebe einst nicht erwidert hatte, Schmuck und einen Gürtel gesandt hat, begibt sie sich nach Mainz und klagt dort vor versammeltem Hof den Seneschall an, ihr Gewalt angetan zu haben. Der verdutzte Seneschall beteuert natürlich seine Unschuld; als jedoch der besagte Gürtel bei ihm gefunden wird, muß er seinen Schwur, Lïenor noch nie begegnet zu sein, in einem Gottesurteil bekräftigen, das zwar erwarteterweise seine Unschuld, zugleich aber auch Lïenors Untadeligkeit bestätigt, die nunmehr Namen und Herkunft preisgibt. Kaiser Konrad kann nun getrost das Mädchen heiraten; der geständige Übeltäter wird zwar auf Lïenors Fürsprache hin begnadigt, muß aber zu einer Kreuzfahrt ins Heilige Land aufbrechen.

Ein romaneskes Thema, die Liebe zu einer unbekannten Schönen, verbindet sich in diesem Roman mit dem in der französischen Literatur häufig gestalteten Motiv der verleumdeten Unschuld – meist mit einer Wette verbunden –, das z. B. auch im *Roman du comte de Poitiers* (um 1222) und im *Roman de la violette* (um 1229) auftritt. Eine formale Neuheit des *Guillaume de Dôle*, die von GERBERT DE MONTREUIL im *Roman de la violette* nachgeahmt wurde, bilden die geschickt in die Handlung eingefügten Lieder (48 Fragmente) verschiedenster Autoren, darunter *Chansons de toile* (vgl. dort), Balladen und zwei provenzalische Kanzonen. Das von Renart in allen alltäglichen Details entworfene realistische Bild höfischen Lebens unterscheidet sich von den idealisierenden Darstellungen der Artus-Romane auch durch die Ironisierung und die eindeutige zeitliche und örtliche Fixierung der Handlung. Auf die unterschiedliche Verwendung des Rosenmotivs im *Guillaume de Dôle* und in dem fast gleichzeitig entstandenen, berühmteren *Roman de la rose* hat Michel ZINK hingewiesen. Während im Werk von Guillaume de Lorris die Rose als allegorisches Bild des jungfräulichen Geschlechts des umworbenen Mädchens aufzufassen ist, bleiben in Renarts Roman Rosenmal und Geschlecht Lïenors zwei getrennte Realitäten. Erst das metonymische Gespräch über die Rose, das implizit die Jungfräulichkeit Lïenors in Frage stellt, schafft den verbalen Zusammenhang Rose/Geschlecht, um den der Konflikt im *Guillaume de Dôle* kreist. W.R.

AUSGABEN: Paris 1893, Hg. G. Servois (SATF). – Paris 1936, Hg. R. Lejeune. – Paris 1962, Hg. F. Lecoy (ern. 1979; CFMA).

ÜBERSETZUNGEN: *Le roman de la rose ou de Guillaume de Dôle*, J. Dufournet, Paris 1979 [neufrz. Übers.]. – *Der Roman von der Rose oder Wilhelm von Dôle*, H. Birkhan, Wien 1982.

LITERATUR: A. Mussaffia, *Zur Kritik und Interpretation romanischer Texte: »Guillaume de Dôle«* (in SWAW, phil.-hist. Kl., 136, 1897). – L. F. H. Löwe, *Die Sprache des »Roman de la rose ou de Guillaume de Dôle«*, Diss. Göttingen 1903. – G. Paris, *Le cycle de la gageure* (in Rom, 32, 1903, S. 487–490). – F. Lecoy, *Sur quelques passages difficiles de »Guillaume de Dôle«* (in Rom, 82, 1961, S. 244–260). – Ders., *Sur la date du »Guillaume de Dôle«* (ebd., S. 379–402). – P. Le Gentil, *A propos de »Guillaume de Dôle«* (in *Mélanges M. Delbouille*, Gembloux 1964, Bd. 2, S. 381–397). – C. Mattioli, *Per la datazione del »Guillaume de Dôle«* (in CN, 25, 1965, S. 91–112). – A. Fourrier, *Les armoiries de l'empereur dans »Guillaume de Dôle«* (in *Mélanges R. Lejeune*, Gembloux 1969, Bd. 2, S. 1211–1226). – J. C. Payen, *Structure et sens de »Guillaume de Dôle«* (in *Mélanges F. Lecoy*, Paris 1973, S. 483–498; ern. in *Der altfranzösische Roman*, Hg. E. Köhler, Darmstadt 1978, S. 170–188). – R. Lejeune, *L'esprit ›clérical‹ et les curiosités intellectuelles de J. R. dans le »Roman de Guillaume de Dôle«* (in TLL, 11, 1973, H. 2, S. 587–601). – Dies., *Le »Roman de Guillaume de Dôle et la Principauté de Liège* (in Ccm, 17, 1974, S. 1–24). – G. T. Diller, *Remarques sur la structure esthétique du »Guillaume de Dôle«* (in Rom, 98, 1977, S. 390–398). – Ders., *Techniques de contraste dans »Guillaume de Dôle«* (in Rom, 99, 1978, S. 538–549). – G. Andrieu u. a., *Concordancier complet du »Roman de la rose ou de Guillaume de Dôle«*, Aix-en-Provence/Paris 1978. – M. Zink, *Belle. Essai sur les chansons de toile*, Paris 1978. – Ders., *Roman rose et rose rouge*, Paris 1979 [m. Bibliogr.]. – M.-L. Chênerie, *L'épisode du tournoi dans »Guillaume de Dôle«* (in RLaR, 83, 1979, S. 41–62). – M.-R. Jung, *L'empereur Conrad chanteur de la poésie lyrique* (in Rom, 101, 1980, S. 35–50). – J. Dufournet, *La glorification des menestrels dans le »Guillaume de Dôle« de J. R.* (in Inf. litt, 32, 1980, S. 6–11). – F. Lecoy, *A propos du »Guillaume de Dôle«* (in TLL, 18, 1980, H. 2, S. 7–22). – E. Baumgartner, *Les citations lyriques dans le »Roman de la rose« de J. R.* (in RPh, 35, 1981/82, S. 260–266). – M. Accarie, *La fonction des chansons du »Guillaume de Dôle«* (in *Mélanges J. Larmat*, Hg. ders., Paris 1982, S. 12–29).

ANTOINE DE LA SALE

* 1388 (?) bei Arles (?)
† 1460/61 (?)

L'HYSTOIRE ET PLAISANTE CRONICQUE DU PETIT JEHAN DE SAINTRE ET DE LA IEUNE DAME DES BELLES COUSINES SANS AUTRE NOM NOMMER

(afrz.; *Die Geschichte und vergnügliche Chronik vom kleinen Johann von Saintré und dem Fräulein »des belles Cousines«, ohne andere Namen zu nennen*). Roman von Antoine de LA SALE, entstanden um 1456, erschienen 1518. – La Sale, der anfangs als Page, später als Erzieher im Dienst des Hauses Anjou stand, schrieb seinen bedeutendsten Roman in einer Zeit des Niedergangs der ritterlichen Kultur, so daß es verfehlt wäre, *Jehan de Saintré* als echten Ritterroman zu bezeichnen. Vielmehr handelt es sich dabei, wie vor allem J. KRISTEVA zeigen konnte, um ein Werk, das die Themenbereiche des idealistisch überformten Ritterromans und der antihöfischen Kultur miteinander konfrontiert.

Jehan, ein schüchterner und linkischer Page am Hof Johanns des Guten, verliebt sich in die schöne Ellinde, »la dame des belles Cousines«, die sich aus nicht ganz selbstlosen Motiven seiner Erziehung annimmt und ihn in die Geheimnisse der Liebe einweiht. Hinter der konventionellen Rhetorik ihrer Lektionen verbirgt sie Sinnlichkeit und Egoismus. Jehan aber entwickelt sich unter ihrer Anleitung zu einem Ritter ohne Furcht und Tadel, der nach abenteuerlichen Heldentaten dürstet. Er kämpft auf Turnieren und in Feldzügen, und bald ist sein Name in aller Munde. Als er jedoch ruhmbedeckt in die Arme seiner Herrin eilen will, muß er erfahren, daß die untreue Schöne inzwischen Damp Abbé, einen dicken, frivolen Priester, erhört hat. Die Rivalen, von denen der eine ein Streiter Gottes, der andere ein Streiter des Königs sein sollte, stellen sich zum Zweikampf. Damp Abbé ist Jehan zwar an Körperkraft überlegen, muß aber schließlich vor der Waffenkunst des Ritters kapitulieren. Der aber zögert nicht, seiner Dame, die die Chance zur Rechtfertigung nicht wahrgenommen hat, das blaue Band der Treue zurückzugeben.

Bereits diese Handlungsskizze zeigt, daß Antoine de La Sale seinen Roman gegen die Konvention des Ritterromans konzipiert hat: Die höfische Liebe, die Jehan de Saintré zu seinen Taten motiviert, wird letztlich als Wertekodex demaskiert, der unzeitgemäß und unhaltbar geworden ist. Ebenso artikulieren sich im *Jehan de Saintré* in verschiedenster Weise die Echos von einander widersprechenden Normsystemen, wie dem der Scholastik, des Bürgertums und des Karnevals. Neben der Struktur des Ritterromans ist es vor allem die chevalereske Biographie des Spätmittelalters, die mit ihrer Tendenz zur Überhöhung des Kriegshandwerks hier deutlich kritisch gesehen wird. Ansätze zu einer psychologischen Entwicklung in den Charakteren der Hauptpersonen sowie die nuancenreiche, trotz rhetorischer Stilelemente durchaus natürlich wirkende Sprache unterstreichen den realistischen Zug des Romans, der durch die detaillierte Darstellung des geschichtlichen Hintergrunds noch verstärkt wird. Bis ins 16. Jh. gehörte der *Jehan de Saintré* zur Lieblingslektüre des Adels, geriet dann allerdings völlig in Vergessenheit und wurde erst gegen Ende des 18. Jh.s wiederentdeckt. Im Zuge einer Neubewertung des Spätmittelalters ist in jüngerer Zeit der *Jehan de Saintré* gemeinsam mit dem katalanischen Ritterroman *Tirant lo Blanc* als besonders eindrucksvoller Abgesang auf das sterbende Rittertum aufgewertet worden. G.Wil.-KLL

AUSGABEN: Paris 1518. – Paris 1843, Hg. J.M. Guichard. – Paris 1926/27 (*Le Petit Jehan de Saintré*, Hg. P. Champion u. F. Desonay). – Genf/Paris 1965 (*Jehan de Saintré*, Hg. J. Misrahi u. Ch. A. Knudson; ²1967).

ÜBERSETZUNG: *Johann von Saintré. Eine Geschichte nach einer provensalischen Urschrift*, L. E. de la Vergne de Tressan, Lpzg. 1797.

LITERATUR: L. Jordan, *A. de La S. u. der »Petit Jehan de Saintré«* (in *Phil. u. volkskundliche Arbeiten, K. Vollmoller dargeboten*, Erlangen 1908, S. 205 bis 221). – A. Bronarski, *Le »Petit Jehan de Saintré«, un énigme littéraire* (in Archivum Romanicum, 5, 1921, S. 187–238; 390–408). – F. Desonay, *Comment un écrivain se dorrigeait au 16e siècle* (in Rbph, 6, 1927, S. 81–121). – Ders., *Le »Petit Jehan de Saintré«* (in Revue du Seizième Siècle, 14, 1927, S. 1–48; 213–280). – A. Coville, *Le »Petit Jehan de Saintré«, recherches complémentaires*, Paris 1937. – F. Desonay, *A. de La S., aventureux et pédagogue*, Lüttich/Paris 1940; ern. 1960. – R. M. Perry, *The Final Textual Revision of A. de La S.'s »Petit Jehan de Saintré«* (in RPh, 5, 1951, S. 296–307). – H. Hatzfeld, *The Discovery of Realistic Art in A. de La S. through Pol de Limbourg* (in MLQ, 15, 1954, S. 168–181). – G. A. Brunelli, *La S.*, Messina 1962. – Ch. A. Knudson, *Les anciennes éditions du »Petit Jehan de Saintré«* (in *Mélanges de linguistique romane et de philologie médiévale offerts à M. Delbouille*, Hg. J. Renson u. M. Tyssens, Gembloux 1964, S. 337–348). – J. Kristeva, *Le texte du roman*, Paris/Den Haag 1970. – C. Cherpack, *»Le petit Jehan de Saintré«. The Archetypical Background* (in The Journal of Medieval and Renaissance Studies, 5, 1975, S. 243–252). – H. Hatzfeld, *La décadence de l'amour dans le »Saintré«, l'»Amadis« de Garcí-Ordoñez de Montalvo et le »Tirant lo Blanc« (Joannot Martorell)* (in *Mélanges J. Lods*, Paris 1978, S. 330–350). – V. Crosby, *Ironic Ambiguity in La S.'s »Petit Jehan de Saintré«* (in Fifteenth Century Studies, 1, 1978, S. 71–82). – P. Nykrog, *Les ambiguïtés du »Saintré«* (in Publications, 7, 1979,

S. 1–22). – F. Lecoy, *»Jehan de Saintré«* (in Moyen Age Français, 12, 1983, S. 142–150). – G. R. Mermier, *»Jehan de Saintré«, ›nouveau roman‹ médiéval* (in Fifteenth Century Studies, 8, 1983, S. 141 bis 158). – J. H. M. Taylor, *The Pattern of Perfection. »Jehan de Saintré« and the Civalric Ideal* (in MAevum, 53, 1984, S. 254–262). – A. J. Kelly, *»Jehan de Saintré«. Rewriting the Artifice of History*, Diss. Princeton 1986.

MARIE DE FRANCE

* zweite Hälfte 12. Jh.

LES LAIS

(afrz.; *Die Lais*). Versnovellen *(Guigemar, Equitan, Le Fresne, Bisclavret, Lanval, Les deus amanz, Yonec, Laüstic, Milun, Chaitivel, Chievrefeuil, Eliduc)* von MARIE DE FRANCE, entstanden vermutlich zwischen 1155 und 1189. – Die Autorschaft der Marie de France, einer Poetin am Hofe Heinrichs II. Plantagenêt, wird in neuerer Zeit keineswegs mehr einhellig akzeptiert. Die durchaus unsichere Zuschreibung scheint sich einer Romantisierung zu verdanken, die bereits im 16. Jh. dazu führte, die verschiedentlich als »Marie« genannte Autorin als ein und dieselbe Person zu identifizieren. Die Legendendichtung *L'espurgatoire de Seint Patriz (Das Fegefeuer des hl. Patrick)*, in der ebenfalls eine »Marie« als Autorin genannt wird, kann der Verfasserin der Lais in keinem Fall mehr zugeschrieben werden.

»Lai« (altirisch *laid*: Lied) bezeichnete ursprünglich die von bretonischen Spielleuten *(jongleurs)* zu harfenähnlichen Instrumenten vorgetragenen episch-lyrischen Lieder, die Stoffe des keltischen Sagenkreises zum Inhalt hatten. Die in kunstvoller Form (Achtsilber) gefaßten Novellen (ihre Länge schwankt zwischen 100 und 1000 Versen) greifen Motive dieser nicht auf uns gekommenen Lieder auf – z. B. Werwolfmotiv in *Bisclavret* oder der Volksglaube, daß Zwillingsgeburten auf die Untreue der Frau hindeuten in *Le Fresne*, dem Lai, das überdies Verwandtschaft mit dem Griseldis-Stoff zeigt –, sind jedoch nicht der eigentlichen Artus-Epik zuzuordnen. *Lanval*, die Geschichte eines Königssohns, der sich König Artus' Frau gegenüber seiner Geliebten, einer schönen Fee, rühmt und damit die ihm auferlegte Schweigepflicht bricht, behandelt das Thema der »magischen Ehe«, eines Märchentyps, der in unterschiedlichster Form für die Entwicklung des Romans im späten Mittelalter bedeutsam wurde (vgl. *Lancelot; Partonopeu de Blois, Mélusine*). Die sonst nicht überlieferte Tristan-Episode des *Lai de chievrefeuil (Geißblattlai)*, in der Isolde an einem von einem Geißblatt umschlungenen Haselnußzweig die Nähe des verbannten Tristan erkennt, kann zur Artus-Literatur im engeren Sinn gerechnet werden. Hauptmerkmal der Erzählweise Maries ist die Verschränkung von märchenhaften Elementen der bretonischen Sagenwelt (z. B. die sprechende weiße Hindin im *Guigemar*) mit der Schilderung des Abenteuers als Existenzform des ritterlichen Menschen und einer subtilen Darstellung der Liebe als eines spontanen Gefühls, das selten oder nur im letzten Augenblick glückhafte Erfüllung findet (Parallelen zur Liebestheorie des *Roman d'Eneas*, 1160, sind unverkennbar). In *Milun* kann der blutige Kampf zwischen Vater und Sohn erst beendet werden, als sie einander wiedererkennen und dann gemeinsam die von einem anderen Ritter gefangene Mutter bzw. Geliebte befreien. Dem Verzicht im *Eliduc* (Motiv der Doppelehe), der sich inhaltlich stark mit *Ille et Galeron* von GAUTIER D'ARRAS berührt, steht der tragische Ausgang im *Yonec* gegenüber: Eine von ihrem eifersüchtigen Gatten in einem Turm eingeschlossene Dame empfängt einen Ritter, der die Gestalt eines Habichts annahm, um durch das Fenster zu ihr gelangen zu können. Der Mann aber, der Verdacht schöpfte, läßt Zinken am Fenster anbringen, an denen der Vogel sich tödlich verletzt. Sterbend übergibt er der Dame, die seiner Blutspur gefolgt ist, in einem prächtigen Schloß einen Ring, der ihren Mann alles vergessen macht, und ein Schwert, das sie dereinst ihrem gemeinsamen Sohn Yonec übergeben soll. Als der Knabe herangewachsen ist, führt ihn die Mutter zum Grabe seines Vaters, enthüllt ihm das Geheimnis seiner Geburt und stirbt wenig später. Der eifersüchtige Gatte aber findet den Tod durch das Schwert seines Nebenbuhlers.

Obgleich als in sich geschlossene Erzählungen konzipiert, sind die Lais in der uns überlieferten Form durch Prolog, Anfangs- und Schlußformeln verbunden und bilden so ein zyklisches Ganzes. – Die zu ihrer Zeit vom adligen Publikum hochgeschätzten Versnovellen wurden auf Veranlassung von König Hákon (1217–1263) ins Altnordische übersetzt *(Strengleikar eða Lióðabók)*. Erhalten sind außerdem zwei englische Bearbeitungen einer verlorengegangenen Übersetzung des *Lanval* und drei weitere Fragmente englischer Bearbeitungen. KLL

AUSGABEN: Paris 1819 (in *Poésies*, Hg. B. de Roquefort, 2 Bde., 1819/20, 1). – Halle 1885 (*Die Lais*, Hg. K. Warnke, Anm. R. Köhler, Erg. J. Bolte; krit.; 31924). – Oxford 1952, Hg., Einl. u. Anm. A. Elwert [krit.]. – Tübingen 1954 (*Vier altfrz. Lais, Chievrefeuil, Austic, Bisclavret, Guingamor*, Hg. E. v. Richthofen; 21960). – Paris 1959, Hg. J. Lods. – Paris 1966, Hg. J. Rychner (ern. 1983; CFMA). – Englewood Cliffs 1970, Hg. H. F. Williams. – Tokio 1987 (in *Œuvres complètes*, Hg. Y. Otaka).

ÜBERSETZUNGEN: *Spielmannsbuch. Novellen in Versen aus dem 12. u. 13. Jh.*, W. Hertz, Stg. 21900 (enth.: *Die beiden Liebenden, Elidüc oder Guildeluec u. Guilljadun, Frene, Iwonek, Lanval*). – *Französische Volksmärchen*, E. Tegethoff, Jena 1923 (enth.: *Eliduc, Fresne, Lanval, Yonec*). – *Poetische Erzählungen nach altbretonischen Liebes-Sagen*, W. Hertz, Stg. 1862 (enth. 10 Lieder). – *Guigemar, Aüstic, Lanval, Das Geißblatt*, W. Widmer, Stg. 1948. – *Novellen und Fabeln*, R. Schirmer, Zürich 1977 [Nachw. K. Ringger]. – *Die Lais*, D. Rieger u. R. Kroll, Mchn. 1980 [afrz.-dt.].

Literatur: E. Hoepffner, *La tradition manuscrite des Lais de M. de F.* (in Neoph, 12, 1927, S. 1–10; 85–96). – E. Nagel, *M. de F. als dichterische Persönlichkeit* (in RF, 44, 1930, S. 1–102). – F. Schürr, *Komposition u. Symbolik in den Lais der M. de F.* (in ZfrPh, 50, 1930, S. 556–582). – E. Hoepffner, *Les lais de M. de F.*, Paris 1935. – S. Hofer, *Zur Beurteilung der Lais der M. de F.* (in ZfrPh, 66, 1950, S. 409–421). – L. Spitzer, *Romanische Literatur-Studien*, Tübingen 1959, S. 3–25. – J. Wathelet-Willem, *Le mystère chez M. de F.* (in Revue Belge de Philologie et d'Historie, 39, 1961, S. 661–686). – I. Nolting-Hauff, *Symbol und Selbstdeutung, Formen der erzählerischen Pointierung bei M. de F.* (in ASSL, 199, 1962, S. 26–33). – R. N. Illingworth, *La chronologie des Lais de M. de F.* (in Rom, 87, 1966, S. 433–475). – R. Baum, *Recherches sur les œuvres attribuées à M.*, Heidelberg 1968. – K. Ringger, *Die Lais. Zur Struktur der dichterischen Einbildungskraft der M. de F.*, Zürich 1971. – A. del Monte, *Introduzione alla lettura dei »Lais« di M. de F.*, Mailand 1973. – A. Knapton, *Mythe et psychologie chez M. de F.*, Chapel Hill 1973. – J. R. Rothschild, *Narrative Technique in the Lais of M.*, Chapel Hill 1974. – E. R. Sienart, *Les Lais de M. de F. Du conte merveilleux à la nouvelle psychologique*, Paris 1977. – G. S. Burgess, *M. de F. An Analytical Bibliography*, Ldn. 1977. – D. McClelland, *Vocabulaire des Lais de M. de F.*, Ottawa 1977. – Ph. Ménard, *Les Lais de M. de F.*, Paris 1979. – D. Rieger, *Évasion et conscience de problèmes dans les Lais de M. de F.* (in Spicilegio Moderno, 12, Pisa 1979, S. 49–69). – J. Schulze, *»Guigemar«, der höfische Roman und die allegorische Psychologie des Mittelalters* (in ASSL, 217, 1980, S. 317–326). – Ch. Méla, *Le lai de Guigemar ›selon la lettre et l'écriture‹* (in MR, 30, 1980, S. 193–202). – J. Ch. Huchet, *Nom de femme et écriture féminine au moyen âge. Les Lais de M. de F.* (in Poétique, 12, 1981, S. 407–430). – P. Clifford, *M. de F., Lais*, Ldn. 1982. – A. Gier, *Noch einmal: »Chievrefeuil« vv. 51–78* (in ZfrPh, 98, 1982, S. 940–946). – H. Rey-Flaud, *Fin'amor, fine mort. Étude du lai des »Deux Amants« et du lai de »Chèvrefeuille« de M. de F.* (in *Mélanges A. Planche*, Paris 1984, S. 405–414). – K. Holzermayer-Rosenfield, *Die Lais der M. de F. Ein poetisches Ritual* (in Sprachkunst, 16, 1985, S. 98–112). – J. R. Rothschild, *M. de F.'s »Equitan« and »Chaitivel«* (in *The Works of Medieval Women*, Hg. C. H. Berman u. a., Morgantown/W.Va. 1985, S. 113–121). – J. L. Moreau, *›La citez siet sur Daëlas‹. A propos des lais d'»Yonec« et de »Milun«* (in Rom, 105, 1985, S. 492–504). – D. A. Monson, *L'idéologie du lai de »Lanval«* (in MA, 93, 1987, S. 349–372). – M. M. Allington, *M. de F.'s Poetic Lyre. An Augustianian Approach to the Lais*, Diss. Binghamton/NY 1987 (vgl. Diss. Abstracts, 47, 1986/87, S. 4384A/4385A). – E. D. Datta, *La nostalgie de la recherche du paradis perdu dans les Lais de M. de F.*, Diss. Rice Univ. 1987 (vgl. Diss. Abstracts, 48, 1987/88, 1199A). – C.-H. Joubert, *Oyez ke dit Marie. Étude sur les Lais de M. de F., XIIe siècle*, Paris 1987. – U. Zahn, *Liebeskonzeption und Erzählverfahren in den Lais der M. de F.*, Diss. Bochum 1988. – S. B. North, *The Role of Advice in M. de F.'s »Eliduc«* (in *Studies in Medieval French Language and Literature*, Hg. S. B. North, Genf 1988, S. 111–133). – J. Brumlik, *Thematic Irony in M. de F.'s »Guigemar«* (in FF, 13, 1988, S. 5–16). – E. J. Benkov, *The Naked Beast. Clothings and Humanity in »Bisclaveret«* (in Chimères, 19, 1988, S. 27–43).

Renaut de Beaujeu

Ende 12. Jh.

GUINGLAIN OU LE BEL INCONNU

(afrz.; *Guinglain oder Der Schöne Unbekannte*). Versroman von Renaut de Beaujeu, entstanden Ende des 12. Jh.s; überliefert in einer Sammelhandschrift von Artusromanen im Musée Condé, Chantilly. – Vom Autor wissen wir kaum mehr als den Namen, den er am Ende seines 6266 Achtsilbler umfassenden Werks selbst nennt. Sein handlungsreicher, ganz dem Zeitgeschmack verpflichteter Ritterroman ist vor allem motivgeschichtlich von Bedeutung. Er vereinigt Hauptthemen und Einzelzüge verschiedener Märchen und Sagen aus dem keltischen Raum, möglicherweise auch aus dem Orient.

Am Hof des Königs Artus zu Carlion erscheint ein junger, schöner Ritter, der weder seine Herkunft noch seinen Namen angeben kann. Artus vermutet, daß sein Gast aus vornehmem Geschlecht sei, und nennt ihn einstweilen einfach »Biaus Desconneus« (Schöner Unbekannter). Zur gleichen Zeit kommt eine junge Dame an den Hof, die den König bittet, ihr seinen kühnsten Ritter zur Verfügung zu stellen, damit er ihre Herrin Blonde Esmérée, die Tochter König Gringars von Wales, von einem bösen Zauber befreie. Da keiner der Artusritter bereit ist, das Abenteuer des Drachenkusses *(fier baiser)* zu wagen, verlangt der Schöne Unbekannte, seine Tapferkeit beweisen zu dürfen. Wider den Rat des Königs und verachtet von Esmérées Botin Hélie, die zornig ist, daß nur der jüngste und unerfahrenste Ritter ihr folgen will, macht Bel Inconnu sich mit ihr auf den Weg und besteht im Verlauf der langen Reise viele Heldentaten. Zum wachsenden Erstaunen seiner Begleiterin bezwingt er Riesen und Ritterscharen und befreit tugendsame, edle Frauen aus der Gewalt von Bösewichten. Höhepunkt ist der Aufenthalt im Schloß Île-d'Or, wo eine wunderschöne Fee von dem bösen Ritter Mauger le Gris gefangengehalten wird. Auch diesen besiegt der furchtlose Bel Inconnu und könnte nun als Gemahl der Fee über ihr Land herrschen, wenn die Pflicht ihn nicht zu Esmérée riefe. Schweren Herzens verabschiedet er sich von dem *»Fräulein mit den weißen Händen«*. Nach weiteren Abenteuern erreicht Bel Inconnu endlich sein Ziel, die unheimliche, völlig zerfallene »Cité gastée« (das walisische Sinadon), und gerät sogleich in einen grauenvollen Teufelsspuk: Tausend Ritter vollführen im Licht von tausend Kerzen auf tausend Musikinstrumenten einen Lärm, der den Ritter fast um den Verstand bringt. Als er sich bekreuzigt, verschwindet diese Erscheinung zwar, doch nun nähert sich ihm eine scheußliche Natter, vor der er sich nur retten kann, indem er sie küßt. Damit ist der Zauber gebrochen, und das Untier verwandelt sich zurück in Blonde Esmérée. Eine Stimme verkündet Bel Inconnu, daß er Guinglain sei, der Sohn des berühmten Artusritters Gauvain und einer Fee. – Esmérée hat sich in ihren Befreier verliebt und bietet ihm ihr Herz, ihr Land und die Königskrone an. Doch Guinglain, der Sohn einer Fee, kann die schöne Fee von Île-d'Or nicht vergessen und kehrt zu ihr zurück. Das Wiedersehen fällt allerdings anders aus, als er erwartet hat. Die Fee rächt sich dafür, daß Bel Inconnu um eines Abenteuers willen ihre Liebe verschmäht hatte, und schickt ihm nachts schwere Träume. Ihre Beschreibung bildet in dem langen Roman ein willkommenes humoristisches Zwischenspiel. – Inzwischen hat Esmérée bei Artus über ihren treulosen Retter Klage geführt, und der König weiß eine List, um den Verblendeten nach Carlion zurückzulocken. Er läßt ein Turnier verkünden, zu dem Bel Inconnu tatsächlich herbeieilt. Er besiegt alle Ritter im Wettkampf und vermählt sich auf Wunsch des Königs mit Esmérée.

Am Schluß verspricht der Autor, daß er den Roman fortsetzen werde, sobald er von der Dame seines Herzens ein *»biau samblant«*, ein Zeichen der Gunst, empfangen habe. Offenbar hat sie die Liebe, die den Minnesänger Renaut zu seinem Werk inspirierte und die in seinen Versen stets gegenwärtig ist, nicht erwidert, denn von der versprochenen Fortsetzung mit Guinglains Rückkehr zu seiner Fee ist nichts bekanntgeworden.

Der Verfasser, dem so manche Anleihe bei CHRÉTIEN DE TROYES (*Érec et Énide* und *Perceval*) nachzuweisen ist, scheint der Geschichte, die er erzählt, nicht viel Eigenes hinzugefügt zu haben. Sein Zentralmotiv, die Verzauberung einer Jungfrau in ein Tier und ihre Erlösung durch den Drachenkuß, begegnet auch in dem etwa zur gleichen Zeit entstandenen mittelenglischen Roman *Libeaus Desconus*. Vermutlich gehen beide Werke unabhängig voneinander auf eine frühere, verlorengegangene Bel-Inconnu-Dichtung zurück, die wiederum auf einem irischen Gedicht aus dem Anfang des 11. Jh.s (bekannt als *Adventures of the Sons of Eochaid Mugmedon*) basiert. Renauts *Guinglain* ist dann die Quelle für WIRNT VON GRAFENBERGS Artusroman *Wigalois* (1204/09) und für das epische Gedicht *Carduino* von Antonio PUCCI (1309?–1388). – Daß der zwar graziös geschriebene, kompositorisch jedoch recht ungeschickte *Guinglain* nicht ganz in Vergessenheit geriet, beweist Claude PLATINS Prosafassung aus dem Jahre 1530 *(L'hystoire de Giglan)*, eine Kompilation aus dem *Bel Inconnu* und dem provenzalischen *Jaufre*-Roman. KLL

AUSGABEN: Paris 1860 (*Le Bel Inconnu ou Giglain, fils de messire Gauvain et de la fée aux blanches mains*, Hg. C. Hippeau). – Oxford 1915 (*Li Beaus Desconneus*, Hg. G. P. Williams). – Paris 1929, Hg. ders. (CFMA; krit.; ern. 1967).

LITERATUR: G. Paris, *Études sur les romans de la Table Ronde: »Guinglain ou Le Bel Inconnu«* (in Rom, 15, 1886, S. 1–24). – A. Mennung, *Der »Bel Inconnu« des R. de B. in seinem Verhältnis zum »Lybeaus Desconus«, »Carduino« u. »Wigalois«*, Diss. Halle 1890. – W. H. Schofield, *Studies on »Libeaus Desconus«*, Boston 1895. – A. Fierz-Monnier, *Initiation u. Wandlung. Zur Geschichte d. altfranzösischen Romans im 12. Jh. von Chrétien de Troyes zu R. de B.*, Bern 1951. – H. R. Jauss, *Chanson de geste et roman courtois. Analyse comparative du »Fierabras« et du »Bel Inconnu«* (in *Chanson de geste u. höfischer Roman*, Heidelberg 1963, S. 61–77). – S. Sturm, *The »Bel Inconnu's« Enchantress and the Intent of R.* (in FR, 44, 1970/71, S. 862–869). – P. Haidu, *Realism, Convention, Fictionality and the Theory of Genres in »Le bel Inconnu«* (in EsCr, 12, 1972, S. 37–60). – B. Schmolke-Hasselmann, *Der arthurische Versroman von Chrétien bis Froissart*, Tübingen 1980. – A. Guierreau, *R., »Le bel Inconnu«. Structure symbolique et signification sociale* (in Rom, 53, 1982, S. 28–82). – E. Bozéoy, *L'utilisation de l'analyse structurale du conte dans l'étude du roman médiéval »Le bel Inconnu«* (in *Le conte pourquoi? Comment? Folktales, Why and How?*, Hg. G. Calame-Griaule u. a., Paris 1984, S. 99–112; Kongreßakten). – A. M. Colby-Hall, *Frustration and Fulfillment. The Double Ending of the »Bel Inconnu«* (in YFS, 67, 1984, S. 120–134). – J. S. Guthrie, *›Je(u)‹ in »Le bel Inconnu«. Auto-Referentiality and Pseudo-Autobiography* (in RomR, 75, 1984, S. 147–161). – M. Perret, *Atemporalités et effet de fiction dans »Le bel Inconnu«* (in *Nombre du Temps. En hommage à P. Zumthor*, Paris/Genf 1988, S. 225–235).

Robert de Boron

* Mitte 12. Jh. Montbéliard oder Boron bei Belfort
† um 1212

LE ROMAN DE L'ESTOIRE DEL GRAAL

(afrz.; *Der Roman von der Geschichte des Gral*). Versroman von Robert de Boron, entstanden um 1180. – Das 4018 Verse umfassende Bruchstück enthält die Legende des Joseph von Arimathia, dazu den Beginn (500 Verse) eines weiteren Romans, in dessen Mittelpunkt, wie aus der Prosafassung des frühen 13. Jh.s zu entnehmen ist, die Figur des Propheten Merlin stehen sollte.

Der erste Teil der Geschichte vom Gral gliedert sich auf in eine kurze Darstellung und Erläuterung der Herkunft, des Lebens und des Leidens Christi bis zu seiner Auferstehung und der eigentlichen Josephslegende. – Joseph von Arimathia, ein jüdischer Dienstmann des Pilatus, gelangt in den Besitz des Abendmahlkelches aus dem Haus Simons, füllt ihn nach der Kreuzesabnahme mit dem Blut Christi und bestattet den Leichnam unter einer steinernen Grabplatte. Um einen lästigen Zeugen der Auferstehung Jesu aus der Welt zu schaffen, bezichtigt man ihn, zur Täuschung des jüdischen Volkes den Toten selbst geraubt zu haben, und setzt ihn in einem unterirdischen Verlies gefangen; da erscheint Jesus, um dem Verlassenen das wundertätige Gefäß im Namen der Dreifaltigkeit zu überreichen und dessen heilige Funktion zu erklären. Beschützt von der Kraft des Grals wird Joseph nach einer Frist von vierzig Jahren schließlich von Vespasian, dem durch das Schweißtuch der Veronika vom Aussatz geheilten Sohn des Kaisers, aus seinem Verlies befreit, und das an ihm verübte Unrecht wird endgültig gesühnt. Nach der Bekehrung Vespasians verläßt Joseph mit seiner ersten Gemeinde das Land. Gemeinsam mit seiner Schwester und seinem Schwager (He)Bron errichtet er als irdischer Stellvertreter Christi in Analogie zum Heiligen Abendmahl eine Gralstafel, deren zentrale Requisiten der Gralskelch selbst und ein von Bron gefangener Fisch sind. Die Tafelrunde sondert die Guten von den Sündigen, die aus der Gemeinde ausgestoßen werden. Während Alain, einer der zwölf Söhne Brons, den Auftrag erhält, mit seinen Brüdern nach Westen zu ziehen und dort das Evangelium zu verkünden, empfängt Bron als Nachfolger Josephs den heiligen Gral, um im Westen die verheißene Ankunft seines Enkels zu erwarten, der nach ihm zum Hüter des Gefäßes bestimmt ist.

Obwohl die moderne Forschung dazu neigt, Chrétiens *Perceval* die zeitliche Priorität vor dem Roman Roberts einzuräumen, ist das Problem der relativen Chronologie der beiden Werke bis heute nicht restlos geklärt. – Die in sich widerspruchsvollen Hinweise des Autors auf die verschiedenen Quellen seiner Erzählung lassen lediglich die Vermutung zu, daß seiner Josephsgeschichte apokryphe Evangelien und altchristliche und mittelalterliche lateinische Legenden zugrunde liegen. Das im Text erscheinende »Avaron« (Insel Avalon) deutet auf die für die Überlieferung des Artusstoffes bedeutungsvolle englische Abtei Glastonbury hin, die sich selbst mit dem Namen dieser Insel identifizierte.

Der Wert von Roberts Roman liegt vor allem in der nun möglichen Erhellung verschiedener motivgeschichtlicher Elemente der Gralsgeschichte (jüdisch-christliche Herkunft des Kelches; Fischerkönig), die allein von Chrétiens *Perceval* her nicht zu erklären sind, während der nüchterne, oft geradezu ungeschickte Stil des burgundischen Landadligen aus Boron einen Vergleich mit den großen Werken der höfischen Literatur nicht zuläßt. – Ob das vom Autor am Ende des Romans angekündigte Projekt, die Schicksale seiner Helden in einem sich anschließenden Romanzyklus weiter zu verfolgen und mit der Artus- und Ritterwelt zu verbinden, tatsächlich ausgeführt wurde, bleibt zweifelhaft, zumal Robert selbst auf die Schwierigkeit der Stoffbeschaffung für seinen umfangreichen Plan hinweist.

U.Wa.

Ausgaben: Bordeaux 1841, Hg. F. Michel. – Paris 1927, Hg. W. A. Nitze. – *An Edition of the Prose Version of R.'s »Joseph d'Arimathie«*, Hg. R. F. O'Gorman, Diss. Univ. of Pennsylvania 1962 (vgl. Diss. Abstracts, 23, 1962/63, 1705A/1706A). – Genf 1979, Hg. A. Micha [krit.]. – Paris 1981, Hg. B. Cerquiglini (10/18).

Übersetzungen: *Die Geschichte des heiligen Graal*, K. Sandkühler, Stg. 1958 (ern. 1979; m. Komm.). – *Merlin der Künder des Grals*, G. Sandkühler, Stg. 1975. – *Le Roman du Saint Graal*, M. Beinhauer-Schöler, Mchn. 1980.

Literatur: M. Ziegler, *Über Sprache und Alter des von R. de B. verfaßten »Roman du Saint Graal«*, Gotha 1895. – E. Hoepffner, *»L'estoire dou Graal« de R. de B.* (in *Lumière du Graal*, Paris 1951, S. 139–150). – W. A. Nitze, *Messire R. de B.: Enquiry and Summary* (in Speculum, 28, 1953, S. 279–296). – A. Micha, *La table ronde chez R. de B. et dans la »Queste del Saint Graal«* (in *Romans du Graal*, Paris 1956, S. 119–136). – E. Hoepffner, *R. de B. et Chrétien de Troyes* (ebd., S. 93–105). – P. Le Gentil, *The Work of R. de B. and the »Didot-Perceval«* (in *Arthurian Literature in the Middle Ages*, Oxford 1959, S. 251–262). – J. C. Payen, *Sur R. de B. »Joseph d'Arimathie« vers 341 suivants* (in MA, 71, 1965, S. 423–432). – R. F. O'Gorman, *The Prose Version of R.'s »Joseph d'Arimathie«* (in RPh, 23, 1969/70, S. 449–461). – V. M. Lagorio, *Joseph of Arimathea. The Vita of the Grail Saint* (in ZfrPh, 41, 1975, S. 54–68). – A. Micha, *De la chanson de geste au roman. Études de littérature médiévale*, Genf 1976 [mehrere Aufsätze zu R. de B.]. –

C. Méla, *La reine et le Graal. La conjointure dans les romans du Graal, de Chrétien de Troyes au Livre de Lancelot*, Paris 1984, S. 143–175. – F. Zambon, *R. e i segreti del Graal*, Florenz 1984. – Ders., *Graal et hérésie. Le cas de »Joseph« de R.* (in *Actes du 14e Congrès Arthurien*, Rennes 1985).

RUTEBEUF

* vor 1250 in der Champagne
† um 1285

LITERATUR ZUM AUTOR:
E. v. Mojsisovics, *Metrik und Sprache R.s*, Diss. Heidelberg 1906. – A. Burchardt, *Beiträge zur Kenntnis der französischen Gesellschaft in der zweiten Hälfte des 13. Jh.s aufgrund der Werke R.s, des »Roman de la Rose«, des »Renard le Nouvel« und des »Couronnement Renard«*, Diss. Coburg 1910. – U. Leo, *Studien zu R.*, Halle 1922. – Ch. Dehm, *Studien zu R.*, Diss. Würzburg 1935. – U. Leo, *R.* (in U. L., *Romanistische Aufsätze aus drei Jahrzehnten*, Hg. F. Schalk, Köln/Graz 1966, S. 127–163). – A. Serper, *R., poète satirique*, Paris 1969. – N. Freeman Regaldo, *Poetic Patterns in R.: A Study in Noncourtly Poetic Modes of the 13th Century*, New Haven/Ldn. 1970. – G. Portal, *Salut à R.* (in Écrits de Paris, Febr. 1971, Nr. 300, S. 123–128). – P. Potansky, *Der Streit um den Rosenroman*, Mchn. 1972. – M.-M. Dufeil, *L'œuvre d'une vie rhythmée. Chronographie de R.* (in *Musique, Littérature et Societé au moyen âge. Actes du Colloque (24.–29. 3. 1980)*, Hg. D. Buschinger u. A. Crépin, Paris 1981, S. 279 bis 294). – M. Wandruszka, *R.s »gesprochene Sprache«* (in *Romanisches Mittelalter, Fs. R. Baehr*, Hg. D. Messner u. W. Pöckel, Göppingen 1981, S. 373–384). – J. Dufournet u. F. de la Bretèque, *L'univers poétique et moral de R.* (in RLaR, 88, 1984, S. 39–78).

LE MIRACLE DE THÉOPHILE

(afrz.; *Das Theophilwunder*). Mirakelspiel von RUTEBEUF, entstanden um 1260. – Nur eine der zwölf Handschriften, die das Gesamtwerk Rutebeufs überliefern, enthält das *Theophilwunder* (eine zweite Auszüge daraus), das als eines der frühesten spielbaren Dialogstücke mit Rollenaufteilung und Regieanweisung einen wichtigen Platz in der Geschichte des französischen Theaters einnimmt. Ob den drei bekanntgewordenen mittelalterlichen Aufführungen eines Theophil-Mirakels – in Aunai 1384, in Limoges 1533, in Mans 1539 – das Original Rutebeufs zugrunde lag, ist allerdings ungewiß.

Théophile, ein im 6. Jh. in Kilikien lebender Verwalter geistlicher Güter, wird von dem vorgesetzten Bischof seiner Ämter enthoben. Als er sich laut über diese Ungerechtigkeit beklagt, nähert sich ihm ein jüdischer Zauberer, Salatin mit Namen, und verspricht ihm Unterstützung unter der Bedingung, daß er seinem Glauben abschwört. Mit den Worten *»Se il me het, je harrai lui« (»Wenn er mich haßt, werde ich auch ihn hassen«)* wendet Théophile sich gegen Gott und besiegelt seine Abkehr durch einen Pakt mit dem Teufel, den der Zauberer mit magischen, zum Teil hebräischen Formeln beschworen hat und den es nicht wenig freut, daß einer seiner standhaftesten Gegner nun seine Beute werden soll. Kaum ist der Vertrag unterzeichnet, da läßt der Bischof den Geistlichen holen und erneut in Amt und Würden einsetzen. Nach sieben Jahren bereut Théophile den Handel bitter, und in einem ergreifenden Gebet fleht er die Jungfrau Maria um Hilfe an. Nach anfänglichem Zögern entreißt die Gottesmutter, gerührt von dem großen Vertrauen, dem Teufel eigenhändig den Pakt und gibt ihn Théophile mit dem Befehl zurück, vor dem Bischof seine Schuld zu bekennen. Um aller Welt kundzutun, wie groß das Erbarmen der Jungfrau ist, wird der Vertrag öffentlich verlesen.

Die unmittelbare Vorlage Rutebeufs, der das Spiel wohl anläßlich eines Marienfestes verfaßte, ist die epische Fassung des GAUTIER DE COINCY *(Les miracles de la Sainte Vierge)*, der die ursprünglich byzantinische, im 7. Jh. von EUTYCHIANOS VON ADANA aufgezeichnete Legende seinerseits aus der lateinischen Prosafassung des PAULUS DIACONUS von Neapel (9. Jh.) übernahm. Daneben schöpfte Rutebeuf auch unmittelbar aus lateinischen Quellen. – Vielgerühmt wurde die rhythmische Vielfalt in der Gestaltung dieses ersten dramatischen Marienwunders. Während die Form des Sechssilbers (im Gebet Théophiles) sich im Mittelalter sonst nirgends findet, wurde das hier erstmals verwandte Versschema von zwei oder drei Achtsilbern im Wechsel mit einem Viersilber später sehr populär. Das Reuebekenntnis und die Verlesung des Paktes sind in Zwölfsilbern verfaßt. Die Théophile-Legende, eines der bekanntesten Marienwunder – es wurde u. a. von ROSWITHA VON GANDERSHEIM (Theophilus, 10. Jh.) und Gonzalo de BERCEO (*Miraclos de Nuestra Señora*, 13. Jh.) bearbeitet –, ist eine der Quellen der europäischen Teufelspakt-Literatur.

B.L.

AUSGABEN: Paris 1838. – Paris 1839 (in *Œuvres complètes*, H. A. Jubinal, 2 Bde., 2; ern. 1874). – Paris 1925, Hg. G. Frank. – Paris 1948, Hg. G. Cohen [nfrz. Übers.]. – Paris 1959 (in *Œuvres complètes*, Hg. E. Faral u. J. Bastin, 2 Bde., 1959/60, 2). – Paris 1989 (in *Œuvres complètes*, Hg. M. Zink; krit.; Class. Garn).

ÜBERSETZUNG: *Das Mirakelspiel von Theophilus*, M. Gsteiger, St. Gallen 1955.

LITERATUR: K. Plenzat, *Die Theophiluslegende in*

den Dichtungen des MAs, Bln. 1926. – J. Reed, *»Le miracle de Théophile« de R.* (in Bull. des Jeunes Romanistes, 11/12, 1965, S. 34–55). – G. Dahan, *Salatin. Du »Miracle de Théophile« de R.* (in M.A., 83, 1977, S. 445–468). – S. Gompertz, *Du dialogue perdu au dialogue retrouvé. Salvation et détour dans le »Miracle de Théophile« de R.* (in Rom, 50, 1979, S. 519–528). – E. J. Mickel jr., *Free Will and Antihesis in the »Miracle de Théophile«* (in ZfrPh, 49, 1983, S. 304–316). – M. Hasselmann, *»Le Miracle de Théophile« de R. Étude de vocabulaire* (in L'information grammaticale, 7, Okt. 1986, S. 13–15; 8, Jan. 1987, S. 9–11). – M. Zink, *De la repentance R. à la repentance Théophile* (in Littérature, 15, 1986, S. 19–24).

Thibaut IV de Champagne roi de Navarre

* 30.5.1201 Troyes
† 7.7.1253 Pamplona

DAS LYRISCHE WERK (afrz.) von Thibaut IV de Champagne.

Thibaut de Champagne, dessen Dichtkunst, oft im Gegensatz zu seiner Person, schon von den Zeitgenossen hochgeschätzt wurde, gilt als der bedeutendste Trouvère des 13. Jh.s. Dante reiht den Grafen aus der Champagne in seinem Buch über die Volkssprache, *De vulgari eloquentia*, zusammen mit dem Provenzalen Guiraut de Bornelh und dem Italiener Guido Guinizelli unter die größten mittelalterlichen Dichter und Vorläufer des *dolce stil nuovo* ein; Guillaume de Machaut beruft sich im 14. Jh. auf Thibaut, dessen Werk zu den wenigen Trouvèredichtungen gehört, die mit der Renaissance nicht in Vergessenheit gerieten.

Thibaut IV., postum geborener Sohn von Thibaut III., der unmittelbar vor Antritt des Vierten Kreuzzuges (1201) gestorben war, nahm in jugendlichem Alter an der Schlacht von Bouvines teil und folgte Ludwig VIII. in den Jahren 1224 und 1226 auf dessen Feldzügen gegen die Engländer, geriet jedoch ins Zwielicht der öffentlichen Meinung, als er sich bei Ludwigs unglücklicher Belagerung von Avignon, bei der schwere Seuchen ausgebrochen waren, nach den pflichtgemäß abgeleisteten 40 Tagen Vasallendienst mit seinem Heer im Zorn zurückzog und der König kurze Zeit darauf verstarb. Das absurde Gerücht, er habe Ludwig mit einem langsam wirkenden Gift zu Tode gebracht, konnte Thibaut, dem eine heftige Zuneigung zur späteren Regentin Blanche de Castille nachgesagt wurde, nie ganz entkräften. (Blanche war übrigens zu diesem Zeitpunkt bereits 48 Jahre alt.) Eine derartige Liaison, wie man sie aus Thibauts Liebesliedern herauszulesen meinte, erscheint schon deshalb kaum plausibel, da der Graf zu den Feudalherren gehörte, die sich nach Ludwigs Tod gegen die Autorität der Regentin wiederholt auflehnten. 1234 wurde Thibaut als Nachfolger seines Onkels Sancho König von Navarra. Bereits 1230 hatte der Graf das Kreuz genommen, die Abreise nach Akkon – Thibaut übernahm die Koordination des Kreuzzuges anstelle des vom Papst gebannten Kaisers Friedrich II. von Hohenstaufen – erfolgte jedoch erst 1239. Doch schon 1240 kehrte er, der ständigen Querelen unter den Kreuzfahrern müde, zurück und starb 1253 in Pamplona.

Thibauts lyrisches Werk, das in zahlreichen Handschriften des 13. und 14. Jh.s, oft mit Melodie, überliefert ist, umfaßt 61 Werke sicherer Zuschreibung, darunter 35 Liebeslieder. Daneben verfaßte der Autor u. a. zwei Pastourellen, vier Mariendichtungen, neun *jeux-partis* (Streitgespräche mit einem anderen Dichter bei jeweils vorher festgelegter Rollenverteilung) und drei Kreuzlieder, die zu den schönsten des Mittelalters gehören. Thibauts Ruhm gründet sich dabei weniger auf die innovative Komponente seiner Lyrik, sondern auf die souveräne Handhabung der überkommenen Traditionen, in der vorbildlichen Übereinstimmung von sprachlicher und musikalischer Struktur, die ihm schon in den *Grandes Chroniques de France* (2. Hälfte 13. Jh.) das Lob einbrachte, *»die schönsten, ergötzlichsten und melodischsten Lieder« (»les plus belles chançons et les plus delitables et melodieuses«)* überhaupt verfaßt zu haben. Auch die möglicherweise von dem zu dieser Zeit sehr populären Lancelotroman inspirierten Verfasser der *Chroniques* vermeinen, in ähnlicher Verquickung von Werk und Biographie, wie sie bei den altprovenzalischen *Vidas* anzutreffen ist, in Thibauts unnahbarer Minnedame die Regentin Blanche identifizieren zu können. Doch Thibauts Dame bleibt seltsam körperlos, sie ist die absolut gesetzte Herrin, deren Faszination im Dichter einen Schwebezustand zwischen Bangen und (stets vergeblichem) Hoffen hervorruft, aus dem die dichterische Inspiration des Liebenden erwächst.

Dieses grundlegende Paradox der höfischen Liebeslyrik manifestiert sich besonders eindrucksvoll in *Ausi conme unicorne sui (Wie das Einhorn bin ich)*, vielleicht dem meistzitierten Liebeslied Thibauts. Hier nimmt der Dichter die im Mittelalter weitverbreitete und typologisch ausgedeutete Fabelgeschichte vom unbezwingbaren Einhorn auf, das nur mit Hilfe eines (jungfräulichen) Mädchens eingefangen werden kann, in dessen Schoß es sein Haupt legt, worauf es sich widerstandslos töten läßt. Bei Thibaut wird das Einhorn zur Metapher des höfischen Liebenden, der in ein allegorisches Liebesgefängnis gerät, aus dem sich sein Herz nicht mehr befreien kann und will: *»Dame, quant je devant vous fui / et je vous vi premierement, / mes cuers aloit si tressaillant, / qu'il vous remest, quant je m'en mui« (»Herrin, als ich vor euch stand / und ich euch zum ersten Mal sah, / zitterte mein Herz so, / daß es bei euch blieb, als ich fortging«)*.

Thibauts Liebeslieder folgen zumeist einem recht einheitlichen thematischen Schema. Die Eingangsverse und die *envois*, in denen sich der Dichter direkt an die Dame oder den Überbringer des Liedes wendet, verdeutlichen den Gefühlszustand, in dem sich der Liebende im jeweiligen Augenblick befindet, die letzten Verse flehen um Gnade und Gunstgewährung als Dank für die erlittene Qual, die aus dem ständigen Schwanken zwischen Hoffnung und Verzweiflung erwächst. Auffällig ist die ovidische Personifizierung von *Amors*, der in ständiger Komplizenschaft mit der Minnedame Krieg gegen den Dichter führt und ihn leiden läßt. Zum Wesen höfischer Dichtung gehört jedoch, daß der höfisch Liebende, ständig in Gedanken an seine Geliebte, in dieser Qual seine Freude *(joi)* findet. Es geht ihm nicht um körperliche Liebeserfüllung, die der Tod jeglichen Sehnens (und damit Dichtens) wäre; was der Liebende erbittet ist nichts als die Gnade, seine Dame möge sich an ihn erinnern und damit seine Existenz und Liebe bestätigen.

Daß Thibaut aber auch die »leichte« Liebesdichtung virtuos beherrscht, macht die Pastourelle *L'autrier par la matinee (Neulich am Vormittag)* deutlich, die zu den bekanntesten des Mittelalters gehört. Hier versucht ein Ritter, des anstrengenden Minnedienstes bei Hofe müde, in gattungstypischer Weise ohne viel Umschweife eine junge Hirtin zu verführen, der er kostbare Geschenke verspricht. Da er mit seinen Überredungskünsten keinen Erfolg hat, unternimmt er einen Vergewaltigungsversuch, der jedoch schmählich mißlingt, da die Hirtin ihren Freund herbeiholt und der Galan gezwungen ist, schleunigst das Weite zu suchen. Hinter dieser Pastourelle, zur Erheiterung des Hofes geschrieben, *»steht unausgesprochen auch der Gegensatz von höfischer Dame und unhöfischer Hirtin, auf deren Niveau sich der Ritter fast in jeder Beziehung begibt«* (D. Rieger).

In Thibauts Kreuzliedern wird dagegen der in den höfischen Liebesliedern schon weitgediehene Prozeß der Spiritualisierung der höfischen Minne aus dem weltlichen in das analoge geistlich religiöse Register überführt (F. Wolfzettel). So analysiert *Dame, ensi est q'il m'en couvient aler (Herrin, es ist nun einmal so, daß ich gehen muß)* die innere Zerrissenheit des Liebenden, der die weltliche Liebe zur Minnedame zugunsten der noch edleren, ebenfalls ganz als feudales Dienstverhältnis stilisierten Gottesliebe aufgeben muß, die im Unterschied zum höfischen Verhältnis keinen Verrat zuläßt: *»Bien doit mes cuers estre liez et dolanz. / Dolanz de ce que je part de ma dame, / et liez de ce que je suis desirranz / de servir Dieu, qui est mes cors et m'ame« (»Wohl muß mein Herz zugleich voll Fröhlichkeit und Schmerz sein: Voll Schmerz darüber, daß ich von meiner Herrin scheide, / und fröhlich, weil es mich drängt, / Gott zu dienen, der mein Leben und meine Seele ist«)*. Handelt dieses Kreuzlied von der psychologischen Befindlichkeit des Kreuzfahrers, so ist das 1239 kurz vor dem Aufbruch nach Palästina geschriebene *Seigneurs, sachiez qui or ne s'en ira (Ihr Herren, wißt, wer jetzt nicht aufbricht)* als militante Aufforderung zu lesen, das Heilige Land zu befreien. Auffallend ist, daß den Kreuzfahrern nicht nur weltliche Ehre und das Paradies versprochen wird, den feigen Rittern, die zurückbleiben, wird offen mit der Hölle gedroht; ein Hinweis auf den zunehmenden Verfall der Kreuzzugsbegeisterung angesichts der Zerstrittenheit und der Mißerfolge der Kreuzfahrer, wie sie Thibaut selbst erleben sollte. W. R.

AUSGABEN: *Les chansons de Th. de Ch., roi de Navarre*, Hg. A. Wallensköld, Paris 1925 (krit.).

ÜBERSETZUNGEN: In *Mittelalterliche Lyrik Frankreichs II: Lieder der Trouvères*, Hg. D. Rieger, Stg. 1983 (afrz.-dt.; Ausw.; m. Komm.; RUB). – In *Lyrik des Mittelalters I: Probleme und Interpretationen*, Hg. H. Bergner, Stg. 1983 (Ausw.; afrz.-dt.; m. Komm.; RUB).

LITERATUR: J. Frappier, *La poésie lyrique en France au XIIe et XIIIe siècles*, Paris 1954, S. 173–195. – M. R. Dolly u. R. J. Cormier, *›Aimer, souvenir, souffrir‹. Les chansons d'amour de Th. de Ch.* (in Rom, 99, 1978, S. 311–346). – T. M. Scheerer, *»L'autrier par la matinée«* (in *Einführung in das Studium der französischen Literaturwissenschaft*, Hg. W.-D. Lange, Heidelberg 1979, S. 28–34). – A. Arens, *Traditionelles u. Originelles bei Th. de Ch.* (in *Romania cantat. Fs. G. Rohlfs*, Hg. F. J. Oroz Arizcuren, Tübingen 1981, Bd. 2, S. 435–447). – M.-N. Lefay-Tourcy, *Les masques du ›je‹ amoureux chez Th. de Ch.* (in *Court and Poet*, Hg. G. S. Burgess, Liverpool 1981, S. 241–248). – G. Lavis u. M. Stasse, *Les chansons de Th. de Ch. Concordances et index établis d'après l'édition de A. Wallensköld*, Lüttich 1981. – Ch. Bruckner, *Convention, variations et innovations stylistiques dans la poésie lyrique du XIIIe siècle, Th. de Ch.* (in *Le génie de la forme. Mélanges J. Mourot*, Nancy 1982, S. 27–40). – M.-G. Grosset, *Le temps dans la chanson de trouvère* (in *Le temps et la durée dans la littérature au moyen âge et à la Renaissance*, Hg. Y. Bellenger, Paris 1986). – *Th. de Ch. Prince et poète au XIIIe siècle*, Hg. Y. Bellenger u. D. Quéruel, Lyon 1987. – C. Taittinger, *Thibaud le chansonnier, comte de Champagne*, Paris 1987. – R. Pensom, *Th. de Ch. and the Art of the Trouvère* (in MAevum, 57, 1988).

THOMAS D'ANGLETERRE

zweite Hälfte 12. Jh.

TRISTAN

(afrz.) Versroman von THOMAS D'ANGLETERRE. – Das Werk ist nur fragmentarisch in fünf Handschriften überliefert. Zufällig schließt der Beginn des Fragments an den Torso Gottfrieds von Strassburg an, der den *Tristan* als Quelle benutzt hat, so daß wir den deutschen Text neben der *Tristramsaga*, einer 1226 abgefaßten norwegischen Prosanacherzählung, und der freien Versübertragung des mittelenglischen *Sir Tristrem* (vor 1300) zur Rekonstruktion des Thomasschen Romans heranziehen können. Auf ihm fußt auch die *Folie Tristan d'Oxford* und die italienische *Tavola rotonda* aus dem 13. Jh.

Diese Breitenwirkung kam nicht von ungefähr, schuf doch Thomas – so nennt er sich im Epilog – den ersten repräsentativen höfischen Tristanroman, der eine ältere, nicht erhaltene Version des keltischen Sagenstoffes im Geist der Liebesideologie der neu etablierten ritterlichen Gesellschaft umformte. Rückschlüsse auf diese »spielmännische« Fassung lassen sich aus dem ihr am nächsten stehenden *Tristrant* von Eilhart von Oberge ziehen. – Auftraggeberin eines solchen literarischen Unternehmens war wahrscheinlich Eleanore von Aquitanien, *femme fatale* ihrer Epoche und Gattin des Grafen von Anjou und späteren englischen Königs Heinrich II., den sie nach ihrer Scheidung von Ludwig VII. von Frankreich heiratete. Eleanore, die Regentin von »Liebeshöfen« und Mutter der Marie von Champagne, der Gönnerin eines Andreas Capellanus und Chrétien de Troyes, kann man sich als Anregerin eines Tristanromans wohl vorstellen, zumal sich im Dreieckverhältnis Marke-Tristan-Isolt ihr Verhältnis zu den zwei Gatten geistreich abspiegeln mochte. Innere Kriterien stützen diese Hypothese: die anglonormannische Färbung des Textes und vor allem, daß Thomas eine Preisrede auf London in sein Poem eingeflochten und Tristan das Wappen des Angevinischen Hauses, den goldenen Löwen auf rotem Grund, zugewiesen hat. Während man früher die Abfassungszeit des *Tristan* auf 1180–1190 datierte, neigt die Forschung seit B. Wind dazu, sie in die Frühzeit der Regierung Heinrichs und Eleanores, um 1150–1160, zu verlegen.

Von einem kurzen, isolierten Fragment abgesehen, setzt die Überlieferung des Textes mit der Hochzeit zwischen Tristan und Isolde Weißhand (Ysolt as Blanchesmaines) ein. Der Gleichklang ihres Namens mit dem Isoldes der Blonden hat Tristan zu dieser Liebe verführt. In der Brautnacht jedoch bemerkt er beim Auskleiden den Ring, den ihm die blonde Isolde zum Abschied geschenkt hat. Aus Treue zur einzigen Geliebten vollzieht er die Ehe nicht. Um der Blonden nahe zu sein, erbaut er in einem verschwiegenen Wald einen unterirdischen Kuppelsaal, in dem er das täuschend lebensechte Standbild der fernen Geliebten inmitten von Figuren ihrer gemeinsamen Erlebnisse erstellt. Thomas präsentiert diese Minne noch einmal im Hintergrund des sukzessiven Geschehens als Tableau von bizarrer Statuarik. – Als Kaherdin, der Bruder der Isolde Weißhand, Tristan wegen der unvollzogenen Ehe zur Rechenschaft ziehen will, führt dieser ihn in den Bildersaal, und der Freund muß gestehen: Isolde, die Blonde, ist weit schöner als seine Schwester. Da ihn auch das Bild der Brangäne, der Zofe Isoldes, bezaubert, machen sich beide auf in Markes Land. Die Kette der Rückkehrabenteuer beginnt. Die Episode der *folie* (Narrheit), welche in der spielmännischen Vorlage drastisch ausgemalt war, hat Thomas getilgt, sei es, weil ihr Eigengewicht die Komposition am Ende allzu sehr beschwert hätte, sei es, weil dem Publikum eine ausgearbeitete *folie* (vgl. *La folie Tristan*) als Eigenwerk schon vorlag. Das Ende des Romans, den Liebestod, versucht er strikt vom inneren Zentrum des Geschehens her, in einer neuen symbolischen Konstellation, zu motivieren. Tristan empfängt die tödliche Giftwunde im Kampf mit einem Entführer, der einem anderen Tristan, genannt »le Naim« (der Zwerg), die Dame geraubt hat. Isolde die Blonde, von Kaherdin geholt, kommt zu spät, um den Geliebten zu heilen. Eine Windstille läßt das Schiff, welches verabredungsgemäß das weiße, glückverheißende Segel gesetzt hat, kurz vor der Küste nicht vorwärtskommen. Die Gattin verkündet dem Wartenden aus Eifersucht, das Segel sei schwarz. Tristan stirbt. Endlich gelandet, eilt Isolde zum toten Geliebten, legt sich neben ihn auf die Bahre und stirbt Mund an Mund mit ihm. So beendet Thomas seine Erzählung für *»alle Liebenden«*. Sein Nachfolger Gottfried sollte sie ausschließlich für den esoterischen Zirkel der *»edelen herzen«* konzipieren und mit einer tiefsinnigen Leidens- und Todesmetaphysik überhöhen. Er konnte auf der Leistung seines Vorgängers – Historisierung, Rationalisierung (Leitbegriff der *raisun*) und Psychologisierung (Einbau der Liebestheorie der Troubadours) der symbolischen alten Handlung – aufbauen. G.Schi.

Ausgaben: Ldn./Paris 1835–1838, Hg. F. Michel, 3 Bde. – Paris 1902–1905, Hg. J. Bédier, 2 Bde. – Leiden 1950 (*Les fragments du Tristan*, Hg. B. H. Wind; Genf [2]1960). – Paris 1978, Hg. J. C. Payen (Class. Garn).

Literatur: F. Piquet, *L'originalité de Gottfried de Strasbourg dans son poème de »Tristan et Isolde«*, Lille 1905. – F. Lot, *Sur les deux Thomas, poètes anglo-normands du 13e siècle* (in Romania, 52, 1927, S. 177–186). – M. Delpino, *Elementi critici ed elementi classici nel »Tristan« di Th.* (in Archivum Romanicum, 23, 1939, S. 312–336). – S. Singer, *Th. v. Britannien u. G. v. Straßburg* (in *Fs. für E. Tièche*, Bern 1947, S. 87–101). – R. S. Loomis, *The Romance of Tristram and Isolt by Th. of Britain*, NY 1951. – P. Janin, *Les personnages féminins dans les romans français de »Tristan« au 12e siècle*, Aix-en Provence 1958. – R. Lejeune, *Les influences contemporaines dans les romans français de Tristan au 12e siècle* (in Le Moyen-Âge, 66, 1960, S. 143–162). – G. A. Beckmann, *Der Tristandichter Th. u. Gautier d'Arras* (in RJb, 14, 1963, S. 87–104). – D. Beyerle, *Der Liebestod im Thomas-Tristan* (ebd., S. 78–86). – J. Frappier, *Sur le mot ›raison‹ dans le »Tristan« de Th.* (in *Linguistic and Literary Studies in Honor of H.A. Hatzfeld*, Washington 1964,

S. 163–176). – V. Bertolucci Pizzorusso, *La retorica nel »Tristano« di Th.* (in SMV, 6/7, 1959, S. 25–61). – P. Wapnewski, *Tristans Abschied. Ein Vergleich der Dichtungen Gottfrieds v. Straßburg mit ihrer Vorlage Th.* (in *Fs. für J. Trier*, Köln/Graz 1964 [recte 1965], S. 335–363). – O. Jodogne, *Comment Th. d'A. a compris l'amour de Tristan et d'Iseut* (in LR, 19, 1965, S. 103–119). – R. Curtis, *Love and Death in T.'s »Tristan«* (in R. C., *Tristan Studies*, Mchn. 1969, S. 36–41). – B. Wind, *Nos incertitudes au sujet du »Tristan« de Th.* (in *Mélanges J. Frappier*, Genf 1970, S. 1129–1138). – P. Le Gentil, *Die Tristansage in der Darstellung von Béroul und Th.* (in *Der arthurische Roman*, Hg. K. Wais, Darmstadt 1970, S. 134–164). – Tristania, 1976ff. [Zs.]. – Ch. Gidney, *The ›Salle aux images‹* (in Les Bonnes Feuilles, 6, 1976, S. 48–58). – P. Kunstmann, *Texte, intertexte et autotexte dans le »Tristan« de Th.* (in *The Nature of Medieval Narrative*, Hg. M. Grunmann-Gaudet u. R. J. Jones, Lexington/Ky. 1980, S. 173–189). – T. Hunt, *The Significance of Th.'s »Tristan«* (in Reading Medieval Studies, 7, 1981, S. 41–61). – R. Pensom, *Rhetoric and Psychology in Th.'s »Tristan«* (in MLR, 78, 1983, S. 285–297). – M. T. Bruckner, *Essential and Gratuitious Invention. Th.'s »Tristan« and Chrétien's »Lancelot«* (in *Actes du 14e Congrès International Arthurien*, Rennes 1985, S. 120–141). – M. R. Blakeslee, *The Authorship of Th.'s »Tristan«* (in PQ, 64, 1985, S. 555–572). – Ders., *›Mouvance‹ and Revisionism in the Transmission of Th. of Britain's »Tristan«* (in Arthurian Literature, 6, 1986, S. 124 bis 150). – K. David, *Wandel von Symbol und Motiv in den Tristanfassungen Eilharts von Oberge, Th.' von Britannien und Gottfrieds von Straßburg*, Diss. FU Bln. 1989.

FRANÇOIS VILLON

* 1431 Paris (?)
† nach 1463 (?)

LE GRANT TESTAMENT VILLON ET LE PETIT. Son codicille. Le iargon et ses balades

(frz.; *Das große und das kleine Testament. Mit Zusatz, Jargon und den Balladen*). Satirische Dichtung von François VILLON, zuerst gedruckt 1489. – Es sind vier Handschriften von unterschiedlichem Wert und Umfang überliefert, als beste gilt nach J. DUFOURNET die in der Pariser Bibliothèque Nationale (BN, fr. 20041) aufbewahrte. Weitere Manuskripte überliefern einzelne Balladen Villons. Über das Leben des Autors selbst ist, wie zuletzt F. R. HAUSMANN zusammengefaßt hat, allen Romantisierungen zum Trotz, recht wenig bekannt. Der Name Villon taucht etwa zehnmal in zeitgenössischen Dokumenten auf, die von März 1449 bis Januar 1463 reichen: 1449 wird ein François Montcorbier von der Faculté des Arts in Paris als Baccalaureus registriert; 1452 werden ebendiesem François *de* Montcorbier die Titel des Lizentiaten und des Magisters artium verliehen. Am 5. Juli 1455 ist er in eine Messerstecherei verwickelt, bei der der Priester Chermoye ums Leben kommt. Aus zwei Begnadigungsschreiben geht die Identität zwischen François des Loges, Françoys de Montcorbier oder (wohl verschrieben) Monterbier und François Villon hervor. Nach 1456 ist nur noch von François Villon die Rede, der als Mitglied einer organisierten Verbrecherbande, den sogenannten *coquillards*, Weihnachten 1456 mit einem gewissen Guy Tabarie und anderen am Einbruch in das Collège de Navarre beteiligt ist. Wegen dieses Einbruchs ist Villon im November 1462 im Châtelet in Haft und wird am 7. November auf Intervention der Theologischen Fakultät, der Sorbonne, freigelassen. Vermutlich noch im gleichen Monat gerät er mit einigen Gefährten in eine Schlägerei, bei der der päpstliche Notar François Ferrebouc verletzt wird. Villon wird zum Tode durch den Strang verurteilt und nach seiner Appellation zu zehnjähriger Verbannung aus Paris begnadigt. Danach verliert sich seine Spur. Schon für das Geburtsdatum des Dichters, 1431, ist die Forschung auf die Auskünfte des angeblich 1461 (*Testament*, V. 81), im *»dreißigsten Lebensjahr«* (V. 1) des Dichters, abgefaßten *Testament* angewiesen.

Die romantische Stilisierung Villons zum *poète maudit*, zum Vorfahren der Boheme, mit dem sich Dichter wie RIMBAUD und VERLAINE, später auch Übersetzer wie Paul ZECH oder H. C. ARTMANN, dann Schauspieler und Rezitatoren wie Klaus Kinski und Ernst Stankovsky identifiziert haben, verdankt sich vor allem der Tatsache, daß die Kritiker Villons Biographie aus dem Werk ergänzt, das Werk dann aber wieder im Licht ebendieser Biographie gedeutet haben. In neue Bahnen hat Pierre GUIRAUD die Villon-Forschung gelenkt, der recht überzeugend die Meinung vertritt, daß sich hinter Villon ein unbekanntes Pariser Mitglied der Gerichtsschreiberzunft, ein sog. *basochien*, verberge, der seine Kenntnis von den Lebensumständen des François Villon dazu benutzt habe, um eine geharnischte Justiz- und Institutionenschelte *(»farce judiciaire«)* anzubringen, also unter dem Deckmantel eines aktenkundigen Verbrechers um so authentischere Gesellschaftskritik in der verschlüsselten Sprache eines *»argot corporatif«* zu üben. Auch die Reminiszenzen an zahlreiche mittelalterliche Werke lassen die Dichtung Villons kaum als spontane Erlebnislyrik erscheinen, was den literarischen Wert des *Testament* jedoch nicht im geringsten schmälert.

In den 2343 Versen der beiden *Testamente* ist fast das gesamte uns bekannte Werk Villons enthalten, einige weitere Balladen, einige Episteln, der berühmte Epitaph *(Ballade der Gehenkten)*, diverse andere Gedichte und schließlich die elf Balladen im

Geheimjargon der *coquillards* werden – wie schon in den ersten Drucken von 1489 und 1533 – den modernen Ausgaben als Anhang beigegeben.
Das *Petit testament* entstand, wie aus dem ersten Vers hervorgeht, 1456, also fünf Jahre vor dem *Grant testament*. In vierzig Strophen zu je acht Achtsilbern mit dem Reimschema *ababbcbc* »vermacht« der Sprecher den Menschen seiner Umgebung, die ihm im Guten wie im Bösen nahestanden, Gegenstände seines persönlichen Besitzes sowie solche ideeller Art, aber auch die Wirtshausschilder von Pariser Kneipen, wobei er sich jeweils mit ironischem Witz entweder auf Episoden bezieht, die den eingeweihten Lesern bekannt waren, oder persönliche Schwächen der Betroffenen – wie Trunksucht, Bestechlichkeit, Geiz usw. – bloßstellt oder auf sein eigenes Schuldverhältnis zu manch einem anspielt. Auf diese Weise entsteht ein satirisches Zeitgemälde von großer Eindringlichkeit, in dem man das Paris des ausgehenden Mittelalters mit seinen großen sozialen Spannungen und Umschichtungen wiedererkennt. Trotz des farcenhaften Inhalts hält der Testator die Fiktion des »Letzten Willens« bis zum Ende aufrecht, indem er die juristischen Formeln des Testaments nicht ohne komischen Effekt – etwa das typische *»Item...«* zu Beginn der meisten Strophen – beibehält. Auch wird der lockere Ton, im Gegensatz zum *Grant testament*, nicht von anders gestimmten Einschüben unterbrochen, so daß ein zwar vielschichtiges, aber einheitlich durchgeformtes Gedicht entsteht. Mit einer Parodie auf die subtilen Unterscheidungen scholastischer Psychologie – statt zu beten, schlummert er langsam ein und erwacht wieder – beschließt der Sprecher das *Petit testament*. Er selbst nennt sein erstes Werk *Le lais (Das Legat)*, und im *Grant testament* wendet er sich gegen den Namen *Petit testament*, der offenbar schon im Umlauf war und auch im ersten Druck erscheint.
Das *Grant testament*, das in 186 Strophen zu je acht Achtsilbern mit dem Reimschema *ababbcbc*, in die 16 Balladen und drei Rondeaux eingestreut sind, abgefaßt ist, verrät eine weit komplexere Anlage. Diese ist allerdings eher auf eine diskontinuierliche Entstehung des Werks als auf einen zwiespältigen Charakter des Autors, wie die ältere Forschung annahm, zurückzuführen. Man kann darin folgende fünf Teile unterscheiden:
1. (V. 1–88): Der Testator nimmt den Ton des *Lais* wieder auf und charakterisiert sich selbst: *»Kein ganzer Narr, doch auch nicht Weiser.«* Die folgende Polemik gegen den Bischof von Orleans, der ihn gefangenhielt, und der Dank an den König für seine Befreiung lassen ein Testament im Stile des *Lais* erwarten.
2. (V. 89–328): Der burleske Ton tritt hier vollkommen zurück. Man nimmt daher an, daß dieser Teil als letzter entstanden ist und später von Villon an dieser Stelle eingefügt wurde. An der Schwelle zum Alter überblickt der Sprecher sein Leben. Er findet echte Töne der Trauer und Reue über seine vertane Jugend, hadert mit dem Schicksal, das ihm, anders als dem Seeräuber Diomedes, der in die Gefangenschaft Alexanders des Großen geraten war, keine Glücks-Chance geboten hat. Er sinnt über seine früheren Gefährten nach, die ihn, nachdem sie reich geworden sind, vergessen haben. Gedanken an den Tod, vor dem alle wieder gleich werden, bilden den Schluß dieses Abschnitts.
3. (V. 329–568): Das Thema des Todes, der Vergänglichkeit und des Verfalls weiblicher Schönheit variiert der Sprecher in diesem gleichsam retardierenden Teil, in dem zum erstenmal in sich geschlossene lyrische Gebilde begegnen: die Balladen. Die zwischen ihnen stehenden Verse haben offenbar nur die Funktion, die Balladen zu verbinden, woraus man schließen will, daß diese früher und unabhängig vom *Testament* entstanden sind und bei der Redaktion des *Testaments* von Villon mit aufgenommen wurden, gleichsam den Kern seines poetischen Testaments bildend. Villon bedient sich der herkömmlichen Balladenform: drei meist achtzeilige Strophen werden abgeschlossen durch den vierzeiligen *envoi*. Ein Kehrreim bezeichnet das Ende jeder Strophe, er spricht meist den Grundgedanken der Ballade in der Art einer Sentenz aus. Formal wird hier also ein neues Element eingeführt, während sich die Themen eng an den Inhalt des zweiten Teiles anschließen: das Thema des Totentanzes in den ersten beiden Balladen (Kehrreime: *»Wohin ist der Schnee des letzten Winters?«* und *»Wohin ist Karl der Große?«*) sowie Klagen alternder Dirnen über den Verfall ihrer Schönheit.
4. (V. 569–712): In Teil 4 und 5 vermischen sich beide Formelemente, Achtsilber und Ballade, in immer stärkerem Maße. Der vierte Teil, mit Reflexionen über Freud und Leid und die Natur der Frauen ausgefüllt, enthält allerdings nur eine einzige Ballade, die sich thematisch kaum von der Umgebung unterscheidet *(Doppelballade über das nämliche Thema)*. Obgleich Villon hier eine alte Tradition der höfischen und neuplatonischen Literatur fortsetzt, bleiben auch diese Betrachtungen nicht ohne eine stark persönliche Note, wenn der Dichter Beispielen aus der alten Geschichte eine Schilderung eigener schlechter Liebeserfahrungen folgen läßt.
5. Erst mit V. 713 beginnt das eigentliche *Testament*, das sich wieder genau an die übliche Form der Testamente hält. Dank der eingestreuten Balladen, die der Testator ebenfalls als Legate vermacht, wechselt nun oft die Stimmung. Während der Sprecher seinem Gönner ein – nicht überliefertes – Romanmanuskript vererbt, erhält seine Mutter in Form einer Ballade ein Gebet an die Jungfrau Maria. Einen bitteren Ton schlägt er in der folgenden Ballade an eine Freundin an, die seine Liebe nicht erwiderte. Die nächsten Legate sind, ebenso wie die Ballade für den großen Trinker Jehan Cotart, ganz in der Art des *Lais* abgefaßt. Den Gipfel der Burleske erreicht der Testator, wenn er in einer Ballade als Rezept eines berüchtigten Koches ein phantastisches Gemisch von Scheußlichkeiten zusammenbraut, um darin die bösen Zungen seiner Verleumder zu braten. Weitere Balladen besingen das bequeme Leben, das unnachahmliche Geschwätz der

Pariserinnen, die dicke Margot, deren Zuhälter der Sprecher zu sein vorgibt; Glücksspielern und Falschmünzern rät er zur Umkehr, da sie das unredlich erworbene Geld doch nur zu den Mädchen und in die Schenken trügen und vergeudeten. Gegen Ende klingt mit dem Bild des Beinhauses noch einmal das Totentanz-Thema an. Der Testator hinterläßt Anordnungen für die Art und Weise seines Begräbnisses, er entwirft eine eigene Grabschrift, und schließlich wird sogar ein Testamentsvollstrecker bestellt. Zwei Balladen bilden den Schluß des Gedichtes, eine, in der der Verfasser alle um Verzeihung anfleht, und eine, in der noch einmal die Themen Liebe, Tod, Wanderschaft und Armut anklingen und deren wehmütiger Unterton bei aller Heiterkeit nicht zu überhören ist.

Der Anhang enthält Balladen von unterschiedlichem dichterischem Wert. Außer dem *Epitaph* (vgl. *La ballade des pendus*) finden sich darin Villons Beitrag zu einem Dichterturnier, das Charles d'Orléans 1457 in Blois ausgeschrieben hatte *(Je meurs de soif auprès de la fontaine)*, daneben andere Beispiele kunstvoller Rhetorik sowie verschiedene Gelegenheitsdichtungen, fast immer in Balladenform. In den Jargonballaden schließlich verwendet Villon als erster das Argot von Paris als Sprache der Dichtung. In den meisten dieser Stücke warnt er seine Zunftbrüder von der *coquille* vor der Polizei und den Gerichten und rät ihnen, ein besseres Leben zu beginnen. Da kaum andere zeitgenössische Argotquellen vorhanden sind, harren noch einige Textstellen einer verbindlichen Deutung.

Die Form der Dichtungen Villons ist traditionell, es gibt unmittelbare Vorläufer sowohl für die Form des literarischen Testaments als auch für die der Ballade. Beispiele für literarische Testamente mit ganz ähnlichen Legaten finden sich im Werk des Eustache DESCHAMPS sowie des JEAN DE MEUNG (Villon zitiert im *Grant testament* XV den *Rosenroman*, in Wirklichkeit ist die Stelle aus Meungs satirischem Testament entnommen). Auch für das starke persönliche Element in der Dichtung gibt es Vorbilder, wie etwa das Werk RUTEBEUFS, wenn auch diese Selbstbezogenheit im Zeitalter der rhetorischen Dichtung eines Charles d'Orléans nicht gerade alltäglich war. Andererseits hatte in Frankreich noch nie jemand die Sprache so souverän zum Instrument der Satire oder gar die Geheimsprache einer Verbrecherorganisation zum Medium der Dichtung gemacht. Seine kurzen, eine lyrische Situation schlaglichtartig erhellenden Formulierungen haben bis heute nichts von ihrer Frische eingebüßt, so daß man nicht müde wurde, Villon als den ersten modernen Lyriker Frankreichs zu bezeichnen.

Im Zeitalter der französischen Klassik war Villons Werk wenig bekannt. Erst nachdem 1783 in Paris Dokumente entdeckt worden waren, die zum erstenmal eine zuverlässige Villon-Biographie zu ermöglichen schienen, trat auch das Werk des Dichters wieder stärker in das Blickfeld. Es inspirierte nicht nur Théodore de BANVILLE zur Nachahmung in den *Trente-six ballades joyeuses* (1873), sondern wirkte auch stark auf RIMBAUD, in dessen Werk sich zahlreiche wörtliche Entlehnungen aus Villon nachweisen lassen. In neuerer Zeit stand besonders der frühe BRECHT der *Hauspostille* unter Villons Einfluß. Auch in die *Dreigroschenoper* übernahm Brecht Teile aus verschiedenen Balladen (z. B. *»Il n'est trésor que de vivre à son aise« – »Nur wer im Wohlstand lebt, lebt angenehm«)*. K.En.-KLL

AUSGABEN: Paris 1489 [Faks. Paris 1924, Hg. P. Champion; Faks. Paris 1957, Hg. J. Guignard; Faks. Genf 1967]. – Paris 1533 (*Les œuvres de F. V. de Paris, revues et remises en leur entier*, Hg. C. Marot; krit.; m. Vorrede). – Paris 1892 (in *Œuvres complètes*, Hg. A. Longnon; krit.; ern. Paris 1911; CFMA). – Paris 1905 (*Le petit et le grant testament de F. V., les cinq ballades en jargon et des poésies du cercle de V.*; Faks. des Ms. v. Stockholm; Einf. M. Schwob). – Paris 1923 (in *Œuvres*, Hg. L. Thuasne, 2 Bde.; m. Anm. u. Index; krit.; Nachdr. Genf 1967). – Paris 1932 (*Deux manuscrits de V.*, Hg. A. Jeanroy u. E. Droz; Faks. der Mss. aus der Pariser Bibliothèque Nationale). – Paris 1935 (in *Les œuvres*, Hg. L. Foulet; nach d. Ausg. A. Longnon; Vorw. A. van Bever; Ill.; ern. 1959). – Paris 1965 (in *Œuvres poétiques*, Hg. A. Mary; Vorw. u. Index D. Poirion; 21970; Vorw. J. Dufournet). – Genf 1974 (*Le Testament V.*, Hg. J. Rychner u. A. Henry, Bd. 1: *Texte*, Bd. 2: *Commentaire*). – Genf 1977 (*Le Lais V. et les Poèmes variés*, Hg. dies., Bd. 1: *Texte*, Bd. 2: *Commentaire*; TLF). – Paris 1978, Hg. A. Lanly, 2 Bde. [nfrz. Übers.; m. Komm.].

ÜBERSETZUNGEN: *Des Meisters Werke*, K. L. Ammer [d. i. K. Klammer], Lpzg. 1907. – *Balladen*, ders., Bln. 1930 [m. Nachw.; enth. Sonett v. B. Brecht]. – *Der Arme V.*, J. Chapiro, Wien/Lpzg. 1931 [Ill.]. – *Die Balladen und lasterhaften Lieder des Herrn F. V. in deutscher Nachdichtung*, P. Zech, Weimar 1931; ern. Bln. 1947; ern. Mchn. 1962 (dtv). – *Das große Testament*, W. Benndorf, Wien 1937; ern. Wien/Zürich 1949. – *Dichtungen*, M. Löpelmann, Mchn. 1937 [m. Einl. u. Anm.; frz.-dt.; ern. Stg. 41951; Ill.]. – *Balladen*, E. Stimmel, Hbg. 1939 [Nachdichtung; Ausw.; Ill. A. P. Weber; 21946]. – *Das große Testament*, W. Widmer, Stg./St. Gallen 1949 (m. Anm.; Nachw. H. K. Weinert; frz.-dt; Ill.; ern. Mchn. 1980; dtv). – *Sämtl. Dichtungen*, W. Küchler, Heidelberg 1956 [frz.-dt.; Ill.; zul. 1982, bearb. M. L. Bulst; Einf. H. Rheinfelder]. – *Gesang unter dem Galgen*, K. L. Ammer [d. i. K. Klammer], R. Dehmel u. F. Habeck, Hg. F. Habeck, Mchn./Wien/Basel 1958 [m. Einl.]. – *Die lasterhaften Lieder. Die Balladen aus dem kleinen und großen Testament*, P. Zech, Schmiden 1959 [Nachdichtung; Ausw.; Ill.]. – *Dichtungen (Die Legate. Das Testament. Vermischte Gedichte)*, C. Fischer, Mchn. 1963 (frz.-dt.; Ill.; GGT). – *Die Lebensbeichte des F. V.*, M. Remané, Bln./DDR 1964; 41978; ern. Mchn. 1985 (Heyne Tb). – *Baladn*, H. C. Artmann, Ffm. 1977 [in Wiener Mundart]. – *Balladen & Leeder*, F. H. Schaefer, Leer 1977 [nd.]. – *Das große Testament*, E. Stankovsky,

Mchn./Wien 1981 [m. Vertonungen von 14 Balladen für Gitarre; Ill.]. – *Das kleine und das große Testament*, F. R. Hausmann, Stg. 1988 (frz.-dt.; m. Komm.; RUB).

LITERATUR: L. Thuasne, *V. et Rabelais*, Paris 1911. – P. Champion, *F. V., sa vie et son temps*, 2 Bde., Paris 1913; zul. 1984. – I. Siciliano, *F. V. et les thèmes poétiques du moyen âge*, Paris 1934; ern. 1967. – A. Burger, *Lexique de la langue du V.*, Genf/Paris 1957. – L. Spitzer, *Étude a-historique d'un texte: »Ballade des dames du temps jadis«* (in L. S., *Romanische Literaturstudien 1936–1956*, Tübingen 1959, S. 113–129). – K. Wais, *Le bien renommé V.* (in *Medium Aevum. Fs. H. Rheinfelder*, Mchn. 1963, S. 378–388). – P. Le Gentil, *V.*, Paris 1967. – D. Kuhn, *La poétique de F. V.*, Paris 1967. – J. Dufournet, *Recherches sur le »Testament« de F. V.*, 3 Lfg., Paris 1967/68; erw. 1971–1973, 2 Bde. – I. Nolting-Hauff, *Selbstbekenntnis u. Selbstironie in V.s »Testament«* (in Poetica, 2, 1968, S. 178–195). – J. Dufournet, *V. et sa fortune littéraire*, Saint-Médard-en-Jalles 1970. – P. Guiraud, *Le jargon de V. ou le gai savoir de la coquille*, Paris 1968. – P. Demarolle, *L'esprit de V. Étude du style*, Paris 1968. – P. Guirand, *Le »Testament« de V. ou le gai savoir de la basoche*, Paris 1970. – T. Siciliano, *Mésaventures posthumes de Maître F. V.*, Paris 1973. – P. Demarolle, *V. Un testament ambigu*, Paris 1973. – E. B. Vitz, *The Crossroad of Intentions: A Study of Symbolic Expression in the Poetry of F. V.*, Den Haag/Paris 1974. – A. J. A. van Zoest, *Structures de deux testaments fictionnels – Le »Lais« et le »Testament« de F. V.*, Den Haag/Paris 1974. – R. Klesczewski, *F. V. (Les Contrediz de Franc Gontier)* (in *Die französische Lyrik. Von V. bis zur Gegenwart*, Hg. H. Hinterhäuser, Düsseldorf 1975, Bd. 1, S. 23 bis 34). – V. R. Rossman, *F. V. Les concepts médiévaux du testament*, Paris 1976. – O. Petit-Morphy, *F. V. et la scolastique*, 2 Bde., Paris 1977. – P. Brockmeier, *F. V.*, Stg. 1977 (Slg. Metzler). – G. Pinkernell, *F. V.s »Lais«. Versuch einer Gesamtdeutung*, Heidelberg 1979. – J. Favier, *F. V.*, Paris 1982. – D. Ingenschay, *Alltagswelt und Selbsterfahrung. Ballade und Testament bei Deschamps und V.*, Mchn. 1986. – F.-R. Hausmann, *Die V.-Übersetzungen in deutscher Sprache – Fünf Thesen zum Übersetzen mittelalterlicher Lyrik* (in *Litterae medii aevi. Fs. J. Autenrieth*, Hg. M. Borgolte u. H. Spilling, Sigmaringen 1988, S. 363–392). – R. B. Peckham, *The Current State of V.-Studies* (in Fifteenth Century Studies, 14, 1988, S. 129–136; 15, 1989, S. 259–268). – *F. V. – Bibliographie und Materialien 1489–1988*, Hg. R. Sturm, 2 Bde., Mchn. 1990.

WACE

12. Jh.

LE ROMAN DE BRUT

(afrz.; *Der Roman von Brutus*). Reimchronik von WACE, beendet 1155. – Das etwa 15 000 Achtsilber umfassende anglonormannische Epos beruht auf der *Historia regum Britanniae* von GEOFFREY OF MONMOUTH. Der Übersetzer und Bearbeiter dieses Textes, der normannische Hofdichter Wace, folgte seiner Vorlage fast in allen Einzelheiten, so daß auch der *Roman de Brut* eine »vollständige Geschichte« des britannischen Königtums von der Zeit des legendären Urvaters der Britannier, des Trojaners Brutus, eines Urenkels des Äneas, bis zu den Königen des 7. Jh.s darstellt. Die meisten der erwähnten historischen und legendären Herrscher werden nur mit einigen stereotypen Formeln charakterisiert; einzelnen Personen und Ereignissen jedoch, wie z. B. der Geschichte des Königs Lear und seiner drei Töchter oder den Expeditionen Julius Caesars, wird unverhältnismäßig viel Raum gewidmet, so daß die lange und sonst sehr monotone Aufzählung durch verschiedene erzählerische Schwerpunkte aufgelockert ist. Dies gilt auch für den ebenfalls weit über die Vorlage hinausgehenden Bericht über König Artus, der mit etwa 5000 Verszeilen einen gewichtigen Teil des gesamten Epos darstellt. In der Forschung hat dieser Teil, und darin die erstmalige Erwähnung der Tafelrunde, die meiste Beachtung gefunden.

Bereits Geoffreys Chronik zeichnet sich durch einen fabulistischen Umgang mit den historischen Quellen aus; Wace hat in seiner Übertragung nicht nur zahlreiche Fakten berichtigt und Ungereimtheiten ausgebessert, sein besonderes Verdienst liegt in der selbständigen dichterischen Ausgestaltung des tradierten Stoffes. Vergleiche haben ergeben, daß alles, was der Nuancierung und Farbigkeit des epischen Berichts dient – Gefühlsäußerungen, Handlungsmotivationen, pittoreske Sitten- und Situationsschilderungen –, eigenständige Beiträge von Wace sind. Das außerordentliche dichterische Talent des Normannen zeigt sich in der originellen Wortwahl und in stilistischen Neuerungen. Sein Werk hat auf den Stil der späteren höfischen Epik beträchtlichen Einfluß ausgeübt. Inwieweit die von Wace angeführten Themenkreise, wie z. B. die Artussage, späteren höfischen Dichtern als Vorlage gedient haben, ist schwer zu entscheiden, da diese Stoffe weit verbreitet waren. Mit Sicherheit beruht jedoch der *Brut* von LAYAMON auf dem *Roman de Brut* oder einer seiner späteren Überarbeitungen.

U.F.-KLL

AUSGABEN: Rouen 1836–1838, Hg. A. Le Roux de Lincy, 2 Bde. – Paris 1938–1940, Hg. I. Arnold,

2 Bde. – Paris 1962 (*La partie arthurienne du roman de Brut*, Hg. I. Arnold u. M. Pelan, m. Anm.).

LITERATUR: M. Jirmounsky, *Essai d'analyse des procédés littéraires de W.* (in RLaR, 63, 1928, S. 261–296). – M. Pelan, *L'influence du »Brut«*, Paris 1931. – M. Delbouille, *Le témoignage de W. sur la légende arthurienne* (in Rom, 74, 1953, S. 172–199). – S. Hofer, *Chrétien de Troyes*, Graz/Köln 1954. – H. Pilch, *Zu den Quellen des »Roman de Brut«* (Zs. für celtische Philologie, 27, 1957, S. 1–9). – Ch. Foulon, *W.* (in *Arthurian Literature in the Middle Ages*, Hg. R. S. Loomis, Oxford 1959, S. 94–103). – A. Bell, *The Royal »Brut« Interpolation* (in Medium Aevum, 32, 1963, S. 190–202). – P. Gallais, *La ›Variant Version‹ de l'»Historia regum Britanniae« et le »Brut« de W.* (in Rom, 87, 1966, S. 1–32). – M. L. Menenghetti, *Ideologia cavalleresca e politica culturale nel »Roman de Brut«* (in SLF, 3, 1974, S. 26–48). – H.-E. Keller, *Les fragments oxoniens du »Roman de Brut« de W.* (in *Mélanges C. Th. Gossen*, Bern 1976, S. 453–467). – M. Nezirovic, *Les fragments de Zadar du »Roman de Brut« de W.* (in Rom, 98, 1977, S. 379–389). – S. Sturm-Maddox, *›Tenir sa terre en pais‹. Social Order in the »Brut« and the »Conte du Graal«* (in StPh, 81, 1984, S. 28–41). – H. E. Keller, *W. et les Bretons* (in *Actes du 14e Congrès International Arthurien*, Rennes 1985, S. 354–370). – P. B. Grout, *The Author of the Munich »Brut«, His Latin Sources and W.* (in MAevum, 54, 1985, S. 274–282). – M. B. Schichtman, *Gawain in W. and Lazamon* (in *Medieval Texts and Contemporary Readers*, Hg. L. A. Finke u. M. B. S., Ithaca/Ldn. 1987, S. 103–119). – L. Mathey, *Le roi Leir chez Geoffrey de Monmouth et W.* (in *Pour une mythologie du Moyen Age*, Hg. L. Harf-Lancner u. D. Boutet, Paris 1988, S. 95–115).

Anonyme Werke

ADAM

(afrz.; *Adamspiel*). Fragment eines anglonormannischen geistlichen Spiels; als Unikum überliefert in einem auf Baumwollpapier geschriebenen Codex (Hs 927) der Stadtbibliothek Tours. Für Entstehungsort, Verfasser, Zeit und Ort einer evtl. Aufführung liefert die Handschrift keinen Anhaltspunkt. Nach dem sprachlichen und metrischen Befund ist der Text Ende des 12. oder Anfang des 13. Jh.s aufgeschrieben worden. Es steht nicht fest, ob die Aufzeichnung auf dem Kontinent oder in England erfolgte. Die Sprache des Spiels ist Altfranzösisch, die der eingefügten Bühnen- und Regieanweisungen, Bibellektionen und Chorgesänge Latein. Das Fragment besteht aus 943 Versen, wovon 760 als Achtsilber, 183 (an drei Stellen) als Zehnsilber abgefaßt sind. Die Achtsilber bilden in der Regel Reimpaare, die Zehnsilber vierzeilige Strophen mit gleichlautendem Reim *(aaaa)*. Der – sicher geistliche – Schreiber benutzt die kürzeren Verse für die normale Rede, den Zehnsilber da, wo feierliches Gepräge und Nachdruck erwünscht sind. – Das Fragment gehört zu jenem Typ des geistlichen Spiels, der sich aus einer mimischen und szenischen Ausweitung der liturgischen Gesänge, besonders an den hohen Kirchenfesten (Ostern, Weihnachten), entwickelte, um die vorgetragene christliche Heilsbotschaft vor dem Volk in lebendigen, anschaulichen Bildern zu demonstrieren (Mysterienspiel). Es gewährt als einziges einen Einblick in die Entwicklung des halb lateinischen, halb französischen liturgischen Spiels zum außerkirchlichen Drama des Mittelalters, denn schon das nächstälteste, *Li jus de Saint Nicholaï (Spiel vom heiligen Nikolaus)* des Jehan BODEL (13. Jh.), ist inhaltlich von Kultus und geistlichem Anlaß zu weit gelöst, um diesen Vorgang veranschaulichen zu können.

Das Spiel besteht aus drei ungleichen Teilen: Sündenfall (590 Verse), Kains Brudermord (153 Verse) und Weissagungen des Kommens Christi (sog. »Prophetenspiel«: 200 Verse); verbindende Idee ist die Erlösungsbedürftigkeit des sündigen Menschen. Zwischen die einzelnen Auftritte gesetzte lateinische Regieanweisungen ermöglichen eine klare Vorstellung von der Aufführung und der Ausstattung, da sie genau über jede Rolle, Kleidung, Werkzeuge und Attribute der auftretenden Personen unterrichten. Sie schreiben u. a. vor: einen erhöhten Platz für das irdische Paradies mit Bäumen, Sträuchern und dem Baum der Erkenntnis, um den sich eine künstliche Schlange windet; ein Feld, das Adam und Eva bearbeiten und besäen; einen *»locum remotum et quasi secretum«* (einen *»verborgenen und gewissermaßen geheimen Ort«*) mit zwei Steinen, auf denen Kain und Abel opfern; einen *»locum remotum«*, aus dem heraus die Propheten (insgesamt elf) auftreten; eine Hölle, *»portas inferni«*, in der Teufel lärmen und Rauch aufsteigen lassen; ferner einen Schemel, auf dem die Propheten während der Weissagungen sitzen, und eine Sitzgelegenheit für die »Synagoge«. Es treten achtzehn redende Personen auf, außerdem die *»figura«* (Gott), die ihren Aufenthalt in der Kirche hat, der Lektor der Bibelstellen mit dem Chor, der Erzengel und die Teufel. Die Propheten tragen ihre Weissagungen zunächst noch lateinisch vor, paraphrasieren sie aber anschließend ausführlich in französisch. Die lateinischen Bibellektionen sind bestimmten Szenen vorangestellt, die lateinischen Chorgesänge an den wichtigsten Stellen eingerückt. Das Mysterium *Adam* ist zwar noch in vielem an Liturgie und Gottesdienst gebunden, hat aber den geweihten Kirchenraum bereits verlassen und sich vor das Portal begeben. – Die klare und einfache Sprache des Spiels besitzt an einigen Stellen (etwa Vers 227–230) bereits einen spürbaren poetischen Schwung. Gegenüber anderen Mysterien überrascht es durch eine mitunter ungewöhnliche Lebhaftigkeit des Dialogs, einen stetig und leicht fortschreitenden Handlungsablauf, der noch keine Abschweifungen kennt, und durch erstaunlich treffende Charakterisierung der auftretenden Personen, wie sie in keinem späteren Spiel mehr zu finden ist. Besonders geglückt ist die Verführungsszene zwischen Eva und dem Teufel, in welcher der Böse durch geschickte Steigerung seiner Überredungskünste die weiblichen Schwächen psychologisch ausnutzt. Sie zählt zu den berühmtesten des mittelalterlichen Theaters. Schwach ist dagegen der dritte Teil des Spiels, in dem dramatische Spannung – die Disputationsszene zwischen Jesaja und den Juden vor der Synagoge ausgenommen – völlig fehlt.

M.W.

AUSGABEN: Tours 1854, Hg. V. Luzarache. – Manchester 1918 (*Le mystère d'Adam, an Anglo-Norman Drama of the Twelfth Century*, Hg. P. Studer). – Halle ³1928 (*Das Adamsspiel*, Hg. K. Grass). – Genf 1963, Hg. P. Aebischer. – Paris 1968, Hg. L. Sletsjøe. – Paris 1971, Hg. W. Noomen (krit.; CFMA).

ÜBERSETZUNGEN: *Das altfranzösische Adamsspiel*, E. Grahl-Schulze, Kiel 1910. – *Le jeu d'Adam*, E. Ebel, Mchn. 1968 [afrz.-dt.].

LITERATUR: H. Breuer, *Untersuchungen zum altfranzösischen Adamsspiel* (in ZfrPh, 51, 1931, S. 625–664; 52, 1932, S. 1–66). – E. Auerbach, *Adam und Eva* (in E. A., *Mimesis*, Bern 1959, S. 139–166). – L. Sletsjøe, *Histoire d'un texte* (in Studia Neophilologica, 37, 1965, S. 11–39). – W. Noomen, *»Le jeu d'Adam«* (in Rom, 89, 1968, S. 145–193). – L. Muir, *Liturgy and Drama in the Anglo-Norman »Adam«*, Oxford 1973. – M. Accarie, *L'unité du »Mystère Adam«* (in *Mélanges*

P. Le Gentil, Paris 1973, S. 1–12). – W. Schmeja, *Der ›sensus moralis‹ im Adamsspiel* (in ZfrPh, 90, 1974, S. 41–72). – R. Axton, *Anglo-Norman, »Le mystère d'Adam«* (in R. A., *European Drama in the Early Middle Ages*, Ldn. 1974, S. 112–130). – T. Hunt, *The Unity of the »Play of Adam«* (in Rom, 96, 1975, S. 368–388; 497–527). – J. C. Atkinson, *Theme, Structure and Motif in the »Mystère d'Adam«* (in PQ, 56, 1977, S. 27–42). – E. J. Buckbee, *The »Jeu d'Adam« as »Ordo representacionis Evae«* (in *Medioevo romanzo*, 4, 1977, S. 19–34). – M. Accarie, *Théologie et morale dans le »Jeu d'Adam«* (in RLaL, 83, 1978, S. 123–147). – Ders., *La légitimation de la société féodale dans »Le jeu d'Adam«* (in *Mélanges J. Lods*, Paris 1978, S. 1–18). – Ders., *La mise en scène du »Jeu d'Adam«* (in *Mélanges P. Jonin*, Aix-en-Provence/Paris 1978, S. 1–16). – R. Brusegan, *Verità e finzione nel »Jeu d'Adam«* (in CN, 40, 1980, S. 79–102). – M. Accarie, *Féminisme et antiféminisme dans le »Jeu d'Adam«* (in MA, 87, 1981, S. 207–226). – K. Schoell, *L'amour, le vasselage et la solidarité dans le »Mystère d'Adam«* (in Tréteaux, 2, 1981, S. 29–34). – W. Morgan, *›Who was then the Gentleman?‹. Social, Historical, and Linguistic Codes in the »Mystère d'Adam«* (in StPh, 79, 1982, S. 101–121). – J. A. Dane, *Clerical Propaganda in the Anglo-Norman »Representatio Ade (Mystère d'Adam)«* (in PQ, 52, 1983, S. 241–251). – M. F. Vaughan, *The Prophets of the Anglo-Norman »Adam«* (in Traditio, 39, 1983, S. 81–114). – A. L. King, *The »Ordo prophetarum« of the »Jeu d'Adam«* (in MAevum, 53, 1984, S. 49–58). – J.-P. Bordier, *Le fils et le fruit. Le »Jeu d'Adam« entre la théologie et le mythe* (in *The Theatre in the Middle Ages*, Hg. H. Braet u. a., Löwen 1985, S. 84–102). – S. Justice, *The Authority of Ritual in the »Jeu d'Adam«* (in Speculum, 62, 1987, S. 851–864). – R. Levine, *Unoriginality in the »Ordo Repraesentationis Adae«* (in NPhM, 86, 1985, S. 576–578). – W. J. Beck, *›Adam, ubi es?‹ Le thème de l'espoir dans le »Mystère d'Adam«* (in Studi medievali, 27, 1986, S. 801–810). – R. F. Jones, *A Medieval Prescription for Performance, »Le jeu d'Adam«* (in *Performing Texts*, Hg. M. Issacharoff u. R. F. J., Philadelphia 1988, S. 101–115).

AMIS ET AMILE

(afrz.; *Amis und Amile*). Anonymes Heldenepos in assonierenden Zehnsilberlaissen mit abschließendem sechssilbigen Kurzvers, entstanden in der ersten Hälfte des 13. Jh.s; die Stofftradition des im Mittelalter vielgelesenen Werkes läßt sich allerdings bis ins 11. Jh. zurückverfolgen (vgl. die Epistel *Ad Bernardum* des Rodolfo TORTARIO). – Obgleich nicht verwandt, jedoch an demselben Tag geboren, sind Amis und Amile einander in einer Seelenbrüderschaft verbunden, die sie dem Mittelalter als ein Freundespaar ähnlich exemplarischen Charakters erscheinen ließ wie Orestes und Pylades, Damon und Pythias oder Euryalus und Nisus. Amis und Amile nehmen im Heer Karls des Großen an dessen Krieg gegen die Bretonen teil. Als Amis die Schwester des Übeltäters Hardré heiratet, wird er Graf von Blayes, während Amile, Seneschall am Hofe Karls, der Geliebte der Prinzessin Belisenta wird. Als Hardré die Liaison aufdeckt und bereit ist, seine Anschuldigung im Gerichtskampf unter Beweis zu stellen, erfährt Amis durch einen Traum von den Nöten seines Freundes am fernen Königshof. Da er als Unschuldiger im Gottesurteil den Ankläger Hardré bezwingt und tötet, muß Amis jedoch Belisenta heiraten. Zur Strafe für den Frevel der Bigamie geißelt ihn Gott mit dem Aussatz, worauf ihn seine erste Frau verläßt. Allein der treue Freund Amile vermag Amis zu heilen, indem er ihn auf göttliche Eingebung hin mit dem Blut seiner eigenen Kinder rettet und durch diese Opferbereitschaft ein noch größeres Wunder – die Erweckung der getöteten Söhne – hervorruft. Amis und Amile machen sich voller Dankbarkeit zur Pilgerreise nach Jerusalem auf. Während eine spätere auf dem Stoff basierende lateinische Heiligenvita *(Vita sanctorum Amici et Ameli carissimorum)* den Tod der beiden Freunde in einer der zahlreichen Schlachten Karls des Großen berichtet, nähert sich das Epos *Amis et Amile* stärker einer Heiligenvita an, da die beiden Freunde bei der Rückkehr aus dem Heiligen Land im Zeichen der Gnade im italienischen Mortara sterben. An diesem Ort wird auch der Ursprung der dem Epos zugrundeliegenden Legende vermutet.

Die Geschichte von Amis und Amile gehörte zu den beliebtesten Erzählstoffen des Mittelalters und fand als Exempel wahrer Freundschaft ebenso Eingang in die gelehrte lateinische Literatur *(Amicus et Amelius)* wie in die verschiedensten volkssprachlichen Dichtungen. Eine Verknüpfung des Stoffes mit dem Karlszyklus wie in dem vorliegenden Epos ist übrigens keineswegs ein notwendiges Detail und fehlt auch in verschiedenen Fassungen des Stoffes. G.Wil.

AUSGABEN: Erlangen 1852; [2]1882 (*Amis et Amile und Jourdains de Blaivies, zwei altfranzösische Heldengedichte des karolingischen Sagenkreises*, Hg. K. Hoffmann). – Heilbronn 1884 (*Amis and Amiloun*, mengl. m. d. afrz. Quelle, Hg. E. Kölbing). – Ldn. 1937, Hg. Mac Edward Leach [enth. d. mengl. Fssg.; Einl. über das Quellenverhältnis]. – Paris 1969, Hg. P. F. Dembowski (CFMA).

ÜBERSETZUNG: *Amis und Amiles*, H. Grein, Kiel 1902 [in Versen; Vorw. G. Körting]. – *Amis et Amile, Mystère du 14e siècle*, E. Bourges, Paris 1957 [neufrz.]. – *Ami und Amiles*, I. Vielhauer, Amsterdam 1979. – *Ami et Amile*, S. Danon u. S. N. Rosenberg, South Carolina 1981 [engl.]. – *Ami et Amile*, J. Blanchard u. M. Quereuil, Paris 1985 [neufrz.].

LITERATUR: P. Schwieger, *Die Sage von Amis und Amiles*, Bln. 1885. – F. Bar, *Les épîtres latines de Raoul le Tourtier (1065?–1114?)*, Paris 1937. – B. Woledge, *»Amis et Amile«. Les versions en prose françaises* (in Rom, 65, 1939, S. 433–456). – W. Bauernfeld, *Die Sage von Amis und Amiles, ein Beitrag zur mittelalterlichen Freundschaftssage*, Diss. Halle 1941. – Th. E. Vance, *Reflections on the Epic Quality of »Ami et Amile«. Chanson de geste* (in Medieval Studies, 35, 1973, S. 129–145). – A. Planche, *»Ami et Amile« ou le Même et l'Autre* (in *Beiträge zum Romanischen Mittelalter*, Hg. K. Baldinger, Tübingen 1977, S. 237–269). – A. Winandy, *Langage et fiction dans le récit épique d'»Ami et Amile«* (in *Société Rencesvals. Proceedings of the Fifth International Conference, Oxford 1970*, Univ. of Salford 1977, S. 105–121). – F. Bar, *Raoul Le Tourtier et la chanson de geste d'»Ami et Amile«* (in *La chanson de geste et le mythe carolingien, Mélanges R. Louis*, Saint-Pere-sous-Vézélay 1982, S. 973 bis 986). – E. Mickel, *The Question of Guilt in »Ami et Amile«* (in Rom, 106, 1985, S. 19–35). – *»Ami et Amile«, une chanson de geste de l'amitié*, Hg. J. Dufournet, Paris/Genf 1987. – M. Zink, *Lubias et Belissant dans la chanson d'»Ami et Amile«* (in Littératures, 17, Herbst 1987, S. 11–24). – G. Gonfroy, *»Ami et Amile«. Concordancier des formes graphiques occurrentes*, 2 Bde., Limoges 1987. – H. Legros, *»Ami et Amile«* (in Bien dire et bien apprendre, 6, 1988, S. 113–129). – A. Saly, *A propos d'»Ami et Amile«* (in TL, 1, 1988, S. 19–33). – F. Suard, *Le merveilleux et le religieux dans »Ami et Amile«* (in *De l'étranger à l'étrange ou la conjointure de la merveille*, Aix-en-Provence/Marseille 1988, S. 449–462).

ANTIKENROMAN

Nach der von Jehan BODEL d'ARRAS in seinem zwischen 1196 und 1200 verfaßten Heldenepos *La chanson des Saïsnes (Das Sachsenlied)* vorgenommenen Einteilung der erzählenden Literatur des französischen Mittelalters in drei Stoffgebiete *(»Matière de France, de Bretagne et de Rome la grant«)* umfaßt der altfranzösische Antikenroman (die Bezeichnung *roman antique* hat sich in der Forschung allgemein eingebürgert) diejenigen Vers- und Prosadichtungen, deren Stoffe der griechischen, römischen oder byzantinischen Geschichte entstammen. – Die erste Berührung der Franken mit dem Vorderen Orient durch den Ersten Kreuzzug (1096–1099) und der zunehmende Bildungsdrang an den Höfen und in der gesellschaftlichen Schicht des Rittertums hatten das Interesse an der Geschichte des Altertums und an der Wunderwelt des Morgenlands geweckt. Den Hauptanteil an diesem Epenkreis hat daher nicht zufällig der *Alexanderroman*, kunst- und phantasievoll ausgestaltete Versionen der Lebensgeschichte Alexanders des Großen, in der sich Okzident und Orient kühn verbinden. Als älteste französische Alexander-Dichtung gilt die *Alessandreide*, eine zwischen 1120 und 1140 entstandene *chanson de geste* über die Jugend Alexanders; als Verfasser wird ALBERICH DE BESANÇON angenommen. Das Gedicht ist ein Musterbeispiel für die kontinuierliche Fortsetzung einer Stofftradition, wie sie für nahezu alle Werke des *Antikenromans* typisch ist; es handelt sich um die relativ freie Übertragung einer lateinischen Übersetzung des anonymen griechischen *Alexanderromans*, aus der Zeit vor 400 n. Chr., meist *Pseudo-Kallisthenes* genannt. Auch die späteren, immer mehr der höfischen Form angenäherten *Alexanderromane* (vor allem der des ALEXANDRE DE BERNAY und des LAMBERT LI TORS) gehen auf die »Urquellen« zurück und lassen bei aller dichterischen Freiheit doch ein gründliches Studium klassischer Autoren und mehr oder weniger authentischer Dokumente erkennen.

Das gleiche gilt auch für die Romane um noch weiter zurückliegende geschichtliche und sagenhafte Ereignisse. Zwischen 1150 und 1170 entsteht die sogenannte »klassische Triade«: → *Roman de Thèbes*, → *Roman d'Énéas* und *Trojaroman (Roman de Troie)* – wahrscheinlich in der hier aufgeführten Reihenfolge. Auf Grund ihrer strukturellen und stilistischen Verwandtschaft hat man dem Verfasser des *Roman de Troie*, → BÉNOÎT DE SAINTE-MORE, auch die beiden anderen zuschreiben wollen, ist davon aber wieder abgekommen. Alle gehen auf antike Vorbilder zurück: der *Theben-Roman* auf die *Thebais* des Römers STATIUS, der *Aeneas-Roman* auf VERGILS *Aeneis*, der *Trojaroman* auf lateinische Übersetzungen der angeblichen Augenzeugenberichte des Kreters DIKTYS und des Phrygiers DARES. Die drei altfranzösischen Epen wiederum sind die Vorlage aller nachfolgenden Bearbeitungen dieser Stoffe in der europäischen Literatur des Mittelalters und bis ins 16. Jh. hinein (vgl. u. a. HEINRICH VON VELDEKES *Eneide* und die Trojadichtungen von HERBORT VON FRITZLAR, KONRAD VON WÜRZBURG, JACOB VAN MAERLANT und JOHN LYDGATE sowie die *Historia destructionis Troiae* von GUIDO DELLE COLONNE).

Die Beliebtheit antiker Stoffe, die eifrige Auswertung antiker Quellen und Nachahmung der verehrten lateinischen und griechischen Schriftsteller weisen bereits voraus auf das Zeitalter des Humanismus. Im Grunde aber bewahren die Autoren eine erstaunliche Unabhängigkeit. Sie gleichen ihre Welt nicht etwa den Vorstellungen der Antike an, sondern bringen, umgekehrt, diese in größtmögliche Übereinstimmung mit der des christlichen Mittelalters. Überzeugt von der überzeitlichen Allgemeingültigkeit ihrer Lebensform und Religion »vergegenwärtigen« sie das Altertum, bringen es mit ihrer eigenen Kultur, ihrer Weltanschauung, nicht zuletzt auch mit ihrem Glauben in Einklang. Alexander und die Helden vor Troja repräsentieren das männliche Idealbild der höfischen Zeit; Ismene, die Schwester des Herkules, geht nach dem Tod

ihres zukünftigen Gatten mit hundert anderen thebanischen Jungfrauen ins Kloster. Solche Anachronismen sind jedoch keineswegs als oberflächlich-selbstbewußte Popularisierungen zu erklären. Sie sollen vielmehr die Kontinuität der Geschichte, des Weltenlaufs und – wie dann mit anderen literarischen Mitteln während des Humanismus – die Aktualität des vorgeführten Geschehens deutlich machen.
Formal nimmt der *Antikenroman* eine Mittelstellung zwischen *Karlsepik* und *Artusroman* ein; Züge des Heldenepos und des höfischen Romans stehen dicht beieinander. Wie in den *chansons de geste* werden auch hier ausgiebig Schlachten und Zweikämpfe beschrieben, wobei die stolz erworbene Kenntnis des noch geheimnisumwobenen Orients die Phantasie beflügelt und den Romanen ein exotisches, märchenhaft-feudales Wunderlandkolorit gibt. (So schildert z. B. GAUTIER D'ARRAS in seinem Versepos *Éraclès* das großartige Leben des byzantinischen Kaisers Heraklius.) Daneben tritt jedoch ein anderes Thema immer mehr in den Vordergrund: die Liebe. Angeregt von OVIDS *Metamorphoses, Ars amatoria* und *Remedia amoris*, fügen die Autoren den übernommenen Stoffen neue Liebespaare (z. B. Troilus und Cressida in Bénoîts *Troja-Roman*) hinzu. Das Motiv der zart keimenden Liebe, Gespräche und Monologe der Liebenden, Schilderungen ihrer Leiden und Wünsche nehmen in den Epen dieses Zyklus einen breiten Raum ein. Sie verleihen ihnen durch das vergleichsweise friedliche Element und die ihm gemäße feinere Sprache eine bis dahin unbekannte Anmut und Würde. – Bezeichnend für den neuen Geist, der in den von den *chansons de geste* losgelösten Werken des *Antikenromans* herrscht, ist die Tatsache, daß sie im Gegensatz zu den alten Heldenliedern nicht mehr zum öffentlichen Vortrag, sondern zur meditativen Lektüre bestimmt sind. – Auch diese Versepen wurden im 13. und 14. Jh. mehrfach in Prosaromane aufgelöst und fanden in dieser Form noch größere Verbreitung. Ihr ursprünglich hoher literarischer Anspruch ging in der immer stärker anschwellenden Flut der Abenteuer- und Ritterromane allerdings weitgehend verloren.
KLL

LITERATUR: E. R. Curtius, *Über die altfranzösische Epik* (in E. R. C., *Gesammelte Aufsätze*, Bern 1960, S. 106–304). – G. Raynaud de Lage, *Les romans antiques et la représentation de l'antiquité* (in MAevum, 30, 1961, S. 247–291). – I. Hansen, *Zwischen Epos und höfischem Roman*, Mchn. 1971. – R. M. Jones, *The Theme of Love in the »Roman d'Antiquité«*, Ldn. 1972. – H. Buntz, *Die deutsche Alexanderdichtung des Mittelalters*, Stg. 1973. – R. J. Cormier, *One Heart One Mind: The Rebirth of Virgil's Hero in Medieval French Romance*, Univ. Mississippi 1973. – G. P. Knapp, *Hektor und Achill*, Bern/Ffm. 1974. – G. Raynaud de Lage, *Les premiers romans français*, Genf 1976. – A. Micha, *De la chanson de geste au roman*, Genf 1976. – K. Ruh, *Höfische Epik des Mittelalters*, Bd. 1, Bln. 1977. – J. Frappier u. G. Raynaud de Lage, *Les romans antiques* (in *Le roman jusqu'à la fin du 13e siècle*, Hg. J. Frappier u. R. R. Grimm, Heidelberg 1978, S. 145–182; GRLMA, 4, 1). – M. Zink, *Une mutation de la conscience littéraire* (in Ccm, 24, 1981, S. 3–27). – E. Baumgartner u. Ch. Méla, *La mise en roman* (in *Précis de littérature française au moyen âge*, Hg. D. Poirion, Paris 1983, S. 83–127). – A. Ebenbauer, *Antike Stoffe* (in *Epische Stoffe des Mittelalters*, Hg. V. Mertens u. U. Müller, Stg. 1984, S. 247–289; KTB). – J. Huchet, *Le roman médiéval*, Paris 1984. – A. Petit, *Naissance du roman. Les techniques littéraires dans les romans antiques du XIIe siècle*, Genf 1985.

ARTUSROMAN

Nach der von JEHAN BODEL D'ARRAS in seinem zwischen 1196 und 1200 verfaßten Heldenepos *La chanson des Saïsnes (Das Sachsenlied)* vorgenommenen Einteilung der erzählenden Literatur des französischen Mittelalters in drei Stoffgebiete *(»Matière de France, de Bretagne et de Rome la grant«)* umfaßt der *Artusroman* diejenigen Vers- und Prosaromane, die Stoffe aus der bretonischen – d. h. eigentlich aus der gesamten keltischen – Sagenwelt behandeln. Sie alle stehen in mehr oder weniger engem Zusammenhang mit der legendären Gestalt des Königs Artus (richtiger: Arthur).
Als literarische Urquelle der seit Mitte des 7. Jh.s von England aus verbreiteten Sagen um den möglicherweise historischen Artus gilt die *Historia Britonum* (um 796, dem keltischen Geschichtsschreiber NENNIUS [Nynniaw] zugeschrieben), die vom Kampf des *»dux bellorum«* Arthur gegen die Sachsen (um 520) und seinem Sieg in zwölf Schlachten berichtet. Bis ins 12. Jh. hinein sind dann die schriftlichen Zeugnisse einer – mit Sicherheit anzunehmenden – kontinuierlichen Überlieferung spärlich. In mehreren walisischen Heiligenviten (z. B. von LIFRIC über den hl. Cadocus), kymrischen Dichtungen und lateinischen Chroniken wird Artus erwähnt; die *Annales Cambriae* (zweite Hälfte des 10. Jh.s) vermelden seinen Tod in der Schlacht bei Camlann im Jahre 537. Aufschlußreicher noch ist eine Stelle in *De gestis regum Anglorum* (um 1120) des WILLIAM OF MALMESBURY: *»Das ist der Arthur, über den wahnwitzige Windbeuteleien der Briten noch heute im Umlauf sind. Ein Mann, der es sicher wert wäre, gefeiert zu werden, aber nicht in den törichten Träumen trügerischer Fabeln, sondern in wahrheitsgemäßer Erzählung, weil er für eine lange Zeit den Niedergang seines Vaterlandes aufhielt und den erlahmten Mut seiner Mitbürger zum Kampf aufstachelte.«*
Dieser Aufforderung zur »wahrheitsgemäßen Darstellung« scheint wenige Jahre später der Oxforder Magister GEOFFREY OF MONMOUTH in seiner als

Quellenwerk höchst bedeutsamen *Historia regum Britanniae* nachzukommen. Im achten bis zehnten Buch seines Geschichtswerks trägt er die überlieferten Artus-Legenden in Form einer wahrscheinlich erst von ihm komponierten und zum Teil wohl auch neu erfundenen Vita Arthurs vor, der nun nicht mehr nur ein Kriegsheld, sondern ein ruhmreicher König der Briten ist. Damit ist Geoffrey der Begründer der literarischen Artus-Tradition und seine Version des Legendenstoffs die »historische« Quelle vieler späterer Artus-Dichter. – WACE, von der Insel Jersey stammend, gestaltet die lateinisch geschriebene *Historia* bei seiner freien Übersetzung ins Anglonormannische in einen Versroman um (→ *Roman de Brut*, um 1155); er verleiht Arthur Züge und Charakter eines Feudalherrn, wie er in das neue ritterliche Weltbild paßt, und gibt ihm die »Tafelrunde« *(»la Roünde Table«)* bei, der in der Artus-Tradition fortan eine wichtige Rolle zukommt. Der »kriegerische Priester« LAYAMON ignoriert bei seiner Übertragung des Wace ins Mittelenglische diese aktuellen Bezüge und gestaltet sein wortreiches Versepos *Le roman de Brut* (um 1165) zu einem den *chansons de geste* nahestehenden rauhen Heldenlied.

In der zweiten Hälfte des 12. Jh.s erlebt die dichterische Ausgestaltung des Stoffes in den Versromanen von CHRÉTIEN DE TROYES und ROBERT DE BORON ihren Höhepunkt. Es ist nicht erwiesen, ob sie ganz unabhängig voneinander gearbeitet haben und wessen Romane zuerst entstanden sind. Mit Sicherheit nutzten beide die Aufnahmebereitschaft des höfischen Publikums für alles, was mit der Artus-Gestalt in Verbindung gebracht werden konnte, verknüpften daher auch bislang selbständige und nur gewaltsam in die Artus-Tradition einzufügende Sagen und Heldengeschichten mit dem (auf diese Weise immer mehr anschwellenden) Stoff und nutzten das politische Interesse der normannischen Fürsten an einer Literatur, die vom glanzvollen und abenteuerreichen Leben der Ritter ihres Stammes erzählte. Die vier abgeschlossenen großen Romane Chrétiens, → *Érec et Énide*, → *Cligès*, → *Le chevalier au lion (Yvain)* und → *Le chevalier de la charrette (Lancelot)* sind am und für den Hof der Marie de Champagne geschrieben; der unvollendet gebliebene → *Conte del Graal (Perceval)* war eine Auftragsarbeit für Graf Philipp von Flandern. – Welche Quellen Chrétien benutzt hat, ist umstritten. Die ungeheure Stoffmasse läßt darauf schließen, daß er die gesamte literarische Tradition, jedes ihm bekannt gewordene Überlieferungsgut, ob keltischen oder lateinischen Ursprungs, ob durch herumziehende Spielleute *(conteors)* oder durch den Volksmund verbreitet, für sein Vorhaben genutzt und mit genialer Einfallskraft und Gespür für die erfolgssichere Darbietung des Materials verwendet hat. Freilich sollen die Romane nicht allein der Unterhaltung dienen, sondern zugleich ein Spiegel der Gesellschaft und Mahnung an die Ideale der höfisch-ritterlichen Lebensordnung sein. Wenn auch jeder einzelne Roman seine unverwechselbare eigene Atmosphäre und Aussage hat, also auch einzeln interpretiert werden muß, so sind doch Waffentaten und »Frauendienst«, den Hauptbeschäftigungen des Ritters entsprechend, als die wichtigsten oder gar ausschließlichen Themen erkennbar, es sind die einzigen »Realitäten« in Chrétiens Romanwelt, die sonst keine geographische und zeitlich-historische Orientierung kennt. Das unterscheidet sie von den um eine gewisse Authentizität bemühten, meist einige Jahrzehnte älteren Heldenepen der → *Karlsepik* und zeigt ihre strukturelle und geistige Verwandtschaft mit den Prosaromanen des → *Antikenromans*, die eine anachronistisch verfremdete Antike erstehen lassen. Diese von der Mitte des 12. Jh.s an immer stärker spürbare Tendenz zum Märchenhaften, Phantasmagorischen, die der höfischen Gesellschaft das ganz und gar Außergewöhnliche ihres Standes, das Übermenschliche der Helden aus ihren Kreisen vor Augen führen sollte, legitimierte die unbekümmerte Übernahme von Motiven, Episoden und ganzen Stoffkomplexen aus einem Roman in den anderen, die kühne Abwandlung scheinbar endgültig fixierter Sagen und ihre Übertragung in andere Kulturbereiche. Nicht Artus selbst, sondern die einzelnen Ritter stehen im Vordergrund, so daß schließlich der Artushof nur noch als Ausgangspunkt ihrer Abenteuerfahrten erscheint und der König zur fernen, unerreichbaren Herrscherfigur wird. Insofern sind Lancelot, Perceval und Tristan die wichtigsten Gestalten des Artusromans.

Während Lancelot höchstwahrscheinlich von Chrétien in die Literatur eingeführt worden ist, liegt der Ausgangspunkt der Perceval-Geschichte, d. h. der Ursprung der ganzen Gralssage, im dunkeln. Sowohl Chrétien wie auch der Burgunder Robert de Boron berufen sich auf ein geheimes Buch von der Gralsgeschichte, das ihnen als Vorlage gedient habe. Ein solches Werk ist jedoch unbekannt. Die Literaturwissenschaft hat Zusammenhänge des Gralsmythos mit der frühchristlichen Legende (K. BURDACH, S. HOFER), mit der keltischen Überlieferung (R. S. LOOMIS), mit heidnischen Riten (E. R. CURTIUS) und orientalischer Tradition (schon Friedrich SCHLEGEL und J. GÖRRES) nachzuweisen versucht. Am eingängigsten und verbreitetsten ist die Beschreibung des Grals als ein kostbares, schüssel- oder kelchartiges Gefäß für geweihte Substanzen (Blut von Heiligen, Hostien, Meßwein etc.). Die etymologische sowie die sinnbildlich-eucharistische Deutung, die Robert de Boron selbst gibt – also die Verbindung zwischen dem Abendmahlsgefäß an der Tafel Christi und dem Behältnis (Ziborium) für das von ihm bei der Kreuzigung geflossene und von Joseph von Arimathia aufgefangene Blut des Heilands –, ist jedenfalls bereits die romanhafte Ausgestaltung einer verlorengegangenen älteren Legende. Andererseits steht Robert mit seiner christlich-jüdischen Version der ursprünglichen Gralsgeschichte wahrscheinlich näher als Chrétiens weltlich-höfische Fassung und enge Verknüpfung mit der Artus-Tradition. Erst im zweiten – mit dem ersten *(Joseph d'Arimathie)* unverbundenen – Teil seines Gralsromans (→ *Le roman de l'estoire del Graal*), dem nur fragmentarisch überkommenen *Merlin*, stellt Robert die Verbindung zwischen Gral und Artus her, und zwar, indem er den einst von Geoffrey in den Stoffkreis eingeführten und dann wieder in Vergessenheit geratenen keltischen Zauberer und Artus-Propheten Merlin (*Vita Merlini*) zu neuem literarischem Leben erweckt: Nach dem Plan des Teufels soll er den christlichen Gralskult vernichten.

Die von Chrétien und Robert in ihren Versromanen behandelte Materie wird in der Folgezeit von einer unbekannten Zahl meist anonym bleibender Autoren in Prosa umgesetzt, vielfältig abgewandelt und immer bunter und breiter zu Lesestoff nach dem höfischen Zeitgeschmack ausgearbeitet. Die chronologische und systematische Gliederung dieser zum Teil den großen Vorbildern qualitativ durchaus nicht nachstehenden Neufassungen ist außerordentlich kompliziert und noch immer nicht abgeschlossen. Am Anfang der Romanbearbeitungen stehen wohl die verschiedenen Fortsetzungen der von Chrétien und Robert unvollendet hinterlassenen Gralsromane *Perceval* und *Merlin*. Der sogenannte *Didot-Perceval* gilt als das Bindeglied zwischen den beiden Meistern und den beiden großen Prosaromanzyklen: dem vierteiligen *Petit Saint Graal*, der Prosaresümees von *Joseph d'Arimathie, Merlin, Perceval* und einer *Mort Artu* (nach Geoffrey und Wace) umfaßt, und dem noch umfangreicheren und wesentlich bedeutenderen *Lancelot-Graal*-Zyklus, entstanden zwischen 1225 und 1230. Er besteht aus fünf Teilen, von denen die ersten zwei – *Estoire dou Graal* und *Merlin* – wieder nur Umformungen der von Robert her bekannten Stoffe darstellen; der dritte Teil, ein streckenweise von Chrétiens gleichnamigem Werk abhängiger → *Lancelot du lac*, bildet den eigentlichen Kern des Zyklus und ist hinsichtlich der literarischen Fortwirkung der wichtigste Prosaroman der Artus-Epik. Der vierte Teil (→ *Queste del Saint Graal*), die mystisch-tiefgründige Geschichte der Gralsfahrt, bietet innerhalb des Zyklus den meisten neuen Stoff, während der letzte Teil, → *Mort le roi Artu*, Geoffreys und Waces Darstellung von König Artus' Ende aufgreift. – Die Verfasserschaft aller dieser Romane ist ungeklärt.

Zum Bestand der *Matière de Bretagne* zählt auch die mit dem Artus-Stoff zunächst nur lose und im Grunde unüberzeugend verbundene Tristan-Dichtung. In der Einleitung zu *Cligès* erwähnt Chrétien einen von ihm verfaßten Tristanroman, der jedoch offensichtlich schon zu Lebzeiten des Autors verlorengegangen ist, denn keiner der eifrigen Umgestalter der Versromane nimmt auf dieses Werk Bezug. Es ist daher auch nicht anzunehmen, daß es sich hierbei um den legendären »Urtristan« gehandelt hat, auf den die zwischen 1170 und 1200 geschriebenen, nur fragmentarisch erhaltenen Romane des Anglonormannen THOMAS D'ANGLETERRE (→ *Tristrem*) und des Bretonen BÉROUL (→ *Le roman de Tristan*) vielleicht zurückgehen.

Der Ursprung der aus einer Reihe von divergenten Episoden zusammengesetzten Tristan-Sage ist – ähnlich wie jener der Gralsgeschichte – nicht gesichert. Die ältesten Erwähnungen deuten auf altirische Herkunft; die Kernfabel (Tristans Werben um Isolde im Auftrag König Markes) wird dann stufenweise durch piktisches, walisisches, kornisches und bretonisches Überlieferungsgut angereichert; Einzelzüge (z. B. die Tristan-Morholt-Handlung) lassen auf antike, andere Motive auf persische Einflüsse schließen. Der Sagenkomplex, wie er in der Literatur erscheint, ist von allen mutmaßlichen Urformen mit Sicherheit bereits weit entfernt; er zeigt deutlich die Merkmale lyrischer oder höfisch-epischer Sublimierung. Aus der unterschiedlichen Konzeption und Mentalität der Tristanromane von Thomas und Béroul geht hervor, daß der Stoff zu ihrer Zeit zwei ganz verschiedenen Quellen entnommen werden konnte: 1. aus Chronik und Roman (Thomas nennt einen vermutlich walisischen Erzähler Breri und hat u. a. Geoffreys und Waces Werk gekannt), 2. aus der Spielmannsepik (Béroul beruft sich ganz allgemein auf eine *estoire*). Daß der Stoff schon um die Mitte des 12. Jh.s bei den *trouvères* wie auch bei den Novellisten beliebt gewesen sein muß, beweisen zwei überlieferte Gedichte über den »Narren Tristan« (→ *Folie Tristan de Berne* und *de Oxford* genannt) sowie die ein sonst nicht bekanntes Tristan-Abenteuer berichtende *Geißblattlai (Lai de chièvrefeuil)*, eine der zwölf märchenhaften Novellen aus der berühmten Sammlung → *Lais* der MARIE DE FRANCE.

Schneller und noch interessierter als die zur *Karlsepik* und zum *Antikenroman* zählenden altfranzösischen Epen ist der *Artusroman* von den benachbarten Literaturen aufgenommen worden. Etwa gleichzeitig mit Thomas' Tristanroman ist die erste deutsche Tristan-Gestaltung, EILHARTS VON OBERGE *Tristrant und Isalde* (um 1170), anzusetzen; sie geht offensichtlich auf die gleiche Vorlage wie – etwas später? – Béroul zurück, also ebenfalls auf eine *estoire*, und erlaubt daher in gewissem Sinne eine Rekonstruktion des Béroul-Fragments (wie ja überhaupt die zum Teil in unmittelbarer Folge entstandenen fremdsprachlichen Übersetzungen und Bearbeitungen wichtige oder sogar die einzigen Aufschlüsse über Struktur und Inhalt der altfranzösischen Originale geben). Eilharts *Tristrant* kann strenggenommen als der erste Beitrag der deutschen Literatur zur Artus-Epik überhaupt gelten, doch wird König Artus in dem Werk nur beiläufig erwähnt; die Verbindung zwischen den beiden Sagenkreisen ist zu dieser Zeit noch recht vage. Die Eingliederung des Tristan-Stoffs in die Artus-Legende erfolgt erst durch den novellistisch angelegten Prosa-Tristan (zweite Hälfte des 13. Jh.s), die Eingliederung in die Erzählungen von der Tafelrunde hundert Jahre später in der italienischen *Tavola rotonda* (1391) und in Sir Thomas MALORYS *Morte Darthur* (1470), der vollständigsten und geglücktesten Artus-Vita der englischen Literatur, ja der ganzen Tradition.

Den gewichtigsten Anteil an der außerfranzösischen Artus-Epik – im weitesten Rahmen verstanden – hat zweifellos die deutsche Literatur: HARTMANN VON AUES *Erec* und *Iwein*, ULRICH VON ZATZIKHOVENS *Lanzelet* und der anonyme *Lanzelot-Roman* in Prosa, WOLFRAM VON ESCHENBACHS *Parzival* (sowie dessen Fortsetzungen und Nachahmungen) und *Titurel*, GOTTFRIED VON STRASSBURGS *Tristan und Isolde* (gleichfalls mit Fortsetzungen und Nachahmungen), HEINRICH VON DEM TÜRLINS *Der Aventiure Crône*, ALBRECHT VON SCHARFENBERGS *Merlin* und *Jüngerer Titurel* usw. ULRICH FÜETRER kompiliert die am Ausgang des Mittelalters beliebtesten Artus-Epen in Vers und Prosa zu einer riesigen Anthologie *Das Buch der Abenteuer*. Richard WAGNER ist mit seinen Tondichtungen nach Artus-Gedichten (*Tannhäuser*; *Lohengrin*) der Wiedererwecker der Artus-Tradition in der Neuzeit. Einen Versuch, den Mythos der Ritter von der Tafelrunde mit Psychologie und dem Menschenbild aus heutiger Sicht zusammenzuführen, unternahm der Dramatiker Tankred DORST in seinem Welttheater *Merlin oder Das wüste Land* (1981).

Weitaus weniger fruchtbar und kontinuierlich wirkte die *Matière de Bretagne* in den anderen europäischen Sprachen fort: in England z. B. außer in Malorys epochalem Werk noch in dem schottischen Versroman *Launcelot of the Laik* (15. Jh.) sowie in den Versromanen *Sir Tristrem* (vor 1300) und *Sir Percyvelle of Galles* (14. Jh.), in Skandinavien ebenfalls in einer *Tristrams saga*, einer *Erex saga* und einer *Parcevals saga*, im Niederländischen u. a. in Jacob van MAERLANTS *Historie van den Grale en Merlijns boeck*. – In welchem Verhältnis die *Mabinogion*, eine Sammlung von elf kymrischen Prosaerzählungen, die zum Teil ebenfalls Artus-Motive aufgreifen *(Owein, Peredur, Gereint)*, zu den altfranzösischen Artusromanen stehen, gehört zu den vielen noch nicht geklärten Fragen der Artus-Forschung. KLL

LITERATUR: R. S. Loomis, *Celtic Myth and Arthurian Romance*, NY 1927. – J. D. Bruce, *The Evolution of Arthurian Romance from the Beginnings down to the Year 1300*, 2 Bde., Göttingen/Baltimore 1923/24. – E. Faral, *La légende arthurienne. Études et documents*, 3 Bde., Paris 1929. – Bull. Bibliographique de la Société Internationale Arthurienne, Paris 1949 ff. – E. Köhler, *Ideal und Wirklichkeit in der höfischen Epik*, Tübingen 1956; [2]1970. – W. F. Schirmer, *Die frühen Darstellungen des Arthurstoffes*, Köln/Opladen 1958. – J. Frappier, *Le roman breton*, Paris 1959. – *Arthurian Literature in the Middle Ages – A Collaborative History*, Hg. R. S. Loomis, Oxford 1959. – E. R. Curtius, *Über die altfranzösische Epik* (in E. R. C., *Gesammelte Aufsätze*, Bern 1960, S. 106–304). – K. O. Brogsitter, *Artusepik*, Stg. 1965; [2]1971 (Slg. Metzler). – J. Marx, *Nouvelles recherches sur la littérature arthurienne*, Paris 1965. – *Arthurian Romance*, Hg. D. D. R. Owen (in FMLS, 1970; Sondernr.). – *Der arthurische Roman*, Hg. K. Wais, Darmstadt 1970 (WdF). – J. Frappier, *Amour courtois et table ronde*, Genf 1974. – C. Luttrell, *The Creation of the First Arthurian Romance*, Ldn. 1974. – J. Frappier, *Autour du Graal*, Genf 1977. – K. Ruh, *Höfische Epik des Mittelalters*, 2 Bde., Bln. 1977–1980. – *Der altfranzösische höfische Roman*, Hg. E. Köhler, Darmstadt 1978 (WdF). – *Le roman jusqu'à la fin du 13e siècle*, Hg. J. Frappier u. R. Grimm, Heidelberg 1978 (GRLMA, 4,1). – G. D. West, *French Arthurian Prose Romances. An Index of Proper Names*, Toronto/Ldn. 1978. – D. J. Shirt, *The Old French Tristan Poems. A Bibliographical Guide*, Ldn. 1980. – K. Busby, *Gauvain in Old French Literature*, Amsterdam 1980. – *König Artus und seine Tafelrunde*, Hg. K. Langosch, Stg. 1980 (RUB). – B. Schmolke-Hasselmann, *Der arthurische Versroman von Chrestien bis Froissart*, Tübingen 1980. – J. T. Topsfield, *A Study of the Arthurian Romances*, Ldn./Cambridge 1981. – *Arthurian Literature*, Cambridge 1981 ff. [Reihe]. – R. Morris, *The Character of King Arthur in Medieval Literature*, Cambridge 1982. – E. Baumgartner u. Ch. Méla, *La mise en roman* (in *Précis de littérature française au moyen âge*, Hg. D. Poirion, Paris 1983, S. 83–127). – *La légende arthurienne et la Normandie*, Hg. J.-Ch. Payen, Condé-sur-Noireau 1983. – *The Legend of Arthur in the Middle Ages*, Hg. P. G. Grout, Suffolk 1983. – A. Leupin, *Le Graal et la littérature. Étude sur la »Vulgate arthurienne« en prose*, Lausanne 1983. – C. E. Pickford, *The Arthurian Bibliography*, 2 Bde., Cambridge 1983. – E. Williamson, *The Half-Way House of Fiction. »Don Quijote« and Arthurian Romance*, Oxford 1984. – R. Pérennec, *Recherches sur le roman arthurien en vers en Allemagne aux 12e et 13e siècles*, 2 Bde., Göppingen 1984. – *Le Roman jusqu'à la fin du XIIIe siècle*, Bd. 2 (*Partie documentaire)*, Heidelberg 1984. – Ch. Méla, *La reine et le Graal. La conjointure dans les romans du Graal*, Paris 1984. – E. Reiss u. a., *Arthurian Legend and Literature. An Annotated Bibliography*, Bd. 1: *Middle Ages*, NY/Ldn. 1984. – *Artusrittertum im späten Mittelalter. Ethos und Ideologie*, Hg. F. Wolfzettel, Gießen 1984. – *Spätmittelalterliche Artusliteratur*, Hg. K. H. Göller, Paderborn u. a. 1984. – A. Pioletti, *Forme del racconto arturiano*, Neapel 1984. – V. Mertens, *Artus* (in *Epische Stoffe des Mittelalters*, Hg. V. M. u. U. Müller, Stg. 1984, S. 290–340; KTB). – D. Welz, *Gralromane* (ebd., S. 341–364). – *Actes du 14e Congrès international Arthurien*, 2 Bde., Rennes 1985. – M.-L. Chênerie, *Le chevalier errant dans les romans arthuriens en vers des XIIe et XIIIe siècles*, Genf 1986. – *The Changing Face of Arthurian Romance*, Hg. A. Adams u. a., Cambridge 1986. – *The Arthurian Encyclopedia*, Hg. N. J. Lacy, Ldn. 1986. – E. Schmid, *Familiengeschichten und Heilsmythologie. Die Verwandtschaftsstrukturen in den französischen und deutschen Gralromanen des 12. u. 13. Jh.s*, Tübingen 1986. – *Tristan et Iseut, mythe européen et mondial*, Hg. D. Buschinger, Göppingen 1987. – *Scènes du Graal*, Hg. dies., Paris 1987. – *The Legacy of Chrétien de Troyes*, Bd. 1, Hg. N. J. Lacy u. a., Amsterdam 1987. – *The Arthurian Tradition. Essays in Convergence*, Hg. M. Flowers Braswell u. J. Bugge, Tuscaloosa/Ldn. 1988. – M. R. Blakeslee, *Love's*

Masks. Identity, Intertextuality, and Meaning in the Old French Tristan Poems, Cambridge 1988. – C. E. Harding, *Merlin and Legendary Romance*, NY 1988. – *La légende arthurienne. Le Graal et la Table Ronde*, Hg. D. Régnier-Bohler, Paris 1989. – J. Ribard, *Du philtre au Graal. Pour une interprétation théologique du Roman de Tristan et du Conte de Graal*, Paris 1989. – C. L. Gottzmann, *Artus-Dichtung*, Stg. 1989 (Slg. Metzler).

AUCASSIN ET NICOLETTE

(afrz.; *Aucassin und Nicolette*). Anonyme *chantefable* aus dem ersten Viertel des 13. Jh., bestehend aus Gruppen assonierender Verse und aus Prosaabschnitten; zu den eingeschobenen lyrischen Teilen sind Melodien überliefert.
Aucassin, der Sohn des Grafen Garin von Beaucaire, liebt Nicolette, ein gefangenes Sarazenenmädchen, das der Vizegraf der Stadt als Pflegetochter aufzieht. Da Aucassins Vater einer Verbindung nicht zustimmt, verweigert der Sohn die Erfüllung seiner ritterlichen Pflichten. Daraufhin veranlaßt Graf Garin den Vizegrafen, Nicolette in einen Turm einzusperren. Als aber Feinde Garins Burg bedrohen, ringt Aucassin seinem Vater das Versprechen ab, Nicolette heiraten zu dürfen, wenn er in den Kampf ziehen solle. Zwar gerät der liebeskranke Aucassin zunächst auf recht blamable Weise in Gefangenschaft; die Sorge, Nicolette niemals wiederzusehen, verleiht ihm jedoch plötzlich den nötigen Elan, den verdutzten feindlichen Grafen gefangenzunehmen. Als der Vater allerdings von seinem halbherzig gegebenen Versprechen nichts mehr wissen will, läßt der enttäuschte Aucassin den Feind wieder frei und verpflichtet ihn sogar, seinem Vater möglichst viel Schaden zuzufügen, worauf Garin den ungeratenen Sprößling kurzerhand einsperren läßt. Der aus ihrem Gefängnis entflohenen Nicolette gelingt es jedoch, mit Aucassin durch eine Mauerritze des Turms, in dem er gefangen sitzt (eine Reminiszenz aus OVIDS *Pyramus und Thisbe*), ein Liebesgespräch zu führen. Vor den Häschern flüchtet Nicolette in den Wald, wo sie auf Aucassin wartet, der schließlich, als alle Nicolette tot wähnen, von seinem Vater freigelassen wird. Auf seiner Suche nach Nicolette renkt sich der liebesversunkene Aucassin (die Szene erinnert an CHRÉTIENS *Chevalier de la charrette*) bei einem Sturz vom Pferd die Schulter aus. So findet ihn Nicolette, die ihn alsbald wieder kuriert.
Auf ihrer Flucht über das Meer gelangen die beiden in das merkwürdige Land Torelore, wo sich der Herrscher im Kindbett befindet, während die Königin mit dem gesamten Heer in den Krieg gezogen ist; ein recht unblutiger Krieg, der komischerweise mit verfaulten Äpfeln, Eiern und Käse als Waffen geführt wird. Aucassin räumt recht drastisch mit diesen Zuständen auf, die E. KÖHLER als *»Parodie auf den maßlosen Geltungsanspruch des Rittertums und seiner selbstmörderischen Fehden und Kriege«* versteht. Nach einigen glücklichen Jahren werden die Liebenden bei einem Sarazenenüberfall getrennt in Gefangenschaft verschleppt. Ein Sturm verschlägt Aucassin glücklicherweise an die heimatliche Küste der Provence; da der Vater mittlerweile gestorben ist, kann der Held sein gräfliches Erbe in Beaucaire antreten. Auch Nicolette hat Glück. Der König von Karthago erkennt sie als seine verlorene Tochter wieder. Verheiratungsplänen widersetzt sich das zielbewußte Mädchen jedoch erfolgreich. Als Spielmann verkleidet gelangt Nicolette nach Beaucaire, wo sie den immer noch tatenlos jammernden Aucassin wiederfindet. Jetzt kann endlich Hochzeit gefeiert werden.
Das Gedicht ist aus Monologen und Dialogen, gesungenen Versen und Prosaabschnitten äußerst dramatisch komponiert und läßt oft an eine Pantomime als Vorlage denken; seine eigenwillige Form ist aber sicher eine Erfindung des Autors. Einflüsse von Ovids *Pyramus und Thisbe*, Chrétiens *Lancelot* und *Yvain* lassen sich feststellen, die Handlung folgt in ihrer Struktur des ständigen Verlierens und Wiederfindens, mit ihren Seestürmen und Räuberüberfällen dem Schema des hellenistisch-byzantinischen Abenteuerromans, der das Schicksal eines Liebespaares schildert, das die böse Mitwelt nicht zusammenkommen läßt. Die lyrischen Passagen verraten Einflüsse des Tageliedes und des *Jeu-parti* (Streitgespräch mit verteilten Rollen). An die *Chanson de geste* gemahnt nicht nur das Thema des Sarazeneneinfalls, sondern der hier verwendete Assonanzreim der lyrischen Partien, wobei hier jedoch nicht der epische Zehn- oder Zwölfsilber, sondern der lyrische Siebensilber vorgezogen wird. In der ganzen französischen Literatur hat sich kein zweites Beispiel dieser Gattung erhalten, obwohl diese *chantefable* vermutlich nicht die einzige war. Die Regieanweisungen – *»or se cante«*, *»or dient et content«* – lassen nach E. Köhler darauf schließen, daß die lyrischen Teile als Gesang vorgetragen, die narrativen Teile rezitiert und die Dialoge – es sprechen immer nur zwei Partner, andere Anwesende bleiben stumm – durch verschiedene Stimmlagen charakterisiert wurden. Auf jeden Fall einzigartig sind die phantasie- und geistvolle, anmutige Frische und Zartheit und die gelegentliche maliziöse Ironie, mit der der unbekannte Verfasser seinen Stoff behandelt. W.R.

AUSGABEN: Paderborn 1878, Hg. H. Suchier [m. Paradigmen und Glossar; [10]1932; Neudr. 1946]. – Oxford 1896, Hg. F. W. Bourdillon [Faks.-Ausg.]. – Paris 1955, Hg. M. Roques ([2]1969; CFMA). – Paris 1973, Hg. J. Dufournet (krit.; GF). – NY 1988, Hg. A. E. Cobby [m. engl. Übers.; zus. m. *The Pilgrimage of Charlemagne*].

ÜBERSETZUNGEN: *Aucassin und Nicolette*, W. Hertz, Wien 1865. – Dass., F. v. Oppeln-Bronikowski, Lpzg. 1919. – *Die Geschichte von Aucassin und Nicolette*, P. Hausmann, Wiesbaden 1956 [bibliophile Ausg.]. – *Aucassin et Nicolette. Chantefable du XIIIe siècle*, G. Cohen, Paris 1977 [neufrz.].

Literatur: D. Scheludko, *Zur Entstehungsgeschichte von »Aucassin et Nicolette«* (in ZfrPh, 42, 1922, S. 458–490). – H. Sauter, *Wortgut und Dichtung, eine lexikographisch-literaturgeschichtliche Studie über den Verfasser der altfranzösischen Chantefable »Aucassin et Nicolette«*, Münster/Paris 1934. – G. Cohen, *»Aucassin et Nicolette«*, Paris 1941. – L. Spitzer, *Le vers 2 d'»Aucassin et Nicolette« et le sens de la chantefable* (in L. S., *Romanische Literaturstudien*, Tübingen 1959). – S. Monsonégo, *Étude stylo-statistique du vocabulaire des vers et de la prose dans la chantefable »Aucassin et Nicolette«*, Paris 1966. – O. Jodogne, *»Aucassin et Nicolette«, »Clarisse et Florent«* (in *Mélanges J. Frappier*, Genf 1970, S. 453–481). – E. Vance, *The Word at Heart. »Aucassin et Nicolette« as a Medieval Comedy of Language* (in YFS, 45, 1970, S. 33–51). – J. H. Martin, *Love's Fools. Aucassin, Calisto and the Parody of the Courtly Lover*, Ldn. 1972. – L. Schøsler, *Le temps du passé dans »Aucassin et Nicolette«*, Odense 1974. – R. Baader, *Ein Beispiel mündlicher Dichtung, »Aucassin et Nicolette«* (in Fabula, 15, 1974, S. 1–26). – V. R. Rossman, *»Aucassin et Nicolette«* (in *Perspectives of Irony*, Den Haag 1975, S. 96–106). – A. Micha, *En relisant »Aucassin et Nicolette«* (in A. M., *De la chanson de geste au roman*, Genf 1976, S. 465–478; zuerst in MA, 64, 1959, S. 279–292). – N. B. Smith, *The Uncourtlyness of Nicolette* (in *Voices of Conscience*, Hg. R. Cormier, Philadelphia 1977, S. 169–182). – T. Hunt, *Precursors and Progenitors of »Aucassin et Nicolette«* (in StPh, 34, 1977, S. 1–19). – J. Trotman, *Vers et prose dans »Aucassin et Nicolette«* (in Rom, 97, 1976, S. 481–508). – C. F. Hower, *»Aucassin et Nicolette«. The Alfred G. Howell Collection. A Bibliography*, Hg. L. H. Silverstein u. A. H. Howell, NY 1977. – S. Cartwright, *»Aucassin et Nicolette«* (in Les Bonnes Feuilles, 7, Frühj. 1978, Nr. 1/2, S. 85–101). – O. Jodogne, *La parodie et le pastiche dans »Aucassin et Nicolette«* (in *Der altfranzösische höfische Roman*, Hg. E. Köhler, Darmstadt 1978, S. 289–300; zuerst in CAIEF, 12, 1960, S. 53–60). – E. Winkler, *›Or dient et content et fablent‹* (ebd., S. 267–288; zuerst in ZfrzSp, 64, 1942, S. 284–302). – Ph. Ménard, *La composition d'»Aucassin et Nicolette«* (in *Mélanges J. Wathelet-Willem*, Lüttich 1978, S. 413–432). – T. Hunt, *La parodie médiévale. Le cas d'»Aucassin et Nicolette«* (in Rom, 100, 1979, S. 341–381). – Ch. Méla, *›C'est d'»Aucassin et Nicolette«‹. L'objet du texte* (in C. M., *Blanchefleur et le saint homme ou la semblance des reliques*, Paris 1979, S. 47–73). – M. Musonda, *Le thème du ›monde à l'envers‹ dans »Aucassin et Nicolette«* (in Medioevo romanzo, 7, 1980, S. 22–36). – E. Vance, *»Aucassin et Nicolette« as a Medieval Comedy of Signification and Exchange* (in *The Nature of Medieval Narration*, Hg. M. Grunmann-Gaudet u. R. J. Jones, Lexington/Ky. 1980, S. 57–76). – G. A. Plangg, *Frage-Antwort-Strukturen in »Aucassin und Nicolette«* (in *Romanisches Mittelalter*, Hg. D. Messner u. W. Pöckl, Göppingen 1981, S. 207–231). – B. N. Sargent-Baur u. R. F. Cook, *»Aucassin et Nicolette«, a Critical Bibliography*, Ldn. 1981. – N. J. Lacy, *Courtliness and Comedy in »Aucassin et Nicolette«* (in *Essays in Early French Literature pres. to B. N. Craig*, Hg. ders. u. J. C. Nash, York/S.Ca. 1982, S. 65–72). – J. Tattersall, *Shifting Perspectives and the Illusion of Reality in »Aucassin et Nicolette«* (in FS, 38, 1984, S. 257–267). – R. Brusegan, *Retorica di »Aucassin et Nicolette«* (in Paragone, 35, Aug. 1984, Nr. 414, S. 46–63). – Y. de Pontfarcy, *Les jeux sur la dualité dans »Aucassin et Nicolette«* (in *Analyses de romans*, Debrecen 1985, S. 27–35). – R. S. Spraycar, *Genre and Convention in »Aucassin et Nicolette«* (in RomR, 76, 1985, S. 94–115). – J. Tattersall, *Social Observation and Comment in »Aucassin et Nicolette«* (in NPhM, 86, 1985, S. 551–565). – E. Köhler, *»Aucassin et Nicolette«* (in E. K., *Vorlesungen zur Geschichte der französischen Literatur: Mittelalter II*, Stg. 1985, S. 104–114). – R. R. Grimm, *Kritik und Rettung der höfischen Welt in der Chantefable* (in *Höfische Literatur, Hofgesellschaft, höfische Lebensformen um 1200*, Hg. G. Kaiser u. J.-D. Müller, Düsseldorf 1986, S. 363–386). – E. Vance, *»Aucassin et Nicolette« and the Poetics of Discourse* (in E. V., *Marvelous Signals*, Lincoln/Nebr. 1986, S. 152–183). – K. Brownlee, *Discourse as ›Proueces‹ in »Aucassin et Nicolette«* (in YFS, 70, 1986, S. 167–182). – F. Carmona, *»Aucassin et Nicolette«* (in F. C., *El roman lírico medieval*, Barcelona 1988, S. 227–275). – M. R. Menocal, *Signs of the Times. Self, Other, and History in »Aucassin et Nicolette«* (in RomR, 80, 1989, S. 497–511).

Cantilène de sainte Eulalia

(afrz.; *Gesang von der heiligen Eulalia*). Ältestes französisches poetisches Sprachdenkmal aus den achtziger Jahren des 9. Jh.s, wahrscheinlich entstanden in der Nähe der pikardisch-wallonischen Dialektgrenze. – In den 28 Versen der Sequenz wird die Geschichte der heiligen Jungfrau Eulalia erzählt, die um ihres Glaubens willen den Feuertod erleiden soll. Da sie jedoch frei von Schuld ist, kann ihr das Feuer nichts anhaben. Darauf befiehlt der heidnische König, ihr das Haupt abzuschlagen. Nach der Hinrichtung fliegt sie in Gestalt einer Taube zum Himmel. In den abschließenden vier Versen bittet der Dichter um die Fürsprache der Heiligen.

Hoffmann von Fallersleben entdeckte 1837 als erster die Handschrift in Valenciennes und veröffentlichte sie in seinen *Elnonensia*. Chroniken berichten, daß Eulalia, ein junges Mädchen aus Spanien, unter der Regierung des Kaisers Maximian im Jahr 304 den Märtyrertod erlitten habe. PRUDENTIUS berichtet schon im 4. Jh. in einem lateinischen Hymnus von ihr, ebenso, neben vielen anderen, BEDA in seinem *Martyrologium*. Beda überliefert als einziger, daß Eulalia durch das Schwert den Tod gefunden habe, während alle übrigen Quellen vom Feuertod berichten. – Die Sequenz ist ein ursprünglich aus der Liturgie hervorgegangener Koloraturgesang mit freier Stimmführung, dem später zur Gedächtnishilfe lateinische taktfreie, unmetrische Texte unterlegt wurden. Die Strophenform der Sequenztexte ist daher unregelmäßig, die Silbenzahl der einzelnen Verse, die untereinander meistens durch Assonanz, seltener durch Reim verbunden sind, wechselt. I.B.

AUSGABEN: Gent 1837 (in *Elnonensia*). – Paris 1875 (in *Le plus anciens monuments de la langue française: IXe, Xe siècles*, Hg. G. Paris). – Heilbronn 1884 (in *Altfranzösisches Übungsbuch zum Gebrauch bei Vorlesungen u. Seminarübungen*, Hg. W. Foerster u. E. Koschwitz; [7]1932, Hg. A. Hilka). – Marburg [2]1901 (in *Die ältesten französischen Denkmäler*, Hg. E. Stengel; m. Bibliogr. u. Glossar). – Halle 1932 (in *Altfranzösisches Lesebuch*, Hg. K. Voretzsch, S. 7–11).

LITERATUR: E. Koschwitz, *Commentar zu den ältesten französischen Denkmälern*, Heilbronn 1886 (Altfranz. Bibl., 10). – M. Enneccerus, *Versbau und gesanglicher Vortrag des ältesten französischen Liedes. Ein Beitrag zur Lehre vom rhythmischen Verse*, Ffm. 1901. – P. Eringa, *La versification de Sainte Eulalie* (in Neoph, 11, 1926, S. 1–18). – J. C. Atkinson, *Eulalia's ›Element‹ or Maximian's?* (in StPh, 65, 1968, S. 599–611). – G. Hilty, *La »Séquence de Sainte Eulalie« et les origines de la langue littéraire française* (in VRo, 27, 1968, S. 4–18). – M. Delbouille, *A propos des deux séquences d'»Eulalie« et du »Ludwigslied«* (in *Interlinguistica. Fs. M. Wandruszka*, Hg. K. R. Bausch u. H. M. Gauger, Tübingen 1971, S. 26–38). – A. B. Cerniak, *Pour l'interprétation du vers 15 de la »Séquence de Sainte Eulalie«* (in Rom, 96, 1975, S. 145–162). – K. Heisig, *›Element‹ in der »Eulaliasequenz«* (in *Beiträge zum Romanischen Mittelalter*, Hg. K. Baldinger, Tübingen 1977, S. 118–127). – G. Hilty, *Les »Serments de Strasbourg« et la »Séquence de Sainte Eulalie«* (in VRo, 37, 1978, S. 126–150). – Ders., *Sainte Eulalie et le feu* (in TLL, 16, 1978, Nr. 1, S. 217–228). – J. Fought, *The Medieval Sibilants of the Eulalia-Ludwigslied Manuscript and Their Development in Early Old French* (in Language, 55, 1979, Nr. 4, S. 842–858). – J. F. Winter, *Des sons aux images dans la »Cantilène de sainte Eulalie«* (in *Iconographie et littérature*, Paris 1981, S. 9–17). – E. P. Work, *The Foundations of Vernacular Eloquence in Gallo-Romance from the »Song of Saint Eulalia« and the »Song of Saint Fides«*, Diss. Princeton Univ. 1982. – M. Bambeck, *›Element‹ und ›virginitet‹ in der altfranzösischen »Eulaliasequenz«* (in ASSL, 220, 1983, S. 88–109).

LES CENT NOUVELLES NOUVELLES

(frz.; *Die hundert neuen Novellen*). Erste bedeutende Novellensammlung in französischer Sprache, entstanden zwischen 1456 und 1467 am burgundischen Hof. – Sie wurde 1486 erstmals gedruckt, erlebte bis ins 16. Jh. mehrere Auflagen und beeinflußte die späteren Sammlungen wie z. B. das *Heptameron* der MARGUERITE DE NAVARRE. Der unbekannte Autor (Versuche, z. B. Antoine de LA SALE als Verfasser zu erweisen, haben wenig Beifall gefunden) widmet sein Werk in der Vorrede Herzog Philipp dem Guten von Burgund; er bezieht sich ausdrücklich auf das *Decameron* BOCCACCIOS, das er *»Le livre de Cent Nouvelles«* nennt: Während Boccaccio von Ereignissen erzählt, die vor langer Zeit in Italien geschehen sind, will er Begebenheiten der jüngsten Vergangenheit, aus Frankreich und den Nachbarländern, aufzeichnen; deshalb nennt er sein Buch »Die hundert *neuen* Novellen«. In Wirklichkeit gibt es für die meisten seiner Geschichten literarische Vorbilder; etwa 15 sind aus den *Facetiae* (Anekdoten) POGGIOS übernommen, andere stimmen mit altfranzösischen Fabliaux (Schwankerzählungen) überein. In den *Cent nouvelles nouvelles* gibt es keine Rahmenerzählung; lediglich in der Überschrift werden die meisten Novellen einer Persönlichkeit des burgundischen Hofes zugeschrieben. Unter den 36 genannten Erzählern sind Herzog Philipp selbst, Antoine de La Sale und »l'acteur« (der Autor), der dreimal vorkommt. Die Geschichten der verschiedenen Gewährsleute sind alle im gleichen Stil geschrieben, und es gibt keine Erzählerkommentare, die den angeblichen Urheber als Person hervortreten ließen.

Wichtigstes Thema der Sammlung ist die (meist außereheliche) Liebe, verstanden als Befriedigung des sexuellen Verlangens. In der Tradition der misogynen Literatur des Mittelalters erscheinen die Frauen als unersättlich: Eine junge Ehefrau beklagt sich darüber, daß das Glied ihres Mannes zu klein sei; er macht ihre Verwandten zu Schiedsrichtern, seine Frau aber verweist auf einen jungen Esel, der im Alter von einem halben Jahr schon viel besser ausgestattet ist (Nov. LXXX). Zahlreiche Novellen schildern, wie geschickt die Frauen ihre Männer hintergehen oder sich durch List vor der Entdekkung durch den eifersüchtigen Gatten schützen. Während allerdings ein Goldschmied wahrhaft diabolische Rache an einem Priester nimmt, den er mit seiner Frau überrascht hat (Nov. LXXXV, entspricht einem Fabliau des GAUTIER LE LEU), handelt ein anderer Ehemann, der seine Frau in flagranti ertappt, mit dem Ehebrecher seelenruhig eine Entschädigung von zwölf Maß Weizen aus und zieht sich dann zurück, denn wenn der andere zahlt, darf er seine Sache auch zu Ende bringen (Nov. XLIII). Die Männer (die ihrerseits keine Gelegenheit zum Ehebruch auslassen) werden kaum positiver dargestellt als die Frauen; allerdings do-

miniert (vor allem bei der Schilderung sexueller Vorgänge) klar die männliche Perspektive.
Die Geschichten sind meist kurz und oft auf eine Pointe, einen witzigen prägnanten Ausspruch oder dergleichen angelegt. Von dem burlesken Grundton der Sammlung heben sich nur wenige tragisch endende Novellen ab (z. B. Nov. LXIX, XCVIII). Oft ist die Frage diskutiert worden, ob die *Cent nouvelles nouvelles* als realistische Literatur zu betrachten sind; sie sind es ebensowenig wie die idealisierende höfische Dichtung, zu der sie den Gegenpol bilden: In den Novellen erscheint der Mensch (ebenso wie schon früher in den Fabliaux) als ausschließlich von seinen Trieben beherrscht, vor allem dem übermächtigen sexuellen Verlangen gegenüber sind Gefühl und Verstand machtlos; diese Sichtweise ist ebenso einseitig wie die schwärmerisch-vergeistigte Liebeskonzeption der Ritterromane. Aus den zahlreichen Geschichten, die von lüsternen, ehebrecherischen Priestern handeln, darf man nicht ohne weiteres auf die Moral des damaligen Klerus schließen; dagegen sagt die Ungeduld eines Sohnes, der immer wieder zu seiner angeblich im Sterben liegenden Mutter gerufen wird, die sich dann doch wieder erholt (Nov. LXXVII), durchaus etwas über das Eltern-Kind-Verhältnis aus. A.Gi.

AUSGABEN: Paris 1486. – Paris 1874, Hg. J. Garnier [m. Anm. u. Glossar]. – Paris 1928, Hg. P. Champion. – Paris 1941 (in A. de la Sale, *Œuvres complètes*, Bd. 2, Hg. F. Desonay; krit.). – Paris 1965 (in *Conteurs français du 16e siècle*, Hg. P. Jourda; Pléiade). – Genf 1966, Hg. F. P. Sweetser (krit.; TLF).

ÜBERSETZUNGEN: *Liebesschwänke, 52 Stücke der neuen Novellen*, Bln. 1862. – *Die hundert neuen Novellen*, A. Semerau, Mchn. 1907. – *Aus den hundert neuen Geschichten*, W. Widmer (in *Ein französisches Hexameron. Novellen und Schwänke*, Stg. 1948, S. 263–337; Ausw.). – *Die hundert neuen Novellen*, A. Semerau, Mchn. 1965 [Nachw. P. Amelung].

LITERATUR: K. Haag, *Ein altfranzösisches Novellenbuch (Cent nouvelles nouvelles)*, Stg. 1903. – W. Küchler, *Die »Cent nouvelles nouvelles«* (in ZfrzSp, 30, 1906, S. 264–331; 31, 1907, S. 39–101). – W. Pabst, *Die Theorie der zeitlichen und räumlichen Nähe* (in W. P., *Novellentheorie und Novellendichtung*, Heidelberg 1967, S. 168–174). – R. Dubuis, *Les »Cent nouvelles nouvelles« et la tradition de la nouvelle en France au moyen âge*, Grenoble 1973. – H. H. Wetzel, *Märchen in den französischen Novellensammlungen der Renaissance*, Bln. 1974, S. 31 bis 46. – H. A. Hatzfeld, *Le caractère flamboyant des »Cent nouvelles nouvelles«* (in *Mélanges C. Rostaing*, Lüttich 1974, S. 419–435). – R. Klesczewski, *Les »Cent nouvelles nouvelles«, »Novelle 92«* (in *Die französische Novelle*, Hg. W. Krömer, Düsseldorf 1976, S. 22–32; 339–341). – L. Rossi, *Aubert de Hesdin, autore delle »Cent nouvelles nouvelles«* (in CN, 36, 1976, S. 95–118). – P.-A. Beauchamp, *Procédés et thèmes carnavalesques dans les »Cent nouvelles nouvelles«* (in Le Moyen français, 1, 1977, S. 90–118). – R. Dubuis, *Réalité et réalisme dans les »Cent nouvelles nouvelles«* (in *La nouvelle à la Renaissance*, Hg. L. Sozzi u. V. L. Saulnier, Genf/Paris 1981, S. 91–119). – Ders., *La Fontaine, Lecteur des »Cent nouvelles nouvelles«* (in *Mélanges G. Couton*, Genf 1981, S. 245–357). – L. Rossi, *Per il testo delle »Cent nouvelles nouvelles«* (in Medioevo romanzo, 8, 1981–1983, S. 401–418). – M. Zimmermann, *Tod, Eros und bürgerliche ›Courage‹. Die 55. Novelle der »Cent nouvelles nouvelles«* (in *Romanica historica et Romanica hodierna*, Hg. P. Wunderli u. W. Müller, Ffm./Bern 1982, S. 385–407). – E. Strietman, *A Distorting Mirror. Reflections of the »Cent Nouvelles« in the Literature of the Low Countries* (in Fifteenth Century Studies, 9, 1984, S. 165–196). – C. Merlin, *Le comique des »Cent Nouvelles nouvelles«* (in CAIEF, 37, Mai 1985, S. 69–83). – E. Stojkovic Mazzariol, *L'auteur des »Cent nouvelles nouvelles« et le Pogge. Une rencontre manquée* (in *Études littéraires sur le XVe siècle*, Mailand 1986, S. 103–123). – P. Wunderli, *Das komische Leiden. Aspekte der Krankheit in den »Cent nouvelles nouvelles«* (in *Der kranke Mensch in Mittelalter und Renaissance*, Hg. P. W., Düsseldorf 1986, S. 99–131). – M. Jeay, *L'enchâssement narratif. Un jeu de masques. L'exemple des »Cent nouvelles nouvelles«* (in *Masques et déguisements dans la littérature médiévale*, Hg. M.-L. Ollier, Montreal/Paris 1988, S. 193–201). – M. Zimmermann, *Vom Hausbuch zur Novelle*, Düsseldorf 1989, S. 233–295.

LA CHANSON DE ROLAND

(afrz.; *Das Rolandslied*). Anonymes Heldenepos, entstanden wahrscheinlich um 1100. Die maßgebliche Handschrift (Oxford) stammt aus dem zweiten Viertel des 12. Jh.s; doch ist die anglonormannisch gefärbte und mit anderen Elementen durchsetzte Sprache dieses Manuskripts wahrscheinlich nicht die des Originals.
Seit sieben Jahren kämpft Karl der Große siegreich gegen die Mauren in Spanien. Marsilius, König von Saragossa, bittet ihn um Friedensverhandlungen, freilich mit dem Hintergedanken, nach dem Abzug Karls aus Spanien alle Verträge zu brechen. Als Karl sich überlegt, welchen seiner Paladine er zu den Verhandlungen schicken soll, schlägt Roland völlig arglos seinen Stiefvater Ganelon zu dem gefährlichen Unternehmen vor. Ganelon glaubt, Roland wolle ihn böswillig ins Verderben schikken, und beschließt, sich bitter zu rächen. Er nimmt Karls Auftrag an, verbündet sich aber mit Marsilius und schlägt ihm vor, Karls Nachhut, in der sich dessen beste Kämpfer befinden, zu überfallen. Auf dem Rückzug Karls aus Spanien gerät seine Nachhut im Engpaß von Roncevaux in den Hinterhalt.

Trotz heldenhaften Kampfes müssen die Christen sich der Überzahl der Heiden beugen. Olivier rät Roland, durch einen Stoß in das Horn Olifant König Karl und das Heer zurückzurufen. Bis kurz vor seinem Tod weigert sich aber Roland stolz, dem Rat zu folgen. Als Karl endlich zum Schlachtfeld zurückkehrt, sind die Helden gefallen. Durch ein Wunder steht die Sonne still, so daß er an einem überlangen Tag die Heiden bis nach Saragossa zurückschlagen kann. Dort kommt Baligant, der oberste Fürst der Heiden, von Marsilius schon lange erwartet, den Mauren zu Hilfe. Eine neue große Schlacht entbrennt, die schließlich mit dem Sieg Karls endet. Von Gram über Rolands Tod erfüllt, kehrt er nach Aachen zurück und läßt den Verräter Ganelon vierteilen. Aude stirbt, als sie den Tod ihres Verlobten Roland erfährt. Bramidoine, Marsilius' Witwe, empfängt die Taufe.

Das Werk besteht aus 4002 Zehnsilbern, die in Laissen – d. h. in sich jeweils durch Assonanz verbundene Versgruppen – gegliedert sind. Während der Stil im allgemeinen schlicht und nüchtern ist, nimmt er in den Kampfszenen durch Reihungen und topische Wiederholung von Sätzen oder Satzteilen eine geradezu metallische Strenge an; einzelne Episoden erreichen auf diese Weise ungewöhnliche Eindringlichkeit: etwa der Abschied Rolands von seinem sterbenden Freund Olivier, die Segnung der Toten durch den schwerverwundeten Erzbischof Turpin oder die Szene, in der Karl der Große den Leichnam seines Neffen Roland unter den Toten entdeckt.

Grundthema des Epos sind der Kampf zwischen Heiden und Christen und das Wechselspiel von Heimtücke und aufopfernder Tapferkeit. Daneben liegen dem Dichter zwei Dinge besonders am Herzen: zum einen die Darstellung der Anhänglichkeit der Franken an ihre Heimat, die *»dulce France«* (*»süßes Frankreich«*), die *»Tere Maior«* (*»großes Land«* oder *»Land der Ahnen«*), zum andern die Charakterisierung Rolands als eines in Schlachten verwegenen, aber oft unbedachten und bis zur Vermessenheit stolzen Streiters, dessen Maßlosigkeit die kluge Umsicht des brüderlichen Freundes Olivier gegenübergestellt wird.

Die Entstehung des *Rolandsliedes* ist noch weithin ungeklärt. Ob der im letzten Vers erwähnte TUROLD der Schreiber, der Sänger oder der Verfasser ist; ob sich, im letztgenannten Fall, seine Tätigkeit auf die Verschmelzung vorhandenen Materials beschränkte oder ob das Werk eine geniale Eigenschöpfung darstellt: all das sind offene Fragen. Auch über Entstehungsort (Île de France?) und -zeit herrscht keine Einmütigkeit. Die Datierung schwankt zwischen 997 und 1130; man neigt heute dazu, das Epos in der heute vorliegenden Sprachform kurz vor 1100 anzusetzen.

Mit der Unsicherheit der Datierung hängt das Problem des historischen Hintergrundes und die Frage nach dem historischen Wahrheitsgehalt des Textes zusammen. Karl der Große war im Jahre 778 in Spanien, wo er die Streitigkeiten einiger maurischer Fürsten beilegen sollte; beim Rückzug durch die Pyrenäen wurde seine Nachhut von baskischen Räubern aufgerieben. In drei Punkten also weicht der Dichter von den geschichtlichen Tatsachen ab: Er übertreibt das Ausmaß des Kampfgeschehens, macht anstelle der Basken die Mauren zu Karls Kampfgegnern und schildert einen niemals erzielten gewaltigen Sieg über die Gesamtheit der Mauren. Dennoch wurde die Frage, ob das Lied ein historisches Epos sein will, von der Kritik des 19. Jh.s bejaht; sie sah in dem Lied, wie allgemein in der französischen Ependichtung, übereinstimmend das letzte Glied einer (heute verlorenen) langen – zuerst fränkischen, dann lateinischen und französischen – Dichtungs- und Sagentradition, deren Gesänge und Berichte sich um aktuelle historische Ereignisse rankten und ein Produkt dieser Zeit darstellten. Da das Epos die Atmosphäre eines »Heiligen Krieges« atmet, sah man im *Rolandslied* eine Verherrlichung der Kreuzzüge und begründete diese Ansicht mit dem Auftreten Baligants; denn dies sei ein für den Handlungsablauf nutzloses und den Aufbau des Ganzen nur störendes Nebenmotiv. Die dem Geist religiöser Eroberung ursprünglich fremden Elemente – der Preis der Loyalität und Treue – wären dann, zur Verherrlichung des kämpferischen Glaubens, älteren Stoffen entnommen worden. Bedenkt man aber, daß die Idee einer totalen Vernichtung der Ungläubigen schon lange vor 1095 entstanden ist (im Jahre 1063 etwa dachte Papst Alexander II. daran, die ganze christliche Welt für die spanische Sache zu mobilisieren) und daß das *Rolandslied* keinerlei ausdrücklichen Hinweis auf die Kämpfe im Heiligen Land enthält, sondern prägnant und ausschließlich die Unternehmungen Karls des Großen in Spanien zum Thema hat, so wird man zu dem Schluß kommen, daß der Verfasser eher von der Reconquista als von den Kreuzzügen zu seinem Werk angeregt worden ist. In diesem Sinne ist auch eine psychoanalytische Interpretation des Werkes zu lesen. Dieser neuere Deutungsversuch interpretiert das Werk als kompensatorische Aufarbeitung des offenbar traumatischen Desasters der fränkischen Nachhut in den Pyrenäen. Die Literarisierung bewirkt hier eine deutliche Entstellung der historischen Fakten, die es erlaubt, aus Besiegten Märtyrer, aus Siegern Helfer des Satans werden zu lassen. Das dem Werk zugrundeliegende Debakel der Franken wird so zur heilsgeschichtlich relevanten Heldentat umstilisiert.

Das Rolandslied kann nur im Zusammenhang mit der großen Tradition der antiken epischen Poesie recht gewürdigt werden; die These der Romantik (der man die »Entdeckung« des Epos zu Anfang des 19. Jh.s verdankt), das Werk sei die originale Schöpfung eines naiv-unmittelbar sich äußernden Geistes, wird heute von niemandem mehr geteilt. Das Lied übte einen kaum abzuschätzenden Einfluß auf die nachfolgenden Literaturen in Frankreich und England aus. Die beiden bedeutendsten Nachdichtungen des Mittelalters sind der altfranzösische *Pseudo-Turpin* (1147–1168) und die mittelhochdeutsche Fassung des Pfaffen KONRAD (um

1170). Auch die italienische Renaissance und das *siglo de oro* in Spanien haben den Stoff wieder aufgegriffen. B.L.-KLL

Ausgaben: Paris 1836, Hg. F. Michel (*La chanson de Roland ou de Roncevaux*; nach der Hs. der Bibliotheca Bodleiana, Oxford). – Paris 1921, Hg. J. Bédier [m. neufrz. Übers.; maßgebende Ausg.]. – Mchn. 1963, Hg. H.-W. Klein (m. dt. Übers.; ern. 1983). – Englewood Cliffs 1971, Hg. G. F. Jones u. A. Demaitre. – Mailand/Neapel 1970, Hg. C. Segre. – Tübingen 71974 (*Das altfranzösische Rolandslied nach der Oxforder Handschrift*, Hg. A. Hilka u. G. Rohlfs). – University Park/Pa. 1978, Hg. G. J. Brault, 2 Bde. – Paris 1979, Hg. P. Jonin (m. neufrz. Übers.; Folio). – Genf 1989, Hg. C. Segre, 2 Bde. (TLF).

Übersetzungen: *Rolandslied*, H. A. Keller (in *Afrz. Sagen*, Hg. H. A. K., Tübingen 1839/40, Bd. 1). – *Das Rolandslied, Hg. R. Besthorn (m. Verwendung der Übers. von W. Hertz)*, Lpzg. 1972. – *The Song of Roland*, D. D. R. Owen, Ldn. 1972. – Dass., H. S. Robertson, Ldn. 1972. – Dass., F. Goldin, NY 1978 [engl.]. – *Das Rolandslied. Das älteste französische Epos*, W. Hertz, Essen 1985 [Nachw. G. Schweikle].

Literatur: J. Bédier, *»La chanson de Roland« – Commentaires*, Paris 1927. – E. Faral, *»La chanson de Roland« – Étude et analyse*, Paris 1933. – J. Horrent, *»La chanson de Roland« dans les littératures française et espagnole au moyen âge*, Paris 1951. – P. Le Gentil, *»La chanson de Roland«*, Paris 1955; 21967. – R. Menéndez Pidal, *»La chanson de Roland« y el neotradicionalismo (Origenes de la épica románica)*, Madrid 1959. – A. Roncaglia, *»La chanson de Roland« e i problemi dell'epica medievale francese*, Rom 1961. – H. Petriconi, *Der Tod des Helden* (in RJb, 12, 1961, S. 209–228; ern. in H. P., *Metamorphosen der Träume*, Ffm. 1971, S. 115–158). – G. F. Jones, *The Ethos of the »Song of Roland«*, Baltimore/Ldn. 1963. – K.-J. Steinmeyer, *Untersuchungen zur allegorischen Bedeutung der Träume im afrz. »Rolandslied«*, Mchn. 1963. – R. Lejeune u. J. Stiennon, *La légende de Roland dans l'art du moyen âge*, Brüssel 1966. – E. Köhler, *›Conseil des barons‹ und ›jugement des barons‹*, Heidelberg 1968. – J. J. Duggan, *A Concordance of the »Chanson de Roland«*, Columbus/Oh. 1969. – R. Rütten, *Symbol und Mythos im afrz. »Rolandslied«*, Braunschweig 1970 [Diss. Kiel 1969]. – E. Vance, *Reading the »Song of Roland«*, Englewood Cliffs 1970. – M. Wendt, *Der Oxforder Roland*, Mchn. 1970. – P. Aebischer, *Préhistoire et protohistoire du »Roland d'Oxford«*, Bern 1972. – J. Dufournet, *Cours sur »La chanson de Roland«*, Paris 1972. – E. W. Bulatkin, *Structural Arithmetic Metaphor in the Oxford Roland*, Columbus/Oh. 1972. – D. D. R. Owen, *The Legend of Roland*, Ldn. 1973. – Olifant, Paris 1973 ff. [Zs.]. – J. J. Duggan, *The Song of Roland. Formulaic Style*, Berkeley 1973. – K. Schlyter, *Les énumérations des personnages dans la »Chanson de Roland«*, Lund 1974. – C. Segre, *La tradizione della »Chanson de Roland«*, Mailand/Neapel 1974. – P. Aebischer, *Des Annales carolingiennes à Doon de Mayence*, Genf 1975 [mehrere Beitr.]. – Th. Venckeleer, *›Rollant li proz‹*, Lille/Paris 1975. – J. J. Duggan, *A Guide to Studies on the »Chanson de Roland«*, Ldn. 1976. – A. Burger, *Turold, poète de la fidélité*, Genf 1977. – *Société Rencesvals. Proceedings of the Fifth International Conference, Oxford 1970*, Univ. Salford 1977. – *Altfranzösische Epik*, Hg. H. Krauss, Darmstadt 1978 (mehrere Beitr.; WdF). – *Charlemagne et l'épopée romane*, Paris 1978 [mehrere Beitr.]. – L. Nolting-Hauff, *Zur Psychoanalyse der Heldendichtung. Das Rolandslied und die einfache Form ›Sage‹* (in Poetica, 10, 1978, S. 429–468). – M. Grunmann-Gaudet, *The Representation of Time in »La chanson de Roland«* (in *The Nature of Medieval Narrative*, Hg. M. G.-G. u. R. J. Jones, Lexington/Ky. 1980, S. 77–97). – J.-M. Paquette, *Le texte en métamorphe. Contribution à une poétique des laisses similaires d'après six versions de la ›Scène du cor‹ de la »Chanson de Roland«* (ebd., S. 99–122). – B. Cerquiglini, *Roland à Roncevaux, ou la trahison des clercs* (in Littérature, 11, Mai 1981, Nr. 42, S. 40–56). – J. de Caluwé, *La prière épique dans la tradition manuscrite de la »Chanson de Roland«* (in *La prière au moyen âge*, Aix-en-Provence/Paris 1981, S. 147–186). – J. Horrent, *Chanson de Roland et Geste de Charlemagne*, Heidelberg 1981. – M. Metz, *Zu Tradition und Perspektive in der Geographie der »Chanson de Roland«*, Ffm. 1981. – *La chanson de geste et le mythe carolingien, Mélanges René Louis*, Saint-Père-sous-Vézélay 1982. – R. M. Penson, *Literary Techniques in the »Chanson de Roland«*, Genf 1982. – M. de Riquer, *Chanson de Roland/Cantar de Róland y el Roncesvalles navarro*, Barcelona 1983. – *Essor et fortune de la Chanson de geste dans l'Europe et l'Orient latin*, Modena 1984 [mehrere Beitr.]. – A. Moisan, *La mort de Roland selon les différentes versions de l'époque* (in Ccm, 28, 1985, S. 101–132). – H. Chanteaux, *Recherches sur la »Chanson de Roland«*, Caen 1985. – J. Horrent, *Chanson de Roland et Geste de Charlemagne. Partie documentaire*, Heidelberg 1985. – W. Calin, *»La chanson de Roland«* (in W. C., *A Muse for Heroes*, Toronto 1983, S. 14–36). – U. Mölk, *Rolands Schuld* (in *Das Epos in der Romania. Fs. D. Kremers*, Hg. S. Knaller u. E. Mara, Tübingen 1986, S. 299–308). – E. Vance, *»Roland« and Charlemagne* (in *Marvelous Signals*, Lincoln/Nebr. 1986, S. 51–85). – A. Noyer-Weidner, *Umgang mit Texten 1: Vom Mittelalter bis zur Renaissance*, Hg. K.W. Hempfer, Stg./Wiesbaden 1986 [mehrere Beitr.]. – G. Ashby-Beach, *The Song of Roland*, Amsterdam 1985. – P. Mirabile, *La genèse de la »Chanson de Roland«*, Paris 1987. – J.-C. Payen, *L'hégémonie normande dans la »Chanson de Roland« et les »Gesta Tancredi« de Raoul de Caen* (in *Romance Epic*, Hg. H.-E. Keller, Kalamazoo/Mich. 1987, S. 73–90). – E. J. Mickel Jr., *Ganelon's Defense* (ebd., S. 163–172). – R. F. Cook, *The Sense of the »Song of Roland«*, Ithaca/N.Y. 1987. – J.-M. Paquette, *Masque, songe et métaphore. Le cas de la*

»Chanson de Roland« (in *Masques et déguisements dans la littérature médiévale*, Hg. M.-L. Ollier, Montreal/Paris 1988, S. 233–242). – U. Ernst, *›Kollektive Aggression‹ in der »Chanson de Roland« und im »Rolandslied« des Pfaffen Konrad* (in Euph, 82, 1988, S. 211–225). – M. Hecht, *La chanson de Turold. Essai de déchiffrement de la »Chanson de Roland«*, Paris 1988. – J. Vallcorba, *Lectura de la »Chanson de Roland«*, Barcelona 1989.

Chansons de toile

auch: *Chansons d'histoire* (afrz.; *Nählieder*, auch: *Erzähllieder*). Zwanzig Romanzen, fünfzehn davon wahrscheinlich in der ersten Hälfte des 12. Jh.s von anonymen Verfassern geschrieben, fünf weitere von Audefroy le Bastard um 1200; erhalten in Handschriften aus der ersten Hälfte des 13. Jh.s. – Die Bezeichnung *chansons de toile* weist auf Herkunft und Ausgangssituation vieler dieser Gedichte hin: Frauen und Mädchen singen Lieder, während sie mit einer Stick- oder Näharbeit beschäftigt sind. Der Begriff *chansons d'histoire* bezeichnet Gedichte epischen Charakters und weist auf deren formale Verwandtschaft mit den *chansons de geste* hin.

Die Handlung der zwanzig erhaltenen Gedichte dieser Gattung verläuft fast immer nach dem gleichen Schema: Ein junges Mädchen (Bele Erembors, Bele Yolanz usw.) von hohem Stand liebt einen schönen Ritter. Das Mädchen oder seine Mutter wirbt – manchmal sogar mit Geschenken – um den Auserkorenen. Dieser willigt freudig und ohne Zögern in die vorgeschlagene Zusammenkunft oder Heirat ein. Es tauchen jedoch auch andere Motive auf, etwa das der unglücklich Verheirateten, der *»malmariée«* (zu unterscheiden von der besonderen Gattung der Zitatlieder *»de la malmariée«*), die sich über die Verständnislosigkeit ihres Gatten hinwegzutrösten versucht, oder des von tiefer Trauer erfüllten Mädchens, das den Tod seines Freundes beklagt.

Die Form der Romanzen ist meist ziemlich anspruchslos; sie bestehen aus drei- bis fünfzeiligen Strophen, deren jede mit einem Refrain endet. Die frühesten Romanzen assonieren, die späteren haben Vollreim. – Viele Kriterien sprechen dafür, daß die Romanzen eine sehr alte, im Volkstümlichen wurzelnde Form der Lyrik sind: so die altertümliche metrische Form (Assonanz, Refrain), die schlichte Erzählweise ohne Schilderung subjektiver Empfindungen, wie auch Stand und Verhalten der weiblichen Zentralfigur (unverheiratet, werbend). Die Romanzen unterscheiden sich wesentlich von der altprovenzalischen Minnelyrik (die um 1170 auch in Nordfrankreich heimisch wurde) mit ihren kunstvollen Metren, ihrer Neigung zu theoretischen und psychologischen Gedankengängen und ihrer Anbetung der verheirateten »Herrin«. B.L.

Ausgaben: Lpzg. 1870 (in *Altfranzösische Romanzen und Pastourellen*, Hg. K. Bartsch). – Paris 1978, Hg. M. Zink.

Literatur: C. Cremonesi, *»Chanson de geste« et »Chanson de toile«* (in Studi Romanzi, 30, 1943, S. 55–203). – E. Faral, *Les »Chansons de toile« ou »Chansons d'histoire«* (in Rom, 69, 1946/47, S. 433–461). – G. Sabe, *Le »Chansons de toile« o »Chansons d'histoire«*, Modena 1955. – P. Zumthor, *La chanson de »Bele Aiglentine«* (in TLL, 8, 1970, Nr. 2, S. 325–337). – P. Jonin, *Les types féminins dans les »Chansons de toile«* (in Rom, 91, 1970, S. 433–466). – Ders., *Le refrain dans les »Chansons de toile«* (in Rom, 96, 1975, S. 209–244). – P. Bec, *La lyrique française au moyen âge*, Paris 1974, Bd. 1, S. 107–119. – M. Zink, *Les »chansons de toile«*, Paris 1978 [m. Textausg. u. Noten]. – L. R. Polly, *The »Chanson de toile« and the »Chanson de geste«* (in RoNo, 22, 1981/82, S. 224–228). – T. Hunt, *De la chanson au sermon. »Bele Aalis« et »Sur la rive de la mer«* (in Rom, 104, 1983, S. 433–456).

le Charroi de Nîmes

(afrz.; *Der Wagen von Nîmes*). Epos in 1464 Versen, aus dem *Cycle carolingien*, von einem anonymen Verfasser um 1150 geschrieben. – Guillaume d'Orange kehrt von der Jagd zurück und erfährt von seinem Neffen Bertram, König Ludwig habe soeben Lehen verteilt und ihn dabei übergangen. Voll Entrüstung tritt er vor den Herrscher und erinnert ihn an seine Leistungen. Der König will ihn zunächst auf spätere Jahre vertrösten, bietet ihm dann aber einige Lehen an, deren Träger gestorben sind. Doch Guillaume lehnt es ab, Witwen und Waisen ihres Landes zu berauben. Aus Angst, den ruhmreichen Helden zu verlieren, verspricht ihm Ludwig schließlich ein Viertel seines Reiches. Wiederum lehnt Guillaume stolz ab; er wünscht sich statt dessen die Mark Spanien, Septimanien, Nîmes und Orange – Gebiete, die er freilich den Händen der Heiden erst entreißen muß. Damit ist Ludwig einverstanden. Auf dem anschließenden Kriegszug begegnen Guillaume und sein Heer einer Gruppe von Kaufleuten mit fässerbeladenen Wagen. Guillaume läßt seine Soldaten in den Fässern verstecken (eine Analogie zum Trojanischen Pferd) und zieht samt seinem Heer als Kaufmann in Nîmes ein. Als die Heiden Verdacht schöpfen und ein Streit entbrennt, verlassen die Soldaten ihre Verstecke und erobern die Stadt.

Das Epos vom *Charroi de Nîmes* ist als Fortsetzung des *Coronemenz Loois* anzusehen, das von den Verdiensten Guillaumes um Ludwigs Thronfolge berichtet. Sein Gegenstück ist die *Prise d'Orange*, die erzählt, wie Guillaume die Stadt Orange einnimmt. Die beiden Teile des *Charroi* sind auch stilistisch deutlich voneinander abgesetzt: Während in der zweiten Hälfte komisch-burleske Züge vorherrschen – »trojanische« List, Verkleidung Guillaumes als Kaufmann –, ist der erste Teil vor allem durch den Ernst des heftigen Dialogs zwischen dem König und Guillaume gekennzeichnet, der seinem Herrn voll Zorn Undankbarkeit und niedrige Gesinnung vorwirft. Meisterhaft ist der Stimmungswandel des Königs dargestellt: von hochmütiger Herablassung über Verlegenheit bis zur Angst, den besten Vasallen zu verlieren. In vielem stützt sich der Dichter auf historische und geographische Gegebenheiten: So wird z. B. die Via Tolosana, die alte Pilgerstraße nach Santiago de Compostela, genau beschrieben, und eindrucksvoll ist das damalige Leben der Kaufleute geschildert. Aber das Epos stellt keine Chronik französischer Geschichte dar: die Gestalt des historischen Guillaume d'Orange wird um zahlreiche Einzelzüge aus der Biographie anderer Träger dieses Namens (etwa der Herzöge von Aquitanien) bereichert; so entsteht das Idealbild des aufrechten Gegners eines Königs, der seine königlichen und lehensherrlichen Pflichten (Dankbarkeit, Schutz der Witwen und Waisen) grob verletzt und von dem deshalb Rechenschaft gefordert wird. B.L.

Ausgaben: Den Haag 1854–1867 (in J. A. Jonckbloet, *Guillaume d'Orange, chanson de geste des XIe et XIIe siècles*, 3 Bde.; m. Quellenunters.). – Paris 1931 (in J.-L. Perrier, *Le charroi de Nîmes – Chanson de geste du XIIe siècle*). – Paris 1970, Hg. G. de Poerck u. a., 2 Bde. – Paris 1972; ern. 1978, Hg. D. McMillan.

Übersetzung: *Le charroi de Nîmes*, F. Gégou, Paris 1971 [neufrz.; CFMA].

Literatur: P. A. Becker, *Das Werden der Wilhelms- und Aimeri-Geste*, Lpzg. 1939. – E. R. Curtius, *Zu den Wilhelmsepen* (in ZfrPh, 64, 1944). – J. Frappier, *Les chansons de geste du cycle de »Guillaume d'Orange«*, Paris 1955; ²1967. – M. Tyssens, *Guillaume d'Orange dans les manuscrits cycliques*, Paris 1967. – M. Mancini, *L'édifiant, le comique et l'idéologie dans le »Charroi de Nîmes«* (in *Société Rencesvals. IVe Congrès international*, Heidelberg 1969, S. 203–212). – G. de Poerck u. a., *Le charroi de Nîmes*, 2 Bde., Paris 1970. – A. Adler, *À propos du »Charroi de Nîmes«* (in *Mélanges J. Frappier*, Genf 1970, S. 9–15). – J.-C. Payen, *Le »Charroi de Nîmes«, comédie épique?* (ebd., S. 891–902). – M. Mancini, *Società feudale e ideologia nel »Charroi de Nîmes«*, Florenz 1972. – F. Suard, *Les petites laisses dans le »Charroi de Nîmes«* (in *Actes du VIe Congrès international de la Société Rencesvals pour l'étude des épopées romanes*, Aix-en-Provence 1974, S. 651–667). – D. D. R. Owen, *Structural Artistry in the »Charroi de Nîmes«* (in FMLS, 14, 1978, S. 47–60). – L. S. Crist, *Remarques sur la structure de la chanson de geste. »Charroi de Nîmes« – »Prise d'Orange«* (in *Charlemagne et l'épopée romane*, Paris 1978, S. 359–372). – T. Hunt, *L'inspiration idéologique du »Charroi de Nîmes«* (in Rbph, 56, 1978, S. 580–606). – M. Kaehne, *Trobadorlyrik (Bernart von Ventadorn) und Wilhelmsgeste (»Charroi de Nîmes«). Zwei Versuche einer dichterischen Lösung* (in *Fs. R. Rohr*, Hg. W. Bergerfurth u. a., Heidelberg 1979, S. 211–230). – A. Galmés de Fuentes, *Le »Charroi de Nîmes« et la tradition arabe* (in Ccm, 17, 1979, S. 125–137). – M. Girault, *L'itinéraire du »Charroi de Nîmes«* (in *La chanson de geste et le mythe carolingien. Mélanges R. Louis*, Saint-Père-sous-Vézélay 1982, S. 1105–1116). – E. A. Heinemann, *›Composite Laisse‹ and Echo as Organizing Principles. The Case of Laisse I of the »Charroi de Nîmes«* (in RPh, 37, 1983/84, S. 127–138). – *Guillaume d'Orange and the Chanson de geste*, Hg. W. van Emden u. P. E. Bennett, Reading 1984 [mehrere Beitr.]. – L. Schøsler, *L'emploi des temps du passé en ancien français. Étude sur les variantes manuscrites du »Charroi de Nîmes«* (in *Actes du 9e Congrès des Romanistes Scandinaves*, Hg. E. Suomela-Härmä u. O. Välikangas, Helsinki 1986, S. 341–352). – *Guillaume et Willehalm, les épopées françaises et l'œuvre de Wolfram von Eschenbach*, Hg. D. Buschinger, Göppingen 1985. – B. Guidot, *Recherches sur la chanson de geste au XIIIe siècle d'après certains œuvres du »Cycle de Guillaume d'Orange«*, Aix-en-Provence/Marseille 1986. – A. Saccone, *Formule e produzione del testo nello »Charroi de Nîmes«* (in Annali dell'Istituto Orientale di Napoli, Sez. romanza, 29, 1987, S. 195–207). – A. Bomba, *Chanson de geste und französisches Nationalbewußtsein im Mittelalter. Sprachliche Analysen der Epen des Wilhelmszyklus*, Stg. 1987.

La Chastelaine de Vergi

(afrz.; *Die Kastellanin von Vergi*). Anonyme Verserzählung aus dem 13. Jh. – Die kurze Erzählung gehört zu den am weitesten verbreiteten Liebesgeschichten des späten Mittelalters. Unter den zahlreichen Bearbeitungen des Stoffes sind vor allem diejenigen im *Heptaméron* (1545–1549) der Marguerite de Navarre und in den Novellen Bandellos (1573) zu nennen. Ein Ritter am burgundischen Hof liebt heimlich die Kastellanin von Vergi, eine Nichte seines Dienstherrn, des Herzogs, während dessen Frau ihrerseits in den jungen Ritter verliebt ist. Als das Werben der Herzogin aussichtslos bleibt, rächt sie sich an dem Ritter, indem sie ihn bei ihrem Mann verleumdet und behauptet, der Ritter habe sie bedrängt. Da der Herzog den jungen Ritter indes über alles schätzt und nicht von vornherein verurteilen kann, stellt er ihn zur Rede.

Angesichts der Verbannung, mit der ihm sein Lehnsherr droht, gesteht der Ritter ihm den Namen seiner tatsächlichen Angebeteten. Die Herzogin bemerkt alsbald, daß ihr Racheplan nichts gefruchtet hat. Als sie ihren Mann drängt, ihr von der Unterredung mit dem Ritter zu erzählen, gibt der Herzog schließlich den Namen der wirklichen Geliebten preis, obgleich er diesen geheimzuhalten versprochen hatte. Als die Herzogin der Kastellanin von Vergi auf einem Fest durch Anspielungen zu verstehen gibt, daß sie um ihr Geheimnis weiß, ist diese enttäuscht über den Verrat ihres Ritters. Sie stirbt vor Gram über seine Treulosigkeit. Der Ritter, der sich dafür verantwortlich weiß, folgt ihr alsbald in den Tod. Der Herzog erkennt schließlich die Zusammenhänge und erdolcht seine Frau, um dann als Pilger im Heiligen Land bis an sein Lebensende Buße zu tun.

Im Zentrum des Werkes steht ein für die provenzalische Minnetheorie charakteristischer Problemfall, in dem Eifersucht und die Verschwiegenheit und Loyalität des Liebenden in kasuistischer Zuspitzung kontrapunktiert werden. Minne und Eifersucht werden in ihrer Fatalität und in ihrer destruktiven Wirkung auf alle Beteiligten in einer Erzählform komprimiert, die bereits alle Züge der Novellen BOCCACCIOS in sich trägt: In durchaus neuzeitlichem Sinne erscheinen alle Beteiligten als Charaktere, die für ihr Unheil selbst die Verantwortung auf sich nehmen. Knappe Darstellung mit pointierten Dialogen, eine Sprache von schlichter Eindringlichkeit und ein erstaunlicher Sinn für die psychologische Durchdringung des Stoffes gehören zu den hervorstechenden Qualitäten des kleinen, aber beeindruckenden Werkes. G.Wil.

AUSGABEN: Paris 1808 (in *Fabliaux et contes*, Hg. E. Barbazan u. D.M. Méon, Bd. 4). – Paris 1892 (in Rom, 21, Hg. G. Raynaud). – Paris ³1923, Hg. ders. – Manchester 1944, Hg. F. Whitehead. – Den Haag 1970, Hg. R. Stuip (ern. 1985; m. neufrz. Übers.; 10/18). – Diss. Princeton Univ. 1975, Hg. L.A. Arrathoon (krit.; vgl. Diss. Abstracts, 37, 1976/77, S. 1003A).

ÜBERSETZUNGEN: In E. Lorenz, *Die Kastellanin von Vergi in den Literaturen Frankreichs, Italiens, der Niederlande, Englands und Deutschlands*, Halle 1909. – *Die Chastelaine von Vergi*, M. Neusser, Wien 1924. – *Französische Schicksalsnovellen des 13. Jh. La Chastelaine de Vergi, La fille du comte de Pontieu, Le roi Flore et la belle Jehanne*, F. Wolfzettel, Mchn. 1986 [afrz.-dt.].

LITERATUR: P. Lakits, *»La chastelaine de Vergi« et l'évolution de la nouvelle courtoise*, Debrecen 1966. – W. D. Lange, *Höfische Tradition und individuelles Leben in der »Chastelaine de Vergi«* (in ZfrzSp, 76, 1966, S. 17–43). – P. Zumthor, *De la chanson au récit: »La chastelaine de Vergi«* (in VRo, 27, 1968, S. 77–95; ern. in *Der altfranzösische Roman*, Hg. E. Köhler, Darmstadt 1976, S. 229–253; WdF). – A. Maraud, *Le Lai de »Lanval« et »La chastelaine de Vergi«* (in Rom, 93, 1972, S. 433–459). – E. P. Kostoroski, *Quest in Query and the »Chastelaine de Vergi«* (in Medievalia et Humanistica, 3, 1972, S. 179–198). – J.-P. Bordier u. a., *Disposition de la lettrine et interprétation des œuvres. L'exemple de »La chastelaine de Vergi«* (in MA, 79, 1973, S. 231 bis 250). – J.-C. Payen, *Structure et sens de la »Chastelaine de Vergi«* (in MA, 79, 1973, S. 209–230). – L.A. Arrathoon, *The »Châtelaine de Vergi«* (in Language and Style, 7, 1974, S. 151–180). – J. Frappier, *»La chastelaine de Vergi«, Marguerite de Navarre et Bandello* (in J. F., *Du moyen âge à la Renaissance*, Paris 1976, S. 393–473). – B. Schmolke-Hasselmann, *»La chastelaine de Vergi« auf Pariser Elfenbein-Kästchen des 14. Jh.s* (in RJb, 27, 1976, S. 52–76). – L. Gross, *»La chastelaine de Vergi« Carved in Irony* (in Viator, 10, 1979, S. 311–321). – D. J. Shirt, *»La chastelaine de Vergi«, the Technique of Stylistic Cohesion* (in Reading Medieval Studies, 6, 1980, S. 81–99). – J. Rychner, *La présence et le point de vue du narrateur dans deux récits courts. Le »Lai de Lanval« et la »Châtelaine de Vergi«* (in VRo, 39, 1980, S. 86–103). – G. R. Mermier, *En relisant »La chastelaine de Vergi«* (in Studi Mediolatini e Volgari, 28, 1981, S. 19–38). – L. Cooper, *Irony as Courtly Poetic Truth in »La châtelaine de Vergy«* (in RomR, 75, 1984, S. 273–282). – R. Stuip, *»L'istoire de la Chastelaine du Vergier«* (in *Actes du IVe Colloque international sur le Moyen Français*, Hg. A. Dees, Amsterdam 1985, S. 337–359). – E. DuBruck, *La rhétorique du désir. Didon et la Châtelaine de Vergi* (in *Relire le »Roman d'Énéas«*, Hg. J. Dufournet, Genf/Paris 1985, S. 25–42). – L. de Looze, *The Untellable Story. Language and Writing in »La Chastelaine de Vergi«* (in FR, 59, 1985/86, S. 42–50). – P. Clifford, *»La Chastelaine de Vergi« and Jean Renart. »Le lai de l'ombre«*, Ldn. 1986. – E. E. Okafor, *Les sources et la structure de »La chastelaine de Vergi«* (in Francofonia, 12, Frühj. 1987, S. 65–77).

LE CHEVALIER AU CYGNE

(afrz.; *Der Schwanenritter*). Anonymes Kreuzzugsepos, entstanden zu Beginn des 13. Jh.s. – König Lothar von Ungarn begegnet auf der Jagd dem Mädchen Elioxa, verliebt sich und heiratet sie. Als Lothar gegen die Heiden Krieg führt, bringt Elioxa sieben Kinder – sechs Söhne und eine Tochter – zur Welt, die von Elioxas eifersüchtiger Schwiegermutter in Schwäne verwandelt werden; jedoch werden auf Fürbitte ihrer Schwester fünf von ihnen wieder rückverwandelt, um dann auf Abenteuersuche zu gehen. Unter ihnen ist Helias, der Schwanenritter (dessen Name sich wahrscheinlich der phonetischen Verwechslung von *signe*, dem Zeichen der Kreuzritter, und *cygne*, dem Schwan, verdankt). In einem Kahn, den ein Schwan, Helias sechster, nicht rückverwandelter Bruder zieht, gelangt der Schwanenritter nach Nimwegen, wo er die konventionellen Abenteuer eines Ritterromans besteht: Er steht der Gräfin von Bouillon im Krieg gegen einen Thronräuber erfolgreich bei. Als er als Belohnung deren Tochter Béatrice zur Frau erhält, verpflichtet er diese, ihn nie nach seinem Namen zu fragen. In fataler Weise bricht sie nach achtjähriger Beherrschung dieses Versprechen, worauf Helias sie verläßt.

Der Schwanenritterstoff wurde in zwei stark abweichenden Fassungen, *Le chevalier au cygne* und *Elioxe ou la naissance du chevalier au cygne*, überliefert und steht in engem Zusammenhang mit dem sog. Kreuzfahrerzyklus um den ersten König von Jerusalem, Geoffrey de Bouillon. Vor allem die *Enfances Godefroy*, das Epos um Geoffrey und seine Brüder Baudouin und Eustache, sind hier als Fortsetzung des Schwanenritters zu nennen. Neben eher märchenhaften Epen wie dem *Chevalier au cygne* ist Geoffrey auch die Hauptfigur einer Gruppe von stärker am historischen Faktengehalt orientierten Kreuzzugsepen, wie der *Chanson d'Antioche*, der *Conquête de Jérusalem* und der *Chanson des chétifs*, die von Graindor de Douai auf der Basis verlorener Vorlagen eines Richard le Pélérin abgefaßt sind. Ein erst im 14. Jh. entstandenes Epos, *Baudoin de Sebourc*, das von Geoffreys Bruder handelt, ist wesentlich phantastischeren Gehalts. In ihrer Kombination des historischen Materials aus der Kreuzzugszeit und märchenhaften Zügen erfreute sich die Schwanenrittersage in ganz Europa großer Beliebtheit. Berühmt sind die Reliefdarstellungen des Schwanenritterzyklus an der Fassade des Herzogspalasts von Nevers (Burgund), die auf die genealogische Verbindung der Herzöge von Berry und der Familie Geoffrey anspielen. Die im späten 13. Jh. entstandene anonyme romanhafte Chronik *La gran conquista de Ultramar* greift ebenso auf die Schwanenrittersage zurück wie Wolfram von Eschenbach, der am Ende seines *Parzival* eine genealogische Verbindung zwischen dem Gralsgeschlecht Parzivals und dem Schwanenritter Loherangarîn herstellt. Daneben spinnen ein bayerisches Lohengrin-Epos des späten 13. Jh.s, eine fragmentarische Dichtung *Der Schwanritter* von Konrad von Würzburg sowie das thüringische Spielmannsepos *Der Sängerkrieg auf der Wartburg* den Stoff weiter. Auf diesen stofflichen Voraussetzungen basiert Richard Wagners Oper *Lohengrin*, durch die der mittelalterliche Stoff auch dem 20. Jh. wenigstens in Rudimenten – und ohne den historischen Bezug zu Geoffrey de Bouillon – vertraut geblieben ist. G.Wil.

Ausgaben: Paris 1874–1877 (*La chanson du chevalier au cygne et de Godefroid de Bouillon*, Hg. C. Hippeau, 2 Bde.). – Univ. of Alabama 1977 (*La naissance du Chevalier au Cygne, Elioxe*, Hg. E. J. Mickel Jr. – *Beatrix*, Hg. J. A. Nelson; Essay G. M. Myers, 2 Bde.). – Univ. of Alabama 1985 (*Le chevalier au cygne et La fin d'Élias*, Hg. J. A. Nelson).

Literatur: G. Paris (in *Histoire littéraire de la France*, Bd. 22, Paris 1895, S. 350–402). – J. F. D. Bloette, *Der historische Schwanenritter* (in ZfrPh, 21, 1896, S. 176–191; 25, 1900, S. 1–44; dagegen G. Paris, in Rom, 26, 1897, S. 580–582; 30, 1901, S. 444). – W. R. J. Barron, *Versions and Texts of the »Naissance du chevalier au cygne«* (in Rom, 89, 1968, S. 481–538). – J. Lods, *L'art de la composition dans les différentes versions du »Chevalier au cygne«* (in *Société Rencesvals. IVe Congrès international*, Heidelberg 1969, S. 245–253). – J. Lods, *La fin du »Chevalier au cygne«* (in *Mélanges J. Frappier*, Genf 1970, S. 659–682). – E. A. Emplaincourt, *»La chevalier au cygne et de Godefroi de Bouillon«* (in Rom, 95, 1974, S. 562–565). – A. Kerdelhue, *Les metamorphoses de l'eau dans trois versions de la »Naissance du chevalier au Cygne«* (in *Les quatre éléments dans la culture médiévale*, Hg. D. Buschinger u. A. Crépin, Göppingen 1983, S. 127–140). – E. A. Emplaincourt u. J. A. Nelson, *»La geste du chevalier au cygne«, la version en prose de Copenhague et la tradition du premier cycle de la croisade* (in Rom, 104, 1983, S. 351–370). – Y. R. Boucher, *Mythe et transformation dans les versions de la naissance du »Chevalier au Cygne«*, Diss. Univ. of Massachusetts 1983 (vgl. Diss. Abstracts, 44, 1983/84, S. 1081A). – A. Kerdelhue, *Scènes de la vie conjugale du »Chevalier au Cygne«* (in *Amour, mariage et transgressions au moyen âge*, Hg. D. Buschinger u. A. Crépin, Göppingen 1984, S. 103–121). – D. A. Trotter, *L'ascendance mythique de Godefroy de Bouillon et le Cycle de la Croisade* (in *Métamorphose et bestiaire fantastique au moyen âge*, Hg. L. Harf-Lancner, Paris 1985, S. 107–135). – E. A. Emplaincourt, *Étude des interpolations dans »La chanson du Chevalier au Cygne et de Godefroi de Bouillon«. État de la question* (in *Les épopées de la croisade*, Hg. K.-H. Bender, Stg. 1987, S. 126–131).

LE COURONNEMENT DE LOUIS

(afrz.; *Die Krönung Ludwigs*). Anonymes Heldenepos, wahrscheinlich um 1150 entstanden. – Bei einem Fest in Aachen verkündet Kaiser Karl der Große, daß er seinem fünfzehnjährigen Sohn Ludwig die Herrschaft übergeben wolle. In Gegenwart aller Adligen macht er den Thronfolger mit seinen Pflichten bekannt und fragt, ob er sich dieser Aufgabe gewachsen fühle. Ludwig schweigt. In der allgemeinen Betroffenheit schlägt der Verräter Arneïs dem Kaiser vor, ihm, Arneïs, für drei Probejahre die Regierung zu übertragen und erst dann seinen Sohn wieder zu prüfen. Da kehrt Graf Wilhelm von Orange (Guillaume d'Orange) von der Jagd zurück und erfährt von seinem Neffen Bertran, was vorgefallen ist. Er durchschaut die Absichten des Arneïs, stürmt in den Saal und schlägt den hinterlistigen, ehrgeizigen Ratgeber nieder. Erleichtert erkennt die Versammlung, wovor sie bewahrt wurde. Jetzt nimmt Ludwig die Krone an und stellt sich unter den besonderen Schutz Wilhelms. – Im folgenden wird berichtet, wie dieser sich tapfer und selbstlos für die Wiederherstellung der Königsmacht in den von Feinden bedrohten Randgebieten einsetzt und den jungen König gerade noch rechtzeitig gegen eine Verschwörung in Schutz nehmen kann. Nachdem Wilhelm zweimal erfolgreich an der Verteidigung Roms gegen die Heiden teilgenommen hat, zieht er sich auf sein Schloß zurück. Doch bald ruft ihn sein König wieder zur Hilfeleistung auf, weiß jedoch die Taten seines treuen Vasallen nicht zu würdigen: *»Quant il fu riches Guillelme n'en sot gré.« (»Als er mächtig war, wußte er Wilhelm keinen Dank dafür.«* V. 2688)

Das verhältnismäßig kurze, eigentlich mehr dem Grafen Wilhelm als dem König Ludwig gewidmete Epos (2688 Verse) gliedert sich in vier Teile: die eigentliche Krönung Ludwigs, den Kampf gegen die Heiden, die Unterwerfung der rebellischen Adligen und die Rückeroberung Roms; die Heimkehr Wilhelms auf sein Schloß rundet das Ganze wie ein Epilog ab. Während der zweite und der vierte Teil komisch-volkstümliche Züge aufweisen und weder originell noch zum Handlungsfortgang notwendig sind, bilden der erste und der dritte Teil in eindrucksvoller Weise eine inhaltliche Einheit.

Der Epilog weist auf eine Fortsetzung hin: Sie liegt vor in den drei Epen *Charroi de Nîmes, Prise d'Orange* (in denen berichtet wird, wie sich der vom König übergangene Wilhelm sein Leben selbst erobert) und *Moniage Guillaume (Wilhelms Mönchsleben)*. Diese vier Epen sind eng miteinander verknüpft und bilden die eigentliche Wilhelmsvita, das Kernstück des *Cycle de Guillaume (Wilhelmszyklus)*, der mit 24 *chansons de geste* der umfangreichste altfranzösische Epenzyklus ist. Ob alle vier Epen vom gleichen Verfasser stammen, ist nicht sicher. – *Le couronnement de Louis* ist keine Chronik historischer Ereignisse, sondern eine idealisierte Darstellung Frankreichs, des hervorragendsten Königreiches, an dessen Herrscher besondere Anforderungen gestellt werden. Besonders die Einführung des jungen Königs in seine Pflichten ist von der Entstehungszeit des Werkes her zu verstehen, in der das französische Königtum immer wieder Angriffen ausgesetzt war. – In der mittelalterlichen Idealgestalt des Helden Guillaume d'Orange hat der anonyme Verfasser Züge des eigentlichen Verteidigers der Christenheit, Karls des Großen, vereinigt mit denen des bedingungslos treuen Vasallen, der seine Kraft in den Dienst des rechtmäßigen Herrschers stellt. B.L.

AUSGABEN: Den Haag 1854 (in J. A. Jonckbloet, *Guillaume d'Orange, chansons de geste des XIe et XIIe siècles*, 3 Bde.; m. neufrz. Übers. u. Quellenunters.). – Paris 1888 (*Le couronnement de Louis – chanson de geste*, Hg. E. Langlois; [3]1939). – Genf 1978 (*Les rédactions en vers du »Couronnement de Louis«*, Hg. Y. G. Lepage; krit.; TLF).

ÜBERSETZUNG: *Le couronnement de Louis*, E. Langlois u. A. Lanly, Paris 1969 (neufrz.; CFMA).

LITERATUR: P.-A. Becker, *Das Werden der Wilhelm- und Aimeri-Geste*, Lpzg. 1939. – E. R. Curtius, *Zu den Wilhelmsepen* (in ZfrPh, 64, 1944). – J. Frappier, *Les chansons de geste du cycle de »Guillaume d'Orange«*, Paris 1955; [2]1967. – Ders., *Note sur la composition du »Couronnement de Louis«* (in MA, 69, 1963, S. 281–287). – Ders., *Les thèmes politiques dans le »Couronnement de Louis«* (in *Mélanges M. Delbouille*, Gembloux 1964, Bd. 2, S. 195–206). – J. Rychner, *Observations sur le »Couronnement de Louis« du ms. N.N. fr. 1448* (ebd., S. 635–652). – M. Tyssens, *Guillaume d'Orange dans les manuscrits cycliques*, Paris 1967. – D. G. Hoggan, *L'unité artistique du »Couronnement de Louis«* (in Rom, 89, 1968, S. 313–339). – Y. Lefèvre, *L'»Arche« de Saint Pierre de Rome dans le »Couronnement de Louis«* (in Rom, 90, 1969, S. 111–121). – J. Batany, *›Home and Rome‹* (in YFS, 51, 1974, S. 42–60). – G. A. Beckmann, *Die erste Branche des »Couronnement de Louis« und die drei Typen epischer ›Historizität‹* (in GRM, 24, 1974, S. 385–408). – R. Crespo, *Alla ricerca di un significato. L'»arche« del »Couronnement de Louis«* (in *Medioevo Romanzo*, 1, 1974, S. 337–350). – K. Niemeyer, *»Le couronnement de Louis« et le mythe de Guillaume* (in *Actes du VIe Congrès international de la Société Rencesvals pour l'étude des épopées romanes*, Aix-en-Provence 1974, S. 639–650). – *Charlemagne et l'épopée romane*, Paris 1978 [mehrere Beitr.]. – J. Frappier, *Die politischen Themen im »Couronnement de Louis«* (in *Altfranzösische Epik*, Hg. H. Krauss, Darmstadt 1978, S. 338–354; zuerst auf frz. in *Mélanges M. Delbouille*, Gembloux 1964, S. 195–206). – D. P. Schenck, *»Le coronement Looïs«. A Mythic Approach to Unity* (in RomR, 69, 1978, S. 159–171). – M. de Combarieu, *La violence dans le »Couronnement de Louis«* (in *Mélanges J. Lods*, Paris 1978, S. 126–152). – *La chanson de geste et le mythe carolingien, Mélanges René Louis*, Saint-Père-sous-Vézélay 1982 [mehrere Beitr.]. – G. Brault, *Narrative Technique in the »Couronnement de Louis«* (in *Mittelalterstudien*, Hg. H. Krauss u. D. Rieger, Heidelberg 1984, S. 68–74). – *Guillaume d'Orange and the Chanson de Geste*, Hg. W. van Emden, Reading 1984 [mehrere Beitr.]. – J. E. Singerman, *›Si com c'est veir‹. The Polemical Approach to Prayer in »Le couronnement de Louis«* (in Rom, 106, 1985, S. 289–302). – R. Blumenfeld-Kosinski, *Praying and Reading in the »Couronnement de Louis«* (in FS, 40, 1986, S. 385–392). – R. T. Pickens, *Comedy, History and Jongleur Art in the »Couronnement de Louis«* (in Olifant, 11, 1986, S. 205–218). – Ders., *Art épique et verticalisation. Problèmes narratifs dans le »Couronnement de Louis«* (in VRo, 45, 1986, S. 116–149). – B. Guidot, *Recherches sur la chanson de geste au XIIIe siècle d'après certains œuvres du »Cycle de Guillaume d'Orange«*, Aix-en-Provence/Marseille 1986. – E. A. Heinemann, *Silence in the Interstices* (in EsCr, 27, 1987, S. 24–33). – A. Bomba, *Chanson de geste und französisches Nationalbewußt-*

sein im Mittelalter. Sprachliche Analysen der Epen des Wilhelmszyklus, Stg. 1987.

Fabliaux

(afrz.). Schwankerzählungen in paarweise gereimten achtsilbigen Versen. – Die Abgrenzung von anderen Formen der Kurzerzählung ist schwierig (die mittelalterlichen Autoren unterscheiden nicht klar zwischen *Fabliau, Lai, Dit* und anderen Bezeichnungen); die neue Gesamtausgabe wird 127 Texte umfassen, andere Forscher zählen bis zu 160 Fabliaux. Der Umfang liegt meist zwischen 200 und 500 Versen, nur wenige Texte sind länger als 1000 Verse. Die meisten Stücke lassen sich nur grob auf das 13. Jh. datieren; die Gattung dürfte gegen Ende des 12. Jh.s entstanden sein, als letzter Dichter von Fabliaux gilt Jean de Condé (frühes 14. Jh.). Von einigen wenigen Fabliaux-Dichtern, wie Jean Bodel d'Arras oder Rutebeuf, sind auch andere Werke überliefert, aus denen man etwas über ihre Persönlichkeit und Lebensumstände erfährt; die Mehrzahl der Texte ist entweder anonym, oder der Autor nennt nur seinen Vor- oder Spitznamen, der für eine Identifizierung nicht ausreicht; die meisten dieser Dichter dürften wandernde Spielleute gewesen sein.

Die Fabliaux sind nach der klassischen Definition von J. Bédier *»Geschichten zum Lachen«*; sieht man von wenigen untypischen Stücken wie der Parabel *Des sohaiz que sainz Martins dona anvieus et coveitos (Die Wünsche, die der heilige Martin dem Habgierigen und dem Neidischen gewährte)* des Jean Bodel ab, dann gibt es zwei (oft miteinander verbundene) Haupt-Themenkreise: List und Betrug sowie die verschiedenen Spielarten der Sexualität, Ehebruch, Geilheit der Frauen, Unerfahrenheit oder Impotenz des Mannes etc. Das thematische Spektrum reicht dabei von »obszönen« bis zu »höfischen« Fabliaux: Einzelne Texte beschreiben sexuelle Handlungen äußerst drastisch, auch die komische Seite der Ausscheidungsvorgänge wird gelegentlich breit ausgemalt (z. B. im Fabliau vom Spielmann *Jouglet*); andere Autoren sind zumindest um sprachliche Dezenz bemüht und vermeiden wie im höfischen Roman die »anstößigen« Bezeichnungen der Geschlechtsteile und des Liebesakts.

Die ältere Forschung hat angenommen, die obszönen Fabliaux entsprächen dem Geschmack eines bürgerlichen Publikums, zumal da die Gattung im Norden Frankreichs, beim reichen Patriziat Flanderns und der Picardie, besonders beliebt war; schon die vielen, bisher noch wenig erforschten parodistischen Bezüge auf höfische Gattungen wie den Roman beweisen aber, daß zwischen dem Publikum dieser Art von Literatur und dem der Fabliaux keine scharfe Trennung bestanden haben kann. Adel und städtisches Bürgertum trafen sich im Spott über die als dumm, ungehobelt und schmutzig dargestellten Bauern (der Eseltreiber in *Le vilain asnier [Der Eseltreiber]* wird von den Düften in der Straße der Gewürzkrämer ohnmächtig und kommt erst wieder zu sich, als man ihm eine Mistgabel unter die Nase hält) und über die geizigen, vor allem aber lüsternen Kleriker, die hier jede Gelegenheit nutzen, ihre Pfarrkinder zum Ehebruch zu verführen. Die Sittenlosigkeit der Kleriker wird sicher auch deshalb satirisch übertrieben, weil in der geselligen Runde, der der Spielmann seine schlüpfrigen Geschichten vortrug, Geistliche in der Regel gefehlt haben dürften.

Das Weltbild der Fabliaux ist materialistisch: Neben der Befriedigung des sexuellen Verlangens stehen Essen und Trinken ganz oben in der Wertordnung; Reichtum ist wichtiger als charakterliche Vorzüge, vor allem bei der Partnerwahl: Die Töchter armer Adliger werden oft gegen ihren Willen mit reichen *vilains* (Bauernlümmeln) verheiratet, obwohl sie einen tüchtigen Ritter lieben; die Autoren beklagen diese übergroße Bedeutung des Geldes und geben den Frauen recht, wenn diese ihre Ehemänner betrügen. Von einzelnen Fabliaux sind verschiedene Fassungen überliefert, die diese Kritik bald mehr, bald weniger deutlich artikulieren, je nachdem, ob das Publikum überwiegend aus Adligen oder aus Bürgerlichen bestand, vgl. z. B. *De Berangier au lon cul (Berenger mit dem langen Arsch)* eines sonst unbekannten Garin: Um seiner adligen Frau zu imponieren, zieht ein Bürgerlicher angeblich in den Kampf und kommt stets mit zerhauenem Schild und zerbrochener Lanze zurück; die Dame folgt ihm heimlich, sieht, daß er nur mit den Bäumen des Waldes kämpft, greift ihn beim nächsten Mal selbst in ritterlicher Rüstung an und zwingt ihn, ihren Hintern zu küssen; sie nennt sich Berenger, und wenn ihr Mann ihr künftig Vorschriften machen will, droht sie, diesen ihren Freund Berenger zu rufen, so daß ihr Mann sie tun läßt, was sie will.

Sexualität wird generell aus männlicher Perspektive betrachtet: Viele Fabliaux stellen die Frauen als grausam, falsch und verschlagen dar; wenn sie ihre Ehemänner betrügen wollen, gelingt ihnen das fast immer. Ihre sexuelle Unersättlichkeit ist die Projektion männlicher Versagensängste (auch Fälle von Kastration kommen häufig vor). Wie in allen komischen Erzählungen gehört in den Fabliaux die Sympathie des Publikums der Figur, die einen anderen hereinlegt, gegebenenfalls auch der untreuen Ehefrau; das ändert aber nichts an der frauenfeindlichen Tendenz der Gattung insgesamt.

Viele Fabliaux-Stoffe sind in mündlicher und schriftlicher Überlieferung sehr weit verbreitet und bis in unsere Gegenwart lebendig; die Quellen für die altfranzösischen Fassungen sind unterschiedlich, die Filiation muß für jeden Einzelfall untersucht werden (die im 19. Jh. vertretene Auffassung, die Fabliaux seien indischer bzw. orientalischer Herkunft, ist für einige, aber längst nicht für alle Geschichten zutreffend).

Die Form der kurzen Erzählung in paarweise gereimten achtsilbigen Versen mag in Frankreich als Parodie der Fabel entstanden sein; darauf deuten sowohl der Name (*Fabliau* ist eine Diminutivableitung von *fable*) wie die Tatsache hin, daß viele Fabliaux mit einer »Moral« enden, die aber gewöhnlich banal oder zutiefst unmoralisch ist. – Bei der Vermittlung der Geschichten an spätere Epochen kommt den italienischen und französischen Novellensammlungen der Renaissance entscheidende Bedeutung zu. A.Gi.

AUSGABEN: *Recueil général et complet des fabliaux des XIIIe et XIVe siècles*, Hg. A. de Montaiglon u. G. Raynaud, 6 Bde., Paris 1872–1890. – *Fabliaux français du moyen âge*, Bd. 1, Hg. Ph. Ménard, Genf 1979. – *Cuckolds, Clerics, & Countrymen. Medieval French Fabliaux*, Hg. J. Duval u. R. Eichmann, Fayetteville 1982, S. 87–104. – *The French Fabliau. B.N. MS. 837*, Hg. u. Übers. R. Eichmann u. J. DuVal, NY/Ldn. 1984/85, 2 Bde. – *Choix de Fabliaux*, Hg. G. Raynaud de Lage, Paris 1986. – *Fabliaux et contes moraux du moyen âge*, Paris 1987 (Vorw. J. Joubert; neufrz. Ausw. J.-C. Aubailly; Poche). – *Nouveau Recueil complet des Fabliaux (NRCF)*, Hg. W. Noomen u. N. Van den Boogard, Assen 1983 ff. [auf 10 Bde. berechn.].

ÜBERSETZUNGEN: *Contes pour rire? Fabliaux des XIIIe et XIVe siècles*, N. Scott, Paris 1977 (neufrz.; 10/18). – *Von Lieben und Hieben. Altfranzösische Geschichten... Fabliaux*, Hg. I. Strasser, Wien 1984. – *Fabliaux. Französische Schwankerzählungen des Hochmittelalters*, A. Gier, Stg. 1985 (Ausw. m. Komm.; afrz.-dt.; RUB).

LITERATUR: J. Bédier, *Les fabliaux. Études de littérature populaire et d'histoire littéraire au moyen âge*, Paris 1893. – P. Nykrog, *Les fabliaux*, Kopenhagen 1957; ern. Genf 1973. – J. Rychner, *Contribution à l'étude des fabliaux. Variantes, remaniements, dégradations*, 2 Bde., Neuchâtel/Genf 1960. – J. Beyer, *Schwank und Moral. Untersuchungen zum altfranzösischen Fabliau und verwandten Formen*, Heidelberg 1969. – *The Humour of the Fabliaux. A Collection of Critical Essays*, Hg. Th. D. Cooke u. B. L. Honeycutt, Columbia 1974. – R. J. Pearcy, *Chanson de geste and Fabliaux. »La gageure« and »Berenger au long cul«* (in NphM, 79, 1978, S. 76–83). – T. D. Cooke, *The Old French and Chaucerian Fabliaux*, Columbia/Ldn. 1978. – J.-Ch. Payen u. O. Jodogne, *Le lai narratif. Le fabliau*, Turnhout 1975. – *Prospettive sui fabliaux. Contesto, sistema, realizzazioni*, Hg. A. Limentani, Padua 1976. – R. Kiesow, *Die Fabliaux. Zur Genese und Typologie einer Gattung der altfranzösischen Kurzerzählungen*, Rheinfelden 1976. – H.-D. Merl, *Untersuchungen zur Struktur, Stilistik und Syntax in den Fabliaux Rutebeufs, Gautiers Le Leus und Jeans de Condé*, Ffm./Bern 1976. – W. Noomen, *Structures narratives et force comique. Les Fabliaux* (in Neoph, 62, 1978, S. 361–373). – E. Schulze-Busacker, *Proverbes et expressions proverbiales dans les Fabliaux* (in MR, 28, 1978, S. 163–174). – N. Van den Boogaard, *Les Fabliaux. Versions et variations* (ebd., S. 149–161). – D. Beyerle, *Der doppelte Betrug. Ein Thema der mittelalterlichen Novellistik* (in RJb, 30, 1979, S. 63–82). – M.-T. Lorcin, *Façons de sentir et de penser: Les fabliaux français*, Paris 1979. – Ch. Lee, *Il falcone desiderato. Poemetti erotici anticofrancesi*, Mailand 1980 [m. Textausz. u. ital. Übers.]. – *Third International Beast Epic, Fable and Fabliau Colloquium, Münster 1979. Proceedings*, Hg. J. Goossens u. T. Sodmann, Köln/Wien 1981. – *Comique, satire et parodie dans la tradition renardienne et les »Fabliaux«*, Hg. D. Buschinger, Göppingen 1983. – P. Ménard, *Les Fabliaux, contes à rire*, Paris 1983. – *Épopée animale, Fable, Fabliau*, Hg. G. Bianciotto u. M. Salvat, Paris 1984. – K. Busby, *Les débuts du Fabliau* (in *Mittelalterbilder aus neuer Perspektive*, Hg. E. Ruhe u. R. Behrens, Mchn. 1985, S. 250–268). – D. Boutet, *Les Fabliaux*, Paris 1985. – K. Busby, *Courtly Literature and the Fabliaux: Some Instances of Parody* (in ZfrPh, 102, 1986, S. 67–87). – R. J. Pearcy, *Sentence and Solas in the Old French Fabliaux* (in *The Craft of Fiction*, Hg. L. A. Arrathoon, Rochester/Mich. 1984, S. 231–280). – R. Howard Bloch, *The Scandal of the Fabliaux*, Chicago 1986. – Ch. Muscatine, *The Old French Fabliaux*, New Haven (Conn.)/Ldn. 1986. – J.-C. Aubailly, *Le fabliau et les sources inconscientes du rire médiéval* (in Ccm, 30, 1987, S. 105–117). – M. J. S. Schenck, *The Fabliaux. Tales of Wit and Deception*, Amsterdam 1987.

LA FOLIE TRISTAN

(afrz.; *Tristan der Narr*). Zwei anonyme Epen in gereimten Achtsilbern aus dem 12. Jh. – Die beiden kurzen Dichtungen sind in zwei stilistisch abweichenden Manuskripten überliefert, der älteren *Folie de Tristan de Berne* und der jüngeren umfangreicheren *Folie Tristan d'Oxford*, die von der neueren Forschung als Bearbeitung der Berner *Folie* mit Anreicherungen des *Tristan* von THOMAS D'ANGLETERRE angesehen wird. Die *Folie* behandelt eine Episode aus dem letzten Teil der Tristanüberlieferung: Tristan mußte den Hof König Markes von Cornwall verlassen. Als ihn die Sehnsucht nach Isolde zu überwältigen droht, kehrt er verkleidet an den Hof zurück. In der Maske eines Narren trägt er unerkannt Geschichten und Späße vor, die mit Anspielungen auf seine Liebe zu Isolde durchsetzt sind. Als Isolde diese als einzige versteht, ist sie bestürzt. Während Marke auf der Jagd ist, schickt Isolde Brangien zu Tristan, der um eine Unterredung mit Isolde bittet. Vor Isolde zieht er erneut alle Register seiner mimischen Kunst, doch diese will sich zunächst nicht eingestehen, daß sich in der Maske des Narren ihr Geliebter verbirgt. Isolde muß hinter dem häßlichen Spaßmacher einen Mitwisser und Erpresser ihres Geheimnisses vermuten und verhält sich anfangs distanziert. Erst Isoldes Hund, der Tristan freudig begrüßt, und der Ring, den sie ihm einst gab, überzeugen sie. G.Wil.

Ausgaben: Ldn./Paris 1835 (in F. Michel, *Tristan. Recueil de ce qui reste des poèmes relatifs à ses aventures composés en français, en anglo-normand et en grec, dans les 12e et 13e siècles*, Bd. 1). – Paris 1886 (in Rom, 15, S. 558–574, Hg. H. Morf). – Paris 1907 (*Les deux poèmes de la Folie Tristan*, Hg. J. Bédier, SATF, 56). – Paris 1934 (*La folie Tristan de Berne*, Hg. E. Hoepffner; 21949). – Paris 1938 (*La folie Tristan d'Oxford*, Hg. E. Hoepffner; Neudruck 1963). – Paris 1952 (in *Poètes et romanciers du moyen âge*, Hg. A. Pauphilet). – Paris 1978 (*Tristan et Yseut*, Hg. J. C. Payen; m. neufrz. Übers.; Class. Garn).

Übersetzung: In F. Ranke, *Tristan und Isold*, Mchn. 1925, S. 197–125 (enth. d. Berner Fassg.).

Literatur: E. Hoepffner, *Das Verhältnis der Berner »Folie Tristan« zu Berols Tristandichtung* (in ZfrPh, 39, 1917–1919, S. 62–82; 551–583). – J. Horrent, *La composition de la »Folie Tristan de Berne«* (in Rbph, 25, 1946/47, S. 21–38). – L. A. M. Sumberg, *The »Folie Tristan« in the Romance Lyric* (in KRQ, 14, 1967, S. 1–15). – P. Haidu, *Text, Pretextuality, and Myth in the »Folie Tristan d'Oxford«* (in MLN, 88, 1973, S. 712–717). – Tristania, 1976 ff. [Zs.]. – D. Robertson, *On the Text of the Berne »Folie Tristan«* (in Rom, 98, 1977, S. 95–104). – M. Delbouille, *Le fragment de Cambridge et la genèse des »Folies Tristan«* (in TLL, 16, 1978, Nr. 1, S. 117–129). – G. Eckard, *À propos d'un passage de la »Folie Tristan« de Berne* (ebd., S. 161–168). – J. de Caluwé, *Dieu et l'amour dans les »Folies Tristan«* (in MR, 30, 1980, S. 55–61). – P. Noble, *Beroul's »Tristan« and the »Folie de Berne«*, Ldn. 1982. – R. Brusegan, *La »Folie de Tristan«. De la loge de Morrois au palais de verre* (in *La légende de Tristan au moyen âge*, Hg. D. Buschinger, Göppingen 1982, S. 49–59). – J.-C. Payen, *Tristan, L'»amans-amens« et le masque dans les »Folies«* (ebd., S. 61–68). – G. N. Bromiley, *Thomas's »Tristan« and the »Folie Tristan d'Oxford«*, Ldn. 1986.

LE GARÇON ET L'AVEUGLE

(afrz.; *Der Knabe und der Blinde*). Farce eines unbekannten Verfassers, zwischen 1266 und 1282 in der Picardie (Tournai?) entstanden. – Ein blinder Bettler, der sich eingangs beklagt, daß ihn niemand führen wolle, kommt mit einem herumstreunenden Jungen überein, den Lebensunterhalt gemeinsam zu verdienen. Der Blinde wird singen und der Knabe die Almosen einsammeln. Mit einem Lied zum Ruhm des »Königs von Sizilien« (gemeint ist Charles von Anjou, der 1266 Sizilien in Besitz genommen hatte und es 1282 durch den als »Sizilianische Vesper« bekanntgewordenen Volksaufstand wieder verlor; wichtiger Anhaltspunkt für die Datierung der Farce) machen sich die beiden auf den Weg durch die Stadt Tournai. Obwohl der Blinde eigentlich zu bemitleiden wäre, foppt der Junge ihn ständig, führt ihn so, daß er sich stoßen muß, und verprügelt ihn, indem er sich scheinbar für einen Augenblick entfernt *(»pour faire un petit d'orine«)* und dann mit verstellter Stimme so tut, als fiele ein anderer über seinen blinden Herrn her. Dieser steht seinem Diener an Unverschämtheit allerdings kaum nach: Er ist ein Zyniker, Trunkenbold und Geizhals, das Urbild des durchtriebenen Bettlers, der alle Schliche kennt, um Mitleid zu erwecken, und es damit immerhin zum Hausbesitzer und zu einer Mätresse gebracht hat. Der Junge indessen ist noch gerissener als er: Vor dem Haus des Blinden angekommen, läuft er ihm mit dessen Geldbörse, dessen Mantel und Gürtel davon.

Das 265 Verse umfassende rein dialogische Stück gilt als die älteste Farce in Frankreich. Einzelzüge der derb-komischen, geschickt aufgebauten Handlung gehen auf Traditionen der lateinischen Komödiendichtung zurück (vgl. die Rolle des Dieners in dem aus England stammenden anonymen *Babio*). Zwar ist der Text der Farce nur in einer einzigen Handschrift überliefert, doch muß das Stück im Mittelalter oft gespielt worden sein. Das aus einem Blinden und seinem Führer bestehende Paar tritt von nun an in den komischen Intermedien der Mysterienspiele (z. B. in *Le mystère de la résurrection*, 1456) wie auch in der epischen Literatur bis ins 16. Jh. hinein häufig auf, am eindrucksvollsten wohl in *La vida del Lazarillo de Tormes* (1554), dem ersten spanischen Schelmenroman. KLL

Ausgaben: Bln. 1865 (*Du garçon et de l'aveugle, saynète du XIIIe siècle*, Hg. P. Meyer, in Jb. f. romanische und engl. Literatur, VI, 2). – Paris 21921, Hg. M. Roques (CFMA). – Genf 1986–1988 (in *Recueil de farces (1450–1550)*, 3 Bde., Hg. A. Tissier). – Paris 1989, Hg. M. Roques u. J. Dufournet.

Übersetzung: *Le garçon et l'aveugle*, J. Dufournet, Paris/Genf 1982 [neufrz.].

Literatur: G. Cohen, *Études d'histoire du théâtre en France au moyen âge et à la Renaissance*, Paris 71956, S. 126–151. – K. Schoell, *Das komische Theater des französischen Mittelalters*, Mchn. 1975. – J. Dufournet, *Réflexions sur »Le garçon et l'aveugle«* (in Rom, 102, 1981, S. 202–220). – B. Rey-Flaud, *La farce ou la machine à rire*, Genf 1984.

GIRART DE ROUSSILLON

(afrz.; *Girart von Roussillon*). Anonymes Heldenepos aus der zweiten Hälfte des 12. Jh.s, in fünf zum Teil fragmentarischen Handschriften des 13. Jh.s überliefert. Die beste und vollständigste Fassung bietet die Oxforder Handschrift, die 10 002 Zehnsilber umfaßt und durch ihre provenzalisch-nordfranzösische Mischsprache eine Sonderstellung einnimmt.

Das Epos erzählt von den Kämpfen zwischen Girart de Roussillon aus Burgund und seinem Lehnsherrn, Karl Martell. Hauptursache der jahrzehntelangen Fehde ist ein in den *chansons de geste* häufig gegebener Anlaß: der despotisch-egoistische Eingriff des Souveräns in die Heiratspläne seiner Vasallen. Die erfolgreiche Beendigung eines Feldzugs gegen die Sarazenen soll mit einer Doppelhochzeit gefeiert werden: Karl wird Berte, die älteste Tochter des Kaisers von Konstantinopel, zur Frau nehmen und sein kühner Mitstreiter Girart die zweite Tochter, Elissent. Beim Anblick der beiden Bräute entscheidet sich Karl jedoch für die jüngere und schönere Elissent. Girart, der sich in die ihm ursprünglich Versprochene bereits ebensosehr verliebt hat wie sie sich in ihn, geht auf den vom König erzwungenen Tausch nur widerwillig ein und zieht sich mit Berte auf seine Burg Roussillon nahe Châtillon-sur-Seine zurück. Karl, auf seinen mächtigen und stolzen Lehnsmann, den Elissent noch immer liebt, eifersüchtig, bringt durch Verrat dessen Burg an sich, wird aber schon bald darauf wieder von Girart vertrieben. Nach einer Reihe von Kämpfen mit wechselndem Erfolg soll die Schlacht bei Vaubeton die Entscheidung bringen. Ein göttliches Zeichen aber – ein Gewitter setzt die Kriegsbanner beider Heere plötzlich in Flammen – mahnt beide Seiten zur Versöhnung. Nach fünf friedlichen Jahren führen Intrigen der Hofleute Karls zu neuen erbitterten Kämpfen, in deren Verlauf Girart zum zweiten Male seine Burg verliert und nur knapp dem Tode entrinnt. Als Verfolgter und Besitzloser muß er nun Demütigungen und äußerste Entbehrungen ertragen. Über zwanzig Jahre leben er und seine tapfere Frau unerkannt als Köhlersleute im Ardennenwald. Erst nach dieser langen Zeit wagen sie es, heimlich an den Hof Karls zurückzukehren und die Königin Elissent um Fürsprache zu bitten. Diese erreicht auch von Karl die Begnadigung seines Gegners und die Rückgabe des Heiratsgutes ihrer Schwester. Die alte Fehde flammt bald danach noch einmal auf, wird jedoch auf den eindringlichen Friedensappell des Papstes hin endgültig beigelegt. Fortan widmen sich der fromm gewordene Girart und Berte dem Bau von Klöstern. Ihr heiligmäßiges Leben im Dienste Gottes und der Kirche wird durch das Auffinden der Gebeine Maria Magdalenas gekrönt, die in das Kloster von Vézelay übergeführt werden.

Historisches Vorbild des Titelhelden ist offenbar Gerardus, Graf von Lyon und Vienne, der zur Zeit Karls des Kahlen – d. h. hundert Jahre später als der Girart des Epos – ausgedehnte Besitzungen u. a. in Burgund hatte, Regent der Provence war und um 860 das Kloster Vézelay gründete. Sein abenteuerreiches Leben hat gleich drei Epen Stoff gegeben: *Girart de Roussillon, Girart de Vienne* und *Girart de Fraite* handeln mit zahlreichen Abwandlungen und unterschiedlichen literarischen Ambitionen von den Taten desselben Mannes; auch andere Gesten wissen von ihm zu berichten. Eine ältere als die überlieferte Version des *Roussillon*, von der in einer lateinischen *Vita nobilissimi comitis Girardi de Rosselon*, wohl aus dem Anfang des 12. Jh.s, die Rede ist, muß verlorengegangen sein.

Nicht nur durch seine *»wortkarge Sprache, voll Energie und Wärme«* (H. Suchier), sondern auch in Versbau und Komposition unterscheidet sich dieses Werk eines unbekannten, welterfahrenen Geistlichen von den anderen altfranzösischen Epen dieser Zeit. E. R. CURTIUS hat in einer Stilanalyse des *Girart* fünf für diese Gattung typische Merkmale herausgearbeitet: *»Antisemitismus, Betonung finanzieller Motive, Freude an Prunkbauten, Interesse an Wohlleben (Bewirtung und Kleidung), Kampfschilderung durch Aufzählen abgehauener Körperteile«.* Das Fehlen einer zyklischen Erweiterung des *Girart*-Epos führt Ph. A. BECKER auf seine sprachliche Sonderstellung zurück, die einer größeren Verbreitung im Wege gestanden habe. Es wurde vom 13. bis 15. Jh. jedoch mehrfach umgestaltet (Alexandriner-Fassung; Prosaroman u. a. von Jean WAUQUELIN, 1447). Außerdem sind Fragmente einer niederländischen Übersetzung des Epos aus dem 14. Jh. erhalten. KLL

AUSGABEN: Bln. 1855 (*Girartz de Rossilho*, Hg. C. Hofmann, in C. A. F. Mahn, *Die Werke d. Troubadours in provenzalischer Sprache. Epische Abt.*, Bd. 1). – Paris 1856 (*Gérard de Roussillon*, Hg. F. Michel; m. neufrz. Übers.). – Halle 1880, Hg. W. Foerster, J. Stürzinger u. F. Apfelstedt (enth. 3 Hss.; krit.). – Paris 1884, Hg. P. Meyer [neufrz.]. – Paris 1929, Hg. H. Berthaut [neufrz.]. – New Haven 1939/40, Hg. E. B. Ham. – Paris 1953–1955, Hg. W. M. Hackett, 3 Bde. (krit.; SATF).

LITERATUR: J. Bédier, *Les légendes épiques*, Bd. 2, Paris [3]1926, S. 1–95. – E. S. Murrell, *»Girart de Roussillon« and the Tristan Poems*, Chesterfield 1926. – F. Piccolo, *Legende epiche francesi: »Girart de Roussillon«* ..., Messina/Mailand 1938. – A. Jeanroy, *Le roman »Girart de Roussillon«* (in *Histoire littéraire de France*, Bd. 38, Paris 1941 ff., S. 404–431). – P. Le Gentil, *»Girart de Roussillon«. Sens et structure du poème* (in Rom, 78, 1957, S. 323–389; 463–510). – F. Lot, *Études sur les légendes épiques françaises*, Paris 1958, S. 73–178. – E. R. Curtius, *Ges. Aufsätze zur roman. Philologie*, Bern/Mchn. 1960, S. 293–304. – M. Pfister, *Das Fragment N des »Girart de Roussillon«* (in *Fs. W. von Wartburg*, Tübingen 1968, S. 391–420). – M. Pfister, *Lexikalische Untersuchungen zu »Girart de*

Roussillon«, Tübingen 1969. – W. M. Hackett, *La langue de »Girart de Roussillon«*, Genf 1970. – Dies., *Le style formulaire dans »Girart de Roussillon«* (in *Mélanges Pierre Le Gentil*, Paris 1973, S. 345–352). – R. Colliot, *Girart Charbonnier ou Le personnage aristocratique déclassé; à propos de »Girart de Roussillon«* (in *Actes du VIe Congrès international de la Société Rencesvals pour l'étude des épopées romanes*, Aix-en-Provence 1974, S. 501–524). – W. M. Hackett, *Le manuscrit P de »Girart de Roussillon«* (in *Mélanges J. Wathelet-Willem*, Lüttich 1978, S. 207–218). – A. Gier, *Afr. ›point‹ als musikalischer Fachterminus, ein neuer Beleg (»Girart de Roussillon«, V. 6440)* (in ZfrPh, 95, 1979, S. 57–61). – W. M. Hackett, *Le climat moral de »Girart de Roussillon«* (in *Études de philologie romane et d'histoire littéraire offertes à Jules Horrent*, Hg. J.-M. D'Heur u. N. Cherubini, Lüttich 1980, S. 165–174). – M. Bambeck, *›Nodar en son correi‹ im »Girart de Roussillon«* (in *Fs. für J. Hubschmid zum 65. Geburtstag*, Hg. O. Winkelmann u. M. Braisch, Bern/Mchn. 1982, S. 705 bis 714). – *La chanson de geste et le mythe carolingien, Mélanges René Louis*, Saint-Père-sous-Vézélay 1982 [mehrere Beitr.]. – M. Perugi, *La formazione della lingua dei trovatori alla luce del »Girart de Roussillon«* (in Studi mediolatini e volgari, 30, 1984, S. 191–218). – *Essor et fortune de la Chanson de geste dans l'Europe et l'Orient latin*, Modena 1984 [mehrere Beitr.]. – A. Limentani, *Ancora sulle traduzioni delle letterature d'Oc et d'Oïl. »Girart de Roussillon«, Meyer et Bédier* (in *Mittelalterbilder aus neuer Perspektive*, Hg. E. Ruhe u. R. Behrens, Mchn. 1985, S. 420–437). – A. Labbé, *Douleurs et lumières du palais dans »Girart de Roussillon«* (in *Les couleurs au moyen âge*, Aix-en-Provence/Marseille 1988, S. 171–200). – A. Labbé, *Les ›jeux étranges‹ de l'empereur byzantin dans »Girart de Roussillon«* (in *De l'étranger à l'étrange ou la conjointure de la merveille*, Aix-en-Provence/Marseille 1988, S. 255–273). – Ders., *L'enfant, le lignage et la guerre dans »Girart de Roussillon«* (in *Les relations de parenté dans le monde médiéval*, Aix-en-Provence/Marseille 1989).

HUON DE BORDEAUX

(afrz.; *Huon von Bordeaux*). Anonymes Versepos, entstanden zwischen 1216 und 1232. – Das in den Sagenkreis um Karl den Großen gehörende Werk wird mit einem historischen Ereignis in – allerdings nicht eindeutig erwiesene – Verbindung gebracht: dem gewaltsamen Ende Karls des Kindes, eines Sohnes Karls des Kahlen, im Jahre 864, dessen Mörder außer Landes floh.

Gegen den Rat seiner Barone plant der greise Kaiser Karl, die Herrschaft seinem Sohn Charlot zu übertragen. Während einer Versammlung bezichtigt Amauri den abwesenden Baron Huon von Bordeaux in verleumderischer Absicht der Untreue und des Verrats am Kaiser. Der Ritter wird daraufhin an den Hof geladen, gerät aber unterwegs in einen von Amauri und Charlot gelegten Hinterhalt. Im Kampf tötet er Charlot, ohne ihn zu erkennen. Karl verhängt zunächst die Todesstrafe über Huon, wandelt sie aber in Verbannung um, als Amauris Machenschaften bekanntwerden. Huon darf erst wieder heimkehren, wenn er in Babylon (Kairo) bei dem Emir Gaudisse gewesen ist, den ersten besten an dessen Tafel getötet, seine Tochter Esclarmonde dreimal geküßt und die Barthaare sowie vier Zähne des Herrschers geraubt hat. Auf seiner gefahrvollen Fahrt gewinnt Huon das Wohlwollen des Feenkönigs Auberon, dessen Zaubergaben (Becher, Horn und Rüstung) ihm die Liebe Esclarmondes gewinnen. Nachdem er alle gestellten Aufgaben erfüllt und obendrein die Heiden zum Christentum bekehrt hat, tritt er mit Esclarmonde die Heimreise an. Ein Sturm während der Überfahrt trennt die beiden Liebenden, die sich erst nach langen Irrwegen wiederfinden und vom Papst in Rom getraut werden können. Inzwischen aber hat Huons Bruder Gérard in Bordeaux die Herrschaft an sich gerissen. Auberon hilft jedoch wieder: Huon erhält sein Lehen zurück und versöhnt sich mit dem Kaiser.

Das in der Kompositionstechnik von CHRÉTIEN DE TROYES beeinflußte Gedicht verknüpft die heroischen Inhalte der Heldensage (hier die Machtkämpfe Karls des Großen gegen seine Fürsten) mit der magischen Feenwelt der Artus-Sage, die sich vor allem in der Gestalt Auberons verkörpert, dessen Eltern Caesar und die Fee Morgue, Artus' Schwester, sind. Problematisch ist die literarische Herkunft dieser Gestalt, in der man – nicht nur dem Namen nach – den Zwerg Alberich des *Nibelungenliedes* (um 1200) und des ebenfalls mhd. Ortnît-Epos (*Ortnît und Wolfdietrich*, vor 1250) zu erkennen glaubt. Der unterschiedliche Charakter des finster-dämonischen Alberich und des heiteren, schönen Auberon scheint andererseits gegen eine Verbindung beider Gestalten zu sprechen. – Das Werk, das viele Einzelmotive aus der zeitgenössischen Literatur, vor allem auch der Gralsepik, entnimmt, erfreute sich in einer Zeit, in der das nach festen Regeln komponierte Heldenepos aus der Mode kam, wegen seiner unterhaltenden und humoristischen Darstellung großer Beliebtheit und fand viele Neubearbeitungen. In der Turiner Handschrift von 1311 ist dem zum Zyklus erweiterten Gedicht (über 30 000 gegenüber etwa 10 500 Versen des Originals) als Prolog der *Roman d'Auberon* vorangestellt. Ihm folgen *Huon, roi de féerie, La chanson d'Esclarmonde, La chanson de Clarine et Florent, La chanson d'Ide et d'Olive, La chanson de Godin* und ein nur skizzierter *Roman de Croissant*.

Der Stoff des *Huon* gelangte durch eine englische Übersetzung der im 15. Jh. entstandenen französischen Prosafassung nach England. Dort findet sich die Gestalt des Feenkönigs Auberon (Oberon) unabhängig vom Huon-Stoff in Edmund SPENSERS

Faerie Queene (1590–1596), SHAKESPEARES *A Midsummernight's Dream* (1595) und Ben JONSONS *Oberon the Fairy Prince* (1610). WIELANDS *Oberon* (1780) geht wieder auf die altfranzösische Fassung des Stoffs zurück; das englische Textbuch J. R. PLANCHÉS zu Carl Maria v. Webers gleichnamiger Oper (1826) beruht auf einer Übersetzung des Wielandschen *Oberon* durch W. SOTHEBY.

KLL

AUSGABEN: Paris 1860, Hg. F. Guessard u. Ch. Grandmaison. – Paris 1958 (*La chanson de Godin*, Hg. F. Meunier; letzte Fassg. des Zyklus). – Brüssel/Paris 1960, Hg. P. Ruelle [krit.]. – Paris 1964, Hg. J. Audiau.

ÜBERSETZUNGEN: *Die wunderbaren Abenteuer des Ritters Hugo von Bordigal, Herzogs von Aquitanien, und der schönen Klarmunde sowie des Elfenkönigs Oberon*, R. v. Kralik, Mchn. 1901. – *Huon von Bordeaux*, E. Tegethoff (in *Französische Volksmärchen*, Jena 1923). – *Histoire de Huon de Bordeaux et Aubéron, roi de féerie. Chanson de geste du 13e siècle*, F. Suard, Paris 1983 [neufrz.; Vorw. R. Pernoud].

LITERATUR: O. Engelhardt, *»Huon de Bordeaux« und »Herzog Ernst«*, Tübingen 1903. – D. D. R. Owen, *The Principal Source of »Huon de Bordeaux«* (in FS, 7, 1953, S. 129–139). – J. Monfrin, *»La chanson de Godin«* (in MA, 57, 1961, S. 341–361). – A. Adler, *Rückzug in epischer Parade*, Ffm. 1963, S. 257–291. – K. C. Mealy, *»Huon de Bordeaux«* (in Olifant, 2, Dez. 1974, S. 80–90). – M. Rossi, *Loyauté et déloyauté dans »Huon de Bordeaux«* (in *Actes du VIe Congrès international de la Société Rencesvals pour l'étude des épopées romanes*, Aix-en-Provence 1974, S. 373–387). – Dies., *»Huon de Bordeaux« et l'évolution du genre épique*, Paris 1975. – P. Johnson, *»Huon de Bordeaux« et la sémantique de l'»Enfes«* (in ZRP, 91, 1975, S. 69–78). – J. Subrenat, *Merveilleux chrétien et merveilleux paien dans le prologue d'»Huon de Bordeaux«* (in *Société Rencesvals. Proceedings of the Fifth International Conference, Oxford 1970*, Univ. of Salford 1977, S. 177–187). – K. V. Sinclair, *Un nouveau manuscrit de la version décasyllabique de »Huon de Bordeaux«* (in MA, 85, 1979, S. 445–464). – Dies., *Sur le »Huon de Bordeaux« de Tressan* (in *Études … offertes à A. Lanly*, Nancy 1980, S. 313–328). – B. Beardsmore, *Auberon and Galopin* (in Rom, 101, 1980, S. 98–106). – W. Calin, *»Huon de Bordeaux«* (in W. C., *A Muse for Heroes*, Toronto 1983, S. 57–82). – A. Vitale-Brovarone, *Una nuova redazione di »Huon de Bordeaux«* (in Pluteus, 1, 1985, S. 85–128). – J. Subrenat, *D'étranges machines étrangères dans le cycle de »Huon de Bordeaux«* (in *De l'étranger à l'étrange ou la conjointure de la merveille*, Aix-en-Provence/Marseille 1988, S. 463–480).

JOURNAL D'UN BOURGEOIS DE PARIS

(frz.; *Tagebuch eines Bürgers von Paris*). Anonyme Aufzeichnungen aus dem 15. Jh., erschienen 1653. – Das Journal ist eine wichtige Quelle für die politische und militärische Geschichte Frankreichs in der ersten Hälfte des 15. Jh.s, vor allem aber für das Alltagsleben in Paris: Der unbekannte Autor war Geistlicher, vermutlich Doktor der Theologie, jedenfalls lehrte er an der Pariser Universität; seine Aufzeichnungen umfassen die Jahre 1405 bis 1449, also die zweite Hälfte des Hundertjährigen Krieges zwischen Frankreich und England: die bürgerkriegsähnlichen Auseinandersetzungen zwischen Burgundern und Armagnacs, das Auftreten der Jeanne d'Arc, die König Karl VII. zu wichtigen Siegen gegen die mit Burgund verbündeten Engländer verhilft, Jeannes Gefangennahme und Tod auf dem Scheiterhaufen und die militärischen Erfolge Karls VII. in den Jahren danach.

Der Autor des *Journal* ist Parteigänger Burgunds: im Zusammenhang mit der Hinrichtung von Jeanne d'Arc spricht er ausführlich von ihren *»Sünden«*, *»Irrtümern«* und *»Grausamkeiten«*, übernimmt also den Standpunkt ihrer englischen Richter. Auch nach 1436, dem Jahr der Rückeroberung von Paris durch Karl VII., steht der Bourgeois dem König kritisch gegenüber. Niederlagen seiner Partei übergeht er oft stillschweigend, die Epitheta, mit denen er die Gegenpartei bedenkt, bringen seinen Standpunkt deutlich zum Ausdruck. Der Bourgeois hat die ihm erreichbaren schriftlichen Quellen und Dokumente ausgewertet: Wenn er von der Schlacht von Azincourt (1415) spricht, in der die Franzosen eine vernichtende Niederlage erlitten, vermag er eine lange Liste der Toten und Gefangenen mitzuteilen; am genauesten ist er über Ereignisse informiert, die die Pariser Universität betreffen. Dagegen hat er keinen Zugang zu geheimen Dokumenten, diplomatischer Korrespondenz etc. Statt dessen notiert er die in Paris umlaufenden Gerüchte; von den zeitgenössischen Geschichtswerken informiert allein das *Journal* über die Stimmung im Volk und die Gründe, die immer wieder zu Aufruhr führten. Der Bourgeois interessiert sich für alles, was es in den Straßen der Stadt zu sehen gibt, er beschreibt Prozessionen, Feste und dergleichen sehr ausführlich. Daneben registriert er Epidemien, Überschwemmungen, notiert die ständig steigenden Preise für Lebensmittel und Brennholz; so ergibt sich ein sehr anschauliches Bild der Lebensverhältnisse in einer Epoche, die infolge des Krieges durch zunehmende Gewalttätigkeit geprägt war. Der Autor selbst betrachtet die Entwicklung mit tiefem Pessimismus.

Die Fakten werden gewöhnlich knapp, in streng chronologischer Ordnung, mitgeteilt; die Aufzeichnungen dürften tagebuchartig erfolgt sein.

Einzelne Abschnitte, die sorgfältig ausgearbeitet und umfangreicher sind (wie das Sündenregister der Jeanne d'Arc oder der Bericht über die Massaker in Paris im Juni 1418, nach der Einnahme der Stadt durch die Burgunder, der allegorische Figuren wie Zwietracht, Zorn, Habgier u. a. auftreten läßt) mag der Autor nachträglich hinzugefügt haben. Eine wohl vorgesehene Schlußredaktion unterblieb; später versuchte offenbar ein Zensor, politisch Anstößiges zu tilgen, und eliminierte eine Reihe kürzerer und längerer Passagen. A.Gi.

AUSGABEN: Paris 1653 (Anhang zu J. des Ursins, *Histoire de Charles VI, Roy de France*; [2]1653). – Paris 1729, Hg. La Barre. – Paris 1881, Hg. A. Tuetey. – Paris 1929, Hg. A. Mary (*Journal d'un bourgeois de Paris sous Charles VI et Charles VII*). – Paris 1990, Hg. C. Beaune.

ÜBERSETZUNG: *A Parisian Journal 1405–1449*, J. Shirley, Oxford 1968 [engl.].

LITERATUR: M. Nussbaum, *Das »Journal d'un bourgeois de Paris«*, Diss. Marburg 1949. – G. R. Hocke, *Das europäische Tagebuch*, Wiesbaden 1963, S. 53. – J. Huizinga, *Herbst des Mittelalters*, Stg. [10]1969; ern. 1987. – F. Lecoy, *Pain bourgeois. Pain Faitiz. Pain de retrait* (in *Mélanges A. Lombard*, Lund 1969, S. 101–107; ern. in Le Moyen français, 12, 1983, S. 129–134). – J. C. Wright, *The »Bourgeois de Paris« as a Witness to His Times*, Diss. Univ. of Kentucky 1974 (vgl. Diss. Abstracts, 35, 1974/75, S. 2303A/2304A). – A. Ladd, *Attitude Toward Lyric in the »Lai d'Aristote« and Some Later Narrative* (in Rom, 96, 1975, S. 194–208). – J. Kümmell, *Alltagsweltliche Erfahrung und Formen volkssprachlicher Historiographie in den spätmittelalterlichen Städten Frankreichs* (in *La littérature historiographique des origines à 1500*, 3. Teilbd., Heidelberg 1987, S. 735–754; GRLMA, 11, 1).

KARLSEPIK

Sammelbezeichnung für die altfranzösischen Heldenepen um Karl den Großen und seine Nachfolger. – In der zu diesem Zyklus gehörenden *Chanson des Saïsnes* des Jehan BODEL d'Arras werden die Stoffe der französischen Dichtung des Mittelalters dreigeteilt: *»Es gibt nur drei Stoffgebiete: Frankreich, die Bretagne und Rom.«* Die *Matière de France (Karlsepik)* umfaßt nach dieser Gruppierung die Karolingerepen, die *Matière de Rome* (→ *Antikenroman*) die Romane mit Stoffen aus der Antike, die *Matière de Bretagne* (→ *Artusroman*) die Vers- und Prosaromane um die Gestalten der Artus-Sage.
Unter *Karlsepik* versteht man im engeren Sinn die von einigen frühen Grundepen ausgehende legendenhafte Weiterentwicklung der Lebensgeschichte Karls des Großen, im weiteren Sinn das ganze karolingische Stoffgebiet. Er behandelt also wesentlich jüngere, daher zeitlich und räumlich genauer fixierte – oder zumindest fixierbare – historische Ereignisse als die beiden anderen, sich ca. fünfzig Jahre später ausprägenden Zyklen, die ihre Stoffe aus der keltischen Sagenwelt bzw. aus der antiken Geschichte und Literatur beziehen. Verglichen mit diesen Schöpfungen sind die Karlsepen stärker an der Geschichte orientiert und haben in mancher Hinsicht sogar dokumentarischen Wert. Andererseits gestaltet die enge Verflechtung von überlieferter Heldensage, politisch motivierter Legendenbildung und belegbarer Realität die Erforschung ihrer Quellen und des Weges dieser *matière* durch das ganze Mittelalter außerordentlich kompliziert. Nach BERTRAND DE BAR-SUR-AUBE (13. Jh.), einem der wenigen identifizierten *Chanson-de-geste*-Autoren, *»gab es nur drei* gestes *in Frankreich: Vom König handelt die erhabenste... Und die zweite hat Doon de Mayence mit dem weißen Bart zum Gegenstand, der so tapfer war... Die dritte* geste *erzählt von Garin de Monglane, dem Stolzen.«*
Zur *Geste du roi* gehören alle Epen, die Karl den Großen zur Hauptgestalt haben. Sie verherrlichen das Christentum, Karl den Großen als den begnadeten Herrscher der Christenheit und die Treue seiner Vasallen. Das älteste Zeugnis dieser Gruppe ist → *La chanson de Roland* (um 1100). Im Laufe des 12. Jh.s entstand dann eine Reihe von Epen, die jeweils einen Lebensabschnitt Karls des Großen behandeln: *Li roumans de Berte aus grans piés* des ADENET LE ROI die Ereignisse vor Karls Geburt; *Aspremont*, *Destruction de Rome*, *Fierabras* die Kämpfe gegen die Sarazenen in Italien; *Anseïs de Cartage*, *L'entrée de Spagne*, *Prise de Pampelune* die Kämpfe gegen die Sarazenen in Spanien; → *La chanson des Saïsnes* den Sachsenkrieg; *Pèlerinage de Charlemagne à Jérusalem* Karls Pilgerfahrt nach Jerusalem; um die Gestalt des Ritters Ogier entwickelt sich ein eigener kleiner Unterzyklus: *La chevalerie Ogier de Danemarche*. – Zur zweiten Gruppe, der um *Doon de Mayence*, gehören alle Epen, in deren Mittelpunkt Verräter und Aufrührer gegen Karl den Großen stehen, die aber schließlich ihr Unrecht einsehen müssen (→ *Girart de Roussillon*; → *Raoul de Cambrai*, → *Renaud de Montauban*, eines der vier Haimonskinder, und andere Glieder der *Geste de Doon de Nantueil*, wie z. B. *Aie d'Avignon*). *Gormond et Isembart* ist das älteste Epos dieser Reihe. – In den Helden der Epen um Garin de Monglane verbinden sich die Züge derjenigen der ersten und zweiten Gruppe zum Idealbild des Vasallen; sie vereinigen in sich die bedingungslose Treue gegenüber dem christlichen Glauben und dem Kaiser, sind sich aber doch ihres Eigenwertes bewußt und wissen in der Not ihre Rechte zu verteidigen. Die wichtigsten Werke dieser umfangreichen Gruppe sind die Epen um Garin und seine vier Söhne *Girart de Vienne, Ernaut de Baulande, Milon de Poulles, Renier de Gennes* sowie besonders um die Nachkommen des letzteren, *Aimeri de Narbonne* (sein

Sohn), Guillaume d'Orange (sein Enkel) und dessen Neffen Bertran und Vivien (vgl. *La chanson de Guillaume*, → *Le couronnement de Louis*, → *Le charroi de Nîmes*, → *La prise d'Orange*, → *Le moniage Guillaume*). Um Guillaume kreisen insgesamt 24 Epen; sie bilden wiederum einen eigenen Zyklus (*Wilhelmszyklus*) und haben, mit Ausnahme der *Chanson de Roland*, von allen Werken der *Karlsepik* in der europäischen Literatur am stärksten nachgewirkt. – Eine Anzahl weiterer *chansons de geste* läßt sich nicht ohne Schwierigkeit in die Dreigliederung einfügen (z. B. → *Amis et Amile*, → *Huon de Bordeaux*, die Kreuzzugsepen *La chanson d'Antioche*, → *Le chevalier au cygne*).

Die Stoffe der Karlsepik sind bis zum Ende des 12. Jh.s immer an die Form der *chanson de geste*, des Heldenepos in Zehnsilberstrophen mit gleicher Assonanz, später mit Reimbindung, gebunden. Die Frage nach der Ursprungsform ist noch heute nicht eindeutig geklärt: Sind die Handschriften der *chansons de geste* schriftliche Fixierung einer langen mündlichen Überlieferung, die unmittelbar nach den historischen Ereignissen einsetzte (diese Meinung vertreten unter anderen Gaston PARIS und Pio RAJNA), oder sind sie Schöpfungen von einzelnen Dichtern, wie z. B. den erwähnten Bertrand de Bar-sur-Aube, Adenet le Roi und Jehan Bodel (nach der Auffassung von Philipp August BECKER, Joseph BÉDIER u. a.)? Man neigt heute eher zur zweiten These und nimmt an, daß die Epen in den Klöstern entlang der Pilgerstraßen, die durch Frankreich führten, entstanden sind.

Die Karlsepen haben die rührigen französischen Versepen-Bearbeiter der höfischen Zeit weniger zur Umgestaltung in Prosaromane (z. B. GIRARTS D'AMIENS *Roman de Charlemagne*, um 1300, und die späten *Conquestes de Charlemaine*, 1458, von David AUBERT) verlockt als die Dichtungen um König Artus und seine Tafelrunde. Sprache und Struktur der *chansons de geste* wurden wohl zum Teil bereits als archaisch empfunden, als ungeschmeidig und schwer transponierbar; überdies war die Verherrlichung Karls des Großen politisch nicht immer erwünscht. Eifriger beschäftigen sich die Geschichtsschreiber mit der Ära Karls. Die französische Version einer lateinischen Prosachronik (*Historia Karoli Magni et Rotholandi*, um 1150), bekannt als der *Pseudo-Turpin*, der u. a. einen christlich-tendenziösen Rolandsroman enthält, ist das bedeutendste Zeugnis für die literarische Nachwirkung der Karolingerlegenden in Frankreich. – Auch im übrigen Europa, das den Stoff von der Mitte des 12. Jh.s an aufnimmt, interessieren sich die Dichter mehr für die Roland-Gestalt als für den Kaiser, dessen Charakterbild, von vielen Chronisten verzeichnet, in der Literatur der einzelnen Völker schwankt. Im *Rolandslied* des Pfaffen KONRAD streitet Karl nicht für *»la doulce France«* und das Reich, sondern in erster Linie für die Christenheit. Die höfische Dichtung scheint an Karl ganz vorbeizugehen. WOLFRAM VON ESCHENBACH führt mit seinem *Willehalm*, einer Bearbeitung des *Aliscans*-Liedes, Guillaume d'Orange in die deutsche Literatur ein. Durch ihren rauhen »altfränkischen« Ton von der höfischen Epik deutlich abgehoben sind die sechs einzelnen Karlsepen, die ein unbekannter Kompilator um 1320 zusammengestellt hat (*Karlmeinet*).

In der für die Überlieferungsgeschichte besonders wichtigen altnordischen *Karlamagnús saga* (um 1250) sind mehrere, im Original zum Teil verlorengegangene Romane kompiliert. Eine noch gewaltigere Stoffmasse bieten die *Reali di Francia* (um 1370) des Italieners ANDREA DA BARBERINO, der die fränkischen Könige bis auf Kaiser Konstantin zurückführt: ein parteiliches, für die später erblühende italienische Versepik um Kaiser Karl den Tyrannen und den »rasenden Roland« (*Orlando furioso* des ARIOST) maßgebliches Quellenwerk. Auch die spanischen Chroniken (u. a. *Primera crónica general*, *Gran conquista de Ultramar*, 13. Jh.) enthalten Teile der Karlsgeschichte und liefern damit den Meistern des *siglo de oro* (CERVANTES, Lope de VEGA, CALDERÓN) den Stoff zu einer Reihe von Dramen um die Gestalt des einstmals großen, im Alter nur noch lächerlich wirkenden Kaisers. – Zur gleichen Zeit erfreuen sich in West- und Mitteleuropa Volksbücher um die vier Haimonskinder besonderer Beliebtheit; sie lassen noch einmal eine direkte Verbindung zu den altfranzösischen Heldenliedern (*Quatre fils Haimon*) erkennen. KLL

LITERATUR: G. Paris, *Histoire poétique de Charlemagne*, Paris 1865. – P. Rajna, *Le origini dell'epopea francese*, Florenz 1884. – J. Bédier, *Les légendes épiques*, 4 Bde., Paris ²1914–1921. – F. Schürr, *Das altfranzösische Epos*, Mchn. 1926. – M. Teissier, *Chansons de geste, contes chroniques*, Paris 1947. – J. Horrent, *La »Chanson de Roland« dans les littératures française et espagnole au moyen âge*, Paris 1951. – I. Siciliano, *Les origines des chansons de geste – Théorie et discussion*, Paris 1951. – M. de Riquer, *Los cantares de gesta franceses*, Madrid 1952. – Bull. Bibliographique de la Société Rencesvals, Paris, 1958 ff.. – E. R. Curtius, *Über die altfranzösische Epik* (in E. R. C., *Gesammelte Aufsätze*, Bern 1960, S. 106–304). – A. Adler, *Rückzug in epischer Parade*, Ffm. 1963. – M. Waltz, *Rolandslied, Wilhelmslied, Alexiuslied*, Heidelberg 1965. – R. Hitze, *Studien zu Sprache und Stil der Kampfesschilderungen in der Chanson de geste*, Genf 1965. – W. C. Calin, *The Epic Quest. Studies in Four Old French »Chansons de geste«*, Baltimore 1966. – P. Aebischer, *Rolandiana et Oliveriana. Recueil d'études sur les chansons de geste*, Genf 1967. – H. H. Bender, *König und Vasall. Untersuchungen zur Chanson de geste des 12. Jh.s*, Heidelberg 1967. – J. Frappier, *Les chansons de geste du cycle de »Guillaume d'Orange«*, Paris ²1967. – M. Tyssens, *Guillaume d'Orange dans les manuscrits cycliques*, Paris 1967. – I. Siciliano, *Les chansons de geste*, Turin 1968. – J. Rychner, *La chanson de geste*, Genf 1968. – D. Dumézil, *Mythe et épopée, 1: L'idéologie des trois fonctions dans les épopées des peuples indo-européens*, Paris 1968. – I. Siciliano, *Les chansons de geste*, Turin 1968. – E. Dorfman, *The Narreme in Medieval Romance Epic*, Toronto 1969.

– K. Kloocke, *Bédiers Theorie über den Ursprung der Chanson de geste*, Göppingen 1972. – P. Aebischer, *Textes norrois et littérature française du moyen âge*, Genf 1972. – Olifant, 1973 ff. [Zs.]. – F. Wolfzettel, *Zur Bedeutung der ›Enfances‹ in der altfranzösischen Epik* (in ZfrzSp, 83, 1973, S. 317–348; 84, 1974, S. 1–32). – *Actes du VIe Congrès international de la Société Rencesvals*, Aix-en-Provence 1974. – H. Braet, *Le songe dans la chanson de geste*, Gent 1975. – A. Adler, *Epische Spekulanten*, Mchn. 1975. – P. Aebischer, *Des Annales carolingiennes à Doon de Mayence*, Genf 1975. – A. Micha, *De la chanson de geste au roman*, Genf 1976. – *The Epic in Medieval Society*, Hg. H. Schöller, Tübingen 1977. – *Charlemagne et L'épopée romane*, 2 Bde., Paris 1978 [Kongreßakten]. – *Altfranzösische Epik*, Hg. H. Krauß, Darmstadt 1978 (WdF). – *Europäische Heldendichtung*, Hg. K. v. See, Darmstadt 1978. – M. de Combarieu du Gres, *L'idéal humain et l'expérience morale chez le héros des chansons de geste*, Paris 1979. – H. Krauß, *Romanische Heldenepik* (in *Europäisches Hochmittelalter*, Hg. ders., Wiesbaden 1981, S. 145–180). – J. Grisward, *Archéologie de l'épopée médiévale*, Paris 1981. – *La chanson de geste et le mythe carolingien, Mélanges René Louis*, Saint-Père-sous-Vézélay 1982. – D. Poirion, *La chanson de geste* (in *Précis de littérature française au moyen âge*, Hg. D. P., Paris 1983, S. 59–82). – D. Norman, *Heroes and Saracens. An Interpretation of the Chansons de geste*, Edinburgh 1983. – *Essor et fortune de la Chanson de geste dans l'Europe et l'Orient latin*, Modena 1984. – M. Ott-Meimberg, *Karl, Roland, Guillaume* (in *Epische Stoffe des Mittelalters*, Hg. V. Mertens u. U. Müller, Stg. 1984, S. 81–110; KTB). – *L'Epica*, Hg. A. Limentani u. M. Infurna, Bologna 1986. – A. Moisan, *Répertoire des noms propres de personnes et de lieux cités dans les chansons de geste françaises et les œuvres étrangères dérivées*, 2 Bde., Genf 1986. – *Au carrefour des routes d'Europe, la chanson de geste*, Aix-en-Provence 1987. – *Romance Epic. Essays on a Medieval Literary Genre*, Hg. H. E. Keller, Kalamazoo/Mich. 1987. – A. Labbé, *L'architecture des palais et des jardins dans les chansons de geste. Essai sur le thème du roi en majesté*, Paris/Genf 1987. – A. Bomba, *Chansons de geste und französisches Nationalbewußtsein im Mittelalter*, Stg. 1987. – *Arthurus Rex*, Bd. 1, Hg. W. Verbeke u. a., Löwen 1987 [Ausst.-Kat.]. – H.-E. Keller, *Autour de Roland. Recherches sur la chanson de geste*, Paris/Genf 1989.

Lancelot

(afrz.; *Lancelot*), auch *Lancelot du Lac, Lancelot propre (Lancelot vom See, der eigentliche Lancelot)*. Prosaroman von unbekanntem Verfasser, entstanden zwischen 1215 und 1230. – Das in unzähligen, zum Teil prachtvoll illustrierten Handschriften bis ins 14. Jh. reich überlieferte Werk ist Teil des großen fünfteiligen Romanzyklus, der Gral- und Artus-Sage miteinander verbindet. Autorschaft wie Quellenfrage sind nicht eindeutig geklärt. Die Annahme, daß Gautier Map, der angeblich die authentisch aufgezeichneten Abenteuer aus dem Lateinischen ins Französische übersetzt haben soll, der Verfasser des *Lancelot* wie auch der beiden anschließenden Zyklusteile der *Queste del Saint Graal* und *Mort le roi Artu* sein soll, ist als literarische Verfasserfiktion zu werten. Die Autorschaft eines einzigen Dichters ist wohl überhaupt nicht nachzuweisen, und auch J. Frappiers Vorschlag, daß zwar ein einzelner den Gesamtzyklus konzipiert und möglicherweise den *Lancelot propre* selbst geschrieben, die anderen Teile jedoch mehreren Dichtern überlassen habe, ist als ausgesprochene Kompromißlösung anzusehen. Seit den Untersuchungen von E. Kennedy scheint es plausibel, daß der zyklischen Version eine kürzere, nichtzyklische vorausgeht, die noch nicht auf die Gralssuche hin konzipiert ist und mit dem Tod Galehauts endet. Diese Fassung ist dann wohl später für die zyklische Integration überarbeitet worden, möglicherweise unter dem Einfluß des *Perlesvaus*-Prosaromans (vgl. dort), der Lancelot als scheiternden Gralssucher einführt. Einige Ungereimtheiten (so bauen bereits einige Passagen der nichtzyklischen Fassung den Horizont der Gralssuche auf) konnten bis heute jedoch nicht befriedigend geklärt werden. So hat auch A. Michas Auffassung, die nichtzyklische Version als gekürzte spätere Fassung der zyklischen zu betrachten, ihre Befürworter. Beide Versionen liegen heute in guten Editionen (von A. Micha und E. Kennedy) vor.

Als Hauptquelle für den Gralsstoff des Romans gilt Chrétiens de Troyes *Chevalier de la Charrete* (vgl. dort) und der *Roman de l'estoire del Graal* (vgl. dort) von Robert de Boron, der sich seinerseits auf Chrétiens *Conte del Graal* (vgl. dort) stützt. Die Entstehungszeit des Lancelot-Gral-Zyklus ist durch die Regierungsperiode Johannas von Flandern gegeben (1214–1227); in diesem Zeitraum müssen die Werke Roberts entstanden sein und kurz danach die Lancelot-Dichtung.

In der Technik des sog. *entrelacement* geschrieben, d. h. der komplizierten Führung der mit den einzelnen Artusrittern verknüpften Handlungsstränge, wird die Geschichte der Liebe Lancelots zu der Königin Guenièvre von Anfang an erzählt. Als Sohn des Königs Ban von Benoic wird Lancelot geboren, dann von der »Dame du Lac«, der Fee Viviane, aufgezogen, schließlich am Artushof Camaaloth zum Ritter geschlagen. Auf den ersten Blick verliebt er sich in die Königin, deren Höflichkeitsfloskel (»schöner, süßer Freund«) er als Minnegeständnis mißversteht. Dieses Wort beflügelt ihn zu allen Leistungen, die ihn zum besten Ritter seiner Zeit erheben werden. Nach seinem Ritterschlag von der Hand der Königin zieht er auf Abenteuer aus. Er erlöst das unter einem bösen Zauber liegende Schloß Douloureuse Garde und verwandelt es in die Joyeuse Garde. Galehaut, der Herrscher der Lointaines Îles, fordert Artus heraus. Lancelot kämpft für den König, versöhnt sich aber mit dem Gegner und wird dessen bester Freund. Galehaut ist es, der die beiden Liebenden zum ersten Mal zusammenführt. Während Galehaut und Lancelot sich in Sorelois im Reich Galehauts aufhalten, taucht am Artushof eine falsche Guenièvre auf, die behauptet, die Königin habe widerrechtlich ihre Stellung eingenommen. Der wankelmütige Artus neigt sich der falschen Guenièvre zu und verbannt seine rechtmäßige Frau. Lancelot macht sich zu ihrem Verteidiger, kündigt Artus den Dienst auf und nimmt die Königin mit nach Sorelois, wo die Liebenden zweieinhalb Jahre wie Bruder und Schwester leben, bis die Usurpatorin am Artushof an einer schrecklichen Krankheit dahinsiecht. Nach Guenièvres Rückkehr an den Hof macht Lancelot sich Morgue, die Schwester des Königs, zur Feindin, da er im »Tal ohne Wiederkehr«, das von Morgue aus Rache an einem ihr untreuen Ritter verzaubert wurde, die dort gefangenen »treulosen« Liebhaber befreien kann. Morgue rächt sich, indem sie Lancelot gefangennimmt und ihm im Tiefschlaf Guenièvres Ring abnimmt. Diesen schickt sie mit Anschuldigungen gegen die Liebenden an den Hof und spiegelt Lancelot ein Bild von vermeintlicher Untreue Guenièvres vor, der darauf völlig von Sinnen umherirrt und erst wieder zu sich kommt, als er hört, daß Guenièvre von Méléagant entführt worden sei. Er folgt ihr auf der *charrete* und gelangt zu einem Friedhof, auf dem er den ersten Hinweis erhält, daß er wegen seiner Leidenschaft zu Guenièvre nicht den Gral erringen kann. Über die Schwertbrücke kommt er in Baudemagus' Reich und kämpft mit Méléagant. Wie bei Chrétien folgen einander nun viele Mißverständnisse, die in der Liebesnacht ihre Auflösung finden. Beim zweiten Kampf in Camaaloth tötet Lancelot Méléagant. Später kommt infolge eines Rüstungstausches das Gerücht von Lancelots Tod auf. Viele Artusritter brechen auf, um ihn zu suchen. Unabhängig voneinander kommen Gauvain, Lancelot und sein Vetter Bohort nach Corbenis zur Gralsburg, können aber dieses größte Abenteuer nicht bestehen. Bei seinem Aufenthalt in der Burg zeugt Lancelot, durch einen Trank betäubt, mit Brisane, der Tochter des Gralskönigs Pellès, seinen Sohn Galaad, den späteren Gralsritter. Lancelot kehrt an den Artushof zurück, und Guenièvre macht sich bittere Vorwürfe, daß sie ihn durch ihre Liebe unwürdig für das Gralsabenteuer macht. Inzwischen mehren sich die Hinweise auf den Gral und wird das schreckliche Ende der Artusrunde prophezeit. Die Mutter Galaads kommt an den Artushof, und Lancelot kann durch Betrug erneut dazu gebracht werden, die Nacht mit ihr zu verbringen. Als Guenièvre davon erfährt, verjagt sie ihn, und er verfällt wieder in Wahnsinn, von dem ihn, nachdem er lange umhergeirrt und schließlich zur Gralsburg gelangt ist, der Gral heilt. Mit der Tochter des Königs Pellès und seinem Sohn Galaad zieht Lancelot auf eine Insel in der Nähe der Gralsburg. Dort finden ihn Perceval und Hector, die auf die Suche nach ihm ausgezogen waren, und von dort bricht der inzwischen fünfzehn Jahre alt gewordene Galaad auf, um den Gral zu suchen.

Der Prosaroman von Lancelot stellt gegenüber den Versbearbeitungen der verschiedenen Artus-Stoffe nicht nur der äußeren Form nach etwas völlig Neues dar. Obgleich im einzelnen noch oft den Formen höfischer Konvention verhaftet, entfernt er sich mit seinen individuell gezeichneten Gestalten (z. B. dem finsteren, aber »interessanten« König Claudas, dem Todfeind von Lancelots Vater), den lebendigen Dialogen und der oft fast als psychologisch zu bezeichnenden Motivierung (vor allem in Galehauts Freundschaft zu Lancelot) weit von den herkömmlichen Versromanen der Zeit. Es ist für diese neue Erzählhaltung bezeichnend, daß sie den Mittelpunkt des Erzählten, die Tafelrunde und König Artus selbst, am stärksten verändert darstellt. Aus dem zum Ideal erhöhten und erstarrten König wird ein Mann, der irrt wie andere, der vor den Hilferufen eines Vasallen versagt, der nicht gut regiert und sich von einem Einsiedler erst in den Tugenden des rechten Herrschers unterweisen lassen muß. Mit König Artus aber verliert auch seine Tafelrunde ihre hohe Vorbildlichkeit, und der Tod des Königs, der auch ihr Ende bedeutet, vollzieht dann im letzten Teil des Roman-Zyklus die endgültige Lösung aus dem Bereich unverletzlicher Idealität.

Der außer in Handschriften auch in mehreren Drucken des 15. und 16. Jh.s verbreitete Roman war im Mittelalter außerordentlich beliebt. Er ist es, der die Liebenden in der berühmten Francesca-da-Rimini-Szene in DANTES *Göttlicher Komödie* (*La Comedia*) zusammenführt. – Der *Lancelot propre* hat außerhalb Frankreichs zahlreiche Übersetzungen und Bearbeitungen erfahren, so in der mittelniederländischen Versdichtung *Roman van Lancelot* (13. Jh.) und dem schottischen Gedicht *Lancelot of the Laik* vom Ende des 15. Jh.s. Zahlreiche Kapitel eines berühmten kompilatorischen Werks (*Le Morte Darthur*, 1485) des Thomas MALORY gehen ebenso auf das Lancelot-Gral-Corpus zurück wie Ulrich FÜETRERS Bearbeitungen in Versen und in Prosa (Ende des 15. Jh.s). Aus Italien sind zwei Gedichte in Ottaven aus dem 16. Jh. bekannt, *Inamoramento di Lancillotto* des NICOLO DE AGOSTINI und *I quattro primi canti di Lancillotto* des ERASMUS DI VALVASONE, daneben vier Prosabearbeitungen.

Haben so *»alle westlichen Literaturen mit höfischer Nachblüte«* dem *Lancelot propre »früher oder später einen Platz eingeräumt«*, so doch *»keine unmittelbarer und mit spontanerem Einfluß als die deutsche«* mit dem sogenannten *Prosa-Lancelot* (R. Kluge). Diese fast wörtliche Übersetzung des französischen Lancelot-Gral-Corpus (*Lancelot propre, Queste del Saint Graal* und *Mort le roi Artu*) ist in zehn mehr oder weniger fragmentarischen Handschriften aus dem 13. bis 16. Jh. überliefert. Als Haupthandschrift, die Reinhold KLUGES Ausgabe zugrunde liegt, gilt der Heidelberger Codex P aus dem 15. Jh.

Das umfangreiche Werk ist, im Gegensatz zu seiner französischen Vorlage, nie gedruckt worden. Das ist wohl weniger mit dem frühen Rückgang des Rittertums in Deutschland zu erklären (so A. Peter in der Vorrede zu seiner Ausgabe von Ulrich Füetrers *Lancelot*) als damit, daß sich die »echte« Artusprosa, im Gegensatz zu den *»bürgerlich verwässerten Rittergeschichten«* des 15. Jh.s (R. Kluge), dem allgemeinen Stil des Volksbuchs nicht anpassen ließ. Obgleich sich so der deutsche *Prosa-Lancelot* von den andern Erzeugnissen des Spätmittelalters grundsätzlich unterscheidet, nahm man, vom prinzipiell poetischen Charakter höfischer Dichtung überzeugt, lange ein spätes Entstehungsdatum an und glaubte damit gleichzeitig, das ganze Werk als Produkt des absteigenden Rittertums und der Auflösung höfischer Tradition und als »epigonal« abtun zu können. Erst nach dem Fund des Amorbacher Bruchstücks, das älter ist als die französische Vorlage und dem Original (O) nähersteht als diese, sowie der folgenden Identifizierung des Münchner Fragments (wohl um 1250), konnte die Partie P I des *Lancelot*, die über eine mittelniederländische Zwischenstufe übersetzt wurde, ins 13. Jh., nicht weit hinter die französische Version zurückdatiert werden. Die Teile P II und P III sind wohl erst im späten 13. oder frühen 14. Jh., womöglich direkt aus dem Französischen übertragen worden.

Der deutsche Übersetzer des Lancelot-Romans folgt seiner Vorlage sprachlich mit großem Geschick und schafft damit eine deutsche Erzählprosa, die mit den kosmologischen Schuldialogen des *Lucidarius* so wenig gemein hat wie mit den Prosachroniken auf niederdeutschem Gebiet (*Sächsische Weltchronik* und *Sachsenspiegel*). Vor allem sind es auch hier die lebendigen Dialoge, die »gesprochen« wirken und nichts mehr von der stereotypen Starre an sich haben, die der wörtlichen Rede des Versepos oft eigen ist. Der treffende Ausdruck im einzelnen (z. B. bei den Personenbeschreibungen) steht dem Übersetzer genau so zu Gebote wie die sprachliche Beherrschung großer Zusammenhänge, wie z. B. der Kindheit Lancelots, deren fast idyllische Anmut und Fröhlichkeit sich dem Leser so deutlich mitteilt wie die melancholische Überschattung der Erwachsenenjahre des Helden durch seine Liebe zu Ginevra.

In späteren Neugestaltungen des Stoffes – z. B. Wielands *Geron der Adlige*, 1777, E. Moschinos *La regina Ginevra*, 1925, E. A. Robinsons *Lancelot*, 1920, Cocteaus *Les chevaliers de la Table Ronde*, 1927 – ist es der unkomplizierte Frauenheld, nicht der tragische Lancelot des Prosaromans, der das Interesse der Dichter findet. Unter den zahlreichen Verfilmungen des Artusstoffes, die zumeist die englische Version Malorys in mehr oder weniger kitschiger Weise frei adaptieren, ragt Robert Bressons eigenwillige filmische Bearbeitung der Lancelotgeschichte heraus, die wohl auf der genauen Kenntnis des französischen Prosaromans beruht. *»Bresson ließ keinen Historienfilm, sondern ein filmisches Gedankenmodell bzw. Gleichnis entstehen, das sich des sich in unhistorischen Dimensionen rückwärts verflüchtigenden Sagenstoffes um ihrer Chiffren willen bemächtigt und damit ein rigoros fatalistisches Trauerbild der Menschheit zeichnet, die von (Selbst-)Zerstörung, Verhängnis, Tod und dem Scheitern jeglicher Liebesbemühung bestimmt ist«* (Lexikon des internationalen Films). B.L.-W.R.

Ausgaben: Washington 1910–1912 (in H. O. Sommer, *The Vulgate Version of the Arthurian Romances*, 7 Bde., 1909–1916, 3–5). – Marburg 1911–1917 (*Der altfranzösische Prosaroman von Lancelot du Lac, Branche 1–6*; Marburger Beiträge zur romanischen Philologie). – Genf 1978–1983 (*Lancelot. Roman en prose du XIIIe siècle*, Hg. A. Micha, 9 Bde.; TLF). – Oxford 1980 (*Lancelot du Lac. The Non-Cyclic Old French Prose Romance*, Hg. E. Kennedy, 2 Bde.).

Übersetzungen: *Lancelot I–III*, Hg. R. Kluge, Bln./DDR 1948–1974 (Textausg. der mhd. Übers.; DTM). – *Lancelot und Ginevra*, R. Schirmer, Zürich 1961 [unvollst.; Ill.].

Verfilmungen: *Lancelot and Guinevere*, GB 1962 (Regie: C. Wilde). – *Lancelot du Lac*, Frankreich/Italien 1973 (Regie: R. Bresson).

Literatur: J. L. Weston, *The Legend of »Sir Lancelot du Lac«*, Ldn. 1901. – G. Bräuner, *Über das Verhältnis der Handschriften des altfranzösischen Prosaromans von »Lancelot del Lac« in der 1. Branche: La reine as granz dolors*, Marburg 1912. – F. Lot, *Étude sur le »Lancelot en prose«*, Paris 1918; ern. 1954. – E. Schröder, *Fragment eines mhd. Prosaromans aus dem Anfang des 13. Jh.s* (in ZfdA, 59, 1922). – Ders., *Der deutsche »Lancelot« in Prosa* (ebd., 60, 1923). – G. Hutchings, *Le roman en prose de »Lancelot du Lac«. Le conte de la Charrette*, Paris 1938. – P. Tilvis, *»Prosa-Lancelot« Studien*, 2 Bde., Helsinki 1957. – K. Ruh, *»Lancelot«* (in DVLG, 33, 1959, S. 269–282). – U. Ruberg, *Raum und Zeit im »Lancelot en prose«*, Mchn. 1965. – R. Voß, *Der »Prosa-Lancelot«. Eine strukturanalytische und strukturvergleichende Studie auf der Grundlage des deutschen Textes*, Meisenheim a. Gl. 1970. – J. Frappier, *Amour courtois et table ronde*, Genf 1974 [mehrere Beitr.]. – H. de Briel u. M. de Herrmann, *King Arthur's Knights and the Myth of the Round Table*, Paris 1972. – J. Frappier, *La »Mort Galehaut«* (in J. F., *Histoire, mythes et symboles*, Genf 1976, S. 137–147). – A. Micha, *De la chanson de geste au roman*, Genf 1976 [mehrere Beitr.]. – R. Hartman, *La quête de la croisade. Villehardouin, Robert de Clari et le »Lancelot en prose«*, Brooklyn 1977. – H.-H. Steinhoff, *Artusritter und Gralsheld. Zur Bewertung des höfischen Rittertums im »Prosa-Lancelot«* (in *The Epic in Medieval Society*, Hg. H. Scholler, Tübingen 1977, S. 271–289). – W. Haug, *›Das Land, von welchem niemand wiederkehrt‹. Mythos, Fiktion und Wahrheit in Chrétiens »Chevalier de la Charrete«, im »Lanzelet« Ulrichs von Zatzikhoven und im »Lancelot-Prosaroman«*, Tübingen 1978. – J. Frappier, *Le cycle de la »Vulgate«* (in *Le roman jusqu'à la fin du XIII siècle*, Hg. J. Frappier u. R. R. Grimm, Heidelberg 1978, S. 536 bis 589; GRLMA, 4,1). – Y. Robreau, *L'honneur et la honte. Leur expression dans les romans en prose du »Lancelot-Graal«*, Genf 1981. – C. J. Chase, *Sur la théorie de l'entrelacement. Ordre et désordre dans le »Lancelot en prose«* (in MPh, 80, 1982/83, S. 227–241). – M. Estève, *»Lancelot du Lac« [film de Robert Bresson]* (in M. E., *Robert Bresson, la passion du cinématographe*, Paris 1983, S. 75–82). – F. Wolfzettel, *Lancillotto e le fate* (in L'immagine riflessa, 6, 1983, S. 227–248). – J. Knape, *Exkurs. Historie und das Prosa-Lancelot-Problem* (in J. K., *Historie in Mittelalter und früher Neuzeit*, Baden-Baden 1984, S. 213–237). – E. Baumgartner, *Remarques sur la prose du »Lancelot«* (in Romania, 105, 1984, S. 1–15). – C. Lloyd-Morgan, *The Relationship Between the »Perlesvaus« and the »Prose-Lancelot«* (in MAevum, 53, 1984, S. 239–253). – L. Harf-Lancner, *Lancelot et la Dame du Lac* (ebd., S. 16–33). – E. Kennedy, *Études sur le »Lancelot en prose«* (ebd., S. 34–62). – Ch. Méla, *La reine et le Graal. La conjointure dans les romans du Graal. De Chrétien de Troyes au Livre de Lancelot*, Paris 1984. – *Lancelot. Actes du Colloque des 14 et 15 janvier 1984*, Hg. D. Buschinger, Göppingen 1984. – *Approches du »Lancelot en prose«*, Hg. J. Dufournet, Paris 1984. – X. v. Ertzdorff, *Liebe, Ehe, Ehebruch und der Untergang des Artus-Reiches im »Prosa-Lancelot«* (in *Liebe, Ehe, Ehebruch in der Literatur des Mittelalters*, Hg. dies. u. M. Wynn, Gießen 1984, S. 99–110). – V. Roloff, *Der Märchenwald als Traum. Zur Interpretation von Märchenmotiven in der Artusepik (»Tristan« und »Lancelot en prose«)* (in *Artusrittertum im späten Mittelalter*, Hg. F. Wolfzettel, Gießen 1984, S. 146–158). – H. Fromm, *Lancelot und die Einsiedler* (in *Geistliche Denkformen in der Literatur des Mittelalters*, Hg. K. Grubmüller, Mchn. 1984, S. 198–209). – K. Speckenbach, *Endzeiterwartung im »Lancelot-Gral-Zyklus«* (ebd., S. 210–225). – Ders., *Form, Funktion und Bedeutung der Träume im »Lancelot-Gral-Zyklus«* (in *I sogni nel Medioevo*, Hg. T. Gregory, Rom 1985, S. 317–355). – J. Markale, *Lancelot et la chevalerie arthurienne*, Paris 1985. – Wolfram-Studien, 9, 1986 [Sondernr. *Lancelot*]. – C. J. Chase, *Multiple Quest and the Art of Interlacing in the 13th Century »Lancelot«* (in Romance Quarterly, 33, 1986, S. 407–420). – J. Burns, *Arthurian Fictions. Rereading the Vulgate Cycle*, Columbus/Oh. 1985. – E. Kennedy, *Lancelot and the Grail. A Study of the »Prose Lancelot«*, Oxford 1986. – F. P. Knapp, *›Chevalier errant‹ und ›fin'amor‹. Das Ritterideal des 13. Jh.s in Nordfrankreich und im deutschsprachigen Südosten*, Passau 1986. – F. Suard, *La conception de l'aventure dans le »Lancelot en prose«* (in Romania, 108, 1987, S. 230–253). – A. Micha, *Essais sur le cycle du Lancelot-Graal*, Genf 1987. – L. Jefferson, *The Keys to the Enchantment of Dolorous Guard* (in MAevum, 58, 1989, S. 59–79). – Chr. Huber, *Von der »Gral-Queste« zum »Tod des Königs Artus«. Zum Einheitsproblem des »Prosa-Lancelots«* (in *Positionen des Romans im Spätmittelalter*, Hg. W. Haug u. B. Wachinger, Tübingen 1990). – G. Wild, *Transformation von Erzählstrukturen. Erzählen als Weltverneinung im Lancelot-Gral-Zyklus*, Essen 1992 [Diss. Mchn. 1990].

MAISTRE PIERRE PATHELIN

(frz.; *Advokat Pierre Pathelin*). Anonyme Farce, entstanden um 1464. – Die bekannteste unter den Farcen des französischen Spätmittelalters (Erstdruck 1489) erzielt die komische Wirkung vor allem mit sprachlichen Mitteln und findet deshalb als dankbares Demonstrationsobjekt für neueste literaturwissenschaftliche Theorien wieder verstärkt Beachtung. So kann *Maistre Pierre Pathelin* geradezu als Musterbeispiel für die sogenannte »karnevaleske Literatur« des Mittelalters angesehen werden, wie sie der russische Literaturwissenschaftler M. BACHTIN in seinem Werk *Rabelais und seine Welt* beschreibt.

Der längere erste Teil (ca. 1000 von ca. 1600 Versen) zeigt, wie der Winkeladvokat Pathelin einen Tuchhändler übervorteilt: Pathelin (der, wie man später erfährt, wegen seiner Betrügereien schon einmal am Pranger stand) macht durch Verschlagenheit seinen Mangel an Gelehrsamkeit wett, aber es fehlt ihm an Klienten; seine Frau Guillemette wirft ihm vor, daß kein Geld im Haus ist. Den Tuchhändler Guillaume Joceaulme beschwatzt Pathelin mit Lobreden auf seinen verstorbenen Vater, dann will er sechs Ellen teuren Stoff kaufen; er fordert den Händler auf, das Geld bei ihm zu Hause abzuholen, und verspricht ihm zusätzlich ein gutes Essen, besteht aber darauf, den Stoff gleich selbst mitzunehmen. Als er Guillemette erzählt, wie er Guillaume geschmeichelt hat, fühlt sie sich an die Fabel vom Fuchs und dem Raben erinnert, die später vor allem durch LA FONTAINE bekannt wurde. Der Tuchhändler kommt und fordert sein Geld, aber Pathelin stellt sich krank; Guillemette erklärt, er sei seit sechs Wochen bettlägerig. In gespieltem Delirium sieht der Betrüger in Guillaume zunächst seinen Arzt und informiert ihn genauestens über seinen Stuhlgang; als der Tuchhändler noch einmal zurückkommt, mischt Pathelin verschiedene Sprachen und Dialekte mit erfundenen Wörtern zu Tiraden, die an Formen der zeitgenössischen Unsinnspoesie (z. B. Fatrasie) erinnern, und schließt in makkaronischem Latein. Der Tuchhändler, der an seiner eigenen Wahrnehmung zu zweifeln beginnt, zieht düpiert von dannen.

Im zweiten Teil droht Guillaume seinem Schäfer Thibault mit dem Gericht, weil dieser regelmäßig Schafe von seiner Herde getötet hat, um sie zu verspeisen; schon hier vermischt der Tuchhändler seine beiden Klagen und spricht zu Thibault von den sechs Ellen Stoff. Der Schäfer wendet sich an Pathelin und gesteht, daß Guillaume im Recht ist; der Advokat rät ihm, vor Gericht auf alle Fragen nur *bee* zu antworten wie ein Schaf. Als der Tuchhändler sich bei der Verhandlung Pathelin gegenübersieht, vermag er sich nicht mehr auf seine Klage gegen Thibault zu konzentrieren und redet andauernd von Pathelins Betrug; der verzweifelte Ausruf des Richters *»revenons a ces moutons« (»Kommen wir auf die Hammel zurück!«)* ist im Französischen bis heute sprichwörtlich. Pathelin erklärt den *bee*-machenden Schäfer zum Idioten, der Richter spricht ihn frei; als der Anwalt aber das vereinbarte Honorar fordert, antwortet Thibault auch ihm nur mit *bee* und betrügt so den Betrüger, der nun ebenfalls mit leeren Händen zurückbleibt.

Die Sprache des *Pathelin* ist sehr bildhaft, enthält Sprichwörter und viele Elemente der Umgangssprache; für manche Stellen wurde in der umfangreichen *Pathelin*-Literatur bis heute keine überzeugende Deutung vorgeschlagen. Es ergibt sich ein vermutlich realistisches Bild der Sprache der unteren Schichten (mit Elementen der Gaunersprache), zu dem Pathelins delirierende sprachliche Kreativität in Kontrast gesetzt wird. – Wiederholt wurde versucht, bedeutende oder weniger bedeutende Autoren des 15. Jh.s als Verfasser des *Pathelin* zu erweisen (zuletzt Triboulet, den Hofnarren des Herzogs René von Anjou, 1409–1480); keine dieser Zuschreibungen ist allgemein anerkannt. – Die letzte Episode der Farce (der Schäfer wendet den Rat des Anwalts gegen diesen selbst an) ist als Volkserzählung in weiten Teilen Europas sowie in Nord- und Südamerika bis heute lebendig. Im deutschen Sprachraum haben u. a. J. Reuchlin und H. Sachs die Farce vom Advokaten Pathelin nachgedichtet. A.Vi.

Ausgaben: Paris 1485/86, Hg. G. Le Roy [nur ein unvollst. erhaltenes Exemplar]. – Paris 1489. – Paris 1854, Hg. F. Génin [m. Einl. u. Anm.]. – Paris 1859 (in *Recueil de farces, soties et moralités du 15e siècle*, Hg. P. L. Jacob). – Paris 1907 (Faks. d. Ausg. 1489; m. Bibliogr. d. alten Drucke v. E. Picot; Société des textes français modernes). – Straßburg 1908 (*Farce de Maistre Pathelin*, Hg. F. E. Schneegans; m. Einl.). – Paris 1924, Hg. R. T. Holbrook (m. Einl. u. Komm.; ern. 1970; CFMA). – Paris 1931, Hg. L. Dimier. – Genf/Lille 1953 (Faks. d. Ausg. 1489; TLF). – Paris 1967, Hg. C. E. Pickford. – Paris 1979 (*La »Farce de Maistre Pathelin« et ses continuations*, Hg. J.-C. Aubailly). – Paris 1986, Hg. J. Dufournet (GF).

Übersetzungen: *Meister Peter Pathelin*, I. C. S., Danzig 1762. – *Meister Pathelin*, bearb. A. Graf Wickenburg, Wien 1883.

Bearbeitung: *Veterator (Maistre Pathelin) und Advocatus: zwei Pariser Studentenkomödien aus den Jahren 1512 u. 1532*, Hg. J. Bolte, Bln. 1901.

Literatur: L. E. Chevaldin, *Les jargons de la farce de »Pathelin«, pour la première fois reconstitués, traduits et commentés*, Paris 1903. – J. Jordan, *Zwei Beiträge zur Geschichte und Würdigung des Schwanks vom »Advokaten Pathelin«* (in ASSL, 123, 1909, S. 342–352). – J. Schumacher, *Studien zur Farce »Pathelin«*, Diss. Bln. 1910. – R. T. Holbrook, *Étude sur »Pathelin«, essai de bibliographie et d'interprétation*, Paris/Princeton 1917 [Nachdr. NY 1965]. – L. Cons, *L'auteur de la »Farce de Pathelin«*, Paris/Princeton 1926. – F. Rauhut, *Fragen u. Ergebnisse der »Pathelin«-Forschung* (in GRM, 19, 1931, S. 394 ff.). – H. G. Harvey, *The Judge and the Lawyer in the »Pathelin«* (in Revue de la Renaissance, 31, 1940, S. 313–333). – P. Lemercier, *Les éléments juridiques de »Pathelin« et la localisation de l'œuvre* (in Rom, 73, 1952, S. 200–226). – R. Lebègue, *Le rôle de Comicus dans le »Veterator«* (in *Fin du moyen âge et Renaissance. Mélanges de philologie française offerts à R. Guiette*, Antwerpen 1961, S. 195–201). – R. Lejeune, *Le vocabulaire juridique de »Pathelin« et la personnalité de l'auteur* (ebd., S. 185–194). – H. Lewicka, *Pour la localisation de la farce de »Maistre Pathelin«* (in BdHumR, 24, 1962, S. 273–281). – F. Rauhut, *Die Kunst des Dialogs in der Exposition des »Pathelin«* (in ZfrPh, 81, 1965, S. 41–62; m. Bibliogr.). – O. Jodogne, *Notes sur »Pathelin«* (in *Fs. W. von Wartburg*, Tübingen 1968, S. 431–441). – J. Frappier, *»La farce de Maistre Pathelin« et son originalité* (in *Mélanges M. Brahmer*, Warschau 1967, S. 207–217). – A. Fischler, *The Theme of Justice and the Structure of »La Farce du Maître Pierre Pathelin«* (in Neoph, 53, 1969, S. 261–273). – H. Lewicka, *Études sur l'ancienne farce française*, Paris/Warschau 1974. – J. Frappier, *»La farce de Pierre Pathelin« et son originalité* (in J. F., *Du moyen âge à la Renaissance*, Paris 1976, S. 245–259). – L. S. Crist, *»Pathelin« Semiotics* (in EsCr, 18, 1978, S. 69–81). – D. Maddox, *The Morphology of Mischief in »Maistre Pierre Pathelin«* (ebd., S. 55–68). – B. Roy, *La »Farce de Maître Pathelin« et autres œuvres du fou Triboulet* (in Fifteenth Century Studies, 3, 1980, S. 155–195). – Ders., *Triboulet, Josseaume et Pathelin à la cour de René d'Anjou* (in Le Moyen Français, 7, 1981, S. 142–153). – S. Fleischman, *Language and Deceit in the Farce of »Maistre Pathelin«* (in Tréteaux, 2, 1981, S. 19–27). – F. Rauhut, *Erklärungsbedürftige Stellen im »Maistre Pierre Pathelin«* (in ZfrPh, 97, 1981, S. 259–278). – P. E. Bennett, *Le ›Goupil‹, le corbeau et les structures de »Maistre Pierre Pathelin«* (in MA, 89, 1983, S. 413–432). – J.-C. Payen, *La farce et l'idéologie. Le cas de »Maître Pathelin«* (in Le Moyen Français, 8/9, 1983, S. 7–25). – C. Segre, *»Maistre Pathelin«* (in Poetics Today, 5, 1984, S. 563–583). – B. Rey-Flaud, *La farce ou la machine à rire*, Genf 1984. – D. Maddox, *Semiotics of Deceit. Language, Drama and Culture in »Maître Pierre Pathelin«*, Lewisburgh/Pa. 1984 [m. engl. Übers. des Textes von A. E. Knight]. – Th. Boucquey, *Une farce au crible discursif. Pathelin, fou du texte* (in *La langue, le texte, le jeu. Perspectives sur le théâtre médiéval*, Hg. G. Di Stefano u. R. M. Bidler, Montreal 1986, S. 79–91). – J. Dufournet u. M. Rousse, *Autour de »La farce de Maître Pathelin«*,

Paris 1986. – E. Eigenmann, *»Pathelin« ou la fausse monnaie du discours* (in Littératures, 15, Frühj. 1987, S. 7–12). – R. Dragonetti, *Les travestissements du langage et la folie du drap dans la »Farce de Maistre Pierre Pathelin«* (in *Masques et déguisements dans la littérature médiévale*, Hg. M.-L. Ollier, Montreal/Paris 1988, S. 261–276). – D. Smith, *Le jargon franco-anglais de »Maître Pathelin«* (in JdS, 1989, S. 259–276).

LE MONIAGE GUILLAUME

(afrz.; *Wilhelms Mönchsleben*). Anonymes Epos, entstanden um die Mitte des 12. Jh.s. – Die Geste von *Wilhelms Mönchsleben* ist das letzte der 24 Epen des *Cycle de Guillaume* (auch *Cycle de Garin de Monglane* genannt), der umfangreichsten Epensammlung des französischen Mittelalters. Das Zentrum dieses Zyklus bilden vier Epen, *Charroi de Nîmes, Prise d'Orange* und eben *Moniage*, das eine Schlüsselstellung bei der Frage nach der Entstehung des ganzen Zyklus einnimmt. Es liegt in zwei Fassungen vor, einer unvollendeten Kurzfassung von 934 und einer Langfassung von 6629 Versen.

Die erste Fassung berichtet noch vom Tod Guiborcs, der Gemahlin Wilhelms. Die zweite Fassung setzt erst ein mit dem Entschluß des Helden, Mönch zu werden. – Wilhelm macht sich schon bald nach seinem Eintritt ins Kloster durch seine überlegene, ungestüme Kraft bei seinen Mitbrüdern unbeliebt. Sie schicken ihn auf einen gefährlichen Ritt und machen ihm zur Auflage, er dürfe sich nicht mit Waffengewalt verteidigen. Als Wilhelm dann von Räubern überfallen wird, besiegt er sie mit bloßer Hand. Da er aber die Intrige seiner Mitbrüder durchschaut hat, verläßt er das Kloster und gründet in der einsamen, wilden Gegend von Gellone eine eigene Einsiedelei. Der Heidenkönig Synagon von Palermo, ein alter Widersacher Wilhelms, erfährt von einer Zauberin, daß dieser noch immer lebt, läßt den Einsiedler daraufhin gefangennehmen und sieben Jahre ins Gefängnis werfen. Nach seiner Freilassung zieht König Ludwig mit einem großen Heer in den Kampf gegen Synagon, der in der Schlacht unterliegt. Doch sein Neffe Ysoré organisiert einen Rachefeldzug gegen Paris: Der hilflose Ludwig bereut nun sein früheres ungerechtes Verhalten Wilhelm gegenüber (vgl. die vorausgehenden Epen) und muß sich bittere Vorwürfe seiner Vasallen anhören. Doch ein letztes Mal bricht der Held aus seiner mönchischen Einsamkeit auf, um Frankreich zu retten. Unerkannt besiegt er Ysoré und kehrt dann in seine Einsiedelei zurück. Nach seinem Tod wird seine Seele ins Paradies aufgenommen. Das Thema von der Undankbarkeit des Königs und der unerschütterlichen Vasallentreue, das den ganzen Zyklus durchzieht, verliert vor dem Hintergrund des heiligmäßigen Eremitendaseins an Bedeutung; Engagement in weltlichen Auseinandersetzungen und Distanzierung von der politischen Sphäre halten sich nun die Waage.

Der Zusammenhang mit geschichtlichen Vorbildern ist in diesem letzten Epos enger als in den vorhergehenden. In der Gestalt des Grafen Guillaume sind einige historische Persönlichkeiten zusammengeflossen. Besonders deutlich aber ist der Bezug auf den karolingischen Grafen Wilhelm von Toulouse, der nach wechselvollen Kämpfen gegen die Sarazenen das Kloster Gellone gründete und dort starb. Dieses Kloster, das heutige St-Guilhem-du-Désert bei Montpellier, war im Mittelalter eine wichtige Station auf der Via Tolosana, einem Pilgerweg nach Santiago de Compostela. (Auf diese Tatsache stützt sich die Theorie BÉDIERS über die Entstehung der Heldenepen entlang der Pilgerwege.) Gellone war (wie im Epos) eine Tochterabtei von Aniane. In der *Vita Sti. Benedicti* – eines Abts von Aniane und Zeitgenossen Wilhelms – von ARDON SMARAGDUS findet sich erstmals die Erwähnung der Klostergründung. Die um 1125 entstandene *Vita Sti. Wilhelmi* ist wohl eine von den Mönchen von Gellone bewußt gefärbte Darstellung, die sie propagandistisch in ihrem Kampf um die Unabhängigkeit vom Mutterkloster einsetzten. In dieser Form lebt die Wilhelmslegende in der Zusammenfassung des ORDERICUS VITALIS (*Historia ecclesiastica*, 1141) im Codex von Santiago und im *Moniage Guillaume* fort. Eine interessante Ergänzung ist der achte Teil der altnordischen *Karlamagnús saga*, in der Wilhelm den Beinamen Korneis (Kurznase) trägt – ein Hinweis auf eine Narbe, die er sich im Kampf gegen den Riesen Corsolt zugezogen hatte.

B.L.

AUSGABE: Paris 1906–1913 (*Les deux rédactions en vers du »Moniage Guillaume«*, 2 Bde.; krit.).

LITERATUR: Ph. A. Becker, *Die altfranzösische Wilhelmssage*, Halle 1896. – F. Lot, *Notes sur »Le moniage Guillaume«* (in Rom, 26, 1897, S. 481–494). – W. Cloetta, *Die Entstehung des »Moniage Guillaume«* (in *Festgabe W. Foerster*, Halle 1902, S. 99–119). – R. Zentner, *Die Synagon-Episode des »Moniage Guillaume II«* (ebd.). – J. Bédier, *Les légendes épiques*, Bd. 1, Paris 1908. – W. Hendrickson, *Les sources littéraires de Garin de Monglane* (in *Actes du VIe Congrès international de la Société Rencesvals pour l'étude des épopées romanes*, Aix-en-Provence 1974, S. 607–617). – Ders., *Un nouveau fragment de »Garin de Monglane«* (in Rom, 96, 1975, S. 163–193). – J. Subrenat, *Moines mesquins et saint Chevalier. À propos du »Moniage de Guillaume«* (in *Mélanges J. Wathelet-Willem*, Lüttich 1978, S. 643–665). – J. Larmat, *Manger et boire dans le »Moniage Guillaume« et dans le »Moniage Renart«* (in *Manger et boire au moyen âge*, Paris 1984, Bd. 1, S. 391–404). – D. P. Schenck, *Couches culturelles du »Moniage Guillaume«, ›bellatores, oratores‹* (in *Essor et fortune de la Chanson de geste dans l'Europe et l'Orient latin*, Modena 1984, S. 169–177). – B. Guidot, *Recherches sur la chanson de geste au XIIIe siècle d'après certains œuvres du »Cycle de Guillaume d'Orange«*, Aix-en-Provence/Marseille 1986.

LA MORT LE ROI ARTU

auch *La mort Artu* (afrz.; *Der Tod des Königs Artus*). Prosaroman von unbekanntem Verfasser, entstanden zwischen 1230 und 1235. – In dieser gewaltigen, dramatisch-düsteren Prosadichtung – dem letzten Teil des *Lancelot-Graal*-Zyklus – bricht die höfisch-ideale Märchenwelt, die sechzig Jahre lang den Stoff für eine Hochblüte altfranzösischer Literatur geliefert hatte, in einer Art Götterdämmerung zusammen. War die unmittelbar vorausgehende *Queste del Saint Graal* (vgl. dort) von mystischer Religiosität erfüllt, so waltet nun, wenn auch in verdüsterter Form, noch einmal der weltlich-höfische Geist des *Lancelot* (vgl. dort).

Nach der Rückkehr der Gralsritter an den Artushof flammt die Leidenschaft zwischen Lancelot und der Königin erneut auf. Ein Mißverständnis – Guenièvre glaubt, Lancelot habe sich in das Fräulein von Escalot verliebt, das den nach einem Turnier Verletzten gesund pflegte – trübt nur vorübergehend das Verhältnis. Inzwischen aber hat Artus im Schloß seiner Schwester Morgane die Bilder entdeckt, die Lancelot einst während einer Gefangenschaft an die Wände eines Saals malte und die seine Liebe zur Königin darstellen. Gemeinsam mit Gauvain, dessen Bruder Gaheriet von der Hand Lancelots fiel, tritt der König zum Kampf gegen den Frevler an. Der Herausgeforderte verwundet Gauvain tödlich, scheut aber aus Ritterlichkeit vor einem direkten Angriff gegen seinen König zurück. Der wird bald darauf in eine große Schlacht gegen die Römer verwickelt, die er siegreich besteht. Bei seiner Rückkehr muß Artus erfahren, daß Mordret – wie sich nun herausstellt, sein eigener, ihm von einer Schwester geborener Sohn – durch die Vorspiegelung seines – des Königs – Tod Guenièvre, die er beschützen sollte, für sich zu gewinnen trachtete. Ohne die tapfersten Ritter der Tafelrunde – Gauvain und Lancelot, mit dem sich der König nicht versöhnen will – zieht Artus in die schicksalhafte Schlacht von Salisbury. In einem Traum am Vorabend des Kampfes sieht er sich vom Rad der Fortuna herabstürzen, und der nächste Tag bringt den Gegnern, Vater und Sohn, den Tod. *»Einsi ocist li peres le fill, et li filz navra le pere a mort«* (*»So erschlug der Vater den Sohn, und der Sohn verwundete den Vater tödlich«*). Die Zauberin Morgane holt ihren sterbenden Bruder mit einem Schiff ab und läßt den Leichnam in der Noire Chapelle beisetzen. Lancelot, der die Absicht hat, seinen König zu rächen, erfährt vom Tod Guenièvres und zieht sich daraufhin in ein Kloster zurück. Die Heere seiner Anhänger führen den Kampf fort, in dem Lancelots Vetter Bohort siegt. Er selbst stirbt im Kloster. Sein Körper wird in der Joyeuse Garde beigesetzt, während Engel seine Seele gen Himmel tragen.

Die in sich geschlossene und der historischen Wirklichkeit scheinbar enthobene Idealwelt des Artushofs ist, so wird nun im Finale deutlich, durch den Inzest Artus' und seiner Schwester von Anfang an in Frage gestellt. Der Ehebruch Guenièvres mit Lancelot verstrickt die Tafelrunde noch tiefer in Schuld und läßt die »Gemeinschaft von Auserwählten« ihrem Untergang entgegentreiben. Bewundernswert ist die Zusammenführung *(entrelacement)* der verschiedenen Handlungsstränge – Artus, Lancelot, Gral – zum Endpunkt der unausweichlichen Katastrophe. *»Dahinter steht eine neue Erfahrung der Zeit, der den ewigen Sonntag der früheren Artusromane ablösenden, vielgliedrig-simultanen Ursachenverkettung des Lebens, steht das in das dichterische Bewußtsein gerückte Krisenerlebnis der fatalen Nichtumkehrbarkeit geschichtlichen Geschehens«* (E. Köhler). – Der im Prolog als Verfasser genannte GAUTIER MAP, Archidiakon von Oxford († 1209), kommt schon aus zeitlichen Gründen als Autor nicht in Frage. Es handelt sich bei der Namensnennung lediglich um einen Kunstgriff, der dem Erzählten das Gewicht der Authentizität verleihen sollte. Der anonyme Erzähler war wohl eher ein französischer Geistlicher, möglicherweise aus der Gegend von Meaux, dem Schauplatz der Kämpfe gegen die Römer. Was die Einheit der Autorschaft innerhalb des *Lancelot-Graal*-Zyklus anbetrifft, so wurden unterschiedliche Meinungen vertreten: PAUPHILET und BRUCE sehen in dem Zyklus eine späte Kompilation von Einzelepisoden; LOT hingegen sprach sich für einen einzigen Autor aus. Ein Hauptargument für diese These ist, daß wir im letzten Teil des *Lancelot propre* schon eine Vorausdeutung auf das Inzestmotiv und das Ende der Artusrunde finden. Als Kompromißvorschlag ist die Ansicht FRAPPIERS anzusehen, ein einziger habe den Gesamtzyklus konzipiert, selbst aber wohl nur den *Lancelot propre* ausgeführt.

Als wichtigste Quellen sind die *Historia regum Britanniae* des GEOFFREY OF MONMOUTH und der *Roman de Brut* von WACE anzusehen. Dort fand der Verfasser die Beschreibung des Kriegs gegen die Römer und der Statthalterschaft Mordrets vor. Das Totenschiff mit dem sterbenden Artus deutet auf die Verwendung keltischer Zaubermotive. – Der Stoff wurde in vielen Sprachen bearbeitet. Die bekannteste Ausformung ist wohl die *Morte Darthur* von Sir Thomas MALORY, für die die altfranzösische *Mort Artu* allerdings nur eine unter vielen Quellen darstellt. Daneben gibt es italienische, spanische, deutsche, niederländische Gestaltungen und sogar ein in hebräischer Sprache überliefertes Fragment gleicher Thematik. B.L.

AUSGABEN: Halle 1910, Hg. J. D. Bruce *(Mort Artu, an Old French Prose Romance of the XIIIth Cen-*

tury...). – Paris 1936, Hg. J. Frappier [krit.]. – Genf/Lille 1954, Hg. ders.; Genf/Paris ²1956 (TLF). – *La mort du roi Arthur*, Hg. G. Jeanneau, Paris 1983 (neufrz. Übers.; 10/18).

Literatur: J. D. Bruce, *The Development of the »Mort Arthur« Theme in Mediaeval Romance* (in RomR, 6, 1913, S. 403–471). – Ders., *Evolution of Arthurian Romance*, 2 Bde., Göttingen 1923/24. – M. B. Fox, *»La mort le roi Artu«. Étude sur les manuscrits, les sources et la composition de l'œuvre*, Paris 1933; ern. Paris 1961. – J. Frappier, *Étude sur »La mort le roi Artu«, roman du XIIIe siècle, dernière partie du »Lancelot« en prose*, Paris 1936; ern. Genf 1972. – A. Adler, *Problems of Aesthetic Versus Historical Criticism in »La mort le roi Artu«* (in PMLA, 65, 1950, S. 930–943). – E. Köhler, *Zur Entstehung des altfranzösischen Prosaromans* (in E. K., *Trobadorlyrik und höfischer Roman*, Bln. 1962, S. 213–223). – J. Rychner, *Formes et structures de la prose française médiévale. L'articulation des phrases narratives dans la »Mort Artu«*, Genf 1970. – H. Blake, *Étude sur les structures narratives dans »La Mort Artu« (XIIIe siècle)* (in Rbph, 50, 1972, S. 733–743). – R. H. Bloch, *From Grail Quest to Inquest. The Death of King Arthur and the Birth of France* (in MLR, 69, 1974, S. 40–55). – J. Frappier, *La bataille de Salesbieres* (in J. F., *Amour courtois et table ronde*, Genf 1974, S. 209–223). – A. Micha, *Deux sources de la »Mort Artu«* (in A. M., *De la chanson de geste au roman*, Genf 1976, S. 313–316; zuerst in ZfrPh, 66, 1951, S. 369–372). – N. J. Lacy, *Spatial Form in the »Mort Artu«* (in Symposium, 31, 1977, S. 336–345). – Y. de Pontfarcy, *Source et structure de l'épisode de l'empoisonnement dans »La Mort Artu«* (in Rom, 99, 1978, S. 246–255). – F. Bérier, *Empoisonnement et accident de chasse dans »La mort le roi Artu«* (in TLL, 17, 1979, Nr. 2, S. 7–22). – R. Hartmann, *Le rôle du roturier dans »La mort le roi Artu«* (in MR, 29, 1979, S. 81–91). – A. D. Zuurdeeg, *Narrative Techniques and their Effects in »La mort le roi Artu«*, South Carolina 1981. – P. Kunstmann u. M. Dubé, *Concordance analytique de »La mort le Roi Artu«*, Ottawa 1982. – Ch. Méla, *La reine et le Graal*, Paris 1984. – P. S. Noble, *Les structures sociales de »La mort le roi Artu«* (in *Actes du 14e Congrès International Arthurien*, Rennes 1985, S. 449–455). – H. Solterer, *›Conter le terme de cest brief‹. L'inscription dans »La Mort le Roi Artu«* (ebd., S. 558–568). – Ch. Méla, *Life in »La mort le roi Artu«* (in *Exil et littérature*, Hg. J. J. Mounier, Grenoble 1986, S. 5–14).

Perlesvaus

(afrz.; *Perlesvaus*). Prosaroman eines unbekannten Verfassers aus dem 12./13. Jh., wohl entstanden zwischen 1212 und 1225. – In diesem ersten selbständigen französischen Prosaroman, der mehr ist als nur die Auflösung einer älteren Versfassung, sind der eigentlichen Parzival-Handlung die Abenteuerserien von Gauvain und Lancelot vorgeschaltet, die jeweils auf das zentrale Thema des Werks, die Gralssuche, ausgerichtet sind. Gauvain, dem es schließlich gelingt, die Gralsburg zu finden und den Gral selbst, der hier als Versinnbildlichung des christlichen Glaubens gedeutet werden kann, zu schauen, als er in einer mystischen Prozession an ihm vorübergetragen wird, versäumt es, voll staunender Bewunderung, die erlösende Frage zu stellen und somit die Burg dem auf ihr lastenden Bann zu entziehen. – Jetzt begibt sich Lancelot, der dem glücklosen Gauvain begegnet, auf die Suche nach dem Gral und dessen Hüter, dem Fischerkönig. Ihm jedoch, der sich durch seine Liebe zu König Artus' Frau Guenièvre zu tief versündigte, ist bereits der Anblick der Gralsprozession verwehrt. – Es ist Perlesvaus vorbehalten, die nach dem Tod des Fischerkönigs in die Hände des Königs vom »Chastel Mortel« gefallene Gralsburg mit Waffengewalt zu erobern, endgültig zu befreien und selbst zu übernehmen. – Nach einer abschließenden Reihe von Abenteuern, in die Gauvain, Lancelot, Perlesvaus und König Artus selbst verwickelt sind, erfährt man von Perlesvaus' Entschluß, der Ritterschaft zu entsagen, um von nun an ein christlichfrommes und heiligmäßiges Leben zu führen.

Die zwei Redaktionen des Romans – sie stammen von einem anonymen Kleriker und sind in insgesamt sieben Handschriften erhalten – entstanden vermutlich in England, da eine enge Verbindung mit der Abtei Glastonbury anzunehmen ist. Sie erscheint in dem Werk als »Isle d'Avalon«, auf der König Artus und Guenièvre bestattet sein sollen. Die angebliche Entdeckung dieser Grabstätten im Jahr 1191 liefert einen frühestmöglichen Termin für die Datierung des Romans.

Zweifellos waren dem Verfasser Chrétiens *Perceval* und die Prosafassung eines nicht erhaltenen *Perceval* des Robert de Boron bekannt, die er zu seiner stoffreichen und kompositorisch oft unübersichtlichen, aber phantasievollen und stilistisch gewandten Neugestaltung ausgiebig benutzte. Die Erwähnung einer auf der Insel Avalon gefundenen lateinischen Vorlage mag als eine für die mittelalterliche Romanliteratur nicht ungewöhnliche Fiktion betrachtet werden, während eine allgemeine Kenntnis vor allem der lateinischen Prosalegende sicher vorauszusetzen ist. Möglicherweise hat der Verfasser des *Perlesvaus* bereits die etwa gleichzeitig entstandene, frühe nichtzyklische Fassung des *Lancelot en prose* (vgl. dort) benutzt, die nach E. Kennedy noch nicht auf Lancelots Gralssuche hin konzipiert war. Den höfischen Liebhaber der Königin Guenièvre als scheiternden Gralsucher einzuführen, wäre als Innovation des *Perlesvaus* anzusehen, auf der dann die zyklische Version des *Lancelot en prose* aufbaut.

Die in Chrétiens *Perceval* angebahnte und bei Robert de Boron bereits verstärkte Hinwendung zum

Ideal eines religiösen Rittertums mündet im *Perlesvaus* in eine christlich-asketische Welt des Gottesrittertums. Der zur Christusfigur erhöhte Perlesvaus kämpft im Dienst Gottes für die Überwindung höllischer Mächte und den Sieg des christlichen Glaubens. Marienwunder, Visionen, Bekehrungsszenen und allegorische Deutungen, die zahlreich auftretende Einsiedlergestalten den Ereignissen zu geben wissen, bezeugen die von den Vorstellungen der höfischen Ritterwelt immer weiter sich entfernende neue Grundstimmung des 13. Jh.s, ohne daß dadurch die Darstellung des ritterlichen Elements, die im *Perlesvaus* häufig in die Fabelwelt der Greife, Drachen und Zwerge führt, gänzlich in den Hintergrund gedrängt würde. – Der Versuch, das im *Perlesvaus* angestrebte Ideal eines militanten Christentums in die Antinomie der verschiedenartigen, mit den Namen von Clairvaux und Cluny verbundenen Vorstellungen über die Verwirklichung der christlichen Lehre einzubeziehen, wird, obwohl gerade das Kloster Glastonbury unter kluniazensischem Einfluß stand, von der neueren Forschung als *»übertrieben«* (K. O. Brogsitter) bezeichnet. U.Wa.-KLL

Ausgaben: Mons 1866 (*Perceval le Gallois*, Hg. Ch. Potvin, Bd. 1: *Le roman en prose*). – Chicago 1932–1937 (*Le haut livre du Graal: Perlesvaus*, Hg. W. A. Nitze u. T. A. Jenkins, 2 Bde.).

Literatur: W. A. Nitze, *The Old French Grail Romance »Perlesvaus«, a Study of Its Principal Source*, Diss. Univ. of Baltimore 1902. – E. Brugger, *›Der schöne Feigling‹ in der arthurischen Literatur* (in ZfrPh, 61, 1941, S. 1–44; 63, 1943, S. 123–173; 275–328; 65, 1949, S. 121–192; 289–433; 67, 1951, S. 289–298). – H. Adolf, *Studies in the »Perlesvaus«. The Historical Background* (in StPh, 42, 1945, S. 723–740). – J. N. Carman, *The Symbolism of the »Perlesvaus«* (in PMLA, 61, 1946, S. 42–83). – W. A. Nitze, *»Perlesvaus«* (in *Arthurian Literature in the Middle Ages*, Hg. R. S. Loomis, Oxford 1959, S. 263–273). – C. J. Neale, *The »Perlesvaux« and Bristol Channel* (in Research Studies, 32, 1964, S. 85–105). – J.-C. Payen, *L'art du récit dans le »Merlin« de R. de Boron, le »Didot Percival« et le »Perlesvaus«* (in RPh, 17, 1964, S. 570–585). – P. Gallais, *Le »Perlesvaus« et l'interdit de 1171* (in *Mélanges offerts à R. Crozet*, Poitiers 1966, S. 887–901). – R. S. Loomis, *The Concept of Joseph of Arimathia in »Perlesvaus«* (in *Mélanges J. Frappier*, Genf 1970, S. 683–687). – F. Whitehead, *Observations on the »Perlesvaus«* (ebd., S. 1119–1127). – J. N. Carman, *Welsh Geography and British History in the »Perlesvaus«* (in *A Medieval French Miscellany*, Hg. N. J. Lacy, Lawrence/Kan. 1972, S. 37–59). – J. Lods, *Symbolisme chrétien, tradition celtique et vérité psychologique dans les personnages féminins de »Perlesvaus«* (in *Mélanges P. Le Gentil*, Paris 1973, S. 505–522). – Th. E. Kelly, *»Le Haut Livre du Graal«*, Genf 1974. – Ders., *Love in the »Perlesvaus«* (in RomR, 76, 1975, S. 1–12). – Ch. Méla, *Pour une esthétique médiévale* (in MA, 84, 1978, S. 113–127). – J.-G. Gouttebrouze, *Saint Jean-Baptiste et Gauvain dans le »Perlesvaus«* (in *Hommage à Jean Onimus*, Paris 1979, S. 41–49). – K. Busby, *A New Fragment of the »Perlesvaus«* (in ZfrPh, 99, 1983, S. 1–12). – R. Deschaux, *Merveilleux et fantastique dans le Haut Livre du Graal »Perlesvaus«* (in Ccm, 36, 1983, S. 335–340). – F. Bogdanow, *Le »Perlesvaus«* (in *Le roman jusqu'à la fin du XIIIe siècle, T. 2 (Partie documentaire)*, Hg. R. R. Grimm, Heidelberg 1984, S. 43–67; GRLMA IV/2). – M. Zink, *Le rêve avéré. La mort de Cahus et la langueur d'Arthur du »Perlesvaus« à »Fouke le Fitz Waryn«* (in Littératures, 9/10, Frühj. 1984, S. 31–38). – C. Lloyd-Morgan, *The Relationship Between the »Perlesvaus« and the »Prose-Lancelot«* (in MAevum, 53, 1984, S. 239–253). – K. Busby, *›Uns buens chevaliers‹ ou ›li buens chevaliers‹? Perlesvaus et Gauvain dans le »Perlesvaus«* (in RRo, 19, 1984, S. 85–97; ern. in *Lancelot, Yvain et Gauvain*, Paris 1984, S. 29–42). – M. de Combarieu, *Le personnage de Lancelot dans le »Perlesvaus«* (ebd., S. 85–112). – R. Dechaux, *Le personnage de l'ermite dans la »Queste del Saint Graal« et dans le »Haut Livre du Graal«, »Perlesvaus«* (in *Actes du 14e Congrès international Arthurien*, Rennes 1985, S. 172–207). – K. Halasz, *La théorie des ordres dans »Perlesvaus«* (ebd., S. 288–301). – A. Saly, *Perceval-Perlesvaus* (in TLL, 24, 1986, S. 7–18). – A. J. Kennedy, *Punishment in the »Perlesvaus«* (in *Rewards and Punishments in the Arthurian Romances and Lyric Poetry in Medieval France*, Hg. P. V. Davis u. A. J. Kennedy, Cambridge 1987, S. 61–75). – D. Chassé, *Le déplacement du masque de l'autorité dans le »Perlesvaux«* (in *Masques et déguisements dans la littérature médiévale*, Hg. M.-L. Ollier, Montreal/Paris 1988, S. 177–184). – M. A. Cor, *Humor in the »Perlesvaus«* (in Quondam et Futurus, 7, Gainesville/Ala. 1986, S. 6–16). – F. Dubost, *Les couleurs héraldiques du »Perlesvaus«* (in *Les couleurs au moyen âge*, Aix-en-Provence/Marseille 1988, S. 71–85).

La Prise d'orange

(afrz.; *Die Einnahme von Orange*). Versepos eines unbekannten Verfassers, entstanden Ende des 12. Jh.s. – Die *Prise d'Orange* bildet den Kern des *Wilhelmzyklus*, um den sich die übrigen Epen wie *Enfances Guillaume, Le couronnement Louis, Le charroi de Nîmes, Le mariage Guillaume, Aliscans* u. a. später gruppierten und so aus einzelnen Episoden die gesamte Biographie des Grafen Guillaume d'Orange entstehen ließen.

Nach der Eroberung von Nîmes (→ *Le charroi de Nîmes*) will Guillaume, der sich sein Leben in den von den Heiden besetzten Gebieten erst erkämpfen muß, auch Orange den Sarazenen entreißen und die Königin Orable für sich gewinnen. Die heidnische Fürstin haßt ihren Stiefsohn Aragon, der in der Zeit der Abwesenheit Thibauts, ihres Gatten, die Regierungsgewalt innehat. Als nun Guillaume mit zwei Begleitern – alle drei sind als Sarazenen verkleidet – vor sie tritt, verliebt sie sich sogleich in den Fremden. Doch die Franken werden alsbald von einem Sarazenen erkannt; zwar wehren sie sich tapfer mit Waffen, die ihnen die Königin rasch verschafft hat, gegen die in Scharen auf sie eindringenden Feinde, ein listiger Überraschungsangriff aus dem Hinterhalt aber führt schließlich zu ihrer Gefangennahme.

Dank der Fürsprache Orables werden sie nicht sogleich dem Feuertod überantwortet; man beschließt, sie der Rache Thibauts aufzusparen. Die Königin, der Guillaume die Ehe versprochen hat, führt inzwischen einen der Fremden, Guillebert, einen Flamen, der schon einmal der Gefangenschaft der Sarazenen entkommen war und in Nîmes Zuflucht gefunden hatte, durch einen unterirdischen Gang aus der Stadt, damit er Hilfe hole. Als Guillaume und der zweite Begleiter wieder in den Palast der Königin überführt werden sollen, töten sie Pharaon, den Ratgeber Aragons. Schließlich dringt ein Teil der 13 000 Krieger zählenden Hilfstruppe durch den geheimen Gang in Orange ein und erobert die Stadt. Orable wird auf den Namen Guibourc getauft und heiratet Guillaume, der als Grenzwächter der Christenheit Orange zum Ausgangspunkt weiterer kriegerischer Unternehmungen gegen die Heiden macht.

In der vorliegenden Form ist die *Prise d'Orange* sicher die jüngere Version eines älteren Epos, in der sich im Vergleich zur ursprünglichen Fassung eine deutliche Wendung zum Komischen vollzogen hat. Während das eigentliche Kampfgeschehen an Bedeutung verliert, dominieren Szenen fast schwankhaften Charakters, wie die, in der Guillaume seinen Haß gegenüber Aragon nur zwischen den Zähnen murmelnd äußern kann, da er als Sarazene verkleidet ist. Der Held gerät überdies durch seine den Zeitgenossen unangemessen erscheinende Liebe zu einer Heldin in die Nähe des Komischen. Durch den diskret parodistischen Gebrauch der epischen Technik werden diese Elemente noch hervorgehoben. Im Gegensatz zu Régnier sieht Rychner in der vorliegenden Fassung keinen durchdachten Aufbau, da die entscheidenden Themen häufig ohne zwingende kausale Abfolge wiederkehren. – Die neun überlieferten Manuskripte lassen drei verschiedene Redaktionen erkennen. Ulrich von dem Türlîn hat um 1300 das Thema wiederaufgenommen, gegen 1410 arbeitete der Italiener Andrea da Barberino den Bericht von der Eroberung Oranges in seinen Prosaroman *I Nerbonesi* ein; im 15. Jh. lieferte das Epos außerdem den Stoff zu einem französischen Prosaroman.

W.Hk.

Ausgaben: Den Haag 1854 (in J. A. Jonckbloet, *Guillaume d'Orange*, Bd. 1). – NY 1947, Hg. B. Katz. – Paris 1965 (in J. Frappier, *Les chansons du cycle de Guillaume d'Orange*, Bd. 2). – Paris 1966; [4]1972, Hg. C. Régnier. – Paris 1967, Hg. ders. (Rédaction AB).

Literatur: R. Weeks, *The Primitive »Prise d'Orange«* (in PMLA, 16, 1901, S. 361–374). – A. Fichtner, *Studien über die »Prise d'Orange« u. Prüfung von Weeks »Origin of the Covenant Vivien«*, Diss. Halle 1905. – J. Bédier, *Les légendes épiques, recherches sur la formation des chansons de geste*, Bd. 1, Paris 1908; [3]1926. – Ph.-A. Becker, *Das Werden der Wilhelm- u. der Aimerigeste*, Lpzg. 1939. – J. Rychner, *La chanson de geste, essai sur l'art épique des jongleurs*, Genf 1955. – M. Tyssens, *La geste de Guillaume d'Orange dans les manuscrits cycliques*, Diss. Lüttich 1962. – J. Frappier, *Les chansons de geste du cycle de Guillaume d'Orange*, Bd. 2, Paris 1965. – R. Hitze, *Studien zu Sprache u. Stil der Kampfschilderungen in den Chansons de geste*, Genf/Paris 1965. – C. Régnier, *Les rédactions en vers de la »Prise d'Orange«*, Paris 1966. – J. Dufournet, *La métamorphose d'un héros épique ou Guillaume Fierebrace dans les rédactions A et B de la »Prise d'Orange«* (in RLaR, 78, 1968, S. 17–51). – Ch. A. Knudson, *Le thème de la princesse sarrasine dans »La prise d'Orange«* (in RPh, 22, 1968/69, S. 449–462). – W. W. Kibler, *Honor in the »Prise d'Orange«* (in SLF, 3, 1974, S. 541–560). – E. A. Heinemann, *Some Reflections on the Laisse and on Echo in the Three Versions of the »Prise d'Orange«* (in Olifant, 3, 1976/77, S. 36–56). – C. Régnier, *La »Prise d'Orange« dans le manuscrit B.N. fr. 1448* (in TLL, 16, 1978, Nr. 1, S. 439–447). – L. S. Crist, *Remarques sur la structure de la chanson de geste. »Charroi de Nîmes« – »Prise d'Orange«* (in *Charlemagne et l'épopée romane*, Paris 1978, S. 359–372). – M. Grunmann-Gaudet, *From Epic to Romance. The Paralysis of the Hero in the »Prise d'Orange«* (in Olifant, 7, Herbst 1979, S. 22–38). – B. D. Schurfranz, *Strophic Structure Versus Alternative Divisions in the »Prise d'Orange«* (in RPh, 33, 1979/80, S. 247–264). – M. Tyssens, *Vestiges lexicaux dans le manuscrit D de la »Prise d'Orange«* (in *Études de philologie romane et d'histoire littéraire offertes à Jules Horrent*, Hg. J.-M. D'Heur u. N. Cherubini, Lüttich 1980, S. 481–487). – Ch. Brucker, *L'adjectif qualitatif dans les chansons de geste du XIIe siècle. La »Prise d'Orange«* (in *Études … offertes à A. Lanly*, Nancy 1980, S. 37–49). – S. Myers-Ivey, *Repetitive Patterns for Introducing Speech in the Manuscript Tradition of the »Prise d'Orange«* (in Olifant, 8, 1980, S. 51–65). – J. W. MacInnes, *Gloriette. The Function of the Tower and the Name in the »Prise d'Orange«* (in Olifant, 10, 1982/83, S. 24–40). – *Guillaume d'Orange and the Chanson de Geste*, Hg. W. van Emden, Reading 1984 [mehrere Beitr.]. – *Guillaume et Willehalm, les épopées françaises et l'œuvre de Wolfram von Eschenbach*, Hg. D. Buschinger, Göppingen 1985. – C. Lachet, *»La prise d'Orange« ou la parodie courtoise d'une épopée*, Paris 1986. – B. Guidot, *Recherches sur la chanson de geste au XIIIe siècle d'après certains œuvres du »Cycle de Guillaume d'Orange«*, Aix-en-Provence/Marseille 1986. – Ders., *Nouvelles recherches sur la »Prise* *d'Orange«* (in RLaR, 91, 1987, S. 55–80). – Ders., *Les procédés parodiques dans la »Prise d'Orange«* (in *Burlesque et formes parodiques*, Hg. I. Landy-Houillon u. M. Ménard, Seattle/Tübingen 1987).

Queste del saint graal

(afrz.; *Suche nach dem heiligen Gral*). Prosaroman von unbekanntem Verfasser, entstanden im ersten Drittel des 13. Jh.s. – Neben dem *Lancelot* (vgl. dort) und *La mort le roi Artu* (vgl. dort) bildet die *Queste del Saint Graal* eines unbekannten Geistlichen den eigentlichen Kern des sog. großen Lancelot-Gral-Zyklus (zwischen 1215 und 1230), der zweifellos als eines der bedeutendsten literarischen Werke des französischen Mittelalters angesehen werden darf und durch Bearbeitungen und Übersetzungen zumal im deutschen Sprachbereich die weitere Ausbreitung des Arthurstoffes förderte.

Wie schon in dem weit umfangreicheren *Perlesvaus* beteiligen sich mehrere Ritter der Artusrunde an der Suche nach dem Heiligen Gral. Während dort aber der christlich-religiös umgedeutete Perlesvaus seine zentrale Position innerhalb des Geschehens beibehält, verdrängt ihn hier die neueingeführte Figur des Galaad, der die Funktionen dieser gewandelten Perlesvaus-Gestalt weitgehend übernimmt.

Die Suche nach dem Gral beginnt nach dem Erscheinen Galaads, des Sohnes Lancelots, während des Pfingstfestes am Hof des König Artus. Galaad, der aus dem Geschlecht Davids hervorgegangene Verwandte des Joseph von Arimathia, nimmt einen nur ihm, dem Auserwählten, vorbehaltenen Sitz an der königlichen Tafelrunde ein. Unter Donner erscheint der mit einem weißen Tuch verhüllte Gral, füllt, in ein überirdisches Licht getaucht, die Schüsseln der Tafel und entzieht sich wieder den Augen der Gäste. Aus den Erlebnissen einer Schar von 150 Rittern, die unverzüglich zur Gralsuche aufbrechen, verfolgt die Erzählung im einzelnen die Schicksale Galaads, Gauvains, Lancelots, Percevals, Hectors und Bohorts, wobei in häufigem Schauplatzwechsel bald der eine, bald der andere Irrende in den Blickpunkt des Interesses gerückt wird.

Dem Ritter Gauvain bleibt gemäß der neuen, dem Wesen des höfischen Romans zuwiderlaufenden christlichen Ethik, die unvereinbar ist mit dem Töten von Menschen, jeder Erfolg versagt. Aus demselben Geist heraus kann selbst der bußfertige Ehebrecher Lancelot keine Aufnahme in den endgültigen Kreis der Auserwählten Galaad, Perceval und Bohort finden, die nach langen Fahrten zu Land und zu Wasser, auf dem wunderbaren Schiff des Königs Salomo, schließlich zur Gralsburg Corbenyc gelangen. Während der von dem Sohn Josephs von Arimathia zelebrierten Gralsmesse werden sie Augenzeugen der Transubstantiation des Brotes, in das Christus leibhaftig eindringt, um aus dem Gralsgefäß selbst wieder aufzusteigen, das Mysterium des Grals zu deuten und die drei Ritter nach Sarras auszusenden. Von Escorant, dem Herrscher dieses Landes ein Jahr lang eingekerkert, vermögen sie, wie einst Joseph von Arimathia, nur durch die wundertätige Kraft des Grals ihre Leiden zu ertragen. Nach ihrer Entlassung und dem Tod Escorants übernimmt Galaad dessen Thron und führt im Dienste des heiligen Gefäßes ein Leben der Kontemplation. Kurz vor seinem Tod offenbart ihm ein Blick in den Gral überirdische Erkenntnisse, die allein ihm zu schauen vergönnt sein sollten. Nachdem Perceval als Einsiedler gestorben ist, bleibt nur noch Bohort, um dem Artushof die Kunde zu überbringen.

Das Gefäß des Gral ist in der *Queste del Saint Graal* in einem eindeutig christlichen Sinne als Symbol Gottes oder der göttlichen Gnade konzipiert, Galaad selbst als Christusfigur und Erlöser der Menschheit mit übernatürlichen Fähigkeiten. Während aber im *Perlesvaus* – seine Wirkung auf den Autor ist neben den Anregungen, die ihm aus Robert de Borons *Perceval* zugekommen sind, immer wieder deutlich spürbar – ein militantes Gottesrittertum propagiert wird, erscheint hier ein im Grunde unkämpferischer, zu kontemplativerer Lebensführung neigender, aber in jedem Falle von aller menschlichen Schwäche gereinigter jungfräulicher Idealtypus. Das alte Motiv der ritterlichen Suche wird zur reinen Gottessuche, der übernommene äußere Rahmen der höfischen Artusdichtung erfüllt sich mit einem neuen religiös-asketischen Gehalt, und die zentrale Thematik der ritterlich-höfischen Liebe, der Kampf im Dienste einer irdischen Herrin, ist endgültig aus dem Blickfeld geschwunden.

Der in der religiösen Symbolik, in allegorischen Ausdeutungen (Schiff des Salomo), Visionen und Träumen sich manifestierende mystische Zug des Werkes rückt es in die Nähe der Lehre Bernhards von Clairvaux, mit dessen Person die Forschung teilweise den Helden des Romans zu identifizieren sucht (E. Gilson). Die Vermutung liegt daher nahe, daß der Verfasser selbst dem Zisterzienserorden angehört habe (A. Pauphilet). – Nach dem *Perlesvaus* und der Prosafassung von Roberts *Joseph von Arimathia* ist mit der *Queste del Saint Graal*, deren einfacher, unprätentiöser Stil und äußere Geschlossenheit von der künstlerischen Selbständigkeit des Autors zeugen, *»der Höhepunkt in der Entwicklung des französischen Romans des 13. Jh.s erreicht«* (R. Brummer), der insofern gleichzeitig einen Wendepunkt markiert, als von hier aus entscheidende Impulse für die Entwicklung des nicht religiösen Prosaromans ausgegangen sind. U.Wa.

Ausgaben: Ldn. 1864, Hg. F.J. Furnivall. – Washington 1913 (in *The Vulgate Version of the Arthurian Romances*, Hg. H.O. Sommer, Bd. 6; Nachdr. NY 1969). – Paris 1949, Hg. A. Pauphilet (^{2}1980; CFMA). – Paris 1980, Hg. E. Baumgartner, Paris 1980 [neufrz. Übers.].

LITERATUR: A. Pauphilet, *Études sur la »Queste del Saint Graal« attribuée à Gautier Map*, Paris 1921. – E. Gilson, *Les idées et les lettres*, Paris 1932, S. 55–91. – F. W. Locke, *»The Quest for the Holy Grail«, a Literary Study*, Stanford/Calif. 1960. – F. Bogdanow, *The Romance of the Grail*, Manchester/NY 1966. – L. Cornet, *Trois épisodes de la »Queste del Saint Graal«* (in *Mélanges offerts à R. Lejeune*, Gembloux 1969, S. 983–998). – P. Jonin, *Un songe de Lancelot dans la »Queste del Saint Graal«* (ebd., S. 1053–1061). – T. Todorov, *La quête du récit* (in Critique, 25, 1969, S. 195–214; ern. in T. T., *Poétique de la prose*, Paris 1971, S. 129–150). – K. Ruh, *Der Gralsheld in der »Queste del Saint Graal«* (in Wolfram-Studien, Bln. 1970, S. 240–263). – F. Bogdanow, *The Relationship of the Portuguese and Spanish »Demandas« to the Extant French Manuscripts of the Post-Vulgate »Queste del Saint Graal«* (in BHS, 52, 1975, S. 13–32). – A. Micha, *La Table ronde chez Robert de Boron et la »Queste del Saint Graal«* (in A. M., *De la chanson de geste au roman*, Genf 1976, S. 183–200; zuerst in *Les Romans du Graal*, Paris 1956, S. 119–135). – G. A. Savage, *Father and Son in the »Queste del Saint Graal«* (in RPh, 31, 1977/78, S. 1–16). – R. Hartman, *Les éléments hétérodoxes de »La Queste del Saint Graal«* (in *Mélanges J. Wathelet-Willem*, Lüttich 1978, S. 219–237). – P. Matarasso, *The Redemption of Chivalry. A Study of the »Queste del Saint Graal«*, Genf 1979. – E. Baumgartner, *L'arbre et le pain. Essai sur la »Queste del Saint-Graal«*, Paris 1981. – D. Poirion, *Semblance du graal dans la »Queste«* (in *Mélanges J. R. Smeets*, Leiden 1982, S. 227–241). – E. J. Burns, *Feigned Allegory. Intertextuality in the »Queste del Saint Graal«* (in KRQ, 29, 1982, S. 347–363). – J. Ribard, *Figures de la femme dans la »Quête du Saint Graal«* (in *Figures féminines et roman*, Hg. J. Bessière, Paris 1982, S. 33–48). – Ders., *La »Chanson de Roland« et la »Queste du Saint Graal«* (in *Essor et fortune de la Chanson de geste dans l'Europe et l'Orient latin*, Modena 1984, S. 553–563). – Ders., *L'aventure dans la »Queste del Saint Graal«* (in *Mélanges A. Planche*, Paris 1984, S. 415–423). – N. Freeman-Regalado, *La chevalerie celestiel. Spiritual Transformation of Secular Romance in »La Queste del Saint Graal«* (in *Romance. Generic Transformation from Chrétien de Troyes to Cervantes*, Hg. K. Brownlee u. M. Scordilis Brownlee, Hanover/Ldn. 1985, S. 91–113). – R. Dechaux, *Le personnage de l'ermite dans la »Queste del Saint Graal« et dans le »Haut Livre du Graal«, »Perlesvaus«* (in *Actes du 14e Congrès international Arthurien*, Rennes 1985, S. 172–207). – L.N. de Looze, *A Story of Interpretations, the »Queste del Saint Graal« as Metaliterature* (in RomR, 76, 1985, S. 129–147). – F. Bogdanow, *An Interpretation of the Meaning and Purpose of the Vulgate »Queste del Saint Graal« in the Light of the Mystical Theory of St. Bernard* (in *The Changing Face of Arthurian Romance*, Hg. A. Adams u. a., Cambridge 1986, S. 23–46). – R. A. Bartoli, *Trinità celeste e trinità diabolica nella »Queste del Saint Graal«* (in Medioevo romanzo, 12, 1987, S. 89–102). – E. O'Sharkey, *Punishments and Rewards of the Questing Knights in »La Queste del Saint Graal« (in Rewards and Punishments in the Arthurian Romances and Lyric Poetry in Medieval France*, Hg. P. V. Davis u. A. J. Kennedy, Cambridge 1987, S. 101–117). – E. Vance, *Le temps sans nombre. Futurité et prédestination dans la »Queste del Saint Graal«* (in *Le nombre du temps. En hommage à P. Zumthor*, Paris/Genf 1988, S. 273–283). – J. H. Grisward, *Le lit de paradis et le seigneur coloré. Note sur l'»Ordene de Chevalerie« et la »Queste del Saint Graal«* (in *Sammlung – Deutung – Wertung*, Hg. D. Buschinger, Univ. de Picardie 1988, S. 147 bis 154).

LES QUINZE JOYES DE MARIAGE

(frz.; *Die fünfzehn Freuden der Ehe*). Prosasatire eines unbekannten Geistlichen, wahrscheinlich entstanden im Zeitraum vom Ende des 14. Jh.s bis zum Anfang des 15. Jh.s, erschienen 1470. – Dieses gegen die Institution der Ehe gerichtete Werk wurde als »Trost« für leidende Ehemänner verfaßt, die freiwillig das Ehejoch auf sich nehmen und nun, in Selbsttäuschung befangen, ihre Leiden als Freuden betrachten. Sie werden mit Fischen verglichen, die voll Begierde ihre Gefährten in einer mit schmackhaften Lockspeisen ausgestatteten Fischreuse erblicken, ungeduldig den Zugang suchen, aber gegen ihre Freiheit nicht etwa Freuden, nur lebenslange Qualen eintauschen. Die Zahl 15 ist eine Parodie auf den Titel eines Gebets an die Hl. Jungfrau, die *Quinze joies de Notre Dame*, das seit dem 13. Jh. in verschiedenen Versionen bekannt war.

Das Werk verarbeitet traditionelle Themen, die erstmalig im *Aureolus*, einem rein didaktischen Werk von THEOPHRASTOS (um 372–287 v. Chr.) verwendet und von HIERONYMUS (um 348–420) in seiner Epistel *Adversus Jovinianum* übernommen worden waren: die Schwäche der Frau für elegante Kleidung, ihr offenes Ohr für Schmeicheleien, ihre Herrschsucht und Unbeständigkeit, ihre ständigen Klagen. Eine direkte Quelle der *Quinze joyes* ist der *Roman de la rose* von JEAN DE MEUNG (um 1250 bis vor 1305), aus dem der Autor das zentrale Bild des Fischnetzes entnahm und der in der desillusionierenden Darstellung der höfischen Liebe mit der geistigen Haltung der *Quinze joyes* eng verwandt ist. Thematische Übereinstimmung mit dem *Liber lamentationum* des MATHEOLUS, einer satirischen Anklageschrift gegen die Frauen aus dem 14. Jh., und dem *Miroir de mariage* von Eustache DESCHAMPS (1346–1406?), dessen Priorität jedoch umstritten ist, wurden von der Forschung aufgezeigt. Der unvollendete, von zahlreichen Exkursen zu wissenschaftlichen und moralischen Fragen durchbrochene *Miroir*, dessen Motivik mit der der

Quinze joyes weitgehend übereinstimmt, reicht aber kaum über eine schwerfällige, in den Anschauungen der Zeit befangene Didaktik hinaus und wurde in der Folgezeit von Autoren, die in dieser Tradition stehen, wie CHRISTINE DE PIZAN und MARTIN LE FRANCE, und auch im Rahmen der Polemiken des 15. Jh.s nicht erwähnt. Die Autorschaft der *Quinze joyes* wurde 1830 aufgrund der Interpretation der Scharade im Manuskript von Rouen und Chantilly Antoine de LA SALE zugeschrieben; ein Stilvergleich mit dem *Paradis de la reine Sybille* und dem *Petit Jehan de Saintré* ergab jedoch die Unhaltbarkeit dieser Zuordnung. Weitere Ausdeutungen der Scharade ergaben den Namen BELLEMÈRE (Bischof von Avignon, 1390 bis 1407), dann den Familiennamen LERS, der zuerst im 15. Jh. im östlichen Teil des Berry nachzuweisen ist und als Ortsname an der Grenze von Poitou und Anjou auftaucht.

In einer Reihe lebhafter Szenen werden die häuslichen Katastrophen vorgeführt, die über den Ehemann hereinbrechen. Wünscht die Frau ein neues Kleid und hat er nicht genügend Geld zur Verfügung, beginnt sie, ihm in einer nächtlichen Szene Vorhaltungen zu machen, so daß er schließlich nachgibt. Im neuen Kleid verläßt sie das Haus und läßt sich von Gecken bewundern. Während der Schwangerschaft gibt sie ihren Launen bedenkenlos nach. Lädt der Mann Freunde ein, mit denen er geschäftlich zu tun hat, so vernachlässigt sie ihre Hausfrauenpflichten und läßt die Gäste ihren Mißmut spüren. Die ehebrecherische Frau weiß ihren Mann von ihrer »Unschuld« zu überzeugen, so daß er sich mit dem Freund, der ihm von ihrer Untreue berichtete, überwirft und sie veranlaßt, ihren Liebhaber mit Anstand zu empfangen. Kehrt der Mann aus dem Krieg heim, findet er sein Haus in der größten Unordnung vor; die Kinder unterstützen die Mutter in ihrem Bestreben, den Mann für verrückt erklären zu lassen. Der Sohn einer ehrbaren Familie wird durch ein listenreiches Manöver von einer Frau eingefangen und geehelicht, die bereits schwanger war. Der junge Mann, der eine ältere Frau geheiratet hat, wird ihre Eifersucht ertragen müssen und frühzeitig altern. Den Abschluß bildet die Geschichte eines Ehemannes, der seine Frau mit einem Liebhaber überrascht, von der Familie aber überzeugt wird, daß er geträumt habe.

Diese satirische Schrift gibt ein Sittenbild aus der Zeit des Übergangs vom Mittelalter zur Renaissance und bildet das drastische Gegenstück zur Theorie der höfischen Liebe. Ihre Originalität beruht auf der Übertragung überkommener Motive der Schwank- und Exempelliteratur auf das konkrete alltägliche Leben, auf das Mit- und Nebeneinander der einander tückisch überlistenden Eheleute in einer engen, kleinbürgerlichen Atmosphäre, die hier *»genauer und ernsthafter Darstellung gewürdigt wird, zuweilen nach oben bis an das Tragische reichend, zuweilen nach unten fast das Satirisch-Moralistische berührend«* (E. Auerbach). Die umgangssprachlichen Dialoge, die einer vorangestellten moralisierenden These als Beweis dienen, sind geprägt von einer für die Zeit ungewöhnlichen Einfühlung in psychologische Bedingtheiten. In den *Quinze joyes*, die als *»ein sehr bedeutendes Dokument in der Vorgeschichte des modernen Realismus«* zu bezeichnen sind, hat *»die praktische Not des Menschen in seiner alltäglichen Lage einen literarischen Ausdruck gefunden, den es vorher nicht gab«* (Auerbach). Die Satire gehört zu den ersten Werken, die in Lyon gedruckt wurden; bis ins 18. Jh. erschienen zahlreiche Neuausgaben. KLL

AUSGABEN: Lyon o. J. [1470]. – Paris 1853, Hg. P. Jannet; ²1857. – Halle 1901, Hg. F. Henckenkamp. – Greifswald 1903 (in A. Dressler, *Die Chantilly-Hs. der Quinze joyes du mariage*). – Paris 1936, Hg. F. Fleuret. – Genf 1963, Hg. J. Rychner (TLF). – Oxford 1969, Hg. J. Crow.

ÜBERSETZUNGEN: *Fünfzehn Freuden der Ehe*, F. S. Mursinna, o. O. [Gotha] 1794. – *Die fünfzehn Freuden der Ehe*, F. Blei, Lpzg. 1906. – Dass., R. Borchardt, Braunschweig 1918. – Dass., F. Blei, Darmstadt 1924. – *The Fifteen Joys of Marriage*, B. A. Pitts, NY u. a. 1985 [engl.]. – *Les quinze joies de mariage*, M. Santucci, Paris 1986 [neufrz.].

LITERATUR: O. Soelter, *Beiträge zur Überlieferung der »Quinze joyes de mariage« mit besonderer Berücksichtigung der Hs. von St. Petersburg*, Diss. Greifswald 1902 [m. Ausg. der ersten beiden *Joyes*]. – P. Louys, *Une énigme d'histoire littéraire, l'auteur des »Quinze joyes de mariage«*, Paris 1903. – E. Krause, *Neue Beiträge zu den »Quinze joyes de mariage«*, Diss. Greifswald 1909. – W. Söderhjelm, *Les inspirateurs des »Quinze joyes de mariage«*, Helsingfors 1909. – A. Coville, *L'auteur des »Quinze joies de mariage«* (in A. C., *Recherches sur quelques écrivains*, Paris 1935, S. 129–174). – M. Cressot, *Vocabulaire des »Quinze joyes de mariage«*, Paris 1940. – F. Lecoy, *Vocabulaire des »Quinze joies de mariage«* (in Rom, 66, 1940/41, S. 547–551; ern. in Le Moyen français, 12, 1983, S. 137–141). – E. Falk, *La charade des »Quinze joyes de mariage«* (in Studia Neophilologica, 20, 1947/48, S. 3–13). – J. Misrahi, *L'énigme des »Quinze joies de mariage«* (in Studies in Medieval French, 38, 1962, S. 121 bis 149). – E. Auerbach, *Mimesis*, Bern/Mchn. ³1964, S. 239 ff. – J. Crow, *The »Quinze joyes de mariage« in France and England* (in MLR, 59, 1964, S. 571–577). – H. Hatzfeld, *Le style flamboyant des »Quinze Joyes de mariage«* (in TLL, 8, 1970, Nr. 1, S. 73–84). – G. Mermier, *La ruse féminine et la fonction morale des »Quinze joies de mariage«* (in RoNo, 15, 1973/74, S. 495–503). – N. Rick, *Didactisme et contestation dans les »Quinze joies de mariage«* (in Le Moyen français, 1, 1977, S. 33–88). – M. Santucci, *Pour une interprétation nouvelle des »Quinze joyes de mariage«* (in *Le récit bref au moyen âge*, Hg. D. Buschinger, Paris 1980, S. 153–173). – F.-J. Albersmeier, *»Les XV Joies de mariage« und der ›réalisme bourgeois‹ in der französischen Prosa des 15. Jh.s* (in Fifteenth Century Studies, 8, 1983, S. 1–13). – J. Dauphiné, *Le jeu de la transgression* *dans le »XV Joies de mariage«* (in *Amour, mariage et transgression au moyen âge*, Hg. D. Buschinger, Göppingen 1984, S. 471–479). – B. A. Pitts, *Feast and Famine in the »Quinze joies de mariage«* (in RoNo, 26, 1985, S. 69–73). – P. Nykrog, *Playing Games with Fiction. »Les quinze joyes de mariage«, »Il Corbaccio«, »El arcipreste de Talavera«* (in *The Craft of Fiction*, Hg. L. A. Arrathoon, Rochester/Mich. 1984, S. 423–451). – M. Zimmermann, *Les quinze joies de mariage« (um 1400). Eine Ehe-Satire mit politischem Hintergrund* (in M. Z., *Vom Hausbuch zur Novelle*, Düsseldorf 1989, S. 79–232).

RAOUL DE CAMBRAI

(afrz.; *Raoul von Cambrai*). Anonymes Versepos, erhalten in einem Manuskript aus dem 12. Jh. – Das etwa 8000 Verszeilen umfassende Epos ist zweifellos die spätere Überarbeitung einer älteren Vorlage; darauf weisen vor allem deutliche sprachliche Differenzen innerhalb des Werks hin: So sind z. B. die ersten 5000 Verse in reinen Reimen, die restlichen, offensichtlich aus der älteren Vorlage stammenden Reime, nur in Assonanzen abgefaßt. Das Thema läßt ebenfalls auf eine ältere Überlieferung schließen: Es knüpft an etwa zwei Jahrhunderte zurückliegende Ereignisse, die kriegerische Auseinandersetzung zwischen einem Raoul de Gouy und Herbert von Vermandois an, in deren Verlauf Raoul im Jahre 943 getötet wurde. Im Epos wird Raoul de Gouy zu Raoul de Cambrai, Sohn des Raoul Taillefer und der Schwester Ludwigs von Frankreich, Aalais (Adelheid). Da der Vater Raouls kurz nach der Geburt seines Sohnes starb, gab der König die Hand seiner Schwester und das damit verbundene Lehen einem anderen Ritter. Als Raoul mannbar wird, fordert er vom König das Lehen seines Vaters zurück; dieser möchte jedoch weder Raoul noch den zweiten Mann seiner Schwester verärgern und verspricht daher Raoul das erste freiwerdende Lehen. Kurz darauf stirbt Herbert de Vermandois und hinterläßt vier Söhne, die als Erben auf das Lehen ebenfalls Anspruch erheben. In die Enge getrieben, gibt Ludwig Raoul zuletzt eine ausweichende Antwort: Er solle sich selbst das Lehen gegen die vier Erben erobern.

Mit dieser Ausgangssituation steht das Epos in engem Zusammenhang mit Epen wie *Renaud de Montauban* oder *Girart de Roussillon*, die unter der Bezeichnung *Gesten um Doon de Mayence* oder *Verrätergesten* zusammengefaßt werden und für die bestimmte Themen charakteristisch sind: Auf der einen Seite steht das Bild des Vasallen ohne Lehen, der allein sein Recht vertreten muß, auf der anderen das Bild eines schwachen und ungerechten Königs, dem die Schuld an dem Unfrieden zukommt und gegen den die Vasallen am Ende geeint auftreten. In diesem Sinne ist auch die hier angeschnittene juristische Grundsatzfrage zu verstehen, ob ein Lehen vererbbar ist oder nach dem Tod seines Inhabers wieder an den König zurückfällt: Zum einen wird der mit der Schwächung der Monarchie im 11. und 12. Jh. immer stärker vertretene Anspruch der Vasallen auf die Vererbbarkeit ihrer Lehen und eine damit verbundene größere Autonomie gegenüber dem König vorgetragen; zum anderen wird durch die zweideutigen und ungerechten Entscheidungen des Königs die Eigeninitiative des Vasallen gefordert und gerechtfertigt.

Im weiteren Verlauf des Epos wird geschildert, wie Raoul gegen die Erben von Vermandois zu Felde zieht und wie sich aus den Kämpfen eine langjährige Fehde zwischen den Familien entwickelt. Zwei Personen treten vor allem durch ihre bemerkenswert ausführliche Charakterisierung hervor: Raoul ist ein von maßlosen Emotionen getriebener Draufgänger, der über sein Recht hinaus Rache und Triumph sucht. Sein Gegenspieler wird sein eigener Ziehbruder und Schildknappe Bernier, der durch seine uneheliche Abkunft mit der Sippe der Vermandois verbunden ist. Aus dieser Situation entsteht wieder ein für die Zeit typischer Konflikt: Bernier als Vasall Raouls gebunden, wendet sich zunächst nicht gegen seinen Herrn, selbst als dieser das Kloster Origni auf dem Gebiet der Vermandois mit allen seinen Nonnen und Berniers eigener Mutter verbrennt. Erst als ihn Raoul im Zorn schlägt, ist Bernier von seinen Pflichten entbunden. Im Kampf um Vermandois verfolgt Raoul den schwerverletzten Ernaut de Douais, obgleich dieser um Gnade fleht und im Namen seiner Sippe Raoul das ganze Lehen verspricht. Nun greift Bernier ein und tötet trotz schwerer Gewissensbisse den rasenden Raoul im Kampf.

Nach Jahren wird die Fehde durch Gautier, den Neffen Raouls weitergeführt. Da keine Entscheidung fällt, versucht nun der König zu vermitteln und lädt die feindlichen Parteien zum Pfingstfest auf sein Schloß. Doch auch hier werden die Kämpfe fortgesetzt, und zur eigentlichen Versöhnung kommt es erst, als der König das Bernier bereits versprochene Lehen von Vermandois wieder in seinen Besitz nehmen will. Nun entsinnen sich alle, daß der König eigentlich die Ursache der blutigen Kämpfe ist; gemeinsam fallen sie über ihn her und verbrennen seine Stadt.

Die starke Legendisierung der ursprünglichen Ereignisse und ihre Darstellung in einer ganz bestimmten politisch-sozialen Sicht hat in der Quellenforschung zu jahrzehntelangen Auseinandersetzungen geführt. Der erste Interpret, A. LONGNON, später gefolgt von G. PARIS und F. LOT, nahm an, daß die Legendisierung der geschichtlichen Ereignisse von dem Augenzeugenbericht eines auch im Epos erwähnten Bertolai de Laon ausgegangen und durch volkstümliche Überlieferung erfolgt sei. Dem stellte BÉDIER, gefolgt von seinem Schüler J. ACHER, auch hier seine These von der Überlieferung durch klösterliche Texte entgegen, nach der das Epos frei komponiert worden wäre; tatsächliche historische Ereignisse hätten als Anregung nur eine geringfügige Rolle gespielt. Der Streit, der zu keinem endgültigen Ergebnis geführt hat und durch P. Matarasso wieder aufgenommen wurde, bedingte jedoch, daß die eigentliche literarische und historische Bedeutung des Epos unabhängig von der Quellenforschung bisher kaum gewürdigt wurde. U.F.

Ausgaben: Paris 1840 (*Li romans de Raoul de Cambrai et de Bernier*, Hg. E. Le Glay). – Paris 1882, Hg. P. Meyer u. A. Longnon. – Paris 1932 [nfrz. Übers. v. C. La Rousairie]. – Löwen 1967 [Vorw. L. Génicot].

Übersetzung: *Histoire de Raoul de Cambrai et de Bernier, le bon chevalier*, R. Berger u. F. Suard, Troesne-La Ferté-Milon 1986 [neufrz.].

Literatur: W. Meyer, *Über die Charakterzeichnung in der afrz. Heldendichtung »R. de C.«*, Diss. Kiel 1900. – J. Acher, *Les archaïsmes apparents dans la chanson de »Raoul de Cambrai«* (in RLaR, 50, 1907, S. 237–266; vgl. ders., ebd., 53, 1910, S. 101–160). – J. Bédier, *La légende de »Raoul de Cambrai«* (in Revue Historique, 95, 1907, S. 225–262; 97, 1909, S. 1–26). – A. Longnon, *Nouvelles observations sur »Raoul de Cambrai«* (in Rom, 37, 1908, S. 193–208; 491–496; vgl. ders., ebd., 38, 1909, S. 219–253). – F. Lot, *Les légendes épiques françaises I: »Raoul de Cambrai«* (ebd., 52, 1926, S. 75–133; ern. in F. L., *Les légendes épiques*, Paris 1958, S. 23–72). – R. R. Bezzola, *De Roland à »Raoul de Cambrai«* (in *Mélanges offerts à E. Hoepffner*, Paris 1949, S. 195–213). – A. Dessau, *»Raoul de Cambrai«*, Diss. Bln. 1958. – O. Jodogne, *Sur l'origine de »Raoul de Cambrai«* (in *Technique littéraire des chansons de geste*, Paris 1959, S. 37–58). – W. C. Calin, *The Old French Epic of Revolt: »Raoul de Cambrai«...* [u. a.], Paris 1962. – P. Matarasso, *Recherches historiques sur »Raoul de Cambrai«*, Paris 1962. – A. Adler, *Rückzug in epischer Parade. Studien zu ... »Raoul de Cambrai«*, Ffm. 1963. – D. Misonne, *Eilbert de Florennes, histoire et légende. La geste de »Raoul de Cambrai«*, Löwen 1967. – M. Waltz, *Spontanéité dans la chanson de geste. »Raoul de Cambrai«* (in *Société Rencesvals. IVe Congrès international*, Heidelberg 1969, S. 194–202). – R. A. Eisner, *»Raoul de Cambrai«, ou la tragédie du désordre* (in FR, Special Issue 3, 1971, S. 41–51). – A. Adler, *Guillaume et son cycle dans »Raoul de Cambrai«* (in Rom, 93, 1972, S. 1–19). – S. Kay, *Epic Style in »Raoul de Cambrai«*, Diss. Oxford 1977. – R. R. Bezzola, *Von Roland bis »Raoul de Cambrai«* (in *Altfranzösische Epik*, Hg. H. Krauss, Darmstadt 1978, S. 130–163). – R. Colliot, *Enfants et enfance dans »Raoul de Cambrai«* (in *L'enfant au moyen âge*, Aix-en-Provence/Paris 1980, S. 233–252). – C. Pica, *»Raoul de Cambrai«. Crisi di un sistema* (in CN, 40, 1980, S. 67–77). – P. H. Stäblein, *Catastrophe Theory in Reading Narratives. A Way to Figure out »Raoul de Cambrai« and its Role in the Lyrics of Bertran de Born* (in Olifant, 8, 1980, S. 3–28). – E. Baumgartner, *Quelques remarques sur l'espace et le temps dans »Raoul de Cambrai«* (in *La chanson de geste et le mythe carolingien, Mélanges René Louis*, Saint-Père-sous-Vézélay 1982, S. 1011–1019). – S. Kay, *The Epic Formula. A Revised Definition* (in ZfrzSp, 93, 1983, S. 170–189). – Dies., *La composition de »Raoul de Cambrai«* (in Rbph, 62, 1984, S. 474–492). – P. H. Stäblein, *›Narrer/nourrir‹. La signification, la violence et la contamination dans la structure alimentaire de »Raoul de Cambrai«* (in *Manger et boire au moyen âge*, Paris 1984, Bd. 1, S. 451–465). – W. Calin, *»Raoul de Cambrai«* (in W. C., *A Muse for Heroes*, Toronto 1983, S. 37–56). – Th. S. Fenster, *The Son's Mother. Aalais and Marsent in »Raoul de Cambrai«* (in Olifant, 12, 1987, S. 77–94). – R. G. Koss, *»Raoul de Cambrai« and Inheritance Disputes in Feudal Society* (in Olifant, 13, 1988, S. 97–110). – A. Leupin, *»Raoul de Cambrai«. La bâtardise de l'écriture«* (in RomR, 79, 1988, S. 89–104). – F. Denis, *Barons et chevaliers dans »Raoul de Cambrai«*, NY u. a. 1989. – C. M. Jones, *Recasting »Raoul de Cambrai«* (in Olifant, 14, 1989, S. 3–18).

Renaud de Montauban

(afrz.; *Renaud von Montauban*). Versepos von unbekanntem Verfasser, entstanden an der Wende zum 13. Jh. – Das rund 17000 Verszeilen umfassende Werk wird innerhalb der → *Karlsepik* zu den »Verrätergesten« (*Doon de Mayence, Gormond et Isembart, Girart de Roussillon, Raoul de Cambrai* u. a.) gerechnet.

Den Ausgangspunkt des Epos bildet der alte Hader zwischen Karl und der Sippe des Doon de Nanteuil. Dessen Bruder, Beuves d'Aigremont, leistet einer Einladung an den Hof nicht Folge und tötet die daraufhin von Karl geschickten anmaßenden Sendboten. Der Kaiser unternimmt nun einen Feldzug gegen Beuves und besiegt ihn. Obgleich er ihm Gnade und freies Geleit versprochen hat, läßt er den Vasallen unterwegs töten. Der Bruder Beuves', Aymon de Dordogne, bringt seine vier Söhne (die »Haimonskinder«) Alard, Renaud, Guichard und Richard zum Hofe Karls. Renaud tötet dort im Streit den Neffen des Kaisers, Bertolais, und muß fliehen. Sieben Jahre halten sich die Söhne Aymons in ihrem Schloß Montessor in einem Wald der Ardennen verborgen, bis sie dort von Karl aufgespürt und belagert werden. Wiederum müssen sie fliehen. Vom eigenen Vater, der Karl die Treue hält, verfolgt, ziehen sie sich nach vier Jahren elenden Lebens in den Wäldern in das Gebiet des Königs Yon zurück, dem sie geholfen haben, die Sarazenen zu besiegen. Durch einen Zufall entdeckt sie Karl dort in ihrem Schloß Montauban an der Mündung der Garonne. Durch die überlegene Kriegsmacht Karls wird Yon gezwungen, die Brüder in eine Falle nach Valcolor zu locken. (Nach nicht unbestritten gebliebenen Thesen LONGNONS geht diese Episode auf die historischen Ereignisse um das Jahr 718 zurück, in dem Karl Martell seinen Vasallen Eudo von Wasconien [Gascogne] besiegte und ihn zwang, ihm den fränkischen Fürsten Chilperic II. auszuliefern.)

Die Haimonskinder können sich jedoch dank der zauberischen Kräfte ihres Vetters Maugis d'Aigremont und mit Hilfe ihres Wunderpferdes Bayart retten, denn die Friedensbedingungen des Kaisers, die Auslieferung von Maugis und die Übergabe ihres Pferdes, nehmen sie nicht an. In Trémoigne (Dortmund) werden sie wiederum von Karl belagert, doch Renaud schließt nun mit dem Kaiser Frieden und unternimmt eine Wallfahrt nach Konstantinopel und Jerusalem. Nach seiner Rückkehr wird er als Arbeiter beim Bau des Kölner Doms ermordet. Er stirbt als Heiliger, und mit den Wundern, die sich bei seinem Begräbnis ereignen, mündet das Epos in die Legenden um den heiligen Reinoldus (Reginald) ein, der um 750 starb und in der Dortmunder Gegend seit langem verehrt wurde.

Die verschiedenen Schichten des Epos, die vom Anschluß an die Karlssage bis zur Heiligenlegende reichen, sowie die deutlich erkennbare Unterteilung in vier Abschnitte – die Abenteuer am Hofe Karls, in Montessor, Montauban und um Dortmund – und nicht zuletzt sprachliche Differenzen innerhalb des Textes lassen den Schluß zu, daß mindestens drei verschiedene Autoren daran gearbeitet haben. Die inhaltliche Breite des Epos ist wohl der Grund für die über Jahrhunderte anhaltende Popularität, die ihren Ausdruck in der Vielzahl der Bearbeitungen fand. Die Vorliebe für das Thema des aufrührerischen Vasallen muß im Hinblick auf die politischen Verhältnisse des 11. und 12. Jh.s gesehen werden, als die großen adligen Familien ein neues Verhältnis zur geschwächten Monarchie suchten und in den Epen eine Rechtfertigung für ihren das Prinzip der Gefolgschaftstreue verletzenden Machtanspruch fanden. Die Läuterung des Helden zu einem Heiligen machte das Epos wiederum für andere Schichten interessant. In Renauds Versöhnung mit Karl zeigte sich der Ansatz zum Konflikt zwischen feudal-ritterlichem und kirchlichem Anspruch auf den Menschen.

Die Figur des Renaud wurde in den späteren Jahrhunderten zum Volkshelden. Im 13. und 14. Jh. schrieb man die Legende immer wieder um und versah sie mit Ergänzungen; im 15. Jh. erschien schließlich eine Prosafassung *(Quatre fils Haimon)*, die sich bis zum 17. Jh. vor allem in den unteren Schichten Frankreichs großer Beliebtheit erfreute. Die europäische Aufbereitung des altfranzösischen Sagenstoffs beschränkt sich fast ausschließlich auf zahlreiche spanische, italienische und deutsche Nachdichtungen, während in England nur eine vom ersten englischen Buchdrucker, William CAXTON, herausgegebene Prosaversion unter dem Titel *The Foure Sonnes of Aymon* erschien. – Die spanischen Bearbeiter – der anonyme Autor eines *Roncesvalles*-Gedichts (Mitte 12. Jh.), vor allem Lope de VEGA, *Las pobrezas de Reynaldos* (um 1604), und schließlich L. DOMÍNGUEZ mit seinem Roman *Libro de Don Reynaldos* (1685) – glorifizieren die Gestalt des Reinaldus. – In Italien, wo Renaud de Montauban zur volkstümlichen Sagengestalt Rinaldo umstilisiert wurde, führt PULCI nach zwei anonymen Versionen des 14. Jh.s (die eine in Prosa, die andere in Oktaven) mit *Il Morgante* (1483) den Stoff in die Kunstdichtung ein. Auch *L'Orlando innamorato* von BOIARDO, *Orlando furioso* von ARIOST wie *Rinaldo* und *La Gierusalemme liberata* von TASSO ordnen sich, direkt oder indirekt, dem Umkreis des Rinaldo-Stoffes ein. Auf die verklärende Wirklichkeitsdarstellung dieser Ritterepen antworten die Epigonen mit polemischen oder bloß karikierenden Parodien, unter denen *Il Mambriano* (1509) von Francesco BELLO und *Il Ricciardetto* (1738) von FORTEGUERRI besondere Erwähnung verdienen. – Die bis ins 19. Jh. reichende Verbreitung des Epos in Deutschland erfolgte über die Vermittlung des französischen Originals durch niederländische Fassungen. Während die – wie die zum Kreis der *Riddarasögur* zählende altnordische *Mágus saga Jarls* auf den mittelniederländischen *Renout van Montelbaen* (12. oder 13. Jh.) zurückgehende – niederdeutsche Übersetzung und Bearbeitung *Reinolt von Montalban* nur in einer Heidelberger Handschrift (1474) überliefert ist, erlebte das 1604 erschienene »Volksbuch« zahlreiche Nachdrucke. Ein Prosadruck nach der niederländischen Vorlage von Paul van AELST, ist es zugleich die Grundlage für die bedeutendsten deutschen Nachdichtungen der Sage von den »Haimonskindern« im 19. Jh. (Ludwig TIECK, *Geschichte von den Heymonskindern*, 1797; Ludwig BECHSTEIN, *Die Haimonskinder*, 1830; Gustav SCHWAB, *Die vier Heymonskinder*, 1836). U.F.

AUSGABEN: Stg. 1862 (*Renaut de Montauban, oder die Haimonskinder*, Hg. H. Michelant; BLV, 67). – Paris 1908 (*Les quatre fils Aymon*; Prosafassg. n. d. Ausg. v. 1480; Ill. A. Robida). – Montpellier 1909 (*La chanson des quatre fils Aymon*, Hg. F. Castets). – Greifswald 1913 (L. Seeger, *Der Anfang des Teiles IV der Chanson de Renaut de Montauban nach der Hs. AB. C. VPD*, Diss.). – Brügge 1962 (*L'épisode ardennais de Renaut*, Hg. J. Thomas). – Paris 1983 (*Les Quatre Fils Aymond ou Renaud de Montauban*, Hg. M. de Combarieu u. J. Subrenat; neufrz. Ausw.; Folio). – Gent 1988, Hg. Ph. Verelst [krit. nach Ms. B.N. fr. 764, R]. – Gent 1988 (*Deuxième fragment rimé du manuscrit de Londres*, Hg. Ph. Verelst; krit.). – Genf 1989, Hg. J. Thomas (krit.; nach Ms. Douce; TLF).

ÜBERSETZUNG: *Reinolt von Montelban oder Die Haimonskinder*, Hg. F. Pfaff, Tübingen/Stg. 1885.

LITERATUR: A. Longnon, *»Les quatre fils Aymon«* (in Revue des Questions Historiques, 25, 1879, S. 173–196). – R. Zwick, *Über die Sprache des »Re-*

naut de Montauban«, Halle 1885. – F. Castets, *Description d'un manuscrit des »Quatre fils Aymon« et la légende de saint Renaud* (in RLR, 44, 1901, S. 32–53). – L. Jordan, *Die Sage von den vier Haimonskindern*, Erlangen 1905. – J. Bédier, *La légende des quatre fils Aymon* (in Revue de Paris, 1913, S. 259–286; 491–518). – E. K. Korte, *Zum Handschriften-Verhältnis der Chanson von »Renaut de Montauban«*, Diss. Greifswald 1914. – E. R. Curtius, *»Renaut de Montauban«* (in RF, 62, 1950, S. 315–342). – A. Adler, *Rückzug in epischer Parade*, Ffm. 1963. – F. Callu-Turiaf, *Recherches sur une version italienne de »Renaut de Montauban«* (in Mélanges École française de Rome, 76, 1964, S. 527–554; 77, 1965, S. 249–275). – Ph. Verelst, *Texte et iconographie. Une curieuse mise en abyme dans un »Renaut de Montauban« (XVe siècle)* (in *Onze études sur la mise en abyme*, Hg. F. Hallyn, Gent 1980, S. 147–162). – *Études sur »Renaut de Montauban«* (in Romanica Gandensia, 18, 1981; Sondernr.). – M. Pagano, *Rinaldo in paradiso* (in Medioevo romanzo, 10, 1985, S. 61–76). – F. Suard, *La prose manuscrite amplifiée de »Renaut de Montauban«* (in *Actes du IVe Colloque international sur le moyen français*, Hg. A. Dees, Amsterdam 1985, S. 361–386). – Ph. Verelst, *»Renaut de Montauban«, textes apparentés et versions étrangères. Essai de bibliographie (additions et complément 1981–1987)* (in Olifant, 12, 1987, S. 125–144). – F. Suard, *Le développement de la »Geste de Montauban« en France jusqu'à la fin du moyen âge (in Romance Epic*, Hg. H.-E. Keller, Kalamazoo/Mich. 1987, S. 141–161). – *Au carrefour des routes d'Europe, la chanson de geste*, Aix-en-Provence 1987 [mehrere Beitr.]. – M. du Combarieu du Gres, *De l'étrange au merveilleux ou recours aux forêts dans »Renaut de Montauban« (version du ms. La Vallière)* (in *De l'étranger à l'étrange ou la conjointure de la merveille*, Aix-en-Provence/Marseille 1988, S. 127 bis 155). Ph. Verelst, *»Renaut de Montauban«. Deuxième fragment rimé du manuscrit de Londres…*, Gent 1988.

Richeut

(afrz.; *Richeut*). Mittelalterliche Erzählung, die inhaltlich den *Fabliaux* nahesteht, von denen sie sich aber durch die Versform unterscheidet; *Richeut* dürfte ca. 1170 entstanden sein und ist damit möglicherweise älter als die frühesten Fabliaux.

Hauptfigur ist die Dirne und Kupplerin Richeut, die die Männer ausnimmt und viele Frauen zur Prostitution verführt (der Prolog behauptet, daß auch die anständigste Frau für Geld zu haben ist). Um sich an einem Priester zu rächen, der ihr nicht großzügig genug ist, sorgt sie dafür, daß sie schwanger wird; nicht nur dem Priester, auch einem Ritter und einem reichen Bürger erklärt sie dann, nur er könne der Vater des Kindes sein. Alle drei bezahlen, und Richeut wird reich dadurch. Ihr Sohn Sanson wächst heran, er erwirbt sich eine umfassende Bildung und weiß sich wie ein höfischer Ritter zu benehmen; früh schon kann ihm keine Frau widerstehen, und er nutzt seine Geliebten ebenso aus wie seine Mutter die Männer. Als er in die Welt hinausziehen will, warnt ihn seine Mutter: Ein gelehrter Mann entbrenne besonders leicht in Liebe und sei dann den Frauen ausgeliefert. Sanson ist jedoch überzeugt, ihnen gewachsen zu sein, und behält recht. Der Autor erklärt, daß Sanson *»uns alle an den Huren rächt, die sich uns gegenüber so stolz verhalten«*; so gibt sich die Gestalt des Frauenbezwingers als männliche Allmachtsphantasie zu erkennen. Nach zwölf Jahren trifft Sanson in Paris Richeut wieder; er erkennt sie nicht, sie aber weiß, wer er ist, und beschließt, ihn zum Spaß hereinzulegen. Ihre Dienerin Hersant gibt sie als adliges Fräulein aus und lockt Sanson zu einem Rendezvous, dann läßt sie ihn von Räubern überfallen, die allerdings Anweisung haben, ihm nichts zuleide zu tun. Mit diesem Beweis der Überlegenheit Richeuts endet der Text.

Richeut ist mit über 1800 Versen ungewöhnlich lang für ein Fabliau und übertrifft selbst die drastischsten Fabliaux durch die Obszönität der Sprache; die Handlung scheint vor allem ein Anlaß, um ein sehr differenziertes Sexualvokabular vorzustellen. Die Versform (zwei oder drei Achtsilber, dann ein Kurzvers von meist vier Silben, der den Reim für die nächste Achtsilber-Gruppe liefert) ist aus der lateinischen Dichtung übernommen, offenbar in parodistischer Absicht. Obwohl *Richeut* nur in einer Handschrift des 14. Jh.s überliefert ist, muß der Name der Frau im 12. Jh. sprichwörtlich gewesen sein, wie eine Reihe von Erwähnungen in anderen Texten beweist. Die Figur ist eng mit den anderen Kupplerinnen der lateinischen und volkssprachigen Literatur, wie der Titelheldin des Fabliau *Auberee*, verwandt. Der Text von *Richeut* ist schwierig, vor allem wegen der vielen sonst nirgends belegten Wörter aus dem sexuellen Bereich; bis heute sind nicht alle Stellen befriedigend erklärt. A.Gi.

Ausgaben: Paris 1823 (in *Nouveau recueil de fabliaux et contes inédits des poètes français des XIIe, XIIIe, XIVe et XVe siècles*, Hg. D. M. Méon, Bd. 1, S. 38–79). – NY 1913, Hg. I. C. Lecompte (in RR, 4, S. 261–305). – Bern 1988, Hg. Ph. Vernay.

Literatur: J. Bédier, *Les fabliaux*, Paris 1893. – L. Foulet, *Le poème de Richeut et le Roman de Renart* (in Rom, 42, 1913, S. 321–330). – E. Faral, *Le conte de Richeut: ses rapports avec la tradition latine et quelques traits de son influence* (in *Cinquantenaire de l'École des Hautes Études*, Paris 1921, S. 253–270). – A. Várvaro, *Due note su Richeut* (in Studi mediolatini e volgari, 9, 1961, S. 227–233). – J. L. Pallister, *Forms of Realism in Richeut* (in EsCr, 5, 1965, S. 233–239). – F. Rauhut, *Sanson in »Richeut« – ein*

Don Juan des Mittelalters (in ASSL, 207, 1970, S. 161–184). – A. Vernet, *Fragments d'un Moniage Richeut?* (in *Études ... Félix Lecoy*, Paris 1973, S. 585–597). – D. E. Ker, *The Twelfth-Century French Poem of »Richeut«*, Diss. Ohio State Univ. 1976 (vgl. Diss. Abstracts, 37, 1976/77, S. 2853A/2854A). – Vgl. auch Literatur zu *Fabliaux*.

LE ROMAN DE RENART

(afrz.; *Der Roman vom Reinhart [Fuchs]*). Tierepos, entstanden zwischen 1174 und 1250. – Unter der Bezeichnung *Roman de Renart* faßt man eine Reihe heroisch-komischer Tierfabeln zusammen, die von verschiedenen, in vielen Fällen anonymen Autoren stammen. Die einzelnen Teile, *branches* (Zweige) genannt, werden heute durch 27 römische Ziffern gekennzeichnet, deren Abfolge jedoch weder ihrem inhaltlichen Zusammenhang entspricht noch die chronologische Reihenfolge ihrer Entstehung wiedergibt. Die überlieferten Sammlungen enthalten jeweils eine Anzahl dieser Branches in unterschiedlicher Reihenfolge, deren Zusammengehörigkeit sich unter anderem daraus ergibt, daß in ihnen immer wieder eine begrenzte Zahl von Handlungsmotiven verarbeitet wurde und daß die auftretenden Tierhelden, vor allem Renart der Fuchs mit seiner Frau Hermeline, Ysengrin der Wolf mit seiner Frau Hersent, Grimbart der Dachs, Tibert der Kater, Noble der Löwe usw., mit den sie kennzeichnenden Eigenschaften in allen Branches die gleichen sind. Vor allem durch die Forschungsarbeit von L. FOULET ist heute die stoffgeschichtliche Herkunft aller Handlungsmotive und damit auch die Abhängigkeit der einzelnen Branches voneinander bekannt: Die wesentlichen Elemente und zahlreiche Episoden gehen auf das in lateinischen Distichen gefaßte Versepos *Ysengrimus* (1152) des flämischen Magisters NIVARDUS zurück, *»von dem er sich freilich in der epischen Struktur ... durch eine ihm wesenseigene Unabgeschlossenheit unterscheidet... Renart ist am Ende nicht vollkommener, als er sich schon am Anfang zeigt«* (H. R. Jauss). Im lateinischen *Ysengrimus* sind schon die wichtigsten der Tierhelden und zahlreiche der später immer wieder variierten Episoden aufgeführt. Selbst die in den Sammlungen auffallende willkürliche und unzureichend verbundene Abfolge der Abenteuer ist schon in dem lateinischen Vorbild gegeben.

Die ersten altfranzösischen Bearbeitungen stammen aus einer Zeit, in der sich ein gewisser Überdruß an der traditionellen höfischen Dichtung bemerkbar machte. Sie waren reine Unterhaltungsstücke, deren besondere, heute nicht mehr unmittelbar ansprechende Komik darauf beruhte, daß in ihnen der höfische Lebensstil und die höfische Literatur parodiert wurden. In Form (achtsilbiger Vers) und Inhalt sind sie wie der höfische Roman angelegt: Noble der Löwe ist König, in Renart taucht der unbotmäßige Ritter der späten Karlssage wieder auf; die »Damen« Hermeline und Hersent werden als »höfisch« und »süß« apostrophiert. Zuweilen, wie z. B. in der Branche II, wird die Illusion des ritterlichen Lebensstils unter den Tieren ins Paradoxe gesteigert: Renart und Tibert reiten gemeinsam über Land und führen sehr wohlgesetzte und höfische Gespräche, bis in einer gelungenen Wendung wieder das Tier und das tierische Verhalten zum Vorschein kommen.

Die Branche II und die Branche V a werden heute als die ältesten und ursprünglichsten Teile des *Roman de Renart* angesehen. Ihr Verfasser ist PERROT oder PIERRE DE SAINT-CLOUD. Durch ihre lebendige, nur manchmal in parodistischer Absicht gekünstelte Sprache und die gelungene Ausgestaltung von Situationskomik sind diese zwischen 1174 und 1177 entstandenen Branches auch vom literarischen Standpunkt von besonderem Wert. Zu Beginn der Branche II weist Pierre de Saint-Cloud deutlich auf seine parodistische Absicht hin: *»Herr, Ihr habt manche Erzählung ... von Paris und Helena ... und von Tristan ... und Schwänke und Heldenlieder..., doch nicht von der überaus harten Fehde ... zwischen Renart und Ysengrin gehört.«* Renart wird nun als der verschlagene Bösewicht dargestellt, der die Dummheit und Eitelkeit der anderen ausnutzt, um bei seinen Räubereien Erfolg zu haben: Chantecler der Hahn schläft trotz der Träume, die ihn vor Renart warnen; nachdem er mit knapper Not dem Fuchs entkommen ist, läßt er sich von diesem überreden, die Augen zu schließen: Er will dem schmeichelnden Fuchs beweisen, daß er mit geschlossenen Augen genauso schön schreien kann wie sein vielgerühmter Vater. Renart schnappt ihn nun, läßt sich aber seinerseits überreden, auf die beleidigenden Zurufe der ihn verfolgenden Dorfbewohner zu antworten, und als er seinen Mund öffnet, kann der Hahn entfliehen. Nun versucht der hungrige Fuchs eine Meise zu übertölpeln: Sie solle ihn küssen, denn Noble, der König, habe allgemeinen Frieden verkünden lassen. Doch die Meise ist auf der Hut: In einer witzigen Szene foppt sie zweimal den Fuchs, der schließlich fliehen muß, als Jäger mit Hunden nahen. – Am nächsten Morgen ist Renart noch immer hungrig. Durch Schmeicheleien kann er Tiécelin den Raben überreden, seinen Käse fallen zu lassen, und Tiécelin selbst entgeht nur mit knapper Not den Fängen des Fuchses. Erst in der folgenden Episode taucht zum erstenmal das Thema auf, das die späteren Dichter des *Roman de Renart* immer wieder gereizt hat: die Quälereien, deren Opfer Ysengrin der Wolf durch die Ränke des Fuchses wird. Bei einem Bummel im Wald kommt Renart zu der Höhle Ysengrins, in der nur Dame Hersent mit ihrem Wurfe liegt. Durch eine List gelingt es Renart, die Wölfin zu verführen, anschließend mißhandelt und beleidigt er die kleinen Wölfe. Trotz der Lügen Hersents findet Ysengrin die Sache heraus und verfolgt den Fuchs, der sich in seinen Bau flüchtet. Ysengrin verirrt sich bei der Verfolgung, und Hersent bleibt mit dem Vorderteil ihres Körpers im Eingang des Fuchsbaus stekken. Renart, der seinen Bau durch einen anderen Ausgang verlassen hat, verhöhnt und vergewaltigt nun die hilflose Wölfin, bis der rasende Ysengrin hinzukommt und seine Frau befreit.

Die Darstellung dieser Untaten führt zu dem Prozeß hin, der in Branche V a gegen Renart am Hofe des Königs Noble ausgetragen wird. Dieses Thema wurde auch von späteren Dichtern immer wieder aufgegriffen, da die Darstellung einer aus Tieren bestehenden Hofgesellschaft und ihrer Prozeßordnung eine ausgezeichnete Möglichkeit bot, den im höfischen Roman immer wieder gestalteten Zwist zwischen den Vasallen und dem König parodistisch zu verfremden. Nachdem Ysengrin am Hof des Königs Klage gegen Renart erhoben hat, wird über den Fuchs verhandelt. Zwar stehen seine Untaten fest, doch kann man sich nicht zur Bestrafung entschließen, denn Renart habe ja unter dem Zwang der Liebe gehandelt. Man fragt einen Gesandten des Papstes, das Kamel Musart, das nach einer langen, in einer lateinisch-französisch-italienischen Mischsprache gehaltenen und von leeren juristischen Formeln erfüllten Rede den einfachen Schluß zieht, daß eine Bestrafung notwendig sei, wenn das Vergehen erwiesen ist. Die Kontrahenten sollen sich nun dem Schiedsspruch der Bulldogge Roonel unterwerfen, doch als sich der Hund, gemäß einer Absprache mit dem Wolf, totstellt, macht man Renart zur Auflage, seine Unschuld beim Zahn der nun heiliggesprochenen Dogge zu beschwören. Als sie sich jedoch bewegt, flieht Renart und kann sich nach einer wie in den *chansons de geste* ausführlich und in epischer Breite geschilderten Verfolgungsjagd mit letzter Kraft in sein Schloß flüchten.

Obgleich sich diese Branche ebenfalls als ein flüssig geschriebenes Unterhaltungsstück gibt, sind hier die parodistischen Elemente und zeitbezogenen Anspielungen noch dichter gestreut als in der vorigen. Sie können heute nicht mehr in allen Einzelheiten rekonstruiert werden, doch nimmt man an, daß z. B. mit der Figur des Kamels Musart Petrus von Pavia, der Legat des Papstes, lächerlich gemacht werden sollte.

Dem Gedicht Pierre de Saint-Clouds war sofort ein großer Erfolg beschieden, und verschiedene zeitgenössische Dichter versuchten sich ebenfalls in Tierepen, in denen sie andere Episoden aus dem *Ysengrimus* verarbeiteten. Diese unmittelbar im Anschluß an die ersten Branches bis 1190 entstandenen Teile, die entweder durch meist ungeschickte Anschlüsse in das ursprüngliche Werk eingefügt wurden oder unabhängig blieben, werden als die »erste Periode« des *Roman de Renart* bezeichnet. Sie umfaßt neben dem bereits geschilderten Teil u. a. folgende Branches in ihrer wahrscheinlichen chronologischen Reihenfolge: die Branche V, in der Renart einen Schinken stiehlt, den jedoch Ysengrin frißt; die ihr ähnliche Branche XV, in der Tibert der Kater Renart eine gestohlene Wurst wegnimmt, jedoch dann einige Abenteuer mit zwei Geistlichen bestehen muß, die auf seinen Pelz aus sind. In Branche III werden die im ersten Buch des *Ysengrimus* enthaltenen bekannten Episoden verarbeitet: Der hungrige Renart stellt sich tot und wird von Kutschern auf einen Wagen mit Aalen geworfen, an denen er sich gütlich tut und von denen er noch einige mitnehmen kann. Um von dieser Speise etwas zu bekommen, willigt der Wolf ein, Mönch zu werden. Renart tonsuriert ihn mit kochendem Wasser und schickt ihn zum Fischen. Zu diesem Zweck taucht Ysengrin seinen Schwanz in das eiskalte Wasser, friert fest und wird von den Bauern fast zu Tode geprügelt, bevor er sich unter Verlust seines Schwanzes retten kann. Auch Branche IV ist sehr geschickt gestaltet: Renart stürzt in einen Brunnen und rettet sich in den Schöpfeimer. Als Ysengrin vorbeikommt, gelingt es dem Fuchs, den Wolf in den anderen Eimer zu locken und sich durch das Gewicht des sinkenden Wolfes ziehen zu lassen. Ysengrin ist gefangen und muß sich wiederum durch Menschen, vorbeikommende Mönche, verprügeln lassen.

Um 1180, also etwa zwei Jahre nach den zuletzt genannten Branches, entstand eine weitere Episode des *Roman de Renart*, deren künstlerische Qualität sie den Branches der anderen Nachahmer weit überlegen macht und die mit dem Werk von Pierre de Saint-Cloud auf einer Stufe steht. Der Verfasser ist unbekannt, doch seine Beobachtungsgabe, seine lebendigen und geistreichen Dialoge und die Fähigkeit, mit einfachsten und knappsten Mitteln eine Landschaft oder eine Situation treffend zu schildern, beweisen, daß er zu den bedeutenden Dichtern seiner Zeit gehört haben muß. Die von ihm gestaltete, unter dem Titel *Le plaid (Der Prozeß)* bekannte Branche I hat große stoffgeschichtliche Bedeutung: Als bekannteste Branche wurde sie häufig nachgeahmt und diente indirekt auch Goethe als Vorlage für seinen *Reineke Fuchs*. Der Verfasser sieht sich als unmittelbaren Fortsetzer des Werks von Pierre de Saint-Cloud: Perrot, wie er ihn nennt, habe es versäumt, die amüsanteste Episode aus dem Leben Renarts, seine Abenteuer nach der Flucht vom Gerichtshof des Königs, zu schildern. Daß der anonyme Dichter als erster wieder das Motiv vom Gerichtshof der Tiere aufgreift, zeigt, daß er nicht nur unterhalten wollte. Der Prozeß wird zur Komödie, hinter der sich die satirische Absicht des Autors verbirgt. – Nachdem Renart dem Schwur ausgewichen ist, muß der Hofstaat des Königs Noble wieder zusammentreten, um den Streit zu schlichten. Da Ysengrin unbedingt seine Frau als Ehebrecherin bestraft sehen will, erklärt sich die Dame Hersent seufzend und errötend bereit, in einem Gottesurteil bei Feuer und heißem Wasser ihre Unschuld zu beweisen. Nun beginnt Ysengrin am günstigen Ausgang zu zweifeln und will selbst die Untat rächen, was wiederum den König ärgert, da er allgemeinen Frieden hat ausrufen lassen. Renart scheint gerettet zu sein, doch da taucht eine neue Anklägerin auf: Dame Pinte die Henne, zusammen mit dem Hahn Chantecler. Sie

bringen eine ihrer Schwestern, Dame Coupée, die wie viele andere von Renart gemordet worden ist. Bewußt übertrieben werden die große Trauer der Anwesenden und das pompöse Begräbnis von Dame Coupée, der Märtyrerin, geschildert. Ihr Grabstein erhält Wunderkraft und heilt den Hasen Coarz von seinem Fieber und auch den Wolf, der über vorgebliche Ohrenschmerzen klagt. Nun ist der Zorn des Königs nicht mehr zu bändigen: Er beauftragt zuerst den Bären, später Tibert den Kater, Renart vor den Hof zu laden; doch beiden Abgesandten wird von Renart übel mitgespielt. Nun wird Renarts Vetter, der Dachs Grimbert, geschickt, und ihm gelingt es, dem Fuchs ins Gewissen zu reden. Zusammen mit dem zitternden Baron macht er sich auf die Reise, doch schnell erweist sich, daß der Gesinnungswandel Renarts nur von kurzer Dauer war: Schon unterwegs schielt er gierig nach jedem Hühnerstall, und vor dem Hof tut er sich durch eine zynische und hochfahrende Rede hervor. Der Tod des aufsässigen »hohen Barons« ist beschlossen, da verspricht Grimbert, daß sein Vetter im Falle einer Begnadigung mit den Kreuzfahrern ziehen werde, und schon ist Renart rehabilitiert und erhält sogar den Ring der Königin. Doch kaum befreit, entledigt er sich der Kreuzfahrerinsignien und beschimpft den König. Aufgeregt verfolgen die Barone den Fuchs, der in einer dem Ende der Branche V a ähnlichen Fluchtszene mit letzter Kraft sein Schloß erreicht.
Diese Prozeßschilderung regte wiederum zu zahlreichen Nachahmungen an, die ebenfalls zur »ersten Periode« gezählt werden.
Die in den Jahren 1190–1205 entstandenen Branches werden von den zuvor aufgeführten als »zweite Periode« abgesetzt. Zu ihr gehören noch zwei erwähnenswerte Episoden. Die etwa 1190 entstandene Branche XII zählt zu den wenigen, deren Dichter bekannt ist: RICHARD DE LISON, von dem man annimmt, daß er Geistlicher war, denn er richtet seine Spottlust vor allem gegen die Kirche, über die er sich sehr gut unterrichtet zeigt. Er greift die aus früheren Branches bekannten Motive der Abenteuer Ysengrins und Tiberts mit Geistlichen auf; seine Erzählung ist jedoch viel direkter satirisch als die seiner Vorgänger. Das Gegenteil gilt für die um 1200 entstandene Branche IX eines als PRÊTRE DE LA CROIX-EN-BRIE bekannten Autors, der seinerseits vollkommen auf gesellschaftskritische Aspekte verzichtet. Seine Branche zeichnet sich aus durch ausführliche Schilderung des bäuerlichen Lebens, in der nun auch der Mensch in Gestalt des Großbauern Lietard eine Rolle spielt. Die anderen Branches dieser Periode sind bedeutungslose Variationen der schon bekannten Motive.
Die zehn Branches, die zwischen 1205 und 1250 entstanden sind, zeigen schließlich den allmählichen künstlerischen Verfall des Tierepos. Zu ihnen gehören die Branches XIII, XXII, XXIII und XXIV (die in einigen Sammlungen an den Anfang gesetzt ist, da in ihr die Erschaffung der Tiere und die ersten Abenteuer Renarts erzählt werden) sowie die Branches XXV und XXVI. Die noch später entstandenen Branches XVII, XIX, XX und XXI handeln nur noch von Ysengrin, der damit zum Hauptheld en wird, und seinen Freunden.
Zuletzt seien noch die franco-italienischen Fassungen aus dem 13. Jh. erwähnt. Die wichtigste dieser Branches (Nr. XXVII) hielt man lange für die Bearbeitung eines wesentlich älteren Originals, sie soll aber nach neueren Forschungen nur eine Version der Branches I–V a sein.
Da der *Roman vom Fuchs* in seinen zahlreichen, zum Teil verlorenen Sammlungen eine der beliebtesten Dichtungen des Mittelalters war, wurden seine Taten auch nach 1250 weiter bearbeitet. Diese späteren Variationen erschienen jedoch als eigene Werke und haben mit dem parodistischen Charakter des Originals nicht mehr viel gemeinsam: Renart ist hier nicht mehr der schlaue, aufsässige Baron, sondern ein Symbol des Bösen an sich, das in die Zeitsatire eingesetzt wird, wie z. B. im *Renart encouronné* (ca. 1260–1268) von PHILIPPE DE NOVARE oder im *Renart le bestourné* (ca. 1261–1270) von RUTEBEUF, in dem Renart den Einfluß der religiösen Bettelorden gegenüber dem schwachen König Noble (Ludwig IX.) verkörpert. In anderen Werken wird Renart zum moralisch-didaktischen Beispiel, wie z. B. im *Renart le nouvel* (2. Hälfte des 13. Jh.s) von Jacquemart GIELEE oder im *Renart le contrefait* (ca. 1319–1342). Vor allem im letztgenannten Werk dient das Renart-Motiv nur noch als Vorwand für eine Wissensenzyklopädie mit viel allegorischem Beiwerk. Außerdem entstanden schon bald nach den ersten Branches Übersetzungen, die zu der weiten Verbreitung des Renart-Motivs über ganz Europa beitrugen. KLL

AUSGABEN: Paris 1826, Hg. M.D.-M. Méon, 4 Bde. – Paris 1835, Hg. P. Chabouille [Suppl., Varianten u. Verbesserungen zur Ausg. von 1826]. – Straßburg 1882–1887, Hg. E. Martin, 3 Bde. u. Suppl. Bd. – Paris 1948–1963, Hg. M. Roques, 6 Bde. (Branches I–IX). – Mchn. 1965 (*Romans de Renart: Reineke Fuchs*, Hg. H. Jauss-Meyer; m. dt. Übers. u. Einl.; Ausz.). – Hiroshima 1972 (*Le roman de Renart. Branche IX*, Hg. N. Harano). – Tokio 1974 (*Branches I et Ia*, Hg. R. Naoyuki Fukumoto; krit.). – Salamanca 1979 (*Roman de Renart, Branches II, I, Ia et Ib*, Hg. L. Cortés Vázquez; m. span. Übers.). – Paris 1981 (*Le roman de Renart*, Hg. M. de Combarieu du Grès u. J. Subrenat, 2 Bde.; m. neufrz. Übers.; 10/18). – Tokio 1983–1985, Hg. N. Fukumato u. a., 2 Bde. – Paris 1985, Hg. J. Dufournet u. A. Méline, 2 Bde. (GF). – Paris 1987, Hg. E. Charbonnier (Ausw.; Folio).

ÜBERSETZUNGEN: *Der Fischfang des Wolfes*, E. Tegelhoff (in *Französische Volksmärchen*, Jena 1923; Ausz.). – *Le roman de Renart*, H. Jauss-Meyer, Mchn. 1965. – *Roman de Renart*, H. Rey-Flaud u. A. Eskenazi, Bd. 1, Paris 1971 (neufrz.; CFMA). – *Le roman de Renard*, M.-F. Notz, Paris 1986 [neufrz.; komm.; Ausw.]. – Dass., J. Dufournet, Paris 1989 ff. (neufrz.; CFMA).

Literatur: H. Class, *Auffassung u. Darstellung der Tierwelt im französischen »Roman de Renart«*, Diss. Tübingen 1910. – G. Paris, *»Roman de Renart«* (in *Mélanges de littérature française du moyen-âge*, Hg. M. Roques, Paris 1912, S. 337–423). – L. Foulet, *»Roman de Renart«*, Paris 1914. – L. Ulrich, *Die erste Branche des »Roman de Renart«, nach Stil, Aufbau, Quellen u. Einfluß*, Diss. Göttingen 1917. – G. Filander, *Note sur le texte du »Roman de Renart«*, Paris 1924. – G. Cohen, *»Roman de Renart«*, Paris 1933. – B. J. Whiting, *Proverbial Material from the Old French Poem on »Reynard the Fox«* (in Harvard Studies, 28, 1935, S. 235–270). – L. Spitzer, *Die Branche VIII des »Roman de Renart«* (in Archivum Romanicum, 24, 1940, S. 205–237; vgl. auch L. S., *Romanische Literaturstudien*, Tübingen 1959, S. 66–94). – P. Jonin, *Les animaux et leur vie psychologique dans le »Roman de Renart« (br. I)* (in Annales de la Faculté des Lettres d'Aix, 25, 1951, S. 63–82). – R. Bossuat, *»Roman de Renart«*, Paris 1957. – H. R. Jauss, *Untersuchungen zur mittelalterlichen Tierdichtung*, Tübingen 1959. – H. Scholler, *Studien im semantischen Bereich des Schmerzes. Darstellung der semantischen Situation afrz. Wörter für Schmerz – doeul, meschief, tourment des confort im »Renard le contrefait«*, Genf/Paris 1959. – A. Schossig, *Die Namen des Widders, des Schafes, des Esels u. der Eselin im altfranzösischen »Roman de Renart«* (in RF, 71, 1959, S. 17–72). – J. Flinn, *Le »Roman de Renart« dans la littérature française et dans les littératures étrangères au moyen-âge*, Paris/Toronto 1963. – K. Varty, *The Pursuit of Reynard in Medieval English Literature and Arts* (in Nottingham Medieval Studies, 8, 1964, S. 62–81). – R. Bossuat, *Le »Roman de Renart«*, Paris 1967; ern. 1971. – F. Schalk, *Die moralische und literarische Satire* (in *La littérature satirique et allégorique*, Heidelberg 1968; GRLMA, 6). – J. Dufournet, *Petite introduction aux branches I, Ia et Ib du »Roman de Renart«*, Paris 1971. – *Aspects of the Medieval Animal Epic*, Hg. E. Rombauts u. A. Welkenhuysen, Löwen/Den Haag 1975 [mehrere Beitr.]. – K. Varty, *An ›État présent‹ of »Roman de Renart« Studies* (in *Mélanges J. Wathelet-Willem*, Lüttich 1978, S. 699–716). – Ders., *First List of Recent Publications and Research in Progress for 1975–76–77* (in MR, 28, 1978, S. 225–246). – R. Dragonetti, *Renart est mort, Renart est vif, Renart règne* (in Critique, 34, 1978, S. 783–798; ern. in R. D., *La musique et les lettres*, Genf 1986, S. 419–434). – J. Dufournet, *L'originalité de la branche XVII du »Roman de Renart« ou Les trois morts du goupil* (in *Mélanges Ch. Camproux*, Montpellier 1978, S. 345–363). – Ders., *Littérature oralisante et subversion. La branche 18 du »Roman de Renart« ou le partage des proies* (in Ccm, 22, 1979, S. 321–335). – J.-J. Vincensini, *Le »Roman de Renart«*, Paris 1979. – *Third International Beast Epic, Fable and Fabliau Colloquium*, Münster 1979. – J. Subrenat, *Renart et Ysengrin, Renart et Roonel. Deux duels judiciaires dans »Le roman de Renart«* (in *Études … offertes à A. Lanly*, Nancy 1980, S. 371–384). – E. Suomela-Härmä, *Les structures narratives dans le »Roman de Renart«*, Helsinki 1981. – *Comique, satire et parodie dans la tradition renardienne et les »Fabliaux«*, Hg. D. Buschinger, Göppingen 1983. – *Le roman de Renard. On the Beast Epic*, Windsor/Ontario 1983. – *Épopée animale, Fable, Fabliau*, Paris 1984. – G. Tilander, *Lexique du »Roman de Renart«*, Genf/Paris 1984. – *Avatars du Roman de Renart*, Hg. J. Dufournet (in RLaR, 90, 1986, Sondernr.). – M. Combarieu du Gres u. J. Subrenat, *Le roman de Renart. Index des thèmes et des personnages*, Aix-en-Provence 1987. – *Atti del V Colloquio della International Beast Epic*, Hg. A. Vitale-Brovarone u. G. Mombello, Alessandria 1987. – J. Subrenat, *Symétries et dissymétries dans la branche IX du »Roman de Renart«* (in Reinardus, 1, 1988, S. 130–141). – E. Suomela-Härmä, *Le »Roman de Renart« et le conte populaire français* (ebd., S. 142–155). – S. Suzuki u. a., *Sur le manuscrit ›t‹ du »Roman de Renart«* (ebd., S. 156–162). – J. Dufournet, *Réécriture et arborescence dans »Le Roman de Renart« (branches X et XI)* (in Littératures, 21, Herbst 1989, S. 21–37). – Chr. Lucken, *›Aus grans pescheurs eschapent les anguilles‹* (in Littérature, 74, Mai 1989, S. 76–90). – J. Batany, *Scènes et coulisses du »Roman de Renart«*, Paris 1989. – J. R. Scheidegger, *Le roman de Renart ou le texte de la dérision*, Genf 1989.

LE ROMAN DE THÈBES

(afrz.; *Der Thebenroman*). Versroman von 10 000–15 000 (je nach Version) paarweise gereimten Achtsilbern eines unbekannten Autors aus dem Poitou, entstanden etwa 1150–1155. – Gegenstand des Werks, das neben dem *Roman d'Énéas* und dem *Roman de Troie* zum → *Antikenroman* gehört, ist die mythische Geschichte von Theben. Als Vorgeschichte erzählen die ersten 1000 Verse das Schicksal des Ödipus, seine Aussetzung, den Mord an seinem Vater Laios, seine Ehe mit Jokaste, schließlich die Entdeckung des Frevels und seine Sühne. Daran schließt sich ein langer Bericht vom Krieg der Sieben gegen Theben an, der sich direkt am Vorbild der *Thebais* des Statius (40–96 n. Chr.) orientiert.

Die antike griechische Welt wird freilich in eine feudalistische christliche Ritterwelt verwandelt: Theseus ist Herzog von Athen, Ismene gründet eine Abtei. Die griechische Mythologie ist bis auf das Apollo-Orakel in Delphi beseitigt. Wohl in Anlehnung an Kreuzzugsberichte schiebt der Autor einen Verpflegungszug der Argiver ins Donautal ein; verschiedene andere Episoden, wie die Belagerung und Einnahme von Montflor, eines Theben vorgelagerten Forts, stammen ganz von seiner Hand. In den Beschreibungen der unzähligen Kämpfe – der Kampf um Theben wickelt sich in fünf großen Schlachten ab –, den Berichten über

Verrat, über Versammlungen der Ritter und Prozesse – Montflor wird erst durch Verrat eingenommen – ist der Einfluß der *chansons de geste*, vor allem des *Rolandsliedes* zu spüren. Die Aufmerksamkeit des Autors gilt den Details; er sieht vor allem die äußere Seite der Dinge und Menschen, wie Kleidung, Schmuck, Aussehen von Personen, Waffengänge u. a. Aus dem Bereich der reinen Schilderung von Kämpfen, wie sie für die *chansons de geste* typisch ist, ragt der *Thebenroman* durch die, wenn auch sparsame, Einbeziehung emotioneller, dem Gefühls- und Sittenkodex der höfischen Gesellschaft entsprechender Szenen heraus, wie z. B. bei der Schilderung des Todes der mit deutlicher Sympathie gezeichneten Argiver Partonopeus und Tydeus oder des Zuges der Frauen von Argos, die ihre Toten begraben. Die Liebe zwischen Partonopeus und Antigone wird mit großer Anteilnahme geschildert. Die Analyse der höfischen Minne ist jedoch noch nicht so weit entwickelt wie in dem späteren *Roman d'Énéas* (1160). Auch die düstere Fatalität des Fluches, der zum Untergang der Sippe führt, kommt in der altfranzösischen Bearbeitung nicht mehr zum Ausdruck: Sie interessierte den mittelalterlichen Leser nicht. Der *Thebenroman*, der gern als erster französischer Roman bezeichnet wird, nimmt wie der spätere *Äneasroman*, an dessen Bedeutung für die höfische Literatur er jedoch nicht heranreichte, eine Zwischenstellung zwischen den *chansons de geste* und dem höfischen Roman ein. Schon im ersten Drittel des 13. Jh.s entstand eine Prosabearbeitung. W.Hk.

AUSGABEN: Paris 1890, Hg. L. Constans, 2 Bde. – Ann Arbor/Mich. 1960 (D. Ph. Ripley, *A Critical Edition of the »Roman de Thèbes« (Lines 1–5394)*; vgl. Diss. Abstracts, 22, 1961/62, S. 264). – Paris 1966–1968, Hg. G. Raynaud de Lage, 2 Bde. (CFMA).

ÜBERSETZUNG: *Le roman de Thèbes (The Story of Thebes)*, J. Smart Coley, NY/Ldn. 1986 [engl.].

LITERATUR: K. O. Rottig, *Die Verfasserfrage des Eneas und des »Roman de Thèbes«*, Diss. Halle 1892. – G. Otto, *Der Einfluß des »Roman de Thèbes« auf die altfranzösische Literatur*, Diss. Göttingen 1909. – J.-J. Salverda de Grave, *Recherches sur les sources du »Roman de Thèbes«* (in FS, 11, 1957, S. 201–213). – G. R. Sarolli, *Il »Roman de Thèbes«, fonti e datazione, I–III* (Rendiconti dell'Istituto Lombardo di Scienze, Lett. ed. Arti, 87, 1954, S. 283–320). – R. Harris, *A Terminus a quo for the »Roman de Thèbes«* (in FS, 11, 1957, S. 201–213). – D. P. Ripley, *A Neglected Manuscript of the »Roman de Thèbes«* (in EsCr, 9, 1969, S. 275–285). – P. B. Grout, *Contemporary Life and Society in the »Roman de Thèbes«* (in MAevum, 38, 1969, S. 262–276). – A. Micha, *Couleur épique dans le »Roman de Thèbes«* (in Rom, 91, 1970, S. 145–160). – J. C. Payen, *Structure et sens du »Roman de Thèbes«* (in MA, 76, 1970, S. 493–513). – G. Raynaud de Lage, *›Courtois‹ et ›courtoisie‹ dans le »Roman de Thèbes«* (in *Mélanges J. Frappier*, Genf 1970, S. 928–933). – H. Nezorovic, *Quelques écarts de civilisation entre deux manuscrits du »Roman de Thèbes«* (in Rom, 94, 1973, S. 211–221). – L. Donovan, *Recherches sur le »Roman de Thèbes«*, Paris 1975. – A. Micha, *Couleur épique dans le »Roman de Thèbes«* (in A. M., *De la chanson de geste au roman*, Genf 1976, S. 23–38, zuerst in Rom, 91, 1970, S. 145–160). – G. Raynaud de Lage, *Les premiers romans français et autres études littéraires et linguistiques*, Genf 1976 [mehrere Beitr.]. – M. Thiry-Stassin, *Interpellations féminines dans le »Roman de Thèbes«* (in MR, 27, 1977, S. 41–53). – A. Petit, *›Monseigneur‹ Amphiaraüs?* (in LR, 33, 1979, S. 163–171). – R. Schnell, *Wolframs »Parzival« und der »Roman de Thèbes«* (in Neoph, 63, 1979, S. 88–94). – A. Petit, *La ›répétition par inversion‹ dans le »Roman de Thèbes«* (in Rom, 100, 1979, S. 433–460). – D. Poirion, *Edyppus et l'énigme du roman médiéval* (in *L'enfant au moyen âge*, Aix-en-Provence/Paris 1980, S. 285 bis 298). – J.-Ch. Payen, *La mise en roman de la matière antique. Les cas du »Roman de Thèbes«* (in *Études … offertes à J. Horrent*, Hg. J.-M. D'Heur u. N. Cherubini, Lüttich 1980, S. 325–332). – M. Nezirovic, *Le vocabulaire dans deux versions du »Roman de Thèbes«*, Clermont-Ferrand 1980. – A. Petit, *Un passage controversé du »Roman de Thèbes«. La Capanéïde* (in MR, 31, 1981, S. 43–61). – A. Petit, *Aspects de l'influence d'Ovide sur les romans antiques du XII siècle* (in *Colloque Présence d'Ovide*, Hg. R. Chevallier, Paris 1982, S. 219–240). – P. Bancourt, *Or antique, or épique, or d'Occident et d'Orient dans le »Roman de Thèbes«* (in *L'or au moyen âge*, Aix-en-Provence/Marseille 1983, S. 25–39). – R. Blumenfeld-Kosinski, *The Earliest Developments of the French Novel. The »Roman de Thèbes« in Verse and in Prose* (in *The French Novel*, Univ. of South Carolina 1984, S. 1–10). – Dies., *The Gods as Metaphor in the »Roman de Thèbes«* (in MPh, 83, 1985, S. 1–11). – G. Widmer, *Les plaintes funèbres du Roman de Thèbes«* (in *Studi francesi e provenzali 84/85*, Hg. M.-R. Jung u. G. Tavani, L'Aquila 1986, S. 65–92). – D. Rieger, *›Aufgehobene‹ Genera. Gattungszitate und Gattungsinstrate im altfranzösischen »Thebenroman«* (in VRo, 46, 1987, S. 67–86). – RZL, 12, 1988 [mehrere Beitr.].

LE ROMAN DE TRISTAN

(afrz.; *Der Roman von Tristan*). Anonymer Prosaroman, entstanden in Nordfrankreich zwischen 1215 und 1235. – Die Hauptfabel des nach Umfang und literarischer Qualität überragenden Romans orientiert sich am Kern der Tristanerzählung: der ehebrecherischen Leidenschaft Tristans und Isoldes, die schließlich zum Untergang führt. Die wesentlichen Figuren der älteren Tristanüberlieferung – König Marc von Cornouaille, Brangain, Gorvenal, le Morholt – werden ebenso beibehalten wie eine Reihe zentraler Episoden wie der Morholt-Kampf und das Motiv des Liebestrankes. Insgesamt gesehen ist dennoch der Prosa-*Tristan* ein eigenständiges Werk, bei dem die Abweichungen von der Tristan-Überlieferung schwerer wiegen als die Übereinstimmungen.

Nach dem Muster des genealogischen Ritterromans des ausgehenden Hochmittelalters (Prototyp ist der anonyme *Lancelot en prose*) wird zunächst die Ahnenreihe Tristans vorgestellt, über die der Held mit dem Gralsgeschlecht Josephs von Arimathia verbunden ist. Tristan wird – abweichend von der hypothetischen Fabel des »Urtristan« – in einem Wald geboren, wo seine Mutter Elyabel auf der Suche nach Tristans Vater ist, dem König Méliadus de Leonois (diesem Ritter ist ein weiterer ebenfalls anonymer Prosaroman gewidmet). Jugend und Erziehung Tristans nehmen breiten Raum ein, bevor der eigentliche Liebes- und Abenteuerroman mit einer Fülle von Episoden einsetzt, die neben Tristan vor allem die Ritter der Tafelrunde in Szene setzen: Typisch für die späte Artusepik ist es dabei, daß immer wieder Randfiguren der ›klassischen‹ Texte breiten Raum in der Erzählung beanspruchen. Die Liebespassion bleibt hier nur einer der zentralen Fäden der verwirrend vielfältigen Handlung: So teilt sich Tristan in die Verehrung Isoldens mit dem Ritter Palamedes. Ein weiteres immer wieder anvisiertes Thema ist die Suche nach dem Gral, an der Tristan zeitweilig selbst teilnimmt. Am Ende des Werkes tötet König Marc den Liebenden durch ein vergiftetes Schwert. Wie im Falle des *Lancelot en prose* (vgl. dort), der als eindeutiges Modell des *Tristan* gedient hat, und einiger späterer Prosaromane des 13. Jh.s, so darf man auch hier von mehreren Verfassern ausgehen. In dem Werk selbst wird als Verfasser ein gewisser Luce del Gat genannt; wenngleich für dessen Existenz bislang eindeutige Belege fehlen, so weist diese Nennung doch auf das Schloß Gat in der Nähe des südenglischen Salisbury, das auch mit der Entstehung des *Lancelot*-Prosaromans in Verbindung gebracht wird. Im Epilog des umfangreichen Romans heißt es, ein – ebenfalls historisch nicht belegter – Helie de Boron habe das Werk zum Abschluß gebracht. Ob dieser Autor mit dem Verfasser des sich eng an die Handlung des Prosa-*Tristan* anschließenden *Roman de Palamedes* identisch ist, bleibt ungeklärt. Daß sich dieser als Verwandter Roberts de Boron, eines der Begründer der Literarisierung der Gralsthematik bezeichnet, ist als illusionsstiftendes Verfahren des frühen Romans zu bewerten.

Der *Tristan en prose* ist keineswegs eine Prosabearbeitung älterer *Tristan*-Texte. Den schier unüberschaubaren Roman kennzeichnen gleichermaßen das spezifisch hochmittelalterliche Bedürfnis nach Vereinheitlichung und enzyklopädischer Aufarbeitung der literarischen und mythischen Tradition des Tristanstoffes wie die Tendenz zur intertextuellen Verklammerung des Werkes mit den Hauptwerken des arthurischen Stoffkreises. Ein besonderer Effekt dieser Arthurisierung der *Tristan*-Thematik äußert sich nicht nur in der Übernahme zahlreicher Haupt- und Nebenfiguren der Artusepik (vor allem des *Lancelot*), sondern mehr noch in dem Versuch, den *Tristan* mit dem Bereich der Gralshistorie zu verklammern. Diese Tendenzen zwingen die Verfasser immer wieder zu Korrekturen und Harmonisierungen der literarischen Tradition, wie sie am stärksten in der Schlußpartie, aber auch in zahlreichen Detailabweichungen offensichtlich werden. So ist der *Tristan* durchaus nicht ein Produkt der literarischen Sammelwut, sondern stellt als unabhängiges, in sich abgeschlossenes Werk gemeinsam mit dem *Lancelot en prose* das reife Zeugnis der frühen französischen Romankunst dar: Dies äußert sich einmal in der souveränen Handhabung des *entrelacement*, einer Verflechtungstechnik, die es erlaubt, zahlreiche gleichzeitige Handlungsfolgen miteinander abzuwechseln und bei aller inneren Kohärenz immer wieder wechselseitig aufeinander zu beziehen. Zum anderen ist der besondere Realismus hervorzuheben, der nicht nur die detailgerechte Gestaltung der ritterlichen Welt betrifft, sondern vor allem auch die Darstellung und die Psychologie der handelnden Personen, die von genauer Beobachtung und mitunter sogar von Ironie bestimmt ist. Das Wunderbare, das durch Gestalten wie den Zauberer Merlin und die Fee Morgana, durch Riesenkämpfe und das Motiv des Liebestrankes immer noch vertreten ist, erweist sich gegenüber den klassischen Texten als reduziert, an die Stelle märchenhafter Elemente ist der rationale Umgang mit dem Stoff getreten. Auch das thematische Zentrum des Werkes, die Liebe, wird differenziert behandelt und löst sich aus den traditionellen Bahnen des *amour courtois*. Die zahlreichen eingelegten Chansons und Briefe sowie die lebhaften Dialoge galten im Spätmittelalter als vorbildlich: Noch Joachim du Bellay zählt zu den Liebhabern des Werkes.

Aufgrund seiner herausragenden literarischen Qualität übte der Roman – ähnlich wie die Romane *Lancelot* und *Perceforest* und später der *Amadís*-Roman – als *manuel de courtoisie* einen bedeutenderen Einfluß auf die außerliterarische Wirklichkeit aus als etwa die zu diesem Zwecke konzipierten Bücher Jacques Lalaings *(Livre des faits)* und Jeans de Bueil *(Le Jouvencel)*. Auch Kritiker des 20. Jh.s wie Bruce und Curtis haben den reichen Prosastil des Werkes immer wieder gelobt. Das Werk ist in etwa achtzig teils fragmentarischen Handschriften überliefert, die den Text in mehreren nach Umfang, Inhalt und Sprachgestalt stark voneinander abweichenden Fassungen wiedergeben, die Rückschlüsse auf die komplexe Entstehungsgeschichte zulassen. Eine frühere Kurzredaktion scheint demnach noch im ersten Viertel des 13. Jh.s zu dem monumentalen Werk ausgebaut worden zu sein. Teile beider Fassungen sind nach dem Verfahren der spätmittelalterlichen Sammelhandschriften in andere Romantexte übernommen und weiterbearbeitet worden, so daß sich Partien des Romans etwa in dem anonymen Postvulgata-*Roman dou Graal* des Pseudo-Robert de Boron finden. Eine lockere Verbindung besteht zwischen dem *Tristan* und den Prosaromanen *Meliadus de Leonois, Gyron le courtois* und dem nur fragmentarisch überlieferten *Palamedes*, die über die Taten der Rittergeneration vor Tristan und seinen Rivalen berichten; eine tatsächliche Zykluskonzeption wie im Falle des *Lancelot*-Gral-Zyklus scheint dabei indes nicht angestrebt gewesen zu sein. Später hat auch Sir Thomas MALORY bei der *Tale of Sir Tristram* auf das altfranzösische Werk zurückgegriffen. Portugiesische und spanische Bearbeitungen der Kurzfassung des Prosa-*Tristan (Libro del esforzado caballero don Tristan de Leonís)* zeugen ebenso von der langanhaltenden Popularität des Werkes wie die frühen Buchdrucke (seit 1489), die das Werk in die frühe Neuzeit gerettet haben und nach wie vor unsere Kenntnis des Textes wesentlich bestimmen: 1554 druckt Jan MAUGIN eine modernisierte Fassung des Textes, die im 16. und 17. Jh. weite Verbreitung findet und noch auf die Romane Madeleine SCUDÉRYS Einfluß nimmt. Noch 1788 und 1799 unternimmt es Graf TRESSAN, seine Leserschaft durch Auszüge und modernisierte Editionen mit der fernen Welt des *Tristan en prose* vertraut zu machen. Unter den späteren begeisterten Lesern ist Sir Walter SCOTT zu nennen. Hinzuweisen ist auf die sich von hier entfaltende Tradition der Tristandarstellungen in der Bildenden Kunst: Vor allem Präraffaeliten wie Burne Jones und Jugendstilkünstler wie A. Beardsley ließen sich durch die *Tristan*-Lektüre anregen. G.Wil.

AUSGABEN: Paris 1489. – Paris 1490. – Lyon 1514. – Paris 1554 [mod.; gek.]. – Paris 1799, Hg. Comte Tressan [mod.; Ausw.]. – Edinburgh/Ldn. 1942, Hg. F. C. Johnson. – Mchn. 1963, Hg. R. L. Curtis, Bd. 1 [krit.]. – Mchn. 1974 (*Le roman de Tristan en prose. Les lais...*, Hg. T. Fotitch u. R. Steiner). – Leiden 1976, Hg. R. L. Curtis, Bd. 2 [krit.]. – Paris 1976 (*Le roman de Tristan en prose. Les deux captivités de Tristan*, Hg. J. Blanchard). – Woodbridge 1985, Hg. R. L. Curtis, Bd. 3. – Genf 1987 ff., Hg. Ph. Ménard (krit.; TLF).

LITERATUR: E. Löseth, *Le roman en prose de Tristan. Le roman de Palamède et la compilation de Rusticien de Pise, analyse critique d'après les manuscrits de Paris*, Paris 1891. – G. Schoepperle, *Tristan and Isold, a Study of the Sources of the Romance*, Ffm./Ldn. 1913 [Nachdr. NY 1958]. – E. Vinaver, *Études sur le »Tristan en prose«*, Paris 1925. – G. Kröhl, *Die Entstehung des Prosaromans von Tristan und Isolde*, Göttingen 1930. – B. Panvini, *La leggende di Tristano e Isotta*, Florenz 1951. – E. Vinaver, *Un chevalier errant à la recherche du sens du monde* (in *Mélanges M. Delbouille*, Gembloux 1964, S. 677–686; ern. in E. V., *A la recherche d'une poétique médiévale*, Paris 1970, S. 163–177). – A. S. Fedrick, *The Love Potion in the French Prose Tristan* (in RPh, 21, 1967/68, S. 23–34). – Ders., *The Account of Tristan's Birth and Childhood in the French Prose Tristan* (in Rom, 89, 1968, S. 340–354). – F. Bogdanow, *Quelques remarques sur la composition du roman en prose de Tristan* (in *Mélanges offerts à R. Lejeune*, Gembloux 1969, S. 971–981). – J. Maillard, *Lais avec notation dans le »Tristan en prose«* (ebd., S. 1347–1364). – R. L. Curtis, *Tristan Studies*, Mchn. 1969. – E. Ruhe, *›A Johenne, ma dame et m'amie‹* (in RPh, 24, 1970/71, S. 259–272). – P. E. Bennett, *L'importance des fragments pour l'établissement des traditions manuscrites. Une étude du fragment du »Tristan« en prose d'Exeter* (in Rom, 95, 1974, S. 84–104). – J. Grisward, *Un schème narratif du »Tristan en prose«. Le mythe d'Œdipe* (in *Mélanges P. Le Gentil*, Paris 1973, S. 329–339). – T. Fotitch u. R. Steiner, *Les Lais du »Roman de Tristan en prose«*, Mchn. 1974. – E. Baumgartner, *Le »Tristan en prose«: Essai d'interprétation d'un roman médieval*, Genf 1976. – R. L. Curtis, *The Character of Iseut in the »Prose Tristan« (Parts I and II)* (in *Mélanges J. Lods*, Paris 1978, S. 173–182). – R. Lathuillère, *Le »Roman de Tristan en prose«* (in *Le roman jusqu'à la fin du XIIIe siècle*, Hg. J. Frappier u. R. R. Grimm, Heidelberg 1978, S. 601–609; GRLMA, 4, 1). – *Der altfranzösische Prosaroman. Funktionswandel und Ideologie am Beispiel des »Roman de Tristan en prose«*, Hg. E. Ruhe u. R. Schwaderer, Mchn. 1979. – R. L. Curtis, *Pour une édition définitive du »Tristan en prose«* (in Ccm, 24, 1981, S. 91–99). – D. Seidenspinner-Nuñez, *The Sense of an Ending: The Tristan Romance in Spain* (in Tristania, 7, 1982, S. 27–46). – R. L. Curtis, *Who Wrote the »Prose Tristan«?* (in Neoph, 67, 1983, S. 35–41). – L. Pemberton, *Authorial Interventions in the »Tristan en prose«* (in Neoph, 68, 1984, S. 481–497). – V. Østergaard Kristensen, *L'amour de Tristan et Iseut dans »Le Roman de Tristan en prose«* (in RRo, 20, 1985, S. 243–258). – L. Harf-Lancner, *L'eau magique et la femme-fée, le mythe fondateur du »Tristan en prose«* (in *L'eau au moyen âge*, Aix-en-Provence/Marseille 1985, S. 201–212). – Dies., *Le géant et la fée. L'utilisation d'un schéma folklorique dans le »Tristan en prose«* (in *Actes du 14e Congrès international Arthurien*, Rennes 1985, S. 302 bis 313). – A. D. Mikhaïlov, *Le héros dans la structure du roman de chevalerie. Parallélisme et symmétrie du »Roman de Tristan«* (ebd., S. 442–448). – Ch. C. Willard, *Codicological Observations on Some Manuscripts of the Complete Version of the Prose Tristan«* (ebd., S. 658–667). – E. Baumgartner, *Luce del Gat et Hélie de Boron* (in Rom, 105, 1985, S. 326–340). – J. H. Caulkins, *La ›joie‹ de Tristan dans le »Tristan en prose«* (in Rom, 106, 1985, S. 84–101). – Dies., *The Genealogy of the Prose Tristan and the Theme of a Debased Knighthood* (in *The Medieval Court in Europe*, Hg. E. R. Haymes, Mchn. 1986, S. 105–122). – R. L. Curtis, *Tristan ›Forsené‹. The Episode of the Hero's Madness in the »Prose-Tristan«* (in *The Changing Face of Arthurian Romance*, Hg. A. Dams, Cambridge 1986, S. 10–22). – J. Lubtchansky, *Contribution à la pathologie de la vie amoureuse. »Le roman de Tristan«* (in Revue française de psychanalyse, 50, 1986, S. 659–683). – C.-A. van Coolput, *Aventures querant et le sens du monde.*

Aspects de la réception productive des premiers romans du Graal cyclique dans le »Tristan en prose«, Löwen 1986. – E. Baumgartner, *Rois et chevaliers. Du »Lancelot en prose« au »Tristan en prose«* (in *Tristan et Iseut, mythe européen et mondial*, Hg. D. Buschinger, Göppingen 1987, S. 19–31). – A. Berthelot, *L'inflation rhétorique dans le »Tristan en prose«* (ebd., S. 32–41). – F. Bogdanow, *Un nouveau témoin de la »Queste post-Vulgate«. Version du »Tristan en prose« (Bibl. Bodmer, ms. 147)* (ebd., S. 59–74). – E. Baumgartner, *La ›première page‹ dans les manuscrits du »Tristan en prose«* (in *La présentation du livre*, Hg. dies. u. N. Boulestreau, Nanterre 1987, S. 51–63). – R. L. Curtis, *A Romance Within a Romance. The Place of the »Roman du Vallet a la Cote Maltailliee« in the »Prose Tristan«* (in *Studies in Medieval French Language and Literature*, Hg. S. Burch North, Genf 1988, S. 17–35). – E. J. Mickel jr., *The Ordeal of Chelynde in the »Tristan en prose«* (in ZfrPh, 105, 1989, S. 50–59).

LE ROMAN D'ÉNÉAS

(afrz.; *Der Äneasroman*). Höfischer Roman eines unbekannten Autors, entstanden um 1160. – Der Verfasser der etwa 10 000 Achtsilber umfassenden Vergil-Bearbeitung – die Zuschreibungen an MARIE DE FRANCE und BENOÎT DE SAINTE-MORE wurden wieder aufgegeben – folgt der Handlung des antiken Vorbilds ziemlich getreu, ändert nur hin und wieder die Reihenfolge einzelner Vorgänge, um der Chronologie zu entsprechen; so stellt er aus der Erzählung des Äneas in VERGILS zweitem Buch den Teil, der mit der Einnahme Trojas beginnt, ganz an den Anfang, schließt das aus OVID entnommene Urteil des Paris an, um Junos Feindschaft gegen die Trojaner zu begründen. Erst jetzt folgt der Seesturm, der bei Vergil die Handlung eröffnet. Wohl mit Rücksicht auf den Geschmack und das Verständnis seines Publikums hat der Autor die antike Mythologie auf die wichtigsten Götter (Venus, Juno) sowie die Unterweltsbeschreibung beschränkt, sie aber nicht so radikal beseitigt wie der Verfasser des *Thebenromans*. Szenen, die dem Mittelalter nichts bedeuteten, wie die Leichenspiele für Anchises, zweitrangige Personen und das ganze Vergilische Buch 3 (Irrfahrten des Äneas) hat er getilgt. Genaue Orts- und Zeitangaben, Beschreibungen von Waffen, Stoffen, Jagden, der Belagerungstechnik und der Zusammenstellung der Speisen machen die Erzählung klar und lebendig. Vom Geist des lateinischen Vorbilds blieb freilich in der altfranzösischen Fassung nichts erhalten; Äneas, in die mittelalterliche Welt transponiert, wird zum Helden eines Werks, das im Bereich des altfranzösischen Epos eine wichtige Mittlerrolle spielt: Zum Teil steht es noch deutlich in der Tradition der *chansons de geste*, deren Einfluß in den ausführlichen Schlachtenbeschreibungen sichtbar wird. Zum anderen weist es jedoch schon in vielem auf die höfische Literatur, insbesondere auf den von ihm deutlich geprägten CHRÉTIEN DE TROYES hin: Wie im höfischen Roman spielt im *Roman d'Énéas* die Liebe bereits eine schicksalhafte Rolle. Zwar ist der Kodex der höfischen Minne noch nicht voll entfaltet, wie die Darstellung der verlangenden und selbständig werbenden Dido beweist, doch wird die Liebe zwischen Lavinia und Äneas, die den Helden zu immer neuen Kämpfen und damit zur höchsten ritterlichen Selbstentfaltung befähigt, zum handlungstragenden Element. In den zahlreichen, von Ovids *Ars amatoria* und *Heroides* beeinflußten theoretischen Ausführungen über das Wesen der Minne deutet sich bereits an, daß die Liebe nun zum selbständigen und festgelegten Thema wird.

Neben seiner literarischen Bedeutung tritt die politische Rolle des Werks weniger deutlich hervor: Es entstand am Hofe und im Auftrag des Königshauses der Plantagenets – etwa gleichzeitig mit dem *Roman de Rou* von WACE – und steht in enger Beziehung zu einer Serie von normannischen Epen, mit denen das Haus der Plantagenets seinen Herrschaftsanspruch durch eine fiktive Abstammung von dem Trojaner Äneas legitimieren wollte.

W.Hk.

AUSGABEN: Halle 1891, Hg. J.-J. Salverda de Guevara. – Paris 1925–1931, 2 Bde., Hg. ders. (ern. 1983; CFMA). – Tübingen 1969, Hg. R. Baehr [Ausw.].

ÜBERSETZUNGEN: *Le Roman d'Énéas*, M. Schöler-Beinhauer, Mchn. 1972 [afrz.-dt.]. – Dass., M. Thiry-Stassin, Paris 1985 [neufrz.].

LITERATUR: E. Faral, *Ovide et quelques autres sources du »Roman d'Énéas«* (in Rom, 40, 1911, S. 161 bis 234). – A. Pauphilet, *»Énéas« et Énée* (in Rom, 55, 1929, S. 195–213). – E. Hoepffner, *L'»Énéas« et Wace* (in Archivum Romanicum, 15, 1931, S. 249–269; 16, 1932, S. 162–166). – Ders., *Marie de France et l'»Énéas«* (in Studi Medievali, N. S. 5, 1932, S. 272–308). – E. L. Fredrick, *The Date of the »Énéas«* (in PMLA, 50, 1935, S. 984–996). – A. Pauphilet, *Le legs du moyen-âge*, Paris 1950, S. 91–106. – A. Adler, *Énéas and Lavine. Puer et puella senes* (in RPh, 71, 1959, S. 73–91). – C. Minis, *Textkritische Studien über den »Énéas« u. die »Eneide« von Henric van Veldeke*, Groningen 1959. – A. Várvaro, *I nuovi valori del »Roman d'Énéas«* (in Filologia e Letteratura, 13, 1967, S. 113–141). – P. R. Gillo, *The Courtly Background in the »Roman d'Énéas«* (in NPhM, 69, 1968, S. 688–702). – H. C. R. Laurie, *»Énéas« and the Doctrine of Courtly Love* (in MLR, 64, 1969, S. 283–294). – Dies., *A New Look at the Marvellous in »Énéas«, and Its Influence* (in Rom, 91, 1970, S. 48–74). – R. J. Cormier, *The Present State of Studies on the »Roman d'Énéas«* (in CN, 31, 1971, S. 7–39). – G. Angeli, *L'»Énéas«*

e i primi romanzi volgari, Mailand 1971. – F. Rauhut, *Dezenz und Indezenz der Rede im Eneas-Roman und in der Altercatio Ganymedis et Helenae* (in *Fs. W. Giese*, Hbg. 1972, S. 429–440). – R. J. Cormier, *One Heart One Mind. The Rebirth of Vergil's Hero in Medieval French Romance*, Univ. of Mississippi 1973. – C. Minis, *Zur Formelsprache im »Roman d'Énéas« und in Veldekes »Eneide«* (in *Studien zur deutschen Literatur und Sprache des Mittelalters. Fs. f. Hugo Moser*, Bln. 1974, S. 31–40). – D. Poirion, *De l'»Énéide« à l'»Énéas«* (in Ccm, 19, 1976, S. 213–229). – E. Auerbach, *Camilla oder die Wiedergeburt des Erhabenen* (in *Der altfranzösische höfische Roman*, Hg. E. Köhler, Darmstadt 1978, S. 78–111; zuerst in E. A., *Literatursprache und Publikum*, Bern 1958, S. 135–162). – M. N. Lefay-Toury, *Énéas. Essai d'étude comparative* (in M. N. L.-T., *La tentation du suicide dans le roman français du XIIe siècle*, Paris 1979, S. 35–57). – K.-M. Talarico, *›Fundare domum‹. Medieval Descriptive Modes and the »Roman d'Énéas«* (in YFS, 61, 1981, S. 202–224). – A. Petit, *La reine Camille dans le »Roman d'Énéas«* (in LR, 36, 1982, S. 5–40). – D. J. Shirt, *The Dido Episode in »Énéas«* (in MAevum, 51, 1982, S. 3–17). – Ders., *Metaphor as a Structuring Device in the »Roman d'Énéas«* (in Reading Medieval Studies, 10, 1984, S. 91–108). – H. Kugler, *Lob der Stadt und Karthagos Aufbau* (in *Textsorten und literarische Gattungen*, Bln. 1983, S. 414–431). – M. A. Freeman, *The »Roman d'Énéas«. Implications of the ›Prologue‹* (in Medioevo romanzo, 8, 1983, S. 37–45). – M. Zink, *Héritage rhétorique et nouveauté littéraire dans le »Roman antique« en France au moyen âge. Remarques sur l'expression de l'amour dans le roman d'»Énéas«* (in Rom, 105, 1984, S. 248–269). – J. Huchet, *Le roman médiéval*, Paris 1984. – D. J. Blask, *Geschehen und Geschick im altfranzösischen Eneas-Roman*, Tübingen 1984. – S. G. Nichols, *Amourous Imitation. Bakhtin, Augustine, and »Le Roman d'Énéas«* (in *Romance. Generic Transformation from Chrétien de Troyes to Cervantes*, Hg. K. Brownlee u. M. Scordilis Brownlee, Hanover/Ldn. 1985, S. 47–73). – Chr. Marchello-Nizia, *De l'»Énéide« à l'»Énéas«* (in *Lectures médiévales de Virgile* (in Rom 1985, S. 251–266). – *Relire le »Roman d'Énéas«*, Hg. J. Dufournet, Paris 1985. – A. Petit, *De l'hypotexte à l'hypertexte. L'»Énéide« et le roman d'Énéas* (in Bien dire et bien apprendre, 4, 1986, S. 59–74). – R. J. Cormier, *La blessure d'Énée et la purification initiatique du héros* (ebd., 5, 1987, S. 47–55). – N. Margolis, *›Flamma‹, ›furor‹, and ›fol amors‹* (in RomR, 78, 1987, S. 131–147). – B. Nolan, *Ovid's »Heroides« Contextualized. Foolish Love and Legitimate Marriage in the »Roman d'Énéas«* (in Mediaevalia, 13, 1987, S. 157–187). – I. Kasten, *Herrschaft und Liebe. Zur Rolle und Darstellung des ›Helden‹ im »Roman d'Énéas« und in Veldekes »Eneasroman«* (in DVLG, 62, 1988, S. 227–245). – B. Kratz, *Die Pferde des Mesapus in Veldekes »Eneit« und im französischen »Roman d'Eneas«* (in ZfdA, 117, 1988, S. 97–104).

LA SEINTE RÉSURRECTION

(afrz.; *Die heilige Auferstehung*). Anonymes Dramenfragment in anglonormannischem Dialekt, entstanden wahrscheinlich im späten 12. Jh. – Das auch unter dem Namen *La résurrection du sauveur (Die Auferstehung des Erlösers)* bekannte Fragment ist in zwei Handschriften überliefert, von denen das Pariser Manuskript (P) 366 Zeilen, der Canterbury-Text (C) 522 Zeilen umfaßt. Trotz der unterschiedlichen Länge differieren die beiden Texte in den dargestellten Ereignissen nur unwesentlich. Wie in den frühen liturgischen Spielen steht das biblische Geschehen am Ostersonntag im Zentrum. Nach einem Prolog, der die Bühnendekoration erläutert, setzt die Handlung mit einer Szene zwischen Pilatus und Joseph von Arimathia ein. Joseph bittet um die Erlaubnis, den Leichnam Jesu beerdigen zu dürfen, doch Pilatus will erst volle Gewißheit über den Tod Christi haben. Der blinde Bettler Longinus erbietet sich, mit Schlägen auf den Leichnam des Gekreuzigten den Beweis für dessen Tod zu erbringen. Durch das Blut aus den Wunden Christi, das dabei über sein Gesicht strömt, wird er plötzlich sehend. Pilatus untersagt die Verbreitung dieses Wunders und läßt Longinus ins Gefängnis werfen. Er gestattet jedoch die Beerdigung des Gekreuzigten. Der jüdische Priester Caiphas verlangt von ihm Söldner zur Wache am Grabe. Er will verhindern, daß der Leichnam von den Jüngern geraubt und das Gerücht von Christi Auferstehung verbreitet wird. Mit der Aufstellung der Wachen bricht die Handschrift P ab, C enthält noch die Festnahme Josephs durch die Söldner, als er Jesu Leichnam in einen Mantel hüllen will.

Der Verfasser des Spiels benutzte neben den Texten der *Evangelien* auch Legenden und apokryphe Schriften, die er originell und einfallsreich zu verknüpfen verstand. Besondere Merkmale des Fragments sind die ernsthafte Darstellung und ein archaisch anmutender Hang zur Stilisierung der Figuren und ihrer Sprechweise. Merkwürdig und in der Forschung umstritten ist die häufige Unterbrechung des dramatischen Dialogs durch erzählende, im gleichen Versmaß gehaltene Einschübe, die die eigentliche Handlung schärfer präzisieren. Man war lange im Zweifel, ob es sich bei diesen erzählenden Partien um Bühnenanweisungen (Didaskalien) handelte, die von einem *meneur de jeu* (Spielleiter) gesprochen oder aber auch ausgelassen werden konnten, oder um Erläuterungen, die dem Leser des Stücks das Geschehen optisch besser vorstellbar machen sollten. Heute neigt man eher der zweiten These zu.

Die große literar- und theatergeschichtliche Bedeutung des Fragments beruht in seinem Prolog, dessen Bühnenanweisungen neben ähnlichen Erläuterungen in dem etwas früheren *Adamsspiel* (vgl. *Adam*) eine der wichtigsten Quellen für die Kenntnis der mittelalterlichen Simultanbühne darstellen.

In der Anordnung der einzelnen Szenenbilder und Dekorationsteile unterschied sich demnach die Inszenierung nicht grundsätzlich von den späteren großen Mysterienaufführungen, nur war der Aufwand bescheidener: So stehen etwa den dreizehn *»lieux«* oder *»mansions«* des Auferstehungsspiels die 70 Szenenbilder der berühmten Passionsaufführung in Mons im Jahre 1501 gegenüber. Die Aufführung des Auferstehungsspiels setzte eine erhöhte Bühne voraus, die man wahrscheinlich vor dem Kirchenportal, möglicherweise aber bereits auf einem öffentlichen Platz errichtet hatte. Wegen dieser räumlichen Loslösung aus dem Kirchenschiff sowie der durchgehenden Verwendung der Volkssprache (das Auferstehungsfragment ist das erste in französischer Sprache überlieferte Osterspiel; noch im *Ludus Paschalis [Osterspiel] von Origny-Sainte-Benoîte* alternieren französische und lateinische Partien) wird das Fragment den sogenannten halbliturgischen Spielen (12. Jh. – 1400) zugeordnet, die den Übergang zwischen liturgischen Spielen (10.–12. Jh.) und Mysterienspielen (14.–16. Jh.) bilden.
Seit dem 14. Jh. wandte sich das Interesse der Zuschauer von der Auferstehung, dem theologischen Kern der liturgischen Spiele, ab und dem irdischen Leben Christi, vor allem aber seinem Leiden zu, dessen Darstellung dem realistischen Zug des späten Mittelalters entgegenkam.
Das Auferstehungsgeschehen bildete meist nur noch den Abschluß der großen Passionsmysterien wie im Vierten Tag der *Passion de Paris* von Arnoul Gréban, der jedoch auch isoliert aufgeführt und ediert wurde. So sind nach dem frühen anglonormannischen Fragment nur noch zwei unabhängige Auferstehungsspiele überliefert:

1. La résurrection de Notre-Seigneur *(Die Auferstehung unseres Herrn)*, 14. Jh., aus der Sammelhandschrift der Bibliothek Sainte-Geneviève in Paris, die wie das Passionsspiel derselben Handschrift *(Passion de Sainte-Geneviève)* heute nicht mehr als Teil eines Zyklus aufgefaßt wird. Man nimmt demgegenüber an, daß beide Spiele für unabhängige Aufführungen bestimmt waren. Nach einer einleitenden Predigt, nach Schöpfung und Sündenfall geht das 1746 Verse umfassende Auferstehungsspiel ganz unvermittelt zur Aufstellung der Wachen am Grabe Christi über. Es folgt eine Höllenszene, in der Gestalten des *Alten Testaments* um Erleichterung ihrer Qualen flehen. Sie werden von Christus unter lautem Protest der Teufel befreit. Die Klagen der drei Marien und die traditionelle Krämerszene schließen sich an. Christi Auferstehung wird durch das leere Grab, dessen Entdekkung eine wilde Prügelszene unter den Wächtern auslöst, und seine Erscheinungen vor Maria Magdalena und den anderen Marien bezeugt. – Einzig die Höllen- und die Wächterszene durchbrechen den Ernst des Spiels, der aus der engen Anlehnung an liturgische Vorbilder resultiert. Ungewöhnlich sind der plötzliche Übergang vom Sündenfall zur Aufstellung der Wachen am Grabe, die ausdrückliche Betonung der Erlösungsdoktrin und die Lehre von der Erschaffung des Menschen als Ersatz für Luzifer und die gefallenen Engel. J. G. WRIGHT stellte einen Einfluß des Gralsromans auf diese Argumentation des Spiels fest.

2. La résurrection de Nostre Seigneur Jésu-christ *(Die Auferstehung unseres Herrn Jesus Christus)*, aufgeführt 1456, in Anlehnung an den ersten Herausgeber VÉRARD (vor 1499) lange Zeit fälschlich Jean MICHEL (um 1435–1501), dem Verfasser der *Passion d'Angers*, zugeschrieben. Seit der Untersuchung von MACON (1898) gilt es jedoch als Werk von JEAN DU PRIER († nach 1480), dem Kammerdiener und Hofdramatiker von René dem Guten von Anjou, der auch als Verfasser des Apostelmysteriums zur Diskussion steht (vgl. *Le triumphant mystère des Actes des Apôtres*). – Das Auferstehungsmysterium, das 1456 vor René von Anjou *»triumphanment«* aufgeführt wurde, umfaßt rund 20 000 Verse und ist in drei Tage eingeteilt. Der erste Tag enthält die Geschehnisse von Christi Tod bis zur Krämerszene, der zweite Auferstehung und Erscheinungen Christi, der dritte seine Erläuterungen der Gebote und Sakramente den Jüngern gegenüber, Himmelfahrt, Ausgießung des Heiligen Geistes und Beginn der Missionstätigkeit der Apostel. Du Priers Auferstehungsdrama zeigt typische Züge der spätmittelalterlichen Mysterienspiele, so neben der Betonung des Leidens der Jungfrau Maria und den ausführlichen didaktischen Partien vor allem im Überhandnehmen der *diableries* (Teufelsszenen) oder dem Einfügen weiterer komischer Szenen: In den handfesten Trinkszenen zwischen dem blinden Bettler Galleboys und seinem Diener Sauldret verbindet sich der spätmittelalterliche Hang zur Stil- und Gattungsmischung mit der Freude am realistischen Detail. Der spürbare Mangel an künstlerischem Maß, der sich hier wie in den übrigen zeitgenössischen Dramen vor allem in szenischer Breite und Weitschweifigkeit dokumentiert, sollte neben dem Eindringen weltlicher Züge wesentlich zum Verfall der geistlichen Spiele beitragen. H.Ei.

Zu *La seinte résurrection*:
AUSGABEN: Paris 1834, Hg. A. Jubinal. – Paris 1931, Hg. J. G. Wright (CFMA). – Oxford 1943, Hg. T. A. Jenkins u. a.

LITERATUR: P. Paris, *Manuscrits français de la bibliothèque du roi*, Bd. 7, Paris 1848, S. 260. – J. Petit de Julleville, *Histoire du théâtre en France. Les mystères*, Paris 1880, Bd. 1, S. 91–95; Bd. 2, S. 220/221. – E. K. Chambers, *The Mediaeval Stage*, Oxford 1903. – W. Creizenach, *Geschichte des neueren Dramas*, Halle [2]1911. – N. C. Brooks, *The Sepulchre of Christ in Art and Liturgy*, Urbana 1921. – G. Cohen, *Le théâtre en France au moyen âge*, Bd. 1, Paris 1928, S. 22 ff. – E. Mâle, *L'art religieux du 12e siècle en France*, Paris [3]1928. – O. Cargill, *Drama and Liturgy*, NY 1930. – K. Young, *The Drama of the Medieval Church*, Oxford 1933. – J. G. Wright, *A*

Study of the Themes of the Resurrection in the Mediaeval French Drama, Bryn Mawr 1935. – E. Walberg, *Quelques aspects de la littérature anglo-normande*, Paris 1936. – G. Frank, *The Medieval French Drama*, Oxford 1954, S. 86–92. – H. Rey-Flaud, *Le cercle magique. Essai sur le théâtre en rond à la fin du moyen âge*, Paris 1973. – G. Wickham, *The Medieval Theatre*, Ldn. 1974. – R. Warning, *Funktion und Struktur. Die Ambivalenzen des geistlichen Spiels*, Mchn. 1974. – E. Konigson, *L'espace théâtral médiéval*, Paris 1975. – *The Theatre in the Middle Ages*, Hg. H. Braet u. a., Löwen 1985.

Zu *La résurrection de Notre-Seigneur*:
AUSGABE: Paris 1837, Hg. A. Jubinal (in *Mystères inédits du 15e siècle ... d'après le MS. unique de la Bibliothèque Ste-Geneviève*).

Zu *La résurrection de Nostre Seigneur Jésuchrist*:
AUSGABE: Paris o. J. [vor 1499], Hg. A. Vérard.

LA VIE DE SAINT ALEXIS

(afrz.; *Das Leben des hl. Alexius; Alexiuslied*). Anonyme Heiligenlegende aus dem 11. Jh., in 125 assonierenden Zehnsilberstrophen zu je fünf Versen. – Alexius, der einzige Sohn des römischen Grafen Euphémien, wird mit einer Grafentochter verheiratet, verläßt aber noch in der Hochzeitsnacht seine junge Frau, um sein Leben Gott zu weihen. Er geht nach Kleinasien, verschenkt sein gesamtes Vermögen und zieht unerkannt als Bettler umher. Siebzehn Jahre lang bleibt er in Alsis (Edessa), bis dort eine von Engeln geschaffene Marienstatue seinen heiligen Lebenswandel verkündet. Nun beschließt er, über Lalice (Laodicäa) nach Tarsus zu reisen, landet jedoch versehentlich in Rom, wo er, unerkannt, als Bettler in seinem Elternhaus Aufnahme findet. In seiner unerschütterlichen Gottergebenheit kennt er kein Mitleid mit seinen um ihn trauernden Angehörigen. Nach weiteren siebzehn Jahren schreibt er, den Tod vor Augen, seine Lebensgeschichte auf ein Pergament. Im Augenblick seines Todes verkündet eine himmlische Stimme Papst Innozenz und den Kaisern Honorius und Arcadius Alexius' Heiligkeit; als diese ihn darauf im Hause des Euphémien suchen, beweist ihnen das Pergament, wer der verstorbene Bettler in Wirklichkeit war. Das Volk von Rom verehrt den wundertätigen Leichnam des Heiligen, dessen Seele in den Himmel eingegangen ist.

Die Legende vom hl. Alexius, der in der vorliegenden Fassung als Römer bezeichnet wird, ist syrischen Ursprungs und läßt sich bis ins 5. Jh. zurückverfolgen. Ins Griechische übersetzt, wurden ihr im 9. Jh. in Konstantinopel Teile einer anderen Heiligenvita beigegeben. Von hier aus gelangte sie über eine lateinische Übersetzung in die meisten europäischen Literaturen. Das altfranzösische Gedicht, die erste vulgärsprachliche Bearbeitung der lateinischen Vita, zeichnet sich durch die kunstvolle Verwendung der fünfzeiligen Strophe aus. Die Tendenz, das Pathos des Vorgetragenen durch Wiederholungen zu verstärken, zeigt den dichterischen Anspruch des Autors. Die vermutlich älteste Handschrift aus dem 12. Jh. entstand in England und befindet sich jetzt in Hildesheim. Daneben existieren zwei weitere Handschriften aus dem 12. Jh., die jeweils abweichende Versionen der Legende bieten. Die Deutung und Bewertung dieser Abweichungen in Sprache, Strophenanordnung und Inhalt hat zu einer interessanten Kontroverse zwischen H. SCKOMMODAU und H. LAUSBERG geführt. Drei weitere französische Bearbeitungen des *Alexiusliedes* sind überliefert, von denen die erste in assonierenden Laissen (13. Jh.), die zweite in Reimlaissen (Ende des 13. oder Anfang des 14. Jh.s), die dritte in vierzeiligen Alexandrinerstrophen (14. Jh.) abgefaßt ist. KLL

AUSGABEN: Paris 1872, Hg. G. Paris u. L. Pannier [m. Einl., Anm. u. Glossar]; ern. 1903. – Paris 1908, Hg. G. Paris u. M. Roques [krit.]; [7]1933. – Paris 1933, Hg. J.-M. Meunier. – Tübingen [3]1958 (*Sankt Alexius*, Hg. G. Rohlfs; [4]1963). – Genf/Paris 1968 [Einl., Anm. u. Glossar Ch. Storey]. – Tübingen 1974, Hg. Ch. E. Stebbins [krit.].

ÜBERSETZUNG: *Das Leben des Heiligen Alexius*, K. Berns, Mchn. 1968.

LITERATUR: F. Addonizzo, *La leggenda di S. Alessio nella letteratura e nell'arte*, Neapel 1930. – E. R. Curtius, *Zur Interpretation des Alexiusliedes* (in ZRPh, 56, 1936, S. 113–136). – H. Sckommodau, *Zum altfranzösischen Alexiuslied* (in ZfrPh, 70, 1954, S. 161–203). – H. Lausberg, *Zur altfranzösischen Metrik* (in ASSL, 191, 1955, S. 183–217; 285–320). – Ders., *Das Proömium (Strophen 1–3) des altfranzösischen »Alexiusliedes«* (ebd., 192, 1955, S. 33–58). –H. Sckommodau, *Alexius in Liturgie, Malerei und Dichtung* (in ZfrPh, 72, 1956, S. 165–194). – H. Lausberg, *Zum altfranzösischen »Alexiuslied«* (in ASSL, 194, 1957, S. 138–180). – Ders., *Kann dem altfranzösischen »Alexiuslied« ein Bilderzyklus zugrunde liegen?* (ebd., 195, 1958, S. 141–144). – H. Sckommodau, *»Das Alexiuslied«. Die Datierungsfrage u. das Problem der Askese* (in *Medium Aevum Romanicum. Fs. für H. Rheinfelder*, Mchn. 1963, S. 298–324). – H. Stimm, *Zur Sprache der Hs. V. des »Alexiusliedes«* (ebd., S. 325–338). –P. R. Vincent, *The Dramatic Aspect of the Old-French »Vie de saint Alexis«* (in StPh, 60, 1963, S. 525–541). – M. Sprissler, *Das rhythmische Gedicht »Pater Deus ingenite« und das altfranzösische »Saint Alexis«*, Münster 1966. – K. D. Uitty, *The Old French »Vie de Saint Alexis«* (in RPh, 20, 1966/67, S. 263–295). – K. Gierden, *Das afrz. »Alexiuslied« nach der Handschrift L*, Meisenheim a. Gl. 1967. – R. Baehr, *Das »Alexiuslied« als Vor-*

tragsdichtung (in *Serta Romanica. Fs. für G. Rohlfs zum 75. Geburtstag*, Hg. W. Th. Elwert, H. Lausberg u. ders., Tübingen 1968, S. 175–199). – K. D. Uitty, *Recent »Alexis« Studies from Germany* (in RPh, 24, 1970/71, S. 128–137). – Ch. E. Stebbins, *The Oxford Version of the »Saint Alexis«* (in Rom, 92, 1971, S. 1–36). – L. Gnädinger, *Zur »Cançun de saint Alexis«* (in L. G., *Eremitica. Studien zur altfranzösischen Heiligenvita des 12. u. 13. Jh.s*, Tübingen 1972, S. 1–90). – C. Tintignac, *Le thème de renoncement dans la vie de Saint Alexis et sa permanence dans les lettres françaises*, Paris 1973. – D. L. Maddox, *Pilgrimage Narrative and Meaning in Manuscripts L and A of the »Vie de Saint Alexis«* (in RPh, 27, 1973/74, S. 143–157). – Ch. E. Stebbins, *Les origines de la légende de Saint Alexis* (in Rbph, 51, 1973, S. 497–507). – Ders., *Les grandes versions de la Légende de Saint Alexis* (ebd., 53, 1975, S. 679–695). – P. Remy, *La strophe CXV de la »Vie de Saint Alexis«* (in *Actes du XIIIe Congrès international de linguistique et philologie romanes*, Hg. M. Boudreault u. F. Möhren, Univ. Laval/Québec 1976, S. 735–749). – H. Sckommodau, *Zur Ausstrahlung des »Alexiusliedes«* (in *Philologica Romanica*, Hg. M. Bambeck u. H. H. Christmann, Mchn. 1975, S. 341–348). – U. Mölk, *Das Offizium des hl. Alexius nach französischen Brevierhandschriften des 11.–12. Jh.s* (in *Lebendige Romania*, Hg. A. Barrera-Vidal u. a., Göppingen 1976, S. 231–244). – U. Mölk, *Bemerkungen zu den französischen Prosatexten im Albanipsalter* (in ZfrzSp, 87, 1977, S. 289–303). – B. Schmolke-Hasselmann, *Ring, Schwert und Gürtel im Albanipsalter* (ebd., S. 304–313). – Ch. E. Stebbins, *A Defense of Saint Alexis' »Imitatio Christi« in the Fourteenth Century Old French Poem Version of the »Vie de Saint Alexis«* (in RLV, 43, 1977, S. 30–340). – J. Rychner, *La »Vie de Saint Alexis« et le poème »Pater Deus ingenite«* (in VRo, 36, 1977, S. 67–83). – E. B. Vitz, *»La vie de Saint Alexis«* (in PMLA, 93, 1978, S. 396–408). – J.-P. Perrot, *Le cœur d'un saint. Un motif hagiographique. A propos du v. 446 de la »Vie de Saint Alexis«* (in Rom, 99, 1978, SW. 238–246). – C. J. Odenkirchen, *The Life of Saint Alexis*, Leiden 1978. – U. Mölk, *La »Chanson de saint Alexis« et le culte du saint en France aux XIe et XIIe siècles* (in Ccm, 21, 1978, S. 339–355). – Ch. E. Stebbins, *Une étude comparative de trois grandes versions en vers de la »Vie de saint Alexis« conservées en vieux français* (in RLaR, 1978, S. 379–403). – G. Mermier, *La »Vie de Saint Alexis«. Ses sources bibliques* (in Studi mediolatini e volgari, 26, 1978/79, S. 161–178). – R. Strecke, *Zur geschichtlichen Bedeutung des altfranzösischen »Alexiusliedes«*, Ffm. u. a. 1979. – U. Mölk, *Saint Alexis et son épouse dans la légende latine et la première chanson française* (in *Love and Marriage in the Twelfth Century*, Hg. W. Van Hoecke u. A. Welkenhuysen, Löwen 1981, S. 162–170). – U. Schöning, *›Electio‹ oder ›imitatio‹? Bemerkungen zum »Alexiuslied« (HsL)* (in ZfrzSp, 92, 1982, S. 233–242). – K. M. Boklund-Lagopoulou, *The »Life of Saint Alexius«* (in Semiotica, 49, 1984, S. 243–281). – A. G. Elliott, *The »Vie de Saint Alexis« in the Twelfth and Thirteenth Centuries*, Chapel Hill 1984. – G. Contini, *La »Vita« francese »di Sant' Alessio« e l'arte di publicare i testi antichi* (in G. C., *Breviario di ecdotica*, Mailand/Neapel 1986, S. 67–97). – Ders., *Scavi alessiani* (ebd., S. 99–134). – N. V. Durling, *Hagiography and Lineage. The Example of the Old French »Vie de Saint Alexis«* (in RPh, 40, 1986/87, S. 451 bis 469). – L. Cooper, *The Old French »Life of Saint Alexis« and the Shroud of Turin* (in MPh, 84, 1986/87, S. 1–17). – J. T. Chiampi, *The »Vie de Saint Alexis« and the Weight of Paternity* (in Romance Quarterly, 34, 1987, S. 131–140). – Chr. Storey, *Bibliographie critique de la »Vie de Saint Alexis«*, Genf 1987.

VIE DE SAINT GRÉGOIRE

(afrz.; *Leben des heiligen Gregor*). Das vielfach auch mit dem Titel *Légende de saint Grégoire* bezeichnete Werk stammt aus dem 12. Jh. In 2700 Achtsilbern erzählt es vom Leben einer legendären Papstfigur. – Gregor, der der inzestuösen Verbindung eines Geschwisterpaars aus einem aquitanischen Fürstengeschlecht entstammt, wird noch in der Nacht seiner Geburt ausgesetzt. Das Kind findet Zuflucht in einer Abtei, wo man es später über seine Herkunft aufklärt. Als Ritter zieht Gregor aus, um Näheres zu erfahren, dabei erreicht er das Land seiner Mutter und heiratet sie, ohne sie zu erkennen. Als sein Frevel an den Tag kommt, geht Gregor als Eremit auf eine Insel, wo er an einen Felsen gekettet nur von Wasser lebt. Nach 17 Jahren ertönt vor den in Rom zur Papstwahl versammelten Bischöfen eine göttliche Stimme, die Gregor für den würdigsten Nachfolger Petri erklärt. Er wird aus seinen Ketten befreit und zum Papst gewählt. Seine Mutter und spätere Frau kommt in Reue zu ihm, erkennt ihn aber nicht. Beide führen bis an ihr Ende ein beispielhaftes Leben.

In der Legende sind Elemente aus der Ödipussage mit Anklängen an die *Vie de saint Alexis* (jahrelange Buße, göttliche Stimme) vereint. Der Autor zeichnet ein anschauliches Zeitbild aus der Blüte des Rittertums, ohne dabei sein zentrales Anliegen, die exemplarische Darstellung des reuigen Sünders aus dem Auge zu verlieren. – Das Werk ist in sechs Manuskripten überliefert. Da kein Hinweis auf eine Übersetzung aus dem Lateinischen deutet, muß das verlorengegangene Original schon volkssprachlich gewesen sein. Wegen ihrer zahlreichen romanesken Elemente wurde die Legende auch über den französischen Sprachbereich hinaus bekannt. Eine deutsche Übersetzung stammt von HARTMANN VON AUE *(Gregorius auf dem Steine)*. Die Legende fand Eingang in die *Gesta Romanorum*, eine lateinische Anekdotensammlung des

14. Jh.s. In jüngster Zeit diente sie Th. MANN als Vorwurf für seinen Roman *Der Erwählte* (1951).

W.Hk.

AUSGABE: Münster/Paris 1933 (*Die altfranzösische Gregoriuslegende*, Hg. G. Telger).

LITERATUR: C. G. Allen, *The Relation of the German »Gregorius auf dem Steine« to the Old French Poem »La vie de saint Grégoire«* (in *J. E. Matzke Memorial Volume*, Stanford 1911, S. 49–56). – M. Roques, *Sur deux particularités métriques de la »Vie de saint Grégoire« en ancien français* (in Rom, 48, 1922, S. 41–61). – H. P. Sol, *Huit versions françaises médiévales de la légende du bon pêcheur*, Amsterdam 1977. – B. Herlem-Prey, *Le »Gregorius« et »La vie de Saint Grégoire«*, Göppingen 1979. – M. Huby, *Le problème de la faute dans »Gregorius« et la »Vie de Saint Grégoire«* (in Études germaniques, 41, 1986, S. 451–464). – E. Burgio, *Note per l'edizione della »Vie de Saint Grégoire«* (in Annali de Cà Foscari, 25, 1986, Nr. 2, S. 5–78). – U. Mölk, *Über die altfranzösische Gregoriuslegende* (in *Formen innerliterarischer Rezeption*, Hg. W. Floeck u. a., Wiesbaden 1987, S. 91–98). – A. Guerreau-Jalabert, *Grégoire ou le double inceste* (in *Réception et identification du conte depuis le moyen âge*, Hg. M. Zink u. X. Ravier, Univ. de Toulouse-Le-Mirail 1987, S. 21–38). – Dies., *Inceste et sainteté. La »Vie de Saint Grégoire« en français (XIIe siècle)* (in Annales, 43, 1988, S. 1291–1319). – D. Rocher, *Le ›saintisme engendrement‹ de Grégoire* (in *La littérature d'inspiration religieuse*, Hg. D. Buschinger, Göppingen 1988, S. 142–156). – D. Rocher, *Das Motiv der ›felix culpa‹ und des betrogenen Teufels in der »Vie du pape Grégoire« und in Hartmanns »Gregorius«* (in GRM, 59, 1988, S. 57–66). – O. Sandqvist, *»La vie Saint Grégoire«. Poème normand du XIVe siècle*, Lund 1989. – B. Herlem-Prey, *Schuld oder Nichtschuld, das ist oft die Frage. Kritisches zur Diskussion der Schuld in Hartmanns »Gregorius« und in der »Vie du Pape Saint Grégoire«* (in GRM, 70, 1989, S. 3–25).

LE VOYAGE DE SAINT BRENDAN

(afrz.; *Die Reise des hl. Brendan*). Christliche Jenseitsvision in anglonormannischem Dialekt, vermutlich um 1120/21 entstanden. – Der Verfasser, ein nicht näher bekannter Benediktinermönch namens BENOÎT (ältere Form Benedeit), widmete sein Werk ursprünglich der aus schottischem Adelsgeschlecht stammenden Königin Matilda (1080–1118), der ersten Frau des englischen Königs Heinrich I. (1068–1135). Nach ihrem Tod wurde die Widmung offensichtlich auf Heinrichs zweite Frau, die im Prolog der meisten Handschriften genannte »Donna Aaliz«, Adeliza von Löwen († um 1151), übertragen, die der Sohn Wilhelms des Eroberers 1121 geehelicht hat (Ritchie).

Im Mittelpunkt der phantastischen Seefahrergeschichte, der ältesten Jenseitsvision in französischer Sprache, die allgemein als das erste Zeugnis für das Eindringen keltischen Sagengutes in die altfranzösische Literatur angesehen wird, stehen die Gestalt des heiligen Brendan (oder Brandan), Abt von Clonfert (um 480 – um 576), und seine legendären Missionsreisen zu den schottischen Inseln. – Gegen Ende seines Lebens bittet der irische Heilige Gott, ihn vor seinem Tod die Hölle und das Paradies schauen zu lassen. Von dem Einsiedler Barintus auf eine ferne Paradiesinsel hingewiesen, macht sich Brendan mit vierzehn Gefährten auf die siebenjährige Seereise, die sie zu einer Reihe wundersamer Inseln führt. Drei Mönchen, die sich ihm ungebeten anschließen, prophezeit er ihren frühzeitigen Tod. Nach einem kurzen Aufenthalt in dem kostbar ausgestatteten Schloß einer unbewohnten Insel, aus dem einer der Mönche einen goldenen Becher entwendet, gelangen die kühnen Seefahrer zur Schafinsel, am Gründonnerstag zur Osterinsel, die sich als der Rücken des sagenumwobenen Fisches Jasconius herausstellt, und schließlich zur Vogelinsel, auf der die gefallenen Engel zu weißen Vögeln verwandelt Gottes Lob verkünden. Unterwegs sind die Seefahrer wiederholt harten Prüfungen ausgesetzt. Aber die göttliche Vorsehung, zu deren Sprecher sich der Heilige macht, wendet alle Gefahren zum Guten. Sie beschützt die kleinmütigen und verzagten Abenteurer, als sie Zeugen eines gigantischen Kampfes zweier Seeungeheuer werden und der Höllenschmied die See in ein riesiges Flammenmeer verwandelt. Auf der Weiterfahrt begegnen sie dem reumütigen Judas auf einem Felsen im Meer. Sein beklagenswertes Schicksal verleitet Brendan für Augenblicke zu unorthodoxem »menschlichem« Mitleid, das nach EBEL einen *»impliziten Zweifel an der göttlichen Gerechtigkeit und Güte enthält«*. Nach der Begegnung mit dem Eremiten Paul, der ihnen das bevorstehende Ende ihrer Reise verheißt, gelangen Brendan und seine Gefährten nach weiteren vierzig Tagen an die Pforten des Paradieses. Von einem jünglingshaften Engel werden sie in den Vorgarten geleitet. Der Zutritt zu dem Inneren des Paradieses bleibt ihnen jedoch verwehrt. Die Vision schließt mit der Rückkehr und dem Tod des Heiligen.

Als Vorlage hat dem anglonormannischen Dichter eine im Gebiet von Lothringen entstandene anonyme lateinische *Navigatio sancti Brendani (Brendans Meerfahrt)* aus der ersten Hälfte des 10. Jh.s gedient (vgl. Selmer), welche im Mittelalter eine ungewöhnliche Popularität erlangt hat (120 Hss.) und darüber hinaus zu einer anonymen altfranzösischen Prosaübersetzung sowie zu einer Versbearbeitung Anlaß gegeben hat, die in dem 1246 entstandenen didaktischen Epos *Image du monde (Das Bild der Welt)* von GOSSOUIN DE METZ enthalten ist. Im Unterschied zu der parallel überlieferten, stärker legendenhaften *Vita sancti Brendani (Das*

Leben des heiligen Brendan) ist das lateinische Prosawerk, in dem sich christliche Legendenmotive und klassische Reminiszenzen an die Irrfahrten des Odysseus und des Aeneas mit der heidnisch-volkstümlichen Mythenwelt einer seit dem 6. Jh. in Irland lebendigen Tradition keltischer Schiffermärchen, der sog. *imrama* (Umherrudern), vermischen, seines romanhaft-weltlichen Charakters wegen von der orthodoxen Kirche jedoch nicht als authentisches Heiligendokument anerkannt worden. Bereits aus dem 13. Jh. datiert eine lateinische Verssatire eines unbekannten Klerikers auf den fabulösen Inhalt des Werkes. Wenig später verwarf Vincent de Beauvais die Seefahrergeschichte als *»apokryphes Phantasiegebilde«*. Die Bollandisten schlossen sich seinem Urteil an und verweigerten die Aufnahme des Werkes in die von ihnen erstellte Heiligen-Enzyklopädie. Ältere Geschichtsschreiber waren dagegen noch bis in das Zeitalter der Entdeckungen von dem Wahrheitsgehalt des Gedichts überzeugt und führten die Inseln – ungeachtet ihrer *»fremdartigen Topographie«* (Renan) – sogar in Kosmographien und Seekarten auf.
Bei aller Unabhängigkeit gegenüber seiner Vorlage hat der anglonormannische Dichter, dem verschiedentlich auch ein älteres, aber nicht erhaltenes lateinisches Gedicht über den heiligen Brendan zugeschrieben wird (vgl. Legge), die bezaubernde Mischung aus keltisch-märchenhafter Phantastik und christlichem Wunder- und Jenseitsglauben beibehalten. Seeschlangen und Greife verweisen noch deutlich auf den keltischen Ursprung. Die Gestalt des Eremiten und seine wundersame Speisung, die Zahlensymbolik und die Gestalt des heiligen Brendan, der gelegentlich Christuszüge verliehen werden, entstammen dagegen christlicher Legendentradition. In den meisten Fällen hat der christlich-typologische Bedeutungsgehalt die heidnischen Motive jedoch vollständig überlagert. Zwei zentrale Motive des Werks, das aus der bukolischen Tradition stammende Schafmotiv und das bis in die orientalische Märchenwelt von Sindbads Seefahrten zurückreichende Motiv vom verzauberten Fisch, die beide zu Symbolen Christi umgedeutet sind, zeigen dies deutlich. Der anglonormannische Dichter hat darüber hinaus den erbaulichen Charakter seiner Vorlage durch Kürzungen bzw. Auslassung von Episoden (Traubeninsel, Insel der Chöre) betont sowie durch die ausführliche Beschreibung des Paradieses, in welche biblische Reminiszenzen aus der *Genesis*, dem *Exodus*, der *Apokalypse* und Motive des spätlateinischen Dichters Claudianus Mamertus eingeflossen sind. Die wichtigste Änderung gegenüber der lateinischen Quelle ist jedoch die unterschiedliche Motivation der Seereise. Denn während in der lateinischen Version *»analog zum klassischen Vorbild der Odyssee«* (Ebel) die Neugier am Abenteuer die einzelnen Episoden miteinander verknüpft, hat Benoît die Meerfahrt als christliche Pilgerreise gedeutet und in dem zwanglosen Wechsel von Prüfungen und wunderbarer Rettung die Stationen eines stufenweisen Läuterungsprozesses dargestellt, der die Pilger zu immer größerer religiöser Vollkommenheit führt.
Trotz dieser zahlreichen moralisierend-didaktischen Züge und der an den kirchlichen Hymnengesang erinnernden äußeren Form ist das 1840 Verse umfassende Werk jedoch nicht der Gattung der Legende zuzurechnen und auch nicht zum Vortrag vor der christlichen Gemeinde bestimmt gewesen. Der Verzicht auf die in der Vorlage enthaltenen liturgischen Versikel, die Vorliebe des Verfassers für realistische Details und kostbare Gegenstände, die nachdrückliche Betonung der königlichen Herkunft des Heiligen, vor allem aber das romanhafte Seefahrermotiv sprechen dafür, daß das Werk eher für ein Laienpublikum, möglicherweise sogar für eine höfisch-aristokratische Zuhörerschaft gedacht war. Die Wirkungsgeschichte des Werkes bestätigt diesen Sachverhalt. Denn außer einer lateinischen Prosa- und Versübersetzung aus dem 13. Jh. (vgl. E. G. R. Waters) und einer anonymen pikardischen Bearbeitung (vor 1267), in der die ungewöhnlich zahlreichen weiblichen Verszeilen durch die Hinzufügung einer achten Silbe metrisch geglättet wurden (vgl. Auracher), hat das Werk besonders in der erzählenden Literatur Nachahmung gefunden. Das Heldenepos machte sich vor allem das Seefahrermotiv zunutze wie das zwischen 1303 und 1316 entstandene Gedicht *Baudouin de Sebourc*, in welchem der Held in Begleitung des bekehrten Heiden Polibant Judas auf dem Felsen im Meer antrifft. Die gleiche Episode ist auch in die unter dem Namen *Esclarmonde* (2. Hälfte des 13. Jh.s) bekannt gewordene Fortsetzung des *Huon de Bordeaux* (zwischen 1216 und 1232) eingegangen. Der höfische Roman griff seinerseits auf keltische Sagenmotive zurück wie Chrétien de Troyes, der die Episode auf der Vogelinsel in seinen *Yvain* übernommen hat. Auch der gepaarte Achtsilber, der später das Standardmetrum des höfischen Romans wurde, findet in dem Werk Benoîts vermutlich zum erstenmal Verwendung. A.Bl.

Ausgaben und Übersetzungen: Straßburg 1871–1875 (*Brandans Seefahrt. Anglonormannischer Text der Handschrift Cotton Vesp. BX*, Hg. H. Suchier, in Romanische Studien, Bd. 1, S. 553–588). – Paris 1878 (*Les voyages merveilleux de saint Brandan à la recherche du paradis terrestre. Légende en vers du XIIe siècle*, Hg. F. Michel). – Halle/Saale 1878 (*Der Brandan der Arsenalhandschrift BLF 283*, Hg. Th. Auracher in ZfrPh, 2, S. 438–457). – Oxford 1928 (*The Anglo-Norman »Voyage of St. Brendan« by Benedeit. A Poem of the Early 12th Century*, Hg. E. G. R. Waters; krit.). – Paris 1940 (*L'autre monde au moyen-âge: La navigation de saint Brandan, Le purgatoire de saint Patric, La vision d'Albéric*). – University of Notre Dame/Ind. 1959 (*Navigatio Sancti Brendani Abbatis from the Early Latin Manuscripts*, Hg. C. Selmer; lat. Vorlage). – Mchn. 1977 (*Le voyage Saint Brendan*, Hg. u. Übers. E. Ruhe u. a.). – Manchester 1979 (*The Anglo-Norman Voyage of Saint Brendan*, Hg. I. Short u. B. Merrilees). – Paris 1984 (*Le voy-*

age de Saint Brendan, Hg. u. Übers. I. Short; neufrz.; 10/18).

LITERATUR: E. Renan, *Essais de morale et de critique*, Paris 1859. – P. Meyer, *Satire en vers rythmiques sur la légende de saint Brendan* (in Rom, 30, 1902, S. 376–379). – J. Runeberg, *Le comte de l'Ile-Poisson* (in Mémoires de la Société Néophilologique à Helsingfors, 3, 1902, S. 343–395). – A. Schulze, *Zur Brendanlegende* (in ZfrPh, 30, 1906, S. 257–279). – W. Kleinschmidt, *Das Verhältnis von »Baudouin de Sebourc« zu dem »Chevalier au Cygne«, »Marco Polo«, »Brandan«, »Barlaam et Josaphat« und den »Fabliaux«*, Diss. Göttingen 1908. – E. Pfitzner, *Das anglonormannische Gedicht von Brendan als Quelle einer lateinischen Prosafassung*, Diss. Halle 1910 (auch in ZfrPh, 35, 1911, S. 31–66). – F. Klauber, *Charakteristik und Quellen des altfranzösischen Gedichts »Esclarmonde«*, Diss. Heidelberg 1913. – M.M. Sherwood, *»Le Voyage de Saint Brandan«. An Anglo-Norman Poem of the 12th Century*, NY 1918. – P. F. Baum, *Judas' Sunday Rest* (in MLR, 18, 1923, S. 168–182). – E. Walberg, *Sur le nom de l'auteur du »Voyage de saint Brendan«* (in Studia Neophilologica, 12, 1939/40, S. 46–55). – A. Rüegg, *Die Seefahrten des hl. Brendan* (in A. R., *Die Jenseitsvorstellung vor Dante und die übrigen literarischen Voraussetzungen der »Divina Comedia«*, Bd. 1, Köln 1945, S. 327–331). – F. Bar, *Les routes de l'autre monde. Descentes aux enfers et voyages dans l'au-delà*, Paris 1946. – H.R. Patch, *The Other World According to Descriptions in Medieval Literature*, Cambridge/Mass. 1950. – R. L. Ritchie, *The Date of the »Voyage of St. Brendan«* (in MAevum, 29, 1950, S. 64–66). – Ders., *Chrétien de Troyes and Scotland, the Zaharoff Lecture for 1952*, Oxford 1952. – G. Schreiber, *Der irische Seeroman des Brandan. Ein Ausblick auf die Kolumbus-Reise* (in *Fs. F. Dornseiff*, Hg. H. Kusch, Lpzg. 1953, S. 274–291). – D.M. Legge, *»Letre« in Old French* (in MLR, 56, 1961, S. 333/334). – Ders., *Anglo-Norman Literature and Its Background*, Oxford 1963. – U. Ebel, *Die literarischen Formen der Jenseits- und Endzeitvisionen* (in GRLMA, Hg. E. Köhler u. H. R. Jauss, Bd. 6: *La littérature didactique, allégorique et satirique*, Bd. 1, Heidelberg 1968, S. 181–215; Bd. 2, Heidelberg 1970, S. 243 bis 246). – J. Hillieu-Caulkins, *Les notations numériques et temporelles dans la »Navigation de Saint Brendan« de B.* (in MA, 80, 1974, S. 245–260). – R. F. Jones, *The Mechanics of Meaning in the Anglo-Norman »Voyage of Saint Brendan«* (in RomR, 71, 1980, S. 105–113). – Ders., *The Precocity of Anglo-Norman and the »Voyage of Saint Brendan«* (in *The Nature of Medieval Narrative*, Hg. M. Grunmann-Gaudet u. R. F. Jones, Lexington 1980, S. 145 bis 158). – J. Larmat, *L'eau dans la »Navigation de Saint Brendan« de B.* (in *L'eau au moyen âge*, Aix-en-Provence 1985, S. 233–246). – C. Hogetoorn, *»Le voyage de Saint Brendan« par B.* (in Rapports, 55, 1985, S. 110–124). – R.N. Illingworth, *The Structure of the Anglo-Norman »Voyage of St. Brendan« by B.* (in MAevum, 55, 1986, S. 217–229).

LES VOYAGES D'OUTRE MER

(frz.; *Die Reisen übers Meer*). Reiseberichte von JEAN DE MANDEVILLE (um 1300?–1372), entstanden zwischen 1356 und 1371, Erstdruck 1478. – Die unter dem englischen Titel *Mandeville's Travels* bekannten Reiseberichte wurden in anglonormannischem Französisch in der Gegend von Lüttich abgefaßt. Lange Zeit wurden der Lütticher Arzt JEAN DE BOURGOGNE († 1372) und der Notar JEAN D'OUTREMEUSE (1338–1399/1400) als Autoren genannt. Jean Mandeville nennt sich der Berichtende selbst, der vorgibt, ein im englischen St. Albans gebürtiger Ritter zu sein und von 1322 bis 1356 die Reise unternommen zu haben. Bis heute kann ein englischer Ritter namens John Mandeville nicht zweifelsfrei nachgewiesen werden, doch nimmt die Forschung nach den Arbeiten Rita LEJEUNES die Identität eines Engländers John Mandeville mit dem in Lüttich unter dem Namen Jean de Bourgogne bekannten Arzt als wahrscheinlich an.

Nach einer autobiographischen Einleitung nennt der Autor Konstantinopel, Zypern und Ägypten mit dem Weg zum Sinai als Stationen seiner Pilgerreise, beschreibt eingehend Jerusalem und die heiligen Stätten, die Gegend am Toten Meer und am Jordan sowie Galiläa und die nördlich anschließenden Regionen. Die zweite Hälfte des Buchs enthält Berichte über Indien, China und das sagenhafte Reich des Priesters Johannes. Erneute autobiographische Angaben des Erzählers beschließen den Band.

Trotz gelegentlicher Rückgriffe auf Fabelstoffe wie in den Berichten über den sagenhaften Vogel Phönix oder die Dämonen des »Valeye Perilous« sind die Schilderungen recht zuverlässig, in erster Linie deshalb, weil der Verfasser zahlreiche authentische Reiseberichte benutzt hat, so vor allem WILHELM VON BOLDENSELE (um 1336), ODORICO DA PORDENONE (um 1330) und HAITONS *La flor des estoires de la terre de l'Orient* (1307), die JEAN LE LONG, ein Mönch von Saint Omer, um 1351 zu einem eigenen Band zusammengestellt hatte.

Der Reiz ferner Länder und die naive, frische Natürlichkeit der Darstellung verhalfen dem Buch zu einem nachhaltigen Publikumserfolg. Es kursierte in zahlreichen, teilweise stark bearbeiteten Handschriften (bisher sind über 250 entdeckt) und wurde mehrfach ins Lateinische und bereits um 1400 in nahezu alle europäischen Kultursprachen übersetzt. Die erste deutsche Übersetzung (1481/82) stammt von Michel VELSER, die er, mit eigenen Einschüben versehen, vermutlich schon vor 1393 angefertigt hat, aber auf einer gekürzten und defekten Handschrift basiert. Auf einer zweiten Fassung der *Voyages* beruht die Bearbeitung von OTTO VON DIEMERINGEN († um 1398), die Grundlage für weitere Übersetzungen wurde. In England erschienen ab 1496 Drucke der kürzeren englischen Fassung.

Rei.-KLL

Ausgaben: Frz. Fassg.: Augsburg 1478. – Paris 1487. – Den Haag 1735.
Engl. Fassg.: Ldn. 1496. – Westminster 1889, Hg. G.F. Warner [m. frz. Text]. – Ldn. 1901, Hg. A.W. Pollard; ²1923. – Ldn. 1919–1923 (*Mandeville's Travels Translated from the French by Jean d'Outremeuse*, Hg. P. Hamelius, 2 Bde.; m. frz. Text; *Cotton Version*; Early English Text Society; Nachdr. 1961). – Oxford 1963 (*Mandeville's Travels, Bodley Version*, Hg. M.C. Seymour; ern. Exeter 1980 [u.d.T. *The Travels of Sir John Mandeville*]). – Harmondsworth 1983 (*The Travels of Sir John Mandeville*, Hg. C. Moseley).

Übersetzungen: O.v. Diemeringen, Straßburg 1484. – *Des edlen engelländischen Ritters und weltberühmten Landfahrers Johann von Montevilla wunderbare und seltsame Reis-Beschreibung*, O.F.H. Schönhuth, Reutlingen 1852. – *Die Reisen des Ritters John Mandeville durch das Gelobte Land, Indien und China*, O.v. Diemeringen, bearb. v. Th. Stemmler, Stg. 1966. – *Sir John Mandevilles Reisebeschreibung in deutscher Übersetzung von Michel Velser. Nach der Stuttgarter Papierhandschrift Cod. HB V86*, Hg. E.J. Morral, Bln./DDR 1974 (DTM). – *Das Reisebuch des Ritters John Mandeville*, G.E. Sollbach, Ffm. 1989 [m. Einl.]. – *Die »Reisen« des Jean de Mandeville*, Hildesheim 1991 [Faks. d. Übers. v. M. Velser, 1480, u. O. v. Dierneringen, 1480/81].

Literatur: M. Letts, *Sir John M. The Man and His Book*, Ldn. 1949. – J.W. Bennett, *The Rediscovery of Sir John M.*, NY 1954; Nachdr. 1971. – R. Lejeune, *Jean de Mandeville et les Liégois* (in *Mélanges de linguistique romane et de philologie médiévale offerts à M. Maurice Delbouille*, Band 2, Gembloux 1964, S. 409–437). – M.C. Seymour, *The English Manuscripts of M.'s »Travels«* (in Transactions of the Edinburgh Bibliographical Society, 4, 1966). – Ders., *The Early English Printed Editions of M.'s »Travels«* (in The Library, 19, 1964). – E.J. Morrall, *Oswald von Wolkenstein and M.'s »Travels«* (in Medieval German Studies, 51, 1965, S. 262–272). – J. de Kock, *Quelques copies aberrantes des »Voyages« de Mandeville* (in MA, 71, 1965, S. 521–537). – A. Goosse, *Jean d'Outremeuse et Jean de Mandeville* (in *Fs. Walther von Wartburg*, Tübingen 1968, Bd. 1, S. 235–250). – A. Rossebastiano Bart, *La ›langue romanesque‹ del »Voyage d'Outremer« di Jean de Mandeville* (in Aevum, 58, 1984, S. 287–300). – F. Féry-Hue, *Un extrait des »Voyages« de Jean de Mandeville* (in Rom, 105, 1984, S. 511–525). – Chr. Deluz, *Le Livre Jehan de Mandeville, autorité géographique à la Renaissance* (in *Voyager à la Renaissance*, Hg. J. Céard u. J.-C. Margolin, Paris 1987, S. 205–220). – A. Jochum, *Die Beschreibung Palästinas in der englischen Cotton-Version von Mandeville's »Travels« (um 1356)*, Ffm. u.a. 1990.

Ysopet

auch *Isopet* (afrz.; *Ysopet*). Bezeichnung für eine Reihe zwischen dem 12. und 14. Jh. entstandener pseudoäsopischer Fabeldichtungen (*Ysopet* ist aus dem Namen Äsop abgeleitet) des französischen Mittelalters, die größtenteils auf Vers- bzw. Prosabearbeitungen des sog. *Romulus-Corpus* (350–500 n. Chr.) zurückgehen, unter dessen Namen dem Mittelalter die bis Ende des 16. Jh.s verschollen geglaubten Fabeln des lateinischen Fabeldichters Phaedrus (um 15 v. bis 50 n. Chr.) bekannt waren.
Die literarisch bedeutsamste dieser Sammlungen, der in einer Mischung aus anglonormannischer und franzischer Mundart verfaßte *Esope (Äsop)* der in England dichtenden Marie de France (um 1130 bis um 1220), ist vermutlich zwischen 1170 und 1190 nach den *Lais* (um 1167 oder um 1180) der Dichterin entstanden und aller Wahrscheinlichkeit nach Wilhelm Langschwert (1150–1226), dem natürlichen Sohn Heinrichs II., gewidmet. Neuere Untersuchungen, wie die von Richard Baum, schließen jedoch auch ein späteres Entstehungsdatum in der ersten Hälfte des 13. Jh.s nicht aus. Als Vorlage diente der Dichterin – ihrem eigenen Zeugnis zufolge – eine heute verschollene englische Sammlung eines bisher nicht identifizierten »König Alfred« aus dem Anfang des 12. Jh.s, die ihrerseits – soweit es die ersten vierzig Fabeln angeht – auf einer anglolateinischen Prosaversion des lateinischen *Romulus* basiert – dem nach seinem späteren Herausgeber Johann Friedrich Nilant benannten *Romulus Nilantii* (11. Jh.), welcher 67 Fabeln enthält. Die teils noch ungeklärte Herkunft der übrigen 62 Fabeln der afrz. Sammlung, als deren Kompilator bereits besagter »König Alfred« angesehen wird, läßt auf mündliche Überlieferung orientalischer Stoffe, Tier- und Klostergeschichten sowie mittelalterlicher Schwänke und Anekdoten schließen, wie unter anderem der in der Fabel XXV verarbeitete Stoff der Witwe von Ephesus zeigt. Trotz der engen Bindung der Verfasserin an Anordnung und Handlungsschema ihrer Vorlage – lediglich in den Epimythien weicht Marie de France nennenswert ab – gehört der *Esope* nur bedingt zur eigentlichen Übersetzungsliteratur. Hinter der gegenüber dem *Romulus Nilantii* durchgehend zu beobachtenden Inkongruenz von Apolog und Epimythium offenbart sich nach H.R. Jauss ein Moment *»bewußter Umstilisierung«*, der aus dem Versuch der Dichterin resultiert, die *»christianisierte Tendenz«* der Vorlage mit den Idealen der feudalaristokratischen Rittergesellschaft ihrer Zeit in Einklang zu bringen, um ihr einen Spiegel vorzuhalten. Der *Esope* ist somit in erster Linie Standesdichtung. Seine *philosophie* erschöpft sich daher weder in einer allgemein-menschlichen, pragmatischen Nützlichkeitsmoral noch in den Weisungen scholastischer Tugendlehre. Die moralischen Kate-

gorien von Gut und Böse werden von der Dichterin durchgehend in die Rechtssphäre und das Wertesystem der höfisch-ritterlichen Ethik transportiert und als Anerkennung oder Verletzung des feudalaristokratischen Lehensverhältnisses umgedeutet. Dabei wird die Geschlossenheit der angesprochenen höfischen Gesellschaftsschicht, als einer deren Repräsentanten die Dichterin selber anzusehen ist, nach außen konsequent gewahrt. Sie verbietet es, auf den gesellschaftlichen Außenseiter, den *vilein* (nichtadliger Mann), die gleichen Rechtskategorien anzuwenden wie auf den höfischen *chevalier* (Ritter). Diese deutliche Grenzziehung hindert Marie de France andererseits nicht, nach innen stets den ständisch-pyramidalen Aufbau der Feudalgesellschaft zu betonen, und zwar unter Rückgriff auf die seit der Antike gängige Auffassung von der naturgegebenen »Wesensungleichheit« der Tiere, der zufolge jedem Geschöpf der ihm gemäße Platz im gesellschaftlichen Ordo zugewiesen ist. An der Spitze dieser Stufenleiter steht der *prince*, das Idealbild des *rex justus*, verkörpert in der Tiergestalt des Löwen, dem gelegentlich in der Tiergestalt des Wolfes die *»tragende Figur der Tyrannenfabel«* (Jauss) gegenübergestellt wird. Die meisten übrigen Tierfiguren sind fluktuierende Fabelgestalten, deren Stellung innerhalb der Gesellschaft sich jeweils erst aus dem Kontext erschließt. Zu ihnen gehört auch die Figur des Fuchses, dessen *»hinterlistige Weltklugheit«* bereits nicht mehr mit den Idealen der höfisch-ritterlichen Gesellschaft vereinbar ist. Die gelegentliche Parteinahme der Dichterin zugunsten seiner Schläue erhält in diesem Licht – ebenso wie die schwankhaften Momente in der Art des Fabliau – die Bedeutung einer geschichtlichen Wende, die den Blick auf die geschichtliche Wirklichkeit des *Roman de Renart* (zwischen 1165 und 1205) freigibt, in welchem die höfisch-ritterlichen Ideale nur noch in ironisch-satirischer Gebrochenheit entgegentreten.

Für die Beliebtheit des *Esope* im Mittelalter sprechen außer den 23 überlieferten Handschriften vermutlich eine italienische sowie mehrere auszugsweise lateinische Bearbeitungen aus dem 14. Jh.; so unter anderem der in Prosa verfaßte *Romulus Roberti* (22 Fabeln), die nach den Fundorten der Handschriften (London, Brüssel, Göttingen) genannte Sammlung *LBG* (136 Fabeln) und das von einem Geistlichen kompilierte *Promptuarium exemplorum (Fundgrube von Exempla)*, eine für den Predigtgebrauch zusammengestellte Sammlung sentenzhafter Exempla. Nach Per NYKROG ist in der Dichtung darüber hinaus einer der Ursprünge der Ende des 12. Jh.s entstandenen Gattung der schwankhaften Kurzerzählung (Fabliau) zu sehen, wie die gemeinsame Verwendung des paarweise gereimten Achtsilbers, die abschließende Moral und die lautliche Ähnlichkeit der Gattungsbezeichnungen *fable* und *fabliau* nahelegen.

Vermutlich als Beispielsammlung christlicher Tugendlehre konzipiert sind die stark moralisierenden Fabelbearbeitungen der weniger umfangreichen *Ysopets*, welche das Hauptkontingent der volkssprachlichen Fabeldichtung des französischen Mittelalters darstellen. Ein direktes Abhängigkeitsverhältnis zum *Esope* der Marie de France, wie es mehrfach behauptet wurde, läßt sich jedoch nicht nachweisen. Wie jene Sammlung beruhen auch sie auf lateinischen Vers- bzw. Prosabearbeitungen des für die mittelalterliche Fabeltradition grundlegenden *Romulus-Corpus*. Auf den in Distichen verfaßten *Romulus Neveleti* (12. Jh.; 62 Fabeln) des WALTER ANGLICUS, Hofkaplan Heinrichs II., geht die in gereimten Achtsilbern abgefaßte Sammlung des *Ysopet von Lyon* (13. Jh.; 60 Fabeln) zurück sowie der *Ysopet I-Avionnet von Paris* (Ende des 13. Jh.s), eine Zusammenstellung von Fabeln des *Romulus Neveleti* und 19 Fabeln des AVIANUS (2. Hälfte des 4. Jh.s). Der erste Teil dieser Kompilation, der *Ysopet I* (64 Fabeln) diente um die Wende des 13. Jahrhunderts seinerseits als Vorlage zu 43 Prosafabeln des sog. *Ysopet III*. Von dem *Novus Aesopus*, 13. Jh. *(Neuer Äsop)*, des ALEXANDER NECKAM existieren zwei Übersetzungen aus dem Anfang des 14. Jahrhunderts, der in Sechssilbern abgefaßte *Ysopet II von Paris* (40 Fabeln) und der *Ysopet von Chartres* (40 Fabeln). Wie der *Ysopet I-Avionnet* enthält auch der *Ysopet von Chartres* einige Fabeln des Avianus. Im Vergleich zum *Esope* sind die Sammlungen der *Ysopets* in weitaus stärkerem Maße didaktische Gebrauchs- und Übersetzungsliteratur. Die geringfügigen, auf größere Verständlichkeit zielenden Änderungen der meist geistlichen Verfasser lassen keinen grundsätzlich verschiedenen Gestaltungswillen erkennen. Pro- und Epimythien bewegen sich im Rahmen der bereits in den Vorlagen propagierten christlichen Ethik. Verwendung fanden die Fabeln der Allgemeinverständlichkeit und Anschaulichkeit der Beispiele wegen hauptsächlich in der Homiletik, was zugleich als Indiz für die zunehmende Popularität der Gattung zu werten ist. Über die Wirkung der Sammlungen ist aufgrund ihrer meist mündlichen Verbreitung nur wenig bekannt. Lediglich für sechs Fabeln, die sich im Balladenwerk des spätmittelalterlichen Eustache DESCHAMPS finden, lassen sich der *Ysopet I* und der *Ysopet II von Paris* als unmittelbare Vorlagen nachweisen. A.Bl.

AUSGABEN: Paris 1820 (in *Poésies de Marie de France*, Hg. J. B. B. de Roquefort, 2 Bde.). – Paris 1825 (in *Fables inédites des 12e, 13e, et 14e siècles*, Hg. A. C. M. Robert, 2 Bde.). – Halle 1898; 31925 (*Die Fabeln der Marie de France*, Hg. K. Warnke). – Halle 1926; Tübingen 21962 (*Aus dem Esope der Marie de France. Eine Auswahl von dreißig Stücken*, Hg. K. Warnke). – Paris 1929/30 (*Recueil général des Isopets*, Hg. J. Bastin, 2 Bde.; SATF). – Oxford 1942; 21966 (*Marie de France. Fables*, Hg. A. Ewert u. R.C. Johnston, Ausw.; Blackwell French Texts, 20). – Mchn. 1972 (*Marie de France. Esope*, Hg. H.-U. Gumbrecht; krit.). – Diss. Hbg. 1982 (*Esope*, Hg. u. Einl. B. Hecker).

LATEINISCHE VORLAGEN: *Les fabulistes latins depuis le siècle d'Auguste jusqu'à la fin du moyen-âge*,

Hg. L. Hervieux, 5 Bde., Paris ²1893–1898; Nachdr. NY 1966. – *Der lateinische Äsop des Romulus und die Prosafassung des Phaedrus*, Hg. u. Komm. G. Thiele, Heidelberg 1910 [krit.].

Übersetzungen: E. Tegethoff, *Märchen, Schwänke u. Fabeln*, Mchn. 1925. – *Schöne Fabeln für jung u. alt*, Hg. W. Richter, Ffm. 1960.

Literatur: E. Mall, *Zur Geschichte der mittelalterlichen Fabelliteratur u. insbesondere des »Esope« der Marie de France* (in ZfrPh, 9, 1885, S. 161–194). – B. Herlet, *Studien über die sog. »Yzopets«* (in RF, 4, 1891, S. 219–309). – G. C. Keidel, *A Manual of Aesopic Fable Literature*, Baltimore 1896. – K. Warnke, *Die Quellen des »Esope« der Marie de France* (in *Forschungen zur Romanischen Philologie, Festgabe für H. Suchier*, Halle 1900, S. 161–284). – P. Nykrog, *Les fabliaux. Étude d'histoire littéraire et de stylistique médiévale*, Kopenhagen 1957. – H. R. Jauss, *Untersuchungen zur mittelalterlichen Tierdichtung*, Tübingen 1959. – R. Baum, *Recherches sur les œuvres attribuées à Marie de France*, Heidelberg 1968. – J. Beyer, *Die Schwankfabeln im »Esope« der Marie de France* (in J. B., *Schwank u. Moral. Untersuchungen zum altfranzösischen Fabliau u. verwandten Formen*, Heidelberg 1969, S. 34–50). – B. Hasselrot, *En lisant l'»Isopet de Lyon«, deux notules* (in *Études ... offertes à F. Lecoy*, Paris 1973, S. 193–196). – P. Ruelle, *Notes sur un passage de l'»Isopet de Chartres«* (in *Mélanges J. Wathelet-Willem*, Lüttich 1978, S. 615–618). – P. Ruelle, *Notes sur le lexique des »Isopets«* (in Rom, 101, 1980, S. 51–92, 366–384, 491–513). – P. Cifarelli, *Recueils bilingues (français et italien) de fables ésopiques* (in Reinardus, 1, 1988, S. 41–48).

II. Renaissance. Das 16. Jahrhundert

THÉODORE AGRIPPA D'AUBIGNÉ

* 8.2.1552 St.-Maury bei Pons-en-Saintonge
† 9.5.1630 Genf

LITERATUR ZUM AUTOR:
A. Garnier, *A. d'A. et le parti protestant; contribution à l'histoire de la réforme en France*, 3 Bde., Paris 1928. – J. Plattard, *Une figure de premier plan dans nos lettres de la Renaissance: A. d'A.*, Paris 1931. – H. Weber, *La création poétique au 16e siècle en France*, Bd. 2, Paris 1956. – J. Galzy, *A. d'A.*, Paris 1965. – J. Rousselot, *A. d'A.*, Paris 1966. – A. M. Schmidt, *Études sur le 16e siècle*, Paris 1967. – Europe, 1976, Nr. 563 (Sondernr. *A. d'A.*). – B. Romani, *Impegno e retorica in A. d'A.*, Lecce 1976. – M. Soulié, *L'inspiration biblique dans la poésie religieuse d'A. d'A.*, Paris 1977. – K. Cameron, *A. d'A.*, Boston 1977 (TWAS). – *A. d'A. en son temps. Catalogue d'exposition*, Saintes 1985. – M.-M. Fragonard, *La pensée religieuse de d'A. et son expression*, 2 Bde., Paris/Lille 1986.

LE PRINTEMS DU SIEUR D'AUBIGNÉ

(frz.; *Der Frühling des Herrn von Aubigné*). Gedichtzyklus von Théodore Agrippa d'AUBIGNÉ, entstanden zwischen 1570 und 1573, postum erschienen 1873. – Unter den französischen Dichtern der zweiten Hälfte des 16. Jh.s nimmt d'Aubigné einen hervorragenden Platz ein. Das war indessen kaum die Meinung seiner Zeitgenossen, deren Bewunderung eher einem DESPORTES oder dem noch von GOETHE geschätzten DU BARTAS galt. Man muß dabei in Rechnung stellen, daß d'Aubigné sich zu Lebzeiten als Lyriker kaum eine größere Leserschaft erwerben konnte. Sämtliche Ausgaben seiner Schriften – mit Ausnahme einer Jugendarbeit, der *Vers funèbres* auf den Tod des Dichters Étienne JODELLE – sind erst zu Beginn des 17. Jh.s erschienen, meist ohne Nennung des Druckorts, mit dem Vermerk: *Au Désert (In der Wüste)*. Die gesamte Liebeslyrik seiner Jugendzeit blieb bis ins 19. Jh. unveröffentlicht. Sie gehört, wie etwa die *Sonnets sur la mort (Sonette auf den Tod)* des Jean de SPONDE oder die *Geistlichen Sonnette* der Catharina Regina von GREIFFENBERG zu den bedeutendsten Neuentdeckungen, die wir dem durch Expressionismus und Surrealismus geweckten Sinn für das Barock und andere Epochen des europäischen Manierismus verdanken.

Nach dem Frieden von Saint-Germain (1570) zog d'Aubigné sich auf seine Besitzung in der Nähe von Blois zurück. Dort begegnete ihm Diane Salviati, die Tochter des Schloßherrn von Talcy, die eine tiefe Leidenschaft in ihm weckte und der zu Ehren er seine ersten französischen Verse schrieb. Diane, eine Nichte jener einst von RONSARD besungenen Cassandra Salviati, erwidert anfangs seine Neigung, er erhält eine bindende Zusage des Vaters, muß ihr jedoch zuletzt entsagen, als ihre einflußreichen Verwandten ihm mit Verhaftung drohen und das Verlöbnis auflösen, *»sur le differend de la religion« (des Bekenntnisunterschieds wegen)*. Diese Trennung wirft den Verzweifelten in eine gefährliche Krankheit. Diane, wie er in seiner Lebensbeschreibung berichtet, wird einem anderen versprochen, verfällt jedoch, als sie den ersten Geliebten bei einem Turnier wiedersieht, einer unheilbaren Schwermut, die ihren Tod verursacht.

Mit seiner Liebeslyrik liefert d'Aubigné ein aufschlußreiches Dokument jener Epoche, in welcher auch der christliche Dichter, statt die Geliebte engelhaft zu verklären, ihr ein mythologisches Gewand überstreifen durfte, darin sie zur Göttin verwandelt vor ihn hintrat; sie verlor ihre Funktion als platonische Mittlerin, wurde selber zum Idol, dem ein eigener Kult gebührte. Mehr noch als der gefälligen Venus, die nach Giambattista MARINO das 17. und 18. Jh. regieren sollte, huldigten die französische Kunst und Dichtung damals der Diana als einem Inbild erotischer Faszination: Jagen und Gejagtwerden, jeder kannte das und genoß es. Schon Maurice SCÈVE, in den Zehnzeilern seiner *Délie* (1544), hatte die Geliebte als die Mondgöttin unter ihren verschiedenen Aspekten gefeiert: als himmlische Luna, irdische Diana und infernalische Hekate. D'Aubignés unmittelbares Vorbild jedoch mag JODELLE gewesen sein, dessen *Amours* allerdings erst 1574 postum erschienen. Aber da der Autor ein naher Vertrauter der Maréchale de Retz war, die hier als schimmernde Diana mit ihren Strahlen, ihrem Jägergarn *(»ses rais, ses rets«)* umworben wird, so sind ihm Jodelles Sonette gewiß schon früher bekannt geworden. Indem d'Aubigné, dem das Grauen des Tötens und Sterbens ein gewohnter Anblick, dem eigene Wunden eine häufige Erfahrung waren, diesen mythischen Idolen weiblicher Unantastbarkeit noch die taurische Artemis mit ihren Menschenopfern hinzufügte, brach er eine letzte Schranke nieder, über die ein Schwall von Blut sich in seine Verse ergoß. Die ganze verbrauchte Metaphorik der Augenfackeln, deren Blicke das Herz des Liebenden wie Flammenpfeile verwunden und versengen, die ständigen Erwähnungen seines Ächzens und Seufzens, seines von Tränenbächen zerfurchten Gesichts, seines nahen und unausbleiblichen Endes, die Drohungen, er werde ihr als rächendes Gespenst nach seinem Tode erscheinen – all dies gewinnt bei d'Aubigné in zergliedernder Drastik eine neue *terribilità*, welche nun freilich, aufs äußerste gesteigert, eine besondere Art von barbarischer Preziosität hervortreibt. Hier ist eine für den gesamten abendländischen und vielleicht jeden Manierismus kennzeichnende Technik bereits voll ausgebildet: Die Metapher wird intellektuell immer mehr überspannt, wobei zwischen Gegenstand und Bild oft nur noch ein schwacher, weitgehend entsinnlichter Zusammenhang bestehen bleibt: gleichzeitig aber wird das nur im Geist vollziehbare Gleichnis vergegenständlicht und verstofflicht. Das »Herz« etwa als »Sitz« der Liebe wird in den zuckenden, bluttriefenden Fleischklumpen zurückübersetzt, den man aus der Brust graben und der grausamen Geliebten (mit allen Wunden ihrer Augenpfeile) präsentieren kann, daß sie sich seiner hinfort als Nadelkissen bediene. Dianes Boudoir erscheint hier halb als Folterkammer, halb als Gruselkabinett. Die barocken Allegorien tragen ihren Sinn außen, sozusagen aufgemalt; aber wie schon in den Götterbildern der Antike, nach der Überzeugung der Kirchenväter, Teufel hausten und aus ihrem Munde sprachen, so finden auch in diesen mythologischen Puppen dämonische Mächte ihren Unterschlupf. Das Kultbild der Geliebten wird doppeldeutig, sein Glanz zwielichtig, licht und finster, beseligend und quälend zugleich; die Finsternis aber wird zum Bereich der Einweihung und Erleuchtung *(»La nuit de Diane est un jour« – »Dianens Nacht ist eine Helle«)* wie später bei Nerval *(»La sainte de l'abîme est plus sainte à mes yeux« – »Die Heilige des Abgrunds ist die größere Heilige in meinen Augen«)*. Die Gehobenheit dieser Dichtung entspringt nicht, wie in jedem Klassizismus, schon der Wahl des Stoffes, der dort ausschließlich einem idealistischen Bereich angehören muß, sondern einzig der Intensität des poetischen Furors, der das triviale, das modische, das widrige Detail mitreißt oder geradezu als Wetzstein benutzt, um die Pointen seiner *concetti* daran zu schärfen. Wir haben uns daran gewöhnt, das Pathos als dumm zu empfinden; damals jedenfalls, bei d'Aubigné wie bei Michelangelo oder Shakespeare, fand es, wo das Elementare und das Konventionelle sich durchkreuzen, eine hohe Möglichkeit, »geistreich«, witzig und, nicht ohne ein Gran Ironie, auf eine makabre Weise elegant zu sein.

D'Aubignés *Printemps* gliedert sich in drei Teile, deren erster, die *Hécatombe à Diane*, das Hundertopfer von genau hundert Sonetten umfaßt. Hier schon herrscht, neben lichteren anmutigen Stükken, im ganzen ein düsterer Ton vor, der sich im zweiten Teil, den *Stances* (Gedichte in vier- bis zehnzeiligen Strophen), noch verstärkt. Die Greuel des religiösen Bürgerkriegs dringen in die Verse ein, dämonisches Gelichter umlagert den Liebenden, der Herbst ist seine Jahreszeit, dessen *»couleur orangée«* seinem Herzen mehr behagt als das heitere Grün des Frühlings: *»J'aime à voir de beautés la branche déchargée. / A fouler le feuillage étendu par l'effort / D'automne, sans espoir leur couleur orangée / Me donne pour plaisir l'image de la mort.« (»Mich dünkt es lieblich, wenn des Laubes bunten Schauer / Der Sturm zerfetzt und seine Streu im späten Jahr / Mein Fuß durchwühlt; mich freut die rötlich gelbe Trauer, / Ein Bild des Todes, ja, und aller Hoffnung bar«.)* In diesen beiden ersten Teilen bedient der Dichter sich vorwiegend des zwölfsilbigen Alexandriners, den er mit fast rücksichtsloser Kühnheit handhabt. Der dritte Teil der *Odes* bietet dann Gemischtes, vieles in hurtigen Achtzeilern. Hier finden sich auch scherzhafte oder satirische Gelegenheitsgedichte ohne jeden Bezug auf die Liebe zu Diane Salviati.

Ein Gegenstück zu diesem Jugendwerk bieten 1630 die *Petites Œuvres meslées* mit einer Auswahl von Psalmenparaphrasen und dem *Hyver du Sieur d'Aubigné (Winter des Herrn von Aubigné)*: Psalmen, Gebete, Reuetränen, Danksagungen und Lobgesänge; ein nicht sehr umfangreiches, doch bedeutendes Alterswerk. D'Aubignés Psalmenparaphrasen sind in gereimten und ungereimten *vers mesurés* abgefaßt. In solchen metrischen Versen nach antiken Vorbildern hatte sich, übrigens ebenfalls an den Psalmen, als erster Antoine de Baïf versucht. Von bedeutenden Komponisten der Zeit in Musik gesetzt, haben diese Gebilde hie und da Beifall gefunden, ohne der französischen Metrik jedoch neue Bahnen zu eröffnen. Sie zu beurteilen ist schwer, da man die Musik und den Vortragsstil kennen müßte. – Neben diesen Altersgedichten enthalten die *Petites Œuvres meslées* noch längere Prosa-Meditationen über einzelne Psalmen, in denen es wiederum um Zeitereignisse und sehr persönliche Widerfahrnisse geht. Das schönste Stück, ein wahres *poème en prose*, sind die Betrachtungen über den 88. Psalm, von dem der gleiche Band eine Paraphrase in gereimten Strophen enthält; in beiden beklagt d'Aubigné *»unter der Last eines maßlosen Schmerzes«* den Tod seiner ersten Frau, Suzanne de Lezay, die 1595 gestorben war. F.Ke.

Ausgaben: Paris 1874 (in *Œuvres complètes*, Hg. E. Réaume u. F. de Caussade, 6 Bde., 1873–1892, 3; Nachdr. Genf 1967). – Lille/Genf 1948, Hg. B. Gagnebin *(Le Printemps: I, L'Hécatombe à Diane)*. – Lille/Genf 1952, Hg. F. Desonay *(Le Printemps: II, Stances et Odes)*. – Paris 1960, Hg. H. Weber (*L'Hécatombe et les Stances*; PUF). – Paris 1969 (in *Œuvres*, Hg. ders.; Pléiade).

Übersetzung: *Gedichte für Diane*, F. Kemp (in Akzente, 1984, H. 6, S. 493–500; gek.).

LITERATUR: M. Raymond, *A. d'A.* (in *Génies de France*, Neuchâtel 1942, S. 68–87).

LES TRAGIQUES

(frz.; *Die tragischen Reden*). Historisch-religiöses Epos in sieben Gesängen von Théodore Agrippa d'AUBIGNÉ, begonnen 1575, anonym erschienen 1616. Das aus der Perspektive des militanten Hugenotten verfaßte Werk umfaßt ca. 9000 Alexandriner und gilt als eines der eindrucksvollsten Dokumente aus der Zeit der französischen Religionskriege, an denen der Verfasser an hervorragender Stelle teilnahm. Es ist darüber hinaus ein religiöses Epos, das bei aller Parteilichkeit die Zeitgeschichte in den Rang mythischen Geschehens erhebt.

Das erste Buch *(Misères)* hat die Schrecken des Krieges zum Thema, jähen Tod, Hungersnot und Seuchen. Das geschundene Frankreich befindet sich in einem beklagenswerten Zustand: die Höfe gebrandschatzt, die Felder verwüstet, das Landvolk geflüchtet oder erschlagen. Eine verrohte Soldateska zieht sengend und plündernd durch das Land. Ähnlich wie RONSARD im *Discours des misères de ce temps* (1562) schildert d'Aubigné das Verhängnis in grellen Farben; sein Groll richtet sich gegen die Unfähigkeit der Herrscher, dem Elend zu steuern. Stolz und Habsucht, Luxus und feige Überheblichkeit haben die Katastrophe verschuldet. Mit der Bitte, Gott möge Milde walten lassen, klingt der Gesang aus.– Im zweiten Buch *(Princes)* prangert der Autor die Mißstände am Fürstenhof an. Die Satire des Hoflebens, seit Antonio de GUEVARAS *Menosprecio de corte y alabança de aldea* (1539) ein beliebtes Thema der Zeitkritik, steigert sich zur persönlichen Invektive gegen die Herrscher aus dem Haus Valois, Karl IX., Heinrich III. und deren Bruder, den Herzog von Anjou. Kühne satirische Porträts enthüllen ihre Verworfenheit; insbesondere die Perversionen des letzten Valois, sein modisches Gehabe und seine *mignons* fordern die höhnischen Attacken des soldatischen d'Aubigné heraus. Als Gegenbild entwirft er eine Art Regelkodex für das exemplarische Verhalten eines jungen Fürsten. – Im dritten Buch *(Chambre dorée)* brandmarkt d'Aubigné die Parteilichkeit des obersten Gerichtshofs. Richter und Beamte sind korrumpiert; die Verordnungen werden einseitig ausgelegt, zuungunsten der Reformierten. Die allgemeine Rechtsunsicherheit wird in den Zügen allegorischer Personen wie »Ambition«, »Injustice«, »Faveur«, »Envie« und »Formalité«, Tochter der »Pédanterie«, dargestellt. Ein Triumph der Themis als Pendant beschließt den Gesang. – Das vierte Buch *(Les feux* – in der Sprache der Reform die Scheiterhaufen für die Häretiker) evoziert den Heldenmut der religiös Verfolgten, die zu Märtyrern des Glaubens wurden. Es beginnt mit einem visionär geschauten Einzug der Erwählten in das Himmlische Jerusalem. Dann ziehen in langem Aufmarsch die bekanntesten Märtyrer der reformierten Kirche vorüber. – Das fünfte Buch *(Les fers)* enthält Bilder aus den französischen Religionskriegen. Die Ereignisse sind in kunstvoller Spiegelung von Engeln ans Himmelsgewölbe gemalt: Eine Menschengarbe aus den Führern der Hugenotten wird von den Bewohnern des Himmlischen Jerusalem bewundert; neben den Schrecken der Feldschlachten von Jarnac und Montcontour entsteht ein detailliertes Gemälde vom Massaker der Bartholomäusnacht. Der Gesang schließt mit einer großangelegten Allegorie. Der greise Ozean findet Blut im Wasser der Flüsse und will es zurückstauen. Doch als er Engel bemerkt, die es in Schalen auffangen und vor das Angesicht Gottes emportragen, wird er umgestimmt und gewährt den Leichen der Erschlagenen die letzte Ruhe. In einer Art ekstatischer Vision darf der Erzähler dies alles schauen. – Im sechsten Buch, den *Vengeances*, erinnert er an die göttlichen Strafgerichte seit Anbeginn der Welt, beginnend mit dem Schicksal Kains bis hinauf zum grausigen Ende der Urheber der Bartholomäusnacht. Das Werk mündet im siebten Buch, dem *Jugement*, in eine apokalyptische Schau der Auferstehung und des Weltgerichts.

Charakteristisch für *Les tragiques* ist d'Aubignés engagierte Haltung. Er will den Leser beeindrukken, ihn unter den gegensätzlichen Aspekten von Haß und Verherrlichung mit starken, emotionalen Argumenten überzeugen. Dieser Absicht kommt die Gliederung in größere, umfassende Themenkomplexe entgegen, die, einer starken inneren Bewegung folgend, von der Erde zum Himmel und bis zum Jüngsten Gericht fortschreiten. Auffällig ist die barocke Vorliebe für menschliche Grenzsituationen. Szenen von blutrünstiger Gewaltsamkeit, qualvolle Folterungen und Agonien werden ausführlich geschildert, das grausige Detail wird dabei keineswegs ausgespart. Als Ganzes erweist sich die menschliche Natur als komplex und widersprüchlich, bildsam und doch voll kalter, vorbedachter Grausamkeit, fähig zu Handlungen von brutaler Wildheit und Akten exemplarischer Selbstverleugnung. Grausamkeit, Heimtücke und Korruption seitens der Staatsgewalt kontrastieren mit der Glaubensgewißheit, dem Kampfgeist, dem Opfermut ihrer Kontrahenten. Zeitkritische Satire, überlange haßerfüllte Invektiven und pathetische Überhöhung der Helden kennzeichnen die Erzählhaltung des Autors und mit ihr die stilistische Grundtendenz des Werks. Eine additive Struktur, ohnehin beliebt im literarischen Manierismus, soll die Erschütterung des Lesers bewirken. D'Aubignés Sprache vermeidet weder Kraßheiten noch rhetorische Längen; ihr stilistisches Instrumentar – eingestreute Pathosformeln, hyberbolische Ausdrucksweise oder affektsteigernde Satzfiguren wie Anapher, Reduplikation, chaotisches Asyndeton u. a. – steht gleichwohl im Dienst außerordentlicher verbaler, bildhafter und rhythmischer Kraft. D'Aubignés Bürgerkriegsepos, dessen Erstveröffentlichung in die Zeit der von MALHERBE ausgehenden Reformbestrebungen fiel, blieb unbeachtet, bis es im 19. Jh. durch SAINTE-BEUVE wiederentdeckt wurde. K.Rei.

Ausgaben: Maillé 1616. – Paris 1857, Hg. L. Lalanne. – Paris 1896, Hg. Ch. Read. – Paris 1911 [Einl. R. Schuhmann]. – Paris/Edinburgh 1912 [Einl. É. Faguet]. – Paris 1931 [m. Komm. u. Vorw. G. Mongrédien]. – Paris 1932/33; ern. 1965, 4 Bde., Hg. A. Garnier u. J. Plattard u. J. Plattard [krit.]. – Paris 1967 (in *Œuvres*, Hg. H. Weber; Pléiade). – Paris 1969 (GF).

Literatur: J. Plattard, *La poésie et l'éloquence de A. d'A.* (in *A Miscellany of Studies presented to L. E. Kastner*, Cambridge 1932, S. 385–395). – J. Buffum, *A. d'A.'s »Les Tragiques«. A Study of the Baroque Style in Poetry*, New Haven 1951. – H. A. Sauerwein, *A. d'A.'s »Les Tragiques«*, Baltimore 1953. – A. Lebois, *La fortune littéraire des »Tragiques«*, Paris 1957. – J. White, *D'A. and French Epic Poetry*, Cambridge 1957. – A. Jans, *D'A. ou la poésie à la pointe de l'épée*, Brüssel 1959. – A.-M. Schmidt, *A. d'A., lyrique baroque*, Paris 1963. – G. Fasano, *Per una interpretazione dei »Tragiques«* (in SRLF, 5, 1965, S. 65–100). – J. Galzy, *A.*, Paris 1965. – A. Lebois, *Destin des »Tragiques«* (in A. L., *17e siècle*, Paris 1966, S. 101–137). – K.-H. Mottausch, *Der Wortschatz der »Tragiques« des A. d'A.*, Diss. Mainz 1967. – J. Bailbé, *A., poète des »Tragiques«*, Caen 1968. – H. Weber, *Un fragment ms. des »Tragiques« antérieur à la 1ère édition* (in RHLF, 68, 1968, S. 185–203). – G. Fasano, *»Les Tragiques«. Un epopea della morte*, Bari 1970–1971, 2 Bde. – R. L. Regosin, *The Poetry of Inspiration. A. d'A.s »Les Tragiques«*, Chapel Hill 1970. – H. Weber, *»Les Tragiques«* (in Europe, 1976, Nr. 563, S. 7–20). – M. Soulié, *L'inspiration biblique dans »Les Tragiques« de A. d'A.* (in ebd., S. 68–78). – U. Langer, *Rhétorique et intersubjectivité. »Les Tragiques« de d'A.*, Paris u. a. 1983. – M. Braun Häberlin, *A. d'A.s »Les Tragiques«*, Diss. Zürich 1982. – G. Mathieu-Castellani, *Structures rhétoriques des »Tragiques«* (in *Mélanges H. Weber*, Genf 1984, S. 303–320). – J. Bailbé, *Les mythes de la révolte dans »Les Tragiques«* (in *L'imaginaire du changement en France au 16e siècle*, Hg. C. B. Dubois, Bordeaux 1984, S. 303–330). – E. Forsyth, *Concordance des »Tragiques« de d'A.*, Melbourne 1984. – F. Lestringant, *D'A. »Les tragiques«*, Paris 1986.

Rémy Belleau

* 1528 Nogent-le-Rotrou
† 6.3.1577 Paris

Literatur zum Autor:
A. Eckhardt, *R. B., sa vie, sa »Bergerie«*, Budapest 1917; Nachdr. Genf 1969. – H. Chamard, *Histoire de la Pléiade*, 3 Bde., Paris 1939/40. – H. W. Wittschier, *R. B.* (in H. W. W., *Die Lyrik der Pléiade*, Ffm. 1971, S. 113–130). – M. Tetel, *La poétique de la réflexivité chez B.* (in StF, 29, 1985, S. 1–18).

LES AMOURS ET NOUVEAUX ESCHANGES DES PIERRES PRÉCIEUSES, VERTUS ET PROPRIÉTÉS D'ICELLES

(frz.; *Der Edelsteine Liebschaften und neue Wandlungen, ihre Kräfte und Eigenschaften*). Wissenschaftlich-didaktische Dichtung (*poésie scientifique*) von Rémy Belleau, erschienen 1576, mit einer zweiten, erweiterten Auflage postum erschienen 1578. – Das Werk bestand ursprünglich aus einer Prosaabhandlung und 21 Gedichten, denen schließlich eine Versabhandlung gleichen Inhalts, weitere 10 Gedichte sowie ein einleitendes Gedicht auf Prometheus, den ersten Steinsetzer und Erfinder der Ringe, hinzugefügt wurde. Beide Ausgaben leitet eine Widmung an König Heinrich III. von Frankreich ein sowie lateinische, griechische und französische Verse auf den Autor, die von Freunden, darunter dem Humanisten Jean Dorat (1508–1588), verfaßt wurden. Die Abhandlung (*»Discours«*) erklärt Thema und Zweck des Gesamtwerks. Es handelt sich bei *Les amours* um einen dichterischen *lapidaire*, ein *Steinbuch*, wie es schon in der Antike (z. B. Theophrastos, *De lapidibus – Über die Steine*, Plinius Secundus der Ältere, *Historia naturalis*), im Mittelalter (Marbod von Rennes, *De lapidibus pretiosis enchiridion – Handbuch über die Edelsteine*, Vincenz von Beauvais, *Speculum maius – Der größere Spiegel*, Pseudo-Jean de Mandeville, *Le grand lapidaire – Das große Steinbuch*) oder im Humanismus (Georg Agricola, *De ortu et causis subterraneorum – Über den Ursprung und die Ursachen der unterirdischen Dinge*) üblich war, und von welcher Gattung es auch im italienischen und französischen 16. Jh. Vertreter gab (Girolamo Cardano, *De subtilitate rerum – Über die Feinheit der Dinge*, François de la Rue, *De gemmis aliquot – Einiges über die Edelsteine*, Jean Lemaire des Belges, *La Couronne Margarithique – Die Margaretenkrone*, Jean de la Taille, *Blason des pierres précieuses – Wappenschild der Edelsteine*). Doch nennt Belleau von allen benutzten antiken und neueren Quellen nur (Pseudo-)Orpheus (*Lithica*, 4.–6. Jh. n. Chr.).
Inhalt des *Discours* (Vorrede) ist neben der Erklärung des Themas die christliche Rechtfertigung des heidnisch-antiken Gegenstands in eleganter humanistischer Harmonisierung: der Autor schreibt über die Steine *»nicht um Euch das Falsche unter dem Scheine der Wahrheit zu verbergen, sondern um immerdar die Werke des Allmächtigen zu preisen, der in göttlicher Weise so mannigfaltige Schönheiten und Vortrefflichkeiten in diese kleinen Geschöpfe eingeschlossen hat«.* Zudem unterrichtet er den Leser über die Beschaffenheit *(matière)*, die Farben (*couleurs*), die Fehler *(vices)* oder Qualitäten (*naifvetés*) der Steine sowie über Hinweise zur Feststellung ihrer

Echtheit *(différences)*. Die Gedichte selbst, in verschiedenen Metren, Reimformen und Strophenformen verfaßt, sind eine unterschiedlich strukturierte Akkumulation von Wissenschaft, Überlieferung und Mythos, wobei alchimistisches und homöopathisches Kulturgut (z. B. *La pierre laicteuse ditte Galacticés*, der »Milchstein« wird empfohlen, um Ammen milchreich zu machen) sich mit mit leichter Hand eingeflochtener humanistischer Gelehrsamkeit mischt. Häufig wird der Ursprung des Steins in ovidischer Manier in einer Menschen- oder Götterliebschaft gesehen, die in eine Metamorphose mündet *(Bacchus et Améthyst, Hyacinthe et Chrysolithe, Iris et Oppale)* oder aber in einer Verwandlungsanekdote (z. B. der Hexe Héliotropé in *L'Héliotrope*) bzw. in Wandlungen eines göttlichen oder menschlichen Körperteils. So werden Venus' Nägel zu Onyx *(L'Onyce)*, Amors Blut versteinert zu Jaspis *(Le Jaspe)*, Auroras Tränen werden zu Perlen *(La Perle)*, der Augenglanz einer ertrunkenen Schäferin wandelt sich in Flußspat *(La pierre acqueuse ditte Enhydros)*. Oft sind diese Mythen eigene dichterische Schöpfungen Belleaus. Elf der Gedichte sind hochgestellten Damen gewidmet, so *Le Diamant* der Königin Louise de Vaudemont, der Gattin Heinrichs III., oder *La Perle* der Königin Marguerite von Navarra. Hier konstruiert der Dichter Entsprechungen zwischen den Eigenschaften des Steins und denjenigen der Damen. Die meisten dieser Frauen waren Besucherinnen des von Claude-Cathérine de Retz (1543–1606) gehaltenen *Salon Vert*, wo Belleau häufiger Gast war: Man glaubt, in der Gastgeberin die unerreichbare Liebe des Dichters identifizieren zu können: In der Tat durchzieht ein wehmütig-petrarkistischer Ton das ihr gewidmete Gedicht *La Turquoise (Der Türkis)* oder das wohl als Selbstzeugnis gedachte Gedicht *La pierre inextinguible ditte Asbesthos* (*Der unauslöschliche Stein, der Asbest heißt*; in Anspielung auf die unauslöschliche Flamme der Liebe) mit vielen versteckten Anspielungen auf Name und Person der Marschallin von Retz. Doch ist es nicht nur die Liebe, durch die ein tief empfundenes menschliches Anliegen den wissenschaftlich-didaktischen Bau des Werks durchbricht: eindringlich klagt Belleau in *La pierre du Coq ditte Gemma Alectoria. A la France (Der Hahnenstein genannt G. A., Frankreich gewidmet)* das Schicksal seines von Unruhen, Religions- und Bürgerkriegen zerfleischten Landes an. In den vielen politischen Anspielungen des Werks (*La Pierre d'Aymant – Der Magnetstein, Le Saphir – Der Saphir, La Turquoise – Der Türkis, La pierre sanguinaire – Der Hämatit* u. a.) ergreift Belleau nicht mehr, wie in früheren Werken, Partei für die eine oder andere Sache, sondern beklagt Gewalt und Krieg und beschwört Eintracht und Friede.

Belleau ist ein Musterbeispiel für den Wandel der Rezeption eines Dichters: zu seinen Lebzeiten wurde er, nicht zuletzt wegen seiner gelehrten Übertragungen der Oden ANAKREONS (1556), hoch gefeiert, dann jedoch war er jahrhundertelang fast vergessen, bis ihn 1828 C.-A. SAINTE-BEUVE (in *Tableau historique et critique de la poésie française et du théâtre français au XVIe siècle*) wiederentdeckte, allerdings hauptsächlich wegen seines anderen großen dichterischen Werks, der *Bergerie (Schäferdichtung)* von 1565, ein bukolisches Prosa- und Dichtungsgeflecht, aus dessen zweiter, erweiterter und korrigierter Ausgabe von 1572 das Gedicht *Avril* den Weg in zahlreiche Anthologien fand. Heute wirkt Belleau, *»étoile variable«* der *Pléiade*, Freund und dichterisch etwas konventionellerer Zeitgenosse P. RONSARDS (1524–1585), im wesentlichen durch *Les Amours* weiter. Das Werk ist nicht nur ein bedeutender Beitrag zur wissenschaftlichen Deutung der französischen Renaissance (es ist der wichtigste *lapidaire* seiner Zeit), sondern liefert auch einen geradezu exemplarischen Fall späthumanistischen Denkens und Dichtens in Zeichen, Sinnbildern und mythisch-kosmologischen Entsprechungen. Als wacher Zeuge der Pracht- und Schmuckliebe des späten Hofs der Valois »malt« Belleau in Worten, mittels einer Fülle von präzisen technischen Ausdrücken – die bei ihm teilweise zum ersten Male literarisch aufgeführt werden –, in Einklang mit dem Zeitgeschmack der französischen Renaissance ansprechende und kunstvolle Wiedergaben von kostbaren Gegenständen (z. B. *La Coupe de Crystal – Der Kristallkelch*) und beschwört lebendige Szenen: *»Niemals gab ein Mann seiner Zeit getreulicher die Gegenstände in belebten Bildern wieder, so daß man lesend die Dinge vor sich zu sehen meint«* (G. Colletet). M.G.D.

AUSGABEN: Paris 1576. – Paris 1578. – Paris 1867 (in *Œuvres complètes*. 3 Bde., Hg. A. Gouverneur; krit.). – Paris 1878 (in *Œuvres poétiques*, 2 Bde., Hg. Ch. Marty-Laveaux; Nachdr. Genf 1967). – Paris 1953 (in *Poètes du 16e siècle*, Hg. A.M. Schmidt, S. 521–659; Pléiade). – Genf 1973, Hg. M. F. Verdier (krit.; TLF).

LITERATUR: A. M. Schmidt, *La poésie scientifique en France au XVIe siècle*, Paris 1940. – U. T. Holmes, *The Background and Sources of R. B.'s »Pierre précieuses«* (in PMLA, 61, 1946, S. 624–635). – H. Dale, *B. et la science lapidaire* (in *Lumière de la Pléiade*, Paris 1966, S. 231–242). – I. Silver, *The ›Commentaries‹ of the »Amours« by Muret and B.* (in I. S., *Three Ronsard Studies*, Genf 1978, S. 109 bis 167). – G. Demerson, *Poétique de la métamorphose chez B.* (in *Poétique de la métamorphose*, Hg. ders., Saint-Étienne 1981, S. 125–142).

JEAN BODIN

* um 1530 Angers
† Juni 1596 Laon

LITERATUR ZUM AUTOR:
R. Chauviré, *J. B.*, Paris 1914. – J. Levron, *J. B. et sa famille*, Angers 1950. – *J. B. Verhandlungen der internationalen Bodin-Tagung in München 1973*, Hg. H. Denzer, Mchn. 1973. – G. Treffer, *J. B.*, Mchn. 1977. – P. L. Rose, *B. and the Great God of Nature*, Genf 1980. – *J. B., Actes du colloque interdisciplinaire d'Angers*, 2 Bde., Angers 1985.

COLLOQUIUM HEPTAPLOMERES de rerum sublimium arcanis abditis

(nlat.; *Siebenergespräche über die verborgenen Geheimnisse der Religion*). Dialog in sechs Büchern von Jean BODIN, entstanden vor 1593, erschienen 1841. – Das *Colloquium heptaplomeres* ist nach herrschender Meinung in den letzten Lebensjahren Bodins entstanden. Es gibt sich als Niederschrift eines Gesprächs, das im Hause des Venezianers Paulus Coronaeus, eines hochherzigen Mäzens der Künste und Wissenschaften, stattfand. Der Titel deutet auf ein Formelement: Es sind Dialoge zwischen sieben gelehrten Freunden, die verschiedenen Nationen, Konfessionen und Religionsgemeinschaften angehören: Fridericus ist Lutheraner aus der Bodenseegegend; Curtius ein französischer Kalvinist, von Beruf offenbar Jurist; der hochbetagte Salomo Barcassius, eine ehrwürdige Erscheinung, ist ein jüdischer Gelehrter; Octavius Fagnola ein zum Islam übergetretener Italiener. Hieronymus Senamus bekennt sich zu einem religiösen Universalismus mit rationalistischem Einschlag, der Spanier Diego Toralba zu einer Art Naturreligion; Paulus Coronaeus, der Hausherr, ist gläubiger Katholik. Die Gesprächsrunden, die bei den gemeinsamen Mahlzeiten stattfinden, knüpfen durchweg an einen Passus der Tischlektüre oder ähnlich Belangloses an, bevor sie ungezwungen und scheinbar zufällig zum eigentlichen Thema überleiten.

Die Bücher 1–3 behandeln die Geisterwelt der Engel und Dämonen, ein Thema, zu dem Bodin selbst die *Demonomanie des sorciers* (1580) beigetragen hatte. Von Buch 4 an wendet sich der Dialog religiösen Kernproblemen zu. Ausgehend von der musikalischen Harmonielehre und der vermeintlichen *concordia discors* im zwischenmenschlichen Bereich erörtern die Gesprächspartner zunächst die Frage, ob Gespräche über die Religion überhaupt angebracht seien. Bei der anschließenden Konfrontation der Religionen vertritt ein jeder die seine und verteidigt sie gegen die Einwände der übrigen Gesprächspartner. Salomo besteht auf dem Primat des mosaischen Glaubens; er sei die älteste und zugleich beste der Weltreligionen. Das Buch 5 beginnt mit einer Debatte darüber, ob man seine religiösen Überzeugungen in jedem Fall öffentlich bekennen müsse. Die Freunde vertreten die Überzeugung, das Entscheidende sei die Gesinnung; auch dürfe man den im Lande üblichen Kult nicht verachten, um nicht als Gottesleugner zu erscheinen. Über die Frage der Gleichsetzung der religiösen Bekenntnisse kommt es zu heftigen Kontroversen; dabei wird das Christusbild der Evangelien, zumal die Zweinaturenlehre, von den Nichtchristen mit Vehemenz attackiert. Auch das letzte Gespräch (6. Buch) beginnt harmlos. Nach unverfänglichen Plaudereien über verschiedenartige Rituale schwenkt es aber dann unversehens auf die Kontroverse des Vortags zurück. Wiederum stehen Christusbild und Trinitätslehre im Mittelpunkt der Diskussion. Die Inkarnation des Logos wird geleugnet und eine Kritik an der christlichen Sakramentenlehre vorgetragen, die sich zumal gegen das Dogma der Transsubstantiation richtet. Im Verlauf des Dialogs wechseln mehrfach die Fronten und Mehrheitsverhältnisse: Den Lutheranern gegenüber wird die Willensfreiheit energisch verteidigt; die kalvinistische Prädestinationslehre entschieden verworfen. Alles in allem haben die Christen einen schweren Stand; es gelingt ihnen kaum, aus der Defensive herauszukommen. Eine Annäherung der Auffassungen wird in den entscheidenden Fragen nicht erreicht; doch hindert das die Dialogpartner nicht, an echter Sympathie und Freundschaft festzuhalten.

Bodin schreibt das elegante Humanistenlatein seiner Zeit, freilich in einer recht eigenwilligen Ausprägung, durchsetzt mit Fachausdrücken oder *ad hoc* erfundenen Neubildungen; auch eine direkte, oft derbe Ausdrucksweise bleibt ihm nicht fremd. Die Satzstruktur ist im allgemeinen einfach, übersichtlich und von großer Präzision; nur bei besonderen Anlässen erhebt sich die Diktion zu pathetischem Schwung. Gegenüber dem Vorwurf, Bodin schreibe einen spröden und ledernen Stil, muß der realistische Charakter des Dialogs bedacht werden: Weite Strecken hindurch geht es um dogmatische Distinktionen, Fragen der Textkritik oder das Beibringen von Belegstellen. Einseitiger Lehrvortrag, das Hauptproblem der Gattung des literarischen Dialogs, wird streng vermieden: die Sprecher wechseln permanent; stets ist die Mehrzahl der Freunde am Gespräch beteiligt. Hervorzuheben ist dabei die Kunst des Übergangs. Zum raschen Wechsel der Sprecher kommen Ausrufe, kurze Einwürfe, abgebrochene Sätze oder provokante Zwischenfragen: das Bild einer angeregten Diskussion, bei der die Meinungen hart aufeinanderprallen, aber doch nie rüde Formen annehmen. Der Verschiedenartigkeit der Standpunkte entspricht die Verschiedenartigkeit der Temperamente: Die vornehme Gelassenheit des Curtius, die zum Poltern neigende Erregbarkeit des Fridericus oder die wendige Intelligenz des Octavius bringen Leben in die Debatte und bieten zugleich eine treffende Charakterisierung des jeweiligen Sprechers. Bei aller Ungezwungenheit und vorgeblicher Lässigkeit ist das *Colloquium heptaplomeres* ein sorgfältig durchkomponierter Text, vor allem im Hinblick auf die Möglichkeiten des Dialogs. Der einmal geäußerte Gedanke wird bald von dieser, bald von jener Seite aufgegriffen, eingeschränkt oder durch Beispiele erläutert und veranschaulicht. Diese Gesprächstechnik erlaubt letztlich auch die Artikulation gewagter Thesen, die dann durch abgestuften Konbzw. Dissensus der beteiligten Gesprächspartner wieder relativiert werden.

Angesichts des Scheiterns der Bemühungen, in religiösen Fragen eine Art Konkordanz herzustellen, hat man in der Forschung von dem verhüllten Ausdruck eines *»désastre profond«* (P. Mesnard) gesprochen und das *Colloquium heptaplomeres* als *»ein Buch der Resignation«* (G. Roellenbleck) bezeichnet. Es muß zwar eingeräumt werden, daß das Gespräch unter den sieben Freunden zu keiner Einigung führt und nicht einmal eine Annäherung der verschiedenen Positionen zum Ergebnis hat. Dieser pessimistischen Deutung läßt sich jedoch mit demselben Recht eine positive entgegenstellen. Die religiöse Kontroverse, die ansonsten zu grausamer Verfolgung, bedenkenlosem Blutvergießen und Orgien des Hasses führte, hat es nicht vermocht, die Freundschaft der Sieben auseinanderzubringen. Erblickt man aber im *Colloquium heptaplomeres* ein Bekenntnis zur Toleranz, dann endet es nicht in Resignation, sondern in stillem Triumph. In diesem Sinne wurde es offenbar zunächst von der Nachwelt verstanden. Die nach Bodins Tod kursierenden Abschriften, darunter einige in französischer Übersetzung, waren vorerst eine sorgsam vor den Augen der Zensur verborgene Rarität. Seit der Wende zum 18. Jahrhundert aber war das *Colloquium heptaplomeres* dann allgemein bekannt; es diente u. a. Hugo GROTIUS, Christine von Schweden, LEIBNIZ, BAYLE und THOMASIUS als Lektüre.

K. Rei.

AUSGABEN: Bln. 1841, Hg. G. E. Gurauer. – Schwerin 1857, Hg. L. Noack; Neudr. Stg./Bad Cannstatt 1966. – Paris 1914 (*Colloque de J. B. des secrets cachez des choses sublimes*, Hg. R. Chauviré; Ausz. einer frz. Übers.). – Genf 1984 (*Colloque entre septsçavants qui sont de differens sentimens*, Hg. F. Berriot; Ausg. einer frz. Übers.).

ÜBERSETZUNG: *Das Heptaplomeron. Zur Geschichte der Cultur und Literatur im Jahrhundert der Reformation*, G. E. Gurauer, Bln. 1841 [Teilübers.].

LITERATUR: F. v. Bezold, *J. B.s »Colloquium Heptaplomeres« u. der Atheismus des 16. Jh.s* (in HZ, 113, 1914, S. 260–315; 114, 1915, S. 237–301). – P. Mesnard, *La pensée religieuse de B.* (in Revue du 16e Siècle, 16, 1929). – G. Sabine, *The »Colloquium Heptaplomeres« of J. B.* (in *Persecution and Liberty*, Fs. G. L. Burr, NY 1931). – E. Benz, *Der Toleranzgedanke in der Religionswissenschaft* (in DVLG, 19, 1934). – H. J. Schoeps, *Jüdisch-christliches Religionsgespräch im 16. Jh.*, Bln. 1937. – G. Radetti, *Il problema della religione nel pensiero di J. B.* (in Giornale Critico della Filosofia Italiana, 16, 1938). – L. Febvre, *Le problème de l'incroyance au 16e siècle. La religion de Rabelais*, Paris 1942. – J. Blau, *The Christian Interpretation of the Cabala in the Renaissance*, NY 1944. – R. Drou, *Le carme J. B., hérétique* (in Bibliothèque d'Humanisme et Renaissance, 10, 1948). – J. Lecler, *Histoire de la tolérance au siècle de la réforme*, Paris 1955. – H. Busson, *Le rationalisme dans la littérature française au 16e siècle*, Paris 1957. – H. A. E. van Gelder, *The Two Reformations in the 16th Century. A Study of the Religious Aspects of Renaissance and Humanism*, Den Haag 1961, S. 367–398. – G. Roellenbleck, *Zum Schrifttum über J. B. seit 1936* (in Der Staat, 2, 1963; 3, 1964). – Ders., *Offenbarung, Natur u. jüdische Überlieferung bei J. B. Eine Interpretation des »Heptaplomeres«*, Gütersloh 1964. – *Religion, érudition et critique à la fin du 17e siècle et au début du 18e siècle*, Paris 1968. – U. Lange, *Untersuchungen zu B.s Demonomanie*, Ffm. 1970.

LES SIX LIVRES DE LA RÉPUBLIQUE

(frz.; *Sechs Bücher über den Staat*). Staatstheoretisches Werk von Jean BODIN, erschienen 1576. – Bodins Hauptwerk erschien vier Jahre nach der Bartholomäusnacht, in der der Kampf zwischen Protestanten und Katholiken seinen mörderischen Höhepunkt erreicht hatte. Längst war der konfessionelle Konflikt ein politischer geworden, der – mit schwindender Macht der Krone – das staatliche Leben nahezu paralysierte. Bodin hatte sich in der von ihren Gegnern abschätzig *»Les politiques«* genannten »dritten Partei« engagiert, einer Gruppe einflußreicher Männer, die die Lösung aus konfessioneller Engstirnigkeit vertrat und in religiöser Toleranz das Fundament eines für alle Stände gedeihlichen Zusammenlebens sah. Auch zu seiner Schrift *Über den Staat* fühlte er sich von den krisenhaften Zeitläuften herausgefordert; daß er eine Breitenwirkung erhoffte, zeigt die Wahl der französischen Sprache (erst 1586 folgte die lateinische Übersetzung). Der Bezug auf die klassische antike Literatur (PLATON, *Politeia*; ARISTOTELES, *Politika*; CICERO, *De re publica*) war für den gebildeten Humanisten selbstverständlich, doch bereits in seiner Definition des Staates *»durch die dem Recht gemäß geführte, mit souveräner Gewalt ausgestattete Regierung einer Vielzahl von Familien und dessen, was ihnen gemeinsam ist«* (Buch I, 1) setzt er sich kritisch von seinen Vorläufern ab und verweist auf das Fehlen gerade jener für ihn wesentlichen Kategorien in den antiken Staatsdefinitionen, als da sind: die Familie in ihrer patriarchalischen Struktur als Urbild des Staates, das Gemeingut und – als wichtigstes Merkmal – die Souveränität. Durchaus in der aristotelischen Tradition aber befindet sich Bodin, wenn er den Sinn staatlichen Handelns vor allem in der Befriedigung der menschlichen Grundbedürfnisse sieht, nämlich *»Pflege des Rechts, Schutz und Verteidigung der Untertanen, die Beschaffung* *der erforderlichen Lebensmittel«* (Buch I, 1). Das so geordnete Gemeinwesen läßt er aus dem vorstaatlichen Zustand der Anarchie hervorgehen, des Kampfes aller gegen alle, das dem Besiegten die Freiheit nahm, den Sieger aber mit souveräner Macht ausstattete: *»Überlegung und Einsicht lassen uns zu dem Schluß kommen, daß Staaten ursprünglich mit Gewalt gebildet worden sind«* (Buch I, 6). Bezeichnenderweise geht Bodin nicht auf die damals aktuelle Theorie des beschränkten Herrschaftsvertrags ein, mit der die Vertreter ständischer Interessen die Einschränkung der königlichen Macht untermauern wollten.

Im berühmten achten Kapitel des ersten Buchs *Über die Souveränität* stattet er deren Träger mit *»absoluter und dauernder Gewalt«* aus. Bodin unterscheidet drei mögliche Inhaber der ungeteilten Staatsgewalt: Volk, Aristokratie oder Fürst. Seine eindeutige Präferenz gilt der Monarchie, da er blutige Machtkämpfe, wie sie das damalige Frankreich erschütterten, unter demokratischer bzw. aristokratischer Herrschaft für unvermeidbar ansah, den inneren Frieden nur durch ein starkes Königtum gesichert glaubte. Daß ihm, der in humanistischem Geist dachte und wirken wollte, dennoch keine schrankenlose Herrschaft vorschwebte, bezeugen die sittlichen Normen, auf die er den Souverän verpflichtete. Dieser ist zwar den Gesetzen nicht unterworfen, wohl aber gebunden an das Natur- und Völkerrecht und nicht zuletzt an die Gebote Gottes (die lateinische Version verdeutlicht diese Spannung an den Begriffen *lex* und *ius*). Der Fürst war zudem an einmal geschlossene Verträge gebunden und mußte seinen Untertanen die Unantastbarkeit des Privateigentums garantieren. In der Auseinandersetzung mit den antiken Staatsformen (2. Buch) lehnt Bodin aus prinzipiellen Erwägungen (Unteilbarkeit souveräner Staatsgewalt) gemischte Staatsformen ab, erkennt aber die Möglichkeit verschiedener Regierungsformen an, die im Idealfall die Teilhabe aller Gruppen der ständischen Gesellschaft am staatlichen Leben zuließ: *»Ein Staat kann eine Monarchie sein und dennoch demokratisch regiert werden, wenn der Fürst an öffentlichen Ämtern und Ehrungen gleichermaßen alle ohne Ansehen des Adels, des Reichtums oder der Tüchtigkeit teilhaben läßt«* (Buch II, 2). *»Monarchie légitime«* nennt er diese Herrschaftsform, in der alle von ihm als positiv begriffenen Elemente – kraftvolle Staatlichkeit, bürgerliches Selbstbewußtsein und die Idee der Toleranz – eine glückliche Verbindung eingehen.

Bodin hat als erster den für die moderne Staatstheorie fundamentalen Begriff der Souveränität scharf umrissen. Indem er die politische Bedeutung des staatlichen Gewaltmonopols ins Licht rückte, hat er eine Diskussion entfacht, die bis in unsere Zeit andauert und die heute zunehmend unter der Fragestellung geführt wird, ob souveräne Einzelstaatlichkeit noch in der Lage ist, die anstehenden Weltprobleme zu lösen. Gleichermaßen zukunftweisend war Bodins Bewertung der Politik als eine praxisbezogene Wissenschaft, die mit ihrem Einfluß auf das Zusammenleben der Menschen der Theologie den Rang ablief. I.S.

AUSGABEN: Paris 1576. – Paris 1951 (in *Œuvres philosophiques*, Hg. P. Mesnard; unvollst.).

ÜBERSETZUNGEN: *Über den Staat*, G. Niedhart, Stg. 1976 (Ausw.; RUB). – *Sechs Bücher über den Staat*, B. Wimmer, Mchn. 1981.

LITERATUR: E. Feist, *Weltbild und Staatsidee bei J. B.*, Halle 1930. – J. Moreau-Reibel, *B. et le droit public comparé*, Paris 1933. – P. Mesnard, *L'essor de la philosophie politique au XVIe siècle*, Paris 1951, S. 473–546. – J. H. Franklin, *J. B. and the 16th Century Revolution of Law and History*, NY/Ldn. 1963. – M. Imboden, *B. und die Souveränitätslehre*, Basel 1963. – G. Cotoneo, *J. B. teorico della storia*, Neapel 1966. – J. H. Franklin, *J. B. and the Rise of Absolutist Theory*, Ldn. 1973. – P. King, *The Ideology of Order*, Ldn. 1974. – *»La République« de B. Atti del convegno di Perugia, 14.–15. nov. 1980* (in Il pensiero politico, 1981, Fasz. 1). – M. T. Lenger, *Les éditions anciennes de la »République« de B. conservées dans les bibliothèques belges*, Brüssel 1983. – M. Reulos, *Le chapître 7 du livre III de la »République« de B.* (in *La littérature et la Renaissance*, Hg. M. Soulié, Genf 1984, S. 357–365).

PIERRE DE BOURDEILLE, SIEUR DE BRANTÔME

* Mai 1537 Bourdeille
† 15.7.1614 Brantôme

LITERATUR ZUM AUTOR:
L. Lalanne, *B., sa vie et ses écrits*, Paris 1896. – G. de Piaggi, *Società militare e mondo femminile nell'opera di B.*, Salerno 1970. – R. D. Cottrell, *B., the Writer and Portraitist of His Age*, Genf 1970. – A. Grimaldi, *B. et le sens de l'histoire*, Paris 1971. – A.-M. Cocula-Vaillières, *B.*, Paris 1986.

VIES DES DAMES GALANTES

(frz.; *Das Leben der galanten Damen*). Anekdotische Memoiren von Pierre de Bourdeille, Sieur de BRANTÔME, entstanden seit 1589, erschienen 1665. – Brantôme begann seine Schriftstellerei nach einem abenteuernden Leben an diversen Fürstenhöfen und Kriegsschauplätzen Europas. Unmittelbarer Anlaß für die Hinwendung zur Literatur war seine erzwungene Untätigkeit nach einem unglücklichen Sturz vom Pferd. Das Gesamtwerk seiner Memoiren gliedert sich vom Thema her; neben den

Bett- und Klatschgeschichten der *dames galantes* schrieb er die weniger frivolen *Vies des dames illustres de France de son temps*, die *Vies des hommes illustres et grands capitaines* sowie ein Buch über denkwürdige Duelle am französischen Hof. Seine Memoiren lagen zunächst nur in Abschriften vor. Der Titel ist ein auf Marktgängigkeit berechneter Buchhändlertitel des 17. Jh.s, unter dem das Werk bekannt wurde.
Die *Vies des dames galantes* enthalten die Elemente einer *chronique scandaleuse* des 16. Jahrhunderts. Namen werden – von den betreffenden Liebhabern abgesehen – nicht genannt. Doch sind die Begleitumstände meist so deutlich geschildert, daß eingeweihte Kreise über die Identität der Beteiligten nicht im Zweifel sein konnten. Brantôme ordnet seine Materie thematisch an: *Über die Damen, die sich in Liebesabenteuer einlassen und ihren Ehegatten Hörner aufsetzen* (I); *Über die Frage, was in der Liebe den größten Lustgewinn verschafft* (II); *Vom Charme schöner Beine* (III); *Von den Reizen der reiferen Jahrgänge* (IV); *Über die Vorliebe der Frauen für tapfere Männer und deren Hang für mutige Frauen* (V); *Von den fatalen Folgen indiskreter Prahlerei* (VI) und *Über die Frage, wer wohl am hitzigsten sei: Ehefrauen, Witwen oder junge Mädchen* (VII).
Brantôme behandelt seine Themen nach dem Motto *»Naturalia non sunt turpia«*, d. h. mit einer natürlichen Obszönität. In struktureller Hinsicht besteht eine entfernte Ähnlichkeit mit den frühen *Essais* MONTAIGNES: Der Autor stellt eine These auf und belegt sie anhand exemplarischer Begebenheiten. Die Verknüpfung resultiert aus einer Art Analogie- bzw. Kontrastdenken. Eine jede der Anekdoten erfährt durch die nächste ihre Korrektur, sei es, daß der zugrunde gelegte Erfahrungssatz in seiner Verbindlichkeit in Frage gestellt oder auch bestätigt wird. Dahin gehört unter anderem, daß tendenziell gleichartige Liebesabenteuer einen bald komischen, bald tragischen, häufig blutigen Ausgang nehmen.
Brantômes Memoiren waren ursprünglich nur in Form von Manuskripten verbreitet. Erst gegen Ende des 17. Jh.s kam in Leiden die erste Ausgabe heraus, der bald weitere folgten. In unserem Jahrhundert scheint Brantôme eine Renaissance zu erleben, zumindest im Hinblick auf die *Vies des dames galantes*. K.Rei.

AUSGABEN: Leiden 1665 *(Mémoires de messire P. de B., sieur de B., contenant les vies des dames galantes de son temps)*. – Leiden 1666 *(Mémoires. Contenant les vies des dames galantes de son temps)*. – Paris 1834 *(Les dames galantes*; Vorw. Ph. Chasles). – Paris 1913 (*Vies des dames galantes*, Hg. u. Komm. B. de Villeneuve). – Paris 1927 (*Les dames galantes*, Hg. u. Komm. M. Rat). – Paris 1928, Hg. u. Komm. H. Longnon. – Paris 1930, Hg. u. Komm. R. Vèze. – Paris 1981 (Folio).

ÜBERSETZUNGEN: *Aus dem Leben galanter Frauen*, L. v. Alvensleben, Grimma 1850. – *Boudoir-Geschichten. Frauenlieb und Leben in Frankreich*, anon., Hbg. 1874. – *Das Leben der galanten Damen*, W. A. Kastner, Lpzg. 1904; ern. 1919. – *Das Leben der galanten Damen*, G. Harsdoerffer, Lpzg. 1905. – Dass., E. Th. Kauer, Bln. 1930. – Dass., J. Wilkat, Mchn. 1966. – Dass., G. Harsdoerffer, Ffm. 1981, 2 Bde. (Insel Tb).

LITERATUR: H. Omont, *Notice sur les manuscrits originaux et autographes des œuvres de B.* ... (in Bibliothèque de l'École des Chartes, 65, 1904, S. 5–53). – H. Loss, *B., prosateur et poète* (in Revue du Seizième Siècle, 19, 1932/33, S. 159–192). – M. Rat, *B. et les dames* (in MdF, 1946, S. 450–458). – V.-L. Saulnier, *B. et J. Du Bellay* (in Bulletin Bibliophile, 1951, S. 107–125). – R. Coupland, *Simile and Metaphor in B.* (in Acta Linguistica, 13, 1961, S. 145–170). – R. Judrin, *»Les dames galantes« de B.* (in NRF, 26, 1965, S. 106–112). – A. Lorian, *Dames illustres, dames galantes et ... formules de raccord* (in Le Français Moderne, 35, 1967, S. 243–269). – P. Morand, *Préface aux »Dames galantes« de B.* (in P. M., *Mon plaisir en littérature*, Paris 1967, S. 24–28). – G. Price, *Influences espagnole, italienne et occitane sur la langue de B.* (in Revue de Linguistique Romane, 31, 1967).

JEAN CALVIN

* 10.7.1509 Noyon
† 27.5.1564 Genf

LITERATUR ZUM AUTOR:
Bibliographien:
W. Niesel, *C.-Bibliographie 1901–1959*, Mchn. 1961. – D. Kempff, *A Bibliography of Calviniana, 1959–1974*, Leiden 1975.
Forschungsberichte:
H. Scholl, *Die katholische C.-Forschung im 20. Jh.*, Freiburg i. B. 1974. – H. Neuenschwander-Schindler, *Das Gespräch über C., 1685–1870*, Basel/Stg. 1975.
Gesamtdarstellungen und Studien:
E. Domergue, *J. C., les hommes et les choses de son temps*, 7 Bde., Lausanne 1899–1927. – K. Holl, *Johannes C.*, Tübingen 1909. – J. Pannier, *C. écrivain*, Paris 1930. – A. Lefranc, *C. et l'éloquence française*, Paris 1934. – A. M. Schmidt, *C. et la tradition française*, Paris 1957. – *Das Marienlob der Reformatoren*, Hg. W. Tappolet u. A. Ebneter, Tübingen 1962. – J. Cadier, *C.*, Paris 1966. – A. Ganoszy, *Le jeune C.*, Stg. 1966. – J. H. Merle d'Aubigné, *Histoire de la réformation en Europe au temps de C.*, 8 Bde., Osnabrück 1968 [Nachdr. d. Ausg. Paris 1863–1878]. – J. Staedtke, *Johannes C.*, Göttingen 1969. – E. Saxer, *Aberglaube, Heuchelei u. Frömmigkeit. Eine Un-*

tersuchung zu C.s reformatorischer Eigenart, Zürich 1970. – J. Bohatec, *C. und das Recht*, Aalen 1971 [Nachdr. d. Ausg. 1934]. – W. H. Neuser, *C.*, Bln. 1971. – H. Dubief, *La Réforme et la littérature française*, Paris 1972. – U. Plath, *C. und Basel in den Jahren 1552–1556*, Zürich 1973. – V. Tranquilli, *Il concetto di lavoro da Aristotele a Calvino*, Mailand/Neapel 1979. – E. P. Meijering, *C. wider die Neugierde*, Niewkoop 1980. – M. Despland, *Légitimation et délégitimation de la loi. Réflexions à partir de Platon, C. et Hegel* (in Laval théologique et philosophique, 39, 1983, S. 55–67). – M. Jenny, *Luther, Zwingli, C. in ihren Liedern*, Zürich 1983. – A. Vos, *Aquinas, C., and Contemporary Protestant Thought*, Grand Rapids/Mich. 1985, S. 179–196. – St. Zweig, *Ein Gewissen gegen die Gewalt. Castellio gegen C.*, Ffm. 1987.

ADVERTISSEMENT TRESUTILE DU GRAND PROFFIT QUI REVIENDROIT A LA CHRESTIENTÉ, S'IL SE FAISOIT INVENTOIRE DE TOUS LES CORPS SAINCTZ ET RELIQUES, QUI SONT TANT EN ITALIE, QU'EN FRANCE, ALEMAGENE, HESPAIGNE ET AUTRES ROYAUMES ET PAYS

(frz.; *Sehr nützlicher Bericht über den großen Vorteil, der der Christenheit aus einer Bestandsaufnahme aller Heiligen Leichname und Reliquien in Italien wie in Frankreich, Deutschland, Spanien und anderen Ländern erwachsen würde*). Traktat von Jean Calvin, erschienen 1543, in späteren Ausgaben meist unter dem Titel *Traité des reliques*. – In seiner Abhandlung geißelt Calvin Auswüchse der Reliquienverehrung in der katholischen Kirche. Die Anbetung der Überreste von Heiligen lenke die Menschen von Christi Wort und Sakramenten ab. Gleichsam als Strafe für solchen Götzendienst *(idolatrie)* habe es Gott zugelassen, daß die Menschheit durch unechte Reliquien (z. B. Esels- oder Hundeknochen) getäuscht würde. Um den Gläubigen die Augen für diesen Betrug zu öffnen, schlägt Calvin eine Bestandsaufnahme sämtlicher Reliquien vor. Daraus würde sich ergeben, daß jeder Apostel mehr als vier und jeder Heilige wenigstens zwei oder drei Körper besessen haben müsse. Da ein vollständiges Register von ihm selbst nicht zu bewerkstelligen sei, begnüge er sich mit der Aufzählung von Reliquien Christi, der Mutter Gottes, des Erzengels Michael, Johannes des Täufers, der Apostel und einer Anzahl von Heiligen und Märtyrern, die nach seiner Kenntnis in Italien, Frankreich, Deutschland und Spanien vorgewiesen werden. Allein die Überreste des Kreuzes würden eine ganze Schiffsladung ergeben. – Anhaltspunkte für die Beurteilung der Echtheit bzw. Unechtheit von Reliquien liefern Calvin die *Bibel* (unter Betonung des reformatorischen *Sola-scriptura*-Prinzips) und sein kritischer Sinn; so weist er darauf hin, daß Reliquien oftmals nicht den Sitten und Gebräuchen der Zeit Christi, sondern denen späterer Jahrhunderte entsprechen.

In dem umfangreichen literarischen Werk Calvins ist die Schrift den Traktaten zuzuordnen, die zu theologischen Einzelfragen Stellung nehmen. Der von einem ausgeprägten Sendungsbewußtsein erfüllte Reformator, der zugleich einen klaren Blick für politische Realitäten besaß, wollte mit seiner polemischen Abhandlung vor allem die Fürsten zur Abstellung katholischer »Mißbräuche« und zur Annahme der »wahren« christlichen Lehre bewegen.

G. Scho.

Ausgaben: Genf 1543. – Genf 1548 [lat. Übers.]. – Braunschweig 1867 (Joannis Calvini, *Opera quae supersunt omnia*, Hg. W. Baum, E. Cunitz u. E. Reuss, Bd. 6; *Corpus reformatorum*, Bd. 34; Nachdr. NY/Ldn. 1964). – Ldn. 1970 (in *Three French Treaties*, Hg. F. M. Higman).

Literatur: O. E. Strasser, Art. *C.* (in RGG, 1, 1957, Sp. 1588–1593). – O. Weber, Art. *C., Theologie* (ebd., Sp. 1593–1599). – E. W. Zeeden, Art. *C., Calvinismus, Geschichte* (in LThK, 2, 1958, Sp. 887–895). – Ders., *Das Zeitalter der Gegenreformation*, Freiburg i.B., 1967, S. 35–117. – F. M. Higman, *The Style of J. C. in His French Polemical Treaties*, Ldn. 1967.

CHRISTIANAE RELIGIONIS INSTITUTIO TOTAM FERE PIETATIS SUMMAM ET QUICQUID EST IN DOCTRINA SALUTIS COGNITU NECESSARIUM COMPLECTENS

(nlat.; *Unterweisung in der christlichen Religion, umfassend nahezu die ganze Summe der Frömmigkeit und dessen, was in der Heilslehre zu wissen notwendig ist*). Dogmatik von Jean Calvin, erschienen 1536 in lateinischer, 1541 in französischer Sprache. Spätere Ausgaben wurden stark überarbeitet, als endgültiger Text gilt die lateinische Fassung von 1559, erschienen in Genf, der Wirkungsstätte Calvins und dem Zentrum des Calvinismus. – Nicht Luther, der den Fragen kirchlicher Organisation keine systematische Darstellung widmete, sondern Calvin lieferte mit seiner *Institutio* die erste alle Lebens- und Glaubensbereiche umfassende Dogmatik der Reformation. Sie wurde besonders für die französischen Calvinisten – die Hugenotten – Glaubensbekenntnis, Kampfschrift und Staatslehre zugleich. Das Vorwort hat die Form eines Widmungsbriefs an Franz I., den König des katholischen Frankreich: Calvin erklärt darin die Notwendigkeit seiner Glaubensreform, versichert aber zugleich, daß die Calvinisten weiterhin königstreue Franzosen bleiben würden und lediglich in Glaubensfragen um Selbständigkeit und Tolerierung bäten. Tatsächlich hatte Calvin zu Beginn der Bewegung zu verhindern versucht, daß seine Gemeinde das Chaos und die Anarchie der Reformationszeit vergrößerte. Erst später – unter dem Druck der politischen Ereignisse und infolge der konsequenten und strengen Auslegung der neuen Lehre (wie

sie besonders im letzten Teil der *Institutio* formuliert wird) – nahm der Calvinismus einen missionarischen und militanten Charakter an.
Die *Institutio* behandelt vier Hauptthemen: Gott und sein Gesetz, den sündigen Menschen, die Möglichkeit seiner Erlösung und die Aufgaben der Kirche. Calvin stützt seine Darstellung allein auf die *Heilige Schrift*. Er verficht rigoros die protestantische Lehre, daß nur die *Bibel* als Quelle des Glaubens gelten könne. Das Wort Gottes ist dort in absolut gültiger und ausreichender Form niedergelegt. Die Kirche hat sich zu Unrecht die Rolle des Mittlers zwischen Gott und Menschen angeeignet; weder sie noch der Mensch selber vermögen etwas daran zu ändern, daß Gott den einen die Verdammung, den andern das Heil vorbestimmt hat. Der nicht vom Heiligen Geist erwählte Mensch müht sich vergebens; der Wert seiner Anstrengungen ist gleich null. Er kann nicht einmal aus freiem Entschluß das Gute wollen, denn sein Wille ist durch die Erbsünde von Grund auf verderbt, und kein Verdienst, nur die ihm grundlos gewährte Gnade Gottes vermag ihn zu erlösen. Sein Weg, ob gut oder böse, ist von Gott vorgezeichnet.
Vor allem die Radikalität dieser Prädestinationslehre unterscheidet Calvins Lehre vom Glauben der anderen Reformatoren. Alle Erlösungshilfen, wie Reue und Buße, lehnt er ab und weist die Funktionen der Kirche eindeutig in die Schranken irdischen Wirkens: die Kirche ist die Gemeinschaft gläubiger Christen – heiliger und sündiger – im allgemeinen Priestertum. Die Kirchenältesten sind Verwalter und Prediger der biblischen Lehre, sie sind Gesetzgeber und Richter über die Lebensführung ihrer Gemeinde. Als Sakramente erkennt Calvin nur Taufe und Abendmahl (in beiderlei Gestalt) an, wobei der Eucharistie die Bedeutung eines symbolischen Liebesmahles zum Gedächtnis Christi zukommt.
Die *Institutio* legt bis in kleinste Einzelheiten die Kirchenlehre sowie die Richtlinien und Sittenmaßstäbe der reformierten Gemeinde Calvins fest. Das Werk gewinnt seine Überzeugungskraft weniger aus dem reformatorischen Eifer und der bekehrenden Gewalt, die Luthers Schriften ausstrahlen, es bezwingt vielmehr jeden Widerspruch durch umfassende Schriftbelege und die harte Logik der Argumentation, die kein Deuteln zuläßt. Die Stabilität und Unbesiegbarkeit des Hugenottentums in Frankreich – aber auch des Schweizer und niederländischen Calvinismus – beruht auf dieser detaillierten Exaktheit der *Institutio*, die das gesamte Leben, Tun und Denken des Menschen in eine feste Ordnung fügt. M.Sch.

AUSGABEN: Basel 1536. – Genf 1541 *(Institution de la religion chrestienne, en laquelle est comprise une somme de la pieté)*. – Genf 1559 *(Christianae religionis institutio)*. – Paris 1911, Hg. A. Lefranc u. a. – Paris 1936–1939 *(Institution de la religion chrétienne*, Hg. J. Pannier, 4 Bde.). – Genf 1955 ff. – Paris 1957 (*Institution de la religion chrestienne 1559*, Hg. J.-D. Benoît; m. Einl.).

ÜBERSETZUNGEN: *Christliche Glaubenslehre*, B. Spiess, Wiesbaden 1887 [übers. nach d. Ausg. 1536; Nachdr. 1985]. – *Unterricht in der christlichen Religion*, E. F. K. Müller, Neukirchen 1909; zul. 1985, Hg. O. Weber.

LITERATUR: E. Troeltsch, *Die Soziallehren d. christl. Kirchen u. Gruppen*, Tübingen 1912; [2]1962. – J. W. Marmelstein, *Étude comparée des textes latins et français de »L'institution de la religion chrestienne« par J. C.*, Diss. Groningen 1921. – A. Autin, *»L'institution chrétienne« de C.*, Paris 1929. – L. Binde, *Die Frage d. Gotteserkenntnis bei C. Dargestellt auf Grund des »Christianae religionis institutio« von 1559*, Diss. Heidelberg 1932. – P. Imbart de la Tour, *Les origines de la Réforme*, Bd. 4: *C. et »L'institution de la religion chrétienne«*, Paris 1935. – G. E. Mueller, *C.'s »Institutes of the Christian Religion« as an Illustration of Christian Thinking* (in Journal of Ideas, 4, 1943, S. 287–300). – L. Schummer, *Le Ministère Pastoral dans l'Institution Chrétienne de C. à la Lumière du Troisième Sacrement*, Stg. 1965. – H. Scholl, *Der Dienst des Gebetes nach Johannes Calvin*, Zürich 1968. – V. Press, *Calvinismus und Territorialstaat*, Stg. 1970. – R. H. Ayers, *Language, Logic and Reason in C.'s »Institutes«* (in Religious Studies, 16, 1980, S. 283–297). – E. McKee, *John C. on the Diaconate and Liturgical Almsgiving*, Genf 1984. – Ders., *Elders and the Plural Ministry: The Role of Exegetical History in Illuminating John C.'s Theology*, Genf 1988.

PIERRE CHARRON

* 1541 Paris
† 16.11.1603 Paris

DE LA SAGESSE TROIS LIVRES

(frz.; *Drei Bücher über die Weisheit*). Moralphilosophische Abhandlung von Pierre CHARRON, erschienen 1601. – Das Werk behandelt die Frage, wie der Mensch durch den richtigen Einsatz seiner Vernunft zu einer von Weisheit geprägten Lebensführung gelangen kann. Neben den *Essais* von MONTAIGNE, der Charrons Freund und Vorbild war, trug die Schrift entscheidend zur Entwicklung emanzipatorischen Denkens im Frankreich des 17. Jh.s bei. Im Unterschied zu Montaigne bedient sich Charron allerdings einer streng systematischen Form der Darlegung.
Das erste Buch, *»das von der Erkenntnis des Selbst und der menschlichen Verfassung handelt«*, analysiert die Grundlage der Natur des Menschen. Aus dem Gegensatz von Körper und Geist wird die für ihn charakteristische Ambivalenz von animalischer

Triebgebundenheit und göttlicher Verstandeskraft, die die Befindlichkeit des einzelnen und der Gemeinschaft bestimmt, abgeleitet. Schon hier spielt das Problem von Schicksal und Selbstbehauptung eine bedeutende Rolle. Die Ergebnisse der psychophysischen Analyse des Menschen dienen als Ausgangspunkt für die Erkundung seines moralischen Verhaltens. Sie wird im zweiten Buch, *»das die allgemeinen Anleitungen und Regeln der Weisheit enthält«*, unternommen. Die Frage, wie Fehlhaltungen und Vorurteile zu vermeiden seien, findet ihre Anwort darin, daß der Mensch sich zur Bekämpfung falschen Wahns um eine seiner Naturanlage angemessene und in der Praxis lebbare Weisheit bemühen müsse. Diese *preud'hommie* (afrz. Rechtschaffenheit) wird als eine Summe von auch durchaus bürgerlichen Eigenschaften definiert. Kraft seiner Vernunft soll der Mensch Unterscheidungsvermögen und geistige Selbständigkeit mit Besonnenheit, Umgänglichkeit und Gesetzestreue verbinden. Ihren inneren Zusammenhalt finden die für die Erringung *»menschlicher Weisheit«* notwendigen Eigenschaften in der Bereitschaft und Fähigkeit, jederzeit ruhig sterben zu können. Das dritte Buch, *»das die besonderen Ratschläge zur Weisheit auf der Grundlage der vier moralischen Tugenden enthält«*, gibt – ausgehend von den vernunftbestimmten Kardinaltugenden Klugheit, Gerechtigkeit, Stärke und Mäßigung – Anleitungen zum weisen und »politischen« Verhalten in allen möglichen Beziehungen und Lebenslagen. – In seiner Gesamtheit bildet *De la sagesse* nur den abschließenden Teil eines größeren Erklärungsmodells, bei dem es um Fragen der Weltordnung und der daraus abgeleiteten Anweisung zur richtigen Lebensführung geht. Dessen Grundlagen behandelte Charron in den früher erschienenen Schriften *Les trois veritez* (1593/95) und *Discours chrétiens* (1600/01). Darin werden aus vornehmlich theologischer Perspektive Fragen des wahren Glaubens und der christlichen Offenbarung erörtert.

In *De la sagesse* bleibt dagegen die Betrachtung allein auf die der menschlichen Vernunft möglichen Erkenntnisweisen beschränkt. Entsprechend deutlich eingegrenzt ist auch der Bereich, für den die Lehren dieses Werks Gültigkeit beanspruchen. Hier findet sich eine erste Antwort auf die Frage, wie es sich vereinbaren läßt, daß Charron wegen seiner theologischen Werke als Apologet des katholischen Christentums verstanden wurde, sich aber durch die Abhandlung *De la sagesse*, die trotz einer um Klärung und Abmilderung bemühten Überarbeitung (postum 1604) auf dem Index erschien, den Vorwurf des Atheismus zugezogen hat. Charron will, wie er auch im Vorwort zur zweiten Auflage und in der Zusammenfassung des *Petit traité de la sagesse* präzisiert, nichts anderes als den Entwurf einer neuen *»scientia civilis«*. Wie muß derjenige, der sich nicht abgeschieden hinter Klostermauern befindet, sondern dem pulsierenden Leben des Alltags ausgesetzt ist, sein Verhalten einrichten, um zur Weisheit zu gelangen? Mit dieser Frage wendet er sich an alle Menschen, die ihre Vernunft zu benutzen wissen, und nur für sie, die *»esprits forts«*, ist die Anleitung gedacht. Die methodische Behandlung der Problematik richtigen Verhaltens in der Welt erscheint nötig, um der planlosen Willkür, mit der sich das Leben der Menschen in der Gesellschaft vollzieht, entgegenzuwirken. Die Erfahrung der Religionskriege, die die Generation Charrons in den voraufgegangenen Jahrzehnten durchlitten hatte, macht die Dringlichkeit der Fragestellung begreiflich. Da er bei den Theologen, die über ihren abstrakten Problemen die existentielle Praxis vernachlässigen, keine akzeptablen Lösungen auszumachen vermag, sucht Charron, wie schon die Humanisten der früheren Zeit, eine zufriedenstellendere Antwort bei den Denkern und Philosophen der Antike. Er setzt, um den Punkt zu finden, von dem aus ein Weg zur Erlangung abgeklärter Weisheit führt, bei der Erkenntnis des eigenen Nichtwissens ein. Dabei greift er, ähnlich wie Montaigne, auf den antiken Skeptizismus zurück, baut aber dessen gedanklichen Kern, den Zweifel, zu einem geschlossenen System aus. Die dadurch bewirkte Hervorhebung individueller Eigenverantwortlichkeit und menschlicher Autonomie gegenüber jeder übernatürlichen Instanz hat dem Werk Charrons seine außerordentliche, im Vergleich zu den *Essais* jedoch zeitgebundenere Anziehungskraft verliehen. K.L.

Ausgaben: Bordeaux 1601 *(De la sagesse, livres trois)*. – Paris [2]1604 (*De la sagesse, trois livres;* neu bearb. u. erw.). – Paris 1635 (in *Toutes les œuvres*). – Paris 1824 (*De la sagesse*, Hg. u. Anm. A. Duval; Nachdr. 1968). – Paris 1986.

Literatur: C.-A. Sainte-Beuve, *C.* (in C.-A. B., *Causeries du lundi XI*, Paris 1856, S. 197–223). – H. Teipel, *Zur Frage des Skeptizismus bei P. C.*, Wuppertal 1912 [Diss.]. – J. B. Sabrié, *De l'humanisme au rationalisme. P. C. (1541–1603)*, Paris 1913. – J. D. Charron, *The Wisdom of P. C.*, Chapel Hill 1960. – G. Schneider, *Das Programm der Skepsis bei P. C.* (in G. S., *Der Libertin. Zur Geistes- und Sozialgeschichte des Bürgertums im 16. u. 17. Jh.*, Stg. 1970, S. 154–171). – R. Kogel, *P. C.*, Genf 1972. – M. C. Horowitz, *Natural Law as the Foundation for an Autonomous Ethic. C.s »De la sagesse«* (in Studies in the Renaissance, 21, 1972, S. 204–227). – M. Adam, *P. C. et son temps* (in Revue française d'histoire du livre, 10, 1976, S. 127–159). – M. Iofrida, *A proposito della »Sagesse« di P. C.* (in Annali della scuola normale superiore di Pisa, Lettere e Filosofia, ser. III, 8, 1978, H. 1, S. 525–564). – P. F. Grendler, *P. C. Precursor of Hobbes* (in P. F. G., *Culture and Censorship in Late Renaissance Italy and France*, Ldn. 1981, S. 212 bis 224). – A. Gil, *Zur ›doppelten Moral‹ C.s. Der Einfluß Senecas auf die Todesthematik in »De la sagesse«* (in Arcadia, 16, 1981, S. 113–130). – F. Kaye, *C. et Montaigne. Du plagiat à l'originalité*, Ottawa 1982. – J. Larmat, *Nature et culture dans le traité »De la sagesse« de C.* (in *La littérature de la Renaissance. Mélanges M. Soulié*, Genf 1984).

BONAVENTURE DES PÉRIERS

* um 1510 Arnay-le-Duc / Burgund
† 1543/44 Südwestfrankreich

LE CYMBALUM MUNDI, EN FRANCOYS, CONTENANT QUATRE DIALOGUES POÉTIQUES, FORT ANTIQUES, IOYEUX ET FACETIEUX

(frz.; *Das französische Cymbalum mundi, das vier poetische, sehr antike, fröhliche und spaßhafte Dialoge enthält*). Satirische Dialoge von Bonaventure DES PÉRIERS, erschienen 1537 unter dem Pseudonym Thomas de Clerier. – Des Périers gab vor, eine lateinische Vorlage ins Französische übertragen zu haben. In Wirklichkeit handelt es sich um ein allegorisch verschlüsseltes Pamphlet, ähnlich denen von LUKIAN, das zu seiner Zeit beträchtliches Aufsehen erregte. Unter der Maske harmloser Dialoge sind diese Allegorien, Anagramme und Parabeln eine scharfe, in der Zeit der Reformation und Gegenreformation nicht ungefährliche Satire auf die Kirche und ihre Dogmen. Anspielungen auf die Kämpfe zwischen Calvinisten und Katholiken sind klar erkennbar. Des Périers kritisiert die Intoleranz dieser Gruppen in einem sarkastischen Ton, der an RABELAIS erinnert.

Im ersten Dialog behauptet Merkur, den der Autor, wie man heute annimmt, für Jesus Christus sprechen läßt, von Jupiter (Gott Vater) geschickt worden zu sein, um ein Buch neu binden zu lassen. Dieses wird ihm aber in einer Herberge von zwei jungen Spaßvögeln gestohlen, die den Leuten versprechen, sie gegen ein Entgelt in das »Buch der Unsterblichkeit« einzutragen. Offensichtlich karikiert der Autor in diesem Dialog das Ablaßwesen der katholischen Kirche; die beiden jungen Leute repräsentieren dabei die Ablaßprediger.

Der zweite Dialog behandelt den Streit der Theologen um die eine wahre Religion. Die Gesprächspartner sind Trigabus (der »dreifache Spaßmacher« – *triple gabeur*), Rhetulus (Anagramm für Lutherus), Cubercus (Bucerus) und Drarig (Girard, der Familienname des Erasmus von Rotterdam). Sie alle suchen nach dem Stein der Weisen, dem Sinnbild der Wahrheit. Merkur, verkleidet als alter Mann, hat diesen Stein aber schon in viele kleine Stücke zerbrochen zum Beweis dafür, daß es nicht nur eine Wahrheit gibt. Er erteilt den Suchenden den Rat, lieber in der Welt gut und hilfreich zu sein, als einer utopischen letzten Wahrheit nachzujagen.

Im dritten Dialog entpuppt sich das gestohlene Buch als das »Buch der Schicksale« *(Livre des destins)*. Es endet mit satirischen Ausfällen gegen Astrologen und Wahrsager, die behaupten, den Menschen ihr Geschick voraussagen zu können.

In dem berühmten vierten Dialog, der Paraphrase einer Metamorphose des OVID, unterhalten sich zwei Hunde, die dadurch, daß sie ihren in einen weißen Hirsch verwandelten Herren Actéon verschlangen, die Redegabe erhalten haben. Der eine Hund, Hylactor, ist begierig darauf, mit seiner Gabe zu prunken und bei den Menschen zu Ehren zu gelangen; der klügere Pamphagus dagegen möchte sogleich wieder ein gewöhnlicher Hund sein, denn er verabscheut die menschliche Sensationslust und den weltlichen Ruhm, die nur von kurzer Dauer sind. Des Périers wendet sich damit gegen die Neigung seiner Zeitgenossen, aus Opposition oder Eitelkeit ihre Thesen zu verkünden, zu streiten um des Streites willen und mit leeren Phrasen sich Gehör zu verschaffen.

Nach seiner Wiederentdeckung wurde das Werk zunächst nur als literarischer Versuch eines Spaßvogels angesehen. Eine Aufschlüsselung der Allegorien, in denen Des Périers alle kritisiert, die glauben, eine besondere Wahrheit predigen und verteidigen zu müssen, erweist ihn als Vertreter jener religiösen Skepsis, die sich in Frankreich seit dem Eindringen des Gedankenguts der italienischen Renaissance auszubreiten begann. Mit den italienischen Humanisten teilt Des Périers auch die Neigung zur ausführlichen Verarbeitung antiker Überlieferungen, sei es literarischer, sei es mythologischer Art. Seine Umwelt verstand seine Anspielungen, und ihm wurde der Prozeß gemacht. Aber als *valet de chambre* am Hof der humanistenfreundlichen MARGUERITE D'ANGOULÊME hatte er mächtige Fürsprecher und ging frei aus; nur der Drucker des *Cymbalum mundi* – Jehan Morin – wurde verurteilt, das Werk selbst bis auf ein Exemplar, das diesem Schicksal entging, vom Henker verbrannt.

U.F.

AUSGABEN: Paris 1537 [unter Pseud. Thomas de Clerier]. – Lyon 1544 (in *Recueil des œuvres*). – Paris 1842, Hg. P. L. Jacob. – Paris 1856 (in *Œuvres françoyses*, Hg. M. L. Lacour, 2 Bde.). – Paris 1914, Hg. P. P. Plan [Faks. d. Ausg. 1537]. – Manchester 1958, Hg. P. H. Nurse. – Genf 1983, Hg. ders. (Vorw. M. A. Screech; TLF).

LITERATUR: L. Delaruelle, *Étude sur le problème du »Cymbalum mundi«* (in RHLF, 32, 1925, S. 1–23). – L. Febvre, *Une histoire obscure. La publication du »Cymbalum mundi«* (in Revue du XVIe siècle, 17, 1930, S. 1–41). – Ders., *Origène et Des Périers ou L'énigme du »Cymbalum mundi«* (in BdHumR, 2, 1942, S. 7–131). – H. Just, *La pensée secrète de B. Des Périers et le sens du »Cymbalum mundi«*, Casablanca 1948. – V. L. Saulnier, *Le sens du »Cymbalum mundi« de B. Des Périers* (in BdHumR, 13, 1951, S. 43–69; 137–171). – D. Neidhardt, *Das »Cymbalum mundi« des B. Des P. Forschungslage und Deutung*, Genf/Paris 1959. – N. C. W. Spence, *Sidelights on the »Cymbalum mundi«* (in RJ, 12, 1961, S. 94–104). – F. M. Weinberg, *›La parolle faict le jeu‹. Mercury in the »Cymbalum mundi«* (in EsCr, 16, 1976, S. 48–62). – I. R. Morrison, *The »Cymbalum mundi« Revisited* (in BdHumR, 39, 1977, S. 263–280). – W. Börner, *Das »Cymbalum* *mundi« des B. Des P.*, Mchn. 1980. – C. A. Mayer, *Des P.* (in C. A. M., *Lucien de Samosate et la Renaissance française*, Genf 1984, S. 165–190). – E. Kushner, *Structure et dialogue dans le »Cymbalum Mundi« de D.* (in *Crossroads and perspectives*, Hg. C.-M. Grisé u. C. D. E. Tolton, Genf 1986, S. 181–189).

LES NOUVELLES RÉCRÉATIONS ET JOYEUX DEVIS

(frz.; *Die neuen Schwänke und lustigen Unterhaltungen*). Novellensammlung von Bonaventure Des Périers, erschienen 1558. – Die erste in Lyon gedruckte Auflage der Novellen enthielt 90 Geschichten; zahlreiche Neuauflagen des 16. Jh.s fügten Erweiterungen hinzu, deren Authentizität jedoch umstritten ist. Daß man Des Périers die Autorschaft überhaupt absprach und das Werk seinem Freund Peletier du Mans oder Denisot zuschrieb, ist auf die heitere Erzählweise zurückzuführen, die sich von dem zu Lebzeiten des Autors gedruckten ernsteren Pamphlet, dem *Cymbalum mundi*, abhebt. Dieser Unterschied in der Darstellungsweise kann aber nicht über die ähnliche satirische Grundtendenz hinwegtäuschen, die sich in den Novellen allerdings nicht gegen den religiösen Fanatismus der Zeit richtet, sondern gegen die Übel und kleineren Übertretungen der Gesellschaft des 16. Jh.s. Der heitere Grundton mag als Ausweichmanöver des derben Satirikers angesehen werden, der nach der Veröffentlichung des *Cymbalum mundi* in den Streit der religiösen Parteien geriet und die Kammerdienerstelle bei seiner Gönnerin Margarete von Navarra verlor. Der Erfolg der Werke Rabelais' (*Pantagruel*, 1532; *Gargantua*, 1535) mag ihn in dieser Richtung ermutigt haben. Die Nachahmung der Rabelaisschen Manier wird in der ersten, in der Form einer Präambel geschriebenen Novelle deutlich, in welcher Des Périers auf die heilsamen Folgen der Erheiterung in einer Zeit der Widerwärtigkeiten (Anspielung auf den wenig dauerhaften Waffenstillstand zwischen Karl V. und Franz I.) hinweist: *»Außerdem ließ mir die Erwägung, daß es die Kranken sind, die der Medizin bedürfen, just diese Zeit als die beste erscheinen. Ihr müßt aber nicht denken, daß ich Euch nur einen geringen Dienst leiste, indem ich Euch etwas gebe, was Euch erheitern kann: Etwas Besseres kann der Mensch überhaupt nicht tun.«* Die Lebensregel *»bene vivere et laetari« (»gut leben und lustig sein«)*, die Des Périers dem Leser anempfiehlt, soll in der Folge durch das Erzählen heiterer und unproblematischer Geschichten, die teilweise in pointierte Wechselreden aufgelöst werden, in die Tat umgesetzt werden. Die Novellen, die gallischen Humor in einer bewußt einfachen Sprachform darbieten, bestehen aus einer bunten, durch keine kunstvolle Rahmenerzählung zusammengehaltenen Reihe kurzer Geschichten, die zum Teil bloßes Wortspiel, zum Teil kleine Sittenkomödien sind. Sie stellen Listen, Heucheleien, Schelmenstücke, auch derbe Späße meist einfacher Menschen aus dem Bereich des alltäglichen Lebens dar. Aus dem Blickpunkt des Skeptikers werden geschickt ausgewählte Einzeltypen anschaulich gemacht: betrogene Ehemänner, leichtfertige Frauen, allzu unternehmungslustige junge Leute, habgierige Geistliche usw.

Des Périers schöpft vor allem aus der französischen Tradition des *fabliau*, aus mündlichen Erzählungen, den *Cent nouvelles nouvelles* sowie aus dem Werk seines Zeitgenossen Noël du Fail (*Les propos rustiques de maître Léon Ladulfi*, 1547), weniger aus den Klassikern dieses Genres, den *Facetiae* des Poggio und dem *Decamerone* des Boccaccio. Geschichten der *Récréations* werden ihrerseits von Henri Estienne in seiner *Apologie pour Hérodote* (1566) aufgegriffen. Im 17. Jh. wertet La Fontaine den zu seiner Zeit wenig gelesenen Autor systematisch aus; seine Erzählung *Les lunettes (Die Brille)* geht auf die 62. Novelle der *Récréations* zurück: *»... von dem jungen Burschen, der sich Thoinette nannte, um in ein Nonnenkloster aufgenommen zu werden, und wie er die Brille der Äbtissin, welche die vorgebliche Nonne bei der Nacktparade visitierte, springen ließ.« La laitière et le pot au lat (Das Milchmädchen und der Milchtopf)* ist die Wiedergabe der zwölften Novelle: *»Vergleichung der Alchimisten mit der guten Frau, die einen Topf voll Milch zum Markte trug.«* Der Einfluß Rabelais' ist vor allem stilistisch nachweisbar, im ironischen Gebrauch gelehrter Wörter, den Latinismen, in den zahlreichen Neuschöpfungen und im Erzählstil der gesprochenen Sprache. – Der Erfolg der *Nouvelles récréations*, die durch ihre freimütige und respektlose Darbietungsform dem Geist der französischen Renaissance entsprachen, war seit ihrem Erscheinen bedeutend. R.L.

Ausgaben: Lyon 1558. – Amsterdam 1735, 3 Bde. *(Les contes ou Les nouvelles récréations et joyeux devis)*. – Paris 1841 *(Les contes ou Les nouvelles récréations et joyeux devis)*. – Paris 1856 (in *Œuvres françoyses*, Hg. L. Lacour, 2 Bde., 2). – Lyon 1914. – Paris 1961, Hg. u. Einl. V. J. Sirot. – Paris 1965 (in *Conteurs français du 16e siècle*, Hg. P. Jourda; Pléiade). – Paris 1980, Hg. K. Kasprzyk.

Übersetzungen: *Aus den Contes ou Nouvelles Récréations et joyeux Devis* (in *Altfranzösische Schwänke*, Hg. E. Lebus, Lpzg. 1907). – *Die neuen Schwänke und lustigen Unterhaltungen gefolgt von der Weltbimmel*, H. Floerke, Mchn. 1910, 2 Bde. – *Aus den Contes ou nouvelles récréations*, W. Widmer (in *Ein französischer Hexameron*, Hg. ders., Stg. 1948). – *Die neuen Schwänke und lustigen Unterhaltungen*, H. Floerke, Mchn. 1969.

Literatur: R. Haubold, *»Les nouvelles récréations et joyeux devis« des B. Des P. in literaturhistorischer und stilistischer Beziehung. Ein Beitrag zur französischen Novellenliteratur des 16. Jh.s*, Diss. Lpzg. 1888. – Ph. A. Becker, *B. Des P. als Dichter und Erzähler*, Wien/Lpzg. 1924. – L. Sainéan, *Problèmes littéraires du 16e siècle. »Le cinquième livre«, »Le* *moyen de parvenir«, »Les joyeux devis«*, Paris 1927. – H. W. Hassel Jr., *Sources and Analogues of the »Nouvelles récréations et joyeux devis« of B. Des P.*, 2 Bde., Chapel Hill 1957–1969. – W. Pabst, *Patois als erlebte Rede bei D.* (in *Syntactica und Stilistica, Fs. für E. Gamillscheg zum 70. Geburtstag*, Hg. E. Reichenkron u. a., Tübingen 1957, S. 411–420). – K. Kasprzyk, *L'authenticité de la 2ième partie des »Nouvelles récréations«* (in Kwartalnik Neofilologiczny, 10, 1963, S. 143–145). – L. Sozzi, *Les contes de B. Des P. Contribution à l'étude de la nouvelle française de la renaissance*, Turin 1965. – F. Rigolot, *L'émergence du nom propre dans la nouvelle* (in MLN, 92, 1977, S. 676–690). – J. W. Woodrow, *Notes on Des P.'s »Nouvelles récréations et joyeux devis«* (in *La nouvelle française à la Renaissance*, Hg. V. L. Saulnier, Genf/Paris 1981, S. 297–305). – I. D. Mc Farlane, *Le personnage du narrateur dans les »Nouvelles récréations et joyeux devis«* (ebd., S. 307–318). – J. P. Siméon, *Classes sociales et antagonismes sociaux dans les »Nouvelles récréations et joyeux devis«* (ebd., S. 319–351). – R. Aulotte, *Fous et farceurs dans les »Nouvelles récréations et joyeux devis« de Des P.* (in *Le génie de la forme. Mélanges J. Mourot*, Nancy 1982, S. 97–106). – J. Harris, *The Arrangement of Stories in Des P.'s »Nouvelles récréations et joyeux devis«* (in FS, 38, 1984, S. 129–144).

GUILLAUME DE SALLUSTE, SEIGNEUR DU BARTAS

* 1544 Montfort bei Auch
† Juli 1590 Ivry-la-Bataille

LA SEPMAINE ou Création du monde

(frz.; *Die Schöpfungswoche*). Lehrgedicht von Guillaume de Salluste Du Bartas, erschienen 1578; Teile einer *Seconde semaine* erschienen 1584–1594. – Du Bartas' Schöpfungsepos steht in der Tradition der spätantiken Hexaemera. Deren Autoren, Basilius der Grosse, Gregor aus Nyssa, Gregor aus Nazianz, bei den Lateinern Ambrosius und Augustinus, hatten seit Beginn des 16. Jh.s eine glänzende Renaissance erlebt. Ihre hervorragend edierten Werke konnten der kosmologischen Spekulation der Zeit starke Impulse geben. Als einer der ersten hatte Maurice Scève die poetischen Möglichkeiten der Schöpfungsthematik erkannt und sie im *Microcosme* (1562) präludierend anklingen lassen. In der *Sepmaine* ist sie zum zentralen Thema erhoben; der biblische Schöpfungsbericht aus *Genesis* 1, 1–2, 22 bildet das Grundgerüst des sieben *Iours* umfassenden Werkes. Du Bartas hat den Weltenschöpfer als epischen Helden konzipiert; seine Taten bilden das Handlungsgerüst des Epos. In dieses Rahmenschema wird die Totalität der himmlischen und irdischen Phänomene nach Art des ovidischen *carmen perpetuum* integriert. Daß die Schönheit und Größe des Universums den unsichtbaren Gott erkennen lassen, liegt dem Werk als Motivation zugrunde. Neben den deskriptiven Elementen wird auch eine Nähe zur Panegyrik spürbar, wenn Du Bartas in naiver Freude an der Schöpfung die vielgestaltige Fülle der Kreatur Revue passieren läßt. Dabei steht Großes und Größtes unvermittelt neben dem winzig Kleinen: Schmetterling und Wurm werden mit derselben Anteilnahme geschildert wie die Kreisbewegung der Himmelssphären. Ausgesprochen manieristische Tendenzen treten auch in anderen Bezügen hervor: Die erhabene Größe des Menschengeistes kontrastiert mit dem Kreatürlichen; Grausiges und Ekelerregendes wird keineswegs ausgespart. Auch für das Wunderbare entwickelt er eine spürbare Vorliebe: Seltsame Naturerscheinungen, Analogien und Sympathiewirkungen, Erscheinungen wie Wunderquellen und Blutregen werden mit der für die Zeit charakteristischen Wißbegier registriert. Besondere Beachtung verdient die architektonische Konzeption der *Sepmaine*. Bei der Disposition der Stoffmassen beweist Du Bartas Umsicht und kompositorisches Geschick; seine kraftvolle Phantasie hat noch Goethe rühmend hervorgehoben. Aufs Ganze gesehen entbehrt sein Stil nicht der Prachtentfaltung des *genus grande*: Das überreiche, Dialektwort und Fachterminus gleichermaßen einbeziehende Vokabular, eine prunkvoll imaginative Metaphorik, die barocke Fülle von Gedanken und Stilfiguren und die komplexe Gliederung der Satzstruktur erzeugen ein Gewebe von großer sprachlicher Dichte. So, wenn die Welt durch göttliches Dekret erschaffen wird: *»Non en temps, avant temps, ains mesme avec le temps, / J'entens un temps confus, car les courses des ans, / Des siecles, des saisons, des moys, et des journees, / Par le bal mesuré des astres sont bornées.« (»Nicht in der Zeit, noch vor der Zeit, sondern zugleich mit der Zeit / ich meine eine noch chaotische Zeit, denn der Lauf der Jahre, / der Jahrhunderte, der Jahreszeiten, der Monde und der Tage / wird vom rhythmischen Tanz der Gestirne ausgegrenzt.«)* In den bewegten verbalen Kosmos dieses Textes ist freilich auch die Kategorie des Disharmonischen bewußt mit einbezogen. Mit der Eleganz der Diktion kontrastieren expressive Ausdrucksmittel; das majestätische Fließen der Alexandriner wird effektvoll gehemmt durch Versbrechung oder syntaktische Inkonzinnität; gewollt spröde Klangfiguren heben sich scharf vom Wohllaut der Verse ab. Zum abrupten Bildwechsel und zur Diskordanz der kühnen Metapher kommt eine Vorliebe für antithetische Konfrontation, Wortspiel und Paradoxa. Eine großzügige Konzeption, ein festes metrisches und syntaktisches Gefüge werden überlagert von expressiven Ausdruckstendenzen – Signatur eines dissonantischen Lebensgefühls.

Der spontane Erfolg beim Erscheinen seines Werkes regte Du Bartas zu einer *Seconde semaine* an, die die sieben Weltzeitalter umfassen sollte, durch den frühen Tod des Autors aber nicht über (allerdings umfangreiche) Fragmente hinauskam. Außerordentlich groß war die Zahl der zeitgenössischen Drucke der *Sepmaine* (siebzehn Ausgaben zwischen 1579 und 1583); ihr Einfluß erfaßte nachhaltig die Mehrzahl der europäischen Literaturen (Übersetzungen ins Lateinische, Spanische, Deutsche und Englische), nur in Frankreich nahm ihre Wirkung im Zusammenhang mit dem Aufkommen klassischer Stiltendenzen rasch ab. K.Rei.

Ausgaben: Paris 1578. – Genf 1581, Hg. J. Chouet. – Paris 1584 *(La seconde semaine ou Enfance du monde)*. – Nevers 1591 *(La seconde semaine)*. – Lyon 1594 *(La seconde semaine)*. – Rouen 1596 (*La seconde sepmaine*, 3 Tle.). – Paris 1603 (*La sepmaine*; verm.). – Paris 1603 (*La suite de la seconde sepmaine*, Hg. Du Puyn). – Chapel Hill 1935–1940 (in *Works*, Hg. U. T. Holmes, J. C. Lyons u. R. W. Linker, 3 Bde.; m. Komm.). – Neuchâtel 1947 (*La première semaine. La deuxième semaine*, in M. Braspart, *Du B., poète chrétien, 1544–1590*). – Tübingen 1963, Hg. K. Reichenberger, 2 Bde. [Text der Ausg. Genf 1581; m. Komm.]. – Paris 1981, Hg. Y. Bellenger (STFM).

Übersetzungen: *Die andere Woche*, anon., 4 Tle., Cöthen 1622. – *Erste Woche, von Erschaffung der Welt ...*, T. Hübner, Cöthen 1631.

Literatur: H. Guy, *La science et la morale de Du B. d'après la »Première semaine«*, Toulouse 1902. – S. O. Dickermann, *Du B. and Saint Ambroise* (in MPh, 15, 1917/18, S. 419–435). – B. Croce, *Intorno a G. du B.* (in Critica, 1929, S. 307–316). – L. Delaruelle, *Recherches sur les sources de Du B. dans la »Première semaine«* (in RHLF, 40, 1933, S. 321–354). – A. E. Creore, *Du B.: A Reinterpretation* (in MLQ, 1, 1940, S. 503–526). – L. B. Campbell, *The Christian Muse. G. S. Du B.* (in Huntington Library Bulletin, 8, 1945, S. 29–70). – A. E. Creore, *Word-Formation in Du B.* (in BdHumR, 15, 1953, S. 192–208). – Ders., *The Scientific and Technical Vocabulary of Du B.* (ebd., 21, 1959, S. 131–160). – K. Reichenberger, *Du B. u. sein Schöpfungsepos*, Mchn. 1962. – Ders., *Das epische Prooemium bei Ronsard, Scève, Du B. Stilkritische Untersuchungen zum Problem von ›klassischer‹ u. ›manieristischer‹ Dichtung in der zweiten Hälfte des 16. Jh.s* (in ZfrPh, 78, 1962, S. 1–31). – Ders., *Das Schöpfungsgedicht des Du B. u. die Tradition der antiken Hexaemera* (ebd., S. 173–186). – G. Coffin Taylor, *Milton's Use of Du B.*, NY 1968. – B. Braunrot, *L'imagination poétique chez Du B.*, Chapel Hill 1973. – L. Keller, *Palingène, Ronsard, Du B. Trois études sur la poésie cosmologique de la Renaissance*, Bern 1974. – Y. Bellenger, *Quelques remarques à propos du temps et des jours dans les »Semaines« de Du B.* (in Revue du Pacifique, 2, 1976, S. 94–102). – Dies., *Les paysages de la création dans »La sepmaine« de Du B.* (in CAIEF, 29, 1977, S. 7–23). – B. Böschenstein, *Tobias Hübners Übersetzung von Du B.s »Sepmaine«* (in Dokumente des internationalen Arbeitskreises für deutsche Barockliteratur, 3, 1977, S. 207 f.). – A. L. Prescott, *French Poets and the English Renaissance*, New Haven/Ldn. 1978, S. 167–234. – M. Hughes, *Le mythe de Babel à la Renaissance* (in RSH, 43, 1978, S. 133–171). – I. Dantin, *»La semaine« de Du B. Les éditions parisiennes de 1578* (in Bull. du bibliophile, 1983, S. 304–314). – J. Dauphiné, *Du B., poète scientifique*, Paris 1983. – P. Cuny, *La »Première Sepmaine« de Du B.* (in *Mélanges sur la littérature de la Renaissance à la mémoire de V.-L. Saulnier*, Genf 1984, S. 255–260).

Joachim Du Bellay

* 1522 Château de la Turmelière / Anjou
† 1.1.1560 Paris

Literatur zum Autor:
Bibliographie:
M. B. Wells, *Du B. A Bibliography*, Ldn. 1974.
Gesamtdarstellungen und Studien:
V.-L. Saulnier, *Du B., l'homme et l'œuvre*, Paris 1951; [4]1968. – F. Boyer, *J. Du B.*, Paris 1958. – G. Dickinson, *Du B. in Rome*, Leiden 1960. – G. Saba, *La poesia di J. Du B.*, Messina/Florenz 1962. – R. Griffin, *Coronation of the Poet. J. Du B.'s Debt to the Trivium*, Berkeley 1969. – W. J. A. Bob, *J. Du B. entre l'histoire littéraire et la stylistique*, Groningen 1970. – L. C. Keating, *J. Du B.*, NY 1971. – M. Deguy, *Tombeau de Du B.*, Paris 1974. – G. Marchi, *I sonetti romani di Du B.*, Rom 1974. – K. Ley, *Neuplatonische Poetik und nationale Wirklichkeit*, Heidelberg 1975. – F. Gray, *La poétique de Du B.*, Paris 1978. – G. Gadoffre, *Du B. et le sacré*, Paris 1978. – EsCr, 19, 1979 [Sondernr. *Du B.*]. – D. G. Coleman, *The Chaste Muse. A Study of J. Du B.'s Poetry*, Leiden 1980. – K. M. Hall u. M. B. Wells, *Du B.'s »Poems«*, Ldn. 1985. – R. A. Katz, *The Ordered Text. The Sonnet Sequences of D.*, NY u. a. 1985.

LA DEFFENCE ET ILLUSTRATION DE LA LANGUE FRANÇOYSE

(frz.; *Verteidigung und Rühmung der französischen Sprache*). Manifest von Joachim Du Bellay, erschienen 1549. – Diese Schrift entstand als Replik auf Thomas Sebillets *Art poëtique françois* (1548). Sie ist Pamphlet, Plädoyer und Poetik in einem und gilt neben Ronsards *Abrégé de l'art poétique françois* und seinen Vorworten zur *Franciade* als wichtigstes Dokument der so nachhaltig wirksamen, dem Klassizismus den Weg bereitenden literarischen Schule der Pléiade.

Du Bellay überträgt die von SPERONI im *Dialogo delle lingue* (1542) für die italienische Sprache beigebrachten Argumente auf die französische. Er bescheinigt der bis dahin als barbarisch verrufenen Umgangssprache die Fähigkeit zu künstlerischem Ausdruck und behauptet, sie bedürfe nur noch einer Bereicherung des Vokabulars und einer bewußten Pflege des Stils, um zu einem brauchbaren Instrument für den Künstler zu werden. Du Bellay empfiehlt neben der Wiederbelebung ungebräuchlicher und archaischer Wörter Anleihen bei verschiedenen Dialekten und bei der Fachsprache des Handwerks und gibt Anleitungen, wie mit Vorsicht und Einfühlungsvermögen neue Ausdrücke geprägt werden können: beispielsweise durch Zusammensetzungen und durch Ableitung von Stammwörtern der eigenen Sprache oder solchen lateinischen und griechischen Ursprungs. Ein gepflegter Stil habe sich an antiker Syntax und Rhetorik zu orientieren. Du Bellay hält neben der »Inspiration« die Beherrschung des poetischen Handwerks, die ohne sorgfältige Arbeit (Lektüre, Reflexion, Korrektur, Kritik) und ohne Kenntnis der Gesetze von Reim, Vers und Strophe nicht möglich sei, für unerläßlich. Die Formen der bisherigen französischen Dichtung (Ballade, Rondeau, Chanson, Chant royal, Virelai) werden zugunsten solcher aus dem Bereich der griechischen und lateinischen Literatur (Epigramm, Elegie, Epistel, Ekloge, Satire, Ode, Tragödie, Komödie, Epos) abgelehnt. Besonderer Gunst erfreut sich das italienische Sonett. Die scharfe Wendung gegen die französische Literatur der Zeit, speziell gegen MAROT und seine Schule, entspringt dem Ehrgeiz, der mit DANTE, PETRARCA und BOCCACCIO bereits allgemein vorbildlich gewordenen italienischen Literatur etwas Gleichwertiges in der eigenen Sprache gegenüberzustellen. Die angestrebte Reform der Sprache, der literarischen Formen und Gattungen steht im Zeichen der »Imitation« der Antike, die in Italien zu einer neuen literarischen Blüte geführt hatte. Bezeichnend für Du Bellays Verständnis dieses Imitationsbegriffes ist seine Ablehnung bloßer Übersetzungen griechischer und römischer Texte. Imitation soll vielmehr Adaption und Assimilierung sein; sie soll in das Wesen der antiken Poesie in einer Weise eindringen, die sie fähig macht, unter den Vorbildern solche auszuwählen, die sich für die eigene Sprache eignen, und an ihnen ihre künstlerische Kraft erproben.

Du Bellays Polemik enthält im einzelnen kaum neue Gedanken. Die Sache der französischen Sprache war schon Jahrzehnte zuvor von Geoffroy TORY in seinem *Champfleury* (1529) gegen die Mißachtung der humanistischen Gelehrten vertreten worden; Du Bellay war auch keineswegs der erste, der ihre Vorzüge betonte. Aber die verschiedenen Themen und Argumente wurden von ihm zum erstenmal systematisch zusammengefaßt, und seine entschiedene Absage an die Vergangenheit hat die Zukunft eingeleitet. I.P.-KLL

AUSGABEN: Paris 1549; Faks. Genf 1972. – Paris 1904; ern. Genf 1969, Hg. H. Chamard [krit.]. – Bln. 1920 *(La défense et illustration de la language française)*. – Paris 1948, Hg. H. Chamard. – Paris 1975, Hg. S. S. de Sacy.

LITERATUR: P. Villey, *Les sources italiennes de »La deffence et illustration de la langue françoyse«*, Paris 1908. – E. Lücken, *Du B.s »Défense et illustration de la langue française« in ihrem Verhältnis zu Sebillets »Art poétique«*, Diss. Kiel 1913. – H. de Noo, *T. Sebillet et son »Art poétique françois« rapproché de la »Deffence et illustration de la langue françoise« de J. Du B.*, Utrecht 1927. – W. Krömer, *Die Ursprünge und die Rolle der Sprach-Theorie in Du B.s »Deffence...«* (in RF, 79, 1967, S. 589–602). – L. C. Keating, *Promise and Performance. Du B.'s »Deffence...«* (in FR, 3, 1971, S. 77–83; Sondernr.). – S. J. Holoake, *Du B.'s »Deffence...«* (in S. J. H., *An Introduction to French Sixteenth-Century Poetic Theory*, Manchester/NY 1972, S. 66–126). – H. W. Wittschier, *Du B.* (in *Dichtungslehren der Romania aus der Zeit der Renaissance u. des Barock*, Hg. A. Buck u. a., Ffm. 1972, S. 17–63). – S. Hanon, *»La deffence...« par J. Du B.: Concordance*, Odense 1974. – M. Françon, *L'originalité et la signification de »La deffence...«* (in Francia, 16, 1975, S. 62–74). – Ders., *»La deffence...« et l'influence italienne* (in *Mélanges F. Simone*, Genf 1980, S. 421–426). – R. Baer, *Die literarhistorische Funktion und Bedeutung der »Deffence...«* (in *Stimmen der Romania*, Hg. G. Schmidt u. M. Tietz, Wiesbaden 1980, S. 43–59). – D. Stone, *The »Deffence...« and French Humanism* (in *Manifestoes and Movements*, Univ. of South Carolina 1980, S. 63–76). – D. J. Hartley, *Patriotism in the »Deffence...«* (in NphM, 83, 1982). – M. W. Ferguson, *Du B.* (in M. W. F., *Trials of Desire*, New Haven/Ldn. 1983, S. 18–53).

LE PREMIER LIVRE DES ANTIQUITEZ DE ROME contenant une generale description de sa grandeur et comme une deploration de sa ruine

(frz.; *Erstes Buch über die Ruinen des antiken Rom, welches eine allgemeine Beschreibung seiner Größe und die Klage über seinen Untergang enthält*). Sammlung von 47 Sonetten (von denen fünfzehn unter dem Titel *Songe ou vision sur le mesme subiect – Traum oder Vision über den gleichen Gegenstand* eine eigene Gruppe bilden) von Joachim DU BELLAY, erschienen 1558. – Das erste Buch, dem kein zweites folgte, entstand 1553 während einer Romreise, die der Wortführer der »Pléiade« in Begleitung des Kardinals Jean Du Bellay, seines Vetters und Gönners, unternahm. Der Autor ist sich stolz bewußt, *»als erster Franzose den Ruhm des Volkes im langen Gewande« (»gens togata«*: VERGIL, *Aeneis* I, 282) besungen zu haben (Sonett 32). Die Klage über den Niedergang geschichtlicher Größe, für den das Schicksal Roms das eindringlichste Beispiel bot, war ein in Italien längst häufig verwandtes literarisches Motiv. Du Bellay bedient sich geschickt aller ihm bekannten Vorläufer (u. a. Horaz, Vergil, Properz, Petrarca), indem er deren Bilder, Vergleiche und mythologische Anspielungen teils wörtlich, teils leicht abgewandelt übernimmt. So entlehnt er die Quartette des berühmten sechsten Sonetts direkt bei Vergil (*Aeneis* VI, 781–787) – mit Ausnahme der letzten beiden von Horaz inspirierten Zeilen: *»Rome seule pouvait à Rome ressembler / Rome seule pouvait faire Rome trembler.« (»Nur Rom konnte Rom gleichen / Nur Rom konnte Rom zittern machen«* – vgl. *Epodon Liber XVI*, Z. 2: *»Suis et ipsa Roma viribus ruit.«*) In ähnlicher Weise ließen sich die Quellen eines jeden Sonetts in römischen, italienischen oder neolateinischen Quellen nachweisen. Es wäre jedoch falsch, hier von Plagiaten zu sprechen (erst mit der Romantik wurde Originalität eines der wesentlichen Kriterien der Dichtkunst), es handelt sich vielmehr um Imitatio, um die bewußte Übernahme als gültig empfundener poetischer Bilder. Den Ruf, Meister des französischen Sonetts zu sein, errang Du Bellay durch die souveräne Beherrschung einer Form, die sich allein schon durch ihren Strophenbau als geeignetes Ausdrucksmittel für die Antithese von Vergangenheit und Gegenwart, Größe und Untergang, Bewunderung und Klage erwies. I.P.

Ausgaben: Paris 1558. – Paris 1910 (in *Œuvres poétiques*, Hg. H. Chamard, 6 Bde., 1908–1931, 2; krit.). – Paris 1919. – Paris 1945 (zus. m. *Les regrets*, Einl. E. Droz.). – Genf 1966 (zus. m. *Les regrets et autres œuvres poétiques*, Hg. J. Jolliffe; Einl. u. Komm. M. A. Screech; TLF). – Paris 1970 (in *Œuvres*, Hg. H. Weber u. H. Chamard, Bd. 2; STFM). – Paris 1975, Hg. S. S. de Sacy.

Übersetzungen: *Die römischen Sonette*, E. Deger, Mchn. 1976. – *Die Ruinen Roms*, H. Knufmann, Freiburg i. B. 1980.

Literatur: J. Vianey, *»Les antiquitez de Rome«. Leurs sources latines et italiennes* (in Bulletin Italien, 1, 1901, S. 187–199). – Ders., *Sur les »Antiquités«* (in J. V. *Le pétrarquisme en France*, Montpellier 1909, S. 317–366). – F. Chambers, *Lucan and the »Antiquitez de Rome«* (in PMLA, 60, 1945, S. 936–948). – V.-L. Saulnier, *Commentaires sur les »Antiquités de Rome«* (in BdHumR, 12, 1950, S. 114–143). – Ders., *»Les antiquitez de Rome« de J. Du B.*, Paris 1950. – J. W. Joliffe, *Further Notes on Du B.* (in BdHumR 28, 1966, S. 112–122). – W. Pabst, *Ehrfurcht und Grauen vor Rom* (in RJb, 24, 1973, S. 77–91). – J. Mc Clelland, *»Les antiquitez de Rome«, document culturel et politique* (in *Culture et politique en France à l'époque de l'Humanisme et de la Renaissance*, Hg. F. Simone, Turin 1974, S. 341–354). – R. Mortier, *»Les antiquitez de Rome« de Du B. ou la ruine-mémorial* (in R. M., *La poétique des ruines en France*, Genf 1974, S. 60–68). – I. G. Daemmrich, *The Function of the Ruin Motif in Du B.'s »Les antiquitez de Rome«* (in Neoph, 59, 1975, S. 14–21). – G. Gadoffre, *Histoire et destin dans »Les antiquitez de Rome«* (in ZfrzSp, 85, 1975, S. 289–304). – T. M. Scheerer, *»Les antiquitez de Rome III« (1558)* (in *Einführung in das Studium der frz. Literaturwissenschaft*, Hg. W.-D. Lange, Heidelberg 1979, S. 35–40). – D. G. Coleman, *Allusiveness in the »Antiquitez de Rome«* (in EsCr, 19, 1979, S. 3–12). – R. A. Katz, *The Collapse of the City* (ebd., S. 12–20). – W. A. Rebhorn, *Du B.'s Imperial Mistress. »Les antiquitez de Rome« as Petrarchist Sonnet Sequence* (in Renaissance Quarterly, 33, 1980, S. 609–622). – R. le Page, *Pictoral Technique in Du B.s »Antiquitez«* (in RoNo, 22, 1981, S. 82–87). – P. M. Martin, *Le Rome de Du B., à travers les »Antiquitez de Rome« et les »Regrets«* (in Études classiques, 51, 1983, S. 133–150). – P. de Lagarte, *Formes et signification dans »Les antiquitez de Rome« de Du B.* (in *Mélanges V.-L. Saulnier*, Genf 1984, S. 727–734). – G. H. Tucker, *Sur les »Elegia« (1553) de Janus Vitalis et »Les antiquitez de Rome« de Du B.* (in BdHumR, 47, 1985, S. 103–112).

LES REGRETS

(frz.; *Klagelieder*). Gedichtzyklus von Joachim Du Bellay, erschienen 1558. – Die Entstehung der bedeutendsten Dichtung des neben Ronsard mächtigsten Wortführers der »Pléiade« – sie umfaßt 191 Sonette in Alexandrinern, dazu ein lateinisches Eingangsepigramm, eine Widmung in 27 zehnsilbigen Vierzeilern und ein Anfangssonett des Verfassers *A son livre (An sein Buch)* – ist in besonders hohem Maß durch die Lebensgeschichte des Autors bedingt, der, eine diplomatische Karriere erhoffend, seinem Vetter, dem Kardinal Jean Du Bellay, nach Rom folgte (1553–1557). Des Dichters anfängliche Begeisterung für das alte Rom, die ihn zu den Sonetten der *Antiquitez de Rome* inspiriert hatte, erwies sich jedoch als kurzlebig. Bald fühlte er sich wie im Exil, und seine Sehnsucht nach der französischen Heimat findet ihren Niederschlag in den *Regrets*, deren Versen er ein Porträt seiner selbst als eines überaus intelligenten, kultivierten, sensiblen und vorurteilslosen Mannes anvertraut. Der von Ovids Exildichtung *Tristia* inspirierte Titel zeigt, daß auch der Autor der *Deffence et illustration de la langue françoyse* jene oft mißverstandene Forderung der »Pléiade« nach *imitation* der Antike – zumindest in gewissem Umfang – beachtet. Anklänge an Horaz, Vergil, Properz, Lukrez und Catull lassen sich unschwer feststellen. Doch hat sich Du Bellay von dort her vertraute Bilder gänzlich anverwandelt – so die im Mondlicht tanzenden Musen, den Gesang des sterbenden Schwans, das nach langer Reise heimkehrende Schiff. Sein Heimweh nach der *»doulceur angevine«* spricht am eindrucksvollsten aus jenem berühmten 31. Sonett, das wie ein antikes *»Felix qui ...«* beginnt: *»Heureux qui, comme Ulysse, a fait un beau voyage ...« (»Glücklich wer, wie Odysseus, eine schöne Reise gemacht, oder wie jener, der das Goldene Vlies errang, voll von Kenntnissen und Erfah-*

rung zurückkehrt, um mit seinen Nächsten den Rest seiner Jahre zu leben.«)
Trauer und Schmerz führen Du Bellay aber nicht nur zu elegischen Tönen. Mit der kritisch-aggressiven Schilderung seiner Umwelt begründet er die moderne Form der Satire und eröffnet der bisher hauptsächlich für Liebeselegien verwendeten Form des Sonetts neue Möglichkeiten. In der Verbindung von Satire und Sonett ist Du Bellay allerdings nicht ohne Vorbilder; ein Jahrhundert vorher hatte der zwischen Barbierdasein und Poetenberufung schwankende BURCHIELLO seine komisch-satirischen Sonette gesungen, in Du Bellays eigener Zeit hatte BERNI die Gepflogenheiten von Päpsten und Kardinälen in Sonettform mit sarkastischen Kommentaren bedacht, hatte ARIOSTO – als unwilliger Gefolgsmann eines Kardinals in derselben Lage wie Du Bellay – in seinen Satiren literarische Rache genommen. In entscheidenden Jahren der Geschichte des Papsttums ist Du Bellay Zeuge der Wahl zweier Päpste und der zahlreichen damit in Zusammenhang stehenden Intrigen. Während vom alten Rom nur ein Steinhaufen blieb, vergnügt sich im Rom seiner Tage *»la grande bande lascive de Vénus« (»die so zahlreiche, lüsterne Gefolgschaft der Venus«)*. Sie hat er bei einer ironischen Petrarca-Imitation, dem Sonett an eine alte Kurtisane (Sonett 91), im Auge oder bei der lästerlichen Nachäffung eines Votivepigramms an die *»doulce mère d'amour gaillarde Cyprienne«* (d.i. ebenfalls die Venus; Sonett 93). Seinen bitteren Spott verdient sich das pompöse Rom der Paläste, wo das Leben in nicht enden wollenden Festen verrauscht. Im üppigen Gepränge der Renaissancepäpste vermag der französische Adlige nur Stillosigkeit und parvenühaftes Gebaren zu entdecken, eine geistesgeschichtlich sehr bemerkenswerte Sicht.
Du Bellays Poesie ist als *»une prose en rime ou une rime en prose«* definiert worden. Sein poetisches Verdienst ist nicht nur die ihm allenthalben gern zugestandene Leichtigkeit und Grazie, die geschmeidige Anverwandlung fremder Bilder und Metaphern, sondern auch die Gabe, einen komplizierten Gedanken, ein vielfältiges Bild, eine beziehungsreiche Erkenntnis in eine prägnante Zeile zu verdichten oder eine ganze Handlung mit einer präzisen Geste, einem konkreten Detail heraufzubeschwören. Auffallend ist sein Blick für das Pittoreske, exemplarisch in dieser Hinsicht die Häufigkeit des Wortes *voir*. Keine Frage, daß er die Figuren der *eloquentia*, vornehmlich Paradox und Antithese (z.B. Antike–Moderne) beherrscht. Die Einheitlichkeit des Themas gebot eine Beschränkung auf nur wenige Variationen der Sonettform: Ausschließlich in Alexandrinern, alternieren die Quartette in männlichen und weiblichen Reimen, die Terzette zeigen die von MAROT bevorzugte Disposition *ccd, eed*. – Die vielen persönlichen Anspielungen haben den *Regrets*, die nach des Dichters frühem Tod noch lange ein empfohlenes Vorbild der Sonettliteratur sind, auch manche Feindseligkeit eingetragen. Aus der Vergessenheit, der die Dichtung der »Pléiade« seit der Klassik anheimfiel, weckte sie erst SAINTE-BEUVE mit seinem *Tableau de la poésie française au XVIe siècle* (1828). Allerdings stand bei der Wiederentdeckung der »Pléiade« Du Bellays Ruhm im Schatten seines Freundes RONSARD. KLL

AUSGABEN: Paris 1558. – Paris 1910 (in *Œuvres poétiques*, Hg. H. Chamard, 6 Bde., 1908–1931, 2; krit.). – Paris 1934 (in *Œuvres poétiques*, Hg. H. Chamard, 2 Bde., 1933/34; 2; krit.). – Paris 1958, Hg. P. Grimal [zus. m. *Antiquités de Rome*]. – Genf 1966 *(Les regrets et autres œuvres poétiques suivis des Antiquités de Rome*, Hg. J. Jolliffe; Einl. u. Komm. M. A. Screech; TLF). – Paris 1970 (in *Œuvres*, Hg. H. Weber u. H. Chamard, Bd. 2; STFM). – Paris 1975, Hg. S. S. de Sacy.

ÜBERSETZUNG: in *Die römischen Sonette*, E. Deger, Mchn. 1976.

LITERATUR: J. Vianey, *»Les regrets« de J. Du B.*, Paris 1930. – R. Jasinski, *La composition des »Regrets«* (in *Mélanges offerts à A. Lefranc*, Paris 1936, S. 339–348). – A. François, *Les sonnets suisses de J. Du B.*, Lausanne 1946. – A. Jeanneau, *J. Du B. et »Les regrets«* (in Société Cholet, 1947, S. 109–120). – V.-L. Saulnier, *Du B. et son »Regret« latin de la patrie* (in *Fin du moyen-âge et renaissance*, Antwerpen 1961, S. 271–281). – C. E. Nelson *Enumeration and Irony in »Les regrets« of Du B.* (in FR, 36, 1962/63, S. 266–275). – L. Wierenga, *»Les regrets« de Du B.* (in Neoph, 57, 1973, S. 144–155). – Y. Bellenger, *Du B., ses »Regrets« qu'il fit dans Rome ... Étude et documents*, Paris 1975. – J.-C. Moisan, *Théorie et pratique dans »Les regrets« de Du B.* (in Renaissance et Réformation, N. S., 1, 1977, S. 46–58). – A. Py, *Espace de l'avoir, espace de l'être dans »Les regrets« de Du B.* (in RHLF, 79, 1979, S. 563–576). – R. J. Bovey, *Du B.'s »Regrets« and the Satire of the Poet* (in EsCr, 19, 1979, S. 38–55). – Y. Hoggan-Niord, *L'inspiration burlesque dans »Les regrets« de Du B.* (in BdHumR, 42, 1980, S. 361–385). – Ders., *Aspects du bilinguisme littéraire chez Du B.* (ebd., 44, 1982, S. 65–79). – W. F. Franklin, *Du B.'s »Regrets« and Magny's »Souspirs«* (in RoNo, 23, 1982, S. 34–43). – H. Harder, *Zur Rom-Satire in Du B.s »Regrets«* (in *Italien u. die Romania in Humanismus u. Renaissance, Fs. E. Loos*, Hg. K. W. Hempfer u. E. Straub, Wiesbaden 1983, S. 39–50). – P. M. Martin, *Le Rome de Du B., à travers les »Antiquitez de Rome« et les »Regrets«* (in Études classiques, 51, 1983, S. 133–150). – M. Godin, *Le mythe de l'éternel retour dans »Les regrets« de Du B.* (in Recherches sur l'imaginaire, 13, 1985, S. 3–20). – Ph. Walter, *Le soleil noir des »Regrets«* (in BdHumR, 48, 1986, S. 59–70).

JACQUES GRÉVIN

* 1538 Clermont-en-Beauvaisis
† 5.11.1570 Turin

LITERATUR ZUM AUTOR:
L. Pinvert, *J. G. Sa vie, ses écrits, ses amis, étude biographique et littéraire*, Diss. Paris 1898. – M. Maloigne, *J. G., sa vie et ses œuvres*, Laval 1926. – D. Rigo Bienaimé, *G., poeta satirico e altri saggi sulla poesia del cinquecento francese*, Pisa 1967. – M. Lazard, *La comédie humaine et ses personnages*, Paris 1978. – Ders., *Le théâtre en France au 16e siècle*, Paris 1980. – K. J. Evans, *A Study of the Life and Literary Works of G.*, Diss. Ldn. 1983.

LES ESBAHIS

(frz.; *Die Verblüfften*). Komödie in fünf Akten von Jacques GRÉVIN, Uraufführung: Paris 1561. – *Les esbahis* ist, nach der *Tresoriere*, Grévins zweite Komödie; zusammen mit JODELLES *Eugène* gehört sie zu den frühesten Zeugnissen dieser Gattung in Frankreich. Grévin nimmt sich hier eines plautinischen Themas an, das am erfolgreichsten in der italienischen Renaissancekomödie behandelt worden war: die Geschichte vom jungen Mädchen und dem geprellten Alten. – Josse, ein verliebter alter Gokkel, begehrt Madeleine, die Tochter seines Freundes Gérard, zur Frau. Die Hochzeit ist schon bestellt, er nimmt indessen weiterhin die Dienste der Kupplerin Marion in Anspruch. Die aber begünstigt einen jungen Advokaten, der in Madeleine verliebt ist. Mit Marions Hilfe gelingt ein raffinierter Plan: Josses Diener Antoine, der den Mantel seines Herrn zum Flickschneider bringen soll, wird betrunken gemacht. In den Mantel vermummt, kann der junge Advokat zu seiner geliebten Madeleine vordringen und sie verführen. Gérard hat alles beobachtet, hält den Eindringling aber des Mantels wegen für Josse. Als er diesen wegen seiner vermeintlichen Ungeduld aufzieht, wird der Schwindel aufgedeckt. In komischem Zorn annulliert Josse seine Verlobung mit Madeleine; ohne das rechtzeitige Eingreifen eines Freundes des Advokaten wäre alles verloren. Der hat sich für Agnès, eine charmante Neuerwerbung im Etablissement von Dame Claude engagiert. Agnès, so stellt sich heraus, ist Josses totgeglaubte Frau, vor Jahren mit einem Gaskogner durchgebrannt, nun von Messer Pantaleone, einem Italiener, bedrängt. Josse sieht sich plötzlich in einer fatalen Lage; es bleibt ihm nichts anderes übrig, als Agnès in Gnaden aufzunehmen; der Italiener muß abziehen. Der Hochzeit Madeleines mit ihrem Advokaten steht nun nichts mehr im Wege.

Grévin verwendet das aus der italienischen Renaissancekomödie bekannte Schema: verliebter Greis – junges Mädchen – gleichaltriger Liebhaber. Die Handlung entwickelt sich aus der durch den Altersunterschied der Personen bedingten Spannung und der autoritären Haltung des Vaters. Wie selbstverständlich gelingt es dem Autor, das Publikum für die Liebenden einzunehmen: Der alte Josse entpuppt sich schon bei seinem ersten Auftreten als filziger Egoist, dem man nicht einmal die Schwiegermutter anvertrauen möchte, geschweige denn die eigene Tochter. Das zwischen Wehleidigkeit und eitler Prahlerei schwankende Verhalten in der Szene mit Marion ist ein Kabinettstück komischer Selbstenthüllung. Josses Mißtrauen sowie die Aufdeckung seiner Vergangenheit lassen es gerechtfertigt erscheinen, daß der jugendliche Rivale die Chance nutzt, die Angelegenheit zu seinen Gunsten zu entscheiden.

Stilistisch und formal hat Grévin seit der *Tresoriere* Entscheidendes hinzugelernt. Die Sprache seiner Gestalten ist nicht mehr vorwiegend räsonierend, sondern lebhaft, überzeugend, voller Verve. Die Personen werden durch Stilhöhe und dialektische Färbung ihrer Worte charakterisiert: Marion, das Waschweib voller Mutterwitz, redet urwüchsig daher; ihre Sätze sind von volkstümlichen Vergleichen, sprichwörtlichen Redensarten und derb witzigen Pointen geprägt; zudem verfügt sie über ein beachtliches Inventar an Schimpfwörtern. Madeleine spricht wie eine höhere Tochter, der Gentilhomme im schnodderigen Jargon des Exsoldaten. Pantaleone verwendet ein französisch-italienisches Kauderwelsch, köstlich imitiert von Julien, dem gaskognischen Diener. Josses Reden, banal, kleinlich, dümmlich-schlau, enthüllen die Mentalität eines Spießers. Von unfreiwilliger Komik sind die Klage über seine Verluste (*»perdre ma femme et mes escuz«*) und die Periphrase für das Lotterleben seiner Angetrauten: *»depuis qu'elle eut commencé / Ce beau train, et qu'elle eut laissé / Atteindre le chat au fromage ...«*. – Obwohl die *Esbahis* bei der Erstaufführung begeistert aufgenommen wurden, blieb der Komödie Grévins – trotz ihrer außerordentlichen Qualitäten – eine breitere Wirkung versagt.

K. Rei.

AUSGABEN: Paris 1561 (in *Le théâtre*). – Paris 1855 (in Viollet de Duc, *Ancien théâtre français*, Bd. 4). – Paris 1922 (in *Théâtre complet et poésies choisies*, Hg. L. Pinvert). – Paris 1980 (in *Comédies*, Hg. E. Lapeyre; krit.; STFM).

LITERATUR: M. Kawczynski, *Über das Verhältnis des Lustspiels »Les contents« von Odet de Turnèbe zu »Les esbahis« von J. G. und beider zu den Italienern* (in Fs. zum 8. Allg. Dt. Neuphilologentag in Wien, 1898, S. 239–251). – B. Weinberg, *The Sources of G.'s Ideal on Comedy and Tragedy* (in MPh, 45, 1947, S. 46–53). – *Comédies du 16e siècle*, Hg. E. Balmas, Mailand 1967.

LA TRESORIERE

(frz.; *Die Frau des Steuerpächters*). Komödie in fünf Akten von Jacques GRÉVIN, erste Aufführung: Februar 1559, erschienen 1562. – Die *Tresoriere* ist Grévins Erstlingswerk, nach JODELLES *Eugène* die zweite Renaissancekomödie in Frankreich. Sie war auf königliche Bestellung verfaßt und für die Hochzeit der Claude de France mit dem Herzog von Lothringen bestimmt.

Im Mittelpunkt der Handlung steht die Gestalt der Tresoriere. Zwei Liebhaber bemühen sich um ihre Gunst: Loys, ein junger Adliger und Exsoldat, und der Protonotar, ein frischgebackener Jurist der Universität. Der Tresorier selbst treibt undurchsichtige Geldgeschäfte. Den in seine Frau verliebten Loys weiß er an der Nase herumzuführen: Anstatt ihm die geschuldete Summe auszuzahlen, vermittelt er ihm gegen Wucherzins ein Darlehen, das von seiner Frau großenteils sogleich wieder vereinnahmt wird; zum Kauf einer hübschen goldenen Kette. Dabei weiß sie den schmachtenden Loys geschickt hinzuhalten, denn der von ihr Begünstigte ist der junge Protonotar. Auch ihn hat sie zwar schon gehörig gerupft; sein Diener Boniface versteht es aber, für ihn eine Verabredung zu treffen und darüber hinaus von der verliebten Tresoriere für seinen Herrn eine runde Summe zu ergattern – eben die, die sie dem arglosen Loys abgeknöpft hat. Als der Steuerpächter zu einer schon länger geplanten Reise aufbricht, wähnen sich beide Liebhaber am Ziel ihrer Wünsche. Der Protonotar begibt sich heimlich in ihr Haus, wird aber dabei von einem Diener des Loys, der eben das Geld für die Kette überbringt, beobachtet. Das bedeutet ein Umschlagen der Fortuna: Der zunächst ungläubige, dann empörte Loys stürmt mit seinen Dienern das Haus des Steuerpächters, der entsetzt darin Schutz sucht. Seine Verfolgung löst ein unbeschreibliches Durcheinander aus: Die Liebenden werden von den Betten hochgescheucht; Boniface muß aus den Armen der munteren Zofe Marie auf den Heuboden flüchten. Der zornwütige, in seinem Selbstgefühl empfindlich verletzte Loys hält sich an den Steuerpächter und will ihn wegen seiner wucherischen Manipulationen vor Gericht schleppen. Erst auf die Fürbitte des Sulpice, eines verständigen Nachbarn, läßt er sich umstimmen, bei Herausgabe der erschlichenen Quittung nichts weiter zu unternehmen. Der Protonotar kommt mit dem Schrekken davon; er und sein Diener Boniface können sich im Verlauf des Tumults heimlich davonmachen.

Die Wahl eines aktuellen Themas – das Stück hatte eine Begebenheit der *chronique scandaleuse* aus dem Quartier Maubert (ursprünglicher Titel: *La Maubertine*) zum Gegenstand und wurde auf Einspruch Beteiligter zunächst verboten – gewährleistet bei Grévin von vornherein eine weitgehende Unabhängigkeit von den Strukturschemata der antiken Komödie, die bei der italienischen Renaissancekomödie ständig durchscheinen und noch bei MOLIÈRE streckenweise erkennbar sind. Die Handlung wird rational entwickelt: Jede Person überdenkt die Situation und gibt ihre Absichten kund, bevor sie zum Handeln bzw. Verhandeln übergeht. Jedes abgeschlossene Teilstück wird anschließend kommentiert. Ihre Komplexität erlangt die Handlung durch die disparate Mischung der Motivationen. Eine gelegentliche Diskrepanz zwischen vorgegebener und tatsächlicher Intention schafft eine für die Komödie beunruhigende Doppelbödigkeit.

Der sprachliche Ausdruck ist gewählt, die Syntax dem gedanklich anspruchsvollen Duktus angepaßt. Konzeptismen und gelegentliche Pathosformeln überhöhen die Rede des verliebten Protonotars; die Redeweise der übrigen Personen ist wenig differenziert. – Die Zeigenossen, vor allem die Dichter der Pléiade, haben die *Tresoriere* Grévins sehr geschätzt. Aber wenngleich de THOU ihr auch ewigen Nachruhm prophezeite, geriet sie unter dem Einfluß der klassischen Doktrin doch in Vergessenheit. K.Rei.

AUSGABEN: Paris 1561 (in *Le théâtre*). – Paris 1824 (in Auguis, *Les poètes français*, Bd. 5). – Paris 1922 (in *Théâtre complet et poésies choisies*, Hg. L. Pinvert). – Paris 1980 (in *Comédies*, Hg. E. Lapeyre; krit.; STFM).

LITERATUR: R. Aldington, *J. G.* (in FS, 1926, S. 92–101). – B. Weinberg, *The Sources of G.'s Ideal on Comedy and Tragedy* (in MPh, 45, 1947, S. 46–53). – *Comédies du 16e siècle*, Hg. E. Balmas, Mailand 1967.

ÉTIENNE JODELLE, SIEUR DU LIMODIN

* 1532 Paris
† Juli 1573 Paris

LITERATUR ZUM AUTOR:
S. Hoffmann, *Die Dramen J.s* (in ASSL, 52, 1874, S. 293–324). – K.A. Horváth, *E.J.*, Budapest 1932. – E. Balmas, *E.J. Un poeta del rinascimento francese*, Florenz 1962. – F. Charpentier, *Pour une lecture de la tragédie humaniste. J., Garnier, Montchrestien*, Saint Étienne 1979. – F. Delay, *L'insuccès de la fête*, Paris 1980.

CLÉOPÂTRE CAPTIVE

(frz.; *Die gefangene Kleopatra*). Tragödie in fünf Akten von Étienne JODELLE, Sieur du Limodin, Uraufführung Frühjahr 1553 in Anwesenheit des Königs Henri II; erschienen 1574. – Das Werk ist als erste französische Tragödie, die von den Zeitgenossen begeistert aufgenommen wurde, ein Markstein in der Literaturgeschichte. Allerdings unterscheidet sich seine Konzeption erheblich von den klassischen Tragödien im folgenden Jahrhundert. Ein großer dramatischer Zusammenhang ist noch kaum entwickelt; das Geschehen gewinnt seine Spannung aus der Aufeinanderfolge von Situationen und Personenkonstellationen, die jeweils nach festen rhetorischen Verfahrensweisen geformt sind. Der Ausgang des Geschehens ist schon in der ersten Szene entschieden. Die zwangsläufige Lösung des Falls, Kleopatras Entscheidung, sich dem Zugriff der Römer durch den Tod zu entziehen, erfolgt als Ergebnis eines langen, in Monologe und Dialoge aufgelösten Raisonnements, das der Selbsterklärung der Redenden und der Aufdekkung der Motive ihres Handelns dient. Auffallend ist dabei die Häufigkeit der zur Erregung von Pathos eingesetzten Stilmittel, so der Ausrufe und Stichomythien. Dem Chor ist nicht nur eine die Sicht der Königin und des jungen Cäsar Oktavian jeweils kommentierende, sondern auch eine handlungstragende Rolle zugeordnet. Ob die in Kurzversen gedichteten Chorlieder mit Gesang vorgetragen wurden, ist nicht geklärt. Der übrige Text ist in Zehnsilbern geschrieben, allein für die klagende Rede der Besiegten im ersten und vierten Akt hat Jodelle den Alexandriner verwendet.

Aus dem häufig behandelten Kleopatra-Stoff sind zwei Hauptelemente ausgewählt: die Liebe der stolzen ägyptischen Königin zu dem toten Antonius, der ihretwegen seine Gemahlin verraten hat, sowie der entschiedene Wille Oktavians, die besiegte Feindin lebend nach Rom zu schaffen und sie im Triumphzug als Zeichen seiner Größe gefangen vorführen zu lassen. Das Stück setzt mit der Darlegung der frevlerischen Liebesbeziehung ein. Der Schatten des Antonius beklagt die ewigen Qualen, die er – einem Prometheus oder Tantalos gleich – wegen seiner früheren Verfehlung im Jenseits erleiden muß. Seine Prophezeiung, die Geliebte werde ihm bald in den Tod folgen, gibt dem weiteren Geschehen den festen Rahmen. Auch Kleopatra, die diese Ausführungen in ihrem Traumbericht reflektiert, bekennt sich wegen ihrer Liebe zu dem toten Römer schuldig. Eine Entscheidung über ihr weiteres Verhalten hat sie allerdings noch nicht getroffen. Im Gespräch mit ihren Vertrauten erwägt sie die gegensätzlichen Einstellungen zum Sterben und faßt den Vorsatz, sich auf keinen Fall nach Rom bringen zu lassen. Der zweite Akt zeigt den Konflikt von Gnade und Gerechtigkeit, in dem der anfangs hochherzig scheinende Oktavian steht. Aus übermäßigem Stolz vertritt er das Recht des Stärkeren. Deshalb lehnt er im folgenden Aufzug Kleopatras Bitte um Mitleid ab, wobei er seine feste Entschlossenheit hinter vordergründigem Entgegenkommen verbirgt. Seiner Härte setzt die Königin, nachdem sie versucht hat, den Römer mit allen Mitteln bis hin zur Verführung umzustimmen, nun Entschlossenheit entgegen. Mit welcher Seelengröße sie ihrer Liebe zu Antonius folgt und den Weg in den Tod wählt, ist Gegenstand des vierten Aktes. Ihr Ende wird zugleich ihr Triumph über den Sieger sein. Der nur kurze letzte Akt enthält den mit Sympathie für die Tote vorgetragenen Botenbericht von ihrer Selbstvernichtung, durch die der Stolz des Oktavian getroffen wird.

Jodelle hat den Stoff seiner »tragédie historique« im wesentlichen der lateinischen Übersetzung von Plutarchs *Bioi parallēloi (Parallelbiographien)* entnommen; in Anlage und Durchführung lehnt er sich an das in der Renaissance bevorzugte Modell der Tragödien Senecas an. Deren Mittel zur Beeinflussung der Psyche des Zuschauers finden sich wieder im Einsatz des Überraschend-Wunderbaren und in der Suche starker Gegensätze, wie sie sich im Wechsel von getragener, vornehmlich elegisch-melancholischer und epigrammatisch pointierter Rede manifestieren. Über die dadurch angestrebte Erschütterung soll dem Zuschauer ein Verhaltensideal vermittelt werden, das im Rückgriff auf die antike Ethik an der Vorstellung eines heroisch-großmütigen Persönlichkeitsbildes orientiert ist. Kleopatra erscheint trotz ihrer Verirrungen schließlich als edelmütige und selbstbewußte Frau, die, als sie erkennt, daß ihr kein anderer ehrenvoller Weg bleibt, mit gelassener Entschiedenheit in den Tod geht. Oktavian, der zugleich für das Selbstvertrauen und die Überheblichkeit des weltbeherrschenden römischen Imperiums steht, wird durch den Lauf der Ereignisse dazu gebracht, seine Maßlosigkeit zu korrigieren.

Exemplarischer Adressat der von humanistischem Geist getragenen Tragödie ist der König, an den der Prolog des Werks gerichtet ist. Ihm, dem Vorbild seiner Untertanen, soll das Werk als Spiegel eigenen Verhaltens dienen. Das Stück, das Jodelle für die Feier des Sieges der Franzosen über Karl V. bei Metz geschrieben hat, ist von der seit dem frühen 16. Jh. in Frankreich entwickelten monarchischen Staatsidee, wie sie auch von der Pléiade propagiert wurde, getragen. K.L.

Ausgaben: Paris 1574 (in *Les œuvres et meslanges poétiques*). – Paris 1868 (in *Les œuvres et meslanges poétiques*, Hg. C. Marty-Laveaux, 2 Bde., 1868 bis 1870, 1; Nachdr. Genf 1968–1970). – Paris 1925. – Philadelphia 1946, Hg. L. Bryce Ellis. – Paris 1965–1968 (in *Œuvres complètes*). – Exeter 1979, Hg. K. M. Hall [krit.].

Literatur: F. Neri, *La prima tragedia di E. J.* (in GLI, 74, 1919, S. 50–63). – J. H. Greenleat, *L'unité de lieu dans la »Cléopâtre« de J.* (in University of Wisconsin Studies in Language and Literature, 20, 1925, S. 62–73). – M. Delcourt, *J. et Plutarque* (in Bulletin de l'Association Guillaume Budé, 1934). – G. Cohen, *»La Cléopâtre captive«* (in G. C., *Études d'histoire du théâtre en France au moyen âge et à la renaissance*, Paris 1956, S. 343–345). – K. M. Hall, *Notes on J.'s »Cléopâtre captive«* (in FS, 20, 1966, S. 1–14). – T. J. Reiss, *J.'s »Cléopâtre« and the Enchanted Circle* (in YFS, 47, 1972, S. 199–210). – R. Griffin, *The Case Against J's »Cléopâtre captive«* (in KRQ, 19, 1972, Suppl. 1, S. 37–54). – Ders.,

»Cléopâtre captive« devant la critique (in OCrit, 1, 1975/76, S. 111–118). – G. R. Garner, *Tragedy, Sovereignty and the Sigh. J.'s »Cléopâtre captive«* (in Rclc, 5, 1978, S. 245–279). – R. Campagnoli, *Descrizione della »Cléopâtre captive« di J.* (in R. C., *Forme, maniere, manierismi*, Bologna 1979, S. 1–80).

EUGÈNE

(frz.; *Eugen*). Komödie in fünf Akten von Étienne JODELLE, Sieur du Limodin, Uraufführung: Paris 1552/53, L'Hôtel de Reims. – *Eugène* ist die erste, bewußt den Farcen des Mittelalters entgegengestellte französische Renaissancekomödie. Jodelle, wie seine Freunde Rémi BELLEAU und Jean de LA PÉRUSE dem Pléiade-Kreis angehörend, entwickelt im Prolog zu diesem Stück seine dramaturgischen Theorien. Er plädiert für einen Bruch mit der mittelalterlichen Theatertradition der Mysterienspiele, Moralitäten und Farcen und für die Schaffung eines nationalen Dramas in Anlehnung an die Bühnenwerke der griechischen und römischen Antike, deren regelmäßiger dramaturgischer Aufbau übernommen werden soll.

Den Schausplatz der, in Ermangelung geeigneter Schauspieler, von Jodelle und seinem Freundeskreis vor König Heinrich II. aufgeführten Komödie bildet eine Pariser Straße, auf der sich fast alle Szenen abspielen. Hauptperson ist der Abbé Eugène, ein Liebhaber guten Essens, Trinkens und des Freudenmädchens Alix, das er an einen dummen Bauern namens Guillaume verheiratet hat. Diesem gegenüber hat er sich als Vetter der Frau ausgegeben, um ungestört im Hause ein und aus gehen zu können. Ehe Eugène jedoch so recht dazu gekommen ist, die Früchte seiner Intrige zu genießen, ergeben sich Komplikationen. Der Edelmann Florimond, ein ehemaliger Liebhaber von Alix, kehrt aus dem Krieg zurück und schwört dem Abbé, als er von der Heirat erfährt, fürchterliche Rache. Eugène hört davon und wendet sich an seine Schwester Hélène um Hilfe. Diese, die sich früher dem Liebeswerben Florimonds gegenüber spröde gezeigt und ihn dadurch zu Alix getrieben hat, ist nunmehr ihrem Bruder zuliebe bereit, dem Ritter von neuem Hoffnungen zu machen und, wie der Abbé andeutet, diese auch notfalls ohne vorangegangene Heirat zu erfüllen. Der Vertraute des Abbé, Messire Jean, überbringt Florimond mit entsprechenden Andeutungen eine Einladung, woraufhin dieser seinen Zorn vergißt und erwartungsvoll zu Hélène eilt. Dort feiert man große Versöhnung. Friede und Glück aller Beteiligten sind wiederhergestellt, denn Florimond verspricht, Hélène zu heiraten, und Guillaume erklärt offen, er habe nichts dagegen, daß der Abbé mit seiner Frau schlafe – solange er auch für seine, Guillaumes, übrigen Gattenpflichten und -schuldigkeiten aufkomme.

Das Stück spiegelt in satirischer Weise einen Aspekt des zeitgenössischen Lebens, den Jodelle gleich zu Beginn ironisch seinem Publikum vor Augen führt. In der Eingangsszene unterhalten sich der Abbé und Messire Jean über das Leben und die beste Art, es zu genießen. Eugène lobt den Priesterstand, da man darin am sichersten vor allen weltlichen Mühen und Plagen geschützt sei. Man habe ein angenehmeres Leben als der Adel, der Verantwortung trage, als der Bürger, der sich um seine Einkünfte sorgen müsse, und gar als der Krieger, der den Unbilden des Wetters und den Waffen des Feindes ausgesetzt sei.

Jodelle, der mit der ebenfalls 1552 uraufgeführten *Cléopâtre captive* die erste französische Renaissancetragödie schuf, geriet nach seinen frühen großen Erfolgen sehr bald in Vergessenheit. Erst im 19. Jh. entsann man sich wieder der literarhistorischen Bedeutung seines Werks. M.H.

AUSGABEN: Paris 1574 (in *Œuvres et meslanges poétiques*, Hg. Ch. de La Mothe). – Paris 1858 (in *L'ancien théâtre françois ou Collection des ouvrages dramatiques les plus remarquables depuis les Mystères jusqu'à Corneille*, Hg. Viollet-le-Duc, Bd. 4). – Paris 1868 (in *Les œuvres et les meslanges poétiques*, Hg. C. Marty Laveaux, 2 Bde., 1868–1870, 1; Nachdr. Genf 1968–1970). – Paris 1965–1968 (in *Œuvres complètes*, Hg. E. Balmas).

LITERATUR: V. L. Saulnier, *L'actualité militaire dans l'»Eugène« de J.* (in Revue Universitaire, 60, 1951, S. 147–153). – A. P. Stabler, *E. J., »Eugénie«* (in *Four French Renaissance Plays*, Washington 1978). – T. Sankovitch, *J. et la création du masque. Étude structurale et normative de l'»Eugénie«*, York/S.C. 1979.

LOUISE LABÉ

* vor 1524 Parcieux bei Lyon
† 1566 Lyon

DAS LYRISCHE WERK (frz.) von Louise LABÉ.

Das dichterische Werk der Lyoneserin, das erstmals 1555 an die Öffentlichkeit gelangte, besteht aus drei Teilen: den *Élégies*, den *Sonnets* und dem *»Débat de folie et d'amour«*. Diese unterschiedlichen Formen werden durch die Liebesthematik zusammengehalten, deren Wahl die Dichterin in dem berühmt gewordenen Einleitungsbrief zu ihren *Œuvres* begründet. Der an Clémence de Bourges, eine vornehme Lyoneserin, gerichtete Brief enthält einen Aufruf an das ganze weibliche Geschlecht, sich auf die eigenen Fähigkeiten und Werte zu besinnen und nach besten Kräften auch auf dem Gebiet der Künste und der Wissenschaften tätig zu werden. Das eigene Werk, wie sie es in seiner Gesamtheit vorlegt, versteht die Dichterin als einen ersten Beitrag dazu. Die von ihr behandelte Liebeslehre, eine in der zeitgenössischen Diskussion ausgiebig behandelte Thematik mit umfassenden metaphysischen, ästhetischen und sozialpsychologischen Dimensionen, gewinnt so programmatischen Anspruch. Labé tritt für einen eigenständigen weiblichen Humanismus ein. Unter dieser Voraussetzung müssen die verschiedenen Teile ihres Gesamtwerks – entgegen der seit dem 19. Jh. üblich gewordenen ausschließlichen Hochschätzung der Sonette – als sich ergänzend begriffen werden.

Während der *Débat* mit seiner eigenwilligen Deutung des Liebeserlebens den philosophischen Traktaten oder Dialogen zuzuordnen ist, in denen es damals üblich war, die Amor-Lehre zu erörtern, greift die Lyrik Labés auf zwei unterschiedliche Ausdrucksformen der erotischen Poesie zurück: auf die antike Liebeselegie und die petrarkistische Sonettdichtung. Dabei besteht in beiden Bereichen schon eine weibliche Tradition, die Labé in ihrem eigenen Schaffen zusammenführen will. Das Ergebnis ist innerhalb der französischen Dichtung ganz neuartig. In unterschiedlicher Gewichtung prägt die Synthese der antikisch-sinnlichen und der petrarkistisch-spirituellen Liebesauffassung beide Sammlungen. Schon die Zeitgenossen haben die Dichterin als neue Sappho gefeiert, und der anhaltende Erfolg ihres Werks zeigt, daß sie dem neuzeitlichen Empfinden gelungenen Ausdruck verliehen hat.

Die weibliche Variante der römischen Liebesdichtung, auf die sich die Autorin in ihren Elegien berufen kann, sind die Gedichte der Sulpicia aus dem *Corpus Tibullianum*. Die Sonette des petrarkistischen Zyklus haben ihr Vorbild in der italienischen Lyrik – bei Vittoria Colonna (1490–1547), Veronica Gambara (1485–1550) und Gaspara Stampa (1523–1554). Die Aneignung italienischer Modelle in Frankreich setzt, bevor sie von der *Pléiade* zu vollem Erfolg gebracht wird, bei der *école lyonnaise* (Lyoner Schule) ein, der Labé zugerechnet wird und als deren weiteres weibliches Mitglied auch die der früheren französischen Dichtung noch stark verhaftete Pernette Du Guillet (1520 bis 1545) zu nennen ist.

Die drei *Élégies* – in paarweise gereimten Zehnsilbern, jeweils über hundert Verse lang – sind als Briefe konzipiert. Die erste Elegie setzt ein mit der Apostrophe an die Dichtkunst, an die *Lyre de l'amour lesbienne*. Darin ist bereits die nachfolgende Anrede an die *Dames* als die eigentlichen Adressaten des Gedichts enthalten. Das ganze weibliche Geschlecht soll so zum Zeugen des Erlebens aufgerufen werden, das die Liebende durchleidet, durch das sie aber auch zur Wissenden, zur Dichterin, geworden ist. Sie will wie die antiken Vorbilder, deren Topik sie variiert, ihre subjektive Betroffenheit darstellen. Als *puella docta* teilt sie sich den Frauen mit, um für ihre Liebesverfallenheit Verständnis zu gewinnen, um zugleich aber auch mit ihrer Freude und ihrem Leid Beispiel zu geben. Anrede und Aussageabsicht des Einleitungsgedichts werden in der dritten Elegie wieder aufgenommen. Dadurch bilden beide Texte den Rahmen für das Kernstück der kleinen Sammlung, den Brief, den die verlassene Frau an den fernen Geliebten schreibt. Auf knappem Raum will dieses Gedicht, das Klage und Hoffnung, Erinnerung an das verflossene Glück und Sorge um den endgültigen Verlust enthält, eine Demonstration des weiblichen *contr'amour*, die Darstellung der erotischen Erfahrung aus der Sicht des anderen Geschlechts, vorführen. Mehr noch als die ihn flankierenden Gedichte zeigt dieser Text, daß Labé sich in Anlage und Durchführung ihrer Elegien an einer berühmten Nebenform des römischen Gattungsvorbilds, an Ovids Heroidenbriefen, ausgerichtet hat. Zu ihnen zählt auch die Epistel der verlassenen Sappho an den geliebten Phaon (*Heroid.* XV), die lange Zeit als bedeutendstes, wenngleich nur mittelbares Zeugnis aus der Antike die Erinnerung an die Dichterin von Lesbos wachhielt.

Vor allem die Briefform macht deutlich, daß die Elegien den Sonettzyklus vorbereiten. Aber auch die Wiederaufnahme der Adressen verstärkt die Verklammerung zwischen beiden Sammlungen. Die Sonette setzen gleichfalls mit einer Anrufung Amors, des Gottes der Liebe und der Liebesdichtung, ein, und an ihrem Schluß wird die Anrede an die *Dames* wiederholt. Die Apostrophe in dieser allgemeinen Form dient zugleich als literarische Technik eines vermittelten Sprechens, durch die ein Abstand zum spontanen Erleben und ein nur uneigentlicher Bezug zum Inhalt der Aussage erzeugt wird. Diese Sprechhaltung bleibt durchaus vereinbar mit einem konventionellen weiblichen Rollenverständnis, wonach emotionale Spontaneität, vor allem im erotischen Bereich, als unkontrollierbar und gefährlich galt und zu unterdrücken war. Die Dichterin als liebende Frau stellt sich und ihr Erleben daher zunächst aus einer gewissen Distanz heraus dar, was auch durch die Fiktion der räumlichen Trennung von dem Geliebten begründet ist.

Erst die Sonette verzichten auf das Bemühen um Bewältigung und Kontrolle und geben der bedrängenden Gegenwärtigkeit des Erlebens unverhüllt Ausdruck. Das Bittgedicht an Amor, der erste dieser vierundzwanzig Texte, macht bereits die abgründige, nicht zu bezwingende Antithetik des Liebeserlebens, wie sie für die weitere Gedichtfolge konstitutiv ist, zum Thema. Im Unterschied zu den eher argumentierenden Elegien wird in den Sonetten die Geschichte der Liebe vom ersten Ergriffensein bis zum qualvollen Verzicht in einer Unmittelbarkeit mitgeteilt, die den kurzen Texten ihre suggestive Spannung verleiht; sie ließ die Dichterin schon zu Lebzeiten – etwa bei den sittenstrengen Calvinisten – zum Skandalon werden. Allerdings bleibt die große Unmittelbarkeit des Sprechens, die der Sammlung dann auch seit der Romantik anhaltenden Erfolg als originale Schöpfung und Erlebnisdichtung gesichert hat, in einen festen Zusammenhang eingefügt. Die Abfolge von Stimmungen, Beobachtungen und Haltungen, in die das erotische Erleben aufgesplittert ist, gehorcht den Bauprinzipien petrarkistischer *Canzonieri*, deren zyklische Form von einem geschlossenen Deutungsmuster bestimmt ist: Der Liebeskampf ordnet sich, wenn er nur verantwortungsbewußt ausgetragen wird, als ein unablässiges Ringen gegensätzlicher Gefühle um Wahrheit schließlich doch dem Gesetz des Lebens sinnvoll ein. Bereits das Einleitungssonett signalisiert dadurch, daß es in italienischer Sprache abgefaßt ist, die ideelle und dichtungstheoretische Filiation. Die Errungenschaften des humanistischen Denkens jenseits der Alpen sollen auch zur Selbsterkenntnis und -befreiung der Frauen in Frankreich eingesetzt werden. Seit man wieder erfaßt hat, daß die Sonette den naiven Konfessionscharakter, den man ihnen lange unterstellte, gar nicht beanspruchen, wird es als die eigentliche künstlerische Leistung Labés angesehen, daß sie die von ihr ausgewählten Dichtungsmodelle zeitgemäß und glaubwürdig auf die weibliche Perspektive übertragen hat. Das Interesse der neueren Forschung konzentriert sich denn auch auf die ästhetische Qualität ihrer Texte, in denen typische Themen, Formen und Verfahrensweisen des Petrarkismus verarbeitet sind. Genauer zu klären bleibt allerdings noch, wie sich die Sonderstellung dieser Dichtung und die eigentümliche Kombination unterschiedlicher Traditionsbezüge – etwa in dem Kußgedicht (Sonett XVIII) – begründen lassen. Erst so aber können auch die Grundlagen weiblichen Selbstverständnisses in der frühen Neuzeit, als deren Zeugnis die Gedichte Labés ja auch zu verstehen sind, aufgehellt werden. – Ihre Bekanntheit im deutschen Sprachraum verdankt die *»belle cordière«*, die schöne Seilerin aus Lyon, vor allem der Nachdichtung der Sonette durch RILKE.

K.L.

AUSGABEN: *Œuvres*, Lyon 1555. – *Œuvres*, Hg. C. Boy, 2 Bde., Paris 1887 (m. Anm. u. Bibliogr.; Nachdr. Genf 1982). – *Œuvres complètes*, Hg. E. Giudici, Genf 1981 (TLF). – *Œuvres poétiques*, Hg. F. Charpentier, Paris 1983 [zus. m. *Rymes de Pernette du Guillet* u. *Blasons du corps féminin*]. – *Œuvres complètes*, Hg. F. Rigolot, Paris 1986 (GF).

ÜBERSETZUNGEN: *Die vierundzwanzig Sonette der L. L. Lyoneserin, R. M. Rilke*, Lpzg. 1918. – *Vierundzwanzig Sonette aus L. L.*, S. Jacot des Combes (in *Neue Gedichte und Übertragungen*, Zürich 1924). – *Die Sonette der L. L.*, A. Pariser, Lpzg./Straßburg/Zürich 1931. – *Sonette*, Hbg. 1932 [Ill. K. Wrage]. – *Die Liebesgedichte einer schönen Lyoneser Seilerin namens L. L.*, P. Zech, Bln. 1947. – *Die Sonette und Elegien der L. L.*, M. Rieple, Fürstenfeldbruck 1957. – *Das lyrische Gesamtwerk*, F. v. Rexroth, Wiesbaden 1957. – *Die vierundzwanzig Sonette der L. L.*, R. M. Rilke, Stg. 1979 [Nachw. H. Sieber-Rilke]. – *Sonette und Elegien*, M. Fahrenbach-Wachendorff, Tübingen 1981 [Nachw. E. Schulze-Witzenrath].

LITERATUR: C. M. Wieland, *L. L.* (in Merkur, 3, 1781, S. 23–38). – Ch. A. Sainte-Beuve, *La belle cordière, L. L.* (in Ch. A. S.-B., *Portraits contemporains*, Paris 1855, Bd. 3, S. 156–184). – Ders., *Œuvres de L. L., La belle cordière* (in Ch. A. S.-B., *Nouveaux lundis*, Paris 1872, Bd. 4, S. 289–317). – E. Laur, *L. L.*, Straßburg 1873. – D. O'Connor, *L. L.: sa vie et son œuvre*, Paris 1926. – A. Elfert, *Die Dichtung der L. L.*, Ahlen 1935 [Diss. Münster]. – G. vom Steeg, *L. L. Ihr Leben und ihr Werk*, Bln. 1940 [Diss. Marburg]. – D. Derndarsky, *L. L. und Rilke* (in RF, 60, 1947, S. 123–189). – L. E. Harvey, *The Aesthetics of the Renaissance Love Sonnet. An Essay on the Art of the Sonnet in the Poetry of L. L.*, Genf 1962. – E. Guillot, *L. L.*, Paris 1962. – E. Giudici, *L. L. et l'»École lyonnaise«*, Neapel 1964. – N. Ruwet, *Un sonnet de L. L.* (in *Langage, Musique, Poésie*, Paris 1972, S. 176–199). – E. Schulze-Witzenrath, *Die Originalität der L. L. Studien zum weiblichen Petrarkismus*, Mchn. 1974. – C. G. Tucker, *Rilke's Eternal Woman and the Translation of L. L.* (in MLN, 1974, S. 828–839). – W. D. Lange, *L. L., sonnet XXIII* (in *Die frz. Lyrik*, Hg. H. Hinterhäuser, Düsseldorf 1975, Bd. 1, S. 119–126, 357–360). – K. Ley, *Pernette du Guillet und L. L.* (in *Die frz. Autorin*, Hg. R. Baader u. D. Fricke, Wiesbaden 1979, S. 49–61). – E. Giudici, *L. L. Essai*, Rom 1981. – F. Rigolot, *Quel genre d'amour pour L. L.?* (in Poétique, 55, 1983, S. 303–317). – Ders., *L. L. et la redécouverte de Sappho* (in Nouvelle Revue du XVIe siècle, 1, 1983, S. 19–31). – E. Giudici, *Du nouveau sur L. L.?* (in QFLR, 5, 1983, S. 45–80). – C. Sibona, *Le sens qui résonne. Analyse du sonnet français à travers l'œuvre de L. L.*, Ravenna 1984. – F. Rigolot, *Signature et signification: les baisers de L. L.* (in RR, 75, 1984, S. 10–24). – K. L. Berriot, *L. L., la belle rebelle et le françois nouveau*, Paris 1985 [m. Textausg.]. – K. Cameron, *A Concordance to L. L.'s Œuvres poétiques*, Univ. Exeter 1986. – R. P. Cottrell, *The Problematics of Opposition in L.'s »Débat«* (in FF, 12, 1987, S. 27–42). – D. Stone jr.; *L. L.'s Sonnet 12. A New Reading* (in BdHumR, 49, 1987, S. 379–382). – W. Baldridge, *Le langage de la séparation chez L. L.* (in Et. litt, 20, 1987, S. 61–76). – K. Ley, *L. L. = Sonett + Sappho?* (in ZfrzSp, 99, 1989, S. 183–188).

ÉTIENNE DE LA BOÉTIE

* 1.11.1530 Sarlat
† 18.8.1563 Germignau

DISCOURS DE LA SERVITUDE VOLONTAIRE

(frz.; *Abhandlung über die freiwillige Knechtschaft*). Theoretische Schrift von Étienne de LA BOÉTIE, erschienen 1574–1576. – MONTAIGNE, der 1571 Teile des nachgelassenen Werks seines verstorbenen

Freundes herausgab (lateinische und französische Verse, Übersetzungen von XENOPHON und PLUTARCH), den *Discours* aber für *»zu zart und verletzlich«* hielt, *»um ihn dem undifferenzierten und groben Geist einer so engstirnigen Epoche auszusetzen«*, bezeugt, daß La Boétie dieses Werk mit sechzehn oder achtzehn Jahren geschrieben habe. Ein Teil des *Discours* erschien 1574 zunächst in lateinischer Fassung in *Dialogi ab Eusebio Philadelpho cosmopolita (Dialoge von Eusebius Philadelphus, dem Kosmopoliten)*, danach französisch im ›Réveille-matin des François‹ (Weckuhr der Franzosen). Die erste vollständige Ausgabe erfolgte 1576 in *Mémoires de l'estat de la France sous Charles IX (Abhandlungen über die Lage Frankreichs unter Karl IX.)*, einer von Simon GOULARD herausgegebenen Sammlung kalvinistischer Streitschriften; doch der Text war hier zum Pamphlet gegen das katholische Regime entstellt worden. Das Werk wurde unter dem nicht authentischen Titel *Contr'un* (*Gegen einen* [Tyrannen]) bekannt, und Montaigne, der es zunächst in seine *Essais* aufnehmen wollte, galt gelegentlich sogar als sein Verfasser.

Discours de la servitude volontaire ist ein Jugendwerk, das den Einfluß des klassischen Altertums nicht verleugnet, doch weder schülerhaft noch unoriginell wirkt. Es bezeugt die latenten Konflikte der Epoche, in der es entstand, und da es sich gegen die Tyrannei wendet, wurde es von den Kalvinisten unbedenklich als Streitschrift für ihre Sache mißbraucht, in der Französischen Revolution von MARAT plagiiert (*The Chains of Slavery*, 1774; frz. *Les chaines de l'esclavage*, 1792) und auch später von LAMENNAIS, LEROUX und VERMOREL als Dokument des revolutionären Republikanismus gelesen und ediert. In Wirklichkeit scheint La Boétie, der spätere Magistratsbeamte, keineswegs beabsichtigt zu haben, mit seinem Werk die Monarchie in Frage zu stellen. Begeistert vom Eintreten der antiken Schriftsteller für die Freiheit, will er die Schranken aufzeigen, die Gott und die Natur der Tyrannei gesetzt haben; darlegen, daß die Geduld der Völker Grenzen haben müsse und daß, wenn diese einmal überschritten sind, Widerstand und Revolte Recht und Pflicht werden. Er läßt durchblicken, daß jede Macht im Grunde auf die Zustimmung und Unterstützung ihrer Untertanen angewiesen ist: *»Es ist das Volk selbst, das sich versklavt, sich die Kehle durchschneidet, das, wenn es die Wahl hat, Sklave oder frei zu sein, seine Freiheit verläßt und sich unter das Joch begibt.«* – Der *Discours* ist eines jener Werke, die den bis 1789 ständig anschwellenden Strom politischer und staatsphilosophischer Streitschriften einleiteten. KLL

AUSGABEN: Philadelphia/Edinburgh (?) 1574 (in *Dialogi ab Eusebio*; anon.; lat. Frg.). – Paris u. a. 1574 (in Le réveille-matin des François; anon.). – Genf 1576 (in *Mémoires de l'estat de la France sous Charles IX*, Bd. 3, Hg. S. Goulard). – Brüssel 1836 *(De la servitude volontaire ou le Contr'un)*. – Paris 1846, Hg., Anm. L. Feugère. – Bordeaux 1892 (in *Œuvres complètes*, Hg. P. Bonnefon; m. Anm.). – Paris 1922, Hg., Anm., Einl. P. Bonnefon. – Brüssel 1955 [Einl. H. Day]. – Paris 1963, Hg. M. Rat. – Genf 1984, Hg. M. Smith.

ÜBERSETZUNG: *Über freiwillige Knechtschaft*, F. Boenheim, Bln. 1925; Nachdr. Mchn. 1981.

LITERATUR: H. Baudrillart, *»Contr'un«* (in H. B., *Jean Bodin et son temps*, Paris 1853, S. 68–73). – P. Bonnefon, *Montaigne et ses amis*, Bd. 1, Paris 1898, S. 105–224. – J. Barrère, *L'humanisme et la politique dans le »Discours de la servitude volontaire«*, Paris 1923. – L. Lablénie, *L'énigme de la »Servitude volontaire«* (in Revue du Seizième Siècle, 17, 1930, S. 203–227). – H. Schmidt, *E. de la B.s »Discours de la servitude volontaire« (Le »Contr'un«)*, Diss. Marburg 1934. – P. Mesnard, *La B., critique de la tyrannie* (in P. M., *L'essor de la philosophie politique au XVIe siècle*, Paris 1936, S. 389–406). – H. Kurz, *Critical Bibliography on La B.* (in RomR, 37, 1946, S. 20–36). – J. Calemard, *L'édition originale de la »Servitude volontaire«* (in Bulletin du Bibliophile, 1947, S. 209–229; 269–283). – *A Critical Bibliography of French Literature*, Hg. D. C. Cabeen, Bd. 2, Syracuse/NY 1956, S. 144–154. – A. Cioranesco, *Bibliographie de la littérature française du 16e siècle*, Paris 1959, S. 387/388. – R. Trinquet, *Montaigne et la divulgation du »Contr'un«* (in RHLF, 64, 1964, S. 1–12). – A. Toulemon, *E. de La B.*, Paris 1980. – W. Müller-Pelzer, *Leib und Leben. Untersuchungen zur Selbsterfahrung in Montaignes »Essais«. Mit einer Studie über La B. und den »Discours de la servitude volontaire«*, Ffm. 1983. – J. Lafond, *Le »Discours sur la servitude volontaire« de La B. et la rhétorique de la déclamation* (in *Mélanges... V. L. Saulnier*, Genf 1984, S. 735–745).

PIERRE DE LARIVEY

* um 1540 bei Troyes
† 12.2.1619 Troyes

LES ESPRITS

(frz.; *Die Geister*). Prosakomödie von Pierre de LARIVEY, erschienen 1579. – Unter dem schlechten Einfluß seiner Frau ist Severin ein Sonderling und Geizkragen geworden, als seine Kinder geboren wurden: So tyrannisiert er seine Söhne Urbain und Fortuné und die Tochter Laurence, die noch von ihm abhängig sind. Sympathie finden die Geschwister bei Severins Bruder Hilaire und dessen Frau Elizabet, Unterstützung bei dem gewitzten Hausdiener Frontin. Severins Tyrannei kontrastiert mit dem Unabhängigkeitsstreben seiner herangewachsenen Kinder, deren Wünsche und Bedürfnisse, insbesondere in erotischer Hinsicht, der Vater völlig ignoriert. Der finanziell kurz gehaltene Urbain kann mit dem Zuhälter Ruffin, der ihm endlich die gewünschte Frau zuführen soll, nicht handelseinig werden, und auch Fortunés in aller Deutlichkeit geäußerter Wunsch, endlich ein Mädchen zu verführen und möglichst beim ersten Mal gleich zu schwängern, bleibt unter den Bedingungen eine rein verbale Phantasie. Der frechere der beiden Brüder, Urbain, riskiert es schließlich, sich in Severins Abwesenheit mit seiner Geliebten Feliciane zu Hause zu treffen. Als Severin vorzeitig zurückkehrt, rettet der Diener Frontin die Situation, indem er dem Herrn einredet, daß Gespenster im Haus seien, das Severin daraufhin so lange nicht betritt, bis ein Geisterbeschwörer, Monsieur Josse, den Mißstand in einer umständlichen Zeremonie behoben hat. Zuvor hat Severin seine Geldbörse vergraben, wobei er von Desiré, dem Verehrer seiner Tochter, beobachtet wurde, der heimlich das Geld an sich bringt und gegen Steine vertauscht. Ständig in Sorge um sein Geld, bemerkt Severin den Diebstahl schnell. Der Versuch seiner Kinder, den Vater zu zwingen, im Austausch gegen das entwendete Geld ihren Heiratsplänen zuzustimmen, scheitert zunächst. Einzig Severins Bruder Hilaire gelingt es schließlich, den alten Geizhals und Menschenfeind mit diplomatischem Geschick umzustimmen. Im Falle von Urbain, der von Felicianes Vater verpflichtet wird, diese zu heiraten, tut die reiche Mitgift von 15 000 Francs ein übriges. Doch auch Fortuné und Desiré können letztendlich ihre Angebeteten mit väterlichem Segen für immer in die Arme schließen.

Wie der Autor bereits im Titel der ersten gedruckten Ausgabe vermerkt, handelt es sich wie bei allen neun Komödien Lariveys auch bei *Les esprits*, die zu den erfolgreichsten Komödien der französischen Renaissance zählt, um eine Imitation nach antikem bzw. italienischem Muster: So gehen die *Esprits* auf Lorenzino de MEDICIS *Aridosia* zurück, die anläßlich der Heirat Alessandros de Medici mit Margarethe von Österreich am 12.6. 1536 aufgeführt wurde. Bei Lorenzinos *Aridosia*, einem Beispiel der *comedia erudita*, handelt es sich um eine Typen- und Intrigenkomödie, die aus drei Stücken von PLAUTUS *(Aulularia – Topfkomödie, Mostellaria – Gespensterkomödie)* und TERENZ *(Adelphoe – Die Brüder)* kombiniert ist. Bereits Lorenzino nimmt an der lateinischen Vorlage der *Adelphoe*, deren Handlung er ins zeitgenössische Italien verlegt, beträchtliche Eingriffe vor, die er zumal bei der Charakterzeichnung der Figuren um Motive aus den beiden Werken des Plautus ergänzt. Fern aller mechanischen Kombinationskunst sind Lorenzinos *Aridosia* und Lariveys *Esprits* keineswegs einfach Plagiate der antiken Vorbilder, zu deren Imitation sich Larivey im *Prologue* ausdrücklich bekennt. Der Reiz des Werkes beruht vielmehr in der Transposition des Stoffes in das Frankreich des 16. Jh.s. Zwar folgt Larivey der Handlung seiner Vorlagen, doch hat er die Charaktere anders gezeichnet. Die Rolle des Pariser Zuhälters und Kupplers Ruffin wurde gegenüber Lorenzino und den antiken Vorlagen ebenso deutlich reduziert wie die Figur des Monsieur Josse, der im italienischen Text noch ein Pfarrer ist, dessen Verunglimpfung Larivey im Klima der Religionskriege unterlassen mußte. Der Spott des Autors trifft den gerade im 16. Jh. weit verbreiteten Hang zu Aberglauben und Nekromantie, die in der witzigen Beschwörungsszene als grundlose Narretei demaskiert wird, ebenso wie den permanenten sexuellen Notstand der drei jungen Männer. Dieser äußert sich auf sprachlicher Ebene in ständigen Doppelbödigkeiten, erotischen Aufschneidereien und Wendungen, die auch Anzüglichkeiten und Obszönes nicht scheuen. Zugleich ist das Stück von bedeutendem sprachlichem Interesse, da es die verschiedenen volkssprachlichen Schichten bis hinab zum französischen Zuhälterjargon bewahrt. Nicht nur die Sprach- und Typenkomik ist in den *Esprits* gleichermaßen ausgeprägt: Die Tradition der spätmittelalterlichen Farcen, die beim französischen Publikum immer noch großen Anklang fanden, wirkt in einigen derb-komischen Szenen des Werks weiter. Als Typenkomödie nimmt Lariveys Stück das Thema des Geizes vorweg, das auf MOLIÈRES *L'avare* vorausweist. Noch Albert CAMUS hat sich 1953 des Stückes angenommen, um es als Regisseur beim Theaterfestival in Angers zu adaptieren. G.Wil.

AUSGABEN: Lyon 1579 (in *Les six premières comédies facecieuses*). – Paris 1855 (in *Les comédies*, Hg. P. Jannet). – Paris 1871 (in *Le théâtre français au 16e et 17e siècle*, Hg. E. Fournier). – Cambridge/Mass. 1978, Hg. D. Stone. – Exeter 1978, Hg. M. A. Freeman.

BEARBEITUNG: A. Camus, *Les esprits*, Paris 1953.

LITERATUR: K. V. Meurer, *»Les esprits« als Quelle zu Molières »Avare«*, Diss. Jena 1873. – L. Morin, *Les trois P. de L. Biographie et bibliographie*, Troyes 1937. – L. Petroni, *Alcuni aspetti originali degli »Esprits« di L.* (in Studi e Ricerche della Facoltà di Lettere di Bologna, N. S., 7, Saggi linguistici dell'Istituto di Glottologia, 3, 1962). – Ders., *Traduzione e aspetti originali negli »Esprits« di P. de L.* (in Atti della Accademia delle Scienze dell'Istituto di Bologna, Classe di Scienze morali, 58, Memorie, 1963/64, Nr. 51/52, S. 155–188). – B. C. Bowen, *Les caractéristiques essentielles de la farce française dans les années 1550–1620*, Urbana 1964. – R. Lebègue, *Le théâtre comique en France de »Pathelin« à »Mélite«*, Paris 1971. – M. Lazard, *La comédie humaniste au XVIe siècle et ses personnages*, Paris 1978. – M. A. Freeman, *Une source inconnue des »Esprits« de P. de L.* (in BdHumR, 41, 1979, S. 137–145). – J. le Marinel, *L'importance du rythme dans la réécriture des »Esprits« par Albert Camus* (in RHT, 38, 1986, S. 395–405).

JEAN LEMAIRE DE BELGES

* 1473 (?) Bavai
† nach 1515

LITERATUR ZUM AUTOR:
Ph. A. Becker, *J. L. Der erste humanistische Dichter Frankreichs*, Straßburg 1893. – P. Spaak, *J. L. de B., sa vie, son œuvre et ses meilleures pages*, Paris 1926 [Nachdr. Genf 1975]. – G. Doutrepont, *J. L. et la Renaissance*, Brüssel 1934 [Nachdr. Genf 1974]. – K. Munn, *A Contribution to the Study of J. L.*, NY 1936. – P. Jodogne, *J. L., l'écrivain franco-bourguignon*, Brüssel 1972. – P. Zumthor, *Le masque et la lumière*, Paris 1978. – M. F. O. Jenkins, *Artful Eloquence, J. L. and the Rhetorical Tradition*, Chapel Hill 1980. – J. K. Kem, *Magic and Prophecy in the Works of J. L.*, Diss. Chapel Hill 1985 (vgl. Diss. Abstracts, 47, 1986/87, S. 195A).

LES TROIS LIVRES DES ILLUSTRATIONS DE LA GAULE BELGIQUE

(frz.; *Die drei Bücher zum Ruhm des belgischen Gallien*). Umfangreiches historisch-mythologisches Werk des französischen Dichters und Historiographen Jean LEMAIRE DE BELGES, erschienen in Lyon 1509–1512, vollständig unter dem Titel *Les illustrations de Gaule et singularitéz de Troye* erschienen 1512/13. – In diesem Werk spricht sich das neu erwachende Selbstbewußtsein der französischen Nation aus, deren Ebenbürtigkeit mit Deutschland und Italien dokumentiert werden soll. Zumal die Qualität der französischen Sprache, die von den italienischen Humanisten diskreditiert war, soll durch das Werk erwiesen werden. Daneben ist eine unterhaltsame Wirkung beabsichtigt, wie Lemaire selbst einleitend betont.

Die beiden ersten Bücher stellen eine Adaption der trojanischen Geschichte vom Raub Helenas bis zur Zerstörung Trojas dar. Um die Urgeschichte vor diesen Ereignissen zu dokumentieren, greift der Verfasser auf die Heilige Schrift und die Werke des Dominikaners JOHANNES ANNIUS VON VITERBO zurück. Lemaires Geschichtswerk beginnt bei Noah, dem zweiten Stammvater der Menschheit, und reicht bis zum ersten »König Frankreichs«, Pippin dem Kleinen. Wie schon seit den frühen nationalen Umdeutungen der Trojasage und auch später in der *Franciade* von RONSARD wird als Stammvater des französischen Herrschergeschlechts Francus, ein Sohn des Königs Priamus, angesehen.

Das Werk, das abgesehen von BOCCACCIOS *Genealogia deorum* ausschließlich antike und mittelalterliche Autoren verarbeitet, enthält in seinem ersten Teil den recht farblosen Bericht von den sagenhaften Taten Noahs und dem Leben seiner Nachkommen, wobei christliche und antike Mythen eine seltsame Verbindung eingehen. Lemaire hat bei der Auswahl seiner Quellen wenig Sorgfalt walten lassen. So erklärt sich die recht unterschiedliche Qualität des verarbeiteten Materials. Den Mittelpunkt des Werks bildet der vom altfranzösischen Roman des BENOÎT DE SAINTE-MORE her noch lebendige Troja-Stoff. Das Hauptinteresse gilt der Geschichte von der Jugend des Paris und seinen beiden Ehen – ein biographischer Roman mit allegorischer Ausdeutung. Entgegen der mittelalterlichen Tradition, wo die vordergründige Wirklichkeit immer schon auf ihre eigentliche, allegorische Bedeutung ausgerichtet ist, hat sich hier der Schwerpunkt zugunsten der mit einem neuen Sinn für Plastik und Lebendigkeit dargestellten Wirklichkeit verschoben. Paris' Jugend und erste Ehe werden als Hirtenidyll geschildert. Neben OVID und APULEIUS hat Lemaire bei der Ausgestaltung der Paris-Vita auf die Konstanten und Topoi der ritterlichen Biographik und der Fürstenspiegel zurückgegriffen, so daß sein Paris jene eigentümliche Kontamination aus antikem Helden und zeitgenössischem Aristokraten ist, die RABELAIS im *Gargantua* parodieren wird. Der Werdegang des Paris wird immer wieder durch monotone Aufzählungen unterbrochen: Paris, der auf Geheiß seiner Eltern gleich nach seiner Geburt getötet werden sollte, wird statt dessen heimlich ins Gebirge zu einem Hirten gebracht, unter dessen väterlicher Obhut er heranwächst. Bald zeichnet er sich unter seinen Altersgenossen durch »einzigartige Schönheit« und höfische Zurückhaltung aus, sein angeborener Adel kommt zum Durchbruch. Paris ist der Inbegriff höfischer Tugenden, im Krieg bewährt er sich ebensosehr wie in der Poesie. Die Liebe erwacht in ihm nach der Begegnung mit der Nymphe Oenone, deren mit den Farben schlichter Sinnlichkeit dargestellte Gestalt an Bilder der italienischen Frührenaissance erinnert. Hochzeit und Eheglück der beiden führt uns Lemaire anschaulich vor Augen, die Beschreibung ihrer winterlichen Hütte stilisiert er zu einem Bild glücklicher Bescheidenheit. Das Unheil beginnt, als Paris dazu ausersehen wird, im Schönheitswettbewerb zwischen Venus, Minerva und Juno ein Urteil zu fällen. Mit offenkundigem Vergnügen entwirft Lemaire das Bild der drei Göttinnen. An Venus bewundert Paris vor allem die *»solidité de sa noble corpulence«*, ihre *»naive Schönheit«* fesselt ihn am meisten. Das an sich keineswegs reizlose Heldenleben des Paris wird immer wieder durch allegorische und moralisierende Einschübe unterbrochen. Diese Einlagen weisen noch auf Lemaires ursprüngliche Pläne bezüglich des Werks zurück, die infolge der langen Redaktionszeit und die spätere Kenntnis zusätzlicher Quellen einem Sinneswandel des Verfassers zum Opfer fielen, ohne daß er die der neuen Konzeption unangemessenen Partien in der Druckfassung der *Singularitéz* beseitigte.

Zunächst tritt Paris ein in die Welt des Hofes, am Hof seines Vaters Priamus gibt er sich zu erkennen und wird in alle seine Rechte eingesetzt, seine Ehe mit Oenone wird vom König sanktioniert. Mit dem Raub der Helena und der anschließenden Heirat beginnt das Sündenleben des Paris. Oenone besteht auf Scheidung und zieht sich verzweifelt in ihre Heimat zurück. Im Gegensatz zu dem ausführlich dargestellten Drama des Paris wird der sich anschließende Bericht vom Trojanischen Krieg ganz knapp abgehandelt, nur wenn er wieder zur Paris-Handlung zurückkehrt, geht Lemaire von der kurzen Berichtform ab. Eine der wenigen weiter ausgeführten Szenen ist der Zweikampf von Paris und Menelaos. HOMER, *»le prince des poètes«*, dessen *Ilias* Lemaire durch die lateinischen Übersetzungen von Lorenzo VALLA zugänglich war, ist hier die Vorlage, die er fast wörtlich übernimmt. – Die Tragödie von Paris und Oenone wird folgerichtig zu Ende geführt. – Paris findet im Kampf den Tod, sterbend äußert er noch den Wunsch, an der Seite seiner rechtmäßigen Gattin bestattet zu werden. Oenone stirbt an seinem Sarge an gebrochenem Herzen, Helena hingegen, *»lubrique et inconstante«*, endet in Elend und Verkommenheit.

Im dritten Teil führt Lemaire die genealogische Linie weiter bis hin zu Karl Martell und Pippin dem Kleinen. Trotz der gutgemeinten historiographischen Absicht erweist sich dieser Teil, mehr noch als die vorangegangenen Partien, als uneinheitliches Geflecht aus Historie und märchenhaften Erzählungen, die Lemaire ohne Rücksicht auf ihre Authentizität kompiliert hat. In dem genealogischen Dickicht zeichnen sich einige wichtige Linien ab, Lemaire geht es darum, die Verbindung Burgunds mit Frankreich klarzulegen, damit wird die Eingliederung Burgunds in den französischen Staatsverband historisch sanktioniert. Lemaire beschließt sein Werk mit philosophischen Betrachtungen über den Wechsel der französischen Herrscherhäuser, in dem er die Hand göttlicher Vorsehung erblickt. Als Gesamtentwurf ist dieses umfangreichste Werk des Lemaire verunglückt, er verliert sich in der Masse planlos zusammengeschichteter Materialien. Seine dichterische Begabung entfaltet sich erst richtig bei der Darstellung des einzelnen Menschen und der ihn umgebenden Welt.

W.E.-KLL

AUSGABEN: Lyon 1509–1512 (Buch 1 u. 2). – Paris 1513 (Buch 3). – Paris 1531. – Löwen 1882–1891 (in *Œuvres*, Hg. J. Streicher, 4 Bde., 1882–1891, 1–2). – Bln. 1924 (in *Dichtungen*, Hg. E. Lommatzsch).

LITERATUR: J. Abélard, *»Les illustrations de Gaule« de J. L. de B.: étude des éditions, genèse de l'œuvre*, Genf 1976. – Ders., *»Les illustrations de Gaule«* (in CAIEF, 33, 1981, S. 111–128). – Ders., *Une contribution inconnue au dictionnaire du moyen français. Le glossaire des »Illustrations de Gaule«* (in *Du mot au texte*, Hg. P. Wunderlich, Tübingen 1982, S. 89 bis 99).

OLIVIER DE MAGNY

* um 1529 Cahors
† 1561 Paris

LITERATUR ZUM AUTOR:
G. Bizos, *Étude sur la vie et les œuvres de O. de M.*, Diss. Paris 1877; Nachdr. Genf 1970. – E. Dannheisser, *Studien zu O. de M.s Leben u. Werken*, Ludwigshafen 1888. – G. Dotoli, *La datazione del teatro di M.*, Paris 1973. – Ders., *Bibliographie critique de M.*, Paris 1973. – W. A. Bunch, *M.*, Boston 1975 (TWAS). – B. Kay, *The Theatre of M.*, Den Haag 1975. – G. Dotoli, *Matière et dramaturgie dans le théâtre de O. M.*, Paris 1976. – Ders., *Le langage dramatique de M. Structures stylistiques et idéologie baroque*, Paris 1978. – P. Tomlinson, *M. et ses protecteurs. Une œuvre dans son milieu*, Paris u. a. 1983.

LES SOUSPIRS

(frz.; *Die Seufzer*). Sonettzyklus von Olivier de MAGNY, entstanden 1555/56 während eines Romaufenthalts, erschienen 1557. – Der Zyklus enthält 176 Sonette (146 in Alexandrinern, die übrigen in Zehnsilbern). Die Anerkennung des Sonetts als lyrische Kunstform fällt in Frankreich in die zweite Hälfte des 16. Jh.s, bei gleichzeitiger Fixierung auf die petrarkistische Liebeslyrik. DU BELLAYS *L'Olive* (1549), Pontus de TYARDS *Erreurs amoureuses* (1549) und RONSARDS *Amours* (1552) führen eine literarische Mode herauf, die um das Jahr 1555 ihren Höhepunkt erreicht. Auch Magnys *Amours* (1553) gehören in diese Phase der Entwicklung. Bald schon kündigt sich jedoch eine Reaktion auf die panegyrische Verherrlichung der Frau an: Sie wird zur Zielscheibe von Parodie und Satire; andere Themenkomplexe machen schließlich der Liebe den Rang streitig.

Beide Richtungen sind bei Magny vertreten, jene in den *Gayetez* (1554), diese in den *Souspirs*. Du Bellays Satire *Contre les petrarquisants* (1553) mag dabei als Anregung gedient haben. Jedenfalls weisen die *Souspirs* eine große thematische Variationsbreite auf. Der Dichter schildert Maskenfeste und Umzüge, nimmt Stellung zu aktuellen zeitgenössischen Fragen, besingt die Schönheit der Geliebten, den täglichen Ärger mit den Geschäften, die Launen der Mächtigen, seine untergeordnete Stellung als Sekretär, die Günstlingswirtschaft der päpstlichen Kurie. In gewisser Hinsicht ein literarisches Tagebuch, geben die Sonette wechselnden Stimmungen, Regungen der Freude, des Unmuts oder des Heimwehs Raum; Magny beglückwünscht Freunde, klagt ihnen seinen Kummer oder läßt seine Verve an Klatschgeschichten aus. Dabei versäumt er keine Gelegenheit, das Widersprüchliche

und bisweilen Paradoxe menschlicher Verhaltensweisen sichtbar zu machen.
Die satirische Schilderung der römischen Sitten läßt den Einfluß Ariosts und Bernis vermuten; auch die Strambottisten des Quattrocento mögen in dieser Richtung gewirkt haben. In der Eleganz der Diktion, der Metaphorik und der Verwendung des mythologischen Apparats steht Magny der Pléiade nahe. Im Hinblick auf die satirische Verwendung der Wort- und Satzfiguren (Antithesen, scharfe Pointen, konzeptistische Wortspiele) geht er allerdings über die Pléiade-Lyrik hinaus. Einige Berührungspunkte bestehen zu dem befreundeten Du Bellay. Beide lebten in Rom in ähnlich engen gesellschaftlichen Verhältnissen, Magny als Sekretär des französischen Gesandten, jener in derselben Stellung bei seinem Onkel, dem Kardinal Du Bellay. Der gemeinsame Romaufenthalt hatte ihre Freundschaft vertieft: Beide arbeiteten an einem »römischen Tagebuch«, Du Bellay schuf die *Regrets*, Magny die *Souspirs*. Ein früher Tod setzte indessen weiteren Plänen ein Ende. Im Laufe des 17. Jh.s geriet ihr Werk bald in Vergessenheit; erst zu Beginn des 19. Jh.s wurden beide Autoren wiederentdeckt. K.Rei.

Ausgaben: Paris 1557. – Turin 1870, Hg. M. P. Blanchemain. – Paris 1871–1880 (in *Œuvres*, Hg. E. Courbet, 6 Bde.; Nachdr. Genf 1969). – Paris 1874, Hg. ders. – Genf 1978, Hg. D. Wilkin (krit.; TLF).

Literatur: J. Favre, *O. de M. (1529–1561)*, Paris 1885. – J. Vianey, *Le pétrarquisme en France au 16e siècle*, Paris 1909. – L. E. Kastner, *The Sources of O. de M.'s Sonnets* (in MPh, 7, 1909/10, S. 27–48). – P. Cambon, *O. de M.*, Cahors 1925. – A. R. MacKay, *M. An Analysis of His Work and Its Relationship to That of the Pléiade*, Diss. Univ. of California 1964 (vgl. Diss. Abstracts, 25, 1964/65, S. 1917/1918). – D. Wilkin, *»Hola, Charon«* (in BdHumR, 42, 1980, S. 115–121). – W. F. Panici, *Du Bellay's »Regrets« and M.'s »Souspirs«. Satire or Vituperation* (in RoNo, 23, 1982, S. 34–43). – W. J. A. Bots, *Joachim du Bellay et M. jugés à la lumière des arts poétiques du XVIe siècle et de la rhétorique vivante* (in Neoph, 67, 1983, S. 481–502). – M. D. Legrand, *Exil et poésie. Les »Tristes« et les »Pontiques« d'Ovide, les »Souspirs« de M., »Les regrets« de J. du Bellay* (in Littératures, 17, Herbst 1987, S. 33–47).

Marguerite de Navarre

auch Marguerite de Valois
oder Marguerite d'Angoulême, duchesse d'Alençon et de Berry, reine de Navarre

* 11.4.1492 Angoulême
† 21.12.1549 Odos bei Tarbes

L'HEPTAMÉRON DES NOUVELLES DE TRESILLUSTRE ET TRESEXCELLENTE PRINCESSE MARGUERITE DE VALOIS, ROYNE DE NAVARRE

(frz.; *Das Heptameron. Novellen der hochberühmten und hochgeschätzten Prinzessin Margarete von Valois, Königin von Navarra*). Novellensammlung von Marguerite de Navarre, entstanden 1542 bis 1549. 1558 erschien unter dem Titel *Histoires des amans fortunez* eine stark verfälschte anonyme Teilausgabe; 1559 besorgte Claude Gruget eine dem Original getreuere Version und gab den 72 Novellen den Obertitel *Heptaméron (Siebentagewerk)*, da sie an sieben Tagen erzählt werden. Erst die modernen Ausgaben halten sich an die in der Bibliothèque Nationale, Paris, aufbewahrten Manuskripte. – Angeregt durch die 1542 in Frankreich erschienene Übersetzung von Boccaccios *Decamerone* faßte Marguerite, die Schwester Franz' I. von Frankreich, den Entschluß, dem bewunderten italienischen Vorbild ein französisches Dekameron an die Seite zu stellen, *»in einem nur von Boccaccio verschieden: jegliche dieser Novellen sollte ausschließlich wahre Vorfälle behandeln«*. Außer dem *Decamerone* kannte Marguerite aus eigener Lektüre oder mündlicher Überlieferung die meisten anderen italienischen Novellensammlungen, vor allem die von Masuccio de' Guardati, Franco Sacchetti, Poggio Bracciolini, sowie die noch nicht gedruckten Arbeiten ihres Zeitgenossen und Konkurrenten Matteo Bandello; doch ist der Einfluß dieser Erzählungen auf das *Heptameron* im einzelnen schwer nachzuweisen, da kaum inhaltliche Übereinstimmungen bestehen. Eine Ausnahme bildet die 70. Novelle; sie ist eine Nachgestaltung der im ausgehenden Mittelalter weitverbreiteten anonymen Verserzählung *La chastelaine de Vergi*. Obgleich die Liebe das Hauptthema ist, erreicht die Verfasserin eine ebenso große Variationsbreite der gesellschaftlichen, ethischen und philosophischen Aussage wie ihr Vorbild Boccaccio, dem auch die Thematik der zeitweiligen Isolation als Auslöser der Erzählungen, die Verwendung von Erzählrahmen und eine den Gehalt der Geschichte diskutierende Erzählgemeinschaft zu verdanken sind. Durch ein Unwetter wird eine Gesellschaft von fünf Damen und fünf Herren für zehn Tage in einem Kloster festgehalten. Um die Langeweile zu vertreiben, einigt man sich auf einen gemeinsamen Tagesablauf, bei dem geistliche und weltliche Beschäftigungen einander ablösen sollen. Nach der Messe muß *»jeder eine Geschichte erzählen, die er entweder selbst erlebt oder von vertrauenswürdiger Seite gehört hat. In zehn Tagen kann das Hundert voll sein.«* Im Anschluß an jede Geschichte diskutieren die Zuhörer über deren Aussage und moralischen Wert, man äußert Kritik oder spendet Beifall. Diese Erzähltechnik entspricht der Tradition der italienischen Novellisten, während z. B. die *Cent nouvelles nouvelles* (1486) auf Rahmenhandlung und Diskussionen verzichten.

Hauptthema fast aller Erzählungen ist die Liebe in ihren verschiedensten Spielarten. Dabei spielt die Tradition der spätmittelalterlichen Farce mit ihrer oft rohen Auffassung der Liebe eine gewichtige Rolle. In vielen Episoden handelt es sich um ausgesprochene Derbheiten, die aus einer grotesken Entartung natürlicher Gefühle entspringen; selbst die rein und vollkommen erscheinende Liebe steigert sich gelegentlich zu fast psychopathischen Formen. Vulgär und brutal verhalten sich meist die Geistlichen, die von der Autorin mit besonderem Spott bedacht werden. In den anschließenden Kommentaren wird deutlich, daß die Königin für das Ideal der Liebe als einer Quelle der Tugend eintritt, eine Konzeption, die über Ficinos Werk zum Platonismus zurückweist und gelegentlich fast quietistische Tendenzen annimmt. Marguerite tritt hier in klaren Gegensatz zu der landläufigen Auffassung von Liebe: Selbst die Ehe wird gegenüber dem platonischen Ideal der keuschen Liebe diskreditiert. Der Kontrast zwischen schlüpfrigen Geschichten und der ständigen Gegenwart eines christlichen Gewissens verleiht dem Werk seinen Reiz. Von den Mitgliedern der erzählfreudigen Gesellschaft, deren reale Vorbilder die Forschung entschlüsselt hat, treten besonders hervor die fromme, Askese predigende Matrone Oisille sowie der Adlige Dagoucin und Parlamente (hinter der sich die Verfasserin selbst verbirgt) als Vertreter platonischer Ideale und Hircan als kluger Anwalt der Sinnenfreude.

Was das *Heptaméron* von den meisten früheren Novellensammlungen unterscheidet, ist die deutliche Absicht der Autorin, nicht nur zu unterhalten, sondern auch zu belehren. Man spürt ihr Bemühen um Wahrscheinlichkeit und Einfachheit der Handlung. *»Denn der Herr Dauphin wollte keinesfalls, daß Kunstinteressen sich einmischten und die schöne Phrase irgendwie die geschichtliche Wahrheit beeinflusse.«* Marguerite schildert das Leben des 16. Jh.s; viele Einzelheiten stammen aus ihrer unmittelbaren Umgebung am Hof. Sie zeigt die Verschiedenheit der sozialen Klassen auf, die Freiheit der Sitten, die Anfänge des mondänen Lebens, das ganz der Liebe und dem Vergnügen geweiht ist. Eingehend werden die Gefühle analysiert und die Handlungen psychologisch motiviert. Die später weitverbreitete und in viele Sprachen übersetzte Sammlung war zunächst lange Zeit als unzüchtig verpönt und ist einer anderen, nämlich der sittenlosen MARGUERITE DE VALOIS, der Gemahlin Heinrichs IV. von Frankreich, zugeschrieben worden, die sich ebenfalls schriftstellerisch betätigte. I.P.-KLL

AUSGABEN: Paris 1558 (*Histoire des amans fortunez*, anon.; unvollst.). – Paris 1559, Hg. C. Gruget; ern. 1964, Hg. C. Mettra. – Paris 1943; ern. 1964, Hg. M. François. – NY 1968 (in *Œuvres choisies*). – Paris 1982, Hg. S. de Reyff (GF).

ÜBERSETZUNGEN: *Margaritha, der Königin von Navarra, romantische Erzählungen*, F. A. K. Werthes u. J. Ith, 2 Bde., Bln. 1791. – *Der Heptameron*, W. Förster, Bln. 1886. – *Das Heptameron*, A. Semerau, 2 Bde., Mchn./Lpzg. 1909. – Dass., W. Widmer, Mchn. 1960; ern. Stg. 1972; ern. Mchn. 1979 (dtv). – Dass., B. Heinrich, Rudolfstadt 1968. – *Tollheiten um Mitternacht*, M. Riegel, Mchn. 1969.

LITERATUR: P. Jourda, *M. d'A., duchesse d'Alençon, reine de Navarre, 1492–1549; étude biographique et littérature*, 2 Bde., Paris 1930; ern. Turin 1968. – E. V. Telle, *L'œuvre de M. d'A., reine de Navarre, et la Querelle des Femmes*, Toulouse 1937 [Nachdr. Genf 1970]. – L. Febvre, *Autour de l'»Heptaméron«. Amour sacré, amour profane*, Paris 1944; ern. 1971. – W. Pabst, *Novellentheorie und Novellendichtung*, Hbg. 1953, S. 187–203. – V.-L. Saulnier, *M. Pontus et M. La réforme lyonnaise et les sources de l'»Heptaméron«* (in BdHumR, 21, 1959, S. 577 bis 592). – K. H. Hartley, *Bandello and the »Heptaméron«*, Melbourne 1960. – J. Gelernt, *World of Many Loves. The »Heptaméron«*, Chapel Hill 1966. – A. J. Krailsheimer, *The »Heptaméron« Reconsidered* (in *The French Renaissance and its Heritage. Essays presented to A. M. Boase*, Ldn. 1968, S. 75–92). – P. Brockmeier, *Höfischer Ehrenhandel. Das »Heptaméron« der M.* (in P. B., *Lust und Herrschaft. Studien über gesellschaftliche Aspekte der Novellistik*, Stg. 1972, S. 54–82). – A. P. Stabler, *The Legend of M.*, Washington 1972. – Ph. de Lajarte, *L'»Heptaméron« et le ficinisme* (in RSH, Juli–Sept. 1972, S. 339–371). – M. Tetel, *M.'s »Heptaméron«*, Durham 1973. – Ph. de Lajarte, *L'»Heptaméron« et la naissance du récit moderne* (in Littérature, 17, 1975, S. 31–42). – N. Cazauran, *L'»Heptaméron« de M.*, Paris 1977. – H. Sckommodau, *Galanterie und vollkommene Liebe im »Heptaméron«*, Mchn. 1977. – Ders., *Spätfeudalistische Novelle bei M.*, Wiesbaden 1977. – R. Reynolds, *Les dévisants de l'»Heptaméron«*, Washington 1977. – B. J. Davis, *The Storytellers in M.'s »Heptaméron«*, Lexington/Ky. 1978. – C. Kraus, *Der religiöse Lyrismus M.s*, Mchn. 1981. – *La nouvelle française à la Renaissance*, Hg. L. Sozzi, Genf 1981 [enth. 7 Studien zum *»Heptaméron«*]. – V. Kapp, *Der Wandel einer literarischen Form. Boccaccios »Decamerone« und M.s »Heptaméron«* (in Poetica, 14, 1982, S. 24–44). – H. P. Clive, *M. An Annotated Bibliography*, Ldn. 1983. – P. A. Chilton, *Les épaves of the »Heptaméron«* (in StF, 29, 1985, S. 445–467). – J. D. Lyons, *The »Heptaméron« and the Foundation of Critical Narrative* (in YFS, 70, 1986, S. 150–163). – R. D. Cottrell, *The Grammar of Silence. A Reading of M.s Poetry*, Washington 1986. – J.-L. Déjean, *M.*, Paris 1987. – M. Tetel, *M., the »Heptaméron«, a Simulacron of Love* (in

Women Writers of the Renaissance and Reformation, Hg. K.M. Wilson, Athens/Ldn. 1987, S. 99–131).

CLÉMENT MAROT

* 23.11.1496 Cahors
† 12.9.1544 Turin

LITERATUR ZUM AUTOR:
Bibliographien:
C. A. Mayer, *Bibliographie des éditions de M. publiées au 16e siècle*, Paris 1975. – S. Ito, *M. Essai de bibliographie (1800–1980)* (in Bulletin of the Faculty of Liberal Arts, Chukyo University, 22, 1981, S. 89–229). – H. P. Clive, *M. An Annotated Bibliography*, Ldn. 1983.
Gesamtdarstellungen und Studien:
Ph.A. Becker, *C.M.s Liebeslyrik*, Wien 1917. – P. Villey, *M. et Rabelais*, Paris 1923 [Nachdr. Genf 1967]. – Ph.A. Becker, *M., sein Leben und seine Dichtung*, Mchn. 1926. – J. Vianey, *Les Epîtres de M.*, Paris 1935, ern. 1962. – J. Plattard, *M., sa carrière poétique, son œuvre*, Paris 1939 [Nachdr. Genf 1972]. – Ch. E. Kinch, *La poésie satirique de C.M.*, Paris 1940 [Nachdr. Genf 1969]. – A. Pauphilet, *M. et son temps*, Angers 1941. – P. Jourda, *M.*, Paris 1950; ern. 1967. – V.-L. Saulnier, *Les Élégies de C.M.*, Paris 1952; erw. 1968. – C. A. Mayer, *La religion de M.*, Genf 1960; Nachdr. Paris 1973. – P. Neuhofer, *Das Adjektiv als Stilelement bei C.M.*, Wien/Stg. 1963. – M.A. Screech, *M. évangélique*, Genf 1967. – H. Siepmann, *Die allegorische Tradition im Werke C.M.s*, Diss. Bonn 1968. – P.M. Smith, *C.M., Poet of the French Renaissance*, Ldn. 1970. – C.A. Mayer, *C.M.*, Paris 1972. – R. Griffin, *C.M. and the Inflection of Poetic Voice*, Berkeley 1974. – M. Cocco, *La tradizione cortese ed il petrarchismo nella poesia di C.M.*, Florenz 1978. – G. Joseph, *C.M.*, Boston 1985 (TWAS). – G. Defaux, *M., Rabelais, Montaigne: l'écriture comme présence*, Paris 1987. – W. Preisendanz, *Gattungshorizont des Epigramms und ›style marotique‹* (in *Die Pluralität der Welten*, Hg. W.-D. Stempel u. K.H. Stierle, Mchn. 1987, S. 279–300).

ADOLESCENCE CLÉMENTINE

(frz.; *Jugendgedichte*). Lyriksammlung von Clément MAROT, entstanden vor 1526, Erstdruck 1532. – Marot war Hofdichter Franz' I. und gilt als einer der bedeutendsten Lyriker der französischen Renaissance. 1534 erschien, zunächst ohne Einwilligung des Autors, die *Suite de l'adolescence clémentine*. In den *Œuvres* (Lyon 1538) wurden dann beide Sammlungen zusammen mit den Epigrammen und dem *Premier livre de la metamorphose* abgedruckt. Der Titel, der sich vom lateinischen *adolescentia*, dem Zeitraum vom 14. bis 28. Lebensjahr, herleitet, ist hier nicht wörtlich zu verstehen, da Marot auch zahlreiche Gedichte der späteren Zeit aufnahm. Dagegen hat er die Satire *L'enfer* bewußt ausgeklammert. Marot hat die *Adolescence clémentine* nach Gattungen geordnet und damit ihren Renaissancecharakter unterstrichen; innerhalb dieser Gruppen sind die Texte darüber hinaus auch nach der Chronologie ihrer Entstehung geordnet. Die erste Gruppe der *Opuscules* enthält eine Ekloge, den allegorischen *Temple de Cupido*, das satirische *Jugement de Minos* und zwei Übersetzungen des von ihm verehrten Philippe BEROALDE. Eine zweite Gruppe bilden die damals in Hofkreisen beliebten Versepisteln. Auf die fiktive *Epistre de Maguelonne* (1517/18) folgen andere, die über die Ereignisse aus dem Feldlager von 1524 berichten, und weitere, in denen der Autor dem König oder seiner Schwester Bittgesuche in scherzhaft-amüsanter Form vorträgt.
Alle Episteln ergeben zusammen eine teils fiktive, teils den biographischen Fakten entsprechende Selbstbiographie Marots, die von seinem Bittgesuch an Marguerite de Navarre über die in *L'enfer* bereits satirisch behandelte Gefangenschaft bis zu Marots Bittgesuchen an Mitglieder des Hofes reicht. Die nächste Gruppe vereint *Complaintes* und *Epitaphes* (Klagelieder und Grabschriften). In Verbindung mit einer konsequenten Trennung der Gattungen wurden in der Ausgabe von 1544 die *Epitaphes* der *Adolescence* mit dem *Cimetiere* der *Suite* vereint, um eine größere Einheitlichkeit des Tons zu erzielen. – Die nächste Gruppe enthält 13 Balladen und einen *Chant royal*. Die frühesten repräsentieren noch den ausgelassenen Übermut aus Marots Kanzlistenzeit, die späteren behandeln höfische oder politische Ereignisse, die letzten religiöse Themen (*Noel en forme de Ballade, Ballade de Caresme, Ballade de la Passion*).
Die umfänglichste Gruppe der *Adolescence* stellen die *Rondeaux*. Diese Gedichtform war erst gegen Ende des 15. Jh.s entstanden. Marots Vorliebe für das Rondeau nahm allerdings später ab; die *Suite* enthält nur noch vier neue Rondeaux. – Eine weitere Gruppe wird von den *Dizains, Blasons* und *Envois* gebildet. Speziell die Dizains mit ihrem epigrammatischen Charakter scheinen die Rondeaux in der Gunst des Autors verdrängt zu haben. – Eine letzte, recht geschlossene Gruppe bilden die 32 *Chansons*. Hier fand Marot eine lebendige Tradition vor, an die er anknüpfen konnte. Marots *Chansons*, einfach und natürlich, dabei formgewandt und von zarter Subjektivität, erfreuten sich großer Beliebtheit. Für eine Vertonung wie geschaffen, wurden sie von den Komponisten der Zeit (Lasso, Bertrand) oft und gern verwendet. An Marots Stil erstaunt vor allem die vielfältige Kombination verschiedener Versmaße und die Souveränität im Umgang mit den strophischen Rhythmen. Von der formstrengen Verskunst der »Grande rhétorique« herkommend, verbindet sie Marot scheinbar bruchlos mit den metri-

schen Schöpfungen der italienischen Renaissancedichtung.

Marots lyrische Dichtung ist überwiegend heiter, scheinbar spielerisch leicht, die vorgebliche Naivität mit einem Hauch spitzbübischer Ironie versetzt; man hat hier immer wieder den Einfluß Villons angeführt, dessen Werke Marot ein Jahr nach der *Adolescence* herausgab. Gelegentlich schwierig durch eine Fülle obskurer Anspielungen, hat sein Werk doch kaum etwas von der ursprünglichen Frische eingebüßt. Bereits zu Lebzeiten Marots war der Erfolg des Werks beträchtlich, wie allein 22 Nachdrucke im Zeitraum von 1532 bis 1538 belegen. Der Kreis der Pléiade verehrte Marot als Vorläufer; die französische Klassik schätzte seine Natürlichkeit, und noch im 18. Jh. galt er als Meister im *art de badinage*, einer Art scherzhaften Plauderei, so daß es seiner Wiederentdeckung durch Sainte-Beuve kaum bedurft hätte.

K.Rei.-KLL

Ausgaben: Paris 1532. – Paris 1534. – o. O. 1537. – Lyon 1538. – Lyon 1544. – Paris 1875–1931 (in *Œuvres*, Hg. G. Guiffrey u. J. Plattard, 5 Bde.; Nachdr. Genf 1968). – Paris 1958, Hg. V.-L. Saulnier. – Ldn. 1958–1970 (*Les Épîtres; Œuvres satiriques; Œuvres lyriques; Œuvres diverses; Épigrammes; Traductions*, Hg. C. A. Mayer; 6 Bde., krit.; Nachdr. Genf 1981). – Paris 1973 (in *Œuvres poétiques*, Hg. Y. Giraud; GF). – Paris 1987, Hg. F. Lestringant.

Übersetzung: *Epigramme*, M. Beutler, Mchn. 1908. – Dass., dies., Hanau 1967.

Literatur: Ph. A. Becker, *Zu C. M.s Epigrammen* (in RF, 60, 1943, S. 316–362). – Ders., *C. M.s Buch der Elegien, sein Sinn und seine Bedeutung* (in *Romanica, Fs. Fritz Neubert*, Bln. 1948, S. 9–54; ern. in Ph. A. B., *Zur romanischen Literaturgeschichte*, Mchn. 1967). – J. Rollin, *Les chansons de C. M.*, Paris 1951. – V.-L. Saulnier, *Les élégies de C. M.*, Paris 1952.

L'ENFER

(frz.; *Die Hölle*). Allegorisches Gedicht von Clément Marot, geschrieben 1526, erschienen 1542. – Marot haßt Autorität und verachtet Autoritäten, ob es sich nun um Doktoren der Sorbonne, Richter, Gefängniswärter, Kritiker oder um Calvin handelt. Sein ganzer Zorn auf ihre Beschränktheit und Bestechlichkeit drückt sich in *L'enfer* aus. Das Werk wurde ohne Einverständnis seines Autors gedruckt: Marot hatte seine Gründe, nicht zuviel Reklame für dieses Zeugnis seiner Rebellion zu machen. Weil er gegen die geistigen und moralischen Prinzipien seiner Zeit verstoßen hatte, war der Verfasser 1526 zum erstenmal eingekerkert worden, unter der Anklage, daß er das Fastengebot gebrochen habe. Durch die Vermittlung des Hofes in Freiheit gekommen, geriet Marot jedoch bereits 1527 erneut in Haft, da er Fluchthilfe für Gefangene geleistet hatte. Im Châtelet, dem damaligen Gerichtsgebäude und Gefängnis von Paris, machte er Bekanntschaft mit den Vollzugsorganen der Justiz. Voll Erbitterung begann er sogleich mit der Niederschrift von *L'enfer*. Das Gedicht ist eines seiner umfangreichsten Werke; es umfaßt rund fünfhundert Verse, in denen Marot in Form einer Allegorie – ein Einfluß des im selben Jahr erstmals gedruckten *Roman de la rose* ist nicht auszuschließen – rückhaltlos sagt, was er von der Gerechtigkeit und den Richtern seiner Zeit hält. Die Fabel, die er dabei zugrunde legt, läßt an Inspiration durch Villons *Testament* denken. Wie Villon beklagt sich Marot darüber, daß er von seiner Freundin, die er in dem Gedicht »Luna« (die »Wechselvolle«) nennt, an die Justizbehörden verraten worden sei (die Forschung zweifelt an der Authentizität dieser Selbstaussagen). Die Verliese des Châtelet verwandeln sich vor seinem inneren Auge in einen phantastischen Tartarus; der Pförtner erscheint in der Gestalt des Zerberus, die Richter werden zu Minos und Rhadamanthys, aus dem Gerichtsschreiber (frz. *greffier*) wird ein Greif. Eine Schlangenart, *procès* (Prozeß) genannt, ist in Marots Unterwelt sehr verbreitet. Unter diesen Schlangen tummeln sich in der Gestalt mythologischer Phantome angesehene Persönlichkeiten des Pariser öffentlichen Lebens.

Zweifellos klagte Marot die Schwächen der damaligen Rechtsprechung, ihre Voreingenommenheit, ihre Langsamkeit, ihre übertriebene Härte und ihre Bestechlichkeit zu Recht an. Hier deckt sich Marots Anklage mit den konventionellen Bildern der mittelalterlichen Juristensatire, die hier in eine Kritik an der Grausamkeit der Jurisprudenz unter Berufung auf den *caritas*-Gedanken mündet. Besonders wert- und eindrucksvoll ist *L'enfer*, das die von Dantes *Inferno* herkommende Tradition der Unterweltsdarstellung mit den allegorischen Traditionen des französischen Spätmittelalters (vgl. J. Lemaire de Belges' *Illustrations de Gaule*) verbindet, gerade auch durch die Art und Weise, in der der Dichter persönlichste autobiographische Züge in die Satire einzuarbeiten verstand. Gerade hier geht Marot nämlich – in der Nachfolge Villons – weit über die Konvention hinaus: So kann man *L'enfer* auch als Zeugnis und Selbstbekenntnis eines bedeutenden Dichters der Renaissance lesen.

J.H.K.-KLL

Ausgaben: Lyon 1542. – o. O. 1544 [rev.]. – Lyon 1549 [Nachdr. Cambridge 1960]. – Paris 1875–1931 (in *Œuvres*, Hg. G. Guiffrey u. J. Plattard, 5 Bde.; erw. Ausg.; Nachdr. Genf 1968). – Ldn. 1958–1970 (*Les Épîtres; Œuvres satiriques; Œuvres lyriques; Œuvres diverses; Épigrammes; Traductions*, Hg. C. A. Mayer, 6 Bde.; krit.; Nachdr. Genf 1981). – Paris 1973 (in *Œuvres poétiques*, Hg. Y. Giraud; GF). – Paris 1977, Hg. C. A. Mayer [krit.]. – Paris 1987 (in *L'Adolescence clémentine*, Hg. F. Lestringant).

LITERATUR: A. Eckhardt, *M. et Dante* (in Revue du 16e siècle, 13, 1926, S. 140–142). – J. Frappier, *Sur quelques emprunts de C. M. à J. Lemaire de Belges* (in *Mélanges offerts à Edmond Huguet*, Paris 1940, S. 161–176; Nachdr. Genf 1972). – M. Françon, *A propos de »L'enfer« de M.* (in Le Lingue Straniere, 11, Mai/Juni 1962, 3, S. 16–18). – Ders., *»L'enfer« de M.* (in BdHumR, 29, 1967, S. 157–158).

TRENTE PSEAULMES DE DAVID, MIS EN FRANÇOYS

(frz.; *Dreißig Psalmen Davids*). Erste Sammelausgabe der ersten Übersetzungen hebräischer Psalmen in französische Liedstrophen von Clément MAROT, erschienen 1541. – Nichts auf den ersten Blick schien Marot, den Kammerherrn der Königin MARGUERITE DE NAVARRE, der vor allem mit scherzhaften, unterhaltenden Gedichten (Episteln, Balladen, Chansons, Rondeaux, Epigrammen) hervorgetreten war, zum religiösen Dichter bestimmt zu haben. Dennoch findet sich bereits 1533 in einem Buch der Königin *(Le miroir de tres chrestienne princesse Marguerite de France)* von ihm die Übersetzung eines Psalms. Der Ketzerei verdächtig, floh Marot 1534 an den Hof von Ferrara, dann nach Venedig. 1536 kehrte er nach Frankreich zurück, wo er sich einer demütigenden Zeremonie der Abschwörung seiner »lutherischen Irrtümer« unterzog. Er wurde der Hofdichter Franz' I., dem er 1541 seine *Trente pseaulmes de David* widmete. Neuerliche Mißhelligkeiten und Verdächtigungen veranlaßten ihn abermals zur Flucht. Er begab sich nach Genf, wo er, von CALVIN ermutigt, seine Übersetzung fortführte und woher er dem König 1543 die inzwischen auf 49 Lieder erweiterte Fassung seiner Psalmen zusandte. Bald darauf starb er in Turin.

Seine Psalmen hatten unterdessen bereits ihre Komponisten gefunden, und Calvins treuester Anhänger und späterer Nachfolger in Genf, der Humanist Théodore de BÈZE (1519–1605), machte sich daran, die restlichen zwei Drittel des Psalters ebenfalls in französische Strophen zu fassen. Die erste Sammlung seiner Übersetzungen erschien 1551. 1562 lag der vollständige Psalter vor und wurde noch im selben Jahr von Calvin in die Liturgie der Genfer reformierten Gemeinden eingeführt.

Sehr rasch wurde dieser »Hugenottenpsalter«, der den Katholiken ein Dorn im Auge war und in Frankreich auf alle erdenkliche Weise verfolgt und verboten wurde, mehr noch als die Bibelübersetzungen in die Volkssprache das heilige Buch der Reformierten. Die Worte und Weisen seiner Lieder begleiteten die protestantischen Märtyrer auf ihrem letzten Gang zum Galgen oder zum Scheiterhaufen; mit ihnen stärkten die Truppen sich zum Glaubenskampf. Ihren Gegnern war dieses Gesangbuch, *»nach der hebräischen Wahrheit«*, ein solches Ärgernis, daß die katholische Soldateska 1562 bei dem Massaker der Wiedereinnahme von Orange den Toten herausgerissene Seiten des Psalters in die Wunden stopfte.

Marots Psalmen wurden zuerst auf bekannte Volkslied- oder Tanzweisen gesungen. Sehr bald jedoch schon begannen die Hofmusiker Franz' I. und Karls V., sie ihrerseits in Musik zu setzen. Die wichtigsten frühen Bearbeitungen für den Gemeindegesang stammen von Louis Bourgeois und Guillaume Franc. Andere Vertonungen, für vier und mehr Stimmen, folgten und fanden im Wettstreit immer zahlreichere Nacheiferer. Auch hier ist Louis Bourgeois zu nennen, und nach ihm Claude Goudimel, der ein Opfer der Bartholomäusnacht wurde, ferner Philibert Jambe-de-Fer, Santerre, Michel Ferrier und Claudin Le Jeune.

Andererseits kam es, da die Psalmen Clément Marots und Théodore de Bèze' sich in Frankreich einer ungeheuren Beliebtheit erfreuten, auch katholischerseits zu einer immer reicher auswuchernden Produktion von rivalisierenden Übertragungen und Paraphrasen des Psalters, bis ins 18. Jahrhundert hinein. 1567/69 unternahm Antoine de BAÏF seinen ersten (damals ungedruckt gebliebenen) Versuch, die Psalmen nach dem Vorbild griechischer Strophenformen reimlos *»en vers métriques«* zu bearbeiten; Agrippa D'AUBIGNÉ folgte ihm darin. Ebenfalls als »Gegengift« erschienen vollständige Übersetzungen und Bearbeitungen des Psalters von Blaise de VIGENÈRE (1588), Philippe DESPORTES (1598), Jean-Baptiste CHASSIGNET (1613), Michel de MARILLAC (1625), Antoine GODEAU, Bischof von Vence (1648), und RACAN (1660). Als Einzelzyklus wurden die sieben Bußpsalmen wieder und wieder paraphrasiert. Godeaus *Psautier* widerfuhr sogar die seltene Ehre, ebenfalls verfolgt zu werden, da die Protestanten dazu übergegangen waren, sich seiner statt des verbotenen Hugenottenpsalters zu bedienen. Der Hugenottenpsalter blieb in seiner ursprünglichen Gestalt und später in einer überarbeiteten Fassung bis weit ins 18. Jh. im Gebrauch. Er wurde, vor allem der Melodien wegen, unter mehr oder minder strenger Beobachtung der französischen Strophenformen in mehr als zweiundzwanzig Sprachen und fast dreißigmal ins Deutsche übersetzt. 1572 erschien, im Auftrag des Pfalzgrafen Friedrich III., das erste Drittel des Hugenottenpsalters in einer strophen- und reimgetreuen Übersetzung. Der Verfasser war Paulus Schede MELISSUS (1539–1602), ein Humanist aus Franken, *poeta laureatus* in Wien und Bibliothekar in Heidelberg, der mit Théodore de Bèze persönlich befreundet war. Schon vor ihm hatte der Leipziger Jurist Ambrosius LOBWASSER (1515–1585), der den Hugenottenpsalter auf seinen Reisen in Frankreich kennengelernt hatte, seinerseits mit einer Übersetzung begonnen, die ein Jahr später herauskam. Da man einen vollständigen Psalter für den Gottesdienst dringend benötigte, wurde die Lobwassersche Fassung alsbald überall eingeführt. Auch sie behauptete sich zwei Jahrhunderte hindurch. Andere deutsche Bearbeitungen des Hugenottenpsalters, darunter eine von Martin OPITZ, die von 1637 bis 1685 acht Auflagen erlebte, blieben der Lektüre vorbehalten. 1704 erschien in Zürich ein »verbesserter Lobwasser« in *»heutiger Hochteutscher Sprach und Reimens-Art«* von David HOLZHALB. F.Ke.

AUSGABEN: Straßburg 1539 (*Aulcuns Pseaumes et cantiques mys en chant*; 12 Übertragungen M.s, 9 eigene Lieder von Calvin). – Paris 1541 *(Trente Pseaulmes de David, mis en françoys)*. – Genf 1543 *(Les cinquante psaumes)*. – Lyon 1543 (in *Œuvres*). – Lyon 1544 (in *Œuvres*, 2 Bde.). – Paris 1545 *(Cinquante Pseaumes de David, traduictz en rithme françoise selon la vérité hebraïque)*. – Genf 1551 *(Trente quatre Pseaumes de David. Nouvellement mis en rime françoise, au plus près de l'hebreu, par Théodore de Béze)*. – Genf 1552 *(Pseaumes octante trois de David miz en rithme Françoise. A sçavoir, quarante neuf par Clément Marot ... Et trente quatre par Théodore de Besze)*. – Paris 1562 *(Les cent et cinquante pseaumes de David, mis en ryme françoise, c'est à sçavoir quarante neuf par Clément Marot, et le surplus par Théodore de Bèze)*. – Paris 1565 *(Les CL Pseaumes de David. Nouvellement mis en musique à quatre parties par Claude Goudimel)*. – Charenton 1677 (*Le livre de Pseaumes, en vers françois. Par Clément Marot et Théodore de Bèze. Retouchez par feu Monsieur Conrart*; 51 Psalmen). – Nyort 1677 (*Le livre des Pseaumes ... Troisième édition*; 150 Psalmen in Conrarts Bearb.). – Neuchâtel 1692 *(Les pseaumes de David en vers. Nouvelle édition ... Le tout accomodé aux changements que l'Usage a apportés à la Langue)*. – Paris 1875–1931 (in *Œuvres*, Hg. G. Guiffrey u. J. Plattard, 5 Bde.; Nachdr. Genf 1968). – Ldn. 1958–1970 (*Les Épîtres; Œuvres satiriques; Œuvres lyriques; Œuvres diverses; Épigrammes; Traductions*, Hg. C. A. Mayer, 6 Bde.; krit.; Nachdr. Genf 1981). – Assen/Kassel 1969 (*Les pseaumes*, Hg. S. J. Lenselink; krit.). – Paris 1973 (in *Œuvres poétiques*, Hg. Y. Giraud; Ausw.; GF). – Genf 1986 (*Les pseaumes, en vers français*; TLF). – Paris 1987 (in *L'Adolescence clémentine*, Hg. F. Lestringant; Ausw.).

ÜBERSETZUNGEN: *Di Psalmen Davids in Teutische gesangreymen nach Französischer melodeien unt sylben art, mit sönderlichem fleise gebracht von Melisso*, P. Sch. Melissus, Heidelberg 1572 [Nachdr. Halle 1896, Hg. M. H. Jellinek]. – *Der Psalter dess Königlichen Propheten Davids, In deutsche reymen verstendiglich und deutlich gebracht*, A. Lobwasser, Lpzg. 1573. – *Psalmen des königlichen Propheten Davids auff die Frantzösische Reimen und art*, Philipp der Jüngere, Freiherr zu Winnenberg und Beyelstein, Speyer 1588. – *Die Psalmen Davids. Nach den Frantzösischen Weisen gesetzt*, M. Opitz, Danzig 1637.

LITERATUR: F. Bovet, *Histoire du psautier des églises réformées*, Neuchâtel/Paris 1872. – O. Douen, *C. M. et le psautier huguenot. Étude historique, littéraire, musicale et bibliographique*, 2 Bde., Paris 1878/79. – M. Lelièvre, *Le psautier huguenot et son histoire* (in M. L., *Portraits et récits huguenots du XVIe siècle*, Toulouse 1895, S. 283–323). – J. Plattard, *Comment M. entreprit et poursuivit la traduction des »Pseaumes de David«* (in Revue des Études Rabelaisiennes, 10, 1912, S. 321–355). – Ph. A. Becker, *C. M.s Psalmenübersetzung*, Lpzg. 1922. – F. Leblanc, *Les paraphrases françaises des psaumes à la fin de la periode baroque (1610–1660)*, Paris 1960. – M. Jeanneret, *M. traducteur des »Pseaumes«: entre le néoplatonisme et la Réforme* (in BdHumR, 27, 1965, S. 629–643). – Ders., *Poésie et tradition biblique au XVIe siècle. Recherches stylistiques sur les paraphrases des Psaumes de M. à Malherbe*, Paris 1969, S. 51–87. – C. A. Mayer, *Le texte des »Psaumes« de M.* (in StF, 15, 1971, S. 1–28). – C. A. Reuben, *»Les pseaumes de David«*, Diss. Liverpool 1971/72. – O. Labarthe, *Jean Gérard, l'imprimeur des »Cinquante Pseaumes« de M.* (in BdHumR, 35, 1973, S. 547–561). – C. A. Mayer, *Prolégomènes à l'édition critique des »Pseaumes« de M.* (ebd., S. 55–71). – J. Pineaux, *Une contrefaçon protestante des »Psaumes« de M.* (in Bulletin de la Société de l'histoire du protestantisme français, 122, 1976, S. 149–165). – M. A. Screech, *M. and the Face in the Gospel* (in *The Pléiade Poetry*, Hg. J. C. Nash, Lexington/Ky. 1985, S. 65–75).

MICHEL EYQUEM, SEIGNEUR DE MONTAIGNE

* 28.2.1533 Schloß Montaigne / Dordogne
† 13.9.1592 Schloß Montaigne

LITERATUR ZUM AUTOR:
Bibliographien:
P. Bonnet, *Bibliographie analytique des travaux consacrées à M.*, Genf 1983. – R. A. Sayce u. D. Maskell, *Descriptive Bibliography of M.'s Essais, 1580–1700*, Ldn. 1984.
Biographien:
P. Moreau, *M., l'homme et l'œuvre*, Paris 1939. – F. Jeanson, *M. par lui-même*, Paris 1951. – A. Cresson, *M. Sa vie, son œuvre*, Paris ³1961. – D. M. Frame, *M. A Biography*, NY 1965. – A. Thibaudet, *M.*, Paris 1963. – P. Michel, *M.*, Bordeaux 1969. – R. Trinquet, *La jeunesse de M.: ses origines familiales, son enfance et ses études*, Paris 1972. – M. Tetel, *M.*, NY 1974.
Gesamtdarstellungen und Studien:
V. Boullier, *La renommé de M. en Allemagne*, Paris 1921. – A. Gide, *Essai sur M.*, Paris 1929. – F. Tavera, *Le problème humain. L'idée d'humanité dans M.*, Paris 1932. – J. Plattard, *M. et son temps*, Paris 1933. – P. Villey, *Les sources et l'évolution des idées de M.*, Paris 1933. – A. M. Boase, *The Fortune of M.*, Ldn. 1935; ern. NY 1970. – H. Friedrich, *M.*, Bern 1949; ²1967. – H. Flasche, *Das M.-Bild der Gegen-*

wart (in Neuphilologische Zs., 3, 1951, S. 390 bis 402). – C. Sclafert, *L'âme religieuse de M.*, Paris 1951. – D. Frame, *M.'s Discovery of Man*, NY 1955. – P. Moreau, *M.*, Paris 1958. – F. Gray, *Le style de M.*, Paris 1958. – A. Thibaudet, *M.*, Paris 1963. – A. Micha, *Le singulier M.*, Paris 1964. – E. Marcu, *Répertoire des idées de M.*, Genf 1965. – P. Moreau, *M.*, Paris 1966. – J. Schwartz, *Diderot et M.*, Genf 1966. – R. C. La Charité, *The Concept of Judgement in M.*, Den Haag 1968. – M. Dréano, *La religion de M.*, Paris 1969. – R. Friedenthal, *Entdecker des Ich: M., Pascal, Diderot*, Mchn. 1969. – C. Jenzer, *Lebensnähe, Lebensferne u. Realismus in den pädagogischen Ansichten von M.*, Bern 1969. – R. Judrin, *M.*, Paris 1971. – B. Jean u. F. Muret, *M., Descartes et Pascal par la dissertation*, Manchester 1971. – A. Blinkenberg, *M.*, Kopenhagen 1970. – M. Chavardes, *M.*, Paris 1972. – E. Gatta, *Per una interpretazione di M.*, Bari 1972. – F. Joukovski, *M. et le problème du temps*, Paris 1972. – H. H. Ehrlich, *M., la critique et le langage*, Paris 1972. – B. Croquette, *Pascal et M.*, Genf 1973. – P. Morabito, *M.*, Reggio di Calabria 1973. – F. Rider, *The Dialectic of the Selfhood in M.*, Stanford 1973. – M. Kölsch, *Recht u. Macht bei M.*, Bln./Mchn. 1974. – M. Gutwirth, *M. ou le pari exemplaire*, Montreal 1977. – C. Insdorf, *M. and Feminism*, Chapel Hill 1977. – A. Compagnon, *Nous, M. de M.*, Paris 1980. – J. Brody, *Lectures de M.*, Lexington/Ky. 1982. – J. Starobinski, *M. en mouvement*, Paris 1982 (dt. *M. Denken und Existenz*, Mchn./Wien 1986). – A. Tournon, *M., la glose et l'essai*, Lyon 1983. – C. Boutaudau, *M.*, Paris 1984. – *Rhétorique de M. Actes du Colloque de la Société des Amis de M.*, Genf 1985. – P. Burke, *M. zur Einführung*, Hbg. 1985. – G. Schüter, *Kleist u. M.* (in Arcadia, 22, 1987, S. 225–233). – J.-Y. Pouilloux, *M., que sais-je?*, Paris 1987. – M. Horkheimer, *M. und die Funktion der Skepsis (1938)* (in M. H., *GS, Bd. 4: Schriften 1936–1941*), Ffm. 1988. – U. Schultz, *M. de M. mit Selbstzeugnissen u. Bilddokumenten*, Reinbek 1989.

ESSAIS

(frz.; *Essays*). Das Hauptwerk von Michel Eyquem, Seigneur de MONTAIGNE; die erste Ausgabe (94 Kapitel in zwei Büchern) erschien 1580. Während die nächsten Auflagen nur geringfügige Veränderungen enthalten, bietet die fünfte (1588) neue Essays in einem dritten Buch sowie zahlreiche, zum Teil sinnverändernde Korrekturen und Zusätze der schon vorhandenen Essays. Bis zu seinem Tod trug Montaigne in sein Handexemplar weitere Verbesserungen und Ergänzungen ein. Diese letzte Fassung der *Essais* (107 Kapitel) veröffentlichte seine Adoptivtochter Marie de GOURNAY 1595. Erst die kritische Ausgabe von Pierre VILLEY (1922) ermöglichte den genauen Vergleich der drei Fassungen, deren erhebliche Divergenzen Montaignes geistige und stilistische Beweglichkeit, aber auch seine Abneigung gegen eine endgültige Fixierung seiner Gedanken verraten.

Gegenstand der ab 1572, dem Jahr der Bartholomäusnacht, über einen Zeitraum von zweiundzwanzig Jahren verfaßten Betrachtungen sind nahezu alle sittlichen Fragen, die den Menschen bewegen, seine Tugenden und Schwächen als *»einzelnes und geselliges Wesen wie auch die Herkömmlichkeiten, Einrichtungen, Gesetze, die ein geordnetes Zusammenleben in Familie, Gemeinde und Staat schaffen und aufrechterhalten«*. Die Vielfalt der Themen ist schon deswegen überraschend und sogar verwirrend, weil sie ohne jede erkennbare Ordnung behandelt werden und willkürlich in Kapitel geteilt scheinen, die wiederum in offenbar beliebiger Reihenfolge zusammengestellt sind. Literarisches, Alltägliches, Naheliegendes und Sonderbares steht bunt gemischt nebeneinander. Die Überschriften sagen im allgemeinen nicht viel über den Inhalt der Kapitel aus. Manche aber verraten die Absicht des Autors (z. B. *Von der Unsicherheit unserer Urteile; Von der Eitelkeit der Worte*), einige enthalten bereits die Quintessenz des Essays (z. B. *Philosophieren heißt lernen, wie man stirbt*). – Im zweiten Buch werden die Überschriften kürzer und allgemeiner (z. B. *Von Büchern; Über das Gewissen; Über die Tugend*). Ob Montaigne aber über Kindererziehung spricht oder vom Unsinn der Folter, über die klassischen Redner oder über die Trunksucht – er läßt sich von Einfall zu Einfall treiben, zitiert viel und resümiert geschichtliche oder geistige Entwicklungen; vor allem aber unterbricht er den logischen Gedankengang immer wieder, um von sich selbst zu erzählen. *»Ich selbst«*, bekennt er, *»bin der einzige Inhalt meines Buches.«* Voller Selbstironie stellt er fest: *»Wieviel verschiedene Kräuter es auch geben mag, alle lassen sich unter der Bezeichnung ›Salat‹ zusammenfassen.«*

»Salat« ist noch das mildeste Wort, das Montaigne für seine Sammlung verwendet; er nennt sie auch *»schlechtes Ragout«* oder *»Fricassée«*, *»verworrenes Geschwätz«* oder *»groteske Mißgeburten«* und *»Phantastereien eines Menschen, der von den Wissenschaften nur die oberste Kruste probiert hat«*. Den Gang seiner Gedanken vergleicht er mit der Fahrt eines gebrechlichen Schiffes auf den Wogen des Meeres. Solche Vergleiche sind nicht als »affektierte Bescheidenheit« eines im Grunde selbstbewußten Autors aufzufassen, sondern Bestandteil einer wohlüberlegten Darstellungsweise, die ihm jeder kategorischen wissenschaftlichen Behandlung der Themen überlegen scheint. Montaigne hat die *Essais* nämlich nicht als allgemeingültige philosophisch-moralische Traktate, sondern, wie er immer wieder betont, in erster Linie als *»Versuche an sich selbst«*, als Selbstbildung durch Selbstdarstellung verstanden: *»Ich habe mein Buch nicht mehr gemacht, als es mich gemacht hat; – ein seinem Autor wesenseigenes Buch, nur mit mir selbst beschäftigt, Glied meines Lebens, und nicht mit einem fremden Zweck beschäftigt wie alle anderen Bücher«* (II, 18). – Was aber ihm dienlich sei, meint er, könne wohl auch anderen nützen, da *»jeder Mensch die Gesamtheit des Menschseins in sich trägt«*. Hinter der Lässigkeit der äußeren Form und der eingestandenen Ichbezo-

genheit verbirgt sich eine eigenwillige konsequente und vernünftige Methode. Montaigne geht davon aus, daß der Mensch, dieses *»merkwürdig wechselhafte, schwankende und eitle Wesen«*, durch eine unsystematische, allein vom Zufall bestimmte Darstellung am besten zu erfassen sei. In der *»hüpfenden, springenden Gangart«* seines Stils sieht er eine Entsprechung des menschlichen Daseins, das so unbeständig ist (*branle* ist eines seiner Lieblingswörter), daß jede Fixierung von vornherein mißlingen muß. Montaigne begnügt sich mit der Beschreibung dieser Gegebenheit und überläßt anderen das »Unmögliche«: *»Ich male nicht das Sein, ich male den Wechsel.«* – *»Die anderen formen den Menschen, ich erzähle nur von ihm.«* Moralist ist Montaigne gerade durch den Verzicht auf das Moralisieren mit erhobenem Zeigefinger zugunsten der Beobachtung und Darstellung des Menschen in seiner *»verwickelten Widersprüchlichkeit und konkreten Alltäglichkeit«* (H. Friedrich).

Bewußt nüchtern-alltäglich ist auch seine Sprache, aber sie ist darum doch nicht ohne Charme und Schwung – zwei Eigenschaften, die er sich selbst abspricht. *»Von Natur aus habe ich einen kargen Stil ... Ungeeignet zu öffentlichen Verhandlungen, wie meine Art zu sprechen überhaupt ist: zu knapp, ungeordnet, abgehackt und eigenwillig«* (I, 40). – *»Alles ist bei mir ungeschliffen, es fehlt an Anmut und Schönheit. Den Dingen weiß ich nicht mehr Wert beizumessen, als sie besitzen«* (II, 17). In dieser Feststellung liegt indessen deutlich mehr Kritik als Selbstkritik. Die prätentiöse Rhetorik CATOS, der Formalismus der Scholastik, die angestrengt gelehrte Ausdrucksweise der Pléiade sind ihm zuwider. Andererseits gibt er zu, daß auch er *»eine nachäfferische Ader«* habe und es in seinen ersten Essays *»nach fremdem Eigentum«* rieche. Tatsächlich sind die im ersten Buch enthaltenen Betrachtungen mit allzu vielen Zitaten klassischer Autoren durchsetzt, zum Teil sogar nur Exzerpte und Wiedergaben des Gedankenguts anderer. Im Unterschied zu einem echten Eklektiker und Nachäffer identifiziert er sich jedoch fast nicht mit den probaten »Weisheiten« der Philosophen, sondern spielt deren eingängige und bedeutsame Erkenntnisse vielmehr gegeneinander aus, um auf diese Weise Relativität oder gar Nichtigkeit der einen wie der anderen Urteile offenbar werden zu lassen und *»die Illusion zum Platzen zu bringen, die die Menschen über ihre eigenen Qualitäten, Tugenden und Verdienste hegen«* (F. Jeanson). – Dennoch ist Montaigne freilich dem Geist der Renaissane verpflichtet und beeinflußt von den großen Humanisten (u. a. von ERASMUS VON ROTTERDAM und dem Protestanten Henri ESTIENNE), deren rühriger Übersetzertätigkeit er seine profunde Bildung und die Kenntnis der antiken Philosophie und Literatur verdankt. Unverkennbar ist seine Sympathie für die ruhige und gelassene Lebensauffassung der Stoa in ihren verschiedenen Ausdrucksformen bei CICERO, EPIKTET und SENECA. Für eine »stoische« Phase in den frühen Essays, die er später überwunden habe, gibt es jedoch nicht genügend Anhaltspunkte; ebensowenig genügen Anzeichen einer Vorliebe für die Lehre EPIKURS, um Montaigne als »genußsüchtigen Epikureer« zu verdächtigen, eine Meinung, die besonders im 17. Jh. sehr verbreitet war. Deutlich ist dagegen die geistige Verwandtschaft mit dem Skeptiker PYRRHON, die in dem vielzitierten Wahlspruch *»Que sçay-je?«* (*»Was weiß ich?«*) gipfelt, den Montaigne auf eine Medaille drucken ließ. Doch handelt es sich hier nicht um Übernahme eines Prinzips, sondern um Übereinstimmung der Erfahrungen: dieser Zweifel erlaubt gerade im Wissen vom Nichtwissen die ironische Distanzierung von einer »absoluten« Skepsis, die die Möglichkeit des Glaubens versperrt. Der bedeutendste und längste Essay, die *Apologie des Raymond Sebon* (II, 12), hält in merkwürdiger, für Montaigne typischer Weise die Schwebe zwischen Skepsis und christlichem Glaubensbekenntnis. Die *Theologia naturalis* des spanischen Philosophen Raimundus SEBUNDUS, eine Art Laientheologie aus der Mitte des 15. Jh.s, die Montaigne auf Wunsch seines Vaters 1569 ins Französische übersetzt hatte, ist in dieser Abhandlung nur Anlaß zu einer Denkbewegung, die von der Verteidigung eines vernünftigen Christentums unversehens in einen verwirrenden Relativismus hinübergleitet: *»Wir sind Christen in der gleichen Weise, wie wir Bewohner des Périgord oder Deutsche sind.«* Der unaufhörliche und unergiebige Streit der Theologen und Philosophen ist für Montaigne Grund genug, Überzeugungen und Dogmen prinzipiell kein Vertrauen zu schenken: *»Was man uns auch predigt, was wir auch lernen, wir dürfen nie vergessen, daß es der Mensch ist, der gibt, und der Mensch, der empfängt; es ist eine sterbliche Hand, die es uns überreicht, und eine sterbliche Hand, die es annimmt.«* – Die Frage nach dem rechten Glauben, die in dieser Zeit so verbissen diskutiert wurde, ist für Montaigne, den Christen mit der Moral eines Heiden, jedoch sekundär, verglichen mit dem entscheidenden Problem des Lebens, dem Tode: *»Wer die Menschen lehrte zu sterben, würde sie lehren, wie man lebt.«* Nur das Bewußtsein sterben zu müssen, gibt die nötige Freiheit und Unabhängigkeit gegenüber dem oft mißlichen Leben; dazu gehört auch die Freiheit zum Selbstmord.

Das Ideal der Freiheit liegt auch den pädagogischen Ratschlägen zugrunde, die Montaigne besonders in dem Essay über die Kindererziehung (I, 26) gibt: Er hat als einer der ersten die Bedeutung der freien Entfaltung des Kindes und der Erziehung zu selbständigem Denken erkannt; er wendet sich gegen die Pedanterie und den Zwang der Schule im Vertrauen auf die Kraft der Natur, die ein besserer Ratgeber als jede Wissenschaft sei – kühne Einsichten, die erst im 20. Jh. Früchte tragen. – Im Kapitel *Über die Kannibalen* (I, 30), die vermeintlichen *»Barbaren der Neuen Welt«*, verteidigt er – hierin ein Vorläufer ROUSSEAUS – die Wilden, die im Urzustand leben und bei denen die Gesetze der Natur noch Geltung haben. *»Wir haben den Reichtum und die Schönheit ihrer Werke durch unsere Empfindungen so überdeckt, daß wir sie vollständig erstickt haben.«* Diesen Gedanken greift er,

nun doch thesenhaft, immer wieder auf und schließt die Sammlung der Essays im 107. Kapitel *(Über die Erfahrung)* auch mit einer entsprechenden Maxime ab: *»Gib dich zufrieden! Die Natur hat alles gut gemacht.«*
Es ist nicht verwunderlich, daß Montaigne, der neben RABELAIS als der bedeutendste Repräsentant der französischen Renaissance und einer der ersten liberalen Denker gilt, alsbald in das Kreuzfeuer der etablierten und verfestigten philosophisch-theologischen Anschauungen geriet. Besonders im Urteil der Kirche und bei den Jansenisten galten die *Essais* als moralisch bedenklich. PASCAL, der zunächst viele Gedanken Montaignes aufgriff, kritisierte später die *Essais* als ein *»antichristliches Werk der eitlen Selbstgefälligkeit«*. – Nicht zu bestreiten war, daß Montaigne mit den *Essais* eine neue literarische Gestaltungsform kreiert hatte, und der lapidare Titel, den er seinen »Versuchen« gab, wurde von anderen Autoren, spontan anerkannt, für eigene Betrachtungen ähnlichen Charakters übernommen (zuerst von BACON, 1597) und auf diese Weise schon nach kurzer Zeit zum Gattungsbegriff. Vor allem für die Moralisten des 17. Jh.s (u. a. LA ROCHEFOUCAULD, LA BRUYÈRE) waren die *Essais* das bewunderte Vorbild. Seit der Zeit der Aufklärung, in der besonders MONTESQUIEU und VOLTAIRE auf Montaigne hinwiesen, zeigt sich der Einfluß der *Essais* in der gesamten europäischen Literatur. Neben P. GASSENDI, MOLIÈRE und LA FONTAINE ist der Einfluß von Montaignes Denkweise auch bei so gegensätzlichen und zeitlich auseinanderliegenden Autoren wie GOETHE, SCHOPENHAUER, SAINTE-BEUVE und BALZAC spürbar. NIETZSCHE faßte seine Hochachtung für ihn in die Worte: *»Daß ein solcher Mensch geschrieben hat, dadurch ist wahrlich die Lust auf dieser Erde zu leben vermehrt worden.«* Auch im 20. Jh. ist Montaignes Wirkung, zumal auf PROUST, unbestritten. Die großen Essayisten unterschiedlicher Fachrichtungen (P. VALÉRY, Debussy, Saint-Saëns, K. KRAUS, W. BENJAMIN) schließlich haben sich immer wieder zu ihm bekannt und sich auf ihn berufen. V.R.

AUSGABEN: Bordeaux 1580. – Bordeaux 1582 (Nachdr. Neapel 1969; Einl. M. Françon). – Bordeaux 1587. – Paris 1588. – Paris 1595 (*Les essais*, Hg. M. de Gournay; nach d. Exempl. d. Bibl. v. Bordeaux). – Bordeaux 1906–1933, Hg. F. Strowski, 5 Bde. [App. v. P. Villey]. – Paris 1922/23, Hg. P. Villey, 3 Bde. (krit.; 21930). – Paris 21950, Hg. A. Thibaudet. – Paris 1962 (in *Œuvres complètes*, Hg. A. Thibaudet u. M. Rat; Pléiade). – Paris 1965, Hg. P. Villey [Vorw. V. L. Saulnier]. – Paris 1969, Hg. A. Micha, 3 Bde. (GF). – Paris 1971, Hg. M. Rat, 2 Bde. (Class. Garn). – Paris 1973, Hg. P. Michel, 3 Bde. (Vorw. A. Gide; Folio). – Paris 1980, 3 Bde. (Poche).

ÜBERSETZUNGEN: *Michaels Herrn von Montagne Versuche*, J. D. Titus, 3 Bde., Lpzg. 1753/54. – *Gedanken und Meinungen über allerley Gegenstände*, J. J. Bode, 7 Bde., Bln. 1793–1799. – *Essays*, ders. (in *GS*, Hg. O. Flake u. W. Weigand, Mchn./Lpzg. 1908–1911, Bd. 1–6; krit.). – *Die Essais und das Reisetagebuch*, P. Sakman, Lpzg. 1932; ern. Stg. 1948. – *Essais*, H. Lüthy, Zürich 1953; ern. 1984 [Ausw.]. – *Essays*, L. Loos, Ffm. 1963 (Nachw. E. Loos; EC). – Dass., J. J. Bode [rev.], Ffm. 1976 (Nachw. R.-R. Wuthenau; Insel Tb). – Dass., A. Franz, Stg. 1980 [Ausw.]. – *Vom Schaukeln der Dinge. M.s Versuche*, Hg. W. Greffrath, Bln. 1984 [Ausw.].

LITERATUR: G. Lanson, *Les Essais de M.*, Paris 1930. – P. Villey, *Les sources et l'évolution des Essais de M.*, 2 Bde., Paris 21933. – Ders., *Les Essais de M.*, Paris 21946. – P. M. Schon, *Vorformen des Essays in Antike u. Humanismus*, Wiesbaden 1954. – W. E. Traeger, *Aufbau u. Gedankenführung in M.s Essays*, Heidelberg 1961. – F. S. Brown, *Religious and Political Conservatism in the Essays of M.*, Genf 1963. – E. Auerbach, *L'humaine condition* (E. A., *Mimesis*, Mchn. 31964). – M. Butor, *Le second livre des Essais* (in Critique, 20, 1964, S. 920–942). – F. P. Bowman, *M. Essais*, Ldn. 1965. – M. Metschies, *Zitat und Zitierkunst in M.s Essais*, Genf 1966. – M. Butor, *Essai sur les Essais*, Paris 1968. – M. Baraz, *L'être et la connaissance selon M.*, Paris 1968. – D. M. Frame, *M.s Essais*, Englewood Cliffs 1969. – J. Y. Pouilloux, *Lire les Essais de M.*, Paris 1970. – M. Papic, *L'expression et la place du sujet dans les Essais de M.*, Paris 1970. – A. Glauser, *M. paradoxal*, Paris 1972. – R. A. Sayce, *The Essays of M.*, Ldn. 1972. – O. Nadeau, *La pensée de M. et la composition des Essais*, Genf 1972. – S. Schmarje, *Das sprichwörtliche Material in den Essais von M.*, Bln. 1973. – R. Aulotte, *Études sur les Essais de M.*, Paris 1973. – M. McGowan, *M.'s Deceits*, Ldn. 1974. – R. L. Regosin, *The Matter of My Book. M.'s Essais as the Book of the Self*, Berkeley 1977. – C. Clark, *The Web of Metaphor*, Lexington/Ky. 1978. – F. Charpentier, *Essais de M. Analyse critique*, Paris 1979. – R. E. Leaker, *Concordance des Essais de M.*, Genf 1981. – R. D. Cottrel, *Sexuality/Textuality*, Columbus/Oh. 1981. – J. Holyoake, *M. Essais*, Ldn. 1983. – F. Rigolot, *Référentialité, intertextualité, autotextualité dans les Essais de M.* (in OCrit, 8, 1983, S. 87–101). – M. A Screech, *M. and Melancholy*, Ldn. 1983. – W. Müller-Pelzer, *Leib und Leben. Untersuchungen zur Selbsterfahrung in M.s Essais*, Ffm. 1983. – *M. et les Essais. Actes du Congrès de Bordeaux*, Paris/Genf 1983. – M.-L. Demonet-Launey, *M. Les Essais*, Paris 1985. – C. M. Bauschatz, *›Leur plus universelle qualité, c'est la diversité‹: Women as Ideal Readers in M.'s Essais* (in Journal of Medieval and Renaissance Studies, 19, 1989, S. 83–101).

NOSTRADAMUS

eig. Michel de Nostredame
* 14.12.1503 Saint-Remy-en-Provence
† 2.7.1566 Salon

LES PROPHÉTIES DE MICHEL DE NOSTREDAME

(frz.; *Die Prophezeiungen des Michel de Nostredame*). Prophetische Orakelsprüche von NOSTRADAMUS, erschienen 1555–1568. – Der unter seinem lateinischen Namen Nostradamus sprichwörtlich gewordene Michel de Nostredame war Arzt und Astrologe, außerdem Hofrat König Heinrichs II. und seiner beiden Söhne Franz' II. und Karls IX. Er verfaßte zehn Centurien (Hundertschaften) prophetischer Orakelsprüche in gereimten Vierzeilern *(quatrains)*. Die erste Sammlung umfaßt vier Centurien; sie erschien 1555 in Lyon, mit einem Widmungsvorwort an seinen soeben geborenen Sohn César. Eine auf zehn Centurien erweiterte Ausgabe erschien 1558 in zwei Teilen, ebenfalls in Lyon, mit einer Widmung an König Heinrich II. vor der achten Centurie; in allen Ausgaben umfaßt die siebente Centurie nur 42 Quatrains. Eine zweite Gesamtausgabe kam 1568 heraus; sie enthält eine größere Anzahl von aufschlußreichen Varianten. Weitere Ausgaben erschienen seit dem Beginn des 17. Jh.s. Das Werk dürfte bis heute weit über fünfzigmal neu aufgelegt worden sein. Die einzige kritische Ausgabe, die auch die Varianten von 1568 verzeichnet, ist die zweibändige Ausgabe von LE PELLETIER.

Nach den Andeutungen in den beiden Vorworten verdankt Nostradamus seine Prophetien astronomischen Berechnungen in Verbindung mit nächtlichen Visionen. Was er in dunklen Sprüchen überliefert, hat er, vermutlich im Wasser oder im Dampf von Räucherwerk, vor sich gesehen, eine bewegte Bilderfolge wie in einem Film. Der Vorgang, den er beschreibt, ähnelt der Art, wie die Priester des Branchos ihre Gesichte empfingen, worüber IAMBLICHOS (etwa 250–325) in *De Mysteriis Aegyptiorum* berichtet. Nostradamus kannte diese Schrift in der Übersetzung des Florentiner Neuplatonikers Marsilio FICINO (1433–1499): *»La verge en main mise au milieu de Branches/ De l'onde il mouille et le limbe et le pied:/ Une peur et voix frémissent par les manches:/ Splendeur divine. Le divin près s'assied« (»Die Rute in der Hand, inmitten der Branchiden/ Netzt Wassers Flut im Kleides Saum, den Fuß:/ Eine Angst und Stimme erschaudern in den Ärmeln:/ Göttlicher Glanz. Das Göttliche sitzt nah«)*. Die vorausgesagten Ereignisse betreffen die Länder und Städte des damals bekannten Erdkreises. Sie erstrecken sich weit bis in das vierte Jahrtausend nach Christus. Sie werden jedoch gleichsam nur in einzelnen Momentaufnahmen ohne geographische oder chronologische Ordnung geboten. Einige dieser rätselhaften Weissagungen wurden schon zu Lebzeiten des Nostradamus auf konkrete Vorkommnisse bezogen, die nach ihrem Erscheinen stattgefunden hatten. Die Zahl der Begebenheiten, die Nostradamus »vorhergesehen« hat, ist seither gewachsen, und der Scharfsinn der Ausleger ermüdet nicht, immer neue Quatrains zu entschlüsseln. Zu dieser Beschäftigung reizen die Vierzeiler sowohl durch ihre Sprachgestalt als auch durch ihre Bilder. Nostradamus bedient sich eines barbarophonen Orakelidioms eigener Erfindung mit altertümelndem Habitus. Der Wortschatz ist bunt gemischt, voller Neubildungen, Latinismen, verformter Wörter, verfremdeter Namen; der Satzbau zerworfen, voller Inversionen und asyntaktischer Reihungen. Das liest sich halb wie Gestammel, halb wie bruchstückhaft Erinnertes. Das sagt und verschweigt, zeigt und verbirgt in einem.

Diese Prophezeiungen sind durch die Jahrhunderte hin einer der erfolgreichsten Titel der Weltliteratur. Viele Anhänger okkulter Wissenschaften haben sich an ihnen abgemüht; die Literaturwissenschaft hat sie bis heute kaum zur Kenntnis genommen. Dabei lieferten die Centurien, ganz abgesehen von ihrem esoterischen Gehalt, genügend Stoff für linguistische Überlegungen. F.Ke.

AUSGABEN: Lyon 1555. – Lyon 1558. – Lyon 1568. – Paris 1867 (*Les Oracles de M. de Nostredame. Édition ne varietur*, Hg. A. Pelletier, 2 Bde.; Nachdr. Genf 1969). – Paris 1989 (*Les prophécies*, Hg. S. Hutin).

ÜBERSETZUNGEN: *Der Prophet der Weltgeschichte*, N. Centurio [d.i. A. Centgraf], Bln. 1953; Bietigheim 91989. – *Die große Weissagung des N.*, ders., Mchn. 1981 (Goldm.Tb).

LITERATUR: E. Defranc, *Cathérine de Médicis, ses astrologues et ses magiciens envoûteurs*, Paris 1911. – R. Auclair, *Les centuries de N.*, Paris 1958. – R. Putzien, *N.*, Mchn. 1968. – G. Cadrès, *L'étrange docteur N.*, Paris 1978 [m. Bibliogr.]. – Y. Bellenger, *N. prophète ou poète?* (in *Devins et charlatans au temps de la Renaissance*, Paris 1979, S. 83–100). – M. de Fontbrune, *N. historien ou prophète*, Monaco 1980 (dt. *N. Historiker und Prophet*, Wien 1982). – J. Céard, *Jean de Chavigny: Le premier commentateur de N.* (in *Scienze, credenze occulte, livelli di cultura*, Florenz 1982, S. 427–442). – K. Klee, *N.: Prophet der Zeiten und Momente*, Mchn. 1982. – G. Dumézil, *Le moyne noir en gris dedans Varennes*, Paris 1984 (dt. *Der schwarze Mönch von Varennes*, Ffm. 1989; BS). – L. Schlosser, *La vie de N.*, Paris 1985. – E. R. Ernst, *N. Vom Mythos zur Wahrheit*, Wien u. a. 1986. – Ph. Guillaume, *N.: l'exploitation d'un fonds de commerce*, Monte Carlo 1987.

FRANÇOIS RABELAIS

* um 1494 (?) La Devinière bei Chinon
† 9.4.1553 Paris

LITERATUR ZUM AUTOR:

Bibliographie:
P.-P. Plan, *Les éditions de R. de 1532 à 1711*, Paris 1904 [Nachdr. Nieukoop 1965]. – J. Porcher, *R. Notices bibliographiques et iconographiques*, Paris 1933 [Vorw. A. Lefranc]. – A. Tchemerzine, *Bibliographie d'éditions originales et rares d'auteurs français des XVe, XVIe, XVIIe et XVIIIe siècles*, Bd. 9, Paris 1933, S. 242–326. – S. Rawles u. M. A. Screech, *A New R.-Bibliography*, Genf 1987.

Forschungsberichte:
J. Plattard, *État présent des études rabelaisiennes*, Paris 1927. – V. L. Saulnier, *Dix années d'études sur R., 1939–1948* (in BdHumR, 11, 1949, 105–128). – L. Schrader, *Die R.-Forschung der Jahre 1950–1960* (in RJb, 11, 1960, S. 161–201). – F.-R. Hausmann, *F. R.*, Stg. 1979 (Slg. Metzler).

Zeitschriften:
Revue des Études Rabelaisiennes, 1903–1912; später: Revue du 16e Siècle, 1913–1933. – Humanisme et Renaissance, 1934–1940; später: Bibliothèque d'Humanisme et Renaissance, Genf 1941 ff. – Études Rabelaisiennes, Genf 1956 ff.

Biographien:
M. de Dieguez, *R. par lui-même*, Paris 1960. – H. Heintze, *R.*, Lpzg. 1974 (Biografien und Dokumente; RUB). – G. Henry, *R.*, Paris 1988.

Gesamtdarstellungen und Studien:
A. Lefranc, *Les navigations de Pantagruel. Étude sur la géographie rabelaisienne*, Paris 1904 [Nachdr. Genf 1967]. – L. Thuasne, *Études sur R.*, Paris 1904 [Nachdr. Genf 1969]. – J. Plattard, *L'invention et la composition dans l'œuvre de R.*, Paris 1909. – L. Sainéan, *La langue de R.*, 2 Bde., Paris 1922/23. – P. Villey, *Marot et R.*, Paris 1923. – H. Hatzfeld, *F. R.*, Mchn./Lpzg. 1923. – L. Sainéan, *L'influence et la réputation de R.*, Paris 1930. – L. Spitzer, *Zur Auffassung R.'* (in L. S., *Romanische Stil- und Literaturstudien*, Marburg 1931, Bd. 1, S. 109–134; ern. in *R.*, Hg. A. Buck, Darmstadt 1973, S. 26–52). – G. Lote, *La vie et l'œuvre de F. R.*, Paris 1938. – J. Plattard, *La vie et l'œuvre de R.*, Paris 1939; ern. 1951. – L. Febvre, *Le problème de l'incroyance au 16e siècle. La religion de R.*, Paris 1942; ³1962. – P. Jourda, *Le »Gargantua« de R.*, Paris 1948. – R. Lebègue, *R.*, Tübingen 1952. – A. Lefranc, *Études sur »Gargantua«, »Pantagruel«, le »Tiers Livre«*, Paris 1953. – H. Lefebvre, *R.*, Paris 1955. – V. L. Saulnier, *Le dessein de R.*, Paris 1957. – L. Schrader, *Panurge und Hermes*, Bonn 1958. – M. A. Screech, *The Rabelaisian Marriage*, Ldn. 1958. – E. Köhler, *Die Abtei Thélème und die Einheit des R.schen Werkes* (in GRM, 40, 1959, S. 105–111). – M. A. Screech, *L'évangélisme de R.*, Genf 1959. – M. de Grève, *L'interprétation de R. au 16e siècle*, Genf 1961. – A. Kreilsheimer, *R. and the Franciscans*, Oxford 1963. – A. C. Keller, *The Telling of Tales in R.*, Ffm. 1963. – M. Tetel, *Étude sur le comique de R.*, Florenz 1964. – E. Auerbach, *Die Welt in Pantagruels Mund* (in E. A., *Mimesis*, Bern/Mchn. ³1964, S. 250–270). – M. Bachtin, *Tvorčestvo Fransua Rable i narodnaja kul'tura srednevekov'ja i renesansa*, Moskau 1965; Nachdr. Orange (USA)/Düsseldorf 1986 (dt. *R. und seine Welt. Volkskultur als Gegenkultur*, Ffm. 1987; Vorw. R. Lachmann). – M. Tetel, *R. et l'Italie*, Florenz 1969. – M. Beaujour, *Le jeu de R.*, Paris 1969. – J. Paris, *R. au futur*, Paris 1970. – Ders., *Hamlet et Panurge*, Paris 1971. – D. G. Coleman, *R. A Critical Study in Prose Fiction*, Cambridge 1971. – C. Claude, *R.*, Paris 1972. – F. Rigolot, *Les langages de R.*, Genf 1972. – *R.*, Hg. A. Buck, Darmstadt 1973 (WdF). – J. Larmat, *R.*, Paris 1973. – N. Aronson, *Les idées politiques de R.*, Paris 1973. – V. Roloff, *Zeichensprache und Schweigen. Zu R., Pantagruel XVIII–XX und Tiers Livre XIX–XX* (in ZfrPh, 90, 1974, S. 99–140). – A. Glause, *Le faux R. ou de l'inauthenticité du »Cinquième Livre«*, Paris 1975. – A. Buck, *F. R. Das Romanwerk* (in *Der französische Roman. Vom Mittelalter bis zur Gegenwart*, Hg. K. Heitmann, Bd. 1, Düsseldorf 1975, S. 63–94). – R. Antonioli, *R. et la médecine*, Genf 1976. – D. M. Frame, *F. R. A Study*, NY 1977. – M. Lazard, *R. et la Renaissance*, Paris 1979. – M. Huchon, *R. grammairien*, Genf 1981. – V. L. Saulnier, *R.*, 2 Bde., Paris 1982. – M. Baraz, *R. et la joie de la liberté*, Paris 1983. – C. Clark, *The Vulgar R.*, Glasgow 1984. – R. M. Berrong, *Every Man for Himself: Social Order and Its Dissolution in R.*, Saratoga/Calif. 1985. – G. Demerson, *F. R. Une vie, une œuvre, une époque*, Paris 1986. – C. Gaignebet, *›A plus hault sens‹. L'ésotérisme spirituel et charnel de R.*, 2 Bde., Paris 1986. – F. M. Weinberg, *Gargantua in a Convex Mirror. Fischart's View of R.*, NY u. a. 1986. – R. M. Berrong, *R. and Bakhtine, Popular Culture in »Gargantua and Pantagruel«*, Lincoln/Nebr. 1986. – A. Buck, *Eine Wissenschaftsreform im fiktionalen Kontext. Gargantuas Brief an seinen Sohn Pantagruel* (in *Literatur und Wissenschaft. Fs. R. Baehr*, Tübingen 1987, S. 29–39). – V. Roloff, *Mittelalterliche Farcenkomik bei R. und im »Lazarillo de Tormes«* (in ZfrPh, 103, 1987, S. 49–67). – B. Teuber, *Der Wille zur Sprache und die widerspenstige Rede. Sprachreflexion, die »Celestina« und »Gargantua et Pantagruel«* (in *Die Pluralität der Welten. Aspekte der Renaissance in der Romania*, Hg. W.-D. Stempel u. K. Stierle, Mchn. 1987, S. 39–103). – *Rabelais en son demi-millénaire. Actes du colloque international de Tours (24.–27. Sept. 1984)*, Hg. J. Céard u. J.-C. Margolin, Genf 1988. – M. A. Screech, *Looking at R.*, Oxford 1988. – B. Teuber, *Sprache Körper Traum. Zur karnevalesken Tradition in der romanischen Literatur aus früher Neuzeit*, Tübingen 1989.

GARGANTUA ET PANTAGRUEL

(frz.; *Gargantua und Pantagruel*). Das Hauptwerk von François RABELAIS, erschienen 1532–1564. – Den Kurztitel *Gargantua et Pantagruel* haben spätere Herausgeber den skurril-weitschweifigen Originaltiteln der ursprünglich getrennt erschienenen fünf Bücher vorgezogen, um den inhaltlichen Zusammenhang der einzelnen Teile zu verdeutlichen, die alle die merkwürdigen Abenteuer der beiden Riesen Gargantua und Pantagruel schildern. Dennoch bleibt die Einheit des Gesamtwerks ein in der Forschung vieldiskutiertes Problem, da Rabelais den roten Faden einer durchgehenden Handlung allzuoft verliert oder verwirrt – mit der Ironie eines Erzählers, dem das äußere Geschehen wenig bedeutet und der in dem fast übermütigen Bewußtsein seiner schöpferischen Freiheit die Forderungen der künstlerischen Einheit ignoriert. Rabelais wählt die offene und bewegliche Form des Romans, den er *»chronique«* oder *»histoire«* nennt, aber nicht nur, um seiner unbändigen Erzählfreude frönen zu können, sondern auch in der Absicht, unter dem Deckmantel der unterhaltsamen Geschichte möglichst viele Erscheinungen seiner Zeit kritisch darzustellen: der politische, soziale, religiöse und wissenschaftliche Aufbruch der französischen Renaissance ist, wenn nicht das eigentliche Thema, so doch der durch eine Fülle von Anspielungen lebendige Hintergrund des Romans. Die zum Teil erheblichen Unterschiede der einzelnen Bücher entsprechen nicht zuletzt den schnellen Veränderungen einer unruhigen Zeit, der sich Rabelais als reisender Mönch, Arzt, Humanist und Schriftsteller immer aufs neue stellen mußte.

Anregung für die ersten beiden Bücher des Werks, das Rabelais bald nach einer Bearbeitung der sogenannten *Aphorismen des Hippokrates* in Lyon in Angriff nahm, gab das Erscheinen eines Volksbuches, der *Grandes et inestimables cronicques du grant et enorme geant Gargantua* (1532), von dem die Buchhändler, wie Rabelais vermerkt, in zwei Monaten mehr Bände abgesetzt hatten als Bibeln in neun Jahren. Dieser durch seine komischen Züge volkstümliche Abenteuerroman, in dem ein anonymer Autor Elemente der Artusepik und mittelalterlichen Volksdichtung (Riesenmärchen) miteinander verbindet, beschreibt die geheimnisvolle Herkunft und die kuriosen Heldentaten des Riesen Gargantua, dessen Pferd mit einer Bewegung seines Schweifes ganze Wälder verwüstet. Als Artusritter besiegt Gargantua das Volk von Gog und Magog, ferner Iren und Holländer, wobei er z. B. Gefangene in seinem durch Karies ausgehöhlten Zahn verstaut. – Die Bedeutung dieser *Cronicques* als Quelle für das Rabelaissche Werk ist allerdings gering. Rabelais übernimmt abgesehen von dem Namen »Gargantua« nur noch einige komische Einfälle, etwa den unheimlichen Nahrungsbedarf des Riesen.

Dennoch präsentiert Rabelais sein Werk als eine Fortsetzung der Gargantua-Geschichte aus *»demselben Guß« (»de mesme billon«)* wie das von ihm hochgeschätzte Volksbuch. *Les horribles et espoventables faictz et prouesses du tresrenomme Pantagruel Roy des Dipsodes, filz du grand geant Gargantua, Composez nouvellement par maistre Alcofrybas Nasier (Die schrecklichen Heldentaten von Pantagruel, König der Dipsodier und Sohn des großen Riesen Gargantua, neukomponiert von Meister Alcofrybas Nasier* [Anagramm von François Rabelais]) lautet der vollständige Titel des ersten Romans (1532). Schon die Herkunft des Namens Pantagruel – in einem spätmittelalterlichen Mysterienspiel der Name eines kleinen Teufels, der den Menschen während des Schlafs Salz in den Mund streut, um ihnen Durst zu machen – deutet an, daß Rabelais weitere literarische Quellen benutzt hat, neben der französischen Epik und Dramatik des Mittelalters vor allem antike und neuere italienische Werke, LUKIANS *Satiren*, Luigi PULCIS Epos *Morgante* und FOLENGOS *Makkaronische Gesänge* (z. B. *Baldus*). Aber nur das Grundschema des Pantagruel-Buches entspricht noch dem Aufbau des mittelalterlichen Abenteuerromans: die Schilderung der wunderbaren Geburt, Erziehung und Waffentaten des riesenhaften Helden Pantagruel. Aber bereits die Genealogie (eine Parodie der langen biblischen Ahnenlisten) sprengt den »vernünftigen«, traditionellen Erzählzusammenhang und bereitet den Leser vor auf die folgenden Eskapaden, Exkurse, Anekdoten, Sprachorgien und Stilparodien, all die komischen, grotesken und manchmal absurden Einfälle, die den Hauptteil eines Werks ausmachen, das jeder Nacherzählung zu spotten scheint. Der traurige Vorfall, daß Gargantua bei der Geburt seines Sohnes Pantagruel seine Frau Badebec verliert, ist Anlaß, ein sophistisches Problem zu erörtern: Gargantua, der *»zwischen zwei Gefühlen wie die Maus in der Falle zappelt«*, weiß nicht, ob er über den Tod seiner Frau weinen oder über die Geburt des Kindes lachen soll. Nach einigem Zögern heult er zuerst *»wie eine Kuh«*, lacht dann aber *»wie ein Kalb«* aus Freude über seinen Sohn und lädt die Hebammen zu einem Festmahl ein – eine Episode, die für den hintergründigen Humor Rabelais' typisch ist. Das Riesenkind Pantagruel zeigt sich trotz bedenklicher Gefräßigkeit und Trinklust als ein gelehriger Schüler, der von dem besorgten Vater nach den Prinzipien einer fortschrittlichen Pädagogik erzogen wird. In dem berühmt gewordenen Brief Gargantuas an seinen Sohn (Kap. VIII) bekennt sich Rabelais zu den Idealen der Renaissance, denen er als Naturwissenschaftler und Humanist selbst verpflichtet war. Mit der Begeisterung für die Künste und Wissenschaften, die Frankreich ergriffen hat, empfiehlt Gargantua seinem Sohn die harmonische und universale Ausbildung nach dem Vorbild der Antike, die gleichmäßige Übung von Körper und Geist, das Studium möglichst vieler Fakultäten, Sprachen und Künste. Die Beschreibung der zu seiner Zeit bedeutenden Bibliothek von Saint-Victor in Paris, die Pantagruel besucht, läßt indessen jede humanistische Ehrfurcht vor den Büchern vermissen: in einer ausführlichen Liste der dort vorhandenen, meist theologischen Werke sind sämtliche Titel ins Komische, zum Teil Obszöne verdreht (VII). In Paris trifft Pantagruel einen heruntergekommenen Scholaren, der ihn durch die Kenntnis von sieben bekannten und sogar noch einigen selbsterfundenen Sprachen verblüfft; Panurge (griech. *panurgos*, etwa: der mit allen Wassern Gewaschene), *»ein Tunichtgut, Falschspieler, Zechbruder und Räuber wie nur je einer zu Paris, im übrigen aber der beste Mensch auf der Welt«*, ist von diesem Augenblick an Pantagruels Freund und die vielleicht wichtigste Figur in Rabelais' Werk, ein komplexer Charakter, ein ebenso gelehrter Mann wie verschlagener Schelm, liebenswürdig und grausam zugleich, höfisch gebildet und ordinär, eine im Gegensatz zu dem eher biederen Pantagruel »hermetische«, undurchschaubare Figur, die den Leser durch immer neue Streiche verärgert und amüsiert. Bei einer pantomimischen Zeichen-Disputation mit einem englischen Theologen (Parodie auf die scholastischen Streitgespräche) siegt Panurge, indem er den Gegner durch unanständige Gesten verwirrt; nicht weniger unverschämt sind die Streiche, die er einer vornehmen Dame, die ihn abgewiesen hat, spielt. – Die Pariser Studentenabenteuer werden jäh unterbrochen, als Pantagruel, von seinem Vater gerufen, in den Krieg gegen »Loup Garou« und seine Riesen eingreifen soll. Die grausig-komischen Kämpfe, in denen Pantagruel Sieger bleibt, haben ein merkwürdiges Nachspiel: der tote Epistemon, ein Gefährte Pantagruels, wird durch die magischen Künste Panurges wieder zum Leben erweckt und berichtet von seinem Aufenthalt in der Hölle (XXX) – fast eine Parodie auf die biblischen Auferstehungsberichte. Am Ende des Pantagruel-Buches erlebt Alcofrybas »die Welt in Pantagruels Mund«, in dem ganze Landschaften mit Gebirgen und Städten verborgen sind. Das schon bei Lukian und in den Volksbüchern auftauchende Motiv hat Rabelais auf seine Weise gestaltet: Die »neue Welt«, die der verwunderte Autor im Munde des Riesen vorfindet, ist so alltäglich wie die nur allzu bekannte wirkliche Welt – absurde Farce und ein ernüchternder Realismus liegen bei Rabelais eng beieinander.

Das nächste Buch, *Gargantua. La vie inestimable du grand Gargantua, pere de Pantagruel, iadis composee par L'abstracteur de quinte essence. Livre plein de pantagruelisme* (1534), ist nicht die Fortsetzung des ersten, sondern gibt, wie die anonymen *Cronicques*, die Vorgeschichte des Pantagruel-Buches und steht daher in allen späteren Ausgaben am Anfang des Gesamtwerks. Sein Aufbau ähnelt dem des *Pantagruel*. Gargantua, der durch das linke Ohr Gargamellas zur Welt kommt (Anlaß zu der Bemerkung, daß der Leser das Unwahrscheinliche ruhig glauben darf, *»denn die Sorbonnisten behaupten, daß der Glaube Beweis sei für das Unwahrscheinliche«* – ein Zusatz, den Rabelais 1542, vorsichtiger geworden, streicht) und mit Wein gesäugt wird, verbringt die ersten Jahre, wie die übrigen Kinder seines Landes, abwechselnd mit Essen, Trinken und Schlafen, vor allem aber mit Trinken. Durch den Lateinunterricht bei dem »Doctor theologiae« Holofernes, streng nach scholastischer Methode, wird Gargantua so blöde, daß ihn der enttäuschte Vater zum Studium nach Paris schickt. Zwischen den üppigen, dem Riesenbauch Gargantuas angemessenen Mahlzeiten bleibt indessen nur wenig Zeit für den Besuch der von Rabelais verspotteten Sorbonne: *»Pro Tag studierte er eine schwache halbe Stunde, die Augen starr aufs Buch geheftet; aber seine Seele war, wie der Komödiendichter sagt, in der Küche«* – oder mit dem Ersinnen neuer Unterhaltungsspiele beschäftigt, von denen der Dichter in einer seiner lexikographischen Orgien nicht weniger als 217 namentlich aufzählt (XXII). Erst durch den Einfluß des fortschrittlichen Pädagogen Ponokrates legt Gargantua die »verkehrte Lebensart« ab (XXIII), verläßt ihn aber bald wieder, um seinen Vater Grandgosier zu unterstützen, der in einen der Ursache nach lächerlichen, aber durchaus handfesten Krieg mit dem Nachbarn Picrochole verwickelt ist. Der eifrigste Kämpfer auf der Seite Gargantuas ist Frère Jean des Entommeures, ein mutiger, robuster, lebenslustiger und nicht sehr frommer Mönch. Zur Belohnung seines unermüdlichen Einsatzes erhält dieser »Bruder Hannes« von Gargantua die Abtei Thélème (griech. *thelēma*: Wille, Wunsch), ein vornehm ausgestattetes, einem Idealschloß ähnliches »Anti-Kloster«, dessen einzige Regel nach der Devise des Erbauers Gargantua lautet: *»Fay ce que voudras«* (*»Tu, was du willst«*) – als *»Entwurf einer idealen menschlichen Gemeinschaft«* (E. Köhler) ein Wunschbild des Dichters. Trotz dieser ganz auf das Individuum und seine Bedürfnisse ausgerichteten, nahezu anarchistischen Regel leben die Mitglieder der Gemeinschaft in uneingeschränkter Harmonie, *»weil freie, wohlgeborne, gebildete Leute, die mit ehrenhafter Gesellschaft Umgang pflegen, von Natur einen Trieb und Ansporn in sich tragen, der sie allzeit zu tugendhaften Taten antreibt und vom Laster abhält«*.

Der Gedanke der Willensfreiheit bleibt ein Lieblingsthema Rabelais', das besonders in dem folgenden dritten Buch, *Tiers livre des faictz et dictz heroiques du noble Pantagruel* (1546), eine entscheidende Rolle spielt. Zu Beginn überlegt Panurge, ob er nicht heiraten solle, aber die Furcht, betrogen zu werden, und Zweifel, daß seine Ehe glücklich verlaufen wird, lassen ihn zu keinem Entschluß kommen. Von seiner Ängstlichkeit und Willensschwäche selbst geängstigt, konsultiert Panurge nacheinander einen Philosophen, Mediziner, Juristen, Theologen, Okkultisten, sogar ein Orakel und einen Hofnarren; doch der Versuch, sich gegen die Fährnisse der Ehe abzusichern, wird jedesmal ad absurdum geführt. Die scheinbar nichtssagende Antwort des Sophisten Trouillogan auf Panurges nun schon resignierte Frage *»Was soll ich tun?«* – *»Was du willst!«* – enthält die Quintessenz dieses Buches, nämlich die Einsicht, daß nur der selbstbewußte Wille die Zukunft meistern kann. Nach zahlreichen Abschweifungen des Erzählers (u. a. der Besuch bei dem in hohem Ansehen stehenden Richter Bridoye, der nach langem Aktenstudium seine Prozesse mit dem Würfel entscheidet – eine der besten Satiren auf die Jurisprudenz) endet der dritte Teil mit den Vorbereitungen auf die große Reise zu dem Orakel, der »Göttlichen Flasche« *(»Dive Bouteille«)*, das die Heiratsfrage endgültig lösen soll.

Eine Widmung an den Kardinal Odet de Coligny eröffnet das vierte Buch, *Le quart livre des faictz et dictz heroiques du noble Pantagruel* (1552), das die sonderbaren Erlebnisse Pantagruels und seiner Gefährten auf der Schiffsreise zu besagtem Orakel schildert. Einige Episoden zeigen den Einfluß der kurz vorher erschienenen Reiseberichte des Seefahrers Jacques CARTIER; das meiste jedoch entspringt der krausen Phantasie Rabelais', der in diesem Buch noch weniger als in dem vorangegangenen einem planvollen Handlungsablauf zu folgen scheint. Die Inselabenteuer sind oft nur Vorwand zu scharfen Satiren, die mehr als in den ersten Büchern zur bitteren Anklage werden: gegen religiösen Fanatismus und die römische Kurie (*Isle des Papimanes*, XLVIII ff.), gegen die Fastenregeln (*Isle de Tapinois*, XXIX ff.), gegen die Justiz (*Isle des Chicquanous*, XII ff.) usw. Zu den Meisterstücken Rabelaisscher Sprachkunst gehört die Beschreibung eines Seesturms (eine Sturzflut von Worten, in denen der Leser selbst zu ertrinken droht), dem Pantagruel und seine Mannschaft nur mit knapper Not entrinnen (XVIII ff.). – Das umfangreiche, in vielen Episoden bizarre und noch unausgedeutete vierte Buch bricht unvermittelt ab, ohne daß die Reisenden das Ziel, das Orakel der »Göttlichen Flasche«, erreicht haben.

Der Anteil Rabelais' an dem fünften Buch, das 1562 unvollständig mit dem Titel *L'Isle sonante (Die tönende Insel)* und endgültig als *Le cinquiesme et dernier livre des faicts et dicts heroiques du bon Pantagruel* 1564, elf Jahre nach dem Tod des Dichters, unter seinem Namen erschien, ist umstritten. Einige Teile können aus historisch-chronologischen Gründen nicht von Rabelais stammen; vieles spricht aber dafür, daß er Entwürfe für den Fortgang seines Romans hinterlassen hat, die ein geschickter Bearbeiter mit zahlreichen Interpolationen und Ergänzungen in der vorliegenden Form präsentiert. Der Stil ähnelt den letzten Kapiteln des vierten Buches, in dem schon die Satiren schärfer, die Anschaulichkeit und Prägnanz der Erzählung aber schwächer wurden. Höhepunkt des fünften Buches ist das feierliche Orakel der »Göttlichen Flasche«, das auf Panurges Frage, ob er heiraten soll, ein deutsches, Rabelais wohlbekanntes Wort summt: *»Trinch!« (»Trinke!«)* Die Priesterin Bacbuc erläutert den überraschenden Spruch: *»Soyez vous mesmes interpretes de vostre entreprinse.« (»Deutet Euer Vorhaben selbst.«)*

Auf der Suche nach dem Kern des Werks, der *»substantificque mouelle« (»Marksubstanz«)*, von der Rabelais im Gargantua-Prolog ironisch spricht, sind denn auch die vielen Interpreten, dem Rat der Priesterin folgend, recht eigenwillige Wege gegangen und zu gegensätzlichen Auffassungen gelangt. Während einige das ganze Werk nur als einen »Riesen-Spaß«, im wörtlichen und übertragenen Sinn, als eine geistreiche Unterhaltung ansehen (so schon MONTAIGNE), betonen andere den »Realismus« und die historische Bedeutung oder suchen nach einem verschlüsselten oder allegorischen Sinn; doch jeder Versuch, den Autor auf eine bestimmte politische, religiöse oder philosophische Tendenz oder eindeutige stilistische Konzeption festzulegen, ist bisher gescheitert – zuletzt auch die These des bedeutenden Rabelais-Forschers und -Herausgebers Abel LEFRANC, der in Rabelais einen Protagonisten des modernen Rationalismus und Atheismus sah. In den erbitterten Religionskämpfen der Zeit, auf die der Dichter mehr oder weniger deutlich anspielt, ist es ihm gelungen, eine unabhängige und undogmatische Haltung zu bewahren, die ihn zur Kritik an der theologischen Fakultät der Sorbonne (die Folge waren wiederholte Zensurverbote), zum Kontakt mit ERASMUS und den gemäßigten Reformatoren ebenso ermutigt wie zur Polemik gegen CALVIN, der seine ersten Bücher als »unmoralisch« und »obszön« verurteilt hatte. Die blasphemischen Späße des Franziskanermönches und Weltgeistlichen Rabelais, seine Satiren auf den Klerus und die Bibelparodien dürfen durchaus nicht als persönliche Bekenntnisse zum Unglauben gewertet werden, sondern sind Ausdruck eines übermütigen Spiels mit der Sprache, das sich der Verfasser nur deshalb erlaubte, weil er die Maske eines närrischen Erzählers tragen konnte, eines Erzählers, der sich als komische Figur selbst in die Romanfiktion einbezieht, seine Leser als *»Trinker, Zechkumpane und Venusbrüder«* anredet und sich an eine Gemeinde von »Pantagruelisten« wendet, deren Ideale und Lebensformen *(»vivre en paix, joye, santé, faisans toujours grande chere«)* in den Wirren der Zeit wie eine liebenswürdige Idylle anmuten. Dahinter steht jedoch die ernsthafte Überzeugung des Arztes und Lebensphilosophen, daß das *»Lachen das Eigenste des Menschen«* sei *(»que le rire est le propre de l'homme«)* und Gelächter das beste Heilmittel für eine kranke Zeit. Dieses *»grand rire de Rabelais«* ist von dem russischen Literaturwissenschaftler M. BACHTIN in seiner umfangreichen Studie *Rabelais und seine Welt* (1965; vgl. dort) in einer revolutionär neuen Weise gedeutet worden, die der Rabelais-Forschung der siebziger und achtziger Jahre den Weg weisen sollte. Das aus dem Begriff des »Karnevals« (in dem der Mensch die mystische, natürliche und die Gottesfurcht zeitweise zu überwinden vermag) abgeleitete Lachen, bei dem die Konzeption des auf seine Extremitäten und Körperöffnungen reduzierten »grotesken Leibs« eine große Rolle spielt, erreicht laut Bachtin bei Rabelais den Höhepunkt einer jahrtausendealten Tradition, bevor das Komische zunehmend in die niederen literarischen Gattungen verdrängt wird. Diese Tradition hat im antiken Mimus, der menippeischen Satire, den mittelalterlichen Fabliaux, Soties, Farces usw. mannigfaltigen Niederschlag gefunden und bedient sich einer spezifischen Formelsprache, die durch Ambivalenz und Freizügigkeit gekennzeichnet ist. Dadurch wirkt sie profanierend und befreiend zugleich.

Die heitere Lebensweisheit, die Pantagruel als Modell *»de toute joyeuse perfection«* verkörpert und zu der sich der überall spürbare *bon sens* – der gesunde Menschenverstand – gesellt, ist sicherlich ein wesentlicher Aspekt des Rabelaisschen Werks; das »Eigenste« liegt aber wohl in der absoluten, unvergleichlichen Sprachbeherrschung, die alle Bereiche, vom Argot und den Provinzdialekten bis zum juristischen, medizinischen und philologischen Fachjargon, umfaßt. Die überwältigende Flut von Nuancen, Neuschöpfungen, Fremdwörtern, Redensarten und Sprichwörtern, die sich über den Leser ergießt, ist noch heute eine unerschöpfliche Quelle für die Lexikographen, die nach Rabelais nur noch die Verarmung der literarischen Ausdruckskunst konstatieren können. Kein Wunder, daß Rabelais jahrhundertelang ein Lieblingskind der Philologen war, an dem sich die besten Sprachforscher, von Robert Estienne, Cotgrave, Ménage bis Huguet und Sainéan im 20. Jh., Editoren und Kommentatoren, von Le Duchat bis Abel Lefranc, und nicht zuletzt die große Schar der Übersetzer erprobten. – Die ungewöhnlich starke literarische Nachwirkung Rabelais', die sich noch zu seinen Lebzeiten abzuzeichnen begann (Bonaventure Des Périers, Noël Du Fail u. a.), ließ in Frankreich im 17. und 18. Jh. nach, um in der Romantik (Balzac, Gautier, Hugo, Nodier usw.) um so lebhafter wieder einzusetzen. Doch auch im 17. Jh., dem vom Standpunkt der klassischen, auf Maß und Regel bedachten Literaturtheorie Rabelais' Werk diffus, monströs und anstößig vorkommen mußte (noch Voltaire hielt Rabelais für *»extravagant«*), zeigen einige der besten Dichter den Einfluß des großen Humoristen: zum Beispiel Molière und besonders La Fontaine, der sich als *»Schüler von Maistre François«* ausgibt. – Während Rabelais der südlichen Romania fremd blieb, fand er in Deutschland und England, bald populär durch hervorragende, wenn auch recht freie Übersetzungen (vgl. Fischarts *Affenteurliche und ungeheurliche Geschichtschrift*... und Gottlob Regis in Deutschland, Urquhart in England), begeisterte Interpreten und Nachahmer, unter ihnen Sterne und Swift, Wieland, Goethe (Fragment *Reise der Söhne Megaprazons*) und vor allem Jean Paul, später Arno Holz und in neuester Zeit Arno Schmidt. V.R.

Ausgaben: Lyon 1532 (1. Buch). – Lyon 1534 (2. Buch). – Paris 1546 (3. Buch). – Lyon 1548 (11 Kap. des 4. Buchs). – Paris 1552 (4. Buch). – o. O. [Paris?] 1562 (5. Buch u. d. T. *L'Isle sonante*; unvollst.). – Lyon 1564 (5. Buch). – Amsterdam 1711 (*Faits et dits du géant Gargantua et de son fils Pantagruel*, Hg. Le Duchat u. L. Monnoye, 6 Bde.; krit.). – Paris/Genf/Lille 1912 ff. (in *Œuvres*, Hg. A. Lefranc u. a., 6 Bde.; hist.-krit.; noch nicht abgeschlossen). – Paris 1929 (in *Œuvres complètes*, Hg. J. Plattard, 5 Bde.; ern. 1948–1959). – Paris 1934 (in *Œuvres complètes*, Hg. J. Boulenger; ²1955). – Paris 1934 (in *L'abbaye de Thélème*, Hg. R. Morcay; krit.; Genf ²1949; Teildr.; TLF). – Paris 1946 (*Pantagruel*, Hg. V. L. Saulnier; krit.; Teildr.; TLF). – Genf/Lille 1947 (*Le quart livre*, Hg. R. Marichal; krit.; Teildr.; TLF). – Paris 1955 (in *Œuvres complètes*, Hg. J. Boulenger u. L. Schéler; ern. 1970; Pléiade). – Paris 1957 (in *Œuvres complètes*, Hg. M. Guilbaud, 5 Bde.). – Paris 1962 (in *Œuvres complètes*, Hg. P. Jouda, 2 Bde.; Class. Garn). – Paris/Genf 1964 (*Le Tiers Livre*, Hg. M. Screech; krit.; Teildr.; TLF). – Paris 1966 (*Les cinq livres*, Hg. R. Delbiausse, 2 Bde.). – Paris/Genf 1970 (*Gargantua*, Hg. M. A. Screech u. V. L. Saulnier; krit.; Teildr.; TLF). – Paris 1973 (in *Œuvres complètes*, Hg. G. Demerson). – Genf 1974 (*Pantagrueline Prognostication pour l'an 1533. Avec les Almanachs pour les ans 1533, 1535 et 1541. La grande et vraye Prognostication nouvelle de 1544*, Hg. M. A. Screech u. a.; krit.; Teildr.; TLF).

Übersetzungen: *Affenteurliche und Ungeheurliche Geschichtschrift Vom Leben, rhaten und Thaten der for langen weilen Vollenwolbeschraiten Helden und Herrn Grandgusier, Gargantoa, und Pantagruel Königen inn Utopien und Ninenreich*, J. Fischart, o. O. [Straßburg] 1575. – *Meister Franz R., der Arzeney Doctoren, Gargantua und Pantagruel*, G. Regis, 2 Bde., Lpzg. 1832–1841; ern. Mchn. 1906, 2 Bde. – *Gargantua und Pantagruel*, F. A. Gelbcke, Lpzg. 1880; ern. 1970 (Hg. H. u. E. Heintze; ern. Ffm. 1974; zul. 1987, 2 Bde.). – Dass., E. Hegaur u. Dr. Owlglass [Pseud.], 2 Bde., Mchn. 1905 bis 1909; ern. 1955, 1 Bd.; ³1961 (bearb.; ⁵1974; Ill. G. Doré). – Dass., nach G. Regis, 2 Bde., Mchn. 1964. – Dass., W. Widmer u. K. A. Horst, Mchn. 1968 [Ill. G. Doré; Nachw. K. A. Horst; ²1978].

Literatur: vgl. Literatur zum Autor.

PIERRE DE RONSARD

* 11.9.1524 (1525?) Schloß Possonnière bei Couture-sur-Loir
† 27.12.1585 Saint-Cosme-en-L'Isle bei Tours

Literatur zum Autor:
Bibliographien:
P. Laumonier, *Tableau chronologique des œuvres de R.*, Paris ²1911 [rev. u. verm.; Nachdr. NY 1969]. – A. Cioranesco, *Bibliographie de la littérature française du 16e siècle*, Paris 1959, S. 609–625. – *Bibliographie des discours politiques de R.*, Genf 1984.
Forschungsberichte und Kongreßakten:
R. A. Katz, *R.'s French Critics: 1585–1828*, Genf 1966. – H. Weber, *Les études sur R.* (in *The Present State of French Studies*, Hg. Ch. B. Osborn, Metuchen/N.J. 1971, S. 215–221). – *R. aujourd'hui.*

Colloque de Juillet sous la direction de G. Gadoffre, Loches 1972. – OCrit, 6, 1981/82, Nr. 2. – *R.*, Hg. A. Gendre, Neuchâtel/Genf 1987 [Kongreßakten]. – *R. en son quatrième centenaire*, Hg. Y. Bellenger u. a., 2 Bde., Genf 1988/89 [Kongreßakten Paris/Tours, Sept. 1985; enth. Forschungsbericht]. – *R. et la Grèce, 1585–1985*, Hg. K. Christodoulou, Paris 1988 [Kongreßakten Athen/Delphi, Okt. 1985]. – *R. et l'Italia. R. in Italia*, Fasano 1988 [Kongreßakten Gargnano, Okt. 1986].

Lexika:

L. Mellerio, *Lexique de R. Précédé d'une étude sur son vocabulaire, son orthographe et sa syntaxe*, Paris 1895; Nachdr. Hildesheim/NY 1974. – A. E. Creore, *A Word-Index to the Poetic Works of R.*, 2 Bde., Leeds 1972.

Biographien:

C. Binet, *La vie de P. de R.* [1586], Hg., Einl. u. Komm. P. Laumonier, Paris 1910 [hist.-krit.; Nachdr. Genf 1969]. – *R. et ses amis*, Hg. M. Jurgens, Paris 1985. – F. Hallopeau, *A la recherche de R. avec Henri Longnon: par les trous du manteau*, Vendôme 1985.

Gesamtdarstellungen und Studien:

H. Guy, *Les sources françaises de R.* (in RHLF, 9, 1902, S. 217–256). – P. Laumonier, *R., poète lyrique*, Paris 1923; Nachdr. Genf 1972. – G. Cohen, *R., sa vie et son œuvre*, Paris 1924; ern. 1956 [korr. u. erw.]. – H. Guy, *P. de R., peintre et interprète de la nature*, Grenoble 1925. – R. Lebègue, *R., L'homme et l'œuvre*, Paris 1950; 41966. – F. Desonay, *R., poète de l'amour*, 3 Bde., Brüssel 1952–1959; 21965–1969. – A. Noyer-Weidner, *R.s Antike-Nachahmungen u. die mittelalterlich-französische Tradition* (in *Romanica*, Halle 1958, S. 319–335). – A. Berry, *R.*, Paris 1961. – I. Silver, *R. and the Hellenic Renaissance in France*, 2 Bde., St. Louis/Mo. 1961 [Bd. 1]/Genf 1981–1987 [Bd. 2, 1–3]. – M. Dassonville, *R.*, 4 Bde., Genf 1968–1985. – I. Silver, *The Intellectual Evolution of R.*, 2 Bde., St. Louis/Mo. 1969–1973. – A. Gendre, *R., poète de la quête amoureuse*, Neuchatel 1970. – A. L. Gordon, *R. et la rhétorique*, Genf 1970. – K. R. W. Jones, *R.*, NY 1970 (TWAS). – A. Py, *R.*, Paris 1972. – *R. the Poet*, Hg. T. Cave, Ldn. 1973 [m. Bibliogr.]. – I. Silver, *Three R.-Studies*, Genf 1978. – D. Ménager, *R., le roi, le poète et les hommes*, Genf 1979. – G. Gadoffre, *R.*, Paris 1980. – M. Quainton, *R.'s Ordered Chaos*, Manchester 1980. – J. M. Hanks, *R. and the Biblical Tradition*, Tübingen/Paris 1982. – H. Lindner, *Erhabener u. schlichter Stil in der französischen Renaissancelyrik. Parmentier u. R.* (in *Interpretation. Das Paradigma der europäischen Renaissanceliteratur. Fs. A. Noyer-Weidner*, Hg. K. W. Hempfer u. G. Regn, Wiesbaden 1983, S. 105–123). – A. Py, *Imitation et Renaissance dans la poésie de R.*, Genf 1984. – M. Raymond, *Baroque et Renaissance poétique. Quelques aspects de la poésie de R. préalables à l'examen du baroque littéraire*, Paris 1985. – *R. et l'imaginaire*, Hg. M. Dassonville, Florenz 1986. – U. Langer, *Invention, Death and Self-Definitions in the Poetry of P. de R.*, Saratoga/Calif. 1986. – R. Warning, *Petrarkistische Dialogizität am Beispiel R.s* (in *Die Pluralität der Welten. Aspekte der Renaissance in der Romania*, Hg. W.-D. Stempel u. K. Stierle, Mchn. 1987, S. 327–358). – K. W. Hempfer, *Die Pluralisierung des erotischen Diskurses in der europäischen Lyrik des 16. u. 17. Jh.s* (in GRM, 69, 1988, S. 251–264). – A. Nilges, *Imitation als Dialog. Die europäische Rezeption R.s in Renaissance u. Frühbarock*, Heidelberg 1988. – *R. et Montaigne, écrivains engagés?*, Hg. M. Dassonville, Lexington/Ky. 1989. – K. A. Perry, *Another Reality: Metamorphosis and Imagination in the Poetry of Ovid, Petrarch and R.*, NY u. a. 1990.

AMOURS

(frz.; *Liebesgedichte*). Unter diesem Titel faßt man verschiedene Gedichtsammlungen des »Dichterfürsten« Pierre de RONSARD zusammen. – Das erste, 1552 erschienene Buch der *Amours* enthält 183 Sonette, ein Chanson und eine Amourette. Die Verse sind Cassandre Salvati geweiht, der florentinischen Bankierstochter, die sich kurz nach der Begegnung mit Ronsard dem Seigneur de Pray vermählte und dadurch für den Dichter unerreichbar wurde. Abgesehen vom rein biographischen Interesse – einige Gedichte spielen auch auf den geographischen Rahmen an (Loir, das Gâtinais, Blois, Vendôme) – stellt sich die Frage, wieweit diese Sonette der italienischen Schule, insbesondere PETRARCA, verpflichtet sind und ob sie Neues bringen. Ronsard folgt dem Vorbild Petrarcas hauptsächlich in der äußeren Gestaltung, im metrischen Bau seiner Gedichte. Er bemüht sich um eine kunstvolle, regelmäßige Sonettform, die sich Freiheiten nur im Rahmen des bereits Anerkannten erlaubt. Als Spuren seiner noch jungen humanistischen Bildung finden sich, allerdings recht sparsam und diskret verwendet, historische und mythologische Anspielungen auf die Welt der Antike. »Cassandre«, der Name der geliebten Frau, mag den Dichter in diesem Sinn beeinflußt haben. Im übrigen bedient sich Ronsard zwar des häufig banalen, stereotypen Metaphern-Repertoires der Petrarkisten (Rosen, Elfenbein, Martyrium, Sonne, Eis, Feuer usw.), doch zeigt sich hier das Vorbild des *Canzoniere* weniger im Wort als im Gefühl: in der Lust des Liebenden, zu klagen und die Qualen der Ungewißheit zu genießen. Dabei benutzt der Dichter gern die nur stilisiert angedeutete Landschaft als Kontrastkulisse zur lyrischen Bewegtheit seines Innern. Neu und originell ist Ronsards formgebende Sensibilität für Rhythmus und Musikalität der Sprache, die ihn die Metaphern weniger nach ihrem Bildwert als nach ihrem Klangwert wählen läßt. Darin liegt der »romantische« oder »barocke« Zug dieser Gedichte, der der klassischen Ästhetik mißfallen wird. Eine nationale Klangfarbe erhalten die Sonette von 1552 durch den stets vernehmlichen freien und ungenierten Ton von *gauloiserie*.

Die *Continuations des amours* von 1555 und 1556 gelten größtenteils einem jungen Mädchen aus Bourgueil, der *»jeune Angevine«, »belle et jeune fleur* *de quinze ans«*, namens Marie, die weniger präzis porträtiert wird als die stolze Cassandre und deren historische Persönlichkeit deshalb niemals eindeutig identifiziert werden konnte. Die Gedichte dieser Sammlung sind fälschlich als naturverbundene Idylle eines bukolischen Dichters interpretiert worden, den ein kleines Bauernmädchen für die Grausamkeit seiner adligen Dame entschädigt. Doch gibt es hier nur wenige Verse, die der Landschaft und der Natur eine echte, eigene Rolle überlassen, dagegen viele literarische Reminiszenzen und traditionelle Metaphern. Die petrarkistische »Besessenheit«, das Genießen der unglücklichen Liebe (*»... si c'est un malheur, baste, je délibère / de vivre malheureux en si belle misère ...«*) ist hier zum nun rein konventionellen Leitmotiv geworden. Doch im Gegensatz zu der ungenierten Sinnlichkeit der ersten Sammlung gefällt sich der Dichter jetzt in der schüchternen Haltung eines entflammten Troubadours. Darüber täuscht auch nicht die vorgegebene Wendung zum *style bas* mit anakreontischen Vorbildern. Die Neuerung gegenüber den Versen (Zehnsilber) der ersten Sammlung liegt in der Verwendung des Alexandriners, dessen berühmte *douceur* die Verse an Marie leicht und einschmeichelnd fließen läßt und bewußt jene rhythmische Bewegtheit der ersten Sammlung aufgibt. 1578 erscheinen die mit den *Continuations* als zweites Buch der *Amours* bezeichneten sechzehn lyrischen Stücke (elf Sonette, ein Dialog, ein Chanson, eine Elegie, ein Epitaph und 174 Verse in Stanzenform) mit dem Titel *Sur la mort de Marie*. Ronsard schrieb diese Gedichte – mit Ausnahme der Elegie und des Epitaphs – im Auftrag Heinrichs III. als Beitrag zur großen allgemeinen Trauer über den Tod von Marie de Clèves (30. Oktober 1574), der Geliebten des Königs. Mit ihm rivalisierten in der Kunst der poetischen Totenklage u. a. die Dichter Desportes, Passerat, Pasquier. Ronsard dichtet hier wohl bewußt in distanziert-kühlem Ton, da sein Schmerz ja ein offizieller und nicht ein persönlicher ist. Die Motive und Bilder dieser Lyrik folgen auch hier häufig dem Vorbild Petrarcas, sie weisen vor allem Ähnlichkeiten mit dem *Canzoniere (»in morte di Madonna Laura«)* auf, so z. B. die Vision der Geliebten im Chor der Engel oder das nächtliche Erscheinen der Verstorbenen zum Trost des Geliebten. Doch gilt auch hier wie für die ersten *Amours*, daß der Petrarkismus sich eher in der gefühlsmäßigen Haltung des Dichters als in literarischen Anleihen zeigt. Die vermutlich 1560 entstandene Elegie ist als Epilog eines der Vergangenheit angehörenden Abenteuers anzusehen. – Ergänzend zum Zyklus der *Amours* offenbart sich Ronsard als Dichter der Liebe in den *Sonnets pour Hélène*. I.P.

Ausgaben: Paris 1552. – Rouen 1557. – Paris 1560 (in *Œuvres*). – Paris 1857–1867 (in *Œuvres complètes*, Hg. P. Blanchemain, 8 Bde.). – Paris 1910–1914 (*Les amours*, Hg. H. Vaganay, 2 Bde.; Nachdr. Genf 1970). – Paris 1925 (in *Œuvres*, Hg. P. Laumonier, I. Silver u. R. Lebègue, 20 Bde., 1914–1975, 5; krit.; STFM). – Paris 1950 (in *Œuvres complètes*, Hg. G. Cohen, 2 Bde., 1; Pléiade; ern. 1972–1976). – Genf/Lille 1951 (*Le second livre des amours*, Hg. A. Micha). – Straßburg 1959, Hg. L. Deharme. – Paris 1963, Hg. H. u. C. Weber (krit.; Class. Garn; zul. 1979; rev. u. korr.). – Paris 1964 (*Les amours*, Hg. A.-M. Schmidt; Poche). – Paris 1974, Hg. A.-M. Schmidt. – Paris 1981, Hg. H. Bensimon u. J. L. Martin [krit.].

Übersetzung: *Sonnets d'amour / Sonette der Liebe*, F. Fassbinder, Mainz 1948 [frz.-dt.].

Literatur: F. Simone, *Poesia e tecnica ne' »Les amours« di R.* (in Belfagor, 1, 1947, S. 425–444). – F. Desonay, *R., poète de l'amour*, 3 Bde., Brüssel 1952–1959; Nachdr. 1965–1969. – H. Weber, *Les corrections de R. dans les »Amours« de 1551* (in *Studi in onore di V. Luigi e D. Valeri*, Venedig 1961, S. 989–1015). – D. Stone Jr., *R.s Sonnet Cycles*, New Haven (Conn.)/Ldn. 1966. – L. Terreaux, *R. correcteur de ses œuvres. Les variantes des »Odes« et des 2 premiers livres des »Amours«*, Genf 1968. – M. Glatigny, *Le vocabulaire galant dans »Les Amours« de R.*, 2 Bde., Lille/Paris 1976. – R. Grapou, *R. chantre de Marie et d'Hélène*, Paris 1981. – M. A. Muret, *Commentaire au premier livre des »Amours« de R.*, Genf 1986. – R. Belleau, *Commentaire au second livre des »Amours« de R.*, Genf 1986.

LES QUATRE PREMIERS LIVRES DES ODES

(frz.; *Die ersten vier Odenbücher*) von Pierre de Ronsard, erschienen 1550 (ein fünftes Buch erschien 1552). – Die formale Erneuerung der französischen Lyrik durch die Nachahmung und schöpferische Anverwandlung der antiken Dichter (*imitatio*), wie sie in der Streitschrift Du Bellays *Deffence et illustration de la langue françoyse* (1549) gefordert worden war, ging von Ronsards Odenbüchern aus. Die Ode war die Dichtungsform, mit der Ronsard seinen Ruhm begründete, sie wurde in der Nachfolge des Dichters zum Inbegriff des Lyrischen überhaupt. Ronsards Vorbilder sind Horaz, den er schon vor seinem Aufenthalt im Collège de Coqueret in Paris (ab 1547) nachahmt, später Anakreon und Pindar, dem er auf Anraten seines dortigen Lehrers, des Humanisten Dorat, gleichzukommen suchte. Pindars Triumphoden (vgl. *Epinikia [melē]*) feierten die Sieger der Olympischen Spiele; sie wurden auf dem Theater vom Chor vorgetragen und waren, dessen Funktion entsprechend, in Strophe, Antistrophe und Epode (Trias) unterteilt. Ronsards Nachahmungen besingen mit der gleichen Feierlichkeit Persönlichkeiten des 16. Jh.s (König Heinrich II., den Kardinal von Lorraine, dichtende Zeitgenossen, den Kanzler und Mäzen Michel de l'Hospital). Doch das Mißverhältnis von hochtrabendem Stil und dem Ronsardschen Kurzvers, besonders aber die sklavische Übernahme der mythologischen Bilderfülle und

der antiken pindarischen Odenstruktur, die ihrer ursprünglichen Gebrauchsfunktion (»Sitz im Leben«) entkleidet und zum offiziellen Hofton stilisiert wird, ließen dieses Experiment scheitern.
Mit der Nachahmung der ihm gemäßeren »leichteren Muse« des Horaz dagegen gelang Ronsard die notwendige künstlerische Variation des Modells, wobei die geistige Verwandtschaft zu seinem antiken Vorbild bei aller Abhängigkeit eine – unbewußte – Aufnahme französischer spätmittelalterlicher Tradition (Thema der Vergänglichkeit) möglich machte, wie schon Henry Guy aufzeigte. Damit ist die Annahme eines »vollständigen Bruchs« mit der Vergangenheit, an den Ronsard (vgl. seine Ausfälle gegen Marot), Du Bellay und ihre Wiederentdecker, die französischen Romantiker (Sainte-Beuve, Michelet), glaubten, unhaltbar. Die Pastoralisierung der Landschaft (im Gegensatz zur religiösen Landschaftsauffassung des Horaz), die psychologische Nuancierung (Marot-Tradition), die Betonung der Einzelheiten (oft auf Kosten der strengen Komposition des horazischen Vorbilds), die häufigen bildhaften Personifikationen (Traditionen der französischen allegorischen Literatur, besonders des *Rosenromans* und der Moralitäten) sind die wesentlichen Stilmerkmale, die Ronsards Klassizismus von horazischer Antike unterscheiden. G.K.

Ausgaben: Paris 1550. – Paris 1552 *(Les Amours)*. – Paris 1560 (in *Œuvres*). – Paris 1857–1867 (in *Œuvres complètes*, Hg. P. Blanchemain, 8 Bde.). – Paris 1914–1925 (in *Œuvres*, Hg. P. Laumonier, I. Silver u. R. Lebègue, 20 Bde., 1914–1975, 1–4; krit.; STFM). – Paris 1950 (in *Œuvres complètes*, Hg. G. Cohen, 2 Bde., 1; Pléiade; ern. 1972–1976). – Toronto 1966 (in *Œuvres*, 2 Bde.).

Literatur: I. Silver, *The Pindaric Odes of R.*, Paris 1937. – J. Vianey, *Les Odes de R.*, Paris 1946. – L. Terreaux, *R. correcteur de ses œuvres. Les variantes des »Odes« et des 2 premiers livres des »Amours«*, Genf 1968. – H. Weber, *Structure des odes chez R.* (in CAIEF, 22, 1970, S. 99–118). – E. Ahmed, *R.'s 1550 »Odes«. Defining a Poetic Self* (in BdHumR, 49, 1987, S. 587–596).

MAURICE SCÈVE

* um 1500 Lyon
† um 1564 Lyon

Literatur zum Autor:
A. Baur, *M. S. et la Renaissance lyonnaise*, Paris 1906 [Nachdr. Genf 1969]. – V.-L. Saulnier, *M. S. Les milieux, la carrière, la destinée*, 2 Bde., Paris 1948. – H. Weber, *La création poétique en France de M. S. à d'Aubigné*, Paris 1955, Bd. 1. – E. Giudici, *S. bucolico e ›blasonneur‹*, Neapel 1965. – H. Staub, *Le curieux désir. S. et Peletier du Mans, poètes de la connaissance*, Genf 1967. – D. G. Coleman, *S., Poet of Love*, Ldn. 1975. – R. Mulhauser, *S.*, Boston 1977 (TWAS). – E. Giudici, *S. traduttore e narratore*, Cassino 1978. – P. Ardouin, *M. S., Pernette du Guillet, Louise Labé, l'amour à Lyon au temps de la Renaissance*, Paris 1980. – M. Tetel, *Lectures scéviennes. L'emblème et les mots*, Paris 1983. – *Ronsard – S.* (in Europe, 1986, Nr. 691/692; Sondernr.). – *Lire M. S.*, Hg. F. Charpentier u. S. Perrier, Paris 1988 [Kongreßakten]. – P. Ardouin, *S. le psalmiste*, Paris 1989.

DÉLIE, OBIECT DE PLUS HAULTE VERTU

(frz.; *Delie, Inbegriff allerhöchster Tugend*). Lyrischer Zyklus in der Art eines petrarkistischen *canzoniere* von Maurice Scève, erschienen 1544. – Das Werk (das erste dieser Gattung in französischer Sprache) besteht aus 449 zehnsilbigen *dizains* (Zehnzeiler). Diese sind, außer den ersten fünf und den letzten drei, in Neunergruppen geordnet, die wiederum von jeweils einem Sinnbild – das seinerseits von einem zumeist auf die letzte Zeile des darauffolgenden *Dizain* bezugnehmenden Motto umrahmt wird – eingeleitet werden. Das Werk, das immer noch in seiner Komplexität und seiner meist ungewollten, durch die zeitlich bedingte Geschmacksänderung verursachten Obskurität beim heutigen Leser viele Fragen aufwirft, kann und darf, im Einklang mit der Lesepraxis des 16. Jh.s, auf mehreren Ebenen verstanden werden. Einerseits stellt es den als autobiographisch angesehenen (wenngleich Petrarcas Liebe für Madonna Laura nachempfundenen), von Lust und Leid gezeichneten Liebesweg des Dichters mit einer Dame der Lyoner Gesellschaft dar (die von den meisten Forschern als die Dichterin Pernette du Guillet, gest. 1545, identifiziert wird), und andererseits präsentiert es einen von Sehnsucht, Zweifel, Leidenschaft, Todesverliebtheit bis hin zur Sublimation und Transzendenz geprägten psychologischen Werdegang, der – auch wenn keineswegs durchgehende – neuplatonische Züge aufweist. Schließlich stellt das Buch eine Summa von gelehrten Zusammenhängen dar, worin man naturwissenschaftliche, historische oder politische Bezüge findet sowie hermetisch-esoterische Anklänge (es wurde, wohl zu Unrecht, behauptet, daß sogar die Anzahl und Anordnung der *Dizains* auf kabbalistische oder pythagoräische Zahlenmystik zurückzuführen sei), fabulistische oder gnomische Referenzen (so bilden des öfteren Sprichwörter und sprichwortartige Allgemeinplätze die Schlußzeilen der *dizains*), mythologische Anspielungen (Délie darf z. B. als Diana, die Mond- und Jagdgöttin der Antike, angesehen werden, mit dem gesamten damit zusammenhängenden Rückbezugsapparat) neben einigen für das 16. Jh. typischen preziös-manieristischen »Spielereien« (so etwa Anagramme, denen man früher sogar den Namen Delias, worin man in neuplatonischer Manier »l'Idée« zu lesen dürfen glaubte, zurechnete) und schließlich verschiedene Reminiszenzen an sonstige Dichter der eigenen oder früheren Zeit, hauptsächlich an italienische Petrarkisten wie etwa Serafino D'Aquila.

Jedoch ist die *Délie* auch, obwohl nur bedingt, ein Emblembuch: Sie bleibt hauptsächlich eine Gedichtsammlung, die zum Teil emblematische Formen annimmt, denn nur 50 der 449 Gedichte werden mit Vignetten versehen, im Gegensatz zu der üblichen emblematischen Buchgestaltung, in der in der Regel jedem Gedicht ein Bild gegenübersteht. Alles in allem scheint – trotz der Versuche einiger Forscher, das Gegenteil zu beweisen – die Gedichtsammlung der *Délie* keinem überzeugend klaren oder einheitlichen Strukturplan zu folgen, denn die innere Kontinuität des Werks ist nur lose, ja, in jeder einzelnen der Neunergruppen nicht minder als in der gesamten Sequenz wiederholen, widersprechen und überkreuzen sich die Themen und Motive, frei von irgendeinem festen Rhythmus. Es ist auch kein zwingender Grund ersichtlich, warum manche *Dizains* eher von Sinnbildern exemplifiziert werden sollten als andere, die genauso bildträchtig oder gnomisch konstruiert sind. In der Tat sind die meisten Gedichte, auch wenn manche nur Übersetzungen, Umarbeitungen oder Wiederholungen von fremdem oder eigenem früheren poetischen Material sind, einander ebenbürtig, und den eigentlichen Leitfaden der Sammlung bildet die dichterische Schöpfungskraft selbst. Die *Délie* stellt einen privilegierten Moment in der französischen Dichtung des 16. Jh.s dar: sich von den inzwischen antiquierten, als gekünstelt und poetisch »unbeholfen« geltenden Formen der *Rhétoriqueurs* (deren wohl berühmtester Vertreter Jean Lemaire de Belges immerhin in der *Délie* Widerhall erfährt) lösend und noch nicht eingezwängt in den programmatischen Regeln der *Pléiade* (deren Vorläufer Scève in vieler Hinsicht ist und deren Respekt er, in Gegensatz zu den anderen Vertretern der »Lyoner Dichterschule«, genießt), gelingt es Scève, ein Kunstwerk zu bieten, dessen Reichtum für den Eingeweihten bei weitem die Zugangsschwierigkeiten kompensiert. Die *Délie* stellt schöne, ja große Dichtung dar; die Einblicke in die intime Entblößung der Dichterseele werden von intellektuellen Herausforderungen ausgeglichen, die Obskurität des Sinns wird von der ansprechenden Anmut der sprachlichen Musik und der Dekorativität des Bildes – im literarischen sowie auch im plastischen Sinne, obwohl die Vignetten, inbesondere diejenigen der Erstausgabe, von minderer Qualität sind – gemildert. Scèves Sprache, die noch von Latinismen und petrarkistischen Formen (besonders in bezug auf die Rolle, die den Augen, der Sicht und dem Licht oder dem Dunkeln beigemessen wird) gekennzeichnet ist, bewegt sich in feinem Ausgleich zwischen dichterischer Selbstzucht und hingebungsvoller Leidenschaft.

Scève war seinerzeit als Dichter geschätzt, und seine Mitarbeit bei verschiedenen poetischen Unternehmungen wurde besonders hoch gewertet; er strebte, statt nach dem Ruhm der breiten Öffentlichkeit, nach der kennerhaften Wertschätzung durch einen kleinen, auserwählten Leserkreis. So blieb die *Délie* unter den Werken Scèves das einzige, das einen nachhaltigeren Ruhm genießen durfte. Und doch geriet, trotz eines höchstwahrscheinlich postumen Pariser Nachdrucks von 1564, der von aufwendigeren umgearbeiteten Vignetten geschmückt war, auch die *Délie* bald in Vergessenheit. Wiederentdeckt wurde sie erst im 19. Jh. unter dem Einfluß der französischen Symbolisten, und verstärkte Aufmerksamkeit erlangte das Werk im 20., wo es – wohl wegen den großen Schwierigkeiten, es gattungsmäßig zu bestimmen – die unterschiedlichsten und oft originellsten literaturkritischen Deutungen erfuhr. M.G.D.

Ausgaben: Lyon 1544. – Paris 1564. – Paris 1916, Hg. E. Parturier [krit.; Nachdr. 1962]. – Paris 1927 (in *Œuvres poétiques complètes*, Hg. B. Guégan). – Paris 1953 (in *Poètes du XVIe siècle*, Hg. A.-M. Schmidt; Pléiade). – Paris 1961, Hg. E. Parturier (ern. 1987; STFM). – Cambridge 1966, Hg. J. D. MacFarlane [krit.]. – Paris 1970/71 (in *Œuvres poétiques complètes*, Hg. H. Staub, 2 Bde.; 10/18). – Paris 1974 (in *Œuvres complètes*, Hg. P. Quignard). – Paris 1984, Hg. F. Charpentier.

Übersetzungen: *Délie, Inbegriff höchster Tugend. Zehnzeiler*, F. Kemp, Ffm. 1962 [frz.-dt.; Ausw.; m. zeitgen. Ill.]. – *Gedichte*, W. Naumann, Darmstadt 1981 [Ausw.].

Literatur: P. Boutang, *Commentaire sur quarante-neuf dizains de la »Délie«*, Paris 1953. – E. Giudici, *Il Rinascimento a Lione e la »Délie« di M. S.*, Neapel 1962. – W. Pabst, *Die Liebe im Akkusativ [»Délie XXII«]* (in AnS, 199, 1963, S. 289–298; ern. in *Interpretationen französischer Gedichte*, Hg. K. Wais, Darmstadt 1970, S. 10–20). – E. Giudici, *M. S., poeta della »Délie«*, 2 Bde., Rom 1965/Neapel 1969. – J. Risset, *L'anagramme du désir. Essai sur la »Délie« de M. S.*, Rom 1971. – F. Schalk, *Bemerkungen zu einigen mythologischen Dixains von S.s »Délie«* (in *Interpretation und Vergleich. Fs. W. Pabst*, Hg. E. Leube u. L. Schrader, Bln. 1972, S. 253–266). – P. Quignard, *La parole de la Délie. Essai sur S.*, Paris 1974. – P. Ardouin, *S. Prince de lumières, virtuose du regard, fils de l'aurore. Essai d'une psychanalyse de la lumière à propos d'un commentaire sur la »Délie« de S.*, Paris 1975. – J. C. Nash, *Concordance de la »Délie«*, Chapel Hill 1976. – S. Minta, *Love Poetry in Sixteenth-Century France*, Manchester 1977, S. 39–104. – M. Giordano, *Reading »Délie«* (in Symposium, 34, 1980, S. 155–167). – F. Hallyn, *Les emblèmes de »Délie«* (in RSH, Juli–Sept. 1980, Nr. 179, S. 61–75). – J. C. Nash, *The Notion and Meaning of Art in »Délie«* (in RomR, 71, 1980, S. 28–46). – F. Rigolot, *L'intertexte du dizain scévien: Pétrarque et Marot* (in

CAIEF, 32, Mai 1980; ern. in *Le texte de la Renaissance*, Genf 1982, S. 173–186). – D. G. Coleman, *An Illustrated Love ›Canzoniere‹. The »Délie« of M. S.*, Genf/Paris 1981. – D. Fenoaltea, *›Si haulte Architecture‹. The Design of S.'s »Délie«*, Lexington/Ky. 1982. – P. Ardouin, *»La Délie« de S. et ses cinquante emblèmes*, Paris 1982. – J. Dellaneva, *Song and Counter-Song. S.'s »Délie« and Petrarch's »Rime«*, Lexington/Ky. 1983. – E. Guild, *Writing and Drawing in S.'s »Délie«* (in Paragraph, 6, Okt. 1985, 43–72). – T. M. Greene, *Emblem and Paradox in S.'s »Délie«* (in OCrit, 11, 1986, S. 49–59). – D. L. Baker, *Narcissus and the Lover. Mythic Recovery and Reinvention in S.'s »Délie«*, Saratoga/Calif. 1986. – T. M. Greene, *Rescue from the Abyss. S.'s dizain 378* (in T. M. G., *The Vulnerable Text*, NY 1986, S. 99–115; auch in *Textual Analysis. Some Readers Reading*, Hg. M. A. Caws, NY 1986, S. 14–25). – J. Dellaneva, *Scattered Rhymes. Petrarchan Fragments in S.'s »Délie« 60* (in FS, 41, 1987, S. 129–140). – G. de Rocher, *The Curing Text. S.'s Delie as the »Délie«* (in RomR, 78, 1987, S. 10–24). – F. Charpentier, *›Le painctre peult de la neige depaindre‹. La question des emblèmes dans »Délie«* (in Littérature, 17, Herbst 1987, S. 25–32). – *Dix études sur la »Délie« de M. S.*, Hg. F. Charpentier, Paris 1987. – P. Ardouin, *Devises et emblèmes d'amour dans la »Délie« de S. ou la Volonté de perfection dans la création d'une œuvre d'art*, Paris 1987. – C. Raffini, *The Second Sequence in S.'s »Délie«*, Birmingham/Ala. 1988. – N. M. Frelick, *Absence in presence, Death in Life* (in RomR, 80, 1989, S. 350–362). – L. K. Donaldson-Evans, *›Love Divine, all Lives Excelling‹. Biblical Intertextualities in S.'s »Délie«* (in FF, 14, 1989, S. 5–15).

JEAN DE SPONDE

* 1557 Mauléon / Pyrenäen
† 18.3.1595 Bordeaux

STANCES DE LA MORT. SONNETS SUR LE MESME SUBJECT

(frz.; *Stanzen über den Tod. Sonette über den gleichen Gegenstand*). Lyrische Gedichte von Jean de SPONDE, entstanden 1586/87, erschienen 1588. – Jean de Sponde, neben D'AUBIGNÉ, DU BARTAS und DRELINCOURT einer der bedeutendsten Dichter des französischen Protestantismus im 16. Jh., hat nur ein schmales, unter anderen Schriften verstreutes Werk hinterlassen: 26 frühe Liebessonette und einen religiösen Gedichtzyklus, den er unter dem Titel *Essay de quelques poemes chrestiens* als Ergänzung zu den *Méditations sur les pseaumes* von 1588 veröffentlichte. Dieser enthält neben den *Stances de la cene (Stanzen über das Abendmahl)* und dem *Autre poeme sur le mesme subject (Ein weiteres Gedicht über den gleichen Gegenstand)* sein lyrisches Meisterwerk, die *Stances de la mort* und die *Sonnets sur le mesme subject*.

Grundthema der *Stances de la mort* ist die Stellung des Menschen gegenüber dem Tod. Sponde entwirft eine düstere Vision der Welt, die, verliebt in die eigene Deformität, zu dämonischer Macht sich aufwirft; allein der Geist eröffnet die Möglichkeit eines Entrinnens (1–24). Er liegt aber in verzweifeltem Widerstreit mit der Sinneslust; das Fleisch will in vollen Zügen genießen, fest davon überzeugt, die Welt sei in ihrer üppigen Pracht nur seinetwillen erschaffen (25–48). Deshalb wendet sich der Dichter in Form einer Apostrophe an den Geist: Er solle mutig den Kampf aufnehmen und im Vertrauen auf seine Stärke streiten (49–60). Die anfängliche Siegesgewißheit schlägt jedoch in Bitternis und Enttäuschung um. Der Geist ist zwar rein, aber er besudelt sich; er begehrt auf gegen die Knechtschaft, fällt aber alsbald in trägen Schlummer; jeder Aufschwung endet unweigerlich in Absturz und Katastrophe (60–90). Doch eine Hoffnung bleibt bestehen: Alles verliert sich mit der Zeit. Sie wird auch den Leib, diesen Kerker der Seele, aufbrechen. Ein ersehnter Tod bringt uns zum wahren Leben (91–144). – Der Sonettzyklus kreist um dieselben Grundgedanken, der Strukturform des Sonetts entsprechend unter stärkerer kompositioneller Schwerpunktbildung: der Tod als unausweichliches Faktum und wesentlicher Bestandteil der *conditio humana* (2, 5); kreatürliche Todesfurcht und Jenseitserwartung, der Tod als unabdingbare Voraussetzung ewigen Lebens (6, 8, 11); die Lockungen der Welt, der unaufgehobene Widerstreit von Leib und Seele (7, 9, 10, 12).

Der Inhalt ist von starker Expressivität und kreist mit zwanghafter Insistenz um das Todesproblem. Die Welt bietet sich dar in düsterem Prunk. Unter der Herrschaft der *passiones animae* versinkt alles im Abgrund. Bedrückend und entmutigend wiederholen sich die Niederlagen des Geistes ohne Unterlaß, bis zum Verfall des Körpers und zu seiner Auflösung. In die Trostlosigkeit des Daseins dringt indessen ein Hoffnungsschimmer: Tod und Verwesung sind nicht das Ende, sondern ein Stadium des Übergangs zum jenseitigen Leben. Diese Ambivalenz der Todesvorstellung bildet den gedanklichen Kern in Spondes lyrischem Werk.

Der Konzentration auf das Todesproblem entspricht die Prägnanz des sprachlichen Ausdrucks. Eine oft gewaltsam verkürzte Diktion und ein abrupter Übergang zu neuen Inhalten bestimmen die Satzstruktur. Die durchweg weitgespannten Perioden sind syntaktisch durchgeformt, bei gleichzeitigem Verzicht auf jegliches Füllwerk und strikter Reduktion auf die Kernpunkte. Die stufenweise Information der Pléiade-Lyrik wirkt weitschweifig im Vergleich zu solcher an esoterische Verschlüsselung grenzenden Dichte. Überdies sind Spondes Satzmuster drängend und mit knappen, provokanten Fragen oder affektiven Ausrufen durchsetzt.

Hand in Hand mit der kompakten Dichte geht eine gleichsam aus der Sache bedingte Ungleichheit der Konstruktion (Inkonzinnität), die alle sprachlichen Ebenen impliziert, die metrischen Strukturen nicht ausgenommen. Wortwiederholungen und Satzfiguren sind Ausdruck der Affektsteigerung, leisten aber zugleich syntaktische Hilfen im Labyrinth der Gedanken.

Beträchtlichen Anteil an der gedanklichen Konzentration hat Spondes Metaphorik. Seine syntaktische Kühnheit beruht nicht unwesentlich auf der metaphorischen Verkürzung im Bereich des Semantischen, in die auch das Paradoxon einbezogen ist. Der Kern der Aussage wird im Bild unmittelbar getroffen; auch hierbei erfolgt eine Konzentration auf knappe, prägnante Formen, metaphorische, das heißt kontrastive Attribute und allegorische Prädikation. Appositionelle Identifikationen verwischen die Grenzen der Substanz; es entsteht der Eindruck einer permanenten Metamorphose. Indem Abstrakta und Sachen handelnd tätig werden, gelingt Sponde ein überraschender Effekt: Die Dingwelt scheint unter konvulsivischem Zucken zu erwachen, zu einem beunruhigenden, bisweilen lemurenhaft gespenstischen Eigenleben. Spondes Poesie des Grauens ist Ausdruck der pessimistischen, geängstigten Grundhaltung am Ende des 16. Jh.s; er findet seine Entsprechung bei Montaigne und La Ceppède, in Chassignets *Mespris de la vie et consolation de la mort* (1594) oder auch in den Dichtungen der »Metaphysical Poets«. Im Anschluß an die Reformen Malherbes ging die lyrische Dichtung in Frankreich andere Wege; Sponde geriet in Vergessenheit. Seine Wiederentdeckung, zunächst als Humanist, dann als Dichter des Todes, erfolgte erst im 20. Jh. K.Rei.

Ausgaben: Paris 1588 (in *Méditations sur les pseaumes XIII. ou LIII. XLVIII.L. et LXII*). – Paris 1945 (in *Œuvre poétique*; Einl. M. Arland). – Paris 1948 (*Stances et sonnets de la mort*, Hg. A. M. Boase). – Genf 1964 (in *Poésie. Avec un essai sur la vie du poète par F. Ruchon et une étude sur ses poésies par A. Boase*). – Genf 1978 (in *Œuvres littéraires*, Hg. A. M. Boase; TLF). – Paris 1982 (*Stances et sonnets de la mort*, Hg. A. M. Boase). – Paris 1989 (*D'amour et de mort*, Hg. J. Sacré).

Übersetzungen: *Sonett*, F. v. Rexroth (in *Französische Lyrik aus 8 Jahrhunderten*, Saarbrücken 1946; frz.-dt.; Ausw.). In *Französische Dichtung 1. Von Villon bis Théophile de Viau*, Hg. F. Kemp u. W. v. Koppenfels, Mchn. 1990 [frz.-dt.; Ausw.].

Literatur: F. L. Schoell, *Un humaniste français oublié; J. de S.* (in Revue du Seizième Siècle, 12, 1925, S. 361–400). – M. Arland, *L'œuvre poétique de J. de S.*, Paris 1943. – A. Pizzorusso, *Le »Stances de la mort« di S.* (in *Studi in onore di C. Pellegrini*, Turin 1963, S. 193–201). – G. Genette, *Hyperboles* (in G. G., *Figures I*, Paris 1966; ern. 1976, S. 245–252). – M. Richter, *Lettura dei »Sonnets de la mort« di S.* (in BdHumR, 30, 1968, S. 327–345). – G. Poulet, *S.* (in G. P., *Mesure de l'instant*, Paris 1968, S. 15–31). – M. Tetel, *Mannerism in the Imagery of S.'s »Sonnets de la mort«* (in RLM, 21, 1968, S. 5–12). – J. Pineaux, *La poésie des protestants de langue française (1559–1598)*, Paris 1971. – E. Loos, *Zur Rezeption eines ›vergessenen‹ Dichters* (in *Interpretation und Vergleich. Fs. W. Papst*, Hg. E. Leube u. L. Schrader, Bln. 1972, S. 207–227). – M. Richter, *J. de S. e la lingua poetica dei protestanti nel cinquecento*, Mailand 1973. – C.-G. Dubois, *Le Baroque, profondeurs de l'apparence*, Paris 1973, S. 83–98. – K. Weinberg, *Verbal Labyrinths in S.'s »Stances« and »Sonnets de la mort«* (in EsCr, 16, 1976, S. 134–152). – A. Boase, *La vie de J. de S.*, Genf 1977. – S. Cappello, *La critica letteraria di fronte ai »Sonnets de la mort« di S.* (in QLFR, 2, 1981, S. 87–97). – M. Richter, *Réalisme et calvinisme chez S., »Sonnets de la mort«, XI et XII* (in *Interpretation. Das Paradigma der europäischen Renaissanceliteratur. Fs. A. Noyer-Weidner*, Hg. K. W. Hempfer u. G. Regn, Wiesbaden 1983, S. 405–412). – C. H. Winn, *S. Les sonnets de la mort*, Potomac 1984. – P. Budini, *Les structures formelles dans les »Sonnets de la mort« de S.* (in Francofonia, 8, Frühj. 1985, S. 37–68). – A. Baiche, *Pour mieux lire S. Considérations sur le texte de ses poèmes* (in Littératures, 15, Herbst 1986, S. 45–57). – G. Mathieu-Castellani, *S. Poétique du sonnet rapporté* (ebd., S. 25–43). – G. Mathieu-Castellani, *La mort paysage* (in *Le paysage à la Renaissance*, Hg. Y. Giraud, Fribourg 1988, S. 249–256). – J. Rieu, *S. ou la cohérence intérieure*, Genf 1988.

Anonyme Werke

LA VERTU DU CATHOLICON D'ESPAGNE. Avec un abrégé de la tenue des Estats de Paris convoquez au 10 de febvrier 1593 par les chefs de la Ligue. Tiré des memoires de Mademoiselle de la Lande, alias la Bayonnoise, et des secrettes confabulations d'elle et du pere Commelaid

(frz.; *Die Kraft des spanischen Katholikons. Mit einem kurzen Bericht über die Versammlung der Generalstände von Paris, einberufen am 10. Februar 1593 durch die Führer der Liga. Aus den Memoiren des Fräuleins von la Lande, alias die Bayonnoise, sowie aus deren vertraulichen Gesprächen mit dem Pater Commelaid*). Anonyme Satire, erschienen 1593. Der heute gebräuchliche Titel *Satyre ménippée* wurde erst in der 2. und 3. Ausgabe hinzugefügt.

Auf dem Höhepunkt der Religionskriege, nach der Bartholomäusnacht, bildete sich in Frankreich der »Parti des Politiques« heraus, eine Partei, die versuchte, zwischen Katholiken und Reformierten zu vermitteln und eine politische Lösung zu finden. Seit 1576, dem Gründungsjahr der katholischen »Heiligen Liga« durch Henri de Guise, hatte Jean BODIN (1530–1596), das geistige Haupt der »Politiques«, immer wieder seine Schrift *De la république* herausgegeben, in der er vergebens gegen die anarchistischen Ausschreitungen während der Religionskriege ankämpfte und für die Wiederherstellung einer freiheitlichen, durch die Generalstände (États Généraux) kontrollierten Monarchie eintrat. Aber erst nach der Konversion des kalvinistischen Henri de Navarre zum katholischen Glauben und dem dadurch ermöglichten Sieg über die Liga, die überdies durch die Allianz mit Philipp II. von Spanien diskreditiert war, wurden seine Anregungen aufgenommen. Mehrere seiner humanistischen Freunde – Florent CHRESTIEN, Jean PASSERAT, Pierre PITHOU, Nicolas RAPIN, Jacques GILLOT, Jean LEROY, Gilles DURANT – treffen sich bei Jacques Gillot, um gegen das skandalöse Vorgehen der États Généraux vorzugehen. Diese waren 1593 von Mayenne, dem Bruder und Nachfolger des ermordeten Henri de Guise als Führer der Ligueurs, einberufen worden, um Frankreich einen katholischen König zu wählen, gleichgültig, ob er Lothringer oder Spanier sei. Gegen diese lothringischen und spanischen Ansprüche beabsichtigten die »Politiques«, Henri IV, den gewissenhaftesten und volkstümlichsten König für Jean Bodin und seinen Kreis, zu stützen. Dabei versuchten sie, auf Gewalt und Haßreden, wie sie zwischen den katholischen und hugenottischen Schmähschriftschreibern an der Tagesordnung waren, zu verzichten und statt dessen die Liga durch eine Satire lächerlich zu machen, um das breite Publikum für den König ihrer Wahl einzunehmen.

In der *Menippeischen Satire* (MENIPPOS war ein griechischer Dichter und Philosoph der Kyniker-Schule im 3. Jh. v. Chr.) sind allerhand literarische Gattungen vertreten: Beschreibungen, Monologe, Harangues, Epigramme, Verse. Der Kanonikus Jean Leroy hatte den ersten Entwurf *Satyre ménippée de la vertu du catholicon d'Espagne et de la tenue des États de Paris* (heute *texte primitif* genannt) allein abgefaßt – ab 1593 verteilte man Kopien davon – und den Aufriß für die ein Jahr später erschienene, von den Freunden gemeinsam ausgearbeitete *Satyre ménippée* gegeben.

Die politische Wirkung, die sie auch noch nach der Krönung Henris hatte, beruht auf einer durchschlagenden Komik: Gegen ihren Willen naiv oder mit kasuistischem Aufwand plaudern selbst hochgestellte Personen, Prinzen, Legaten, Akademiker usf. ihre geheimsten egoistischen und ehrgeizigen Absichten aus, bei gleichzeitiger Beteuerung, nur für das Wohl des Volkes zu wirken. Mayenne sagt gar: *»Ich habe mit bestem Wissen und Gewissen mein persönliches Interesse vor die Sache Gottes gestellt, der ja ohne mich ebenso gut zurechtkommt.«*

Das *catholicon*, eine Art übernatürlicher Droge, *»la bonne surnature«*, rechtfertigt alle Unrechtmäßigkeit hienieden. Rieux, ein Vertreter des Adels, meint, das Salische Gesetz sei das schlimmste aller Übel. Zwar wisse er nicht, was es sei, aber der König von Spanien, sein wahrer Herr, wolle nichts davon wissen. Ihnen allen tritt nun als Sprecher der »Politiques« ein Patriot und *»vernünftiger Royalist«*, M. d'Aubray, gegenüber, der im Namen des dritten Standes, der Bürger-, Handwerker- und Bauernvereinigungen für eine glaubwürdige Autorität – Henri IV – und den erst dadurch möglichen Frieden und wiederkehrenden Wohlstand in Frankreich eintritt. Er sagt: *»Diese blutigen Tragödien, die man auf dem bejammernswerten Schafott Frankreichs gespielt hat, waren alle religiös gefärbt. Es ist ein Streit der Großen, die den Himmel zum Vorwand genommen und die Heilige Schrift als Mittel zur Macht benützt haben.«* G.K.

AUSGABEN: Tours 1593 *(La vertu du catholicon d'Espagne)*. – o. O. 1593 *(Satyre ménippée de la vertu du catholicon d'Espagne et de la tenue des estatz de Paris)*. – Regensburg 1664 (*Satyre ménippée*, Hg. P. Dupuy). – Paris 1824/25 (*Satyre ménippée*, Hg. V. Verger, 2 Bde.; Komm. Ch. Nodier). – Paris 1877–1881 (*La satyre ménippée*, Hg. u. Einl. E. Tricotel, 2 Bde.; Faks. Genf 1971). – Oppeln 1884 (*Satyre ménippée*, Hg., Einl. J. Frank). – Ldn. 1911 (*La satyre ménippée*, Hg. P. Demey). – Paris 1941 [Anm. J. Hasselmann].

LITERATUR: J. Frank, *Zur »Satyre Ménippée«, eine kritische Studie*, Nikolsburg 1880. – Ders., *Replik in Sachen der »Satyre ménippée«* (in ZfrzSp, 5, 1883, S. 206–219). – F. Zverina, *Replik in Sachen der »Satyre ménippée«* (ebd., S. 81–106). – Ders., *Ultima-*

tum in Sachen der »Satyre ménippée« (ebd., 6, 1884, S. 100–107). – F. Giroux, *Le premier texte manuscrit de la »Satyre ménippée« d'après deux copies à la main de la Bibl. Nationale*, Laon 1896. – Ders., *La composition de la »Satyre ménippée«*, Laon 1904. – J. Frank, *Zur »Satyre ménippée«* (in ZfrzSp, 29, 1906, S. 246–273). – J. Vianey, *Par qui la »Satire ménippée« a-t-elle été composée?* (in Acad. Montpellier, 1915, S. 158–161). – E. Roy, *Les comédiens italiens, la »Satire ménippée« et le dialogue de Philène et de Sylvie de Mairet* (in RHLF, 1924, S. 678–682). – P. Boutang, *»Satyre ménippée«* (in *Tableau de la littérature française*, Bd. 1, Paris 1962, S. 430–438). – Y. Cazaux, *Essai de bibliographie des éditions de la »Satyre Ménippée« publiées du XVIe siècle au XVIIIe siècle* (in Revue française d'histoire du livre, 51, 1982, S. 3–40). – N. Cazauran, *Polémique et comique dans trois harangues de la »Satyre Ménippée«* (in CAIEF, 32, Mai 1984, S. 111–128). – C. M. Zsuppán, *From »Abrégé des estats« to »Catholicon d'Espagne«* (in FMLS, 21, 1985, S. 98–112). – D. Ménager, *L'image prince dans la »Satyre Ménippée«* (in TLL, 22, 1984, Nr. 2, S. 201–210). – *Études sur la »Satyre Ménippée«*, Hg. F. Lestringant u. D. Ménager, Genf 1987. – E. Di Rienzo, *Il Carnevale della lega. Lettura della »Satyre Ménippée«* (in StF, 32, 1988, S. 199–215).

III. Klassik. Das 17. Jahrhundert

FRANÇOIS HÉDELIN, ABBÉ D'AUBIGNAC

* 4.8.1604 Paris
† 1676 Nemours

LITERATUR ZUM AUTOR:
C. Arnaud, *Les théories dramatiques au 17e siècle. Etude sur la vie et les œuvres de l'abbé d'A.*, Paris 1888. – L. Lacour, *Richelieu dramaturge et ses collaborateurs*, Paris 1926. – R. Bray, *La formation de la doctrine classique en France*, Paris 1927; [2]1957.

LA PRATIQUE DU THÉÂTRE

(frz.; *Theaterpraxis*). Kritisches Werk von François Hédelin, Abbé D'AUBIGNAC, erschienen 1657. – Die theoretischen Äußerungen d'Aubignacs waren grundlegend für die Herausbildung der klassischen französischen Dramatik und besiegelten die Abkehr vom Geschmack der vorangegangenen Epoche. In seiner Bedeutung für das Theater des 17. Jh.s wird er nur von CHAPELAIN (1595–1674) überragt. Er ist der große Praktiker, der das Handwerkliche, das intensive Studium der antiken und besonders der modernen italienischen Ästhetiker (ARISTOTELES, HORAZ und SCALIGER, VIDA, CASTELVETRO), über das Künstlerische stellt. Seine Kodifizierung der Regeln beruht auf der Überzeugung, daß die Gesetze der Kunst auf Vernunft *(raison)* gegründet seien und einem Bedürfnis des französischen Geistes entsprächen. Neben den Theoretikern, die die klassische Doktrin und die Autorität der klassischen Autoren für unantastbar halten (CHAPELAIN, *Sentiments de l'Académie sur le Cid*, 1638; SCUDÉRY, *Observations sur le Cid*, 1637), nimmt d'Aubignac – wie auch CORNEILLE – eine Sonderstellung ein, indem er den Aristoteles-Kult zwar grundsätzlich bejaht (er hält es *»für eine unumstößliche Maxime, daß nur durch die Mithilfe der Alten und durch die Trefflichkeit ihrer Werke Gelehrsamkeit in der dramatischen Poesie erlangt werden kann«*), aber auf die Unterschiede der Zeitalter und die Wandlungen des Theaters seit der Antike hinweist, die ein blindes Befolgen der Regeln der Alten nicht zulassen. Wie Corneille erklärt er in der *Pratique du théâtre* die nutzbringenden Zwecke der Bühne für sekundär gegenüber den unterhaltenden, schwenkt aber später in den Dissertationen über *Sophonisbé, Sertorius* und *Oedipe* (1663) infolge einer persönlichen Auseinandersetzung mit dem Dichter auf eine Position um, die im Anschluß an Horaz den Sinn des Theaters im Moralischen begründet. Mit fast allen Theoretikern des 17. Jh.s stimmt er in der Frage der Naturnachahmung darin überein, daß der Dichter die Natur kunstvoll zu ordnen habe; die Nachahmung der klassischen Autoren müsse unter der Kontrolle der Vernunft geschehen: *»Wir haben an anderer Stelle gesehen, daß die Vernunft das Übergewicht über die Autorität des Aristoteles hat; sie ist es auch, die hier eine Wahl unter den Modellen trifft...«*
Der Grundsatz der drei Einheiten, der Einheit der Zeit, des Ortes und der Handhabung, findet allerdings in d'Aubignac ihren strengsten Verfechter. Seine orthodoxe Haltung in diesem Punkt ist am sinnfälligsten in der pedantischen Auslegung der Aristotelischen Zeiteinheit als eine Zeitspanne vom Aufgang der Sonne bis zum Untergang, nicht als Zeiteinheit von 24 Stunden. Er steht damit im Gegensatz zu Corneilles gelockerter, der geschichtlichen Thematik seiner Stücke entgegenkommenden Zeitauffassung und bereitet das Theater RACINES vor. – Die *Pratique du théâtre*, die die Doktrin einer ganzen Generation festhält, veranlaßte Corneille, der mit seinem Werk vielfach von den allgemein anerkannten Auffassungen abwich, zu einer theoretischen Stellungnahme in den drei *Discours* (1660) und in den *Examens* zu seinen Stücken (1660). R.L.

AUSGABEN: Paris 1657. – Paris 1715 [Faks. Genf 1971]. – Paris 1927, Hg. P. Martino. – Mchn. 1971 [Einl. H. J. Neuschäfer].

LITERATUR: B. B. Goldsmith, *Hédelin's »Pratique du théâtre«. An Analysis*, Diss. Colorado Univ. 1972 (vgl. Diss. Abstracts, 33, 1972/73, S. 1723A). – H. M. Davidson, *Pratique et rhétorique du théâtre* (in *Critique et création littéraires en France au 17e siècle*, Hg. M. Fumaroli, Paris 1977, S. 169–175). – T. Murray, *Non-Representation in »La pratique du théâtre«* (in PFSCL, 9, 1982, S. 57–74). – R. Morissey, *»La pratique du théâtre« et le langage de l'illusion* (in DSS, 37, 1985, S. 17 bis 27).

Nicolas Boileau-Despréaux

* 1.11.1636 Paris
† 13.3.1711 Paris

Literatur zum Autor:
G. Lanson, *B.*, Paris 1892. – E. Magne, *Bibliographie générale des œuvres de N. B.*, 2 Bde., Paris 1929. – D. Mornet, *N. B.*, Paris 1942. – R. Bray, *B., l'homme et l'œuvre*, Paris 1942. – R. Dumesnil, *B.*, Paris 1943. – J. Brody, *B. und Longinus*, Genf 1958. – P. Clarac, *B.*, Paris 1964. – M. Bonfantini, *B. e le sue idee*, Mailand 1965. – H. Kortum, *Charles Perrault u. B.*, Bln. 1966. – J. E. White, *N. B.*, NY 1969. – B. Beugnot u. R. Zuber, *B., visages anciens, visages nouveaux, 1665–1970*, Montreal 1973. – B. Rathmann, *Der Einfluß B.s auf die Rezeption der Lyrik des frühen 17. Jh.s in Frankreich*, Tübingen/Paris 1979. – G. Pocock, *B. and the Nature of Neo-Classicism*, Cambridge 1980. – M. Descotes, *Le cas B.*, Paris 1986.

L'ART POÉTIQUE

(frz.; *Die Dichtkunst*). Lehrgedicht in vier Gesängen von Nicolas Boileau-Despréaux, erschienen 1674. – Sämtliche Thesen Boileaus lassen sich schon in früheren theoretischen Werken anderer Autoren finden. Sein Verdienst besteht darin, den literarischen Doktrinen seines Jh.s eine definitive Form gegeben zu haben. Gesang 1 entwirft allgemeine Prinzipien, den Poeten betreffend, der sich seines Talents zu versichern, weise Freunde zu Rat zu ziehen und die Regeln der Dichtkunst zu beherrschen hat. Ein Abriß der französischen Literaturgeschichte vom Mittelalter bis Malherbe bezeugt die für das Jahrhundert symptomatische Unkenntnis dieser Regeln. Gesang 2 behandelt die kleineren Formen: Idylle, Elegie, Ode, Sonett, Epigramm, Rondeau, Madrigal, Ballade, Satire, Vaudeville und Chanson. Gesang 3 befaßt sich mit den großen Gattungen: Tragödie, Komödie, Epos. Gesang 4 rät zu »gesundem Menschenverstand« und untadeliger Moral, schwingt sich auf zu einem Loblied auf den König und schließt mit bescheidenem Hinweis auf des Autors eigene Rolle: *»Censeur un peu fâcheux, mais souvent nécessaire, / Plus enclin à blâmer que savant à bien faire.«* Was den eigenen Stil dieses *censeur* betrifft, so sind seine häufig überanstrengten Reime ausgiebig kritisiert worden. Hervorzuheben ist Boileaus Talent, seine Thesen in einprägsamen Merksprüchen zu formulieren: *»Qui ne sait se borner ne sut jamais écrire ... Un sot trouve toujours un plus sot qui l'admire ... Aux plus savants auteurs, comme aux plus grands guerriers, / Apollon ne promet qu'un nom et des lauriers.«*
Ausgangspunkt von Boileaus Poetik ist die auf Descartes zurückgehende Lehre von der *raison* als der höchsten menschlichen Fähigkeit zur Erkenntnis der Wahrheit. Dichtung ist Kult der Wahrheit; denn Wahrheit ist das erste und wesentliche Prinzip der Schönheit. Da die Wahrheit vor allem in der Natur offenbar wird, hat Poesie gewissenhafte Nachahmung der Natur zur Aufgabe, wobei unter Ausschluß des Phantastischen, Burlesken, Preziösen und Emphatischen höchstmögliche Gleichwertigkeit dem Vorbild und Abbild anzustreben ist. Vom Naturalismus unterscheidet sich solche Naturimitation durch eindeutig festgelegte Grenzen: was die »Moral« *(moralité)* oder den »gesunden Menschenverstand« *(bon sens)* schockiert, ist zu vermeiden; individuelle, historische, außergewöhnliche Realität soll als zufällig und vergänglich beiseite gelassen werden. Poesie rechtfertigt sich damit, daß ihr Gegenstand eine gewisse Erhabenheit besitzt und einer wohlerzogenen Gesellschaft zu gefallen vermag. Die Verwirklichung seiner Ideale sieht Boileau in der Antike, deren erwiesene Unsterblichkeit sie als vorbildliches Modell und unerschöpfliche Quelle qualifiziert. Betrachtungen über die Kunst der Römer und Griechen führen zu einer wenn auch etwas mühsamen, so doch das Wesen des Gegenstandes treffenden Transposition des rationalistischen in ein ästhetisches Wahrheitsprinzip.
Was diesem Werk bei seinem Erscheinen sogleich den nötigen Erfolg verlieh, ist seine aggressive Polemik gegen die Literatur von 1630, den preziösen Cotin, den grotesken Scarron, den emphatischen Guez de Balzac usw. – einer ganzen Dichtergeneration wird hier der Prozeß gemacht. Auf Grund dieser Herabsetzung der Zeitgenossen zugunsten der Antike wurde Boileaus *Art poétique* Anlaß einer niemals gänzlich beigelegten literarischen Fehde: der »Querelle des anciens et des modernes«, in der mit Perrault und Fontenelle der fortschrittsgläubige, mondäne Rationalismus der Salons gegen den der Renaissance und dem Humanismus verpflichteten Kult der Antike zu Felde zog. Boileaus bis ins 18. Jh. unangetastetes Prestige wurde erst durch die Revolution der Romantik in Frage gestellt: Seine hervorragende Bedeutung für die französische Klassik und damit für die glanzvollste Epoche der französischen Literatur ist unumstritten. I.P.-KLL

Ausgaben: Paris 1674 (in *Œuvres diverses*). – Paris 1939 (in *Œuvres complètes*, Hg. C. H. Boudhors, 7 Bde., 1934–1943, 2). – Paris 1946, Hg. Ph. van Tieghem [m. Einl.]. – Paris 1955. – Paris 1966 (in *Œuvres complètes*, Hg. F. Escal; Pléiade). – Paris 1969 (in *Œuvres 2*, S. Menant; GF). – Mchn. 1970, Hg. A. Buck [m. Komm.]. – Paris 1985.

Übersetzungen: *Gedanken von der Dichtkunst*, J. A. P. Gries, Hbg. 1745. – *Die Dichtkunst*, P. Lang, Ffm. 1899. – Dass., U. u. H. L. Arnold, Stg. 1967 (RUB).

Literatur: A. Albalat, *»L'art poétique« de B.*, Paris 1929. – M. P. Haley, *Racine and the »Art poétique«*

of B., Baltimore 1938. – M. Hervier, *»L'art poétique« de B., étude et analyse*, Paris 1938. – J. Richardson Miller, *B. en France au 18e siècle*, Baltimore 1942. – M. Bonfantini, *»L'art poétique« di B. e i suoi problemi*, Mailand 1957. – J. Brody, *B. et la critique poétique* (in *Critique et création littéraire en France au XVIIe siècle*, Hg. M. Fumaroli, Paris 1977, S. 231–250). – F. Nies, *»Le Français, né malin, forma le vaudeville« und Gattungen zuhauf, die uns B. verschwieg* (in *Frz. Klassik*, Hg. ders. u. K.-H. Stierle, Mchn. 1985, S. 325–342). – A. G. Wood, *Authority and B.* (in *Actes de Baton Rouge*, Hg. S. A. Zebouni, Paris 1986, S. 217–226).

SATIRES

(frz.; *Satiren*). Verssatiren von Nicolas BOILEAU-DESPRÉAUX, entstanden seit 1657, erschienen seit 1666. – Ein väterliches Erbe ermöglichte Boileau nach dem Studium der Theologie und der Jurisprudenz die Laufbahn eines Literaten. Von Anfang an suchte er Anregung bei den lateinischen Satirikern und bei Mathurin RÉGNIER, auch ist seine ganze erste Schaffensperiode der Satire und der literarischen Parodie gewidmet. – Nach heftigen Angriffen auf CHAPELAIN (seit 1663) und die durch ihn repräsentierte Kultur- und Subventionspolitik gewann er Ansehen in liberalen und oppositionellen Kreisen; vor den »Libertins«, die das Lokal »A la Croix-blanche« frequentierten, las er seine Satiren. Er befreundete sich mit dem Skeptiker LA MOTHE LE VAYER, lernte LA FONTAINE und MOLIÈRE kennen und schloß Freundschaft mit dem jungen RACINE.

Anläßlich eines anonymen Druckes sah er sich 1666 gezwungen, seine bisher nur privat zirkulierenden Satiren (1–7 sowie den 1664 entstandenen *Discours au roi*) zu veröffentlichen, nachdem er ihnen die schärfsten persönlichen Spitzen genommen hatte. Dennoch trugen ihm seine Angriffe die erbitterte Feindschaft der Chapelain, COTIN, QUINAULT, PERRIN u. a. ein: Kritik am Erzbischof von Paris, an den Institutionen des Parlaments, der Justiz und der Universität konnten 1666 noch ein beträchtliches Risiko für die persönliche Sicherheit eines Autors bedeuten. Noch im gleichen Jahr erwiderte ihm Perrin mit dem Pamphlet der *Bastonnade*, es erschienen anonym der *Discours au cynique Despréaux* (vermutl. von Cotin) und die *Satire des satires* (vermutl. von BOURSAULT). 1668 publizierte er die Satiren 8 und 9, um erst zwanzig Jahre später, in der Zeit seiner Parteinahme in der »Querelle des anciens et des modernes« und seiner Auseinandersetzung mit der jesuitischen Kasuistik, diese Dichtungsart wiederaufzunehmen. 1694 erschien Sat. 10, 1701 Sat. 11. Zwischen 1703 und 1706 entstand die 12. Satire, die als eine Art Testament Boileaus religiöse Überzeugung in Anlehnung an AUGUSTINUS und PASCAL zum Ausdruck bringen sollte. Doch der Beichtvater des Königs, Le TELLIER, wußte ihre vom Autor immer wieder erhoffte Publikation mit Erfolg zu verhindern. Sie konnte aus diesem Grund erst in der postumen Ausgabe von 1716 erscheinen.

Schon in den ersten Stücken zeichnen sich die wichtigsten literarischen Qualitäten Boileaus ab: eine realistische, pittoreske Darstellungskraft, sarkastische Beobachtung der zeitgenössischen Verschrobenheiten und Schwächen, Wahrheitsliebe und Humor. In Sat. 1, *Contre les mœurs de la ville de Paris (Gegen die Sitten der Stadt Paris)*, deren Thema bei JUVENAL und Régnier vorgeprägt ist, richtet der Dichter Damon eine bittere Abschiedsrede an die Stadt, in deren korrupter Atmosphäre er nicht länger zu leben gewillt ist. Sat. 6 dagegen, *L'embarras de Paris (Durcheinander in Paris)*, läßt ganz ohne politische Hintergründigkeit aus grotesken Übertreibungen das Bild einer Stadt entstehen, die von früh bis spät von Höllenlärm erfüllt ist, in der Kutschen zusammenstoßen, Straßen verstopft sind und Feuer und Raubüberfälle das Leben der Bewohner bedrohen. In Sat. 3, *Le repas ridicule (Die lächerliche Mahlzeit)*, beschreibt er, wie vor ihm HORAZ und Régnier, mit drastischem Realismus eine geschmacklose, verunglückte Einladung, er spottet aber auch über den Snobismus jenes Gastes, den die Stilwidrigkeiten während des Mahles in tiefster Seele gekränkt haben.

Neben der Kritik an der bürgerlichen Lebensweise wendet sich Boileau früh der Typensatire zu, wobei man auf eine Übereinstimmung mit Molière schließen darf. Im Gegensatz zum vorherrschenden Rationalismus entfaltet er in der 1664 entstandenen Sat. 4 das Thema der menschlichen Dummheit, die sich im Geizigen, im Verschwender, im Spieler, im Pedanten und im Frömmler manifestiert. Boileau entwickelt diese Gedanken weiter in Sat. 8, einer strengen Anklage beinahe ohne ironische Tönung. Er verurteilt die Habgier des Menschen und seinen Ehrgeiz, der die Rasereien und kriegerischen Zerstörungen eines Alexander hervorgerufen hat; er verhöhnt sein nur oberflächlich zivilisiertes Wesen, denn, *»der Mensch ist nur ein Tier«*. Sat. 5, wiederum stark von Juvenal beeinflußt, erkennt in Tüchtigkeit und Anstand des Herzens den wahren Adel, während die verstaubten Pergamente, Siegel und Wappen einer degenerierten Klasse nur den Spott des Autors finden.

Größte Originalität und sprachlichen Witz entfaltet Boileau in der literarischen Satire, deren Gattung er in Frankreich mit seinen Angriffen auf zeitgenössische Autoren im wesentlichen erst geschaffen hat. In Sat. 2, die Molière gewidmet ist, verspottet er bequeme Verseschmiede und Schnellschreiber wie PELLETIER und SCUDÉRY. Auch in Sat. 3 findet er Gelegenheit zu literarischen Attakken. Denn hier verteidigen ausgesprochene Dummköpfe zweitrangige Autoren wie Quinault und Chapelain gegen den Dichter des *Alexandre*, gegen Racine. In Sat. 7, die mit *»Muse, changeons de style...«* einsetzt (sie ist als 4. Satire entstanden), verteidigt Boileau die satirische Gattung; er verhöhnt die Lobredner des Königs, die auf diese Weise auf Chapelains Gratifikationsliste gelangen wollen. Mit den Argumenten seiner Gegner setzt er sich in Sat. 9 auseinander. Der Geist des Satirikers erscheint hier als Angeklagter, doch dieser weiß die literarische Kritik von der üblen Nachrede zu trennen; er verteidigt die Genialität seines wahren Kunstwerks gegen kleinliche Zensoren; *»En vain contre le Cid un ministre se ligue / Tout Paris pour Chimène a les yeux de Rodrigue« (»Vergebens beginnt ein Minister eine Verschwörung gegen den Cid, ganz Paris hat für Chimène die Augen Rodrigos«)*. Abschließend erfolgt eine Apologie der satirischen Gattung, die, an Neuheiten reich, das Scherzhafte mit dem Nützlichen vereint.

In den späten Satiren kommt noch einmal der Moralist und schließlich der Anhänger der Jansenisten zu Wort. Sat. 10 (nach Juvenal) kritisiert die Laster der Frauen. Einem jungen, heiratswilligen Mann hält der Dichter die abscheulichen Porträts der Ehrlosen, der Koketten, der Geizigen, der Streitsüchtigen, der »gelehrten Frau«, der Bigotten und der Gottlosen entgegen. In Sat. 11 wird die falsche, von der Welt gesuchte Ehre der wahren Ehre, die sich nur aus einem gerechten Verhalten ergibt, gegenübergestellt. Boileaus letztes Werk, Sat. 12, ist eine kraftvolle Diatribe gegen die *Zweideutigkeit (L'équivoque)*, die nicht nur den Dichter zu preziösem, unnatürlichem Sprechen verlockt, sondern auch vom Sündenfall an über Sintflut, Götzenverehrung und Tötung Christi bis hin zu den Häresien und Religionskriegen der neueren Zeit alles Übel in der Welt verschuldet hat. Boileaus christliche Geschichtsbetrachtung endet, in starker Anlehnung an Pascals *Provinciales*, mit einem Angriff auf die Kasuisten, die seiner Meinung nach die christliche Moral und die wahre Gottesliebe unterhöhlen. Boileaus besondere Begabung war es, seine kritischen Beobachtungen immer wieder in einprägsame, treffende Formeln zu kleiden. Es muß seine Bedeutung nicht herabsetzen, wenn festgestellt wird, daß seine Alexandriner, die er an klassischen Vorbildern schulte, trotz exakter Durchformung und unermüdlicher Verbesserung nicht die Qualität der Verse eines Molière oder Racine erreichen. J.Ze.

Ausgaben: Paris 1666 *(Satires I–VII)*. – Paris 1668 *(Satires I–IX)*. – Paris 1694 *(Dialogue ou Satire X)*. – Paris 1701 *(Satire XI in Œuvres diverses)*. – Paris 1716 (*Satire XII*, in *Œuvres complètes*, 2 Bde.). – Paris 1932, Hg. A. Cahen [krit.]. – Paris 1950 *(Satires et épîtres)*. – Paris 1966 (in *Œuvres complètes*, Hg. u. Anm. F. Escal, Einl. A. Adam; Pléiade). – Paris 1969 (in *Œuvres, 1*, Hg. S. Menant; GF). – Paris 1985.

Literatur: E. Talbert, *B. et la satire contre les femmes* (in Lettres Chrétiennes, 4, 1881, S. 353–370). – G. Russo-Hugony, *Sulla poesia satirica di B., saggio critico*, Palermo 1884. –K. Draeger, *»Le triomphe de Pradon«. Eine Kritik des »Discours au roi« und der drei ersten Satiren B.-D.'*, Diss. Greifswald 1886. – A. Millet, *Choses en passant. Variation sur les douze satires de B.-D.*, Lyon 1886. – E. Delaplace, *Les satires de B., avec un commentaire manuscrit de Le Verrier et des notes autographes de D.*, Paris 1894. – J.-B. Béchet, *Examen de la VIIIe satire de B. sous le rapport du style*, Paris 1901. – D. Englander, *La Xe satire de B. comparée à la VIe de Juvénal*, Bln. 1904. – É. Faguet, *Discours sur l'honneur (XII)* (in É. F., *En lisant les beaux vieux livres*, Paris 1912). – M. Des Ombiaux, *L'esthétique de la table ou La IIIe satire de B.* (in Vie Intellectuelle, 1. 1. u. 1. 2., 1924). – F. Vandérem, *Une énigme concernant l'édition des satires de B.* (in Bulletin Bibliophile, 1928, S. 451–453). – Ch. Bruneau, *Explication de B. Satire I*, Paris 1941. – E. B. O. Borgerhoff, *B. Satirist animi gratia* (in RomR, 43, 1952, S. 241–255). – S. W. Tiefenbrun, *B. and His Friendly Enemy* (in MLN, 91, 1976, S. 672–697). – U. Schulz-Buschhaus, *B.s ›Reaps ridicule‹* (in RJb, 32, 1981, S. 69–91). – B. Bray, *Le classicisme de B.* (in DSS, 36, 1984, S. 197–218).

Jacques-Bénigne Bossuet

* 27.9.1627 Dijon
† 12.4.1704 Meaux

Literatur zum Autor:
C. Lanson, *B.*, Paris 1891. – F. Brunetière, *B.*, Paris 1913. – G. Grente, *B.*, Paris 1924. – V. Giraud, *B.*, Paris 1930. – G. Truc, *B. et le classicisme religieux*, Paris 1934. – J. Calvet, *B.*, Paris 1941; ern. 1968. – A.-G. Martimort, *Le gallicanisme de B.*, Paris 1953. – J. Truchet, *La prédication de B.*, Paris 1960. – Ders., *B. panégyriste*, Paris 1962. – E. E. Reynolds, *B.*, Garden City/N.Y. 1963. – T. Goyet, *L'humanisme de B.*, 2 Bde., Paris 1965. – J. Truchet, *Politique de B.*, Paris 1966. – J. le Brun, *B.*, Paris 1970. – Ders., *Les opuscules spirituels de B.*, Nancy 1970. – Ders., *La spiritualité de B.*, Paris 1972. – A. Grazini, *B.*, Urbino 1978. – R.-J. Hesbert, *Saint-Augustin, maître de B.*, Paris 1980. – *Journées B. La prédication au 17e siècle*, Hg. T. Goyet u. J.-P. Collinet, Paris 1980.

DISCOURS SUR L'HISTOIRE UNIVERSELLE À MONSEIGNEUR LE DAUPHIN POUR EXPLIQUER LA SUITE DE LA RELIGION ET LES CHANGEMENTS DES EMPIRES

(frz.; *Abhandlung über die Weltgeschichte für den Dauphin, um die Entwicklung der Religion und die Wandlungen der Reiche zu erklären*). Historisch-philosophische Lehrschrift von Jacques-Bénigne Bossuet, verfaßt während seiner Amtszeit (1670 bis 1681) als Prinzenerzieher am Hofe Ludwigs XIV., erschienen 1681. – Bossuet, der sich der verantwortungsvollen Aufgabe der Erziehung eines zukünftigen Königs (des Prinzen Louis) mit großem Ernst und einer ausgeklügelten pädagogischen Methode (wenn auch mit wenig Humor und nicht immer glücklicher Hand) widmete, hatte für die Stoffsammlung zu diesem historischen Werk viele namhafte europäische Gelehrte herangezogen. Der Auswahl, die er aus diesem umfangreichen Material zusammenstellte, gab sein charakteristischer Stil ein einheitliches Gesicht. – Die Schrift ist in drei Teile gegliedert: *Les époques, Suite de la religion, Les empires*. Der erste Teil bringt einen Abriß der Weltgeschichte, die in sieben nach Adam, Noah, Abraham, Moses, Troja, Salomo und Christus benannte Zeitalter eingeteilt wird – eine Periodisierung, die für die christliche Perspektive des Autors bezeichnend ist; chronologisch endet die Darstellung mit dem frühen Mittelalter. Die dreißig Kapitel des zweiten Teiles enthalten den Versuch, die Geschichte des Christentums als die Geschichte der Offenbarung des einen Gottes zu beschreiben, als ein fortlaufendes Geschehen, das mit dem auserwählten Volk beginnt und dann auf alle anderen Völker übergreift. Bossuets Kommentar zur weltweiten Bedeutung des Evangelismus endet – hier bricht die theologische Grundhaltung des Autors immer deutlicher durch – mit allgemeiner historisch-philosophischer Polemik. Die acht Kapitel des dritten Teils untersuchen Aufstieg und Fall großer Reiche am Beispiel der Ägypter, Perser, Meder, Griechen und Römer.

Bei einer Bewertung des *Discours* muß Bossuets Ziel im Auge behalten werden: Die Menschheitsgeschichte sollte einem mit nur bescheidenen Geistesgaben und Herrschertugenden ausgestatteten Dauphin moralische, politische und religiöse Lehren erteilen. Großartige Beispiele werden herangezogen, um zu zeigen, daß nur männliche Tugenden wie Treue, Mut, Mäßigung, Ausdauer und Bescheidenheit großen Herrschern zum Aufstieg verhelfen. Unter diesen Tugenden spielt die Frömmigkeit eine hervorragende Rolle: sie liefert unübertreffliche Argumente, wenn es darum geht, sittliche Forderungen den Untertanen gegenüber zu begründen, sie zu gerechten Kriegen aufzurufen und Gerechtigkeit und Liebe zu den Grundpfeilern der staatlichen Ordnung zu erklären. Schließlich bemüht sich der Autor, im oft planlos scheinenden Weltgeschehen die ewige Herrschaft der göttlichen Vorsehung sichtbar zu machen und Ehrfurcht zu fordern für das im Gegensatz zur Vergänglichkeit irdischer Reiche unantastbare und ewige geistige Reich, das die christliche Kirche vertritt.

Die – aus Bossuets Herkunft, Aufgabe und Zeit zu verstehende – teleologische Geschichtsbetrachtung läßt einer historischen und chronologischen Genauigkeit von vornherein nur untergeordnete Bedeutung zukommen. Doch sind die nachweislichen Irrtümer des Autors wohl ausnahmslos dem unvollständigen Wissen seiner Zeit zuzuschreiben, an dem gemessen seine Kenntnisse erstaunlich waren. Der Rückgriff auf Originalquellen und deren kritische Prüfung ist für das 17. Jh. durchaus nicht selbstverständlich, und die Erkenntnis der Bedeutung wirtschaftlicher und soziologischer Faktoren für die Entwicklung der Völker läßt ihn geradezu prophetische Schlüsse ziehen. Dennoch ist es vor allem der Geist der *Heiligen Schrift*, der das Werk durchdringt.

Von Interesse für die Literaturgeschichte ist der *Discours* als das Werk eines Autors, der als einer der Meister klassischer französischer Rhetorik gilt. Es zeigt Bossuet als Stilisten, der sich logisch und klar auszudrücken weiß, ohne die Schwerfälligkeit sich häufender Konjunktionen zu scheuen. Charakteristisch für seine Sprache sind die vorbildliche Präzision des Vokabulars, die konkret-lapidaren Formulierungen und die zahlreichen Latinismen. Der fast poetische Tenor des Werks beruht freilich weniger auf der Klangfülle oder Bildhaftigkeit der Sprache als vielmehr auf der Leidenschaftlichkeit, mit der Bossuet die Rolle der *providence*, der Vorsehung, die das Schicksal der Menschheit lenkt, darstellt.

Die beiden ersten Editionen folgten 1681 rasch aufeinander, eine dritte, im Jahre 1700, brachte wesentliche Erweiterungen. Die endgültige Ausgabe von 1704 versah der Autor kurz vor seinem Tode mit ausführlichen Anmerkungen. Der große Erfolg, der dem *Discours* vorübergehend in ganz Europa beschieden war, ließ im selben Maße nach, wie die Tendenz des Jahrhunderts den Nachfahren fremd wurde. Zwar regte das Werk MONTESQUIEUS *Considérations sur les causes de la grandeur des Romains et de leur décadence* (1734) und VOLTAIRES *Essai sur les mœurs* (1756) an, und wegen der zweifellos soliden Kenntnisse seines Autors war es nie Gegenstand eines offenen Angriffs: dennoch wirkt das mannigfache Lob, das ihm spätere Jahrhunderte zollten – etwa Voltaire (*Le siècle de Louis XIV*, 1751), D'ALEMBERT (*Éloge de Bossuet*, 1779), SAINTE-BEUVE (*Causeries du lundi*, 10. Teil, 1854) und RENAN (*Histoire des origines du christianisme*, 1879) –, recht zurückhaltend. Nur vom Ruhm des Kanzelredners Bossuet fällt hin und wieder ein wenig Glanz auf den vergessenen Historiker. I.P.

AUSGABEN: Paris 1681. – Luxemburg 1704 (*Continuation de l'histoire universelle de messire J.-B. B. depuis l'an 800 jusqu'à l'an 1700*, Hg. J. de La Barre). – Paris 1707/08 [beide Teile]. – Paris 1772–1778 (in *Œuvres*, Hg. A. C. Lequeux, Dom Deforis u. Dom Coniac, 19 Bde.). – Paris 1877 (in *Œuvres complètes*, Hg. E. N. Guillaume, Bar-le-Duc u. C. Laguerre, 11 Bde.). – Paris 1961 (in *Œuvres*, Hg. A. Vilat u. Y. Champailler; Pléiade). – Paris 1966 (GF). – Paris 1967, Hg. J. Truchet (Class. Garn).

ÜBERSETZUNGEN: *Einleitung in die allgemeine Geschichte der Welt bis auf Kaiser Carl den Großen*, J. A. Cramer, Lpzg. 1784–1786 [unvollst.]. – *Die Universal-Geschichte vom Anfang der Welt bis auf das Kaiserreich Karls des Großen*, L. A. Mayer, Würzburg 1826 [unvollst.]. – *Weltgeschichte für den Dauphin*, A. Brücher (in Der Querschnitt, 8, 1928, 6, S. 386–388; unvollst.).

LITERATUR: H. V. M. Druon, *B. et l'éducation du Grand Dauphin* (in H. V. M. D., *Histoire de l'éducation des princes dans la maison des Bourbons de France*, Paris 1897, S. 235–354). – G. Hardy, *Le »De civitate Dei«, source principale du »Discours sur l'histoire universelle«*, Paris 1913. – C. de Courten, *B. e il suo »Discours sur l'histoire universelle«*, Mailand 1927. – P.-J. Barry, *B.'s »Discourse on Universal History«* (in Catholic Historical Review, 20, 1934, S. 260 bis 280). – P. Mesnard, *L'esprit cartésien est-il compatible avec le sens de l'histoire?* (in Congrès des Sociétés de Philosophie de Langue Française. Actes, Paris 1952, S. 273–280). – T. Goyet, *Autour du »Discours sur l'histoire universelle«. Études critiques*, Paris 1956. – Ders., *Du nouveau dans l'histoire du »Discours sur l'histoire universelle«* (in TLL, 13, 1975, S. 371–384).

RECUEIL D'ORAISONS FUNÈBRES

(frz.; *Sammlung von Trauerreden*). Grabreden von Jacques-Bénigne BOSSUET. Von den elf öffentlich gehaltenen Kanzelreden sind die ersten fünf nur fragmentarisch überliefert. Die sechs übrigen, die Bossuets Ruhm ausmachen, wurden noch zu seinen Lebzeiten zunächst einzeln, dann 1689 gesammelt veröffentlicht. – Es waren ausnahmslos hochgestellte Persönlichkeiten – Henriette-Marie de France, Gemahlin Karls I. von England, ihre Tochter, die schöne und geistvolle Henriette-Anne, Duchesse d'Orléans, vermählt mit Monsieur, dem Bruder des Königs, Marie-Thérèse d'Autriche, Königin von Frankreich, Anne de Gonzague de Clèves, die lebenslustige pfälzische Prinzessin, die nach einem Traum dem weltlichen Leben abschwor, Michel Le Tellier, Kanzler von Frankreich, und schließlich der berühmte Feldherr Louis de Bourbon, Prinz von Condé –, denen der Bischof von Meaux, der wortmächtigste Prediger Frankreichs, die Abschiedsrede hielt. Geprägt von der lauteren Geisteshaltung seines Lehrers, des 1737 kanonisierten Saint VINCENT DE PAUL, trachtete er danach, jeden artifiziellen rhetorischen Prunk zu vermeiden und so einfach und überzeugend wie die *Bibel* zu sprechen. Das geschah jedoch stets ohne Anflug von Volkstümlichkeit. Der von seinen Zuhörern, dem Hofstaat Ludwigs XIV., diktierte Kunstgeschmack forderte eine dem Gegenstand angemessene Überhöhung der Sprache, verbot jeden Anklang an die Sphäre banaler Alltäglichkeit. Doch das Gemessen-Feierliche, das dem Anlaß wie der Selbsteinschätzung einer gesellschaftlichen Elite entsprach und weltliches und geistliches Zeremoniell gleichermaßen prägte, wurde, sobald Bossuet die Kanzel betrat, zum düsteren Hintergrund der wohltönenden Klage über die Hinfälligkeit und Gebrechlichkeit alles Irdischen.

Die mit sechsundzwanzig Jahren – vermutlich an Gift – gestorbene Henriette-Anne d'Angleterre, die zuvor erfolgreich eine Allianz zwischen Ludwig XIV. und ihrem Bruder Karl II. von England abgeschlossen hatte, die Gönnerin MOLIÈRES und RACINES, wird im Zugriff des Todes ein *je ne sais quoi*, ein unbestimmtes Etwas, *»das in keiner Sprache mehr einen Namen hat«*. Die Vanitas des Predigers Salomo, die Mahnung, daß das Leben ein Traum, irdischer Glanz nur Schein sei, enthüllt im Angesicht des Todes, der so das Verhältnis zwischen Jetztzeit und Endzeit, zwischen Menschenwille und unbegreiflich erscheinendem Zufall ins rechte Maß rückt, die Wahrheit, an der Bossuet nie gezweifelt hat, *»daß wenn wir Abstand nehmen und aus größerer Entfernung auf die Geschichte sehen ..., d. h. mit den Augen des Glaubens, sich eine verborgene Gerechtigkeit offenbart«* (K. Löwith). Wie tief durchdrungen Bossuet auch von der Inkongruenz von *civitas Dei* und *civitas terrena* war, die Weltflucht im Sinne des Jansenismus, den er bekämpfte, war für ihn keine theologische Lösung. Die verborgene Gerechtigkeit legitimierte auch die unvollkommene irdische Ordnung, sprich den absolutistischen Herrschaftsapparat. Mochte Bossuet den Repräsentanten des französischen Staates in den Trauerreden eindringlich und in voller Überzeugung die *instabilitas* ihrer Rangordnung vor Augen führen – unübertroffen in der »Peroraison« auf Louis de Bourbon, die die Großen der Welt zum Katafalk des Verstorbenen ruft –, er blieb doch einer der kämpferischsten Verfechter der kirchlichen und staatlichen Autorität. So sehr fühlte er sich im Einklang mit dem Bestehenden, daß er wie sein Lehrer AUGUSTIN allen häretischen Strömungen den Kampf ansagte, wobei ihm die kritische Infragestellung oder gewaltsame Veränderung der »gottgewollten« staatlichen Ordnung kein geringeres Übel schien. In der Trauerrede auf Henriette-Marie, Königin von England, die nach der Enthauptung ihres Gemahls nach Frankreich zurückkehrte, geißelt er den Geist der Revolte, der – in seiner Sicht – Hand in Hand geht mit intellektueller Neugier. Das bereits sich ankündigende Menschenbild der Aufklärer, die den Fortschritt an die Stelle der Vorsehung setzen sollten, die persönliche Meinung an die Stelle gläubigen Gehorsams, war ihm zutiefst suspekt. Dafür haben es ihm die Aufklärer verübelt, daß er in der Rede auf Michel Le Tellier dessen maßgebliche Rolle bei der Aufhebung des Edikts von Nantes – ganz im Sinne seiner theologischen Überzeugung – positiv bewertet. So entschieden Bossuet den Eigenwert der menschlichen Individualität verneinte, so groß war doch andererseits die gefühlsmäßige mitmenschliche Anteilnahme, die er den Verstorbenen entgegenbrachte. Von Fehlern und Vergehen spricht er nur mit größtem Takt; daß er es überhaupt tut, unterscheidet ihn von den zeitgenössischen Kanzelrednern, die sich zumeist mit phrasenhaftem Lob begnügten. Bossuet hat nicht nur der Trauerrede neue Maßstäbe gesetzt – indem er das Einzelschicksal als beispielhaftes sehen lehrte –, er hat, und darüber besteht Einigkeit bei allen – bis hin zu VALÉRY –, denen der klassische Stil als exemplarisch gilt, mit den *Oraisons funèbres* Werke von Modellcharakter geschaffen. Sie folgen einem wohldurchdachten Kompositionsprinzip: An den Text der

Schrift schließt sich der »Exorde« an; die »Peroraison« beendet den Hauptteil der Predigt, die sich entweder als Häufung überzeugenden Materials oder in der Form der Antithese in zwei oder drei Unterabteilungen gliedert. Indem sie barocken Überschwang und preziöse Eleganz gleichermaßen vermeiden, erfüllen die *Oraisons* das Gesetz logischer Klarheit, das für das 17. Jh. zugleich ein *»intellektueller, ein ethischer und ein ästhetischer Wert war«* (Wandruszka). Dem normativen Gesetz des Maßes, das die poetische Ausdruckskraft erst entbindet, entspricht der weltmännische Lebensstil. So mögen wir uns Bossuet vorstellen als einen Mann, der *»Sinn hat für die Natur, für die Bequemlichkeit der Gärten von Germiny ... für die Annehmlichkeit einer Allee, in der man sein Brevier lesen und darüber nachsinnen kann«*, kurz als einen Mann, *»der vorzüglich im Gleichgewicht«* war (P. Hazard).

KLL

Ausgaben: Paris 1680 *(Oraison funèbre d'Henriette de France et d'Henriette d'Angleterre)*. – Paris 1687 *(Oraison funèbre de Louis de Bourbon, prince de Condé)*. – Paris 1689 *(Recueil d'oraisons funèbres)*. – Paris 1961, Hg. u. Anm. J. Truchet (Class. Garn). – Paris 1961 (in *Œuvres*, Hg. u. Anm. B. Velat u. Y. Champailler; Pléiade). – Paris 1966, Hg. R. Laurent. – Paris 1967, Hg. Ph. Sellier.

Übersetzungen: *Trauerreden*, anon., Wien 1763. – Dass., H. E. v. Teubern, Züllich 1764. – *Ausgewählte Predigten und Trauerreden*, H. Seyfarth, Lpzg. 1893.

Literatur: F. Strowski, *Comment B. composait une oraison funèbre* (in Revue Bossuet, 3, 1902, S. 30–48). – J. Vianey, *L'éloquence de B. dans sa prédication à la cour* (in Revue des Cours et Conférences, 30. 4. 1929, S. 166–182). – Ch. Bruneau, *»Oraison funèbre d'Anne de Gonzague«*, Paris 1952/53. – K. Löwith, *Weltgeschichte u. Heilsgeschehen. Die theologischen Voraussetzungen der Geschichtsphilosophie*, Stg. ²1953, S. 129–135. – J. Truchet, *B., panégyriste*, Paris 1962. – Ch. Schlötke-Schröer, *Zur Entwicklung des Pathos in der Kanzelberedsamkeit B.s* (in ZfrzSp, 69, 1959, S. 22–45). – M. Wandruszka, *Der Geist der französischen Sprache*, Hbg. 1959 (rde). – P. Hazard, *La crise de la conscience européenne, 1680–1715*, Paris 1961 [zuerst 1935]. – K. G. Carsen, *L'art du portrait dans les »Oraisons funèbres«* (in RomR, 7, 1972, S. 17–25). – R. Jasinski, *L'»Oraison funèbre« d'Henriette de France* (in R. J., *À travers le 17e siècle*, Bd. 1, Paris 1981, S. 285–304). – M. J. Gragg, *Les »Oraisons funèbres« de B. et la rhétorique*, Diss. Chicago 1981 (vgl. Diss. Abstracts, 42, 1981/82, 1173/1174A). – J. Dubu, *La culture féminine selon les »Oraisons funèbres« de B.* (in QFLR, 3, 1981, S. 173–188).

SERMONS

(frz.; *Predigten*). Kanzelreden von Jacques-Bénigne Bossuet, in der Mehrzahl entstanden zwischen 1649 und 1690, erschienen 1772–1790. – Bossuet, dessen sprachgewaltige *Sermons* einen Höhepunkt der Kanzelrede in Frankreich darstellen, hat über 450 Predigten gehalten. Von ihnen sind rund 250 erhalten, ein Drittel allerdings nur in Form stichwortartiger Exposés. Bossuets Predigten sind für die Praxis verfaßt. Mit Ausnahme des *Sur l'unité de l'Église*, 1681 *(Über die Einheit der Kirche)*, hat er sie nicht publiziert; sie mußten erst aus den Entwürfen rekonstruiert werden, die er mit größter Sorgfalt und bis in die Feinheiten der Diktion hinein ausgearbeitet hatte, obzwar er sie dann in freier Rede vortrug. Erst in den Jahren seines Episkopats in Meaux läßt er es bei mehr summarischen Gedächtnisstützen bewenden.

Die überwiegende Zahl der *Sermons* behandelt dogmatische oder paränetische Fragen; Themen wie *Sur la parole de Dieu*, 1661 *(Über das Wort Gottes)*, *Sur la divinité de la religion*, 1665 *(Über die Göttlichkeit der Religion)*, oder die beiden *Sermons Sur la providence*, 1656 und 1662 *(Über die Vorsehung)*, machen das deutlich. Daneben steht die Gruppe der *Panégyriques*, Festpredigten zu Ehren der Apostel Paulus und Jakobus, des hl. Bernhard oder der hl. Katharina, sowie seit 1656 die Gruppe der elf großen *Trauerreden* (vgl. *Recueil d'oraisons funèbres*). Aber auch hier überwiegt ein sachbezogenes Konzept. Das Leben eines exponierten Menschen konkretisiert die Unterweisung. Das Thema selbst wird nach einem präludierenden *exorde* unter verschiedenen (meist zwei oder drei) Aspekten abgehandelt. Der Übersichtlichkeit der Gesamtstruktur entspricht im einzelnen die logische Folgerichtigkeit der Gedankenführung.

Die Entstehungszeit der *Sermons* fällt vorwiegend in drei Perioden: in die Zeit des Erzdiakonats in Metz (1653–1659), in die frühen Pariser Jahre (1659–1669) und schließlich in die achtziger Jahre, als Bossuet Bischof in Meaux war. Die Anpassung an das jeweilige Publikum bzw. an die besondere Situation bewirkt die Verschiedenheit der *Sermons* in den zeitlichen Phasen: Metz mit seinen starken protestantischen und jüdischen Gemeinden war ein Brennpunkt der Kontroverstheologie. Die gedankliche Abgrenzung der Glaubensinhalte, Vorwegnahme von Einwänden und dogmatische Absicherung standen hier eindeutig im Vordergrund. Es mag hinzukommen, daß bei dem jungen Kleriker, der eben erst seine Seminarausbildung abgeschlossen hatte, das Interesse an diffizilen theologischen Problemen und rein theoretischen Distinktionen noch vorherrschend war. In dieselbe Richtung weist die ostentative Verwendung zahlreicher Klassikerzitate, die erst ganz allmählich zurücktreten bzw. von solchen der Kirchenväter verdrängt werden. Auf das Konto des vorklassischen Zeitgeschmacks geht ein kruder Realismus, der auch vor sprachlichen Gewaltsamkeiten nicht zurückscheut. Unter dem Einfluß des Saint Vincent de Paul

(1580–1660) findet Bossuet dann zu jener großartigen Einfachheit, Klarheit und Überzeugungskraft, die seine besten *Sermons* auszeichnen.
In Paris erwartet ihn eine grundlegend andere Atmosphäre: vorwiegend aristokratische Pfarrgemeinden, die Hofgesellschaft, ein kritisches, in Stilfragen kompetentes Publikum. Bossuet hält hier, zumal in Saint-Germain und im Louvre, seine großen Advents- und Fastenpredigten, gelegentlich vor dem König; seine *Sermons* haben beispiellosen Erfolg. Dabei ist Bossuet nur im Bereich des Formalen zu Konzessionen bereit, in der Sache hingegen unerschrocken und unbequem, stets seiner Devise folgend: *»C'est une entreprise hardie que d'aller dire aux hommes qu'il sont peu de chose« (»Ein kühnes Unterfangen, den Menschen zu sagen, daß sie gering sind«)*. Den Hochadel belehrt er – bei aller Diskretion unmißverständlich – *Sur l'honneur du monde*, 1660 *(Über die Ehre der Welt)*, oder *Sur l'ambition*, 1662 *(Über den Ehrgeiz)*, die Reichen und Mächtigen *Sur l'éminente dignité des pauvres dans l'église*, 1659 *(Über die hervorragende Würde der Armen in der Kirche)*, oder *Sur l'impénitence finale*, 1662 *(Über die bis in den Tod dauernde Unbußfertigkeit)*, Ludwig XIV. schließlich *Sur les devoirs des rois*, 1662 *(Über die Pflichten der Könige)*. Was die Predigten dieser Phase, zumal auch die großen *Trauerreden*, auszeichnet, ist die klare und lichtvolle Argumentation, eine sprachgewaltige Leidenschaftlichkeit und nicht zuletzt eine lyrische Imagination, die biblische Visionen von suggestiver Eindringlichkeit zu evozieren vermag. In den folgenden Jahren in Meaux predigt er vor den einfachen Leuten seiner Diözese in schlichter Güte und Einfachheit. – Bossuets Kanzelreden stellen einen Höhepunkt der geistlichen Eloquenz in Frankreich dar. Daß seine *Predigten* an der Ausbildung der klassischen Diktion einen bedeutenden Anteil hatten, ist unbestritten. K.Rei.

AUSGABEN: Paris 1772–1790 (in *Œuvres complètes*; Ed. des Bénédictins). – Paris 1862–1866 (in *Œuvres complètes*, Hg. F. Lachat, 31 Bde.). – Lille/Paris 1890–1896 (*Œuvres oratoires*, Hg. J. Lebarq, 7 Bde.; ern. Paris 1914–1926, Hg. C. Urbain u. E. Levesque). – Paris 1961 (in *Œuvres*, Hg. B. Velat u. Y. Champailler; Pléiade). – Nancy 1965 *(Trois sermons du Carême des Minimes. Sur les démons, sur la soumission due à la parole de Jésus-Christ, pour le Vendredi saint)*. – Paris 1970 (GF).

ÜBERSETZUNGEN: *Ausgewählte Predigten u. Trauerreden*, H. Seyfarth, Lpzg. 1893. – *Fastenpredigten*, J. Drammer, 3 Bde., Salzburg 1905–1908.

LITERATUR: J. Lebarq, *Histoire critique de la prédication de B.*, Paris 1888. – A. Vianey, *L'éloquence de B. dans la prédication à la cour*, Paris 1929. – J. Prieur, *Un aspect de B. La traduction des textes latins de l'Écriture ou des Pères* (in Le Français Moderne, 25, 1957, S. 25–41). – J. Doucet, *B. à Metz ou Les années d'apprentissage (1652–1658)* (in Études Classiques, 26, 1958, S. 342–360). – Ch. Schlötke-Schröer, *Zur Entwicklung des Pathos in der Kanzelberedsamkeit B.s* (in ZfrzSp, 69, 1959, S. 22–45). – J. Truchet, *B., panégyriste*, Paris 1962. – Ders., *B. et l'éloquence religieuse au temps du Carême de Minimes* (in DSS, 50, 1961, S. 64–76). – Ders., *Tradition et invention dans l'éloquence de B.* (in J. T., *Six conférences*, Paris 1964, S. 35–42). – M. de Diéguez, *Apprentissage et mythologie de l'éloquence chez B.* (in M. de D., *Essai sur l'avenir poétique de Dieu*, Paris 1965, S. 19–63). – Th. Goyet, *B., Platon et Aristote. Notes de lecture transcrites et publiées*, Paris 1964. – J. Doucet, *Notes pour un cours sur B.* (in Études Classiques, 35, 1967, S. 363–374). – R. Jasinski, *Le »Sermon sur la mort«* (in R. J., *À travers le 17e siècle*, Bd. 1, Paris 1981, S. 247–284).

PIERRE CORNEILLE

* 6.6.1606 Rouen
† 1.10.1684 Paris

LITERATUR ZUM AUTOR:
Bibliographie:
E. Picot, *Bibliographie cornélienne*, Paris 1876; Nachdr. NY 1967 [ergänzt durch P. le Verdier u. E. Pelay, *Additions à la bibliographie cornélienne*, Rouen/Paris 1908; Nachdr. NY 1968.] – G. Couton, *État présent des études cornéliennes* (in Inf. litt., 8, 1956, S. 43–48). – A. Ritter, *Bibliographie zu P. C. von 1958–1983*, Erftstadt 1983.
Forschungsbericht:
H. Fogel, *The Criticism of Cornelian Tragedy. A Study of Critical Writings from the 17th to 20th Century*, NY 1967.
Gesamtdarstellungen und Studien:
F. Godefroy, *Lexique comparé de la langue de C. et de la langue du 17e siècle en général*, Paris 1862; Nachdr. NY 1971. – G. Lanson, *C.*, Paris 41913. – V. Klemperer, *P. C.*, Mchn. 1932. – L. Rivaille, *Les débuts de P. C.*, Paris 1936. – W. Krauss, *C. als politischer Dichter*, Marburg 1936. – R. Brasillach, *C.*, Paris 1941; ern. 1969. – O. Nadal, *Le sentiment de l'amour dans l'œuvre de P. C.*, Paris 1948. – B. Dort, *C. dramaturge*, Paris 1957; ern. 1971. – H. Poulaille, *C. sous le masque de Molière*, Paris 1957. – G. Couton, *C.*, Paris 1958. – S. Doubrovski, *C. et la dialectique du héros*, Paris 1963; ern. 1982. – R. J. Nelson, *C. His Heroes and His World*, Philadelphia 1963. – P. J. Yarrow, *C.*, Ldn. 1963. – M. Descotes, *Les grands rôles du théâtre de C.*, Paris 1963. – C. Muller, *Étude de statistique lexicale. Le vocabulaire du théâtre de P. C.*, Paris 1967; Nachdr. Genf 1979. – J. Maurens, *La tragédie sans tragique. Le néo-stoicisme dans l'œuvre de P. C.*, Paris 1967. – A. Stegmann, *L'héroisme cornélien*, Paris 1968. – P. Bürger, *Die frühen Komödien P. C.s und das franzö-*

sische Theater um 1630, Ffm. 1971. – G. Montgrédien, *Recueil des textes et des documents relatifs à C.*, Paris 1972. – C. Abraham, *P. C.*, NY 1972. – R. Liemke, *Doppelbödigkeit der Charaktere im Werk P. C.s*, Bern/Ffm. 1973. – G. Pocock, *C. and Racine. Problems of Tragic Form*, Ldn. 1973. – Europe, 1974, Nr. 540/541 [Sondernr. *P. C.*]. – T. G. Pavel, *La syntaxe narrative des tragédies de C.*, Paris/Ottawa 1976. – W. Mittag, *Individuum u. Staat im dramatischen Werk P. C.s*, Diss. Münster 1976. – K. Eder, *P. C. und J. Racine*, Mchn. 1976 (dtv). – M. O. Sweetser, *La dramaturgie de C.*, Paris 1977. – A. Goulet, *L'univers théâtral de C.*, Cambridge/Mass. 1978. – J. Marthan, *Le vieillard amoureux dans l'œuvre cornélienne*, Paris 1979. – H. Verhoeff, *Les comédies de C.*, Paris 1979. – C. B. Kerr, *L'amour, l'amitié et la fourberie. Une étude des premières comédies de C.*, Stanford 1980. – B. Brunotti, *Il tirocinio teatrale di P. C.*, Cassino 1980. – T. A. Litman, *Les comédies de C.*, Paris 1981. – L. Herland, *C.*, Paris 1981. – H. Verhoeff, *Les grandes tragédies de C.*, Paris 1982. – H. T. Barnwell, *The Tragic Drama of C. and Racine*, Oxford 1982. – M. J. Muratore, *The Evolution of the Cornelian Heroine*, Madrid 1982. – *C. comique. Nine Studies of P. C.'s Comedy with an Introduction and a Bibliography*, Hg. M. R. Margitić, Paris u. a. 1982. – R. Garapon, *Le premier C.*, Paris 1982. – G. Poirier, *C. et la vertu de prudence*, Genf 1984. – G. J. Mallinson, *The Comedies of C.*, Manchester 1984. – E. Máron, *Tendre et cruel C.*, Paris 1984. – G. Couton, *C. et la tragédie politique*, Paris 1984. – J. Scherer, *Le théâtre de C.*, Paris 1984. – *P. C. Actes du Colloque organisé par l'Université de Rouen*, Hg. A. Niderst, Paris 1985. – *Actes du Colloque C. à Tunis*, Hg. A. Baccar, Paris u. a. 1986. – M. Greenberg, *C., Classicism and the Ruses of Symmetry*, Cambridge 1986. – J.-C. Joye, *Amour, pouvoir et transcendance chez C. Dix essais*, Bern u. a. 1986. – M. Prigent, *Le héros et l'État dans la tragédie de C.*, Paris 1986. – A. D. Sellstrom, *C., Tasso, and Modern Poetics*, Columbus/Oh. 1986. – C. Venesoen, *C. apprenti féministe. De »Mélite« au »Cid«*, Paris 1986.

LE CID

(frz.; *Der Cid*). Tragikomödie in fünf Akten von Pierre CORNEILLE, Uraufführung: Paris, Dezember 1636, Théâtre du Marais. Die glanzvolle Aufführung wurde für Corneilles Karriere von entscheidender Bedeutung. – Zu einer Zeit, da der barocke spanische Stil allenthalben Mode war, ist es nicht verwunderlich, daß Corneille sich die Geschichte des seit dem 11. Jh. in unzähligen Legenden idealisierten, populärsten Heros der Spanier zum Thema wählte: des kastilischen Granden Rodrigo Diaz, der, teils auf spanischer, teils auf maurischer Seite kämpfend, den maurischen Beinamen »Cid« (Herr) bekam und dem die früheste spanische Dichtung, *Cantar de mio Cid*, gewidmet ist. Corneilles direktes Vorbild ist das tumultuarische, episodenreiche, drei Spieltage erfordernde Cid-Drama von Guillén de CASTRO (einem Schüler von Lope de VEGA): *Las mocedades del Cid*, 1618 *(Die Jugendjahre des Cid)*, das er durch Vereinfachung und Konzentration der Handlung und Streichung von Episoden und Randfiguren dem französischen Theaterstil anpaßte. Erhalten blieben die spanische Szenerie und der dynamische Charakter der Vorlage, die Corneilles Vorliebe für verwickelte Intrigen sehr entgegenkam. Die Handlung des *Cid* ist ereignisreich, ohne konfus zu wirken; dank weitgehender Berücksichtigung der mit MAIRETS *Sophonisbe* (1634) wieder in Gebrauch gekommenen Regel der Einheit des Orts und der Zeit erfährt die seit 1625 beliebte Gattung der Tragikomödie, die mittlerweile zum Roman auf der Bühne entartet war, hier eine formgebende Verwandlung. Corneille gelingt es, die bei Guillén de Castro ca. drei Jahre umfassenden Ereignisse auf die klassischen vierundzwanzig Stunden zu konzentrieren, indem er die dramatischen Auseinandersetzungen zu Konflikten einander entgegengesetzter Gefühle der Protagonisten verdichtet. Bei Corneille ist die Handlung selbst nur Kulisse, ihn interessiert ausschließlich das auf autonomer Entscheidung beruhende Handeln der Personen. Das äußere Geschehen ist nur mehr Auslöser der Reflexion über innere Konflikte.

Die Wahl des alten, ehrbaren Don Diègue zum Prinzenerzieher beschwört die Krise herauf. Sein Rivale, der arrogante Don Gomez, löst sie aus, als er sich hinreißen läßt, den stolzen Alten öffentlich zu ohrfeigen. Der unvermeidliche Kampf um die Ehre überträgt sich von den Vätern auf die Kinder, auf Don Diègues tapferen Sohn Rodrigue und Don Gomez' Tochter Chimène. Die beiden lieben sich, aber Rodrigue zögert nur kurz zwischen seiner Neigung und der heiligen Pflicht, den Vater zu rächen, und er wählt die einzig mögliche Lösung, die ihm zugleich seine Ehre und die Achtung der Geliebten bewahrt: Er tötet den Beleidiger seines Vaters. Seine Verzweiflung darüber, durch diese Tat die Geliebte zu verlieren, erhöht noch seinen Ruhm. Nun ist es an Chimène, die nicht weniger leidet, zu beweisen, daß sie ihres Helden würdig ist: Sie fordert vom zögernden König, daß er ein gerechtes Urteil über den Mörder ihres Vaters verhänge; und auch als Rodrigue nach einem Sieg über die plötzlich einfallenden Mauren zum Nationalhelden wird, besteht sie weiterhin darauf. Don Sanche soll in ihrem Auftrag ihre Familienehre verteidigen. Erst als Rodrigue ihn im Duell besiegt, aber großherzig schont, verzichtet sie, vom König selbst ermuntert, auf weitere Rache. Eine glückliche Zukunft steht dem Paar nun offen. – Den anderen Personen der Handlung fällt nur die Aufgabe zu, den beiden Hauptfiguren Gelegenheit zu schaffen, ihre vortrefflichen Tugenden zu enthüllen, die jene dann gebührend unterstreichen und feiern. Corneille hat den spanischen Helden im Geschmack des 17. Jh.s »modernisiert«. Sein Cid entspricht dem höfisch-heroischen Ideal, das die Zeitgenossen entzückte und das alle seine späteren Tragödien bestimmte. Die fast kultische Feier der

Kühnheit und Tugend edler Helden, die eine heroische, von barocken stilistischen Raffinessen geprägte Sprache sprechen und jeden Kampf bestehen, erklärt den triumphalen Erfolg der ersten Aufführungen, auf den die »Querelle du Cid« folgte, ein literarischer Streit, der, so ärgerlich er im einzelnen sein mochte, doch zum Ruhm von Autor und Werk wesentlich beitrug. Corneille selbst provozierte ihn durch eine Epistel von naiver Überheblichkeit (Februar 1637), auf die Mairet mit sechs Stanzen antwortete, die Corneille des Plagiats bezichtigen. SCUDÉRYS gelehrte Dissertation *Observation sur le Cid* erhob dann die gefährliche Anklage des Verstoßes gegen die Regeln. Sie tauchte, neben Lob und Tadel, auch in der endgültigen Stellungnahme der Akademie wieder auf und veranlaßte Corneille, fortan in den *Préfaces* und *Avis* zu seinen Stücken die klassischen Regeln des Dramas eingehend zu diskutieren. I.P.

AUSGABEN: Paris 1637. – Paris 1862 (in *Œuvres*, 12 Bde., 1862–1868, 3, Hg. C. Marty-Laveaux; krit.). – Paris 41925 [Komm. P. Crouzet]. – Paris 1946, Hg. M. Cauchié [krit.]. – Paris/Brüssel 1960, Hg. Y. Brunsvick u. P. Ginestier [m. einer Studie v. C. Dédéyan, *C. et »Le Cid«*; krit.; ern. Ldn. 1961]. – Paris 1960 (in *Théâtre complet. Texte sur l'édition de 1682*, Hg. M. Rat, 3 Bde., 1; krit.; Class. Garn). – Paris 1962 (in *Théâtre choisi*, Hg. ders.). – Paris 1980 (in *Théâtre* 2; GF). – Paris 1980 (in *Œuvres complètes*, Hg. G. Couton, 3 Bde., 1; Pléiade). – Rouen 1984 ff. (in *Théâtre complet*, Hg. u. Anm. A. Niderst; krit.). – Mailand 1986, Hg. L. Binni.

ÜBERSETZUNGEN: *Der Cid*, J. J. Kummer, Erfurt o. J. – *Die Sinnreiche Tragi-Comoedie, genannt Cid*, G. Greiflinger, Bln. 1650. – *Der Cid*, E. Graf v. Benzel-Sternau, Gotha 1811. – Dass., C. v. Hänlein (in *Meisterwerke*, 2 Bde., Bln. 1811–1817). – Dass., A. Luther, Stg. 1957 (RUB).

LITERATUR: A. Casté, *La querelle du »Cid«*, Paris 1898; Nachdr. Genf 1970. – E. Hunger, *Der Cidstreit in chronologischer Ordnung*, Diss. Lpzg. 1901. – G. Reynier, *»Le Cid«, étude et analyse*, Paris 1929. – J. Lemoine, *La première du »Cid«*, Paris 1936. – P. Ernst, *Der »Cid«* (in P. E., *Gedanken zur Weltliteratur*, Gütersloh 1956, S. 136–162). – G. Mony, *La chanson de Rodrigue. Explication et commentaire de la pièce »Le Cid« de C.*, Nizza 1957 [Vorw. L. Bourny]. – S. Doubrovsky, *C. et la dialectique du héros*, Paris 1964, S. 87–132. – *P. C. »Le Cid«, concordances, index et relevés statistiques*, Paris 1966. – P. Bénichou, *Le mariage du Cid* (in P. B., *L'écrivain et ses travaux*, Paris 1967, S. 171–206). – G. Krause, *Der heroische Idealismus in C.s »Cid«* (in NSp, 16, 1967, S. 362–375). – K. O. Ott, *C. »Le Cid«* (in *Das frz. Theater vom Barock bis zur Gegenwart*, Hg. J. von Stackelberg, Bd. 1, Düsseldorf 1968, S. 74–95; 365–369). – W. Floeck, *»Las mocedades del Cid« von Guillén de Castro und »Le Cid« von P. C.*, Bonn 1969. – R. T. de Rosa, *Il »Cid«*, Neapel 1970. – A. Arens, *Zur Tradition und Gestaltung des »Cid«-Stoffes*, Ffm. 1975. – M. R. Margitić, *Essai sur la mythologie du »Cid«*, Mississippi University 1976. – M. Autrand, *»Le Cid« et la classe de français*, Paris 1977. – P. Bürger, *Zum Funktionswandel der Literatur in der Epoche des entstehenden Absolutismus. »La querelle du Cid«* (in *Bildung und Ausbildung in der Romania*, Hg. R. Kloepfer u. a., Bd. 1, Mchn. 1979, S. 43–58). – R. Jasinski, *Sur »Le Cid«* (in R. J., *A travers le 17e siècle*, Paris 1981, S. 12–26). – L. Lévy-Delpla, *»Le Cid«*, Paris 1982. – *A propos du Cid Campeador du Seigneur des batailles*, Paris 1985 (CRB, 111). – M. J. Muratore, *Theater as Theater. The Language of Cornelian Illusion* (in RomR, 76, 1985, S. 12–23). – M. Cuénin, *L'amour et l'ambition dans » Le Cid«* (in *Actes du Colloque ... de Rouen*, Hg. A. Niderst, Paris 1985, S. 445–449). – J. Dumarest, *Questions de langue dans la Querelle du »Cid«* (in *Actes du Colloque C. à Tunis*, Hg. A. Baccar, Paris u. a. 1986, S. 119–139). – G. Dotoli, *Temps de préfaces. Critique théâtrale et unité de l'histoire de 1625 au »Cid«* (in *Storiografia della critica francese nel Seicento*, Bari/Paris 1986, S. 45–83). – U. Floris, *La »Querelle du Cid« o lo scandalo del vero* (ebd., S. 85–128).

CINNA OU LA CLÉMENCE D'AUGUSTE

(frz.; *Cinna oder Die Gnade des Augustus*). Tragödie in fünf Akten von Pierre CORNEILLE, Uraufführung: Paris, Sommer 1642. – Die Handschrift geht auf eine Seneca-Passage (*De clementia*, 1, 9) zurück, die MONTAIGNE in den *Essais* (1, 23) kommentiert. Als weitere Quelle diente eine in der *Römischen Geschichte (Rhōmaikē historia)* des CASSIUS DIO wiedergegebene Unterredung zwischen Augustus, Agrippa und Maecenas über die Abdankung des Kaisers. Corneille ersetzt die Gesprächspartner des Augustus durch Cinna und Maxime, übernimmt aber wesentliche Teile des Dialogs in gekürzter Fassung. Eigene Erfindung ist die seiner Vorstellung von der römischen Frau entsprechende *»bewundernswerte Furie«* Emilie, der ihre – allerdings mißverstandene – Ehre über alles geht. Sie setzt eine Verschwörung in Gang, indem sie Cinna ihre Hand verspricht, falls er Augustus, der ihren Vater geächtet hat, töten würde. Im zweiten Akt, der den Charakter des Augustus ins rechte Licht rückt, versucht Cinna in einem Gespräch mit dem Kaiser, diesem die geplante Abdankung auszureden, um den eigenen Mordplan nicht zu gefährden. Da verrät Maxime aus Eifersucht das Komplott. Nach langen Meditationen eines enttäuschten Diktators verzeiht Augustus schließlich den Verschwörern: In ihm verkörpert sich das Corneillesche Ideal der Selbstbeherrschung. So wird im Laufe der Handlung der Kaiser zu einer Idealfigur von echter Größe und Güte, zur eigentlichen Hauptgestalt, die den Titelhelden an den Rand spielt. – Der innere Kampf eines absoluten Herrschers, der die blutige Vergangenheit begraben und Frieden schaffen will, forderte das zeitgenössische Publikum zu einer Auseinandersetzung mit dem Begriff der absoluten Macht heraus. Im Vergleich mit dem Kaiser wirkt Cinna wie ein Verschwörer ohne politische Überzeugung, kühn in seinen Worten, aber höchst unentschlossen, wenn es um Taten geht. Obwohl die Beachtung der Einheit von Zeit, Ort und Handlung Corneille zu großer Konzentration des Stoffs zwingt, bleibt das Geschehen überschaubar. Die Lösung des dramatischen Knotens geschieht allein durch die innere Wandlung der handelnden Personen: Der Kaiser ringt sich zur Großmut durch, die Verschwörer sehen ihren Irrtum ein und bereuen.

Der seiner didaktischen Absicht entgegenkommende Stoff wurde von Corneille in formaler und stilistischer Hinsicht mit größter Sorgfalt ausgearbeitet. Höhepunkte sind die eloquenten, pathetischen, sentenzen- und maximenreichen politischen Reden und die lyrischen Verse, in denen sich die Gefühlskraft Emilies enthüllt.

Corneille betont bereits im *Cinna* zwei auch für seine späteren Tragödien charakteristische Prinzipien: einmal den Vorrang ethischen Handelns im Sinne der *vertu* vor persönlichen Leidenschaften und zum andern die Notwendigkeit, Selbstbeherrschung *(générosité)* zu üben. Mit ihrer Rom-Apotheose und den moralisch-politischen Lektionen war die Tragödie ein ausgesprochenes Modestück. In einer Zeit, in der die großen Herren ständig Intrigen im Sinn hatten und die Damen sich darin gefielen, diese anzuzetteln, war sie von zündender Aktualität. Ihr vorbildlicher klassischer Aufbau und ihre Sprachkunst haben ihr bis heute einen Platz im Repertoire französischer Bühnen gesichert. I.P.

AUSGABEN: Rouen/Paris 1943. – Paris 1862 (in *Œuvres*, Hg. C. Marty-Laveaux, 12 Bde., 1862 bis 1868, 3; krit.). – Paris 1948, Hg. Ch. Dullin [krit.]. – Paris 1960 (in *Théâtre complet. Texte sur l'édition de 1682*, Hg. M. Rat, 3 Bde., 1; Class. Garn). – Paris 1962 (in *Théâtre choisi*, Hg. ders.). – Paris 1972, Hg. M. Barral [krit.]. – Paris 1980 (in *Théâtre 2*; GF). – Paris 1980 (in *Œuvres complètes*, Hg. G. Couton, 3 Bde., 1; Pléiade). – Rouen 1984 ff. (in *Théâtre complet*, Hg. u. Anm. A. Niderst; krit.).

ÜBERSETZUNGEN: *Cinna*, T. Fleischer (in *Erstlinge von Tragedien, Helden-Reimen, Und anderen Tichtereyen*, Oldenburg [?] 1666). – Dass., C. v. Hänlein (in *Meisterwerke*, Bd. 1, Bln. 1811). – Dass., A. Laun, Lpzg. um 1880 (RUB).

LITERATUR: G. F. Lippold, *Bemerkungen zu C.s »Cinna«*, Zwickau 1893. – G. Mony, *Le trophée d'Auguste*, Nizza 1962. – S. Doubrovsky, *C. et la dialectique du héros*, Paris 1964, S. 185–221. – K. Heitmann, *C. »Cinna«* (in *Das frz. Theater vom Barock bis zur Gegenwart*, Bd. 1, Düsseldorf 1968, Hg. J. v. Stackelberg, S. 95–115; 369–371). – J. Hüther, *Rouen und Ludwig XIII. Ein Beitrag zur Genese des »Cinna«* (in ZfrzSp, 80, 1970, S. 107–130). – C. J. Marty-Laveaux, *P. C. »Cinna«. Concordances, index et relevés statistiques*, Paris 1971. – W. Leiner u. S. Bayne, *»Cinna« ou l'agenouillement d'Émilie devant la clémence d'Auguste* (in *Onze études sur l'image de la femme dans la littérature française du 17e siècle*, Hg. W. Leiner, Tübingen/Paris 1978, S. 195–219). – J. Mesnard, *Le thème de la mort dans »Cinna«* (in *Mélanges J. Lods*, Paris 1978, S. 707–726). – R. Jasinski, *Sur »Cinna«* (in R. J., *A travers le 17e siècle*, Bd. 1, Paris 1981, S. 40–59). – O. de Mourges, *Cohérence and Incohérence in »Cinna«* (in *Form and Meaning, Studies presented to H. Barnwell*, Amersham 1982, S. 51–62). – A. Georges, *L'évolution morale d'Auguste dans »Cinna«* (in Inf. litt, 34, 1982, S. 86–94). – G. C. Gerhardi, *Ökonomie und Machtpolitik in C.s »Cinna«* (in RF, 95, 1983, S. 417–444). – A. Georges, *La pensée politique de »Cinna«* (in RomR, 74, 1983, S. 413–424). – L. Herland, *»Cinna« ou le péché et la grâce*, Toulouse 1984. – P. J. Yarrow, *Réflexions sur le dénouement de »Cinna«* (in PFSCL, 1984, Nr. 20/21, S. 547–558). – F. Boulêtreau, *»Cinna« de C. ou l'héroïsme de la lucidité* (in French Studies in Southern Africa, 14, 1985, S. 29–45).

HORACE

(fzr.; *Horatius*). Tragödie in fünf Akten von Pierre CORNEILLE, Uraufführung: Paris 1640, Palais-Cardinal. – Diese erste Römertragödie des Dichters verdankt ihre Entstehung den Streitigkeiten um den 1636 uraufgeführten *Cid*, deren literarische und politische Aspekte die Wahl des Stoffs, die Regeltreue und den ideellen Gehalt des neuen Werks bestimmten.

Der Streit um die Vorherrschaft zwischen den benachbarten Städten Rom und Alba Longa soll zur Vermeidung weiteren Blutvergießens durch den Kampf zwischen je drei Vertretern der beiden Parteien entschieden werden. Das bedeutet neue Hoffnung für die miteinander verschwägerten Familien der römischen Horatier und der Curiatier aus Alba, Hoffnung vor allem für Curiaces Schwester Sabine, die Frau des jungen Horace, und für dessen Schwester Camille, die mit Curiace verlobt ist. Da kommt die Nachricht, daß Horace und seine beiden Brüder auserwählt worden seien, für Rom zu kämpfen, während Alba die drei Curiatier zur Verteidigung ihrer Ehre bestimmt hat. Die Reaktion der Betroffenen ist bezeichnend für ihre unterschiedlichen Charaktere: Curiace stürzt die Vorstellung, auf Leben und Tod gegen den Mann seiner Schwester und dessen Brüder kämpfen zu müssen, in Verzweiflung. Horace kennt solche Anwandlungen von Schwäche nicht. Ihm geht der Dienst am Vaterland über alles; der ehrenvolle, schwere Auftrag kann nur seinen Ruhm erhöhen. Mit den lapidaren Worten *»Ich kenne euch nicht mehr«* löst er die Familienbande auf. Curiace antwortet: *»Ich kenn' euch noch; das ist es, was mich tötet.«* Camille und Sabine sehen sich vor eine tragische Alternative gestellt: Wie der Kampf auch ausgeht, in jedem Fall werden beide einen geliebten

Menschen verlieren. Vergeblich versuchen sie, die Krieger durch Bitten und Tränen zu erweichen. Der alte Horace bricht die dramatische Abschiedsszene schroff ab.

Zunächst scheint es so, als würden die Horatier unterliegen. Zwei der Brüder sind erschlagen, und Horace soll geflohen sein. Der Vater schwört, den Feigen mit eigener Hand zu töten. Doch die Flucht erweist sich als eine List, mit der es Horace gelang, alle drei Curiatier zu besiegen. Rom triumphiert, der Stolz des alten Horace ist grenzenlos. Camille aber, im Schmerz um den geliebten Curiace, tritt dem siegreichen Bruder wie eine Rachegöttin entgegen und verflucht ihn und Rom, worauf Horace, empört über ihren Verrat an der Vaterstadt, die Schwester mit dem Schwert durchbohrt. Über den Mörder soll der König selbst das Urteil sprechen. In einer glänzenden Rede plädiert der alte Horace vor Gericht dafür, seinen Sohn von Schuld freizusprechen, da er die Tat im Eifer für die Ehre des Vaterlands begangen habe. Aus Dankbarkeit für seine großen Verdienste um Rom gewährt König Tullius dem jungen Horace das Leben und gebietet ihm, dem Staate weiterhin treu zu dienen.

Corneille verdankt den Stoff des *Horace* dem berühmten Bericht des Livius (*Ab urbe condita libri*, 1, 23–27), aus dem er den Handlungsverlauf sowie die Charakterisierung der wichtigsten Personen entnommen hat. Im Unterschied zu den von der zeitgenössischen Kritik beanstandeten formalen Eigenwilligkeiten des *Cid* gestaltet er in *Horace* ein Drama, das sich in bezug auf Ort- und Zeiteinheit streng an die Forderung der Aristotelischen Regeln hält. Die Beschränkung auf 24 Stunden dramatischer Zeit verleiht der Tragödie eine über Hoffnung, Furcht, Ungewißheit zu Entsetzen sich steigernde Spannungsintensität, während der im ganzen Stück gleichbleibende Schauplatz den Bürgerkriegs-Konflikt auf den engen Kreis zweier Familien reduziert. Dagegen ist die Handlungseinheit, wie Corneille im *Examen d'Horace* selbst einräumt, problematisch und durch eine lockere *»unité d'intérêt«* (Interesseneinheit) ersetzt. Das Stück zerfällt in zwei fast selbständige Teile, deren erster, bis zur Hälfte des vierten Akts, die Gefahr, den Kampf und Sieg Roms beinhaltet, während der zweite Teil, die Gerichtsverhandlung über einen Schwestermord, mit dem Vorhergehenden nur lose zusammenhängt. Der erste Teil ist in seiner Knappheit und dramatischen Steigerung vorbildlich für die Form des klassischen französischen Dramas, der zweite, obgleich ein *»Kunstwerk an rhetorischer und dialektischer Poesie«* (Suchier), wurde von der Kritik mißbilligt.

Das Leitmotiv der Handlung ist der Widerstreit der Pflichten gegenüber Familie und Staat. Das höhere Recht wird letzten Endes dem Staat zuerkannt. Mit dieser Lösung beruft sich Corneille nicht nur auf die römische Verabsolutierung der Staatsräson, sondern trägt auch der politischen Doktrin des allmächtigen Kardinals Richelieu Rechnung, dem das Stück gewidmet ist. Im Mittelpunkt der Handlung steht die Tragödie des Horace, die eine *»Tragödie der Prüfung«* ist (Louis Herland). Wenn seine Haltung auch wie die eines Fanatikers wirkt, ist sie im Grunde doch nichts anderes als der Ausdruck einer Gewissensstrenge, die ihn dem persönlichen Recht auf Liebe und Freundschaft die Forderungen der Gesellschaft als höhere moralische Werte entgegenzusetzen zwingt. Ihm zur Seite stehen in Curiace, der sich bei aller Tapferkeit ein fühlendes Herz bewahrt hat, und Sabine zwei pathetische Tragödienhelden alten Stils, die völlig passiv bleiben. Camille hingegen nimmt teil am dramatischen Geschehen und gleicht in der Absolutheit ihrer unbesiegbaren Leidenschaft den Heldinnen Racines. Der alte Horace verkörpert den traditionellen Bühnentyp des edlen Vaters mit sehr persönlichen Zügen.

Im Zusammenhang mit dem übrigen Werk des Dichters betrachtet, stellt *Horace* die höchste Steigerung eines absoluten, selbstbezogenen, in sich befangenen Heldentums dar, das Horace, stärker noch als Rodrigue *(Cid)*, auf dem Höhepunkt seiner Größe mit einem Gefühl unnahbarer, lebensfeindlicher Einsamkeit umgibt, deren er sich zudem voll bewußt ist. Und in diesem Wissen um sein letztliches Scheitern ist das eigentlich Tragische des Dramas verankert. Bereits das nächste Drama, *Cinna* (1641), zeigt eine ganz andere Lösung eines ähnlichen Konflikts, da sich Augustus für Großmut und Menschlichkeit und gegen die strenge Staatsräson entscheidet. I.P.-KLL

Ausgaben: Paris 1641. – Paris 1862 (in *Œuvres complètes*, Hg. Ch. Marty-Laveaux, 12 Bde., 1862 bis 1868, 3). – Paris 1950 (in *Théâtre*, Hg. P. Lièvre u. R. Caillois, 2 Bde., 2; Pléiade). – Paris 1960 (in *Théâtre complet*, Hg. M. Rat, 3 Bde., 1; Class. Garn). – Paris 1980 (in *Théâtre*, Hg. J. Maurens, 2 Bde., 2; GF). – Paris 1980 (in *Œuvres complètes*, Hg. G. Couton, 3 Bde., 1; Pléiade). – Rouen 1984 ff. (in *Théâtre complet*, Hg. u. Anm. A. Ni derst; krit.). – Paris 1986 [Vorw. J.-P. Miquel; Komm. u. Anm. A. Couprie].

Übersetzungen: *Horatz oder gerechtfertigter Schwester-Mord*, D. E. Heidenreich, Görlitz 1662. – *Horatius oder Der Kampf der Horatier u. Curatier*, C. v. Hänlein (in *Meisterwerke*, Bd. 2, Bln. 1817). – *Horatius*, R. Wilke, Halle 1905. – Dass., K. Th. Gaedertz, Lpzg. 1929 (RUB).

Vertonungen: A. Salieri, *Les Horaces* (Text: N.-F. Guillard; Oper; Urauff.: Fontainebleau, 7. 12. 1786). – B. Porta, dass. (Text: ders.; Oper; Urauff.: Paris, 18. 10. 1800, Opéra). – C. Saint-Saëns, *Scène d'Horace* (Bühnenmusik f. Sopran, Bariton u. Orchester, 1860).

Literatur: L. M. Riddle, *The Genesis and Sources of P. C.'s Tragedies from »Médée« to »Pertharite«*, Baltimore/Paris 1926, S. 19–39. – W. Moore, *C.'s »Horace« and the Interpretation of French Classical Drama* (in MLR, 34, 1939, S. 382–395). – W. H. Barber, *Patriotism and ›gloire‹ in C.'s »Horace«*

(ebd., 46, 1951, S. 368–378). – L. Herland, *»Horace« ou La naissance de l'homme*, Paris 1952. – W. A. Nitze, *›Vertu‹ as Patriotism in C.'s »Horace«* (in PMLA, 67, 1952, S. 1167–1172). – H. Gehle, *Staat u. Menschlichkeit. Gedanken über »Horace« von P. C.* (in NSp, 3, 1954, S. 471–476). – J. W. Scott, *The ›Irony‹ of »Horace«* (in FS, 13, 1959, S. 11–17). – L. E. Harvey, *C.'s »Horace«. A Study in Tragic and Artistic Ambivalence* (in L. E. H., *Studies in Seventeenth-Century French Literature*, Ithaca/N.Y. 1962, S. 65–97). – S. Doubrovsky, *C. et la dialectique du héros*, Paris 1963, S. 133–184. – A. Bouvet, *Hommage à Sabine* (in AJFS, 1, 1964, S. 119–133). – G. Mony, *La promesse des dieux. Explication et commentaire de la pièce d'»Horace« de P. C.*, Nizza 1964. – C. G. Whiting, *The Ambiguity of the Hero in C.'s »Horace«* (in Symposium, 23, 1969, S. 164–170). – T. H. Reiss, *C. from »Mélite« to »Horace«* (in T. H. R., *Towards Dramatic Illusion*, Ldn./New Haven 1971, S. 156–177). – P. Sénart, *»Horace«* (in RDM, Jan.–März 1972, S. 414–419). – W. V. Wortley, *Horace's ›crime passionel‹* (in RoNo, 14, 1972/1973, S. 319–329). – M. Krüger, *»Horace«* (in M. K., *Wandlungen des Tragischen*, Stg. 1973, S. 98–106). – W. Cloonan, *Women in »Horace«* (in RoNo, 16, 1974/1975, S. 647–652). – C. J. Gossip, *Tragedy and Moral Order in C.'s »Horace«* (in FMLS, 11, 1975, S. 15–28). – M. O. Sweetser, *La recherche des effets dans »Le Cid« et »Horace«* (in PFSCL, 7, 1977, S. 103–120). – B. L. Knapp, *C.'s »Horace«* (in Classical and Modern Literature, 1, 1980/1981, S. 133–145). – R. C. Knight, *C. »Horace«* Ldn. 1981. – R. Jasinski, *Sur »Horace«* (in R. J., *A travers le 17e siècle*, Bd. 1, Paris 1981, S. 27–39). – M. Greenberg, *»Horace« Classicism and Female Trouble* (in RomR, 74, 1983, S. 271–292). – S. Tiefenbrun, *Blood and Water in »Horace«* (in PFSCL, 1983, Nr. 18/19). – Ph. Koch, *»Horace«* (in RomR, 76, 1985, S. 148–161). – B. Woshinsky, *»Aimer un bras«. Metonymic Mutilation in C.'s »Horace«* (in PFSCL, 1985, 22/23, S. 237–246).

L'ILLUSION COMIQUE

(frz.; *Komödie der Täuschungen*). Komödie in fünf Akten von Pierre Corneille, Uraufführung: Paris 1635. – Corneille, der als Dichter des ernsten Schauspiels und der Tragödie in die Literaturgeschichte eingegangen ist, hat seine dramatische Begabung zunächst an der Gattung der Komödie erprobt. Aufmerksamkeit verdient vor allem die *Illusion comique*, die gegenüber dem früher gepflegten, auf grobe Theatereffekte zielenden Komödienstil einen Fortschritt bedeutet.

Im ersten, wie ein Prolog wirkenden Akt führt Corneille den Bürger Pridamant vor, der auf der verzweifelten Suche nach Clindor, seinem vor vielen Jahren von zu Hause geflohenen Sohn, den Zauberer Alcandre trifft. In den folgenden vier Akten läßt nun Alcandre kraft seines Zauberstabs vor den Augen Pridamants einige Episoden aus dem Leben Clindors vorbeiziehen, die scheinbar nur lose miteinander verknüpft, doch alle auf einen einzigen Bezugspunkt hin orientiert sind. Nicht nur lenkt am Ende Corneille in einer Art Epilog auf die Figuren des Prologs, Pridamant und Alcandre, zurück, er läßt außerdem nach jedem Akt die wechselnden Erlebnisse des Sohns sich in den erregten Reaktionen des Vaters spiegeln. Clindor ist Diener und zugleich Nebenbuhler des Maulhelden Matadore (»Mohrentöter«), in dem Corneille eine traditionelle Figur der lateinischen (Plautus' *Miles gloriosus*) und italienischen Komödie fortbildet. Vornehmlich an Matadore entfaltet Corneille denn auch die Komik seines Stücks. Den übertriebenen Dimensionen, die Matadores Federbusch, Rapier und Schnurrbart haben, entsprechen seine Reden, deren rhetorischer, an eingebildeten Heldentaten sich entzündender Überschwang in wirkungsvollem Kontrast zu seiner schlotternden Ängstlichkeit steht. – Dieser burleske Effekt verleiht ihm eine Originalität, die weder von Clindor, dem gerissenen, schlagfertigen und liebenswürdigen Vorläufer eines Figaro oder Gil Blas, noch von Adraste, einem weiteren Nebenbuhler Clindors, oder den weiblichen Gestalten des Stücks erreicht wird. Doch mit der Blässe der meisten Figuren und ihrer konventionellen Sprache versöhnt die auf Überraschungen und spannende Höhepunkte berechnete Handlung. Clindor gelingt es, seine beiden Rivalen, Matadore und Adraste, zu überspielen und die Gunst Isabelles zu gewinnen, deren Unbestechlichkeit und Selbstbewußtsein auf spätere Heldinnen des Tragikers Corneille vorausweisen. Von Isabelles Vorbereitung zur Flucht mit Clindor am Ende des vierten Akts geht die Handlung in eine tragische Szene über, die in der Ermordung Clindors gipfelt. Aber dem verzweifelten Vater enthüllt Alcandre dieses tragische Geschehen als theatralische Illusion, als bloßes Spiel: Clindor und Isabelle, die sich nach ihrer Flucht einer Schauspielgruppe angeschlossen, haben nur einen Ausschnitt aus einer Tragödie vorgeführt. Alcandre überzeugt den besorgten Pridamant vom Glanz und der gesellschaftlichen Bedeutung des Theaters, und dieser wird sich eilends nach Paris, an die Stätte des erfolgreichen Wirkens seines Sohns, begeben.

Zumal im letzten Teil der *Illusion comique* zeichnet sich Corneilles überlegener dramaturgischer Einfallsreichtum ab: Das Kunstmittel eines Spiels im Spiel, eines Theaters im Theater, löst in geistreicher Weise ein tragisches Geschehen aus. Daß Corneille hier den Versuch unternahm, die Gebildeten seiner Zeit dem Theater zuzuführen, bestätigt das abschließende Plädoyer Alcandres zugunsten der dramatischen Kunst. Aber die typisch barocke Vermischung des Komischen und des Tragischen, der Phantasie und der Wirklichkeit widersprach jener zur französischen Klassik hinführenden Tendenz, die auf die Reinheit der Gattungen drang und auch Corneilles Komödie bald zu Unrecht der Vergessenheit überantwortete. KLL

Ausgaben: Paris 1639. – Paris 1862 (in *Œuvres*

complètes, Hg. Ch. Marty-Laveaux, 12 Bde., 1862–1868, 2). – Manchester 1944, Hg. J. Marks [krit.]. – Paris 1950 (in *Théâtre complet*, Hg. R. Caillois, 2 Bde., 1; Pléiade). – Paris 1957, Hg. R. Garapon. – Paris 1960 (in *Théâtre complet*, Hg. M. Rat, 3 Bde., 1; Class. Garn). – Paris 1963. – Paris 1968 (in *Théâtre*, Hg. J. Maurens, 2 Bde., 1; GF). – Paris 1971 (in *Théâtre complet*, Hg. G. Couton, 3 Bde.; 1; Class. Garn). – Paris 1980 (in *Œuvres complètes*, Hg. G. Couton, 3 Bde., 1; Pléiade). – Rouen 1984 ff. (in *Théâtre complet*, Hg. u. Anm. A. Niderst; krit.).

LITERATUR: M. Chapiro, *»L'illusion comique«*, Paris 1940. – R. Garapon, *Rotrou et C.* (in RHLF, 50, 1950, S. 385–394). – R. J. Nelson, *C.'s »L'illusion comique«. The Play as Magic* (in PMLA, 71, 1956, S. 1127–1140). – S. S. de Sacy, *»L'illusion comique«* (in MdF, 332, 1958, S. 731–736; 333, 1959, S. 147–152). – A. D. Sellstrom, *»L'illusion comique« of C.: The Tragic Scenes of Act V* (in MLN, 73, 1958, S. 421–427). – H. Sckommodau, *Die Grotte der »Illusion comique«* (in *Wort u. Text, Fs. f. F. Schalk*, Hg. H. Meier u. H. Sckommodau, Ffm. 1963, S. 281–293). – Ch. Muller, *Essai de statistique lexicale. »L'illusion comique« de C.*, Paris 1964. – J. von Stackelberg, *C. »L'illusion comique«* (in *Das frz. Theater vom Barock bis zur Gegenwart*, Hg. ders., Bd. 1, Düsseldorf 1968, S. 54–73; 361–365). – C. Cosnier, *»L'illusion comique« de C.*, Paris 1972. – A. Richard, *»L'illusion comique« de C. et le baroque*, Paris 1972. – R. Albanese, *Modes de la théâtralité dans »L'illusion comique«* (in *C. comique*, Hg. M. R. Margitić, Paris u. a. 1982, S. 129–149). – H. T. Barnwell, *»L'illusion comique«* (in Theatre Research International, 8, 1983, S. 110–130). – I. Hochgeschwender, *C.s »Illusion comique« als politisches Theater* (in RZL, 7, 1983, S. 308–318). – A. Blanc, *A propos de »L'illusion comique«* (in RHT, 36, 1984, S. 207–217). – M. J. Whitaker, *»L'illusion comique« ou L'école des pères* (in RHLF, 85, 1985, S. 785–798). – A. Prassoloff, *L'écriture et l'écrivain dans »L'illusion comique«* (in Textuel, 17, 1985, S. 19–25).

LE MENTEUR

(frz.; *Der Lügner*). Verskomödie in fünf Akten von Pierre CORNEILLE, Uraufführung: Paris 1643, Théâtre du Marais. – Das *»aus dem Spanischen teils übersetzte, teils bearbeitete Stück« (Examen*, 1660) ist die einzige Komödie aus Corneilles mittlerer Schaffensperiode und gilt als die erste französische Charakterkomödie überhaupt. Corneille folgt Szene für Szene einem Stück des spanischen Dichters Juan RUIZ D'ALARCÓN (*La verdad sospechosa*, 1634 – *Die verdächtige Wahrheit*), verlegt die Handlung jedoch nach Paris und paßt die freiere formale Konzeption des Originals dem strengen, von den drei Einheiten bestimmten französischen Geschmack an. Die Komödie gewinnt damit an äußerer und innerer Geschlossenheit, läßt aber die vielen Zufälligkeiten in der Handlungsführung dafür um so unwahrscheinlicher erscheinen.

Der junge Student Dorante, der »Lügner« und Held des Stücks, ist eben mit seinem Diener Cliton aus Poitiers eingetroffen. Froh, die Gesetzbücher nun mit dem Degen vertauscht zu haben, und auf galante Abenteuer aus, macht er die Bekanntschaft der beiden Freundinnen Clarice und Lucrèce. Er verliebt sich in Clarice, verwechselt aber die Namen, was zu einer Reihe von Verwicklungen und weiteren Mißverständnissen führt. Denn sein Freund Alcippe erweist sich als der eifersüchtige Kavalier des Mädchens und fordert ihn zum Duell; Dorantes Vater Géronte will ihn mit Clarice, die er für das andere Mädchen halten muß, durch eine Heirat verbinden. Dorante versteift sich nur um so mehr auf die vermeintliche Lucrèce, der er durch das Prahlen mit angeblich erlebten Kriegsabenteuern und glänzenden Taten zu imponieren sucht, bis er sich zuletzt – die Pointe des Stücks – in die wirkliche Lucrèce verliebt. Dem Glück der beiden Paare steht darauf nichts mehr im Weg.

Dorante ist ein später, höfisch-zivilisierter Nachfahre des *miles gloriosus*. Sein hervorstechender Charakterzug – das lügnerische Prahlen – wird weder psychologisch begründet noch zur Ursache innerer Konflikte: Es ist eine charmante Kavalierssünde, die durchaus nur komisch aufgefaßt werden will: *»Das Talent zu lügen ist ein Laster, dessen die Dummen nicht fähig sind« (Discours sur le problème dramatique)*. Der Reiz des Stücks liegt in der überaus kompliziert gesponnenen Intrige mit ihren mannigfaltigen Verwechslungen und Täuschungen, in den wortreich-brillanten, preziös gewundenen Lügentiraden Dorantes und in der geistreichen und geschliffenen Witzigkeit des Dialogs. Das ganze Stück ist ein souveränes Spiel mit der Vermischung von Sein und Schein, ja selbst mit Corneilles eigener Konzeption des »Helden«: Dorante ist auch eine parodistische Replik auf den Rodrigue des *Cid*. – STENDHALS Urteil über das noch heute gespielte Stück entspricht der Hochschätzung und Beliebtheit, deren es sich seit jeher erfreute: *»Man wird den ›Lügner‹ nicht müde, er hat heute diesen kostbaren Glanz des Alten, der immer gefällt.«* Ein Jahr nach dem *Menteur* verfaßte Corneille eine gänzlich anders geartete Fortsetzung des Erfolgsstücks: *La suite du menteur*. Wiederum auf der Grundlage einer spanischen Komödie, Lope de VEGAS *Amar sin saber a quién*, nähert sich Corneille hier der sogenannten heroischen Komödie an und verleiht Dorantes Charakter die edlen Züge der spanischen Hauptfigur Don Juan de Aguilar.

I.P.-KLL

AUSGABEN: Rouen/Paris 1644. – Paris 1862 (in *Œuvres complètes*, Hg. Ch. Marty-Laveaux, 12 Bde., 1862–1868, 4). – Paris 1950 (in *Théâtre*, Hg. P. Lièvre u. R. Caillois, 2 Bde., 1; Pléiade). – Paris 1954. – Paris o. J. [1960] (in *Théâtre complet*, Hg. M. Rat., 3 Bde., 2; Class. Garn). – Paris 1968 (in *Théâtre*, Hg. J. Maurens, 2 Bde., 1; GF). – Paris 1984 (in *Œuvres complètes*, Hg. G. Couton, 3 Bde.,

2; Pléiade). – Rouen 1984ff. (in *Théâtre complet*, Hg. u. Anm. A. Niderst; krit.).

ÜBERSETZUNGEN: *Der Lügner*, J. A. Thiesen, Quedlinburg 1762. – Dass., anon., Wien 1807. – Dass., Bearb. A. Bing, Lpzg. o. J. [1880] (RUB). – Dass., J. W. v. Goethe (in *Goethes Werke*, Weimar 1894, Abt. 1, Bd. 37, Weimar 1897; Ausz.). – Dass., H. Schiebelhuth, Heidelberg 1954. – Dass., ders., Stg. 1963 (RUB).

LITERATUR: F. Brunetière, *»Le menteur«* (in F. B., *Les époques du théâtre français, 1636–1850*, Paris 1892, S. 29–54). – J. B. Segall, *C. and the Spanish Drama*, NY 1902. – A. Rousseaux, *C. ou Le mensonge héroïque* (in Revue de Paris, 4, 1937, S. 50–73). – C. François, *Illusion et mensonge* (in EsCr, 4, 1964, S. 169–175). – T. J. Reiss, *»Le menteur« de C.* (in RoNo, 15, 1973/1974, S. 284–296). – J. v. Stackelberg, *C. »Le menteur«* (in J. v. S., *Weltliteratur in deutscher Übersetzung*, Mchn. 1978, S. 77–82). – J. D. Lyons, *Discourse and Authority in »Le menteur«* (in *C. comique*, Hg. M. R. Margitić, Paris u. a. 1982, S. 151–168). – C. Smith, *Towards a Coherence in Comedy. C.'s »Le menteur«* (in *Form and Meaning*, Hg. W. D. Howarth u. a., Amersham 1982, S. 63–74). – J. Trethewey, *»Le menteur« and Self-Conscious Theatre* (in Seventeenth Century French Studies, 6, 1984, S. 120–130). – M. O. Sweetser, *Niveaux de la communication et de la création dans les récits du »Menteur«* (in PSCFL, 1985, Nr. 22/23, S. 489–502). – J. F. Gaines, *»Le menteur« and »Dom Juan«* (in KRQ, 32, 1985, S. 245–254). – N. Guibert, *»Le Menteur« mis en scène* (in Comédie Française, 145/146, 1986, S. 34–41).

LA PLACE ROYALLE, ou l'amoureux extravagant

(frz.; *Die Place Royale oder Der exzentrische Liebhaber*). Komödie in fünf Akten von Pierre CORNEILLE, Uraufführung: Paris 1633 oder 1634. – Im Gegensatz zu RACINE, dessen tragische Dichtungen eine große Einheit bilden, ist Corneilles von Mißerfolgen und Neuansätzen unterbrochenes Schaffen durch die Pflege verschiedener Gattungen – Tragödie, Komödie, heroische Komödie usw. – gekennzeichnet. Die größte Zahl der Komödien, meist Intrigenstücke mit ähnlicher Stoffwahl – ein durch Eifersucht ausgelöster Konflikt und ein glücklicher Ausgang –, wurde in den Jahren 1628–1636 verfaßt (*Mélite*, 1629; *La veuve*, 1631; *La galerie du Palais*, 1634; *La suivante*, 1635). Den Komödien *La galerie du Palais* und *La Place Royalle* ist eine Besonderheit gemeinsam: die Lokalisierung auf einen wirklichen Ort in Paris, die Galerie des Justizpalastes bzw. die Place Royale – heute Place des Vosges –, Orte, die zur Zeit Ludwigs XIII. berühmt waren als Treffpunkte und Schauplätze galanter Abenteuer.
Angélique und Phylis sind recht ungleiche Freundinnen, die eine ernsthaft und von echtem Empfinden, die andere heiter und kokett. Angélique, eine der bezauberndsten und graziösesten Frauengestalten Corneilles, liebt Alidor und wird wiedergeliebt: *»Man soll nicht Liebhaber an allen Orten haben; Alidor hat mein Herz und wird es ganz haben.«* Doch ihre glückliche Gelassenheit wird erschüttert, als ihr Geliebter, der um seine Freiheit fürchtet, plötzlich den Entschluß faßt, sie zu verlassen. Angélique wird ein fingierter Brief an eine »Rivalin« in die Hände gespielt, in dem Alidor sie aufs tiefste kränkt. Voller Trotz verspricht sie Dorante, dem Bruder von Phylis, der sie heimlich liebt, die Heirat. Alidor, in seinem Selbstgefühl getroffen, bestimmt seinen Freund Cléante, der sie ebenfalls liebt, zu ihrem Gatten. Um den Plan in die Wege zu leiten, sucht er die Freundin auf, erlangt ihre Verzeihung und gibt vor, die gemeinsame Flucht zu planen; in Wahrheit beabsichtigt er jedoch, Cléante die Entführerrolle zu überlassen. Im nächtlichen Dunkel geschieht die erwartete Verwechslung: Cléante entführt Phylis, und Angélique sieht sich nach der Aufklärung der Umstände wiederum betrogen. Zwar ist Alidor nun fest entschlossen, sie dieses Mal nicht mehr zu verlassen, doch die enttäuschte Angélique ist von ihrem Entschluß, ins Kloster zu gehen, nicht mehr abzubringen. Alidor bleibt nichts übrig, als gute Miene zum traurigen Spiel zu machen. Für die Nebenpersonen Phylis und Cléante endet das Stück mit der glücklichen Heirat.
Obgleich romaneske Elemente – fingierte Briefe, Entführung, Verwechslung – in der *Place Royalle* das Gerüst der Handlung bilden und die Gestalten noch ihre Verwandtschaft mit den Personen der *Astrée* verraten, ist diese Komödie schon unverkennbar Corneilles Eigentum. Dem schwankenden Charakter Alidors, der eine Parodie des Cornelianischen Helden darstellt, seiner echten Liebe zu Angélique, der sein Freiheitsdrang entgegensteht, gilt das besondere Interesse des Dichters, wie der ursprüngliche Untertitel – er wurde in der Ausgabe von 1644 gestrichen – andeutet. Alidor *»hat die Ehre, als Erster das ›Je veux‹ des Cornelianischen Helden auszusprechen«* (V. Klemperer): *»Ich will Freiheit inmitten der Liebesfesseln.« – »Ich hasse es, wenn man mich zwingt, und wenn ich liebe, so will ich, daß alle meine Wünsche meinem Willen unterstehen.«* Indes stellt Alidor seine Willenskraft ganz in den Dienst egoistischer Ziele. Auch fehlt ihm völlig das Wertesystem der tragischen Helden Corneilles. Wenn er mit diesen in Zusammenhang gebracht werden soll, dann nur *ex negativo* – als ins Komische verkehrter Anti-Held.
Gänzlich aus dem üblichen Komödienrahmen fällt auch der Schluß, der die Nebenpersonen zusammenführt, Angélique aber das Los des tragischen Verzichts zuteil werden läßt. Nach Corneilles eigenem Zeugnis ist der Erfolg dieser Komödie bei seinen Zeitgenossen auf die Wahl des in der eleganten Welt allgemein bekannten und beliebten Schauplatzes zurückzuführen. KLL

Ausgaben: Paris 1637. – Paris 1644 *(La Place Royale)*. – Paris 1862 (in *Œuvres*, Hg. Ch. Marty-Laveaux, 12 Bde., 1862–1868, 2). – Paris 1950 (in *Théâtre*, Hg. P. Lièvre u. R. Caillois, 2 Bde., 1; Pléiade). – Paris 1960 (in *Théâtre complet*, Hg. M. Rat, 3 Bde., 1; Class. Garn). – Paris 1962, Hg. J.-C. Brunon (SATF). – Paris 1968 (in *Théâtre*, Hg. J. Maurens, 2 Bde., 1; GF). – Paris 1971 (in *Théâtre complet*, Hg. G. Couton, 3 Bde., 1; Class. Garn). – Paris 1980 (in *Œuvres complètes* Hg. G. Couton, 3 Bde., 1; Pléiade). – Rouen 1984 ff. (in *Théâtre complet*, Hg. u. Anm. A. Niderst; krit.).

Literatur: W. Küchler, *Das Ideal des Willens in C.s Lustspiel »La Place Royalle«* (in NJb, 6, 1930, S. 268–281). – M. Larroutis, *C. et Montaigne. L'égotisme dans »La Place Royalle«* (in RHLF, 62, 1962, S. 321–328). – M. Galey, *Un C. d'avant la gloire* (in NL, 2405, 1973, S. 19). – P. Sénart, *»La Place Royalle«* (in RDM, Okt.–Dez. 1973, S. 691–693). – C. Moisan-Morteyrol, *Les premières comédies de C. prélude à »La Place Royalle«* (in Europe, 1974, Nr. 540/541, S. 91–99). – C. Kerr, *Violence and Obstacle in »La Place Royalle«* (in FR, 49, 1975/1976, S. 498–504). – *Les comédies de C. Table ronde sur »La Place Royalle«* (in *Actes de Fordham*, Hg. J. Macary, Paris u. a. 1983, S. 37–86). – J.-P. Dens, *La problématique du héros dans »La Place Royalle« de C.* (in RHT, 36, 1984, S. 200–206). – L. Keller, *La rhétorique du mensonge dans »La Place Royalle«* (in CAIEF, 37, 1985, S. 117–126). – M. Bertaud, *»La Place Royalle ou le jaloux extravagant«* (in *Actes du Colloque ... de Rouen*, Hg. A. Niderst, Paris 1985, S. 325–342). – P.-A. Cahné, *»La Place Royalle« ou la véritable indifférence* (ebd., S. 315–324).

POLYEUCTE MARTYR

(frz.; *Der Märtyrer Polyeucte*). Tragödie in fünf Akten von Pierre Corneille, Uraufführung: Paris Winter 1642/43 im Théâtre du Marais. – Den Stoff zu seinem Märtyrerdrama entnahm Corneille einer Heiligenvita des spätbyzantinischen Kompilators Simeon Metaphrastes (10. Jh.), die in abgekürzter Form in die *Vitae sanctorum* des Deutschen Surius (16. Jh.), die unmittelbare Quelle des Dichters, aufgenommen worden war. Die Wahl eines Themas aus dem Bereich der christlichen Religion forderte die zeitgenössische Kritik in zweifacher Hinsicht heraus: Leidenschaftliche Christen erblickten hier eine Profanation von Glaubensinhalten. Säkularer gestimmte Geister sahen sich einem Unbedingtheitsanspruch gegenüber, der die glückliche Synthese zwischen Religion und weltlichem Leben im barocken und absolutistischen Frankreich in Frage zu stellen schien. Die Lehre des Stücks, die darin bestand, den unter der königlichen Zentralgewalt von jeder politischen Verantwortung ausgeschlossenen Menschen auf die Möglichkeit der Selbstverwirklichung in einem staatsfreien Raum hinzuweisen, blieb unverstanden.

Die Handlung entfaltet sich in einer doppelten Intrige, der Bekehrung des Helden zum Christentum und dem Dreiecksverhältnis Polyeucte – Pauline – Sévère. – Polyeucte wird von seinem Freund Néarque gedrängt, sich taufen zu lassen, zögert aber im Gedanken an seine Gattin Pauline, die Tochter des römischen Statthalters in Armenien, Félix. Dieser hat Pauline dem armenischen Adligen Polyeucte zur Frau gegeben und den von Pauline geliebten unbegüterten Sévère abgewiesen. Als dieser – wie ein Traum es Pauline verkündet – unerwartet als Günstling des Kaisers Decius (249–251) und als Sieger über die Perser zurückkehrt, fürchtet der kleinmütige Félix zu Unrecht Rachegedanken des Abgewiesenen, dessen edle Gesinnung keinen Gedanken an Vergeltung aufkommen läßt. – Polyeucte, von der Gnade erleuchtet, bekennt sich nach der Taufe öffentlich zu seinem Glauben, zerreißt das kaiserliche Edikt, das Christenverfolgungen anordnet, und zerschlägt die heidnischen Götzenbilder. Weder das harte Urteil des Statthalters noch das Martyrium Néarques und die Bitten Paulines können ihn umstimmen. In den berühmten schwärmerischen Stanzen (4. Akt), die den dramatischen Vers durchbrechen, feiert er seinen neuen Glauben und geht – Inbegriff der Vereinigung von stoischer und christlicher Moral, der beiden von Corneille gepriesenen Tugendsysteme – seinen Weg bis zum Martyrium. Félix, der nach langem Zögern Polyeucte in den Tod schickt, wird danach ebenso wie Pauline unerwartet und unmotiviert von der Gnade getroffen, eine Bekehrung, die Pauline in einem überschwenglichen, rhetorischen Ausbruch darlegt: *»Je vois, je sais, je crois, je suis désabusée« (Ich sehe, ich weiß, ich glaube, ich bin belehrt)*.

Mit Polyeucte erreicht der Corneillesche Typus des Heroen ohne Makel seinen Höhepunkt. Er verkörpert nicht mehr die Mischung von Schwächen und Tugenden, die in der Aristotelischen Ästhetik als Voraussetzung für die Erregung von Furcht und Mitleid galt. Hatten in *Horace* die politischen vor den privaten Tugenden den Vorrang, so nehmen in *Polyeucte* die *»vertus chrétiennes«* den höchsten Rang ein. Liebe, insbesondere die zu Gott, erscheint als etwas Unerklärliches, nur durch die Würde des Objekts Bestimmbares. Das von Gott erfüllte Ich muß sich daher in der Rangordnung der Corneilleschen Tugendbegriffe als das mächtigste erweisen. *»Die Individualität benötigte einen stärkeren Rückhalt, als ihn die stoische Selbstbehauptung zu weisen vermochte. In der Bindung an das Christentum erwuchsen die Kräfte, die den Menschen für die Auseinandersetzung mit dem alles fordernden Staat vorbereiten«* (Krauss). Daß die Figur des Polyeucte dennoch als dramatisch unbefriedigend bezeichnet wurde, liegt – nach Klemperer – daran, daß *»Polyeucte durch das Gnadenwunder in seiner bewußten Persönlichkeit völlig narkotisiert und ausgeschaltet wird«*, daß die komplexe Handlung dieses Dramas, die durchaus eine illustre Aktion im Sinn des Dichters darstellt, zuwenig von der Hauptgestalt bestimmt ist. Die dramatische Bewegung geht daher nicht eigentlich von Polyeucte, sondern weitgehend von den Nebenpersonen aus, die zur Auseinandersetzung mit der Tat des Helden gezwungen werden. Ohne ihre Leidenschaft für Sévère zu vergessen, hatte sich Pauline aus Pflichtgefühl gegenüber dem Vater Polyeucte zugewandt. Nach der Wiederbegegnung mit Sévère verbirgt sie ihre Gefühle nicht, stellt sich aber – ihrer Aufgabe als Gattin bewußt – auf die Seite Polyeuctes. Damit entfaltet sich die für Corneille typische Dialektik zwischen Liebe und Ehre: Die Liebe steht zwar jenseits und über der Ehre, wird aber in der Form ihrer Äußerungen immer von der Ehre bestimmt. Paulines noblen *»sentiments«* entspricht der Charakter des idealistisch gesinnten Sévère, der Pauline in ihrem Pflichtbewußtsein begreift und deshalb für Polyeucte eintreten kann: *»Zweifellos besitzen eure Christen, die man vergebens verfolgt, etwas, das das Menschliche übersteigt. Ich befürworte indessen, daß jeder seine Götter habe, daß er sie verehre auf seine Weise und ohne Furcht vor Bestrafung.« Polyeucte* ist indes keinesfalls ein traditionelles Märtyrerdrama. Durch Verhalten und Argumentation der Pauline wird vielmehr dem Diesseits eine eigene moralische Wichtigkeit zugebilligt. Corneilles Drama kann – mit Neuschäfer – als eine *»Rechtfertigung des Diesseits, der eigenen Würde weltlicher Tugenden und der autonomen Moral der weltlichen Staatsmacht«* interpretiert werden.

Corneilles Meisterwerk wurde nicht nur von den Zeitgenossen kritisch aufgenommen. Noch in Voltaires berühmtem Epigramm ist die ablehnende Haltung spürbar: *»Die schöne Seele Polyeuctes hätte nur schwache Rührung hervorgerufen und seine christlichen Verse, die er deklamiert, wären in Verruf gekommen, wäre nicht die Liebe seiner Frau zu diesem Heiden ... gewesen, der viel eher ihre Leidenschaft verdienen würde als ihr guter, frommer Gatte.«* Erst mit dem Napoleonischen Zeitalter und seinem Bedürfnis nach Heroenverehrung begann sich diese Einstellung zu ändern. Für Chateaubriand war *Polyeucte* ein Beispiel für die Intensität der Gefühlswerte, die ihren Ursprung in der Leidenschaft des Glaubens haben (*Génie du christianisme*, 2. Teil, 3. Buch, Kap. 8). Goethe, Ranke und insbesondere Nietzsche gehörten zu den Bewunderern Corneilles. Im 20. Jh. ist er bedeutsam geworden für die geistige Entwicklung so wesensverschiedener Schriftsteller wie Sartre und Péguy, der gerade in Polyeuctes heroischer Überwindung der Zeitlichkeit ein Gegenbild zum eigenen Dekadenzbewußtsein fand. KLL

Ausgaben: Paris 1643. – Paris 1862–1868 (in *Œuvres complètes*, Hg. Ch. Marty-Laveaux, 12 Bde., 3). – Paris 1950 (in *Théâtre complet*, Hg. P. Lièvre u. R. Caillois, 2 Bde., 1; Pléiade). – Paris 1960 (in *Théâtre complet*, Hg. M. Rat, 3 Bde., 2; Class. Garn). – Paris 1980 (in *Théâtre*, Hg. J. Maurens, 2 Bde., 2, GF). – Paris 1980 (in *Œuvres complètes*, Hg. G. Couton, 3 Bde., 1; Pléiade). – Rouen 1984 ff. (in *Théâtre complet*, Hg. u. Anm. A. Niderst; krit.).

Übersetzungen: *Polyeukt*, T. Fleischer (in *Erstlinge von Tragödien, Helden-Reimen, und andern Tichtereyen*, o. O. [Oldenburg] 1666). – *Polyeuct der Märtyrer*, A. Benda, Lpzg. 1874 (RUB). – *Polyeukt, der Märtyrer*, ders., Freiburg i. B. 1948. – *Polyeukt*, ders., Ffm. 1962 (FiBü).

Vertonungen: G. Donizetti. *Les martyrs* (Text: E. Scribe; Oper; Urauff.: Paris, 10. 4. 1840, Académie de musique). – Ders., *Poliuto* (Text: S. Cammarano; Oper; Urauff.: Paris, 14. 4. 1859). – Ch. Gounod, *Polyeucte* (Text: J. Barbier u. M. Casse; Oper; Urauff.: Paris, 7. 10. 1878, Opéra).

Literatur: L. Spitzer, *Die Erhellung des »Polyeucte« durch das Alexiuslied* (in Archivum romanicum, 16, 1932, S. 473–500). – V. Klemperer, *P. C.*, Mchn. 1933. – J. Calvet, *»Polyeucte« de C. Étude et analyse*, Paris 1944. – M. A. Ruff-Languillaire, *»Polyeucte«* (in Annales de la Faculté des Lettres d'Aix, 24, 1945–1950, S. 38–61). – R. Chauviré, *Doutes à l'égard de »Polyeucte«* (in FS, 2, 1948, S. 1–34). – C. Dédéyan, *La composition de »Polyeucte«* (in Langues Romanes, 6, 1952, S. 207–231). – L. Leroy, *»Polyeucte« et la critique*, Pontigny 1954. – W. Krauss, *Studien u. Aufsätze*, Bln. 1959, S. 179–190. – P. Currie, *»Polyeucte«*, Ldn. 1960. – A. Sauro, *»Polyeucte«. Étude critique*, Bari 1963. – S. Doubrovksy, *»Polyeucte« et la monarchie de droit divin* (in NRF, 24, 1964, S. 443–458; 621–641). – R. Pintard, *Autor de »Cinna« et de »Polyeucte«, nouveaux problèmes de chronologie et de critique cornéliennes* (in RHLF, 64, 1964, S. 377–413). – W. Blechmann, *Göttliche u. menschliche Motivierung in C.s »Polyeucte«* (in ZfrzSp, 75, 1965, S. 109–134). – R. Dragonetti, *Autour d'une interprétation du »Polyeucte« de C.* (in Romanica Gandensia, 10, 1965, S. 5–42). – F. M. Szarota, *C.s »Polyeucte«* (in F. M. S., *Künstler, Grübler und Rebellen*, Bern/Mchn. 1967, S. 162–189). – *P. C., »Polyeucte«. Concordances, index et relevés statistiques*, Paris 1967. – H.-J. Neuschäfer, *C.: »Polyeucte«* (in *Das französische Theater vom Barock bis zur Gegenwart*, Bd. 1, Düsseldorf 1968, S. 116–136; 371–373). – C. Dédéyan, *Les débuts de la tragédie cornélienne et son apogée d'après »Polyeucte«*, Paris 1968. – R. Garapon, *Une source espagnole de »Polyeucte«* (in *Mélanges R. Lebègue*, Paris 1969, S. 201–210). – P. Ginestier, *»Polyeucte«, tragédie édifiante* (in P. G., *Valeurs actuelles du théâtre classique*, Paris 1975, S. 209–219). – J. Pineau, *La seconde conversion de »Polyeucte«* (in RHLF, 75, 1975, S. 531–554). – W. S. Brooks, *Polyeucte's Martyrdom, ›une autre explication‹* (in MLR, 72, 1977, S. 802–810). – J. Bem, *C. à l'épreuve du désir, une lecture de »Polyeucte«* (in Poétique, 10, 1979, S. 83–90). – R. Jasinski, *Sur »Polyeucte«* (in R. J., *A travers le 17e siècle*, Bd. 1, Paris 1981, S. 60–75). – M. O. Sweetser, *De la comédie à la tragédie* (in *C. comique*, Hg. M. R. Margitić, Paris u. a. 1982, S. 75–89). – J. Cairncross, *»Polyeucte« a Flawed Masterpiece* (in PFSCL, 1982, Nr. 16/17, S. 571 bis 590). – J. Cairncross, *»Polyeucte«, pièce ambigue* (in

PFSCL, 11, 1984, S. 559–573). – J. M.-A. Machabéis, *Structure et unité de lieu dans »Polyeucte«* (in French Studies in Southern Africa, 13, 1984, S. 1–11). – J. M. Bailbé, *»Polyeucte« de Donizetti à Gounod* (in RHLF, 85, 1985, S. 799–810). – M. J. Muratore, *C.'s »Polyeucte«, The Divine Comedian* (in Symposium, 40, 1986, S. 107–116).

RODOGUNE, Princesse des Parthes

(frz.; *Rodogune, Prinzessin der Parther*). Tragödie in fünf Akten von Pierre CORNEILLE, Uraufführung: Paris 1644, Hôtel de Bourgogne. – In *Rodogune*, die mit Recht zu seinen berühmtesten Werken zählt, überschreitet Corneille die Grenzen seiner exemplarisch klassischen Tragödien, die auch das Böse und Grauenhafte nur innerhalb der Schranken einer göttlich gebundenen, moralischen Weltordnung geduldet hatten. In diesem Drama, dessen Protagonistin, Kleopatra (Witwe von Demetrius Nicanor, König von Syrien 145–127 v. Chr.), wohl nur deshalb nicht als Titelfigur erscheint, weil Corneille eine Verwechslung mit der ägyptischen Herrscherin gleichen Namens vermeiden wollte, soll der keinerlei ethische Bindungen anerkennende Ausnahmemensch gefeiert werden. Der Thron, der Wille zu politischer Macht sind die entscheidenden Antriebe für das Handeln Cléopâtres. Trotz der Bezüge auf Zeit und wichtige Gestalten des aramäisch-hellenistischen Königreichs der Seleukiden kann das Stück – Corneilles Quelle war hier die *Römische Geschichte* von APPIANOS (2. Jh. n. Chr.) – kaum als Historie betrachtet werden. Die Erfordernisse des dramatischen Gefüges bedingen vielfach eine entscheidende Veränderung der historischen Wirklichkeit.

Cléopâtre hat ihre Söhne, die Zwillingsbrüder Antiochus und Séleucus, aus Ägypten zurückrufen lassen. Sie will bekanntgeben, welcher von beiden der Erstgeborene ist; er soll die Krone des Reichs erhalten und – wie es ein Vertrag mit dem Partherreich vorsieht – mit Rodogune vermählt werden. Die Prinzessin, Schwester des Partherkönigs, der Nicanor einst zum Gefangenen gemacht hatte, war diesem später nach Syrien gefolgt. Dort war Nicanor einem Mordanschlag der eifersüchtigen Königin zum Opfer gefallen. Cléopâtres Haß auf Rodogune zielt nun auch auf den Tod der Nebenbuhlerin, und sie verspricht demjenigen ihrer Söhne die Herrschaft, der diese Mordtat vollbringt. Antiochus und Séleucus, die – jeweils für den anderen völlig überraschend – Rodogune beide lieben und deren Charakter eine solche Tat gänzlich fernliegt, weisen das Ansinnen zurück. Die Verwicklung wird jedoch noch dadurch erhöht, daß Rodogune – die tatsächlich nur Antiochus liebt – ihrerseits als Preis für ihre Liebe von den Brüdern die Tötung der Mutter verlangt. Die moralische Überlegenheit Rodogunes zeigt sich allerdings darin, daß sie, von Antiochus besänftigt, nicht auf ihrem Verlangen besteht. Cléopâtre läßt dagegen, als sie mit ihren verbrecherischen Absichten bei den Söhnen keinerlei Widerhall findet, zunächst Séleucus vergiften und plant, bei der Hochzeit Rodogunes und Antiochus' auch diese beiden, die ihrem unbeschränkten Machtstreben gefährlich werden könnten, durch Gift zu beseitigen. Die Nachricht vom Tod des Séleucus macht Antiochus jedoch mißtrauisch. Als Rodogune Cléopâtre die Schuld an der Tat gibt, trinkt die Königin, die ihre Pläne scheitern sieht, selbst das Gift und wird sterbend hinweggeführt – sie hoffte vergeblich, Antiochus doch noch zu täuschen und mit in den Tod zu ziehen.

Im Unterschied zur klassischen Katharsis bewirkt die Katastrophe hier keine Wiederherstellung der moralischen Weltordnung, allenfalls das zufällige Scheitern eines amoralischen Ausnahmemenschen. Ob eine in diesem Sinne eingeschränkt positive Bewertung Cléopâtres möglich ist, stellt im übrigen eine umstrittene Frage dar. Corneille hat den Adel der Herrscherleidenschaft der orientalischen Königin hervorgehoben (und *Rodogune* den meisten seiner anderen Werke vorgezogen). *»... der Dichter ist äußerst zu tadeln, der aus Begierde, etwas Glänzendes und Starkes zu sagen, uns das menschliche Herz so verkennen läßt, als ob die Grundneigungen auf das Böse, als auf das Böse, gehen könnten«*, urteilt dagegen LESSING, der im 29.–32. Stück der *Hamburgischen Dramaturgie* die *Rodogune*-Handlung als unwahrscheinliche Häufung gräßlicher Ereignisse scharf kritisiert. In ähnlichem Sinn äußerten sich VOLTAIRE und A. W. SCHLEGEL. Neuere Kommentatoren (u. a. R. CAILLOIS und O. NADAL) haben dann den Charakter Cléopâtres im Sinne von NIETZSCHES Übermensch gedeutet, allerdings nicht ohne auf entscheidende Kritik (etwa von seiten S. DOUBROVSKYS) zu stoßen: zwischen dem Amoralismus der zweiten Hälfte des 19. Jh.s und der aristokratisch-christlichen Weltsicht Corneilles existiere keinerlei Analogie. – *Rodogune* dürfte jedoch tatsächlich einen Bruch mit der stoisch-christlichen Tradition bedeuten, die Corneilles Bühnenschaffen ansonst weitgehend beherrscht. Tragik geht in diesem Stück vielfach in eine reine Phänomenologie des Hasses über, ohne daß dadurch jedoch der großangelegte Charakter Cléopâtres tangiert würde. Cléopâtres Pläne sind monströs; eine rationale Rechtfertigung für ihr Handeln sucht sie kaum. Ihre großen Ziele lassen sie ausschließlich als Repräsentantin eines amoralischen Willens zur Macht erscheinen, nicht aber als Sünderin, die der Gnade bedarf. In dieser heillosen Welt des heroischen Lasters deutet nur die in ihrer Wirkung ungleich schwächere reine Bruderliebe auf die Gültigkeit einer im Christentum fundierten sittlichen Ordnung.

Mit *Rodogune* war eine neue Stufe der Corneilleschen Tragödie erreicht; die Handlungslinien sind weit verschlungener als in den bisherigen Stücken. Im übrigen hat Corneille die Technik der Überraschungseffekte hier zum ersten Mal bewußt eingesetzt. Damit hängt auch die von den klassischen Regeln abweichende Spannungsverteilung zusammen (der Höhepunkt des dramatischen Geschehens liegt nicht im dritten, sondern im fünften Akt). Des weiteren ist der Handlungsstoff auf die einzelnen Akte sehr ungleich verteilt. Die Dynamik der charakterlichen Entwicklung ist bei einigen Figuren außerordentlich (wie bei Rodogune, die zwischen Haß und Liebe schwankt), andere Gestalten (wie Cléopâtre) sind dagegen statisch angelegt. Trotz der spannungsreichen Handlung entfalten sich die Charaktere eher durch reflektierende Gespräche als durch Aktion. An vielen Stellen des Stücks wird geradezu schon die analytische Dramentechnik eingesetzt. Die Schönheiten der Corneilleschen Sprache und Dramaturgie äußern sich im Gesamtgefüge der *Rodogune*, nicht nur in Einzelzügen, wie Voltaire meinte. Auch die galante Metaphorik des Barock (so etwa Feuer als Metapher der Liebe) gewinnt überraschend Bedeutungsschwere. Die in Sprache und Dramaturgie erreichte reflektive Vertiefung des Weltinhalts läßt in der *Rodogune* eine neue Dimension zur äußeren und historischen Realität hinzutreten. C.Sch.

AUSGABEN: Rouen/Paris 1647. – Paris 1862–1868 (in *Œuvres*, Hg. Ch. Marty-Laveaux, 12 Bde., 4). – Genf/Lille 1946, Hg. J. Scherer (krit.; TLF). – Paris 1950 (in *Théâtre*, Hg. P. Lièvre u. R. Caillois, 2 Bde., 2; Pléiade). – Paris 1960 (in *Théâtre complet*, Hg. M. Rat, 3 Bde., 2; Class. Garn). – Paris 1984 (in *Œuvres complètes*, Hg. G. Couton, 3 Bde., 2; Pléiade). – Rouen 1984 ff. (in *Théâtre complet*).

ÜBERSETZUNGEN: *Rodogune, Prinzessin aus Parthien*, F. Ch. Bressand, Wolfenbüttel 1691. – *Rodogüne, Prinzessin der Parther*, G. Behrmann, Hbg./Bremen 1769. – *Rodogüne*, A. Bode, Bln./Lpzg. 1803. – *Rodogune, parthische Prinzessin*, H. Heller, Lpzg. 1874 (RUB). – *Rodogyne*, R. A. Schröder, Ffm. 1962 (FiBü).

LITERATUR: O. Nadal, *L'exercice du crime chez C.* (in MdF, 311, Jan. 1951, S. 27–37). – H. Glaesener, *Les points de départ historiques de »Rodogune«* (in Revue Belge de Philologie et d'Histoire, 29, 1951, S. 367–387). – J. Vier, *Réflexions sur »Rodogune«* (in J. V., *Littérature à l'emporte-pièce*, Paris 1958, S. 3–11). – J. D. Hubert, *The Conflict between Chance and Morality in »Rodogune«* (in MLN, 74, 1959, S. 234–239). – E. Triolet, *C. dans un feu de Bengale (»Rodogune«)* (in Les Lettres Françaises, 22. 12. 1960, S. 1; 6). – F. Orlando, *Un motivo barocco e la struttura della »Rodogune«*, Pisa 1961 (auch in SRLF, 3, 1963, S. 37–63). – H. Voss, *C. oder das Werden einer menschlichen Ordnung. Versuch über die Struktur eines tragischen Theaters mit besonderer Berücksichtigung von »Rodogune, princesse des Parthes«*, Diss. Mchn. 1967. – L. Goldmann, *Le problème du mal* (in *Structures mentales et création culturelle*, Paris 1970, S. 135–151). – M. Fumaroli, *Tragique païen et tragique chrétien dans »Rodogune«* (in RSH, 38, 1973, S. 599–631). – A. Pizzorusso, *»Rodogune«. Un teatro dell'orrore* (in Micromégas, 3, 1976, S. 1–18). – C. J. Gossip, *The Problem of »Rodogune«* (StF, 22, 1978, S. 231 bis 240). – A. Georges, *Le personnage de Rodogune dans »Rodogune, princesse des Parthes«* (in LR, 35, 1981). – R. Jasinski, *Le caractère de Rodogune* (in R. J., *A travers le 17e siècle*, Bd. 1, Paris 1981). – E. C. Knox, *Person, Personification and Cleopatre's »Grandeur« in »Rodogune«* (in E. C. K., *Patterns of Person*, Lexington 1983). – P. Bénichou, *Formes et signification dans la »Rodogune« de C.* (in Le Débat, 31, Sept. 1984). – O. de Morgues, *»Rodogune«, tragédie de la Renaissance (Actes du Colloque ... de Rouen*, Hg. A. Niderst, Paris 1985).

LA VEUVE ou Le traître trahi

(frz.; *Die Witwe oder Der verratene Verräter*). Komödie in fünf Akten von Pierre CORNEILLE, Uraufführung: Paris, Anfang 1632, Jeu de Paume de la Phère (durch die Gruppe von Montory). – Die auf *Mélite* und die Tragikomödie *Clitandre* folgende dritte Komödie Corneilles, der sich unmittelbar drei weitere anschließen sollten, ist das reizvollste dieser heiteren Jugendwerke. Sie beruht auf der geschickten Kombination von teils allerdings recht unwahrscheinlichen Intrigen: Der arme Aristokrat Philiste liebt die junge, reiche, schöne und edle Witwe Clarice, ohne jedoch offen um sie zu werben. Seine Neigung wird erwidert, aber die Konvention hält zunächst auch Clarice davor zurück, ihre Liebe zu bekennen. Diese Lage sucht Philistes falscher und heimtückischer Freund Alcidon zu seinen Gunsten auszunutzen. Er ist ebenfalls in Clarice verliebt und wirbt nur scheinbar um Philistes Schwester Doris, der wiederum von ihrer Mutter eine Ehe mit dem durchschnittlichen Florange nahegelegt wird. Als Alcidons Künste (trotz Mithilfe der verräterischen Amme) bei Clarice keinen Erfolg haben, beredet er seinen Freund Célidan, Clarice zu entführen – angeblich, um sich an Philiste zu rächen; dieser wolle nämlich Doris von einer Verbindung mit ihm, Alcidon, abbringen (tatsächlich ist das Gegenteil richtig, hält Philiste gegen Florange zu seinem verräterischen Freund). Célidan durchschaut jedoch die Ränke Alcidons und läßt die auf sein Schloß entführte Clarice frei. Philiste kann sich nun mit Clarice verbinden; der ehrenwerte Célidan verlobt sich mit Doris. Alcidon aber hat das Nachsehen.

Corneilles Komödienkunst ist von der Typenkomödie MOLIÈRES denkbar weit entfernt und eher der heiteren Gesellschaftskritik GOLDONIS vergleichbar. Der Einschlag des Heroischen unterscheidet sie jedoch von der venezianischen Komödie. Der soziale Typ französischer Kavaliere der ersten Hälfte des 17. Jh.s und das Milieu, in dem sie sich bewegten, sind in *La veuve* insgesamt zutreffend gezeichnet. Im Bereich der Komödienkunst erstrebte Corneille überhaupt eine fast abbildliche Darstellung gerade auch der Sprachwirklichkeit. Die dargestellte Entführung beschwört noch einmal die Fronde-Atmosphäre; im hochzivilisierten Frankreich Ludwigs XIV. wäre dergleichen nicht mehr möglich gewesen.

Der Personenreichtum des Stücks bedingt häufigen, dramaturgisch oft schlecht motivierten Szenenwechsel. Insofern ist diese Komödie Corneilles relativ unklassisch. *La veuve* moralisiert stärker als die Tragödien des Dichters. Die dramatische Gerechtigkeit ist dann allerdings wieder nicht streng genug: Alcidon wird nicht eigentlich bestraft, sondern ist schließlich nur der Düpierte. C.Sch.

Ausgaben: Paris 1634. – Paris 1862–1868 (in *Œuvres*, Hg. Ch. Marty-Laveaux, 12 Bde., 1). – Paris 1950 (in *Théâtre*, Hg. P. Lièvre u. R. Caillois, 2 Bde., 1; Pléiade). – Genf/Lille 1954, Hg. M. Roques u. M. Lièvre. – Paris 1960 (in *Théâtre complet*, Hg. M. Rat, 3 Bde., 1; Class. Garn). – Paris 1968 (in *Théâtre*, Hg. J. Maurens, 2 Bde., 1; GF). – Paris 1971 (in *Théâtre complet*, Hg. G. Couton, 3 Bde., 1; Class. Garn). – Paris 1980 (in *Œuvres complètes*, Hg. G. Couton, 3 Bde., 1; Pléiade). – Rouen 1984 ff. (in *Théâtre complet*, Hg. u. Anm. A. Niderst; krit.).

Literatur: L. E. Harvey, *The Noble and the Comic in »La veuve«* (in Symposium 10, 1956, S. 291–295). – P. Bourdat, *Une source cornélienne du »Misanthrope«: »La veuve«* (in Inf. litt, 20, 1968, S. 129–131). – I. McFarlane, *A Reading of »La veuve« (in The Equilibrium of Wit. Essays for O. de Mourgues*, Hg. P. Bayley u. D. G. Coleman, Lexington 1982, S. 135–149).

Cyrano de Bergerac

eig. Hector Savinien de Cyrano

* 6.3.1619 Paris
† 28.7.1655 Paris

Literatur zum Autor:
P. Brun, *La vie et les œuvres de C. de B.*, Paris 1909. – L.-R. Lefèvre, *La vie de C. de B.*, Paris ⁵1927. – G. Montgrédien, *C. de B.*, Paris 1964. – L. Erba, *Magia e invenzione*, Mailand 1967. – E. W. Lanius, *C. de B. and the Universe of Imagination*, Genf 1967. – M. Alcover, *La pensée philosophique et scientifique de C. de B.*, Genf 1970. – E. Harth, *C. de B. and the Polemics of Modernity*, NY/Ldn. 1970. – J. Goldin, *C. de B. et l'art de la pointe*, Montreal 1973. – W. H. Vledder, *C. de B., 1619–1655, philosophe ésotérique*, Amsterdam 1976. – R.-M. Carré, *C. de B.*, Paris 1977. – J. Prévot, *C. de B., romancier*, Paris 1977. – Ders., *C. de B., poète et dramaturge*, Paris 1978. – T. Reiss, *The Discourse of Modernism*, Cornell 1982, S. 226–260.

HISTOIRE COMIQUE CONTENANT LES ESTATS ET EMPIRES DE LA LUNE. – L'HISTOIRE COMIQUE DES ESTATS ET EMPIRES DU SOLEIL

(frz.; *Komische Geschichte der Staaten und Reiche des Mondes und der Sonne*). Utopischer Doppelroman von Cyrano de Bergerac; entstanden seit etwa 1648 bzw. 1650, erschienen 1657 und 1662. – Unmittelbare Anregungen zu diesem Werk gaben die Vorlesungen, die Pierre Gassendi 1642/43 in Paris vor einem Kreis junger Intellektueller hielt und in deren Verlauf er auch auf ein Lieblingsthema der gebildeten Gesellschaft seiner Zeit zu sprechen kam: das Leben auf dem Mond. Die phantastische Möglichkeit eines Aufenthalts auf diesem Erdtrabanten inspirierte den musischen Haudegen Cyrano zu seiner Beschreibung eines fiktiven Mondbesuchs.

Mit einem von Raketen angetriebenen Luftfahrzeug erreicht der Autor beim dritten Startversuch, vom Marktplatz von Quebec (Kanada) aus, den Bereich der Anziehungskraft des Mondes und wird, nachdem die Antriebsraketen ausgebrannt sind und die »Raumkapsel« zur Erde zurückgefallen ist, von ihm angesogen. Er »landet« in der Gegend, in der sich das irdische Paradies befindet, wird daraus jedoch wegen seiner respektlosen Bemerkungen gegenüber den biblischen Gestalten, die dort versammelt sind, vertrieben und gerät nun in die Gewalt des kentaurenartigen Mondvolks. Man hält ihn für einen Affen und stellt ihn öffentlich zur Schau. Der Dämon des Sokrates nimmt sich seiner an, unterrichtet ihn in der mondischen Lebensführung und bringt ihn an den Hof der Königin, wo man ihn allerdings zu einem anderen »Affen« in den Käfig steckt. Cyrano erkennt in seinem Mitgefangenen den Spanier Domingo Gonzales – den Mondreisenden aus Francis Godwins Roman *The Man in the Moone* (1638) –, der mit Hilfe abgerichteter Vögel hierhergelangt ist. Da die beiden zur allgemeinen Enttäuschung keine Nachkommen zeugen, entbrennt unter den Wissenschaftlern ein Streit darüber, ob Cyrano, wie er behauptet, ein Mensch sei oder ein Papagei ohne Federn. Konzile werden einberufen, auf denen Cyrano seine Kenntnisse der irdischen Philosophie unter Beweis stellen soll, für seine Ausführungen über die Lehre des Aristoteles und über kosmische Fragen aber nur Gelächter erntet. Schließlich wird er dazu verurteilt, abzuschwören, daß er sich auf dem Mond befinde. Danach ist er frei. Sein Verteidiger, der Dämon des Sokrates, nimmt ihn wieder in seine Obhut und macht ihn mit den Mondphilosophen bekannt, in deren Kreis Cyrano seine Zeit fortan mit Disputen über alle erdenklichen Probleme der Physik, der Ethik, der Religion und Humanität verbringt. Er weiß seinen Standpunkt stets so imponierend zu vertreten, daß eine Hofdame ihm zuliebe den christlichen Glauben annehmen und mit ihm zur Erde reisen will. Doch Cyrano zieht es vor, die Rückreise in Gesellschaft eines Freigeistes anzutreten, der Gott geleugnet hat und zur Strafe

dafür in die Hölle befördert wird. Cyrano klammert sich an dem Missetäter fest, durchfliegt mit ihm das All, läßt ihn aber rechtzeitig los, bevor dieser durch einen Vulkan in die Hölle fährt. Irgendwo in Italien findet Cyrano sich wieder.
In der direkt anschließenden, aber etwa sieben Jahre später entstandenen *Sonnenreise* vermißt man die Jugendfrische und genial-komische Phantasie des Mondreisenden, was wohl damit zu erklären ist, daß Cyrano den zweiten Teil zunächst als Memoiren des Sokrates-Dämons ausgeben wollte, dann jedoch auch diese Reise als eigenes Erlebnis erzählte. Dennoch scheint statt des Feuerkopfs aus Bergerac ein abgeklärter Philosoph zu schreiben. Statt grotesker, die irdische Wirklichkeit parodierender Einrichtungen trifft der Autor auf der Sonne allegorische Idealstaaten (Reich der Vögel, Reich der Bäume) an, wie sie das traditionelle Charakteristikum utopischer Romane sind. Hier aber geben sie nur den Rahmen ab zu weitläufigen philosophischen Erörterungen, u. a. mit Tommaso Campanella, dem nach seinem Tode konsequenterweise ins Sonnenreich versetzten Verfasser der *Città del sole* (1602).
Cyranos Werk gilt als ein Gipfelpunkt der utopischen Literatur des Barock, obwohl ihm typische Elemente des »Zukunftsromans« fehlen und Sonne und Mond dem Autor im Grunde nur als Neugier erregende, beim Publikum seiner Zeit beliebte Schauplätze dienen, die das eigentliche Thema effektvoll »verfremdet« erscheinen lassen. Was Cyrano vorschwebt, dem stürmischen, unmethodischen Geist indessen nur bis zu einem gewissen Grade gelingen kann, ist eine Enzyklopädie des zeitgenössischen Denkens in romanhafter Form. Die frappierenden technischen Erfindungen – von den diversen Flugapparaten bis zum Grammophon –, die schon seit Leonardo da Vinci keine müßigen Phantastereien mehr sind, sondern wohlüberlegte Vorwegnahmen einer voraussehbaren Entwicklung, benutzt er im wörtlichen wie im übertragenen Sinne als »Vehikel«, um dem Leser seine philosophischen Anschauungen und naturwissenschaftlichen Erkenntnisse (vielleicht nach dem Vorbild von Galileis erfolgreichem *Dialogo*, 1632) auf die kurzweiligste Art darzulegen. Im Mittelpunkt der geistigen Auseinandersetzung steht zu dieser Zeit die Kontroverse zwischen aristotelisch-scholastischem Denken und der modernen Naturphilosophie Gassendis einerseits sowie zwischen dessen neuem Empirismus und dem Kartesianismus andererseits. Gassendi, der Philosoph der Avantgarde, ist auch Cyranos Idol – wenigstens in der *Mondreise*: *»Cyrano ist nicht nur Gassendist im allgemeinen, verficht nicht nur epikureische Grundsätze, auch den Sensualismus des Meisters, sondern er benutzt viele seiner Gedanken fast wörtlich. Ja, die ›Mondreise‹ ist in vielen Teilen kaum etwas anderes als ein Kompendium der Gassendischen Philosophie, gibt die Lehre von den Atomen, vom leeren Raum, von der Schwere ganz im Gassendischen Sinne zu einer Zeit, wo dieser seine Hauptwerke noch gar nicht veröffentlicht hatte«* (L. Jordan). – In der Sonnenreise entwickelt Cyrano dagegen kartesianische Gedankengänge, die sich zum Teil auch in einem dem Dichter zugeschriebenen *Fragment de physique* finden. Man hat daraus geschlossen, daß er sich im Laufe der Jahre von Gassendi gelöst und einen Kompromiß zwischen den beiden Richtungen angestrebt hat. In Anbetracht der typisch nonkonformistischen, satirisch-kritischen Weltbetrachtung Cyranos ist es wahrscheinlicher, daß es sich hier wie auch an vielen Stellen der *Mondreise* im wesentlichen um Veränderungen des Originaltextes durch ängstliche oder andersdenkende Bearbeiter handelt. Zwei im 19. Jh. entdeckte Manuskripte des ersten Buches, unter deren Titel *L'autre monde* die Neuausgaben herausgegeben wurden, beweisen, daß die frühen Drucke auf (vermutlich durch den Nachlaßverwalter Henri Le Bret) stark verstümmelte Texte zurückgehen.
Die ebenso unterhaltsame wie lehrreiche *Histoire comique* und Cyranos fortschrittliche, humanitäre Denkweise (Gegner des Krieges und der Todesstrafe) fanden bei den Zeitgenossen und den nächsten Generationen große Anerkennung. Doch läßt sich eine direkte Beeinflussung späterer phantastischer Reiseromane (z. B. von Swift und Voltaire) genausowenig nachweisen wie Cyranos angebliche Abhängigkeit von älteren kosmisch-utopischen Romanen oder etwa Lukians *Alēthē dihēgēmata*. KLL

Ausgaben: Paris 1657 *(Histoire comique contenant Les estats et empires de la lune)* und 1662 *(Les nouvelles œuvres: L'histoire comique des estats et empires du soleil)*. – Paris 1858 (in *Œuvres*, Hg. P.-L. Jacob, 2 Bde., 1; ern. Paris 1962). – Dresden 1910 (*L'autre monde ou Les états et empires de la lune et du soleil*, Hg. L. Jordan; krit.). – Paris 1932 (*L'autre monde ou Les états et empires de la lune et du soleil*, Hg. F. Lachèvre; krit.). – Paris 1962, Hg. C. Mettra u. J. Suyeux. – Paris 1970 (*Voyage dans la lune*; GF). – Paris 1977 (in *Œuvres complètes*, Hg. J. Prévot). – Paris 1978, Hg. M. Alcover (krit.; STFM).

Übersetzungen: *Reise in die Sonne*, A. Kreyes, Halle 1909. – *Mondstaaten und Sonnenreiche. Phantastischer Roman*, M. Schimper, Mchn. 1913. – *Die Reise zu den Mondstaaten und Sonnenreichen*, dies., Mchn. 1962; ern. 1986 (Heyne Tb).

Literatur: E. Hoenncher, *Fahrten nach Mond und Sonne, Studien insbesondere zur französischen Literaturgeschichte des 17. Jh.s*, Oppeln 1887. – A. W. Loewenstein, *Die naturphilosophischen Ideen bei C. de B.* (in AGPh, 16, 1903, S. 27–58). – H. Dübi, *Zu C.s »L'autre monde«* (in ASSL, 66, 1912, 129, S. 151–174). – M. Meder, *Das Weltbild in C. de B.s Roman »L'autre monde«*, Diss. Heidelberg 1940. – M. H. Nicolson, *Voyages to the Moon*, NY 1948. – C. Mauriac, *»L'autre monde«* (in C. M., *De la littérature à l'alittérature*, Paris 1969, S. 41–59). – M. Laugaa, *Lune, ou l'Autre* (in Poétique, 1, 1970, S. 282–296). – R. Chambers, *»L'autre monde« ou le mythe du libertin* (in EFL, 8, 1971, S. 29–46). – J. E.

Dejean, *Method and Madness in C.'s »Voyage dans la lune«* (in FF, 2, 1977, S. 224–237). – H. Walker, *»L'autre monde«* (in *Voyages. Récits et imaginaires*, Hg. B. Beugnot, Paris u. a. 1984, S. 137–145). – H. Mason, *C. »L'autre monde«*, Ldn. 1984. – Y. Charrel, *»L'autre monde« à l'épreuve de l'étranger* (in Inf. litt, 37, 1985, S. 102–108).

RENÉ DESCARTES

* 31.3.1596 La Haye / Touraine
† 11.2.1650 Stockholm

LITERATUR ZUM AUTOR:

Bibliographien:
G. Sebba, *Bibliographia Cartesiana. A Critical Guide to the D. Literature 1800–1960*, Den Haag 1964. – R. Klibansky, *D. A Selected Bibliography*, Ldn. 1970. – *Bull. cartésien*, Hg. L'Équipe D. C.N.R.S. (in Archives de philos; jährl. Bibliogr. seit 1972). – A. J. Guibert, *Bibliographie des œuvres de R. D. publiées au XVIIe siècle*, Paris 1976.

Forschungsberichte:
A. Carlini, *Il Problema di C.*, Bari 1948. – C. Ferro, *Intorno ad alcune recenti interpretazioni del pensiero cartesiano* (in Rivista di Filos. neoscolast., 42, 1950, S. 194–221). – M. Giorgiantonio, *D. e i suoi recenti interpreti (1937–1950)* (in Sophia, 19, 1951, S. 313–322). – G. Lewis, *Bilan de cinquante ans d'études cartésiennes* (in Revue philosoph. France et l'étranger, 141, 1951, S. 249–267). – M. Wundt, *Wandlungen des D.-Bildes* (Zs. für philos. Forschung, 7, 1953, S. 315–325). – W. Röd, *Richtungen der gegenwärtigen D.-Forschung* (in Philosoph. Rundschau, 18, 1971, S. 78–92). – J. Vandenbulcke, *Die dt. D.-Lit. Anfang der Siebzigerjahre* (in Tijdschr. voor filos., 37, 1975, S. 95–111).

Biographien:
A. Baillet, *La vie de Monsieur D.*, 2 Bde., Paris 1691; ern. Hildesheim/NY 1972 [Faks. der 1. Ausg., Bd. 1, NY 1987]. – K. Fischer, *D.' Leben, Werk u. Lehre*, Heidelberg 1894; 51912. – F. Alquié, *D. l'homme et l'œuvre*, Paris 1956; 21963 (dt. *D.*, 1962). – R. Specht, *R. D. In Selbstzeugnissen u. Bilddokumenten*, Reinbek 1966 (rm). – J. R. Vrooman, *R. D.*, NY 1970. – E. Garin, *Vita e opere di C.*, Rom u. a. 21970; ern. 1986.

Gesamtdarstellungen und Studien:
P. Natorp, *D.' Erkenntnistheorie*, Marburg 1882. – E. Cassirer, *D.' Kritik der mathematischen und naturwissenschaftlichen Erkenntnis*, Marburg 1899. – O. Hamelin, *Le système de D.*, Paris 1911; ern. 1921. – A. Koyré, *D. u. die Scholastik*, Bonn 1923; Nachdr. Darmstadt 1971. – G. Milhaud, *D., savant*, Paris 1921. – H. Gouhier, *La pensée religieuse de D.*, Paris 1924; 21973. – K. Jaspers, *D. u. die Philosophie*, Bln. 1937; 41966. – H. Gouhier, *Essais sur D.*, Paris 1937; 31973. – E. Cassirer, *D.: Lehre, Persönlichkeit, Wirkung*, Stockholm 1939; ern. NY 1941 [Faks. der 1. Ausg. Hildesheim 1978]. – F. Alquié, *La découverte métaphysique de l'homme chez D.*, Paris 1950. – M. Guéroult, *D. selon l'ordre des raisons*, 2 Bde., 1953; ern. 1968. – H. Gouhier, *La pensée métaphysique de D.*, Paris 1962; 21969. – C. F. v. Weizsäcker, *D. u. die neuzeitliche Naturwissenschaft*, Hbg. 1962. – W. Röd, *Die innere Genesis des cartes. Systems*, Mchn./Basel 1964; erw. 1982. – G. Schmidt, *Aufklärung und Metaphysik. Die Neubegründung des Wissens durch D.*, 1965. – R. Specht, *Commercium mentis et corporis. Über Kausalvorstellungen im Cartesianismus*, 1966. – D. Mahnke, *Der Aufbau des philosophischen Wissens nach R. D.*, Mchn./Salzburg 1967. – W. Halbfaß, *D.' Frage nach der Existenz der Welt*, Meisenheim a. Gl. 1968. – J. D. Collins, *D.' Philosophy of Nature*, Oxford 1971. – A. Klemmt, *D. u. die Moral*, Meisenheim a. Gl. 1971. – W. Röd, *D.' Erste Philosophie*, Bonn 1971. – *Cartesian Studies*, Hg. R. J. Butler, Oxford 1972. – L. Gäbe, *D.' Selbstkritik. Untersuchungen zur Philosophie des jungen D.*, Hbg. 1972. – F. H. Caton, *The Origin of Subjectivity. An Essay on R. D.*, New Haven/Ldn. 1973. – H. Yarvin, *Some Cartesian Questions*, Diss. Brown Univ. 1973. – B. E. O'Neill, *Epistemological Direct Realism in D.' Philosophy*, Albuquerque 1974 [m. Bibliogr.]. – J. Rée, *D.*, Ldn. 1974 [m. Bibliogr.]. – J.-L. Marion, *Sur l'ontologie grise de D.*, Paris 1975; ern. 1981 [rev.]. – J. F. Scott, *The Scientific Work of R. D.*, Ldn. 1976. – F. Grayeff, *D.*, Ldn. 1977. – L. Pearl, *D.*, Boston 1977 [m. Bibliogr.]. – E. M. Curley, *D. against the Skeptics*, Cambridge/Mass., 1978. – *D. Critical and Interpretative Essays*, Hg. M. Hooker, Baltimore/Ldn. 1978 [m. Bibliogr.]. – M. D. Wilson, *D.*, Ldn. 1978. – F. Bader, *Die Ursprünge der Transzendentalphilosophie bei D.*, Bonn 1979–1983 ff. – J. J. Blom, *D.: His Moral Philosophy and Psychology*, Hassoks/Sussex 1978. – J.-M. Beyssade, *La philosophie première de D. Le temps et la cohérence de la métaphysique*, Paris 1979. – D. J. Marshall jr., *Prinzipien der D.-Exegese*, Freiburg i. B./Mchn. 1979. – *D. Actes du 8. Colloque de Marseille*, 1979. – P. A. Cahné, *Un autre D. Le philosophe et son langage*, Paris 1980. – G. Canziani, *Filosofia e scienza nella morale di D.*, Florenz 1980. – J.-L. Marion, *Sur la théologie blanche de D.*, 1981. – *Actes de New Orleans*, Hg. F. L. Lawrence, Paris u. a. 1982. – L. Alanen, *Studies in Cartesian Epistemology and Philosophy of Mind*, Helsinki 1982. – A. Beckermann, *D. über die wirkliche Verschiedenheit von Körper u. Seele: eine Untersuchung zum Cartes. Dualismus*, Osnabrück 1982. – D. M. Clarke, *D.'s Philosophy of Science*, Manchester 1982. – G. Kimmerle, *Kritik der identitätslogischen Vernunft: Untersuchungen zur Dialektik der Wahrheit bei D. u. Kant*, Königstein/Ts. 1982. – Ch. Krejtman, *Pour D.: Le processus logique de la pensée confuse*, Paris 1982. – A. Bortolotti, *Saggi sulla formazione del pensiero di D.*, Florenz 1983. – P. Guenanica, *D. et l'ordre poli-*

tique: critique cartés. des fondements de la politique, Paris 1983. – G. Kruck, *R. D.: 1596–1650; eine Auseinandersetzung mit seiner Philosophie im Vergleich zu Kant u. aus heutiger Sicht*, Zürich 1983. – J. C. Evans, *The Metaphysics of Transcendental Subjectivity: D., Kant and W. Sellars*, Amsterdam 1984. – G. Herbst, *Wissenschaft und Moral bei D.*, Diss. Mannheim 1985. – M. Green, *D.*, Minneapolis 1985. – G. Rodis-Lewis, *Idées et vérités éternelles chez D. et ses successeurs*, Paris 1985. – S. Turró, *D.: del hermetismo a la nueva ciencia*, Barcelona 1985. – A. Beckermann, *D.' metaphysischer Beweis für den Dualismus: Analyse u. Kritik*, Freiburg i. B./Mchn. 1986. – J. P. Cavaille, *La politique révoqué: notes sur le statut du politique dans la philosophie de D.*, San Domenico 1986. – J. Cottingham, *R. D.*, Oxford u. a. 1986. – P. Markie, *D.' Gambit*, Ithaca u. a. 1986. – J. L. Marion, *Sur le prisme de métaphysique de D.*, 1986. – *A D. Issue* (in Journal of the Hist. of Philos. 1988, Nr. 3; Sondernr.). – B. Williams, *D. Das Vorhaben der reinen philosophischen Untersuchung*, Ffm. 1988.

DISCOURS DE LA MÉTHODE pour bien conduire sa raison et chercher la vérité dans les sciences

(frz.; *Abhandlung über die Methode, seine Vernunft richtig zu leiten und die Wahrheit in den Wissenschaften zu suchen*). Philosophische Schrift in sechs Teilen von René DESCARTES, anonym erschienen 1637 zusammen mit den ersten Ergebnissen ihrer Anwendung, den Essays *La dioptrique, Les météores* und *La géométrie*. – Als Descartes, der nach der Verurteilung GALILEIS nichts mehr hatte veröffentlichen wollen, auf Drängen seiner Freunde diese Sammlung herausgab, verzichtete er aus Vorsicht nicht nur darauf, sie unter seinem Namen erscheinen zu lassen, es sollte auch verborgen bleiben, in welchem Ausmaß die Erkenntnisse, die diesen Schriften zugrunde liegen, die gesamte traditionelle Philosophie in Frage stellten. Er erweckte deshalb bewußt den Eindruck, als handle es sich hier um einen ganz persönlichen Bericht über die Suche eines einzelnen nach Erkenntnis, und es ist gerade diese ständige Anwesenheit des Denkenden selbst – eines *»wunderbaren und denkwürdigen Ich«*, dessen Rang nach VALÉRYS Meinung den seiner Lehre noch übersteigt –, die dem *Discours* seine einzigartige Lebendigkeit verleiht. Dieses Ich hat nicht die Absicht, *»die Methode zu lehren, nach der jeder seinen Verstand gebrauchen soll, sondern will nur veranschaulichen, auf welche Weise ich versucht habe, von der meinen Gebrauch zu machen«*.

Descartes beginnt mit einem Bekenntnis zur Universalität des menschlichen Geistes und der in ihm angelegten Fähigkeit, die Wahrheit zu erkennen; aber sogleich folgt die Feststellung, daß ohne methodischen Einsatz des Verstandes diese Möglichkeiten unausgeschöpft bleiben und alle Anstrengungen sich in einer Fülle verschiedener Meinungen verlieren müssen. Im ersten Teil betont Descartes deshalb die Notwendigkeit, allgemeinste Voraussetzungen wissenschaftlichen Denkens zu finden, und weist auf das Mißverhältnis zwischen dem hohen Ansehen der Wissenschaft und der Geringfügigkeit ihrer bisherigen Resultate hin. Als einziges akzeptierbares Vorbild einer Methodik, die Gewißheiten zu verschaffen vermag, erörtert der Autor die der Mathematik, und äußert seine Verwunderung darüber, daß trotz so fest gegründeter Erkenntnisse die alten Moralisten ihre stolzen Gebäude auf sehr schwankenden Fundamenten errichtet hätten. Deshalb beschließt er, auf Reisen und in einsamer Meditation das zu suchen, was er in der Kultur nicht finden konnte: die klare und sichere Erkenntnis all dessen, was im Leben nützlich ist.

Im zweiten Teil wird die ungeheure Bewegung, in die Descartes' Denken geraten war, als er während eines Feldzugs im Winterlager an der Donau lag, nur angedeutet. Damals hatte er in einem inspirierten Augenblick, der ihn wie ein Fieber überfiel, *»die Grundlagen einer wunderbaren Wissenschaft«* entdeckt und in der gleichen Nacht paradoxerweise durch drei Träume seine Erkenntnis der Rationalität der Welt und des Seins bestätigt gesehen. Von dieser Erschütterung läßt der zweite Teil des *Discours* nichts erkennen. Er verfolgt lediglich, auf welche Weise der Mann, der eine innere Revolution erlebt hatte, es unternahm, alle seine bisherigen Meinungen daraufhin zu prüfen, inwieweit sie auf bloßem Glauben beruhten und ob sie mit der Vernunft in Einklang gebracht werden könnten.

Als Leitfaden dienen ihm vier Regeln, zu denen er die 1628 verfaßten *Regulae ad directionem ingenii* verkürzt hatte. Ihre ursprüngliche Herkunft aus der Geometrie außer acht lassend, erweitert er ihren Anwendungsbereich zugleich beträchtlich. *»Die erste hieß, daß ich niemals eine Sache als wahr anerkennen solle, deren Wahrheit nicht evident ist ... die zweite, daß ich jede der zu prüfenden Schwierigkeiten in soviel Parzellen teilen solle, wie es möglich und wie es erforderlich ist, um sie zu lösen ... die dritte, meinen Gedankengang zu ordnen, derart, daß ich, bei den einfachsten und leichtesten Dingen beginnend, schrittweise zur Erkenntnis der komplizierteren aufsteige ... die vierte, alles* [d. h. Gründe, Hypothesen, Beobachtungen] *so vollständig aufzuzählen und in solchem Umfang zu erfassen, daß mit Sicherheit nichts ausgelassen ist.«*

Im dritten Teil befaßt sich Descartes mit der beunruhigenden Frage, nach welchen sittlichen Regeln der Mensch denn leben solle, solange nicht alle Probleme mit Hilfe dieser Methode gelöst seien. Er beschließt, sich vorläufig mit einer Moral *»par provision«*, einem moralischen Grundbestand zu begnügen. Auch für diese provisorische Moral entwirft er Maximen: *»Die erste war, den Gesetzen und Gewohnheiten meines Landes zu gehorchen und an der Religion festzuhalten, in der Gott in seiner Gnade mich seit meiner Kindheit erziehen ließ, und mich in jeder andern Hinsicht nach den maßvollsten und von Übertreibungen am weitesten entfernten Ansichten zu richten ... Meine zweite Maxime war, so fest und entschlossen zu handeln, wie ich irgend konnte ... meine* *dritte war, zu versuchen, lieber mich selbst zu besiegen als das Geschick und lieber meine Wünsche zu ändern als die Ordnung der Welt.«* Dieser loyale Pakt mit der Welt und dem Geschick *(fortune)* macht es ihm möglich, *»so einsam und zurückgezogen wie in den entlegensten Wüsten«* zu leben und dort das geistige Abenteuer zu bestehen, das der vierte Teil nachzeichnet: den Verzicht auf ein Urteil, das sich auf bloßes Meinen und Glauben gründet. Einmal in seinem Leben muß man den radikalen Zweifel, den die erste Regel der Methode zur Voraussetzung jeder Beschäftigung mit einem Problem erklärt, bis zum äußersten treiben.

Aber wenn alles, auch die sinnlichen Wahrnehmungen und die Vernunftschlüsse in Frage gestellt sind und die Welt nichts anderes als ein Traum zu sein scheint, dann wird *»bald darauf«* evident, daß man notwendigerweise zumindest »sein« muß, um denken zu können, und sei es auch nur, einen Traum zu denken.

Nichts ist fester und sicherer als diese ursprüngliche Wahrheit: *Je pense, donc je suis.« (»Ich denke, also bin ich.«)* Im Augenblick seiner größten Ausdehnung stößt der Skeptizismus an seine Grenze und schafft sich selbst einen unerschütterlichen Ausgangspunkt für eine Wiedergewinnung der Gewißheit. Dieses *»Ich denke, also bin ich«* enthüllt dem Menschen zugleich seine wahre Natur: *»Substanz, deren Wesen oder Natur nichts anderes ist als zu denken.«* Dieses Prinzip begründet auch die Unterscheidung von denkender und (räumlich) ausgedehnter Substanz, von Seele und Leib. Und diese erste Begegnung mit der klaren und deutlichen Evidenz erfüllt auch das Kriterium jeder Wahrheit, wie Descartes es in der ersten Regel der Methode definierte: Die Methode wird gefunden und gelebt im Akt der Suche nach ihr.

Aber er geht noch weiter: Da das denkende Ich sich zugleich seiner Unvollkommenheit bewußt wird, kann dieses Bewußtsein sich nur auf eine Idee des Vollkommenen beziehen, dessen Quelle das Ich nicht sein kann, denn es ist unmöglich, daß Vollkommenes aus weniger Vollkommenem hervorgeht. Daraus folgt also, daß die Idee des Vollkommenen dem seine Begrenztheit erlebenden Ich etwas enthüllt, das vollkommener ist als es selbst – und das ist Gott, der alles ist, was es selbst nicht ist, was es aber denken kann: unendlich, ewig, unveränderlich, allwissend, allmächtig. – Die Meditation über die Körperwelt und den geometrischen Raum mündet in einen zweiten Gottesbeweis, der zu dem Schluß führt, daß nur die Existenz Gottes die Gültigkeit dessen, was uns evident ist, garantiere. Sie allein erlaubt uns, mit einer äußeren Welt zu rechnen, die vom Verstand als reine, ausgedehnte Substanz erfaßt werden kann, deren Modifikationen alle nach Gestalt und Bewegung zu bestimmen sind. Denn wir können unmöglich annehmen, daß Gott uns die Evidenz als Illusion erscheinen lassen will. Der fünfte Teil, in dem Descartes diese mechanistische Erklärung der Körperwelt weiter ausführt, macht den geheimen Widerspruch zwischen der ersten und den beiden folgenden Regeln der Methode deutlich: Sein manchmal naives Vertrauen in die Evidenz verleitet ihn dazu, gegen das Gesetz der Vorsicht zu verstoßen und imaginierend eine Physik auf Gesetze zu gründen, *»die Gott solcherart in der Natur errichtet und deren Erkenntnis er derart in unsere Seelen eingeprägt hat, daß, wenn wir genügend darüber nachgedacht haben, wir nicht daran zweifeln können, daß sie in allem, was in der Welt ist und geschieht, genau befolgt werden«.* Descartes schließt mit einem Appell an die Mäzene der Naturwissenschaft, in dem er sich zur Nützlichkeit der empirischen Methoden bekennt, *»die um so notwendiger werden, je weiter man in der Erkenntnis fortgeschritten ist«.* Zwar war die ihm vorschwebende Vereinigung von Experiment und Hypothese nach seiner Methode noch nicht zu realisieren. Doch leitete diese eine Rückbesinnung auf die Bedeutung der Analyse ein, ohne die die Entwicklung einer mathematischen Physik in den folgenden Jahrhunderten unmöglich gewesen wäre.

Von den Zeitgenossen, denen die Kartesianische Philosophie vornehmlich durch die *Meditationes de prima philosophia* (1641) und die *Principia philosophiae* (1644) vertraut wurde, scheint der *Discours* zunächst nur als ein erläuterndes Vorwort zu den im gleichen Band veröffentlichten wissenschaftlichen Schriften verstanden worden zu sein. Doch übte er in der Folgezeit als das eigentliche Manifest des *»Cogito, ergo sum«* einen Einfluß aus, der dem des gesamten übrigen Werks nicht nachsteht. Die breite Wirkung erklärt sich zum Teil vielleicht auch daraus, daß der *Discours* das erste französisch geschriebene wissenschaftlich-philosophische Werk ist. Seine Sprache weist, noch stark vom jahrhundertealten Zwang des lateinischen Stils geprägt, manche Schwerfälligkeit auf. Nicht aus seinen literarischen Qualitäten, sondern aus jener Proklamation der unbedingten Herrschaft der *raison* wird sich das Programm der klassischen Dichtung ableiten, das Boileau in dem Satz *»Rien n'est beau que le vrai«* und in den Gesetzen seines *Art poétique* (1674) formulierte. Hier entspringt auch die von nun an zu berücksichtigende Forderung nach Ordnung und Klarheit, nach Nüchternheit und Präzision der Vorstellungen – *»clarae et distinctae perceptiones«.*

In der Geschichte des Denkens bedeutet der *Discours* das Programm für die mechanistischen Versuche der Welterklärung, das die Rationalisten des 18. Jh.s inspirierte und noch die scientistischen Utopien des 19. Jh.s beeinflussen sollte. KLL

Ausgaben: Leiden 1637 (anon.; Faks. Osnabrück 1973). – Amsterdam 1644 (*Specimina philosophiae: seu Dissertatio de methodo*, lat. Übers. E. de Courcelles). – Paris 1902 (in *Œuvres*, Hg. C. Adam u. P. Tannery, 13 Bde., 1897–1913, 6; ern. 1973). – Paris 1925, Hg. E. Gilson [m. Komm.; ern. 1947]. – Paris 1931, Hg. P. Gaxotte. – Reutlingen 1948, Hg. W. Weischedel. – Paris 1963 (in *Œuvres philosophiques*, Hg. F. Alquié, Bd. 1). – Paris 1986.

Übersetzungen: *Abhandlung über die Methode,*

richtig zu denken und die Wahrheit in den Wissenschaften zu suchen, K. Fischer, Mannheim 1863. – *Abhandlung über die Methode des richtigen Vernunftgebrauchs und der wissenschaftlichen Wahrheitsforschung*, ders. (in *Hauptschriften*, Mannheim 1863). – Dass., L. Fischer, Lpzg. 1898; ern. 1962 (Nachw. M. Starke; RUB). – *Abhandlung über die Methode*, A. Buchenau (in *Philos. Werke*, Bd. 1, Lpzg. 1905; Philos. Bibl. einzeln: Lpzg. 1922 u. ö.; Nachdr. Hbg. 1952; ern. u. d. T. *Von der Methode des richtigen Vernunftgebrauchs und der wissenschaftlichen Forschung*, Hg. L. Gäbe, Hbg. 1960; Nachdr. 1978; Philos. Bibl.). – *Abhandlung über die Methode* ..., K. Fischer, Vorw. K. Jaspers, Mainz 1948 [frz.-dt.; enth. J.-P. Sartre, *Descartes und die Freiheit*]. – Dass., ders., Hg. H. Glockner, Stg. 1961 (RUB). – *Discours de la Méthode*, L. Gäbe, Hbg. 1960 (frz.-dt.; Nachdr. 1969; Philos. Bibl.).

LITERATUR: J. Iriarte Agirrezabal, *Kartesischer oder Sanchezischer Zweifel?*, Diss. Bonn 1935. – L. Roth, *D.' »Discourse on Method«*, Oxford 1937; Nachdr. Norwood 1976. – G. Gadoffre, *Sur la chronologie du »Discours de la méthode«* (in Revue d'Histoire Philosophique, 2, 1943, S. 45–70). – E. Denissoff, *Les étapes de la rédaction du »Discours de la méthode«* (in Revue Philosophique de Louvain, 54, 1956, S. 254–282). – E. Denissoff, *D., premier théoricien de la physique et mathématique. Trois essais sur le »Discours de la méthode«*, Paris 1970. – H. Caton, *The Status of Metaphysics in the »Discourse on Method«* (in Man and World, 5, 1972, S. 468–474). – H. Gouhier, *D. Essais sur le »Discours de la méthode«, la métaphysique et la morale*, Paris ³1973. – R. Aron, *Discours contre la méthode*, Paris 1974 [Einl. A. Dandieu]. – P. Munot, *Un Extrait du »Discours de la méthode«*, (in Cahiers d'analyse textuelle, 16, 1974, S. 48–60). – N. Fóscolo de Merckaert, *Les trois monuments moraux du »Discours de la méthode«* (in Revue philos. de Louvain, 73, 1975, S. 607 bis 627). – P.-A. Cahné, *Index du »Discours de la méthode« de R. D.*, Rom 1977. – A. Hartle, *Death and the Desinterested Spectator: An Inquiry into the Nature of Philosophy*, Albany/N.Y. 1986.

MEDITATIONES DE PRIMA PHILOSOPHIA, IN QUA DEI EXISTENTIA ET ANIMAE IMMORTALIS DEMONSTRATUR

(nlat.; *Meditationen über die metaphysischen Grundlagen der Philosophie, in der die Existenz Gottes und der unsterblichen Seele bewiesen wird*). Philosophisches Hauptwerk von René DESCARTES, geschrieben zwischen 1628 und 1629, erschienen 1641, unter Berücksichtigung der Verbesserungen des Autors ins Französische übersetzt vom Herzog von Luynes unter dem Titel *Les méditations métaphysiques de René Des-Cartes touchant la première philosophie..., et les objections faites contre ces méditations par diverses personnes très doctes, avec le réponses de l'auteur* (1647). – Descartes entwickelt in diesem Werk seine Lehre über die Existenz Gottes und die Unsterblichkeit der Seele ausführlicher und vollständiger als in seinem *Discours de la méthode* (1637), wo er sich damit begnügt hatte, lediglich einige Prinzipien zu erläutern. Dem Werk ist ein Brief an die Professoren der Theologischen Fakultät in Paris vorangestellt, von der Descartes die offizielle Approbation seines philosophischen Systems erhoffte. Schon vor der Veröffentlichung machte Descartes das Werk einer Reihe von Philosophen und Theologen zugänglich, deren Einwände zusammen mit seinen eigenen Antworten in einem Anhang abgedruckt sind.

An den Anfang der insgesamt sechs Meditationen setzt Descartes das Verfahren des methodischen Zweifels, dem zunächst alle durch Wahrnehmung und Denken gewonnenen Erkenntnisse unterworfen werden. Dadurch gelangt er zu dem Fundamentalsatz, der uneingeschränkt gewiß und selbst noch im Zweifel von unmittelbarer Evidenz ist: *»Cogito, ergo sum« (»Ich denke, also bin ich«)*. Denn solange man zweifelt, kann nie daran gezweifelt werden, daß man zweifelt. Dieses Bewußtsein impliziert zugleich die Existenz dessen, der zweifelt. Das Wahrheitskriterium des Descartesschen Basissatzes, die unmittelbare Deutlichkeit und Klarheit der Erkenntnis des Ich als einer *res cogitans*, wird dann auf alle übrigen Erkenntnisse ausgeweitet: *»Alles das ist wahr, was ich ganz klar und deutlich erfasse.«* Um diesen allgemeinen, über die bloße Erkenntnis der eigenen Existenz hinausreichenden Satz zu beweisen, muß die mögliche Irreführung des Erkennenden durch einen bösen Gott ausgeschlossen werden. Bei dem Nachweis, daß Gott wirklich existiert und daß er wahrhaftig ist, d. h. daß er den Menschen nicht täuscht, stützt sich Descartes nicht auf den zunächst gewonnenen Fundamentalsatz, sondern auf das *»natürliche Licht«*, der Vernunft. Er geht davon aus, daß die Vorstellung von Gott dem Menschen von Natur aus eingegeben ist. Diese Vorstellung von einer allmächtigen, unendlichen und vollkommenen Substanz könnte nicht in dem unvollkommenen und begrenzten menschlichen Wesen existieren, wenn sie nicht von einem Urheber stammte, dessen Realität ebenfalls unendlich ist. Der zweite, in den Augen Descartes' *»vorzüglichste und evidenteste Beweis«* der Existenz Gottes ergibt sich aus dem Begriff selbst: denn die Vorstellung des vollkommensten Wesens, die nicht zugleich dessen Existenz impliziert, würde diesem Wesen ein Prädikat absprechen und damit einen Mangel postulieren. Da also die Existenz nicht vom Wesen Gottes zu trennen ist und da diese Existenz ihrerseits nicht durch eine höhere Ursache bewirkt sein kann, fallen in Gott Existenz und Essenz zusammen.

Aus diesem Beweis ergibt sich unmittelbar auch die Wahrhaftigkeit Gottes. Denn gäbe Gott Anlaß zum Irrtum, so wäre das ein Mangel, der jedoch angesichts seiner Vollkommenheit nicht denkbar ist. Deshalb kann nichts, sofern es nur klar und deutlich erkannt ist, bezweifelt werden. Der Irrtum rührt nicht etwa von Vorstellungen her, die immer, sofern sie klar und deutlich erkannt sind, auch wahr sind, weil sie letztlich alle auf die Ursächlichkeit Gottes zurückgehen, sondern aus einem Gebrechen des Willens. Dieser ist in der Urteilsbildung frei und kann daher auch ein Urteil fällen, das nicht ausschließlich auf klaren Vorstellungen beruht und deshalb dem Irrtum unterliegt.

Das Wahrheitskriterium der Klarheit und Deutlichkeit, das Descartes an seinem Fundamentalsatz aufgezeigt hat, gilt auch für die Erkenntnis der mathematischen Ideen (Vorstellungen) und der Körperwelt, deren Vorstellungen ihrer Form nach von der subjektiven Willkür des Erkennenden unabhängig sind. Der passive Vorgang des Erkennens setzt in diesem Zusammenhang die Wirkung eines anderen voraus, das nicht Gott sein kann. Daher bleibt nur die Möglichkeit, daß die Vorstellungen von Körpern durch wirklich existierende körperliche Substanzen hervorgerufen werden, die neben dem Ich und Gott ebenfalls objektive Realität besitzen. Die vielfältige und oft enge Verknüpfung von Körper und Geist kann nicht über den wesentlichen Unterschied hinwegtäuschen, daß jeder noch so kleine Körper stets teilbar, der Geist jedoch absolut unteilbar ist. An diesem Punkt angelangt, geht Descartes freilich nicht weiter auf die Unsterblichkeitsfrage ein, *»teils, weil das Gesagte hinreicht, um darzulegen, daß aus der Zerstörung des Körpers der Untergang des Geistes nicht folgt, und so den Sterblichen Hoffnung auf ein anderes Leben zu machen, teils auch deshalb, weil die Prämissen, aus denen eben diese Unsterblichkeit des Geistes erschlossen werden kann, von der Darstellung der ganzen Physik abhängen«.*

Gegen diese Lehre wurden von Gelehrten, denen Descartes seine Untersuchung schon vor der Veröffentlichung vorgelegt hatte, zahlreiche Einwände erhoben, etwa von Caterius, Hobbes, Arnauld und Gassendi: Wie kann es beispielsweise, wenn die Existenz Gottes wesenhaft verknüpft ist mit der Essenz, möglich sein, jene als gegeben zu beweisen, während man von dieser keinen klaren Begriff hat? Wie kann man ferner von Gott, zumal er unendlich ist, diese *»klare und deutliche Idee«* haben, die für Descartes die notwendige Bedingung ist, um die Wahrheit einer Idee gelten lassen zu können? Ist es nicht ein *circulus vitiosus*, die Wahrheit jeder klaren und deutlichen Idee vorauszusetzen, da Gott wahr ist, der sie in uns hervorruft, und andererseits gelten zu lassen, daß ein wahrer Gott existiert, da wir von ihm eine klare und deutliche Idee haben? Geben die Klarheit und Deutlichkeit einer Vorstellung die Gewähr für die Wahrheit eines darauf basierenden Urteils; oder ist nicht vielmehr die ganze Geschichte des Irrtums ein Beweis des Gegenteils? Descartes wurde auch vorgeworfen, daß er zunächst die Existenz »angeborener Ideen« vorausgesetzt hat, während er in der Antwort an Hobbes erklärt, daß in gewissem Sinn allein die Fähigkeit, Ideen hervorzubringen, angeboren sei, da diese im Geist jedes Menschen sich notwendig erst bilden. Zu den umstrittensten Punkten der Descartesschen Lehre gehört der Dualismus von Seele und Leib als zweier sich gegenseitig ausschließender Substanzen, während sie im Menschen doch wieder voneinander durchdrungen sind und wechselseitig in einer Art aufeinander reagieren, die ebenso evident wie unerklärlich ist. Schließlich hat auch die Entwertung all der Kategorien geistiger Tätigkeit, die sich nicht auf klare und deutliche Ideen reduzieren lassen (Kunst, Geschichte, Intuition, Instinkt) viel später die Reaktion der Romantik gegen den cartesianischen Rationalismus hervorgerufen.

Die *Meditationen* übten dennoch einen entscheidenden Einfluß aus: Sie führten nicht nur ein neues Wahrheitskriterium ein und rückten die Vernunft in den Mittelpunkt der Lebensauffassung, indem sie sich gegen die autoritative Vorrangstellung der hergebrachten Tradition richteten, sondern sie warfen auch bestimmte, für die Metaphysik außerordentlich bedeutsame Probleme auf, für die bislang noch keine Lösungen erbracht werden konnten. So wurde diese Lehre für das spätere philosophische Denken zu einem wirksamen Ferment, indem sie erklärte Befürworter oder Gegner fand: Malebranche, Spinoza, Leibniz, Locke, Berkeley, Hume, bis schließlich Intellektualismus und Empirismus im Werk Kants ihre Vollendung erreichten. Unter diesem Gesichtspunkt darf Descartes als der Begründer der modernen Philosophie betrachtet werden. KLL

Ausgaben: Paris 1641. – Paris 1642 (*Meditationes de prima philosophia ... in quibus Dei existentia et animae humanae a corpore distinctio demonstratur*). – Paris 1647; [3]1673 [frz.]. – Ffm. 1697 (in *Opera philosophica omnia*, 3 Bde., 1). – Paris 1835 (*Méditations métaphysiques*, in *Œuvres philosophiques*, Hg. u. Anm. A. Garnier, 4 Bde., 1; frz.). – Paris 1904 (*Méditations métaphysiques*, in *Œuvres*, Hg. Ch. Adam u. P. Tannery, 13 Bde., 1897–1913, 7; frz. Fassg. 9, 1; ern. 1973). – Paris 1924 (*Méditations métaphysiques*, in *Œuvres*, Hg. V. Cousin, 11 Bde., 1924–1926, 1; frz.). – Paris 1963, Hg. F. Khodoss. – Paris 1966 (*Méditations métaphysiques*, in *Œuvres*, Hg. S. de Sacy, 4 Bde., 1; frz.).

Übersetzungen: *Meditationen über die Grundlagen der Philosophie*, A. Buchenau (in *Philosophische Werke*, Hg. A. Buchenau, 2. Abt., Lpzg. 1904). – Dass., ders., Lpzg. 1915; Nachdr. 1953. – *Meditationen über die erste Philosophie*, ders. u. E. Ch. Schröder, Hbg. 1956. – Dass., ders. u. L. Gäbe, Hbg. 1959; ern. 1977 [lat.-dt.]. – *Meditationen über die Grundlagen der Philosophie*, Hg. L. Gäbe, Hbg. 1960 [beruht auf den Ausg. v. A. Buchenau]; ern. 1976 [durchges. v. H. G. Zekl]. – Paris 1970, Duc des Luynes [Einf., Anm. G. Rodis Lewis; lat.-frz.].

Literatur: E. Husserl, *Cartesianische Meditationen u. Pariser Vorträge*, Den Haag 1950. – W. Brüning, *Möglichkeiten u. Zweifel des methodischen Zweifels bei D.* (in Zs. für philos. Forschung, 14, 1960, S. 536–552). – D. Farias, *Teologia e cosmolo-*

gia nelle »Meditazione cartesiane« (in Rivista di Filosofia Neoscolastica, 54, 1962, S. 267–288). – H. M. Manteau-Bonamy, *Réflexions critiques sur les »Méditations« de D.* (in RTh, 63, 1963, S. 37–72). – L. J. Beck, *The Metaphysics of D. A Study of the »Méditations«*, Oxford 1965. – K. W. Peukert, *Der Wille u. die Selbstbewegung des Geistes in D.' »Meditationen«* (in Zs. für philos. Forschung, 19, 1965, S. 87–109; 224–247). – B. Williams, *The Certainty of »cogito«* (in *D.*, Hg. W. Doney, NY 1967, S. 88–107). – F. Broadie, *An Approach to D.' »Méditations«*, Ldn. 1970. – H. P. Caton, *On the Interpretation of the »Meditations«* (in Man and World, 3, 1970, S. 224–245). – H. G. Frankfurt, *Demons, Dreamers and Madmen. The Defense of Reason on D.' »Méditations«*, Indianapolis/NY 1970. – J. W. Lynes, *D. Hintikka and the Cogito*, Urbana 1972. – W. F. Niebel, *Das Problem des »Cogito, ergo sum«*, Ffm. 1972. – D. Morris, *D.'s Natural Light* (in Journal of the History of Philosophy, 11, 1973, S. 169–187). – H. Rosnerowa, *Das »Cogito« im Licht der Sprachphilosophie* (in Studia philos. christianae, 9, 1973, S. 123–151). – S. Herman, *Clearness and Distinctness in D.*, Diss. Univ. of Massachusetts 1975. – M. Hocker, *D.'s Argument for the Claim that his Essence is to Think* (in Grazer philos. Stud., 1, 1975, S. 143–163). – L. D. McCargar, *The Problem of the Other Minds in D.'s »Méditations«*, Diss. Brandeis Univ. 1976. – R. Rubin, *D.' Validation of Clear and Distinct Apprehension* (in Philos. Revue, 86, 1977). – *Essays on D.'s »Meditations«*, Hg. A. Oksenberg Rorty, Berkeley u. a. 1986. – S. Bordo, *The Flight to Objectivity*, Albany 1987.

FRANÇOIS DE SALIGNAC DE LA MOTHE FÉNELON

* 6.8.1651 Schloß Fénelon bei Sainte-Mondane
† 7.1.1715 Cambrai

LITERATUR ZUM AUTOR:
Forschungsberichte:
E. Carcassonne, *État présent des travaux sur F.*, Paris 1939. – V. Kapp, *Ergebnisse und Stand der F.-Forschung, 1946–1978* (in RJb, 29, 1978, S. 100–114).
Gesamtdarstellungen und Studien:
H. Brémond, *L'apologie pour F.*, Paris 1910. – A. Chérel, *F. au 18e siècle en France*, Paris 1917. – Ders., *F. ou la religion du pur amour*, Paris 1934. – E. Carcassonne, *F. l'homme et l'œuvre*, Paris 1946; ²1955. – *F., Persönlichkeit und Werk*, Hg. J. Kraus u. J. Calvet, Baden-Baden 1953. – J.-L. Goré, *L'itinéraire de F., humanisme et spiritualité*, Paris 1957. – F. Varillon, *F. et le pur amour*, Paris 1957. – A. de la Gorce, *Le vrai visage de F.*, Paris 1958. – A. Pizzorusso, *La poetica di F.*, Mailand 1959. – R. Spaemann, *Reflexion und Spontaneität. Studien über F.*, Stg. 1963. – M. Daniélou, *F. et le Duc de Bourgogne*, Paris 1966. – M. Raymond, *F.*, Paris 1967. – H. Hillenaar, *F. et les Jésuites*, Den Haag 1967. – P. Zovatto, *F. e il quietismo*, Udine 1968. – F. Ribadeau-Dumas, *F. et les saintes folies de Madame Guyon*, Lausanne 1968. – M. Haillant, *F. et la prédication*, Paris 1969. – E. Mohr, *F. und der Staat*, Bern/Ffm. 1971. – W. H. Bensiek, *Die ästhetisch-literarischen Schriften F.s und ihr Einfluß in der ersten Hälfte des 18. Jh.s in Deutschland*, Diss. Tübingen 1972. – E. Colin, *Connaissance de F.*, Brüssel 1972. – H. Gouhier, *F. philosophe*, Paris 1977. – J. H. Davis, *F.*, Boston 1979 (TWAS). – F. Guerrera-Brezzi, *F., filosofo della ragione*, Perugia 1979. – M. Haillant, *Culture et imagination dans les œuvres de F. ›ad usum delphini‹*, Paris 1983.

DIALOGUES DES MORTS, COMPOSEZ POUR L'ÉDUCATION D'UN PRINCE

(frz.; *Totengespräche, verfaßt für die Erziehung eines Prinzen*). Pädagogisches Werk von François de Salignac de la Mothe FÉNELON, anonym und unvollständig (nur vier Dialoge) gedruckt 1700, umfangreicher, aber noch anonym 1712, dann postum vollständig unter dem Namen des Autors erschienen 1718. – Diese Dialoge gehören, zusammen mit den *Fables*, den *Aventures d'Aristonoüs* (1699), den berühmten *Aventures de Télémaque* und verschiedenen weiteren Werken zu den didaktisch konzipierten Schriften, die Fénelon für seinen Zögling, den Herzog von Burgund, Enkel Ludwigs XIV. und bis zu seinem Tode (kurz vor demjenigen des »Sonnenkönigs«) 1712 Thronfolger Frankreichs, verfaßt hatte. Bei der Wahl der Gattung der fiktiven Gespräche berühmter Toter im Schattenreich standen die *Totengespräche* des griechischen Satirikers LUKIANOS aus Samosata (um 120–185 v. Chr.) sowie die *Nouveaux Dialogues des morts*, 1683 *(Neue Totengespräche)*, von FONTENELLE (1657–1757) Pate. Fénelon läßt Gestalten der Mythologie (Merkur, Charon, Herkules, Theseus), der homerischen Epen (Odysseus, Achill) der römischen Sage (Romulus, Numa Pompilius), der antiken Geschichte (Perikles, Solon) und Philosophie (Demokrit, Heraklit) sowie der französischen und gesamteuropäischen Geschichte (meist Könige und Feldherren sowie Staatsmänner wie Richelieu und Mazarin), große Künstler (Leonardo da Vinci, Poussin) und Dichter (Horaz, Vergil), schließlich auch Theaterfiguren (Molières Harpagon) miteinander ins Gespräch treten. Hierbei dominiert weder die Satire, wie bei Lukian, noch die witzig-ironische Färbung Fontenelles: Fénelon (der das Werk nicht für die Öffentlichkeit, sondern zur Belebung der Unterrichtsstunden mit seinem Zögling verfaßt hatte) läßt die berühmten Verstorbenen meist als Beispiele für Tugenden und Laster auftreten, ihre Gespräche illustrieren Eigenschaften, die der ideale Herrscher, zu dem der geistliche Pädagoge seinen charakterlich schwierigen Schüler formen will, zu pflegen oder zu meiden habe. Der Aufbau ist einfach: Unter den Namen steht die Regel, die der Dialog erläutern soll, dann folgt das meist kurze Gespräch. So lautet in *Fabius Maximus und Hannibal* die Maxime: *»Ein Feldherr muß sein Ansehen dem öffentlichen Wohl opfern.«* Hannibal hält Fabius Maximus dann dessen wenig rühmliches, zauderndes Taktieren vor *(»Ihr entehrtet Euch durch Eure Kampfesscheu«)*; Fabius Maximus entgegnet, daß er damit zwar eine schlechte Figur machte, aber Rom gerettet habe *(»Besser war es, sich selbst durch diese Feigheit zu entehren, als die Blüte der Römer niedermetzeln zu lassen, wie es dann Terentius Varro in Cannae tat«)*. Doch je näher die großen Toten der eigenen Zeit stehen, desto deutlicher werden die politischen Vorstellungen Fénelons: Anhand eines Gespräches zwischen Philipp II. und Philipp III. von Spanien macht der Autor klar, wie schädlich eine für Handel und Bürgertum ruinöse, despotisch zentralistische Politik in seinen Augen ist, der Dialog zwischen Richelieu und Mazarin enthält herbe Kritik an letzterem, während derjenige zwischen Richelieu und dem schwedischen Kanzler Oxenstierna dem Schweden eindeutig die bessere Rolle zuschreibt, der als Protestant dem katholischen Kardinal vorwirft, gegen die Interessen seiner eigenen Konfession gehandelt zu haben. Fénelon präsentiert als Ideal einen Herrscher, der sich im wesentlichen von Pflichtbewußtsein und Verantwortung für sein Land und seine Untertanen leiten läßt, unterschwellige Kritik an zeitgenössischen Verhältnissen kleidet sich in moralische *Exempla* humanistischer Tradition. Daneben enthalten die Dialoge interessante Stellungnahmen zur Kunsttheorie *(Parrhasius und Poussin, Leonardo da Vinci und Poussin)* und zur zeitgenössischen philosophischen Diskussion *(Aristoteles und Descartes)*.

Die gleichberechtigte Nutzung von Antike und Moderne, ihr gelegentlicher Vergleich, reflektiert den Geist der *Querelle des Anciens et des Modernes*; die Verpflichtung gegenüber einem universellen Wertsystem, das alle Zeiten überspannt, der moralistische Impuls, der Glaube, daß die Gerechtigkeit der Person des Herrschers für gerechte Verhältnisse sorgt, weisen bereits in die Richtung eines aufgeklärten Absolutismus. Daneben zeichnen sich die Dialoge durch Breite der Kenntnisse und des Horizontes des Autors aus (so tritt Konfuzius als Dialogpartner des Sokrates auf) und dokumentieren eine interessante Stufe der Entwicklung zwischen traditionellem »Fürstenspiegel«, humanistischen *Exempla priscorum virorum* (Beispiele altehrwürdiger Helden) und voraufklärerischer Reflexion um das Verhältnis von Herrschaft, Pflicht und Allgemeinwohl. C.Dr.

AUSGABEN: Köln/Paris 1700 [anon]. – Paris 1712 [anon.]. – Paris 1718 (*Dialogues des morts anciens et modernes avec quelques fables, composez pour l'éducation d'un prince*, 2 Bde.). – Paris 1848–1852 (in *Œuvres complètes*, Bd. 6; Nachdr. Genf 1971). – Paris 1946 (*Choix de dialogues des morts*; Ausw.). – Paris 1983 (*Dialogues des morts composés pour l'éducation d'un prince*; in *Œuvres*, Hg. J. Le Brun, Bd. 1; Pléiade).

ÜBERSETZUNG: *Gespräche der Todten*, anonym, 2 Bde., Ffm. 1745.

LITERATUR: K. Wais, *Selbstanalyse Fontenelles und F.s in ihren Totengesprächen* (in K. W., *Formen der Selbstdarstellung*, Bln. 1956, S. 461–479, u. in K. W., *Französische Marksteine*, Bln. 1958, S. 33 bis 54). – M. Haillant, *Culture et imagination dans les œuvres de F. ›ad usum delphini‹*, Paris 1983. – J. P. Néraudeau, *Cicéron aux enfers ou la conjuration des ombres* (in *Présence de Cicéron*, Hg. R. Chevallier, Paris 1984, S. 181–193).

RÉFLEXIONS SUR LA GRAMMAIRE, LA RHÉTORIQUE, LA POÉTIQUE ET L'HISTOIRE, ou Mémoire sur les travaux de l'Académie françoise à M. Dacier

(frz.; *Überlegungen zur Grammatik, Rhetorik, Poetik und Geschichte oder Denkschrift über die Arbeiten der Académie Française an Herrn Dacier*). Antwort von François de Salignac de la Mothe FÉNELON auf die Frage, welchen Aufgaben sich die Französische Akademie nach Fertigstellung ihres Wörterbuchs widmen solle; öffentlich vorgetragen 1714; zur Abhandlung ausgearbeitet 1715; erschienen 1716; bekannt unter dem Titel *Lettre à l'Académie (Brief an die Akademie)*.

Ein Wörterbuch, so argumentiert Fénelon, könne nie etwas Endgültiges sein. Da Sprache geschichtlich ist, repräsentiere es immer nur einen abstrakten, real schon überholten Sprachstand, der nie zur Norm erhoben werden dürfe. Zunächst habe es dem praktischen Zweck zu genügen, Nachschlagewerk für Ausländer zu sein. Ergänzend sei dann eine Grammatik und eine Rhetorik nach antikem Muster beizufügen. In dem wichtigen Abschnitt *Über die Bereicherung der Sprache (Projet d'enrichir la langue)* übt Fénelon scharfe Kritik am Sprachpurismus des 17. Jh.s. Er fordert, der Mannigfaltigkeit des Wirklichen auch sprachlich Recht widerfahren zu lassen: durch besondere Benennung des je Besonderen. »Schildern« *(peindre)* und »malerisch« *(pittoresque)* sind seine Zentralbegriffe. Der hier sich ankündigende Sinn für Individuelles, bei Fénelon vermittelt durch den pietistisch-mystischen Innerlichkeitskult der Madame Guyon, reflektiert die von Paul HAZARD in seinem gleichnamigen Werk dargestellte »Krise des europäischen Geistes« um 1700. Aus ihr geht das fühlende Ich als einzig zuständige Instanz hervor, die, unter Verzicht auf rationale Deduktion, die Ganzheit des Kosmos in die Erfahrung einzuholen vermag. Herz und Gefühl anzusprechen ist auch die Grundintention einer von Fénelon projektierten neuen Poetik.

Reim und Metrum werden als gekünstelt und den Wahrheitsgehalt beeinträchtigend abgelehnt. Das Schöne muß Leidenschaften ausdrücken und weitervermitteln. Naives, einfaches Landleben wird gegen die verderbte städtisch-höfische Zivilisiertheit ausgespielt. Aus der Tragödie sei Pathetik und Schwulst zu verbannen; die Komödie habe sich der Unsittlichkeit (Tadel an MOLIÈRE) und der Trivialität zu enthalten. Folgerichtig sympathisiert Fénelon mit der neuen Gattung der *comédie larmoyante*. Fortschrittlich sind seine Prinzipien einer künftigen Geschichtsschreibung. Unparteiische Gesamtschau, Einfühlung ins historische Detail, lebendige Vergegenwärtigung der konkreten Situation und Gespür für die eposartige Struktur von Geschichtsverläufen seien die zu fordernden Tugenden des Historiographen. Im Schlußabschnitt geht Fénelon auf die seit 1687 diskutierte, langsam sich überlebende Streitfrage (»Querelle des anciens et des modernes«) ein, ob das Jahrhundert Ludwigs XIV. der Antike in Kunst und Bildung nachstehe oder ihr überlegen sei. Konziliant empfiehlt er der Akademie, Fehler und Qualitäten beider Seiten zu sehen, ohne sich deshalb in ihrer Arbeit beirren zu lassen. Vielleicht utopisches, doch legitimes Ziel bleibe, die Alten übertreffen zu wollen. – Wenngleich der *Brief* Fénelons ohne unmittelbare Wirkung blieb, die Tendenzen, die er formuliert, wurden vom 18. Jh. weitgehend vollstreckt. G.Sa.

AUSGABEN: Paris 1716. – Paris 1718 (*Lettre écrite à l'Académie françoise* in *Dialogues sur l'éloquence en général et sur celle de la chaire en particulier*). – Paris 1830 (in *Œuvres complètes*, Hg. Gosselin, 27 Bde., 21). – Paris 1899 [Einl., Anm. u. Anh. A. Cahen], [5]1911. – Genf 1970, Hg. E. Caldarini (krit.).

ÜBERSETZUNGEN: *Gedanken von der Tragödie*, J. Ch. Gottsched (in J. Ch. G., *Sterbender Cato*, Lpzg. [3]1741; Ausz.). – *Gedanken von den Lustspielen*, L. A. V. Gottsched, Lpzg. 1746 (in J. Ch. Gottsched, *Die deutsche Schaubühne*, 1; Ausz.).

LITERATUR: A. Bourgoin, *Les maîtres de la critique au 17e siècle*, Paris 1889. – C. Urbain, *Les premières rédactions de la »Lettre à l'Académie« par F.* (in RHLF, 6, 1899, S. 367–407). – K. Kyyrö, *F.s Ästhetik und Kritik*, Helsinki 1981. – M. Rat, *F., grammairien et amateur du beau langage* (in Vie et Langage, 5, 1956, S. 349–352). – A. Pizzorusso, *La poetica di F.*, Mailand 1959.

SUITE DU QUATRIÈME LIVRE DE L'ODYSSÉE D'HOMÈRE, OU LES AVANTURES DE TÉLÉMAQUE, FILS D'ULYSSE

(frz.; *Fortsetzung des vierten Buchs der Odyssee von Homer oder Die Abenteuer des Telemach, Sohn des Odysseus*). Bildungsroman in achtzehn Büchern von François de Salignac de la Mothe FÉNELON. Entstanden 1695/96 während der Tätigkeit Fénelons als Erzieher des Duc de Bourgogne; der später unter dem Titel *Les aventures de Télémaque* bekannt gewordene Roman erschien 1699 ohne Autorisation des Verfassers in Brüssel und Den Haag, nachdem der Druck der (Pariser) Originalausgabe auf Anordnung Ludwigs XIV. im fünften Buch abgebrochen worden war. – Fénelons Hauptwerk, das er selbst als Prosaepos ansah, steht in der Tradition des spätantiken Abenteuerromans. Der Geist der *Aithiopika* HELIODORS war um die Jahrhundertmitte in den Romanen der Mlle. de SCUDÉRY und LA CALPRENÈDES mit spektakulärem Erfolg zu neuem Leben erweckt worden. Ähnlich wie dort bilden auch bei Fénelon verwegene Kämpfe und Reisen, Schiffbrüche und Liebesabenteuer den Rahmen. Die Transposition der Reiseabenteuer in die antike Welt gab dem Autor Gelegenheit, seinem Schüler aus angemessener Distanz die Grundprinzipien herrscherlichen Verhaltens und fürstlicher Gesinnung nahezubringen.

Inhaltlich knüpft Fénelons Roman an das vierte Buch der *Odyssee* an. In Sorge um den Spätheimkehrer Odysseus macht Telemachos sich auf die Suche nach seinem Vater, begleitet von der göttlichen Athene in der Gestalt des Mentor. Durch einen Sturm auf die Insel der Kalypso verschlagen, berichtet der Jüngling von seinen ergebnislos verlaufenen Suchaktionen in Ägypten (Buch II), Phönizien (Buch III), Zypern (Buch IV) und Kreta (Buch V). Als Kalypso, des Wartens auf Odysseus überdrüssig, sich leidenschaftlich in dessen Sohn verliebt, Telemachos selbst hingegen von Eucharis, einer ihrer Nymphen, bezaubert ist, dringt der kluge Mentor, um weitere Komplikationen zu verhindern, auf sofortige Abreise. Die Seefahrer gelangen nach Salente, dem Herrschaftsbereich des Idomeneus (Buch VIII). Wie schon in Ägypten und auf Kreta, werden sie auch hier in die politischen Ereignisse verwickelt. Mentor berät den König bei inneren Reformen (Buch X); Telemachos schließt sich dem Feldzug gegen die Daunier an und verrichtet seine ersten Waffentaten (Buch XI–XIII). Ein nach antikem Vorbild unternommener Abstieg in die Unterwelt ist erfolglos, Odysseus bleibt unauffindbar (Buch XIV). Nach weiteren Kämpfen (Buch XV–XVI) verliebt Telemachos sich in Antiope, die Tochter des Idomeneus, seine spätere Gattin (Buch XVII). Nach Ithaka zurückgekehrt, findet er schließlich seinen Vater wieder; Mentor enthüllt sich als Pallas Athene (Buch XVIII).

Fénelon war ein guter Kenner der Antike und ein hervorragender Pädagoge. In Anlehnung an die im *Traité de l'éducation des jeunes filles* entwickelte Methode will er auch im Roman auf gefällige Weise belehren. Der Gedanke, seinen Zögling unter Wahrnehmung psychologischer Identifikations- und Projektionsmöglichkeiten auf eine literarische Bildungsreise zu schicken, überzeugt durch geniale Einfachheit. Fénelon dachte vermutlich an eine wohltemperierte humanistische Bildung sowie an eine Initiation in die hohe Kunst des Regierens. Das geschah über die Konfrontation mit konkreten Lebenssituationen; jede Episode konnte Anlaß zu einem pädagogischen Gespräch werden. Aber nicht nur der Sohn des Dauphin, sondern auch ein breiteres Publikum fand offenbar Gefallen an einer solchen Unterweisung in Romanform. Für die Beliebtheit des *Télémaque*, die sich in einer Vielzahl von Ausgaben und Übersetzungen niederschlägt, lassen sich vor allem drei Gründe anführen. Zunächst der Stil des Romans: Fénelon war nicht nur ein sachkundiger Führer in der Welt der Antike, sondern auch ein brillanter Erzähler. Seine Diktion ist gewählt, der Duktus seiner Sätze von vornehmer Eleganz. Leicht und mühelos gleiten sie dahin, in nonchalant gefälligem Rhythmus, ohne jede Monumentalität, aber mit einer Fülle dekorativer Elemente, wie epische Vergleiche, Epitheta, kunstvolle Periphrasen oder anmutige Bilder, in mancherlei Hinsicht das Homerische Vorbild imitierend, zuvörderst aber Ausdruck zeitgenössischer Stiltendenzen. Zum zweiten stand der *Télémaque* beim Publikum in hoher Gunst aufgrund der effektvollen Betonung der gefühlsmäßigen Komponente in der Schilderung des Seelischen. Und noch ein weiteres trug zu der außergewöhnlichen Beliebtheit bei: sein Fundus an progressiven Ideen. Zwar steht der kirchliche Grandseigneur Fénelon nach wie vor auf dem Boden einer absoluten Monarchie mit gesicherten Standesprivilegien – doch fortschrittsgläubige Ansätze sind unverkennbar; das Verlangen nach einer Politik des Friedens, das Ansinnen, der Fürst solle dem Wohl seines Volkes leben, und nicht zuletzt die Forderung, die absolute Machtvollkommenheit gesetzlich einzuschränken, sind deutliche Anzeichen für den imminenten Gesinnungswandel. Anlage und Zielsetzung des Romans, zumal die Absicht, dem präsumptiven Thronfolger Vorzüge und Nachteile der verschiedenen Staatsformen sichtbar zu machen, boten dem Autor Gelegenheit, an schlechten, d. h. für ihn absolutistischen Herrscherfiguren Kritik zu üben und ihnen ein Idealbild des Fürsten entgegenzuhalten: fromm, loyal, friedliebend, sparsam, unempfänglich für dreiste Schmeichelei, ein Freund der Untertanen, ohne sich gemein zu machen. Derartige Gedankengänge ließen sich als eine verdeckte Kritik an der Regierungsweise des Sonnenkönigs auffassen. Bei der Vorliebe der Zeitgenossen für romanhafte Verschlüsselung und die Mode des literarischen Porträts konnten Identifikationen kaum ausbleiben: In Idomeneus glaubte man in mehr als einer Hinsicht Ludwig XIV. selbst zu erkennen. Auf dem Höhepunkt seiner Macht hätte das gewiß wenig ausgemacht; angesichts der permanenten Krise, in der sich Frankreich seit 1680 befand, mußte es schwerwiegende Folgen haben. Fénelon bestritt zwar eine satirische Absicht, das Erscheinen der anonymen Ausgabe erwies sich indessen als verhängnisvoll. Bereits hinreichend kompromittiert durch die Affäre des Quietismus, fiel er endgültig in Ungnade. In den Augen des 18. Jh.s bedeutete das die Legitimation seines Romans als vorrevolutionäres Manifest. K.Rei.

Ausgaben: Paris 1699 [unvollst.]. – Den Haag/Brüssel 1699 (*Les avantures de Télémaque, fils d'Ulysse*). – Paris 1717 (*Les avantures de Télémaque, fils d'Ulysse*; nach dem Originalms.). – Paris 1830 (in *Œuvres complètes*, 27 Bde., 20). – Paris 1920, 2 Bde., Hg. A. Cahen [krit.]. – Florenz 1962 (*Les aventures de Télémaque*, Hg. J.-L. Goré). – Paris 1968 (*Les aventures de Télémaque*, GF).

Übersetzungen: *Staats-Roman, welcher unter der denckwürdigen Lebens-Beschreibung Telemachi Königl. Printzens aus Ithaca* ..., Talander [d. i. A. Bohse], Breslau 1700. – *Die Begebenheiten des Prinzen von Ithaca, oder Der seinen Vater Ulysses suchende Telemach*, 3 Bde., B. Neukirch, Onolzbach/Anspach 1727–1739. – *Die seltsamen Begebenheiten des Telemach* ..., L. E. v. Faramond [d. i. Ph. B. Sinold v. Schütz], Ffm./Lpzg. 1733. – *Die Begebenheiten des Telemach*, J. W. Meigen, Aachen 1827; ern. 1854. – *Die Erlebnisse des Telemach*, B. Stehle, Paderborn 1891. – *Die Abenteuer des Telemach*, F. Rückert, Stg. 1984 (RUB).

Literatur: A. Adler, *F.'s »Télémaque«* (in StPh, 55, 1958, S. 591–602). – N. Hepp, *De l'épopée au roman* (in *La littérature narrative d'imagination*, Paris 1961, S. 97–113). – J.-L. Goré, *Le »Télémaque«, périple odysséen ou voyage initiatique* (in CAIEF, 15, 1963, S. 59–78). – F. Gallouédec-Genuys, *Le prince selon F.*, Paris 1963. – J. Whatley, *Coherent Words* (in StV, 1977, Nr. 171, S. 85–113). – A. Blanc, *Fonction de la référence mythologique dans le »Télémaque«* (in DSS, 31, 1979, S. 373–388). – Ders., *Au dernier livre du »Télémaque«* (in RHLF, 80, 1980, S. 699–706). – R. Jasinski, *Sur »Télémaque«* (in R. J., *A travers le 17e siècle*, Bd. 2, Paris 1981, S. 195–334). – D. Fricke, *Die pädagogischen Irrfahrten des Telemachs* (in *Bildung, Gesellschaft, Politik*, Ffm. 1981, S. 241–270). – R. J. Howells, *»Télémaque« et »Zadig«* (in StV, 1982, Nr. 215, S. 63–75). – V. Kapp, *»Télémaque« de F.*, Tübingen 1982. – H. Hillenaar, *Inconscient et religion dans »Télémaque« de F.* (in *La pensée religieuse dans la littérature et la civilisation du 17e siècle*, Hg. M. Tietz u. V. Kapp, Paris u. a. 1984, S. 325–344). – P. P. Clark, *The Metamorphoses of Mentor* (in RomR, 75, 1984, S. 200–215).

BERNARD LE BOVIER DE FONTENELLE

* 11.2.1657 Rouen
† 9.1.1757 Paris

Literatur zum Autor:
J.-R. Carré, *La philosophie de F. ou le sourire de la raison*, Paris 1932. – F. Grégoire, *F., une philosophie*

désabusée, Nancy 1947. – L.M. Marsak, *F.*, Philadelphia 1959. – J.-F. Counillon, *F., écrivain, savant, philosophe*, Fécamp 1959. – A. Fayol, *F.*, Paris 1961. – A. Pizzorusso, *Il ventaglio e il compasso. F. e le sue teorie letterarie*, Neapel 1964. – *F. und die Aufklärung*, Hg. W. Krauss, Mchn. 1969. – G. Lissa, *Cartesianesimo e anticartesianesimo in F.*, Neapel 1971. – Ders., *F. tra scetticismo e nuova critica*, Neapel 1973. – A. Niderst, *F. à la recherche de lui-même, 1657–1702*, Paris 1972. – M. T. Marcialis, *F., un filosofo mondano*, Sassari 1978. – B. Femmer, *Vernünftige Skepsis, skeptische Vernunft. F. und die Anfänge der Aufklärung* (in GRM, 63, 1982).

ENTRETIENS SUR LA PLURALITÉ DES MONDES

(frz.; *Gespräche über die Vielzahl der Welten*). Dialogwerk von Bernard le Bovier de FONTENELLE, erschienen 1686. – Mit diesem Werk, seinem zweiten großen Publikumserfolg seit den *Nouveaux dialogues des Morts*, trat Fontenelle erstmals in seiner Rolle als »Vulgarisateur«, als populärer Vermittler zeitgenössischer Wissenschaften auf, eine Rolle, mit der ihn die Nachwelt lange identifizieren sollte. Die *Entretiens* sind eingeteilt in eine Einleitung, eine Widmung an »Monsieur L.« und sechs (ursprünglich fünf) Gespräche, »Abende« genannt, in denen der Autor einer schönen, wissenschaftlich interessierten Marquise (am glaubwürdigsten identifiziert mit der hochgebildeten Hugenottin Mme. de la Mésangère, 1658–1714, aus Rouen) die modernen Erkenntnisse der Naturwissenschaften, besonders der Astronomie, nahebringt. In der Einleitung erklärt Fontenelle zunächst sein Vorhaben: Er vergleicht sich mit Cicero, der es als erster unternommen hat, Gegenstände der Philosophie, die bislang dem Griechischen vorbehalten waren, in lateinischer Sprache zu behandeln. Den analogen Schritt vollziehe er nun für das Französische, und zwar nicht nur bezüglich der Sprache (schon LA MOTHE LE VAYER und MONTAIGNE philosophierten auf französisch), sondern auch der Darstellung: Er will so schreiben, daß nicht nur Gelehrte *(sçavans)*, sondern auch gebildete Laien *(gens du monde)* aus seinen Schriften Gewinn ziehen und daß auch das Element der Unterhaltung, ja der Erheiterung nicht fehlen solle. Weiterhin sucht der Autor in der Einleitung mögliche theologische Einwände gegen die im folgenden Werk ausgebreitete Idee von Bewohnern anderer Welten von vornherein zu entkräften: Diese seien keine »Menschen« in unserem Sinne, daher entfalle das Problem von »Menschen«, die nicht von Adam abstammen.

In den nun folgenden abendlichen Gesprächen im Park bei Mondenschein vermittelt der Sprecher der schönen Dame galant und witzig verbrämt im Grunde genommen nichts anderes als die Erkenntnisse der neuen kopernikanischen Astronomie, das heliozentrische Weltbild der Moderne, das immer noch auf leidenschaftlichen Widerspruch seitens konservativer Vertreter des Kirchenglaubens stieß. Schritt für Schritt demystifiziert der Sprecher das Universum: Die »Fixsterne« sind nicht am Himmel befestigt, die Planeten drehen sich nicht auf Himmelssphären, die Erde ist nicht das Zentrum des Universums, *»von dem ganzen himmlischen Hofstaat, von dem sich diese kleine Erde einst begleiten und umgeben ließ, ist ihr nur noch der Mond geblieben, der sich um sie dreht«*. Diesen Mond nun schildert der Autor als bewohnte Welt mit Ländern und Meeren, die aber von der bekannten wohl völlig verschieden sein müsse, hält es aber für möglich, daß die Erde einst von den »Mondbewohnern« »entdeckt« wird, wie Amerika von den Europäern: *»Gott weiß, wie überrascht wir dann sein werden.«* Doch auch die anderen Planeten sind womöglich bewohnt: Wegen der größeren Nähe zur Sonne müssen wir uns daher den Charakter der Venusbewohner wie eine unermeßlich große Steigerung der Eigenschaften *»der Mauren von Granada«* vorstellen: sonnengebräunt, lebhaft, leidenschaftlich, stets verliebt und musikalisch, doch *»unsere Mauren würden bei ihnen wegen ihrer Kälte und Dumpfheit wie Lappen oder Grönländer wirken«*. Die Sterne aber sind ihrerseits Sonnen, die wiederum eigene Planeten beleuchten, welche selbst Bewohner haben: Das Universum ist eine Unendlichkeit von immer anderen Spielarten der Natur, der Mensch ist letztlich eine von unendlich vielen Möglichkeiten.

Die Lehren, die Fontenelle hier in lockerem Plauderton ausbreitet, entnahm er der zeitgenössischen wissenschaftlichen Diskussion, die er aus der Esoterik gewichtiger, oft lateinisch gefaßter Abhandlungen (noch Fontenelles großer Vorläufer in der Verbreitung kopernikanischer Erkenntnisse, Pierre GASSENDI, 1592–1655, bediente sich des Latein) befreite und in die Hauptströmung des Zeitgeistes, in die Reichweite der *honnêtes gens* einführte. Beachtenswert ist die rein denkerisch-folgernd angesprochene Möglichkeit bemannter Raumfahrt und die vom Geiste der Skepsis geprägte relativistische Erkenntniskritik (wir sehen ein variables Gesicht im Monde, vielleicht *»verschönern die Veränderungen auf unserer Erde ein Gesicht, das die Mondleute in ihr erblicken«*). Die Marquise ihrerseits ist nicht nur passiv gezeichnet, sondern bereichert das Gespräch durch kluge und wißbegierige Fragen: Fontenelle teilte nicht die Abneigung mancher Zeitgenossen gegen die sog. *femmes savantes*, auch ein galantes Moment fehlt in keiner Phase der abendlichen Gespräche, mit denen der Sprecher die Marquise nicht nur belehrt, sondern auch zart umwirbt.

Wie in den *Nouveaux dialogues des morts* ist es der spezifische Ton dieser Gespräche, der ihre große Wirkung ausmachte: Ein von zurückhaltend-unaufdringlich dargebotener großer Belesenheit, einem durchdringenden und skeptischen Verstand und einer heiteren, humorvollen Formulierungsgabe gekennzeichneter Stil sicherte dem Werk einen durchschlagenden Erfolg innerhalb und außerhalb Frankreichs. Abgesehen von dem Verdienst Fontenelles, die »kopernikanische Wende« des abendländischen Weltbildes zum Allgemeingut gemacht zu haben, stellen diese gelehrten Plaudereien im Park ein geistvolles und witziges Debüt der »Außerirdischen« in der europäischen Literatur dar. C.Dr.

AUSGABEN: Paris 1686. – Paris 1714 [vervollst.]. – Paris 1818 (in *Œuvres*, Hg. G.-B. Depping, 3 Bde., 2; Nachdr. Genf 1968). – Paris 1970. – Paris 1966; ³1986, Hg. A. Calame (krit.; STFM).

ÜBERSETZUNGEN: *Dialoge über die Mehrheit der Welten*, J. Ch. Gottsched, Lpzg. 1751; ²1760. – Dass., W. Ch. Mylius, Bln. 1780 [m. Anm. v. J. E. Bode]. – Dass., anon., Halle/Bln. 1795. – Dass., Hg. E. H. Berninger u. a., Weinheim 1982 [Faks. der Ausg. Bln. 1780].

LITERATUR: C.-A. Sainte-Beuve, *F.* (in C.-A. S.-B., *Nouveaux lundis*, Bd. 10, Paris 1868, S. 94–100). – A. Maurois, *F., »Entretiens sur la pluralité des mondes«* (in A. M., *De La Bruyère à Proust*, Paris 1964, S. 33–42). – M.-F. Mortureux, *Les »Entretiens sur la pluralité des mondes« de F.* (in Littérature, 4, Dez. 1971, S. 44–52). – J.-P. Beaujot, *Genèse et fonction du discours* (in Langue Française, 15, Sept. 1972, S. 56–78). – U. Joeres, *Unterhaltende und unterrichtende Preziosität bei F.*, Diss. Marburg 1973. – M.-F. Mortureux, *La formation et le fonctionnement d'un discours de la vulgarisation scientifique au XVIIIe siècle à travers l'œuvre de F.*, Paris 1983. – P. Günter, *Galante Astronomie* (in FAZ, 14. 2. 1984). – M. Morisset, *A propos des »Entretiens sur la pluralité des mondes«* (in Études normandes, 36, 1987, S. 9–17). – A. Niderst, *Vulgarisation scientifique et libertinage dans les »Entretiens sur la pluralité des mondes«* (in PFSCL, 14, 1987, S. 485–494).

ALEXANDRE HARDY

* um 1570 Paris
† 1631/32 Paris

LE TRIOMPHE D'AMOUR

(frz.; *Der Triumph der Liebe*). Dramatische Pastorale in 5 Akten von Alexandre HARDY, entstanden zwischen 1624 und 1626. – Als SANNAZARO mit seiner *Arcadia* (1504) die Bukolik in Italien wiederbelebt hatte und Spanien in MONTEMAYORS *Diana* (1559) über ein gleichrangiges Meisterwerk verfügte, verstärkte sich auch in Frankreich die Auseinandersetzung mit der Tradition antiker und volkssprachlicher Hirtendichtung. Nachdem schließlich MARTIN 1544 die *Arcadia* und COLIN 1578 die *Diana* ins Französische übertragen hatten, entstanden unter dem unmittelbaren Eindruck von TASSOS *Aminta* (1573) und GUARINIS *Pastor fido* (1583) während der letzten zwei Jahrzehnte des 16. Jh.s in rascher Folge die ersten französischen Pastoraldramen, ehe d'URFÉS *Astrée* (ab 1610) im epischen sowie RACANS *Bergeries* (entstanden 1620) und MAIRETS *Sylvie* (1626) im dramatischen Bereich für die Schäferliteratur neue Maßstäbe setzen sollten.

Auch Alexandre Hardy, der bedeutendste und fruchtbarste französische Dramatiker vor CORNEILLE – von seinen mehr als 600 Stücken, meist Tragödien und Tragikomödien, sind ganze 34 erhalten –, hat sich im bukolischen Genre versucht. Seine fünf überkommenen dramatischen Pastoralen *(Alcée ou L'infidélité; Corine ou Le silence; Le triomphe d'amour; L'amour victorieux ou vengé; Alphée ou La justice d'amour)* ähneln einander in Handlungsführung und Personengestaltung so sehr, daß *Le triomphe d'amour* stellvertretend für alle stehen kann.

Das in paarweise gereimten Zehnsilbern abgefaßte Stück besteht inhaltlich und motivlich aus dem konventionellen Repertoire der bukolischen Literatur: Liebesfreud und Liebesleid unter Hirten; eine arkadische Landschaft mit den obligaten szenischen Attributen, durch mythologisches Personal belebt. Zwei Hirten, der reiche, hochmütige Atys und der arme, einfache Céphée, werben um die Gunst der schönen Schäferin Clytie. Céphées Liebe wird von Clytie erwidert, während der abgewiesene Atys versucht, auf Umwegen doch noch sein Ziel zu erreichen. Seinen Reichtum zur Schau stellend, hält er bei Clyties Vater Phaedime um deren Hand an. Der willigt ein und weist das Flehen seiner Tochter ab, den ärmeren Céphée heiraten zu dürfen. Als einziger Ausweg erscheint den Liebenden die Entführung Clyties durch Céphée. Doch ihre Vorbereitungen werden von einem Satyrn belauscht, der, als Schäfer verkleidet, seinerseits Clytie mit Hilfe eines weiteren Satyrn raubt. Aufgeschreckt durch Clyties Schreie, machen sich Céphée und sein Freund Pisandre auf die Verfolgung der Satyrn. Sie kommen an drei Grotten vorbei: Vor der ersten überwältigt Pisandre den einen Satyrn, in der zweiten befragt Céphée die Zauberin Philire um Rat, und in der dritten schließlich entdeckt Céphées Hund die verschleppte Clytie. Der zweite Satyr wird in die Flucht geschlagen, Clytie ist befreit. Ein ungeschriebenes Gesetz des Schäferstandes besagt, daß die Befreite dem Befreier gehört. Céphée bittet deshalb Clyties Vater um sein Einverständnis zur Heirat; doch der geizige Phaedime lehnt ab. Der Streit kann nur durch ein Urteil des Pan geschlichtet werden, in dessen Tempel sich das *dénouement* des Stückes vorbereitet. Als Pan zugunsten der väterlichen Autorität entscheidet, erscheint auf Klagen und Proteste der Betroffenen Cupido und revidiert das Urteil im Sinne der Liebenden: Céphée heiratet Clytie, während der einsichtige Atys den Werbungen der unglücklichen Aegine nachgibt, die durch Intervention der Zauberin vor einem selbstmörderischen Sturz von einer Klippe bewahrt worden ist.

Die auffallendsten Charakteristika der Hardyschen

Pastorale sind eine allgemeine Vermehrung der konstituierenden Elemente des Hirtendramas, besonders szenischer Details, eine bewußte Komplikation der Intrige sowie eine beträchtliche Preziosität der Diktion. Diese Phänomene mögen dazu beigetragen haben, daß nach 1620 im Angesicht der Malherbeschen Reformen allenthalben bissige Kritik an der immensen Produktivität und wuchernden Phantasie des alternden Hardy laut wurde. Noch 1628 mußte er sich mit dem Pamphlet *Revue des deux rimeurs de l'Hostel de Bourgogne* gegen Du Ryer und Auvray verteidigen, die ihm extremen Konservatismus vorgeworfen hatten. Daß die Bukolik zu dieser Zeit, trotz Racan und Mairet, viel von ihrer Faszination eingebüßt hatte, brauchte nicht erst Charles Sorels Pastoralparodie *Le berger extravagant* (1627) zu beweisen.

G.M.

Ausgaben: Rouen 1626 (in *Le Théâtre*, 5 Bde., 1624–1628, 4). – Marburg 1883 (in *Le Théâtre*, Hg. E. Stengel, 5 Bde., 1883/84, 4).

Literatur: E. Rigal, *A. H. et le théâtre français à la fin du 16e et au commencement du 17e siècle*, Paris 1889. – H. R. Kranzfelder, *Die Hirtendichtung und die dramatischen Pastoralen A. H.s*, Diss. Mchn. 1933. – A. Adam, *Histoire de la littérature française au XVIIe siècle*, Bd. 1, Paris ²1962, S. 189 ff. – K. Garscha, *H. als Barockdramatiker*, Ffm. 1971. – S. W. Deierkauf-Holsboer, *Vie d'A. H.*, Paris 1972. – C. Federici, *H. ou le triomphe de la vengeance* (in C. F., *Réalisme et dramaturgie*, Paris 1974, S. 97–176). – M. G. Paulson u. T. Alvarez-Detrell, *H. A Critical and Annotated Bibliography*, Paris u. a. 1985.

JEAN DE LA BRUYÈRE

* 16.8.1645 Paris
† 10./11.5.1696 Versailles

LES CARACTÈRES DE THÉOPHRASTE, TRADUITS DU GREC, AVEC LES CARACTÈRES OU LES MŒURS DE CE SIÈCLE

(frz.; *Die Charaktere Theophrasts, übersetzt aus dem Griechischen, zusammen mit den Charakteren und Sitten dieses Jahrhunderts*). Essayistisches Werk von Jean de La Bruyère, erschienen 1688. – Die Übersetzung der *Charaktere* von Theophrast, die in der ersten Ausgabe den Hauptteil des Werkes zu bilden schien, verschwindet in den einander rasch folgenden erweiterten Neuauflagen hinter La Bruyères eigenen sozialkritischen Porträts und Maximen, die der Nachwelt ein überaus lebendiges, umfassendes Bild von der Pariser Gesellschaft des ausgehenden 17. Jh.s vermitteln. Die über mehrere Auflagen starken Veränderungen unterworfenen Essays wurden zunehmend nach inneren Gesetzmäßigkeiten angeordnet. Gleichzeitig durchziehen bestimmte Schlüsselbegriffe leitmotivisch die einzelnen Abschnitte und heben so das gesamte Werk bewußt über die bloße Sammlung von unzusammenhängenden Kapitelchen hinaus. Das Buch ist in 26 Kapitel eingeteilt, deren Titel einen Überblick über die Vielfalt des Inhalts geben: *Über die Werke des Geistes; Über den Wert des persönlichen Einsatzes (»... se faire valoir par des choses qui ne dépendent point des autres« – »... sich durch solche Dinge Ansehen verschaffen, die nur auf einen selbst zurückzuführen sind«); Über die Frauen; Über das menschliche Herz (»Il faut rire avant que d'être heureux, de peur de mourir sans avoir ri« – »Man sollte lachen, noch bevor man glücklich ist, aus Angst zu sterben, ohne gelacht zu haben«); Über die Gesellschaft und die Konversation (»Si l'on faisait une sérieuse attention à tout ce qui se dit de froid, de vain et de puéril dans les entretiens ordinaires, l'on aurait honte de parler ou d'écouter« – »Wenn man ernsthaft auf alles achtgäbe, was gewöhnlich in Unterhaltungen an Gleichgültigem, Unnützem und Kindischem gesagt wird, würde man sich schämen, zu reden oder zuzuhören«); Über zufällig erworbenen Reichtum; Über das Städtewesen; Über den Hof (»C'est un édifice bâti de marbre, c'est-à-dire composé d'hommes fort durs, mais polis« – »Er ist ein Bauwerk aus Marmor, das heißt aus sehr harten, aber höflichen Leuten zusammengesetzt«); Über die führende Gesellschaftsschicht (»Faut-il opter? Je ne balance pas, je veux être peuple« – »Muß man seine Wahl treffen? Ich schwanke nicht, ich will Volk sein«); Über die verschiedenen Regierungsformen; Über den Menschen; Über das Urteilsvermögen (»Nous louons ce qui est loué bien plus que ce qui est louable« – »Wir loben lieber das, was allgemein gelobt wird, als das, was wirklich lobenswert ist«); Über die Mode; Über einige Unsitten der Zeit; Über das öffentliche Reden; Über die Atheisten (»Je sens qu'il y a un Dieu, et je ne sens pas qu'il n'y en ait point; cela me suffit, tout le raisonnement du monde m'est inutile: je conclus que Dieu existe« – »Ich fühle, daß es einen Gott gibt, und ich fühle nicht, daß es keinen gibt. Das genügt mir. Alles Räsonieren der Welt ist für mich überflüssig: ich ziehe daraus den Schluß, daß Gott existiert«)*. Trotz des deutlichen Bezugs auf die antike Tradition der Charakterkunde werden die *Caractères* dennoch von einer eher pessimistischen Grundstimmung getragen, die als Ausdruck des mittelalterlichen *contemptus mundi* gedeutet wurde: La Bruyère erweist sich hierin als Schüler Montaignes, dessen skeptische Einstellung gegenüber der menschlichen Natur die Vorstellung der *vanitas* wiederaufnimmt.

Als Erzieher des Duc de Bourbon hatte La Bruyère, der aus bürgerlichen Kreisen stammte, genügend Gelegenheit, die Sitten der Hofgesellschaft zu studieren. Dabei sind seine Gedankengänge im wesentlichen nicht neu, sondern weitgehend seinen – philosophisch gebildeteren – Vorläufern La Rochefoucauld, Pascal und Montaigne verpflichtet, deren Lehren La Bruyère gewissermaßen »am Objekt« demonstriert. Stellenweise macht sich in der Kritik das Ressentiment des einfachen Bürgers gegen die aristokratische Gesellschaft bemerkbar, doch ist La Bruyère alles andere als ein Revolutionär; sein Tadel trifft immer den Menschen, nicht aber das politische und soziale System seiner Zeit. Besonderes Interesse fand das Werk durch die eingestreuten, sehr lebendigen Porträts einzelner Charaktertypen (der geldgierige Finanzmann, der ehrgeizige Literat, der mondäne Geistliche, der Parvenü, der frömmlerische Heuchler, der Egoist, der Schöngeist, der effeminierte Narziß, der Zerstreute usw.), in denen das zeitgenössische Publikum die Prominenz seiner Epoche wiederzuerkennen glaubte. Die Einflüsse dieser Typenlehre weisen bereits auf den Roman des 19. Jh.s voraus: Gerade Balzac tritt mit einer Reihe kleinerer »Sittenstudien« und mit seinen »Physiologien« in die direkte Nachfolge La Bruyères. Jedoch wirkte La Bruyères Werk auch durch seinen lebendigen, knappen Stil, in dessen Nachfolge der sozial- und zeitkritische Essay sich zur eigenständigen Gattung entwickelte. In ihrer teils aphoristischen, teils essayhaften Eleganz, die dennoch nie oberflächlich bleibt, haben die *Caractères* einen tiefgreifenden Einfluß auf die französische Literatur ausgeübt. Flaubert, Stendhal und noch Proust erweisen sich als Schüler La Bruyères. KLL

Ausgaben: Paris 1688. – Paris 1865–1882 (in *Œuvres*, Hg. G. Servois, Bd. 1 u. 2; krit.). – Paris 1934 (in *Œuvres complètes*, Hg. J. Benda, Bd. 1). – Paris 1962, Hg. R. Garapon (ern. 1987; Class. Garn). – Paris 1962 (GF). – Paris 1973 (Poche). – Paris 1975 (Folio). – Paris 1978 (in *Œuvres complètes*, Hg. J. Benda; Pléiade). – Paris 1980 (Vorw. R. Barthes; 10/18).

Übersetzungen: *Die Caractere Theophrasts und die La B.*, Nürnberg 1754. – *Die Charaktere*, K. Eitner, Lpzg. 1870; ²1886. – *Charaktere*, O. Flake, 2 Bde., Mchn. 1918. – *Die Charaktere oder Die Sitten des Jahrhunderts*, G. Hess, Wiesbaden ²1947. – *Aphorismen. Aus dessen »Caractères«*, G. v. Schluckmann, Göttingen 1968 [Einl. J. v. Stackelberg; Ausw.]. – *Charaktere*, O. Flake, Wiesbaden 1979.

Literatur: G. Michaut, *La B.*, Paris 1936 [Nachdr. Genf 1970]. – P. Richard, *La B. et ses »Caractères»*, Amiens 1946; ern. Paris 1965. – L. van Delft, *La B. moraliste*, Genf 1971. – R. Jasinski, *Deux accès à La B.*, Paris 1971. – A. Stegmann, *»Les caractères« de La B.*, Paris 1972. – E. C. Knox, *J. de La B.*, NY 1973 (TWAS). – J. Hellegouarc'h, *La phrase dans les »Caractères« de la B.*, Paris 1975. – D. Schlumbohm, *Die »Caractères« von La B.* (in Poetica, 8, 1976, S. 25–42). – D. Kirsch, *La B. ou le style cruel*, Montreal 1977. – R. Garapon, *»Les caractères« de La B.*, Paris 1978. – G. Montgrédien, *Recueil des textes et documents contemporains relatifs à La B.*, Paris 1979. – J. Brody, *Du style à la pensée. – Trois études sur les »Caractères« de La B.*, Lexington/Ky. 1980. – L. van Delft, *Le moraliste classique, essai de définition et de typologie*, Genf 1982. – J. v. Stackelberg, *La B.* (in J. v. S., *Französische Moralistik im europäischen Kontext*, Darmstadt 1982, S. 168–188; EdF). – H. D. Hayer, *Paris dans les »Caractères« de La B. et dans le »Tableau de Paris« de Mercier* (in *Paris au 19e siècle*, Hg. R. Bellet, Lyon 1984, S. 27–46). – P. Laude, *La B. et l'ambiguïté de la nature* (in PFSCL, 12, 1985, S. 651–665). – F. Gray, *La B., amateur des caractères*, Paris 1986.

MARIE-MADELEINE PIOCHE DE LA VERGNE, COMTESSE DE LA FAYETTE

* 18.(16.?)1.1634 Paris
† 25.5.1693 Paris

Literatur zur Autorin:
Bibliographie:
J. W. Scott, *Mme. de La F. A Selected Bibliography*, Ldn. 1974.
Gesamtdarstellungen und Studien:
H. Ashton, *Mme. de La F., sa vie et ses œuvres*, Cambridge 1922. – E. Magne, *Le cœur et l'esprit de Mme. de La F.*, Paris 1927. – B. Pingaud, *Mme. de la F. par elle-même*, Paris 1959. – M. J. Durry, *Mme. de La F.*, Paris 1962. – J. C. Remy, *Mme. de La F. L'esprit et les lettres*, Lausanne 1967. – Ch. Dédéyan, *Mme. de La F.*, Paris ³1970. – S. Haig, *Mme. de La F.*, NY 1970 (TWAS). – M. Laugaa, *Lectures de Mme. de La F.*, Paris 1971. – R. Francillon, *L'œuvre romanesque de Mme. de La F.*, Paris 1973. – D. Rieger, *Gattungstradition und historisch-soziale Realität* (in GRM, 26, 1976, S. 407–427). – J. A. Kreiter, *Le problème du paraître dans l'œuvre de Mme. de La F.*, Paris 1977. – G. Mouligeau, *Mme. de L., romancière?*, Brüssel 1980. – O. Virmaux, *Les heroïnes romanesques de Mme. de La F.*, Paris 1981. – M. Laugaa, *Réception des romans et nouvelles de Mme. de La F. au dix-huitième siècle en France (1700–1789)* (in OCrit, 12, 1987, S. 121–132).

LA PRINCESSE DE CLÈVES

(frz.; *Die Prinzessin von Clèves*). Roman von Marie-Madeleine Pioche de La Vergne, comtesse de La Fayette, anonym veröffentlicht 1678. – Nach den umfangreichen historisierenden, heroisch-galanten oder in eine idealisierte Schäferwelt verlegten Romanen der ersten Hälfte des 17. Jh.s steht das in Fabel und Komposition dialektisch strenge und novellistisch gedrängte Werk am Beginn einer neuen Entwicklung des französischen Romans. *La princesse de Clèves* stellt innerhalb der als *nouvelle historique* bezeichneten Form des zeitgenössischen Kurzromans eine Ausnahme gerade durch die einzigartige Darstellungskunst hinsichtlich seelischer Konflikte dar und darf als Anfang des psychologischen Romans in Frankreich gelten. Aus der Zusammenarbeit mit François de LA ROCHEFOUCAULD und Jean de SEGRAIS entstanden im Laufe der siebziger Jahre im Pariser Salon der La Fayette jene *»mémoires«*, die gestützt auf die gemeinsame gründliche Beschäftigung mit historischen Quellen – u. a. den Lebenserinnerungen von Pierre de BRANTÔME (1535–1614) und Michel de CASTELNAU (1520–1592) – entsprechend dem gewandelten Geschmack die nicht allzu ferne Geschichte mit der dichterischen Fiktion im Sinne der *vraisemblance* verbanden. Diesem Streben nach größerer Wahrscheinlichkeit entspricht die Situierung der beiden erfundenen Hauptfiguren in einem Ambiente, das von zahlreichen historisch nachweisbaren Gestalten bevölkert wird.

Das Geschehen spielt am glanzvollen, aber auch intrigenreichen, die hochabsolutistische Zeit sinnfällig widerspiegelnden französischen Hof gegen Ende der Regierung Heinrichs II. (reg. 1547–1559), wo das überaus anmutige und reiche Fräulein von Chartres, von der Mutter wohlbehütet, eingeführt wird. Ohne den Prinzen von Clèves, dem im Herrn von Guise ein Rivale entsteht, wirklich zu lieben, heiratet die Hofdame ihn, weil sie dem Rat der Mutter vertraut. Kaum vermählt, begegnet sie als Frau von Clèves dem schönen Herzog von Nemours. Beide entbrennen in heftiger Liebe und verbergen unter dem Zwang der Konventionen gefaßt ihre Zuneigung voreinander, obwohl sie sich in der höfischen Gesellschaft oft treffen müssen. Ahnungsvoll beschwört die Mutter noch auf dem Sterbebett ihre Tochter, sich vom Hof zurückzuziehen, um *»devoi«* und *»vertu«* gerecht werden zu können. Die gesellschaftlichen Verpflichtungen der Prinzessin lassen jedoch ein abgeschiedenes Leben in der Provinz nicht zu. In höchster Gewissensnot flieht sie, getrieben sowohl von dem Bewußtsein, Nemours zu lieben, als auch von der Angst, am Hof entdeckt zu werden, auf das Land und gesteht dem Gemahl ihre Liebe zu einem anderen Mann. Der Verdacht des Prinzen fällt sogleich auf Nemours, den er überwachen läßt. Dabei erfährt er, daß sich dieser zwei Nächte lang im Park in der Nähe seiner Frau aufgehalten hat. Nemours war sogar heimlich Zeuge des Gesprächs zwischen den Eheleuten. Während sich seine Leidenschaft zu Frau von Clèves steigert und er durch Zeichen ihrer Liebe beglückt, zugleich aber auch von Zweifeln und Eifersucht gequält wird, stirbt der Prinz, den seine Gemahlin aufopfernd umsorgt, innerlich gebrochen. Obwohl dieser Tod sie freimacht für Nemours, verzichtet Frau von Clèves ungeachtet seines flehentlichen Werbens auf die Ehe mit ihm. Sie zieht sich aus der Welt zurück, um sühnend allein dem Andenken ihres verstorbenen Gatten zu leben, und gibt bis zu ihrem Tod ein *»Beispiel unübertroffener Tugend«*.

Eine neue, bereits in den *Lettres portugaises* (1668) erkennbare Auffassung von der Liebe bestimmt die an RACINE erinnernde Tragik dieses Meisterwerks mit seiner einzigartigen Motivverkettung und psychologischen Vertiefung. Anders als im heroisch-galanten Roman der Epoche wird das Thema der Liebe beständig von dem sich anbahnenden Unheil überschattet, das trotz des Wunsches der Hauptfiguren, vernunftgemäß zu handeln, durch das tragische Ende bestätigt wird. Die Liebe wird hier als Schwäche empfunden, was auf cartesianischen Einfluß (vgl. DESCARTES' *Passions de l'âme*) hindeutet. Ohne jede religiöse Anspielung und moralisierende Kommentierung entwickelt der Roman vor dem Hintergrund der das Menschenbild des 17. Jh.s prägenden anthropologischen Grundanschauungen mit einem unerbittlichen Drang nach höchster Bewußtheit den Widerstreit von *»passion«* und *»raison«*, *»devoir«*, *»vertu«* und *»gloire«* sowie *»Cœur«*, *»bonheur«* und *»bienséance«* folgerichtig aus seinen gesellschaftlich-geschichtlichen Bedingungen. *»Der Liebesverzicht ... ist die Lösung einer Handlung, die gerade in den äußersten Anstrengungen zur Überbrückung der Kluft von Idee und Wirklichkeit deren Unvergleichbarkeit zu einem Abgrund aufgerissen hatte«* (E. Köhler). Das Werk thematisiert das Problem der Ordnung des menschlichen Daseins durch eine rigide Beherrschung der menschlichen Affekte und zeigt darin seine Nähe zur Lehre des zeitgenössischen Neostoizismus, der die Gefühle strikt dem Willen und der Vernunft unterordnet. So erklärt sich der spätere Verzicht der Heldin auf eine Erfüllung nicht so sehr aus der platonischen Tradition als »Triumph des Willens und der Vernunft«, sondern erscheint als Kampf um die Behauptung des Vernunftideals, das beständigen Gefährdungen ausgesetzt ist: Denn trotz des Bemühens, die *»vertu«* zu erhalten, war die in ihrer Leidenschaft keineswegs blinde Frau schuldig geworden, auch der Einsatz von Vernunft und Willen vermochte die Katastrophe nicht aufzuhalten. Die rationalen Beweggründe gegen die Heirat mit Nemours erschienen ihr *»schwerwiegend im Hinblick auf ihrePflicht«*, jenem *»fantôme de devoir«* gegenüber dem Prinzen, ihrem Stand und sich selbst, sowie *»unüberwindlich im Hinblick auf ihre Ruhe«*, jenem unerreichbaren Gleichgewicht von *»cœur«* und *»raison«*, das durch Eifersucht und die Erfahrung, daß die besitzende Liebe erkaltet, stets gefährdet bleibt.

Der erfolgreiche Roman, dessen Verfasserschaft sowohl La Rochefoucauld als auch Mme. de La Fayette mehrmals ableugneten, beschäftigte schon die zeitgenössische Kritik und die Diskussionen in den Salons. Seine Probleme und Charaktere waren typisch für die damalige Zeit. Vor allem erregte das Geständnis, ein in der zeitgenössischen Literatur wiederholt vorkommendes Motiv, Anstoß. Die Antworten auf die erste Leserumfrage in der Zeitschrift ›Mercure Galant‹ bewegten sich vorwiegend um dieses, zusammen mit dem Verzicht, für das Verständnis des Werkes zentrale Geschehen. Neben den ablehnenden Äußerungen von BUSSY-RA-

Butin und der Mme. de Sévigné belebten insbesondere zwei Streitschriften aus unbekannter Feder die Auseinandersetzungen: *Lettres à Mme la marquise de *** sur le sujet de La princesse de Clèves* und die von der La Fayette in der Sorge um den Erfolg ihres Buches offensichtlich persönlich inspirierte *Conversation sur la critique de la Princesse de Clèves* (1679). Huet ignoriert das Werk auch in der erweiterten zweiten Auflage seines *Traité de l'origine des romans*.

Die nachhaltige Wirkung des Romans beruht auf der Darstellung der tragischen Entfremdung, die der Verzicht zwei Menschen gerade auf dem Höhepunkt ihres Erlebens stärkster Leidenschaft auferlegt. Wegen der den »Prozeß der Desillusionierung« gnadenlos offenlegenden *»science du cœur«* wird das Werk vielfach als Beginn des modernen psychologischen Romans verstanden. Sein Vorbild prägte die Romane der Marquise C.-A. de Tencin (1681–1749) und der Madame M.-L.-C. de Fontaines (*Histoire de la comtesse de Savoie*, 1726). Gestaltung und Deutung der Liebe in der *Histoire du chevalier des Grieux et de Manon Lescaut* (1731) von A. F. Prévost d'Exiles und die *Liaisons dangereuses* (1782) von Choderlos de Laclos wären ohne die *Princesse de Clèves* kaum verständlich. Nach Rousseaus *Nouvelle Héloïse* (1761) (vgl. *Lettres de deux amans...*) stellt *Adolphe* (1816) von Benjamin Constant einen bedeutsamen Fortschritt in der Entwicklung des *»roman d'analyse«* dar. In den Betrachtungen *De l'amour* (1822) verhehlt Stendhal nicht seine Bewunderung für das Werk und die Einsichten der La Fayette. In der neueren Literatur erinnert neben Paul Bourget (1852–1935) mit seinen psychologischen Romanen vor allem *Le bal du comte d'Orgel* (1924) von Raymond Radiguet an das Meisterwerk des französischen Klassizismus. D.B.-KLL

Ausgaben: Paris 1678, 4 Bde. – Cambridge 1925, Hg. H. Ashton. – Paris 1928 (in *Œuvres*, Hg. R. Lejeune, 3 Bde., 1925–1930, 2). – Genf 1950 (TLF). – Paris 1961 (in *Romans et nouvelles*, Hg. E. Magne; ern. 1970; Class. Garn). – Paris 1966 (GF). – Ldn. 1971, Hg. P. H. Nurse [krit.]. – Paris 1972 (Poche). – Paris 1980, Hg. J. Mesnard. – Paris 1982 (Folio).

Übersetzungen: *Liebes-Geschichte des Hertzogs von Nemours und der Prinzessin von Cleve*, anon., Ffm./Lpzg. 1711. – *Die Prinzessin von Clèves*, F. Schulz (in *Gesammelte Romane*, Bd. 2, Bln. 1790). – *Die Prinzessin von Clèves*, P. Hansmann, Mchn. 1928. – Dass., G. Hess, Wiesbaden 1946; ern. Stg. 1984 (RUB). – Dass., F. Hardekopf (zus. m. *Die Prinzessin von Montpensier*, Zürich 1957; Nachw. E. Merian-Genast; ern. 1984). – Dass., J. Kirchner, Ffm. 1967; ern. 1984 (Insel Tb). – Dass., H. Broemser, Ffm./Bln. 1980 (Ullst. Tb).

Verfilmung: Frankreich 1961 (Regie: J. Delannoy; Szenario J. Cocteau).

Literatur: E. Köhler, *La F.s »La princesse de Clèves«. Studien zur klassischen Form des Romans*, Hbg. 1959. – M. Butor, *Sur »La princesse de Clèves«* (in M. B., *Répertoire*, Paris 1960, S. 74–78). – J. v. Stackelberg, *Plagiat oder Replik. Zur Stellung der »Princesse de Clèves« im Roman der französischen Klassik* (in GRM, 16, 1966, S. 350–374). – J. Bazin, *Vocabulaire de »La princesse de Clèves«*, Paris 1967; ern. 1974. – D. Beyerle, *»La princesse de Clèves« als Roman des Verzichts*, Hbg. 1967. – H. K. Kaps, *Moral Perspective in »La princesse de Clèves«*, Eugene/Oreg. 1969. – J. Fabre, *L'art de l'analyse dans »La princesse de Clèves«*, Aix-en-Provence 1970. – J. v. Stackelberg, *Von Rabelais bis Voltaire*, Mchn. 1970, S. 154–197. – J. Bazin, *Qui a écrit »La princesse de Clèves«?*, Paris 1970. – J. Raitt, *Mme. de La F. and »La princesse de Clèves«*, Ldn. u. a. 1971. – B. R. Woshinski, *»La princesse de Clèves«. The Tension of Elegance*, Den Haag/Paris 1973. – A. Niderst, *»La princesse de Clèves«. Le roman paradoxal*, Paris 1973. – L. Ansmann, *Mme. de La F. »La princesse de Clèves«* (in *Der frz. Roman*, Hg. K. Heitmann, Bd. 1, Düsseldorf 1975, S. 120–145). – S. A. Tiefenbrun, *A Structural Stylistic Analysis of »La princesse de Clèves«*, Den Haag/Paris 1976. – D. Kuizenga, *Narrative Strategies in »La princesse de Clèves«*, Lexington 1976. – R. Galle, *›Aveu‹ und Intimitätsbildung. Das Geständnis der Prinzessin de Clèves als Abschied von der höfischen Gesellschaft* (in Poetica, 12, 1980, S. 182–204). – J. W. Scott, *»La princesse de Clèves«*, Ldn. 1983. – P. Malandain, *Mme. de La F. »La princesse de Clèves«*, Paris 1985. – K. Stierle, *Das Ende der Leidenschaft. La F.s »La princesse de Clèves«* (in *Französische Klassik, Theorie, Literatur, Malerei*, Hg. F. Nies, Mchn. 1985, S. 112–118). – W. Matzat, *Affektrepräsentation im klassischen Diskurs »La princesse de Clèves«* (ebd., S. 231–266). – L. A. Gregorio, *Order in the Court. History and Society in »La princesse de Clèves«*, Saratoga 1986. – H. Sanders, *Das Subjekt der Moderne*, Tübingen 1987, S. 57–78.

Jean de La Fontaine

* 8.7.1621 Château-Thierry
† 13.4.1695 Paris

Literatur zum Autor:

Bibliographien:
R. de Rochambeau, *Bibliographie des œuvres de La F.*, Paris 1911. – E. S. Stevens, *A Critical Bibliography of La F.*, Chapel Hill 1973.

Biographien:
P. Clarac, *La F. par lui-même*, Paris 1961. – A. E. Mackay, *La F. and His Friends. A Biography*, Ldn. 1972. – J. Orieux, *La F. ou La vie est un conte*, Paris 1976. – S. Sens, *La F.*, Paris/Gembloux 1980.

Gesamtdarstellungen und Studien:
J. Giraudoux, *Les cinq tentations de La F., cinq conférences*, Paris 1938; ern. 1980. – P. Clarac, *La F., l'homme et l'œuvre*, Paris 1947; [2]1959. – Ph. A. Wordsworth, *Young La F., a Study of His Artistic Growth in His Early Poetry and First Fables*, Evanston/Ill. 1952. – R. Kohn, *Le goût de La F.*, Grenoble 1962. – O. de Mourgues, *O muse, fuyante proie ... Essay sur la poésie de La F.*, Paris 1962. – J. P. Collinet, *Le monde littéraire de La F.*, Paris 1970. – L. Petit, *La F. à la rencontre de Dieu*, Paris 1970. – Europe, 1972, Nr. 515 [Sondernr. *La F.*]. – P. Boutang, *La F. politique*, Paris 1981. – M. Gutwirth, *Un merveilleux sans éclat. La F. ou la poésie exilée*, Genf 1987. – M. O. Sweetser, *La F.*, Boston 1987 (TWAS). – A. Stefanelli, *Die lexikalischen Archaismen bei La F.*, Passau 1987.

CONTES ET NOUVELLES EN VERS

(frz.; *Erzählungen und Novellen in Versen*). Sammlung von 64 Verserzählungen von Jean de LA FONTAINE, geschrieben zum größten Teil in dem überaus produktiven Jahrzehnt zwischen 1664 und 1674; erschienen in mehreren kleinen Bänden, denen die spätere Gruppierung der Gesamtausgabe entspricht: Teil 1 enthält die elf Geschichten der *Nouvelles en vers tirées de Boccace et de l'Arioste* (1665), Teil 2 die sechzehn Geschichten der *Deuxième partie des contes et nouvelles en vers* (1666), Teil 3 die dreizehn Geschichten der *Contes et nouvelles en vers* (1671), Teil 4 die sechzehn Geschichten der *Nouveaux contes* (1674) und Teil 5 acht Erzählungen aus verschiedenen, 1682–1696 erschienenen kleineren Veröffentlichungen. – La Fontaine greift auf Material zurück, das sich einer Zuordnung zu bestimmten Gattungen widersetzt: Die Renaissancenovellistik ist mit BOCCACCIO, MARGUERITE DE NAVARRE, den *Cent nouvelles nouvelles*, G. BRUNO und anonymen Quellen vertreten, daneben gehen die Vorlagen der Erzählungen auf antike Autoren (PETRONIUS, ANAKREON) zurück; doch auch die heroisch-komische Epik ARIOSTS und Umarbeitungen dramatischer Stoffe (MACHIAVELLI) finden sich.
Zumeist handelt es sich um die allzeit beliebten frivolen Erzählungen oder derb-komischen Schwänke von gehörnten Ehemännern, untreuen Gattinnen, naiven Freiern, lüsternen Mönchen und Nonnen. Die Obszönitäten dieser Stoffe hat La Fontaine freilich dem Bedürfnis der Zeit angemessen reduziert und den Forderungen des galanten Stils angepaßt. In mancher Hinsicht erweist er sich mit den Transpositionen, die er in den *Contes et nouvelles* vornimmt, als Mittler, der dem klassischen Zeitalter die Erzählstoffe des Spätmittelalters und der Renaissance näherbringt. Dabei führt der Wechsel der Gattungen häufig zu Vereinfachungen der Handlungsstruktur, wie etwa im Falle der Bearbeitung nach Machiavellis Komödie *Mandragola*. Seine Version bedient sich ausschließlich des Verses anstelle der Prosa. Dabei nimmt er sich die Freiheit, nach Gutdünken selbst bekannte, feststehende Themen abzuwandeln, auszuschmücken und ihnen mit eigenen Zügen den Stempel seiner Epoche aufzudrücken. – Nach Stil und Versrhythmus lassen sich bereits in der ersten Sammlung zwei verschiedene Gruppen unterscheiden: die eine, etwa *Joconde*, nimmt die natürlichen, der Prosa nahen freien Verse der *Fables* auf, die andere, etwa *Le cocu battu et content*, steht mit ihrer bewußt archaisierenden Sprache und fester zehnsilbiger Versfügung in der Tradition MAROTS, eine Unterscheidung, die übrigens der Autor selbst bereits in seinem *Avertissement* vornimmt.
La Fontaine versäumt seit dem Erscheinen der ersten *Contes* nicht, sich für seine frivolen, galanten, gelegentlich sogar obszönen Themen zu entschuldigen, kann aber nicht verhindern, daß durch polizeilichen Erlaß vom 5. 4. 1675 Druck und Verkauf der Sammlungen verboten und sie gebrandmarkt werden als ein Werk *»voller indiskreter und unanständiger Ausdrücke ... dessen Lektüre keine andere Wirkung haben kann, als die guten Sitten zu verderben«*. Noch BRUNETIÈRE empfiehlt, die *Contes* in den Bibliotheken *»unter Verschluß«* zu halten. La Fontaine verteidigte sich gegen den Vorwurf der Obszönität mit Hinweis auf die offenkundige Unwahrscheinlichkeit der Sujets durchaus selbstbewußt: *»Weder in ihrer Wahrheit noch in ihrer Wahrscheinlichkeit besteht die Schönheit dieser Erzählungen, sondern nur in der Art, wie sie erzählt werden.«* Mit dieser Betonung des artistischen Moments – im Gegensatz zu dem noch didaktischen Anspruch der *Fables* – entfernt sich La Fontaine von den klassischen Kunstdoktrinen. I.P.-KLL

AUSGABEN: Paris 1665 *(Nouvelles en vers tirées de Boccace et de l'Arioste)*. – Paris 1666 *(Deuxième partie des contes et nouvelles en vers)*. – Paris 1671 *(Contes et nouvelles en vers, 3e partie)*. – Mons 1674 *(Nouveaux contes)*. – Paris 1675. – Amsterdam 1691 [erw.]. – Amsterdam 1710 [erw.]. – Amsterdam 1718 [erw.]. – Paris 1872–1876 (in *Œuvres complètes*, Hg. L. Moland, 7 Bde., 3/4). – Paris 1950, 2 Bde. [Ill. A. Derain]. – Paris 1961, Hg. G. Couton (krit.; Class. Garn). – Paris 1965 (in *Œuvres complètes*, Hg. J. Marmier). – Paris 1966 (in *Œuvres complètes*, Hg. R. Groos u. J. Schiffrin, 2 Bde., 1966–1968, 1; Pléiade). – Paris 1980 (GF). – Paris 1982 (Folio).

ÜBERSETZUNGEN: *Schwänke und Märchen*, anon., 2 Bde., Bln./Lpzg. 1811. – *Die Erzählungen*, T. Etzel, 2 Bde., Mchn. 1910–1913; ern. 1922. – *Ergötzliche Geschichten*, C. Moreck, Mchn. 1921. – *Sämtliche Novellen in Versen*, G. Fabricius, Mchn. 1981 (Nachw. H. Lindner; frz.-dt.). – *Der Teufel und die Papifeigen*, Th. Etzel, Düsseldorf 1987 [Nachw. E. Wesermann; Ill.].

LITERATUR: G. Paris, *La source italienne de la »Courtisane amoureuse« de La F.* (in *Raccolta di studi critici dedicati ad A. d'Ancona*, Florenz 1901, S. 375–385). – E. Montégut, *»La fiancée du roi*

Garbe« et le »Décaméron« (in RDM, 45, Juni 1963, S. 721–736). – J. Timm, *Erzähltechnik bei La F. und Boccaccio*, Diss. Hbg. 1964. – W. Pabst, *La F.s ironisches Spiel mit der Antinomie* (in W. P., *Novellentheorie und Novellendichtung*, Heidelberg 1967, S. 203–230). – J. C. Lapp, *The Esthetics of Negligence in La F.'s »Contes«*, Ldn. 1971. – M. Soriano, *Des »Contes« au »Fables«* (in Europe, 1972, Nr. 515, S. 99–131). – G. E. de La Fontaine, *La F. dans ses »Contes«*, Sherbrooke 1978. – J. P. Collinet, *L'amour et son expression poétique dans les »Contes« de La F.* (in TLL, 18, 1980, H. 2, S. 97–114). – Ders., *La matière et l'art du prologue dans les »Contes« de La F.* (in StF, 25, 1981, S. 219–237). – J. Merino Morais, *Différence et répétition dans les »Contes« de La F.*, Gainesville/Fla. 1983. – R. N. Nicolich, *The Seventeenth and Eighteenth Century Illustrations for La F.'s »Contes et nouvelles en vers«* (in PFSCL, 13, 1986, Nr. 24, S. 221–282). – M. Gsteiger, *»La fiancée du roi de Garbe«. De Boccace a La F.* (in *Sensus communis. Contemporary Trends in Comparative Literature. Fs. f. H. Remak*, Hg. J. Riesz u. a., Tübingen 1986, S. 325–333).

FABLES

(frz.; *Fabeln*). Versfabeln von Jean de La Fontaine, erschienen 1668–1694. – Die vom Autor mit einem Vorwort, einer »Lebensbeschreibung« Aesops und einer gereimten Widmung an den Dauphin eingeleitete erste Ausgabe – sechs Bücher mit insgesamt 124 Fabeln und zahlreichen Kupfern von François Chauveau – hatte so großen Erfolg, daß sie noch im gleichen Jahr neu aufgelegt werden mußte. La Fontaine, der 1666 mit seinen *Contes* einen Skandal erregt und sich das Mißfallen Ludwigs XIV. zugezogen hatte, wurde nun von Boileau als der französische Aesop gefeiert, von Madame de Montespan, der Favoritin des Königs, öffentlich protegiert und von diesem wieder in Gnaden empfangen. Eine zweite Sammlung von fünf Büchern – Buch 7 und Buch 8 (1678), die Bücher 9–11 (1679) – fand ebenfalls großen Beifall. Mit einem zwölften Buch, das den vorangegangenen Bänden nicht mehr in allen Stücken gleichwertig ist, beschloß der Dichter sein Hauptwerk, das seinem Namen weltweite Berühmtheit verschafft hat. Da der Autor sich bereits in seinen Vorreden zu den Vorbildern der Fabeltradition bekannte, mußte es von vornherein für die Leser wie den Verfasser darum gehen, die stilistischen Unterschiede klar zu sehen. Von den 237 Fabeln der zwölf Bücher hat der Dichter kaum eine selbst erfinden müssen. Seine Quellen, die er zum Teil in den Einleitungen zu den einzelnen Sammlungen nennt, sind vor allem die Fabeln Aesops in der Bearbeitung des Griechen Babrios (3. Jh.), wie sie die Vierzeiler eines gewissen Ignatius im 9. Jh. in Umlauf brachten, und die lateinischen Fabelversionen von Phaedrus und Avianus. Aber auch Horaz, Ovid, die mittelalterlichen französischen *fabliaux*, der *Roman de Renart*, der *Ysopet* der Marie de France und die französischen Fabulisten des 16. Jh.s (u. a. Guillaume Guéroult, Gilles Corrozet, Clément Marot und Mathurin Regnier) wurden von La Fontaine als Quellen benutzt. Mit Recht hat man darauf verwiesen, daß die *Fables*, was den Reichtum an Motiven angeht, mit den Erzählungen aus *Tausendundeine Nacht* in einer Reihe zu nennen wären. Die Sujets der zweiten Sammlung entstammen meist orientalischen Märchen, die, einem indischen Weisen Pilpay (Bidpai) zugeschrieben, im 17. Jh. in Übersetzungen erschienen waren und trotz ihrer Weitschweifigkeit bei La Fontaine großen Anklang fanden. Der Autor beschränkt sich jedoch nicht auf die zeitgerecht angepaßte Nacherzählung der Stoffe, sondern nimmt Umstellungen und Ausweitungen der einfachen Handlungen vor, die mitunter den Umfang von Erzählungen annehmen.

Mit den Figuren der Fabel – meist Tieren, aber auch Naturgewalten, Göttern und Menschen – übernahm der Dichter zugleich ihre allegorische Bedeutung und die traditionelle Identifikation mit bestimmten menschlichen Typen; so erklärt sich die Selbstverständlichkeit, mit der der Leser die unwahrscheinlichen Situationen der Geschichten für möglich hält, zum Teil aus dem Umstand, daß ihm die Symbolik der Akteure schon vertraut war. Neu und einmalig ist indessen, wie La Fontaine die stereotypen Allegorien zu lebensechten Personen konkretisiert, d. h. in jeweils bezeichnender Verhaltensweise und Sprache veranschaulicht. Die Gestalten der antiken Fabel, dort nur Demonstrationsobjekte für die mitzuteilende Moralsentenz, werden zu lebendigen Inkarnationen menschlicher Charakterzüge, die dürre Handlungsabbreviatur wird zum echten Drama mit Exposition, Peripetie und – meist tragikomischer – Lösung, zur Miniaturkomödie mit maliziösen satirischen Anspielungen. Musterbeispiel unter vielen ist die Fabel von den pestkranken Tieren (*Les animaux malades de la peste*, 7, 1), die nach einem öffentlichen Schuldbekenntnis aller, einschließlich des Königs, den harmlosen Esel für den Zorn der Götter verantwortlich machen, oder die Fabel *L'hirondelle et les petits oiseaux*, 1,8 *(Die Schwalbe und die kleinen Vögel)*, die, in Akte geteilt, nach dem Modell der griechischen Schicksalstragödie gebaut ist. Doch nimmt die Fabel gelegentlich auch die Form anderer literarischer Gattungen an, z. B. der Novelle in *La jeune veuve*, 6, 21 *(Die junge Witwe)*, der Idylle in *Daphnis et Alcimadure*, 12, 27, der Abhandlung in *Le paysan du Danube*, 11, 7 *(Der Bauer von der Donau)*.

Die primäre Absicht La Fontaines ist die Darstellung typischer Charaktere und ihrer psychologischen Reaktionen und zugleich damit die Vermittlung praktischer Lebens- und Menschenkenntnis; die moralpädagogische Tendenz tritt in den Hintergrund, wenn auch meist eine moralische Belehrung die Erzählung abschließt oder ihr als Programm voransteht; gelegentlich fehlt sie jedoch ganz, und in der berühmten Fabel *La cigale et la fourmi*, 1, 1 *(Die Grille und die Ameise)*, wird die vordergründige Moral (»Wer nicht arbeitet, soll auch nicht essen«) sogar in Frage gestellt, indem

der Autor in einem beiläufigen Nebensatz die fleißige Ameise des Geizes und noch schlimmerer Laster zeiht und so als selbstgerechten Banausen kennzeichnet, der für die Lebensformen des Künstlers kein Verständnis hat.
Es ist La Fontaines Absicht und ausschließliches Verdienst gewesen, die ursprüngliche Form der Beispielerzählung aus der Rhetorik zu einer literarisch angesehenen, eigenständigen Gattung aufgewertet zu haben. In seiner Gestaltung vereinigen sich Klarheit und Einfachheit der Konturierung, charakteristische Merkmale der antiken Fabel, mit moderner Sensibilität und Beobachtungsgabe. So entstehen bei nicht zu unterbietender Knappheit des Ausdrucks Charakter- und Milieubilder von äußerster Intensität, wie etwa das Porträt der Wildkaninchen, die sich *»wachsamen Auges, mit gespitztem Ohr, verlustierten und ihr Mahl mit Thymian würzten«* (10, 15). Doch die Tiere als solche interessieren den Autor nicht, exakte Beobachtung ihrer Lebensgewohnheiten liegt ihm, als Stadtmenschen, fern. Es ist ein leichtes, ihm auf diesem Gebiet Irrtümer nachzuweisen (die fleischfressende Grille, der giftige Schwanz der Schlange usw.). – Wenn auch einige Fabeln unverhohlen auf den Hof Ludwigs XIV. zielen (7, 1; 8, 14), so reicht die Satire doch weit über den zeitgenössischen politischen Bereich hinaus. Tyrannei der Mächtigen, Ausbeutung der Schwachen, Kriechertum der Untergebenen – dies sind zeitlose Fehlformen des sozialen Lebens, wie auch solche menschlichen Schwächen wie Eitelkeit, Heuchelei, Gier nicht auf das Jahrhundert La Fontaines beschränkt sind. So aufsässig manche Formulierungen klingen, revolutionäre Aggression liegt dem Autor fern. Seine Haltung ist im Grunde die eines epikureischen Leben-und-Lebenlassens; von der Änderbarkeit der menschlichen Natur hält er ohnehin nicht viel. Was ihn lockt, ist die Präzision und Eleganz der Aussage, der (an die Technik des »schwarzen Humors« erinnernde) Kontrasteffekt von makabrem Inhalt und naiv-unbekümmerter Formulierung; man denke z. B. an die Urteilsfindung der Katze im Streit zwischen Kaninchen und Wiesel (7, 16): *»Grippeminaud, der fromme Apostel, versöhnte die Streitenden, indem er beide zusammen fraß.«* Erst La Fontaine hat dem Verfremdungseffekt, der in der Übertragung menschlicher Eigenschaften auf Tiere angelegt ist und ein reizvolles Oszillieren zwischen Wahrheit und Phantasie, Realem und Irrealem, Ernst und Spiel erzeugen kann, zu voller Wirkung verholfen, mit einer einzigartig variierten Sprache, die exakt und leichtfüßig, pittoresk und pointiert, keck, elegant und musikalisch in einem ist. Stets bleibt die Kritik menschlicher Schwächen in die Rede eines elegant plaudernden, bisweilen schalkhaft augenzwinkernden Erzählers eingebettet, dessen auktoriale Rolle in nahezu jeder der Fabeln zum Vorschein kommt: Selbst die »Moral« der Geschichten wird häufig den zu neuen Selbsterkenntnissen gelangten Figuren in den Mund gelegt. So bleibt die moralische Tendenz stets vage angesichts der Unbestimmtheit und Ironie. Von allen klassischen Autoren Frankreichs verfügt er über das reichste Vokabular, da er ohne Rücksicht auf die von der Akademie gezogenen Grenzen, immer aber mit Maß und Geschmack volkstümlichen Jargon, Provinzialismen, Rabelaissche Wendungen, Neubildungen und Ausdrücke aus dem Bereich des Handwerks einbezieht, wenn sie dem Zweck der Verdeutlichung dienen. Der Originalität des Wortschatzes und der Formulierung entspricht die Versstruktur: sie ist, selbst innerhalb einer einzigen Fabel, polymorph, durch keine technische Regel, sondern allein vom Sinn und inneren Rhythmus des jeweiligen Gedichtes bestimmt. Stücke, die von einem festen Metrum beherrscht werden, sind selten und gehören meist nicht zu den besten. La Fontaine verwendet den klassischen Alexandriner ebenso wie die liedhafte Kurzzeile, setzt die Zäsur jedoch ganz eigenmächtig und scheut vor kühnen Enjambements nicht zurück. Damit wendet er sich deutlich von den in Prosa verfaßten Fabeln zu Beginn des 17. Jh.s ab.
Die Unmittelbarkeit und Frische, mit der die Fabeln noch heute den unbefangenen Leser entzükken, wurde nicht immer und von allen Lesern empfunden. ROUSSEAU beispielsweise verbietet im *Émile* seinem Musterzögling die Lektüre der Fabeln, von denen er eine moralisch destruktive Wirkung befürchtet; LAMARTINE sieht in ihnen nichts als den *»gefühlskalten Egoismus eines doppelzüngigen alten Mannes«*. – GOETHE dagegen meinte: *»La Fontaine steht bei den Franzosen in so hoher Achtung, nicht seines poetischen Verdienstes wegen, sondern wegen der Großheit seines Charakters, der aus seinen Schriften hervorgeht«* (30. 3. 1824 zu Eckermann). – André GIDE hebt gerade die poetischen Verdienste La Fontaines hervor, wenn er sagt: *»Seine Kunst besteht darin, die bestürzenden Wahrheiten, die Nietzsche mit pathetischer Eloquenz verkündet, leicht und spielerisch zu formulieren.«* KLL

AUSGABEN: Paris 1668 (*Fables choisies*; enth. Buch 1–6). – Paris 1678–1694 (*Fables choisies*, 5 Bde.; enth. Buch 1–12). – Paris 1883–1885 (in *Œuvres complètes*, Hg. H. Regnier, 11 Bde., 1883–1892, 1–3; krit.). – Paris 1961, Hg. G. Couton (ern. 1978; Class.Garn). – Paris 1964, Hg. P. Michel u. M. Martin [m. Komm.; ern. 1979]. – Paris 1965 (in *Œuvres complètes*, Hg. J. Marmier). – Paris 1966 (in *Œuvres complètes*, Hg. G. Groos u. J. Schiffrin, 2 Bde., 1966–1968, 1; Pléiade). – Paris 1969 (GF). – Paris 1973 (ern. 1987; Poche). – Paris 1974, Hg. J.-P. Collinet. – Paris 1985, Hg. M. Fumaroli.

ÜBERSETZUNGEN: *Fabeln*, S.H. Chatel, Bln. 1791–1794, 4 Bde. [frz.-dt.]. – Dass., J. Wege, Lpzg. 1922. – Dass., Th. Etzel, Mchn. 1911; Bln. 21923. – Dass., W. Küchler, Mchn. 1948 [frz.-dt.] – *Die Fabeln*, R. Mayr, Düsseldorf 1964 [Ill. G. Doré]. – *Hundert Fabeln*, H. Hinderberger u. N. O. Scarpi, Zürich 1965 [61987; Nachw. T. Spoerri; Ausw.]. – *Sämtliche Fabeln*, E. Dohm u. G. Fabricius, Mchn. 1978 (Ill. J. J. Grandville; ern. 1981; dass. auch dtv).

LITERATUR: H. Taine, *La F. et ses fables*, Paris 1853 [Nachdr. Genf 1970]. – K. Voßler, *La F. und sein Fabelwerk*, Heidelberg 1919. – R. Bray, *Les fables de La F.*, Paris 1929. – F. Gohin, *L'art de La F. dans ses fables*, Paris 1929. – P. Moreau, *Thèmes et variations dans le premier recueil des »Fables« de La F.*, Paris 1960. – O. de Mourgues, *La F., »Fables«*, Ldn. 1960; ern. 1967. – R. Jasinski, *La F. et le premier recueil des »Fables«*, Paris 1965/66. – J. D. Biard, *The Style of La F.'s »Fables«*, Oxford 1966. – K. Stierle, *Poesie des Unpoetischen. Über La F.s Umgang mit der Fabel* (in Poetica, 1, 1967, S. 508–533). – J. Grimm, *Le pouvoir des fables. Ein Beitrag zur Ästhetik der La F.schen Fabel* (in ZfrzSp, 80, 1970, S. 28–43). – N. Richard, *La F. et les fables du deuxième recueil*, Paris 1972. – Europe, 1972, Nr. 515 [Sondernr. *La F.*]. – H. Lindner, *Didaktische Gattungsstruktur und narratives Spiel. Studien zur Erzähltechnik in La F.s Fabeln*, Mchn. 1975. – P. Bornecque, *La F. fabuliste*, Paris 1975. – J. Grimm, *La F.s Fabeln*, Darmstadt 1976 (EdF). – Ders., *La F.s Fabeln als satirisches Kunstwerk*, Freiburg i. B. 1976. – F. Chauveau, *Vignettes des »Fables« de La F. (1668)*, Exeter 1977. – P. Malandain, *La fable et l'intertexte*, Paris 1981. – K. A. Ott, *La F. als Vorbild. Einflüsse französischer Fabeldichtung auf die deutschen Fabeldichter des 19. Jh.s* (in *Die Fabel*, Hg. P. Hasubek, Bln. 1982, S. 76–105). – A. Haddad, *Fables de La F. d'origine orientale*, Paris 1984. – P. Bornecque, *»Fables«*, Ffm./Paris 1984. – R. Danner, *Patterns of Irony in the »Fables« of La F.*, Athens (Oh.)/Ldn. 1984. – J. von Stackelberg, *War La F. ein politischer Dichter?* (in Tijdschrift voor de Studie van de Verlichting en van het vrije denken, 13, 1985, S. 159–179). – J. Grimm, *Les fables de La F., leur représentation figurée* (in NSp, 86, 1987, S. 37–47).

FRANÇOIS VI, DUC DE LA ROCHEFOUCAULD

* 15.9.1613 Paris
† 17.3.1680 Paris

RÉFLEXIONS OU SENTENCES ET MAXIMES MORALES

(frz.; *Reflexionen oder Sentenzen und moralische Maximen*). Maximen von François VI, Duc de LA ROCHEFOUCAULD, anonym erschienen 1665. – In einem im Jahre 1659 erstmalig veröffentlichten Selbstporträt hat sich La Rochefoucauld als melancholisch charakterisiert. Eine solche Gestimmtheit ist nicht nur privater Natur, sondern steht in Bezug zu einer bestimmten gesellschaftlichen Situation. Sie bezeichnet repräsentativ die Langeweile und Resignation der in der Fronde (1648–1653) gescheiterten Adeligen, deren Entmachtung durch den Sieg der absoluten Monarchie endgültig wurde. Für die bei Hofe in Ungnade Gefallenen wird der »Salon« zum neuen Sammelort, wo sie gemeinsam literarische Beschäftigung gleichsam als Handlungsersatz betreiben. Die Bitterkeit der *Maximen* erklärt sich nicht unwesentlich aus dieser erzwungenen Wandlung, die aus dem Soldaten den Schriftsteller und Moralisten La Rochefoucauld machte.

»Nos vertus ne sont, le plus souvent que des vices déguisés« (»Unsere Tugenden sind meist nur verkappte Laster«). Dieses von La Rochefoucauld für die letzten beiden Ausgaben seines Werks ausgewählte Motto haben seine Zeitgenossen und er selbst als das Hauptthema der *Maximen* angesehen. Es zeigt beispielhaft die Verfahrensweise des Moralisten, der nicht predigt, wie der Mensch sein soll, sondern beschreibt, wie er ist. Das wahre Wesen des Menschen ist jedoch verborgen. Erst die demaskierende Analyse trennt Sein und Schein und enthüllt die Inkongruenz von vorgeblichem Motiv und Tat. Die Ursprünge einer solchen Entlarvungspsychologie sind dort zu suchen, wo sie als Gegenbewegung herausgefordert wird: im Rollenspiel und der Etikette der aristokratischen Rangkultur, für die das Repräsentieren und taktische Verhalten Voraussetzungen des Erfolges sind. Die Triebfeder des trügerischen Scheins ist für La Rochefoucauld die in unzähligen Masken sich verhüllende Eigenliebe *(amour-propre)*. Sie stammt aus den emotionalen Tiefenschichten des Menschen und entzieht sich rationaler Kontrolle: *»L'esprit est toujours la dupe du cœur« (»Immer hält das Herz den Verstand zum besten«)*. Diese Spannung von Herz und Verstand gehört zu den Hauptthemen der französischen Moralisten und wurde immer wieder neu zu lösen versucht. Im Gegensatz zur späteren Rechtfertigung der Gefühlskräfte vor allem durch ROUSSEAU und die Romantik erhält der Begriff des »Herzens« bei La Rochefoucauld einen negativen Akzent. Eine solche Abwertung ist christlicher Herkunft und findet sich in den Erbauungsschriften des 17. Jh.s, wo *cœur* stellvertretend für *chair* (Fleisch) als Sitz der Sünde eintreten kann.

In neuerer Zeit fanden auch andere Themen der *Réflexions* Beachtung. Eine größere Anzahl von Maximen steht in der Tradition der subtilen Gefühls- und Liebesdiskussionen, die in den preziösen Romanen des Jahrhunderts breiten Raum einnahmen. – Bemerkenswert ist, daß auch La Rochefoucauld sich auf das für seine Zeit gültige Leitbild des *honnête homme* (Weltmann) bezieht: *»L'honnête homme ne se pique de rien« (»Ein Weltmann weiß seine Bildung zu verbergen«)*. Das Ideal eines urbanen, beherrschten, auf Geselligkeit gerichteten Verhaltens bleibt auch für den gescheiterten Frondeur verbindlich. Von dem Rückzug des empfindsamen Einzelnen in die Innerlichkeit und Natur ist La Rochefoucaulds *»Melancholie ohne Weltflucht«* (Wolf Lepenies) noch weit entfernt.

Eine ausschließlich am Gehalt orientierte Betrachtungsweise vermag die große Wirkung der *Réflexions* nicht zu erklären. Die Quellenforschungen zu den einzelnen Maximen zeigen, in welch hohem Maße diese von bereits vorformuliertem Gedankengut abhängig sind. Zudem steht La Rochefoucaulds Pessimismus nicht allein in seiner Epoche. Auch der Jansenismus, vor allem PASCAL, und die französische Klassik haben kein schmeichelhaftes Bild vom Menschen gezeichnet. Erst die hohe künstlerische Gestaltungskraft La Rochefoucaulds, die ihn zum Begründer der literarischen Gattung »Maxime« macht, hat seinen Aussagen ihre besondere Durchschlagskraft verschafft. – Die Maxime hat als literarische Kunstform keinen normativen Charakter und ist somit nicht Leitregel des Handelns. Als eine auf die allerkürzeste Formel gebrachte subjektive Erfahrungseinheit lebt sie geradezu vom Widerspruch und Mitdenken des Lesers, der ihr unbewiesenes Urteil prüfen und sie als *»letzten Ring einer langen Gedankenkette«* (Marie von Ebner-Eschenbach) erkennen soll. Die der aphoristischen Denkform eigene Systemlosigkeit der Maximensammlung ist nicht mit Zusammenhanglosigkeit zu verwechseln. Auch hier ist es Aufgabe des Lesers, den Abwandlungen eines Themas nachzugehen und Bezüge herzustellen.

Im Gegensatz zu der einem aufblitzenden Einfall entspringenden Form des Aphorismus etwa bei LICHTENBERG sind die Maximen La Rochefoucaulds meist Ergebnis langwieriger Gestaltung. Ein Vergleich der fünf verschiedenen von ihm selbst herausgegebenen Fassungen seines Werks gibt einen Eindruck von dieser *»Kunst der Sentenzenschleiferei«* (F. Nietzsche). Die in den Maximen wesentlichen Stilmuster wie Antithese, Paradoxon, Vergleich, Parallelismus erzeugen Präzision und Brillanz, verführen jedoch dazu, bisweilen der Wirkung die Wahrheit zu opfern. Manche der kühlen, gleichsam mathematischen Gleichungen La Rochefoucaulds gehen nicht auf, und die unermüdliche Entlarvung der Eigenliebe mag monoton wirken. Um so mehr berühren uns heute in diesem Werk Formulierungen, die über das Gesagte hinaus etwas von der Betroffenheit ihres Verfassers spürbar machen. Obgleich in den Maximen das Wörtchen »ich« durch das verallgemeinernde »man« oder »wir« ersetzt wird, haben manche der meisterhaft ausbalancierten Sätze den unnachahmlichen Tonfall tiefgründiger Resignation. Als Beispiel mag jene Maxime dienen, die der Makler Gosch in Thomas MANNS *Buddenbrooks* (IX, 4) zitiert: *»L'espérance, toute trompeuse qu'elle est, sert au moins à nous mener à la fin de la vie par un chemin agréable« (»Die Hoffnung, so trügerisch sie auch ist, dient doch wenigstens dazu, uns auf einen angenehmen Weg ans Ende des Lebens zu führen«).* P.Mo.

AUSGABEN: Den Haag 1664 (*Sentences et maximes de morale*; nicht autor. Ausg.). – Paris 1665 (*Réflexions, ou Sentences et maximes morales*, anon.). – Paris 1868 (in *Œuvres*, Hg. D.-L. Gilbert u. J. Gourdault, 5 Bde., 1868–1883, 1). – Paris 1957 (in *Œuvres complètes*, Hg. L. Martin-Chauffier u. J. Marchand; Pléiade; ²1964). – Paris 1967, Hg. u. Vorw. J. Truchet. – Genf/Paris 1967, Hg. D. Secretan. – Paris 1972. – Paris 1976, Hg. J. Lafond. – Paris 1977, Hg. J. Truchet [erw. Ausg.].

ÜBERSETZUNGEN: *Gemüths-Spiegel, durch die köstlichsten moralischen Betrachtungen, Lehrsprüche und Maximen die Erkäntniß seiner selbst und anderer Leute zeigend*, Talandern [d. i. A. Bohse], Lpzg. 1699. – *Betrachtungen oder Moralische Sentenzen und Maximen*, E. Hardt, Jena 1906. – *Die Maximen*, ders., Mchn./Bln. ²1938. – *Reflexionen und moralische Sentenzen*, F. Schalk (in *Die französischen Moralisten*, Bd. 1, Wiesbaden 1947; Mchn. ²1973). – *Maximen und Reflexionen*, F. Hörlek, Stg. 1948 (RUB); zul. 1983. – *Spiegel des Herzens. Seine sämtlichen Maximen*, F. Habeck, Hg. W. Kraus, Wien/Stg. 1951. – *150 Maximen*, J. Schmidt, Heidelberg 1969 [frz.-dt.]; ²1979. – *Reflexionen oder Sentenzen und moralische Maximen*, H. Bergmann u. F. Hörlek, Ffm. 1976.

LITERATUR: A. Bruzzi, *Dai »Mémoires« alle »Maximes« di La R.*, Bologna 1965. – J. Starobinski, *La R. et les morales substitutives* (in NRF, 28, 1966, S. 16–34; 211–229). – P. Bénichou, *L'écrivain et ses travaux*, Paris 1967, S. 3–37. – L. Hippeau, *Essai sur la morale de La R.*, Paris 1967. – W. Lepenies, *Melancholie und Gesellschaft*, Ffm. 1969. – C. Mauriac, *»Maximes«* (in C. M., *De la littérature à l'alittérature*, Paris 1969, S. 79–93). – L. Ansmann, *Die »Maximen« von La R.*, Mchn. 1972. – H. Wentzlaff-Eggebert, *»Reflexion« als Schlüsselwort in La R.s »Réflexions ou sentences et maximes morales* (in ZfrzSp, 82, 1972, S. 217–242). – T. Schabert, *La R.* (in *Aufbruch zur Moderne*, Hg. ders., Mchn. 1974, S. 53–81). – H. E. Pagliaro, *Das Paradoxon bei La R. und einigen repräsentativen englischen Nachfolgern* (in *Der Aphorismus*, Hg. G. Neumann, Darmstadt 1976, S. 305–330). – J. Lafond, *La R.*, Paris 1977. – P. E. Lewis, *La R.*, Ithaca/Ldn. 1977. – S. R. Baker, *Collaboration et originalité chez La R.*, Gainesville/Fla. 1980. – V. Thweatt, *La R. and the Seventeenth-Century Concept of the Self*, Genf 1980. – O. Roth, *Die Gesellschaft der honnêtes gens*, Heidelberg 1981. – A. Gessani, *Nel labirinto. Donne, La R., Nietzsche*, Rom 1983. – *Images de La R.*, Paris 1984. – Chr. Strosetzki, *Hieroglyphentradition und Devisenkunst als Hintergrund der »Maximen« von La R.* (in RJb, 36, 1985, S. 104–121). – K. Stierle, *Die terra incognita der Selbstverfallenheit* (in *Französische Klassik. Theorie, Literatur, Malerei*, Hg. ders. u. F. Nies, Mchn. 1985, S. 91–99). – S. R. Baker, *The Reception of La R.'s »Maximes« (1659–1665)* (in PFSCL, 13, 1986, Nr. 24, S. 65–81). – C. Rosso, *Procès à La R. et à la maxime*, Pisa 1986.

JEAN DE MAIRET

* 10.5.1604 Besançon
† 31.1.1686 Besançon

LA SOPHONISBE

(frz.; *Sophonisbe*). Tragödie in fünf Akten von Jean MAIRET, erschienen 1635. – Der Erfolg der im Dezember 1634 aufgeführten Tragödie hatte weitreichende literarische Konsequenzen. Er bedeutete nicht nur die Wiederbelebung einer Gattung, die gegenüber der Tragikomödie fast in Vergessenheit geraten war, nicht nur die Rückkehr zu den heftig umstrittenen, aus der Poetik des ARISTOTELES abgeleiteten Regeln, es sollte sich vielmehr herausstellen, daß dieses Stück als erstes alle Wesensmerkmale der klassischen französischen Tragödie besaß. Mairet hatte den Typus der sich erneuernden Kunstform selbst modellhaft festgelegt.
Der Renaissance der Tragödie waren seit 1628 heftige literarische Auseinandersetzungen vorausgegangen, deren man noch ein Jahrzehnt hindurch nicht müde wurde (vgl. *Les sentiments de l'Académie Françoise* ...). Während die irreguläre Tragikomödie noch die Bühne beherrschte, nahm sie der Prior François OGIER schon gegen die ersten heftigen Angriffe und gegen die Forderung nach einer strikten Anwendung der traditionellen Einheiten von Ort, Zeit und Handlung in Schutz. In seinem Vorwort zur zweiten Fassung von *Tyr et Sidon* (1628), einer zur Tragikomödie umgeänderten Tragödie von Jean de SCHÉLANDRE, plädierte er für eine komplexe, der Vielfalt des Lebens entsprechende, dem veränderten Publikumsgeschmack angepaßte Bühnenkunst, die wie die Tragikomödie komische und tragische Szenen mische. Aus kritischer Distanz zu den Vorschriften der »Alten«, die anderen sozialen, politischen und religiösen Bedingungen entsprungen seien, empfahl er eine Modernisierung der Regeln, die auch Aristoteles zugelassen hätte. Besonders ärgerlich war ihm die *unité du temps*. Sie dränge auf knappem Zeitraum zu viele Ereignisse zusammen, um dann die Vorgeschichte und die Motive der Handlung durch zahllose Berichte und Boten zu erklären. Dies widerspreche dem Prinzip der Wahrscheinlichkeit. Auf das bemerkenswerte Manifest, das man (in einer Anspielung auf Victor HUGO) die *»Préface de Cromwell des 17. Jh.s«* genannt hat, antwortete Mairet im Vorwort zu seiner 1631 gedruckten regelmäßigen Pastorale *Silvanire*. Er forderte gerade um der *vraisemblance* willen die Einheit von Ort und Handlung, rechtfertigte, offensichtlich als Erwiderung auf Ogier, die Einheit der Zeit und legte sie auf vierundzwanzig Stunden fest. Ohne die ausführliche Argumentation CHAPELAINS (in einer Abhandlung unter dem Datum des 29. November 1630) zugunsten einer strengen Ordnung und Übersichtlichkeit der dramatischen Kunst zu übernehmen, berief er sich auf sein Studium erfolgreicher italienischer Theaterschriftsteller, *»die kein größeres Geheimnis gehabt hatten, als ihr Maß bei den Alten zu nehmen, bei Griechen und Lateinern, deren Regeln sie genauer eingehalten haben als wir jemals«*. Seinen Vorsatz, sie zu imitieren, erfüllte er mit der Tragödie *La Sophonisbe*.
Sophonisbe, die Tochter Hasdrubals, hat ihren Mann Syphax, den alternden König des westnumidischen Teilreichs, zur Rebellion gegen die Römer bewogen, wofür er schon mit mehreren Niederlagen im Felde bezahlen mußte. Am Morgen, kurz vor der Entscheidungsschlacht gegen die römisch-afrikanischen Truppen unter dem für die Römer kämpfenden ostnumidischen König Massinissa, hat Syphax einen verräterischen Liebesbrief seiner Frau an den feindlichen Feldherrn abgefangen. Er schenkt ihrer Ausrede, der Brief sei eine Kriegslist gewesen, keinen Glauben und geht, nun auch an seinem privaten Glück verzweifelnd, in die Schlacht (erster Akt). – Während Sophonisbe ihren Vertrauten Phénice und Corisbé ihre innere Zerrissenheit bekennt, tobt vor der Stadt der heftigste Kampf. Ein Bote berichtet schließlich vom Sieg der Römer und vom Tod des Königs. Sophonisbe will sich töten lassen, sobald die Stadt übergeben werden soll, doch rät ihr Phénice, sie solle vielmehr Massinissa durch ihre Schönheit betören und für sich gewinnen (zweiter Akt). – Nach der Einnahme der Stadt und des Palastes begegnen sich Massinissa und Sophonisbe. Er wird durch ihre Schönheit und ihre kluge Rede so gefangengenommen, daß er sie bittet, noch am gleichen Tage mit ihm die Hochzeit zu begehen. Sophonisbe ist bedrückt von der Vorstellung, eine zweite Ehe einzugehen, während der Leichnam des ersten Mannes noch nicht einmal bestattet ist (dritter Akt). – Die Beteuerungen gegenseitiger Liebe am Morgen nach der Hochzeitsnacht weichen bald düsteren Sorgen, als die Ankunft des Konsuls Scipio gemeldet wird, der Massinissa sofort sprechen will; nur aus Furcht vor einem Einspruch des Römers hatte dieser auf eine sofortige Hochzeit gedrängt. Er verspricht Sophonisbe, sie auf keinen Fall auszuliefern. – Scipio hofft, Massinissa aus seiner Verirrung zurückholen zu können, und untersagt ihm die Verbindung im Namen der Staatsräson. Auch der römische Feldherr Laelius sucht ihn von der Gefährlichkeit seiner Liebe zu überzeugen (vierter Akt). – Laelius bringt Massinissa den Befehl Scipios, sich sofort von Sophonisbe zu trennen, ohne sie wiederzusehen. Es werde ihm aber gewährt, sie töten zu lassen, bevor sie im Triumphzug nach Rom geführt werde. In einem Brief bittet ihn nun auch Sophonisbe, die durch seine lange Abwesenheit beunruhigt ist, sie zu töten, wenn er sie nicht vor den Römern schützen könne. Durch sein Wort nach beiden Seiten gebunden, schickt Massinissa seiner Frau einen Abschiedsbrief und ein schnell wirkendes Gift. – Sophonisbe ist von Todesahnungen erfüllt. Doch als ihr das Gift und eine Botschaft Massinissas überbracht werden, geht sie gefaßt in den Tod, denn sie

weiß, daß ihr der Geliebte bald nachfolgen wird. – Beim Anblick der Leiche Sophonisbes, die er in einem Nebenzimmer aufgebahrt sieht, spricht Massinissa die heftigsten Anklagen und Verwünschungen gegen die Römer aus. Als ihn Scipio und Laelius allein lassen, tötet er sich, während der Vorhang fällt, mit einem vorher versteckten Dolch.

Der Stoff ist der römischen Geschichte entnommen, aus der auch die spätere Tragödie mit Vorliebe ihre Inhalte schöpfen sollte. Mairet beruft sich auf die Darstellung der Ereignisse bei LIVIUS, POLYBIOS und APPIAN aus Alexandria, verschweigt aber seine Hauptquelle, die *Sofonisba* (1515) von TRISSINO. Er kannte vermutlich auch die französische Bearbeitung dieser bedeutenden Renaissancetragödie durch MONTCHRESTIEN (*La Carthaginoise ou La liberté*, 1596). Um die Mängel des Stoffs zu verbessern und den Schluß ergreifender zu gestalten, hat Mairet größere Veränderungen vorgenommen, denn der historische Syphax geriet in römische Gefangenschaft, gab Sophonisbe die Schuld an seinem Abfall und warnte Scipio vor ihr. Er wurde später begnadigt; auch Massinissa lebte weiter, nachdem er Sophonisbe das Gift geschickt hatte. Besonders anstößig aber wäre dem zeitgenössischen Publikum eine in Bigamie lebende Heldin erschienen. Mairet läßt Massinissa tun, *»was er hätte tun müssen«*, und begründet dieses, später von CORNEILLE und RACINE immer wieder geübte Verfahren mit einem Lehrsatz aus der Poetik des Aristoteles.

Die Struktur des Stückes ist die der klassischen Tragödie. Eine Krise, die zwischen den Antagonisten aufbricht, entwickelt sich in den ersten Akten, verschärft sich bis zum Höhepunkt im vierten Akt, um dann im fünften in die Katastrophe zu münden. Der zentrale Konflikt zwischen Liebe und Staatsräson ist somit unauflösbar. *»Mairet hatte ein Werk geschaffen, in dem die Tragik ganz allein im Aufeinanderprall starker und gegensätzlicher Willen lag, wo Helden kämpften und, wenn sie besiegt waren, der Schande durch den Tod entgingen, wo jede Szene nicht mehr wie zur Zeit Jodelles und Garniers wegen ihrer lyrischen Ausdrucksmöglichkeiten, sondern wegen ihrer tragischen Wirksamkeit ausgewählt wurde«* (A. Adam).

Auf die Einhaltung der *unité du temps* wird skrupulös geachtet, und es mangelt im Stück nicht an Hinweisen auf den Zeitverlauf von einem Morgen bis zum nächsten. Die rasche Abfolge der Ereignisse wird sorgfältig motiviert und wirkt deshalb kaum gezwungen. Der Autor weiß auch die zeitgenössische *bienséance* (Schicklichkeit) zu wahren, indem er die Darstellung von Gewalttaten oder das Vorzeigen von Leichen vermeidet. – In der Tragödiendichtung, die von nun an auf mannigfaltige dramaturgische Freiheiten verzichtet, setzt sich gleichwohl die psychologische Sensibilisierung, die das Theater durch die Tragikomödie wie durch die Pastorale erfahren hat, fort. Mairets Heldin ist – anders als die Sophonisbe Corneilles – zum Zeitpunkt der Handlung ohne politische Ambitionen. Sie ist eine kokette, verliebte, ihre Ehre verteidigende Frau, und auch der siegreiche Massinissa vergißt, überwältigt durch die Liebe, alle politische Klugheit.

Der historische Stoff wurde bis ins 20. Jh. immer wieder bearbeitet und umgewandelt. – Mairets Stück, das erst durch den Erfolg des *Cid* in den Schatten gestellt wurde, ist 1770 von VOLTAIRE bearbeitet worden. J.Ze.

AUSGABEN: Paris 1635. – Paris 1777. – Heilbronn 1888, Hg. K. Vollmöller [m. Einl. u. Anm.]. – Lille/Genf 1945, Hg. Ch. Dédéyan [krit.; ern. 1969].

BEARBEITUNG: M. Lantin [d. i. Voltaire], *Sophonisbe, tragédie de Mairet, réparée à neuf*, Paris 1770.

LITERATUR: Ch. Ricci, *Sophonisbe dans la tragédie classique italienne et française*, Turin 1904. – A. J. Axelrad, *Le thème de Sophonisbe dans les principales tragédies de la littérature occidentale*, Lille 1956. – R. Mantero, *Corneille critique et son temps, Ogier, M., Scudéry*, Paris 1964. – F. K. Dawson, *The Notion of Necessity in M.'s »Sophonisbe«* (in Nottingham French Studies, 7, 1968, S. 57–66). – J. Guicharnaud, *Beware of Happiness, M.'s »Sophonisbe«* (in YFS, 38, 1967, S. 205–221). – W. A. Bunch, *The Theater of M. Structural Aspects of His Moral Universe*, Diss. Univ. of Texas, Austin 1972 (vgl. Diss. Abstracts, 33, 1971, S. 5165/66A). – P. Gethner, *Providence by Indirection in XVIIth-Century Tragicomedy* (in *Drama and Religion*, Cambridge 1983, S. 39–51).

FRANÇOIS DE MALHERBE

* 1555 Caen
† 16.10.1628 Paris

DAS LYRISCHE WERK (frz.) von François de MALHERBE.

Das mit rund 130 Texten und gut 4000 Versen relativ schmale lyrische Werk Malherbes erschien als selbständige Veröffentlichung erst postum 1630; zu Lebzeiten des Autors zirkulierten die Texte in Manuskriptform, ab 1596 erschienen einzelne Gedichte in verschiedenen Gedichtsammlungen. Seine offizielle Hof- und Staatslyrik, die den weitaus größten Teil seines Werks umfaßt, wurde meist in Form loser Einzelblätter bzw. *plaquettes* (gebundene Hefte geringen Umfangs) publiziert. Malherbe betreibt in seinen panegyrischen Oden auf die Herrschenden bzw. deren Repräsentanten (Heinrich IV., Marie de Médicis, Ludwig XIII., Richelieu) die Legitimation und Repräsentation der im Zeichen einer gegen die Opposition der Protestanten und des Adels sich formierenden politischen und religiösen Ordnung, mit der er sich zeitlebens – mit ihn nicht zufriedenstellendem Erfolg – eine gut bezahlte Stellung am Hof bzw. eine Pension zu erschreiben hoffte.

Die Poetik Malherbes steht im Zeichen von Klarheit und Ordnung und richtet sich gegen die als verwildert diagnostizierte Dichtungspraxis der Renaissance und besonders seines Rivalen Desportes. Seine Sprach- und Dichtungskritik, die er in Form von Anmerkungen und Anstreichungen in einer 1605 erschienenen Ausgabe der Lyrik Desportes' äußerte, formuliert zwar kein systematisches Dichtungsprogramm, wurde aber bald als sog. *doctrine de Malherbe* zum normativen Grundstein der Dichterschule um Mainard und Racan und zu einer der Grundlagen der französischen Klassik.

Die Doktrin wirkt im Sinne einer Regularisierung und Fixierung der französischen Sprache und erfaßt dabei vor allem die Bereiche der Syntax und der Lexis. Neben der obligatorischen Setzung des Subjektpronomens äußert sich dies insbesondere in einer rigorosen Reduktion des Wortschatzes. Gegenüber dem humanistischen Programm der Sprachbereicherung (vgl. noch Ronsards *Art poétique* von 1665) propagiert Malherbe die Ausschließung von Wörtern, die aufgrund ihrer Fremdheit (Gräzismen, Latinismen, Italianismen), ihrer mangelnden Allgemeinverbindlichkeit (Archaismen, Regionalismen) sowie ihres Verstoßes gegen das *honnêteté*-Gebot (fachsprachliche Termini, familiäre, niederen Registern zugehörige Ausdrücke) die Klarheit der Kommunikation beeinträchtigen, und richtet sich zugleich gegen die Verwendung sinnleerer Wörter (rein schmückende Epitheta) und redundanter Ausdrucksdoppelungen. Auf diese Weise werden Wortschatz und Satzbau einfacher und präziser; dem neuen Ideal der Eindeutigkeit entspricht weiterhin der Abbau von Polysemie und Synonymie. Indem versucht wird, Sprache und Wirklichkeit in die Eins-zu-eins-Relation unmittelbarer Abbildung zu bringen, überschreitet Malherbes frühklassizistische Sprachkonzeption die entscheidende Schwelle in dem von Michel Foucault beschriebenen Übergang von einer das Mittelalter und die Renaissance fundierenden Episteme der Ähnlichkeit zu der die Klassik kennzeichnenden neuen Episteme der Repräsentation. Gegenüber einer sprachlichen Opazität etabliert sich nunmehr das Ideal der Transparenz.

Die Dichtungskonzeption ist gleichfalls durch das Streben nach allgemeinverständlicher, rationaler Ordnung und Klarheit geprägt. Im Bereich der Metrik wird die Beachtung der Zäsur vorgeschrieben, Enjambement, Hiat und die als kakophonisch empfundene Wiederholung gleichlautender Silben werden verworfen. Im Bereich der rhetorischen *dispositio* wird die lineare Abbildung außersprachlicher Erfahrung gefordert; kühne Metaphorik, entlegene mythologische Anspielungen, Paradoxien und Oxymora werden abgelehnt. Diese in bewußter Opposition zu barocker Exuberanz auf Beschränkung, Konzentration und Disziplinierung angelegte Konzeption wurde Malherbe von zeitgenössischen Gegnern (M. de Gournay, M. Regnier, R. Garnier, A. Hardy) als Pedanterie und als Verarmung der Sprache wie der Erfindungskraft angelastet, von Boileau hingegen in seiner *Art poétique* (1674) mit dem Diktum *»Enfin Malherbe vint«* als entscheidende Wegbereitung der Klassik und ihrer normativen Regelpoetik gefeiert. – Vor dem Horizont seiner theoretischen Äußerungen zur Sprache erweist sich Malherbe in seiner Dichtungspraxis als erheblich konservativer. Dies gilt nicht nur für die von ihm später verworfene »frühe« Lyrik (bes. *Les larmes de Saint-Pierre*, 1587), sondern in gewissem Maß auch für die Dichtung nach 1605, die nicht immer frei von Archaismen, redundanten Synonymendoppelungen und weithergeholten mythologischen Anspielungen ist. Malherbes Lyrik ist im wesentlichen an konkrete Anlässe gebundene Gelegenheits- und Auftragsdichtung. Thematisch nimmt sie dieselben drei konventionellen Bereiche auf, die bereits für seine unmittelbaren Vorgänger in der Spätrenaissance (Ronsard) und seine Zeitgenossen (Desportes, Bertaut, Du Perron) typisch sind: politisch-enkomiastische Staatslyrik, religiöse Lyrik und Liebeslyrik.

Mit seiner offiziellen Staatslyrik leistet Malherbe die Wiederbelebung der Ode im hohen Stil, die nach den Bemühungen des frühen Ronsard *(Odes pindariques)* zunehmend in Vergessenheit geraten und durch die neue, schlichtere, gattungshierarchisch niedriger angesiedelte, wenn auch in vielem der Ode verwandte Gattung der *Stances* ersetzt war. Das dichterische Hauptwerk Malherbes bilden – die relativ frühe Ode *Au Roi Henri le Grand, sur la prise de Marseille*, 1596 *(An Heinrich den Großen, anläßlich der Einnahme Marseilles)* ausgenommen – sechs, jeweils mit der impliziten Bitte um finanzielle Unterstützung an das Königshaus gerichtete Oden: *A la Reine sur sa bien-venue en France (An die Königin zu ihrem Willkommen in Frankreich*; offizielles Preisgedicht, das Malherbe 1600 beim Empfang der zukünftigen Königin Marie de Médicis bei ihrer Ankunft in Aix-en-Provence vortrug), *Ode sur l'attentat commis en la personne de Sa Majesté, le 19 décembre 1605 (Ode anläßlich des Attentats auf Seine Majestät am 19. Dez. 1605), Ode au feu roi sur l'heureux succès du voyage de Sedan (Ode an den König über den glücklichen Erfolg der Reise nach Sedan*, die das kampflose Sich-Fügen aufständischer Adliger vor der militärischen Macht Heinrichs IV. vor Sedan 1607 zum Gegenstand hat), *A Monseigneur le duc de Bellegarde (An den Herzog Bellegarde*, den Gönner und unmittelbaren Vorgesetzten Malherbes, 1609), *A la Reine sur les heureux succès de sa régence (An die Königin über ihre glückliche Regentschaft*, ein Lobpreis der Regierung der verwitweten Regentin Marie, 1611), *Pour le Roi allant châtier la rébellion des Rochelois (An den König, der die rebellierenden Einwohner von La Rochelle züchtigt*, die den Sieg Ludwigs XIII. über die von den Engländern unterstützten Protestanten im Jahre 1628 preist). Zur offiziellen Repräsentationslyrik gehören daneben anläßlich von Hochzeiten, Geburten und Todesfällen im Herrscherhaus bzw. anläßlich von Hofdivertissements (Feste, Ballette, Ritterspiele) verfaßte und zum Teil vertonte Stanzen, Madrigale, Sonette, Chansons und Elegien. – Die religiöse Lyrik im engen Sinn umfaßt die »barocken« *Larmes de Saint-Pierre* und zeittypische Psalmenparaphrasen. Daneben verfaßte Malherbe mehrere Trostgedichte *(Consolations)* für Freunde und Gönner, in denen sich im Zeichen der Vernunft stoisches und christliches Gedankengut verbindet.

Die weitgehend petrarkistische und neoplatonistische Liebeslyrik ist Frauenpreis- und Werbungsdichtung, die sich u. a. an die Vicomtesse d'Auchy (Caliste) oder an die Comtesse de la Roche bzw. an die Marquise de Rambouillet (Rodanthe) richtet. Daneben schreibt Malherbe Liebesgedichte im Auftrag von Bellegarde an die junge Angélique Paulet (Chrysante) und auf Bestellung von Heinrich IV. (Alcandre) an die mit dem Prince de Condé verheiratete Charlotte de Montmorency (Oranthe) bzw. an die Königin Marie. Zur Liebeslyrik sind schließlich auch fünf obszöne Sonette zu zählen, die geschickt den petrarkistischen Redegestus von Lobpreis und Klage mit den sonst ausgegrenzten Themen der Kopulation und Masturbation verbinden. – Über diese drei Schwerpunkte hinaus liegen einige Preisgedichte auf Künstlerfreunde (häufig als Einleitung bzw. Ausklang zu deren Sammlungen) bzw. bissige Epigramme gegen persönliche oder politische Gegner vor.

Malherbes Lyrik ist keine individuelle Gefühls- bzw. Erlebnisdichtung (selbst nicht in dem Sonett über den Tod seines Sohnes von 1628), sondern der herrschenden *imitatio*-Poetik verpflichtete, intertextuell (vor allem Horaz, Seneca, Petrarca, Tasso, Marino, Tansillo, Góngora, Ronsard, Desportes) gebundene Gelegenheitsdichtung. Malherbe ist kein origineller Erfinder, sondern vielmehr ein Vorgegebenes wiederverwertender Konstrukteur von klar strukturierten Texten, mit denen er nicht nur offiziell Anerkennung als Hofdichter erreichte, sondern von deren Größe er auch subjektiv überzeugt war: *»Ce que Malherbe écrit dure éternellement« (»Was Malherbe schreibt, dauert ewig«)*. Aufgrund seiner normierenden poetologischen Aktivität sowie, in geringerem Maße, seiner Dichtungspraxis wurde er in der französischen Klassik als entscheidender Neuerer begrüßt, ab der Romantik hingegen (vor allem von Gautier) scharf abgelehnt. Erst im 20. Jh. setzt mit der Wiederentdeckung Malherbes durch Vertreter intellektueller bzw. sprachspielerischer Dichtungskonzeptionen (Paul Valéry und vor allem Francis Ponge) ein neuer Prozeß der Umakzentuierung des überkommenen Malherbe-Bildes ein. H.We.

Ausgaben: *Recueil des plus beaux vers de MM. de M., Racan, Montfuron, Maynard, Boirobert, L'Estoille, Lingendes, Touvant, Motin, Mareschal et autres*, Paris 1626. – *Œuvres*, Paris 1630. – *Œuvres*, Hg. L. Lalanne, 5 Bde., Paris 1862–1869. – *Poésies*, Hg. M. Allem u. Ph. Marinon, Paris 1926. – *Œuvres poétiques*, Hg. R. Fromilhague u. R. Lebègue, 2 Bde., Paris 1968. – *Œuvres*, Hg. A. Adam, Paris 1971 (Pléiade). – *Œuvres poétiques*, Hg. M. Simon, Paris 1972 (GF). – *Poésies*, Hg. A. Adam, Paris 1982.

Literatur: H. de Racan, *Mémoires pour la vie de M. de M.* (in H. de R., *Œuvres complètes*, Paris 1857). – A. Chénier, *Le commentaire de M.*, Paris 1842. – F. Brunot, *La doctrine de M. d'après son commentaire sur Desportes*, Paris 1891 [Nachdr. 1969]. – G. Allais, *M. et la poésie française à la fin du XVIe siècle*, Paris 1891. – A. Counson, *M. et ses sources*, Lüttich 1904. – R. Fromilhague, *La vie de M., apprentissage et luttes (1555–1610)*, Paris 1954. – *M. Technique et création poétique*, Paris 1955. – *M. et son temps. IVe centenaire de naissance (1555–1955)* (in Dix-septième siècle, 31, 1956). – L. Spitzer, *F. de M.: Consolation à Monsieur Du Périer* (in L. S., *Interpretationen zur Geschichte der französischen Lyrik*, Heidelberg 1961, S. 44–62). – F. Ponge, *Pour un M.*, Paris 1965. – D. Janik, *Geschichte der Ode und der »Stances« von Ronsard bis Boileau*, Bad Homburg/Bln./Zürich 1968. – C. Abraham, *Enfin M. The Influence of M. on French Lyric Prosody, 1605–1674*, Lexington 1971. – D.L. Rubin, *Higher, Hidden Order: Design and Meaning in the Odes of M.*, Chapel Hill 1972. – A. Rothe, *Französische Lyrik im Zeitalter des Barock*, Berlin 1974. – N. Ruwet, *M.: Hermogène ou Cratyle?* (in Poétique, 42, 1980, S. 195–224). – E.M. Guild, *The Problem of the Image in Late Renaissance French Poetry With Particular Reference to Desportes and M.*, Diss. Cambridge 1983. – T. Eastridge, *Stoic Doctrine and Man Ode*, Diss. Chapel Hill 1985. – *La poésie du premier 17e siècle*, Hg. D. L. Rubin, Tübingen 1986.

Molière

d.i. Jean-Baptiste Poquelin

* 15.1.1622 Paris
† 17.2.1673 Paris

Literatur zum Autor:
Bibliographien und Forschungsberichte:
R. Saintonge u. R. Wilson Christ, *Fifty Years of M. Studies. A Bibliography*, Ldn. u. a. 1942. – M. Jurgens u. M. Maxfield-Miller, *Cent ans de recherches sur M.*, Paris 1963. – J.-P. Collinet, *Lectures de M.*, Paris 1974. – R. Saintonge u. R. Wilson Christ, *Thirty Years of M. Studies. A Bibliography, 1942–1971* (in *M. and the Commonwealth of Letters*, Hg. R. Johnson u. a., Univ. of Mississippi 1975, S. 747–826). – W. Leiner, *Contributions américaines aux études moliéresques 1959–1972* (in RoNo,

15, 1973/74, S. 168–186). – L. Romero, *M. Traditions in Criticism. 1900–1970*, Chapel Hill 1976. – R. Werle u. C. Wetzel, *M.*, Salzburg 1980. – J. Grimm, *M.*, Stg. 1984 (Slg. Metzler).
Biographien:
M. J. Wolff, *M., der Dichter und sein Werk*, Mchn. 1910; ern. 1923. – G. Michaut, *La jeunesse de M.*, Paris 1922. – W. Küchler, *M.*, Lpzg. 1929. – R. Bray, *M., homme de théâtre*, Paris 1954. – J. Meyer, *M.*, Paris 1963. – G. Mongrédien, *Recueil des textes et des documents du XVIIe siècle relatifs à M.*, 2 Bde., Paris 1965; ern. 1973. – G. Bordonove, *M., génial et familier*, Paris 1967. – R. Jasinski, *M.*, Paris 1969. – B. Masters, *M. Students Guide*, Ldn. 1970. – M. A. Bulgakow, *Das Leben des Herrn de M.*, Bln. 1970. – F. Hartau, *M. in Selbstzeugnissen und Bilddokumenten*, Reinbek 1976 (rororo). – G. Defaux, *M. ou les métamorphoses du comique. De la comédie morale au triomphe de la folie*, Lexington/Ky. 1980. – S. Chevalley, *M., sa vie, son œuvre*, Paris 1984. – F. Mallet, *M.*, Paris 1986. – A. Simon, *M., une vie*, Lyon 1987. – J. Hösle, *M., sein Leben, sein Werk, seine Zeit*, Mchn. 1987.
Gesamtdarstellungen und Studien:
É. Faguet, *Rousseau contre M.*, Paris 1912. – M. Kapp, *Die Frauengestalten im Werk M.s*, Halle 1923. – L. Emelina, *Les valets et les servantes dans le théâtre de M.*, Aix-en-Provence 1958. – R. C. Elliot, *The Power of Satire*, Princeton/N.J. 1960. – M. Descotes, *Les grandes rôles de théâtre de M.*, Paris 1960. – J.-D. Hubert, *M. and the Comedy of Intellect*, Berkeley/Los Angeles 1962. – J. Guicharnaud, *M., une aventure théâtrale*, Paris 1963; ern. 1984. – *M. A Collection of Critical Essays*, Englewood Cliffs/N.J. 1963. – L. Gossman, *Men and Masks. A Study of M.*, Baltimore 1963. – W. Mauser, *H. v. Hofmannsthal und M.*, Innsbruck 1964. – P. A. Chapman, *The Spirit of M.*, Hg. J.-A. Bede, NY 1965. – M. Gutwirth, *M. ou l'invention comique*, Paris 1966. – G. A. Warner, *Le monologue chez M., étude stylistique et de dramaturgie*, Caen 1966. – W. G. Moore, *M. A New Criticism*, Oxford 1968. – F. Lawrence, *The Comedy of Unreason*, New Orleans 1968. – W. Salzmann, *M. und die lateinische Komödie*, Heidelberg 1969. – RHLF, 72, 1972 [Sondernr. *M.*]. – *M. et son temps*, Hg. S. Chevalley, Genf 1973. – A. Eustis, *M. as Ironic Contemplator*, Paris u. a. 1973. – H. Knutson, *M., an Archetypal Approach*, Toronto 1976. – P. Gaxotte, *M.*, Paris 1977. – R. Garapon, *Le dernier M.*, Paris 1977. – A. A. Ciccone, *The Comedy of Language*, Potomac 1980. – G. Defaux, *M. ou les métamorphoses du comique*, Lexington 1980. – *M.*, Hg. R. Baader, Darmstadt 1980 (WdF). – R. W. Herzel, *Original Castings of M.'s Plays*, Ann Arbor 1981. – G. Conesa, *Le dialogue moliéresque*, Paris 1983. – J. v. Stackelberg, *M., eine Einführung*, Mchn. 1984. – H. G. Hall, *Comedy in Context. Essays on M.*, Jackson 1984. – C. Abraham, *On the Structure of M.'s ›Comédies-ballets‹*, Paris u. a. 1984. – J. F. Gaines, *Social Structure in M.'s Theater*, Columbus 1984. – *Thématique de M.*, Hg. J. Truchet, Paris 1985. – N. Corvin, *M. et ses metteurs en scène d'aujourd'hui*, Paris 1985. – G. Macchia, *Il silenzio di M.*, Mailand 1985. – R. Cornelissen, *Drama und Sprechakttheorie. Die Aufforderungsintensität der Komödien M.'s*, Stg. 1985. – A. Szogyi, *M. abstrait*, Paris 1985. – *Comédies et pamphlets sur M.*, Hg. G. Mongrédien, Paris 1986. – W. D. Howarth, *M., un scrittore di teatro e il suo pubblico*, Bologna 1987. – H. Stenzel, *M. und der Funktionswandel der Komödie im 17. Jh.*, Mchn. 1987. – T. M. Malachy, *M., les métamorphoses du carnaval*, Paris 1987. – H. C. Knutson, *The Triumph of Wit. M. and Restoration Comedy*, Columbus 1988.

L'AVARE

(frz.; *Der Geizige*). Prosakomödie in fünf Akten von Molière, Uraufführung: Paris, 9. 9. 1668, Palais Royal. – Hauptquelle war die unvollständig überlieferte Komödie *Aulularia* des Plautus. Als Anregung dienten ferner Ariosts *I suppositi* (1509), Boisroberts *La belle plaideuse* (1654) und Lariveys *Les esprits* (1579).

Am Beispiel des Herrn Harpagon zeigt Molière die bösen Folgen des Geizes, der bei jenem alle natürlichen Empfindungen und Reaktionen ausgelöscht zu haben scheint. Der Inhalt seiner Geldkassette bedeutet ihm mehr als das Glück seiner Kinder. So verspricht er seine Tochter Élise dem alten Anselme zur Frau, nur weil dieser bereit ist, auf die Mitgift zu verzichten, und sein Sohn Cléante soll aus ähnlichen finanziellen Gründen *»eine gewisse Witwe«* ehelichen. Auch sonst ist Harpagon zu allerlei unsauberen Geschäften bereit, sofern sie nur seinen Beutel füllen. Doch um den Komödiencharakter zu wahren, hat Molière seinem Protagonisten neben diesen hassenswerten Zügen auch eine Reihe von lächerlichen Gewohnheiten mitgegeben: so seine unaufhörliche, krankhaft-panische Angst, bestohlen zu werden, seine höchst umständlichen, ausgeklügelten Sparmaßnahmen und schließlich seine naive Greisenverliebtheit in Mariane, die er zu heiraten gedenkt. Dem alten Geizhals stehen zwei junge Paare gegenüber: Cléante und Mariane, die die Liebe des Jungen dem Geld des Alten vorzieht, sowie Élise und Valère, der Harpagons Hofmeister geworden ist, um in der Nähe seiner heimlichen Verlobten leben zu können. Im Gegensatz zu Harpagons kalter Habgier ist die einzige große Führerin der jungen Leute ihre wechselseitig beteuerte Liebe. Sie allein veranlaßt Cléante, sich gegen den Vater aufzulehnen, Élise, sich der aufgezwungenen Ehe zu widersetzen, und Valère, die für einen Adligen wenig schmeichelhafte Rolle des Dienstboten und Prügelknaben auf sich zu nehmen. Ein intrigantes Dienervolk – die kupplerische Frosine, der impertinente La Flèche (der Harpagons geliebte Geldkassette stiehlt) und der rachsüchtige Maître Jacques (der Valère fälschlicherweise dieses Diebstahls bezichtigt) sorgen für Unterhaltung und Spannung, bis schließlich das Auftreten des alten Anselme zu einer phantastischen Lösung des Konfliktes führt. Es stellt sich heraus, daß Anselme der

Vater Valères und Marianes ist, die nun nicht mehr arme Waisenkinder, sondern dank der Freigebigkeit ihres Vaters in der Lage sind, auch ohne finanzielle Unterstützung von seiten des Schwiegervaters zu heiraten. Harpagon bekommt seine Geldkassette zurück (man hat sie ihm entwendet, um so sein Nachgeben zu erzwingen) und gibt sich damit zufrieden.

Wiewohl der *Avare* neben dem *Tartuffe* zu Molières meistgespielten Stücken gehört, rief er beim zeitgenössischen Publikum zunächst nur geringe Begeisterung hervor. Zum einen mag dies an der für damalige Verhältnisse ungewohnten Prosaform des Stücks liegen, zum anderen wohl auch daran, daß das Stück in den Augen der Kritiker die Regeln der klassischen Einheiten nicht erfüllte. Vor allem jedoch hatte das Publikum Schwierigkeiten mit der Komik des *Avare*: Eine Anekdote belegt, daß bei einer Aufführung des Stücks, der u. a. Racine und Boileau beiwohnten, letzterer der einzige war, der gelacht habe. Die Frage nach der Komik des *Avare* steht seitdem im Brennpunkt der Diskussion. Diderot warf Molières Figuren vor, sie seien überzeichnet, und forderte im Schauspiel alltäglichere Charaktere, welche die ernst zu nehmende Seite der menschlichen Natur zeigen sollten. Rousseau wiederum bemängelte das respektlose Verhalten Cléantes gegenüber seinem Vater und urteilte, daß das Publikum über etwas zum Lachen angehalten werde, worüber es sich zu entrüsten habe. Goethe hob am *Avare* – ähnlich wie am *Misanthrope* – das Tragische hervor, das sich für ihn gerade im Konflikt zwischen Vater und Sohn manifestierte.

Auch in der jüngeren Forschung wird vorrangig die Frage diskutiert, ob der *Avare* komisch, bitter ernst oder tragisch aufzufassen sei. Während J. D. Hubert den Grundgegensatz von Mammon und Eros, der in der Handlung des *Avare* in weitere Gegensätze auseinandertrete, akzentuiert, sieht M. Gutwirth in Harpagon, der von ihm als Feind des Lebens interpretiert wird, ein mythisches Substrat. H. R. Jauss schließlich weist auf den Einfluß der *commedia dell'arte* und auf die Verschränkung der Geizthematik mit dem Gegensatz von Alt und Jung hin. Die Frage nach der Komik des Stücks wird hier neu beantwortet: Der Zuschauer des *Avare* verliere den Glauben an eine Lösung gemäß dem Prinzip der poetischen Gerechtigkeit. Die Grenzen des klassischen Kanons seien damit überschritten. Molière stelle die klassisch-humanistische Sicht auf die menschliche Natur in Frage. Der *Avare* bedeute demnach eine moralische Herausforderung in *»unausschöpfbarer Zweideutigkeit«*.

I.P.-G.Schw.

Ausgaben: Paris 1682 (in *Œuvres*, Hg. Vivot u. La Grange, Bd. 4). – Paris 1961 (in *Œuvres complètes*, Hg. R. Jouanny, 2 Bde., 2; ern. 1988; Class. Garn). – Paris 1971 (in *Œuvres complètes*, Hg. G. Couton, 2 Bde., 2; Pléiade). – Paris 1973 (Folio). – Paris 1975 (in *Œuvres complètes*, Hg. G. Mongrédien, 4 Bde., 3; GF). – Paris 1986 (Poche).

Übersetzungen: *Der Geitzige* (in *Schau-Bühne Englischer und Frantzösischer Comödianten*, Ffm. 1670, Bd. 3). – *Der Geizige*, L. Fulda, Stg. 1925. – Dass., R. Frank, Bln. 1931. – Dass., W. Widmer, Reinbek 1962 [m. Essay v. J. v. Stackelberg; RKl]. – Dass., G. Fabricius u. W. Widmer (in *Komödien*, Mchn. 1970; ern. 1981; ²1987). – Dass., E. M. Landau (in *Klassische Komödien*, Mchn./Wien 1971). – *Der Geizhals*, G. Goyert, Stg. 1973 (RUB). – *Der Geizige*, H. Weigel (in *Komödien*, Zürich 1975, 7 Bde., 6; detebe). – Dass., T. Dorst, Ffm. 1978 (st). – Dass., H. Stenzel, Stg. 1984 (frz.-dt.; RUB). – Dass., W. Minks u. T. Körner, Reinbek 1987.

Literatur: J. Arnavon, *Remarques sur l'interprétation de »L'avare«* (in J. A., *Notes sur l'interprétation de M.*, Paris 1923, S. 205–387). – L. Morin, *Les ancêtres de »L'avare« de M.*, Troyes 1939. – J. D. Hubert, *Theme and Structure in »L'avare«* (in PMLA, 75, 1960, S. 31–36). – M. Gutwirth, *The Unity of M.'s »L'avare«* (ebd., 76, 1961, S. 359–366). – H. R. Jauß, *M. »L'avare«* (in *Das frz. Theater vom Barock bis zur Gegenwart*, Hg. J. v. Stackelberg, Bd. 1, Düsseldorf 1968, S. 290–310). – W. Teich, *M. »Der Geizige«*, Ffm. u. a. ²1970. – B. Zilly, *M.s »L'avare«*, Rheinfelden 1979. – R. Albanese, *Argent et réification dans »L'avare«* (in EsCr, 21, 1981, S. 35–50). – B. W. Alsip, *»L'avare«. History of Scholarship* (in OCrit, 6, 1981, H. 1, S. 99–110). – S. u. J. Dauvin, *M. »L'avare«*, Ffm./Paris 1984. – J. Powell, *Making Faces. Character and Physiognomy in »L'école des femmes« and »L'avare«* (in Seventeenth-Century French Studies, 9, 1987, S. 95–112). – D. F. Jones, *The Treasure in the Garden. Biblical Imagery in »L'avare«* (in PFSCL, 15, 1988, S. 517–528).

LE BOURGEOIS GENTILHOMME

(frz.; *Der Bürger als Edelmann*). Ballettkomödie in fünf Akten (ursprünglich drei Akten) von Molière, Musik von Jean-Baptiste Lully (1632 bis 1687), Uraufführung: Chambord, 14. 10. 1670. – Protagonist dieser berühmten Sitten- und Charakterkomödie ist Monsieur Jourdain, der neureiche, selbstgefällige Bürger, der es dem Adel gleichtun möchte und sich, ein Opfer seines eigenen Größenwahns, von manischer Eitelkeit besessen, in den Schmeicheleien all derer sonnt, die es auf seine Taler abgesehen haben. Dies sind vor allem sämtliche Lehrmeister, die zu seinem gesellschaftlichen Aufstieg beitragen sollen: der Musik- und Tanzlehrer, der Fechtmeister, der Schneidermeister und der Magister für Rhetorik. Zu diesen relativ harmlosen Beutelschneidern gesellt sich der wesentlich raffiniertere Blutsauger Dorante, ein Adliger, der sich die Naivität des bürgerlichen Gernegroß skrupellos zunutze macht, um seine eigenen Taschen zu füllen. Neben dem tragikomischen Helden stehen als plastische Kontrastgestalten die rechtschaffene, einfache, gesunden Menschenverstand ausstrah-

lende Madame Jourdain und ihre Vertraute, die Dienerin Nicole, die beide die glanzvolle Metamorphose des adelssüchtigen Hausherrn mit großer Skepsis verfolgen.
Die eigentliche Intrige tritt, wie häufig bei Molière, zugunsten des Porträts zurück. Auch hier entfernt sich die Handlung äußerlich nicht vom Schema der italienischen Komödie. Da Jourdain wünscht, seine Tochter Lucile mit einem Adligen zu verheiraten, gibt sich ihr Liebhaber Cléante als Sohn des Großtürken aus und gewinnt dadurch, daß er dem auf Adelstitel versessenen Jourdain in prunkvoller Zeremonie die in wörtlichem Sinne einzigartige Würde des *mamamouchi* verleiht, die Hand Luciles. Diese türkische Maskerade am Schluß des Stücks war von Ludwig XIV. eigens gewünscht worden. Der König gedachte sich auf diese Weise an der Überheblichkeit eines türkischen Gesandten zu rächen, der sich durch den Glanz von Versailles nicht hinreichend hatte blenden lassen. Sich in satirischer Form über die Bourgeoisie lustig zu machen, die sich vergeblich bemüht, die Grenze zwischen Bürgertum und Adel zu passieren, war lange Zeit ein allenthalben willkommener Spaß. Doch erweckt Jourdain, so gering seine geistigen Gaben, so gewöhnlich seine Manieren sein mögen, eher Mitleid als Verachtung; er hat die Sympathie seines Autors und des Publikums auf seiner Seite. Dagegen mag der zeitgenössische Adel in dem hassenswerten Bösewicht Dorante sehr wohl den Angriff gegen elegant getarnte Schurkerei gespürt haben.
Die häufig vorgebrachte Kritik an den dramaturgischen Schwächen des Stücks – Inkonsistenz der Charaktere, locker geknüpfte Intrige – übersah indes zumeist die Besonderheit, daß der *Bourgeois gentilhomme*, der unter der Zusammenarbeit Molières mit dem Hofkomponisten Lully entstanden war, ein komplexes Bühnenkunstwerk darstellt, das Sprache, Gestik und Mimik mit Musik und Tanz verbindet. Der musikalische Rahmen in dieser *comédie-ballet*, die in der französischen Klassik eine einzigartige Blütezeit erlebte, hat dabei nur vordergründig dekorative Funktion: Komödien- und Rahmenhandlung reflektieren sich wechselweise, die Gefährdung der gesellschaftlichen Ordnung findet ihre Entsprechung auf musikalischer Ebene. Grundlegend ist hier der platonische Gedanke, daß Musik und Tanz eine höhere kosmische Ordnung spiegeln und als Vorbild konfliktfreier staatlicher Organisation zu dienen haben. Die offene Kritik am Adel, die durch die Gestalt Dorantes verkörpert wird, wird so durch die Gesamtkonzeption des Stücks wieder aufgefangen: Das Zusammenspiel von Sprache, Tanz und Musik wird von dem die absolutistische Herrschaft implizit legitimierenden Gedanken getragen, daß sich die Ordnung der Musik, welche der statischen Ordnung der Gesellschaft entspreche, aus der unveränderlichen Ordnung des Kosmos herleite. Dieses Ineinandergreifen von Kritik und Affirmation mag erklären, daß Ludwig XIV. – wie in einer Anekdote belegt ist – dem Stück, das sicherlich als eine der heitersten Komödien Molières gelten darf, nicht gleich nach der Premiere, sondern erst nach seiner zweiten Aufführung Beifall gezollt hat. I.P.-G.Schw.

Ausgaben: Paris 1671. – Paris 1682 (in *Œuvres*, Hg. Vivot u. La Grange, 8 Bde., 5). – Paris 1883 (in *Œuvres complètes*, Hg. E. Despois u. P. Mesnard, 13 Bde., 1873–1900, 8). – Lyon 1944 (in *Comédies-ballet*, Hg. J. Copeau, 2 Bde.). – Paris 1961 (in *Œuvres complètes*, Hg. R. Jouanny, 2 Bde., 2; ern. 1988; Class. Garn). – Paris 1971 (in *Œuvres complètes*, Hg. G. Couton, 2 Bde., 2; Pléiade). – Paris 1973 (Folio). – Paris 1975 (in *Œuvres complètes*, Hg. G. Mongrédien, 4 Bde., 4; GF).

Übersetzungen: *Der adelsüchtige Bürger*, F. H. Unger, Bln. 1788. – *Der bürgerliche Edelmann*, W. Graf Baudissin, Lpzg. 1912. – *Der Bürger als Edelmann*, H. v. Hofmannsthal, Bln./Paris 1918 (in H. v. H., *Ariadne auf Naxos*). – *Der bürgerliche Edelmann*, L. Fulda (in *Dramen*, Urach 1947/48, 3 Bde., 3). – *Der Bürger als Edelmann*, A. Luther, Stg. 1967 (RUB). – Dass., G. Fabricius u. W. Widmer (in *Komödien*, Mchn. 1970; ern. 1981; [2]1987). – Dass., H. Weigel (in *Komödien*, Zürich 1975, 7 Bde., 6; detebe). – *Der Bürger will vornehm sein*, A. Gruber, Bad Homburg 1982. – *Der Bürger als Edelmann*, T. Dorst, Reinbek 1986.

Literatur: R. Garapon, *La langue et le style des différents personnages du »Bourgeois gentilhomme«* (in Le Français Moderne, 26, 1958, S. 103–112). – E. M. Miller, *The Real M. Jourdain of the »Bourgeois gentilhomme«* (in StPh, 56, 1959, S. 62–73). – H. V. Ganz, *Zur Quellenfrage des »Bourgeois gentilhomme«*, Florenz 1964. – C. D. Rovillard, *The Background of the Turkish Ceremony in M.'s »Le bourgeois gentilhomme«* (in University of Toronto Quarterly, 39, 1969/70, S. 33–72). – O. de Mourgues, *»Le bourgeois gentilhomme« as a Criticism of Civilization* (in *M., Stage and Study*, Hg. W. D. Howarth u. M. Thomas, Oxford 1973, S. 170 bis 184). – *Le dossier M., 2: »Le bourgeois gentilhomme«*, Hg. S. Chevalley, Genf 1975. – R. McBride, *The Triumph of Ballet in »Le bourgeois gentilhomme«* (in *Form and Meaning*, Hg. W. D. Howarth u. a., Amersham 1982, S. 127–141). – S. Mishriky, *Le costume de déguisement et la théâtralité de l'apparence dans »Le bourgeois gentilhomme«*, Paris 1985. – R. W. Tobin, *Fusion and Diffusion in »Le bourgeois gentilhomme«* (in FR, 59, 1985/86). – J. Coombes, *Comedy of Which Manners?* (in New Comparison, Sommer 1987, Nr. 3). – D. F. Jones, *Law and Grace in »Le bourgeois gentilhomme«* (in StF, 32, 1988).

DOM JUAN OU LE FESTIN DE PIERRE

(frz.; *Don Juan oder Der steinerne Gast*). Prosakomödie in fünf Akten von Molière, Uraufführung: Paris 15. 2. 1665, Palais-Royal. – Das von Tirso de Molina mit dem Schauspiel *El burlador de Sevilla*, 1630 *(Der Spötter von Sevilla)*, in die Literatur eingeführte Don-Juan-Thema hatte bereits einige

Abwandlungen erfahren, als Molière es aufgriff. Während Tirso die Legende zu einem barocken Lehrstück gestaltete, in dem Don Juan als hartnäkkiger und schließlich dem Strafgericht Gottes anheimfallender Sünder dargestellt wird, interessierten sich die nachfolgenden italienischen Bearbeiter (z. B. Giacinto Andrea Cicognini, *Il convitato di pietra*, um 1650; Giliberti, ca. 1658) weniger für den moralischen Gehalt als für die komödiantischen und theatralischen Aspekte des Stoffs. Durch *Commedia-dell'arte*-Aufführungen wurde er in Frankreich bekannt, wo er vor Molière zwei Bearbeiter fand, Dorimond und Villiers, die in ihren Stücken – beide mit dem Titel *Le festin de pierre ou Le fils criminel* um 1660 aufgeführt – Don Juan wieder in den Mittelpunkt der Handlung stellten, ihm jedoch grobe, brutale Züge verliehen.

Es ist nicht sicher, ob Molière die Fassung Tirso de Molinas gekannt hat, doch enthält seine Version einige dramaturgische Details, die sich schon in Tirsos Stück finden: das Gegensatzpaar Herr und Diener, den Schiffbruch Don Juans, den Wortwechsel zwischen Don Juan und seinem Vater, das Diner mit der Statue des Komturs und die Höllenfahrt. Von Molière rührt in der langen Geschichte des Stoffs der wichtige und später von Mozarts Librettisten Da Ponte *(Il dissoluto punito o sia Il D. Giovanni)* wiederaufgegriffene Gedanke, Don Juan mit einer Frau von Geist und Verstand zu konfrontieren: mit Donna Elvira.

Auch bei Molière gibt es keine zusammenhängende Handlung, sondern nur locker aneinandergereihte Szenen, die der Charakterisierung der Titelgestalt dienen. Der atheistische Don Juan, der Elvira aus dem Kloster entführt, geheiratet und wieder verlassen hat, gibt sich erneut Ent- und Verführungsbestrebungen hin. Der zwiespältige Charakter des durchaus eleganten und mutigen Freigeists offenbart sich u. a., als er einen angegriffenen Edelmann rettet und sich einem Bettler gegenüber als wohltätig erweist (III,2). Nachdem er die Kritik seines Vaters an seinem Lebenswandel zunächst übergangen hat, täuscht er, scheinbar reumütig, diesem schließlich die innere Umkehr – die Hinwendung zur Religion – vor. Sganarelle, seinem Diener, gibt er sich jedoch als Heuchler zu erkennen. Seine Strafe ereilt ihn, als er schließlich von der sich öffnenden Erde verschlungen wird. Bei Tirso ergibt sich die Szenenfolge aus Don Juans erotischen Abenteuern, die durch seine jeweilige Flucht vom »Tatort« zu neuen Unternehmungen miteinander verbunden sind. Sein Don Juan tritt auf als der gemeine Verführer, der Frauen aller Stände und seine besten Freunde schamlos hintergeht und alle Ermahnungen an das Strafgericht Gottes mit den Worten *»Bis dahin ist noch lange Frist«* in den Wind schlägt. Als er merkt, daß sein frevlerisches Spiel zu Ende ist, ruft er aber doch nach einem Beichtvater. Im Vergleich zu Tirsos Stück hat Molière die Don-Juan-Gestalt und den dramaturgischen Bau kompliziert. Sein Don Juan ist nicht mehr nur der simple Frauenjäger, der seine gesellschaftliche Stellung bei jeder sich bietenden Gelegenheit skrupellos zur Verführung ausnützt. Das Charakterbild, das er, von Szene zu Szene vertiefend, von ihm entwirft, ist wesentlich differenzierter. Die Erotik des Molièreschen Don Juan ist raffinierte Lasterhaftigkeit, seine Leidenschaft reflektiert, seine Haltung unmetaphysisch und antireligiös. Eingangs von seinem Diener Sganarelle als Dämon, Häretiker, Epikureer und *»wahrer Sardanapal«* bezeichnet, werden die negativen Züge Don Juans zunächst durch seinen Esprit, seine Eleganz und rhetorische Gewandtheit, nicht zuletzt auch durch seinen Mut und seine Kühnheit gemildert. Erst im letzten Akt stellt Molière ihn als vollkommen verderbten Menschen dar, der sich nach außen hin den religiösen und sittlichen Vorschriften unterwirft, um im geheimen desto ungestörter seinen verwerflichen Neigungen nachgehen zu können. Nirgendwo wird der geistige Abstand zur Don-Juan-Gestalt Tirsos deutlicher als hier: dem hartnäckig wider die unbezweifelte christliche Ordnung Sündigenden steht der areligiöse Libertin gegenüber, der sich dieser Ordnung nur anpaßt, um sich ihrer Gesetze zu seinem Vorteil zu bedienen.

Folgerichtig tritt bei einer so bewußt handelnden Gestalt der Monolog in den Vordergrund. Molières Don Juan denkt über sich selbst nach und kommentiert sein Verhalten. Bespielsweise vergleicht er sich in der Liebe mit Alexander: *»Ich habe den Ehrgeiz der großen Eroberer, die von einem Siege zum andern stürmen und sich nicht entschließen können, ihre Wünsche einzuschränken … Ich fühle in mir die Kraft, die ganze Welt zu lieben, und wie Alexander wünschte ich, es gäbe noch eine andere Welt, auf die ich meine Liebeseroberungen ausdehnen könnte«* (I,2). Seinen Entschluß, sich fortan heuchlerisch der Maske des rechtschaffenen Mannes zu bedienen, begründet er Sganarelle gegenüber folgendermaßen: *»Das ist heute doch keine Schande mehr … Die Rolle des ehrbaren Mannes ist die beste von allen Rollen, die man spielen kann. Heutzutage bietet der Beruf des Heuchlers uns die größten Vorteile. Das ist eine Kunst, die gerade um ihrer Verlogenheit willen aufs höchste geschätzt wird … Nur die Heuchelei ist ein privilegiertes Laster, das mit eigener Hand der ganzen Welt das Maul stopft und sich einer behaglichen Straflosigkeit erfreut«* (V,2). Die Warnungen und Drohungen der von ihm Betrogenen, die ihn an das Strafgericht Gottes erinnern, belustigen ihn nur, und seine letzte Antwort darauf lautet: *»Nein, es soll nicht heißen, daß ich imstande wäre zu bereuen, geschehe, was da will!«* Bei einem solchen Helden verliert die Erscheinung der Statue ihre bei Tirso vorhandene religiöse Funktion, die nicht einmal mehr in der Reaktion des eher abergläubischen als gläubigen Dieners Sganarelle sichtbar wird, der nach dem schrecklichen Höllensturz seines Herrn am meisten den ihm entgangenen Lohn beklagt: *»Mes gages! Mes gages! Mes gages!«* – Diese Stelle und andere (z. B. die Bettlerszene: *»Ich gebe dir ein Goldstück, wenn du Gott fluchst«*), in denen die antireligiöse Einstellung Don Juans besonders deutlich wird, mußte Molière nach der ersten Aufführung streichen. Um das ganze Stück (dessen Szenen, aus bäuerlicher Farce, ernstem Drama, Charakter- und Gesellschaftssatire kühn gemischt, bis zu einem gewissen Grad austauschbar sind) entbrannte eine heftige Polemik, ausgehend von einer klerikalen Kabale, die schon den *Tartuffe* (1664) unterdrückt hatte. Mit Billigung des Königs wurde *Dom Juan* in zensierter Form fünfzehnmal aufgeführt. Danach verschwand die Komödie vom Spielplan; sie wurde zu Lebzeiten Molières auch nie gedruckt. 1677 beauftragte Molières Witwe Thomas Corneille mit einer Bearbeitung des Stücks. In dessen versifizierter Fassung wurde sie bis 1847 von der Comédie Française gespielt. Erst dann stellte man anhand zweier illegaler Drucke vom Ende des 17. Jh.s (Amsterdam und Brüssel) den ursprünglichen Text wieder her.

Bemängelt wurde an dieser außergewöhnlich »ernsten« und mit dem *Tartuffe* wohl umstrittensten Komödie Molières auch die totale Mißachtung der klassischen Regelpoetik: Dem Autor wurde vorgeworfen, er habe die Einheit von Ort, Zeit und Handlung nicht eingehalten, darüber hinaus Komisches mit Tragischem vermischt und Ernstes ins Lächerliche gezogen. Erst die Romantik wertet den *Dom Juan* als Apologie der Lebensfreude auf. Jüngere Deutungen zeigen die Einheit des Stücks auf und verteidigen es gegen Kritiken, die es mit überkommenen Maßstäben beurteilen – so R. Pintard mit dem Hinweis darauf, daß die Handlung des *Dom Juan* auf 36 Stunden eingegrenzt ist, oder M. Pruner unter besonderer Berücksichtigung der Verschuldung des Don Juan. Bei der Frage nach der Komödienhaftigkeit des *Dom Juan* findet vor allem auch die Figur des Sganarelle vermehrtes Interesse, die eine zentrale Rolle spielt und sicherlich Molières vielschichtigste Dienergestalt abgibt. Bert Brechts 1954 entstandene, im großen und ganzen dem Aufbau der französischen Vorlage folgende und den Text zumeist wörtlich übernehmende Bearbeitung des Molière-Stücks deutet die Figur des Verführers noch nachdrücklicher als Produkt einer demoralisierten Gesellschaftsklasse und verstärkt ihre negativen und perversen Züge. Davon ausgehend, daß Molière für Don Juan votiere, *»der Epikureer für den Epikureer«*, und diese Haltung ablehnend, liefert Brechts Bearbeitung die Don-Juan-Figur einer Komik aus, die ihre in Molières Gestaltung noch vorhandene Anziehungskraft, aber auch ihre Gefährlichkeit zerstört.

M.H.-G.Schw.

Ausgaben: Paris 1682 (in *Œuvres*, Hg. Vivot u. La Grange, 8 Bde., 7; *Œuvres posthumes I*; in d. Aufl. bis auf 3 Exemplare durch Zensur verstümmelt). – Amsterdam 1683. – Brüssel 1684. – Paris 1880 (in *Œuvres complètes*, Hg. E. Despois u. P. Mesnard, 13 Bde., 1873–1900, 5). – Paris 1961 (in *Œuvres complètes*, Hg. R. Jouanny, 2 Bde., 1; ern. 1988; Class. Garn). – Paris 1971 (in *Œuvres complètes*, Hg. G. Couton, 2 Bde., 2; Pléiade). – Paris 1973 (Folio). – Paris 1975 (in *Œuvres complètes*, Hg. G. Mongrédien, 4 Bde., 2; GF). – Paris 1985 (Poche).

Übersetzungen: *Das steinerne Gastmahl*, J. E. P. (in *Derer Komödien Des Herrn Von Molière*..., Tl. 1, Nürnberg 1694). – *Don Juan*, W. Graf Baudissin (in *Lustspiele*, Bd. 2, Lpzg. 1866; ern. in *SW*, Bd. 2, Hbg. 1948). – Dass., A. Luther (in *Werke*, Wiesbaden 1954; [2]1959; ern. Stg. 1969; RUB). – Dass., E. Neresheimer, Hg. W. Oehlmann, Ffm./Bln. 1965 [m. Einl. u. Materialien]. – Dass., G. Fabricius u. W. Widmer (in *Komödien*, Mchn. 1970; ern. 1981; [2]1987). – Dass., E. M. Landau (in *Klassische Komödien*, Mchn./Wien 1971). – Dass., H. Weigel (in *Komödien*, Zürich 1975, 7 Bde., 4; detebe).

Bearbeitung: B. Brecht, *Don Juan* (in B. B., *Stükke*, Bd. 12, Ffm. 1959; u. Mitarbeit v. B. Besson u. E. Hauptmann).

Literatur: F. Gaiffé, *M. »Dom Juan«*, Paris 1935. – J. Arnavon, *»Dom Juan« commenté*, Kopenhagen 1947. – A. Villiers, *Le »Dom Juan« de M., un problème de mise en scène*, Paris 1947. – J. Doolittle, *The Humanity of M. »Dom Juan«* (in PMLA, 68, 1953, S. 509–534). – M. Sauvage, *Le cas »Dom Juan«*, Paris 1953. – J. Rousset, *»Dom Juan« et le baroque* (in Diogenes, 14, 1956, S. 1–16). – W. Mönch, *»Don Juan«. Ein Drama der europäischen Bühnen. Tirso de Molina, M., Mozart* (in RLC, 35, 1961, S. 617–639). – R. N. Coe, *The Ambiguity of »Dom Juan«* (in AJFS, 1, 1964, S. 23–35). – R. Pintard, *Temps et lieux dans le »Dom Juan« de M.* (in *Studi in onore di Italo Siciliano*, Bd. 2, Florenz 1966, S. 998–1006). – J. Schérer, *Sur le »Dom Juan« de M.*, Paris 1967. – H. Bihler, *M. »Dom Juan«* (in *Das französische Theater vom Barock bis zur Gegenwart*, Hg. J. v. Stackelberg, Bd. 1, Düsseldorf 1968, S. 247–270). – M. Serres, *Le don de »Dom Juan« ou la naissance de la comédie* (in Critique, 24, 1968, S. 251–263). – J. Jaffré, *Donjuanisme et tartufferie. A propos du »Dom Juan« de M.* (in La Pensée, 46, 1969, S. 90–109). – J.-M. Teyssier, *Réflexions sur »Dom Juan« de M.*, Paris 1970. – E. Guitton, *M. juriste dans »Dom Juan«* (in RHLF, 72, 1972, S. 945–953). – R. Horville, *»Dom Juan« de M.*, Paris 1972; ern. 1983. – J. Truchet, *M. théologien dans »Dom Juan«* (ebd., S. 928–938). – F. Thuel, *»Dom Juan« de M.* (in Littérature, Dez. 1973, Nr. 12, S. 74–85). – L. Gutjahr, *Einige Überlegungen zur Schuldfrage und Struktur von M.s »Dom Juan«* (in Moderne Sprachen, 17, 1973, Nr. 3/4, S. 2–46). – C. Geray, *»Dom Juan«*, Paris 1974. – F. Rastier, *L'ambiguité du récit, la double lecture de »Dom Juan« de M.* (in F. R., *Essais de sémiotique discursive*, Tours 1974, S. 91–161). – M. Pruner, *La notion de dette dans le »Dom Juan« de M.* (in IZHT, 3, 1974, S. 254–271). – T. Obase, *De l'unité de »Dom Juan«* (in *M. and the Commonwealth of Letters*, Hg. R. Johnson u. a., Univ. of Mississippi 1975, S. 462–474). – S. Romanowski, *Le rôle du langage dans le »Dom Juan« de M.* (in Neoph, 59, 1975, S. 494–504). – G. Defaux, *»Dom Juan« ou la comédie foudroyée* (in TLL, 15, 1977, H. 2, S. 67–90). – J. Hösle, *M.'s Komödie »Dom Juan«*, Heidelberg 1978. – J. Krauss, *Le »Dom Juan« de M. Une libéra-*

tion, Paris 1978. – R. Baader, *Klassische Einheit und komische Reduktion im »Dom Juan« von M.* (in *M.*, Hg. dies., Darmstadt 1980, S. 320–351). – S. Felman, *Le scandale du corps parlant*, Paris 1980. – *Analyses et réflexions sur »Dom Juan« de M.*, Paris 1981 [Einl. M. Desportes]. – *Lectures de »Dom Juan« de M.*, Paris 1981 [Vorw. A. M. Mathiot]. – J.-M. Apostolidès, *Dom Juan alchimiste* (in Littérature, 12, 1982, S. 3–11). – H. Stenzel, *Adelskritik und Atheismusproblematik* (in RZL, 7, 1983, S. 319–352). – A. Dominguez, *Le mythe de Don Juan chez M. et Zorilla* (in Queste, 1, 1984, S. 89–105). – *»Dom Juan«. Interviews de J.-L. Boutté et M. Bluwal*, Paris 1985. – R. W. Tobin, *»Dom Juan« ou le principe du plaisir* (in *Littérature et gastronomie*, Hg. ders., Paris u. a. 1985, S. 21–63). – M. Gutwirth, *Don Juan et le tabou d'inceste* (in RomR, 77, 1986, S. 25–32). – S. Pizzari, *Le mythe de Don Juan et la comédie de M.*, Paris 1986. – R. M. Kahn, *De la comédie à la morale* (in PFSCL, 13, 1986, Nr. 24, S. 104–132). – Y. Moraud, *Idéologie et langage dans le »Dom Juan« de M.* (in TLL, 25, 1987, H. 2, S. 79–92). – G. F. McCarthy, *Role and Rhythm in M.'s »Dom Juan«* (in AJFS, 25, 1987, S. 23–40). – N. A. Peacock, *»Dom Juan« ou le libertin imaginaire* (in FMLS, 24, 1988, S. 332–345). – A. Blüher, *Le »Dom Juan« de M. et la tradition de la dramaturgie baroque* (in *Ouverture et dialogue. Mélanges W. Leiner*, Hg. U. Döring, Tübingen 1988, S. 31–51).

L'ESCOLE DES FEMMES

(frz.; *Die Schule der Frauen*). Verskomödie in fünf Akten von MOLIÈRE, Uraufführung: Paris 26. 12. 1662. – Diesem ersten Meisterwerk Molières und der französischen Hohen Komödie überhaupt liegen mehrere Quellen zugrunde: u. a. SCARRONS Novelle *La précaution inutile*, die Novellensammlung *Le piacevoli notti* von Giovanni STRAPAROLA (1480–1557) und die Komödie *Le galant doublé* (1660) von Thomas CORNEILLE.

Tiefverwurzeltes Mißtrauen gegen die weibliche Moral hat Arnolphe, einen alten, verknöcherten Junggesellen, dazu gebracht, sein Mündel Agnès im Kloster in völliger Unkenntnis vom Leben in der Gesellschaft erziehen zu lassen und dann in die Obhut »tumber« Bauersleute zu geben. Auf diese Weise glaubt er, Agnès' Unschuld und Tugendhaftigkeit zu erhalten und sich eine treue Ehefrau zu sichern. Unerfahren und arglos, wie sie ist, läßt sie sich in einem unbewachten Augenblick auf einen Flirt mit einem jungen Herrn namens Horace ein. Die folgende Intrige beruht allein darauf, daß Arnolphe sich aus Eitelkeit einen adligen Namen zugelegt hat und sich gern »Monsieur de la Souche« nennen läßt. Die Streiche, die Agnès und Horace bei ihren Versuchen, zueinander zu kommen, dem eifersüchtigen Alten spielen, vertraut Horace ahnungslos dem »verständnisvollen« Arnolphe an, der dadurch zu Gegenmaßnahmen greifen kann, die die beiden Verliebten wiederum schlau für ihre eigenen Pläne zu nutzen wissen. Arnolphes Moralpredigten und Zwangsmaßnahmen scheitern an der naiven Zielstrebigkeit, mit der das junge Mädchen auf seiner Liebe besteht. Schließlich kommt den Liebenden das Schicksal zu Hilfe in Gestalt von Agnès' totgeglaubtem Vater Enrique, der seine väterlichen Rechte genau in dem Augenblick wieder übernimmt, als Arnolphe mit Gewalt das Mädchen seinen Wünschen gefügig machen will. Enrique stimmt – nach einer für dieses Genre typischen Wiedererkennungsszene – voller Freude der Heirat zwischen Agnès und Horace, dem Sohn seines Freundes, zu.

In der *Frauenschule* greift Molière die in der *Männerschule* (*L'escole des maris*, 1661) noch ganz im Stil der alten Typenkomödie behandelte Frage der weiblichen Erziehung auf höherer Ebene wieder auf, d. h. mit reiferer Kunst und mit bei aller Komik oder gar Lächerlichkeit doch ernstzunehmenden Figuren. Arnolphe ist Molières erste lebenswahre und differenzierte Charaktergestalt. Seine Tragik ist, daß er aus bösen Lebenserfahrungen törichte Prinzipien ableitet, während seine »Gegenspielerin«, die in Unwissenheit aufgewachsene Agnès, im richtigen Augenblick gesunden Menschenverstand zeigt. Freilich verzichtet Molière auch in diesem Stück nicht auf bewährte Lustspieleffekte und das obligatorische Finale. Wieder siegt die pfiffige Schläue über den verbohrten Geist, und der sich besonders klug und listig Dünkende ist am Ende der Angeführte.

Molières Charakterkomödie war zwar ein sofortiger und anhaltender großer Erfolg beschieden. Nichtsdestoweniger entbrannte eine heftige öffentliche Diskussion um die neuartige Komödie, in der die Charakterdarstellung Vorrang vor der Intrige bekommen hatte. Argumentiert wurde dabei auf unterschiedlichen Ebenen: Einerseits wurde den Personen des Dramas Inkohärenz vorgeworfen, andererseits wurde die Vermischung von Tragödien- und Farceelementen kritisiert. Vor allem aber zielte die Polemik der Preziösen, der literarischen Konkurrenten – wortführend war hier J. DONNEAU DE VISÉ – und der Kirche auf die in der *Frauenschule* vorgebrachte Kritik an der traditionellen Auffassung von ehelicher Liebe als Pflicht und erzwungener Treue. Der König hingegen ergriff, wie auch BOILEAU, Partei für den Dichter: zum einen, da er sich durch die Figur der »libertinen« Agnès in seiner leidenschaftlichen Liebesaffäre mit Louise de Vallière unterstützt sehen konnte, zum anderen wohl auch aufgrund der politischen Implikationen des *dénouement*, das als Affirmation des noch jungen aufstrebenden Handelsbürgertums – vertreten durch Enrique – verstanden werden kann.

Der Autor selbst ging mit der *Critique d'escole des femmes*, einer einaktigen Prosakomödie, die am 1. 6. 1663 im Théâtre du Palais-Royal zum ersten Mal und anschließend zusammen mit der *Escole des femmes* aufgeführt wurde, zum Gegenangriff über. Ohne sich um eine konkrete Handlung zu bemühen, bringt Molière eine amüsante Salonkonversa-

tion auf die Bühne, in der sich zwei Parteien über die *Escole des femmes* unterhalten. Der Wortführer der Kritiker ist ein extravaganter, beschränkter Marquis, wie ihn der Autor in den *Précieuses ridicules* (1659) bereits karikiert hat. Aus seinem Gefolge kommt ihm Clymène zu Hilfe, die Züge von Madelon und Cathos (ebenfalls aus den *Précieuses ridicules*) trägt und den damals neuen Ausdruck *obscénité* in die Debatte wirft. Lächerlicher noch wirkt der pedantisch-mondäne Lysidas, eine Vorstudie zum Trissotin der *Femmes savantes* (1672). Er nimmt die *Escole des femmes* zum Anlaß, mit herablassender Bosheit den Erfolg *»unernster Komödien«* zu verdammen und das Lob der Tragödie und ihrer heilig zu haltenden Regeln zu singen. Zur Partei der für den gesunden Menschenverstand eintretenden *honnêtes gens* gehören die spottlustige Élise und die ernsthaft-vernünftige, aber auch witzige Uranie, eine vollkommene Dame von Welt. Dorante schließlich, ein Edelmann von umfassender Bildung und ausgesuchten Manieren, verteidigt als Sprachrohr des Autors den Geschmack des Publikums, das mit Witz unterhalten sein will, gegen einen leeren, formelhaften Dogmatismus. Während er dem Marquis und Clymène nur mit Ironie begegnet, macht er sich die Mühe, den hochtrabenden Dichterling Lysidas ernst zu nehmen und sich Punkt für Punkt mit den von ihm vorgetragenen Einwänden auseinanderzusetzen.
Wenn auch Polemik und Satire überwiegen und der Vergleich zwischen Tragödie und Komödie zu sehr von der natürlichen Voreingenommenheit des Lustspieldichters beeinflußt wird, so bietet die *Critique d'Escole des femmes* doch gleichzeitig ein beherztes Bekenntnis Molières zu seiner Devise, nach der der Dramatiker Natürlichkeit, *bon sens* und Offenheit zeigen und eher auf die Zustimmung des Publikums als auf eine um ihrer selbst willen geübte, strenge Regeltreue bedacht sein soll. Der Dialog hält sich an den Konversationston der guten Gesellschaft, ohne indessen jemals langweilig oder schleppend zu werden. Molière gelingt hier ein glückliches Zusammenspiel von Scherz, sarkastischem Spott und feinsinniger Eloquenz. – Auf die von der *Critique de l'Escole des femmes* provozierten weiteren Anfeindungen – Donneau de Visé, Molières späterer Freund, ließ ein Stück mit dem Titel *Zerlinde ou La véritable critique de l'Escole des femmes* aufführen, Edme Boursault polemisierte gegen die *Frauenschule* in seinem *Portrait du peintre* – reagierte der Angegriffene mit einer letzten, äußerst scharfen Stellungnahme, dem nach dem Ort seiner Uraufführung benannten Einakter *L'impromptu de Versailles* (1663). I.P.-G.Schw.

Ausgaben: *(L'escole des femmes* u. *La critique d'escole des femmes)*: Paris 1663 *(L'escole des femmes)*. – Paris 1663 *(La critique d'escole des femmes)*. – Paris 1682 (in *Œuvres*, Hg. Vivot u. La Grange, 8 Bde., 2). – Paris 1876 (in *Œuvres complètes*, Hg. E. Despois u. P. Mesnard, 13 Bde., 1873–1900, 3). – Paris 1961 (in *Œuvres complètes*, Hg. R. Jouanny, 2 Bde., 1; ern. 1988; Class. Garn). – Paris 1971 (in *Œuvres complètes*, Hg. G. Couton, 2 Bde., 1; Pléiade). – Paris 1975 (in *Œuvres complètes*, Hg. G. Mongrédien, 4 Bde., 2; GF). – Paris 1985 (Folio). – Paris 1986 (Poche).

Übersetzungen: *Die Schule des Frauenzimmers*, anon., Bln. 1752. – *Die Schule der Frauen*, W. Graf Baudissin (in *Lustspiele*, Bd. 1, Lpzg. 1865; ern. in *SW*, Bd. 1, Hbg. 1948). – *Schule der Frauen*, L. Fulda (in *Meisterwerke*, Bd. 1, Stg./Bln. 1905; ern. Stg. 1929). – *Die Schule der Frauen*, R. A. Schröder (in *Werke*, Wiesbaden 1954; 21959). – Dass., R. Schröder, Stg. 1962 (RUB). – Dass., H. Weigel, Zürich 1964. – Dass., G. Fabricius u. W. Widmer (in *Komödien*, Mchn. 1970; ern. 1981; 21987). – Dass., H. Weigel (in *Komödien*, Zürich 1975, 7 Bde., 2; detebe).
Die Kritik der Schule der Frauen, O. L. B. Wolff (in *SW*, Bd. 4, Aachen/Lpzg. 1937). – *Die Kritik der Frauenschule*, W. Graf Baudissin (in *Lustspiele*, Bd. 2, Lpzg. 1866; ern. in *SW*, Bd. 1, Hbg. 1948). – *Die Kritik der Schule der Frauen*, A. Luther (in *Werke*, Wiesbaden 1954; 21959). – *Die Kritik der Frauenschule*, G. Fabricius u. W. Widmer (in *Komödien*, Mchn. 1970; ern. 1981; 21987). – *Die Kritik der »Schule der Frauen«*, H. Weigel (in *Komödien*, Zürich 1975, 7 Bde., 2; detebe).

Vertonung: R. Liebermann, Louisville/USA 1955 (Text: H. Strobel; Oper).

Literatur: H. Becque, *M. et »L'école des femmes«*, Paris 1886. – J. Arnavon, *»L'école des femmes« de M., essai d'interprétation dramatique*, Paris 1936. – J.-D. Hubert, *»L'école des femmes«, tragédie burlesque?* (in RSH, Jan.–März 1960, S. 41–52). – S. Doubrovsky, *Arnolphe ou La chute de l'héros* (in MdF, 343, 1961, S. 111–118). – *Comic Rhythm in »L'école des femmes«* (in FMLS, 5, 1969, S. 205–217). – B. Magne, *»L'école des femmes« ou la conquête de la parole* (in RSH, 37, 1972, S. 125–140). – E. Kern, *»L'école des femmes« and the Spirit Farce* (in EsCr, 12, 1973, S. 220–228). – D. Rubin, *Image, Argument and Aesthetics in »La critique de l'école des femmes«* (in RoNo, 15, 1973/74, Suppl. 1, S. 98–107). – R. Albanese, *Pédagogie et didactisme dans »L'école des femmes«* (in RN, 16, 1974, S. 114–123). – B. Weinberg, *Plot and Thesis in »L'école des femmes«* (ebd., S. 78–97). – R. Baader, *Religion und Preziosität in der »École des femmes«* (in GRM, 26, 1976, S. 205–212). – E. Schulze-Witzenrath, *Sprachhandlung und hohe Komödie in M.s »École des femmes«* (in Poetica, 10, 1978). – J. T. Letts, *»L'école des femmes« ou la défaite de la parole inauthentique* (in MLN, 95, 1980, S. 1023–1032). – J. H. Broome, *M. »L'école des femmes« and »Le misanthrope«*, Ldn. 1982. – B. Johnson, *Teaching Ignorance. »L'école des femmes«* (in YFS, 63, 1982, S. 165–182). – N. Eckstein, *The Functions of the ›Récit‹ in »L'école des femmes«* (in KRQ, 30, 1983, S. 223–230). – N. A. Peacock, *Verbal Costume in »L'école des femmes«* (in MLR, 79, 1984, S. 541–552). – J. H. Broome, *»L'école des femmes«*,

Paris 1984. – J. Butin, *»L'école des femmes«, analyse critique*, Paris 1984. – J. P. Collinet, *M. et ses personnages invisibles. L'exemple de »L'école des femmes«* (in *Thématique de M.*, Hg. J. Truchet, Paris 1985, S. 13–45). – P. Dandrey, *Structures et espaces de communication dans »L'école des femmes«* (in Littérature, Okt. 1986, Nr. 63, S. 65–89). – J. L. de Boissieu u. A.-M. Garagnon, *M. »L'école des femmes«, acte II, scène 5* (in J.-L. de B. u. A.-M. G., *Commentaires stylistiques*, Paris 1987, S. 43–67).

LES FEMMES SAVANTES

(frz.; *Die gelehrten Frauen*). Verskomödie in fünf Akten von MOLIÈRE, Uraufführung: Paris, 11. 3. 1672, Palais-Royal. – Nach mehreren in Eile verfaßten Auftragsstücken und den wegen des »Rückfalls« in die italienische Manier von der Kritik getadelten *Fourberies de Scapin* bringt Molière mit *Les femmes savantes* wieder eine echte Charakterkomödie auf die Bühne. Vier Jahre hat er an diesem Stück gearbeitet, in dem er das nach wie vor aktuelle Thema der 1659 entstandenen *Précieuses ridicules (Die lächerlichen Preziösen)* wiederaufgreift und die Auswirkungen der übersteigerten Bildungsbeflissenheit der Frauen weiter ausführt. Die Preziösen des neuen Stücks wollen noch höher hinaus: Sie umgeben sich nicht nur mit geschwätzigen Salonliteraten und Pseudophilosophen, sondern üben sich auch selbst in der Dichtkunst und betreiben physikalische, vor allem aber grammatikalische Studien. Nur von ihren Pflichten als Gattinnen, Mütter und Hausfrauen wollen sie nichts wissen.

Im Hause des Monsieur Chrysale stehen sich zwei Parteien gegenüber: die blaustrümpfigen Schöngeister samt ihren Verehrern und die Vertreter des gesunden Menschenverstands. Die Handlung ähnelt der des *Tartuffe*; hier heißt der leidenschaftliche Gefühle und feinsinnige Bildung vortäuschende Mitgiftjäger Trissotin. Durch sein geziert vornehmes Wesen, speziell aber durch seine Dicht- und Deklamationskunst weiß er Chrysales Frau Philaminte so für sich einzunehmen, daß sie ihm die Hand ihrer Tochter Henriette verspricht. Armande, Philamintes älteste Tochter und eifrige Nachahmerin ihres Getues, unterstützt den Plan der Mutter, weil sie hofft, auf diese Weise ihren früheren Geliebten Clitandre zurückzugewinnen, der sich, abgestoßen von ihrer Affektiertheit und »Männerfeindlichkeit«, der liebenswürdigeren Henriette zugewandt hat. Gegen die schamlose Intrige und das Schreckensregiment der gelehrten Frauen – zu denen als Dritte im Bunde Bélise, Chrysales über allem »Studieren« närrisch gewordene Schwester, gehört – begehrt der von soviel »Geist« eingeschüchterte Hausherr erst dann auf, als seine Frau eigenmächtig den Notar kommen läßt, damit der Ehekontrakt zwischen Henriette und Trissotin aufgesetzt werde. Chrysale kann auf die Unterstützung seines pfiffigen Bruders Ariste und der wackeren Köchin Martine rechnen, die ihrer »etymologischen Verbrechen« wegen – sie hat u. a. *grammaire* (Grammatik) mit *grand'mère* (Großmutter) verwechselt – von Philaminte fortgejagt wurde. Gemeinsam beschließen sie, dem Liebespaar Henriette–Clitandre, das um sein Glück betrogen werden soll, beizustehen. Die List, auf die Ariste verfällt, wirkt prompt: Zwei fingierte Briefe melden den vollständigen Ruin der Familie, und sogleich zieht Trissotin seine Werbung um Henriette zurück. Als Ariste daraufhin bekanntgibt, daß die Hiobsbotschaften gefälscht seien und nur die wahren Absichten des habgierigen Erbschleichers ans Licht bringen sollten, gehen Philaminte die Augen auf; sie straft den käuflichen, »unphilosophischen« Dichterling mit Verachtung und willigt in die Hochzeit Henriettes mit dem treuen, biederen Clitandre ein.

Auch zu dieser Komödie hat sich Molière von anderen Bühnenwerken inspirieren lassen und aus ihnen Episoden und Charakterzüge bestimmter theaterwirksamer Figuren entlehnt. Wahrscheinlich hat eine Komödie von Samuel CHAPPUZEAU, *Le cercle des femmes* (1656), den Anstoß zu den *Gelehrten Frauen* gegeben, in denen Molière das dankbare Sujet dann wesentlich tiefgründiger, lebensvoller und zugleich satirischer behandelt. Einzelne Motive soll er aus CALDERÓNS Lustspiel *No hay burlas con el amor*, 1637 *(Mit der Liebe ist nicht zu scherzen)*, aus SAINT-ÉVREMONDS *Comédie des académistes*, aus Pierre CORNEILLES *La suivante*, 1634 *(Die Nachfolgerin)*, und aus der erfolgreichen Sittenkomödie *Les visionnaires*, 1637 *(Die Geisterseher)*, von DESMARETS DE SAINT-SORLIN übernommen haben. – In Trissotin und seinem nicht weniger lächerlich-geistvollen Rivalen, dem Philosophen Vadius, karikiert Molière zwei zeitgenössische Skribenten, vor allem den von BOILEAU scharf angegriffenen Abbé COTIN, dessen *Œuvres galantes* (1663) das Sonett entnommen ist, mit dem Trissotin seine Zuhörerinnen entzückt, und Gilles MÉNAGE, einen in den Salons der Mme. de LA FAYETTE und der Mme. de SÉVIGNÉ verkehrenden Literaten und Sprachforscher, der mit Cotin eine viel beredete literarische Fehde ausgetragen hatte; sie wird in dem Stück frech persifliert.

Molières erneute Satire über das Preziosentum ist indes nicht vordergründig als antiemanzipatorisches Plädoyer eines Konservativen zu werten, der ein althergebrachtes Frauenbild retten möchte. Dem steht zum einen entgegen, daß Molière nicht nur in dieser Komödie engagiert für die freie Gattenwahl Stellung bezieht. Vor allem aber dominiert in dem Stück der Gegensatz von Natürlichkeit und Herzensgüte auf der einen und von verblasener und aufgesetzter (Ver-)Bildung auf der anderen Seite. Wie im *Tartuffe* wird somit die Frage nach der Möglichkeit bzw. Unmöglichkeit einer authentischen intersubjektiven Verständigung verhandelt. Molières Sympathie gehört ganz entschieden der Köchin Martine, deren angeborenes natürliches Empfinden über die bornierte Intellektualität ihrer Geschlechtsgenossinnen und die Unzuverlässigkeit der Männer den Sieg davonträgt. – Molières vorletztes Stück hatte seines treffsicheren Witzes und der differenziert gezeichneten Charaktere wegen großen Erfolg, zumal bei der aristokratischen Gesellschaft, die in der naiv-selbstbewußten Annahme, den Geist für sich gepachtet zu haben, den Bildungseifer der bürgerlichen Frauen nur allzu gern belachte. KLL

Ausgaben: Paris 1672. – Paris 1682 (in *Œuvres*, Hg. Vivot u. La Grange, 8 Bde., 2). – Paris 1886 (in *Œuvres complètes*, Hg. E. Despois u. P. Mesnard, 13 Bde., 1873–1900, 9). – Paris 1961 (in *Œuvres complètes*, Hg. R. Jouanny, 2 Bde., 2; ern. 1988; Class. Garn). – Paris 1971 (in *Œuvres complètes*, Hg. G. Couton, 2 Bde., 2; Pléiade). – Paris 1973 (Folio). – Paris 1975 (in *Œuvres complètes*, Hg. G. Mongrédien, 4 Bde., 4; GF). – Paris 1986 (Poche).

Übersetzungen: *Die gelehrten Frauen*, F. S. Bierling (in *Sämmtl. Lustspiele*, Bd. 4, 1752). – Dass., W. Graf Baudissin (in *Lustspiele*, Bd. 1, Lpzg. 1865; ern. in *SW*, Bd. 1, Hbg. 1948). – Dass., A. Laun (in *Ausgewählte Lustspiele*, Lpzg. 1881). – Dass., L. Fulda (in *Meisterwerke*, Bd. 2, Stg./Bln. 1905; ern. in *Dramen*, Bd. 2, Urach 1947/48). – Dass., A. Luther (in *Werke*, Wiesbaden 1954; ²1959). – Dass., W. Graf Baudissin, Stg. o. J. (RUB). – Dass., H. Weigel, Zürich 1965. – Dass., G. Fabricius u. W. Widmer (in *Komödien*, Mchn. 1970; ern. 1981; ²1987). – *Trissotin oder Die gelehrten Frauen*, M. Kapp, Hbg. 1970. – *Die gelehrten Frauen*, A. Luther, Stg. 1971 (RUB). – Dass., H. Weigel (in *Komödien*, Zürich 1975, 7 Bde., 5; detebe). – *Die Frauen mit Bildung oder Herr im Haus bin ich*, A. Gruber, Hbg. 1982.

Literatur: J. Arnavon, *La mise-en-scène des »Femmes savantes« de M.*, Paris 1912. – G. Reynier, *Les »Femmes savantes« de M., étude et analyse*, Paris 1936. – S. Jeune, *M., le pédant et le pouvoir; note pour le commentaire des »Femmes savantes«* (in RHLF, 55, 1955, S. 145–155). – V. Cerny, *Le ›Je ne sais quoi‹ de Trissotin* (in RSH, 13, 1961, S. 367–378). – *»Les femmes savantes«, monographie*, Hg. S. Chevalley, Paris 1962. – L'Avant-Scène, 1968, Nr. 409/410 [Sondernr. *»Les femmes savantes«*]. – J. Rey-Debove, *L'orgie langagière. Le sonnet à la princesse Uranie* (in Poétique, 3, 1972, S. 572–583). – W. V. Wortley, *M.'s Henriette* (in RoNo, 19, 1978/79, S. 358–365). – P. Gaillard, *»Les précieuses ridicules«, »Les femmes savantes«*, Ffm./Paris 1979; ern. 1984. – J. F. Gaines, *Ménage versus salon dans »Les femmes savantes«* (in EsCr, 21, 1981, S. 51–59). – E. Lapeyre, *»Les femmes savantes«* (in FF, 6, 1981, S. 132–139). – W. D. Howarth, *›Une pièce comique tout à fait achevée‹. Aesthetic Coherence in »Les femmes savantes«* (in *Form and Meaning*, Hg. ders., Amersham 1982, S. 142–155). – M. S. Koppisch, *›Bonne soupe‹ ou ›Beau langage‹* (in SFR, 10, 1986, S. 281–297). – L. W. Riggs, *La raison de la plus folle est toujours la meilleure* (in Symposium, 41, 1987, S. 214–226). – C. Scott, *»Les femmes savantes«* (in C. S., *The Riches of Rhyme*, Oxford 1988).

LE MALADE IMAGINAIRE

(frz.; *Der eingebildete Kranke*). Ballettkomödie in drei Akten von Molière, Musik von Marc Antoine Charpentier (1635–1704), Uraufführung: Paris, 10. 2. 1673, Palais-Royal. – Umgeben von zahllosen Arzneifläschchen, »umsorgt« und dabei kräftig ausgebeutet von medizinischen Scharlatanen (dem Arzt Purgon, dem Apotheker Fleurant), bietet Argan, der von tausend eingebildeten Leiden Geplagte, das Bild eines ebenso bedauernswerten wie schlechthin unerträglichen Menschen. Denn in dem Maße, wie seine Krankheiten echter Angst um das eigene Wohl und Wehe entspringen, verhindern sie »wirkliches Leben«, äußern sie sich als Störung des Familienfriedens und damit der menschlichen Ordnung überhaupt. Während Béline, Argans zweite Frau, »ihre besten Jahre« damit vertut, scheinheilig schmeichelnd auf den Tod ihres Mannes zu warten, möchte dieser aus allzu durchsichtigen Gründen seine Tochter Angélique zwingen, einen Arzt zu heiraten. Der Herzenswunsch des Mädchens, einen jungen Mann namens Cléante zu ehelichen, kümmert ihn dabei wenig. Zwar vermag sich Cléante in der Rolle eines Musiklehrers in das Haus Argans einzuschleichen, dort aber muß er ohnmächtig zusehen, wie der vom Vater auserkorene Schwiegersohn, der pedantische Thomas Diafoirus, der entsetzten Angélique seine medizinische Dissertation, ein autoritätsgläubiges Traktat im Sinne des Aristoteles, als Hochzeitsgeschenk zu Füßen legt. Die beiden Verliebten können sich zwar in einem improvisierten Wechselgesang ihre Gefühle gestehen, aber für ihr gemeinsames Ziel ist damit wenig gewonnen.

Doch zwei geschickte Drahtzieher, das Dienstmädchen Toinette und der Bruder des »Kranken«, Béralde, machen sich mit Erfolg daran, die Sache ins rechte Lot zu bringen. Während Béralde Argan von der Ignoranz der Ärzte zu überzeugen sucht, da diese die Natur beim Heilungsprozeß doch nicht unterstützen könnten, unternimmt es Toinette, die Übel durch Verkleidung bzw. Verstellung zu heilen: Als sie in der Maske eines Doktors dem eingebildeten Kranken einen Arm amputieren und ein Auge ausstechen will, wird Argan zurückhaltend, und vollends fällt es ihm wie Schuppen von den Augen, als er sich auf Veranlassung Toinettes zunächst vor Béline, sodann vor seiner Tochter Angélique totstellt. Béline macht aus ihrer Freude kein Hehl, während Angélique ihren Vater aufrichtig beweint. Er ist gerührt und gibt den Liebenden seinen Segen, will aber dennoch eines Arztes, der ihm allzeit zur Verfügung steht, nicht entbehren. Die einfachste Lösung scheint zu sein, selbst Arzt zu werden – und die Promotion Argans, ein Triumph des leeren Formalismus, wird zum Abschluß der Komödie, als Ballett und Satire zugleich, vorgeführt.

Mit dem Vater-Tochter-Konflikt, der in der nahenden Heirat der Tochter angelegt ist, steht ein traditionelles Handlungsmuster im Vordergrund dieser Charakterkomödie. Zugleich jedoch wird das Thema von Medizin und Ärzteschaft, von Krankheit und Tod, das sowohl generell in der Komödiengeschichte wie auch speziell in Molières Komödien breiten Raum eingenommen hatte, auf mehreren Ebenen entfaltet. Molière karikiert in den Figuren des Diafoirus und des Béralde verschiedene Positionen der zeitgenössischen medizinischen Diskussion: Während jener, indem er auf logisch-abstrakter Argumentation beharrt und sich neuen Entdekkungen der Wissenschaft verschließt, die traditionelle Medizin verkörpert, vertraut dieser schlicht auf die Heilkräfte der Natur. Mit der Figur des Argan stellt Molière die Medizingläubigkeit und Autoritätshörigkeit seiner Zeit, wie er es auch schon in früheren Stücken, z. B. im *Médecin malgré lui*, getan hatte, parodistisch an den Pranger. In Argans Promotion kann schließlich eine Satire der Zeremonien der medizinischen Fakultät der Sorbonne wie auch generell des akademischen Kults gesehen werden. Hinter diesen aktuellen Bezügen steht darüber hinaus Molières persönliche Betroffenheit als Erkrankter.

Diese an sich ernsten Hintergründe sind indes in der überschäumenden Heiterkeit der Ballettkomödie aufgehoben, welche die Themen von Krankheit und Tod spielerisch mit der Liebesthematik des Stücks verbindet. Zahlreiche Elemente der Farce, z. B. die Kissenschlacht (I, 5) oder die Maskerade der *cérémonie*, sind in das Lustspiel eingegangen. In der die Komödie beschließenden Ballettszene wird die Verbindung von Komödienhandlung und satirischem Zeitbezug in aller Schärfe deutlich. Wie in anderen großen Charakterkomödien Molières liegt hinter der vordergründigen Handlung und hinter den aktuellen Zeitbezügen die Problematik des Erkennens von Sein und Schein: Argan ist mit Blindheit geschlagen, denn er durchschaut weder den Scheincharakter seiner Krankheit noch die heuchlerische Liebe Bélines; »Heilung« geschieht bezeichnenderweise im Medium des Scheins, der Travestie Toinettes und der doppelten Fiktion des Todes. Mit der Möglichkeit des fingierten Sterbens wird Argan bereits in jener berühmten Szene (II, 8) konfrontiert, in der seine achtjährige Tochter Louison sich totstellt. Der Vater geht auf das kindliche Spiel ein, weil er etwas erfahren will – die Umstände einer heimlichen Zusammenkunft Angéliques mit Cléante –, aber er sieht zugleich, daß dieses Spiel eine zweckdienliche Finte sein kann, und willigt deshalb später sofort ein, sich seinerseits totzustellen.

Molière, der nach der vierten Aufführung des *Malade imaginaire* an den Folgen eines Blutsturzes starb, hat in seiner letzten Komödie Krankheit und Tod spielerisch ihrer existentiellen Bedrohung entkleidet. Bis heute spricht dieses Stück, wohl wegen des weitgehenden Verzichts auf nationale und zeitbedingte Bezüge, von allen Komödien Molières das breiteste internationale Publikum an.

H.Ste.-G.Schw.

AUSGABEN: Paris 1673. – Paris 1682 (in *Œuvres*, Hg. Vivot u. La Grange, 8 Bde., 8). – Paris 1886 (in *Œuvres complètes*, Hg. E. Despois u. P. Mesnard, 13 Bde., 1873–1900, 9). – Paris 1961 (in *Œuvres complètes*, Hg. R. Jouanny, 2 Bde., 2; ern. 1988; Class. Garn). – Paris 1971 (in *Œuvres complètes*, Hg. G. Couton, 2 Bde., 2; Pléiade). – Paris 1973 (Folio). – Paris 1975 (in *Œuvres complètes*, Hg. G. Mongrédien, 4 Bde., 4; GF). – Paris 1986 (Poche).

ÜBERSETZUNGEN: *Der Krancke in Einbildung*, anon. (in *Derer Comödien des Herrn Von Molière* ..., Nürnberg 1694). – *Der Kranke in der Einbildung*, F. S. Bierling (in *Sämmtl. Lustspiele*, Bd. 4, Hbg. 1752). – *Der eingebildete Kranke*, W. Graf Baudissin (in *Lustspiele*, Bd. 3, Lpzg. 1867). – Dass., L. Wolde (in *Werke*, Wiesbaden 1954; ²1959). – Dass., W. Graf Baudissin, Lpzg. 1960 (RUB). – Dass., W. Widmer, Reinbek 1962. – Dass., J. v. Guenther, Stg. 1966 (RUB). – Dass., G. Fabricius u. W. Widmer (in *Komödien*, Mchn. 1970; ern. 1981; ²1987). – Dass., E. M. Landau (in *Klassische Komödien*, Mchn./Wien 1971). – *Der Hypochonder*, H. Weigel (in *Komödien*, Zürich 1975, 7 Bde., 7; detebe). – *Der eingebildete Kranke*, T. Dorst, Ffm. 1978 (st). – Dass., W. Swacynna, Kassel 1978. – Dass., D. Distelmeier, Stg. 1981 (frz.-dt.; RUB). – Dass., J. u. M. Walser, Ffm. 1987 (Insel Tb).

LITERATUR: A. Jacquet, *»Le malade imaginaire«* (in Bibliothèque Universelle, 106, 1901, S. 307–333). – F. Granié, *Sur un cas pathologique dans le théâtre, »Le malade imaginaire«*, Paris 1922. – E. Levrat, *Le cas du »Malade imaginaire«* (in MdF, 153, 1922, S. 95–104). – M. Schuster, *Plautus und M.s »Le malade imaginaire«* (in Wiener Studien, 50, 1933, S. 95–104). – J. Arnavon, *»Le malade imaginaire« de M.*, Paris 1938. – J. v. Stackelberg, *»Le malade imaginaire«* (in *Das frz. Theater vom Barock bis zur Gegenwart*, Hg. ders., Bd. 1, Düsseldorf 1968, S. 311–332). – H. T. Barnwell, *M. »Le malade imaginaire«*, Ldn. 1982. – J. S. Powell, *Charpentier's Music for M.'s »Le malade imaginaire« and Its Revisions* (in Journal of the American Musicological Society, 39, Philadelphia 1986, S. 87–147).

LE MISANTHROPE

(frz.; *Der Menschenfeind*). Komödie in fünf Akten von MOLIÈRE, Uraufführung: Paris, 4. 6. 1666, Palais-Royal. – Die großen Hoffnungen, die der Autor auf dieses Drama setzte – *»je ne ferais jamais mieux«* – wurden enttäuscht: Das zeitgenössische Publikum, von wenigen einzelnen wie BOILEAU abgesehen, konnte gerade diesem Werk, das den Kennern späterer Epochen zum Ausweis von Molières Meisterschaft wurde, keinen Geschmack abgewinnen. Zu der anfänglichen Ablehnung und der späteren Wertschätzung mag entscheidend die Tatsache beigetragen haben, daß der *Misanthrope* nicht auf die Transformation eines tradierten und bekannten Stoffes zurückgeht, wenngleich auch zahlreiche Einzelbezüge zu verschiedenen früheren

Texten nachgewiesen werden können. Insgesamt darf der *Misanthrope* als äußerst ambivalente Komödie gesehen werden, die sich aus einem Minimum an äußerer Handlung entwickelt. Die souveräne Beherrschung künstlerischer Mittel bekundet sich in der Natürlichkeit, mit der sich das stilisierende Versgewand den mehrschichtigen Gesprächssituationen anpaßt, in der Zwanglosigkeit, mit der der klassische Regelkodex des französischen 17. Jh.s verwirklicht wurde, schließlich im Verzicht auf die Effektapparatur des literarischen Komödienvorrats aller Zeiten (wie Intrige, Verkleidung, Verwechslung, Zufälle und Übertreibungen aller Art). An seine Stelle tritt die Entfaltung der Konflikte aus den Charakteranlagen der Hauptfiguren, die alle in der großen Welt der Pariser Salons zu Hause sind.

Alceste, erbitterter, selbstquälerischer Ankläger einer Gesellschaft, die sich, wie es ihm scheint, einer perfekten Heuchelei in allen menschlichen Beziehungen verschrieben hat, muß als Lohn für die Weigerung, sich den Spielregeln seiner mondänen Umgebung anzupassen, eine leidvolle Erfahrung nach der anderen hinnehmen. Da er das schlechte Sonett des Verseschmieds Oronte nicht lobt, sondern unerbittlich kritisiert, macht er sich diesen zum Feind. Da er es ablehnt, die Richter zu bestechen, verliert er seinen Prozeß. Alle gutgemeinten Ratschläge seines ihm treu ergebenen Freundes Philinte, der in seiner klugen und liebenswürdigen Urbanität das genaue Gegenteil zu dem fanatisch um Aufrichtigkeit bemühten Alceste darstellt, schlägt dieser in den Wind. Die schwerste Niederlage aber erfährt der seiner moralischen Überlegenheit allzu Sichere in der Liebe: Die von ihm umworbene Célimène, bei aller Oberflächlichkeit eine bezaubernd kokette und geistvolle Königin der Salons, lehnt es ab, zusammen mit ihm die Einsamkeit zu suchen und das Alleinsein mit einem mürrischen Menschenverächter gegen das reizvolle Spiel wechselnder Flirts einzutauschen. Im Hinauszögern dieser endgültigen Entscheidung, die Alceste bestimmt, allein die Flucht aus einer verachteten Gesellschaft anzutreten, zeigt sich nicht zuletzt eine die ganze »ernste« Komödie durchziehende Spannung. Alles deutet darauf hin, daß Alceste ebenso wie die Titelfiguren von *Tartuffe* und *L'avare* als komische Figur gedacht und – von Molière selbst – gespielt wurde, auch wenn er sich als Repräsentant einer elitären Oberschicht von den Genannten deutlich genug unterscheidet. Der Heuchelei und dem Geiz entspricht ein ebenso grundsätzlicher Fehler Alcestes. Denn die übersteigerte Welt- und Menschenverachtung – nach dem »Dictionnaire de l'Académie« von 1694 ein sozialer Defekt – mußte einer Epoche hochentwickelter Geselligkeit als anormales Verhalten erscheinen, das sich im Fall Alcestes in offensichtlichen Widersprüchen und kauzigen Eigentümlichkeiten äußert: Einerseits will er die Welt korrigieren, insbesondere aber seine geliebte Célimène auf den Pfad der Tugend leiten, andererseits spricht er beständig von seiner bevorstehenden Weltflucht. Die kaum verhohlene, masochistische Freude über seine Niederlage im Prozeß (sinnbildliche Vergegenständlichung seines dauernden Anklagezustands gegen die Gesellschaft) dient ihm als bestätigendes Aushängeschild seiner von der Welt beleidigten Prinzipien; analoge Inkonsequenz ist es auch, wenn er ausgerechnet die Frau liebt, die die Inkarnation alles dessen ist, was er verabscheut.

Die Zwiespältigkeit der Figur des Alceste zeigt sich nicht zuletzt in der Rezeptionsgeschichte des *Misanthrope*, in der immer wieder unterschiedlich die verschiedenen Seiten des Helden akzentuiert und bewertet werden. Während die Zeitgenossen Molières Schwierigkeiten mit dem Verständnis der Komik des *Misanthrope* hatten und die zeitgenössische Kritik Alcestes konsequenten Charakter rühmte, kritisierte ROUSSEAU, Molière habe sich einer korrupten Gesellschaft angepaßt, indem er den einzigen tugendhaften Charakter – Alceste nämlich – der Lächerlichkeit preisgegeben habe. GOETHE hingegen betonte das Tragische am *Misanthrope*, das durch den Konflikt zwischen Alceste und der Gesellschaft bedingt werde. Die grundlegende Zweideutigkeit des *Misanthrope* wurde zwar bereits von A. W. SCHLEGEL erkannt, zugleich jedoch kritisiert. Erst neuere Deutungen (GOSSMAN, STIERLE, JAUSS) erkennen die Ambivalenz Alcestes als grundlegendes und tragendes Moment des Stücks an. HOFMANNSTHALS Replik *(Der Schwierige)* und ENZENSBERGERS Aktualisierung des Stücks *(Der Menschenfeind)* belegen die Aktualität dieses Meisterwerks, das den Grundwiderspruch des Menschen in der Gesellschaft in seiner ganzen Brisanz verdeutlicht. H.Ste.-KLL

AUSGABEN: Paris 1667. – Paris 1682 (in *Œuvres*, Hg. Vivot u. La Grange, 8 Bde., 3). – Paris 1880 (in *Œuvres complètes*, Hg. E. Despois u. P. Mesnard, 13 Bde., 1873–1900, 5). – Paris 1961 (in *Œuvres complètes*, Hg. R. Jouanny, 2 Bde., 1; ern. 1988; Class. Garn). – Paris 1971 (in *Œuvres complètes*, Hg. G. Couton, 2 Bde., 1; Pléiade). – Paris 1973 (Folio). – Paris 1975 (in *Œuvres complètes*, Hg. G. Mongrédien, 4 Bde., 3; GF). – Paris 1986 (Poche).

ÜBERSETZUNGEN: *Der Menschenfeind*, L. A. V. Gottschedinn, Lpzg. 1742. – *Der Misanthrop*, W. Graf Baudissin, Lpzg. 1912 [Einl. u. Anm. Ph.-A. Becker]. – *Der Menschenfeind*, A. Luther (in *Werke*, Wiesbaden 1954; ²1959); ern. Stg. 1957 (RUB). – Dass., G. Fabricius, Mchn. 1969 (GGT). – Dass., ders. u. W. Widmer (in *Komödien*, Mchn. 1970; ern. 1981; ²1987). – Dass., E. M. Landau (in *Klassische Komödien*, Mchn./Wien 1971). – Dass., H. Weigel (in *Komödien*, Zürich 1975, 7 Bde., 5; detebe). – Dass., H. M. Enzensberger, Ffm. 1979 (Insel Tb).

LITERATUR: R. Doumic, *»Le misanthrope« de M.*, Paris 1926. – J. Arnavon, *L'interprétation de la comédie classique. »Le misanthrope«*, Paris 1930. – M. Bonfantini, *M. e il »Misanthrope«*, Mailand

1956. – U. Leo, *Goldonis »Locandiera« und M.s »Misanthrope«* (in RF, 70, 1958, S. 323–365). – R. Jasinski, *M. et »Le misanthrope«*, Paris 1963. – H. Bihler, *M. »Le misanthrope«* (in *Das frz. Theater vom Barock bis zur Gegenwart*, Hg. J. v. Stackelberg, Bd. 1, Düsseldorf 1968, S. 271–289). – A. Niderst, *»Le misanthrope« de M.*, Paris 1969. – G. Hay, *M.s »Misanthrope« und seine Rezeption* (in G. H., *Darstellung des Menschenhasses in der deutschen Literatur des 18. u. 19. Jh.s*, Ffm. 1970, S. 49–62). – P. Schunk, *Zur Wirkungsgeschichte des »Misanthrope«* (in GRM, 21, 1971, S. 1–15). – J. Mesnard, *»Le misanthrope«. Mise en question de l'art de plaire* (in RHLF, 72, 1972, S. 863–889). – *Alceste et l'absolutisme*, Hg. J. P. Vincent u. a., Paris 1977. – F. Orlando, *Lettura freudiana del »Misanthrope« e due scritti teorici*, Turin 1979. – E. Fichet Magnan, *La ›maladie‹ d'Alceste ou le déni de la vision tragique* (in PFSCL, 13, 1980, S. 73–116). – M. Gutwirth, *»Dom Garcie de Navarre« et »Le misanthrope«* (in *M.*, Hg. R. Baader, Darmstadt 1980, S. 278–304). – L. Grossman, *»Le misanthrope«* (ebd., S. 352–383). – K. Stierle, *Formen des Komischen und Form der Komödie in M.s »Misanthrope«* (ebd., S. 406–439). – R. Horville, *»Le misanthrope«*, Paris 1981. – J. H. Broome, *M. »L'école des femmes« and »Le misanthrope«*, Ldn. 1982. – P. Barbéris, *»Le misanthrope« de M.*, Paris 1983. – M. Kernen, *Le rôle des oppositions dans »Le misanthrope«* (in Chimères, 17, 1984, S. 68–81). – Comédie Française, Sept./Okt. 1984, Nr. 131/132 [Sondernr. *»Le misanthrope«*]. – H. R. Jauß, *Der Menschenfeind als Menschenfreund* (in *Frz. Theorie*, Hg. F. Nies u. K. Stierle, Mchn. 1985, S. 299–322). – N. A. Peacock, *Verbal Costume in »Le misanthrope«* (in Seventeenth-Century French Studies, 9, 1987, S. 74–93). – A. Delcampo, *Réflexions pour distribuer et pour représenter »Le misanthrope«* (in *Itinéraire et plaisir textuels. Mélanges R. Pouillart*, Hg. G. Jacques u. J. Lambert, Löwen/Brüssel 1987, S. 45–62). – A. Mahler, *Soziales Substrat, Komik, Satire, Komödie und ein Beispiel. M.s »Le misanthrope«* (in ZfrzSp, 98, 1988). – B. Sorg, *Der Künstler als Misanthrop*, Tübingen 1989.

LES PRÉCIEUSES RIDICULES

(frz.; *Die lächerlichen Preziösen*). Prosakomödie in 17 Szenen von Molière, Uraufführung: Paris, 18. 11. 1659, Théâtre du Petit-Bourbon durch die vom Autor selbst geleitete »Troupe de Monsieur«. – Nach 13jährigem Provinzdasein kehrt Molière mit seiner Truppe nach Paris zurück, wo er den existenznotwendigen Erfolg im Konkurrenzkampf gegen die italienischen *comici dell'arte* sucht und ihn bald auch mit den *Précieuses ridicules* findet, die, wie er im Vorwort nicht ohne einen gewissen Stolz vermerkt, zugleich sein erstes Druckerzeugnis darstellen. Genauso wie Molière suchen auch die Protagonisten seines Stücks, die Mädchen Madelone und Cathos, Erfolg und Anerkennung in der High Society der Metropole, Molière allerdings mit künstlerischen, die beiden Mädchen vom Lande mit gekünstelten Mitteln. Aus den Romankompendien der Mlle de SCUDÉRY haben die *pecques provinciales*, die Provinzgänse, Kunde vom stilisierten Leben in den Pariser Salons bezogen und sich den modischen Zierat der Sprache und des Gebarens so unreflektiert angelesen, daß sie von ihrer glanzvollen Aufnahme in die mondäne Welt fest überzeugt sind. Dieser Blitzkarriere scheinen die beiden Edelleute Du Grange und Du Croisy im Weg zu stehen, die sich in den Augen der Provinzschönen nicht an die von der Literatur diktierten Spielregeln der Konvention halten und denen deshalb, schon ehe das Spiel einsetzt, eine grobe Abfuhr zuteil wird. Das Motiv der Rache wird zum Movens des Geschehens: Die wutentbrannten Edelleute schicken sich an, den Mädchen ihre Anmaßung in der Form einer entlarvenden Komödie zurückzuzahlen, indem sie ihre Diener, die sich ebenfalls zu Höherem berufen glauben, als preziöse Grafen *à la mode* verkleidet bei ihnen vorstellig werden lassen. Mascarille – den Molière selbst spielte – hält in einer Sänfte seinen Einzug, verteilt geläufige Komplimente, rühmt Paris und seine Salons, in denen er selbstverständlich zu verkehren vorgibt, rezitiert und interpretiert genüßlich ein dürftiges Gedicht aus eigener Feder (diese Satire des mondänen Verseschmieds wird Molière in *Le misanthrope* und den strukturähnlichen *Femmes savantes* wieder aufnehmen), lobt den *dernier cri* seiner (Ver-)Kleidung, und gerade in dem Moment, als ihm das Repertoire ausgeht und ihm nur noch Wiederholungen einfallen, wird der zweite Diener als »Vicomte de Jodelet« angemeldet. Nun spielen sich die alten Kriegskumpane, Jodelet allerdings noch durchsichtiger als Mascarille, so lange die Stichworte für ihr Eigenlob zu, bis sie sich schließlich mit ihrer Rolle identifizieren, während die Damen bei der vermeintlichen Begegnung mit der großen Welt nur noch in den Atempausen des Wettrühmens Zeit zu Beifallsfloskeln finden. Als man einen improvisierten Ball starten will, werden die vier selbstvergessenen Imitatoren der Preziosität recht unsanft aus ihren Illusionen gerissen: Die wahren Herren Du Grange und Du Croisy decken das Spiel auf, Stockschläge begleiten die Entkleidung der beiden falschen Grafen; vor den Augen des Publikums und der lächerlich gemachten Preziösen fällt die Maske eitler Anmaßung.

Das Stück weist einerseits traditionelle Züge der Farce (Einakter, einfache Handlung, Rachemotiv, Stockschläge etc.) auf. Andererseits nimmt Molière hier zum erstenmal mit dem Thema des Preziösentums kritischen Bezug auf die damaligen Zeitumstände: Die Preziösität war eine barocke Erscheinungsform, die mit ihrem raffinierten Kanon der Galanterie das gesamte Hof- und damit Geistesleben des 17. Jh.s entscheidend prägte. Allerdings barg diese Lebensform, in der Überhöhung und selbstbewußte Stilisierung Trumpf waren, allzeit die Gefahr in sich, in leerem Pomp und sinnlosen Phrasen klischeehaft zu erstarren. Eine derart einseitige Hypertrophierung war ein naheliegendes

Angriffsziel für einen Komödiendichter. Da das Preziösentum historisch durch den politischen und militärischen Funktionsverlust erklärt werden kann, der durch die Zerschlagung der Fronde hervorgerufen wurde, kann Molières Komödie durchaus politische Bedeutung zugesprochen werden. Ungeklärt und letzten Endes von sekundärer Bedeutung ist die Frage, ob Molière konkrete Gestalten der damaligen Salonwelt – so z. B. Mlle de Scudéry – im Auge hatte oder ob er zum satirischen Rundumschlag gegen das Preziösentum ausholen wollte.

In bislang noch nicht dagewesenem Ausmaße, wohl gerade aufgrund des aktuellen Zeitbezugs, erhoben sich kritische Stimmen gegen Molière: Zum einen wurde ihm vorgehalten, er habe Stücke von Scarron und Chappuzeau ausgebeutet, zum anderen kritisierte Corneille, Molière diskreditiere mit seiner Komödie die »hohe« Tragödie. Insgesamt jedoch war dem Stück, das eine Flut von Publikationen zum Preziösentum auslöste, ein großer Erfolg beschieden: Bis zum Oktober 1660 wurde es vierundvierzigmal aufgeführt. H.Sta.-KLL

Ausgaben: Paris 1660. – Paris 1682 (in *Œuvres*, Hg. Vivot u. La Grange, 8 Bde., 1). – Paris 1875 (in *Œuvres complètes*, Hg. E. Despois u. P. Mesnard, 13 Bde., 1873–1900, 2). – Paris 1961 (in *Œuvres complètes*, Hg. R. Jouanny, 2 Bde., 1; ern. 1988; Class. Garn). – Paris 1971 (in *Œuvres complètes*, Hg. G. Couton, 2 Bde., 1; Pléiade). – Genf 1973, Hg. M. Cuénin (TLF). – Paris 1975 (in *Œuvres complètes*, Hg. G. Mongrédien, 4 Bde., 1).

Übersetzungen: *Die köstliche Lächerlichkeit*, anon. (in *Schau-Bühne Englischer und Frantzösischer Comödianten*, Bd. 1, Ffm. 1670). – *Die lächerlichen Preziösen (Die Kostbaren)*, W. Graf Baudissin, Lpzg. 1912. – *Die Gezierten*, ders., Lpzg. 1940 (RUB). – Dass., ders. (in *Werke*, Wiesbaden 1954; [2]1959). – *Die lächerlichen Preziösen*, G. Fabricius u. W. Widmer (in *Komödien*, Mchn. 1970; ern. 1981; [2]1987). – Dass., I. Rauthe-Welsch, Stg. 1974 (frz.-dt.; RUB). – *Die lächerlichen Schwärmerinnen*, H. Weigel (in *Komödien*, Zürich 1975, 7 Bde., 1; detebe).

Literatur: G. Reynier, *La crise de la préciosité et »Les précieuses ridicules«* (in G. R., *La femme au XVIIe siècle*, Paris 1929, S. 75–101). – A. Adam, *La genèse des »Précieuses ridicules«* (in Revue d'Histoire de la Philologie et d'Histoire Générale de la Civilisation, 7, 1939, S. 14–46). – R. Pintard, *Préciosité et classicisme* (in Dix-septième siècle, 50, 1961, S. 8–20). – Qu. M. Hope, *Dramatic Techniques in »Les précieuses ridicules«* (in *Renaissance and Other Studies in Honor of W. L. Wiley*, Hg. G. B. Daniel, Chapel Hill 1966, S. 140–150). – H. Weinrich, *Zur Szene IX der »Précieuses ridicules«* (in RF, 79, 1967, S. 263–270). – B. Treolar, *»Les précieuses ridicules«*, Ldn. 1970. – J. Schérer, *Aventures des »Précieuses«* (in RHLF, 72, 1972, S. 850–862). – P. Gaillard, *»Les précieuses ridicules«. »Les femmes savantes«*, Ffm./Paris 1984. – D. Shaw, *»Les précieuses ridicules«*, Ldn. 1986.

LE TARTUFFE OU L'IMPOSTEUR

(frz.; *Der Tartuffe oder Der Heuchler*). Verskomödie in fünf Akten von Molière, Uraufführungen: erste Fassung (die ersten drei Akte der späteren fünfaktigen Version) unter dem Titel *Tartuffe ou L'hypocrite*: Versailles, 12. 5. 1664; neue Fassung unter dem Titel *Panulphe ou L'imposteur*: Paris, 5. 8. 1667, Palais-Royal; endgültige Fassung: Paris, 9. 2. 1669, Palais-Royal; erschienen 1669.

Stoff und Typ der *Tartuffe*-Komödie sind von weitgehend anlaßbedingter Originalität, wenn auch Molière bezüglich des Typus des religiösen Heuchlers bereits auf eine ausgeprägte literarische Tradition zurückgreifen kann. Als Quellen kommen in Frage: die Komödie *Lo hipocrito* von Aretino (1541/42), der Roman *Les Amours d'Aristandre et de Cléonice* (1624) von d'Audiguier; das Drama *Arbiran* von d'Ouville; die Novelle *Les hypocrites* (aus den *Nouvelles tragi-comiques*) von Paul Scarron (1655); die Verssatiren *Les Pharisiens du Temps ou Le dévot hypocrite* von Garaby de la Luzerne und *Macette* (Satire XIII) von Mathurin Régnier. Ferner weist ein anonym erschienenes Verspamphlet zum gleichen Thema, *Le livre abominable* (1663/64), Korrespondenzen mit Molières Komödienkonzeption auf.

Die komplizierte Textgeschichte und die Zensurbehinderungen, gegen die Molière im Zusammenhang mit dieser Komödie zu kämpfen hatte, sind von zwei Gesichtspunkten her von besonderer literarhistorischer Relevanz. Einmal beleuchten die entstehungs- und wirkungsgeschichtlichen Fakten in symptomatischer Weise Molières gesellschaftskritisches Engagement, wobei zugleich strukturelle Parallelen zu den werkchronologisch benachbarten, gleichfalls skandalumwitterten Komödien *L'école des femmes* (1662) und *Dom Juan* (1665) sichtbar werden. Zum anderen geht es dabei um eine prinzipielle Diskussion der gesellschaftlichen Wirkungsfunktion des Theaters und speziell der Komödie im 17. Jh. Schon die kritisch-komische Bloßstellung der bigotten Mädchenerziehung in der *École des femmes* war nicht nur in klerikalen Kreisen auf bornierten Widerstand gestoßen. Die brisante Thematik des *Tartuffe*, die satirische Kritik an gewissen mondän-exzentrischen Formen der zeitgenössischen religiösen Praxis, vor allem jedoch an der von Molière als gesellschaftliches Übel erkannten religiösen Heuchelei, brachte die Partei der *dévots* auf den Plan. Träger der Kampagne gegen den *Tartuffe* waren die Mitglieder der einflußreichen »Compagnie du Saint-Sacrement«, einer 1627 gegründeten religiösen Vereinigung, die um so mehr dazu Anlaß fand, als Molière mit seiner Darstellung auf skandalöse Exzesse (profitgeleitete Einmischung in angesehene Familien, illegitime Einflußnahmen auf Testamentsbestimmungen etc.) anspielt, durch die sich die Gesellschaft um das

Jahr 1660 vor der Öffentlichkeit diskreditiert hatte. Obwohl Ludwig XIV. (wie bereits Richelieu und Mazarin) aus innenpolitischen und privaten Gründen der »Compagnie« ablehnend gegenüberstand, gelang es doch ihrem Einfluß, sogleich nach der Aufführung der ersten Fassung ein generelles Verbot der Komödie durchzusetzen.

Ungeachtet der Billigung der kritischen Intentionen Molières durch den päpstlichen Legaten Chigi wurde der Autor das Opfer einer wütenden Polemik, die soweit geht, daß der eifernde Kleriker Pierre Roullé in einem vielgelesenen Pamphlet für den Dichter allen Ernstes den Scheiterhaufen forderte. In einem an den König gerichteten »Placet« (Petitionsschreiben) nimmt Molière zu den ungerechtfertigten Angriffen auf sein Werk und seine Person von seiten der im *Tartuffe* kritisierten *»faux monnayeurs en dévotion« (»Falschmünzer der Frömmigkeit«)* Stellung und verteidigt seine Konzeption einer Gesellschafts- und Sittenkomödie, deren Aufgabe es sei, *»de corriger les hommes en les divertissant«*.

Da die Freigabe des Werks auf sich warten ließ, arbeitete Molière im Vertrauen auf die moralische Unterstützung Ludwigs XIV. eine neue, im Vergleich zur Originalversion entschärfte Fassung aus, die er am 5. August 1667 unter dem Titel *Panulphe ou L'imposteur* mit großem (auch finanziellem Erfolg) herausbrachte. Die weitere Wirkung dieses Pseudo-*Tartuffe* wurde bereits einen Tag nach der Aufführung von der Zensur unmöglich gemacht. Von Staats wegen sprach der Parlamentspräsident Lamoignon in Abwesenheit des bei der flandrischen Armee weilenden Königs das Verbot aus; die kirchliche Verurteilung folgte unverzüglich durch den Erzbischof von Paris, Péréfixe, der allen Personen, die zur Verbreitung der Komödie beitragen sollten, die Exkommunikation androhte. Die Motivierung des Verbots ist theater- und geistesgeschichtlich bedeutsam. Lamoignon spricht Molière schauspielerische und schriftstellerische Verdienste nicht ab, begründet sein Verbot der Komödie jedoch mit der epochebeherrschenden Meinung: *»Ce n'est pas au théâtre à se mêler de prêcher L'Évangile« (»Predigen ist nicht Sache des Theaters«)*. Auf dieses Argument nimmt Molière in der späteren *Préface* Bezug, wo er auf die allgemeine Anerkennung der *»pièces saintes de M. de Corneille«* hinweist, um darzulegen, daß religiöse Motive auf dem Theater (jedenfalls in der Tragödienform, warum also nicht auch in der ästhetisch anspruchsvollen Komödie?) keiner neuen Legitimation bedürfen.

Ein zweites »Placet« an den König führte nicht zum unmittelbaren Erfolg. Es bedurfte erst einer Entspannung des kirchlich-politischen Klimas, die durch einen Kirchenfrieden zwischen Ludwig XIV., der zu einer separatistischen Kirchenpolitik neigte, und Papst Clemens IX. gefördert wurde, bevor das Verbot des *Tartuffe* aufgehoben wurde. Das Stück wurde der einträglichste Erfolg in Molières gesamter Theaterlaufbahn.

Die seine schriftstellerische Existenz unmittelbar bedrohenden Auseinandersetzungen um den *Tartuffe* veranlaßten Molière zu einer grundlegenden Definition seiner Komödienpoetik, die er als Fazit der *Tartuffe*-Affäre in einer *Préface* entwickelt. Dabei geht es nicht nur um den ästhetischen Anspruch der Komödie, sondern vor allem um ihre gesellschaftlichen Implikationen. Molières Argumentation variiert die These: *»L'emploi de la comédie est de corriger les vices des hommes« (»Die Aufgabe der Komödie ist es, die Menschen durch Kritik ihrer Laster zu bessern«)*. Die gesellschaftliche Funktion des Theaters sei seine *»grande vertu pour la correction« (»große Kraft der Besserung«)*. Im besonderen gelte dies für die satirische Sittenkomödie, denn *»les plus beaux traits d'une sérieuse morale sont moins puissants, le plus souvent, que ceux de la satire; et rien ne reprend mieux la plupart des hommes que la peinture de leurs défauts« (»Die schönsten Züge einer ernsten Moral sind meist weniger wirksam als die der Satire, und nichts vermag die meisten Menschen angemessener zu tadeln als eine Schilderung ihrer Fehler«)*.

Tartuffe, in der Aufstellung der *personnages* als *»faux dévot«* bezeichnet, ist es ungeachtet seiner undefinierbaren sozialen Herkunft gelungen, durch Vorspiegelung eines exemplarischen religiösen Lebensstils sich eine Machtstellung im Hause des reichen, bornierten Pariser Bürgers Orgon zu erschleichen. Orgon, taub gegen alle vernünftigen Einwände, die vor allem von seinem Schwager Cléante erhoben werden, und blind gegenüber augenscheinlichem Betrug, steigert sich in eine fanatische Eingenommenheit für Tartuffe, die für seine ganze Familie zur unmenschlichen Tyrannei ausartet und in der er lediglich von seiner noch einfältigeren Mutter, Mme. Pernelle, bestärkt wird. Um den angeblichen »Stolz« seiner Familie zu brechen, will er eine Heirat zwischen Tartuffe und seiner Tochter Mariane durchsetzen, die jedoch bereits Valère versprochen ist. Marianes Dienerin Dorine, die sich durch ihre freimütige und einsichtige Kritik an Tartuffe bei Orgon verhaßt macht, übernimmt es, diesen Plan zu vereiteln. Orgons blindes Vertrauen zu Tartuffe nimmt groteske Formen an. Als sein Sohn Damis ihm von den selbstbeobachteten kompromittierenden Übergriffen Tartuffes auf Orgons Gattin Elmire berichtet, verjagt und enterbt er den Sohn und glaubt vielmehr der demütigheuchlerischen Verteidigung des Schwindlers, dem er überdies sein gesamtes Vermögen überschreibt. Damit sind Tartuffes illegitimer Einflußnahme keine Grenzen mehr gesetzt.

Im Einverständnis mit Dorine inszeniert Elmire geschickt eine Szene, in welcher Orgon, als Zeuge unter dem Tisch versteckt, den wahren Tartuffe kennenlernt, den undankbaren Lüstling, der alle Moralbegriffe beiseiteschiebt, um zu seinem Ziel zu gelangen, und sich über die beschränkte Leichtgläubigkeit seines Wohltäters mokiert. Als Orgon jedoch die Konsequenz ziehen will, bekommt er die gefährlichen Folgen seiner Dummheit zu spüren, denn es ist Tartuffe seinerseits, der nun Orgon samt seiner Familie aus dem ihm übereigneten Haus weist. Der Fall droht dadurch zur Katastrophe zu werden, daß Orgon aus Gewissensgründen eine

Kassette mit Papieren eines politisch verfolgten, ins Exil geflüchteten Freundes Tartuffe anvertraut hatte, der dieses Belastungsmaterial nun gegen ihn ausspielt. Nur die unvermutet ausgesprochene Gnade des Königs, der das falsche Spiel des ohnehin gesuchten Verbrechers durchschaut hat und mit Gefängnis bestraft, bringt im letzten Augenblick die rettende Wendung. Sie wird besiegelt mit der Heirat Marianes mit Valère, dessen Loyalität gegenüber Orgon sich gezeigt hat, als er alles unternahm, um diesen vor dem Zugriff der Justiz in Sicherheit zu bringen.

Die Brisanz der von Molière behandelten Thematik wird durch die Entstehungs- und Wirkungsgeschichte des Werks unmittelbar demonstriert. In Anwendung seiner moralistischen Komödienpoetik hob der Autor auch im *Tartuffe* eine akute soziale Gefahr ins Bewußtsein der Zeitgenossen. Es handelte sich um die Molière aus eigener Anschauung bekannten parasitären Existenzen einer pseudoklerikalen Halbwelt, die aus der Frömmigkeit ihrer Opfer Profit zu schlagen wußten. Wie groß der Einfluß der religiösen Hochstapler war, läßt sich aus den erregten Kabalen gegen die Komödie ablesen.

Molière stellt zwei Formen der Kritik heraus, verteilt auf zwei Figuren der Komödie: Volkstümlich-unreflektierte Ablehnung jeder Form religiösen Komödiantentums ist dramatischer Kern der Figur der Dorine, die von der sozialen Hierarchie her auf die komödiengeschichtlich bedeutsame Emanzipation der Dienerfiguren im 18. Jh. vorausweist. Die philosophisch fundierte Kritik der religiösen Exzesse im Namen der Vernunft und der Menschlichkeit *(»les sentiments humains«)* konstituiert die Figur des Raisonneurs Cléante. Molière kritisiert mit dieser Figur (zugleich mit autobiographischem Anspielungshintergrund) die von der Partei der *dévots* praktizierte Verdächtigung einer undoktrinären religiösen Haltung als Libertinismus (Cléante: *»Man wird als Freigeist verschrien, wenn man nur gute Augen hat, und wer nicht eitle Ziereren schätzt, der verletzt die Ehrfurcht vor dem Glauben und allem Heiligen«*). Gegenüber den *»charlatans«*, den *»fanfarons de vertu«* (*»Tugendprahlern«)* vom Typ des Tartuffe, verteidigt Cléante im Namen der *»raison«*, deren Grenzen nur dem Pöbel zu eng seien, die echte Devotion, die sich *»humaine et traitable«* (*»menschlich und umgänglich«)* gebe. Die von Cléante geäußerten Anschauungen galten den *philosophes* des 18. Jh.s als Musterbeispiele toleranter Religionskritik; Voltaire hielt die Reden Cléantes, in denen die *»vertu vraie et éclairée«* der *»dévotion imbécile«* Orgons gegenübergestellt werde, für *»le plus fort et le plus élégant sermon que nous ayons dans notre langue«* (*»die stärkste und eleganteste Predigt in unserer Sprache«)*.

Die Handlung der *Tartuffe*-Komödie ist gegenüber der Thematik relativ unbedeutend. Molière benutzt konventionelle Schemata der Intrige und des *dénouement*. Inhaltlich sind zwei Ebenen zu unterscheiden. Der illustrierenden, zur Aktionsarmut tendierenden Darstellung des Typus des religiösen Heuchlers als Intention der Sittenkomödie steht eine sich verselbständigende Intrige gegenüber, die am Ende die dramatische Lösung des *deus ex machina* nicht verschmäht. Dieser Schluß ist auch insofern bedeutsam, als er eine indirekte Huldigung an Ludwig XIV. darstellt, da der König als Zentrum der Macht und als Garant der richtigen Ordnung auf den Plan tritt. Molières Gesellschaftskritik macht somit vor der Figur des absoluten Herrschers halt. Der Grund dafür dürfte nicht zuletzt in Molières hartnäckigem Kampf gegen die Zensur zu sehen sein. Eine weitgehende Entwertung der Handlungselemente ist in dieser Struktur erkennbar, die zu Molières Spätstil überleitet (exemplarisch in *Le bourgeois gentilhomme*, 1670). Ungeachtet des ästhetischen Anspruchs der hohen Komödie integriert Molière im *Tartuffe* auch die Mittel der Farce in seine Formkonzeption (z. B. die Szene II, 2, in der Dorine sich immer wieder der Ohrfeige Orgons zu entziehen weiß). Bewunderung fand die ungewöhnliche Expositionstechnik (erstes Auftreten der Titelfigur im 3. Akt, indirekte Vorbereitung der Thematik), über die Goethe gegenüber Eckermann (26. 7. 1826) äußerte, sie sei *»das Größte und Beste, was in dieser Art vorhanden«*. Der Komödienstil verwendet drastische Komik ebenso wie gehobene Reflexion, vordergründige szenische Effekte wie subtilen Wortwitz. Molières satirische Intention erreichte mit dieser auf Wirkung berechneten Stillage alle Bildungsschichten des Theaterpublikums seiner Zeit.

Jüngere Deutungen des Stücks akzentuieren insbesondere die Problematik von Charakter und Rolle. So weist E. Auerbach darauf hin, daß Tartuffe in seiner Ambivalenz von affektiert-selbstbeherrschtem Kalkül und affektbefangenem Charakter komische Züge trage. Die tiefenpsychologische Dimension des *Tartuffe* versucht hingegen Gossman unter völliger Ausklammerung des komischen Aspekts zu beleuchten. Er interpretiert das Stück im Hinblick auf die moderne Subjekt-Objekt-Beziehung und erklärt zu seinem zentralen Thema die Frage, was hinter der Maske des Verhaltens einer Person eigentlich verborgen sein könne. – Dieses ebenso brillante wie komplexe Komödiengebilde, dessen Deutungsmöglichkeiten mit diesen Ansätzen längst nicht erschöpft sind, nimmt in der Statistik der Comédie Française als meistgespieltes Stück der französischen Klassik einen Spitzenplatz ein. Molières literarischer Ruhm war seinerzeit durch die Affäre um die Komödie gefördert worden: Die ungewöhnliche Nachfrage führte dazu, daß der sogleich vergriffenen ersten Buchausgabe noch im gleichen Jahre 1669 eine zweite folgte, die auch den Abdruck der drei »Placets« enthielt. Mag auch der damals brisante religionsgeschichtliche Bezug inzwischen in die Ferne gerückt sein, so hat doch – wie jüngere Inszenierungen des *Tartuffe* belegen – die Thematik von Aufrichtigkeit und Täuschung, von Natürlichkeit und Maske, und damit letztlich von Sein und Schein nichts an Aktualität eingebüßt. U.H.-G.Schw.

AUSGABEN: Paris 1669. – Paris 1682 (in *Œuvres*, Hg. Vivot u. La Grange, 8 Bde., 4). – Paris 1878 (in *Œuvres complètes*, Hg. E. Despois u. P. Mesnard, 13 Bde., 1873–1900, 4). – Paris 1961 (in *Œuvres complètes*, Hg. R. Jouanny, 2 Bde., 1; ern. 1988; Class. Garn). – Paris 1971 (in *Œuvres complètes*, Hg. G. Couton, 2 Bde., 1; Pléiade). – Paris 1973 (Folio). – Paris 1975 (in *Œuvres complètes*, Hg. G. Mongrédien, 4 Bde., 2; GF). – Paris 1985 (Poche).

ÜBERSETZUNGEN: *Die Geistlichen auf dem Lande*, anon., Ffm./Lpzg. 1743. – *Tartuffe*, W. Graf Baudissin, Lpzg. 1912 [Einl. u. Anm. Ph. A. Becker]. – Dass., Lpzg. 1923 (RUB). – Dass., R. Koester, Stg. 1964 (RUB). – Dass., A. Luther (in *Werke*, Wiesbaden 1954; 21959). – *Tartüff*, G. Fabricius u. W. Widmer (in *Komödien*, Mchn. 1970; ern. 1981; 21987). – *Tartuffe*, E. M. Landau (in *Klassische Komödien*, Mchn./Wien 1971). – *Tartuffe oder der Betrüger*, H. Weigel (in *Komödien*, Zürich 1975, 7 Bde., 3; detebe). – *Tartuffe*, H. Stenzel, Mchn. 1983 (Goldm. Tb). – Dass., H. Köhler, Stg. 1986 (frz.-dt.; RUB).

LITERATUR: F. Baumal, *La genèse du Tartuffe*, Paris 1919. – H. d'Almeras, *»Le Tartuffe de M.*, Amiens 1928. – P. Emard, *»Tartuffe«, sa vie et son milieu et la comédie de M.*, Paris 1932. – F. Ledoux, *M., »Le Tartuffe«*, Paris 1953. – H. G. Hall, *»Tartuffe«*, Ldn. 1960; ern. 1965. – H. Prinz-Salomon, *»Tartuffe« devant l'opinion française, 1664–1690*, Paris 1962. – E. Auerbach, *Der Scheinheilige* (in E. A., *Mimesis*, Bern/Mchn. 21964, S. 343–370). – J. Schérer, *Tartuffe, histoire et structure*, Paris 1965 (erw. u. d. T., *Structures de »Tartuffe«*, Paris 1974). – P. Bürger, *M. »Le Tartuffe«* (in *Das frz. Theater vom Barock bis zur Gegenwart*, Hg. J. v. Stackelberg, Bd. 1, Düsseldorf 1968, S. 227–246). – G. Couton, *Réflexions sur »Tartuffe« et le péché d'hypocrisie, ›cas réservé‹* (in RHLF, 69, 1969, S. 404–413). – J. Cairncross, *»Tartuffe« ou M. hypocrite* (in RHLF, 72, 1972, S. 890–901). – F. L. Lawrence, *»Tartuffe«* (in RoNo, 15, 1973/74, S. 134–144). – R. Horville, *Le »Tartuffe« de M.*, Paris 1973. – R. Albanese, *Une lecture idéologique du dénouement de »Tartuffe«* (in RoNo, 16, 1973/74, S. 623–635). – J. L. Kasparek, *M.'s »Tartuffe« and the Traditions of Roman Satire*, Chapel Hill 1977. – R. Picard, *»Tartuffe«, ›production impie‹?* (in R. P., *De Racine au Parthénon*, Paris 1977, S. 159–173). – S. W. Tiefenbrun, *M.'s »Tartuffe« ou M. hypocrite* (in S. W. T., *Signs of the Hidden*, Amsterdam 1980, S. 165–178). – M. Serres, *Le parasite*, Paris 1980. – E. Kern, *Die Geburt des »Tartuffe« aus der Farce* (in PFSCL, 8, 1981, Nr. 15, S. 141–155). – R. Krüger, *M.s »Tartuffe«* (in Lendemains, 1984, Nr. 35, S. 111–122). – M. Spingler, *The King's Play* (in Comparative Drama, 19, 1985, S. 240–257). – R. W. Tobin, *»Tartuffe«, texte sacré* (in *Dramaturgies, langages dramatiques*, Paris 1985, S. 375 bis 382). – G. Ferreyrolles, *M. »Tartuffe«*, Paris 1987.

BLAISE PASCAL

* 19.6.1623 Clermont
† 19.8.1662 Paris

LITERATUR ZUM AUTOR:
Bibliographien:
A. Maire, *Bibliographie générale des œuvres de B. P.*, 5 Bde., Paris 1925–1927. – A. Cioranescu, *Bibliographie de la littérature française du XVIIe siècle*, Bd. 3, Paris 1966, S. 1545–1583. – Bibliography of French 17th Century Studies, 1953 ff. [jährl.]. – L. M. Heller u. Th. Goyet, *Bibliographie B. P. (1960–1969)*, Clermont-Ferrand 1989.
Biographien:
F. Strowski, *P. et son temps*, 3 Bde., Paris 1907. – A. Béguin, *P. par lui-même*, Paris 1967 (dt. *B. P. in Selbstzeugnissen und Bilddokumenten*, Reinbek 1959; zul. 1981; rm). – J. Mesnard, *P.*, Paris 1951; 51967 – J. Steinmann, *P.*, Paris/Brügge 21962 (dt. Stg. 1959). – E. Wasmuth, *Der unbekannte P.*, Regensburg 1962.
Gesamtdarstellungen und Studien:
E. Jovy, *Études Pascaliennes*, 9 Bde., Paris 1927–1936. – *Écrits sur P.*, Paris 1959. – *P. et Port-Royal*, Paris 1962. – *P., textes du tricentenaire*, Paris 1963. – *P. présent: 1662–1962*, Clermont-Ferrand 21963 [rev. u. korr.]. – J. Mesnard, *P. et le Roannez*, 2 Bde., Paris 1965. – H. Gouhier, *B. P., commentaires*, Paris 1966. – Ph. Sellier, *P. et la liturgie*, Paris 1966. – M. Le Guern, *L'image dans l'œuvre de P.*, Paris 1969. – Ph. Sellier, *P. et saint Augustin*, Paris 1970. – H. Friedrich, *P.* [1950] (in H. F., *Romanische Literaturen*, Bd. 1, Ffm. 1972, S. 139–158). – *Album P.*, Hg. B. Dorival, Paris 1978. – *Méthodes chez P.*, Paris 1979. – P. A. Cahné, *P. ou Le risque de l'espérance*, Paris 1981. – Th. M. Harrington, *P. philosophe*, Paris 1982. – G. Ferreyrolles, *P. et la raison du politique*, Paris 1984. – F. X. Coleman, *Neither Angel nor Beast. The Life and Work of B. P.*, Ldn./Boston (Mass.) 1986.

DE L'ESPRIT GÉOMÉTRIQUE. DE L'ART DE PERSUADER

(frz.; *Über den Geist der Geometrie, über die Kunst zu überzeugen*). Unvollendeter methodologischer Essay in zwei (parallelen) Teilen von Blaise PASCAL, entstanden zwischen 1655 und 1658/59, postum erschienen 1728. Die Schrift wurde erstmals 1662 in *La logique ou l'art de penser* von A. ARNAULD und P. NICOLE erwähnt. – Der Autor charakterisiert zunächst die Entdeckung sowie den Beweis und die Prüfung der Wahrheit als zwei unterschiedliche Aufgaben und widmet sich dann der zweiten, nämlich der *»Methode, Wahrheiten, die man schon gefunden hat, zu beweisen und derart aufzuhellen, daß ihr Beweis unwiderlegbar wird«*, was die Geometrie

(= Mathematik) vollkommen lehrt. Die vollkommene Methode besteht nach Pascal darin, *»alle Begriffe zu definieren und alle Sätze zu beweisen«*. Bei ersterem geht es darum, durch Nominaldefinitionen den Sprachgebrauch zu klären. Dabei gelangt man jedoch zu Grundworten, die zu definieren dem Menschen von Natur aus unmöglich ist, die der natürlichen Einsicht aber zugänglich sind und pragmatisch vorausgesetzt werden. Ähnlich gelangt der Beweis von Sätzen nur bis zu den *»ersten, allgemein bekannten Wahrheiten«*. Die Grundworte der Mathematik, nämlich Bewegung, Zahl, Raum (vgl. Mechanik, Arithmetik, Geometrie), umfassen das ganze Universum, das Gott nach »Gewicht, Maß und Zahl« (*AT*, Buch der Weisheit, 11, 21) geschaffen hat und eröffnen dem Geist die größten Wunder der Natur, vor allem dasjenige des unendlich Großen und des unendlich Kleinen, das wissenschaftstheoretisch (Unbegrenztheit des Feldes der Forschung und Nichtfestlegbarkeit ihres Ansatzes), kosmologisch und anthropologisch betrachtet wird und damit die Reflexionen der *Pensées* über die Stellung des Menschen andeutet.

Im zweiten Fragment spricht Pascal zunächst die Kunst zu gefallen an, zu deren Darstellung er sich wegen ihrer Komplexität für unfähig erklärt: der *honnête homme* ist dazu fähig, und in den *Pensées* führte Pascal später die Überlegungen zum *»Feinsinn« (esprit de finesse)* und zur *»Logik des Herzens«* weiter. In seinem Essay geht es um die Kunst zu überzeugen. Einzig das axiomatisch-deduktive Verfahren, wie es die Mathematik anwendet, vermag Regeln aufzustellen, deren Befolgung Zustimmung erzwingt. Dieses stellt Pascal nun in einer Regeltafel für die Definitionen, Axiome und Beweise dar.

Die fragmentarische Schrift steht in einer Reihe mit den anderen berühmten Methodenschriften des 17. Jh.s. Sie ist Beispiel für eine von den modernen Wissenschaften geprägte Methodenreflexion gegenüber der aristotelisch-scholastischen Tradition der Logik. In den im Komplex der *Pensées* gesammelten Fragmenten hat Pascal später seine Überlegungen in vieler Hinsicht ergänzt. A.R.

Ausgaben: Paris 1728 (*De l'art de persuader*, in *Continuation de Mémoires de Littérature et d'Histoire*, Hg. P. N. Desmolets, Bd. 5, Tl. 2, S. 271 bis 296). – Ldn. [recte Paris oder Avignon] 1776 (*De la manière de prouver la vérité et de l'exposer aux hommes*, in *Pensées*, Hg. Condorcet, S. 91–146). – Den Haag 1779 (*Réflexions sur la géométrie en général*, in *Œuvres*, Hg. Ch. Bossut, Bd. 2, S. 12–38). – Paris 1844 (*De l'esprit géométrique*, in *Pensées*, Hg. P. Faugère, Bd. 1, S. 121–155). – Paris 1914 (*Fragments De l'esprit géométrique et extrait d'un fragment de l'introduction a la géométrie*, in *Œuvres*, Hg. L. Brunschvicg, Bd. 9, S. 229–290; Nachdr. Vaduz 1965). – Paris 1954 (*De l'esprit géométrique et De l'art de persuader*, in *Œuvres complètes*, Hg. J. Chevalier). – Paris 1985 (*De l'esprit géométrique. Écrits sur la Grâce et autres textes*, Hg. A. Claire; GF).

Übersetzungen: *Vom geometrischen Beweis*, W. Rüttenauer (in B. P., *Vermächtnis eines großen Herzens, die kleineren Schriften*, Lpzg. 1938, S. 10–51; Nachdr. Wiesbaden o. J. [1947]). – *Vom Geist der Geometrie*, W. Struve, Darmstadt 1948. – *Vom geometrischen Geist und von der Kunst zu überzeugen*, E. Wasmuth (in B. P., *Die Kunst zu überzeugen und andere kleinere philosophische Schriften*, Bln. 1938; ³1963, S. 51–103).

Literatur: M. Serres, *Le système de Leibniz et ses modèles mathématiques*, Bd. 2, Paris 1968, S. 647 bis 712. – J.-P. Schobinger, *B. P.s Reflexionen über die Geometrie im allgemeinen: »De l'esprit géométrique« u. »De l'art de persuader«*, Basel 1974 [m. dt. Übers. u. Komm.].

ÉCRITS SUR LA GRÂCE

(frz.; *Schriften über die Gnade*). Unvollendete Essays von Blaise Pascal, entstanden 1656–1658, erschienen 1779. – Nach einer Mitteilung P. Nicoles wollte Pascal in diesen Essays die augustinische Gnadenlehre (die er mit der jansenistischen für identisch hielt) so plausibel darlegen, daß sie ihre scheinbare Härte verlöre und allgemein zugänglich würde. Die *Écrits* beweisen ein intensives Studium der theologischen Sachverhalte. Wegen der Materie erreichen sie aber nicht die Eleganz der *Provinciales* oder *Pensées* und könnten in ihrer subtilen Argumentation leicht mittels der ironischen Methode der *Provinciales* selbst destruiert werden.

Pascal setzt voraus, daß es Gerettete und Verdammte gibt. Damit stellt sich das Problem, wie göttlicher und menschlicher Wille hierbei zusammenwirken und welches der grundlegende Wille ist: *»Der uns ohne uns gemacht hat, kann uns nicht ohne uns retten.«* Die zwei unzureichenden Lösungen sind nach ihm diejenige J. Calvins einer absoluten Prädestination, welche die menschliche Willensfreiheit leugnet und zu dem Schluß kommen muß, Gott habe den Sündenfall Adams und die Verdammung gewollt, und die entgegengesetzte des Jesuiten L. de Molina, die Gott einen konditionellen allgemeinen Heilswillen zuschreibt, aufgrund dessen der Mensch aus eigener Initiative sein Heil oder Unheil bestimmt. Die mittlere kirchliche Linie der »Schüler Augustins« unterscheidet dagegen klar die zwei Zustände des Menschen – vor und nach der Sünde Adams. Vor dem Fall kann der menschliche Wille frei das Gute wie Böse wählen; nach dem Fall Adams erwählt Gott aus reiner Gnade diejenigen, die er erretten will. So kann man von den »Schülern Augustins« sagen: *»Das ist ihre Meinung, wonach man sieht, daß Gott einen absoluten Willen gehabt hat, die zu retten, die gerettet worden sind, und einen konditionellen durch Vorhersicht, die Verdammten zu verdammen, und daß das Heil vom Willen Gottes herrührt und die Verdammung vom Willen der Menschen.«* Einen Großteil der weiteren Diskussion nimmt die Auslegung des vom Trienter Konzil gegen M. Luther verurteilten Satzes ein,

»die Erfüllung der Gebote Gottes sei für den gerechtfertigten Menschen unmöglich«, bei der Pascal gegen eine humanistische Theologie betont, daß die Meinung des Konzils nicht ein *»ist demzufolge immer möglich«* darstellt, und mit Augustin auf der Vorgängigkeit und Souveränität der göttlichen Gnade besteht.

Den Ausgangspunkt dieser Diskussion stellt Pascal nicht in Frage. Die Systematisierung Augustins im Gefolge des C. JANSENIUS ist problematisch. Die jansenistische Deutung des Urstands bedeutet gegen die Absicht des Jansenius eine Verrechtlichung der Gnadenlehre (H. DE LUBAC). Es zeigt sich, daß die Diskussion nicht auf der allgemeinverständlichen Ebene der *Provinciales* durchführbar ist. Methodisch sind besonders die Überlegungen Pascals zu Logik der Auslegung und zur Interpretation gegensätzlicher Aussagen von Interesse, inhaltlich sind die *Écrits* für die Anthropologie der *Pensées* aufschlußreich. Ihr Ziel, die Souveränität der Gnade nach Augustinus einem breiteren Publikum verständlich zu machen, erreichen sie nicht. A.R.

AUSGABEN: 1779 (in *Œuvres complètes*, Hg. Ch. Bossut, 2 Bde., 2). – Paris 1914 *(Écrits et fragments de P. sur la grâce*, in *Œuvres*, Hg. L. Brunschvicg u. a., 14 Bde., 1904–1914, 11, S. 95–295; Nachdr. 1976). – Paris 1947 (*Deux pièces imparfaites sur la grâce*, Hg. L. Lafuma). – Paris 1954 (in *Œuvres complètes*, Hg. J. Chevalier, S. 947–1044; erstmals m. vollst. erhaltenem Textcorpus). – Paris 1963 (in *Œuvres complètes*, Hg. L. Lafuma, 1963, S. 310–348). – Paris 1985 *(De l'esprit géométrique. Écrits sur la Grâce et autres textes*, Hg. A. Claire, S. 115–223; GF).

LITERATUR: H. de Lubac, *Die Freiheit der Gnade*; 2 Bde., Einsiedeln 1971.

PENSÉES DE M. PASCAL sur la religion et sur quelques autres sujets, qui ont esté trouvées après sa mort parmy ses papiers

(frz.; *Gedanken von Herrn Pascal über die Religion und über einige andere Gegenstände, die nach seinem Tode unter seinen Papieren gefunden wurden*). Nachgelassene Fragmente zu einer Apologie des Christentums und andere Aufzeichnungen von Blaise PASCAL, postum als Vorausausgabe erschienen 1669, als offizielle Erstausgabe 1670. – In den letzten Jahren vor seinem Tod beschäftigte sich Blaise Pascal mit dem Projekt einer Apologie der christlichen Religion gegen den freigeistigen Libertinismus seiner Zeit. Den Anstoß dazu bezog er aus seiner gesellschaftlichen Umwelt. Einen direkten Impuls gewann er durch die wundersame Heilung seiner Nichte vor einer Dornenkronenreliquie im Kloster Port-Royal 1656. Den Plan trug Pascal um 1658 in Port-Royal vor (vgl. FILLEAU DE LA CHAISE, *Discours sur les Pensées de M. Pascal*, 1672). Im Nachlaß fanden sich zu diesem Projekt Papiere in anscheinend vollständiger Unordnung (*»Man fand sie alle beieinander, in verschiedene Bündel geschnürt, aber ohne jegliche Ordnung oder Folge«*, E. PÉRIER im Vorwort zur Erstausgabe), die man zunächst wie vorgefunden kopierte.

Für eine Edition boten sich mehrere Möglichkeiten: Sie in der Form, wie sie überkommen waren, zu veröffentlichen, hätte sie nach Meinung der Nachlaßverwalter jeder Frucht beraubt; den Versuch, die Fragmente auszuführen, gab man auf, weil er nicht das Werk des verstorbenen Autors, sondern ein völlig anderes ergeben hätte. Man entschied sich für eine *»Zwischenlösung«*, wollte die ausgearbeiteten Stücke übernehmen, *»ohne irgend etwas hinzuzufügen oder zu ändern«*, fügte gewisse Verbindungen ein und ordnete das Ganze. Gemäß den Praktiken der Zeit beinhaltete das Verfahren aber doch intensivere redaktionelle Eingriffe aus stilistischen und sachlichen Gründen, um den Approbatoren entgegenzukommen und um kirchenpolitisch in einer Zeit relativer Ruhe für die »Jansenisten« keinen Anstoß zu bieten. Nach einer ausgewählten Prälaten und Theologen unterbreiteten Voraus-Edition von 1669 erschien 1670 die sog. »Port-Royal-Ausgabe«. Sie enthielt in 32 Kapiteln apologetische Fragmente, aber auch moralische und vermischte Gedanken, einen Auszug aus einem Brief über den Tod des Vaters sowie die Schrift über den rechten Gebrauch der Krankheiten und verstreut Auszüge aus Briefen an Mlle. de Roannez. Der systematische Zusammenhang der Apologie blieb nicht erhalten. Die Auflagen ab 1678 enthalten zusätzliche Fragmente; weitere wurden verschiedenenorts im 18. Jh. ediert und noch im 20. Jh. aufgefunden.

Eine eigenständige Tendenzausgabe der *Pensées* legte 1776 CONDORCET vor, der dabei die *»abergläubischen«* Fragmente aussonderte bzw. als Kuriositäten beigab und die kritischen Anmerkungen VOLTAIRES mit abdruckte (u. d. T. *In der Kleidung Pascals gefundenes Amulett* fügte er z. B. das 1740 im *Recueil de plusiers pièces pour servir à l'histoire de Port-Royal* in Utrecht veröffentlichte »Mémorial« erstmals den *Pensées* bei). – 1779 veröffentlichte Ch. BOSSUT im Rahmen seiner Gesamtausgabe eine Neuedition, die das Material pragmatisch in *»Gedanken über Philosophie, Moral und schöne Wissenschaften«* und *»Gedanken unmittelbar die Religion betreffend«* ordnete. Die Ordnung dieser Ausgabe ersetzte für etwa ein Jahrhundert diejenige von Port-Royal.

V. COUSINS *Rapport* für die Akademie von 1842 eröffnete eine neue Epoche der Edition: Er wies auf das erhaltene Manuskript in der Bibliothèque Nationale hin, brandmarkte die Eingriffe der Erstherausgeber und forderte eine textgetreue Neuausgabe, die P. FAUGÈRE 1844 lieferte. Er versuchte darin auch eine Rekonstruktion des Plans Pascals. Die Ausgaben des 19. und 20. Jh.s folgten den hiermit festgelegten Typen auf nunmehr verbesserter textlicher Grundlage als: 1. Tendenzausgaben (katholische, protestantische, philosophische ...), 2. pragmatische Ausgaben (am erfolgreichsten war die 1897 von L. BRUNSCHVICG nach dem Prinzip zusammenhängender Lektüre gestaltete Ausgabe), 3. Pascals Plan rekonstruierende Ausgaben, wobei diese entweder nach Filleau de la Chaise (J. Chevalier) oder nach internen Kriterien (F. Kaplan) vorgehen. – Daneben sind vor allem die dokumentarischen Editionen zu nennen (Faksimilia usw.). – Die sog. *»édition définitive«*, herausgegeben von F. Strowski, nimmt eine Sonderstellung ein, indem sie versucht, die Textzusammenhänge der Manuskript-Papiere zu wahren und diese um »Kernideen« zu ordnen.

Neben der immer exakteren Lektüre des Manuskripts (Z. Tourneur u. a.) änderten sich die Voraussetzungen für die Edition wesentlich, als L. Lafuma wahrscheinlich machte, daß die von E. Périer genannten zeitgenössischen Kopien in zwei in der Bibliothèque Nationale erhaltenen, leicht differierenden Handschriften vorliegen. Bislang hatte man diese fast nur als Lektürehilfen benutzt. Lafuma zeigte, daß sie sowohl die von den Erben konstatierte »Unordnung« wie auch die Ordnung in »Bündel« aufweisen (auch durch Heftungs-Einstiche am Originalmanuskript zu verifizieren). Ein Inhaltsverzeichnis *(table)* ist zwar nur in figurierter Kopie erhalten, mit höchster Wahrscheinlichkeit aber authentisch. Für Edition wie Interpretation ergibt sich damit die Möglichkeit, Pascals unvollendete Apologie zu einem bestimmten Zeitpunkt ihrer Entstehung zur Kenntnis zu nehmen, in vielen Fällen Entstehungszusammenhang und Kontext der Fragmente bestimmen zu können und schließlich anhand des Manuskripts Änderungen der Gedankenführung in Pascals Überarbeitungen festzustellen.

Der Nachlaß ordnete laut der 1. Kopie die Fragmente in 27 Bündel (einem weiteren Titel der *table* entsprechen keine Fragmente). Dazu kommen 24 Serien nichtgeordneter Fragmente sowie die außerhalb der Kopien überlieferten Materialien. Das einleitende Bündel »Ordnung« enthält Fragmente zur formalen Anordnung (Briefe? Dialoge? Vgl. die *Provinciales*) und zur inhaltlichen Gliederung (z. B.: *»Die Menschen schätzen die Religion gering. Sie hassen sie und fürchten, daß sie wahr sei. Um dafür Abhilfe zu schaffen, muß man zunächst zeigen, daß die Religion keineswegs der Vernunft widerspricht. Sie verehrungswürdig machen, ihr Achtung verschaffen. Sie hierauf liebenswert machen, den Guten den Wunsch eingeben, daß sie wahr sein möge, und danach zeigen, daß sie wahr ist. Verehrungswürdig, weil sie den Menschen gut erkannt hat. Liebenswert, weil sie das wahre Glück verheißt.«* Oder: *»1. Teil: Elend des Menschen ohne Gott. 2. Teil: Glückseligkeit des Menschen mit Gott. Anders: 1. Teil: Daß die Natur verdorben ist, durch die Natur selbst* [aufzuzeigen]. *2. Teil: Daß es einen Wiederhersteller gibt, durch die Schrift«)*.

Es folgt der am weitgehendsten ausgearbeitete und suggestivste Teil der Apologie: die Bündel mit den Fragmenten über die *condition humaine*. In Anschluß an M. Montaignes *Essais* und P. Charrons *De la sagesse*, aber vielfach paradox zugespitzt, stilistisch pointiert, ironisch gewendet und eigenständig in der Tendenz wird die problematische Seinslage des Menschen dargestellt unter den Überschriften: *Eitelkeit* (mit Ausführungen über Einbildung, Mode, Meinung, Gewohnheit als Herrscher der Welt); *Elend* (Beispiele: Tyrannei; Krieg, den ein einzelner, dazu noch Interessierter entscheidet; Relativität des Rechts: *»Wahrheit diesseits der Pyrenäen, Irrtum jenseits«); Langeweile und Haupteigenschaften des Menschen (»Ein Mann lebt vergnügt in seiner Familie; mag er nun eine Frau sehen, die ihm gefällt, oder mag er fünf oder auch sechs Tage mit Vergnügen spielen, so ist es elend um ihn bestellt, wenn er zu seiner ersten Beschäftigung zurückkehrt«)* usw. Im Bündel *Ursache der Wirkungen* werden der Mechanismus und die verschiedenen Ebenen des gesellschaftlichen Ineinanderspiels reflektiert *(»Das Volk ehrt die Hochgeborenen, die Halbgebildeten verachten sie, indem sie sagen, die Geburt sei kein Vorzug der Person ... Die Gebildeten ehren sie, ... weil sie einen Hintergedanken haben ... So folgen die befürwortenden und ablehnenden Meinungen immer weiter aufeinander, je nachdem, welche Einsicht man hat«)*.

Wie in dem *Entretien avec M. de Sacy* wird der Widersprüchlichkeit und Schwäche die unverkennbare *»Größe«* des Menschen entgegengestellt: *»Denkendes Schilfrohr. Nicht im Raum soll ich meine Würde suchen, sondern in der rechten Verfassung meines Denkens. Kein Besitz ausgedehnter Ländereien verschafft mir mehr Würde. Durch den Raum umgreift mich das All und verschlingt mich wie einen Punkt; im Denken ergreife ich es«. – »Die Größe des Menschen ist darin groß, daß er sich als elend erkennt«.* Den *»Widersprüchen«* seiner Natur versucht der Mensch durch die *»Zerstreuung«* zu entgehen – ein originales Thema der *Pensées (»Da die Menschen nicht Tod, Elend und Unwissenheit heilen konnten, sind sie, um sich glücklich zu machen, darauf verfallen nicht daran zu denken«)*. Die ernsthafte Suche führt zu den *»Philosophen«*, die negative kathartische Funktion haben *(»Suche nach dem wahren Gut. – Der Durchschnitt der Menschen verlegt das Gute in den Reichtum und die äußeren Güter oder zumindest in die Zerstreuung. Die Philosophen haben die Eitelkeit von alldem dargetan und es dorthin verlegt, wohin sie konnten«)*. Die Philosophien werden aber durch ihre widersprüchliche Vielfalt relativiert *(»Die drei Formen der Begierlichkeit haben drei Schulen gebildet, und die Philosophen taten nichts anderes, als je einer der drei Begierlichkeiten zu folgen«)*.

Der Streit um *»das höchste Gut« (»280 Arten des höchsten Gutes bei Montaigne«)* führt notwendigerweise zu einer Selbstbeschränkung der Vernunft *(»Unterwerfung und Gebrauch der Vernunft«; »Nichts ist der Vernunft gemäßer als diese Preisgabe der Vernunft«; »Der letzte Schritt der Vernunft ist die Anerkennung, daß es unendlich viele Dinge gibt, die sie übersteigen. Sie ist so lange schwach, als sie nicht bis zu dieser Einsicht gelangt. Und wenn schon die natürlichen Dinge sie übersteigen, was soll man dann erst von den übernatürlichen sagen?«)*.

Dies ermöglicht, in einem Vorblick die Angemessenheit der Gotteserkenntnis durch Jesus Christus aufzuweisen *(»Vortrefflichkeit dieser Art, Gott zu beweisen«: »Die metaphysischen Gottesbeweise liegen dem menschlichen Denken so fern und sind so verwikkelt, daß sie kaum zu Herzen gehen...« – »Die Erkenntnis Gottes ohne die Erkenntnios des eigenen Elends führt zu Hochmut. Die Erkenntnis des eigenen Elends ohne die Erkenntnis Gottes führt zur Verzweiflung. Die Erkenntnis Jesu Christi steht in der Mitte, weil wir in ihr sowohl Gott wie auch unser Elend finden«)*. Damit ist der *»Übergang von der Erkenntnis des Menschen zu der Gottes«* angezeigt. Eine grundsätzliche Reflexion über die Mittelstellung des Menschen zwischen dem unendlichen All und dem unendlich Kleinen bietet Pascal in dem zentralen Fragment *Disproportion de l'homme*.

Danach beginnt die Suche im Raum der Religionen: Die *»Falschheit der anderen Religionen«* zeigt sich in ihrem Ungenügen, die menschliche Natur zu erklären, sowie in ihren Äußerlichkeiten. Pascal stellt sich die Aufgabe, *»die Religion liebenswert (zu) machen«* und die *»Grundlage der Religion und Antwort auf die Einwände der Atheisten«* zu reflektieren. Dies führt zur Erkenntnis der Sonderstellung des Judentums: Es ist so alt wie die Welt und bietet die im Christentum erfüllten dogmatischen Schlüssel zur Deutung der Widersprüche der menschlichen Existenz (Fall und Erlösung, vgl. Kap. *Rabbinismus, Beständigkeit, Beweise für Moses*). In einem vorgeschobenen Kapitel muß jedoch erst die Hermeneutik der Bibel *(»Bildliches Gesetz«)* entwickelt werden. Pascal vertritt eine strikt figurative Bibelauslegung *(»Daß die Hl. Schrift einen doppelten Sinn hat. Den Jesus Christus und die Apostel angegeben haben, wofür dies die Beweise sind. 1. Beweis durch die Hl. Schrift selbst. 2. Beweise durch die Rabbiner. 3. Beweise durch die Kabbala ... 6. Beweise durch den Schlüssel, den Jesus und die Apostel uns dafür geben«* – und als zentraler hermeneutischer Satz: *»Alles, was sich nicht auf die Liebe bezieht, ist Figur«)*. Mit Bibel und rabbinischer Theologie wird die Finalität des alten Testaments auf Christus hin erwiesen und in einem eigenen Beweisgang – besonders aufgrund der Prophezeiungen – die Besonderheit Jesu Christi aufgewiesen.

Von großer Bedeutung ist aber auch der Versuch einer Auslegung der Gestalt Christi selbst (vgl. z. B. das Fragment über die drei aufeinander irreduziblen Ordnungen der Körper, des Geistes und der Liebe im Kapitel *Beweise für Jesus Christus*, das weit über die veralteten historisierenden Argumente in der Pascalschen Konzeption hinausführt). Die Apologie zielt auf die Konversion. So folgen Kapitel zum Schluß über die *Christliche Moral* und – als *»Conclusion«* – über die Bekehrung.

Die nicht in den Gesamtplan eingeordneten 34 Serien enthalten erstens Fragmente, die sich diesen Kapiteln (bzw. »Bündeln«) zuordnen lassen; zweitens ausgearbeitete Stücke, die in vorliegender Form nicht ganz in den Rahmen einzuordnen sind. Dazu gehört das Skizze gebliebene berühmte Fragment der »Wette«, das eine Art Apologie im Kleinen darstellt und die Frage behandelt, wie eine Entscheidung vor dem Problem der Religion bei Voraussetzung der Unzulänglichkeit der theoretischen Vernunft möglich sei: nämlich mittels pragmatischer Vorzugsüberlegungen wie auch sonst im Leben und unter Beiziehung der Erkenntnisqualität der christlichen Lebensform als solcher. Drittens finden sich hier Fragmente, die eine bestimmte Funktion in der endgültigen Fassung übernehmen könnten, wie z. B. der in der Erstausgabe unter dem Titel *Contre l'indifférence des athées* als erstes Kapitel benutzte Text, der gut in »Vorwort-Funktion« vorstellbar ist. Schließlich enthalten diese Bündel Sammlungen von Bibelstellen und -exzerpten, die einen guten Einblick in Pascals Verwendung der Hl. Schrift ermöglichen und die Bedeutung der Schrifthermeneutik gegenüber den ins Auge springenden anthropologischen Ausführungen erst richtig aufzeigen. In den gängigen Ausgaben sind sie manchmal – da nicht von Pascal – ans Ende gerückt oder ganz weggelassen. Dazu kommen Materialien, die nicht zum Zusammenhang der Apologie, sondern zum Komplex der *Provinciales* oder zum Wunder der Dornenkrone gehören.

In den *Pensées* werden traditionell noch Erbauungstexte mitgedruckt wie die Passionsmeditation *Mystère de Jésus* und seit dem 18. Jh. Pascals *Mémorial*, das Zeugnis gnadenhafter Erfahrung des Gottes der Bibel, *»nicht der Philosophen und Gelehrten«*, Ausdruck eines asketischen Aufbruchs (sog. *»zweite Bekehrung«*), datiert auf die Nacht vom 23. 11. 1654. Als Erinnerungszeichen war es nebst sorgfältig gefertigter Kopie in seinen Rock eingenäht und wurde nach Pascals Tod von einem Diener gefunden.

Eine Gesamtinterpretation der *Pensées* muß vom Zustand des Materials ausgehen. Nicht alle Fragmente können schlicht als Äußerungen Pascals gelesen werden. Vielmehr sind viele Fragmente Lektürefrüchte, die erst durch Herkunft und Kontext erklärbar sind. Ferner ist der apologetische Plan als Rahmen zu beachten. Dadurch wird eine Überbewertung der vor allem aus Montaigne geschöpften skeptischen Seite der Anthropologie vermieden, die vielmehr den Zustand des gefallenen, erbsündigen Menschen skizziert und den Boden für eine Erlösungsreligion bereiten soll. Als solch defiziente Beschreibung sind auch die berühmten Stellen über das *»Schweigen der unendlichen Räume«* und ähnliche zu sehen. Eindringlich formuliert sind die originellen Themenkomplexe der aufeinander irreduziblen drei »Ordnungen«, der Erkenntnisqualität des »Herzens«, der Mittelstellung des Menschen. Als theologischer Hintergrund sind die »jansenistisch« verschärfte biblische Aussage der Verborgenheit Gottes und die neoaugustinische, die Souveränität Gottes betonende Gnadenlehre bedeutsam, wenngleich schon das Faktum einer *Apologie* Pascals Eigenständigkeit gegenüber dem strengen Jansenismus zeigt. Da der erste, anthropologische Teil der *Pensées* stärker ausgearbeitet und auch literarisch packender ist, liegt in ihm vor allem die Wirkung der *Pensées* begründet. Gerade in den variierten Übernahmen aus Montaigne und anderen Quellen zeigt sich die stilistische Meisterschaft Pascals. Wegen der Brillanz seiner häufig ironischen und paradoxen Wendungen, besonders in diesen Abschnitten, gehört das Werk zur moralistischen Weltliteratur. Der zweite Teil ist schon wegen der bereits zu seiner Zeit bestrittenen vorkritischen Bibelhermeneutik und wegen der historisierenden Konzeption der Heilsgeschichte schwerer zugänglich. Die geplante Christozentrik, in der negative Anthropologie, Gotteserkenntnis und Erlösung zusammenkommen, ist nur durch theologische Interpretation zu verdeutlichen.

Die Wirkungsgeschichte der *Pensées* sprengt den fachlichen Rahmen der Theologie. Durch die Aufklärung und das 19. Jh. hindurch bleibt Pascal ernsthafter Gegner für alle Bestreiter des Christentums (Voltaire, F. Nietzsche, P. Valéry u. a.). Die Auslegung der Fragmente gewann durch die philologische Forschung im Gefolge von Cousins Hinweis auf die Manuskripte ständig an Gewicht, obwohl dieser mit seiner These des skeptischen Pascal zunächst eine falsche Fährte gewiesen hatte. Gegenüber den *Provinciales* konzentriert sich das Interesse der Leser, durch Lebensphilosophie, Existentialismus und die Krisenlagen des 20. Jh.s verstärkt, immer mehr auf die *Pensées*. Die gegenwärtige Forschung hat sowohl die interne Dialektik der Fragmente als auch die historischen Abhängigkeiten, die Rhetorik und das apologetische Gesamtkonzept intensiv untersucht. Der objektivierte Rahmen der Auslegung erlaubt strenge historische Analysen, nach wie vor aber auch die Reflexion über die Bedeutung Pascalscher Gedanken im geistesgeschichtlichen Zusammenhang ohne exklusive Beschränkung auf ihre apologetische Zielsetzung. A.R.

Ausgaben: Paris 1669 [Vorausausg.]. – Paris 1670 [1. offizielle Ausg., sog. Port-Royal-Ausg.; Vorw. E. Périer]; erw. 1678; Faks. St. Étienne 1971 [m. den jeweiligen Zusätzen der Ausg. bis zum 18. Jh.]. – Den Haag 1779, Hg. Ch. Bossut. – Paris 1844, Hg. P. Faugère. – Paris 1852 (*Pensées de P.*, Hg. E. Havet, 2 Bde.; ^{3}1881; korr. u. rev.). – Fribourg 1896 (*Les pensées de P.*, Hg. G. Michaut [Anordnung nach Ms.]). – Paris 1897, Hg. L. Brunschvicg. – Paris 1904 (in *Œuvres*, Hg. L. Brunschvicg u. a., 14 Bde., 1904–1914, 12–14; Nachdr. Vaduz 1965). – Paris 1905 (*Original des Pensées de P.*; Faks. des Ms.). – Paris 1925, Hg. J. Chévalier. – Paris 1931 (in *Œuvres complètes*, Hg. F. Strowski, 3 Bde., 1926–1931, 3). – Paris 1942, Hg. Z. Tourneur. – Paris 1951, Hg. L. Lafuma, 3 Bde. [nach der 1. Kopie.]. – Paris 1954 (in *Œuvres complètes*, Hg. J. Chevalier; Pléiade). – Paris 1962 (*Le manuscrit des »Pensées« de P., 1662*, Hg. L. Lafuma [nach der 1. Kopie angeordnet]). – Paris 1963 (in *Œuvres complètes*, Hg. ders.). – Paris 1976, Hg. Ph. Sellier [nach der 2. Kopie; m. Konkordanz zu den Ausg. v. Brunschvicg u. Lafuma]. – Paris 1977, Hg. M. Le Guern, 2 Bde. – Paris 1982, Hg. F. Kaplan.

Übersetzungen: *Gedancken über die Religion und über einige Andere Dinge, welche man nach seinem Todte unter seinen Schriften gefunden*, Augsburg 1710. – *Gedanken, Fragmente und Briefe*, C. F. Schwartz, 2 Bde. Lpzg. 1845. [Anordnung nach Faugère]. – *Gedanken*, H. Hesse, Lpzg. o. J. [um 1881; m. den Anm. Voltaires; Anordnung nach Bossut]. – Dass., B. v. Herber-Rohow, 2 Bde., Lpzg. 1905 [Anordnung nach Bossut]. – Dass., W. Rüttenauer, Lpzg. 1936; ern. Birsfelden-Basel o. J. [1976; Anordnung nach Strowski]. – *Über die Religion und über einige andere Gegenstände*, E. Wasmuth, Bln. 1937, ^{5}1954 [erw. u. überarb.; Anordnung nach Brunschvicg]; Nachdr. Ffm. 1987. – *Schriften zur Religion*, H. U. v. Balthasar, Einsiedeln 1982 [Anordnung nach Chevalier]. – *Gedanken*, U. Kunzmann, Lpzg. 1987 [Anordnung nach Lafuma]. – Dass., ders., Köln 1987.

Literatur: V. Cousin, *Rapport à l'Académie française sur la nécessité d'une nouvelle édition des Pensées de P.* (in Journal des Sçavants, 1842, S. 243–252; 333–358; 406–426; 490–505; 532–555; 608–625; 678–691). – R. Guardini, *Christliches Bewußtsein. Versuche über P.*, Lpzg. 1935; ern. Mchn. 1962 (dtv). – B. Amoudru, *La vie posthume des »Pensées«*, Paris 1936. – J. Russier, *La foi selon P.*, 2 Bde., Paris 1949. – L. Lafuma, *Recherches Pascaliennes*, Paris 1949. – Ders. *Controverses Pascaliennes*, Paris 1952. – M.-L. Hubert, *P.'s Unfinished Apology*, New Haven/Conn. 1952. – A. Rich, *P.s Bild vom Menschen. Eine Studie über die Dialektik von Natur u. Gnade in den »Pensées«*, Zürich 1953. – A. Barnes, *La table des titres de la copie des »Pensées« est-elle de P.?* (in FS, 7, 1953, S. 140–146). – L. Lafuma, *Histoire des »Pensées« de P. (1656–1962)*, Paris 1954. – R. Lacombe, *L'apologétique de P.*, Paris 1958. – R. Francis, *Les »Pensées« de P. en France de 1842 à 1942*, Paris 1959. – L. Goldmann, *Le dieu caché*, Paris 1955 (dt. *Der verborgene Gott*, Darmstadt 1973). – H. Meyer, *P.s »Pensées« als dialogische Verkündigung*, Göttingen 1962. – Y. Maeda, *Le premier jet du fragment pascalien sur les deux infinis* (in Études de langue et littérature françaises, 1964, Nr. 4, S. 1–19). – H. Rombach, *Substanz, System, Struktur*, 2 Bde. Freiburg i. B. 1965. – F. Strowski, *Les »Pensées« de P.*, Paris 1965. – P. Ernst, *Approches pascaliennes: L'unité et le mouvement, le sens et la fonction de chacune des vingt-sept liasses titrées*, Gembloux 1970. – H. Gouhier, *B. P.: Commentaires*, Paris 1966; ^{2}1971. – H. Friedrich, *P.s Paradox. Das Sprachbild einer Denkform* [1936] (in H. F., *Romanische Literaturen*, Bd. 1, Ffm. 1972, S. 84–138). – M. u. M.-R. Le Guern, *Les »Pensées« de P., de l'anthropologie à la théologie*, Paris 1972. – H. M. Davidson u. P. H. Dubé, *A Concordance to P.'s »Pensées«*, Ithaca/NY 1975. – J. Mesnard, *Les »Pensées« de P.*, Paris 1976. – I. E. Kummer, *B. P., Das Heil im Widerspruch*, Bln. 1978. – A. Raffelt, *P.s ›Wette‹ und die ›Philosophie des Tuns‹* (in A. R., *Spiritualität u. Philosophie*, Freiburg i. B. 1978, S. 223–252). – P. Lønning, *Cet effrayant pari*, Paris 1980. – D. Wetsel, *L'écriture et le reste*, Ann Arbor/Mich. 1981. – E. Jovy, *Études pascaliennes: Recueil des notes sur les »Pensées«*, Paris 1981. – A. Pugh, *The Composition of P.'s Apologia*, Toronto 1984. – N. Rescher, *P.s Wager*, Notre Dame/Ind. 1985. – H. Gouhier, *B. P.: Conversion et apologétique*, Paris 1986. – A. Raffelt, *»Ich wage es, die Partei der Menschheit zu ergreifen…«: Voltaire kritisiert P.* (in *Gottesbilder*, Hg. J. Hoeren, Stg. 1988, S. 87–107). – *P. Thématique des »Pensées«*, Hg. L.M. Heller u. I.M. Richmond, Paris 1988. – P. Grotzer, *Vom literarischen Diskurs zum christlichen Aufruf* (in Theologie u. Philosophie, 63, 1988, S. 370–382). – A. Raffelt, *Pendant opera interrupta* (in Freiburger Zs. f. Philosophie u. Theologie, 35, 1988, S. 507–526; vollst. Bibliogr. d. dt. Übers.). – U. Kirsch, *B. P.s Pensées (1656–1662). Systematische Gedanken über Tod, Vergänglichkeit und Glück*, Freiburg i. B. 1989. – P. Force, *Le problème herméneutique chez P.*, Paris 1989.

LES PROVINCIALES ou Les lettres éscrites par Louis de Montalte à un provincial de ses amis et aux RR. PP. Jésuites sur le sujet de la morale et de la politique de ces Pères

(frz.; *Die Provinciales oder Briefe von Louis de Montalte an einen seiner Freunde in der Provinz und an die ehrwürdigen Jesuitenpatres über die Moral und die Politik dieser Patres*). Theologische Streitschriften von Blaise Pascal, einzeln zwischen dem 23. 1. 1656 und dem 24. 3. 1657 anonym erschienen. – Die im Verborgenen unter großer Gefährdung von Verfasser und Drucker edierten und unter obigem Titel und Pseudonym 1657 gesammelten Briefe wurden noch zu Lebzeiten Pascals in voneinander abweichenden Ausgaben (deren Auflagen die für damalige Verhältnisse außerordentlich hohe Zahl von 6000 bis 10 000 Exemplaren erreichten) mehrfach nachgedruckt. Die Ausgabe von 1659 ist vermutlich von fremder Hand korrigiert worden. Der authentische Text Pascals ist derjenige der frühesten Drucke (J. Mesnard).

Die Briefe greifen in einen Streit ein, der durch die Verweigerung der Absolution für einen dem Jansenismus nahestehenden Adligen ausgelöst worden war und der für das jansenistische Kloster Port-Royal von Antoine Arnauld geführt wurde. Im theologischen Zentrum stand die Frage nach der Rechtgläubigkeit der Gnadenlehre des von C. Jansenius, dem verstorbenen Bischof von Ypern, verfaßten Werkes *Augustinus*. Fünf angeblich aus diesem Buch stammende Sätze waren 1653 von Rom verurteilt worden. Die Theologen von Port-Royal bejahten wohl die Berechtigung der Verurteilung, nicht aber die Tatsachenfrage des wörtlichen Vorkommens dieser Sätze und des heterodoxen Sinns in dem genannten Buch. Die jansenistische Gnadenlehre steht dabei mit anderen neoaugustinistischen Gnadensystemen gegen den molinistischen Versuch, Gnade und menschliche Autonomie zu vermitteln.

Der kirchenpolitische Hintergrund des Streits wird aus der Stellung des *»Jansenismus«* gegen das staatskirchliche Pfründenwesen, gegen die Verweltlichung kirchlicher Institutionen und gegen die »unkatholische« französische Politik deutlich (Jansenius, *Mars Gallicus*, 1635).

Der Verurteilung seiner Verteidigungsschrift durch die Sorbonne (4. 11. 1655) suchte A. Arnauld durch eine abermalige Apologie entgegenzutreten, die er vor Freunden verlas: *»›Ich sehe wohl‹, sagte Arnauld, ›daß Sie diese Schrift schlecht finden, und ich glaube, Sie haben recht.‹ Dann sagte er zu Pascal: ›Aber Sie sind jung, Sie sollten etwas tun‹«* (nach Marguerite E. Périer). Pascals Entwurf fand allgemeine Zustimmung. Der bald gedruckte erste *Brief an einen Freund in der Provinz über die gegenwärtigen Streitigkeiten der Sorbonne* wurde eine literarisch-gesellschaftliche Sensation. Die Verteidigung der jansenistischen Position wird hinsichtlich der *quaestio facti* leicht erledigt: »… *denn ob Herr Arnauld verwegen ist oder nicht, das tangiert mein Gewissen nicht. Und wenn mich die Neugier packen sollte, ob die Sätze bei Jansenius stehen, so ist sein Buch weder so schwer aufzutreiben noch so umfangreich, daß ich es nicht von der ersten bis zur letzten Seite lesen könnte, um mir darüber Klarheit zu verschaffen – ohne die Sorbonne zu befragen.*« Hinsichtlich der Gnadenlehre – Gegenstand der ersten vier Briefe – geht die Argumentation dahin, daß nicht die Sachfragen bei dem Streit verhandelt werden, sondern Verbalkompromisse genützt werden, um die Jansenisten als Häretiker von den orthodoxen Richtungen zu isolieren. Dies wird an Schlüsselworten der Gnadenlehre wie dem *»unmittelbaren Vermögen«*, der *»hinreichenden«* und der *»aktuellen Gnade«* ironisch in *»Dialogen«* des Schreibers mit Vertretern der verschiedenen Positionen durchgespielt: *»›Einen Augenblick‹, sagte der Doktor, ›Sie könnten mich in eine Falle locken. Gehen wir ganz langsam vor.* Distinguo: *wenn er dieses Vermögen unmittelbares Vermögen nennt, dann ist er ein Thomist und folglich ein rechtgläubiger Katholik; wenn nicht, dann ist er ein Jansenist und folglich ein Häretiker.‹ ›Er nennt es‹, berichtigte ich, ›weder unmittelbar noch nicht unmittelbar.‹ ›Dann ist er ein Häretiker‹, entschied er, ›fragen Sie unsere guten Patres.‹«* Dabei verdecken die terminologischen Quisquilien die Sache und die dahinterstehenden kirchenpolitischen Konstellationen: *»›Jedermann versteht das Wort hinreichend in ein und demselben Sinn; einzig die neuen Thomisten verstehen es anders. Alle Frauen, die ja die Hälfte der Menschheit ausmachen, alle Hofleute, alle Kriegsleute, alle Beamten, alle Richter, die Kaufleute, die Handwerker, das ganze Volk, kurz, alle Stände und Schichten, ausgenommen nur die Dominikaner, verstehen unter dem Wort hinreichend: was alles Notwendige einschließt‹… ›Sie haben gut reden‹, meinte er, ›Sie sind frei und auf sich gestellt; ich dagegen bin Ordensmann und lebe in einer Kommunität. Spüren Sie nicht den Unterschied? Wir sind von unseren Oberen abhängig, und diese wiederum von anderen Stellen. Sie haben unsere Stimmen versprochen: was soll ich da machen?‹«*

Der dritte Brief ironisiert die inzwischen erfolgte erneute Zensur Arnaulds durch die Sorbonne. Im vierten Brief über die *»aktuelle Gnade«* gewinnt die Auseinandersetzung sachliche Schärfe, indem die jesuitische Position, daß nur eine Handlung, deren Schlechtigkeit voll bewußt sei, auch sündig sei, dahingehend überspitzt wird, daß die volle Gottvergessenheit dann rechtfertigend sei: *»Jene halben Sünder, die noch ein bißchen Liebe zur Tugend haben: die werden alle verdammt. Aber die frisch-fröhlichen Sünder, die verstockten, eingefleischten, die Voll- und Erzsünder, die kann die Hölle nicht halten; sie haben den Teufel betrogen, eben weil sie sich ihm ganz auslieferten.«*

Damit ist der Überschritt zum Thema des 5.–10. Briefs angelegt, der Moraltheologie der Jesuiten; damit wird ein angreifbarer Punkt auf wirkungsvolle und folgenreiche Weise angegangen. Die kasuistische Moraltheologie sucht Verhaltensregeln aufzustellen, die die christliche Moral in der gesellschaftlichen Umwelt situieren. (Sie ist eigentlich eine Beurteilungshilfe für Beichtväter, also keine Handlungsanweisung. Insofern verschiebt Pascal die Problematik.) Der Probabilismus ist die Methode, sich nach wahrscheinlichen, »probablen« Alternativen zu verhalten, wenn das Moralgesetz Zweifeln unterliegt *(»Er ist das Fundament und das ABC unserer ganzen Moral«)*. Die Möglichkeit, dabei auch – im Interesse der Freiheit – der geringeren Wahrscheinlichkeit zu folgen, führt zum Laxismus: *»Suchen Sie also bitte die guten Patres auf, und ich bin gewiß, daß Sie in der Laxheit ihrer Moraltheologie sehr bald den Grund ihrer Lehre von der Gnade erkennen werden. Sie werden die christlichen Tugenden so unbekannt, so entleert von der Liebe, die deren Seele und Leben ist, finden; Sie werden so viele Verbrechen vertuscht und so viele Ausschweifungen geduldet sehen, daß ihre Behauptung, alle Menschen hätten immer genug Gnade, um in der Weise, wie sie es verstehen fromm zu leben, Sie nicht mehr in Erstaunen setzen wird. Da ihr Sittengesetz ganz heidnisch ist, genügt die Natur, um es zu erfüllen.«*

Die konkrete Durchführung dieses Programms führte zu Auswüchsen, die das von Pascal brillant verarbeitete Material darstellt. Der fingierte Dialogpartner, ein etwas naiver Jesuitenpater, bietet aus seiner Bibliothek immer neue Beispiele: *»Ebenso heißt es im Evangelium:* Gebt Almosen von eurem Überfluß, *wohingegen mehrere Kasuisten einen Weg gefunden haben, um selbst die reichsten Leute von der Pflicht, Almosen zu geben, zu entbinden. Das scheint Ihnen wiederum ein Widerspruch zu sein; doch es läßt sich leicht zeigen, daß beides vereinbar ist, indem man das Wort* Überfluß interpretiert, *so daß der Fall fast nie eintritt, daß jemand Überfluß hat; …«* Oder noch skurriler: *»Wenn aber die Worte so eindeutig sind, daß sie keine Interpretation zulassen, dann richten wir unser Augenmerk auf die günstigen Umstände, wie Sie an folgendem Beispiel sehen werden. Die Päpste haben die Mönche, welche die Kutte ausziehen, exkommuniziert. Unsere vierundzwanzig Ältesten stellen aber trotzdem, tr. VI ex. 7 N. 103, die Frage: Bei welchen Gelegenheiten darf ein Mönch die Kutte ablegen, ohne sich deswegen die Exkommunikation zuzuziehen? Sie zählen mehrere auf, und unter anderen die folgende: Wenn er sich aus einem schimpflichen Grunde auszieht, etwa um zu stehlen oder um unerkannt ein Freudenhaus aufzusuchen: da er sie ja bald darauf wieder anziehen muß. Es ist klar ersichtlich, daß die Bullen diese Fälle nicht gemeint haben… Wie kommt es denn, frage ich, daß man in solchem Falle von der Exkommunikation absieht? Das verstehen Sie nicht? fragte er zurück. Sehen Sie denn nicht, welches Ärgernis es hervorrufen würde, wenn ein Mönch, der in solcher Lage überrascht würde, das geistliche Gewand trüge?«* Das eigentliche Lesevergnügen heute liegt in diesen skurrilen Dialogen. Die sachliche Zielrichtung der Position Pascals wird aber im Abschluß dieses »Dialogs« am Ende des 10. Briefs deutlich: *»Die Freiheit, die man sich herausgenommen hat, die heiligsten Vorschriften des göttlichen Gesetzes zu erschüttern, geht bis zur totalen Verkehrung des göttlichen Gesetzes… Man sagt, daß die Gottesliebe nicht notwendig sei zum Heil… Vor der Menschwerdung mußte man Gott lieben; doch seitdem* Gott die Welt so sehr geliebt hat, daß er ihr seinen eingeborenen Sohn schenkte, *soll die von ihm erlöste Menschheit der Pflicht enthoben sein, ihn zu lieben! Seltsame Theologie unserer Zeit!«*

Die Briefe 11–16 sind an die *»ehrwürdigen Patres«* direkt gerichtet. Sie stellen eine Verschärfung der Polemik dar und sind zunächst Apologie gegen den Vorwurf, mit heiligen Dingen Spott zu treiben und unwahre Behauptungen aufzustellen, sowie Zuspitzung des Angriffs auf die Grundprinzipien der Jesuitenmoral. Besonders die kasuistischen Rechtfertigungsmöglichkeiten bei Mord werden attakkiert. Vom 15. Brief an wird die *»geheime Richtschnur«* des Verhaltens der Jesuiten bzw. ihre Politik kritisch analysiert und die Billigung der Verleumdung zur Ehre des Ordens scharf getadelt. Die beiden letzten Briefe richten sich direkt *»an den Ehrwürdigen Pater Annat, Jesuiten«*, den Beichtvater des Königs und eine Zentralgestalt im Kampf gegen den Jansenismus. Sie sind von schneidender Schärfe, wie überhaupt die literarische Fiktion und der ironische Ton schon vom elften Brief an aufgegeben werden zugunsten direkter und offener Auseinandersetzung. Der fragmentarische Entwurf zu einem 19. Brief ist erhalten geblieben. Durch seine Mitarbeit an den *Écrits des curés de Paris* (4. 2. 1658–19. 7. 1658) hat Pascal den Kampf gegen die Moraltheologie der Jesuiten fortgesetzt. – Die *Provinciales* wurden 1657 auf den Index der verbotenen Schriften gesetzt.

Das Quellenmaterial für die Briefe stammt zum Teil aus den Schriften oder aus eigenen Zusammenstellungen der Theologen Port-Royals (z. B. Arnauld, *Théologie morale des Jésuites*, 1643). Doch hat Pascal mindestes A. Escobars *Liber theologiae moralis* (1644) eigenständig studiert und ausgewertet und seine Quellen sorgfältig überprüft. Dazu kommen die Gegenschriften der Jesuiten, welche die Briefe 11–18 auslösen. Trotz der Mitarbeit von P. Nicole und Arnauld ist Pascal nicht bloß *»der Sekretär Port-Royals«*, wie ihn die jesuitische Polemik benennt, sondern im geistigen wie literarischen Sinn Schöpfer der *Provinciales*.

Die *Provinciales* lassen sich unter verschiedenen Gesichtspunkten werten. Als literarische Meisterwerke sind sie schon von den jesuitischen Gegnern, später von J. B. BOSSUET und Madame DE SÉVIGNÉ bewundert worden. Ihre Argumentationsstrategie erreicht durch Klarheit des Begriffs und Appell an den gesunden Menschenverstand, sprachliche Präzision, stilistischen Einfallsreichtum und ironische Distanz eine Identifikation des Lesers mit dem »Provinzler«, die durch die Extrembeispiele aus dem kasuistischen Repertoire zur sachlichen Übereinstimmung führt. Der ernste Ton der späteren Briefe baut darauf auf.

Der Verteidigung des Jansenismus konnten die *Provinciales* auf Dauer nicht dienen. Seine Gnadenlehre suchte Pascal in den *Écrits sur la grâce* zu entfalten. Der Angriff gegen die laxistische Kasuistik hatte jedoch im Positiven wie im Negativen durchschlagenden Erfolg: durch Alexander VII. 1665/66 und Innozenz XI. 1679 wurden laxistische Sentenzen verurteilt, die »Jesuitenmoral« wurde als Grund bzw. Vorwand noch bei der Aufhebung des Ordens 1773 genannt und gehört(e) bis ins 20. Jh. zur konfessionellen Polemik wie zum klassischen antikirchlichen Repertoire. Diese Zweideutigkeit der Wirkung dürfte auch schon der Grund dafür gewesen sein, daß auch dieses Werk Pascals abgebrochen wurde und letztlich Fragment geblieben ist. A.R.

AUSGABEN: Paris 1656/57. – Köln 1657 [erstmals gesammelt., m. zusätzl. Titelblatt, *Avertissement* v. J. Nicole u. *Rondeau* v. I. Le Maistre de Sacy(?)]. – Köln 1657 [m. Änderungen der Briefe 1–3 = 2. Textvers.]. – Köln [recte Amsterdam] 1659 [ern. rev.]. – Paris 1914 (in *Œuvres*, Hg. L. Brunschvicg u. a., 14 Bde., 1904–1914, 4–7; 1. Textvers. v. 1657; Nachdr. Vaduz 1965). – Paris 1954 (in *Œuvres complètes*, Hg. J. Chevalier; Textvers. v. 1659; Pléiade). – Paris 1963 (in *Œuvres complètes*, Hg. L. Lafuma; 1. Textvers. v. 1657). – Paris 1965, Hg. L. Cognet [Textvers. v. 1659]. – Paris 1987, Hg. Le Guern [2. Textvers. v. 1657].

ÜBERSETZUNGEN: *Die Sitten-Lehre und Politique der Jesuiten*, 2 Bde., o. O. 1740. – *Provinzialbriefe über die Sittenlehre und Politik der Jesuiten: unter dem Namen Louis de Montalte an einen Provinzial, und an die Ehrwürdigen Väter aus der Gesellschaft Jesu, geschrieben von B. P.*, 3 Bde., Lemgo 1773–1775. – *Provinzialbriefe über die Moral und Politik der Jesuiten*, J. J. G. Hartmann, Bln. 1830. – *Briefe an einen Freund in der Provinz: mit einer historischen Einl.*, K. A. Blech, Bln. 1841 (in *P.'s Sämmtliche Schriften über Philosophie und Christentum*, Bd. 2). – *Lettres Provinciales: Briefe an einen Freund in der Provinz*, A. Schorn, Köln 1968 [nach der Ausg. Chevaliers]. – *Briefe in die Provinz*, K. O. Ott, Heidelberg 1990.

LITERATUR: *Réponses aux »Lettres provinciales« publiées par le Secrétaire du Port-Royal, contre les Pères de la Compagnie de Jésus*, 1657. – St. Beuve, *Port Royal* [1840–1859], 3 Bde., Paris 1953–1955. – A. Bayet, *»Les Provinciales« de P.*, Paris 1929. – L. Parcé, *Un correcteur inattendu des »Lettres provinciales«* (in *Écrits sur P.*, Paris 1959, S. 21–59). – L. Cognet, *Le jansenisme*, Paris 1961. – M. Le Guern, *Sur le bataille des »Provinciales«, documents inédits* (in RHLF, 66, 1966, S. 293–296). – Ders., *Propos de P. sur les »Provinciales«* (ebd., 67, 1967, S. 606–608). – W. E. Rex, *P.'s »Provincial Letters«*, Ldn. 1977 – P. M. Dubé u. H. M. Davidson, *A Concordance to P.'s »Les Lettres Provinciales«*, NY 1980. – G. Ferreyrolles, *B. P., les »Provinciales«*, Paris 1984. – R. Duchêne, *L'imposture littéraire dans les »Provinciales« de P.*, Aix-en-Provence 1984; [2]1985. – L. A. MacKenzie, *P.'s Lettres »Provinciales«*, Birmingham/Ala. 1988. – R. Parish, *P.'s Lettres »Provinciales«*, Oxford 1989.

CHARLES PERRAULT

* 12.1.1628 Paris
† 16.5.1703 Paris

HISTOIRES OU CONTES DU TEMPS PASSÉ, avec des moralitez

(frz.; *Geschichten oder Märchen aus vergangener Zeit, mit anschließender Moral*). Märchensammlung von Charles PERRAULT, erschienen 1697 unter dem Namen seines Sohnes Pierre PERRAULT DARMANCOUR und berühmt geworden als *Contes de ma mère l'Oye (Märchen meiner Mutter Gans)*, nach der Inschrift auf dem Titelbild der Erstausgabe. Darunter versteht man in Frankreich Erzählungen, die so alt sind wie die sagenhafte germanische Königin Bertha mit dem Gänsefuß *(la reine Pédauque)*.

Perrault hat acht der bekanntesten und schönsten Märchenstoffe aus dem überlieferten Volksgut ausgewählt und ihnen eine bis heute verbindliche Form gegeben. *»Perraults Verdienst besteht darin, daß er nichts hinzugesetzt und die Sachen an sich, Kleinigkeiten abgerechnet, unverändert gelassen«* (Brüder GRIMM). *Le petit chaperon rouge, La belle au bois dormant, Cendrillon ou La petite pantoufle de vair* sind im deutschen Sprachbereich als *Rotkäppchen, Dornröschen* und *Aschenputtel* aus den *Kinder- und Hausmärchen* (1812) der Brüder Grimm bekannt; *Barbe-bleue* und *Le maistre Chaut ou Le chat botté* begegnen uns außerdem bei TIECK als *Ritter Blaubart* und *Der gestiefelte Kater*; die Geschichte *Les fées* findet sich variiert in *Frau Holle* (Grimm) wieder; *Le petit poucet* erinnert an den *Kleinen Däumling* in Ludwig BECHSTEINS Märchensammlung und ist gleichzeitig eine Abwandlung des *Hänsel-und-Gretel*-Motivs (Grimm); nur der kluge, aber häßliche Prinz *Riquet à la houppe (Riquet* *mit dem Schopf)* besitzt im deutschen Märchen kein direktes Pendant.

Die wichtigsten schriftlichen Quellen für Perrault waren zwei ältere italienische Märchensammlungen, *Le piacevoli notti*, 1550–1554 *(Die wunderbaren Nächte)*, von Giovanni Francesco STRAPAROLA und *Lo cunto de li cunti*, 1634–1636 *(Die Erzählung der Erzählungen)*, von Giambattista BASILE. Diese unter der Bezeichnung *Pentamerone* bekannte Sammlung von fünfzig märchenhaften Novellen, darunter *Aschenputtel, Dornröschen* und *Der gestiefelte Kater*, nimmt Anregungen aus orientalischen Märchen, vor allem aus *Tausendundeine Nacht*, auf. Basile wurde damit zum ersten bedeutenden Erzähler von Kunstmärchen in der europäischen Literatur. Perrault formte die Stoffe im Geist des ausgehenden französischen 17. Jh.s um und fand einen künstlerisch sehr reizvollen Mittelweg zwischen der Stilraffinesse des Kunstmärchens und dem spontan-naiven Volksmärchen. In einer Widmung an die Prinzessin Charlotte von Orleans weist er darauf hin, daß die Märchen alle *»eine sehr sinnvolle Moral enthalten, die sich dem Leser je nach seinem Einfühlungsvermögen mehr oder weniger deutlich erschließt«*. Die in Versform gehaltenen kleinen moralischen Ausschmückungen am Schluß jeden Märchens waren der schuldige Tribut an die Hofgesellschaft. Im übrigen wünscht er, daß seine Märchen *»ein Bild davon geben, was sich in den ärmsten Familien abspielt, wo zur Unterweisung der Kinder einfache Geschichten erzählt werden«*, die nicht ihren Verstand, sondern allein ihr Gefühl ansprechen sollen. Sie schildern das Wirken der wunderbaren geheimen Mächte des Märchenreichs und haben in Frankreich die Mode der *contes de fées* hervorgerufen.

Die *Contes de ma mère l'Oye* waren eines der ersten Volksmärchenbücher und gaben zu späteren Sammlungen wertvolle Anregungen (insbesondere J. K. A. MUSÄUS und den Brüdern Grimm). Die früheren Versmärchen Perraults, *Grisélidis* (1691), *Les souhaits ridicules*, 1694 *(Die lächerlichen Wünsche)*, und *Peau d'âne*, 1694 *(Eselshaut)*, sind in angeglichener Prosaform in spätere Auflagen miteinbezogen worden. KLL

AUSGABEN: Paris 1697 [unter dem Namen P. Perrault Darmancour]. – Paris 1862 (*Les contes*; ill. G. Doré). – Straßburg 1959 (*Contes de ma mère l'Oie, ou Histoires ou contes du temps passé*; Einl. J.-P. Clébert). – Paris 1965 (*Contes*, Hg. M. Aymé). – Paris 1975 (*Contes*; Ill. M. Clouzot). – Paris 1981, Hg. J.-P. Collinet (Folio). – Paris 1987 (*Contes*, Hg. F. Flahault; Vorw. B. Bettelheim). – Paris 1987 (Contes; Class. Garn).

ÜBERSETZUNGEN: *Ammen-Mährchen*, F. J. Bertuch, Gotha/Weimar 1790. – *Mährchen aus der alten Zeit oder Erzählungen der Mutter Gans*, S. Sander, Bln. 1825 [frz.-dt.]. – *Märchen*, M. Hartmann, Stg. o. J. [ca. 1872]; ern. Hbg. 1966. – *Märchen aus vergangener Zeit*, W. Scherf, Würzburg 1965. – *Märchen aus alter Zeit*, D. Walterhöfer, Plochingen 1965. – Dass., ders., Würzburg 1972. – *Die Märchen*, F. Müller, Mchn. 1973. – *Sämtliche Märchen*, D. Distelmaier-Haas, Stg. 1986 (RUB).

LITERATUR: Th. Pletscher, *Die Märchen Ch. P.s, eine literaturhistorische und literaturvergleichende Studie*, Bln. 1906. – P. Saintyves, *Les contes de P. et les récits parallèles*, Paris 1923. – M. Ludloff, *Ein Beitrag zu den Studien über die Märchen von Ch. P.*, Diss. Würzburg 1923. – A. Nordick, *Der Stil der Märchen P.s*, Bochum 1934 [zugl. Diss. Münster]. – W. Th. Elwert, *Ch. Ph. und seine Märchen* (in ASSL, 188, 1951, S. 73–97). – E. Henriot, *De qui sont les »Contes« de P.?* (in E. H., *Courrier littéraire: 17e siècle*, Bd. 2, 1959, S. 232–251). – L. Chini-Velan, *Carlo P.*, Florenz 1960. – H. Kortum, *Ch. P. und Nicolas Boileau*, Bln. 1966. – J. Roche Mazon, *Autor des contes de fées*, Paris 1968. – T. di Scanno, *Les contes de fées à l'époque classique*, Paris 1968; ern. Neapel 1978. – *A Concordance to P.'s Tales. I: »Contes de ma mère l'oye«*, Hg. J. Barchillon, Norwood/Penn. 1977. – M. Soriano, *Les contes de P.*, Paris 1977. – L. Mourey, *Introduction aux contes de Grimm et P.*, Paris 1978. – J. Barchillon u. P. Flinders, *P.*, Boston 1981 (TWAS). – G. Jacques, *Au siècle de Propp, Soriaux, Bettelheim. Les contes de P., encore et toujours de la littérature* (in *Recherches sur le conte merveilleux*, Hg. ders., Louvain-la-Neuve 1981, S. 7–55). – D. Escarpit, *Histoire du conte »Le chat botté« en France et en Angleterre*, 2 Bde., Paris 1985 [Diss. Lille-III]. – V. Klotz, *P. und die französischen Feenmärchen* (in V. K., *Das europäische Kunstmärchen*, Stg. 1985, S. 65–93). – W. Preisendanz, *Dialog zwischen ›naiveté‹ und ›esprit du monde‹. Zu den »Histoires du temps passé«* (in *Französische Klassik*, Hg. F. Nies u. K. Stierle, Mchn. 1985, S. 395–416). – *Les contes de P.*, Paris u. a. 1987 [Kongreßakten].

PARALLÈLE DES ANCIENS ET DES MODERNES EN CE QUI REGARDE LES ARTS ET LES SCIENCES

(frz.; *Vergleich zwischen den Alten und den Modernen, die Künste und Wissenschaften betreffend*). Fünf Dialoge von Charles PERRAULT, erschienen in vier Bänden 1688–1697. – Die literarische Auseinandersetzung um die Vorbildlichkeit der Antike, die auf eine lange Tradition zurückblicken kann und erst im zweiten Jahrzehnt des 18. Jh.s ihr Ende findet, setzt bereits in der Spätantike mit ARISTARCH aus Samothrake (2. Jh. v. Chr.) ein, wird von TACITUS aufgegriffen und taucht in der Renaissance im Zusammenhang mit der Fortschrittsidee erneut auf. Im 17. Jh. flammt der Streit in Frankreich angesichts der naturwissenschaftlichen Entdeckungen und der durch DESCARTES und PASCAL herbeigeführten geistigen Wende wieder auf und spaltet schließlich die namhaftesten Geister der klassischen Epoche in zwei Lager, in die Anhänger der »Alten« (u. a. LA FONTAINE, *Épître à Huet*, 1687; LA BRUYÈRE, *Discours* zur *Théophraste*, 1688; BOI-

LEAU, *Discours* zur *Ode pindarique sur la prise de Namur*, 1695; *Satire X*, 1694; *Réflexions sur Longin*, 1694) und in die Anhänger der »Modernen« (u. a. DESMARTES DE SAINT-SORLIN, Vorworte zu *Clovis*, 1657, zu den *Délices de l'esprit*, 1658, und der *Marie-Magdeleine*, 1669, ferner *Défense du poème héroïque*, 1674; FONTENELLE, *Digression sur les anciens et les modernes*, 1688; SAINT-ÉVREMOND, *Sur les poèmes des anciens*, 1685). Während die Traditionalisten daran festhalten, daß das Vollkommene in der Kunst nur durch die Nachahmung der Werke antiker Autoren erreicht werden könne, lehnen die Modernen einen absoluten Begriff des Vollkommenen ab und führen den Übergang vom theozentrischen Geschichtsverständnis BOSSUETS (*Discours sur l'histoire universelle*, 1681) zu einem entwicklungsgeschichtlichen Denken im Zeichen des Fortschritts herbei.

Ein Streit, der am 27. Januar 1687 während einer Sitzung der Académie française über Perraults *Poème sur le siècle de Louis le Grand* zwischen dem Autor und Boileau entbrannte, war der Anlaß zur Niederschrift der *Parallèle*. Perrault hatte in seinem *Poème* die Autorität des klassischen Altertums in Frage gestellt und das Zeitalter Ludwigs XIV. als dem des Augustus ebenbürtig erachtet. Die Dialoge sind nun der systematische Versuch, in die Gegenüberstellung von Altertum und Neuzeit die Künste und Wissenschaften in ihrer Gesamtheit einzubeziehen. – In den Gärten von Versailles beginnen drei Personen – der Abt und der Ritter (als die Vertreter der Modernen) auf der einen, der Präsident des Hofes (als Vertreter der Alten) auf der anderen Seite – ein Gespräch über die Gültigkeit eines überzeitlichen Schönheitsideals. Im ersten Dialog trifft der Abt die Unterscheidung zwischen der Idee des Schönen und ihrer je anderen Verwirklichung und unterwirft die Werke aller Zeiten der urteilenden Instanz des *»bon goût«*. Er setzt überdies der traditionellen Naturnachahmung die *»inventio«*, die Erfindung, entgegen, sowohl im technischen (als künstliche Planung) wie im künstlerischen Bereich (kunstvollere Perspektive und Komposition): *»Der entscheidende Fortschritt des erfinderischen Menschengeistes liegt für Perrault nicht mehr im Hervorbringen des von der Natur Vorgezeichneten oder nur Begonnenen, sondern auf dem Weg von den planlosen und situationsbedingten ersten Erfindungen zu der völlig vorbedacht zweckmäßig ausgeführten Maschine«* (H. R. Jauss). Der zweite Dialog handelt von der Architektur, Skulptur und Malerei und stellt die Schönheit des Louvre über die des Tempels von Ephesus. Bei aller Bewunderung für Raffael zieht Perrault Le Brun jenem vor, da der moderne Maler eine gründlichere Kenntnis der Regeln vorzuweisen habe. (An späterer Stelle, im vierten Dialog, wird die Schönheit des Kunstwerks nicht mehr allein von den Regeln abhängig gemacht, sondern auch vom Genie des Künstlers.) Die drei folgenden, der Beredsamkeit, der Dichtkunst und den Wissenschaften (Astronomie, Geographie, Navigation, Mathematik, *art militaire*, Philosophie, Medizin, Musik, Gartenbau, Kochkunst, Fahrzeugbau, Buchdruckkunst, Artillerie, Kupferstich und Feuerwerkskunst) gewidmeten Dialoge dienen wiederum der Erhärtung der These, daß die gegenwärtige Zeit der Antike überlegen sei, da sie aufgrund ihres umfangreicheren Faktenwissens eine genauere Kenntnis der Dinge haben müsse, daß also Pascal über PLATON und Boileau über HORAZ und JUVENAL stehe.

Die Bedeutung der *Parallèle* im Rahmen der »Querelle des anciens et des modernes« und darüber hinaus als Dokument eines sich wandelnden historischen Bewußtseins liegt vor allem in der Entdeckung des *beau relatif*, eines »relativen Schönheitsideals«, das in Ansätzen bereits aus der Verschiedenheit der Völker und ihrer Sitten erklärt wird. Den Vergleichen und »Parallelen« zwischen den Alten und den Modernen wird in dem Augenblick der Boden entzogen, als die klassische Literaturästhetik der Überzeugung von der *»absoluten Verschiedenheit des Antiken und des Modernen«* (Friedrich v. Schlegel) weicht. R.L.

AUSGABE: Paris 1688–1697, 4 Bde. [Faks. Mchn. 1964; Einl. H. R. Jauss, kunstgeschichtl. Exkurse M. Imdahl; Faks. Genf 1971].

LITERATUR: Ch.-A. Sainte-Beuve, *Ch. P.* (in Ch.-A. S.-B., *Causeries du lundi*, Bd. 5, Paris 1852, S. 255–274). – H. Kortum, *Die gesellschaftlichen Hintergründe der Auseinandersetzung zwischen P. u. Boileau um die Vorbildgeltung der Antike*, Diss. Lpzg. 1962. – Ders., *P. u. Nicolas Boileau. Der Antike-Streit im Zeitalter der klassischen französischen Literatur*, Bln. 1966. – E. L. Bery, *Recognizing Differences. P.'s Modernist Aesthetic in »Parallèle des Anciens et des Modernes«* (in PFSCL, 1983, Nr. 18, S. 135–148). – R. J. Howells, *Dialogue and Speakers in the »Parallèle des Anciens et des Modernes«* (in MLR, 1983, S. 793–803).

HONORAT DE BUEIL, SEIGNEUR DE RACAN

* 5.2.1589 Schloß Champmarin bei Aubigné Racan / Touraine
† 21.1.1670 Paris

LITERATUR ZUM AUTOR:
L. Arnould, *R.*, Paris 1896 [Nachdr. Genf 1970]. – V. Larbaud, *Notes sur R.*, Maastricht 1928 (auch in Revue de Paris, 6, 1927, S. 42–54, und in V. L., *Ce vice impuni, la lecture*, Paris 1941, S. 132–160). – L. Perceau, *F. de Malherbe et ses escholiers*, Paris 1932. – B. S. Ridgeby, *R. and the Old and New Astronomies* (in YFS, 49, 1973, S. 154–169). – A. Rothe, *R., Schüler Malherbes* (in A. R., *Französi-*

sche Lyrik im Zeitalter des Barock, Bln. 1974, S. 48–50).

LES BERGERIES

(frz.; *Hirtenszenen*). Pastorales Drama in fünf Akten von Honorat de Bueil, Seigneur de Racan, aufgeführt seit 1618 in Paris, Hôtel de Bourgogne. – Racans *Bergeries* sind inspiriert von Tassos *Aminta* (1580) und Guarinis *Pastor fido* (1590); in der Entwicklung des Dramas in Frankreich nehmen sie – über die Grenzen der Gattung der Pastorale hinaus – eine Schlüsselstellung ein. Die Handlung verwendet in geschickter Kombination die geläufigen Themen- und Motivkomplexe des Schäferromans: Sehnsüchtiges Liebesverlangen und Koketterie, Eifersüchteleien und die Schmerzen unerwiderter Neigung werden kunstvoll verknüpft zu einer dramatischen Verwicklung, die sich nach manchen Irrtümern in allgemeiner Freude auflöst.

Die Motivation wirkt teilweise unwahrscheinlich, etwa wenn die Magna Mater ihrem Schützling, der schönen Artenice verbietet, einen Ortsfremden zu heiraten. Hier können die Verwechslungen und Intrigen mühelos anknüpfen, so wenn Alcidor Artenice liebt, diese aber in Tisimandre den ihr von den Göttern bestimmten Gatten vermutet. Auch magische Praktiken werden als Handlungsmotiv nicht verschmäht. Der reiche Lucidas, von Artenices Eltern als Bewerber begünstigt, zeigt ihr im Zauberspiegel eines Magiers den geliebten Alcidor in den Armen Ydalies. Die Verwirrung erreicht nun ihren Höhepunkt: Empört weist Artenice die Treueschwüre Alcidors zurück und beschließt, ins Kloster zu gehen. Erst der Selbstmordversuch des Liebenden vermag sie von der Echtheit seiner Gefühle zu überzeugen, zumal die Ränke des Magiers nun enthüllt werden. Die endgültige Lösung des Konflikts wird durch einen Anagnorismus herbeigeführt. Der Vater Ydalies erkennt in Alcidor seinen verlorengeglaubten Sohn wieder. Das Verbot der Göttin erweist sich im nachhinein als gegenstandslos. Auch dem bisher verschmähten Tisimandre gelingt es, durch Opfermut und Treue die Zuneigung Ydalies zu gewinnen, und der Vereinigung beider Paare steht hinfort nichts mehr im Wege.

Ungeachtet aller Verwicklungen, aller traditionellen Motive und Versatzstücke der Pastorale repräsentiert das Stück alles andere als ein unwirkliches, fernes Arkadien. Es ist in der lieblichen Seine-Landschaft in der Nähe von Paris angesiedelt (*»On me dit que c'estoit où les flots de la Seine / Vont arrousant le pied des cousteaux de Surene«)*; die Natur, das bäuerliche Leben mit seinen Schwierigkeiten und seinen Freuden, die Familienszenen, die Strenge des Klosterlebens sind wirklichkeitsnah und lebendig geschildert.

A. Adam sieht in den *Bergeries »die erste unserer ›comédies de mœurs‹, mit Sicherheit den Ausgangspunkt für die Komödien Corneilles«*. Die Anmut und gelegentliche Preziosität des Stils, die Musikalität des Verses, die heitere Gelassenheit des Ganzen verschleiern dabei nicht Racans Gesellschaftskritik: an einer nur auf soziale Sicherheit zielenden Heiratspolitik, an der Strenge der Sittengesetze, die sich nur aus dem Handelswert der »Ware« Liebe erklärt (*»... cet honneur qui nous ordonne / D'acheter et vendre si cher / Les plaisirs que l'amour nous donne«)*, an der Pervertierung der Liebe durch *»la honte, l'honneur et l'envie«* (Scham, falsche Ehrbegriffe und Neid). Auch die Klage über den Verlust der im Goldenen Zeitalter bestehenden *esgalité* unter den Menschen ist mehr als eine literarische Floskel. Und alle Verwicklungen der Handlung scheinen nur erfunden, um die Liebe in aller Leidenschaftlichkeit, in ihren Widersprüchen und Verirrungen, in ihren feinsten psychologischen Abstufungen darzustellen. In der Behandlung der Liebesthematik ist Racan der Vorläufer Racines. KLL

Ausgaben: Paris 1625. – Paris 1626 [erw.]. – Paris 1857 (in *Œuvres complètes*, Hg. T. de La Tour, 2 Bde., 2). – Paris 1937, Hg. L. Arnould [krit.]. – Paris 1937 (in *Œuvres complètes*, Hg. L. Arnould, 2 Bde., 1930–1937, 2; krit.). – Paris 1975 (in *Théâtre du 17e siècle*, Hg. J. Scherer; Pléiade).

Übersetzung: In E. v. Jan, *Französische Klassik*, Lpzg. u. a. 1947 [Ausz.].

Literatur: J. Parrish u. W. A. Jackson, *R.'s »L'Artenice«, an Addition to the English Canon* (in Harvard Library Bull., 14, 1960, S. 183–190). – J. Jacquot, *Drame poétique et fête théâtrale* (in *Le Baroque au théâtre*, Montauban 1967, S. 5–22). – R. Lebègue, *Origines et caractère du théâtre baroque français* (ebd., S. 23–30). – D. della Valle, *La pastorale dramatique baroque et l'influence de l'»Aminta«* (in *L'Italianisme en France au 17e siecle, Actes du 8e Congrès de la Société Française de Littérature Comparée*, Turin 1968, S. 95–108). – G. Delley, *L'assomption de la nature dans la lyrique française de l'âge baroque*, Bern 1969. – F. J. Warnke, *Das Spielelement in der Liebeslyrik des Barock* (in Arcadia, 4, 1969, S. 225–237). – G. Mathieu-Castelani, *La poétique du fleuve dans les »Bergeries« de R.* (in *Le genre pastoral en Europe du 15e au 17e siècle*, Saint Étienne 1980, S. 223–232).

JEAN RACINE

* 21.(?)12.1639 La Ferté-Milon / Soissons
† 21.4.1699 Paris

Literatur zum Autor:
Bibliographien:
A. J. Guibert, *Bibliographie des œuvres de R. publiées au XVIIe siècle*, Paris 1968. – R. Picard, *Nouveau*

Corpus Racinianum, Paris 1976. – G. Montgrédien u. J. Robert, *Les comédiens au XVIIe siècle*, Paris 1981.
Forschungsberichte:
L. Goldmann, *Situation de la critique racinienne*, Paris 1971. – W. Theile, *Die R.-Kritik bis 1800*, Mchn. 1974.
Zeitschrift:
Cahiers raciniens, Paris 1957ff.
Biographien:
G. Bereton, *J. R., a Critical Biography*, Ldn./NY 1951. – R. Picard, *La carrière de J. R.*, Paris 1956; rev. 1961.
Gesamtdarstellungen und Studien:
T. Maulnier, *R.*, Paris 1935; ern. 1988 (Folio). – R. Moreau, *R., l'homme et l'œuvre*, Paris 1943. – J. G. Cahen, *Le vocabulaire de R.*, Paris 1946; Nachdr. Genf 1970. – K. Vossler, *J. R.*, Bühl ²1948. – G. May, *Tragédie cornélienne, tragédie racinienne*, Urbana/Ill. 1948. – Ders., *D'Ovide à R.*, Paris/Yale 1949. – R. C. Knight, *R. et la Grèce*, Paris 1950. – J. Giraudoux, *R.*, Paris 1950. – J. Pommier, *Aspects de R. suivi de l'histoire littéraire d'un couple tragique*, Paris 1954. – L. Goldmann, *Le dieu caché*, Paris 1955 (dt. *Der verborgene Gott*, Neuwied/Darmstadt 1973). – Ders., *J. R. dramaturge*, Paris 1956. – J. Lapp, *Aspects of Racinian Tragedy*, Toronto 1956; ern. 1964. – J. D. Hubert, *Les secrets témoins. Essai d'exégèse racinienne*, Paris 1956. – M. Descotes, *Les grands rôles du théâtre de J. R.*, Paris 1957. – Ch. Mauron, *L'inconscient dans l'œuvre et la vie de J. R.*, Gap 1957; ern. Paris 1969. – R. Jasinski, *Vers le vrai R.*, 2 Bde., Paris 1958. – R. Schmid, *Der dramatische Stil bei R.*, Aarau 1958. – Ph. Butler, *Classicisme et baroque dans l'œuvre de R.*, Paris 1959. – H. G. Coenen, *Elemente der R.schen Dialogtechnik*, Münster 1961. – M. Blum, *Le thème symbolique dans le théâtre de R.*, Paris 1962–1965. – R. Barthes, *Sur R.*, Paris 1963. – E. Vinaver, *R. et la poésie tragique*, Paris ²1963. – B. Weinberg, *The Art of J. R.*, Ldn./Chicago 1963. – P. France, *R.'s Rhetoric*, Oxford 1965. – E. van der Starre, *R. et le théâtre de l'ambiguité*, Leiden 1966. – J. Mercanton, *R.*, Paris 1966. – O. de Mourgues, *Autonomie de R.*, Paris 1967. – Europe, 1967 [Sondernr. *J. R.*]. – B. C. Freeman u. A. Batson, *Concordance du théâtre et des poésies de J. R.*, Ithaca/N.Y. 1968. – G. Spillebout, *Le vocabulaire biblique dans les tragédies sacrées de R.*, Genf 1968. – K. Biermann, *Selbstentfremdung und Mißverständnis in den Tragödien R.s*, Bad Homburg 1969. – R. C. Knight, *R. Modern Judgements*, Ldn. 1969. – M. Descotes, *R.*, Bordeaux 1969. – R. Elliot, *Mythe et légende dans le théâtre de R.*, Paris 1969. – M. Eigeldinger, *La mythologie solaire dans l'œuvre de R.*, Neuchatel/Genf 1969. – K. Eder, *Pierre Corneille und J. R.*, Velber bei Hannover 1969; ern. Mchn. 1976 (dtv). – J. Gutwirth, *J. R., un itinéraire poétique*, Montreal 1970. – A. Bonzon, *La nouvelle critique et R.*, Paris 1970. – M. Delcroix, *Le sacré dans les tragédies profanes de R.*, Paris 1970. – B. L. Knapp, *J. R.*, Univ. of Alabama 1971. – J.-J. Roubine, *Lectures de R.*, Paris 1971. – R. W. Tobin, *R. et Seneca*, Chapel Hill/N.C. 1971. – M. Turnell, *J. R. – Dramatist*, NY 1972. – J. Ratermanis, *Essai sur les formes verbales dans les tragédies de R.*, Paris 1972. – M. Edwards, *La tragédie racinienne*, Paris 1972. – E. P. Kostoroski, *The Eagle and the Dove. Corneille and R. in the Literary Criticism of Eighteenth-Century France*, Banbury 1972 (StV). – *Actes du 2e colloque de Marseille*, Marseille 1973. – G. Pocock, *Corneille and R.*, Ldn. 1973. – C. Borgal, *R.*, Paris 1974. – Ph. Butler, *R. A Study*, Ldn. u. a. 1974. – A. Niderst, *Les tragédies de R.*, Paris 1975. – E. Batache-Watt, *Profils des héroines raciniennes*, Paris 1976. – *R.*, Hg. W. Theile, Darmstadt 1976. – R. Galle, *Tragödie und Aufklärung. Zum Funktionswandel des Tragischen zwischen R. und Büchner*, Stg. 1976. – M. Fingerhut, *R. in deutschen Übersetzungen des 19. u. 20. Jh.s*, Bonn 1976. – *R. Mythes et réalités. Actes du colloque ...*, Hg. C. Venesoen, Paris 1976. – M. Zons-Giesa, *R., dramatische Dialektik und das Ende der Tragödie*, Mchn. 1977. – W. J. Cloonan, *R.'s Theatre*, Univ. of Mississippi 1977. – C. Abraham, *J. R.*, Boston 1977 (TWAS). – P. J. Yarrow, *R.*, Oxford 1978. – A. Niderst, *R. et la tragédie classique*, Paris 1978 (Que sais-je?). – J.-L. Backès, *R.*, Paris 1981. – J. Prophète, *Les para-personnages dans les tragédies de R.*, Paris 1981. – C. Venesoen, *J. R. et le procès de la culpabilité*, Paris 1981. – E. M. Zimmermann, *La liberté et le destin dans le théâtre de R.*, Saratoga/Calif. 1982. – J. Schérer, *R. et/ou la cérémonie*, Paris 1982. – Ch. Bernet, *Le vocabulaire des tragédies de R.*, Genf/Paris 1983. – E. Köhler, *Vorlesungen zur Geschichte der frz. Literatur, Klassik*, Hg. H. Krauss u. D. Rieger, 2 Bde., Stg. 1983. – E. Vinaver, *Entretiens sur R.*, Paris 1984. – I. Heyndels, *Le conflit racinien. Esquisse d'un système tragique*, Brüssel 1985. – K. Stierle, *Leidenschaft und Selbstentfremdung* (in *Französische Klassik*, Hg. F. Nies u. ders., Mchn. 1985, S. 100–112). – *R., la Roumaine, la Turque et la Juive*, Hg. P. Ronzeaud, Aix-Marseille 1986. – M. F. Bruneau, *R. le jansénisme et la modernité*, Paris 1986. – N. Ekstein, *Dramatic Narrative. R.'s récits*, NY u. a. 1986. – *Rélectures raciniennes*, Hg. R. I. Barnett, Paris u. a. 1986. – C. Venesoen, *Le complexe maternel dans le théâtre de R.*, Paris 1988 (ALM).

ANDROMAQUE

(frz.; *Andromache*). Tragödie in fünf Akten von Jean RACINE, Uraufführung: Paris, 17. 11. 1667. – *Andromaque* (der Herzogin von Orléans, Henriette-Anne d'Angleterre, 1644–1670, gewidmet), das erste namhafte Bühnenwerk Racines, stellt zugleich einen Wendepunkt in dramen- und theatergeschichtlicher Hinsicht dar. Als Quelle des Stücks zitiert Racine im Vorwort einige Verse aus VERGILS *Aeneis* (III, 292–332), in denen der Schauplatz (Hof des Pyrrhus, König von Epirus), die vier Hauptgestalten (Andromache, Gattin des gefallenen Hektor; Pyrrhus, Sohn des Achill; Hermione, Tochter des Menelaos, und der von den Furien verfolgte Orest) und der Gang der Handlung in knapper Form skizziert sind. Der *Andromache* des EURIPIDES ist allein das Motiv der Eifersucht Hermiones entnommen.

Andromache, die Witwe Hektors, lebt als Gefangene am Hof des Königs Pyrrhus, der mit dem Tod ihres Sohnes Astyanax droht, um sie zur Heirat mit ihm zu zwingen. Hermione, die ehemalige, nun verschmähte, von rasender Eifersucht gepeinigte Braut des Pyrrhus, wird von Orest in hoffnungsloser Leidenschaft geliebt. Andromache willigt, um das Leben ihres Sohnes zu retten, schließlich in die Heirat mit Pyrrhus ein, faßt jedoch – um ihrem toten Gatten treu zu bleiben – den Vorsatz, sich unmittelbar nach der Eheschließung zu töten. Hermione, die zwischen Liebe und Rachsucht schwankt, treibt Orest zum Mord an Pyrrhus und erdolcht sich. Orest verfällt dem Wahnsinn.

Das Stück war beim zeitgenössischen Publikum umstritten: Ludwig XIV. und sein Hof verteidigten es, während die Anhänger CORNEILLES sich von der Heftigkeit der Leidenschaften schockiert zeigten. Racine erwiderte, sein Pyrrhus habe die Romane der Zeit nicht gelesen, könne also kein sanfter Céladon (Held des nach 1593 entstandenen galanten Romans *L'Astrée* von Honoré d'URFÉ) sein.

Das Thema der Tragödie ist hier nicht mehr, wie noch Corneille, der Konflikt zwischen Pflicht und Neigung. Die Akteure der *Andromaque* sind nicht von der Außenwelt, sondern einzig und allein von ihren Leidenschaften bestimmt. Orests Auftreten am Anfang genügt, um die Krise zum raschen Ausbruch kommen zu lassen; denn Orest liebt Hermione, Hermione liebt Pyrrhus, Pyrrhus liebt Andromache, Andromache liebt den toten Hektor: Jeder liebt unabdingbar, und die Lösung kann offenbar nur durch ein gewaltsames Zerbrechen des *circulus vitiosus* erfolgen. Die Möglichkeit freien Entschlusses, in dem sich Corneilles Protagonisten zu Heroen läutern, ist hier ausgeschlossen. Die Liebe erscheint als grausame Macht, die den Menschen jedes Handlungsspielraums beraubt und ihn zum Opfer seiner Leidenschaften bestimmt. Nicht nur dadurch, daß die Handlung ihre entscheidenden Impulse aus den Dramenfiguren selbst erfährt, sondern zugleich auch durch sein Streben nach Einfachheit *(simplicité)*, auch auf sprachlicher Ebene, setzt sich Racine zunehmend vom Theater Corneilles ab. Die kunstvolle und melodische Schlichtheit einer neuen Bühnensprache löst in der Folge mehr und mehr den pompösen, oft deklamatorischen Stil Corneilles und seiner Anhänger ab. Zum erstenmal zum Einsatz bringt Racine hier auch jenes glückliche kompositorische Verfahren, die Handlung schon kurz vor dem Höhepunkt des Konflikts beginnen zu lassen. Von diesem Schema, das die Wahrung der drei klassischen Einheiten (Ort, Zeit, Handlung) wesentlich vereinfacht, machte Racine später immer wieder Gebrauch.

Jüngere Deutungen, welche diese Tragödie kontrovers interpretieren, zeugen von der Komplexität dieses klassischen Meisterwerks. Als »Neuauflage« der trojanischen Katastrophe (Andromache = Witwe Hektors, Pyrrhus = Sohn Achilleus', Orest = Sohn Agamemnons, Hermione = Tochter Helenas) deutet H. R. JAUSS (1960) die *Andromaque*. Während K.A. OTT (1968) im Anschluß an K. VOSSLER in der Figur der Andromache eine christliche Märtyrerin sieht, gibt es für E. KÖHLER (1983) in diesem Stück gerade keine Schuldigen im Sinne der christlichen Ethik, sondern lediglich Begnadete und Unbegnadete. Tragik heißt für ihn darum hier, daß das Schicksal der Figuren nicht als Konsequenz aus ihrem Charakter begriffen werden kann. Unumstritten ist jedoch die radikale Erneuerung der Gattung der Tragödie, die dieses Stück vollzieht. Insbesondere die hier durchgespielte Abhängigkeit des Menschen von seinen Leidenschaften gilt als grundlegend für die französische Literatur der kommenden Jahrhunderte, bis hin zum modernen Roman. G.Schw.

AUSGABEN: Paris 1668. – Paris 1676 (in *Œuvres*, 2 Bde., 1). – Paris 1865–1873 (in *Œuvres*, Hg. P. Mesnard, 9 Bde., 2; krit.). – Paris 1951 (in *Œuvres complètes*, Hg. R. Picard, Bd. 1; krit.; Pléiade). – Paris 1964 (in *Théâtre complet*, Hg. A. Stegmann, 2 Bde., 1; GF). – Genf 1977, Hg. R. C. Knight u. H. T. Barnwell. – Paris 1980 (in *Théâtre complet*, Hg. J. Morel u. A. Viala; Class. Garn). – Paris 1982 (in *Théâtre complet*, 2 Bde., 1; Folio). – Paris 1986 (Poche).

ÜBERSETZUNGEN: *Andromacha*, J. H. Misler, o. O. 1751. – *Andromache*, T. Wegener, Lpzg. ca. 1878 (RUB). – Dass., A. Luther (in *Dramatische Dichtungen u. geistliche Gesänge*, Hg. W. Willige, Bd. 1, Darmstadt 1956). – Dass., ders., Stg. 1961 (RUB). – Dass., S. Werle, Ffm. 1986.

LITERATUR: H. Weinrich, *Tragische u. komische Elemente in R.s »Andromaque«*, Münster 1958. – H. R. Jauß, *R.s »Andromaque« u. Anouilhs »Antigone«. Klassische u. moderne Form der französischen Tragödie* (in NSp, 9, 1960, S. 428–444). – J. Pommier, *Tradition littéraire et modèles vivants dans l'»Andromaque« de R.*, Cambridge 1962. – A. Lebois, *»Andromaque« ou la hantise de la nuit* (in A. L., DSS, Paris 1966, S. 237–268). – K. A. Ott, *R. »Andromaque«* (in *Das frz. Theater vom Barock bis zur Gegenwart*, Hg. J. v. Stackelberg, Bd. 1, Düsseldorf 1968, S. 137–163; 373–379). – P. Bénichou, *Andromaque captive puis reine* (in P. B., *L'écrivain et ses travaux*, Paris 1967, S. 207–236). – P. France, *R., »Andromaque«*, Ldn. 1977. – I. McFarlane, *Reflections on the Variants of »Andromaque«* (in *Form and Meaning*, Hg. W. D. Howarth u. a., Amersham 1982, S. 99–114). – *R. Goodkin, A Choice of Andromache's* (in YFS, 67, 1984, S. 225–247). – A. Soare, *La triple mort de Pyrrhus ou »Andromaque« entre le baroque et le classicisme* (in PFSCL, 11, 1984, Nr. 20, S. 139–166). – P. Lewis, *»Andromaque« under Interrogation* (in Semiotica, 51, 1984, S. 71–100). – J. Moravcevich, *R.'s »Andromaque«. An Annotated Bibliography*, Paris u. a. 1984. – J. E. Jackson, *»Andromaque«* (in SFR, 9, 1985,

S. 121–136). – E. Szarota, *Die Ehegattin – Klassische Figuren. Andromaque in R.s Tragödie »Andromaque« (1667)* (in E. S., *›Stärke, dein Name sei Weib‹. Bühnenfiguren des 17. Jh.s*, Bln./NY 1987, S. 25–32). – H. T. Barnwell, *R.'s »Andromaque«, New Myth for Old* (in *Myth and Its Making in the French Theatre*, Hg. E. Freeman u. a., Cambridge 1988, S. 57–70).

ATHALIE

(frz.; *Athalia*). Tragödie in fünf Akten von Jean RACINE, Uraufführung: 5. 1. 1691. – Diese letzte Tragödie Racines entstand wie die vorausgehende *Esther* (1689) im Auftrag der Marquise Maintenon (1635–1719) und war der frommen Erziehung, Bildung und Unterhaltung ihrer Schülerinnen, der jungen Damen von Saint-Cyr, zugedacht. Wegen des Auftretens junger Mädchen vor versammeltem Hof wurde die Aufführung jedoch von der Öffentlichkeit mißbilligt. Das gedruckte Werk vermochte die Vorurteile kaum zu revidieren, BOILEAUS prophetische Ermutigung den Autor wenig zu trösten. Erst drei Jahre nach Racines Tod feierte *Athalie* glanzvolle Auferstehung in einer Inszenierung für die Duchesse de Bourgogne.

Die Liebes- und Leidenschaftsthematik, die in Racines früheren Stücken von grundlegender Bedeutung war, spielt hier, wie bereits in *Esther*, keine Rolle mehr. Thema des Stückes ist der Triumph Gottes durch die Rache seiner Diener an seinen Verächtern und Feinden. Die Baalsdienerin Athalie versucht in anmaßender Tyrannei und heidnischem Frevel das Volk der Juden seinem Gott zu entreißen. Ihr Schicksal erfüllt sich, als der Hohepriester Joad den heimlich im Tempel aufgezogenen rechtmäßigen Erben des Hauses David, den jungen Joas, zum König salbt, die Leviten bewaffnet und das Volk zum Aufstand ruft: Die herrschsüchtige, mörderische Königin wird erschlagen.

Als Vorlage diente Racine neben dem biblischen Bericht (*Könige*, 2, 11) BOSSUETS Bibelkommentar im *Discours sur l'histoire universelle* (1681), der in einem lebendigen, wenn auch etwas verzerrten Porträt Athalie als ein vor Verbrechen nicht zurückschreckendes, von Machtgier berauschtes Weib darstellt. Racine gelingt es, aus reifer Erfahrung und tiefer Überzeugung eine stets Staunen und Bewunderung hervorrufende Synthese zwischen christlicher Heilslehre und antiker Schicksalstragik zu schaffen. Die von Akt zu Akt sich neu belebende und steigernde dramatische Spannung verdankt das Stück einem Kunstgriff, der zum Vergleich mit SOPHOKLES' *König Oedipus* auffordert: Ein düsteres Geheimnis, dem Zuschauer von Anfang an offenbar, bleibt dem Helden bis zum Schluß verborgen. Das Publikum bangt um das Leben des David-Erben, dessen geheime Existenz von Athalie entdeckt zu werden droht. Im zweiten Akt schon weist ein Traum sie auf die richtige Spur, aber ihr besessener Hochmut macht sie blind. Aus dem Mund des Priesters, der in seiner Rache klare, unwiderrufliche Pläne befolgt, vernimmt sie am Ende ihren Untergang. Zwar motiviert Racine auch hier alles Geschehen aus den Charakteren seiner Hauptfiguren und sichert damit die innere Logik des Stücks; hinter dem Willen des einzelnen steht jedoch die Allgewalt Gottes. (In dramaturgischer Hinsicht erinnert dieser an den *deus ex machina* der griechischen Tragödie.)

Eine Besonderheit von *Athalie* ist die bereits an *Esther* auffallende, thematisch bedingte Großartigkeit der Kulisse, des Dekors und der Szenenkomposition. Das gewaltige, spektakuläre Bühnenbild, das den Tempel Salomos in seinem ganzen zeremoniellen Prunk, den hohen Glanz der biblischen Vergangenheit vor Augen führen soll, ist noch heute eine große und dankbare Aufgabe für talentierte Bühnenbildner. Der Chor vertritt das jüdische Volk, das durch seine Stimme an der Handlung teilhat. Er vor allem ist es, der dem Drama den opernhaft-grandiosen Charakter verleiht, in einer Koordination von archaisch-biblischem und antikklassischem Pathos, das im ekstatischen Prophetenwort des Hohenpriesters (3, 7) seinen Höhepunkt findet.

Für Racines letztes Werk läßt sich zum einen eine Deutungstradition ausmachen, welche den Aspekt der Versöhnung als wesentlich herausstellt: Während die frühe klassisch-christliche Kritik weitgehend die Grausamkeit des Stücks überging und in erster Linie ihre eigene Weltanschauung bestätigt fand, erkannte die Aufklärung (VOLTAIRE) die inhaltliche *»Barbarei«* der *Athalie* zwar, stellte aber ein moralisches Interesse an der Tragödie ganz in den Vordergrund. Geschichtsphilosophische Deutungen von SCHLEGEL, SAINTE-BEUVE bis hin zu K. VOSSLER und R. PICARD glauben in diesem Stück Racines die Wirkung eines uneinsehbaren Heilsplans zu sehen und behaupten eine Übereinkunft von Tragödie und Heilsgeschichte. Im Unterschied zu diesen Deutungen, die den versöhnlichen Aspekt des Werks ganz in den Vordergrund stellen, zeichnet sich eine zweite, eher archaisierende Interpretationsrichtung in der Tradition NIETZSCHES ab: E. AUERBACH deutet *Athalie* als wilden Kampf der Machtinstinkte, und R. BARTHES, der das Gegeneinander von Athalie und Joad auf archaische Auseinandersetzungen bezieht, die in der Urhorde stattgefunden haben, sieht *Athalie* als den Höhepunkt im Gesamtwerk Racines an. Unter Berücksichtigung dieser Rezeptionsstufen stellt R. GALLE gerade die unauflösbare Spannung zwischen geschichtsbestimmten und archaischen Tendenzen, die in der Tragödie das Schicksal des Menschen bestimmen, als für das Tragische generell und für *Athalie* insbesondere wesentlich heraus.

Im Vergleich mit dem klaren, erhaben-klassischen Ton der früheren Dramen Racines zeigt dieses Stück eine dem biblischen Stoff entsprechend farbenreichere Bewegtheit und Ausdruckskraft. *Athalie* ist zwar nicht das populärste und meistgespielte Bühnenwerk Racines, gilt aber nach Meinung der Literaturwissenschaftler als eine der bedeutendsten und größten Schöpfungen der gesamten französischen Klassik. Voltaire nannte es ein *»Meisterwerk des menschlichen Geistes«*. I.P.-G.Schw.

Ausgaben: Amsterdam 1690/91 (in *Œuvres*, Bd. 3). – Paris 1865–1873 (in *Œuvres*, Hg. P. Mesnard, Bd. 3; krit.). – Paris 1951 (in *Œuvres complètes*, Hg. R. Picard, Bd. 1; krit.; Pléiade). – Paris 1964 (in *Théâtre complet*, Hg. A. Stegmann, 2 Bde., 2; GF). – Paris 1980 (in *Théâtre complet*, Hg. J. Morel u. A. Viala; Class. Garn). – Paris 1983 (in *Théâtre complet*, 2 Bde., 2, Folio).

Übersetzungen: *Chöre aus Athalie*, J. W. v. Goethe (in *WA*, Abt. 1, Bd. 53, 1914, S. 96/97). – *Athalia*, A. Luther (in *Ausgew. Dramen*, Wiesbaden 1948). – Dass., W. Willige (in *Dramatische Dichtungen u. geistliche Gesänge*, 2 Bde., Darmstadt 1956). – Dass., R. A. Schröder (in R. A. S., *GW*, Bd. 6: *Corneille, R., Molière in dt. Alexandrinern*, Bln./Ffm. 1958). – Dass., ders., Hbg. 1961 (EC).

Vertonungen: v. Poißl, Mchn. 1828 (Oper; Text: Wohlbrück). – Mendelssohn Bartholdy, Mchn. 1853 (Chöre).

Literatur: J. Lichtenstein, *R., poète biblique*, Paris 1934. – J. Orcibal, *Autour de R.*, Bd. 1: *La genèse d'»Esther« et d'»Athalie«*, Paris 1950. – B. Chedozeau, *Le tragique d'»Athalie«* (in RHLF, 67, 1967, S. 494–501). – J. Doolittle, *The Eyes of »Athalie«* (in EsCr, 8, 1968, S. 149–159). – R. Galle, *Tragödie und Aufklärung*, Stg. 1976. – A. Fuß, *R.s »Athalie«* (in LJb, 17, 1976, S. 23–39). – B. L. Knapp, *R. »Athaliah«* (in B. L. K., *Dream and Image*, Troy/N.Y. 1977, S. 61–84). – R. Knight, *Meditations on »Athalie«* (in *Form and Meaning*, Hg. W. D. Howarth u. a., Amersham 1982, S. 187–199). – H. B. McDermott, *Matricide and Filicide in R.s »Athalie«* (in Symposium, 38, 1984, S. 56–69). – M.-F. Bruneau, *»Athalie«, l'unique tragédie pure de R.* (in RomR, 76, 1985, S. 374–388). – E. Forman, *Lyrisme et tragique dans l'»Athalie« de R.* (in *Dramaturgies, langages dramatiques. Mélanges J. Schérer*, Paris 1986, S. 307–313). – L. Corti, *Excremental Vision and Sublimation in R.'s »Athalie«* (in FF, 12, 1987, S. 43–53). – J. A. Lepine, *Idols in the Night. The Ritualization of Violence and Passion in R.'s »Athalie«*, Diss. Stanford 1987 (vgl. Diss. Abstracts, 48, 1987/88, 2764A). – S. Guénoun, *»Athalie«, un point entre la littérature et psychanalyse* (in Cahiers du Dix-septième, 1, Frühj. 1987, S. 179–193). – P. Y. Bourdil, *»Athalie« et le secret* (in L'École des lettres, 79, 1. 1. 1988).

BAJAZET

(frz.; *Bajazet*). Tragödie in fünf Akten von Jean Racine, Uraufführung: Paris, Januar 1672 im Hôtel de Bourgogne. – Als Quelle für sein Stück beruft sich Racine im Vorwort auf das Zeugnis des französischen Botschafters in Konstantinopel, der über die gewalttätige Herrschaft Murads IV. berichtet hatte. Bereits J. R. de Segrais (1624–1701) hatte diesen Stoff in seiner Novelle *Floridon* (1656) verarbeitet; daß Racine *Floridon* als Vorlage für seine Tragödie benutzt hat, ist jedoch eher unwahrscheinlich. Racine überzeichnet in *Bajazet* die historischen Vorgänge beträchtlich. Er bemüht sich allerdings, *»nichts zu ändern an Sitten und Gebräuchen der Nation«*. Racine versetzt mit der Türkei als Schauplatz seine Tragödie in einen Rahmen, der Mitte des 17. Jh.s in Frankreich beliebt war (*»turquerie«*, vgl. auch Molières *Le bourgeois gentilhomme*, 1670). Schauplatz im engeren Sinne der Tragödie ist der wie eine Falle geschlossene enge Raum des Serails, in dem Machtstreben und Eifersucht aufeinanderprallen.

Bajazet, der Bruder des Sultans von Konstantinopel, teilt das Schicksal vieler Herrscherbrüder: Er muß ständig mit seiner Ermordung rechnen. Während der Sultan sich auf einem Feldzug gegen Babylon befindet, bietet sich Bajazet jedoch eine Chance: Die mit allen Vollmachten ausgestattete Favoritin des Sultans, Roxane, verliebt sich in ihn. Er aber fühlt sich der Prinzessin Atalide verbunden, die seine Liebe erwidert. In scharfem Kontrast zur Gefühlsverwirrung der drei Personen steht die Staatsräson des Wesirs Acomat, der, die Liebe Roxanes ausnützend, Bajazet als ein ihm nützliches Werkzeug auf den Thron bringen will. Acomats politische Aktionen bringen das tragische Geschehen ins Rollen. Bis zum Schluß ist er in dem Irrtum befangen, er könne die weiblichen Gefühle seinen Plänen dienstbar machen. Aber sie erweisen sich als stärker, und die Fäden gleiten ihm aus den Händen. Per Zufall bekommt Roxane jedoch einen Brief Bajazets an Atalide zu lesen, in dem er Atalide seiner Liebe versichert. Roxanes Leidenschaft verwandelt sich nun in Eifersucht. Das berühmt gewordene *»Sortez«* des fünften Aktes verdammt Bajazet zum baldigen Tode. Die Ermordung Roxanes auf Befehl des Sultans rettet ihn nicht mehr: Auch Bajazet wird dem Mörder preisgegeben. Dem Intriganten Acomat bleibt nur die Flucht und Atalide der Tod.

Von Racines Zeitgenossen wurde kritisiert, der Autor habe mit seinem Stück mangelnde Geschichtstreue bewiesen und das Leben der Türken verfälscht. Zu dem Vorwurf, seine Tragödie habe – entgegen der »klassischen Doktrin« – ein zeitgenössisches Thema zum Gegenstand, nahm Racine im zweiten Vorwort zu *Bajazet* Stellung: Die räumliche Ferne, so verteidigt er sein Stück, mache die mangelnde zeitliche Distanz wett; er beruft sich überdies auf *Die Perser* von Aischylos, der seinerzeit ebenfalls ein zeitgenössisches Thema in Verbindung mit einem fernen Schauplatz gewählt habe.

E. Köhler (1983) wertet *Bajazet* als eine der schwächeren Tragödien Racines: die Tragik beruhe hier auf dem Zufall des von Roxane gefundenen Briefes, das Stück entbehre so der zwingenden inneren Verknüpfung, welche die großen Tragödien Racines auszeichne. Wie Köhler, der den Ort der Handlung, den Serail, als Instrument der Tragik auffaßt, begreift auch R. BARTHES (1963) diesen Schauplatz als grundlegend für das Stück: Der Serail als *»lieu clos«* stellt für ihn in seiner grundsätzlichen Zweideutigkeit und in seiner Geschlossenheit beispielhaft den Raum des *»univers racinien«* dar. Racines handlungs- und ereignisreicher Tragödie, die mit der vorhergehenden *Bérénice* kontrastierte, war beim Publikum ein großer und dauerhafter Erfolg beschieden. Bis heute gehört das Stück zum klassischen Repertoire der Comédie Française.

G. Schw.

AUSGABEN: Paris 1672. – Paris 1676 (in *Œuvres*, Hg. F. Chauveau, 2 Bde., 2). – Paris 1865–1873 (in *Œuvres*, Hg. P. Mesnard, 9 Bde., 2). – Paris 1951 (in *Œuvres complètes*, Hg. R. Picard, Bd. 1; Pléiade). – Paris 1964 (in *Théâtre complet*, Hg. A. Stegmann, 2 Bde., 2; GF). – Paris 1980 (in *Théâtre complet*, Hg. J. Morel u. A. Viala; Class. Garn). – Paris 1983 (in *Théâtre complet*, 2 Bde., 2; Folio).

ÜBERSETZUNGEN: *Bajazet*, F. Schlegel (in Europa, 2, 1803, T. 1, S. 117–139; 1. Akt). – Dass., A. Bode, Bln. 1804. – Dass., Gräfin Maltzan, Lpzg. 1878 (RUB).

LITERATUR: M. Rat, *Charme de »Bajazet«* (in L'Illustre Théâtre, 3, 1957, H. 9, S. 23–27). – J. Scherer, *Aspects des mises en scène de »Bajazet« et de »Tartuffe«* (in *La mise en scène des œuvres du passé*, Hg. J. Jaquot u. A. Veinstein, Paris 1957, S. 211–216). – E. van der Starre, *R. et le théâtre de l'ambiguité. Etude sur »Bajazet«*, Leiden 1966. – J. Gracq, *R. au téléobjectif* (in NRF, 31, 1968, S. 751–753). – J. Brody, *»Bajazet« or The Tragedy of Roxane* (in RomR, 60, 1969, S. 273–290). – Ders., *»Bajazet« ou le jeu de l'amour et de la mort* (in FF, 2, 1977, S. 110–120). – S. W. Tiefenbrun, *Signs of the Hidden, Semiotic Study of R.s »Bajazet«* (in S. W. T., *Signs of the Hidden*, Amsterdam 1980, S. 209–237). – R. Jasinski, *Deux notes sur »Bajazet«* (in R. J., *A travers le 17e siècle*, Paris 1981, Bd. 2, S. 22–34). – M. Defrenne, *Récits et architecture dramatique dans »Bajazet« de R.* (in TLL, 19, 1981, Nr. 2, S. 53–70). – A. G. Branan, *R.s »Bajazet«* (in StF, 29, 1985, S. 19–27). – C. E. Aragon, *La figure invisible dans »Bajazet«* (in Littératures, 13, Herbst 1985, S. 17–27). – K. A. Hoffmann, *The Space of Difference in R.'s »Bajazet«* (in RomR, 72, 1986, S. 104–115). – J. Huré, *A la recherche de l'Orient racinien dans »Bajazet«* (in TLL, 24, 1986, Nr. 2, S. 56–71).

BÉRÉNICE

(frz.; *Berenice*). Tragödie in fünf Akten von Jean RACINE, Uraufführung: Paris, 21. 11. 1670. – Racine soll den Stoff, eine der schönsten Legenden von Liebe und Pflicht, die in Frankreich bereits durch einige rührende Romane Beliebtheit erlangt hatte, auf Wunsch der Herzogin von Orléans behandelt haben. Auf historische Wahrhaftigkeit sich berufend, zitiert er im Vorwort SUETON: *»Titus reginam Berenicem, cui etiam nuptias pollicitus ferebatur, statim ab Urbe dimisit invitus invitam.« (»Wider seinen und ihren Willen verbannte Titus die Königin Berenice, der er die Heirat versprochen hatte, aus der Stadt.«)* In Suetons lapidarem *»invitus invitam«* (*»wider seinen und ihren Willen«)* liegt der dramatische Kern für Racines Tragödie. Der traditionell klassische Konflikt zwischen Liebe und Pflicht wird dadurch heraufbeschworen, daß Titus, soeben zum römischen Kaiser ernannt, vom Senat genötigt wird, Berenice, die ihm anverlobte orientalische Fürstin, die das römische Volk an seiner Seite nicht dulden will, aus Rom zu verbannen. Eine Schlüsselposition dieser »dramatischen Elegie« nimmt Antiochus, König von Comagenä, ein, der – sowohl Freund des Titus als auch heimlicher Bewerber um Berenice – Vertrauter beider Hauptgestalten ist. Ihm überträgt Titus, der nicht wagt, der Geliebten selbst mitzuteilen, daß er zur Trennung entschlossen ist, die Rolle des Vermittlers. Da aber Antiochus seine eigenen Gefühle vor Berenice nicht verheimlichen kann, hält sie seine Worte für eifersüchtige Intrige. Titus muß also selbst seiner Geliebten gestehen, daß er sich zu dem Amt berufen fühlt, das von ihm fordert, sich von ihr zu trennen. Berenice erwägt darauf in ihrer Verzweiflung die Flucht in den Tod. Als Titus davon erfährt, droht er, sich seinerseits zu töten. Die letzte Intervention des ebenfalls von Todessehnsucht erfüllten Antiochus bewirkt eine zwar tragische, aber unblutige Lösung in der nun auch von Berenice gewollten Resignation. Die Liebe gibt ihr die Kraft zur Entsagung; sie verläßt Rom und überläßt den jungen Kaiser seinem einsamen Ruhm.

Bérénice war, im Gegensatz zum vorausgegangenen *Britannicus*, ein durchschlagender Erfolg beschieden. Corneille gelang es hingegen nicht, mit seinem eine Woche später aufgeführten Konkurrenzstück *Tite et Bérénice* die Gunst des Publikums zu gewinnen. Wenn auch VOLTAIRE sich an »Rosenwasser« erinnert fühlte, ROUSSEAU beanstandete, daß die *raison* den Sieg davontrage über die *»Schwächen der Liebe«*, das romantische Zeitalter den geringen Aufwand an Personen und Handlung und schließlich die Kritik aller Zeiten immer wieder den Mangel an wesentlichen dramatischen Elementen tadelte – stets vermochte das Schicksal der beiden Liebenden Titus und Berenice das Theaterpublikum zu rühren.

Im Vorwort der *Bérénice*, mit dem Racine auf die Vorwürfe der zeitgenössischen Kritik antwortete, er habe die Geschichte verfälscht, weist der Autor auf seine poetologischen Grundsätze der *simplicité (Einfachheit)*, des *plaire (Gefallen)* und des *toucher (Rühren)* hin. In *Bérénice* sind diese Prinzipien von allen Tragödien Racines am radikalsten verwirklicht, so daß dieses Stück als Racines künstlerisch vollkommenstes gilt: Alles Geschehen ist immer psychologisches Geschehen, ohne Aufwand an Ereignissen. Dadurch gewinnen die Personen ein hohes Maß an menschlicher Wahrscheinlichkeit *(vrai-*

semblance) – allerdings auf Kosten der dramatischen Spannung.
Kontrovers diskutiert wurde auch hier der Ausgang der Handlung: Für E. KÖHLER (1983) liegt die Tragik des Stücks gerade darin, daß Berenice und Titus ohne die geliebte Person weiterleben müssen. Dieser Liebesverzicht sei für sie schlimmer als der physische Tod, der einer Erlösung gleichkäme. R. BARTHES (1963) hingegen deutet das Überleben der beiden als *»Zeichen des Scheiterns der tragischen Erfahrung«*, Berenices Trennung von Titus als *»éloignement [Entfernung] de la tragédie«*. Dessen ungeachtet bleibt *Bérénice* eine Tragödie der Liebe; und die Entsagung geschieht weniger zugunsten des Kaiserthrons als zugunsten der Reinheit dieser Liebe, die in der Erinnerung erhalten bleibt. Racines reiche poetische Sprache, die Melodik seiner Alexandriner kommt in diesem Stück dank des Verzichts auf alles äußerliche Geschehen besonders eindrücklich zur Geltung. I.P.-G.Schw.

AUSGABEN: Paris 1671. – Paris 1676 (in *Œuvres*, 2 Bde., 2). – Paris 1865–1873 (in *Œuvres*, Hg. P. Mesnard, 9 Bde., 2). – Paris 1951 (in *Œuvres complètes*, Hg. R. Picard; Pléiade). – Paris 1964 (in *Théâtre complet*, Hg. A. Stegmann, 2 Bde., 1; GF). – Paris 1974, Hg. J. Schérer. – Paris 1980 (in *Théâtre complet*, Hg. J. Morel u. A. Viala; Class. Garn). – Paris 1982 (in *Théâtre complet*, 2 Bde., 1; Folio). – Paris 1988 (Poche).

ÜBERSETZUNGEN: *Berenice*, F.X. Seidl, Halle 1888. – *Berenike*, W. Willige (in *Dramatische Dichtungen u. geistliche Gesänge*, 2 Bde., Darmstadt 1956.). – *Berenize*, R.A. Schröder, Stg. 1964 (RUB).

LITERATUR: G. Michaut, *La »Bérénice« de R.*, Paris 1907. – L. Herrmann, *Vers une solution des deux »Bérénices«* (in MdF, 15.4. 1928). – J. Vier, *Réflexions sur »Bérénice«* (in Cahiers Raciniens, 1963, Nr. 13, S. 7–15). – J. D. Biard, *Le ton élégiaque dans »Bérénice«* (in FS, 19, 1965, S. 1–15). – J. Schérer, *Les personnages de »Bérénice«* (in *Mélanges R. Lebègue*, Paris 1969, S. 279–291). – S. Chevalley, *Les deux »Bérénice«* (in RHT, 22, 1970, S. 91–124). – G. Bonnacorso, *La »Bérénice« de R.* (in G. B., *R. et Flaubert*, Messina 1970, S. 9–20). – G. Antoine, *Pour une stylistique comparative des deux »Bérénice«* (in TLL, 11, 1973, Nr. 1, S. 445–461). – J. Morel, *A propos de »Bérénice«* (in TLL, 13, 1975, Nr. 2, S. 229–238). – K. Vossler, *»Bérénice«* (in *R.*, Hg. W. Theile, Darmstadt 1976, S. 11–20). – J. A. Dainard, *The Power of the Spoken Word in »Bérénice«* (in RomR, 67, 1976, S. 157–171). – S. Akerman, *Le mythe de »Bérénice«*, Paris 1978. – N. Hepp, *Le personnage de Titus dans »Bérénice«* (TLL, 18, 1980, Nr. 2, S. 85–96). – J. J. Supple, *R. »Bérénice«*, Ldn. 1986. – Ch. Delmas, *»Bérénice« et les rites de succession royale* (in DSS, 39, 1987, S. 395–401). – A. Niderst, *Analyse de la préface de »Bérénice«* (in *Ouverture et dialogue. Mélanges W. Leiner*, Hg. U. Döring u. a., Tübingen 1988, S. 319–324).

BRITANNICUS

(frz.; *Britannicus*). Tragödie in fünf Akten von Jean RACINE, Uraufführung: Paris, 15.12. 1669, Théâtre Français. – Das Stück sollte zwei Jahre nach dem Erfolg der *Andromaque* den Vorwurf der CORNEILLE-Anhänger und Gegner Racines widerlegen, sein Theater diene allein der Glorifizierung der Leidenschaft und entbehre jeden moralischen Gehalts. Den *Annalen* des TACITUS entnahm Racine seine düstere Vision eines korrupten, dekadenten römischen Kaiserhofs und die Geschichte des Machtstreits zwischen dem berühmt-berüchtigten Kaiser Nero und seiner klugen, stolzen und herrschsüchtigen Mutter Agrippina.
Agrippina hat Nero, um sich selbst größtmöglichen politischen Einfluß zu sichern, anstelle seines Halbbruders Britannicus, des rechtmäßigen Thronfolgers, zur Herrschaft verholfen. Nero indes entzieht sich zunehmend dem Einfluß seiner Mutter, die nun Britannicus in seiner Liebe zu Junie unterstützt. Der ebenfalls von heftiger Leidenschaft zu Junie befallene Nero versucht mit allen Mitteln, seinen Rivalen auszuschalten. Um seine uneingeschränkte politische Herrschaft zu sichern und Junie für sich allein zu gewinnen, läßt er schließlich Britannicus vergiften. Junie jedoch gelingt die Flucht in den Tempel der Vestalinnen, wo sie Schutz vor Nero findet.
Racine scheint sich zwar durch den historisch-politischen Gehalt des Stücks der Tragödienkonzeption Corneilles genähert zu haben. Gerade von den Anhängern Corneilles wurde der *Britannicus* jedoch heftig kritisiert: Dem Stück wurden vor allem historische Ungenauigkeiten (die Stellung des Nero-Beraters Narziß am Hof, das Alter des Britannicus usw.) vorgeworfen. Im ersten Vorwort zu seinem Stück verteidigt sich Racine gegen diese Vorwürfe, indem er indirekt auf die »Poetik der Wahrscheinlichkeit« *(vraisemblance)* verweist: Das historisch Unwahre lasse nicht selten die Dichtung wahrscheinlicher erscheinen. Eindeutig im Vordergrund dieser Tragödie steht indes nicht die Historie, sondern die Psychologie der Hauptfiguren: Die besondere Aufmerksamkeit des Autors gilt der *»Entstehung des Monsters« (»le monstre naissant«)* und der akribischen Inszenierung seines Sadismus. Vor allem unter dem Einfluß Ludwigs XIV. und des Hofes konnte sich das Stück nach und nach durchsetzen. Was ihm von Anfang an Lob eintrug, ist sein Dialogstil. Racine stellt hier seine an lateinischen Vorbildern geschulte Verssprache bewußt in den Dienst der einzelnen Charaktere und des jeweiligen Emotionsmoments. Die Diktion wechselt zwischen knapper Information und schwungvoller Eloquenz und behält im ruhigen wie im pathetischen Dialog dieselbe Überzeugungskraft – eine Feststellung, die nur auf wenige Tragödien der klassischen Schule zutrifft.
Umstritten ist der tragische Gehalt des Stücks, dessen Heldin Junie immerhin die Flucht vor Nero gelingt. L. GOLDMANN (1961) interpretiert dieses Scheitern Neros mit Rücksicht auf den Jansenis-

mus als Eingriff des *»deus absconditus«* (des »verborgenen Gottes«): für einen Augenblick sei die verlorene Gemeinsamkeit von Gott und Welt wiederhergestellt. Auch für R. BARTHES (1963) steht die Figur der Junie im Mittelpunkt der Tragödie: Sie ist für ihn die Inkarnation der Frau als Versöhnungs- und Friedensstifterin. Nero hingegen interpretiert er als bloßen Widerschein und Spiegel der Mutter.

Das Stück gehört zu den meistgespielten klassischen Werken der Comédie Française und wird in Zeiten der Auseinandersetzung mit Tyrannenherrschaft wohl immer eine gewisse Aktualität bewahren, obwohl Racine es gewiß nicht in politischer Absicht, sondern als künstlerische, psychologische und moralische Darstellung und Deutung eines historischen Geschehens geschrieben hat. G.Schw.

AUSGABEN: Paris 1670. – Paris 1676 (in *Œuvres*, Hg. C. Barbin, 2 Bde., 1). – Paris 1865–1873 (in *Œuvres*, Hg. P. Mesnard, 9 Bde., 2; krit.). – Paris 1951 (in *Œuvres complètes*, Hg. R. Picard, Bd. 1). – Paris 1964 (in *Théâtre complet*, Hg. A. Stegmann, 2 Bde., 1; GF). – Paris 1980 (in *Théâtre complet*, Hg. J. Morel u. A. Viala; Class. Garn). – Paris 1982 (in *Théâtre complet*, 2 Bde., 1). – Paris 1986 (Poche).

ÜBERSETZUNGEN: *Britannicus*, P. v. Stüven, Wien 1754 (Die dt. Schaubühne zu Wien, 5, 2). – Dass., K. T. Gaedertz, Lpzg. 1921. – Dass., W. Willige (in *Dramatische Dichtungen u. geistliche Gesänge*, Bd. 1, Darmstadt 1956). – Dass., R. A. Schröder (in R. A. S., *GW*, Bd. 6, Bln./Ffm. 1958). – Dass., A. Luther, Mchn. 1961 (in *Dramen 2*). – Dass., B. Mitterer, Stg. 1983 (frz.-dt.; RUB).

LITERATUR: J. v. Stackelberg, *Tacitus u. d. Bühnendichtung d. frz. Klassik. Eine quellenkritische Studie zu Corneilles »Othon« u. R.s »Britannicus«* (in GRM, 10, 1960, S. 386–400). – L. Goldmann, *Weltflucht und Politik. Dialektische Studien zu Pascal und R.*, Darmstadt/Neuwied 1967. – H. Mattauch, *R. »Britannicus«* (in *Das frz. Theater vom Barock bis zur Gegenwart*, Bd. 1, Hg. J. v. Stackelberg, Düsseldorf 1968, S. 164–181, 379–383). – G. Couton, *»Britannicus« tragédie des cabales* (in *Mélanges R. Lebègue*, Paris 1969, S. 269–277). – W. G. Moore, *R., »Britannicus«*, Ldn. 1972. – S. Doubrovsky, *L'arrivée de Junie dans »Britannicus«* (in Littérature, 8, 1978, Nr. 32, S. 27–54). – J. Garelli, *»Britannicus«* (in J. G., *Le recel et la dispersion*, Paris 1978, S. 50–79). – R. Jasinski, *Sur deux vers de »Britannicus«* (in R. J., *A travers le 17e siècle*, Bd. 2, Paris 1981, S. 14–21). – J. Campbell, *The Tragedy of »Britannicus«* (in FS, 37, 1983, S. 391–403). – G. Mony, *La belle et le monstre. Analyse et commentaire de la pièce »Britannicus« de R.*, Paris 1986. – J. H. Hale, *La perspective et le pouvoir* (in PFSCL, 13, 1986, Nr. 24, S. 313–328).

IPHIGÉNIE

(frz.; *Iphigenie*). Tragödie von Jean RACINE, Uraufführung: Versailles, 18. 8. 1674. – Racine hatte sich, wie er im Vorwort zu seiner Tragödie berichtet, ausführlich dem Studium der früheren Quellen des Iphigenienstoffes gewidmet: er nennt als Autoren AISCHYLOS, SOPHOKLES, LUKREZ, HORAZ, OVID, STESICHOROS. Die Figur der Eriphile führt er auf die Anregung PAUSANIAS' zurück, als eindeutig wichtigste Quelle für sein eigenes Stück hebt er die *Iphigenie in Aulis* des EURIPIDES hervor.

Agamemnon läßt seine Tochter Iphigenie und seine Frau Klytämnestra nach Aulis kommen. Denn er meint aufgrund eines falsch verstandenen Orakelspruchs, seine Tochter zur Besänftigung der Götter opfern zu müssen, um günstige Winde für die Fahrt des griechischen Heeres nach Troja zu erhalten. Zunächst ahnungslos, treffen Iphigenie und Klytämnestra in Aulis ein, gefolgt von der schönen Eriphile, einer Waise unbekannter Herkunft, die wie Iphigenie Achill leidenschaftlich begehrt und darum Iphigenies Tod wünscht. Agamemnons wahre Absicht wird jedoch bekannt – Iphigenies würdevolle Fassung und die heftigen Anklagen Achills und Klytämnestras beeindrucken ihn indes so tief, daß er der Tochter vorschlägt, aus dem Lager zu fliehen. Nun setzt die eifersüchtige Eriphile hiervon den Deuter des Orakelspruchs, Kalchas, in Kenntnis, und dieser wiegelt das Heer gegen Agamemnon auf. Um das Ansehen ihres Vaters zu retten, beschließt Iphigenie, sich dem Orakelspruch zu fügen. Da erkennt Kalchas im letzten Augenblick den wahren Willen der Götter: Nicht auf die Tochter Agamemnons bezieht sich der Orakelspruch, sondern auf eine andere Iphigenie *»aus dem Blut Helenas«*, die, über ihre Herkunft bisher im ungewissen, unter dem Namen Eriphile lebt. Noch ehe Kalchas mit Zustimmung der Griechen Hand an sie legen kann, gibt sich Eriphile auf dem Opferaltar selbst den Tod.

Im Vorwort zu seiner Tragödie führt Racine aus, daß weder die griechische Überlieferung des Stoffes, der zufolge Iphigenie geopfert wird, noch die Version des Euripides, bei der Iphigenie im letzten Augenblick durch göttliche Intervention gerettet wird, dem Geist seiner Zeit angemessen gewesen wären: Die Hinrichtung verletze das klassische Prinzip der *bienséance (Schicklichkeit, Wohlanständigkeit)*, während die wunderbare Rettung dem Grundsatz der *vraisemblance (Wahrscheinlichkeit)* widerspräche. Mit Hilfe der Figur der Eriphile verleiht Racine seiner *Iphigénie* einen Schluß, der eine befriedigende Lösung versprach. Eriphile, der wie Phädra eine unbezwingliche Leidenschaft zum Verhängnis wird, ist unter den Gestalten dieser Tragödie die für Racine typischste. In ihrer Passion für Achill, den Feind ihres Vaterlands, erkennt sie von Anfang an eine unheilvolle Schickung der Götter. So wenig wie andere Geschöpfe Racines kann sie den Konsequenzen einer unerwiderten Liebe entgehen: der verzehrenden Eifersucht, die sich auf die Zerstörung des eigenen Lebens und des Liebes-

glücks anderer richtet. Am überraschenden Ende des Dramas läßt sich einmal mehr Racines »Kunst der klassischen Dämpfung« beobachten: Er konfrontiert den Betrachter nicht unmittelbar mit Eriphiles Selbstmord, sondern spiegelt diesen im Distanz schaffenden Bericht des Odysseus.
Die Problematik des Ausgangs dieser Tragödie wurde kontrovers diskutiert: L. GOLDMANN (1955) sieht im Freitod Eriphiles eine Welt christlicher Vorsehung, die sich neben der tragisch-griechischen abzeichnet. Während R. BARTHES (1963) in Eriphile die einzige tragische Figur des Stücks erkennt, interpretiert H. R. JAUSS (1982) im Unterschied zu Barthes und zu Goldmann den tragischen Konflikt der *Iphigénie* im Grunde als nicht gelöst: die wahre Tragik des Stücks bestehe darin, daß das unschuldige Kind die Verfehlung des Vaters auf sich nehme. Diese in christlicher Hinsicht geradezu blasphemische Umkehrung werde durch das Ende dieser Tragödie allenfalls überdeckt. – *Iphigénie* war ein großer Erfolg beschieden, der sich durch den Mißerfolg des gleichnamigen Konkurrenzstücks von M. LECLERC (1622–1691) und J. de CORAS (1630–1677) noch steigerte. Das Publikum zeigte sich zutiefst gerührt, und VOLTAIRE lobte das Stück gar als *»le chef-d'œuvre de la scène«* (*»das Meisterwerk des Theaters«*). G.Schw.

AUSGABEN: Paris 1675. – Paris 1802 (*Iphigénie en Aulide*). – Paris 1865–1873 (in *Œuvres*, Hg. P. Mesnard, 9 Bde., 3). – Paris 1951 (in *Œuvres complètes*, Hg. R. Picard, 2 Bde., 1960–1964, Bd. 1). – Paris 1964 (in *Théâtre complet*, Hg. A. Stegmann, 2 Bde., 2; GF). – Paris 1980 (in *Théâtre complet*, Hg. J. Morel u. A. Viala; Class. Garn). – Paris 1983 (in *Théâtre complet*, 2 Bde., 2; Folio). – Paris 1986 (Poche).

ÜBERSETZUNGEN: *Trauerspiel Iphigenia*, J. Ch. Gottsched, Lpzg. 1732. – *Iphigenia*, F. Peucer, Lpzg. 1823. – *Iphigenie in Aulis*, A. Laun, Lpzg. 1880 (RUB). – *Iphigenie*, A. Luther (in *Dramen I*, Mchn. 1961).

VERTONUNGEN: D. Scarlatti, *Ifigenia in Aulide* (Text: C. S. Capece; Oper; Urauff.: Rom, 10. 1. 1712, Palazzo Zuccari). – Ch. W. Gluck, *Iphigénie en Aulide* (Text: F. L. Gand Lebland du Roullet; Oper; Urauff.: Paris, 19. 4. 1774, Opéra).

LITERATUR: M. Chicoteau, *Le rôle de la nature dans l'»Iphigénie« de R.* (in MLR, 39, 1944, S. 34–56). – K. Vossler, *J. R.*, Bühl [2]1948. – E. Oberländer, *Die Iphigenie – Dramen der französischen Literatur*, Diss. Wien 1950. – L. Lockert, *»Iphigénie«* (in L. L., *Studies in French Classical Tragedy*, Nashville 1958, S. 366–387). – R. W. Hartle, *»Iphigénie«. Index vocabulaire*, Paris 1965. – F. R. Freudmann, *»Iphigénie«: A Study in Solitude* (in EsCr, 8, 1968, S. 138–148). – R. Phohl, *R.s »Iphigénie«*, Genf 1974. – H. R. Jauß, *R.s und Goethes »Iphigenie«* (in *Rezeptionsästhetik*, Hg. R. Warning, Mchn. 1975, S. 353–400; ern. in H. R. J., *Ästhetische Erfahrung und literarische Hermeneutik*, Ffm. 1982, S. 704 bis 752). – J.-D. Jurgensen, *L'»Iphigénie en Aulide« de R.* (in RHLF, 77, 1977, S. 749–774). – B. Magné, *L'ironie dans »Iphigénie« de R.* (in PFSCL, 9, 1982, Nr. 16, S. 237–252). – J.-P. Collinet, *R. et ses personnages invisibles. Le cas d'»Iphigénie«* (in *The Equilibrium of Wit*, Hg. P. Bayley u. D. Gabe Coleman, Lexington/Ky. 1982, S. 176–192). – J. Dubu, *»Iphigénie« ou la mort acceptée* (in *Form and Meaning*, Hg. W. D. Howarth u. a., Amersham 1982, S. 156–165). – G. Défaux, *Violence et passion dans l'»Iphigénie« de R.* (in FF, 9, 1984, S. 162–180). – C. Delmas, *»Iphigénie«, tragédie sans machines* (in Cahiers de littérature du 17e siècle, 7, Toulouse 1985, S. 189–206). – E. M. Szarota, *Die liebende Tochter in R.s Tragödie »Iphigénie« (1674)* (in E. M. S., *›Stärke, dein Name sei Weib‹. Bühnenfiguren des 17. Jh.s*, Bln./NY 1987, S. 335–348). – R. C. Knight, *Ritual Murder at Versailles. R. »Iphigénie«* (in *Myths and Its Making in the French Theatre*, Hg. E. Freeman u. a., Cambridge 1988, S. 71–80).

MITHRIDATE

(frz.; *Mithridates*). Tragödie in fünf Akten von Jean RACINE, Uraufführung: Paris, Januar 1673, Hôtel de Bourgogne. – Wie bereits in *Alexandre le Grand* (1665) und *Britannicus* (1669) steht ein geschichtlicher Held im Mittelpunkt des Dramas: Mithridates, König von Pontus, einer der erbittertsten und tapfersten Feinde des römischen Imperiums. Durch die nochmalige Wahl eines heroischen Stoffes wollte Racine dem Vorwurf der »Weichheit« entgegentreten, der vor allem gegen seine *Bérénice* (1670) von seiten der Anhänger CORNEILLES erhoben worden war. In Charakterzeichnung und selbst in stilistischen Details hält sich Racine eng an die antiken Quellen, von denen er ANNAEUS FLORUS (*Epitome*, Kap. 3, 5), PLUTARCH (*Vita Luculli*, Kap. 6–36; *Vita L. Sullae*, 11–25; *Vita Pompeii*, 30–42), CASSIUS DIO (*Rhōmaïkē historia*, 3, 5) und APPIAN im Vorwort nennt.
Mithridate, der eine Niederlage gegen die Römer erlitten hat, wird von seiner Umgebung für tot gehalten. Bevor jedoch die den Fortgang des Dramas bestimmende Rivalität zwischen seinen Söhnen Xipharès und Pharnace um Monime, eine griechische Sklavin des Königs, zur offenen Feindschaft wird, erscheint Mithridate mit seiner Flotte im Hafen von Nymphée, dem Ort, an den sich Monime, Xipharès und Pharnace zurückgezogen haben. Als der König, teils durch Verrat, teils durch List erfährt, daß die von ihm leidenschaftlich begehrte Monime auch von seinen Söhnen geliebt wird, und Monime ihrerseits sich das Geheimnis ihrer Liebe zu Xipharès entlocken läßt, beschließt er, die Schuldigen zu bestrafen. Da erhebt sich Pharnace zusammen mit plötzlich eingetroffenen römischen Truppen gegen seinen Vater und steigert den Zorn und den Schmerz des Königs aufs äußerste. Während der treue Xipharès die Feinde zurückdrängt, glaubt Mithridate sich besiegt und stürzt sich verzweifelt

in sein Schwert. Sterbend überwindet er seine Eifersucht und billigt die Vereinigung der Liebenden.
Racine hat den historischen Stoff ganz aus der psychologischen Perspektive gestaltet. Römerhaß, listiger Scharfsinn, Verstellungskunst und Eifersucht bestimmen das Charakterbild des alternden Herrschers, der, wie es der jeder Alltäglichkeit enthobenen tragischen Persönlichkeit im Drama der französischen Klassik zukommt, in seiner vergeblichen Leidenschaft zu einer jungen Frau keinen Augenblick lang der Lächerlichkeit preisgegeben wird. Im Schatten des mächtigen Feldherrn stehen seine beiden Söhne. Der seinem Vater auch im Unglück ergebene Xipharès, aufrichtig, tapfer, bereit, seiner Liebe zu Monime zu entsagen, verkörpert wie die meisten jungen Racine-Helden das Ideal des wohlerzogenen Jünglings edler Abstammung aus der Zeit Ludwigs XIV. Dramatischer ist der Charakter seines römerfreundlichen Bruders Pharnace, der sich nicht ohne politisches Geschick seinem Vater widersetzt. Monime, die anmutige Griechin in einer barbarischen Umwelt – eine der berühmtesten Frauengestalten Racines –, weiß mit dem sicheren Takt, den die aristokratische Lebensführung (des 17. Jh.s) lehrte, den Zwang der äußeren Umstände – ihre Abhängigkeit von dem allmächtigen König – zu akzeptieren, ohne die Freiheit des Gefühls zu opfern.
Racines Werk überragt eine andere zeitgenössische Bearbeitung des Mithridates-Stoffes, LA CALPRENÈDES historisch exakten *Mort de Mithridate* (1635), durch die ungleich vollkommenere Verwirklichung der ästhetischen Normen, die nicht auf die Vielfalt der geschichtlichen Details, vielmehr auf Beschränkung des Stoffes und Konzentration der Handlung zielten. Immer wieder wurde die Frage diskutiert, ob Racines Stück eine Geschichtstragödie sei, in der die Liebeshandlung am Rande stehe, oder ob es sich bei *Mithridate* um eine Liebestragödie mit historischem Rahmen handle. Ohne Zweifel spielt auch hier die Liebes- und Leidenschaftsthematik eine grundlegende Rolle. Andererseits kann aber nicht geleugnet werden, daß diese Tragödie Racines durch die Gestaltung des historischen Stoffes und durch die Figur des Despoten, der sich im Sterben selbst überwindet, dem Theater Corneilles nahesteht. Insbesondere das für eine Tragödie Racines ungewohnt glückliche Ende des Stücks fand großes Gefallen bei den Theaterbesuchern. Selbst der notorische Racine-Kritiker DONNEAU DE VISÉ mußte einräumen, daß dieses Drama die Herzen der Zuschauer zu rühren verstehe. Vor allem beim zeitgenössischen Publikum war *Mithridate* mit seiner für Racine eigenartigen Mischung aus heroisch-militärischer Geschichte und Liebesthematik ein triumphaler Erfolg beschieden. Eine Zeitungsnotiz aus dem Jahre 1684 weist diese Tragödie Racines gar als das Lieblingstheaterstück Ludwigs XIV. aus. I.P.-KLL

AUSGABEN: Paris 1673. – Paris 1865–1873 (in *Œuvres*, Hg. P. Mesnard, 10 Bde., 3; krit.). – Paris 1951 (in *Œuvres complètes*, Hg. R. Picard, 2 Bde., 1951/52, 1; Bibl. de la Pléiade; ern. 1964). – Paris 1964 (in *Théâtre complet*, Hg. A. Stegmann, 2 Bde., 2; GF). – Paris 1980 (in *Théâtre complet*, Hg. J. Morel u. A. Viala; Class. Garn). – Paris 1983 (in *Théâtre complet*, 2 Bde., 2; Folio).

ÜBERSETZUNGEN: *Mithridates*, J. J. Witter, Straßburg 1731; ern. Bln. 1942. – *Mithridate*, A. Bode, Bln. 1804. – *Mithridates*, W. Willige (in *Dramatische Dichtungen u. geistliche Gesänge*, Bd. 1, Darmstadt 1956). – *Mithridate*, A. Luther (in *Dramen*, Bd. 2, Mchn. 1961).

LITERATUR: Th. Reinach, *Mithridate Eupator*, Paris 1870. – É. Faguet, *»Mithridate«* (in E. F., *Propos de Théâtre*, Paris 1903). – G. Rohlfs, *»Mithridate« als Beispiel höfischer Barockdichtung* (in ASSL, 169, 1936, S. 200–212). – L. Lockert, *»Mithridate«* (in L. L., *Studies in French Classical Tragedy*, Nashville 1958, S. 348–365). – Y. Le Hir, *»Mithridate« III, 5, vers 1084–1116* (in Les Études Classiques, 29, 1961, S. 177–188). – M. J. O'Reagan, *»Mithridate«. Étude de thèmes* (in Cahiers Raciniennes, 16, 1964, S. 81–91). – C. J. Gossip, *»La mort d'Annibal« (Th. Corneille) et »Mithridate«. Deux aspects d'une hégémonie romaine* (in C. J. G., *Jeunesse de R.*, Paris 1965, S. 25–36). – R. W. Hartle, *»Mithridate«. Index vocabulaire*, Paris 1965. – W. Cloonan, *Father and Sons in »Mithridate«* (in FR, 49, 1975/76, S. 514–521). – V. L. Junkers, *R.'s »Mithridate«*, Diss. NY 1977 (vgl. Diss. Abstracts, 38, 1977/78, 2161A). – M. J. O'Reagan, *The Mannerist Aesthetic. A Study of R.'s »Mithridate«*, Bristol 1980. – R. E. Goodkin, *The Death of Mithridate(s)* (in PMLA, 101, 1986, S. 203–217). – H. Stone, *R.'s Praise of Power* (in Cahiers du Dix-septième, 1, Frühj. 1987, S. 79–86). – B. Norman, *Trailing Clouds of Glory* (ebd., Herbst 1987, S. 21–36). – M. Defrenne, *La substance actorielle dans le monologue central du »Mithridate«* (in *Ouverture et dialogue. Mélanges W. Leiner*, Hg. U. Döring u. a., Tübingen 1988, S. 93–106). – C. P. Scott, *»Mithridate« (1673)* (in C. P. S., *The Riches of Rhyme*, Oxford 1988, S. 150–177).

PHÈDRE ET HIPPOLYTE

(frz.; *Phädra und Hippolyt*). Tragödie in fünf Akten von Jean RACINE, Uraufführung: Paris, 1. 1. 1677, Hôtel de Bourgogne. – Dieses zu den erhabensten Schöpfungen der französischen Literatur zählende Trauerspiel ist das letzte der weltlichen Dramen Racines aus der fruchtbaren und erfolgreichen Schaffenszeit nach Erscheinen seiner *Andromaque* (1667). Ein Theaterskandal, hervorgerufen durch die Inszenierung der eilends von Nicolas PRADON (1644–1698) verfaßten Tragödie *Phèdre* zwei Tage nach der Uraufführung des Racineschen Meisterwerks – er vermochte freilich dessen Erfolg auf die Dauer keineswegs zu schmälern – sowie die danach in anonymen Sonetten ausgefochtene peinliche

Fehde bestärkten den gegen Kritik empfindlichen Dichter, nicht zuletzt auch unter dem Eindruck einer sich zuspitzenden inneren Krise, dem Theater, ja der Dichtung überhaupt zu entsagen. Noch im gleichen Jahr erfolgte sowohl seine Aussöhnung mit dem Kloster Port-Royal als auch die Ernennung zum Geschichtsschreiber des Königs.

Weder mit Hilfe seiner Beziehungen zu Schauspielern über die Witwe MOLIÈRES – möglicherweise nützten Anhänger von Pierre CORNEILLE und Racine nicht gewogene Kreise die Rivalitäten zweier Bühnen für ihre eigenen Machenschaften aus – noch mit Bitten vor Ludwig XIV. um ein königliches Privileg war es Racine gelungen, die Ränke gegen ihn zu durchkreuzen. Bereits gegen Ende des Jahres 1676 war bekanntgeworden, daß er an einem Hippolyt-Phädra-Drama arbeitete, mit dem er, entgegen den verharmlosenden Umdeutungen und konventionsbedingten Änderungen früherer französischer Dramatiker – Robert GARNIER, *Hippolyte* (1573); Pierre Guérin de LA PINELIÈRE, *Hippolyte* (1635); Gabriel GILBERT, *Hypolyte ou Le garçon insensible* (1647), Matthieu BIDAR, *Hippolyte* (1675), sowie anderen motivverwandten Werken wie Philippe QUENAULTS *Bellérophon* (1671) –, die tragische Wucht jener euripideischen Gestaltung des mythischen Stoffes (vgl. *Hippolytos stephanēphoros*), unter dem unverkennbaren Rückgriff auf SENECAS die verlorene Urfassung von EURIPIDES' *Hippolytos kalyptomenos* spiegelnder *Phaedra*, erneut seiner Zeit zu vergegenwärtigen wagte. In der Vorrede zur Tragödie rechtfertigt Racine mehrere bemerkenswerte Eingriffe in den tradierten Stoff, die er bei seiner gründlichen klassisch-philologischen Bildung mit sicherem Sinn für dramatische Wirkungen vorgenommen hatte, um die Gestalt der Phädra *»weder völlig schuldig noch gänzlich frei von Schuld«* darzustellen und sie also *»etwas weniger verabscheuenswürdig«* erscheinen zu lassen.

Im ersten Akt gibt Hippolyt vor dem königlichen Palast in Troizen seinem Erzieher Theramenes den Entschluß kund, fortzuziehen, um den Vater Theseus zu suchen, der bereits seit Monaten in unbekannter Ferne weilt. Indessen vertraut Phädra, des Theseus zweite Gemahlin, der Amme Oenone verzweifelt an, daß sie den Haß auf Hippolyt nur vortäusche und er aus ihrer Gegenwart deshalb verbannt werden solle, damit ihre unglückselige Liebe zum Stiefsohn geheimgehalten würde. Aus diesem Geständnis, das die Hauptgestalten in allseits bedrohende Abhängigkeiten stürzt, soll Unheil erwachsen, weil sich alle Mitwisser durch Schweigen in ihrem Verhalten voneinander abzusichern trachten. Als die fälschliche Kunde vom Tod des Theseus eintrifft, tröstet die eben noch bestürzte Kreterin ihre Herrin mit dem Gedanken, daß deren Liebe zu Hippolyt nun kein Frevel mehr sei. Überdies könne sich der spröde Jüngling solchem Antrag kaum widersetzen, da er auf ihr Wohlwollen für die Sicherung seiner Ansprüche gegenüber den Miterben, zumal der Aricia, angewiesen sei.

Im zweiten Akt gewährt Hippolyt der von seinem Vater mit strengem Bann belegten athenischen Prinzessin Aricia jedoch wieder volle Freiheit und bekennt ihr sogar seine Zuneigung. Damit weicht Racine erneut wesentlich von der ursprünglichen griechischen Überlieferung der Fabel ab. Als es schließlich zur Unterredung zwischen Phädra und Hippolyt kommt, gesteht sie rückhaltlos ihre Liebe, die der Stiefsohn aus Achtung vor seinem Vater abweisen muß. In Wahrheit kann für ihn, der bereits Aricia liebt, Phädras Verlangen keine Versuchung mehr sein. Rasend fordert sie ihn auf, ihr den Tod zu geben, entreißt ihm das Schwert und flieht. Indessen stellt sich heraus, daß Theseus lebt. Hippolyt will strengstes Schweigen über die Selbstenthüllung Phädras bewahren, die im dritten Akt nicht nur beschämt über ihr wahnsinniges Geständnis, sondern auch bestürzt über die unverhoffte Rückkunft des Gemahls Oenone Vorhaltungen macht, daß sie sie in eine so schmachvolle Lage habe geraten lassen. Doch die gewissenlose Amme rät, und hier ändert Racine nochmals bewußt die ursprüngliche Fabel, den Auftritt mit Hippolyt verleumderisch vor Theseus so darzustellen, als habe der Stiefsohn ihr nachgestellt. Damit wird Oenone stark in den Ablauf des tragischen Geschehens einbezogen und zugleich eine von *»so edlem und tugendhaftem Gefühl«* bewegte hochgestellte Protagonistin entsprechend aristotelischen Grundsätzen von dem *»allzu niedrigen«* verbrecherischen Gedanken an die Verleumdung entlastet. Als Theseus, von Hippolyt begleitet, Phädra gegenübertritt, weicht sie schuldbewußt vor ihm aus, während sich auch der Sohn betroffen zurückzieht.

Der vierte Akt bringt den heuchlerischen Bericht Oenones über Hippolyts angebliche Absichten, in dem sich die Amme vor Theseus sogar als Retterin Phädras aufspielt. Nunmehr meint der Heimgekehrte das befremdliche Verhalten Hippolyts erklären zu können. Als dieser ihm gegenübersteht, durchschaut er die wütenden Vorwürfe seines Vaters zwar als Folge der Verleumdung, bewahrt jedoch Stillschweigen über das Geständnis der Stiefmutter. Theseus bittet Poseidon, an dem verstoßenen Sohn Rache zu üben. Inzwischen erfährt Phädra mit Bestürzung sowohl von der Liebe Hippolyts zu Aricia als auch von dem mit Poseidons Hilfe beschworenen Fluch. Erneut beklagt sie Oenones verderbliche Ratschläge und fühlt um so tiefer ihre unausweichliche Verstrickung in Schuld.

Vergebens fleht Aricia zu Beginn des fünften Aktes Hippolyt an, dem Vater die Wahrheit zu entdecken. Hippolyt jedoch will, mit Aricia vermählt, entfliehen. Auch Aricia war es nicht gelungen, Theseus mit ihren Beteuerungen umzustimmen. Um endgültig Gewißheit zu gewinnen, sucht der König Oenone und erfährt, daß sich die von Phädra Verstoßene ins Meer gestürzt hat. Auch Phädra sehne völlig verstört den Tod herbei. Zu spät wird Theseus unsicher und bittet Poseidon, den Fluch nicht zu vollstrecken. Kurz darauf berichtet Theramenes breits vom grauenvollen Tod Hippolyts auf dem Weg nach Mykene. Nunmehr von der Unschuld seines Sohnes überzeugt, sieht er in dessen Verderben Phädras schändliches Treiben. Sterbend ge-

steht Phädra, die Gift genommen hat, dem Gemahl die verzehrende, ehebrecherische Leidenschaft.
Racine stellt in seiner Tragödie zum ersten Mal die Figur der Phädra ganz in den Vordergrund. Sie ist weder, wie bei Euripides, eine edelmütige Frau, die zum eher beklagenswerten Opfer ihrer eigenen Leidenschaften wird, noch, wie bei Seneca, eine rasende, von tierischen Instinkten gepeitschte Liebeshungrige. Racines Anliegen ist es, wie er im Vorwort betont, seine Phädra *»ni tout à fait coupable, ni tout à fait innocente«* (*»weder ganz schuldig noch ganz unschuldig«*) zu gestalten. Er möchte, daß die Hauptfigur seines Dramas *»un peu moins odieuse«* (*»etwas weniger hassenswert«*) als in den antiken Versionen des Stoffes erscheint. Er entlastet sie aus diesem Grunde zum Teil von ihrer Schuld durch die Figur der Oenone sowie dadurch, daß er Phädras Eifersucht mit der Liebe Hippolyts zu Aricia als motiviert erscheinen läßt.
Racines und Pradons Phädra-Tragödien wurden – zu Unrecht – von den Zeitgenossen überwiegend als Werke vergleichbarer Qualität kritisiert. Sie rezipierten diese vor allem im Hinblick auf ihre Leidenschaftsthematik und nahmen von der Idee der Einheit von Welt und Gottheit, die das Drama Racines in unvergleichlich größere Nähe zur antiken Tragödie rückt, wenig Notiz. Auch wurde zu Zeiten Racines bemängelt, der Autor habe mit der Darstellung einer Ehebrecherin und schwarzen Seele gegen das Gesetz der *bienséance (Schicklichkeit, Wohlanständigkeit)* verstoßen. Die Beurteilung des dichterischen Eigenwertes des Stücks stand dabei nicht zuletzt immer wieder im Zeichen ständiger Vergleiche mit Euripides (Louis RACINE, August Wilhelm von SCHLEGEL), auf den sich Racine in seinem Vorwort sehr nachdrücklich bezieht. Dort betont Racine auch, daß er, nach dem Vorbild der Antike, mit seiner Tragödie die Leidenschaften darstelle, um die Tugenden zu stärken und das Laster zu bekämpfen. Er verleiht seiner Hoffnung Ausdruck, so zu einer Versöhnung zwischen dem Theater und der Kirche beitragen zu können. Von mehreren Interpreten wurde *Phèdre* – gerade im Lichte dieses Vorworts, das im Hinblick auf Racines eigene Vergangenheit im Kloster Port-Royal gelesen werden kann – als »jansenistische« Tragödie gedeutet: E. KÖHLER (1983) schließt mit seiner Interpretation in dieser Hinsicht an L. GOLDMANN (1955) an und meint, in der Gestalt der Phädra genau den jansenistischen Grundgedanken der menschlichen Verdammung durch die Götter erkennen zu können. Während Köhler des weiteren die Thematik der Eifersucht – als *»wirksamstes Instrument der Fatalität«* – für Racine generell und für *Phèdre* insbesondere als entscheidend herausstellt, weisen R. BARTHES (1963) und K. A. OTT (1968) auf die Bedeutung des Wortes bei Racine hin: Ott bemerkt, daß, da Racines Figuren fürchten, sich eine Blöße zu geben, das Liebesgeständnis (*»aveu«*) stets ein Höhepunkt der Racineschen Tragödie sei. Barthes wiederum erkennt als grundlegendes Problem Phädras nicht ihre Schuld, sondern ihr Schweigen (*»dire ou ne pas dire«*).
In Deutschland spiegelt sich, zumal seit der Übersetzung durch Friedrich SCHILLER kurz vor seinem Tod, in den Auseinandersetzungen um die klassische französische Tragödie das nicht immer vorurteilsfreie Ringen um die ideale Bestimmung der nationalen Eigenart des deutschen Theaters gegenüber der französischen Vorbildhaftigkeit, die LESSING und der Einfluß SHAKESPEARES in Frage gestellt hatten.
Bei der Kargheit der Bilder in einer gezügelten und erlesenen Sprache zeigt sich die Meisterschaft Racines besonders in der feierlich-musikalischen Verskunst der paarweise gereimten Alexandriner. Rede und Gegenrede werden beziehungsreich miteinander verwoben und sind für ihn Kunst der Seelendarstellung, Mittel einer ebenso behutsamen wie tiefgehenden Erschließung der Gefühle seiner Bühnengestalten. Wohlgeformte große Tiraden legen allein mit ihrer sprachlichen Gewalt die innere Tragik der Hauptgestalten bloß. Die Szenenfolge weist eine großartig proportionierte, straffe Architektonik auf, in die auch der lange dramatische Bericht des Theramenes wirkungsvoll hineingeflochten wird. Racines *Phädra* hat das griechische Verständnis von Tragik dem Trauerspiel der Neuzeit in unnachahmlicher Weise neu entdeckt. D.B.-KLL

AUSGABEN: Paris 1677 (*Phèdre et Hippolyte*). – Paris 1687 (*Phèdre*, in *Œuvres*, 2 Bde., 2). – Paris 1865–1873 (in *Œuvres*, Hg. P. Mesnard, 10 Bde., 3; krit.). – Paris 1951 (in *Œuvres complètes*, Hg. R. Picard, Bd. 1; Pléiade). – Paris 1960 [Komm. J.-L. Barrault]. – Paris 1964 (in *Théâtre complet*, Hg. A. Stegmann, 2 Bde., 2; GF). – Paris 1980 (in *Théâtre complet*, Hg. J. Borel u. A. Viala; Class. Garn). – Paris 1983 (in *Théâtre complet*, 2 Bde.; 2; Folio). – Paris 1985 (Poche).

ÜBERSETZUNGEN: *Phädra und Hippolytus*, anon., Lpzg. 1749. – *Phädra und Hippolitus*, P. v. Stüven, Wien 1756. – *Phädra*, F. v. Schiller, Tübingen 1805; ern. Stg. 1964 (RUB, Nachw. H. Gmelin). – *Phaidra*, W. Willige (in *Dramatische Dichtungen u. geistliche Gesänge*, Bd. 2, Darmstadt 1956). – *Phädra*, R. A. Schröder (in *GW*, Bd. 6, Bln. 1958). – Dass., A. Luther (in *Dramen*, Bd. 1, Mchn. 1961). – Dass., S. Werle, Ffm. 1986 [zus. m. *Andromache*].

LITERATUR: K. Cunningham, *Schiller u. die französische Klassik*, Bonn 1930. – W. Newton, *Le thème de Phèdre et d'Hippolyte dans la littérature française*, Paris 1939. – Ch. v. Dach, *R. u. die deutsche Literatur des 18. Jh.s*, Bern/Lpzg. 1941. – M. Cressot, *La langue de »Phèdre«* (in Français Moderne, 10, 1942, S. 169–182). – Th. Maulnier, *Lecture de »Phèdre«*, Paris 1943; ern. 1967. – J.-L. Barrault, *J. R. »Phèdre«*, Paris 1946 (vgl. auch ders., *Nouvelles réflexions sur le théâtre*, Paris 1959). – K. Vossler, *Zu R.s »Phaedra«* (in Geistige Welt, 1, 1946, S. 1–5). – L. Spitzer, *The ›Récit de Théramène‹* (in L. S., *Linguistics and Literary History*, Princeton/N.J. 1948, S. 87–134; dt. *Der Bericht des Théramène in R.s*

»Phèdre«, in *R.*, Hg. W. Theile, Darmstadt 1976, S. 43–98). – Ch. Dédéyan, *R. et sa »Phèdre«*, Paris 1965. – I. Barko, *Du nouveau sur l'édition originale de »Phèdre«* (in AJFS, 3, 1966, S. 282–334). – M. R. Carré, *»Phèdre«* (in PMLA, 81, 1966, S. 369–376). – B. Quemada, *»Phèdre«, concordances, index et relevés statistiques*, Paris 1966. – E. Auerbach, *Gesammelte Aufsätze zur Romanischen Philologie*, Bern/Mchn. 1967, S. 196–203. – P. Bénichou, *L'écrivain et ses travaux*, Paris 1967, S. 237–323. – T. Maulnier, *Lecture de »Phèdre«*, Paris 1967 [erw.]. – C. Mauron, *»Phèdre«*, Paris 1968. – W. H. Friedrich, *R.s »Phèdre« und ihre antiken Vorbilder* (in *Das französische Theater vom Barock bis zur Gegenwart*, Düsseldorf 1968, Bd. 1, Hg. J. v. Stackelberg, S. 182–300; 383–385). – K.-A. Ott, *R. u. die deutsche Klassik* (ebd., S. 201–226; 385/386). – F. Orlando, *Lettura freudiana della »Phèdre«*, Turin 1971 (frz. Paris 1986). – C. Delmas, *La mythologie dans la »Phèdre« de R.* (in RHT, 23, 1971, S. 50–77). – J.-L. Barrault, *Mise en scène de »Phèdre« de R.*, Paris 1972. – D. u. D. Kaisergruber, *»Phèdre« de R., pour une sémiotique de la représentation classique*, Paris 1972. – R. Caillois, *»Phèdre« et la mythologie* (in NRF, Juni 1972, Nr. 234, S. 7–18; ern. in R. C., *Obliques*, Paris 1974, S. 177–188). – E. L. Gans, *Le paradoxe de »Phèdre«*, Paris 1975. – R. Georgin, *Essais sur »Phèdre«* (in R. G., *La structure et le style*, Lausanne 1975, S. 63–126). – K. A. Knauth, *R.s »Phèdre« aus dem Hintergrund von Emblematik und Mythenallegorese* (in GRM, 25, 1975, S. 12–31). – K. Stierle, *Das Liebesgeständnis in R.s »Phèdre« und das Verhältnis von Sprachhandlung und Tat* (in Poetica, 8, 1974, S. 359–365). – R. Albanese, *»Phèdre« devant la nouvelle critique* (in LR, 31, 1977, S. 279–291). – L.-L. Naneix, *Phèdre l'incomprise*, Paris 1977. – J. v. Stakkelberg, *R. »Phèdre* (in J. v. S., *Weltliteratur in deutscher Übersetzung*, Mchn. 1978, S. 107–120). – J.-J. Roubine, *»Phèdre« de R.*, Paris 1979. – J. P. Short, *R. »Phèdre«*, Ldn. 1983. – *Analyses et réflexions sur »Phèdre« de R.*, Paris 1983. – R. Mathé, *R. »Phèdre«*, Ffm./Paris 1984. – R. E. Goodkin, *R. en marge d'Aristote. »Phèdre« et le milieu exclu* (in Poétique, 17, 1986, S. 349–370). – E. M. Szarota, *Verzehrende Leidenschaft. R.'s »Phèdre« (1677)* (in E. M. S., *›Stärke, dein Name sei Weib‹. Bühnenfiguren des 17. Jh.s*, Bln./NY 1987, S. 335–348). – B. Norman, *Liturgical Structures in R.'s »Phèdre«* (in PFSCL, 15, 1988, S. 593–607). – W. F. Panici, *Le champ symbolique élargissant de »Phèdre«* (ebd., S. 151–175). – A. Bernhard, *Illusion und Erkenntnis in R.s »Phèdre«*, Gerbrunn bei Würzburg 1988.

LES PLAIDEURS

(frz.; *Die Prozeßsüchtigen*). Komödie in drei Akten von Jean Racine, Uraufführung: Paris, Ende Oktober oder Anfang November 1668, Hôtel de Bourgogne. – In erster Linie geht Racines Komödie zurück auf seine Lektüre der *Sphēkes (Wespen)* des Aristophanes. Während die *Wespen*, von denen Racine die Manie des Prozessierens und die Darstellung einer burlesken Gerichtsverhandlung übernimmt, eine sozialkritische und politische Anklage implizieren und in der Gestalt des Richters Philokleon die demagogische Organisation des Heliastengerichts attackieren, ist Racines Stück eher eine erheiternde Satire auf ein formalistisches Gerichtswesen. Weitere Anregungen hat der Autor mit großer Wahrscheinlichkeit dem *Roman bourgeois* (1666) von Furetière sowie Molières Komödie *L'amour médecin* (1665) entnommen. Als Vorläufer Racines ist auch Rabelais zu nennen; sein Richter Bridoye im dritten Buch des *Pantagruel*, die *»Schikanierer«* des vierten Buchs und die Satire auf die *»gemästeten Katzen«* im fünften wirkten auf die *Plaideurs* ein. Die Verspottung der Justiz, ein in der französischen Literatur besonders beliebtes Thema, wurde u. a. bereits in dem *Avocat dupé* (1637) von U. Chevreau (1613–1701) und zu Racines Zeiten in der *Belle plaideuse* (1654) von F. Le Métel, seigneur de Boisrobert (1589 bis 1662) behandelt. Als Hintergrund zu Racines Satire über die Justiz dürfte nicht zuletzt die unmittelbare Erfahrung seines Onkels Sconin zu sehen sein: Sconin führte 1662 einen sich über lange Jahre hinziehenden Prozeß, der schließlich nach Beendigung des Verfahrens neu aufgenommen wurde.

Die Komödie ist nicht auf einer wirklichen Handlung aufgebaut – die Liebesgeschichte zwischen Léandre und Isabelle ist bewußt unauffällig gestaltet –, sondern auf einer ständig durch Zufälle unterbrochenen Scheinhandlung, die die wahnhafte, in Formeln erstickende, daher sich dem Unmenschlichen nähernde Rechtsprechung dadurch entlarvt, daß sich die in dem Richter Dandin verkörperte Prozeßwut schließlich in ihren eigenen Schlingen verfängt. Dandin, von seinem Sohn Léandre um einen Rechtsspruch in einer Heiratsangelegenheit gebeten, wird ebenso wie der prozeßwütige Vater Isabelles überlistet: Ungewollt gibt er mit seiner Antwort die Einwilligung zur Heirat Léandres mit Isabelle. Mit Ausnahme Dandins ragen die Personen aus der Typik des traditionellen Komödienrepertoires nicht heraus. Der seufzende junge Liebhaber Léandre, die charmante und maliziöse Isabelle, Chicanneau, der argwöhnische, seine Taler hütende Vater, Petit Jean und L'Intimé, die typischen Bühnenlakaien: sie stehen alle im Dienst der Satire. Chicanneau vertritt am reinsten den Typ des unheilbar Prozeßsüchtigen; die beiden Diener karikieren, als Advokaten verkleidet, die juristische Eloquenz mit ihrer Pedanterie, ihrer Emphase, Zitiersucht und selbstgefälligen Weitschweifigkeit. Racine betont im Vorwort zu seinem Stück, daß er, im Unterschied zu der Mehrheit der zeitgenössischen Autoren, eine Komödie ohne *»sales équivoques« (»schmutzige Zweideutigkeiten«)* und *»malhonnêtes plaisanteries« (»unehrenhafte Späße«)* habe verfassen wollen. Er lanciert damit eine Spitze gegen seinen Konkurrenten Molière und distanziert sich von der Tradition der Farce, die für Molières Komödie eine grundlegende Rolle spielt. Die Sprache Racines zeichnet sich in den

Plaideurs aus durch eine der Komik der Handlung angepaßte Geschmeidigkeit, durch eine ungewöhnliche Freiheit der Versstruktur und durch eine Fülle witziger Reimeinfälle. Die *Plaideurs* sind anzusehen als eine der schwungvollsten und stilistisch meisterhaften Komödien des französischen Theaters, die in der Menschengestaltung und klassischen Geisteshaltung – hier als bewußte Verkehrung des *bon sens*, im Negativen gespiegelt – den Tragödien des Dichters durchaus vergleichbar ist. Der Uraufführung des Stücks war zwar nicht der erwartete Erfolg beschieden, doch eine Aufführung am Hofe, die des Königs herzlichen Beifall fand, sicherte der Komödie dauernde Anerkennung. G.Schw.

AUSGABEN: Paris 1669. – Paris 1865–1873 (in *Œuvres*, Hg. P. Mesnard, 10 Bde., 2; krit.). – Paris 1951 (in *Œuvres complètes*, Hg. R. Picard, Bd. 1; Pléiade). – Paris 1964 (in *Théâtre complet*, Hg. A. Stegmann, 2 Bde., 1; GF). – Paris 1980 (in *Théâtre complet*, Hg. J. Borel u. A. Viala; Class. Garn). – Paris 1982 (in *Théâtre complet*, 2 Bde., 1; Folio). – Paris 1987 (Poche).

ÜBERSETZUNGEN: *Die Rechtenden oder die Prozeßsüchtigen*, anon., o. O. 1752. – *Die Gerichtsfexen*, D. v. Gagern, Wien 1886. – *Die Kläger*, W. Willige (in *Dramatische Dichtungen u. geistliche Gesänge*, 2 Bde., Bd. 1, Darmstadt 1956).

LITERATUR: C. Du Pasquier, *»Les plaideurs« de R. et l'éloquence judiciaire sous Louis XIV. Leçon d'ouverture*, Neuchâtel 1919. – P. Kohler, *R. à l'école d'Aristophane: »Les plaideurs«: hardiesse et compromis* (in P. K., *Autour de Molière. L'esprit classique et la comédie*, Paris 1925, S. 189–197). – L. Herrmann, *»George Dandin« et »Les plaideurs«* (in Revue de l'Université de Bruxelles, 23, 1927/28, S. 473 bis 484). – P. Fontaine, *»Les plaideurs« de R.* (in Canada Français, 26, 1938/39, S. 269–284). – R. Jasinski, *Le sens des »Plaideurs«* (in MdF, 331, 1957, S. 424–467). – N. Gross, *»Les plaideurs« and the Racinian Canon* (in MLN, 80, 1965, S. 318–355). – Ders., *Conceit and Metaphor in R.'s »Les plaideurs«* (in Symposium, 20, 1966, S. 226–236). – R. C. La Charité, *Le sujet des »Plaideurs«* (in FR, 42, 1968/69, S. 32–38). – N. Ekstein, *The Comic Récit. »Les plaideurs«* (in PFSCL, 12, 1985, S. 525–540). – T. J. Reiss, *R. and Political Thought. »Les plaideurs« and Law* (in Cahiers du Dix-septième, 1, Herbst 1987, S. 1–19). – M. Slater, *R.'s »Les plaideurs« – a Tragedian's Farce* (in Themes in Drama, 10, 1988, S. 83–97).

MATHURIN RÉGNIER

* 21.12.1573 Chartres
† 22.10.1613 Rouen

LES SATYRES

(frz.; *Die Satiren*). Verssatiren von Mathurin RÉGNIER, erschienen ab 1608 in immer wieder erweiterten Ausgaben. – Obwohl Régnier außer seinen *Satyres* noch eine ganze Reihe von Stanzen, Elegien, geistlichen Gedichten, Gelegenheits- und Hofdichtungen hinterlassen hat, ist er fast ausschließlich als Satirendichter bekannt. Insgesamt sind neunzehn Satiren überliefert, von denen die ersten zehn 1608 veröffentlicht wurden. Die jetzigen Satiren 10 und 11 wurden der Ausgabe von 1609 angefügt, Satire 13 erschien erstmals in der Neuausgabe von 1612. Die übrigen Stücke wurden postum veröffentlicht. Seinem Onkel Philippe DESPORTES, der als hoher geistlicher Würdenträger und gefeierter Dichter eine hervorragende Stellung bei Hofe hatte, verdankt Régnier eine klassische Ausbildung im Priesterseminar, die ihn mit den antiken Autoren vertraut machte, sowie die Anregung zu eigener Dichtung. Er begleitete den Kardinal von Joyeuse, dessen Sekretär er durch die Vermittlung seines Onkels wurde, von 1594 bis 1605 auf zahlreichen Reisen nach Rom, wo er Vertreter der *satire bernesque* (nach dem Dichter BERNI), darunter CAPORALI, kennenlernte. Um 1605 in Paris etabliert, verkehrte er sowohl in bester Hofgesellschaft als angeblich auch in den Künstlerkreisen der Taverne »Pomme du Pin«, die die Satirendichter MOTIN, SYGOGNE und BERTHELOT gleichfalls frequentierten.

Vorbilder für Régniers Satiren sind vor allem die lateinischen Satirendichter HORAZ und JUVENAL. Eine sprachlich und kompositorisch aufgelockerte Darstellung moralischer Probleme, persönlicher Anliegen oder zeitkritischer Beobachtungen ist sein an klassischem Vorbild orientiertes Ziel. In den Satiren 4, 6, 10 und 11 tritt ganz besonders der Einfluß der italienischen Satirendichter wie ARIOST, Berni, LASCA, MAURO u. a. zutage; dem Zeitgeschmack entsprechend liegt hier der Schwerpunkt auf dem pittoresken Detail. Auch RABELAIS, der Vertreter der freien, derb-realistischen Dichtung und des ungezügelten Ausdrucks, wirkt auf Régniers kraftvollen, farbigen, von Sprichwörtern und Fachausdrücken durchsetzten Stil. Sein philosophischer Lehrmeister aber ist MONTAIGNE, dessen empiristisch-relativistische Weltsicht in den Satiren 14 *(La folie est générale)* und 17 *(Franc de craint et d'envie)* ausdrücklich zu Worte kommt. Aber auch für alle übrigen Stücke liefert Montaigne die philosophische Grundmelodie. Doch macht Régnier aus dem Überkommenen etwas ganz Neues, Persönliches. Mit einzigartig scharfer Beobachtungsgabe erfaßt er die Welt. Ob er nun das eitle, untertänige, intrigante Gebaren der Höflinge ironisiert (Sat. 2, *Les poètes*) oder nach der Horazischen Satire 9 einen lästigen geschwätzigen Gecken beschreibt (Sat. 7, *L'amour qu'on ne peut dompter*), ob er in der pittoresk-burlesken Manier der Italiener das Bild eines Pedanten zeichnet (Sat. 10, *Le souper ridicule*) oder in der Gestalt der Kupplerin *Macette* (Sat. 13) eine blutvolle *»Inkarnation der ewigen Heuchelei«* (A. Adam) erschafft – immer findet er mit scharfem Blick das Typische, so daß sich seine Gedichte weit über eine beschränkte Zeitkritik hinaus zu zeitloser Gültigkeit erheben.

Bekannter noch als die moralischen und philosophischen Satiren sind die literarischen Satiren Régniers, die seine Auffassung vom Dichtertum und von der Dichtkunst zum Ausdruck bringen. In einer Zeit des geistigen Umbruchs tritt er als Bewahrer der Tradition in Gegensatz zu Malherbe, der neue Doktrinen aufstellt. Die *Satyre à Rapin* (Sat. 9), die wohl zunächst als Verteidigungsschrift für das dichterische Werk Desportes' gegen Malherbes kritische Anmerkungen gedacht war, enthält am deutlichsten Régniers literarisches Credo. Mit Berufung auf Ronsard und die »Pléiade« stellt er das dichterische Genie hoch über das mühselige Handwerk der formalen Ausarbeitung. Malherbe und seinen Anhängern wirft er Phantasielosigkeit und Mangel an dichterischem Höhenflug vor. Für das wahre Genie fordert er das Recht, *»die Feder dorthin eilen [zu] lassen, wohin sie die Begeisterung trägt«* (Sat. 1). Damit knüpft er an Rabelais an und nimmt zugleich die Romantiker vorweg (vgl. Sainte-Beuve). Seine Hochschätzung der dichterischen Freiheit bedeutet aber nicht, daß sich Régnier mit *»eitlen und ausgehungerten Dichterlingen«*, jenen *»heiseren Zikaden«* (Sat. 2) identifiziert hätte, die schlechte Verse mit dem Mantel genialer Inspiration decken wollen. Vielmehr bemüht er sich um eine seinen großen Vorbildern angemessene Form, indem er anstelle des bisher üblichen Achtsilblers den Alexandriner verwendet, der dem lateinischen Hexameter am nächsten kommt. So ist es nicht ganz zutreffend, wenn man die Kontroverse zwischen Malherbe und Régnier simplifiziert als einen Kampf des klassischen Ordnungsstrebens gegen die Anarchie des vorausgehenden Jahrhunderts versteht. Régnier verteidigt die Ronsardsche Dichtungskonzeption, die *fureur* und *doctrine* verbindet, gegenüber dem Bemühen, die Vernunft, die von Malherbe beschworene *raison universelle*, zur obersten Richterin zu erheben. Unter diesem Schlagwort sollte eine soziale Elite aus Adel und gebildetem Bürgertum zur höchsten Instanz in Fragen des Sprachgebrauchs und der Dichtkunst erklärt werden. Als geistiger Nachfolger Montaignes aber kann Régnier diese fiktive *raison universelle* nicht als bindendes Prinzip gelten lassen; für ihn gibt es eine naturgegebene, individuelle Vernunft, die verschiedenartige Ausprägungen haben kann, und nur dieser relativen Vernunft ist er zu folgen bereit. Er predigt keine schrankenlose persönliche Freiheit, sondern glaubt an einen von der Natur verhängten Determinismus. Innerhalb dieser Begrenzung aber fordert er Mut zum Individuellen, zur Originalität.

Der Erfolg der Satiren war von Anfang an groß. Boileau nennt Régnier *»den französischen Dichter, der vor Molière am besten die Verhaltensweisen und den Charakter der Menschen gekannt hat«* (*Réflexions sur Longin*, V); Molière wurde durch die *Satyres* inspiriert; auch die Romantik schätzte Régniers Satiren hoch ein (Viollet-le-Duc erstellte eine Neuausgabe). Bis heute gilt Régnier als einer der größten Satirendichter französischer Sprache.

B.R.

Ausgaben: Paris 1608 (in *Les premières œuvres*). – Paris 1609 [erw.]. – Paris 1612 [erw.]. – Paris 1822 (in *Œuvres*, Hg. Viollet-le-Duc). – Paris 1930 (in *Œuvres complètes*, Hg. J. Plattard; ern. 1965). – Paris 1958 (in *Œuvres complètes*, Hg. G. Raibaud; krit.).

Literatur: A. Stechert, *M. R. u. seine Satiren*, Progr. Magdeburg 1887. – J. Vianey, *M. R.*, Paris 1896. – J.-M. Bernard, *L'introduction de la satire en France, M. R.* (in Revue Critique des Idées, 23, 1913, S. 44–56). – H. Gillot, *Les images dans les »Satires« de M. R.* (in Littératures, 2, Fasc. 1–2, S. 19–36). – Y. Le Hir, *Aspects de la fantaisie verbale dans les »Satires« de M. R.* (in FS, 9, 1955, S. 304–311). – G. Raibaud, *Les dédicaces des »Satires« de R.* (in Revue Universitaire, 64, 1955, S. 147–152). – R. M. Mollan, *La langue de R., étude lexicologique*, Diss. Sheffield 1955/56. – M. V. Mitchell, *L'art du portrait dans les »Satyres« de R.*, Paris 1974. – H. Rauhut, *»Satyre XV«* (in *Französische Lyrik. Von Villon bis zur Gegenwart*, Hg. H. Hinterhäuser, Düsseldorf 1975, Bd. 1, S. 143–156; 363–364). – S. W. Tiefenbrun, *R.'s »Macette«. A Semiotic Study in Satire* (in Semiotica, 13, 1975, S. 131–153). – R. Fromilhague, *Sur la poétique de R.* (in Littératures, 6, 1982, S. 23–34). – R. Aulotte, *R., Les »Satires«*, Paris 1983. – C. D. Dawrence, *Rhetorical and Fictional Aspects in the »Satyres« of R.*, Diss. Georgetown Univ. 1983 (vgl. Diss. Abstracts, 45, 1983/84, S. 199A). – S. W. Tiefenbrun, *R. (1573–1613)* (in *La poésie française du premier XVIIe siècle. Textes et contextes*, Hg. D. L. Rubin, Tübingen 1986, S. 165–179). – K. D. Lawrence, *Baroque Structures in R.'s Eighth Satire* (in PFSCL, 15, 1988, S. 543–553).

JEAN DE ROTROU

* 21.(?)8.1609 Dreux
† 28.6.1650 Dreux

LITERATUR ZUM AUTOR:
Bibliographie:
M. A. B. Howard, *R., A Critical Bibliography, 1701–1974*, Diss. Univ. Georgia 1976 (vgl. Diss. Abstracts, 37, 1976/77, S. 5170A).
Gesamtdarstellungen und Studien:
J. Jarry, *Essai sur les œuvres dramatiques de J. R.*, Paris 1868 [Nachdr. Genf 1970]. – G. Steffens, *R.-Studien*, Diss. Göttingen 1891. – E. Martineche, *La ›commedia espagnole‹ en France de Hardy à Racine, 1600–1660*, Paris 1900. – W. Fries, *Der Stil der Theaterstücke R.s*, Diss. Würzburg 1933. – H. Gillot, *Le théâtre d'imagination au XVIIe siècle. J. de R.* (in Revue des Cours et Conférences, 34, 1933, S. 577–590; 673–687). – J. Scherer, *La dramaturgie classique en France*, Paris 1950. – R. Garapon, *R. et Corneille* (in RHLF, 50, 1950, S. 385–394). – R. Lebègue, *R., dramaturge baroque* (ebd., S. 379–384). – J. D. Hubert, *Le réel et l'illusoire dans le théâtre de Corneille et celui de R.* (in RSH, 1958, S. 330–350). – W. Leiner, *Deux aspects de l'amour dans le théâtre de J. R. Le romanesque et le réalisme* (in RHT, 11, 1959, S. 179–204). – F. Orlando, *R., dalla tragicommedia alla tragedia*, Turin 1963. – J. van Baelen, *R., Le héros tragique et la révolte*, Paris 1965. – H. Knutson, *The Ironic Game. A Study of R.'s Comic Theatre*, Berkeley 1966. – J. Morel, *J. de R., dramaturge de l'ambiguïté*, Paris 1968. – R. J. Nelson, *Immanence and Transcendence*, Columbus/Ohio 1969. – A. C. Curry, *An Onomasiological Study of Six Tragedies by R.*, Diss. Nottingham 1979/80. – J. Morel, *J. de R.*, Boston 1980 (TWAS). – G. Forestier, *Ironie et déguisement chez R. Une richesse de moyens exemplaire* (in PFSCL, 9, 1982, S. 553–570). – P. Pelckmans, *Le rêve approvisé. Notes sur le thème onirique dans le théâtre de R.* (in Studia Neophilologica, 54, 1982, S. 129–140). – D. A. Watts, *R.'s Problematical Tragedies* (in *Form and Meaning*, Hg. W. D. Howarth u. a., Amersham 1982, S. 75–91). – H. Wood, *The Language of Love in R.'s comedies* (in RomR, 75, 1984, S. 176–188). – J. Morel, *Rois de comédies et de tragi-comédies dans le théâtre de R.* (in TLL, 22, 1984, S. 265–269). – C. Scherer, *Comédie et société sous Louis XIII*, Paris 1984.

LES SOSIES

(frz.; *Die Sosiasse*). Komödie von Jean de ROTROU, entstanden 1636, im Druck erschienen Juni 1638. Die gleichzeitig mit CORNEILLES *Cid* Anfang Januar 1637 aufgeführte Komödie wurde mit lebhaftem Erfolg bis um 1650 gespielt. Als erste französische Bearbeitung des Amphitryon-Stoffes sollte sie neben dem *Amphitruo* von PLAUTUS die wichtigste Vorlage für MOLIÈRES *Amphitryon* bilden.
Rotrou folgt weitgehend dem im Mittelalter ergänzten Fragment des Plautus, er fügt jedoch neue Szenen ein, strafft oder erweitert die Vorlage und verändert die Nebenrollen. Gehalt, Komik und Sprache des *Amphitruo* aber erfahren die stärkste Veränderung, sie werden im Stil der Epoche »franzisiert«. Die Personen spiegeln die Gesellschaft des 17. Jh.s, die antiken Götter sind vermenschlicht. Der majestätische heidnische Göttervater erscheint als leidenschaftlicher, zärtlicher Liebhaber, während sich Merkur in seinem Dienst feiner und zurückhaltender benimmt. Amphitryon bleibt ein respektabler Feldherr, doch ist bereits bei Rotrou die Satire auf den betrogenen Ehemann angelegt. Alkmenes Rolle ist verkleinert: Als *honnête femme* verkörpert sie ein mondänes Gesellschaftsideal, doch steht sie nicht mehr im Mittelpunkt der Komödie wie die unbeirrt tugendhafte, liebende Alcumena, deren Ehe durch eine fast schuldhafte Liebe Jupiters gefährdet wird. Der Gehalt des lateinischen Stücks verblaßt bei Rotrou angesichts eines verabsolutierten, oberflächlichen Ehrbegriffes; das Problem der – wenngleich unbewußt – befleckten Ehre löst sich in den *Sosies* durch einen dialektischen Trick, indem der Ehebruch selbst, da von Jupiter begangen, zur ehrenhaften Tat erklärt wird. – Sosias, der anders als bei Plautus auch im fünften Akt erscheint, bleibt der Hauptträger der Komik. Er besitzt aber nicht mehr die humorvolle Überlegenheit seines Prototyps, die bei Plautus angelegten Züge sind vergröbert. Andererseits läßt Rotrou in der Rolle des feigen, räsonierenden, ständig geprügelten Sklaven soziale Kritik anklingen.
In den burlesken Szenen der *Sosies* entwickelt der Autor eine beachtliche Komik, er weiß die Paradoxie der Situation durch sprachliche Mittel zu veranschaulichen. Einzelne Streitgespräche werden durch Stichomythie, Hemistichomythie oder weitere Unterteilung des Alexandriners belebt. Im allgemeinen aber ist die Versifikation eher starr. Die Sprache der Götter hebt sich von der der Menschen durch reichen barocken Ornatus ab, der *deus ex machina* schließlich spricht in feierlichen Stanzen. Ebensowenig wie einen ausgewogenen Stil erreicht Rotrou eine straffe Einheit der Handlung. Zudem eröffnet er sein Stück abweichend von der Quelle mit einem großen Eifersuchtsmonolog der Juno (nach SENECA, *Hercules furens*, 1–124), der weder stilistisch noch inhaltlich in engerer Beziehung zu der Komödie steht, sondern allenfalls auf die mythologischen Perspektiven des Schlusses verweist, in dem Rotrou den Bericht über die Geburt des Herkules und seine erste Wundertat beibehält.
Molières *Amphitryon* basiert in hohem Maße auf Rotrou. Ohne sein Genie zu schmälern, ließe sich nachweisen, *»daß sich Molière selbst in Passagen, deren Anregung auf Plautus zurückgeht, direkt auf ihre Version bei Rotrou stützt«* (C. Jodry). Er übernimmt Rotrous szenische Erfindungen im letzten Akt (V, 1–3) und weiß die gelungensten Repliken

des Sosias zu benützen wie *»Point, point d'Amphitryon ou l'on ne dîne point« – »Wo man nicht speist, ist auch nicht Amphitryon«.* Auch der Schluß des *Amphitryon* ist Rotrou bis ins Detail verpflichtet. Denn auf die Feststellung eines Hauptmanns: *»Pour tout dire en deux mots, et vous féliciter, Vous partagez des biens avecque Jupiter« – »Um alles mit zwei Worten zu sagen und Euch zu beglückwünschen, Ihr teilt Euren Besitz mit Jupiter«*, erwidert Sosias, der das letzte Wort in der Komödie hat: *»Cet honneur, ce me semble, est un triste avantage: On appelle cela lui sucrer le breuvage.« – »Diese Ehre scheint mir ein trauriger Vorzug zu sein, man heißt das, ihm den Trank versüßen.«* J.Ze.

Ausgaben: Paris 1638. – Paris 1820 (in *Œuvres*, Hg. Viollet-le-Duc, 5 Bde., 3); Nachdr. Genf 1967. – Paris 1928 (in *Théâtre choisi*, Hg. F. Hémon; krit.). – Genf 1980, Hg. D. Charron (krit.; TLF).

Literatur: A. Kohn, *R.s »Les Sosies« und Molières »Amphitryon«* (in Volkstum und Kultur, 1, 1928, S. 283–315). – E. Gros, *»La naissance d'Hercule«, ou »Les Sosies« de R., transformé en pièce à machines* (in Annales de la Faculté des Lettres à l'Université d'Aix, Marseille, 16, 1931, S. 23–50). – P. Gethner, *Narrative and Comedy in »Les Sosies«* (in PFSCL, 12, 1985, S. 503–510).

VENCESLAS

(frz.; *Venceslas*). Tragikomödie von Jean de Rotrou, Uraufführung 1647, wahrscheinlich im Hôtel-de-Bourgogne; erschienen 1648. Das Drama folgt werkchronologisch der Tragikomödie *Don Bernard de Cabrère* und ist 1645/46 entstanden. – *Venceslas* ist eine freie Adaption einer spanischen *comedia* von Francisco de Rojas Zorilla (1607–1648) mit dem Titel *No hay ser padre siendo rey (Man kann nicht Vater sein und zugleich König)*. Rojas gestaltet eine legendäre Episode aus der polnischen Geschichte zu einem dramatischen *plot* um; ihr historischer Kern ist eine Rivalitätsintrige zwischen Venceslas IV., dem König von Böhmen und Ungarn (gest. 1305), und einem gewissen Ladislas, die im Gegensatz zu der Darstellung im Drama nicht durch verwandtschaftliche Beziehungen miteinander verbunden sind. Als Stoffquellen kommen die *Historia Boiemica* des Dubravius sowie die französische Bandello-Übersetzung *Les histoires tragiques extraictes des œuvres italiennes de Bandel et mises en langue françoise de Belle-Forest* (1583–1616) in Frage.

Rotrou, der seine Übersetzungs- und Adaptierkunst auf die dramatischen Literaturen Spaniens, Italiens sowie der griechischen und lateinischen Antike ausdehnt, profitiert mit seinem *Venceslas*-Drama von zwei aktuellen literarischen Modeströmungen – einmal von der bereits etablierten Vorliebe für spanische Literatur, zum anderen von einem neuen Interesse für die osteuropäischen Länder, besonders Polen (Heirat des polnischen Königs Ladislas mit Louise de Gonzague, 1645). Er bearbeitet die spanische Vorlage frei nach seinen Absichten; durch Umdisponierungen im Ablauf der Intrige, durch Modifizierung der Figurenkonstellation und des Ausgangs sowie durch Erweiterungen schafft er ein Drama von eigener Originalität. – Ladislas, der Sohn des Königs Venceslas von Polen, liebt die Herzogin Cassandre, die jedoch bereits mit Ladislas' jüngerem Bruder Alexandre eine inoffizielle Verlobung eingegangen ist und daher die mit leidenschaftlicher Exzentrik vorgetragenen Werbungen des Thronfolgers zurückweist. Im Affekt der Eifersucht tötet Ladislas eines Nachts einen vermeintlichen Nebenbuhler, den er in Cassandres Boudoir entdeckt hat. Er glaubt zunächst, das Opfer sei Fédéric, ein Günstling des Königs, muß jedoch am folgenden Tage erkennen, daß er seinen Bruder Alexandre getötet hat. Im Konflikt zwischen Vaterliebe und Staatsräson entscheidet Venceslas gegen die individuellen Interessen und verurteilt seinen Sohn zum Tode. Erst die Fürbitten der Hofleute und eine Volkserhebung zugunsten des Prinzen bewegen den König zur Begnadigung. Er selbst dankt als Herrscher ab, denn seine Souveränität als Instanz absoluter Gerechtigkeit ist nicht mehr gewährleistet.

Die Handlung des *Venceslas*-Dramas spielt auf zwei Ebenen: Staatsaktion und Familienhandlung. Alle Hauptpunkte der Intrige berühren sowohl die politische als auch die private Thematik, die im Titel der spanischen Vorlage in Sentenzform miteinander verknüpft werden. Die Staatsthematik kreist um das Problem des monarchistischen Absolutismus (Katalog von Maximen der Regierungskunst in der Staatsszene I, 1), der in der Instanz des vom Volkswillen und vom Gesetz getragenen Souveräns Legitimität erhält. Venceslas repräsentiert im Sinne der Staatstheorie des 17. Jh.s den Idealtyp des absoluten Herrschers, der seine Autorität auf die *vertu*, den Inbegriff aller positiven Qualitäten des Souveräns, gründet und dem politische wie ethische Weisheit gebieten, die privaten Belange den öffentlichen unterzuordnen. – Die Thematik der Familientragödie *Venceslas* verwendet im wesentlichen zwei literarische Motive, das der feindlichen Brüder und einen Generationenkonflikt.

Der gegen die klassische Forderung der *bienséance* verstoßende Ausgang des Dramas hat – ähnlich wie im Falle von Corneilles *Cid* – Kritiker gefunden. (Marmontel schlägt in einer Neufassung des *Venceslas*, 1759, eine moralkonforme tragische Version des Schlusses vor.) Symptomatisch tritt im *Venceslas* Rotrous Vorliebe für eine realistische Darstellung psychologischer Phänomene, besonders gesteigerter Affekte, in Erscheinung. Darf dies auch als Kennzeichen einer unabhängigen, antiklassizistischen Dramaturgie (als Gegenposition vor allem zu der rationalen Stilisierung der Liebesthematik) interpretiert werden, so weist andererseits die Dominanz der »moralischen« Problemhandlung über die Staatsaktion auf den Einfluß Corneilles. Rotrou nähert sich dem in den vierziger Jahren des

17. Jh.s bereits normativ gültigen Regelkanon an (formelle Einhaltung der *unités*), er übernimmt aber auch bestimmte Verfahrensweisen der zeitgenössischen spanischen Dramaturgie (betonte Variation der Szenentypen, Intrigenaufbau mit zahlreichen Peripetien und Überraschungseffekten). In der sprachlichen Darstellung der Liebesthematik verfügt Rotrou souverän über die zeitgegebenen Mittel preziöser Rhetorik, sowohl im Vokabular als auch in der elegant konzipierten Syntax; er wahrt im Rahmen der dramatischen Literatur der Epoche seine Originalität gerade durch seine differenzierte Handhabung der bereits formelhaft verfügbaren rhetorischen Sprache des literarischen Barock. U.H.

AUSGABEN: Paris 1648. – Paris 1820 (in *Œuvres*, Hg. Viollet-le-Duc, 5 Bde., 5; Nachdr. Genf 1967). – Paris 1883 (in *Théâtre choisi*, Hg. F. Hémon; ern. Paris 1925). – Boston u. a. 1907 (*Saint Genest and Venceslas*, Hg., Einl. u. Anm. F. Crane). – Saarbrücken 1956, Hg. W. Leiner; (krit.). – Paris 1975 (in *Théâtre du XVIIe siècle*, Hg. J. Scherer, 2 Bde., 1; Pléiade).

LITERATUR: L. Person, *Histoire de Venceslas*, Paris 1882. – S. Pitou, *»Venceslas« and Marmontel Again* (in AJFS, 10, 1973, S. 111–118). – K. W. Wolfe, *Royal Discourse in R.s »Venceslas«* (in PFSCL, 15, 1988, S. 677–684).

LE VÉRITABLE SAINT GENEST

(frz.; *Der wahre heilige Genest*). Tragödie von Jean de ROTROU, erschienen 1647. – Rotrous Märtyrertragödie geht auf Lope de VEGAS Schauspiel *Lo fingido verdadero*, 1622 *(Spiel wird Wahrheit)*, sowie auf DESFONTAINES 1644 aufgeführtes Stück *L'illustre comédien ou Le martyre de Saint-Genest (Der berühmte Schauspieler oder Das Martyrium des heiligen Genest)* zurück, die Quelle für das im Stück gespielte Stück ist der *Sanctus Adrianus* des Jesuiten CELLOT.

Gegenstand des *Véritable saint Genest* ist die Legende des römischen Schauspielers Genest, der mit seiner Truppe vor dem Kaiser Diokletian, dessen Tochter Valerie und dem Mitregenten und siegreichen Feldherrn Maximin die Tragödie des christlichen Märtyrers Adrian spielt, dabei seine Bekehrung erlebt und schließlich selbst den Märtyrertod erleidet.

Das Verfahren, im Stück selbst ein Theaterstück aufführen zu lassen, gestattet es Rotrou, den Umschlag von Fiktion in Wahrheit, von Schein in Sein zum auslösenden Moment des tragischen Vorgangs zu machen. Dieser Umschlag (IV, 5–8), für den Zuschauer wohl vorbereitet durch eine Erleuchtung Genests während des Probens seiner Rolle (II, 4), verbindet die beiden Spielebenen aufs engste miteinander. Als Genest plötzlich seine Rolle durchbricht – *»Nicht mehr Adrian, Genest selbst erlebt die Gnade der Taufe und die Ehre des Martyriums«* –, erfaßt niemand diese Wandlung. Auch ein erneutes glühendes Bekenntnis wird von Diokletian und seinem Gefolge zunächst noch als höchste Steigerung realistischer Schauspielkunst empfunden, während die Mitspieler bereits beginnen, ihrer Verwirrung Ausdruck zu geben und vergebens auf ihr Stichwort warten. Wieder beteuert Genest, daß aus dem Spiel nun Wahrheit geworden sei: *»Und ihr versteht mich schlecht, wenn meine Rolle in dieser Handlung noch für eine Fiktion gehalten wird.«* Allmählich aufs höchste erzürnt, droht der Kaiser dem Abtrünnigen schließlich mit dem Tode und läßt ihn abführen.

Wie schon in CORNEILLES *Illusion comique* bietet die Dramaturgie des Spiels im Spiel auch Gelegenheit, Rang und Funktion des Theaters selbst zu diskutieren. Das Schauspiel – *ce noble plaisir* – hat absolute Macht über die menschliche Seele, es vermag allein den Herrscher für kurze Zeit von der Last seines Amtes zu befreien. – Mit den Worten Genests gibt Rotrou seine Vorliebe für das Theater der »Alten« zu erkennen, denn kein neuerer Autor könne sich mit den Griechen, mit Terenz oder Plautus messen. Hohe Anerkennung bezeugt er jedoch Corneille, auf dessen *Cinna* und *La mort de Pompée* er lobend anspielt.

Pittoreske Details aus der zeitgenössischen Theaterpraxis sind in das Spiel integriert: Kostüme und Bühnenbild werden begutachtet, die Rollen repetiert; nach dem Auftreten der großen Schauspielerin Marcèle kommt es zu einer tumultartigen Unterbrechung, der Kaiser selbst muß die begeisterten Zuschauer wieder beruhigen. Die Szenen aus dem Theaterleben wie auch die Kommentare der Zuschauer verdeutlichen immer wieder die beiden Ebenen des Spiels. Gleichzeitig werden aber die zwei parallel verlaufenden Handlungen durch verschiedenste Bezüge und Berührungspunkte miteinander verknüpft.

Der szenische Aufbau, die Verbindung zweier Darstellungsebenen und die Tendenz zur Vermischung der Gattungen, die im einleitenden Spiel um die Verlobung Valeries mit Maximin hervortritt, bezeugen die Nähe des Stücks zur Barocktragödie und zugleich seine Distanz zu der nun von Corneille entwickelten klassischen Tragödienform. – Trotz des tragischen Gegenstandes und der Überlänge des inneren Spiels entfaltet *Le véritable saint Genest* eine zwar ernste, doch beinahe schwerelose Anmut, zu der eine rhythmisch und rhetorisch ausgewogene, an Schönheiten reiche Sprache in hohem Maße beiträgt. So begleitet die Theatermetaphorik, die noch den Tod des Märtyrers als *»letzte Szene der Tragödie«* umschreibt, das äußere Spiel, während Antithese und Oxymoron zur Darstellung der christlichen Glaubenserfahrung, die im Tod erst den Beginn des wahren Lebens sieht, angewandt werden. – Im Schaffen Rotrous kommt dieser Tragödie neben dem *Venceslas* der höchste Rang zu. J.Ze.

AUSGABEN: Paris 1647. – Paris 1820 (in *Œuvres*, Hg. Viollet-le-Duc, 5 Bde., 5; Nachdr. Genf

1967). – Boston 1907, Hg. T. F. Crane [m. Einl.]. – Cambridge 1954, Hg. W. Ladborough [m. Einl.]. – Genf 1972, Hg. E. T. Dubois (krit.; TLF). – Paris 1975 (in *Théâtre du XVIIe siècle*, Hg. J. Scherer, 2 Bde., 1; Pléiade). – Paris 1988, Hg. J. Sanchez.

LITERATUR: F. Gaiffe, *Quelques notes sur les sources du »Saint-Genest« de R.* (in Revue Universitaire, 38, 1929, S. 327–336). – K. Loukovitch, *L'évolution de la tragédie religieuse classique en France*, Paris 1933, S. 332–351. – J. Scherer, *Une scène inédite de »Saint Genest«* (in RHLF, 50, 1950, S. 395–403). – R. J. Nelson, *Art and Salvation in R.'s »Le véritable Saint-Genest«* (in FR, 30, 1956/57, S. 33–40; 451–458). – P. Bürger, *Illusion und Wirklichkeit im »Saint Genest« von R.* (in GRM, 14, 1963, S. 241–267). – E. M. Szarota, *R.s »Le véritable Saint-Genest«* (in E. M. S., *Künstler, Grübler und Rebellen*, Bern/Mchn. 1967, S. 43–47). – W. Leiner, *R. »Le véritable saint Genest«* (in *Das französische Theater vom Barock bis zur Gegenwart*, Hg. J. v. Stackelberg, Bd. 1, Düsseldorf 1968, S. 37–53). – A. Seznec, *Le »Saint Genest« de R. Un plaidoyer pour le théâtre* (in RomR, 63, 1972, S. 171–189). – J. Morel, *Ordre humain et ordre divin dans »Saint Genest« de R.* (in RSH, 37, 1972, S. 91–94). – H. Mattauch, *R. oder nicht R.? Zur Autorschaft einer Szenenvariante des »Véritable Saint Genest«* (in RF, 86, 1974, S. 123–130). – M. Besnard-Coursodou, *De Circe à Pandore. Lecture politique du »Véritable Saint Genest«* (in Poétique, 9, 1978, S. 336–351). – J. C. Vuillemin, *Rôle de Dieu, rôle du prince, »Le véritable Saint Genest« de R.* (in Littérature, 68, Dez. 1987, S. 86–101).

MARC-ANTOINE GIRARD, SIEUR DE SAINT-AMANT

* 30.9.1595 Queville / Rouen
† 29.12.1661 Paris

DAS LYRISCHE WERK (frz.) von Marc-Antoine Girard, sieur de SAINT-AMANT.
Drei miteinander befreundete Dichter müssen zusammen genannt werden, wenn es darum geht, des französischen Manierismus als einer Gegenbewegung zu den Bestrebungen MALHERBES ansichtig zu werden: Théophile de VIAU (1590–1626), Saint-Amant und TRISTAN L'HERMITE (1601? bis 1655). Lange zu Unrecht vernachlässigt, von den Romantikern wiederentdeckt, haben sie jedoch erst in neuerer Zeit, mit dem durch die moderne Kunst erwachten Interesse für alle Formen des Phantastischen, des Grotesken und Burlesken, die Geltung erlangt, die ihnen zusteht.

Antoine Girard, der sich später Marc-Antoine Girard, sieur de Saint-Amant nannte, wurde als Sohn eines normannischen Kaufmanns geboren. Er war nicht nur Literat und *poète libertin*, er nahm auch an militärischen Expeditionen und diplomatischen Missionen teil. Längere Zeit weilte er in Rom, später in Polen und Schweden; seine Seereisen nach Afrika und Westindien dürften freilich ins Reich der Legende gehören. Er stilisierte sich gern als Liederjan, als Freß- und Saufkumpan, als den dicken und derben Saint-Amant, dem es in lustiger, keineswegs immer feiner Gesellschaft am wohlsten war; schmausend, zechend, rauchend, abgerissen; ein Müßiggänger, ein Faulenzer, dem es kaum gelingt, *»die Hand aus den Laken des Bettes zu schieben, um für einen Freund ein paar Verse niederzuschreiben«*. Er war jedoch gleichzeitig ein gerngesehener Gast in literarisch gebildeten Adelskreisen, ein frühes Mitglied der Académie française und erfreute sich eines erheblichen Ansehens bei seinen Zeitgenossen. Im Burlesken waren MAROT und RABELAIS seine Ahnen und Vorbilder; doch war er nicht minder beschlagen auf dem Gebiet der italienischen und spanischen Dichtung. Bereits 1625 konvertierte er von der kalvinistischen Konfession seines Elternhauses zur katholischen Kirche, und im Alter verfaßte er die umfangreiche »heroische Idylle« *Moÿse sauvé*, 1653 *(Der gerettete Moses)*, die mehrere Auflagen erlebte.
Seinen frühen Ruhm verdankt Saint-Amant einem wiederholt überarbeiteten Gedicht, *La solitude*, das fast so etwas wie eine Gattung begründete und dem auch das Glück widerfuhr, ins Deutsche – nicht ohne einige Abstriche und Zutaten – übersetzt zu werden: *Die angenehme Wüstenei St. Amants* (1704) von Hans ASSMANN VON ABSCHATZ; eine Ode idyllisch-deskriptiven Charakters, mit Einschlägen des Schaurigen und Erhabenen. Seine für das Exotische empfängliche Phantasie entfaltet sich höchst reizvoll in einem kleinen Sonettenzyklus: *Der Frühling in der Umgebung von Paris, Der Sommer in Rom, Der Herbst auf den Kanarischen Inseln, Der Winter in den Alpen*. Ob er die Melone feiert, den *cidre* oder den *fromage de Brie*, ob er einen erquickenden Sommerregen beschreibt oder in einem *caprice heroï-comique* die Durchfahrt der französischen Kriegsflotte unter dem Grafen Harcourt durch die Meerenge von Gibraltar, immer überzeugt er durch Anmut und Übermut, durch Buntheit und Einfallsreichtum und eine beachtliche Kunst der Phrasierung.
Sein kleines Epos in paarweise gereimten Alexandrinern, *Moÿse sauvé*, meist geringschätzig beiseite geschoben oder spöttisch abgetan, verdient durchaus Beachtung. Das Thema, die Aussetzung, dann die Auffindung und Rettung des Moseskindes durch die Tochter des Pharao, war ein beliebter Stoff der Zeit; Poussin hat das mehrfach dargestellt, und Saint-Amant, der hier MARINO und GÓNGORA nacheifert, könnte das eine oder andere dieser Bilder wohl gekannt haben. Eingeblendet in diese Idylle, als Erzählung oder prophetischer Traum, sind die Geschichten Jakobs, Josephs und

vom Auszug der Kinder Israel. Das Gedicht endet mit der Evokation einer von Leuchtkäfern durchflogenen Sommernacht; man hört die Fische, wie sie aus den Fluten des Niles hervorschnellen und wieder zurückfallen. F.Ke.

AUSGABEN: *Les Œuvres*, Paris 1629. – *La suite des Œuvres*, Paris 1631. – *Les Œuvres, IIIe partie*, Paris 1649. – *Dernier recueil*, Paris 1658. – *Œuvres poétiques*, Hg. L. Vérane, Paris 1930. – *Œuvres*, Hg. J. Bailbé, 5 Bde., Paris 1967–1979 (STFM). – *La Solitude und die Sonette auf die vier Jahreszeiten* (in *La poésie française du premier XVIIe siècle*, Hg. D. L. Rubin, Tübingen 1986, S. 261–298).

LITERATUR: Th. Gautier, *Les Grotesques*, Paris 1844. – R. Audibert u. R. Bouvier, *S.-A., capitaine du Parnasse*, Paris 1946. – F. Gourier, *Étude des œuvres poétiques de S.-A.*, Genf/Paris 1961. – S. Noethe, *»Moyse sauvé« von S.-A.*, Diss. Ffm. 1962. – J. Lagny, *Le poète S.-A.*, Paris 1964. – S. L. Borton, *Six Modes of Sensibility in S.-A.*, Den Haag 1966. – G. Genette, *L'univers réversible* (in G. G., *Figures I*, Paris 1966, S. 9–20). – Ders., *›L'or tombe sous le fer‹* (ebd., S. 29–38). – F. Hallyn, *La matière biblique et son sens religieux dans le »Moyse sauvé« de S.-A.* (in Romanica Gandensia, 12, 1969, S. 72–93). – G. Genette, *Structures narratives de »Moyse sauvé«* (in Baroque, 3, 1969, S. 35–47). – C. Wentzlaff-Eggebert, *Forminteresse, Traditionsverbundenheit und Aktualisierungsbedürfnis als Merkmale des Dichtens von S.-A.*, Mchn. 1970. – C. D. Rolfe, *S.-A. and the Theory of ›Ut pictura poesis‹*, Ldn. 1972. – C. Wentzlaff-Eggebert, *»Le fumeur«, Sonnet* (in *Die französische Lyrik*, Hg. H. Hinterhäuser, Düsseldorf 1975, Bd. 1, S. 171–180, 366–369). – W. Floeck, *S.-A.s Ode »La Solitude«* (in W. F., *Die Literaturästhetik im französischen Barock*, Bln. 1979, S. 163–177). – R.T. Corum Jr., *Other Worlds and Other Seas. Art and Vision in S.-A.'s Nature Poetry*, Lexington/Ky. 1978. – PFSCL, 8, 1981, Nr. 14,2 [Sondernr. *S.-A.*]. – J. Kohls, *Aspekte der Naturthematik und Wirklichkeitserfassung bei Théophile de Viau, S.-A. und Tristan l'Hermite*, Ffm./Bern 1981. – E.M. Duval, *Poesis and Poetic Tradition in the Early Works of S.-A.*, Rock Hill/S.C. 1981. – D. L. Rubin, *The Knot of Artifice*, Columbus/Oh. 1981. – J. D. Lynch, *The Listening Voice. An Essay on the Rhetoric of S.-A.*, Lexington/Ky. 1982. – C. Wentzlaff-Eggebert, *L'apostrophe aux mécènes chez S.-A.* (in *L'âge d'or du mécénat (1598–1661)*, Hg. R. Mousnier u. J. Mesnard, Paris 1985, S. 423–435). – V. Gianolio, *Sole/luna, ›luminaires‹ astronomici e metaforici nella poesia di S.-A.* (in *Letteratura e scienza*, Turin 1985, S. 107–126). – J. Bailbé, *Aux origines du burlesque. L'œuvre parodique de S.-A.* (in *Burlesque et formes parodiques*, Hg. I. Landy-Houillon u. M. Ménard, Seattle/Tübingen 1987, S. 75–88; Kongreßakten; PFSCL). – P. Dandrey, *Pour S.-A.* (in DSS, 39, 1987, S. 415–419). – W. Roberts, *S.-A., plaque tournante de l'Europe au XVIIe siècle* (in *Ouverture et dialogue. Mélanges offerts à W. Leiner*, Hg. U. Döring u. a., Tübingen 1988, S. 71–79). – W. Roberts, *The Baroque Style in Architecture and Poetry. S.-A.'s »Palais de la volupté«* (in PFSCL, 15, 1988, S. 639–655).

PAUL SCARRON

* 4.(14.?)7.1610 Paris
† 7.10.1660 Paris

LITERATUR ZUM AUTOR:
E. Magne, *S. et son milieu*, Paris 1905. – Ders., *Bibliographie générale des œuvres de S.*, Paris 1924. – A. Stoll, *S. als Übersetzer Quevedos*, Köln 1970. – F.A. De Armas, *S.*, NY 1972 (TWAS). – U. Krämer, *Originalität und Wirkung der Komödien S.s*, Genf 1976. – M. Kruse, *Das Selbstporträt von S. in der Nachfolge des Selbstporträts von Cervantes* (in RJb, 27, 1976, S. 100–117). – W. Theile, *Disparate Wirklichkeit und romaneskes Ereignis* (in GRM, 27, 1977, S. 169–185; ern. in W. T., *Immanente Poetik des Romans*, Darmstadt 1980, S. 10–26). – L. S. Koritz, *S. satirique*, Paris 1977. – PFSCL, 10, 1978/79, Nr. 1 [Sondernr. *P. S.*]. – G. Genette, *Palimpsestes*, Paris 1982.

LE ROMAN COMIQUE

(frz.; *Der komische Roman*). Unvollendeter Roman in zwei Bänden von Paul SCARRON, erschienen 1651 (Bd. 1; in endgültiger, vom Autor revidierter Fassung 1655) und 1657 (Bd. 2). – Der Roman reiht in lockerer Folge die Abenteuer einer Gruppe von Provinzschauspielern aneinander, ohne daß dabei ein Held im eigentlichen Sinne auftritt und ohne daß sich die Handlung auf ein bestimmtes Ziel hin entwickelt. Vielmehr läßt der Autor seiner Phantasie freien Lauf *»wie ein Reiter, der die Zügel seines Pferdes lockert und es laufen läßt, wohin es will«*. Bei seinen »Comédiens« handelt es sich um eine Truppe wandernder Komödianten, die infolge ihres unsteten Lebens immer wieder mit der allgemeinen Mißachtung ihres Berufsstandes, der Willkür der Wirtshausbesitzer und dem bornierten Unverstand des Provinzpublikums konfrontiert werden.

Der Zufall hat die Mitglieder der Truppe zusammengewürfelt: Le Destin, Sohn eines verarmten Edelmannes, der aus Not Schauspieler geworden ist und dessen Talent, solide Bildung und sympathischer Charakter ihn zum allseits geliebten Haupt der Truppe gemacht haben; Mlle. de L'Étoile – auch sie von vornehmer Herkunft –, die von Le Destin aus großer Gefahr gerettet worden ist und nun sein Leben teilt; La Caverne und ihre Tochter Angélique, die beide als Schauspieler aufgewachsen sind; der ehemalige Klosterschüler Léandre, Erbe eines beträchtlichen Vermögens, der um der schönen Angélique willen Schule und Elternhaus verlassen hat und sich als Diener Le Destins ausgibt, um in der Nähe Angéliques sein zu können; schließlich La Rancune, dessen beziehungsreicher Name seinen mißgünstigen und ränkespinnenden Charakter kennzeichnet, auch er sein Leben lang Mitglied von Wandertruppen. Um die eigentlichen Schauspieler gruppiert sich eine Reihe von Nebenfiguren. Der »Poet« der Truppe, Roquebrune, dessen lächerliche Eitelkeit ihn fest davon überzeugt sein läßt, daß vor seinem Ruhm Namen wie Corneille verblassen werden, der aber im übrigen gutmütig alle derben Späße La Rancunes über sich ergehen läßt. Eine der am besten gelungenen Figuren des Romans ist der kleine dicke Ragotin (frz. *ragot*: klein und dicklich), der Provinzschöngeist; in ihm hat Scarron die ganze Lächerlichkeit des provinziellen Snobismus, der in allen Dingen möglichst großstädtisch wirken möchte, unbarmherzig karikiert. Ein *»kleiner Advokat von Beruf, der eine kleine Aufgabe bei einem kleinen Gericht in der Nähe versieht«*, entdeckt er seine künstlerische Ader und spielt, von dem boshaften La Rancune eifrig darin bestärkt, mit dem Gedanken, selber Schauspieler zu werden. Er wird zu einer Art Hanswurst im Roman, ihm gelten die Ränke La Rancunes, er erlebt die überraschendsten Abenteuer, die stets einen für ihn mißlichen, für den Leser erheiternden Ausgang nehmen.

Der *Roman comique* unterscheidet sich nicht nur im Umfang von den zeitgenössischen, oft 20bändigen Opera, die, meist heroisch-erhabenen Inhalts, entweder Heldentaten, wie der sog. *roman héroïque*, oder komplizierte Herzensregungen, wie der Schäferroman, zum Gegenstand haben. Beiden Gattungen haftet der Charakter märchenhafter Unwahrscheinlichkeit an, gepaart mit minuziöser Detailschilderung und dem stets den Gesetzen der *bienséance*, der Wohlanständigkeit, entsprechenden Benehmen adliger Personen. Dagegen ziehen die Vertreter der Burleske und des sog. »bürgerlichen« Romans wie Sorel oder Furetière zu Felde. Nicht zufällig entstehen Burlesken und Travestien (so auch Scarrons *Virgile Travesty*, 1648, eine groteske Verballhornung der *Aeneis*), die sich gegen die vom Hof diktierten, stilisierten Lebensformen wenden, in besonders großer Zahl zur Zeit des Frondeaufstandes (1648), in dem sich der Parlamentarismus des Adels gegen den Absolutismus des Hofes zur Wehr zu setzen suchte. Wenn Scarron die Freuden und Leiden einer Schauspielertruppe fern vom Hofe beschreibt, mit derben Prügelszenen und für den Geschmack des heutigen Lesers oft recht rüden Späßen, rückt er damit seine Gestalten in greifbare Nähe und nimmt ihnen alles »romanhaft« Entrückte. Gleichzeitig gelingt ihm die Ehrenrettung eines allgemein gering geachteten, von der Kirche verketzerten Berufsstandes, denn seine Personen entsprechen in nichts dem Klischee von der zweifelhaften Moral der Schauspieler. Bezeichnend für seine Absicht, das »Heroische« lächerlich zu machen, ist der Anfang des *Roman comique*: Auf die geschwollene Schilderung eines Spätnachmittags in pseudoantiker Manier folgt der Satz: *»... um menschlicher und verständlicher zu sprechen: es war zwischen fünf und sechs Uhr nachmittags ...«* Hier, wie in seinen Kapitelüberschriften (z.B.: *»Kapitel elf enthält, was ihr sehen werdet, sofern ihr euch die Mühe macht, es zu lesen«*), wie auch im lockeren Aufbau seines von Episode zu Episode fortschreitenden Romans, offenbart sich die Verwandtschaft zu Cervantes, dessen *Don Quijote* Scarron im spanischen Original gelesen hat. Die in den Roman eingestreuten Novellen sind vom Autor aus dem Spanischen übersetzt, und zwar mit der Begründung, daß den Spaniern das größere Lob in der Novellenform gebühre, während die Franzosen sicherlich Meister in der Romanform seien.

Der *Roman comique* hat unter den Zeitgenossen Scarrons ein lebhaftes Echo gefunden. Zahlreiche Plagiate machten 1655 eine vom Autor revidierte Fassung des ersten Teils nötig. Auch bemühte man sich seit dem Erscheinen des Buches mehr oder weniger erfolgreich um eine Entschlüsselung der auftretenden Personen. Selbst Boileau, der strenge Richter über das Burleske, konnte sich dem Reiz dieses Werks nicht verschließen. Für den Erfolg Scarrons sprechen auch die zahlreichen Versuche, den fragmentarischen *Roman comique* zu Ende zu schreiben; die bekannteste dieser »Fortsetzungen« stammt von einem anonymen Autor; sie erschien 1663 bei Antoine D'Offray in Lyon *(Suite D'Offray)*, erreicht aber nicht die spielerische Leichtigkeit des Originals. Scarron selbst charakterisiert die Absicht, die er mit seinem bedeutendsten Werk verfolgt: *»Mein Buch ist nur eine Anhäufung von Narreteien, aber ich hoffe, jeder Narr findet ein wenig von seinem eigenen Charakter darin, sofern er nicht vor Eigenliebe blind ist.«* A.Mar.

Ausgaben: Paris 1651 [Tl. 1]. – Paris 1657 [Tl. 2]. – Paris 1951 (*Le roman comique*, Hg. H. Bénac, 2 Bde.). – Paris 1955 (*Le roman comique*, Hg. E. Magne; krit.). – Paris 1958 (in *Romanciers du 17e siècle, Sorel, S., Furetière, Mme de la Fayette*, Hg. u. Anm. A. Adam; Pléiade). – Paris 1980, Hg. R. Garapon. – Paris 1981, Hg. J. Giraud (GF). – Paris 1985; Hg. J. Serroy (Folio).

Übersetzungen: *Komischer Roman*, F. J. Bierling, Hbg. 1782. – *Der Komödiantenroman*, K. Saar, Bln. 1887; ern. 1954. – *Der Komödianten-Roman*, F. Blei, Mchn. 1908. – *Die Komödianten. Ein komischer Roman*, H. Coenen, Stg. 1983 (Nachw. H. Krauss; RUB).

Literatur: H. d'Almeras, *»Le roman comique« de S.*, Paris 1931. – G. Michaut, *S., »Le roman comique«*, Paris 1941. – R. Cadorel, *S. et la nouvelle espagnole dans »Le roman comique«*, Aix-en-Provence 1960. – C. Mauriac, *S., »Le roman comique«* (in C. M., *De la littérature à l'alittérature*, Paris 1969, S. 29–40). – C. Dédéyan, *S. »Le roman comique«*,

Paris 1970. – F. A. De Armas, *The Four Interpolated Stories in the »Roman comique«*, Chapel Hill 1971. – J. Rousset, *»Le roman comique«* (in J. R., *Narcisse romancier*, Paris 1973, S. 69–82). – G. Mariani, *La condizione dell'uomo di teatro nel »Roman comique« di S.*, Florenz 1973. – W. Floeck, *Zum Problem des Realismus in S.s »Roman comique«* (in *Sprache, Literatur, Kultur*, Hg. D. Briesemeister, Bern/Ffm. 1974, S. 125–144). – J.-H. Bornecque, *Comique et burlesque dans le »Roman comique« de S.* (in DSS, 1976, Nr. 110/111, S. 25–43). – J. E. De Jean, *S.'s »Roman comique«*, Bern u. a. 1977. – I. Williams, *The Idea of the Novel in Europe, 1600–1800*, Ldn. 1978, S. 56–68. – W. Floeck, *Die Literaturästhetik im französischen Barock*, Bln. 1979, S. 215–220. – C. Dédéyan, *»Le roman comique« de S.*, Paris 1983. – J. v. Stackelberg, *S., die Burleske und der »Roman comique«* (in *Französische Literatur. Renaissance und Barock. Eine Einführung*, Mchn./Zürich 1984, S. 108–113). – P. Stewart, *Rereadings. Eight Early French Novels*, Birmingham/Ala. 1984, S. 1–32. – G. Giorgi, *»Le roman comique« di S.* (in Il Confronto letterario, 2, Mai 1985, Nr. 2, S. 68–81). – M. Ménard, *Les illustrations du »Roman comique« de S. par J. B. Coulom* (in *Burlesque et formes parodiques*, Hg. I. Landy-Houillon u. M. Ménard, Seattle/Tübingen 1987, S. 293–318; Kongreßakten; PFSCL). – N. Dikranian, *Ragotin ou le personnage burlesque dans »Le roman comique«* (ebd., S. 203–211). – J. Serroy, *S. lu et corrigé. Les »Suites« du »Roman comique«* (OCrit, 12, 1987, Nr. 1, S. 43–51). – G. Giorgi, *»Le roman comique« di S.* (in G. G., *Antichità classica e Seicento francese*, Rom 1987, S. 43–57). – N. Ekstein, *Noise and (in)coherence in »Le roman comique«* (in PFSCL, 15, 1988, S. 33–44). – V. Fortunati, *La dimensione burlesca nel »Roman comique« di S.* (in Il Confronto letterario, 6, Mai 1989, Nr. 11, S. 87–94). – G. R. Montbertrand, *La personnalité de Z de S. et la fonction du comique dans les histoires intercalées du »Roman comique« et dans les »Nouvelles tragicomiques«* (in PFSCL, 16, 1989, S. 117–129).

MADELEINE DE SCUDÉRY

* 15.10.1607 Le Havre
† 2.8.1701 Paris

LITERATUR ZUR AUTORIN:
Ch.-A. Sainte-Beuve, *Causeries du lundi*, Bd. 4, Paris 1853, S. 96–112. – A. Steiner, *Les idées esthétiques de Mlle de S.* (in RomR, 16, 1925, S. 174–184). – E. Magne, *Le salon de Mlle de S., ou le royaume de Tendre*, Monaco 1927. – L. Aragonnès, *M. de S., reine de Tendre*, Paris 1934. – G. Mongrédien, *M. de S. et son salon*, Paris 1946. – R. Tingle Keating, *The Literary Portraits in the Novels of Mlle de S.*, Ann Arbor/Mich. 1970. – R. Godenne, *Les nouvelles de Mlle de S.* (in RSH, 1972, S. 503–514). – R. Santa Celoria, *»Le Grand Cyrus«. »Clélie hystoire romaine«. Épisodes choisis avec le résumé des deux romans et une introduction*, Turin 1973. – A. Niderst, *M. de S., Paul Pellisson et leur monde*, Paris 1976. – N. Aronson, *Mlle. de S.*, Boston 1978 (TWAS). – R. Büff, *Ruelle und Realität. Preziöse Liebes- und Ehekonzeptionen u. ihre Hintergründe*, Heidelberg 1979. – J.-M. Pelous, *Amour précieux, amour galant (1654–1675). Essai sur la représentation de l'amour dans la littérature et la société mondaines*, Paris 1980. – R. Godenne, *Les romans de Mlle de S.*, Genf 1983. – M. Kruse, *›La gloire du monde‹ und ›La gloire de Dieu‹ im Werk von Mlle de S.* (in RJb, 34, 1983, S. 101–117). – M. Mueller, *La production romanesque de Georges et Madeleine de S., des années 1640 à 1653* (in M. M., *Les idées politiques dans le roman héroïque de 1630 à 1670*, Lexington (Ky.)/Paris 1984/85, S. 65–115). – N. Aronson, *S. ou le voyage au pays de Tendre*, Paris 1986. – R. Baader, *Dames de lettres. Autorinnen des preziösen, hocharistokratischen und ›modernen‹ Salons (1649–1698): Mlle de S. – Mlle de Montpensier – Mme d'Aulnoy*, Stg. 1986, S. 69–126, 183–202, 211–226. – C. Venesoen, *M. de S. et la ›Deffense du sexe‹* (in PFSCL, 25, 1986, S. 125–139). – E. Goldsmith, *›L'Art de détourner les choses‹. Sociability in S.'s »Conversations«* (in PFSCL, 13, 1986, Nr. 24, S. 17–27). – A. Niderst, *S., construction et dépassement du portrait romanesque* (in *Le portrait littéraire*, Hg. M. Colin, Caen 1988, S. 107–112; Kongreßakten). – J. C. Davis, *Mademoiselle de S. and the Looking-Glass Self*, Diss. Florida State Univ. 1988 (vgl. Diss. Abstracts, 49, 1988/89, S. 1471A). – J. DeJean, *The Politics of Genre. S. and the Rise of the French Novel* (in EsCr, 29, 1989, S. 43–51).

ARTAMÈNE OU LE GRAND CYRUS

(frz.; *Artamenes oder Der große Cyrus*). Roman in zehn Bänden von Madeleine de SCUDÉRY, erschienen 1649–1653. – Scudérys monumentaler Roman, dessen enormer Erfolg bei den Lesern – BOILEAUS spöttischem *Dialogue des héros de roman* zum Trotz – bis ins 18. und 19. Jh. hinein anhielt, erzählt in freier Umgestaltung von HERODOTS *Historien* und XENOPHONS *Kyru paideia (Die Erziehung des Kyros)* von den Taten und der Liebe des persischen Königs Cyrus (Kyros), wobei sich historische Daten und die romanesken Strukturen des hellenistischen Romans (vor allem HELIODORS *Aithiopika*), des Schäferromans (d'URFÉS *Astrée*) und des Ritterromans *(Amadís, Lancelot)* zu einer komplexen Einheit verbinden. Der erste Teil des Romans schildert die dem Horazschen Beginn *medias in res* vorausgehende Kindheits- und Jugendgeschichte von Cyrus, der wegen eines bösen Orakeltraums seines Großvaters Astiage ausgesetzt und von Hirten großgezogen, dann aber, nach glücklicher Anagnorisis (Wiedererkennen), seiner mit dem persischen König verheirateten Mutter Mandane zurückgegeben wird (vgl. *Historien* 1. 95–144, teilweise auch *Kyru paideia* 1.2–4). Nach glücklichen Jugendjahren bei seinen Eltern zieht Cyrus unter dem Pseudonym Artamène in die Welt und verliebt sich, nach Sinope verschlagen, in die für ihn unerreichbare medische Königstochter Mandane – gilt Cyrus doch als Feind der Meder, während Artamène nicht ebenbürtig ist. Artamène/Cyrus tritt deshalb in die Armee von Mandanes Vater ein, um mit militärischem Ruhm die Aufmerksamkeit der Geliebten zu erringen. Nach langen Qualen und vorsichtiger Liebesannäherung, über die sich Molière in den *Précieuses ridicules* lustig machen wird, gesteht Artamène – inzwischen Oberbefehlshaber der medischen Truppen – Identität und Liebe; er gewinnt die Zuneigung der spröden Geliebten und bricht den Widerstand des Vaters, dem er selbstlos mehrfach das Leben rettet, als Mandane von Artamènes gefährlichstem Rivalen entführt wird. Mandane bildet nun das Ziel einer sich über zehn Bände erstreckenden Befreiungsaktion, die Cyrus auf der Suche nach seiner von wechselnden Entführern festgehaltenen »maîtresse« erobernd durch ganz Asien führt. Cyrus unterwirft zunächst – hier ist der Beginn *medias in res* wieder erreicht – Sinope, dann Babylon, wo sich die Entführer Mandanes verschanzt haben (Herodot 1.177–200, Xenophon 7.5), schließlich – nach der Begegnung mit seinem Doppelgänger Spitridate – Armenien, Lydien, Cumes (Herodot 1.6–96; Xenophon 3.1–2, 6.2, 7.2). Vorübergehend befreit, wird Mandane vom Bruder der in Cyrus verliebten Skythenkönigin Thomiris erneut entführt und ins Lager der Schwester gebracht, die mit Mandane als Faustpfand Cyrus' Liebe erpressen will. In der Entscheidungsschlacht gewinnt Thomiris die Oberhand, doch ist nicht Cyrus selber, sondern sein Doppelgänger Spitridate gefallen, den Thomiris, im Glauben, Cyrus vor sich zu haben, grausam schändet (Herodot 1.201–216). Ihr Triumph ist kurz: Cyrus befreit sich und Mandane und schlägt die Königin in die Flucht.

Zahlreiche Merkmale des Scudéryschen Romans sind bereits von der zeitgenössischen Kritik (Boileau, Sorel, Huet u. a.) erkannt worden – der Wechsel von heroischer und amouröser Thematik (deshalb die geläufige Gattungsbezeichnung »heroisch-galanter« Roman), der konventionelle Beginn *medias in res*, die additive Verschachtelung von Haupthandlung und umfangreichen, regelmäßig eingelagerten Geschichten, die Eingliederung von teilweise verschlüsselten Porträts und Konversationen, die den Roman als enzyklopädische Dokumentation der Lebenswelt erscheinen lassen, etc. Der moderne Leser wird diesen Merkmalen eine strukturrelevante Intertextualität, die dominante Normierung und die Märchenhaftigkeit der dargestellten Wirklichkeit hinzufügen. Scudérys Romane reproduzieren in Anspielungen, Paraphrasen, Zitaten, motivischen und strukturellen Imitationen und Assimilationen eine Vielzahl von Texten und Gattungen – die Klassiker der antiken Geschichtsschreibung, das Epos, die höfische Traktatliteratur, die Novelle und natürlich – in umfassender Gattungsinterferenz – die Subgattungen der Romanliteratur: den hellenistischen Roman, den Ritterroman, den Schäferroman u. a. Ausufernde Intertextualität bedeutet Buntheit, *diversité*, aber auch Heterogenität und Dezentrierung. Scudéry baut deshalb als Gegenkraft ein autoritäres Ordnungsgefüge auf, das auf der Transparenz der Textkonstitution, auf einer im französischen 17. Jh. nicht überbotenen Autoreflexivität, vor allem aber auf der idealisierenden Normierung der dargestellten Wirklichkeit gründet, wobei die Reaktivierung mittelalterlich-höfischer Werte – militärische *valeur*, gesellschaftliche Brillanz, höfische Liebe – die wesentliche Rolle spielt. Scudéry bietet dem Leser in diesem Sinne ein spezifisches Identifikationsangebot, das den Roman, zusammen mit dem *happy end* der Handlungsstrukturen, der Wunscherfüllungswelt des Märchens annähert. Hier wird deutlich, wie weit Scudérys Roman vom modernen Originalitäts- und Realitätsideal entfernt ist. Er will nicht als Wirklichkeitsnachbildung, sondern als idealisiertes Wirklichkeitsmodell verstanden werden, das als kultureller Speicher und Gedächtnis Kontinuität und Partizipation am Vergangenen garantiert. Scudérys Romane verschreiben sich in diesem Sinne einer auf Bewahrung, Konservierung, Vollendung zielenden *»Ästhetik der Identität«* (Lotman); sie bilden keine *littérature de transition*, die den Barockroman mit dem »realistischen« Roman verbindet, sondern den markanten Schlußpunkt einer Gattungsentwicklung, die vom höfischen Roman des Mittelalters bis zum Anbruch des modernen Romans die Evolution der narrativen Fiktion dominiert. G.P.

Ausgaben: Paris 1649–1653 [Bd. 1–10]. – Paris 1650 [Bd. 1–3]. – Paris 1653 [Bd. 1/2]. – Paris 1654 [Bd. 1–10]. – Paris 1656 [Bd. 1–10; Nachdr. Genf 1972].

Literatur: V. Cousin, *La société française au 17e siècle d'après le »Grand Cyrus« de Mlle de S.*, Paris 1858. – F. Barton, *The Sources of the »Story of Sesostris et Timarete« in »Le grand Cyrus«* (in MPh, 19, 1922, S. 257–268). – M. Kruse, *»Le bancquet des sept Sages«. Mlle de S., Plutarch und die »Questioni d'Amore«* (in RJb, 11, 1960, S. 204–226). – L. Aubé, *Aspects of Reality in the »Grand Cyrus« of M. de S.*, Ann Arbor/Mich. 1970. – A. Niderst, *Une source du »Misanthrope« (Mlle de S., »Le Grand Cyrus«)* (in *Mélanges J.A. Vier*, Paris 1973, S. 359–365). – J. Plantié, *Hauts lieux de Provence dans »Le grand Cyrus«* (in TLL, 13, 1975, Nr. 2, S. 129–139). – J. D. Biard, *Une source du »Grand Cyrus«* (in RHLF, 78, 1978, S. 781–789). – M. Bannister, *Le »Grand Cyrus«* (in M. B., *Privileged Mortals*, Oxford 1983, S. 168–181). – S. L. Saive-Hawkins, *L'imagerie de la lumière et des ténèbres dans »Le Grand Cyrus« de Mlle de S.* (in TLL, 23, 1985, Nr. 2, S. 25–43). – H. Goldwyn, *Conversation et contestation. Étude des digressions narratives et discursives de »Grand Cyrus«*, Diss. NY 1985 (vgl.

Diss. Abstracts, 46, 1985/86, S. 2311A/2312A). – Dies., *Types de rapports amoureux dans »Le Grand Cyrus«* (in *Actes de Baton Rouge*, Hg. S. A. Zebouni, Paris u. a. 1986, S. 320–330; PFSCL).

MARIE DE RABUTIN-CHANTAL, MARQUISE DE SÉVIGNÉ

* 5.2.1626 Paris
† 16.4.1696 Schloß Grignan / Drôme

LETTRES

(frz.; *Briefe*) von Marie de Rabutin-Chantal, marquise de SÉVIGNÉ, vollständig erschienen 1818. – Der Briefwechsel gehörte, als gleichsam ins Schriftliche verlängerte Konversation, zum festen Inventar der aristokratischen Lebensformen am Hofe des Sonnenkönigs. Im Gegensatz zu Guez de BALZAC, VOITURE, MÉNAGE, VAUGELAS, BUSSY-RABUTIN und anderen dachte Mme. de Sévigné zunächst nicht an eine Veröffentlichung ihrer Briefe, die bereits seit 1661 vielbewundert von Hand zu Hand gingen. Weniger literarischer Ehrgeiz als gewisse Lebensumstände hatten sie zur passionierten Briefschreiberin werden lassen. Früh (1633) verwaist, führte sie von 1644 bis 1651 eine wenig glückliche Ehe mit dem Marquis Henri de Sévigné, der nach ausschweifendem Leben im Duell den Tod fand. Die 26jährige Witwe widmet sich nun ganz der Erziehung ihrer beiden Kinder Charles und Marguerite-Françoise. 1669 verheiratet sie die abgöttisch geliebte Tochter, um in ihrer Nähe bleiben zu können, an den in Paris lebenden Grafen François Adhémar de Grignan, der jedoch überraschend auf den Posten eines Vizegouverneurs der Provence abberufen wird. Die schmerzliche Trennung von der Tochter durch lebhafte Briefkorrespondenz zu überbrücken, wird fortan zum Lebensinhalt der Marquise. Sie schreibt fast täglich. Über einen Zeitraum von 25 Jahren hinweg werden über 1500 Briefe gewechselt. Neben der Gräfin Grignan sind Graf Bussy-Rabutin (ihr Vetter), der Marquis Pomponne (Außenminister bis 1671) und ihr Sohn Charles wichtige Adressaten. Es entstand so eine kommentierte Chronik des Hoflebens von höchstem dokumentarischem Wert. Wir erfahren vom Sturz des Finanzministers Foucquet, dem wegen Veruntreuung ein zweifelhafter Prozeß gemacht wird, vom bestürzenden Tod Marschall Turennes (1675) im Krieg gegen Holland und von der erzwungenen Abdankung Pomponnes. Beim Versuch, über den Sinn dieser Ereignisse zu reflektieren, erliegt Mme. de Sévigné immer wieder der Faszination durch die jansenistischen Schriften (vor allem) NICOLES, die Weltverachtung und fatalistische Ergebung ins Walten der göttlichen Vorsehung predigen. Bewunderung für das stoisch gelassene Sterben LA ROCHEFOUCAULDS, Freude am barocken Pomp beim Begräbnis des Großen Condé (Louis II. von Bourbon), Erschütterung durch die Tragödie CORNEILLES, melancholische Zurückgezogenheit auf dem bretonischen Landsitz Les Rochers und geschwätzige Teilnahme am Hofklatsch sind nur verwandte Ausdrücke eines Zeitgeistes, der breit entfaltet in diese Briefe gebannt ist. Die Niederschrift erfolgte immer spontan aus dem erlebten Augenblick heraus. Der naiv improvisierende Plauderton, in dem beispielsweise von der überraschenden, wenige Tage später vom König wieder gelösten Verlobung der Gräfin von Montpensier (»Mademoiselle«) mit dem Grafen Lauzun oder dem Selbstmord Vatels, Haushofmeister des Condé, berichtet wird, ist jedoch Pose; er schafft ein künstliches Gegengewicht zu der an CICEROS Perioden geschulten Strenge des Satzbaus. Die Schülerin Ménages, die ihre literarische und gesellschaftliche Bildung im Umgang mit den »Preziösen« des Hôtel de Rambouillet empfing, zelebriert vollendet, wozu Geschmack und Konvention des Jahrhunderts gebieterisch verpflichten: *esprit*. Stilistische Eigenwilligkeit ist die gestattete Nuance, die sich in überraschend geistreichen Formulierungen vom stets mitgedachten, sicher gewußten Hintergrund verbindlich kodifizierter Schemata abhebt. G.Sa.

AUSGABEN: Troyes 1725 *(Lettres choisies de Mme de S. à Mme de Grignan ...)*. – Rouen 1726 *(Lettres de M. R.-C., marquise de S., à Mme la comtesse de Grignan ...)*. – Paris 1818 *(Lettres de Mme de S., de sa famille et de ses amis ...*, Hg. M. Monmerqué, 10 Bde.). – Paris 1954–1957, Hg. G. Gailly, 3 Bde. (Pléiade). – Paris 1973–1978, Hg. R. Duchêne, 3 Bde. (Pléiade). – Paris 1976, Hg. B. Raffalli (Ausw.; GF). – Paris 1987, Hg. J. Duchêne (Ausw.; Poche). – Paris 1988 (*Lettres choisies*, Hg. R. Duchêne; Folio).

ÜBERSETZUNGEN: *L'Esprit de la Marquise de S.; ouvrage addressé aux jeunes Demoiselles; oder schöne Gedanken, curiöse Nachrichten, und artige Erzählungen, aus den Briefen der Marquisin v. S. an ihre Tochter ...*, K. H. Dörrien, Ffm. 1761. – *Versuch einer Übersetzung der Briefe der Marquisin v. S.*, J. v. Mauvillon, Braunschweig/Hildesheim 1765. – *Ausgewählte Briefe*, F. Lotheißen, Stg. 1883. – Dass., ders., Mchn. 1925. – *Briefe*, Th. v. d. Mühll, Ffm. 1966; ern. 1979 (Insel Tb).

LITERATUR: J. Burckhardt, *Vorträge*, Stg. 1933, S. 463–479. – M. Levaillant, *Mme de S. et ses amis*, Paris 1942. – A. Hanley, *Mme de S. Her Letters and Her World*, Ldn. 1949. – L. Kauffmann, *Die Briefe der Mme de S.*, Köln 1954. – H. A. Hatzfeld, *Analisi erudita di una lettera di S.* (in SRLF, 5, 1959, S. 103–125; ern. in H. A. H., *Analisi e interpretazioni stilistiche*, Bari 1971, S. 258–292). – B. Bray, *Quelques aspects du système épistolaire de Mme de S.*

(in RHLF, 61, 1961). – E. Howald, *S.* (in E. H., *Deutsch-französisches Mosaik*, Zürich/Stg. 1962, S. 20–41). – H. R. Allentuch, *S. A Portrait in Letters*, Baltimore 1963. – G. Munk, *S. et Mme de Grignan dans la correspondance et dans la critique*, Utrecht 1966. – J. Cordelier, *S. par elle-même*, Paris 1967. – R. Duchêne, *S.*, Paris/Brügge 1968. – Ders., *Réalité vécue et art épistolaire, 1: S. et la lettre d'amour*, Paris 1970. – C. Mauriac, *S. »Lettres«* (in C. M., *De la littérature à l'alittérature*, Paris 1970, S. 95–111). – G. Gérard-Gailly, *Mme de S.*, Paris 1971. – F. Mallet-Joris, *A propos de S.*, Lüttich 1971. – Y. Gandon, *S.* (in Y. G., *Du style classique*, Paris 1972, S. 189–221). – F. Nies, *Gattungspoetik und Publikumsstruktur. Zur Geschichte der S.-Briefe*, Mchn. 1972. – *Mme de S.; Molière et la médecine de son temps* (in Marseille, 95, 1973; Kongreßakten). – É. Avigdor, *S. Un portrait intellectuel et moral*, Paris 1974. – R. Duchêne, *Du destinataire au public, ou Les métamorphoses d'une correspondance privée* (in RHLF, 76, 1976, S. 29–46). – F. Nies, *Gipfelpunkt einer weiblichen Paradegattung: Die S.-Briefe* (in *Die französische Autorin vom Mittelalter bis zur Gegenwart*, Hg. R. Baader u. D. Fricke, Wiesbaden 1979, S. 89–95). – PFSCL, 8, 1981, Nr. 15,2 [Sondernr. *Mme de S.*]. – C. G. Williams, *S.*, Boston 1981 (TWAS). – C. M. Howard, *Les fortunes de Madame de S. au XVIIe et au XVIIIe siècle*, Tübingen/Paris 1982 (PFSCL). – R. Duchêne, *Mme de S. ou la chance d'être femme*, Paris 1982. – Ders., *Écrire au temps de Mme de S.*, Paris 1982. – F. Mossiker, *A Life and Letters*, NY 1983 (frz. *L'amour d'une mère. S. et son temps*, Paris 1984). – P. Weed, *Madame de S.* (in FS, 38, 1984, S. 268–285). – P. Placella Sommella, *Voyage réel et voyage imaginaire dans les »Lettres« de S.* (in PFSCL, 13, 1986, Nr. 24, S. 189–206). – Z. Youssef, *Lettre et promenade chez Mme de S. en 1671* (in LR, 40, 1986, S. 117–126). – M.-O. Sweetser, *Madame de S., écrivain sans le savoir?* (in CAIEF, 39, 1987, S. 141–157). – PFSCL, 15, 1988 [mehrere Beitr. zu S.]. – M. Farrell, *S., the Art of Vicarious Living* (in *Women in French Literature*, Hg. M. Guggenheim, Saratoga/Calif. 1988, S. 65–75). – J. A. u. W. T. Ojala, *Madame de S.*, Leamington Spa 1988. – J. A. M. Recker, *›Appellemoi Pierrot‹. Wit and Irony in the »Letters« of Madame de S.*, Amsterdam 1988. – R. Duchêne, *Art et hasard. Petit bilan de la correspondance de S.* (in *Ouverture et dialogue. Mélanges offerts à W. Leiner*, Hg. U. Döring u. a., Tübingen 1988, S. 133–145). – C. R. Montfort, *Voltaire as Critic. The Case of Mme de S.* (in StV, 1989, Nr. 266, S. 213–223).

CHARLES SOREL

* 1599/1602 Paris
† 7.3.1674 Paris

LITERATUR ZUM AUTOR:
É. Roy, *Vie et œuvre de Ch. S.*, Paris 1891 [Nachdr. Genf 1970]. – F. Sutcliffe, *Le réalisme de Ch. S.*, Paris 1965. – DSS, 1974, Nr. 105 [Sondernr. *Ch. S.*]. – S. Thiessen, *Das Problem der literarischen Fiktion im 17. Jh. aus der Sicht S.s.*, Mchn. 1976. – Dies., *Ch. S. Rekonstruktion einer antiklassizistischen Literaturtheorie und Studien zum ›Antiroman‹*, Mchn. 1977. – G. Cazenave, *L'image du prince dans les premiers romans de S.* (ebd., S. 19–28). – J. Serroy, *Roman et réalité: les Histoires comiques au XVIIe siècle*, Paris 1981. – H. Béchade, *Les romans comiques de Ch. S.: fiction narrative, langue et langages*, Genf 1981. – A. G. Suzzo, *The Comic Novels of S.*, Lexington/Ky. 1982. – G. Verdier, *S.*, Boston 1984 (TWAS). – B. Teuber, *Traum und Unvernunft bei S.* (in B. T., *Sprache, Körper, Traum. Zur karnevalesken Tradition in der romanischen Literatur aus früher Neuzeit*, Tübingen 1988, S. 282–309). – M. Debaisieux, *›Le tombeau des romans‹. De »Francion« au »Berger extravagant«* (in PFSCL, 16, 1989, S. 169–178). – R. Howells, *Carnival to Classicism. The Comic Novels of S.*, Paris u. a. 1989.

LA VRAYE HISTOIRE COMIQUE DE FRANCION

(frz.; *Die wahrhafte und lustige Geschichte des Francion*). Roman von Charles SOREL, erschienen 1623 (7 Bücher, anonym), 1626 (11 Bücher, anonym) und 1633 (12 Bücher, unter dem Pseudonym Nicolas de Moulinet, Sieur du Parc). – Der erste Teil des Romans erschien gegen Ende jener Periode relativ unbehinderter Meinungsfreiheit, die den französischen Religionskriegen folgte, und steht unter dem Einfluß des *courant libertin*. Er stellte sich als Rahmenerzählung um eine fiktive Autobiographie dar, deren lustig verwegener Held gar manches moralische, soziale und religiöse Vorurteil über den Haufen warf. Einige Monate nach seinem Erscheinen setzte mit dem Prozeß gegen Théophile de VIAU die Unterdrückung des Freidenkertums ein. Der Autor des *Francion* sah sich durch sein Anonymat nur ungenügend geschützt und legte 1626 eine auf elf Bücher vervollständigte Fassung vor, in der alle zu weitgehenden Kühnheiten des ersten Teils getilgt oder abgeschwächt worden waren. Der unbefangen abenteuernde, nur durch das Ideal der *générosité* gebundene Held der ersten Bücher hatte sich in der Fortsetzung zu einem braven romanesken Liebhaber geläutert, dessen gelegentliche Schelmenstreiche nur der Züchtigung menschlicher Laster und Schwächen dienten. Der Autor schilderte Francions Geschicke nun unter der Maske eines Freundes und Biographen des Helden und relativierte dessen bisherige Taten nachträglich als Jugendtorheiten. Aber damit nicht genug, schrieb Sorel einige Jahre später noch einen neuen Schluß (das 12. Buch), in dem Francion durch die finsteren Machenschaften seiner Rivalen als Betrüger und Heiratsschwindler angeklagt wurde, um in den Augen seiner Geliebten – und des Lesers – desto überzeugender rehabilitiert werden zu können. Dazu wurden alle bisherigen Bücher mit moralisierenden Erzählerkommentaren durchsetzt. Dennoch fühlte sich der Autor gezwungen, die Urheberschaft an seinem besten Roman bis an sein Lebensende zu verleugnen.

In ihrer vollständigen Fassung ist die *Vraye histoire comique de Francion* die Geschichte eines durch Armut deklassierten Adligen, der nach einer umgetriebenen Jugend vermögende Freunde findet, sein Glück macht und schließlich mit einer vornehmen Italienerin in den Hafen der Ehe findet. Wie in den spanischen Schelmenromanen, an die u. a. die Ichform im ersten Teil erinnert, läßt der Autor seinen Helden die verschiedensten Bereiche, auch die von der preziösen Literatur ignorierten niedrigen Milieus durchlaufen: die ländliche Welt, die des Gymnasiums, der Justiz, des Hofes, die Kreise der Literaten und Bohemiens, das Milieu der Kurtisanen usw. Das so entstehende satirische Panorama bildet ein wichtiges Dokument über das Alltagsleben zur Zeit Ludwigs XIII. – Doch ist Francion kein Picaro; von diesem unterscheiden ihn sein Adel, sein aristokratischer Sittenkodex und sein unablässiges Streben nach Liebeserfüllung, das dem spanischen Schelm fremd ist. Besonders in der Traumerzählung des dritten Buches – einer der frühesten realistischen Traumdarstellungen – bricht das erotische Moment mit provozierender Kühnheit durch. Von gleicher Kühnheit ist der philosophische Hintergrund des Romans, denn die Menschen sollen lernen, *»wie Götter zu leben«*, indem sie sich durch eine rationalistische Kritik von ihren Vorurteilen befreien. Sorel hat mit dem in einer reichen, volkstümlichen, unpreziösen Sprache abgefaßten Roman die erste bedeutende *Histoire comique* der französischen Literatur geschaffen, ein wichtiges Glied in jener Entwicklung, die zum *Simplizissimus* und zum *Wilhelm Meister* führen sollte. – Unter den Werken des Autors sind noch erwähnenswert: *Le berger extravagant* (1627), eine gegen Schäferromane und mythologisierende Dichtung gewandte Nachahmung des *Don Quijote*, und *Polyandre* (1648), ein Fragment gebliebenes Bild des zeitgenössischen Pariser Bürgertums. G.Go.

Ausgaben: Paris 1623 [7 Bücher; anon.; Nachdr. Genf 1982]. – Paris 1626 (11 Bücher; anon.). – Paris 1633 (12 Bücher). – Paris 1641. – Paris 1858. – Paris 1924–1931, Hg. E. Roy, 4 Bde. (STFM). – Paris 1958 (in *Romanciers du XVIIe siècle*, Hg. A. Adam; Pléiade). – Paris 1979, Hg. Y. Giraud (GF).

Übersetzungen: *Wahrhaftige und lustige Historie vom Leben des Francion*, C. Hoeppener, Bln./DDR 1967 [Nachw. H. Heintze; Ill. G. Preuß]. – Dass., dies., Ffm. 1968.

Literatur: P. Battista, *Attualità del »Francione« di S.*, Roma 1964. – G. Goebel, *Zur Erzähltechnik in den »Histoires comiques« des 17. Jh.s*, Diss. Bln. 1965. – H. Hinterhäuser, *Qui est Francion?* (in *Studi in onore di Italo Siciliano*, Florenz 1966, S. 543–556). – F. Garavini, *»Francion« revisitato* (in SRLF, 14, 1975, S. 37–107). – W. Leiner, *Le rêve de Francion* (in *La cohérence intérieure*, Hg. J. van Baelen u. D. L. Rubin, Paris 1977, S. 157–175). – J. Goldin, *Structures métaphoriques et unité narrative. Le Livre I de »L'histoire comique de Francion«* (in PFSCL, 1976, Nr. 4/5, S. 117–140). – Dies., *Topos et fonctionnement narratif* (in EF, 13, 1977, S. 89–117). – I. Williams, *L'»Histoire comique de Francion«* (in I. W., *The Idea of the Novel in Europe, 1600–1800*, Ldn. 1978, S. 44–56). – F. Garavini, *»Francion«, libertinismo e forme narrative* (in F. G., *La casa dei giochi*, Turin 1980, S. 19–143). – J. Alter, *C'est moi qui parlons. Le jeu des narrateurs dans »Francion«* (in FF, 5, 1980, S. 99–105). – M. Greenberg, *Francion's Feast* (in M. G., *Detours of Desire. Readings in the French Baroque*, Columbus/Oh. 1984, S. 97–125). – M. A. Seixo, *Le parcours du plaisir. »Francion« de S.*, Paris 1985. – M. Debaisieux, *Représentation et anamorphose, »Histoire comique de Francion«* (in PFSCL, 14, 1987, S. 589–602). – P. Ronzeaud, *Parole libertine et discours de fou. Le rôle de Collinet dans le »Francion« de S. (1623)* (in *L'intelligence du passé, les faits, l'écriture et le sens. Mélanges offerts à J. Lafond*, Hg. P. Aquilon u. a., Tours 1988, S. 257–266). – M. Debaisieux, *»Francion« ou la libre pensée travestie* (in Neoph, 72, 1988). – T. Bouché, *»L'histoire comique de Francion« de C. S. et le »Roman de la Rose«* (in *Mélanges offerts au Professeur M. Descotes*, Hg. Y.-A. Favre u. C. Manso, Pau 1988).

Tristan l'Hermite

eig. François L'Hermite, seigneur du Solier

* 1601 Schloß Solier / Normandie
† 7.9.1655 Paris

Literatur zum Autor:
Zeitschrift:
Cahiers Tristan l'Hermite, Mézières-sur-Issoire 1979 ff.
Gesamtdarstellungen und Studien:
E. Hoffmann, *F. T. l'H., sein Leben und seine Werke*, Lpzg. 1894–1898, 2 Bde. – M. Bernardin, *Un précurseur de Racine, T. l'H.*, Paris 1895. – P. A. Wads-

worth, *Artifice and Sincerity in the Poetry of T. l'H.* (in MLN, 74, 1959, S. 422–430). – G. Genette, *Le complexe de Narcisse* (in *Figures I*, Paris 1966). – D. Dalla Valle, *Il teatro di T.*, Turin 1964. – D. Guillumette, *La libre pensée dans l'œuvre de T. l'H.*, Paris 1972. – *The Poetry of T. l'H.* (in PFSCL, 9, 1978, S. 7–48; Aufsatzslg.). – C. Abraham, *T. l'H.*, Boston 1980 (TWAS). – M. Belcher, *Bird Imagery in the Lyric Poetry of T. l'H.*, Paris u. a. 1987.

LA MARIANE

(frz.; *Mariamne*). Tragödie in fünf Akten von Tristan L'Hermite, Uraufführung: Paris 1637, Théâtre du Marais. – Der von dem jüdischen Geschichtsschreiber Flavius Josephus u. a. in *Peri tu Judaïku polemu* überlieferte tragische Ausgang der unglücklichen Ehe des Königs Herodes von Judäa mit Mariamne, einer Angehörigen des von den Römern abgesetzten angestammten Herrscherhauses, wurde in Frankreich erstmals von François Hardy dramatisiert. Tristan hat das 1610 aufgeführte Werk seines Vorgängers mit Sicherheit gekannt und dessen dramatische Konzeption weitgehend übernommen. Während Hardys Drama aber längst der Vergessenheit anheimfiel, gilt *La Mariane* als die bedeutendste französische Tragödie vor Corneille. Nahezu vollendet erfüllt sie bereits zu einer Zeit, in der die drei Einheiten noch nicht zum verpflichtenden Maßstab der dramatischen Kunst erhoben worden waren, das klassizistische Gesetz, wonach Spannung nicht aus der Stoffülle, sondern aus der Sichtbarmachung der menschlichen Leidenschaften zu gewinnen sei. Herodes, dem Mittelalter verhaßt als Anstifter des bethlehemitischen Kindermords, erscheint bei Tristan trotz aller ihm noch immer anhaftenden grausamen Züge als ein Mensch, der Mitleid und Verständnis verdient. Wenn er quält und schließlich den Tod über seine Gattin Mariamne verhängt, so nur, weil ihn selbst die Qual unerwiderter Liebe bis zur Unerträglichkeit peinigt. Das Urteil ist die verzweifelte Antwort auf die stolze Abweisung Mariamnes, die es nicht verwinden kann, daß der Emporkömmling Herodes ihren Vater und Bruder aus machtpolitischen Gründen ermorden ließ. Ihre weibliche Kontrahentin, Herodes' Schwester Salome, schürt das Mißtrauen des Königs, indem sie Mariamne des versuchten Giftmords beschuldigt. Doch erst der – unbegründete – Verdacht, die geliebte Frau habe ihn mit dem Statthalter Soème betrogen, dem er sie vor einer Reise anvertraute, lassen den Eifersüchtigen das Todesurteil fällen und auch ihren angeblichen Liebhaber töten. Mariamne, in ihrem Selbstgefühl tief getroffen von der Nachricht, daß der König in seiner herrischen Verfügungsgewalt ihren Tod auch für den Fall befohlen hatte, daß er selbst von der Reise nicht zurückkehren sollte, stirbt stolz ohne ein Zeichen innerer Schwäche. Doch nicht sie in ihrer unverletzlichen Hoheit, sondern Herodes, der in dem Augenblick den Richtspruch rückgängig machen möchte, als man ihm den Vollzug des Urteils meldet, und der auf die Kunde hin vor Schmerz fast wahnsinnig wird, ist die eigentliche tragische Figur dieses frühen Meisterwerks, das im Bewußtsein der Nachwelt im Schatten der Werke Corneilles und Racines steht. Tristan, der als Lyriker in Frankreich am entschiedensten dem Vorbild des Italieners G. Marino folgte, prägte auch seiner Tragödie manieristische Stilzüge auf. Den gesteigerten Gefühlsäußerungen – Liebe, die in Tod und Wahnsinn endet – entspricht die bewußt die mittlere Stillage überschreitende, auf das Unerwartete zielende Metaphorik der Alexandrinerverse. Der Versuch, das Stück in der klassizistischen Bearbeitung Voltaires für die Bühne zurückzugewinnen (1724), scheiterte. I.S.

Ausgaben: Paris 1637. – Paris ³1639. – Paris 1724. – Paris 1902 (in *Œuvres dramatiques*, Hg. E. Girard, 8 Bde., 1900–1907, 2). – Paris 1917, Hg. J. Madeleine [krit.]. – Limoges 1960 (in *Choix de pages*, Hg. u. Anm. A. Carriat). – Paris/Mailand 1969, Hg. P. Jannini.

Bearbeitung: Voltaire, *Hérode et Mariamne*, Paris 1725.

Literatur: N.-M. Bernardin, *»La Mariane« de T. l'H. et le décor à compartiments* (in N.-M. B., *Devant le rideau*, Paris 1901, S. 9–122). – L. Lockert, *»La Mariane«* (in L. L., *Studies in French Classical Tragedy*, Nashville 1958, S. 111–139). – F. Orlando, *Il sogno di Erode e i motivi della »Mariane«* (in SRLF, 2, 1961, S. 31–79). – F. K. Dawson, *An Idea of Tragedy: T.'s »Mariane« and »La mort de Sénèque«* (in NFSt, 2, 1963, S. 2–10). – D. Westgate, *»La Mariane« and the Formation of Classical Tragedy* (ebd., 4, 1965, S. 3–14). – H. Beauchamp-Rank, *La structure de »La Mariane« de T. l'H.* (in Revue de l'Université d'Ottawa, 41, 1971, S. 123 138). – W. Leiner, *Voltaire juge »Mariane« de T. l'H.* (in OCrit, 1, 1976, S. 69–72). – J. P. Rossfelder, *L'action dans la tragédie. »La Mariane«* (in Cahiers T. l'H., 7, 1985, S. 35–40). – A. Neuschäfer, *Un aspect oublié du siècle classique. »La Mariane« de T. l'H.* (in RZL, 13, 1989, S. 117–136).

LE PAGE DISGRACIÉ. Où l'on voit de vifs caractères d'hommes de tous tempéraments, et de toutes professions

(frz.; *Der in Ungnade gefallene Page. Wobei man lebhafte Charaktere jeglichen Temperaments und aller Berufe betrachten kann*). Autobiographisches Prosawerk von Tristan L'Hermite, erschienen 1643. – In romanhafter, doch den wirklichen Ereignissen nahestehender Form erzählt der Autor die Geschichte seiner bewegten Jugend bis zum Jahre 1621. Die Namen berühmter Persönlichkeiten, die als Herren oder Gönner in seinem Leben eine Rolle spielten, werden geschickt verschleiert. François L'Hermite, seigneur du Soliers, der sich

Tristan nannte, zählt den berühmten Prediger des ersten Kreuzzuges, Pierre L'Hermite, zu seinen Vorfahren. Sein Geschick betrachtet er in engem Zusammenhang mit der Konstellation der Gestirne zur Zeit seiner Geburt, deren Einfluß übermächtige Willensanstrengungen des Menschen als sinnlos erscheinen läßt: *»Venus ... hat mir den starken Hang zu Neigungen gegeben, aus denen mir die Mißgeschicke erwuchsen.«* Der Held der Geschichte wird schon in frühester Kindheit, als sein lebhafter Geist allgemein Bewunderung erregt, als Page an den Hof Heinrichs IV. geholt und an die Seite des zukünftigen Henri de Bourbon, Duc de Verneuil, eines natürlichen Sohnes des Königs, gestellt – ihm widmet Tristan später sein Buch. Seine Phantasie und Unbekümmertheit, seine Intelligenz, der aber die Ausdauer fehlt, machen ihn bei den Prinzen beliebt, die häufig schützend Einspruch erheben, wenn seine zahlreichen Streiche ihre gerechte Strafe finden sollen. Als er sich für die Geheimnisse der Zauberei zu interessieren beginnt, verkleidet sich ein Koch des Louvre als Gespenst, um ihn in Schrecken zu versetzen. Der von Panik ergriffene Page durchbohrt den Koch mit seinem Degen und ergreift die Flucht. Er geht nach England, findet Stellung in einem vornehmen Hause und verlebt eine idyllische Zeit mit einer jungen Schönen, als deren Lehrer er angestellt ist. Der Romanze wird durch einen eifersüchtigen Knappen, der den Pagen beschuldigt, die Familie vergiften zu wollen, ein plötzliches Ende gesetzt. Mit Hilfe seiner schönen Freundin entkommt er dem Gefängnis und schifft sich in Edinburgh nach Norwegen ein. Auch nach seiner Rückkehr nach Frankreich erwarten ihn noch zahlreiche Abenteuer, bis einem hohen Herrn (vielleicht der Duc de Luynes) seine Anmut und seine intellektuellen Fähigkeiten auffallen. Der Page nimmt in seinem Gefolge an der Belagerung von Montauban teil, wobei er beinahe der Pest zum Opfer fällt. Seine ersten Gedichte erregen die Aufmerksamkeit Ludwigs XIII., der ihm am Ende für die begangene Missetat Verzeihung gewährt.

Die abenteuerliche Lebensgeschichte des *page disgracié* läßt sich in die Reihe der aus Spanien und Italien bekannten pikaresken Romane einordnen, die in der *Histoire de Gil Blas de Santillane* (1715–1735) von LESAGE noch einmal aufleben werden. Die Einfachheit und natürliche Lebhaftigkeit des Tons wie die zart empfundene Preziosität, die sich in dem berühmten, wahrscheinlich von einer Episode des *Pagen* inspirierten Gedicht *Le promenoir des deux amants* (1638) wiederfinden, machen den besonderen Reiz dieses autobiographischen Romans aus. KLL

AUSGABEN: Paris 1643. – Paris 1924 [Vorw. J. Savarin]. – Limoges 1960, Hg. A. Carriat. – Grenoble 1980, Hg. J. Serroy.

LITERATUR: J. W. Scott, *Note sur le texte du »Page disgracié«* (in RHLF, 67, 1967, S. 776 ff.). – C. Maubon, *»Le page disgracié«* (in SRLF, 16, 1977, S. 169–195). – F. Robello, *Tecniche drammatiche e poesia nel »Page disgracié«* (in *La poesia francese del primo seicento. Ricerche e proposte*, Cuneo 1977, S. 147–193). – F. Assaf, *Le picaresque dans »Le page disgracié« de T.* (in DSS, 1979, S. 339–347). – M. L. Gude, *Le page disgracié«. The Text as Confession*, Univ. of Mississippi 1979. – C. Maubon, *Désir et écriture mélancolique. Lecture du »Page disgracié« de T.*, Genf/Paris 1981. – A. Monleon Domínguez, *»Le page disgracié«, un pseudo roman comique* (in Queste, 3, 1986, S. 113–129).

LES VERS HÉROÏQUES

(frz.; *Heroische Dichtungen*). Lyriksammlung von TRISTAN L'HERMITE, entstanden zwischen 1628 und 1647, erschienen 1648. – Die Sammlung enthält 130 Stücke von unterschiedlicher Länge: Oden, die einige hundert Verse umfassen, daneben zahlreiche Sonette oder Madrigale von nur 7 oder 8 Versen Länge. Der Titel *Vers héroïques* ist vom Thema her bestimmt, wenngleich eigentlich nur für den ersten Teil, die meist längeren Stücke zutreffend. Sie entstanden in der Regel aus konkretem Anlaß und haben eine bestimmte politische Situation zum Hintergrund.

Die 1634 entstandene *Eglogue maritime* (1) ist der Königin von England gewidmet und soll möglicherweise eine Mission im Auftrag der Marie de Médici vorbereiten helfen. Proteus trifft in einer Grotte die Nymphen Circene und Leucothoe. In strophischem Wechselgesang wird festzustellen versucht, wer besser das Lob Henriette-Maries und ihres Gatten Charles I. besingen kann. Der bukolische Wettstreit endet unentschieden. Die 1628 entstandene Ode *La mer* (2) nimmt den Tod eines Freundes bei der Belagerung von La Rochelle zum Anlaß für elegische Betrachtungen. Den Abschluß bildet ein enkomiastisches Lob der Taten des Gaston d'Orléans, dem die Ode gewidmet ist. Demselben Mäzen sind die 1644 entstandenen Stanzen *Sur la prise de Graveline* (4) und die kurze Zeit später entstandene Ode *Sur les autres progrès en Flandre* (5) gewidmet. Die nächste Ode ist seiner Gemahlin, Marguerite de Lorraine, gewidmet und besingt die Geburt ihrer ersten Tochter (1645). Es folgen Gedichte an Freunde, Oden an europäische Regenten, an Heeresführer. Sodann preist Tristan den jungen König, seine Proklamation, die staatsmännischen Fähigkeiten Mazarins. Die übrigen Stücke sind mehr privater Natur: Tristan klagt einer hochgestellten Gönnerin sein Leid *(La servitude)*, nimmt Anteil an ihrem Geschick, beschreibt ihren Stadtpalast und ihr Schloß. Die dem Duc de Guise gewidmeten Stücke behandeln sein neapolitanisches Unternehmen und seine Liebe zu Suzanne de Pons. Auf die Stücke an den Comte de Saint Aignan folgt in lockerer Gruppierung die Masse kürzerer Gelegenheits- und Rollengedichte: Epitaphe und Tombeaus, Rollengedichte wie die *Prosopopée d'une femme assassinée par son mary jaloux* oder die *Prosopopée d'un Hercule de bronze qu'un sot venoit re-*

garder attentivement, schließlich Satiren wie die *Prosopopée d'un courtisan* oder *Pour un chirurgien qui epousoit une vieille femme*.
Tristan ist ein höfischer Barockdichter, sein bevorzugtes Thema das panegyrische Fürstenlob. Die starke Bindung an das Zeitgeschehen impliziert, daß häufig Belangloses gefeiert, wirklich Entscheidendes übersehen wird. Der vorwiegend lyrischen Qualität tut das indessen kaum Abbruch; bemerkenswert bleibt, daß gerade Nebensächliches in einem tieferen Sinne bedeutend werden kann: Das *Palais des Amours* der Duchesse de Chaulnes ist ein Meisterwerk barocker Kompositionstechnik, *Les terreurs nocturnes* eine entzückende Burleske voller Selbstironie.
Die Sprache der *Vers héroïques* erscheint vornehm stilisiert, dem epideiktischen Genus entsprechend überhöht. Die verwendeten Stilmittel bestimmen den panegyrischen Grundton. Der dichterischen Überhöhung der Beteiligten dienen die metonymische Personifikation (*ce Nestor* vom greisen Vater des Maréchal de Schomberg), die enkomiastische Identifikation mit antiken Göttern und Heroen (Gaston d'Orléans als *nouveau Alexandre* oder der Maréchal als *nouveau Mars*) sowie Vergleich und Überbietung: der traditionelle Löwenvergleich, die Überbietung der Taten des Herkules oder der Siege Alexanders des Großen. Dem Lob des verstorbenen Louis XIII dient der Verstirnungstopos. Daneben erscheint eine Fülle von allegorischen Begleitpersonen: Gloire, Themis, Fortune, Victoire; der kaiserliche Adler und der spanische Löwe bekunden geziemenden Schrecken. Eine überragende Rolle spielt zudem die Hyperbel (*mille cors, mille estandars*). Tristans *Vers héroïques* sind ein typisches Beispiel repräsentativer Barockdichtung. K.Rei.

Ausgaben: Paris 1648. – Paris 1962 (in *Poésies*, Hg. P.A. Wadsworth). – Genf 1967 (*Les vers héroïques*, Hg. C.M. Grisé; krit.).

Honoré d'Urfé

* 11.2.1568 Marseille
† 1.6.1625 Villefranche bei Nizza

L'ASTRÉE, OÙ PAR PLUSIEURS HISTOIRES ET SOUS PERSONNES DE BERGERS ET D'AUTRES SONT DÉDUITS LES DIVERS EFFETS DE L'HONNESTE AMITIÉ

(frz.; *Astrea, darin anhand von mehreren Geschichten und am Beispiel von Schäfern und anderen die verschiedenen Wirkungen ehrsamer Freundschaft dargelegt werden*). Schäferroman von Honoré d'Urfé, erschienen 1607–1627. – D'Urfé hatte sich in seinen *Épistres morales* als gebildeter Verehrer der antiken Philosophen vorgestellt. Er schätzte besonders Platon wegen seines ausgeprägten Abstraktionsvermögens. Diese Neigung zu abstraktem Denken zeigt auch der wahrscheinlich schon vor 1590 begonnene Roman. Zu seinen Lebzeiten und unter seiner Obhut wurden drei Teile (1607/1610/1619) des umfangreichen Werks veröffentlicht. Einen hinterlassenen vierten Teil publizierte 1627 d'Urfés Sekretär Baro. Außerdem lieferte ein gewisser Borstel de Gaubertin 1625 einen fünften und sechsten Teil. Es wird angenommen, daß er nachgelassene Papiere d'Urfés zur Hand gehabt hat. Zahlreiche, zum Teil gekürzte und bearbeitete Ausgaben (1678, 1713, 1733) sowie das *»der Jugend zuträgliche«* Arrangement der Comtesse de Molitor bezeugen das anhaltende Interesse, das dieser Roman weit über seine Zeit hinaus genoß. Sein Einfluß auf die gesellschaftlichen Umgangsformen der Salons ist offenkundig. In Deutschland bewirkte seine Lektüre gar die Gründung einer »Académie de parfaits amants«.
Abgesehen von angeblich autobiographischen Elementen – die Schlüsselfiguren konnten nicht eindeutig identifiziert werden – sind die Quellen dieser Hohen Schule der Galanterie hauptsächlich in den italienischen, spanischen und französischen Schäferromanen zu suchen (Tasso: *Aminta*; Guarini: *Il pastor fido*; Ariost: *Orlando furioso*; Boccaccio: *Il filocolo*; Montemayor: *Diana* und *Amadis de Gaula*; Sannazaro: *Arcadia*; Cervantes: *Galatea*; Pasquier: *Monophile*; Marguerite de Navarre: *Heptaméron*). Die zahllosen Anleihen sind kunstvoll zu einer Folge von Episoden verknüpft, deren Grundfabel leicht zu resümieren ist: Céladon ist aufgrund einer Verleumdung von der geliebten Astrée verbannt worden und gewinnt nach einige tausend Seiten füllenden harten Prüfungen ihre Gunst zurück, während neben ihm ein Silvandre um eine Diana seufzt, ein Hylas sich seiner Flatterhaftigkeit in der Liebe rühmt, ein weiser Druide namens Adamas sich unermüdlich durch gute Worte und hilfreiche Dienste hervortut. In verzweigten Handlungen und ausführlichen Diskussionen demonstrieren und erläutern unter Einbeziehung der gesamten Kultur- und Sittengeschichte der Epoche ungezählte Schäfer und Schäferinnen die verschiedenen Wirkungen der Liebe. Aus den spanischen Vorbildern stammt dabei vor allem ein gewisser Hang zum Ethos des Mittelalters: Heroische Abenteuer und ritterlicher Minnedienst, Verfeinerung der Sitten, Reinheit, Beständigkeit des Gefühls und Unabhängigkeit von Stimmungen und Ereignissen sind die Ideale, für die d'Urfé in leicht moralisierendem Ton plädiert; in diesem Sinne ist die *Astrée* als Wegbereiter des Corneilleschen Theaters gedeutet worden.
Als umfassende theoretische Erörterung der Fragen der Liebe wurde der Roman in der Folge zum galanten Lehrbrevier der Salons: eine Art literarisches Modell des mondän-gepflegten Lebensstils. Im Gegensatz zu seinen im Irrealen sich ergehen-

den italienisch-spanischen Vorbildern macht d'Urfé aus der arkadischen Pastorale beinahe einen historischen Roman. Seine präzise Angabe von Ort und Zeit – die Handlung spielt im 5. Jh. n. Chr. in der Landschaft des Forez am Oberlauf der Loire – erscheint einerseits als groteske Inkonsequenz, andererseits aber als erste Andeutung des späteren, auf Wirklichkeit und Wahrscheinlichkeit bauenden Romans. Zukunftweisend ist auch der im Vergleich mit den lyrischen Intermezzi eines Tasso oder Montemayor geradezu prosaische Ton der *Astrée*. Mit ihrem Reichtum an Episoden diente sie den mittelmäßigen Literaten der Folgezeit als unerschöpfliche Quelle. Wesentlich positiver ist der Einfluß zu bewerten, den d'Urfés Bemühen, seelische Vorgänge darzustellen, auf die Autoren seiner Zeit hatte. Für die literarhistorische Bedeutung des Werks spricht die feierliche Begehung von d'Urfés dreihundertstem Todestag im Jahr 1925. I.P.

AUSGABEN: Paris 1607 [1. T.]. – Paris 1610 [2. T.]. – Paris 1619 [3. T.]. – Paris 1627 [4. T.]. – Paris 1625 [5. T.]. – Paris 1632. – Paris 1733 (in *GA*, 10 Bde.). – Paris 1925–1928, Hg. H. Vaganay, 5 Bde. [Nachdr. Genf 1966]. – Saint-Étienne 1982, Hg. M. Gaume [Ausw.]. – Paris 1984, Hg. J. Lafond (Ausw.; Folio).

LITERATUR: W. P. Fischer, *The Literary Relations between La Fontaine and the »Astrée of H. d'U.*, Philadelphia 1913. – H. Böker, *Kulturhistorische Elemente in H. d'U.s »Astrée«*, Diss. Rostock 1921. – M. Bochet, *»L'Astrée«, ses origines, son importance dans la formation de la littérature classique*, Diss. Genf 1923 [Nachdr. Genf 1967]. – M. C. McMahon, *Aesthetics and Art in the »Astrée« of H. d'U.*, Washington 1925. – J. Ehrmann, *Un paradis désespéré*, New Haven (Conn.)/Paris 1963. – G. Genette, *Le serpent dans la bergerie* (in G. G., *Figures 1*, Paris 1966, S. 109–122). – E. Köhler, *Absolutismus und Schäferroman* (in E. K., *Esprit und arkadische Freiheit*, Bonn 1966, S. 91–95). – W. Krömer, *Die Originalität der »Astrée« und ihre Abhängigkeit von der Tradition der Pastorale in Italien und Spanien* (in Arcadia, 3, 1968, S. 235–250). – G. Giorgi, *»L'Astrée« di d'U. tra barocco e classicismo*, Florenz 1974. – E. Schröder, *D'U., »L'Astrée«* (in *Der französische Roman*, Hg. K. Heitmann, Düsseldorf 1975, Bd. 1, S. 95–119; 364–366). – M. Chaillou, *Le sentiment géographique*, Paris 1976. – M. Gaume, *Les inspirations et les sources de l'œuvre de H. d'U.*, Saint Étienne 1977. – RHLF, 77, 1977 [Sondernr.]. – PFSCL, 9, 1978 [Sondernr.]. – S. Tiefenbrun, *Eros and Thanatos in »Astrée«* (in S. T., *Signs of the Hidden*, Amsterdam 1986). – J. Bonnet, *La symbolique de »L'Astrée«*, Roanne 1981. – P. Pelckmans, *»L'Astrée« ou la direction de la mort apprivoisée* (in *Thanatos classique*, Tübingen/Paris 1982, S. 29–58). – L. K. Horowitz, *D'U.*, Boston 1984 (TWAS). – N. Elias, *Zur Soziologie der aristokratischen Romantik im Zuge der Verhofung* (in *Die französische Erzählkunst des 17. Jh.s*, Hg. D. Rieger, Darmstadt 1985, S. 338–359). – M. Bertaud, *»L'Astrée« et »Polexandre«*, Genf 1986. – Chr. Wentzlaff-Eggebert, *Structures narratives de la pastorale dans »L'Astrée«* (in CAIEF, 39, 1987, S. 53–78). – M. Cuénin, *»L'Astrée«* (in M. C., *L'idéologie amoureuse en France, 1540–1627*, Paris 1987, S. 63–119). – Chr. Strosetzki, *Die Idealität der Konversation bei Guevara und D'U.* (in Chr. S., *Konversation und Literatur*, Ffm. u. a. 1988, S. 17–30). – E. Honein, *De l'utilité de l'imposture. Le statut des peintres dans »L'Astrée«* (in PFSCL, 16, 1989, S. 455–467).

THÉOPHILE DE VIAU

* 1590 Clairac bei Agen
† 25.9.1626 Paris

DAS LYRISCHE WERK (frz.) von Théophile de VIAU.

Théophile de Viau war der Sohn eines hugenottischen Advokaten aus Bordeaux, der diese Stadt während der heftigen Glaubenskämpfe verlassen mußte. Er studierte Medizin in Bordeaux und Saumur. Zwischen 1611 und 1613 gehörte er einer fahrenden Schauspielertruppe an, für die er Stücke schrieb. 1614 tritt er in den Dienst des Grafen de Candale, lebt meist in Paris, wird bei Hofe eingeführt. 1619 wird er »unchristlicher Verse« wegen aus Frankreich verbannt. Von Ludwig XIII. begnadigt, kehrt er nach Paris zurück; er begleitet die königliche Armee auf ihren Feldzügen gegen die Königinmutter Marie von Medici und gegen die Hugenotten Südfrankreichs. Über die Verwüstung seiner Geburtsstadt Clairac schreibt er ein Sonett, das neben GRYPHIUS' Klagesonette aus dem Dreißigjährigen Krieg gestellt zu werden verdient. Nach dem Tode seines Vaters tritt er 1622 zum Katholizismus über.

Im November dieses Jahres erscheint unter dem Titel *Le Parnasse des Poètes satyriques* eine Sammlung »anstößiger« Gedichte, deren erstes, zu Recht oder zu Unrecht, mit seinem Namen versehen ist. Dies bietet seinen Gegnern einen willkommenen Anlaß, gegen ihn und seinesgleichen zu einem entscheidenden Schlag auszuholen. Der Jesuitenpater Garasse veröffentlicht einen dickleibigen Quartband von über tausend Seiten: *Doctrine curieuse des beauxesprits de notre temps*, 1623 *(Seltsame Lehre der Schöngeister unserer Zeit)*, in dem er Théophile als den *»Anführer der Atheistenbande, den König der Freigeister«* denunziert. Es kommt zu einem Prozeß, Théophile soll arretiert werden; er rettet sich nach Chantilly zu seinem nunmehrigen Gönner und Beschützer, dem einflußreichen Herzog von Montmorency. Er wird in Abwesenheit wegen Gotteslästerung zum Tode verurteilt; sein Bild und seine Bücher werden öffentlich verbrannt. Théophile entschließt sich, Frankreich zu verlassen, er wird jedoch aufgegriffen, unter strenger Bewachung nach Paris gebracht und dort in der Conciergerie gefangengesetzt. Zwei Jahre verbringt er dort im Kerker. Er richtet flehentliche Bittgesuche in Versen an den König, an das Parlament, an hochgestellte Persönlichkeiten; diese sowie ein halbes Hundert von Flugschriften für und gegen ihn finden weite Verbreitung. Schließlich wird er, auf Beschluß des Parlaments, zur Verbannung auf Lebenszeit verurteilt. Dieses Urteil wird jedoch nicht vollstreckt. Durch die lange Haft ist seine Gesundheit zerrüttet, wieder findet er Zuflucht in Chantilly; er stirbt im Hôtel Montmorency in Paris.

Théophile war einer der beliebtesten Dichter seiner Zeit. Seine Werke erlebten bis zum Ausgang des Jahrhunderts 80 Neuauflagen; seine Tragödie *Pyrame et Thisbé* wurde immer wieder gespielt und 73mal veröffentlicht. Erst der »geläuterte« vernünftige Geschmack des Klassizismus vertrieb ihn aus der Gunst des Publikums. Wie François Villon, wie Christian Günther war Théophile einer jener genialen jungen Poeten, denen ihr Freimut, ihr Übermut, ihr Unabhängigkeitsdrang immer wieder einen Streich spielten. Ein Grundzug seines Charakters wie seiner Poesie war ein entschiedener Sensualismus; das, was man, dem Sprachgebrauch der Zeit folgend, tadelnd seinen Epikurismus nannte. Er war beliebt, er war unbesonnen, er war verwegen und verzagt; er gehörte nicht zu den Wohlanständigen, und man hätte ihm, wie anderen, wohl manches hingehen lassen, wenn gewisse Keckheiten, und vor allem einige Ungeniertheiten in Glaubensfragen, nicht die Hüter der Moral auf den Plan gerufen hätten, die nun jede böswillige Nachrede ausschlachteten, um an ihm als einem erfolgreichen Autor ein Exempel zu statuieren.

Sowohl gegenüber der Dichterschule der Pléiade als gegenüber Malherbe, dem zeitgenössischen Zuchtmeister der Poesie, nimmt Théophile für sich das Recht in Anspruch, *à sa façon* zu schreiben: *»La règle me déplaît, j'écris confusément, / Jamais un bon esprit ne fait rien qu'aisément« (»Die Regel mißfällt mir, ich schreibe ohne Ordnung; ohne Bequemlichkeit hat noch nie ein guter Geist etwas Rechtes zustande gebracht«; Élégie à une dame*, V. 119 f.). *»Je veux faire des vers qui ne soient pas contraints, / Promener mon esprit par des petits desseins, / Chercher des lieux secrets où rien ne me déplaise, / Méditer à loisir, rêver tout à mon aise, / Employer toute une heure à me mirer dans l'eau, / Ouïr comme en songeant la course d'un ruisseau, / Écrire dans les bois, m'interrompre, me taire, / Composer un quatrain sans songer à le faire« (»Zwanglos wolln meine Verse sich bewegen: Nach strengem Plan mag sich mein Geist nicht regen; Drum such ich nach dem Reiz verschwiegener Plätze, Um mich sinnend und träumend zu ergötzen. Dort seh ich stundenlang mein Bild im Teiche, Oder hör Wasser rauschen wie im Traum, Schreib unter Bäumen, halte inne, schweige, Dichte vier Verse, und bemerk es kaum«; Élégie à une dame*, V. 139–146).

Théophile ist kein Bukoliker, kein Dichter der galant-sentimentalen Schäferei, doch wie wenige seiner Epoche ein Dichter der Muße, der Einsamkeit und jener kunstvoll hergerichteten Zurückgezogenheit, wie sie die Hermitage der Herzogin von Montmorency in Chantilly bot, die er in den zehn Oden seines Zyklus *La maison de Sylvie* gefeiert hat. Neben Liebesgedichten an eine Cloris und eine Caliste (Elegien, Episteln, Oden, Sonette) finden sich Gedichte an seine Freunde und Gönner. Eine eigene Gruppe bilden die Gedichte aus der Zeit seiner Flucht und seiner Haft; sie haben nichts von ihrer Unmittelbarkeit eingebüßt, sie bleiben nahe, drängend, zu Herzen gehend. Wo beide Themen sich verbinden, das Elend der Gefangenschaft und die sehnsüchtige Erinnerung an die ländlichen Freuden des väterlichen Gutes von Boussères, da entsteht in der *Lettre de Théophile à son frère* von 1634 eines der schönsten, der bewegendsten Gedichte der französischen Poesie. F.Ke.

Ausgaben: *Les œuvres du sieur Theophile*, Paris 1621. – *Œuvres, Seconde partie*, Paris 1623. – *Recueil de toutes les pièces de Théophile ... tout ce qui s'est fait pour et contre luy depuis sa prison jusques à présent*, Paris 1625. – *Les œuvres*, Hg. G. Scudéry, Paris 1626; ern. Rouen 1632. – *Œuvres poétiques*, Hg. J. Streicher, 2 Bde., Genf 1951–1958; 21967. – *Œuvres complètes*, Hg. G. Saba, 4 Bde., Rom/Paris 1978–1987.

Übersetzung: In *Französische Dichtung 1. Von Villon bis Th. de V.*, Hg. F. Kemp u. W. von Koppenfels, Mchn. 1990, S. 390–415 [frz.-dt.; Ausw.].

Literatur: J. Andrieu, *Th. de V.: Étude bio-bibliographique*, Bordeaux 1887. – K. Schirmacher, *Th. de V. Sein Leben und seine Werke*, Paris/Lpzg. 1897. – F. Lachèvre, *Le libertinage devant le parlement de Paris. Le procès du poète Th. de V.*, 2 Bde., Paris 1909. A. Adam, *Th. de V. et la libre pensée française en 1620*, Paris 1935; 21965. – H. Impiwaara, *Études sur Th. de V., auteur dramatique et poète*, Turku 1963. – H. R. Jauß, *Zur Frage der »Struktureinheit« älterer und moderner Lyrik* (in GRM, 10, 1960, S. 231–266; ern. in H. R. J., *Ästhetische Erfahrung und Literarische Hermeneutik*, Mchn. 1977, Bd. 1, S. 295–342). – G. Saba, *Th. de V. e la critica*, Triest 1964. – A. Bruzzi, *Il barocco nella poesia di Th. de V.*, Bologna 1965. – G. Müller, *Untersuchung des poetischen Stils Th. de V.s*, Mchn. 1968. – K. Meyer-Minnemann, *Die Tradition der klassischen Satire in Frankreich. Themen und Motive in den Verssatiren Th. de V.s*, Bad Homburg/Bln./Zürich 1969. – W. Dorst, *Anti-Dichtung in Frankreich*, Ffm. 1975. – H. Krapoth, *À Monsieur de L. sur la mort de son père* (in *Die frz. Lyrik*, Hg. H. Hinterhäuser, Düsseldorf 1975, Bd. 1, S. 157–170; 364–366). – J. Marmier, *La poésie de V., théâtre du moi* (in PFSCL, 9, 1978, S. 50–65). – C. L. Gaudiani, *The Cabaret Poetry of V.*, Tübingen/Paris 1981. – G. Saba, *La poésie de V.* (in PFSCL, 9, 1982, S. 511–535). – Ch. McCall Probes, *The Occult in the Poetry of V.* (ebd., S. 7–20). – M. Greenberg,

Théophile's Indifference (in M. G., *Detours of Desire*, Columbus/Oh. 1984, S. 61–95). – *La poésie française du premier 17e siècle*, Hg. D. L. Rubin, Tübingen 1986 [Texte und Erläuterungen]. – G. Saba, *L'art épistolaire de Th. de V.* (in CAIEF, 39, 1987, S. 127–139). – J.-M. Varaut, *V.* (in J.-M. V., *Poètes en prison. De Charles d'Orléans à Jean Genet*, Paris 1989).

LES AMOURS TRAGIQUES DE PYRAME ET THISBÉ

(frz.; *Die tragische Liebesgeschichte von Pyramus und Thisbe*). Tragödie in fünf Akten von Théophile de VIAU, Erstaufführung: Paris 1621 oder 1622. – Vor der Publikation der Pyramus-Tragödie war Théophile einer breiteren Öffentlichkeit zum einen als mitunter freizügiger Lyriker bekannt, der dahin tendierte, sich von dem tradierten Schema der Pléiade-Poesie durch Subjektivierung des Gedanklichen und Zuspitzung der Diktion zu befreien; zum anderen als Verfasser von Prosaschriften libertinistischen Inhalts, die bisweilen scharfe Reaktionen der offiziellen Theologie provoziert hatten. Verfolgung, zeitweilige Exilierung, kurzfristige Begnadigung, Einkerkerung, Krankheit und früher Tod waren die Stationen seines kurzen Dichterlebens. Freilich konnte die geistige und physische Unterdrückung Théophiles seinen literarischen Ruhm kaum aufhalten: Während *Pyrame et Thisbé* noch 1623 zusammen mit den anderen bisher publizierten Werken des Autors öffentlich verbrannt wurde, führte man die Tragödie zwei Jahre später mit großem Erfolg am Hofe in Gegenwart des Königs auf. Spätestens von diesem Zeitpunkt an durfte Théophile als einer der bedeutendsten Dramatiker Frankreichs seit GARNIER gelten: *Pyrame et Thisbé* und RACANS *Bergeries* wurden die bekanntesten französischen Theaterstücke vor CORNEILLE, Théophiles Drama beeinflußte nicht nur entscheidend die Produktion jüngerer Dramatiker wie SCUDÉRY und MAIRET, sondern bewirkte auch immer neue kritische Stellungnahmen bis hin zu Abbé d'AUBIGNACS *Pratique du théâtre* und BOILEAUS *Art poétique*.

Als Théophile die in OVIDS *Metamorphosen* IV, 55–166, erzählte Geschichte vom tragischen Tod des babylonischen Liebespaares Pyramus und Thisbe dramatisierte, profitierte er zweifellos von der Beliebtheit des Stoffes in den ersten Jahrzehnten des 17. Jh.s; GÓNGORA und MARINO, SHAKESPEARE und später GRYPHIUS verwendeten das Sujet im Gewande der verschiedensten Gattungen, in Frankreich hatte es 1573 Jean-Antoine de BAÏF in der Dichtung *Meurier* übernommen, und Théophile selbst hatte 1619 Pyramus-und-Thisbe-Motive zu einer *Élégie à une dame* verarbeitet.

Pyramus und Thisbe können wegen des Widerstands ihrer Eltern nicht heiraten. Als einziger Weg der Kommunikation dient eine Spalte in der ihren Häusern gemeinsamen Wand. Sie verabreden sich am Grab des Ninos vor der Stadt. Thisbe erscheint dort zu früh, sie wird von einem Löwen vertrieben, der ihren zurückgelassenen Umhang mit blutigem Gebiß zerreißt. Pyramus findet das blutige Kleidungsstück, hält Thisbe für tot und begeht Selbstmord; ihm folgt die wenig später zurückkehrende Thisbe in den Tod. Das Blut der Liebenden tränkt einen Maulbeerbaum, dessen Früchte als Zeichen der Trauer sich forthin schwarz färben.

Ovids lakonischer Bericht wird in Théophiles Alexandriner-Tragödie eigenwillig erweitert: Der Autor führt Thisbes Mutter zusätzlich ein, ordnet allen Hauptpersonen eine oder mehrere Dienergestalten bei, macht schließlich den König zum Rivalen des Pyramus. So geraten die Liebenden in ein doppeltes Abhängigkeitsverhältnis; die Unterordnung unter den Ratschluß von »Dieux«, »nature«, »destin« wird begleitet von Eingriffen irdischer Machthaber in die Gesetze der Natur.

Der Versuch, die Handlung über die Ebene des Liebesdramas hinaus mit staatspolitischen Motiven zu komplizieren, hat allerdings weniger eine Steigerung der dramatischen Intensität als einen sichtbaren Verstoß gegen die Regel von der Einheit der Handlung zur Folge. Zudem ermangelt es dem einen Zeitraum von weniger als 24 Stunden umfassenden Stück an dramatischem Geschehen. Das Vorherrschen von Monologen und überlangen Tiraden zeigt die Priorität des Deklamatorischen gegenüber dem argumentierenden Wechselgespräch. Der fünfte Akt besteht gar nur aus zwei Monologen von 170 und 117 Versen. Macht man diese und andere Strukturmerkmale, z. B. das dichte Netz von Leitwörtern wie »Blut«, »Mord«, »Tod«, zur Grundlage der Interpretation, so wird deutlich, daß die Intention des Autors weniger auf eine Darstellung von Helden und Taten als auf sprachliche Sublimierung und barocke Erhöhung eines in unzähligen Bearbeitungen abgegriffenen Sujets gerichtet ist. Tatsächlich ist vom Sprachstil der *Amours tragiques* die größte Wirkung ausgegangen. Die von Boileau verspotteten Schlußverse mit ihrer extravaganten Personifizierung des Selbstmörderdolches (*»O, hier liegt der Dolch, der mit Blut seines Herrn sich schändlich besudelt: er errötet darüber, der Verräter!«*) sollten neben der Darstellung der »Verkehrten Welt« in einer Ode Théophiles bekannteste Verse bleiben und bald als Ausdruck wirren poetischen Geschmacks getadelt, bald als avantgardistische Metaphorik gepriesen werden. G.Mü.

AUSGABEN: Paris 1621 (in *Les œuvres*). – Paris 1626 (in *Les œuvres*, Hg. G. Scudéry; ern. Rouen 1632). – Lpzg./Straßburg/Zürich 1933, Hg. J. Hankiss [krit.]. – *Œuvres poétiques*, Hg. J. Streicher, 2 Bde., Genf 1951–1958; 21967. – Neapel 1967, Hg. G. Saba [krit.]. – Paris 1975 (in *Théâtre du 17e siècle 1*, Hg. J. Schérer; Pléiade). – Rom/Paris 1987 (in *Œuvres complètes*, Hg. G. Saba, 4 Bde., 1978–1987, 4).

LITERATUR: A. Pizzorusso, *Sur une scène des »Amours tragiques de Pyrame et Thisbé«* (in *De Jean*

Lemaire des Belges à Jean Giraudoux. Mélanges P. Jourda, Paris 1970, S. 157–177). – E. Aragon, *Amour baroque dans V., »Les amours tragiques de Pyrame et Thisbé« (1617)* (in Littérature, 19, 1972). – D. Dalla Valle, *Il sogno della madre in »Pyrame et Thisbé«* (in SRLF, 16, 1977, S. 89–125). – J. Pallister, *Love Entombed* (in PFSCL, 12, 1979/80, S. 163–181). – D. Dalla Valle, *Métamorphoses, métaphores et cosmologies dans »Pyrame et Thisbé«* (in *La métamorphose dans la poésie baroque française et anglaise*, Hg. G. Mathieu-Castelani, Tübingen/Paris 1980, S. 113–123). – M.-F. Brubeau-Paine, *Rhétorique baroque dans »Pyrame et Thisbé«* (in PFSCL, 8, 1981, Nr. 14, S. 115–123).

Anonyme Werke

Lettres portugaises. traduites en françois

(frz.; *Portugiesische Briefe, ins Französische übertragen*). Briefroman, anonym erschienen 1669. – Die Frage, wer die Briefe verfaßt hat, ist umstritten. Entsprechend der Vorbemerkung des Verlegers Barbin und dem Titel der Kölner Ausgabe ebenfalls von 1669, *Lettres D'Amour D'une Religieuse Portugaise Éscrites Au Chevalier De C... (Liebesbriefe einer portugiesischen Nonne an den Ritter von C...)*, werden sie Schwester Mariana Alcoforado (1640–1723) in Beja zugeschrieben und sollen sie zwischen 1667 und 1668 an den Grafen Chamilly gerichtet worden sein, der sich von 1663 bis 1667 in Südportugal aufhielt. Nach neuerer Auffassung, die sich auf den literarischen Charakter des Büchleins stützt, ist ihr Verfasser der in der Kölner Ausgabe als Übersetzer bezeichnete Cuilleraque identifiziert als der französische Schriftsteller und Diplomat Gabriel-Joseph Guilleragues (1628 bis 1685). Umstritten ist auch die Reihenfolge der Briefe – 1., 4., 3., 2., 5. oder 4., 2., 3., 1., 5. oder 4., 2., 1., 3., 5. statt der überlieferten Ordnung –, je nachdem, ob sie als authentische Äußerungen der Nonne oder als literarische Fiktion angesehen werden. Die fünf Briefe einer Verlassenen sind der in Stimmungswellen anschwellende und verebbende Ausdruck einer Leidenschaft, die sich ihrer Sündhaftigkeit bewußt ist und ihre Hoffnungslosigkeit erkennt. Während in den ersten beiden Briefen die Trennung vom Geliebten die Heftigkeit der Neigung steigert, kommt die am Ende des zweiten nur angedeutete Verzweiflung im dritten Brief zum Ausbruch. In der inneren Zerrissenheit, *»je suis déchirée par mille mouvements contraires« (»ich werde von tausend widersprüchlichen Gefühlen zerrissen«)*, im Wirbel und Widerstreit von Erinnerung und Enttäuschung, Angst und Trotz, Selbstvergessenheit und Selbstverachtung taucht zum erstenmal der Gedanke an Selbstmord auf. Das Schweigen des Geliebten verstärkt die Befürchtung der Liebenden, nicht nur verlassen, sondern auch vergessen zu sein. Im gleichen Maße, wie diese Angst in ihr wächst, beginnen im vierten Brief die früheren Beteuerungen und Beschwörungen in offene Vorwürfe und versteckte Drohungen umzuschlagen. Dabei wird die innere Lösung vom Gegenstand ihrer Liebe und ihres Schmerzes spürbar *(»j'écris plus pour moi que pour vous« – »ich schreibe mehr für mich als für Euch«)*. Sie ist vollzogen im letzten Brief, nachdem die nichtssagenden Phrasen der endlich eingetroffenen Antwort des Geliebten ihr seine Gleichgültigkeit enthüllt haben. Doch schwingt noch in der fast schroffen Kürze dieses Abschiedsbriefs die Intensität der Leidenschaft mit, die die Schreiberin zu überwinden trachtet und von der sie – wie sie andeutet – sich vielleicht doch nur befreien kann, wenn sie Hand an sich legt.

Die Briefe sind jedoch nicht nur Gefühlsergüsse, sondern zugleich Reflexionen über die Gefühle. Die Analyse, der sie und ihre Äußerung unaufhörlich unterzogen werden, geht im dritten Brief bis zum Zweifel an deren Echtheit. Allerdings ist auch diese Selbstanalyse Ausdruck der Ergriffenheit und Verwirrung, in der die Briefe im Verlauf der Desillusionierung immer mehr zur Auseinandersetzung der Schreiberin mit sich selbst und ihrer Leidenschaft statt mit dem treulosen Verführer werden. Der Gefühlsbewegung, die mit sich selbst im Streit liegt, folgt auch der Bau der Sätze und Perioden: in der Neigung, Doppelglieder zu verwenden, von denen das zweite über das erste hinauszuführen pflegt, statt mit ihm durch Gleichheit oder Gegensätzlichkeit verbunden zu sein, wie auch zu unsymmetrischen, drei- und fünfgliedrigen Konstruktionen. – Der Erfolg des Buches war außergewöhnlich. Es wurde nach seinem Erscheinen in wenigen Monaten dreimal gedruckt, unter dem Titel *Lettres d'une religieuse portugaise* mehr als fünfzigmal, z.T. um weitere Briefe, z.T. um die angeblichen Antworten Chamillys erweitert. Erfolg und Wirkung auf die Romanliteratur – *La princesse de Clève* von Mme. de La Fayette, *Pamela* von Samuel Richardson – erklären sich aus Thematik und Ausdrucksintensität dieses Ichromans einer Leidenschaft. Im Jahre 1972 erschienen die *Novas cartas portuguesas*, eine Gemeinschaftsarbeit der drei Autorinnen Maria Isabel Barreno, Maria Velho da Costa und Maria Teresa Horta, auch die »Drei Marias« genannt. Diese Sammlung von erotisch gefärbten Briefen und lyrischen Texten, deren Ausgangspunkt und thematischer Leitfaden Mariana Alcoforado ist, führte zum größten literarischen Skandal der salazaristischen Ära in Portugal und gilt als eines der wichtigsten Werke der von Frauen geschriebenen Literatur des Landes. A.E.B.-KLL

Ausgaben: Paris 1669. – Köln 1669 *(Lettres D'Amour D'Une Religieuse Portugaise escrites Au Chevalier De C. Officier François En Portugal)*. – Paris 1670 (verm. um *Responses aux Lettres Portugaises*). – Halle 1955 (*Die Briefe der Mariana Alcoforado*, Hg. H. Koch; portug.-frz.; *Responses aux Lettres Portugaises*; frz.; m. Einl. u. Bibliogr.). – Paris 1959 (*Lettres d'Héloïse et d'Abélard. Lettres de la religieuse portugaise*, Hg. M. Jouhandeau). – Paris 1962 (*Lettres portugaises, Valentins et autres œuvres de Guilleragues*, Hg. F. Deloffre u. J. Rougeot; krit.). – Lissabon 1964 (*Cartas de amor*, Hg. J. Cortesão; krit.; portug.). – Paris 1979 (*Lettres de la Religieuse portugaise*, Hg. Y. Florenne; Poche). – Paris 1983 (*Lettres portugaises, lettres Péruviennes et autres romans d'amour par lettres*, Hg. B. Bray u. I. Landy-Houillon; GF). – Paris 1990, Hg. F. Deloffre (Folio).

Übersetzungen: *Die portugiesischen Briefe*, anon., Altenburg 1751. – *Briefwechsel einer portugiesischen Nonne*, anon., Rothenburg 1788. – *Portugiesische Briefe. Die Briefe der Marianne Alcoforado*, Bearb. R.M. Rilke, Lpzg. 1913 (IB; Nachw. R.M. Rilke; ern. Ffm. 1966; IB; ern. Stg. 1979). – *Die fünf Liebesbriefe der portugiesischen Nonne*, W. Widmer, Basel 1945.

Literatur: F. G. Green, *Who Was the Author of the »Lettres Portugaises«?* (in MLR, 21, 1926, S. 159–167). – A. Gonçalves Rodrigues, *M. A. História e crítica de uma fraude literária*, Coimbra 1944 (zuerst in Biblos, 11, 1935, S. 85–136). – E. M. A. Stein, *Der Marquis de Chamilly an M. A.*, Hbg. 1950. – C. Aveline, *Et tout le reste n'est rien. La religieuse portugaise avec le texte de ses lettres*, Paris 1951; ern. 1986. – A. Robinet de Cléry, *Rilke traducteur des »Lettres de la religieuse portugaise«, de Gide et de Valéry*, Genf 1957. – L. Spitzer, *»Lettres portugaises«* (in L. S., *Romanische Literaturstudien*, Tübingen 1959, S. 210–247). – E. P. M. Dronke, *Héloïse and Marianne* (in RF, 72, 1960, S. 223–256). – M. Fauchier Delavigne, *Visite à la religieuse portugaise*, Genf 1961. – A. Cioranescu, *La ›religieuse portugaise‹ et ›tout le reste est littérature‹* (in RSH, 111, 1963, S. 317–327). – F. Deloffre, *L'énigme des »Lettres portugaises«* (in BEP, 27, 1966, S. 11–27). – D. Gras, *La »Fiammetta« et les »Lettres portugaises«* (in RLC, 39, 1965, S. 546–574). – W. Leiner, *Vers une nouvelle interprétation des »Lettres portugaises«: Marianne entre son amour et son amant* (in RF, 77, 1965, S. 64–74). – D. E. Highnam, *The »Lettres portugaises«, Passion in Search of Survival* (in MLQ, 33, 1972, S. 370–381). – J. v. Stackelberg, *Supplemente zu den »Portugiesischen Briefen«* (in J. v. S., *Literarische Rezeptionsformen*, Ffm. 1972, S. 121–132). – V. Roloff, *»La boussole des amans«. Ein unbeachtetes Werk im Umkreis der »Lettres portugaises«* (in ZfrzSp, 85, 1975, S. 20–38). – *Actes de New Orleans*, Hg. F. L. Lawrence, Paris u. a. 1982 [u. a. zu *»Lettres portugaises«*]. – J.-P. u. Th. Lassalle, *Un manuscrit des »Lettres d'une religieuse portugaise...«*, Paris u. a. 1982. – F. Deloffre, *Le bilan du quart de siècle. Les »Lettres portugaises« et la critique* (in QLFR, 6, 1984, S. 119–167). – M. Alcover, *Essai de stemmatologie* (in PFSCL, 12, 1985, S. 621–650). – G. Malquori Fondi, *Le »Lettres portugaises« di Guilleragues*, Neapel 1986. – R. L. Barnett, *Perverted Pre-Texts* (in R. L. B., *Dynamics of Detour*, Paris/Tübingen 1986, S. 103–122). – Chr. Mervaud, *Sur la réception des »Lettres portugaises« au XVIIIe siècle* (in OCrit, 12, 1987, Nr. 1, S. 99–108). – A.-M. Clin u. Y. Giraud, *Les »Lettres portugaises«, ›rajeunies‹ par Dorat* (ebd., S. 109–120). – E. T. Dubois, *A mulher e a paixão. Das »Lettres portugaises« (1669) as »Novas Cartas portuguesas« (1972)* (in Colóquio/Letras, März/April 1988, Nr. 102, S. 35–43). – D. Bertrand, *Tours d'adresse. Les »Lettres de la religieuse portugaise«* (in *La lettre, approches sémiotiques*, Fribourg 1988, S. 63–74).

IV. Aufklärung. Das 18. Jahrhundert

JEAN LE ROND D'ALEMBERT

* 17.11.1717 Paris
† 29.10.1783 Paris

LITERATUR ZUM AUTOR:
J. Bertrand, *D'A.*, Paris 1889. – L. Ducros, *Les Encyclopédistes*, Paris 1900. – M. Muller, *Essai sur la philosophie de J. d'A.*, Paris 1926. – J. N. Pappas, *Voltaire and d'A.*, Bloomington/Ind. 1962. – R. Grimsley, *J. d'A.*, Oxford 1963. – T. L. Hankins, *D.A. Science and the Enlightenment*, Oxford 1970. – G. J. van Treese, *D'A. and Frederick the Great*, Löwen 1974. – D. F. Essar, *The Language Theory Epistemology and Aesthetics of d'A.*, Oxford 1976. – DHS, 1984 [Sondernummer *d'A.*].

DISCOURS PRÉLIMINAIRE DE L'ENCYCLOPÉDIE

(frz.; *Vorrede zur Enzyklopädie*) von Jean Le Rond D'ALEMBERT, erschienen 1751. – Die berühmte Einleitung in die *Enzyklopädie* verrät heute noch etwas von der Begeisterung, mit der ihre Verfasser (neben d'Alembert DIDEROT, VOLTAIRE, ROUSSEAU, BUFFON, MONTESQUIEU u. a.) an ihre Aufgabe herangegangen sind.
D'Alembert, vielseitig gebildet und ein glänzender Schriftsteller, wurde von seinem Jugendfreund Diderot mit der Abfassung der *Vorrede* beauftragt. Sie machte den damals Fünfunddreißigjährigen mit einem Schlag bekannt. Er formuliert darin das Programm der *Enzyklopädie*, das die geistige Einheit des riesigen Unternehmens gewährleisten sollte: den Aberglauben auszurotten, überkommene Wahrheiten kritisch zu prüfen und das Denken rationalen Kriterien zu unterwerfen. Die philosophischen »Absoluta« der vergangenen Zeit: Gott, angeborene Ideen, Substanzen etc. – überhaupt jede Art von hierarchischem System – gelten als unvereinbar mit der leidenschaftlich vertretenen These vom stetigen Fortschritt des menschlichen Geistes. Der Anspruch der Enzyklopädisten, nicht nur ein Abbild des Wissens ihrer Zeit zu geben, sondern dieses Wissen auch zu verändern und mit ihrem Werk ein mächtiges Instrument zur Zerstörung des Ancien Régime in religiöser wie politischer Hinsicht zu schaffen, wird von d'Alembert unmißverständlich zum Ausdruck gebracht. Anstelle eines an Autoritäten orientierten »*esprit de système*«, so fordert er, soll künftig ein »*esprit systématique*« treten, der sich praktisch-empirisch mit der Wirklichkeit des Menschen und seiner Welt auseinandersetzt. Diese Konzeption der *Enzyklopädie* – die seit dem zweiten Band mit einer Zensurauflage belastet und nach Erscheinen des siebten Bandes zunächst verboten wurde – nimmt im geistigen Bereich die Französische Revolution vorweg.
Der *Discours* umfaßt drei Abschnitte. Im ersten beschreibt d'Alembert die Entstehung der Wissenschaften, indem er einen Stammbaum *(arbre encyclopédique)* ihrer Entwicklung aufstellt. Grundlage allen Wissens in Geschichte, Philosophie und Kunst sind ihm die sinnlichen Empfindungen, die ihrerseits Gedächtnis, Vernunft und Einbildungskraft *(mémoire, raison, imagination)* entstehen lassen. Er folgt hierin Ideen des englischen Empirismus, besonders den Konzeptionen John LOCKES im *Essay Concerning Human Understanding* (1690). Im zweiten Teil gibt d'Alembert eine philosophisch-historische Darstellung der Fortschritte des menschlichen Geistes seit der Wiedergeburt der Wissenschaften *(renaissance)*. Er schildert den Aufbruch der Naturwissenschaften als die Überwindung eines von Unwissenheit und dogmatischem Fanatismus beherrschten Mittelalters und weist ihnen im geistigen und gesellschaftlichen Lebensbereich den Platz zu, den in den vorhergehenden Jahrhunderten die göttliche Offenbarung und die Metaphysik eingenommen haben. Im dritten Abschnitt wird bis ins Detail Diderots Plan zur Anordnung der einzelnen Wissensgebiete innerhalb der *Enzyklopädie* mitgeteilt.
D'Alemberts *Vorrede* ist in mehr als einer Hinsicht von Bedeutung: Synthese der philosophischen Konzeption der Enzyklopädisten und Dokument eines Rationalismus, der die Metaphysik ablehnt, die Theologie aber als eigene Wissenschaft von Gott anerkennt. KLL

AUSGABEN: Paris 1751 (in *Encyclopédie ou Dictionnaire raisonné des sciences, des arts et des métiers ...*, Hg. D. Diderot u. J. L. R. d'Alembert, Bd. 1; Nachdr. Stg. 1966). – Paris 1805 (in *Œuvres philosophiques, historiques et littéraires*, Hg. J. F. Bastien, 18 Bde., 1; Nachdr. Hildesheim 1965 ff.). – Paris 1893, Hg. C. Delgrave. – Paris 1894, Hg. F. Picavet [krit.]. – Paris 1966. – Hbg. ²1975, Hg. E. Köhler. – Paris 1984.

Übersetzungen: *Abhandlung von dem Ursprung, Fortgang und Verbindung der Künste und Wissenschaften*, J. Weguelin, Zürich 1761. – *Einleitung in die französische Enzyklopädie von 1751*, Hg. E. Hirschberg, 2 Bde., Lpzg. 1912. – *Einleitung zur Enzyklopädie von 1751*, A. Heins, Hg. H. Köhler, Hbg. 1955; ²1975.

Literatur: G. Misch, *Zur Entstehung des französischen Positivismus* (in AGPh, 14, 1901). – A. Körbel, *D'A.s Vorrede zur Enzyklopädie im Rahmen der philosophischen Auffassungen der Zeit*, Progr. Bielitz 1907. – M. Schinz, *Die Anfänge des französischen Positivismus*, Tl. 1: *Die Erkenntnislehre*, Straßburg 1914. – D. Mornet, *Les origines intellectuelles de la Révolution française*, Paris 1934; ⁴1947. – W. H. Evans, *A Practical Application of d'A.'s and Diderot's Classification of Human Knowledge* (in MLR, 36, 1941, S. 460–466). – W. Moser ›*L'ordre philosophique de ce discours*‹ (in MLN, 91, 1976, S. 722–733). – Ders., *Les discours dans le »Discours préliminaire«* (in RomR, 47, 1976, S. 102–116). – J. F. Groulier, *D'A. »Discours préliminaire de l'Encyclopédie«* (in *Baudelaire-D'A.*, Hg. C. Debon-Tournadre u. a., Montreuil 1976, S. 87–175). – *Raison et expérience dans le »Discours préliminaire de l'Encyclopédie« de d'A.*, Paris 1976. – A. Buck, *Der Renaissance-Humanismus aus der Sicht von d'A.s »Discours préliminaire de l'Encyclopédie«* (in A. B., *Studia humanitatis*, Wiesbaden 1981. S. 124–132).

PIERRE-AUGUSTIN CARON DE BEAUMARCHAIS

* 24.1.1732 Paris
† 15.5.1799 Paris

Literatur zum Autor:
Biographien:
A. Bettelheim, *B.*, Ffm. 1886; ²1911. – P.-P. Gudin de La Brenellerie, *Vie de B.*, Hg. M. Tourneux, Paris 1888. – P. Frischauer, *B. Wegbereiter der großen Revolution*, Hbg. 1961. – B. Faÿ, *B. ou les fredaines de Figaro*, Paris 1971 (dt. *Die tollen Tage*, Mchn. 1973). – C. Borgal, *B.*, Paris 1972. – F. Grendel, *B. ou la calomnie*, Paris 1973 (dt. *B. oder Verleumdung und Freispruch eines Abenteurergenies*, Ffm. 1977).
Gesamtdarstellungen und Studien:
L. de Loménie, *B. et son temps*, 2 Bde., Paris 1856; ⁴1980. – E. F. Lintilhac, *B. et ses œuvres*, Paris 1887. – J. Scherer, *La dramaturgie de B.*, Paris 1954. – G. v. Proschwitz, *Introduction à l'ètude du vocabulaire de B.*, Stockholm 1956; Nachdr. Genf 1981. – R. Pomeau, *B.*, Paris 1956. – M. Pollitzer, *B., le père du Figaro*, Paris 1957. – J. B. Ratermanis u. W. R. Irwin, *The Comic Style of B.*, Seattle 1961. – Europe, 1973, Nr. 528 [Sondernr. *B.*]. – J. Sungolowski, *B.*, NY 1974 (TWAS). – M. Descotes, *Les grands rôles du théâtre de B.*, Paris 1974. – J. Gatty, *B. sous la Révolution*, Leiden 1976. – E. Klein, *Kontinuität und Diskontinuität in der sog. Trilogie von B.*, Ffm. u. a. 1978. – P. Boussel, *B., le parisien universel*, Paris 1983. – W. Werner, *Ursprünge und Formen der Empfindsamkeit im frz. Drama des 18. Jh.s (Marivaux u. B.)*, Bern 1984. – G. Conesa, *La trilogie de B.*, Paris 1985. – Duc de Castries, *B.*, Paris 1985. – I. Ch. Kainz, *Die »Figarostücke« von B. in ihrer Zeit und ihre Nachwirkung*, Diss. Salzburg 1985.

LE BARBIER DE SÉVILLE OU LA PRÉCAUTION INUTILE

(frz.; *Der Barbier von Sevilla oder Die nutzlose Vorsicht*). Lustspiel in vier Akten von Pierre-Augustin Caron de Beaumarchais; Uraufführung: Paris, 23. Februar 1775, Comédie-Française. – Nachdem sich Beaumarchais mit zwei bürgerlichen Trauerspielen – *Eugénie* (1767) und *Les deux amis ou Le négociant de Lyon* (1770) – nur relativ erfolgreich einen Namen als Bühnenautor machen konnte, wollte er sein Publikum mit einer »scherzhaften Komödie« überraschen und erzielte mit dem *Barbier von Sevilla* einen sensationellen Erfolg.
In der Tradition der *Commedia dell'arte* und der volkstümlichen spanischen Komödie variiert dieses Stück ein komödientypisches Thema: den rivalisierenden Kampf zwischen Alter und Jugend um die Liebe. Dem verschrobenen, närrisch in sein Mündel Rosine verliebten alten Doktor Bartholo (die Dottore-Figur aus der *Commedia dell'arte*), sekundiert von seinen beiden einfältigen Dienern sowie Rosines Musiklehrer Don Bazile, stehen die beiden geistreichen jungen Männer, Figaro und der spanische Edelmann Almaviva, gegenüber. Die Komödie spielt in Sevilla, doch das zeitgenössische Publikum wußte, daß Paris gemeint war, und konnte in verschiedenen Anspielungen Beaumarchais' Verve bei der Verspottung der korrumpierten Justiz des Ancien régime wiedererkennen. In Sevilla also begegnet Almaviva seinem ehemaligen Kammerdiener Figaro wieder, der sich inzwischen selbständig gemacht, allerdings nichts von seiner spöttischen Intelligenz sowie seinem Vergnügen am Nichtstun verloren hat und dem jungen Grafen bereitwillig seine Hilfe beim Versuch, sich der schönen Rosine zu nähern, anbietet – ein schwieriges Unterfangen angesichts der Vorsichtsmaßnahmen, die der alte Doktor getroffen hat, um das junge Mädchen, das er alsbald zu heiraten gedenkt, weder aus den Augen zu verlieren noch aus dem Haus zu lassen. Figaro, der geborene Intrigant, heckt zwei Pläne aus, die dem von seiner Liebe zu Rosine verzehrten Grafen Zutritt zu seiner Schönen verschaffen, während diese nur darauf wartet, von der Tyrannei ihres eifersüchtigen Vormunds befreit zu werden. Dem Duo Figaro-Almaviva gelingt es schließlich sogar, den von Bartholo eigens für seine Hochzeit

mit Rosine bestellten Notar für die Trauung des jugendlichen Liebespaares zu gewinnen. Als der Alte hinter die Schliche kommt, ist alles zu spät: Seine Vorsicht war nutzlos. Dank Figaros Einfallsreichtum kann die von Bartholo geplante, jeder Vernunft widersprechende Verbindung vereitelt und das junge Mädchen den Liebesgelüsten seines Vormunds entrissen werden. Jugend, Schönheit und Intelligenz triumphieren, und das Alte, Häßliche, die Dummheit und der Dünkel, insbesondere jedoch die menschliche Schwäche des verliebten Alten werden dem Lachen preisgegeben.
In der auch heute noch auf den Spielplänen zu findenden Komödie dominieren Intrigenspiel, Mimik, Scherz und Komik. Die Figuren sind noch den traditionellen Rollentypen der Stegreifkomödie verpflichtet; sie verfügen aber über eine Sprache, die durch Schlagfertigkeit und Wortspiel glänzt sowie das Spiel im Spiel thematisiert. Indem die Komödie sich gleichsam selbst zitiert und damit die Sprache in den Mittelpunkt rückt, appelliert sie an den Intellekt der Zuschauer und provoziert ein Lachen, das *»all das sichtbar macht, mit dem der normative Ernst nicht zurechtkommt, das aber ebenso zum Lebensganzen gehört wie das ernsthaft Normative«* (J. Ritter). Gioacchino Rossinis berühmter Oper verdankt der *Barbier von Sevilla* seine große Popularität. B.We.

AUSGABEN: Paris 1775. – Paris 1934 (in *Théâtre complet*, Hg. M. Allem u. P. Courant; Pléiade). – Dublin 1965, Hg. E. J. Arnould [krit.]. – Paris 1980 (in *Théâtre*, Hg. J. P. de Beaumarchais; Class. Garn). – Paris 1982 (Folio).

ÜBERSETZUNGEN: *Der Barbier von Sevilien, oder die unnütze Vorsicht*, anon., Wien 1776. – *Der Barbier von Sevilla*, A. v. Chatte, Mchn. 1921. – Dass. (in *Theater*, Zürich 1947). – Dass., G. Scheffel, Ffm. 1976 (in *Die Figaro Trilogie*; Insel Tb).

VERTONUNGEN: G. Paisiello, G. Rossini, J. André, F. L. Benda, L. Casson, C. Dall'Argine, Z. Elsperger, A. Graftigna, N. Isouard, F. Morlacchi, P. Schulz, A. Torrazza, J. Weigl.

LITERATUR: E. J. Arnould, *»Le barbier de Séville« et la critique* (in FS, 16, 1962, S. 334–347). – E. Giudici, *B. nel suo e nel nostro tempo. »Le Barbier de Séville«*, Rom 1964. – E. J. Arnould, *La genèse du »Barbier de Séville«*, Dublin 1965. – R. Niklaus, *B., »Le barbier de Séville«*, Ldn. 1968. – R. Pomeau, *»Le barbier de Séville«, de l'intermède à la comédie* (in RHLF, 74, 1974, S. 963–975). – S. u. J. Dauvin, *»Le barbier de Séville«*, Paris 1981.

LA FOLLE JOURNÉE OU LE MARIAGE DE FIGARO

(frz.; *Der tolle Tag oder Figaros Hochzeit*). Lustspiel in fünf Akten von Pierre-Augustin Caron de BEAUMARCHAIS, entstanden ab 1778; Aufführungen: Gennevilliers, 26. 9. 1783, Schloß Vaudreuil; Paris, 27. 4. 1784, Comédie-Française. – Das Stück, dessen Aufführung in sechsjährigem Kampf gegen die königliche Zensur durchgesetzt werden mußte und das schließlich einen in der Geschichte des modernen Theaters beispiellosen, skandalumwitterten Erfolg erzielte, führt die schon in *Le barbier de Séville* (1775) erfolgreich aufgegriffene Tradition der italienisch-spanischen Buffo-Komödie weiter und bereichert sie um die Elemente der Charakter- und Sittenkomödie. Die differenzierteren und lebensnäheren Hauptfiguren treten nunmehr aus der starren Lustspieltypik heraus. Die gesellschaftskritischen Ansätze sind provozierend verschärft.
Drei Jahre sind seit der Hochzeit des Grafen Almaviva vergangen. Nun will Figaro, der agile Kammerdiener und Haushofmeister auf Schloß Aguas-Frescas in Andalusien, Suzanne, die Zofe der Gräfin, heiraten. Auf sie hat auch der Graf, der es insgeheim längst bereut hat, anläßlich seiner Eheschließung auf das *ius primae noctis* verzichtet zu haben, ein Auge geworfen. Mit der ihm eigenen Gewandtheit und seinem zuweilen an Aufsässigkeit grenzenden Selbstbewußtsein versucht nun Figaro im Bund mit Suzanne und der von ihrem Gatten vernachlässigten Gräfin die Absichten seines Herrn zu durchkreuzen. Daß Figaro seinerseits einer Geldschuld wegen mit einem Eheversprechen an die etwas ältliche Marceline gebunden ist, kommt wiederum dem Grafen nur allzu gelegen. Das Wechselspiel von Verliebtheit, Begehren, Zurückweisung und Eifersucht wird zusätzlich verwirrt durch die frechen Streiche des Pagen Chérubin, für dessen pubertäre Jugendlichkeit sich wiederum die Gräfin nicht unempfindlich zeigt. Als Figaro sein Eheversprechen einlösen muß, stellt sich glücklicherweise heraus, daß Marceline seine Mutter ist (3, 16). Doch Almaviva, der routinierte Libertin, hält sein Spiel noch keineswegs für verloren. Erst bei einem nächtlichen Rendezvous im Park, das ihm die scheinbar umgestimmte Suzanne in Aussicht gestellt hat, wird der Geprellte und tief Beschämte von seinem Vorhaben endgültig abgebracht. Statt Suzanne findet er – in deren Kleidern – die eigene Gattin vor, die mit dieser List den Treulosen für sich zurückerobern will. Nach einer Serie von Mißverständnissen, Irrtümern und Verwechslungen auf der nächtlichen Szene verzeiht die Gräfin huldvoll dem ertappten, reuigen »Sünder«, der die Demütigung im übrigen mit Charme und Haltung übersteht und jetzt die Einwilligung zu »Figaros Hochzeit« gibt.
Mit gutem Grund konnte die Erstaufführung von *Le mariage de Figaro* als hochpolitisches Ereignis gelten. Was Beaumarchais seinem Figaro, vor allem in dessen zornigem Monolog (5, 3), an gesellschaftskritischer Satire, an Verhöhnung des Adels, der Autorität, der Justiz und Zensur in den Mund legt, mußte auf das durch die Schriften der aufklärerischen Philosophen und Enzyklopädisten genügend vorbereitete Publikum wie die Quintessenz dieser kühnen Doktrinen wirken. In einem an die Adresse des Grafen gerichteten Satz wie diesem:

»Ihr habt Euch die Mühe gegeben, geboren zu werden, weiter nichts; im übrigen ein recht gewöhnlicher Mensch!« konnte der *tiers état* am Vorabend der Revolution die Anmeldung seiner Ansprüche und Rechte erblicken, zumal Figaro zugleich seine eigenen Fähigkeiten und Kenntnisse – einen ganzen Katalog bürgerlicher Tugenden – den angestammten Privilegien des Adels entgegenhält. Zweifellos liegt in den Worten, mit denen Ludwig XVI. eine öffentliche Aufführung ablehnte, eine bösartige Folgerichtigkeit: *»Die Aufführung des Stücks wäre eine gefährliche Inkonsequenz, wenn man nicht zuvor die Bastille niederreißen wollte.«* In dem Sieg des Dienerpaars über die Privatinteressen eines Aristokraten kündigt sich zu historischer Stunde der Sieg der Menschenrechte und des Dritten Standes an. Der Erfolg der Komödie beruht jedoch nicht allein auf der zündenden Aktualität der Parolen; er ist kaum weniger dem genial beherzten Rückgriff auf die inzwischen in den Hintergrund getretenen traditionellen Elemente der volkstümlichen Intrigenkomödie zu danken: eine virtuose, ebenso lebens- wie kunstvolle Dialogtechnik, eine raffinierte Handlungsführung und dekorative Bühnenausstattung.

Keinesfalls hat das turbulente, lückenlos gesponnene Intrigengefüge nur den Rang einer »Vordergrundshandlung«. Allzu deutlich steht die Figur des Figaro als *»die letzte Blüte der Bedientengenerationen, die sich in den Komödien seit zwei Jahrhunderten getummelt hatten«* (Suchier/Birch-Hirschfeld), in der stattlichen Reihe der Arlequins, Scapins und Maskarills. Auch hier, wo er gegen seinen Herrn intrigiert, bleibt er in dem schon von MENANDER und PLAUTUS vorgezeichneten Rahmen der intelligenten, gerissenen Bedientenfigur, die sich trotz ihres niederen Standes ihrem – durch eine Liebesleidenschaft verblendeten – Herrn als geistig und moralisch überlegen erweist. Die sozialrevolutionären Motive finden hier gewissermaßen ihre literarische Begründung. Figaro ist, ebenso wie der Graf, eine typische Erscheinung des feudalen Systems: Seine besonderen Fähigkeiten gedeihen auf dem Boden dieser sozialen Ordnung, deren Mißstände er benutzt, um sein Glück zu machen. Vielleicht spiegelt der versierte Intrigant Figaro noch überzeugender die morsche Gesellschaft seiner Zeit als der Ankläger Figaro. Das charmante, geistvolle Intrigenspiel entpuppt sich zugleich als schonungsloses Sitten- und Zeitbild: In der Ambivalenz liegt das Geheimnis der mitreißenden Wirkung, die das gleichermaßen optimistische wie kritische Stück noch heute auf jedes Publikum auszuüben vermag. – Das Werk, das es in einer Vielzahl von glänzenden Inszenierungen allein an der Comédie-Française auf inzwischen über tausend Aufführungen gebracht hat, inspirierte Mozart und seinen Librettisten DA PONTE zu der nicht weniger zeitlos lebendigen Oper (vgl. *Le nozze di Figaro*). R.M.

AUSGABEN: Paris 1785 *(La folle journée, ou Le mariage de Figaro)*. – Paris 1809 (in *Œuvres complètes*, 7 Bde., Bde. 1/2: *Théâtre*). – Paris 1957 (in *Théâtre complet*, Hg. M. Allem u. P. Courant; Pléiade). – Paris 1960 (in *Théâtre*, Hg. u. Anm. P. Pia, 2 Bde., 2). – Paris 1961 (in *Théâtre*, Hg. M. Rat, Paris 1961). – Paris 1965 (GF). – Paris 1980 (in *Théâtre*, Hg. J.-P. de Beaumarchais; Class. Garn). – Paris 1984 (Folio).

ÜBERSETZUNGEN: *Der lustige Tag oder die Hochzeit des Figaro*, anon., o. O. 1785. – *Der tolle Tag oder Figaro's Hochzeit*, F. H. Unger, Bln. 1785. – *Figaro's Hochzeit oder Ein toller Tag*, F. Dingelstedt, Lpzg. o. J. [1860]. – *Figaros Hochzeit*, bearb. L. Fulda, Bln. 1894. – *Der tolle Tag oder Figaro's Hochzeit*, J. Kainz, Bln. 1906. – *Figaro's Hochzeit oder Der tolle Tag*, M. Koesling, Lpzg. o. J. [1929] (RUB). – Dass., A. u. H. Seiffert, Lpzg. 1962 (RUB). – *Der tolle Tag oder Figaros Hochzeit*, J. Kainz, Ffm./Bln. 1965 (Ullst. Tb). – Dass., G. Scheffel (in *Die Figaro Trilogie*, Ffm. 1976; Insel Tb).

VERTONUNGEN: W. A. Mozart, *Le nozze di Figaro* (Text: L. da Ponte; Oper; Urauff.: Wien, 1. 5. 1786, Burgtheater). – M. Dauberval, *Le page inconstant ou Honi soit qui mal y pense* (Ballett; Urauff.: Paris 1805, Théâtre de la Porte Saint-Martin).

LITERATUR: E. Gaiffe, *»Le mariage de Figaro« de B.*, Paris 1928; ern. 1961. – P. J. Jacques, *The Originality of »Figaro«* (in Modern Languages, 38, 1957, S. 139–143). – J. Vier, *»Le mariage de Figaro«*, Paris 1961; ²1971. – J. Seebacher, *Autour de »Figaro«. B., la famille Choiseul et le financier Clarière* (in RHLF, 62, 1962, S. 198–228). – J. Petersen, *»Die Hochzeit des Figaro«*, Ffm./Bln. 1965. – J. B. Ratermanis, *A travers les manuscrits du »Mariage de Figaro«* (in PQ, 44, 1965, S. 234–257). – A. R. Pugh, *A Critical Commentary on B.s »Le mariage de Figaro«*, Ldn. u. a. 1968. – H. L. Scheel, *B. »La folle journée ou Le mariage de Figaro«* (in *Das frz. Theater vom Barock bis zur Gegenwart*, Hg. J. v. Stackelberg, Düsseldorf 1968, S. 79–99; 372–376). – A. Übersfeld, *Un balcon sur la Terreur, »Le mariage de Figaro«* (in Europe, 1973, Nr. 528, S. 105–115). – D. Rieger, *Figaros Wandlungen* (in RZL, 1, 1977, S. 77–107). – F. Levy, *»Le mariage de Figaro«*, Oxford 1978. – R. Warning, *Komödie und Satire am Beispiel von B.s »Mariage de Figaro«* (in DVLG, 54, 1980, S. 547–563). – E. Grawert-May, *Theatrum eroticum. Ein Plädoyer für den Verrat an der Liebe*, Tübingen 1981. – R. Niklaus, *B., »Le mariage de Figaro«*, Ldn. 1983. – J. v. Stackelberg, *»Figaros Hochzeit«* (in Französisch heute, 15, 1984, S. 293–305). – *Analyses et réflexions sur B., »Le mariage de Figaro«*, Paris 1985. – A. Villani, *Lectures de »Le mariage de Figaro« de B., thème l'ordre social*, Paris 1985.

JACQUES-HENRI BERNARDIN DE SAINT-PIERRE

* 19.1.1737 Le Havre
† 21.1.1814 Eragny-sur-Oise

LITERATUR ZUM AUTOR:
M. Souriau, *B. d'après ses manuscrits*, Paris 1905; ern. 1930. – J. J. Simon, *B. de S.-P. ou le triomphe de Flore*, Paris 1955; ern. 1967. – K. Wiedemeier, *La religion de B.*, Fribourg 1986.

PAUL ET VIRGINIE

(frz.; *Paul und Virginie*). Roman von Jacques-Henri BERNARDIN DE SAINT-PIERRE, erschienen 1788. – Auf der Île de France (der heutigen Mauritius-Insel) begegnet der Autor einem alten Mann, der zugleich als Erzähler, Kommentator und Zeuge der Ereignisse innerhalb des kurzen Romans fungiert. Der Autor selbst tritt als Zuhörer nur zu Anfang und am Schluß kurz in Erscheinung.
Enttäuscht von den gesellschaftlichen Zuständen in ihrem Heimatland Frankreich führen Mme. de la Tour und Marguerite zusammen mit ihren treuen Sklaven Domingue und Marie und ihren gleichaltrigen Kindern Paul, dem Sohn Marguerites, und Virginie, der Tochter von Mme. de la Tour, auf der Île de France ein ruhiges und zurückgezogenes Leben. Paul und Virginie wachsen in einer Atmosphäre gegenseitiger Zuneigung und Liebe wie Geschwister heran; nichts trübt den Frieden der kleinen Gemeinschaft, bis eine in Paris lebende Erbtante Mme. de la Tour in einem Brief anbietet, der nunmehr fünfzehnjährigen Virginie in Frankreich eine standesgemäße Erziehung angedeihen zu lassen. Mme. de la Tour – völlig mittellos – glaubt, ihrer Tochter die Annahme dieses scheinbar so glänzenden Angebots schuldig zu sein, und willigt widerstrebend ein. Virginie reist mit dem nächsten Schiff nach Frankreich. Alle, besonders Paul, leiden schwer unter der Trennung. Allein gelassen, glaubt er sich um sein größtes Glück betrogen; seinen einzigen Trost findet er in der Unterhaltung mit dem alten Mann – dem Erzähler –, der ihn Lesen und Schreiben lehrt, damit er wenigstens schriftlich mit Virginie in Verbindung treten kann. Seine Lieblingslektüre bildet bald FÉNELONS *Télémaque* (1699) *»wegen seiner Beschreibung des ländlichen Lebens und der natürlichen Leidenschaften des Herzens«*. In scharfem Gegensatz dazu stehen die korrupten Sitten des zeitgenössischen Frankreich, wie sie aus einem Brief Virginies deutlich werden. Nach zwei Jahren endlich kehrt Virginie, die sich nicht an das europäische Leben gewöhnen konnte und von ihrer Großtante enterbt wurde, auf die Île de France zurück. Doch kurz vor der Küste gerät das Schiff in Seenot. Virginie, der es das in Europa anerzogene Schamgefühl verbietet, die Kleider abzulegen und zur Küste zu schwimmen, ertrinkt vor den Augen Pauls und ihrer Angehörigen, die das sinkende Schiff von der Küste aus beobachten. Paul, Mme. de la Tour und Marguerite überleben diesen Verlust nur kurze Zeit: Zurück bleibt allein der alte Mann, der das Los seiner unglücklichen Freunde beklagt.
Die minuziösen und anschaulichen Schilderungen der subtropischen Natur – Bernardin de Saint-Pierre hielt sich von 1768 bis 1770 auf der Île de France als technischer Offizier auf – machen den Roman zum ersten Dokument des *exotisme* in Frankreich. Als Teil der theoretischen *Études de la nature* (1784) sollte die Erzählung die Harmonie im Walten der Natur, die gefühlsmäßige, nicht vom Verstand bestimmte Erkenntnis ihrer Gesetze anschaulich verdeutlichen und eine große Utopie von der idealen Gesellschaft entwerfen. Doch der tragische Schluß beweist es: *»Dem Problem der Zerstörung der Harmonie, das sich dem Denker stellt, gibt der Dichter im Untergang der »société idéale« dramatische Gestalt. So wird das pastorale Idyll zum Bericht eines Abfalls: die Verlockung der Zivilisation führt mit ihren traurigen Folgen zur alles auflösenden Katastrophe«* (G. Hess). Bernardin de Saint-Pierre war nachhaltig von ROUSSEAU beeinflußt. Kulturfeindschaft und antikartesianisches Denken verbanden die beiden auch persönlich befreundeten Autoren. In den Gestalten der Sklaven Domingue und Marie wird der Topos vom »edlen Wilden« wiederaufgenommen, ein Gedanke, dem manche Aufklärer, besonders VOLTAIRE, eher mißtrauisch gegenüberstanden. Während Voltaire die Idealisierung des Naturzustandes in dem berühmten Brief vom 30. 8. 1755 an Rousseau – eine Antwort auf den *Discours sur l'origine et les fondements de l'inégalité* (1754) – ironisierend zurückweist, wird das Thema von MARMONTEL (*Les Incas ou La destruction de l'empire du Pérou*, 1778), Sébastien MERCIER (*L'homme sauvage*, 1767) und von Bernardin de Saint-Pierre selbst auch in seinem späteren Werk *La chaumière indienne* (1791) immer wieder berührt.
Der Hauptgrund für die zeitgenössische Beliebtheit des exotischen Liebesromans war wohl die Idee der *sensibilité*, deren vollkommene Verkörperung Virginie darstellt – hierin eine Verwandte der Heldinnen RICHARDSONS. Sorgfältige Datierung und Lokalisierung der Ereignisse – 1735–1762 bei Port-Louis auf der Île de France – sollte deren Wahrheitscharakter unterstreichen. In dem zum Verständnis des Romans unerläßlichen Vorwort betont der Autor sein tiefes Mißtrauen gegen jede andere Bildung als die »natürliche« Herzensbildung. Entgegen der *raison* der Aufklärer nennt er im Anschluß an die Erziehungsideale des *Émile* (1762) die weibliche »Empfindsamkeit« den entscheidenden kulturstiftenden Faktor.
Paul et Virginie fand rasch weite Verbreitung, wurde in zahlreiche Sprachen übersetzt und häufig nachgeahmt. Selbst CHATEAUBRIAND, der Bernar-

din de Saint-Pierre geringschätzig einen mittelmäßigen Charakter von durchschnittlicher Intelligenz nannte, ist von ihm, besonders in der Darstellung eines mit religiösen Empfindungen durchsättigten Naturgefühls, abhängig. In der zweiten Hälfte des 19. Jh.s verblaßte der Ruhm des Romans, dessen Naturbeschreibungen freilich noch ein LECONTE DE LISLE bewunderte. A.Mar.

AUSGABEN: Paris 1788 (in *Études de la nature*, 4 Bde., 1784–1788, 4). – Paris 1789. – Paris 1818 (in *Œuvres complètes*, Hg. L. Aimé-Martin, 12 Bde., 1818–1820, 6). – Paris 1930, Hg. M. Souriau. – Paris 1958, Hg., Einl. u. Anm. P. Trahard. – Paris 1967 (Class. Garn). – Paris 1966 (GF). – Paris 1975 (*Édition critique du manuscrit intitulé »Histoire de Mlle. Virginie de la Tour«*, Hg. M. T. Veyrenc). – Paris 1984. – Paris 1984 (Folio).

ÜBERSETZUNGEN: *Paul und Virginie*, J. L. Hadermann, Ffm. 1795. – *Paul und Virginie und Die Indische Hütte*, G. Fink, Pforzheim 1840. – *Paul und Virginie*, Ch. Schüler, Darmstadt/Weimar 1912. – Dass., F. Hörlek, Lpzg. 1922. – Dass., Hg. W. Dreecken, Lahr 1947.

VERTONUNGEN: J. F. Le Sueur, *Paul et Virginie ou Le triomphe de la vertu* (Urauff.: Dubreuil, 13. 1. 1794). – V. Massé, *Paul et Virginie* (Urauff.: Paris, 15. 11. 1876, Théâtre National Lyrique; Oper).

LITERATUR: S. Cambray, *Les origines d'un chef-d'œuvre: »Paul et Virginie«* (in Correspondant, 110, 1878, S. 696–714). – G. Hess, *Bemerkungen zu »Paul et Virginie«* (in ZfrzSp, 64, 1940–1942, S. 313–320). – J. Fabre. *Une question de terminologie littéraire: »Paul et Virginie«, pastorale* (in Annales de la Faculté des Lettres, Toulouse. Littérature, 1953, S. 167–200; auch in J. F., *Lumières et romantisme*, Paris 1963, S. 167–199). – A. Sauro, *Études sur la littérature française du 18e siècle, 3: »Paul et Virginie«*, Bari 1956. – P. Toinet, *»Paul et Virginie«. Répertoire bibliographique et iconographique*, Paris 1963. – R. Flahaut, *»Paul et Virginie« comme mythe* (in Revue philosophique, Juli–Sept. 1968). – J. Schulze, *Das Paradies auf dem Berge* (in RJb, 25, 1974, S. 123–138). – G. Pinkernell, *Die Aristokratie als oppressive und destruktive Macht in B. de S.-P.'s »Paul et Virginie«* (in GRM, 25, 1975, S. 32–46). – H. Hudde, *B. de S.-P., »Paul et Virginie«*, Mchn. 1975. – Ders., *Zum Einfluß von B. de S.-P.s »Paul et Virginie« auf Romane über die Negersklavenproblematik* (in *Romanische Literaturbeziehungen im 19. u. 20. Jh.*, Hg. A. San Miguel u. a., Tübingen 1985, S. 157–167). – G. Benrekassa, *Fables de la personne*, Paris 1985. – J.-M. Racault, *»Paul et Virginie« et l'utopie* (in StV, 1986, Nr. 242, S. 419–471). – Ders., *Système de la toponymie et organisation de l'espace romanesque dans »Paul et Virginie«* (ebd., S. 377–418).

GEORGES-LOUIS LECLERC, COMTE DE BUFFON

* 7.9.1707 Schloß Montbard/Burgund
† 15.4.1788 Paris

LITERATUR ZUM AUTOR:
L. Hanks, *B. avant »L'Histoire naturelle«*, Paris 1966. – O. E. Fellows u. S. F. Milliken, *B.*, NY 1972. – Y. Gaillard, *B., biographie imaginaire et réelle*, Paris 1977. – P. Gascar, *B.*, Paris 1983.

DISCOURS PRONONCÉ DANS L'ACADÉMIE FRANÇOISE LE SAMEDI 25 AOÛT 1753

oder: *Discours sur le style* (frz.; *Rede, gehalten in der Französischen Akademie am Samstag, den 25. August 1753* oder: *Rede über den Stil*) von Georges-Louis Leclerc, Comte de BUFFON, erschienen 1753. – Diese *»einzige von der Nachwelt nicht vergessene Antrittsrede«* (Barbey d'Aurevilly) hielt Buffon an Stelle der sonst üblichen Lobrede auf den verstorbenen Vorgänger (in diesem Falle J. J. Languet de Gergy, Erzbischof von Sens) anläßlich seiner Aufnahme in die Académie française, in die er – eine seltene Auszeichnung – ohne offizielle Kandidatur berufen worden war. Die Rede liefert keine eigentliche Stilistik, eher *»Gedanken über den Stil«*, wie Buffon eingangs mit rhetorischer Bescheidenheit sagt, *»die ich Ihren* (d. h. denen der übrigen Académiciens) *Schriften entnommen habe«*, Versuche also, das Wesen des Stils zu ergründen und zu definieren.

Zunächst stellt Buffon fest, daß die Macht des Wortes über die Menschen tatsächlich existiert; er unterscheidet aber dann zwischen der Macht einer Beredsamkeit, die nur auf physisch-mechanischer Ebene durch *»heftigen Ton, ... ausdrucksvolle Gesten, schnelle und wohlklingende Worte«* auf die *»Menge«* wirkt, und einer *»wahren Beredsamkeit«* für ein intelligentes Publikum, die *»auf die Seele wirken und das Herz berühren soll, indem sie zum Verstande spricht« (»Il faut agir sur l'âme et toucher le cœur en parlant à l'esprit«)*. Den Stil definiert Buffon als *»die Ordnung und die Bewegung, die man in die eigenen Gedanken bringt«*. Bevor also die Ordnung der Darstellung erarbeitet wird, muß eine feste Ordnung, ein klarer Plan im Denken selbst vorliegen. Ein solcher gedanklicher Grundriß ist zwar *»noch nicht der Stil selbst, aber er ist dessen Fundament. Er hält ihn, leitet ihn, regelt seine Bewegung und gibt ihm Gesetze; ohne dies verirrt sich der beste Schriftsteller«*. Implizit kritisiert Buffon hier hastig geschriebene Gedanken, etwa in der Art Blaise PASCALS *(Pensées)*. Er tadelt weiterhin Werke, die nicht einem klaren gedanklichen Aufbau folgen und aus einem Guß, sondern *»aus Stücken zusammenge-

setzt« sind, wobei er MONTESQUIEUS *Esprit des lois* meint, ebenso wie er sich gegen jene Autoren wendet, die *»schreiben, wie sie sprechen«*: hier hat man eine kritische Anspielung auf DIDEROT sehen wollen. Wie es auch im einzelnen um die direkte Kritik an den Zeitgenossen steht, sicher ist zumindest, daß Buffon dem Kult um die *brillance*, den *esprit*, die gepflegt-spielerische Konversationskultur der Frühaufklärung distanziert gegenübersteht und in Geist und Orientierung dem vergangenen Jahrhundert, der majestätischen Würde und strengen Rationalität eines BOILEAU, BOSSUET oder FÉNÉLON näher steht. Stil resultiert für ihn aus einer klaren, gegliederten Architektur der Gedanken, ein Werk muß in sich einheitlich und geschlossen sein – ähnlich den Werken der Natur, deren Vollendung darin besteht, daß sie jeweils *»ein Ganzes«* sind, nach einem *»ewigen Plan«* errichtet. Die Gesetze des Stils sind für Buffon analog zu den Naturgesetzen zu sehen, die in ihrer Ewigkeit und Vernünftigkeit das »Siegel Gottes« *(»L'empreinte divine«)* in der Schöpfung darstellen. Wenn der Mensch, der selbst nicht aus Nichts schaffen kann, *»die Natur in Vorgehensweise und Arbeit nachahmt, wenn er sich durch geistige Schau zu den erhabensten Wahrheiten erhebt, wenn er sie eint, verbindet, zu einem Ganzen formt, [und] mittels des Denkens zu einem System, dann wird er auf unerschütterlichen Fundamenten unsterbliche Denkmäler errichten«*.

Mit dem Plan, mit der Ordnung steht und fällt das Werk. Ein guter Plan, dem sich die Gedanken unterordnen – und leicht und angenehm fließt der Stil, kann er jene Wärme gewinnen, die den Inhalt erst wirklich vermittelt. Alle gesuchte, auf raschen Effekt abzielende Brillanz, jedes zu fein gesponnene Argument, jeder Pomp und jede Pedanterie sind der wahren Beredsamkeit entgegengesetzt. Gravität und Hoheit, die Ideale von Buffons stilistischer Ästhetik, gewinnt man aus Mißtrauen gegenüber *»allem, was nur glänzend ist«* und aus dem Überzeugtsein von dem, was vermittelt werden soll – sofern diese innere Überzeugung nicht zu *»zu viel Begeisterung«* führt. Die Qualität des Stils entscheidet über die Akzeptanz des Inhalts, das Weiterleben des Werkes. Der beste Inhalt vergeht nutzlos, wenn nicht ein guter Stil ihn trägt. Hier liegt die Verantwortung des Autors: Gegenstände, Kenntnisse und Fakten liegen außerhalb seines Wirkungsbereiches – kann ein Autor etwas nicht sagen, so sagt es dann vielleicht ein anderer. Nur im Stil prägt sich die Person des Autors seinem Werk auf, überliefert sie sich der Nachwelt: *»Diese Dinge«* [d.h. die Inhalte] *»liegen außerhalb des Menschen, der Stil ist der Mensch selbst« (»Ces choses sont hors de l'homme, le style est l'homme même«)*; dieser oft zitierte und oft fehlinterpretierte Satz ist nicht zu verstehen im Sinne von SENECAS *»Oratio vultus animae« (»Die Rede ist das Angesicht der Seele«)*. Guter Stil trägt *»eine unendliche Zahl von Wahrheiten«* in sich, alles, was er an *»geistigen Schönheiten« (»beautés intellectuelles«)* zum eigentlichen Gegenstand beiträgt, ist genauso nützlich und vielleicht sogar kostbarer als der eigentliche Gegenstand des Textes selbst.

Schließlich spricht Buffon noch kurz von den verschiedenen, den einzelnen Gegenständen (Geschichte, Wissenschaft, Philosophie, Dichtung) angemessenen Stilebenen im Sinne der *»bienséances«*, und schließt mit einem Lob auf König Ludwig XV., bis er sich im Schlußsatz der *»trauernden Religion«* zuwendet, um so noch kurz, aber prägnant, den Tod seines bischöflichen Vorgängers in die Rede einzubeziehen und damit die Form einer Antrittsrede zu wahren.

Lange war Buffons Antrittsrede ein Klassiker französischer Stiltheorie und gleichzeitig ein Lehrbeispiel besten Stils: Schüler lernten die Rede auswendig, ahmten ihren sprachlichen Duktus nach. Als jedoch im Laufe des 19. Jh.s im Gefolge der Romantik der Sinn für die Ästhetik klassischer Perioden und »erhabener« Rhetorik verlorenging, büßte auch diese Rede ihren paradigmatischen Charakter ein. Für spätere Zeiten behält sie jedoch ihren Wert als Dokument dessen, was für Frankreichs klassische Epoche »guter Stil« war – eine Epoche, deren Regeln und Maßstäbe schon an Autorität zu verlieren begannen, als sich ihr rhetorisches Ideal noch einmal in knapper, schlichter und kraftvoller Klarheit in diesem *Discours* des großen Naturforschers formulieren konnte. C.Dr.

AUSGABEN: Paris 1753. – Paris 1877. – Paris 1939 (in *Morceaux choisis*). – Rom 1967, Hg. u. Einl. P. Battista. – Paris 1975.

LITERATUR: E. Krantz, *B.* (in E. K., *Essai sur l'esthétique de Descartes*, Paris 1882, S. 342–359). – J. Strohl, *B.* (in J. S., *Tableau de la littérature française*, Paris 1939, 21962, S. 250–261). – R. G. Saisselin, *B., Style and Gentlemen* (in Journal of Aesthetics and Art Criticism, 16, 1957/1958, S. 357–361). – M. Rat, *B.* (in M. R., *Grammairiens et amateurs du beau language*, Paris 1963, S. 144 bis 150). – D. Bouverot, *Et si nous relisons B. »Le style est l'homme même«* (in *Mélanges P. Larthomas*, Paris 1985, S. 61–66).

HISTOIRE NATURELLE GÉNÉRALE ET PARTICULIÈRE

(frz.; *Allgemeine und besondere Naturgeschichte*). Naturwissenschaftliche Enzyklopädie von Georges-Louis Leclerc, Comte de BUFFON, fortgeführt von Bernard-Germain-Étienne LACÉPÈDE DE LAVILLE, erschienen 1749–1803. – Buffon, Verwalter des Königlichen Gartens in Paris, verfaßte das Werk zusammen mit mehreren Mitarbeitern. Im ersten Teil (15 Bände, 1749–1767), der u. a. die methodologischen Grundsätze, eine neue Erdentstehungstheorie und eine Naturgeschichte des Menschen und der Vierfüßler enthält, übertrug der Verfasser die anatomische Beschreibung der Lebewesen seinem Assistenten Loius-Jean-Marie DAUBENTON, während er selbst sich auf die Darstellung allgemeiner Zusammenhänge und Theorien konzentrierte. Diese Abteilung wurde durch sieben

Supplementbände (1774–1789) ergänzt; im fünften findet sich die berühmte Abhandlung *Époques de la nature*, 1778 *(Die Epochen der Natur)*. Die *Histoire naturelle des oiseaux*, 9 Bde., 1770–1783 *(Naturgeschichte der Vögel)*, wurde von Guéneau de Montbeilliard, Abbé Bexon und Sonnini de Manoncourt verfaßt und von Buffon redigiert. An den fünf Bänden über die Mineralien (1783–1788) hat u. a. auch Faujas de Saint-Fond mitgearbeitet. Nach dem Tod Buffons setzte Lacépède das Werk fort und fügte die *Histoire naturelle des quadrupèdes ovipares et des serpents*, 2 Bde., 1788/1789 *(Naturgeschichte der eierlegenden Vierbeiner und Schlangen)*, *Histoire naturelle des poissons*, 5 Bde., 1798–1803 *(Naturgeschichte der Fische)*, und die einbändige *Histoire naturelle des cétacés*, 1804 *(Naturgeschichte der Wale)*, hinzu. Die gesamte Ausgabe ist mit hervorragenden kolorierten Kupferstichen ausgestattet.

Am Anfang dieser Enzyklopädie entwickelt Buffon seine Theorie über die Entstehung und Fortentwicklung der Lebewesen. Er geht dabei von einem vorgegebenen idealen Gesamtplan aus und führt das Leben auf »organische Moleküle« zurück, die von einem noch undifferenzierten lebenden Wesen *(être vivant)* ausgehen und die niederen biologischen Arten durch Urzeugung, die höheren durch Befruchtung hervorgebracht haben. – In seiner Erdentstehungstheorie versucht er zu zeigen, daß die Erde aus einem durch den Aufprall eines Kometen von der Sonne gelösten Teil entstanden sei, während die Beschaffenheit der Erdrinde durch eine Synthese des Leibnizschen Vulkanismus und des Neptunismus unter Berücksichtigung der neuesten paläontologischen Entdeckungen erklärt wird. In der anschließenden *Histoire naturelle de l'homme (Naturgeschichte des Menschen)* vertritt Buffon ganz im Gegensatz zu den Materialisten und Skeptikern seiner Zeit den Gedanken, daß die von der anorganischen Welt zum Pflanzen- und Tierreich führende Kette durch das Denken, die Sprache und die Möglichkeit des Menschen, Fortschritte zu machen, unterbrochen werde. Dieser Teil enthält manche irrige Thesen über die Menschenrassen, die Ursachen des Todes und die Degeneration, doch ist er einer der ersten Versuche einer wissenschaftlichen Anthropologie. – Der Beschreibung der Tiere wird eine Hypothese von der Mutation der lebenden Arten vorangestellt, die später Lamarck und Geoffroy Saint-Hilaire weiterentwickelt haben. Die folgende Behandlung der verschiedenen Tiere und Mineralien beschränkt sich meist auf Äußerliches und verrät einen Anthropozentrismus, der fast schon an den Vorsehungsglauben in den *Études de la nature* von Bernardin de Saint-Pierre erinnert. Dennoch waren gerade diese Teile bei den Zeitgenossen besonders beliebt. Von der Veröffentlichung der ersten Bände an war der *Histoire naturelle* ein großer Erfolg beschieden. Sie erschien den Lesern ähnlich wie Diderots *Encyclopédie* als ein Monument der modernen Wissenschaft, zumal in beiden Werken breite Wissensgebiete in leicht verständlicher und anschaulicher Art behandelt wurden. Der *Histoire naturelle* kommt vor allem das Verdienst zu, daß sie in der Naturwissenschaft die beobachtende Methode durchzusetzen vermochte, die in der Folgezeit zu umwälzenden Erkenntnissen geführt hat. Charakteristisch für das Werk ist die eigenartige Mischung von genialen, zukunftweisenden Vermutungen, die erst in den folgenden Jahrzehnten, u. a. durch Cuvier, bestätigt wurden, und absurden Hypothesen, die in erster Linie darauf zurückzuführen sind, daß Buffon einerseits wichtige zeitgenössische Untersuchungen unberücksichtigt ließ und andererseits die reiche praktische Erfahrung, wie sie etwa Darwin besaß, durch ein am Schreibtisch erworbenes Wissen ersetzen mußte. Schließlich zeichnet sich das Werk durch stilistische Noblesse und Klarheit der Disposition aus. KLL

Ausgaben: Paris 1749–1804, 44 Bde. – Paris ²1819–1822 (in *Œuvres complètes*, Hg. B.-G.-É. Lacépède, 33 Bde., 4–27; Ausw.). – Paris 1946–1948 [Ausw.]. – Paris 1962 (*Les époques de la nature*, Hg. J. Roger; krit.; Ausw.). – Paris 1975 [Ausw.]. – Paris 1984 (Ausw.; Folio).

Übersetzungen: *Allgemeine Historie der Natur nach allen ihren besonderen Theilen abgehandelt, nebst einer Beschreibung der Naturalienkammer des Königs von Frankreich*, anon., 11 Bde., Hbg./Lpzg. 1750–1781 [Vorw. A. v. Haller; Ausz.]. – *Naturgeschichte der Vögel*, F. H. W. Martini u. B. Ch. Otto, 37 Bde. u. 2 Suppl.-Bde., Bln. 1772–1829. – *Naturgeschichte der vierfüßigen Thiere*, F. H. W. Martini u. B. Ch. Otto, 23 Bde., Bln. 1772–1801. – *Epochen der Natur*, J. F. Hackmann, 2 Bde., Petersburg 1781. – *Naturgeschichte der Mineralien*, D. Wünsch, Lpzg./Ffm. 1784. – *Naturgeschichte des Menschen*, F. W. v. Ulmenstein, 2 Bde., Bln. 1805–1807. – *SW*, H. J. Schaltenbrandt, 9 Bde., Köln 1836–1840 [Ausw.].

Literatur: E. Höhne, *Der Stil B.s. Eine stilistische Untersuchung der »Histoire naturelle, générale et particulière«*, Marburg 1914. – L. Roule, *B. et la description de la nature*, Paris 1924. – H. Daudin, *Les naturalistes français et les méthodes: B., Daubenton et la classification* (in H. D., *De Linné à Jussieu, méthodes de la classification et idée de série en botanique et en zoologie (1740–1790)*, Paris o. J. [1926], S. 117 bis 144). – E. Nordenskiöld, *B.* (in E. N., *The History of Biology*, NY 1928, S. 219–229). – J. Strohl, *B.* (in NRF, 44, 1935, S. 837–851). – O. Fellows, *B.'s Place in the Enlightenment* (in Studies on Voltaire and the Eighteenth Century, 25, 1963, S. 603 bis 629). – S. F. Milliken, *The Lyricism of the Intellect. B.'s »Époques de la nature«* (in Diderot Studies, 6, 1964, S. 293–303). – M. Duchet, *L'anthropologie de B.* (in M. D., *Anthropologie et histoire au siècle des lumières*, Paris 1971, S. 229–280). – P. R. Sloan, *The Idea of Racial Degeneracy in B.'s »Histoire naturelle«* (in *Racism in the Eighteenth Century*, Hg. H. E. Pagliaro, Cleveland 1973, S. 293–321). – E. Anderson, *La collaboration de Sonnini de Manoncourt à*

»L'histoire naturelle« de B. (in StV, 120, 1974, S. 329–358). – W. Lepenies, *Von der Naturgeschichte zur Geschichte der Natur* (in Schweizer Monatshefte, 58, 1978, S. 787–795).

GIACOMO GIROLAMO CASANOVA DE SEINGALT

* 2.4.1725 Venedig
† 4.6.1798 Dux/Böhmen

LITERATUR ZUM AUTOR:
Bibliographien:
J. Pollio, *Bibliographie anecdotique et critique des œuvres de C.*, Paris 1926. – J. R. Childs, *Casanoviana. An Annotated World Bibliography of J. C. de S. and of Works Concerning Him*, Wien 1956.
Zeitschriften:
Casanova Gleanings, Nizza 1958 ff.; N. S. 1974 ff. – L'intermédiaire des casanovistes, Rom 1984 ff.
Gesamtdarstellungen und Studien:
St. Zweig, *C.*, Mchn. 1928. – T. Koch, *C. Ein Versuch*, Mchn. 1959. – J. R. Childs, *G. C. de S. in Selbstzeugnissen und Bilddokumenten*, Reinbek 1960; [2]1980 (rm). – Ders., *C. A Biography Based on New Documents*, Ldn. 1961 (dt. *C. Die große Biographie*, Mchn. 1977). – R. Abirached, *C. ou la dissipation*, Paris 1961. – J. Masters, *C.*, NY 1969. – F. Furlan, *C. et sa fortune littéraire*, Bordeaux 1971. – R. Gervasio, *C.*, Mailand 1974 (dt. *C. Verführer und Weltmann*, Mchn. 1977). – *C. Federico Fellini's Film und Frauenheld*, Hg. A. A. de Saint Gall, Zürich 1976. – P. Chiara, *Il vero C.*, Mailand 1977. – N. Rival, *C. la vie à plaisir*, Paris 1977. – F. Marceau, *Une insolente liberté, les aventures de C.*, Paris 1983 (dt. *C. Sein Leben, seine Abenteuer*, Düsseldorf 1985; ern. Ffm./Bln. 1987; Ullst. Tb). – F. Roustaing, *Le bal masqué de C.*, Paris 1985. – C. Thomas, *C., un voyage libertin*, Paris 1985.

MÉMOIRES

(frz.; *Erinnerungen*, auch: *Geschichte meines Lebens*). Autobiographie von Giacomo Girolamo CASANOVA de Seingalt, entstanden seit 1790; in einer stark überarbeiteten deutschen Fassung erschienen 1822–1828, im Originaltext erstmals 1960–1962 auf deutsch veröffentlicht. – Auf nahezu viertausend Seiten schildert der berühmte Abenteurer und Frauenheld des 18. Jh.s die entscheidenden vier Dezennien (1734–1774) seines wechselvollen und ungewöhnlichen Lebens. Etwas resigniert und vereinsamt macht sich Casanova im böhmischen Dux im Alter von 65 Jahren an die Niederschrift seiner Lebensgeschichte, deren kompromißlose Offenheit für die europäische Literatur ohne Beispiel ist. Der Bericht setzt ein, als das bei der Großmutter aufgewachsene Schauspielerkind mit acht Jahren in eine Schülerpension nach Padua gebracht wird, und er bricht ab, ehe der fast Fünfzigjährige, der achtzehn Jahre zuvor auf verwegene Weise aus dem Gefängnis der venezianischen Staatsinquisition (den sogenannten »Bleikammern« unter dem Dach des Dogenpalastes) ausgebrochen war, mit Erlaubnis des Senats in seine Heimatstadt zurückkehrt. Nach dem ursprünglichen Plan sollte die Lebensdarstellung bis 1797 reichen, also bis in die glanzlose Gegenwart des Schreibers, die den ganzen Bericht hindurch immer wieder Anlaß gibt zu schmerzlichen Reflexionen.

Dieser labyrinthische Lebenslauf, der kreuz und quer durch das weite Europa der Rokokozeit führt, ist in vieler Hinsicht einzigartig. Casanova bringt es vom lernbegierigen und begabten Schüler zum Lizentiaten und Doktor beider Rechte; vom Kardinalsekretär in Rom, dessen aussichtsreiche Karriere durch ein Mißgeschick abgebrochen wird, wechselt er zum galanten Paradeoffizier der venezianischen Truppen, vom Theatergeiger zum Kabbalisten und Protegé einflußreicher Senatoren der Heimatstadt, vom halbkriminellen Libertin und Spieler zum *gentilhomme*, Salonlöwen und Dichter in Paris, vom Staatsgefangenen der Republik Venedig zum Lotterieeinnehmer des französischen Königs, zum Unterhändler Frankreichs bei Devisentransaktionen in Holland und hochstaplerischen »Eingeweihten« der schwerreichen Okkultistin Marquise d'Urfé. Als er Paris 1759 verläßt und Savoyen, Südfrankreich, Italien und die Schweiz bereist, steht er – auch materiell – im Zenit seines bewegten Lebens. In London (1763/64) überfällt ihn eine Ahnung der bevorstehenden Lebenswende. Auf seinem weiteren Weg, der ihn über Berlin, Petersburg, Moskau, Warschau, Wien, Paris, Barcelona, Madrid, Florenz nach Triest führt, wo den nunmehrigen Geheimagenten der venezianischen Inquisition die ersehnte Begnadigung erreicht, entzieht ihm Fortuna tatsächlich mehr und mehr ihre Gunst.

Casanovas Lebensgeschichte ist in kulturhistorischer Hinsicht von einer schier unerschöpflichen Ergiebigkeit; sie liefert ein Kolossalgemälde des politischen und gesellschaftlichen Lebens des Jahrhunderts, das der Französischen Revolution vorausging. Nicht nur die Republik und Stadt Venedig – gegen Ende der Epoche der politischen Unabhängigkeit, des schon langsam verlöschenden Glanzes und zu einem reinen Lustbarkeits- und Amüsierzentrum europäischen Ranges werdend – ersteht mit ihrem fast ganzjährigen Karneval, ihren Theatern und ihrer hochangesehenen Prostitution zu lebensvoller Gegenwart; auch von einer Reihe anderer Städte gibt Casanova treffende Skizzen der jeweiligen Lebensgewohnheiten und Regierungen, nicht zu reden von den kleineren Lokalbildern, die etwa die politische Rolle Parmas, die kalvinistisch-kapitalistische Atmosphäre Genfs und die gelangweilt-betriebsame des savoyardischen Badeortes Aix, die erstickende Provinzialität Lyons, die Lächerlichkeit des monegassischen und die Eitelkeit des württembergischen Hofes zeichnen. Die namhaftesten Männer und Frauen der Zeit, deren Bekanntschaft unser gesellschaftlich gewandter Abenteurer machte, werden lebensnah vorgestellt: die Päpste Benedikt XIV. und Clemens XIII., die Kardinäle Acquaviva und de Bernis, Kaiserin Maria Theresia, König Ludwig XV., Friedrich der Große, die Zarin Katharina II., König Georg III., Madame Pompadour, Voltaire, Crébillon d. Ä., Fontenelle, d'Alembert, Rousseau, Haller, Winckelmann, S. Johnson, da Ponte, Metastasio, B. Franklin sowie die gefeiertsten Schauspieler und Sänger, Mätressen, Kurtisanen und Abenteurer (unter ihnen Cagliostro und Graf Saint-Germain), die gleich um die Gunst der Höfe und Salons wetteifern. Diese Porträts leben von bizarren, scheinbar nebensächlichen Details, die das wahre Wesen dieser Persönlichkeiten oft plastischer hervortreten lassen, als dies in manch abgewogeneren Biographien der Fall ist.

Gegenüber der Breite der Zeitbilder nimmt sich der erotische Bereich dieser *Memoiren*, dem allein – vor der erst 1960–1962 erfolgten Veröffentlichung des verdeutschten Manuskripttextes – in verunstalteten Ausgaben über eineinhalb Jahrhunderte lang das voyeuristische Interesse einer prüderen Zeit gegolten hat, verhältnismäßig schmal aus. Freilich bekennt der allen erotischen Genüssen zugeneigte und mit außergewöhnlicher Virilität ausgestattete Lebemann unumwunden: *»Die sinnlichen Genüsse zu kultivieren, bildete die Hauptbeschäftigung meines ganzen Lebens; niemals hat es für mich etwas Wichtigeres gegeben.«* Dieses Bekenntnis, dem für den erklärten Sensualisten und Voltairianer eher etwas Philosophisches anhaftet und das sich gegen einen übersteigerten Spiritualismus richtet, darf nicht dazu verleiten, Casanova auf eine Stufe mit Don Juan, dem »Antichristen« der Gegenreformation, oder gar mit dem jüngeren Zeitgenossen de Sade zu stellen. Casanova ist nirgends pervertiert, selten zynisch, kaum gewalttätig oder lasziv. Die Frauen, die sich ihm hingeben, vergißt er auch nicht, wenn er sich längst von ihnen abgewandt hat, oft sorgt er ritterlich für ihre materielle Zukunft und die ihrer Kinder. Casanova liebt die Frauen um ihrer selbst willen, instinktiv und ohne Hintergedanken; nur in dem ekstatischen Glück, zu dem er sie »verführt«, kann er selbst höchste Seligkeit empfinden. Hat er es auch in schnellem Wechsel mit den verschiedenartigsten Partnerinnen aus allen Schichten zu tun (die mit geradezu entwaffnender Unbefangenheit ausgebreiteten Einzelheiten sind kulturgeschichtlich ebenfalls höchst bedeutsam), verliert er dennoch nie aus den Augen, was er in der Liebe eigentlich sucht: die vollendete seelisch-körperliche und »sympathetische« Harmonie. Zwischen den fast unzähligen Affären stehen so immer wieder tiefe Liebeserlebnisse von außergewöhnlicher Zartheit und überraschender Aufrichtigkeit. Dazu gehören seine Beziehungen zu Henriette, einer vornehmen Provençalin, vor allem auch zu der Römerin Lucrezia, der Schauspielerin Teresa, zu einer gewissen C. C., zur Nonne M. M., zur holländischen Bankierstochter Esther, zur geistvollen Mademoiselle XCV (hinter der Chiffre verbirgt sich die spätere Schriftstellerin Justinienne Wynne), zur Madame de ... aus Solothurn, zur Dubois sowie zu Leonilda, seiner und Lucrezias Tochter. Doch mit den Jahren werden solche Begegnungen seltener, dem Greis schließlich bleibt nur die Erinnerung: *»Selige Augenblicke, die ich nicht mehr erhoffen darf, deren teure Erinnerung mir aber nur der Tod allein rauben kann!«* Für Casanova war all dies Liebe, bei der sich Schwärmerei und Genuß, Herz und Verstand so die Waage halten, daß eine Wendung ins Tragische fast ausgeschlossen ist.

Casanovas Werk, das unter dem Einfluß oder zumindest in der Nähe der autobiographischen Schriften eines Rousseau, Beaumarchais und Restif de la Bretonne steht, war von Anfang an starken Zweifeln hinsichtlich seiner Glaubwürdigkeit ausgesetzt, da die verwendeten Dokumente ja unmittelbar nach der Niederschrift vernichtet wurden. Erst neuere Forschungen (von R. Rives-Childs u. a.) erbrachten die Beweise für die Authentizität dieser *Memoiren*, der manche Irrtümer und Verwechslungen keinen Abbruch tun. Dies schließt nicht aus, daß der Autor, ungeachtet aller Bemühungen um Aufrichtigkeit, seine Person einer gewissen Stilisierung unterzogen hat. Die *Histoire de ma vie* enthält in Anlehnung an den Schelmenroman klar erkennbare pikarische Elemente (Antiheroismus, Antiidealismus, die Rolle des Zufalls und des Glücksspiels, Optimismus und Selbstvertrauen des Helden, der schnelle Wechsel der Affekte, Welt als »Welttheater« usw.) und präsentiert sich so als immanentes Lebensbekenntnis und satirischer Zeitspiegel zugleich. – Der lineare und rationale, da räsonierende, dort allegorisierende Stil der *Memoiren*, dessen mit Italianismen durchsetzte Sprödigkeit eher »ungepflegt« wirkt und ganz im Gegensatz zum theatralischen Charakter des Helden selbst steht, verrät – abgesehen von der freien Betrachtung des Erotischen und Okkulten – vielleicht am deutlichsten den Aufklärer Casanova, der er als Gefolgsmann Rousseaus, Montesquieus und Voltaires gewesen ist. Galt er doch als Kosmopolit und Freigeist, der sein Leben unbürgerlich und allein nach seinen philosophischen Grundsätzen – einer Verbindung von Deismus und kritischem Epikureismus – eingerichtet hat. *(»Ein Philosoph ist, wer sich keine Lust versagt, außer wenn das nachfolgende Leid überwiegt, und wer stets neue zu ersinnen weiß.«)* Einerseits weist sich der Autor als Kind seiner Zeit aus, der ausgehenden Epoche des Ancien régime, andererseits bedeutet dies bei ihm keinen Widerspruch zu einem tiefverwurzelten Gottvertrauen, einer unbekümmerten Selbstsicherheit und nichtfatalistischer Schicksalsergebenheit. Mit der Revolution, deren gesellschaftliche Berechtigung er nicht anzweifelt, sieht er das Ende einer Ära anbrechen, die mit ihrem Glanz und ihrer Korruption letztlich den idealen Nährboden für seine eigene abenteuerliche Existenz bildete. – Casanovas Werk fand trotz aller Verfemtheit immer wieder offene Bewunderer, wie TIECK, HEINE, TAINE, HOFMANNSTHAL, Stefan ZWEIG, F. G. JÜNGER; von HEBBEL stammt vielleicht die prägnanteste Würdigung: *»Wer noch im 68sten Jahre so schreiben konnte, der durfte so leben.«* R.M.

AUSGABEN: Paris 1825–1829 (*Mémoires du Vénitien J. C.de S.*, 14 Bde.; Rückübersetzung d. 1. dt. Ausg. ins Frz.). – Lpzg./Paris 1826–1838 (*Mémoires de J. C. de S. écrits par lui-même*, 12 Bde., Hg. J. Laforgue; 1. nach dem Original bearb. frz. Ausg.). – Wiesbaden/Paris 1960–1962 (*Histoire de ma vie*, 12 Bde.; 1. vollst. u. unveränderte Ausg. nach der Hs.). – Paris 1968–1971 (*Mémoires*, Hg. J. Branchu, 5 Bde.; Poche). – Paris 1977 (*Mémoires 1744–1756*; GF). – Paris 1978 (*Mémoires*, Hg. R. Abirached, 3 Bde.; Pléiade).

ÜBERSETZUNGEN: *Aus den Memoiren des Venetianers J. C. de S., oder sein Leben, wie er es zu Dux in Böhmen niederschrieb*, Bearb. W. v. Schütz, 12 Bde., Lpzg. 1822–1828. – *Memoiren*, H. Conrad, 6 Bde., Mchn. 1957/58. – *Geschichte meines Lebens*, H. v. Sauter, Hg. E. Loos, 2 Bde., Bln. 1964–1967; ern. 1985. – *Memoiren*, H. Conrad, Mchn. 1968–1969, 21 Bde. (GGT). – *Geschichte meines Lebens*, ders., 12 Bde., Mchn. 1984 ff.

VERFILMUNGEN: Ungarn 1918. – Deutschland 1919. – Österreich 1920 (Regie: J. Szöreghy). – Frankreich 1925 (Regie: A. Volkov). – Frankreich 1933 (Regie: R. Barberis). – Frankreich 1946 (Regie: J. Boyer; 2 Teile). – Italien/Frankreich 1954 (Regie: Steno). – Italien 1978 (Regie: F. Fellini). – BRD/Italien 1987 (Regie: S. Langton).

JACQUES CAZOTTE

* 7.10.1719 Dijon
† 25.9.1792 Paris

LITERATUR ZUM AUTOR:
E. P. Shaw, *J. C.*, Cambridge/Mass. 1942. – R. Trintzius, *Matérialisme et spiritualisme, J. C. ou le 18e siècle inconnu*, Paris 1946. – D. Rieger, *J. C. Ein Beitrag zur erzählenden Literatur des 18. Jh.s*, Heidelberg 1969. – G. Décote, *L'itinéraire de C.*, Genf 1984.

LE DIABLE AMOUREUX

(frz.; *Der verliebte Teufel*). Fantastische Erzählung von Jacques CAZOTTE, zuerst erschienen 1772, dann in abgewandelter Form 1776 als Teil der *Œuvres badines et morales (Scherzhafte und moralische Werke)*. – Unter dem allegorischen Mantel einer Liebes- und Zaubergeschichte warnt der Roman vor den Gefahren der Anziehungs- und Täuschungskraft der *»bösen Mächte«*. Die Parabel erzählt von dem etwas exaltierten jungen spanischen Adligen und Offizier Don Alvare de Maravilla, der aus Übermut und Neugierde den Teufel in den Ruinen von Portici beschwört. So erlangt er die Begleitung eines zunächst als Spanielhündchen, dann als Page, schließlich als wunderschöne Frau (Biondetta) verkleideten Geistes, zu dem er sich zunehmend hingezogen fühlt. Ein ausschweifendes und abenteuerreiches Leben an dessen Seite vermag diese außerordentliche Zuneigung nicht zu trüben, zumal es Biondetta gelingt, ihn zu überzeugen, sie sei eine Sylphide, eine Luftkreatur, die nur aus Liebe zu ihm einen menschlichen Leib angenommen habe. Alvare beschließt, sie zu heiraten und fährt mit ihr – trotz mehrfacher wundersamer Verzögerungen – zu seiner Mutter nach Spanien zurück; die täuschungsfreudige Kreatur erreicht es trotz seines aus dem Ehrgefühl stammenden Widerstandes, eine Liebesnacht mit ihm zu verbringen, im Laufe derer sie sich ihm in ihrer wahren Gestalt als der Teufel zu erkennen gibt. Ob sich Alvare tatsächlich in ihren Armen zum Teufel bekannt hat, mit den von ihr verlangten Worten: *»Mon cher Belzébuth, je t'adore« (»Mein lieber Belzébuth, ich bete dich an«)* bleibt ungewiß. Biondetta verschwindet jedoch, und der verstörte junge Mann erreicht Heim und Mutter, nur um zu erfahren, daß sein ganzes Abenteuer aus lauter Unstimmigkeiten und Sinnestäuschungen bestand, und daß er nun mittels Reue und Gehorsam gegenüber den Vertretern des »Guten« – etwa seiner Mutter und dem Doktor der Theologie Quebracuernos (»Hörnerbrecher«) – das aus seiner Geistesverwirrung stammende Unheil abwenden kann und soll.

Intention und literarisches Genre dieser Geschichte sind nicht eindeutig festzulegen. Schon ihr Schluß variiert von Edition zu Edition: eine erste Fassung läßt Alvare dem Teufel verfallen; in der Ausgabe von 1772 vertreibt er Biondetta; erst die Fassung von 1776 liefert die uns geläufige Zweideutigkeit des teils geträumten, teils für wahr gehaltenen Schlusses. Die Erzählung hat zu manchen Spekulationen Anlaß geliefert, besonders hinsichtlich der Authentizität der darin vermittelten okkulten Doktrinen. Der romantische Dichter Gérard de NERVAL (1808–1855) wies in seiner Einleitung zur Ausgabe des *Diable amoureux* von 1845 auf Cazottes prophetische und illuministische Gaben hin, sowie auf seinen tiefen, von der Sekte der Martinisten beeinflußten katholischen Glauben; in diesem Lichte erscheint Cazottes Werk als düsteres Initiationsspiel mit dennoch erhofftem guten Ausgang. Der Autor hatte sich aber schon in früheren Werken wie *La patte du chat*, 1741 *(Die Katzenpfote)*, *La veillée de la bonne femme*, 1752 *(Die Nachtwache der guten Alten)*, und *Ollivier* (1763) als Skeptiker und Parodist zu erkennen gegeben, so daß fraglich bleibt, ob Cazottes Intention in diesem Werk ernsthaft warnend oder eher humoristisch-satirisch zu verstehen ist. Der Satanismus war allerdings ein beliebtes Motiv im 18. Jh., wie die literarischen Erfolge von dämonologisch angehauchten Werken wie beispielsweise *Le diable boiteux*, 1707 *(Der hinkende Teufel)*, von A. R. LESAGE, *Les lettres cabalistiques*, 1737 *(Die kabbalistischen Briefe)*, des Marquis d'ARGENS oder *Le comte de Gabalis*, 1670 *(Der Graf von Gabalis)*, des Abbé Montfaucon de VILLARS beweisen, denen schlüpfrigere Werke wie *Le sylphe*, 1730 *(Der Sylph)*, von CRÉBILLON fils oder *L'amant salamandre*, 1757 *(Der Salamander als Liebhaber)*, des Abbé COINTREAU verpflichtet sind. Cazotte selbst zitierte das eigentlich skeptisch orientierte Werk *De betoverde wereld*, 1691 *(Die bezauberte Welt)*, des niederländischen Pastors Balthasar BEKKER, das 1694 unter dem Titel *Le monde enchanté* auf französisch erschien.

Der Verführungskunst Biondettas setzt Alvare – oft von äußeren scheinbaren Zufällen unterstützt – sein Ehrgefühl, nicht jedoch seine Erkenntnis entgegen; das Abenteuer stellt eine *Psychomachia*, einen Kampf um die menschliche Seele, dar, wobei die Hingabe an eine Leidenschaft – ungeduldige Neugierde – zu allen anderen – sexuelle Ausschweifung, Spieltrieb, Mord- und Rachegelüste, Ungehorsam, Unvorsicht und zuletzt womöglich Abwendung von Gott und Seelenheil – führen kann. Dabei behält die Verführung zu fast allen Zeitpunkten einen geradezu arglosen Charakter und eine naive Offenheit (Alvare täuscht sich nie über Biondettas außernatürliche Herkunft, noch vergißt er das ominöse *»Che vuoi?« (»was willst du?«)*, das er bei der schreckeneinflößenden ersten Begegnung mit dem Teufel in Portici zu hören bekam), so daß er seine Wahl zwischen Gut und Böse, zwischen Gott und Teufel, zwischen Gehorsam zur gesellschaftlichen Moral und libertiner Ausschweifung in vollem Wissen als freiwilligen Akt tätigen kann. Die Zweideutigkeit der Sehnsüchte (schon die Teufelserscheinung als Kamelkopf in Portici ist von sexuellen Untertönen durchsetzt) und des Objektes der Begierde (die Frau aus Tau, Luft und Regenbogensplitter, unschuldig, da frei von Sündenfall und Seele und gleichzeitig nichts anderes als eine Emanation aus dem schwärzesten Abgrund) verleiht diesem Werk einen Charme, dem sich auch die Nachwelt nicht entziehen konnte. Besonders die Vertreter der »Schwarzen Romantik« (E. T. A. HOFFMANN, Ch. NODIER, Th. GAUTIER, BAUDELAIRE bis hin zu G. APOLLINAIRE) schätzten und benutzten das Werk. Im 20. Jh. stieß es im Gefolge der Tiefenpsychologie und des Neo-Okkultismus auf erneutes Interesse. M.G.D.

AUSGABEN: Paris/Neapel 1772. – Amsterdam/Paris 1776–1788 (in *Œuvres badines et morales*, 3 Bde.). – Paris 1817 (in *Œuvres badines et morales, historiques et philosophiques*, 4 Bde.; Faks. Hildesheim/NY 1976). – Paris 1845 [Einl. G. de Nerval]. – Paris 1965 (in *Romanciers du 18e siècle*, Hg. R. Étiemble, 2 Bde., 2; Pléiade). – Paris 1981 (Folio). – Mailand 1983, Hg. A. Boltacin [krit.].

ÜBERSETZUNGEN: *Biondetta*, F. L. W. Meyer, Bln. 1780. – *Der verliebte Teufel*, G. Schatz (in *Moralisch-komische Erzählungen, Mährchen und Abentheuer*, Lpzg. 1789/90, Bd. 3). – *Biondetta, der verliebte Teufel*, F. Blei, Bln. 1924. – *Der verliebte Teufel*, C. Morek, Braunschweig 1947. – *Biondetta, die schlimme Gefährtin*, A. Krieger, Hbg. 1964. – *Der verliebte Teufel*, W. Widmer, Mchn. 1982. – *Biondetta, Der verliebte Teufel*, F. Kaltenbeck, Ffm. 1982. – *Der verliebte Teufel*, E. von Bülow, Stg. 1983 [Vorw. J. L. Borges]. – *Biondetta, Der verliebte Teufel*, F. Blei, Ffm. u. a. 1984 (Ullst. Tb).

LITERATUR: J. Fosny, *Un conte fantastique du XVIIe siècle: »Le diable amoureux« de J. C.* (in Études Classiques, 5, 1936, S. 584–595). – D. Aury, *L'étrange aventure: »Le diable amoureux«* (in D. A., *Lecture pour tous*, Paris 1958, S. 185–198). – J. Richter, *L'ésotérisme du »Diable amoureux«* (in Les Cahiers de La Tour Saint-Jacques, 2–4, 1960, S. 165–172). – M. Milner, *Le diable dans la littérature française de C. à Baudelaire*, Paris 1960. – P.-G. Castex, *Le conte fantastique en France de Nodier à Maupassant*, Paris 1961. – G. Décote, *Logique et fantastique dans »Le diable amoureux«* (in RSH, 1965, S. 305–317). – B. L. Knapp, *C., »The Devil in Love«* (in B. L. K., *Dream and Image*, Troy/N.Y. 1977, S. 103–127). – J. Starobinski, *C.s »Le diable amoureux« and the Structure of Romance* (in Symposium, 31, 1977, S. 231–242). – L. M. Porter, *The Seductive Satan of C.'s »Le diable amoureux«* (in EsCr, 18, 1978, S. 3–12). – K. Hoffmann, *La ruse du diable* (in Neoph, 65, 1981, S. 375–384). – P. Stewart, *»Le diable amoureux«* (in P. S., *Rereadings. Eight Early French Novels*, Birmingham/Al. 1984, S. 193–218). – F. Schuerewegen, *Pragmatique et fantastique dans »Le diable amoureux« de C.* (in Littérature, 60, Dez. 1985, S. 56–72). – C. Hunting, *Les mille et une sources du »Diable amoureux« de C.* (in StV, 230, 1985, S. 247–271).

SÉBASTIEN-ROCH NICOLAS CHAMFORT

* 6.4.1741 Clermont-Ferrand
† 13.4.1794 Paris

MAXIMES, PENSÉES, CARACTÈRES ET ANECDOTES

(frz.; *Maximen, Gedanken, Charaktere und Anekdoten*). Maximen und Anekdoten von Sébastien-Roch Nicolas CHAMFORT, erschienen 1795. – Die Ausgabe wurde von Ginguené, einem Freund Chamforts, betreut. Sie folgt dem einzigen auffindbaren Hinweis des Autors auf die geplante Gestalt seines Werks. Die Notiz Chamforts lautet: *»Erzeugnisse der perfektionierten Kultur. 1. Teil: Maximen und Gedanken. 2. Teil: Charaktere. 3. Teil: Anekdoten.«*

Der größte Teil der Aufzeichnungen entsteht zwischen 1780 und 1788. Der erfolgreiche Autor hat sich überraschenderweise aus dem Literaturbetrieb des Ancien régime zurückgezogen. *»Berühmtheit: der Vorteil, denen bekannt zu sein, die einen nicht kennen«*, notiert er. Das Einverständnis mit einem überlebten sozialen System ist zerbrochen. Aus Komplizenschaft wird Opposition, der Zerfall der vorrevolutionären Gesellschaft festigt die Entschiedenheit eines ihrer unerbittlichsten Beobachter. Chamfort wird Moralist und schließlich ein Revolutionär und Jakobiner.

Die aphoristische Denkform und Schreibart bietet sich als Instrument des Widerstandes an. Seit alters ist sie aufsässig, durchlöchert spitz und aggressiv das System der herrschenden Meinungen und erinnert an die Abweichungen, Ausnahmen, an die peinliche Kehrseite der etablierten Normen. Sie dient jedoch als offenes Denken nicht nur der Attacke, sondern auch der immer neu ansetzenden Standortbestimmung des protestierenden einzelnen. Wahrheit ist nicht mehr bei den anderen zu finden, sondern nur im Ich. Das experimentelle Denken Chamforts erlaubt nicht immer eine eindeutige Festlegung seiner philosophischen Grundbegriffe. *»Bei den Menschen ist alles Stückwerk. Im Moralischen und Physischen ist alles ungeschieden; nichts rein und einheitlich.«* Die Natur, die die Instanz Gottes ersetzt, erscheint keineswegs als ein rein positives Prinzip. Gleichwohl wird der Begriff des Natürlichen – ohne die Emphase ROUSSEAUS – der korrumpierten und korrumpierenden Gesellschaft entgegengestellt. Der Philosoph im Sinne Chamforts beruft sich auf ihn, wenn er eine von der gesellschaftlichen Unnatur sich absetzende authentischere Menschlichkeit zu verwirklichen sucht. Die Spannung zwischen den gesellschaftlichen Normen und dem selbständigen Denken durchzieht antithetisch das Werk. Der öffentlichen Meinung widerspricht das eigene Urteil, der Konvention die kritische Vernunft, dem Kalkül das Gewissen; Unabhängigkeit soll Abhängigkeit, Redlichkeit Verstellung und Frivolität ablösen. Die Sehnsucht nach neuer Gefühlsunmittelbarkeit wird spürbar, die den Egoismus und die Kälte des aristokratischen Rollenverhaltens überwindet, ohne dabei gleichzeitig Reflexion und urbane Geistigkeit auszuschalten.

Viele Maximen bekunden eine totale Hoffnungslosigkeit. *»Leben ist eine Krankheit, von der der Schlaf alle sechzehn Stunden einmal befreit. Es ist nur ein Palliativ, der Tod ist das Heilmittel.«* Andere schokkieren durch eine in der französischen Moralistik beispiellose Schärfe. *»Die Liebe in der Gesellschaft ist nur der Austausch zweier Launen und die Berührung zweier Körper.«* Sie scheinen das geläufige Bild vom zynischen Misanthropen Chamfort zu bestätigen, bezeugen jedoch eher seinen einsamen moralischen Rigorismus und die Trauer über die Deformation des Menschen. – Die kühle Distanz LA ROCHEFOUCAULDS, des Schöpfers der Kunstform »Maxime«, fehlt bei Chamfort. Die in die oft grellen und asymmetrischen Formulierungen eingehende Erregung des Autors fordert zu mehr als ästhetischem Genuß der gelungenen Pointe auf. *»Der Adel, sagen die Adeligen, ist eine Zwischenstufe zwischen König und Volk. Ja, nämlich wie der Jagdhund eine Zwischenstufe ist zwischen Jäger und Hasen.«* Der Leser wird in einen Konkretisierungs- und Erkenntnisprozeß eingesetzt, der die verschleiernde Ideologie durch das entlarvende Bild der Treibjagd auf die Wirklichkeit reduziert.

Die Anekdoten sind von den Maximen nicht immer deutlich zu trennen. Sie können als Veranschaulichung der Maximen auftreten oder als Schlußfolgerung sich zu einer Maxime bzw. einem Bonmot zuspitzen. In einer Zeit, in der Geschichte in Geschichten zersplittert, verdichtet sich in diesen teilweise der Memoirenliteratur und Briefsammlungen entnommenen Momentaufnahmen die Quintessenz einer untergehenden Epoche. Unter den zahlreichen Akteuren des Ancien régime, die in den Anekdoten ihren Auftritt haben, befindet sich auch, getarnt als *»M ...«*, Chamfort selbst. Der Held der Anekdoten ist jedoch der Esprit. Der Vorzug, geistreich zu sein, entschuldigt nahezu alles, und nichts trifft die auftretenden Personen vernichtender als die Lächerlichkeit. Chamfort notiert einmal, daß der Chronist seiner Zeit einst als satirischer Schriftsteller gelten werde. Eine Anekdote belegt dies exemplarisch: *»Tatsache ist es, daß Madame, die Tochter des Königs, beim Spielen mit ihrem Kindermädchen dessen Hand betrachtete und zu ihm, nachdem sie die Finger gezählt hatte, sagte: ›Wie, auch Sie haben fünf Finger, genau wie ich?‹ Und dann zählte sie noch einmal ihre Finger, um ganz sicher zu sein.«*

CHATEAUBRIANDS Prophezeiung, Chamforts Werk werde die Nachwelt nicht erreichen, hat sich nicht erfüllt. Das *»Arsen«* in den Maximen, vor dem SAINTE-BEUVE warnte, hat z. B. auf STENDHAL eher belebend gewirkt. In neuerer Zeit hat CAMUS in einem bemerkenswerten Essay in dem Moralisten einen Camus des 18. Jh.s entdeckt. In Deutschland machten vor allem A. W. und F. v. SCHLEGEL auf Chamfort aufmerksam. Die frühromantischen Fragmente F. v. Schlegels verraten stellenweise den Einfluß der *Maximes*. SCHOPENHAUER hat seinen *Aphorismen zur Lebensweisheit* ein pessimistisches Chamfort-Zitat vorangestellt. NIETZSCHE endlich stellt in *Die fröhliche Wissenschaft* fest, ohne Chamfort *»hätte die Revolution ihren tragischen Witz und ihren schärfsten Stachel nicht bekommen: Sie würde als ein viel dümmeres Ereignis gelten und keine solche Verführung der Geister sein«*. P.Mo.

AUSGABEN: Paris 1795 (in *Œuvres*, 4 Bde.). – Paris 1860 *(Pensées, maximes, anecdotes, dialogues)*. – Paris 1922 (*Maximes et pensées de C., suivies de dialogues philosophiques*, Hg. A. van Berger). – Monaco 1944 (*Maximes et anecdotes*; Einl. A. Camus). – Neuchâtel 1946 (*Maximes et pensées, caractères et anecdotes*; Einl. A. Wild). – Paris 1968 (GF). – Paris 1970. – Paris 1982 (Folio).

ÜBERSETZUNGEN: *Maximen, Charakterzüge und Anekdoten*, N. P. Stampeel, 2 Bde., Lpzg. 1797. – *Aphorismen und Anekdoten*, Hg. H. Esswein, Mchn./Lpzg. 1906. – *Maximen und Gedanken*, F. Schalk (in *Die französischen Moralisten*, Hg. ders., Wiesbaden 1938). – *Früchte der vollendeten Zivilisation; Maximen, Gedanken, Charakterzüge*, R.-R. Wuthenow, Stg. 1977 (RUB).

LITERATUR: E. Dousset, *Un moraliste du 18e siècle, S.-R. C. et son temps*, Paris 1943; ern. Clermont-Ferrand 1974. – J. Teppe, *C., sa vie, son œuvre, sa pensée*, Paris 1950. – P.-J. Richard, *Aspects de C.*, Paris 1959. – R. List-Marzolff, *S.-R. N. C. Ein Moralist im 18. Jh.*, Mchn. 1966. – R.-R. Wuthenow, *Der Moralist der Französischen Revolution, C.* (in R.-R. W., *Das Bild und der Spiegel. Europäische Literatur im 18. Jh.*, Mchn./Wien 1984, S. 180–189).

ANDRÉ MARIE CHÉNIER

* 30.10.1762 Galata bei Konstantinopel
† 25.7.1794 Paris

LITERATUR ZUM AUTOR:
P. Dimoff, *La vie et l'œuvre d'A. C. jusqu' à la révolution française, 1762–1790*, 2 Bde., Paris 1936. – G. Walter, *A. C., son milieu et son temps*, Paris 1947. – J. Fabre, *A. C., l'homme et l'œuvre*, Paris 1955. – G. Venzac, *Jeux d'ombre et de lumière sur la jeunesse d'A. C.*, Paris 1957. – F. Scarfe, *A. C. His Life and Work, 1762–1794*, Oxford 1965. – G. d'Aubarède, *A. C.*, Paris 1970. – S. Rogers, *Classical Greece and the Poetry of C., Shelley and Leopardi*, Ldn. 1974. – R. Smernoff, *A. C.*, Boston 1977 (TWAS). – F. Guitton, *Vingt ans d'études chénieristes* (in DHS, 14, 1982, S. 407–419).

BUCOLIQUES

(frz.; *Bukolische Gedichte*). Sammlung von 27 Gedichten unterschiedlicher Länge in Alexandrinern von André Marie CHÉNIER, erschienen 1819. – Die *Bucoliques* sind während der gesamten dichterischen Tätigkeit Chéniers entstanden, sie wurden jedoch erst postum in Auswahl zusammen mit anderen Dichtungen veröffentlicht.
Die Hirtengedichte sind von Chéniers literarischem Programm der *imitation inventrice*, einer schöpferischen Nachahmung der Antike, geprägt. HOMER, die griechischen Lyriker, VERGIL, LUKREZ und die elegischen Dichter Roms sind die Vorbilder für seine Idyllen. Mit der Bezeichnung *Bucoliques* will sich Chénier von der »modernisierten« Form der Schäferdichtung der französischen Renaissance und der Klassik abheben und direkt auf die antike Tradition zurückgehen. Von daher läßt sich die inhaltliche Vielfalt seiner Gedichte erklären: Es sind einmal an THEOKRIT und Vergil anknüpfende Hirtendialoge *(Arcas et Bacchylis)* und Gespräche zwischen einem jungen Hirten und dem geliebten Mädchen, die als Liebesklage *(Mnazile et Chloé)* oder als Liebeswerbung (*L'Oaristys* – Unterhaltung zwischen Daphis und dem Mädchen Naïs) konzipiert sind; hierher gehört auch das letzte, *La liberté*, überschriebene Gedicht: Aus dem Vergleich zwischen einem freien und einem unfreien Hirten geht hervor, wie die Freiheit den Menschen erhöht, Unfreiheit ihn erniedrigt.
Ein anderer Teil der *Bucoliques* greift Stoffe der Ovidischen *Metamorphosen* auf: der Bericht über die Kindheit der Proserpina in Sizilien, die Darstellung des durch die Liebe hervorgerufenen Wahnsinns der Pasiphaë, der Raub der Europa durch Zeus *(L'enlèvement d'Europe)*, die Geschichte der Medea, die Entführung des Bacchus auf das Meer *(Imitation d'Ovide)*. In *La mort d'Hercule (Der Tod des Herkules)* manifestiert sich Chéniers Kunst der Szenenbeschreibung, wenn er den zum Sterben entschlossenen Herkules auf dem Scheiterhaufen aufgerichtet zeigt. Die beiden Bacchus und Diana gewidmeten Gedichte rufen feierlich die Gottheiten an und beschwören ihre Taten (Liebe des Bacchus zu Ariadne auf Naxos; Warnung, sich den Zorn der Jagdgöttin zuzuziehen, wie es einst der Jäger Aktäon getan hat). Daneben ragen einige Stücke mit stark epischem Charakter hervor, wie *Le retour d'Ulysse*, das die Rückkehr des Odysseus und die Tötung der Freier behandelt. Auch in *L'aveugle (Der Blinde)* ist ein erzählerischer Vorgang mit dramatischer Kraft gestaltet: Zwei Hirtenjungen nehmen einen namenlosen, vom Schicksal verfolgten Blinden auf; durch ihre Anteilnahme wird der Alte zunehmend gelöster, und er hebt zu einem großen Gesang an; sein Lied beschwört die Götterwelt und gipfelt in der Schilderung des Kentaurenkampfes. Die Knaben erkennen in dem Blinden den großen Homer. *Le mendiant (Der Bettler)* ist als Parallele zur Odysseus-Nausikaa-Episode aus Buch 6 der *Odyssee* gestaltet. Von strenger tektonischer Gliederung zeugen die Aufeinanderfolge der einzelnen Teile des Gedichts *Hylas*, ihre gegenseitige zahlenmäßige und inhaltliche Zuordnung: Drei Nymphen verzaubern den wasserholenden Hylas und ziehen den schönen Jüngling zu sich hinab.
Ein ähnliches Thema, den Tod eines schönen jungen Menschen, behandelt Chénier in *La jeune Tarentine (Die junge Tarenterin)*: Auf der Überfahrt zu ihrem Bräutigam nach Sizilien wird ein junges Mädchen von Winden ins Meer gerissen. Nach dem Vorbild des antiken Threnos (Totenklage) beklagt die Natur den Tod der jungen Braut. Die Meeresgöttin Thetis befiehlt den Nereiden, den Leichnam in einem Grabmal zu bergen. *Néære* ist der Todesgesang eines Mädchens, das von ihrem Geliebten

verlassen worden ist. Aus ihrer Klage spricht die Sehnsucht, nach dem Tode sich ihm in der Natur oder in Lichterscheinungen über dem Meer zu nähern. Tiefe menschliche Bewegung spricht aus *Le malade (Der Kranke)*: Ein Vater fleht die Götter um die Heilung seines todkranken Sohnes an, der aus Liebe zu Daphne sterben will; er wird geheilt, als sie ihn erhört. Im Eingangsgedicht ruft der Dichter in einer hymnenartigen Apostrophe die als Jungfrau dargestellte »Poesie« an.
Die *Bucoliques* fügen sich in die Strömung des Klassizismus ein, der sich in der zweiten Hälfte des 18. Jh.s besonders auf dem Gebiet der bildenden Kunst und der Architektur manifestierte. Die Hinwendung zum klassischen Altertum ist auch bei Chénier als Sehnsucht nach dem »Einfachen« und »Ursprünglichen« zu verstehen, als Suche nach einer heilen Welt. Immer wieder öffnet sich in seinen Gedichten der Blick auf die idyllische Landschaft eines Arkadiens, eines poetischen Idealraums, in dem sich eine schöne Natur, edle Menschen und die Gegenwart von Göttern zu einem harmonischen Ganzen verbinden. – Obwohl Chénier im engeren Sinn kein Vorläufer der Romantik war, sahen CHATEAUBRIAND, LAMARTINE, HUGO u. a. in ihm ein Vorbild.
Neben der Sammlung *Bucoliques* existieren die Fragmentgruppen *Bucoliques inachevées* (sie enthalten acht Gedichtentwürfe mit Bemerkungen des Autors, darunter das um das Pygmalion-Motiv kreisende Gedicht *Le groupe de marbre – Die Marmorgruppe* und *L'esclave – Der Sklave*), *Fragments de bucoliques* (die 23 Stücke behandeln hauptsächlich antike Sagenstoffe) und *Sujets de bucoliques* (19 skizzenartige Entwürfe). C.Le.

AUSGABEN: Paris 1819 (in *Œuvres complètes*, Hg. H. de Latouche). – Paris 1906 [Ill. Th. Fantin-Latour]. – Paris 1940 (in *Œuvres complètes*, Hg. G. Walter; Pléiade). – Paris 1966 (in *Œuvres complètes*, Hg. P. Dimoff).

LITERATUR: F. Gaiffe, *C. Les »Bucoliques«*, Paris 1961. – A. Noyer-Weidner, *Europäische Aufklärung*, Mchn. 1967, S. 189–221. – L. Sozzi, *Tradition néo-classique et renouvellement des images dans la poésie de C.* (in CAIEF, 20, 1968, S. 54–71; 298–303). – U. Töns, *Studien zur Dichtung A. C.s*, Münster 1970. – S. Rogers, *Classical Greece and the Poetry of C., Shelley and Leopardi*, Notre Dame/Ldn. 1974. – F. Guitton, *»Les Bucoliques« de C.* (in StV, 193, 1980, S. 1604–1606). – C. E. Mullen, *C. and the Latin Love Elegy*, Diss. Ldn. 1982. – E. R. Jackson, *»Secrets observateurs«, »Les Bucoliques« de C.* (in Dalhousie French Studies, 6, 1984, S. 3–22).

CLAUDE-PROSPER JOLYOT DE CRÉBILLON

* 14.2.1707 Paris
† 12.4.1777 Paris

LITERATUR ZUM AUTOR:
A. Nöckler, *C., Leben und Werke*, Diss. Lpzg. 1911. – H. Rubrecht, *Sitte und Sittlichkeit in den Werken von C. fils*, Diss. Hbg. 1951. – C. Cherpack, *An Essay on C. fils*, Ldn./Cambridge 1962. – E. Sturm, *C. fils et le libertinage au 18e siècle*, Paris 1970. – H. Wagner, *C. fils. Die erzählerische Struktur seines Werkes*, Mchn. 1972. – P. V. Conroy, *C. fils. Techniques of the Novel*, Banbury 1972. – H. G. Funke, *C. fils als Moralist und Gesellschaftskritiker*, Heidelberg 1972. – B. Fort, *Le langage de l'ambiguité dans l'œuvre de C. fils*, Paris 1979. – A. Siemek, *La recherche morale et esthétique dans le roman de C. fils*, Oxford 1981. – J. R. Joseph, *C., économie érotique et narrative*, Lexington 1984. – E. Köhler, *C. fils* (in *Vorlesungen zur frz. Literatur, Aufklärung I*, Stg. 1984, S. 94–100.)

LE SOPHA. Conte moral

(frz.; *Das Sofa. Moralisches Märchen*). Rahmenerzählung von Claude-Prosper Jolyot de CRÉBILLON, erschienen 1742. – Crébillons *Sopha* knüpft an die arabischen Märchen von *Tausendundeine Nacht* (vgl. *Alf laila wa-laila*) an, die durch A. GALLANDS Übersetzung (1704–1717) in Frankreich beliebt geworden waren. Der bornierte Sultan Schah Baham in der Erzählung Crébillons ist ein Enkel jenes mordlustigen Schah Riar, den Scheherazade mit ihren arabischen Märchen zu besänftigen verstand. Im *Sopha* hat der Erzähler Amanzéi lediglich die Langeweile des Sultans zu vertreiben, sein Leben steht nie auf dem Spiel. Als Brahmane, der an die Seelenwanderung glaubt, kann er von seiner früheren Existenz als Sofa in Agra (Deckname für Paris) berichten: Zur Strafe für seinen lasterhaften Lebenswandel hatte Brahma, sein Gott, Amanzéis Seele in ein Sofa gebannt und beschlossen, daß seine Seele erst dann wieder in ihren menschlichen Körper zurückkehren sollte, wenn auf dem Sofa ein bis dato noch unschuldiges Liebespaar sich zusammenfindet. Diese Verbannung dauert lange; und das, was Amanzéi als Sofa-Seele erlebt, ist Gegenstand der Erzählung.
Erzählsituation und Handlungsort sind überaus wirkungsvoll. Der Sultan fällt Amanzéi ständig ins Wort, beklagt ohne Erfolg dessen Hang zum sentenziösen Moralisieren und möchte statt dessen gewisse konkrete Dinge ganz genau wissen. Auf diese Weise wird immer wieder der Erwartungshorizont des Durchschnittslesers ironisiert und die Aufmerksamkeit vom erzählten Vorgang auf den Vor-

gang des Erzählens gelenkt. Amanzéi, Zeuge und Handlungsort zugleich, demonstriert in zehn Episoden seine zu Beginn ausgesprochene Sentenz, *»daß es recht wenige Frauen gibt, die in den Augen ihres Sofas tugendhaft sind«*. Die in einem kühlen, nahezu wissenschaftlichen Ton vorgetragenen Beobachtungen und Kommentare Amanzéis verraten ein moralistisches Engagement, das sich nicht mit einer augenzwinkernden Schilderung freier Sitten im vorrevolutionären Frankreich begnügt. Die vor allem von den französischen Moralisten des 17. Jh.s immer wieder formulierte Spannung von Sein und Schein, Tugend und Laster kehrt in Crébillons Liebespsychologie als Gegensatz von vertrauensvoller, dauerhafter Liebe *(amour)* und flüchtiger Sinnlichkeit *(goût, caprice, fantaisie)* wieder. Das Sofa ist der Ort, wo eine Reihe in typenhafter Allgemeingültigkeit dargestellter Personen im doppelten Sinn des Wortes sich enthüllt.

Ein weiblicher Tartuffe von finsterer Lasterhaftigkeit und eine käufliche Tänzerin illustrieren zunächst mit ihren jeweiligen Partnern die Fehlform rein körperlicher Beziehungen. Erst das Liebespaar Phénime–Zulma in der vierten Episode verwirklicht das Ideal wahrer Liebe im Sinne der in den preziösen Romanen des 17. Jh.s erneuerten höfischen Liebesdoktrin. Die Tatsache, daß es sich um die Bindung zu einer verheirateten Frau handelt, ist geradezu die nötige Voraussetzung, da nach der nichtbürgerlichen Liebesdoktrin Liebe und Ehe unvereinbar waren. Die Hauptheldén von vier weiteren Geschichten sind der impotente Lebemann Mazulhim und die Kurtisane Zulica, die zur gleichen Zeit mehrere Liebhaber hat. Trotz dieses schweren Verstoßes gegen die Regeln der höfischen Liebe entwirft sie von sich das Bild einer vollendeten Dame und verfällt darauf dem kalten Hohn Mazulhims und seines Freundes Nassès. Auf diese gnadenlose *»moralische Hinrichtung«* (H. Petriconi) folgt ein heiterer Epilog, in dem Amanzéi sich in seine junge, unschuldige Besitzerin verliebt und vergeblich versucht, eine Vereinigung zu verhindern, die ihn aus seiner möblierten Existenz erlöst.

Man hat lange Crébillons *Sopha* Meisterschaft allenfalls auf dem Gebiete lüsterner Frivolität zugestanden. Eine genauere Analyse bestätigt jedoch den ein »moralisches Märchen« versprechenden Untertitel des Werks. Der Verdruß des Sultans über Amanzéis Erzählstil beschreibt die Reaktion einer Leserschicht, der das Ineinander von galanter Handlung und in den kritischen Kommentar mündender psychologischer Analyse problemlosen Genuß versperrt. Es macht nicht zuletzt den hohen Rang von Crébillons Erzählung aus, daß sie weder Erotik noch moralische Norm verabsolutiert, sondern ihre schwierige Vermittlung versucht.

P.Mo.-KLL

AUSGABEN: Paris 1742. – Paris 1930 (in *Œuvres*, Hg. P. Lièvre, 5 Bde., 1929/30, 3). – Paris 1966, Hg. u. Vorw. A.-M. Schmidt (10/18). – Paris 1973. – Paris 1984.

ÜBERSETZUNGEN: *Der Sopha. Moralische Erzählung*, Lange, Bln. 1765. – *Das Sofa, ein moralisches Märchen*, E. Sander u. E. Höhnisch (in *Das Gesamtwerk*, Hg. u. Vorw. E. Loos, 8 Bde., 3, Bln. 1968). – Dass., W. Pokorny [bearb.], Mchn. 1983 (Heyne Tb).

LITERATUR: A. Huxley, *C. the Younger* (in *The Olive Tree and Other Essays*, Ldn. 21947, S. 135–149). – H. Petriconi, *»Le Sopha« von J. de C. u. Kellers »Sinngedicht«* (in RF, 62, 1950, S. 350–384). – V. Link, *The Reception of C.'s »Le sopha« in England* (in StV, 1975, Nr. 132, S. 199–203).

DENIS DIDEROT

* 5.10.1713 Langres
† 30.7.1784 Paris

LITERATUR ZUM AUTOR:
Bibliographie:
F. A. Spear, *Bibliographie de D.*, Genf 1980.
Forschungsberichte:
H. Dieckmann, *Stand u. Probleme der D.-Forschung*, Bonn 1931. – A. Miller, *The Annexation of a »philosophe«. D. in Soviet Criticism, 1917–1960*, Genf 1971. – J. Proust, *Lectures de D.*, Paris 1974. – A. M. Chouillet, *État actuel des recherches sur D.* (in DHS, 12, 1980, S. 443–470).
Zeitschrift:
Diderot Studies, Hg. O. E. Fellows u. N. L. Torrey, Genf 1949 ff. [m. fortlauf. Bibliogr.].
Biographien:
Th. Lücke, *D. D.*, Bln. 1949. – L. G. Crocker, *The Embattled Philosopher. A Biography of D. D.*, Ldn. 1955. – R. Friedenthal, *D., ein biographisches Porträt*, Mchn./Zürich 1984.
Gesamtdarstellungen und Studien:
A. Billy, *D.*, Paris 1932. – D. Mornet, *D., l'homme et l'œuvre*, Paris 1941; ern. 1952. – R. Mortier, *D. en Allemagne, 1750–1850*, Paris 1954; Nachdr. Genf 1986 (dt. Stg. 1967). – A. Wilson, *D.*, 2 Bde., NY 1957; 1972 (frz. Paris 1985). – G. May, *D. et Baudelaire, critiques d'art*, Genf 1957. – J. Seznec, *Essais sur D. et l'antiquité*, Oxford 1957. – C. Dédéyan, *L'Angleterre dans la pensée de D.*, Paris 1958. – H. Dieckmann, *Cinq leçons sur D.*, Genf/Paris 1959. – Ders., *D. und Goldoni*, Krefeld 1961. – P. Casini, *D. philosophe*, Bari 1962. – R. Kempf, *D. et le roman*, Paris 1964. – M.-L. Roy, *Die Poetik D.s*, Mchn. 1966. – R. Pomeau, *D.*, Paris 1967. – J.-L. Leutrat, *D.*, Paris 1968. – M. T. Cartwright, *D. critique d'art et le problème d'expression*, Genf 1969. – J. Catrysse, *D. et la mystification*, Paris 1970. – U. Winter, *Der Materialismus bei D.*, Genf

1972. – H. Dieckmann, *D. und die Aufklärung*, Stg. 1972. – G. B. Rodgers, *D. and the Eighteenth-Century French Prose*, Oxford 1973. – J. Chouillet, *La formation des idées esthétiques de D., 1745–1763*, Ffm. 1973. – B. L. McLaughlin, *D. et l'amitié*, Banbury 1973. – D. Berry, *The Technique of Literary Digression in the Fiction of D.*, Banbury 1974. – L. G. Crocker, *D.s Chaotic Order*, Princeton/N.J. 1974. – *Essays on D. and the Enlightenment*, Hg. J. Pappas, Genf 1974. – G. Sauerwald, *Die Aporie der D.schen Ästhetik, 1745–1781*, Ffm. 1975. – R. Lewinter, *D. ou les mots de l'absence*, Paris 1976. – C. Sherman, *D. and the Art of Dialogue*, Genf 1976. – J. Chouillet, *D.*, Paris 1977. – O. E. Fellows, *D.*, Boston 1977 (TWAS). – J.-P. Séguin, *D. le discours et les choses*, Paris 1978. – J. Undank, *D., Inside, Outside and In-between*, Madison/Wis. 1979. – *D. und die Aufklärung*, Hg. H. Dieckmann, Mchn. 1980. – R. Galle, *D. – oder die Dialogisierung der Aufklärung* (in *Neues Handbuch der Literaturwissenschaft*, Hg. J. v. Stackelberg, Wiesbaden 1980, S. 209 bis 247). – E. B. Potulicki, *La modernité de la pensée de D. dans les œuvres philosophiques*, Paris 1980. – E. M. Bukdahl, *D., critique d'art*, 2 Bde., Kopenhagen 1980–1982. – E. de Fontenay, *D. ou le matérialisme enchanté*, Paris 1981. – M. L. Perkins, *D. and the Time-Space Continuum*, Banbury 1982. – H. Lefebvre, *D. ou les affirmations fondamentales du matérialisme*, Paris 1983. – *D. Insel Almanach auf das Jahr 1984*, Hg. H. Günther, Ffm. 1983. – J. v. Stakkelberg, *D., eine Einführung*, Zürich 1983. – R. Groh, *Ironie und Moral im Werk D.s*, Mchn. 1984. – J. Chouillet, *D. poète de l'énergie*, Paris 1984. – J.-C. Bonnet, *D.*, Paris 1984. – *D. D. 1713–1784, Zeit, Werk, Wirkung, Zehn Beiträge*, Hg. T. Heidenreich, Erlangen 1984. – *Interpréter D. aujourd'hui*, Hg. E. de Fontenay u. J. Proust, Paris 1984. – *D., 1713–1784*, Hg. A. M. Chouillet, Paris 1985. – *D., les dernières années, 1770–1784*, Hg. P. France u. A. Strugnell, Edinburgh 1985. – *D., Digression and Dispersion*, Hg. J. Undank u. H. Josephs, Lexington/Ky. 1985. – *D. Vielheit u. Einheit der Aufklärung. Internationales Kolloquium, Halle 1984* (in BRP, 24, 1985, S. 183–352). – X. Baumeister, *D.s Ästhetik der ›Rapports‹*, Ffm./Bern 1985. – R. Davison, *D. et Galiani*, Banbury 1985. – K. Dirscherl, *Der Roman der Philosophen, D., Rousseau, Voltaire*, Tübingen 1985. – G. Daniel, *Le style de D. Légende et structure*, Genf 1986.

LES BIJOUX INDISCRETS

(frz.; *Die geschwätzigen Kleinode*). Roman von Denis DIDEROT, erschienen 1748. – Der Sultan des Kongoreichs, Mangogul, langweilt sich und läßt sich auf den Rat seiner Favoritin vom Hofzauberer einen magischen Ring geben, der es ihm ermöglicht, alles, was am Hof passiert, wahrheitsgemäß zu erfahren, insbesondere die Liebesabenteuer der Damen seines Hofstaates. Sobald er nämlich den Edelstein des Zauberrings auf das »Kleinod« einer Frau richtet, wird diese veranlaßt, alle ihre Liebesaffären zu enthüllen. Selbstverständlich kommt dem Motiv des Kleinods ein zweideutiger Sinn zu. Im weiteren Verlauf des Romans handelt es sich um die unfreiwilligen skandalösen Bekenntnisse, die abzulegen jene Damen bei öffentlichen Empfängen sich genötigt fühlen.

Der in der Tradition von *Tausendundeine Nacht* stehende Roman, der außerdem auf eine Fabel von den »sprechenden Juwelen« (*Fabliaux*, 13. Jh.) zurückgeht, ist jedoch mehr als nur eine frivole Erzählung im Stil des *Heptaméron* der MARGUERITE DE NAVARRE. Diderot intoniert bereits in seinem ersten, der literarischen Libertinage verpflichteten Roman die Themen und Erzählformen seines späteren Werks; er dient ihm als Vorwand für die satirische Kritik an zeitgenössischen Erscheinungen auf allen nur denkbaren Gebieten. Unter der Fülle der angeschnittenen Themen sind neben den Ausführungen über Schlaf, Traum und Unterbewußtsein, in denen Erkenntnisse der modernen Tiefenpsychologie vorweggenommen werden, Diderots Theorien des Romans und des Theaters bemerkenswert. In einer Zeit, da ganz Frankreich in Abenteuer- und Intrigenromanen schwelgt, fordert er vom Roman Schlichtheit der Handlung – eine Forderung, die indessen in den *Bijoux indiscrets* keineswegs erfüllt wird – und Realismus in der Darstellung.

Diderots Kritik des damals in ganz Europa bewunderten klassischen französischen Dramas hat den Anstoß zu LESSINGS *Hamburgischer Dramaturgie* gegeben. Nicht die Antike, postuliert Diderot, sondern die Natur soll dem Dramatiker, wie übrigens auch dem Schauspieler, als Vorbild dienen. Die berühmten drei Einheiten (des Ortes, der Zeit und der Handlung) werden als wirklichkeitsfern verworfen. Hier, wie auch in seinen Äußerungen zu Fragen der Philosophie, der Jurisprudenz, der Wirtschaft usw., zeigt sich Diderot nicht nur als ein Geist von enzyklopädischen Interessen und Kenntnissen, sondern auch als Wegbereiter der Moderne.

J.H.K.-KLL

AUSGABEN: Paris 1748, 2 Bde. [anon.]. – Paris 1875–1877 (in *Œuvres complètes*, Hg. J. Assézat u. M. Tourneux, 20 Bde., 6; Nachdr. Nendeln 1966). – Paris 1959 (in *Œuvres romanesques*, Hg. H. Bénac; Class. Garn; ern. 1981). – Paris 1962 (in *Œuvres*, Hg. A. Billy; Pléiade). – Paris 1968 (GF). – Paris 1978 (in *Œuvres complètes*, Hg. H. Dieckmann u. a., 1975 ff., Bd. 3; krit.). – Paris 1981 (Folio).

ÜBERSETZUNGEN: *Die geschwätzigen Muscheln*, J. B. v. Knoll, 2 Bde., Augsburg 1776. – *Die geschwätzigen Kleinode oder die Verräter*, L. Schmidt, Mchn. 1921. – *Die indiskreten Kleinode*, Bearb. J.-U. Fechner, Karlsruhe 1965. – Dass., H. Hinterhäuser (in *Das erzählerische Gesamtwerk*, Hg. ders., 4 Bde., 2, Bln. 1966; ern. Ffm./Bln. 1987; Ullst. Tb). – Dass., ders. (in *Sämtl. Romane u. Erzählungen*, Hg. ders., 2 Bde., 1, Mchn. 1979; ern. 1982). – *Die geschwätzigen Kleinode*, C. Gersch (in *Das er-*

zählerische Werk, Hg. M. Fontius, 4 Bde., 1, Bln./DDR 1978).

Literatur: O. Fellows, *Metaphysics and the »Bijoux indiscrets«* (in StV, 1967, Nr. 56, S. 509–540). – A. Freer, *Ricerche sulla fortuna dei »Bijoux indiscrets«* (in SRLF, 11, 1971, S. 87–131). – J. McFadden, *»Les bijoux indiscrets«: A Deterministic Interpretation* (in StV, 1973, Nr. 116, S. 109–135). – R. P. Thomas, *»Les bijoux indiscrets« as a Laboratory for D.s Later Novels* (ebd., 1975, Nr. 135, S. 199–211). – D. Adams, *Experiment and Experience in »Les bijoux indiscrets«* (ebd., 1979, Nr. 182, S. 303–317). – A. Vartanian, *The Politics of »Les bijoux indiscrets«* (in *Enlightenment Studies in Honour of L. G. Crocker*, Hg. A. J. Bingham u. V. W. Topazio, Oxford 1979, S. 349–376). – J. Proust, *Des bijoux trop discrets* (in J. P., *L'objet et le texte*, Genf 1980, S. 127–145). – J. Ozdoba, *Heuristik der Fiktion. Künstler u. philosophische Interpretation der Wirklichkeit in D.s »Contes«, 1748–1772*, Ffm. u. a. 1980. – J. Rustin, *Le personnage et la fonction de Sélim dans »Les bijoux indiscrets«* (in Études sur le 18e siècle, Straßburg 1982, S. 57–105). – P. Hoffmann, *Note sur la signification philosophique du personnage de Sélim dans »Les bijoux indiscrets«* (ebd., S. 108–125). – J. P. Seguin, *»Les bijoux indiscrets« discours libertin et roman de la liberté* (in *Eros philosophique*, Hg. F. Moreau u. A. M. Rieu, Paris 1984, S. 41–55).

ENCYCLOPÉDIE OU DICTIONNAIRE RAISONNÉ DES SCIENCES, DES ARTS ET DES MÉTIERS, PAR UNE SOCIÉTÉ DE GENS DE LETTRES

(frz.; *Enzyklopädie oder Auf Vernunfterkenntnis gegründetes Lexikon der Wissenschaften, der Kunst und des Handwerks, herausgegeben von einer Gesellschaft von Gelehrten*). Großes lexikalisches Kollektivwerk der französischen Aufklärung; das Werk umfaßt siebzehn Foliobände und elf Bände mit Kupferstichen, die zwischen 1751 und 1772 erschienen; sowie fünf nachgelieferte Supplementbände und zwei Registerbände; konzipiert und herausgegeben von Denis Diderot und Jean le Rond d'Alembert (bis 1758). – Im 1750 veröffentlichten *Prospectus*, der Vorankündigung der *Encyclopédie*, formuliert Diderot das Programm des großangelegten enzyklopädischen Unternehmens: *»Bei der lexikalischen Zusammenfassung alles dessen, was in die Bereiche der Wissenschaften, der Kunst und des Handwerks gehört, muß es darum gehen, deren gegenseitige Verflechtungen sichtbar zu machen, und mit Hilfe dieser Querverbindungen die ihnen zugrundeliegenden Prinzipien genauer zu erfassen und die Konsequenzen klarer herauszustellen; es geht darum, die entfernteren und näheren Beziehungen der Dinge aufzuzeigen, aus denen die Natur besteht und die die Menschen beschäftigt haben, ein allgemeines Bild der Anstrengungen des menschlichen Geistes auf allen Gebieten und in allen Jahrhunderten zu entwerfen.«*

Das Projekt geht auf eine Initiative des Pariser Verlegers Le Breton zurück, der – möglicherweise ermutigt durch den Duc d'Antin, Großmeister der Pariser Freimaurerloge – 1745 die Lizenz für die Übersetzung der ersten englischen Enzyklopädie erwarb, die *Cyclopaedia or Universal Dictionary of Arts and Sciences* (1728) von Ephraim Chambers. Mit der Überarbeitung der von Anfang an wesentlich umfassender angelegten französischen Ausgabe betraute der Verleger zunächst den Gelehrten Jean Paul de Gua de Malves, der sich um die Mitarbeit namhafter Intellektueller und Wissenschaftler bemühte, unter ihnen d'Alembert, Condillac, Diderot. Auf Drängen des Verlegers trat Gua de Malves die Herausgeberschaft 1747 an Diderot und d'Alembert ab, die die Konzeption des Unternehmens entscheidend veränderten und ein eigenständiges Werk in Angriff nahmen. Im Juli 1751 erschien der erste Band, im Januar 1752 der zweite. Auf Betreiben der Jesuiten und Jansenisten, die – wie bereits in Diderots 1749 erschienener *Lettre sur les aveugles* – das theologische Weltbild in Frage gestellt sahen, wurden die beiden ersten Bände unterdrückt bzw. verboten. Es bedurfte der Intervention der Madame de Pompadour sowie des Prestiges d'Alemberts, der zwischenzeitlich in die Akademie der Wissenschaften aufgenommen worden war, um das Verbot aufzuheben sowie die Konfiszierung der vorliegenden Manuskripte und nicht zuletzt den finanziellen Ruin des Verlegers zu verhindern. Wirksam wurde auch die informelle Unterstützung des gegenüber dem Projekt der Aufklärung positiv eingestellten Staatssekretärs Malesherbes, dem das Buchwesen unterstand. Nachdem d'Alembert, der insbesondere für das Sachgebiet Mathematik verantwortlich war und der den großangelegten *Discours préliminaire (Einleitung zur Enzyklopädie)* verfaßt hatte, der Angriffe und Intrigen überdrüssig war, zog er sich aus dem Unternehmen zurück; eine Auseinandersetzung mit Rousseau über d'Alemberts Artikel *Genf* (1758) war der Anlaß, Diderot die alleinige Herausgeberschaft der Enzyklopädie zu überantworten.

Von 1753 bis November 1757 erschienen die Bände III–VII in einer Auflage von bis zu 4000 Exemplaren, eine vergleichsweise hohe Auflage, die der Anzahl der eingegangenen Subskriptionen entsprach. Die folgenden zehn Bände sowie die Herausgabe der Bildbände (Abbildungen aus den Bereichen Handwerk, Technik, Wissenschaften) besorgte Diderot, der darüber hinaus für die Koordination der Beiträge von mindestens 160 Autoren, für die Verhandlungen mit Buchhändlern und Subskribenten, die Endredaktion, die Überwachung des Drucks usw. verantwortlich war. Er selbst verfaßte mehrere tausend Artikel, die von kurzen Notizen bis hin zu umfassenden Abhandlungen reichen (allein für die ersten beiden Bände über 3000). Nach Erscheinen der ersten sieben Bände wurde aufgrund eines Attentats auf Ludwig XV. (Januar 1757) die Zensur verschärft; 1759 verdammte Papst Clemens XIII. die *Encyclopédie* und anschließend wurde ihr die Druckgenehmigung entzogen. Daß angesichts dieser bewegten Entstehungs- und Publikationsgeschichte 1765 die siebzehn Bände schließlich vorlagen, ist dem Engagement und der hartnäckigen Arbeit Diderots zu verdanken. Offen oder insgeheim unterstützt von offiziellen Kreisen und hochgestellten Persönlichkeiten sowie dank der Hilfe des unermüdlichen Mitarbeiters Louis de JAUCOURT, der zahlreiche Artikel verfaßte und sein ganzes Vermögen investierte (Diderot würdigt ihn eigens im *Avertissement* von Band VIII), konnte dieses monumentale Werk nach zwanzigjähriger Arbeit konsequent zum Abschluß gebracht werden.

Aufgebaut nach alphabetisch angeordneten Stichwörtern sollte die *Encyclopédie* im Interesse der Aufklärung über sämtliche Wissensgebiete Auskunft geben; d. h. eine kritische Bestandsaufnahme des verfügbaren Wissens darstellen, die im Unterschied zu den bisherigen Nachschlagewerken auch die handwerklichen und technischen Berufe umfassend berücksichtigt. Im Artikel *Encyclopédie* formuliert Diderot emphatisch die Intention der Enzyklopädisten: *»Es ist in der Tat das Ziel einer ›Enzyklopädie‹, die auf der Erdoberfläche verstreuten Kenntnisse zu sammeln, deren System den Menschen, mit denen wir leben, und denjenigen, die nach uns kommen, darzulegen, auf daß die Arbeit der vergangenen Jahrhunderte für die kommenden nicht unnütz gewesen sei, unsere Enkel, indem sie wissender werden, zugleich besser und glücklicher werden und wir nicht sterben, ohne uns um die Menschheit verdient gemacht zu haben.«*

Namhafte Schriftsteller und Wissenschaftler der Zeit beteiligten sich: so konnte Diderot u. a. für den Bereich Philosophie Condillac, D'HOLBACH und HELVÉTIUS gewinnen; für den Bereich Volkswirtschaft zeichneten die Physiokraten QUESNAY und TURGOT; die Literatur wurde von MARMONTEL bearbeitet; BUFFON war für die Naturgeschichte zuständig; MORELLET, DE PRADES, YVON behandelten die Theologie; VOLTAIRE verfaßte die Artikel *Eleganz, Geschichte, Beredsamkeit, Geist, Imagination*; MONTESQUIEU sollte ursprünglich die Beiträge *Demokratie* und *Despotismus* verfassen, lehnte es jedoch ab und schrieb statt dessen über den *Geschmack*; Rousseau verfaßte den Artikel *Politische Ökonomie* sowie Beiträge zur Musik, DUMARSAIS schrieb Beiträge zur Grammatik. Daß diese bedeutendste Publikation der Aufklärung nur als Werk einer Gruppe von engagierten Fachleuten und nicht als Auftrag einer staatlichen Akademie realisiert werden konnte, begründet Diderot in seinem Artikel *Encyclopédie* – eine detaillierte Darlegung technischer Fragen sowie ein aufschlußreiches Dokument seiner Erfahrungen als Herausgeber, der auch hier die Gelegenheit eines optimistischen Glaubensbekenntnisses zur Aufklärung wahrnimmt. In einem Brief an Sophie Volland (26. 9. 1762) formuliert er das Ziel der Enzyklopädisten noch deutlicher: *»Dieses Werk wird sicher mit der Zeit eine Umwandlung der Geister mit sich bringen, und ich hoffe, daß die Tyrannen, die Unterdrükker, die Fanatiker und die Intoleranten dabei nicht gewinnen werden. Wir werden der Menschheit gedient haben, aber man wird uns dafür erst danken, wenn wir längst in kalte und fühllose Asche verwandelt sind.«*

Diderot bemühte sich auch erfolgreich um die Mitarbeit von Handwerkern und Technikern, die entweder selbst über ihre Fachgebiete schrieben oder Auskunft über ihre Kenntnisse und Arbeitsweisen gaben; im *Prospectus* berichtet er darüber: *»Alles veranlaßte uns, uns an die Arbeiter selbst zu wenden ... Wir haben uns die Mühe gemacht, in ihre Werkstätten zu gehen und sie zu befragen, nach ihren Anweisungen zu schreiben, ihre Gedanken und ihr Wissen genau darzustellen, uns ihre Spezialausdrücke anzueignen und mit ihrer Hilfe die Illustrationen anzufertigen und zu beschriften.«* Diderot verfaßte selbst viele solcher Beiträge, beispielsweise den Artikel *Coutelier (Messerschmied)*; ein junger Uhrmacher übernahm die Gebiete der Uhrmacherei und der astronomischen Instrumente; ein Kartograph der Marine verfaßte Beiträge über Geographie; Architekten gaben über ihr Fach Auskunft; im Artikel *Bas (Strumpf)* wird beispielsweise das Funktionieren einer neuen Strumpfwirkmaschine erläutert und auf der entsprechenden Tafel abgebildet. Die von den Zeitgenossen allgemein geteilte Begeisterung über das reichhaltige und kunstvolle Bildmaterial, das etwa ein Drittel des Gesamtumfangs des Werks ausmacht und erheblich zum Erfolg der *Enzyklopädie* beitrug, hat GOETHE in *Dichtung und Wahrheit* (11. Buch) festgehalten: *»Wenn wir von den Enzyklopädisten reden hörten, oder einen Band ihres ungeheuren Werkes aufschlugen, so war es uns zu Mute, als wenn man zwischen den unzähligen bewegten Spulen und Weberstühlen einer großen Fabrik hingeht, und vor lauter Schnarren und Rasseln, vor allem Aug und Sinne verwirrenden Mechanismus, vor lauter Unbegreiflichkeit einer auf das mannigfaltigste in einander greifenden Anstalt, in Betrachtung dessen, was alles dazugehört, um ein Stück Tuch zu fertigen, sich den eignen Rock selbst verleidet fühlt, den man auf dem Leibe trägt.«*

Der arbiträren Systematik und der chaotischen Scheinordnung des Alphabets kommt die *Encyclopédie* gewissermaßen durch die Siglen zuvor, die jeden der alphabetisch angeordneten Artikel derjenigen Wissenschaft zuordnen, in die er gehört; das ausgeklügelte, von Pierre BAYLE in seinem *Dictionnaire historique et critique* (1695–1697) eingeführte System von Verweisen auf andere Artikel erweist sich u. a. als Versuch, die Einzelerkenntnisse in einen erkenntniskritischen Zusammenhang zu stellen. Diderot nimmt zu dieser »enzyklopädischen Systematik« bzw. »Taktik« des Unternehmens ebenfalls im Artikel *Encyclopédie* Stellung.

Der »genealogische Baum« der Erkenntnis, den d'Alembert im *Discours préliminaire* entworfen hat, soll das systematische Vorgehen der Enzyklopädisten veranschaulichen. Wissenschaftsgeschichtlich betrachtet vollzieht sich hier ein Paradigmawechsel: An die Stelle der um 1750 noch immer vorherrschenden Disziplinen (Mathematik oder Geometrie) tritt die Wissenschaft vom Menschen; daß es bei der Präsentation neuer Fragestellungen auch darum ging, sich vom überlieferten, klassifikatorischen Diskurs zu trennen, veranlaßte die Autoren, insbesondere Diderot, nicht selten zu ironischen und polemischen Formulierungen, die Zweifel am verbürgten Wissen zum Ausdruck bringen (vgl. seinen Artikel *Homme-Mensch*). Skepsis tritt an die Stelle der Gewißheit; unterschiedliche Formen der Darstellung verweisen auf die Vielgestaltigkeit des Wissens und letztlich auf das Paradox des Unternehmens, das einerseits mit dem Anspruch antritt, den letzten Stand der Kenntnisse möglichst vollständig zu erfassen, und andererseits tendenziell unabschließbar ist. Daß die meisten Mitarbeiter, allen voran Voltaire, tatsächlich noch dem klassischen, durch Klarheit und Formulierbarkeit der Gedanken gekennzeichneten (sozusagen »zeitlosen«) Diskursideal verpflichtet sind, kann nicht darüber hinwegtäuschen, daß insbesondere Diderot (vor allem in seinem philosophisch-ästhetischen Werk) bemüht war, einen neuen, der Wissenschaft vom Menschen adäquaten Diskurs zu praktizieren.

Unverkennbar parteiisch, aufgeklärt-polemisch nehmen erwartungsgemäß die Artikel aus dem Bereich Politik Stellung gegen Willkürherrschaft und Absolutismus. Berühmt geworden ist Diderots Artikel *Autorité*, in dem er einen auf dem Naturrecht basierenden Freiheitsbegriff propagiert: *»Kein Mensch hat von der Natur das Recht erhalten, über andere zu gebieten. Die Freiheit ist ein Geschenk des Himmels, und jedes Individuum, sofern es mit Vernunft begabt ist, hat ein Recht darauf. Der Fürst empfängt allein von seinen Untertanen die Herrschaft, die er über sie ausübt, und diese Herrschaft wird von den Gesetzen der Natur und des Staates begrenzt ... er darf diese Herrschaft niemals anwenden, um den Akt oder den Vertrag zu brechen, durch welchen ihm diese übertragen wurde.«* Obwohl Diderot zum Schluß die *Bibel* zitiert, rief sein Artikel unverzüglich die Jesuiten auf den Plan, denen der revolutionäre Tenor des Beitrags nicht entgangen war.

Die Mitarbeiter der Physiokraten um Turgot fanden in der *Encyclopédie* ein Forum für ihre volkswirtschaftlichen Reformvorstellungen; der Artikel *Steuern* übt rückhaltlose Kritik am Zustand der französischen Landwirtschaft und an der Ausbeutung der in miserablen Verhältnissen lebenden Bauern. Die Freiheit des Handels wurde ebenso gefordert wie die Reform des Strafrechts.

Durch besondere Kühnheit zeichnen sich die Angriffe auf die Religion aus; im Geiste der Aufklärung wird der Kampf gegen alle Formen des Aberglaubens und des Obskurantismus geführt, wobei der Leser auf das System von Verweisen angewiesen ist, um auf Umwegen das Panorama der Argumente und Meinungen erfassen zu können. In diesem Zusammenhang erwähnt Diderot den Artikel *Cordelier (Franziskanermönch)*, in dem zunächst die Verdienste der Franziskaner vorteilhaft dargestellt werden; doch im selben Artikel wird auf den Artikel *Kapuze* verwiesen, in dem dann die Scholastik und mithin die Franziskaner einer grundsätzlichen Kritik unterzogen werden. Die Polemik gegen die Religion bzw. das Christentum gipfelt in der damals neuen Vorstellung vom Glück: *»Die Natur hat uns allen unser Glück zum Gesetz gegeben. Alles, was nicht Glück ist, ist uns fremd; nur es allein hat Macht über unser Herz; wir stürzen alle einen steilen Abhang hinunter und auf es zu, von mächtigem Zauber, von einer unauslöschlichen, unvergänglichen, natürlichen Anziehungskraft getrieben, die die Natur unserm Herzen eingegeben hat: im Glück allein ist Zauber und Vollkommenheit.«* Es war diese Vorstellung vom diesseitigen menschlichen Glück, die die Enzyklopädisten in ihrem Unternehmen, die Menschen von den Zwängen tradierter Normen und Werte zu befreien, beflügelte und sie darin bestärkte, nicht davor zurückzuschrecken, mit den Herrschenden in Konflikt zu geraten.

Hinsichtlich des Informationsgehaltes oder der Form der Darstellung sind die einzelnen Beiträge so unterschiedlich wie ihre Verfasser. D'Alembert verglich das Werk mit einer »Narrenjacke«, in die sehr gute und sehr schlechte Stoffetzen eingearbeitet seien; doch insgesamt ist jedes Sachgebiet mit brillanten, nicht zufällig berühmt gewordenen Beiträgen vertreten. Obwohl die *Encyclopédie* in Frankreich offiziell verboten blieb, fand sie in ganz Europa Verbreitung (bereits 1758 wurde in Italien der erste Nachdruck in Angriff genommen) und trug entscheidend zur Propagierung der Aufklärung und zur Vorbereitung des wissenschafts- und mentalitätsgeschichtlichen Umbruchs bei, der seinen gesamtgesellschaftlichen Ausdruck in der Französischen Revolution finden sollte. Diderot war es nicht vergönnt, den Ausbruch der Revolution zu erleben; er starb fünf Jahre vor dem Sturm auf die Bastille, am 30. 7. 1784 in Paris.

B.We.-KLL

AUSGABEN: Paris 1751–1780, 35 Bde.; Faks. Stg. 1966/67. – Paris 1976 (in *Œuvres complètes*, Hg. H. Dieckmann u. a., 1975 ff., Bd. 5–8; krit.). – Mailand/Paris 1979, Hg. F. M. Ricci, 18 Bde. [Ausg. d. Bildtafeln].

ÜBERSETZUNGEN: *Artikel der von Diderot und D'Alembert herausgegebenen Enzyklopädie*, Th. Lükke, Ffm. 1972; ²1985 [Ausw.]. – *Diderots Enzyklopädie 1762–1777*, Bearb. G. Zill, 4 Bde., Mchn. 1979 [Ausg. d. Bildtafeln].

LITERATUR: J. Morley, *D. and the Encyclopédistes*, Ldn. 1886. – R. Hubert, *Les sciences sociales dans l'»Encyclopédie«*, Paris 1923. – Ders., *Rousseau et l'»Encyclopédie«*, Paris 1927. – J. Legras, *D. et l'»Encyclopédie«*, Amiens 1928. – A. Cazes, *Grimm et les Encyclopédistes*, Paris 1933. – R. Naves, *Voltaire et l'»Encyclopédie«*, Paris 1938. – J. E. Barker, *D's Treatment of the Christian Religion in the »Encyclopédie«*, NY 1941. – P. Grosclaude, *Un audacieux message. L'»Encyclopédie«*, Paris 1951. – *L'»Encyclopédie« et le progrès des sciences et des techniques*, Paris 1952 [Sammelbd. d. Beitr. aus Revue d'Histoire des Sciences]. – J. Mayer, *D., homme des sciences*,

Rennes 1959. – J. Proust, *D. et l'»Encyclopédie«*, Paris 1962. – F. Venturi, *Le origini dell' »Encyclopédie«*, Turin 1963. – J. Lough, *Essays on the »Encyclopédie« of D. and d'Alembert*, Ldn. 1968. – Ders., *L'»Encyclopédie«*, Ldn. 1971. – R. N. Schwab, *Inventory of D.s »Encyclopédie«*, 7 Bde., Genf 1971–1984. – J. Lough, *The Contributors to the »Encyclopédie«*, Ldn. 1973. – J. Dörflinger, *Die Geographie in der »Encyclopédie«*, Wien 1976. – R. Darnton, *The Business of Enlightenment. A Publishing History of the »Encyclopédie«*, Cambridge/Mass. 1979. – S. Auroux, *La sémiotique des Encyclopédistes*, Paris 1979. – *Essai et notes sur l'»Encyclopédie« de D. et d'Alembert*, Parma 1979 [Vorw. J. L. Borges]. – *Guida alla nuova edizione de l'»Encyclopédie« di D. e d'Alembert*, Mailand 1980. – R. Darnton, *L'aventure de l'»Encyclopédie«*, Paris 1982. – *Autour de l'»Encyclopédie«*, Hg. A. Becq, Caen 1983. – P. Swiggers, *Les conceptions linguistiques des Encyclopédistes*, Heidelberg/Löwen 1984. – J. Proust, *Marges d'un utopie. Pour une lecture critique des planches de l'»Encyclopédie«*, Cognac 1985. – *L'»Encyclopédie et D.*, Hg. E. Mass u. P.-E. Knabe, Köln 1985.

L'ENTRETIEN ENTRE D'ALEMBERT ET DIDEROT

(frz.; *Das Gespräch zwischen d'Alembert und Diderot*). Philosophischer Dialog von Denis DIDEROT, entstanden 1769. Wegen der hier verfochtenen, Diderot selbst sehr gewagt erscheinenden Thesen wurde das Werk, ergänzt durch die Aufsätze *Le rêve de d'Alembert (Der Traum d'Alemberts)* und *La suite de l'entretien (Fortsetzung des Gesprächs)*, erst 1830 veröffentlicht.

In keinem anderen Werk kommen Diderots Originalität, seine philosophische Vorstellungskraft und die seiner Zeit weit vorauseilenden Ansichten zur Entwicklung der Wissenschaften so klar zum Ausdruck wie in diesen Gesprächen, deren innovatorische Wirkung nicht nur in der Neuartigkeit der Gedankengänge, sondern auch in der dialogischen Gestaltung liegt: Diderot entfaltet einen für ihn typischen Stil der Beweglichkeit, der mit Assoziationen, Einfällen, labyrinthischen Abwegen der Phantasie jongliert und die Arbeit der Vernunft »inszeniert«, so daß das Denken prozeßhaft zur Darstellung gelangt.

Der Mathematiker d'Alembert eröffnet den Dialog mit einem Bekenntnis zum Deismus, in dem er den Glauben an die Existenz eines höchsten Wesens als unerläßliche Voraussetzung jeder Forschung bezeichnet. Diderot pflichtet d'Alemberts Auffassung, die Lebewesen seien nicht aus sich spontan entfaltenden, präexistenten Keimen entstanden, im Ansatz bei. Seine Hypothese zielt auf eine Art Urzeugung und eine allgemeine, auch umkehrbare Evolution: *»Der kaum sichtbare Wurm, der sich im Kot bewegt, entwickelt sich vielleicht zu einem gewaltigen Tier, und umgekehrt ist das riesige Tier, das uns durch seine Größe erschreckt, vielleicht auf dem Weg zurück zum Wurmzustand und nur ein merkwürdiges, vorübergehendes Produkt dieses Planeten.«* Es folgen Betrachtungen über die Beziehungen zwischen Kraft und Materie. Die traditionelle Unterscheidung dreier Naturbereiche sei willkürlich und unvertretbar: *»Jedes Tier ist mehr oder weniger Mensch; jedes Mineral mehr oder weniger eine Pflanze; jede Pflanze mehr oder weniger Tier.«* Der Erfahrung nach könne man in der Natur lediglich zwischen einer »nicht-tätigen Empfindungsfähigkeit« *(sensibilité inerte)* und einer »tätigen Empfindungsfähigkeit« *(sensibilité active)* unterscheiden. Auch das höchste menschliche Streben lasse sich auf Bewegungen und Veränderungen der Elementarteilchen, aus denen jedes Wesen zusammengesetzt ist, zurückführen. Wenn man von diesen Prinzipien ausgeht, kann natürlich von einem freien Willen nicht mehr die Rede sein. – Der einzige Unterschied zwischen den »exakten« Wissenschaften, wie Physik und Mathematik, und *»den auf Vermutung beruhenden«* Wissenszweigen, wie Geschichte, Morallehre und Politik, besteht nach Diderots Auffassung darin, daß bei den ersteren unsere Kenntnisse sichere Voraussagen ermöglichen, bei den letzteren nur ungenügende Schlußfolgerungen gezogen werden können; denn wenn wir genaue Kenntnisse von allen Zuständen und wirksamen Kräften hätten, wären wir göttlich. D'Alembert bleibt all diesen Argumenten gegenüber skeptisch. Darauf versucht sein Gesprächspartner ihm mit unwiderstehlicher Dialektik zu beweisen, daß Skepsis mit Vernunft nicht zu vereinen sei.

Le rêve de d'Alembert, das Hauptwerk von Diderots philosophischem Schaffen, thematisiert das Verhältnis von Körper und Seele, die Unterscheidbarkeit von Mensch und Tier sowie die Frage nach der gemeinsamen Grundlage des natürlichen Universums. Diderot vertritt hier die für seine Zeit revolutionäre These von der generellen Sensibilität der Materie und mithin eine neue Auffassung vom Menschen. Zunächst wird beschrieben, wie der Mathematiker in der Nacht nach dem Gespräch von Alpträumen geplagt wird. D'Alemberts Freundin, Mademoiselle de l'Espinasse, wacht an seinem Krankenbett und zeichnet alle seine Äußerungen auf. Sie legt sie Doktor Bordeu, einem berühmten Arzt jener Zeit, zur Diagnose vor. Doktor Bordeu tritt als Verfechter der Diderotschen Theorien auf. Während d'Alembert allmählich aus seinem Fiebertraum erwacht, unterhalten sich der Arzt und die junge Frau. Ihre zwanglose Unterredung wechselt scheinbar ziellos von einem Thema zum anderen und wird immer wieder von d'Alemberts Gedanken – oder Traumbildern – unterbrochen; dabei kristallisiert sich ein unabschließbarer Denkprozeß heraus, dessen sprachliche Form nicht nur auf ein Experimentieren mit der Sprache der Wissenschaft hinausläuft, sondern der adäquate Ausdruck der kühnen Thesen darstellt: Befreit von den Zwängen der Logik, formuliert Diderot in diesem vielstimmigen Text die Auffassung vom Menschen, den man sich als ein aus Mikroorganismen bestehendes provisorisches Ganzes vorzustellen habe, dessen momentane Ganzheit in einen nicht abschließbaren Prozeß involviert sei.

In der *Suite de l'entretien* unterbreitet Doktor Bordeu Mademoiselle de l'Espinasse seine Schlußfolgerungen, die sich aus den in *Le rêve de d'Alembert* berührten Themen für die Moral ziehen lassen. Da man nach einer vorurteilslosen Prüfung der Natur des Menschen die Vorstellungen von Willensfreiheit und Verantwortlichkeit, Verdienst und Schuld nicht aufrechterhalten könne, seien die Begriffe Tugend und Laster nur Bezeichnungen für verschiedene physiologische Zustände. Es sei darum auch unsinnig, von *»Handlungen gegen die Natur«* zu sprechen. *»Alles, was ist, kann weder gegen die Natur noch außerhalb derselben sein.«* Bordeu (abermals Sprachrohr Diderotscher Gedanken) gelangt damit an einen Punkt, wo er alle Verirrungen der menschlichen Sinne und sogar die bedenklichen Praktiken der Eugenik akzeptieren muß. Entsetzt über die Konsequenzen seiner eigenen Argumente bricht er ab. – In dieser außergewöhnlichen, nicht zur Veröffentlichung bestimmten Schrift hat Diderot vorbehaltlos seine philosophischen und wissenschaftlichen Vorstellungen aufgezeichnet; er kommt auch hier wieder, ohne sich durch Einwände gegen Einzelheiten aufhalten zu lassen oder sich in Abstraktionen zu verlieren, zu extremen Schlußfolgerungen, die die spätere Entwicklung der Wissenschaft, einschließlich des Relativismus, weitgehend vorwegnehmen.

In ihrer Mischung aus Reflexion und entfesselter, die Zukunft vorwegnehmender Phantasie, die ihren Ausdruck in Metaphern, Analogien, Vergleichen findet und das »Unsagbare« nicht ausspart, sind die Gespräche weit entfernt vom trockenen Stil konventioneller gelehrter Abhandlungen. Vor allem gefällt sich Diderot darin, die naiven oder beunruhigten Reaktionen, das Zweifeln und Zögern seiner Gesprächspartner herauszustellen, die sich immer wieder – hoffnungslos – im Netz seiner Dialektik verfangen. KLL

Ausgaben: Paris 1830 (in *Le rêve de d'Alembert, L'entretien entre d'Alembert e Diderot, Suite de l'entretien*). – Paris 1875–1877 (in *Œuvres complètes*, Hg. J. Assézat u. M. Tourneux, 20 Bde., 1–4; Nachdr. Nendeln 1966). – Paris 1921 [Einl. u. Anm. G. Maire]. – Paris 1951 (in *Le rêve de d'Alembert*, Hg. u. Anm. P. Vernière; krit.). – Paris 1962 (in *Œuvres*, Hg. A. Billy; Pléiade). – Paris 1965 (GF). – Paris 1977 (in *Œuvres philosophiques*, Hg. P. Vernière; Class. Garn). – Paris 1984 (*Le rêve de d'Alembert*, Hg. R. Desné u. J. Varloot).

Übersetzung: *Gespräche mit d'Alembert*, Th. Lükke (in *Philosophische Schriften*, Bd. 1, Bln. 1961, S. 511 ff.; ern. 1984). – *Der Traum d'Alemberts*, S. Gutkind, Stg. 1923 [Einl. R. Koch]. – In *Erzählungen und Gespräche*, K. Scheinfuss, Ffm. 1981 (Insel Tb).

Literatur: H. Dieckmann, *T. Bordeu und D.s »Rêve de d'Alembert«* (in RF, 52, 1938, S. 55–122). – J. Pommier, *La copie Naigeon du »Rêve de d'Alembert« est retrouvée* (in RHLF, 52, 1952, S. 25–47). – J. De Booy, *Quelques renseignements inédits sur un manuscrit du »Rêve de d'Alembert«* (in Neoph, 40, 1956, S. 81–93). – Y. Belaval, *Les protagonistes du »Rêve«* (in D. Studies, 3, 1961, S. 27–53). – J. Varloot, *Les copies du »Rêve de d'Alembert«* (in CAIEF, 13, 1961, S. 353–366). – Ders., *D.s Philosophie im »Rêve de d'Alembert«* (in SuF, 14, 1962, S. 704–728). – Ders., *Le projet ›antique‹ du »Rêve de d'Alembert«* (in BRP, 2/2, 1963, S. 49–61). – J. Proust, *Variations sur un thème de »L'entretien avec d'Alembert«* (in RSH, 28, 1963, S. 453–470). – A. Vartanian, *D. and the Phenomenology of the Dream* (in D. Studies, 8, 1966, S. 217–253). – H. Dieckmann, *Die künstlerische Form des »Rêve de d'Alembert«*, Köln 1966. – E. Hill, *Materialism and Monsters in D.s »Rêve de d'Alembert«* (in D. Studies, 10, 1968, S. 67–93). – G. Daniel, *Autour du »Rêve de d'Alembert«: réflexions sur l'esthétique de D.* (ebd., 12, 1969, S. 13–73). – U. Winter, *Der Materialismus bei D.*, Genf 1972. – *Studies on the »Rêve de d'Alembert«*, Hg. F. A. Spear (in D. Studies, 17, 1973, S. 13–106). – J. Starobinski, *Le philosophe, le géomètre, l'hybride* (in Poétique, 21, 1975, S. 8–23). – Y. Belaval, *Trois lectures du »Rêve de d'Alembert«* (in D. Studies, 18, 1975, S. 15–32). – Ders., *L'horizon matérialiste du »Rêve de d'Alembert«* (in *D. und die Aufklärung*, Hg. H. Dieckmann, Mchn. 1980, S. 113–122). – S. L. Pucci, *Metaphor and Metamorphosis in D.s »Rêve de d'Alembert«* (in Symposium, 35, 1981, S. 325–340). – E. de Fontenay, *D. ou le matérialisme enchanté*, Paris 1981. – H. Lefebvre, *D. ou les affirmations fondamentales du matérialisme*, Paris 1983. – P. Casini, *La revanche de l'inconscient. D'Alembert vu par D.* (in DHS, 16, 1984, S. 17–25). – L. Perol, *Quelques racines encyclopédiques du »Rêve de d'Alembert«* (in *L'»Encyclopédie« et D.*, Hg. E. Mass u. P.-E. Knabe, Köln 1985).

JACQUES LE FATALISTE ET SON MAÎTRE

(frz.; *Jakob, der Fatalist, und sein Herr*). Roman von Denis Diderot, entstanden 1773–1775; Auszüge wurden erstmals 1778–1780 in *Correspondance littéraire* von Melchior Grimm veröffentlicht. 1785 brachte Schiller in der ›Rheinischen Thalia‹ unter dem Titel *Merkwürdiges Beispiel einer weiblichen Rache. Aus einem Manuskript des verstorbenen Diderot gezogen* die Episode der Mme. de la Pommeraye in eigener Übersetzung heraus. 1792 erschien eine vollständige deutsche Übersetzung von W. Ch. S. Mylius. Das französische Original wurde erstmals 1796 in Paris veröffentlicht. – Die kritische Durchleuchtung einer philosophischen These, deren mögliche praktische Konsequenzen am Verhalten der Hauptfiguren demonstriert werden, steht – wie im *Candide* von Voltaire – thematisch im Vordergrund des Romans. Diderot verzichtet dabei – darin unterscheidet er sich von Voltaire – auf ein abgeschlossenes und in sich sinnvolles Geschehen; der Fortgang der äußeren Ereignisse wird vielmehr immer wieder vom Erzähler unterbrochen, der sich mit ironischen Kommentaren, Reflexionen, erzähltechnischen Überlegungen und Hinweisen auf das weitere Schicksal der Romanhelden zu Wort meldet und zunehmend den Leser in den Erzählvorgang einbezieht, dabei spielt er mit den traditionellen Lesererwartungen, in der Absicht, Illusionen zu zerstören und den Leser zum kritischen Mitdenker zu erziehen. Das Resultat, eine scheinbar willkürliche Zeit- und Handlungsstruktur, bezeugt den unmittelbaren Einfluß von Laurence STERNES *Tristram Shandy*.

Der Diener Jacques und sein adliger Herr reisen mit unbestimmtem Ziel und ohne ersichtlichen Zweck zu Pferd durch Frankreich. Die beiden diskutieren, wenn sie nicht gerade über die amourösen Abenteuer des Dieners plaudern, bei jeder sich bietenden Gelegenheit über das Problem der Willensfreiheit. Paradoxerweise ist der weltgewandte, tatkräftige und vorwitzige Jacques Anhänger eines stoischen Fatalismus und betont bei allem, was passiert, es habe in der großen himmlischen Schicksalsrolle geschrieben gestanden *(»c'était écrit là-haut«)*, während sich sein gelangweilter und schläfriger Herr zur Freiheit des Willens bekennt, ohne von ihr im Leben wirklich Gebrauch zu machen. Aus diesen gegensätzlichen Ansichten und Temperamenten entwickelt Diderot eine stark mit sozialkritischen Elementen durchsetzte Darstellung des Herr-Knecht-Verhältnisses. Der Herr *»wußte nicht, was er ohne seine Uhr, ohne Tabaksdose und ohne Jacques anfangen sollte. Das waren die drei großen Hebel seines Lebens, welches er damit zubrachte: Tabak zu nehmen, nachzusehen, wieviel Uhr es sei, und Fragen über Fragen an Jacques zu richten.«* Der lebenskluge Diener dagegen wäre sehr wohl imstande, ohne seinen Herrn auszukommen, und bleibt ihm nicht nur aus Gutmütigkeit treu, sondern auch aufgrund des intrikaten Verhältnisses zwischen Herr und Knecht. – Die dritte Hauptperson, der stark in den Vordergrund tretende Erzähler, befindet sich gleichfalls in einem Dilemma zwischen Notwendigkeit und Freiheit. Einerseits verfügt er über die Freiheit, die Geschichte nach seinem Belieben zu erzählen, auf der andern Seite aber fühlt er sich streng der Wahrheit verpflichtet. Um die Authentizität seines Berichts zu beglaubigen, stellt er Erwägungen über Lücken in seinen Quellen an und diskutiert die Verläßlichkeit dreier Manuskripte, die voneinander abweichende Schlußfassungen der Lebensgeschichte seiner Helden bieten.

Unbedeutende Zufälligkeiten, die in das Geschehen einbezogen werden, um den Anschein der Wirklichkeitstreue noch zu erhöhen, tragen entscheidend zu der von Diderot mit überlegener Ironie gestalteten Vielschichtigkeit der Handlung bei, die der Komplexität des Lebens weitaus adäquater erscheint als die traditionelle Form des Romans. – Neben der philosophischen Position ist es tatsächlich das Experimentieren mit der Romanform, das *Jacques le Fataliste* in die Reihe der mit Cervantes' *Don Quijote* einsetzenden Antiromane stellt: Diderot stellt hier nicht nur den allwissenden auktorialen Erzähler in Frage, sondern schreibt seinem Roman geradezu eine Geschichte der Romantheorie ein, nicht ohne alle Formen des Dogmatismus und jede trügerische Selbstgewißheit des Romanciers abzulehnen.

Die Meinungen über den Roman gehen weit auseinander. Sie reichen vom Vorwurf eines *»ermüdenden Durcheinanders«* (D. Mornet) bis zu der Feststellung: *»Diderot hat den Grund gelegt zum modernen Roman ... er ist das erste Genie des neuen Frankreich«* (Edmond und Jules de Goncourt). GOETHE nannte das Buch eine *»sehr köstliche und große Mahlzeit, mit großem Verstand zugericht' und aufgetischt«*; HEGEL, der ebenso wie MARX ein Kenner und Verehrer Diderots war, entfaltete unter Bezug auf *Jacques le fataliste* die Dialektik von Herrschaft und Knechtschaft an herausragender Stelle in der *Phänomenologie des Geistes* (1807); Hans MAYER sieht in Diderots Roman den Anfang einer dialektischen Gesellschaftsbetrachtung, aufs poetischste vermittelt durch eine hintergründigheitere Erzählweise voll doppelbödigen Humors.

J.Dr.

AUSGABEN: Paris 1796, 2 Bde. – Paris 1875–1877 (in *Œuvres complètes*, Hg. J. Assézat u. M. Tourneux, 20 Bde., 6; Nachdr. Nendeln 1966). – Paris 1959 (in *Œuvres romanesques*, Hg. H. Bénac; Class. Garn; ern. 1981). – Paris 1962 (in *Œuvres*, Hg. A. Billy; Pléiade). – Paris 1970 (GF). – Genf 1976, Hg. S. Lecointre u. J. Le Galliot (krit.; TLF). – Paris 1977 (Folio). – Paris 1978, Hg. P. Vernière (Ill.). – Paris 1981 (in *Œuvres complètes*, Hg. H. Dieckmann u. a., 1975 ff., Bd. 23; krit.).

ÜBERSETZUNGEN: *Merkwürdiges Beispiel einer weiblichen Rache*, F. v. Schiller (in Rheinische Thalia, 1, 1785; Ausz.). – *Jakob u. sein Herr*, W. Ch. S. Mylius, 2 Tle., Bln. 1792. – *Bekenntnisse eines Kammerdieners*, E. Berg, Bln. 1910. – *Jakob u. sein Herr*, H. Floerke (in *Gesammelte Romane u. Erzählungen*, Bd. 3, Mchn. 1921). – Dass., W. Ch. S. Mylius, Ffm. 1961; ern. 1984 (Insel Tb). – *Jacques, der Fatalist und sein Herr*, J. Ihwe (in *Das erzählerische Gesamtwerk*, Hg. H. Hinterhäuser, 4 Bde., 3, Bln. 1967; ern. Ffm./Bln. 1987; Ullst. Tb). – Dass., ders. (in *Sämtl. Romane u. Erzählungen*, Hg. ders., 2 Bde., 2, Mchn. 1979; ern. 1982). – Dass., E. Sander, Stg. 1972 (RUB). – Dass., C. Gersch (in *Das erzählerische Werk*, Hg. M. Fontius, 4 Bde., 3, Bln./DDR 1979).

LITERATUR: J. R. Loy, *D.'s Determined Fatalist*, NY 1950. – H. Mayer, *D. u. sein Roman »Jacques le fataliste«* (in H. M., *Deutsche Literatur u. Weltliteratur*, Bln. 1957, S. 317–349). – H. Dieckmann, *Cinq leçons sur D.*, Genf 1959. – P. Vernière, *D. et l'invention littéraire à propos de »Jacques le fataliste«* (in RHLF, 59, 1959, S. 153–167). – L. G. Crocker, *»Jacques le fataliste«, an ›expérience morale‹* (in D. Studies, 3, 1961, S. 73–99). – R. Laufer, *La structure et la signification de »Jacques le fataliste«* (in

RSH, 1963, S. 517–535). – R. Manzi, *La parodie romanesque dans »Jacques le fataliste«* (in D. Studies, 6, 1964, S. 89–132). – R. Warning, *Illusion u. Wirklichkeit in »Tristram Shandy« u. »Jacques le fataliste«*, Mchn. 1965. – J. Smietanski, *Le réalisme dans »Jacques le fataliste«*, Paris 1965. – E. Köhler, *›Est-ce que l'on sait où l'on va?‹* (in RJb, 16, 1965, S. 128–148). – M. Butor, *D. le fataliste et ses maîtres* (in M. B., *Répertoire III*, Paris 1968, S. 103–158). – F. Pruner, *L'unité secrète de »Jacques le fataliste«*, Paris 1970. – T. M. Kavanagh, *The Vacant Mirror. A Study of Mimesis through D.'s »Jacques le fataliste«*, Banbury 1973. – S. Werner, *D.'s Great Scroll. Narrative Art in »Jacques le fataliste«*, Banbury 1975. – R. Warning, *Opposition und Kasus. Zur Leserrolle in D.s »Jacques le fataliste«* (in *Rezeptionsästhetik*, Hg. ders., Mchn. 1975, S. 467–493). – H. Cohen, *La figure dialogique dans »Jacques le fataliste«*, Oxford 1976. – A. G. Raymond, *La genèse de »Jacques le fataliste«*, Paris 1977. – C. Colletta, *›Sta scritto lassù‹. Saggio su »Jacques le fataliste« di D.*, Neapel 1978. – S. Jüttner, *Experimentell-exploratorisches Erzählen* (in RF, 90, 1978, S. 192–225). – J. Geffriaud-Rosso, *»Jacques le fataliste«, l'amour et son image*, Pisa 1981. – M. Kundera, *Jacques et son maître*, Paris 1981. – B. Didier, *›Je‹ et subversion du texte* (in Littérature, 48, 1982, S. 92–105). – G. Ferrari, *D. »Jacques le fataliste et son maître«* (in LR, 36, 1982, S. 213–233; 295–315). – J.-M. Goulemot, *Figures du pouvoir dans »Jacques le fataliste«* (in SFR, 8, 1984, S. 321–333). – H. Guédon, *Lecture encyclopédique de »Jacques le fataliste«* (ebd., S. 335–347). – J. R. Loy, *»Jacques le fataliste« Reconsidered* (in *D., Digression and Dispersion*, Hg. J. Undank u. H. Josephs, Lexington 1985, S. 166–179). – Ders., *A Select Bibliography of Critical Studies on »Jacques le fataliste« 1936–1982* (ebd., S. 278–282). – T. Kavanagh, *»Jacques le fataliste«* (ebd., S. 150–165). – M. Hobson, *»Jacques le fataliste«, l'art du probable* (in *D., Les dernières années, 1770–1784*, Hg. P. France u. A. Strugnell, Edinburgh 1985, S. 180–196). – G. Bremner, *D. »Jacques le fataliste«*, Ldn. 1985. – P. Campion, *D. et le »conatus« de la narration. Pour une poétique spinoziste de la narration dans »Jacques le fataliste«* (in Poétique, 17, 1986, S. 63–76).

LETTRE SUR LES AVEUGLES À L'USAGE DE CEUX QUI VOIENT

(frz.; *Brief über die Blinden zum Gebrauch der Sehenden*). Philosophische Schrift von Denis DIDEROT, erschienen 1749. – Dieses erste philosophische Hauptwerk, das die Zensurbehörde zum Anlaß nahm, den Verfasser in Vincennes einzukerkern, zeichnet sich bereits durch den von Diderot künftig bevorzugten Sprachduktus aus: An Stelle des monologischen Traktats tritt der Dialog, das vielstimmige Gespräch, der Brief. Das Werk ist an Madame de Puisieux gerichtet, die ursprünglich einer Augenoperation beiwohnen wollte. Im ersten Teil des Briefes berichtet Diderot von seinen Gesprächen mit einem Blindgeborenen, denen er einige allgemeine Bemerkungen über den Erkenntnisprozeß voranstellt und dergestalt das Ergebnis der Gespräche vorwegnimmt: Er habe nie daran gezweifelt, *»daß der Zustand unserer Organe und unserer Sinne großen Einfluß auf unsere Metaphysik und unsere Moral hat«*. Der Blinde präzisiert dann im folgenden Diderots weitreichende Schlüsse, indem er zunächst eine Umwertung der Moralprobleme durchführt. So erweise sich beispielsweise für den Blinden der Diebstahl, dem er in besonderem Maße ausgeliefert sei, als ein größeres Problem, als etwa die Beachtung des Schamgefühls, da es ihm nicht einsichtig sei, daß manche Körperteile bedeckt werden müßten und andere nicht. Die unmittelbare Verknüpfung der moralischen Normen mit der sinnlichen Wahrnehmung führt zu einer Relativierung der Moralvorstellungen. Auch der Begriff der sichtbaren Schönheit wird weitgehend entwertet, und aus der Tatsache, daß der Blindgeborene mathematische und geometrische Begriffe allein durch Tastempfindungen nachvollziehen kann, schließt Diderot auf einen hochgradig abstrakten Charakter der Vorstellungskraft des Blinden. Die weitestgehende Konsequenz aus diesem Gespräch gipfelt in der Aufkündigung des Konsens über ein aus den Wundern der Natur abgeleitetes göttliches Wesen: dem Blinden sind diese, auf die göttliche Ordnungsinstanz verweisenden Wunder nicht zugänglich, so daß letztlich nicht nur die Moral, sondern auch die Metaphysik einem grundsätzlichen Relativismus anheimgestellt wird. Denn es zeige sich, so Diderot, daß *»die Moral der Blinden von der unsrigen verschieden ist, daß die eines Taubstummen sich überdies von der eines Blinden unterscheiden dürfte und daß ein Wesen, das über einen weiteren Sinn verfügte, unsere Moral unvollständig finden dürfte.«*
Im Mittelpunkt des Briefes steht Diderots Wiedergabe eines Gesprächs zwischen dem blindgeborenen englischen Mathematiker Saunderson und dem Geistlichen Holmes, das, ausgehend von der These, daß *»unsere in ihrer Intellektualität reinsten Ideen sehr eng von der Übereinstimmung mit unserem Körper abhängen«*, die großen metaphysischen Fragen des 18. Jh.s behandelt. Während der Geistliche das providentielle, von einem gottgelenkten Ordnungsgedanken geprägte Weltbild verteidigt, formuliert das radikale, materialistisch-sensualistische *»Glaubensbekenntnis des englischen Mathematikers«* die vernichtende Kritik am herrschenden Idealismus: *»Idealisten nennt man die Philosophen, die nur das Bewußtsein der eigenen Existenz und jene Empfindungen, die sie in sich wahrnehmen, besitzen und darüber hinaus nichts gelten lassen: ein närrisches System, dessen Ursprung ... nur bei Blinden gesucht werden kann, ein System, das, obgleich das absurdeste von allen, zur Schande des menschlichen Geistes und der Philosophie am schwersten zu zerstören ist.«* In der Konfrontation zweier Weltbilder läßt Diderot den blinden Mathematiker nicht nur erkenntnistheoretisch, sondern vor allem naturwissenschaftlich argumentieren, indem er seine Blindheit als Beispiel für eine moralisch indifferente Beschädigung der

Natur anführt, die jedweder harmonischen bzw. providentiellen Ordnungsvorstellung zuwiderlaufe. In einer Synthese aus den Theorien LOCKES und CONDILLACS einerseits und BERKELEYS Individualismus andererseits skizziert Diderot seine komplexe Vorstellung von Kontingenz, indem er den damals neuen Evolutionsbegriff und das Wahrscheinlichkeitskalkül zu bedenken gibt und im Rahmen seines Interesses an einer erfahrungsbezogenen Auffasung der Welt und des Menschen die metaphysische Tradition suspendiert. B.We.-KLL

AUSGABEN: Ldn. 1749. – Paris 1875–1877 (in *Œuvres complètes*, Hg. J. Assézat u. M. Tourneux, 20 Bde., 1; Nachdr. Nendeln 1966). – Paris 1962 (in *Œuvres*, Hg. A. Billy; Pléiade). – Genf [2]1963, Hg. R. Niklaus (krit.; TLF). – Paris 1973 (in *Premières œuvres*, Hg. J. Varloot, Bd. 2). – Paris 1972 (GF). – Paris 1977 (in *Œuvres philosophiques*, Hg. P. Vernière; Class. Garn). – Paris 1978 (in *Œuvres complètes*, Hg. H. Dieckmann u. a., 1975 ff., Bd. 4; krit.).

ÜBERSETZUNG: *Brief über die Blinden. Zum Gebrauch der Sehenden*, Th. Lücke (in *Philosophische Schriften*, Bd. 1, Bln. 1961; ern. 1984).

LITERATUR: P. Villey, *À propos de la »Lettre sur les aveugles«* (in Revue du 18e siècle, 1, 1913, S. 410–433). – J. Pommier, *La »Lettre sur les aveugles«* (in Revue des Cours et Conférences, 1937/38, S. 251–260). – A. Vartanian, *From Deist to Atheist* (in D. Studies, 1, 1949, S. 49–63). – R. J. White, *The Anti-philosophes: a Study of the Philosophers in Eighteenth-Century France*, Ldn./NY 1970, S. 58–65. – U. Winter, *Der Materialismus bei D.*, Genf 1972. – C. M. Singh, *The »Lettre sur les aveugles«, Its Debt to Lucretius* (in *Studies in Eighteenth-Century French Literature Presented to R. Niklaus*, Hg. J. H. Fox u. a., Exeter 1975, S. 233–242). – E. de Fontenay, *D. ou le matérialisme enchanté*, Paris 1981. – H. Lefebvre, *D. ou les affirmations fondamentales du matérialisme*, Paris 1983. – M. B. Kelly, *Saying by Implicature. The Two Voices of D. in »La lettre sur les aveugles«* (in Studies in Eighteenth Century Culture, 12, 1983, S. 231–241). – S. Willis, *Lettre sur des taches aveugles* (in EsCr, 14, 1984, S. 85–98).

LE NEVEU DE RAMEAU. Satire seconde

(frz.; *Rameaus Neffe. Zweite Satire*). Philosophisch-satirischer Dialog von Denis DIDEROT, entstanden um 1762, mehrmals überarbeitet bis 1774. – Bekannt wurde das Werk zuerst in der deutschen Übersetzung GOETHES (1805), dem die Abschrift aus der Petersburger Eremitage – hier hatte sie sein Jugendfreund Maximilian KLINGER, damals General im Dienst des Zaren, entdeckt – durch die Vermittlung SCHILLERS und Melchior GRIMMS in die Hände fiel. Nach dem Verschwinden dieser Abschrift erschienen 1821 und 1823 die ersten, nur unzulänglichen französischen Fassungen; erst 1891 fand Georges MONVAL durch Zufall das Original von 1774 in einem Pariser Antiquariat.

Jean-François Rameau, ein Neffe des bekannten Komponisten und Zeitgenosse Diderots – man nannte ihn auch den *»verrückten«* Rameau – trifft im Café de la Régence im Palais Royal mit dem *»Ich«* der Erzählung zusammen und führt mit ihm, umgeben von Schachspielern und Müßiggängern, eine lebhafte Unterhaltung, die um die Grundfragen von Individuum und Gesellschaft, von Kunst und Moral kreist. Im Plauderton weltmännischer Gelassenheit wird dabei die Widersprüchlichkeit der menschlichen Natur ironisch aufgedeckt und bis in die Form (den Dialog) hinein als unauflösbare dialektische Antinomie dargestellt. Diderot projizierte die Spannung seines eigenen Wesens, in dem Sensibilität für das Schreckliche und Abgründige sich mit der optimistischen Menschenliebe des Aufklärers verband, in die perspektivische Sicht zweier komplementärer Figuren.

Rameau, das pockennarbige, häßliche Pariser Original, ein Nachfahre des »Parasiten« der antiken Komödie, der sich mit charakteristischer Selbstironie als *»armer Teufel im Harlekinsgewand«* bezeichnet, rühmt sich ohne Heuchelei seiner würdelosen Existenz im Dienst der Reichen. Dem philanthropischen Moralismus des Philosophen, der sich hinter dem »Moi« seines Gesprächspartners verbirgt, setzt er den illusionslosen »Realismus« des Welt- und Menschenerfahrenen entgegen, der unseren Planeten für ein einziges Narrenhaus hält: *»Die Stimme des Gewissens und der Ehrbarkeit klingt recht schwach, wenn die Därme ächzen.«* Gleichermaßen betroffen von so offen zur Schau getragener Verworfenheit und Wertblindheit wie von der Wahrheit und Unabwendbarkeit dieser skeptischen Weltsicht bekennt der Philosoph: *»Ich litt.«* Zwar entpuppt sich auch Rameau schließlich als enttäuschter und innerlich vereinsamter Idealist, doch er überspielt die weiche Stimmung, die ihn am Ende des Dialogs zu überkommen droht, mit der Gebärde der Selbstironie: *»Hätte ich doch dieses Elend noch wenigstens vierzig Jahre zu ertragen! Wer zuletzt lacht, lacht am besten.«* Zynismus gedeiht in der Atmosphäre eines mondänen Zirkels zweifelhafter Literaten und Schauspielerinnen, die sich um den opulenten Steuerpächter Bertin geschart haben. Diderot will damit – hier liegt der polemische Kern der Satire – die sog. »Antiphilosophen« (PALISSOT, POINSINET, FRÉRON u. a.) treffen, die unter einflußreicher Protektion und in breiter Front mit Pamphleten und Schmähschriften (vgl. Palissots *Les philosophes*, 1760) gegen das aufklärerische Lager der »Philosophen« (Diderot, D'ALEMBERT, VOLTAIRE) aufgetreten waren. Obwohl seine materielle Existenz auch auf ihn gestützt ist, verachtet Rameau diesen Kreis, wie alle, denen er seine Dienste gegen Geld bietet. – Von besonderem Reiz sind die eingestreuten Genreszenen, die das Bild eines großstädtischen Alltags zeichnen: Die Karikatur seiner Klavierstunden bei Standestöchtern und die beiden musikalischen Pantomimen, mit denen der geniale Komödiant in grotesker Verzückung einen Violin- und Klavierspieler und schließlich ein ganzes Orchester imitiert. Ganz en passant entwickelt er dabei – hierin ausdrücklich das Sprachrohr Diderots – eine neue, am »echten« und »wahren« Gefühlsausdruck orientierte Musiktheorie in Auseinandersetzung mit der akademischen Richtung Lullys und Rameaus. Hier wird für Momente die Tragik des Epigonen offenbar, dem die Berühmtheit des Onkels ein dauernder Ausweis für die eigene Nichtigkeit ist. Nicht ohne Charme und Humor bleibt er dennoch dem renaissancehaften und – am historischen Urbild seiner Gestalt gemessen – überzeichneten Idealtypus treu, der in manchem auf die »genialischen Kraftkerls« des deutschen Sturm und Drang vorausweist.

Goethe hat Diderots *Zweite Satire*, der die 1798 postum veröffentlichte *Satire I, sur les caractères* vorausgegangen war, ein »Juwel« genannt. Kostbar ist dieses Glanzstück der Diderotschen Produktion der Nachwelt vor allem aus zwei Gründen geworden: Sie ortet seismographisch die Gebrechen und die Dekadenz der vorrevolutionären Gesellschaft, und sie entwickelt einen Geniebegriff, der eine seit der Antike gültige Position verläßt und den außerordentlichen Menschen der Verpflichtung zu moralischer Integrität entzieht. – Hegel bezieht sich in der *Phänomenologie des Geistes* in den Kapiteln über die Welt des sich entfremdeten Geistes auf Diderots Dialog und exemplifiziert daran seine Diagnose über moderne Lebensverhältnisse. Auch Foucault begreift in *Histoire de la folie à l'âge classique* (1961) Diderots Text als Interpretation von Modernität und akzentuiert die Ironie des *Neveu de Rameau* als Parodie auf die Rationalität der Aufklärung, deren andere Seite – der Wahnsinn, die Unvernunft – in ein neues Verhältnis zur Vernunft gesetzt werde. R.M.-KLL

Ausgaben: Paris 1821 (in *Œuvres*, 21 Bde., 21; Rückübers. d. Goetheschen Übers.). – Paris 1891 [nach dem Originalms.; Einl. u. Anm. G. Monval]. – Paris 1959 (in *Œuvres romanesques*, Hg. H. Bénac; Class. Garn; ern. 1981). – Paris 1962 (in *Œuvres*, Hg. A. Billy; Pléiade). – Genf 1963, Hg. J. Fabre (krit.; TLF). – Paris 1978 (Folio). – Paris 1982, Hg. J. Chouillet. – Paris 1983 (GF).

Übersetzungen: *Rameaus Neffe, ein Dialog*, J. W. v. Goethe, Lpzg. 1805. – Dass., ders., Lpzg. o. J. [um 1880] (RUB). – *Der Neffe des Rameau*, O. v. Gemmingen, Bln. 1925. – *Rameaus Neffe*, T. Dorst, Köln/Bln. 1963. – Dass., J. W. v. Goethe, Stg. 1967 (RUB). – Dass., R. Rütten (in *Das erzählerische Gesamtwerk*, Hg. H. Hinterhäuser, 4 Bde., 4, Bln. 1967; ern. Ffm./Bln. 1987; Ullst. Tb). – Dass., ders. (in *Sämtl. Romane u. Erzählungen*, Hg. ders., 2 Bde., 2, Mchn. 1979; ern. 1982). – Dass., C. Gersch (in *Das erzählerische Werk*, Hg. M. Fontius, 4 Bde., 4, Bln./DDR 1979). – Dass., J. W. v. Goethe, Ffm. 1984 (frz.-dt.; Insel Tb).

Literatur: R. Schlösser, *»Rameaus Neffe«. Studien und Untersuchungen zur Einführung in Goethes Übersetzung des Diderotschen Dialogs*, Bln. 1900. – H. Dieckmann, *Goethe und D.* (in DVLG, 10, 1932, S. 478–503). – E. Schramm, *Goethe und D.s Dialog »Rameaus Neffe«* (in Zs. für Musikwissenschaft, 16, 1934, S. 294–307). – E. R. Curtius, *D.s »Neveu de Rameau«* (in RF, 56, 1942, S. 128–143). – M. F. Seiden, *J.-F. Rameau and D.'s »Neveu«* (in D. Studies, 1, 1949, S. 143–191). – E. Gamillscheg, *D.s »Neveu de Rameau« und die Goethesche Übersetzung der Satire* (in E. G., *Ausgewählte Aufsätze*, Bd. 2, Tübingen 1962, S. 299–333). – R. Mortier, *D. en Allemagne, 1750–1850*, Paris 1954; Nachdr. Genf 1986. – K. Wais, *Französische Marksteine von Racine bis St. John Perse*, Bln. 1958, S. 58–71. – J. Doolittle, *»Rameau's Nephew«. A Study of D.'s Second Satire*, Genf/Paris 1960. – P. H. Meyer, *The Unity and Structure of D.'s »Neveu de Rameau«* (in Criticism, 2, 1960, S. 362–386). – G. May, *L'angoisse de l'échec et la genèse du »Neveu de Rameau«* (in D. Studies, 3, 1961, S. 285–307). – D. Mornet, *»Le neveu de Rameau«*, Paris 1964. – G. Daniel, *Fatalité du secret et fatalité du bavardage au 18e siècle. La Marquise de Merteuil, J. F. Rameau*, Paris 1966. – M. Duchet u. M. Launay, *Entretiens sur »Le neveu de Rameau«*, Paris 1967. – H. Josephs, *D.'s Dialogue of Language and Gesture, »Le neveu de Rameau«*, Columbus/Oh. 1969. – D. O'Gorman, *D., the Satirist. »Le neveu de Rameau« and Related Works*, Toronto 1971. – D. Couty, *»Le neveu de Rameau«*, Paris 1972. – Y. Sumi, *»Le neveu de Rameau«*, Tokio 1975. – J. Kristeva, *La musique parlé ou remarques sur la subjectivité dans la fiction à propos du »Neveu de Rameau«* (in *Langue et langages de Leibniz à l'Encyclopédie*, Hg. M. M. Duchet u. M. Salley, Paris 1977, S. 153–206; 207–224). – H. Dieckmann, *D.s »Neveu de Rameau« und Hegels Interpretationen des Werkes* (in *D. und die Aufklärung*, Hg. ders., Mchn. 1980, S. 161–194). – B. Lypp, *Die Lektüren um »Le neveu de Rameau« durch Hegel und Foucault* (ebd., S. 137–159). – W. E. Rex, *Two Scenes from »Le neveu de Rameau«* (in D. Studies, 20, 1981, S. 245–266). – B. Lypp, *Das authentische Selbst* (in NRs, 92, 1981, S. 87–97). – J. Starobinski, *L'incipit du »Neveu de Rameau«* (in NRF, 1981, Nr. 347, S. 42–64). – A. P. Kuidis, *»Le neveu de Rameau« and the »Praise of Folly«*, Salzburg 1981. – H. Hamm, *Die frz. Übersetzung u. Kommentierung von Goethes Anmerkungen zu »Rameaus Neffe« von D.* (in WB, 29, 1983, S. 1309–1315). – D. J. Adams, *»Le neveu de Rameau« since 1950* (in StV, 1983, Nr. 217, S. 371–387). – J.-L. Filoche, *»Le neveu de Rameau« et la querelle des bouffons* (in D. Studies, 21, 1983, S. 95–106). – H. R. Jauß, *Der dialogische u. der dialektische »Neveu de Rameau«* (in *Das Gespräch*, Hg. K. H. Stierle u. R. Warning, Mchn. 1984, S. 393–419). – J. Starobinski, *Diogène dans »Le neveu de Rameau«* (in SFR, 8, 1984, S. 147–165). – Ders., *Sur l'emploi du chiasme dans »Le neveu de Rameau«* (in Revue de métaphysique et de morale, 89, 1984, S. 182–196). – M. Hobson, *Pantomime, spasme et parataxe. »Le neveu de Rameau«* (ebd., S. 197–213). – J. F. Falvey, *»Le neveu* *de Rameau«*, Ldn. 1985. – J. Cox, *The Parasite and the Puppet. D.'s »Neveu« and Kleists »Marionettentheater«* (in CL, 37, 1986, S. 256–269). – J. Kolb, *Presenting the Unpresentable. Goethe's Translation of »Le neveu de Rameau«* (in Goethe Yearbook, 3, Columbia/S.C. 1986, S. 149–163).

PARADOXE SUR LE COMÉDIEN

(frz.; *Paradox über den Schauspieler*). Essay in Dialogform von Denis DIDEROT, erschienen 1830. – Die schmale Schrift, die in einer skizzenhaften, pamphletistischen Vorfassung unter dem Titel *Observations sur une brochure intitulée Garrick ou les acteurs anglais (Bemerkungen über die Broschüre Garrick oder die englischen Schauspieler)* bereits 1770 in Melchior GRIMMS *Correspondance littéraire* abgedruckt wurde und um 1777/78 ihre endgültige Gestalt erhielt, wird heute als Diderots *»meistgelesenes, meistkommentiertes, umstrittenstes und lebenskräftigstes Werk«* (P. Vernière) betrachtet. Der Autor, der sich von ROUSSEAU abgewandt hat, verficht in diesem Dialog, in dem der eine der beiden Gesprächspartner fragt, der andere im Sinne des Autors antwortet, eine pointiert intellektualistische Ästhetik der Schauspielkunst, die auf einer Kritik der *sensibilité*, d. h. der Gefühlsempfänglichkeit und Gefühlsergriffenheit basiert.

In einem Brief (an Grimm, vom 14. 11. 1769) formuliert Diderot den Kern seines – nicht nur für die Bühnendarstellung, sondern für jede Kunstform geltenden – »Paradoxes«: *»Ich behaupte ..., daß ein hohes Maß von Sensibilität nur bornierte Schauspieler, daß allein ein kühler Kopf den wahrhaft hervorragenden Schauspieler macht.«* Nicht die Stärke der Emotionen, sondern das sorgfältige und wohlkalkulierte Einstudieren von Text, Mimik und Gestik ermöglicht dem Darsteller die Meisterung der Rolle und ihre nicht nur auf zufällige Höchstleistung beschränkte gleichmäßige Wiederholung. Gefühle können für den großen Schauspieler nur ein Objekt des Studiums sein. Die Tränen des fühlenden Menschen und der schlechten Schauspieler fließen aus dem Herzen *(d'âme)*, die des guten Schauspielers aber aus dem Kopf *(de réflexion)*. Der seiner großen Rolle bewußte Darsteller muß – die Schauspielerinnen Clairon und Dumesnil sind dafür Musterbeispiele – im Augenblick des Spiels sich »verdoppeln« *(dédoubler)*, sich in die eigene und in die Bühnenfigur aufspalten. *»Man hat gesagt, die Schauspieler hätten keinen Charakter, weil sie durch das Spielen aller Charaktere den ihnen von der Natur verliehenen verloren hätten ... Ich glaube, daß man dabei Ursache und Wirkung verwechselt; daß sie vielmehr gerade deshalb befähigt sind, alle Charaktere zu spielen, weil sie keinen eigenen besitzen.«*

Die blinde Hingabe an das Gefühl erschien Diderot als »Selbstentfremdung« *(aliénation)*, eine Art von Verrücktheit und Narrheit, die keinen Teil hat am schöpferischen Akt. Der Dichter, der Maler, der Redner, der Musiker *»trifft die entscheidenden Züge nicht im Eifer des ersten Wurfs, sondern in den stillen Augenblicken der kühlen Überlegung«*. (BAUDELAIRE wird später programmatisch formulieren: *»Die Empfindungsfähigkeit des Herzens ist dem dichterischen Arbeiten nicht günstig.«*) Dennoch schwebt dem Aufklärer Diderot kein artifizieller Klassizismus vor: Die *sensibilité* ist für den Autor zwar eine selbstverständliche Voraussetzung künstlerischen Schaffens, gegen ihre Überbewertung glaubt er sich freilich in Reaktion auf den Gefühlskult der vorausgegangenen Jahrzehnte wehren zu müssen (vgl. auch seine Artikel *sénsibilité* und *éclectisme* in der *Encyclopédie*).

Diderots *Paradoxe*, mit dem sich die größten französischen Schauspieler, von Talma, Sarah Bernhardt, Coquelin bis zu Copeau, Dullin, Jouvet und Barrault auseinandergesetzt haben, fand aus ungeklärten Gründen keine Aufnahme in die Gesamtausgabe von 1798. Die meist geringe Beachtung des Traktats an den deutschen Schauspielschulen dürfte in seinem scharf antisentimentalistischen, aufklärerischen Ausgangspunkt begründet sein. – Eine moderne Weiterentwicklung fand Diderots von F. RICCOBONI (*L'art du théâtre*, 1750) und Garrick inspirierte Theorie bei einem anderen kämpferischen Reformer des Theaters: BRECHTS antiillusionistische Ästhetik knüpft, wie vor allem R. GRIMM dargelegt hat, in mehr als einem Punkt direkt an Diderot an. W.Kr.-KLL

AUSGABEN: Paris 1830. – Paris 1902, Hg. E. Dupuy (krit.; Nachdr. Genf 1968). – Paris 1959 (in *Œuvres esthétiques*, Hg. P. Vernière; Class. Garn). – Paris 1962 (in *Œuvres*, Hg. A. Billy; Pléiade). – Paris 1967 (GF). – Paris 1980 (in *Œuvres complètes*, Hg. H. Dieckmann u. a., 1975 ff., Bd. 13; krit.).

ÜBERSETZUNGEN: *Das Paradox über den Schauspieler*, K. Scheinfuss, Ffm. 1964 (Nachw. R. Grimm; IB). – Dass., Hg. F. Bassenge (in *Ästhetische Schriften*, Hg. ders. u. Th. Lücke, Ffm. 1968; ern. Bln. 1984).

LITERATUR: J. Bédier, *»Le paradoxe sur le comédien« est-il de D.?* (in J. B., *Études critiques*, Paris 1903). – M. Blanquet, *D., »Paradoxe sur le comédien«. Discuté? Admis? Réfuté*, Paris 1950. – G. Capone Brage, *Il significato del »Paradoxe sur le comédien« di D.* (in Annali della Fac. di Letteratura e Filosofia e di Magist. della R. Univ. di Cagliari, 18, 1951, S. 13–56). – H. Baader, *D.s Theorie der Schauspielkunst u. ihre Parallelen in Deutschland* (in RLC, 33, 1959, S. 200–223). – H. Dieckmann, *Le thème de l'acteur dans la pensée de D.* (in CAIEF, 13, Juni 1961, S. 157–172). – A. M. Wilson, *The Biographical Implications of C.'s »Paradoxe sur le comédien«* (in D. Studies, 3, 1961, S. 369–383). – H. R. Jauß, *D.s Paradox über das Schauspiel* (in GRM, 11, 1961, S. 380–413). – J. Chouillet, *Une source anglaise du »Paradoxe sur le comédien«* (in DHS, 2, 1970, S. 209–226). – G. Cerruti, *»Le paradoxe sur le comédien« et le paradoxe sur le libertin: D. et Sade* (in RSH, 37, 1972, S. 235–351). – M. Hobson, *»Le paradoxe sur le comédien« est un paradoxe* (in Poétique, 4, 1973, S. 320–339). – Dies., *Sensibilité et spectacle: Le contexte médical du »Paradoxe sur le comédien« de D.* (in Revue de métaphysique et de morale, 82, 1977, S. 145–164). – P. Tort, *L'origine du »Paradoxe sur le comédien«*, Paris 1980. – G. Bremer, *An Interpretation of D.s »Paradoxe sur le comédien«* (in British Journal of Eighteenth-Century Studies, 4, 1981, S. 28–43). – V. E. Swain, *D.s »Paradoxe sur le comédien«* (in StV, 1982, Nr. 208, S. 1–71). – R. Niklaus, *La portée des théories dramatiques de D. et de ses réalisations théâtrales* (in *Das frz. Theater des 18. Jh.s*, Hg. D. Rieger, Darmstadt 1984, S. 124 bis 140). – P. Szondi, *Tableau und coup de théâtre* (ebd., S. 339–357). – J. Creech, *Us and Them: »Le paradoxe sur le comédien«* (in EsCr, 24, 1984, S. 33–42). – A. Grear, *A Background to D.'s »Paradoxe sur le comédien«* (in FMLS, 21, 1985, S. 225–238). – A. Pizzorusso, *Riflessioni sul »Paradoxe«* (in SRLF, 25, 1986, S. 201–217).

LA RELIGIEUSE

(frz.; *Die Nonne*). Roman in Briefform von Denis Diderot, entstanden um 1760, erschienen 1796. – Die berühmt-berüchtigte »Klostersatire« hat eine anekdotenhafte Entstehungsgeschichte: Ein im Jahr 1758 Aufsehen erregender Prozeß der um Aufhebung ihrer Gelübde kämpfenden Nonne Suzanne Simonin beschäftigte Diderot und seinen Freundeskreis so stark, daß man hoffen konnte, einen auf seinen Besitzungen weilenden Freund, den philanthropisch gesinnten Marquis de Croismare, mit an ihn gerichteten fingierten Briefen der nun angeblich aus der Klosterhaft entflohenen Nonne wieder nach Paris zurückzuholen. Aus dem Scherz wurde der Ernst eines Romans, in dem – empfindsames Gegenstück zu *Jacques le fataliste* – der Autor mit dem Abscheu vor der den Menschen verbiegenden und zerstörenden Widernatürlichkeit des Klosterlebens bzw. der christlichen Askese insgesamt seine innersten Überzeugungen zum Ausdruck bringt. Diderot, den die eindrucksvollen Schilderungen des Werks selbst zu Tränen gerührt haben sollen, bemerkte später, es sei *»niemals eine blutigere Satire über die Klöster geschrieben worden«*.

Ausgangspunkt des Romans ist der in Diderots philosophischem Weltbild fest verankerte und auch in der Auseinandersetzung mit Rousseau immer wieder vertretene Glaube an die gesellschaftliche Natur des Menschen: *»Der Mensch ist für die Gesellschaft geboren. Trennt ihn von ihr, isoliert ihn, und seine Begriffe werden auseinanderfallen, sein Charakter wird sich verkehren, tausend lächerliche Begierden werden in seinem Herzen erwachen, überspannte Gedanken werden in seinem Geist keimen wie Unkraut auf wilder Erde.«* Der Autor ist davon überzeugt, daß die klösterlichen Gelübde – Gehorsam, Armut, Keuschheit – eine Verkümmerung und Depravation des Menschen hervorrufen müssen, die weder mit humanistischen noch mit christlichen Wertvorstellungen vereinbar sei. Suzannes Leidensweg durch drei verschiedene Klöster soll diese erzwungene Selbstentfremdung des Menschen paradigmatisch vor Augen führen.

Suzanne Simonin, ungeliebtes außereheliches Kind einer einflußreichen Familie, wird von der Mutter und dem Ziehvater als junges Mädchen unter Drohungen gezwungen, den Schleier zu nehmen. Auf der ersten Station ihres Martyriums, dem Kloster von Sainte-Marie, hat sie es mit einer raffinierten, scheinheiligen Oberin zu tun, die ihr mit falscher Freundlichkeit und Schmeicheleien das Klosterleben schmackhaft zu machen sucht. Suzanne unterzieht sich zwar der Zeremonie der Einkleidung, beschwört aber durch die mutige öffentliche Ablehnung der Profeß einen Skandal herauf. Im Kloster von Longchamp, wo sie von neuem auf die Gelübde vorbereitet werden soll, gerät sie nacheinander an zwei grundverschiedene Oberinnen: eine »Heilige«, deren Güte und Menschlichkeit sie mit der Kirche und dem Kloster fast zu versöhnen vermag, und, nach deren baldigem Tod, an eine intrigante, jansenistisch gesonnene Sektiererin, die sie mit Entbehrungen, Züchtigungen und Kerkerhaft sadistisch terrorisiert. Vorsichtig eingeleitete Kontakte zur Außenwelt ermöglichen es der grausam gequälten Nonne schließlich, einen Prozeß auf Widerruf der inzwischen unter Zwang abgeleisteten Gelübde anzustrengen, den sie allerdings – zum Gespött ihrer Peinigerinnen – verliert. Doch die intensiven Bemühungen ihres Anwalts Manouri und das Einschreiten des Generalvikars bewirken die Einweisung in ein anderes Kloster. Hier, in St. Eutrope, regiert eine Oberin, die ob ihrer lesbischen Neigungen Suzanne sogleich zur Favoritin erhebt. Die anfängliche, in Suzannes Unschuld begründete Ahnungslosigkeit weicht nach den Drohungen des Beichtvaters einer furchtbaren Gewissensnot, aus der sie erst die mit Hilfe eines jungen Geistlichen (Dom Morel) bewerkstelligte endgültige Flucht aus dem Kloster befreit.

Besonders die Schlußhandlung dieses Briefromans – bevorzugtes Ausdrucksmedium der Empfindsamkeit – ist, stilistisch prägnant, mit sicherem psychologischem Gespür geschildert. Der um nachträgliche, an die Adresse des Empfängers gerichtete Erläuterungen erweiterte Erlebnisbericht der fiktiven Erzählerin erreicht hier ein Höchstmaß an Eindringlichkeit und Objektivität. Beides fügt sich unterstützend in das Schema des barocken Märtyrerdramas, das Diderot – wie Richardson in seiner *Pamela* – übernimmt, um so die Kirche mit ihren eigenen Waffen zu schlagen. Entscheidend ist, daß die Nonne in kein amouröses Abenteuer verstrickt, keinem Konflikt zwischen Liebeserfüllung und Bindung an das Gelübde ausgesetzt wird – darin unterscheidet sich dieser kämpferisch-aufklärerische Protest von anderen zeitgenössischen Klostergeschichten –, sondern als frommes und gottesfürchtiges Wesen allein an der Unmenschlichkeit und »Unchristlichkeit« der Klosterinstitution zu zerbrechen und schließlich auch an ihrem Glauben irre zu werden droht: *»Können solche Gelübde, die dem Wesen der Natur zuwiderlaufen, jemals eingehalten werden, es sei denn von einigen mißgebildeten*

Geschöpfen, in denen die Keime der Leidenschaft verwelkt sind?« W.Kr.-KLL

AUSGABEN: Paris 1796. – Paris 1875–1877 (in *Œuvres complètes*, Hg. J. Assézat u. M. Tourneux, 20 Bde., 5; Nachdr. Nendeln 1966). – Paris 1959 (in *Œuvres romanesques*, Hg. H. Bénac; Class. Garn; ern. 1981). – Paris 1962 (in *Œuvres*, Hg. A. Billy; Pléiade). – Genf 1963, Hg. J. Parrish (krit.; TLF). – Paris 1975 (in *Œuvres complètes*, Hg. H. Dieckmann u. a., 1975 ff., Bd. 11; krit.).

ÜBERSETZUNGEN: *Die Nonne*, anon., Zürich 1797. – *Die Nonne. Sittenroman*, W. Thal [d. i. W. Lilienthal], Fürstenwalde/Stg. 1899; [13]1913. – *Die Nonne*, H. R. Floerke (in *Gesammelte Romane und Erzählungen*, Bd. 2, Mchn. 1921). – Dass., Bln. 1959 [Vorw. V. Klemperer]. – Dass., H. Hinterhäuser (in *Das erzählerische Gesamtwerk*, Hg. ders., 4 Bde., 1, Bln. 1966; ern. Ffm./Bln. 1987; Ullst. Tb). – Dass., ders. (in *Sämtliche Romane und Erzählungen*, Hg. ders., 2 Bde., 1, Mchn. 1979; ern. 1982). – Dass., U. Lehr, bearb. nach der ersten Übers., Ffm. 1966; ern. 1973 (Insel Tb). – Dass., C. Wohlmut, Karlsruhe 1967. – Dass., C. Gersch (in *Das erzählerische rische Werk*, Hg. M. Fontius, 4 Bde., 2, Bln. 1978).

VERFILMUNG: Frankreich 1965 (Regie: J. Rivette).

LITERATUR: H. Dieckmann, *The Préface-Annexe of »La religieuse«* (in D. Studies, 2, 1953, S. 21–147). – G. May, *D. et »La religieuse«*, Paris 1954. – R. J. Ellrich, *The Rhetoric of »La religieuse« and 18th Century Forensic Rhetoric* (ebd., 3, 1961, S. 129 bis 154). – J. Parrish, *Conception, évolution et forme finale de »La religieuse«* (in Revue Française, 74, 1962, S. 361–384). – A. J. Freer, *Une page de »La religieuse« jugée par la génération romantique. D. et l'»Amende honorable« de Delacroix* (in Rivista di Letterature Moderne e Comparate, 16, 1963, S. 180–208). – J. Proust, *Recherches sur »La religieuse«* (in D. Studies, 6, 1964, S. 197–214). – J. de Boy u. A. J. Freer, *»Jacques le fataliste« et »La religieuse« devant la critique révolutionnaire, 1796–1800*, Genf 1965. – E. Lizé, *»La religieuse«, un roman épistolaire* (in StV, 1972, Nr. 98, S. 143–163). – R. Godenne, *Les nouvellistes des années 1680–1750 et »La religieuse«* (in D. Studies, 10, 1973, S. 55–68). – H. Josephs, *D.s »La religieuse«* (in MLN, 91, 1976, S. 734–755). – K. Dirscherl, *Ist D.s »Religieuse« ein antireligiöser Roman?* (in ZfrzSp, 88, 1978, S. 1–27). – V. Mylne, *D., »La religieuse«*, Ldn. 1981. – Dies., *What Suzanne knew, Lesbianism and »La religieuse«* (in StV, 1982, Nr. 208, S. 167–173). – H. Cohen, *Jansenism in D.'s »La religieuse«* (in Studies in Eighteenth Century Culture, 11, 1982, S. 75–91). – F. Luoni, *»La religieuse«* (in Littérature, 54, Mai 1984, S. 79–99). – P. B. Knight, *D.'s »La religieuse«* (in NFSt, 14, 1985, S. 15–25). – D. Goodman, *Story-Telling in the Republic of Letters. The Rhetorical Context of D.'s »La religieuse«* (in Nouvelles de la République des Lettres, 1, 1986, S. 51–70). – J. C. Hayes, *Retrospection and Contradiction in D.'s »La religieuse«* (in RomR, 27, 1986, S. 233–242). – M. D. Ryan, *Search for Identity in D.'s »La religieuse«*, Diss. Univ. of Utah 1986 (vgl. Diss. Abstracts, 47, 1986/87, S. 2178/2179A). – D. Th. Valahu, *D.'s »La religieuse« and Richardson. Textual Convergence and Disparity* (in StV, 1986, Nr. 241).

SUPPLÉMENT AU VOYAGE DE BOUGAINVILLE ou Dialogue entre A. et B. sur l'inconvénient d'attacher des idées morales à certaines actions physiques qui n'en comportent pas

(frz.; *Nachtrag zu Bougainvilles Reise oder Dialog zwischen A. und B. über das Unwesen, moralische Ideen an gewisse physische Handlungen zu knüpfen, zu denen sie nicht passen*). Philosophischer Dialog von Denis DIDEROT, erschienen 1796. – 1771 war der Reisebericht *Voyage autour du monde* des ersten französischen Weltumseglers Louis-Antoine de BOUGAINVILLE (1729–1814), der von seiner Weltumseglung einen Eingeborenen aus Tahiti mitbrachte und ihn in den Pariser Salons vorführte, erschienen; um 1772 hat Diderot seine eigene vorangehende Besprechung des sehr erfolgreichen Buches, die er für die ›Correspondance Littéraire‹ seines Freundes Melchior GRIMM abgefaßt hatte, zu einer vierteiligen Abhandlung umgearbeitet und erweitert. Sie lag 1775 in der endgültigen Fassung vor. – Der Autor verfolgte mit seinem *Supplément*, eine seiner kühnsten Schriften, eine doppelte Absicht: zum einen sollten dem hochfahrend-kolonialistischen Bericht des Seefahrers über die Liebesfreiheit in Polynesien einige skeptische Aspekte hinzugefügt werden (zwei Einschübe werden deshalb als dessen unterdrückte eigene Nachträge deklariert), zum anderen sollte durch den relativierenden Blick auf eine zwar primitive, doch glückliche Gesellschaftsform Kritik geübt werden an der Naturwidrigkeit der europäischen Sitten und Gesetze, vor allem im Bereich von Ehe und Sexualität. Denn die christliche Religion hat *»die Namen Laster und Tugend an Handlungen geknüpft, auf die der Begriff der Moralität nicht anwendbar ist«*.

Das erste und das letzte Kapitel bilden den Rahmendialog: Die Gesprächspartner A. und B. (letzterer ist als die Stimme des Autors aufzufassen) beleuchten die Ergebnisse der Bougainvilleschen Unternehmung und versuchen in ihrer Schlußbetrachtung aus den bisherigen Erkenntnissen die notwendigen Folgerungen zu ziehen. Der zweite Abschnitt, *Les adieux du vieillard*, enthält die fiktive Abschiedsansprache eines tahitischen Greises an die aussegelnde Fregatte, der gegen die skrupellosen Kolonisatoren bittere Vorwürfe erhebt, die in einer antikolonialen Darstellung der Korruptheit des alten Europa gipfelt: Die Europäer hätten die grenzenlose Gastfreundschaft der Tahitianer mißbraucht und über das glückliche Land durch die Berührung mit einer fremden Zivilisation, Religion und Moral sowie durch die Ansteckung mit der venerischen Krankheit Unglück und Schuld gebracht. – Das dritte Kapitel, *Entretien de l'aumônier et d'Orou*, enthält einen fiktiven Dialog zwischen dem Schiffskaplan der Fregatte und einem tahitischen Familienvater. Orou legt seinem Gast im einzelnen das Familiensystem und die Liebesbräuche der Polynesier dar und bietet ihm Frau und Töchter zum Beischlaf an. Der Geistliche macht trotz Gewissenspein von dem Angebot Gebrauch und verfällt von einer Nacht zur anderen den ihm nacheinander aufgedrängten Reizen. Er lernt, daß die Tahitianer ihr ganzes Kapital im Kinderreichtum erblicken und daß ihre fast vollständige sexuelle Freiheit, von der nur die minderjährigen, unfruchtbaren und schwangeren Frauen ausgeschlossen sind, in erster Linie der Mehrung dieses Reichtums dient. Als der Kaplan auf die Bitte des Gastgebers erklären soll, was er unter Religion versteht, muß er die stärkeren Argumente bald dem anderen überlassen, der ihn von der Unnatur seiner europäischen Auffassung fast zu überzeugen weiß.

Schon in diesem Gespräch erfahren die an J.-J. ROUSSEAUS Frühschrift *Discours sur l'inégalité* (1754) anklingenden Gedanken eine – nach dialektischer Methode gewonnene – Präzisierung: Auch Tahiti kennt Tabus und Sitten: *»Was den fremden Besucher als Erfüllung erotischer Träume berauschte, erweist sich als Fruchtbarkeitsgesetz einer ihre Erhaltung unbekümmert verfolgenden Physis«* (H. Dieckmann). Das Wissen um die Verschiedenartigkeit der beiden Zivilisationsstufen hindert den Autor daran, den Europäern eine Rückkehr zum »rohen, wilden Naturzustand« zu predigen, doch sieht er die größeren Vorteile bei dem Naturvolk, denn diesem *»fällt es ja leichter, sich seiner allzu weitgehenden Naturwüchsigkeit zu entledigen, als uns, umzukehren und unsere Mißbräuche zu beseitigen«*. Das Glück der Menschen wird aus der Kongruenz von Gesetz und Moral mit der Natürlichkeit hervorgehen, denn *»die Herrschaft der Natur kann nicht aufgehoben werden«*. Diderot erkennt, daß das Elend des zivilisierten Menschen, die sado-masochistische Struktur seiner Moral, aus den verschiedensten Formen der staatlichen und individuellen Tyrannei, aus der Macht- und Besitzgier einzelner resultiert. Am Ende der Abhandlung stehen ein klar formulierter Reformwille und eine Absage an die Anarchie: *» Wir werden gegen die unvernünftigen Gesetze reden, bis man sie ändert, und uns ihnen für die Zwischenzeit unterwerfen.«*

Die Schärfe der aufgeworfenen Fragen, die Offenheit, mit der sie behandelt werden, lassen dieses Meisterwerk kulturkritischer Schriften der Aufklärung, dessen Wirkungsgeschichte lange Zeit unter der Verfemung einer prüden Kritik zu leiden hatte, heute so aktuell wie zur Zeit seiner Entstehung erscheinen. Direkt angeknüpft an seinen antikolonialistischen Charakter hat später J. GIRAUDOUX mit seinem *Supplément au voyage de Cook* (1937).

KLL

AUSGABEN: Paris 1796, Hg. Bourlet de Vaucxelles. – Paris 1875–1877 (in *Œuvres complètes*, Hg. J. Assézat u. M. Tourneux, 20 Bde., 2; Nachdr. Nendeln 1966). – Paris 1935 (... *publié d'après le manuscrit de Léningrad*; Einl. u. Anm. G. Chinard). – Genf/Lille, 1955, Hg. H. Dieckmann (TLF). – Paris 1962 (in *Œuvres*, Hg. A. Billy; Pléiade). – Paris 1966 (in L. de Bougainville, *Voyage autour du monde*; 10/18). – Paris 1972 (in *Le neveu de Rameau*; Folio). – Paris 1972 (GF). – Paris 1977 (in *Œuvres philosophiques*, Hg. P. Vernière; Class. Garn).

ÜBERSETZUNG: *Nachtrag zu »Bougainvilles Reise« oder Gespräch zwischen A. und B. über die Unsitte, moralische Ideen an gewisse physische Handlungen zu knüpfen, zu denen sie nicht passen*, Th. Lücke (in *Philosophische Schriften*, Bd. 2, Bln. 1961; ern. 1984). – Dass., ders., Ffm. 1965 [Nachw. H. Dieckmann].

LITERATUR: J. V. Johansson, *Études sur D. D. Recherches sur un volume-manuscrit conservé à la bibliothèque publique de l'État à Leningrad*, Paris 1927. – H. Hinterhäuser, *Utopie u. Wirklichkeit bei D. Studien zum »Supplément au voyage de Bougainville«*, Heidelberg 1957. – M. Duchet, *Le »Supplément au voyage de Bougainville« et la collaboration de D. à »L'histoire des deux Indes«* (in CAIEF, 13, 1961, S. 173–187). – H. Schlumberger, *Der philosophische Dialog*, Göppingen 1971, S. 96–180. – S. Werner, *D.'s »Supplément« and Late Enlightenment Thought* (in StV, 1971, Nr. 86, S. 229–292). – G. Benrekassa, *Loi naturelle et loi civile* (ebd., 1972, Nr. 87, S. 115–144). – Ders., *Dit et non dit idéologique: à propos du »Supplément«* (in DHS, 5, 1973, S. 29–40). – M. L. Perkins, *Community Planning in D.s »Supplément«* (in KRQ, 21, 1974, S. 399–417). – L. Okon, *›Nature‹ et ›Civilisation‹ dans le »Supplément au voyage de Bougainville« de D. D.*, Ffm. u. a. 1980. – P. Casini, *Tahiti, D. et l'utopia* (in StV, 1980, Nr. 191, S. 653–660). – D. Goodman, *The Structure of Political Argument in D.s »Supplément«* (in D. Studies, 21, 1983, S. 123–137). – W. W. Stowe, *D.s »Supplément«* (in PQ, 62, 1983, S. 353–365). – A. A. Santucci, *D. e il viaggio di Bougainville* (in Studi storici, Jan.–Juni 1983, S. 165–188). – M. Mat, *Le »Supplément«* (in Revue internationale de philosophie, 38, 1984, S. 158 bis 170). – J. Proust, *D., Bougainville et les mirages de la Mer du Sud* (in RZL, 8, 1984, S. 473–484).

LOUISE-FLORENCE-PÉTRONILLE DE LA LIVE, MARQUISE D'ÉPINAY

* 11.3.1726 Valenciennes
† 15.4.1783 Paris

HISTOIRE DE MADAME DE MONTBRILLANT

(frz.; *Die Geschichte der Madame de Montbrillant*). Autobiographischer Briefroman von Louise-Florence-Pétronille de la Live, Marquise d'ÉPINAY, erschienen 1951. – Louise Tardieu d'Eslaves, Tochter eines königlichen Offiziers, im Kloster erzogen, heiratete zwanzigjährig ihren reichen und verschwenderischen Vetter, Herrn von Épinay, der sie bald betrog und vernachlässigte. In ihrer Liebe enttäuscht, in ihrem Selbstbewußtsein verletzt, gerät die junge Frau in mehrere Liebeshändel, bis sie mit dreißig den aus Regensburg stammenden Baron Friedrich Melchior GRIMM (1723–1807) kennenlernt und dessen Lebensgefährtin wird. Im Umgang mit ihm und seinen Freunden, den Enzyklopädisten, entwickelt Madame d'Épinay sich zu der geistvollen Frau, als die wir sie vor allem aus ihren Briefen an den Abbé GALIANI (1728–1787) und aus einer pädagogischen Schrift, *Les conversations d'Émilie*, 1774 (*Aemiliens Unterredungen*, Leipzig 1775), kennen. Mehr als einmal verfaßte sie auch Beiträge für Grimms *Correspondance littéraire*, welche im Abonnement die europäischen Höfe über die wichtigsten Ereignisse in Paris unterrichtete. Lange Jahre war sie die Freundin und Gönnerin J.-J. ROUSSEAUS, bis es zwischen beiden zu einem irreparablen Zerwürfnis kam.

Die Niederschrift der *Histoire de Madame de Montbrillant* dürfte zwischen 1757 und 1770 erfolgt sein. Als Vorbild diente Rousseaus Briefroman *La Nouvelle Héloïse* (1761), den Madame d'Épinay schon in seiner Entstehung kennenlernte und der sie, die eingestandenermaßen nur wenig erfinderische Phantasie besaß, auf den Gedanken brachte, ihre eigene Lebensgeschichte, unter Verwendung authentischen Materials, in einem aus Briefen, Tagebuchaufzeichnungen und Gesprächen bestehenden Schlüsselroman zu erzählen; wobei die biographischen Ereignisse und die Niederschrift zuletzt fast nebeneinander herliefen und die Auseinandersetzungen zwischen Madame d'Épinay, Grimm und DIDEROT einerseits, Rousseau und Madame d'Épinays zweitem Liebhaber DUCLOS andererseits einen immer breiteren Raum einnahmen.

Nachdem Rousseau 1770 wiederholt in Paris aus seinen autobiographischen *Confessions* vorgelesen hatte, die nach seinem Willen erst postum erscheinen sollten, wurde die ursprüngliche Fassung des Romans der Madame d'Épinay, wie die überlieferten Handschriften erkennen lassen, auf Betreiben und unter der Beihilfe von Grimm und Diderot derart überarbeitet, daß die für Rousseau und Duclos stehenden Gestalten der Nachwelt als undankbare Egoisten, verschlagene Heuchler, ja abgefeimte Verbrecher und Unholde erscheinen mußten. Von dieser Bearbeitung ließ Grimm eine Abschrift herstellen, die er, als er Frankreich während der Revolution verließ, einem Sekretär übergab. Nach dieser Abschrift entstand 1818 eine verstümmelte und gewaltsam zurechtgestutzte Fassung, die ein rühriger Verleger für die echten Memoiren der Madame d'Épinay ausgab. Sehr spät erst wurde diese Fälschung aufgedeckt, und erst nach dem Zweiten Weltkrieg erschien eine kritische Ausgabe anhand des Autographs. Obwohl es sich demnach bei diesem etwas langatmigen, stellenweise jedoch lebhaft und anschaulich erzählten Werk um ein romanhaftes Unternehmen mit polemisch-pamphletistischem Einschlag handelt, dessen Verfasserin von den Freiheiten des Romanschreibers auch Gebrauch macht, bleibt es dennoch eine wichtige Quelle, weniger vielleicht dafür, wie die Hauptpersonen in ihrer historischen Wirklichkeit waren, als dafür, wie sie gesehen werden wollten. F.Ke.

AUSGABEN: Paris 1818 (*Mémoires et Correspondance de Madame d'Épinay*, 3 Bde., Hg. J.-C. Brunet u. J.-P. Parison; verfälschende Bearb.). – Paris 1863 (*Mémoires de Madame d'Épinay*, 2 Bde., Hg. B. Boiteau). – Paris 1898 ff. (*Mémoires de Madame d'Épinay*, 4 Bde., Hg. P. Bonnefon; Teildruck des Original-Ms.). – Paris 1951, Hg. G. Roth, 3 Bde. [m. *Geschichte des Ms. u. des Textes*].

LITERATUR: H. Valentino, *Madame d'É.*, Paris 1952. – G. Prouveur, *Une Valenciennoise, Madame d'É., femme de lettres, 1726–1783*, Boussu 1980. – A. Parker, *E.s Account of Female Epistemology and Sexual Politics* (in FR, 55, 1981/1982, S. 43–51). – E. Badinter, *Émilie, Émilie*, Paris 1983 (dt. Mchn. 1984).

FRÉDÉRIC MELCHIOR, BARON DE GRIMM

Friedrich Melchior Freiherr von Grimm
* 26.12.1723 Regensburg
† 19.12.1807 Gotha

CORRESPONDANCE LITTÉRAIRE, PHILOSOPHIQUE ET CRITIQUE ADRESSÉE À UN SOUVERAIN D'ALLEMAGNE, DEPUIS 1753 JUSQU'EN 1790

(frz.; *Literarische, philosophische und kritische Korrespondenz, an einen regierenden Fürsten Deutschlands gerichtet, von 1753 bis 1790*). Literatur- und zeitkritisches Sammelwerk von Frédéric Melchior, baron de GRIMM, postum veröffentlicht 1812–1814. – Die *Correspondance littéraire* besteht aus vierzehntägig herausgegebenen, über einen Zeitraum von nahezu vierzig Jahren an den Herzog von Sachsen-Gotha gerichteten Kulturberichten aus Paris, an denen, wenn seine spätere diplomatische Mission Grimm zu ausgedehnten Reisen verpflichtete, auch Denis DIDEROT (1713–1784) und Madame Louise d'ÉPINAY (1726–1783) mitarbeiteten. Grimm, französisch schreibender Deutscher, der 1748 nach Paris ging, nachdem er enge Beziehungen zu GOTTSCHED und dessen Kreis in Leipzig unterhalten hatte, übernahm die Leitung der *Correspondance* 1753 von dem Abbé RAYNAL (1713–1796), einem Redakteur des ›Mercure de France‹, der in den Jahren 1747–1751 der Herzogin Luise-Dorothea von Sachsen-Gotha bereits regelmäßig seine *Nouvelles littéraires* übersandt hatte. Grimm führte die *Correspondance* als verantwortlicher Herausgeber bis 1775 und trat dann die redaktionelle Leitung an seinen bisherigen Sekretär Heinrich MEISTER (1744–1826) ab, ohne jedoch seine Mitarbeit gänzlich einzustellen. Nach den Revolutionswirren, die Grimm aus Frankreich vertrieben, versuchte Meister, wenn auch ohne großen Erfolg, die *Correspondance* in den Jahren 1794–1812 von Zürich aus fortzusetzen. Die einzelnen Sendungen, die ursprünglich ausschließlich für den Herzog von Sachsen-Gotha bestimmt waren, wurden später zwar in Abschriften an verschiedenen europäischen Fürstenhöfen verbreitet (der Erbprinz von Hessen-Darmstadt, der Erbprinz von Braunschweig-Wolfenbüttel, der Großherzog von Toskana, der König von Polen und vor allem die Zarin Katharina II. von Rußland gehörten zu den ständigen Abonnenten), eine Veröffentlichung war jedoch nicht geplant. Erst eine 1812 ohne Wissen Meisters veranstaltete erste Auswahlausgabe aus den Jahren 1770–1782, die zudem von der strengen Zensur der Restaurationszeit stark verstümmelt wurde, entdeckte den Zeitgenossen die literarisch-kritische Produktion Grimms und seine geheime Funktion als *»ständiger Sekretär des französischen Geistes bei den europäischen Mächten«* (Sainte-Beuve).

Die kritische Haltung des Autors im Hinblick auf philosophisch-literarische Strömungen des vorrevolutionären Frankreich steht unter dem überwältigenden Einfluß der französischen Enzyklopädisten, zu deren Salons ihm seine enge, lebenslange Freundschaft mit Diderot Zutritt verschaffte. ROUSSEAU, D'ALEMBERT, MONTESQUIEU, VOLTAIRE, BUFFON, HOLBACH, HELVÉTIUS, TURGOT, DAUBENTON, TRONCHIN u. a. werden als Autoren der unter Diderots Leitung entstehenden *Encyclopédie* (1751–1772) in längeren Besprechungen jedes erscheinenden Bandes und sogar einzelner Artikel eingehend rezensiert und auch ihre Buchveröffentlichungen kritisch und auf erstaunlichem Niveau gewürdigt. Diderot gilt Grimm als das Haupt dieser philosophischen Schule, ja, neben BACON als der Philosoph schlechthin, und sein atheistischer Materialismus gewinnt in ihm einen der entschiedensten Parteigänger, wie eine Notiz vom Februar 1757 zeigt: *»Ich glaube nicht an die Existenz und das Dasein Gottes. Ich weiß nichts von den Prinzipien und den ersten Ursachen des Weltalls, ich weiß nicht, was Materie, Raum, Bewegung und Dauer sind. Alles das ist für mich unbegreiflich. Ich weiß, daß die Idee meiner Existenz und der Wunsch mich wohlzufühlen voneinander untrennbar sind und daß die Natur mich mit unlösbaren Banden an diese beiden Dinge gefesselt hat... Ich weiß,... daß die Natur in mein Herz Liebe zur Ordnung und Gerechtigkeit gelegt hat, die mich Ruhe des Gewissens dem nutzbringendsten Verbrechen vorziehen läßt. Und ich weiß, daß dieses Gesetz allgemein gültig ist, trotz aller Verbrechen und Ungerechtigkeiten, mit denen der Mensch die Welt angefüllt hat.«*

Zahlreiche literarische Arbeiten des Freundes werden schon vor der Veröffentlichung den Abonnenten zugänglich gemacht, so die *Salons, Jacques le fataliste, La religieuse, Réfutation de l'homme* und *Le neveu de Rameau* (den später GOETHE aus eben dieser Quelle übersetzte), wie die *Correspondance* überhaupt reich ist an literarischen Proben, Briefen, Erzählungen, Gedichten usw. Die starke Bindung Grimms an Diderot läßt ihn andererseits etwa die Philosophie Voltaires sehr zurückhaltend beurteilen. Sein gemäßigter Deismus scheint ihm, gemessen an dem radikalen skeptischen Empirismus Diderots, rückständig. Voltaires in einer kleinen Streitschrift gegen Holbachs *Système de la nature* entwickeltes Argument, daß der Glaube an Gott zur Erhaltung der Ordnung und im Interesse der menschlichen Gesellschaft unentbehrlich sei, nennt Grimm einen absurden Nützlichkeitsbeweis, wenn er auch nicht leugnet, daß Voltaire der *»hervorragendste und verführerischste Schriftsteller des Jahrhunderts«* sei, dessen mannhaftes Eintreten für die Aufklärung und dessen pädagogisches Talent, philosophische Probleme zu popularisieren, nicht genug bewundert werden könnten. Daneben bringt die *Correspondance* Rezensionen nahezu aller philosophischen Werke, die in der Berichtszeit erscheinen: neben Polemiken gegen Rousseaus *Émile* und CONDILLACS *Traité des sensations* stehen lobende und kritische Berichte über d'Alembert, der übrigens als schlechter Stilist wenig geschätzt wird, über Holbach, Helvétius, LAMETTRIE, MAUPERTUIS und viele andere.

Grimms Verhältnis zur zeitgenössischen französischen Literatur, besonders zum Theater, ist von Wertvorstellungen bestimmt, die ihm vor allem das Studium der klassischen Philologie bei ERNESTI in Leipzig vermittelt hatte. Seine überschwengliche Hochschätzung der antiken Tragödie des SOPHOKLES und des EURIPIDES läßt ihn an die klassische französische Tragödie RACINES und CORNEILLES, auch die spätere Voltaires, der mit seinen Stücken – etwa bis zur *Sémiramis* (1748) – die französische Theatergeschichte entscheidend bestimmte, und seiner Nachfolger (MARMONTEL, GUYMOND DE LA TOMBE, SAURIN, LEMIERRE u. a.) um so strengere Maßstäbe anlegen, als er die zeitgenössische Gestalt der Verstragödie in gereimten Alexandrinern entschieden ablehnt. Die französische Sprache, die keine Prosodie kennt, sondern die Zeile unabhängig vom Versmaß silbenzählend gliedert, erscheint ihm für einen lebendigen Dialog völlig ungeeignet. So befürwortet er in einem Bericht über eine Vorlesung von La Harpes *Mélanie* die Form der Prosatragödie, die unter Verzicht auf den starren Alexandriner erst aus der Einheit von Wort und Geste natürliche Beweglichkeit entfaltet. *»Nachdem ich diese Vorlesung gehört habe, bin ich mehr als je zuvor in meiner Ansicht bestärkt, daß die wahre Tragödie – die es in Frankreich noch nicht gibt, die erst geschaffen werden muß – nicht anders als in Prosa geschrieben sein kann und sich niemals zu einer pompösen, gerundeten und durch den Alexandriner gegliederten Sprache bereitfinden darf.«* Wiederum gilt seine ausschließliche Bewunderung Diderot und dessen reformatorischer Theorie der *tragédie domestique* mit ihrem folgenreichen Grundgedanken, den dramatischen Fortgang weniger aus den Charakteren als aus dem Auftreten von Angehörigen verschiedener sozialer »Stände« zu entwickeln – eine Theorie, die die alte *haute tragédie* gänzlich verwirft. Die ersten Bühnenarbeiten Diderots – *Le père de famille* und *Le fils naturel* – und auch die seines Nachfolgers Sedaine scheinen ihm den von ihm vorgeschlagenen Weg beispielhaft zu verwirklichen. Die Verwandtschaft seiner Argumente für ein »bürgerliches Trauerspiel« mit denen Lessings (der Diderots Stücke und seinen *Discours sur la poésie dramatique* übersetzte) ist offensichtlich, obwohl Lessing seine Kritik am französischen Drama mit dem Vorbild Shakespeares begründete, auf den auch Grimm gelegentlich hinweist, ohne sich nachhaltiger mit seinem Werk zu beschäftigen.

Obgleich sich unter der ungeheuren Stoffmasse der *Correspondance*, die in der Ausgabe von 1877–1882 sechzehn Bände umfaßt, viel reine journalistische Tagesberichterstattung über modische, unterhaltende Neuigkeiten findet, prägt sich in ihr doch das objektiv-historische Bewußtsein einer vorrevolutionären Übergangsepoche aus. Andererseits geht der Anteil Grimms über den des hinter seinem Werk zurücktretenden Chronisten weit hinaus. Die späteren Bände verraten das zunehmende Interesse des Autors an naturwissenschaftlichen, politischen und nationalökonomischen Problemen, und die in Frankreich seit der Mitte des 19. Jh.s sich ausbreitende Anglomanie schärft ihm den Blick für neue wirtschaftlich-politische Entwicklungen, wie sie sich etwa aus dem Eintritt Amerikas in den Welthandel ergaben. So wird die *Correspondance*, die ebenso über den Ballonaufstieg Montgolfiers im Jahre 1783 wie über Glucks Triumph an der Pariser Oper (1774), über das Problem der Pockenschutzimpfung wie die Romane von Richardson, Fielding und Smollett berichtet, zu einem der interessantesten kulturhistorischen Dokumente des ausgehenden 18. Jh.s. H.H.H.

Ausgaben: Paris 1812 (*Correspondance littéraire..., depuis 1770 jusqu'en 1782*, Hg. J.-B. Salgues, 5 Bde.). – Paris 1813 (*Correspondance littéraire..., depuis 1753 jusqu'en 1769*, Hg. J. Michaud u. F. Chéron, 6 Bde.). – Paris 1813 (*Correspondance littéraire ... pendant une partie des années 1775–1776, et pendant les années 1782 à 1790 inclusivement*, Hg. J.-B.-A. Suard, 5 Bde.). – Paris 1814 (*Supplément à la Correspondance littéraire*, Hg. A.-A. Barbier). – Paris 1829–1831 (*Correspondance littéraire, philosophique et critique de Grimm et de Diderot, depuis 1753 jusqu'en 1790*, Hg. J. Taschereau, 15 Bde.). – Paris 1829 (*Correspondance inédite de Grimm et de Diderot et recueil de lettres, poésies, morceaux et fragments retranchés par la censure impériale en 1812 et en 1813*, Hg. F. Chéron u. L.-F. Thory). – Paris 1877–1882 (*Correspondance littéraire, philosophique et critique par Grimm, Diderot, Raynal, Meister*, Hg. M. Tourneux, 16 Bde.; Faks. Nendeln 1968). – Mchn. 1972 (*Correspondance inédite*, Hg. J. Schlobach; mit dt. Übers.). – Uppsala 1978 (*La correspondance littéraire, 1761*, Hg. U. Kölving). – Uppsala 1979 (*La correspondance littéraire, 1763*, Hg. A. Hallgren). – Uppsala 1981 (*La correspondance littéraire, 1er janv. – 15 juin 1760*, Hg. S. Dafgard).

Übersetzungen: *Grimms und Diderots Correspondenz, von 1753 bis 1790, an einen regierenden Fürsten Deutschlands gerichtet*, F. Bock, 2 Bde., Brandenburg 1820–1823 [Ausw.]. – *Unveröffentlichte Briefe*, J. Schlobach, Mchn. 1972. – *Paris zündet die Lichter an. Literarische Korrespondenz*, H. Kühn, Hg. K. Schnelle u. R. Müller, Mchn. 1977.

Literatur: C.-A. Sainte-Beuve, *G. et sa »Correspondance littéraire«* (in C.-A. S.-B., *Causeries du lundi*, Bd. 7, Paris 1853, S. 287–328). – A. Koch, *Baron M. von G. und seine Pariser Briefe* (in ZfrzSp, 7, 1885, S. 219–225). – R. Mahrenholtz, *Bemerkungen über die »Correspondance philosophique, littéraire et critique (1747–1793)«* (ebd., 11, 1889, S. 90–104). – K. Georges, *F. M. G. als Kritiker der zeitgenössischen Literatur in seiner »Correspondance littéraire«*, Lpzg. 1904. – G. Rubensohn, *Die »Correspondance littéraire« unter F. M. G. und Heinrich Meister*, Bln. 1917. – A. C. Jones, *F. M. G. as a Critic of Eighteenth Century French Drama*, Bryn Mawr 1926. – A. Cazes, *G. et les Encyclopédistes*, Paris 1933. – H. Uhde-Bernays, *F. M. G.* (in H. U.-B., *Meister und Mittler*, Mchn. 1948, S. 68–101). – R. Smiley, *Diderot and G. A Literary Friendship*, Urbana 1950. – H. Dieckmann, *Les Contributions de Diderot à la »Correspondance littéraire« et à l'»Histoire des deux Indes«* (in RHLF, 51, 1951, S. 417–440). – B. Fitger, *F. M. G. und seine »Correspondance littéraire«*, Diss. Köln 1955. – W. Mönch, *M. G. und die »Correspondance littéraire«* (in *Formen der Selbstdarstellung. Festschrift für F. Neubert*, Bln. 1956, S. 261–278). – J. R. Monty, *La critique littéraire de M. G.*, Genf/Paris 1961. – Ders., *The Criticism of Rousseau in the »Correspondance littéraire«* (in MLQ, 24, 1963, S. 99–103). – K. Wais, *G., ›antiphilosophe‹ et Diderot* (in Europe, Nr. 405/406, Jan./Febr. 1963, S. 95–103). – V. E. Bowen, *Dide-*

rot's Contributions to the Stockholm Copy of the »Correspondance littéraire«, 1760–1772 (in RomR, 55, 1964, S. 181–189). – S. Jüttner, *Grundtendenzen der Theaterkritik von F. M. G. (1753–1773)*, Wiesbaden 1969. – J. Schlobach, *Die frühen Abonnenten und die erste Druckfassung der »Correspondance littéraire«* (in RF, 82, 1970, S. 1–36). – *La »Correspondance littéraire« de G. et de Meister (1754–1813). Colloque de Sarrebruck*, Hg. B. Bray u. a., Paris 1976. – E. Lizé, *Voltaire, G. et la »Correspondance littéraire«*, Oxford 1979. – J. Schlobach, *Diderot und G.s »Correspondance littéraire«* (in *Diderot und die Aufklärung*, Hg. H. Dieckmann, Mchn. 1980, S. 47–63). – G. Dulac, *G. et la correspondance littéraire envoyée à Cathérine II* (in StV, 217, 1983, S. 207–248). – U. Kölving u. J. Carriat, *Inventaire de la correspondance littéraire de G. et de Meister*, Oxford 1984. – E. F. Hoffmann, *Die Geschichte von der Sängerin Antonelli in Goethes »Unterhaltungen« und ihre Quellen in der »Correspondance littéraire«* (in Goethe Jb, 102, 1985, S. 105–143).

PAUL HENRI THIRY D'HOLBACH

eig. Paul Heinrich Dietrich Baron von Holbach

* 8.12.1723 Edesheim
† 21.1.1789 Paris

LITERATUR ZUM AUTOR:
Bibliographie:
J. Vercruysse, *Bibliogr. descriptive des écrits du baron d'H.*, Paris 1971. – Ders., *H. et ses amis*, Paris 1973 [Bibliogr. m. Einl.].
Gesamtdarstellungen und Studien:
R. Hubert, *D'H. et ses amis*, Paris 1928. – W. H. Wickwar, *Baron d'H., a Prelude to the French Revolution*, Ldn. 1935; Nachdr. NY 1968. – P. Naville, *P. T. d'H. et la philosophie scientifique au 18e siècle*, Paris 1943; ern. 1967. – W. Topazio, *D'H.'s Moral Philosophy*, Genf 1956. – E. C. Ladd, *Helvétius and d'H.: La moralisation de la politique* (in Journal of the History of Ideas, 23, 1962, S. 221–238). – E. C. Callot, *H.* (in E. C., *La philosophie de la vie au 18e siècle*, Paris 1965, S. 317–368). R. Besthorn, *Textkritische Studien zum Werk H.s*, Bln. 1969. – *H. 1723–1789* (in Tijdschrift voor de studie van de verlichting, 1, 1973, S. 7–106; Sondernr.). – V. W. Topazio, *H.'s Moral Code, Social and Humanistic*, (in StV, 90, 1972, S. 1615–1623). – H. Sauter, *Der pfälzische Baron H., eine Zentralfigur der französischen Aufklärung* (in Jb. der Vereinigung der »Freunde der Universität Mainz«, 21, 1972, S. 1–24). – A. C. Kors, *H.'s Coterie. An Enlightenment in Paris*, Princeton/N.J. 1976 [m. Bibliogr.]. – F. Brunetti, *»Philosophie« e legitimazione. Confronto Diderot – H.* (in Materiali filosofici, 7, 1981, 97–114). – J. Boulade-Ayoub, *Diderot et d'H. Un système matérialiste de la nature* (in Dialogue, 24, 1985.

LE CHRISTIANISME DÉVOILÉ, OU, EXAMEN DES PRINCIPES ET DES EFFETS DE LA RELIGION CHRÉTIENNE

(frz.; *Das entschleierte Christentum oder Untersuchung der Grundsätze und Wirkungen der christlichen Religion*). Religionskritisches Werk von Paul Henri Thiry d'HOLBACH, erschienen 1766 unter dem Pseudonym M. Boulanger. – Das Buch Holbachs stellt einen Generalangriff auf die christliche Religion wie die Religion überhaupt dar. Holbach fordert, die christliche Religion einer vernünftigen Prüfung zu unterziehen und kommt im Zuge dieses Versuchs zu dem Ergebnis, daß das Christentum voller Widersprüchlichkeiten und Absurditäten ist. Seine Untersuchung führt ihn von der Geschichte des jüdischen Volkes über die Umformung der jüdischen zur christlichen Lehre hin zur Lehre der Kirchenväter und schließlich zu Fragen der Dogmatik und der Moral. Holbachs Darstellung des jüdischen Erbes im Christentum ist von antisemitischer Polemik durchzogen. Schon das Prophetentum und die Bücher des *Alten Testaments* seien als ein Blendwerk des menschlichen Geistes anzusehen und dies gelte in erhöhtem Maße für die Bücher des *Neuen Testaments*. Die Mysterien und Wundergeschichten dienen, wie der Autor ausführt, nur dazu, sich aus der rationalen Rechtfertigung der Glaubenssätze davonzustehlen. Die Konsequenzen, die aus der Befolgung der Gebote Gottes resultieren, sind Diebstahl, Raub und Mord. Die Behauptung, daß die *Bibel* vom Heiligen Geist inspiriert sei, lasse im Licht der historischen Berichte im *Alten Testament* Gott als blutdürstiges Ungeheuer erscheinen. Die Moral des Christentums widerspricht nach Holbach jeder Menschlichkeit, die Lehre Christi habe zur moralischen Besserung der Menschen nichts beigetragen und widerspreche der Natur des Menschen, deren Prinzip die Eigenliebe sei. Das Gebot der Gottes- und Nächstenliebe mißt Holbach an dem von ihm so gezeichneten Gottesbild. Nichts scheint ihm verabscheuungswürdiger als ein göttliches Wesen, das so launisch und grausam geschildert wird. Er unterzieht schließlich auch die Lehren der Apostel und der Kirchenväter der Kritik. Ihre Lehren, die den Menschen zur Demut und zur Verachtung der diesseitigen Welt und der Wissenschaften erziehen sollen und ihre – so Holbach – endlosen Streitigkeiten über Subtilitäten der Dogmatik begründeten schon, daß sie zu verwerfen seien. Für Holbach folgt aus dem Gang seiner Untersuchung, daß Christen, die ihre Religion ernst nehmen, einem geordneten Staatswesen höchst schädlich sind. Alle christlichen Staaten hätten die Aufklärung und Emanzipation der Menschen stets behindert. Überall dort, wo Fürsten mit dem Einverständnis

der Priesterschaft das Volk unterdrückten, werde nicht bedacht, daß sie sich selbst zum ersten Sklaven der Geistlichkeit machten.
Holbachs Polemik endet mit einem leidenschaftlichen Appell an die Fürsten und Könige, das Joch der christlichen Religion und der *»geheiligten Tyrannen«* zugunsten von Toleranz und Gedankenfreiheit abzuschütteln. – Holbach gehörte zusammen mit C. A. HELVÉTIUS und É. B. DE CONDILLAC zu den wichtigsten Mitarbeitern D. DIDEROTS bei der Erarbeitung und Herausgabe der *Encyclopédie*. Sein *Christianisme dévoilé* forderte nicht nur den Protest der Kirche heraus, sondern erregte auch den Widerspruch VOLTAIRES, der aber dennoch die Anonymität des Verfassers wahrte. Der Brisanz des Werks entspricht es, daß es nicht nur unter falschem Namen, sondern auch mit fingiertem Datum und gefälschter Ortsangabe erschien. Tatsächlich wurde das Buch nicht 1756 in London, sondern zehn Jahre später, 1766, in Nancy gedruckt. Mit seiner Kritik an den kirchlichen Verhältnissen seiner Zeit hat Holbach wesentlich zum Sturz des Ancien régime und zur Vorbereitung der Französischen Revolution beigetragen, die er allerdings nicht mehr erlebte. J.Bu.

AUSGABEN: Ldn. 1756 [recte Nancy 1766]. – Ldn. 1767 u. ö. – Paris 1767. – Paris 1884. – Herblay/Seine-et-Oise 1961. – Paris 1971 (in *Premières œuvres*).

ÜBERSETZUNG: *Das entschleierte Christentum oder Untersuchung der Grundsätze und Wirkungen der christlichen Religion*, R. Heise u. F.-G. Voigt (in *Religionskritische Schriften*, Hg. M. Naumann, Bln./Weimar 1970).

LITERATUR: V. W. Topazio, *Apostle of Atheism* (in MLQ, 17, 1956, S. 252–260). – O. Pecharroman, *Nature and Moral. Man in Philosophy of H.*, Diss. Fordham Univ. 1974. – T. C. Newland, *H. and Religion versus Morality* (in Studies on Voltaire and the 18th Century, 140, 1975, S. 203–218). – A. Minerbi Belgrado, *Paura e ignoranza. Studio sulla teoria della religione in d'H.*, Florenz 1983. – D. Lecompte, *Le Baron d'H. et K. Marx, De l'antichristianisme à un athéisme premier et radical*, 2 Bde., Paris 1984.

SYSTÈME DE LA NATURE ou Des loix du monde physique et du monde moral

(frz.; *System der Natur oder von den Gesetzen der physischen und der moralischen Welt*). Das 1770 unter dem Pseudonym J. B. DE MIRABAUD veröffentlichte philosophische Werk stammt mit größter Wahrscheinlichkeit aus der Feder des französischen Philosophen Paul Henri Thiry d'HOLBACH. Hypothesen, wonach auch DIDEROT an der Abfassung des Buches beteiligt gewesen sein soll, haben sich nicht bewahrheitet.
In dem Werk wird der Versuch unternommen, auf der Grundlage der damals vorliegenden wissenschaftlichen Erkenntnisse das System einer materialistischen Philosophie zu errichten. Die sensationelle Wirkung, die es bei Freunden und Feinden der Aufklärung hervorrief, ist vor allem auf die Systematik der Darstellung zurückzuführen. Bis dahin lagen die Resultate der aufgeklärten Religionskritik und Welterklärung nur in Einzelstudien vor. Holbach wagte, das gesamte von der englischen und französischen Aufklärung zusammengetragene Material zu einem in sich geschlossenen materialistischen System zu verarbeiten. Der erste Teil des Werks handelt von den der Materie inhärenten Bewegungsgesetzen, die die Existenz eines Weltschöpfers ausschließen, von den geistigen und psychischen Vermögen des Menschen, die auf natürliche Ursachen zurückgeführt werden, und von den Grundlagen einer idealen Menschengesellschaft, deren Errichtung die waltenden natürlichen Gesetzmäßigkeiten in den Bereich des Möglichen rükken. Der zweite Teil ist der Kritik an der christlichen Theologie, an der Praxis der Kirche sowie an den verschiedenen Spielarten des Pantheismus, Theismus und Deismus gewidmet. Das Werk endet mit einer Apotheose des Atheismus und der Erläuterung eines für den Atheisten verbindlichen Kodex des tugendhaften Lebens.
Das *System der Natur* nimmt nicht nur in der Geschichte der französischen Aufklärung einen bedeutenden Platz ein. Es darf auch einen Rang in der Geschichte des materialistischen Denkens im allgemeinen beanspruchen. Spätestens seit der Existenz des historischen Materialismus muß das Buch freilich mit dem Ruhm eines verblichenen philosophischen Denkmals vorliebnehmen. Da es im 18. Jh. im wesentlichen nur die Mechanik gab, die als Wissenschaft gültig ausgearbeitet war, sah sich Holbach gezwungen, die natürlichen und geistigen Erscheinungen ausschließlich mit Hilfe der mechanischen Bewegungsgesetze zu erklären. Die Grenzen dieses mechanischen Materialismus wurden vor allem dort sichtbar, wo es darum ging, über die Fähigkeiten des menschlichen Bewußtseins und über die Gesetze der menschlichen Gesellschaftsentwicklung Aussagen zu machen. Die Ansicht, auch auf diesen Gebieten seien ausschließlich mechanische Gesetze wirksam, führte mit innerer Logik zu einem fatalistischen Determinismus, der die Menschen zu einer ohnmächtigen Passivität gegenüber den auf sie einstürmenden mechanischen Gewalten verurteilte. Der Systemzwang, den sich Holbach auferlegte, ließ ihn hier zum Teil wieder hinter die Position zurückfallen, die die französische Frühaufklärung schon errungen hatte. Das gleiche trifft für Holbachs Religionskritik zu, die auf die historischen Methoden weitgehend verzichtet und statt dessen die Argumente des Priesterbetrugs und der den Menschen eingeimpften Vorurteile wiederaufnimmt. Diese Schwächen konnten jedoch die umstürzlerische Wirkung des Buches nicht beeinträchtigen. Das *System der Natur* ist ein für seine Zeit einmaliges Werk, das in der Gedrängtheit seiner atheistischen und materialistischen Verlautbarun-

gen die kritische Sprengkraft der aufgeklärten Theorien noch einmal auf das machtvollste zur Geltung brachte. M.N.

AUSGABEN: Ldn. [recte Amsterdam] 1770, 2 Bde. [Nachdr. Genf 1973]. – Lpzg. 1780. – Paris 1821, 2 Bde. [Anm. u. Verb. D. Diderot]; Nachdr. Hildesheim 1966.

ÜBERSETZUNGEN: *System der Natur oder von den Gesetzen der Physischen und Moralischen Welt*, Ffm./Lpzg. 1783; ²1791 [verb.]. – *System der Natur*, Lpzg. 1841. – *System der Natur oder Von den Gesetzen der physischen und der moralischen Welt*, F. G. Vogt, Bln./DDR 1960 [Einl. M. Naumann]; ern. Ffm. 1978.

LITERATUR: G. V. Plechanov, *Beiträge zur Geschichte des Materialismus*, Stg./Bln. ³1921; Bln. ⁴1957. – M. Naumann, *H. u. das Materialismusproblem in der französischen Aufklärung* (in M. N., *Grundpositionen der französischen Aufklärung*, Bln. 1955, S. 83–127; 277–297). – E. Callot, *H. ou Le matérialisme conséquent* (in E. C., *Six philosophes français du 18e siècle*, Annecy 1963, S. 127–152). – Negri, *Materialismo o introchimico ed etica in D'H.* (in Studi in onore di A. Corsano, Manduria 1970, S. 495–520). – A. Baruzzi, *Natur und Moral in einem System der Notwendigkeit* (in A. B., *Mensch und Maschine*, Mchn. 1973, S. 94–116). – J. Marx, *Des Anguilles à la philosophie mécanique. Deux réfutations peu connues du »Système de la nature«* (in Tijdschrift voor de studie van de Verlichting I, 1, 1973, S. 669–687). – R. Mortier, *Le »Système de la nature« une bible matérialiste* (in Beiträge zur romanischen Philologie, 15, 1976, S. 43–71). – M. Naumann, *Das »Système de la nature« in der dt. Aufklärung* (in Lendemains I, 4, 1976, S. 63–87; II, 5, 1976, S. 79–95). – R. Sasso, *Voltaire et le »système de la nature« de d'H.* (in Revue internationale de philosophie, 32, 1978, S. 279–296).

PIERRE AMBROISE FRANÇOIS CHODERLOS DE LACLOS

* 18.10.1741 Amiens
† 5.9.1803 Tarent

LITERATUR ZUM AUTOR:
R. Vaillant, *L. par lui-même*, Paris 1953. – Y. Belaval, *Ch. de L.*, Paris 1972. – R. Pomeau, *L.*, Paris 1975. – R. C. Rosbottom, *Ch. de L.*, Boston 1979 (TWAS). – C. V. Michaël, *Ch. the Man, His Works, His Critics. An Annotated Bibliography*, NY/Ldn. 1982. – D. Cowan, *L. Studies 1968–1982* (in StV, 1983, Nr. 219, S. 289–330). – A.-M. Jaton, *Le corps de la liberté. Lecture de L.*, Lausanne/Wien 1983. – C. V. Michaël, *L.: Les milieux philosophiques et le mal*, Lomé 1985. – G. Poisson, *Ch. ou l'obstination*, Paris 1985.

LES LIAISONS DANGEREUSES

(frz.; *Die gefährlichen Liebschaften*). Briefroman von Pierre Ambroise François Choderlos de LACLOS, anonym erschienen 1782. – Mit der Veröffentlichung dieses 175 Briefe umfassenden, weltbekannt gewordenen Romans löste Laclos, der während der Revolution auf seiten der Jakobiner stehen sollte, heftige moralische Entrüstung bei einem Publikum aus, das immerhin an die Lektüre des frivolen CRÉBILLON (Fils) gewöhnt war. Der Skandal, scheinbar auf einem Mißverständnis der durch ein Motto aus ROUSSEAUS *Nouvelle Héloïse (»Ich habe die Sitten meiner Zeit gesehen und diese Briefe veröffentlicht«)* dokumentierten erzieherischen Absicht beruhend, zeigt in Wahrheit die Reaktion auf eine beispiellose Präzision in der Darstellung der Mechanismen leidenschaftsloser Intellektualität, die sich alles zum Werkzeug des Bösen macht und sämtliche zeitgenössischen Moralbegriffe in Frage stellt.

Die Marquise de Merteuil, Angehörige der höchsten Pariser Gesellschaftskreise, die von sich selbst bekennt: *»Ich wollte nicht genießen, ich wollte wissen«*, läßt ihren destruktiven Erkenntnisdrang, der zugleich Machtstreben und Auflehnung gegen die Herrschaft der Männer ist, in der verletzlichsten Zone des Menschlichen walten, in der Liebe. Sie, die den Schein der Tugendhaftigkeit vollendet zu wahren weiß, knüpft Beziehungen, um sie und damit die Beteiligten zerstören zu können. Handlanger ihres souveränen, eines Libertins gemäßen Spiels ist ihr früherer Geliebter, der Vicomte de Valmont. Um sich an dem Comte de Gercourt – ebenfalls ein ehemaliger Liebhaber – zu rächen, beauftragt sie jenen, Gercourts zukünftige Braut Cécile de Volanges zu verführen. Valmont zeigt an dieser vergleichsweise einfachen und daher seiner unwürdigen Aufgabe, die er dann dank Céciles sinnlicher Natur mit Bravour löst, erst Interesse, als er erfährt, daß die Mutter des Mädchens ihn bei einer Frau verleumdet hat, die zu erobern ihm gerade ihrer moralischen Integrität wegen aller Anstrengungen wert erscheint. Die verheiratete Präsidentin de Tourvel, Verkörperung des empfindsamen Tugendideals, das seinen Ausdruck in einer von sinnlichem Begehren freien Liebesfähigkeit findet, ist die einzige uneingeschränkt positive Gestalt des Romans. Nicht zufällig hat sie Richardsons *Clarissa* zum Brevier gewählt. Valmont, ein »französischer Lovelace«, der sich berechnend der ihr gemäßen Sprache des Gefühls bedient, erreicht mit dieser Taktik, die in einer Selbstmorddrohung gipfelt, schließlich sein Ziel. Daß er dabei aber seiner Verführungsstrategie selbst erliegt und sich in Mme de Tourvel verliebt, d. h. schwach wird, durchschaut die scharfsinnige Merteuil schnell. Da sie ihrem Schüler dieses »Versagen« nicht verzeiht, kommt es zum Bruch zwischen den beiden Komplicen. Die Marquise enthüllt die Umstände von Céciles Verführung. Valmont wird daraufhin im Duell tödlich verwundet, kann aber zuvor seinem Gegner, dem Chevalier Danceny, der – ein früherer Liebhaber Céciles – sich nun der Gunst der Marquise erfreut, die entlarvenden Briefe seiner ehemaligen Gönnerin übergeben. Die von den Ereignissen im Tiefsten getroffene Mme de Tourvel stirbt in geistiger Verwirrung. Cécile sucht in einem Kloster Zuflucht, während die Marquise bei einem Prozeß ihr gesamtes Vermögen und – durch die Blattern – ihre Schönheit einbüßt.

»Die Diskreditierung aller menschlichen Seeleninhalte und ihrer Ausdrucksform als möglicher Trug- und Machtmittel« (H. Friedrich) ist die in äußerster Konsequenz dargelegte Einsicht der großen französischen Moralisten in die unaufhebbare Inkongruenz von Sein und Schein. Daß sich die objektive Wahrheit der Erkenntnis entzieht, wird durch die Form des Romans – die Spiegelung jedes Ereignisses in der Vorstellung der einzelnen Beteiligten und Briefschreiber – eigens verdeutlicht. Jede Person schreibt dabei ihren unverwechselbaren Stil.

Die Überlegenheit der beiden Hauptfiguren – Merteuil und Valmont –, die, solange sie alle Fäden in der Hand haben, in ihren zerstörerischen Machenschaften intellektuelle Perfektion erreichen, beruht nicht zuletzt darauf, daß sie sich den Individualstil der jeweiligen Briefpartner zu eigen machen und eine Vielfalt von sprachlichen Möglichkeiten beherrschen, die ihnen ihre Macht sichert. Das literarhistorische Faszinosum der *Liaisons dangereuses* läßt sich darauf zurückführen, daß sich Laclos der reinsten klassischen Sprache bedient, um die Dekadenz des Ancien régime in seiner Endphase in einzigartiger, ästhetisch nahezu vollkommener Weise auszuleuchten. Die moralische Absicht des Autors, der 1783 ein Traktat über die Erziehung der Frauen *(Des femmes et de leur éducation)* verfaßte und die Veränderung aller gesellschaftlichen Verhältnisse, d.h. die Revolution forderte, vermittelt sich in seinem Roman auf der Ebene der subtilen psychologischen Analyse der privilegierten Gesellschaft des Ancien régime, deren Spielregeln virtuos in Szene gesetzt und – in der Absicht, sie zu zerstören – entlarvt werden. STENDHAL, ein ebenso scharfsinniger Analytiker der menschlichen Psyche und ihrem Verhältnis zur Gesellschaft, gehörte zu den Bewunderern der *Liaisons dangereuses*; BAUDELAIRE verglich die analytische Meisterschaft Laclos' mit der eines RACINE. R.Br.-B.We.

AUSGABEN: Amsterdam/Paris 1782, 4 Bde. – Amsterdam/Paris 1788, 4 Bde. – Paris 1932, Hg. M. Allem (Pléiade). – Paris 1932 [m. Studie v. J. Giraudoux]. – Paris 1964, Hg. R. Pomeau (GF). – Paris 1969, Hg. Y. Le Hir (Class. Garn). – Paris 1972 (Vorw. A. Malraux; Folio). – Paris 1979 (in *Œuvres complètes*, Hg. L. Versini; Pléiade). – Paris 1981, Hg. R. Pomeau.

ÜBERSETZUNGEN: *Die gefährlichen Bekanntschaften oder: Briefe gesammelt in Einer Gesellschaft und zur Belehrung einiger anderer bekant gemacht*, E. F. v. Bonin, Lpzg. 1783. – *Die gefährlichen Liebschaften*, M. Lorm [d. i. V. Adler], 2 Bde., Bln. 1799. – *Gefährliche Liebschaften*, F. Blei, 2 Bde., Mchn. 1901. – *Gefährliche Freundschaften*, H. Mann, 2 Bde., Lpzg. 1905. – *Gefährliche Liebschaften*, W. Widmer, Freiburg i. B. 1955. – Dass., H. Mann, Mchn. 1964 [Nachw. P. Amelung]. – *Schlimme Liebschaften*, ders., Ffm. 1973 (Insel Tb). – *Gefährliche Liebschaften*, H. Kauders, Mchn. 1970. – Dass., F. Blei, Zürich 1985 (detebe).

DRAMATISIERUNGEN: F. Nozière, *Les liaisons dangereuses*, Paris 1908 (Urauff.: Paris, 14. 10. 1907, Maisons-Laffite). – R. Fleck, *Gefährliche Liebschaften*, Kiel 1981.

VERFILMUNGEN: Frankreich 1959 (Regie: R. Vadim). – *Dangerous Liaisons*, USA/England 1989 (Regie: S. Frears). – *Valmont*, Frankreich 1989 (Regie: M. Forman).

LITERATUR: Ch. Baudelaire, *Notes inédites sur L.*, Paris 1903. – A. Gide, *Les dix romans français*... (in NRF, 1. 4. 1913; auch in A. G., *Incidences*, Paris 1924). – A. Augustin-Thierry, *»Les liaisons dangereuses« de Ch.*, Paris 1930. – J. Giraudoux, *Ch. de L.* (in NRF, 1. 12. 1932). – H. Friedrich, *Immoralismus und Tugendideal in den »Liaisons dangereuses«* (in RF, 49, 1935, S. 317–342). – R. Peter, *La dame aux repentirs. L'inspiratrice des »Liaisons dangereuses«*, Paris 1939. – J. Faurie, *Essai sur la séduction*, Paris 1948. – J. L. Seylaz, *»Les liaisons dangereuses« et la création romanesque chez Ch.*, Paris/Genf 1958. – A. O. Aldridge, *Essai sur les personnages des »Liaisons dangereuses« en tant que types littéraires*, Paris 1960. – H. M. J. Wolpe, *Le double jeu des »Liaisons dangereuses«* (in RF, 72, 1960, S. 30–50). – E. Koppen, *Die »Liaisons dangereuses« in der Kritik (1782–1850)*, Wiesbaden 1961. – D. T. Thelander, *L. and the Epistolary Novel*, Genf 1963. – A. u. Y. Delmas, *A la recherche des »Liaisons dangereuses«*, Paris 1964. – A. Ungarelli, *Un grande romanzo del settecento »Les liaisons dangereuses«*, Rom 1965. – H. Knufmann, *Das Böse in den »Liaisons dangereuses« des Ch. de L.*, Mchn. 1965. – T. Todorov, *Littérature et signification*, Paris 1967. – L. Versini, *L. et la tradition, essai sur les sources et la tradition des »Liaisons dangereuses«*, Paris 1968. – P. Thody, *L., »Les liaisons dangereuses«*, Ldn. 1970. – C. Belcikowski, *Poétique des »Liaisons dangereuses«*, Paris 1972. – M. B. Therrien, *»Les liaisons dangereuses«*, Paris 1973. – H. Blanc, *»Les liaisons dangereuses«*, Paris 1973. – J.-L. Faivre, *»Les liaisons dangereuses« de Ch. de L.*, Paris 1973. – G. Pinkernell, *Zur Funktion und Bedeutung der Dreiecksfiguration in den »Liaisons dangereuses« von L.* (in ZfrzSp, 84, 1974, S. 291–306). – A.-M. Jaton, *»Les liaisons dangereuses«* (in SRLF, 16, 1977, S. 299–350). – *L. Critical Approaches to »Les liaisons dangereuses«*, Hg. L. R. Free, Madrid 1978. – J. v. Stackelberg, *Ch. de L.*

»Les liaisons dangereuses« (in J. v. S., *Weltliteratur in deutscher Übersetzung*, Mchn. 1978, S. 145–168). – Ders., *›L'amour de la guerre et la guerre de l'amour‹* (in J. von S., *Themen der Aufklärung*, Mchn. 1979, S. 271–284). – R. Démoris, *La symbolique du nom de personne dans »Les liaisons dangereuses«* (in Littérature, Dez. 1979, Nr. 36, S. 104–119). – S. Diaconoff, *Eros and Power in »Les liaisons dangereuses«*, Genf 1979. – R. Fleck, *Heinrich Mann und »Les liaisons dangereuses«* (in Arbeitskreis H. Mann, Mitteilungen, 15, 1981, S. 9–25). – S. Posch, *Das helle Mädchen und der schwarze Monsieur* (in RF, 94, 1982, S. 247–254). – RHLF, 82, 1982 [Sondernr. *L., »Les liaisons dangereuses«*]. – *L. et le libertinage 1782–1982. Actes du colloque du bicentenaire des »Liaisons dangereuses«*, Vorw. R. Pomeau, Paris 1983. – K. Bender, *L'origine sociale du malheur ou l'exclusivisme de la haute aristocratie dans »Les liaisons dangereuses«* (RZL, 7, 1983, S. 53–75). – J. Dejean, *»Les liaisons dangereuses«* (in J. D., *Literary Fortifications*, Princeton 1984, S. 191–262). – T. Florenne, *Figures de l'amour dans »Les liaisons dangereuses«* (in Littérature, Dez. 1985, Nr. 60, S. 48–55). – M. Delon, *»Les liaisons dangereuses«*, Paris 1986.

ALAIN-RENÉ LESAGE

* 8.5.1668 Sarzeau
† 17.11.1747 Boulogne-sur-Mer

LITERATUR ZUM AUTOR:

E. Lintilhac, *L.*, Paris 1893. – R. Laufer, *L. ou le métier de romancier*, Paris 1971. – R. Daigneault, *L.*, Montreal 1981. – C. Cavillac, *L'Espagne dans la trilogie »picaresque« de L.*, Bordeaux 1984. – F. Assaf, *L. et le picaresque*, Paris 1984.

LE DIABLE BOITEUX

(frz.; *Der hinkende Teufel*). Roman von Alain-René LESAGE, erschienen 1707. – Auch in dem berühmtesten Werk des Autors lieferte ein spanisches Modell die pikareske Vorlage: *El diablo cojuelo* (1641) von Luis VÉLEZ DE GUEVARA Y DUEÑAS ist ein später Schelmenroman, der ohne allzu kohärente Episodenverknüpfung eine Gesamtschau der damaligen spanischen Gesellschaft vornimmt. Lesage übernahm aus diesem satirischen Roman eine Reihe von Episoden, straffte jedoch die Gesamthandlung und fügte zahlreiche neue Episoden hinzu. Erst in der Bearbeitung durch den französischen Autor wurde das Werk, das bereits die Auflösungserscheinungen des spanischen pikaresken Genres zeigt, weltberühmt.

Die Handlung ist im Madrid des ausgehenden 17. Jh.s in einer Oktobernacht angesiedelt: Don Cléophas Perez Zambullo, ein Student aus Alcalá, muß nach einem nächtlichen Rendezvous in eine Dachkammer flüchten, die von einem Zauberer und Astrologen bewohnt wird. Beim Durchstöbern der Behausung des abwesenden Magiers findet er ein Gefäß, in das ein kleiner Teufel eingesperrt ist, den er befreit. Der Geist aus der Flasche entpuppt sich als der hinkende Teufel Asmodeus, *»der lächerliche Heiraten stiftet, in der Welt den Luxus, die Ausschweifung und das Glücksspiel eingeführt hat.«* Asmodeus berichtet dem Studenten von seinem Leben unter den Teufeln und nimmt ihn auf den Turm der Salvatorkirche mit. Aus Dankbarkeit deckt er einige der zu ihren Füßen liegenden Häuser ab und gewährt seinem Befreier so einen Blick hinter die Mauern der bürgerlichen Wohlanständigkeit.

Bei der Darstellung der Lüstlinge, Spieler, alternden Huren, Goldmacher, Pfaffen, Geizkrägen und Säufer hat sich Lesage der Charakterporträts der französischen Moralisten des *Grand Siècle* (LA BRUYÈRE, LA ROCHEFOUCAULD) bedient. Cléophas wird unter anderem Zeuge, wie ein Arzt sich sein Einkommen sichert, indem er nachts Menschen brutal überfällt und verwundet, um sie am Tage wieder zu kurieren; ein Wucherer frönt der Heuchelei, indem er in der Messe seelenruhig eine Predigt gegen den Wucher verfolgt, nur um anschließend seine Schuldner um so unerbittlicher auszusaugen. Heimlich nimmt Cléophas auch an der Heirat von Graf Belflor und Donna Leonore von Cespedes teil, deren dramatische Liebesaffäre der hinkende Teufel in einer eingelegten Geschichte berichtet: Der bei Hof angesehene Belflor will die schöne Leonore verführen, wird jedoch abgewiesen. Leonores Beschützerin Marcella läßt den Schürzenjäger gegen Bestechung nachts in Leonores Haus ein, bis diese nach einigen Tagen Widerstands schwach wird. Als Leonores Vater von dieser Schande erfährt, läßt er seinen Sohn, den Studenten Pedro, aus Alcalá kommen. Belflor soll nach Leonores Willen zu einer letzten Aussprache nochmals zu ihr nach Hause kommen. Durch unglückliche Fügungen gerät Pedro mittlerweile in Madrid in ein Duell, aus dem er nur mit der Hilfe eines Unbekannten – es handelt sich um Belflor – mit heiler Haut entkommen kann. Zum Dank begleitet Pedro den Unbekannten auf dessen Wunsch zu Leonore, wo im Beisein des Vaters zwar Belflors Identität gelüftet wird, dieser jedoch von Pedro zunächst gegen den eigenen Vater in Schutz genommen wird. Ein für den kommenden Tag angesetztes Duell der beiden um Leonores Ehre unterbleibt, da sich Belflor schließlich doch bereit erklärt, das verführte Mädchen zu heiraten. Während die Kupplerin Marcella in einem Kloster versauert, kommt es zur Doppelhochzeit, da sich eine geheimnisvolle Geliebte Pedros zu allem Überfluß als Schwester Belflors erweist.

Nacheinander läßt der Teufel nun ein Gefängnis, ein Tollhaus und ein Hotel vor Cléophas' Augen

Revue passieren. Als in dem Haus des Pedro de Escolano ein Brand ausbricht, bittet der Student den Teufel, das Leben Seraphines, der schönen Tochter Escolanos, zu retten. In weiteren Visionen zeigt Asmodeus ihm die Schicksale zweier Sklaven und die Träume Schlafender. Die Schau wird unterbrochen, als der Teufel von dem Zauberer beschworen wird, der ihn in die Phiole bannte. Asmodeus verschwindet und läßt den Studenten zurück, der nicht weiß, ob das Erlebte Traum oder Realität war. Erst als er in das Haus Escolanos gelangt, wird ihm zur Gewißheit, daß die phantastischen Szenen, deren Zeuge er wurde, tatsächlich so stattgefunden haben: Escolano gibt Cléophas Seraphine zur Frau, die dem Studenten und der Hilfe des hinkenden Teufels Asmodeus ihrLeben verdankt.

Neben Guevaras *El diablo cojuelo* hat Lesage auch die satirische Novelle über das spanische Hofleben, *Dia y noche de Madrid*, 1688 *(Tag und Nacht in Madrid)*, von Francisco SANTOS, herangezogen. Außerdem haben eigene Anschauungen und Erfahrungen sicherlich ebenfalls zur Bereicherung des Episodenkaleidoskops beigetragen. In der Widmung an Vélez de Guevara vermerkt Lesage mit einigem Stolz, der *Hinkende Teufel* sei sowohl das Produkt Guevaras wie auch sein eigenes Werk. Zwar lobt er die Originalität seines Vorbilds, doch rechtfertigt er gleichzeitig die eigenen Eingriffe: *»Ich begreife sehr wohl, daß Euer Gebrauch der figürlichen Rede, Eure bizarren Bilder und Eure außergewöhnlichen Einfälle in Eurem Land Bewunderung gefunden haben. Ihr werdet auch verstehen, daß unter einem andern Himmel geborene Menschen anders darüber urteilen. Die Franzosen, deren Erbteil Peinlichkeit und Natürlichkeit ist, finden keinen Geschmack hieran.«* So hat Lesage gerade die in der spanischen Prosa des 17. Jh.s so charakteristischen kühnen und dunklen Metaphern und die konzeptistische Bildwelt ebenso reduziert wie schon zuvor in seiner Bearbeitung der apokryphen *Quijote*-Fortsetzung AVELLANEDAS. Wenngleich er in satirischer Absicht die menschlichen Schwächen und Torheiten in den unabhängigen Episoden verspottet, so gilt trotz der moralistischen Tradition, der Lesage verpflichtet ist, sein Hauptanliegen der Kurzweil seiner Leser. S.L.

AUSGABEN: Paris 1707. – Paris 1828 (in *Œuvres*, 16 Bde., 1). – Paris 1949/50. – Paris 1960 (in *Romanciers du 18e siècle*, Hg. Étiemble, 2 Bde., 1; Pléiade). – Paris/Den Haag 1970, Hg. R. Laufer [krit.]. – Paris 1984 (Folio).

ÜBERSETZUNGEN: *Der lahme Teufel*, anon., o. O. 1711. – *Der hinkende Teufel*, anon., Köln 1711. – Dass., R. A. Heyland, Hbg. 1730, 2 Bde. – Dass., L. Schücking, 2 Bde., Hildburghausen 1865; ern. Lpzg. 1886. – Dass., G. Fink, Hg. u. Einl. O. Flake, Mchn. 1910. – Dass., E. Bertleff, Wien 1954. – Dass., G. Fink, Hg. u. Einl. O. Flake, Hbg. 1966; ern. Ffm. 1978 (Insel Tb); ern. Nördlingen 1987 [Ill.]. – Dass., W. Hoyer, Stg. 1967 (RUB); ern. Mchn. 1983 [Ill.].

LITERATUR: J. Vic, *La composition et les sources de »Diable boiteux« de L.* (in RHLF, 27, 1920, S. 481–517). – H. Willers, *»Le diable boiteux« (L.) – »El diablo cojuelo« (Guevara)* (in RF, 49, 1935, S. 215–316). – E. Giudici, *Brevi appunti per un'edizione critica del »Diable boiteux«* (in *Studi in onore di V. Lugli e D. Valeri*, Venedig 1962, S. 437–506). – V. Holtz, *Der hinkende Teufel von Guevara und L.*, Wuppertal 1970.

HISTOIRE DE GIL BLAS DE SANTILLANE

(frz.; *Geschichte des Gil Blas von Santillana*). Roman von Alain-René LESAGE, erschienen in vier Teilen 1715–1735. – Mit diesem Werk erreicht die französische Literatur, ähnlich wie die deutsche mit GRIMMELSHAUSENS *Abentheurlichem Simplicissimus* (1669), den nationalen Höhepunkt einer Entwicklung, die in Spanien mit dem zeitweilig Diego HURTADO DE MENDOZA zugeschriebenen Roman *La vida de Lazarillo de Tormes* (1554) einsetzte. Der pikarische Abenteuerroman (span. *pícaro*: Schelm, Gauner), der zumal gegen Ende des 16. Jh.s in Blüte stand, führt seinen naiven, einfältig-gewitzten Helden, der stets von niedriger, zumindest unbedeutender Herkunft ist, durch eine Vielzahl von Szenarien und Milieus, die, den gesamten Umkreis gesellschaftlichen Lebens repräsentierend, ausnahmslos aus der Perspektive des »Niedrig-Komischen« gesehen und satirisch durchschaut werden. Auch Lesage benutzt dieses Modell, indem er die zeitgenössische französische Realität des frühen 18. Jh.s mit dem spanischen Lokalkolorit der Zeit Philipps III. (reg. 1598–1621) überdeckt, und zwar so täuschend, daß sein *Gil Blas* lange Zeit als kaum bearbeitete Adaption eines älteren spanischen Schelmenromans galt – ein Vorwurf, den vor allem VOLTAIRE erhob (1775, in der Neuauflage seines *Siècle de Louis XIV*), vielleicht, weil er sich in der Figur des Literaten Don Gabriel Triaquero karikiert zu sehen glaubte. Erst 1857 konnte diese Behauptung durch eine quellenkritische Analyse von C. F. FRANCESON eindeutig zurückgewiesen werden. Tatsächlich hat Lesage aus älteren Quellen – z. B. aus Vicente Martínez ESPINELS *Relaciones de la vida del escudero Marcos de Obregón* (1618) und der Flut spanischer Dramen des 17. Jh.s – freizügig geschöpft. Besonders in den eingefügten Lebensberichten von Nebenfiguren zeigen sich diese Anleihen. Aber mehr als vier Fünftel des Gesamtwerks beruhen unzweifelhaft auf eigener Erfindung.

Da seine Eltern außerstande sind, ihm eine angemessene Erziehung angedeihen zu lassen, wächst Gil Blas, Sohn eines Stallmeisters und einer Kammerdienerin, in Oviedo unter der Obhut seines Onkels, des Kanonikus Gil Perez, auf, der den Siebzehnjährigen, um ihn loszuwerden, auf die Universität von Salamanca schickt. Gil Blas bricht bereitwillig auf, wird jedoch schon bald ein Opfer seiner Unerfahrenheit: Er gerät in die Hände von Straßenräubern, die ihn zu ihrem Handwerk pressen.

Es gelingt ihm schließlich, mit einer von den Banditen ebenfalls festgehaltenen vornehmen Dame zu entfliehen. Er schlägt sich nach Burgos durch, wo er von der geretteten Dame aus Dankbarkeit eine große Geldsumme empfängt, die ihm aber von einem betrügerischen Dienerpaar wieder abgelistet wird. In Valladolid verdingt er sich als Diener; zunächst bei dem Lizentiaten Sedillo, der stirbt und ihm nur seine kümmerliche Bibliothek hinterläßt, dann bei dem Arzt Sangrado, dessen mörderische, lediglich aus Aderlässen und Wassertrinkkuren bestehende Kunst Gil schnell selbständig auszuüben lernt. Als ihm dieses Gewerbe zu anrüchig wird, begibt er sich nach Madrid, wird Kammerdiener eines jungen adeligen Fants, Don Mathias de Silva, dessen verschwenderischen Dandyismus er mit den Dienern der Freunde seines Herrn frech nachahmt. Don Mathias fällt im Duell, und Gil Blas erhält die Stellung eines Vermögensverwalters bei der berühmten Schauspielerin Arsenia. Ihre Leichtlebigkeit und Zügellosigkeit und die der Komödianten Madrids überhaupt fesseln ihn längere Zeit. Ihrer überdrüssig, wechselt er zu einem älteren Hidalgo, dessen Tochter er mittels einer Verkleidungsintrige einen Gatten einzufangen hilft, danach zu Don Gonzalo Pacheco, einem eitlen Lustgreis, schließlich zur Marquise von Chaves, die einen schöngeistigen Salon unterhält. Einer Liebesaffäre wegen entlassen, geht er nach Toledo; zu ihm gesellt sich ein junger Adeliger, Don Alphonso, dessen Gutsverwalter er wird. Als der rasche Lauf von Fortunas Glücksrad – das, wie er glaubt, sein Schicksal bestimmt – schon zur Ruhe zu kommen scheint, vertreibt ihn die leidenschaftliche Zuneigung eines ältlichen Fräuleins erneut. Er avanciert zum Günstling des Bischofs von Granada und erhält schließlich eine einflußreiche Stellung als Sekretär des Herzogs von Lerma, wobei er die Gelegenheit nutzt, als Fürsprecher *»reicher und freigebiger Leute«* Pfründen und Ämter zu beschaffen, das heißt Bestechungsgelder anzunehmen, und sich auf diese Weise ein bedeutendes Vermögen zu erwerben. Mit Hilfe seines pfiffigen Dieners Scipio leistet er sogar Kupplerdienste für den Kronprinzen, den späteren Philipp IV. Nachdem Gil Blas jedoch dem Prinzen unwissentlich die Geliebte Don Rodrigos, des anderen Sekretärs des Herzogs, zugeführt hat, betreibt der Betrogene erfolgreich Gils Sturz: Gil wird in Segovia eingekerkert und verliert seinen gesamten Besitz. Wieder in Freiheit, erhält er von Don Alphonso ein kleines Landgut, wo er von den Anstrengungen des Hoflebens auszuruhen beschließt. Er heiratet eine Pächterstochter, die jedoch im Kindbett stirbt. Auf Betreiben Scipios kehrt er wiederum an den Hof zurück, wird Sekretär des ersten Staatsministers, des Grafen von Olivares, der ihm den Adelstitel verschafft, ihm dafür aber, um den König von den Staatsgeschäften abzulenken, eine neue Liebesintrige aufbürdet. Olivares wird jedoch bald gestürzt, und Gil Blas zieht sich mit Scipio endgültig auf sein Landgut zurück, wo er noch einmal heiratet. *»Um das Glück voll zu machen, hat mir der Himmel zwei Kinder geschenkt, deren Erziehung die Freude meiner alten Tage werden soll und für deren Vater ich mich in frommem Glauben halten darf.«*

Mit dem älteren spanischen Schelmenroman teilt *Gil Blas* die gesellschaftliche Wirklichkeit, aus der er hervorging: die des feudalistischen Absolutismus mit seinen ungeheuren Klassenunterschieden, seinem durch Korruption vergifteten Staats- und Verwaltungsapparat und seinem terroristischen Polizeiwesen, wobei das Interregnum Philipps, Herzogs von Orleans, der als erster Minister des unmündigen Ludwig XV. die Regierungsgeschäfte führte, weitgehend dem spanischen Ministerabsolutismus zur Zeit Philipps III. und Philipps IV. entsprach. Das undurchdringliche Dickicht von Bestechungsgeldern, Pensionen und Benefizien, der atemberaubende Auf- und Abstieg jener neuen Klasse von *chevaliers d'industrie*, die Arroganz von Schauspielerinnen, denen eine parasitäre Gesellschaft von galanten Aristokraten nachstellt, um sie ebenso schnell wieder fallenzulassen, Privilegienkauf, Polizeispionage, die sittliche Verwahrlosung von Adel und Klerus, der vollkommene Verfall der Wissenschaften wie der Medizin – das sind Hauptansatzpunkte für Lesages realistische, satirische Kritik. *»Wer du auch seist, mein teurer Leser... wenn du meine Abenteuer liest, ohne der moralischen Lehren zu achten, die sie enthalten, wirst du keinen Nutzen aus diesem Werk ziehen; wenn du sie aber aufmerksam liest, so wirst du in ihnen nach Horazens Vorschriften das Nützliche finden, gemischt mit dem Angenehmen.«* Diese gesellschaftliche Wirklichkeit wird von Gesetzen – Willkür und Zufall – regiert, die nicht nur Gil Blas' Lebenslauf bestimmen, sondern zugleich das Kompositionsprinzip des Romans. Die Unbekümmertheit, mit der schon im älteren spanischen Schelmenroman kurze Episoden in lockerer Form aneinandergereiht wurden, kennzeichnet auch *Gil Blas*. Der angehängte vierte Teil des Romans steht den vorangegangenen Teilen an Dichte und Originalität zwar nach, doch macht er andererseits deutlich, wie sehr der pikarische Roman für nachträgliche Erweiterungen und Einschübe geeignet, in welchem Maße er eine offene, fortsetzbare Form ist.

H.H.H.

AUSGABEN: Paris 1715 [Tl. 1 u. 2]. – Paris 1724 [Tl. 3]. – Paris 1735 [Tl. 4]. – Amsterdam 1783 (in *Œuvres choisies*, 15 Bde., 2/3). – Paris 1928, Hg. H. Chabot, 2 Bde. – Paris 1958, Hg. R. Dumay. – Paris 1960 (in *Romanciers du 18e siècle*, Hg. R. Étiemble, 2 Bde., 1; Pléiade). – Paris 1962, Hg. M. Bardon, 2 Bde. – Paris 1973 (Folio). – Paris 1977 (GF).

ÜBERSETZUNGEN: *Der Spanische Robinson oder Sonderbahre Geschichte d. Gil Blas v. Santillana*, anon., Hbg. 1726 [Tl. 1–3]. – *Geschichte d. Gil Blas v. Santillana*, J. D. Heyde, Dresden 1768 [Tl. 1–4]. – *Gil Blas v. Santillana*, W. C. S. Mylius, 6 Bde., Bln. 1774. – *Geschichte d. Gil Blas v. Santillana*, D. Barrasch, 2 Bde., Bln. 1856. – Dass., G. Fink, Lpzg. o. J. [ca. 1874] (RUB, 531–536; ern. Mchn. 1959;

²1981, durchges. v. W. Widmer). – Dass., E. Wallroth, 2 Bde., Lpzg. 1938. – Dass., K. Thorer, Lpzg. 1941; ern. Hbg. 1963 (Nachw. R. Buchwald; RKl); ern. Ffm. 1986 (Insel Tb). – *Gil Blas von Santillana*, D. Barrasch u. E. Marx, 2 Bde., Lpzg. ²1979.

LITERATUR: G. Haack, *Zur Quellenkunde von L.s. »Gil Blas«*, Diss. Kiel 1896. – H. Heinz, *»Gil Blas« u. d. zeitgenössische Leben in Frankreich*, Diss. Mchn. 1914. – M. Iknayan, *The Fortunes of »Gil Blas« during the Romantic Period* (in FR, 31, 1957/58, S. 370–377). – V. Mylne, *Structure and Symbolism in »Gil Blas«* (in FS, 15, 1961, S. 134–145). – E. Lacoste, *Sur »Gil Blas«* (in E. L., *Essais et réflexions d'humanisme*, Lille 1961, S. 14–24). – F. Brun, *Strukturwandlungen d. Schelmenromans. L. u. seine spanischen Vorgänger*, Diss. Zürich 1962. – J. v. Stackelberg, *Die ›Moral‹ des »Gil Blas«* (in RF, 74, 1962, S. 345–360). – C. Dédeyan, *L. et »Histoire de Gil Blas«*, 2 Bde., Paris 1965. – W. Wehle, *Zufall oder epische Integration* (in RJb, 23, 1972, S. 103–129). – K. W. Carson, *Aspects of Contemporary Society in »Gil Blas«*, Banbury/Oxford 1973. – M. H. Huet, *»Gil Blas de Santillane«* (in M. H. H., *Le héros et son double*, Paris 1975, S. 11–30). – K. Heitmann, *L., »Gil Blas de Santillane«* (in *Der französische Roman*, Hg. ders., Düsseldorf 1975, Bd. 1, S. 146–167). – P. J. Fazziola, *A Critical Study of »Gil Blas«*, Diss. Univ. of Iowa 1975 (vgl. Diss. Abstracts, 36, 1975/76, S. 8054A). – H. Klüppelholz, *La technique des emprunts dans »Gil Blas« de L.*, Ffm./Bern 1978. – J. Proust, *L. ou le regard intérieur* (in J. P., *L'objet et le texte*, Genf 1980, S. 75–105). – B. Pingaud, *»Gil Blas«* (in B. P., *L'expérience romanesque*, Paris 1983, S. 46–65). – P. Stewart, *»Gil Blas«* (in P. S., *Rereadings*, Birmingham/Ala. 1984, S. 89–127).

PIERRE CARLET DE CHAMBLAIN DE MARIVAUX

* 4.2.1688 Paris
† 12.2.1763 Paris

LITERATUR ZUM AUTOR:
Forschungsberichte:
H. Lagrave, *M. et sa fortune littéraire*, Saint-Médard-en-Jalles 1970. – H. Coulet u. M. Gilot, *M., un humaniste expérimental*, Paris 1973. – H. Coulet, *État présent des études sur M.* (in Inf. litt, 31, März/Apr. 1979). – Ch. Miething, *M.*, Darmstadt 1979 (EdF).
Gesamtdarstellungen und Studien:
F. Deloffre, *Une préciosité nouvelle. M. et le marivaudage*, Paris 1955; ern. 1971. – K. MacKee, *The Theater of M.*, NY 1958. – J. B. Ratermanis, *Étude sur le comique dans le théâtre de M.*, Genf/Paris 1961. – M. Meyer, *La convention dans le théâtre d'amour de M.*, São Paulo 1961. – E. J. H. Greene, *M.*, Toronto/Ldn. 1965. – V. P. Brady, *Love in the Theater of M.*, Genf 1970. – S. Mühlemann, *Ombres et lumières dans l'œuvre de M.*, Bern u. a. 1970. – L. Desvignes-Parent, *M. et l'Angleterre*, Paris 1970. – M. Descotes, *Les grands rôles du théâtre de M.*, Paris 1972. – O. A. Haac, *M.*, Boston 1973 (TWAS). – N. Bonhôte, *M. ou les machines de l'opéra*, Lausanne 1974. – R. C. Rosbottom, *M.'s Novels*, Rutherford/Ldn. 1974. – J. Lacant, *M. en Allemagne*, Paris 1975. – H. Coulet, *M. romancier*, Paris 1975. – M. Gilot, *Les journaux de M., itinéraire moral et accomplissement esthétique*, Lille/Paris 1975. – Ch. Miething, *M.s Theater. Identitätsprobleme in der Komödie*, Mchn. 1975. – H. U. Gumbrecht, *Die dramenabschließende Sprachbehandlung im aristotelischen Theater und ihre Problematisierung bei M.* (in Poetica, 8, 1976, S. 376–379). – R. Kramer, *M.s Romane in Deutschland*, Heidelberg 1976. – R. Baader, *Wider den Zufall der Geschichte. M.s große Romane und ihre zeitgenössische Wirkung*, Mchn. 1976. – B. Alsleben, *M. und die deutsche Bühne des 18. Jh.s*, Ffm./Bern 1977. – A. Spacagna, *Entre le oui et le non. Essai sur la structure profonde du théâtre de M.*, Bern u. a. 1978. – R. Tomlinson, *La fête galante. Watteau et M.*, Genf 1981. – M. Deguy, *La machine matrimoniale chez M.*, Paris 1981; ern. 1986. – H. Kars, *Le portrait chez M. Étude d'un type de fragment textuel*, Amsterdam 1981. – S. I. Spencer, *Le dilemme du roman marivaudien*, Sherbrooke 1984. – P. Pavis, *M. à l'épreuve de la scène*, Paris 1986. – J. Terrasse, *Le sens et les signes, étude sur le théâtre de M.*, Sherbrooke 1987. – J. K. Sanaker, *Le discours mal apprivoisé: essai sur le dialogue de M.*, Paris 1987. – B. Didier, *La voix de Marianne: essai sur M.*, Paris 1987. – W. H. Trapnell, *Eavesdropping in M.*, Genf 1987. – C. Poe, *The Rococo and Eighteenth-Century France. A Study Through M.'s Theater*, NY/Bern/Ffm. 1987.

LA DOUBLE INCONSTANCE

(frz.; *Die doppelte Untreue*). Prosakomödie in drei Akten von Pierre Carlet de Chamblain de MARIVAUX, Uraufführung: Paris, 6. 4. 1723, Hôtel de Bourgogne. – Die Handlung besteht aus der durch originelle Intrigen bewirkten Verkehrung der Gefühle der Liebenden, Arlequin und Silvia, die beide konsequent zur Untreue verführt werden; denn der Prinz eines Phantasiereiches liebt Silvia und beauftragt Flaminia, die Tochter eines Bediensteten, ihm ihr Herz zu gewinnen. Flaminias psychologisch äußerst geschicktem Vorgehen gelingt es in der Tat, die Liebenden einander zu entfremden, indem sie einerseits Silvias Aufmerksamkeit auf den ins Auge fallenden Unterschied zwischen dem bäuerischen Arlequin und einem hübschen Offizier, der in Wirklichkeit der Prinz ist, lenkt und damit ihren Ehrgeiz weckt, andererseits aber vor Arlequin zunächst selbst die Beschützerin seiner Liebe spielt und dann in der Maske einer armen, hilflosen »Verbannten« erfolgreich an seinen männlichen Beschützersinn appelliert. Flaminias Liebesgeständnis an Arlequin entlockt ihm schließlich das seine, während Silvia, erfreut, sich an den dünkelhaften Hofdamen rächen zu können, sich für ihren »Offizier« entscheidet, der sich nun als Prinz zu erkennen gibt. Zwei Eheschließungen sanktionieren die »doppelte Untreue«.

Bereits bei der Uraufführung durch die Truppe der Comédie Italienne war dem Stück trotz seiner artifiziellen Konstruktion ein beträchtlicher Erfolg beschieden, so daß *La double inconstance* in das Repertoire der Italiener übernommen wurde. Noch André GIDE lobte das Stück in seinem *Journal*. Eine Fülle von romanesken Zwischenfällen, Verkleidungen und Interventionen durch mehr oder weniger episodische Randfiguren lassen die Handlung sprunghaft fortschreiten. Wohl lenkt Flaminia das Spiel nach einem durchdachten Plan, der aber, da er dem Zuschauer nicht mit der geringfügigsten Andeutung verraten wird, sich in einer zufälligen Folge glücklicher Ereignisse verliert. Dagegen wird auf die allmähliche psychologische Entwicklung der Hauptpersonen viel Gewicht gelegt. Ein besonderer Reiz ist die Kombination so heterogener Elemente wie der Gestalt des Märchenprinzen, der Figuren der *commedia dell'arte* und überaus zeitspezifischer realistischer Details. In dieser Sittenkomödie mit ihrer deutlichen Wendung gegen Adel, Reichtum und privilegierte Untätigkeit, die auf persönlichem Ressentiment beruht – der Bankrott einer Bank, aus dem gewisse Adelskreise großen Gewinn geschlagen hatten, hatte Marivaux ruiniert und ihn gezwungen, zum Broterwerb zu schreiben –, zeigt sich Arlequin durch den Umfang und das Gewicht seiner Rolle als Wortführer des Autors, der sich ein Leben lang in seinen Bühnenwerken mit sozialen Problemen auseinandergesetzt hat. Die für die vom Autor bevorzugte Schauspielerin Gianetta Benozzi entworfene Rolle der Silvia wird interessant durch die feinfühlig registrierten Gefühlsnuancen, die sie schrittweise von einer Leidenschaft zu andern wechseln lassen – eine überaus dankbare Bühnenrolle, die zudem, dem Stück Charme und Grazie verleihend, einen guten Teil seines Erfolges sicherte. Eine weibliche Kontrastfigur ist die Führerin des Spiels, Flaminia, bei der eher der Verstand als das Herz befiehlt. Der Prinz dagegen gibt sich als gutartiger, etwas fader, seufzender Liebhaber. Nicht vernachlässigt sind die Randfiguren: die kokette Lisette, der beschränkte Seigneur, dem es nicht gelingt, Arlequin von der Erhabenheit des Adels zu überzeugen, und der zugleich hochmütige und servile Trivelin, die bösartige Karikatur eines Höflings.

Auch in *La double inconstance* liegt der thematische Schwerpunkt auf der Psychologie der Figuren, während die typischen Requisiten der Intrigenkomödie – Verstellung, Betrug und Verkleidung – eine untergeordnete Rolle erfüllen. Was den Sprachstil des Stückes anbelangt, so trifft VOLTAIRES summarischer Vorwurf der Preziosität, einer manieriert verklausulierten Diktion, wie sie bereits MOLIÈRE parodiert, bei Marivaux für die hier äußerst bühnengemäße Prosa kaum zu. Die Sprache der Personen variiert je nach Herkunft und Stand, wobei diejenige Arlequins am bestechendsten wirkt, da er, was er zu sagen hat, knapp und treffend vorbringt. I.P.-KLL

AUSGABEN: Paris 1724. – Paris 1827 (in *Œuvres complètes*, Hg. M. Duviquet, 10 Bde., 1825–1830, 3). – Paris 1950 (in *Théâtre complet*, Hg. M. Arland; Pléiade). – Paris 1955, Hg. P.-B. Marquet. – Paris 1961 (in *Théâtre*, Hg. B. Dort, 4 Bde., 1961/62, 1). – Paris 1968 (in *Théâtre complet*, Hg. F. Deloffre, 2 Bde., 1; Class. Garn). – Paris 1970 (in *Théâtre*, Hg. M. Déon, Bd. 1). – Paris 1982 (Comédie Française). – Paris 1987, Hg. J. Morel (Poche).

ÜBERSETZUNGEN: *Die beyderseitige Unbeständigkeit*, J. C. Krüger (in *Sammlung einiger Lustspiele*, Bd. 2, Hannover 1749). – *Unbeständigkeit auf beiden Seiten*, P. Lotschak (in *Leben und Werk*, Düsseldorf 1968). – *Verführbarkeit auf beiden Seiten*, G. Scheffel, Stg. 1982 (RUB).

LITERATUR: L. Attoun, *Paris-Bruxelles et retour: »La double inconstance« de M.* (in NL, 1974, Nr. 2462, S. 14). – Ph. Sénart, *»La double inconstance«* (in RDM, Apr.–Juni 1976, S. 183–185). – P. Nivet, *Le théâtre naturaliste de l'illusion en France (M.: »La double inconstance«, »La dispute«)*, Diss. Paris 1978.

L'ÉCOLE DES MÈRES

(frz.; *Die Schule der Mütter*). Komödie in einem Akt von Pierre Carlet de Chamblain de MARIVAUX, Uraufführung: Paris, 25. 7. 1732, Comédie Italienne. – Der Titel spielt auf MOLIÈRES *Schule der Frauen* (vgl. *L'escole des femmes*) an, doch tragen die Personen beider Stücke unverkennbar das Gepräge ihres Jahrhunderts. Dieser Einakter ist Marivaux' erste Paraphrase des traditionellen Schemas, das er, die Frauennamen beibehaltend, drei Jahre später in *La mère confidente* nochmals abwandelte: Eine junge Dame liebt ohne Wissen ihrer Mutter einen jungen Mann. Sie soll an einen ungeliebten Alten verkuppelt werden. Doch mit Hilfe einer Dienerin gelingt es ihr schließlich, den Mann ihrer Wahl zu heiraten.

Ähnlich wie Arnolphe in *L'école des femmes* schmeichelt sich Mme. Argante, ein völlig unschuldiges, naives, bescheidenes Töchterchen erzogen zu haben, das sie mit strengen Belehrungen und düsteren Warnungen einschüchtert und mit Argusaugen vor jungen Männern und weltlichem Vergnügen bewacht. Doch die junge Angélique findet kein Gefallen an der Einsamkeit, und ihr züchtiger hoher Kragen beengt sie genauso wie die ihr aufgezwungene Ahnungslosigkeit. Die Aussicht auf die Heirat mit einem sehr reifen, sehr reichen, sehr vernünftigen, aber leider auch sehr alten Mann – Monsieur Damis – läßt sie rebellisch werden. Denn sie liebt Éraste, den Sohn des Monsieur Damis, der sich mit Unterstützung des Dienerpaares Frontin und Lisette als Diener verkleidet ins Haus ihrer Mutter eingeschlichen hat. Anders als die trotz ihrer Unschuld listige Agnès der *École des femmes* gibt Angélique sich humorvoll und freimütig, ohne gegen das Gesetz der Höflichkeit zu verstoßen. Sie läßt Damis allerdings unmißverständlich wissen, daß sie einen jungen Mann vorzieht. Der Alte entlockt ihr sogar ein halbes Geständnis ihrer heimlichen Liebe, das durch vertrauliche Mitteilungen Frontins aufschlußreich ergänzt wird. Die Lösung erfolgt mittels einer Verkleidungsszene im Dunkeln, in der Éraste sich ahnungslos seinem Vater verrät und Mme. Argante ihr Erziehungswerk scheitern sieht, als sie das Liebesgeflüster ihrer Tochter mit Éraste vernimmt. Der älteren Generation bleibt nur übrig, Einsicht zu zeigen und der jungen Frau den jungen Mann zu gönnen.

Das zentrale Problem des Stücks ist in dem Konflikt zwischen den Erziehungskonzepten zu sehen, die hier einander gegenübergestellt werden. Mme. Argantes Versuch, die eigene Tochter in Unmündigkeit zu halten, wird als Erziehung durch Zwang herausgestellt. Demgegenüber steht das Modell einer Pädagogik des Vertrauens in die Erkenntnisfähigkeit des Kindes, wie sie im Zuge der sich formierenden Aufklärungsideen vertreten wird. So mag es sich auch erklären, daß kein Geringerer als LESSING das kleine Werk in seiner 1767–1769 erschienenen *Hamburger Dramaturgie* als Meisterwerk des neueren französischen Theaters empfiehlt. Besonders reizvoll und gelungen ist dabei die Zeichnung der Figuren, vor allem die Angéliques, die sich vom Muster reinster Naivität zur selbstbewußten jungen Frau wandelt. – Marivaux' Versuch, in *L'école des mères* Elemente der *commedia dell'arte*, der Farce und des Vaudeville (der bekannte Vaudevilliste Charles-François Panard lieferte die Couplets) zu verbinden, trug ihm einen beträchtlichen Publikumserfolg ein. I.P.-KLL

AUSGABEN: Paris 1732. – Paris 1830 (in *Œuvres complètes*, Hg. M. Duviquet, 10 Bde., 1825–1830, 4). – Paris 1950 (in *Théâtre complet*, Hg. M. Arland; Pléiade). – Paris 1962 (in *Théâtre*, Hg. B. Dort, 4 Bde., 1961/62, 3). – Paris 1968 (in *Théâtre complet*, Hg. F. Deloffre, 2 Bde., 2; Class. Garn). – Paris 1970 (in *Théâtre*, Hg. M. Déon, Bd. 2).

ÜBERSETZUNGEN: *Die Mutter Schule*, K. Ekhof, o. O. 1753. – *Die Schule der Mütter*, K. Saar, Wien o. J. [ca. 1880] (Wiener Theater-Repertoir, 354).

LITERATUR: *M. »L'école des mères«*, Paris 1941. – F. Schirosi, *Moratín: M. »L'école des mères« e »El sí de las niñas«* (in Culture française, 23, Bari 1976, S. 32–44). – M. Strathman, *Wahlverwandtschaft und Kontrast* (in Arcadia, 16, 1981, S. 13–28).

LE JEU DE L'AMOUR ET DU HASARD

(frz.; *Das Spiel von Liebe und Zufall*). Komödie in drei Akten von Pierre Carlet de Chamblain de MARIVAUX, Uraufführung: Paris, 23. 1. 1730, Théâtre-Italien (durch die Truppe der Comédiens-Italiens). – Wie kein anderes Werk Marivaux' verrät diese Komödie die Herkunft aus der Tradition der *commedia dell'arte*, in der das Motiv des Rollentausches zwischen Herr und Diener, zwischen Magd und Herrin ein Grundschema der Handlungsverwicklung bildet. Silvia und Dorante sollen auf Wunsch ihrer Väter vermählt werden. Da sie sich jedoch noch nie gesehen haben, wird es ihnen freigestellt, den Partner, sollte er nicht gefallen, abzulehnen. Um der Verlegenheit einer offenen Erklärung zu entgehen und aus instinktivem Mißtrauen gegen die Ausrichtung ihrer Gefühle durch andere, kommen sie beide unabhängig voneinander, und ohne die geheime Entsprechung zu ahnen, auf dieselbe Idee: Silvia will mit ihrer Zofe Lisette, Dorante mit seinem Diener Arlequin die Rollen vertauschen, um inkognito den ausersehenen Partner kennenzulernen. Nur Silvias Vater, M. Orgon, und ihr Bruder Mario sind durch einen Brief von Dorantes Vater in den Doppelplan eingeweiht und versprechen sich viel davon. Gerade aus dem Gegensatz von vorgetäuschter Rolle und dem Stand nicht entsprechenden inneren Qualitäten entwikkelt sich die Intrige des Werkes, die zunächst Neugierde, später Liebe in den einander betrügenden Betrügern entstehen läßt. Schon bei der ersten Begegnung gewinnen die verkleideten Verlobten, nach gegenseitigem Erstaunen über die Anmut und den Geist des anderen, Interesse und bald auch immer stärkere Zuneigung füreinander, während Arlequin sich auf tölpelhaft-preziöse Weise um die vermeintliche Tochter des Hauses, die nicht wenig entzückte Lisette, bemüht. Da Silvia, um sich ihres eigenen Gefühls zu erwehren, dem werbenden Dorante von Eheaspirationen über die Dienstbotenklasse hinaus spricht, gibt er sich ihr zu erkennen. Ihrer Sache nunmehr sicher (die nur momentan durch Marios Einmischung als angeblicher Liebhaber Silvias und durch Dorantes zeitweilige Resignation nach dieser Eröffnung in Gefahr gebracht wird) und doch auf eine letzte Bestätigung seines Gefühls für sie drängend, zwingt sie dem noch im dunkeln tappenden Dorante trotz des Standesunterschieds einen Heiratsantrag ab und läßt dann auch die Maske fallen.

Der Zufall des Spiels in Marivaux' Komödie ist eine willkommene Störung der von Konventionen bestimmten Ordnung, durch die der Mensch die ersehnte voraussetzungslose Freiheit seiner Gefühle erst erreicht. Der Zufall ist befreiend und beunruhigend zugleich; er wird in diesem Stück gezügelt durch die geheimen Spielleiter (M. Orgon und Mario), die dafür sorgen, daß der Zufall nicht auf Kosten der Liebe überhandnimmt. Das eigentliche Hindernis für diese Liebe ist aber die von der konventionellen Ordnung bestärkte Eigenliebe *(amour-propre)*, die sich durch Koketterie (das

Spiel als Selbstschutz) vor der Bedrohung der Liebe zu bewahren sucht. Zugleich ist Koketterie für Marivaux ein zutiefst weiblicher Zug, der das Spiel der Werbung erst eigentlich zur Entfaltung treibt. So führt Silvia das im Grunde überflüssige Geständnis Dorantes, er werde auch eine Kammerzofe heiraten, vor allem um des persönlichen Triumphs willen herbei, als Bestätigung ihres *amour-propre*, den sie anders als Dorante nie eigentlich zu überwinden hatte. Daß die sozialen Schranken momentan ignoriert werden, zeugt wohl weniger von einer revolutionären oder prophetischen Absicht als von der absoluten Geltung, die der Dichter für die Liebe, die Unbedingtheit des Gefühls in Anspruch nimmt. In Übereinstimmung mit seiner Zeit erscheint Liebe in Marivaux' Theater auch nie als voll entfaltete Leidenschaft, sondern im Entstehen begriffen, als *amour naissant*. – Die Charaktere sind keine Typen, sie tragen individuelle Züge. Auch spielt die Gesellschaft in dem Stück keine wesentliche Rolle. Was den Autor fesselt, sind psychologische Vorgänge und Übergänge im Spannungsfeld eines oft symmetrischen Handlungsgefüges. In der psychologischen Wahrheit und Genauigkeit seiner subtilen Analyse von Seelen im Zustand des *amour naissant* ist er unübertroffener Meister. Arlequin und Lisette zeugen davon, daß er auch das realistische Detail beherrscht: Die Diskrepanz zwischen ihren Rollen und ihrem Wesen wird nie zur Karikatur, und selbst die preziösen Elemente und literarischen Echos werden der handfesten Vulgarität Arlequins anverwandelt (dessen Charakter Marivaux der durch das Théâtre-Italien nach Frankreich gebrachten *commedia dell'arte* entlehnte).

Le jeu de l'amour et du hasard ist – nicht zuletzt aufgrund der virtuos geführten vierfachen Verkleidungs- und doppelten Verwechslungsintrige, die noch Mozart in *Così fan tutte* verwendet, Marivaux' bekanntestes und meistgespieltes Werk geworden. Eine nuancenreiche, aus geistvoller Beweglichkeit und realistischer Präzision – aus Realem und Irrealem – harmonisch gemischte Prosa ist das tragende Element dieses schnellen, nie sich ausruhenden Spiels, dessen Dialogstil unter dem Namen *marivaudage* als neuer Stilbegriff in die Literatur eingegangen ist. In seiner Geschlossenheit, Variabilität, in der Sparsamkeit der Mittel und ihrer freien Beweglichkeit ist dieses Stück der vollkommenste Ausdruck seiner Kunst. K.E.-KLL

Ausgaben: Paris 1730. – Paris 1830 (in *Œuvres complètes*, Hg. M. Duviquet, 4 Bde., 1825–1830, 4). – Paris 1950 (in *Théâtre complet*, Hg. M. Arland; Pléiade). – Ldn. 1954, Hg. R. Shackleton [m. Einf. u. Anm.]. – Paris 1956, Hg. E. Ledrus. – Paris 1962 (in *Théâtre*, Hg. B. Dort, 4 Bde., 1961/62, 3). – Englewood Cliffs 1967, Hg. J. B. Ratermanis. – Paris 1968 (in *Théâtre complet*, Hg. F. Deloffre, 2 Bde., 1; Class. Garn). – Paris 1970 (in *Théâtre*, Hg. M. Déon, Bd. 1). –Paris 1972, Hg. R. Labreaux.

Übersetzungen: *Spiel der Liebe u. des Zufalls*, J. Ch. Krüger (in J. Ch. K., *Sammlung einiger Lustspiele*, Bd. 1, Hannover 1747). – *Das Spiel von Liebe u. Zufall*, T. Breidenbach u. a., Stg. 1961 (Nachw. I. Nagel; RUB). – Dass., P. Lobschak (in *Leben und Werke*, Düsseldorf 1968). – Dass., A. Botond, Ffm. 1981. – Dass., G. Scheffel, Ffm. 1985 (Insel Tb).

Literatur: G. Michaut, *M. »Le jeu de l'amour et du hasard«*, Paris 1941. – M. Heitmann, *»Le jeu de l'amour et du hasard* (in *Das frz. Theater vom Barock bis zur Gegenwart*, Hg. J. v. Stackelberg, Düsseldorf 1968, Bd. 2, S. 34–54, 363–366). – G. Rodmell, *»Le jeu de l'amour et du hasard« et »Les fausses confidences«*, Ldn. 1982. – C. Eterstein, *»Le jeu de l'amour et du hasard« de M. Analyse critique*, Paris 1984. – *»Le jeu de l'amour et du hasard« »Le legs« [Dossier]* (in Comédie Française, 167, Apr. 1988, S. 2–27).

LE LEGS

(frz.; *Das Legat*). Prosakomödie in einem Akt von Pierre Carlet de Chaimblain de Marivaux, Uraufführung: Paris, 11. 6. 1736, Comédie Française.– Held des Stücks ist ein überaus schüchterner Marquis, dessen Aktionen stets von Unsicherheit und Skrupeln verschiedenster Art begleitet und gestört werden. *Le legs* ist ein Beispiel der Kombination von Liebeskomödie und psychologischer Komödie. Der Marquis, der es nicht wagt, der angebeteten Comtesse seine Gefühle zu gestehen, erbt ein Vermögen von 600 000 Franken unter der Bedingung, daß er Hortense, eine ihm gleichgültige junge Dame, heiratet oder ihr ein Drittel des Geldes überläßt. Sein Plan, Hortense, die ihrerseits in einen Chevalier verliebt ist, einen, wie er hofft, vergeblichen Heiratsantrag zu machen und so im Besitz des gesamten Vermögens zu bleiben, scheitert an seiner ungewandten, unsicheren Wesensart, die ihn die Entscheidung immer wieder hinausschieben läßt. Die resolute Hortense, in gleichem Maß am Gelde interessiert wie einer Ehe mit dem Marquis abgeneigt, kommt ihm zuvor und fragt ihn rundheraus, ob er sie zu heiraten beabsichtige. Das aus lauter Schüchternheit gegebene Jawort scheint das Unglück aller zu besiegeln. Da gelingt es der lebensklugen Comtesse, den Marquis von ihrer Liebe zu überzeugen. Der, glücklich über das unerwartete Geständnis, tritt bereitwillig die 200 000 Franken an die nicht wenig entzückte Hortense und ihren Chevalier ab.

Dieser Einakter Marivaux' gehört zu den heitersten und meistgespielten Stücken seines *théâtre d'amour*. Thematisch weist er auf die Stücke *La fausse suivante* und *Les fausses confidences* zurück. Die Komik entsteht hier nicht aus der Verkleidung, die in diesem Werk – ausnahmsweise – keine Rolle spielt, sondern aus dem Zusammenspiel psychologischer Elemente und komischer Fremdbestimmung der Figur. Die Komik bedarf auch hier keiner Intrigen oder wirklicher Interessenkonflikte, sondern beruht allein auf dem Charakter des Marquis: Aus einem Übermaß an empfindlicher Eigenliebe *(amour-propre)*, die sich nicht der Gefahr einer Verletzung aussetzen will, zeigt er sich der geliebten Frau gegenüber hilflos und unsicher. Dennoch siegt das Gefühl (das hier im übrigen mit der zweckgerichteten Vernunft bestens harmoniert) über den inneren Widerstand im Herzen des Marquis und das komplizierte Reglement der »Schicklichkeit«, dem sich die höfische Gesellschaft unterwerfen zu müssen glaubte. I.P.-KLL

AUSGABEN: Paris 1730 (zus. m. *Les jeu de l'amour et du hazard*). – Paris 1736. – Paris 1825 (in *Œuvres complètes*, Hg. M. Duviquet, 10 Bde., 1825–1830, 2). – Paris 1950 (in *Théâtre complet*, Hg. M. Arland; Pléiade). – Paris 1962 (in *Théâtre*, Hg. B. Dort, 4 Bde., 1961/62, 4). – Paris 1968 (in *Théâtre complet*, Hg. F. Deloffre, 2 Bde., 2; Class. Garn). – Paris 1970 (in *Théâtre*, Hg. M. Déon, Bd. 2).

LITERATUR: L. Desvignes, *Du »Testament« (1731) au »Legs« (1736). Les méthodes d'élaboration dramatique chez M.* (in StF, 11, 1967, S. 480–486). – *»Le jeu de l'amour et du hasard« »Le legs« [Dossier]* (in Comédie Française, 167, Apr. 1988, S. 2–27).

LE PAYSAN PARVENU OU LES MÉMOIRES DE M ***

(frz.; *Der emporgekommene Bauer oder Die Memoiren des Herrn* ***). Unvollendeter Roman von Pierre Carlet de Chamblain de MARIVAUX, erschienen 1734/35, entstanden während der Arbeit an einem Roman ähnlicher Konzeption, der *Vie de Marianne* (1731–1742). – Der Ich-Erzähler Jacob berichtet von seinem bewegten Leben, einmal weil er nach seinem Rückzug aufs Land die Distanz gefunden habe, die Ereignisse zur moralischen Belehrung der Interessierten niederzuschreiben, zum andern, weil er sich und andere damit – getreulich dem Horazschen *prodesse aut delectare* – unterhalten wolle: *»Je cherche aussi à m'amuser moi-même.«* Der fiktive Memoirenautor hat es trotz bäuerlicher Herkunft zu Reichtum und Ansehen als Steuerpächter gebracht und berichtet über seine meist amourösen Abenteuer während der ersten vier Monate eines Aufenthalts in Paris. Das schmucke Äußere und die gewitzte Naivität des achtzehnjährigen Bauernjungen gewinnen ihm im Flug die Herzen der Frauen – vor allem reiferen Alters –, und in jeder der sich entspinnenden erotischen Beziehungen zeigen sich Sinnlichkeit und Herzlichkeit, Selbstsucht, Eitelkeit und Ehrgefühl in einer so vertrackten Mischung, daß der Leser dem Helden weder seine Sympathie versagen noch dessen Moral vorbehaltlos billigen kann. – Mit einer Fuhre Wein zum Herrn des heimatlichen Dorfs nach Paris geschickt und dort als Diener eingestellt, erobert sich Jacob das Herz einer Kammerzofe, spürt seine Zuneigung zu ihr erkalten, als er die wohlwollenden Blicke der Hausherrin wahrnimmt, und schlägt die Hand der hübschen Geneviève rundweg aus, weil sie ihre reiche Mitgift vom Hausherrn unter ehrenrührigen Bedingungen erhält – allerdings hatte Jacob vorher Geld von ihr genommen, dessen Quelle ihm bekannt war. Stellenlos geworden, begegnet er Mlle. Habert, einer fünfzigjährigen, aber noch rundlich-frischen Jungfer, die, zusammen mit ihrer sauertöpfischen älteren Schwester in bürgerlich gesicherten Verhältnissen lebend, sich unter der geistlichen Führung eines M. Doucin der Devotion ergeben hat. Angesichts des hübschen Jungen erwacht sie zu später Weiblichkeit. Sie bricht mit ihrer Schwester und dem Seelenführer und heiratet Jacob, der sich nun M. de la Vallée nennt. Vergeblich hat die ältere Schwester versucht, durch hochgestellte Verwandte die unstandesgemäße Heirat zu verhindern: Auch in diesem Milieu gewinnt Jacob die Sympathien derer, auf die es ankommt. Mme. de Ferval, eine verwitwete Dame von Stand, ist zu Gunsterweisen rascher bereit, als ihre zur Schau getragene Unnahbarkeit und Frömmigkeit erwarten ließen; Mme. de Fécour versieht ihn wiederum mit einem Empfehlungsschreiben an ihren Bruder in Versailles. Dieser bietet ihm die Stelle des erkrankten M. d'Orville an, doch Jacob ist so bewegt von der Schönheit und inneren Vornehmheit der jungen Mme. d'Orville, die gleichzeitig bei M. de Fécour vorstellig wird, daß er den Posten ausschlägt. Gute Taten bleiben in der Welt dieses Romans nicht unbelohnt: Ein M. Bono will sich für Mme. d'Orville und Jacob verwenden, und am Tag darauf gewinnt Jacob einen weit einflußreicheren Gönner. Er rettet einem jungen Adligen, der von drei Männern angegriffen wird, das Leben: Es ist der Comte d'Orsan, Sohn eines Ministers.

Die Wesensverwandtschaft mit den Helden der Schelmenromane trennt Jacob von Marianne, in der noch die aristokratische Gesinnung überwiegt. Dennoch ist auch Jacob als Tugendheld konzipiert, wenngleich er häufig die Initiative ergreift, was bei aller Ernsthaftigkeit der Intention als Anachronismus in einer korrumpierten Welt wirkt. Anders als *La vie de Marianne*, durch die sich RICHARDSON zu *Pamela* und *Clarissa Harlowe* anregen ließ, weist der *Paysan parvenu* nicht auf weitere Entwicklungen des Romans voraus, sondern bringt diese zum Abschluß. Titel und Anlage des Werks lassen eine zeitsatirische Erzählabsicht in der Art von LESAGES Schelmenroman *Histoire de Gil Blas* (1715–1735) vermuten; hier wie dort wird ein junger Mann niederer Herkunft und aufgeweckten Geistes in einer locker verknüpften und leicht fortsetzbaren Episodenfolge durch verschiedene Bereiche der Gesellschaft geführt. Die künstlerische Substanz des *Paysan parvenu* entfaltet sich nicht in der Beschreibung gesellschaftlicher Zustände, sondern in der psychologischen Analyse einzelner – allerdings gesellschaftlich determinierter – Charakter. Bevorzugte Mittel der Darstellung sind demgemäß Porträt, Reflexion und Rollensprache. Kritik an Institutionen, wie VOLTAIRE sie in seinen Kurzromanen üben wird, bleibt ebenso aus wie die bunte Phantastik der Schelmenliteratur: Marivaux' Schauplatz ist stets ein sehr realistisches Paris, in dessen Intrigen der Held ohne eigene böswillige Teilnahme verwickelt wird. Wenn Jacob, unter Mordverdacht verhaftet, in die Hände der Justiz gerät, sind die Mächtigen auch die Einsichtigen, und die Episode erweist sich als bloße spannungweckende Dreingabe ohne notwendigen Zusammenhang mit dem Thema des Romans. Als Künstler ist ihm der soziale Unterschied zwischen Personen, die er konfrontiert, nur ein Faktor unter vielen, die seinen psychologischen Scharfsinn beschäftigen. Im *Paysan parvenu* interessiert ihn vornehmlich die seelische Situation, die sich ergibt, wenn eine Frau dem erotischen Charme des jungen Bauernburschen erliegt und der Ausdruck ihrer Liebesbereitschaft nur unter Gefährdung ihrer äußeren und inneren Würde möglich ist. Jacob wird zum idealen Partner dieser Frauen, weil er verstohlene Winke sofort aufzufangen weiß und – nicht ganz unbewußt – diejenige Sprache spricht, die der verliebten Frau die schrittweise Kundgabe ihrer Wünsche erlaubt. Diese Sprache, die herzhafte Sinnlichkeit zugleich mit witzig-einfältiger Treuherzigkeit auszudrücken vermag – und in vielen Zügen an die Redeweise der Dienerfiguren in den Komödien Marivaux' erinnert –, mußte Jacob im selben Augenblick verlernen, in dem er sich der gehobenen Gesellschaft zu assimilieren begann.

Obgleich Fragment geblieben, darf der *Paysan parvenu* daher als sein Thema voll ausschöpfendes und in sich vollendetes Meisterwerk gelten, das die Traditionen des *roman comique* (Sorel, Scarron, Furetière, Lesage) und der französischen Moralistik (vor allem La Rochefoucaulds) zu einem psychologischen Realismus bis dahin unbekannter Art zusammenführt. Trotz dieser realistischen Tendenz war dem *Paysan parvenu* ein größerer Erfolg als der *Vie de Marianne* beschieden. Dennoch scheint sich Marivaux in den dreißiger Jahren endgültig vom Roman abgewandt zu haben, auch aufgrund der zunehmenden Schwierigkeiten, die die Zensur den Autoren in den Weg legte. D.S.-KLL

Ausgaben: Paris 1734 [Tl. 1–4]. – Paris 1735 [Tl. 5]. – Paris 1825 (in *Œuvres complètes*, Hg. M. Duviquet, 10 Bde., 1825–1830, 7/8). – Paris 1949 (in *Romans*, Hg. M. Arland; Pléiade). – Paris 1959, Hg. F. Deloffre (krit.; ern. 1969; Class. Garn). – Paris 1965, Hg. M. Gilot (GF). – Paris 1981, Hg. H. Coulet (Folio).

Übersetzungen: *Der emporgekommene Landmann*, W. Ch. S. Mylius u. J. C. Lotich, Bln. 1747/48; ern. 1787. – *Der emporgekommene Bauer oder Die Memoiren des Herrn ****, C. H. v. Geismar, Lpzg. 1867. – *Der Bauer im Glück*, P. Baudisch, Mchn. 1968; ern. 1973.

Dramatisierung: P. C. de Chamblain de Marivaux, *La commère*, Paris 1966, Hg. S. Chevalley.

Literatur: R. Kempf, *»Le paysan parvenu« de M.* (in R. K., *Sur le corps romanesque*, Paris 1968, S. 29–45). – J. Proust, *Le jeu du temps et du hasard dans le »Paysan parvenu«* (in *Europäische Aufklärung*, Mchn. 1968, S. 223–235).– L. Levin, *Masque et identité dans »Le paysan parvenu«* (in StV, 79, 1971, S. 177–192). – L. G. Crocker, *Portrait de l'homme in »Le paysan parvenu«* (ebd., 87, 1972, S. 253–276). – E. B. Hill, *Sincerity and Self-Awareness in the »Paysan parvenu«* (ebd., S. 735–748). – J. A. Bourgeacq, *Art et technique de M. dans le »Paysan parvenu«*, Monte Carlo 1975 [Diss. Iowa 1972]. – C. Miething, *Zu den Anfängen des Entwicklungsromans in Frankreich. M.s »Paysan parvenu« und seine »Suite anonyme«* (in RJb, 26, 1975, S. 95–121). – D. Coward, *»La vie de Marianne« and »Le paysan parvenu«*, Ldn. 1982. – P. Saint-Amand, *Le séducteur parasite* (in P. S.-A., *Séduire ou la passion des Lumières*, Paris 1987, S. 73–84). – H. Sanders, *»Le paysan parvenu«* (in H. S., *Das Subjekt der Moderne*, Tübingen 1987, S. 121–130).

LA SURPRISE DE L'AMOUR

(frz.; *Die Überraschung durch die Liebe*). Komödie in drei Akten von Pierre Carlet de Chamblain de Marivaux, Uraufführung: Paris, 3. 5. 1722, Théâtre-Italien. – Lélio hat von einer koketten Dame der Pariser Gesellschaft den Laufpaß bekommen und ist als geschworener Frauenfeind mit seinem halben Herzens gleichfalls misogynen Diener Arlequin aufs Land gezogen. Seine Nachbarin ist eine jungverwitwete Comtesse, die ihrerseits den Männern nicht wohlgesonnen ist. Der Heiratswunsch des bäuerlichen Paares Pierre und Jacqueline macht eine Unterredung der beiden »Liebesfeinde« notwendig, und da beide ihre nur allzu gefährdete Sprödigkeit durch Aggressivität zu schützen suchen, entwickelt sich ein Wortduell, in dem ein hinzutretender Freund zu ihrer Verwirrung die Symptome beginnender Trotzliebe erkennt. Man trennt sich in mühsam gewahrter Fassung mit dem Versprechen, freundschaftlich-nachbarlichen Umgang zu pflegen. Nur Stunden später hat die Comtesse sich anders besonnen und bittet Lélio, sich zum Heiratswunsch Jacquelines schriftlich zu äußern, da ihm weitere Begegnungen vermutlich lästig seien. Lélio stimmt zu, doch mit verräterischem Ingrimm; auch bei einer zweiten Begegnung mit der schönen Witwe, die nach einer verlorenen Porträtschatulle sucht, begreift er nicht, daß sie unbewußt seine vielleicht inzwischen gewandelten Empfindungen erkunden möchte. Es bedarf noch der kräftigen Nachhilfe der sich als kluge Psychologin erweisenden Zofe Colombine und des schon eine Weile nicht mehr misogynen Arlequin, um die unbewußt Verliebten zu bewegen, ihre Selbstverwandlung erst sich selbst und schließlich voreinander einzugestehen.

Nach den kaum nennenswerten traditionellen Komödien *Le père prudent et équitable* und *Arlequin poli par l'amour* löst sich Marivaux mit *La surprise de l'amour* aus der Tradition der Intrigen-, Charakter- und Sittenkomödie MOLIÈRES und begründet das psychologische Lustspiel. Die Handlung wird auf eine rein innere Entwicklung der Figuren verlagert, die zugunsten der subtilen Analyse der Herzensregungen äußerlich stärker stilisiert sind. Hauptmerkmale dieses Komödienstils sind wandelbare Charaktere, eine in seelische Bewegung zurückgenommene und einem inneren Ziel zustrebende Handlung sowie eine zur indirekten Mitteilung unterschwelliger Motive fähige Sprache. Anders als in der barocken Liebeskomödie erwächst in der *Surprise de l'amour* die Intrige aus der Thematik der Liebe selbst. Da Marivaux die gegen innere Widerstände sich durchsetzende Liebe selbst zum Thema macht, entfällt die Zweigleisigkeit von Charakterenthüllung und Liebesintrige; die ungewollt Verliebten demaskieren sich selbst. Im Laufe einer seelischen Veränderung, die sie zunächst nicht wahrnehmen, dann dem eigenen Bewußtsein gegenüber zu leugnen versuchen, führen sie sich selbst in den komischen Konflikt – und aus ihm wieder heraus. Die Zeit, in der die Verwandlung beginnt und zum Abschluß kommt, wird zum konstitutiven Element dieser Komödienstruktur, denn jede Phase der Verwandlung bringt neue komische Momente zutage, doch zugleich den inneren Vorgang seinem notwendigen Ende näher – bis mit dem Innewerden der Liebe und der Preisgabe des Widerstandes die komische Situation sich selbst aufhebt. Aus der dem Thema selbst innewohnenden dramatischen Energie erwächst so eine formale Struktur, die in vergleichbarer Geschlossenheit der Komödie bis dahin fremd gewesen war.

Eine entscheidende kulturhistorische Voraussetzung für die Entstehung dieses Komödientyps war, daß der Regent Philippe d'Orléans 1716 erneut eine italienische Schauspieltruppe in Paris ansässig gemacht hatte, nachdem die »Ancienne Troupe« 1697 auf Betreiben der devoten Mme. de Maintenon des Landes verwiesen worden war. Marivaux erhielt so die Möglichkeit, Typenkanon und Spielweise der *commedia dell'arte* für die Ausbildung eines dramatischen Stils zu nutzen, der in besonderem Maß die mimische Interpretation des gesprochenen Worts verlangte.

Am 31.12. 1727 wurde eine zweite *Surprise de l'amour* uraufgeführt. Marivaux hatte sie eigens für das angesehene Ensemble des Théâtre-Français geschrieben. Vielleicht wollte er den Erfolg des ersten Stücks ausnutzen, möglicher Kritik aber dadurch zuvorkommen, daß er selbst durch die Titelwahl auf die Themenverwandtschaft hinwies.

D.S.-KLL

AUSGABEN: Paris 1723. – Paris 1728 *(Seconde surprise de l'amour)*. – Paris 1950 (in *Théâtre complet*, Hg. M. Arland; Pléiade). – Münster 1965, Hg. u. Komm. E. Koch. – Paris 1968 (in *Théâtre complet*, Hg. F. Deloffre, 2 Bde., 1; Class. Garn). – Paris 1970 (in *Théâtre*, Hg. M. Déon, Bd. 1).

ÜBERSETZUNG: *Der Betrug der Liebe. Der andere Betrug der Liebe*, J. Ch. Krüger (in *Sammlung einiger Lustspiele*, 1. Theil, Hannover 1747).

LITERATUR: E. Triolet, *M. au naturel (La seconde surprise de l'amour)* (in Les Lettres Françaises, 25. 6. 1959, S. 1 u. 7). – S. Steland, *M. »Le surprise de l'amour«* (in *Das frz. Theater vom Barock bis zur Gegenwart*, Hg. J. v. Stackelberg, Bd. 2, Düsseldorf 1968, S. 9–33; 361–363).

LA VIE DE MARIANNE ou Les aventures de madame la comtesse de ***

(frz.; *Das Leben der Marianne oder Die Abenteuer der Gräfin* ***). Unvollendeter Roman von Pierre Carlet de Chamblain de MARIVAUX, erschienen 1731–1742 in elf Teilen. (Zwei apokryphe Schlußkapitel des Romans wurden 1739 als neunter Teil und 1745 als zwölfter Teil veröffentlicht. Um 1750 verfaßte Mme. RICCOBONI in Form eines Pasticcios ein Fortsetzungskapitel der *Vie de Marianne*, das 1761 erstmals im Druck erschien.) Gemäß der im 18. Jh. gängigen Konvention gibt der Autor sein Werk nicht als eigene Erfindung aus, sondern behauptet, das Manuskript mit Mariannes Erinnerungen beim Kauf eines Hauses in einem Wandschrank gefunden zu haben. Um den authentischen Charakter der Memoiren noch zu unterstreichen, bekennt er, einige Namen abgeändert zu haben, da andernfalls zeitgenössische lebende Personen kompromittiert würden. In einer Vorrede, die dem dritten Teil vorangestellt ist, rechtfertigt der Erzähler das Übermaß an Reflexionen, die womöglich Kritiker auf den Plan rufen könnten: Schließlich habe seine Heldin nie die Absicht gehabt, einen Roman zu schreiben. Vielmehr handele es sich um die Lebensbeichte Mariannes, die als Fünfzigjährige auf den Wunsch einer Freundin hin von ihren Jugendabenteuern berichte. Durch diese Anlage des Romans wird motiviert, worauf es Marivaux vor allem anzukommen schien: die Darbietung eines Erzählstoffs, der die Stilprinzipien des herkömmlichen Liebesromans verletzt, und eine Erzählweise, die den Ereignisbericht mit ausführlichen psychologischen Kommentaren zu begleiten erlaubt.

Marivaux kombiniert im ersten Teil des Romans die Ausgangssituation des Schelmenromans, der vor allem von seinem Vorläufer LESAGE gepflegt wurde, mit dem im galanten Zeitalter so gerne verwendeten Motiv der »verfolgten Unschuld«. Marianne ist ein Findelkind. Räuber haben eine Postkutsche überfallen, Bauern haben das etwa zweijährige Mädchen von vermutlich adliger Herkunft inmitten der toten Reisenden gefunden. Marianne wird von einem Pfarrer und dessen Schwester sorgfältig erzogen, unternimmt mit fünfzehn Jahren zusammen mit ihrer Pflegemutter eine Reise nach Paris und sieht sich dort nach dem plötzlichen Tod ihrer Pflegeeltern mittellos sich selbst überlassen. Ein frömmelnder Wohltäter, M. Climal, nimmt sich des schönen Mädchens an und gibt sie einer Putzmacherin, Mme. Dutour, in Pension. Es zeigt sich bald, daß Climals Großzügigkeit nicht ganz uneigennützigen Motiven entspringt. Marianne gelingt es zunächst, den vorsichtig sondierenden Liebesbekundungen des Wohltäters auszuweichen und erwachende Gewissensskrupel zu verdrängen. Doch die folgenden Ereignisse, die Marivaux in wenigen, breit entfalteten Tagesreihen erzählt, verwickeln sie in immer schwieriger zu bewältigende Situationen, deren psychologische Bewegtheit bis in feinste Halbtöne sprachlicher und mimischer Äußerungen und der sie begleitenden bewußten und unbewußten Regungen nachgezeichnet wird. Marianne gewinnt die Liebe eines jungen Mannes von Stand, M. de Valville, dem sie die demütigende Wahrheit ihrer sozialen Stellung und die Verbindung mit Climal, der sich als Onkel Valvilles entpuppt, vergebens zu verbergen sucht. Wohl wissend, daß ein Diener Valvilles ihr gefolgt ist, um ihr Elternhaus auszukundschaften, wird sie zur ohnmächtig leidenden Zeugin eines vulgären, peinlich-komischen Streits zwischen einem Kutscher und Mme. Dutour. Diese keineswegs einzelne derbkomische Szene, die von zeitgenössischen Kritikern gerügt wurde, macht Marivaux' Werk zu einem der realistischen Romane der Epoche. Stunden später sucht Climal seinen Schützling auf, läßt Marianne, die vergeblich versucht, die Selbstdemaskierung ihres Wohltäters zu verhindern, keine Möglichkeiten mehr, seine Absichten mißzuverstehen, und macht ihr ein entehrendes Angebot, das sie empört zurückweist. Auf dem Höhepunkt der erregten Szene erscheint Valville – und zieht sich rasch zurück. Von Climal preisgegeben, in den Augen Valvilles entehrt, irrt Marianne verzweifelt durch Paris und findet durch eine glückliche Fügung eine neue Wohltäterin. Es ist Mme. de Miran, die Mutter Valvilles. Durch Mariannes nicht ohne instinktive Berechnung abgegebene Erklärung, die unstandesgemäße Heirat nicht zu wollen, läßt sich Mme. de Miran davon überzeugen, daß dieses Mädchen die Hand ihres Sohnes verdient. Durch eine Entführung versuchen standesstolze Verwandte Valvilles, die Mesalliance zu verhindern. Doch wiederum gewinnt Marianne durch eine Verzichterklärung, was sie zu verlieren drohte. Beeindruckt von ihrem Herzensadel, gibt das Oberhaupt der Familie, ein Minister, die Waise in die Obhut der Mme. de Miran zurück. Die Aufhebung der Standesgrenzen zugunsten einer Tugend, die alle empfindsamen Herzen zu Tränen rührt, wird gleichsam staatlich sanktioniert. Damit scheint die Hochzeit – und der Fortgang des Romans in den Bahnen romanesker Tradition – gesichert. Doch Valville wird seiner Geliebten untreu, und Marianne hat neuen Anlaß, den Adel ihrer Gesinnung und die Klugheit ihres weiblichen Instinkts unter Beweis zu stellen. Sie gibt einem Offizier, der um ihre Hand anhält, eine ausweichende Antwort und eröffnet einer ihr befreundeten Nonne, Mlle. de Tervire, daß sie den Schleier zu nehmen gedenke. Mlle. de Tervire erzählt ihr daraufhin die Geschichte ihres Lebens, die, ihrerseits unabgeschlossen, die letzten drei Teile des Romanfragments füllt.

Mit der Geschichte der Mlle. de Tervire verflacht der Stil und verdüstert sich das Klima des Romans. Psychologisierende Kommentare treten völlig zurück hinter der Entfaltung eines verwickelten Handlungszusammenhangs, an dessen Zustandekommen die Ungunst blinder Zufälle ebenso beteiligt ist wie eine große Zahl zu überraschender Bösartigkeit fähiger Personen, die im Vergleich zur Marianne-Handlung nur sehr summarisch charakterisiert werden. Ursprünglich bereits im vierten Teil der *Vie de Marianne* als Schilderung des klösterlichen Lebens angekündigt, ist die Erzählung der Tervire keineswegs als tröstliche Episode und Aufschub des konfliktlösenden Endes gestaltet. Als eingelegte Geschichte nimmt die Tervire-Handlung nochmals das in der Haupthandlung entfaltete Thema der verfolgten Unschuld auf, das nun jedoch eine pessimistische Behandlung erfährt: Nicht der gesunde Eigennutz Mariannes, sondern der zur Selbstaufgabe bereite Altruismus der Mme. de Tervire wird in dem klösterlichen Leidensbericht immer wieder auf die Probe gestellt.

Die Neuartigkeit des Werks besteht darin, daß die Gattungsgrenzen des hohen Romangenres durch Einbeziehung von Elementen benachbarter literarischer Gattungsformen gesprengt werden. Besonders bedeutsam ist dabei der Anteil der Moralistik, der Memoirenliteratur und jener realistischen Wirklichkeitsdarstellung, die bis dahin die Domäne der Komödie und der ihr verwandten Prosaformen (Novelle, *roman comique*, Schelmenroman) gewesen ist. Als Romancier wie als Komödienautor führt Marivaux die Tradition jener moralistischen Menschenkunde fort, die einer vom allgemeinen gesellschaftlichen Bewußtsein akzeptierten normativen Ethik die Beschreibung tatsächlichen menschlichen Verhaltens entgegensetzt und die Impulse dieses Verhaltens sowohl in einem unterbewußten Geltungswillen wie in physiologischen und sozialen Charakterprägungen zu entdecken sucht. Hat man diese Erzählabsicht erkannt, so erstaunt es nicht, daß Marivaux sich der providentiellen Zufälle des herkömmlichen Liebesromans, die an sich wenig geeignet sind, die Wahrheit des Erzählten zu beglaubigen, recht ungeniert bedient, um die Personen der Handlung in einem eng gezogenen Kreis miteinander in Beziehung zu bringen. Ihn interessiert nicht die Auflösung der Ereignisstruktur des traditionellen Romans (die Diderot in *Jacques le fataliste* vornehmen wird), sondern die Destruktion klischeehaft erstarrter Romancharaktere. Für dieses Vorhaben erweisen sich gerade altvertraute Romansituationen, wie die der Begegnung in der Kirche, der Liebe über Standesgrenzen hinweg und die der bedrängten Unschuld, als überaus ergiebig. Jedenfalls gelingt es Marivaux, in ihnen ein Charakterporträt zu entfalten, das auch den mit psychologischen Kenntnissen ausgestatteten modernen Leser zu faszinieren und zu überzeugen vermag. Moralische Integrität und Geltungsdrang, Empfindsamkeit und Scharfsinn, Naivität und Selbstbeobachtung – das etwa sind die Pole jenes Spannungsfeldes, innerhalb dessen der Charakter der Romanheldin zu einer gleichsam fluiden Einheit gelangt.

Die Unabgeschlossenheit hat dem Werk geschadet, darüber hinaus kritisierten Zeitgenossen die realistische Tendenz Marivaux' als »abgeschmackt« und wenig gefällig. Immerhin erschien ein Jahr nach der Erstausgabe eine Übersetzung ins Englische. Als schließlich die elf Teile der *Marianne* 1742 gedruckt vorlagen, hatte Marivaux bereits das Interesse an der Romanschriftstellerei verloren.

D.S.-KLL

AUSGABEN: Paris 1731–1742, 11 Tle. – Paris 1825–1830 (in *Œuvres complètes*, Hg. M. Duviquet, 10 Bde., 6/7). – Paris 1949 (in *Romans*, Hg. M. Arland; Pléiade). – Paris 1963, Hg. F. Deloffre (krit.; ern. 1982; Class. Garn). – Paris 1978, Hg. M. Gilot (GF).

ÜBERSETZUNG: *Das Leben der Marianne oder Die Abenteuer der Gräfin ****, P. Baudisch, Mchn. 1968; ern. 1973 [Nachw. N. Miller].

LITERATUR: L. Spitzer, *A propos de »La vie de Marianne«* (in RomR, 44, 1953, S. 102–116; auch in L. S., *Romanische Literaturstudien 1936–1959*, Tübingen 1959, S. 248–276). – J. v. Stackelberg, *Von Rabelais bis Voltaire. Zur Geschichte des französischen Romans*, Mchn. 1970, S. 294–313. – J. Larson, *»La vie de Marianne Payot«. A Real-Life Source of M.'s Heroine* (in MLN, 83, 1968, S. 598–609). – J. Heckman, *Marianne: The Making of an Author* (ebd., 86, 1971, S. 509–522). – P. U. Hohendahl, *Empfindsamkeit und gesellschaftliches Bewußtsein* (in Jb. der deutschen Schillergesellschaft, 16, 1972, S. 176–207). – A. Jugan, *Les variations du récit dans »La vie de Marianne«*, Bern u. a. 1978. – D. Coward, *»La vie de Marianne« and »Le paysan parvenu«*, Ldn. 1982. – M. A. Ansalone, *Una donna, una vita, un romanzo. Saggio su »La vie de Marianne« di M.*, Siena 1985. – B. Didier, *La voix de Marianne. Essai sur M.*, Paris 1987. – P. Saint-Amand, *De la coquetterie* (in P. S.-A., *Séduire ou la passion des Lumières*, Paris 1987, S. 77–84). – D. Marshall, *»La vie de Marianne« or the Accidents of Autobiography* (in D. M., *The Surprising Effects of Sympathy*, Chicago/Ldn. 1988, S. 50–87; 243–247).

LOUIS-SÉBASTIEN MERCIER

* 6.6.1740 Paris
† 25.4.1814 Paris

LITERATUR ZUM AUTOR:
L. Béclard, *L.-S. M., sa vie, son œuvre, son temps, d'après des documents inédits*, Paris 1903. – W. W. Pusey, *L.-S. M. in Germany*, NY 1939. – H. F. Majewski, *The Preromantic Imagination of L.-S. M.*, NY 1971. – H. Hofer, *L.-S. M., précurseur et sa fortune*, Mchn. 1977. – Lendemains, 11, Aug. 1978 [Sondernr. *L.-S. M.*].

L'AN DEUX MILLE QUATRE CENT QUARANTE, RÊVE S'IL EN FUT JAMAIS

(frz.; *Das Jahr 2440, der kühnste aller Träume*). Utopischer Roman von Louis-Sébastien MERCIER, entstanden 1768, anonym erschienen 1770 in Amsterdam und 1771 in London, in erweiterter Fassung 1785 in zwei Bänden, 1786 in drei Bänden und erneut in London 1797 unter dem Titel *Astræa's Return; or, The Halcyon Days of France in the Year 2440: a Dream.*

Das für die Entwicklung der utopischen Literatur wichtige Werk schildert die Erlebnisse eines Pariser Bürgers im Jahr 2440. Er ist 1768 in tiefen Schlummer gefallen und hat beim Erwachen feststellen müssen, daß er ein Greis geworden ist und fast sieben Jahrhunderte verschlafen hat. Befriedigt nimmt der Ich-Erzähler zur Kenntnis, daß die Ideale der Aufklärung inzwischen verwirklicht worden sind. Es herrschen Vernunft und Toleranz, die Moral hat sich gebessert, die *Enzyklopädie* ist zur Pflichtlektüre in den Schulen geworden, der Griechisch- und Lateinunterricht dagegen abgeschafft, und an der Universität darf Anatomie betrieben werden. Die Religion hat man durch eine Art Wissenschaftskult ersetzt, die Astronomen enthüllen mit ihren Teleskopen die Größe des Schöpfers, und die Dichtung dient allein *»dem Fortschritt unserer naturwissenschaftlichen und politischen Erkenntnisse und dem moralischen Anliegen«*. Dieser zivilisatorische Fortschritt hat sich, wie der Erzähler berichtet, auch überaus positiv auf den Pariser Alltag ausgewirkt: Die Straßen sind breiter und sauberer, überall herrscht *»mustergültige Ordnung«*, kein Verkehrswirrwarr behindert mehr den Fußgänger, die Luft ist reiner; die Bastille, das *»entsetzliche Schloß«*, das *»Palais der königlichen Rache«*, ist bis auf die Grundmauern niedergerissen, das Feudalsystem abgeschafft, *»gute und ausführliche Gesetze«* haben dem Luxus und der Willkür der Begüterten ein Ende gemacht, die Häuser sind nur noch mit den nützlichsten und notwendigsten Gegenständen ausgestattet, dagegen hat die Stadtverwaltung Gärten auf den flachen Dächern anlegen lassen. Der Preis des Fortschritts ist die unermüdliche Arbeit des ganzen Volkes. *»Der Mensch darf keinen Tag untätig bleiben ... Untätigkeit fügt dem Vaterland einen direkten Schaden zu, und das Verlassen der Arbeit ist eigentlich nur ein gemäßigterer Ausdruck für den Tod. Die Zeit für das Gebet ist genau festgelegt; es genügt, das Herz zu Gott zu erheben ...«* Die kirchlichen Feiertage sind abgeschafft, die Freizeit dient allein der Erhaltung der Arbeitskraft und der Weiterbildung. Der Bürger dieses Idealstaats muß weitgehend auf persönliche Freiheit verzichten, hat aber dafür die Gewißheit, in einer Gesellschaft zu

leben, in der das größtmögliche Maß an Vollkommenheit erreicht ist.
Mit seinen Vorstellungen vom idealen Staatsgebilde geht Mercier nicht über CAMPANELLA oder BACON hinaus. In dieser Hinsicht ragt das Werk kaum aus der Flut der Utopien heraus, die im 17. und 18. Jh. in Frankreich – und in den Niederlanden, wohin viele Autoren der Aufklärung emigriert waren – erschienen (jährlich waren es zehn bis zwanzig, manchmal sogar dreißig Titel). Sie alle spiegeln die wachsenden Spannungen und die Hoffnungen und Sehnsüchte der vorrevolutionären Gesellschaft. *L'an 2440* aber ist von besonderem literatur- und philosophiegeschichtlichem Interesse, weil es der erste Roman ist, der in der Zukunft spielt. Mercier war zwar nicht der erste, der die Idee hatte, literarisch mit dem Vorgriff auf die Zukunft zu spielen (der Bühnendichter und Erzähler Alexis PIRON zum Beispiel spricht in seiner 1747 erschienenen Novelle *La malle bosse* von einer Neuausgabe der »Enzyklopädie von Moréri« aus dem Jahr 1801), aber er war der erste, der die gesamte Erzählhandlung in die Zukunft verlegte. Dieser Kunstgriff erlaubte es ihm, das vertraute Paris als Modell zu benutzen, um den Kontrast zwischen der zeitgenössischen und einer utopischen Gesellschaft besonders deutlich zu machen. Darin ist wohl vor allem der sensationelle Erfolg des Buches begründet. Denn bisher hatten die Autoren utopischer Romane ihre Idealstaaten in noch unerforschte Gegenden der Erde verlegt (MORUS, Campanella) oder waren in den planetaren Raum ausgewichen (GODWIN, CYRANO DE BERGERAC).
Daß die Utopie ihren eigentlichen »Spiel«-Raum, die Zukunft, so spät entdeckt hat, mag vor allem zwei Gründe haben: Das menschliche Denken war bis ins 18. Jahrhundert hinein viel stärker auf die Vergangenheit und Gegenwart fixiert, die Zukunft, und erst recht die fernere Zukunft, wurde nur unter dem Gesichtspunkt der Eschatologie und religiösen Heilserwartung betrachtet. Erst durch die Aufklärung drang allmählich der Begriff des *Fortschritts*, die Vorstellung einer zivilisatorischen Weiterentwicklung, einer Verbesserung der Welt durch wachsende Beherrschung der Natur und Änderung der politischen und sozialen Verhältnisse, ins Bewußtsein breiterer Schichten. Zum zweiten ist bezeichnend, daß der erste Zukunftsroman zu einem Zeitpunkt erschien, da der größere Teil der Erde kartographiert und mit größeren Entdeckungen nicht mehr zu rechnen war. Auf der Suche nach neuen Möglichkeiten fand die Utopie in der Zukunft einen schier unbegrenzten Aktionsraum. Tatsächlich setzte wenige Jahre später eine wahre Flut von Zukunftsromanen ein, die im 19. Jh. weiter anschwoll. Seit der Wende zum 20. Jh., seit VERNE und WELLS, dominiert der Zukunftsroman in der utopischen Literatur, besonders in ihrer modernen Spielart, der Science-fiction. W.J.

AUSGABEN: Amsterdam 1770. – Ldn. 1771. – Ldn. 1785, 2 Bde. – o. O. 1786, 3 Bde. – Ldn. 1797 (u. d. T. *Astræa's Return; or, The Halcyon Days of France in the Year 2440: a Dream*; Übers. H. A. Freeman). – Paris 1799 [Nachdr. Genf 1979]. – Paris 1971. – Bordeaux 1971, Hg. R. Trousson.

ÜBERSETZUNG: *Das Jahr Zweitausend Vierhundert und Vierzig, ein Traum aller Träume*, Ch. F. Weisse, Lpzg. 1772; ern. 1782. – *Das Jahr 2440*, ders., Ffm. 1982 (st).

LITERATUR: O. Zollinger, *Eine Utopie des 18. Jh.s vor der spanischen Inquisition* (in ZfrzSp, 19, 1897, S. 305–308). – Ders., *L.-S. M.s Beziehungen zur deutschen Literatur* (ebd., 25, 1901, S. 87–121). – R. Ruyer, *L'utopie et les utopies*, Paris 1950. – *Reise nach Utopia. Französische Utopien aus drei Jahrhunderten*, Hg. W. Krauss, Bln. 1964. – Ders., *Perspektiven und Probleme*, Neuwied/Bln. 1965. – J. Servier, *Histoire de l'utopie*, Paris 1967. – H. Hudde, *»L'an 2440« de M.* (in *Le discours utopique*, Hg. M. de Gandillac u. C. Piron, Paris 1978, S. 250–256). – R. Trousson, *Du millénarisme à la théorie du progrès. »L'an 2440« de M.* (in Bulletin de l'Académie Royale de Langue et de Littérature Française, 60, Brüssel 1982, S. 270–281). – E. C. Wilkie, *M.'s »L'an 2440«* (in Harvard Library Bulletin, 32, 1984, S. 5–35; 348–400). – M. Denoit, *M. utopiste*, Diss. Paris-IV 1985. – G. Ruppelt, *›Man verbraucht nicht viel, wenn man still sitzt und Bücher liest‹. Über Bücher und Bibliotheken in der Literatur* (in Philobiblion, 29, 1985, S. 107–119).

TABLEAU DE PARIS

(frz.; *Ein Gemälde von Paris*). Zwölfbändige Sammlung von Feuilletons und Tatsachenberichten von Louis-Sébastien MERCIER, erschienen 1781–1788. – Das Buch war einer der Bestseller des späten 18. Jh.s. Die erste vollständige Ausgabe – sie umfaßte nahezu 2500 Seiten – hatte einen überwältigenden Erfolg, weil das europäische Publikum hier sein brennendes Interesse an dem damals in Politik, Literatur und Mode führenden Paris befriedigt fand; so konnte Mercier seiner ersten Sammlung die zweibändige Ergänzung *Le Paris nouveau* (1798–1800) folgen lassen. In insgesamt 100 000 Exemplaren war Merciers *Tableau* in ganz Europa verbreitet, ein Werk, in dem sich, da die einzelnen Stücke recht willkürlich angeordnet sind, *»die anarchische Vielfalt der Riesenstadt spontan spiegelt«* (G. Metken).
Mercier ist der Ahnherr einer Reihe von Schriftstellern der Großstadt, die von BALZAC über SUE und BAUDELAIRE bis zu Léon-Paul FARGUE und Raymond QUENEAU reicht. Von unersättlicher Neugier getrieben, war er tagelang und Nächte hindurch in Paris unterwegs, das er bis in seine letzten Winkel und bis zu den Ärmsten und Verkommensten seiner Einwohner studierte. Er schrieb über Gefängnisse und Armenkrankenhäuser, schilderte die Pariser Unterwelt, die Dirnen und Zuhälter, porträtierte Abbés, Grisetten, Ärzte, Kammerzofen, Taschendiebe und Straßenmusikanten mit

größter Aufmerksamkeit und Beobachtungsgabe. Zum ersten Mal tritt bei ihm *»im Ausklang einer den einzelnen kultivierenden Literatur die Masse ins Blickfeld des Schriftstellers«* (G. Metken). Doch sein Bild der Weltstadt, *»auf der Straße ersonnen, auf dem Randstein geschrieben«* (Rivarol), bietet nicht Tatsachen und Sensationen um ihrer selbst willen. Mercier, der in *L'an deux mille quatre cent quarante* (*Das Jahr 2440*, erschienen 1771) die erste Utopie entworfen hatte, die in der Zukunft angesiedelt ist und in der Adel, Absolutismus und Privilegien abgeschafft, die Reichen schweren Steuern unterworfen und alle Bürger vor dem Gesetz gleich sind, Mercier, der Freund Robespierres und Desmoulins', bewahrt sich auch in *Tableau de Paris* einen kritischen, an der Veränderbarkeit und Beseitigung von Mißständen interessierten Blick auf das Chaos der französischen Metropole. Er, der nach heutigen Begriffen als linksliberaler Intellektueller zu bezeichnen wäre, behielt Herz und Engagement genug, um nachdrücklich auf unhaltbare Zustände hinzuweisen und Korruption und Ausbeutung zu geißeln. Die rücksichtslose Ehrlichkeit seiner Reportagen wurde von einigen zeitgenössischen Kritikern angeprangert, doch vom breiten Publikum genossen und von ihm selbst mit dem einfachen Satz gerechtfertigt: *»Wenn ich beim Stoffsammeln in den Mauern der Hauptstadt auf mehr abstoßendes Elend als gediegene Wohlhabenheit, auf mehr Gram und ängstliche Unruhe als Freude und Unbeschwertheit gestoßen bin, so schreibe man diese beherrschende Dunkelfarbigkeit nur ja nicht mir zu: ich wollte lediglich wahrheitsgetreu bleiben ...«*

Zu den begeisterten Lesern Merciers zählte in Deutschland Friedrich SCHILLER, der sich lange Jahre mit dem Plan zu einem großen Kriminaldrama mit dem Titel *Die Polizei* beschäftigte und das Material dazu aus Merciers *Tableau de Paris* und aus den Sittenromanen von Merciers Freund RESTIF DE LA BRETONNE holen wollte. Die französische Literaturgeschichte behandelte ihn meist stiefmütterlich; sein Riesenbuch galt als Produkt eines unseriösen Journalismus und als zu sorglos und ungeformt zusammengestelltes Konglomerat von Sittenbildern und amateursoziologischen Reportagen. Doch während Merciers fast fünfzig larmoyante Familiendramen und historische Schauspiele weitgehend zu vergessen sind, begegnen heute die *»mit den Beinen geschriebenen«* Berichte seiner Wanderungen in der Großstadt steigendem Interesse.

J.Dr.

AUSGABEN: Hbg./Neuchâtel 1781, 2 Bde. – Amsterdam 1782–1788 [Nachdr. Genf 1979]. – Paris 1947 [Ausz.]. – Paris 1979 [Ausz.].

ÜBERSETZUNGEN: *Paris, ein Gemählde*, B. G. Walch, Lpzg. 1783–1784, 8 Bde. – *Schilderung von Paris*, S. G. Bürde, Breslau 1785. – *Neuestes Gemählde von Paris für Reisende und Nichtreisende*, H. A. O. Reichard, Lpzg. 1789–1790, 2 Bde. – *Paris am Vorabend der Revolution*, G. Metgen, Karlsruhe 1967 [m. Vorw.]. – *Mein Bild von Paris*, J. Villain, Ffm. 1978 (Insel Tb). – *Tableau de Paris. Bilder aus dem vorrevolutionären Paris*, W. Tschöke, Zürich 1990 [Ill.].

LITERATUR: R. Doumic, *L'auteur du »Tableau de Paris«* (in RDM, 16, 1903, S. 444–456). – Ders., *M., a Pre-Romantic View of Paris* (in Studies in Romanticism, 5, 1965/66, S. 16–29). – R. Chédin, *M.s »Tableau de Paris«. Eine kritische Betrachtung*, Diss. Mchn. 1968. – J. L. Vissière, *La culture populaire à la veille de la Révolution d'après le »Tableau de Paris«* (in *Images du peuple au 18e siècle*, Paris 1973, S. 123–137). – K. Stierle, *Baudelaires »Tableaux parisiens« und die Tradition des »Tableau de Paris«* (in Poetica, 6, 1974, S. 285–322). – J. Escobar, *»Costumbres de Madrid«. Influencia de M. en un programa costumbrista de 1828* (in HR, 45, 1977, S. 29–42). – H. Hofer, *Un descendant lointain: Baudelaire* (in H. H., *M., précurseur et sa fortune*, Mchn. 1977, S. 29–42). – H. D. Hayer, *Paris dans les »Caractères« de La Bruyère et dans les »Tableaux de Paris« de M.* (in *Paris au 19e siècle*, Lyon 1984).

HONORÉ GABRIEL RIQUETI, COMTE DE MIRABEAU

* 9.3.1749 Bignon / Nemours
† 2.4.1791 Paris

ESSAI SUR LE DESPOTISME

(frz.; *Abhandlung über die Gewaltherrschaft*). Staatsphilosophische Schrift von Honoré Gabriel Riqueti, comte de MIRABEAU, erschienen 1775. – Diese Untersuchung, in drei Monaten niedergeschrieben *»ohne Plan, ohne Ordnung, mehr als ein Glaubensbekenntnis des Bürgers denn als literarisches Werk«*, enthält im Keim bereits das ganze politische Programm Mirabeaus. Er ließ die Schrift während einer von seinem Vater, Victor Riqueti, comte de Mirabeau, veranlaßten Inhaftierung veröffentlichen, um dem konservativen Adligen und angesehenen Wirtschaftstheoretiker auf diese Weise Widerpart zu bieten.

Der von J.-J. ROUSSEAU beeinflußte junge Mirabeau geht davon aus, daß der Mensch ein soziales Wesen und von Natur aus gut sei. Alle seine Handlungen seien lenkbar und könnten entweder dem allgemeinen Wohl oder seinem Gegenteil dienstbar gemacht werden. Zwar hätten von Natur aus alle Menschen dieselben Rechte und Pflichten, doch habe der einzelne den Wunsch nach Überlegenheit über seine Mitmenschen und damit die Anlage zum Despoten. Andererseits basiere alles Handeln auf der Liebe zur Freiheit, auf der Erfahrung, daß gegenseitige Hilfe nützlich sei, und auf der Furcht vor

Unterdrückung und Gewaltherrschaft. Der Verfasser untersucht nun, ob die Despotie eine für die menschliche Gesellschaft geeignete Regierungsform sein könne. Erste Aufgabe eines jeden Bürgers sei es, für Ordnung und Eintracht des Zusammenlebens zu sorgen; die Despotie hingegen zerstöre alle Harmonie. Sie habe die Menschen verdorben, ihre Sprache, ihre Gedanken entstellt und sie ihrer Natur entfremdet. Sie sei daher als Regierungsform abzulehnen und zu beseitigen. Ihren Ursprung habe die Despotie, wie noch nicht genügend herausgestellt sei, im Bestreben der Herrschenden, ihre Untergebenen auszunutzen. Deren Unterwerfung unter einen despotischen Machthaber beruhe darauf, daß sie das nicht wissen oder ihre Rechte vergessen haben. Belehrung und Aufklärung der Herrscher wie auch des Volks wirke also der Despotie entgegen. Dabei solle man es vor allem auch wagen, dem Souverän die Wahrheit zu sagen und ihn zu den primären natürlichen Grundsätzen menschlichen Zusammenlebens zurückzuführen. Freiheit und Volksbildung müßten mithin als Grundvoraussetzung jeder sozialen Harmonie gelten. Maßnahmen, die sich gegen die Unterrichtung des Volks wenden (z. B. die Pressezensur), seien gefährliche, wirksame Waffen der Despoten und würden zur Beschneidung der Freiheit eingesetzt.

Mirabeau lehnt jedoch die monarchische Staatsform keineswegs grundsätzlich ab, solange sie die Ausübung der Staatsgewalt nach dem Prinzip der Gerechtigkeit für alle garantiert. Hinter der mutigen, energischen Ablehnung der Despotie aber steht bereits, auch wenn dies im vorliegenden Werk noch nicht ganz klar zum Ausdruck kommt, Mirabeaus Idee einer konstitutionellen Monarchie, für deren Verwirklichung er – von Beginn der Französischen Revolution an bis zu seinem plötzlichen Tode – gegen die Übermacht der Radikalen eintrat.

L.H.

Ausgaben: Ldn. 1775. – Ldn. 1776 [verm.]. – Paris 1792 [v. Autor korr. 3. Aufl.]. – Paris 1912 (in *Œuvres*, 3 Bde., 1912–1921, 1).

Übersetzung: *Über den Despotismus*, J. Fürstauer (in *AS*, 2 Bde., 2, Hbg. 1971, gek.; ern. Gifkendorf 1989).

Literatur: F. M. Fling, *M. and the French Revolution*, NY 1908. – Ch. Guyot, *De Rousseau à M.; Pèlerins de Motiers et prophètes de 89*, Neuchâtel 1936. – B. Erdmannsdörfer, *M.*, Lpzg. 1941. – J. Gavot, *Une force de la nature: M.*, Paris 1959. – F. Chapuis, *L'énigme de M.*, Paris 1964. – D. M. Epstein, *The Role of M. in the French Revolution*, Ann Arbor/Mich. 1969. – A. u. C. Manceron, *M. L'homme à la vie brûlée*, Brüssel 1969. – E. W. Jennison, *Intrigue and Philosophy. Prussia in M.'s Career and Thought*, Ann Arbor/Mich. 1972. – G. E. Fox, *The Origins of Physiocracy. Economic Revolution and Social Order in 18th-Century France*, Ithaca/Ldn. 1976. – G. Chaussinanand-Nogaret, *M.*, Paris 1982 (dt.: Stg. 1988). – Ph. Guilhaume, *M.*, Paris 1982. – J. F. Wittkopp, *Graf M.: Biogr.*, Esslingen 1982.

Charles-Louis de Secondat, Baron de La Brède et de Montesquieu

* 18.1.1689 La Brède/Bordeaux
† 10.2.1755 Paris

Literatur zum Autor:

Bibliographien:

D. C. Cabeen, *M. A Bibliography*, NY 1947. – L. Desgraves, *Catalogue de la bibliothèque de M.*, Genf 1954. – D. Felice, *M. in Italia (1800–1985). Studi e traduzioni*, Bologna 1986. – L. Desgraves, *Répertoire des ouvrages et des articles sur M.*, Genf 1988.

Biographien:

L. Vian, *Histoire de M. Sa vie et ses œuvres*, Paris 1878. – P. Barrière, *Un grand provincial: Ch.-L. de M.*, Bordeaux 1946. – J. Starobinski, *M. par lui-même*, Paris 1953; ern. 1967. – R. Shackleton, *M.: A Critical Biography*, Oxford 1961. – J. L. Desgraves, *M.*, Paris 1986.

Gesamtdarstellungen und Studien:

H. Barckhausen, *M., ses idées et ses œuvres d'après les papiers de la Brède*, Paris 1907; ern. Genf 1970. – V. Klemperer, *M.*, 2 Bde., Heidelberg 1914/15. – J. Dedieu, *M. L'homme et l'œuvre*, Paris 1943; ern. 1966. – P. Hazard, *La pensée européenne au XVIII siècle. De M. à Lessing*, Paris 1946. – L. Althusser, *M., la politique et l'histoire*, Paris 1959. – B. Groethuysen, *Philosophie de la Révolution française, précédée de M.*, Paris 1956 (dt. *Philosophie der Französischen Revolution*, Ffm. 1989). – Ch. Dédéyan, *M. et l'Angleterre*, Paris 1958. – B. Kassem, *Décadence et absolutisme dans l'œuvre de M.*, Paris 1960. – W. Stark, *M. Pioneer of the Sociology of Knowledge*, Ldn. 1960. – C. P. Courtney, *M. and Burke*, Oxford 1963. – J. Ehrard, *L'idée de nature en France dans la première moitié du XVIIIe siècle*, 2 Bde., Paris 1963. – Ders., *Politique de M.*, Paris 1965. – Ders., *M. critique d'art*, Paris 1965. – R. Aron, *Les étapes de la pensée sociologique*, Paris 1967; ern. 1976 (dt. *Hauptströmungen des klassischen soziologischen Denkens*, Reinbek 1979). – E. Durkheim, *M. et Rousseau. Précurseurs de la sociologie*, Paris 1967. – G. Benrekassa, *M.*, Paris 1968. – J. R. Loy, *M.*, NY 1968. – M. H. Waddicor, *M. and the Philosophy of Natural Law*, Den Haag 1970. – C. Rosso, *M. moraliste, des lois au bonheur*, Paris 1971. – J.-J. Grandpré Molière, *La théorie de la constitution anglaise chez M.*, Leiden 1972. – S. Goyard-Fabre, *La philosophie du droit de M.*, Paris 1973. – G. Vlachos, *La politique de M., notion et méthode*, Paris 1974. –

S. M. Mason, *M.'s Idea of Justice*, Den Haag 1975. – W. Kuhfuss, *Mäßigung u. Politik. Studien zur politischen Sprache und Theorie M.s*, Mchn. 1975 [zugl. Diss. Saarbrücken 1972]. – M. Hulliung, *M. and the Old Regime*, Berkeley 1976. – T. Quoniam, *M., son humanisme, son civisme*, Paris 1977. – J. Geffriaud Rosso, *M. et la féminité*, Paris 1977. – J. A. Baum, *M. and Social Theory*, Oxford u. a. 1979. – C. Rosso, *Mythe de l'égalité et rayonnement des Lumières*, Pisa 1980. – L. Landi, *L'Inghilterra e il pensiero politico di M.*, Padua 1981. – RHLF, 82, 1982 [Sondernr. *M.*]. – CAIEF, 35, 1983 [Sondernr. *M.*]. – N. Hampson, *Will and Circumstance: M. Rousseau and the French Revolution*, Ldn. 1983. – Th. Chaimowitz, *Freiheit und Gleichgewicht im Denken M.s und Burkes: ein analytischer Beitrag zur Geschichte der Lehre vom Staat im 18. Jh.*, Wien u. a. 1985. – C. Volpilhac-Anger, *Tacite et M.*, Oxford 1985. – *La pensée politique de M.*, Caen 1985 [Kongreßakten]. – G. Benrekassa, *M., la liberté et l'histoire*, Paris 1987. – J. N. Shklar, *M.*, Oxford/NY 1987. – F. Herdmann, *M.-Rezeption in Deutschland im 18. und im beginnenden 19. Jh.*, Hildesheim/NY 1990.

CONSIDÉRATIONS SUR LES CAUSES DE LA GRANDEUR DES ROMAINS ET DE LEUR DÉCADENCE

(frz.; *Betrachtungen über die Ursachen der Größe und des Niedergangs der Römer*). Geschichtsphilosophisches Werk von Charles-Louis de Secondat, baron de MONTESQUIEU, erschienen 1734. – Um die *Betrachtungen* zu verstehen, muß man sich vergegenwärtigen, daß Montesquieu als einer der ersten Denker der Neuzeit einen Plan entwickelte, Staat, Gesellschaft, Kultur und anthropologische Konstanten nach dem Vorbild der *lois naturelles* systematisch zu erforschen und aufeinander zu beziehen. Den Formen der Monarchie, der Republik und der Despotie, die in der Auseinandersetzung mit N. MACHIAVELLI und J. B. BOSSUET entwickelt wurden, stellt Montesquieu die dazugehörigen anthropologischen Konstanten gegenüber: Der Herrschaft des einzelnen in der Monarchie im Rahmen etablierter Gesetze und des Gegengewichtes durch die *pouvoirs intermédiaires* (Zwischenmächte) entspricht als bestimmendes Handlungsprinzip die Ehre *(honneur)* als Anspruch des Adels auf Vorrang und Auszeichnung. Die Republik oder Demokratie ist durch die Herrschaft des Volkes gekennzeichnet, das durch seine gewählten Repräsentanten Gesetzgeber und Untertan zugleich ist. Ihr entspricht der *homme de bien*, dessen *vertu* in der Liebe zur Gleichheit, persönlicher Anspruchslosigkeit und Vaterlandsliebe besteht. Die Despotie als absolute Herrschaft eines einzelnen hingegen kennt nur das alles beherrschende Prinzip der Furcht, das, in Anlehnung an orientalische Herrschaftsformen, im Verhältnis des Herrschers zu seinen Statthaltern, Gouverneuren und Wesiren gilt. Die Desintegration der gemäßigten Staatsformen, Monarchie und Republik, setzt genau dann ein, wenn die Beziehungen zwischen Staatsform und der auf sie bezogenen anthropologischen Antriebe nicht mehr übereinstimmen: aus dem demokratischen Prinzip der Enthaltsamkeit und der Liebe zum Gemeinwesen wird Verschwendungssucht und grenzenloser Egoismus. Beseitigt die Monarchie die intermediären Gewalten und die auch sie bindenden Gesetze, setzt sich also der Herrscher absolut, so verbleiben nur noch bloße Ruhmessucht und die äußerlichen gesellschaftlichen Konventionen des Adels als Surrogat seines Machtverlustes. Der Niedergang Roms begann daher, als sich sein *esprit général*, verstanden als die Summe der Tugenden und Geisteshaltungen, nicht mehr in Übereinstimmung mit seiner republikanischen Verfassung befand und in Anarchie und Despotie einmündete. Die von Machiavelli gepriesene Kunst der Unterwerfung anderer Völker durch einen mit List und Tücke ausgestatteten Herrscher, der sich seiner *virtu* sicher ist und im Bunde mit *fortuna* glaubt, wird von Montesquieu als der Anfang vom Ende Roms beschrieben.

Die ständige Ausdehnung Roms führte zu seiner politischen Erschöpfung, die durch wirtschaftliche Prosperität zunächst überdeckt wurde.

Der Aufschwung zerstörte gerade die Tugenden der Enthaltsamkeit und der Mäßigung. Die Gleichheit geriet als absoluter Maßstab in Gegensatz zur legitimen Autorität, die patriarchalische Familie als Vorbild öffentlicher Verhaltensweisen und Gesittung verfiel der allgemeinen Ächtung. Freiheit, verstanden als Liebe zum Vaterland, verkam zum unbeschränkten Individualismus, der sich gegen das Gemeinwesen richtete. Unter dem Einfluß der eroberten Kulturen wurde jede Vermittlung eines einheitlichen römischen *ésprit général* unmöglich und die ausgewogene soziale Komposition durch die Bildung großer Latifundien, die alle kleinen Besitztümer aufsogen und somit den Mittelstand vernichteten, zugunsten eines permanenten Klassenkampfes zerstört, der nur noch Arme und Reiche kannte. Darüber hinaus verfiel der römische *esprit général* durch die Ausweitung des Bürgerrechtes, das man nun jedem gewährte, da der Gemeinsinn, die Liebe zur Freiheit und der Haß gegen Tyrannei durch die Partikularinteressen ersetzt wurden. Den letzten, vernichtenden Schlag versetzte der römischen Republik die Armee, da diese, bedingt durch lange Abwesenheit, ihre Bindungen zur Heimat verlor. Ihre Generale betrachteten die Soldaten als Waffe im Kampf um Macht und Prestige, die Soldaten wiederum setzten auf ihre Führung, die Brot und Spiele versprach. Daher waren sie nicht mehr, wie Montesquieu es formuliert, die Soldaten der Republik, sondern diejenigen Sullas, Marius', Pompeius' und Caesars. G.Ka.

AUSGABEN: Amsterdam 1734; Nachdr. Genf 1971. – Paris 1788 (in *Œuvres*, 5 Bde., 5). – Paris 1875–1879 (in *Œuvres complètes*, Hg. E. Laboulaye, 7 Bde., 2). – Paris 1876, Hg. J. Charvet [m. Komm. u. Anm. Friedrichs des Großen]. – Paris

1900, Hg. H. Barckhausen. – Paris 1923, Hg. C. Jullian. – Paris 1950 (in *Œuvres complètes*, Hg. A. Masson, 3 Bde., 1950–1955, 1). – Paris 1951 (in *Œuvres complètes*, Hg. R. Caillois, 2 Bde., 1949–1951, 2; Pléiade). – Paris 1964 (in *Œuvres*, Hg. D. Osler). – Paris 1968, Hg. J. Ehrard (GF). – Paris 1987 [Vorw. A. Peyrefitte].

ÜBERSETZUNGEN: *Betrachtungen über die Ursachen der Größe und des Verfalls der Römer*, A. W. Hauswald, Altenburg 1786. – *Betrachtungen über die Ursachen der Größe der Römer und deren Verfall*, R. Habs, Lpzg. 1885 (RUB). – – *Betrachtungen über die Ursachen von Größe und Niedergang der Römer*, L. Schuckert, Bremen 1958; ern. Ffm. 1980 (FiTb).

LITERATUR: R. B. Oake, *M.'s Analysis of Roman History* (in Journal of the History of Ideas, 1955, S. 44 ff.). – L. Desgraves, *Une traduction allemande des »Considérations« de M. (1742)* (in Bull. de la Soc. des bibliophiles de Guyenne, 28, 1958, S. 17–21). – F. Weil, *Promenade dans Rome en 1729 avec M.* (in Technique, Art, Science, Okt. 1958, S. 2–12). – L. Althusser, *M. La politique et l'histoire*, Paris 1959. – C. A. Baker, *M. and Rome*, Urbana/Ill. 1963. – U. Boillin, *Die Lehre M.s von den Ursachen der Größe und des Verfalls der Staaten*, Diss. Mainz 1976. – C. Rosso, *Demiurgia e parabola delle élites nelle »Considérations«* (in *Storia e ragione*, Hg. A. Postigliola, Neapel 1987, S. 181–206).

DE L'ESPRIT DES LOIX ou Du rapport que les loix doivent avoir avec la constitution de chaque gouvernement, les mœurs, le climat, la religion, le commerce, etc.

(frz.; *Über den Geist der Gesetze oder Über den Bezug, den die Gesetze zur Verfassung jeder Regierung, zu den Sitten, dem Klima, der Religion, dem Handel etc. haben müssen*). Sozialpolitische Untersuchung von Charles-Louis de Secondat, baron de MONTESQUIEU, erschienen 1748. – Der Verfasser bemüht sich, in dieser sentenzenreichen Studie Ursprung und Tragweite der Gesetze, deren sich die verschiedenen Gesellschaftsformen bedienen oder früher bedienten, nachzuweisen. Dabei verfolgt er eine wesentlich andere Methode als etwa PLATON, ARISTOTELES, CICERO, BOSSUET und nahezu alle anderen Rechts- und Gesellschaftstheoretiker bis zum 18. Jahrhundert.

Während man bis dahin von abstrakten, metaphysischen oder moralischen Definitionen ausging oder ideale Gesetze aufzustellen und mit deren Hilfe die bestehenden normativ zu kritisieren suchte, benutzt Montesquieu empirisch-wissenschaftliche Methoden. Er setzt voraus, daß politische Gesetze nicht als Vernunftprinzipien, sondern wie die Gesetze der Naturwissenschaften studiert werden müßten. Sie können nur erfaßt werden, wenn man den politischen Tatsachen Rechnung trägt. Diese sind jedoch zeit-, milieu- und rassebedingt und deshalb unendlich verschiedenartig. Ein angemessenes politisches Gesetz muß durchaus nicht einem philosophischen Schluß entsprechen, vielmehr unter bestimmten politischen und sozialen Bedingungen eine ausgewogene Ordnung garantieren. Das Gesetz hat niemals absoluten Wert, sondern gilt nur für eine konkrete Gesellschaft in einer bestimmten Phase ihrer Entwicklung. Um sich nicht in der Vielzahl der Einzelfälle zu verlieren, stellt Montesquieu drei Gruppen auf: Grundprinzip der despotisch regierten Staaten ist die »Furcht«, das der Republiken ist die »Tugend«, das der Monarchien die »Ehre«. Aber diese drei Prinzipien allein genügen nicht. Stabilität ist nur möglich, wenn durch das Gesetz den sozialen Bedingungen Rechnung getragen wird. Ferner müssen die Gesetze den allgemeinen Anschauungen, den Sitten, der Religion usw. eines Volkes angemessen sein. *»Le gouvernement le plus conforme à la nature est celui dont la disposition particulière se rapporte mieux à la disposition du peuple pour lequel il est établi.«*

Montesquieus Werk, das seinem Autor einen Platz in der Reihe der großen liberalen Staatstheoretiker des 17. und 18. Jh.s zuweist, bereitet insofern den modernen Rechtsstaat vor, als es, unter besonderer Berücksichtigung des Verfassungsrechts des englischen Parlamentarismus im 17. Jh., den Vorrang der politischen Gesetzgebung vor jedem besonderen Regierungssystem zu erhärten sucht. Dieser Anspruch schlägt sich am deutlichsten in dem erstmals von ihm theoretisch entwickelten System der Gewaltenteilung nieder. Das Recht des Individuums auf freie Selbstentfaltung ist erst dann garantiert, wenn eine verfassungsmäßige Ordnung die Personen, denen die Ausübung staatlicher Gewalt anvertraut ist, daran hindert, sie willkürlich zu gebrauchen: Montesquieus Aufteilung und Abgrenzung staatlicher Macht in voneinander unabhängige gesetzgebende (legislative), exekutive und richterliche Gewalt ist in die Verfassungen aller modernen demokratischen Staaten eingegangen. Ziel dieser Teilung (Buch 11, Kap. 4 ff.) war, eine gefährliche Machtkonzentration staatlicher Organe zu verhindern.

Diese Gewaltenteilungslehre Montesquieus, die stark von John LOCKE beeinflußt ist, besonders von dessen *Two Treatieses Concerning Government* (1690), kollidierte im 18. Jh., namentlich während der Französischen Revolution, mit den staatsrechtlichen Vorstellungen ROUSSEAUS und dessen Begriff vom *»Allgemeinwillen« (»volonté générale«)* eines souveränen Volkes. Aber die politische Entwicklung gerade Frankreichs – aber auch Amerikas – verwirklichte mit Entschiedenheit die klar gefaßten Forderungen Montesquieus. *De l'esprit des lois* erreichte noch im Erscheinungsjahr 22 Auflagen und wurde sogleich in die wichtigsten europäischen Sprachen übersetzt. J.H.K.-H.H.H.

AUSGABEN: Genf 1748, 2 Bde. – Paris 1845, 3 Bde. [mit dem Essay von d'Alembert]. – Paris 1875–1879 (in *Œuvres complètes*, Hg. E. Laboulaye, 7 Bde., 3–6). – Paris 1944/45, Hg. G. Truc,

2 Bde. – Paris 1950 (in *Œuvres complètes*, Hg. A. Masson, 3 Bde., 1950–1955, 1). – Paris 1950–1961, Hg. J. Brèthe de La Gressaye, 4 Bde. – Paris 1951 (in *Œuvres complètes*, Hg. R. Caillois, 2 Bde., 1949–1951, 2; Pléiade). – Paris 1964 (in *Œuvres*, Hg. D. Oster). – Paris 1970. – Paris 1973, Hg. R. Dérathé (Class. Garn). – Paris 1979, 2 Bde. (Vorw. V. Goldschmidt; GF).

ÜBERSETZUNGEN: *Der Geist der Gesetze*, anon., Ffm. 1753. – *Vom Geist der Gesetze*, K. G. Schreiter u. A. W. Hauswald, 4 Bde., Altenburg 1782. – Dass. (in *SW*, Bd. 1–8, Heilbronn 1827–1831). – *Der Geist der Gesetze*, A. W. Hauswald, 3 Bde., Halle 1829. – Dass., A. Ellissen, 12 Bde., Lpzg. [4]1854. – *Vom Geist der Gesetze*, F. A. Frh. v. d. Heydte, Bln. 1950 [Ausw.]. – Dass., E. Forsthoff, 2 Bde., Tübingen 1951. – Dass., K. Weigand, Stg. 1965 (Ausw.; RUB).

LITERATUR: H. Jannsen, *M.s Theorie von der Dreiteilung der Gewalten im Staat auf ihre Quellen zurückgeführt*, Gotha 1878. – G. Koch, *M.s Verfassungstheorie*, Halle 1883. – H. Trescher, *M.s Einfluß auf die philosophischen Grundlagen der Staatslehre Hegels*, Altenburg 1917. – E. v. Hippel, *Die Lehre M.s von der Dreiteilung der Gewalten und der Grad ihrer Verwirklichung in den Verfassungen des Deutschen Reiches von 1871 und 1919 und den Verfassungen des Preuß. Staates von 1850 und 1920*, Diss. Göttingen 1921/22. – F. Vohburger, *Die Gewaltenteilungslehre M.s und ihre Verwirklichung im Bonner Grundgesetz*, Diss. Mchn. 1950. – *La pensée politique et constitutionelle de M.*, Paris 1952; ern. 1988. – S. Cotta, *M. e la scienza della società*, Turin 1953. – M. Göhring, *M. Historismus und moderner Verfassungsstaat*, Wiesbaden 1956. – M. Imboden, *M. und die Lehre der Gewaltentrennung*, Bln. 1959. – Th. L. Pangle, *M.'s Philosophy of Liberalism. A Commentary on »The Spirit of the Laws«*, Chicago/Ldn. 1973. – T. Quoniam, *Introduction à une lecture de »L'esprit des lois«* Paris 1976 (ALM). – P. Vernière, *M. et »L'esprit des lois« ou la raison impure*, Paris 1977. – J. J. Lafontant, *M. et le problème de l'esclavage dans »L'esprit des lois«*, Sherbrooke/Québec 1979 [zugl. Diss. Binghamton 1976]. – M. Dodds, *Les récits de voyages. Sources de »L'esprit des lois« de M.*, Genf 1980 [zuerst Paris 1929]. – Ch. J. Beyer, *Nature et valeur dans la philosophie de M.: analyse méthodologique de la notion de rapport dans »L'Esprit des lois«*, Paris 1982. – G. Benrekassa, *Système métaphorique et pensée politique. M. et l'imagination mécanique dans »L'esprit des loix«* (in RSH, 1982, Nr. 186/187, S. 241–255). – C. P. Clostermeyer, *Zwei Gesichter der Aufklärung. Spannungslagen in M.s »L'esprit des loix«*, Bln. 1983. – A. M. Cohler, *M.'s Perception of His Audience for the »Spirit of the Laws«* (in Interpretation, 11, 1983, S. 317–331). – V. Bertrand, *La conception du commerce dans »L'esprit des lois« de M.* (in Annales historiques de la Révolution française, 59, 1987, S. 266–290). – *Analyses et réflexions sur M. »De l'esprit des lois«. La nature et la loi*, Paris 1987. – M. Revault d'Allonnes, *Lectures de »L'esprit des lois«*, Paris 1987.

LETTRES PERSANES

(frz.; *Persische Briefe*). Satirischer Roman in Briefform von Charles-Louis de Secondat, baron de MONTESQUIEU, anonym erschienen 1721. – In seinem Erstlingswerk bedient sich der Staatsdenker und Historiograph, der bis dahin nur wissenschaftliche Arbeiten publiziert hatte, einer literarischen Form, die vor allem DUFRESNY mit seinen *Amusements sérieux et comiques d'un Siamois* (1707) durchgesetzt hatte. Es handelt sich um eine lockere Folge fingierter Briefe, in denen europäische Lebensart aus der Sicht einer fremden, exotischen Kultur geschildert wird. Die *Lettres persanes*, die ihren Autor schlagartig berühmt machten und schon im 18. Jh. eine Vielzahl rasch aufeinander folgender Neuauflagen erlebten, sind das bedeutendste Beispiel dieser Gattung und verhalfen ihr zu einer literarischen Mode. Aus der Nachfolge hervorzuheben sind vor allem die *Lettres d'une Péruvienne* (1747) von Françoise de GRAFFIGNY.

Montesquieu läßt die persischen Standesherren Rica und Usbek in Briefen untereinander und an Freunde in der Heimat ihre Eindrücke von einer Reise durch Europa, besonders Frankreich, schildern, die sie in den Jahren 1711–1720 unternehmen, also während der letzten Regierungsjahre Ludwigs XIV. und den ersten Tagen der Régence. Die ohne Zwischentexte und Erläuterungen aneinandergereihten 160 Briefe, deren vielfältige Thematik oft sprunghaft wechselt, erhalten einen inneren Zusammenhang durch die Serailgeschichte, die die gesamte Korrespondenz durchzieht. Während seiner Abwesenheit bricht in Usbeks Harem in Isphahan ein Aufstand der Frauen gegen die Unterdrückung aus. Usbeks Lieblingsfrau Roxane bringt sich um, nachdem sie ihm einen haßerfüllten Abschiedsbrief geschrieben hat, der den zwischen orientalischer und abendländischer Lebensart schwankenden Usbek schwer trifft. Die *»Romanhandlung, die in mehrfacher Hinsicht zu ernstlich mit dem wesentlichen Inhalt des Buches zusammenhängt, als daß man von einer bloßen Rahmengeschichte sprechen könnte, ist eigentlich eine tragische«* (V. Klemperer). Wesentlicher aber als diese dem Zeitgeschmack verpflichtete Erzählung und auch heute von großem Interesse sind die zeit- und und gesellschaftskritischen Betrachtungen Montesquieus. Gerade für sie erweist sich die gewählte Form als fruchtbar. Die gewohnte, anscheinend selbstverständliche eigene Welt erscheint – durch die Augen der Exoten gesehen – verfremdet und wird von einem Punkt außerhalb des eigenen Vorstellungsbereichs reflektiert. So kann Montesquieu – der sich mehr als sein Zeitgenosse VOLTAIRE um ein immer abwägendes, gerechtes Urteil bemüht hat – seine Zeitkritik objektivieren. *»Die Perspektive der fremden Besucher ist an eigene Vorurteile gebunden. Daß auch ihre Perspektive eine bedingte ist, nimmt der*

Kritik das Gewicht der direkten Provokation, doch nur, um sie dadurch unbehinderter zu machen. Was an ihr begründet ist, was Vorurteil, soll absichtlich offen, in ironischem Zwielicht bleiben« (K. Stierle). Die oft mit beißendem Spott, aber auch mit wissenschaftlichem Ernst behandelten Themen fügen sich zu einem Sittenbild der Pariser Gesellschaft des beginnenden 18. Jh.s zusammen. Bedeutender als die zahlreichen an La Bruyère orientierten Typenschilderungen (der Steuerpächter, der arme Poet, der Veteran, der Großgrundbesitzer, der Schöngeist usw.) sind die Abhandlungen über Religion, Absolutismus, Kolonialismus, Klassengegensätze, Frauenemanzipation. Mode, Salons, Literaturbetrieb, vor allem aber öffentliche Institutionen und deren Repräsentanten werden kritisch untersucht, dem Gelächter preisgegeben. So heißt es über Ludwig XIV.: *»Ich habe seinen Charakter studiert und darin Widersprüche gefunden, die ich unmöglich lösen kann. Etwa: er hat einen Minister von achtzehn und eine Geliebte von achtzig Jahren«* (XXXVII). Über den Papst: *»Der Papst ist das Oberhaupt der Christen, ein altes Götzenbild, das man aus Gewohnheit beweihräuchert«* (XXIX). Über Stände: *»Ein Standesherr ist ein Mann, der den König zu Gesicht bekommt, mit Ministern spricht, Vorfahren, Schulden und Ruhegelder hat«* (LXXXVIII). Über das Christentum: *»Du kannst sicher sein, daß es in keinem anderen Reich so viele Bürgerkriege gegeben hat wie in dem Reich Christi«* (XXIX). Über die Académie Française: *»Dieser Körper hat vierzig Köpfe, angefüllt mit Floskeln, Metaphern und Widersprüchen. So viele Münder reden fast nur in Ausrufen. Seine Augen? Keine Frage, er scheint gemacht, um zu reden, und nicht, um zu sehen«* (LXXIII).

Montesquieu schreibt einen knappen, präzisen, von jeder rhetorischen Weitschweifigkeit gereinigten Stil. Witz und Pointen ergeben sich vor allem aus dem Sinn für Widersprüchliches, der auch die trockneren, mehr um wissenschaftliche Erhellung bemühten Passagen durchdringt. – Im Gegensatz zu den Moralisten des 17. Jh.s erweist sich Montesquieu schon in diesem Erstlingswerk als »politischer« Autor. Sein Interesse gilt weniger den Einzelwesen als vielmehr den gesellschaftlichen Verhältnissen, die er nicht unter einem abstrakten Sittenbegriff anklagt, sondern für die er die institutionellen Einrichtungen verantwortlich macht. Darin weisen die *Lettres persanes* schon auf das Hauptwerk *De l'esprit des loix* voraus und machen Montesquieu zu einem Mitbegründer einer kritischen Demographie. In der Schilderung des Troglodyten-Staates (XI bis XIV) entwirft der Autor ein utopisches Gegenbild zu der von ihm kritisierten Gesellschaft. Die Idee eines von natürlicher Güte getragenen Sozialwesens weist auf Rousseau hin. Dennoch galt der Autor der *Lettres persanes* – im Gegensatz zu Voltaire – in der Französischen Revolution nicht als einer der Wegbereiter, sondern als Reaktionär. H.H.H.

Ausgaben: Amsterdam 1721. – Amsterdam 1731 [rev., korr. u. verm.]. – Amsterdam/Lpzg. 1761. – Paris 1875 (in *Œuvres complètes*, Hg. E. Laboulaye, 7 Bde., 1875–1879, 1). – Paris 1949 (in *Œuvres complètes*, Hg. R. Caillois, 2 Bde., 1949–1951, 1; Pléiade). – Paris 1950 (in *Œuvres complètes*, Hg. A. Masson, 3 Bde., 1950–1955, 1). – Paris 1963, Hg. P. Vernière (ern. 1975; Class., Garn). – Paris 1964 (Vorw. J. Roger; GF). – Paris 1964 (in *Œuvres*, Hg. D. Oster). – Paris 1973 (Folio). – Paris 1984 (Poche).

Übersetzungen: *Des Herren von Montesquieu Persianische Briefe*, v. Hagedorn, Ffm./Lpzg. 1760. – *Persische Briefe*, A. Strodtmann, Bln. o.J. [1867]. – Dass., E. Bertz, Lpzg. o.J. [1884] (RUB). – Dass., F. Montfort, Wiesbaden 1947. – *Die Perserbriefe*, J. v. Stackelberg, Ffm. 1986.

Literatur: P. Valéry, *Préface aux »Lettres persanes«* (in P. V., *Variété*, Paris [17]1930, S. 53–73). – G. L. van Roosbroeck, *Persian Letters Before M.*, NY 1932. – A. S. Crisafulli. *M.'s Story of the Troglodytes. Its Background, Meaning and Significance* (in PMLA 58, 1943, S. 375–392). – A. Masson, *Les dernières ratures des »Lettres persanes«* (in *Actes du Congrès M.*, Bordeaux 1956, S. 71–82). – R. Laufer, *La réussite romanesque et la signification des »Lettres persanes« de M.* (in RHLF, 61, 1961, S. 188–203). – R. Mercier, *Le roman dans les »lettres persanes«. Structure et signification* (in RSH, 1962, S. 345–356). – P. Kra, *The Invisible Chain of the »Lettres persanes«* (in StV, 23, 1963, S. 7–60). – R. Laufer, *Style rococo, style des ›lumières‹*, Paris 1963, S. 51–72. – M. Laurain-Portemer, *Le dossier des »Lettres persanes«* (in Revue Historique de Bordeaux et du Département de la Gironde, 12, 1963, S. 41–78). – P. Morand, *Sur les »Lettres persanes«* (in NRF, 24, 1964, S. 363–369). – J. Falvey, *Aspects of Final Creation in the »Lettres persanes« and of the Aesthetic of the Rationalist Novel* (in RomR, 56, 1965, S. 248–261). – P. Testud, *Les »Lettres persanes«, roman épistolaire* (in RHLF, 66, 1966, S. 642–656). – R. O'Reilly, *The Structure and Meaning of the »Lettres persanes«*, Genf 1969 (StV). – P. Kra, *Religion in M.'s »Lettres persanes«*, Genf 1970 (StV). – K.-J. Bremer, *M.s »Lettres persanes« and Cadalsos »Cartas marruecas«*, Heidelberg 1971. – R. Ouellet u. H. Vachon, *»Lettres persanes«*, Paris 1976 (Poche). – M. H. Waddicor, *M. »Lettres persanes«*, Ldn. 1977. – A. Veynaud, *»Lettres persanes«. Analyse critique*, Paris 1983. – T. Todorov, *Réflexions sur les »Lettres persanes«* (in RomR, 74, 1983, S. 306–315). – P. Brady, *Proto-Enlightenment with a Touch of Rococo, the »Lettres persanes«* (in P. B., *Rococo Style versus Enlightenment Novel*, Genf 1984, S. 144–169). – S. C. Strong, *Why a Secret Chain?* (in StV, 1985, Nr. 230, S. 167–179). – T. Todorov, *Notes sur les »Lettres persanes«* (in Literaturna misăl, 29, 1985, S. 56–64). – S. L. Pucci, *Orientalism and Representation of Exteriority in M.'s »Lettres persanes«* (in The Eighteenth Century, 26, 1985, S. 263–279). – K. M. Rogers, *Subversion of Patriarchy in »Les Lettres persanes«* (in PQ, 65, 1985, S. 61–78). – Ch. Miething, *Die Erkenntnis-*

struktur in M.'s »Lettres persanes« (in ASSL, 1986, Nr. 223, S. 64–81). – J. V. Harari, *The Eunuch's Tale* (in J. V. H., *Scenarios of the Imaginary*, NY/Ldn. 1987, S. 67–101). – J. Dagen, *La chaîne des raisons dans les »Lettres persanes«* (in Littératures, 17, 1987, S. 69–83). – K. Newmark, *Leaving Home Without It »Lettres persanes«* (in SFR, 9, 1987, S. 17–32). – K. Trumpener, *Rewriting Roxane* (ebd., 11, 1987, S. 177–191).

PIERRE-CLAUDE NIVELLE DE LA CHAUSSÉE

* 1692 Paris
† 14.3.1754 Paris

LE PRÉJUGÉ À LA MODE

(frz.; *Das modische Vorurteil*). Komödie von Pierre-Claude NIVELLE DE LA CHAUSSÉE, Uraufführung: Paris 1735. – Nivelle de la Chaussée ist der Schöpfer der *comédie larmoyante*, der bürgerlich sentimentalen Spielart der Komödie, die mit dem Argument, wahrer und moralischer als die Tragödie zu sein, ihre Nachfolge beanspruchte. In *Le préjugé à la mode* wendet sich der Dichter gegen die zu seiner Zeit in Adelskreisen übliche Auffassung, daß Ehe und Liebe zu trennen seien, und entlarvt geschickt die herrschende libertinistische Lebensanschauung, für die er nicht so sehr Unmoral verantwortlich macht als Heuchelei dem sozialen Renommee zuliebe.

Im Mittelpunkt der Komödie stehen das Ehepaar D'Urval und die Verlobten Sophie und Damon. Beide Paare sind miteinander befreundet. Sophies Weigerung, Damon zu heiraten, und die Versuche des ehemals mondänen d'Urval, sich wieder liebend seiner Frau zu nähern, sind die bewegenden Elemente der Handlung. – Constance weiß sich häufig von ihrem Mann betrogen und verbirgt ihre Trauer darüber hinter Sanftmut und Freundlichkeit. Sophie errät mit feinem Gespür den unglücklichen Zustand der Ehe ihrer Freunde und versucht, helfend einzugreifen. Für sich selbst zieht sie aus ihren Beobachtungen den Schluß, daß es besser sei, nicht zu heiraten. In einer Gesellschaft, in der eheliche Liebe zur Lächerlichkeit wird und Ehegatten sich schämen, als glückliches Paar zu erscheinen, zieht Sophie es vor, unverheiratet zu bleiben. (*»Eine Gefährtin zu lieben, an die man sich anschließt, diese Sitte gibt es nur noch im Bürgertum. Anderorts betrachtet man die eheliche Liebe als ausgemachte Lächerlichkeit und als Fehler ohnegleichen.«*) Dem Drängen ihres Verlobten Damon begegnet sie mit dem Einwand, daß sie nur dann zu einer Sinnesänderung zu bewegen sei, wenn das Verhalten D'Urvals seiner Frau gegenüber von Grund auf anders werde. Damon versucht, den Sinn seines Freundes zu erforschen und entdeckt dabei, daß D'Urval sich wohl von neuem zu seiner Frau hingezogen fühlt, aber nicht wagt, ihr dies deutlich zu verstehen zu geben, und noch viel weniger, es seine Umgebung merken zu lassen. D'Urval ist der unglückliche und zugleich komische Gefangene seines gesellschaftlichen Vorurteils. Erst das Auftreten zweier geckenhafter Marquis und ihre Intrigen ermöglichen die Demaskierung des liebenden und eifersüchtigen Gatten. Constance vergibt ihrem Gemahl, und Sophie verspricht angesichts des wiederhergestellten Ehefriedens Damon die Heirat.

La Chaussées Werk (mehrere Komödien und eine Tragödie) gibt ein treues Abbild der Gesellschaft seiner Epoche; freilich sind allein seine *comédies larmoyantes* noch heute von literarischem Interesse. Diese nachklassische Form der Komödie bricht mit der Tradition (MOLIÈRE), indem sie das Tragische und Komische mischt, rührende Elemente aufnimmt, den obligaten Schluß (Sieg der Tugend über das Laster) aber beibehält. Wegen ihrer Thesenhaftigkeit und der Oberflächlichkeit der Charakterzeichnung – die beiden Marquis sind bloße Karikaturen, keine komischen Charaktere – ist ihre künstlerische Bedeutung gering. La Chaussées Stücke stehen in der Nachfolge von MARIVAUX und DESTOUCHES und sind von den empfindsamsten Romanen des Abbé PRÉVOST und RICHARDSONS nicht zu trennen. Sie bilden eine Übergangsform zu der späteren Gattung des *bürgerlichen Trauerspiels*, das in DIDEROT (*Le père de famille*, 1758) seinen bedeutendsten Vertreter fand. Die *comédies larmoyantes* genossen die Gunst des Publikums bis zum Ende des 18. Jh.s. KLL

AUSGABEN: Paris 1734 (zus. m. *La fausse antipathie*). – Paris 1741 (in *Œuvres de théâtre*, 3 Bde., 1741–1747, 1). – Paris 1762 (in *Œuvres*, Hg. C. Sablier, 6 Bde., 1). – Paris 1878.

ÜBERSETZUNGEN: *Darf man seine Frau lieben?*, T. Ph. v. Gebler, Preßburg/Lpzg. 1772. – Dass., ders. (in *Theatralische Werke*, Bd. 2, Prag/Dresden 1773). – *Der Triumph der ehelichen Liebe*, G. K. Pfeffel, Ffm. 1774. – Dass., ders. (in *Theatralische Belustigungen nach franz. Mustern*, Ffm./Lpzg. 1774).

LITERATUR: G. Lanson, *N. de la Ch. et la comédie larmoyante* (in G. L., *Origines de la comédie larmoyante*, Paris [2]1903). – F. Moreau, *Les larmes comiques de N. de la Ch.* (in *Das weinende Saeculum*, Heidelberg 1983, S. 39–48).

ANTOINE-FRANÇOIS PRÉVOST D'EXILES

genannt Abbé Prévost
* 1.4.1697 Hesdin
† 23.11.1763 Courteuil bei Chantilly

LITERATUR ZUM AUTOR:
Bibliographie:
P. Tremevan, *P.: An Analytical Bibliography of Criticism to 1981*, Ldn. 1984.
Zeitschrift:
Cahiers Prévost d'Exiles, Paris 1984 ff.
Gesamtdarstellungen und Studien:
H. Harrisse, *L'abbé P., histoire de sa vie et de ses œuvres d'après des documents nouveaux*, Paris 1896 [Nachdr. Genf 1969]. – F. Zimmer, *Studien zur Romantechnik des Abbé P.*, Coburg 1912. – H. Friedrich, *Abbé P. in Deutschland. Ein Beitrag zur Geschichte der Empfindsamkeit*, Heidelberg 1929. – H. Roddier, *L'abbé P. L'homme et l'œuvre*, Paris 1955. – L.-É. Engel, *Le véritable P.*, Monaco 1957 [Vorw. A. Chamson]. – *L'abbé P.*, Aix-en-Provence 1965 [Kongreßakten]. – M. Josephson, *Die Romane des Abbé P. als Spiegel des 18. Jh.s*, Winterthur 1966. – J. Sgard, *P. romancier*, Paris 1968. – Ders., *Le »Pour et Contre« de P.*, Paris 1969. – J. R. Monty, *Les romans de l'abbé P.*, Genf 1971 (StV). – A. Kory, *Subjectivity and Sensitivity in the Novels of the Abbé P.*, Paris u. a. 1972. – R. A. Smernoff, *Abbé P.*, Boston 1985 (TWAS). – J. Sgard, *L'abbé P., labyrinthes de la mémoire*, Paris 1986. – A. J. Singerman, *L'abbé P.: L'amour et la morale*, Genf 1987.

HISTOIRE DU CHEVALIER DES GRIEUX ET DE MANON LESCAUT

(frz.; *Geschichte des Chevalier des Grieux und der Manon Lescaut*). Roman von Antoine-François PRÉVOST D'EXILES, erschienen 1731. – Der siebzehnjährige Chevalier des Grieux, von seinem Vater für eine standesgemäße Laufbahn als Ritter des Malteserordens bestimmt, lernt unmittelbar vor seiner Abreise aus Amiens, wo er seine philosophischen Studien beendet hat, die reizende Manon Lescaut kennen, die von ihren Eltern gegen ihren Willen ins Kloster geschickt wird, *»um ihr den Hang zu den Freuden der Welt auszutreiben, der sich schon bemerkbar gemacht hatte«*. Der junge Mann, dessen ausgeglichene, aber zarte Natur ihn Abenteuer bisher völlig hat meiden lassen, faßt eine leidenschaftliche Zuneigung zu Manon, die von ihr ebenso heftig erwidert wird, und beschließt, sie unter Verzicht auf seine Karriere nach Paris zu entführen und dort zu heiraten. Nach einigen Wochen ungestörten Glücks, das nur durch ihre sich ständig verschlechternde finanzielle Lage getrübt wird, betrügt ihn Manon jedoch mit einem wohlhabenden Steuerpächter, Herrn von B., der, um sich des Rivalen zu entledigen, dem alten des Grieux den Aufenthaltsort seines Sohnes verrät. Gewaltsam in elterliche Obhut zurückgebracht, versucht dieser, die erzwungene Trennung von Manon zu überwinden, und läßt sich zum Theologiestudium überreden, das er, wieder in Paris, auch nahezu ein Jahr fortsetzt, bis er, als Manon überraschend seiner ersten öffentlichen Disputation vor der Fakultät beiwohnt, wiederum seiner alten Leidenschaft verfällt, ihre Untreue verzeiht und, dem geistlichen Stand leichten Herzens entsagend, mit ihr in Chaillot, einem Vorort von Paris, eine idyllische Zuflucht findet. Als jedoch Manons Hang zum Vergnügen, dem sie, ohne verschwenderisch zu sein, mit anmutiger Sorglosigkeit nachgibt, eine erneute finanzielle Krise heraufbeschwört – zumal ihr plötzlich aufgetauchter, leichtlebiger Bruder sich entschlossen hat, an ihrem Wohlergehen teilzunehmen und aus ihrem Lebenswandel Vorteil zu ziehen –, läßt sich des Grieux von Lescaut erfolgreich zum Falschspieler ausbilden. Ein Diebstahl seines gesamten, leicht zusammengerafften Vermögens veranlaßt Manon und ihren Bruder jedoch, nach neuen Erwerbsmöglichkeiten Ausschau zu halten. Ein ältlicher Lüstling, Herr von G. M., ist bereit, für ihre Gunst einen hohen Preis zu zahlen. Der Versuch, ihn mit Beihilfe des vor Eifersucht nahezu wahnsinnigen des Grieux zu prellen, mißlingt. Manon wird auf Betreiben des einflußreichen G. M. ins Arbeitshaus gesteckt, des Grieux mehrere Monate im Gefängnis Saint-Lazare inhaftiert. Mit Unterstützung Lescauts gelingt es des Grieux, nach Beseitigung eines Wärters zu fliehen und auch Manon zu befreien, wobei ihr Bruder stirbt.

Einige Monate ruhigen Lebens in einem Versteck bei Paris bringen des Grieux und Manon einander wieder näher. Bald aber faßt der Sohn des Herrn von G. M. eine heftige Zuneigung zu Manon und bietet ihr heimlich sein Haus und eine große Geldsumme an. Des Grieux stellt Manon, empört über ihre erneute Untreue, zur Rede und weiß sie zu einem Racheplan an dem Sohn jenes Mannes anzustiften, der ihre lange Kerkerhaft verschuldet hat. Sie begibt sich also in das Haus des jungen G. M., schickt jedoch, anstatt nach Empfang des Geldes zu des Grieux zu fliehen, ihm ein junges Mädchen als »Ersatz« für sich selbst. In seiner Verzweiflung besticht der Betrogene einige Gardisten, seinen Rivalen für eine Nacht zu entführen, eilt in dessen Haus zu Manon, die ihm seine Eifersucht auszureden versteht, und glaubt, erneut mit ihr versöhnt, seinen Racheversuch schon gelungen, als einige von dem alten G. M. gedungene Häscher beide festnehmen und in polizeilichen Gewahrsam bringen. Des Grieux wird durch Vermittlung seines Vaters befreit, Manon aber zusammen mit Dirnen und Landstreichern auf Betreiben des alten G. M. und des Vaters von des Grieux nach Amerika deportiert. Als alle Befreiungsversuche auf dem Wege zum Hafen Le Havre scheitern, folgt des Grieux ihr nach New Orleans. Sie geben sich als verheiratet aus und erwerben sich bald die Achtung des französischen Gouverneurs. *»Unsere Gespräche, die immer nachdenklich waren, förderten in uns unmerklich den Sinn für den Wert einer Liebe, die sich den Forderungen des Sittengesetzes fügt.«* Gerade als Manon ihren Gefährten zu heiraten bereit ist, wirbt ein Neffe des Gouverneurs, Synnelet, um Manons Gunst. Des Grieux fordert ihn zum Duell, verwundet ihn und flieht im Glauben, ihn getötet zu haben, zusammen mit Manon, die den Strapazen der Flucht zu Fuß bald erliegt. Halb wahnsinnig vor Schmerz und Trauer, erholt sich des Grieux nur langsam, wird aber endlich von seinem einzigen Freund Tiberge abgeholt und nach Europa zurückgebracht.

Dieser berühmteste unter den mehr als zwanzig Romanen des Autors steht in einem geistesgeschichtlichen Zusammenhang, der von den älteren Abenteuerromanen und Robinsonaden des 17. Jh.s bis zu den englischen empfindsamen Romanen der Mitte des 18. Jh.s reicht. Darüber hinaus ist der Abbé Prévost in mehr als einem Sinne ein direkter Vorläufer von J.-J. ROUSSEAU und dessen gegenaufklärerischer Philosophie der Legitimität von Leidenschaft und Affektivität überhaupt. *»Liebe! Liebe! wirst du es denn nie lernen, mit der Vernunft zusammenzugehen?«* ruft jener Polizeidirektor aus, der des Grieux inhaftiert. Der Kampf zwischen Tugend und Leidenschaft ist bei Prévost zum ersten Mal in der Literatur des 18. Jh.s zugunsten der *»Macht der Gemütsbewegungen«* entschieden, der sein Held *»mehr aus Schwäche als aus bösem Willen«* unterliegt. *»Dieses Glück* [der Liebe zu Manon] *ist kein bloßes Phantom. Ginge das ganze Weltall zugrunde, es würde mich nicht kümmern; warum? weil ich für nichts anderes mehr Gefühl habe.«* Der literarische Topos des »fühlenden Herzens« und seiner Wehrlosigkeit und passiven Leidensfähigkeit, wie er die empfindsam-larmoyante Literatur der zweiten Hälfte des 18. Jh.s beherrschen wird, ist von Prévost in der Gestalt von des Grieux um so deutlicher vorgeprägt, als er ihn mit dem weiblichen Gegentypus Manon zusammentreffen läßt, von dem MAUPASSANT mehr als hundert Jahre später bekennt, in ihm inkarniere sich alles, *»was das weibliche Wesen an Liebenswürdigkeit, Verführungskraft und Schamlosigkeit zu bieten vermag ... die Eva des verlorenen Paradieses, die unsterbliche, listenreiche, naive Versucherin ... ein Liebestier von angeborener Schlauheit ohne jedes Schamgefühl«.* H.H.H.

AUSGABEN: Amsterdam 1731 (in *Mémoires et aventures d'un homme de qualité qui s'est retiré du monde*, 7 Bde., 7). – Amsterdam 1733 *(Les aventures du chevalier des Grieux et de Manon Lescaut)*. – Amsterdam 1753, 2 Bde. [endgültige Ausg.]. – Paris 1839 [Einl. Ch.-A. Sainte-Beuve]. – Paris 1927, Hg. M. Allem [krit.]. – Paris 1960, Hg. C.-É. Engel u. M. Brun. – Paris 1965, Hg. F. Deloffre u. P. Picard (GF). – Paris 1966, Hg. A. Bouvet. – Paris 1972, Hg. S. S. de Sacy (Poche). – Paris 1975, Hg. H. Coulet (GF). – Paris 1976 (Folio). – Grenoble 1977 (in *Œuvres*, Hg. J. Sgard, Bd. 1). – Paris 1986, Hg. R. Mauzi.

ÜBERSETZUNGEN: *Geschichte der Manon Lescaut und des Ritters Desgrieux*, F. G. Freytag, Lpzg. 1756. – *Manon Lescaut und Chevalier Desgrieux*, Lpzg. o. J. [ca. 1879]; zul. 1988 (RUB). – *Die Geschichte der Manon Lescaut und des Chevalier Desgrieux*, R. G. Binding, Lpzg. 1914; [3]1919. – *Manon Lescaut. Die Geschichte einer Liebe*, J. Hofmiller, Mchn. o. J. [1928; m. Einl.]; ern. Zürich 1985. – *Geschichte des Chevalier Des Grieux und der Manon Lescaut*, W. Widmer, Basel o. J. [1944]; ern. Ffm./Hbg. 1962. – *Manon Lescaut*, R. G. Binding, Saarbrücken o. J. [1948]. – Dass., C. Moreck, Mchn. 1958; ern. 1990 (Goldm. Tb). – *Geschichte des Chevalier des Grieux und der Manon Lescaut*, H. Reisiger, Reinbek 1961 (m. Essay von E. Köhler; RKl). – *Manon Lescaut*, E. v. Hase u. W. Hoyer, Lpzg. o. J. [1962]; ern. Ffm. 1987 (Insel Tb). – Dass., F. Leppmann, Ffm./Bln. 1968. – *Geschichte des Chevalier des Grieux und der Manon Lescaut*, E. Sander, Stg. 1977 (RUB). – *Manon Lescaut*, K. Görke, Dortmund 1986.

DRAMATISIERUNGEN: P. F. A. Carmouche u. F. de Courcy, *Manon Lescaut* (Urauff.: Paris, 26. 6. 1830, Théâtre Odéon). – Th. Barrière u. M. Fournier, dass. (Urauff.: Paris, 12. 3. 1851, Théâtre du Gymnase). – C. Sternheim, dass. (Urauff.: Bln., 15. 10. 1921, Hebbeltheater).

VERTONUNGEN (Opern): D. F. E. Auber, *Manon Lescaut* (Text: E. Scribe; Urauff.: Paris, 23. 2. 1856, Opéra Comique). – J. Massenet, *Manon* (Text: H. Meilhac u. Ph. Gille; Urauff.: Paris, 19. 1. 1884, Opéra Comique). – G. Puccini, *Manon Lescaut* (Text: L. Illica, D. Oliva, M. Praga; Urauff.: Turin, 1. 2. 1893, Teatro Regio). – J. Massenet, *Le portrait de Manon* (Text: G. Boyer; Urauff.: Paris, 8. 5. 1894, Opéra Comique). – H. W. Henze, *Boulevard Solitude* (Text: G. Weil; Urauff.: Hannover, 17. 2. 1952).

VERFILMUNGEN: *Manon Lescaut*, Italien 1909 (Regie: G. Pastrone [d. i. P. Fosco]). – Dass., Deutschland 1919 (Regie: F. Zelnik). – Dass., Deutschland 1926 (Regie: A. Robinson). – Dass., Italien 1939 (Regie: C. Gallone). – Dass., Frankreich 1948 (Regie: H. G. Clouzot). – *Gli amori di Manon Lescaut*, Italien 1955 (Regie: M. Costa).

LITERATUR: P. Hazard, *Études critiques sur »Manon Lescaut«*, Chicago 1929. – E. Lasserre, *»Manon Lescaut« de l'abbé P.*, Paris 1930. – E. Auerbach, *Das unterbrochene Abendessen* (in E. A., *Mimesis*, Bern 1946 u. ö., S. 349–381). – H. H. Remak, *Goethes Gretchenabenteuer und »Manon Lescaut«. Dichtung oder Wahrheit?* (in *Formen der Selbstdarstellung, Fs. f. F. Neubert*, Hg. G. Reichenkron u. E. Haase, Bln. 1956, S. 379–395). – R. Picard, *L'univers de »Manon Lescaut«* (in MdF, 341, 1961, S. 606–622; 342, S. 87–105). – K. Maurer, *Der ›récit‹ des Chevalier des Grieux* (in Wort und Text, 35, 1963, S. 315–329). – A. Martin, *Une suite de »Manon Lescaut« et les intentions de l'abbé P.* (in RSH, 117,

1965, S. 51–57). – E. Köhler, *Esprit und arkadische Freiheit: Aufsätze aus der Welt der Romania*, Ffm. 1966, S. 158–176. – P. Bürger, *Die Attitüde des Erzählers in P.s »Manon Lescaut«* (in P. B., *Studien zur französischen Frühaufklärung*, Ffm. 1972, S. 69–94). – J.-L. Jaccard, *»Manon Lescaut«. Le personnage romancier*, Paris 1975. – G. Pinkernell, *Des Grieux zwischen Manon und Tiberge. ›Ich‹ zwischen ›Es‹ und ›Über-Ich‹* (in RZL, 1, 1977, S. 310–335). – F. Piva, *Sulla genesi di »Manon Lescaut«. Problemi e prospettive*, Mailand 1977. – P. Brady, *Structuralist Perspectives in Criticism and Fiction. Essay on »Manon Lescaut« and »La vie de Marianne«*, Bern 1978. – J. P. Gilroy, *The Romantic Manon and des Grieux. Images of P.'s Heroine and Hero in the 19th-Century French Literature*, Sherbrooke 1980. – A. Holland, *»Manon Lescaut« de l'abbé P. (1731–1759). Étude bibliographique et textuelle*, Genf 1984. – B. Schmolke-Hasselmann, *Manon, Marguerite, Nana oder: Was liest die literarische Kurtisane?* (in RZL, 8, 1984, S. 533–546). – F. Nies, *Warnzeichen und Sinnenkitzel. Zur Illustrations- und Wirkungsgeschichte von »Manon Lescaut«* (ebd., 9, 1985, S. 363–378). – W. Frick, *Liebe als Verhängnis. Die »Histoire du Chevalier des Grieux et de Manon Lescaut«* (in W. F., *Providenz und Kontingenz. Untersuchungen zur Schicksalssemantik im deutschen und europäischen Roman des 17. und 18. Jh.s*, Tübingen 1988, S. 153–186).

NICOLAS EDME RESTIF DE LA BRETONNE

auch Nicolas Edme Rétif de la Bretonne

* 23.11.1734 Sacy
† 3.2.1808 Paris

LITERATUR ZUM AUTOR:

Bibliographien:
R.-L. Jacob, *Bibliographie et iconographie de tous les ouvrages de R. de la B.*, Paris 1875. – J. R. Child, *R. de la B. Témoignages et jugements, bibliographie*, Paris 1949. – D. Baruch, *Bibliographie 1949–1984* (in R. de la B., *Œuvres érotiques*, Hg. ders. u. a., Paris 1985).

Forschungsbericht:
A. Bégué, *État présent des études sur R. de la B.*, Paris 1984. – P. Testud, *État présent des études sur R. de la B.* (in DHS, 7, 1975, S. 315–334).

Zeitschrift:
Études Rétiviennes, Paris 1985 ff.

Biographie:
N. Rival, *R. ou les amours perverties*, Paris 1982.

Gesamtdarstellungen und Studien:
F. Funck-Brentano, *R. de la B. Portraits et documents inédits*, Paris 1928. – P. Trahard, *La formation sentimentale de R. de la B.* (in P. T., *Les maîtres de la sensibilité française au XVIIIe siècle*, Bd. 4, Paris 1933, S. 147–256). – M. Chadourne, *R. de la B. ou Le siècle prophétique*, Paris 1958. – J. C. Courbin, *R. de la B. et son œuvre*, Paris 1960. – Ch. A. Porter, *R. de la B.'s Novels or an Autobiography in Search of an Author*, New Haven/Ldn. 1967 [m. Bibliogr.]. – M. Poster, *The Utopian Thought of R. de la B.*, NY/Ldn. 1971. – CRB, 90, 1975 [Sondernr. *R. de la B.*]. – P. Testud, *R. de la B. et la création littéraire*, Genf 1977. – F. Dirks, *Die Erziehungssysteme und ihre Funktion in den Reformbüchern des R. de la B.*, Diss. Münster 1981. – L. Baccolo, *R. de la B.*, Mailand 1982. – M. Blanchot, *Sade et R. de la B.*, Brüssel 1986. – P. Testud, *Autobiographie et histoire dans l'œuvre de R. de la B.* (in *Le siècle de Voltaire. Hommage à René Pomeau*, Hg. C. Mervaud u. S. Menat, Oxford 1987, S. 893–903).

MONSIEUR NICOLAS ou Le cœur humain dévoilé

(frz.; *Monsieur Nicolas oder Das entschleierte menschliche Herz*). Autobiographie in sechzehn Teilen von Nicolas Edme RESTIF (Rétif) DE LA BRETONNE, erschienen 1794–1797. – Das umfängliche Werk – mit nahezu 5000 Seiten eines der umfangreichsten der Weltliteratur – enthält die intimen Memoiren eines höchst ungewöhnlichen Mannes, der als gelernter Buchdrucker aus der Provinz nach Paris kommt, eines Tages selbst zu schreiben beginnt und zuletzt, durch die Ereignisse in bitterste Armut geraten, ein literarisches Lebenswerk von ca. 250 Bänden hinterläßt, von ihm selbst gesetzt, gedruckt, verlegt und vertrieben.

Mit den Lebensgewohnheiten des einfachen Volkes in Stadt und Land von Jugend auf vertraut und mit einer überaus reizbaren Sinnlichkeit ausgestattet, entwickelt sich »Monsieur Nicolas« zum Frauenhelden der Pariser Faubourgs, der über siebenhundert Frauen und Mädchen erobert und ihnen später in einem speziellen Kalender *(Mon calendrier)* je einen eigenen Gedenktag widmet. Wie seine Freunde entstammen seine Geliebten der ländlichen Provinzbevölkerung bzw. dem niederen Volk und der Unterwelt von Paris: Dienstboten, Näherinnen, Verkäuferinnen, Grisetten und Prostituierte. Den letzteren gegenüber bringt er wiederholt eine besondere Achtung zum Ausdruck; diese von der Polizei schamlos erpreßten und von ausschweifenden Adligen sadistisch mißbrauchten Opfer der »monogamen« Gesellschaft fordern seine – nie erlahmende – Hilfsbereitschaft geradezu heraus. Ohne daß er in der Wahl der Partnerinnen übermäßige Ansprüche verrät, zeigt sich Restif besonders für die Schönheit eines kleinen Fußes empfänglich. Im übrigen läßt er, als romantisch-schwärmerischer Rousseauist, vor allem die Sprache des Herzens auf sich wirken. Zuletzt sucht er in der Liebe stets den Einklang der Seelen, der ihn, wenn er ihm wirklich zuteil wird, auch zu einem gewissen Maß an Treue zu veranlassen vermag. Alle Arten der Ausschweifung und der Perversion sind ihm zuwider. Mehrmals polemisiert er gegen die *»vergiftete Seele«* seines Zeitgenossen SADE, der nicht die Liebe, sondern das Laster gesucht habe (etwa in *Anti-Justine ou Les délices de l'amour*, 1798). Und so kann der Autor am Ende seines Lebensberichts mit gutem Grund von sich behaupten: *»Niemals habe ich die Frau entweiht, die ich besessen habe.«* Mehrere seiner Herzensgeliebten sterben in rührend-empfindsamen Szenen in Monsieur Nicolas' Armen in der glücklichen Gewißheit, daß er ihr Andenken zeitlebens hochhalten wird.

Die Darstellung ist in neun Abschnitte *(époques)* gegliedert: Kindheit (1734–1746), als Chorknabe (1746/47), erste Liebe in Courgis (1748–1751), Lehrzeit in Auxerre (1751–1755), zweiter Parisaufenthalt und Gesellenzeit in Dijon (1755–1759), wiederum in Paris (1759–1767), Anfänge der Schriftstellerei (1765–1776), Entstehung des Hauptwerks *Paysan perverti* und seiner Fortsetzungen (1775–1785), schwere Erkrankung (1785–1797). Daran schließen sich Ergänzungen zur achten (»Sara-Geschichte«) und neunten *époque* an sowie ein (zunächst separat erschienener) ausladender weltanschaulich-theoretischer Teil, *La philosophie de Monsieur Nicolas*, in dem Restif von einem z.T. kämpferisch-aufgeklärten, reformerischen Standpunkt aus fundiert zu den zeitbewegenden Grundfragen der Moral, Religion und Politik Stellung bezieht. Den Abschluß des enzyklopädischen Werks bildet eine umfassende und detaillierte Übersicht der Werke und Schriften des Autors.

Dem Vorwurf der Obszönität seines Werks, das er übrigens sich selbst gewidmet hat (*Dédicace à moi*, 1797), sucht Restif ohne Umschweife in einer scharfen *Note de l'auteur* (1796) zu begegnen: *»Ich erkläre den Puristen, diesen vermeintlichen Hütern der Moral, für die die Tugend nur in der Enthaltsamkeit von der Liebe und den Frauen besteht, daß ich ihnen hier die Stirn bieten werde. Allein der Wahrheit verpflichtet und mich selbst zum Opfer bringend, zum Nutzen meines und späterer Jahrhunderte, habe ich nur wirklichkeitsgetreue Schilderungen gegeben.«* – Unter der verwirrenden Zahl der Liebesaffären ragen freilich nur einige heraus: Nanette, die den übersensiblen Knaben in die sinnliche Liebe einweiht; die unerreichbare Jeannette Rousseau, die große Sehnsucht seines Lebens, deren Bild er in allen anderen Frauen vergebens suchen wird; Madame Parangon, die Frau des Lehrherrn, die ihn so recht erst zum Mann macht; die junge Prostituierte Zéphire, die ihm eine zärtlich geliebte Tochter (Zéphirette) schenkt; Zoé, die wie diese in seinen Armen an einer tödlichen Krankheit stirbt; die bösartige Agnès Lebègue, die er zu seinem Unglück heiratet; Rose Bourgeois, die ihn zum Schriftsteller macht; die Doppelliebe Louise und Thérèse (1772), eine einwöchige Idylle von unvergleichlicher Bewegtheit, Anmut und Zartheit; Sara (1880), das *»letzte Abenteuer«*, dessen Qualen und Enttäuschungen ihn für längere Zeit aufs Krankenlager werfen. Den neunten, nur skizzenhaft ausgeführten Lebensabschnitt verbringt Monsieur Nicolas, alternd und vereinsamt, bei einer seiner vier Töchter.

Im Vergleich zu CASANOVAS *Mémoires*, die – etwa gleichzeitig entstanden – bis in Einzelmotive und unwichtige Details hinein eine gewisse Verwandtschaft mit Restifs Werk aufweisen, fällt auf, wieviel blasser und abstrakter, wieviel gleichförmiger und auch unerheblicher die Erlebnisse und Darstellungen des Franzosen sind. Während Casanovas philosophischer Ansatz der Suche nach den Möglichkeiten und der Vollkommenheit irdischen Glücks gilt, will der Aufklärer Restif eher volkserzieherisch wirken. Sein klägliches und trostloses Ende, das er als Folge seines unkonventionellen Lebenswandels begreift, soll aller Welt als abschreckendes Exempel dienen. Oft genug hebt dieser *»Rousseau de ruisseau« (»Rousseau der Gosse«)* (M. Grimm) die Schonungslosigkeit, mit der er sich selbst preisgibt, hervor, nicht zuletzt, um die mitunter skandalträchtige Offenheit mancher Schilderung zu rechtfertigen. Das *fabula docet* wird unablässig bemüht, wo es darum geht, etwa die Notwendigkeit rechtzeitiger Kinderaufklärung festzustellen, Eltern bei der Erziehung ihrer Töchter zu beraten, den Begriff der Treue zu präzisieren, vor puritanischen Tendenzen zu warnen oder die Immoralität des Eigentums – ein Thema, das den »Kommunisten« und Anhänger Marats und Babeufs zeitlebens beschäftigte – bloßzulegen. Als ein neuer RABELAIS, SOREL und MONTAIGNE will er gewissermaßen mit wissenschaftlicher Unvoreingenommenheit die wahre Natur des menschlichen Herzens enthüllen, wobei das eigene als Testobjekt, als Kronzeuge für das Wesen des Menschen im allgemeinen verstanden wird. Gegenüber der Weltläufigkeit, der historischen Repräsentanz und dem Glanz der Gestalten und Ereignisse in der Lebensgeschichte des Italieners müssen die kleinbürgerlichen und proletarischen – wiewohl vielleicht ehrlicheren – Abenteuer des Monsieur Nicolas verblassen. Dennoch stellen auch sie ein unersetzliches Dokument zur Sittengeschichte des späten 18. Jh.s dar. Nirgendwo zeigen sich der Alltag, die Denkweise, der Lebensrhythmus, der »kleine« Heroismus und die dumpfe Apathie, die Freuden und Leiden einer in die Anonymität und Vermassung eintretenden Großstadtbevölkerung so unverblümt, so authentisch wie in den Schilderungen Restifs. Die erzählerische Frische, pittoreske Lebendigkeit und psychologische Stichhaltigkeit vieler Episoden des im übrigen qualitativ ungleichmäßigen Werks (es gibt darin auch ermüdende, oberflächliche und unreife Partien) kommen seiner dokumentarischen Bedeutung voll zugute, ja können es stellenweise (z.B. in der Geschichte von Louise und Thérèse) zu einer sogar genuin literarischen erheben. – Stolz konnte der Autor auf das abgeschlossene Riesenwerk zurückblikken und prophezeien: *»Ich kann wie Horaz und Ovid sagen: ›Exegi monumentum.‹ Und dieses Monument wird Tag für Tag von neuem Staunen erregen.«* Sogar SCHILLER wußte, *»ungeachtet alles Wider-*

wärtigen, Platten und Revoltanten«, die Welthaltigkeit des Werks zu schätzen. Prüdere allerdings fühlten sich von ihm abgestoßen, bis es in den Verschlußfächern der Bibliotheken dem Vergessen anheimgegeben wurde. In den Literaturgeschichten findet es heute kaum mehr Aufnahme; nur vereinzelte Fachgelehrte (Funck-Brentano, Rives-Childs u. a.) bemühen sich anhaltend um eine wieder gerechtere literarhistorische Wertung. R.M.

Ausgaben: Paris 1794–1797, 16 Bde. – Paris 1959, 6 Bde. [Vorw. M. Chardourne]. – Genf 1988 (in *Œuvres complètes*, Nachdr. d. Originalausgaben). – Paris 1989, Hg. P. Testud, 2 Bde. (Pléiade).

Übersetzungen (Ausz.): *Monsieur Nicolas. Das enthüllte Menschenherz*, J. Nestler, A. Schurig, P. Aretin, 4 Bde., Bln. 1905/06 [enth. *Monsieur Nicolas' erste Abenteuer; Madame Parangon; Pariser Liebschaften; Sara. Liebesbekenntnisse eines Fünfundvierzigjährigen*]. – *Irrwege des Herzens*, E. Rieger, Wien 1924; [3]1926 [enth. *Madame Parangon; Zéphire*]. – *Abenteuer im Lande der Liebe* u. *Neue Abenteuer im Lande der Liebe*, K. Merlin, 2 Bde., Utrecht 1927–1929. – *Monsieur Nicolas' Abenteuer im Lande der Liebe*, Hg. H. Lewandowski, 3 Bde., Hbg. 1961/62 [Ill. W. Busch].

Literatur: E. Henriot, *»Monsieur Nicolas«* (in E. H., *Courrier littéraire. XVIIIe siècle*, Bd. 2, Paris 1962, S. 328–336). – Y. V. Duiker, *The Fictive Universe of »Monsieur Nicolas«*, Diss. Pennsylvania State Univ. 1977 (vgl. Diss. Abstracts, 38, 1977/78, S. 2831A–2832A). – D. Bryant, *Fiction and Truth in R. de la B.'s »Monsieur Nicolas«* (in Trivium, 14, 1979, S. 127–134). – P. Wagstaff, *The Childhood of Monsieur Nicolas, R. de la B. and the ›Family Romance‹* (in British Journal for Eighteenth-Century Studies, 9, 1986, S. 61 71).

LE PAYSAN PERVERTI ou les dangers de la ville, histoire récente, mise au jour d'après les véritables lettres des personnages

(frz.; *Der verführte Bauer oder Die Gefahren der Stadt; eine Geschichte aus unserer Zeit, herausgegeben nach den Originalbriefen der einzelnen Personen*). Briefroman in vier Teilen von Nicolas Edme Restif (Rétif) de la Bretonne, erschienen 1776. – Die Geschichte vom wohlerzogenen, unverdorbenen Landkind Edmond und seiner Schwester Ursule, die es im Sog der allgemeinen Landflucht in die Großstadt zieht, wo sie den Verlockungen des Lasters erliegen und jämmerlich enden, begründete Restifs schriftstellerischen Ruhm. Der Erfolg ermunterte ihn, Ursules Stadtabenteuer zu einem ebenfalls vierbändigen eigenen Werk auszuweiten (*La paysanne pervertie*, 1784). Beide Romane wurden 1787 unter dem Titel *Le paysan et la paysanne pervertis* zu einem Riesenwerk von über zweitausend Seiten vereinigt.

Die stark autobiographisch bestimmten Erlebnisse des Helden – der Bauernsohn Restif war selbst 21-jährig in Paris eingetroffen – beginnen, als er sechzehnjährig, in ländlicher Kleidung, die Bibel auswendig im Kopf und mit Latein- und Griechischkenntnissen versehen, aus seinem Heimatdorf Villiers (Haute-Bourgogne) in das Atelier des Künstlers Paragon in Auxerre kommt, um die Malerei zu erlernen. Die Verführungskünste der koketten Manon und ihrer Zofe, dazu das schlechte Beispiel seines Meisters lassen ihn nur allzubald vom Pfad der Tugend abweichen. Bevor auch Ursule in Auxerre eintrifft, um sich hier die *grâces* und die Koketterien des Stadtlebens anzueignen, kommt der Graveur und Libertin Cordelier, genannt Gaudet d'Arras, ins Haus. Sein skrupelloser Lebenswandel und sein die Religion, die Gesetze und die Sitten verspottender Zynismus (z. B.: *»Die Frauen sind eine Münze, die von Hand zu Hand weitergereicht werden soll«*) prädestinieren ihn zum verderblichen Vorbild der Geschwister. Nachdem Edmond gar die Gattin Paragons vergewaltigt hat, verschlägt es ihn nach Paris, wo er Ursule aus den Händen eines Marquis befreien will. Er duelliert sich, muß aber zuletzt doch in das entehrende Verhältnis der Schwester einwilligen. Ursule wird zwar nach unzähligen Liebesabenteuern und einer Zwangsheirat mit einem Wasserträger doch noch Marquise, aber der Bruder – er hat inzwischen einen Arm und ein Auge verloren – wird angeklagt, seine Gattin, die er wegen ihres Geldes geheiratet hat, vergiftet zu haben, und deshalb für neun Jahre auf die Galeeren geschickt. Die ehrenhaften bäuerlichen Eltern sterben inzwischen aus Kummer und Scham über diese Kinder. Nach der Ermordung der Schwester ereilt auch Edmond der Tod. Die Familie ruft zur Gründung eines genossenschaftlich geführten Musterdorfes auf, das durch seinen Wohlstand und seine Vorzüge junge Bauern in Zukunft daran hindern soll, der verderblichen Anziehungskraft der Städte zu folgen. In der psychologisch ergiebigen Form des Briefromans, hier der chronologisch geordneten Korrespondenz der Hauptfiguren, dokumentiert sich ebenso wie in der moralisierenden Tendenz der Einfluß Richardsons.

Im Vorwort *(Avis)* richtet Restif einen eindringlichen, rousseauistisch getönten Appell an die landmüde Bauernjugend: *»O meine Kinder, bleiben wir in unseren Weilern, suchen wir nicht, uns der glücklichen Unkenntnis der großstädtischen Vergnügungen zu begeben ...«* Das abschreckende Ende der Gestrauchelten unterstützt die erzieherische Intention. Eine faszinierende Gegenwirkung geht hingegen von der Gestalt des Gaudet aus. Halb noch ein schurkischer Lovelace, halb schon ein radikal verneinender, messianisch auftretender Dolmancé (vgl. *La philosophie dans le boudoir*), weist er bereits auf die satanischen Versuchergestalten Sades voraus. R.M.

Ausgaben: Den Haag/Paris 1776, 4 Bde. – Paris 1787 *(Le paysan et la paysanne pervertis ou Les dangers de la ville ...)*. – Paris 1948. – Paris 1959 (*La paysanne pervertie*; Einl. A. Maurois). – Lausanne 1977, Hg. F. Jost, 2 Bde. [krit.]. – Paris 1978 (10/18). – Genf 1988 (in *Œuvres complètes*, Nachdr. d. Originalausgaben).

Übersetzungen: *Paysan perverti*, J. A. Engelbrecht, o. O. 1778. – *Das verführte Landmädchen oder Die Gefahren der Stadt*, F. W. L. Meyer, Bln. 1786. – *Das Verderben des Landmanns, oder Die Gefahren der Stadt. Ein Geschiedniß unserer Tage: aus den Briefen derer, die es betraf*, ders., Riga 1783–1788, 2 Bde. – *Das Landmädchen bei Dresden oder Die Gefahren der Residenz*, anon., Gera 1790. – *Der ausgeartete Landmann oder Die Gefahren der Stadt. Eine aus den Originalbriefen der handelnden Personen gezogene wahre Geschichte*, Zeitz 1800/01, 8 Bde.

Literatur: A. Maurois, *R. »La paysanne pervertie«* (in A. M., *De La Bruyère à Proust*, Paris 1964, S. 66–81). – M.-H. Huet, *Lecture du »Paysan perverti«* (in RSH, 35, 1970, S. 521–529). – Ders., *»Le paysan perverti«* (in M.-H. H., *Le héros et son double. Essai sur le roman d'ascension au XVIIIe siècle*, Paris 1975, S. 127–150).

ANTOINE, COMTE DE RIVAROL

eig. Antoine Rivaroli
* 26.6.1753 Bagnols-sur-Cèze
† 13.4.1801 Berlin

DE L'UNIVERSALITÉ DE LA LANGUE FRANÇAISE; Discours qui a remporté le prix à l'Académie de Berlin

(frz.; *Über die Universalität der französischen Sprache; Preisschrift der Akademie zu Berlin*). Essay von Antoine, comte de Rivarol, erschienen 1784 als preisgekrönte Arbeit eines 1783 von der Berliner Akademie der Wissenschaften veranstalteten Wettbewerbs, der die Behandlung dreier Themen vorschrieb: 1. *Qu'est-ce qui a rendu la langue française universelle? (Was hat die französische Sprache zu einer Universalsprache gemacht?)*; 2. *Pourquoi mérite-t-elle cette prérogative? (Warum verdient sie diesen Vorzug?)*; 3. *Est-il à présumer qu'elle la conserve? (Darf man vermuten, daß sie ihn bewahrt?)*. Der Autor, neben Chateaubriand prominentester Vertreter jener royalistischen Emigranten, die in Deutschland Zuflucht vor der Französischen Revolution suchten, nimmt in diesem *Discours*, seinem einzigen vollendeten Werk, wenn man von der Masse der zum Teil erst postum (1808) veröffentlichten aphoristischen Maximen und seinem 1797 in Hamburg erschienenen Vorwort zu einem *Nouveau dictionnaire de la langue française* absieht, ein Problem auf, das für die philologisch-philosophische Tradition des 18. Jh.s seit Leibniz, Batteux, Rousseau und D'Alembert bezeichnend ist: das der Universalsprache. Rivarol entwirft jedoch nicht – wie Leibniz – das Modell einer formalisierten Kunstsprache, sondern bemüht sich, im Sinne des von der Akademie gestellten Problems, an der französischen als einer »natürlich« gewachsenen Sprache jenen *»génie clair et méthodique«* kenntlich zu machen, den jede künftige Universalsprache in sich aufnehmen müsse.

Der erste, historische Teil seiner Arbeit beginnt mit dem Nachweis, daß die gegenwärtige sprachliche Verfassung Europas, das die Zeitgenossen als *»monde français«* im Gegensatz zum antiken *»monde romain«* zu bezeichnen bereits gewohnt sind, aus einer zu Beginn der Neuzeit, also an der Wende des 15. zum 16. Jh. einsetzenden politischen Entwicklung hervorgegangen sei, die, indem sie im Zuge des unerhörten wirtschaftlichen Aufschwungs aufgrund der Entdeckung neuer Erdteile Europa zu einer einzigen *»gewaltigen Republik«* zusammenschloß, eine gemeinsame Sprache erforderlich machte, die die Dichotomie von Volks- und Gelehrtensprachen aufhob. Daß Sprachen wie die deutsche, die italienische oder die spanische zu diesem Zeitpunkt nicht in der Lage waren, als Fundamente einer übernationalen »Verkehrssprache« zu dienen, leitet Rivarol aus der Tatsache ab, daß diese Sprachen auf Grund der Zersplitterung in zahllose Dialekte noch nicht in jenes Stadium der *»Reife«* eingetreten waren, das die französische Sprache – nachdem der Ausgleich zwischen dem in Nordfrankreich gesprochenen *picard* und dem südfranzösischen *provençal* zugunsten einer normalisierten Hoch- und Hofsprache bereits sehr früh erfolgt war – erlangt hatte, so daß sie die Rolle einer europäischen Universalsprache in dem Augenblick übernehmen konnte, als der Einfluß des während der Renaissance herrschenden Toskanischen sich zugleich mit dem wirtschaftlichen Abstieg Italiens verringerte. Der Aufstieg des Französischen ist, Rivarol zufolge, eng mit der politischen Blüte Frankreichs unter Richelieu und Ludwig XIV. verknüpft, die maßgeblichen Anteil an der Förderung von Autoren wie Malherbe, Boileau, Bossuet, Corneille, Racine, Molière, Fénelon hatten. Die *»fortwährende Allianz«* Ludwigs XIV. mit den Künsten hat Frankreich und seiner Sprache endlich zu einer nahezu autoritären kulturellen Hegemonie verholfen, die selbst der ständig wachsende Einfluß des englischen Kulturkreises nicht gefährden kann. *»In den Sprachen prägt die Geschichte ihre eigentlichen Denkmünzen.«*

Der ungewöhnliche Vorrang der französischen Sprache vor allen anderen europäischen erklärt sich aus ihrem bezeichnendsten Attribut, der *clarté*, die auf der unumstößlichen Regelmäßigkeit der französischen Syntax, ihrem *»ordre direct«*, ihrem geradlinigen Ablauf – im Gegensatz etwa zum *»ordre bizarre«* der englischen – beruht. Dieses Stilideal der *clarté*, das, in der Form der *»construction directe *et régulaire«*, mit der Souveränität und Eleganz der französischen *raison* als nationaler Eigenschaft korrespondiert, wird von Rivarol als geradezu selektiver Wert festgehalten: *»Ce qui n'est pas clair n'est pas français.«* Die *»elementare Geometrie«* der französischen Sprache macht sie als Universalsprache sogar geeigneter als die antiken Weltsprachen Griechisch und Latein. Wo immer von dieser *clarté* abgewichen wird, liegt eine unbewußte oder willkürliche Vermischung zweier Stilebenen zugrunde: des *»style naturel«* und des *»style figuré«*. Der erste beschreibt Vorgänge und Vorstellungen der äußeren, sinnlichen, physikalischen Welt – der Naturbegriff Rivarols weicht nur wenig von dem des empiristischen Sensualismus etwa CONDILLACS ab –, der zweite *sensations* und Empfindungen im weitesten Sinne, die die Imagination jedoch immer in der Form von Anleihen bei jenen Vorstellungen der äußeren Welt verarbeitet, deren Entstehung mechanistisch gedeutet wird. Das eigentliche Feld des *»style figuré«* ist die Metapher, deren Mißbrauch sich jedoch nahezu immer rächt; so tadelt Rivarol etwa RONSARDS Metapher *»Die Sonne mit einer Perücke aus Licht«* wegen der falschen, irreführenden Versinnlichung, die ihr zugrunde liegt. Auch der Metapherngebrauch soll von jenem Stilideal der *clarté* bestimmt sein und nicht in pure Übertreibung oder Bizarrerie ausarten. Den Essay beschließt eine Reihe von kurzen Porträts der Autoren, die seit dem Tode Ludwigs XIV. das Ansehen der französischen Literatur gefestigt haben – MONTESQUIEU, BUFFON, RAYNAL und vor allem VOLTAIRE, dessen persönliche und literarische Universalität ihn zum Urbild des französischen *homme de lettres* gemacht hat.

Die Bedeutung des Essays, der seinem Autor schon bald ungewöhnliche Bewunderung eintrug, beruht weniger auf der Neuartigkeit der formulierten Gedanken – sie sind zum großen Teil Gemeingut der philosophischen Aufklärung des 18. Jh.s – als vielmehr auf der Intensität und der Sensibilität, mit der sich Rivarol dem *»génie de la langue«*, dem Geist einer Nationalsprache, der französischen nicht weniger als der italienischen oder englischen, zuwandte. *»Das Eigen- und Einzigartige dieses Geistes liegt ... in der Formulierung der Gedanken, in ihrer knappen Ausgewogenheit. Sie sind zuweilen blendend, zuweilen auch durch ihre Sparsamkeit überzeugend, wie die Bewegung eines Tänzers, der für einen Augenblick eintritt, um eine Figur zu zeigen, die unüberbietbar ist«* (E. Jünger). H.H.H.

AUSGABEN: Bln. 1784. – Hbg. 1797 [korr. Fassg.]. – Paris 1808 (in *Œuvres complètes*; Nachdr. Genf 1968). – Paris 1880 (in *Œuvres choisies*, 2 Bde., 1). – Boston 1919, Hg. W. W. Comfort. – Paris 1929 (*Discours sur l'universalité de la langue française*, Hg. M. Hervier; krit.). – Paris 1948. – Paris 1956 (in *Écrits politiques et littéraires*, Hg. V.-H. Debidour). – Paris 1966, Hg. H. Juin.

LITERATUR: A. Le Breton, *R., sa vie, ses idées, son talent d'après des documents nouveaux*, Paris 1895. – E. Vadasz, *Studien zu R.*, Diss. Bln. 1933. – K. E. Gass, *A. de R. u. der Ausgang der frz. Aufklärung*, Diss. Bonn 1939. – G. Cohen, *R. a-t-il menti?* (in FR, 15, 1942, S. 277–290). – I. Loiseau, *R. et la langue française* (in Revue Universelle, 1, 1943, S. 593–608). – Daniel-Rops, *Ein ungewöhnlicher Literaturpreis* (in Antares, 3, 1955, 8, S. 41/42). – E. Jünger, *R.*, Ffm. 1956. – M. Wandruszka, *Der Geist der französischen Sprache*, Hbg. 1959, S. 125–128 (rde). – I. Loiseau, *R., suivi de Le vrai Laclos*, Genf/Paris 1961. – J. Dutourd, *R.*, Lüttich 1961. – É. Callot, *R. ou L'apprentissage de la liberté* (in É. C., *Six philosophes français du 18e siècle*, Annecy 1963, S. 153–214). – J. Vercruysse, *R. conteur philosophique*, Paris 1968. – U. Ricken, *La critique sensualiste à l'encontre du »Discours sur l'universalité de la langue française« de R.* (in Historiographia Linguistica, 1, 1974, S. 67–80). – B. Faÿ, *R. et la Révolution*, Paris 1978. – H. H. Christmann, *R. und Johann Christoph Schwab* (in *Studia neolatina, Fs. P. M. Schon*, Hg. J. Thomas, Aachen 1978, S. 24–37). – F. Dougnac, *La notion de ›langue française‹ dans R., »De l'universalité de la langue française«* (in *Traitements informatiques de textes du 18e siècle*, Paris 1983, S. 145–149; Kongreßakten). – V. Nemoianu, *Alternatives to Revolution. Textual and Political Decentralization in Möser and R.* (in Stanford Literature Review, 1, 1985, S. 85–102). – F. Sentein, *Hommage à R.* (in Écrits de Paris, Juni 1988, Nr. 49, S. 74–78).

JEAN-JACQUES ROUSSEAU

* 28.6.1712 Genf
† 2.7.1778 Ermenoville bei Paris

LITERATUR ZUM AUTOR:
Bibliographien:
A. Schinz, *État présent des travaux sur J.-J. R.*, NY 1941. – J. Sénelier, *Bibliographie générale des Œuvres de J.-J. R.*, Paris 1950. – W. Totok, *Handbuch der Geschichte der Philosophie*, Bd. 5, S. 463–487, Ffm. 1986.
Biographien:
G. Holmsten, *J.-J. R.*, Reinbek 1972 (rm). – K. Seeberger, *J.-J. R. oder die Rückkehr ins Paradies*, Bd. 1: *Der Weg zum Ruhm*, Mchn. 1978. – M. Cranston, *The Early Life and Work of J.-J. R., 1712–1754*, Ldn. 1983.
Zeitschrift:
Annales de la Société J.-J. R., Genf 1905 ff.
Gesamtdarstellungen und Studien:
F. Brockerhoff, *J.-J. R., sein Leben u. seine Werke*, 3 Bde., Lpzg. 1863–1874 [enth. Forschungsertrag v. Beginn bis 1874]. – E. Cassirer, *Das Problem J.-J. R.* (in AGPh, 41, 1932, S. 177–213; 479–513;

ern. Darmstadt 1970). – E. Cassirer, *R. Kant. Goethe*, Princeton 1945; [3]1970. – R. Derathé, *Le rationalisme de J.-J. R.*, Diss. Paris 1948; Nachdr. Genf 1979. – Ders., *J.-J. R. et la science politique de son temps*, Paris 1950; [4]1988; ern. 1990. – J. Guéhenno, *J.-J. Histoire d'une conscience*, 3 Bde., Paris 1948–1952; ern. 2 Bde., 1962. – B. Groethuysen, *J.-J. R.*, Paris 1949. – P. Burgelin, *La philosophie de l'existence de J.-J. R.*, Paris 1952; Nachdr. Genf 1978. – H. Röhrs, *J.-J. R., Vision u. Wirklichkeit*, Heidelberg 1957; [2]1966. – J. Starobinski, *J.-J. R. La transparence et l'obstacle. Suivi de sept essais sur R.*, Paris 1958; zul. 1976. – W. Ritzel, *J.-J. R.*, Stg. 1959; [2]1971 [erw.]. – I. Fetscher, *R.s politische Philosophie*, Neuwied 1960 [m. Bibliogr.]; Ffm. 1981 (stw). – G. A. Roggerone, *Le idee di J.-J. R.*, Mailand 1961. – J. Starobinski, *L'œil vivant*, Paris 1961 (dt. *Das Leben der Augen*, Ffm. 1984). – I. Dahmer, *Das Phänomen R.*, Weinheim 1962. – F. Bourauel, *Der Rechts- und Staatsgedanke bei R.*, Köln 1967. – R. D. Masters, *The Political Philosophy of R.*, Princeton 1968; [2]1976. – B. Baczko, *R. Einsamkeit u. Gemeinsamkeit*, Wien u. a. 1970. – H. Gouhier, *Les méditations métaphysiques de J.-J. R.*, Paris 1970; [2]1985. – M. Launay, *J.-J. R., écrivain politique*, Cannes 1971. – R. Polin, *La politique de la solitude. Essai sur la philosophie politique de J.-J. R.*, Paris 1971. – R. Brandt, *R.s Philosophie der Gesellschaft*, Stg. 1973. – R. Grimsley, *The Philosophy of R.*, Ldn. u. a. 1973; ern. Brighton 1983. – J. C. Hall, *R.*, Ldn. 1973. – J. Moreau, *J.-J. R.*, Paris 1973. – P. F. Zarcone, *R. totalitario*, Rom 1973. – J. Charvet, *The Social Problem in the Philosophy of J.-J. R.*, Cambridge 1974. – V. Goldschmidt, *Anthropologie et politique: les principes du système de R.*, Paris 1974. – S. Ellenburg, *R.'s Political Philosophy*, Ithaca/N.Y. 1976. – J. Starobinski, *J.-J. R.*, Paris 1976. – M. Forschner, *R.*, Freiburg i. B. 1977. – R. M. Lemos, *R.'s Political Philosophy*, Athens (Ga.) 1977. – R. Ahrbeck, *J.-J. R.*, Köln 1978. – L. Harig, *R. Der Roman vom Ursprung der Natur im Gehirn*, Mchn./Wien 1978. – R. Spaemann, *R., Bürger ohne Vaterland. Von der Polis zur Natur*, Mchn. 1980. – *Trent R. Papers. Proceedings of the R. Bicentennial Congress*, Hg. J. MacAdam, Ottawa 1980. – *J.-J. R. et la crise contemporaine de la conscience*, Paris 1980 [Kongreßakten v. 1978]. – J. Marejko, *J.-J. R. et le dérive totalitaire*, Lausanne 1984. – A. Philonenko, *J.-J. R. et la pensée du malheur*, 3 Bde., Paris 1984. – A. Rapaczynski, *Nature and Politics. Liberalism in the Philosophies of Hobbes, Locke and R.*, Ithaca (N.Y.)/Ldn. 1987. – T. Todorov, *Una fragile felicità. Saggio su R.*, Bologna 1987 [Einl. R. Bodei]. – R. Wokler, *Social Thought of J.-J. R.*, NY 1987. – G. Besse, *J.-J. R., l'apprentissage de l'humanité*, Paris 1988. – N. J. H. Dent, *R.*, Oxford 1988. – H. R. Cell u. J. I. MacAdam, *R.'s Response to Hobbes*, Bern 1988. – M. Soëtard, *J.-J. R.*, Genf 1988. – M. Viroli, *La théorie de la société bien ordonnée chez J.-J. R.*, Bln. 1988. – N. J. Dent, *R. An Introduction to His Psychological, Social and Political Theory*, Oxford 1989. – R. Galliani, *R., le luxe et l'idéologie nobiliaire. Étude socio-historique*, Oxford 1989.

LES CONFESSIONS

(frz.; *Die Bekenntnisse*). Autobiographie in zwei Teilen von Jean-Jacques ROUSSEAU, postum erschienen 1782 und 1788. – Die *Confessions* entstanden auf Veranlassung von Rousseaus Verleger M.-M. Rey. Dieser hatte schon vor 1760 Rousseau um eine kurze Lebensbeschreibung gebeten, die die Gesamtausgabe seiner Werke einleiten sollte. Nach mehreren Anläufen – 1761 verfaßte Rousseau einige Fragmente, die 1861 unter dem Titel *Mon portrait* veröffentlicht wurden, 1762 schrieb er *Lettres à M. de Malesherbes*, eine Art Entwurf zu den *Confessions* – begab sich Rousseau 1765 an die Niederschrift des ersten Teils. Den zweiten Teil vollendete er nach seiner Vertreibung aus der Schweiz und der Rückkehr aus England 1770 in Paris. Daß er an seinen Memoiren arbeite, wurde 1766 durch Äußerungen seines englischen Gastgebers, des Philosophen D. HUME, bekannt, mit dem er sich entzweit hatte. Rousseaus Gegner nahmen diese Nachricht mit begründeter Besorgnis auf. Als er im Winter 1770/71 im Salon der Comtesse d'Egmont aus seinem Manuskript vorzulesen begann, erhob sich ein Sturm der Entrüstung. Die Polizei griff ein und verbot die Lesungen. Rousseau ordnete später an, seine *Bekenntnisse* nicht vor der Jahrhundertwende zu veröffentlichen, also erst dann, wenn er und seine Feinde mit Sicherheit tot seien. Der erste Teil erschien jedoch, gleichzeitig mit den *Träumereien eines einsamen Wanderers*, schon 1782, also kaum vier Jahre nach seinem Tod. – Ursprünglich hatte Rousseau die *Confessions* als ein allgemeines Lehrbuch über den Menschen geplant. Die schonungslose Generalbeichte und Selbstanalyse sollte zu neuen Erkenntnissen über den menschlichen Charakter beitragen. *»Dies ist das einzige naturgetreue Abbild eines Menschen, das es gibt und das es je geben wird.«* Während der Niederschrift wurde daraus jedoch ein Werk der Selbstverteidigung, ja der Selbstverherrlichung. Insofern unterscheiden sich diese *Bekenntnisse* grundlegend von denen AUGUSTINS, ohne die sie freilich nicht denkbar wären. Rousseau bekennt nicht demütig, sondern er klagt trotzig an; er sieht keine Schuld, sondern nur Mißleitung. Er stellt sich als sensiblen, gutherzigen, phantasie- und geistbegabten Menschen dar, den eine schlechte Welt fehlgeleitet und ins Elend gestoßen hat. Sein Verfolgungswahn verführt ihn dabei zu einer weitgehend verzerrenden Wiedergabe der Tatsachen, zu ungerecht scharfen Urteilen über seine Feinde und zu angreifbaren philosophischen Auslassungen, deren Gegenstand die Inkongruenz von natürlichem Menschen (dem Kind) und zivilisatorischer Umwelt ist.

Der erste Teil der *Confessions* (Buch 1–6) berichtet über die Zeit von der Geburt Rousseaus bis zur Ankunft in Paris (1741) und behandelt besonders ausführlich seine abenteuerlichen Lehr- und Wanderjahre als Graveur, Gelegenheitsarbeiter und Autodidakt. Im zweiten Teil (Buch 7–12) beschreibt er sein Leben in Paris, seine kurze Freundschaft mit den Enzyklopädisten (besonders mit DIDEROT), berichtet von seinen gesellschaftlichen und intimen Beziehungen zur Damenwelt, über die Entstehung seiner einzelnen Schriften und den plötzlichen, vielfach angefochtenen Autorenruhm, den sie ihm einbrachten (besonders *La Nouvelle Héloïse*, *Du contrat social* und *Émile*, die 1761 und 1762 erschienen). Er erzählt ferner, mitleidheischend, von seiner kümmerlichen Existenz als Notenschreiber und vom Zusammenleben mit der Wäscherin Thérèse, ihren gemeinsamen fünf Kindern, die er, der Vorkämpfer eines epochemachenden Erziehungs- und Humanitätsideals, ins Findelhaus gab.

Der Stil des ersten Teils wird von Rousseau selbst als *»unregelmäßig und natürlich, mal lebhaft und mal umständlich, mal gelassen und mal verrückt«* bezeichnet. Ununterbrochen greift der Verfasser vor oder zurück oder schweift ganz von seiner Lebensgeschichte ab, indem er Exkurse über seinen Geschmack, seine hervorstechendsten Charakterzüge, über die Pädagogik oder Fußreisen hält. Im zweiten Teil wird der Stil polemisch und sogar ausfallend-aggressiv. Dabei ist Rousseau seinem Wesen nach alles andere als ein Verleumder oder Demagoge. Er ist nur ein Widerspenstiger, den mancherlei unglückliche Umstände, nicht zuletzt seine widerspruchsvollen Anlagen und seine körperlichen Gebrechen, zu einem Leben in äußerster Einschränkung zwingen. Darum schmäht er eine Gesellschaft, die nur noch im Luxus, mit Hilfe der Lüge und der Ungerechtigkeit zu existieren vermag. Der »arme Jean-Jacques« dagegen sucht das Glück in der Natur. Seine Landschaftsbilder und Schilderungen des Lebens auf dem Lande gelten als Höhepunkte der literarischen Genredarstellung.

Obwohl den *Confessions* ihrer Uneinheitlichkeit wegen – gedankliche wie stilistische Nachlässigkeit, vor allem aber Mangel an Selbstkritik und ständiger Wechsel von Zartgefühl und Zynismus, Natürlichkeit und Schwulst – mit Recht der uneingeschränkte Beifall versagt blieb, übten sie auf die französische Literatur eine große Wirkung aus, besonders auf die Hauptvertreter der Romantik: Chateaubriand und V. Hugo. *»Mit Ausnahme von Pascal hat niemand in unserer Sprache in gleicher Weise seine Spuren hinterlassen«* (V. Cousin). KLL

Ausgaben: Genf 1782, 2 Bde. [Buch I–VI]. – Genf 1789, 2 Bde. [Buch VII–XII]. – Paris 1913, Hg. A. Van Bever, 3 Bde. – Paris 1929, Hg. E. Seillière, 3 Bde. – Paris 1959 (in *Œuvres complètes*, Hg. B. Gagnebin u. a., 4 Bde., 1959–1969, 1; krit.; Pléiade). – Paris 1964, Hg. J. Voisine [krit.].

Übersetzungen: *Bekenntnisse*, anon., Bln. 1782. – *Geständnisse*, F. H. Unger, Bln. 1782. – *Bekenntnisse*, L. Schücking, Hildburghausen [ca. 1870]. – Dass., H. Denhardt, Lpzg. ca. 1880 (RUB). – Dass., E. Hardt, Bln. 1907; ern. Lpzg. 1971. – Dass., A. Semerau, Bln. 1921; ern. Ffm./Hbg. 1961 (Nachw. W. Pabst; EC). – Dass., N. Frentzel-Wagner, Baden-Baden 1948. – Dass., A. Semerau u. D. Leube, Mchn. 1978. – Dass., Mchn. 1981 (dtv). – Dass., E. Hardt, Ffm. 1985 (Insel Tb).

Literatur: P. Christ, *Die Konfessionen Augustins und R.s*, Zürich 1894. – J. Calemard, *L'édition originale des »Confessions« de J.-J. R.*, Paris 1928. – R. Buck, *R. und die deutsche Romantik*, Bln. 1939. – M. Raymond, *J.-J. R., deux aspects de sa vie intérieure* (in Annales de la Société J.-J. R., 29, 1941/42, S. 5–57). – A. Maurois, *»Les confessions«* (in A. M., *Lecture, mon doux plaisir*, Paris 1957, S. 57–73). – W. Ritzel, *R.s Selbstverständnis in den »Confessions«*, Wilhelmshaven 1958. – H. de Saussure, *R. et les manuscrits des »Confessions«*, Paris 1958. – P. Burgelin, *»Les confessions« de J.-J. R.* (in Archivo di Filosofia, 2, 1959, S. 39–60). – R. Grimsley, *J.-J. R., a Study in Self-Awareness*, Cardiff 1961. – F. Winwar, *R., Conscience of an Era*, NY 1961. – J. Guéhenno, *J.-J. R. Histoire d'une conscience*, Bd. 1, Paris 1962. – J. Voisine, *Quelques personnages secondaires des »Confessions«* (in Revue des Sciences Humaines, 1963, Nr. 110, S. 221–237). – M. B. Ellis, *R.'s Venetian Story. An Essay upon Art and Truth in »Les Confessions«*, Baltimore 1966. – O. Marty, *R. de l'enfance à quarante ans. Lecture des »Confessions«*, Paris 1975. – W. Lidle, *Das multiple Subjekt. Der historische Wandel von Identität u. psycho-sozialer Ausgrenzung in autobiographischen Schriften von J.-J. R.*, Freiburg i. B. 1982. – R. Elbaz, *The Changing Nature of the Self. A Critical Study of the Autobiographic Discourse*, Iowa City 1987. – Ch. Kelly, *R.'s Exemplary Life. The »Confessions« as Political Philosophy*, Ithaca/N.Y. u. a. 1987. – J. Mikami, *Les relations sociales chez J.-J. R. Essai de lecture critique de la 2. partie des »Confessions«*, Genf u. a. 1987.

DISCOURS QUI A REMPORTÉ LE PRIX À L'ACADÉMIE DE DIJON, EN L'ANNÉE DE 1750. SUR CETTE QUESTION PROPOSÉE PAR LA MÊME ACADÉMIE: »SI LE RÉTABLISSEMENT DES SCIENCES ET DES ARTS A CONTRIBUÉ À ÉPURER LES MŒURS.«

(frz.; *Abhandlung, die im Jahre 1750 von der Akademie in Dijon preisgekrönt wurde, über die von dieser Akademie gestellte Frage: »Hat die Wiederherstellung der Wissenschaften und der Künste zur Verfeinerung der Sitten beigetragen?«*). Traktat von Jean-Jacques Rousseau, erschienen 1750. – Die Schrift, die ihren Autor über Nacht berühmt machte, entstand nach Rousseaus eigenen Worten wie in einem Rausch. Als er im ›Mercure de France‹ die Preisfrage las, wurde er von einer *»plötzlichen Inspiration«* überwältigt. *»Von tausend Lichtern geblendet«*, stürzte er zu Boden, und so groß war die Erschütterung, daß er eine halbe Stunde lang in höchster Erregung weinend liegenblieb. Was er dann niederschrieb, war etwas völlig anderes als die Antwort, die eine Akademie im Jahrhundert der Aufklärung erwartete. Dennoch erkannte diese der emphatischen Verurteilung der Vernunft, der Wissenschaften und der Künste, die ein Unbekannter vorlegte, den ersten Preis zu und gab damit den entscheidenden Anstoß zur schriftstellerischen Laufbahn Rousseaus.

Im ersten Teil seiner Schrift sucht er anhand von Beispielen aus der Geschichte zu beweisen, daß zunehmende Zivilisation und Gelehrsamkeit stets zu Lasterhaftigkeit und Ungleichheit unter den ursprünglich natürlichen und tugendhaften Menschen geführt hätten. Seine These, daß fortschreitende Aufklärung Argwohn, Haß und Verrat mit sich bringe, erhärtet er durch einen Vergleich des athenischen und des spartanischen Staates: die Blüte der griechischen Wissenschaften und Künste in Athen habe mit einem Sittenzerfall geendet, während in Sparta, wo man Gelehrte und Künstler davonjagte, die einfache Lebensführung die Bürger zu heroischen Taten befähigt habe. Die zivilisierte Gesellschaft überdecke mit ihrer Höflichkeit und verlogenen »Feinheit« nur ihre tatsächliche Roheit und Unsittlichkeit. Die Geschichte zeige, daß siegreiche Völker zwar Barbaren, aber tugendhaft waren und daß der Grund für ihre Siege fast immer in der Verweichlichung und Sittenlosigkeit ihrer dekadenten Gegner zu suchen sei. Im zweiten Teil begründet Rousseau diese Entwicklung damit, daß die Triebfeder der wissenschaftlichen und künstlerischen Betätigung eitle Neugier sei, deren Befriedigung sich nur Müßiggänger, also die privilegierten Stände, erlauben könnten. Er beschließt seinen Traktat mit einem Hymnus auf die *vertu* des einfachen, unverbildeten Menschen: *»O Tugend, erhabene Wissenschaft der schlichten Seelen! Bedarf es wohl solch großer Mühen ... dich zu erkennen? Finden sich deine Regeln nicht in aller Herzen eingeprägt? Genügt es nicht, in sich zu gehen und die Stimme des Gewissens ... wahrzunehmen, um deine Gesetze zu erkennen?«* Diese Abhandlung enthält im Ansatz bereits die das philosophische Werk Rousseaus bestimmenden Gedanken: daß der Mensch ursprünglich gut und frei gewesen sei und die Gesellschaft ihn versklavt und korrumpiert habe, indem sie die Vorherrschaft der Vernunft über den Instinkt verfocht; daß in dem Maß, wie sich im Laufe der Zeit Vergesellschaftung und Zivilisierung durchgesetzt haben, auch die Tugend geschwunden sei – nicht zuletzt aufgrund des Fortschritts der Wissenschaften und Künste.

Im *Discours* bezieht Rousseau ebenso wie später im *Contrat social* Stellung gegen die bestehende Gesellschaftsordnung und versichert von vornherein diejenigen, die ihn berühmt machen werden, seiner Verachtung: *»Es liegt mir nichts daran, den Schöngeistern und den ›gens à la mode‹ zu gefallen.«* – Zwar hatten schon andere die These von der verderbenbringenden Zivilisation vertreten; Rousseau aber blieb es vorbehalten, diese Gedanken so eindringlich und konzessionslos zu formulieren, daß sie dazu beitragen konnten, eine Revolution des Denkens und der Gesellschaftsordnung heraufzubeschwören. KLL

AUSGABEN: Genf 1750. – Ldn. 1750. – NY/Ldn. 1946 (*Discours sur les sciences et les arts*, Hg. G. R. Havens; krit.; m. Einl. u. Komm.). – Paris 1964 (dass., in *Œuvres complètes*, Hg. B. Gagnebin u. a., 4 Bde., 1959–1969, 3; krit.; Pléiade). – Québec 1988 (*Sur les sciences et les arts*, Hg. G. Allard).

ÜBERSETZUNGEN: *Abhandlung, ob die Wiederherstellung der Wissenschaften u. Künste etwas zur Läuterung der Sitten beigetragen habe*, J. D. Titius, Lpzg. 1752. – *Über den Einfluß der schönen Künste auf das Wohl des Staates*, I. Choke, Sudenburg/Magdeburg 1845. – *Über Kunst und Wissenschaft*, W. Weigand, Hbg. 1955; ern. 1970 (PhB); frz.-dt.; ern. in *Schriften zur Kulturkritik*, Hbg. [4]1983. – *Abhandlung preisgekrönt von der Akademie zu Dijon im Jahre 1750 Über die von der genannten Akademie gestellte Frage Ob die Neubelebung der Wissenschaften u. Künste dazu beigetragen habe, die Sitten zu läutern*, M. C. Millequant u. H. Wodsack (in *Preisschriften u. Erziehungsplan*, Hg. H. Röhrs; Bad Heilbrunn/Obb. [3]1983; m. Anm. u. Einl.). – *Abhandlung über die Frage, ob die Wiederherstellung der Wissenschaften u. Künste zur Läuterung der Sitten beigetragen hat?* (in *Schriften*, Hg. H. Ritter, Bd. 1, Mchn./Wien 1978; ern. Ffm. 1988; FiTb). – *Von der Akademie zu Dijon im Jahre 1750 preisgekrönte Abhandlung über die von dieser Akademie aufgeworfene Frage, ob die Wiederherstellung der Wissenschaften und der Künste zur Läuterung der Sitten beigetragen habe*, K. Barck (in *Kulturkritische u. politische Schriften*, Hg. M. Fontius, Bln. 1989, 2 Bde., 1).

LITERATUR: P. Villey, *L'influence de Montaigne sur les idées pédagogiques de Locke et de R.*, Paris 1911. – A. Schinz, *La notion de vertu dans le »Premier discours« de J.-J. R.* (in MdF, 97, 1912, S. 532–555). – R. Tisserand, *Au temps de l'Encyclopédie, l'Académie de Dijon de 1740 à 1793*, Vesoul 1936 [Diss. Paris]. – A. C. Keller, *Plutarch and R.'s »First Discours«* (in PMLA, 54, 1939, S. 212–222). – G. R. Havens, *Diderot and the Composition of R.'s »First Discourse«* (in RomR, 30, 1939, S. 369–381). – M. Bouchard, *L'académie de Dijon et le »Premier discours« de R.*, Paris 1950. – L. Tente, *Die Polemik um den ersten »Discours« von R. in Frankreich u. Deutschland*, 3 Bde., Diss. Kiel 1974. – Ph. E. Robinson, *R.'s Doctrine of the Arts*, Bern u. a. 1984.

DISCOURS SUR L'ORIGINE ET LES FONDEMENS DE L'INÉGALITÉ PARMI LES HOMMES

(frz.; *Abhandlung über den Ursprung und die Gründe der Ungleichheit unter den Menschen*). Abhandlung von Jean-Jacques ROUSSEAU, erschienen 1755. – Die Schrift entstand 1753 als Antwort auf die Preisfrage der Akademie von Dijon: *»Quelle est la source de l'inégalité des conditions parmi les hommes; si elle est autorisée par la loi naturelle?« (»Welches ist der Grund der ungleichen Bedingungen unter den Menschen, und sind diese durch das Naturgesetz gerechtfertigt?«)* Ausgehend von seiner – auch im 18. Jh. schon umstrittenen – Auffassung des primitiven, vorstaatlichen als eines glücklichen, selbstgenügsamen Menschen in einem »goldenen« prähistorischen Zeitalter, das im Laufe der Zeit der Dekadenz anheimfiel, schrieb Rousseau mit diesem *Discours* ein provozierendes Pamphlet gegen die Schlechtigkeit und Korruption der zivilisierten Menschheit. Das Werk wurde berühmt, nicht weil es besonders originell gewesen wäre, sondern weil es Thesen zusammenfaßte, zuspitzte oder zu widerlegen suchte, die schon von Philosophen und Staatstheoretikern des 17. Jh.s – wie Hobbes, Locke, Grotius, Pufendorf –, die nach den Grundlagen des Naturrechts suchten, formuliert worden waren. Diese staatsrechtlichen Auseinandersetzungen um die naturgegebenen Menschenrechte führten zwangsläufig zu der grundsätzlichen philosophisch-anthropologischen Frage nach dem möglichen Urzustand des Menschen.

Rousseau geht von der Hypothese aus, daß der Wilde, der in einem vorgesellschaftlichen Zustand friedlich mit seinesgleichen lebte, den Unterschied von Tugend und Laster, von Mein und Dein gar nicht kannte und deshalb keine Gesetze des Zusammenlebens brauchte, weil er nur in der kleinsten, überschaubaren Einheit der Familie lebte. Erst durch die Eigentumsbildung, die bei der Landnahme und dem Seßhaftwerden einsetzte, kam es zu Ungleichheiten, die sich verhängnisvoller auswirkten als die immer schon vorhandenen Unterschiede an Kraft und Intelligenz. Die Menschen teilten sich in Mächtige und Schwache, Herrscher und Beherrschte; sie schlossen sich zu Interessengruppen zusammen, und es entstand ein zügelloser Wettstreit, ja Kampf, um Besitz, Recht und Macht, der Intrige, Laster und Unrecht unter die Menschen brachte. Da sich aber der Mensch vom Tier durch die Freiheit seines Geistes und Willens unterscheidet, ist er nach Rousseau fähig, seinen Egoismus aus freien Stücken zu zügeln, *»zwischen der Indolenz des primitiven Zustands und der ungestümen Aktivität unserer Eigenliebe«* die rechte Mitte zu finden und *»das glückliche Zeitalter der Menschlichkeit«* herbeizuführen.

Rousseau ist sich darüber klar, daß der geschilderte vorgesellschaftliche Idealzustand reine Theorie ist, *»daß er vielleicht nie existiert hat, nie existieren wird und daß es dennoch notwendig ist, einen klaren Begriff von ihm zu haben, um auf diese Weise über unsern gegenwärtigen Zustand urteilen zu können«*. Es kommt ihm nicht auf Tatsachen, sondern nur darauf an, *»aus der Natur der Dinge«* das Gesetz abzuleiten, nach dem politische Gesellschaften sich bilden. – Er widmete den *Discours* der Stadt Genf und den Genfer Bürgern, denen er sich zugehörig fühlte; denn der Genfer Stadtstaat in seiner seit der Reformierung durch Calvin straff organisierten Gemeinschaft war für ihn das Beispiel eines auf der Basis der politischen und rechtlichen Gleichheit der Mitglieder weder zentralistisch noch ständisch gegliederten freien Gemeinwesens, einer Staatsform also, die allgemein zu verbreiten Rousseau sich in *Du contrat social* (1762) bemühte.

Die Schrift erhielt diesmal keinen Preis (er fiel dem weniger provokatorischen Diskurs des Abbé Talbert zu). Die Akademie konnte nicht die kühnen Anklagen eines Mannes unterstützen, der im Zeitalter der Glorifizierung der Vernunft zu behaupten wagte, daß der *»Zustand des Denkens ein widernatürlicher«* und daß der *»reflektierende Mensch ein entartetes Tier«* sei. Voltaire, der damals noch freundschaftlich mit Rousseau verkehrte, schrieb ihm ironisch als Echo auf den *Discours: »Niemals hat jemand soviel Geist darauf verwandt, den Menschen zum Tier zu machen. Bei der Lektüre des Werks bekommt man Lust, auf allen vieren zu kriechen!«* Die Abhandlung wurde wegen ihres provozierenden Tons berühmter, als es ihrem Inhalt zukam, und galt später als revolutionierender Auftakt des Kampfes gegen das Ancien régime und für die Freiheits- und Gleichheitsforderungen der Revolution von 1789. M.Sch.

Ausgaben: Amsterdam 1755; [3]1762. – Cambridge 1947, Hg. F. C. Green [m. Einl.]. – Paris 1954. – Paris 1964 (in *Œuvres complètes*, Hg. B. Gagnebin u. a., 4 Bde., 1959–1969, 3; krit.; Pléiade). – Paris 1973 *(Discours sur l'origine et les fondements de l'inégalité parmi les hommes)*.

Übersetzungen: *Abhandlung von dem Ursprunge der Ungleichheit unter den Menschen und worauf sie sich gründe*, M. Mendelssohn, Bln. 1756. – *Über den Ursprung der Ungleichheit unter den Menschen*, K. Weigand, Hbg. 1955 (PhB; frz.-dt.; ern. in *Schriften zur Kulturkritik*, Hbg. [4]1983). – *Abhandlung über den Ursprung und die Grundlagen der Ungleichheit unter den Menschen* (in *Schriften*, Hg. H. Ritter, Bd. 1, Mchn./Wien 1978; ern. Ffm. 1988; FiTb). – Dass., *M. C. Millèquant u. H. Wodsack* (in *Preisschriften u. Erziehungsplan*, Hg. H. Röhrs, Bad Heilbrunn/Obb. [3]1983; m. Anm. u. Einl.). – *Diskurs über die Ungleichheit*, Hg. u. Übers. H. Meier, Paderborn 1984. – *Abhandlung über den Ursprung und die Grundlagen der Ungleichheit unter den Menschen*, B. Burmeister (in *Kulturkritische u. politische Schriften*, Hg. M. Fontius, Bln. 1989, 2 Bde., 1).

Literatur: J. B. J. Izoulet, *De J. J. Russeo utrum misopolis fuerit aut philopolis ex Genavensi codice cum ceteris Russei operibus collato quaeritur*, Diss. Paris 1894. – J. Morel, *Recherches sur les sources du »Discours de l'inégalité«*, Lausanne 1910 (auch in Annales de la Société J.-J. R., 5, 1909, S. 119–198). – A. Schinz, *Histoire de l'impression et de la publication du »Discours sur l'inégalité« de J.-J. R.* (in PMLA, 28, 1913, S. 253–290). – A. O. Lovejoy, *The Supposed Primitivism of R.'s »Discourse on Inequality«* (in MPh, 21, 1923/24, S. 165–186). – R. Tisserand, *Les concurrents de J.-J. R. à l'Académie de Dijon pour le prix de 1754*, Vesoul 1936 [Diss. Paris]. – Ders., *Au temps de l'Encyclopédie, l'Académie de Dijon de 1740 à 1793*, Vesoul 1936 [Diss. Paris]. – H. V. S. Ogden, *The Antithesis of Nature and Art, and R.'s Rejection of the Theory of Natural Rights* (in American Political Science Review, 32, 1938,

S. 643–654). – F. C. Tubach, *Perfectibilité. Der zweite Diskurs R.s und die deutsche Aufklärung* (in EG, 15, 1960, S. 144–151). – R. Dahrendorf, *Über den Ursprung der Ungleichheit unter den Menschen*, Tübingen 1961, S. 1–16. – D. Beyerle, *R.s zweiter Discours und das Goldene Zeitalter* (in Romanist. Jb., 12, 1961, S. 105–123). – G. della Volpe, *Du »Discours sur l'inégalité« à l'état de la Révolution* (in Europe, 391/392, 1961, S. 181–188). – G. R. Havens, *Hardiesse de R. dans le »Discours sur l'inégalité«* (ebd., S. 149–158; vgl. auch J. Starobinski, ebd., S. 135–149). – J. Starobinski, *Aux origines de la pensée sociologique* (in Les Temps Modernes, 18, 1962/63, S. 961–979). – P. Bosshard, *Die Beziehungen von R.s zweitem Discours u. dem 90. Brief von Seneca*, Zürich 1967.

DU CONTRAT SOCIAL OU PRINCIPES DU DROIT POLITIQUE

(frz.; *Über den Gesellschaftsvertrag oder Grundsätze des politischen Rechts*). Staatsphilosophisches Werk von Jean-Jacques ROUSSEAU, entstanden 1754, überarbeitet 1758, erschienen 1762. – Das Hauptwerk zur politischen Philosophie Rousseaus gehört zu den wichtigsten Veröffentlichungen der neuzeitlichen Staatsphilosophie überhaupt. Der *Contrat social* ist in vier Bücher unterteilt. Buch 1 enthält die Erläuterung der Themenstellung, eine Auseinandersetzung mit den wichtigsten zeitgenössischen Gegenpositionen (von Th. HOBBES, R. FILMER, H. GROTIUS, z. T. J. LOCKE) und die Exposition der zentralen Gedanken der eigenen Problemlösung. Buch 2 entwickelt im Detail die Begriffe der Staatssouveränität, des (politischen) Gesetzes, des Gesetzgebers und des Staatsvolkes. Buch 3 erläutert die Funktionen von Legislative und Exekutive und diskutiert (von der Antike an nach klassischem Vorbild) Vorteile, Nachteile und Regularitäten des Wechsels von Regierungsformen. Buch 4 legt die Beziehungen zwischen vernünftigem Gemeinwillen *(volonté générale)*, faktischen Abstimmungen und Wahlen dar und präsentiert eine Strukturanalyse der römischen Republik, *»der besten Regierungsform, die je existierte«*. Den Abschluß bildet die Erläuterung von Notwendigkeit und Grenzen einer Staatsreligion.

Vom *Contrat social* liegen zwei Versionen vor: Die erste (das sog. *Manuscrit de Genève*) wurde erst Ende des 19. Jh.s publiziert; sie scheint um 1758 von Rousseau überarbeitet worden zu sein. Inhaltlich bieten die Fassungen keine gravierenden Differenzen, ergänzen sich aber gegenseitig. Die Erstfassung beginnt mit einem (für das Verständnis von Rousseaus Konzept des Naturrechts wichtigen) Kapitel *De la société générale du genre humaine*, das die geschichtsphilosophische Thematik des *Discours sur l'origine et les fondemens de l'inégalité parmi les hommes* mit der des vernunftrechtlichen *Contrat social* verbindet. Dieses Kapitel fällt in der endgültigen Fassung einer polemischen Diskussion gegnerischer Staatsauffassungen (1, 2–4) zum Opfer. Die detaillierte Behandlung des Begriffs der Souveränität wird ins 2. Buch verlegt. Das in der Erstfassung allzu kämpferisch geratene Kapitel *De la religion civile* weicht einer gemäßigteren, wenngleich nun etwas schillernden Behandlung des Themas, die jetzt am Schluß des Gesamtwerks steht. Das anfangs nur skizzierte 3. Buch wird ausgearbeitet, in ein 4. Buch werden, getreu der frühen Begeisterung Rousseaus für die Antike, vier umfangreiche Kapitel über die republikanische Verfassung und Herrschaftsordnung Roms eingefügt. Nicht zuletzt dieses 4. Buch macht deutlich, daß Rousseaus *Contrat social* in Auseinandersetzung mit neuzeitlicher Staatstheorie entstand und unter Verwendung von deren Begrifflichkeit den republikanischen Geist und die Polis-Sittlichkeit der Antike beschwört.

Der *Contrat social* beinhaltet die fundamentalen Prinzipien, auf die jede legitime politische Herrschaft gegründet ist. Leitend ist die Frage, wie das Postulat unverzichtbarer menschlicher Freiheit mit dem Erfordernis politischer Herrschaft zu vereinen ist. Da faktische Macht und Gewohnheit allein kein Recht schaffen und religiöse Legitimierungsansprüche dem Prinzip vernünftiger Freiheit nicht genügen, muß alle Herrschaft unter mündigen Menschen im Wollen der Beherrschten fundiert sein. Da Wesen, Würde und Glück des Menschen an seiner vernünftigen Freiheit und ihrer kontinuierlichen Einheit hängen, ist diese weder ganz noch teilweise an politische Herrschaftsinstanzen delegierbar. Aus diesen Gesichtspunkten ergibt sich, daß die Zugehörigkeit jedes Bürgers und Untertans zu einem Staat nicht erzwungen sein darf, sondern nach dem Modell einer freiwilligen vertraglichen Vereinbarung und Vertragsgemeinschaft zu denken ist. Ferner haben alle Gesetze, das heißt Regelungen, die die Gemeinschaft als ganze und die Lebensverhältnisse aller Bürger im allgemeinen betreffen, in der direkten Zustimmung der Adressaten zu gründen. Das in Gesetzgebungsakten vereinte Volk als Bürgerbund ist und bleibt der alleinige Souverän einer politisch organisierten Gesellschaft. Damit das Gesetzessystem, das er erläßt, gerecht ist und den vereinten vernünftigen politischen Willen aller (die *volonté générale*) ausdrückt, müssen bestimmte Bedingungen erfüllt sein: Einmal hat der den Bürgerbund belebende und erhaltende vertragliche Konsens als elementare Klausel die erzwingbare Selbstverpflichtung eines jeden Mitglieds zu enthalten, uneingeschränkt nur noch das zu beanspruchen und zu verfolgen, was alle im Verein wollen (die *aliénation totale* eines jeden an die politische Gemeinschaft); zum anderen muß die Bestimmung erfüllt sein, daß jeder Bürger bei der Generierung bzw. Änderung der Gesetze direkt und gleichberechtigt beteiligt ist (dies präsupponiert Überschaubarkeit des Gemeinwesens und seiner Probleme für jedermann); schließlich sollten alle Bürger bzw. deren Hauswesen von den jeweiligen Gesetzen annähernd gleich betroffen sein (dies setzt annähernde Gleichheit von Besitz, Bildung, Beziehungen zum Gemeinwesen usw. voraus); jedenfalls dürfen keinerlei Parteiungen und persönliche Abhängigkeiten (bis in die materielle Subsistenzsicherung hinein) zwischen den Abstimmenden bestehen.

Der Stütze der Vaterlandsliebe, die im Extremfall den Einsatz des Lebens fordert, dient die *religion civile*, die die Gesinnungsdogmen der persönlichen Unsterblichkeit, der Existenz eines gerecht bestrafenden und belohnenden Gottes und die Heiligkeit des Gesellschaftsvertrags zum Inhalt hat und auf deren öffentliche Anerkennung jeder Bürger verpflichtet ist. Für die Umsetzung und Anwendung des Systems der Gesetze auf Einzelfälle und konkrete Situationen hat eine dem Souverän verantwortliche und von ihm jederzeit abberufbare Obrigkeit *(le gouvernement)* zu sorgen.

Die Ausarbeitung und überzeugende Anempfehlung eines für ein bestimmtes Volk passenden Gesetzessystems bedarf der Figur eines weisen und genialen Gesetzgebers, dessen Funktion indessen mit dem Gründungsakt eines Staates durch einstimmige Annahme seines Vorschlags erlischt.

Dieses Konzept staatlichen Rechts ist radikal demokratisch, insofern die Quelle aller verbindlichen Autorität unveräußerbar, undelegierbar, unteilbar beim Volk als ganzem liegt. Nur die exekutive Funktion des Staates kann auf einen einzelnen oder eine Gruppe übertragen werden. Der *corps politique* ist ferner souverän und nichtliberal in dem Sinne, als jeder Mensch mit dem Eintritt in die Bürgerschaft im Verein mit allen anderen auf absolute Privatansprüche verzichtet, damit völlige Gleichheit herstellt, sich nur noch als Teil des so konstituierten Ganzen versteht, seine von Natur auf separate Existenz gerichtete Freiheit zu einer sittlichen Freiheit transformiert und in einem durch Solidarität geprägten Leben des Bürgerbunds seine Erfüllung findet. Die Zwangsbefugnis des Staates erklärt und rechtfertigt sich aus dem Umstand, daß die natürliche Freiheit der Individuen sich nicht vollständig und durchgängig in die sittliche verwandelt.

Der *Contrat social* war zunächst das am wenigsten gelesene Buch von Rousseau. Es galt als abstrakt und schwierig, Verbote in Frankreich und Genf behinderten seine Verbreitung. Erst die Französische Revolution und die »klassische« deutsche Philosophie (Kant, Fichte, Hegel) machten es zu einem vieldiskutierten Werk der politischen Theorie der Neuzeit. Unter den verschiedenen Parteien der Französischen Revolution, die sich auf Rousseaus politische Theorie beriefen, waren die Jakobiner diejenigen, die Teile des Konzepts am direktesten in die Praxis umzusetzen bzw. zur Interpretation ihrer Praxis zu benützen versuchten, so z. B. die vollständige Übertragung der Rechte des Individuums im Gesellschaftsvertrag an den Staat, die Allmacht des Gesetzes als Ausdruck der *volonté générale*, den Kult des höchsten Wesens und die Festschreibung bestimmter Dogmen im Sinn der *religion civile*, die in schlichten Bürgerfesten sich organisierende Vaterlandsliebe, die moralistische Unerbittlichkeit der Bürgertugend. Es ist so gesehen kein Zufall, wenngleich auch kein Ausdruck adäquaten Verständnisses, daß Rousseaus Gebeine 1794 unter der Herrschaft Robespierres in das Panthéon von Paris überführt und der öffentlichen Verehrung dargeboten wurden. Gleichwohl ist die (verbreitete) Meinung überzogen, Rousseaus *Contrat social* habe Anfang und Verlauf der Französischen Revolution wesentlich beeinflußt. Ein klassisches und umstrittenes Werk der politischen Philosophie ist es gleichwohl bis heute geblieben. Zwei entgegengesetzte Interpretationstraditionen haben sich fest etabliert: Die eine liest in ihm die Verteidigung menschlicher Freiheit, die Apologie direkter Demokratie, die Forderung gesellschaftlicher Gleichheit, das Plädoyer für ein nichtkompetitives, einfaches, solidarisches Bürgertum; die andere findet vorwiegend Züge, die in das Bild eines totalitären Konzepts politischer Herrschaft sich fügen; (noch) in der Minderzahl ist eine dritte Gruppe von Interpreten, die im *Contrat social* aus der geschichtsphilosophischen Perspektive Rousseaus einen mit begrifflichen Mitteln neuzeitlicher politischer Theorie formulierten Abgesang auf eine (vor allem in der griechischen und römischen Antike) gelungene politische Existenzform des Menschen sehen. M.For.

Ausgaben: Amsterdam 1762. – Paris 1896, Hg. E. Dreyfus-Brisac [Genfer Ms.]. – Oxford 1962 (in *The Political Writings*, Hg. C. E. Vaughan, 2 Bde.). – Paris 1964 (in *Œuvres complètes*, Hg. B. Gagnebin u. a., 4 Bde., 1959–1969, 3; krit.; m. *Manuscrit de Genève*; Pléiade). – Oxford 1972, Hg. R. Grimsley. – Paris 1977. – Paris 1987 [Einl., Komm., Anm. J.-L. Lecercle].

Übersetzungen: *Gedanken von dem gesellschaftlichen Leben der Menschen oder Staatsrecht*, anon., Marburg 1763. – *Der gesellschaftliche Vertrag oder Die Grundregeln des allgemeinen Staatsrechtes*, C. F. Geiger, Marburg 1763. – *Über den Gesellschaftsvertrag oder Grundzüge des Staatsrechts*, A. F. Marx, Lpzg. 1843; rev. Fassg.: *Gesellschaftsvertrag*, Hg. W. Widmer, Zürich 1946. – *Vom Gesellschaftsvertrag oder Prinzipien des Staatsrechts*, L. Schmidts (in *Politische Schriften*, Bd. 1, Paderborn 1977). – *Vom Gesellschaftsvertrag oder Grundsätze des Staatsrechts*, E. Koch u. a. (in *Sozialphilosophische u. Politische Schriften*, Mchn. 1981). – Dass., H. Brockard, Stg. 1983 (RUB). – *Vom Gesellschaftsvertrag oder Prinzipien des Staatsrechts*, V. v. Wroblewsky (in *Kulturkritische u. politische Schriften*, Hg. M. Fontius, Bln. 1989, 2 Bde., 1).

Literatur: A. Levine, *The Politics of Autonomy. A Kantian Reading of R.'s »Social Contract«*, Amherst/Mass. 1976. – L. G. Crocker, *R.'s »Social Contract«*, Cleveland 1968. – J. B. Noone, *R.'s »Social Contract«*, Ldn. 1980. – H. Gildin, *R.'s »Social Contract«. The Design of the Argument*, Chicago u. a. 1983. – J. Ferrari, *Égalité, inégalité, égalitarisme dans la pensée politique de J.-J. R.* (in Cahiers de Philosophie Politique et Juridique, 1985, Nr. 8, S. 119–136). – H. Kleger u. A. Müller, *Bürgerreligion u. politische Verpflichtung. R.s Konzept einer*

»religion civile« (in Archiv f. Begriffsgesch., 29, 1985, S. 47–98). – J. Masciulli, *The Armed Founder Versus the Catonic Hero: Machiavelli and R. On Popular Leadership* (in Interpretation, 14, 1986, S. 265–280). – P. Weirich, *On Proportional Majority Rule* (in Philosophy and Phenomenological Research, 47, 1986/87, S. 111–126). – P. Riley, *The General Will: R.'s Debt to the Theological Controversis of the Preceding Century* (in AGPh, 69, 1987, S. 241–268). – D. Rosenfeld, *R.'s Unanimous Contract and the Doctrine of Popular Sovereignty* (in History of Political Thought, 8, 1987, S. 83–110). – J. Roy, *Penser l'État. R. ou Hegel* (in Laval Théologique et Philosophique, 44, 1988, S. 169–190). – K. Herb, *R.s Theorie legitimer Herrschaft. Voraussetzungen u. Begründungen*, Würzburg 1989. – G. Nonnenmacher, *Die Ordnung der Gesellschaft. Mangel u. Herrschaft in der politischen Philosophie der Neuzeit. Hobbes, Locke, A. Smith, R.*, Weinheim 1989.

ÉMILE OU DE L'ÉDUCATION

(frz.; *Emil oder Über die Erziehung*). Erziehungsroman von Jean-Jacques ROUSSEAU, erschienen 1762. – Mit diesem aus fünf Büchern bestehenden Werk, das im Grunde eine Mischform zwischen Roman und pädagogisch-philosophischem Traktat darstellt, ergänzt Rousseau die in seinen früheren Werken dargelegte These, daß der Mensch von Natur aus gut sei und nur durch Zivilisation und Gesellschaft korrumpiert werde, durch die Schilderung des Wegs, auf dem diesem Übel zu steuern und die Gesellschaft von Grund auf zu heilen sei. Da die Wurzel der Fehlentwicklung in einer falschen Erziehung zu suchen sei, müsse eine Reform der Pädagogik die erste und wichtigste Maßnahme zur Schaffung besserer Verhältnisse sein. Rousseau fordert, daß die *»natürliche Erziehung«* des Kindes an die Stelle der schädlichen traditionellen Erziehungsmethoden treten solle. Voraussetzung sei ein genaues Studium der kindlichen Wesensart, eine Forderung, die schon J. LOCKE erhoben habe, den Rousseau deshalb bis zu einem gewissen Grade als seinen einzigen Vorläufer anerkennt. Da die natürlichen Instinkte, die ersten Eindrücke und Gefühle und die spontanen frühesten Schlußfolgerungen, mit denen der Mensch auf seine Umwelt, die Natur, reagiert, seine besten Lehrmeister und Führer zu richtigem Verhalten seien, komme es vor allem darauf an, diese instinktiven Reaktionen des Kindes zu beobachten, sie zu fördern und zu entwikkeln, statt sie, wie man es bisher tat, durch eine falsche Erziehung zu unterbinden. Diese Überlegungen führen Rousseau zum Begriff der »negativen« Erziehung, worunter er die Abschirmung des Kindes gegen schädliche Einflüsse versteht, seiner Ansicht nach die erste und wichtigste Aufgabe des Erziehers. Er polemisiert heftig gegen die im 18. Jh. praktizierte »positive« Erziehung, die eine zu frühe Entfaltung der Intelligenz begünstige und das Kind zu früh über seine Pflichten als Erwachsener aufkläre. Rousseau dagegen möchte *»die Organe des Erkennens vervollkommnen ... und den Weg zur Vernunft durch eine richtige Übung der Sinne ebnen ...«* Diese »negative Erziehung« vermittelt keine Tugenden, doch schützt sie gegen das Laster, sie lehrt keine Wahrheiten, doch bewahrt sie vor Irrtümern; sie entwickelt im Kind die Fähigkeit, der Wahrheit und dem Guten zu folgen, sobald sein Verstand in der Lage ist, beide zu erkennen und zu lieben.

Solch grundsätzlichen Erwägungen folgt die Beschreibung eines exemplarischen Bildungsweges: Rousseau teilt ihn in vier Abschnitte ein, in denen die Entwicklung des Körpers, der Sinne, des Gehirns und des Herzens an einem individuellen Fall – Émile – demonstriert wird. Während der frühen Periode, d. h. bis zum fünften Lebensjahr, geht es im wesentlichen um das körperliche Wachstum des Kindes. Eltern und Erzieher müssen sich bemühen, das Kind ohne äußeren Zwang körperlich zu kräftigen, und sie dürfen seine geistige und sittliche Entwicklung nicht zu forcieren versuchen. Während der zweiten Periode, d. h. vom fünften bis zum zwölften Lebensjahr, folgt die Auseinandersetzung des Kindes mit seiner Umwelt. Durch ein Leben auf dem Lande, in enger Berührung mit der Natur, gewöhnt es sich daran, seine Sinnesorgane und seine Beobachtungsgabe zu schärfen. Es lernt, die richtigen Schlüsse aus seinen Erfahrungen zu ziehen, und übt damit ungezwungen seine Verstandeskräfte. Das in der freien Luft aufgewachsene, einfach und gut ernährte Geschöpf wird auf diese Weise zu einem *»prächtigen Tier«*. Als dritten Erziehungsabschnitt sieht Rousseau das Alter zwischen zwölf und fünfzehn Jahren. Hier muß die Ausbildung der geistigen Fähigkeiten erfolgen; denn auf dieser Stufe ist das Kind zwar voller Lebenskraft, ein scharfer Beobachter und durchaus in der Lage, sich mit Hilfe seines Denkvermögens selbst zu bilden; aber es ist immer noch unwissend. Begeisterungsfähigkeit und Aufnahmebereitschaft sind ganz natürliche Gaben dieses Alters, und es kommt nur darauf an, dem Kind Gelegenheit zu geben, sie zu betätigen. Auf keinen Fall darf man ihm gestatten, mit einem Wust mechanisch erlernter Fakten zu brillieren. Richtig angeleitet, wird es sich sehr schnell weiterbilden. Es bedarf dazu nur weniger Bücher (*Robinson Crusoe* wird als Darstellung eines mit natürlicher Energie begabten Menschen warm empfohlen). Das wissenschaftliche Studium (z. B. der Geographie und der Mathematik) soll durch das Erlernen eines Handwerks ergänzt werden. In der vierten Periode, im Alter von fünfzehn bis zwanzig Jahren, muß sich die Einordnung des Individuums in die menschliche Gemeinschaft vollziehen und sein sittliches und religiöses Bewußtsein entwickelt werden, im Grunde die Aufgabe, die den Menschen sein Leben lang beschäftigt. Eine gesunde Selbsterkenntnis hilft dem jungen Menschen zur Erkenntnis seines Mitmenschen, und so wandelt sich die Eigenliebe in Nächstenliebe. Das religiöse Gefühl entsteht nach Rousseau ganz natürlich aus der Beobachtung der Natur. In einer der berühmtesten Episoden des Romans schildert er, wie Émile beim Anblick der Sonne auf die Knie sinkt und spontan seinen Schöpfer anbetet. Religiöse Ideen sollen dem jungen Menschen nur mit Maßen und erst vom achtzehnten Jahr an nahegebracht werden; lernt er sie früher kennen, besteht die Gefahr, daß sie für ihn bloße Abstraktionen bleiben. (Rousseau fügte dem vierten Buch ein in sich selbständiges Bekenntnis zur natürlichen Religion ein, das zwar an Émile gerichtet ist, den Rahmen eines Erziehungsromans aber verläßt: vgl. *La profession de foi du vicaire savoyard*). Nach diesen Prinzipien erzogen, kann der junge Émile nun in die Gesellschaft entlassen werden, ohne daß man fürchten muß, daß er ihrem schädlichen Einfluß erliegen werde. Der Roman schließt mit seiner Heirat – man hat ihm ein junges Mädchen zugeführt, das nach den gleichen Grundsätzen wie er erzogen worden ist.

Wie kühn Rousseaus Thesen zu ihrer Zeit waren, kann heute, da sie zum großen Teil praktisch verwirklicht sind, kaum noch nachempfunden werden. Seine Idee, die Eigenart der kindlichen Psyche systematisch zu erforschen und die experimentelle Methode auf den Bereich der Erziehung zu übertragen, leitete eine Revolution der Pädagogik ein, und alle berühmten Erzieher des 19. Jh.s, J. H. Pestalozzi ebenso wie J. F. Herbart und F. W. A. Fröbel, nahmen, auch wenn sie seine Ideen in Frage stellten, von ihm ihren Ausgang. Rousseaus leidenschaftliche Beredsamkeit, die Unmittelbarkeit und Lebendigkeit des Stils haben dem Werk bis heute seine Anziehungskraft bewahrt. KLL

Ausgaben: Den Haag [recte Paris] 1762, 4 Bde. – Amsterdam 1762, 2 Bde. – Paris 1939, Hg. E. P. Duharcourt, 2 Bde. [krit.]. – Paris 1961, Hg. F. u. P. Richard. – Paris 1969 (in *Œuvres complètes*, Hg. B. Gagnebin u. a., 4 Bde., 1959–1969, 4; krit.; Pléiade).

Übersetzungen: *Aemil oder Von der Erziehung*, Bln. u. a. 1762. – *Emil oder Über die Erziehung*, C. F. Cramer, Braunschweig 1789–1791. – Dass., E. Sckommodau u. M. Rang, Hg. M. Rang, Stg. 1963; zul. 1983 (RUB). – Dass., L. Schmidts, Paderborn u. a. 1972; [9]1989 (UTB). – *Emile oder Von der Erziehung*, überarb. S. Schmitz, Mchn. 1979 [Nachw. R. Spaemann; Anm. O. Dudle].

Literatur: P. Villey, *L'influence de Montaigne sur les idées pédagogiques de Locke et de R.*, Paris 1911. – E. Claparède, *J.-J. R. et la conception fonctionnelle de l'enfance* (in Revue de Métaphysique et de Morale, 20, 1912, S. 391–416). – A. Ravier, *L'éducation de l'homme nouveau*, Lyon 1941, 2 Bde. – M. Vassalli, *La pedagogia di R.*, Como 1951. – M. Rang, *R.s Lehre vom Menschen*, Göttingen 1959; [2]1965. – P. D. Jimack, *La genèse et la rédaction de l'»Émile« de J.-J. R.*, Genf 1960. – G. Bretonneau, *La théorie de l'éducation d'après R.*, Diss. Paris 1961. – R. Tobiassen, *Nature et nature humaine dans l'»Émile« de J.-J. R.*, Oslo 1961. – J. Château, *J.-J. R., sa philosophie de l'éducation*, Paris 1962. – M. Bruppacher, *Selbstverlust u. Selbstverwirklichung. Die geistige Entwicklung des Menschen bei J.-J. R.*, Bern/Ffm. 1972. – L. Burgener, *L'éducation corporelle selon R. et Pestalozzi*, Paris 1973. – K. H. Broecken, *»Homme« u. »Citoyen«. Entstehung u. Bedeutung der Disjunktion von natürlicher u. politischer Erziehung bei R.*, Diss. Köln 1975. – F.-P. Hager, *Pestalozzi u. R. Pestalozzi als Vollender u. als Gegner R.s*, Bern/Stg. 1975. – M. Inversini, *Erziehung durch die Sache, Sachlichkeit in der Erziehung. Ein Beitrag zur pädagogischen R.-Interpretation*, Ffm. u. a. 1977. – A. Carnec, *Alain et J.-J. R. Contribution à la philosophie de l'éducation*, Paris 1977. – H. H. Schepp, *Die Krise in der Erziehung u. der Prozess der Demokratisierung*, Kronberg/Ts. 1978. – L. P. Jouvenet, *J.-J. R. Pédagogie et politique*, Toulouse 1984. – *R. et l'éducation. Études sur L'»Émile«*, Hg. J. Terrasse, Québec 1984 [Kongreßakten v. 1983]. – J. Bokkow, *Erziehung zur Sittlichkeit. Zum Verhältnis von praktischer Philosophie u. Pädagogik bei J.-J. R. u. Kant*, Ffm. u. a. 1984. – P. F. Carbone Jr., *Toward an Understanding of R.'s Educational Ambivalence* (in Educational Theory, 35, 1985, S. 399–410).

LETTRES DE DEUX AMANS, habitans d'une petite ville au pied des Alpes

(frz.; *Briefe zweier Liebender aus einer kleinen Stadt am Fuße der Alpen*). Briefroman von Jean-Jacques Rousseau, erschienen 1761; der Schmutztitel der Erstausgabe lautet in Anspielung auf die Liebe zwischen Abaelard und Heloïsa (vgl. *Epistulae*) *Julie, ou la nouvelle Héloïse*. Nur notgedrungen, so sagt der (fiktive) Herausgeber im Vorwort des Romans, habe er diese Briefe (die zum Teil auf persönlichen Erlebnissen Rousseaus beruhen: die unglückliche Liebe zu Mme. d'Houdetot) veröffentlicht: *»Warum habe ich nicht in einem Jahrhundert gelebt, wo ich sie hätte ins Feuer werfen müssen?«* Aber: *»Verdorbene Völker brauchen Romane.«* Rousseau, Antipode der aufklärerischen Verstandeskultur, widersetzt sich der Vorherrschaft der Vernunft und der von ihr geprägten, jeder Spontaneität entratenden, intellektuell verspielten, empfindsamen Literatur des Rokoko durch eine *»Utopie des Gefühls«* (H. Friedrich), die vorausgegangene, gleichgerichtete Tendenzen Richardsons und in Frankreich des Abbé Prévost an geistesgeschichtlicher Bedeutung weit übertrifft, da sie den Konflikt zwischen subjektiver Empfindung und gesellschaftlicher Moral in den Zusammenhang einer radikalen Gesellschaftskritik stellt. Der Bürger Rousseau macht sich zum Anwalt des unbedingten Gefühls, weil er im Prozeß der Intellektualisierung eine der wesentlichen Ursachen der sozialen Ungleichheit und aller ihrer im moralischen Sinne verwerflichen Folgen erkannte.

Gesellschaftliche Schranken verbieten eine Ehe zwischen Julie d'Étanges und ihrem Hauslehrer, dem bürgerlichen Saint-Preux. Obwohl sie ihrer großen Leidenschaft bedingungslos nachgibt, entschließt sich Julie im Einverständnis mit Saint-Preux, Herrn de Wolmar zu heiraten, um im Schutze des Sakraments ihrem Geliebten treu bleiben zu können. Bei der Hochzeitsfeier in der Kirche hat sie das entscheidende, ihr die Richtigkeit des Verzichts bestätigende religiöse Erlebnis, Saint-Preux aber, dem Selbstmord nahe, wird von Milord Edouard, seinem englischen Freund, zu einer Reise um die Welt bewogen, die mehrere Jahre dauert. – Die erste Hälfte des sechsteiligen Romans besteht fast ausschließlich im Austausch leidenschaftlicher, freudiger und verzweifelter Briefe der beiden Liebenden, in denen die Natur als Stimulans romantischer Seelenregungen eine hervorragende Rolle spielt. *»Ich bewunderte die Herrschaft, die die unempfindsamsten Dinge auf unsere stärksten Leidenschaften ausüben, und ich verachte die Philosophie, daß sie nicht einmal soviel wie eine Reihe unbelebter Objekte auf unsere Seele vermag.«* Im zweiten Teil des Romans ist der Dialog zwischen Julie und Saint-Preux fast ganz verstummt. Die Zahl der Briefschreiber und -empfänger – und damit der Anteil der Gesellschaft – vergrößert sich, das antisoziale Leidenschaftsthema tritt mehr und mehr in den Hintergrund zugunsten der Utopie eines Weltzustands, in dem die ursprüngliche Reinheit des Menschen wieder erreicht werden soll.

In Clarens, am östlichen Ufer des Genfer Sees, scheint Julie im Kreise ihres Mannes und ihrer beider Kinder *»zu sich selbst gefunden«* zu haben. In seiner Großherzigkeit lädt Herr de Wolmar, der *»gerne in den Herzen der Menschen liest«*, Saint-Preux – um auch ihn endgültig zu *»heilen«* – ein, zusammen mit ihnen zu leben, sobald er von seiner Reise zurück sei. *»Ich weiß wohl«*, schreibt er an Saint-Preux, *»daß mein Benehmen seltsam anmutet. Aber ich begriff, daß zwischen Euch Bindungen herrschen, die man keinesfalls zerbrechen darf, daß Eure gegenseitige Zuneigung mit soviel lobenswerten Dingen verbunden ist, daß man sie lieber ordnen als auflösen sollte und daß keiner der beiden den andern vergessen könnte, ohne selbst viel von seinem Wert zu verlieren.«* Die Gegenwart Julies stellt zwar eine Gefahr für Saint-Preux dar (vgl. den berühmten Spaziergang am See im vierten Buch, der fast zur Katastrophe für beide geführt hätte), sie ist aber auch die Bedingung für seine Heilung, die darin besteht, die frühere Leidenschaft mit den gegenwärtigen Tatsächlichkeiten zu versöhnen. *»Nicht in Julie de Wolmar ist er verliebt«*, schreibt Herr de Wolmar an Julies Kusine Claire, *»sondern in Julie d'Étanges … Er liebt sie in der vergangenen Zeit; das ist des Rätsels wahre Lösung. Nimm ihm die Erinnerung, und er hat keine Liebe mehr.«* Und an Saint-Preux schreibt er: *»Denken Sie nur an die Gegenwart, und ich bürge Ihnen für die Zukunft.«* Tugend ist also kein innig-friedlicher Zustand, nicht Resultat (hierin liegt wohl der Hauptunterschied zu Richardsons präromantischer und z. T. pietistischer Empfindsamkeit), Tugend ist vielmehr die dauernde Anstrengung im Durchgang durch die Leidenschaft, die selbst wiederum im Verzicht ihre eigentliche Verklärung erfährt. In seiner Funktion als Vermittler und Erzieher könnte man den leidenschaftslosen de Wolmar als Verkörperung des Gesetzgebers im *Contrat social* auffassen.

Im Kreis um Julie ist eine (Rousseaus) ideale Welt verwirklicht: soziale Gleichheit, gerechte Verteilung der Aufgaben, die allen Müßiggang ausschaltet und jedem Glück und Erfüllung durch nützliche Arbeit verschafft. Gesellschaft und Natur sind keine Gegensätze mehr: *»Die süße Gleichheit, die hier herrscht, stellt die Ordnung der Natur wieder her, und alles atmet die Luft antiker Einfachheit.«* (Hier wird der Einfluß der bukolischen Dichtung – *L'Astrée* [1607–1627] von Honoré d'Urfé und *Il pastor fido* [1589] von Guarini – und ihres arkadischen Ideals deutlich.) Die heimliche Stifterin und Herrscherin dieser festlichen und glücklichen Welt aber ist Julie. *»Meine Julie«*, sagt Claire zu ihr, *»du bist zum Regieren geschaffen. Deine Herrschaft ist die absoluteste, die ich kenne … denn dein Herz ist es, das alle, die es umgeben, belebt.«* – Gleichwohl bereitet die Apotheose Julies schon auf das tragische Ende vor. Immer mehr sucht sie Trost und Hilfe im Gebet; zu Unrecht jedoch wirft ihr Saint-Preux Mystizismus und Quietismus vor. *»Gott dienen«*, entgegnet ihm Julie, *»das heißt nicht sein Leben auf den Knien in einer Betstube zubringen, das weiß ich wohl, sondern auf Erden die Aufgaben erfüllen, die er uns auferlegt hat.«* (Auf die Übereinstimmung von Julies Glaubensbekenntnis – im Bericht Wolmars über ihren Tod – mit der *Profession de foi du vicaire savoyard* hat Rousseau mehrfach hingewiesen.) Mit der Einsicht aber, daß die Leidenschaft nie völlig zu heilen ist, wächst auch Julies Leiden an ihr. Sie schreibt selbst an Saint-Preux: *»Man erstickt an großen Leidenschaften; selten gelingt es, sie zu läutern.«* – *»Bleich und verändert«* erscheint sie ihrer schwesterlichen Freundin Claire. Ein plötzlicher Unfall führt das Ende herbei: Bei einem Spaziergang nach Chillon fällt ihr Sohn Marcellin in den See. Es gelingt ihr, ihn zu retten, sie selbst aber zieht sich eine tödliche Krankheit zu. Vor ihrem Tode schreibt sie einen letzten Brief – er knüpft an den Dialog zu Beginn des Romans an – und gesteht Saint-Preux ihre dauernde – schuldige – Liebe. In der Hoffnung, ihn dann schuldlos lieben zu können, erwartet sie mit Freuden den Tod: *»Die Tugend, die uns auf Erden trennte, wird uns in der ewigen Wohnung vereinigen.«*

Die Dichter der Vorromantik und der Romantik haben die *Nouvelle Héloïse* in erster Linie wegen der Verherrlichung und moralischen Rechtfertigung des spontanen Gefühls zu ihrem literarischen Modell erklärt. Die offenkundige Diskrepanz zwischen Wirklichkeit und Illusion – nur im Verzicht, in der Erinnerung ist der Genuß der Liebe möglich – führte unmittelbar zur Tragik *Werthers* und zum pessimistischen Grundgefühl eines Stendhal, Flaubert und Baudelaire. Mit der Entwertung einer der subjektiven Persönlichkeitsentfaltung abträglichen Realität geht aber bereits bei Rousseau die Aufwertung der schöpferischen Phantasie, ohne die modernes Dichten undenkbar ist, Hand in Hand. *»Das Land des Wahns ist auf dieser Welt das* *einzige, das bewohnt zu werden lohnt; so nichtig ist das Menschenleben, daß nur das schön ist, was nicht ist.«* – Sprachliche Ausdruckskraft (lyrisches Pathos in den Briefen der Liebenden, ruhige Sachlichkeit in den Mitteilungen der anderen) und Aktualität der Gedanken – Saint-Preux' Briefe aus Paris enthalten ausführliche kritische Bemerkungen über die französische Gesellschaft, Religion und Erziehung (*Émile* entstand gleichzeitig) – auf der Grundlage eines gegen die historisch gewachsene Sozialstruktur gerichteten Gesellschaftsentwurfs bewirkten eine in der Geschichte des Romans beispielhafte geistige Ausstrahlung und Nachwirkung. G.K.

AUSGABEN: Amsterdam 1761, 6 Bde. – Amsterdam 1763, 3 Bde.; ³1767. – Paris 1764 (*La Nouvelle Héloïse, ou Lettres de deux amans, habitans d'une petite ville au pied des Alpes*, 4 Bde.). – Paris 1925 (*La Nouvelle Héloïse*, 4 Bde., Hg., Einl. u. Anm. D. Mornet). – Paris 1964 (dass., in *Œuvres complètes*, Hg. B. Gagnebin u. a., 4 Bde., 1959–1969, 2; krit.; Pléiade). – Paris 1965 (*Julie ou La Nouvelle Héloïse*, Hg., Einl. u. Anm. R. Pomeau).

ÜBERSETZUNGEN: *Julie oder Die neue Heloïse. Briefe zweier Liebender aus einer kleinen Stadt am Fuße der Alpen*, J. G. Gellius u. a., Lpzg. 1761; ²1776 [verb.]. – *Kern scharfsinniger Gedanken der Julie*, W. B. A. v. Steinwehr, Bln. 1762 (Übers. der frz., v. J. H. S. Formey besorgten Ausw.). – *Julie oder Die neue Heloise. Briefe zweier Liebenden*, H. Denhardt, 2 Bde., Lpzg. um 1890; Bd. 1 ern. 1915 (RUB). – *Die neue Heloise*, C. Moreck, Bln. 1920. – *Die neue Heloise, Briefe zweier Liebenden in einem Städtchen am Fuße der Alpen*, F. Braun, Potsdam 1920. – *Julie oder Die neue Heloise. Briefe zweier Liebender aus einer kleinen Stadt am Fuße der Alpen*, nach der Übers. der Ausg. von 1776, Mchn. 1978; ²1988; ern. Mchn. 1988 (dtv).

LITERATUR: S. Etienne, *Le genre romanesque en France depuis l'apparition de »La Nouvelle Héloïse« jusqu'aux approches de la Révolution*, Paris 1922. – E. Schmidt, *Richardson, R. und Goethe, ein Beitrag zur Geschichte des Romans im 18. Jh.*, Jena 1924. – R. A. Rice, *R. and the Poetry of Nature in 18th Century France*, Northampton/Mass. 1925. – D. Mornet, *»La Nouvelle Héloïse« de J.-J. R.*, Paris 1928. – P. van Tieghem, *»La Nouvelle Héloïse« de J.-J. R.*, Paris 1929. – M. Ellis, *»Julie ou La Nouvelle Héloïse«. A Synthesis of R.'s Thought 1749–1759*, Toronto 1949. – H. Geller, *Die Funktion der Geständnisse in R.s »La Nouvelle Héloïse«*, Diss. Bonn 1960. – F. Jost, *»La Nouvelle Héloïse«, roman suisse* (in RLC, 35, 1961, S. 538–565). – L. Gossman, *The Worlds of »La Nouvelle Héloïse«* (in Studies on Voltaire and the 18th Century, 41, 1966, S. 235–276). – A. Mangland, *Le préromantisme français*, 2 Bde., Paris 1966. – W. Mead, *R. ou Le romancier enchaîné. Étude de »La Nouvelle Héloïse«*, Paris 1966. – A. Vartanian, *The Death of Julie. A Psychological Postmortem* (in L'Esprit Créateur, 6, 1966, S. 77–84). – F. v. Laere, *Une lecture du temps dans »La nouvelle Héloïse«*, Neuchâtel 1968. – J.-L. Lecercle, *J.-J. R. et l'art du roman*, Paris 1969. – Ch. McDonald Vance, *The Extravagant Shepherd. A Study of the Pastoral Vision in J.-J. R.'s »Nouvelle Héloïse«*, Banburry/Oxfordshire 1973. – J. F. Jones jr., *»La nouvelle Héloïse«. R. and Utopia*, Genf 1977. – A. Srabian de Fabry, *Études autour de la »Nouvelle Héloïse«*, Québec 1977. – R. D. Miller, *The Beautiful Soul. A Study of Eighteenth-Century Idealism as Exemplified by R.'s »La Nouvelle Héloïse« and Goethe's »Die Leiden des jungen Werther«*, Harrogate 1981. – M. R. Funke, *From Saint to Psychotic, the Crisis of Human Identity in the Late 18th Century. A Comparative Study of »Clarissa«, »La Nouvelle Héloïse«, »Die Leiden des jungen Werthers«*, NY u. a. 1983. – H. Loretz, *R.s Roman »Julie ou La Nouvelle Héloïse«. Eine Interpretation*, Diss. Zürich 1983. – J. DeJean, *Literary Fortifications: R., Laclos, Sade*, Princeton/N.J. 1984. – C. Labrosse, *Lire au XVIIIe siècle. »La Nouvelle Héloïse« et ses lecteurs*, Lyon 1985. – J. Colléony, *L'extase et la séparation J.-J. R. »en tant qu'auteur de l'Héloïse«* (in Philosophie, 1986, Nr. 11, S. 47–73). – M. Metteer, *Desire in Fictional Communities*, NY u. a. 1988.

LES RÊVERIES DU PROMENEUR SOLITAIRE

(frz.; *Die Träumereien eines einsamen Spaziergängers*). Autobiographisches Werk von Jean-Jacques ROUSSEAU, erschienen 1782. – Die *Rêveries* sollten das Selbstporträt der *Confessions* als abschließende Lebensbeichte ergänzen. Tatsächlich sind sie auch erst kurz vor dem Tod des Autors beendet worden. Die Notizen, die die Grundlage für die endgültige Niederschrift des Werks bilden, waren – Produkte spontaner Einfälle – im Herbst des Jahres 1777 entstanden und auf der Rückseite von Spielkarten festgehalten worden; ihre Datierung ist im einzelnen umstritten.

Rousseau erscheint das menschliche Leben am Ende des eigenen als ein langes, nur durch Spaziergänge unterbrochenes Träumen. Daher die extreme Hingabe an die Spontaneität, die sich in der scheinbaren – von der Kritik häufig negativ bewerteten – Wahllosigkeit der Themen ebenso äußert wie in der relativen Kürze der einzelnen *Promenades* (insgesamt sind es zehn, wobei in der Sicht Rousseaus dieses Gliederungsprinzip ein Abbild der zeitlichen Ordnung der menschlichen Existenz darstellt). Noch konsequenter als in den *Confessions* wird der positive Wert des *sentiment* und des Traums gegenüber der als unproduktiv verworfenen *réflexion* herausgestellt, wenn auch die Leidenschaft der Aussage in den früheren Werken nunmehr im Angesicht des Todes einer abgeklärteren Sprache gewichen ist.

Rousseaus Welt ist auch in den *Rêveries* extrem ichbezogen. Mit Ausnahme des Wahrheitsproblems werden individuell bedingte Aussagen, soweit sie Wesenseigenschaften der menschlichen Psyche und das Verhältnis des Menschen zur Welt in erkenntnistheoretischer Hinsicht betreffen, ohne weiteres als allgemeinverbindlich hingestellt. – Obwohl Rousseau behauptet, die *Rêveries* nur für sich selbst geschrieben zu haben, ist das Werk seiner Anlage nach – einer Mischung aus Spontaneität und Formwillen – durchaus für die Öffentlichkeit bestimmt. Zentrales Thema ist die in der neunten und zehnten *Promenade* behandelte *morale sensitive*, worauf die Erörterungen in den vorhergehenden Abschnitten planvoll hinführen.

In der ersten *Promenade* klagt Rousseau darüber, daß die Gesellschaft ihn, den Kontaktwilligen, zurückstößt. Die Hoffnung auf eine Verbesserung der sozialen Verhältnisse ist geschwunden. Zwar mag der individuelle Haß gegen den Propheten einer besseren Gesellschaft vergehen, der kollektive wird bestehen bleiben. Da die eigene Seele das einzige ist, was die Gesellschaft nicht zerstören kann, tritt das Selbstgespräch an die Stelle des Dialogs. In der zweiten *Promenade* wird ein Unfall, den Rousseau durch einen aus einer Kutsche herausfallenden Bernhardiner erleidet, zur Metapher der menschlichen, d. h. Rousseaus eigener Existenz. Rationale Planung konnte das Unglück nicht verhindern; aus der Bewußtlosigkeit erwacht, geht der verletzte Philosoph wie traumwandlerisch nach Hause. Seine Wunden sind abstoßend und schmerzhaft, doch nicht gefährlich; dennoch laufen Gerüchte über seinen Tod um, die seine Berühmtheit, aber auch den Haß der Gesellschaft bezeugen.

Hatten die ersten beiden *Promenades* die eigene Lebenssituation umrissen, so befaßt sich die dritte mit dem Nutzen des Wissens, einem zentralen Thema der Rousseauschen Philosophie. Für Rousseau ist der Erwerb von Wissen ein mit Mühe und Schmerzen verbundener und dem Verlust der Unschuld bezahlter Vorgang. Er stellt fest, daß überdies das meiste Wissen zu spät erlangt werde, um zum Glück der Menschen beizutragen. Zweifel peinigen ihn, ob das eigene, auf die Intuition gegründete und gegen die herrschenden Tendenzen der Zeit gerichtete System nicht doch falsch sein könne. Aber diese Zweifel sind vorübergehender Natur: Keine noch so hohe Aufsummierung von Wissensfakten kann die ursprünglichen, richtigen Einsichten des Herzens erschüttern. Die vierte *Promenade* ist dann dem Themenbereich der Ethik gewidmet. Im Gegensatz zu den *Confessions*, wo die Romane der eigenen Zeit als wichtigste Lektüre angesehen werden, stellt Rousseau nun die Geschichtsdeutung und Moral PLUTARCHS an die Spitze der ihn formenden Kräfte. Das *»Erkenne dich selbst«* wird Ausgangspunkt für die Behandlung des Problems der Lüge. Rousseau unterscheidet abstrakte und individuelle Wahrheit, letztere wiederum wird daran gemessen, ob sie für ein bestimmtes Individuum von Belang ist oder nicht. Nur der Verstoß gegen die ersteren beiden Arten von Wahrheit ist in Rousseaus Augen Lüge. Die Wahrheitspflicht ist für ihn das höchste ethische Gebot. Nach einer Jugendsünde, einer schweren Lüge, über die er merkwürdigerweise zunächst keine Reue empfunden hatte, die ihn später aber in die schmerzlichsten Gewissensqualen stürzte, habe er das Wahrheitsgebot stets eingehalten. – Die fünfte und berühmteste *Promenade* beschreibt das Leben auf der Insel St. Pierre im See von Bienne, das durch die Hingegebenheit an die Muße und die Natur, besonders aber durch die Beschäftigung mit der Botanik, das denkbar glücklichste gewesen sei. Psychoanalytische Deutungen haben hierin die Sehnsucht nach dem chthonischen Mutterschoß erblicken wollen. – Die sechste und siebte *Promenade* pendeln dann zwischen Erkenntnistheorie und einer psychologisch untermauerten Ethik. Allein das freie Handeln wird als moralisch vertretbar angesehen, wobei Rousseau entschieden der Theorie der abstrakten Willensfreiheit zuneigt. Die Motive des eigenen Handelns sind damit freilich nicht vollständig erschlossen. Aber das lag auch nicht im Sinn des Autors; nicht eine Darstellung des Seelenmechanismus, wie sie in der Folge die Ideologen (insbesondere DESTUTT DE TRACY) vornahmen, ist beabsichtigt, sondern eine Anthropologie, die das Ich zur eigenen Seele finden läßt und menschliches Glück ermöglicht. Die achte *Promenade* setzt die Ethik in Beziehung zur Gesellschaft. Anstelle der gesellschaftlichen Notwendigkeiten und der daraus resultierenden falschen *amour propre* muß die wahre *amour de soi-même* treten. – Als Abschluß ist dann in der neunten und zehnten *Promenade* die Ethik mit einem weiten anthropologischen Hintergrund konfrontiert. Rousseau erscheint es als notwendig, das Bindeglied zwischen der physischen Sensibilität und der Empfänglichkeit für moralische Werte zu finden. Erst dann kann die wahre Moral, die *morale sensitive*, gefunden werden, die im Gefühl, nicht in irgendeinem unbewiesenen metaphysischen System ihre Grundlage hat. In diesem Punkt werden paradoxerweise Ähnlichkeiten zwischen Rousseau und F. NIETZSCHE sichtbar (allerdings ist bei Rousseau die Moral nicht direkt auf die Physiologie zurückgeführt, lediglich auf dem Umweg über die *sensibilité physique* dringen einige physiologische Bestimmungselemente in die Rousseausche Ethik ein).

Insgesamt pendeln die *Rêveries* zwischen Traum und Gewissenserforschung. Der beherrschende und entscheidend neuartige Gesichtspunkt ist der der Ersetzung von rationaler Deutung des Daseins durch das *sentiment de l'existence*. Damit wurden die *Rêveries* bis zu M. PROUST und zur Lebens- und Existenzphilosophie bedeutsam. Ihr von Weltschmerz beseelter Gestus war für die Romantik, insbesondere CHATEAUBRIAND, bestimmend, wie das Adjektiv *romantique* auch bereits in den *Rêveries* auftritt, ohne freilich zunächst mehr zu bezeichnen als die Wirkung, die die (nun als bizarr gesehene) Natur auf den Menschen ausübt. In der erkenntnistheoretischen Hinwendung zu dem durch die Sinne vermittelten Weltbild sind die *Rêveries* freilich auch für die europäische Neuzeit nicht originell; hier hatte Rousseau in F. BACON und J. LOCKE entscheidende literarische Vorgänger.

C.Sch.

Ausgaben: Genf 1782. – Paris 1882. – Lille/Genf 1948, Hg. M. Raymond [krit.; m. Einl. u. Bibliogr.]. – Paris 1959 (in *Œuvres complètes*, Hg. B. Gagnebin u. a.; 4 Bde., 1959–1969, 1; krit.; Pléiade). – Paris 1960, Hg. H. Roddier. – Paris 1961, Hg. F. Bouvet [zus. m. *Les confessions*]. – Paris 1967 (in *Œuvres complètes*, Hg. M. Launay, 1967 ff., Bd. 1; Vorw. J. Fabre).

Übersetzungen: *Selbstgespräche auf einsamen Spaziergängen*, K. G. Schreiter, Bln. 1782. – *Phantasien eines einsamen Wanderers*, A. Nussbaum, Bln./Lpzg. 1923. – *Träumereien eines einsamen Spaziergängers*, R. J. Humm, Basel 1943. – Dass., H. Ritter (in *Schriften*, Hg. ders., Bd. 2, Mchn./ Wien 1878; ern. Ffm. 1988; FiTb). – *Die Träumereien des einsamen Spaziergängers*, D. Leube, Mchn. 1978. – Dass., ders., Zürich/Mchn. 1985.

Literatur: R. Osmont, *Contribution à l'histoire psychologique des »Rêveries du promeneur solitaire«* (in Annales de la Société J.-J. Rousseau, 23, 1934, S. 7–135). – B. Munteano, *La solitude de J.-J. R.* (ebd., 31, 1946–1949, S. 79–168). – J.-R. Carré, *Le secret de J.-J. R.* (in RHLF, 49, 1949, S. 130–154; 220–234). – R. Grimsley, *Subjective and Objective Elements in R.'s »Rêveries du promeneur solitaire«* (in FS, 7, 1953, S. 1–17). – H. Guillemin, *A vrai dire*, Paris 1956, S. 11–28. – R. Ricatte, *Réflexions sur les »Rêveries«*, Paris 1960. – J. Proust, *Le premier des pauvres. Essai sur les »Rêveries«* (in Europe, 391/392, 1961, S. 13–21). – M. Raymond, *J.-J. R. La quête de soi et la rêverie*, Paris 1962. – J. Voisine, *Du nouveau sur les »Rêveries«* (in Information Littéraire, 14, 162, S. 1–8). – M. Parent, *Une aventure stylistique. Diversité et unité dans la ›Deuxième promenade‹ des »Rêveries« de R.* (in Neuphilologische Mitt., Helsinki, 66, 1965, S. 519–535). – J. Starobinski, *Rêverie et transmutation* (in J. S., *De Ronsard à Breton*, Paris 1967.

Donatien-Alphonse-François, Marquis de Sade

* 2.6.1740 Paris
† 2.12.1814 Charenton

Literatur zum Autor:
Bibliographien:
G. Cerruti, *Il marchese di S.: la sua recente fortuna e gli ultimi studi critici (1958–1968)* (in StF, 1969). – E. P. Chanover, *The Marquis de S. A Bibliography*, Metuchen 1973. – M. Delon, *Dix ans d'études sadiennes (1968–1978)* (in DHS, 11, 1979). – G. Festa, *Les études sur le Marquis de S. Contributions à une bibliographie analytique*, Univ. Clermont-Ferrand-II 1981. – C. Michael, *The Marquis de S., the Man, His Works, and His Critics. An Annotated Bibliography*, NY 1985.
Biographien:
G. Lély, *Vie du marquis de S.*, Paris 1965; zul. 1989 [erw.; Vorw. P. Sollers]. – Ders., *S., études sur sa vie et sur son œuvre*, Paris 1967. – W. Lenning, *Marquis de S., in Selbstzeugnissen und Bilddokumenten*, Reinbek 1967 (21980; rm). – R. Hayman, *S. A Critical Biography*, Ldn. 1978. – H. Fauville, *Lacoste. S. en Provence*, Aix-en-Provence 1984. – L. Bàccolo, *Biografia del Marchese di S.*, Mailand 1986. – J.-J. Pauvert, *S. vivant. I: Une innocence sauvage, 1740–1777*, Paris 1986.
Gesamtdarstellungen und Studien:
M. Blanchot, *Lautréamont et S.*, Paris 1949; ern. 1967. – G. Bataille, *La littérature et le mal*, Paris 1954. – S. de Beauvoir, *Faut-il brûler S.?*, Paris 1955; ern. 1972. – YFS, 35, 1965 [Sondernr. *S.*]. – O. Flake, *Marquis de S.*, Mchn. 1966 (dtv). – Tel Quel, 28, Winter 1967 [Sondernr. *S.*]. – J.-J. Brochier, *S.*, Paris 1966. – Ders., *Le marquis de S. et la conquête de l'unique*, Paris 1967. – P. Klossowski, *S. mon prochain*, Paris 1967. – G. Lély, *S. Études sur sa vie et sur son œuvre*, Paris 1967. – P. Sollers, *S. dans le texte* (in P. S., *Logiques*, Paris 1968, S. 78–96). – *Le Marquis de S.*, Paris 1968 [Kongreßakten]. – *Das Denken von S.*, Mchn. 1969. – I. Bloch, *Der Marquis de S. und seine Zeit*, Hanau 1970. – J. Delpech, *La passion de la marquise* [sic!] *de S.*, Paris 1970. – R. Barthes, *S., Fourier, Loyola*, Paris 1971. – Europe, Okt. 1972, Nr. 522 [Sondernr. *S.*]. – F. Laugaa-Traut, *Lectures de S.*, Paris 1973. – A. Drach, *In Sachen S.*, Düsseldorf 1974. – A. M. Laborde, *S. romancier*, Neuchâtel 1974. – R. G. Lacombe, *S. et ses masques*, Paris 1974. – D. S. Thomas, *The Marquis de S.*, Boston 1976 (TWAS). – P. Roger, *S. La philosophie dans le pressoir*, Paris 1976. – B. Didier, *S., essai*, Paris 1976. – R. J. Hackel, *S.'s Quantitive Moral Universe*, Den Haag 1976. – Obliques 1977, Nr. 12/13 [Sondernr. *S.*]. – C. Thomas, *S., l'œil de la lettre*, Paris 1978. – V. Barba, *S. La liberazione impossibile*, Florenz 1978. – M. Hénaff, *S. L'invention du corps libertin*, Paris 1978. – *Interpretazioni di S.*, Hg. V. Barba, Rom 1979. – C. Pasi, *S., Artaud*, Rom 1979. – R. Hayman, *S.*, Ldn. 1978. – J. Gallop, *Intersections. A Reading of S. with Bataille, Blanchot and Klossowski*, Lincoln (Nebr.)/Ldn. 1981. – A. Carter, *The Sadeian Woman and the Ideology of Pornography*, NY 1978 (dt. *Sexualität ist Macht*, Reinbek 1981). – H. V. Seifert, *S. Leser und Autor*, Ffm./Bern 1983. – *S. Écrire la crise*, Hg. M. Camus u. P. Roger, Paris 1983 (Colloque de Cérisy). – M. Treut, *Die grausame Frau. Zum Frauenbild bei de S. und Sacher-Masoch*, Basel/Ffm. 1984. – L. W. Lynch, *The Marquis de S.*, Boston 1985 (TWAS). – A. Le Brun, *Soudain un bloc d'abîme, S. Introduction aux œuvres complètes*, Paris 1986. – S. Lem, *S. und die Spieltheorie*, Ffm. 1986. – J. Paulhan, *Le Marquis de S. et sa complice ou les revanches de la pudeur*, Brüssel 1987 [Vorw. B. Noël]. – A. M. Laborde, *Le mariage du marquis de S.*, Genf 1988. – R. R. Grimm, *›Les délices du nouveau ré-*

gime‹. Der Marquis de S. und die Französische Revolution (in *Literatur der Französischen Revolution. Eine Einführung*, Hg. H. Krauß, Stg. 1988, S. 228–246; 294–297). – J.-P. Dubost, *›Der Weg ist nunmehr vorgezeichnet ...‹. S. und die Französische Revolution*, Stg. 1989. – R. Jean, *Un portrait de S.*, Arles 1989. – C. V. Michael, *S. his Ethics and Rhetoric*, NY u. a. 1989. – J.-J. Pauvert, *S. vivant*, Bd. 2, Paris 1989.

ALINE ET VALCOUR OU LE ROMAN PHILOSOPHIQUE Écrit à la Bastille un an avant la Révolution de France

(frz.; *Aline und Valcour oder Der philosophische Roman. Geschrieben in der Bastille, ein Jahr vor der Französischen Revolution*). Philosophischer Briefroman in zwei Teilen von Donatien-Alphonse-François, marquis de Sade, erschienen 1793. Das Werk, eine *»Frucht jahrelanger Nachtarbeit«*, entstand mutmaßlich während Sades Gefängnisaufenthalt zwischen dem 28. 11. 1785 und dem 1. 10. 1788. – Noch stärker als die späteren philosophischen Romane Sades bleibt *Aline et Valcour* den Erzählkonventionen des 18. Jh.s verbunden. Philosophische Thesen werden nicht allein über die Dialoge und die Erzählerrede vermittelt, sondern stehen hier noch in direkter Abhängigkeit von der deutlich aktionsbetonten Handlungsstruktur. Die erzählte Geschichte behandelt in zwei – eher locker – durch einige Figuren verbundenen Teilen ein und dasselbe Thema – das Schicksal zweier Liebespaare. Die drei daraus sich ergebenden »Variationen« des Themas der »verfolgten Unschuld« werden in den Dienst der hier bereits bis zur letzten Konsequenz vorangetriebenen radikalen aufklärerischen Rationalität gestellt. *Aline et Valcour* ist trotz der philosophischen Intentionen Sades ein Roman, der die Ziele der Unterhaltung durch Lektüre noch nicht zugunsten des theoretischen Überbaus opfert. Weniger spektakulär in der Darstellung von Exzessen jeglicher Art als die berühmteren Texte Sades bleibt *Aline et Valcour* seinen literarischen Ambitionen verhaftet, deren Vorbilder der Autor unumwunden zu erkennen gibt: Als wesentliche Quelle, die das zentrale Thema lieferte, nämlich die Möglichkeit, in einer als unmoralisch gesetzten Welt die Unschuld zu bewahren, ist in erster Linie Laclos' Skandalerfolg *Les liaisons dangereuses* (1782) zu nennen, der als erster spätaufklärerischer Roman das Thema der »verfolgten Unschuld« von den larmoyanten Schicksalen mitleidprovozierender Heldinnen (vgl. S. Richardson) auf die Frage nach der Rolle des Bösen hin zuspitzt und an den sich zur selben Zeit wie Sade auch Louvet de Couvray (vgl. *Aventures du Chevalier Faublas*) anschließt. Daß die Entsprechungen zu Laclos durchaus beabsichtigt sein dürften, wird an der deutlichen Kontamination mit Namen seiner Romanfiguren evident (Valmont / Blamont / Merteuil / Merceuil; Gercourt / Valcourt). Auch das Schema des Briefromans, in dem zwei Intriganten – der Finanzier Dolburg und der Präsident de Blamont – einander über die Fortschritte ihrer Intrige berichten, weist ebenso wie zahlreiche Handlungsdetails auf Laclos zurück. Blamont will seine Tochter Aline deren Verlobten Valcour abspenstig machen und mit Dolburg verheiraten, um zusammen mit diesem das wehrlose Mädchen zu verführen. Blamonts eigene Frau, die diesen Plänen im Wege steht, wird kurzerhand vergiftet, während Valcour nur durch die Hilfe der zufällig hinzukommenden Polizei einem Anschlag in der Rue de Buci in Paris entgeht. Aline, die von Blamont auf einen entlegenen Landsitz entführt wurde, nimmt sich, da ihre Bitten bei ihrem eigenen Vater nichts bewirken, kurz vor der erzwungenen Hochzeit das Leben. Valcour tritt in ein Kloster ein. – Auch der zweite Teil behandelt mit anderer Intention das Thema der Trennung eines Liebespaares, Sainville und Leonora, einer Schwester Alines. Sainville wird bei der abenteuerlichen Suche nach seiner verschollenen Geliebten in verschiedene exotische Reiche verschlagen, an deren Beispiel Sade staatsphilosophische Ansichten erläutert: Vom König des Landes Butua, an der Goldküste, in dem Kannibalismus und die brutale Entrechtung der Frau an der Tagesordnung sind, wird Sainville gezwungen, Haremswächter zu werden. Er kann schließlich dieses Land, wo König und Priesterkaste ein grausames Regime über ihr abergläubisches, aber zu brutalen Exzessen neigendes Volk führen, verlassen, um in Tamoe in der Südsee das utopische Gegenteil, einen paradiesischen Idealstaat, zu finden, dessen weiser Herrscher Zamé als Jüngling, angewidert von der moralischen Korruption Europas, seinen Inselstaat reformierte, indem er die Quellen aller Mißstände – Privatbesitz, Klassenunterschiede, Religion und die traditionelle Struktur der Familie – beseitigte. Die zentralen Ideen seines Idealstaats Tamoe sind deutlich platonischen Einschlags *(Politeia)*: An die Stelle der Familie tritt als Erzieher der Kinder der Staat, der auch ein Eigentumsmonopol besitzt, es existieren weder Kriminalität noch Strafen, statt einer organisierten Religion gibt es nur eine vage theistische Naturverehrung. – Der letzte, umfang- und handlungsreiche Teil berichtet von den Abenteuern der schönen Leonora, die in den fernsten Winkeln der Erde durch ihre Reize immer wieder das Begehren der Männer – lüsterne Mönche, gewalttätige Bettler oder Mörder in Spanien – herausfordert, und, obgleich dem männlichen Geschlecht nicht abgeneigt, trotz aller Kalamitäten ihre Unschuld bewahrt.

Die Partien des Werkes, in denen Sade mit den Worten Zamés die Abschaffung der Tyrannei und die Revolution in Frankreich prophezeit, mögen zur zeitweiligen Zensur des Werks in der Restaurationsepoche nach 1815 geführt haben. Da sich das Augenmerk der Sade-Forschung bislang fast nur auf dessen »skandalöse« Werke konzentriert, wird die spezifische literarische Qualität von *Aline et Valcour* erst seit kurzem eingehender gewürdigt. Das Muster des hellenistischen Verfolgungsromans mit dem Schema der Trennung und gegensei-

tigen Suche der von allen möglichen Widrigkeiten heimgesuchten Liebenden wird von Sade in interessanter Weise mit den literarischen Modellen des Reiseromans und der literarischen Utopie kombiniert. So handelt es sich hier um ein bedeutendes französisches Beispiel der Robinsonadenliteratur, das in der Nachfolge von L. Holbergs vor allem in lateinischer Sprache weit verbreitetem Staatsroman *Nils Klims unterirdische Reise* und J. Swifts *Gulliver's Travels* im 18. Jh. mit Casanovas *Icosaméron* in einer Reihe zu sehen ist. Das Motiv des weisen Exoten, aus dessen fremder Perspektive europäische Mißstände gesehen werden, weist auf Montesquieu (vgl. *Lettres persanes*) zurück.
Eine grotesk-komische Wiederaufnahme erfährt das Werk um die Wende zum 20. Jh. durch P. Louÿs (vgl. *Le roi Pausole*), der nicht nur den Namen der Titelfigur Aline, sondern Handlungsmotive beider Romanteile wie auch die Thematik des utopischen Staats mit libertiner Sexualmoral und Tendenz zu Verachtung des weiblichen Geschlechts in operettenhafter Form persifliert.

G. Wil.

Ausgaben: Paris 1793 [recte 1795], 4 Tle. in 8 Bdn. – Brüssel 1883, 4 Bde. – Paris 1956 (in *Œuvres complètes*, Bd. 8–11). – Paris 1962 (in *Œuvres complètes*, Tl. 4, 2 Bde.; Vorw. J. Fabre). – Paris 1967 (in *Œuvres complètes*, Vorw. J. Fabre, 16 Bde., 4/5). – Paris 1971 (Vorw. G. Lély; 10/18). – Paris 1986 (in *Œuvres complètes*, Hg. J.-J. Pauvert u. A. Le Brun, Bd. 4/5).

Übersetzung: *Aline et Valcour oder Der philosophische Roman*, H. Wichmann, Hbg. 1963; ern. 1990. – Dass., ders. (in *AW*, 6 Bde., 3, Ffm. 1972; FiTb).

Literatur: D. Favre, *S. utopiste. Sexualité, pouvoir et État dans le roman »Aline et Valcour«*, Paris 1967. – M. Goulemot, *Lecture politique d'»Aline et Valcour«* (in *Le Marquis de S.*, Paris 1968, S. 115–139). – R. Mercier, *S. et le thème des voyages dans »Aline et Valcour«* (in DHS, 1, 1969, S. 337–352). – S. Bartolommei, *»Aline et Valcour«* (in S. B., *Illuminismo e utopia*, Mailand 1978, S. 104–115). – H. A. Glaser, *Utopie und Gegenutopie. Zu S. »Aline et Valcour«* (in Poetica, 13, 1981, S. 67–81). – J. Ehrard, *Pour une lecture non sadienne de S. Mariage et démographie dans »Aline et Valcour«* (in *S. Écrire la crise*, Hg. M. Camus u. P. Roger, Paris 1983, S. 241–257). – J. Garagnon, *La sensibilité comme idéologie de substitution de la noblesse dans »Aline et Valcour«* (in *Études sur le 18e siècle*, 11, 1984, S. 65–77). – Y. Giroud, *La ville du bout du monde* (in SLF, 11, 1985, S. 85–100). – C. L. Miller, *No One's Novel. S.'s »Aline et Valcour«* (in C. L. M., *Blank Darkness. Africanist Discourse in French*, Chicago/Ldn. 1985, S. 184–200). – B. Wagner, *›Schwarze‹ und ›weiße‹ Utopien und ein Garten des Marquis de S. (Zu »Aline et Valcour«)* (in B. W., *Gärten und Utopien. Natur und Glücksvorstellungen in der französischen Spätaufklärung*, Wien u. a. 1985, S. 160–175). – J. C. Dolan, *Source and Strategy in S. Creation of ›Natural‹ Landscapes in »Aline et Valcour«* (in FF, 11, 1986, S. 301–316). – P. Manfredi, *S. L'art de la subversion dans »Aline et Valcour«*, Diss. Univ. of California/Irvine 1986 (vgl. Diss. Abstracts, 47, 1986/87, S. 1742A).

LES CENT-VINGT JOURNÉES DE SODOME OU L'ÉCOLE DU LIBERTINAGE

(frz.; *Die hundertzwanzig Tage von Sodom oder Die Schule der Ausschweifung*). Romanfragment von Donatien-Alphonse-François, marquis de Sade, entstanden 1785, erschienen 1904. – Das Frühwerk des »göttlichen Marquis« (M. Praz) besitzt vor allem Bedeutung als klassisches Beispiel der Kerkerliteratur. Der Autor, zur Zeit der Niederschrift der *Cent-vingt journées* schon lange in Haft, erträumte sich kein Paradies der Freiheit; seine ungeheuerliche Phantasie schuf über den Mauern der Bastille vielmehr eine Zitadelle schrecklicher Lüste. *»Jetzt, lieber Leser, mußt du dein Herz und deinen Geist auf die unzüchtigste Erzählung vorbereiten, die jemals geschrieben wurde, seit die Welt besteht«*, warnt Sade sein Publikum. Zweiundvierzig Frauen und Knaben werden auf dem Schloß des Herzogs von Blangis gefangengehalten; sie sind der Willkür dieses Herrn und seiner drei gleichermaßen vornehmen wie psychopathischen Spießgesellen – ein Kirchenfürst, ein Richter und ein Financier – wehrlos ausgeliefert. Der Herzog proklamiert die Alleinherrschaft des Terrors. *»Überlegen Sie sich, was Sie sind und was wir sind, und diese Überlegungen mögen sie erzittern lassen ... Sie sind in einer unzugänglichen Zitadelle eingesperrt. Niemand weiß, daß Sie hier sind; Sie sind ihren Freunden entzogen und Ihren Eltern – Sie sind für die Welt schon gestorben.«*
Nicht weniger deutlich als in den ungleich populäreren Romanen *(Justine, Juliette)* setzt sich Sade hier mit der Theorie totalitärer Systeme auseinander, die gerade in der Spätaufklärung ein zentraler Diskussionsgegenstand war. Die Figurenkonstellation der vor keiner Grausamkeit zurückschrekkenden Minorität und der in den folgenden 600 Perversionen brutal gequälten Untertanen greift auf ein archetypisches Schema der Literatur des Ancien Régime zurück, ohne daß es mit ähnlich weitreichenden Konsequenzen von einem Zeitgenossen (Laclos, Louvet de Couvray, Radcliffe) oder Nachfolger (Byron, Shelley, Lewis, Huysmans, Rachilde, Lorrain) erreicht worden wäre.
Merkwürdig ist an dem Torso die Geschichte seiner Textüberlieferung. Das Manuskript besteht aus einer elf Zentimeter schmalen und über zwölf Meter langen Papierrolle. Nur solcherart zubereitet, konnte es der Marquis vor den Wärtern verborgen halten. Nach dem Sturm auf die Bastille war das Manuskript verschwunden und blieb es, bis es 1904 von dem Berliner Sexualwissenschaftler Iwan Bloch veröffentlicht wurde. Diese ziemlich fehlerhafte Ausgabe wurde später durch die dreibändige,

kritische Ausgabe von Maurice HEINE ersetzt. Parallel zu der sicherlich allzu einseitigen Bewertung Sades als Psychopath durch die Bourgeoisie entwickelt sich, ausgehend von den gerade durch Sade inspirierten romantischen Schreckensromanen, eine diametral entgegengesetzte Interpretationslinie, die in den emphatischen Schriften JANINS, BAUDELAIRES und Huysmans' kulminiert, um als direkte Reaktion auf den Sade-Kult im Fin de siècle in Schriften »ernstzunehmender Wissenschaftler« um die Wende zum 20. Jh. eine erneut zweifelhafte Vereindeutigung zu erfahren. Während etwa MARCIAT 1899 noch durchaus die »irregeleitete« Aufklärungsphilosophie Sades herausarbeitet, fallen zumal die *120 journées de Sodome* einer dubiosen Interpretation als Beleg der »Psychopathologia Sexualis« anheim. Wie stark diese problematische Verurteilung von Sades philosophischer Konzeption des Zusammenhangs von Macht und Grausamkeit bis weit ins 20. Jh. hinein wirkt, wird an der mit Vehemenz geführten Diskussion um P. P. PASOLINIS Romanverfilmung – einem Film, den *»man gesehen haben muß, den man aber kein zweites Mal sehen möchte«* (U. Gregor) – evident: Pasolini verlegt die Szenerie konsequent aus dem Ancien Régime in die letzten Tage des Mussolini-Régimes von Salò, um die hedonistische Dekadenz seiner eigenen Epoche zu kritisieren: In einer Art von »typologischem Dreischritt« (Ancien Régime – Faschismus – Spätkapitalismus) wird so Sades Roman von dem überzeugten Kapitalismuskritiker Pasolini auf die Unterdrückungsmechanismen der spätbürgerlichen Gesellschaft hin ausgedeutet.

G.Wil.-KLL

AUSGABEN: Bln. 1904, Hg. I. Bloch. – Paris 1931–1935, 3 Bde., Hg. M. Heine [krit.]. – Paris 1953 (in *Œuvres complètes*, 2 Bde., Hg. J.-J. Pauvert). – Paris 1967 (in *Œuvres complètes*, 16 Bde., 13). – Paris 1972. – Paris 1975 (Vorw. G. Lély; 10/18).

ÜBERSETZUNGEN: *Die hundertzwanzig Tage von Sodom oder Die Schule der Ausschweifung*, K. von Haverland, 2 Bde., Wien 1908 [Nachdr. Hanau 1969, 2 Bde.; Nachdr. Dortmund 1979]. – Dass. (in *AW*, 6 Bde., 2, Ffm. 1972; FiTb).

VERFILMUNG: *Salò*, Italien 1975 (Regie P. P. Pasolini).

LITERATUR: I. Bloch, *M. de S.'s »120 Days of Sodom« and the Sex Life of the French Age of Debauchery*, NY 1934. – A. E.-F. P. Javelier, *Le M. de S. et les »Cent-vingt journées de Sodome« devant la psychologie et la médecine légale*, Paris 1937. – Y. Bonnefoy, *La cent-vingt-et-unième journée* (in Y. B., *L'improbable*, Paris 1959, S. 117–133). – G. Lély, *Avant-propos aux »120 journées de Sodome«* (in Obliques, 12/13, 1977, S. 157–163). – R. F. O'Reilly, *Desire in S.'s »Les 120 journées de Sodome«* (in StV, 1983, Nr. 217, S. 249–256). – J. De Jean, *»Les 120 journées de Sodome«* (in RomR, 74, 1983, S. 34–45). – Dies., *Inside the Sadean Fortress. »Les 120 journées de Sodome«* (in J. De J., *Literary Fortifications*, Princeton 1984, S. 263–328). – R. R. O'Reilly, *Language and the Transcendent Subject in Three Works of the Marquis de S. »Les 120 journées de Sodome«, »La philosophie dans le boudoir«, and »Justine«* (in StV, 1987, Nr. 249, S. 399–406).

LA NOUVELLE JUSTINE OU LES MALHEURS DE LA VERTU. Suivie de l'histoire de Juliette, sa sœur

(frz.; *Die neue Justine oder Das Unglück der Tugend. Die Geschichte ihrer Schwester Juliette*). Doppelroman von Donatien-Alphonse-Françoise, marquis de SADE, anonym erschienen 1797. – Dem überaus umfangreichen philosophischen Abenteuerroman gingen zwei Einzelwerke voraus: die nachgelassene, 1787 im Gefängnis entstandene Erzählung *Les infortunes de la vertu (Das Mißgeschick der Tugend)* und der Roman *Justine ou Les malheurs de la vertu*, 1791 *(Justine oder Das Unglück der Tugend)*. Ein Jahr zuvor war die *Histoire de Juliette ou Les prospérités du vice (Geschichte der Juliette oder Die Vorteile des Lasters)* in einer gesonderten Ausgabe erschienen. Die Entstehungs- und Editionsgeschichte des Hauptwerks, in dem der Autor gleichsam mit den Ideen der Aufklärung – vor allem mit ROUSSEAUS *Julie* – abrechnet, ist verwickelt, so daß eine kritische Ausgabe des bislang nie vollständig edierten Textes – wie sie gegenwärtig in Vorbereitung ist – erst eine globale Beurteilung des eher berüchtigten als gelesenen Werks erlauben wird.

Der Roman stellt antithetisch das Schicksal zweier ungleicher Schwestern einander gegenüber, der tugendhaften und frommen Justine, deren Leben nur aus Leiden und Qualen besteht, und das der lasterhaften und gottlosen Juliette, die Verbrechen auf Verbrechen häuft und zuletzt zu höchsten gesellschaftlichen Ehren kommt. Während die erste Fassung der *Justine* noch Züge der barocken Märtyrertragödie trägt und der Tugend nur die sichere Hoffnung auf Belohnung nimmt, erscheint die »Odyssee der Unschuld«, in Anlehnung an LACLOS' *Liaisons dangereuses* (1782), in der zweiten Fassung bereits als satirisch-zynische Glorifizierung des Lasters. Die radikale Umkehrung der gültigen Moralvorstellungen, an deren Stelle das ausgeklügelte System der Begierden und Instinkte tritt, wird dann in der *Neuen Justine* konsequent vollzogen. Die Heldin hat nun nicht mehr wie in den vorausgegangenen Fassungen selbst das Wort. *»Das härteste obszöne Vokabular ersetzt ihre bescheidenen Klagen. Zugleich nehmen die Abenteuer der Heldin eine ans Fabelhafte grenzende Wendung, und die sich anschließende Geschichte der Juliette gibt dem Ganzen vollends die Gestalt eines genialen Feuilleton-Romans«* (M. Heine). Tatsächlich hat das Werk nun, erzählerisch gestrafft und mit traktatähnlichen Exkursen ausgestattet, den Charakter einer Apologie des Bösen angenommen. Die Schöpfung erscheint als das Werk einer teuflischen

Gottheit, die – als einzig adäquate Antwort – die Lust am kuhl berechneten Verbrechen herausfordert.

Die Geschichte Justines stellt die ins Monströse zugespitzte Variante des empfindsamen Romanmotivs der »Verfolgten Unschuld« (vgl. RICHARDSON) dar. Ihre Leiden beginnen mit ihrem vierzehnten Lebensjahr (um 1775), als sie, verwaist und unerfahren, aus dem Kloster entlassen wird. Schmach, Schändung, Mißhandlung und Folter sind hinfort ihr tägliches Los, der Lohn ihrer Tugend und Frömmigkeit. Auf den Stationen ihres Leidensweges – z. B. im Schloß des Kindermörders Bandole, im Kloster Sainte-Marie-des-Bois, beim Falschmünzer Roland – wird sie Opfer und Zeugin phantastischer Ausschweifungen und Verbrechen. Doch ist sie es, die zuletzt unschuldig ins Gefängnis gesteckt wird. – Die Geschichte ihrer Schwester Juliette wird (von wenigen Einschüben anderer Erzähler abgesehen) aus der Perspektive der Titelheldin berichtet. Wieder treten dieselben grausamen und herrischen Bösewichter, dieselben stets wehrlosen, stets geduldigen, stets unschuldigen Opfer auf; nur werden jetzt Blasphemie, Notzucht, Inzest, Erpressung und Mord ins Ungeheuerliche multipliziert. Noirceuil – Juliettes »Mentor« –, der Minister Saint-Fond, Delcour (Henker von Nantes) und Sbrigani, die Juliettes steile Verbrecherlaufbahn kreuzen oder begleiten, sind ins überdimensionale gesteigerte Abbilder der Verbrecher des ersten Teils. Als der Minister Frankreich verwüsten und bedenkenlos zwei Drittel der Bevölkerung aushungern will, schreckt selbst Juliette zurück. Sie flieht nach Italien und trifft dort u. a. auf den kannibalischen Moskoviten Minski, der mit einer ausgeklügelten Maschine vom Bett aus sechzehn Menschen zugleich auf verschiedene Weise morden kann, den ausschweifenden Papst Pius VI., der ihr zuliebe im Petersdom eine schwarze Messe zelebriert, den Räuberhauptmann Brisa-Testa, der mit Juliettes Komplicin Lady Clairwil, seiner Schwester, im Inzest lebt, auf König Ferdinand von Neapel, der für seine und seiner Gemahlin blutige Orgien in den Ruinen von Pompeji ein »Theater der Grausamkeit« eingerichtet hat. In einer Art Apotheose des Lustmords und Verbrechens wirft die Heldin die eigene Tochter nach unsäglichen Folterungen ins Feuer. Inhalt und Prinzip ihres Lebens faßt sie am Ende ihres Berichts folgendermaßen zusammen: *»Ich gestehe, daß ich das Verbrechen leidenschaftlich liebe und daß nur das Verbrechen allein meine Sinne erregt... Was kümmern mich die Opfer, es wird solche immer geben ... Nur durch Missetaten erhält sich die Natur und erobert sich die Rechte zurück, die die Tugend ihr genommen hat. Wir gehorchen ihr also, indem wir uns dem Bösen hingeben: unser Widerstand ist das einzige Verbrechen, das sie uns niemals verzeihen darf.«* Die unglückliche Justine wird von ihr verstoßen und in der allgemeinen Erwartung eines Gottesurteils einem infernalischen Gewitter preisgegeben. Als sie wirklich vom Blitz erschlagen wird, triumphieren die »Libertins« und schänden die entstellte Leiche. Noch am selben Tag wird Noirceuil vom König zum neuen Premierminister berufen, und Juliette wie seine anderen Komplicen gelangen mit ihm zu Reichtum und Ansehen.

Die literarische Bedeutung von Sades Hauptwerk liegt zum einen in seiner Faszination auf die Nachwelt: Nicht nur die Romantik, die im Schreckensroman wie auch im trivialeren Feuilletonroman auf Sades Werk zugreift, sondern vor allem das Fin de siècle (HUYSMANS, WILDE, LORRAIN, RACHILDE) nimmt die blutig-groteske Szenerie, die gotischen Schlösser, die Folterapparatur, die schwarzen Mysterien und Rituale auf. Schließlich bekennt sich gerade der Surrealismus (Artaud, Breton, Buñuel, Dalí) zu dem ästhetischen Erbe des »göttlichen Marquis«, um es später auch an lateinamerikanische Autoren (E. SÁBATO) weiterzugeben. Vom Psychopathologischen her gibt Sade mit dem Roman eine frühe Beschreibung der *»sadistisch-analen Organisation«* (S. Freud). Klar wird der Zusammenhang zwischen Verbrechen und Aggression erkannt. Die weittragende geistesgeschichtliche Bedeutung Sades wird erst seit HORKHEIMER/ADORNOS zentraler Abhandlung *Dialektik der Aufklärung* (1947) frei von den immer noch nachwirkenden Vorurteilen bewertet. Die gleichermaßen von Abscheu und Faszination bestimmte Reaktion auf die Veröffentlichung in der liberalen Ära des Direktoriums, das moralische Verdikt, das den Roman bis in unsere Zeit in die »Giftschränke« der Bibliotheken verbannte, war bewußt oder unbewußt die Antwort auf die Infragestellung des christlichen Weltbilds, *»die Enthüllung des mythologischen Charakters, der Prinzipien, auf denen nach der Religion die Zivilisation beruht... Jedes einzelne der Zehn Gebote erfährt den Nachweis seiner Nichtigkeit vor der Instanz der formalen Vernunft. Sie werden ohne Rest als Ideologien nachgewiesen«* (Horkheimer/Adorno). In einem Denkansatz, der gegen ROUSSEAU gerichtet ist und NIETZSCHE und STIRNER vorwegnimmt, setzt Sade den Ideen der Philanthropen und Sozialisten einen zynischen Machiavellismus entgegen. Auch in der Veränderung (sprich Revolution) erblickt er, der Aristokrat, nur einen lächerlichen Machtumschwung, der an der »wahren« Ordnung von Herrschaft und Knechtschaft, der »naturgewollten« Aufteilung des Menschengeschlechts in Starke und Schwache nichts ändern wird. Die geistesgeschichtliche Bedeutung seines Werks liegt in der Aufhellung der Konsequenzen, die der aufklärerische Rationalismus nach sich ziehen muß, wenn er sich totalitärer Denkkategorien bedient. *»Denn die chronique scandaleuse Justines und Juliettes ... ist ... die Geschichte des Denkens als Organ der Herrschaft. Indem es nun im eigenen Spiegel vor sich selbst erschrickt, eröffnet es den Blick auf das, was über es hinaus liegt. Nicht das harmonische Gesellschaftsideal, das für Sade in der Zukunft dämmert... sondern daß Sade es nicht den Gegnern überließ, die Aufklärung sich über sich selbst entsetzen zu lassen, macht sein Werk zu einem Hebel ihrer Rettung«* (Horkheimer/Adorno). R.M.-KLL

AUSGABEN: o. O. [Holland] 1797, 10 Bde. – Paris 1909 (in *L'œuvre*; Einl. u. Anm. G. Apollinaire). – Paris 1955 (in *Œuvres complètes*, 26 Bde., 1955–1966, 2; Einl. G. Bataille). – Paris 1955 [Einl. G. Bataille]. – Paris 1967 (in *Œuvres complètes*, 16 Bde., 6–9). – Paris 1969 (Vorw. G. Lély, ern. 1978; 10/18). – Paris 1981 (*Justine ou les malheurs de la vertu*; Vorw. N. Châtelet). – Paris 1987 (in *Œuvres complètes*, Hg. J.-J. Pauvert u. A. Le Brun, Bd. 6/7).

ÜBERSETZUNGEN: *Justine und Juliette, oder die Gefahren der Tugend und die Wonne des Lasters*, anon., Lpzg. 1874. – *Justine und Juliette*, R. Leukh, 2 Bde., Bln. 1904. – *Die Geschichte der Justine oder die Nachteile der Tugend. Die Geschichte der Juliette oder die Vorteile des Lasters*, M. Isenbiel [d. i. R. Fiedler], 2 Bde., Wien 1906. – *Die neue Justine. Die Geschichte der Juliette*, M. Luckow (in *AW*, Bd. 3, Hbg. 1965). – *Justine oder das Unglück der Tugend*, K. Hock, Hbg. 1967; zul. 1990. – Dass., dies. (in *AW*, 6 Bde., 4, Ffm. 1972; FiTb). – *Die neue Justine*, dies. (ebd.). – *Justine oder Vom Mißgeschick der Tugend*, W. Fritzsche, Bln. 1981 (m. Essay v. A. Camus; Ullst. Tb). – *Justine oder die Leiden der Tugend, gefolgt von Juliette oder die Wonnen des Lasters. Roman aus dem Jahre 1797*, R. Haller, Nördlingen 1987. – *Juliette oder die Vorteile des Lasters*, Bln. 1989 (Vorw. H. Kauss, Ullst. Tb). – *Justine und Juliette*, S. Zweifel u. M. Pfister, Mchn. 1990 ff. [m. Anm.; auf 10 Bde. berechnet].

VERFILMUNGEN: *Le vice et la vertu*, Frankreich 1962 (Regie: R. Vadim). – *Marquis de Sade: Justine*, BRD 1968 (Regie: J. Franco). – *Justine de Sade*, Frankreich 1971 (Regie: C. Pierson).

LITERATUR: A. Bonneau, *La première édition de »Justine ou Les malheurs de la vertu«*, Paris 1880. – M. Horkheimer u. Th. W. Adorno, *Dialektik der Aufklärung. Philosophische Fragmente*, Amsterdam 1947; zul. Ffm. 1986 (FiTb). – R. Giraud, *The First »Justine«* (in YFS, 35, 1965, S. 39–47). – W. F. Edmiston, *Irony, Unreliability, and the Failure of the Sadean Project. »Les infortunes de la vertu«* (in FF, 12, 1987, S. 147–156). – R. F. O'Reilly, *Language and the Transcendent Subject in Three Works of the marquis de S. »Les 120 journées de Sodome«, »La philosophie dans le boudoir«, and »Justine«* (in StV, 1987, Nr. 249, S. 399–406). – Ph. Stewart, *Meaning and Its Opposite. Order in Justine's Disordered World* (in SRLF, 1987, S. 169–198).

LA PHILOSOPHIE DANS LE BOUDOIR ou Les instituteurs libertins

(frz.; *Die Philosophie im Boudoir oder Die lasterhaften Lehrmeister*). Moralphilosophische Dialoge von Donatien-Alphonse-François, marquis de SADE, erschienen 1795. – Die sieben Dialoge fassen Sades rationalistische Philosophie des radikalen Egoismus in geschlossener Weise zusammen. Die Theorien, die der Autor seine Wortführer über die Verlogenheit und Falschheit aller religiösen und sittlichen Wertsysteme vortragen läßt, bilden die zynische Umkehrung der traditionellen Fürstenspiegel- und Erziehungsliteratur, der im 18. Jh. der platonische Dialog als hauptsächliches Darstellungsmedium zur Verfügung steht. Hauptfigur der philosophischen Gespräche über die Wollust ist Madame de Saint-Ange, eine Libertine, in deren Salon und Boudoir sich die sieben Episoden ereignen. Außerdem beteiligen sich ihr Bruder Chevalier de Mirvel, Dolmancé und Diener (Augustin und Lapierre); diese Personen sind durch diverse inzestuöse, sodomitische und andere Perversionen miteinander verbunden. In der Sades Romankonzeption kennzeichnenden Dualität stehen ihnen als »Opfer« Madame de Mistival und deren Tochter Eugénie gegenüber. In einer Serie von Unterweisungen soll Eugénie in das »Reich der Venus« eingeführt werden. Höhepunkt dieses für Sade typischen Initiationsschemas ist die Defloration der fünfzehnjährigen Eugénie.

Das Vorwort *(Aux libertins)* macht kein Hehl aus der sozialpädagogischen Absicht des Buchs: *»Sinnenmenschen jeden Alters und jeden Geschlechts, für euch allein sei dieses Werk geschrieben. Labt euch an seinen Grundsätzen, sie begünstigen eure Leidenschaften. Diese Leidenschaften, vor denen euch kalte und platte Moralisten Angst machen, sind nur die Mittel, die die Natur anwendet, um den Menschen dahin zu bringen, wo sie ihn sehen will ...«* Die geschilderten Vorgänge steigern sich im Sinne der von Dolmancé entworfenen Stufenleiter sexueller Triebbefriedigung: Der Libertin unterscheidet drei Arten der Lust, die konventionelle, die perverse und, als höchste Steigerung, die »sadistische«.

In den fünften Dialog ist ein ursprünglich selbständiger, pamphletartiger Traktat, *Français, encore un effort si vous voulez être républicains (Franzosen, noch eine Anstrengung, wenn ihr Republikaner sein wollt)*, eingefügt, in dem Dolmancé noch einmal konzentriert und thesenhaft seine Philosophie der vollständigen Befreiung des Individuums entwickelt. Jede Bindung, sei sie nationaler, familiärer oder freundschaftlicher Art, sowie die Todesstrafe als staatlich sanktionierter Verwaltungsmord werden abgelehnt. In einer utopischen Gesellschaft, die den Frauen die totale sexuelle Freiheit in Aussicht stellt, sollen nicht der Ehebruch, sondern Prüderie und Sprödigkeit bestraft werden. Atheismus, Blasphemie, Besitzgier, Rache, Lustmord, Promiskuität, Ehebruch, Inzest und Sodomie sind Wertvorstellungen einer Weltsicht, die ein *»Reich totaler Normenabwesenheit«* (P. Klossowski) postuliert, das aber stets der Normen bedarf, um sich – im Sinne eines geradezu manichäischen Dualismus von Gut und Böse – dagegen auflehnen zu können. Die Umkehrung der christlichen Moral und des Theismus – zu der Zeit längst ein Rückfall in christlich-dualistische Denkkategorien – vermittelt in dieser Konsequenz dennoch Einblick in die dunklen, atavistischen Seiten der Menschen, die in der Zivilisation gewöhnlich verdeckt und die in der Epoche der

Empfindsamkeit allzusehr in Vergessenheit geraten waren.
Das Schema von LACLOS' *Liaisons dangereuses*, dem Hauptwerk der Dekadenz des Spätrokoko, das als Folientext fast allen bedeutenderen Texten des Marquis de Sade zugrunde liegt, kehrt auch in der *Philosophie dans le boudoir* kaum verschlüsselt wieder – wie sich bereits bei den absichtlich kaum verdeckten Namensähnlichkeiten der Hauptfiguren ablesen läßt. Sade geht nicht so sehr durch stilistische Qualitäten über sein Vorbild hinaus, sondern vielmehr durch die Überzeichnung der Ausschweifung ins Monströse. Die Tendenz zum Perversen ist der letzte Schritt, den der Autor über das zynische Intrigenspiel seines Vorbildes Laclos hinaus noch gehen kann, um die Subtilität und Raffinesse der im Ancien Régime durchaus üblichen erotischen Kabalen in ihrer Morbidität zu enthüllen.

G.Wil.-KLL

AUSGABEN: Ldn. 1795, 2 Bde. – Paris 1909 (in *L'œuvre*; Einl. u. Anm. G. Apollinaire). – Paris 1966 (in *Œuvres complètes*, 16 Bde., 3; Nachw. J. Lacan: *»Kant avec S.«*). – Paris 1972 (Vorw. G. Lély; 10/18). – Paris 1972. – Paris 1976 (Vorw. Y. Belaval; Folio).

ÜBERSETZUNGEN: *Die Schule der Wonne*, anon., Lpzg. 1878. – *Die Philosophie im Boudoir oder Spezielle Unterweisung in der Liebes-Philosophie und der höheren und raffinierten geschlechtlichen Wollust*, A. Schwarz, Budapest 1907. – *Die Philosophie im Boudoir oder Die lasterhaften Lehrmeister*, R. Busch (in *AW*, Hg. M. Luckow, Bd. 3, Hbg. 1965; Ausz.). – *Die Philosophie im Boudoir*, ders., Hbg. 1970; zul. 1989. – Dass., R. u. H. Soellner, Mchn. 1972 [Einf. G. Apollinaire; Nachw. J. Lacan].

VERFILMUNGEN: *El*, Mexiko 1952 (Regie: L. Buñuel). – *The Philosophy in a Bedroom*, USA 1966 (Regie: A. Leslie). – *La philosophie dans le boudoir*, Frankreich 1971 (Regie: J. Scandelari).

LITERATUR: P. Klossowski, *A Destructive Philosophy* (in YFS, 35, 1965, S. 61–79). – M. Blanchot, *»Français, encore un effort ...«* (in NRF, 26, 1965, S. 600–618). – R. F. Brissenden, *»La philosophie dans le boudoir« or A Young Lady's Entrance into the World* (in Studies in Eighteenth-Century Culture, 2, 1972, S. 113–141). – H. Blanc, *Sur le statut du dialogue dans l'œuvre de S.* (in DHS, 4, 1972). – J. Gallop, *The Immoral Teachers* (in YFS, 63, 1982, S. 117–128). – M. Delon, *De »Thérèse philosophe« à »La philosophie dans le boudoir«, la place de la philosophie* (in RZL, 7, 1983, S. 117–128). – R. F. O'Reilly, *Language and the Transcendent Subject in Three Works of the marquis de S. »Les 120 journées de Sodome«, »La philosophie dans le boudoir«, and »Justine«* (in StV, 1987, Nr. 249, S. 399–406).

LOUIS DE ROUVROY, DUC DE SAINT-SIMON

* 16.1.1675 Versailles
† 2.3.1755 Paris

MÉMOIRES

(frz.; *Erinnerungen*). Aufzeichnungen von Louis de Rouvroy, duc de SAINT-SIMON, entstanden 1694–1752. – Nach dem Tod des Autors wurde die Publikation des insgesamt 173 Hefte umfassenden Manuskripts aus politischer Rücksichtnahme zunächst verhindert. Die erste authentische, jedoch nicht vollständige Edition erschien 1829/30, die kritische Monumentalausgabe 1879–1928. – Die *Memoiren* berichten vorwiegend über den Zeitraum von 1692 bis 1723, also über die letzten Regierungsjahre Ludwigs XIV. (reg. 1643–1715), in die der gesellschaftliche Aufstieg Saint-Simons fällt, und über die Régence. Im Entstehungsprozeß des Werks lassen sich drei Stufen unterscheiden: 1. Seit 1694 schreibt der Autor – angeregt durch die *Memoiren* BASSOMPIERRES – seine Erlebnisse und Eindrücke in Tagebuchform nieder. – 2. Um 1730 erhält er vom Herzog von Luynes den unveröffentlichten Text des *Journal* von DANGEAU – den peinlich genauen, trockenen Bericht eines kritiklosen Höflings über die Vorgänge am Hof aus den Jahren 1684–1720. Saint-Simon kommentiert zunächst das *Journal* in oft abfälligem Ton. – 3. Seit 1740 arbeitet er an seinem eigenen Memoirenwerk. Neben dem *Journal* und den eigenen Niederschriften, die diesen Erinnerungen zugrunde liegen, zog Saint-Simon auch die Eintragebücher des Marquis de Dreux und des Zeremonienmeisters Sainctot sowie die diplomatischen Schriftstücke de Torcys und eine ganze Reihe anderer, nicht veröffentlichter Berichte heran.
Der unbestrittene literarische Rang des Werks liegt vor allem in den unvergleichlichen Porträts und Szenenschilderungen. Der auf seine ererbte, jedoch noch junge Herzogswürde mimosenhaft stolze, gegenüber Ludwig XIV. gereizte und zugleich devot reagierende, in seiner politischen Karriere allzu kurz gekommene und gekränkte Saint-Simon hatte 1702 zum Unwillen des Königs wegen zu langsamer Beförderung den Militärdienst quittiert und sich 1723 ganz vom Hof zurückgezogen. Der kleingewachsene, mißgestaltete Mann achtet peinlich auf die Einhaltung des Zeremoniells und – sein bezeichnendster Zug – entdeckt mit untrüglichem, von Haß getriebenem Instinkt die unter der Etikette verborgenen Schwächen der Höflinge, um sie in seinen entlarvenden Porträts festzuhalten. Er zeichnet das Bild des hochmütigen, vom Tode seiner designierten Nachfolger schwer getroffenen, verbitterten Sonnenkönigs, dessen Leben sich allmählich »mechanisiert« hat, der zum Spielball der

Schmeichler geworden ist, dessen Intelligenz unter dem Durchschnitt liegt, vor dem alle zu bewundern, sich zu erniedrigen, zu kriechen hatten. *»Verstand, Adel, gegenseitige Achtung, ein edles Herz, all das wird ihm verdächtig und bald hassenswert.«* Der despotische Absolutismus sowie die Verbrechen Ludwigs an den Hugenotten (Aufhebung des Edikts von Nantes, 1685) und Jansenisten (Auflösung des Klosters von Port-Royal, 1702) geben Saint-Simon Anlaß zu unerbittlicher Kritik. Auf eine Herrschaft der Ehre unter Ludwig XIII. sei unter Ludwig XIV. eine Herrschaft des Geldes gefolgt, das nicht etwa aus einem blühenden Handel in die königliche Kasse fließt, sondern dem Volk durch Parteigänger, Verwalter und Steuern abgepreßt wird. Der Autor schildert den Hof, den eine so lange und am Ende so schreckliche Herrschaft erschöpft hat, den Machtbegierde und das um die mutmaßliche Thronfolge entstehende Cliquenwesen entzweit haben; schließlich die nur noch von oben gebändigte Lebenslust, die Gewissenlosigkeit, die Machenschaften und die Machtgelüste, die während der Régence sich voll entfalten. Saint-Simon haßt die allmächtige Witwe Scarron; den dicken Sohn des Königs überschüttet er mit seinem Sarkasmus, er wirft ihm Unfähigkeit und Fettsucht vor, ja sogar seinen langen Todeskampf. Mit dem Großteil des Hofs überworfen, hält Saint-Simon dennoch stets zu seinen wenigen Freunden. Er bewundert in seinem glänzendsten Porträt den Erzbischof von Cambrai (FÉNELON), aus dessen *»Augen Feuer und Geist wie ein Sturzbach hervorbrechen«*. Obgleich man in keinem Literaturwerk der Zeit ein so vollständiges und lebendiges Bild des französischen Adels, des Königshauses und des Hofs findet, ist der historische Quellenwert des Werks begrenzt. Wie dem Grafen der politische Weitblick in der Praxis fehlte, so überschreitet er auch in den *Memoiren* nur selten den Bereich seiner ausgeprägt subjektiven Beobachtungen und seiner Gefühle. Nur am Rande befaßt er sich mit außen- und innenpolitischen Vorgängen. Wenngleich ihm fortschrittliche Ideen nicht ganz fremd sind – er tritt beispielsweise für ein Bündnis mit dem Zaren, für die Besteuerung des Einkommens und die Tolerierung der Protestanten ein –, so ist seine Grundeinstellung doch durchaus traditionell. Den bürgerlichen Intellektuellen, die von Ludwig XIV. als Minister herangezogen wurden, bringt er nur Geringschätzung entgegen. Sein Wohlwollen für das Volk ist durchaus feudal-patriarchalischer Natur, sein Bild des Sonnenkönigs ebenso einseitig an der verklärenden, von Ritterromanen geprägten Folie eines Ludwig XIII. gemessen, wie der französisch-holländische Krieg auf die Rivalität zwischen Colbert und Louvois trivialisierend zurückgeführt wird. In einer so glanzvollen Epoche der Literatur und der Künste spricht er nur am Rand einer Anekdote über RACINE; LA ROCHEFOUCAULD erscheint lediglich in der Eigenschaft des königlichen Historiographen; VOLTAIRE würde nicht erwähnt werden, *»wenn er nicht eine Art Persönlichkeit im Bereich der Literatur geworden wäre«*.

Das schmälert jedoch nicht den literarischen Wert der *Memoiren*. Die meisterhaften Porträts von Zeitgenossen überstürzen sich in ihrer Fülle. *Peinture* und *sensibilité* sind ihre bezeichnendsten Züge. Nicht so sehr auf Vollständigkeit, sondern auf das Charakteristische bedacht, hebt Saint-Simon die oft zu dunkel, aber stets lebendig gezeichneten Einzelzüge in aller Schärfe hervor: *»Geradezu häßlich, mit Hängebacken, eine übermäßig vorspringende Stirn, eine nichtssagende Nase, dicke beißende Lippen, kastanienbraun die wohlgeformten Augenbrauen wie die Haare, die sprechendsten und schönsten Augen der Welt, wenige, aber ganz verfaulte Zähne, über die sie sich als erste mokierte, der schönste Teint und die schönste Haut, eine kleine, aber wunderbare Kehle, ein langer Hals, der ihr nicht schlecht stand, eine anmutige, gefällige, majestätische Kopfhaltung und einen ebensolchen Blick, das ausdrucksvollste Lächeln, eine lange, runde, zierliche Taille, gewandt, von vollendetem Wuchs, der Gang einer Göttin auf den Wolken; sie gefiel.«* Das ist das Porträt von Maria Adelaide, der Herzogin von Burgund – die Saint-Simon stets geachtet und bewundert hat. Von derselben Unmittelbarkeit sind die Schilderungen seelischer Qualen; so findet er beispielsweise für die Selbstbeherrschung Ludwigs, des Herzogs von Burgund, angesichts des Todes die erstaunlichen Worte: *»In dieses furchtbare Leiden mischte sich nichts Niedriges, Kleinliches, Anstößiges. Man sah einen Menschen, der außer sich war, der sich zu einem ruhigen Äußeren zwang und der daran starb.«* Lange vor dem naturalistischen Roman hat Saint-Simon das Schreckliche beschrieben. Dieses Unterfangen war beispiellos in seiner Zeit, archaisch und modern zugleich. Frei wie die Schriftsteller des 19. Jh.s, unkorrekt, aufbrausend, weitschweifig, voller Zweideutigkeiten, dann wieder von höchster Klarheit, steht sein Stil im Gegensatz zur Klassik. Die Romantiker haben den Schriftsteller Saint-Simon entdeckt, BALZAC und PROUST wurden entscheidend von ihm beeinflußt, und bis heute haben die *Memoiren* nichts von ihrem Glanz und ihrer Kraft verloren.

KLL

AUSGABEN: Ldn. 1788, 2 Bde. [unvollst.]. – Paris 1829/30, 21 Bde. [unvollst.]. – Paris 1879–1928, 41 Bde. [Anm. A. de Boislisle]. – Paris 1947–1961, 7 Bde., Hg. G. Truc (Bibl. de la Pléiade; unvollst.). – Paris 1951, Hg. J. de La Varende [unvollst.]. – Paris 1965–1967, 19 Bde., Hg. u. Anm. A. Chéruel [Einl. E. de la Bédollière]. – Paris 1983–1988, Hg. Y. Coirault, Bd. 1–8; Pléiade.

ÜBERSETZUNGEN: *Interessante Züge aus dem Privatleben Ludwigs XIV. u. den merkwürdigen Personen seines Zeitalters*, anon., Lpzg. 1789 [Ausz.]. – *Geheime Memoiren*, anon. (in *Allg. Sammlung hist. Memoires vom 12. Jh. bis auf die neuesten Zeiten*, Hg. F. Schiller, Abt. 2, Bd. 24–27, Jena 1802–1804; Ausz.). – *Des Herzogs Ludwigs v. S. S. eigene Schilderungen merkwürdiger Personen seiner Zeit*, anon. (ebd., Abt. 2, Bd. 26–29, Jena 1803–1806). – *Geheime Denkwürdigkeiten über die Regentschaft Phil-*

ipps II, Herzogs v. Orleans, anon. (ebd., Abt. 2, Bd. 28/29, Jena 1805/06; Ausz.). – *Der Hof Ludwigs XIV. Nach den Denkwürdigkeiten des Herzogs v. S. S.*, A. Schurig, Lpzg. 1913; [3]1925. – *Memoiren*, H. Floerke, 3 Bde., Mchn. 1913–1917. – *Die Memoiren des Herzogs von S.-S.*, S. von Massenbach, Ffm./Bln. 1977; ern. 1985 [Ausw.].

Literatur: W. Weigand, *S.-S.*, Lpzg. 1913. – L. Spitzer, *S.-S.s Porträt Ludwigs XIV.* (in L. S., *Romantische Stil- und Literaturstudien*, Marburg 1931, S. 1–47). – R. Hallig, *Über Form und Eingliederung der wörtlichen Rede in den »Memoiren« des Duc de S.-S.* (in *Syntactica und Stilistica, Fs. für Gamillscheg*, Tübingen 1957, S. 191–213). – J. Roujon, *Le Duc de S.-S., 1675–1755*, Paris 1958. – E. Auerbach, *»Mémoires«* (in E. A., *Mimesis*, Bern [2]1959, S. 386–403). – E. d'Astier, *Sur S.-S.*, Paris 1962. – Y. Coirault, *Les ›additions‹ de S.-S. au »Journal« de Dangeau*, Paris 1965. – Ders., *L'optique de S.-S.*, Paris 1965. – H. de Ley, *M. Proust et le duc de S.-S.*, Urbana/Ldn. 1966. – G. Poisson, *Album S.-S.*, Paris 1969 (Pléiade). – R. Judrin, *S.-S.*, Paris 1970. – Y. Coirault, *Les manuscrits du duc de S.-S.*, Paris 1970. – Ders., *La forme et le miroir dans les »Mémoires« de S.-S., ou le devenir d'un projet* (in DHS, 1971, Nr. 94/95, S. 167–187). – J.-P. Brancourt, *Le duc de S.-S. et la monarchie*, Paris 1971. – D. Van der Cruysse, *Le portrait dans les »Mémoires« du duc de S.-S.*, Paris 1971. – Cahiers Saint-Simon, Paris 1973 ff. [Zs.]. – G. Poisson, *Monsieur de S.-S.*, Paris 1973. – J. Cabanis, *S.-S. l'admirable*, Paris 1975. – H. de Ley, *S.-S. Memorialist*, Sherbrooke 1975. – D. J. H. Elden, *Esprits fins et esprits géométriques dans les portraits de S.-S.*, Den Haag 1975. – Y. Coirault, *L'horloge et le miroir*, Paris 1979. – Europe, Jan.–Febr. 1980, Nr. 609/610 [Sondernr. *S.-S.*]. – L. Spitzer u. J. Brody, *Approches textuelles des »Mémoires« de S.-S.*, Tübingen/Paris 1980. – A. de Waelhens, *Le duc de S.-S. immuable, comme Dieu et d'une suite enragée*, Brüssel 1981. – D. Van der Cruysse, *La mort dans les »Mémoires« de S.-S.*, Paris 1981. – G. Formel, *Bibliographie des »Mémoires« du duc de S.-S.*, Paris 1982 [Vorw. E. Pognon]. – H. Himmelfarb, *Signes de la damnation. Le réquisitoire de S.-S. contre Versailles* (in *Errances et parcours parisiens de Rutebœuf à Crevel*, Hg. J. Guichardet, Paris 1986, S. 33–57). – J. Cabanis, *S.-S. ambassadeur ou le Siècle des Lumières*, Paris 1987. – G. Poisson, *Monsieur de S.-S.*, Paris 1987. – V. Louis, *L'inscription du corps dans les »Mémoires« du duc de S.-S.*, Lüttich 1987. – G. Poisson, *Monsieur de S.-S.*, Paris 1987. – J. Voss, *Der Herzog von S.-S. und Deutschland* (in *Deutschland und Frankreich in der frühen Neuzeit. Fs. H. Weber*, Hg. H. Duchhardt u. E. Schmitt, Mchn. 1987, S. 439–465). – Y. Coirault u. F. Formel, *S.-S., corpus bibliographique*, Paris 1988 [Vorw. J. Favier].

Luc de Clapiers, marquis de Vauvenargues

* 6.8.1715 Aix-en-Provence
† 28.5.1747 Paris

Literatur zum Autor:
Biographien:
M. Paléologue, *V.*, Paris [2]1909. – G. Lanson, *Le marquis de V.*, Paris 1930; Genf 1970 [Nachdr.]. – P. Richard, *La vie de V.*, Paris 1930.
Gesamtdarstellungen und Studien:
R. C. Hafferberg, *Die Philosophie V.'*, Jena 1898. – E. Heilmann, *V. als Moralphilosoph und Kritiker*, Lpzg. 1906 [zugl. Diss. Heidelberg 1906]. – K. Nebel, *V.'s Moralphilosophie mit besonderer Berücksichtigung seiner Stellung zur französischen Philosophie seiner Zeit*, Lpzg. 1907 [zugl. Diss. Erlangen]. – A. Borel, *Essai sur V.*, Neuchâtel 1913. – J. Merlant, *De Montaigne à V. Essais sur la vie intérieure et la culture du moi*, Paris 1914. – H. Rabow, *Die zehn Schaffensjahre des V., 1737–1747, dargestellt auf Grund seiner brieflichen u. aphoristischen Äußerungen*, Bln. 1932. – P. Trahard, *Les maîtres de la sensibilité française au 18e siècle*, Bd. 2, Paris 1938. – P. Vial, *Une philosophie et une morale du sentiment: Luc de Clapiers, Marquis de V.*, Paris 1938; Genf 1970 [Nachdr.]. – G. Cavallucci, *V. dégagé de la légende*, Paris/Neapel 1939. – P. Souchon, *V. Philosophie de la gloire*, Paris 1947. – H. Vyverberg, *Historical Pessimism in the French Enlightenment*, Cambridge/Mass. 1958. – R. Mercier, *La réhabilitation de la nature humaine (1700–1750)*, Villemomble 1960. – R. Mauzi, *L'idée du bonheur dans la littérature et la pensée françaises au 18e siècle*, Paris 1960. – J. Ehrard, *L'idée de nature en France dans la première moitié du 18e siècle*, Paris 1963. – C. Rossi, *Virtù e critica della virtù nei moralisti francesi, La Rochefoucauld, La Bruyère, V.*, Turin 1964; Pisa 1971 [ern., erw.]. – H. Coulet, *Le succès et l'échec dans la morale de V.*, Aix-en-Provence 1965. – H. Juin, *Les libertinages de la raison*, Paris 1968. – W. Baier, *V. Seine literarischen Absichten und ihr Erfolg*, Mainz 1969. – P. M. Fine, *V. and La Rochefoucauld*, Manchester 1974 [m. Bibliogr.]. – B. Durand, *Marquis de V. et son temps. Conférence prononcée à Saint Marie Jaumegarde*, Cavaillon 1970. – H. Mydlarski, *V. lecteur de Pascal* (in RSH, 146, 1972, S. 209–222). – Y. Lainy, *Les valeurs morales dans les écrits de V.*, Paris 1975. – J. Dagen, *V. ou la production de la simplicité* (in Tijdschrift voor de Studie van de Verlichting, 13, 1985, S. 185–201).

RÉFLEXIONS ET MAXIMES

(frz.; *Reflexionen und Maximen*). Maximen von Luc de Clapiers, marquis de Vauvenargues, anonym erschienen 1746. – Nach dem Scheitern aller seiner Hoffnungen auf eine glanzvolle militärische und diplomatische Laufbahn schrieb Vauvenargues als Todkranker in den letzten Jahren seines Lebens Reden, Meditationen, Charaktere in der Art LA BRUYÈRES, kunstkritische Versuche und seine *Reflexionen und Sentenzen*. Die unvergleichliche Haltung und heitere Überlegenheit, die die Freunde – darunter VOLTAIRE – an dem Kranken rühmen, sein früher Tod, all dies hat die Anteilnahme am Schicksal und Werk dieses Moralisten gefördert.

Die leitende Absicht der *Maximen* ist eine Ehrenrettung der menschlichen Natur. Von der tragischen Zerrissenheit des Menschen, seiner Belastung durch die Erbsünde, wie sie vor allem PASCAL darstellte, ist bei Vauvenargues nichts mehr zu spüren. Der Diesseitsglaube des 18. Jh.s vertrug sich nicht mit derart düsteren Diagnosen. Eine der Maximen Vauvenargues' lautet: *»Il n'y a point de contradictions dans la nature« (»Es gibt keinen Widerspruch in der Natur«)*. Der optimistische Versuch, die Widersprüche des Daseins aufzulösen, verändert auch die von LA ROCHEFOUCAULD erstmalig ausgebildete Bauform der Maxime. Die Tatsache, daß in den *Réflexions* die Antithesen und paradoxen Scheindefinitionen relativ selten sind und statt dessen der Typ des eindeutigen Aussagesatzes Bedeutung gewinnt, ist formales Indiz dafür, daß Vauvenargues nicht mehr von einer spannungsreichen Dualität wie der von Sein und Schein, Tugend und Laster ausgeht. Die Moralpsychologie La Rochefoucaulds reduzierte alle Affekte und Handlungen des Menschen auf die Selbstliebe *(amour-propre)*. Im 18. Jh. wird die Eigenliebe differenzierter beurteilt und verliert dabei viel von ihrer einstigen Dämonie. Bei Vauvenargues ist sie schließlich ein Teil der umfassenden Menschenliebe und bringt der Gesellschaft eher Nutzen als Schaden. Auch die Leidenschaften verfallen in den *Réflexions* nicht mehr einer christlich gefärbten Verurteilung; die emotionalen Kräfte verbürgen vielmehr Energie und Durchsetzungsvermögen des Menschen. Das Herz wird zum ersten und ursprünglichen Organ der Erkenntnis: *»Les grandes pensées viennent du cœur« (»Große Gedanken entspringen im Herzen«)*. Zwar sind Herz und Verstand wechselseitig aufeinander angewiesen, doch die trügerische Ratio erhält nur eine dienende Rolle. *»L'esprit est l'œil de l'âme, non sa forçe; sa forçe est dans le cœur, c'est-à-dire dans les passions« (»Der Geist ist das Auge der Seele und nicht ihre Kraft. Ihre Kraft liegt im Herzen, d. h. in den Leidenschaften«)*. Von dieser zentralen, schon von Pascal, FÉNELON, den Abbés DUBOS und PRÉVOST in jeweils verschiedenen Abwandlungen formulierten Auffassung her erschließen sich die übrigen Hauptthemen der Maximensammlung. Die Bejahung der Leidenschaften führt zum Idealbild des guten, großen, sich kraftvoll entfaltenden Menschen, der durch Handlung und Tat *(activité)* Ruhm erwirbt. Während Vauvenargues die Kontrolle des Denkens, Vorsicht und Mäßigung negativ beurteilt, schreckt er andererseits vor dem Gedanken des Krieges nicht zurück: *»La guerre n'est pas si onéreuse que la servitude« (»Die Lasten des Krieges sind nicht so groß wie die der Knechtschaft«)*.

Maximen sind Behauptungen, die zum Widerspruch herausfordern. P. VALÉRY, ein Freund inteller Helle, schrieb einmal, Vauvenargues' berühmtesten Satz bissig abwandelnd: *»Les vilaines pensées viennent du cœur« (»Die üblen Gedanken entspringen im Herzen«)*. P.Mo.

AUSGABEN: Paris 1746 (in *Introduction à la connoissance de l'esprit humain, suivie de Réflexions et de maximes*, anon.). – Paris 1857 (in *Œuvres*, Hg. D.-L. Gilbert, 2 Bde., 1; m. Einl. u. Komm.; Nachdr. Genf/Paris 1970). – Paris 1929 (in *Œuvres*, Hg. P. Varillon). – Paris 1934, Hg. u. Vorw. J. Charbonnel [krit.]. – Paris 1961. – Paris 1968 (in *Œuvres complètes*, 2 Bde.; Vorw. u. Anm. H. Bonnier).

ÜBERSETZUNGEN: *Einleitung zur Kenntnis des menschlichen Geistes nebst Gedanken und Maximen* [J. F. S.], Mainz 1815. – *Betrachtungen und Maximen*, E. Hardt, Jena 1906. – Dass., ders., Mchn./Bln. 1938. – *Reflexionen und Maximen*, F. Schalk (in *Die französischen Moralisten*, Bd. 1, Wiesbaden 1947). – *Gedanken und Grundsätze*, H. Meister, Heidelberg 1949. – *Große Gedanken entspringen im Herzen*, Hg. W. Kraus, Übers. C. Kraus, Wien/Stg. 1954. – Lpzg. [2]1980 (in *Die französischen Moralisten: La Rochefoucauld, V., Montesquieu, Chamfort*, Hg. u. Übers. F. Schalk).

LITERATUR: M. Rychner, *V.* (in M. R., *Welt im Wort. Literarische Aufsätze*, Zürich 1949, S. 53–72). – F. Hinrichs, *Maximenformen bei V. u. La Rochefoucauld. Ein Vergleich*, Diss. Hbg. 1960. – M. Kruse, *Die Maxime in der französischen Literatur. Studien zum Werk La Rochefoucaulds u. seiner Nachfolger*, Hbg. 1960; [2]1964. – C. Rosso, *La »maxime«. Saggi per una tipologia critica*, Neapel 1968.

VOLTAIRE

d.i. François-Marie Arouet

* 21.11.1694 Paris
† 30.5.1778 Paris

LITERATUR ZUM AUTOR:
Bibliographien:
G. Bengesco, *V. Bibliographie de ses œuvres*, 4 Bde., Paris 1882–1890 [Ergänzung: J. Malcolm, *Table de la bibliographie de V. de Bengesco*, Genf 1953; hierzu: T. Besterman, *Quelques éditions anciennes inconnues à Bengesco*, Genf 1954; verbessert: *Some 18th century V. Editions unknown to Bengesco*, in

StV, 8, 1959, S. 123–239; rev. Oxford 1973; StV]. – P. Wallich, *Die deutsche V.-Literatur des 18. Jh.s*, Bln. 1921. – M. M. H. Barr, *A Century of V. Study. A Bibliography of Writings on V. 1825–1925*, NY 1929. – Ders., *Quarante années d'études voltairiennes. Bibliographie analytique des livres et articles sur V. 1926–1965*, Paris 1968. – J. Vercruysse, *Bibliographie des écrits français relatifs à V., 1719–1830* (in StV, 60, 1968, S. 7–71; Ergänzung: *Additions à la bibliographie de V., 1825–1965*, in RHLF, 71, 1971, S. 676–683). – Th. Besterman, *V. Bibliography. The Impossible Dream* (in StV, 120, 1974, S. 79–92). – *L'œuvre imprimée de V. à la Bibliothèque Nationale*, Paris 1978 [Kat.]. – J.-D. Candaux, *V.: biographie, bibliographie et éditions critiques* (in RHLF, 79, 1979, S. 296–319).

Zeitschrift:

Studies on Voltaire and the 18th Century, Genf (jetzt Oxford) 1955 ff.

Sammelbände und Kongreßakten:

V. A Collection of Critical Essays, Hg. W. F. Bottiglia, Englewood Cliffs 1968. – *V. und Deutschland*, Hg. P. Brockmeier u. a., Stg. 1979. – *V. and the English*, Oxford 1979 (StV). – *V.*, Hg. H. Baader, Darmstadt 1980 (EdF). – *Rousseau et V. en 1978*, Genf/Paris 1981. – *V. jugé par les siens*, Hg. J. Vercruysse, 7 Bde., Millwood/NY 1983. – *Colloque 76: V.*, Hg. R. L. Walters, London/Ontario 1983. – *V. and His World. Studies Presented to W. H. Barber*, Oxford 1985. – *Le siècle de V. Hommage à R. Pomeau*, Hg. Chr. Mervaud u. S. Menant, 2 Bde., Oxford 1987 (StV). – Mag.litt, Febr. 1987, Nr. 238.

Biographien:

G. Desnoiresterres, *V. et la société au 18e siècle*, Paris 1871–1876, 8 Bde. [Nachdr. Genf 1967]. – G. Lanson, *V.*, Paris 1906; zul. 1960. – R. Pomeau, *V. par lui-même*, Paris 1955. – J. G. Leithäuser, *Er nannte sich V. Bericht eines großen Lebens*, Stg. 1961. – J. Orieux, *V. ou la royauté de l'esprit*, Paris 1966; ern. 1977 (dt. *Das Leben des V.*, Ffm. 1968). – G. Picot, *La vie de V., V. devant la postérité*, Paris 1967. – Th. Besterman, *V.*, Ldn. 1969; ³1976. – G. Holmsten, *V. in Selbstzeugnissen und Bilddokumenten*, Reinbek 1978 (rm). – R. v. Bitter, *V.s Leben und Werk in Daten und Bildern*, Ffm. 1978. – T. Bergner, *V. Leben und Werk eines streitbaren Denkers*, Bln. ³1981. – J.-M. Raynaud, *V. soi disant*, Lille 1983 ff. – *V. Iconographie*, Hg. H. Van den Heuvel, Paris 1985 (Pléiade). – R. Peyrefitte, *V. sa jeunesse et son temps*, 2 Bde., Paris 1985. – *V. en son temps*, Hg. R. Pomeau, Paris 1985 ff. – H. T. Mason, *V. A Biography*, Baltimore 1986. – A. J. Ayer, *V.*, Ldn. 1986 (dt. *V., eine intellektuelle Biographie*, Ffm. 1987).

Gesamtdarstellungen und Studien:

R. Naves, *V., l'homme et l'œuvre*, Paris 1942. – R. Pomeau, *La religion de V.*, Paris 1956; ern. 1974. – P. Gay, *V.'s Politics. The Poet as Realist*, Princeton 1959; ern. New Haven (Conn.)/Ldn. 1988. – R. S. Ridgway, *La propagande philosophique dans les tragédies de V.*, Genf 1961 (StV). – M. Fontius, *V. in Berlin*, Bln. 1966. – J. Van den Heuvel, *V. dans ses contes*, Paris 1966. – U. Schick, *Zur Erzähltechnik in V.s »Contes«*, Mchn. 1968. – J. Van den Heuvel, *V. dans ses »Contes«*, Paris 1968. – I. O. Wade, *The Intellectual Development of V.*, Princeton 1969. – J. R. Vrooman, *V.'s Theatre*, Genf 1970. – C. Pujol, *V.*, Barcelona 1973. – R. Ridgway, *V. and Sensibility*, Montreal 1973. – D.-J. Adams, *La femme dans les contes et les romans de V.*, Paris 1974. – A. Billaz, *Les écrivains romantiques et V. (1795–1830)*, 2 Bde., Paris 1974. – A. O. Aldridge, *V. and the Century of Light*, Princeton 1975. – J. E. N. Hearsey, *V.*, Ldn./NY 1976. – G. Garret, *V. and Protestantism*, Oxford 1980 (StV). – P. Richter u. I. Ricardou, *V.*, Boston 1980 (TWAS). – W. Andrews, *V.*, NY 1981. – J. M. Fahmy, *V. et Paris*, Oxford 1981 (StV). – G. Mailhos, *V., témoin de son temps*, Bern u. a. 1983. – K. Dirscherl, *Der Roman der Philosophen. Diderot, Rousseau, V.*, Tübingen 1985. – R. Pomeau, *V.*, Paris 1985. – Chr. Mervaud, *V. et Frédéric II*, Oxford 1985 (StV). – C. Sherman, *Reading V.'s »Contes«*, Univ. of North Carolina 1985. – A. Magnan, *Dossier V. en Prusse (1750–1753)*, Oxford 1986 (StV). – M. Wellington, *The Art of V.'s Theater*, NY u. a. 1987.

CANDIDE OU L'OPTIMISME

(frz.; *Candide oder Der Optimismus*). Philosophischer Roman von Voltaire, anonym erschienen 1759. – Von seinem Autor als *»coïonnerie«* (trivialer Scherz) verleugnet, wurde *Candide* doch bald als Bruder *»de la Pucelle«* (*La Pucelle d'Orléans*, 1755) erkannt, viel gelesen, belacht, verdammt, gelobt, interpretiert, illustriert, auf den Index gesetzt, mißverstanden und in seiner bleibenden Aktualität erst spät anerkannt. Stilistisch und thematisch von souveräner Vielseitigkeit, die Geschichtliches, Philosophisches und Dichterisches vereint, ist die Geschichte der Abenteuer des gutgläubigen Candide in einer Welt wechselnder Realitäten und Utopien auf den ersten Blick ein gelungener Spaß. Sie beginnt im idyllischen Schloß des westfälischen Barons von Thunder ten Tronckh, wo Candide die orakelhaften Lektionen des Maître Pangloss zur »Meta-physico-theologo-cosmologo-nigologie« sich zu Herzen nimmt, bis er wegen seiner verliebten Vertraulichkeiten mit Cunégonde, der Tochter des Hauses, verjagt wird. Allzu leichtfertig hat er seinem Lehrer Pangloss geglaubt, daß die Welt absolut gut sei und alles Geschehen unausweichlich zum besten Ende führen werde. Nun wird er mit wechselndem Glück von einem Land ins andere getrieben, gerät in das Erdbeben von Lissabon und entkommt mit Mühe und halbtot geprügelt dem anschließenden Autodafé, das ein nochmaliges Beben der Erde verhindern soll; er lernt Machtgier, Grausamkeit, Feigheit und Undank kennen, erlebt Krankheit und Schiffbruch, fällt in die Hände von Piraten und muß sich an die Alltäglichkeit von Diebstahl, Vergewaltigung und Mord gewöhnen. Immer wieder führt ihn der Zufall mit seinem optimistischen Lehrer Pangloss zusammen, der nicht aufhört, im größten Unglück a priori zu beweisen, daß alles zum Besten steht in der besten aller Welten; immer wieder begegnet er seiner geliebten Cunégonde, um sie meist gleich wieder an andere Entführer zu verlieren. Nach weiten Reisen, die ihn bis zu den Kannibalen führen, gerät er, von Seeräubern bestohlen, nach Paris, darauf nach England und Venedig. Er macht die Bekanntschaft des gelehrten Manichäers Martin, der im Gegensatz zum unverbesserlichen Pangloss ein gutes und ein böses Prinzip in der Welt am Werke sieht. Eine weitere Weltanschauung bringt ihm der lebensmüde venezianische Edelmann Signor Pococurante bei, dessen raffiniertes Vergnügen darin besteht, an nichts Vergnügen zu finden. Aber erst in Konstantinopel, wo er die häßlich und zänkisch gewordene Cunégonde freikauft, sie mit einiger Überwindung heiratet und mit ihr und allen Freunden eine kleine Meierei bezieht, lernt er am Beispiel eines alten Türken Arbeit als eigentliche Weisheit kennen, die das Leben erträglich macht und vor *»Langeweile, Laster und Sorge«* bewahrt; sie führt zu dem Entschluß: *»Wir müssen unseren Garten bebauen.«*

Die ostentativ-boshafte Lustigkeit täuscht nicht über die latente Problematik der Geschehnisse hinweg. Voltaire orientiert sich am hellenistischen Trennungsroman (vgl. HELIODORS *Aithiopika* oder CERVANTES' *Trabajos de Persiles y Sigismunda*), dessen peripetienreiche Handlungsführung in idealtypischer Weise das Spiel von Kontingenz und Vorsehung spiegelt und so die Theoreme der Aufklärung – den Glauben an die Maschinenwelt und die Mündigkeit des Individuums – anzuzweifeln erlaubt. Hier wird nicht nur das politische und soziale Gefüge der Zeit angegriffen, sondern der Sinn des Lebens an sich mitsamt seinem Schöpfer in Frage gestellt. Dennoch wäre es zu einfach, den *Candide* im Sinne seines Untertitels als satirische Attacke gegen den Optimismus und seine Kosmologie, gegen die Lehre von der Zweckmäßigkeit und deren Vertreter LEIBNIZ, WOLFF und POPE zu interpretieren. Das Werk ist doppelsinnig und widersprüchlich, sowohl pessimistisch, zynisch und skeptisch als auch optimistisch. Gutes und Böses halten sich die Waage in der von Voltaire beschriebenen Welt. Er entlarvt Utopien, Heilslehren und jedes Paradies auf Erden als Illusion und setzt nach kritischer Prüfung allen Seinsspekulationen den Mut zur Arbeit, wenn nicht als letzten Sinn des Lebens, so doch als Möglichkeit, es mit Würde zu bestehen, entgegen.

Die zahlreichen *Candide*-Persiflagen sind, abgesehen vom *Anti-Candide* des Justus MÖSER (1720–1794) und der Kritik GOTTSCHEDS, kaum nennenswert. Das 20. Jh. hat aufgrund unverkennbarer geistiger Verwandtschaft dem Werk zahlreiche neue Auflagen beschert, Paul Klee schuf Illustrationen zu Candides Schicksal, in New York ist es 1956 als Musical (*Candide* von Leonard Bernstein) über die Bühne gegangen, in Frankreich wurde es verfilmt: Beweise für das anhaltende Interesse an Voltaires bekanntestem Werk. I.P.-KLL

AUSGABEN: Genf 1759 [anon.]. – Paris 1759. – Paris 1829 (in *Œuvres*, Hg. M. Beuchot, 72 Bde., 1829–1840, 33/34). – Paris 1879 (in *Œuvres complètes*, Hg. L. Moland, 52 Bde., 1877–1883, 21; krit.). – Paris 1931, Hg. A. Morize [krit.]. – Paris 1959, Hg. R. Pomeau [krit.]. – Genf 1968, Hg. C. Thacker (krit.; TLF). – Paris 1975 (in *Romans et contes*, Hg. F. Deloffre u. J. Van den Heuvel; Pléiade). – Paris 1976 (in *Romans et contes*; Folio). – Paris 1977 (in *Romans et contes*; Class. Garn). – Paris 1978 (in *Romans et contes*, Hg. R. Pagosse). – Paris 1979 (in *Romans et contes*, Hg. R. Pomeau; GF). – Oxford 1980, Hg. ders. (in *Complete Works*, Bd. 48; krit.).

ÜBERSETZUNGEN: *Candide oder Die beste Welt*, Ralph [d. i. J. A. Philippi], Riga/Lpzg. 1776. – *Candide oder der Optimismus*, E. Hardt, Lpzg. 1913. – *Kandide oder Die beste Welt*, anon., Mchn. 1920 [Ill. P. Klee]. – *Candide*, J. Frerking, Hannover 1922 [Ill. A. Kubin]. – Dass., R. Schneider-Schelde, Mchn. 1949. – Dass., H. Studniczka, Hbg. 1957 (m. Essay v. H. Friedrich; RKl). – *Candidus*, E. Merian-Genast (in *Drei Romane*, Zürich 1956). – *Candide*, E. Sander, Stg. 1957 (RUB). – *Candide*, I. Lehmann (in *Sämtl. Romane und Erzählungen*, Bremen [5]1962; ern. Ffm. 1976; Insel Tb; Einl. V. Klemperer). – Dass., dies., Köln/Bln. 1964; ern. 1972 (Insel Tb). – *Candide oder der Glaube an die beste aller Welten*, L. Ronte u. W. Widmer (in *Sämtl. Romane und Erzählungen*, Mchn. 1969; [5]1989; auch 1986; dtv). – *Candide oder der Optimismus*, S. Hermlin, Ffm. 1981; ern. Mchn. 1989 [Ill.]. – *Candidus*, A. Baur, Zürich [3]1984. – *Candide oder der Optimismus*, J. v. Stackelberg, Mchn. 1987 (Goldm. Tb).

DRAMATISIERUNG: *Candide*, S. Ganzl (Uraufführung Montbéliard, 15. 10. 1977).

VERFILMUNGEN: *Candide – ou L'optimisme au XXe siècle*, Frankreich 1960 (Regie: N. Carbonneaux). – *Candide*, Frankreich 1962 (TV; Regie: P. Cardinal).

LITERATUR: I. O. Wade, *V. and »Candide«*, Princeton 1959 [m. Faks.-Ausg. d. Textes]. – W. F. Bottiglia, *V.'s Candide*, Genf 1959; [2]1964. – P.-G. Castex, *V., »Micromégas«, »Candide«, »L'ingénu«*, Paris 1961. – D. Hildebrandt, *V., »Candide«*, Ffm./Bln. 1963 [Dokumentation mit dt. Text]. – R. Sobel, *V. Including »Candide«, and the Philosophes*, NY 1965. – J. Sareil, *Essai sur »Candide«*, Genf 1967. – G. Murray, *V.'s »Candide«: the Protean Gardener*, Genf 1970. – P. Gaillard, *V. »Candide«*, Paris 1972; ern. Ffm./Paris 1984. – A. Cosa, *»Candide« ou la parole manquante*, Paris 1973. – J. L. Curtis, *»Candide« et ›le principe d'action‹* (in RF, 86, 1974, S. 57–71). – P. Ducretet, *»Candide«. Étude quantitative*, Toronto 1974. – Chr. Wentzlaff-Eggebert, *V. »Candide ou l'optimisme«* (in *Die französische Novelle*, Hg. W. Krömer, Düsseldorf 1976, S. 53–62, 345–347). – J. Starobinski, *Sur le style philosophique de Candide* (in La Revue des Belles Lettres, 101,

1977, S. 105–115). – J. v. Stackelberg, *Über den philosophischen Stil in V.s »Candide«* (in Schweizer Monatshefte, 58, 1978, S. 121–131). – Ders., *»Candide«* (in J. v. S., *Weltliteratur in deutscher Übersetzung*, Mchn. 1978, S. 121–131). – *V. »Candide ou l'optimisme«. Text und Materialien*, bearb. H. Walter, Ffm. 1980. – *Analyses et réflexions sur »Candide« de V.*, Paris 1982. – N. Toursel-Lavialle, *Lectures de »Candide« de V.*, Paris 1982. – D. Langdon, *On the Meaning of the Conclusion of »Candide«* (in StV, 238, 1985, S. 397–432). – B. Wagner, *Ein philosophischer Garten. »Candide«* (in B. W., *Gärten und Utopien*, Wien u. a. 1985, S. 103–125). – G. Gullace, *Il »Candide« nel pensiero di V.*, Neapel 1985. – P. Debailly, *V. »Candide«. Dix textes expliquées*, Paris 1986. – N. Sclippa, *V. »Candide«* (in N. S., *Texte et idéologie*, NY 1987, S. 13–46). – *Approaches to Teaching »Candide«*, Hg. R. Waldinger, NY 1987. – A. Magnan, *V. »Candide ou l'optimisme«*, Paris 1987. – F. Ludni, *Récit, exemple, dialogue* (in Poétique, 19, 1988, S. 211–232). – D. J. Langdon, *Modesty and Pretension in »Candide«* (in Dalhousie French Studies, 14, 1989, S. 15–31).

DICTIONNAIRE PHILOSOPHIQUE PORTATIF

(frz.; *Philosophisches Taschenwörterbuch*). Philosophisch-enzyklopädisches Lexikon von Voltaire, erschienen 1764, oft kurz *Portatif* genannt. – Andere Titel lauteten: *La raison par l'alphabet*, 1769 *(Die Vernunft nach dem Alphabet)*, oder nur *Dictionnaire philosophique* (1770). Die Ausgaben von 1767 und 1769 enthalten hinzugefügte Artikel und Erweiterungen. Die Artikel sind der Form nach kurze philosophische bzw. historische, besonders religionshistorische Abhandlungen oder Kurzdialoge. Einige Artikel des Taschenwörterbuchs sind mit narrativen anekdotischen Einsprengseln versehen.

Die Themen der 118 (Ausg. von 1769) Artikel dieses Lexikons gehören in erster Linie zum Bereich der Religionsgeschichte und Religionskritik: Etwa die Hälfte der Stichworte umfaßt Begriffe aus dem Bereich des Glaubens und der Theologie sowie biblische Gestalten und Ereignisse. Weitere wichtige Themenkreise sind die Philosophie, besonders Moralphilosophie, und Fragen der staatlichen und gesellschaftlichen Ordnung. Voltaire gelingt es in den meisten Artikeln, sachliche, historisch-vergleichend fundierte Kritik in eleganter, klarer und lesbarer Form zu präsentieren, wobei der Ton zwischen witziger Ironie und leidenschaftlicher Polemik variiert. Der Stil und die Darstellungsweise steht damit in der Tradition der von Fontenelle (vgl. z. B. dessen *Entretiens sur la pluralité des mondes*, 1686 – *Gespräche über die Vielzahl der Welten*) zu ihrer ersten Blüte gebrachten *vulgarisations* der Frühaufklärung, über die sich Voltaire an anderer Stelle (z. B. *Micromégas*) gern mokierte.

Der Standpunkt Voltaires, der in allen Artikeln deutlich wird, ist derjenige einer toleranten, auf den gesunden Menschenverstand gegründeten rational-skeptischen Weltanschauung. In religiöser Hinsicht stellt das *Dictionnaire philosophique* eine Apologie des Deismus dar, einer u. a. schon von Alexander Pope (*The Universal Prayer*, ca. 1715 – *Das universelle Gebet*) vertretenen Haltung, die sich als Mitte zwischen Fanatismus und Atheismus versteht: *»Der Deist ist ein Mensch, der fest überzeugt ist von der Existenz eines ebenso guten wie mächtigen höchsten Wesens, das alle ausgedehnten, vegetierenden, fühlenden und denkenden Wesen geformt hat, das ihre Arten erhält, das ohne Grausamkeit Verbrechen ahndet, und mit Güte tugendhafte Handlungen lohnt«* (Art. *Théiste*, 1765). Der »Deismus« gilt Voltaire als die Universal- und Urreligion der Menschheit: *»Seine* [des Deisten] *Religion ist die älteste und am weitesten verbreitete, denn die schlichte Anbetung eines Gottes liegt vor allen* [religiös-philosophischen] *Systemen der Welt. Er spricht eine Sprache, die alle Völker verstehen ... er hat Brüder von Peking bis Cayenne ...«* Im Gegensatz zu dieser natürlichen Ur-Weltanschauung, die für ihn Vorbildcharakter hat, steht für Voltaire die Vielfalt der einander widersprechenden historisch gewachsenen Religionen. Während der Deist, wie auch der natürliche Weise, der in den Dialogen immer wieder vorkommt (z. B. der *»gute Greis Dondinac«* des Dialog-Artikels *Dieu – Gott*), sich der Grenzen der menschlichen Erkenntnis bewußt ist und deswegen die Pluralität der Anbetungsformen des einen Gottes gelten läßt, predigen diejenigen Bücher, denen der Glaube in den einzelnen Religionen Offenbarungscharakter zuschreibt, Haß und Fanatismus und zeichnen einen grausamen, unduldsamen Gott.

Besonders die Bücher des *Alten Testamentes*, über dessen zu Voltaires Zeit allmählich einsetzende textkritische Exegese der Autor gut informiert war, sind ein etwas einseitig bevorzugter Gegenstand Voltaireschen Spottes: so der mit dem Satz *»Guten Tag, Freund Hiob«* beginnende Artikel *Job* (1767), in dem der Autor eine buchhalterische Auflistung der Besitztümer Hiobs, umgerechnet in moderne Währung, gibt *(»Dreitausend Kamele zu je 50 Écu, macht 450 000 ... Fünfhundert Eselinnen, zwanzig Francs pro Eselin, macht 10 000 ...«)*. Immer wieder diskutiert Voltaire, was ihm in den biblischen Büchern unwahrscheinlich oder widersinnig vorkommt: So erörtert er z. B. die Frage, warum, wenn Moses sechshunderttausend Krieger aus Ägypten geführt hat, er dann nicht gleich den Pharao, der weniger Männer unter Waffen hatte, angegriffen habe (Art. *Moïse*). Immer wieder geht der Autor anhand der Ergebnisse der beginnenden vergleichenden Religions- und Kulturwissenschaft seiner Zeit der historischen Genese vieler Glaubensinhalte nach (z. B. Art. *Christianisme – Christentum, Messie – Messias, Circoncision – Beschneidung, Baptême – Taufe*), wobei er sich allerdings jeden exakt-wissenschaftlichen Anspruches enthielt und um des gelegentlichen komischen Effektes willen manche sachliche Vergröberung in Kauf nahm. Auch wenn seine historischen Argumente vielfach von überholten, falschen oder oberflächlichen Meinungen ausgehen, die von der altorientalischen Forschung späterer Zeiten widerlegt wurden, kann, was die Religionsgeschichte betrifft, sein – einer skeptischen philosophischen Grundhaltung entstammender – Ansatz, aus dem kritischen Quellenvergleich heraus jedes Dogma in seinem historischen Kontext zu relativieren, als wegbereitend für die kritische Religions- und Kulturwissenschaft der Moderne gelten.

In politischen Fragen stellt das *Dictionnaire philosophique* ein Bekenntnis zu Gedankenfreiheit (Art. *Liberté de penser* in Dialogform), Toleranz (Art. *Tolérance*), konstitutioneller Monarchie und den menschlichen Bedürfnissen angepaßten Gesetzen (Art. *Lois*) dar. Mißbräuche und Übergriffe staatlicher und kirchlicher Macht werden von Voltaire mit schonungsloser Kritik überzogen, Reformen zum Teil unmißverständlich gefordert, z. B.: *»Die Inquisition ist, wie man weiß, eine bewundernswerte und höchst christliche Erfindung, die dazu dient, den Papst und die Mönche mächtiger und ein ganzes Königreich heuchlerisch zu machen«* (Art. *Inquisition*). Im Artikel *Torture (Folter)* fordert Voltaire für Frankreich die von Kaiserin Katharina der Großen in Rußland durchgesetzte religiöse Toleranz und die Abschaffung der Folter.

In anderen Werken (z. B. *L'Évangile de la Raison*, 1764 – *Evangelium der Vernunft*, oder den *Questions sur l'Encyclopédie*, 1770–1772 – *Fragen zur Encyclopädie*) führte Voltaire Gedanken, die im *Dictionnaire philosophique* kurz skizziert worden waren, weiter aus. Doch waren es gerade der kleine Umfang dieses Nachschlagewerkes, die Griffigkeit der Darstellungsweise seiner Artikel, in denen in konzentrierter, oft pointierter Form Inhalte Voltaireschen Denkens dargelegt werden, die es zu einem der wichtigsten Träger des aufklärerischen *esprit voltairien* im späteren revolutionären Frankreich und in den nachfolgenden Epochen machte.

C.Dr.

AUSGABEN: Ldn./Genf 1764. – Amsterdam 1765. – Genf 1769 *(La raison par l'alphabet)*. – Ldn. [7]1770 (*Dictionnaire philosophique ou La raison par l'alphabet*; vom Autor durchges., rev. u. erw.). – Paris 1816 *(Dictionnaire philosophique)*. – Paris 1828–1840 (in *Œuvres*, Hg. M. Beuchot, 72 Bde., 25–32). – Paris 1878/79 (in *Œuvres complètes*, Hg. A. Moland, 52 Bde., 1877–1883, 19/20). – Paris 1935/36, Hg. R. Benda u. R. Naves, 2 Bde. (ern. in einem Bd. Paris 1961). – Paris 1964 (GF). – Paris 1977, Hg. R. Naves (ern. 1987; Class. Garn).

ÜBERSETZUNGEN (Ausz.): *Der Krieg*, B. Goetz (in Internationale Rundschau, 4, 1918, S. 141–143). – *Handbuch der Vernunft, Gedanken*, L. Wiedner, Zürich 1945 [Nachw. J. R. v. Salis]. – *Aus dem philosophischen Taschenwörterbuch*, U. F. Müller, Ebenhausen 1966 (frz.-dt.; ern. Mchn. 1973; dtv). – *Vingt articles du Dictionnaire philosophique / 20 Artikel aus dem Philosophischen Wörterbuch*, ders., Mchn. 1985 (frz.-dt.; dtv). – *Aus dem philosophischen Wörterbuch*, E. Salewski u. K. H. Stierle, Ffm. 1967; ern. 1985 (Insel Tb).

LITERATUR: R. Naves, *V. et l'Encyclopédie*, Paris 1938. – C. M. Crist, *The »Dictionnaire philosophique portatif« and the Early French Deists*, Brooklyn 1934. – J. Cazeneuve, *La philosophie de V. d'après le »Dictionnaire philosophique«* (in Synthèses, 181/182, 7. 8. 1961, S. 14–31). – C. Duckworth, *Flaubert and V.'s »Dictionnaire philosophique«* (in StV, 18, 1961, S. 141–167). – Y. Florenne, *V. ou De la raison et de la déraison par alphabet* (in Europe, Juli 1962, Nr. 398, S. 40–53). – W. Trapnell, *V. and His Portable Dictionary*, Ffm. 1972. – R. Étiemble, *V. et le dictionnaire philosophique* (in R. É., *Mes contre-poisons*, Paris 1974, S. 155–184). – R. Desné, *V. et les juifs. Antijudaïsme et antisémitisme. À propos du »Dictionnaire philosophique«* (in *Pour une histoire qualitative. Études offertes à S. Stelling-Michaud*, Genf 1975, S. 131–145). – J.M. Moureaux, *Ordre et désordre dans le Dictionnaire philosophique«* (in DHS, 12, 1980, S. 381–400). – Ch. Todd, *V. »Dictionnaire philosophique«*, Ldn. 1981. – B. E. Schwarzbach, *The Problem of the Kehl Additions to the »Dictionnaire philosophique«* (in StV, 201, 1982, S. 7–66). – J. v. Stackelberg, *Einmal Saint-Evremond, dreimal V.* (in J. v. S., *Digressionen. Wege zur Aufklärung*, Heidelberg 1984, S. 61–70). – R. Shoaf, *Science, Sect, and Certainty in V.'s »Dictionnaire philosophique«* (in Journal of the History of Ideas, 46, 1985, S. 121–126).

DISCOURS EN VERS SUR L'HOMME

(frz.; *Abhandlungen in Versen über den Menschen*). Folge von sieben philosophischen Gedichten von VOLTAIRE, von denen die ersten drei 1734 entstanden, die letzten vier 1737/38. Von 1738 bis 1751 wurden sie in verschiedenen Zusammenstellungen veröffentlicht, 1752 in Dresden erstmals vollständig unter dem Titel *Discours en vers sur l'homme* abgedruckt. – Der erste *Discours, De l'égalité des conditions (Über die Gleichheit der Stände)*, behandelt das alte Thema der göttlichen Gerechtigkeit, die jedem Stand in einer für den Menschen auf den ersten Blick verborgenen Weise das ihm zustehende Maß an Freud und Leid zukommen ließ: *»Ein junger Gefreiter hat oft die Frechheit / an erlebten Freuden einen Marschall von Frankreich zu übertreffen«* oder *»Sprich, was hast du als König gewonnen? / Ein paar Schmeichler und Feinde mehr als ich.«* – *»Gott wog uns alle mit derselben Waage.«* Die zweite Abhandlung, *De la liberté (Über die Freiheit)* feiert die menschliche Freiheit als höchstes Geschenk Gottes, als *»göttliches Attribut des allmächtigen Wesens«*, ohne das der Mensch eine *»ohnmächtige Maschine«* wäre. Als ethische Konsequenz der Freiheit fordert der Autor zu Toleranz und Bescheidenheit auf: *»Liebe die Wahrheit, aber verzeihe den Irrtum ... baue dein Glück auf dem Glück der anderen.«* Der dritte *Discours* handelt *Vom Neide (De l'envie)*. Er beginnt mit den Worten *»Wenn der Mensch frei geschaffen *ist, muß er sich selbst regieren / Wenn der Mensch Tyrannen hat, muß er sie stürzen«*, die 1791 als Motto auf den Wagen geschrieben wurden, der Voltaires Urne im Triumph in das revolutionäre Paris brachte. Doch geht es hier um die Tyrannei des Lasters, und als deren schlimmstes sieht Voltaire den Neid. Aus eigener Erfahrung schreibend, greift er den Neid der Künstler auf Erfolge der Konkurrenten, ihre Intrigen und Gehässigkeiten an, und meint fast immer Zeitgenossen, wie etwa Jean-Jacques Rousseau. Der wahre Künstler jedoch sollte sich an den Errungenschaften anderer um des Fortschritts der Künste willen freuen.

Die vierte Versabhandlung, *De la modération en tout (Über die Mässigung in allem)*, ist dem damals 28jährigen sensualistischen Moralphilosophen Helvétius (1715–1771) gewidmet. Darin wird die Mäßigung in allen Begierden, die das menschliche Handeln bewegen, gelobt, und die Selbstbescheidung im Ehrgeiz, im Genuß und in der Liebe gepriesen. Unter allen Seelenregungen ist es allein die Freundschaft, in der *»der Exzeß erlaubt ist«*, sie ist *»das Idol des gerechten Herzens, die Leidenschaft des Weisen«*. Der fünfte *Discours* geht *Über das Wesen der Lust (Sur la nature du plaisir)* und stellt eine Abrechnung mit dem Jansenismus dar, wobei sich Voltaires humanistischer Bildungshintergrund und seine jesuitische Erziehung bemerkbar machen. Das Lob der irdischen Freuden, der körperlichen und der geistigen Liebe, des Luxus, der Schönheit, die Voltaire alle – wenn in Maßen genossen – als Gaben der göttlichen Liebe feiert, stellt eine ideengeschichtlich bedeutende Absage an den Asketizismus, sei er stoischer oder jansenistischer oder anderer Prägung *(»Ihr wollt den Menschen verändern, und zerstört ihn dabei«)*, dar und weist so voraus auf die aufkommende Rehabilitation der Leidenschaften, die die späteren Aufklärer (u. a. auch Helvétius) leisten sollten.

Der sechste Diskurs greift den Anthropozentrismus der christlichen, durch Scholastik und Humanismus verstärkten traditionellen Weltanschauung an. Voltaire erzählt hierzu eine »chinesische« Geschichte, *»die einst in Peking ein Jesuit übersetzte«* und in der einige Mäuse, glücklich in ihrem Käse sitzend, über das von Gott auf die Maus hin angeordnete Universum philosophieren: *»Seit aller Ewigkeit baut Gott uns große Löcher ... wir sind, großer Gott, wenn man unseren Weisen glaubt, Meisterwerk, Ziel und Ende deiner Werke; / Die Katzen sind gefährlich und fressen uns / aber das dient unserer Belehrung und Züchtigung.«* Dann räsonieren andere Tiere, schließlich der Mensch, über ein auf sie hin orientiertes Universum (vgl. *Micromégas*), aber Gott verneint alle ihre Systeme. Ein gelehrter Konfuzianer fragt nach dem Sinn der menschlichen Existenz und wird von einem Engel in andere Welten getragen, um anhand der Anschauung der Unendlichkeit weise Selbstbescheidung und Unterwerfung unter die kosmischen Gesetze zu lernen.

Der siebte *Discours sur la vraie vertu (Über die wahre Tugend)* wendet sich gegen eine rein kontemplative Tugend und eine auf das Übernatürliche hin orientierte Religion und feiert die *bienfaisance*, das aktive Wohltun zum besten der Mitmenschen, als neue Integraltugend: *»Wunder sind schön, aber dem Bruder helfen, den Freund aus dem Elend ziehen, den Feinden ihre Tugenden verzeihen, das sind größere Wunder, und die tut man nicht mehr ...«*

Voltaire sucht in den *Discours en vers sur l'homme* aus einer skeptischen, das im Verhältnis zur Unendlichkeit des Alls kleine Maß des Menschen (vgl. Alexander Pope, *An Essay on Man*, 1733 – *Ein Versuch über den Menschen*) in seine Wertung einbeziehenden Grundhaltung heraus eine Art deistischer Ethik zu gewinnen, die auf Toleranz, Bescheidenheit, Freundschaft und aktiver Menschenliebe beruht. Die elegante, knappe, aber eingängige Art der Präsentation, die sich – auch hierin Popes *Essay on Man* vergleichbar – gut für die Gewinnung von Maximen und Motti eignet, sicherte diesem Werk seine große Verbreitung und Wirkung. C.Dr.

Ausgaben: Paris 1738 (5 Episteln einzeln erschienen: *De l'égalité des conditions; De la liberté; De l'envie; Épître de la modération en tout dans l'étude, dans l'ambition, dans les plaisirs; Épître sur le bonheur*). – Amsterdam 1738 *(Épîtres sur le bonheur, la liberté et l'envie)*. – O. O. 1739 (in *Recueil de pièces fugitives en prose et en vers*). – Amsterdam 1745 (*Ce que c'est la vertu, discours en vers*, in *Œuvres*, Bd. 6). – Dresden 1752 [erste vollst. Ausg.]. – Paris 1833 (in *Œuvres*, Hg. A. Beuchot, 72 Bde., 1829–1840, 12). – Paris 1877 (in *Œuvres complètes*, Hg. L. Moland, 52 Bde., 1877–1883, 10). – Paris 1954 (in *Œuvres*, Hg. R. Groos u. R. Pomeau, 2 Bde., 1954–1957, 1). – Paris 1968, Hg. J. van der Heuvel [Diss.].

Literatur: O. Duchâteau, *Pope und V.*, Diss. Greifswald 1875. – J. Hahn, *V.s Stellung zur Frage der menschlichen Freiheit in ihrem Verhältnis zu Locke und Collins*, Lpzg. 1905 [zugl. Diss. Erlangen]. – G. F. Auer, *V. als Dichter. Verse und Gedichtformen*, Diss. Mchn. 1957. – J. F. McKenna, *Theory and Practice in V.'s Views on Free Will*, Diss. Fordham Univ. 1958. – W. S. Ljublinskij, *V.-Studien*, Bln. 1961. – A. Ages, *V.'s Biblical Criticism. A Study in Thematic Repetitions* (in StV, 30, 1964, S. 205–221). – D. Fletcher, *Guides, Philosophers and Friends. The Background of V.'s »Discours en vers sur l'homme«* (in *V. and His World*, Hg. R. J. Howells u. a., Oxford 1985, S. 5–25). – R. Desné, *V. et Helvétius* (in *Le siècle de V.*, Hg. Chr. Mervaud u. S. Menant, Oxford 1987, S. 395–415).

ESSAY SUR L'HISTOIRE GÉNÉRALE ET SUR LES MEURS ET L'ESPRIT DES NATIONS DEPUIS CHARLEMAGNE JUSQU'À NOS JOURS

(frz.; *Versuch über die allgemeine Geschichte, über die Sitten und den Geist der Nationen von Karl dem Großen bis in unsere Tage*). Kulturhistorisches und geschichtsphilosophisches Kompendium von Voltaire, erschienen 1756. – Bereits 1745/46 und

1750/51 waren zwei größere selbständige Abschnitte (*Nouveau plan d'une histoire de l'esprit humain* und *Histoire des croisades*) im ›Mercure de France‹ abgedruckt worden, denen sich weitere Teildrucke anschlossen, darunter der von Jean NEAULME gegen den Willen des Autors publizierte *Abrégé de l'histoire universelle depuis Charlemagne jusques à Charlequint* (1753). Späteren Ausgaben des unter dem Titel *Essai sur les mœurs* bekanntgewordenen Werks wurde die *Philosophie de l'histoire* einverleibt (ab 1769) und als *Discours préliminaire* bzw. *Introduction* anstelle eines Vorworts vorangestellt. Das in der Erstausgabe von 1756 noch mit dem *Essay* verbundene zweite historische Hauptwerk Voltaires *(Le siècle de Louis XIV)* wurde seit 1769 von ihm abgetrennt.

»Histoire universelle« wurde im 18. Jh. nicht nur in Frankreich nahezu skrupellos und mit der großräumig-konstruktiven Willkür geschrieben, die zumeist aus dem Einfluß christlich-theologischer Denkkategorien wie der des sich selbst vollendenden göttlichen Heilsplanes resultierte. So orientieren sich zahlreiche »weltgeschichtliche« Entwürfe französischer Autoren, wie der von Augustin CALMET (*Histoire universelle, sacrée et prophane depuis le commencement du monde jusqu'à nos jours*, 8 Bde., 1735–1747) oder der von J. HARDION (*Histoire universelle, sacrée et prophane*, 18 Bde., 1754–1765), an der den Begriff der über den Völkern waltenden göttlichen *»Vorsehung«* programmatisch ins Zentrum stellenden Arbeit von BOSSUET – *Discours sur l'histoire universelle* (1681) –, an die auch Voltaire anknüpft, allerdings in einer eher adversativen Beziehung. Wenn er seine Darstellung mit der Karolingerzeit zu beginnen verspricht, *»weil Bossuet gerade dort aufgehört hat, und weil ich nicht zu berühren wage, was dieser bedeutende Mann schon behandelt hat«*, tatsächlich aber mit einem weit ausholenden Rückgriff in den ersten sieben Kapiteln drei ältere außereuropäische Kulturen – die chinesische, die indische und die islamisch-arabische – beschreibt, so wird aus diesem Vorgehen nicht nur die gegenüber seinen Vorgängern weiter gespannte kosmopolitische Intention, sondern auch die liberalistische, antitheologische Geschichtskonzeption Voltaires deutlich, die in reflektierter Form allerdings erst in der späteren *Philosophie de l'histoire* entfaltet wird.

Dieser Gegensatz zur historiographischen Tradition bewahrt den Autor jedoch nicht davor, ihren Schwächen weitgehend selbst zu verfallen. Der Hauptmangel nahezu aller älteren Geschichtsschreibung bis weit ins 19. Jh. beruht auf dem Fehlen eines ausgebildeten, kritischen Verhältnisses zu den historischen Quellen. Voltaires *Essay* ist in dieser Hinsicht wenig mehr als eine eilige Aufarbeitung und keineswegs immer zuverlässige Kompilation älterer Autoren mit Hilfe von Kriterien wie dem der *»vraisemblance«*, die mit einem Begriff der *»nature humaine«* korrespondiert, *»deren Grundlage überall dieselbe ist«. »Was nicht in der Natur liegt, ist niemals wahr.«* In dieser Formulierung macht sich jedoch schon eine der Projektionen aufklärerisch-deistischen Philosophierens bemerkbar, die vor allem in der Diskussion über östliche Religionen, besonders die chinesische, wiederkehrt. War Voltaire im *Siècle de Louis XIV* aufgrund der geringen historischen Distanz noch in der Lage, nicht nur eigene Erfahrungen nutzbar zu machen, sondern auch die Glaubwürdigkeit zeitgenössischer Quellen sicher zu beurteilen, so ist er im *Essay* auf Unterrichtung aus zweiter und dritter Hand in einem Maße angewiesen, das jede tiefere Durchdringung der ungeheuren Stoffmasse vereitelt. Daß minuziöse Quellenforschung ihm fernlag (wenn er sie auch sporadisch betrieb), hängt mit dem Ideal einer synthetisch verfahrenden Wissenschaft zusammen, dem die Historiographie des 18. Jh.s ganz allgemein huldigte. *»Ich habe immer geglaubt, daß die Geschichtsschreibung dieselbe Kunst wie die Tragödie erfordert – eine Exposition, einen verwickelten Knoten, eine Entflechtung – und daß man alle Figuren des Gemäldes derart vorstellen muß, daß sie die Hauptpersonen sehen lassen, ohne jemals die Neigung zur Schau zu tragen, sie an Bedeutung aufzuwiegen.«*

Geschichte ist für Voltaire vor allem Kultur- und Sozialgeschichte. Sein große historische Zeiträume verkürzend wiedergebendes Panorama bietet eine Fülle von ethnologischen, soziologischen, nationalökonomischen und wissenschafts- und kunsthistorischen Materialien auf, die, zumal in Hinsicht auf asiatische und amerikanische Kulturen, im 18. Jh. erst langsam greifbar wurden. Die Aufwertung außereuropäischer Kulturkreise wie des chinesisch-indischen und die Einsicht in dessen größere Reife und Ausbildung auf früheren Stufen (im Gegensatz zu Bossuet und seinen Nachfolgern, die diese Zusammenhänge ignorieren) sind ebenso ungewöhnlich und neu wie die ersten Ansätze zu einer »materialistischen« Geschichtsinterpretation, die ökonomischen Faktoren (z. B. verbesserten Handelsbedingungen bei kartellartigen Zusammenschlüssen der lombardischen Städte, Geldwertkrisen im Zuge der Goldeinfuhr aus Mittel- und Südamerika, Entwicklung von Industrie und Schiffahrt seit der englischen Revolution) erhöhte Bedeutung zuspricht, denn: *»Man darf solche Details nicht verachten, die der verborgene Ursprung des Ruins von Staaten wie von Familien sind.«* Unmittelbare Anwendung finden diese Einsichten z. B. bei der Beschreibung der christlichen Kreuzzüge, die – wie auch Cromwells englischer Bürgerkrieg – nicht als Manifestationen reinen christlichen Bekehrungseifers gesehen, sondern auf konkrete materielle Interessen des europäischen Feudalismus (bzw. der englischen Bourgeoisie) zurückgeführt werden. Diese »materialistische« Tendenz trifft häufig mit einer antichristlich-entmythologisierenden zusammen, so etwa, wenn Voltaire behauptet, Frankreichs wirtschaftlicher Wiederaufstieg sei eher dem Bankier Jacques Cœur als der Jungfrau von Orleans zu verdanken. Diese nationalökonomischen Anmerkungen werden durch alle Epochen und Kulturkreise weitergeführt (vgl. *Commerce, finances, sciences du temps de Charlemagne*, Kap. 19;

Comment les richesses du nouveau monde circulent dans l'ancien, Kap. 145).
Daneben ist Religionskritik eine der Haupttriebfedern des *Essay*: Wenn Voltaire auch gerade am christlichen Mittelalter jene verschärfte Indolenz und Intoleranz geißelte, die in den Inquisitionsgreueln sadistische Ausmaße annahm, so sucht er doch andererseits an asiatischen Religionen, z. B. dem chinesischen Buddhismus, jene Elemente auf, die, wie der Konfuzianismus, seinem aufgeklärten Deismus am nächsten kommen. – *»Man muß, noch einmal, anerkennen, daß die ganze Geschichte im allgemeinen ein Haufen von Verbrechen, Unglück und Narrheiten ist, unter denen wir einige Tugenden gesehen haben, einige glückliche Zeiten, wie man hier und da in öden Wüsten einige verstreute Niederlassungen entdeckt.«* Daß diese *»glücklichen Zeiten«* immer die waren und nur die werden sein können, in denen menschliches Zusammenleben den *»einfachen«* Regeln einer universalistischen, vernünftigen Moral – *»Soyez équitables et bienfaisants« (»Seid gerecht und wohltätig«)* – gehorcht, bleibt für Voltaire ein unumstößliches Axiom seiner Philosophie und Geschichtsschreibung. H.H.H.

Ausgaben: Genf 1756 (in *Collection complète des œuvres*, Bd. 11–14). – Genf 1761–1763 (in *Collection complète des œuvres*, Bd. 11–15). – Genf 1769 (*Essai sur les mœurs et l'esprit des nations et sur les principaux faits de l'histoire depuis Charlemagne jusqu'à Louis XIII*, in *Collection complète des œuvres*, Bd. 8–10). – Genf 1775, 6 Bde. – Paris 1828 (in *Œuvres complètes*, Hg. M. Beuchot, 72 Bde., 1828–1840, 15–18). – Paris 1879 (in *Œuvres complètes*, Hg. L. Moland, 50 Bde., 1877–1883, 10–13). – Paris 1963, Hg. R. Pomeau, 2 Bde.

Übersetzungen: *Versuch einer allgemeinen Weltgeschichte, worin zugleich die Sitten und das Eigene der Völkerschaften von Carl dem Großen an bis auf unsere Zeiten beschrieben werden*, K. F. Romanus, 4 Bde., Dresden 1760–1762. – *Versuch einer Schilderung der Sitten und des Geistes der Nationen wobei die Hauptthatsachen in der Geschichte von Karl dem Großen an bis zu Ludwig XIII. aufgestellt werden*, W. C. S. Mylius (in *Sämmtliche Schriften*, Bd. 4–10, Bln. 1786/87). – *Geschichte der Völker, vorzüglich in den Zeiten von Karl dem Großen bis auf Ludwig XIV.*, K. A. Schnitzler, 8 Bde., Pest 1827. – *Über den Geist und die Sitten der Nationen*, K. F. Wachsmuth, 6 Bde., Lpzg. 1867/68.

Literatur: J. G. Hagmann, *Über V.s »Essai sur les mœurs«*, Rapperswil 1883. – W. Dilthey, *Das 18. Jh. u. die geschichtliche Welt* (in DRs, Juli–Sept. 1901). – P. Sakmann, *Die Probleme der historischen Methodik u. der Geschichtsphilosophie bei V.* (in HZ, 97, 1906). – J. B. Black, *The Art of History: A Study of Four Great Historians of the 18th Century*, Ldn. 1926. – R. L. Bach, *Die Entwicklung der französischen Geschichtsauffassung im 18. Jh.*, Bruchsal 1932. – W. Engemann, *V. und China*, Lpzg. 1933. – H. L. Edsall, *The Idea of History and Progress in Fontenelle and V.* (in *Studies by Members of the French Department of Yale University*, Hg. A. Feuillerat, New Haven/Conn. 1941). – F. Diaz, *V. storico*, Turin 1958. – J. H. Brumfitt, *V. Historian*, NY 1958. – P. H. Meyer, *V. and Hume as Historians. A Comparative Study of the »Essai sur les mœurs« and the »History of England«* (in PMLA, 73, 1958, S. 51–68). – J. Dagens, *La marche de l'histoire suivant V. Depuis la chute de l'Empire romain jusqu'au siècle des lumières* (in RF, 70, 1958, S. 241–266). – G. P. Gooch, *V. as Historian* (in G. P. G., *French Profiles*, Ldn. 1961, S. 62–136). – M. L. Perkins, *V. on the Source of National Power* (in StV, 20, 1962, S. 141–173). – C. Rihs, *V. Recherches sur les origines du matérialisme historique*, Paris/Genf 1962. – L. Trenard, *De l'»Essay sur les mœurs« à un manuel condamné* (in *Pour une histoire qualitative. Études offertes à S. Stelling-Michaud*, Genf 1975, S. 161–178). – H. Duranton, *La genèse de l'»Essay sur les mœurs«* (in *V. und Deutschland*, Hg. P. Brockmeier u. a., Stg. 1979, S. 257–268). – U. Knoke, *Zur ästhetischen Gestalt fiktionaler Texte aus historisch-materialistischer Sicht* (in RZL, 3, 1979, S. 86–111).

L'INGÉNU, HISTOIRE VÉRITABLE, TIRÉE DES MANUSCRITS DU PÈRE QUESNEL

(frz.; *Der Harmlose. Eine wahre Geschichte, aus den Manuskripten des Paters Quesnel*). Kurzroman von Voltaire, anonym erschienen 1767 in Genf. – Ein junger Wilder aus Nordamerika landet eines Tages an der Küste der Bretagne, wo ihn ein Prior und dessen Schwester als ihren Neffen, Herkules von Kerkabon, erkennen. Weil er *»ganz naiv stets sagt, was er denkt, und tut, was er will«*, nennt man ihn den Harmlosen. Da ihm die Kunst der Heuchelei fremd ist, stehen ihm viele Enttäuschungen bevor. Er wird von seiner neuen Familie zum Christentum bekehrt und verliebt sich sogleich in das Fräulein von Saint-Yves, die er aber – da sie seine Patin ist – nach den Gesetzen der Kirche nicht heiraten kann. Nachdem er sich bei einem Angriff der Engländer in der Bretagne durch Tapferkeit ausgezeichnet hat, begibt er sich nach Versailles, wo er Anerkennung für seine Verdienste und die Hand seiner Geliebten zu gewinnen hofft. Am Hof hat er jedoch keinen Erfolg und wird als Opfer einer Hofintrige in die Bastille eingesperrt. Dort teilt er seine Zelle mit einem gütigen Jansenisten, der ihm Unterricht erteilt und sich über den Scharfblick und die Treffsicherheit seiner Antworten verwundert: *»Da sein Verstehen nicht durch die Irrtümer getrübt worden ist, hatte er einen aufrechten Sinn bewahrt.«* Das Fräulein von Saint-Yves bricht aus dem Kloster, in das man sie gesperrt hat, aus, um Herkules von Kerkabon zu befreien, erliegt jedoch den Einflüsterungen eines Staatssekretärs und eines Jesuiten. Entehrt und geschändet, erlebt sie zwar noch die Freilassung ihres Geliebten, stirbt aber kurz darauf vor Schmerz und Scham. Herkules von Kerkabon, den diese Erlebnisse zu einem Philosophen gemacht haben, nimmt die Stelle eines Offiziers an. Wie schon *Candide* greift auch dieser »philosophische Roman« auf das im Frankreich des 18. Jh.s beliebte Schema des hellenistischen Trennungs- und Verfolgungsromans zurück. Nicht ohne Süffisanz erhebt sich der Autor dabei über dessen stets im Happy End kulminierendes Muster, das die »verfolgte Unschuld« vor jeglicher Anfechtung bewahrt und so Gottes tätiges Wirken in der Welt literarisch gestaltet: Voltaire erreicht es so, in der Tradition von MONTESQUIEUS *Lettres persanes* die europäische Kultur in ihrem Zusammenstoß mit der unverbildeten Natur des Wilden lächerlich und fragwürdig zu machen. Seine scharf gezielten, sarkastischen Angriffe auf gesellschaftliche Mißstände, auf Jesuiten wie Jansenisten – die Auseinandersetzung mit dem Jansenismus nimmt einen besonders breiten Raum ein –, werden mit heiter-überlegenem Ton in der Form des kleinen Romans wirksam vorgetragen. KLL

AUSGABEN: Utrecht [d. i. Genf] 1767 [anon.]. – Lausanne [d. i. Paris] 1767 *(Le Huron ou L'ingénu)*. – Paris 1829 (in *Œuvres complètes*, Hg. M. Beuchot, 72 Bde., 1828–1840, 33/34). – Paris 1879 (in *Œuvres complètes*, Hg. L. Moland, 52 Bde., 1877–1883, 21). – Genf/Paris 1936, Hg. W. R. Jones (krit.; ern. 1957). – Paris 1975, Hg. J. Varloot. – Paris 1975 (in *Romans et contes*, Hg. F. Deloffre u. J. Van den Heuvel; Pléiade). – Paris 1976 (in *Romans et contes*; Folio). – Paris 1977 (in *Romans et contes*; Class. Garn). – Paris 1978 (in *Romans et contes*, Hg. R. Pagosse). – Paris 1979 (in *Romans et contes*, Hg. R. Pomeau; GF).

ÜBERSETZUNGEN: *Der Hurone. Eine wahre Geschichte*, anon., Bln./Lpzg. 1784. – *Der Harmlose*, W. Heichen, Bln. 1948. – *Der Unbefangene*, E. Sander (in *Romane und Erzählungen*, Bremen 1962). – Dass., I. Lehmann (in *Sämtl. Romane und Erzählungen*, Ffm. 1976; Insel Tb). – *Der ehrliche Hurone*, L. Ronte u. W. Widmer (in *Sämtl. Romane und Erzählungen*, Mchn. 1969; [5]1989; auch 1986; dtv). – *L'ingénu / Der Freimütige*, P. Brockmeier, Stg. 1982 (frz.-dt.; RUB).

LITERATUR: P. Castex, *V.: »Micromégas«, »Candide«, »L'ingénu«*, Paris 1960. – F. Pruner, *Recherches sur la création romanesque dans »L'ingénu« de V.* (in ALM, 30, 1960, S. 3–42). – D. E. Highnam, *»L'ingénu«, Flawed Masterpiece or Masterful Innovation* (in StV, 143, 1975, S. 71–83). – Z. Levy, *»L'ingénu« ou l'Anti-Candide* (ebd., 183, 1980, S. 45–67). – E. Henein, *Hercule ou le pessimisme. Analyse de »L'ingénu«* (in RomR, 72, 1981, S. 148–165). – C. Rosso, *»L'ingénu« de V. et le malaise de la critique* (in C. R., *Les tambours de Santerre*, Pisa 1986, S. 185–192). – J. S. Clouston, *V.'s Binary Masterpiece. »L'ingénu« Reconsidered*, Bern 1986. – N. Sclippa, *V. »L'ingénu«* (in N. S., *Texte et idéologie«*, NY 1987, S. 47–81).

LETTERS CONCERNING THE ENGLISH NATION

(engl.; *Briefe über die englische Nation*). 25 im englischen Exil verfaßte Briefe von VOLTAIRE, erschienen in London 1733; erste französische Ausgabe 1734 unter dem Titel *Lettres philosophiques ou Lettres écrites de Londres sur les Anglais (Philosophische Briefe oder Briefe aus London über die Engländer)*. Durch Beschluß des Parlaments (oberstes französisches Gericht) vom 10. Juni 1734 wird die gesamte Auflage als staats- und religionsfeindlich beschlagnahmt und öffentlich verbrannt; gegen den Verfasser wird Haftbefehl erlassen; mehrere heimliche Neudrucke erscheinen im gleichen Jahr.

Mit kritischer Spitze gegen die dogmatische Engstirnigkeit des kraft staatlicher Autorität etablierten französischen Katholizismus beschreibt Voltaire das einträchtige Nebeneinander der verschiedensten religiösen Sekten in England. Vor allem das Bemühen der Quäker um ein ursprüngliches, konkret an der Nächstenliebe orientiertes Christentum fesselt sein Interesse. Zwar lehnt er den Glauben an die direkte Inspiration durch Gott oder den Heiligen Geist ab und findet die Gewohnheiten der Quäker, grundsätzlich jedermann zu duzen, nie zu schwören, möglichst Lederkleidung zu tragen und vor niemandem, auch nicht vor dem König, die Kopfbedeckung zu ziehen, absurd und lächerlich, ihr Antiklerikalismus und ihr Widerstand gegen jede Kriegspolitik aber und vor allem William Penns Gründung des ersten Sozialstaats in Amerika nötigen ihm Respekt und Bewunderung ab. Praktizierte Toleranz, so zeigt Voltaire, hat in England dank vernunftbestimmter Geschmacksbildung zum Nutzen aller eine politische Neutralisierung des Religiösen, die Verwirklichung eines die Vorteile von Monarchie und Republik vereinenden konstitutionellen Rechtsstaats und die Wertschätzung aller Stände – auch der Künstler und Schriftsteller – im öffentlichen Bewußtsein ermöglicht. Medizinisch sei England dem übrigen Europa durch die Einführung der Pockenimpfung weit voraus. In der Absicht, das französische Publikum auf den Stand fortschrittlicher geistiger Positionen zu führen, macht Voltaire sich zum Herold des von BACON, LOCKE und NEWTON geprägten Weltbilds, dessen Rezeption man in Frankreich bislang aus Dünkel versäumt habe. Bacon sei zum Wegbereiter für Newtons Neuorientierung der Physik geworden, weil er als erster den methodischen Wert des Experiments begriffen habe. Locke kommt das Verdienst zu, die Möglichkeit sicheren Erkennens auf den Bereich der empirischen Bewußtseinsdaten eingegrenzt zu haben. Die Entdeckung des Gesetzes der Schwerkraft wird als Entthronung der Lehren DESCARTES' gefeiert. Der positive Wissensanspruch dieser Physik schließe einen Erkenntnisverzicht ein: Er beläßt die Ursache der Schwerkraft selbst im Unerklärbaren. Solche Bescheidung zeichne den Typ des »Philosophen« vor dem auf den Besitz der Wahrheit pochenden religiösen »Fanatiker« aus.

Dem Burlesk-Formlosen der englischen Tragödie vermag Voltaire, trotz seines Gespürs für Shakespeares Genialität, wenig abzugewinnen. Die Komödien von Vanbrugh und Congreve sowie die Schriften Swifts und Popes werden dagegen gelobt. Im letzten, später hinzugefügten Brief: *Remarques sur les ›Pensées‹ de M. Pascal (Bemerkungen über die ›Gedanken‹ Pascals)* versucht Voltaire die Partei des Menschen *»gegen diesen erhabenen Menschenfeind«* zu ergreifen. Dem, was Pascal als tragische *condition humaine* absolut setzt, hält er pragmatisch die reale, bedingte und also veränderbare Situation entgegen.
»Philosophisch« wird in diesen Briefen eine skeptisch wägende Weise des Argumentierens genannt, die nicht nur Paradigma für eine Voltaires gesamtes Werk beherrschende methodische Verfahrensweise ist, sondern ihrer steten Reflexion auf die politische Praxis wegen auch außerliterarisch weitreichende Folgen zeitigte. G.Sa.

Ausgaben: Ldn. 1733. – Amsterdam 1734 *(Lettres philosophiques ou Lettres écrites de Londres sur les Anglais)*. – Paris 1828–1834 (in *Œuvres complètes*, Hg. M. Beuchot, 72 Bde., 38–50). – Paris 1877–1883 (in *Œuvres complètes*, Hg. L. Moland, 52 Bde., 22–31). – Paris 1915–1917, Hg. G. Lanson, 2 Bde. [krit.]. – Paris 1961 (in *Mélanges*, Hg. J. Van den Heuvel; Pléiade). – Paris 1962 (*Lettres philosophiques ou Lettres anglaises*, Hg. R. Naves; ern. 1988; Class. Garn). – Paris 1964 (*Lettres philosophiques*, Hg. G. Lanson, 2 Bde., STFM). – Paris 1964 (*Lettres philosophiques*, Hg. R. Pomeau; GF). – Paris 1986 (*Lettres philosophiques*, Hg. F. Deloffre; Folio).

Übersetzung: *Philosophische Briefe*, R. v. Bitter, Ffm./Bln. 1985 (Ullst. Tb).

Literatur: G. Lanson, *V. et les »Lettres philosophiques«* (in Revue de Paris, 15, 1908, Nr. 4, S. 505–533). – L. Strachey, *V. and England* (in L. S., *Books*, NY 1922, S. 115–141). – L. S. Gaudin, *Les »Lettres anglaises« dans l'Encyclopédie*, NY 1942. – A. Lantoine, *Les »Lettres philosophiques« de V.*, Paris 1946. – C. Luporini, *V. e le »Lettres philosophiques«*, Florenz 1955. – C. Dédéyan, *V. et la pensée anglaise*, Paris 1956. – E. Auerbach, *Das unterbrochene Abendessen* (in E. A., *Mimesis*, Bern/Mchn. [3]1964, S. 376–386). – T. J. Barling, *The Literary Art of the »Lettres philosophiques«* (in StV, 41, 1966, S. 7–69). – M. Reisler, *Rhetoric and Dialectic in V.'s »Lettres philosophiques«* (in EsCr, 17, 1977, S. 311–324). – A.-M. Rousseau, *Naissance d'un livre et d'un texte. Les »Letters Concerning the English Nation«* (in StV, 179, 1979, S. 25–46). – R. Pomeau, *Les »Lettres philosophiques«* (ebd., S. 11–24). – S. E. Jones, *V.'s Use of Contemporary French Writing on England in His »Lettres philosophiques«* (in RLC, 56, 1982, S. 139–156). – M. Clive, *La vingt-cinquième lettre des »Lettres philosophiques« de V. sur les »Pensées de M. Pascal«* (in Revue de métaphysique et de morale, 88, 1983, S. 356–384). – C. J. Betts, *Early Deism in France, from the So-Called »Deistes« of Lyon (1564) to V.'s »Lettres philosophiques« (1734)*, Den Haag 1984. – J. Sareil, *Les quatre premières ›lettres philosophiques‹ ou les complications du jeu satirique* (in RomR, 86, 1985, S. 277–286). – D. Fletcher, *V. »Lettres philosophiques«*, Ldn. 1986. – E. E. John, *L'esprit des »Lettres philosophiques« de V.*, Paris 1987. – J. v. Stackelberg, *V. traducteur. Les ›belles infidèles‹ dans les »Lettres philosophiques«* (in *Le siècle de V.*, Hg. Chr. Mervaud u. S. Menant, Oxford 1987, Bd. 2, S. 881–892).

MICROMÉGAS

(frz.; *Mikromegas*). Philosophische Erzählung *(Histoire philosophique)* von Voltaire, erschienen 1752. – Die Erzählung, in der sich der satirisch verarbeitete Einfluß von Fontenelles *Entretiens sur la pluralité des mondes*, 1686 *(Gespräche über die Vielzahl der Welten)*, mit dem von Jonathan Swift (*Gulliver's Travels*, 1726) übernommenen Motiv der phantastischen Reise in Riesen- oder Zwergenwelten verbindet, handelt von der Reise des Micromégas, eines acht Meilen groß gewachsenen Bewohners aus der Welt des Sternes Sirius, durch das Weltall.
Micromégas, ein gelehrter, wißbegieriger Geist, der auf *»dem Jesuitenkolleg seines Planeten«* studiert hatte, und schon am Ende seiner Kindheit, etwa um das fünfhundertste Lebensjahr, naturwissenschaftliche Werke verfaßt hatte, war mit seinen Forschungsergebnissen über die substantielle Form der Flöhe ins Kreuzfeuer der Kritik kleiner Geister geraten und wurde, nach hundertzwanzigjährigem Streit, auf Betreiben des *»Großmufti seines Landes«* verbannt. Er nutzt nun seine Muße zu einer Kavalierstour durch das All, wobei er sich seiner genauen Kenntnis der Gesetze der Schwerkraft bedient und etwa auf Kometenstreifen oder Sternenstrahlen reitet. Schließlich kommt er auf dem Saturn an, einer Zwergenwelt für ihn, aber als philosophischer Geist *»verstand er schnell, daß man nicht lächerlich zu sein braucht, wenn man nur sechstausend Fuß groß ist«*, wie die Saturnier es sind. Micromégas freundet sich mit einem gelehrten Saturnier an, der sich darüber beklagt, daß auf dem Saturn das Leben nur etwa fünfzehntausend Erdenjahre währt *(»Sie sehen, kaum ist man geboren, stirbt man schon wieder; unser Dasein ist ein Punkt, unsere Dauer ein Augenblick, unser Globus ein Atom«)*, aber Micromégas tröstet ihn damit, daß man sich sogar auf Welten, wo man tausendmal länger als auf dem Sirius lebt, über die Kürze des Daseins beklagt, lobt die Weisheit des Allschöpfers und räsoniert mit dem Saturnier über naturphilosophische Fragen. Schließlich beschließen die beiden gelehrten Freunde, durch das Sonnensystem zu reisen, gelangen, nach Zwischenaufenthalten auf Jupiter und Mars, zur Erde und landen am 5. Juli 1737 in der Ostsee. Sie umschreiten in kurzer Zeit die Erde, durchwaten die Meere und überlegen sich, wieder am Ausgangspunkt angekommen, ob es auf diesem

winzigen Planeten mit unregelmäßigen Formen intelligentes Leben geben könnte. Der Saturnier bezweifelt es, aber Micromégas will es genau wissen. Mit einem riesigen Diamanten – der aus der Halskette des Micromégas gefallen war – als Mikroskop suchen die beiden Außerirdischen die Meeresoberfläche ab, finden zuerst einen Wal, dann aber ein Schiff mit Menschen, und zwar handelt es sich um eine Expedition von Gelehrten, die eben im Jahre 1737 im Bottnischen Meerbusen als verschollen galt. Die Reisenden untersuchen ihren Fund, ähnlich wie Menschen den Bereich der Mikroorganismen erforschen würden; sie analysieren die Bewegungen der für sie unendlich kleinen Wesen, und schließlich gelingt es Micromégas, aus einem Stück Fingernagel eine Art Sprachrohr zu bauen, mit Hilfe dessen die beiden Gelehrten mit den Menschen kommunizieren können.

Aus dem Gespräch mit den Menschen erfahren Micromégas und sein saturnischer Begleiter, daß auch so winzige Wesen das Böse in sich haben können, erfahren von Kriegen und Ungerechtigkeiten, aber auch von den erstaunlichen astronomischen und mathematischen Kenntnissen der winzigen Erdenbewohner. Aber als Micromégas die menschlichen Gelehrten auffordert: *»Da ihr so gut über das Bescheid wißt, was außerhalb von euch liegt, so wißt ihr doch sicher noch besser, was in euch ist. Sagt mir also, was eure Seele ist und wie ihr an eure Erkenntnisse gelangt«* – da schlagen ihm die widersprüchlichsten Aussagen entgegen. Der eine gibt eine aristotelische, der andere eine Leibnizsche, der dritte eine cartesianische, der vierte eine malebranchistische, der fünfte eine Lockesche Antwort. Mit meisterhaftem Spott karikiert Voltaire hier die Standpunkte der Erkenntnistheorien seiner Zeit; an den Antworten der Außerirdischen erkennt der Leser die Meinung des Verfassers: Es ist eindeutig der Vertreter des Lockeschen Empirismus, der den Beifall der Besucher findet. Schließlich aber meldet sich noch ein kleiner Thomist von der Sorbonne, und als dieser den beiden Riesen erklärt, daß gemäß der *Summa* des Aquinaten alles, alle Gestirne, alle Sonnen, alle Wesen, auch die beiden Besucher und ihre Welten, vom Schöpfer einzig und allein für den Menschen geschaffen seien, da brechen Micromégas und der Saturnier in ein gewaltiges Gelächter aus, wobei das Schiff dem Saturnier versehentlich in die Tasche fällt. Die Reisenden suchen es, setzen es wieder instand, und Micromégas überwindet seine Wut über die Arroganz der winzigen Wesen und schreibt ihnen ein Buch, das ihrer Größe angemessen ist, um es ihnen auf den Weg zu geben: damit würden sie alle Dinge verstehen. Aber als die menschlichen Gelehrten es nach Paris bringen und der Sekretär der Académie française – es war damals Fontenelle – es aufschlägt, da sieht er nur weiße Seiten und sagt: *»Aha, das hatte ich mir gleich gedacht.«*

Micromégas ist viel weniger als Voltaires andere *Contes philosophiques* als literarische Erzählung konstruiert: Die Hauptgestalten sind als Charaktere blaß gezeichnet und lediglich durch ihre ins Unermeßliche gesteigerte körperliche und wissensmäßige Größe hervorgehoben. Es geht Voltaire in *Micromégas* um eine karikaturenhaft überspitzte satirische Darstellung der philosophischen Systeme seiner Zeit, um eine Art *sottisier* (Dummheitensammlung) der philosophischen Schulen mit Ausnahme der englischen Empiristen und um eine Verspottung des traditionellen anthropozentrischen Weltbildes, sowie menschlichen Dünkels überhaupt. Er benutzt hierbei in extrem gesteigerter Weise die in der Aufklärung beliebte Darstellung der Schwächen der zeitgenössischen Gesellschaft vom angenommenen Standpunkt fremdartiger, exotischer Besucher aus, denen das, was dem Publikum des Autors selbstverständlich scheint, grotesk und widersinnig vorkommt. Die vielen naturwissenschaftlichen Anspielungen belegen zudem Voltaires betontes Interesse an den empirischen Wissenschaften, von denen er weiterhin nützliche und verifizierbare Erkenntnisse erhofft, und seine auch in den anderen *contes philosophiques* bekundete tiefe Skepsis gegenüber dem Bereich des metaphysisch-spekulativen Systemdenkens, das seiner Ansicht nach eine Brutstätte des Irrtums und des dogmatischen Zwistes darstellt. C.Dr.

AUSGABEN: Ldn. 1752. – Paris 1829 (in *Œuvres*, Hg. M. Beuchot, 72 Bde., 1829–1840, 33). – Paris 1879 (in *Œuvres complètes*, Hg. L. Moland, 52 Bde., 1877–1883, 31). – Paris 1966, Hg. R. Pomeau. – Paris 1975 (in *Romans et contes*, Hg. F. Deloffre u. J. Van den Heuvel; Pléiade). – Paris 1976 (in *Romans et contes*; Folio). – Paris 1977 (in *Romans et contes*; Class. Garn). – Paris 1978 (in *Romans et contes*, Hg. R. Pagosse). – Paris 1979 (in *Romans et contes*, Hg. R. Pomeau; GF).

ÜBERSETZUNGEN: *Mikromegas*, C. Ch. Freiesleben, Dresden 1752. – Dass., W. Ch. S. Mylius u. a. (in *SS*, Bd. 2, Bln. 1786). – Dass., L. Lehmann (in *Sämtl. Romane und Erzählungen*, Lpzg. 1948; Bremen [5]1962; Ffm. 1976; Insel Tb; Einl. V. Klemperer). – Dass., E. Sander (in *Romane und Erzählungen*, Bd. 1, Mchn. 1961). – Dass., L. Ronte u. W. Widmer (in *Sämtl. Romane und Erzählungen*, Mchn. 1969; [5]1989; auch 1986; dtv). – Dass., dies., Stg. 1984 [Vorw. J. L. Borges].

LITERATUR: E. Henriot, *Les contes de V.*, Paris 1948. – I. O. Wade, *V.'s »Micromégas«*, Princeton 1959. – W. H. Barber, *The Genesis of V.'s »Micromégas«* (in FS, 11, 1957, S. 1–15). – E. Kahane, *»Micromégas« et l'anticipation scientifique* (in Europe, 1959, Nr. 361/362, S. 129–136). – P. G. Castex, *V.: »Micromégas«, »Candide«, »L'ingénu«*, Paris 1960. – U. Schick, *Die Veröffentlichungsgeschichte von V.s »Micromégas«* (in ZfrzSp, 81, 1971, S. 67–79). – A. Gunny, *À propos de la date de composition de »Micromégas«* (in StV, 140, 1975, S. 73–83). – F. Koppe, *Ironische Versachlichung als Appell an praktische Vernunft. Paradigma: »Micromégas«* (in F. K., *Literarische Versachlichung*, Mchn. 1977, S. 24–52). – B. L. Knapp, *V.'s »Micro-*

mégas«. Relativist as Realist (in B. L. K., *The Prometheus Syndrome*, Troy/N.Y. 1979, S. 161–183). – V. Nachtergaele, *»Micromégas« ou le disfonctionnement de procédés de la narration* (in StV, 199, 1981, S. 73–86). – D. W. Smith, *The Publication of »Micromégas«* (ebd., 229, 1983, S. 63–91).

LE SIÈCLE DE LOUIS XIV

(frz.; *Das Jahrhundert Ludwigs XIV.*). Geschichtswerk von Voltaire, begonnen etwa 1735, in erster Fassung abgeschlossen 1739, dann 1750 umgearbeitet, erschienen 1751. – Wie aus den Briefen, die Voltaire während der langen Entstehungszeit des Werkes an ältere Zeitzeugen verfaßte, hervorgeht, hatte der Autor, der zeitlebens vom Fortschritt der naturwissenschaftlichen Erkenntnisse fasziniert war, ursprünglich die Absicht, ein Werk über den Vergleich des Erkenntnisstandes der Wissenschaften und der Errungenschaften der Literatur und der Künste im 17. und 18. Jh. zu verfassen. Hieraus erwuchs der Versuch – ein in vieler Hinsicht in der Geschichtsschreibung neuartiges Unterfangen –, eine Epoche in ihrer kulturellen, wissenschaftlichen, politischen und sozialen Ganzheit darzustellen.

In einem 1740 verfaßten, dem Text vorangestellten Brief an den englischen Lordsiegelbewahrer Harvey rechtfertigt Voltaire, warum er diese Epoche gerade nach dem französischen König benennt, und führt hierzu vor allem die seiner Ansicht nach übernationale europäische, ja, angeblich universal menschheitsumspannende Ausstrahlung der Regierung Ludwigs an: *»Ich schätze Ludwig XIV. nicht nur, weil er den Franzosen Gutes getan hat, sondern weil er den Menschen Gutes tat, es ist als Mensch, daß ich schreibe, nicht als Untertan.«* Im einführenden ersten Kapitel liefert er dann eine welthistorische Sicht, in der er vier herausragende Jahrhunderte der Menschheit unterscheidet: das perikleische Zeitalter, das Zeitalter Cäsars und des Augustus, dann das Jahrhundert der italienischen Renaissance zwischen 1450 und 1550, das im Florenz der Medici seine höchste Verwirklichung fand, und schließlich das *»Jahrhundert Ludwigs XIV.«* Ganz im nachwirkenden Geiste der *Querelle des Anciens et des Modernes*, die ganzheitliche Epochenvergleiche (vgl. Charles Perrault *Parallèles des Anciens et des Modernes*, 1688–1697 – *Vergleiche zwischen den Antiken und den Modernen*) unter Einbeziehung aller künstlerischen und technischen Errungenschaften liebte, stellt Voltaire fest, daß *»das Jahrhundert Ludwigs XIV. ... vielleicht der Vollendung am nächsten kommt«*, denn *»bereichert von den Erfahrungen der drei vorangehenden, hat es in einigen Beziehungen mehr geleistet als alle drei vorherigen zusammen«*. Es folgt ein kurzer Überblick über die französische Geschichte, in dem Voltaire darlegt, warum von Karl dem Großen bis zu Ludwig XIV. Frankreich nie dazu kam, sein Potential zu entfalten: *»Seit dem Niedergang der Familie Karls des Großen verharrte Frankreich mehr oder weniger in ... Schwäche, denn es genoß nie eine gute Regierung.«* Absicht des Werkes nun ist es, zu zeigen *»was sie* [die Franzosen] *zur Zeit Ludwigs XIV. waren ... was Geist und Sitten der Menschen darstellt, was zur Belehrung dient und dazu rät, Tugend, Künste und Vaterland zu lieben«*. Zunächst präsentiert Voltaire einen Überblick über die europäische Staatenwelt vor Ludwig XIV., es folgt die Darstellung der Wirren zu Beginn seiner Regierungszeit, der Bürgerkriege zur Zeit seiner Minderjährigkeit. Dann beschreibt der Autor die Festigung der Königsmacht, die Sicherung der französischen Stellung in Europa und die Serie der glanzvollen Siege und territorialen Gewinne der ersten Hälfte der Herrschaftszeit Ludwigs, schließlich seine Interventionen in den englischen Thronwirren, wobei er trotz des endgültigen Scheiterns der französischen Stützung der Stuarts die Großzügigkeit des Bourbonen gegen die unglückliche Dynastie betont und die Gründe für diesen Mißerfolg in Fehlern der Stuarts, allem voran im religiösen Eiferertum James II., sieht. Bei der Schilderung der unglücklichen späten Kriege Ludwigs unterstreicht Voltaire die Defensivität der Kriegsanstrengungen und das Bemühen um Frieden. Es folgt eine reiche Sammlung von Anekdoten, die Voltaire von Zeitzeugen berichtet wurden, und schließlich, als vielleicht wichtigster Teil, die Darstellung des Fortschritts der Künste und der Wissenschaften, wobei er Ludwigs Rolle als übernationaler Förderer und Ermutiger betont. Mit einer (später hinzugefügten) Darstellung des Streites innerhalb der katholischen Kirche über die Riten der chinesischen Christen, dessen unduldsamer Ausgang zum Verbot des Christentums in China führte, schließt der Text, dem eine kommentierte Liste der Kinder Ludwigs XIV. sowie der zeitgenössischen Herrscher und der wichtigsten Künstler und Schriftsteller der Zeit folgt.

Ludwig XIV. war zur Zeit Voltaires nicht mehr beliebt; um so mehr fällt die im ganzen positive Wertung dieses archetypischen Vertreters des Absolutismus durch den geistigen Anführer der französischen Aufklärung ins Gewicht. Doch ist eine Epoche für Voltaire nicht das Werk eines Mannes, sondern Resultat einer kollektiven Anstrengung aller sowie der äußeren Umstände, die über ihren Erfolg entscheiden. In diesem Sinne ist sich Voltaire – der sich stets zum Fortschritt der menschlichen Erkenntnisse und der Zivilisation bekannt hat – bewußt, in seinem 18. Jh. in einer für die Menschheit als ganzes bedeutenden und vielversprechenden Epoche zu leben, der der Weg bereitet wurde durch das Zeitalter des »Sonnenkönigs«, das er als Grundlage der eigenen, von ihm in dem während der Arbeit am *Siècle de Louis XIV* entstandenen Gedicht *Le mondain*, 1736 *(Der Weltmann)*, begeistert gefeierten Gegenwart ansah: *»Mag da wer will die gute alte Zeit beklagen / das gold'ne Zeitalter, die Herrschaft der Astrée ... ich danke der weisen Natur / die mich zu meinem Besten in dieser Zeit hat leben lassen / ... Oh! welch' gute Zeit, dieses Eherne Zeitalter! / ... / das irdische Paradies, das ist dort, wo ich bin.«* Auf die Frage jedoch, was einer von ihm eingangs als solche beschriebenen Glanzzeit der Menschheitsgeschichte folgen solle, ob weiterer Aufstieg oder notwendiger Verfall, gibt Voltaire in *Le siècle de Louis XIV* keine Antwort. C.Dr.

AUSGABEN: Bln. 1752 [recte 1751], 2 Bde. – Genf 1768 [verb.]. – Paris 1830/31 (in *Œuvres*, Hg. M. Beuchot, 70 Bde., 1829–1840, 19–21). – Paris 1877–1883 (in *Œuvres complètes*, Hg. L. Moland, 52 Bde., 11–16). – Paris 1957 (in *Œuvres*, 2 Bde., 1954–1957, 2: *Œuvres historiques*, Hg. u. Anm. R. Pomeau; Pléiade). – Paris 1966, 2 Bde. (GF). – Paris 1978 (in *Œuvres historiques*, Hg. R. Pomeau; Pléiade).

ÜBERSETZUNGEN: *Die Zeiten Ludwigs des XIV., Königs in Frankreich*, anon., Bln. 1752. – *Das Zeitalter Ludwigs XIV.*, R. Habs, Lpzg. o. J. [um 1888] (RUB).

LITERATUR: R. Groos, *»Le siècle de Louis XIV« de V.* (in MdF, 15. 6. 1929, S. 587–594). – E. Bouvier, *Contribution à l'étude des sources du »Siècle de Louis XIV«* (in RHLF, 45, 1938, S. 364–371). – F. Schevill, *Six Historians*, Chicago 1956. – H. Brumfitt, *V. Historian*, Oxford 1958. – F. Diaz, *V., storico*, Turin 1958. – E. Henriot, *V. et »Le siècle de Louis XIV«* (in E. H., *Courrier littéraire, 18e siècle*, Paris 1961, S. 197–204). – Y. Belaval, *Le 17e siècle vu du »Siècle de Louis XIV«* (in Revue internationale de philosophie, 29, 1975, S. 393–405). – N. Johnson, *La théorie et la pratique de l'historiographie dans la France du 18e siècle. Le cas du »Siècle de Louis XIV«* (in *L'histoire au 18e siècle*, Aix-en-Provence 1980, S. 253–269). – R. Hutton, *The Prehistory of V.'s »Siècle de Louis XIV«* (in Newsletter of the Society for Seventeenth-Century French Studies, 5, 1983, S. 45–51). – G. Hall, *»Le siècle de Louis le Grand«, L'évolution d'une idée* (in *D'un siècle à l'autre, anciens et modernes*, Hg. L. Godard de Donville, Marseille 1987, S. 43–50; Kongreßakten). – M. S. Rivière, *V.'s Use of Dangeau's »Mémoires« in »Le siècle de Louis XIV«* (in StV, 256, 1988, S. 97–106). – Ders., *V.'s Use of Eyewitnesses' Reports in »Le siècle de Louis XIV«* (in NZJFS, 9, 1988, S. 5–26). – Ders., *Hénault and »Le siècle de Louis XIV«* (in NFSt, 28, 1989, S. 1–15).

TRAITÉ SUR LA TOLÉRANCE à l'occasion de la mort de Jean Calas

(frz.; *Traktat über die Toleranz anläßlich des Todes von Jean Calas*). Religionskritische und moralphilosophische Kampfschrift von VOLTAIRE, entstanden Ende 1762 bis April 1763, anonym erschienen 1763. – Am 13. Oktober 1761 hatte sich in Toulouse Marc-Antoine, der Sohn des kalvinistischen Kaufmanns Jean Calas, erhängt. Um dem Toten ein christliches Begräbnis zu sichern, hatte die Familie den Selbstmord verschwiegen. Fanatische katholische Kreise nahmen das zum Anlaß, um das Gerücht zu verbreiten, der Vater habe mit Hilfe seiner Familie den Sohn selbst erdrosselt, um dessen bevorstehende Bekehrung zum Katholizismus zu verhindern. Jean Calas wurde im März 1762 hingerichtet. Voltaire nahm sich der Hinterbliebenen an und trug durch seinen *Traité* wesentlich dazu bei, daß am 9. März 1765 das Fehlurteil kassiert und Jean Calas postum rehabilitiert wurde.

Von der Affäre Calas selbst handeln nur die beiden ersten und das letzte, das 25. Kapitel. Der übrige Text faßt die von der französischen Aufklärung seit jeher vertretene Forderung zusammen, jedem Bürger absolute Freiheit in Fragen der Religion zu gewähren und Übergriffe des religiösen Fanatismus auf das Recht der Menschen, sich ihre Religion selbst zu wählen, durch entsprechende staatliche Gesetze zu unterbinden. In seiner philosophischen Argumentation stützte sich Voltaire dabei auf das Naturrecht, aus dem er die moralische Maxime ableitet: Füge dem andern nicht zu, was du nicht wünschst, daß er dir zufügt. Die philosophisch-theoretischen Erörterungen bleiben jedoch auf das Wesentlichste beschränkt. Gemäß den praktisch-reformatorischen Zwecken, die Voltaire mit seiner Schrift verfolgte, wählte er die in einem Plädoyer übliche Methode der faktologischen Beweisführung. – In seinen anderen religionskritischen Schriften vertrat er stets den Gedanken, jede Offenbarungsreligion ziehe zwangsläufig Intoleranz nach sich. Im *Traité* jedoch versuchte er zu zeigen, daß Glaubensfreiheit nicht nur mit den Geboten anderer Götter, sondern auch mit denen des christlichen Gottes durchaus vereinbar sei. Anhand historisch-literarischer Quellen weist er nach, daß schon für die Griechen und Römer Toleranz in Glaubensfragen ein nur selten verletzter Grundsatz gewesen sei. Die Motive, die die römischen Kaiser in den ersten nachchristlichen Jahrhunderten veranlaßt hätten, Christen zu verfolgen, seien lediglich politischer Natur gewesen. Selbst der Gott des *Alten Testaments*, argumentiert Voltaire im Gegensatz zu seinen sonstigen Gepflogenheiten, war gegenüber Andersgläubigen toleranter, als es die Legende wahrhaben will. Schon gar nicht kann eine Legitimation für Intoleranz aus dem *Neuen Testament* abgeleitet werden. Verfolgungen von Menschen aus Glaubensgründen widersprechen also den Geboten, in deren Namen sie erfolgen. Dieser Linie seiner Argumentation entsprechend, grenzt Voltaire sich in den weiteren Ausführungen vom Atheismus ab und richtet das Gebet an Gott, er möge verhindern, daß sein Name für die Legitimation von Verbrechen mißbraucht werde, und dafür sorgen, daß sich die Menschen gegenseitig wie Brüder behandelten.

Der *Traité* stellt ein glänzendes Beispiel für die Reife dar, mit der Voltaire in seiner Altersperiode die Belange der Aufklärung vertrat und jede Schwäche ihrer Gegner auszunutzen verstand. Der Stil steht ganz im Dienst der Gedankenführung, erlaubt sich aber in einigen Kapiteln aus tragischem Anlaß rhetorische Emphase. Ihr streitbarer Humanismus erhebt die Schrift zu einem Hauptwerk der polemischen Literatur und zugleich der Bewegung, die religiöse Toleranz und freie Wahl des Glaubensbekenntnisses im Gefolge hatte. M.N.

Ausgaben: Genf 1763. – Paris 1829–1840 (in *Œuvres*, Hg. M. Beuchot, 72 Bde.). – Paris 1877–1883 (in *Œuvres complètes*, Hg. L. Moland, 50 Bde., 25; Mélanges). – Paris 1961 (in *Mélanges*, Hg. J. Van den Heuvel; Pléiade). – Paris 1989 (Vorw.: R. Pomeau; GF).

Übersetzungen: *Abhandlung über die Religionsduldung*, anon., Lpzg. 1775. – *Über die Toleranz*, anon., Bln. 1790. – *Traité sur la tolérance*, Bln./Lpzg. [2]1949 [Ausz.].

Literatur: E. v. Jan, *V. u. das Problem der religiösen Toleranz* (in GRM, 1928, S. 49–61). – M. Chassagne, *L'affaire Calas*, Paris [4]1929. – A. Chérel, *V. et l'idée de tolérance* (in Revue des Travaux de l'Académie des Sciences Morales et Politiques, 99, 1939, S. 456–480). – C. Rowe, *V. and the State*, NY 1955. – R. Pomeau, *La religion de V.*, Paris 1956. – M. Garçon, *V. et la tolérance* (in La Table Ronde, 122, 1958, S. 122–132). – P. Gay, *V.'s Politics. The Poet as Realist*, Princeton/Ldn./Oxford 1959. – E. Nixon, *V. and the Calas Case*, Ldn. 1961. – H. Schultze, *Lessings Toleranzbegriff*, Göttingen 1969. – R. Mortier, *Les ruses et les rages du pamphlétaire*, Ldn. 1979. – J. v. Stackelberg, *V.s Kampf für das Recht und die Toleranz* (in J. v. S., *Themen der Aufklärung*, Mchn. 1979, S. 75–86). – P. Gay, *V. als Kämpfer für die Menschlichkeit. (Der Fall Calas)* (in *V.*, Hg. H. Baader, Darmstadt 1980, S. 152–191). – J. Van den Heuvel, *V. et l'affaire Calas* (in *Actualité du 18e siècle*, Brest 1982, S. 5–12; Diskussion S. 14–27).

ZADIG, ou La destinée. Histoire orientale

(frz.; *Zadig oder Das Schicksal. Eine orientalische Erzählung*). Philosophische Erzählung von Voltaire, unter dem Titel *Memnon. Histoire orientale* anonym erschienen 1747. Die erste Fassung wurde unter dem neuen Titel (erstmals 1748) überarbeitet und mehrfach erweitert. – Obgleich weniger naiv-hilflos und glänzender begabt als Candide, hat auch der Held von Voltaires früher philosophischer Erzählung allen Grund, an der Vorsehung zu zweifeln. Der junge Babylonier Zadig (d. h. »der die Wahrheit sagt«) ist tugendhaft, weise, reich, ansehnlich und dennoch vergeblich auf der Suche nach dem Glück. Die Frauen erweisen sich als treulos, wissenschaftliche Interessen als ungeahnt gefährlich, und ein Ausflug in die Dichtkunst kostet ihn beinahe das Leben. Zadigs Aufstieg zum Premierminister des babylonischen Königs bereitet nur seinen um so tieferen Fall vor. Die Liebe zwischen ihm und der Königin Astarte wird entdeckt, Zadig muß fliehen, wird Sklave und bald Freund seines Herrn und Berater des Königs von Serendib. Umgeben von Dummheit, Bosheit, Korruption, muß Zadig nach einigen Bravourleistungen aufklärerischer List der Übermacht seiner Feinde weichen. Im vom Aufruhr erschütterten Babylon gewinnt er das Turnier, das ihn zum neuen König und Gemahl Astartes bestimmt. Kurz vor dem Ziel wird er jedoch um den Sieg betrogen. Dem Verzweifelten begegnet ein Einsiedler, der sich als der Engel Jesra entpuppt und zur Ergebung ins Schicksal mahnt. Von dem wißbegierigen Zadig näher befragt, äußert der himmlische Bote zum Problem der Antinomie zwischen Zufall und Notwendigkeit, dem Bösen und der Vorsehung eilig einige Gedanken, die unverkennbar aus Alexander Popes *Essay on Man* (1733/34) stammen (den wenig später auch Diderot in seinen Romanen aufs Korn nehmen sollte). – Selbst der Schluß der an Wechselfällen des Schicksals so reichen Laufbahn des Philosophen Zadig entbehrt in seiner Klischeehaftigkeit nicht der Ironie: Zadig unterwirft sich der Vorsehung, heiratet Astarte und wird babylonischer König.

Voltaires »orientalische Geschichte« übernimmt Themen und Strukturelemente des orientalischen Märchens, ironisiert sie jedoch, um sie im Sinne aufklärerischer Intentionen zu benutzen. Die exotische Märchenwelt ist nicht Spielraum der Einbildungskraft, sondern Mittel einer satirisch-didaktischen Verfremdung, die von Babylon spricht und Paris meint und in orientalische Weisheit aufklärerische Vernünftigkeit einschmuggelt. – Antithetische Vereinfachung der Probleme und drastische Verkürzung der Perspektive, die Vereinigung des Unvereinbaren und die groteske Überbelichtung des Details sind die Verfahren, die es ermöglichen, den Stoff im Sinne aufklärerischer Polemik umzugestalten. Vorgänge und Einfälle jagen einander mit taschenspielerhafter Hurtigkeit, alles bleibt scharf zupackende, stilisierte Skizze ohne Schatten und sinnliche Dichte. Voltaires Kunst, Abstraktes szenisch, dialogisch und anekdotisch zu beleben, läßt den Ideengehalt der philosophischen Erzählung nur selten unvermittelt an die Oberfläche treten. Das Bauprinzip des Werks liegt in der Abfolge kleiner exempelhafter Szenen, die durch die satirisch verzerrte Darstellung von Hof, Klerus, Ärzten, Richtern, Frauen das Bild einer von Herrschsucht, Triebhaftigkeit, Dummheit, Bosheit, Habgier und Neid beherrschten Welt zeichnen. Die lokker aneinandergefügten Episoden und Kapitel werden durch die Frage nach dem Glück und der Vorsehung in einer solchen Welt thematisch miteinander verklammert.

Voltaires Lösung in *Zadig* ist noch gedämpft optimistisch. Nur scheinbar herrschen das Böse und die Absurdität des Zufalls; Zadig ist in Wirklichkeit ein Auserwählter und erfährt aus Engelsmund, daß sich die Weisheit der im Ganzen wirkenden Vorsehung des Bösen zu einem guten, wenn auch gemeinhin undurchschaubaren Zweck bedient. Die zentrale Engelszene wirkt freilich weniger durch ihren programmatischen Optimismus als durch ein einziges Wort – Zadigs *»Aber…«* P.Mo.

Ausgaben: Ldn. [d. i. Paris] 1747 (anon., u. d. T.

Memnon. Histoire orientale). – Nancy 1748 (*Zadig*). – Paris 1829 (in *Œuvres*, Hg. M. Beuchot, 72 Bde., 1829–1840, 23/24). – Paris 1877–1883 (in *Œuvres complètes*, Hg. L. Moland, 52 Bde., 32). – Paris 1962, Hg. G. Ascoli [krit.]. – Paris 1975 (in *Romans et contes*, Hg. F. Deloffre u. J. Van den Heuvel; Pléiade). – Paris 1976 (in *Romans et contes*; Folio). – Paris 1977 (in *Romans et contes*; Class. Garn). – Paris 1978 (in *Romans et contes*, Hg. R. Pagosse). – Paris 1979 (in *Romans et contes*, Hg. R. Pomeau; GF).

ÜBERSETZUNGEN: *Memnon. Eine morgenländische Helden- und Liebesgeschichte*, anon., Ffm./Lpzg. 1748. – *Zadig, oder das Verhängnis. Eine morgenländische Geschichte*, Vergier (in *Zwey morgenländische Geschichten und eine portugiesische Erzählung*, Stg. 1792). – *Zadig, oder Das Geschick. Eine morgenländische Geschichte*, E. Hardt, Bln. 1912. – Dass., ders., Lpzg. 1950. – *Zadig oder Das Schicksal*, E. Sander (in *Romane und Erzählungen*, Bd. 1, Mchn. 1961). – Dass., L. Ronte u. W. Widmer (in *Sämtl. Romane und Erzählungen*, Mchn. 1969; 51989; auch 1986; dtv). – Dass., I. Lehmann, Ffm. 1975 (Insel Tb). – *Zadig*, A. Baur, Zürich 31984. – *Zadig oder das Schicksal*, E. Sander, Mchn. 1986 (Goldm. Tb).

LITERATUR: E. E. Rovillain, *Sur le »Zadig« de V.; quelques influences probables* (in PMLA, 43, 1928, S. 447–455; 46, 1931, S. 533–539). – Ders., *Rapports probables entre le »Zadig« de V. et la pensée stoïcienne* (ebd., 52, 1937, S. 374–389). – J. S. Siegel, *V.'s »Zadig« and the Problem of Evil* (in RomR, 50, 1959, S. 25–34). – J. Gengoux, *»Zadig« et les trois puissances de V.* (in LR, 16, 1962, S. 115–147; 266–274; 340–362). – E. J. H. Greene, *The Destiny of »Zadig«* (in Esprit Critique, 7, 1967, S. 243 bis 251). – V. Mylne, *Literary Techniques and Methods in V.'s »Contes philosophiques«* (in StV, 57, 1967, S. 1055–1080). – U. Schick, *V.'s Adaptation of a Literary Source in »Zadig«* (ebd., S. 1377–1386). – M. Clément, *»Zadig ou la destinée«*, Paris 1972. – M. H. Gertner, *Five Comic Devices in »Zadig«* (in StV, 117, 1974, S. 133–152). – H. Dieckmann, *Zu V.s »Zadig« und »La princesse de Babylon«* (in H. D., *Studien zur europäischen Aufklärung*, Mchn. 1974, S. 456–460). – P. Gaillard, *À propos de »Zadig ou la destinée«, histoire orientale* (in Raison présente, 67, Juni 1983, S. 47–65). – U. Eco, *Hörner, Hufe, Sohlen* (in *Der Zirkel oder Im Zeichen der Drei, Dupin, Homes, Peirce*, Hg. U. E. u. Th. A. Sebeok, Mchn. 1985, S. 288–320). – J. Bianco, *»Zadig« et l'origine du conte philosophique* (in Poétique, 17, 1986, S. 443–461).

ZAÏRE

(frz.; *Zaïre*). Tragödie in fünf Akten von VOLTAIRE, Uraufführung: Paris, 13. 8. 1732, Comédie-Française. – Zaïre, eine Europäerin christlicher Herkunft, die von Kindheit an zusammen mit Nerestan und anderen französischen Rittern als Gefangene am mohammedanischen Hof lebt, verliebt sich in ihren Beherrscher, den jungen Sultan Orosmane, der sie heiraten möchte. Nerestan indes trifft mit Lösegeld aus Europa ein, um Zaïre und zehn Gefangene, darunter den fast blinden Greis Lusignan, loszukaufen. Kurz vor seinem Tod entdeckt Lusignan, daß Zaïre und Nerestan seine längst verloren geglaubten Kinder sind. Auf des Vaters Bitten hin verspricht Zaïre, sich taufen zu lassen und ihre Heirat mit Orosmane zu verschieben. Orosmane jedoch, den ihr Zögern verwirrt und der in einem Brief Nerestans an Zaïre die Bestätigung seines eifersüchtigen Argwohns zu finden glaubt, tötet Zaïre und, als er seinen Irrtum erkennt, sich selbst, nicht ohne in einer letzten Geste der Großmut den Christen die Freiheit zu schenken.

Mit diesem Stück gelang Voltaire vierzehn Jahre nach seinem ersten Bühnenerfolg, dem *Œdipe* (1718), ein zweiter dramatischer Triumph, der ihm endgültig den Ruf sicherte, der hervorragendste Tragödienautor seiner Zeit zu sein. Der Grund dieses Erfolgs muß vor allem in zwei Aspekten gesucht werden: Nach einer Reihe von wenig erfolgreichen, rein politischen Tragödien wie etwa *Brutus* oder *La mort de César*, zum Teil ohne jede Frauenrolle, kam Voltaire mit *Zaïre* dem weiblichen Teil der damaligen Theaterbesucher entgegen, jenem nicht unbedeutenden Publikum also, das die Liebe endlich wieder in den Mittelpunkt des Dramas gerückt sehen wollte. Damit reiht sich das Stück ein in die Strömung der *sensibilité* des 18. Jh.s, die im gleichen historischen Augenblick auch in anderen Werken – PRÉVOSTS Romanen oder MARIVAUX' Komödien – literarischen Ausdruck fand. Zum andern legt es Zeugnis ab von Voltaires Begegnung mit dem von SHAKESPEARE geprägten englischen Theater, einer mittelbaren Folge seines Exils in England. Voltaire überraschte sein Publikum nicht nur mit der Neuerung, in der Gestalt der mittelalterlichen Kreuzritter Franzosen in einer Tragödie auftreten zu lassen, sondern auch durch eine weitgehend selbst erfundene, an Theatercoups und allzeit bühnenwirksamen Wiedererkennungsszenen reiche Handlungsführung.

Die Gegenüberstellung von Christen und Mohammedanern hätte die Möglichkeit geboten, gegen die herrschenden abendländischen Religionen zu polemisieren. Voltaire hat jedoch der Versuchung, sein Drama zu aufklärerischer, antikirchlicher Propaganda zu benutzen, weitgehend widerstanden. Zwar beginnt die *Zaïre* mit einer Diskussion über die Relativität aller Religionen, zwar erweist sich zudem der fanatische Christ Nerestan dem toleranten Sultan moralisch unterlegen – dieselbe Konstellation findet sich später in LESSINGS *Nathan der Weise* –; dennoch gilt Voltaires Hauptsorge nicht der philosophischen Lehre, sondern der Entfaltung des unglücklichen Liebesdramas, das sich sowohl an Shakespeares *Othello* wie an den Tragödien RACINES, seinem großen Vorbild, zu inspirieren sucht.

In der Tat ist Voltaire – trotz der mannigfachen aus

England bezogenen Impulse – noch weithin der Dramaturgie der französischen Klassik verhaftet. Zweifelhaft bleibt indes, ob ihm die Fortsetzung Racinescher Tragik geglückt ist; resultiert doch der tragische Ausgang des Stücks weder aus äußerer noch innerer Fatalität, sondern vielmehr aus einem unglücklichen Zusammentreffen einer Reihe von Mißverständnissen. Hier rächt sich Voltaires Bemühen um die – gewiß notwendige – Verlebendigung der Tragödie. Denn die Betonung der vordergründigen dramatischen Wirksamkeit wird mit einem Verzicht auf die innere Geschlossenheit und Zwangsläufigkeit des tragischen Geschehens erkauft. M.Li.

Ausgaben: Rouen/Paris 1733. – Paris 1830–1833 (in *Œuvres*, Hg. M. Beuchot, 72 Bde., 1829–1840, 2–9). – Paris 1877 (in *Œuvres complètes*, Hg. L. Moland, 52 Bde., 1877–1883, 2–7). – Paris 1889, Hg. L. Fontaine [krit.]. – Paris 1934. – Ldn. 1975, Hg. E. Jacobs. – Oxford 1988 (in *Complete Works*, Bd. 8).

Übersetzungen: *Zayre*, J. J. Eschenburg, Lpzg. 1776. – Dass., Th. Ruoff, Ffm. 1856. – Dass., M. v. Maltzan, Lpzg. 1870.

Literatur: F. Brunetière, *»Zaïre«* (in F. B., *Les époques du théâtre français*, Paris 1892). – R. Arndt, *Zur Entstehung von V.s »Zaïre«*, Diss. Marburg 1906. – D. Beyerle, *»Zaïre«* (in *Das französische Theater*, Hg. J. v. Stackelberg, Bd. 2, Düsseldorf 1968, S. 55–78). – L. B. Price, *Symbolical, Temporal Prisons in V.'s »Zaïre«* (in CLA Journal, 20, Sept. 1976, S. 40–47). – Ders., *Spatial Relationships in V.'s »Zaïre«* (in FR, 50, 1976/77, S. 251–259). – C. Cherpack, *Love and Alienation in V.'s »Zaïre«* (in FF, Jan. 1977, S. 47–579).

V. Romantik und Realismus. Das 19. Jahrhundert

HENRI FRÉDÉRIC AMIEL

* 27.9.1821 Genf
† 11.5.1881 Genf

LITERATUR ZUM AUTOR:
A. Thibaudet, *A. ou la part du rêve*, Paris 1929. – H. Hilz, *A. und die Deutschen*, Münster 1930. – E. Merian-Genast, *A. im Spiegel der europäischen Kritik*, Marburg 1931. – S. Pfister, *Expansion et concentration dans la pensée d'A.*, Bern/Ffm. 1971. – U. Schöni, *H. F. A.*, Bern 1972. – Revue des Belles-Lettres, 98, 1974, H. 2–3 (Sondernr. *H. F. A.*). – P. Trahard, *A. juge de l'esprit français*, Paris 1978. – J. Vuilleumier, *Le complexe d'A.*, Lausanne 1985.

FRAGMENTS D'UN JOURNAL INTIME

(frz.; *Bruchstücke aus einem privaten Tagebuch*). Tagebuchaufzeichnungen von Henri Frédéric AMIEL (Schweiz), postum erschienen 1884. – Amiels über mehr als dreißig Jahre geführtes Tagebuch gehört zu den bedeutendsten diaristischen Aufzeichnungen der Weltliteratur, obwohl dieses melancholische *journal intime* nicht zur Veröffentlichung bestimmt war und keineswegs zum literarischen Kunstwerk stilisiert wurde. Es handelt sich vielmehr um höchst private, ungeordnete Kontemplationen eines sensiblen, romantischen, äußerst belesenen Mannes über seine – literarisch nicht bedeutenden und heute vergessenen – Arbeiten, seine Lektüre, seine Beziehungen zu Wissenschaft und Gesellschaft und über literarische und politische Ereignisse; so schrieb der *»größte Monomane des Tagebuchs, von dem die Geschichte bis heute Kenntnis genommen hat«* (W. Krauss) z. B. den literaturkritischen Essay *Du mouvement littéraire de la Suisse romande et son avenir*, 1849 *(Über die literarische Bewegung in der welschen Schweiz und ihre Zukunft)*. Doch als nach dem Tod Amiels, eines Genfer Philosophieprofessors, der seine stärksten Eindrücke der Philosophie HEGELS und SCHELLINGS verdankte, eine Auswahl aus dem fast 17000 Seiten umfassenden Manuskript publiziert wurde, entdeckte das geistige Europa des ausgehenden 19. Jh.s darin sein Spiegelbild, das Bild eines Endzustands, die Vorwegnahme der chaotischen Auflösung des bürgerlichen Zeitalters. Der Niederschlag dieser Entdekkung findet sich in den nachfolgenden Auseinandersetzungen mit dem Tagebuch, das u. a. von TOLSTOJ, NIETZSCHE und HOFMANNSTHAL diskutiert wurde.

Für Amiel gibt es in der Welt des (im Hegelschen Sinne) objektivierten Geistes keine nach außen wirkende Tat mehr, sondern nur noch die psychologisierende Innenschau. Er versteht darunter nicht mystisches In-sich-selbst-Versinken, sondern das geduldige Abmessen der eigenen Grenzen, Möglichkeiten, Methoden. Amiels Ziel besteht nach seiner eigenen Aussage darin, sein *»ideales Ich«* zu verwirklichen, seinen *»inneren Typus«* auszuformen. Das Tagebuch soll das *»hygienische Verfahren«* sein, das zu diesem Ziel führt – ein vernünftiges, anspruchsloses und resigniertes Sichbescheiden, das zu KIERKEGAARDS und Nietzsches leidenschaftlicher Kampfansage an den Geist der bürgerlichen Epoche in eigenartigem Gegensatz steht, doch zu Einsichten von erschütternder Redlichkeit führt: *»Meine Sünde ist die Entmutigung, mein Unglück die Unentschlossenheit, meine Göttin die Freiheit, meine Fessel der Zweifel, mein ewiger Fehler das Aufschieben, mein Idol die unfruchtbare Beschaulichkeit, mein üblicher Irrtum das Verkennen der Gelegenheit …«* Oder: *»Ich bin ein Denkorgan, weniger, ein innerer Sinn, ein Registrierapparat, kein Mann.«* Spricht er von der ersehnten befreienden Tat, dann meint er nichts anderes als literarische Produktion. Seine »Tatlosigkeit«, an der er litt und deren ergreifender Ausdruck eben das Tagebuch ist, war wohl nicht allein die Folge seines allzu narzißhaften Wesens; er selber machte jedenfalls auch die Umwelt, in der er lebte, dafür verantwortlich: das kalvinistisch-bourgeoise Genf. *»Als ich mich mit Genf verheiratete, heiratete ich den Tod, den Tod meines Talents und meiner Freude.«* Dieser Widerwille gegen das beschränkte Milieu führte zu einem Leben in völliger Isolation: *»Ohne gestorben zu sein, bin ich ein Gespenst.«* Aller gesellschaftlichen und persönlichen Bindungen ledig, lebte er fast ausschließlich der unerbittlichen Registrierung seines inneren Daseins. Dabei gab es nichts, was ihm Kraft zuführte, denn: *»Der tiefste Grund all unserer Schmerzen ist eine Art Unglaube.«* Dieses vierunddreißigjährige Ausharren in einer hoffnungslosen Situation – Amiels Tagebuch setzt mit dem Ende des Jahres 1847 ein – verleiht dem introvertierten Diaristen des Bürgertums zweifelsohne eine gewisse geistige Größe, die ihm mangelt, wenn man allein das gedankliche Ergebnis seines tagtäglichen Aufzeichnens werten wollte. C.Bt.

Ausgaben: Genf 1884, Hg. E. Scherer, 2 Bde. [Ausw.]. – Paris/Genf 1923, Hg. B. Bouvier, 3 Bde. – Paris 1927 (*Philine, Fragments inédits du journal intime*, Hg. B. Bouvier). – Paris 1931. – Genf 1948–1958, Hg. L. Bopp, 3 Bde. – Paris 1959 (*Journal intime de l'année 1866*, Hg. L. Bopp). – Paris 1965 (*Journal intime 1958*, Hg. G. Poulet, 10/18). – Lausanne 1973 (*Journal intime, janv.-juin 1854*, Hg. P. M. Monnier). – Lausanne 1976 ff., Hg. B. Gagnebin u. P. M. Monnier; bisher 6 Bde.

Übersetzungen: *Tagebücher*, R. Schapire, Mchn./Lpzg. 1905. – *Blätter aus dem Tagebuch*, E. Merian-Genast, Erlenbach/Zürich 1944. – *Intimes Tagebuch*, ders., Mchn. 1986 [Ausw.].

Literatur: W. H. Pater, *Essays from ›The Guardian‹*, Ldn. 1901. – V. W. Brooks, *The Malady of the Ideal*, Ldn. 1913. – H. v. Hofmannsthal, *Das Tagebuch eines Willenskranken* (in *Loris, Die Prosa des jungen H. v. H.*, Bln. 1930; auch in Moderne Rs, 15. 6. 1891). – F. Mauriac, *Le préau calviniste de H. F. A.* (in F. M., *Petits essais de psychologie religieuse*, Paris 1933, S. 87–104; dt.: *Das calvinistische Gefängnis des H. F. A.*, in F. M., *Religiöse Portraits*, Düsseldorf 1949, S. 56–66). – G. B. Angioletti, *L'anatra alla normanna*, Mailand 1957, S. 110–115. – W. Haftmann, *Hinweis auf A.* (in W. H., *Skizzenbuch*, Mchn. 1960, S. 32–35). – A. Thérive, *Le cas A.* (in Écrits de Paris, 196, 1961, S. 120–128). – G. Poulet, *A.* (in G. P., *Les métamorphoses du cercle*, Paris 1961, S. 305–370). – Ders., *La rêverie tournoyante de A.* (in Les Temps Modernes, 17, 1961/62, S. 1–51). – Ders., *A.* (in G. P., *Entre moi et moi*, Paris 1977, S. 41–93). – P. Gaxotte, *Le »Journal« d'A.* (in P. G., *Le purgatoire*, Paris 1982, S. 91–100). – J. Rousset, *A quoi sert le »Journal intime«? L'exemple d'A.* (in *Studi di cultura francese ed europea in onore di L. Maranini*, Hg. G. Giorgi u. a., Fasano 1983, S. 399–406). – P. M. Monnier, *A. ou le triomphe de Protée* (in *Du Romantisme au surnaturalisme. Hommage à C. Pichois*, Neuchâtel 1985, S. 259–270). – F. Kemp, Rez. der dt. Ausg. (in NZZ, 2. 7. 1986).

Honoré de Balzac

* 20.5.1799 Tours
† 18.8.1850 Paris

Literatur zum Autor:
Zeitschriften:
Courrier balzacien, Paris 1948–1951. – Les Études balzaciennes, Hg. J. A. Ducourneau, Paris 1951 bis 1960. – L'Année balzacienne, Hg. J. Pommier, Paris 1960–1979. – L'Année balzacienne (nouvelle série), Hg. P.-G. Castex, Paris 1980ff.
Forschungsberichte:
B. Bellos, *B. Criticism in France 1850–1908*, Ldn. 1976. – F. Wolfzettel, *Balzacforschung 1967–1977* (in RZL, 2, 1978, S. 350–382). – R. Beilharz, *B.*, Darmstadt 1979 (EdF). – A. Michel, *État présent des études balzaciennes* (in Inf. litt, 38, 1986, S. 142 bis 148; 205–214).
Biographien:
A. Billy, *Vie de B.*, Paris 1944. – St. Zweig, *B.*, Stockholm 1950; ern. Ffm. 1977; [4]1986 (FiTb). – G. Picon, *B. par lui-même*, Paris 1956 (dt. *H. de B.*, Reinbek zul. 1984; rm). – *Album B.*, Hg. J. A. Ducourneau, Paris 1962 (Pléiade). – A. Maurois, *Prométhée ou la vie de B.*, Paris 1965; ern. 1985 (dt. *B.*, Mchn. 1976).
Gesamtdarstellungen und Studien
(vgl. auch die Bibliogr. zu »La comédie humaine«): E. R. Curtius, *B.*, Bonn 1923; ern. Bern 1951; ern. Ffm. 1985 (FiTb). – Alain, *Avec B.*, Paris 1937. – P. Bertault, *B. l'homme et l'œuvre*, Paris 1947; [2]1966. – B. Guyon, *La pensée politique et sociale de B.*, Paris 1947; [2]1967. – G. Lukács, *B. und der frz. Realismus*, Bln. 1952. – F. Marceau, *B. et son monde*, Paris 1955; ern. 1986 [rev. u. erw.]. – J. Borel, *Personnages et destins balzaciens*, Paris 1958. – P. Laubriet, *L'intelligence de l'art chez B.*, Paris 1961. – A. Béguin, *B. lu et relu*, Neuchâtel 1965. – A. Allemand, *H. de B. Création et passion*, Paris 1965. – Ders., *Unité et structure de l'univers balzacien*, Paris 1965. – M. Bardèche, *B. romancier*, Genf 1967. – R. Bolster, *Stendhal, B. et le féminisme romantique*, Paris 1970. – R. Barthes, *S/Z*, Paris 1970 (dt. Ffm. 1976). – P. Barbéris, *B. et le mal du siècle*, Paris 1970, 2 Bde. – Ders., *Le monde de B.*, Paris 1971. – Ders., *B., une mythologie réaliste*, Paris 1971. – F. Bilodeau, *B. et le jeu des mots*, Montreal 1971. – J. Borel, *Médecine et psychiatrie balzaciennes*, Paris 1971. – B. Vannier, *L'inscription du corps*, Paris 1972. – M.-C. Amblard, *L'œuvre fantastique de B.*, Paris 1972. – D. F. McCormick, *Les nouvelles de B.*, Paris 1973. – J. Borel, *Proust et B.*, Paris 1975. – J. Triller, *Le langage philosophique dans les œuvres de B.*, Paris 1976. – A. Michel, *Le mariage et l'amour dans l'œuvre romanesque d'H. de B.*, 4 Bde., Paris 1976. – *Über B.*, Hg. C. Schmölders, Zürich 1977 (detebe). – J. Myrdal, *B. und der Realismus*, Bln. 1978. – P. Imbert, *Sémiotique et description balzacienne*, Ottawa 1978. – D. Festa-McCormick, *B.*, Boston 1979 (TWAS). – J. Carl, *Untersuchungen zur immanenten Poetik B.s.*, Heidelberg 1979. – W. Eitel, *B. in Deutschland*, Ffm. u. a. 1979. – R. Fernandez, *B. ou l'envers de la création romanesque*, Paris 1980. – P. Bertault, *B. et la religion*, Paris 1980. – *Le roman de B.*, Hg. R. Le Huenen u. P. Perron, Montreal 1980. – T. Gauthier, *B.*, Paris 1980 [ges. Texte]. – *H. de B.*, Hg. H. U. Gumbrecht u. a., Mchn. 1980. – *B., l'invention du roman*, Hg. C. Duchet u. J. Neefs, Paris 1982. – R. Chollet, *B. journaliste*, Paris 1983. – M. Andréoli, *Le système balzacien*, 2 Bde., Bern u. a. 1983. – W. Jung, *Theorie und Praxis des Typischen bei B.*, Tübingen 1983. –

J. Forest, *Des femmes de B.*, Montreal 1984. – H. Gauthier, *L'image de l'homme intérieur chez B.*, Paris 1984. – J. Dargan, *B. and the Drama of Perspective. The Narrator in Selected Works of »La comédie humaine«*, Lexington/Ky. 1985. – P. Citron, *Dans B.*, Paris 1986. – M. Descotes, *Le monde de l'enseignement dans l'œuvre romanesque de B.*, Paris 1986. – J. Guichardet, *B. ›archéologue de Paris‹*, Paris 1986. – J. Paris, *B.*, Paris 1986. – E. Köhler, *Vorlesungen zur Geschichte der frz. Literatur. Das 19. Jh. II*, Hg. H. Krauß u. D. Rieger, Stg. 1987.

LA COMÉDIE HUMAINE

(frz.; *Die menschliche Komödie*). Titel des gesamten Romanwerks von Honoré de BALZAC. – Seit der Veröffentlichung der beiden Bände der *Scènes de la vie privée* (1830) reifte in Balzac die Idee, seine Romane und Erzählungen zu einem zusammenhängenden Komplex zu verbinden: am Beispiel der französischen Gesellschaft seiner Zeit, d. h. der ersten Hälfte des 19. Jh.s., wollte er ein großangelegtes, repräsentatives Bild der menschlichen Gesellschaft vorführen. Kennzeichnend für dieses gewaltige, in knapp zwanzig Jahren bewältigte Werk ist die perspektivische Wiederkehr der wichtigsten, großenteils miteinander verwandten, verschwägerten, durch Liebe, Freundschaft oder Geschäft verbundenen Personen innerhalb eines sorgfältigen chronologischen Aufbaus. Der Titel *Comédie humaine*, der auf DANTES *Divina Commedia* anspielt und von Balzac im *Avant-propos* (Vorwort) 1842 durch den Verweis auf die Universalität seines Unternehmens gerechtfertigt wird, taucht seit 1841 auf. Balzac verhandelte zu dieser Zeit mit einem Verlegerkonsortium über das Exklusivrecht zum Abdruck seiner sämtlichen bereits erschienenen und in Zukunft erscheinenden Werke. Sein berühmter Werkkatalog von 1845 enthält eine Aufstellung der Romane, die drei Sammeltiteln untergeordnet sind: *Études de mœurs, Études philosophiques* und *Études analytiques*. Die erste und umfangreichste Gruppe ist ihrerseits wiederum aufgeschlüsselt in *Scènes de la vie privée, Scènes de la vie de province, Scènes de la vie parisienne, Scènes de la vie politique, Scènes de la vie militaire* und *Scènes de la vie de campagne*. Jedem dieser Bücher liegt eine allgemeine Idee zugrunde: So sollten die *Scènes de la vie privée* zum Beispiel die *»Kindheit, Jugend und ihre Fehler«* zeigen, die *Scènes de la vie de province* die *»Zeit der Leidenschaften, des Kalküls, der Interessen und des Ehrgeizes«* darstellen usw. Der detaillierte Katalog von 1845 kündigt die Titel von 137 Romanen an. Doch trotz äußerstem Fleiß, großem Selbstvertrauen und der unbeirrbaren Überzeugung von seiner Genialität konnte Balzac das beinahe übermenschliche Vorhaben, aus Realität und Imagination eine eigene, neue Welt zu schaffen, nicht im geplanten Ausmaß bewältigen; seine *Comédie humaine* umfaßte am Schluß 91 Romane und Erzählungen, in denen rund 3000 Personen auftreten. Im Medium der Fiktion stellt Balzac die Dynamik der postrevolutionären Gesellschaft dar: Er zeigt Frankreich unter dem Empire, zur Zeit der Restauration und während der Julimonarchie. Als »Sekretär der Geschichte« beabsichtigt Balzac, der offiziellen Geschichtsschreibung ein entscheidendes Kapitel hinzuzufügen – die Geschichte der Sitten. Er will in der *Comédie humaine* das Leben in seiner Totalität erfassen und die Geschichte im Blick auf ihre verborgenen Gesetzmäßigkeiten philosophisch durchdringen. Er beobachtet, kommentiert und kritisiert den Niedergang der Monarchie, den Aufbau und Mißbrauch der parlamentarischen Institutionen, die fortschreitende Verbürgerlichung und das Anwachsen des Individualismus. Der Schauplatz seiner Romane wechselt zwischen Paris und der Provinz und ist durch jeweils typische Züge charakterisiert. Die Personen des Geschehens gehören überwiegend den gehobenen und mittleren Klassen an. Unter den Adligen gibt es sowohl hoheitsvoll-steife Träger alter Namen, Titel und Orden als auch heroisch-komische Vertreter überlebter Vergangenheit, sowohl schwache und dekadente Jünglinge als auch zynische und elegante Dandys, sowohl Männer, die den Adel des Geistes zu repräsentieren suchen, als auch anpassungsfähige Opportunisten. Unter den adligen Frauengestalten sind zwar viele als Mütter, Gattinnen und Geliebte stark idealisiert, aber durch ihr verschiedenes Temperament doch jeweils individuell charakterisiert. Gleichermaßen differenziert erscheinen die bürgerlichen Gestalten: Beamte, Richter und Notare; Finanzmagnaten, Bankiers und Geschäftsleute; Fabrikanten, Händler und Wucherer; Ärzte, Priester und Gelehrte; Künstler und Kritiker, Journalisten, Bohemiens und Kurtisanen. Keiner gleicht dem anderen, und doch verkörpert jeder eine für seinen Beruf typische Lebensform. Indem Balzac mehrfach die Angehörigen des Adels und des Bürgertums in Familien zusammenschließt und sie über mehrere Generationen verfolgt, macht er die Rolle des einzelnen im übergreifenden Zusammenhang des gesellschaftlichen Auf- und Abstiegs deutlich. Balzacs Sicht der Bauern und ihrer Umwelt ist stark von politischen und sozialen Anschauungen geprägt, die diesen Bereich romantisieren. Die städtische Arbeiterklasse kommt nur sporadisch und relativ spät zur Sprache.

Charakteristisch für Balzacs Erzählweise sind die zahlreichen ausführlichen Beschreibungen des historischen Hintergrunds und des Milieus. Sie dokumentieren die Grundvorstellung des Autors von der Wechselbeziehung zwischen Charakter und Umwelt und verleihen den Texten eine unvergleichliche Dichte an lebensweltlicher Referenz. Neben der Einwirkung des Milieus auf die Menschen thematisiert die *Comédie humaine* jene andere von Balzac als zeittypisch angesehene Triebkraft: den individualistischen Drang nach Bereicherung und sozialem Aufstieg. Durch diese Verbindung verschiedenartigster Elemente und Bestrebungen entsteht die verwirrende Mischung von Realistik und Romantik, die für die *Comédie humaine*, für

Balzac und für seine Zeit bezeichnend und für ein Publikum bestimmt ist, das auch unterhalten werden will. Zeitgebunden ist auch Balzacs Theorie von der »fixen Idee«. Sie manifestiert sich in einer ganzen Reihe von Charakteren, die als Verkörperungen irgendeiner Besessenheit dargestellt werden. Zwar liegen diese Charaktere oft jenseits der Grenzen des Wahrscheinlichen, aber gerade als isolierte Personen von absoluter Homogenität, als konzentrierte Fiktionen, gehören sie zu Balzacs faszinierendsten Geschöpfen (etwa Goriot, Grandet oder Vautrin alias Jacques Collin).

Kaum ein anderer Romancier hat dem Geld einen so wichtigen Platz in seinem Werk zugeteilt wie Balzac, für den es zur beinahe omnipotenten Triebkraft des Handelns wird. Geld ist nicht nur das Mittel zu Erfolg, Macht und Luxus; das Geld avanciert in der postrevolutionären Gesellschaft, in der formal alle gleich sind, zum Wert aller Werte: In der Abstraktion des Geldes beruht die Vergleichbarkeit aller Werte, die sich in der Sicht Balzacs von ihren traditionellen Bindungen (Familie, Monarchie, Religion) gelöst und eine neuartige gesellschaftliche Dynamik entfesselt haben.

Eine hervorragende Rolle teilt Balzac auch der Liebe – als der stärksten Erfahrung im menschlichen Leben – zu. Wo er sie als alles beherrschende Leidenschaft darstellt, idealisiert er sie zu einem Kult, den zu feiern nur wenige privilegierte Seelen berufen sind.

Nicht als bloße Synthese verschiedener Kräfte, sondern in wirklicher, freilich oft verwirrender Komplexität, bewegt von Ehrgeiz, Berechnung, Gefühl und Leidenschaft, so stellt Balzac das Wesen, das Denken und das Handeln des Menschen dar. Seine Psychologie geht vom Physischen aus, er schließt vor allem auf die Beobachtung: Kleidung, Gesicht, Haltung der Menschen enthüllen ihren Charakter. Die Personen seiner Romane sind anschauliche, ja beinahe »klassische« Typisierungen; dennoch zeigen sie immer wieder eine Fähigkeit zu unberechenbarem Handeln, die sie lebendig und menschlich erscheinen läßt, widersprüchlich, engagiert, oft mittelmäßig, nicht ganz gut, nicht ganz böse und selten ganz unsympathisch.

Balzacs romantische, der Illuminationstheorie nahestehende Metaphysik, wie sie insbesondere in Werken wie *La peau de chagrin*, *Louis Lambert* und *Séraphîta* deutlich wird, ist von seinen Kritikern als naiv bezeichnet worden. Doch darf man nicht übersehen, daß sie ihren Teil zu der dynamischen Kraft beitrug, die nötig war, um ein so riesenhaftes Werk zu vollenden. Balzacs Bereitschaft zu jeder Art von Erfahrung, sei sie geistiger, seelischer oder sinnlicher Natur, führte fast notwendig zu Sprunghaftigkeit und sogar Widersprüchlichkeit in seinen Äußerungen. Seine Art zu erzählen, zu kommentieren und zu moralisieren ist nebeneinander und abwechselnd optimistisch und pessimistisch, idealistisch und materialistisch, gefühlvoll und zynisch, erbauend und sarkastisch, fromm und antiklerikal: In solchen Gegensätzen äußert sich Balzacs ungewöhnliche und vielschichtige Persönlichkeit.

Die Welt, die Balzac in der *Comédie humaine* entwirft, ist in jeder Hinsicht geschichtlich bedingt. Die Entfesselung der menschlichen Leidenschaften hat ihren historischen Ausgangspunkt im Beginn der bürgerlichen Gesellschaft (bzw. in der Französischen Revolution). Die problematisch gewordene Beziehung zwischen Individuum und Gesellschaft inszeniert Balzac unter dem Vorzeichen des Kampfes zwischen Subjekt und System. Die Romanfiguren präsentieren sich dem Leser, der selbst die moderne Welt als undurchdringlich erfährt, als Identifikationsfiguren.

Dem gigantischen Stoff entspricht eine Sprache, die zugleich rhetorisch, sentimental, ungemein sinnlich und konkret in der Beschreibung des Äußeren – der Landschaft, des Hauses, der Umgebung, der physischen Erscheinung des Menschen – ist. Balzac ist ein Meister der Überraschungseffekte: Lange und sorgfältig kann er eine Handlung vorbereiten, oft mit einer fast besessenen Liebe zur detaillierten Beschreibung, die in plötzlich sich überstürzenden Ereignissen ihren Höhepunkt oder Wendepunkt findet. Das gibt seinen mit Recht als »Szenen« bezeichneten Geschichten den dramatischen Charakter, wobei das Drama trotz aller hintergründigen Tragik letztlich doch weniger unter dem Vorzeichen des Tragischen als vielmehr unter dem des Komischen steht. Die *Comédie humaine* steht auch in der Tradition jener Texte, die sich auf eine Wirklichkeit beziehen, der – wie es bei Friedrich Dürrenmatt heißt – nur die Komödie beikommen kann. I.P.

Ausgaben: Paris 1842–1848, 17 Bde. – Paris 1912–1928 (in *Œuvres complètes*, Hg. M. Bouteron u. H. Longnon, 40 Bde., 1912–1940, 1–33). – Paris 1962–1964 (in *L'œuvre*, Hg. A. Béguin, J. A. Ducourneau u. H. Evans, 16 Bde., 1–12). – Paris 1968–1971 (in *Œuvres complètes*, Hg. M. Bardèche, 24 Bde., 1–17). – Paris 1970, Hg. P. Citron, 7 Bde. – Paris 1976–1981, Hg. P.-G. Castex, 12 Bde. (Pléiade).

Übersetzungen: s. die Bibliographien zu den Einzeltiteln.

Literatur: C. de Loevenjoul, *Histoire des œuvres de B.*, Paris 1879. – H. v. Hofmannsthal, *H. de B.* (in Der Tag, 1908; ern. in H. de B., *Menschliche Komödie*, Bd. 1, Lpzg. 1908; ern. in H. v. H., *Prosa II*, Ffm. 1959, S. 328–345). – E. R. Curtius, *B.*, Bonn 1923; Bern 1951; Ffm. 1985 (FiTb). – E. P. Dargan u. B. Weinberg, *The Evolution of B.'s »Comédie humaine«*, Chicago 1942; ern. NY 1973. – G. Atkinson, *Les idées de B. d'après la »Comédie humaine«*, 5 Bde., Genf 1949/50. – M. Proust, *Le B. de Monsieur de Guermantes. Discours de l'auteur*, Hg. B. de Fallois, Neuchâtel/Paris 1950. – G. Lukács, *B. und der französische Realismus*. Bln. 1952. – F. Lotte, *Dictionnaire biographique des personnages fictifs de la »Comédie humaine«*, Vorw. M. Bouteron, Paris 1952 (Suppl. Paris 1956). – *B. Le livre du centenaire*, Hg. M. Bouteron u. J. Pommier, Paris 1952.

– W. Dilthey, *B.* (in W. D., *Die große Phantasiedichtung und andere Studien zur vergleichenden Literaturgeschichte*, Göttingen 1954, S. 237–246). – F. Marceau, *B. et son monde*, Paris 1955; ern. 1970. – H. J. Hunt, *B.'s »Comédie humaine«*, Ldn. 1959. – J.-H. Donnard, *Les réalités économiques et sociales dans la »Comédie humaine«*, Paris 1961. – T. W. Adorno, *B.-Lektüre* (in T. W. A., *Noten zur Literatur II*, Ffm. 1961, S. 19–41). – J.-H. Donnard, *La vie économique et les classes sociales dans l'œuvre de B.*, Paris 1961. – P.-A. Perrod, *En marge de la »Comédie humaine«*, Paris/Lyon 1962. – F. Lotte, *Armorial de la »Comédie humaine«*, Paris 1963. – M. Bardèche, *Une lecture de B.*, Paris 1964. – A. Wurmser, *La comédie inhumaine*, Paris 1964. – L.-F. Hoffmann, *Répertoire géographique de la »Comédie humaine«*, Paris 1965. – P. Nykrog, *La pensée de B. dans la »Comédie humaine«*, Kopenhagen 1965; ern. Paris 1973. – C. Lecour, *Les personnages de la »Comédie humaine«*, Paris 1966. – C. Affron, *Patterns of Failure in the »Comédie humaine«*, New Haven/Ldn. 1966. – F. W. J. Hemmings, *B. An Interpretation of »La comédie humaine«*, Ldn. 1967. – M.-H. Faillié, *La femme et le Code civil dans »La comédie humaine«*, Paris 1968. – F. Longaud, *Dictionnaire de B.*, Paris 1969. – G. R. Besser, *B.s Concept of Genius*, Genf 1969. – S. Trost, *Die Persönlichkeit im Umschwung der politischen Macht nach B.s »Comédie humaine«*, Bern 1969. – T. Yücel, *Figures et messages dans la »Comédie humaine«*, Tours 1972. – P. Barbéris, *Mythes balzaciens*, Paris 1972. – A. R. Pugh, *B.s Recurring Characters*, Toronto 1974. – R. Fortassier, *Les mondains de la »Comédie humaine«*, Paris 1974. – M. Kanes, *B.s Comedy of Words*, Ldn. 1975. – G. Jaques, *Paysage et structures dans la »Comédie humaine«*, Löwen 1975. – L. Frappier-Mazur, *L'expression métaphorique dans la »Comédie humaine«*, Paris 1976. – A. d'Esneval, *B. et la provinciale à Paris*, Paris 1976. – N. Cazauran, *Cathérine de Médicis et son temps dans la »Comédie humaine«*, Genf 1976. – F. Marceau, *Les personnages de la »Comédie humaine«*, Paris 1977. – *Über B.*, Hg. C. Schmölders, Zürich 1977 (mit einem Repertorium der wichtigsten Romanfiguren; detebe) – K. Wingard, *Les problèmes des couples mariés dans la »Comédie humaine«*, Uppsala 1978. – G. de Zélicourt, *Le monde de la »Comédie humaine«*, Paris 1979. – P. L. Rey, *La »Comédie humaine«*, Paris 1979. – Saint-Paulien, *Napoléon, B. et l'Empire de la »Comédie humaine«*, Paris 1980. – L. Dällenbach, *Das brüchige Ganze* (in *H. de B.*, Hg. H. U. Gumbrecht u. a., Mchn. 1980, S. 461–491). – R. Warning, *Chaos und Kosmos. Kontingenzbewältigung in der »Comédie humaine«* (ebd., S. 9–55). – J. W. Mileham, *The Conspiracy Novel*, Lexington 1982. – M. Mozet, *La ville de province dans l'œuvre de B.*, Paris 1982. – M. Ménard, *B. et le comique dans la »Comédie humaine«*, Paris 1983. – D. Vachey u. H. Mitterand, *B., La »Comédie humaine«*, Paris 1984. – J. Dargan, *B. and the Drama of Perspective. The Narrator in Selected Works of »La comédie humaine«*, Lexington/Ky. 1985. – J. A. Nicholson, *B.'s »Comédie humaine«. Literary Discourse as Communication and Invention*, Diss. Univ. of Iowa 1985 (vgl. Diss. Abstracts, 46, 1986, S. 3025A).

LE COUSIN PONS OU LES DEUX MUSICIENS

(frz.; *Vetter Pons oder Die beiden Musiker*). Roman von Honoré de BALZAC, erschienen 1847. – Den zuerst unter den Titeln *Le vieux musicien (Der alte Musiker)*, dann *Le parasite (Der Parasit)* geplanten und den *Scènes de la vie parisienne* zugeordneten Roman, den Balzac selbst als *»eines jener Meisterwerke von notwendiger Einfachheit, die das ganze menschliche Herz enthalten«* bezeichnete, vollendete er in harter Nachtarbeit, denn: *»Der Augenblick fordert, daß ich zwei oder drei große Werke schaffe, welche die falschen Götter dieser Bastard-Literatur stürzen und beweisen, daß ich jünger, frischer und größer bin als je«*, schreibt er am 16. 6. 1846 an Madame Hanska.

Für Balzac typisch sind Ausgangspunkt und Thema des Romans: die leidenschaftliche Sammelwut des Musikers Pons, der mit seiner bescheidenen Rente kostbare Gemälde, Miniaturen und Gläser erwirbt. Er läßt sich die Demütigungen seiner reichen Verwandten, der Camusots de Marville, nur ungern gefallen, glaubt sich aber auf das allwöchentliche Mittagessen, das er bei ihnen erhält, angewiesen. Deshalb bemüht er sich um ihre Gunst und versucht, einen Freier für ihre Tochter Cécile zu finden. Als das Heiratsprojekt mißglückt, gibt man ihm die Schuld, und der Groll der Familie entlädt sich über ihm. Er wird gesellschaftlich diskriminiert und siecht einsam und verzweifelt dahin. Hilflos, wie er ist, gerät er unter die Obhut der habgierigen Concierge Madame Cibot, die zufällig erfährt, welchen Reichtum seine Sammlung von Bildern und Kunstgegenständen darstellt. Ohnmächtig muß er zusehen, wie die Intrigen sich immer enger um ihn zusammenziehen. Die erfinderische Cibot, die heuchlerische Verwandtschaft, beider Vermittler Fraisier, der spionierende Kunsthändler Rémonencq, der Wucherer Élie Magnus, sogar Doktor Poulain, der eine ehrenvolle Pfründe und reiche Kundschaft erhofft, machen sich mit unterschiedlichem Geschick den Anspruch auf den Nachlaß des Vetters Pons streitig, dessen Tod sie von Herzen wünschen und schließlich auch erreichen. Die habgierigen Erben sind auf Pons' Kunstschätze um so versessener, als Kunst für sie längst zur Ware geworden ist. Vergeblich überträgt der Sterbende seine Schätze einem treuen Freund; der gutmütige deutsche Musiker Schmucke, auch er, wie Pons, ein naiver Sonderling, muß der Meute skrupelloser Erbschleicher zum Opfer fallen. Die Reichtümer schwinden ihm unter den Händen, und der Sanftmütige, mit einer kleinen Rente abgefunden, stirbt wenige Tage nach seinem Freund an einem Herzschlag.

Le Cousin Pons ist ein Sittenbild aus dem Marais, damals eines der Pariser Armenviertel mit düsteren alten Häusern, schwarzen Giebeln, schmutzigen Höfen, in dem Balzac selber während seiner Jugendjahre lebte, seinen Ruhm erträumte, seine ersten Werke schrieb, Elend und erste Liebe erfuhr. Es ist der minuziös geschilderte Schauplatz vieler seiner Romane (u. a. *La femme supérieure, Les employés, La peau de chagrin, Facino Cane, Honorine*). Als Fanatiker des Details verwendet Balzac hier besondere Sorgfalt auf die Ausarbeitung einer für die Personen typischen Sprache. Vor allem der an populären und komischen Ausdrücken reiche Großstadtjargon der Concierge und ihrer Komplizen verrät genaue eigene Kenntnisse. Karikiert, kaum verständlich, ist das Französisch Schmuckes, der überdies eine der deutlichsten Verkörperungen des *allemand* zu sein scheint, wie Balzac ihn sich vorstellte: ein seelenguter Trottel, der Musik macht, schlecht französisch spricht und nur platonisch liebt. – In *Cousin Pons* hat Balzac das Porträt des Sammlers entworfen, der als ein neuer sozialer Typus von seiner Leidenschaft besessen auf seinen Besitz stolz ist: Der Akzent liegt auf der Darstellung des »Besitzenden«. Als »Millionär« und nicht als Kunstliebhaber fällt Pons den Erbschleichern zum Opfer. Stefan ZWEIG bezeichnete diesen Roman als eine *»Durchleuchtung der Leidenschaften, wie die französische Literatur sie nie mehr übertroffen hat«*.

I.P.-B.We.

AUSGABEN: Paris 1847 (In Le Constitutionnel, 18. 3.–10. 5. 1847). – Paris 1847 (in *Les parents pauvres*, 2 Bde.). – Paris 1848 (*Le cousin Pons*, in *La comédie humaine*, 17 Bde., 1842–1848, 17: *Scènes de la vie parisienne*). – Paris 1914 (in *Œuvres complètes*, Hg. M. Bouteron u. H. Longnon, 40 Bde., 1912–1940, 18: *Études de mœurs. Scènes de la vie parisienne VI*). – Paris 1958. – Paris 1963 (in *L'œuvre*, Hg. A. Béguin, J. A. Ducourneau u. H. Evans, 16 Bde., 1962–1964, 10). – Paris 1968–1971 (in *Œuvres complètes*, Hg. M. Bardèche, 24 Bde., 11). – Paris 1973 (Poche). – Paris 1973 (Folio). – Paris 1974, Hg. A.-M. Meininger (Class. Garn). – Paris 1977 (in *La comédie humaine*, Hg. P.-G. Castex, 12 Bde., 1976–1981, 7; Pléiade).

ÜBERSETZUNGEN: *Der Vetter Pons*, F. Neuberger, Lpzg. 1919. – *Vetter Pons*, O. Flake, Bln. 1924; ern. Hbg. 1952. – Dass., A. Schurig (in *Die menschliche Komödie*, Bd. 10, Lpzg. 1925). – Dass., H. Kauders, Mchn. 1960; ern. 1981 (in *GW*, 6 Bde., 4). – Dass., E. W. Junker [bearb. E. Sander], Mchn. 1967 (GGT); ern. 1986 (Goldm. Tb). – Dass., O. Flake, Zürich 1977 (*Die menschliche Komödie*, 40 Bde., 26). – Dass., B. Kempner (in *Die menschliche Komödie*, 20 Bde, Bln./Weimar 1960; ^{3}1984, 15).

VERFILMUNG: Frankreich 1924 (Regie: J. Robert).

LITERATUR: P. Bourget, *B. et »Le cousin Pons«* (in RHeb, 6, 1922, S. 259–286). – M. Butor, *»Les parents pauvres«* (in M. B., *Répertoire II*, Paris 1964, S. 193–198). – D. Adamson, *The Genesis of »Le cousin Pons«*, Oxford 1966. – A. Lorant, *»Les parents pauvres« de B.*, Paris 1968. – M. Naumann, *B. und »Die armen Verwandten«* (in M. N., *Prosa in Frankreich*, Bln./DDR 1978, S. 105–149). – W. Preisendanz, *Karnevalisierung der Erzählfunktion in B.s »Les parents pauvres«* (in *H. de B.*, Hg. H. U. Gumbrecht u. a., Mchn. 1980, S. 391–410). – G. R. Kaiser, *Das literarische Bild der Fremde* (in G. R. K., *Einführung in die vergleichende Literaturwissenschaft*, Darmstadt 1980, S. 63–68). – *B. et »Les parents pauvres«*, Hg. F. van Rossum-Guyon u. M. van Brederode, Paris 1980.

LA COUSINE BETTE

(frz.; *Kusine Lisbeth*). Roman von Honoré de BALZAC, erschienen 1846, innerhalb der *Comédie humaine* den *Scènes de la vie parisienne* zugeordnet. – Durch leichtsinnigen Lebenswandel ist Baron Hulot, ein hoher Beamter des Kriegsministeriums und als Generalintendant der kaiserlichen Armee einst von Napoleon geadelt, in finanzielle Schwierigkeiten geraten. Der neureiche Seifen- und Parfümhändler Crevel, Hulots persönlicher und gesellschaftlicher Konkurrent, sieht nun die Gelegenheit gekommen, sich an seinem Rivalen zu rächen, der ihm eine besonders attraktive Kurtisane abspenstig gemacht hat. Mit der Plumpheit des Emporkömmlings schlägt er der Baronin vor, seine Geliebte zu werden; dafür will er ihre Tochter mit einer ansehnlichen Mitgift ausstatten. Entrüstet weist die tugendhafte Gattin ihn ab. Noch scheint alles gutzugehen: Hulot gleicht seine kostspieligen sexuellen Ausschweifungen durch Charme aus, und die Eifersucht des Hausfaktotums Lisbeth auf die schöne Baronin, ihre Kusine, wird halb besänftigt durch eine besitzergreifende Zuneigung zu dem talentvollen, aber unglücklichen Bildhauer Steinbock, den sie vor Hunger und Selbstmord bewahrte. Als aber Steinbock sich in ihre Nichte Hortense verliebt und diese heiratet, macht Lisbeth sich zielstrebig und verbissen daran, die gesamte Familie zu ruinieren. Ein brauchbares Instrument für ihre Absicht findet sie in der neuen Mätresse des Barons, Valérie Marneffe. Sie ermuntert diese zu immer höheren Forderungen an ihren Liebhaber und sieht mit Genugtuung, daß sich auch Steinbock mit Valérie einläßt. Damit ist die junge Ehe zerstört. Lisbeth triumphiert. Am Rande des Ruins, unterschlägt Hulot Staatsgelder, wird jedoch überführt und versteckt sich irgendwo in einem Pariser Vorort. Valérie heiratet den alten Crevel; ihr bisheriger Liebhaber, ein Brasilianer, vergiftet sie mit einer Droge, die sie bei lebendigem Leib verfaulen läßt. Die Familie Hulot dagegen scheint sich schließlich doch wieder zu erholen; der Baron kehrt sogar zu den Seinen zurück. Voller Enttäuschung über das wiederauflebende Familienglück stirbt Lisbeth, bald darauf aber auch die von ihr gehaßte Kusine, die ihren Mann kurz zuvor im Bett eines Küchen-

mädchens gefunden hat, das nach ihrem Tod Baronin Hulot wird.
»Das Leben besteht aus Leidenschaften«, schrieb Balzac 1829 – auch dieses Werk ist eine Monographie der Leidenschaft und Besessenheit. Hulot ist ein haltloser Erotomane, der sozial und ökonomisch versagt und den Verlust seiner den soldatesken Normen der napoleonischen Ära entstammenden Werte durch sexuelle Obsessionen kompensiert. Die Kusine Lisbeth erscheint als *»eine ins Dämonische transponierte alte Jungfer, die nicht genießt und nur beneidet, die kuppelt aus einer bösen und verborgenen Lust«* (S. Zweig). Angeblich geliebt von den ihr verhaßten Gönnern, die von ihrer Bosheit und ihren Ressentiments nichts wissen wollen, bewerkstelligt die geniale Heuchlerin unwiderstehlich die Destruktion der Familie Hulot, die ihrerseits der »armen Verwandten« die sozialen Ansprüche verweigert. Balzac charakterisiert in diesem Roman die Gesellschaft der Juli-Monarchie, die durch ihr Streben nach Reichtum korrumpiert ist: Der vom Krämer zum Kapitalisten aufgestiegene Seifenhändler Crevel begnügt sich nicht länger mit seiner faktischen ökonomischen Macht, sondern verschafft sich skrupellos das symbolische Kapital in Form von sozialem Prestige und demonstrativem Konsum; neben ihm sein Schwiegersohn, der puritanische Advokat Victorin Hulot, scheinbar unbestechlich, der sich geschmeidig den jeweiligen Umständen anzupassen weiß; im Hintergrund die Silhouetten von Finanziers, Staatsbeamten, Wirtschaftsleuten, aber auch von Arbeitern und Dirnen; sich kreuzende Fäden zwischen Politik und Halbwelt, einige heroische Reminiszenzen aus der Kaiserära. Karl MARX sah in Balzac den *»Schöpfer jener Prototypen, noch im Zustand des Embryos, die in der Folge ihre Entwicklung unter Napoleon III. vollendet haben«*. Wie kaum ein anderes Werk Balzacs ist dieser Roman an den Schauplatz Paris gebunden. Diese »Einheit des Ortes« entspricht den Forderungen eines sorgfältig überlegten Konstruktionsprinzips, das Balzac schon seit *Eugénie Grandet* (1833) anwendet: In Analogie zur klassischen Tragödie werden in der Exposition die Personen durch ihr Milieu und die Urteile ihrer Mitmenschen eingeführt. Im Hauptteil kreuzen sich mehrere Schicksale und steigern die Handlung zu höchster dramatischer Intensität. Eine Reihe von Epilogen enthüllt das Ausmaß der totalen Katastrophe. Die Dialoge und die Beschreibungen von Gesten und Szenerien verraten ebenso wie effektvolle Auftritte und Abgänge der Personen Balzacs Sinn für das Theater. ZOLA, auf den *Cousine Bette* nachhaltigen Einfluß ausübte, betrachtete ihren Autor als den Vater des Naturalismus, der sich um eine objektive, unparteiische Darstellung bemühte, auch auf die Gefahr hin, daß sie amoralisch wirken könnte. I.P.-B.We.

AUSGABEN: Paris 1846 (in Le Constitutionnel, 8.10.–3.12. 1846). – Paris 1847 (in *Les parents pauvres*, 2 Bde.). – Paris 1848 (in *La comédie humaine*, 17 Bde., 1842–1848, 17: *Scènes de la vie parisienne*). – Paris 1914 (in *Œuvres complètes*, Hg. M. Bouteron u. H. Longnon, 40 Bde., 1912–1940, 17: *Études de mœurs. Scènes de la vie parisienne V*). – Paris 1959, Hg. M. Allem (krit.; Class. Garn). – Paris 1963 (in *L'œuvre*, Hg. A. Béguin, J. A. Ducourneau u. H. Evans, 16 Bde., 1962–1964, 9). – Paris 1968–1971 (in *Œuvres complètes*, Hg. M. Bardèche, 24 Bde., 10). – Paris 1972 (Folio). – Paris 1977 (GF). – Paris 1977 (in *La comédie humaine*, Hg. P.-G. Castex, 12 Bde., 1976–1981, 7; Pléiade).

ÜBERSETZUNGEN: *Tante Lisbeth*, A. Schurig (in *Die menschliche Komödie*, Bd. 13/14, Lpzg. 1910; ern. in *Die menschliche Komödie*, 20 Bde., Bln./Weimar 1959; 31973, 14). – Dass., P. Zech, Bln. 1923 (ern. Zürich 1977; *Die menschliche Komödie*, 40 Bde., 25). – Dass., W. Widmer, Mchn. 1958; ern. 1981 (in *GW*, 6 Bde., 5). – Dass., R. u. K. Haemmerling, Mchn. 1960 (GGT); ern. 1986 (Goldm. Tb).

VERFILMUNGEN: Frankreich 1928 (Regie: M. de Rieux). – Frankreich 1966 (TV, Regie: Y.-A. Hubert).

LITERATUR: C. Sulger, *»La cousine Bette«. Essai sur H. de B.*, Diss. Zürich 1940. – J. Hytier, *Un chef-d'œuvre improvisé: »La cousine Bette«* (in RomR, 40, 1949, S. 81–92). – M. Butor, *»Les parents pauvres«* (in M. B., *Répertoire II*, Paris 1964, S. 193–198). – A. Lorant, *»Les parents pauvres« de B.*, Paris 1968. – L. Pollmann, *»Tante Lisbeth«* (in L. P., *Aus der Werkstatt des Romans*, Stg. u. a. 1969, S. 37–48). – F. Jameson, *»La cousine Bette« and Allegorical Realism* (in PMLA, 86, 1971, S. 241–254). – C. A. Prendergast, *Antithesis and Moral Ambiguity in »La cousine Bette«* (in MLR, 68, 1973, S. 313–332). – M. Naumann, *B. und »Die armen Verwandten«* (in M. N., *Prosa in Frankreich*, Bln. 1978, S. 105–149). – W. Preisendanz, *Karnevalisierung der Erzählfunktion in B.s »Les parents pauvres«* (in *H. de B.*, Hg. H. U. Gumbrecht u. a., Mchn. 1980, S. 391–410). – N. Mozet, *»La cousine Bette« de B.*, Paris 1980. – *B. et »Les parents pauvres«*, Hg. F. van Rossum-Guyon u. M. van Brederode, Paris 1980. – D. Bellos, *B., »La cousine Bette«*, Ldn. 1980.

LE DERNIER CHOUAN OU LA BRETAGNE EN 1800

(frz.; *Der letzte Chouan oder Die Bretagne im Jahr 1800*). Roman von Honoré de BALZAC, erschienen 1829. – Nach den entmutigenden Mißerfolgen seiner ersten, pseudonym veröffentlichten Romane hatte sich Balzac, ebenfalls erfolglos, als Geschäftsmann und Druckereibesitzer versucht. Mit diesem Werk, das er 1845 unter dem Titel *Les Chouans ou la Bretagne en 1799* innerhalb der *Comédie humaine* den *Scènes de la vie militaire* zugeordnet hat, kehrte er endgültig zur Literatur zurück.
Von Freunden literarisch beraten, schrieb er, be-

reits eine Reihe historischer Romane planend, diesen Bericht über den Aufstand der königstreuen Bretagne gegen die revolutionäre Regierung im Jahr 1799. Trotz einiger wohlwollender Rezensionen fand der Roman nur zögernd Absatz. Vielfach abgewandelt – des Autors politische Ansichten hatten sich inzwischen wesentlich geändert –, erschien er 1834 unter dem Titel *Les Chouans ou La Bretagne en 1799* im dreizehnten Band der *Comédie humaine* und wurde in der Ausgabe von 1845 den *Scènes de la vie militaire* zugeordnet. Durch die Lektüre verschiedener Memoiren über die geschichtlichen Fakten der Chouannerie wohl informiert, aus eigener Anschauung Kenner der Bretagne, ihrer Landschaft und ihrer Bewohner, bemühte sich Balzac in Anlehnung an Walter Scott um eine wahrheitsgetreue Wiedergabe des historisch-geographischen Hintergrunds seines Romans, in dem sich der Bedeutungshorizont über die fiktionalisierten historischen Ereignisse konstituiert. Balzac geht es hier, im Unterschied zu anderen zeitgenössischen historischen Romanen, nicht mehr darum, das große Individuum als Motor der Geschichte darzustellen; er läßt sowohl teilweise stark typisierte einzelne als auch Gruppen agieren. Zu den Hauptpersonen gehören der Marquis de Montauran, Anführer der Chouans, politisch ein Mann von edelster und vornehmster Gesinnung, und die schöne Abenteurerin Mademoiselle de Verneuil, Spionin der Republik im Dienste Fouchés und zugleich romantische Heldin, die sich in den Widerspruch zwischen Liebe und Politik verstrickt; sie kommt in die Bretagne, um den Marquis de Montauran zu bespitzeln, verliebt sich in ihr Opfer und wird damit ihrem Auftrag untreu. Als komplexe Figur, die aus der Aristokratie kommt und sich den Republikanern anschließt, steht sie im Zentrum der Macht, ohne diese jedoch zu beherrschen. Ihr romantisches Liebesideal wird ihr zum Verhängnis, während für Montauran Politik und Liebe keinen unauflöslichen Widerspruch darstellen: Als Mann beherrscht er beide Sphären; als Typus gehört er der Vergangenheit an, während Mademoiselle de Verneuil bereits Züge des modernen, durch Zerrissenheit gekennzeichneten Subjekts trägt. Am Ende finden beide den Tod.

In diesem ersten bedeutenden Roman nach Balzacs melodramatischen Jugendwerken spielt die später (1842) im Vorwort der *Comédie humaine* formulierte Grundthese von der *»Leidenschaft«* als der allgewaltigen Triebkraft des Menschen thematisch bereits eine führende Rolle. Darin vor allem unterscheidet sich das Werk vom sonst bewußt kopierten Scott und dessen puritanischer Vorstellung von der nur passiven gesellschaftlichen Rolle der Frau. *»Die Frau bringt Unordnung in die Gesellschaft durch die Leidenschaft«*, läßt Balzac in *Les illusions perdues* (1837–1843) den weisen d'Arthez in seiner Scott-Kritik sagen. – Madame Hanska schätzte insbesondere diesen Roman ihres fernen Dichters. 1843 schrieb ihr Balzac: *»Das ist entschieden eine großartige Dichtung ... der ganze Cooper und der ganze Walter Scott sind darin, dazu eine Leidenschaft und ein Geist, der beiden abgeht ... Das Land und der Krieg sind mit einer Vollkommenheit und Accuratesse beschrieben, die mich (beim Wiederlesen) überrascht haben. Folglich bin ich zufrieden.«* I.P.-B.We.

Ausgaben: Paris 1829. – Paris 1834 (*Les Chouans ou La Bretagne en 1799*, 2 Bde.). – Paris 1845 (in *La comédie humaine*, 17 Bde., 1842–1848, Bd. 13: *Scènes de la vie militaire et Scènes de la vie de campagne*). – Paris 1914 (in *Œuvres complètes*, Hg. M. Bouteron u. H. Longnon, 40 Bde., 1912–1940, Bd. 22: *Études de mœurs: Scènes de la vie militaire*). – Paris 1957, Hg. M. Regard (Class. Garn). – Paris 1964 (in *L'œuvre*, Hg. A. Béguin, J. A. Ducourneau u. H. Evans, 16 Bde., 11). – Paris 1968–1971 (in *Œuvres complètes*, Hg. M. Bardèche, 24 Bde., 12). – Paris 1972 (Poche). – Paris 1972 (Folio). – Paris 1978 (in *La comédie humaine*, Hg. P.-G. Castex, 12 Bde., 1976–1981, 8; Pléiade).

Übersetzungen: *Die Chouans oder Die Bretagne im Jahre 1799*, anon. (in *SW*, Bd. 3/4, Quedlinburg 1841). – *Die Königstreuen*, M. Kahn, Bln. 1923; ern. Hbg. 1961. – *Die Chouans*, F. P. Greve (in *Menschliche Komödie*, Bd. 8, Lpzg. 1925). – Dass., J. Schlaf, Lpzg. 1925; ern. Lpzg./Weimar 1984. – Dass., C. Noch (in *Die menschliche Komödie*, 20 Bde., Bln./Weimar 1962; [2]1979, 16). – *Die Königstreuen*, E. Sander, Mchn. 1967 (GGT). – Dass., M. Kahn, Zürich 1977 (*Die menschliche Komödie*, 40 Bde., 30).

Dramatisierungen: Bougeois, Paris 1831. – Bérard, Paris 1837. – Potter, NY 1887. – Grivet, Paris 1923.

Literatur: R. Lebègue, *Esquisse d'une étude sur B. et la Bretagne* (in RHLF, 50, 1950, S. 234–240). – S. Bérard, *A propos des »Chouans«* (in RHLF, 56, 1956, S. 485–505). – D. R. Haggis, *Scott, B. and the Historical Novel as Social and Political Analysis* (in MLR, 68, 1973, S. 51–68). – R. J. B. Clark, *L'originalité du »Dernier chouan«* (in LR, 28, 1974, S. 244–256). – P. Barbéris, *Roman historique et roman d'amour* (in RHLF, 75, 1975, S. 289–307). – L. Derla, *»Les chouans«* (in StF, 20, 1976, S. 231 bis 247). – G. Conesca, *»Les chouans« de B.*, Paris 1976. – V. Troubetzkoy, *»Les chouans« de B.* (in Pluriel, 10, 1977, S. 9–28). – J. Mehlman, *Revolution and Repetition*, Berkeley/Ldn. 1977. – R. Kuhn, *Collision of Codes* (in FR, 54, 1980/81, S. 248–256). – D. Y. Kadish, *Landscape, Ideology and Plot in B.'s »Les chouans«* (In NCFSt, 12–13, 1984, S. 67–83). – D. Aynesworth, *The Making and the Unmaking of History in »Les Chouans«* (in RomR, 76, 1985, S. 36–54). – R. Amossy u. D. Harouvi, *Éternel féminin et condition de la femme dans »Les Chouans« de B.* (in *Vendée, Chouannerie, littérature. Actes du colloque [...]*, Angers 1986, S. 331–343). – A. Camart-Nouvet, *Amour, masque et secret dans »Les Chouans«* (in L'Année balzacienne, 1987, S. 21–40).

EUGÉNIE GRANDET

(frz.; *Eugenie Grandet*). Roman von Honoré de BALZAC, erschienen 1834, innerhalb der *Comédie humaine* den *Scènes de la vie de province* zugeordnet. – Schauplatz der Handlung ist die Provinzstadt Saumur, wo der Geizhals Grandet durch geschickte Manipulationen während der Revolution sich vom armen Faßbinder zum reichen Böttchermeister emporgearbeitet hat. Maßlos-monomanisch in seiner Wahrnehmung und Ausdrucksweise zwingt er seine Familie zu einem Leben in größter Einfachheit, tyrannisiert und erniedrigt seine Frau, die Bedienstete Nanon und seine einzige Tochter Eugénie. Dieses schöne und empfindsame Mädchen, das sich über die Intrigen zweier Bürgerfamilien, der Cruchot und Des Grassins, die sich das Vermögen der reichen Erbin durch Heirat zu sichern hoffen, hinwegsetzt, verliebt sich in ihren Cousin Charles, einen in Paris aufgewachsenen, verwöhnten jungen Mann. Als sich herausstellt, daß Charles' Vater in Paris Bankrott gemacht und sich erschossen hat, steckt Eugénie dem Objekt ihrer Liebe heimlich sämtliche Ersparnisse zu, damit er sein Glück in Indien versuchen kann. Vor seiner Abreise schwören sich die beiden ewige Treue. Als der alte Grandet von Eugénies »Verschwendung« erfährt, bestraft er sie und sperrt sie bei Wasser und Brot in ihrem Zimmer ein. Am Krankenbett der Mutter versöhnt sich Grandet mit seiner Tochter, doch kaum ist die Mutter tot, luchst der alte Geizhals seiner trauernden Tochter das mütterliche Erbteil ab. Bald darauf stirbt er selbst und hinterläßt Eugénie seinen Reichtum, nicht ohne ihr vorher noch einzuschärfen: *»Du wirst mir über alles Rechenschaft ablegen.«* Eugénie, die Erbin eines Millionenvermögens, wird nun von allen Seiten umworben. Sie bleibt jedoch ihrem Cousin treu und wartet weitere sieben Jahre, vollkommen der Wirklichkeit entfremdet, auf die Verwirklichung ihres Traums vom Glück. Als ihr ›Märchenprinz‹, von dem sie in seiner Abwesenheit in Form eines hinterlassenen Erinnerungsstücks ähnlich monomanisch wie ihr Vater von seinen Millionen Besitz ergriffen hat, endlich reich und voll ehrgeiziger Pläne zurückkommt, ist er nicht mehr willens, sich *»mit dem schlichten, harmlosen Glück zu begnügen«*, das ihm die ländliche Cousine *»mit rührenden Bildern angeboten hatte«*, wie es in seinem Brief heißt, in dem er seine Interessenheirat mit einer Adeligen mitteilt. Auf diese Weise um all ihre Hoffnungen betrogen, entschließt sich Eugénie, kaltblütig wie einst ihr Vater, den alten Präsidenten Cruchot unter der Bedingung zu ehelichen, daß ihre persönliche Freiheit nicht angetastet werde. Bald darauf Witwe, führt sie, eine Frau, *»die mitten in dieser Welt nicht von dieser Welt ist; die, dazu geschaffen, eine herrliche Mutter und Gattin zu sein, weder Gatten, noch Kinder, noch Familie besitzt«*, ein *»heiligmäßiges, sparsames«* Leben in ihrem düsteren Hause, *»außerstande, die Welt zu begreifen«*, und Trost suchend in karitativen Werken.

Die beiden Hauptpersonen: die bleiche, kühle Eugénie und ihr Vater, den einzig die Leidenschaft für Geld und Gold erfüllt, sind mit fast beklemmender Eindringlichkeit gestaltet. Balzacs Darstellungs- und Charakterisierungskunst erreicht schon in diesem ersten seiner großen Werke einen Höhepunkt, den die späteren kaum noch übertreffen konnten. Von nun an wird seine These, daß der Mensch von Leidenschaften beherrscht ist, wie ein Leitmotiv immer wieder – aber nicht immer so stringent und ohne moralisierende Kommentare in Bild und Handlung umgesetzt wie hier – in der *Comédie humaine* auftauchen. In einer bei SCOTT entlehnten Kompositionstechnik fügt Balzac minuziöse Dekorbeschreibung sinnvoll in den Ablauf der Handlung ein; die leblosen Dinge charakterisieren die Atmosphäre, in der sich die Menschen bewegen. Die Balzac-Kritik hat diese *»gelungenste Darstellung des Geizes in der gesamten Literatur«* (Hunt) als eines der Meisterwerke des Autors gewürdigt. Grandet, in Sprache, Gesten, Grimassen, Reaktionen und listigen Tricks fast eine Figur des Theaters, wurde vielfach mit MOLIÈRES *L'avare* verglichen. Balzac selbst gab seiner Überzeugung Ausdruck: *»Molière schuf den Geizhals, ich aber schuf den Geiz.«*

I.P.-B.We.

AUSGABEN: Paris 1833 (in L'Europe Littéraire, 19. 9. 1833; Kap. 1). – Paris 1834 (in *Scènes de la vie de province*, 4 Bde., 1834–1837, 1). – Paris 1839. – Paris 1843 (in *La comédie humaine*, Bd. 5: *Scènes de la vie de province I*). – Paris 1913 (in *Œuvres complètes*, Hg. M. Bouteron u. H. Longnon, 40 Bde., 1912–1940, 8: *Études de mœurs: Scènes de la vie de province I*). – Paris 1959, Hg. C. Mauriac u. J. A. Ducourneau. – Paris 1962 (in *L'œuvre*, Hg. A. Béguin, A. Ducourneau u. H. Evans, 16 Bde., 1962–1964, 5). – Paris 1964 (GF). – Paris 1965, Hg. P.-G. Castex (Class. Garn). – Paris 1968–1971 (in *Œuvres complètes*, Hg. M. Bardèche, 24 Bde., 5). – Paris 1972 (Poche). – Paris 1972 (Folio). – Paris 1976 (in *La comédie humaine*, Hg. P.-G. Castex, 12 Bde.; 1976–1981, 3; Pléiade).

ÜBERSETZUNGEN: *Eugenie. Ein Genre-Bild*, F. Tarnow, 2 Bde., Lpzg. 1835. – *Eugenie Grandet*, anon. (in *SW*, Bd. 58/59, Quedlinburg 1845). – Dass., G. Etzel (in *Menschliche Komödie*, Bd. 3, Lpzg. 1908). – Dass., M. Koffka, Bln. 1924. – Dass., R. Schapire (in *AW*, Bd. 4, Lpzg. 1926). – Dass., M. Koffka, Hbg. 1952. – Dass., A. u. H. Seiffert (in *Die menschliche Komödie*, 20 Bde., Bln./Weimar 1962; [3]1980, 6). – Dass., E. Sander, Mchn. 1966 (GGT); ern. 1985 (Goldm. Tb). – Dass., F. v. Schlupp, Paderborn 1972. – Dass., M. Koffka, Zürich 1977 (*Die menschliche Komödie*, 40 Bde., 14).

VERFILMUNGEN: *The Conquering Power*, USA 1921 (Regie: R. Ingram). – Italien 1946 (Regie: M. Soldati). – Mexiko 1952 (Regie: E. Gómez Muriel). – *Unser liebes Fräulein Grandet*, BRD 1965 (TV; Regie: G. Fleckenstein).

LITERATUR: Ch.-A. de Sainte-Beuve, *H. de B.* (in

RDM, 4, Dez. 1834). – R. De Cesare, *Lettura di »Eugénie Grandet«* (in Aevum, 28, 1954, S. 239–280). – A. Chancerel u. R. Pierrot, *La véritable Eugénie Grandet: Marie Du Fresnay* (in RSH, 1955, S. 437–458). – B. Guyon, *B. ›invente‹ les »Scènes de la vie de province«* (in MdF, 333, 1958, S. 465–493). – P.-G. Castex, *Aux sources de »Eugénie Grandet«, légende et réalité* (in RHLF, 64, 1964, S. 73–94). – Ders., *L'ascension de Monsieur Grandet* (in Europe, 1965, Nr. 429/430, S. 247–263; ern. in P.-G. C., *Horizons romantiques*, Paris 1983, S. 111–125). – R. Bolster, *Stendhal, B. et le féminisme romantique*, Paris 1970. – H. Riedel, *Struktur und Bedeutung des Zeitgerüsts im traditionellen französischen Roman*, Ffm. 1973. – R. Le Huenen u. P. Perron, *B. sémiotique du personnage romanesque. L'exemple d'»Eugénie Grandet«*, Paris/Montreal 1980. – Karl Maurer, *Das Schreckliche im Roman und die Tragödie* (in *H. de B.*, Hg. H. U. Gumbrecht u. a., Mchn. 1980, S. 219–278). – R. Amossy u. E. Rosen, *Le cliché et l'enjeu de la représentation balzacienne. »Eugénie Grandet«* (in E. R., *Les discours du cliché*, Paris 1982, S. 50–66). – A. Goldmann, *»Eugénie Grandet«* (in A. G., *Rêves d'amour perdus*, Paris 1984, S. 90–104). – D. Rayfield, *Dostoyevsky's »Eugénie Grandet«* (in FMLS, 20, 1984, S. 133–142). – A. Fischler, *The Temporal Scale and the Natural Background in B.s »Eugénie Grandet«* (in *L'Hénaurme siècle*, Hg. W. L. Lendon, Heidelberg 1984, S. 35–45). – N. Schor, *»Eugénie Grandet«. Mirrors and Melancholia* (in N. S., *Breaking the Chain*, Columbia 1985, S. 90–107).

HISTOIRE DE LA GRANDEUR ET DE LA DÉCADENCE DE CÉSAR BIROTTEAU, marchand parfumeur, adjoint au maire du deuxième arrondissement de Paris, chevalier de la légion d'honneur, etc.

(frz.; *Geschichte der Größe und des Verfalls von César Birotteau, Parfümeriehändler, Beigeordneter des zweiten Bezirks von Paris, Ritter der Ehrenlegion usw.*). Roman von Honoré de Balzac, erschienen 1838; in der *Comédie humaine* den *Scènes de la vie parisienne* zugeordnet. – Der pathetische Haupttitel, der z. B. auf Montesquieus *Betrachtungen über die Ursachen von Größe und Untergang der Römer* anspielt, ist als ironischer Hinweis auf die Selbstüberschätzung des Helden zu verstehen, der auf seinen Vornamen Caesar stolz ist.

Der erste Akt des in Analogie zu einem dreiaktigen Theaterstück eingeteilten Romans schildert César Birotteau, den Besitzer des Parfümerieladens »Rosenkönigin«, *»auf dem Gipfel seines Glücks«*. Birotteau hat sich als Kaufmann durch die Herstellung neuer kosmetischer Mittel mit Zähigkeit und Geschick so weit hochgearbeitet, daß er nun mit Frau und Tochter ein zufriedenes Leben führen könnte. Die Auszeichnung zum Ritter der Ehrenlegion, die er seiner royalistischen Gesinnung verdankt, empfindet Birotteau als Krönung seines Lebens, doch die Freude darüber raubt dem biederen, aber ehrgeizigen und selbstgefälligen Kaufmann den Blick für die realen Möglichkeiten seines Geschäfts. Im Taumel des Erfolgs beschließt er, gegen den Rat seiner Frau, seinen Laden zu erweitern und durch die Veranstaltung eines aufwendigen Balles in der Rangordnung der Gesellschaft noch eine Stufe höher zu steigen. Der Notar Roguin, dessen Hinterlist der arglose Birotteau nicht durchschaut, überredet ihn zu einer gemeinsamen Grundstücksspekulation, bei der fast das gesamte Vermögen Birotteaus eingesetzt werden soll. Auf dem Ball, zu dem die Repräsentanten der Pariser Hautevolee geladen sind, erscheint auch Du Tillet, ein ehemals wegen Diebstahls entlassener Angestellter Birotteaus, der mit viel Geschick in den Kreisen der Hochfinanz Reichtum und Einfluß gewonnen hat. Birotteau ahnt nicht, daß Du Tillet, ein Meister der Intrige, die betrügerische Spekulation ersonnen hat, um ihn zu ruinieren.

Die äußerlich glanzvolle Ballnacht, *»gleichsam wie das letzte Auflodern eines Strohfeuers das Ende eines achtzehnjährigen, jetzt dem Verlöschen nahen Wohlstands«*, deutet schon die Peripetie des Dramas an, dessen zweiter Akt *César im Kampf mit seinem Unglück* zeigt. Mit der Nachricht, daß der Geschäftspartner Roguin Birotteaus Vermögen veruntreut hat und geflohen ist, bricht für den Parfümeriehändler, der an die Redlichkeit im Geschäftsleben geglaubt hat, eine Welt zusammen. Während seine Familie angesichts der Katastrophe die Fassung bewahrt, verfällt César, genarrt von den Bankiers, die ihm helfen könnten (Nucingen, Du Tillet), zurückgewiesen sogar von dem Wucherer Gobseck, in einen Zustand dumpfer Betäubung; der unvermeidliche Bankrott und das glatt ablaufende Konkursverfahren erscheinen dem erschöpften Birotteau am Ende fast wie eine Befreiung nach dem aussichtslosen Kampf um Kredite und Prolongation der Wechsel. – Den letzten Akt des »Dramas« nennt Balzac in Anspielung auf die Katharsis der griechischen Tragödie *Césars Triumph*. Besessen von der Idee der Rehabilitation, kann Birotteau nach drei Jahren äußerster Entbehrung und harter Arbeit nicht nur alle Schulden zurückzahlen, sondern auch noch kurz vor seinem Tode den geschäftlichen Erfolg seines ehemaligen Angestellten und künftigen Schwiegersohnes Popinot erleben, der den Parfümeriehandel weiterführt.

Trotz der novellistischen Dichte der Ereignisse, die fast alle auf den Bankrott Birotteaus bezogen sind, gelingt es Balzac in dem Roman, den er selbst zu Recht ein *»Hauptwerk«* nennt, den Hintergrund des Geschehens – die Verhältnisse im Paris der dreißiger Jahre – noch durch eine Fülle von Figuren zu beleben. Fast alle Gesellschaftskreise, nahezu alle Formen des Geschäftslebens, vom Kleinhandel auf den Märkten bis zur Hochfinanz, sind mit Sachkenntnis analysiert und in das Romangeschehen integriert. Selbst die Rezepte für die Parfümerien, die Birotteau mit Hilfe des Chemikers Vauquelin entwickelt, und das bis ins Detail beschriebene Konkursverfahren hat Balzac, dem es auf die Genauigkeit der »sozialen Studie« ankam, den Handbüchern seiner Zeit zum Teil wörtlich entnommen. Das Modell für Birotteau war Bully, ein Parfümeriehändler, der im Jahre 1830 bei den Unruhen der Julirevolution sein Geschäft aufgeben mußte. Auch das Schicksal Birotteaus erscheint als Folge der politischen und sozialen Unruhen der dreißiger Jahre, in denen viele Geschäftsleute das Opfer riskanter Spekulationen wurden (bekanntlich auch Balzac selbst). In seiner unglaublichen Ahnungslosigkeit, mit der er in das Unglück tappt, und seinem ungebrochenen Ehrgeiz nach der Katastrophe ist César Birotteau aber mehr als nur ein typischer Fall; ähnlich wie der alte Grandet, Goriot oder Balthasar Claes ist er ein vom Wahn Besessener, tragisch in seinem naiven Glauben an die Redlichkeit im Geschäftsleben, lächerlich in seiner Eitelkeit und Selbstgefälligkeit, solange er sich erfolgreich wähnt, und bemitleidenswert in seinem Mißgeschick – im Sinne Balzacs das Bild des Menschen in der Komödie des Lebens: *»Birotteaus Unglück ist für mich das Unglück aller Menschen.«* V.R.

AUSGABEN: Paris 1838, 2 Bde. – Paris 1844 (in *La comédie humaine*, 17 Bde., 1842–1848, 10: *Scènes de la vie parisienne II*). – Paris 1913 (in *Œuvres complètes*, Hg. M. Bouteron u. H. Longnon, 40 Bde., 1912–1940, 14: *Études de mœurs: Scènes de la vie parisienne II*). – Paris 1955 (*César Birotteau*, Hg. P. Laubriet; ern. 1964; Class. Garn). – Paris 1962 (in *L'œuvre*, Hg. A. Béguin, J. A. Ducourneau u. H. Evans, 16 Bde., 1962–1964, 2). – Paris 1968–1971 (in *Œuvres complètes*, 24 Bde., 8). – Paris 1975 (Folio). – Paris 1977 (in *La comédie humaine*, Hg. P.-G. Castex, 12 Bde., 1976–1981, 6; Pléiade). – Paris 1984 (Poche).

ÜBERSETZUNGEN: *Geschichte der Größe u. des Verfalles des Cäsar Birotteau*, anon. (in *SW*, Bd. 8/9, Quedlinburg 1842). – *Cäsar Birotteau*, F. P. Greve (in *Menschliche Komödie*, Bd. 14, Lpzg. 1911). – *Cäsar Birotteaus Größe und Niedergang*, H. Kaatz, Bln. 1924; ern. Hbg. 1953. – Dass., A. Hoffmann, Tübingen 1949. – *Größe und Niedergang César Birotteaus*, Mchn. 1967 (GGT); ern. 1986 (Goldm. Tb). – *Cäsar Birotteaus Größe und Niedergang*, H. Kaatz, Zürich 1977 (*Die menschliche Komödie*, 40 Bde., 20). – *César Birotteau*, T. Bergner (in *Die menschliche Komödie*, 20 Bde., Bln./Weimar 1982; [2]1985, 12).

DRAMATISIERUNG: É. Fabre, *César Birotteau* (Urauff.: Paris, 7. 10. 1910, Théâtre Antoine).

VERFILMUNGEN: *César Birotteau*, Frankreich 1911 (Regie: E. Chautard). – Dass., Italien 1921 (Regie: A. Fratelli).

LITERATUR: H. Egli, *»L'histoire de la grandeur et de la décadence de César Birotteau«. Ein stilkritischer Versuch*, Diss. Zürich 1954. – W. G. Moore, *Vers une édition critique de »César Birotteau«* (in RHLF, 1956, S. 506–515). – A. Maurois, *Lecture, mon doux plaisir*, Paris 1957, S. 182–195. – P. Laubriet, *L'élaboration des personnages dans »César Birotteau«* (in L'Année balzacienne, 1964, S. 271–281). – A. R. Pugh, *The Genesis of »César Birotteau«* (in FSt, 22, 1968, S. 9–25). – J. Schramke, *»César Birotteau«* (in Lendemains, 1. April 1975, S. 82 bis 100). – W. B. Berg, *»César Birotteau«* (in W. B. B., *Der literarische Sonntag*, Heidelberg 1976, S. 161–167). – P. Michot, *B., Beethoven et Birotteau* (in Neohelicon, 5, 1977, S. 7–32). – A. Pugh, *The Ambiguity of »César Birotteau«* (in NCFSt, 8, 1979/80, S. 173–189). – U. Schulz-Buschhaus, *B.s »César Birotteau«* (in *Frz. Literatur in Einzeldarstellungen*, Bd. 2, Hg. P. Brockmeier u. H. H. Wetzel, Stg. 1982, S. 31–41). – Ders., *Die Normalität des Berufsbürgers und das heroisch-komische Register im realistischen Roman. Zu B.s »César Birotteau«* (in *Erzählforschung*, Hg. E. Lämmert, Stg. 1982).

ILLUSIONS PERDUES

(frz.; *Verlorene Illusionen*). Roman von Honoré de BALZAC, erschienen in drei Teilen: *Les deux poètes* (1837), *Un grand homme de province à Paris* (1839), *Ève et David* (1844); innerhalb der *Comédie humaine* den *Scènes de la vie de province* zugeordnet. – Die Handlung spielt zur Zeit der Restauration unter Ludwig XVIII., in den Jahren 1821/22. Hauptfigur ist Lucien Chardon, ein ehrgeiziger junger Dichter aus dem südfranzösischen Provinzstädtchen Angoulême. Er ist mit dem Buchdrucker David Séchard befreundet, der von seinem stets betrunkenen, aber geschäftstüchtigen Vater Nicolas eine kleine, altmodisch eingerichtete Druckerei zu äußerst ungünstigen Bedingungen übernommen hat und an einer Erfindung in der Papierherstellung arbeitet. Den ersten Zutritt zur großen Welt findet Lucien im Salon der Madame Anaïs de Bargeton, in den ihn Baron Sixtus du Châtelet einführt. Um den Vorurteilen des Landadels zu begegnen, nimmt er das ehemalige Adelsprädikat seiner Mutter an und nennt sich Lucien de Rubempré. Seine – im Grunde platonische – Liebe zu Anaïs de Bargeton ist Anlaß übler Nachreden und führt zu einem Duell zwischen Anaïs' Gatten und de Chandour, der, von du Châtelet manipuliert, die Gerüchte in Umlauf gesetzt hat; Madame de Bargeton geht nach Paris. Um sie begleiten zu können, leiht sich Lucien von seinem treuen Freund David, der nach Luciens Abreise dessen Schwester Ève heiratet, tausend Francs.

Doch in Paris fühlt sich Lucien, der *»große Mann aus der Provinz«*, bald völlig einsam und bedeutungslos: Madame de Bargeton läßt den Provinzler nach kurzer Zeit fallen und wendet sich wieder dem Baron du Châtelet zu. Lucien geht das Geld aus; vergeblich bietet er einem Verleger seinen Roman »Der Bogenschütze Karls IX.« und einen Band Sonette an. Bei Bibliotheksbesuchen lernt er den Dichter Daniel d'Arthez und dessen Kreis von fortschrittlich-liberalen Intellektuellen kennen und schließt sich ihnen begeistert an. Doch als er eines

Tages dem Journalisten Lousteau begegnet, der ihm Glanz und Elend der Pariser Presse schildert und ihn in seine Kreise einführt, läßt er d'Arthez fallen und wendet sich ganz der Welt des Journalismus zu: *»Diese Mischung von Hoch und Nieder, von Kompromissen, Überlegenheiten und Feigheit, von Verrat und Vergnügen, von Größe und Knechtschaft war ein Schauspiel, dem Lucien atemlos beiwohnte.«* Lucien wird vom Ehrgeiz gepackt und fühlt sich veranlaßt, *»vor so bemerkenswerten Personen seine Probe abzulegen«*; er debütiert als Feuilletonist mit der Besprechung eines Theaterabends, in dem die Schauspielerin Coralie auftritt. Lucien verliebt sich in sie und schreibt ein – im Roman vollständig wiedergegebenes – Feuilleton, das *»entzückend in eins und abscheulich«* ist (Th. W. Adorno). Als erfolgreicher und einflußreicher Journalist wird er gut bezahlt, kann sich Coralie als Geliebte halten und gerät immer tiefer in die Intrigen, Spekulationen und Eifersüchteleien des Journalismus hinein. Er erlangt Zutritt zur gehobenen Pariser Gesellschaft, wechselt – in der Hoffnung auf Fürsprache bei der legalen Rückgewinnung seines Adelsprädikats de Rubempré – zur Parteipresse der Royalisten über, macht bedenkenlos Schulden, beginnt zu spielen und sieht sich schließlich gezwungen, das erste Buch seines ehemaligen Freundes d'Arthez in einer Besprechung herunterzumachen. Coralie, die ihn trotz ihrer Leichtlebigkeit aufrichtig liebt und *»einfach und großherzig«* ist, erliegt inzwischen den Machenschaften ihrer Konkurrentinnen beim Theater und stirbt. Mit ein paar geborgten Francs macht sich der gescheiterte Lucien zu Fuß nach Hause auf. In Angoulême wird er in die von ihm durch gefälschte Wechsel mitverschuldeten Schwierigkeiten von David und Ève verwickelt. David, der noch immer mit seiner Erfindung einer billigeren Papierherstellung beschäftigt ist, hat die Druckereigeschäfte Ève überlassen, die durch die Ränke der Brüder Cointet, der Besitzer der zweiten Druckerei von Angoulême, in Zahlungsschwierigkeiten gerät. Der geizige Nicolas Séchard weigert sich, ihnen zu helfen. Als David durch eine Ungeschicklichkeit Luciens in Schuldhaft genommen wird, muß er die Rechte an seiner Erfindung verkaufen. Lucien will Selbstmord begehen, wird jedoch auf der Landstraße von dem Abbé Carlos Herrera (alias Vautrin) angesprochen, der seinen Ehrgeiz wieder anstachelt und ihm Geld zur Auslösung von David schenkt. Obwohl das Geld zu spät kommt, um den Verkauf des Papierpatents zu verhindern, können David und Ève auch ohne diese beträchtliche Einnahmequelle den Rest ihres Lebens gesichert auf einem Landgut verbringen. Luciens weiteres Leben in Paris aber wird der Gegenstand der an die *Illusions perdues* anschließenden *Splendeurs et misères des courtisanes* (1838–1847).

Der Roman, den der Autor in einer Widmung an Victor Hugo *»eine mutige Handlung und zugleich eine Geschichte voller Wahrheit«* nennt, rechtfertigt wie kaum ein zweites Werk Balzacs titanische Prophezeiung: *»Ich werde eine vollständige Gesellschaft in meinem Kopfe getragen haben.«* Die Fülle der Gestalten, die Vielzahl der zeitgeschichtlich relevanten Details sowie die Verwicklungen, Intrigen und Spekulationen rauschen am Leser vorüber *»wie das gleichzeitig aufkommende große Orchester«* (Th. W. Adorno). Inbesondere der zweite Teil des Romans ist eine glänzende Satire auf die Presse zur Zeit der Restauration, deren skrupelloses Vorgehen Balzac aus eigener Erfahrung kannte. In kommentierenden Exkursen, die mit fast spezialistenhaft genauen Angaben untermauert sind, äußert sich der Autor über die Entwicklung ganzer Industriezweige und Gesellschaftsschichten. Dabei verliert er jedoch nie den Faden der Haupthandlung aus dem Auge, deren Peripetien mit der Gewalt eines Theatercoups abrollen. Neben dem Glanz des Pariser Lebens und der leidenschaftlichen Liebe Coralies und Luciens stehen die Enge der Provinz und die treue Verbundenheit von David und Ève. Besonders mit der Gestalt des alten Nicolas Séchard gelang dem psychologischen Ingenium Balzacs eine pralle, höchst eigenwillige Figur, und Lucien de Rubempré hat ein solches Eigenleben gewonnen, daß Balzac ihn in *Splendeurs et misères des courtisanes* wieder auftreten und erst dort sein Ende finden läßt. Der Roman, einer der bedeutendsten des französischen Realismus, gehört zu den Werken, die nach einem Wort Walter Benjamins *»wie ein nahrhaftes Gericht ... dazu da sind, verschlungen zu werden«*. J.Dr.-KLL

Ausgaben: Paris 1837 (*Les deux poètes* u. d. T. *Illusions perdues*, in *Scènes de la vie de province*, Bd. 4). – Paris 1839 (*Un grand homme de province à Paris*, 2 Bde.). – Paris 1843 (*David Séchard ou Les souffrances d'un inventeur*, in L'État, 9.6.–19.6.; 14.7.–14.8.). – Paris 1843 (*Illusions perdues*, in *La comédie humaine*, 17 Bde., 1842–1848, 8). – Paris 1844 (*Ève et David*, 2 Bde.). – Paris 1913 (in *Œuvres complètes*, Hg. M. Bouteron u. H. Longnon, 40 Bde., 1912–1940, 11/12: *Études de mœurs: Scènes de la vie de province IV/V*). – Paris 1962 (in *L'œuvre*, Hg. A. Béguin, J. A. Ducourneau u. H. Evans, 16 Bde., 1962–1964, 4). – Paris 1966 (GF). – Paris 1967, Hg. A. Adam (krit.; Class. Garn). – Paris 1968–1971 (in *Œuvres complètes*, Hg. M. Bardèche, 24 Bde., 7). – Paris 1972 (Folio). – Paris 1977 (in *La comédie humaine*, Hg. P.-G. Castex, 12 Bde., 1976–1981, 5; Pléiade). – Paris 1983 (Poche).

Übersetzungen: *David Séchard*, anon. (in *SW*, Bd. 49/50, Quedlinburg/Lpzg. 1845). – *Entschwundene Täuschungen*, anon. (in *SW*, Bd. 74, Quedlinburg/Lpzg. 1846). – *Verlorene Illusionen*, F. P. Greve (in *Menschliche Komödie*, Bd. 4/5, Lpzg. 1909). – Dass., H. Lachmann, Lpzg. 1920. – Dass., O. Flake, Bln. 1924. – Dass., ders., Hbg. 1960. – Dass., H. Lachmann [bearb. E. Sander], Mchn. 1965 (GGT); ern. 1986 (Goldm. Tb). – Dass., U. Wolf, Mchn. 1976 (dtv); ern. Mchn. 1981 (in *GW*, 6 Bde., 2). – Dass., O. Flake, Zürich 1977 (*Die menschliche Komödie*, 40 Bde., 18). – Dass., ders., Zürich 1987 (detebe).

LITERATUR: B. Guyon, *»Illusions perdues«* (in Inf. litt, Jan./Febr. 1954). – M. Reboussin, *B. et la presse dans les »Illusions perdues«* (in FR, 32, 1958/59, S. 130–137). – G. Picon, *»Les illusions perdues« ou L'espérance retrouvée* (in Mercure, 332, 1958, S. 60–75). – S. Jean-Bérard, *La genèse d'»Illusions perdues«*, Paris 1959. – Th. W. Adorno, *Rede über ein imaginäres Feuilleton* (in Th. W. A., *Noten zur Literatur III*, Ffm. 1965, S. 46–56; BS). – E. Köhler, *B. und der Realismus* (in E. K., *Esprit und arkadische Freiheit*, Ffm./Bern 1966, S. 177–197). – B. N. Schilling, *The Hero as Failure*, Chicago/Ldn. 1968. – G. Holoch, *A Reading of »Illusions perdues«* (in RomR, 69, 1978, S. 307–321). – A.-M. Meininger, *»Illusions perdues« et faits retrouvés* (in L'Année balzacienne, 1979, S. 47–75). – J. Neefs, *»Illusions perdues«* (in *Le roman de B.*, Hg. R. Le Huenen u. P. Perron, Montreal 1980, S. 119–130). – A. R. Pugh, *Unité et création dans »Illusions perdues«* (ebd., S. 99–107). – D. Adamson, *»Illusions perdues«*, Ldn. 1981. – L. R. Schehr, *Foll's Gold* (in Symposium, 36, 1982, S. 142–165). – L. Lévy-Delpla, *»Illusions perdues«, analyse critique*, Paris 1983. – A. Kleinert, *Die reale Entsprechung des »petit journal« in B.s »Illusions perdues«* (in Lendemains, 11, 1986, S.70–90).

LA PEAU DE CHAGRIN

(frz.; *Das Chagrinleder*). Roman in drei Teilen von Honoré de BALZAC, erschienen 1831, in der *Comédie humaine* 1845 den *Études philosophiques* zugeordnet. – Balzac schrieb diesem Werk, mit dem er erstmals literarische Anerkennung errang, innerhalb der *Comédie humaine* eine privilegierte Position zu: im *Avant-propos* (1842) stellt er es als Verbindungsstück zwischen den *Études de mœurs* und den *Études philosophiques* vor.

Raphaël de Valentin, von adliger Geburt, aber verwaist und verarmt, mit einem Hang zur Melancholie und allen Attributen einer ebenso vielversprechenden wie gefährdeten Künstlernatur ausgestattet, erlebt im Herbst 1829 eine ihm unüberwindlich erscheinende Krise. Nachdem er wie sein Pendant Louis Lambert eine von Mesmers Magnetismus inspirierte »Theorie des Willens« verfaßt hat und das Opfer einer unglücklichen Liebe zu einer *»femme à la mode«*, der schönen, aber gefühlskalten Gräfin Feodora, geworden ist, in deren Salon ihn sein stets erfolgreich intrigierender und ehrgeiziger Freund Rastignac einführte, fühlt er sich *»vom Aussatz ihrer inneren Leere«* angesteckt. Er verspielt im Palais-Royal sein letztes Goldstück und will sich darauf in die Seine stürzen. Da fällt ihm im Kabinett eines greisen Antiquitätenhändlers ein Amulett zu, das hinfort sein Leben bestimmen wird. Ein Stück gegerbter »Eselshaut« soll den zerstörerischen Zwiespalt zwischen »Wollen« und »Können« in ihm aufheben. Doch mit jedem Wunsch, den er seinem Besitzer erfüllt, schrumpft dieser Talisman ein wenig zusammen, und sein völliges Schwinden bedeutet den Tod. Raphaël sieht sich plötzlich auf dem Gipfel seiner Möglichkeiten. Er findet sich auf dem Bankett des reichen Taillefer wieder – ein spöttisch karikierter Repräsentant des mit der Julimonarchie einsetzenden Wirtschaftsbooms –, wo im Überfluß die köstlichsten Gerichte und Weine gereicht werden und die schönsten Frauen tanzen. Berauscht erzählt Raphaël dem Freund Émile seine Lebensgeschichte, die sich über den ganzen Mittelteil *(La femme sans cœur)* des Romans erstreckt. Am Ende dieses eingeblendeten Berichts trifft die für Raphaël unfaßliche Nachricht ein, daß er von einem entfernten Verwandten zum Alleinerben eines Riesenvermögens eingesetzt wurde.

Der dritte Teil *(L'agonie)* zeichnet – in spiegelsymmetrischer Anlage zum ersten *(Le talisman)* – Raphaëls Kampf gegen das immer näher rückende Ende. Trotz Reichtum und Ruhm ist er ohne Glück, da er angstvoll jeden Wunsch in sich erstikken muß. Er sucht mehrere Heilbäder auf und wird schließlich in ein Duell verwickelt, aus dem er wieder auf Kosten seines Talismans als Sieger hervorgeht. Auch die selbstlose Liebe der engelhaften Pauline kann den von Lebensgier Verzehrten nicht retten. – In einem *Épilogue* wird Pauline als die *»Königin der Träume ... das unerschaffene Wesen, das ganz Geist, ganz Liebe ist«* interpretiert, Feodora, »die Frau ohne Herz«, als die Vertreterin der »Gesellschaft«: *»Sie war gestern in der Komischen Oper, heute abend wird sie in die Große Oper gehen. Sie ist, wenn Sie so wollen, die Gesellschaft.«*

In seiner düster getönten Empfindsamkeit und seiner Vorliebe für das Wunderbare folgt *La peau de chagrin* einer um 1830 stark ausgeprägten weltschmerzlichen Strömung, die mit der Enttäuschung und Ernüchterung nach der fehlgeschlagenen Revolution einherging. Raphaël repräsentiert ähnlich wie CHATEAUBRIANDS René eine ganze Generation von jungen Menschen, die in einer vom Geld beherrschten Gesellschaft politisch und metaphysisch entwurzelt sind; Raphaël versucht sich aus der gesellschaftlichen Sphäre in die Einsamkeit des Denkens zurückzuziehen, gerät in Widerspruch zu seinem Bedürfnis, das Leben in seiner ganzen Fülle zu erfahren, den Gegensatz von Freiheit und Notwendigkeit auszutarieren. Die kühne Lebensallegorie, die dem »symbolischen Leder« unterlegt wird, die konträre Ausprägung des Todesmotivs in den Außenteilen (als Todessehnsucht und Todesangst) sowie eine an STERNE erinnernde Erzählweise, die fast frei ist von restaurativ-ideologischen Akzenten, verleihen dem freilich noch vom Frühstil gezeichneten Roman eine ungewöhnliche Durchschlagskraft. – Balzac selbst schätzte das Werk auch als *Étude des mœurs* hoch ein: *»›La peau de chagrin‹ ist ›Candid‹ mit Anmerkungen von Béranger – das Elend, der Luxus, der Glaube, die Spottsucht, die Brust ohne Herz, der Kopf ohne Hirn des 19. Jahrhunderts, dieses Jahrhunderts schimmernder Wahngebilde, von denen man in fünfzig Jahren nichts mehr wissen wird, außer durch ›La peau de chagrin‹«* (1832). Der alte GOETHE erkannte darin, trotz vieler *»Verstöße und Extravaganzen«*, einen *»mehr als alltäglichen, ganz* *vorzüglichen Geist«* (zu F. Soret). MAUPASSANT ließ sich unverkennbar vom zweiten Teil dieses Romans zu seinem – psychologisch fundierteren – Spätwerk *Notre cœur* (1890) inspirieren. I.P.-KLL

AUSGABEN: Paris 1830 (*Le dernier Napoléon*, in La Caricature, 1. 12.; Fragm.). – Paris 1831 (*Une débauche*, in RDM, Mai; Fragm.). – Paris 1831 (*Le suicide d'un poète*, in La Revue de Paris; Fragm.). – Paris 1831 (in *Romans et Contes philosophiques*, Hg. Gosselin, 3 Bde.). – Paris 1835 (in *Études philosophiques*, Bde. 1–4, Hg. Werdet). – Paris 1845 (in *La comédie humaine*, 17 Bde., 1842–1848, 1). – Paris 1936 (in *Œuvres complètes*, Hg. M. Bouteron u. H. Longnon, 40 Bde., 1912–1940, 9/1: *Études philosophiques*). – Paris 1952–1960, Hg. M. Allem (krit.; Class. Garn). – Paris 1963 (in *L'œuvre*, Hg. A. Béguin, J. A. Ducourneau u. H. Evans, 16 Bde., 1962–1964, 7; krit.). – Paris 1968–1971 (in *Œuvres complètes*, Hg. M. Bardèche, 24 Bde., 14). – Paris 1971 (GF). – Paris 1974 (Folio). – Paris 1980 (in *La comédie humaine*, Hg. P.-G. Castex, 12 Bde., 1976–1981, 10; Pléiade). – Paris 1982, Hg. A.-M. Meininger.

ÜBERSETZUNGEN: *Der Chagrin*, anon. (in *SW*, Bde. 22/23, Quedlinburg/Lpzg. 1841–1846). – *Das Chagrinleder*, H. Denhardt, Lpzg. 1888. – *Das Chagrinleder*, F. P. Greve (in *Menschliche Komödie*, Bd. 11, Lpzg. 1910). – *Die tödlichen Wünsche*, E. A. Rheinhardt, Bln. 1924. – *Das Chagrinleder*, H. W. Hoff, Ffm. 1952. – *Die tödlichen Wünsche*, E. A. Rheinhardt, Hbg. 1953. – *Das Chagrinleder*, A. F. Schmitt, Mchn. 1957 (GGT); ern. 1985 (Goldm. Tb). – *Die Schicksalshaut*, E. Rechel, Zürich 1971. – *Das Chagrinleder*, C. Gersch (in *Die menschliche Komödie*, 20 Bde., Bln./Weimar 1974; [2]1977, 19). – *Die tödlichen Wünsche*, E. A. Rheinhardt, Zürich 1977 (*Die menschliche Komödie*, 40 Bde., 35).

VERFILMUNGEN: Frankreich 1909 oder 1911 (Regie: M. Carré). – *Slave of Desire*, USA 1923 (Regie: G. D. Baker). – *Die unheimlichen Wünsche*, Deutschland 1939 (Regie: H. Hilpert). – *La piel de Zapa*, Argentinien 1943 (Regie: B. Herr).

LITERATUR: *Goethe-Jahrbuch*, Hg. L. Geiger, Bd. 1, Ffm. 1880, S. 287–289. – H. Sattler, *H. de B.s Roman »La peau de chagrin«*, Diss. Tübingen 1912. – M. Bouteron. *L'inscription de »La peau de chagrin« et l'orientaliste J. de Hammer* (in RHLF, 50, 1950, S. 160–167). – B. Tolley, *H. Raisson juge de »La peau de chagrin«* (in L'Année balzacienne, 1965, S. 322–324). – A. Pieyre de Mandiargues, *Le supplice de la peau* (in NRF, 27, 1966, S. 930–937). – G. Falconer, *Le travail de style dans les révisions de »La peau de chagrin«* (in L'Année balzacienne, 1969, S. 71–106). – F. Bilodeau, *Espace et temps romanesque dans »La peau de chagrin«* (ebd., S. 47–70). – Ders., *B. et le jeu des mots*, Montreal 1971. – L. Rodich, *Une interprétation de »La peau de chagrin«* (in L'Année balzacienne, 1971, S. 205–233). – P. Bayard, *B. et le troc de l'imaginaire. Lecture de »La peau de chagrin«*, Paris 1978. – A. Guglielmetti, *Feu et lumière dans »La peau de chagrin« de B.*, Paris 1978. – *B. et »La peau de chagrin«*, Hg. C. Duchet, Paris 1979. – *Nouvelles lectures de »La peau de chagrin«*, Hg. P.-G. Castex, Clermont-Ferrand 1979. – S. Weber, *Unwrapping B. A Reading of »La peau de chagrin«*, Toronto 1979. – R. Le Huenen, *La sémiotique du corps dans »La peau de chagrin«* (in *Le roman de B.*, Hg. ders. u. P. Perron, Montreal 1980, S. 51–64). – F. Gaillard, *L'effet »Peau de chagrin«* (ebd., S. 213–230). – C. Bernard, *A propos de »La peau de chagrin«* (in NCFSt, 10, 1981/82, S. 244–267). – P. Laszlo, *Production d'énergie romanesque* (in MLN, 97, 1982, S. 862–871). – M. Hayward, *Supercherie et hallucination* (in RLC, 56, 1982, S. 437–456). – P. Danger, *La castration dans »La peau de chagrin«* (in L'Année balzacienne, 1982, S. 227–246). – A.-M. Garagnon, *B. et la ›métarhétorique‹ dans »La peau de chagrin«* (in *Mélanges P. Larthomas*, Paris 1985, S. 195–204). – N. Cazauran, *Le ›tableau‹ du magasin d'antiquités dans »La peau de chagrin«* (ebd., S. 87–98). – Y. Barges-Rollin, *Une ›danse macabre‹, du fantastique au grotesque dans »La peau de chagrin«* (in Romantisme, 48, 1985, S. 33–46).

LE PÈRE GORIOT

(frz.; *Vater Goriot*). Roman von Honoré de BALZAC, erschienen 1834/35 in ›La Revue de Paris‹; in der *Comédie humaine* 1843 den *Scènes de la vie parisienne*, später den *Scènes de la vie privée* zugeordnet. – Das in knapp sechs Wochen vollendete Werk spielt Ende 1819 in Paris. Die einzige erhaltene Werkstattnotiz lautet: *»Gegenstand des Vater Goriot – ein wackerer Mann – bürgerliche Pension – 600 Francs Rente – hat für seine Töchter sein Vermögen abgegeben, die alle beide 50 000 Francs Rente haben, und stirbt wie ein Hund.«* Auf die Möglichkeit, daß Balzac eine tatsächliche Begebenheit im Auge hatte, die er dann freilich abmilderte, läßt das Vorwort zum *Cabinet des antiques* (1839) schließen, in dem es heißt: *»Das Ereignis, das als Muster diente, bot grauenvolle Umstände, wie man deren nicht einmal bei den Menschenfressern findet; der arme Vater hat während zwanzig Stunden des Todeskampfes nach etwas Trinkbarem geschrien, ohne daß ihm irgend jemand zu Hilfe eilte.«*

Im kleinbürgerlichen Milieu einer schäbigen Pension, die Madame Vauquer in der Rue Neuve-Saint-Geneviève am linken Seineufer führt, treffen in der Gesellschaft verarmter und zwielichtiger Mieter und Kostgänger drei starke, grundverschiedene Charaktere aufeinander: der ehrgeizige Jurastudent Eugène de Rastignac, der undurchschaubare Zyniker Vautrin, der sich des mittellosen Studenten aus der Provinz annimmt und ihn die moralische Bedenkenlosigkeit als den einzig richtigen Weg zum sozialen Aufstieg in der korrupten Pariser Restaurationsgesellschaft lehrt, und schließlich »Vater« Goriot, ein ehemals tüchtiger Nudelfabrikant, der es durch Spekulationskäufe während der

Revolution zu Reichtum und Ansehen gebracht hat. Aus blinder, abgöttischer Liebe zu seinen Töchtern, die beide – Anastasie, jetzt Gräfin de Restaud (vgl. *Gobseck*), und Delphine, jetzt Baronin und Gattin des Großbankiers Nucingen (vgl. *La maison Nucingen*) – in die vornehme Gesellschaft eingeheiratet haben, hat er nach und nach sein ganzes Vermögen für sie hingegeben. – Vautrins Bemühen, Rastignac den gesellschaftlichen Aufstieg zu ermöglichen, gipfelt in dem Plan, dieser solle sich die Liebe der Mademoiselle Taillefer – auch einer Mieterin der Pension Vauquer – zunutze machen, um nach der verbrecherischen Beseitigung ihres Bruders in den Besitz des väterlichen Riesenvermögens zu gelangen. Rastignac, der mit wachsendem Geschick sein Glück bei den Töchtern des armen Goriot versucht, deren eine (Delphine) ihn schließlich erhört, schreckt vor der teuflischen Intrige Vautrins zurück. Während dieser noch seine Pläne weiterverfolgt, wird er überraschend als der aus dem Gefängnis entwichene Verbrecher »Trompe-la-Mort« und Chef eines Gangstersyndikats der Pariser Unterwelt entlarvt und verhaftet. Rastignac, der seine Liaison mit der Baronin Nucingen weiterpflegt, findet in den Salons der vornehmen Welt reichlich Gelegenheit, hinter die Kulissen der glänzenden und aufwendigen Fassade zu blicken: Er und sein Freund, der junge vorbildliche Arzt Bianchon (der in mehreren Texten der *Comédie humaine* auftritt, vgl. u. a. *Illusions perdues*) müssen zusehen, wie die herzlosen Töchter Goriots aus dem verarmten Vater, der inzwischen im schlechtesten Zimmer unter dem Dach haust, noch den letzten Sou für ihre Vergnügungen herauspressen. Auf dem Sterbebett – sein Tod gehört zu den ergreifendsten Partien der *Comédie humaine* – schreit er vergeblich nach *»seinen beiden Engeln«*, die er verzweifelt abwechselnd verflucht und segnet. Hinreichend ernüchtert fühlt sich der junge Mann nun der »Eroberung« von Paris gewachsen: *»Und er warf auf diesen brausenden Bienenstock einen Blick, der im voraus den Honig daraus zu saugen schien, und sagte die erhabenen Worte: ›Jetzt wir zwei!‹«* (Es sind die gleichen Worte – *»A nous deux maintenant«* –, die der zwanzigjährige Balzac bei seiner Ankunft in der Hauptstadt auf dem Friedhof von Montmartre ausrief.)

Mit den Hauptfiguren des Romans, von dem Balzac sagte, er sei *»noch schöner als Eugénie Grandet«*, werden zugleich die drei Hauptthemen entfaltet: die halb als Mysterium, halb als Laster gezeichnete ungelohnte Vaterliebe des Titelhelden, dieses *»Christ de la paternité«* (Abwandlung des King-Lear-Themas), das Debüt des ehrgeizigen Rastignac in der großen, vom Geld beherrschten Welt, die unerbittlich die Preisgabe seiner Skrupel verlangt, und Vautrins gehässige Revolte gegen eine Gesellschaft, in der *»Reichtum für Tugend«* gilt. (Für Vautrin hat der Abenteurer VIDOCQ Modell gestanden – vgl. *Mémoires*.) In bezeichnender Konstellation sind die Vertreter eines bornierten und habsüchtigen Kleinbürgertums (Goriot), einer moralisch zerrütteten Aristokratie und Großbourgeoisie (Goriots Töchter) und einer umstürzlerischen, atheistischen Intelligenz (Vautrin) in Gestalt eines Dreiecks um den aufstrebenden Rastignac gruppiert. – Ein Drittel des Romans ist der breiten Exposition mit genrehaften Milieuschilderungen und Porträts, zwei Drittel der dramatischen Entwicklung und dem von melodramatischen Akzenten nicht immer freien tragischen Ende vorbehalten. – In *Père Goriot* wendet Balzac erstmals seine Technik »der wiederkehrenden Figuren« an (Rastignac wurde bereits in *La peau de chagrin*, 1831, vorgestellt). Der Plan der *Comédie humaine* gewinnt allmählich Gestalt. Nach dem Darstellungsprinzip der Typisierung des Individuellen und der Individualisierung des Typischen und in Analogie zum biologischen System der Artenentwicklung (der Roman ist nicht zufällig dem berühmten Naturhistoriker E. GEOFFROY SAINT-HILAIRE zugeeignet) versucht Balzac von nun an, mit der Gestaltung einer Modellwelt von nahezu 3000 fiktiven Personen, die jeweils als Produkt bestimmter Charaktereigenschaften und gesellschaftlicher Bedingungen entworfen werden, sein *»Jahrhundert auszudrücken« (»exprimer mon siècle«)*. R.M.

AUSGABEN: Paris 1834/35 (in La Revue de Paris, 14.–28. 12. 1834; 28. 1.–11. 2. 1835). – Paris 1835, Hg. Werdet u. Spachmann, 2 Bde. – Paris 1843 (in *La comédie humaine*, 17 Bde., 1842–1848, 9: *Scènes de la vie parisienne*). – Paris 1935 (in *Œuvres complètes*, Hg. M. Bouteron u. H. Longnon, 40 Bde., 1912–1940, 2: *Scènes de la vie privée*). – Paris 1952, Hg. A. Sauret [Vorw. A. Maurois; Ill. P. Picasso]. – Paris 1960, Hg. P.-G. Castex (krit.; Class. Garn). – Paris 1962 (in *L'œuvre*, Hg. A. Béguin, J. A. Ducourneau u. H. Evans, 16 Bde., 1962–1964, 4; krit.). – Paris 1968–1971 (in *Œuvres complètes*, Hg. M. Bardèche, 24 Bde., 4). – Paris 1972 (GF). – Paris 1976 (Folio). – Paris 1976 (in *La comédie humaine*, Hg. P.-G. Castex, 12 Bde., 1976–1981, 3; Pléiade). – Paris 1984 (Poche).

ÜBERSETZUNGEN: *Vater Goriot (Familiengemälde aus der höheren Pariser Welt)*, F. v. Rath, Stg. 1835. – Dass., anon. (in *Scenen aus dem Pariser Leben*, Bde. 41/42, Quedlinburg/Lpzg. 1844). – Dass., H. Denhardt (in *Pariser Lebensbilder*, Lpzg. 1887). – Dass., F. P. Greve (in *Menschliche Komödie*, Bd. 8, Lpzg. 1909). – Dass., R. Schapire, Bln. 1926 [Einl. E. R. Curtius]. – Dass., H. Furreg, Wien 1947. – Dass., anon., Reutlingen 1948 [m. Studie v. K. Wais]. – Dass., F. Hessel, Bln./Hbg. 1949. – Dass., E. Etzel, Ffm. 1949. – Dass., R. Schapire, Hbg. 1953. – Dass., F. Montfort u. W. Widmer, Mchn. 1960. – Dass., F. Hessel (in *Die menschliche Komödie*, 20 Bde., Bln./Weimar 1960; ³1984, 4). – Dass., ders., Mchn. 1971. – Dass., E. Sander, Mchn. 1962 (GGT); ern. 1986 (Goldm. Tb). – Dass., R. Schapire, Zürich 1977 (*Die menschliche Komödie*, 40 Bde., 10). – Dass., dies., Zürich 1987 (detebe).

VERFILMUNGEN: USA 1915. – Frankreich 1921/

22 (Regie: J. de Baroncelli). – *Paris at Midnight*, USA 1926 (Regie: E. Mason Hopper). – Frankreich 1944 (Regie: R. Vernay). – *Karriere in Paris*, DDR 1951 (Regie: G. C. Klaren).

LITERATUR: H. v. Hofmannsthal, *Die Prosaischen Schriften*, Bd. 2, Bln. 1907, S. 163–187. – J. Bertaut, *»Le père Goriot« de B.*, Paris 1947. – M. Bouteron, *En marge du »Père Goriot«, B., Vidocq et Samson* (in La Revue, 1, Jan. 1948, S. 109–124). – H. Schrott, *Die Dinge in B.s Roman »Le père Goriot«*, Diss. Erlangen 1949. – D. Adamson, *»Le père Goriot«. Notes towards a Reassessment* (in Symposium, 19, 1965, S. 101–114). – P. W. Lock, *B.'s »Le père Goriot«*, Ldn. 1967. – R. Quinsat, *»Le père Goriot« de B.*, Paris 1972. – P. Barbéris, *»Le père Goriot« de B.*, Paris 1972. – N. Mozet, *La description de la Maison-Vauquer* (in L'Année balzacienne, 1972, S. 97–130). – G. Riegert, *B., »Le père Goriot«*, Paris 1973; ern. Paris/Ffm. 1984. – L. Pollmann, *»Le père Goriot«* (in *Der frz. Roman*, Hg. K. Heitmann, Düsseldorf 1975, Bd. 1, S. 293–311; 387–350). – M. Tournier, *»Le père Goriot«, roman zoologique* (in M. T., *Le vol du vampire*, Paris 1981, S. 140–149). – H. Sanders, *Institution Literatur und Theorie des Romans* (in *Erzählforschung*, Hg. E. Lämmert, Stg. 1982, S. 233–242). – I. Little, *B., »Le père Goriot«*, Harlow 1984. – M. Crouzet, *»Le père Goriot« et »Lucien Leuwen«, romans parallèles* (in L'Année balzacienne, 1986, S. 191–222). – R. Fortassier, *B. et le démon de double dans »Le père Goriot«* (ebd., S. 155–167). – J. Guichardet, *Un jeu de l'oie maléfique. L'espace parisien du »Père Goriot«* (ebd., S. 169–189). – G. Jacques, *La Belgique et »Le père Goriot«* (ebd., S. 247–259).

SPLENDEURS ET MISÈRES DES COURTISANES

(frz.; *Glanz und Elend der Kurtisanen*). Roman von Honoré de BALZAC, erschienen in vier Teilen: *Comment aiment les filles* (1838–1844), *A combien l'amour revient aux vieillards* (1843/44), *Où mènent les mauvais chemins* (1846), *La dernière incarnation de Vautrin* (1847); innerhalb der *Comédie humaine* den *Scènes de la vie parisienne* zugeordnet. – Der Roman bildet die Fortsetzung der *Illusions perdues*, mit denen er zum Teil gleichzeitig entstand. Der junge Dichter Lucien de Rubempré, den der Erzähler am Ende der *Illusions perdues*, nach dem Scheitern seines ersten Pariser Aufenthalts, tief verschuldet und dem Selbstmord nahe verlassen hatte, setzt seit dem Opernball im Jahre 1824 die Pariser Gesellschaft durch sein vollständig gewandeltes Auftreten in Erstaunen. Kalt, verschlossen und von diplomatischer Vorsicht in allen Gesprächen und Handlungen, gilt er als geheimer Mitarbeiter verschiedener Politiker, als Liebhaber so berühmter Frauen wie der Herzogin von Maufrigneuse und Madame de Sérizy und bald schon als aussichtsreicher Bewerber um die Hand der Clotilde von Grandlieu. Eine so vorteilhafte Heirat würde ihm die Aussicht auf den Marquistitel und einen Botschafterposten eröffnen. *»Dieser Bursch muß jemanden sehr Starken hinter sich haben«*, vermutet der Dandy Henri de Marsay voll Neid und gibt damit der Verwunderung aller ehemaligen Freunde Luciens Ausdruck. Der mächtige Mann hinter Lucien aber ist ein angeblicher spanischer Abbé, Carlos Herrera, der Lucien seit seiner Rettung vor dem Selbstmord als sein Geschöpf betrachtet und mit ihm einen »höllischen Pakt« geschlossen hat. Der junge Dichter zahlt mit seiner Seele für die Erfüllung all seiner ehrgeizigen Pläne und Wünsche, denn hinter der Maske des spanischen Priesters verbirgt sich der mehrfach entflohene Bagnosträfling Jacques Collin, der auch unter den Namen Vautrin und Trompe-la-Mort bekannte »General des Bagnos« (vgl. *Le père Goriot*). Dieser dämonische Mensch kettet Lucien immer unlösbarer an sich, indem er ihn Schritt für Schritt zu seinem Mitwisser und Mitschuldigen macht.

Aus Liebe zu Lucien hat Collin die Kurtisane Esther heimlich in einem Kloster erziehen lassen und ihr eine luxuriöse Wohnung eingerichtet. Dank seiner Umsicht bleibt der Gesellschaft jahrelang ein Verhältnis verborgen, in dem Lucien *»die Verwirklichung aller Träume«* findet, *»wie sie die bettelarmen hungrigen Dichter in ihrer Dachkammer träumen«*. Dieses ungetrübte Glück wird im Jahre 1829 durch einen Zufall zerstört. Der Baron von Nucingen, einer der reichsten Bankiers von Paris, ein gerissener *»Wucherer und Halsabschneider«* (vgl. *La maison Nucingen*), begegnet Esther auf einer ihrer nächtlichen Spazierfahrten und liebt zum erstenmal in seinem Leben. Um sie wiedersehen zu können, sind ihm alle Mittel recht. Blitzschnell erfaßt Collin den Vorteil, den er aus diesem Liebeswahnsinn ziehen kann. Mit Esther als Lockvogel will er aus Nucingen das Geld erpressen, das Lucien bei seiner Hochzeit mit Clotilde von Grandlieu als Sicherheit hinterlegen muß. Aber schon sind ihm durch Nucingens Nachforschungen die Agenten der Geheimpolizei unter Corentin (vgl. *Une ténébreuse affaire*) auf der Spur, der Lucien beim Herzog von Grandlieu denunziert. Das Netz der Polizei zieht sich immer enger um den falschen Priester und seinen Schützling zusammen, während sich Esther dem Bankier noch bis zur Einweihung ihres verschwenderisch ausgestatteten Palais verweigert. Durch den erzwungenen Rückfall in ihr Dirnendasein und die »Untreue« gegenüber Lucien innerlich zerbrochen, vergiftet sich Esther nach der glanzvollen Einweihungsfeier, kurz bevor sich herausstellt, daß sie die Alleinerbin des Wucherers Gobseck (vgl. *Gobseck*) und damit im Besitz von über sieben Millionen Franken gewesen wäre. Der geprellte Nucingen zeigt den Verlust hoher Rentenverschreibungen an, die sich in Esthers Zimmer befunden haben und von ihren Bedienten gestohlen worden sind. Der Verdacht auf Mord und Diebstahl richtet sich sofort gegen Collin und Lucien, die in Einzelzellen der Conciergerie gefangengesetzt werden.

Während es Collin im Verhör durch den Untersuchungsrichter Camusot dank unerhörter Geistesgegenwart und Verschlagenheit gelingt, jeden Verdacht gegen seine Identität zu entkräften, fällt Lucien den verfänglichen Fragen des Untersuchungsrichters zum Opfer und gibt Collins Geheimnis preis. Obgleich seine Unschuld an Esthers Tod durch einen inzwischen aufgefundenen Brief der Kurtisane erwiesen ist, hat er sich doch durch sein eigenes Geständnis als Komplice eines Bagnosträflings für alle Zeit kompromittiert. Aus Scham über seine Schwäche wie aus Furcht vor der Schande erhängt er sich in seiner Zelle. Die Nachricht von seinem Tod läßt Collin, diesen *»Mann von Eisen«*, hilflos zusammenbrechen: *»Nie hat ein Tiger, der seine Jungen geraubt sieht, durch die Dschungel Indiens einen so entsetzlichen Laut gebrüllt, wie Jacques Collin ihn ... ausstieß.«* Während der Totenwache faßt er den Plan zu einer *»letzten Gestalt«*, um an Corentin Rache nehmen zu können. Er will dem sinnlosen Kampf, den er seit zwanzig Jahren gegen die Gesellschaft geführt hat, entsagen und seine Kenntnisse und Fähigkeiten in den Dienst der Justiz stellen. Dieser Plan gibt ihm die Kraft, allen Fallen zu entgehen, die ihm sein Feind Bibi-Lupin, der Chef der Sicherheitspolizei, im Gefängnishof stellt. Er erfährt von seinen ehemaligen Bagnogenossen die Hintergründe eines Raubmords, in den Bibi-Lupin verwickelt ist, und erhält die Möglichkeit, seinen ehemaligen Kettengenossen Calvi vor dem Schafott zu retten. Dank dieser Kenntnisse und dem Besitz kompromittierender Briefe, die Clotilde von Grandlieu, Diana von Maufrigneuse und Frau von Sérizy an Lucien geschrieben haben und die den Strafprozeß zu einer »Staatsangelegenheit« machen, kann er dem Generalstaatsanwalt Granville als ebenbürtiger Verhandlungspartner gegenübertreten. Dieser ist von seiner Intelligenz und Willensstärke fasziniert: *»Er ist ein Mann von ganz außerordentlichem Zuschnitt. Wir haben mit ihm nur zwei Möglichkeiten: entweder ihn an uns zu binden oder uns seiner zu entledigen.«* Collin wird Nachfolger von Bibi-Lupin und bekleidet sein Amt erfolgreich bis zum Jahre 1845.

Der Roman bildet zusammen mit den *Illusions perdues* eine Art »Abriß« der *Comédie humaine*, so daß *»allein die Lektüre dieser beiden umfangreichen Romane ein vollständiges Bild des Balzacschen Kosmos vermitteln kann«* (Albert Béguin). In keinem anderen Werk Balzacs ist der Querschnitt durch die zeitgenössische Gesellschaft so breit angelegt, in keinem wird der plötzliche Umschlag von Illusion in Desillusion, von Glück in Verzweiflung, auf den die Überschriften verweisen, an so vielen Schicksalen dargestellt, in keinem wird das Leitthema der *Comédie humaine*, die vernichtende Gewalt der Leidenschaft, an Angehörigen so vieler Gesellschaftsschichten gleichzeitig entwickelt. Der Bogen der dargestellten Gesellschaftsgruppen spannt sich vom Pariser Hochadel bis zur Unterwelt, dem Reich der Kurtisanen und Verbrecher, das seinerseits einen gesellschaftlichen Mikrokosmos mit eigenen Rangordnungen, Konventionen und einer eigenen Sprache darstellt. Im Vergleich zu anderen Werken Balzacs ist im Kurtisanenroman zudem die Kritik an der zeitgenössischen Gesellschaft, vor allem am aufstrebenden Bürgertum, verschärft, indem menschliche Größe fast ausschließlich bei den gesellschaftlich Deklassierten zu finden ist.

Diese Optik bestimmt auch die Akzentverteilung unter den Hauptfiguren des Romans: *»Weil dem physiologischen Verdacht Balzacs die Bürger Verbrecher sind ... deshalb sind ihm die Verbrecher und Ausgestoßenen Menschen«*, deshalb *»fällt das Licht des Humanen auf Verfemte, die Hure, fähig zur großen Passion und zur Selbstaufopferung, den Galeerensträfling und Mörder, der als interesseloser Altruist handelt«* (Th. W. Adorno). Während der eitle und willensschwache Lucien de Rubempré im Unterschied zu seiner Rolle in den *Illusions perdues* hier an Interesse verliert und erst durch die Einsicht in sein Versagen und die Konsequenz, die er mit seinem Selbstmord zieht, etwas von der früheren Anziehungskraft zurückgewinnt, treten Esther und Collin in den Vordergrund der Handlung. Esther wird durch ihre Selbstpreisgabe und einen *»Tod in Schönheit«* verklärt, mit dem Balzac die meisten seiner Kurtisanengestalten enden läßt, die in seinem Werk die reine, von kleinlichen Bürgerrücksichten freie Leidenschaft verkörpern. Collin aber, dessen reales Vorbild VIDOCQ war (vgl. *Mémoires*), wird im Lauf des Romans zur beherrschenden Gestalt. Dieser teuflische und zugleich geniale Mensch verkörpert mit seiner wilden Energie *»das Böse der menschlichen Gesellschaft«*. Zum Outlaw durch das Brandmal des Zuchthäuslers ebenso wie durch seine homoerotische Veranlagung gestempelt, befindet er sich in ständiger Revolte gegen eine mittelmäßige und korrumpierte Gesellschaft, die er mit ihren eigenen Mitteln, mit Betrug und Heuchelei, bekämpfen will.

Balzac ließ sich bei der Konzeption dieser faszinierenden Gestalt von seinen aus dem Magnetismus übernommenen Vorstellungen leiten, die ihn im menschlichen Willen eine selbständige »elektrische« Kraft sehen ließen. Diese Kraft, die sich vor allem in der dämonischen Wirkung auf andere Menschen äußert, fand er in Napoleon verkörpert, mit dem er Collin mehrfach vergleicht. Zugleich hat sich der Dichter in dem wandlungsfähigen und erfindungsreichen Zuchthäusler selbst porträtiert, denn wie sein Autor, so ist auch Collin unerschöpflich im Ersinnen immer neuer Intrigen, Schachzüge und Finten, wie er hält er die Fäden der Handlung in seiner Hand, lenkt er das Schicksal anderer Menschen. Collin, der sich selbst als *»Künstler«* und *»Dichter in Taten«* bezeichnet, ist somit als eine Inkarnation des Schöpferischen anzusehen, was vor allem in seinem Verhältnis zu Lucien zutage tritt. In ihm, seinem willenlosen Geschöpf, lebt er unter Verzicht auf sich selber ein zweites Leben: *»Der Todtäuscher entsandte seinen Stellvertreter in die Welt – und in ihm dinierte er selber bei den Grandlieus, ging er selber in das Boudoir großer Damen, liebte er selber Esther.«* Wie Balzac in seinen *»kompensatorischen Phantasien«* (Th. W. Adorno), so stillt auch Collin sein Schönheitsverlangen durch Imagination, in der Überzeugung, daß die Wirklichkeit *»in der Idee«* sei. An die in ihm verkörperte *»Poesie des Bösen«* mag BAUDELAIRE gedacht haben, als er als erster in Balzac den *»leidenschaftlichen Seher«* neben dem realistischen Chronisten einer Epoche erkannte. H.Ei.

AUSGABEN: Paris 1838 (Tl. 1: *La Torpille*, zus. m. *La femme supérieure* u. *La maison Nucingen*, Hg. Werdet; unvollst.). – Paris 1843 (Tl. 2: *Esther ou Les Amours d'un vieux banquier*, in Le Parisien, Mai/Juli; unvollst.). – Paris 1844 (Tl. 2: *Esther*, Hg. Potter, 3 Bde.). – Paris 1844 (Tl. 1 u. 2 in *La comédie humaine*, 17 Bde., 1842–1848, 11: *Scènes de la vie parisienne*). – Paris 1846 (Tl. 3: *Une instruction criminelle*, in L'Époque, 7.–29. 7.). – Paris 1846 (Tl. 3 in *La comédie humaine*, 17 Bde., 1842–1848, 12: *Scènes de la vie parisienne*). – Paris 1847 (Tl. 4 in L'Époque). – Paris 1935 (*Splendeurs et misères des courtisanes*, in *Œuvres complètes*, Hg. M. Bouteron u. H. Longnon, 40 Bde., 1912–1940, 5: *Scènes de la vie parisienne*). – Paris 1958, Hg. A. Adam (krit., Class. Garn). – Paris 1962 (in *L'œuvre*, Hg. A. Béguin, J. A. Ducourneau u. H. Evans, 16 Bde., 1962–1964, 5; krit.). – Paris 1968–1971 (in *Œuvres complètes*, Hg. M. Bardèche, 24 Bde., 9). – Paris 1973 (Folio). – Paris 1975 (GF). – Paris 1977 (in *La comédie humaine*, Hg. P.-G. Castex, 12 Bde., 1976–1981, 6; Pléiade).

ÜBERSETZUNGEN: *Esther*, anon. (in *Scenen aus dem Pariser Leben*, Bde. 60/61, Quedlinburg/Lpzg. 1845). – *Glanz u. Elend der Kurtisanen*, F. P. Greve (in *Menschliche Komödie*, Bde. 6/7, Lpzg. 1909). – Dass., F. Hardekopf, Zürich 1950. – Dass., G. Gerull-Kardas, Bln. 1955. – Dass., E. A. Rheinhardt, Hbg. 1963. – Dass., F. P. Greve [bearb. E. Sander], Mchn. 1965, 4 Bde. (GGT); ern. 1986 (Goldm. Tb). – Dass., R. Gerull-Kardas (in *Die menschliche Komödie*, 20 Bde., Bln./Weimar 1969; [4]1983, 10). – Dass., E. W. Junker, Mchn. 1976 (dtv). – Dass., ders. (in *GW*, 6 Bde., Mchn. 1981, 3). – Dass., E. A. Rheinhardt, Zürich 1977 (*Die menschliche Komödie*, 40 Bde., 22/23).

VERFILMUNG: *Glanz und Elend der Kurtisanen*, Deutschland 1927 (Regie: M. Noa).

LITERATUR: R. M. Strozier, *Genesis and Structure of »Splendeurs et misères des courtisanes«*, Chicago 1945. – T. W. Adorno, *Noten zur Literatur II*, Ffm. 1961, S. 19–41. – M. Milner, *La poésie du mal chez B.* (in L'Année balzacienne, 1963). – R. Guise, *B. et le roman feuilleton* (ebd., 1964). – P. Citron, *La dernière incarnation de Vautrin* (ebd., 1967). – C. Prendergast, *Melodrama and Totality in »Splendeurs et misères des courtisanes«* (in Novel, 6, 1972/73). – P. Schunck, *B. »Splendeurs et misères des courtisanes« und der Kriminalroman* (in *Lebendige Romania*, Hg. A. Barrera Vidal u. a., Göppingen 1976, S. 381–402). – A. H. Pasco, *B. and the Art of the Macro-Emblem in »Splendeurs et misères des courtisanes«* (in EsCr, 22, 1982, S. 73–81). – C. Bernheimer, *Prostitution and Narrative* (ebd., 25, 1985, S. 22–31).

JULES BARBEY D'AUREVILLY

* 2.11.1808 Saint Sauveur-le-Vicomte / Manche
† 23.4.1889 Paris

LITERATUR ZUM AUTOR:
Bibliographie:
E. Grelé, *B. d'A., Essai d'une bibliographie générale*, Caen 1904. – J. P. Séguin, *B. d'A., Étude de bibliographie critique*, Avranches 1949. – J. Petit u. P. J. Yarrow, *B. d'A., journaliste et critique, bibliographie*, Paris 1959.
Zeitschrift:
Revue des Lettres Modernes, 1966 ff. [Serie *B. d'A.*; bisher 13 Folgen].
Gesamtdarstellungen und Studien:
E. Seillière, *B. d'A., ses idées, son œuvre*, Paris 1910 [dt. Halle 1913]. – A. Marie, *Le connétable des lettres. B. d'A.*, Paris 1939. – C. J. Canu, *B. d'A.*, Paris 1945. – R. Bésus, *B. d'A.*, Paris 1957. – J. Gautier, *B. d'A., ses amours, son romantisme*, Paris 1961. – P. J. Yarrow, *La pensée politique et religieuse de B. d'A.*, Genf 1961. – G. Corbière-Gille, *B. d'A., critique littéraire*, Genf 1962. – J. Petit, *B. d'A. Critique*, Paris 1963. – B. G. Rogers, *The Novels and Stories of B. d'A.*, Genf 1967. – H. Schwartz, *Idéologie et art romanesque chez B. d'A.*, Mchn. 1971. – H. Juin, *B. d'A.*, Paris 1975. – H. Hofer, *B. d'A., Romancier*, Bern 1974. – A. B. Chartier, *B. d'A.*, Boston 1977 (TWAS). – P. Berthier, *B. d'A. et l'imagination*, Genf 1978.

LES DIABOLIQUES

(frz.; *Die Teuflischen*). Novellensammlung von Jules BARBEY D'AUREVILLY, erschienen 1874. – Im Vorwort erläutert Barbey d'Aurevilly selbst mit bissiger Ironie den Titel und die Wahl seiner Motive: Er glaubt an die Realität des Teufels in einem Zeitalter, das sich zu Unrecht für fortschrittlich hält, und als christlicher Moralist fühlt er sich verpflichtet, in *»tragischen Zeichnungen«* die Pranke des Bösen vor allem im Leben der mondänen Gesellschaft seiner Zeit sichtbar zu machen. Der Titel könne sowohl auf die einzelnen Geschichten als auch auf die Frauen bezogen werden, die darum eine Hauptrolle in ihnen spielen, weil die Frau ihrer Natur nach ihren Trieben – den bösen wie den guten – stärker unterworfen sei als der Mann.
Der Autor entwirft für jede seiner Novellen eine Art Rahmen, skizziert eine Situation, porträtiert

mehrere Anwesende und läßt, oft erst in der zweiten Hälfte, einen von ihnen seine »teuflische« Geschichte berichten. Die jeweilige Erzählung wird entweder durch eine zufällige Beobachtung, wie im *Rideau cramoisi*, ausgelöst oder dient als Beweis einer These, wie in *Le dessous de cartes d'une partie de whist*. In *Le rideau cramoisi (Der rote Vorhang)* z.B. berichtet der Erzähler von einem bekannten Dandy, den er auf einer schon geraume Zeit zurückliegenden Fahrt in der Postkutsche traf. Er gibt ihm in seiner Geschichte den Namen Vicomte de Brassard und charakterisiert seinen Reisebegleiter in einer ausführlichen, mit Kontrasten arbeitenden Beschreibung und einem wortreichen Rückblick auf dessen militärische Vergangenheit (ein Erzählmittel, dessen sich d'Aurevilly in fast allen Geschichten bedient). Während eines nächtlichen Pferdewechsels in einer Kleinstadt fällt dem immer neugierigen Erzähler ein einziges erleuchtetes Fenster mit einem »roten Vorhang« auf, das dem Vicomte, seinem überraschten Ausruf nach zu schließen, bekannt zu sein scheint. Der natürliche Anlaß zu einer Geschichte ist gegeben: Vicomte de Brassard erzählt sein erstes Abenteuer, das er als junger Offizier in einer Garnison erlebte. Das Zimmer hinter dem »roten Vorhang« war der Schauplatz. Die Tochter seiner damaligen Wirtsleute, Alberte, hatte sich in Anwesenheit ihrer Eltern immer sehr kühl und unnahbar gegeben, bis sie eines Nachts unvermittelt in seinem Zimmer erschien, um sich wortlos seiner Liebe zu überlassen. Das Abenteuer wurde zur heimlichen Gewohnheit. Auf die Fragen des Liebhabers antwortete Alberte nur mit Umarmungen. Ebenso geheimnisvoll starb sie einige Zeit später während eines Kusses, woraufhin er entsetzt die Flucht ergriff. – Die beiden Reisenden versinken wieder in Schweigen, der Ruf des Kutschers ertönt, und die unterbrochene Fahrt wird fortgesetzt. Ähnlich sind die anderen Novellen *Le plus bel amour de Don Juan (Die schönste Liebe des Don Juan), Le bonheur dans le crime (Das Glück im Verbrechen), Le dessous de cartes d'une partie de whist (Mit verdeckten Karten bei einer Partie Whist), A un dîner d'athées (Ein Atheisten-Diner), La vengeance d'une femme (Die Rache einer Frau)* konstruiert. In dieser letzten Novelle wendet sich d'Aurevilly unmittelbar an den Leser und polemisiert gegen die sogenannten Kühnheiten der modernen Literatur. Allen gegenteiligen Behauptungen zum Trotz sei diese Literatur keineswegs ein wahres Abbild der Gesellschaft, da sie deren heimliche und unbestrafte Verbrechen zumeist verschweige. Mit *La vengeance d'une femme* will der Verfasser noch ein letztes Beispiel für die »geistigen Verbrechen« des Zivilisationszeitalters geben. An dieser Geschichte einer spanischen Herzogin, die sich an ihrem Gatten rächt, indem sie, ohne Rang und Namen abzulegen, zur billigsten Pariser Hure wird, sei nichts erfunden – außer der Erzählweise.

Barbey d'Aurevilly unterstreicht die Extravaganz und raffinierte Perversität seiner Erzählungen durch einen schillernden, manchmal schneidend-ironischen, manchmal stürmisch-beredten deklamatorischen Stil. Man hat ihm häufig vorgeworfen, er habe das Verhalten seiner Personen psychologisch nicht genügend motiviert. Doch hätten seiner Absicht, die Moral einer ganzen Gesellschaftsschicht zu analysieren, psychologische Relativierungen nur im Wege gestanden. Die als Gegenstück zu den *Teuflischen* gedachten »Himmlischen« wurden nie geschrieben. H.Hu.-KLL

Ausgaben: Paris 1874. – Paris 1926/27 (in *Les œuvres complètes*, Hg. J. Quesnel, 17 Bde., 1; Nachdr. Genf 1979). – Paris 1960 [Vorw. J. Gracq]. – Paris 1963, Hg. J. H. Bornecque (Class. Garn). – Paris 1964, Hg. H. Cluard. – Paris 1966 (in *Œuvres romanesques complètes*, Hg. J. Petit, 2 Bde., 1964 u. 1966, 2; Pléiade). – Paris 1967 (GF). – Paris 1973; ern. 1987. – Paris 1985 (Poche).

Übersetzungen: *Die Teuflischen*, M. v. Berthof, Wien 1900. – *Die Teufelskinder*, A. Schurig, Mchn. 1922 [Ill. A. Kubin]. – *Die Teuflischen*, E. Sander, Mchn. 1961 (GGT). – Dass., M. v. Berthof, Nachw. J. Gracq, Stg. 1964 [Ill. F. Rops]. – Dass., F. Dorn, Stg. u.a. 1967. – *Teufelskinder*, A. Schurig, Ffm. u.a. 1969. – *Diabolische Geschichten*, Nördlingen 1987.

Verfilmung: *Le rideau cramoisi*, Frankreich 1952 (Regie: A. Astruc).

Literatur: A. Le Corbeiller, *»Les diaboliques« de B. d'A.*, Paris 1939. – Praz, S. 218–220. – D. Rieger, *»Le rideau cramoisi« von B. d'A.* (in GRM, 22, 1972, S. 176–192). – J. Verrier, *Les dessous d'une »Diabolique«* (in Poétique, 3, 1972, S. 50–60). – R. Debray-Genette, *›Un récit autologique‹ ›Le bonheur dans le crime‹* (in RomR, 64, 1973, S. 38–53). – M.C. Ropars-Wuilleumier, *Le plus bel amour de Don Juan* (in Littérature, 9, Febr. 1973, S. 118–125). – M. Marini, *Ricochets de lecture: La fantasmatique des »Diaboliques«* (ebd., 10, Mai 1973, S. 3–19). – P. Tranouez, *La narration neutralisante. Étude des quatre »Diaboliques«* (in Poétique, 5, 1974, S. 39–49). – R. Kloepfer, *Kodierte Formen der Lesermanipulation, B. d'A.s »Les diaboliques«* (in Sprache im technischen Zeitalter, 47, Juli-Sept. 1973, S. 167–186). – J. Petit, *Essais de lectures des »Diaboliques« de B. d'A.*, Paris 1974. – *B.d'A., 9: L'histoire des »Diaboliques« 1874–1974*, Hg. ders., Paris 1974 (RLMod, Nr. 403–408). – J. P. Boucher, *»Les diaboliques« de B. d'A., une esthétique de la dissimulation et de la provocation*, Montreal 1976. – A. Giard, *Le récit lacunière dans »Les diaboliques«* (in Poétique, 9, 1980, S. 39–50). – E. Cardonne-Arlyck, *Nom, corps, métaphore dans »Les diaboliques« de B. d'A.* (in Littérature, 54, Mai 1984, S. 3–19). – M. Berthier, *Le manuscrit des »Diaboliques«* (in RLMod, 1985, Nr. 726–730).

L'ENSORCELÉE

(frz.; *Die Verhexte*). Roman von Jules BARBEY D'AUREVILLY, erschienen 1852 in der orleanistischen Zeitschrift ›L'Assemblée nationale‹ unter dem Titel *La messe de l'abbé de la Croix-Jugan (Die Messe des Abbé de la Croix-Jugan)*. Erst im Jahre 1854 erfolgte die Veröffentlichung in Buchform unter dem endgültigen Titel zusammen mit der später in die Novellensammlung *Les Diaboliques* aufgenommenen Erzählung *Le dessous de cartes d'une partie de whist* (1850). – Der Roman sollte der erste einer ganzen Reihe weiterer Texte sein, die Barbey unter dem Titel *Ouest (Westen)* zusammenstellen wollte und die alle der Normandie – Barbeys Heimat – und der Chouannerie – der royalistischen Opposition während der Französischen Revolution (mit Zentren besonders in der Normandie, in Maine und in der Bretagne) – gewidmet sein sollten. Das Projekt wurde nie verwirklicht. – Der eigentliche Handlungsablauf des Romans ist in eine Rahmenerzählung eingebettet. Der aus der Normandie stammende Ich-Erzähler trifft auf einer Herbstreise durch seine Heimat in einer Schenke auf Maître Tainnebouy, der ihn von nun an auf seiner nächtlichen Reise durch die unheimlich und geheimnisvoll wirkende Moorlandschaft von Lessay begleitet. Um Mitternacht hören die beiden Glokkenschläge. Maître Tainnebouy berichtet, sie läuteten die Messe des Abbés de la Croix-Jugan ein, dessen Geschichte er nun erzählt.

Zwei Haupthandlungsstränge durchziehen diese Legende: zum einen die Biographie des Abbé Jéhoël de la Croix-Jugan, zum anderen das tragische Schicksal der in ihn verliebten jugendlichen Jeanne Le Hardouey, einer mittellosen Adligen, die sich mit einem Bauern verheiratet hat. Bei Ausbruch der kirchenfeindlichen Französischen Revolution verläßt Jéhoël sein Kloster, um sich den oppositionellen Chouans anzuschließen. Nach der Niederlage der Royalisten im Jahre 1796 unternimmt Jéhoël einen Selbstmordversuch, der allerdings fehlschlägt. Er gerät in Gefangenschaft der revolutionären »Blauen«, die sein Gesicht fürchterlich entstellen. Der Priester gelobt, Buße zu tun und kehrt in sein Kloster Blancheland zurück. Jeanne, die ihn in der dortigen Kirche sieht, verfällt ihm – trotz (oder gerade wegen?) seines entstellten Gesichts – sofort, ja sie fühlt sich von einer dämonischen Macht beherrscht, die von Jéhoël auszugehen scheint. Der Abbé indes hält an seinem Bußgelübde fest und erwidert ihre Liebe nicht. Die unglückliche Jeanne berichtet einer Vertrauten, der alten Clotte, von ihrer Leidenschaft. Ein Jahr vergeht. Jeanne liebt den Priester immer noch insgeheim. Herumstreifende, mit magischen Praktiken vertraute, gespenstergleiche Hirten verraten sie an ihren Mann. Am nächsten Morgen findet man die ertrunkene Jeanne. Die Bauern halten Clotte für die Schuldige und steinigen sie. Als der Abbé nach Ablauf seiner Bußzeit – ein weiteres Jahr ist vergangen – wieder eine Ostermesse lesen darf, erschießt ihn Jeannes Mann mit einer Kugel, die er aus der Bleifassung der Kirchenfenster gegossen hat. – Am Ende des Romans wird die Rahmenerzählung wieder aufgenommen. Einem Augenzeugenbericht zufolge – so teilt Maître Tainnebouy dem Erzähler abschließend mit – kehrt der Geist des Abbés immer wieder in die Kirche zurück, um dort den vergeblichen Versuch zu unternehmen, die unterbrochene Messe zu beenden und dadurch Erlösung zu erfahren. Barbey verfolgt mit seinem Roman nach eigenen Aussagen ein doppeltes Ziel. Einerseits will er ein *»livre normand«* schaffen, und in der Tat bestimmt die Normandie mit ihrer Landschaft, mit ihrer spezifischen historischen Entwicklung und mit ihren Menschen und ihrer Sprache die Atmosphäre des ganzen Romans; sie wird zum Spiegel der Emotionen der Personen der Erzählung, aber auch des Erzählers selbst. Andererseits bezeichnet Barbey die *Ensorcelée* in einem Brief als *»ce livre, très catholique«*. Religiöse Kategorien (wie Buße, Strafe, Erlösung usw.) bestimmen zwar scheinbar die Verhaltensweisen und das Schicksal der Hauptpersonen, es bleibt jedoch die Frage offen, ob der Katholizismus überhaupt noch als ontologische Macht ernst genommen wird. Dagegen spricht seine völlige Nivellierung mit den magischen Erscheinungen des autochthonen *fantastique* der Normandie (exemplarisch personifiziert in den herumstreifenden Hirten oder auch der alten Clotte) und auch seine Ästhetisierung und Unterordnung unter erzähltechnische Notwendigkeiten. *L'Ensorcelée* darf sogesehen nicht dogmatisch als *»roman catholique«*, sondern muß vielmehr als literarisches Spiel mit verschiedenartigen »phantastischen« Versatzstükken gedeutet werden. Letztendlich bleibt die Deutung dieses »offenen« Textes (man erfährt z. B. nicht definitiv, wie Jeanne tatsächlich zu Tode gekommen ist) offen. U.Pr.

AUSGABEN: Paris 1852 (in L'Assemblée nationale, 7.–11. 2.). – Paris 1855 (*L'ensorcelée*; endgültige Fassg.; recte 1854). – Paris 1926/27 (in *Les œuvres complètes*, Hg. J. Quesnel, 17 Bde., 3; Nachdr. Genf 1979). – Paris 1955. – Paris 1966 (GF). – Paris 1964 (in *Œuvres romanesques complètes*, Hg. J. Petit, 2 Bde., 1964 u. 1966, 1; Pléiade). – Paris 1981.

ÜBERSETZUNGEN: *Die Gebannte*, Alastair [d. i. H. Henning v. Voigt], Konstanz 1948. – *Die Gebannte oder Die Messe des Abbé de la Croix-Jugan*, ders., Nördlingen 1988.

VERFILMUNG: Frankreich 1981 (Regie: J. Prat).

LITERATUR: H. Cottez, *Le livre du jour: »L'ensorcelée«* (in MdF, 1949, Nr. 307, S. 569–573). – C. A. Bamberger, *»L'ensorcelée« de B.d'A.*, Diss. Columbia 1973 (vgl. Diss. Abstracts, 35, 1974/75, S. 4413A/4414A). – N. Schor, *»L'ensorcelée« ou la scandalisée* (in MLN, 94, 1979, S. 731–741). – M. L. Roux, *Mourir d'aimer* (in Revue française de psychanalyse, 43, 1979, S. 509–520). – *Autour de »L'ensorcelée«* (in Revue du Dép. de la Manche, Jan.–Apr. 1981). – D. Aynesworth, *The Telling of*

Time in »L'ensorcelée« (in MLN, 98, 1983, S. 639–656). – C. E. Bernard, *Le problème romanesque du Chouan*, Diss. Princeton 1983 (vgl. Diss. Abstracts, 45, 1984/85, S. 198A). – P. Tranouez, *La mort et le grand veneur* (in *Hommages à J. Petit*, Hg. M. Malicet, Paris 1985, S. 243–259).

CHARLES BAUDELAIRE

* 9.4.1821 Paris
† 31.8.1867 Paris

LITERATUR ZUM AUTOR:

Bibliographien:
A. E. Carter, *B. et la critique française, 1868–1917*, Columbia/Oh. 1967. – V. Sakell, *B. in Germany. The Critical Reception 1900–1957*, Diss. Univ. of North Carolina, Chapel Hill/N.C. 1964. – R. T. Cargo, *B. Criticism 1950–1967. A Bibliography with Critical Commentary*, Alabama 1968. – H. Nuiten u. a., *Les fleurs expliquées. Bibliographie des exégèses des »Fleurs du mal« et des »Épaves« de Ch. B.*, Amsterdam 1983. – J.-P. Giusto, *B. »Les fleurs du mal«. Bibliographie commentée et index thématique*, Paris 1984.

Zeitschriften:
Bulletin baudelairien, Nashville/Tenn. 1965 ff. – Études baudelairiennes, 8 Bde., Neuchâtel 1969–1976; ab Bd. 9, 1981, u. d. T. Langages/Études baudelairiennes.

Biographien:
R. Laforgue, *Échec de B.*, Paris 1931. – Ph. Soupault, *B.*, Paris 1931. – P. Pia, *B. par lui-même*, Paris 1958 (dt. *Ch. B. in Selbstzeugnissen und Bilddokumenten*, Reinbek 1958; zul. 1983; rm). – L. B. Hyslop, *B. Man of His Time*, New Haven (Conn.)/Ldn. 1980. – W. J. Hemmings, *B. the Damned*, Ldn./NY 1982. – C. Pichois, *B.*, Paris 1987.

Gesamtdarstellungen und Studien:
M. Proust, *Sur B.* (in NRF, 16, 1921; dt. *Über B.*, in M. P., *Tage des Lesens. Drei Essays*, Ffm. 1963, S. 97–135; es). – P. Valéry, *Situation de B.*, Paris 1924. – M. Bonfantini, *B.*, Novara 1928; ern. Turin 1970. – J. Pommier, *La mystique de B.*, Paris 1932; ern. Genf. 1967. – A. Ferran, *L'esthétique de B.*, Paris 1933. – F. Kemp, *B. und das Christentum*, Marburg 1939. – G. Blin, *B.*, Paris 1939. – B. Croce, *B.* (in B. C., *Scritti di storia letteraria politica*, Bd. 34, Bari 1941). – F. Porché, *B., histoire d'une âme*, Paris 1944. – J. P. Sartre, *B.*, Paris 1947 (dt. Reinbek 1953; ern. 1978; rororo). – G. Blin, *Le sadisme de B.*, Paris 1948. – H. Peyre, *Connaissance de B.*, Paris 1951. – M. Eigeldinger, *Le platonisme de B.*, Neuchâtel/Paris 1952. – L. Decaunes, *Ch. B.*, Paris 1952 [dt. Neuwied/Bln. 1968]. – J. Prévost, *B., essai sur l'inspiration et la création poétique*, Paris 1953. – I. P. Richard, *Profondeur de B.* (in I. P. R., *Poésie et profondeur*, Paris 1955). – H. Friedrich, *Die Struktur der modernen Lyrik*, Reinbek 1954 u. ö. – M.-A. Ruff, *B., l'homme et l'œuvre*, Paris 1955; ern. 1966. – Ders., *L'esprit du mal et l'esthétique baudelairienne*, Paris 1955. – L. J. Austin, *L'univers poétique de B.*, Paris 1956. – E. M. Starkie, *B.*, Ldn. 1957. – J. Crépet, *Propos sur B.*, Paris 1957. – W. T. Bandy u. C. Pichois, *B. devant ses contemporains*, Monaco 1957. – Y. Bonnefoy, *L'acte et le lieu de la poésie*, Paris 1958. – P. J. Jouve, *Tombeau de B.*, Paris 1958. – M. Butor, *Histoire extraordinaire. Essai sur un rêve de B.*, Paris 1961 (dt. Ffm. 1961). – P. M. Wetherill, *Ch. B. et la poésie d'E. A. Poe*, Paris 1962. – P. Emmanuel, *B.*, Paris 1967. – A. Kies, *Études baudelairiennes*, Löwen/Paris 1967. – Ch. Mauron, *Le dernier B.*, Paris 1966; ern. 1986. – M. Milner, *B., enfer ou ciel qu'importe?* Paris 1967. – C. Borgal, *C. B.*, Paris 1967. – *B., Actes du colloque de Nice 1967*, Paris 1968. – F. W. Leakey, *B. and Nature*, Manchester 1969. – R. Galand, *B. poétiques et poésie*, Paris 1969. – P.-G. Castex, *B. critique d'art*, Paris 1969. – W. Benjamin, *Ch. B. Ein Lyriker im Zeitalter des Hochkapitalismus*, Ffm. 1969; ern. 1974 (stw). – L. Cellier, *B. et Hugo*, Paris 1970. – B. Fondane, *B. et l'expérience du gouffre*, Paris 1972. – P. Arnold, *Ésotérisme de B.*, Paris 1972. – F. Neumeister, *Der Dichter als Dandy*, Mchn. 1973. – P. Trahard, *Essai critique sur B. poète*, Paris 1973. – C. Pichois, *Album B.*, Paris 1974 (Album de la Pléiade). – T. Bassim, *La femme dans l'œuvre de B.*, Neuchâtel 1974. – G. Macchia, *B.*, Mailand 1975. – *B.*, Hg. A. Noyer-Weidner, Darmstadt 1976 (WdF). – C. Pichois, *B.*, Neuchâtel 1976. – R. Kempf, *Dandies, B. et Cie.*, Paris 1977. – A. E. Carter, *Ch. B.*, Boston 1977 (TWAS). – E. Baldelli, *Itinéraires baudelairiens*, Rom 1978. – L. Aguettant, *B.*, Paris 1978. – H. Mehnert, *Melancholie und Inspiration. Begriffs- u. wissenschaftsgeschichtliche Untersuchung zur poetischen »Psychologie« B.s, Flauberts und Mallarmés*, Heidelberg 1978. – I. Köhler, *B. et Hoffmann*, Uppsala/Stockholm 1979. – J. Hassine, *Essai sur Proust et B.*, Paris 1979. – B. Johnson, *Défiguration du langage poétique*, Paris 1979. – G. Poulet, *La poésie éclatée*, Paris 1980. – H. Nöding, *Verlorene Illusionen, verlorene Erfahrung. Verdinglichung als literarisches Thema im Jahrhundert B.s*, Stg. 1980. – H. Stenzel, *Der historische Ort B.s*, Mchn. 1980. – O. Sahlberg, *B. und seine Muse auf dem Weg zur Revolution*, Ffm. 1980. – N. Ward Jouve, *B. A Fire to Conquer Darkness*, NY 1980. – R. Lloyd, *B.'s Literary Criticism*, Cambridge u. a. 1981. – A. Fairlie, *Imagination and Language*, Ldn./NY 1981. – V. Jensen, *Genèse du spleen baudelairien*, Rom 1982. – A. M. Amiot, *B. et l'illuminisme*, Paris 1982. – W. Benjamin, *Das Passagenwerk*, 2 Bde., Ffm. 1983 (es). – D. Rincé, *B. et la modernité poétique*, Paris 1984.

L'ART ROMANTIQUE

(frz.; *Die Kunst der Romantik*). Sammlung kritischer Schriften von Charles BAUDELAIRE, postum erschienen 1868. – Der nicht ganz glückliche Titel des Werks stammt von den Herausgebern Théophile GAUTIER und Ch. ASSELINEAU. Baudelaire, der selbst seit 1852 die Publikation seiner literatur- und kunstkritischen Schriften in Buchformen erwogen hatte (ein fester Plan bestand seit 1859), nannte seine Sammlung zunächst *Bric-à-brac*, später *Curiosités esthétiques*. Dieser Titel sollte, über die innere Gliederung in einen literatur- und einen kunstkritischen Teil hinweg, die optische und stilistische Einheit des Ganzen unterstreichen (für Baudelaire gibt es keine prinzipiellen ästhetischen Unterschiede zwischen den einzelnen Kunstarten). Die Texte beweisen Baudelaires hohes logisches Denkvermögen, seine sichere Urteilskraft, seine Überlegenheit in der Formulierung und Darlegung abstrakt-theoretischer Gedankengänge. Den Hauptteil des Buches bilden die *Réflexions sur quelques-uns de mes contemporains*: Aufsätze über Victor HUGO, Auguste BARBIER, Marceline DESBORDES-VALMORE, Théophile GAUTIER, Pétrus BOREL, Gustave LE VAVASSEUR, Théodore de BANVILLE, Pierre DUPONT, LECONTE DE LISLE, Hégésippe MOREAU. Daneben stehen Gelegenheitsartikel über Jean de FALAISE, über *Les martyrs ridicules* von Léon CLADEL, über *Les misérables* von HUGO etc. und einzelne Essays, darunter *Le peintre de la vie moderne, Madame Bovary, Richard Wagner et Tannhäuser à Paris, L'essence du rire* und *Conseils aux jeunes littérateurs*.

In einer Studie über Constantin Guys *(Le peintre de la vie moderne)* befaßt sich Baudelaire mit dem Begriff der Moderne in der Kunst und mit dem Problem der Beziehung zwischen absoluter und relativer (zeitbedingter) Schönheit. Erst in der Synthese mit dem Stil einer Zeit, mit Geschmack und Mode gewinnt die zeitlose überpersönliche Idee des Schönen Anschaulichkeit und kann von dem in der Zeit lebenden Menschen verstanden werden. In demselben Zusammenhang spricht Baudelaire vom *dandysme*, der durch ihn zu einer eigenen, determinierten Existenzform wurde. Der Dandy ist der eigentliche Held des modernen Lebens, da er allein mitten in einer industrialisierten, häßlich gewordenen Welt seine Person, sein Benehmen und Denken in den Dienst der Schönheit stellt. Stoizismus gegenüber der Außenwelt und eine fast religiöse Vergeistigung sind, gemäß Baudelaire, die Kennzeichen des wahren Dandy. – Der Essay, der seine Kunstauffassung am eindrücklichsten vergegenwärtigt, ist *Richard Wagner et Tannhäuser à Paris*. WAGNERS Konzeption des musikalischen Dramas entspricht derjenigen Baudelaires von der Einheit aller Kunstformen. Auch ist Wagners dualistische Thematik, die im Zwiespalt zwischen Geist und Körper den Kampf zwischen Himmel und Hölle, zwischen Gott und Teufel begreift, dem dualistischen Weltbild Baudelaires und seiner *Fleurs du mal* nah verwandt. – Ein kleines, höchst geistreiches Kuriosum ist der Aufsatz *Conseils aux jeunes littérateurs*, in dem Baudelaire mit satirischer Finesse seinen jungen Kollegen die Grundsätze des Dichtens erläutert und gleichzeitig seiner eigenen hohen und strengen Auffassung der Kunst Ausdruck verleiht.

Baudelaires vorwiegend ästhetisch-philosophisch argumentierende Literaturbetrachtung bildet das Gegenstück zur psychologisch-moralistischen von SAINTE-BEUVE. Beide sind in ihrem Sinne beispielhaft für die Geistesgeschichte des 19. Jh.s. Baudelaire hält das künstlerische Schaffen für autonom: es beruht auf einem naturgegebenen Bedürfnis des Menschen nach Schönheit, das demjenigen der Vernunft nach Wahrheit oder des moralischen Willens nach Güte entspricht. Baudelaire wendet sich damit gegen die idealistische Philosophie, die die metaphysischen, ästhetischen und ethischen Bereiche des Geistes zu vereinheitlichen strebte. Dabei liegt seiner Betrachtungsweise kein starres ästhetisches Schema zugrunde. Sein Vorgehen ist streng phänomenologisch, sein Hauptinteresse gilt dementsprechend den Problemen der Form, auch wenn er in einzelnen Aufsätzen, etwa über *Les misérables* oder *Madame Bovary*, die Bedeutung der psychologischen und soziologischen Elemente in der Kunst sehr wohl zu würdigen weiß. In den *Œuvres posthumes* von 1887 und 1908 wurden weitere, bis dahin zum Teil unbekannte Aufsätze veröffentlicht, die heute zu *L'art romantique* gehören, unter ihnen ein Artikel über Jules CHAMPFLEURY, ein weitgediehenes essayistisches Fragment über *Les liaisons dangereuses* und vor allem eine satirische Studie über *L'esprit et le style de M. Villemain*. KLL

AUSGABEN: Paris 1868 (in *Œuvres complètes*, Hg. Ch. Asselineau u. Th. de Banville, 7 Bde., 1868 bis 1870, 3). – Paris 1918/19 (in *Œuvres complètes*, Bd. 4). – Paris 1962, Hg. H. Lemaître (Class. Garn). – Paris 1976 (in *Œuvres complètes*, Hg. C. Pichois, 2 Bde., 2; Pléiade).

ÜBERSETZUNG: *Kunstkritik*, G. Meister (in *SW*, Hg. F. Kemp u. C. Pichois, 8 Bde., 1, Mchn. 1977).

LITERATUR: G. May, *Diderot et B. Critique d'art*, Genf/Paris 1957; vgl. dazu: J. Adhémar, *B. critique d'art* (in RSH, 1958, S. 111–119). – J. Cain, *B. critique d'art* (in RDM, Mai/Juni 1958, S. 246–257). – P.-G. Castex, *B. critique d'art*, Paris 1969. – R. Galand, *B., poétiques et poésie*, Paris 1969, S. 126–217. – G. Macchia, *La critica letteraria di B.*, Rom 1969. – J. Loncke, *B. et la musique*, Paris 1975. – W. Drost, *Kriterien der Kunstkritik B.s* (in *B.*, Hg. A. Noyer-Weidner, Darmstadt 1976, S. 410–442; WdF). – R. Lloyd, *B.'s Literary Criticism*, Cambridge 1981. – A. Fairlie, *Aspects of Expression in B.'s Art Criticism* (in A. F., *Imagination and Language*, Ldn./NY 1981, S. 176–215). – D. Rincé, *B. et la modernité poétique*, Paris 1984, S. 12–27.

CURIOSITÉS ESTHÉTIQUES

(frz.; *Ästhetische Merkwürdigkeiten*). Sammlung theoretisch-kritischer Aufsätze über Malerei und Literatur von Charles BAUDELAIRE, postum erschienen 1868 im zweiten Band der *Œuvres complètes*. – Die Auswahl und Anordnung der acht Aufsätze, die in den Jahren 1845–1859 entstanden, in Zeitschriften oder als Separatausgaben veröffentlicht wurden, entspricht einem älteren Plan Baudelaires. Die *Curiosités esthétiques* bilden, zusammen mit einer anderen Sammelpublikation des Autors, *L'art romantique* (1869), nur einen Bruchteil der ästhetisch-theoretischen Schriften Baudelaires, die in der historisch-kritischen Ausgabe von Y.-G. LE DANTEC vollständig vorliegen.

Baudelaire versteht sich in diesen Aufsätzen als Theoretiker einer Kunst und Literatur der *»modernité«*. Die enge Verbindung, die Theorie und Dichtung in seinem Werk eingehen, ist von initiatorischer Bedeutung für die Lyrik des späten 19. und des beginnenden 20. Jh.s. Kritik heißt für Baudelaire nicht mehr wie noch im 18. Jh. ausschließlich Klassifizierung und Subsumierung eines Werks unter die Regeln und Gattungsbegriffe einer normativen Ästhetik, sondern ist selbst ein kreatives, vorwärtstreibendes Element. *»Um gerecht zu sein, das heißt, um überhaupt selbst zu Recht zu bestehen, muß die Kritik parteiisch, leidenschaftlich, politisch sein: sie muß einen exklusiven Standpunkt vertreten – aber den Standpunkt, der die weitesten Horizonte eröffnet.«* Ersten Umriß gewinnen seine Überlegungen bereits in den Aufsätzen des *Salon de 1846*. Bei seiner Suche nach einer Definition des »Schönen« läßt er sich von dessen zeitgenössisch-romantischen Ausdrucksformen leiten. Im Zentrum seiner Kunsttheorie stehen vorerst noch die romantischen Begriffe der *»intimité«* und *»spiritualité«: »Wer Romantik sagt, sagt ›moderne Kunst‹ – das heißt Intimität, Geistigkeit, Farbe, Streben nach dem Unendlichen, ausgedrückt durch alle Mittel, die die Künste enthalten.«* Er feiert Delacroix als den bedeutendsten Vertreter dieser Romantik, während er HUGO ablehnt und ihm Mangel an *»imagination«* vorwirft. Der Begriff der *»imagination«* entwickelt sich später zu einem der Zentralbegriffe der Ästhetik Baudelaires. Imagination ist nicht identisch mit Phantasie, auch nicht mit Sensibilität, sie ist die nahezu *»göttliche«* Fähigkeit, die geheimen Beziehungen der Dinge, ihre Korrespondenzen und Analogien unterhalb der *»positiven Trivialität«* ihrer Oberfläche zu erfassen. Zwei Kapitel des *Salon de 1859*, *La reine des facultés* und *Le gouvernement de l'imagination*, beschreiben sie als *»Königin des Wahren«*, zu dem das *»Mögliche«* als eine seiner Provinzen gehört: *»Das ganze sichtbare Universum ist nur ein Magazin von Bildern und Zeichen, denen die Imagination entsprechenden Rang und Platz anweisen muß.«*

Die ästhetische Schöpfung ist auf das *»idéal«* gerichtet, das jeglichem Zugriff entzogen, nie ganz erreicht wird. Jedes Individuum hat zudem sein eigenes *»idéal«*, das in ihm die Sehnsucht wachhält, mit Hilfe der Imagination das Schöne aufzuspüren. Entscheidendes Kriterium der Kunst ist die Erinnerung als *»Mnemotechnik des Schönen«*, die den kleinsten wie den größten Welthorizont ins Bewußtsein holt. Ihr fällt die Aufgabe zu, die gegenwärtige Welt dichterisch zu fixieren, die im permanenten Schock erlebte Wirklichkeit durch die Imagination zu verwandeln und ihre eigentliche Schönheit zu dechiffrieren. Paris, die Hauptstadt des 19. Jh.s, diese *»kolossale Masse von Menschen und Steinen«*, wird für ihn zur Schicksalslandschaft, deren banale, moderne Reize ein weiteres Hauptelement seiner Ästhetik bilden. *»Das Schöne ist immer bizarr... Es enthält ein wenig Bizarrerie, naive Bizarrerie, ungewollt und unbewußt, und eben durch die Bizarrerie ist es gerade erst das Schöne« (Exposition universelle – 1855 – Beaux-Arts).*

Dieses Element des Bizarren korrespondiert bei Baudelaire mit dem des Grotesken, das ihm als die reine, absolute Ausprägung des Komischen gilt. In einem der bedeutendsten Aufsätze der Sammlung, *De l'essence du rire et généralement du comique dans les arts plastiques*, 1855 *(Über das Wesen des Lachens, insonderheit über das Komische in der Kunst)*, führt er das »Lachen« auf eine ehemalige *»physische und moralische Degradation«* zurück. Voraussetzung allen Lachens ist ein aus dem Stadium der geistigen Unschuld herausgetretenes Selbstbewußtsein, das – als erschrockenes *»Flügel-Zusammenfalten«* der Seele – die Erinnerung daran bewahrt. Wo immer in der Geschichte einer Nation sich eine ausgeprägte Begabung für Komik äußert, ist sie mit der *»Intelligenz zum Bösen«* verknüpft, die in ihr erst ihr eigentliches Ausdrucksmedium findet. *»Das Lachen kommt von der Idee der eigenen Überlegenheit«* (dem Gegenstand des Gelächters gegenüber), es ist *»satanisch und demnach tief menschlich«*, zugleich aber auch widerspruchsvoll und Zeichen eines unendlichen und unauflösbaren Zwiespalts – es entstammt dem Bewußtsein der *»Misere in bezug auf das absolute Wesen, dessen ideelle Vorstellung der Mensch besitzt, – der Größe in bezug auf die Tiere«*. Der beständige Zusammenstoß dieser beiden einander entgegenwirkenden Beziehungen erzeugt das Lachen. Den vollkommenen Ausdruck dieses ausgehaltenen Widerspruchs und seiner »satanischen« Auflösung im Lachen findet Baudelaire im *Melmoth the Wanderer* (1820) von Charles Robert MATURIN. Das Groteske ist für ihn eine Sonderform des Komischen, in der es sich mit dem Häßlichen und Abstoßenden verbindet. Diesen Zusammenhang zeigt er an einigen Erzählungen E. T. A. HOFFMANNS, vor allem dessen *Prinzessin Brambilla* und der *Königsbraut*, an der Pantomime und später (in den beiden Aufsätzen über *Quelques caricaturistes français* und *Quelques caricaturistes étrangers* von 1857) an Zeichnungen und Stichen von Vernet, Daumier, Monnier, Grandville, Gavarni, Hogarth, Goya, Brueghel u. a.

Dichtung als Versuch, das Menschliche zu retten, erfordert die Anerkennung der modernen Wirklichkeit – jedoch nicht so, daß sich die Dichtung auf moderne Attribute (in einem äußerlichen Sinne) beschränkte; vielmehr muß die Spannung (zum *»idéal«*) ausgehalten und aus ihr kraft eines heroischen Entschlusses der dichterische Funke geschlagen werden. Die Gewalt dieser Anstrengung entspricht dem Grad der Ausgeliefertheit an Banalität und Mediokrität der zeitgenössischen politisch-gesellschaftlichen Wirklichkeit, der der Künstler, schon um der Rettung der Kunst willen, als Revolutionär gegenübertreten muß. Doch der Verfall ist schon in die Kunst selbst eingedrungen, der Verlust der *»imagination«* läßt sie zum bloßen Arsenal kunstgewerblicher Gegenstände verkommen. Im *Salon de 1859* werden die bisher diskutierten Probleme schärfer, aggressiver durchdacht. Neu ist die heftige Attacke gegen den Fortschritt, diese *»große, moderne Idee«*, die radikal abgelehnt wird, sofern sie lediglich die *»fortschreitende Herrschaft der Materie«* verbürgt. Dieser scheinbare Fortschritt, der sich auf dem Gebiet der Kunst in Gestalt der Fotografie anbahnt, führt lediglich zu einer *»Verwirrung der Funktionen«: »Wenn die Industrie in die Kunst eindringt, wird sie deren tödlichste Feindin.«* Die technische Reproduzierbarkeit und die *»sottise de la multitude«* korrumpieren die kreative Phantasie, an der als der wesentlichen Kraft des modernen Künstlers festgehalten werden muß.

Die Bedeutung, die Baudelaire innerhalb seiner Ästhetik und seiner Lyrik dem Begriff der *»modernité«* einräumt, beruht auf der Einsicht in die Geschichtlichkeit des Schönen selbst. In einem späteren Aufsatz, *Le peintre de la vie moderne*, 1863 (nicht in den *Curiosités esthétiques* enthalten), entwickelt er eine *»rationelle und geschichtliche Theorie des Schönen«* (im Gegensatz zu einer Theorie des einen und absolut Schönen), die eine Dualität zweier grundlegender Variablen annimmt: *»Das Schöne wird aus einem ewigen, unveränderlichen Element gebildet, dessen Quantität außerordentlich schwierig zu bestimmen ist, und aus einem relativen, bedingten Element, das, wenn man will, von dem Zeitabschnitt, der Mode, dem geistigen Leben, der Leidenschaft dargestellt wird.«* Erst aufgrund dieser Einsicht kann Baudelaire den Darstellungsproblemen der modernen Welt gerecht werden. Doch nicht nur der Darstellung, sondern ebenso der Erschaffung einer neuen Welt gilt seine besessene Dichter-Arbeit. Die Verarbeitung des Neuen durch die Kunst will er der lediglich technischen Bewältigung entgegensetzen. KLL

Ausgaben: Einzeldrucke: *Salon de 1845*, Paris 1845 (unter Pseud. Baudelaire Dufays). – *Salon de 1846*, Paris 1846 (unter Pseud. Baudelaire Dufays). – *Le musée classique du bazar Bonne-Nouvelle* (in Le Corsaire-Satan, 21. 1. 1846). – *Exposition universelle – 1855 – Beaux-Arts*, Tl. 1 (in Le Pays, 26. 5. 1855); Tl. 2 (in Le Portefeuille, 12. 8. 1855); Tl. 3 (in Le Pays, 3. 6. 1855). – *De l'essence du rire et généralement du comique dans les arts plastiques* (in Le Portefeuille, 8. 7. 1855, u. in Le Présent, 1. 9. 1857). – *Quelques caricaturistes français* (in Le Présent, 1. 10. 1857, u. in L'Artiste, 24. u. 31. 10. 1858). – *Quelques caricaturistes étrangers* (in Le Présent, 15. 10. 1857, u. in L'Artiste, 26. 9. 1858). – *Salon de 1859* (in Revue Française, 10. 6., 20. 6., 1. 7., 20. 7. 1859). – Gesammelt: Paris 1868 (in *Œuvres complètes*, Hg. Ch. Asselineau u. Th. de Banville, 7 Bde., 1868–1870, 2). – Paris 1923 (in *Œuvres complètes*, Hg. J. Crépet u. C. Pichois, 19 Bde., 1922–1966, 2). – Paris 1954 (in *Œuvres*, Hg. Y.-G. Le Dantec; ²1961, rev. v. C. Pichois). – Paris 1962, Hg. H. Lemaître (Class. Garn). – Paris 1976 (in *Œuvres complètes*, Hg. C. Pichois, 2 Bde., 2; Pléiade).

Übersetzungen (nur in Ausw.): *Zur Ästhetik der Malerei und der bildenden Kunst*, M. Bruns (in *Werke*, Hg. M. B., Bd. 4, Minden o. J. [1906]). – *Vom Wesen des Lachens und von dem Komischen in der Kunst im allgemeinen*, W. Fraenger, Zürich/Mchn./Lpzg. 1923. – *Kritische und nachgelassene Schriften*, H. Steinitzer (in *AW*, Hg. F. Blei, Bd. 3, Mchn. 1925). – *Aufsätze*, C. Andres, Mchn. 1960 (GGT). – *Kunstkritik*, G. Meister (in *SW*, Hg. F. Kemp u. C. Pichois, 8 Bde., 1, Mchn. 1977).

Literatur: E. Bernard, *Ch. B. critique d'art*, Brüssel 1943. – G. Macchia, *La critica d'arte di B.*, 2 Bde., Neapel 1951. – G. Picon, *Les derniers écrits esthétiques de B.* (in MdF, 1955, H. 325, S. 271–285). – M. Bonfantini, *B. critico*, Mailand 1962. – N. Accaputo, *L'estetica di B. e le sue fonti germaniche*, Turin 1964. – P. G. Castex, *B. critique d'art*, Paris 1969. – R. Galand, *B., poétiques et poésie*, Paris 1969, S. 126 f. – W. Drost, *Kriterien der Kunstkritik B.s* (in *B.*, Hg. A. Noyer-Weidner, Darmstadt 1976, S. 410–442; WdF). – D. Oehler, *Pariser Bilder 1 (1830–1848)*, Ffm. 1979. – R. Lloyd, *B.'s Literary Criticism*, Cambridge 1981. – A. Fairlie, *Aspects of Expression in B.'s Art Criticism* (in A. F., *Imagination and Language*, Ldn./NY 1981, S. 176–215). – D. Rincé, *B. et la modernité poétique*, Paris 1984, S. 12–27.

LES FLEURS DU MAL

(frz.; *Die Blumen des Bösen*). Gedichtzyklus von Charles Baudelaire, erschienen 1857. – Der Zyklus, dessen Entstehungszeit bis zum Beginn der vierziger Jahre zurückreicht, sollte, wie zahlreiche Einzelveröffentlichungen von Gedichten in Zeitschriften erkennen lassen, zunächst den Titel *Les Lesbiennes* (etwa 1845–1847), später *Les limbes* (*Die Vorhöfe der Hölle*, etwa 1848–1851) tragen. Erst in einer größeren Auswahlpublikation in der Zeitschrift ›Revue des Deux Mondes‹ (1. 7. 1855) tauchte der definitive Titel auf. Sogleich nach dem Erscheinen des Bandes löste eine von G. Bourdin im ›Figaro‹ (25. 7. 1857) veröffentlichte Rezension eine heftige öffentliche Polemik gegen Baudelaire aus, die sich wenig später in einem Prozeß fortsetzte, den der Autor und sein Verleger, A. Poulet-Malassis, am 20. 8. 1857 vor der sechsten Strafkammer von Paris unter dem Vorsitz von E. Pinard zu bestehen hatten, eben jenem Gerichtshof, der bereits zu Anfang desselben Jahres FLAUBERTS *Madame Bovary* und Eugène SUES *Mystères du peuple* indiziert hatte. Baudelaire wurde wegen der *»verderblichen Wirkung der Bilder, die er den Leser sehen läßt und die, in den beanstandeten Stücken, durch einen krassen und das Schamgefühl verletzenden Realismus notwendig zur Aufreizung der Sinne führen«* und wegen *»Verhöhnung der öffentlichen Moral und der guten Sitten«* zu einer Geldstrafe und zur Ausmerzung von sechs Gedichten verurteilt, ein Urteil, das erst 1949 förmlich aufgehoben wurde. Diese sechs Gedichte – *Les bijoux (Die Juwelen), Le léthé (Der Lethe), A celle qui est trop gaie (Einer Allzufrohen), Lesbos (Lesbos), Femmes damnées (Frauen der Verdammnis)* und *Les métamorphoses du vampire (Die Verwandlung des Vampirs)* – wurden in der zweiten Auflage der *Fleurs du mal* (1861) unterdrückt und das alte Ordnungsprinzip des Bandes – hundert Gedichte in fünf Gruppen – durch die Neuaufnahme von fünfunddreißig bereits veröffentlichten oder inzwischen entstandenen Gedichten durchbrochen. Die inkriminierten Gedichte erschienen, noch zu Lebzeiten des Autors, erneut in einem Band mit dem Titel *Les épaves*, 1866 *(Strandgut)*, den Poulet-Malassis jedoch in Brüssel drukken ließ, um die französische Zensur zu umgehen. Als letztes Zeugnis der fortgesetzten Arbeit an den *Fleurs du mal* erschienen ebenfalls 1866 in der von Catulle MENDÈS herausgegebenen Zeitschrift ›Le Parnasse Contemporain‹ sechzehn *Nouvelles fleurs du mal* (sechs davon bereits in *Les épaves*), die, zusammen mit einigen von Baudelaire in sein Handexemplar der zweiten Auflage eingetragenen, von Ch. ASSELINEAU und Théodore de BANVILLE in ihrer 1868/70 veröffentlichten Ausgabe der *Œuvres complètes* dem Werk hinzugefügt wurden. Legt man für den Gesamtzyklus die vermehrte zweite Auflage (also ohne die *Nouvelles fleurs du mal*, aber mit den sechs inkriminierten Gedichten) zugrunde, so ergibt sich folgende Anordnung: Einem Zueignungsgedicht – *Au lecteur (An den Leser)* – folgt die mit 87 Gedichten weitaus umfangreichste Gruppe *Spleen et idéal (Spleen und Ideal)*. Daran schließen sich die *Tableaux parisiens (Pariser Bilder)* mit achtzehn Gedichten, der Zyklus *Le vin* (*Der Wein*; 5 Gedichte) und die Gruppen *Les fleurs du mal* (12 Gedichte), *Révolte* (*Aufruhr*; 3 Gedichte) und *La mort* (*Der Tod*; 6 Gedichte).

Baudelaires *Fleurs du mal*, die wie kaum ein zweites Werk des 19. Jh.s die Entwicklung der modernen Lyrik bestimmt haben, gehen aus einer Grundspannung hervor, die man als *»Spannung zwischen Satanismus und Idealität«* (H. Friedrich) bezeichnet hat. Sie deutet auf ein wenn auch abgeschwächtes Verhältnis zu christlich-katholischen Vorstellungsbereichen hin. *»Sind auch die Kategorien seines Bewußtseins christlich, so setzt er doch dieses selbst als einen abstrakten Wert per se, welcher keiner Modifikation unterworfen ist«* (F. Kemp). Der blasphemische »Satanismus« Baudelaires korrespondiert zweifellos mit mittelalterlich-christlichen Denk- und Symbolfiguren, fällt aber, wie vor allem die beiden Tagebücher des Autors – *Fusées*, 1855–1862 *(Raketen)*, und *Mon cœur mis à nu*, 1859–1866 *(Mein bloßgelegtes Herz)* – deutlich machen, keineswegs lediglich mit orthodoxen Glaubensinhalten zusammen. Baudelaires frenetischem Haß auf den obsoleten bürgerlichen Fortschrittsoptimismus des 19. Jh.s liegt die Einsicht in den sich immer gleichbleibenden *»état sauvage«* des Menschen zugrunde, der als *»vollkommenes Raubtier«* seiner Natur nach nicht – wie ROUSSEAU annahm – gut, sondern satanisch-verderbt sei. *»Theorie der wahren Zivilisation. Sie beruht weder auf dem Gas noch auf der Dampfkraft noch auf den Drehbänken. Sie liegt in der Verringerung der Spuren der Erbsünde« (Mon cœur mis à nu)*. Der Begriff der Erbsünde wird von Baudelaire jedoch über seinen traditionell-religiösen Bedeutungsbereich hinaus erweitert: meint Erbsünde im christlichen Sinne den selbstverschuldeten Abfall des durch Adam repräsentierten menschlichen Geschlechts von seiner paradiesischen Sündlosigkeit, so ist Baudelaire davon überzeugt, daß der Sündenfall, abstrakt als *»Eintreten der Einheit in die Dualität«* gefaßt, bereits Gott selbst aufzubürden sei, der sich an die Schöpfung *»prostituiert«* und damit seinen eigenen Niedergang vorbereitet habe – ein Gedanke, der ebenso bei VALÉRY in dessen großem kosmogonischem Gedicht *Ébauche d'un serpent* (1921) wiederkehrt.

Dieser Sündenfall Gottes lebt für Baudelaire im Antagonismus von *»spiritualité«* und *»animalité«* fort, der sein Denken durchgehend beherrscht und sich ihm z. B. im Verhältnis der Geschlechter zueinander unmittelbar objektiviert: so gilt ihm etwa die Liebe als ein Phänomen, in dem sich ausschließlich die nahezu allein dem Weib zugeschriebene *»animalité«* durchsetzt und als *»volupté«* jenes *»fürchterliche Spiel«* eröffnet, *»das verlangt, daß einer der Spieler dabei die Herrschaft über sich selbst verliere«*. Als Tortur, die einer *»chirurgischen Operation«* gleicht, bahnt sie die Tragödie der Entehrung der *»spiritualité«* an, die aus sich herausgehen, sich herablassen, sich *»prostituieren«* muß. *»Spiritualité«*, als Abbild der ursprünglichen Gottebenbildlichkeit, ist ihm andererseits der Inbegriff des Bei-sich-selbst-Seins des Geistes, seiner *»pureté«*; *»self-purification and anti-humanity«* bilden das ethisch-ästhetische Selbsterziehungsprogramm, den *»culte du moi intégral«* seines aristokratischen Dandysmus, der wegweisend für die Autoren der Décadence werden sollte.

Was diesem sich stoisch gegen alle stupide Kreatürlichkeit und Barbarei behauptenden Spiritualismus Baudelaires seine Würde bezeugt, ist das Bewußtsein des Schmerzes, der als *»tristesse«* und *»mélancholie«* sogar ein unabdingbares Ingrediens aller Schönheit ist – im Gegensatz zur Freude, einem ihrer *»vulgärsten Ornamente«*. Erst aus der Mischung jener Idee von Melancholie mit der entgegengesetzten, dem wollüstigen *»Verlangen nach Leben, verbunden mit einer widerströmenden Bitterkeit, die gleichsam von Beraubung und Hoffnungslosigkeit herkommt«*, entfaltet sich der mysteriöse Reiz der modernen, überraschenden, dissonantisch-bizarren Schönheit, deren erster Theoretiker neben

E. A. POE Baudelaire gewesen ist: *»Der vollkommenste Typus männlicher Schönheit ist Satan – nach der Art Miltons«* (*Fusées*, Nr. 10).

In zahlreichen Gedichten der ersten Gruppe, *Spleen et idéal* – ein Titel, dessen für Baudelaire so bezeichnenden Wortsinn Stefan GEORGE mit *»Trübsinn und Vergeistigung«* meisterhaft übertrug –, wird diese Antinomie von *»spiritualité«* und *»animalité«* als immer erneut sich anfachende, nie zum Stillstand kommende Dialektik von *»élévation«* (Aufschwung) und *»chute«* (Fall) entfaltet, die nur im Leiden, im Schmerz ausgehalten, aber nie überwunden werden kann. So schließt ein Gedicht dieser Gruppe – *Les phares (Die Leuchtfeuer)* –, in dem als »Feuerzeichen« Maler und Bildhauer, wie Rubens, Leonardo, Rembrandt, Michelangelo, Watteau, Goya und Delacroix, beschworen werden, deren Verwünschungen, Lästerungen, Ekstasen und Klagen als Echo über Jahrhunderte hinweg einander antworten, mit der Strophe: *»Car c'est vraiment, Seigneur, le meilleur témoignage / Que nous puissions donner de notre dignité / Que cet ardent sanglot qui roule d'âge en âge / Et vient mourir au bord de votre éternité.«* (Prosaübers. von F. Kemp: *»Denn dies ist wahrlich, Herr, das beste Zeugnis, das wir von unserer Würde geben können: inbrünstig dieses Schluchzen, das sich durch die Zeiten wälzt und am Gestade deiner Ewigkeit erstirbt.«*)

In Entsprechung zu den beiden Extremen dieser Bewegung lassen sich ebenso zwei adversative Wortfelder aussondern: *azur, blancheur, pureté* usw. auf der einen, *abîme, gouffre, enfer, ténèbres* auf der anderen Seite. Beide Felder treffen häufig unmittelbar aufeinander, wie etwa in *L'aube spirituelle (Geistiger Morgen)*: *»Des Cieux Spirituels l'inaccessible azur, / Pour l'homme terrassé qui rêve encore et souffre, / S'ouvre et s'enfonce avec l'attirance du gouffre.«* (*»Dem hingestreckten Menschen, der noch träumt und leidet, tut sich der Geistes-Himmel Bläue unerreichbar auf und saugend wie der Abgrund vertieft sie sich.«*) Die erste Gruppe enthält als Mittelstück eine beträchtliche Anzahl von Gedichten, die Baudelaire Frauen widmete. Vor allem in den an Jeanne Duval, seine langjährige Geliebte, gerichteten erscheint Liebe als Verfallenheit an das in der *»Unreinheit«* des Weibes seine verführerischste Lockung entfaltende dämonisierte Böse, während andererseits in den Gedichten für Madame Sabatier eine heiligende Idealisierung vorherrscht, die aber, gerade weil aller *»animalité«* weit entrückt, sich auf sie als ihren Gegensatz um so notwendiger bezieht.

»Der Spleen ist das Gefühl, das der Katastrophe in Permanenz entspricht« (W. Benjamin). Vier aufeinanderfolgende Gedichte umschreiben mit diesem Titel *(Spleen)* eine Atmosphäre von düsterer, verdrossener Melancholie, die, *»gleich einem Deckel«*, lähmend auf dem Menschen lastet und ihn in dumpfer Teilnahmslosigkeit und zermürbender Langeweile verzweifeln läßt. Zahlreiche Gedichte der ersten Gruppe, wie *Obsession (Besessenheit)*, *Le goût du néant (Gefallen am Nichts)* oder *L'horloge (Die Uhr)*, verstärken diesen selbstquälerischen Glauben an die eigene Verdammnis, für den Baudelaire das Bild des Selbsthenkers findet: *»Je suis de mon cœur le vampire, / – Un de ces grands abandonnés / Au rire éternel condamnés, / Et qui ne peuvent plus sourire!«* (*»Ich bin der Vampir meines eigenen Herzens, – einer jener großen Verlassenen, die zu ewigem Lachen verdammt sind und die nicht mehr lächeln können!«*)

Die Gedichte der zweiten Gruppe, *Tableaux parisiens*, haben Baudelaires Ruhm begründet, als erster die zivilisatorischen, künstlichen Reize der modernen Großstadt »poesiefähig« gemacht zu haben, auf die sich auch eine seiner theoretischen Definitionen des Schönen bezog: *»Das Schöne ist immer bizarr...«* Bizarrerie ist wirklich das Charakteristikum fast aller dieser achtzehn Gedichte. Paris – *»Fourmillante cité, cité pleine de rêves, / Où le spectre en plein jour raccroche le passant!«* (*»Wimmelnde Stadt, Stadt voller Träume, wo das Gespenst sich am hellen Tag an den Passanten heftet!«*) – wird für Baudelaire zum geheimnisvollen, von Straßenschluchten wie von *»gewundenen Falten«* durchzogenen Bereich, in dem alles, selbst das Grauen, den müßigen *»flaneur«* faszinieren kann. Gedichte wie *Les sept vieillards (Die sieben Greise)*, *Les petites vieilles (Die alten Weiblein)* oder *Les aveugles (Die Blinden)* beschreiben die grotesken *»Höllenzüge«* armseliger Krüppel und Mißgestalten, die im *»wimmelnden Gemälde«* der Stadt gleich Spukgestalten vorüberziehen. Diese Gruppe enthält auch eines der berühmtesten Gedichte Baudelaires, den *Rêve parisien (Pariser Traum)*. Es entwirft eine schreckliche Traumlandschaft von vollkommener Künstlichkeit, in der sich Baudelaires heftiger Abscheu vor aller bloß kreatürlichen, organischen, wuchernden Regellosigkeit objektiviert. *»Babel d'escaliers et d'arcades, / C'était un palais infini, / Plein de bassins et de cascades / Tombant dans l'or mat ou bruni...«* (*»Ein Babel ganz aus Treppen und Arkaden, war dies ein unabsehbarer Palast, voller Becken und Kaskaden, die in mattes oder blankes Gold sich stürzten...«*) – eine kalte, leblose, kristallen strahlende Zauberwelt aus Wasser, Marmor und Metall, die, vom *»Schweigen der Ewigkeit«* überwölbt, sich bis an die Grenzen des Universums ersteckt.

Die fünf Gedichte der Gruppe *Le vin* gehören thematisch in den Umkreis der *Paradis artificiels (Künstliche Paradiese)*, einer Prosaveröffentlichung Baudelaires, die den halluzinationsfördernden, bewußtseinserweiternden Wirkungen von Rauschgiften wie Opium und Haschisch nachgeht. In *Le vin des chiffoniers (Der Wein der Lumpensammler)* wird der Wein – *»fils sacré du soleil«* – dem Schlaf verglichen, den Gott all diesen *»alten Verdammten«* aus Reue schenkte, damit sie ihren Groll vergäßen. Aus dem Rausch, einem der wenigen Mittel, den *»kranken Dünsten«* dieser Welt zu entfliehen, gehen jene *»Feste der Phantasie«* hervor, die den Menschen in einen *»Götterhimmel«* fern der Banalität der Wirklichkeit entführen.

In den beiden folgenden Gruppen – *Les fleurs du mal* und *Révolte* – wird dem Grauen und der Verzweiflung ein neuer Reizwert abgewonnen. Das Motiv der Besessenheit, des qualvollen Hin- und

Herschwankens zwischen den beiden Polen der Geist- und der Tier-Natur des Menschen wird verstärkt: in dem Gedicht *La destruction (Die Zerstörung)* projiziert sich diese Unruhe nach außen im Bild eines Dämons, der den Menschen, *»dem Auge Gottes fern«*, in verführerischer Gestalt durch *»unabsehbar öde Ebenen des Grames«* treibt. Dieser unablässige Kampf gegen die Verstrickung in schuldhafte Begierde schlägt endlich in die triumphierende, affirmative *»connaissance dans le mal« (»Bewußtheit im Bösen«)* und in den leidenschaftlichen Aufruhr der *Litanies de Satan* um, die Satan als den *»Wahlvater«* jener feiern, *»die in seinem schwarzen Zorn Gottvater aus dem irdischen Paradies verjagt hat«*. Ein respondierender, leitmotivisch wiederholter Vers – *»O Satan, prends pitié de ma longue misère«* – unterbricht die zweizeiligen, hymnischen Strophen der Litanei, denen sich ein kurzes Gebet anschließt, das um die Gnade bittet, unter dem Baum der Erkenntnis, ihm nahe, ruhen zu dürfen. In der letzten Gruppe – *La mort* – findet sich neben einigen Rollengedichten – *La mort des amants, La mort des artistes* – als Schlußgedicht des gesamten Zyklus das berühmte *Le voyage (Die Reise)*. Es beschreibt die grenzenlose, von Neugier und Hoffnung unaufhörlich genährte Sehnsucht des Menschen nach fremden, chimärischen Ländern, nach Inseln der Phantasie, nach Unendlichkeit. Ein imaginärer Chor von *»wahren Reisenden«* – *»Mais les vrais voyageurs sont ceux-là seuls qui partent / pour partir«* –, über seine Erinnerungen befragt, breitet den Schatz seines *»bitteren Wissens«* aus, bitter, weil sich der Bericht über den ganzen Erdball in immer den gleichen Bildern zusammenfassen läßt: eine *»Oase des Grauens in einer Wüste der Langeweile«*. Nachdem diese eintönige, enge Welt, die heute, gestern und morgen kaum mehr als das *»langweilige Schauspiel der unsterblichen Sünde«* bietet, durchschritten ist, bleibt dem rastlos auf der Suche nach neuen *»Wunderfrüchten«* vorwärtsdrängenden Reisenden nur noch ein erfolgverheißendes Ziel – der Tod. *»O Mort, vieux capitaine... Verse-nous ton poison pour qu'il nous réconforte! / Nous voulons, tant ce feu nous brûle le cerveau, / Plonger au fond du gouffre, Enfer ou Ciel, qu'importe? / Au fond de l'Inconnu pour trouver du nouveau!« (»O Tod, alter Kapitän... Flöße uns dein Gift ein, daß es uns stärke! Wir wollen, so sehr sengt dieses Feuer uns das Hirn, zur Tiefe des Abgrunds tauchen, Hölle oder Himmel, gleichviel! Zur Tiefe des Unbekannten, etwas Neues zu erfahren!«)* Dieses sphinxhafte, durch den Druck hervorgehobene Schlußwort der *Fleurs du mal* – das Neue – meint das schlechthin Unbekannte, aller Erfahrung entzogene und – in schroffem Gegensatz zu christlichen Erlösungsvorstellungen – in schwindelndem Absturz Erwartete.

Baudelaire hält entschieden am gereimten Alexandriner fest und benutzt sogar überwiegend die klassische Sonettform. *(»Ganz offensichtlich sind metrische Gesetze keine willkürlichen Tyranneien. Sie sind Regeln, die vom Organismus des Geistes selbst gefordert werden. Niemals haben sie der Originalität verwehrt, sich zu verwirklichen. Das Gegenteil ist unendlich viel richtiger: daß sie immer der Originalität zur Reife verholfen haben.«)* Aber gerade diese Verbindung einer traditionellen Vers- und Strophenform mit neuen, überraschenden Inhalten ermöglicht jene Spannung, die Baudelaire immer wieder diesem Phänomen der Modernität zuschreibt, an dem das Transitorische, Flüchtige, Zufällige und auch das Triviale als Reiz erlebt und gestaltet wird. Mit diesem Begriff der Modernität korrespondiert andererseits ein tiefer Endzeit-Pessimismus. So beschreibt – neben Gedichten wie *J'aime le souvenir de ces époques nues* in *Spleen et idéal* – das abschließende Fragment der *Fusées* die zeitgenössische zivilisatorische Verfassung als einen ruinösen Endzustand der Welt, deren allgemeiner Niedergang weniger durch politische Institutionen und durch den fortschrittlich-demokratischen Technizismus als durch die unaufhaltsame *»Entwürdigung der Herzen«* vorangetrieben werde. Was an autonomer, selbstbewußter *»honorabilité spirituelle«* (geistiger Würde) – jener Zentralbegriff Baudelaires, der alle Attribute seines Typus des »höchsten Menschen«, des Dandy, zusammenfaßt – sich noch erhalten hat, muß in den *»erstickenden Umschlingungen der allgemeinen Tierwesenheit« (»animalité générale«)* absterben und der universellen Mechanisierung, Nivellierung und *»Amerikanisierung«* (sic!) des Lebens anheimfallen, dessen triumphierende, saturierte Geistfeindlichkeit alle Kunst und Kultur zu grotesker Lächerlichkeit erniedrigt. Die *Fleurs du mal* sind sein Versuch, dieser Spannung standzuhalten.

Gerade in den letzten beiden Jahrzehnten sind die *Fleurs du mal* zur beliebten »Analysepoesie« der Literaturkritik geworden. Dabei ist Hugo Friedrichs 1956 geäußerte optimistische Auffassung von ihrer unmittelbaren Verständlichkeit zunehmend in Frage gestellt worden. *(»Die* Fleurs du mal *sind keine dunkle Lyrik. Sie fassen ihre abnormen Bewußtseinslagen, ihre Geheimnisse und Dissonanzen in verstehbare Verse.«)* Hugo Friedrichs interpretatorische Welt ist die der Subjekt-Objekt-Beziehung, hie der im Sinne europäischer poetischer Tradition gefaßte Baudelaire, dort die von ihm bedichtete menschliche Wirklichkeit mit ihren Problemen, zu der er auf poetische Weise Stellung nahm. Die Sicherheit dieses Ansatzes wurde entscheidend in Frage gestellt, als strukturalistisch geprägte Interpreten, deren zeichentheoretischer Ansatz durch Segmentierung und Klassifikation sprachlicher Einheiten den Aufbau eines Sprachsystems beschreiben will, sich scheinbar vorurteilslos über die Texte beugten. Das geschah zum erstenmal am spektakulärsten 1962 durch R. Jakobson und C. Lévi-Strauss. Ihr Aufsatz über das rätselhafte und vom Horizont der Gebrauchssprache beim besten Willen nicht zu entschlüsselnde Gedicht *»Les Chats«* hat eine Flut analoger oder konträrer Analysen dieses und anderer Gedichte provoziert. Letztendlich hat sich die diesbezügliche Diskussion bis heute nicht beruhigt und zu einer immer größeren Vereinzelung der Gedichte der *Fleurs du mal* geführt. Eine globale Deutung der poetischen Welt Baudelaires hat H. R. Jauss versucht. Ihm geht es (besonders ausgehend vom Gedicht *»Le cygne«*) um die Herausarbeitung der antiplatonischen Ästhetik Baudelaires. Jauss' Rezeptionsästhetik ist als Provokation des historischen Objektivismus, der klassischen Dichtungstheorie und des Strukturalismus gefaßt und bemüht sich um die Erstellung des Erwartungshorizontes (Terminus aus der Wissenssoziologie) für das zu interpretierende Werk. Aus der Übereinstimmung von Text und Rezeption ergibt sich der Werkcharakter, der auf der Wechselbeziehung von Kunst und Gesellschaft beruht. Ausgangspunkt für Jauss ist die These von der Sinnvielfalt auch des literarischen Kunstwerkes und seiner dem hermeneutischen Methodenpluralismus eröffneten Unbestimmtheit. Um vieles direkter ist der die marxistische Widerspiegelungstheorie aufnehmende Ansatz W. Benjamins, der, überzeugt von der prophetischen Rolle des *»großen«* und *»echten«* Dichters, Baudelaires *»Theorie der natürlichen Korrespondenzen«* als *»die Antizipation einer zukünftigen Konstellation der Gesellschaft«* begreift. Gerade an seinen Ansatz haben sich eine Fülle von Arbeiten über Baudelaires politische Position und Rolle angeschlossen, die sich mit unendlicher Akribie für die jeweiligen Erscheinungsdaten der Gedichte interessierten und darin gipfelten, in dem Dichter einen frühsozialistischen Revolutionär zu sehen, wobei jeweils offenblieb, warum er seine Botschaft ausgerechnet in poetische Formen gegossen und sie für einen kleinen Kreis von Eingeweihten bestimmt hat. Die Transformation gesellschaftlicher Wirklichkeit in ästhetische Konzeptionen und Gebilde ist eben schwer deutlich zu machen.

So spektakulär ein solcher Ansatz auch dem heutigen Interesse an Baudelaire dient, muß nach über einhundert Jahren Baudelaire-Kritik festgestellt werden, daß die poetischen Grundmuster der Baudelaireschen Bilderwelt, seine poetische Motivations- und Argumentationstechnik, die seinen dichtenden Zeitgenossen z.T. als Geheimcode durchaus vertraut waren, gegenüber diesen großdimensionierten letztlich texttranszendenten Analysen immer weniger Interesse gefunden haben. So kamen bei H. Mehnerts umfassender Lektüre der seinerzeit zugänglichen und heute unendlich fremd gewordenen (moral-)philosophischen, (moral-) medizinischen und (moral-)theologischen Literatur überraschende textliche Parallelen und Quellen zutage und vor allem die Erkenntnis, daß sich Baudelaire der paneuropäischen Tradition der poesieerzeugenden *»Melancholia generosa«* angeschlossen hat, er also, wie er es selbst formuliert, in die *»école de mélancolie«* gegangen ist. Vor diesem Horizont erklären sich nicht nur eindeutiger als bisher Begriffe wie *spleen, ennui, douleur, colère* etc. aus einem physiopsychologischen Bezugssystem, das vor allem durch die Absolutsetzung der Psychoanalyse Freuds verschüttet und übergangen worden ist, sondern auch Baudelaires sehr genau beschreibbares dynamisches Imaginations- und Inspirationsprogramm, das in allen Gedichten durch die wandelnden Textstrukturen hindurchscheint. Baudelaire hat sich in seiner Selbstdarstellung als Dichter *und* Genie *sui generis* im Sinne einer älteren Theorie menschlicher Eigentlichkeit konzipiert und übernimmt schicksalhaft als Auftrag und Bürde, für die unter dem Joch demokratischer Erwerbsgesinnung und optimistischer Fortschrittsgläubigkeit stehende Menschheit den Weg zur kosmologisch verstandenen Ureinheit und den natürlichen Korrespondenzen zurückzugehen. Seine Kenntnis von *Magia naturalis*, Alchimie und den alten dynamischen medizinischen Einheitslehren sind dabei wichtige Grundbausteine, wie seine Ablehnung der zeitgenössischen Psychiatrie, deren Patient er ja war, zugunsten der ihn seines Erachtens richtiger einstufenden alten medizinischen Einheitslehren, gemäß denen der Arzt als Naturphilosoph die kosmologische Harmonie konservieren half. Baudelaire hat dabei erkennbar aus seiner psychischen Not (melancholische Erkrankung) eine kreative Tugend gemacht und von daher die in der Renaissance kodifizierte alte Genielehre (das Genie des *Melancholicus*) neu symptomatisiert. Die *Fleurs du mal*, deren *»côté carabin«* (Sezierkellerton) Paul Valéry herausgestellt hat, sind damit keine »Arztlyrik« geworden (etwa in der Art Gottfried Benns), sondern durch den Glauben Baudelaires an die Beschwörung des Urvergangenen und alter kosmologischer Modelle durch satanistische Magie das wohl am kohärentesten motivierte Werk moderner Lyrik, dessen Wirkung zumindest auf die dichtenden Zeitgenossen eben auf dieser Neufassung des poetischen Impulses beruhte, wie sich an vielen Beispielen von den Symbolisten bis zu den Surrealisten feststellen läßt.
H.H.H.-H.Meh.

Ausgaben: Paris 1857 [100 Gedichte]; Faks. Genf 1968. – Paris 1861 [Neuaufnahme v. 35 Gedichten anstelle der sechs inkriminierten]. – Amsterdam [recte Brüssel] 1866 (*Les épaves*; Wiederabdruck der sechs inkriminierten Gedichte u. 17 neue). – Paris 1868 (in *Œuvres complètes*, Hg. Ch. Asselineau u. Th. de Banville, 7 Bde., 1868–1870, 1; Vorw. Th. Gautier; defin. Ausg.). – Paris o. J. [1922]; ²1930 (in *Œuvres complètes*, Hg. J. Crépet u. C. Pichois, 19 Bde., 1922–1966). – Paris 1942; ern. 1968, Hg. J. Crépet u. G. Blin. – Paris 1959, Hg. A. Adam (Class. Garn). – Paris 1965; ern. 1972, Hg. C. Pichois. – Paris 1975 (in *Œuvres complètes*, Hg. C. Pichois, 2 Bde., 1; Pléiade). – Paris 1978. – Paris 1986, Hg. J. Delabroy.

Übersetzungen: *Die Blumen des Bösen*, S. George, o. O. 1891 [Ausw.; verm. Bln. 1901; ⁷1930]. – Dass., W. v. Kalckreuth, Lpzg. 1907. – Dass., O. Hauser, Weimar 1917. – *Blumen des Bösen*, M. u. M. Bruns, Minden 1923. – *Pariser Bilder*, W. Benjamin, Heidelberg 1923 (enth. die Gedichte der 2. Gruppe; Die Drucke des Argonautenkreises, 5; ern. Ffm. 1963; es). – *Die Blumen des Bösen*, T. Robinson (in *Werke*, Hg. F. Blei, Bd. 1, Mchn. 1925). – *Ausgewählte Gedichte*, W. Hausenstein, Freiburg i. B. 1946. – *Strandgut*, C. Freund, Wiesbaden 1947. – *Die Blumen des Bösen*, C. Schmid, Tübingen/Stg. 1947; ern. Ffm. 1976 (Insel Tb). – Dass., C. Fischer, Bln/Neuwied 1955; Darmstadt [2]1958. – Dass., F. Kemp, Ffm. 1962 [Prosaübers.; dt.-frz.]. – Dass., ders. (in *SW*, Hg. ders. u. C. Pichois, 8 Bde., 3, Mchn. 1975). – Dass., M. Thiel, Heidelberg 1977. – Dass., M. Fahrenbach-Wachendorf, Stg. 1980 (frz.-dt.; RUB). – Dass., C. Fischer, Mchn. 1979 [frz.-dt.]. – Dass., T. Robinson, Zürich 1982 (detebe). – Dass., W. R. Berger, Göttingen 1986 [Ausw.]. – Dass., F. Kemp, Mchn. 1986 (frz.-dt.; dtv).

LITERATUR: M. Proust, *Sur B.* (in NRF, 16, 1921; dt.: *Über B.*, in M. P., *Tage des Lesens. Drei Essays*, Ffm. 1963, S. 97–135; es). – A. Gide, *Préface aux »Fleurs du mal«* (in A. G., *Incidences*, Paris 1924, S. 165–169). – G. Brossuet u. C. Schmidt, *Le procès des »Fleurs du mal« ou L'affaire Ch. B.*, Genf 1947. – R.-B. Chérix, *Essai d'une critique intégrale. Commentaire des »Fleurs du mal«*, Genf 1949. – Aa. Kabell, *»Les fleurs du mal«*, Kopenhagen 1950. – E. Auerbach, *Vier Untersuchungen z. Gesch. d. frz. Bildung*, Bern 1951, S. 107–127. – G. Hess, *Die Landschaft in B.s »Fleurs du mal«*, Heidelberg 1953. – J. D. Hubert, *L'esthétique des »Fleurs du mal«. Essai sur l'ambiguité poétique*, Genf 1953. – W. Benjamin, *Über einige Motive bei B.* (in W. B., *Schriften*, Bd. 1, Ffm. 1955, S. 426–473). – H. Friedrich, *B. Der Dichter der Modernität* (in H. F., *Die Struktur der modernen Lyrik*, Hbg. 1956, S. 25–43; rde). – H. Hatzfeld, *Les contributions importantes à l'élucidation artistique des »Fleurs du mal« et de »Madame Bovary« depuis 1950* (in OL, 12, 1957, S. 244–254). – A. Noyer-Weidner, *Aspekte der Gedichtstruktur in den »Fleurs du mal«. Die Stellung des »Chant d'automne« in der dichterischen Entwicklung B.s* (in RF, 71, 1959, S. 334–382). – J. Vier, *Histoire, substance et poésie des »Fleurs du mal«*, Paris 1959. – Y. Bonnefoy, *»Les fleurs du mal«* (in Y. B., *L'improbable*, Paris 1959, S. 35–48). – A. Fairlie, *B., »Les Fleurs du mal«*, Ldn. 1960. – K. Heitmann, *Kunst und Moral. Zur Problematik des Prozesses gegen die »Fleurs du mal«* (in DVLG, 34, 1960, S. 46–65). – G. Macchia, *La poetica di B. e i »Tableaux parisiens«*, Rom 1960. – D. J. Mossop, *B.'s Tragic Hero. A Study of the Architecture of »Les fleurs du mal«*, Ldn. 1961. – K. Reichenberger, *Die schöne Unbekannte. Realismus und Symbolhaftigkeit in den »Fleurs du mal«* (in ZfrzSp, 71, 1961, S. 129–147). – Ders., *Auge und Blick als lyrisches Motiv in B.s »Fleurs du mal«* (in OL, 16, 1961, S. 98–121). – L. Spitzer, *»Les fleurs du mal«: 77 – Spleen* (in L. S., *Interpretationen zur Gesch. der frz. Lyrik*, Heidelberg 1961, S. 170 bis 179). – G. Antoine, *Pour une nouvelle exploration ›stylistique‹ du ›gouffre‹ baudelairien* (in Le Français Moderne, 30, 1962, S. 81–98). – G. A. Brunelli, *Ch. B. e i »Limbes 1851«*, Mailand 1962. – K. Reichenberger, *Thematische u. leitmotivische Entsprechungen als Kompositionsprinzip in den »Fleurs du mal« (B.-Studien, 2)* (in LJb, 3, 1962, S. 192–207). – Ders., *Ein Deutungsproblem im »Cycle des héroïnes secondaires«* (in ZfrzSp, 72, 1962, S. 28–36). – L. Bopp, *Psychologie des »Fleurs du mal«*, Genf 1964. – *»Les fleurs du mal«. Concordances. Index et relevés statistiques*, Hg. K. Menemencioglu, Paris 1965 [nach der Ausg. Crépet-Blin]. – R. T. Cargo, *A Concordance to B.'s »Fleurs du mal«*, Chapel Hill 1965. – J. Pommier, *Autour de l'édition originale des »Fleurs du mal«*, Genf 1968. – R. Posner, *Strukturalismus in der Gedichtinterpretation. Textdeskription und Rezeptionsanalyse am Beispiel von B.s »Les chats«* (in Sprache im technischen Zeitalter, 29, 1969, S. 27–58). – J. Rouger, *B. et la vérité littéraire des »Fleurs du mal«*, Paris 1970. – H.-R. Verderber, *Der Rhythmus des Alexandriners in den »Fleurs du mal«*, Bonn 1972. – M. Nøjgaard, *Élévation et expansion*, Odense 1973. – J.-L. Jacquier-Roux, *Le thème de l'eau dans les »Fleurs du mal«*, Paris 1973. – J. Profizi, *Ch. B. Étude psychanalytique d'après les »Fleurs du mal«*, Paris 1974. – M. Melenk, *Die B.-Übersetzungen Stefan Georges. »Die Blumen des Bösen«*, Mchn. 1974. – K. Stierle, *B.s »Tableaux parisiens« u. die Tradition des »Tableau de Paris«* (in Poetica, 6, 1974, S. 285–322). – K. Dirscherl, *Zur Typologie der poetischen Sprechweisen bei B.*, Mchn. 1975. – G. Chesters, *Some Functions of Sound-Repetition in »Les fleurs du mal«*, Hull 1975. – E. Auerbach, *B.s »Fleurs du mal« und das Erhabene* (in *B.*, Hg. A. Noyer-Weidner, Darmstadt 1976, S. 137–160; WdF). – P. Mathias, *La beauté dans les »Fleurs du mal«*, Grenoble 1977. – C. Haar, *Untersuchungen zur persuasiven Redeweise bei B.*, Ffm. u. a. 1978. – H. Cassou-Yager, *La polyvalence du thème de la mort dans les »Fleurs du mal« de B.*, Paris 1979. – H. Nuiten, *Les variantes des »Fleurs du mal« et des »Épaves« de Ch. B.*, Amsterdam 1979. – H. R. Jauß, *Der poetische Text im Horizontwandel der Lektüre* (in RZL, 4, 1980; ern. in H. R. J., *Ästhetische Erfahrung und literarische Hermeneutik*, Ffm. 1982, S. 813–865). – M.-A. Barbéris, *»Les fleurs du mal« de B.*, Paris 1980. – J. E. Jackson, *La mort B. Essai sur les »Fleurs du mal«*, Neuchâtel 1982. – F. G. Henry, *Le message humaniste des »Fleurs du mal«*, Paris 1984. – G. Bonneville, *B. »Les fleurs du mal«*, Paris/Ffm. 1984. – M. Carlier, *B. »Les fleurs du mal«*, Paris/Ffm. 1985. – A. Ohm, *B.s »Blumen des Bösen«*, Göttingen 1985. – H. Weinrich, *Literatur für Leser*, Mchn. 1986, S. 101–131. – *B.s »Blumen des Bösen«, Materialien*, Hg. H. Engelhardt u. D. Mettler, Ffm. 1988 (st).

JOURNAUX INTIMES

(frz.; *Intime Tagebücher*). Aphoristische tagebuchartige Aufzeichnungen von Charles BAUDELAIRE, die (nach Jacques CRÉPET), in den Jahren 1855–1866 entstanden, in zwei größeren Komplexen – *Fusées* (*Raketen*, ca. 1855–1862) und *Mon cœur mis à nu* (*Mein bloßgelegtes Herz*, ca. 1859–1866) – zusammengefaßt sind. Das von Baudelaires Verleger Auguste Poulet-Malassis aufbewahrte und gesichtete Manuskriptkonvolut, das außerdem noch Fragmente eines *Carnet (Notizbuch)* enthält, wurde vollständig erst 1887 von Eugène CRÉPET in seiner Ausgabe der *Œuvres pos-*

thumes et correspondances inédites veröffentlicht. Eine auf das Originalmanuskript zurückgehende, die Anordnung und Numerierung von Poulet-Malassis kritisch korrigierende Ausgabe wurde 1938 von Jacques Crépet besorgt. – Die einzelnen Manuskriptblätter enthalten unzusammenhängende Reflexionen und formelhafte, teilweise zur späteren Ausarbeitung bestimmte Notizen, die sich nur in drei Fragmenten der *Fusées* zu größeren Gedankenkomplexen zusammenschließen. Der Charakter eines fortlaufenden, kontinuierlichen Journals ist nicht angestrebt. Der Autor formuliert in diesen »raketenhaften«, oft bis zur Unverständlichkeit verkürzten Aphorismen wesentliche Elemente seines künstlerischen Selbstverständnisses, seines Verhältnisses zum Christentum, zur Religion überhaupt und zu politisch-gesellschaftlichen Problemen. Der Anteil von im eigentlichen Sinn privaten Aufzeichnungen bleibt gering, wenn auch Baudelaire in seinen letzten Lebensjahren den Plan hegte, *Mon cœur mis à nu* als Grundlage einer größeren Autobiographie zu verwenden.

»Im Seelischen wie im Körperlichen habe ich immer die Empfindung des Abgrunds gehabt, nicht allein des Abgrunds des Schlafes, sondern auch des Abgrunds der Tätigkeit, des Traumes, der Erinnerung, der Begierde, des Bedauerns, der Reue, des Schönen, der Zahl usw....« (*Fusées*, Blatt 16). Diese Empfindung – und der mit ihr verknüpfte Begriff des Abgrunds *(abîme)* –, die eine auf den 23. 1. 1862 datierte Eintragung beschreibt, führt ins Zentrum des Baudelaireschen Werks. Sie korrespondiert aufs engste mit der der Verschlossenheit, mit dem *»Gefühl eines in alle Ewigkeit einsamen Schicksals«*. Langeweile *(ennui)* und quälende Melancholie sind die Attribute jener Grundstimmung der *Fleurs du mal*, 1857 *(Die Blumen des Bösen)*, für die der Autor im ersten Teil seines großen Gedichtzyklus den Begriff des »Spleen« gefunden hat. Die beiden Tagebücher bieten eine Vielzahl von Zeugnissen für die willentliche, endlich bis zu völliger hysterischer Zerrüttung führende Anstrengung, mit der Baudelaire jener »Herzensträgheit« – *»Die Acedia, die Krankheit der Mönche. Das Taedium vitae«* (*Fusées*, Bl. 9) – entgegenzuarbeiten suchte, und zwar mit Hilfe ausgeklügelter Pläne zur *»Hygiene, Lebensführung, Methodik«*, deren immer wiederholtes Scheitern ihn sich in Gebete flüchten ließ, in denen neben seinem Vater vor allem Edgar Allan Poe als Fürsprecher angerufen wird.

Dieser überragenden Wertschätzung Poes, mit dem er, als Wegbereiter der modernen Lyrik, mehr teilte als nur die Mißachtung des traditionellen Begriffs der Inspiration, kommt nur die eines anderen – philosophischen – Autors gleich, Joseph de Maistres: *»De Maistre und Edgar Poe haben mich denken gelehrt«* (*Fusées*, Bl. 17). In allen mehr objektiven, von unmittelbar persönlichen Problemen absehenden Äußerungen der *Journaux intimes* finden sich tatsächlich Spuren der intensiven Lektüre dieser beiden Autoren, ohne daß deren Einfluß der eigenen Entfaltung hinderlich gewesen wäre. So gehen Baudelaires politischer Aristokratismus, seine Sympathien für die Monarchie und seine leidenschaftliche Abneigung gegen alle demokratische Fortschritts- und Evolutionsbefangenheit zweifellos auf Maistre zurück. *»Es gibt nur drei Kategorien achtbarer Wesen: der Priester, der Krieger, der Dichter. Wissen, töten, schaffen«* (*Mon cœur...*, Bl. 13). Auf der gedanklichen Grundlage solcher hierarchischen Wertvorstellungen entwickelt Baudelaire den Typus des *»höheren Menschen«* – des Dandy, wie ihn außer ihm selbst zahlreiche Zeitgenossen, vor allem aber J. Barbey d'Aurevilly und Th. Gautier repräsentierten und beschrieben. Baudelaires Dandy ist jedoch weniger eine exzentrische, auf die Ausbildung der differenzierenden Nuance – selbst der modischen – versessene Randfigur gesellschaftlichen Lebens, sondern eher ein vergeistigter Stoiker, ein »gottloser«, auf seine eigene autonome Würde bedachter weltlicher Asket, ein Ungeheuer an Einsamkeit, Verschlossenheit und selbstbewußter *»Auto-Idolatrie«*: *»Vor allem, ein großer Mensch sein, und ein Heiliger, um seiner selbst willen«* (*Mon cœur...*, Bl. 24). Diese Notiz verdeutlicht zugleich Baudelaires Bindung an christliche Denkkategorien, auf die sich seine leidenschaftliche Hervorhebung der im Schmerz, in der Leidensfähigkeit sich bezeugenden menschlichen Würde und – in der Negation – sein Satanismus, das herrische Bewußtsein der eigenen Erwähltheit beziehen. Im Dandy als Idealtypus kulminiert auch Baudelaires Spiritualismus, eine geistige Haltung, die aller kruden Naturwüchsigkeit, aller triebhaften Barbarei sich entschieden widersetzt.

Den engen Zusammenhang mit der lyrischen Produktion bekunden zahlreiche Eintragungen zur eigenen Poetik, zu geplanten Werken und zu einer allgemeinen Theorie der »Schönheit«, deren eine, den kongenialen Einfluß Poes widerspiegelnd, ein für die gesamte moderne Ästhetik bedeutsam gewordenes Moment ausspricht: *»Was nicht unmerklich entstellt ist, wirkt kühl und empfindungslos – hieraus ergibt sich, daß das Unregelmäßige, das heißt das Unerwartete, die Überraschung, das Erstaunen ein wesentliches und charakteristisches Merkmal des Schönen darstellen«* (*Fusées*, Bl. 8). H.H.H.

Ausgaben: Paris 1887 (in *Œuvres posthumes et correspondances inédites*, Hg. E. Crépet; m. biogr. Studie). – Paris 1938 *(Journaux intimes*, Hg. J. Crépet; krit.). – Paris 1939 (in *Œuvres complètes*, Hg. ders. u. C. Pichois, 19 Bde., 1922–1966, 11). – Paris 1949; ern. 1968 *(Journaux intimes*, Hg. G. Blin u. J. Crépet; krit.). – Paris 1975 (in *Œuvres complètes*, Hg. C. Pichois, 2 Bde., 1; Pléiade).

Übersetzungen: *Raketen*, M. Bruns (in *Werke*, Bd. 5, Minden 1907). – *Raketen. Die beiden Tagebücher, nebst autobiographischem Entwurf*, E. Oesterheld, Bln. 1909 [m. Einl.]. – *Mein entblößtes Herz. Die beiden Tagebücher nebst Bildnissen u. Zeichnungen*, F. Kemp, Mchn. 1946 [m. Einl.]. – *Raketen. Mein bloßgelegtes Herz*, M. Bruns, Heidelberg 1948 [Ausw.]. – *Mein entblößtes Herz*, F. Kemp, Ffm. 1966.

LITERATUR: J. Pommier, *La mystique de B.*, Paris 1932. – G. Bournure, *Les écrits intimes de B.* (in MdF, 325, 1955, S. 255–270). – A. Béguin, *B. et »Mon cœur mis à nu«* (in A. B., *Poésie de la présence*, Neuchâtel 1957, S. 177–186). – M. Lobet, *Le »Cœur mis à nu« de B.* (in M. L., *Écrivains en aveu*, Paris/Brüssel 1962, S. 89–98). – F. Neubert, *Zur Problematik der französischen »Journaux intimes«* (in F. N., *Französische Literaturprobleme*, Bln. 1962, S. 403–448). – R. Laforgue, *L'échec de B. Essai psychanalytique sur la névrose de Ch. B.*, Paris 1964. – J. J. Marchand, *Sur »Mon cœur mis à nu« de B.*, Paris 1970. – B. Didier, *Une économie de l'écriture* (in Littérature, 3, 1973, S. 57–64).

LES PARADIS ARTIFICIELS - Opium et haschisch

(frz.; *Die künstlichen Paradiese – Opium und Haschisch*). Prosawerk von Charles BAUDELAIRE, erschienen 1860. Der Buchveröffentlichung des zweiteiligen Werkes gingen Erstabdrucke in der Zeitschrift ›La Revue Contemporaine‹ voraus, wo *Le poème du haschisch* am 30. 9. 1858 unter dem Titel *De l'idéal artificiel – le haschisch (Vom künstlichen Ideal – das Haschisch)* und *Un mangeur d'opium* am 15. und 31. Januar 1860 unter dem Titel *Enchantements et tortures d'un mangeur d'opium (Verzauberungen und Qualen eines Opiumessers)* erschienen waren. – Von einer Algerienreise hatte der Arzt J. J. Moreau (de Tours) 1841 zu therapeutischen Zwekken ein haschischhaltiges Konfekt, Dawamesk genannt, mitgebracht und damit unter den Bohemiens von Paris *»la mode du haschisch«* ausgelöst. Treffpunkt des »Club des Haschischins«, der u. a. Théophile GAUTIER zu seinen Mitgliedern zählte, war das Hôtel Pimodan auf der Île St.-Louis, in dem Baudelaire von 1843 bis 1845 ein Mansardenappartement bewohnte. Auf seine Unabhängigkeit bedacht, schloß dieser sich dem Club wohl niemals an, doch ist wahrscheinlich, daß auch er Versuche mit Haschisch anstellte. 1851 erschien in der Zeitschrift ›Le Messager de l'Assemblée‹ sein Essay *Du vin et du hachish comparés comme moyens de multiplication de l'individualité*, in dem die persönlichkeitssteigernde Wirkung von Wein und Haschisch beschrieben wird; den dokumentarischen Teil des Haschisch-Kapitels, in das auch Beobachtungen aus der zeitgenössischen medizinischen Literatur (Moreau, Brierre de Boismont) eingeflossen sind, hat Baudelaire im *Poème du haschisch* größtenteils wörtlich verarbeitet. Bei der Neufassung des Haschisch-Essays ging es dem Autor nicht nur um eine detailliertere und durch eingeflochtene Anekdoten reicher facettierte Behandlung des Themas, sondern auch um eine Vertiefung der geistigen Problematik, wie bereits das erste, *Le goût de l'infini* überschriebene Kapitel zeigt. Im Schlußteil bedient sich Baudelaire schließlich eines formalen Kunstgriffs, wenn er die *»Einheit in der Verschiedenheit«* sichtbar zu machen und an einer *»Seele seiner Wahl«* – näher bestimmt als der *»moderne sensible Mensch«* – eine Art *»Monographie des Rausches«* zu entwickeln sucht. Alison FAIRLIE hat diesen Teil der *Dichtung von Haschisch* als einen *»allegorischen Kommentar über die gesamte Abfolge menschlicher Erfahrungen, wie sie in den ›Fleurs du mal‹ gestaltet wurde«* interpretiert; gegen ihren Deutungsversuch, der nicht ohne Gezwungenheiten auskommt, spricht allerdings schon der Hinweis des Autors, daß man die Hauptelemente jener repräsentativen Seele – Nervosität, ästhetische Bildung, Empfindsamkeit, der Hang zur Metaphysik und eine verfeinerte Sensibilität – *»die banale Form der Originalität nennen könnte«.*

Mit größerem Recht läßt sich sagen, *»daß die ›Paradis artificiels‹ die ›Philosophie‹ der ›Fleurs du mal‹ enthalten«* (so urteilte ein Zeitgenosse des Dichters). In der Erfahrung, daß es *»Ausnahmezustände des Geistes und der Sinne«* gibt, in denen der Mensch sich über sich selbst hinausgehoben fühlt und die ihm – da sie paradoxerweise oft gerade als Folge eines Mißbrauchs seiner körperlichen oder geistigen Kräfte eintreten – wie eine unverdiente *»Gnade«* erscheinen müssen, sieht Baudelaire die Erklärung für das, was er den *»Hang zum Unendlichen« (goût de l'infini)* nennt. Die hier verwendeten, ihres spezifisch theologischen Gehalts entleerten Begriffe, sind *per analogiam* zu verstehen; so steht *»l'infini«* bei Baudelaire für das geheimnisvolle *»Andere, zu dem sich das sehnende Streben richtet, und kann zugleich der Name für das Glücksgefühl des rauschhaften Zustandes sein, in welchem der Mensch dieses Andere ergreift oder zu ergreifen wähnt«* (G. Hess). In dem Versuch, die zeitenthobene Euphorie jener als paradiesisch empfundenen Augenblicke mit künstlichen Mitteln herbeizuzwingen, sieht Baudelaire eine *»Entartung des Unendlichkeitssinnes« (»dépravation du sens de l'infini«)*, wie er andererseits selbst in den Lastern des Menschen noch *»den Beweis (und sei es nur in ihrer grenzenlosen Expansion!) für seinen Hang zum Unendlichen«* erkennen will. Baudelaire charakterisiert die von den Narkotika erhofften Wirkungen als ein *»falsches Ideal«* und stellt damit seinen eigenen Beitrag zur Haschisch-Literatur unter das Zeichen der Moralität (was ihm FLAUBERT zum Vorwurf gemacht hat mit den Worten: *»Wissen Sie, was später einmal daraus hervorgehen wird?«*). Im dritten Kapitel der *Dichtung vom Haschisch*, das den bestechenden Titel *Das Theater der Seraphim* trägt, sehen wir ihn dennoch um eine (manchmal äußerst minuziöse) objektive Beschreibung der physiologischen und psychischen Wirkungen dieser Droge bemüht. Selbst moderne Pharmakologen bescheinigen dem Autor, daß seine Feststellungen den *»Geschmack der Genauigkeit«* haben, *»der den farbigeren Berichten anderer Schriftsteller fehlt«* (R. S. de Ropp). Baudelaire unterscheidet drei Stadien des Haschischrausches: Das erste wird gekennzeichnet durch unmotivierte Heiterkeit und eine Lockerung der Assoziationen, die die Kommunikation mit nicht unter Rauschgifteinwirkung Stehenden zunehmend erschwert. Im zweiten Stadium treten Rauschhalluzinationen auf. Baudelaire läßt keinen Zweifel daran, daß es sich hierbei nicht um echte Halluzinationen handelt: Sie setzen auf der subjektiven Seite eine rege Einbildungskraft und auf der objektiven einen Vorwand voraus. Überhaupt sind die Rauscherlebnisse *»immer... auf den besonderen Ton der Persönlichkeit gestimmt... Der Mensch wird der Bestimmung seines physischen und moralischen Temperaments nicht entwischen; das Haschisch wird für die Eindrücke und die vertraulichen Gedanken des Menschen ein Vergrößerungsspiegel sein – aber ein klarer Spiegel.«* Das dritte Stadium, von den Orientalen *kief* genannt, wird beschrieben als *»eine stille unbewegte Seligkeit, eine herrliche Resignation«*, aus der der Schmerz und die Idee der Zeit verbannt sind. Es kennzeichnet die durch Spiritualität bestimmte Denkart des Autors, daß er die nur psychologische Betrachtungsweise als unzureichend ansieht und daher im folgenden Kapitel die Analyse noch einmal aufnimmt, um – diesmal an einer *»Seele seiner Wahl«* – die vom Haschisch bedingten Modifikationen der Gefühle *(»sentiments«)* und geistigen Eindrücke *(»perceptions morales«)* zu untersuchen. Während die anfängliche Phase des Rausches durchaus mit der dichterischen Erfahrung korrespondiert – Intensivierung des Form- und Farberlebens, ein erhöhtes Verständnis für die Allegorie *(»dieses so geistige Genre, das die ungeschickten Maler uns zu verachten gewöhnt haben, das aber in der Tat eine der ursprünglichsten Formen der Poesie ist«)*, Expansion des Raum- und Zeitgefühls usw. –, gibt die aus der gesteigerten Erlebnisfülle im Menschen hervorkeimende Idee der eigenen Überlegenheit dem Haschischrausch immer mehr den Charakter einer *»siegreichen Monomanie«*. Von der *»wollüstigen Analyse«* des Gewissensbisses – *»Er bewundert seine Reue, er glorifiziert sich, während er auf dem besten Wege ist, seine Freiheit einzubüßen«* – über die Verwechslung der guten Vorsätze mit der Tat und die Gewißheit, der Bezugspunkt aller Dinge zu sein, trägt ein *»Sturm von Hochmut«* das Ich bis zur Klimax der *»Gott-Werdung«* empor.

Baudelaire beurteilt diese Form der Evasion negativ, nicht nur weil sie zur Selbsttäuschung führt und in der Ernüchterung endet, sondern wegen der *»grundsätzlichen Immoralität des Versuchs, etwas gegen nichts einzuhandeln und die Pforten des Himmels durch ein in die Hand des himmlischen Torwächters gedrücktes Trinkgeld aufzuschließen«* (E. Starkie). Man hat die Verurteilung der »künstlichen Paradiese« durch einen Dichter, der in seiner Ästhetik den Vorrang des Künstlichen vor dem nur Natürlichen verkündet, als einen Rückfall in das Moralisieren – *»der Mensch, der ihren Gebrauch verdammt, ist nicht derselbe, der ihre wunderbaren Wirkungen rühmt«* (M. Nadeau) – mißverstanden. Wenn jedoch Baudelaire die durch Rauschgifte ermöglichte Evasion als Eskapismus wertet, so nicht wegen ihrer »Künstlichkeit«, sondern insofern sie als wirklich erlebt wird und in der Schwächung des Willens *(»von allen Fähigkeiten die kostbarste«)* – die sie als Mittel zum Freisetzen schöpferischer Kräfte überdies ungeeignet erscheinen läßt – auch einen wirklichen Preis fordert. Die zentrale Bedeutung, die in Baudelaires dichterischem Werk den *»Paradieslandschaften der Erinnerung«* (Hess) und auch dem Motiv des Traums zukommt, steht daher nicht im Widerspruch zu seiner Verwerfung der »künstlichen Paradiese«, denn *»die große Neuartigkeit... seiner Poesie liegt gerade in dem stets wachen Bewußtsein der Unwirklichkeit der Evasion; in dem bewußten Werten des Künstlichen als eines Künstlichen«* (B. Fondane).

Den zweiten Teil des Werkes bildet die teils wortgetreue, teils resümierend-analytische Übersetzung der autobiographischen *Confessions of an English Opium-Eater* (1821/22) von Th. De Quincey. Baudelaire hat in einem Brief an seinen Verleger Poulet-Malassis geäußert, daß er angesichts der zahllosen Abschweifungen des Originals seine Hauptaufgabe darin sah, *»dem Resumé eine lebendige Form zu geben und Ordnung in den Text zu bringen«*. Im übrigen bewunderte er das Werk De Quinceys zu sehr, um es in seinem eigenständigen Gehalt anzutasten; man wird deshalb in *Un mangeur d'opium* vergeblich nach Aussagen über seine eigenen Erfahrungen mit dem Opium suchen, zu dessen (zeitweiligem und vorsichtig dosiertem) Gebrauch er sich in seiner Korrespondenz bekennt. Die eingestreuten Kommentare betreffen fast immer die Geistesart des englischen Autors, die er in mehr als einer Hinsicht als der seinen verwandt empfinden mußte – so wenn De Quincey in den 1845 als Ergänzung zu den *Confessions* erschienenen *Suspiria de profundis* das Gedächtnis mit einem Palimpsest vergleicht und damit einen Ansatzpunkt für eine »tiefenpsychologische« Würdigung der Kindheit gewinnt *(»Die tiefen Tragödien der Kindheit aber – Kinderarme, auf immer vom Hals ihrer Mütter losgerissen... – leben stets verborgen unter den anderen Legenden des Palimpsestes. Die Leidenschaft und die Krankheit besitzen nicht die chemische Qualität, die mächtig genug wäre, diese unsterblichen Eindrücke fortzubrennen«)* oder wenn in *»Allegorien der Traurigkeit«* sein *»einsames Denken«* im Bann der Schwermut erscheint. H.En.

Ausgaben: Paris 1860. – Paris 1928 (in *Œuvres complètes*, Hg. J. Crépet u. C. Pichois, 19 Bde., 1922–1966, 4). – Paris 1961, Hg. C. Pichois [zus. m. *La pipe d'opium. Le hachich. Le club des hachichins* v. Th. Gautier]. – Paris 1966 (GF). – Paris 1975 (in *Œuvres complètes*, Hg. C. Pichois, 2 Bde., 1; Pléiade). – Paris 1977 (Folio).

Übersetzungen: *Die künstlichen Paradiese (Opium und Haschisch)*, M. Bruns (in *Werke*, Bd. 2, Minden 1901). – *Die künstlichen Paradiese*, E. E. Schwabach, Hg. F. Blei, Mchn. 1925. – Dass., M. Bruns, bearb. v. W. Hess, Reinbek 1964 (RKl). – Dass., H. Hinderberger, Köln 1972. – Dass., dies., Zürich 1988.

Literatur: G. T. Clapton, *B. et de Quincey* (in Études Françaises, 1. 10. 1931). – A. Béguin, *L'âme romantique et le rêve*, Paris 1939, S. 376–381. – R. Hughes, *Vers la contrée du rêve. Balzac, Gautier et B., disciples de Quincey* (in MdF, 1.8. 1939, S. 545–593). – B. Fondane, *B. et l'expérience du gouffre*, Paris 1947. – G. Blin, *Recours de B. à la sorcellerie* (in G. B., *Le sadisme de B.*, Paris 1948, S. 73–100). – J. Fumet, *Préface au »Paradis artificiels« de B.* (in Âge Nouveau, 19, 1948). – G. Poulet, *Études sur le temps humain*, Paris 1950, S. 336–349. – A. Fairlie, *Some Remarks on B.'s »Poème du Haschisch«* (in *The French Mind. Studies in Honour of Gustave Rudler*, Oxford 1952, S. 291 bis 317). – G. Hess, *Die Landschaft in B.s »Fleurs du mal«*, Heidelberg 1953, S. 49–53; 99–151. – R. S. de Ropp, *Drugs and the Mind*, Ldn. 1958 (dt.: *Bewußtsein u. Rausch. Drogen u. ihre Wirkung*, Mchn. 1964, S. 57–70). – M. Butor, *»Les paradis artificiels«* (in M. B., *Répertoire*, Paris 1960, S. 114 bis 119). – P. Arnold, *B.s »Künstliche Paradiese«* (in Antaios, 2, 1960/61, S. 422–434). – A. Balakian, *Literary Origins of Surrealism. A New Mysticism in French Poetry*, Ldn./NY 1967, S. 53–61. – E. J. Mickel, *The Artificial Paradises in French Literature*, Chapel Hill 1969. – R. Stephan, *Die »Paradiese« B.s* (in R. St., *Goldenes Zeitalter und Arkadien*, Heidelberg 1971). – F. Picchi, *La droga in due esperienze parallele. B. e De Quincey*, Bologna 1974. – A. Kaehler, *Untersuchungen über B.s Drogenerfahrung*, Diss. Bln. 1976. – T. Inoué, *Une poétique de l'ivresse chez Ch. B.*, Tokio/Paris 1977.

LE SPLEEN DE PARIS

auch: *Petits poèmes en prose* (frz.; *Pariser Spleen*, auch: *Kleine Prosagedichte*). Prosagedichte von Charles BAUDELAIRE, erschienen 1869. – Noch im Erscheinungsjahr der *Fleurs du mal* (1857) plante Baudelaire die Abfassung eines Bandes mit Prosagedichten als »Gegenstück« zu seinem Gedichtzyklus und veröffentlichte im August desselben Jahres in der Zeitschrift ›Le Présent‹ zunächst sechs Prosagedichte unter dem Titel *Poèmes nocturnes*. Für weitere Einzeldrucke in Zeitschriften dachte er in den folgenden Jahren nacheinander an verschiedene Titel, darunter an *Petits poèmes en prose* und *Le spleen de Paris*. Für welche Überschrift er sich endgültig entschieden hätte, ist ebenso ungewiß wie die von ihm gewünschte Auswahl und Anordnung der Gedichte, denn eine vollständige Ausgabe der fünfzig vorhandenen Stücke erschien erstmals 1869, zwei Jahre nach seinem Tod. Die zahlreichen Pläne und Entwürfe zu weiteren Prosagedichten bezeugen zudem den fragmentarischen Charakter dieser Sammlung.

Die Grenzen des Versgedichts scheinen Baudelaire vor allem bei seinem Versuch, in den *Tableaux parisiens* der *Fleurs du mal* Szenen und Eindrücke aus dem Pariser Großstadtmilieu wiederzugeben, bewußt geworden zu sein. Die Dissonanzen der modernen Welterfahrung waren nicht länger mit den traditionellen *»Mitteln der Rettung«* (H. Friedrich), mit Reimklängen und strengem Strophenbau, zu bannen. Es galt, neue sprachliche Ausdrucksmöglichkeiten für die Darstellung des spezifisch »Modernen« der Großstadtwelt zu finden, für jene Mischung aus Banalität und »bizarrer« Schönheit, wie er sie in den Stichen von Constantin Guys verwirklicht fand *(Le peintre de la vie moderne)*. So ersann Baudelaire eine poetische Prosa, deren evokative Wirkung allein aus der Wahl der Bilder und ihrer syntaktischen Anordnung, aus einer der Sprache inhärenten Musikalität, hervorgehen sollte. Dabei war er sich der Originalität seines Vorhabens bewußt. Zwar nennt er in der 1862 entstandenen Widmung an Houssaye ein Werk von Aloysius BERTRAND, *Gaspard de la nuit* (1842), als unmittelbares Vorbild, doch nur, um sogleich den grundsätzlichen Unterschied zu pointieren: Er habe sich des Verfahrens, das Bertrand auf die Darstellung des *»pittoresken Lebens der Vergangenheit«* angewendet habe, zur Beschreibung eines *»ganz bestimmten modernen und viel abstrakteren Lebens«* bedient, wie es der *»Aufenthalt in den riesigen Weltstädten, wo unzählige Begegnungen sich kreuzen«* vor Augen führe.

So stellt das zeitgenössische Paris mit seinen Asphaltwüsten, Cafés, Parks und Jahrmärkten, mit seinem Kutschengerassel und Menschengewühl, den Hintergrund für eine Gruppe von Prosagedichten dar, in denen der Dichter als distanzierter Zuschauer, als *»promeneur solitaire et pensif«*, einzelne Szenen aus dem Großstadtalltag einfängt. Eine alte Frau fällt ihm auf, deren Häßlichkeit selbst dem Kleinkind Schrecken einflößt *(Les désespoir de la vieille)*, eine Witwe zieht in ihrer majestätischen Trauer sein Augenmerk auf sich *(Les veuves)*, er beobachtet die Spiele und Streitereien der Kinder oder belauscht ihre Erzählungen *(Le joujou du pauvre, Le gâteau, Les vocations)*, er schildert das Elend des Alters und der Armut *(Le vieux saltimbanque, Les yeux des pauvres, Les fenêtres, Assommons les pauvres!)*. Doch solche Szenen aus dem Pariser Leben bilden nur einen kleinen Teil der Prosagedichte. Die Sammlung zeichnet sich gerade durch die Vielfalt der wiedergegebenen Erlebnisse, Beobachtungen, Stimmungen, Reflexionen und Traumvorstellungen aus. Diesem thematischen Reichtum entspricht die breite Skala der Formen, der Wechsel der Töne, dessen Kontrastwirkung von Baudelaire als Mischung des *»Erschreckenden mit dem Buffonesken«* intendiert war. *Le spleen de Paris* kennt nicht den strengen Aufbau der *Fleurs du mal*. Betrachtungen und lyrische Stimmungsbilder *(Les foules, La solitude, Le crépuscule du soir)* stehen neben Märchen und Phantasien *(Les dons des fées, Les bienfaits de la lune)*, Anekdoten und Parabeln *(Le miroir, Le mauvais vitrier, Le chien et le flacon, L'horloge)* wechseln mit Liebesgedichten *(Un hémisphère dans une chevelure, Le désir de peintre)*, mit Allegorien *(Le thyrse, Les tentations)* oder phantastischen Erzählungen ab, die den Einfluß E. T. A. HOFFMANNS und E. A. POES erkennen lassen *(Le joueur généreux, Une mort héroïque)*.

Weitaus die meisten Prosagedichte umreißen die leidvolle Existenz des Künstlers, sein ungestilltes Verlangen nach dem Unendlichen wie sein »Duell« mit der Schönheit, in welchem er *»vor Schrecken *schreit, bevor er unterliegt« (Le CONFITEOR de l'artiste)*. Der Künstler erscheint als der Einsame und Fremde *(L'étranger)*, unverstanden von der Menge *(Le chien et le flacon)* wie von der Geliebten, die den in den Anblick der Wolken Versunkenen, in denen er Symbole des Unendlichen wahrzunehmen glaubt, brüsk in die Trivialität des Alltags zurückreißt *(La soupe et les nuages)* oder ihn wie einen *»in der Falle gefangenen Wolf... im Grabe des Ideals«* gefesselt hält *(Laquelle est la vraie?)*. Die Dialektik von »Ideal« und »Spleen«, von Aufschwung und Absturz, ein Grundzug der *Fleurs du mal*, herrscht auch in den Prosagedichten vor. So glaubt sich der Dichter im ersten Teil von *La chambre double* unter der Einwirkung von Haschisch in einer *»magischen Welt«*. Sein Zeitgefühl ist ausgeschaltet, und er erlebt glückselige Stunden in einem »vergeistigten« Raum voller Harmonie. Das jähe Erwachen steigert den schneidenden Kontrast zwischen Traum und Wirklichkeit bis zum körperlichen Schmerz: *»Weh! Ja! Die Zeit ist wieder erschienen... sie übt ihre rohe Gewaltherrschaft wieder aus. Und sie stößt mich, als ob ich ein Ochse wäre, mit ihrem Doppelstachel vorwärts. – He! Vorwärts, alter Esel! Schwitz nur, Sklave! Leb' doch, Verdammter!«* (Ü.: W. Küchler). Die Flucht in die *»künstlichen Paradiese«*, in den Rausch von Wein oder Haschisch *(Enivrez-vous!)*, mißlingt ebenso wie der Versuch, aus dem »Hospital« des Alltagslebens, dem *»Aufenthalt des ewigen Ennui«*, in ferne Länder auszubrechen *(L'invitation au voyage, Déjà!)*.

Die Kunst allein scheint Möglichkeiten der Rettung zu bieten. So preist Baudelaire in *Le thyrse* Franz Liszt als den *»Bacchuspriester der geheimnisvollen und leidenschaftlichen Schönheit«*, so erzählt er in *Une mort héroïque* das Ende des Hofnarren Fancioulle, der, einer Verschwörung wegen zum Tode verurteilt, im Angesicht seiner Henker zur höchsten Vollkommenheit komödiantischer Kunst gelangt: *»Fanciullo bewies mir, auf unumstößliche, unwiderlegliche Art, daß der Rausch der Kunst besser als jeder andere die Schrecken des Abgrundes zu verhüllen vermag...«* Doch für den im Kampf um das Ideal unterlegenen Dichter bleibt wie in den *Fleurs du mal* als letzter Ausweg der Tod, die *»göttliche Ruhe«*, das *»einzige wahre Ziel des verabscheuungswürdigen Lebens« (Le tir et le cimetière)*.

Bei aller thematischen Nähe zu den *Fleurs du mal*, die auch in zahlreichen sadistischen und misogynen Zügen zum Ausdruck kommt *(Le mauvais vitrier, La femme sauvage et la petite maîtresse, Portraits de maîtresses, Le galant tireur)*, erreichen die Prosagedichte durch den hohen Anteil an erzählerischen Elementen eine größere Objektivierung der individuellen Lebensproblematik des Dichters. Die epische Distanz kommt dem Hang zur »Entpersönlichung« der modernen Lyrik entgegen (H. Friedrich). Vorzüglich in solchen Stilmischungen, in der Hereinnahme des Epischen in die Lyrik, der Alltagsprosa in die Poesie, ist die bahnbrechende Leistung Baudelaires in seinen Prosagedichten zu sehen. Von RIMBAUD in den *Illuminations* (1872 bis 1874) über die Grenzen der logischen Verstehbarkeit hinausgeführt, wurde die neugeschaffene Form des *poème en prose* sodann durch Alfred JARRY, Léon-Paul FARGUE, Max JACOB, André BRETON, Francis PONGE, Henri MICHAUX und René CHAR zu einer bevorzugten Gattung der modernen Lyrik. H.Ei.

AUSGABEN: Paris 1869 (in *Œuvres complètes*, Hg. Ch. Asselineau u. Th. de Banville, 7 Bde., 1868 bis 1870, 4). – Paris 1913, Hg. A. Van Bever; [2]1917. – Paris 1926 (in *Œuvres complètes*, Hg. J. Crépet u. C. Pichois, 19 Bde., 1922–1966, 3). – Paris 1934, Hg. Daniel-Rops. – Paris 1962, Hg. H. Lemaître (Class. Garn). – Paris 1967, Hg. M. A. Ruff (GF). – Paris 1969, Hg. R. Kopp [krit.]. – Paris 1973. – Paris 1975 (in *Œuvres complètes*, Hg. C. Pichois, 2 Bde., 1; Pléiade). – Paris 1979, Hg. M. Milner.

ÜBERSETZUNGEN: *Novellen und kleine Dichtungen in Prosa*, M. Bruns (in *Werke*, Hg. ders., Bd. 1, Minden 1904). – *Gedichte in Prosa*, C. Hoffmann, Lpzg. o. J. [1914]. – *Kleine Gedichte in Prosa*, D. Bassermann, Bln. 1920; ern. 1947. – *Le Spleen de Paris*, D. Roser, Tübingen/Stg. 1946. – *Prosadichtungen*, W. Küchler, Heidelberg 1947; [3]1974. – *Zwanzig Gedichte in Prosa*, U. F. Müller, Mchn. 1973 (frz.-dt.; Ausw.; dtv). – *Kleine Gedichte in Prosa*, C. Fischer, Mchn. 1979 [frz.-dt.]. – Dass., F. Kemp (in *SW*, Hg. ders. u. C. Pichois, 8 Bde., 8, Mchn. 1985).

LITERATUR: R. De Bury, *Enquête sur le poème en prose* (in Mercure, 145, 1921, S. 493 f.). – F. Rauhut, *Das französische Prosagedicht*, Hbg. 1929. – G. Streit, *Die Doppelmotive in B.s »Fleurs du mal« und »Petits poèmes en prose«*, Zürich 1929. – Daniel-Rops, *B., poète en prose* (in La Grande Revue, Okt. 1931, S. 534–555). – Ch. Schröer, *Les Petits poèmes en prose von B.*, Lpzg. 1935. – R. Fernandat, *Les poèmes en prose d'Aloysius Bertrand et de B.* (in Muse Française, 15. 10. 1936, S. 350–359). – A. Chérel, *La prose poétique française* Paris 1940. – R. Lefebvre, *Essai sur le poème en prose*, Brüssel 1942. – G. Blin, *Introduction aux »Petits poèmes en prose«* (in G. B., *Le sadisme de B.*, Paris 1948, S. 143–177). – Y.-G. Le Dantec, *Sur le poème en prose* (in RDM, 1. 10. 1948, S. 760–766). – J. H. Bornecque, *Les poèmes en prose de B.* (in Inf. litt, 5, 1953, S. 177–182). – P. J. Jouve, *Le Spleen de Paris* (in MdF, 1. 11. 1954, S. 32–39). – W. Benjamin, *Über einige Motive bei B.* (in W. B., *Schriften*, Bd. 1, Ffm. 1955). – M. A. Ruff, *B. et le poème en prose* (in ZfrzSp, Januar 1967, S. 116–132). – H. Friedrich, *B.* (in H. F., *Die Struktur der modernen Lyrik*, Hbg. 1956, S. 25–43; [9]1966, S. 35–58). – S. Bernard, *Le poème en prose de B. jusqu'à nos jours*, Paris 1959. – P. Citron, *La poésie de Paris dans la littérature française de Rousseau à B.*, Paris 1961. – F. Nies, *Poesie in prosaischer Welt. Untersuchungen zum Prosagedicht bei Aloysius Bertrand und B.*, Heidelberg 1964. – R. Guiette, *B. et le poème en prose* (in Revue Belge de Philologie et d'Histoire, 42, 1964, S. 843–852). – C. Mauron, *Le dernier B.*, Paris 1966; ern. 1986. –

R. T. Cargo, *Concordance to B.'s »Petits poèmes en prose«*, Alabama Univ. Press 1971. – R. Theis, *B.s Begründung des »Petit poème en prose«* (in R. T., *Zur Sprache der ›cité‹ in der Dichtung*, Ffm. 1972, S. 131–145). – *Analyses et réflexions sur la poésie moderne dans »Le spleen de Paris« »Petits poèmes en prose« de B.*, Paris 1976. – K. Biermann, *B.s »Petits poèmes en prose«* (in Lendemains, 3, 1978, S. 117–124). – A. Fairlie, *Observations sur les »Petits poèmes en prose«* (in A. F., *Imagination and Language*, Ldn./NY 1981, S. 150–175). – D. Aynesworth, *Humanity and Monstrosity in »Le spleen de Paris«* (in RomR, 73, 1982, S. 209–221). – B. Wright u. D. H. T. Scott, *B., »La Fanfarlo« and »Le spleen de Paris«*, Ldn. 1984. – J. Monroe, *B.'s Poor. The »Petits poèmes en prose« and the Social Reinscription of the Lyric* (in SFR, 9, 1985, S. 169–188). – E. Adatte, *»Les fleurs du mal« et »Le spleen de Paris«: essai sur le dépassement du réel*, Paris 1986. – J. A. Hiddleston, *B. and »Le spleen de Paris«*, Oxford 1987.

ALOYSIUS BERTRAND

eig. Louis-Jacques-Napoléon Bertrand

* 20.4.1807 Ceva / Piemont
† 29.4.1841 Paris

LITERATUR ZUM AUTOR:

C. Sprietsma, *Louis B., dit Aloysius B.*, Paris 1926. – P. Moreau, *La tradition française du poème en prose avant B.*, Paris 1959. – S. Bernard, *Le poème en prose de Baudelaire jusqu'à nos jours*, Paris 1959. – M. Parent, *Saint John Perse et quelques dévanciers*, Paris 1960. – F. Nies, *Poesie in prosaischer Welt*, Heidelberg 1964. – F. Rude, *B.*, Paris 1971. – H. Corbat, *Hantise et imagination chez A. B.*, Paris 1975.

GASPARD DE LA NUIT. Fantaisies à la manière de Rembrandt et de Callot

(frz.; *Gaspard de la Nuit. Phantasien nach der Art Rembrandts und Callots*). Sammlung von Prosagedichten von Aloysius BERTRAND, erschienen 1842. – Obwohl der romantische Dichterkreis in Paris die zum Teil schon einzeln in Zeitschriften veröffentlichten Gedichte begeistert las und SAINTE-BEUVE für die erste Buchausgabe eine ausführliche Einführung schrieb, blieb das eigentümliche Werk fast unbekannt, bis BAUDELAIRE in der Vorrede von 1868 zu seinem *Spleen de Paris* Bertrand als einen Vorläufer der *L'art pour l'art*-Dichtung ehrte und bekannte: *»Als ich, mindestens zum zwanzigsten Mal, den herrlichen ›Gaspard de la Nuit‹ durchblätterte ... ist mir der Gedanke gekommen, etwas Ähnliches zu versuchen und auf die Beschreibung des modernen Lebens oder vielmehr eines modernen und abstrakten Lebens das gleiche Verfahren anzuwenden, das er auf die so seltsam malerische Darstellung des Lebens früherer Zeiten angewendet hat.«*

Die Sammlung besteht aus bildhaften »kleinen Prosagedichten«, einer Mischform zwischen dichterischer Prosa und freiem Vers, die in der Romantik vereinzelt verwendet wurde (z. B. von CHATEAUBRIAND). Bertrand, der erstmals ein ganzes Buch dieser neuen literarischen Gattung widmete, kann als ihr eigentlicher Initiator gelten. In der Einführung erzählt der Autor, daß er eines Tages einem seltsamen Dichterling begegnet sei, der ihm von seinen mystischen Forschungen über das Wesen der Kunst erzählt habe. Plötzlich sei dieser geheimnisvolle Gaspard de la Nuit spurlos verschwunden, habe ihm aber ein Manuskript hinterlassen, das den Titel trug »Fantaisies à la manière de Rembrandt et de Callot«. In diesem Gaspard, der trotz aller Nachforschungen unauffindbar bleibt, schildert Bertrand, Prototyp des armen verkannten Poeten, sich selbst; die nachfolgenden Gedichte hingegen enthalten kaum autobiographische Züge. In einem zweiten, mit »Gaspard de la Nuit« unterzeichneten Vorwort versucht der Dichter, den ungewöhnlichen Charakter seines Werks damit zu erklären, daß er es zur bildenden Kunst in Beziehung setzt. Die Gedichte seien bewußt im Rembrandtschen Geist geschaffen und wollen gemäldehafte Wirkungen erzielen. Der Untertitel ist also keineswegs nur eine spielerische Nachbildung von E. T. A. HOFFMANNS *Phantasiestücken in Callots Manier*, sondern verkündet ein Programm.

Das Werk ist in sechs Bücher, jeweils sieben bis elf Prosagedichte umfassend, eingeteilt: *Flämische Schule, Das alte Paris, Die Nacht und ihr Blendwerk, Die Chroniken, Spanien und Italien, Sylvae*. In einem Anhang folgen noch *Einzelne Stücke, dem Portefeuille des Autors entnommen*. Die Gedichte, denen jeweils ein Zitat als Motto vorangestellt ist, haben fast alle die gleiche Struktur; sie bestehen aus sechs »Strophen« *(couplets)* von meist nur drei bis vier Zeilen. Diese knappe Form erfordert äußerste Dichte der Darstellung und sprachliche Präzision. Die Stoffe entstammen durchweg dem Arsenal der Romantik und sind oft von Victor HUGO übernommen. Gotische Dome und Erker, Teufel und Hexen, Alchimisten und Salamander, Narren und Gespenster, Ritter und Zigeuner werden eindringlich beschworen und gemahnen an die Zauberwelt NODIERS und E. T. A. Hoffmanns.

Größere Bedeutung noch als dem Inhalt kommt den formal-stilistischen Prinzipien des Werks zu. Bertrands Wiederbelebung und Neuschöpfung seltener und prägnanter Ausdrücke in der Absicht, *»die französische Sprache vor dem Verfall in philosophisch abstrakte Verflachung zu retten und den gewählten seltenen Ausdruck zu pflegen, um besondere Wirkungen von Klang, Farbe und Plastizität zu erzielen«* (C. Asselineau), ließen ihn zu einem Wegbereiter der Wortkunst des 19. und 20. Jh.s (MALLARMÉ, BANVILLE, HUYSMANS, Stefan GEORGE) werden. KLL

Ausgaben: Paris 1842 [Vorw. C.-A. Sainte-Beuve]. – Paris/Brüssel 1868, Hg. C. Asselineau. – Paris 1920 [Anm. E. Port]. – Paris 1925, Hg. B. Guégan [krit.]. – Paris 1953, Hg. R. Prévost. – Paris 1962, Hg. J. Palon. – Paris 1972. – Paris 1980.

Übersetzungen: *Junker Voland. Phantasie in der Art von Rembrandt und Callot*, P. Hansmann, Mchn. 1911. – *Gaspard de la Nuit*, J. Buchmann, Ffm. 1978 (ill.). – Dass., C. Schad, Stg. 1982.

Literatur: A. Breton, *»Gaspard de la Nuit« par L. B.* (in NRF, N. S., 7, 1920, 84). – F. Rauhut, *Das franz. Prosagedicht*, Hbg. 1929, S. 13–22. – F. Banner, *A. B.s »Gaspard de la Nuit« als Wortkunstwerk*, Diss. Mchn. 1931. – A. Lebois, *Aloysius, le malaimé* (in A. L., *Admirable 19e siècle*, Paris 1958, S. 51–65). – R. R. Hubert, *The Cult of the Visible in »Gaspard de la Nuit«* (in MLQ, 25, 1964, S. 76–85). – A. Detalle, *Du procédé descriptif à l'imagination libérée. »Gaspard de la nuit«* (in A. D., *Mythes, merveilles et légendes dans la poésie française de 1840 à 1860*, Paris 1976, S. 51–58). – G. Vanhese Cichetti, *L'archaisme stylistique dans »Gaspard de la nuit«* (in Micromégas, 6, 1979, S. 1–25). – K. Slott, *B.s »Gaspard de la nuit«* (in Francofonia, 8, 1985, S. 69–92). – R. Sieburth, *»Gaspard de la nuit«* (in Studies in Romantisme, 24, 1985, S. 239–255). – R. Blanc, *La quête alchimique dans l'œuvre d'A. B.*, Paris 1986.

LÉON-HENRI-MARIE BLOY

* 11.7.1846 Périgueux
† 3.11.1917 Bourg-la-Reine

Literatur zum Autor:
Bibliographien:
J. Bollery, *L. B., Essai de bibliographie avec de nombreux documents inédits*, Paris 1947 ff. – G. Dotoli, *Situation des études bloyennes. Suivie d'une bibliographie de 1950–1969*, Paris 1970.
Zeitschrift:
Cahiers L. B., La Rochelle 1924–1952; Nachdr. Genf 1973.
Gesamtdarstellungen und Studien:
J. Bollery, *L. B.*, 3 Bde., Paris 1947–1954. – A. Béguin, *B. mystique de la douleur*, Paris 1948. – M.-J. Lory, *La pensée religieuse de L. B.*, Paris 1951. – G. Cattaui, *L. B.*, Paris 1954. – J. Steinmann, *L. B.*, Paris 1956. – R. Barbeau, *Un prophète luciférien, L. B.*, Paris 1957. – J. Petit, *L. B.*, Paris 1966. – S. Fumet, *L. B., captif de l'absolu*, Paris 1967. – R. E. Hager, *B. et l'évolution du conte cruel*, Paris 1967. – G. Vigini, *B. pellegrino dell'assoluto*, Mailand 1972. – R. Bessède, *La crise de la conscience catholique dans la littérature et la pensée française à la fin du 19e siècle*, Paris 1975, S. 500–611. – B. Sarrazin, *La Bible en éclats*, Paris 1977. – J. Petit, *L'expression de la violence chez L. B.* (in *Hommages à J. Petit*, Hg. M. Malicet, Paris 1985, S. 339–389). – J. Vier, *L. B. ou le pont sur l'abîme*, Paris 1986.

LA FEMME PAUVRE Épisode contemporaine

(frz.; *Die Armut und die Gier*). Roman von Léon-Henri-Marie Bloy, erschienen 1897. – Von seiner Verheiratung (1890) mit Johanne Molbeck, der Tochter eines dänischen Dichters, bis zu seinem Tode lebte Léon Bloy in großer Armut, die er durch sein unglückseliges, auch gegenüber Wohlmeinenden kraß abweisendes Wesen selbst verschuldet hatte. Dieses tiefe Elend wurde zum mystischen Grunderlebnis seines fanatischen Katholizismus und zum eigentlichen Thema des rückhaltlos autobiographischen Romans *La femme pauvre*.
Isidor Chapuis, ein heruntergekommener Trunkenbold, lebt mit seiner einst schönen, jetzt alternden und ihm nur noch lästigen Frau in trostloser Dürftigkeit dahin. Um sich einige Einkünfte zu verschaffen, beschließt er, Clotilde, die Tochter seiner Frau aus einer ihrer zahlreichen früheren Verbindungen, ein kindliches, frommes Geschöpf, einem bekannten Maler namens Gacougnol als Aktmodell zur Verfügung zu stellen. Clotilde, deren Engelhaftigkeit die materielle Misere und die Verderbtheit ihrer Eltern bisher nichts haben anhaben können, weigert sich, der unbefangenen Aufforderung des Malers, sich zu entkleiden, nachzukommen, und bricht tränenüberströmt zusammen. Der erschütterte Gacougnol verschafft ihr daraufhin eine Zuflucht, die sie dankbar annimmt, und stellt ihr einige seiner Freunde vor, darunter den Miniaturenmaler Leopold, in vielen Zügen ein Selbstporträt Bloys. Als Chapuis und seine Frau sehen müssen, wie ihr Lockvogel ihnen entfremdet wird, fordern sie Clotilde zurück. Gacougnol macht sich jedoch an Clotildes Stelle auf den Weg, um zu vermitteln, und wird von dem heimtückischen Chapuis erschlagen.
Der zweite Teil des Buches setzt fünf Jahre später ein. Clotilde hat inzwischen Leopold geheiratet. Als dieser, den die ekstatische Frömmigkeit seiner Frau dem christlichen Glauben zurückgewonnen hat, wegen eines Augenleidens seinen Beruf nicht mehr ausüben kann, bricht für das Ehepaar eine Zeit grauenhafter Entbehrungen an, in deren Verlauf ihr Sohn Lazarus Hungers stirbt. Allen Widrigkeiten trotzen sie mit stoisch-christlichem Gleichmut, in ständiger Hoffnung auf die erlösende Auferstehung nach dem Tode. Leopold kommt, als er eben ein Buch, an dem er schrieb, fertiggestellt hat, bei Rettungsarbeiten während des Brands der Pariser Oper ums Leben, und Clotilde wird, armselig und mittellos, aber unbeirrt die Nachfolge Christi auf sich nehmend, aus eigenem Entschluß Bettlerin.

Bloy führte mit seiner Familie bewußt ein Leben in vollständiger Armut. Selbst die Episode des Romans, die den Hungertod des Kindes schildert, beruht auf eigenen Erfahrungen. Wie in *Le désespéré*, 1896 *(Der Verzweifelte)*, wird das Elend der frommen Armen als Heimsuchung Gottes interpretiert, mit dem Unterschied allerdings, daß dieser Roman stärker mit symbolischen Exkursen und großartigen, hymnischen Ausbrüchen eines radikalen Glaubens durchsetzt ist als die früheren Arbeiten. Bloys Sehnsucht nach einem fraglosen, alle Erfahrung übersteigenden Absoluten wird vollends deutlich. *»Bloy ist durch eine Kette von Ausdrucksexplosionen einer durch und durch verwirrten Existenz gejagt worden, vor lauter Panik darüber, daß sich das Absolute auf alle seine magischen Beschwörungen hin ihm genau so versagte wie denen, die von vornherein jede religiöse Sinngebung leugneten«* (K. A. Götz). E.He.

AUSGABEN: Paris 1897. – Paris 1948. – Paris 1956. – Paris 1962. – Paris 1972 (in *Œuvres*, Hg. J. Bollery u. J. Petit, Bd. 7). – Paris 1980 (Folio). – Paris 1983 (10/18).

ÜBERSETZUNGEN: *Clotilde Maréchal*, H. Jacob, Lpzg. 1931. – *Das Wrack der Finsternis. Clotilde Maréchal*, H. Jacob, Wien 1933. – *Die Armut und die Gier. Eine zeitgenössische Episode*, C. ten Holder, Stg. 1950.

LITERATUR: R. Martineau, *Un personnage de »La femme pauvre«* (in MdF, 1. 8. 1928). – D. O'Donnell [d. i. C. C. O'Brien], *Maria Cross. Imaginative Patterns in a Group of Modern Catholic Writers*, Ldn. 1953, S. 203–222; NY [2]1963. – J. Bollery, *L. B.*, Bd. 3, Paris 1954. – *Christliche Dichter der Gegenwart*, Hg. H. Friedrich u. O. Mann, Heidelberg 1955. – E. Beaumont, *B. and Mystical Feminism in the Earlier 19th Century* (in The Downside Review, 26, 1958, 246, S. 378–400). – A. Frescaroli, *Il senso del dolore e della povertà nell'opera di B.* (in Vita e Pensiero, 43, 1960, S. 324–328). – E. Beaumont, *»La femme pauvre« and Feminine Mythology* (in *Studies in French Literature presented to H. W. Lawton*, Manchester 1968, S. 29–49). – J. Bollery, *Genèse et composition de »La femme pauvre« de B.*, Paris 1969.

PÉTRUS BOREL

eig. Joseph-Pierre Borel d'Hauterive

* 26.6.1809 Lyon

† 14.7.1859 Mostaganem / Algerien

LITERATUR ZUM AUTOR:
A. Marie, *P. B., le lycanthrope*, Paris 1922; Faks. Genf 1967. – E. Starkie, *P. B. The Lycanthrope. His Life and Times*, Ldn. 1953. – A. Breton, *P. B.* (in A. B., *Anthologie de l'humour noir*, Paris 1969, S. 101–109). – R. Sabatier, *B. le lycanthrope* (in R. S., *La poésie du 19e siècle*, 1, Paris 1977). – J.-L. Steinmetz, *B., un auteur provisoire*, Lille 1986.

CHAMPAVERT. Contes Immoraux

(frz.; *Champavert. Unmoralische Geschichten*). Erzählungen von Pétrus BOREL, erschienen 1833. – Der Band vereint sechs Erzählungen, die von einer *Notice* eingeleitet werden und mit einem Bericht über die näheren Umstände von Champaverts Selbstmord enden. Borel, der sich selbst den Beinamen »Lykanthrop« (Wolfsmensch) gab, spielt in dieser Sammlung mit den gängigen Elementen der Schauerromantik, die bereits auf dem Titelblatt der Erstausgabe vereint waren: eine Guillotine steht für den makabren Geschmack an Leid und Tod, ebenso ein Totenschädel; die Verbindung von Liebe und Tod signalisiert das Bild eines Fährmanns (Charon), der eine nackte Frau ertränkt. Das Vorwort gibt sich als Einleitung des Herausgebers der Werke Champaverts aus, der sich unter mysteriösen Umständen auf einem Pferdeschlachthof das Leben genommen habe. Die nachgezeichnete Biographie des fiktiven Autors entspricht dabei in groben Zügen derjenigen Borels.
Die erste Geschichte, *Monsieur de L'Argentière, l'accusateur*, variiert einen der Lieblingstopoi der *»Schwarzen Romantik«* – die *»verfolgte Unschuld«* (M. Praz): Eine junge, unschuldige Frau wird nach einer Vergewaltigung schwanger und tötet das Kind. Sie wird festgenommen, unter grausig-genau geschilderten Umständen gefangengehalten und endet schließlich auf dem Schafott. Höhepunkt der Perversion: der Vergewaltiger, der königliche Ankläger selbst, wohnt sadistisch-genießerisch der Hinrichtung bei. Vorbild dieser Geschichte ist Victor HUGOS *Le Dernier jour d'un condamné* (1828), ein leidenschaftliches Plädoyer gegen die Todesstrafe. – *Jacquez Barraou, le charpentier* spielt in Havanna und berichtet von einer grausam endenden Dreiecksgeschichte. Die nächste Erzählung, *Don Andréa Vésalius, l'anatomiste* entführt den Leser in die Welt des spätmittelalterlichen Madrid. Der Anatom Don Andréa tötet die Liebhaber seiner jungen Frau, um an ihren Körpern die grausigsten anatomischen Experimente durchzuführen. Die junge Frau entdeckt die Leichen ihrer Geliebten, stirbt vor Entsetzen und wird schließlich selbst von ihrem Mann zerstückelt. – Die Atmosphäre der unheimlichen und blutigen Voodoo-Kulte Jamaikas thematisiert die Erzählung *Three fingered Jack, l'obi*, die sich wiederum an einem Text Victor Hugos, *Bug-Jargal* (1832), orientiert. – *Dina, la belle juive* spielt erneut im späten Mittelalter, in Lyon. Die schöne Jüdin Dina, eine Vorläuferin der dekadenten Damen mit den überfeinerten Nerven, wird von einem Fährmann vergewaltigt, der vorgibt, sie aus dem Wasser gezogen zu haben, um so die aus-

gesetzte Belohnung zu kassieren. – Die Erzählung von *Passereau, l'écolier* kreist um die Phantastereien eines jungen Studenten: er bringt seine angeblich untreue Geliebte um, duelliert sich mit dem Liebhaber und bittet schließlich den Henker in manieriert-höflicher Sprache um den Tod. – In der letzten Novelle, *Champavert, le lycanthrope*, werden die im Vorwort bereits angedeuteten Umstände von Champaverts Selbstmord in extenso ausgebreitet und mit Versatzstücken des romantischen Horrorkabinetts (Leichenschändung, Mord, Selbstmord in ekelhaftem Szenarium) ausgeschmückt.
Wie bereits die knappen Inhaltsangaben erkennen lassen, vereint Borel, wie in einem Brennglas konzentriert, viele der romantischen Themen und Motive: Exotismus und Lokalkolorit, Mittelalter und Ruinenpoesie, romantisches Freiheitsstreben und tiefe *»maladie du siècle«*, outrierte Liebe und vor allem romantische Ironie. Borel ist als Autor stets auch distanzierter (vgl. die fingierte Herausgebertätigkeit) und kommentierender Beobachter seines eigenen literarischen Diskurses. Mit seinen Themen steht er in der Nachfolge de SADES; mit seinen Stilmitteln (Neologismen, Fachvokabular, Vermischung mehrerer Sprachen, abgelegene Semantik, verschachtelte Syntax) und mit seinem dezidierten Bemühen um Schock, um *»stupore«*, ganz in der Tradition des literarischen Manierismus. U.Pr.

AUSGABEN: Paris 1833. – Paris 1922 (in *Œuvres complètes*, Bd. 2, Hg. A. Marie; m. Vorw. u. Anm.; Faks. Genf 1967). – Paris 1979. – Paris 1985, Hg. u. Anm. J.-L. Steinmetz.

LITERATUR: C. A. Sainte-Beuve, *Premiers lundis*, Paris 1875. – M. Praz, *Liebe, Tod und Teufel*, Mchn. 1981, S. 134–139 (dtv).

PAUL BOURGET

* 2.9.1852 Amiens
† 25.12.1935 Paris

LITERATUR ZUM AUTOR:
J. Saueracker, *B. und der Naturalismus*, Breslau 1936. – E. Seillière, *P. B., psychologue et sociologue*, Paris 1937. – A. Feuillerat, *P. B., histoire d'un esprit sous la IIIe République*, Paris 1937. – L. J. Austin, *P. B., sa vie et son œuvre jusqu'en 1889*, Paris 1940. – S. Pelletier, *La nature et la grâce chez P. B.*, Montreal/Ottawa 1940. – M. Mansuy, *Un moderne: B.*, Paris 1960. – V. Brombert, *The Intellectual Hero*, Philadelphia 1961. – A. Singer, *B.*, Boston 1976 (TWAS).

LE DISCIPLE

(frz.; *Ü: Der Schüler*). Roman von Paul BOURGET, erschienen 1889. – Das Werk ist eine mit wissenschaftlicher Genauigkeit verfaßte Studie über die unheilvollen Auswirkungen, die die Theorie eines berühmten Denkers haben kann, wenn einer seiner Schüler sie in der Praxis konsequent anwendet. – Charlotte de Jussand hat sich vergiftet. Der junge Hauslehrer der Familie, Robert Greslou, wird unter Mordverdacht verhaftet. In seiner Zelle schreibt er eine Rechtfertigung, die er seinem verehrten Lehrer, Adrien Sixte, durch seine Mutter zustellen läßt. Der bestürzte Gelehrte erkennt bei der Lektüre mit tiefer Erschütterung, daß er durch seine Lehren die Katastrophe indirekt verschuldet hat. Robert hat die junge Charlotte systematisch verführt; der Wille, die aus seiner niedrigen Herkunft resultierenden Minderwertigkeitskomplexe zu kompensieren, ist dabei die treibende Kraft gewesen. Aber es ging ihm vor allem darum, seinem Lehrer zu beweisen, daß man auch im Leben nach der Methode der empirischen Psychologie vorgehen könne. Wie ein experimentierender Wissenschaftler notierte er täglich die Ergebnisse seiner Unternehmung. Daß er sich in sein Opfer verliebte, führte jedoch zu Komplikationen, die ihn überwältigten. Bevor Charlotte Roberts Drängen nachgab, hatte sie mit ihm verabredet, daß sie gemeinsam aus dem Leben scheiden würden. Als er dazu jedoch nach der Liebesnacht nicht mehr bereit war, die enttäuschte Charlotte zudem noch seine Aufzeichnungen fand, aus denen hervorging, daß sie nur das Versuchsobjekt eines anfänglich leidenschaftslos betriebenen Experiments war, beging sie Selbstmord. – Robert bereut zutiefst und unternimmt nichts zu seiner Verteidigung. André, Charlottes Bruder, der die wirklichen Zusammenhänge ahnt, enthüllt vor dem Gericht zwar Roberts Unschuld, schießt ihn aber nach seiner Freilassung nieder, weil er ihn für den Tod seiner Schwester verantwortlich macht. Während Roberts Mutter an der Leiche ihres Sohnes wacht, kommen seinem vom Gefühl der Mitschuld gepeinigten Lehrer, dem Atheisten Sixte, die ersten Worte des Vaterunsers wie von selbst über die Lippen.
Der Roman, dem vor allem Bourget den Ruf verdankt, nach STENDHAL einer der bedeutendsten Vertreter des psychologischen Realismus in der französischen Romanliteratur zu sein, ist eine leidenschaftliche Anklage gegen den wissenschaftlichen Positivismus, dem er in seiner Jugend selbst nahegestanden hatte. Das Modell des Adrien Sixte soll TAINE gewesen sein. Bourgets vor Beginn seiner literarischen Tätigkeit betriebene ausgedehnte medizinische und philosophische Studien waren nicht ohne Einfluß auf seine künstlerischen Methoden geblieben. *»Präzise Forschungen in der Psychologie sind für die Ethik, was die Anatomie für die Therapeutik ist«*, schrieb er einmal mit Bezug auf sein literarisches Werk. Da Literatur nach seiner Ansicht angewandte Psychologie sein soll, sucht er alle nur denkbaren und erwägenswerten Beweggründe sei-

nes Helden zusammen und analysiert besonders sein Milieu und seine Erbmasse. In seinem interessanten Vorwort warnt der Autor den jugendlichen Leser, sich mit einer der beiden Hauptfiguren, Sixte oder Greslou, zu identifizieren: *»Sei weder der brutale Positivist, der die Welt der Sinne mißbraucht, noch der hochmütige und früh verdorbene Sophist, der die Welt des Geistes und des Gefühls mißbraucht.«*

R.B.

AUSGABEN: Paris 1889. – Paris 1955.

ÜBERSETZUNG: *Der Schüler*, anon., Stg./Lpzg./Bln./Wien 1893.

LITERATUR: A. Autin, *»Le disciple« de P. B.*, Paris 1930. – A. Thibaudet, *Le problème du »Disciple«* (in A. T., *Réflexions sur le roman*, Paris 1938, S. 227–232). – P. Amiguet, *Le cinquantenaire du »Disciple« de P. B. Un jugement d'Anton Tchekhov sur ce grand roman du XIXe siècle* (in Le Mois Suisse, 3, 1939, S. 102–108). – M. Mansuy, *Un moderne: B. De l'enfance au »Disciple«*, Paris 1960. – V. Brombert, *The Intellectual Hero*, Philadelphia 1961, S. 52–67. – T. H. Goetz, *B.'s »Le disciple« and the Text-Reader Relationship* (in FR, 52, 1978/79, S. 56–61).

FRANÇOIS RENÉ, VICOMTE DE CHATEAUBRIAND

* 4.9.1768 Saint-Malo
† 4.7.1848 Paris

LITERATUR ZUM AUTOR:
Zeitschrift:
Bulletin de la Société Chateaubriand, Chantenay Melabry 1957 ff.
Biographien:
M.-J. Durry, *La vieillesse de Ch.*, 2 Bde., Paris 1933; Nachdr. Genf 1986. – G. D. Painter, *Ch., a Biography*, Ldn. 1977. – J. d'Ormesson, *Mon dernier rêve sera pour vous*, Paris 1982. – F. Sieburg, *Ch.*, Stg. 1986.
Gesamtdarstellungen und Studien:
Ch.-A. Sainte-Beuve, *Ch. et son groupe littéraire*, 2 Bde., Paris 1860. – V. Giraud, *Le christianisme de Ch.*, 2 Bde., 1925–1928. – A. Maurois, *Ch.*, Paris 1938; [5]1949. – P. Moreau, *Ch.*, Paris 1956; ern. 1967. – M. Levaillant, *Ch., prince des songes*, Paris 1960. – J. Mourot, *Études sur les premières œuvres de Ch.*, Paris 1962. – J. P. Richard, *Paysage de Ch.*, Paris 1967. – RHLF, 68, 1968 [Sondernr. *Ch.*]. – RSH, 1968 [Sondernr. *Ch.*]. – *Actes du congrès de Wisconsin (1968)*, Hg. R. Switzer, Genf 1970. – Ders., *Ch.*, NY 1971. – G. de la Tour du Pin, *Ch. lequel?*, Paris 1973. – C. Dédéyan, *Ch. et Rousseau*, Paris 1973. – P. Reboul, *Ch. et le ›Conservateur‹*, Lille/Paris 1974. – P. Clarac, *A la recherche de Ch.*, Paris 1975. – V. L. Tapié, *Ch.*, Paris [2]1976. – R. de la Croix, Duc de Castries, *Ch. ou la puissance du songe*, Paris 1976. – P. Barbéris, *A la recherche d'une écriture, Ch.*, Tours 1976. – Ders., *Ch., une réaction au monde moderne*, Paris 1976. – C. A. Porter, *Ch.*, Saratoga 1978. – R. Lebègue, *Aspects de Ch.*, Paris 1979. – Y. Mauffert, *Ch.*, Paris/Brüssel 1982. – M. Lelièvre, *Ch., polémiste*, Paris 1983. – E. Köhler, *F. R. Ch.* (in E. K., *Das 19. Jahrhundert, I*, Stg. 1987, S. 24–32).

ATALA OU LES AMOURS DE DEUX SAUVAGES DANS LE DÉSERT

(frz.; *Die Liebe zweier Wilder in der Wüste*). Roman von François René, Vicomte de CHATEAUBRIAND, erschienen 1801. – *Atala*, eines der epochemachenden Werke der französischen Romantik, wurde 1802, nachdem es den Ruhm seines Autors begründet hatte, zusammen mit dem ebenso bedeutenden Roman *René* in Chateaubriands fünfbändiges theoretisches Werk *Le génie du christianisme* aufgenommen. Die verschiedenen Versionen von *Atala* – die endgültige Fassung erschien 1805 – gestatten ein kritisches Studium der geistigen und künstlerischen Entwicklung des Autors in jener Zeit.

Der greise und – in Anspielung auf den greisen Ödipus – blinde Indianerhäuptling Chactas erzählt seinem Adoptivsohn René, einem jungen nach Amerika ins Exil gegangenen Franzosen, seine Lebensgeschichte, die geprägt ist von seiner schicksalhaften Begegnung mit Atala, der Tochter eines Weißen und einer Indianerin, von ihrer gemeinsamen Flucht, den unschuldig-glücklichen Tagen in den Savannen und dem jähen Ende ihres Glücks. Wohl liebte die blonde Christin Atala den romantisch-wilden, den *»Göttern seiner Hütte treuen«* Chactas, doch ist sie der Heiligen Jungfrau versprochen und entzieht sich schließlich der Entscheidung zwischen einem frommen und einem natürlichen Leben, indem sie freiwillig in den Tod geht.

Die Literaturkritik hat eine große Zahl von Quellen dieses Werkes nachgewiesen. Eigene Erlebnisse des begeisterten Amerikafahrers gaben die erste Anregung. Zudem aber schöpfte Chateaubriand aus zahlreichen Reisebüchern und Missionarsberichten, aus der blühenden exotischen Literatur des 18. Jh.s, aus Spezialwerken über Flora, Fauna, Topographie und Geschichte Nordamerikas. Bereits der Titel verweist auf ROUSSEAU und insbesondere auf BERNARDIN DE SAINT-PIERRES *Paul et Virginie* (1788): Der edle Wilde, der Konflikt zwischen Natur und Religion, die Uneinlösbarkeit der Liebe sowie die unbesiegbare Macht der Melancholie – ein Leitmotiv im autobiographischen Werk des Autors – stellen den thematischen Horizont des Romans dar. Unverkennbar ist jedoch, daß *Atala* in den ersten Revolutionsjahren von einem Jünger Rousseaus geplant, aber schließlich 1801 von einem überzeugten Verteidiger des Christentums veröffentlicht wurde. Daher der Widerspruch zwischen dem stilisierten indianischen Lokalkolorit, der pittoresken Szenerie eines ungebundenen Naturdaseins einerseits und der Verherrlichung des Missionsideals in der Darstellung der zu christlichen Bauern zivilisierten Rothäute andererseits. Atala verkörpert ein christliches Idealbild, und Chactas scheint mit seiner Neigung zu ganz unindianischen Reflexionen von europäisch-kultivierter Wesensart geprägt. Sein Leiden entspricht der Melancholie-Erfahrung und dem Weltschmerz der Romantiker. Daß das Werk zahlreiche geographische, historische und ethnographische Irrtümer sowie allerlei Anachronismen enthält, vermindert nicht die eindrucksvolle Wirkung der exotischen Atmosphäre, in der ein suggestives Dekor fremder Pflanzen und Tiere, indianischer Sitten und Ausdrücke und unberührter, zauberhafter Landschaften künstlerisches Element geworden ist.

Was *Atala* von den exotischen Romanen des vorausgehenden Jahrhunderts unterscheidet, ist die Form: Der Roman ist ein teils deskriptives, teils dramatisches Prosagedicht, dessen melodisch ausgewogene Sätze zu einer harmonisch-rhythmischen Komposition zusammengefügt sind. Nach dem großen Jahrhundert nüchterner Prosa war *Atala* sehr wohl geeignet, sowohl Kritik als auch Begeisterung und sogar Skandale hervorzurufen und letztlich einer neuen, sich ihrer Ohnmacht bewußt werdenden Generation zum Identifikationsangebot zu werden. Die gesamte lesende Welt kannte die Liebesgeschichte der beiden »Wilden«, deren Übersetzung in viele Sprachen das Echo eines Romans widerspiegeln, der seinen Rang in der Weltliteratur, seinen Ruf vorbildlichen französischen Stils und seinen Platz in den französischen Lesebüchern behauptet hat. I.P.-B.We.

Ausgaben: Paris 1801. – Paris 1930 (in *Œuvres complètes*, Hg. G. Chinard). – Paris 1950, Hg. A. Weil [krit.]. – Paris 1958; ern. 1976, Hg. F. Letessier (Class. Garn). – Paris 1969 (in *Œuvres romanesques et voyages*, Hg. M. Regard, 2 Bde., 1; Pléiade). – Genf 1973, Hg. J. M. Gautier [krit.]. – Paris 1978 (Folio).

Übersetzungen: *Atala oder Die Liebe zweier Wilder in der Wüste*, K. F. Kramer, Lpzg. 1805. – *Atala*, C. J. Perl, Graz/Salzburg/Wien 1947. – Dass., T. Geissler, Stg. 1962 (RUB).

Literatur: P. Servien, *Lyrisme et structures sonores (»Atala«)*, Paris 1930. – B. A. Facteau, *Notes on Ch.'s »Atala«* (in MLN, 48, 1933, S. 492–497). – T. C. Walker, *Ch.'s Natural Scenery. A Study of His Descriptive Art*, Baltimore u. a. 1946. – G. Charlier, *Le vœu d'»Atala«* (in G. Ch., *De Montaigne à Verlaine*, Brüssel 1957, S. 77–86). – J. O. Lowrie, *Motifs of Kingdom and Exile in »Atala«* (in FR, 43, 1969/70, S. 755–764). – D. J. Spininger, *The Paradise Setting of Ch.'s »Atala«* (in PMLA, 89, 1974, S. 530–536). – F. C. Amelinckx, *Image et structure dans »Atala«* (in RRo, 10, 1975, S. 367–472). – F. Vodička, *Jungmanns Übersetzung von Ch.s »Atala«* (in F. V., *Die Struktur der literarischen Entwicklung*, Mchn. 1976, S. 227–305). – J. Beeker, *Archetype and Myth in Ch.'s »Atala«* (in Symposium, 31, 1977, S. 93–106). – J. Defoix, *Guillotine et littérature* (in RZL, 7, 1983, S. 113–126). – L. Stecca, *La scrittura del mito nel prologo di »Atala«* (in StF, 27, 1984, S. 454–463). – R. Galle, *Melancholie u. Lebensbeichte, »Atala«, »René«* (in R. G., *Geständnis u. Subjektivität*, Mchn. 1986, S. 175–192).

GÉNIE DU CHRISTIANISME OU BEAUTÉS DE LA RELIGION CHRÉTIENNE

(frz.; *Genius des Christentums oder Schönheiten der christlichen Religion*). Philosophisches Werk von François René, Vicomte de Chateaubriand, erschienen 1802. – Die politische Bedeutung dieses Werks, das wenige Tage vor der Proklamation des von Napoleon mit der katholischen Kirche abgeschlossenen Konkordats erschien, wurde sogleich erkannt. Begonnen hatte Chateaubriand, der erst durch persönliche Schicksalsschläge zum Christentum zurückgefunden hatte, seine Apologie des Christentums bereits 1798, zu einer Zeit also, in der die antikirchliche und irreligiöse Stimmung nach der Revolution noch nicht abgeklungen war. Die zweite Auflage (1803) enthält eine Widmung an Bonaparte, in der der Verfasser das Programm des Ersten Konsuls, das der katholischen Kirche neue Geltung verschaffen soll, begrüßt. Im Vorwort zur revidierten Ausgabe letzter Hand (1828) distanziert sich Chateaubriand jedoch wieder von Napoleon, dem er bereits seit der einem Justizmord gleichkommenden Exekution des Herzogs von Enghien die Gefolgschaft versagt hatte.

Chateaubriands Werk, das die *»Schönheiten der christlichen Religion«* in poetischen Bildern beschreibt, wird verständlich als Reaktion auf die Aufklärung des 18. Jh.s, deren religiöse Indifferenz die Agitation und Repressalien gegen die Kirche vorbereitet und zur Trennung von Kirche und Staat geführt hatte. *»Die Ursache für den Glaubenshunger und die Sehnsucht nach religiösen Tröstungen, die sich damals bemerkbar machten, war die langjährige Entbehrung eben dieser Erleichterungen.«* – Chateaubriand eröffnet seine Verteidigung der christlichen Religion gegen die Skeptiker und »Sophisten« in der Nachfolge Voltaires, den er als würdigen Gegner anerkennt, mit dem Hinweis auf die schöpferische Kraft, den »Genius« des Christentums, der die Geschichte des Abendlandes entscheidend beeinflußt und bedeutende Werke der Kunst und Literatur inspiriert habe.

Der erste Teil des breitangelegten Werks, der die *Dogmes et doctrine* des Christentums behandelt (u. a. Trinität, Erlösung und Kommunion), ist alles andere als eine trockene Darlegung der Glaubensgrundsätze. Schon bei der Beschreibung der *»wunderbaren«* religiösen Gefühle, deren Geheimnis nicht enträtselt werden könne *(De la nature du mystère)*, verrät sich der Dichter und Romantiker, dem die strenge Unterscheidung der Theologen zwischen Naturgefühl und religiösem Glauben sinnlos erscheint: *»Gott selbst ist das große Geheimnis der Natur.«* Seine Existenz wird – ähnlich wie von ROUSSEAU – bewiesen durch die zahllosen *»Wunder und Schönheiten«* der Natur. Die ästhetische und religiöse Begeisterung angesichts dieser Schönheiten verleitet den Dichter zu einer emphatischen Ausdrucksweise, die theologische Einwände und kritische Fragen gar nicht erst aufkommen läßt. – Während so Teil I deutliche Anklänge an den Begriff der »natürlichen Religion« bei Rousseau und BERNARDIN DE SAINT-PIERRE aufweist, bietet Teil II *(Poétique du christianisme)* eine neue Konzeption christlich-religiöser Dichtung, die Mme de STAËL mit ihren Hinweisen auf die deutsche Frühromantik (in *De l'Allemagne)* nur angedeutet hatte. Voraussetzung für die *Poetik des Christentums* ist die Gleichsetzung von dichterischer Einbildungskraft und schöpferischer Kraft Gottes, wie sie sich in den großen Monumenten der abendländischen Kunst – in der gotischen Baukunst ebenso wie in den Werken DANTES und RACINES – manifestiere. Diese Anschauung führt zu einer Abwertung der antiken Mythologie und Architektur und Fehlurteilen über griechische und römische Dichtkunst. So meint der Autor, daß die *Bibel* als dichterische Schöpfung die Epen HOMERS weit überrage. Treffender sind seine Urteile über Werke der christlichen Literatur, an die sich häufig persönliche Reflexionen anschließen, etwa über die *»Unbestimmtheit der Leidenschaften« (»Du vague des passions«)*, über Melancholie und Lebensüberdruß *(ennui)*, seelische Stimmungen, die dichterische und religiöse Inspirationen seiner Ansicht nach nicht verhindern, sondern sogar eher begünstigen. Als literarisches Beispiel dafür, wie das Christentum das Wirken der Leidenschaften verändert habe, indem es den Begriffen »Tugend« und »Laster« neue Bedeutung verlieh, fügt Chateaubriand hier (II, 4) die Erzählung *René* ein, mit der er, unverkennbar unter dem Eindruck von *Werthers Leiden*, den »Weltschmerz« in die französische Literatur einführt. In den dritten Teil *(Beaux arts et littérature)* nimmt er, ebenfalls, *»um mit der Regel zusammen das Beispiel zu geben«* und *»gottlose Dichtungen und Romane mit frommen zu bekämpfen«*, die ein Jahr zuvor erstmals veröffentlichte indianische Liebesgeschichte *Atala ou Les amours de deux sauvages dans le désert* auf (III, 6). In der endgültigen Ausgabe (1828) sind diese beiden romantischen Romane, denen das Werk seinen anfänglich großen Publikumserfolg verdankte, dann nicht mehr enthalten.

Die Themen des dritten Teils zeigen besonders deutlich die enorme Spannweite des Werks, in dem geniale und dilettantische Passagen miteinander abwechseln. Musik, Baukunst, Malerei sind ebenso Gegenstand der Darstellung wie Astronomie, Naturgeschichte, Memoiren, politische Geschichte und Rhetorik; Chateaubriands besonderes Interesse aber gilt Ruinen und Gräbern, die ihn magisch anziehen. – Teil IV *(Culte)* bildet das Gegenstück zu Teil I, in dem die Dogmen und Lehren des Katholizismus im Mittelpunkt standen. Hier geht es um die Liturgie, die Formen, in denen sich der Glaube manifestiert, um die *»Dienste, die Kirche und christliche Religion der Gesellschaft erweisen«*.

Höchste Wirkung erzielt Chateaubriand in seinem eher dichterisch als theologisch überzeugenden Werk durch die Eleganz der Sprache, die, von der Unmittelbarkeit des Gefühls getragen, gleichwohl rhetorische Kunstgriffe nicht verschmäht. Der Stil der philosophisch-religiösen Meditation bei LAMARTINE, VIGNY, HUGO und MUSSET zeigt den Einfluß dieses Werks, das als »Bibel der Romantik« angesehen wurde, obwohl sein apologetischer Teil von den romantischen Dichtern weniger beachtet und von skeptischen Philosophen mit Ironie oder polemischer Schärfe kritisiert wurde. Gegen diese »sophistischen« Einwände verteidigte sich Chateaubriand schon 1803 in der *Défense du Génie du christianisme*. Erst in der Mitte des 19. Jh.s – der Zeit des Positivismus – nahm die trotz aller Kritik anhaltende Wirkung des Werks ab, das von der katholischen Kirche auf den Index gesetzt wurde.

V.R.

AUSGABEN: Paris 1802, 5 Bde. – Paris ²1803, 2 Bde. – Lyon 1804, 9 Bde. – Paris 1828 (in *Œuvres complètes*, 28 Bde., 1826–1831, 11–15; def. Ausg.). – Paris 1955, Hg. Th. Delarouzée. – Paris 1966, 2 Bde. (GF). – Paris 1978, Hg. M. Regard (Pléiade).

ÜBERSETZUNGEN: *Genius des Christentums oder Schönheit der christlichen Religion*, K. Venturini, Münster 1803/04 [enth. Tl. 1–4]. – *Die Schönheiten des Christentums oder Religion und Gottesdienst der Katholiken*, anon., Mchn. 1820. – *Geist des Christentums*, H. Kurtz, Ulm 1844 [enth. Tl. 1–3]. – *Der Geist des Christentums*, J. F. Schneller, 2 Bde., Freiburg i. B. 1856/1857.

LITERATUR: V. Giraud, *Le christianisme de Ch.*, 2 Bde., Paris 1925–1928. – M. Dempsey, *A Contribution to the Study of the Sources of the »Génie du christianisme«*, Paris 1928. – Y. Le Febvre, *»Le génie du christianisme«*, Paris 1929. – J.-M. Gautier, *Le »Génie du christianisme« est-il un de nos premiers ›digests‹?* (in RHLF, 48, 1948, S. 211–222). – R. M. Chadbourne, *The »Génie du christianisme« Revisited* (in RomR, 48, 1957, S. 3–16). – G. P. Gooch, *Ch. and the Charms of Christianity* (in G. P. G., *French Profiles*, Ldn. 1961, S. 157–170). – B. Didier, *La querelle du »Génie du christianisme«* (in RHLF, 68, 1968, S. 942–952). – P. Bénichou, *Le »Génie du christianisme« ou la conversion de l'homme sensible* (in P. B., *Le sacre de l'écrivain 1750–1830*, Paris 1973, S. 145–149). – L. Baladier, *Ch., Le »Génie du christianisme«* (in L'École des Lettres, 15. 9. 1985, S. 27–36).

MÉMOIRES D'OUTRE-TOMBE

(frz.; *Erinnerungen von jenseits des Grabes*). Lebenserinnerungen von François René, Vicomte de CHATEAUBRIAND; gegen den Willen des Autors, der verfügt hatte, daß die *Memoiren* erst nach seinem Tod erscheinen sollten, begann die Zeitschrift ›La Presse‹ bereits 1848 mit dem Abdruck in Fortsetzungen. Die erste Buchausgabe erschien 1848 bis 1850 in Brüssel, die erste kritische Ausgabe 1948 in Paris. – Chateaubriands letzte Ruhestätte – ein Felsengrab vor der bretonischen Küste von Saint-Malo, das, so hatte es der Dichter verfügt, keinen Namen und keine Inschrift trägt –, ein Ort bewußt zur Schau gestellter Abgeschiedenheit, sollte dem Andenken eines Schriftstellers die letzte Weihe geben, der unendliche Mühe darauf verwandt hatte, der Nachwelt das Bild einer ganz vom Gefühl des eigenen Wertes durchdrungenen Persönlichkeit zu hinterlassen. Von diesem bis zur Megalomanie gesteigerten Selbstwertgefühl bezog Chateaubriand das Recht, die Regungen und Äußerungen des eigenen Ich zum Maßstab der Beurteilung teils mitgestalteter, teils zufällig miterlebter Zeitereignisse zu machen. Tatsächlich hat der Versuch eines Mannes, den man weder seiner staatsmännischen noch seiner poetischen Potenz nach zu den überragenden Erscheinungen zählen wird, sein Leben zum Kunstwerk zu stilisieren, zu einem Produkt selbstherrlichen, schöpferischen Kalküls, nachhaltiger gewirkt als die Ausdruckskraft seiner einst hochgerühmten Werke. Mit einer Faszination, in die auch immer Ablehnung gemischt war, begegneten spätere Generationen dem Phänomen grenzenloser Eitelkeit und Ichbezogenheit, die einen, so wird berichtet, im persönlichen Umgang sehr natürlichen Menschen von sich sagen läßt: *»Wenn ich dazu bestimmt war zu leben, so hatte ich in meiner Person die Grundsätze, die Ideen, die Ereignisse, die Katastrophen, das Heldenlied meiner Zeit darzustellen, um so mehr, als ich eine Welt enden und beginnen sah und als die gegensätzlichen Charaktere dieses Endes und dieses Beginns in meine Ideen gemischt waren.«*

Die Fiktion, dem Wirken des eigenen Ich gleichsam von jenseits des Grabes zuzuschauen – sie sollte durch das Veröffentlichungsverbot noch erhärtet werden –, entsprang weitab von jeder überlegenen Altersweisheit einem der ganzen späteren Romantik und ihrer dekadenten Nachströmungen eigenen Neigung, in allem Zeitlichen den Vorgeschmack des Verfalls zu spüren. Die beständig beschworene und dabei stets melancholisch ausgekostete Vergänglichkeit dennoch in die Dauer, in den Nachruhm zu überführen, war der Sinn der großangelegten Selbststilisierung, deren Entwurf jedoch erst ausgereift war, als bereits ein Teil der Lebensgeschichte, umfassend Kindheit, Jugend und Emigrationszeit (1768–1800), im sogenannten Manuskript von 1826 vorlag. Der Dichter hatte diesen Abschnitt, der in überarbeiteter Form den ersten Teil des späteren Gesamtwerks ausmachen sollte, vermutlich im Jahre 1809 begonnen. (Die verklärende Darstellung der Kinderjahre, die der spätere standesbewußte Edelmann in Gesellschaft der schwärmerischen Schwester Lucile auf dem düsteren bretonischen Schloß Combourg verbrachte, gehört zu den lyrischen Höhepunkten dieses an poetischen Glanzstellen so reichen Werkes.) 1830 nach der Niederlegung aller seiner staatlichen Ämter – Chateaubriand war während seiner politischen Laufbahn Botschaftssekretär in Rom, Gesandter in Berlin, Botschafter in London und beim Vatikan, Innen- und Außenminister – begann er rückblickend (bis 1841) sein Leben nach Wirkungsbereichen abzustecken. Daß er neben die *»Karriere des Reisenden und Soldaten«*, des »Schriftstellers« und des »Staatsmanns« nicht gleichrangig jenen Bereich treten läßt, in dem er seine größten Erfolge errang, den Umgang mit den Frauen – unter ihnen die unvergleichliche Mme Récamier –, entsprach dem gewollten Öffentlichkeitsbezug, der jede Geste, jedes Wort, jede Tat dem Privaten, Zufälligen entziehen sollte. Das *»Drama seines Lebens«* ist das *»Drama Frankreichs«*. Die spanische Intervention von 1823, die in seine kurze Außenministerzeit fiel und von ihm, dem Legitimisten, als *»Kreuzzug gegen den Liberalismus«* befürwortet wurde, nennt er *»ma guerre d'Espagne«*. Die Inthronisation Pius' VIII., die er in Rom miterlebte, ist die Bestätigung *»de ma nomination«, »de mon pape«*. Doch so tief er von der Bedeutung seiner politischen Mission durchdrungen war, so gut wußte er auch, daß er die Maßstäbe staatsmännischer Kunst von einem Größeren bezog. Seine Auseinandersetzung mit Napoleon, dem er als einer der unerschrockensten Opponenten mit der Waffe des Wortes entgegentrat, enthüllt weit mehr als nur die Rivalität zweier großer Einzelgänger: Wenn der Wert der *Memoiren* ihrer Konzeption nach nicht im Dokumentarischen, der sachlichen Berichterstattung der Zeitereignisse liegen konnte, so sicher in der Dokumentation eines für die französische Geistesgeschichte höchst wesentlichen Vorgangs: der immer entschiedener sich artikulierenden Überzeugung von der gesellschaftlichen Funktion des Schriftstellers. *»Politik ist damit nicht mehr Spezialgebiet für Eingeweihte, abgeschirmt gegen Unbefugte. Der Dichter als politischer Denker ist ebenso befugt, sein Wort abzugeben, wie die Schweizer Bergbauern, als sie gegen Geßler zur Freiheit aufriefen. Die Sprache selbst ist zu einem Instrument der Demokratie geworden. Ihre Melodie, ihre Plastizität reißen unmittelbar hin und geben der Überzeugungskraft, die dahintersteht, die volle Resonanz«* (R. Minder). KLL

AUSGABEN: Paris 1848–1850 (in La Presse, 21. 10. 1848–5. 7. 1850). – Brüssel 1848–1850, 20 Bde. – Brüssel 1848–1850, 6 Bde. – Paris 1849/50, 12 Bde. – Paris 1898, 6 Bde. [Einl., Anm. u. Anh. E. Biré]. – Paris 1948; ern. 1982, Hg. M. Levaillant, 4 Bde. [krit.]. – Paris 1951, Hg. M. Levaillant u. G. Moulinier, 2 Bde. (Pléiade). – Paris 1984 (GF). – Paris 1984 (Poche).

ÜBERSETZUNGEN: *Denkwürdigkeiten nach dem To-*

de, B. Rave, Elberfeld 1848/49 [Ausz.]. – *Von Jenseits des Grabes. Denkwürdigkeiten*, L. Meyer, 16 Bde., Lpzg. 1849/50; ²1852. – *Napoleon*, L. Ulmer, Mchn. 1920 [Ausz.]. – Dass., M. Zoff, Mchn. 1923 [Ausz.]. – *Erinnerungen*, S. v. Massenbach, Mchn. 1968.

LITERATUR: M.-J. Durry, *En marge des »Mémoires d'outre-tombe«. Fragments inédits*, Paris 1932. – M. Levaillant, *Mme Récamier et les »Mémoires d'outre-tombe« d'après des documents inédits*, Paris 1936. – A. Maurois, *Les »Mémoires d'outre-tombe«* (in A. M., *Lecture, mon doux plaisir*, Paris 1957, S. 132–156). – J.-M. Gautier, *Le style des »Mémoires d'outre-tombe«*, Paris 1959; ern. 1964. – F. Sieburg, *Ch.*, Stg. 1959; ern. 1986. – J. Mourot, *Le génie d'un style: Ch. Rythme et sonorité dans les »Mémoires d'outre-tombe«*, Paris 1960; ern. 1969. – H. Guillemin, *La fable de Ch. et Napoléon* (in Les Temps Modernes, 18, 1962/63, S. 2123–2158; 19, 1963/64, S. 45–55). – A. Vial, *Ch. et le temps perdu. Devenir et conscience individuelle dans les »Mémoires d'outre-tombe«*, Paris 1963. – H. Guillemin, *L'homme des »Mémoires d'outre-tombe«. Avec des fragments inédits des »Mémoires«*, Paris 1965. – M. Grevlund, *Paysage intérieur et paysage extérieur dans les »Mémoires d'outre-tombe«*, Paris 1968. – D. Rincé, *La genèse d'un projet autobiographique* (in RHLF, 77, 1977, S. 30–47). – *Relire les »Mémoires d'outre-tombe«*, Clermont-Ferrand 1977. – A. Vial, *La dialectique de Ch.*, Paris 1978. – J. C. Herbin, *»Mémoires d'outre-tombe« de Ch.*, Paris 1980. – C. Dédéyan, *Ch. et la Révolution dans les »Mémoires d'outre-tombe«* (in *Mélanges A. Viatte*, Paris 1981, S. 26–48). – C. A. Tabart, *De »René« au »Mémoires d'outre-tombe«*, Paris 1984. – H. Bardon, *La latinité dans les »Mémoires d'outre-tombe«* (in Études classiques, 53, 1985, S. 415–423). – L. Pollmann, *Die Waldmünchen Episode in den »Mémoires d'outre-tombe«* (in *Romantische Literaturbeziehungen im 19. u. 20. Jh., Fs. F. Rauhut*, Hg. A. San Miguel u. a., Tübingen 1985, S. 229–241). – H. P. Lund, *F.-R. de Ch., »Mémoires d'outre-tombe«*, Paris 1986.

RENÉ

(frz.; *René*). Prosaepos von François René, Vicomte de CHATEAUBRIAND. Wie *Atala* war *René* ursprünglich als Teil der *Natchez* (1826) konzipiert, beide Erzählungen wurden aber bereits 1802 als Teil des *Génie du christianisme* veröffentlicht. – 1791 hatte der Dichter eine Amerikareise unternommen, die ihn allerdings nicht – wie später René – in das exotische Louisiana, sondern in den Nordosten der Vereinigten Staaten führte. Durch ROUSSEAUS *Rêveries du promeneur solitaire* und GOETHES *Leiden des jungen Werthers* war Chateaubriand der Gestus des Weltschmerzes zur Erfahrung geworden. Von Rousseau hatte Chateaubriand auch die Konzeption des »edlen Wilden« übernommen, der dem idealen (d. h. dem vollständig im Naturzustand lebenden) Menschen nahekommen soll. Die Figur des vor den Mächten der Zivilisation in die amerikanische Wildnis fliehenden Europäers war bereits vorher von Loaisel de TRÉOGATE in *Florello* (1776) und von de la DIXMERIE in *Azakia* (1789) dargestellt worden. Das Thema der inzestuösen Liebe hatte bereits die Aufklärer beschäftigt, und für de SADE oder RESTIF DE LA BRETONNE war der Inzestgedanke geradezu eine Obsession. *René* spiegelt jedoch nicht nur die dichterischen und weltanschaulichen Positionen Chateaubriands, sondern hat außerdem in hohem Maß autobiographischen Charakter, wie der Vergleich mit vielen Passagen der *Mémoires d'outre-tombe* zeigt.

René, der Frankreich verlassen hat, wohnt nunmehr bei dem Indianerstamm der Natchez, deren Dasein als vollkommene Idylle erscheint. Er hat sich aus ihrer Mitte eine Frau genommen, mit der er jedoch kaum zusammenlebt. Vielmehr sucht er melancholisch die Einsamkeit der Wälder. Schließlich erzählt er den Freunden, d. h. seinem Adoptivvater, dem Indianerführer Chactas, und dem Missionar Pater Soüel, sein bisheriges Leben. René ist in einem Schloß aufgewachsen, das dem bretonischen Combourg gleicht, in dem Chateaubriand seine Kindheit verbracht hat. Furcht und Gehemmtheit, Vaterhaß und eine enge Bindung an die Schwester Amélie bestimmen die Jugend Renés. Zusammen mit der Schwester hat er seine großen romantischen Naturerlebnisse (die, verglichen mit Rousseaus entsprechenden Anschauungen, weit intensiver mit dem persönlichen Weltschmerz des Helden, mit religiösen und sozialen Assoziationen verbunden sind). Der Tod des Vaters ist für René nur wichtig als das Erlebnis des Todes überhaupt. Das Klosterleben zieht ihn an, doch er kann sich nicht entschließen, Mönch zu werden: Die Sehnsucht nach religiösen Inhalten wird zum Opiat. Um dem *ennui* des Daseins zu entgehen, begibt er sich auf Reisen, ohne dadurch jedoch echten Kontakt mit der Welt gewinnen zu können. Die Bekanntschaft mit Italien und dem alten Schottland läßt ihn nur der Sinnlosigkeit der bisherigen geschichtlichen Entwicklung (*»rien de certain parmi les anciens, rien de beau parmi les modernes«)* und des Unglücks des Menschengeschlechts innewerden. In sein Vaterland zurückgekehrt, führt er ein völlig abgeschlossenes Leben; es ist von Regenerationssehnsucht, Versuchen, die Einsamkeit zu überwinden, und Reflexionen über die Trauer erfüllt, die der schlechten natürlichen wie sozialen Ordnung entspringt. Erst die Wiederbegegnung mit Amélie beendet sein isoliertes Dasein. Doch eine neue verhängnisvolle Wendung in seinem Schicksal zerstört auch diesen kurzen Ruhezustand (in diesem Punkt hat das Werk allerdings keinen autobiographischen Charakter): Von inzestuöser Liebe ergriffen, flieht Amélie vor ihrem Bruder in ein Kloster. Dieser Entschluß wie der Tag ihres Gelübdes bedeuten für René, der bei der Zeremonie zugegen ist, Tiefpunkte seiner Existenz, die er sich bewußtmacht, indem er Passagen aus dem *Buch Hiob*, den *Psalmen* und anderen biblischen Büchern zitiert. Im Zustand der höchsten Trauer möchte er seinem Leben ein Ende setzen. Ruhiger geworden, beschließt er, ins »unschuldige« Amerika auszuwandern. Die Nacht vor seiner Abfahrt, eine romantisch gezeichnete Sturmnacht, verbringt er in der Nähe des Klosters, in das Amélie eingetreten ist. Später erfährt er durch einen Brief der Priorin vom Tod der Schwester. – Die Tröstungen durch Chactas und die Ermahnungen durch den Pater Soüel – der Melancholische sei für seinen Zustand selbst verantwortlich – vermögen René nicht aus seiner schmerzlichen Trauer zu reißen. Einige Zeit nach seinem Gespräch mit den Freunden kommt er bei einem Massaker, das unter den Natchez angerichtet wird, ums Leben.

Im Vordergrund dieser Lebensbeichte steht das Leiden an sich selbst sowie das hochromantische Ungenügen an der Welt und die Unfähigkeit zur Liebe, ohne daß die eigentlichen Ursachen ausgesprochen werden könnten. Alle Mächte, durch die Bindungen gestiftet werden könnten – sogar die Religion –, versagen vor der Übergewalt des zum äußersten, unheilbaren Weltschmerz gesteigerten, als Mangel erfahrenen Schmerzes, der durch den Kontrast eines überreichen Innern und einer leeren Welt hervorgerufen wird, in heutiger Sichtweise freilich der melodramatischen Komponenten nicht völlig entbehrt. Wenn das Werk auch nicht sofort mit der gleichen Intensität gewirkt hat wie *Atala*, ist *René* besonders durch den Einfluß auf Byron und Lamartine zu einem der wichtigsten Werke der Romantik geworden. Musset, Nerval, Puškin sind ohne Chateaubriands autobiographische Dichtungen nicht denkbar; der ihm gegenüber skeptische Sainte-Beuve ist in seiner Schriftstellerlaufbahn dennoch tief von *René* beeinflußt; auch George Sand bezog sich auf dieses Werk.

Die Sprache des *René*, in dessen Rahmen das biographisch Konkrete und Akzidentelle im Hintergrund gehalten wird, ist von rhetorisch-pathetischer Schönheit, die aber fast niemals die Grenzen künstlerischer Ökonomie sprengt; sie stellt geradezu eine lyrische Prosa dar. Dies und der strenge Aufbau des Werks – jedem Detail der romantischen Weltsicht und jeder Passion ist der jeweils adäquate Raum zugeteilt – sowie die Bedeutung der hier in höchster poetischer Intensität dargestellten archetypischen Konzeptionen der Romantik lassen es gerechtfertigt erscheinen, *René* als Prosaepos zu betrachten, als ein Werk, das den Rahmen der traditionellen Novelle gesprengt hat. C.Sch.-KLL

Ausgaben: Paris 1802 (in *Génie du christianisme*). – Paris 1805 (zus. m. *Atala*). – Paris 1828 (zus. m. *Atala* u. *Les aventures du dernier Abencérage*: endg. Ausg.). – Paris 1859–1861 (in *Œuvres complètes*, m. einer Studie v. Ch.-A. Sainte-Beuve, 12 Bde., 3). – Paris 1930, Hg. G. Chinard [krit.]. – Paris 1935, Hg. A. Weil [krit.]; ern. 1950. – Paris 1958; ern. 1976, Hg. F. Letessier (Class. Garn). – Paris 1964 (GF). – Paris 1969 (in *Œuvres romanesques et voyages*, Hg. M. Regard, 2 Bde., 1; Pléiade). – Genf 1970, Hg. J. M. Gautier [krit.]. – Paris 1978 (Folio).

Übersetzungen: *René, oder Die Wirkungen der Leidenschaften. Seitenstück zu Atala, oder Die Liebe zweyer Wilden*, anon., Lpzg. 1802. – *René*, Schnetzler (in *SW*, Bde. 8–13, Freiburg i. B. 1827–1838). – Dass., F. F. Rückert (zus. m. *Atala* u. *Die Abenteuer des letzten Abencerragen*, Lpzg. o. J. [um 1880]). – Dass., S. Born, Stg. 1884; ern. Wien 1924. – Dass., T. Geissler, Stg. 1962 (zus. m. *Atala*; RUB).

Literatur: P. Hainrich, *»Werther« und »René«*, Greifswald 1921. – J. Haas, *»Oberman« und »René«* (in ZfrzSp, 49, 1927, S. 263–271). – J.-M. Gautier, *L'exotisme américain dans l'œuvre de Ch.*, Manchester 1951. – J. Borsch, *Motion and Rest in »René«* (in YFS, 13, 1954, S. 76–82). – E. Zimmermann, *Re-Reading »René«* (in FR, 32, 1958/59, S. 247–253). – Ö. Södergard, *L'ombre d'une sœur ou Le rôle de Lucile dans »René« et »Atala«* (in OL, 14, 1959, S. 105–113). – C. Bazin, *Ch. en Amérique*, Paris 1969. – J. F. Deljurie, *»René« à travers les manuels ou Le discours d'escorte* (in Littérature, Okt. 1972, Nr. 7, S. 27–47). – P. Barbéris, *»René« de Ch. Un nouveau roman*, Paris 1973. – E. Wiecha, *Ch.'s »René«* (in Lendemains, 3, 1978, S. 113–124). – E. Gans, *»René« and the Romantic Model of Self-Centralization* (in Studies in Romanticism, 22, 1983, S. 421–435). – D. Knight, *The Readability of René's Secret* (in FSt, 37, 1983, S. 35–46). – C. A. Tabart, *De »René« au »Mémoires d'outre-tombe«*, Paris 1984. – R. Galand, *Ch.: Le rocher de René* (in RomR, 77, 1986, S. 330–342).

Benjamin Constant

eig. Henri Benjamin Constant de Rebecque

* 25.10.1767 Lausanne
† 8.12.1830 Paris

Literatur zum Autor:
Bibliographien:
D. K. Lowe, *B. C.: An Annotated Bibliography of Critical Editions and Studies, 1946–1978*, Ldn. 1979. – *Bibliographie analytique des écrits sur B. C. (1796–1980)*, Hg. É. Hofmann, Lausanne/Oxford 1980. – C. P. Courtney, *A Bibliography of Editions of the Writings of B. C. to 1833*, Ldn. 1981. – Ders., *A Guide to the Published Works of C.*, Oxford 1985.
Zeitschrift:
Annales B. C., Genf 1980 ff.
Biographien:
G. Poulet, *B. C. par lui-même*, Paris 1968. – K. Kloocke, *C. Une biographie intellectuelle*, Genf 1984.
Gesamtdarstellungen und Studien:
P. Mortier, *B. C., l'homme et l'œuvre*, Paris 1931. –

H. Guillemin, *Madame de Staël, B. C. et Napoléon*, Paris 1959. – L. Gall, *B. C. Seine politischen Ideen u. der deutsche Vormärz*, Wiesbaden 1963. – P. Bastid, *B. C. et sa doctrine*, 2 Bde., Paris 1966. – H. Gouhier, *B. C.*, Paris 1967. – *B. C. Actes du congrès, Lausanne, oct. 1967*, Hg. P. Cordey u. J. L. Seylaz, Genf 1968. – A. Oliver, *B. C. Écriture et conquête du moi*, Paris 1970. – B. W. Jasinski, *L'engagement de B. C.*, Paris 1971. – J. Cruickshank, *B. C.*, NY 1974 (TWAS). – A. Fabre-Luce, *B. C.*, Paris 1978. – A. Fairlie, *Imagination and Language*, Cambridge u. a. 1981. – *B. C., Madame de Staël et le Groupe de Coppet. Actes du 2e congrès de Lausanne ...*, Hg. É. Hofmann, Oxford u. a. 1982. – M. Winkler, *›Décadence actuelle‹. C.s Kritik der frz. Aufklärung*, Ffm. u. a. 1984.

ADOLPHE. Anecdote trouvée dans les papiers d'un inconnu

(frz.; *Adolph. Aus den gefundenen Papieren eines Unbekannten*). Roman von Benjamin CONSTANT, erschienen 1816. – Der Autor schrieb dieses Werk im Spätherbst 1806 in Rouen und auf Schloß Acoste bei Meulan. Dort lebte er in gespannter Beziehung mit Madame de STAËL, im Bann einer erloschenen Leidenschaft, von der er sich aus Mitleid und Schuldgefühl nicht freizumachen vermochte. Seinen geheimen Konflikt vertraute er – verschleiert und abgewandelt, aber durch zahlreiche Anspielungen dennoch unverkennbar – diesem knapp hundert Seiten umfassenden Roman an, der zu einem Musterbeispiel psychologischer Bekenntnisdichtung wurde. Das Interesse der Leserschaft galt lange Zeit vorwiegend den biographischen Hintergründen des Werks. Constants Tagebücher *(Journal intime)*, 1895 veröffentlicht, trugen zur detaillierten Entschlüsselung jedoch nur wenig bei, vor allem konnte die weibliche Hauptgestalt Ellénore nicht auf ein eindeutiges Vorbild festgelegt werden. Man anerkannte schließlich den fiktiven Charakter dieser Selbstdarstellung, die mit Autobiographie im engeren Sinn nichts zu tun hat. Das Werk ist in Ichform geschrieben. Der eigentlichen Geschichte ist das Vorwort eines fingierten Herausgebers vorangestellt, der vorgibt, es handle sich um die Niederschrift eines inzwischen verstorbenen und vergessenen Sonderlings, die durch Zufall in fremde Hände gelangt sei. Zwei Briefe, der erste von einem fingierten Leser, der Adolphe gekannt haben will, der zweite wiederum vom Herausgeber, beide allgemein moralisierenden Inhalts, beschließen den Text. – Constants Roman fehlt jede epische Breite und Beschaulichkeit. Die Gesellschaft bleibt, soweit vorhanden, anonym – Verwandte und Freunde spielen die Rolle von Statisten; die Landschaft (Deutschland, Frankreich, Polen) findet nur notgedrungen, im Sinn von Szenenangaben, knappe Erwähnung. Auch von den beiden Hauptpersonen erfahren wir allein das, was die Geschichte ihrer Liebe betrifft; ihre Interessen, Gewohnheiten und vor allem ihr Äußeres bleiben dem Leser weitgehend vorenthalten. *Adolphe* ist die knappe, sachliche Analyse einer Liaison im Stil des frühen 19. Jh.s; sein Inhalt ist nicht nur von psychologischem, sondern auch von soziologischem Interesse.

Aus Langeweile und Geltungssucht umwirbt Adolphe, ein junger Franzose, der sich auf einer Bildungsreise in Deutschland befindet, Ellénore, die langjährige Mätresse des Grafen von P**. Sie ist eine polnische Emigrantin, die dem Grafen zwei Kinder geschenkt und sich in hartnäckigem Kampf gegen die öffentliche Meinung, trotz dieser gesetzlich unerlaubten Verbindung, gesellschaftliches Ansehen erworben hat. Sie leistet dem jungen Verehrer Widerstand und schürt damit nur seine Leidenschaft, so daß Adolphe allmählich in eine Verfassung gerät, die ihm erlaubt, seine Gefühle für echte Zuneigung zu halten. Ellénore, die Worte wie die seinen bis dahin nicht vernommen und wahre Leidenschaft nie erfahren hat, glaubt am Ende selbst an diese Liebe und gibt nach. Gleichzeitig verzichtet sie auf ihre gesellschaftliche Stellung und ihren Anspruch auf ein geordnetes Leben; sie verläßt den Grafen und ihre Kinder. Adolphe sieht sich nach kurzer Zeit aus der Rolle des Verehrers und Liebhabers in diejenige des Beschützers und Lebensgefährten versetzt. Aus Aversion gegen die öffentliche Moral und die völlig unberechtigten Zumutungen, denen sich Ellénore durch ihre Liebe aussetzt, hält er zu ihr, die ihm alles geopfert hat, obwohl sie ihn in ungebührlicher Weise an sich fesselt und kaum von ihrer Seite weichen läßt. Adolphes Vater, der sich um die Karriere seines Sohnes sorgt, versucht, Ellénore aus Paris, wohin sie ihrem Freund gefolgt ist, zu vertreiben. Adolphe flieht mit ihr, verspricht jedoch seinem Vater in einem Brief, daß er mit Ellénore brechen wird, sobald sie seines Schutzes nicht mehr bedarf. Die beiden verbringen ein Jahr in Deutschland, Adolphe in hypochondrischer, selbstquälerischer Unentschlossenheit, weder zur Liebe noch zur Trennung fähig, Ellénore in verzweifelter Ungewißheit über die Gefühle ihres Freundes. Dann begleitet Adolphe Ellénore nach Polen, wo sie das Erbe ihres verstorbenen Vaters antreten soll. Ellénores gesellschaftliche Stellung ist damit von neuem gesichert; Adolphe lebt in Polen auf ihren Gütern als ihr Gast. Ein Freund des Vaters, den er in Warschau besucht, stellt ihm die Lächerlichkeit seiner gegenwärtigen Lage drastisch vor Augen, und Adolphe gibt von neuem brieflich die Einwilligung, sich so bald wie möglich von Ellénore zu trennen. Dieser Brief wird Ellénore in die Hände gespielt, sie erkrankt kurz darauf und stirbt, ihren Freund in tiefster Ratlosigkeit zurücklassend und unfähig, die so sehnlich herbeigewünschte Freiheit um solchen Preis zu genießen.

Adolphe fehlen all jene Elemente epischer Anschaulichkeit und Liebe zum Detail, mit denen Realismus und Naturalismus später den Roman ausgestattet haben. Erst die um die Jahrhundertwende einsetzende Reaktion gegen den naturalistischen Erzählstil brachte Constants Werk das große Ansehen, das es heute noch genießt. Die wissenschaftliche Erforschung der menschlichen Psyche führte zur wachsenden Beachtung des psychologischen Blickpunkts auch im Bereich der Literatur. Der *roman d'analyse* wurde im Zuge dieser Entwicklung neu entdeckt und *Adolphe* als einem Meisterwerk psychologischen Scharfsinns eine besondere Stellung innerhalb der Literatur seiner Zeit zugewiesen. KLL

AUSGABEN: Paris/Ldn. 1816. – Paris 1929 (in *Œuvres complètes*, Hg. J. Bompard, 1; krit.). – Paris 1957 (in *Œuvres*, Hg. A. Roulin; krit.; Pléiade). – Paris 1961, Hg. J.-H. Bornecque; Class. Garn; erw. 1983. – Paris 1965 (GF). – Paris 1973 (Folio). – Paris 1977, Hg. P. Delbouille [krit.].

ÜBERSETZUNGEN: *Adolph. Aus den gefundenen Papieren eines Unbekannten*, anon., Pest 1817. – Dass., J. Ettlinger, Halle 1898. – Dass., O. Flake, Mchn. 1910. – Dass., W. J. Guggenheim, Zürich 1944. – Dass., ders., Mchn. 1962 (GGT). – *Adolphe-Cécile*, M. Hölzer u. H. Helbling, Ffm. 1963. – *Adolphe*, M. Voigt u. R. Kilbel, Lpzg. ²1965. – Dass., G. Hohl, Lpzg. 1985 (RUB). – *Adolph*, Th. Baldischwieler, Stg. 1988 (Nachw. H. Stenzel; RUB).

LITERATUR: P. Deguise, *»Adolphe« et les »Journaux intimes« de C. Essai de mise au point* (in RSH, 1956, S. 125–151). – Y. Pihan, *C. compose »Adolphe«* (in Mercure de France, 334, 1958, S. 489–502). – H. Guillemin, *»Adolphe« ou le parapluie de B. C.* (in H. G., *Éclaircissements*, Paris 1961, S. 85–117). – T. Todorov, *La parole selon C.* (in Critique, 1968, Nr. 255/256, S. 756–771; ern. in T. T., *Poétique de la prose*, Paris 1971, S. 100–117). – P. Delbouille, *Genèse, structure et destin d'»Adolphe«*, Paris 1971. – M. Charles, *»Adolphe« ou l'inconstance* (in *Rhétorique de la lecture*, Paris 1972, S. 215–247). – I. W. Alexander, *B. C., »Adolphe«*, Ldn. 1973. – K. A. Blüher, *»Adolphe«* (in *Der frz. Roman*, Hg. K. Heitmann, Bd. 1, Düsseldorf 1975, S. 257–273; 382–384). – H. Verhoeff, *»Adolphe« et C. Une étude psychocritique*, Paris 1976. – G. Mercken-Spaas, *Alienation in C.s »Adolphe«*, Bern/Ffm. 1977. – F. P. Bowman, *Nouvelles lectures d'»Adolphe«* (in Annales B. C., 1, 1980, S. 27–42). – E. Gonin, *Le point de vue d'Ellénore. Une réécriture d'»Adolphe«*, Paris 1981. – A. Fairlie, *Imagination and Language*, Ldn./NY 1981. – M. Wolff, *Méthodes de sémiologues français appliquées à une lecture d'»Adolphe« de B. C.*, Duisburg 1982. – R. F. Allen, *A Stylo-Statistical Study of »Adolphe«*, Genf 1984. – M. Guggenheim, *Adolphe étranger* (in NCFSt, 14, 1984/85, S. 238–250). – M. Vialet, *»Adolphe«. Échec en amour ou temporisation politique* (in Annales B. C., 5, 1985, S. 53–73).

TRISTAN CORBIÈRE

eig. Édouard-Joachim Corbière
* 18.7.1845 Ploujean bei Morlaix
† 1.3.1875 Ploujean bei Morlaix

LITERATUR ZUM AUTOR:
P. Verlaine, *Les poètes maudits*, Paris 1884; erw. 1888. – J. Rousselot, *T. C.*, Paris 1951; ern. 1973. – A. Sonnenfeld, *L'œuvre poétique de T. C.*, Princeton/N.J. 1960. – C. Angelet, *La poétique de T. C.*, Brüssel 1961. – H. Thomas, *T. le déposśédé*, Paris 1972. – M. Dansel, *Langage et modernité chez T. C.*, Paris 1974. – F. F. Burch, *Sur T. C.*, Paris 1975. – P. A. Jannini, *Un altro C.*, Rom 1977. – R. L. Mitchell, *T. C.*, Boston 1979 (TWAS). – M. Dansel, *C., Thématique de l'inspiration*, Lausanne 1985.

LES AMOURS JAUNES

(frz.; *Die gelben Liebschaften*). Gedichtsammlung von Tristan CORBIÈRE, erschienen 1873. – Tristan Corbière war ein Sonderling, er war häßlich, er war krank (seit seinem sechzehnten Lebensjahr litt er an schwerem Gelenkrheumatismus, und er starb an der Schwindsucht); er liebte das Meer, sein Segelboot, seinen Hund (den er wie sich selber Tristan nannte); er verbrachte die längste Zeit seines Lebens in der heimatlichen Bretagne, unternahm eine größere Reise durch Italien und verkehrte eine Zeitlang in der Pariser Boheme, während er das Erscheinen seines einzigen Buches vorbereitete. Nach seinem Tode entdeckte Paul VERLAINE den bereits wieder Vergessenen; er eröffnete mit einem Aufsatz über ihn seine Bildnisse der »verfemten Dichter« *(poètes maudits)* und leitete damit Corbières Einfluß auf den Symbolismus ein.
Der Titel *Les amours jaunes* bedeutet soviel wie welke, matte, trübe, mißmutige Liebschaften, und Mißmut, Trübsinn, auch Spott, Frechheit, Zynismus, Ekel und Lästerung charakterisieren die ersten vier Abteilungen des Buches: Pariser Gedichte, Reisebilder aus Italien, parodistische Serenaden, witzige Sonette. Corbière gefällt sich hier in allerlei Posen und Grimassen und trägt oft eine gespielte Kaltschnäuzigkeit zur Schau. Mit diesen ironisch-sentimentalen Bravourstücken steht er etwa zwischen Alfred de MUSSET und Jules LAFORGUE. Bedeutender, origineller, einen energischen lyrischen Realismus bekundend sind die in den beiden Abteilungen *Armor* und *Gens de mer* enthaltenen Gedichte, die Themen und Gestalten der armorikanischen Küste und der bretonischen Seefahrt behandeln. Corbière tritt hier gewissermaßen in die Nachfolge seines Vaters Édouard CORBIÈRE, der 1832 mit *Le négrier* einen der frühesten Marineromane veröffentlichte und dem der Sohn unter Bezugnahme auf gerade dieses Buch seine Gedicht-

sammlung gewidmet hat. Hier sind Elemente der Ballade, des Volkslieds, der Litanei auffällig, wobei die Diktion der meist monologisch angelegten oder mit rascher Rede und Gegenrede durchsetzten Stücke in Syntax und Wortwahl eine starke Neigung zur Verwendung der Umgangssprache, des Dialekts und Argots zeigt. Sehr eindrucksvoll die Schilderung, wie ein buckliger Matrose sich auch einmal Liebe kaufen will im Bordell *(Le bossu Bitor)*, und ein unbestreitbares Meisterwerk *Die Jahrmarkts-Rhapsodie und Die Wallfahrt zur Heiligen Anna (La rapsodie foraine et Le pardon de Sainte-Anne)*, um derentwillen man Corbière gelegentlich mit François VILLON verglichen hat. In 59 gereimten Vierzeilern, die etwas vom Vortrag durch einen Leierkastenmann oder Moritatensänger an sich haben, schildert der Dichter das rührend-klägliche, Mitleid heischende Schauspiel der Wallfahrer, die zum 27. August für drei Tage in La Palud zusammenkommen, um in der Kapelle der heiligen Anna Beistand und Heilung zu erflehen. Hier wetteifert Corbière mit der fromm-barbarischen Einfalt der bretonischen Kalvarienberge. F.Ke.

AUSGABEN: Paris 1873; [2]1891. – Paris 1931 [Vorw. Ch. Le Goffic]. – Paris 1953, Hg. Y.-G. Le Dantec. – Paris 1963, Hg. J.P. Rosnay. – Paris 1970 (in *Œuvres complètes*, Hg. P. O. Walzer; Pléiade). – Paris 1973.

ÜBERSETZUNGEN: *Die gelben Liebschaften*, G. Schneider, Hbg. 1948 [Ausw.]. – *Gelbe Leidenschaften*, R. Kiefer u. U. Prill, Aachen 1985.

LITERATUR: M. Lindsy, *The Versification of C.'s »Les amours jaunes«* (in PMLA, 78, 1963, S. 358–368). – P. A. Jannini, *Introduzione alla lettura de »Les amours jaunes« di T. C.*, Rom 1969. – F. F. Burch, *T. C., l'originalité des »Amours jaunes« et leur influence sur T. S. Eliot*, Paris 1970. – M. Lindsay, *Le temps jaune*, Berkeley u. a. 1972. – K. H. McFarlane, *T. C. dans les »Amours jaunes«*, Paris 1974. – G. Bogliolo, *Lessico corbieriano. Indice analitico e dati statistici del vocabulario delle »Amours jaunes«*, Urbino 1975. – A. Fongaro, *Sur le texte des »Amours jaunes«* (in Littératures, 1986, Nr. 14).

ALPHONSE DAUDET

* 13.5.1840 Nîmes
† 16.12.1897 Paris

LITERATUR ZUM AUTOR:
Bibliographie:
G. E. Hare, *A. D. A Critical Bibliography*, 2 Bde., Ldn. 1978–1979.
Gesamtdarstellungen und Studien:
A. Gerstmann, *A. D., sein Leben und seine Werke bis zum Jahre 1883*, 2 Bde., Paris 1883. – B. Diederich, *A. D., sein Leben und seine Werke*, Bln. 1900. – E. Fricker, *A. D. et la société du Second Empire*, Paris 1938. – J.-H. Bornecque, *Les années d'apprentissage d'A. D.*, Paris 1951. – M. Bruyère, *La jeunesse d'A. D.*, Paris 1955. – L. Michel, *Le langage méridional dans l'Œuvre d'A. D.*, Paris 1961. – M. Sachs, *The Career of A. D.*, Cambridge/Mass. 1965. – *A. D.*, Laval/Québec 1971. – C. Mantoux, *A. D. et la souffrance humaine*, Paris 1973. – A. V. Roche, *A. D.*, Boston 1976 (TWAS). – R. L. Williams, *The Horror of Life*, Chicago 1980. – M. T. Jouveau, *A. D., F. Mistral, La Provence et le Félibrige*, Nîmes 1980. – J. Rouré, *D.*, Paris 1982. – M. Andry, *D., la bohème et l'amour*, Paris 1985.

L'ARLÉSIENNE

(frz.; *Die Arlesierin*). Drama in drei Akten in Prosa von Alphonse DAUDET, basierend auf Motiven der gleichnamigen Erzählung aus den *Lettres de mon moulin*, Uraufführung: Paris, 1. 10. 1872, Théâtre de Vaudeville. – Die anfängliche Ablehnung aber auch spätere Popularität des Dramas war sicherlich mit bedingt durch die Schauspielmusik von Georges Bizet (1838–1875), dessen vor dem Hintergrund der damaligen Auseinandersetzungen um Richard Wagner in Frankreich ungewohnt moderne Harmonik, Melodik und Instrumentationskunst zunächst Befremden beim französischen Publikum hervorriefen. Komponist wie Autor waren über den unerwarteten Mißerfolg überrascht, der für Bizet Anlaß war, sich verstärkt der Oper zuzuwenden; der von künstlerischen Selbstzweifeln bedrängte Daudet indes, dessen Theaterstück *Lise Tavernier* nur kurze Zeit vorher ebenfalls beim Publikum durchgefallen war, kehrte sich von der Bühne ganz ab und verlegte sich auf das Schreiben von Romanen und Erzählungen, mit denen er ein Erzählwerk schuf, dessen Stellung in der französischen Prosa bislang in seinem Facettenreichtum unterschätzt wird. Neben der Musik Bizets dürfte indes das Thema des Stückes Anlaß dafür gewesen sein, daß *L'Arlésienne* erst nach 1885 auf breitere Zustimmung traf: Die tragische Liebesgeschichte, die im bäuerlichen Milieu der Provence angesiedelt ist, fügte sich wohl nicht in die Interessen des Großstadtpublikums, das erst damit begann, die Auswirkungen des deutsch-französischen Krieges und der Pariser *Commune* zu bewältigen.
Im Zentrum des Stückes steht Frédéri, der etwa zwanzigjährige gutaussehende Sohn aus einer wohlhabenderen Bauernfamilie in der Provence, der sich rettungslos in die »Arlesierin« verliebt hat, ein Bauernmädchen, das übrigens weder in der Erzählung noch in dem Theaterstück selbst in Erscheinung tritt. Frédéri bemüht sich allerdings erfolglos um die Gunst Arlésiennes, da diese bereits mit einem Knecht ein Verhältnis hat, was Frédéri in einer Auseinandersetzung aus dessen Mund er-

fährt. Enttäuscht und verzweifelt verläßt Frédéri sein Elternhaus, um fortan zum Leidwesen seiner Mutter Rose Mamaï ein Hirtenleben zu führen. Die Mutter kann Frédéri jedoch zur Rückkehr bewegen, als sie sich schweren Herzens entschließt, das wegen seines Lebenswandels wenig angesehene Mädchen bei sich aufzunehmen. So ist schließlich Frédéri sogar bereit, Vivette zu heiraten, ein Dorfmädchen, das ihn schon lange Zeit liebt, ohne ihn jedoch wirklich von seiner Leidenschaft für Arlésienne heilen zu können. Auf dem Bauernhof leben außerdem der alte Hirte Balthazar, der im Stück die Funktion eines Kommentators und Sprachrohrs des Autors ausübt, und der von allen umhegte L'Innocent, Frédéris jüngerer, geistig zurückgebliebener Bruder, von dem eine Zigeunerin prophezeite, daß Frédéri sterben werde, sobald L'Innocent seinen vollen Verstand erlange. So schwebt ein tragisches Verhängnis über der Familie, das tatsächlich an dem Tag über Frédéri hereinbricht, an dem L'Innocent beginnt, seine Umwelt mit wachem Sinn wahrzunehmen. Frédéris Eifersucht regt sich denn auch prompt aufs neue, als er von dem Plan seines alten Rivalen erfährt: Der Knecht will die Arlésienne vom Hof entführen. Nur mit Mühe kann man Frédéri davon zurückhalten, den Konkurrenten zu töten. Aus Verzweiflung über die Unmöglichkeit, seine aussichtslose Lage zu bewältigen, beschließt Frédéri, Selbstmord zu begehen: Während L'Innocent sich seiner Identität bewußt zu werden beginnt und seinen wahren Namen, Janet, ausspricht, stürzt sich Frédéri vom Heuboden des Gehöfts.

Die dürftige Intrige der zugrundeliegenden, nur eine Handvoll Seiten umfassenden Erzählung hat Daudet durch zahlreiche zusätzliche Figuren – z. B. Balthazar, Janet – und Motive – etwa die Prophezeiung der Zigeunerin – nicht nur im Umfang erweitert, sondern auch dem Konzept einer klassischen Tragödie angenähert. So erfüllt sich, für den Zuschauer erwartet, das Orakel, das zugleich das Unglück der Familie verkündet; die unentwirrbare, psychologisch bedingte Verstrickung, die mit dem Tod Frédéris endet, findet ein Pendant in dem Verhängnis einer Prophezeiung, die sich einer modernen, individualpsychologischen Deutung des tragischen Helden zu widersetzen scheint. Dabei transponiert *L'Arlésienne* Elemente der klassischen Schicksalstragödie ins provenzalische Umfeld, ohne daß die für den damals herrschenden Realismus und beginnenden Naturalismus so wichtigen Momente des Milieus und der Umwelt bereits als bestimmende Faktoren der Charaktere zum Tragen kämen. So weist die geistige Behinderung von L'Innocent schließlich nicht so sehr realistische Züge als vielmehr metaphysische Qualitäten auf. Auch die Welt der Provence, die sich in *L'Arlésienne* immer wieder in die Haupthandlung mischt und diese gelegentlich überlagert, ist noch frei von den naturalistischen Implikationen der Dumpfheit und Rückständigkeit. Anders als etwa in dem Romanzyklus *Les Rougon-Macquart*, den Zola annähernd zur gleichen Zeit zu entwerfen begann, behandelt Daudet die Provence, ihre Bewohner und Gebräuche hier noch ähnlich folkloristisch wie drei Jahre früher in seinem populärsten Werk, den *Lettres de mon moulin*. G.Wil.

Ausgaben: Paris 1872. – Paris 1889 (in *Théâtre*). – Paris 1911. – Paris 1930 (in *Œuvres complètes*, Hg. A. Ebnes, 20 Bde., 19). – Paris 1965. – Paris 1968.

Bearbeitung: *Neue Liebe*, A. Daudet u. G. Ritter (d. i. Theophil Zolling; Drama, 3 Aufz., Wien 1877).

Literatur: B. Diederich, *D.s Novellen, D.s Dramen* (in B. D., *A. D.*, Bln. 1900, S. 120–199). – K. Mülbrecht, *D.s Dramatisierungen der D.schen Romane*, Diss. Königsberg 1916. – E. Marsan, *Sur »L'Arlésienne«* (in Les Cahiers d'Occident, Ser. 2, 1930, H. 8, *Hommage à A. D.*). – W. van Eeden, *»L'Arlésienne«, »Gengangere«, »L'obstacle«* (in Neoph, 33, 1949, S. 233–238). – J. W. Klein, *The Centenary of Bizet's »L'Arlésienne«* (in Music and Letters, 53, 1972, S. 367–368). – F. Dulmet, *George Bizet et »L'Arlésienne«* (in Écrits de Paris, Febr. 1975, Nr. 244, S. 105–112). – M. Hays, *Suggestions about the Social Origins of Semiotic Practice in the Theater, with the Example of D.'s »Arlésienne«* (in MD, 24, 1981, S. 367–378).

LES AVENTURES PRODIGIEUSES DE TARTARIN DE TARASCON

(frz.; *Die wundersamen Abenteuer des Tartarin von Tarascon*). Roman von Alphonse Daudet, erschienen 1872. – Der Held dieses bekanntesten Romans von Daudet verkörpert den Typus des prahlerischen und zugleich naiven Bewohners der Provence, den der Dichter in seinen *Lettres de mon moulin* verherrlicht hat. Tartarin ist Bürger der Kleinstadt Tarascon am nördlichen Ausgang des Rhonedeltas, einer Region, die für ihren Reichtum an legendenhafter Tradition, alten Sagen und Volksmärchen bekannt ist. Diese Fülle an abenteuerlicher und mitunter auch grotesk-komischer Überlieferung prägt gleichermaßen die Gestaltung von Daudets Erzählung und ihren Inhalt, vor allem jedoch den Charakter des Titelhelden selbst, den sein geistiger Vater zugleich mit deutlichen Zügen der Hauptfiguren von Cervantes' *Don Quijote* ausgestattet hat – eine literarische Patenschaft, die Daudet an mehr als einer Stelle seines Werkes deutlich unterstreicht. An Leibesfülle eher ein Sancho Pansa, gleicht Tartarin in seinem Denken und Handeln einem auf provenzalische Verhältnisse zurechtgestutzten Quijote.

In seinem Haus am Stadtrand bewahrt Tartarin ein Arsenal von Jagdwaffen auf, dazu Trophäen und natürlich auch Bücher, vor allem die Romane James Fenimore Coopers, die Reiseberichte von James Cook und verständlicherweise alle Jagdliteratur, derer der brave Tartarin habhaft werden konnte. Denn wie alle Bewohner Tarascons frönt

Tartarin der Jagdleidenschaft, die lediglich durch das nahezu völlige Fehlen von jagdbaren Tieren beeinträchtigt wird, so daß man schließlich übereinkam, den letzten lebendigen Hasen der Provence, den man durch den Beinamen *Le Rapide (Der Flinke)* mythisiert hatte, gleichsam unter Naturschutz zu stellen. Statt dessen beschlossen die Tarasconeser, fortan ihre eigenen Mützen in die Luft zu werfen und mit Flintenschüssen zu durchlöchern. Tartarin genießt als bester unter diesen *Chasseurs de casquettes (Mützenjäger)* besonderes Ansehen. Als eines Tages eine Zirkusmenagerie mit exotischen Tieren vor dem Schloßplatz von Tarascon zu besichtigen ist, tut sich Tatarin durch besondere Furchtlosigkeit hervor: Als einziger bleibt er von dem schreckenerregenden Gebrüll eines Löwen unbeeindruckt, der – in einen Käfig gesperrt – ohnehin nicht sonderlich gefährlich ist. Diese Episode, die Tartarins lokalen Ruhm als Löwenbezwinger begründet, und die Lektüre abenteuerlicher Reisebeschreibungen veranlassen den Quijote von Tarascon, seine Heimatstadt zu verlassen. Tartarin, der Selbstbeschränkung des Mützenjagens überdrüssig, beschließt, in der Fremde auf Löwenjagd zu gehen und schifft sich, mit ungewöhnlichem Aufwand ausgerüstet, nach Algerien ein. Hier hat Daudet als weitere Reverenz an den *Quijote* eine Invokation an Cervantes eingeflochten, den er in Erinnerung an dessen berühmt gewordene Gefangenschaft in Algier (1575–1580) als wahrhaftigen *genius loci* beschwört: *»Oh Miguel Cervantes Saavedra, wenn es wahr ist, daß an Plätzen, wo bedeutende Männer geweilt, etwas von ihnen in der Atmosphäre verbleibt bis ans Ende der Zeiten, so muß, was von deiner Seele am Barbareskenstrand verharrt, vor Freude erbeben, wenn du Tartarin von Tarascon an Land gehen siehst, diesen wunderbaren Südfranzosen, in dem beide Helden deines Buches, Don Quijote und Sancho Pansa, inkarniert sind.«* Die komische Fremdbestimmung durch eine völlig antiromantische und unexotische Wirklichkeit läßt den Helden, der sich dem Reiseziel gemäß als Araber verkleidet hat, in allerlei burleske Situationen geraten. Unter französischem Einfluß ist Algier für den grobschlächtigen Südfranzosen schon viel zu kultiviert, so daß sich insbesondere der Versuch, einen Löwen zu finden, als Problem erweist. So läßt sich Tartarin zunächst mit einer exotischen Schönen ein, die er nicht ohne Liebesschmerz schließlich wieder verläßt, um sein eigentliches Vorhaben anzugehen. Doch fällt der naive Tartarin einem vermeintlichen Prinzen zum Opfer, der ihn betrügt und schließlich auch um sein Geld bringt. Auch die Löwenjagd, die Tartarin schließlich doch noch unternimmt, erweist sich als ein Desaster, das dem berühmten Löwenabenteuer Quijotes in seinen komischen Effekten nicht nachsteht und durch zahlreiche Parallelen auch nahesteht. Das einzige Exemplar der Gattung Löwe, das Tartarin in Algerien antrifft und in Verkennung der wahren Umstände zur Strecke bringt, ist denn wie auch schon bei Cervantes ein zahmes und sogar blindes Tier, das von einem Bettler für Geld zur Schau gestellt wird. Die vermeintlich heldenhafte Tötung dieses Löwen bringt Tartarin in Konflikt mit der Polizei. Um die Geldbuße bezahlen zu können, ist er genötigt, seine gesamte Ausrüstung zu verkaufen. Ein Kamel, das eine unwandelbare Liebe zu Tartarin gefaßt hat, begleitet den demoralisierten Helden zurück nach Frankreich. Hier sorgt es ebenso wie das vorausgeschickte Löwenfell in Tarascon für beträchtliche Aufregung und begründet Tartarins Ruhm als Großwildjäger und Forscher bei den Bewohnern der Stadt. Ungeachtet der Ernüchterung und Demütigung durch die tatsächlich wenig abenteuerliche Wirklichkeit beginnt Tartarin folglich erneut mit aufschneiderischen Erzählungen seiner imaginären Erlebnisse als Großwildjäger.

Der Erfolg, der dem Roman bei seinem Erscheinen beschieden war, fand ein Echo in zwei Fortsetzungen, die mit ähnlichen Motiven arbeiten: *Tartarin sur les Alpes*, 1885 *(Tartarin in den Alpen)*, zeigt den Helden als Vorsitzenden des Alpinistenvereins von Tarascon. Tartarin hat hier neben einer Bergbesteigung eine Reihe witziger Abenteuer zu bestehen. Diese gipfeln schließlich in seiner Rückkehr nach Tarascon, wo er in eine Totenfeier hineinplatzt, die die Tarasconeser für den vermeintlich am Mont Blanc abgestürzten Tartarin abhalten. – *Port Tarascon*, 1890 *(Port Tarascon)*, verlegt die Handlung auf eine polynesische Insel, die sich die Bürger Tarascons von einem Hochstapler verkaufen ließen. Während die Inbesitznahme der Insel und Tartarins Hochzeit mit einer Eingeborenen noch auf karnevaleske Weise den Kolonialismus des späten 19. Jh.s karikieren, gewinnt die Handlung gegen Ende des Werks ein tragisches Gesicht. Gleichzeitig schimmert freilich die berühmte Insel-Episode aus dem *Quijote* durch. »Gouverneur« Tartarin und seine Gefährten werden nach Frankreich deportiert, wo Tartarin sich wegen verschiedener Delikte vor Gericht zu verantworten hat. Obgleich er schließlich freigesprochen wird, verläßt er Tarascon, als er Vermögen wie Ansehen eingebüßt hat. Da er jedoch fern seiner Vaterstadt nicht leben kann, stirbt Tartarin kurz darauf, indem er nun seinen eigenen quijotesken Charakter resignierend erkennt. Daudets ironisch-witziger Stil und seine Lust am Fabulieren machen die *Tartarin*-Serie zu einer realistischen und zugleich grotesk-karikaturhaften Huldigung an den Menschen des Midi, der hier in seiner ganzen Lebensfreude eingefangen ist. Reverenzen an den *Don Quijote*, dessen Vorbild auf jeder Seite durchscheint, und die ironische Diskrepanz zwischen der Realität und der Reiseliteratur, die sich bis zu Zitaten aus dem Baedeker erstreckt, machen alle drei Werke darüber hinaus zu Literaturromanen von besonderem Humor und Reiz. G.Wil.

AUSGABEN: Paris 1872. – Paris 1929–1931 (in *Œuvres complètes*, 20 Bde., 4). – Paris 1968 (GF). – Paris 1968, Hg. J.-H. Bornecque (Class. Garn). – Paris 1982 (Poche). – Paris 1987 (in *Œuvres*, Hg. R. Ripoll, Bd. 1; Pléiade).

Übersetzungen: *Die wundersamen Abenteuer des Herrn Tartarin aus Tarascon*, P. Christiani, Dresden 1882. – *Tartarin von Tarascon*, P. Stefan, Bln. 1921 (Zeichngn. G. Grosz). – Dass., ders., Ffm. 1974 (Insel Tb). – *Die Abenteuer des Herrn Tartarin aus Tarascon*, Klabund, Bln. 1977. – *Tartarin von Tarascon*, T. Fein, Zürich 1979.

Literatur: B. Diederich, *»Tartarin aus Tarascon«* (in B. D., *A. D.*, Bln. 1900, S. 351–363). – L. Degoumois, *L'Algérie d'A. D. d'après »Tartarin de Tarascon« et divers fragments*, Genf 1922. – J.-M. Floret, *La vérité sur »Tartarin de Tarascon«*, Tarascon 1947. – F. Dulmet, *Le centenaire de »Tartarin«* (in RDM, Apr.–Juni 1972, S. 608–615). – L. Corman, *Tartarin de Tarascon du roman de D. »Tartarin de Tarascon«* (in L. C., *Types morphopsychologiques en littérature*, Paris 1978, S. 48–53).

LETTRES DE MON MOULIN

(frz.; *Briefe aus meiner Mühle*). Erzählungen von Alphonse Daudet, erschienen 1887. – Die von Daudet im Titel gewählte Bezeichnung »Briefe« ist nicht zutreffend. Selbst in den Fällen, in denen ein Adressat genannt ist, wird die Briefform lediglich in ein paar einleitenden Sätzen durchgehalten. Sie ist Fiktion wie der vorgegebene Entstehungsort, eine alte Windmühle in Fontvieille in der Provence. *»Von hier aus schreibe ich Ihnen, meine Tür weit dem Sonnenlicht geöffnet ... Kein Geräusch, kein Lufthauch im Lavendel, kaum von Zeit zu Zeit der Ton einer Pfeife, ein Schellenklingeln der Esel auf der Landstraße.«* Tatsächlich wurden die *Lettres de mon moulin*, die Daudets literarischen Ruhm begründeten, in Paris geschrieben. Die strittige Frage, ob Paul Arène einen wesentlichen Beitrag zu den ersten Erzählungen geleistet hat, glaubt M. Sachs nach Einsicht in die Notiz- und Manuskriptbücher von 1868/69 dahingehend beantworten zu können, daß Arène, wie groß auch immer sein mündlicher Beitrag gewesen sein mag, als Hauptautor ausscheidet.

Von einigen Reiseskizzen aus Algerien und Korsika abgesehen, gibt die südfranzösische Landschaft mit ihren liebenswerten, skurrilen, schlauen oder dickköpfigen Bewohnern die beherrschenden Themen ab. Der inhaltlichen Spannweite, die die Gegenwart und die in der Überlieferung lebendige Vergangenheit umfaßt, entspricht die Vielfalt der Erzählformen, Prosaballaden und fabelartige Geschichten, mit Märchenmotiven durchsetzt – wie die vom *Mann mit dem goldenen Gehirn (La légende de l'homme à la cervelle d'or)* oder die von der Ziege, die aus übermäßigem Freiheitsdrang die sichere, saftige Wiese des Monsieur Seguin mit der wilden Bergwelt vertauscht und dort vom Wolf gefressen wird *(La chèvre de Monsieur Seguin)* –, wechseln mit realistischen Schilderungen – z. B. des harten und kargen Lebens der Jagdhüter in der Camargue – und kunstvoll gestalteten Volkslegenden: Ein Maulesel, das Lieblingstier eines der Avignoner Päpste, wird mit edlem französischem Wein getränkt; Tristet Védène, ein schlauer Bursche, bietet sich als Pfleger an, um selbst in den Genuß des köstlichen Getränks zu kommen. Der übervorteilte Esel aber lebt fortan nur noch im Gedanken an die Stunde der Rache, die ihm am Ende seiner Tage auch wirklich schlägt. *»... und so fürchterlich schlug er aus, daß man in Pampérigouste selbst den Dampf sah, einen Wirbelwind von blondem Dampf, über den hinweg eine Ibisfeder flatterte, alles, was von dem unglückseligen Tristet Védène übrigblieb. Es gibt kein schöneres Beispiel geistlichen Zorns« (La mule du Pape – Der Maulesel des Papstes)*. Augenzwinkernd überliefert Daudet die Geschichte von der doppelten Moral einiger Mönche: Sie beten unverdrossen für das Seelenheil eines der Trunksucht verfallenen Klosterbruders, der durch den Verkauf seines nach einem Geheimrezept gebrauten Likörs das Kloster vor dem wirtschaftlichen Ruin bewahrt *(L'élixier du R. P. Gaucher)*. Die Erzählung *Meister Cornilles Geheimnis (Le secret de maître Cornille)* handelt von einem stolzen, unbeugsamen Müller, dem einst »Daudets Mühle« gehörte und der sich mit seinem Dickschädel erfolgreich gegen die Konkurrenz einer modernen Mehlfabrik durchsetzt. Ein Meisterstück ist die humoristische Darstellung der Bauernschläue eines Landpfarrers in der wohl bekanntesten Erzählung dieser Sammlung: *Le curé de Cucugnan*. Eines Sonntags besteigt der Geistliche die Kanzel und erzählt, er habe in einer Vision alle seine Pfarrkinder im höllischen Feuer schmorend und von den Flammen gepeinigt gefunden. Seit jenem denkwürdigen Sonntag riecht man die Tugend der Bewohner von Cucugnan meilenweit im Umkreis.

Weniger programmatisch als Frédéric Mistral, der mit seinen philologischen Arbeiten und seiner Dichtung eine Renaissance der provenzalischen Sprache und Literatur anstrebte, trug Daudet mit den *Lettres de mon moulin* seinen Teil zur poetischen Unsterblichkeit der Provence bei. Er bezeichnet sein Werk selbst als *»un singulier mélange de fantaisie et de réalité« (»eine sonderbare Mischung aus Phantasie und Realität«)*, wobei er die Wirklichkeit zwar stets mit warmherziger Anteilnahme, aber nie ohne einen Schuß amüsierter Ironie beschreibt.

Sein bildkräftiger Stil, dessen verspielte Anmut, wie die vielen Korrekturen beweisen, das Ergebnis eines strengen Formwillens ist, setzte Maßstäbe für die ästhetischen Kategorien des literarischen Impressionismus. B.Sch.

Ausgaben: Paris 1869. – Paris 1887 [endg. Fassg.]. – Paris 1899 (in *Œuvres complètes*, 3 Bde., 1899/1900, 1). – Paris 1930 (in *Œuvres complètes*, Hg. A. Ebner, 20 Bde., 1930/31, 3). – Paris 1962 (Poche). – Paris 1972 (GF). – Paris 1983, Hg. J.-H. Bornecque. – Paris 1984 (Folio). – Paris 1987 (in *Œuvres*, Hg. R. Ripoll, Bd. 1; Pléiade).

Übersetzungen: *Provenzalische Geschichten*, S. Born, Basel 1879. – *Briefe aus meiner Mühle*, H. Th. Kühne, Lpzg. 1894 (RUB). – Dass., C. Noch, Lpzg. 1948. – *Was meine Mühle erzählt*,

N. u. H. L. Götzfried, Erlangen 1948. – *Briefe aus meiner Mühle*, A. Seiffert, Lpzg. 1960 (RUB). – Dass., H. T. Kühne, Mchn. 1969 (GGT). – Dass., I. Perker, Stg. 1971 (RUB). – Dass., R. Fenzl, Mchn. 1985 (frz.-dt.; dtv). – Dass., L. Ronte, Mchn. 1986.

LITERATUR: W. Draugelattes, *Bemerkungen über den Stil in D.s »Lettres de mon moulin«*, Progr. Eberswalde 1909. – A. Roche, *La part du provençal dans le »Curé de Cucugnan«* (in FR, 14, 1941, S. 387–402). – G. Beaume, *»Les lettres de mon moulin«*, Paris 1946. – W. Blechmann, *Die Kunstform einer Daudetschen Novelle »La chèvre de M. Seguin«* (in GRM, 12, 1962, S. 193–202). – M. MacNamara, *Some Oral Narrative Forms in »Lettres de mon moulin«* (in MLR, 67, 1972, S. 291–299). – C. Bottin-Fourchotte, *»Le secret de Maître Cornille« ou l'avortement du drame* (in *Production littéraire et situations de contacts interéthniques*, Hg. H. Giordan u. A. Labarrère, Nizza 1974, S. 74–102). – H. U. Gumbrecht, *»Le secret de Maître Cornille«* (in *Die französische Novelle*, Hg. W. Krömer, Düsseldorf 1976, S. 202–212; 367–370). – J.-C. Berton, *»Lettres de mon moulin« de D.*, Paris 1980. – G. E. Hare, *The Unity of »Lettres de mon moulin«* (in NCFSt, 10, 1981/82, S. 317–325).

MARCELINE DESBORDES-VALMORE

* 20.6.1786 Douai
† 23.7.1859 Paris

DAS LYRISCHE WERK (frz.) von Marceline DESBORDES-VALMORE.

Kaum einzuordnen, in seinem Gesamtbestand nicht leicht zu beurteilen, entzieht das lyrische Werk der Marceline Desbordes-Valmore sich jedem raschen Zugriff. Sie gehörte der Generation der Romantiker an; ihre erste Gedichtsammlung erscheint 1819, ein Jahr vor LAMARTINES *Méditations poétiques*. Doch glaubt man aus ihren Liebeselegien deutliche Nachklänge PARNYS und CHÉNIERS herauszuhören. RACINE ist nicht ferne – der Racine etwa der Tragödie *Bérénice* –, wo es ihr gelingt, sich in schmerzlich-großartiger Einfachheit zu fassen. Andererseits begegnen uns früh schon gewisse Bilder und Gleichnisse von traumhaft-schwebender Unbestimmtheit, die es dem jungen RIMBAUD angetan haben. Er war es, der seinen Freund VERLAINE nötigte, das *alles* zu lesen, was dieser bisher für Wust und Plunder mit einigen schönen Stellen gehalten hatte. Beide Dichter übernehmen einige von Marceline bevorzugte Formen und entwickeln sie weiter.

Marceline Desbordes' Leben war abenteuerlich und unstet, voller Drangsale, Verluste und Enttäuschungen; innige Zuneigung, leidenschaftliche Hingabe, bittere Schwermut kennzeichnen ihre Verse; doch bieten Helle, Frische, Unbeugsamkeit dem Widerpart. Immer wieder verdüstern Gewitter ihre Seelenlandschaft; sie entladen sich im Blitz, im Schrei, in einer Flut von Tränen. Von dem Tau dieser Tränen überronnen, funkeln ihre Verse; die Kraft des schmerzlichen, des freudigen Schreis dringt ungebrochen an unser heutiges Ohr.

Sie wuchs im nordfranzösischen Flandern auf. Nachdem die Revolution ihren Vater, der Wappen-, Kutschen- und Kirchenmaler war, um sein Brot gebracht hatte, verließ die Mutter 1797 mit Marceline Douai, um bei einem vermögenden Vetter auf den Antillen Hilfe zu erbitten. Auf langwierigen Umwegen gelangen die beiden Frauen nach Bordeaux, wo sie sich Ende 1801 nach Guadeloupe einschiffen. Bei ihrer Ankunft treffen sie dort auf einen Sklavenaufstand, der Vetter ist gestorben, das gelbe Fieber wütet, dem die Mutter bald erliegt. Es gelingt der Sechzehnjährigen nach Frankreich zurückzukehren, wo sie sich endgültig der Bühne zuwendet. (Ihre frühreife Begabung fürs Theater war ihr schon vor ihrer Abreise zunutze gewesen.) Als geschätzte Schauspielerin und Sängerin tritt sie in Douai, Rouen, Paris und Brüssel auf. 1808 macht sie die Bekanntschaft des jungverheirateten Henri de Latouche (1785–1851), der eine unauslöschliche Leidenschaft in ihr erweckt. 1810 wird ein unehelicher Sohn geboren; Marceline verbringt drei Jahre bei einer ihrer Schwestern in der Normandie; Latouche bricht mit ihr und begibt sich auf eine lange Reise in die Schweiz, nach Südfrankreich und Italien. 1813 nimmt Marceline ihre Bühnenlaufbahn wieder auf, versöhnt sich mit Latouche, bricht abermals mit ihm. 1816 stirbt ihr Sohn, 1817 ihr Vater; im September des gleichen Jahres heiratet sie in Brüssel den um sieben Jahre jüngeren Schauspieler François-Prosper Lanchantin, der unter dem Namen Valmore auftritt. Vier Kinder werden geboren, von denen nur ein Sohn sie überleben sollte. Marceline führt nun als Hausfrau, Mutter und Begleiterin ihres mittelmäßig begabten Mannes ein entbehrungsreiches Wanderleben in Paris, Lyon, Bordeaux und Brüssel. Es kommt zu einer Aussöhnung mit Latouche, der sich der Familie annimmt. Erst 1840 bricht sie endgültig mit ihm, als sein Betragen ihrer jüngsten Tochter Ondine gegenüber ihr verdächtig vorkommt. Sie argwöhnt, er wolle Ondine verführen; man darf jedoch vermuten, daß Latouche diese (zu Recht oder Unrecht) für seine Tochter hielt, die er zu sich herüberzuziehen sucht. 1846 stirbt die älteste Tochter Inès an Schwindsucht, 1851 stirbt Latouche, 1853 Ondine; Valmore findet endlich einen mäßig besoldeten Posten als Angestellter der Bibliothèque Nationale.

Diese und andere biographische Details wären nicht berichtenswert, wenn sie nicht ihren Niederschlag in Marcelines Gedichten gefunden hätten, deren persönliche und allzu persönliche Bezüge überall erkennbar, häufig jedoch so sehr verschlüsselt sind, daß sie das Verständnis erschweren und die Interpreten bisweilen zu unhaltbaren Auslegungen verführt haben. Mehr oder minder sicheren Grund unter den Füßen haben wir erst heute, nachdem die von M. BERTRAND so behutsam wie eindringlich kommentierte kritische Ausgabe der *Œuvres poétiques* vorliegt.

Marceline Desbordes-Valmore geht es nicht um Kunst, sie will sich bekennen, sich mitteilen; sie spricht sich aus; alle sollen sie vernehmen; niemand aber soll das ihr selber Unbegreifliche ihres Lebens durchschauen. Man vergesse nicht: Sie war Schauspielerin, ihre Natürlichkeit war zugleich Spiel, so sehr Spiel, Handlung, Bewegung, Auftritt, Ausdruck, daß es dieser zweiten Natürlichkeit gelingt, sich zum Anschein reiner Unmittelbarkeit zu steigern. Nicht immer, nicht überall, aber so häufig doch, daß gewisse Gedichte, je öfter man sie liest, immer wahrer, immer unwillkürlicher erscheinen. Nicht alle besitzen diese Qualität; mitunter muß man Schiefes, Schwaches, Banalitäten und Sentimentalitäten mit in Kauf nehmen. Marceline schrieb manches, vor allem ihre erzählenden Bücher für Kinder und Erwachsene, um damit etwas zu verdienen. Als Dichterin anfangs geschätzt und erfolgreich, gelang es ihr nicht mehr, ihren letzten Gedichtband, der vielleicht ihre schönsten Stücke enthält, noch selber bei einem Verlag unterzubringen. Er erschien erst nach ihrem Tode. In ihm findet sich ihr berühmtestes Gedicht, das seither in keiner Anthologie fehlt: *Les Roses de Saadi (Saadis Rosen)*: *»J'ai voulu ce matin te rapporter des roses;/ Mais j'en avais tant pris dans mes ceintures closes/ Que les nœuds trop serrés n'ont pu les contenir.// Les nœuds ont éclaté. Les roses envolées/ Dans le vent, à la mer s'en sont toutes allées./ Elles ont suivi l'eau pour ne plus revenir.// La vague en a paru rouge et comme enflammée./ Ce soir, ma robe encore en est toute embaumée.../ Respires-en sur moi l'odorant souvenir.« (»Rosen wollte ich dir bringen heut früh, doch allzu viele hatte ich in meines Kleides Bausch gesammelt, daß sie die allzu strengen Knoten sprengten.// Nichts hielt sie mehr; der Wind trug sie fort, zum Meer entflogen alle, folgten den Fluten ohne Wiederkehr.// Rot erstrahlte die Woge und wie entflammt. Ganz durchwürzt ihr Duft heut abend noch mein Kleid... Du atme des Erinnerns Wohlgeruch an mir!«)*

Zu ihren Freunden und Bewunderern gehörten Lamartine, BALZAC, SAINTE-BEUVE und, unerwarteterweise, BAUDELAIRE, der 1859 einen der schönsten und gerechtesten Texte über sie schrieb: *»Nie war ein Dichter natürlicher; keiner war je weniger künstlich. Niemand hat diesen Zauber nachahmen können, weil er ganz ursprünglich und angeboren ist... Marceline Desbordes-Valmore war Frau, war immer Frau, ganz und gar nichts anderes als Frau; aber sie war in einem ungewöhnlichen Grade der dichterische Ausdruck aller natürlichen Schönheiten der Frau...«*

Am häufigsten bedient sie sich, wie in dem zitierten Gedicht, des Alexandriners, doch meistert sie auch die *mètres impairs*, den Fünf-, den Sieben- und den Elfsilber; sie liebt den Wechsel im Versmaß, und gelegentlich unterbricht sie breiter schildernde Partien durch kurzzeilige, locker assoziierende Improvisationen, die wie ein Geläute, ein Trällern, wie kurze Schreie aus einer ängstlichen oder jubelnden Kehle sind. In der Vorrede zu dem Versband *Bouquets et prières (Sträuße und Gebete)*, der zuerst den Titel *Les Bruits dans l'herbe (Die Geräusche im Gras)* tragen sollte, vergleicht sie ihre Poesie mit dem schwachen Lied der Grille, *»das nicht ohne Anmut ist inmitten des prächtigen Tumultes der Natur«*. Ihre Poesie hat auch das Emsige, das Insistierende, das Unaufhörliche des Grillengesangs. Die Nähe zur Musik ist immer spürbar; viele ihrer Gedichte wurden von ihrer nächsten und treuesten Freundin Pauline Duchambge vertont.

Marcelines Hauptthemen sind Kindheit, Mutterschaft und Familie, Liebe und die Schmerzen der Liebe, Freundschaft und eine sehr persönliche, unkonfessionelle Frömmigkeit. Hervorzuheben sind einige politische Gedichte von erstaunlichem Freimut der Klage und Anklage; sie betreffen den Arbeiteraufstand von Lyon im April 1834 und dessen blutige Unterdrückung, deren nahe Zeugen die Familie Valmore war. Die Gedichte der Liebe sind größtenteils entweder an Latouche oder an Valmore gerichtet oder von einem der beiden inspiriert. Darüber, ob wir es mit einem Gedicht der unbezwingbaren Leidenschaft oder der herzlichen ehelichen Zuneigung zu tun haben, entscheidet allein der Ton. In den Versen an Latouche kommt oft eine gewisse Wehrlosigkeit, ein Gefühl des Ausgeliefertseins zum Ausdruck; in denen an Valmore klingt etwas Sorgendes, Mütterliches mit. Was sich in diesen und jenen bis zur Widersprüchlichkeit ausdrückt, miteinander verrechnen oder in Übereinstimmung bringen zu wollen, ist unmöglich: Dieses liebende Herz ist so sehr ein dichterisches, daß es jeden Anlaß rücksichtslos ausgestaltet und nicht innehält, bis er Aktion und Figur geworden ist. Beispiele zu geben ist schwer, doch sei von den Gedichten an Latouche ein epigrammatischer Achtzeiler *Souvenir (Erinnerung)* zitiert: *»Quand il pâlit un soir, et que sa voix tremblante/ S'éteignit tout à coup dans un mot commencé;/ Quand ses yeux, soulevant leur paupière brûlante,/ Me blessèrent d'un mal dont je le crus blessé;/ Quand ses traits plus touchants éclairés d'une flamme/ Qui ne s'éteint jamais,/ S'imprimèrent vivants dans le fond de mon âme;/ Il n'aimait pas, j'aimais!« (»Als er erbleichte eines Abends, als zitternd seine Stimme jäh in einem angefangnen Wort erlosch; als brennend unter heißen Lidern seine Augen mich verwundeten, daß ich erkrankte, an einem Übel, dran ich ihn verwundet glaubte; als seine Züge, rührender, von einer Flamme erhellt, die nie erlischt, lebendig sich mir in die tiefste Seele prägten, – er nicht, ich liebte«.)*

F.Ke.

AUSGABEN: *Élégies, Marie et Romances*, Paris 1819. – *Poésies*, Paris 1820. – *Élégies et poésies nouvelles*, Paris 1825. – *Poésies*, Paris 1830. – *Les pleurs*, Paris 1833. – *Pauvres Fleurs*, Paris 1839. – *Bouquets et prières*, Paris 1843. – *Les anges de la famille*, Paris

1849. – *Poésies inédites*, Genf 1860. – *Œuvres poétiques*, Paris 1886–1922, 4 Bde.; Nachdr. Genf 1972. – *Œuvres poétiques*, Hg. J. M. Bertrand, Grenoble 1973, 2 Bde.; ern. Paris 1974. – *Poésies*, Hg. Y. Bonnefoy, Paris 1983 [Ausw.].

ÜBERSETZUNGEN: *Gedichte*, R. Z. Emde, Ldn. 1840. – *Gedichte/Briefe*, G. Etzel-Kühn (in St. Zweig, *M. D.-V.*, Lpzg. 1938, S. 71–324). – *Ausgewählte Gedichte*, K. Schwedhelm, Bühl in Baden 1947 [frz.-dt.]. – *Gewitter der Liebe*, K. Borowsky, Tübingen 1988 [frz.-dt.].

LITERATUR: C.-A. Sainte-Beuve, *Notice pour Poésies de Madame D.-V.*, Paris 1842. – Ch. Baudelaire, *M. D.-V.* (in Ch. B., *Réflexions sur quelques-uns de mes contemporains*, Paris 1869). – C.-A. Sainte-Beuve, *Madame D.-V. Sa vie et sa correspondance*, Paris 1870. – P. Verlaine, *Les Poètes maudits, Deuxième série*, Paris 1888. – S.-J. Boulenger, *M. D.-V. D'après ses papiers inédits*, Paris 1909. – L. Descaves, *La vie douloureuse de M. D.-V.*, Paris 1910. – Ders., *La vie amoureuse de M. D.-V.*, Paris 1925. – J. Boulenger, *M. D.-V. Sa vie et son secret*, Paris 1926. – St. Zweig, *M. D.-V., Ein Lebensbild*, Lpzg. 1928. – G. Cavallucci, *Bibliographie critique de M. D.-V., d'après des documents inédits*, Paris 1942. – J. Moulin, *M. D.-V.*, Paris 1955. – E. Jasenas, *M. D.-V. devant la critique*, Paris/Genf 1962. – Ders., *Le poétique: D.-V. et Nerval*, Paris 1975.

ALEXANDRE DUMAS FILS

* 27.7.1824 Paris
† 27.11.1895 Marly-le-Roi

LITERATUR ZUM AUTOR:
R. Hörner, *Die Erstlingsdramen des jüngeren D.*, Tübingen 1910. – C. M. Noël, *Les idées sociales dans le théâtre de D.*, Paris 1912. – P. Lamy, *Le théâtre d'A. D. fils*, Paris 1928. – O. Gheorgiu, *Le théâtre de D. fils et la société contemporaine*, Nancy 1931. – F. A. Taylor, *The Theatre of A. D. fils*, Oxford 1937. – A. Maurois, *Les trois D.*, Paris 1957. – A. Lebois, *A. D. fils*, Paris 1969. – H.-J. Neuschäfer, *Populärromane im 19. Jh.*, Mchn. 1976. – S. E. Larsen, *Sémiologie littéraire*, Stockholm 1984. – B. Wehinger, *Paris Crinoline. Zur Faszination des Boulevardtheaters und der Mode um 1857*, Mchn. 1988.

LA DAME AUX CAMÉLIAS

(frz.; *Die Kameliendame*). Roman und Drama von Alexandre DUMAS fils. – Schon der 1848 erschienene Roman war ein großer Erfolg; die Premiere der dramatisierten Version (Paris, 2. 2. 1852, Théâtre Vaudeville) gehörte zu den aufsehenerregendsten französischen Bühnenereignissen zu Beginn der zweiten Hälfte des Jahrhunderts. Der *Kameliendame* kommt der Ruhmestitel zu, das erste und langlebigste aus der Reihe der dichterisch mehr oder weniger geglückten Sittendramen gewesen zu sein, die von der Mitte des vorigen Jahrhunderts an im Dienste der bürgerlichen Moral über die Bühne zogen. Die edle Kurtisane, die dem arrivierten Bourgeois die Evasion in eine erotische Wunschwelt ermöglicht und sich schließlich der bürgerlichen Familienmoral opfert, gehört zum Themenrepertoire der Unterhaltungsliteratur des 19. Jh.s.
Die Heldin, Marguerite Gautier, verkörpert den von der Romantik her schon bekannten Typ der rückhaltlos liebenden, hochherzigen Sünderin, der hier ins Rührende idealisiert ist; die Kameliendame revoltiert nicht gegen die institutionalisierten moralischen Regeln, sondern gewinnt allen Heroismus aus dem Opfer, das sie diesen Regeln bringt. Marguerite liebt Armand Duval, einen jungen Mann aus gutem Hause, mit einer Liebe, wie sie ihr bisher unbekannt war, und hat um seinetwillen ihr früheres leichtes Leben aufgegeben. Als ihr aber vom Vater ihres Geliebten vorgehalten wird, sie stehe dem Glück Armands im Wege und schädige das Ansehen der ganzen Familie, beugt sie sich den Forderungen der Gesellschaft, die keine ehemalige Kurtisane in ihren Kreisen dulden will, und kehrt in ihr altes Milieu zurück. Stumm erträgt sie außer dem Trennungsschmerz auch noch die verzweifelte Verachtung des Geliebten, der die wahren Motive ihres Handelns erst erfährt, als die Lungenkranke schon im Sterben liegt. Die Versöhnungsszene kurz vor Marguerites Tod ist der Höhepunkt des an bewegenden Effekten reichen, pathetischen Stükkes, dessen melodramatisch akzentuierte Gesellschaftskritik von problemreicheren Darstellungen der »ehrbaren Dirne« abgelöst worden ist, sich mit seiner wirkungskräftigen Theatralik aber in Verdis *La Traviata*-Vertonung und auf der Leinwand immer wieder zu behaupten vermag. KLL

Roman:
AUSGABEN: Paris 1848, 2 Bde. – Paris 1872 [revidiert]. – Paris 1972 (Folio). – Paris 1975 (Poche). – Paris 1981 (Einl. H. J. Neuschäfer; Roman und Drama; GF).

ÜBERSETZUNGEN: *Die Dame mit den Camelien*, G. F. W. Rödiger, Wien 1850. – *Die Kameliendame*, O. Flake, Lpzg. 1907. – Dass., ders., Bln./Mchn. 1919. – Dass., H. Luckenwald, Lübeck 1940; ern. 1946. – Dass., O. Flake, Mchn. 1967 (GGT); ern. 1985 (Goldm. Tb). – Dass., F. Stern, Stg. 1974 (RUB). – Dass., W. Hoyer, Ffm. 1982.

Drama:
AUSGABEN: Paris 1852. – Paris 1868 (in *Théâtre complet*, 7 Bde., 1868–1892, 1). – Paris 1882. – Paris 1923 (in *Théâtre complet*, 10 Bde., 1). – Montreal 1955.

Übersetzungen: *Eine neue Magdalena oder Die Dame mit den Kamelien*, M. Ring, Bln. 1866. – *Die Cameliendame*, L. v. Alvensleben, Lpzg. 1868. – Dass., H. Meindl, Stg. 1875.

Vertonung: G. Verdi, *La Traviata*, 1853 (Oper).

Verfilmungen: Dänemark 1907 (Regie: V. Larsen). – Frankreich 1909. – Italien 1909 (Regie: U. Falena). – Frankreich 1911 (Regie: M. Pouctal, m. S. Bernhardt). – USA 1912. – Italien 1915 (Regie: B. Negroni). – USA 1917 (Regie: A. Capellani). – Deutschland 1917 (m. E. Morena, H. Liedtke). – USA 1927 (Regie: F. Niblo). – Frankreich 1934 (Regie: F. Rivers). – USA 1936 (Regie: G. Cukor, m. G. Garbo, R. Taylor). – Italien 1947 (Regie: C. Gallone). – Frankreich 1953 (Regie: R. Bernard). – Frankreich/Italien/BRD 1980 (Regie: M. Bolognini).

Literatur: H. Lyonnet, *»La dame aux camélias« de D. fils*, Paris 1930. – B. Croce, *»La dame aux camélias« e il teatro francese della seconda metà dell'ottocento* (in Quaderni della Critica, 5, 1949, Nr. 15, S. 21 bis 34). – R. Barthes, *Mythologies*, Paris 1957, S. 202–204. – P. Toussaint, *Marie Duplessis, la vraie »Dame aux camélias«*, Paris 1958. – M. Rat, *»La dame aux camélias«*, Paris 1958. – J. Robichez, *»La dame aux camélias«* (in RSH, 1961, S. 477–487). – J. Prasteau, *C'était »La dame aux camélias«*, Paris 1963. – M. d'Hartoy, *D. fils inconnu ou Le collier de »La dame aux camélias«*, Paris 1964. – H. J. Neuschäfer, *Mit Rücksicht auf das Publikum*... (in Poetica, 4, 1971, S. 478–514). – Ders., *Erotische Wunschwelt und bürgerliche Familienmoral* (in H. J. N., *Populärromane im 19. Jh.*, Mchn. 1976, S. 55–102). – C. Issartel, *Les dames aux camélias*, Paris 1981. – B. Poirot-Delpech, *Marie Duplessis, »La dame aux camélias«. Une vie romancée*, Paris 1981. – G. Jaques, *»La dame aux camélias«, roman de D., une réhabilitation nécessaire* (in LR, 37, 1983, S. 259–285). – H. Felten, *Ungeliebte »Kameliendame«* (in *Aufsätze zur Literaturgeschichte in Frankreich, Belgien und Spanien*, Hg. H. J. Lope, Ffm. u. a. 1985, S. 13–27).

Alexandre Dumas père

eig. Alexandre Davy de la Pailleterie

* 24.7.1802 Villers-Cotterêts
† 5.12.1870 Puys bei Dieppe

Literatur zum Autor:
Bibliographien:
F. W. Reed, *A Bibliography of A. D. père*, Ldn. 1933. – D. Munro, *A. D. père. A Bibliography of Works Published in French, 1825–1900*, NY/Ldn. 1981. – Ders., *A Secondary Bibliography of French and English Sources to 1983, with Appendices*, NY 1985.
Gesamtdarstellungen und Studien:
C. Glinel, *A. D. et son œuvre*, Reims 1884; Nachdr. Genf 1967. – L. Lecomte, *A. D. Sa vie intime, ses œuvres*, Paris 1902. – H. Wilke, *A. D. als Dramatiker*, Mchn. 1927. – J. Charpentier, *A. D. père*, Paris 1947. – R. Gaillard, *A. D.*, Paris 1953. – H. Clouard, *D. père*, Paris 1955. – A. Maurois, *Les trois D.*, Paris 1957 (dt. *Die drei D.*, Hbg. 1959). – Europe, 1970, Nr. 490/491 [Sondernr. *A. D.*]. – J. Lamaze, *D.*, Paris 1972. – F. Bassan u. S. Chevalley, *A. D. père et la Comédie-Française*, Paris 1972. – M. Bouvier-Ajam, *A. D. ou cent ans après*, Paris 1973. – I. Jan, *A. D. romancier*, Paris 1973. – R. S. Stowe, *A. D., père*, Boston 1976 (TWAS). – L'Arc, 71, 1978 [Sondernr. *A. D.*]. – F. W. J. Hemmings, *A. D. The King of Romance*, NY 1979. – A. Adler, *D. und die böse Mutter. Über 10 historische Romane von A. D. d. Ä.*, Bln. 1979. – C. Schopp, *A. D., le génie de la vie*, Paris 1985.

LE COMTE DE MONTE-CRISTO

(frz.; *Der Graf von Monte Cristo*). Roman von Alexandre Dumas père, erschienen 1845/46 zunächst als Fortsetzungsroman im Feuilleton des ›Journal des débats‹. – Edmond Dantès, ein weitgereister Seemann wahrhaft proteischen Charakters, will sich mit Hilfe seines unermeßlichen Reichtums einen Platz in der Pariser Gesellschaft erobern. Am Tag seiner Hochzeit wird er jedoch in Marseille ins Gefängnis geworfen und fälschlich der Napoleontreue angeklagt (man schreibt das Jahr 1815). Vierzehn Jahre lang bleibt er im Château d'If eingeschlossen. Dieses Schicksal verdankt er zwei schurkischen Freunden, Fernand und Danglars, von denen der erste ihn um seine Frau, der zweite um seinen Reichtum zu betrügen versucht. Auch kommt seine Haft den politischen Machenschaften Villeforts, eines jungen und ehrgeizigen Magistraten, sehr zustatten. Nach einer abenteuerlichen Flucht und dank der Unterstützung eines ehemaligen Mitgefangenen, des Abbé Faria, der ihm einen auf der Insel Monte Cristo vergrabenen, ungeheuren Schatz vermacht, kann Dantès alias Graf von Monte Cristo endlich an seinen Widersachern schreckliche Rache üben. Er verfährt dabei mit seinen Opfern unerbittlich wie das leibhaftige Schicksal, ohne Rücksicht auf die Normen himmlischer und irdischer Gerechtigkeit. Neu ist die Figur des Helden, dessen geradezu märchenhaft anmutende Allmacht nicht mehr auf Tugend und Tapferkeit, sondern auf Geld beruht.
Der Graf von Monte Cristo ist auch heute noch ein fesselndes Buch voller Abenteuer, deren konventionell-romantischer Charakter durch die lebhafte und spannende Schilderung aufgewogen wird. Dumas läßt seiner Phantasie freien Lauf und kümmert sich wenig um die Glaubwürdigkeit seiner

Geschichten. Seine Zeitgenossen tadelten vielfach die psychologische Unwahrscheinlichkeit der Charaktere und der Vorgänge. Dennoch genoß das Buch große Beliebtheit, nicht zuletzt aufgrund des anhaltenden Erfolgs der Bühnenfassung. KLL

AUSGABEN: Paris 1845/46, 18 Bde. *(Le comte de Monte-Christo)*. – Paris 1907 (in *Œuvres complètes*, 60 Bde.). – Paris 1923/24, 6 Bde. [Ill. F. Money u. V. Dutertre]. – Paris 1978, Hg. H. Bornecque, 2 Bde. (Class. Garn). – Paris 1981, Hg. G. Sigaux (Pléiade).

ÜBERSETZUNGEN: *Der Graf von Monte Cristo*, F. W. Bruckbräu, 15 Bde., Augsburg 1846. – *Der Graf von Monte Christo*, M. Pannwitz, 6 Bde., Stg. 1939. – Dass., n. d. Übers. v. P. Berthier neu bearb. v. H. Bürg, Mchn. 1950. – Dass., H. Kehrli u. A. Ravic, 2 Bde., Zürich 1954; ern. Mchn. 1968 (Heyne Tb). – Dass., E. T. Kauer, Mchn. 1961 (GGT); ern. Mchn. 1974 (Goldm. Tb). – Dass., M. Hasenbein, Ffm. 1977, 2 Bde. (Insel Tb).

DRAMATISIERUNG: A. D. u. A. Maquet, *Monte-Cristo*, Paris 1848 (1. Tl.; Urauff.: Paris 3. 2. 1848, Théâtre Historique); dies., dass., Paris 1848 (2. Tl.; Urauff.: Paris, 4. 2. 1848, Théâtre Historique); dies., *Le comte de Morcerf*, Paris 1851 (3. Tl.; Urauff.: Paris, 1. 4. 1851, Théâtre de l'Ambigu-comique). – Dies., *Villefort*, Paris 1851 (4. Tl.; Urauff.: Paris, 8. 5. 1851, Théâtre de l'Ambigu-comique). – Dies., *Monte-Cristo*, Paris 1895.

VERFILMUNGEN: Frankreich 1942 (Regie: R. Verney. – Frankreich/Italien 1961 (Regie C. Autant-Lara). – *The Count of Monte Cristo*, England 1974 (TV; Regie: D. Green).

LITERATUR: L. Ganderax, *Le drame populaire »Monte Cristo«* (in RDM, 48, 1881, S. 215–225). – A. Maurois, *»Montecristo«* (in A. M., *Die drei Dumas*, Hbg. 1959, S. 227–269). – J. Robichon, *»Le comte de Monte-Christo«* (in J. R., *Le roman des chefs-d'œuvre*, Paris 1969, S. 193–241). – H. J. Neuschäfer, *Supermans gesellschaftlicher Auftrag* (in *Literatur für viele*, Hg. H. Kreuzer, Göttingen 1976, S. 105–121). – Ders., *Abenteuersehnsucht u. Sekuritätsbedürfnis* (in H. J. N., *Populärromane im 19. Jh.*, Mchn. 1976, S. 32–54). – J. Molino, *A. D. et le roman mythique* (in L'Arc, 71, 1978, S. 56–69). – G. Sigaux, *Du fait divers au mythe* (ebd., S. 82–88). – V. Klotz, *D., »Der Graf von Monte-Christo«* (in V. K., *Abenteuer-Romane*, Mchn. 1979, S. 59–85). – H. Gilles, *Le secret de Monte-Christo* ..., Paris 1982.

LES TROIS MOUSQUETAIRES

(frz.; *Die drei Musketiere*). Historischer Roman von Alexandre DUMAS père, in Zusammenarbeit mit dem Historiker Adrien MAQUET, unter Bezugnahme auf die apokryphen *Mémoires d'Artagnan* (1701/02) von Courtilz de SANDRAS; veröffentlicht 1844, zunächst als Fortsetzungsroman im Feuilleton der Zeitung ›Le Siècle‹. – In diesem Mantel- und Degenroman, der sich am historischen Roman in der Tradition W. SCOTTS orientiert und die typische, von zahllosen kurzen Episoden getragene Struktur des Feuilletonromans aufweist, geht es Dumas nicht zuletzt darum, sein Publikum auf unterhaltsame Weise mit der französischen Geschichte vertraut zu machen. Der Roman spielt zur Zeit Ludwigs XIII., einer bewegten, von politischen Unruhen und Palastintrigen gekennzeichneten Epoche. Doch die Reflexion über historische Zusammenhänge tritt ebenso wie die Ortsbeschreibungen hinter die spannungsreiche Handlung zurück: Um den eigentlichen Helden des Romans – d'Artagnan, ein verwegener junger Mann aus der Gascogne, der im Jahre 1625 nach Paris aufbricht, um dort sein Glück zu versuchen – gruppieren sich die drei Freunde und königstreuen Musketiere Aramis, Athos, Porthos. Sie verkörpern jeweils einen bestimmten Typus. So ist Aramis ein ehemaliger Geistlicher, der durch ein galantes Abenteuer von seinem Weg abkam und sich durch seinen Hang zu jesuitischer Spitzfindigkeit einerseits, heimlichen Liebschaften und soldatischer Begeisterung andererseits auszeichnet. Athos spielt die Rolle des edlen Ritters, der aus Verzweiflung über die gescheiterte Ehe mit einer Abenteurerin als Musketier in den Dienst des Königs getreten ist. Porthos schließlich verkörpert den naiven, hünenhaften Helden. Als d'Artagnan in Paris eintrifft, schließt er sich den drei Musketieren an, die mit der Garde des Kardinals Richelieu im Streit liegen und soeben siegreich ein Handgemenge überstanden haben. Gemeinsam verfolgen sie die Spionin des ehrgeizigen Kardinals, Mylady de Winter, die sich als die ehemalige Frau von Athos entpuppt und haarsträubende Intrigen gegen die drei Musketiere, die traditionellen Gegner der Leibgarde des Kardinals, inszeniert. Das größte Abenteuer haben die Musketiere in Zusammenhang mit einem besonders heimtückischen Plan Richelieus zu bestehen: Die Agentin des Kardinals ist beauftragt, die Königin, Anna von Österreich und spanische Gemahlin Ludwigs XIII., zu kompromittieren. Der Königin wird eine Liebesaffäre mit dem Herzog von Buckingham nachgesagt, dem sie zwölf Diamantenspangen geschenkt hatte, ursprünglich ein Geschenk des Königs an die Königin. Der Kardinal, der die »ausländische« Königin – Archetyp der *»bösen Mutter«* (A. Adler) – ins Verderben stürzen will, rät dem König, er solle sie bitten, diesen Schmuck bei einem Hofball zu tragen. Während Mylady de Winter im Auftrag Richelieus in England agiert, reiten die vier Freunde ebenfalls nach England, um den Schmuck noch rechtzeitig zu beschaffen und die Ehre der Königin zu retten. Bevor die Agentin Richelieus in die Hände der Musketiere fällt, läßt sie den Herzog von Buckingham, der mit den Protestanten in La Rochelle verbündet ist, im Auftrag Richelieus ermorden und die Kammerzofe der Königin Anna, Constance Bonacieux – d'Artagnans

Geliebte – vergiften. Der Abenteuerroman endet mit der Hinrichtung der unnahbar schönen, dämonischen Spionin.
Der beispiellose Erfolg der *Drei Musketiere* beruht auf der geschickt konstruierten Handlung und dem Erfindungsreichtum Dumas', der es verstand, ein lebendiges und äußerst bewegtes, wenn auch kaum auf geschichtswissenschaftlichen Erkenntnissen beruhendes Bild der Epoche Ludwigs XIII. zu entwerfen. Die effektvollen Dialoge, die dramatische Spannung, das schillernde Lokalkolorit, die einfachen, in sich stimmigen Charaktere und Dumas' schrankenlose Lust am Fabulieren haben diesen Roman zum meistgelesenen seiner Gattung gemacht. Dumas hat ihn später zu einer Trilogie ausgebaut, deren weitere Bände, *Vingt ans après* (1845) und *Vicomte de Bragelonne* (1850), die spezifische, jugendliche Bewegtheit und Abenteuerlust der *Drei Musketiere* vermissen lassen und die ihren Reiz eher in den von Dumas durchgespielten Handlungsvariationen haben. B.We.-KLL

Ausgaben: Paris 1844, 8 Bde. – Paris 1846. – Paris 1956, Hg. Ch. Samaran (Class. Garn). – Paris 1962 (zus. m. *Vingt ans après*, Hg. u. Anm. E. Sigaux; Pléiade). – Paris 1967 (GF). – Paris 1973 (Folio). – Paris 1984. – Paris 1987.

Übersetzungen: *Die drei Musketiere*, F. W. Bruckbräu, Augsburg 1845. – Dass., H. Meerholz [d. i. H. Denhardt], Lpzg. um 1885; ern. um 1920 (RUB). – Dass., A. Zoller, Stg. 1845; ern. 1908. – Dass., M. Pannwitz, Stg. 1913; ern. Bingen 1948. – Dass., E. Th. Kauer, Bln. 1936; ern. Mchn. 1982 (Goldm. Tb). – Dass., H. Bräuning, Bln. ²1965; ern. Ffm. 1988 (Insel Tb). – Dass., H. Kehrli, Zürich 1984.

Dramatisierung: A. Dumas, *Les trois mousquetaires* (Urauff.: Paris, 27. 10. 1845, Théâtre de l'Ambigu-comique).

Vertonung: J. De Lara, *Three Musketeers* (Oper; Urauff.: Marseille 1912). – R. Benatzky, *Die drei Musketiere* (Operette; Text: R. Schanzer u. E. Welisch; Urauff.: Bln. 1930). – A. Visetti, *Trois mousquetaires* (Oper; Text: A. Dumas).

Verfilmungen: *I tre moschettieri*, Italien 1909 (Regie: M. Caserini). – *Le mousquetaire de la reine*, Frankreich 1909 (Regie: G. Méliès). – *The Three Musketeers*, USA 1911. – Frankreich 1912 (Regie: A. Calmettes). – *The Three Musketeers*, USA 1913 (Regie: C. V. Henkel). – *D'Artagnan*, USA 1915 (Regie: C. Swickard). – Frankreich 1920 (Regie: H. Diamant-Berger). – *The Three-must-get-there*, USA 1921 (Regie: F. Caven). – *The Three Musketeers*, USA 1921 (Regie: F. Niblo). – Frankreich 1932 (Regie: H. Diamant-Berger). – *The Three Musketeers*, USA 1933 (Regie: A. Schaeffer u. C. Clark). – Dass., USA 1935 (Regie: R. V. Lee). – Dass., USA 1938 (Regie: A. Dwan). – *Los tres mosqueteros*, Mexiko 1942 (Regie: M. M. Delgado). – Dass., Argentinien 1946 (Regie: J. Saraceni). – *The Three Musketeers*, USA 1948 (Regie: G. Sidney). – *Lady in the Iron Mask*, USA 1952 (Regie: R. Murphy). – Frankreich 1953 (Regie: A. Hunebelle). – *Le Vicomte de Bragelonne*, Frankreich/Italien 1954 (Regie: F. Cerchio.) – *Tres mosqueteros y medio*, Mexiko 1955 (Regie: G. Martinez Solares). – Frankreich/Italien 1961 (Regie: B. Borderie). – *The Three Musketeers*, England 1973 (Regie: R. Lester).

Literatur: Ch. Samaran, *D'Artagnan, capitaine des mousquetaires du roi. Histoire véridique d'un héros de roman*, Paris 1912. – H. d'Almeras, *A. D. et »Les trois mousquetaires«*, Paris 1929. – A. Praviel, *Histoire vraie des »Trois mousquetaires«*, Paris 1933. – R. Parker, *Some Additional Sources of D.'s »Les trois mousquetaires«* (in MPh, 42, 1943, S. 34–40). – R. Barthes, *»Les trois mousquetaires«, mise en scène par R. Planchon au Théâtre de l'Ambigu* (in Théâtre Populaire, 36, 4. Trim., 1959, S. 47–49). – A. Maurois, *Qui a écrit »Les trois mousquetaires«?* (in Historia, 1970, Nr. 289, S. 150–162). – J. Thibaudeau, *»Les trois mousquetaires«* (in Europe, 1970, Nr. 490/491, S. 59–75). – J. Bem, *D'Artagnan et après* (in Littérature, 22, Mai 1976, S. 13–29). – J. Molino, *A. D. et le roman mythique* (in L'Arc, 71, 1978, S. 56–69). – P. Patrick, *L'épée, la lettre et la robe* (in Acta litteraria, 23, 1981, S. 215–225). – M. Picard, *Pouvoir du feuilleton ou d'Artagnan anonyme* (in Littérature, 50, Mai 1983, S. 55–76).

Émile Durkheim

* 15.4.1858 Épinal
† 15.11.1917 Paris

Literatur zum Autor:
Biographien:
J. Duvigneaud, *E. D., sa vie, son œuvre, avec un exposé de sa philosophie*, Paris 1965. – S. Lukes, *E. D., His Life and Works. A Historical and Critical Study*, Ldn. 1973.
Gesamtdarstellungen und Studien:
S. Deploige, *Le conflit de la morale et de la sociologie*, Löwen 1911; Paris ³1923. – C. E. Gehlke, *E. D.'s Contributions to Sociological Theory*, NY 1915. – G. L. Duprat, *A. Comte et E. D.* (in *Gründer der Soziologie*, Jena 1923). – G. E. Marica, *E. D., Soziologie und Soziologismus*, Jena 1932. – K. Günzel, *Die gesellschaftliche Wirklichkeit, eine Studie über E.D.s Soziologie*, Ohlau 1934. – H. Alpert, *E. D. and His Sociology*, NY 1939; ern. 1961 [m. Bibliogr.]. – E. Benoit-Smullyan, *The Sociologism of E. D. and His School* (in *An Introduction to the History of Sociology*, Hg. H.E. Barnes, Chicago 1948). –

G. Davy, *›Introduction‹ zu E. D., Leçons de sociologie. Physique de mœurs et de droit*, Paris 1950. – E. A. Tiryakian, *Sociologism and Existentialism. Two Perspectives on the Individual and Society*, Englewood Cliffs/N.J. 1962. – R. Bierstedt, *E. D.*, Ldn. 1966. – R. Aron, *Les étapes de la pensée sociologique*, Paris 1967; zul. 1985 (dt. *Hauptströmungen des klassischen soziologischen Denkens*, Reinbek 1979; rde). – A. Giddens, *Capitalism and Modern Social Theory. An Analysis of the Writings of Marx, D. and Max Weber*, Ldn. 1971. – D. Lalapra, *E. D., Sociologist and Philosopher*, Ithaca/Ldn. 1972. – E. Wallwork, *D. Morality and Milieu*, Cambridge/Mass. 1972. – R. Gasché, *Die hybride Wissenschaft. Zur Mutation des Wissenschaftsbegriffs bei E. D. und im Strukturalismus von C. Lévi-Strauss*, Stg. 1973. – M. Proto, *D. e il marxismo. Dalla scienza sociale all' ideologia corporativa*, Lacaita 1973. – P. Marconi, *D. Sociologia e politica*, Neapel 1974. – M. A. Toscano, *Evoluzione e crisi del mondo normativo. E. D. e Max Weber*, Rom 1975. – P. Hirst, *D., Bernard and Epistemology*, Ldn. 1975. – A. Bohnen, *Individualismus u. Gesellschaftstheorie*, Tübingen 1975. – G. Dombrowski, *Sozialwissenschaft u. Gesellschaft bei D. und Radcliffe-Brown*, Bln. 1976. – G. Santomauro, *Il sociologismo pedagogico di E. D.*, Bari 1976. – R. König, *E. D. zur Diskussion. Jenseits von Dogmatismus und Skepsis*, Mchn./Wien 1978. – A. Giddens, *D.*, Ldn. 1978. – M. Fabris, *Morale e religione in E. D.*, Bari 1978. – C. Montaleone, *Biologia sociale e mutamento. Il pensiero di E. D.*, Mailand 1980. – S. Nannini, *Educazione, individuo e società in E. D. e nei suoi interpreti*, Turin 1980. – B. Lacroix, *D. et le politique*, Paris 1981. – K. Thompson, *E. D.*, Chichester 1982. – R. Münch, *Theorie des Handelns. Zur Rekonstruktion der Beiträge von Talcott Parsons, E. D. und Max Weber*, Ffm. 1982. – *The Sociological Domain, the D.ians and the Founding of French Sociology*, Hg. P. Besnard, Cambridge 1983. – F. Westley, *The Complex Form of the Religious Life. A D.ian View of New Religious Movements*, Chico/Calif. 1983. – H.-P. Müller, *Wertkrise u. Gesellschaftsreform. E. D.s Schriften zur Politik*, Stg. 1983. – W. S. Pickering, *D.'s Sociology or Religion. Themes and Theories*, Ldn. 1984. – S. Fenton, *D. and Modern Sociology*, Cambridge 1984. – *D. and the Law*, Hg. S. Lukes, NY 1984. – R. Marra, *Il diritto in D. Sensibilità e riflessione nella produzione normativa*, Neapel 1986.

LES RÈGLES DE LA MÉTHODE SOCIOLOGIQUE

(frz.; *Die Regeln der soziologischen Methode*). Soziologisches Werk von Émile DURKHEIM, erschienen 1895. – Der Autor entwickelt in diesem klassischen Werk der modernen Soziologie, wie schon in *De la division du travail social, étude sur l'organisation des sociétés supérieures* (1893), eine im Rahmen seiner Theorie grundlegende und innerhalb der damaligen Soziologie revolutionäre These. Die »sozialen Tatsachen« *(faits sociaux)* sind nach Durkheim durch ihre Exteriorität vom individuellen Bewußtsein charakterisiert. Er setzt damit das Kollektiv als Sozialgebilde über die Einzelindividuen, die den zwangsläufigen Einflüssen der Gruppe *(contraintes sociales)* unterworfen sind. Diese dem Individuum übergeordnete Realität einer sozialen »Tatsache« bedeutet für den Forscher, daß er sie als Sache *(chose)* nach Regeln der positiven Wissenschaft analysieren und ihre Beziehungen auf der Grundlage ihrer beobachteten Merkmale überprüfen kann. Eine soziale Tatsache ist für einen durch eine bestimmte Phase seiner Entwicklung bestimmten gesellschaftlichen Typus »normal«, wenn sie eine allgemeine ist, d. h., wenn sie jeweils in gleichartigen Gesellschaften am gleichen Punkt ihrer Entwicklung in Erscheinung tritt. So verhält es sich auch mit dem Verbrechen, das mit Grundbedingungen jedes sozialen Lebens verknüpft ist. Denn der Weg für Veränderungen im gesellschaftlichen Leben muß nicht nur offenbleiben für Einwirkungen, die aus dem Handeln des seiner Zeit vorauseilenden Idealisten resultieren, sondern auch für solche, die auf die Tätigkeit des Kriminellen zurückzuführen sind. Ein Sokrates, der die Moral umgestaltet, ist nötig. Aber auch der Verbrecher ist ein »normales« Element des sozialen Lebens, keineswegs eine Krankheit, die sich durch Strafe heilen ließe.

Durkheim begreift die Soziologie nicht in erster Linie als System, sondern als Methode, die auf die einzelnen Wissenschaften wie Ethnologie, Theologie, Wirtschafts-, Sprach- und Rechtswissenschaft anzuwenden sei. Vor allem geht es ihm um die Herausstellung und Klassifizierung der einzelnen gesellschaftlichen Grundformen, die je nach dem Grade ihrer Zusammensetzung eine Gesellschaft prägen. Nach Durkheims Auffassung darf bei der Suche nach einer Erklärung sozialer Tatsachen erst dann nach Motiven oder Zweckursachen gefragt werden, nachdem die Wirkursachen und die Funktion des sozialen Phänomens analysiert sind. Eine psychologische Erklärung verwirft er nachdrücklich. Denn eine soziale Tatsache kann nicht auf rein psychische Faktoren reduziert werden und ist letztlich nur aus anderen sozialen Tatsachen erklärbar. Zwischen der Psychologie und der Soziologie sieht er eine ähnliche Kluft wie zwischen der Biologie und den chemisch-physikalischen Wissenschaften. So wenig wie das psychologische Verhalten läßt Durkheim als Triebfeder der sozialen Veränderungen einen Drang des Menschen zu stets vollkommenerer Realisierung seiner Natur gelten, von dem COMTE ausgeht. Ein solcher Drang wäre nur eine metaphysische Größe, deren wirkliches Vorhandensein niemand beweisen kann. Dennoch räumt Durkheim ein, daß das Milieu, das seinerseits wieder von sozialen Ursachen abhängig ist, nicht in absoluter Weise als Erstursache angenommen werden kann. Die Wissenschaft muß sich damit begnügen, eine Tatsache als primär anzusehen, die hinreichend allgemein ist, um damit eine große Zahl anderer Tatsachen zu erklären. Das kollektive Sein, wiederholt Durkheim, hat eine Natur *sui generis*, und das kollektive Bewußtsein ist vom individuellen Bewußtsein verschieden. Das Werk, das eine radikale Differenz zwischen den Natur- und den Sozialwissenschaften postuliert, schließt mit der Darlegung, daß die vortrefflichste Methode der Soziologie im Aufweis der variierenden Komponenten einer Gesellschaft besteht; das bedeutet jedoch nicht, daß Durkheim kein Interesse an der Veränderung der Gesellschaft hat, im Gegenteil: *»Wir sind der Meinung, daß unsere Forschungen nicht eine Stunde Arbeit wert wären, wenn wir nur ein spekulatives Interesse haben sollten. Wenn wir die theoretischen Probleme sorgsam von den praktischen trennen, so nicht, um die letzteren zu vernachlässigen, sondern umgekehrt, um uns in die Lage zu versetzen, sie besser zu lösen.«* – Durch die zahlreichen Diskussionen und Kritiken, die diese Veröffentlichung hervorgerufen hat, ist das Werk bis heute als Begründung der Soziologie im Sinne einer strengen Wissenschaft von Bedeutung geblieben. KLL

AUSGABEN: Paris 1895. – Paris [3]1904 [rev. u. erw.]. – Paris [21]1983.

ÜBERSETZUNGEN: *Die Methode der Soziologie*, anon., Lpzg. 1908 (Phil.-soziologische Bücherei, 5). – *Die Regeln der soziologischen Methode*, R. König, Neuwied 1961; [6]1980 [m. Einl.]. – Dass., ders., Ffm. 1984 (stw).

LITERATUR: R. Iacombe, *La méthode sociologique de D.*, Paris 1926. – A. Scivoletto, *Il metodo sociologico di E. D.*, Mailand 1970. – R. Nisbet, *The Sociology of E. D.*, NY 1974. – F. Chazel, *Les règles et la méthode sociologique*, Paris 1975.

LE SUICIDE

(frz.; *Der Selbstmord*). Soziologische Untersuchung von Émile DURKHEIM, erschienen 1897. – Einer der interessanten, immer wieder diskutierten Aspekte dieser Studie, die als klassisches Beispiel wissenschaftlicher Vorgehensweise in der Soziologie gilt, besteht in der Auswertung offizieller Statistiken. Daraus gewinnt Durkheim seine Erkenntnisse; zusammenfassend schreibt er: *»Der Selbstmord variiert im entgegengesetzten Sinn des Grades der Integration (des Individuums) in die religiöse Gemeinschaft, in die häusliche Gemeinschaft oder Familie und in die politische Gemeinschaft oder Nation.«* Wie in seinem gesamten Werk liegt auch dieser Untersuchung die Frage nach den Mechanismen zugrunde, die die soziale Integration des Individuums befördern bzw. verhindern. Durkheims Hypothese lautet: Das *»Glück des Individuums«* bzw. die Ausgeglichenheit der Persönlichkeit hängt von der Intensität der Bindungen zwischen Individuum und Gesellschaft ab; diese Bindungen dürfen weder zu eng noch zu locker sein. Ausgehend von seiner in *Les règles de la méthode sociologique* dargelegten soziologischen Konzeption, deren entscheidende Annahme darin besteht, daß die Menschen bei allen ihren Interaktionen eine neu entstehende Realitätsebene begründen, die sich von jener der Individuen unterscheidet, den Individuen äußerlich bleibt und ihre Handlungen kontrolliert, stellt er fest, daß jede Gesellschaft eine Selbstmordziffer aufweist, die ihr eigen ist, und daß diese Ziffer festen Gesetzen gehorcht. Auf dieser Ebene der sozialen Realität siedelt Durkheim die Ursachen des Selbstmordes an; er verzichtet ausdrücklich auf die Erforschung der Motivationen des einzelnen; eine methodologische Entscheidung, die auf die strikte Trennung von sozialen, den Betroffenen in der Regel verborgenen »Ursachen« und individuellen »Motiven«, die Durkheim auf die Funktion eines Vorwandes bzw. eines auslösenden Momentes reduziert, hinausläuft. Insbesondere an diesem Punkt setzte die kritische Auseinandersetzung mit Durkheims Selbstmord-Studie ein: Seine Thesen, so lautet der Hauptkritikpunkt, basieren auf statistischen Daten, deren Qualität von ihm nie in Frage gestellt worden sei; er verwende offizielle und nicht vom Soziologen selbst erstellte Statistiken, d.h. Daten, die das praktische Anliegen und das Bedeutungsverständnis der sie sammelnden Stellen (Kriminalpolizei oder Ärzte) widerspiegeln, so daß davon ausgegangen werden müsse, daß diese Daten verzerrt und relativ unzuverlässig seien. Andererseits berücksichtige er weder die Auswirkungen von Geisteskrankheiten noch gestehe er dem Individuum den Status eines handelnden Subjektes zu. Durkheims Schüler und Nachfolger, die sich insbesondere um die von ihm begründete Zeitschrift ›Travaux de l'Année sociologique‹ gruppierten, nahmen diese Kritikpunkte ernst und bauten die von Durkheim entworfene Studie mittels zuverlässigerer Statistiken aus. Diese weiterführenden Untersuchungen schmälern jedoch nicht die Verdienste Durkheims, der auf der Basis seiner statistischen Analyse – die trotz aller Kritik methodologisch vorbildlich geblieben ist – zu der Einsicht gelangte, daß die Selbstmordziffern tatsächlich höher sind, wenn das Individuum in soziale Zusammenhänge eingebunden ist, die entweder zu starke oder zu schwache normative Zwänge aufweisen. Daraus leitet er die Forderung ab, die in komplexen Gesellschaften zunehmend reduzierten personalen Bindungen zu fördern, indem dezentrale Einrichtungen und Verbände die vom modernen Staat nicht mehr erfüllbare Funktion übernehmen, das gemeinschaftliche Leben zu intensivieren. Unter diesem Vorzeichen erweist sich Durkheims Soziologie, die ihren historischen Ort in der Dritten Republik hat, als eine Morallehre, die der klerikalen Moral eine laizistische entgegensetzt. B.We.-KLL

AUSGABEN: Paris 1897; [5]1973. – Paris 1960. – Paris 1981.

ÜBERSETZUNG: *Der Selbstmord*, S. u. H. Herkommer, Neuwied 1973 [Einl. K. Dörner; Nachw. R. König]. – Dass., dies., Ffm. 1983; [2]1987 (stw).

LITERATUR: M. Halbwachs, *Les causes du suicide*, Paris 1930. – M. Bonnafous, *Le suicide* (ebd., 120,

1933). – G. Simpson, *Methodological Problems in Determining the Aetiology of Suicide* (in American Sociological Review, 16, 1950, S. 658–663). – R. König, *Drei unbekannte Werke von É. D.* (in Kölner Zs. f. Soziologie u. Sozialpsychologie, 8, 1956). – M. Gold, *Suicide, Homicide and the Socialization of Aggression* (in American Journal of Sociology, 62, Mai 1958, S. 561 ff.). – H. C. Selvin, *D.'s »Suicide« and Problems of Empirical Research* (ebd., S. 607–619). – B. P. Dohrenwend, *Egoism, Altruism, Anomie and Fatalism, a Conceptual Analysis of D.'s Types* (in American Sociological Review, 24, 1959). – W. Pope, *D.'s »Suicide«. A Classic Analyzed*, Chicago/Ldn. 1976. – R. B. Ginsberg, *Anomie and Aspirations. A Reinterpretation of D.'s Theory*, NY 1980. – S. Taylor, *D. and the Study of Suicide*, NY 1982. – C. Baudelat u. R. Establet, *D. et le suicide*, Paris 1984.

GUSTAVE FLAUBERT

* 12.12.1821 Rouen
† 8.5.1880 Croisset

LITERATUR ZUM AUTOR:
Bibliographie:
R. Dumesnil u. D.-L. Demorest, *Bibliographie de G. F.*, Paris 1937.
Forschungsberichte:
E. E. Freimuth von Helms, *German Criticism of G. F., 1857–1930*, NY 1939; Nachdr. 1966. – E. Johnson, *The Critical Reception of G. F. in the United States, 1860–1960*, Den Haag/Paris 1966. – W. Krömer, *F.*, Darmstadt 1980 (EdF). – A. W. Raitt, *État présent des études sur F.* (in Inf. litt, 34, 1982, S. 198–206).
Zeitschrift:
Les amis de Flaubert, Rouen 1962 ff.
Biographien:
F. par lui-même, Hg. J. de la Varende, Paris 1958 (dt. *G. F. in Selbstzeugnissen und Bilddokumenten*, Reinbek 1958; rm). – B. F. Bart, *F.*, Syracuse/N.Y. 1969. – E. M. Starkie, *F., the Making of the Master*, Ldn. 1967 (dt. *G. F. Kindheit, Lehrzeit, frühe Meisterschaft*, Hbg./Düsseldorf 1971). – Ders., *F. the Master. A Critical and Biographical Study, 1856–1880*, Ldn. 1971. – J.-P. Sartre, *L'idiot de la famille. G. F. de 1821 à 1857*, 3 Bde., Paris 1971/72 (dt. *Der Idiot der Familie*, 5 Bde., Reinbek 1977–1980; vgl. dazu H. E. Barnes, *Sartre et F.*, Chicago/Ldn. 1981). – *Album F.*, Hg. J. Bruneau u. J. A. Ducourneau, Paris 1972 (Pléiade). – C. Tricotel, *Comme deux troubadours. Histoire de l'amitié F. – Sand*, Paris 1978. – G. Henry, *L'histoire du monde, c'est une farce ou La vie de G. F.*, Condé-sur-Noireau 1980.
Gesamtdarstellungen und Studien:
M. Proust, *A propos du ›style‹ de F.* (in NRF, 1. 1. 1920; auch in M. P., *Contre Sainte-Beuve*, Hg. P. Clarac, Paris 1971, S. 586 ff.; Pléiade). – A. Thibaudet, *G. F. Sa vie, ses romans, son style*, Paris 1922; ern. 1979. – E. Maynial, *F. et son milieu*, Paris 1927. – G. de Maupassant, *Étude sur G. F.* (in G. de M., *Œuvres posthumes*, Bd. 2, Paris 1930). – D. L. Demorest, *L'expression figurée et symbolique dans l'œuvre de G. F.*, Paris 1931; Nachdr. Genf 1967. – H. Guillemin, *F. devant la vie et devant Dieu*, Paris 1939; ern. 1963. – E. Maynial, *F.*, Paris 1943. – J. Suffel, *G. F.*, Paris 1958. – H. Friedrich, *Drei Klassiker des frz. Romans, Stendhal, Balzac, F.*, Ffm. 1960; [8]1980. – R. Dumesnil, *La vocation de G. F.*, Paris 1961. – A. Y. Naaman, *Les débuts de G. F. et sa technique de la description*, Paris 1962. – J. Bruneau, *Les débuts littéraires de G. F., 1831–1845*, Paris 1963. – P. M. Wetherill, *F. et la création littéraire*, Paris 1964. – *F. A Collection of Critical Essays*, Hg. R. Giraud, Englewood Cliffs/N.J. 1964. – V. Brombert, *The Novels of F.*, Princeton 1966. – M. Nadeau, *G. F. écrivain*, Paris 1969. – J.-L. Douchin, *Le sentiment de l'absurde chez G. F.*, Paris 1970 (ALM). – R. J. Sherrington, *Three Novels by F.*, Oxford 1970. – C. Digeon, *F.*, Paris 1970. – *F.*, Hg. R. Debray-Genette, Paris 1970. – R. K. Cross, *F. and Joyce*, Princeton 1971. – E. L. Gans, *The Discovery of Illusion. F.s Early Works, 1835–1837*, Berkeley u. a. 1971. – B. Wagner, *Innenbereich und Äußerung. F.sche Formen indirekter Darstellung und Grundtypen der erlebten Rede*, Mchn. 1972. – G. Bollème, *La leçon de F.*, Paris 1972 (10/18). – P. Danger, *Sensations et objets dans le roman de F.*, Paris 1973. – M. Reboussin, *Le drame spirituel de F.*, Paris 1973. – K. D. Bertl, *F. Die Zeitstruktur in seinen erzählenden Dichtungen*, Bonn 1974. – J. Culler, *F. The Uses of Uncertainty*, Ldn. 1974. – *Modernité de F.* (In Littérature, 4, 1974, Nr. 15; Sondernr.). – *La production du sens chez F.*, Hg. C. Gothot-Mersch, Paris 1975 (10/18). – U. Dethloff, *Das Romanwerk F.s*, Mchn. 1976. – *Langages de F.*, Hg. M. Issacharoff, Paris 1976. – G. Bonaccorso, *L'Oriente nella narrativa di F.*, 2 Bde., Messina 1979. – *Essais sur F. en l'honneur du prof. D. Demorest*, Hg. C. Carlut, Paris 1979. – *Über G. F.*, Hg. G. Haffmans u. F. Cavignelli, Zürich 1979 (detebe). – *F. à l'œuvre*, Hg. R. Debray-Genette u. a., Paris 1980. – RHLF, 81, Juli–Okt. 1981 [Sondernr. *G. F.*]. – L'Arc, 79, 1980 [Sondernr. *G. F.*]. – *F. et Maupassant, écrivains normands*, Hg. J.-M. Bailbé u. J. Pierrot, Paris 1981. – *G. F.*, Hg. S. Agosti u. a., Fribourg 1981. – *F., la dimension du texte*, Hg. P. M. Wetherill, Manchester 1982. – R. Warning, *Der ironische Schein. F. und die ›Ordnung der Diskurse‹* (in *Erzählforschung*, Hg. E. Lämmert, Stg. 1982, S. 290–318). – *Travail de F.*, Hg. G. Genette u. T. Todorov, Paris 1983. – *F., la femme, la ville*, Paris 1983. – *G. F. 1: F., et après...*, Hg. B. Masson, Paris 1984 (RLMod, Nr. 703–706). – J. L. Douchin, *Le bourreau de soi-même. Essai sur l'itinéraire intellectuelle de G. F.*, Paris 1984 (ALM). – Ders., *La vie érotique de G. F.*, Paris 1985. – *Ex oriente lux.*

Zur Genese einer Ästhetik der Moderne. F., Ffm. 1986 (stw). – *G. F. 2: Mythes et religions (1)*, Hg. B. Masson, Paris 1986 (RLMod, Nr. 777–781). – M. P. Ginsburg, *F. Writing. A Study in Narrative Strategies*, Stanford 1986. – *G. F.*, Hg. A. de Toro, Tübingen 1987.

BOUVARD ET PÉCUCHET

(frz.; *Bouvard und Pécuchet*). Roman von Gustave Flaubert, entstanden zwischen 1872 und 1880, postum 1881 unvollendet veröffentlicht. – Diese Fassung beinhaltet den fast vollständigen, aus zehn Kapiteln bestehenden ersten Teil des auf zwei Teile geplanten Gesamtwerks. Der Roman scheint – was die Hauptfiguren betrifft – von der Erzählung *Les deux Greffiers (Die beiden Gerichtsschreiber)* von Maurice motiviert zu sein, die am 14. April 1841 in der ›Gazette des tribunaux‹, im Mai 1841 im ›Journal des journaux‹ und am 7. Februar 1858 in ›L'Audience‹ abgedruckt wurde. Bei genauer Analyse und Interpretation dieses Romans erweist sich diese Quelle jedoch als vordergründig und irrelevant. Vielmehr ist die Entstehung von *Bouvard et Pécuchet* im Zusammenhang mit dem als zweiten Teil geplanten *Dictionnaire des idées reçues (Wörterbuch gängiger Meinungen)*, in dem bürgerliche Klischees, Sprichwörter, Ideologeme und Pseudophilosophien von Flaubert zusammengetragen wurden, zu sehen sowie in Verbindung mit einer tiefgreifenden Auseinandersetzung mit den Denk- und Wissenschaftssystemen des 19. Jh.s, wie sich aus den Flaubertschen *Dossiers/Carnets* entnehmen läßt. In diesem Roman, in dem das gesamte kulturelle Wissen des 19. Jh.s vorgestellt, problematisiert und in Frage gestellt wird, geht es nicht um die Abenteuer von Bouvard und Pécuchet, sondern um die Frage, ob Wissen und Wissenschaft im Gefolge des später von M. Foucault beschriebenen »epistemologischen« Bruchs zwischen dem Ende des 18. und dem Beginn des 19. Jh.s und vor dem Hintergrund der daraus sich ergebenden neuen Organisation der Wissensbereiche bzw. der Einzelwissenschaften noch möglich sind. *Bouvard et Pécuchet* ist ferner auch ein Roman über den Roman, Literatur über Literatur und muß, so gesehen, jener großen Tradition zugeordnet werden, die u. a. von Dantes *Divina Commedia*, Cervantes' *Don Quijote*, Goethes *Faust* und Balzacs *Comédie humaine* gebildet wird. Die literargeschichtliche Bedeutung des Romans wurde weitgehend und lange Zeit übersehen, und dem Werk wird heute noch mit Mißtrauen begegnet, was sicher durch die hier skizzierten Fragestellungen mitbedingt sein mag. Einen entscheidenden Beitrag zur Rezeption und neuen literargeschichtlichen Einordnung dieses mittlerweile vieldiskutierten Werks hat vor allem die seit 1978 bestehende »Forschungsgruppe Flaubert« am Pariser Centre national de la recherche scientifique geleistet.

Im Gegensatz zu anderen Romanen Flauberts, wie *Madame Bovary* oder *L'Éducation sentimentale*, sind hier nicht die Schicksale der Romangestalten wichtig, sondern die von ihnen vertretenen Ideologeme. *Bouvard et Pécuchet* kann in zwei Haupthandlungen gegliedert werden. Die erste und wichtigste, weil sie den eigentlichen Gegenstand des Romans bildet, ist jene der verschiedenen Studiengebiete, die sich die beiden Helden im Laufe ihres Lebens erarbeiten wollen und die durch dreizehn stereotyp aufgebaute und austauschbare Elementarsequenzen konstituiert ist. Die zweite ist jene, die sich im Privatleben der beiden Helden auf der nichtwissenschaftlichen Seite abspielt, wobei die Grenzen zwischen den Handlungsebenen bzw. ihre Motivationsausgänge oft fließend sind. Auf der ersten Handlungsebene befassen sich die Helden mit folgenden Gebieten: 1. Landwirtschaft und Gärtnerei, 2. Chemie und Medizin, 3. Geologie und Astronomie, 4. Archäologie, 5. Historiographie, 6. Literatur, 7. Politik, 8. Gymnastik, 9. Magie, 10. Philosophie, 11. Mystik und 12. Pädagogik (hier kommen alle Wissensgebiete noch einmal in der Lehre vor). Jede einzelne Handlungssequenz ist durch den Beginn, die Ausführung und das Scheitern der wissenschaftlichen Tätigkeit gekennzeichnet. Die Motivation, sich mit den unterschiedlichen Wissenschaften zu befassen, kann entweder auf der theoretischen Ebene liegen, wenn die Helden z. B. feststellen, daß sie, um im Bereich der Archäologie weiterkommen zu können, historisches Wissen benötigen, oder im Bereich des Privatlebens, wenn sie sich z. B. beim Beobachten der Sterne, der Geologie oder beim Erleben einer Messe der Mystik widmen. Bei all diesen Beschäftigungen zeigen die Helden einen hohen Grad an Identifikation mit den jeweiligen Wissenschaften, wobei Bouvard immer der gemäßigte ist, der die Tätigkeiten als Zeitvertreib sieht, im Gegensatz zu Pécuchet, der sie professionell, verbissen und radikal betreibt: Widmen sich die beiden »Gelehrten« der Mystik, übt Pécuchet Selbstkasteiung, befassen sie sich mit der Geologie, tragen sie beide das Gewand der Geologen, interessieren sie sich für Literatur, suchen sie Inspiration und kleiden sich wie Künstler usw. Die Ergebnisse dieser Tätigkeiten sind aber immer mit dem Scheitern belegt. Den Helden gelingt es nicht, zu kohärenten und sinnvollen Ergebnissen zu kommen, sei es aus Unvermögen, aus Wissensmangel oder aufgrund der Unmöglichkeit, ein Wissensgebiet vollständig zu erforschen, was in der für die Geistesgeschichte des 19. Jahrhunderts typischen Zersplitterung des Wissens begründet ist. Aber nicht nur im theoretischen Bereich erleben die Helden bittere Niederlagen, sondern auch im Privatleben, als sie, ausgehend von einem stark ausgeprägten Sendungsbewußtsein und Geltungsbedürfnis ihre Ergebnisse ihren biederen Nachbarn vorstellen wollen: Sie ernten Spott und Ablehnung bis hin zu Feindschaft.

Die zweite Handlungsebene beinhaltet das Leben der Helden in Paris, wo sie als Bürogehilfen arbeiten, die parodistische abenteuerliche Umzugsreise von Paris nach Chavignolles, Bouvards Antritt einer Erbschaft, die Idealisierung des Landlebens,

die Führung des Haushaltes, die Teilnahme am Dorfleben, die Revolution von 1848, die Liebesaffären der Helden und schließlich ihr Ende als Behörden-Schreiberlinge, eine öde und stumpfsinnige Tätigkeit, die sie nun nach all den erlebten Desastern gerne ausüben.
Bouvard et Pécuchet ist letztlich ein hochgradig satirischer und parodistischer Roman, in dem die romantische Ideologie und Kunst insgesamt in ihrer Überzogenheit und Untauglichkeit bloßgelegt werden und das bürgerliche Leben in seiner Heuchelei und seinem Drang nach Geld und Opportunismus entlarvt wird. Das wird dem Leser am Beispiel der Erstellung einer romantischen schaurigen Gartenanlage mit mißlungenen Teichen, Grotten, Brücken und Wasserfällen verdeutlicht oder am Beispiel der unglückseligen Liebesaffären: Während Mme. Bordin sich als eine geldgierige Witwe erweist, die nur bereit ist, Bouvard zu heiraten, wenn dieser ihr seine Erbschaft abtritt, holt sich Pécuchet bei einer pseudoromantischen Liebeswerbung um sein Dienstmädchen Méli die Syphilis und wird unfreiwillig Vater, was ihm dann beinahe eine Gefängnisstrafe einbringt. – *Bouvard et Pécuchet* ist ein Roman über den Roman, wo die unterschiedlichen Gattungen und deren Diskurstypen parodiert werden und schließlich die neue Organisation des Wissens im 19. Jh. thematisiert und in Frage gestellt wird. Insofern ist er geradezu eine Fundgrube für moderne Literaturtheoretiker.

A.de.T.

Ausgaben: Paris 1881. – Paris 1910 (in *Œuvres complètes*, 18 Bde., 1909–1912, 11). – Paris 1957, Hg. C. Haroche [krit.]. – Paris 1964, Hg. A. Cento [krit.]. – Lausanne 1965 (in *Œuvres complètes*, Hg. M. Nadeau, 18 Bde., 1964/65, 17). – Paris 1966; ern. 1983, Hg. J. Suffel (GF). – Paris 1972, Hg. ders. (Class. Garn). – Paris 1972 (in *Œuvres complètes*, 16 Bde., 1971–1976, 5/6). – Paris 1979 (in *Œuvres*, Hg. A. Thibaudet u. R. Dumesnil, 2 Bde., 1977–1979, 2; Pléiade). – Paris 1979, Hg. C. Gothot-Mersch (Folio). – Neapel 1983 (*Le second volume de Bouvard et Pécuchet*, Hg. A. Cento u. L. Carminti-Pennarola; krit.).

Übersetzungen: *Bouvard und Pécuchet*, E. W. Fischer, Potsdam 1922. – Dass., G. Goyert, Mchn. 1923; ern. Ffm. 1979 (Insel Tb). – Dass., E. Marx, Lpzg./Darmstadt 1959; ern. in *Werke*, 8 Bde., 6, Zürich 1979 (detebe). – Dass., Th. Dobberkau, Bln. 1980. – *Wörterbuch der Gemeinplätze*, D. Müller, Mchn. 1968. – Dass., M. Petzenhauser, Mchn. 1985.

Literatur: D. Demorest, *A travers les plans, manuscrits et dossiers de »Bouvard et Pécuchet«*, Paris 1931. – R. Dumesnil, *Le sottisier de »Bouvard et Pécuchet«* (in MDF, 1936, Nr. 272, S. 493–503). – L. Rossi, *The Structure of F.'s »Bouvard et Pécuchet«* (in MLQ, 14, 1953, S. 102–111). – C. Neuenschwander-Naef, *Vorstellungswelt u. Realismus in »Bouvard et Pécuchet«*, Winterthur 1959. – R. Queneau, *»Bouvard et Pécuchet« de F.* (in R. Q., *Bâtons, chiffres et lettres*, Paris 1965, S. 97–124). – G. Bollème, *Le second volume de »Bouvard et Pécuchet«*, Paris 1966. – M. Hardt, *F.s Spätwerk. Untersuchungen zu »Bouvard et Pécuchet«*, Ffm. 1970. – A. Cento, *Commentaire de »Bouvard et Pécuchet«*, Neapel 1973. – J. Bem, *La production du sens chez F.: la contribution de Sartre* (in *La production du sens chez F.*, Hg. C. Gothot-Mersch, Paris 1975, S. 155–175). – R. Jasinski, *Le thème de l'échec dans »L'Éducation sentimentale« et »Bouvard et Pécuchet«* (in R. J., *A travers le XIXe siècle*, Paris 1975, S. 302–322). – U. Schulz-Buschhaus, *Der historische Ort von F.s Spätwerk. Interpretationsvorschläge zu »Bouvard et Pécuchet«* (in ZfrzSp, 87, 1977, S. 193–211). – C. Duchet, *Écriture et désécriture de l'histoire dans »Bouvard et Pécuchet«* (in *F. à l'œuvre*, Hg. R. Debray-Genette, Paris 1980, S. 103–133). – C. Gothot-Mersch, *»Bouvard et Pécuchet«* (ebd., S. 135 bis 167). – C. Mouchard u. J. Neefs, *Vers le second volume, »Bouvard et Pécuchet«* (ebd., S. 169–217). – C. Carlut u. a., *A Concordance to F.s »Bouvard et Pécuchet«*, NY/Ldn. 1980. – *F. et le comble de l'art. Nouvelles recherches sur »Bouvard et Pécuchet«*, Hg. P. Cogny u. a., Paris 1981. – E. Sallager, *Der Roman der Krise und seine Übersetzung* (in Komparatistische Hefte, 4, 1981, S. 33–55). – *»Bouvard et Pécuchet« centenaires*, Hg. D. G. Laporte, Paris 1981. – U. Schulz-Buschhaus, *F. »Bouvard et Pécuchet«* (in *Frz. Literatur in Einzeldarstellungen*, Hg. P. Brockmeier u. H. H. Wetzel, Bd. 2, Stg. 1982, S. 57–67). – I. Spica, *Le statut romanesque de »Bouvard et Pécuchet« de F.*, Brüssel 1984. – J. P. Richard, *Paysages de »Bouvard et Pécuchet«* (in RLMod, 1984, Nr. 703–706, S. 19–34). – E. Chargaff, *Ein kurzer Besuch bei Bouvard u. Pécuchet oder Der Laie als Fachmann* (in E. Ch., *Unbegreifliches Geheimnis*, Stg. 1986, S. 97–121). – A. Herschberg-Pierrot, *La mise en texte des idées reçues dans »Bouvard et Pécuchet«* (in *G. F.*, Hg. A. de Toro, Tübingen 1987, S. 103–120). – E. Höfner, *»Bouvard et Pécuchet« et la science livresque* (ebd., S. 149–172). – A. de Toro, *»Bouvard et Pécuchet«: description du niveau de l'»histoire«* (ebd., S. 121 bis 147).

UN CŒUR SIMPLE

(frz.; *Ein schlichtes Herz*). Erzählung von Gustave Flaubert, erschienen 1877. – Das nicht sehr umfangreiche, formal strenge Werk erfreute sich zu Flauberts Zeiten großer Beliebtheit. Das Schicksal von Mägden und Kammerzofen war ein geschätztes Sujet der Literatur des ausgehenden 19. Jh.s (vgl. *Germinie Lacerteux*, 1864, der Brüder Goncourt; Maupassants *Histoire d'une fille de ferme*, 1889; Octave Mirbeaus *Journal d'une femme de chambre*, 1900). *Un cœur simple* ist die Geschichte des armen Landmädchens Félicité, das sein Herz nacheinander einem Mann, den beiden Kindern ihrer Herrin Mme. Aubain, Paul und Virginie, ihrem Neffen Victor, einem pflegebedürftigen Greis und

schließlich dem Papagei Loulou schenkt. Nach seinem Tod läßt Félicité den Vogel ausstopfen, der, als sie schließlich selbst im Sterben liegt, in ihrer Vorstellung mit dem Heiligen Geist identisch wird.
Das erste der fünf inhaltlich und formal sehr kunstvoll aufeinander abgestimmten Kapitel schildert Félicités Leben im Dienst der Witwe Aubain in Pont-l'Évêque. In der hauptsächlich durch Aufzählung vergegenwärtigten Umwelt wird die Magd gleichsam als zum Inventar des Hauses gehörig bei ihrer durch Tages- und Jahreszeiten festgelegten Arbeit vorgestellt. Einige wenige, das Geschehen stark raffende Sätze holen zu Anfang des zweiten Kapitels die Vorgeschichte nach: auch Félicité hatte eine Liebesgeschichte, deren unglücklicher Verlauf kurz erzählt wird. Dieser Enttäuschung wegen wechselte sie die Stelle; sie kam zu Mme. Aubain, nachdem sie bereits auf zwei Bauernhöfen Dienst getan hatte. Félicités Leben bei Mme. Aubain erscheint durch regelmäßige Wiederholungen und Gewohnheiten mechanisiert. Die Abschnitte beginnen etwa: *»Jeden Donnerstag...«*, *»In unbestimmten Abständen...«*, *»Bei schönem Wetter...«*, *»Fast immer...«* Nur selten läßt eine Zerstreuung die »geschlossene« Wirklichkeit in Vergessenheit geraten, etwa wenn Félicité ihren Schützling Virginie zum Kommunionunterricht in die Kirche begleiten darf, wenn Paul ihr seine erdkundlichen Kupferstiche zeigt oder wenn die Verwandten ihr erlauben, sich um ihren Neffen Victor zu kümmern. Diese Ereignisse haben im Rahmen des Ganzen eine entscheidende Funktion: sie bilden eine Motivkette und bereiten die Schlußszene vor. Virginie stirbt an einer Brustentzündung, und Victor segelt als Matrose nach Amerika. Es ist das Stichwort »Amerika«, das nach Victors Tod Félicités Interesse an dem exotischen Vogel, dem Papagei Loulou, bewirkt, ein Interesse, das später ihre einzige Beziehung zur Umwelt sein wird. Ihre Gleichsetzung von »Papagei« und »Heiliger Geist« kündet sich schon in den Kirchgängen mit Virginie an: Zu den meisten Episoden aus dem Leben Jesu hatte Félicité durch den Vergleich mit den vertrauten Dingen ihrer Umgebung Zugang gewonnen; nur der Heilige Geist wollte keine Gestalt annehmen. Es erscheint daher durchaus folgerichtig, wenn ihr einziger außergewöhnlicher, ja exotischer Besitz mit dem für sie unvorstellbarsten aller religiösen Symbole verschmilzt, nachdem sich die Wirklichkeit immer mehr verengt hat. Félicité ist im Alter taub und blind geworden, und Mme. Aubain ist gestorben. Der Schluß der Erzählung schildert das einsame Leben und den Tod der alten Magd in dem halbzerfallenen Haus. – *Un cœur simple* entstand unmittelbar nach Vollendung von *La légende de saint Julien l'hospitalier*; die dritte Erzählung der *Trois contes* ist *Hérodias*. Die drei gemeinsam publizierten Werke fanden einen selbst für Flaubert ungewöhnlichen Beifall, brachten aber nicht den finanziellen Erfolg, den sich der Autor davon erhofft hatte (Flaubert befand sich damals in Geldnöten und hat nach eigener Aussage *Un cœur simple* und *Hérodias* aus vorwiegend wirtschaftlichen Gründen geschrieben). Während die Behandlung historischer Stoffe in *La légende* und *Hérodias* zu Recht mit Gemälden von Delacroix verglichen wurde (Théodore de Banville), fasziniert *Un cœur simple* vor allem durch Flauberts inniges, beinahe demütiges Verständnis für dieses so einfache, einfältige Geschöpf seiner Phantasie, das ein naturalistischer Autor unweigerlich zum Objekt einer kritischen Studie gemacht hätte. H.Hu.-KLL

AUSGABEN: Paris 1877 (in Moniteur Universel, 12.–19. 4.). – Paris 1877 (in *Trois contes*). – Paris 1910 (in *Œuvres complètes*, 18 Bde., 1909–1912, 3). – Paris 1960 (in *Trois contes*, Hg. E. Maynial; erw. 1978; Class. Garn). – Lausanne 1965 (in *Œuvres complètes*, Hg. M. Nadeau, 18 Bde., 1964/65, 16). – Paris 1965 (in *Trois contes*, Hg. P.-M. de Biasi u. C. Grosse; ern. 1986; GF). – Paris 1972 (in *Œuvres complètes*, 16 Bde., 1971–1976, 4). – Paris 1973 (in *Trois contes*, Hg. S. S. de Sacy; Folio). – Paris 1979 (in *Œuvres*, Hg. A. Thibaudet u. R. Dumesnil, 2 Bde., 1977–1979, 2; Pléiade). – Paris 1983, Hg. G. Bonaccorso [Faks. der Mss.]. – Paris 1987, Hg. C. Oliviéri.

ÜBERSETZUNGEN: *Ein schwaches Herz*, F. Wolfahrt [d. i. P. Heichen], Bln. 1891. – *Ein schlichtes Herz*, E. Hardt, Lpzg. 1904. – *Ein einfältig Herz*, E. W. Fischer (in *GW*, Bd. 5: *Drei Erzählungen*, Minden 1908). – Dass., A. Schurig, Dresden/Bln. 1922. – *Ein schlichtes Herz*, E. Sander, Lpzg. 1925; ern. 1965 (in *Drei Erzählungen*; RUB). – Dass., L. Wolde (in *Drei Erzählungen*, Mchn. 1947; Ill. R. Kriesch). – *Ein einfältig Herz*, H. Reisiger, Potsdam 1950. – *Ein schlichtes Herz*, E. Hardt (in *Drei Erzählungen*, Ffm./Hbg. 1961; frz.-dt.; FiBü). – Dass., E. Rechel-Mertens (in *Drei Erzählungen*, Zürich 1966). – Dass., E. W. Fischer (in *Werke*, 8 Bde., 5: *Drei Geschichten*, Zürich 1979; detebe). – Dass., C. van Kleffens u. A. Stoll (in *Drei Erzählungen*, Ffm. 1982). – Dass., H. Kirmsse (in *Drei Erzählungen*, Bln./Weimar 1984).

LITERATUR: G. Michaut, *F.: »Trois contes«*, Paris 1935. – B. Stoltzfus, *Point of View in »Un cœur simple«* (in FR, 35, 1962, S. 19–25). – J. Fletcher, *A Critical Commentary on F.s »Trois contes«*, Ldn. 1968. – R. Debray-Genette, *Les figures du récit dans »Un cœur simple«* (in Poétique, 1, 1970, S. 348–364). – Dies., *Du mode narratif dans les »Trois contes«* (in Littérature, 1, 1971, Nr. 2, S. 39–62; ern. in *Travail de F.*, Hg. G. Genette u. T. Todorov, Paris 1983, S. 135–165). – Dies., *La technique romanesque de F. dans »Un cœur simple«* (in *Langages de F.*, Hg. M. Issacharoff, Paris 1976, S. 95–108). – W. Wehl, *»Un cœur simple«* (in *Die Novelle*, Hg. W. Krömer, Düsseldorf 1976, S. 150–162; 360–362). – G. A. Willenbrink, *The Dossier of F.s »Un cœur simple«*, Amsterdam 1976. – *Plans, notes et scénarios de »Un cœur simple«*, Hg. F. Fleury, Rouen 1977. – P. M. Wetherill, *Les dimensions du texte, ›Brouillons‹, manuscrits et version* *définitive. Les cas d'»Un cœur simple«* (in ZfrzSp, 89, 1979, S. 159–171). – A. Fairlie, *La contradiction créatrice* (in *Essais sur F. en l'honneur du prof. D. Demorest*, Hg. C. Carlut, Paris 1979, S. 203–231). – C. Carlut u. a., *A Concordance to F.s »Trois contes«*, NY/Ldn. 1979. – U. Mölk, *A propos de deux motifs accouplés dans »Un cœur simple« de F.* (in RZL, 5, 1981, S. 215–223). – R. Chambers, *Simplicité du cœur et duplicité textuelle* (in MLN, 96, 1981, S. 771–791). – G. Bonaccorso, *L'édition des manuscrits d'»Un cœur simple«* (in CAIEF, 33, Mai 1981, S. 171–186). – U. Mölk, *Über ein Motivpaar in F.s »Un cœur simple«* (in *Motive u. Themen in Erzählungen des späten 19. Jh.s*, Bd. 1, Göttingen 1982, S. 11–21). – G. Bonaccorso, *La descrizione narrativa in »Un cœur simple«* (in Micromégas, 9, 1982, Nr. 24, S. 129–146). – U. Schulz-Buschhaus, *Die Sprachlosigkeit der Félicité* (in ZfrzSp, 93, 1983, S. 113–130). – S. Haig, *The Substance of Illusion in F.s »Un cœur simple«* (in SFR, 7, 1983, S. 301–315). – F. R. Hausmann, *»Trois contes«* (in RZL, 8, 1984, S. 163–176). – R. Chambers, *An Invitation to Love* (in R. C., *Story and Situation*, Minneapolis/Manchester 1984). – R. M. di Stefano Palermo, *Le varianti di »Un cœur simple«*, Messina 1984. – R. Debray-Genette, *»Un cœur simple« ou comment faire un fin* (in RLMod, 1984, Nr. 703–706, S. 105–133).

CORRESPONDANCE

(frz.; *Briefe*) von Gustave FLAUBERT, erschienen 1926–1933. – Flauberts Briefe haben in ihren mehr oder weniger vollständigen Editionen bis heute die Flaubert-Liebhaber, Literaturwissenschaftler und Autoren bis hin zu den Theoretikern des *nouveau roman* ungleich stärker und kontinuierlicher beschäftigt als jede vergleichbare andere Briefsammlung von Flauberts Zeitgenossen, obgleich sie, in rein biographischer Hinsicht, kaum interessanter sind als andere Korrespondenzen des 19. Jh.s (vgl. etwa die Briefwechsel STENDHALS, BALZACS, BAUDELAIRES). Flauberts Briefpartner haben fast alle einen festen Platz in der Literatur-, Kunst-, Theater-, Bibliotheks- und Verlagsgeschichte seiner Zeit. Zu den Korrespondenten gehören u. a. P. ALEXIS, Ch. BAUDELAIRE, G. CHARPENTIER, F. COPPÉE, A. DAUDET, M. du CAMP, E. FEYDEAU, die Brüder GONCOURT, L. HENNIQUE, J.-M. de HÉRÉDIA, E. HOUSSAYE, V. HUGO, J.-K. HUYSMANS, Ch. LECONTE DE LISLE, G. de MAUPASSANT, J. MICHELET, E. RENAN, Ch.-A. SAINTE-BEUVE, G. SAND, H. TAINE, TURGENEV, É. ZOLA.

Vierzig Lebensjahre Flauberts sind in der *Correspondance* recht genau dokumentiert. In dieser »Biographie« sind festgehalten die Beziehung zu Louise Colet, die Äußerungen des alten Flaubert zum Krieg von 1870/71 und zur Kommune; die zärtliche Anhänglichkeit seiner Nichte Caroline gegenüber, die Freundschaft mit Louis BOUILHET; der Kontakt zur Prinzessin Mathilde, der stets vorhandene Bürgerhaß, das manifest Anti-Bourgeoise, ebenso wie die Schattenseiten in diesem Leben: der Tod der Brüder, vor allem der der Mutter (1872), die immer bedrückender werdende Einsamkeit, das selbstauferlegte Arbeits-Exil des »Höhlenbären« in Croisset. Der unermüdliche Arbeiter, der Stilist und pedantische Korrektor eigener Entwürfe, der Sprachpurist, der sich allerdings in seinen Briefen einer sehr viel freieren, den Argot einbeziehenden Sprache bedient, nimmt in den Briefen Gestalt an. Erkennbar wird der unermüdliche Leser, der Bücher- und Enzyklopädien-Mensch, der Archivar des Wissens, der, darin JEAN PAUL nicht unähnlich, katalogisiert und verzettelt, was ihm an Schrifttum aller möglichen Zeiten und Kulturen in die Hände gerät: der imstande ist, für die Abfassung eines Romans *(Salammbô)* nicht nur eine Reise zu unternehmen, um sich die Schauplätze der Handlung einzuprägen, sondern auch 1400 Bücher zu lesen und zu exzerpieren. Dieser Aspekt ist bisher in der Diskussion über den »realistischen« Flaubert zu wenig bedacht worden. Auch Flauberts Romanthemen kreisen immer wieder um das Problem von Buchwissen und dessen Verwendbarkeit im praktischen Bereich des »Lebens«: Man denke in diesem Zusammenhang an *Madame Bovary*, an die *Tentation de Saint-Antoine* und vor allem an das Fragment gebliebene Spätwerk *Bouvard et Pécuchet* und seinen geplanten Untertitel *Du défaut de méthode dans les sciences* mit dem zentralen Thema des Buches als Quelle des Wissens und zugleich als Quelle der Fehlinformation, des Fehlverhaltens. Es ist nur an ganz wenigen Stellen, bei ganz besonderen Situationen möglich, rein Persönliches herauszulösen; die überwiegende Zahl der Briefe verbindet das Private sofort mit Betrachtungen zum Generalthema »Kunst«. Das Thema der Kunst, genauer der Literatur (die übrigen Künste werden nur am Rande behandelt), ist der Parameter für alle anderen Dinge, Vorfälle und Gegebenheiten, auch im privaten Bereich. Selbst die Briefe an die Geliebte Louise Colet sind Briefe über Stil- und Literaturfragen. Politische Sachverhalte werden unter diesem Aspekt betrachtet; so heißt es zur Proklamation der Republik am 24. 2. 1848: *»Ich weiß nicht, ob die neue Regierungsform und die Gesellschaftsform, die daraus resultieren wird, der Kunst günstig sein werden. Das ist immerhin eine Frage.«* Der immens hohe Anteil poetologisch wichtiger Texte macht aus der *Correspondance* eine der bedeutendsten »Ästhetiken« des 19. Jh.s.

Hierzu gehört zunächst einmal der gesamte Komplex der Literaturkritik. Flaubert nimmt zu Werken von Zeitgenossen ausschließlich in diesen Privatbriefen Stellung. Eine genaue Lektüre und eine oft Satz für Satz erfolgende Kommentierung, vor allem von Stilproblemen, läßt er auch Büchern angedeihen, die ihm als dem schon bekannten Autor zugeschickt werden. Aus der resignierten oder auch bösen Kritik an den Literaturkritikern – *(»Oh diese Kritiker! diese ewige Mittelmäßigkeit, die vom Genie lebt, um es zu verleumden oder um es auszubeuten! Maikäferrasse, die ihr die schönen Blätter der Kunst auffreßt«)* – entsteht der immer wieder aufgegriffene Plan, selbst Kunstkritik zu schreiben, und zwar nicht privatim in Briefen, sondern in Form von Publikationen: *»Die Literaturkritik, scheint mir, muß in neuer Form gemacht werden ...«*, schreibt Flaubert in einem Brief an G. Sand vom 30. 9. 1853. – Eine Literaturkritik, deren Strenge Flauberts Ansprüchen genügen würde, setzte freilich ein festes Kategorien- und Normensystem voraus, eine verbindliche Ästhetik also, die es im 19. Jh. nicht mehr gibt. Um publizierbare Kritik schreiben zu können, müßte man, so ließe sich der Gedankengang Flauberts in etwa rekonstruieren, zuerst eine Ästhetik veröffentlichen, die ein komplettes, geschlossenes Normensystem darstellt und einen ebenso hohen Grad an Reflexion und Verbindlichkeit wie die der Klassiker erreicht.

Diese Ästhetik ist zwar ungeschrieben geblieben, dennoch bildet sie einen wichtigen Bestandteil in Flauberts Überlegungen: Sie ist der Bezugspunkt des eigenen Schaffens, der Rezeption und der Kritik der zeitgenössischen Produktion. (Daß Zola es dann unternimmt, eine solche neue Poetik und Ästhetik zu formulieren, ist vielleicht sogar auf Flauberts Einfluß zurückzuführen.) Die Ansätze und Vorüberlegungen zu diesem ungeschriebenen Buch, wie fragmentarisch und ungeordnet sie auch sein mögen, stellen den interessantesten Teil von Flauberts Briefen dar. Hieraus erklärt sich auch das Interesse der Forschung: Nicht um die Rekonstruktion der Person Flauberts durch die *»schriftlich fixierten Lebensäußerungen«* (W. Dilthey) geht es – ein solches Eindenken in die Person würde auch, gerade im Falle Flauberts, keinerlei interpretatorische Hilfen für das Verständnis der Werke liefern –, sondern um Äußerungen zu ästhetischen Problemen in Flauberts Werk (alle wichtigen Begriffe wie der Begriff des »Sehens«, der Begriff der *impersonnalité* und der der *impassibilité* etc. sind erläutert oder doch angeschnitten), aus denen letztlich seine Poetik entwickelt werden sollte. – In den Romanen selbst hat der Erzähler und haben poetologische Reflexionen keinen Platz, auch nicht in Form von Vorworten (die ja recht beliebt waren; man denke z. B. an die Unzahl von *Préfaces* bei Balzac). Der Erzähler hat eine Art von *deus absconditus* zu sein, zwar vorhanden, aber nicht greifbar, nicht »zitierbar«: Die Texte selber sollen sprechen. Dem Verzicht Flauberts auf Digression und Kommentare des Erzählers in den Romanen (und auch in anderen Schriften; eine Ausnahme bildet nur der *Hommage à Louis Bouilhet*) korreliert seine detaillierte, alle Probleme der literarischen Produktion und Darstellung peinlich genau aufzeichnende und vermittelnde Korrespondenz – die Vorüberlegungen zu einer geschlossenen Ästhetik. E.Hö.

Ausgaben: Paris 1926–1933. – Lausanne 1964 bis 1965 (in *Les œuvres*, Hg. M. Nadeau, 18 Bde., 4, 7, 9, 12, 14–16, 18). – Paris 1974–1976 (in *Œuvres complètes*, 16 Bde., 1971–1976, 13–16). – Paris 1971 ff. (bisher 2 Bde.; Pléiade). – Paris 1981 (*Correspondance G. F. – G. Sand*, Hg. A. Jacobs).

Übersetzungen: *Briefe über seine Werke*, E. Greve, Minden 1906. – *Reisebriefe*, E. W. Fischer, Potsdam 1921. – *Jugendbriefe*, ders., Potsdam 1923. – *Unveröffentlichte Briefe an L. Colet*, E. W. Fischer (in NRS, 35, 1924, S. 249–256). – *Briefe an L. Colet*, ders. (ebd., 41, 1930, S. 664–674). – *Briefe an H. Taine*, ders., Wiesbaden 1954. – *Briefe an G. Sand*, E. v. Hollander, Weimar 1956 [m. e. Essay v. H. Mann]. – *Briefe*, H. Scheffel, Stg. 1964. – Dass., ders. (in *Werke*, 8 Bde., 7, Zürich 1977).

Literatur: E.-L. Ferrère, *L'esthétique de G. F.*, Paris 1913; Faks. Genf 1967. – H. Freijlich, *F. d'après sa correspondance*, Paris 1933. – G. Blöcker, *F., Briefe* (in G. B., *Literatur als Teilhabe*, Bln. 1966, S. 263–266). – C. Carlut, *La correspondance de F., étude et répertoire critique*, Paris 1968. – S. Toulet, *Le sentiment religieux de F. d'après sa correspondance*, Quebec 1970. – G. W. Frey, *Die ästhetische Begriffswelt F.s. Studien zu der ästhetischen Terminologie der Briefe F.s.*, Mchn. 1972.

L'ÉDUCATION SENTIMENTALE. Histoire d'un jeune homme

(frz.; *Lehrjahre des Gefühls. Geschichte eines jungen Mannes*). Roman von Gustave Flaubert, erschienen 1869; ein Jugendwerk gleichen Titels aus dem Jahre 1845 hat der Autor wegen stilistischer Mängel nie publiziert, es wurde erst 1910 durch die Gesamtausgabe bei Conard bekannt. – Trotz des großen Erfolgs der *Madame Bovary* (1857) hielt Flaubert seine sogenannte zweite *Éducation sentimentale* (1869), an der er mehrere Jahre lang gefeilt hatte, für sein bestes Werk. Doch erst die literarische Kritik des 20. Jh.s (u. a. Proust, Lukács, Thibaudet, W. Benjamin) erkannte die überragende künstlerische Bedeutung des Romans, dessen Desillusionscharakter die meisten Zeitgenossen Flauberts abgestoßen hatte.

In der Tat verwandelt sich die anfängliche Sympathie des Lesers für den jungen Frédéric Moreau, der als Student voller Pläne und Hoffnungen im Jahre 1840 aus der Provinz nach Paris kommt, bald in Unwillen angesichts der Labilität, Feigheit und Mittelmäßigkeit Frédérics, die immer deutlicher sichtbar werden. Das empfindliche und schwankende Gemüt des jungen Mannes, der vage künstlerische und gesellschaftliche Ambitionen hegt, wird schon bald von einer Leidenschaft überwältigt, deren Gaukelspiel dann jahrelang seine Einbildungskraft gefangennimmt und seine Tatkraft lähmt. Wie einen Traum, dessen Verwirklichung oft ganz nahe scheint, erlebt Frédéric die Liebe zu Madame Arnoux, der Frau eines Kunsthändlers am Montmartre. Die behutsamen, zwischen Sympathie und Distanz zu Frédéric wohl ausgewogenen Reaktionen dieser liebenswerten Frau, die ihrem Mann im Grunde nicht zugetan ist, hat Flaubert in den feinsten Nuancen dargestellt: Madame Arnoux ist die einzige Figur des Romans, die der Desillusionierung bis zuletzt entzogen bleibt.

Durch den armen, aber ehrgeizigen Freund Deslauriers, der als Advokat zu Macht und Reichtum gelangen will, gerät Frédéric in eine weniger gefühlvolle Welt, die Gesellschaft revolutionär gesinnter Künstler und Journalisten (Pellerin, Régimbart, Hussonnet, Dussardier u. a.), die in der politisch unruhigen Zeit kurz vor 1848 ihre Ambitionen und Illusionen in die Tat umsetzen wollen. Den Revolutionären steht die Gruppe der Konservativen um den Großaktionär Dambreuse und seinen skrupellosen Helfer Roque gegenüber. Der auf Erfolg und sozialen Rang bedachte Frédéric ist bei den ersten Kontakten geblendet von dem äußeren Glanz dieser innerlich korrupten Gesellschaft. Gegenüber Dambreuse, dem Träger sämtlicher Verdienstkreuze des Staats, erscheint der bankrottierende Geschäftemacher Arnoux, der sich erst als Kunsthändler, dann als Unternehmer versuchte, noch sympathisch, obwohl er seine Frau, für die Frédéric alles gegeben hätte, betrügt. Durch ihn lernt Frédéric, der in seiner »inaktiven Leidenschaft« für Madame Arnoux verharrt, die Kurtisane Rosanette kennen, die sein sinnliches Begehren stillt. Die Ausflugsfahrt der beiden Verliebten durch den Wald von Fontainebleau gehört zu den stilistischen Meisterstücken Flauberts: enthusiasmiert von dieser wenn auch flüchtigen Liebe, empfindet Frédéric die – wie er glaubt – reine, fast mythische Poesie des Waldes, ohne durch die banalen Worte Rosanettes entzaubert zu werden; nur dem Leser wird das krasse Nebeneinander von tiefstem Gefühl und Trivialität bewußt. – Die Kontraste verschärfen sich in dem Maße, in dem das politische Zeitgeschehen für das private Schicksal der Figuren und den Gang des Romans bestimmend wird. Noch während der Vergnügungsfahrt bricht in Paris die Revolution aus (1848), in der die revolutionäre Begeisterung unmittelbar von maßloser Enttäuschung über die siegreiche Reaktion abgelöst wird. Frédéric, noch deprimiert nach einem mißglückten Rendezvous mit Madame Arnoux, muß mit ansehen, wie sein Bekannter Dussardier, der ehrenhafteste der Revolutionäre, bei den Barrikadenkämpfen von dem Fanatiker Sénécal ermordet wird: *»Jetzt töten sie unsere Republik.«* Die Flucht in die Heimatstadt Nogent in der Hoffnung, seine Jugendfreundin Louise zu treffen, endet beschämend: Louise hat sich gerade mit Deslauriers verheiratet. Selbst die lange noch zehrende Leidenschaft für Madame Arnoux wird schließlich von der Zeit, die sich als die alles beherrschende Macht erweist, gedämpft. Nach zwanzig Jahren, die der Roman übergeht, trifft der zu völliger Indifferenz und Mittelmäßigkeit abgesunkene Frédéric Madame Arnoux wieder – ein melancholischer Epilog: *»Wie glücklich wären wir gewesen.«*

Die stete Koinzidenz von privatem und historischem Geschehen, persönlichem Desillusionierungsprozeß und politischem Scheitern ist von grundlegender Bedeutung für die *Éducation sentimentale*, deren Titel eine Ironie enthält, die in der deutschen Übersetzung *Lehrjahre des Gefühls* nicht ganz zum Ausdruck kommt. Das Motiv vom verschiedenen Weg zweier Freunde (Frédéric und Deslauriers), das das private Geschehen bestimmt, lag schon der ersten Fassung zugrunde. In dem Jugendwerk sind lediglich die Rollen der beiden (dort heißen sie Henry und Jules) vertauscht: der reiche Henry ist im Gegensatz zum reichen Frédéric zugleich *homme d'action*, während den armen Jules obendrein das Los des vereinsamten Dichters trifft. Dieses seiner Herkunft nach romantische Motiv dient Flaubert in beiden Fassungen des Romans zur Darstellung der Polarität und Unvereinbarkeit von *sentiment* und *volonté* (Gefühlsbegabung und Willenskraft). Henry wie Frédéric erleiden das Schicksal einer unglücklichen Liebe, die sie gleichzeitig mit dem Problem des Ehebruchs konfrontiert (vgl. auch *Madame Bovary*). Als biographische Voraussetzung der beiden *Éducation* erkannte man die Liebe des erst fünfzehnjährigen Flaubert zu Elisa Schlésinger. Doch schon die erste Fassung des Romans zeigt, wie konsequent sich der Autor von dem Jugenderlebnis distanziert – bereits diese Version ist die Geschichte der *illusions perdues*, der verlorenen Illusionen (Einfluß von BALZACS gleichnamigem Roman aus dem Jahr 1843). Während jedoch in der ersten Fassung das Scheitern der beiden Freunde nur privates Geschick bleibt, spiegelt es in der zweiten Fassung das Alltagsleben einer ganzen Generation (H. R. Jauss).

Um dieses anonyme Schicksal und den historischen Zeitablauf darzustellen, griff Flaubert zu künstlerischen Mitteln, die für die Entwicklung des modernen Romanstils grundlegend wurden: Proust sah in ihnen eine neue und in sich vollkommene *»manière de voir les choses«*. Das ständige Fließen und Vergehen der Zeit, des eigentlichen Trägers der Ereignisse, wird dem Leser durch die Technik des Überspringens, die Lücken in der Romanhandlung läßt, suggeriert *(»la technique du blanc«)*. So entsteht eine *»unkausale Situationsfolge«* (H. Friedrich), die die Determiniertheit von Menschen und Vorgängen durch die Form in Frage stellt. Das Formbewußtsein Flauberts, das fast einer *»Religion der Kunst«* gleichkommt (E. Köhler), bildet das Gegengewicht gegen die Schicksalhaftigkeit und Absurdität der politischen Ereignisse, die den Autor zur schärfsten Kritik herausforderten. – In der *Éducation sentimentale* ist das Ziel der Flaubertschen Ästhetik, die objektivierte Poesie, deren Prinzipien *»impassibilité«* und *»impartialité«* (Kaltblütigkeit und Unparteilichkeit des Autors gegenüber der dargestellten Handlung) sind, verwirklicht. Der Zeitroman im doppelten Sinne – als Darstellung der Gesamtwirklichkeit einer bestimmten Zeit und in der Verwendung der Zeit als Strukturelement – führt zwangsläufig zu einer Restriktion des Individualgehalts; nur die Negativität des »Helden«, der hauptsächlich als Bezugspunkt fungiert, ermöglicht die umfassende Phänomenologie der Zeitlage. So ist die *Éducation sentimentale* weit mehr als eine bloße »Anatomie« der Gesellschaft oder Kritik am engstirnigen Bourgeois: als ein Werk der objektiven Ironie, die Lukács die *»nega-*

tive Mystik der gottfernen Zeiten« nennt, und als Sprachkunstwerk höchsten Ranges hat sie neue stilistische Möglichkeiten erschlossen. V.R.

Ausgaben: 1. Fassung: Paris 1910 (in *Œuvres complètes*, 18 Bde., 1909–1912, 16). – Lausanne 1964 (in *Œuvres complètes*, Hg. M. Nadeau, 18 Bde., 1964/65, 3). – Paris 1973 (in *Œuvres complètes*, 16 Bde., 1971–1976, 8). – Paris 1985 (*La première éducation sentimentale, version 1843–1845*, Hg. C. Gothot-Mersch; GF).
2. Fassung: Paris 1869. – Paris 1880 [korr. Fassg.]. – Paris 1909 (in *Œuvres complètes*, 18 Bde., 1909–1912, 4). – Paris 1958, Hg. E. Maynial (Class. Garn). – Lausanne 1965 (in *Œuvres complètes*, Hg. M. Nadeau, 18 Bde., 1964/65, 11). – Paris 1971 (in *Œuvres complètes*, 16 Bde., 1971–1976, 3). – Paris 1972, Hg. S. S. de Sacy (Folio). – Paris 1979, Hg. A. W. Raitt. – Paris 1979 (in *Œuvres*, Hg. A. Thibaudet u. R. Dumesnil, 2 Bde., 1977–1979, 2; Pléiade). – Paris 1980, Hg. J. Suffel (GF). – Paris 1984, Hg. P. M. Wetherill (Class. Garn).

Übersetzungen: 1. Fassung: *Jules und Henri oder Die Schule des Herzens*, E. W. Fischer, Bln. 1921. 2. Fassung: *Der Roman eines jungen Mannes*, A. Gold u. A. Neumann, Bln. 1904 [Vorrede H. v. Hofmannsthal]; ern. 1922. – *Die Schule der Empfindsamkeit. Geschichte eines jungen Mannes*, L. Wolf, Minden 1904; ern. 1915. – *Die Schule der Empfindsamkeit*, A. Barbey (in *GW*, Bd. 4/5, Mchn. 1923). – *Die Erziehung des Herzens. Der Roman eines jungen Mannes*, E. A. Rheinhardt, Lpzg. 1926; ern. Mchn. 1956; ern. Zürich 1986 (detebe). – *Die Schule der Empfindsamkeit*, H. Kauders, Zürich 1946. – *Lehrjahre des Gefühls*, P. Wiegler, Bln. 1951; ern. Ffm. 1977 (Insel Tb). – *Lehrjahre des Herzens*, W. Widmer, Mchn. 1957; ern. 1980. – *Die Erziehung des Gefühls*, E. Brock-Sulzer, Zürich 1971. – *Die Erziehung der Gefühle*, H. Kirmsse, Bln./DDR 1974. – *Die Erziehung des Herzens*, E. A. Rheinhardt (in *Werke*, 8 Bde., 3, Zürich 1979; detebe).

Literatur: M. Proust, *A propos du ›style‹ de F.* (in NRF, 1. 1. 1920). – H. R. Jauss, *Die beiden Fassungen von F.s »Éducation sentimentale«* (in Heidelberger Jb., 2, 1958, S. 96–116). – R. Dumesnil, *»L'éducation sentimentale« de F. (1869)*, Paris ²1962. – E. Köhler, *F. und seine »Éducation sentimentale«* (in E. K., *Esprit und arkadische Freiheit*, Ffm./Bonn 1966, S. 198–223). – A. Cento, *Il realismo documentario nell'»Éducation sentimentale«*, Neapel 1967. – P. Cortland, *The Sentimental Adventure*, Den Haag/Paris 1967. – J. Proust, *Structure et sens de »L'éducation sentimentale«* (in RSH, 32, 1967, S. 67–100). – A. Cohn-Blum, *»L'éducation sentimentale«* (in *Der moderne frz. Roman*, Hg. W. Pabst, Bln. 1968, S. 31–51). – J. P. Duquette, *F. ou l'architecture du vide, une lecture de »L'éducation sentimentale«*, Montreal 1972. – P. Cogny, *»L'éducation sentimentale« de F.*, Paris 1975. – W. Drost, *»L'éducation sentimentale«* (in *Der frz. Roman*, Hg. K. Heitmann, Bd. 1, Düsseldorf 1975, S. 332 bis 353; 391–393). – C. Carlut u. a., *A Concordance to F.s »Éducation sentimentale«*, 2 Bde., NY/Ldn. 1978. – P. G. Castex, *F. »L'éducation sentimentale«*, Paris 1980. – E. Höfner, *Literarität u. Realität*, Heidelberg 1980, S. 189–217. – J. Bem, *Clefs pour »L'éducation sentimentale«*, Tübingen/Paris 1981. – *Histoire et langage dans »L'éducation sentimentale«*, Hg. M. Agulhon u. a., Paris 1981. – W. Moser, *»L'éducation sentimentale« de 1869 et la poétique de l'œuvre autonome*, Paris 1981. – P. L. Rey, *F., »L'éducation sentimentale«*, Paris 1983. – W. Hollender, *F., »L'éducation sentimentale«*, Mchn. 1983. – *»L'éducation sentimentale«. Images et documents*, Hg. P. M. Wetherill, Paris 1985. – I. Wild, *Das Experiment der »Première éducation sentimentale«*, Ffm. u. a. 1985. – L. Layton, *F.s »L'éducation sentimentale«, a Tragedy of Mind* (in FF, 11, 1986, S. 335–351). – D. A. Williams, *The Hidden Life at Its Source. A Study of F.'s »L'éducation sentimentale«*, Hull 1987.

HÉRODIAS

(frz.; *Herodias*). Erzählung von Gustave Flaubert, erschienen 1877. – Die Erzählung gehört zu den *Trois contes*, dem letzten Werk Flauberts, das noch einmal alle charakteristischen Elemente seiner Kunst zusammenfaßt. Das jeweilige Geschehen der drei Erzählungen ist in verschiedene geschichtliche Zeiträume hineingestellt: in die Welt der biblischen Antike *(Hérodias)*, in den Bereich der mittelalterlichen Legende *(La légende de saint Julien l'hospitalier)* und in die Moderne *(Un cœur simple)*. Der in Flauberts Werk fast systematische Wechsel zwischen modernen und historischen oder orientalischen Stoffen bedeutet jedoch keinen Wechsel zwischen realistischer und romantischer Darstellungsweise. Im Gegenteil, die Versachlichung hat sich in den historischen Erzählungen noch gesteigert, da dort die erregende Gegenwartsbezogenheit ausgelöscht ist. Im Gegensatz zu *Un cœur simple* fand *Hérodias* beim zeitgenössischen Publikum keinen Anklang; Théodore de Banville hingegen sprach von einem absoluten Meisterwerk, und Taine behauptete, *Hérodias* lehre ihn mehr über *»die Umgebung, den Ursprung und den Boden des Christentums«* als Renans historische Forschungen.
Die kurze Erzählung hält sich an den biblischen Bericht im *Markus-Evangelium* 6, 21–29. Die historisch verbürgte Gestalt der Herodias ist die Frau des Herodes Antipas, der sie seinem Stiefbruder Philippus weggenommen hat. Salome ist ihre Tochter aus erster Ehe. In drei Kapiteln wird die berühmt-berüchtigte Geschichte von der Enthauptung Johannes des Täufers geschildert. Jochanaan hat Herodias bei einer zufälligen Begegnung öffentlich als Sünderin angeprangert. Diese Demütigung hat sie so verletzt, daß sie ihm seither nach dem Leben trachtet. Herodes Antipas läßt ihn zwar gefangensetzen, aber er bewundert ihn insgeheim

und fühlt sich gegen seinen Willen von ihm angezogen. Als bald darauf der römische Konsul Vitellius eintrifft, um die Ergebenheit der Vasallen zu prüfen und die Macht des Römischen Reiches zu demonstrieren, entdeckt er den ungewöhnlichen Gefangenen, der Herodias ein zweites Mal verflucht. Dem hohen Besuch zu Ehren veranstaltet Herodes ein großes Gelage, auf dessen Höhepunkt unerwartet Herodias' Tochter erscheint. Mit ihrem Tanz schlägt sie die ganze Festgesellschaft in Bann und bringt Herodes dahin, daß er ihr öffentlich die Hälfte seines Königreiches verspricht, um sie zu besitzen. Da fordert sie, von Herodias dazu getrieben, das Haupt des Jochanaan. Herodes ist an sein Wort gebunden. Der Prophet wird enthauptet, sein Kopf auf einer Schüssel vorgezeigt. Das Fest ist beendet.

Um das Palästina zur Zeit Johannes des Täufers wahrheitsgetreu schildern zu können, beschäftigte sich Flaubert intensiv mit der einschlägigen Literatur. Exakte historische und archäologische Tatsachen sind phantasievoll – aber nicht phantastisch – ausgeschmückt und mit großer Suggestionskraft dargestellt. Herodes, zugleich mächtig und feige, hinterhältig und abergläubisch, schwankt zwischen der Furcht, von den Römern entthront zu werden, und der Schande, mit der die jüdischen Radikalisten ihn bedrohen. Neben ihm und der alternden, selbstsüchtigen Herodias wirkt die Gestalt des gefangenen Jochanaan fast übermenschlich. Obwohl er nur ein einziges Mal selbst erscheint, ist er in der Erzählung stets gegenwärtig, und alle Gedanken und Gespräche seiner Anhänger wie seiner Gegner kreisen um die Bedeutsamkeit seiner prophetischen Worte. Die politische und religiöse Situation Palästinas bildet den wirkungsvollen Hintergrund für das grausige Geschehen, das jedoch äußerst knapp und sachlich dargestellt ist: *»Die Ausgewogenheit und Strenge des Stils zeigt den Abstand, der zwischen Gegenstand und Darsteller durch den Vorgang der künstlerischen Objektivierung gelegt wird«* (H. Friedrich). J.G.-KLL

AUSGABEN: Paris 1877 (in *Trois contes*). – Paris 1892 [Vorw. A. France]. – Paris 1910 (in *Œuvres complètes*, 18 Bde., 1909–1912, 3). – Paris 1960 (in *Trois contes*, Hg. E. Maynial; erw. 1978; Class. Garn). – Lausanne 1964 (in *Œuvres complètes*, Hg. M. Nadeau, 18 Bde., 1964/65, 16). – Paris 1965 (in *Trois contes*, Hg. P.-M. de Biasi u. C. Grosse; ern. 1986; GF). – Paris 1972 (in *Œuvres complètes*, 16 Bde., 1971–1976, 4). – Paris 1973 (in *Trois contes*, Hg. S. S. de Sacy; Folio). – Paris 1979 (in *Œuvres*, Hg. A. Thibaudet u. R. Dumesnil, 2 Bde., 1977–1979, 2; Pléiade).

ÜBERSETZUNGEN: *Herodias*, E. W. Fischer (in *GW*, Bd. 5: *Drei Erzählungen*, Minden 1908). – Dass., E. Hardt, Lpzg. o. J. [1913] (IB). – Dass., W. Unus., Bln. 1919 [Ill. M. Slevogt]. – Dass., E. Sander, Lpzg. 1925; ern. 1965 (in *Drei Erzählungen*; RUB). – Dass., E. Hardt (in *Drei Erzählungen*, Ffm./Hbg. 1961; frz.-dt.; FiBü). – Dass., E. Rechel-Mertens (in *Drei Erzählungen*, Zürich 1966). – Dass., E. Sander, Stg. 1968 (RUB). – Dass., E. W. Fischer (in *Werke*, 8 Bde., 5: *Drei Geschichten*, Zürich 1979; detebe). – Dass., C. van Kleffens u. A. Stoll (in *Drei Erzählungen*, Ffm. 1982; Insel Tb). – Dass., H. Kirmsse (in *Drei Erzählungen*, Bln./Weimar 1984).

LITERATUR: A. Haupt, *F. »Un cœur simple« u. »Hérodias«*, Diss. Bonn 1923. – G. Michaut, *F.: »Trois contes«*, Paris 1935. – J. H. Cannon, *F.s Documentation for »Hérodias«* (in FS, 14, 1960, S. 325–339). – J. H. Cannon, *F.s Search for a Form in »Hérodias«* (in MLN, 57, 1962, S. 195–203). – J. Fletcher, *A Critical Commentary on F.s »Trois contes«*, Ldn. 1968. – R. Debray-Genette, *Du mode narratif dans les »Trois contes«* (in Littérature, 1, 1971, Nr. 2, S. 39–62; ern. in *Travail de F.*, Hg. G. Genette u. T. Todorov, Paris 1983, S. 135–165). – J. Bruneau, *Le ›conte oriental‹ de G. F.*, Paris 1973. – R. Debray-Genette, *Re-présentation d'»Hérodias«* (in *La production du sens chez F.*, Hg. C. Gothot-Mersch, Paris 1975, S. 328–344). – M. Issacharoff, *»Hérodias« et la symbolique combinatoire des »Trois contes«* (in *Langages de F.*, Hg. ders., Paris 1976, S. 53–71). – C. Carlut u. a., *A Concordance to F.s »Trois contes«*, NY/Ldn. 1979. – G. Bonaccorso, *L'Oriente nella narrativa di F.*, 2 Bde., Messina 1979. – G. Lehmann, *F. ou les voiles d'Isis. Lecture d'»Hérodias«*, Odense 1979. – J. Robertson, *The Structure of »Hérodias«* (in FS, 36, 1982, S. 171–182). – *Estructuras narrativas en »Hérodias«*, Hg. M. Aurora Aragon, Oviedo 1982. – F. R. Hausmann, *»Trois contes«* (in RZL, 8, 1984, S. 163–176). – G. Genette, *Demotivation in »Hérodias«* (in *F. and Postmodernism*, Hg. N. Schor u. H. F. Majewski, Lincoln/Ldn. 1984, S. 192–201). – R. B. Leal, *Spatiality and Structure in F.s »Hérodias«* (in MLR, 80, 1985, S. 810–816).

LA LÉGENDE DE SAINT JULIEN L'HOSPITALIER

(frz.; *Die Legende von Sankt Julianus dem Gastfreien*). Erzählung von Gustave FLAUBERT, erschienen 1877 im Rahmen der *Trois contes* (vgl. *Un cœur simple* und *Hérodias*). – *»Und das ist die Geschichte von Sankt Julianus dem Gastfreien, ungefähr so, wie man sie auf einem Kirchenfenster in meiner Heimat findet«*, heißt es am Ende der Legende. Den Wunsch Flauberts, ein farbiges Kunstblatt von den Glasfenstern der Kathedrale von Rouen beizufügen, konnte der damalige Verleger nicht verwirklichen. Die feine Ironie dieser Absicht durchschauten daher nur wenige. Flaubert kam es nämlich darauf an, gerade nicht die Identität, sondern den Kontrast zwischen malerischer und literarischer Darstellung dem Leser vor Augen zu führen.

Die mittelalterliche Legende von Sankt Julian liegt in verschiedenen Fassungen vor: in der kürzesten und wohl ursprünglichen Form in der *Legenda aurea* des JACOBUS DE VORAGINE († 1298), dann im *Speculum historiale* des VINCENZ VON BEAUVAIS

(† 1264). – Es handelt sich um die Geschichte eines Ritters, dem ein von ihm gejagter schwarzer Hirsch weissagt, er werde einst zum Mörder seiner Eltern. Der seine Eltern entsetzt Fliehende erfüllt gegen seinen Willen die Prophezeiung; in einem Anfall blinder Eifersucht erschlägt er, einen fremden Eindringling vermutend, seine Eltern im Schlafzimmer seiner Frau. Nach jahrelanger Buße und selbstlosem Einsatz als Fährmann an einem reißenden Fluß erreicht ihn die Gnade Gottes, nachdem er eine letzte Probe bedingungsloser Gastfreundschaft in der Fürsorge für einen Aussätzigen bestanden hat. Der Hilfsbedürftige war kein anderer als Christus, der den Frommen mit sich ins Paradies nimmt.

Angeregt durch eine Statue Julians in Caudebec-en-Caux und die Glasfenster in Rouen, hegte Flaubert wohl schon seit 1844 den Plan einer Ausgestaltung der Legende, den er dann 1856 skizziert und 1876 für die *Trois contes* ausführt. Flaubert übernimmt die Grundzüge der Handlung, vor allem den triadischen Aufbau, der die Hauptfigur in drei Stationen als Sünder, Büßer und Heiligen vorführt. Auf ein in der Legende nebensächliches Motiv, Julians Jagdleidenschaft, verwendet der Dichter seine ganze Kunst suggestiver Gestaltung; die Jagdlust erscheint als abgründig-bösartige Neigung, die sich bis zur wilden Vernichtungswut steigert und die mißhandelte Tierwelt zur Rache herausfordert: Die Weissagung des schon tödlich getroffenen Hirsches wird zur Ankündigung einer naturgesetzlichen Vergeltung – durchaus keine realistische Umdeutung der Legende, sondern die Transposition der bei Flaubert ebenso unheimlichen wie irrationalen Fatalität in den Bereich der unbewußten, dämonischen Triebe des Menschen. Der Erzähler selbst enthält sich jeder Beurteilung des Geschehens, das real erscheint und zugleich einen hintergründigen symbolischen Zusammenhang andeutet: Der schwarze Hirsch, das Blut der Tiere, Laterne und Barke des Fährmanns erscheinen als Sinnbilder der Versuchung, des Mordes und der Erlösung; die Schauplätze – der Wald, das Schloß und der Fluß – schaffen jene magische Atmosphäre, die an den höfischen Roman des Mittelalters erinnert. – Innerhalb der *Trois contes* steht die Gestalt Julians zwischen der kargen Gläubigkeit der Félicité *(Un cœur simple)* und dem Prunk der Herrschenden in *Hérodias* – die mittelalterliche Legende zwischen der modernen Novelle und dem antik-historischen Gemälde. Die Trinität der Zeitstufen, die sich in der Struktur der Einzelteile wiederholt, bestimmt auch das Romanwerk Flauberts: Die Linie von *Madame Bovary* zu *Salammbô* führt über die beiden ersten Entwürfe zu dem Roman *La tentation de Saint-Antoine (Die Versuchung des heiligen Antonius)*, der das mittelalterliche Thema der Versuchung breiter, aber weniger prägnant ausführt als die kunstvolle Legende von Sankt Julianus dem Gastfreien. V.R.

Ausgaben: Paris 1877 (in *Trois contes*). – Paris 1895. – Paris 1910 (in *Œuvres complètes*, 18 Bde., 1909–1912, 3). – Paris 1960 (in *Trois contes*, Hg. E. Maynial; ern. 1978; Class. Garn). – Lausanne 1965 (in *Œuvres complètes*, Hg. M. Nadeau, 18 Bde., 1964/65, 16). – Paris 1965 (in *Trois contes*, Hg. P.-M. de Biasi u. C. Grosse; ern. 1986; GF). – Paris 1972 (in *Œuvres complètes*, 16 Bde., 1971–1976, 4). – Paris 1973 (in *Trois contes*, Hg. S. S. de Sacy; Folio). – Paris 1979 (in *Œuvres*, Hg. A. Thibaudet u. R. Dumesnil, 2 Bde., 1977–1979, 2; Pléiade).

Übersetzungen: *Die Legende vom Heiligen Julian dem Gastfreien*, E. W. Fischer (in *GW*, Bd. 5: *Drei Erzählungen*, Minden 1908). – *Die Sage von Sankt Julianus dem Gastfreien*, E. Hardt, Lpzg. o. J. [1916] (IB). – *Die Legende von Sankt Julian dem Gastfreundlichen*, L. Wolde, Mchn. 1918; ern. 1948. – *Die Legende von Sankt Julian dem Gastfreien*, E. Sander, Lpzg. 1926; ern. 1965 (in *Drei Erzählungen*; RUB). – *Die Sage von Sankt Julian dem Gastfreien*, E. Hardt (in *Drei Erzählungen*, Ffm./Hbg. 1961; frz.-dt.; FiBü). – *Die Legende von Sankt Julian dem Gastfreien*, E. Rechel-Mertens (in *Drei Erzählungen*, Zürich 1966). – *Sankt Julian der Gastfreundliche*, U. Müller, Stg. 1970 (RUB); ern. Mchn. 1974 (frz.-dt.; dtv). – *Die Legende von Sankt Julian dem Gastfreien* (in *Werke*, 8 Bde., 5: *Drei Geschichten*, Zürich 1979; detebe). – *Die Sage von Sankt Julian dem Gastfreien*, C. van Kleffens u. A. Stoll, Ffm. 1982 (Insel Tb). – Dass., H. Kirmsse (in *Drei Erzählungen*, Bln./Weimar 1984).

Literatur: J. Giraud, *La genèse d'un chef-d'œuvre. »St.-Julien«* (in RHLF, 26, 1919, S. 87–93). – G. Michaut, *»Trois contes«*, Paris 1935. – R. Jasinski, *Sur le »Saint Julien« de F.* (in Revue de l'Histoire de la Philosophie, N. S. 3, 1935, S. 156–172). – B. F. Bart, *The Moral of F.s »Saint Julien«* (in RomR, 38, 1947, S. 23–33). – S. Cigada, *L'episodo del lebbroso in »Saint Julien l'Hospitalier« di F.* (in Aevum, 31, 1957, S. 465–491). – M. Schwob, *»Saint Julien l'Hospitalier«* (in M. S., *Spicilèges*, Paris 1960, S. 103–120). – A. W. Raitt, *The Composition of F.s »Saint Julien l'Hospitalier«* (in FS, 19, 1965, S. 358–372). – V. Brombert, *F.s »Saint Julien«* (in PMLA, 81, 1966, S. 297–302). – J. Fletcher, *A Critical Commentary on F.s »Trois contes«*, Ldn. u. a. 1968. – W. J. Bancroft, *F.s »Légende de Saint Julien l'Hospitalier«* (in EsCr, 10, 1970, S. 75–84). – R. Debray-Genette, *Du mode narratif dans les »Trois contes«* (in Littérature, 1, 1971, Nr. 2, S. 39–62; ern. in *Travail de F.*, Hg. G. Genette u. T. Todorov, Paris 1983, S. 135–165). – D. Sherzer, *Narrative Figures in »La légende de Saint Julien l'Hospitalier«* (in Genre, 7, 1974, S. 54–70). – B. F. Bart u. R. F. Cook, *The Legendary Sources of F.s »Saint Julien«*, Toronto 1977. – C. Carlut u. a., *A Concordance to F.s »Trois contes«*, NY/Ldn. 1979. – R. Debray-Genette, *»La légende de Saint Julien l'Hospitalier«* (in *Essais sur F. en l'honneur du prof. D. Demorest*, Hg. C. Carlut, Paris 1979, S. 237 bis 251). – P. M. de Biasi, *L'élaboration du problématique dans »La légende de Saint Julien l'Hospitalier«* (in

F. à l'œuvre, Hg. R. Debray-Genette, Paris 1980, S. 69–102). – Ders., *Un conte à l'orientale* (in Romantisme, 34, 1981, S. 47–66). – S. Felman, *F.s signature* (in *F. and Postmodernism*, Hg. N. Schor u. H. F. Majewski, Lincoln/Ldn. 1984, S. 46–75). – F. R. Hausmann, *»Trois contes«* (in RZL, 8, 1984, S. 163–176). – J. Berchtold, *L'œil et le vitrail. »La légende de Saint Julien l'Hospitalier« à l'épreuve de la tradition médiévale* (in Versants, 12, 1987, S. 29 bis 44). – G. Bonaccorso, *Tra sogno e realtà. Il fantastico nella »Légende de Saint Julien«* (in Studi di letteratura francese, 13, 1987, S. 123–142).

MADAME BOVARY. Mœurs de province

(frz.; *Madame Bovary. Ein Sittenbild aus der Provinz*). Roman von Gustave FLAUBERT, in Fortsetzungen erschienen 1856 in der ›Revue de Paris‹, als Buchausgabe 1857. – Einer der berühmtesten Romane der Weltliteratur verdankt seine Entstehung einem Mißerfolg: Flauberts literarische Freunde Maxime DU CAMP und Louis BOUILHET waren von der ermüdenden Lesung der ersten Fassung der *Tentation de Saint-Antoine* (in Croisset 1849) so enttäuscht, daß sie dem Autor ein alltägliches, aktuelles und weniger hochgespanntes Thema empfahlen. *»Un sujet terre à terre«*, ein Vorfall aus dem bürgerlichen Leben, bot sich an: Der Selbstmord der Delphine Delamare, die einer Zeitungsnotiz zufolge in dem normannischen Dorf Ry – nicht weit von Rouen – mit einem unbedeutenden Landarzt verheiratet war, aus Langeweile die Ehe brach, Schulden machte und sich 1848 vergiftete. – Fast fünf Jahre lang – von 1851 bis 1856 – arbeitet Flaubert Tag für Tag, mit unendlicher Mühe und Geduld an der literarischen Formung des banalen Stoffes. In seiner Korrespondenz, die über die Entstehung der *Madame Bovary* genauen Aufschluß gibt, spricht er von den *»grauenhaften Anstrengungen der Kunst« (»les affres de l'art«)*, von der Sklavenarbeit, zu der ihn die minuziöse Reproduktion der *»niederen Wirklichkeit«* des Stoffes zwinge. Wie oft er Notizen zu dem Roman wieder verwarf, wieviel er nach überlauten Leseproben wieder geopfert hat, zeigen die Skizzenbücher und Manuskripte, die später veröffentlicht wurden und der Stilforschung exemplarische Aufschlüsse über die Arbeitstechnik Flauberts gaben. Nicht weniger sorgfältig war die dokumentarische Vorbereitung, die durch eine Fülle von Dispositionen, Lage- und Zeitplänen sowie Expertisen zu medizinischen und technischen Details belegt ist.

Der Schüler Charles Bovary, der mit einer grotesken Kopfbedeckung, einer häßlichen Troddelmütze, als Neuer schüchtern in die Klasse eines Provinzgymnasiums kommt, erträgt den Hohn seiner Kameraden mit derselben stummen und stumpfen Geduld, mit der er später eine mittelmäßige Laufbahn als Landarzt verfolgen und dem Plan seiner Mutter zustimmen wird, eine 45jährige Witwe ihrer Rente wegen zu heiraten. Die Begegnung mit der jungen Emma Rouault, die er bei einer Visite im Nachbardorf kennenlernt, erscheint ihm als die Wende zu einem glücklicheren Leben, zumal ihm der Tod seiner Frau bald eine zweite Heirat ermöglicht. Emma, die wohlbehütete Tochter eines reichen Bauern, wurde in einem Kloster erzogen, und die Abgeschiedenheit einer äußerlich ereignislosen Jugend hat das empfindsame Mädchen für romantische Träumereien empfänglich gemacht. Das sechste Kapitel des ersten Teils nimmt eine Schlüsselstellung innerhalb der Gesamtkonzeption ein, da es gleichsam die »Inkubationszeit« der romantischen Krankheit – Flucht aus der Gegenwart in eine Welt des schönen Scheins – schildert, auf deren Diagnose der ganze Roman angelegt ist. Minderwertige, rührselige Romane, aber auch die Werke Scotts und Chateaubriands und vor allem *Paul et Virginie* von Bernardin de Saint-Pierre haben Emmas lebhafte Phantasie beflügelt und ihr Bewußtsein mit Wunschbildern erfüllt, deren Scheinhaftigkeit sie nie durchschauen wird.

Schon in den ersten Wochen ihrer Ehe spürt sie ein unerklärliches Mißbehagen; die Monotonie des Alltags bedrückt und beunruhigt sie um so mehr, als Charles seinen Dienst als Landarzt mit gelassener Selbstverständlichkeit und dumpfer Betriebsamkeit versieht. Eine Einladung des Marquis d'Andervilliers zu einem festlichen Diner, die das Einerlei der Tage unterbricht, wirkt sich eher verhängnisvoll aus, da sie Emmas Glauben an die Existenz der von ihr erträumten schöneren Welt bestärkt und eine Nervenkrise auslöst. Charles, der die Krankheit seiner Frau nicht begreift, glaubt, daß die Übersiedlung in ein anderes normannisches Dorf, Yonville-l'Abbaye, und der damit verbundene Klimawechsel ihr helfen könnten.

Der neue Ort, an dem der Apotheker Homais mit seinen fortschrittlichen antiklerikalen Parolen als »Voltairianer« eine gewichtige Rolle spielt (eine der wenigen komischen Figuren von Flaubert), scheint ein wenig Abwechslung zu bringen, zumal der Notariatsangestellte Léon sich in aller gebotenen Höflichkeit um Emmas Gunst bemüht. Emma, die durch die Geburt eines Mädchens vorübergehend abgelenkt ist, sich aber kaum über das *»Kind von Charles«* freuen kann, gefällt sich einige Zeit in der Pose der tugendhaften Frau. Léon, der dieses Spiel nicht durchschaut, verläßt Yonville, überzeugt von der Hoffnungslosigkeit seiner Liebe. Der zunehmende Haß auf ihren Mann – *»die Selbstverständlichkeit, mit der er annahm, daß er seine Frau glücklich mache, empfand sie als Schwachköpfigkeit und Kränkung«* – fördert die latente Bereitschaft zum Ehebruch. Als sie Rodolphe Boulanger, einen routinierten Verführer und wohlhabenden Gutsherrn, kennenlernt, scheinen sich Emmas Träume zu verwirklichen. Sie genießt die Liebe des über die schnelle Eroberung erstaunten Rodolphe *»ohne Gewissensbisse, ohne Unruhe und ohne jede Störung«*. Ein gemeinsamer Waldritt, der durch das Gefühl der Liebeserwartung zu einem tiefempfundenen Naturerlebnis wird (ein Beispiel für den »perspektivischen« Stil Flauberts, der die Landschaft mit den Augen der Liebenden zu beobachten scheint), bildet den Höhepunkt einer Beziehung, die Rodolphe, Emmas hochfliegende Fluchtpläne zurückweisend, zerstört. Immer rascher folgen für sie nun flüchtige Befriedigung und Enttäuschung, immer deutlicher zeigt sich die Diskrepanz von Traum und Realität. – Bei einem Theaterbesuch in Rouen trifft Emma Léon wieder. Sie wird seine Geliebte und besucht ihn jeden Donnerstag in der Stadt unter dem Vorwand, Klavierstunden zu nehmen. Doch auch dieses Vergnügen weicht allmählich dem Überdruß an der faden Gewöhnlichkeit solcher Rendezvous. Als der Wucherer Lheureux die Bezahlung der Luxusartikel, die Emma bei ihm in verschwenderischer Laune gekauft hat, gerichtlich einfordert, erkennt sie die Ausweglosigkeit ihrer Lage. Sie vergiftet sich mit einem Fläschchen Arsen, das sie aus Homais' Apotheke entwendet hat. *»Dumpfes lateinisches Silbengemurmel«* des Priesters und das frivole Lied eines Bettlers begleiten den qualvollen Todeskampf. Einige Wochen später entringt sich dem verzweifelten Charles *»das einzige große Wort, das er jemals ausgesprochen hat: Das Schicksal ist schuld.« (»C'est la faute de la fatalité.«)*

Die bedrückende, lähmende Fatalität allen Geschehens entsteht durch die Kreisbewegung, die die Ereignisse stets auf denselben Ausgangspunkt – die Langeweile *(ennui)* des Provinzalltags – zurückführt und über alle Versuche, diesem Zwang der Dinge zu entweichen, zu spotten scheint. Die Stilmittel, die Flaubert mit Bedacht anwendet – so der häufige Gebrauch des *imparfait*, der Form der stereotypen Wiederholung –, schaffen eine Atmosphäre der Unbewegtheit; die Beschränkung auf wenige typische Schauplätze – die Häuser von Yonville, die Postkutsche aus Rouen, Homais' Apotheke, die Wirtschaft »Lion d'or« und Emmas Zimmer – entspricht der Enge des Bewußtseins, die durch die Nüchternheit des Berichts drastisch entlarvt wird. (Beispielhaft für die Technik der kommentarlosen Enthüllung spießbürgerlicher Borniertheit ist die Szene der Landwirtschaftsausstellung, in der die Festtagsreden mit dem Liebeswerben Rodolphes, die offizielle Phraseologie mit Gefühlsklischees kontrastieren.) Das Bemühen Emma Bovarys, sich von ihrer erbärmlichen Umwelt zu distanzieren, erscheint verständlich. Ihre auffällige Schönheit und Eleganz wirken auf die Dorfbewohner wie ein fremder Zauber, *»vergleichbar dem aus Blumenduft und Marmorkälte gemischten Hauch, der einen in Kirchen anweht«*. Wie eine zarte Pflanze, die auf dem kargen Boden der Normandie nicht gedeihen kann, ihr Lebensrecht aber nicht aufgeben möchte, wehrt sie sich gegen die Verkümmerung ihrer *sensualité*, der besonderen Empfindlichkeit ihrer Sinne; die Befriedigung der sexuellen Wünsche zwingt sie zum Bruch mit den bürgerlichen Konventionen. Dennoch ist sie weder eine tragische Heldin noch die Verfechterin weiblicher Emanzipation. Als Opfer einer irregeleiteten Phantasie wird sie zur exemplarischen Figur einer Zeit, deren Entseelung sich in der Trivialität einer falschverstandenen Gefühlsromantik verrät.

Die Sachlichkeit, mit der Flaubert die sentimentale Empfindungswelt des Bürgertums, die Verflachung des Denkens und die Banalität der sprachlichen Äußerungen analysiert, wurde schon von den Zeitgenossen als ein Wendepunkt in der Geschichte des Romans begriffen: Indem Flaubert seine eigene, lebenslang bekämpfte Neigung zu romantischer Überhöhung des Lebens objektiviert, wendet er erstmals konsequent wissenschaftliche Methoden innerhalb einer Kunstform an, die bis dahin vielen noch als die Domäne einer naiveren Inspiration gegolten hatte. Ansätze zu exakter Deskription finden sich zwar schon bei Balzac, ebenso die Theorie, daß dem Roman nunmehr der Rang einer sozialen Studie zukäme – doch weicht Balzac dem »Peniblen« des Details, das er wie Flaubert gespürt haben mochte, gerne aus, dem Elan seiner in vieler Hinsicht noch romanhaft-romantischen Phantasie folgend. Demgegenüber wirkt Flauberts Stil systematisch, bis in die feinsten Verästelungen der Handlung durchdacht, wie das Ergebnis eines komplizierten mathematischen Kalküls. In einer berühmten, recht ambivalenten Kritik (im ›Moniteur‹ 1857) vergleicht Sainte-Beuve die Romantechnik Flauberts mit der Zergliederung einer Leiche: *»M. Gustave Flaubert, der Sohn und Bruder ausgezeichneter Ärzte, führt die Feder wie andere das Skalpell.«* Eine zeitgenössische Karikatur zeigt Flaubert, wie er mit dem Instrument des Chirurgen das blutende Herz Emma Bovarys aufspießt, um es unter die Lupe zu nehmen. Trotz seiner Distanziertheit konnte »der Anatom« sich bis zur Selbstaufgabe in die Bewußtseinslage und Gefühlswelt seiner Figuren hineinversetzen: *»Als ich die Vergiftung der Emma Bovary beschrieb, fühlte ich den Geschmack des Arsen auf meiner Zunge«*, bekennt er, und auf die Frage nach der »wahren« Madame Bovary antwortet er: *»Madame Bovary – c'est moi.«* Die Spannung zwischen Identifikation und Distanz, die die Beziehung des Erzählers zur Protagonistin kennzeichnet, führt nicht nur zu neuen erzähltechnischen Mitteln (z.B. *style indirect libre*), sondern erscheint auch typisch für Flauberts einerseits pathetische, andererseits ironische Schreibweise. So ist denn auch sein Bemühen um einen Stil, in dem jedes Wort und jeder Satz der Gesamtkonzeption entsprechen und sich in den unverwechselbaren Klang und Rhythmus einer der Lyrik nacheifernden Prosa einfügen sollten, sehr verschieden beurteilt worden: als ästhetischer Immoralismus (Sartre), aber auch als einzig mögliche *»Schutzform eines höchst wertbewußten Menschen«* (H. Friedrich).

Die Veröffentlichung des Romans in der ›Revue de Paris‹ ab 1. Oktober 1856 weckte das Mißtrauen der staatlichen Zensurbehörde, zumal bekanntgeworden war, daß die Herausgeber – gegen den lebhaften Protest des Autors – Streichungen vorgenommen hatten. Es kam zu einem spektakulären Prozeß, in dem die Anklage auf »Verstoß gegen die öffentliche Moral, die guten Sitten und die Religion« lautete. Wenn auch das Gericht den Argumenten des Staatsanwalts, der die »Laszivität« einzelner Stellen und die »unmoralische« Tendenz des ganzen Romans für bewiesen ansah, nicht folgte und Flaubert wie auch die mitangeklagten Herausgeber der Zeitschrift freisprach, blieb der Dichter, dem in der gnädig formulierten Urteilsbegründung die »Grenzen der Literatur« vorgehalten wurden, tief gekränkt und gewarnt. Der Erfolg der Buchausgabe, die 1857 ohne Kürzungen erschien, war allerdings mit Hilfe des Prozesses gesichert, doch die Gunst des breiten Publikums wandte sich schon bald dem anspruchsloseren, Motive der *Madame Bovary* variierenden Roman *Fanny* (1858) von Feydeau zu. Nur von wenigen Kritikern fühlte Flaubert sich verstanden, zu ihnen gehörte Baudelaire; er betont den *»nervösen, bildhaften, subtilen und exakten Stil«*, der sich deutlich von dem trivialen Vorwurf des Stoffes abhebe. – Als im Jahr 1892 Jules de Gaultier den sogenannten »Bovarysme«, das fatale Mißverhältnis von Wunschbild und Wirklichkeit, als eine typische, weitverbreitete Lebenshaltung beschreibt, war der Rang des Romans als klassisches und exemplarisches Werk bereits unbestritten. Für Maupassant, Zola, Proust, Heinrich Mann u. a. wurde *Madame Bovary* zum absoluten Maßstab des eigenen Schaffens, für alle Späteren – auch für Kritiker wie Sartre – zu einem Bezugspunkt, an dem die Entwicklung des modernen Romans gemessen werden kann. V.R.

Ausgaben: Paris 1856 (in Revue de Paris, 1. 10. bis 15. 12.; gek.). – Paris 1857, 2 Bde. – Paris 1909 (in *Œuvres complètes*, 18 Bde., 1909–1912, 1). – Paris 1949, Hg. J. Pommier u. G. Leleu [krit.]. – Paris 1958, Hg. J. Maynial (krit.; Class. Garn). – Lausanne 1965 (in *Œuvres complètes*, Hg. M. Nadeau, 18 Bde., 1964/65, 8). – Paris 1966, Hg. J. Suffel (GF). – Paris 1971 (in *Œuvres complètes*, 16 Bde., 1971–1976, 1). – Paris 1976, Hg. M. Nadeau (Folio). – Paris 1977 (in *Œuvres*, Hg. A. Thibaudet u. R. Dumesnil, 2 Bde., 1977–1979, 1; Pléiade). – Paris 1978, Hg. C. Gothot-Mersch (Class. Garn; ern. 1986). – Paris 1986, Hg. B. Ajac (GF).

Übersetzungen: *Madame Bovary. Ein Sittenbildnis aus der Provinz*, J. Ettlinger, Dresden 1892. – *Madame Bovary*, R. Schickele, Minden 1907 [Vorw. G. de Maupassant; ern. Zürich 1952]. – Dass., E. Sander, Bln. o. J. [1924]. – Dass., W. Widmer, Mchn. 1959; ern. 1980; [5]1987 (dtv). – Dass., H. Reisiger, Zürich 1967. – Dass., I. Perker u. E. Sander, Stg. 1972 (RUB). – Dass., A. Schurig, Ffm. 1975 (Insel Tb; rev. 1986). – Dass., W. Techtmeier, Bln. 1978; ern. Mchn. 1982 (Goldm. Tb). – Dass., R. Schickele u. I. Riesen (in *Werke*, 8 Bde., 1, Zürich 1979; detebe).

Vertonungen: G. Pannain, *Madame Bovary* (Oper). – H. Sutermeister, dass. (Oper; Urauff.: Zürich, Juni 1967).

Verfilmungen: Frankreich 1934 (Regie: J. Renoir). – Deutschland 1937 (Regie: G. Lamprecht). – Argentinien 1947 (Regie: C. Schlieper). – USA 1949 (Regie: V. Minelli). – Frankreich 1991 (Regie: C. Chabrol).

Literatur: Ch.-A. Sainte-Beuve, Rez. (in Moniteur Universel, 4. 5. 1857). – Ders., *Causeries du lundi*, Bd. 13, Paris 1858, S. 346–363. – M. Herberholz, *Dichtung u. Wahrheit in F.s »Madame Bovary«*, Bochum 1934. – L. Bopp, *Commentaires sur »Madame Bovary«*, Neuchâtel 1951. – R. Herval, *Les véritables origines de »Madame Bovary«*, Paris 1957. – H. Mayer, *»Madame Bovary«* (in H. M., *Deutsche Literatur u. Weltliteratur*, Bln. 1957, S. 465–482). – R. Dumesnil, *»Madame Bovary«. Étude et analyse*, Paris 1958. – F. Steegmuller, *F. and »Madame Bovary«, a Double Portrait*, NY 1958; ern. Ldn. 1968. – A. Fairlie, *F., »Madame Bovary«*, Ldn. 1962. – L. Marcuse, *Obszön*, Mchn. 1962, S. 117–164. – J. Rousset, *»Madame Bovary« ou Le livre sur rien* (in J. R., *Forme et signification*, Paris 1962, S. 109–133). – *»Madame Bovary« and the Critics. A Collection of Essays*, Hg. B. F. Bart, NY 1966. – C. Gothot-Mersch, *La genèse de »Madame Bovary«*, Paris 1966. – A. Thierry, *Le procès de »Madame Bovary«*, Amiens 1966. – G. Riegert, *»Madame Bovary« de F.*, Paris 1971. – J. Neefs, *»Madame Bovary« de F.*, Paris 1973. – D. A. Williams, *Psychological Determinism in »Madame Bovary«*, Hull 1973. – A. Vial, *Le dictionnaire de F. ou Le rire d'Emma Bovary*, Paris 1974. – M. Vargas-Llosa, *La orgia perpetua. F. y »Madame Bovary«*, Madrid 1975 (dt. *Die ewige Orgie*, Reinbek 1980). – M. Beyerle, *»Madame Bovary« als Roman der Versuchung*, Ffm. 1975. – V. Roloff, *Zur Thematik der Lektüre bei F. »Madame Bovary«* (in GRM, 25, 1975, S. 322–337). – H.-J. Neuschäfer, *F.s »Madame Bovary«. Fs. f. H.-W. Klein*, Göppingen 1976. – U. Schulz-Buschhaus, *Homais oder die Norm des fortschrittlichen Berufsbürgers* (in RJb, 28, 1977, S. 126–149). – T. Degering, *Das Verhältnis von Individuum u. Gesellschaft in Fontanes »Effi Briest« und F.s »Madame Bovary«*, Bonn 1978. – C. Carlut u. a., *A Concordance to F.'s »Madame Bovary«*, 2 Bde., NY/Ldn. 1978. – J. Amery, *Charles Bovary, Landarzt. Porträt eines einfachen Mannes*, Stg. 1978. – J. Ricardou, *Le texte en conflit* (in J. R., *Nouveaux problèmes du roman*, Paris 1978, S. 24–88). – J. v. Stackelberg, *F. »Madame Bovary«* (in J. v. S., *Weltliteratur in deutscher Übersetzung*, Mchn. 1978, S. 184–203). – V. Nabokov, *»Madame Bovary«* (in V. N., *Lectures on Literature*, Hg. F. Bowers, Ldn. 1980, S. 125–177). – A. de Lattre, *La bêtise d'Emma Bovary*, Paris 1980. – U. Schulz-Buschhaus, *F.s »Madame Bovary«* (in *Frz. Literatur in Einzeldarstellungen*, Hg. P. Brockmeier u. H. H. Wetzel, Bd. 2, Stg. 1982, S. 41–57). – E. Auerbach, *Mimesis*, Bern [7]1982, S. 449–459. – P. La Capra, *»Madame Bovary« on Trial*, Ldn./Ithaca 1982. – H.M. Gauger, *Der vollkommene Roman »Madame Bovary«*, Mchn. 1983. – T. Degering, *F. »Madame Bovary«*, Mchn. 1983. – M. Lowe, *Towards the Real F. A Study of »Madame Bovary«*, Oxford 1984. – *»Les comices agricoles« de F.*, Hg. J. Goldin, 2 Bde., Genf 1984. – I. K. Collas, *»Madame Bovary«, a Psy-*

choanalytic Reading, Genf 1985. – J.-C. Lafay, *Le réel et le critique dans »Madame Bovary« de F.*, Paris 1986 (ALM).

MÉMOIRES D'UN FOU

(frz.; *Erinnerungen eines Narren*). Erzählung von Gustave FLAUBERT, entstanden 1838, erschienen 1900/01. – In dem zum größten Teil autobiographischen, dem Jugendfreund Alfred Le Poittevin gewidmeten Werk, das ursprünglich als Roman konzipiert war, *»darin die Skepsis bis an den Abgrund der Verzweiflung geführt hätte«*, beschreibt der kaum Siebzehnjährige mit der Geste eines ebenso frühreifen wie altklugen Autors die Lebensgeschichte eines »Verrückten«, der mit Gott und der Welt zerfallen ist.

Wie in den empfindsamen, resignierenden »Bekenntnissen« von ROUSSEAU (vgl. *Confessions*) und MUSSET (vgl. *La confession d'un enfant du siècle*), den von Weltschmerz gezeichneten Werken des jungen GOETHE (vgl. *Die Leiden des jungen Werthers*) und Lord BYRONS *Childe Harold* wird das romantische Motiv der Enttäuschung allzu hochgespannter Lebenserwartungen zum Anlaß einer ausladenden Prosa-Elegie. Der gescheiterte Versuch des Kindes, das »Unendliche« zu umfassen, der nicht erfüllte Traum der Liebesekstase und der enttäuschte Glaube an eine gerechte Weltordnung führen zur unvermeidlichen Desillusionierung, zum Gefühl absoluter Sinnlosigkeit, das mit Lebensüberdruß und Verachtung für die Kompromisse des bürgerlichen Lebens gepaart ist: *»Als Kind träumte ich von der Liebe, als Jüngling vom Ruhm, als Mann vom Grab, jener letzten Liebe derer, die keine andere mehr haben.«*

Besondere Aufmerksamkeit verdient der Mittelteil (Kap. 10–15) dieses – vorrealistischen – Frühwerks, das Flaubert später als bloße »Schreibübung« abtat, in dem er aber die zentralen Motive seiner Hauptwerke vorwegnimmt. Er enthält die wehmütig-leidenschaftliche Erzählung einer unglücklichen Liebe zu der jungen, verheirateten Maria, der er am Strand von Trouville begegnet. Das Erlebnis wächst sich zum schmerzlichen Trauma aus, von dem sich der Dichter viele Jahre lang nicht befreien konnte (vgl. die Figur der Madame Arnoux in *L'éducation sentimentale*).

Offener und direkter als in den späteren Werken tritt die pessimistische Grundstimmung des Autors hervor. Das mitunter zynische Pathos der Welt- und Wertverneinung ist durch die Fiktion des »Narren« relativiert. Durch diese Verkleidung hindurch ist aber bereits die Skepsis des späteren Flaubert spürbar: *»Heimat, Freiheit, Glaube, Gott, Tugend – dies alles hat er ergriffen, und alles ist ihm aus den Händen gefallen wie einem Verrückten, der eine Kristallvase fallen läßt und über die Scherben lacht, die er angerichtet hat ... Wäre der Geist das Prinzip des Bösen und der Körper sein Vollstrecker?«* V.R.

AUSGABEN: Paris 1900/01 (in Revue Blanche). – Paris 1901. – Paris 1910 (in *Œuvres complètes*, 18 Bde., 1909–1912, 4). – Lausanne 1964 (in *Œuvres complètes*, Hg. M. Nadeau, 18 Bde., 1964/65, 1). – Paris 1973 (in *Œuvres complètes*, 16 Bde., 1971–1976, 11).

ÜBERSETZUNGEN: *Erinnerungen eines Narren*, R. Soomer, Lpzg. 1907; Mchn. [2]1920. – *Erinnerungen eines Verrückten*, A. Ellermann, Hbg./Mchn. 1965. – *Erinnerungen eines Toren*, E. Rechel-Mertens, Zürich 1969 [mit *November*; Ill. W. Busch]. – *Erinnerungen eines Narren*, H. Kirmsse u. A. Witt, Bln./DDR 1979 [mit *November*]. – Dass., E. u. H. Bastian, Schwifting 1982 [Ill.]. – *Memoiren eines Irren*, T. König, Zürich 1982 (mit *November*; detebe).

LITERATUR: C. Schlötke-Schröer, *Selbstaussage u. Kulturproblematik im frz. Roman des 19. Jh.s. F., Stendhal* (in C. S.-S., *Formen der Selbstdarstellung*, Bln. 1956, S. 411–430). – A. Aarnes, *F. et le romantisme* (in Orbis, 12, 1957, S. 129–145). – G. M. Mason, *Les écrits de jeunesse de F.*, Paris 1961. – J. Bruneau, *Les débuts littéraires de F., 1813–1845*, Paris 1962. – A. Naaman, *Les débuts de G. F. et sa technique de la description*, Paris 1962; [3]1985. – E. L. Gans, *The Discovery of Illusion. F.s Early Works, 1835–1837*, Berkeley u. a. 1971. – J. P. Sartre, *L'idiot de la famille. G. F. de 1821 à 1857*, 3 Bde., Paris 1971/72 (dt. *Der Idiot der Familie*, 5 Bde., Reinbek 1977–1980). – R. N. Coe, *Myth and Madame Schlesinger* (in *Autobiography in French Literature*, Univ. of South Carolina 1985, S. 90–103).

NOVEMBRE

(frz.; *November*). Erzählung von Gustave FLAUBERT, entstanden in drei Etappen mit längeren Unterbrechungen 1840–1842, erschienen 1910 im Rahmen der Flaubertschen *Œuvres de jeunesse inédites* der Edition Conard. Die ebenfalls nicht zur Veröffentlichung bestimmten *Mémoires d'un fou* (1838) übertreffend, gelingt Flaubert in *Novembre* zum erstenmal eine kontinuierlichere Übersetzung der eigenen Phantasien und Erfahrungen in die Fiktion einer Ich-Erzählung, die seine frühreife erste Schaffensperiode abschließt.

Zurückgekehrt von einem Gang durch die langsam absterbende Natur, die dem November seines inneren Zustands entspricht, sucht der Erzähler vom absoluten Nullpunkt totaler Desillusionierung aus sich in das hoffnungsreiche Phantasieleben seines fünfzehnten, dann seines achtzehnten Lebensjahrs zurückzuversetzen. Erinnerungen an zwei Besuche bei dem Freudenmädchen Marie schließen sich an und werden unterbrochen von deren eigenem Lebensbericht. Die darauf folgende Schilderung der öden Zeit nach dieser Begegnung geht über in orgiastische Phantasiereisen in zumeist exotische Länder, in denen der forcierte Traum eines bald heroischen, bald idyllischen Lebens gedeiht. An diesem Kulminationspunkt bricht die Ich-Erzählung ab, und ein Herausgeber übernimmt, wie im *Werther*, doch ohne die unironische Nüchternheit zu erreichen, die den Schlußteil dieses fernen Vorbilds auszeichnet, die weitere Analyse des Erzähler-Ichs. Mit der schnörkelhaften Konstatation von dessen metaphorisch gemeintem Selbstmord – *»einzig durch die Kraft des Gedankens«*, der seinen Lebensekel nicht aushält – endet die Erzählung. Sie hat mit dem *Werther* gemeinsam, daß die Liebesgeschichte, die in *Novembre* weniger als die Hälfte des Buches ausmacht, nicht Thema, sondern nur zentrales Exempel ist für den egozentrischen Anspruch, dort der realen Leidenschaft, hier der romantischen Phantasie. Da das Leben des Ich in *Novembre* fast ausschließlich durch Gedanken bestimmt ist, die zu weit ausgesponnenen literarischen Träumen Anlaß geben, fehlen den fragmentarisch erinnerten realen Episoden äußere Fixationspunkte und vor allem sozialer Kontext. Verbunden sind sie allein durch die negative Tatsache, daß das in der Erzählung herrschende Bewußtsein sich in ihnen spiegelnd nicht wiederfinden kann. Metaphern, die das objektiv Wirkliche verstellen, indem sie es subjektiv überhöhen, zeigen an, daß der an seinem infantilen Ideal festhaltende Erzähler, soweit er Flaubert ist, seiner gesteigerten Zukunftserwartung nur literarisch gewachsen sein wird. Zwar hat er am Wort und seiner gedachten Aura mehr als das Leben, ergeht sich dabei aber immer nur in einem Abgeleiteten aus zweiter Hand, bevor er das Wirkliche kennenlernt, das ihn a priori in allen seinen Erscheinungsformen abstößt. PROUSTS Faszination durch Namen, die Wörter, die SARTRES Kindheit ausmachen, bilden ferne Echos zu dieser Wortreligion des Ästheten. Als Erzähler-Ich in *Novembre* spielt er seinem Herzen gegenüber Theater, verwechselt die Leidenschaften, mit denen er seine Phantasie durch das Studium literarischer Werke auflud – denn in denen allein haben sie die ersehnte Reinheit und höchste Ausdruckskraft –, mit Gefühlen objektiver Liebe, die er nicht kennt, zu denen er sich aber *»wie ein Dichter«* imaginativ immer erneut zwingt. Ihr wahres Objekt ist die romantisch-subjektive Vorstellung der Liebe selber. (Zukünftiger) Dichter und Dirne – deren Lebensbericht die Spiegelgeschichte zu seinem eigenen darstellt – wirken auf verschiedenen Ebenen für das gleiche sie verzehrende Ideal, von dem sie wirklichkeitsverachtend ausgehen. Daß Marie nymphomanisches Opfer ihrer Sinnlichkeit ist, wird ihr als metaphysische Sehnsucht nach absoluter Liebe ausgelegt. Wie ihr in der Lust die Möglichkeit des Glücks keineswegs gegenwärtig ist, sondern nur in versäumter Vergangenheit und erträumter Zukunft, den irrealen Zeiten der Phantasie und ihrer Gegenstände, so endet auch dem Erzähler, trotz einiger befreiender Kühnheiten – die Mischung aus Ekstatik und Realismus in der Schilderung der Wollust kam den deutschen Expressionisten in der ersten Übersetzung E. W. FISCHERS (1917) zur rechten Stunde –, die Freude freudlos. Ähnlich dem christlich plakatierten Fleischesekel BAUDELAIRES, macht den Genuß zur Folter, daß dem lieblosen, weil am nicht gemeinten Objekt exerzierten Exzeß der Sinne der durch keine Wirklichkeit überbietbare Exzeß der nur sich selber liebenden Phantasie vorausging.

Andererseits begnügen sich aber die beiden Figuren nicht mit einer ästhetisch aufbereiteten Realität als widerstandslosem Stoff zu Phantasien um ihrer selbst willen. Damit, daß sie deren Realisation erzwingen wollen, erzwingt sich auch die Darstellung der objektiven Realität Geltung im Œuvre Flauberts. Der verspätete Provinzler hält wohl noch leidenschaftlich am Ideenreservoir der Romantik fest, doch signalisiert *Novembre* die immer dringendere Notwendigkeit, das pauschale Verdammungsurteil gegenüber der spießbürgerlichen Welt durch ihre genauere Gestaltung um so vernichtender zu begründen. Zwar sind die Belege objektiver Realität in *Novembre* noch punktuell, werden selbst die gewöhnlich abstoßendsten realistischen Einzelheiten (wie z. B. Fliegenschwärme, die in der Sonne um Kothaufen kreisen *»wie ein großes goldenes Rad«*) noch häufig im Vergleich zu romantisch-schöner Wirkung eingeschmolzen. – Doch indem Flaubert den Herausgeber gegen diese Gestaltungsweise des Ich-Erzählers polemisieren läßt, schickt er sich – wenigstens formal – an, die autobiographische Konfessionsliteratur romantischer Herkunft zu verlassen zugunsten des »objektiven« Gesellschaftsromans. Bloß formal bleibt die Einführung eines Herausgebers, weil dieser am Ende von *Novembre* selbst wieder in den Sog des metaphorischen Stils gerät, den schon der Erzähler-Held schrieb. Erst recht ist aber Distanz des Herausgebers zur moralischen Substanz des Ich-Erzählers schwer erreichbar. Der Zynismus, mit dem er gleich nach Abbruch der Phantasien des Erzähler-Ichs einsetzt, ist nur die Folge von dessen enttäuschter idealistischer Innerlichkeit, nicht deren Revision. So teilt er sogar *expressis verbis* mit dem Erzähler-Ich die Leidenschaft für das Romantisch-Schöne, der die Erniedrigung des rein Gedachten vor der Banalität des Alltags unerträglich ist.

Nicht die Radikalkur existentieller Selbstaufhebung folgt dem schon in den Erinnerungen des Erzählers öfters wiederholten und auch in Maries Lebensgeschichte geäußerten Todeswunsch, sondern Sehnsucht nach dem Schlaf der Marmorstatue, die ihren eigenen Tod genießt. Dieses umschweifiger gebrauchte Bild von der narzißtischen Ruhe des Kunstwerks in sich selbst ist die Projektion von jener, die seinem Hervorbringer notwendig ist. Der von *Novembre* ahnt, wie später Tonio Krüger weiß, *»daß man gestorben«* – der Welt und den eigenen Gefühlen abgestorben – *»sein muß, um ganz ein Schaffender zu sein«*. Dieser gleich zu Beginn der Erzählung gepriesene Zustand, dem die mangelnde Spontaneität des Gefühls bei der Dirne entspricht, ist das geheime Thema und zugleich in die literarische Zukunft Flauberts weisendes Ergebnis von *Novembre*. Gegen die uneingeschränkte ekstatische Selbstvernichtung wendet sich sein reifes Kunstgewissen. Es kündigt sich an in der Ironie, mit der der Herausgeber die Unwahrscheinlichkeit des durch Autosuggestion herbeigeführten realen Todes seines *alter ego »aus Liebe zum Wunderbaren«* hinzunehmen bittet. Damit ist die romantische Kunstform samt ihrer bekennerischen Erzählerfigur verworfen. Ihre Substanz ersteht wieder als zum Schreiben unbegabter romantischer Held in Flauberts Gegenwartsroman *Éducation sentimentale*, dessen Kunstform *Novembre* formal voraussetzt: Der kalte November, in dessen noch beredsamer Beschwörung die romantische Seele spiegelbildlich ihren Tod feiert, wird zum kalten Lakonismus des Stils der *Éducation*. Das Übertriebene in der gerühmten *impassibilité*, mit dem, Objektivität vortäuschend, das nur um der neuen Kunstabsicht willen anerkannte Recht der verhaßten Realität kompensiert wird, ist die nicht getilgte romantische Spur von *Novembre*. K.Ba.

AUSGABEN: Paris 1910 (in *Œuvres complètes*, 18 Bde., 1909–1912, 15). – Paris 1914–1920 (in *Premières œuvres*). – Neuchâtel 1961 [Vorw. H. Guillemin; krit.]. – Lausanne 1964 (in *Œuvres complètes*, Hg. M. Nadeau, 18 Bde., 1964/65, 1). – Paris 1973 (in *Œuvres complètes*, 16 Bde., 1971–1976, 11). – Paris 1988.

ÜBERSETZUNGEN: *November, Roman aus dem Nachlaß*, E. W. Fischer, Mchn. 1917. – *November*, E. Sander, Hbg. 1946; ern. Ffm. 1981 (Insel Tb). – *November, Roman einer jungen Liebe*, W. J. Guggenheim, Mchn. 1960 (GGT); ern. 1973 (Goldm. Tb). – *November*, H. Bartuschek, Weimar 1966; ern. Lpzg. 1984 (IB). – Dass., E. Rechel-Mertens, Zürich 1969 (mit *Erinnerungen eines Toren*). – Dass., H. Kirmsse u. A. Witt, Bln./DDR 1979 (mit *Erinnerungen eines Narren*). – Dass., T. König, Zürich 1982 (mit *Memoiren eines Irren*; detebe).

LITERATUR: L. Maranini-Balconi, *»Novembre« di F.* (in L. M.-B., *Visione e personaggio secondo F. ed altri studi francesi*, Padua 1959, S. 57–77; auch in Les Amis de F., 16, 1960, S. 12–25). – H. Guillemin, *Le »Novembre« de F.* (in Le Bouquiniste Français, 40, 1960, S. 265–270). – G. M. Mason, *Les écrits de jeunesse de F.*, Paris 1961. – J. Bruneau, *Les débuts littéraires de F., 1831–1845*, Paris 1962, S. 306 bis 343. – A. Naaman, *Les débuts de G. F. et sa technique de la description*, Paris 1962; ³1985. – E. L. Gans, *The Discovery of Illusion*, Berkeley u. a. 1971. – J.-P. Sartre, *L'idiot de la famille. G. F. de 1821 à 1857*, 3 Bde., Paris 1971/72 (dt. *Der Idiot der Familie*, 5 Bde., Reinbek 1977–1980). – V. Brombert, *Usure et rupture chez F. L'exemple de »Novembre«* (in Contrepoint, 28, 1978, S. 89–94). – W. Koeppen, *»November«* (in W. K., *Die elenden Skribenten*, Ffm. 1981, S. 66–70).

SALAMMBÔ

(frz.; *Salammbô*). Historischer Roman von Gustave FLAUBERT, erschienen 1863. – Nach dem Zeitroman *Madame Bovary* (1857), den der Autor als nüchterne Reproduktion einer *»niederen Wirklichkeit«* empfunden hatte, fühlt sich Flaubert von einem äußerst gegenwartsfernen, exotischen Thema angezogen: der Geschichte der aufständischen Söldner, die sich nach Abschluß des Ersten Punischen Kriegs (264–241) aus Enttäuschung über den geringen Lohn gegen Karthago wenden, die Hauptstadt mit Hilfe afrikanischer Stämme bedrohen, am Ende aber von Hamilkar Barkas vernichtend geschlagen werden.

Die von Flaubert zunächst erwogenen Titel *Les mercenaires (Die Söldner)* und *Carthage* zeigen den epischen Ansatz: den Versuch, monumentale historische Vorgänge, Massenszenen und Kampfgeschehen mit der ruhigen Geste des unparteiischen Zuschauers zu schildern. Für Flaubert war die *»Wiederbelebung der Vergangenheit« (»résurrection du passé«)* eine künstlerische und zugleich wissenschaftliche Aufgabe, der er sich fünf Jahre lang (seit 1857) widmete: Es galt, sowohl die historischen Quellen (vor allem POLYBIUS), die Mythenforschung (F. Creuzer) und die moderne Geschichtsschreibung (MICHELET u. a.) kritisch zu prüfen sowie die neuesten Ergebnisse der Archäologie zu nutzen; um sich die Topographie Karthagos zu veranschaulichen, unternahm Flaubert 1858 eine Studienreise nach Tunesien.

Schauplatz der ersten Szene des in fünfzehn Kapitel gegliederten Romans sind die »heiligen« Gärten Hamilkars in Megara, einem Vorort Karthagos. Die vom Krieg gegen Rom zurückgekehrten Söldner – ein buntes Völkergemisch – feiern den Jahrestag ihres Sieges am Eryx. Das üppige Behagen des exotischen Mahls, das Flaubert in homerischer Breite und Detailfreude beschreibt, verwandelt sich in trunkene Aufsässigkeit: Der ehemalige Sklave Spendius, ein Grieche, schürt den Unwillen gegen die Führer Karthagos, die bislang den Sold verweigerten. Mit der nächtlichen Erscheinung Salammbôs, der Tochter Hamilkars, die klagend die verwüsteten Gärten durchstreift, rücken auf der Seite der »Barbaren« der von Salammbô faszinierte Lybier Mâtho und der numidische Häuptling Narr'Havas in den Brennpunkt der Ereignisse. Politisch-militärische und magisch-religiöse Vorgänge sind von Anfang an ineinander verschlungen: während sich das Heer der Söldner nach einer Episode des Rückzugs und der Kompromißbereitschaft (Verhandlungen im Wüstenort Sicca) wiederum bedrohlich vor den Toren Karthagos lagert, dringen Spendius und Mâtho auf Schleichwegen in die Stadt, um den Macht verleihenden Schleier der Tanit (den *zaïph*) aus dem Tempel der Mondgöttin zu rauben. Mit der Entführung des Schleiers scheint Karthago verloren und Salammbô, als Priesterin der Göttin Tanit geweiht, dem Besitzer des Fetischs und Führer des Aufstandes Mâtho verfallen. Obwohl Hamilkar in der Schlacht von Macar siegt, sieht Karthago einer tödlichen Belagerung entgegen. Salammbô wagt sich daher widerstrebend in das Zelt Mâthos, um auf Anraten der Priester den Schleier der Tanit zurückzuholen: Die Liebesszene bildet den vieldeutigen Höhepunkt und die Wende der bislang unentschiedenen Kämpfe. Mit der Erfüllung seiner Liebe sinkt die Macht des um den Schleier betrogenen Lybiers (Abfall der Truppen Narr'Havas'). Unterdessen scheint der Widerstand Karthagos durch fortgesetzte Belagerung, Hungersnot und Wassermangel schon fast gebrochen. Um den Zorn des großen Baals »Moloch« zu besänftigen, werden die Kinder vornehmer Familien geopfert. Mit dem erlösenden Regen gelingt es Hamilkar, weitere Truppen auf dem Schiffsweg einzusetzen und durch taktische Manöver die Söldner in dem »Engpaß der Axt« (»Défilé de la hache«) einzuschließen. Der Rest des von Hunger und Durst erschöpften Söldnerheers wird auf grausame Weise getötet, der bei Tunis gefangene Mâtho als »letzter der Barbaren« zu Tode gefoltert. Salammbô stirbt beim Anblick seiner Qualen.

Die Umrisse der äußeren Handlung können die freskenhafte Komposition und sinnbildliche Struktur des Romans nicht verdeutlichen; die rasche Situationsabfolge, das *»rhythmische Auf- und Abschwellen der Aktionen«* (H. Friedrich) verstärken einerseits den Eindruck sinnloser Dynamik und Fatalität der undurchschaubaren geschichtlichen Mächte – dagegen stehen jedoch Naturbilder sphinxhafter Erstarrung, zeitloser Ruhe und zeremonieller Gleichförmigkeit neben detaillierten Beschreibungen religiöser Kultformen und Kultstätten: Flaubert evoziert den archaischen Glauben an Naturgottheiten wie die Mondgöttin Tanit und den menschenfressenden Moloch, den Gott der glühenden Sonne, an Tiergötter wie die schwarze Python und die in Glaskugeln gehüteten Fische der Familie Barkas und nicht zuletzt den Glauben an die tödliche Macht eines Fetischs wie den *zaïph* der Tanit. Die Priesterin Salammbô erscheint in magischen Augenblicken als Inkarnation Tanits, Mâtho als Moloch.

Durch den mythololgischen Rahmen, in dem auch Farben und Gesten symbolische Bedeutung erhalten, rückt der historische Roman in die Nähe des epischen Gedichts, wobei grandiose Landschaftsbilder, grauenvolle Schlachtbeschreibungen, religiöse Mysterien und realistische Details in gleicher Weise zu jener »objektiven Poesie« stilisiert werden, die Flaubert als Ideal seiner Kunst ansah. – *Salammbô* befremdete den Teil der zeitgenössischen Kritik, der nach *Madame Bovary* von Flaubert ein weiteres Werk der »realistischen Schule« erwartet hatte. Betroffener fühlte sich der Autor von Rezensionen, die die historische und künstlerische Glaubwürdigkeit des Werks in Zweifel zogen – in der polemischen Auseinandersetzung mit dem Archäologen Froehner und der behutsamen Diskussion mit Sainte-Beuve geht es Flaubert vor allem um den Nachweis der historischen Genauigkeit des Romans.

Mit dem Unbehagen Sainte-Beuves, der den – wie er meint – sinnlosen rhetorischen Aufwand, die Häufung funktionsloser Details und die »sadistische Einbildungskraft« kritisiert, beginnt die zwiespältige Aufnahme des beim Publikum durchaus erfolgreichen Romans, der u. a. auch von marxistischer Seite diskutiert wird: G. Lukács deutet ihn als Irrweg des historischen Romans. Gefallen an der distanzierten Gestaltung des exotischen Themas fanden dagegen die Lyriker des »Parnasse«. Zahlreiche Imitationen und die Vertonung von L. E. E. Reyer bezeugen die bis zur Jahrhundertwende zunehmende Wirkung des Romans. *Salammbô* bietet neuerdings auch Anlaß zu psychoanalytischen Deutungen, zur Diskussion gattungsgeschichtlicher Aspekte des historischen Romans (A. Green) und nicht zuletzt zur Definition des orientalischen Diskurses, der Flauberts exotische Werke (vgl. neben der *Tentation de Saint-Antoine* auch *Voyage en Orient*, 1849–1851) miteinander verbindet. V.R.

Ausgaben: Paris 1863. – Paris 1909 (in *Œuvres complètes*, 18 Bde., 1909–1912, 2). – Paris 1959, Hg. E. Maynial (krit.; Class. Garn; ern. 1969). – Paris 1960, Hg. P. Soupault u. H.-J. Dupuy. – Lausanne 1965 (in *Œuvres complètes*, Hg. M. Nadeau, 18 Bde., 1964/65, 10). – Paris 1964, Hg. J. Suffel (GF). – Paris 1971 (in *Œuvres complètes*, 16 Bde., 1971–1976, 2). – Paris 1974, Hg. P. Moreau (Folio). – Paris 1979 (in *Œuvres*, Hg. A. Thibaudet u. R. Dumesnil, 2 Bde., 1977–1979, 2; Pléiade). – Paris 1980.

Übersetzungen: *Salammbô*, F. v. Oppeln-Bronikowski, Minden 1908. – *Salammbô, ein Roman aus dem Alt-Karthago*, A. Schurig, Lpzg. 1912; ern. 1922. – *Salammbô, der grandiose Roman vom Kampf um Karthago*, G. Goyert, Bearb. B. H. Bonsels, Mchn. 1959 (GGT); ern. 1973 (Goldm. Tb). – *Salammbô*, R. Habs, Stg. 1970 (RUB). – *Salammbô*, G. Brustgi, Ffm. 1979 (Insel Tb). – Dass., F. v. Oppeln-Bronikowski (in *Werke*, 8 Bde., 2, Zürich 1979; detebe).

Vertonung: L. E. E. Reyer, *Salammbô* (Oper: Urauff.: Brüssel, 10. 2. 1890, Théâtre de la Monnaie).

Verfilmungen: *Salambo*, Italien um 1911. – Dass., Italien 1914 (Regie: E. Pasquali). – Frankreich/Österreich 1925 (Regie: P. Maradon). – Frankreich/Italien 1959 (Regie: S. Grieco).

Literatur: C.-A. Sainte-Beuve, *»Salammbô«* (in C.-A. S.-B., *Nouveaux lundis*, Bd. 4, Paris ²1872, S. 31–95). – G. Doublet, *La composition de »Salammbô« d'après la correspondance de F.*, Toulouse 1894. – P. B. Fay u. A. Coleman, *Sources and Structure of F.s »Salammbô«*, Baltimore/Paris 1914. – A. Hamilton, *Sources of the Religious Element in F.s »Salammbô«*, Baltimore/Paris 1917. – I. Dane, *Symbol und Mythos in F.s »Salammbô«*, (in ZfrzSp, 59, 1935, S. 22–45). – A. Dupuy, *En marge de »Salammbô«*, Paris 1954. – H. Suhner-Schluep, *L'imagination du jeu ou la dialectique du soleil et de la lune dans »Salammbô« de G. F.*, Diss. Zürich 1970. – J. Rousset, *Positions, distances, perspectives dans »Salammbô«* (in Poétique, 6, 1971). – J. Bruneau, *Le*

›conte oriental‹ de G. F., Paris 1973. – R. Debray-Genette, *F., science et écriture* (in Littérature, 4, 1974, Nr. 15, S. 41–51). – J. Neefs, *»Salammbô«, textes critiques* (ebd., S. 52–64). – G. Bonaccorso, *L'Oriente nella narrativa di G. F.*, Messina 1979. – C. Carlut, *A Concordance to F.s »Salammbô«*, 2 Bde., NY/Ldn. 1979. – M. Frier-Wantiez, *Sémiotique du fantastique. Analyse textuelle de »Salammbô«*, Bern u. a. 1979. – J. Bem, *Modernité de »Salammbô«* (in Littérature, 10, 1980, Nr. 40, S. 18–31). – A. Green, *F. and the Historical Novel: »Salammbô« Reassessed*, Cambridge 1982. – L. Bottineau, *La représentation de l'espace dans »Salammbô«* (in RLMod, 1984, Nr. 703–706, S. 79–104). – F. Laforgue, *»Salammbô«. Les mythes et la Révolution* (in RHLF, 85, 1985, S. 26–40).

LA TENTATION DE SAINT-ANTOINE

(frz.; *Die Versuchung des heiligen Antonius*). Roman von Gustave Flaubert. – Zur Veröffentlichung im Jahre 1874 entschloß sich Flaubert erst, nachdem er die beiden früheren Versionen von 1849 und 1856 erneut kritisch überarbeitet hatte. Die lange Entstehungsgeschichte läßt erkennen, daß der Roman, wie der Autor selbst sagt, *das Werk seines ganzen Lebens* darstellt: Einzelne Motive, wie z. B. die Dialoge mit dem Tod und dem Teufel oder das Thema der *tentation*, erschienen bereits in den Jugendwerken seit 1837. Insbesondere war der Einfluß der Teufelsdarstellungen in Byrons *Caïn* und Goethes *Faust* – Nervals Faustübersetzungen erschienen 1828–1840 – schon wirksam, als Flaubert während einer Italienreise 1845 in Genua durch ein Antoniusbild von Breughel in der Galerie des Palastes Balbi Senarega zur Gestaltung des Themas angeregt wurde. Obwohl die Dichterfreunde Maxime Du Camp und Louis Bouilhet 1849 in Croisset bei der Lesung der ersten Fassung dazu geraten hatten, das nach ihrer Ansicht mißlungene Werk ins Feuer zu werfen, kam Flaubert nach Beendigung der *Madame Bovary* 1856 auf die *Tentation* zurück: Zahlreiche Kürzungen sowie Erinnerungen an die Orientreise von 1849–1851 bestimmen die Fassung von 1856, von der einige Fragmente in Théophile Gautiers Zeitschrift ›L'Artiste‹ erschienen sind. Einschneidender sind die Veränderungen der letzten Fassung, die Flaubert von 1869 bis 1872 zu Ende führte. Diese verbindet das Ergebnis fortlaufender theologischer und philosophisch-naturwissenschaftlicher Studien von Spinoza bis zu Ernst Haeckels *Natürlicher Schöpfungsgeschichte* (1868) mit einer zunehmenden Konzentration des Stoffes und der für Flaubert typischen Sorgfalt der Stilisierung, die in unzähligen Manuskriptvarianten, Entwürfen und Ausstreichungen zum Ausdruck kommt.

Die Antonius-Legende, deren historischer Gehalt gesichert ist, beruht auch in dem Roman Flauberts auf der Biographie des Athanasius, der als theologischer Zeitgenosse das Leben des ersten mönchischen Eremiten gepriesen hatte. Der Aufbruch zur vollkommenen Askese und Einsamkeit wurde sowohl in der Hagiographie als auch in Flauberts Roman zu dem mehr oder weniger problematischen Mittelpunkt der Legende, aus ihm ergab sich das Thema der Versuchung, das vor allem in den bildlichen Darstellungen seit dem Spätmittelalter als besonderes Merkmal der Antonius-Gestalt erscheint. Indem Flauberts Roman aus der begrenzten Perspektive des Antonius, der den Ort der Handlung, eine Hütte in der Wüstenlandschaft Oberägyptens, nur in seiner Phantasie verläßt, die *»dramatische Exposition der alexandrinischen Welt des IV. Jh.s«* zu entwickeln sucht, unterscheidet sich sein Inhalt von den mittelalterlichen Legenden.

Der Gegensatz von asketischer Strenge und Kargheit, die sich bei Antonius bis zur Empfindung des Nichts steigert, und der wuchernden Phantasie, die sich in prunkvollen Bildern des Reichtums, der Macht und Schönheit üppig entfaltet, bestimmt jedoch nicht nur den Inhalt des weitgehend dialogischen Romans, sondern ebenso seine divergierenden Stilmittel: Gedankliche Abstraktion in philosophischen Gesprächen, Diskussionen und dramatische Szenen wechseln mit lyrischen Episoden oder Prosagedichten voll suggestiver Metaphorik. Verschiedene Gestalten beleben die Einbildungskraft des durch die harte Askese ermatteten Antonius. Häretiker, die sich in einer Zeit dogmatischer Unsicherheit bekämpfen – 325 fand das Konzil von Nizäa statt –, Gnostiker, Arianer, Montanisten, schließlich auch Götter der Antike, Buddha, Isis, die Sphinx u. a., erscheinen, um Antonius zu verwirren. Gefährlich werden ihm die Gespräche mit Hilarion, seinem ehemaligen Schüler, der in Gestalt eines Zwerges auftritt und am Ende ebenfalls als Werkzeug des Teufels erkennbar ist. Nicht weniger betäubend wirken die sinnlichen Verführungen, unter ihnen die Erscheinung der Königin von Saba, deren Glanz und Schönheit den Heiligen blenden sollen. – In dem gemeinsamen Auftreten des Todes und der Wollust, die in der endlosen Reihe der Gespenster und Dämonen besonders auffallen, wird ein Grundgedanke des Romans sichtbar: Die Vorstellung der sich durch Destruktion regenerierenden Natur, der zur Bildung neuer Formen notwendigen Auflösung der Materie, der paradoxen Synthese von Fruchtbarkeit und Tod. Am Ende preist Antonius, der lange Zeit nahezu passives Medium der Halluzinationen bleibt, selbst die Schöpfungskraft des Lebens, eine eher naturreligiöse als christliche *unio mystica* mit der Materie. Ein mehrdeutiges Schlußbild, das in der Sonnenscheibe erstrahlende Antlitz Christi, beendet den nächtlichen Spuk.

Die Versuchung des heiligen Antonius, von einigen Zeitgenossen des Dichters als Konglomerat heterogener und z. T. anachronistischer Ideen vernichtend kritisiert, fand andererseits die Anerkennung von Hippolyte Taine, Ernest Renan und Auguste Sabatier. Flaubert hat hier die »romantischen« Themen seiner frühen Werke nicht durchweg verdrängt, sondern im Zuge künstlerischer Umgestaltung unter neuen Aspekten weiterverfolgt. In der

Gestalt des heiligen Antonius möchte er darüber hinaus – mehr noch als in *Madame Bovary* oder *Salammbô* – Analogien zu seiner eigenen Existenz erkennen: Antonius erscheint in seinem verzweifelten Kampf mit den Dämonen seiner Phantasie als Sinnbild des einsamen, in Bildern und Visionen befangenen Künstlers. Neuere Deutungen betonen die Spannung von *désir* und *savoir* als den Kategorien, die nicht nur für die *tentation*, sondern für die Schreibweise Flauberts grundlegend sind (J. Bem), und verweisen damit auf die intertextuelle Dimension der Imagination des Antoine: für M. FOUCAULT ein prägnantes Beispiel dafür, daß das Phantastische als »Bibliotheksphänomen« definiert werden kann. V.R.

AUSGABEN: Paris 1874; [3]1875. – Paris 1922 [endg. Fassg.; Ill. R. Drouart]. – Paris 1908 (*La Première Tentation de Saint-Antoine, 1849–1856*, Hg. L. Bertrand). – Paris 1909 (in *Œuvres complètes*, 18 Bde., 1909–1912, 13; alle Fassg.). – Lausanne 1964 (in *Œuvres complètes*, Hg. M. Nadeau, 18 Bde., 1964/65, 6: Fassg. v. 1856; 15: Fassg. v. 1874). – Paris 1966, Hg. E. Maynial (Class. Garn). – Paris 1967, Hg. J. Suffel (GF). – Paris 1972/73 (in *Œuvres complètes*, 16 Bde., 1971–1976, 4: Fassg. v. 1874; 9: Fassg. v. 1849 u. 1856). – Paris 1977 (in *Œuvres*, Hg. A. Thibaudet u. R. Dumesnil, 2 Bde., 1977–1979, 1). – Paris 1983, Hg. C. Gothot-Mersch (Folio).

ÜBERSETZUNGEN: *Die Versuchung des heiligen Antonius*, B. Endrulat, Straßburg 1874. – Dass., P. Greve, Minden 1909. – Dass., A. Schurig, Mchn. 1923. – Dass., B. u. R. Picht, Ffm. 1966; ern. 1979 (Nachw. M. Foucault; Ill.; Insel Tb). – Dass., F. P. Greve (in *Werke*, 8 Bde., 4, Zürich 1979; detebe).

LITERATUR: K. Bornhausen, *Die religiöse Bedeutung von F.s »Tentation de Saint-Antoine« für Frankreich* (in *Philologisch-philosophische Studien, Fs. f. E. Wechsler*, Jena/Lpzg. 1929, S. 9–19). – A. Lombard, *F. et Saint-Antoine*, Paris 1934. – A. Pantke, *G. F.s »Tentation de Saint-Antoine«, ein Vergleich der drei Fassungen*, Lpzg. 1936. – J. Seznec, *Saint-Antoine et les monstres* (in PMLA, 58, 1943, S. 231–247). – A. Prucher, *Nouvelles études sur »La tentation de Saint-Antoine«*, Ldn. 1949. – Ders., *La rappresentazione dell'Egitto nelle tre redazioni della »Tentation de Saint-Antoine«*, Florenz 1954. – A. Pohle, *Sphinx und Chimäre* (in A. P., *Aufsätze zur Themen- und Motivgeschichte*, Hbg. 1965, S. 135–149). – W. Hübner, *Die olympischen Götter in F.s »Tentation de Saint-Antoine«* (in Arcadia, 5, 1970, S. 242–261). – M. Butor, *La forme de »La tentation de Saint-Antoine«* (in EsCr, 10, 1970, S. 3–12). – M. Foucault, *La bibliothèque fantastique* (in *F.*, Hg. R. Debray-Genette, Paris 1970, S. 171–190). – J. Bruneau, *Le ›Conte oriental‹ de G. F.*, Paris 1973. – G. Bonaccorso, *L'Oriente nella narrativa di F.*, 2 Bde., Messina 1979. – C. Carlut u. a., *A Concordance to F.s »Tentation de Saint-Antoine«*, NY/Ldn. 1979. – J. Bem, *Désir et savoir dans l'œuvre de F. Étude de »La tentation de Saint-Antoine«*, Neuchâtel 1979. – F. P. Bowman, *F. et le syncrétisme religieux* (in RHLF, 81, 1981, S. 621–636). – J. Neefs, *L'exposition littéraire des religions* (ebd., S. 637–647). – G. Séginger, *Le mysticisme dans »La tentation de Saint-Antoine« de F.*, Paris 1984.

ANATOLE FRANCE

eig. Jacques-François Anatole Thibault
* 16.4.1844 Paris
† 12.10.1924 Gut La Béchellerie bei Saint-Cyr-sur-Loire

LITERATUR ZUM AUTOR:
Bibliographie:
J. Lion u. A. Martin, *Contributions bibliographiques sur A. F.*, NY 1974.
Zeitschriften:
Les cahiers franciens, Paris 1971 ff. – Le lys rouge. Bulletin publié par la Société Anatole France à Paris, Paris 1975 ff.
Gesamtdarstellungen und Studien:
P. Wiegler, *A. F.*, Mchn. 1920. – E. Seillière, *A. F., critique de son temps*, Paris 1934. – V. Giraud, *A. F.*, Paris 1935. – J. Suffel, *A. F.*, Paris 1946. – A. Vandegans, *A. F., les années de formation*, Paris 1954. – J. Sareil, *A. F. et Voltaire*, Genf/Paris 1961. – J. Marvaud, *A. F., écrivain français*, Paris 1962. – M. C. Bancquart, *A. F. polémiste*, Paris 1963. – C. Jefferson, *A. F. The Politics of Scepticism*, New Brunswick/N.J. 1965. – J. Levaillant, *Essai sur l'évolution intellectuelle d'A. F.*, Paris 1965. – D. Tylden-Wright, *A. F.*, Ldn. 1967. – R. Virtanen, *A. F.*, NY 1968. – D. Bresky, *The Art of A. F.*, Den Haag/Paris 1969. – M. Sachs, *A. F. The Short Stories*, Ldn. 1974. – M. C. Bancquart, *F., un sceptique passionné*, Paris 1984. – A. Gier, *Der Skeptiker im Gespräch mit dem Leser. Studien zum Werk von F. und zu seiner Rezeption in der französischen Presse 1879–1905*, Tübingen 1985.

CRAINQUEBILLE, SUIVI DE PUTOIS, RIQUET ET PLUSIEURS AUTRES RÉCITS PROFITABLES

(frz.; *Ü: Crainquebille und andere nützliche Erzählungen*). Erzählungsband von Anatole FRANCE, erschienen 1903. – Im Gesamtwerk des Autors, das u. a. mehr als hundert Erzählungen umfaßt, ragt dieser Band insofern hervor, als sich die Texte nicht länger mit einem zwar radikalen, aber niemals Stellung beziehenden Skeptizismus begnügen. Insbesondere die Titelnovelle *Crainquebille*, die France wenig später zu einem Theaterstück umarbeitete, bringt das sozialkritische Engagement des Autors zum Ausdruck. Crainquebille, ein alter Gemüsehändler vom Montmartre, gerät mit einem Polizisten in Streit, der ihn auffordert, seinen Gemüsekarren weiterzuschieben, um die Straße freizumachen. Es kommt zu einem Wortwechsel, der Polizist will ein Protokoll aufnehmen und behauptet, der alte Mann habe ihn im Amt beschimpft und beleidigt, indem er ihm den (damals üblichen) Fluch *Mort aux vaches!* (»Tod den Kühen!«) nachgerufen habe. Crainquebille wird verhaftet und zu einer Gefängnisstrafe verurteilt, obwohl ein Augenzeuge vor Gericht aussagt, daß sich der Polizist geirrt hätte. Der alte Mann ist völlig hilflos und kann sich nicht verteidigen. Nach zwei Wochen wird er aus dem Gefängnis entlassen und gerät in tiefes Elend, weil sich seine Kunden weigern, das Gemüse bei ihm, einem Zuchthäusler, zu kaufen. Er beginnt zu trinken und aus Verzweiflung ruft er eines Abends einem anderen Ordnungshüter den berüchtigten Fluch nach, in der Hoffnung, wieder ins Gefängnis gesteckt zu werden, um wenigsten etwas zu essen und ein Dach über dem Kopf zu haben. Doch diesmal wird er nicht bestraft, sondern nur aufgefordert, weiterzugehen. Der alte Mann verschwindet in der Nacht, und es bleibt offen, ob er sich das Leben nimmt.

Andere Erzählungen dieses Bandes (darunter *Les juges intègres; Monsieur Thomas; Vol domestique*) ergreifen in ähnlicher Weise Partei für die sozial Benachteiligten, während die Rahmenerzählung *Putois* an einem bewußt absurd gewählten Beispiel veranschaulicht, wie gefährlich es sein kann, ein Produkt der Einbildungskraft für so wirklich zu halten, daß es schließlich Gestalt annimmt: Madame Bergeret erfindet in allen Einzelheiten einen Gärtner namens Putois als Ausrede für eine Verwandte, die sie nicht in ihrem Haus haben will. Bald redet die ganze Stadt von dieser Phantasiegestalt, alle wollen Putois gesehen haben, alle geben vor, genau zu wissen, wie er aussieht und welche Untugenden er hat, die Polizei sucht ihn sogar wegen eines Diebstahls, bis er dann tatsächlich auftaucht, was nicht nur Madame Bergeret erheblich in Schrecken versetzt. – In *Riquet* und *Pensées de Riquet* geht es um die »Philosophie« eines kleinen Hundes, der den Umzug der Familie Bergeret in einem Köfferchen mitmacht und viel Zeit hat, über sich und seinen Herrn nachzudenken: Dabei stellt sich heraus, daß er sich als Zentrum der Welt versteht und – ähnlich wie sein Herr – alles, was für seine Existenz von Bedeutung ist, als gottgegeben ansieht. Diese geistreiche Geschichte ist ein treffliches Beispiel für die Leichtigkeit und treffsichere Knappheit des Erzählens, die France zu einem unverwechselbaren Stil entwickelte. B.We.-KLL

Ausgaben: Paris 1901 *(L'affaire Crainquebille)*. – Paris 1903. – Paris 1928 (in *Œuvres complètes ill.*, 25 Bde., 1925–1935, 14). – Lpzg./Bielefeld 1929 [m. Glossar]. – Paris 1953. – Paris 1973 (Poche).

Übersetzungen: *Crainquebille*, G. Savić, Lpzg./Bln. 1903. – Dass., G. v. Grootheest (in *Der fliegende Händler und mehrere andere nützliche Erzählungen*, Mchn. 1921; Neuaufl. Bln. 1950). – *Crainquebille und andere nützliche Erzählungen*, dies. (in *Ges. Schriften*, Bd. 2, Mchn. 1926). – Dass., F. Hardekopf, Zürich 1947. – *Der Fall Crainquebille*, G. v. Grootheest, Nürnberg 1951. – Dass., dies., Stg. 1962 (RUB). – Dass., G. Steinig, Lpzg. 1971. – Dass., R. Maurer, Zürich 1975 [Ill.]. – Dass., U. F. Müller, Mchn. 1977 (frz.-dt.; dtv).

Dramatisierung: *Crainquebille*, Paris 1903.

Verfilmung: *Crainquebille*, Frankreich 1923 (Regie: J. Feyder).

Literatur: J. Conrad, *Review of »Crainquebille«* (in Living Age, 242, 1904, S. 698–702). – M. Sachs, *A. F. The Short Stories*, Ldn. 1974.

LE CRIME DE SYLVESTRE BONNARD, MEMBRE DE L'INSTITUT

(frz.; *Ü: Die Schuld des Professors Bonnard*). Roman von Anatole France, erschienen 1881. – Dieser erste bedeutende Roman des Autors, der wohl schon in der 1879 in ›La Revue Alsacienne‹ erschienenen Novelle *La Fée* präfiguriert ist, kann als Ausdruck der sich 1877–1880 vollziehenden Distanzierung des Autors vom Naturalismus und dem Ausschließlichkeitsanspruch des sog. wissenschaftlichen Denkens verstanden werden, mag aber auch biographische Hintergründe haben (seine zwar materiell günstige, aber emotional unbefriedigende Situation nach seiner Verheiratung mit Valérie Guérin, nachdem eine andere Verbindung infolge des Widerstands der Eltern bzw. des mangelnden Durchsetzungsvermögens A. France' nicht zustande gekommen war).

Der Inhalt des Romans, als Tagebuchbericht des alten Wissenschaftlers und Bibliophilen Sylvestre Bonnard dargeboten, ergibt sich in zwei Episoden. In der ersten, *La bûche (Das Weihnachtsscheit)*, schickt Bonnard der im gleichen Hause mit ihrem Kind in einer Dachwohnung hausenden Witwe eines Kalenderverkäufers, von deren Armut er erfährt, zu Weihnachten die traditionelle *bûche*. Jahre später erhält er von ihr, die er als nunmehrige Fürstin Trépof nicht wiedererkennt, ein kostbares langgesuchtes Manuskript in einer ausgehöhlten *bûche* zum Geschenk. – In der zweiten Episode, *Jeanne Alexandre*, erkennt Bonnard in einem Waisenkind, das bei einer befreundeten Familie die Ferien verbringt, ehe es wieder ins Internat unter die Fuchtel des Vormunds und einer altjüngferlichen, gehässigen Erzieherin zurückkehren muß, die Enkelin seiner unvergessenen Jugendgeliebten Clémentine. Bonnard nimmt sich des Mädchens an, arrangiert seine Flucht aus dem Internat und entgeht den rechtlichen Konsequenzen, da der bisherige Vormund seinerseits aufgrund von Unregelmäßigkeiten das Weite sucht. Bonnard wird Vormund. Jeanne, die sich bald mit einem seiner Schüler verlobt, soll durch den Verkauf von Bonnards Bibliothek eine Mitgift erhalten. Bonnard bringt einige besonders wertvolle Stücke, von denen er sich nicht trennen kann, heimlich beiseite, was er als »Verbrechen« bezeichnet, »bestiehlt« er doch sein Mündel. Er lebt schließlich auf dem Lande, macht botanische »Entdeckungen«, die längst bekannt sind, und erlebt das Glück des jungen Paares, den Tod des ersten Kindes und das Aufkeimen neuen Glücks. Sylvestre Bonnards Lebenskreis schließt sich in Zufriedenheit.

Der Abstand zum realistisch-naturalistischen Romanparadigma und die Entwicklung einer subjektiveren, imaginationsbestimmten Romanform erhellt zunächst aus einer gewissen Freiheit der Handlungsführung, etwa in der Abfolge zweier inhaltlich kaum verbundener Hauptepisoden, der häufigen darstellerischen Betonung von Nebenepisoden oder Nebenfiguren, dem spielerischen Einfließen von Phantastischem (Erscheinung einer Fee) und dem Auftreten von handlungssteuernden Zufällen, schließlich auch der jeweils gänzlich unerwartet hervorbrechenden Spontaneität des sonst recht versponnenen Bücherwurms Bonnard, die er sich aber zusammen mit seiner Güte, einer fast kindlich anmutenden Naivität und einer ausgeprägten Fähigkeit zur Selbstrelativierung bewahrt hat, Merkmale, die ihn als handelnde Figur einer Determiniertheit im naturalistischen Sinn weitgehend entziehen. Daneben wird, durch die Tagebuchperspektive des Ich-Erzählers allgegenwärtig, der Humor zu einem Charakteristikum des Romans. Sich aus englischen Quellen wie Sterne, Dickens und Bulwer Lytton (vgl. dessen Erzähler Pisistratus Caxton aus *The Caxtons*) speisend, aber auch aus Cervantes' *Don Quijote*, wertet er in lächelndem Wohlwollen das Unbedeutende auf, begegnet der Beschränktheit mit Verständnis und reduziert aufgeblasene Größe. Sein Humor ist damit Ausdruck eines Denkens, das auf Toleranz und harmonische Ganzheit zielt. Humorvoll ironisch ist auch der Titel gemeint (»das Verbrechen«).

Le crime de Sylvestre Bonnard, dessen lächelnde Skepsis ein zwar illusionsloses, aber doch letztlich freundliches Bild der Existenz zeichnet, kann als Grundtypus für die nächstfolgenden Werke des Autors gesehen werden, die ihn variieren. Es gibt den Grundakkord seines Denkens, wenn sich auch Skepsis und Ironie später verschärfen werden, und wohl nicht zuletzt ein Bild Antole France' selbst zwischen lächelnder Weisheit und Engagement, eine Haltung, die freilich auch als Attitüde oberflächlicher bürgerlicher Selbstzufriedenheit gedeutet und von den nachfolgenden Generationen kaum mehr als zeitgemäß akzeptiert wurde. W.Kre.

Ausgaben: Paris 1881. – Paris 1925 (in *Œuvres complètes ill.*, 25 Bde., 1925–1935, 2; ern. 1948). – Paris 1959. – Paris 1984 (in *Œuvres*, Hg. M.C. Bancquart; Pléiade). – Paris 1985 (in *Romans et contes*, 10 Bde., 2).

Übersetzungen: *Sylvester Bonnard u. seine Verbrechen. Roman in Tagebuchform*, E. Alsberg, Stg. 1885. – *Professor Bonnards Schuld*, J. Wahl u. F. Le Bourgeois, Lpzg. 1911; ern. 1957 (RUB). – *Die Schuld des Professor Bonnard*, dies. (in *GS*, Bd. 15, Mchn. 1924). – Dass., dies., Mchn. 1965 (GGT).

Literatur: H. Potez, *Les sources du »Crime de Sylvestre Bonnard«* (in MdF, 1. 3. 1910, S. 5–15). – A. E. Whitham, *The »Crime of Silvestre Bonnard«* (in London Quarterly Review, 127, 1917, S. 190–198). – G. Huard, *»Sylvestre Bonnard« et la Légende dorée* (in Les Trésors des Bibliothèques de France, 9, 1929, S. 25–40). – G. Gougenheim, *Une source du »Crime de Sylvestre Bonnard«* (in RHLF, 42, 1942, S. 435/436). – J. Pinchon, *Étude des variantes du »Crime de Sylvestre Bonnard«* (in Revue d'Histoire de la Philosophie et d'Histoire générale de la Civilisation, fasc. 44, 1946, S. 334–361). – M. Spaziani, *L'ispirazione libresca e l'unità del »Crime de Sylvestre Bonnard«* (in *Studi sulla letteratura dell'ottocento in onore di P. P. Trompeo*, Neapel 1959, S. 402–416). – M. Z. Hafter, *»Le crime de Sylvestre Bonnard«, a Possible Source for »El amigo Manso«* (in Symposium, 17, 1963, S. 123–129). – M. Maurin, *»Sylvestre Bonnard«, nature ou culture?* (in RSH, 34, 1969, S. 263–273). – H. Hatzfeld, *»Le crime de Sylvestre Bonnard«* (in H. H., *Initiation à l'explication de textes français*, Mchn. [3]1969, S. 124–128). – M. Maurin, *De George Sand à »Sylvestre Bonnard«* (in RHLF, 71, 1971, S. 59–63). – J. Plumyène, *Cadavres exquis* (in Contrepoint, 26, 1978, S. 105–109).

L'ÎLE DES PINGOUINS

(frz.; *Ü: Die Insel der Pinguine*). Roman von Anatole France, erschienen 1908. – In dieser historischen Satire stellt France ein negatives Bild der historischen Entwicklung vor und brandmarkt die menschliche Geschichte als ein Gewebe aus Verbrechen und Täuschungen. Das Gleichnis vom imaginären Land Alka nimmt mit seinen Ereignissen Bezug auf Frankreich, meint jedoch im Grunde die gesamte abendländische Gesellschaftsstruktur. Die Absicht dieser »moralischen Legende« verdeutlichen die Worte des pinguinischen Philosophen Jakob: *»Wenn sie ihre Handlungen also travestiert und dessen, was ihnen schmeichelt, entblößt sehen, wird das Urteilsvermögen der Pinguine besser sein, und sie werden vielleicht an Weisheit zunehmen.«*

In acht Büchern wird die Entwicklung des pinguinischen Volks skizziert. Das erste Buch, *Der Ursprung*, berichtet in der Art keltischer Legenden von dem Irrtum des hl. Maël, der durch wunderbare Fügung in einem Steintrog zu den Nordküsten des vereisten Ozeans gelangt und in seiner Kurzsichtigkeit Pinguinen, die er für Heiden hält, die Taufe erteilt. Im Paradies wird nach langer, als eine Konzilsparodie erkennbarer Diskussion, die France zum Anlaß nimmt, um die Spitzfindigkeit der Theologie zu kritisieren, beschlossen, die Pinguine in Menschen zu verwandeln und damit dem Taufakt Gültigkeit zu verleihen. Der hl. Maël transportiert die Insel Alka mit dem pinguinischen Volk an die Küste der Bretagne. Das zweite Buch, *Die alten Zeiten*, schildert die ersten kulturellen Unterweisungen des Heiligen, der jedoch nicht verhindern kann, daß auch der Teufel seine Hände im Spiel hat. Die Verleihung des Herzogtitels an einen Pinguin, der einen Schwächeren erschlug und dadurch dessen Acker erwarb, wird als Ursprung der Aristokratie und des bürgerlichen Rechts ausgegeben. *»Der Besitz hat als einzigen und ruhmreichen Ursprung die Kraft. Er entsteht und wächst durch die Kraft ... Deshalb kann man mit Recht sagen, daß, wer besitzt, adlig ist.«* Mit der folgenden Episode wird die Glaubwürdigkeit von Heiligenlegenden in Zweifel gezogen: Orberose, die schlaue Konkubine des Räubers Kraken, gibt die in der Verkleidung eines Drachen durchgeführten Beutezüge ihres Mannes als eine christliche Drachenlegende aus; sie selbst erwirbt dabei den Titel der heiligen Patronin Alkas und ihr Sohn Drako die Königskrone der Drakoniden (Bourbonen). Das dritte Buch verfolgt die Entwicklung des pinguinischen Volks in *Mittelalter und Renaissance* und enthält zwei ironische Abschnitte über die Literatur und Malerei. Das vierte Buch ist der *Neuzeit* gewidmet. In der Gestalt Trincos (Napoleon) porträtiert France den Typ des Eroberers schlechthin, der trotz aller *gloire* ein entvölkertes, elendes Pinguinien hinterläßt. Das Buch *Chatillon* bezieht sich auf die Ereignisse um General Boulanger. *Die Affäre der 80 000 Heubündel* ist eine Persiflage der Affäre Dreyfus, in der France den Antisemitismus der ganzen christlichen Welt durch Spott zu verurteilen sucht. *Madame Cérès* veranschaulicht die Korruptheit und Intrigenwirtschaft der politischen Cliquen, der Hochfinanz und Verwaltung. *»Der Krieg war unvermeidlich geworden und die ganze Welt wurde von Blutströmen überflutet.«* Mit prophetischem Blick hat France den Ersten Weltkrieg vorausgeahnt. Das achte Buch, das statt in Kapitel bezeichnenderweise in Paragraphen eingeteilt ist, gibt eine nihilistische Vision der *Zukunft*: Vermassung infolge der Industrialisierung; Bildung einer kapitalistischen Gesellschaft mit der Herrschaft einiger Milliardäre, der *»Asketen des Reichtums«*; beabsichtigte Verdummung der Arbeiter zu Arbeitstieren. Nach der Zerstörung der riesigen Wolkenkratzerstadt durch Sprengstoffaktionen beginnt ein neues Leben im Urzustand, dessen Entwicklung abzusehen ist: die neuen Kulturen werden die alten Fehler haben.

In leichtem Plauderton, aber mit ätzender Ironie verspottet France die scheinbare Größe der Geschichte und beleuchtet zynisch ihre wahren Triebfedern, die folgerichtig zum Untergang führen müssen, ja diesen geradezu als Wohltat erscheinen lassen. *Die Insel der Pinguine* steht in der Tradition der großen Satiren und Utopien der Weltliteratur (Rabelais' *L'isle sonnante*, Swift, Wells). Der Autor nimmt in seiner satirischen Travestie der Geschichte auch formal die Gegenposition des positivistischen Historikers ein: Die Uneinheitlichkeit der fragmentarischen Aneinanderreihung verschiedener Episoden mit märchenhaftem, idyllischem oder allegorischem Einschlag, die willkürlichen Längen, Kürzungen und Ungenauigkeiten der Darstellung spotten aller Grundregeln der Geschichtsschreibung. Kennzeichnend für den karikaturistischen Stil dieses Romans sind seine grotesken Paradoxien und seine bildhafte Sprache. Die tiefe Skepsis gegenüber allen kulturellen Errungenschaften und das pessimistische Urteil über die menschliche Natur lassen die spätere Sympathie des Autors für den Kommunismus und die russische Revolution von 1917 voraussehen. KLL

Ausgaben: Paris 1908; ern. 1947. – Paris 1929 (in *Œuvres complètes ill.*, 25 Bde., Paris 1925–1935, 18). – Paris 1961. – Paris 1980. – Paris 1985.

Übersetzungen: *Die Insel der Pinguine*, P. Wiegler, Mchn. 1909. – Dass., ders. (in *GS*, Bd. 10, Mchn. 1925). – Dass., ders., Bln. 1957. – Dass., ders. u. E. Werfel, Wien/Hbg. 1982. – Dass., B. Wildenhahn, Bln./Weimar 1985.

Literatur: R. Doumic, *A. F. chez les pingouins* (in RDM, 73, 1908, S. 446–453). – P. H. Muir, *First Edition of »L'île des pingouins«* (in American Book Collector, 10, 1960, S. 332 ff.).

LA RÉVOLTE DES ANGES

(frz.; *Ü: Der Aufruhr der Engel*). Roman von Anatole France, erschienen 1913. – Die detailliert beschriebene Privatbibliothek der katholisch-reaktionären Aristokratenfamilie d'Esparvieu in Paris ist der Ausgangspunkt jenes allegorischen Geschehens, das der Titel nennt. Arcade, der Schutzengel des ältesten Sohnes Maurice, betreibt mittels Lektüre einschlägiger Schriften der Theologie und Philosophie seine eigene Aufklärung; als er seinem bisherigen Herrn, dem tyrannischen Demiurgen Jaldabaoth – dem Gott der Juden und Christen – den Gehorsam aufsagt und sich, wie Myriaden anderer Engel vor ihm, Luzifer zugesellt, materialisiert er sich zugleich zu einem jungen Mann. Maurice und Arcade werden Freunde und nehmen an den bohemienhaften Zirkeln gefallener Engel teil, die in Menschengestalt in Paris leben und den Aufruhr wider Jaldabaoth planen. Es ereignet sich jedoch lediglich eine Schlägerei mit einigen Polizisten und Kleinbürgern, denn Luzifer stürmt nur in einem Traum die Himmelsburg des alten Demiurgen; als er erwacht, verzichtet er auf den Sturz Gottes.

Die Romanhandlung, die an Motive der Feengeschichten des 18. Jh.s anknüpft, bildet nur die Einkleidung für den langen Essay in der Mitte des Buches; er gibt in Form eines Berichts aus dem Mund des flötenspielenden Gärtners Nectaire einen Überblick über die Weltgeschichte, der sich ausdrücklich als Gegenstück zu den *»beschränkten und trübseligen«* geschichtstheologischen Vorträgen

Bossuets verstanden wissen will. Dabei wird ein Geschichtsbild entworfen, das auf direkten Einfluß Nietzsches schließen läßt: Dionysos als mythisch-religiöses Ideal, das Christentum als Sklavenmoral (*»Der neue Aberglaube ... steckte zunächst die ... Sklaven an und machte rasende Fortschritte bei dem Mob der Städte«*), Luther als Retter der im Rom der Renaissance heidnisch gewordenen Kirche (*»Christus verdankt es diesem Kuttenträger, seinen Schiffbruch ... aufgeschoben zu sehen«*), Napoleon als Beispiel des Übermenschen (*»Er machte sich ein Vergnügen daraus, daß er Hunderttausende von Zwergen gegeneinander stieß«*) u. dgl. Diese Auffassung vom »Wesen des Christentums« wird allerdings nie mit teutonischer Exaltiertheit, sondern stets mit gallisch-epikureischem Charme dargeboten. Da das erzählerische Element – wie auch im übrigen Werk des Autors – zugunsten satirischer Pointen zurücktritt, kann einigen Episoden (etwa dem Duell zwischen Maurice und Arcade) keine eindeutig bestimmbare Funktion innerhalb der Handlung zugeschrieben werden. Wie eine selbständige, mit dem allegorischen Hauptstrang nur äußerlich verbundene Geschichte mutet auch die brillante Charakternovelle vom bibliomanen Bibliothekar Sariette und dem Antiquar und Bilderfälscher Guinardin an. Anatole France kommt es in erster Linie auf seine mit spielerischem Ernst verkündete Weltanschauung an: *»Was nützt es, daß die Menschen Jaldabaoth nicht ... unterworfen sind, wenn ... sie nach seinem Ebenbild eifersüchtig, gewalttätig und habgierig, Feinde der Künste und der Schönheit sind; was nützt es ... wenn sie nicht auf ... ihre Freunde hören, die alle Wahrheit lehren, auf Dionysos, Apollon und die Musen!«* Die so versuchte Wiederbelebung der Antike im Rokokogewand am Vorabend des Ersten Weltkriegs macht *La révolte des anges* zum Paradestück eines anachronistischen Ästhetizismus. C.Bt.

Ausgaben: Paris 1913 (u. d. T. *Les anges*, in Gil Blas, 20. 2.–19. 6. 1913). – Paris 1914; ern. 1952. – Paris 1930 (in *Œuvres complètes illustrées*, Hg. L. Carias u. G. Le Prat, 25 Bde., 1925–1935, 22; ern. 1950). – Paris 1980. – Paris 1986.

Übersetzungen: *Aufruhr der Engel*, R. Leonhard, Mchn. o. J. [1917]. – *Der Aufruhr der Engel*, ders. (in *GS*, Bd. 12, Mchn. 1922). – Dass., ders., Bln. 1951. – Dass., ders., Mchn. 1967 (GGT). – Dass., H. Kirmsse, Bln./Weimar 1979. – Dass., A. Auer u. R. Leonhard, Wien/Hbg. 1981.

Literatur: H. Becker, *La prose rhythmée dans »La révolte des anges«* (in MdF, 1914, S. 320–325). – F. M. Colby, *Review of »La révolte des anges«* (in North American Review, 1914, S. 781–785). – Ch. Petit-Dutaillis, *À propos de »La révolte des anges«* (in Revue du Mois, 18, 1914, S. 85–99). – D. Schlumbohm, *»Der Aufstand der Engel«*, Diss. Hbg. 1966. – C. Bivernis, *F.s »La révolte des anges«* (in WZBln, 30, 1981, S. 689–697).

LA RÔTISSERIE DE LA REINE PÉDAUQUE

(frz.; *Ü: Die Bratküche zur Königin Pedauque*). Roman von Anatole France, erschienen 1893. – Der Autor tritt als fiktiver Herausgeber und ironischer Kommentator eines Manuskripts aus dem 18. Jh. auf, das den Untertitel trägt: *Leben und Meinungen des Herrn Abbé Hieronymus Coignard* und von Jacques Menetrier, genannt Tournebroche (Bratspießdreher), dem Sohn des Besitzers der »Bratküche zur Königin Pédauque« in Paris, verfaßt ist. Jacques berichtet aus seiner Kindheit in der väterlichen Bratküche, einem Treffpunkt wunderlicher Gestalten. Sein Lehrer im Lateinischen und den klassischen Autoren war der imposante Abbé Coignard, »Doktor der Theologie« und »Lizentiat der Künste«, der *»aus zu großer Liebe zu Wein und Weib die Ehre eingebüßt [hat], in langer Robe und viereckiger Mütze auf die Lehrkanzel eines Kollegs zu steigen«*. Eines Tages lädt der Alchimist und Magier Herr von Astarac Lehrer und Schüler auf sein Schloß ein, wo sie die Schriften des Panopolitaners Zozimos übersetzen sollen. Er unterweist sie in kabbalistischen Lehren und berichtet von seinem intimen Umgang mit Elementargeistern. Abbé Coignard begegnet dem Kabbalisten mit dem Spott des Voltairianers, und auch Jacques verliebt sich entgegen den Wünschen Herrn von Astaracs nicht in ein Salamanderweibchen, sondern in Jahel, die Nichte des finsteren Mosaïdes, der in Herrn von Astaracs Diensten den kabbalistischen Sinn der Bibel erforscht. Unerwarteter Rivale in der Gunst Jahels ist der Abbé Coignard; doch werden beide von Herrn von Anquetil ausgestochen, den sie bei einem wilden Gelage kennengelernt haben. Der Folgen dieses Zechgelages wegen gezwungen, vor der Pariser Polizei zu fliehen, schließen sie sich dem Liebespaar Jahel–Anquetil auf ihrer Flucht in Richtung Lyon an, aber schon bald werden sie von Astarac und dem eifersüchtigen Mosaïdes eingeholt. Abbé Coignard stirbt an einem geheimnisvollen Dolchstoß, dessen Urheber Jacques' Ansicht nach Mosaïdes ist, während Astarac in ihm die Rache der Sylphen sieht, deren Geheimnis Coignard preisgegeben habe. Nach dem Tod seines Lehrers kehrt Jacques nach Paris zurück, erwirbt eine Buchhandlung und beginnt mit der Niederschrift seiner Erinnerungen.

Der humoristische Roman Anatole France' steht in der Tradition zweier literarischer Gattungen: Mit den theoretischen Partien und dem Meister-Schüler-Verhältnis, dem typischen Kontrast zwischen der ironischen Distanz des Überlegenen und der Naivität und der mangelnden Ironie des Schülers, setzt er die Gattung des *conte philosophique* in der Art Voltaires fort, während die burlesken Szenen an den komischen Roman eines Scarron, Lesage oder Sterne erinnern. Zugleich wird die libertinistische Literatur des 18. Jh.s vor allem in den erotischen Partien des Romans ironisiert. Auch der altertümelnde Stil Jacques' ahmt die Sprache des 18. Jh.s nach, so daß der Roman einen historisierenden Zug erhält. Doch wird in den extremen Positionen des Kabbalisten Astarac und des Rationalisten und Epikureers Coignard zugleich auch die geistige Spannweite des 18. Jh.s lebendig, das neben Deismus und Voltairianismus den Einfluß von Rosenkreuzern und Illuminaten, von Geheimbünden und Okkultismus kannte. Sprach sich France mit der lächerlichen Figur Astaracs indirekt gegen zeitgenössische okkulte Strömungen wie gegen die hermetische Isolierung einzelner Dichter (Mallarmé, Barrès) aus, so ist Abbé Coignard in mancher Hinsicht ein Double des Autors, dessen Hauptmerkmal sein »lächelnder Skeptizismus« war. In Coignard ist die geistige Weite eines Menschen verkörpert, *»der um seiner tiefen Weisheit willen alle menschlichen Schwächen verzeiht«*. France schrieb mit seinem Roman eines der heitersten Bücher der französischen Literatur. KLL

Ausgaben: Paris 1893. – Paris 1911 [Ill. A. Leroux]. – Paris 1966. – Paris 1985 (in *Romans et contes*, 10 Bde., 5).

Übersetzung: *Die Bratküche zur Königin Gänsefuß*, P. Wiegler, Mchn. 1907 [m. Einl.]. – *Die Bratküche zur Königin Pedauque*, ders., Mchn. 1967 (GGT).

Vertonung: Ch. G. Levade, *La rôtisserie de la reine Pédauque* (Urauff.: Paris, 12. 1. 1920, Opéra-Comique).

Literatur: G. Pellissier, Rez. (in Revue Encyclopédique, 15. 5. 1893). – L. Carias, *Quelques sources d'A. F.* (in Grande Revue, 1912, Bd. 76, S. 725 bis 738; 77, S. 51–69). – Ders., *Quelques nouvelles sources d'A. F., »La rôtisserie de la reine Pédauque«* (in Grande Revue, Sept. 1923, S. 353–392). – E. D. Plickert, *Ironie, Humor und Komik in A. F.s Roman »La rôtisserie de la reine Pédauque*, Diss. Bonn 1975.

Théophile Gautier

* 30.8.1811 Tarbes
† 23.10.1872 Neuilly

Literatur zum Autor:
Zeitschrift:
Bulletin de la Société Théophile Gautier, Montpellier 1979 ff.
Gesamtdarstellungen und Studien:
Spoelberch de Lovenjoul, *Histoire des œuvres de T. G.*, Paris 1887; Nachdr. Genf 1968. – R. Jasinski, *Les années romantiques de T. G.*, Paris 1929. – H. van der Tuin, *L'évolution psychologique, esthétique et littéraire de T. G.*, Amsterdam 1933. – J. Richardson, *T. G. His Life and Times*, NY 1959. – M. C. Spencer, *The Art Criticism of T. G.*, Genf 1969. – A. B. Smith, *Ideal and Reality in the Fictional Narratives of T. G.*, Gainesville/Fla. 1969. – C. Rizza, *T. G., critico letterario*, Turin 1971. – C. Book-Senninger, *T. G., auteur dramatique*, Paris 1972. – S. Fauchereau, *T. G.*, Paris 1972. – C. Pasi, *Il sogno della materia. Saggio su T. G.*, Rom 1972. – R. Grant, *T. G.*, Boston 1975 (TWAS). – P. E. Tennant, *T. G.*, Ldn. 1975. – Europe, Mai 1979, Nr. 601 [Sondernr. *T. G.*]. – J. Richer, *Études et recherches sur T. G. prosateur*, Paris 1981. – J. Savalle, *Travestis, métamorphoses, dédoublements. Essai sur l'œuvre romanesque de T. G.*, Paris 1981. – M. Voisin, *Le soleil et la nuit. L'imaginaire dans l'œuvre de T. G.*, Brüssel 1981. – R. Snell, *G.*, Oxford 1982. – *T. G. L'art et l'artiste. Actes du colloque international, Montpellier 1982*, Montpellier 1983. – M. C. Schapira, *Le regard de Narcisse. Romans et nouvelles de G.*, Lyon/Paris 1984.

AVATAR

(frz.; *Avatar*). Phantastische Erzählung von Théophile Gautier, erschienen 1856 in ›Le Moniteur universel‹, in Buchform 1857. – Gautier hat die phantastischen Geschichten, die er während seiner gesamten literarischen Karriere (zwischen 1831 und 1866) meist in Zeitschriften veröffentlichte, später (zum Teil mehrfach) in Sammlungen erzählender Texte aufgenommen, aber nie sein phantastisches Œuvre separat und geschlossen vorgelegt: In den *Romans et contes* (1863) finden sich immerhin sieben derartige Erzählungen, aber verbunden mit drei anders ausgerichteten. Moderne Editionen enthalten bis zu dreizehn phantastische Erzählungen Gautiers, deren Umfang zwischen ca. zehn und hundert Druckseiten liegt. *Avatar*, neben *Spirite* (1865) die längste phantastische Erzählung Gautiers, kann dabei exemplarisch für sämtliche *récits fantastiques* Gautiers stehen, die 1981 (mit Ausnahme von *Spirite*, das schon Romanumfang annimmt) von M. Eigeldinger erstmals gesammelt herausgegeben wurden.

Der Einbruch des Phantastischen in die Realität des Alltags kann sich für Gautier überall und jederzeit vollziehen. Mehrere seiner Helden sind Zeitgenossen des Autors und bewegen sich im gleichen Pariser Milieu wie er: So der Maler Onuphrius in *Onuphrius Wphly* (1832), der in seinem Auftreten wie in seinem Künstlertum die Extravaganzen der romantischen Avantgarde an den Tag legt; in *La pipe d'opium*, 1838 *(Die Opiumpfeife)*, und *Le club des hachichins*, 1846 *(Der Club der Haschisch-Esser)*, berichtet der Ich-Erzähler über Versuche mit Drogen, die Gautier und seine Freunde wirklich unternommen hatten; Szenerie und auftretende Personen legen es dem Leser nahe, Autor und Erzähler gleichzusetzen – ähnlich wie auch in *La cafetière*, 1831 *(Die Kaffeekanne)*, oder *Le pied de momie*, 1840 *(Der Mumienfuß)*, wo der Erzähler jeweils Künstler und Kunstsammler ist. Der Protagonist in *Avatar*, der sich in aussichtsloser Liebe zu einer glücklich verheirateten Frau verzehrt, verkörpert einen typisch romantischen Lebensekel; auch die beiden reisenden Engländer in *Arria Marcella, souvenir de Pompéi*, 1852 *(Arria Marcella, Erinnerungen aus Pompeji)*, und *Jettatura* (1856) entsprechen den zeitgenössischen Vorstellungen vom Charakter ihrer Nation: der eine ein idealistischer Träumer, der Liebeserfüllung nur in der Phantasie sucht, der andere ein düsterer, zerrissener Charakter, bei dem die Bewohner von Neapel den bösen Blick zu finden glauben. Andererseits gehört der Held in *Le chevalier double*, 1840 *(Der doppelte Ritter)*, einer *»Legende aus Norwegen«*, offensichtlich einer mythischen Vergangenheit an. In dieser Erzählung erlebt die Hauptfigur die übersinnliche Seite ihrer Existenz als angeborenes Verhängnis (von Geburt her besitzt sie zwei gegensätzliche Seelen, erst die Liebe verhilft der guten zum Sieg über die böse); die gewollt naive Erzählhaltung läßt das Geschehen als real erscheinen, wird aber ständig durch Ironiesignale konterkariert. Ähnlich verfährt Gautier immer, wenn er übernatürliche Kräfte eingreifen läßt, z. B. wenn in *Deux acteurs pour un rôle*, 1841 *(Zwei Schauspieler für eine Rolle)*, der Teufel selbst einen unbegabten Mephisto nach dem ersten Akt von der Bühne verdrängt.

In *Avatar* entschließt sich Octave de Saville zu dem von einem in den Zauberkünsten Indiens erfahrenen Arzt vorgeschlagenen Gestalttausch, um im Körper des Grafen Labinski der Liebe von dessen Frau teilhaftig zu werden. Da die Verwandlung rein äußerlich ist, erregt er durch seine Wesensart ihr Mißtrauen, das sich bestätigt, als er nicht Polnisch versteht. Er erkennt die Sinnlosigkeit des Unternehmens und schlägt dem Grafen, der sich nicht nur vor Eifersucht verzehrt, sondern auch in seinem neuen Körper genauso hilflos ist wie sein Widersacher, die Rückverwandlung vor; dabei entweicht Savilles Seele. Die Schlußpointe dieser Erzählung ist, daß der Arzt sich daraufhin den jüngeren Körper des Verstorbenen aneignet, nicht ohne »Saville« vorher sein eigenes (beträchtliches) Vermögen zu vermachen.

Oft bleibt unklar, ob Übernatürliches real oder bloßer Traum ist: Nicht nur der Ich-Erzähler in *La pipe d'opium*, den die rauhe Zunge seiner Katze aus seinen Phantasien weckt, auch andere Protagonisten erwachen nach ihrer phantastischen Erfahrung aus tiefem Schlaf oder Bewußtlosigkeit. Fast immer sind sie einer lang Verstorbenen begegnet, die ihre Zuneigung oder schwärmerische Bewunderung wieder zu einem wenn auch nur scheinbaren Leben erweckt hat: einem Opfer des Vesuv-Ausbruchs im Jahre 79, dessen Körperabdruck in der erkalteten Lava bewahrt blieb *(Arria Marcella)*, oder einer Pharaonentochter *(Le pied de momie)*; in *Omphale ou la tapisserie amoureuse*, 1834 *(Omphale oder der verliebte Wandteppich)*, steigt eine große Dame des 18. Jh.s aus einem Wandteppich, der sie in einer mythologischen Szene (Herakles und Omphale) darstellt, um den naiven Ich-Erzähler in die Liebe einzuführen. Der Onkel, der hier durch die Entfernung des Wandteppichs die Beziehung unterbindet, verkörpert eine auch in anderen Erzählungen auftretende feindliche Vaterfigur; die Beziehung Liebhaber–Geliebte–Vater läßt sich als ödipales Dreieck im Sinne Freuds deuten. Psychoanalytische Ansätze haben generell in Gautiers Erzählungen ergiebige Untersuchungsobjekte erkannt; das liegt daran, daß der Autor trotz ironischer Distanzierung traditionelle Erzählmotive (lebende Tote, Vampirismus, Doppelgänger, Gestalttausch) benutzt, um in verhüllter Form persönliche wie allgemein menschliche (vor allem sexuelle) Erfahrung zu beschreiben. A.Gi.

AUSGABEN: Paris 1831 (*La cafetière*, in Le Cabinet de lecture, 4. Mai). – Paris 1832 (*Onuphrius Wphly*, in La France littéraire, August). – Paris 1843 (*Omphale ou la tapisserie amoureuse*, in Journal des gens du monde, 7. Febr.). – Paris 1836 (*La morte amoureuse*, in La Chronique de Paris, 23. u. 26. Juni). – Paris 1838 (*La pipe d'opium*, in La presse, 27. Juli). – Paris 1840 (*Le chevalier double*, in Le Musée des familles, Juli). – Paris 1840 (*Le pied de momie*, ebd., Juli). – Paris 1841 (*Deux acteurs pour un rôle*, ebd., Juli). – Paris 1846 (*Le club des hachichins*, in RDM, 1. Febr.). – Paris 1852 (*Arria Marcella, souvenir de Pompéi*, in Revue de Paris, 1. März). – Paris 1856 (*Avatar*, in Le Moniteur universel, 29. März–3. April). – Paris 1856 (*Jettatura*, ebd., 25. Juni–23. Juli). – Paris 1857 *(Avatar)*. – Paris 1863 *(Romans et contes)*. – Paris 1865 (*Spirite*, in Le Moniteur universel, Nov./Dez.). – Paris 1970 (dass., Hg. M. Eigeldinger). – Genf 1979 (dass., Hg. P. Laubriet). – Paris 1981 (*Récits fantastiques*, Hg. M. Eigeldinger; GF). – Paris 1981 (*La morte amoureuse – Avatar et autres récits fantastiques*, Hg. J. Gaudon; Folio).

ÜBERSETZUNGEN: *Die tote Geliebte*, I. Ewers-Wunderwald, Bln. 1902. – *Die verliebte Tote*, W. Loewinger, Wien 1923. – *Avatar*, Alastair [d.i. H. H. v. Voigt], Hellerau 1925. – *Jettatura*, ders., Hellerau 1925 [enth. auch *Arria Marcella, Le pied de momie, La pipe d'opium, Le club des hachichins*]. – *Avatar*, E. Kronfeld, Wien 1926. – *Spirita*, F.M. Zweig, Hellerau 1926. – *Verwandlung*, R.v. Radetzky, Bln. 1948. – *Die liebende Tote*, G. Betz (in *Von denen Vampiren oder Menschensaugern*, Hg. D. Sturm u. K. Völker, Mchn. 1968). – *Avatar*, Alastair, Ffm. 1985 [enth. auch *Jettatura*].

LITERATUR: P. G. Castex, *Le Conte fantastique en France de Nodier à Maupassant*, Paris 1951. – R. Benesch, *Le regard de T. G.*, Zürich 1969. – T. Todorov, *Introduction à la littérature fantastique*, Paris 1970; ern. 1978. – J. Bellemin-Noël, *Notes sur le fantastique* (in Littérature, 8, 1972, S. 3–23). – Ders., *›Fantasque Onuphrius‹* (in Romantisme, 6, 1973, S. 38–48; ern. in J. B.-N., *Vers l'inconscient du texte*, Paris 1979). – R. Chambers, *»Spirite« de G., une lecture*, Paris 1974. – C. Pasi, *G. o il fantastico volontario*, Rom 1974. – F. Wolfzettel, *Das romantische Motiv der steinernen Frau bei G. Eine psy-*

choanalytische Deutung von »Arria Marcella« (in NphM, 77, 1976, S. 254–269). – A. B. Smith, *G. and the Fantastic*, Oxford/Miss. 1977. – M. Eigeldinger, *»Arria Marcella« et le jour nocturne* (in Bull. de la Société T. G., 1, 1979, S. 3–14). – M. Voisin, *Le soleil et la nuit. L'imaginaire dans l'œuvre de G.*, Brüssel 1981. – U. Doring, *Reisen ans Ende der Kultur. Wahrnehmung und Sinnlichkeit in der phantastischen Literatur Frankreichs*, Ffm. u. a. 1987.

LE CAPITAINE FRACASSE

(frz.; *Kapitän Fracasse*). Roman von Théophile Gautier, erschienen 1863. – Der Roman spielt während der Regentschaft Ludwigs XIII. In einem abgelegenen Schloß in der Gascogne lebt der letzte Nachkomme der Sigognacs in seinen melancholischen Träumen. Gautier evoziert eine fast schon dekadente Atomsphäre des *ennui*, die mit Zitaten aus seinem Gedicht *Le château du souvenir* (in *Émaux et Camées*, 1852) mehr an ein breit angelegtes *Poème en prose* als an einen Roman erinnert. Eines Abends erbittet eine Truppe fahrender Schauspieler Einlaß. Es gelingt ihnen, den Baron, der starke Parallelen mit Gautiers Selbstdarstellung in seiner *Autobiographie* (1867) erkennen läßt, aufzuheitern, ja er läßt sich sogar zur Mitreise überreden. Es entsteht eine Freundschaft zwischen dem bis dahin allem Gewöhnlichen abholden Adligen und den Schauspielern, die direkt aus einer Komödie Shakespeares zu entstammen scheinen. Nach dem Tod eines der Akteure übernimmt Sigognac dessen Rolle und besiegelt diese Verwandlung mit einem neuen Namen: Kapitän Fracasse.

Sigognac fühlt sich nun wie aus einem Gefängnis befreit, erst jetzt hat er seine wahre Persönlichkeit entdeckt. Sein neues Glück scheint vollkommen, als er seine Liebe zu der jungen Schauspielerin Isabelle verwirklichen kann. Die Schauspieltruppe erlebt im folgenden zahlreiche Abenteuer im Stil der populären Mantel- und Degenromane. Schließlich wird Isabelle vom Herzog von Vallombreuse entführt. Die Schauspieler belagern daraufhin sein Schloß, befreien Isabelle, und Sigognac besiegt in einem Zweikampf den Herzog, der schwerverletzt zurückbleibt. Die Handlung wird von nun an immer unglaubwürdiger und konstruierter. Der Vater des Herzogs taucht auf, um seinen totgeglaubten Sohn zu bestatten. Plötzlich aber erkennt er in Isabelle seine Tochter, die einst entführt worden war. Gleichzeitig beginnt Sigognacs Rückverwandlung: Da er glaubt, den Herzog getötet zu haben, trennt er sich von seinen Freunden und kehrt in sein Schloß zurück. Dort hat sich nichts verändert, sein Leben gleicht dem vor Beginn seiner Abenteuer so genau, daß er selbst glaubt – auch hierin ist die Anspielung an Shakespeares Komödien unübersehbar – alles nur im Traum erlebt zu haben. Sigognac verfällt einem Nihilismus, der die Melancholie zu Beginn des Romans noch zu steigern scheint. Das Leben, die Liebe, all seine Abenteuer – nichts kann die schicksalhafte Vorhersehung beeinflussen. Sigognacs Pessimismus endet schließlich in Selbstmordgedanken. Die Verzweiflung Sigognacs wird von Gautier so überzeugend dargestellt, daß der nun folgende, glückliche Schluß des Romans wie ein Zugeständnis an den Geschmack des Publikums eines Feuilletonromans wirkt. Der Herzog von Vallombreuse ist nämlich gar nicht tot, seine leidenschaftliche Liebe zu Isabelle hat sich in geschwisterliche Harmonie verwandelt, und er versöhnt sich sogar mit Sigognac, der Isabelle nun heiraten kann.

Vorbilder des Romans sind Scarrons *Roman comique*, vor allem aber Gautiers eigene Texte *Mademoiselle de Maupin* und *Avatar*, wobei die Handlungsstruktur eher an *Avatar*, die deskriptiven Passagen eher an *Mademoiselle de Maupin* erinnern. Die poetischen Beschreibungen sind es auch, die den literarischen Wert des Werkes ausmachen, dessen psychologische Durchdringung als wenig gelungen erscheint. Gautier hat in seinem Vorwort (1863) genau diesen Aspekt ausdrücklich betont: *»Dies ist ein rein an der Malerei orientiertes Werk, die Deutschen würden es objektiv nennen.«* U.Pr.

Ausgaben: Paris 1861–1863 (in Revue Nationale et Étrangère, 25. 12.–10. 6.). – Paris 1863, 2 Bde. – Paris 1866 [Ill. G. Doré]. – Paris 1929, Hg. F. Golin u. R. Tisserant [krit.]. – Paris 1930 (in *Œuvres*, Hg. A. Boschot, 4 Bde., 1/2). – Paris 1961, Hg. ders. (Class. Garn). – Paris 1967 (GF). – Paris 1972 (Folio). – Paris 1984. – Paris 1985 (Poche).

Übersetzungen: *Der Capitän Fracasse*, A. Kretzschmar, 4 Bde., Pest 1864. – *Kapitän Fracasse*, nach der Übers. v. A. Kretzschmar (in *GW*, Bd. 4/1–2, Hellerau 1925). – Dass., C. Noch, Lpzg. 1960. – Dass., ders., Lpzg. 1979 (RUB).

Dramatisierung: *Le Capitaine Fracasse*, E. Bergerat, Paris 1890.

Vertonungen: *Le Capitaine Fracasse*, Musik: M. Pessard; Libretto: C. Mendès, 1878 (Oper). – *Kapitän Fracasse*, Musik: R. Dellinger, 1889 (Operette). – Dass., Musik: M. Costa, 1909 (musikal. Komödie).

Literatur: C.-A. Sainte-Beuve, *Nouveaux Lundis*, 13 Bde., Paris 1863–1872, 6, S. 265–339). – A. Boschot, *Histoire du »Capitaine Fracasse«* (in Figaro, 12. 7. 1926). – E. Magne, *»Capitaine Fracasse«* (in MdF, 15. 7. 1931). – A. Rossiter, *Metamorphoses and the Second Self in G.s »Capitaine Fracasse«* (in FMLS, 11, 1975, S. 213–226). – R. Jasinski, *Genèse et sens du »Capitaine Fracasse«* (in R. J., *A travers le 19e siècle*, Paris 1975, S. 196–229). – M. Naumann, *»Kapitän Fracasse«* (in M. N., *Prosa in Frankreich*, Bln. 1978, S. 150–158). – R. Campagnoli, *Éclats du »Capitaine Fracasse«* (in Bull. de la Société T. G., 5, 1983, S. 15–40; 6, 1984).

MADEMOISELLE DE MAUPIN

(frz.; *Mademoiselle de Maupin*). Roman von Théophile GAUTIER, erschienen 1835. – Orlando d'Albert, ein junger Maler und Dichter, wird von einem Freund in einen Gesellschaftskreis eingeführt, in dem ein ständiger Wechsel der Liaisons zum guten Ton gehört. Hier lernt er die schöne, geistreiche Rosette kennen, die ihn aber sein romantisches Traumbild vollendeter Schönheit nicht vergessen machen kann. Als »Théodore«, die in ein Kavaliersgewand gekleidete Rosalinde de Maupin, von einer Reise zurückkehrt, entflammen beide für sie, sowohl Rosette, die »ihn« schon lange liebt, als auch d'Albert, der in »ihm« die Frau ahnt. Rosette bringt »den schönen Kavalier« in große Verlegenheit, als sie ihn, der sich ihrer Liebesbeteuerungen kaum noch erwehren kann, zu einem Schäferstündchen verführt. Sie werden dabei überrascht, und »Théodore« soll nun das Mädchen heiraten. Sie flieht und führt ihr Leben als Kavalier weiter, wodurch sie immer tiefer in den Bereich einer eigenartigen Denk- und Empfindungswelt zwischen den Geschlechtern gerät. Zwischen Männer- und Frauenfreundschaften wechselnd (*»Ein Ungestilltes klagt stets in mir, und der Geliebte oder die Geliebte entspricht nur einer Seite meines Wesens«)*, beschließt die jungfräuliche Rosalinde-Théodore endlich, sich einen Geliebten zu suchen: Es ist d'Albert, der sie in die Geheimnisse der Liebe einweihen darf. Noch in derselben Nacht besucht sie auch Rosette und gewährt ihr die heißersehnte körperliche Nähe. Am darauffolgenden Morgen ist »Théodore« genauso unvermittelt verschwunden, wie Rosalinde erschienen war. In einem Brief nimmt sie Abschied von d'Albert: *»Ich habe aufs liebenswürdigste Ihren Traum verwirklicht.«* In Théodore-Rosalinde hat d'Albert endlich jenes Bild vollendeter Schönheit getroffen, das er im Geist trug.

Von dem ursprünglichen Plan, in seinem ersten umfangreichen Prosawerk die abenteuerliche Lebensgeschichte der Madeleine de Maupin (1670–1707) zu erzählen, hat der 24jährige Gautier nur wenig beibehalten: Im wesentlichen sind es das Hauptmotiv der Verkleidung und Rosalindes plötzliches Verschwinden am Schluß. Nachdem die historische Maupin ihren Mann verlassen, eine Nonne entführt und das Kloster in Brand gesteckt hatte, verloren sich ihre Spuren. Das amouröse Versteckspiel zwischen Rosalinde und Orlando hat Gautier SHAKESPEARES Komödie *As You Like It*, 1599 *(Wie es Euch gefällt)*, nachgebildet, der auch die Namen der beiden Hauptpersonen entnommen sind. Der Titel *Wie es Euch gefällt* wird im Roman zur frivolen Parole lockerer Lebensart. So unbekümmert, wie er Personen und Ereignisse schildert, verfährt Gautier auch mit der Form des Romans. Das erste Drittel besteht aus Briefen Orlandos an einen Freund, aber auch nach dem Bruch zwischen dem fünften und sechsten Kapitel (*»Hier nun wollen wir mit der freundlichen Erlaubnis des Lesers den ehrenwerten Jüngling, der bisher die Bühne allein innehatte und nur von sich aus sprach, seinen Träumereien überlassen und in gewohnter Romanform unsere Erzählung fortsetzen«)* bedient sich Gautier hauptsächlich der Briefform; auf eine klare Handlungsentwicklung kommt es ihm nicht an, die Fäden verwirren sich mehr als einmal. Diese charmant eingestandene Lässigkeit in formalen Fragen erlaubt Gautier die Entfaltung eines hymnisch-lyrischen Prosastils, jener *beaux airs*, die Ch.-A. de SAINTE-BEUVE an dem Werk so gerühmt hat. Im übrigen ist der Stil von einer an Gautiers Freund Heinrich HEINE erinnernden Mischung aus Gefühlsbetontheit und Ironie – auch das ein Verkleidungsspiel – charakterisiert. (Etwa: *»Er überlegte, ob er sich in den Fluß stürzen sollte, das Wasser erschien ihm aber zu schwarz und kalt, und das Gebaren des Schwanes vermochte ihn nur mäßig anzuregen.«*)

Der Roman, bei seinem Erscheinen ein eklatanter Mißerfolg, wurde erst bei seiner Neuauflage ein Jahrzehnt später als bedeutendes Werk der romantischen Dichtung gepriesen. Gautiers Ästhetik, die er in dem berühmten Vorwort entwickelt hat, ist allerdings aus romantischen Kategorien nicht mehr erklärbar, denn der Dichter postuliert darin zum erstenmal *L'art pour l'art*-Prinzipien: *»Es gibt nichts wirklich Schönes, als was zu nichts dient. Alles, was nützlich ist, ist häßlich. Ich schätze solche, die mit Kegeln spielen, ebenso hoch ein wie solche, die gute Verse machen.«* In d'Albert hat Gautier einen Künstler geschildert, der nach diesen Prinzipien lebt – jenen von BAUDELAIRE später verherrlichten »Dandy«.

M.Schö.-KLL

AUSGABEN: Paris 1835, 2 Bde. – Paris 1945. – Genf/Paris 1946, Hg. G. Matoré [krit.]. – Paris 1966, Einl. u. Anm. A. Boschot (Class. Garn). – Paris 1966 (GF). – Paris 1973 (Folio). – Paris 1979, Hg. J. Robichez (krit.).

ÜBERSETZUNGEN: *Mademoiselle de Maupin*, I. Ewers-Wunderwald (in *AW*, Hg. H. H. Ewers u. I. E.-W., Lpzg. 1903; Ill. K. Walser). – Dass., A. Schurig, Mchn./Lpzg. 1913. – Dass., Alastair [d. i. H. H. v. Voigt] (in *GW*, Bd. 5, Hellerau 1926). – Dass., ders., Stg. 1965. – Dass., ders., Mchn. 1969 (GGT). – Dass., ders., Mchn. 1987 (Knaur Tb).

LITERATUR: B. u. M. Woodbridge, *La genèse de »Mademoiselle de Maupin«* (in RHLF, 33, 1926, S. 427–430). – E. Henroit, *Les cent ans de »Mademoiselle de Maupin«* (in Les Temps Modernes, Mai 1934). – F. Ambrière, *Histoire des grands livres, »Mademoiselle de Maupin«*, Paris 1935. – G. Marie, *»Mademoiselle de Maupin«* (in MdF, 302, 1948, fasc. 1016). – K. Heisig, *L'art pour l'art. Über den Ursprung dieser Kunstauffassung* (in ZRG, 14, 1962, S. 201–229; 334–352). – A. B. Smith, *G.s »Mademoiselle de Maupin«* (in MLQ, 32, 1971, S. 168–174). – A. Bouchard, *Le masque et le miroir dans »Mademoiselle de Maupin«* (in RHLF, 72, 1972, S. 583–599). – P. Albouy, *Le mythe de l'androgyne dans »Mademoiselle de Maupin«* (ebd.,

S. 600–608; ern. in P. A., *Mythographies*, Paris 1976, S. 324–333). – M. Crouzet, *»Mademoiselle de Maupin« ou l'Eros romantique* (in Romantisme, 8, 1974, S. 2–21). – A. B. Smith, *»Mademoiselle de Maupin«* (in KRQ, 25, 1978, S. 245–256). – V. de Gregorio Cirillo, *Il doppio in »Mademoiselle de Maupin«* (in Annali, Sez. Romanza, 12, 1980, S. 359–395). – A. Schnaek, *Surface et profondeur dans »Mademoiselle de Maupin«* (in QL, 36, 1981, S. 28–36). – A. Goldmann, *»Mademoiselle de Maupin«* (in A. G., *Rêves d'amour perdus*, Paris 1984, S. 180–186). – V. Kapp, *Le bonheur de l'instant dans »Mademoiselle de Maupin«* (in LR, 38, 1984, S. 77–97). – A. Rossiter, *Sens de l'amour dans »Mademoiselle de Maupin« de G.* (in *Hommage à J. Petit*, Hg. M. Malicet, Paris 1985, S. 735–742). – R. Lloyd, *Rereading »Mademoiselle de Maupin«* (in OL, 41, 1986, S. 19–32).

JOSEPH ARTHUR, COMTE DE GOBINEAU

* 14.7.1816 Ville d'Avray
† 13.20.1882 Turin

Literatur zum Autor:
L. Schemann, *G. Eine Biographie*, 2 Bde., Straßburg 1913–1916. – J. de Lacretelle, *Quatre études sur G.*, Lüttich 1926. – L. Deffoux, *Trois aspects de G.*, Paris 1929. – G. M. Spring, *The Vitalism of Count de G.*, NY 1932. – J. Gaulmier, *Spectre de G.*, Paris 1965. – Études gobiniennes, Paris 1966 ff. [Zs.]. – J. Boissel, *G. polémiste*, Paris 1967. – E. J. Young, *G. und der Rassismus*, Meisenheim a. Gl. 1968. – R. M. Valette, *A. de G. and the Short Story*, Chapel Hill 1969. – M. D. Biddis, *Father of Racist Ideology*, Ldn. 1970. – J. Boissel, *G., L'Orient et l'Iran*, Paris 1974. – Ders., *G., un Don Quichotte tragique*, Paris 1981. – Ders., *G., 1816–1882*, Paris 1981. – P. L. Rey, *L'univers romanesque de G.*, Paris 1981. – R. Béziau, *Les débuts littéraires de G. à Paris*, 5 Bde., Lille 1982. – A. Smith, *G. et l'histoire naturelle*, Genf 1984.

ESSAI SUR L'INÉGALITÉ DES RACES HUMAINES

(frz.; *Versuch über die Ungleichheit der Menschenrassen*). Geschichtsphilosophisches Werk von Joseph Arthur, Comte de Gobineau, erschienen 1853 (Band 1 und 2) und 1855 (Band 3 und 4). – Gobineaus über tausendseitiges Hauptwerk setzt sich zum Ziel, aus den einzelnen menschlichen Rassenmerkmalen die Frage des historischen Ursprungs und der Stellung der Völker in der Menschheitsgeschichte in Hinblick auf die aktuelle Situation im 19. Jh. zu entwickeln. In einem Vorwort, das König Georg von Hannover zugeeignet ist, bekennt der Autor, daß die Triebfeder seiner Wißbegierde in dem Bedürfnis zu sehen sei, die Umwälzungen im Zeitalter der bürgerlichen Revolutionen besser zu verstehen. Das »Rassenbuch«, wie das Werk von den Zeitgenossen kurz genannt wurde, sei dem weitergehenden Streben zu verdanken, Aufschlüsse über die *»tieferen Gründe der sozialen Krankheiten«* anhand der *»vollkommensten Kenntnis der menschlichen Geschichtsbücher bei allen Nationen«* zu gewinnen. Die tiefergehende Beschäftigung mit der alten Geschichte, auf deren Auswertung Gobineaus Thesen weitgehend basieren, wurde nach seinen Angaben durch die eminenten Fortschritte der klassischen Altertumswissenschaften seit 1800 – die Erforschung der archäologischen Stätten in Kleinasien, Mesopotamien und Nordafrika – angeregt und gefördert. Daneben dient ihm ein gewaltiges Korpus historiographischer und literarischer Werke als Fundus zum Beleg seiner Ausführungen, die letztlich eine ins Extreme übersteigerte Romantisierung der Geschichte darstellen.

Im ersten Buch behandelt Gobineau Aufstieg und Untergang verschiedener Gesellschaften. Ausgangspunkt ist die These, daß die Degeneration eine unumstößliche Gesetzmäßigkeit darstelle, der alle Kulturen unterworfen seien und deren Ausmaß sich dem Rassentheoretiker aufgrund gründlichster Kenntnis des rassischen Ursprungs der Völker erschließe. Gobineau geht davon aus, daß sich alle Völker aus einem gemeinsamen Stamm entwickelt und über die Erde verteilt haben. Je näher die einzelnen Menschengruppen dabei dem rassischen Ursprung geblieben seien, desto höher seien auch ihre kulturellen Leistungen zu veranschlagen. Anders als Hegel vor ihm, glaubt Gobineau nicht daran, daß diese Entwicklung mit der Verbreitung der Menschheit über die verschiedenen Klimazonen der Erde korrespondiere und daß das Zentrum zivilisatorischer Entwicklung in der gemäßigten Klimazone der Nordhemisphäre zu finden sei; vielmehr begründe *»die geographische Situation der Völker keineswegs ihren Ruhm«*. Im Gegensatz dazu geht er von der Grundvoraussetzung aus, daß vor allem eine günstige rassische Entwicklung die Basis für Fortschritte in geistiger, kultureller und wirtschaftlicher Hinsicht sei. Er postuliert, daß die »arische« Rasse, die ihm fortan zur Exemplifikation positiver Anlagen dient, dem gemeinsamen Ursprung der Menschheit am nächsten stehe. Umgekehrt sei die Rassenentwicklung nicht durch religiöse oder politische Veränderungen beeinflußbar: Hier wird die strikt antidemokratische Haltung des Aristokraten Gobineau deutlich, die eine der verborgenen Triebfedern für die Abfassung des *Essai* gewesen sein dürfte. Da nicht politische oder geistige Entwicklungen den Werdegang einer Rasse bestimmen, sei es die Verpflichtung eines Volkes, auf seine rassische Reinhaltung zu achten. Geschichtlicher Aufschwung oder Niedergang eines

Volkes sei dem Historiker lediglich ein Anzeichen dafür, daß sich die betreffende Bevölkerungsgruppe dem rassischen Ursprung annähere oder sich davon entferne. Dies sei immer dann der Fall, wenn sich ein Volk mit *»unterlegenen«* Rassen vermische, wie es den führenden Kulturvölkern der alten Welt immer wieder widerfahren sei.

In den beiden folgenden Bänden gibt Gobineau einen Abriß der Menschheitsentwicklung unter den genannten Aspekten, woraus er eine Hierarchie der »Rassen« entwickelt, der zufolge die *»Iranier«* gegenüber den *»Semiten«*, *»Hamiten«* und *»Schwarzen«* eine Vorrangstellung einnehmen. Gemäß der Grundidee, der »Wert« einer Rasse hänge von ihrer Nähe zur »Urmenschheit« ab, verwirft Gobineau jede Vermischung, die diese Völker im Lauf der Geschichte untereinander eingegangen seien und die früher oder später ihre Degeneration eingeleitet habe. Diese Erscheinung beträfe letztlich aber auch die siegreichen *»Arier«*, die sich mit den dominierten Rassen vermischt hätten. Für die aktuelle Gegenwart des 19. Jh.s entwirft Gobineau die aus dieser Deutung der Menschheitsgeschichte abgeleitete pessimistische Vision vom Verfall der »arischen« Rasse, die nach ihrem Eroberungszug und der Expansion über die gesamte Erde durch Vermischung mit anderen Rassen ihre Qualitäten vermindere. Dabei wird indirekt vor allem die mit Nordamerika identifizierte demokratisch-liberale Gesinnung zum gesellschaftlichen Ausdruck rassischer Degeneration umgedeutet: *»Nichts deutet darauf hin, daß die Vereinigten Staaten von Amerika sich als fähiger erweisen sollten, deren Bevölkerung gewöhnlicher ist als die jener edlen Stadt* [d.i. Konstantinopel] *und vor allem als die Karthagos. Die gesamte Erfahrung der Vergangenheit beweist einhellig, daß die Verschmelzung bereits erschöpfter Rassen keine Kombination der Verjüngung liefern kann.«*

In einer Schlußbetrachtung entwirft Gobineau noch einmal die apokalyptische Schau eines rassischen Untergangs der »Arier«, die allein in der »germanischen« Rasse noch die ursprünglichen Merkmale bewahrt hätten, jedoch in Gefahr seien, diese einzubüßen. Gobineaus Theorie ist so vor allem in Deutschland (zu nennen sind in erster Linie Friedrich NIETZSCHE und Richard WAGNER) positiv aufgenommen worden. Wenngleich etwa Wagners Biograph C. F. GLASENAPP die Bedeutung des »Rassenbuches« für den vehementen Antisemitismus des Komponisten gerne herunterspielt, muß auf der anderen Seite zur Kenntnis genommen werden, daß der deutsche Übersetzer des *Essai*, L. SCHEMANN, in der Einleitung des vierten Bandes bekennt, daß es kein Geringerer als Wagner gewesen sei, der ihm erstmals, *»und zwar im Tone überströmender Begeisterung, von Gobineau gesprochen«* habe. Wagners *»Herzenswunsch, Gobineau, vor allem das Rassenbuch verdeutscht und in unserem Lande eingebürgert zu sehen«* mag der Anstoß für jene verhängnisvolle Entwicklung gewesen sein, in deren Verlauf unter anderem Autoren wie H. St. CHAMBERLAIN als Wegbereiter und schließlich A. ROSENBERG als Parteiphilosoph des Nationalsozialismus in der geschichtsphilosophischen Konzeption von Gobineaus Rassentheorie die pseudowissenschaftliche Untermauerung für die antisemitische Hetze und die rassistische Ideologie des Dritten Reichs fanden. G.Wil.

AUSGABEN: Paris 1853–1855, 4 Bde. – Paris 1933, 2 Bde. – Paris 1967 (Vorw. H. Juin). – Paris 1983 (in *Œuvres*, Hg. J. Gaulmier, 3 Bde., 1; Pléiade).

ÜBERSETZUNGEN: *Versuch über die Ungleichheit der Menschenracen*, L. Schemann, 4 Bde., Stg. 1898 bis 1901. – *Die Ungleichheit der Menschenrassen*, R. Kempf, Bln. 1934. – *Versuch über die Ungleichheit der Menschenrassen*, L. Schemann, 5 Bde., Stg. 1939/40.

LITERATUR: E. Seillière, *La philosophie de l'impérialisme. Le comte de G. et l'aryanisme historique*, Paris 1903. – L. Schemann, *G.s Rassenwerk*, Stg. 1910. – Ders., *Die Rasse in den Geisteswissenschaften*, Mchn. 1928–1930. – G. M. Spring, *The Vitalism of Count de G.*, NY 1932. – A. Cambris, *La philosophie des races du comte de G. et sa portée actuelle*, Paris 1937. – L. Thomas, *A. de G., inventeur du racisme*, Paris 1941. – E. Lerch, *Der Rassenwahn. Von G. zur UNESCO-Erklärung* (in Monat, Nov. 1950, 26, S. 157–174). – J. Buenzod, *La formation de la pensée de G. et l'»Essai sur l'inégalité des races humaines«*, Paris 1967. – E. J. Young, *G. und der Rassismus*, Meisenheim a. Gl. 1968. – G. Deschner, *G. und Deutschland*, Diss. Erlangen 1968. – M. Lémonon, *Les débuts du Gobinisme en Allemagne* (in Études gobiniennes, 1968/69, S. 183–193). – M. Biddis, *Father of Racist Ideology*, Ldn. 1970. – M. Lémonon, *Précisions sur la première édition de l'»Essai sur l'inégalité des races humaines«* (in Études gobiniennes, 1976–1978, S. 119–132).

NOUVELLES ASIATIQUES

(frz.; *Asiatische Novellen*). Sammlung von sechs Erzählungen von Joseph Arthur, Comte de GOBINEAU, erschienen 1876. – *La Danseuse de Shamakha (Die Tänzerin von Schemacha)* verwendet die Technik des Erzählrahmens, der hier allerdings nicht nur die Geschichte umgibt, sondern das Schicksal des Erzählers kunstvoll mit der berichteten Begebenheit verbindet. Erzähler und zugleich eine der Hauptfiguren ist der Leutnant Juan Moreno y Rodil aus Segovia. Er mußte als Verschwörer außer Landes fliehen und führt in russischem Dienst im Kaukasus ein melancholisches Dasein fern seiner Heimat und seiner in Spanien weilenden Geliebten. Morenos Sehnsucht nach dem unerreichbaren Vaterland spiegelt sich in dem eigentlichen Thema wider, der unglücklichen Lebensgeschichte des Tatarenmädchens Omm-Djéhâne aus dem wilden kaukasischen Bergvolk der Lesghier. Einst war dieses Volk von den »Franken«, wie sie die Kolonialherren des Abendlandes nennt, fast gänzlich ausgerottet worden. Nur die gerade vierjährige Omm-

Djéhâne und ihr Vetter entgingen dem Gemetzel und wachsen getrennt voneinander bei Russen im Schoß der europäischen Kultur auf. Doch anders als ihr Vetter, der sich völlig von der fremden Kultur absorbieren läßt und seinen aufgezwungenen neuen russischen Namen Assanoff akzeptiert, weigert sich Omm-Djéhâne, die eine begehrte Tänzerin geworden ist, sich in die westliche Zivilisation einzufügen. Auch bewahrt sie eine innige Erinnerung an ihren verschollenen Vetter und den beinahe mystischen Glauben daran, daß sie ihn einst wiederfinden wird. Bei einem Wiedersehen mit Assanoff hat es den Anschein, als könne es ihr gelingen, ihren willensschwachen Vetter wieder für eine Rückkehr in die kaukasische Bergwelt zu gewinnen. Doch Assanoff hat sich den Annehmlichkeiten der Zivilisation ergeben. Als Moreno in Omm-Djéhânes Leben tritt und sich beide für kurze Zeit ineinander verlieben, verleugnet die Tatarin ihre Gefühle, da sie die Geschehnisse ihrer Kindheit nicht vergessen kann und glaubt, mit ihrer Liebe Verrat an ihrem Volk zu begehen. Doch gesteht sie die »Niederlage« ein: *»Auch sie, ja, sie war letztlich den Göttern ihrer Heimat untreu geworden ... Auf dem Grunde ihres Herzens war sie schwach geworden. Sie hatte einen Franken geliebt.«*

Die zweite Erzählung ironisiert spirituelle Tendenzen des Orients, zumal den Aberglauben, man könne durch Zauberkräfte Blei in Gold verwandeln. Der Held von *L'illustre magicien (Der große Zauberer)* ist der Perser Mirza-Kassem, der einen berühmten Derwisch zu sich einlädt, um sich von ihm in die Geheimnisse der Religion einweihen zu lassen. Diese Unterweisung gerät dem kultivierten und reichen Jüngling zur Offenbarung: Er trennt sich von seinem Vermögen, sogar von seiner geliebten Frau Amynèh, um fortan dem Derwisch zu folgen. Dieser kann indes Mirza-Kassem schließlich nicht völlig in seinen Bannkreis ziehen, da dessen Liebe zu Amynèh stärker ist. – Einem Märchen aus *Alf laila wa-laila (Tausendundeine Nacht)* scheint die in ironischem Ton gehaltene Erzählung *Histoire de Gamber-Aly (Die Geschichte von Gamber-Ali)* nachempfunden. Ihrem Helden, dem gutmütigen und fleißigen persischen Moslem Gamber-Aly aus Shyraz, wurde an der Wiege das Ministeramt geweissagt. Seine Karriere beginnt, als er einem Diener des Fürsten, der in einem Dorfwirtshaus in Streit gerät, das Leben rettet. Doch endet sie ebenso jäh, als Gamber-Aly in einer ähnlichen Situation einen anderen Diener des Fürsten tötet und vor der Familienrache in eine nahegelegene Moschee flüchten muß. Die Zuneigung einer Prinzessin, die ihn vor den aufgebrachten Verwandten beschützt und ihn von der Schuld freikauft, rettet den Pechvogel, der schließlich noch zum Verwalter aufsteigt und die Prinzessin heiratet. – *La guerre des Turcomans (Der Turkmenenkrieg)* ist in der Ichform erzählt, doch nicht minder ironisch. Dem aserbeidschanischen Helden Aga gelingt es nicht, sich vom Militärdienst freizukaufen. Als ein Krieg mit den Turkmenen ausbricht, gerät Agas Schwadron in Gefangenschaft, kann aber freigekauft werden. Jedoch müssen die Soldaten ihr Lösegeld nachträglich selbst bezahlen oder durch Betteln beibringen. Der Regimentskommandeur läßt die Losgekauften zu mehreren aneinanderketten, bis sie die Summe bezahlt haben. Als Aga mit Hilfe eines Verwandten freikommt und auch noch selbst zum Offizier aufsteigt, sieht er angenehmeren Zeiten entgegen, in denen auch er künftig seine Untergebenen drangsalieren kann. – *Les amants de Kandahar (Die Liebenden von Kandahar)* stellt eine orientalische Abwandlung der Geschichte von Romeo und Julia dar. Mohsèn und Djemilèh, die Kinder von zwei zerstrittenen Brüdern aus der Familie der Mourraddzyys, verlieben sich ineinander, als Mohsèn im Begriff ist, seinen Onkel, Djemilèhs Vater Elèm zu töten. Das Paar nimmt Zuflucht in der Hausburg der Ahhmeddzyys, mit denen die Mourraddzyys seit Generationen in Todfeindschaft leben. Das unglückliche Liebespaar stirbt schließlich im Kugelhagel der Verfolger aus der eigenen Familie. – *La vie de voyage (Das Reiseleben)* beschließt den Zyklus und behandelt am Beispiel eines jüngeren Ehepaares, Valerio und Lucie Conti, das mit einer Karawane reist, das Unvermögen der Europäer, den Orient fern aller romantisierenden Exotik als eigenständigen Kultur- und Lebensraum zu akzeptieren. Die Französin Lucie wird während der langen Reise melancholisch und entwickelt beinahe paranoide Züge. Auf Rat ihres Führers Kerbeley-Houssein kehrt Valerio früher als geplant mit seiner Frau nach Berlin zurück; nun erscheint ihr die fremde Welt, der sie fast zum Opfer gefallen wäre, wie der unvergeßliche Traum ihres Lebens.

Gobineau ging es bei der Abfassung der *Nouvelles asiatiques*, die auf seine eigenen Reiseerfahrungen zurückgehen, nicht darum, dem zeittypischen Bedürfnis nach Exotik und dem intellektuellen Hochmut der Kolonialära zu schmeicheln, sondern *»einige Eigenarten des asiatischen Denkens zu zeigen, die dieses von dem Unsrigen völlig unterscheiden«*. Die asiatischen Völker, *»die für uns Heutige zu den ersten Eroberern, Gelehrten und Theologen dieses Planeten zählen«*, exemplifizieren seine im *Essai sur l'inégalité des races humaines* erstmals vorgestellte Geschichtsphilosophie: *»Ihre Senilität sollte angesichts der Anzeichen zu denken geben, die in Europa gerade wahrnehmbar sind, und die einige Analogien zu derselben Altersschwäche zeigen.«* Um geographische Authentizität bemüht, wirbt Gobineau für orientalische Wesenszüge, die dem Europäer als schwer einsichtig, gelegentlich nur mehr *»unmoralisch«* oder *»pervers«* erscheinen, mit den »ethnologischen Novellen«, die eine eigenartige Stellung zwischen der Reiseschriftstellerei und der Novelle als Kunstform einnehmen. G.Wil.

AUSGABEN: Paris 1876. – Paris 1956 (in *Nouvelles*, 2 Bde., 2). – Paris 1961 [Einl. P. de Boisdeffre]. – Paris 1956, Hg. J. Gaulmier (Class. Garn). – Paris 1966. – Paris 1982 (10/18). – Paris 1987 (in *Œuvres*, Hg. J. Gaulmier, 3 Bde., 3; Pléiade).

ÜBERSETZUNG: *Asiatische Novellen*, G. v. Grävenitz (in *GW*, Bd. 1), Lpzg. 1924.

LITERATUR: Ch. Vildrac, *Sur les »Nouvelles asiatiques«* (in Europe, 9, 1923). – H. El Nouty, *G. et l'Asie* (in CAIEF, 13, 1961, S. 25–40). – J. Gaulmier, *Spectre de G.*, Paris 1965. – R. Valette, *G. and the Short Story*, Chapel Hill 1969. – J. Boissel, *G., l'Orient et l'Iran*, Paris 1974. – J. Chabang, *Les »Nouvelles asiatiques« et la critique* (in Revue du Pacifique, 1, 1975, S. 108–116).

EDMONT HUOT DE GONCOURT, JULES HUOT DE GONCOURT

Edmont Huot de Goncourt
* 26.5.1822 Nancy
† 16.7.1896 Champrosay

Jules Huot de Goncourt
* 17.12.1830 Paris
† 20.6.1870 Auteuil

LITERATUR ZU DEN AUTOREN:
P. Sabatier, *L'esthétique des G.*, Paris 1920. – E. Seillière, *Les G. moralistes*, Paris 1927. – M. Sauvage, *J. et E. de G.*, Paris 1932; ern. 1970. – F. Fosca, *E. et J. de G.*, Paris 1941. – R. Ricatte, *La création romanesque chez les G.*, Paris 1953 (dt. *Das Romanwerk der G., 1851–1870*, in *Der frz. Sozialroman des 19. Jh.s*, Hg. F. Wolfzettel, Darmstadt 1982, S. 293–346; WdF). – J.-P. Richard, *Littérature et sensation*, Paris 1954; ern. Paris 1979 (10/18). – A. Billy, *Les frères G.*, Paris 1954. – E. Caramaschi, *Le réalisme romanesque des G.*, Pisa 1964. – Ders., *Réalisme et impressionnisme dans l'œuvre des frères G.*, Pisa/Paris 1971. – R. B. Grant, *The G. Brothers*, NY 1972. – L. Prajs, *La fallacité de l'œuvre romanesque des frères G.*, Paris 1974. – J. Robichon, *Le défi des G.*, Paris 1975. – D. Hoeges, *E. u. J. de G.* (in *Frz. Literatur des 19. Jh.s*, Bd. 3: *Naturalismus und Symbolismus*, Hg. W.-D. Lange, Heidelberg 1980, S. 185–211). – W. Bannour, *E. et J. de G. ou le génie androgyne*, Paris 1985.

GERMINIE LACERTEUX

(frz.; *Germinie Lacerteux*). Roman von Edmond und Jules Huot de GONCOURT, erschienen 1864. – *»Das Publikum liebt verlogene Romane; dies ist einer, der wahr sein will. Es liebt die Bücher, die, sozusagen, zur guten Gesellschaft gehören; dieses Buch kommt von der Straße«*, heißt es provozierend in dem Vorwort, das zu den ersten Manifestationen des Naturalismus gehört. Die Brüder Goncourt bereiten darin das Publikum auf einen Roman vor, der nach ihrer Meinung eine *»klinische Studie der Liebe«* von wissenschaftlicher Genauigkeit darstellt und zum erstenmal eine Analyse der untersten Gesellschaftsschicht versucht.

Die verschiedenen Phasen des moralischen und körperlichen Verfalls der Dienstmagd Germinie, die mit krasser Deutlichkeit, ohne Sentimentalität, aber nicht ohne Mitleid geschildert werden, ergeben eine unaufhaltsam absteigende Linie, deren Fatalität (ähnlich wie in FLAUBERTS *Madame Bovary*, 1857) dem Leser ebenso wie Germinie selbst immer deutlicher bewußt wird. Germinie ist als Vierzehnjährige aus ihrem Dorf nach Paris gekommen, um als Magd ihr Brot zu verdienen. Das trotz grober Gesichtszüge anziehende Mädchen verfügt über eine erstaunliche Widerstandskraft, mit der die Unerfahrene, nach Liebe Verlangende alle Demütigungen durch eine korrupte Umwelt erduldet und auch die heimliche Geburt eines unehelichen Kindes und seinen späteren Tod verwindet. Als Germinie in den Dienst von Mademoiselle de Varandeuil tritt, eines einsamen, alten wohlmeinenden Fräuleins, dem das Schicksal hart mitgespielt hat, scheint ihr Leben erträglicher zu werden. Doch die Liebe zu dem wesentlich jüngeren, nichtsnutzigen Jupillon, Sohn einer heuchlerischen Krämerin, wird ihr zum Verhängnis. Ohne Mitleid nutzt Jupillon die Hörigkeit Germinies, die lange Zeit an die Möglichkeit einer Ehe glaubt, skrupellos aus. Er betrügt sie und treibt sie zu verzweifelter Eifersucht. Denn *»ihr Herz war, mit einem Wort, anspruchsvoll und despotisch«*. Sie kämpft um ihn, lauert ihm auf, versucht ihn durch Geld an sich zu fesseln. Sie bekommt ein Kind von ihm, das sie unter grauenvollen Umständen heimlich zur Welt bringt und das ihr für kurze Zeit ein ungeahntes Glück schenkt. Das Kind stirbt. Germinie verfällt dem Alkohol. Um Jupillon vom Militärdienst loszukaufen, bringt sie innerhalb einer Woche die für ihre Verhältnisse ungeheure Summe von 2300 Franken auf. Dem Begehren ihrer Sinne hilflos ausgeliefert, läßt sie sich vorübergehend mit einem Trunkenbold ein und sinkt schließlich zur Dirne herab. *»Ihr Gewissen fühlte den Schmutz und sträubte sich dagegen. Es bäumte sich auf gegen die Schande, zerfleischte sich in Reue und gönnte ihr nicht eine einzige Sekunde lang den ungetrübten Genuß des Lasters, die völlige Betäubung ihres Falls.«* Mit Energie und Geschicklichkeit gelingt es ihr, alle Ausschweifungen, ihre Kränklichkeit und ihre Schulden vor Mademoiselle de Varandeuil zu verbergen. Sie will in den Augen ihrer Herrin, die sie nicht enttäuschen möchte, weiterhin rein und anständig erscheinen. Erst nach Germinies Tod durchschaut das alte Fräulein – zunächst voller Entsetzen, am Ende nicht ohne nachträgliches Mitgefühl – das Doppelleben ihres Dienstmädchens.

Trotz seiner Kritik an sozialen Mißständen verfolgt der Roman, dessen objektivistischer Stil von Flaubert beeinflußt ist, keine eindeutige Tendenz. Die Schilderung des Häßlichen und Pathologischen entspringt vielmehr der ästhetischen und »wissenschaftlichen« Neugierde der aristokratischen Brüder, die zu diesem Roman durch das Schicksal ihres eigenen Dienstmädchens Rose Milinge angeregt wurden. *Germinie Lacerteux* – von großem Einfluß auf ZOLA – wurde zu einem Markstein in der Entwicklung des europäischen Romans vor allem durch das hellsichtige Vorwort, in dem neue Entfaltungsmöglichkeiten der Gattung aufgezeigt werden: Der Roman habe an Ausdehnung und Bedeutung gewonnen, er sei die ernsthafte, leidenschaftliche, lebendige Form der literarischen Studie und der sozialen Forschung; er werde durch seine Analysen und psychologischen Untersuchungen zur zeitgenössischen Sittengeschichte. V.R.-KLL

AUSGABEN: Paris 1864. – Paris ³1875. – Paris 1921. – Paris 1968; ²1982. – Paris 1979 (10/18).

ÜBERSETZUNGEN: *Germinie Lacerteux. Der Roman eines Dienstmädchens*, E. Adler, Wien 1896. – *Germinie Lacerteux*, P. Prina, Lpzg. 1907. – *Das Dienstmädchen Germinie*, K. Kersten, Bln. 1928. – Dass., B. Jolles, Bln. 1928. – *Germinie. Die Geschichte einer Pariser Dienstmagd*, ders., Mchn. 1963 (GGT). – Dass., C. Noch, Bln./Weimar 1980. – Dass., ders., Ffm. 1988 (Insel Tb).

DRAMATISIERUNG: E. u. J. de G., *Germinie Lacerteux* (Urauff.: Paris, 19. 12. 1888, Théâtre l'Odéon).

LITERATUR: F. Brunetière, *Le naturalisme au théâtre. »Germinie Lacerteux«* (in F. B., *Essais sur la littérature contemporaine*, Paris 1892, S. 233–254). – P. Sabatier, *»Germinie Lacerteux« des G.*, Paris 1948. – R. Ricatte, *La création romanesque chez les G.*, Bd. 1, Paris 1953, S. 249–303. – E. Auerbach, *Mimesis. Dargestellte Wirklichkeit in der abendländischen Literatur*, Bern/Mchn. ³1964, S. 460–472. – W. Gravert, *Traditionsbruch und Abgrenzung vom Massenpublikum bei den Brüdern G. Zum Préface von »Germinie Lacerteux«* (in *Naturalismus/Ästhetizismus*, Hg. C. Bürger u. a., Ffm. 1979, S. 162–174). – J.-L. Cabanès, *Germinie Lacerteux et Gervaise entre hôpital et abattoir* (in Littératures, 2, 1980, S. 45–67). – P. Pelckmans, *La vie plurielle dans »Germinie Lacerteux«* (in OL, 38, 1983, S. 60–73). – R. Bismut, *Le narrateur dans »Germinie Lacerteux«* (in CAIEF, 36, 1984, S. 21–33). – N. Schor, *Naturalizing Woman. »Germinie Lacerteux«* (in N. Sch., *Breaking the Chain. Women, Theory and French Realist Fiction*, Columbia 1985).

JOURNAL DES GONCOURT. Mémoires de la vie littéraire

(frz.; *Tagebuch der Brüder Goncourt. Erinnerungen aus dem literarischen Leben*). Aufzeichnungen von Edmond und Jules Huot de GONCOURT, unvollständig in neun Bänden, 1887–1896 erschienen; dreizehn weitere Bände des Tagebuchs, das Edmond nach dem Tode Jules' weiterführte, wurden erst 1956–1958 veröffentlicht, da die »Académie Goncourt« nach dem Ersten Weltkrieg mit Rücksicht auf noch lebende, im Tagebuch erwähnte Personen das ursprünglich bis 1916 geltende Druckverbot um weitere dreißig Jahre verlängerte.

Die *»allabendliche Beichte«* der Brüder setzt am 2. Dezember 1851, dem Tag des Staatsstreichs von Napoleon III., ein und gilt wegen des umfangreichen in ihr ausgebreiteten Materials als eines der aufschlußreichsten Dokumente zur Geschichte des literarischen Lebens im Frankreich des Zweiten Kaiserreichs und der Dritten Republik. Sie erfüllt so aufs genaueste die Aufgabe, die die Verfasser – und Mitbegründer des Naturalismus – ihr zugedacht hatten: *»Unsere Bemühungen waren darauf gerichtet, bei der Nachwelt das beseelte Erscheinungsbild unserer Zeitgenossen wieder aufleben zu lassen.«*

Es war den Brüdern wohl bewußt, daß ihre im Positivismus gründende Überzeugung, in den täglich mit der Lust am Detail festgehaltenen Episoden aus ihrem persönlichen Lebenskreis – die Quelle, aus der sie auch die Stoffe für ihre Romane schöpften – jeweils einen Aspekt der Wahrheit beleuchtet zu haben, sich nicht immer mit ihren höchst eigenwilligen Urteilen vertrug; sie versuchten, den Widerspruch durch das Bekenntnis zu mildern, daß sie nie vorsätzlich eine Lüge ausgesprochen hätten. Der gesellschaftliche Klatsch, der im Umkreis der literarischen Zirkel gedieh – erwähnt seien vor allem der Salon der Prinzessin Mathilde, einer Kusine Napoleons III., und die berühmten Magny-Zusammenkünfte, wo sich FLAUBERT, GAUTIER, RENAN, SAINTE-BEUVE, TAINE und TURGENEV beim Souper zu Diskussionen trafen –, sollte zukünftigen Moralisten als Anschauungsmaterial dienen. So porträtierten die Goncourts Flaubert in einem Augenblick, als er mit *»indifferenter Sorglosigkeit«* von der unheilbaren Krankheit eines Bekannten spricht, und distanzieren sich dabei fühlbar von einer Haltung, die die *impassibilité* (die »Unempfindlichkeit«), das von Flaubert proklamierte erste Gebot künstlerischer Aktivität, auf die zwischenmenschlichen Beziehungen überträgt.

Einig sind die Brüder freilich mit Flaubert im Unvermögen zur Identifikation mit der eigenen Zeit und ihrer zugleich sentimentalen und utilitaristischen Sinnesart. Ihre Liebe gehört dem Jahrhundert DIDEROTS, jener Epoche, der ein Schriftsteller noch als ein Mann von Welt galt, während er nun – im Selbstverständnis der Goncourts ein Antipode des bürgerlichen Parvenu – zu einer rein privaten Existenz verurteilt ist. Die Empfänglichkeit für den Geist des aristokratischen 18. Jh.s läßt sie das literarische Rokoko als Kunstform entdecken, die Fremdheit in der eigenen Umwelt aber schärft ihnen auch den Blick für die ersten Zeichen einer neuen Ästhetik, die sich der Rücksicht auf Allgemeinverständlichkeit und Durchschnittsempfinden verschließen wird. *»Nach der Lektüre von Poe geht mir etwas auf, wovon die Kritik keine Ahnung hat ... Die Dinge haben eine größere Bedeutung als die Personen – und die Liebe, schon im Werke Balzacs durch das Geld gemindert – die Liebe opfert ihren Platz anderen*

Quellen des Interesses: der Roman der Zukunft ist berufen, weit mehr die Erzählung der Dinge zu geben, die im Gehirn der Menschheit, als die Dinge, die in ihrem Herzen geschehen« (16. Juli 1856).
Ihr Gespür für eine ästhetische Neuorientierung, die ORTEGA Y GASSET später *Die Vertreibung des Menschen aus der Kunst* (*La deshumanización del arte*, 1925) genannt hat, wird erklärbar aus einer Lebenseinstellung, die sich in der Leidenschaft bekundet, tatsächlich Geschehenes auch unter dem Gesichtspunkt der literarischen Verwertbarkeit zu sammeln und ihm so die unmittelbare Lebensfülle zu nehmen. *»Das Nur-Literarische, selbst auf der höchsten Stufe des Kunstverstands und inmitten des größten Reichtums der Eindrücke, begrenzt das Urteil, verarmt das Leben und verzerrt bisweilen den Blick auf die Erscheinungen … so entsteht trotz allem Geist und aller künstlerischen Unbestechlichkeit, ein eigentümlich kleinliches Gesamtbild … das des nervösen von Scherereien geplagten maniakalischen Großbürgers; nur daß die Manie in diesem Fall ›Literatur‹ heißt«* (E. Auerbach). R.B.-KLL

AUSGABEN: Paris 1887–1896, 9 Bde. [unvollst.]. – Paris 1935/36, 9 Bde. [unvollst.]. – Monaco 1956–1958, Hg. R. Ricatte, 22 Bde. [m. Index]. – Paris 1960, 4 Bde.

ÜBERSETZUNGEN (Auszüge): *Tagebuchblätter 1851–1895*, H. Stümcke, Bln./Lpzg. 1905. – *Tagebücher der Brüder Goncourt, Eindrücke u. Gespräche bedeutender Franzosen aus der Kriegszeit 1870–1871*, W. Fred [d.i. A. Wechsler], Mchn. 1917. – *Das Tagebuch der Brüder Goncourt. Politik, Literatur, Gesellschaft in Paris 1851–1895*, O. Sigall, Mchn. 1927 [Einl. P. Wiegler; ern. Trier 1948]. – *Tagebuch der Brüder Goncourt*, H. Uhde-Bernays, Mchn. 1947. – *Tagebuch der Belagerung von Paris 1870/71*, W. Fred u. K. Sanwald, Mchn. 1969. – *Tagebücher, 1851–1870*, J. F. Wittkop, Ffm. 1983 (Ausw.; Insel Tb) – *Blitzlichter Portraits aus dem 19. Jh.*, Ausw. u. Übers. A. Albus, Nördlingen 1989.

LITERATUR: J. Bonnerot, *En marge du »Journal« des G., 1857–1869* (in MdF, 1951, Nr. 311, S. 438 bis 466). – A. Billy, *Le vrai »Journal« des G.* (in Les Annales-Conferencia, 91, 1958, S. 23–36). – E. Auerbach, *Mimesis*, Bern [2]1959, S. 470 f. – E. Koopen, *Das Tagebuch der Brüder G. Zum Erscheinen der neuen vollständigen Ausgabe* (in Schweizer Monatshefte, 40, 1960, H. 2, S. 194–200). – J. Roger, *La expresión literaria en los G.* (in Revista de literatura, 18, 1960, S. 33–59; m. Bibliogr.). – M. Thiébaut, *Les G. et leur »Journal«* (in Revue de Paris, 67, 1960, S. 141–159). – E. Howald, *Deutsch-französisches Mosaik*, Zürich 1962, S. 245–268. – D. Schier, *Voltaire and Diderot in the G.'s »Journal«* (in FR, 39, 1965/66, S. 258–264). – K. von Maur, *Die Brüder G. Aspekte ihrer Kunstkritik* (in *Beiträge zur Theorie der schönen Künste im 19. Jh.*, Hg. H. Koopman u. J. A. Schmoll, Bd. 1, Ffm. 1971, S. 360 bis 373). – U. Schulz-Buschhaus, *Modernität und Opposition. Aspekte eines avantgardistischen Literaturkanons im »Journal« der G.* (in GRM, 24, 1974, S. 56–70). – J. Borie, *Le »Journal« de G.* (in *Qu'est-ce que la culture française?*, Hg. J.-P. Aron, Paris 1975, S. 79–94). – G. Laffly, *Les G. à travers leur »Journal«* (in Écrits de Paris, 366, 1977, S. 112–121). – M. F. Gothier, *J. u. E. de G. Ihr Selbstverständnis und literarischer Standpunkt im Lichte des »Journal«*, Rheinfelden 1982.

RENÉE MAUPERIN

(frz.; *Renée Mauperin*). Roman von Edmond und Jules Huot de GONCOURT, erschienen 1864. – Die Brüder Goncourt planten seit 1855 unter dem Titel *La jeune bourgeoisie* ein breitangelegtes Sittengemälde dreier Generationen unter dem Second Empire. Aus diesem anspruchsvollen Entwurf, der bereits auf ZOLAS Romanzyklus *Les Rougon-Macquart* vorauswies, ging jedoch als einziger Roman *Renée Mauperin*, die *»psychologische Analyse der heutigen Jugend«*, hervor. Es sei die Intention der Verfasser gewesen, schreibt Edmond de Goncourt in seinem Vorwort zur Ausgabe von 1875, unter größtmöglicher Ausschaltung der dichterischen Phantasie ein Gemälde des *»modernen jungen Mädchens … wie es sich durch die künstlerische und unweibliche Erziehung der letzten dreißig Jahre herausgebildet«* habe, zu entwerfen und *»den Typ des modernen jungen Mannes unter der Regierung Louis Philippes zu zeigen«*. So lassen sie die Handlung des Romans im Jahr 1855 einsetzen.
Renée Mauperin, die Tochter eines Napoleonischen Offiziers, späteren Politikers und – im Zweiten Kaiserreich – reichen Fabrikbesitzers, hat durch eine äußerst freizügige Erziehung ihre Intelligenz und Originalität voll entwickeln können. Sie führt fern von den Pariser Salons ein sportliches, naturverbundes Leben; sie liest, malt, organisiert Theateraufführungen und besticht durch Phantasiereichtum und eigenständige Ansichten. Ihre emanzipierte Haltung tritt vor allem in ihrer Abneigung gegen eine »standesgemäße Partie«, gegen ein Verheiratetwerden durch ihre Eltern, hervor, eine Haltung, in der sie von ihrem Vater und dem Familienfreund Denoisel bestärkt wird. Ihr Gegenbild ist der ältere Bruder Henri, der kalt und berechnend *»dem Kult des Nützlichen, den mathematischen Tatsachen, den positiven Religionen«* huldigt. Er will sich unter allen Umständen günstig, und das heißt für ihn vor allem reich, verheiraten. So unterhält er ein Verhältnis mit Madame Bourjot, der Frau eines reichen konservativen Industriellen, um sich ihrer Tochter Noémi nähern und um ihre Hand anhalten zu können. Da Noémis Vater auf einem adligen Schwiegersohn besteht, legt sich Henri den Namen des Geschlechts der Villacourt zu, das er irrtümlich für erloschen hält. Renées Ehrgefühl lehnt sich gegen diese Heirat auf, und als sie durch Zufall erfährt, daß noch ein Nachkomme der Villacourts in der Lorraine lebt, sendet sie ihm die Ausgabe des ›Moniteur‹ zu, in der die Namensänderung Henris

offiziell mitgeteilt worden ist. Villacourt reist daraufhin nach Paris, fordert Henri zum Duell und tötet ihn. Renée, die sich über die Tragweite ihrer Handlung nicht im klaren gewesen ist, erleidet unter dem Eindruck ihrer Schuld eine Herzattacke und siecht dahin. Ihr Tod läßt ihre Eltern in Einsamkeit und Verzweiflung zurück.
Wie die Brüder Goncourt aufgrund ihrer Absage an die Phantasie zumeist keine erdichteten, sondern ihnen bekannte Personen darstellten, so ist auch *Renée Mauperin* ein Schlüsselroman: Renée ist einer Jugendfreundin nachgebildet, Denoisel trägt die Züge Jules' und Herr Mauperin zum Teil die des Vaters der Brüder. Der gleiche Wirklichkeitsanspruch tritt in der detaillierten Milieuschilderung hervor; die Hauptpersonen erscheinen als *»Produkte ihrer Erziehung und Umgebung«* (H.-J. Neuschäfer), darüber hinaus werden sie bereits unter dem Aspekt einer Determination durch die Vererbung gesehen. Hier wird die literarhistorische Position der Goncourts zwischen Realismus und Naturalismus deutlich. Bei Stendhal, Balzac und Flaubert, die in ihren Romanen zuerst die zeitgenössische Realität dargestellt haben, stand die Umwelt doch noch in engem Bezug zur psychologischen Entwicklung der Personen, bei den Goncourts hingegen wird die Milieuschilderung in einem Maße zum Selbstzweck, daß sie nicht immer durch die Handlung motiviert bleibt, sondern in langen Beschreibungen, Rückblicken und Dialogen Eigenleben gewinnt. Daneben zeigt *Renée Mauperin* das charakteristische Interesse der Goncourts an pathologischen Fällen. Mit medizinischer Genauigkeit stellen sie die Symptome der Herzhypertrophie dar, die zu Renées Tod führt. Durch ihre wissenschaftlichen Ambitionen – sie nannten ihre auf exakter Dokumentation beruhenden Romane mit Vorliebe »Analysen« oder »Studien« –, die Entpoetisierung des Romans durch die Einführung neuer, ganz »unpoetischer« Themen wie Krankheit, physiologische und seelische Anomalien oder die Lebensumstände von Angehörigen niederster sozialer Schichten (vgl. *Germinie Lacerteux*) wurden die Goncourts zu Anregern und Wegbereitern des Naturalismus. Von den Naturalisten, die vor allem den experimentellen Charakter des Romans betonen, unterscheiden sich die Goncourts andererseits durch die artistische Raffinesse ihres Stils. Man hat sie als *»ästhetische Realisten«* bezeichnet (E. Auerbach).
Die zeitgenössische Kritik nahm den Roman trotz einiger ihr unverständlich oder anstößig erscheinender Stellen beifällig auf, und Flaubert äußerte sich über das Werk begeistert. Später sollte *Renée Mauperin* auf Thomas Mann eine ähnliche Wirkung ausüben – der Roman regte ihn zur Abfassung der *Buddenbrooks* (1901) an –, wie sie Zola bei der Lektüre von *Germinie Lacerteux* empfand.
I.Sche.-KLL

Ausgaben: Paris 1864. – Paris 1922 (in *Œuvres*, Abt. I, 17 Bde., 1921–1930, 4; endg. Ausg.).

Übersetzungen: *Renée Mauperin*, H. Meerholz [d. i. H. Denhardt], Lpzg. o. J. [1884] (RUB). – Dass., ders., Bearb. C. Wehner, Karlsruhe 1964 [Vorw. H.-J. Neuschäfer]. – Dass., C. Noch, Lpzg. 1966 (RUB).

Literatur: J. Barbey d'Aurevilly, *»Renée Mauperin«* (in Constitutionnel, 19. 5. 1875). – A. France, *Romanciers contemporains. E. et J. de G. (À propos de »Renée Mauperin«)* (in Temps, 24. 11. 1875). – L. Ganderax, *»Renée Mauperin«* (in RDM, 78, 1886, S. 933–945). – E. Auerbach, *Mimesis*, Bern/Mchn. [2]1959, S. 460–487. – M. Naumann, *»Renée Mauperin«* (in M. N., *Prosa in Frankreich*, Bln. 1978, S. 174–193).

JOSÉ-MARIA DE HÉRÉDIA

* 22.11.1842 La Fortuna Cafayera / Kuba
† 3.10.1905 Bourdonnet

LES TROPHÉES

(frz.; *Trophäen*). Sonettsammlung und Verserzählungen von José-Maria de Hérédia, erschienen 1893. – Hérédias Anthologie *Les trophées*, die ihren Autor zu einem der bekanntesten Mitglieder der »École parnassienne« hat werden lassen, enthält einerseits zwei kurze Verserzählungen, von denen die erste, *Romancero*, den in Frankreich durch Corneilles Tragikomödie berühmt gewordenen *Cid*-Stoff in Terzinenform behandelt, während die zweite, *Les conquérants de l'or*, das Eldorado-Motiv am Schicksal des Konquistadoren Pizarro neu gestaltet. (Damit beabsichtigte Hérédia offensichtlich, seiner eigenen Abkunft – er entstammte einem spanischen Konquistadorengeschlecht in Kuba – literarische Reverenz zu erweisen.) Zum anderen vereinigt die Sammlung als größeren und gewichtigeren Teil des Werks 118 Sonette, die bereits in den drei Bänden des ›Parnasse Contemporain‹ und in diversen Zeitschriften veröffentlicht waren.
Die Sonette gliedern sich in fünf Themenbereiche. In einer ersten Gruppe, *La Grèce et la Sicile*, schildert Hérédia nicht nur Herkules und seine Abenteuer, evoziert er nicht nur eine Welt von Faunen und Nymphen, sondern er versucht auch, das Epigramm in seinem ursprünglichen Charakter als Grabinschrift wiederzubeleben. Dem ersten Abschnitt ganz ähnlich ist der zweite. *Rome et les barbares*, in dessen Mittelpunkt drei Gedichte über Antonius und Kleopatra stehen. Neben einer Reihe von Sonetten zum Thema *Les conquérants* hat der Dichter im dritten Teil, *Le moyen âge et la renaissance*, sehr verschiedenartige Gedichte zusammengestellt. In *L'orient et les tropiques* schweift er nicht

mehr in zeitlich ferne Welten; vielmehr bringt er nun Szenen und Miniaturbilder aus geographisch fernen Zonen, aus Ägypten, Japan oder Abessinien. Der fünfte Teil, *La nature et le rêve*, führt den Leser nach Frankreich, insbesondere in die Bretagne, zurück: *»Les ajoncs éclatants, parure du granit, / Dorent l'âpre sommet que le couchant allume; / Au loin, brillante encor par sa barre d'écume, / La mer sans fin commence où la terre finit ...«* (*»Die leuchtenden Stechginster, Schmuck des Granits, vergolden den rauhen Gipfel, den die untergehende Sonne entzündet. In der Ferne, wo die Erde aufhört, beginnt das grenzenlose Meer, das noch mit seinen Schaumkronen leuchtet« – Soleil couchant*).

Schon aus der Übersicht über die Themen der *Trophées* ist erkennbar, daß Hérédia sich ganz im Rahmen der parnassischen Dichtungskonzeption bewegte, welche die beschreibende oder episierende Wiedergabe von Szenen und Motiven vergangener Kulturen wie auch von exotischer Naturschönheit in den Mittelpunkt dichterischer Aussage stellte. In Ablehnung des Ich-Kults der romantischen Vorgänger und andererseits dem oft mißverstandenen parnassischen Prinzip der Unpersönlichkeit (*impassibilité*) verpflichtet, vermeidet Hérédia in den *Trophées* weitgehend die Kundgabe eines lyrischen Ichs. Bezeichnend für sein Lyrikverständnis ist die Vorliebe für das Sonett: Zu einer Zeit, da die Poesie bereits begann, alle formalen Fesseln zu sprengen, bemühte er sich wie kein anderer *poète parnassien*, einer der formgebundensten lyrischen Gattungen, dem *sonnet régulier*, neues Leben zu verleihen. Stand er hinsichtlich der Wahl seiner Themen in einer weitgehenden Abhängigkeit zu seinem Lehrer und Freund LECONTE DE LISLE, so läßt sich seine Formbewußtheit auf den in Théophile GAUTIERS *Art poétique* geäußerten Grundgedanken zurückführen, wonach der unfeste, ja entfliehende Stoff eines Gedichts einer rigorosen formalen Bearbeitung seitens des Dichters bedürfe; weswegen der Dichter dem Bildhauer, Goldschmied und Emailleur verwandt sei. Nicht ohne Grund hat Hérédia diesen Künsten in den *Trophées* einige Sonette wie *Le vieil orfèvre* und *Émail* gewidmet. Das Ziel solcher formstrengen Poesie ist die dichterische Unsterblichkeit. Diesen durchaus traditionellen Gedanken fand er auch bei RONSARD, dem er mit dem Sonett *Sur le livre des amours de Pierre de Ronsard* ein literarisches Denkmal gesetzt hat.

Dank ihrer hohen formalen Anstrengung reichen Hérédias *Trophées* über den Rang eines bloßen literarhistorischen Dokuments hinaus. Sie stellen in einem teils klimaktischen, teils dialektischen, oft aber auch chiastischen Aufbau und in stets klarer Gedankenführung repräsentative Beispiele der Sonettform dar, obgleich ihre Lektüre mitunter durch ein mythologisch oder fachsprachlich überfrachtetes Vokabular erschwert wird. H.Li.

AUSGABEN: Paris 1893. – Paris 1931. – Paris 1981, Hg. A. Detalle [krit.]. – Paris 1984 (in *Œuvres poétiques complètes*, Hg. S. Delaty, 2 Bde., 1).

ÜBERSETZUNGEN: *Trophäen*, R. Schaukal (in *Nachdichtungen. Verlaine und H.*, Bln. 1906). – Dass., E. v. Gebsattel, Mchn. 1909.

LITERATUR: M. Ibrovac, *J.-M. de H., sa vie, son œuvre*, Paris 1923. – M. M. Suchaj, *L'esthétique du Parnasse étudiée à travers les »Trophées«*, Ottawa 1965. – W. Rikowski, *Untersuchungen zur formalen u. inhaltlichen Struktur der Sonette von H.*, Diss. Münster 1965. – H.-J. Fuchs, *»A un triomphateur«* (in *Die französische Lyrik*, Hg. H. Hinterhäuser, Düsseldorf 1975, S. 156–166, 382–384). – S. Szertics, *L'héritage espagnol de J.-M. de H.*, Paris 1975. – A. Harms, *J.-M. de H.*, Boston 1975 (TWAS). – W. N. Ince, *H.*, London 1979. – R. M. Berrong, *The Image of the Hero and the Function of the Poet in H.'s »Les trophées«* (in NCFSt, 9, 1982/83, S. 278–284). – A. D. Moser, *H. Themes, Structures and Style of »Les Trophées«*, Diss. Washington University 1987 (vgl. Diss. Abstracts, 48, 1987/88, S. 934A).

VICTOR HUGO

* 26.2.1802 Besançon
† 22.5.1885 Paris

LITERATUR ZUM AUTOR:
Bibliographien:
M. Grant, *H. A. Selected and Critical Bibliography*, Chapel Hill 1967. – R. L. Doyle, *V. H. His Drama. An Annotated Bibliography, 1900–1980*, Westport/Ldn. 1981. – P. M. Betz, *Bibliographie commentée des études de l'édition Massin des Œuvres complètes de H.* (in RLMod, 1984, Nr. 693–697, S. 189–223).
Biographien:
H. Guillemin, *V. H. par lui-même*, Paris 1951. – E. Gregh, *V. H., sa vie, son œuvre*, Paris 1954. – A. Maurois, *›Olympio‹ ou la vie de V. H.*, Paris 1954; ern. 1985. – M. Levaillant, *La crise mystique de V. H. (1843–1856) d'après des documents inédits*, Paris 1954. – G. Venzac, *Les premiers maîtres de V. H.*, Paris 1955. – Ders., *Les origines religieuses de V. H.*, Paris 1955. – P. Flottes, *L'éveil de V. H., 1802–1822*, Paris 1957. – P. Miquel, *H. touriste*, Paris 1958. – Ders., *Avec V. H., du sacré au cabaret, 1825–1829*, Paris 1960. – *Album H.*, Hg. M. Ecalle u. V. Lombroso, Paris 1964 (Pléiade). – Y. Delteil, *La fin tragique du voyage de V. H. en 1843*, Paris 1970. – J. Richardson, *V. H.*, Ldn. 1976. – T. Lükke, *V. H. Roman seines Lebens*, Bln. 1979; ern. Ffm. 1985. – H. Juin, *V. H.*, 3 Bde., Paris 1980–1986. – E. Ionesco, *Hugoliade. La vie grotesque et tragique de V. H.*, Paris 1982. – J.-F. Kahn, *L'extraordinaire métamorphose ou cinq ans de la vie de V. H., 1847–1851*, Paris 1984. – A. Decaux, *V. H.*, Paris

1984. – J. L. Cornuz, *H., l'homme des »Misérables«*, Paris 1985.
Sondernummern und Kongreßakten:
CAIEF, 19, März 1967. – Romantisme, 6, 1973. – RSH, 156, 1974. – L'Arc, 57, 1974. – P. Albouy, *Mythographies*, Paris 1976. – Lendemains, März 1978, Nr. 10. – *V. H., 1: Approches critiques contemporaines*, Hg. M. Grimaud, Paris 1984 (RLMod, 693–697). – L'Avant-Scène, 767/68, 1985. – Europe, März 1985, Nr. 671. – *H. dans les marges*, Hg. L. Dällenbach u. L. Jenny, Genf 1985. – *H. le fabuleux. Colloque de Cérisy*, Hg. J. Seebacher u. A. Ubersfeld, Paris 1985. – *V. H. et la Grande Bretagne*, Hg. A. R. W. James, Liverpool 1986. – *Lectures de V. H.*, Hg. M. Calle-Gruber u. A. Rothe, Paris 1986.
Gesamtdarstellungen und Studien:
J. Barbey d'Aurevilly, *V. H.*, Paris 1922; ern. Sainte-Maxime 1985. – P. Zumthor, *V. H., poète de Satan*, Paris 1946; Nachdr. Genf 1973. – J.-B. Barrère, *La fantaisie de V. H.*, 3 Bde., Paris 1949–1960; ern. 1972–1973. – Ders., *V. H., l'homme et l'œuvre*, Paris 1952; erw. 1984. – L. Aragon, *H., poète réaliste*, Paris 1952. – J. Gaudon, *V. H., dramaturge*, Paris 1955. – J. Rousselot, *Le roman de V. H.*, Paris 1951. – J. Mallion, *V. H. et l'art architectural*, Paris 1962. – C. Dédéyan, *V. H. et l'Allemagne*, 2 Bde., Paris 1964; ern. 1977. – G. Piroué, *V. H. romancier ou les dessus de l'inconnu*, Paris 1964; ern. 1985. – J.-B. Barrère, *V. H. à l'œuvre*, Paris 1965. – P. Albouy, *La création mythologique chez V. H.*, Paris 1967; ern. 1985. – J. Gaudon, *Les temps de la contemplation. L'œuvre poétique de V. H. des »Misères« au »Seuil du gouffre« (1845–1856)*, Paris 1969; ern. 1985. – C. Gély, *V. H., poète de l'intimité*, Paris 1969. – Ders., *H. et sa fortune littéraire*, Saint-Médard-en-Jalles 1970. – C. Villiers, *L'univers métaphysique de V. H.*, Paris 1970. – R. Escholier, *H., roi de son siècle*, Paris 1970. – L. Cellier, *Baudelaire et H.*, Paris 1970. – P. van Tieghem, *Dictionnaire de V. H.*, Paris 1970; ern. 1985. – C. Affron, *A Stage for Poets. Studies in the Theater of V. H. and A. de Musset*, Princeton 1971. – M. Lebreton-Savigny, *V. H. et les Américains, 1825–1885*, Paris 1971. – S. Chahine, *La dramaturgie de V. H., 1816–1843*, Paris 1971. – F. P. Kirsch, *Probleme der Romanstruktur bei V. H.*, Wien 1973. – A. Ubersfeld, *Le roi et le buffon. Étude sur le théâtre de H. de 1830 à 1839*, Paris 1974. – V. Brombert, *›Chaos vaincu‹. Quelques remarques sur l'œuvre de V. H.*, 2 Bde., Paris 1976. – H. Meschonnic, *Pour la poétique IV – Écrire H.*, 2 Bde., Paris 1977. – H. Guillemin, *V. H.*, Paris 1978. – A. Glauser, *La poétique de V. H.*, Paris 1978. – R. Journet u. G. Robert, *Contributions aux études sur V. H.*, Paris 1979 ff. – C. Ledouppe, *V. H. et la création littéraire*, Lüttich 1980. – A. Laster, *Pleins feux sur V. H.*, Paris 1981. – P. Seghers, *V. H. visionnaire*, Paris 1983. – H. Wentzlaff-Eggebert, *Zwischen komischer Offenbarung und Wortoper: Das romantische Drama V. H.s*, Erlangen 1984. – M. Descotes, *V. H. et Waterloo*, Paris 1984. – V. Brombert, *V. H. and the Visionary Novel*, Cambridge/Mass. 1984. – A. Laster, *V. H., livre du centenaire*, Paris 1984. – R. Trousson, *Le tison et le flambeau. V. H. devant Voltaire et Rousseau*, Brüssel 1985. – A. Ubersfeld, *Paroles de H.*, Paris 1985. – W. Greenberg, *The Power of Rhetoric. H.s Metaphor and Poetics*, NY u. a. 1985. – V. L. Beaulieu, *Pour saluer V. H.*, Montreal 1985. – A. Rosa, *V. H., l'éclat d'un siècle*, Paris 1985. – J. Gaudon, *V. H. et le théâtre: stratégie et dramaturgie*, Paris 1985. – L. Aragon, *Avez-vous lu H.?*, Paris 1985. – O. Krakovitch, *H. censuré. La liberté au théâtre au 19e siècle*, Paris 1985. – K. M. Grossman, *The Early Novels of V. H.*, Genf 1986. – Y. Gohin, *H.*, Paris 1987 (Que sais-je?).

LES CHÂTIMENTS

(frz.; *Die Züchtigungen*). Sammlung satirisch-politischer Gedichte von Victor HUGO, erschienen 1853. – Im Hintergrund des gegen Napoleon III. gerichteten Gedichtzyklus steht zum einen Hugos persönliche Enttäuschung darüber, daß er sich von Louis Napoléon, den er zunächst durch seine Zeitung ›L'Événement‹ unterstützt hatte, nicht in gewünschter Weise, so etwa durch einen Ministerposten, begünstigt sehen durfte, zum anderen sein Mißfallen an der rücksichtslosen Machtergreifung Louis Napoléons generell, an dessen Staatsstreich am 2. 12. 1851 insbesondere. Bereits in *Histoire d'un crime* (1852 geschrieben und 1877 veröffentlicht) und in der Schmähschrift *Napoléon-le-Petit* (1852) war Hugo dem Aufstieg Napoléons kritisch gegenübergetreten. Die Gedichte der *Châtiments*, die LAMARTINE als *»six mille vers d'injures« (»sechstausend beschimpfende Verse«)* bezeichnet hatte, stellen eine der romantischen Programmatik entsprechende Mischung aus lyrischen und epischen Elementen, aus Empörung und Witzelei, aus Karikatur und beißender Satire dar. Der Zyklus selber ist in sieben Bücher eingeteilt, welche die ironischen Titel *La société est sauvée (Die Gesellschaft wird gerettet); L'ordre est rétabli (Die Ordnung wird wiederhergestellt); La famille est restaurée (Die Familie wird erneuert); La religion est glorifiée (Die Religion wird verherrlicht); L'autorité est sacrée (Die Autorität wird geheiligt); La stabilité est assurée (Die Stabilität wird gesichert); Les sauveurs se sauveront (Die Retter werden sich retten)* tragen. Die Anklage Louis Napoléons ist durchgehendes Thema der Gedichte. Der Kaiser wird von Hugo in immer wieder neuer Weise diffamiert, beschimpft, verzerrt dargestellt, mit Hilfe polemischer Metaphern zum Gegenstand der Satire erhoben: Er erscheint als Wolf, als Affe, als Vampir, als Kannibale gar. Hugo entwirft zur Charakterisierung Napoleons III. eine regelrechte Mythologie des Bösen. Napoleon scheint dabei in den Augen Hugos metonymisch für alle Übeltäter zu stehen, welche die Geschichte bislang hervorgebracht hat (Kain, Nero etc.). Das *Second Empire* erscheint als Hure, die sich nach verrichteter Arbeit wieder anzieht und mit ihrem Lohn davonmacht *(Cette nuit-là)*; die Kloake dieses Kaiserreichs wird als *»Paradies des Schweins« (A Juvénal)* bezeichnet. Drei Gedichte, welche den Zyklus gewissermaßen strukturieren, hat Hugo in kurzen Abständen nacheinander verfaßt: das Eingangsgedicht *Nox*, das eher epische Gedicht *Expiation* und das Schlußgedicht *Lux*. Während *Nox* sich mit dem Staatsstreich Louis Napoléons beschäftigt und zugleich die Thematik des Zyklus in seiner Gesamtheit aufwirft, ist *Expiation* dem Andenken des von Hugo verehrten Napoleon Bonaparte gewidmet. Der Titel *Sühne* suggeriert, daß Napoleon III. als Antwort auf Napoleon Bonaparte folgte: Für Hugo stellt der 2. 12. 1851 die groteske Replik auf den 18. Brumaire dar, im *Second Empire* sieht er die Wiederkehr Napoleon Bonapartes in der Form einer Farce. *Lux* schließlich entwirft die Utopie einer universellen Republik, in der alle Völker verbrüdert sind, in der Frieden, Liebe und eine allumfassende Harmonie vorherrschen. Hugo begreift Napoleon III. also lediglich als eine Übergangserscheinung: Wie in anderen Texten Hugos (z. B. in *La légende des siècles*) wird auch hier ein geschichtlicher Fortschrittsoptimismus manifest. Die manichäische Vorstellung von einem Widerstreit der Kräfte, die Hugos Werk durchzieht, tritt auch in diesem Gedichtzyklus in Gestalt zahlreicher Bilder auf.

Die Heterogenität und Vielfältigkeit der *Châtiments* können im Zusammenhang mit den für die Romantik programmatischen Forderungen nach poetischen Überschreitungen und Vermischungen (vgl. die *Préface de Cromwell*) gesehen werden. Nicht zuletzt in dieser Hinsicht nehmen diese Gedichte, die sich durch große lyrische Kraft und überwältigende poetische Suggestivität auszeichnen, einen vorderen Rang in der Kunst der französischen Romantik ein. G.Schw.

AUSGABEN: Genf/NY 1853. – Brüssel 1853. – Paris 1870. – Paris 1932, Hg. P. Berret [m. Einl. u. Bibliogr.]. – Paris 1961, Hg. P. Abraham. – Paris 1967 (in *Œuvres poétiques*, Hg. P. Albouy, 3 Bde., 1964–1974; Pléiade). – Paris 1968 (in *Œuvres complètes*, Hg. J. Massin, 18 Bde., 1967–1971, 8). – Paris 1972 (Poche). – Paris 1977, Hg. R. Journet. – Paris 1979 (GF). – Paris 1985 (in *Œuvres complètes*, Hg. J. Seebacher, 15 Bde., 5: *Poésie II*).

LITERATUR: H. Gaudon, *Le temps de la contemplation*, Paris 1969; ern. 1985. – G.-R. Clancier, *H. et »les châtiments«* (in G.-R. C., *La poésie et ses environs*, Paris 1973, S. 75–84). – P. Barbéris, *Sur l'idéologie des »Châtiments«* (in P. B., *Lectures du réel*, Paris 1973, S. 163–186). – R. Jasinski, *Sur un poème des »Châtiments«* (in R. J., *A travers le 19e siècle*, Paris 1975, S. 99–106). – P. Albouy, *Le poète de Gourdin* (in P. A., *Mythographies*, Paris 1976, S. 175–193). – P. Gaillard, *Importance des »Châtiments« dans l'évolution religieuse de H.* (in Inf. litt, 28, 1976, S. 60–68). – J. M. Gleize, *›Celui-là‹, politique du sujet poétique* (in Littérature, Dez. 1976, Nr. 24, S. 83–98). – S. Gaudon, *Prophétisme et utopie* (in SRLF, 16, 1977, S. 401–426). – J. Mazaleyrat, *V. H. et l'art de l'invective* (in *Études de langue et de littérature françaises offertes à A. Lanly*, Nancy 1980, S. 491–503). – *Colloque sur »Les châtiments« de V. H.*, Clermont-Ferrand 1980. – J. Bem, *»Châtiments« ou l'histoire de France comme enchaînement de parricides* (in RLMod, 1984, Nr. 693–697, S. 39–51). – H. Borchert, *H.s politische Dichtung »Les châtiments«*, Diss. Bln./DDR 1986.

LES CONTEMPLATIONS

(frz.; *Die Betrachtungen*). Gedichtzyklus in zwei Bänden von Victor HUGO, erschienen 1856. – Hugo hatte für den Zyklus mehrere Einteilungspläne erwogen; noch 1852 schlug er seinem Herausgeber zwei Gedichtbände vor, deren Thematik durch seine Ausweisung aus Frankreich bestimmt sein sollte: *»Einst* [vor dem Exil], *poésie pure, Jetzt* [im Exil], *Geißelung all der Strolche und ihres Anführers* [Napoleon III.].*«* Die politisch-polemische Intention verwirklichte er schließlich in den *Châtiments* (1853), während der tragische Unfalltod seiner über alles geliebten Tochter Léopoldine und seines Schwiegersohns Charles Vacquerie, deren Boot am 4. September 1843 auf der Seine bei Villequier kenterte, das Zentrum der sechs Bücher der *Contemplations* bildet.

Die z. T. fiktiven Entstehungsdaten der Gedichte umfassen mehr als 20 Jahre: das früheste Gedicht, *Mon bras pressait ta taille frêle*, ist auf das Jahr 1834 datiert. Die überwiegende Mehrheit der Texte entstand 1850–1855; um jedoch zwei ausgewogene Teile zu erhalten, in deren Mitte Léopoldines Tod steht, mußte Hugo viele davon vordatieren. Es entstand eine Art lyrisches Tagebuch, *»das Erinnerungsbuch einer Seele«*, zugleich aber eine harmonische Komposition: *»Das Gedicht gleicht von außen einer Pyramide, von innen einem Gewölbe. Pyramide des Tempels, Gewölbe des Grabmals; in Gebäuden solcher Art, Gewölbe und Pyramide, bilden alle Teile einen Zusammenhang.«* Die Titel der sechs Bücher bezeichnen die Stationen von Hugos seelischer Pilgerschaft, die ihn gleich einer magischen Initiation durch Leid und Exil zu einer vertieften Weltschau reifen läßt.

Bereits das erste Buch, *Aurore*, das Sujets behandelt, die bis in die frühe Jugend zurückreichen *(Lisa, A propos d'Horace)*, schlägt in spielerischer Weise die Themen an, die der Dichter in den folgenden Büchern entfaltet: die Freuden der Vaterschaft und die Begegnung mit der Natur, aber auch das Leid (vgl. das Schlußgedicht *Halte en marchant*) und Hugos magische Weltdeutung im Sinne der Metempsychose (XXVII: *»Ich verstehe mich mit allen Stimmen der wandernden Seelen«*). Hier findet sich auch die programmatische *Réponse à un acte d'accusation*, worin sich der Romantiker Hugo die Rolle eines literarischen Revolutionärs beimißt: *»Ich habe alle Halseisen zerschlagen, die das Wort des Volkes gefesselt hielten.«*

Das zweite Buch, *L'âme en fleur*, stellt den literarischen Niederschlag von Hugos Beziehung zu der

Schauspielerin Juliette Drouet dar. Einige der Liebes- und Naturgedichte, wie *Billet du matin*, erweitern den Blick auf kosmische Zusammenhänge, in anderen klingen bereits die düsteren Töne des zweiten Teils an.

Nach den Betrachtungen über Liebe und göttliche Harmonie wendet sich der Dichter im dritten Buch, *Les luttes et les rêves*, in einer schmerzlichen Blickwendung der Welt der Menschen zu, in der Unglück und Elend herrschen und die in Kontrast zu Güte und Tugend der Natur steht. Den Übergang zum zweiten Teil und gleichzeitig den dichterischen Höhepunkt des Zyklus bildet das Schlußgedicht *Magnitudo parvi*, in dem ein einsamer Hirte zum Symbol kontemplativer Welt- und Gotteserkenntnis wird. Seine unstete Lampe und das Licht eines darüber stehenden Sterns formen sich in der Hand Gottes zu den beiden *»Flügeln des Gebets«*. Der Kosmos erscheint hier als geschlossen und einheitlich; der Mensch ist in ihm als integrales Element aufgehoben.

Die Gedichte des vierten Buchs, *Pauca meae*, sind aussschließlich dem Andenken Léopoldines gewidmet, viele sind auf die alljährliche Wiederkehr ihres Todestags datiert. Idyllische Erinnerungsgedichte beschwören Léopoldines Kindheit, in anderen verleiht der Dichter seinem verzweifelten Schmerz bewegten Ausdruck. In dem berühmten Gedicht *A Villequier*, das fünf Jahre nach Léopoldines Tod entstand, mündet seine Trauer in gläubige Resignation. Der Tod erscheint als Neubeginn und Befreiung, das Leid als Pforte zu höherer Erkenntnis: *»In meinem bitteren Schmerz fühle ich mich erleuchtet durch tiefere Einsicht ins All.«*

En marche, das fünfte Buch, ist geprägt durch Hugos Erfahrungen während des Exils auf der Kanalinsel Jersey und die poetische Allgegenwart des Meeres *(Paroles sur la dune)*. Die Freundschaften und Kämpfe der Jugend und des aktiven politischen Lebens erscheinen in ernsterem Licht, der Neophyt reift zum Dichter-Magier der kosmischen Gedichte des sechsten Buches.

Gebet und leidenschaftlicher Wissensdrang, die Themen der ersten beiden Gedichte *(Le pont, Ibo)* erscheinen als die zwei Wege, die durch das Labyrinth des sechsten Buches, *Au bord de l'infini*, führen. Noch verdunkeln Angst- und Leidvisionen *(Horror, Pleurs dans la nuit)* den Blick, aber bereits in *Magnitudo parvi* hatte der Hirt den Weg gewiesen, der Propheten und Seher, aber auch Künstler, Entdecker und Forscher zum Licht führt *(Les mages)*. Das All mit seinen schwindelnden Tiefen erscheint dem Dichter als magischer Kosmos, in dem die unsterblichen Seelen auf und nieder steigen. Als menschliche Seelen sind sie frei, dem erlösenden Licht zuzustreben oder in ihrer nächsten Existenz in die dunklen Gefängnisse der pflanzlichen und tierischen oder gar mineralischen Natur zurückzusinken *(Ce que dit la bouche d'ombre)*. In dieser Beseelung des Alls gipfelt Hugos kosmische Vision, in ihr liegt der okkulte Sinn der *Contemplations*. Deutlich zeichnet sich im letzten Buch des Zyklus die Doktrin der Metempsychose, der Seelenwanderung, ab. Der Tod wird nicht als absolutes Ende, sondern wiederum als Voraussetzung des Lebens verstanden. Der andere, tragisch-menschliche Pol, Léopoldines Tod, wird in dem Schlußgedicht, einer Widmung *»an die, welche in Frankreich zurückblieb«*, noch einmal sichtbar und führt zum Eingangsgedicht *A ma fille* zurück.

Sämtliche großen Themen der Romantik, wie Kindheit, Liebe, Schmerz, Natur, Einsamkeit, werden in Hugos Zyklus aufgerufen. In diesem Sinne können die *Contemplations* tatsächlich als Hugos »vollständigste« Dichtung gelten. Der thematischen Fülle des Werks entspricht seine formale und stilistische Vielfalt. Zwar bedient sich Hugo weitgehend der klassizistischen Prosodie und Rhetorik, aber seine Ziele weichen von denen der traditionellen Poetik ab. Die dichterische Aussage beruht weniger auf dem präzisen Sinn als auf der suggestiven Kraft des Wortes. Philosophisch-religiöse Vorstellungen sind nur der Ausgangspunkt für geniale Metaphern, die den emotionalen Gehalt dieser Vorstellungen verdeutlichen sollen. Die unauflöslichen Reimpaare, die Wortwiederholungen, die semantischen Zweideutigkeiten und die vielfältigen Bezüge auch zwischen den Gedichten deuten auf Hugos »magische« Konzeption der Sprache hin. Das Wort – so wird in *Suite* dargelegt – ist allmächtig: Es vermag zu töten, mit Worten hat aber auch Gott das Universum geschaffen. Der Dichter, der mit dem Wort arbeitet, hat darum an dieser göttlichen Macht teil.

Trotz der unerschöpflichen Fülle Hugoscher Imagination bleibt die organische Einheit des Zyklus selbst in den langen Gedichten des sechsten Buches immer erhalten. Hugo selbst hat die Bedeutung der *Contemplations* mehrfach unterstrichen; sie sollten alle seine früheren Sammlungen übertreffen und seine dichterische Größe rückhaltlos offenbaren. In der Tat dürfen sie zusammen mit der *Légende des siècles* (1859–1883) als Höhepunkt im lyrischen Schaffen des Dichters und als eine der wichtigsten dichterischen Leistungen der französischen Romantik gelten. Auf ihrer höchsten Stufe erhebt sich Hugos Dichtung zur Prophetie, zum offenbarten Wort des göttlich inspirierten Dichters. Gerade diese Seite der Romantik sollte für Arthur Rimbaud und die surrealistische Dichtung bedeutsam werden. K.En.-G.Schw.

Ausgaben: Brüssel 1856, 2 Bde. – Paris 1922, 3 Bde., Hg. J. Vianey [krit.]. – Givors 1952 (in *Œuvres complètes*, 35 Bde., 1949–1955, 19). – Paris 1961 (in *Œuvres poétiques complètes*, Hg. F. Bouvet). – Paris 1967 (in *Œuvres poétiques*, Hg. P. Albouy, 3 Bde., 1964–1974, 2; Pléiade). – Paris 1969, Hg. L. Cellier (Class. Garn). – Paris 1971 (in *Œuvres complètes*, Hg. J. Massin, 18 Bde., 1967–1971, 9). – Paris 1972 (Poche). – Paris 1973, Hg. P. Albouy; ern. 1982. – Paris 1985 (in *Œuvres complètes*, Hg. J. Seebacher, 15 Bde., 5: *Poésie II*).

Literatur: P. de Lacretelle, *La véritable édition originale des »Contemplations«* (in Bulletin du Bibliophile, Nov. 1922). – A. Franz, *Aus V. H.s Werkstatt. Auswertung der Manuskripte der Sammlung »Les contemplations«*, Gießen 1929. – R. Journet u. G. Roberts, *Autour des »Contemplations«*, Paris 1955. – Dies., *Le manuscrit des »Contemplations«*, Paris 1956. – Dies., *Notes sur »Les contemplations«, suivies d'un index*, Paris 1958 – L. Cellier, *Autour des »Contemplations«, G. Sand et V. H.*, Paris 1962. – F. Pruner, *»Les contemplations«*, Paris 1962. – P. Moreau, *»Les contemplations« ou le temps retrouvé*, Paris 1962 (ALM; ern. 1982). – J. Seebacher, *Sens et structure des »Mages«* (in RSH, 1963, S. 347–370). – J. Sarocchi, *L'imagination de Dieu dans »Les contemplations«* (in TLL, 5, 1967, S. 133–159). – P. Lejeune, *L'ombre et la lumière dans »Les contemplations«*, Paris 1968 (ALM). – J. Gaudon, *Le temps de la contemplation*, Paris 1969; ern. 1985. – S. Nash, *»Les contemplations« of V. H.*, Princeton 1976. – J. P. Houston, *Design in »Les contemplations«* (in FF, 5, 1980, S. 122–140). – J. Robichez, *L'incohérence des »Contemplations«* (in OCrit, 5, 1980, S. 83–90). – S. Gaudon, *Rêves et réalités – Hetzel éditeur des »Contemplations«* (in Europe, Nov./Dez. 1980, Nr. 619/20, S. 39–53). – G. Delattre, *Le poète et Dieu dans »Les contemplations«* (in SFR, 6, 1982, S. 239–255). – *Analyses et réflexions sur »Les contemplations« (Livres IV et V) de V. H. La vie et la mort*, Paris 1982. – Y. Gohin, *La plume de l'ange* (in Littérature, Dez. 1983, Nr. 52, S. 4–39). – P. W. M. Cogman, *H. »Les contemplations«*, Ldn. 1985. – F. Pruner, *Le sens caché des »Contemplations« de H.*, Paris 1986. – T. Hilberer, *H., »Les contemplations«. Struktur und Sinn*, Bonn 1987.

CROMWELL

(frz.; *Cromwell*). Versdrama in fünf Akten von Victor HUGO, erschienen 1827; Uraufführung: Paris, 28. 7. 1956, im Ehrenhof des Louvre. – Hugo griff mit seinem kolossalen dramatischen Erstlingswerk eine Idee BALZACS auf, der bereits 1820 den Plan, eine Tragödie über Cromwell zu verfassen, erwähnt hatte. Aufgrund seiner Länge (mehr als 6000 Verse, 75 Szenen) und der ungewöhnlichen Anzahl erforderlicher Schauspieler (61 Protagonisten, 15 Nebenrollen sowie zahllose Statisten) galt Hugos Stück lange Zeit als unspielbar und wurde zu Lebzeiten des Dichters nie aufgeführt. Seine Berühmtheit verdankt das Stück ausschließlich seinem Vorwort, der *Préface de Cromwell*, das aufgrund seiner dezidiert antiklassischen Stoßrichtung schnell zum Manifest der jungen Romantikergeneration und damit zu einem der wichtigsten poetologischen Texte der französischen Literaturgeschichte werden sollte.

Zu Beginn dieses Vorworts stellt Hugo ein Modell vor, das die Geschichte in eine primitive, eine antike und in eine moderne Ära aufgliedert. Diesen drei Zeitaltern entspreche die jeweilige Vorherrschaft einer Dichtungsart, nämlich Ode, Epos und Drama: *»Das primitive Zeitalter ist lyrisch, die Antike ist episch, die Moderne ist dramatisch.«* Den Ursprung der Ode sieht Hugo in der *Bibel*, den Beginn des Epos bei HOMER, und den Ursprung des Dramas glaubt er bei SHAKESPEARE zu erkennen. Während sich die Ode für ihn primär durch ihre Naivität, das Epos wiederum durch seine Einfachheit auszeichnet, stellt er als Hauptmerkmal des Dramas seine *»Wahrheit« (vérité)* heraus. Darunter versteht er, daß die moderne Dichtung nicht nur das Schöne anerkennen soll, sondern *»daß das Häßliche neben dem Schönen existiert, das Ungeregelte neben dem Anmutigen, das Groteske als Kehrseite des Erhabenen, das Schlechte mit dem Guten, der Schatten mit dem Licht«*. Das Groteske, das sich vornehmlich im Schauspiel manifestiere, zeichne die romantische, moderne Dichtung gegenüber der klassischen, antiken aus. Das Groteske stelle die reichhaltigste Quelle dar, welche die Natur der Kunst bieten könne. Denn, so Hugo, das Schöne hat nur eine, das Häßliche aber tausend Erscheinungsformen. Das Wirkliche *(»le réel«)* des Dramas, das hierin dem Leben und der Schöpfung gleiche, beruhe gerade auf der Kombination von Sublimem und Groteskem: *»Alles, was in der Natur ist, ist auch in der Kunst.«* So sollen in einem Drama Tragisches und Komisches ineinander übergehen. Die wahre, vollständige Poesie hat für Hugo ihren Platz in der *»Harmonie der Gegensätze«*. Für ebenso willkürlich wie herkömmliche Gattungsschemata befindet der Autor die klassischen Einheitsregeln, die im Widerspruch zur Natur und somit zur Wahrheit der Kunst wie auch im Widerspruch zur reklamierten Freiheit der modernen Kunst stehen.

Völlig im Schatten des gefeierten Vorworts blieb indes das Drama *Cromwell*, in dem Hugo gleichwohl seine Forderungen exemplarisch umzusetzen gedachte. Cromwell, Protektor Englands und erfolgreicher Feldherr, soll am 25. Juni 1657 zum König von England gekrönt werden. Eine Gruppe von Verschwörern, enge Vertraute Cromwells, will diese Krönung verhindern: Cromwell soll, so lautet der Plan zunächst, bei den Krönungsfeierlichkeiten in der Westminsterabtei ermordet werden. Dann jedoch wird ein anderer Plan favorisiert, dem zufolge Cromwell in der Nacht mit Hilfe eines Schlaftrunks eingeschläfert, entführt und ermordet werden soll. Cromwell wird gewarnt und verdächtigt irrtümlicherweise seinen Sohn Richard, an der Verschwörung gegen ihn beteiligt zu sein. Ein Pergament mit genaueren Angaben zur geplanten Ermordung gerät in die Hände von Francis, der Tochter Cromwells, die ihren Vater verständigt. Als ihm der an der Intrige beteiligte Lord Rochester einen mit einem Schlafmittel versetzten Trunk anbietet, zwingt der mittlerweile argwöhnische Cromwell den verräterischen Lord, das Gebräu selbst zu trinken. Der ohnmächtige Rochester, dessen Gesicht mit einem Tuch verdeckt ist, wird von den Verschwörern, die ihn für Cromwell halten, davongetragen. Cromwell indessen hat sich als Soldat verkleidet, um das Treiben der Entführer zu beobachten. Als Richard Cromwell schließlich hinzugerät und vom Plan der Verschwörer, Cromwell zu ermorden, erfährt, wirft er sich im letzten Augenblick, in der Absicht, seinen Vater zu schützen, auf den immer noch ohnmächtigen Rochester. Cromwell, der von der Loyalität seines Sohnes überrascht und gerührt ist, bereitet der ganzen Szenerie ein rasches Ende, indem er königstreue Soldaten die Verschwörer festnehmen läßt. Die an der Intrige gegen ihn Beteiligten will er hinrichten, sich selbst wie geplant am kommenden Tag zum König krönen lassen. Dieses große Ereignis steht ganz im Mittelpunkt des letzten Akts des Dramas. Als Cromwell schließlich wie geplant in der Westminsterabtei zur Krönung schreitet, erreichen ihn erneut Warnungen vor einer möglichen Ermordung. Im letzten Augenblick verzichtet er auf die Krone und begnadigt zudem die in der Nacht gefangengenommenen Verschwörer.

Cromwell wird in diesem Drama nicht als religiöser Eiferer, sondern als besonnener und gnädiger Herrscher dargestellt. Zu weiten Teilen finden sich im Stück die im Vorwort vorgebrachten Forderungen verwirklicht: Das Groteske ist durch die Figuren Carrs und des jüdischen Wahrsagers Manassés vertreten, und komische Elemente – die vier Narren, die mißglückte Brautwerbung Rochesters – wechseln immer wieder mit der dramatischen Haupthandlung ab. Die an und für sich wenig komplexe Handlung – nämlich die geplante Ermordung Cromwells – wirkt, nicht zuletzt aufgrund des riesigen Personenapparats, dennoch schwerfällig. Der vierte Akt des Dramas, das den Einfluß Corneilles und vor allem Shakespeares kaum verbergen kann, ist mit seinen an unfreiwilliger Komik nicht baren Verwechslungen und Verkennungen an Unwahrscheinlichkeit kaum zu überbieten, dem Schlußakt mit all seinem Pomp und seiner üppigen Ausstattung schließlich fehlt das nötige Maß an Spannung. Daß Hugos erstes Drama lange Zeit nicht aufgeführt wurde, verwundert so, alles in allem, wenig. G.Schw.

Ausgaben: Paris 1827. – Paris 1912 (in *Œuvres complètes*, Hg. P. Maurice u. G. Simon. 1904 ff., Abt. III: *Théâtre*, Bd. 1). – Givors 1949 (in *Œuvres complètes*, 35 Bde., 1949–1955, 4) – Paris 1963 (in *Œuvres dramatiques complètes. Œuvres critiques complètes*, Hg. F. Bouvet). – Paris 1963/1964 (in *Théâtre complet*, Hg. J.-J. Thierry u. J. Mélèze, 2 Bde; Pléiade). – Paris 1968 (GF). – Paris 1969 (in *Œuvres complètes*, Hg. J. Massin, 18 Bde., 1967–1971, 3). – Paris 1985 (in *Œuvres complètes*, Hg. J. Seebacher, 15 Bde., 8: *Théâtre I*).
Ausg. des Vorworts: Paris 1897 (*La préface de Cromwell*, Hg. M. Souriau; Nachdr. Genf 1973). – Chicago 1900 (*Préface de Cromwell and Hernani*, Hg. J. R. Effinger). – Oxford 1909 (*Préface de Cromwell*, Hg. E. Wahl).

Übersetzungen: *Cromwell*, J. B. Werner, Ffm. 1830. – Dass., F. Seebold (in *Klass. Werke*, Bd. 5, Stg. 1836). – Dass., F. Kottenkamp (in *SW*, Bd. 8, Ffm. 1835).

Literatur: F. Baldensperger, *Les années 1827–28 en France et au dehors, »Cromwell« et sa préface* (in Revue des Cours et Conférences, 30, 1924, S. 528–542). – G. Tournier, *Les points de départ de »Cromwell« de V. H.* (in RLC, 7, 1927, S. 81–111). – H. Sée, *Le »Cromwell« de V. H. et le Cromwell de l'histoire* (in MdF, 200, 1927, S. 5–17). – K. Jäckel, *Notes sur les sources de la préface de »Cromwell«* (in RHLF, 41, 1934, S. 420–423). – M. Butor, *Le théâtre de H.* (in NRF, 24, 1964, S. 862–878; 1073–1081; 25, 1964, S. 105–113). – M. Descotes, *L'obsession de Napoléon dans le »Cromwell« de V. H.*, Paris 1967 (ALM). – J. Kuczyski, *H.s »Cromwell« und das Problem des Grotesken* (in J. K., *Gestalten und Werke*, Bd. 2, Bln./Weimar 1971, S. 337–363). – K. Wren, *Comment peut-on être Cromwell* (in FMLS, 16, 1980, S. 256–269). – V. Kapp, *H.s Konzeption des Welttheaters in der »Préface de Cromwell«* (in *Theatrum mundi*, Hg. F. Link u. G. Niggl, Bln. 1981, S. 257–277). – G. Rosa, *Entre »Cromwell« et sa préface* (in RHLF, 81, 1981, S. 901–918). – J. Schlobach, *Motive und Folgen einer ästhetischen Revolution. H.s »Préface de Cromwell«* (in Lendemains, Febr. 1981, Nr. 21, S. 57–70). – R. M. Benanti, *»La préface de Cromwell« vue par la critique* (in Francia, 18, 1981, S. 23–39). – P. Madalénat, *Le religieux et le sacré dans »Cromwell« de V. H.* (in *Le sacré. Aspects et manifestation. Études publiées in memoriam H. Baader*, Hg. P. E. Knabe u. a., Tübingen/Paris 1982, S. 65–78). – F. N. Mennemeier, *Deutsche Frühromantik und H.s »Préface«* (in Literatur für Leser, 1986, S. 159–167). – A. Gier, *Le code de l'amour passion parodié. »Cromwell«, acte III* (in *Lectures de V. H.*, Hg. M. Calle Gruber u. A. Rothe, Paris 1986, S. 119–125).

LES FEUILLES D'AUTOMNE

(frz.; *Herbstblätter*). Gedichtzyklus von Victor Hugo, erschienen 1831. – Die 40 Gedichte entstanden zwischen 1828 und 1831, zum überwiegenden Teil zeitgleich mit der Abfassung der *Orientales*. Zahlreiche in dieser Phase entstandene Gedichte wurden auch, mit Rücksicht auf die Einheitlichkeit des Tons, für *Les chants du crépuscule* (1835) zurückgehalten. Im Vorwort zu *Les feuilles d'automne* rechtfertigt Hugo das Erscheinen nichtpolitischer Dichtung spezifisch künstlerischen oder intimistischen Charakters gerade in Zeiten äußerster politischer Turbulenz mit dem Hinweis auf die Eigengesetzlichkeit der Kunst und ihre Grundlegung im *»menschlichen Herzen«*. Der ausgeprägt intimistische Charakter der Sammlung dürfte nicht zuletzt in der Lebenssituation Hugos begründet sein (Verlust von Vater, Mutter und erstem Kind; Geisteskrankheit des Bruders; Entfremdung von seiner Frau und Scheitern der Freundschaft mit Sainte-Beuve).

Das Einleitungsgedicht *Ce siècle avait deux ans* zeichnet ein Selbstporträt des Dichters, dessen *»tausendstimmige Seele«* durch Herkunft und Kindheitsprägungen – vor allem durch die napoleonische Zeit – geformt erscheint. Zentrales Thema der weiteren Gedichte ist die Darstellung intimen Erlebens, Denkens und Schauens, sei es in der auf das Individuum beschränkten Konfrontation mit der eigenen Vergangenheit *(Ô mes lettres d'amour!)*, sei es in der Notierung von Momenten scheinbar grundloser Traurigkeit *(Oh! pourquoi te cacher)*. Im intimen Erleben wurzeln Visionen wie die in *La pente de la rêverie*, die aus der Vertrautheit des Alltäglichen ins Abgründige führt. Von subjektivem Erleben zur universalen Implikation führt auch das visionäre *Ce qu'on entend sur la montagne*, wo dem Lied der Natur der Schrei der gepeinigten Menschheit gegenübergestellt wird. Ein weiterer thematischer Schwerpunkt ist die Darstellung des trauten Familienkreises, wie in der ländlichen Idylle von *Bièvre*. Vor allem die Kinder werden als unverzichtbarer Teil eines glücklichen Lebens empfunden. Ihr bloßes Erscheinen bewirkt Lächeln und Entspanntheit *(Lorsque l'enfant paraît)*, und sie stehen auch Gott in besonderer Weise nahe *(Prière pour tous)*. Ein dritter thematischer Schwerpunkt ist die intime Begegnung mit der Natur als pastoralem Ambiente, in der Darstellung und Reflexion der *Soleils couchants (Sonnenuntergänge)* oder der einsamen Betrachtung des Sternenhimmels *(Parfois lorsque tout dort)*. Welt und Natur in ihrer Vielfalt werden, ähnlich wie in BAUDELAIRES *Correspondances*, als weiterweisendes Geheimnis dem Dichter zur Betrachtung und Deutung ans Herz gelegt *(Pan)*. Das Schlußgedicht, *Amis, un dernier mot!*, verweist wieder auf eine Welt von Gewalt und Unterdrückung, die das Eingreifen des Dichters fordert, der seiner Leier nun eine *»eherne Saite«* einfügt.

Hugo charakterisiert im Vorwort die *Feuilles d'automne* als *»gefallene Blätter, tote Blätter wie alle Herbstblätter. Es ist keine bewegte und laute Dichtung; es sind gelöste und friedliche Verse, wie jeder sie macht oder träumt, Verse über die Familie, den häuslichen Herd, das Privatleben; Verse über das Seeleninnere.«* Die Charakterisierung der *Feuilles d'automne* als Ausdruck der *»Sensibilität einer gesunden und soliden Natur, die durch das bürgerliche und häusliche Leben mehr als ausreichend befriedigt wird«* (G. Lanson) übersieht freilich die immerwährende Präsenz des Abgrunds, der sich in der Betrachtung der einfachen Dinge, im Erinnern usw. auftut oder nach einer heiter gestimmten Exposition unvermittelt in den Schlußgedanken des spurlosen Vergehens des Menschen, der unbeantwortbaren Frage nach dem Sinn des Seins führt. »Herbstblätter« als Titel und Leitmotiv der Sammlung, aber auch Äußerungen Hugos im Vorwort bestimmen als Grundton dieser Dichtung die Traurigkeit, die mitten in der Sicherheit des glücklichen Alltags aufsteigt, Traurigkeit über die *»unverrückbare und obsessive Präsenz einer dem Menschsein wesentlichen Tragik«* (C. Gély). Die »positiven« Gedichte wären in diesem Rahmen als Figurationen des bedrohten Glücks lesbar. Hugo erscheint in *Les Feuilles d'automne* bereits im sicheren Besitz des für ihn typischen lyrischen Stils, wobei metrische Experimente nun weitgehend fehlen und der sonore, ausschwingende Vers vorherrscht. Fest etabliert ist als Stilzug die Antithese, wobei die Gegenüberstellung von »hell« und »dunkel« zentral ist. Charakteristisch ist weiter der Reichtum an Bildern und Metaphern, durch die sich die in der Regel gedanklich einfache Strukturierung nuanciert. Das weitgespannte Vokabular stützt eine Emphase, die das Konkrete ausweitet und intensiviert.

Die *Feuilles d'automne* bilden zusammen mit *Les chants du crépuscule, Les voix intérieures* und *Les rayons et les ombres* den letzten großen lyrischen Komplex vor den vergleichbaren *Contemplations*, die erst im Abstand von 16 Jahren folgen sollten. Als Erstling der Serie vollziehen die *Feuilles d'automne* die Abwendung vom Pittoresken, vom exotischen oder historischen Lokalkolorit der *Balladen* und der *Orientales* und setzen die z. T. schon in den *Oden* begonnene Hinwendung zu einem verinnerlichten Dichten, einer Befragung der Realität auf eine hinter ihr stehende Sinndimension fort. Diese Dichtung Hugos kündigt in wesentlichen Aspekten Baudelaire, RIMBAUD und den Symbolismus an. Sie bildet einen Komplex, an dem sich alle zeitgenössische und folgende Dichtung des 19. Jh.s messen lassen mußte. W. Kre.

AUSGABEN: Paris 1831. – Givors 1951 (in *Œuvres complètes*, 35 Bde., 1949–1955, 11). – Paris 1965 (in *Œuvres poétiques*, Hg. P. Albouy, 3 Bde., 1964–1974, 1; Pléiade). – Paris 1967 (in *Œuvres complètes*, Hg. J. Massin, 18 Bde., 1967–1971, 4). – Paris 1981 (mit *Les orientales*). – Paris 1985 (mit *Les chants du crépuscule*; GF). – Paris 1985 (in *Œuvres complètes*, Hg. J. Seebacher, 15 Bde., 4: *Poésie I*).

ÜBERSETZUNGEN: *Herbstblätter*, H. Fournier (in *SW*, Bd. 11, Ffm. 1836). – Dass., F. W. Dralle (in *SW*, Bd. 16, Stg. 1841). – Dass., L. Seeger (in *Sämtliche poetische Werke*, Bd. 3, Stg. 1861).

LITERATUR: Ch.-A. Sainte-Beuve, *Portraits contemporains*, Bd. 1, Paris 1869, S. 384–496. – F. Flutre, *Éclaircissements sur les »Feuilles d'automne«* (in RHLF, 34, 1927, S. 38–71, 403–425, 545–566). – F. Michaux, *»Les feuilles d'automne«* (in Bulletin du Bibliophile, 20. 11. 1931, S. 517–520). – G. Robert, *Des »Feuilles d'automne« aux »Rayons et les ombres«. Étude des manuscrits*, Paris 1957. – E. Barineau, *»Les feuilles d'automne«, l'intime et l'universel* (in MPh, 58, 1960/61, S. 20–40). – N. Wilson, *Charles Nodier, V. H. and »Les feuilles d'automne«* (in MLR, 60, 1965, S. 21–31). – F. P. Kirsch, *V. H. »Soleils couchants«* (in *Die frz. Lyrik. Von Villon bis zur Gegenwart*, Hg. H. Hinterhäuser, Bd. 1, Düsseldorf 1975, S. 295–305). – C. Gély, *Des »Feuilles d'automne« aux »Rayons et les ombres«. Vertige et maîtrise du temps* (in *Lectures de V. H.*, Hg. M. Calle-Gruber u. A. Rothe, Paris 1986, S. 77–89).

LA FIN DE SATAN

(frz.; *Das Ende Satans*). Unvollendete epische Dichtung von Victor HUGO, entstanden in zwei Schaffensperioden 1854 und 1859/60, erschienen zunächst 1886, dann in erweiterten Neuausgaben zunächst 1911 und schließlich, unter Einbezug unveröffentlichter Fragmente, 1950. – *La fin de Satan* ist wie *La légende des siècles* und *Dieu* als Teil einer großen Epopöe angelegt (als Vers dominiert der paarweise gereimte Alexandriner); die Dichtung wurde jedoch ebensowenig wie *Dieu* fertiggestellt. Wie ihre endgültige Form ausgesehen hätte, ist aus den überlieferten Fragmenten nicht zu erschließen; die jetzige Anordnung der einzelnen Teile geht auf Paul MEURICE zurück.

Hors de la terre I–IV heißen die vier großen Abschnitte des Zyklus: Außerhalb der Erde folgen Sühne und Vergebung auf die Revolte des Satans, die auf der Welt das Böse in all seinen Formen ausgelöst hat. – In dem 1854 entworfenen, eindrucksvollen Vorspiel *Et nox facta est (Und es ward Nacht)* werden der Fall Satans und der Beginn seines Sturzes in das Chaos geschildert. Die räumliche und zeitliche Dimension dieses Sturzes entsteht in einer sprachlich dichten dramatischen Schilderung des allmählichen Verblassens und schließlichen Erlöschens der Gestirne. Solange Satan vom Gipfel eines Höllenberges noch das entfernte Flimmern eines Sternes wahrnimmt, spottet er über Gott; sein Spott schlägt in nackte Angst um, als er am Ende des Falls in die absolute Dunkelheit das Ausmaß seiner Metamorphose nur mehr ahnen kann. Seine Schreckensschreie und abwehrenden Gesten werden zu Urgewalten und nehmen in Kain, Judas und der Stadt Sodom unheilvolle Gestalt an. Seine Revolte gegen Gott und sein Haß auf die Menschheit konkretisieren sich in dem Maße, wie er in die Dunkelheit hinabfällt. In diesem Eingangsgedicht wie in den anschließenden Gedichten der *Première page (L'entrée dans l'ombre – Eintritt in die Dunkelheit, La sortie de l'ombre – Austritt aus der Dunkelheit*, beide 1854 entstanden) ist das verbindende große Thema das Bild eines vor dem sich ausbreitenden Übel zurückweichenden Universums. Die Sintflut wird als Folge des von Satan auf die Menschheit losgelassenen Verbrechens gesehen, die Entstehung der Welt, der antiken Kulturen und deren Untergang ausschließlich unter dem Aspekt der zerstörerischen Macht Satans geschildert.

Die mit *Le glaive (Das Schwert)* überschriebene zweite Hälfte von *Hors de la terre I* (1854) vereinigt mehrere Episoden. Sie enthalten das den ganzen Zyklus beherrschende Thema des Bösen, gekleidet in die Vision von Krieg und Tod sowie in einen zur Ekstase sich steigernden Monolog des Leprakranken, der eine Präfiguration Christi als des Verdammten der Erde darstellt. Mittelpunkt dieser Gedichte ist die Nemrod-Episode, die ursprünglich nicht für die vorliegende Sammlung, sondern wahrscheinlich für die *Petites épopées*, den ersten Teil der *Légende des siècles*, bestimmt war. Nemrod, der biblische Jäger und Krieger, dessen Allmacht auf der Erde fast göttliche Dimensionen erreicht, will in einem Anfall von Wahnsinn den Himmel erobern. Aus den Resten der Arche Noah baut er einen Käfig, spannt vier Adler davor, über deren Köpfe er, unerreichbar für sie, Löwenfleisch hängt. Die vom Hunger geplagten Vögel reißen in ihrem Flug den Käfig mit in den Himmel. Nemrod und sein Begleiter, der Eunuch Zaim, der Geist des Bösen, steigen immer höher. Mythische Wesen verfolgen das gewaltige Schauspiel, das schon über ein Jahr dauert. Die Erde verschwindet, doch der Himmel ist noch nicht erreicht. Da steigt Nemrod aus dem Käfig und schießt seinen Pfeil in die Unendlichkeit des Himmels. Nach einem Monat sieht ein Hirte auf der Erde Nemrod tot vom Himmel stürzen, ebenso fällt sein Pfeil, dessen Spitze von Blut rot gefärbt ist. Hat er Gott getroffen?

Hors de la terre II enthält neben *La plume de Satan* (die »Feder Satans« zeugt von seiner früheren Engelsnatur) die um 1859/60 verfaßte Sammlung *Le gibet (Der Galgen): La Judée, Jésus-Christ, Le crucifix* stellen ein historisches Tableau dar, das mit den Stoffen des *Alten* und vorwiegend des *Neuen Testaments* am Beispiel Judäas die Vergewaltigung der Welt durch das Schwert darstellt. Augustus, Caesar, Herodes, Kaiphas sind nur einige aus einem Meer von Verbrechen herausragende Gestalten. In langatmigen Tiraden, die zwei Vertreter des alten Judentums mit der Erscheinung und dem friedvollen Wirken Jesu und seiner Jünger konfrontieren, wird das alte Jerusalem beschworen. Die Gedichte greifen die Leidensgeschichte Christi auf: die Abendmahlfeier, Jesus und seine Jünger im Garten Gethsemane, seine Verlassenheit, als er die Jünger schlafen sieht, den Verrat des Judas, den Prozeß mit dem nach römischem Recht gesprochenen Todesurteil, den Kreuzweg, Anschlagung ans Kreuz und Tod. Römische Soldaten beobachten die Erscheinung der Isis-Lilith als unheilvolles Zeichen. Seitdem sind mehr als 1800 Jahre vergangen, und Jesu Weissagungen vom Untergang Jerusalems und anderer Mächte (Byzanz, Athen, Rom) haben sich erfüllt. Diese Gedichtfolge stellt eine pathetische Klage über die Blindheit der Menschen dar. Jesu Liebesbotschaft und sein Opfer haben nicht vermocht, den Menschen aus seiner durch den Sturz Satans verschuldeten Fatalität zu erlösen. Auch eine Befreiung von der politischen Tyrannei haben sie nicht bewirkt. Die in einem absichtlich profanen Ton gehaltenen Verse gipfeln in dem Aufschrei, daß trotz Jesu Tod die Welt immer noch vom Schwert regiert werde.

Das durch Gottes Abkehr entstandene Gefühl von Einsamkeit und Ausgestoßensein, das Christus während des Prozesses bis zum Tod am Kreuz erfährt und das auch den in die Tiefe gestoßenen Satan beherrscht, zieht sich als Leitmotiv durch die einzelnen Gedichtblöcke und wird in den letzten beiden, vorwiegend 1859/1860 geschaffenen Teilen der Sammlung, *Satan dans la nuit (Satan in der Nacht)* und *Satan pardonné (Der entsühnte Satan – Hors de la terre III* und *IV)*, zum eigentlichen Thema: Dieser lyrische Monolog von 288 Alexandrinern ist ein einziger langer Schmerzensschrei Satans. Er ist allein, in die Tiefe der Hölle verbannt, während jede Kreatur von Freude durchdrungen ist. Die häßlichsten Wesen verachten ihn. Er beschwört die Vergangenheit und seinen verlorenen, glückvollen Zustand. Er schreit seinen Haß gegen Gott und die Menschheit hinaus in einem dreimaligen, die Verszäsur betonenden Aufschrei *»Je suis le mal, je suis la nuit, je suis l'effroi« (»Ich bin das Böse, die Nacht, das Entsetzen«)*. Da tritt der Umschwung ein: Satan fleht Gott um Vergebung an und bietet dafür den Verzicht auf Rache. Er möchte wie früher als Engel zu Gottes Ruhm singen, doch das Echo bringt ihm nur sein Höllengelächter zurück. In seinen letzten Aufschrei nach Liebe und Gnade mischt sich ein verzweifelter Zorn auf sich selbst und seine Einsamkeit. Eingeschoben in den Monolog Satans sind strophisch gegliederte Lobgesänge der Vögel *(Chant des oiseaux)* und der Gestirne *(Chant des astres)*. Sie fordern Erde und Hölle zum Mitleid mit Satan auf. Mit der Erlaubnis Gottes steigt der Engel »Liberté« (Freiheit) hinab zum schlafenden Satan. Auf seinem mühevollen Weg zur Hölle sieht er die vom Teufel beherrschte Erde – vorübergehend wird dabei die bisher rein kosmische Vision des Gedichts auf die Perspektive des zeitgenössischen, politisch vergewaltigten Frankreich eingeengt. Das Feuer auf der Stirn des Engels vernichtet Isis-Lilith, die Höllengefährtin Satans. In einer langen Rede erzählt der himmlische Bote Satan von seiner früheren Engelsnatur, von seinem Vergehen, seiner Verstoßung und seiner Rache gegen Gott. Kerker, Verliese und die Pariser Bastille erscheinen noch einmal als irdische Folgen seiner Empörung. Die Stimme Gottes aus der Unendlichkeit verkündet, daß er Satan nicht mehr hasse. Satan ist tot, der himmlische Luzifer wieder auferstanden.

Die Vorstellung von Satan als dem in die Dunkelheit gestoßenen Rebellen findet sich auch in dem Eingangsgedicht *La chute de Satan (Der Fall Satans)* in der *Poésie catholique* (1836) des Édouard TURQUETY; sie könnte die Konzeption des Hugoschen Satans mitbestimmt haben. Im weiteren Sinn gehört Hugos Epopöe aber in den Kreis jener Werke, die – besonders seit der Romantik – den Teufel als eine facettenreiche und keineswegs ausschließlich negative Symbolfigur wiederentdeckten (vgl. auch BAUDELAIRE). Dieser Satan hat kaum noch etwas mit dem Teufel in MILTONS *Paradise Lost* gemeinsam, der als Führer eines mächtigen Heeres den Kampf gegen Gott aufnehmen will. Hugo schildert ihn weder in seiner extremen Häßlichkeit, noch läßt er ihm – wie etwa Milton – einen Abglanz seiner früheren Schönheit. Satan ist in dieser Dichtung vielmehr die verlassenste und erbärmlichste Kreatur des gesamten Universums. Im Mittelpunkt steht jetzt der monströse Charakter seines Aufenthaltsortes, der seine Gestalt prägt. Die Nachtgestalt der Isis-Lilith, die Götzendienerei und Fatalität gleichermaßen symbolisiert, ist ihm zur Seite gestellt.

In *La fin de Satan* manifestiert sich die Vorstellung eines zeitlich begrenzten Vergehens. Durch den Fall Satans, Folge seiner Hybris, kam das Böse in die Welt. Doch das Böse wird hier nicht als gegebene Notwendigkeit, sondern als das Resultat einer meßbaren Schuld betrachtet. Aus dieser Sicht erscheint auch der Schluß der Sammlung, die Vergebung für den Teufel und seine Reintegration, sinnvoll. Hugo insistiert weniger auf der Revolte des verstoßenen Erzengels als auf dessen Verbannung. Sein Satan ist der Verbannte – eine wohl beabsichtigte Parallele zum eigenen Exil auf den Kanalinseln. C.Le.

AUSGABEN: Paris 1886 (in *Œuvres inédites*, 9 Bde., 1886–1893, 2). – Paris 1911 (in *Œuvres complètes*, Hg. P. Meurice u. G. Simon, 1904 ff., Abt. I: *Poésie*, Bd. 11). – Givors 1955 (in *Œuvres complètes*, 35 Bde., 1949–1955, 33). – Paris 1955 *(La légende des siècles. La fin de Satan. Dieu*, Hg. J. Truchet; Pléiade; ern. 1982). – Paris 1969 (in *Œuvres complètes*, Hg. J. Massin, 18 Bde., 1967–1971, 10/11). – Paris 1984, Hg. E. Blewer u. J. Gaudon. – Paris 1985 (in *Œuvres complètes*, Hg. J. Seebacher, 15 Bde., 7: *Poésie IV*).

LITERATUR: P. Zumthor, *V. H., poète de Satan*, Paris 1946. – M. Milner, *Le diable dans la littérature française*, Bd. 2, Paris 1960, S. 358–422. – Ders., *Signification politique de la figure de Satan dans le romantisme français* (in *Romantisme et politique 1815–1851*, Paris 1969). – A. Ubersfeld, *Le livre et la plume ou comment on écrit »La fin de Satan«* (in Romantisme, 6, 1973, S. 67–75). – R. Journet u. G. Robert, *Contribution aux études sur H.*, Bd. 2, Paris 1979; Bd. 6, Paris 1983. – N. Babuts, *H.'s »La fin de Satan«: The Identity Shift* (in Symposium, 35, 1981, S. 91–101). – T. Moreau, *La faim de Satan, un membre de trop* (in *Langages poétiques*, Hg. J.-P. Giusto, Valenciennes 1981, S. 135–147). – H. Prais, *The Lilith Myth in H.s »La fin de Satan« and Its Source* (in *Myth and Legend in French Literature*, Hg. K. Aspley u. a., Ldn. 1982, S. 159–172). – A.-M. Amiot, *Les fondements théologiques de la Révolution française dans »La fin de Satan«* (in Lez Valenciennes, 11, 1986, S. 25–41).

HERNANI OU L'HONNEUR CASTILLAN

(frz.; *Hernani oder Die kastilische Ehre*). Versdrama in fünf Akten von Victor HUGO, Uraufführung: Paris, 25. 2. 1830, Comédie Française. – In nicht einmal einem Monat verfaßte Hugo, dessen Drama *Marion de Lorme* der Zensur zum Opfer gefallen war, sein neues Drama. Schauplatz der Handlung von Hugos vielleicht wirkungsreichstem Bühnenwerk ist Spanien zu Beginn des 16. Jh.s. Der geächtete Hernani, der als Anführer einer Räuberbande in den Bergen haust, liebt die schöne Doña Sol de Silva, aber er schreckt davor zurück, die Geliebte zu entführen und in sein friedloses Leben mit hineinzuziehen. Sie soll die Gattin ihres Oheims, des alten, ehrwürdigen Herzogs Ruy Gomez, werden;

auch der junge König Karl von Spanien, der künftige Kaiser Karl V. (hier Don Carlos genannt), wirbt um sie, doch Doña Sol liebt Hernani und weist Don Carlos zurück. Als er eines Nachts Hernani in ihren Gemächern überrascht, schont er ihn ritterlich. Eine zweite Begegnung gibt Hernani Gelegenheit, sich zu revanchieren, indem er den wehrlosen König vor den Dolchen seiner Räuberbande schützt. Ruy Gomez, der Doña Sol für die bevorstehende Hochzeit auf sein Schloß geführt hat, gewährt dem verfolgten, als Pilger verkleideten Hernani Einlaß und verbirgt ihn vor dem König, der auf den Kopf seines Rivalen eine große Geldsumme ausgesetzt hat. Da der Herzog sich aus Achtung vor dem Gebot der Gastlichkeit weigert, Hernani auszuliefern, entführt Don Carlos aus Rache Doña Sol. Ruy Gomez und Hernani schließen daraufhin ein Bündnis: Gemeinsam wollen sie den König verfolgen und töten, aber Hernani muß schwören, Selbstmord zu begehen, sobald er den Schall des Horns von Ruy Gomez vernimmt. In der Kapelle Karls des Großen zu Aachen gelingt es Don Carlos, Hernani samt allen Verschwörern in seine Hand zu bekommen. Doch nach seiner Wahl zum Kaiser läßt Karl Gnade vor Recht ergehen und erlaubt Hernani, der in Wirklichkeit Jean d'Aragon heißt und aus edlem spanischem Geschlecht stammt, Doña Sol zu heiraten. – In der Hochzeitsnacht ertönt das Horn des eifersüchtigen Ruy Gomez. Hernani ist durch seinen Eid verpflichtet, sich zu töten, und mit ihm vergiftet sich Doña Sol. Aus Verzweiflung und Reue über seine Tat begeht Ruy Gomez ebenfalls Selbstmord.

Hugo hat dieses Drama um die schicksalhafte Macht der Liebe und der ritterlichen Tugenden mit allen Requisiten der französischen Romantik ausgeschmückt. In einem Nachwort gibt der Dichter genaue Anweisungen für die Gestaltung der Hauptrollen: Der Schauspieler des Hernani soll die Wildheit des Geächteten mit dem Stolz des spanischen Granden verbinden, der Don-Carlos-Darsteller die Unbekümmertheit und Kühnheit des jugendlichen Liebhabers mit der Besonnenheit des späteren Kaisers, der des *»homerischen Greises«* Ruy Gomez Leidenschaft und Eifersucht mit Würde und Ehrfurcht vor der Tradition. Die für das klassische Theater undenkbare Vereinigung von Verwerflichem und Edlem in ein und derselben Person ermöglicht dem Schauspieler eine differenzierte psychologische Interpretation. Der Autor verstößt ebenso gegen die starre klassische Einheitenregel wie gegen die Formstrenge des Alexandriners und verwendet statt dessen den unregelmäßigen *vers coupé*, der ihm sprachlich mehr Freiheit läßt. *»Man bricht die Verse in der Mitte entzwei und wirft sie zum Fenster hinaus«*, entrüsteten sich die *»akademischen und klassischen Schädel«* im Publikum. Théophile GAUTIER berichtet in seiner *Histoire du romantisme* (1874) über die denkwürdige Premiere des Stücks, bei der es zwischen den jungen Romantikern und den an das klassische Theater gewöhnten Zuschauern zu einem lautstarken Streit kam. Die Kritik v. a. in der Presse fiel zwar heftig und zum großen Teil polemisch aus, der Eklat der Premiere und der anhaltende Streit um das Stück sicherten den folgenden Aufführungen jedoch großes Zuschauerinteresse. Den Sieg in diesem als »Bataille d'Hernani« (»Hernanischlacht«) in die Literaturgeschichte eingegangenen Wortgefecht trugen die Romantiker unter Führung Gautiers davon. Den nächsten Generationen galt *Hernani* als das *»schönste romantische Drama ... in dem Hugos Sprachkunst den ganzen Glanz, die Fülle und die Kraft einer nie zuvor auf der französischen Bühne vernommenen poetischen Rede voll entfalten konnte«* (H. Suchier).

Nicht zu übersehen sind neben den vorherrschenden romantisch-märchenhaften Elementen die politisch-revolutionären Züge des einige Monate vor der Julirevolution entstandenen Werks. Bemerkenswert ist in diesem Zusammenhang vor allem das Vorwort des Stücks: Der Autor bezeichnet dort die Freiheit der Literatur als *»Tochter der politischen Freiheit«*. Für die Poesie sollten dieselben Grundsätze wie für die Politik gelten, nämlich *»Toleranz und Freiheit«*. Deutlich ist der Einfluß von CORNEILLES *Cid* (1636) und SCHILLERS *Räubern* (1782) spürbar. Doch als *»wahren Schlüssel«* zu *Hernani* bezeichnet Hugo den *Romanzero general*.

KLL

AUSGABEN: Paris 1830. – Paris 1912 (in *Œuvres complètes*, Hg. P. Maurice u. G. Simon, 1904 ff., Abt. III: *Théâtre*, Bd. 1). – Paris 1950, Hg. Ph. van Tieghem [m. Einl. u. Anm.]. – Givors 1951 (in *Œuvres complètes*, 35 Bde., 1949–1955, 12). – Paris 1963 (in *Œuvres dramatiques complètes. Œuvres critiques complètes*, Hg. F. Bouvet). – Paris 1963 (in *Théâtre complet*, Hg. J.-J. Thierry u. J. Mélèze, 2 Bde., 1963/64, 1; Pléiade). – Paris 1969 (in *Œuvres complètes*, Hg. J. Massin, 18 Bde., 1967–1971, 3). – Paris 1969, Hg. Y. Florenne (krit.; Poche). – Paris 1979 (in *Théâtre*, Hg. R. Pouilliart, 2 Bde., 1; GF). – Paris 1985 (in *Œuvres complètes*, Hg. J. Seebacher, 15 Bde., 8: *Théâtre I*). – Paris 1987, Hg. A. Ubersfeld (krit.; Poche).

ÜBERSETZUNGEN: *Hernani*, K. L. W. v. Klinger, Pest 1830. – *Hernani oder Die kastilianische Ehre*, J. B. Werner, Darmstadt 1830. – *Hernani oder Die castilianische Ehre*, H. Elsner (in *SW*, Bd. 11, Stg. 1840). – *Hernani oder Castilianische Ehre*, A. Bing, Lpzg. o. J. [ca. 1880; f. d. Bühne bearb.]. – Dass., ders., Lpzg. 1926. – *Hernani*, H. Beltz, Lpzg. 1968 (IB).

VERTONUNGEN: V. Gabussi, *Ernani* (Text: M. G. Rossi; Oper; Urauff.: Paris, 25. 11. 1834, Théâtre-Italien). – G. Verdi, dass. (Text: F. M. Piave; Oper; Urauff.: Venedig, 9. 3. 1844, Teatro La Fenice).

LITERATUR: R. Frick, *Hernanis Stammbaum* (in ZvLg, 17, 1909, S. 239–261; 385–413). – H. Glaesener, *A propos d'un centenaire romantique. »Hernani« et ses sources* (in MdF, 218, 1930, S. 5–34). – E. Schneider, *V. H.s »Hernani« in der Kritik eines Jahrhunderts, 1830–1930* (in RF, 47, 1934,

S. 1-146; Diss. Ffm. 1931). – M. Achard, *La bataille d'»Hernani«* (in Historia, 21, 1957, S. 129-139). – M. A. Williams, *A Precursor of »Hernani«* (in FS, 13, 1959, S. 18-27). – M. Butor, *Le théâtre de V. H.* (in NRF, 24, 1964, S. 862-878; 1073-1081; 25, 1965, S. 105-113). – P. Halbwachs, *A propos de la bataille d'»Hernani«* (in *Romantisme et politique 1815-1851*, Paris 1969, S. 99-109). – H. Maillet, *Structure d'un drame romantique »Hernani«* (in Inf. litt, 23, 1971, S. 139-149). – M. Carlson, *»Hernani«'s Revolt From the Tradition of French Stage Composition* (in Theatre Survey, 13, 1972, S. 1-27). – R. J. B. Clark, *»Hernani« Reconsidered or Don Carlos Vindicatus* (in Modern Languages, 53, 1972, S. 168-174). – A. Ubersfeld, *Jeunesse d'»Hernani«* (in Comédie Française, Sept. 1974, Nr. 31, S. 11/12). – G. Portal, *Sur »Hernani«* (in Écrits de Paris, Jan. 1975, Nr. 343, S. 123-128). – M. Jeuland-Meynaud, *De l'»Hernani« de H. à l'»Ernani« de Giuseppe Verdi* (in Cahiers d'études romanes, 3, 1977, S. 117-151). – J. Gaudon, *Sur »Hernani«* (in CAIEF, 35, 1983, S. 101-120). – K. Wren, *»Hernani« and »Ruy Blas«*, Ldn. 1983. – F. Bassan, *La réception critique d'»Hernani« de H.* (in RHT, 36, 1984, S. 69-77). – P. Sénart, *»Hernani« par Antoine Vitez, au Palais de Chaillot* (in RDM, Apr.-Juni 1985, S. 200-203). – *Le roman d'»Hernani« raconté par A. Ubersfeld avec une iconographie réunie par N. Guibert*, Paris 1985 (Comédie Française). – S. u. I. Dauvin, *»Hernani«, 1830; »Ruy Blas«, 1838, H. Analyse critique*, Paris 1986.

LA LÉGENDE DES SIÈCLES

(frz.; *Die Sage von den Jahrhunderten*). Zyklus epischer Lyrik von Victor HUGO; der erste Teil mit dem Untertitel *Histoire – Petites épopées (Geschichte – Kleine Epen)* erschien 1859; zwei umfangreiche, später in die chronologische Anordnung des Ganzen eingearbeitete Zusatzbände erschienen 1877 und 1883. Plan und Vorarbeiten gehen bis ins Jahr 1840 zurück. – Es ist bezeichnend für die Größenordnungen, in denen Hugo dachte, daß das monumentale Menschheitsepos ursprünglich nur als erster Teil einer Trilogie konzipiert war. Im Vorwort der *Légende* legt der Autor seinen Plan dar: Er habe *»eine Art von Gedicht entworfen, in dem sich das eine Problem, das Sein, unter seinem dreifachen Gesicht darstellt: die Menschheit, das Böse, das Unendliche; das Fortschrittliche, das Relative, das Absolute; womit man die drei Gesänge ›La légende des siècles‹, ›La fin de Satan‹ und ›Dieu‹ bezeichnen könnte«. La fin de Satan*, 1886 *(Das Ende Satans)*, und *Dieu*, 1891 *(Gott)*, sollten das Weltgedicht, mit dem gemeinsamen Titel *Ascension dans les ténèbres (Aufstieg in der Finsternis)*, vollenden; sowohl das zweite wie das dritte Epos blieben Fragment.

Hugo betont im Vorwort, daß er mit der *Légende* eine vollständige Darstellung der Menschheitsgeschichte anstrebt. Er möchte *»die Menschheit in einer Art zyklischen Werks ausdrücken, sie nach und nach und zugleich unter allen ihren Gesichtspunkten – Geschichte, Mythologie, Philosophie, Religion, Wissenschaft – zeichnen«*. Alle Gedichte entsprängen der geschichtlichen Wirklichkeit, die er nicht verfälscht habe. Hugo deutet die Geschichte dabei als Fortschrittsgeschichte. Die *Légende* soll demzufolge *»das Aufblühen des menschlichen Geschlechts von Jahrhundert zu Jahrhundert, den Aufstieg des Menschen von der Finsternis zum Ideal«* zeigen. Der Gedanke eines kontinuierlichen Fortschreitens zu *»Glück und Wissen«* durch *»Nächstenliebe«* manifestiert sich im Gang der Geschichte: *»... die allmähliche Eroberung der Freiheit ... eine einzige und allumfassende Emporbewegung zum Lichte hin ... das Trachten nach dem Ideal«*. Geschichte wird stilisiert zum mythischen Kampf zweier feindlicher Prinzipien. Hugo, in der Pose des Seher-Dichters, hat den erklärten »Ehrgeiz«, im Gegensätzlichen die höhere Einheit und im Widersprüchlichen die verborgene Tendenz zur Versöhnung zu entdecken. Um diese Zentralidee gruppieren sich selbständige Einzelgedichte – die meisten sind in Alexandrinern abgefaßt –, die in episodenartigen Bildausschnitten »al fresco« ein farbenprächtiges historisches Panorama entwerfen. Hugo schrieb den ersten Teil des Werks auf der Kanalinsel Guernesey im Exil, das er trotz der politischen Amnestie von 1859 nicht aufgab. Die Widmung *»An Frankreich«* und der polemisch-zeitkritische Ton, der immer wieder in das hohe elegische Pathos eindringt, sind gegen das Regime Napoleons III. gerichtet.

Das ursprünglich dem nach seiner Rückkehr entstandenen zweiten Teil vorangestellte Eingangsgedicht *La vision d'où est sorti ce livre (Die Vision, aus der dieses Buch hervorgegangen ist)* motiviert die Entstehung des Zyklus mit der Vision des Dichters von der *»Mauer der Jahrhunderte«*, in die *»das bittere Epos der Menschheit«* eingemeißelt ist. Ein Hymnus, *La terre (Die Erde)*, gleichsam Schöpfungsbericht, und acht Gedichte mit biblischen Themen eröffnen den Zyklus. *La conscience (Das Gewissen)* zeigt Kain, den Brudermörder, in rastloser Flucht vor dem starren, unentrinnbar allgegenwärtigen Auge Gottes. Ein anderes berühmtes Glanzstück romantischer Stimmungslyrik ist die ins Mystisch-Feierliche verklärte Szene vom »Schlafenden Booz« (*Booz endormi*; vgl. *Ruth-Buch*, Kap. 3). Bilder aus der griechischen Mythologie folgen. Hugo rühmt sodann, mit deutlichem Gegenwartsbezug, den Widerstand der Griechen gegen jede Form politischer Tyrannis in *Chanson de Sophocle à Salamis (Lied des Sophokles in Salamis)*. Die römische Geschichte wird nur gestreift. Breiten Raum nimmt dagegen die Darstellung des Mittelalters ein. Der Orient, die Kreuzzüge und das Spanien zur Zeit der Reconquista bilden den finsteren Hintergrund einer in grellen Farben ausgemalten Epoche der Inhumanität, in der sich das Gute nur in wenigen Einzelgestalten (Aymerillot, Cid) behauptet. Das Gedicht *Le satyre (Der Satyr)* deutet das wiedererwachende Heidentum der Renaissance als verheißungsvollen Lichtpunkt. Als eines der herausragenden Gedichte des Zyklus, dessen kompositorische Mitte es zugleich darstellt, übte es nachhaltigen Einfluß auf die Lyrik des Fin de siècle aus. Der lyrischen Verarbeitung der jüngsten Geschichte im letzten Teil des Zyklus vorangestellt ist eine Gruppe von Gedichten, *le groupe des idylles*, die an frühere Dichter von der Antike bis hin zu DIDEROT, BEAUMARCHAIS und CHÉNIER erinnert. *Le cimetière d'Eylau (Friedhof von Eylau)* und *Les pauvres gens (Die Armen)* verherrlichen im heroischen Leiden der Soldaten Napoleons I. und der sozial entrechteten Klassen die Vorboten jenes strahlenden Siegs der Menschlichkeit, der unter dem Titel *Vingtième siècle (Zwanzigstes Jahrhundert)* als Verbrüderung der Völker gefeiert wird. Das Schlußgedicht *Abîme (Abgrund)* überführt die absolute Negativität, in der diese Metapher in der Lyrik des 19. Jh.s erscheint, ins ungetrübt Positive: Fluchtpunkt aller Perspektiven ist ein guter, voluntaristisch omnipotenter Gott, der seine Schöpfung nicht – wie er wohl könnte – mit dem Hauch seines Mundes auslöscht, sondern Freiheit, Glück und kosmische All-Einheit stiftet.

Das Werk ist Dokument einer späten Verwirklichung des romantischen Kunstprogramms. Die lyrische Qualität einzelner Gedichte bleibt bestechend. Bedenkt man jedoch den Reflexionsgrad der gleichzeitigen Lyrik BAUDELAIRES oder gar RIMBAUDS, so erscheinen Hugos poetische Verfahrensweise und sein Humanismus des guten Willens als Antwort auf die Problematik seiner Zeit vergleichsweise naiv und inadäquat. G.Sa.

AUSGABEN: Paris 1859 [Tl. 1]. – Paris 1877 *(La légende des siècles. Nouvelle série)*. Paris 1883 *(La légende des siècles. Tome 5e et dernier)*. – Paris 1906 (in *Œuvres complètes*, Hg. P. Maurice u. G. Simon, 1904 ff., Abt. II: *Poésie*, Bd. 5/6). – Paris 1920, Hg., Einl. u. Anm. P. Berret. – Paris 1950, Hg. J. Truchet (mit *La fin de Satan – Dieu*; ern. 1982; Pléiade). – Paris 1961 (in *Œuvres poétiques complètes*, Hg. F. Bouvet). – Paris 1967, Hg. L. Cellier, 2 Bde. (GF). – Paris 1969/70 (in *Œuvres complètes*, Hg. J. Massin, 18 Bde., 1967–1971, 10 u. 15). – Paris 1974, Hg. A. Dumas u. J. Gaudon (Class. Garn). – Paris 1985 (in *Œuvres complètes*, Hg. J. Seebacher, 15 Bde., 5 u. 6: *Poésie II u. III*).

ÜBERSETZUNG: *Die Weltlegende*, L. Seeger (in *Sämmtliche poetische Werke*, Bd. 1, Stg. 1860/61).

LITERATUR: P. Berret, *Le moyen-âge dans »La légende des siècles« et les sources de V. H.*, Paris 1911. – R. Descharmes, *Les sources de V. H. dans »La légende des siècles«* (in Annales Romantiques, 8, 1911, S. 77–89). – M. Rösler, *Sur les sources de »La légende des siècles«* (in ZfrzSp, 37, 1911, S. 240–251). – M. Saint-René, *V. H. et »La légende des siècles«*, Paris 1931. – T. S. Thomov, *Étude sur les variantes dans »La légende des siècles«*, Sofia 1932. – P. Berret, *»La Légende des siècles«*, Paris 1935. – C. Herterich, *V. H. et »La Légende des siècles«*, Paris 1942. – A. Vial, *Un beau mythe de »La légende des siècles«, »Le satyre«* (in RSH, 1957, S. 299–317). – P. Angrand, *Le centenaire: »La légende des siècles«. La légende de 1859 et la critique catholique* (in La Pensée, 88, Nov./Dez. 1959, S. 27–40). – A. Maurois, *Le centenaire de »La légende des siècles«* (in Historia, 26, 1959, S. 294–300). – P. Angrand, *Le centenaire: »La légende des siècles« devant la critique suisse et américaine* (in RLC, 34, 1960, S. 513–535). – J. Heugel, *Chevauchée à travers »La légende des siècles«*, Paris 1960. – L. Spitzer, *Interpretationen zur Geschichte der frz. Lyrik*, Heidelberg 1961, S. 142–157. – P. Albouy, *Au commencement de »La légende des siècles«* (in RHLF, 62, 1962, S. 565–572). – P. T. Comeau, *»Le satyre« dans »La légende des siècles«* (in FR, 39, 1965/66, S. 849–861). – A. Detalle, *»La légende des siècles« de H. ou L'idée du progrès exprimée à travers le mythe de la lumière* (in A. D., *Mythes merveilleux et légendes dans la poésie française de 1840–1860*, Paris 1976, S. 357–413). – J.-B. Barrère, *Sur »Booz endormi«* (in J.-B. B., *Le regard d'Orphée ou l'échange poétique*, Paris 1977, S. 69–81). – C. Millet, *La politique dans »La légende des siècles«* (in La Pensée, 1985, Nr. 245, S. 59–69). – Ders., *Le siècle des Lumières et sa représentation dans »La légende des siècles«* (in *H. le fabuleux*, Hg. J. Seebacher u. A. Ubersfeld, Paris 1985, S. 308–320).

LES MISÉRABLES

(frz.; *Die Elenden*). Roman in fünf Teilen *(Fantine; Cosette; Marius; L'idylle rue Plumet et l'épopée rue Saint-Denis; Jean Valjean)* von Victor HUGO, entstanden mit langen Unterbrechungen 1845–1862, erschienen 1862. – Der über die ganze Welt verbreitete umfangreiche Roman – von dem unter dem Titel *Les misères* eine wesentlich kürzere Erstfassung erhalten ist (erschienen 1927) – erzählt vor dem historischen Hintergrund der Restauration, der Julirevolution, des Bürgerkönigtums und der Pariser Arbeiteraufstände von 1832–1834 die beispielhafte Geschichte eines entlassenen Galeerensträflings, der durch Opfer und Reue hindurch den Weg innerer Läuterung und Heilung geht.

Nach neunzehn Jahren aus dem Zuchthaus entlassen, findet der Held, Jean Valjean, der nur auf Mißtrauen und verschlossene Türen gestoßen ist, im Haus des mildtätigen Bischofs Myriel barmherzige Aufnahme (um 1815). Die wahrhaft christliche Menschlichkeit und Brüderlichkeit dieses Mannes vermag ihm nicht nur den Glauben an das Gute zurückzugeben, sondern ermöglicht ihm auch die Rückkehr in geordnete Verhältnisse. Als »Monsieur Madeleine« bringt Valjean es schon nach kurzer Zeit zum wohlhabenden Industriellen und beliebten Bürger, ja sogar zum Bürgermeister der kleinen Stadt Montreuil-sur-Mer. Kontrapunktisch zu Valjeans Aufstieg schildert Hugo im ersten Teil des Romans den Fall der Arbeiterin Fantine, einer ehemaligen Pariser Grisette, die durch ein Kind ins äußerste Elend gerät und, von Valjean gerade noch vor dem Gefängnis bewahrt, im Spital an Schwindsucht stirbt. Valjean befreit Fantines Tochter Cosette aus der Gewalt der niederträchtigen Pflegeeltern Thénardier und sorgt wie ein Vater für das Mädchen. Als er sich zu erkennen gibt, um einen Unschuldigen, den die Polizei mit ihm verwechselt, vor lebenslänglicher Sklaverei zu retten, wird Valjean von neuem verurteilt. Er entkommt jedoch bald und verbringt in Paris unter falschem Namen einige Jahre in erfüllter Zurückgezogenheit, auf die lediglich das heimtückische Mißtrauen des Polizisten und Spitzels Javert einen Schatten wirft. Die herangewachsene Cosette verliebt sich in den angehenden Advokaten Marius Pontmercy. Um sich von Cosette nicht trennen zu müssen, verbirgt Valjean das Mädchen vor Marius und untersagt ihnen – als das Versteck von dem Liebhaber entdeckt wird – die Heirat. Nach dem Ausbruch der Aufstände überstürzen sich die Ereignisse. Valjean rettet den verwundeten Marius – der sich aus Verzweiflung in die Straßengefechte gestürzt hat – aus den umkämpften Barrikaden und bewahrt auch Javert vor dem Tod. Als sich dieser in heilloser Verwirrung über solche Großmut selbst tötet, lastet auf dem Helden nur noch die Gewissensqual, Cosettes genesenem Bräutigam Marius die unrühmliche Vergangenheit beichten zu müssen. Marius ist entsetzt und möchte das Mädchen von seinem Wohltäter entfernen, dessen einziger Trost und Lebensinhalt es ist. Myriels, seines einstigen Wohltäters, Vermächtnis eingedenk, bringt Valjean das höchste Opfer dar: Er ringt sich zum Verzicht auf Cosette durch. Bald darauf (im Jahr 1833) erkrankt er schwer. Im Angesicht des Todes hinterläßt er dem Paar eine Botschaft der Liebe: *»Es gibt nur eines auf der Welt: einander zu lieben.«* *»Solange nach Gesetz und Sitte eine soziale Verdammnis besteht, die künstlich inmitten der Zivilisation Höllen schafft ... solange es auf Erden Unwissenheit und Elend gibt, können Bücher dieser Art nicht ohne Wert sein«*, schreibt Hugo in einem für das Verständnis des Romans aufschlußreichen *Avant-propos*. Vom philanthropisch-sozialistischen Ideengut der französischen Romantik durchdrungen (*»Ja, eine Gesellschaft, die das Elend, eine Religion, die die Hölle, eine Humanität, die den Krieg zuläßt, erscheinen mir als minderwertige Gesellschaft, Religion und Humanität«*), konzipierte der Autor das Werk als die Lebensbeschreibung von vier Märtyrern und »Heiligen« der Gesellschaft: Myriel, Valjean, Fantine und Cosette gelingt es, sich am Elend ihrer Existenz und Umgebung mit reinem Herzen zu bewähren. Aber auch die wunderbare Rettung Cosettes soll nicht darüber hinwegtäuschen, daß in der Welt das Elend meist nur Ursache für immer neue Verbrechen und neues Elend ist. Hugos monumentaler Roman läßt Einflüsse des Romanwerks von BALZAC, der Sozialromane G. SANDS, des zeitgenössischen Feuilletonromans, vor allem der *Mystères de Paris* von E. SUE, aber auch sozialistisch-utopischer Theorien (PROUDHON, FOURIER etc.) des 19. Jh.s erkennen. Der Autor durchsetzt seine Fiktion mit historischen Elementen (z. B. Ende der Restauration, Person Louis-Philippes, Juniaufstand 1832). Er erstellt vielfältige und eindrucksvolle Bilder von Paris und der Pariser Unterwelt. Arme und Arbeiter, die Bewohner des Faubourg Saint-Marceau und des Faubourg Saint-Antoine stellen einen wichtigen Teil seines Romans dar. Hugos Absicht ist es, den Roman zugleich als Drama und als Epos zu konzipieren und *»Walter Scott mit Homer«* zu versöhnen. BAUDELAIRE bescheinigte ihm, einen Roman in der Art eines Gedichts, mit Figuren auf epischer Höhe, verfaßt zu haben. Zu Hugos epischem Stil und seinem Streben nach Totalität gehören lange Abschweifungen vom Erzählfluß wie die Erzählung der Schlacht von Waterloo, die Beschreibung der Abwasserkanäle von Paris oder der Lebensgewohnheiten in einem Kloster. Wiederholt wird betont, daß sich eine endgültige Ausrottung des menschlichen »Elends« nur von einer tiefgreifenden Veränderung der Gesellschaftsstruktur selbst erhoffen läßt: Marius wandelt sich vom Royalisten zum Bonapartisten und von diesem zum überzeugten Revolutionär und Barrikadenkämpfer. Das soziale Programm, das der Forderung nach seelischer Erneuerung des Menschen an die Seite gestellt wird, trägt die schwärmerischen Züge einer religiösen Heilsbotschaft.

Der missionarische Eifer des Autors prägt den Stil seines Hauptwerks. Das ausdrückliche Streben nach Volkstümlichkeit, Eingängigkeit und Wirkungsintensität läßt ihn nicht nur konsequent dem romantischen Prinzip der »Vermischung der Gattungen« folgen, sondern auch nicht selten zu Mitteln der Trivialliteratur, des Abenteuerromans greifen, zu Schauermotiven, simpler Symbolik, Rührseligkeit und plumper Schwarzweißmalerei, zu leerer Deklamation, hohlem Pathos und zu Überraschungseffekten, die an bare Unwahrscheinlichkeit grenzen. Beharrlich wird die Fiktion historischer Authentizität aufrechterhalten, ohne daß die Darstellung dadurch aber die realistische Kraft und Dichte eines Balzac oder MAUPASSANT erreicht; aber *»die leidenschaftliche Parteinahme des Dichters für seine Helden, sein Zürnen, sein Mitleid, seine Trauer verleihen dem Werk doch immer wieder eine mitreißende Lebenskraft«* (H. Mayer). KLL

AUSGABEN: Paris 1862. – Paris 1908/09 (in *Œuvres complètes*, Hg. P. Maurice u. G. Simon, 1904 ff., Abt.: *Romans*, Bd. 3–6). – Paris 1927 [Kurzfassg.]. – Givors 1950 (in *Œuvres complètes*, 35 Bde., 1949–1955, 8/9). – Paris 1951, Hg. M. Allem (Pléiade; ern. 1976). – Paris 1957, Hg. M.-F. Guyard, 2 Bde. (Class. Garn). – Paris 1967, 3 Bde. (GF). – Paris 1969–1971 (in *Œuvres complètes*, Hg. J. Massin, 18 Bde., 1967–1971, 11/1 u. 11/2). – Paris 1972, 3 Bde. (Poche). – Paris 1973, 3 Bde. (Folio). – Paris 1985 (in *Œuvres complètes*, Hg. J. Seebacher, 15 Bde., 2: *Roman II*).

ÜBERSETZUNGEN: *Die Elenden*, L. v. Alvensleben, Wien 1862. – *Die Armen u. die Elenden*, bearb. v. Th. Megerle, Wien o. J. [ca. 1862]. – *Die Elenden*, G. A. Volchert, 2 Bde., Lpzg. o. J. [1923]. – Dass., E. Th. Knauer, Bln. o. J. [1929]. – Dass., E. Schumann, Lpzg. 1934. – Dass., P. Wiegler, Bln. 1952

[Nachw. H. Mayer]. – Dass., E. Ziha, Wien 1968. – Dass., W. Thiemer, Karlsruhe 1968. – Dass., H. Meier, Zürich 1968. – Dass., P. Wiegler u. W. Günther, 5 Bde., Zürich 1986 (Nachw. H. Grössel; detebe).

DRAMATISIERUNG: V. Hugo u. P. Meurice, *Les misérables* (Urauff.: Paris, 27. 12. 1899, Théâtre de la Porte-Saint-Martin).

VERFILMUNGEN (Ausw.): Frankreich 1934 (Regie R. Bernard). – USA 1935 (Regie R. Boleslawski). – Frankreich 1982 (Regie R. Hossein).

LITERATUR: A. Ch. Swinburne, *A Study of V. H.'s »Les misérables«*, Ldn. 1886. – J. Robichon, *Le roman des chefs-d'œuvre*, Paris 1959, S. 155–209. – Bulletin de la Faculté des Lettres de Strasbourg, 40, 1961/62 (Sondernr.: zu *»Les misérables«*). – L'Europe, 1962, Nr. 394/395, S. 3–209 (Sondernr.: *H. et »Les misérables«*). – R. Journet u. G. Robert, *Le manuscrit des »Misérables«*, Paris 1963. – Dies., *Le mythe du peuple dans »Les misérables«*, Paris 1964 (ern. in *Der frz. Sozialroman des 19. Jh.s*, Hg. F. Wolfzettel, Darmstadt 1982, S. 82–136). – *Un carnet des »Misérables« oct.-déc. 1860*, Hg. J.-B. Barrère, Paris 1965. – J. Gaudon, *Éloge de la digression* (in TLL, 6, 1968, S. 129–142). – B. Leuilliot, *H. publie »Les misérables«*, Paris 1970. – P. Gaillard, *»Les misérables«*, Paris 1971. – H. Krauss, *H. »Les misérables« in der Parodie* (in GRM, 22, 1972, S. 267–281). – M. Riffaterre, *Fonction de l'humour dans »Les misérables«* (in MLN, 87, 1972, S. 71–82). – A. Ubersfeld, *Le rêve de Jean Valjean* (in L'Arc, 57, 1974, S. 41–50). – A. Brochu, *H., amour, crime, révolution. Essai sur »Les misérables«*, Montreal 1974. – C. Gély, *»Les misérables« de H.*, Paris 1975. – F. Müller-Bochat, *»Les misérables«* (in *Der frz. Roman*, Hg. K. Heitmann, Düsseldorf 1975, Bd. 1, S. 312–331). – R. Desné, *Histoire, épopée et roman: »Les misérables à Waterloo* (in RHLF, 75, 1975, S. 321–328). – P. Albouy, *Le ›préface philosophique‹ des »Misérables«* (in P. A., *Mythographies*, Paris 1976, S. 121–137). – H. Pfeiffer, *Metapher und Totalität. H.'s »Les misérables«* (in Poetica, 11, 1979, S. 149–175; ern. in H. P., *Roman und historischer Kontext*, Mchn. 1984, S. 141–169). – C. Combes, *Paris dans »Les misérables«*, Nantes 1981. – K. M. Grossman, *H.'s Romantic Sublime: Beyond Chaos and Convention in »Les misérables«* (in PQ, 60, 1981, S. 471–486). – R. de la Carrera, *History's Unconscious in V. H.'s »Les misérables«* (in MLN, 96, 1981, S. 839–865). – R. Maxwell, *Mystery and Revelation in »Les misérables«* (in RomR, 73, 1982, S. 314–330). – K. Biermann, *H. »Les misérables«* (in K. B., *Literarisch-politische Avantgarde in Frankreich, 1830–1870*, Stg. u. a. 1982, S. 203–213). – E. Brock-Sulzer, *H. »Die Elenden«* (in *Der europäische Roman des 19. Jh.s*, Kilchberg am Zürichsee 1982, S. 177–192). – B. Hocke, *»Die Elenden«* (in WB, 28, 1982, S. 33–61). – J. Delabroy, *›L'accident de l'histoire‹ sur 1848 et »Les misérables« de H.* (in Lendemains, 28, 1982, S. 59–67). – J. C. Nabet u. G. Rosa, *L'argent des »Misérables«* (in Romantisme, 40, 1983, S. 87–113). – P. Laforgue, *Mythe, révolution et histoire. La reprise des »Misérables« en 1890* (in La Pensée, Mai/Juni 1985, Nr. 245, S. 29–40). – *Lire »Les misérables«*, Hg. A. Ubersfeld u. G. Rosa, Paris 1985. – J. L. Cornuz, *V. H., l'homme des »Misérables«*, Lausanne 1985. – T. Michaelis, *Das Kind als Erlöserfigur. H. »Les misérables«* (in T. M., *Der romantische Kindheitsmythos*, Ffm. u. a. 1986, S. 262–286; zugl. Diss. Konstanz 1982). – P. Heidenreich, *Textstrategien des frz. Sozialromans im 19. Jh. am Beispiel von E. Sues »Les mystères de Paris« und H.s »Les misérables«*, Mchn. 1987.

NOTRE-DAME DE PARIS. 1482

(frz.; *Notre-Dame von Paris. 1482*). Historischer Roman von Victor HUGO, erschienen 1831. – Mit *Notre-Dame de Paris* wollte Hugo, der im geistigen Klima CHATEAUBRIANDS seine schriftstellerische Laufbahn begonnen hatte, einen historischen Roman schreiben, der über SCOTTS *Quentin Durward* (1823) hinausführen und das Idealbild eines Romankunstwerks überhaupt verwirklichen sollte. Dieses Ideal war für ihn *»der Roman, der zugleich Drama und Epos ist«* (*»pittoresque, mais poétique, réel, mais idéal, vrai, mais grand«*). Daß Hugo – wie ein halbes Jahrhundert vor ihm GOETHE in Straßburg – die Schönheit der Gotik wiederentdeckt hatte, war für die Stoffwahl ebenso bestimmend wie das romantische Anempfinden spätmittelalterlichen Lebensgefühls durch den Dichter. Umfangreiches Quellenmaterial wurde für *Notre-Dame de Paris* verwertet: Jean de ROYES Ende des 15. Jh.s entstandene *Chronique scandaleuse*, die *Mémoires* von COMMYNES (1524 und 1528), das *Dictionnaire infernal* (²1825/26), *Le théâtre des antiquités de Paris* von DU BREUL (1612), Pierre MATHIEUS *Histoire de Louis XI* (1610), schließlich SAUVALS *Histoire et recherches des antiquités de la ville de Paris* (1724). *Notre-Dame de Paris* ist aber nicht nur ein historischer, sondern – bewirkt vor allem durch die Einschaltung langer Reflexionen des Dichters – auch ein Ideenroman, und nicht zuletzt ein *roman poème* (poetischer Roman), der mit der Einbettung einer melodramatischen Handlung in einen breitangelegten historischen Rahmen einem wohlüberlegten ästhetischen Konstruktionsprinzip folgt.

So zeigen die ersten beiden Bücher des Werks zunächst das spätmittelalterliche Paris mit seinem bunten Treiben am Tag des Narrenfestes (6. Januar). Im Palais de Justice fällt der Dichter Pierre Gringoire, wie Ludwig XI. eine historische Persönlichkeit, mit seinem Mysterienspiel durch, während auf Anregung eines Maître Coppenole der mißgestaltete Glöckner der Kathedrale Notre-Dame, Quasimodo – er stellt mit seinem hintergründig-naturhaften Charakter und seinem häßlichen Äußeren eine Verwirklichung des Hugoschen Programms der Vereinigung von Sublimem und Groteskem dar –, zum Narrenpapst gewählt wird. Auf der Suche nach einem Quartier für die Nacht folgt Gringoire der elfenhaften Zigeunerin Esmeralda, die durch ihren anmutigen Tanz immer aufs neue begeisterte Zuschauer gewinnt, zugleich aber ständigen Nachstellungen durch den düsteren Dompropst von Notre-Dame, Dom Claude Frollo, ausgesetzt ist. Gringoire wird bei seiner nächtlichen Wanderung Zeuge, wie Quasimodo Esmeralda zu entführen versucht, durch das Dazwischentreten einer Streife königlicher Bogenschützen unter dem Hauptmann Phoebus de Châteaupers aber daran gehindert wird. Gringoire gerät schließlich in die berüchtigte *cour des miracles*, das Zentrum der *truands* (d.h. der damaligen Pariser Unterwelt), und wird nur durch das Dazwischentreten Esmeraldas vor dem Galgen bewahrt. – Mit diesem Geschehen sind zugleich die Hauptpersonen eingeführt. Das dritte Buch bringt dann eine Beschreibung von Notre-Dame und der Stadt Paris im 15. Jh. Die Kathedrale wird nicht nur in glühenden Farben geschildert, sie ist der Mittelpunkt des Werks. Nicht allein spielen entscheidende Teile der Handlung in ihr, vor allem soll sie, Ausdruck des spätgotischen Geistes, die Summe aller individuellen Existenzen des Romans darstellen. Im vierten Buch wird die Beziehung Frollos zu Quasimodo enthüllt und ein genaueres Bild beider Charaktere entworfen. Der im Ruf eines Hexenmeisters stehende Frollo hat Quasimodo, ein Findelkind, aufgezogen und zum Glöckner von Notre-Dame gemacht. Seitdem ist die Kathedrale von geheimnisvollem Leben erfüllt. Das fünfte Buch – ebenfalls eine Rückblendung – zeigt, wie König Ludwig XI., in seiner Eigenschaft als Abt von St. Martin, Frollos Schüler auf dem Gebiet der Alchimie wird. Indem er sich auf die für die Romanhandlung zeitgenössische Erfindung des Buchdrucks bezieht, kann Hugo hier außerdem eine seiner grundlegenden Konzeptionen zur Kulturgeschichte entwickeln: Auf die von der Architektur bestimmten Zeitalter werden die vom Buch geprägten folgen, die die große (immer religiös ausgerichtete) Architektur wie die Religion selbst zerstören werden. Mit dem sechsten Buch wird das in den ersten beiden erzählte Geschehen weitergeführt, die Bestrafung Quasimodos für den von ihm unternommenen Entführungsversuch gezeigt und von einer Bürgerin aus Reims die Geschichte des armen Freudenmädchens Paquette la Chantefleurie erzählt, deren Kind vor zwanzig Jahren von Zigeunern gestohlen worden sei. (Die Technik der ständigen Übergänge in der Handlungsführung hat Hugo von STERNE übernommen.) Vom siebten Buch bis zum Ende des Werks (mit Buch 11) steht dann das eigentlich melodramatische Geschehen im Vordergrund, das im Zeitraum von März bis etwa Juli 1482 sich abspielt und über dem die von Frollo beschworene *anankē* (das unentrinnbare Fatum) lastet. Da Dom Claude sich Esmeraldas nicht bemächtigen kann – sie liebt den konventionellen Châteaupers –, läßt er sie als Hexe und Mörderin in die Fänge der Inquisition geraten. Das Angebot Frollos, mit ihm zu fliehen, lehnt sie ab. Quasimodo rettet Esmeralda kurz vor ihrer Hinrichtung in die Kathedrale, wo sie Asyl genießt. Ein Parlamentsurteil, bei dem Frollo seine Hand im Spiel hat, hebt dieses Asyl auf. Die *truands* suchen mit einem großen Angriff Esmeralda aus der Kathedrale zu befreien. Als König Ludwig feststellt, daß dieser Aufruhr nicht der feudalen, sondern der königlichen Gerichtsbarkeit gilt, läßt er ihn niederschlagen. Esmeralda, in der die Einsiedlerin Gudule – niemand anders als Paquette la Chantefleurie – gerade die lang verlorene Tochter wiedererkannt hat, wird auf der Place de Grève als Hexe gehängt. Quasimodo, der den Anteil seines Meisters am Verfahren gegen Esmeralda erkennt, stürzt Frollo von einer der Turmgalerien der Kathedrale in die Tiefe und stirbt selbst am Grabe Esmeraldas.

Der Aufbau von *Notre-Dame de Paris* läßt sich, sieht man von der epischen Stoffülle ab, tatsächlich als der eines Dramas begreifen. Die poetische Größe des Werks, das eine Mischung und Synthese kühner Visionen und Bilder von barocken Dimensionen darstellt, ist unbestritten. Der Einfluß seiner Sprache, deren gleitender Rhythmus auch grammatisch komplizierte Satzgefüge gliedert, ist noch bei PÉGUY und CLAUDEL spürbar. Man hat Hugo zum Vorwurf gemacht, er habe die anderen seiner Anforderungen an den idealen Roman, Realismus und historische Wahrhaftigkeit, in seinem Werk weitaus schlechter erfüllt. Tatsächlich dürfte es sich bei *Notre-Dame de Paris* jedoch um den größten historischen Roman der Romantik handeln. Das Kolorit des späten Mittelalters ist sowohl in der Schilderung von Massenszenen als auch in der von einzelnen Lebensbereichen (wie Klosterwesen, Geheimwissenschaften, Justiz), schließlich auch in der Zeichnung hervorragender historischer Persönlichkeiten wie des dämonischen Ludwig XI. gegenwärtig. Daß die Hugosche Psychologie neben realistisch gezeichneten Durchschnittstypen höchst exzentrische Charaktere vorführt, die in monomanischer Besessenheit oder als potenzierte Verkörperung einer bestimmten Tugend den Rahmen des Gewöhnlichen sprengen, spricht eher für die Kühnheit des Dichters, als daß es einen Einwand gegen ihn darstellte. Die Hugosche Romantik hat sich die Weltsicht SADES anverwandelt. Die Schilderung der zwischen Unerfülltheit und Grausamkeit schwankenden Liebe Frollos, seiner ausweglosen Einsamkeit und ungeheuren Entfernung von Esmeralda ist ein Höhepunkt psychologischer Darstellungskunst. LAMARTINE konnte nach Erscheinen von *Notre-Dame de Paris* Hugo mit Recht als den »Shakespeare des Romans« bezeichnen. Unter dem umwälzenden Einfluß des Werks fand vor allem in Frankreich eine Neuorientierung des künstlerischen Geschmacks von der Klassik weg hin zu den Idealen der Hochromantik und zum Mittelalter statt. Diese Umorientierung sollte freilich nicht von Dauer sein. C.Sch.

AUSGABEN: Paris 1831. – Givors 1949 (in *Œuvres complètes*, 35 Bde., 1949–1955, 5). – Paris 1961, Hg. J. Guyard (Class. Garn; ern. 1976). – Paris

1962 (in *Œuvres romanesques complètes*, Hg. F. Bouvet). – Paris 1967 (in *Œuvres complètes*, Hg. J. Massin, 18 Bände, 1967–1971, 4). – Paris 1967 (GF). – Paris 1972 (Poche). – Paris 1974 (Folio). – Paris 1975, Hg. J. Seebacher (krit.; mit *Les travailleurs de la mer*; Pléiade). – Paris 1985 (in *Œuvres complètes*, Hg. J. Seebacher, 15 Bände, 1: *Roman I*).

ÜBERSETZUNGEN: *Die Kirche Notre-Dame zu Paris. Historisch romantische Erzählung*, Th. Weis, Quedlinburg 1831. – *Notre Dame in Paris*, F. Bremer, Lpzg. o. J. [ca. 1885] (RUB). – *Notre Dame von Paris*, F. Kottenkamp, Halle 1898; ern. Lpzg. 1926. – Dass., E. v. Schorn, Lpzg. 1916. – *Der Glöckner von Notre Dame*, H. Hillringhaus, Freiburg i. B. 1948. – Dass., A. v. Riha, Mchn. 1960; ern. 1974 (Goldm. Tb). – *Notre Dame von Paris*, E. v. Schorn, Ffm. 1977 (Insel Tb). – *Der Glöckner von Notre Dame*, P. Wanderer, Zürich 1985 (detebe). – Dass., H. Meier, Zürich 1986.

VERTONUNGEN: L. Bertin, *La Esmeralda* (Oper; Urauff.: Paris 1836, Opéra). – A. Dargomyškij, *Esmeralda* (Oper; Moskau 1847). – W. H. Fry, *Notre-Dame de Paris* (Oper; Philadelphia 1864). – A. G. Thomas, *Esmeralda* (Oper; Ldn., 26. 3. 1883, Drury Lane Theatre). – F. Schmidt, *Notre-Dame* (Oper; Wien 1914).

VERFILMUNGEN: *Esmeralda*, Frankreich 1905 (Regie: V. Jasset). – Frankreich 1911 (Regie: A. Capellani). – *Notre Dame*, Italien 1913 (Regie: E. Pasquali). – *The Darling of Paris*, USA 1916 (Regie: J. Gordon Edwards). – *The Hunchback of Notre Dame*, USA 1923 (Regie: W. Worsley). – *The Hunchback of Notre Dame*, USA 1939 (Regie: W. Dieterle). – *Badshan*, Indien 1954. – Frankreich 1956 (Regie: J. Delannoy).

LITERATUR: A. Hurtret, *»Notre-Dame de Paris« et V. H.*, Paris 1952. – J. Mallion, *H. et l'art architectural*, Paris 1963. – R. Queneau, *»Notre-Dame de Paris« de H.* (in R. Q., *Bâtons, chiffres et lettres*, Paris 1965, S. 135–142). – F. P. Kirsch, *Die Struktur von »Notre-Dame de Paris« im Lichte des Kathedralensymbols* (in ZfrzSp, 78, 1968, S. 10–34). – C. Mauriac, *»Notre-Dame de Paris«* (in C. M., *De la littérature à l'alittérature*, Paris 1969, S. 257–268). – V. Klotz, *Stadtschau und Schaustadt. H.s »Notre-Dame de Paris«* (in V. K., *Die erzählte Stadt*, Mchn. 1969, S. 92–123). – J. Seebacher, *Le système du vide dans »Notre-Dame de Paris«* (in Littérature, Febr. 1972, Nr. 5, S. 95–106). – Ders., *Gringoire ou le déplacement du roman vers l'histoire* (in RHLF, 75, 1975, S. 329–343). – W. W. Holdheim, *The History of Art in H.'s »Notre-Dame de Paris«* (in NCFSt, 5, 1976/77, S. 58–70). – Ders., *Die Suche nach dem Epos*, Heidelberg 1978. – B. Leuillot, *›Ceci tuera cela‹* (in Littérature, 1978, S. 3–18). – G. Rosa, *»Notre-Dame de Paris«* (in Lendemains, 10, Mai 1978, S. 15–31). – K. M. Grossman, *H.s Poetics of Harmony. Transcending Dissonance in »Notre-Dame de Paris«* (in NCFSt, 11, 1983, S. 205–215). – S. Nash, *Writing a Building: H.s »Notre-Dame de Paris«* (in FF, 8, 1983, S. 122–133). – L. Rasson, *Écriture et réel dans »Notre-Dame de Paris«* (in OL, 38, 1983, S. 108–123). – C. Bernard, *De l'architecture à la littérature* (in RLMod, 1984, Nr. 693 bis 697, S. 103–138). – G. Talon, *»Notre-Dame de Paris«: la cathédrale de l'univers hugolien* (ebd., S. 139–155). – I. M. Zarifopol-Johnston, *»Notre-Dame de Paris«. The Cathedral in the Book* (in NCFSt, 13, 1985, S. 22–35). – J. C. Kessler, *Babel and Bastille. Architecture as Metaphor in H.'s »Notre Dame de Paris«* (in FF, 11, 1986, S. 183–197).

ODES ET BALLADES

(frz.; *Oden und Balladen*). Gedichtzyklus von Victor HUGO, erschienen 1826 und, erweitert und neugeordnet, 1828. Die *Odes et Ballades* sind nach den *Odes et poésies diverses* (1822) und den *Odes nouvelles* (1824) der dritte, den größten Teil der dichterischen Produktion seiner Frühphase zusammenfassende Gedichtband Hugos. Von den fünf Büchern der *Oden* (insgesamt 72 Gedichte) enthalten die ersten drei, chronologisch geordnet, die politische Lyrik und die Gelegenheitsdichtung des zu diesem Zeitpunkt schon bekannten, durch königliche Gratifikationen und Gunstbezeigungen geehrten Dichters von 1818 bis 1828, im vierten Buch finden sich Stücke verschiedener Zuordnung, im fünften persönliche Impressionen. Die *Balladen* umfassen 15 Gedichte.

Produktionen wie *La Vendée (Die Vendée)*, *La mort du Duc de Berry (Der Tod des Herzogs von Berry)*, *Les funérailles de Louis XVIII (Die Bestattung Ludwigs XVIII.)* weisen den jungen Poeten als Konservativen und Monarchisten aus, der mit lobpreisender Rhetorik auch eine moralisch fragwürdige Gestalt wie den 1820 ermordeten Herzog von Berry zum Märtyrer stilisiert. Die weiterführende politisch-weltanschauliche Entwicklung dieser Jahre spiegelt sich besonders deutlich in den Napoleon und seine Legende behandelnden Gedichten. In *Buonaparte* (1822) wird Napoleon als Despot, aus der königsmörderischen Hydra der Revolution geboren, gezeigt; er gewinnt nur in seiner Eigenschaft als Gottesgeißel eine gewisse dämonische Größe. Erste Anzeichen eines Wandels zeigt *À mon père*, 1823 *(An meinen Vater)*, das Hugos nunmehr positiveres Verhältnis zu seinem Vater, einem ehemaligen napoleonischen General, spiegelt, und *À l'Arc de Triomphe de l'Étoile* (1823/24), dann aber deutlich *Les deux îles*, 1826 *(Die zwei Inseln)*, wo Korsika und Sankt Helena als die Inseln, zwischen denen sich das Geschick Napoleons erfüllte, zum Anlaß einer bewundernden Darstellung Napoleons als großer, historisch schicksalhafter Gestalt genommen werden. Unübersehbar ist der Wandel schließlich in der durch einen diplomatischen Zwischenfall inspirierten *Ode à la Colonne de la Place Vendôme* (1827). Anhand des Symbols der Säule auf der Place Vendôme, die aus dem Metall 1806 erbeuteter preußischer Kanonen gegossen ist und die großen Namen der napoleonischen Epoche trägt, wird die napoleonische Zeit als unverzichtbarer Teil der nationalen Geschichte eingefordert, als Höhepunkt der *gloire* Frankreichs und des französischen Volkes, an das sich der Dichter in an die Revolutionsrhetorik erinnernden Apostrophen wendet. – Ein weiterer thematischer Schwerpunkt der *Odes et Ballades* ist die Darstellung von Liebesschmerz, Melancholie und der Erwartung baldigen Hinscheidens vor dem Hintergrund einer mitfühlenden Natur im Stile LAMARTINES, so etwa in *Premier Soupir (Erster Seufzer)*, was dann überleitet zu der für Hugo typischen intimistischen Dichtung, wie sie biographisch in der Liebe zu Adèle Foucher und der Heirat mit ihr, literarisch im Kreis um die programmatische Zeitschrift der Romantiker ›La Muse française‹ und im Einfluß Marceline DESBORDES-VALMORES ihren Ausgang nahm und sich in Gedichten wie *Le voyage (Die Reise)* oder *Promenade (Spaziergang)* in der Erwähnung des persönlichen Details, des konkreten alltäglichen Objekts exemplarisch manifestiert. Die Balladen, neu in der französischen Literatur, folgen als Typus deutschem oder englischem Vorbild. Thematische Schwerpunkte sind Märchenmotive, z. B. in Anlehnung an NODIER *À Trilby, le lutin d'Argail (An Trilby, den Kobold von Argail)*, aber auch Teufelsspuk und nächtlicher Schauer, z. B. *Les deux archers (Die beiden Reisigen)*, *La ronde de sabbat (Der Teufelsreigen)*, volkstümliche Schicksalsmotive wie der Tod des Geliebten im Krieg *(La fiancée du timbalier – Die Braut des Trommlers)* und historische Tableaus *(La chasse du burgrave – Die Jagd des Burggrafen)* mit z.T. humoristischer Schlußpointe. *Odes et Ballades*, gelegentlich als unfertiges Werk eines sich noch suchenden jungen Dichters qualifiziert, zeigt deutlich eine stilistische Entwicklung von der konventionellen poetischen Diktion klassischen Zuschnitts, die auch Hugos Lehrmeister – CHÉNIER, CHATEAUBRIAND, LAMARTINE – weitgehend unangetastet weitergegeben hatten, bis zu dem für den späteren Hugo typischen Stil: Vorliebe für den spezifischen Begriff anstelle der Periphrase; die Neigung zur wirkungsvollen Dissonanz, zum unvermittelten Nebeneinander von Hohem und Bescheidenem, wie in der Einfügung konkreter alltäglicher Details in erhabene Reflexion, phantastische Vision oder Szenen existentiellen Gewichts; die Verbildlichung abstrakter Gedankenkomplexe oder Empfindungen – etwa das Schicksal Napoleons, im unheildrohenden Anblick der »zwei Inseln« figuriert; das virtuose Experimentieren mit Vers- und Strophenformen und ihr Einsatz zu expressiven Zwecken. Letzteres, wie auch ein guter Teil der Naturdarstellung, ist angeregt durch die intensive Beschäftigung Hugos und seiner Umgebung (Sainte-Beuve) mit der Dichtung des 16. Jh.s (RONSARD, BELLEAU, BAÏF). Die seherische, obsessive Schau des späteren Hugo wird präfiguriert in der Zauber- und Koboldwelt der Balladen, *»Irrlichter und Vampire, die im Dunkel den symbolischen ›Reigen‹ seiner tiefinneren Ängste tanzen«* (C. Gély).

Als chronologisch gestaffeltes Resümee der frühen Dichtung Hugos erlaubt *Odes et Ballades*, Hugos zunehmende Lösung von traditionellen Dichtungsmustern, z. T. unter dem Einfluß deutscher und englischer Vorbilder, z. T. im Rückgriff auf die Poetik des 16. Jh.s, zu verfolgen. Es enthält aber bereits fundamentale Themen und Strukturen seiner späteren *»Mythologie«* – Reflexion über die Rolle des Dichters »in den Revolutionen«, das Visionäre, die Bedeutsamkeit des Intimen, die Erhabenheit des Einfachen –, die sich später, schon etwa in *Les Orientales* und *Les feuilles d'automne*, ausweiten und differenzieren sollten. W.Kre.

AUSGABEN: Paris 1826; ern. 1828. – Givors 1951 (in *Œuvres complètes*, 35 Bde., 1949–1955; 11). – Paris 1964 (in *Œuvres poétiques*, Hg. P. Albouy, 3 Bde., 1964–1974, 1; Pléiade). – Paris 1967 (in *Œuvres complètes*, Hg. J. Massin, 18 Bde., 1967 bis 1971, 4). – Paris 1968 (mit *Les Orientales*; ern. 1985; GF). – Paris 1980. – Paris 1985 (in *Œuvres complètes*, Hg. J. Seebacher, 15 Bde., 4: *Poésie I*).

ÜBERSETZUNGEN: *Orientalen und Balladen*, O. L. B. Wolff (in *SW*, Bd. 16, Ffm. 1838). – *Oden und Balladen*, H. Elsner (in *SW*, Bd. 13/14, Stg. 1841).

LITERATUR: Ch. A. Sainte-Beuve, *Premiers lundis*, Bd. 1, Paris 1874, S. 164–188. – F. Baldensperger, *Romantisme et légitimité. Documents officiels sur V. H. Le chantre du ›Sacre de Charles X‹* (in RLC, 7, 1927, S. 164–177). – H. F. Bauer, *Les »Ballades« de V. H. Leurs origines françaises et étrangères*, Paris 1936. – G. Ascoli, *L'évolution politique de V. H. jusqu'à l'exil* (in Annales de l'Université de Paris, 1936, S. 138–161). – B. Guyon, *La vocation poétique de V. H. Essai sur la signification spirituelle des »Odes et Ballades« et des »Orientales«*, Gap 1953. – M. Françon, *Notes sur la littérature et l'histoire françaises du 16e siècle. 8: Les poètes du 16e siècle et les »Odes et Ballades« de V. H.* (in Quaderni francesi, 1, Neapel 1970, S. 201–208). – G. Defaux, *Renaissance poétique nationale et influences allemandes dans les »Odes et Ballades«* (in Revue de l'Université d'Ottawa, 41, 1971, S. 5–24). – L. M. Porter, *The Sublimity of H.'s Early »Odes«* (in EsCr, 16, 1976, S. 167–177). – M. Riffaterre, *Die Poetisierung des Wortes bei V. H.* (in M. R., *Strukturale Stilistik*, Mchn. 1973, S. 176–192). – M. Bertrand, *Regards stylistiques sur »La fiancée du timbalier« de H.* (in Recherches et Travaux, 32, Grenoble 1987).

LES ORIENTALES

(frz.; *Orientalia*). Gedichtzyklus von Victor HUGO, erschienen 1829. – Seinem eigenen Zeugnis zufolge wurde der Dichter durch das Erlebnis eines Sonnenuntergangs im Sommer 1828 zur Komposition der *Orientales* angeregt. Richtig ist, daß atmosphärische Züge der Rue Notre-Dame-des-Champs, wo Hugo Ende der zwanziger Jahre lebte, und des von Künstlern bevölkerten Weinorts Vaugirard in das Bild eines verklärten Märchenorients Eingang fanden. Wie das 1824 niedergeschriebene Gedicht *La fée et le péri* zeigt, war das Interesse des Dichters für die östliche Welt jedoch bereits 1823 erwacht. Die einzelnen Gedichte entstanden dann zwischen 1824 und 1828 unter dem Einfluß der *Bibel*, des spanischen Romanzenzyklus *Romancero*, der Legenden um Ibrahim-Manzour (11. Jh.), des *West-östlichen Divan* von Goethe, Byrons *Childe Harold* und *Mazeppa*, der programmatischen Schriften F. v. Schlegels, des *Itinéraire de Paris à Jérusalem* von Chateaubriand. Auch die *Chants populaires de la Grèce moderne* (herausgegeben von Fauriel 1824/25) und die Übersetzungen orientalischer Märchen durch den Orientalisten Fouinet waren Hugo bekannt. Hinzu traten die wirkungsmächtigen Erinnerungen des Dichters an das maurische Spanien und seine den Einfluß von Delacroix bekundenden Versuche einer Synästhesierung von Dichtkunst und Malerei. – Äußeren Anlaß zur Veröffentlichung des Gedichtzyklus bot auch der griechische Freiheitskampf, dem Hugo – damals noch Konservativer – zwar zunächst mißtrauisch gegenübergestanden hatte, den er in der Folge jedoch bejahte. Überhaupt ist während der Entstehungszeit des Zyklus die erste Stufe der Liberalisierung im Denken Hugos festzustellen.

Obwohl die *Orientales* in der Begeisterung für den Orient und das zeitgenössische revolutionäre Griechenland keineswegs originell sind, haben sie für die romantische Bewegung wie für Hugos eigene Entwicklung entscheidende Bedeutung erlangt. Nach Lamartines *Méditations poétiques* (und den Werken von Novalis, Byron, Shelley, Keats) sind sie die ersten großen Gedichte, die nicht von der klassizistischen Tradition bestimmt sind. Diese letzte der großen romantischen Orientkonzeptionen stellt die zwingendste Sicht der islamischen Welt (auf die Hugo den Orient einschränkt) aus dem Geist der Romantik dar. Hugos Orient ist ein irrealer, visionärer Raum. Das aber läßt dem Dichter die Freiheit, auf dem Weg der Imagination und des Traums zu einer *poésie pure* (absoluten Dichtkunst) vorzustoßen, die ein auf raffinierte Weise aufrechterhaltenes Gleichgewicht von Tönen, Farben, poetischen Stimmungswerten und geistigen Gehalten darstellt. Obwohl großenteils gleichzeitig mit den *Odes et ballades* entstanden, weisen die *Orientales* eine entschiedene Verfeinerung der lyrischen Technik auf. Diese Technik ist hier vor allem von den folgenden Elementen bestimmt: 1. Erzielung kühner und ungewohnter Reime; 2. Raffinesse in der Wiederholung gleicher Worte oder Wendungen; 3. progressive (der inhaltlichen Kurve des Gedichts folgende) Versverlängerungen und -verkürzungen (besonders kühn in *Les djinns*); 4. Vielfalt der benutzten Versmaße (praktisch überwiegen jambische Strukturen, auch der klassische Alexandriner ist noch verwandt, ein eigentlich freier Vers noch nicht erreicht); 5. reichliche Anwendung der Antithese und stellenweise schon des Oxymorons; 6. Versuch eines lyrischen Impersonalismus (gekennzeichnet durch Vorherrschen der Deskription und Zurücktreten des dichterischen Subjekts); 7. Erstrebung der *imagination pure* (der reinen Imagination). – Bahnbrechend waren die *Orientales* vor allem in der Abhebung der künstlerischen Valeurs – Klang und Farbe – von einer oberflächlichen Rationalität und einer direkten Realitätsbezogenheit.

Hugo suchte seinen Orient der europäischen Gotik anzuähneln. Aber trotz der Ersetzung von Rittern und Mönchen durch Paschas und Derwische ist es weniger das orientalische Mittelalter, das in der inhaltlichen Vielfalt der *Orientales* zum Vorschein kommt, als ein gegenwärtiger oder archaisch-zeitloser Orient. Biblische Themen (wie die Vernichtung Sodoms und Gomorrhas) wechseln mit Schilderungen aus dem griechischen Freiheitskampf (etwa in *Les têtes du sérail; Navarin; L'enfant*) und einer scheinbar aus orientalischer Perspektive erfolgenden Darstellung der Kriegsproblematik *(La ville prise; Marche turque; La bataille perdue; Le Danube en colère)*; die Schönheit orientalischer Frauen wird besungen (wie in *Sara la baigneuse*), die orientalische Moral angeklagt *(Le voile)*; die Liebe in orientalischer Gestalt wird Thema (z. B. in *La douleur du pacha; Les bleuets*), die orientalische Natur Metapher für seelische Problematik (wie in *Les tronçons du serpent*). Einige der Gedichte sprengen den Rahmen gänzlich, so besonders *Extase*, das stärkste des Zyklus, das zu einer mystisch-pantheistischen Natursicht ähnlich der Shelleys führt und den Hugo der *Contemplations* ankündigt. Aber auch da, wo der Orient das Thema abgibt, ist meistens die in glühenden Farben geschilderte Natur die eigentliche Heldin der Gedichte.

Der Zyklus sollte die These erhärten, daß die romantische Epoche – im Gegensatz zu dem auf die griechische Antike fixierten 18. Jh. – durch die Hinwendung zum Orient bestimmt ist. Die geistesgeschichtlichen Einordnungen, die Hugo hiermit vornimmt, sind allerdings anfechtbar, da einerseits die östliche Welt ins Blickfeld bereits der Aufklärung (z. B. Voltaires) getreten war, andererseits das Interesse am klassischen Altertum auch für die Romantik weithin bestimmend blieb. Die *Orientales* selbst widersprechen diesem Schema durch die Griechenlandbegeisterung, die zwar dem für Hugo zeitgenössischen, in den Verband eines orientalischen Reichs eingegliederten Griechenland gilt, aber nicht vorstellbar wäre ohne den Hintergrund der antiken Geschichte. So sind die *Orientales* nicht durch ihren Inhalt, sondern durch ihr Verfahren denkwürdig und charakteristischer Ausdruck der romantischen Bewegung. Die Sammlung half, Hugos Rolle als Führer dieser Bewegung zu begründen, und bildet einen entscheidenden Übergang zur episch-lyrischen Technik des Dichters, die in *La légende des siècles* (1859) ihren krönenden Abschluß finden sollte. C.Sch.

Ausgaben: Paris 1829. – Paris 1880 [erw.]. – Paris 1912. – Givors 1951 (in *Œuvres complètes*, 35 Bde., 1949–1955, 11). – Paris 1952–1954, Hg. E. Barineau, 2 Bde. [krit.]. – Paris 1961 (in *Œuvres poétiques complètes*, Hg. F. Bouvet). – Paris 1965 (in *Œuvres poétiques*, Hg. P. Albouy, 3 Bde., 1964–1974, 1; Pléiade). – Paris 1968 (mit *Odes et ballades*; GF). – Paris 1969 (in *Œuvres complètes*, Hg. J. Massin, 18 Bde., 1967–1971, 3). – Paris 1981 (mit *Les feuilles d'automne*). – Paris 1985 (in *Œuvres complètes*, Hg. J. Seebacher, 15 Bde., 4: *Poésie I*).

ÜBERSETZUNGEN: *Orientalen und Balladen*, O. L. B. Wolff (in SW, Bd. 16, Ffm. 1838). – *Aus dem Morgenlande*, H. Stradal, Kassel 1903.

LITERATUR: Th. Gautier, *Histoire du romantisme*, Paris 1874. – Ch.-A. Sainte-Beuve, *Causeries du lundi*, Bd. 11, Paris 1881. – A. Ch. Swinburne, *A Study of V. H.*, Ldn. 1885. – L. Guimbaud, *»Les orientales« de V. H.*, Paris 1928. – R. Kemp, *»Les orientales«* (in La Liberté, 11. 2. 1929). – R. Glenn, *La chronologie des »Orientales« de V. H.* (in PMLA, 55, 1940, S. 1180–1190). – H. v. Hofmannsthal, *Versuch über V. H.* (in *Prosa*, Bd. 1, Ffm. 1956). – R. R. Maurice, *Le H. des »Orientales«* (in R. R. M., *Au cœur de l'enchantement romantique*, Paris 1961). – M. Riffaterre, *En relisant »Les orientales«* (in M. R., *Essais de stylistique structurale*, Paris 1971, S. 242–258). – Y. le Hir, *Sur un poème de H. »Les orientales«: »Malédiction«* (in TLL, 12, 1974, S. 385–390). – R. B. Grant, *Sequence and Theme in H.'s »Les orientales«* (in PMLA, 94, 1979, S. 894–908).

LES RAYONS ET LES OMBRES

(frz.; *Strahlen und Schatten*). Gedichtzyklus von Victor HUGO, erschienen 1840. – Das Werk ist die letzte der vier großen, zwischen den *Orientales* und den *Châtiments* entstandenen Gedichtsammlungen Hugos. Es zeigt, wie sich der Dichter, der von rein ästhetischen und historischen Interessen ausgegangen war, immer mehr dem philosophischen und politischen Bereich zuwendet. Damit hat er freilich seiner Lyrik Inhalte gegeben, die durch die schwebende romantische Dichtkunst – vielleicht durch die Dichtungsgattung der Lyrik überhaupt – besonders schwer auszudrücken sind. Das Thema der Erziehung des Menschen und seiner Standortbestimmung ist daher auch an vielen Punkten von *Les rayons et les ombres* verlassen. Der eigentliche vom Dichter angestrebte Zielpunkt ist da erreicht, wo der Mensch an der übrigen Schöpfung gemessen, wo die Funktion des Dichters bestimmt und nach der politischen Zukunft der Menschheit gefragt wird. (Die Titelgebung ist übrigens für die Metaphorik der Gedichte wenig bezeichnend.) Die Schöpfung hat nach dem in *Les rayons et les ombres* entworfenen Bild nur dann einen Sinn, wenn sie von einer Menschheit betrachtet wird, die ihrer würdig ist. Das Verhältnis des Menschen zu der ihn umgebenden, »romantischen« Natur ist durch eine an VERGIL erinnernde, denkbar differenzierte Betrachtungsweise erfaßt; besonders die Aspekte der Einsamkeit und Vergänglichkeit, der Vielfalt der Dinge, der Natur als Geleiterin der Toten werden betont. Entsprechend wird die schöpferische Kraft des Dichters in Naturbildern beschrieben. Amt des Dichters ist es jedoch nicht, sich in die Einsamkeit zurückzuziehen, sondern die Aufgaben des Priesters und politischen Führers zu übernehmen. Der Mangel an Geschichtsbewußtsein wird beklagt. Die Schicksalhaftigkeit menschlichen Daseins ist vom Dichter als dunkelstes Geheimnis und beunruhigendstes Rätsel gesehen; eine Antwort auf die Frage nach dem Ziel des geschichtlichen Wegs der Menschheit weiß jedoch auch er nicht zu geben. – Eingeschränkter ist die Betrachtungsweise, wenn die Natur zum Bild der individuellen Psyche des Dichters Hugo verengt, wenn sie Anlaß eines plötzlich hervorbrechenden, undifferenzierten Optimismus ist oder zum bloßen Stimmungsbild verflacht wird. Ebenso ist die Sicht umfassenden Prophetentums verlassen, wenn der Dichter lediglich über die Vergänglichkeit des Ruhms reflektiert oder Zeugnis von seiner Wahlverwandtschaft mit bestimmten Künsten oder Künstlern gibt, so dem romantisch-pathetischen David, so mit Palestrina, dessen Musik das orphisch-lunare Nachbild der Gotik darstelle. Die geschichtsphilosophische Ebene ist verlassen, wenn der Dichter bloß der Sehnsucht nach bestimmten Epochen (so nach dem mittelalterlichen Flandern) Ausdruck gibt, Frankreich als reine Jungfrau stilisiert oder seine Begegnung mit Karl X. als dem Vertreter des sterbenden monarchischen Gedankens beschwört. Völlig in den individuellen Bereich zurückgenommen sind die Gedichte, deren Thema die Liebe auf dem Hintergrund der Freudlosigkeit des Daseins ist. (Soziale Relevanz haben lediglich die Gedichte, die von der Unterdrückung der Frau in der patriarchalischen Gesellschaft handeln.)

Das letzte Gedicht der Sammlung, *Sagesse*, stellt in gewisser Hinsicht die Summe des durch *Les rayons et les ombres* Erreichten dar. Es ist die Klage um die dem bloßen Daseinsvollzug verhaftete Menschheit und die Sehnsucht des Dichters nach Glück, das er nur in der Melancholie seines einsamen Auserwähltseins, der *»tristesse d'Olympio«*, finden kann. Daß Hugo freilich darüber hinausgehen wollte, läßt sich aus dem programmatischen Vorwort ablesen. Wie bei AUGUSTINUS sollte die Bestimmtheit des Menschen durch Gott, die Geschichte, die Natur gezeigt werden, das Vertrauen des Dichters auf die humane Würde, die sich gerade in der schrecklichen Schönheit der Geschichte realisiere, der Platz des Menschen zwischen dem Eden MILTONS und den Höllenwelten DANTES und BYRONS. Von dem großen Kirchenlehrer trennen Hugo freilich nicht nur historische Distanz und die ungleich geringere eigene Bedeutung, sondern auch die Hinneigung des spätgeborenen Romantikers zur Gnosis. Am ehesten ist künstlerisch die Amalgamierung der einzelnen Dichtungsgattungen realisiert (es finden sich epische und dramatische Elemente) sowie das Bild des über den Parteien stehenden Dichters, dessen Genie gleichermaßen die auf die Natur bezogene *»imagination«* wie die auf die Gesellschaft gerichtete *»observation«* umfaßt. C.Sch.

Ausgaben: Paris 1840. – Paris 1909. – Givors 1952 (in *Œuvres complètes*, 35 Bde., 1949–1955, 14). – Paris 1961 (in *Œuvres poétiques complètes*, Hg. F. Bouvet). – Paris 1964 (in *Œuvres poétiques*, Hg. P. Albouy, 3 Bde., 1964–1975, 1; Pléiade). – Paris 1968 (in *Œuvres complètes*, Hg. J. Massin, 18 Bde., 1967–1971, 6). – Paris 1977 (mit *Les chants du crépuscule* u. *Les voix intérieures*; Poche). – Paris 1983 (mit *Les chants du crépuscule* u. *Les voix intérieures*). – Paris 1984 (in *Poésies*, Hg. J.-B. Barrère, 2 Bde., 2). – Paris 1985 (in *Œuvres complètes*, Hg. J. Seebacher, 15 Bde., 4: *Poésie I*).

Literatur: Ch.-A. Sainte-Beuve, *Causeries du lundi*, Bd. 11, Paris 1881. – L. Spitzer, *»Les rayons et les ombres«: Tristesse d'Olympio* (in L. S., *Interpretationen zur Gesch. d. frz. Lyrik*, Heidelberg 1961, S. 158–169). – Ch. Baudelaire, *V. H.* (in Ch. B., *Œuvres complètes*, Bd. 3, Paris 1967, S. 267 ff.). – A. Hof, *Le sens du mot ›ombre‹ dans »Les rayons et les ombres«* (in RHLF, 67, 1967, S. 537–556). – W. Greenberg, *Symbolization and Metonymic Links in Three Poems from H.'s »Les rayons et les ombres«* (in Dalhousie Review, 62, 1982, S. 600–634). – J.-B. Barrère, *Lecture de »L'Ombre«* (in CAIEF, Mai 1986, Nr. 35, S. 257–265).

LE ROI S'AMUSE

(frz.; *Der König amüsiert sich*). Versdrama in fünf Akten von Victor Hugo, Uraufführung: Paris, 22. 11. 1832, Comédie-Française. – Victor Hugo hatte sich bei einem Besuch des Loireschlosses Chambord einen Zweizeiler von der Hand des französischen Königs Franz I. (reg. 1515–1547) notiert: *»Souvent femme varie! / Bien fol est qui s'y fie!« (»Wankelmütig ist die Frau! / Ein Tor, wer ihr vertraut!«)* 1831 ließen ihn die Beziehungen seiner Frau Adèle zu Sainte-Beuve voll Bitterkeit an die gemeinsame Reise in die Touraine und an jene zynischen Verse zurückdenken, die ihn jetzt zu seinem Drama um Franz I. inspirierten. Der Stoff kam seinem Plädoyer für das historische Drama entgegen; zugleich konnte Hugo mit der Charakteristik des Renaissanceherrschers seine antimonarchische Gesinnung zum Ausdruck bringen.

Franz I. erscheint in diesem Drama als galanter, vergnügungssüchtiger Monarch, den sein mißgestalteter Hofnarr Triboulet zu immer neuen Ausschweifungen anstachelt. Für seine physischen und seelischen Leiden rächt Triboulet sich mit Hofintrigen, Scharfzüngigkeit und Spottlust, die ihn allen Höflingen verhaßt machen. Als diese von der angeblichen Existenz einer Geliebten Triboulets erfahren, planen sie deren Entführung. In Wahrheit handelt es sich jedoch um Triboulets Tochter Blanche, die dieser in einem abgelegenen Haus in Paris verborgen hält, um sie vor der Spottsucht der Hofgesellschaft zu schützen. In ihrer Nähe vergißt Triboulet die täglichen Qualen, in ihr findet er alle Schönheit verkörpert, nach der er selbst sich sehnt. – Trotz Triboulets Vorsichtsmaßnahmen ist es einem Unbekannten gelungen, sich Blanche während ihrer Kirchgänge zu nähern. Das junge Mädchen liebt den vermeintlichen armen Studenten, hinter dem sich in Wahrheit der König verbirgt. – Es gelingt den Höflingen, Blanche in Gegenwart ihres überlisteten Vaters zu entführen und sie zum König zu bringen. Triboulets Verzweiflung läßt sie dabei ungerührt. Der Narr schwört grausame Rache am König für die Entehrung seiner Tochter, doch kann er den Widerstand Blanches, die den König immer noch liebt und seinen Schwüren vertraut, erst brechen, als er sie zur Zeugin einer frivolen Liebesszene zwischen Franz und Maguelonne, der Schwester des von ihm gedungenen Mörders Saltabadil, macht. Saltabadil soll den König in einer Kaschemme ermorden, in die Maguelonne ihn gelockt hat, und Triboulet den in einen Sack gehüllten Leichnam übergeben. Doch Blanche, für die das Leben sinnlos geworden ist, opfert sich an Stelle des Königs. In seiner Rache triumphierend, will Triboulet den Sack mit dem Leichnam in die Seine werfen, als er von weitem plötzlich die trällernde Stimme des Königs vernimmt: *»Souvent femme varie ...«* Ahnungsvoll öffnet er den Sack und entdeckt die zu Tode verwundete Blanche. Er bricht mit dem Aufschrei: *»Ich habe meine Tochter getötet!«* über ihrer Leiche zusammen.

Die melodramatische Handlung akzentuiert zwei in Hugos Schriften zentrale Motivbereiche: das romantische Thema einer Liebe, der die gesellschaftlichen Schranken entgegenstehen (Blanches Liebe zum König), und den fremdartigen Reiz des Grotesken, das in Triboulet verkörpert ist. Wie Quasimodo in *Notre-Dame de Paris* (1831) vereint Triboulet äußere Häßlichkeit mit hochherzigen Gefühlen; seine Beziehung zu Blanche symbolisiert wie Quasimodos Liebe zu Esmeralda jenes Nebeneinander von Groteskem und Sublimem, wie es Hugo in seiner auf Stilmischung zielenden Dramentheorie forderte. Das Groteske verbindet sich in der Gestalt des unglücklichen Hofnarren, der klassischen Poetik entgegen, nicht mit dem Komischen: Triboulet ist eine tragische Figur, die zudem Hugos Interesse und Mitgefühl für die gesellschaftlich Verfemten bezeugt. Die wachsende Sozialkritik des Dichters bezeugt sich jedoch vor allem in der unhistorischen Darstellung des leichtfertigen Monarchen, der sich auf Kosten seiner Untertanen amüsiert. Am Tag nach der Uraufführung wurde das Drama wegen angeblicher Verletzung der Sittlichkeit verboten. Hugo verlor auch den anschließenden Prozeß, obwohl er sich eindrucksvoll zu verteidigen wußte. Erst fünfzig Jahre später erlebte das Stück eine (mißglückte) Wiederaufführung. Inzwischen hatte Hugos Drama jedoch durch die Bearbeitung als Libretto zu Verdis Oper *Rigoletto* (1851) Weltberühmtheit erlangt.

H.Ei.

AUSGABEN: Paris 1832. – Paris 1890 (in *Théâtre*, Bd. 2, Hg. E. Hugues). – Givors 1951 (in *Œuvres complètes*, 35 Bde., 1949–1955, 13). – Paris 1963 (in *Théâtre complet*, 2 Bde., 1; Einl. R. Purnal; Anm. J.-J. Thierry u. J. Mélèze). – Paris 1963 (in *Œuvres dramatiques complètes*, Hg. F. Bouvet). – Paris 1967 (in *Œuvres complètes*, Hg. J. Massin, 18 Bde., 1967–1971, 4). – Paris 1979 (in *Théâtre*, Hg. R. Pouillart, 2 Bde., 1; GF). – Paris 1985 (in *Œuvres complètes*, Hg. J. Seebacher, 15 Bde., 8: *Théâtre I*).

ÜBERSETZUNGEN: *Der König amüsiert sich*, O. L. B. Wolff, Ffm. 1835. – *Der König macht sich lustig*, F. Seybold, Stuttgart/Leipzig 1835. – Dass., ders. (in *SW*, Band 5, Stuttgart 1839–1843). – *Eine Königslaune*, H. v. Löhner, Leipzig 1881. – *Der König amüsirt sich*, J. Benoit, Leipzig o. J. [um 1875] (RUB, 729).

VERTONUNG: G. Verdi, *Rigoletto* (Oper; Urauff.: Venedig, 11. 3. 1851, La Fenice).

VERFILMUNGEN: Frankreich 1909 (Regie: A. Cappellani). – *Rigoletto*, Italien 1910. – Dass., Österreich 1918 (Regie: L. Kolm u. J. Fleck). – Italien 1918. – *Il re si diverte*, Italien 1941 (Regie: M. Bonnard). – *Rigoletto*, Italien 1946 (Regie: C. Gallone). – *Rigoletto e sua tragedia*, Italien 1954 (Regie: F. Calzavara).

LITERATUR: M. Du Bos, *Une source des erreurs du »Roi s'amuse«* (in MdF, 240, 1933, S. 23–42). – F. Lambert, *Le manuscrit du »Roi s'amuse«*, Paris 1964. – A. Ubersfeld, *Les drames de H.: structure et idéologie dans »Le roi s'amuse« et »Lucrèce Borgia«* (in La Nouvelle Critique, 39 bis, 1970, S. 162–167). – A. Wentzlaff-Eggebert, *»Le roi s'amuse« und »Rigoletto«* (in *Romanische Literaturbeziehungen im 19. u. 20. Jh.*, Hg. A. San Miguel u. a., Tübingen 1985, S. 335–349). – S. Döhring, *»Le roi s'amuse« – »Rigoletto«. Vom ›drame‹ zum ›melodramma‹* (in *Oper als Text*, Hg. A. Gier, Heidelberg 1986, S. 239–247).

JORIS-KARL HUYSMANS

* 5.2.1848 Paris
† 12.5.1907 Paris

LITERATUR ZUM AUTOR:
Bibliographien:
C. A. Cevasco, *J.-K. H: A Reference Guide*, Boston 1980. – R. Rancœur, *Bibliographie (1949–1984)* (in *H.*, Hg. P. Brunel u. A. Guyaux, Paris 1985, S. 446–465).
Zeitschrift:
Bulletin de la Société Huysmans, Paris 1928 ff.
Gesamtdarstellungen und Studien:
H. Trudgien, *L'esthétique de J.-K. H.*, Paris 1934; Nachdr. Genf 1970. – P. Cogny, *J.-K. H. à la recherche de l'unité*, Paris 1953. – R. Baldick, *The Life of J.-K. H.*, Oxford 1955. – M. M. Belval, *Étapes de la pensée mystique de J.-K. H.*, Paris 1968. – P. Duployé, *H.*, Paris 1968. – M. Issacharoff, *J.-K. H. devant la critique en France (1874–1960)*, Paris 1970. – F. Zayed, *H., peintre de son époque*, Paris 1973. – *Mélanges P. Lambert consacrés à H.*, Vorw. P. Cogny, Paris 1975. – C. Maignon, *L'univers artistique de J.-K. H.*, Paris 1977. – RSH, 43, 1978, Nr. 170/71 [Sondernr. *J.-K. H.*]. – *J.-K. H. Du naturalisme au satanisme et à Dieu*, Paris 1979. – R. Thiele, *Satanismus als Zeitkritik bei J.-K. H.*, Ffm. 1979. – M. Ach u. J. Jörgensen, *J.-K. H. und die okkulte Dekadenz*, Mchn. 1980. – M. Y. Ortoleva, *J.-K. H., romancier du salut*, Sherbrooke/Québec 1981. – P. Audouin, *H.*, Paris 1985. – *H.*, Hg. P. Brunel u. A. Guyaux, Paris 1985 (Cahiers de l'Herne). – *H., une esthétique de la décadence*, Hg. A. Guyaux u. a., Genf 1987.

A REBOURS

(frz.; *Gegen den Strich*). Roman von Joris-Karl HUYSMANS, erschienen 1884. – Das Werk ist ein – teilweise autobiographisches – Zeugnis der literarischen »Dekadenz« des ausgehenden 19. Jh.s. Der Held des Romans, Jean Des Esseintes, ist der letzte Sproß einer hochadeligen, zunehmend der Dekadenz verfallenden Familie. Schon als Jesuitenzögling zeigt er auffallende ästhetizistische Neigungen, die ihn mehr und mehr zur Verachtung alles Bürgerlich-Durchschnittlichen treiben und sich bis zu hypochondrischer Menschenverachtung steigern. Die literarische Tradition des *ennui* vermischt sich hier mit dem *spleen* des späten 19. Jh.s.
Aus unwiderstehlichem Einsamkeitsbedürfnis erwirbt Des Esseintes ein Haus in Fontenay bei Paris, das er nach seinem bis in pathologische Grenzbereiche verfeinerten Geschmack ausstattet. Da er dazu neigt, Natur als absoluten Gegensatz zur Kunst zu sehen und allen ihren Erscheinungsformen sich immer weitgehender zu entziehen, versucht er konsequent, sich eine Welt zu schaffen, die ihm erlaubt, *»die Abstraktion bis zur Halluzination zu treiben und den Traum von der Wirklichkeit an die Stelle der Wirklichkeit zu setzen«*. Da ihm Natur nicht genügt, schafft er sich, teilweise mit Hilfe von Rauschgiften, einen Kosmos aus Farb- und Geruchssynästhesien, in den er seine neurotische Sensibilität einbettet. Literarische, künstlerische und intellektuelle Reize dienen ihm zum Aufbau dieser aus Traum und Wirklichkeit gewobenen Scheinwelt. Seine literarischen Neigungen gelten vor allem Dichtern, die gleich ihm aus der Banalität der menschlichen Gesellschaft ihrer Zeit auszubrechen suchen: an erster Stelle den *poètes maudits*, Baudelaire und Verlaine, aber auch Barbey d'Aurevilly, den Gon-

courts, Flaubert und Zola, die seinen Hunger nach künstlerischer Überformung der Wirklichkeit stillen. In der Malerei schätzt er besonders die Phantasmagorien Gustave Moreaus; in der Musik entsprechen Berlioz, Wagner und Schubert am meisten. Bei alledem handelt es sich um den Versuch, jenseits der als unbefriedigend empfundenen, erfahrbaren Welt eine Art von artifizieller Transzendenz aufzubauen, die freilich mehr in halluzinatorischer Anstrengung zitiert als religiös erfüllt scheint, aber bereits auf den späteren Ausweg aus der autistischen Selbstversponnenheit hinweist.

Des Esseintes' ästhetizistische Existenz wird immer neurotischer und pathologischer, bis ihm eines Tages sein Arzt klarmacht, daß nur die Rückkehr ins gesellschaftliche Leben in Paris ihn retten könne. Des Esseintes, der den Gedanken verabscheut, *»so zu sein wie alle anderen«*, beugt sich der Notwendigkeit. Zum Schluß regt sich in ihm eine religiöse Erlösungssehnsucht, mit der sich, wie Huysmans in einem zwanzig Jahre später verfaßten Vorwort bekennt, für ihn selbst die Hinwendung zum christlichen Glauben abzeichnete.

So ist *A rebours* zugleich das hervorragendste Zeugnis für die literarische Dekadenz des Fin de siècle wie auch für die Umkehr aus dieser Haltung in den Glauben. Huysmans wird dadurch zu einem Vorläufer des *renouveau catholique* in der französischen Literatur des 20. Jh.s. W.A.

Ausgaben: Paris 1884. – Paris 1928–1934 (in *Œuvres complètes*, 23 Bde., 7). – Paris 1942. – Paris 1975 (10/18). – Paris 1977 (Folio). – Paris 1978 (GF). – Paris 1981, Hg. R. Fortassier [krit.].

Übersetzungen: *Gegen den Strich*, M. Caspius, [2]1905. – Dass., H. Jacob, Bln. [6]1929. – Dass., ders., Zürich 1964 [m. Einl. v. R. Baldick u. einem Essay v. P. Valéry]. – Dass., ders., Bln. 1972 (Ullst. Tb). – Dass., ders., Zürich 1981 (detebe).

Literatur: E. Drougard, *Du nouveau sur »A rebours«* (in Bull. de la Société H., 32, 1928, S. 228–237). – L. Deffoux, *Deux corrections de l'édition originale de »A rebours«* (ebd., 35, 1933, S. 210–247). – H. J. Greif, *»A rebours« und die Dekadenz*, Bonn 1971. – F. Livi, *»A rebours« et l'esprit décadent*, Paris 1972. – R. Hess, *»A rebours«* (in *Der frz. Roman*, Hg. K. Heitmann, Düsseldorf 1975, S. 34–59; 328/329). – W. B. Berg, *Dekadenz und Utopie in H.s »A rebours«* (in GRM, 25, 1975, S. 214–229). – J. Sänger, *Aspekte dekadenter Sensibilität*, Ffm. u. a. 1978. – D. Grojnowski, *»A rebours«, le nom, le référent, le moi, l'histoire dans le roman de H.* (in Littérature, 29, Febr. 1978, S. 75–89). – F. Gaillard, *»A rebours«, une écriture de la crise* (in RSH, 170/171, 1978, S. 111–122). – R.-R. Wuthenow, *Der kranke Leser. Des Esseintes und seine Brüder* (in R.-R. W., *Im Buch die Bücher oder Der Held als Leser*, Ffm. 1980, S. 149–159). – F. Carmignani-Dupont, *Fonction romanesque du récit de rêve. L'exemple de »A rebours«* (in Littérature, 43, Okt. 1981, S. 57–74). – J. Borek, *Die Sensation im Zeichen der Neurose. Des Esseintes* (in J. B., *Sensualismus und Sensation*, Wien u. a. 1983, S. 136 bis 142). – *J.-K. H. au tournant d'»A rebours«* (in A rebours, 29, 1984; Sondernr.). – V. Roloff, *Von der Leserpsychologie des Fin de siècle zum Lektüreroman* (in LiLi, 15, 1985, S. 186–203).

JOSEPH JOUBERT

* 7.5.1754 Montignac
† 4.5.1824 Villeneuve-sur-Yonne

RECUEIL DES PENSÉES

(frz.; *Gesammelte Aphorismen*). Aphorismen von Joseph Joubert, postum erschienen 1838. – Diese von Chateaubriand besorgte Erstausgabe war nur für einen engen Freundeskreis bestimmt und gibt eine Auswahl aus den Notizheften Jouberts. – Die einschneidende Bedeutung der Französischen Revolution für seine geistige Entwicklung hat Joubert selbst beschrieben: *»Die Revolution hat meinen Geist aus der Wirklichkeit verscheucht, sie hat sie mir zu fürchterlich gemacht.«* In den lyrisch getönten Selbstdarstellungen des Moralisten kehren bestimmte Bilder immer wieder: Vogelflug, schwereloses Aufsteigen in die Höhe, zum Licht. Die Weltflucht Jouberts ist getragen von metaphysischer Sehnsucht, die das Reale, Materielle spiritualisiert, entwirklicht und auf die übersinnliche als die eigentlich wirkliche Welt hin ausrichtet. Platonisches Gedankengut ist unverkennbar, es steht jedoch – wie überhaupt Metaphysik und Philosophie bei Joubert – in einem religiösen Bezugsrahmen. Es entspricht den Grundtendenzen der romantischen Epoche, daß Religion und Poesie sich wechselseitig durchdringen. Die Religion ist für den Katholiken Joubert die *»Poesie des Herzens«* und das Schöne in seiner absoluten Form identisch mit der Wahrheit und dem Wesen Gottes.

Gegenüber dem Bestreben der Aufklärung, die menschlichen Verhältnisse frei von allen Bindungen an Tradition und Vorurteil durch die Vernunft neu zu ordnen, bezieht Joubert eine konservative Gegenposition: *»Ahmt die Zeit nach: sie zerstört alles langsam, sie untergräbt, verbraucht, entwurzelt, löst ab, aber sie reißt nicht gewaltsam aus.«* Er vertraut dem Gewachsenen und nicht dem Gemachten, der Monarchie und nicht der Demokratie und setzt dem traditionsfeindlichen Fortschrittsglauben ein bildungsgesättigtes Geschichtsbewußtsein entgegen. – Die Aufklärung hatte die moralische Lebensordnung der Gesellschaft in Zweifel gezogen und ihre Selbstverständlichkeit zerstört. Jouberts pietätvolle Restauration des Diskreditierten ist nicht nur Ideologie. Sein Lob etwa der urbanen

Geselligkeit und Konversation, der Scham, der echten Höflichkeit erinnert daran, daß in ihnen Humanität zu Hause ist. *»Höflichkeit ist die Blüte der Menschlichkeit. Wer nicht höflich genug, ist auch nicht menschlich genug.«*
Unter den Moralisten ist Joubert einer der wenigen Optimisten, die nicht so sehr kritisch entlarven, wie der Mensch ist, sondern beschreiben, wie er sein soll. Mit dem Hinweis, daß er *»wie Montaigne, unfähig zur ausgebildeten Rede und systematischen Darstellung«* sei, hat Joubert sich selbst in den Traditionszusammenhang der aphoristischen essayistischen Schreibart gestellt. Viele seiner Fragmente, Maximen, Sentenzen und Betrachtungen haben jedoch einen neuen Klang. Sie bekunden eine lyrische Sprachmusikalität, die über rationale Eindeutigkeit hinausdrängt und zum vielsinnigen Ausdruck stimmungshafter Bewegtheit wird. Jouberts subtile Gedanken über Schriftstellerei und Stil widersprechen der geläufigen Gleichsetzung von Gefühl und Formlosigkeit und lassen die hohe Bewußtheit seiner *»Gemüterregungskunst«* (Novalis) erkennen. *»Es ist eine große Kunst, den Stil mit Unbestimmtheiten zu erfüllen, die gefallen.«* Die ästhetische Theorie Jouberts, die Formensprache seines Werks weisen über die Romantik hinaus und wirken an manchen Stellen wie ein Präludium zum Symbolismus und zu der Lyrik BAUDELAIRES.

P.Mo.

AUSGABEN: Paris 1838, Hg. F. R. de Chateaubriand. – Paris 1842 (*Pensées, essais et maximes de J., suivis de lettres à ses amis et précédés d'une notice sur sa vie, son caractère et ses travaux*, Hg. P. Rayna, 2 Bde.; ²1850; erw.). – Paris 1909 (*Pensées*; Einl. u. Anm. V. Giraud). – Paris 1954 (*Pensées et lettres*, Hg. R. Dumay u. M. Andrieux; Ausz.). – Paris 1966 (*Pensées*, Hg. G. Poulet; Ausz.; 10/18). – Paris 1983 (*Essais 1779–1821*, Hg. R. Tessoneau).

ÜBERSETZUNGEN: *Gedanken, Versuche und Maximen*, F. v. Pocci, Mchn. 1851. – *Gedanken und Maximen*, F. Schalk (in *Die französischen Moralisten*, Hg. ders., Lpzg. 1940; Slg. Dieterich, 45, Bd. 2). – *Christliche Weisheit*, W. Rüttenauer, Würzburg 1940 [Ausw.].

LITERATUR: J. Durieux, *J. J., l'homme et l'œuvre*, Périgueux 1901. – B. Halda, *J. J., ou De la perfection*, Paris 1954. – L. Perche, *J. parmi nous*, Limoges 1954. – G. Saba, *Profilo di J. J.*, Triest 1955. – C. Thévenez-Schmalenbach, *J., seine geistige Welt*, Genf 1956. – A. Billy, *J. énigmatique et délicieux*, Paris 1969. – N. Alcer, *Studien zu J., mit bisher unveröffentlichten Schriften*, Diss. Bln. 1974. – P. A. Ward, *J. and the Critical Tradition*, Genf 1980. – C. Coman, *Les »Pensées« de J., livre de chevet proustien* (in FR, 56, 1982/83, S. 696–702).

EUGÈNE LABICHE

* 5.5.1815 Paris
† 23.1.1888 Paris

LITERATUR ZUM AUTOR:
É. Zola, *Nos auteurs dramatiques*, Paris 1881. – Ph. Soupault, *E. L. Sa vie, son œuvre*, Paris 1945; ern. 1964. – J. Autrusseau, *L. et son théâtre*, Paris 1971. – P. Haffter, *L. et la rhétorique* (in RHT, 24, 1972, S. 46–57). V. Klotz, *Diagnostische Bemerkungen zum Bühnenschwank am Beispiel von L., Feydeau, Arnold/Bach und anderen* (in *Trivialliteratur*, Hg. A. Rucktäschl, Mchn. 1976, S. 205–229). – M. Issacharoff, *L., la farce et la sémiotique* (in SRLF, 19, 1980, S. 207–221). – L. Pronko, *L. and Georges Feydeau*, Ldn. 1982. – M. Issacharoff, *L. et l'intertextualité comique* (in CAIEF, 35, 1983, S. 169–182). – L. K. Stillmann, *The Absent Structure of Farce. »Ça biche«* (in RomR, 76, 1985, S. 405–414). – J. Robichez, *Maris jaloux et prudents chez L. et Courteline* (in *D'Eschyle à Genet. Hommage à Francis Pruner*, Dijon 1986, S. 267–273). – E. Haymann, *L. ou l'esprit du Second Empire*, Paris 1988. – B. Wehinger, *Paris-Crinoline. Zur Faszination des Boulevardtheaters*, Mchn. 1988.

UN CHAPEAU DE PAILLE D'ITALIE

(frz.; *Ein italienischer Strohhut*). Komödie in fünf Akten von Eugène LABICHE und Marc MICHEL (1812–1868), Uraufführung: Paris, 14.8. 1851, Théâtre de la Montansier. – Das Stück, lange Zeit neben *La Cagnotte* das beliebteste Werk des berühmten Vaudeville-Meisters Labiche, löst sich weitgehend aus der traditionellen, situationsbedingten Komik des Vaudevilles. Es bringt mit dem nahezu bacchantischen Zug einer Hochzeitsgesellschaft ein ausgesprochen dynamisches Element ins Spiel. Die Gesellschaft folgt dem jungen Bräutigam Fadinard durch eine Reihe von unwahrscheinlichen, burlesken Abenteuern, die er auf der Suche nach einem Strohhut auf sich nehmen muß. Sein Pferd hat nämlich den mit Mohnblumen geschmückten Florentinerhut der Dame Anaïs Beauperthius gefressen, die, da sie in Begleitung eines galanten Husarenoffiziers war, kompromittiert wäre, wenn sie ihrem Gatten ohne den Hut unter die Augen treten müßte. Nach verschiedenen komischen Zwischenfällen – nachdem die Hochzeitsgesellschaft über ein nicht für sie bestimmtes Buffet hergefallen, Fadinard als vermeintlicher italienischer Tenor in den Salons festgehalten worden ist und ausgerechnet dem mit Ungeduld seine Frau erwartenden Monsieur Beauperthius sein ganzes Mißgeschick erzählt hat – findet sich unter den Hochzeitsgeschenken ein dem verlorenen genau gleichender Strohhut: die Ehre der Dame ist geret-

tet, und Fadinard kann sich endlich, von der jubelnden Gesellschaft umringt, seiner jungen Frau und ihrem großen Tag widmen.
Die Handlung des Stückes ist bewußt planlos, turbulent und unausgewogen, voller Zufälle, Verwechslungen und gesuchter Verstrickungen und bedient sich eines ebenso lebhaft bewegten, unbekümmert frischen Dialoges. Die Gestalten – Fadinard mit seinen 24 Francs Rente *(»täglich!«)*, der drollig charakterlose Schwiegervater Nonancourt, der Bäumchen züchtet, sein weinerlicher Neffe Bobin, der taube Onkel Vizinet und die naive Braut Hélène, der eifersüchtig-beschränkte Beauperthius, die flatterhafte Anaïs mit ihren Damenallüren und die Zinnsoldaten-Militärs – sind stark überzeichnete, aber treffende Spießbürgerkarikaturen, wie sie auch die *petite presse satirique* jener Zeit, die Daumier und Gavarni zu ihren Zeichnern zählte, dem Publikum präsentierte. I.P.

Ausgaben: Paris 1851. – Paris 1889 (in *Théâtre complet*, 10 Bde., 1878–1889, 1). – Paris 1943. – Straßburg 1961 [m. Lithogr. v. E. Dufor]. – Evreux 1970 (in *Théâtre*, 4 Bde., 1). – Paris 1979 (in *Théâtre*, Hg. G. Sigaux, 2 Bde., 1; GF). – Paris 1986, Hg. J.-P. de Beaumarchais.

Übersetzungen: *Ein Florentiner Hut*, anon., o. O. u. J. [ca. 1856]. – *Der Florentinerhut*, M. Zoff, o. O. u. J. [ca. 1932; Bühnenms.; Drei Masken-Vlg.]. – Dass., H. Budjuhn u. H. Weigel, o. O. u. J. [ca. 1949; Bühnenms.; Reiss-Vlg.]. – *Ein Florentinerhut*, E. Rechel-Mertens, Reinbek 1968 [m. Couplettexten v. H. Busse]. – *Der Florentinerhut*, J. M. Meyer, Wiesbaden 1973 [Bühnenfassg.].

Verfilmungen: Frankreich 1913 (Pathé). – Frankreich 1927 (Regie: R. Clair). – *Der Florentiner Hut*, Deutschland 1939 (Regie: W. Liebeneiner). – Frankreich 1941 (Regie: M. Cammage).

Literatur: M. Issacharoff, *Quand le référent est roi* (in M. I., *Le spectacle du discours*, Paris 1985, S. 129–139). – C. Lévi-Strauss, *La potière jalouse*, Paris 1985. – *»Un chapeau de paille d'Italie« Dossier* (in Comédie française, April 1986, Nr. 147/148, S. 6–41).

JULES LAFORGUE

* 16.8.1860 Montevideo
† 20.8.1887 Paris

Literatur zum Autor:
M. Mauclair, *J. L.*, Paris 1896. – H. Moore, *Impressions and Opinions. Two Unknown Poets: Rimbaud and L.*, Ldn. 1913. – F. Ruchon, *J. L., sa vie, son œuvre*, Genf 1924. – J. Cuisinier, *J. L.*, Paris 1925. – G. Kahn, *Symbolistes et décadents. Les origines du symbolisme*, Paris 1936. – M. G. Durry, *J. L.*, Paris 1852. – W. Ramsey, *J. L. and the Ironic Inheritance*, NY 1953; ern. Carbondale/Ill. 1969. – P. Reboul, *J. L.*, Paris 1960. – *L. Essays on a Poet's Life*, Hg. W. Ramsey, Carbondale/Ill. 1969. – J.-L. Debauve, *J. L. et son temps*, Paris 1972. – M. Collie, *J. L.*, Ldn. 1977. – D. Arkell, *Looking for L.*, Manchester 1979. – RSH, 178, 1980 [Sondernr. *J. L.*]. – J. A. Hiddleston, *Essai sur J. L.*, Paris 1980. – L. J. Watson, *J. L. Poet of His Age*, New Jersey 1980.

DAS LYRISCHE WERK (frz.) von Jules Laforgue.
Die ersten Jahre seiner Kindheit verbrachte Laforgue in Montevideo, wo sein Vater eine Privatschule leitete, dann als Bankangestellter arbeitete. 1866 übersiedelte die Familie nach Tarbes, dem Geburtsort des Vaters. Laforgue besuchte das Gymnasium in Tarbes und Paris, fand dann sein dürftiges Auskommen in allerlei untergeordneten Stellungen, bis Paul Bourget und der Verleger Charles Ephrussi ihm 1881 einen Posten als Vorleser der Kaiserin Augusta in Berlin verschafften. Dort entstanden in den nächsten fünf Jahren seine beiden Gedichtsammlungen *Les complaintes (Die Bänkelgesänge)* und *L'imitation de Notre-Dame la Lune (Die Nachfolge Unserer Lieben Frau Mond)*, die beiden einzigen Bücher, die er selber zu Lebzeiten zum Druck beförderte. In seinen Briefen lassen sich Spuren einiger unbestimmter amouröser Affären verfolgen; im Januar 1886 lernte er in Berlin Leah Lee, eine Englischlehrerin, kennen, die er im Dezember heiratet. Das junge Paar zieht nach Paris. Acht Monate darauf stirbt Laforgue an der Lungenschwindsucht; schon im nächsten Jahr erliegt seine Frau der gleichen Krankheit.
Schon als Neunzehnjähriger entwarf Laforgue einen umfangreichen Zyklus philosophischer Gedichte, *Le sanglot de la terre (Das Schluchzen der Erde)*, von dem einige Stücke in die beiden späteren Gedichtsammlungen Aufnahme fanden, andere postum veröffentlicht wurden. *»Erster Teil: das Schluchzen der Erde, des Gehirns, des Erdbewußtseins. In einem zweiten Band will ich alles Elend, allen Schmutz des Planeten in der Unschuld der Himmel versammeln, die Bacchanalien der Geschichte, Asiens Pracht, die Drehorgeln von Paris, den Karneval des Olymp, die Morgue des Musée Dupuytren, das Hospital, die Liebe, den Alkohol, den Spleen, die Massaker, die Thebaiden, den Wahnsinn, die Salpêtrière.«*
Laforgue las viel, moderne Denker, moderne Naturwissenschaftler: Ch. Darwin (1809–1882), H. L. F. Helmholtz (1821–1894), vor allem Eduard von Hartmann (1842–1906), dessen *Philosophie des Unbewußten* (1869) schon 1877 ins Französische übersetzt wurde. Hartmanns Unbewußtes, als der alles durchwaltende Weltgrund, ist dem Schopenhauerschen Willen verwandt und wie dieser etwas blind Unvernünftiges, von dem der

zur Vernunft Erwachte sich zu erlösen trachtet. Diese Welt ist zwar, nach Hartmann, die beste aller möglichen Welten, *»aber immer noch so schlecht, daß es besser wäre, es gäbe überhaupt keine Welt«*. Dieses Unbewußte bringt ein unaufhörliches Gaukelwerk immer neuer Illusionen hervor; dementsprechend entwickelt Laforgue die Ästhetik einer sich ständig erneuernden, gebrochenen, irritierenden, in unvorhergesehenen Umschwüngen und Umsprüngen sich fortbewegenden Poesie. Er mischt die Formen: Alexandriner, *vers libres*, Liedstrophen, Refrains; mischt gehoben Idealisches mit parodistischen, ironischen, zynischen Tönen, verschmäht nicht den Gassenhauer, den er mit liturgischen Formeln durchsetzt; nichts ist ihm heilig, alles scheint ihm verwendbar: irisierende Klänge, Verfärbungen, feierliche und karikierende Wortprägungen. Er erzielt derart ein Feuerwerk überraschender Augenblickseffekte, das allerdings zugleich bestimmt scheint, durch sein Geprassel etwas zu verbergen oder doch nicht allzu deutlich werden zu lassen: den unheilbaren *ennui*, die Verstörtheit, das Ungenügen, die Verzweiflung über die Nichtigkeit des Lebens, das Nichts des Alls. Zu Laforgues Vorgängern und Vorbildern gehören, außer Heinrich HEINE, vor allem Jean RICHEPIN (1849–1926), Charles CROS (1842–1888) und Paul VERLAINE (1844–1896). Eine seiner Hauptgestalten ist Pierrot, der als ein melancholischer Dandy des Mondes durch seine Verse geistert: *»Wie nachts im Parke sie die leisen / Bildsäulen aus dem Schlafe stören, / Doch ihre Gunst und Liebesschwören / Den wenigst nackten nur erweisen, // So tun, mit einer Frau allein, / Sie so, als wären sie ein Dritter, / Verwechseln ›zuckersüß‹ und ›bitter‹, / Fordern ein Nichts mit wildem Schrein, // Reden von Lieb wie aus dem Grab / Mit tiefer Stimme in Ekstasen, / Und schließen ihr verzwicktes Rasen / Mit einem Lassen wir das! ab, // Bis trunken sich die Frau vergißt, / Betört von irgend einer stillen / Begier nach Mond, ihnen zu Willen / Jenseits der Konventionen ist.« (Pierrots* III, Übers. M. Brod)
Laforgue gilt, zusammen mit seinem Freund Gustave KAHN (1859–1936), dem Herausgeber von ›La Vogue‹ und der ›Revue Indépendante‹, als der Erfinder des *vers libre*, einer Verstechnik, die sich von der strengen Silbenzählung befreit, auf den Reim zwar noch nicht verzichtet, jedoch auch »unreine« Reime zuläßt. Laforgue verwendet diesen »freien Vers« gerne in unregelmäßig gebauten längeren Gedichten, in denen ein Zug zum Erzählenden sich durchsetzt; so in dem nachgelassenen *Solo de lune*, einem kleinen Meisterwerk der Zärtlichkeit und ironisch gebrochenen Stimmung.
Die Liebe ist eines der Hauptthemen Laforgues, der sich gerne als Misogyn und Lebemann gibt und den es doch nach nichts anderem verlangt als nach der einen, einzigen. Einerseits ist die Liebe *»eine ewige Farce, schmutzig und lächerlich«*, andrerseits bleibt die Frau ein Idol, wenn möglich ein unberührtes (das erspart manche Scherereien und unliebsame Folgen). *Pierrot fumiste* heiratet Colombinette, doch er enthält sich ihrer. Als ihre Mutter und deren Hausarzt auf Scheidung klagen, *»verweigerte Pierrot jede ärztliche Feststellung, verlor seinen Prozeß, aber ... // Er machte von seiner letzten verheirateten Nacht ausgiebigsten Gebrauch, umarmte und besaß seine Frau verliebt wie ein brünstiger Stier, und am nächsten Morgen pfiff er, pfiff, wie wenn nichts passiert wäre, packte seine Koffer und reiste nach Kairo. // Gab ihr die Hand, küßte sie unter Tränen: Ich habe dich so geliebt! Du hättest die glücklichste aller Frauen sein können, aber man hat mich nicht verstanden. Was hast du davon? Jetzt bist du eine unwiederverheiratbare Witwe. Und hohnlächelnd reiste er fidel ab.«* (Übers. F. Blei)
So erscheint die Frau bei Laforgue als *»Agentin des Lebenstriebes, dem Unbewußten näher als wir. Sie ist das verführerische Wesen, die Zofe der Maja, das Rätselhafte in tausend fernen Allegorien. Ihre Virginität empört sich gegen den begehrenden Mann. Oder sie wird ersehnt, sie soll befreundete Gefährtin sein. Oder nur kurze Genüsse auslösen. Oder sie rettet Gott ... In verwirrenden Kadenzen tun sich alle Möglichkeiten auf, mit allen spielt der Dichter, alle schlingen sich in seinen Reigen burlesker Heiterkeit ein ...«* (M. Brod) Hinter der sich doch eine unheilbare Traurigkeit schamhaft verbirgt. F.Ke.

AUSGABEN: *Les complaintes*, Paris 1885. – *L'imitation de Notre-Dame la Lune*, Paris 1886; ern. 1981, Hg. P. Reboul. – *Le concile féerique*, Paris 1886. – *Les derniers vers*, Hg. E. Dujardin u. F. Fénéon, Tours 1890 [enth. *Des fleurs de bonne volonté, Le concile féerique, Les derniers vers*]. – *Œuvres complètes*, Hg. G. Jean-Aubry, 6 Bde., Paris 1922–1930. – *Œuvres complètes*, Hg. J.-L. Debauve, 3 Bde., Lausanne 1986 ff.

ÜBERSETZUNG: *Pierrot, der Spaßvogel*, F. Blei u. M. Brod, Stg./Charlottenburg 1905; ern. Ffm. 1965 [Ausw.].

LITERATUR: J. Vaudal, *J. L. ou le poète malgré nous* (in Message, 1946, Nr. 1/2). – H. Hickmann, *Le lyrisme de J. L.*, Diss. Paris 1948. – L.-J. Seymour-Metford, *J. L., poète de l'ennui*, Diss. Paris 1948. – L. Guichard, *J. L. et ses poésies*, Paris 1950.

MORALITÉS LÉGENDAIRES

(frz.; *Legendenhafte Moralitäten*). Sechs Prosastükke von Jules LAFORGUE, Vorabdruck in ›La Vogue‹ (1886) und ›Revue Indépendante‹ (1887); in Buchform erschienen 1887. – Wie alle Fin-de-Siècle-Literatur handelt Laforgues Sammlung letztlich wiederum von der Literatur selbst; indes erweisen sich die *Moralités* als Transpositionen bekannter Themen und Stoffe, die den jeweiligen Gegenstand in ein bewußt antiromantisches Licht tauchen. Die heroische oder kosmische Geste der zugrundeliegenden Mythen erscheint stets unter der Perspektive einer spezifisch dekadenten Ironie, die an die Stelle tragischer Größe das boshaft-sardonische Spiel mit Quellen und Texten setzt. Besonders sinnfällig wird dies an dem umfangreichen

Stück *Hamlet ou Les suites de la piété filiale (Hamlet oder Die Folgen der Sohnesliebe)*, dessen Held mehr mit den *décadents* der Epoche als mit dem Prinzen aus SHAKESPEARES Werk gemein hat. Laforgues Hamlet lebt im Frankreich des 19. Jh.s und will sich dem Schicksal seines prominenten Namensvetters durch eine Literarisierung der eigenen Existenz entziehen, die beständig auf ironische Weise den Text Shakespeares verfremdet.

Am Ende des Schloßparks von Elsinor spiegelt sich in dem stagnierenden Gewässer einer kleinen Meeresbucht der Turm, den Hamlet seit dem *»absonderlichen Heimgang«* seines Vaters bewohnt. *»Um die Sohnesliebe in sich aufzustacheln«* und um sich das Schreckliche des Geschehens *»in der ganzen Unwiderlegbarkeit des künstlerischen Wortes«* zu vergegenwärtigen, hat er ein Theaterstück verfaßt, das noch an diesem Abend vor dem versammelten Hof aufgeführt werden soll. Mit einem Stoßseufzer über die traurigen Zeiten, die es ihm nicht gestatten, als einfacher Angestellter in Paris zu leben, wo soeben eine neoalexandrinische Dichterschule in Blüte steht, verläßt Hamlet den Turm, wobei ihm ein *acte gratuit* unterläuft: Vor den Augen der kleinen Tochter des Burgkastellans stürzt er sich auf einen Kanarienvogel und dreht ihm den Hals um. *»Auch das habe ich nur getan, um mir die Hand zu lockern«*, rechtfertigt er sich in Gedanken an den von ihm verschuldeten Tod des Polonius.

Als Hamlet auf dem Friedhof anlangt, ist das Begräbniszeremoniell für Polonius bereits *»gestorben«*. Bei dem Gespräch mit den Totengräbern, die ihn nicht erkennen, erfährt er, daß er der Bruder des Hofnarren Yorick ist. Wie eine Muschel das Rauschen des Ozeans scheint ihm in seinem großen Monolog Yoricks Schädel, den er später als *bibelot* mit auf sein Zimmer nehmen wird, die *»ganze unerschöpfliche Symphonie der Weltseele«* in der Art eines Echos zu enthalten. Aber während er intellektuell durchaus von jenem metaphysischen Erschrecken heimgesucht wird, für das die Erde zur *quantité négligeable* zusammenschrumpft, auf der sich nichts ereignet als nur *»Worte, Worte, Worte«*, bleibt er existentiell unbetroffen und vermag keine Todesfurcht zu empfinden. Ähnlich ergeht es ihm bei dem Begräbnis Ophelias – wenn man davon absieht, daß er aus »existentiellen« Gründen sehr darauf bedacht ist, nicht gesehen zu werden. Ins Schloß zurückgekehrt, muß er die in Tränen aufgelöste Schauspielerin Kate trösten, was er um so lieber tut, als er von ihr erfährt, daß es die Wirkung einer Szene seines Stückes ist, die sie in diesen Zustand versetzt hat. Hamlet, der sich nach diesem Geständnis Kates bereits als romantischen Dichter sieht, dessen Lebensrätsel manch einen in den Selbstmord treibt, gesteht ihr seine Liebe und überredet sie, im Anschluß an die Theateraufführung mit ihm nach Paris zu fliehen. Als das Liebespaar im Mondschein die Landstraße entlangreitet, überkommt Hamlet angesichts des Friedhofs eine seltsame Anwandlung. Aber statt an das Grab seines Vaters, wie Kate nach seinen Worten glauben muß, tritt er an das Ophelias und trifft dort auf Laertes. Dieser erklärt ihm, ganz im Geiste eines guten modernen Staatsanwalts, daß er die Schonung seines Lebens nur der eigenen Unzurechnungsfähigkeit zu verdanken habe. In dem Augenblick jedoch, als das an den Mond gerichtete, *»übermenschliche Verlassenheit«* ausdrückende Gebell eines Hundes ertönt – eine Parodie der romantischen Schicksalsvorstellung –, »fließt« das Herz Laertes' »über«, und er ersticht Hamlet. Kate, die den Leichnam ihres *»little Hamlet«* auf Ophelias Grab findet, glaubt an einen Selbstmord aus unglücklicher Liebe.

Die folgenden kürzeren Prosastücke stehen bei im übrigen grundverschiedener Thematik in einem inneren Zusammenhang (Entheroisierungsprinzip, parodistische Absicht, Allgegenwart der Ironie) mit Laforgues *Hamlet*-Version. Am wenigsten gilt das noch von dem am frühesten entstandenen *Le miracle des roses* mit seiner Kulisse eines modernen Kurbades – vermutlich Baden-Baden, wo Laforgue als Vorleser der deutschen Kaiserin Augusta von 1882 bis 1886 alljährlich einige Wochen verbrachte. In dieser Erzählung wird geschildert, wie während einer Fronleichnamsprozession die junge und reiche, aber todkranke Ruth, aus einer kurzen Ohnmacht wieder zu sich kommend, durch den unverhofften Anblick um sie ausgestreuter roter Rosen das »Rosenwunder« erfährt – die Verwandlung von Blut in Rosen. Sie wird zwar so von ihren Halluzinationen geheilt, doch der Bruder jenes Mädchens, das die Rosen verstreut hatte, begeht noch am gleichen Abend in einem Hotelzimmer Selbstmord.

In *Lohengrin, fils de Parsifal* ist alles wie in kühles, weißes Licht getaucht: Der Mond, als Symbol des Verzichts – *Hostie des Vergessens! Verklärender Spiegel! ... unbefleckte Empfängnis (die einzig mögliche)!«* –, schafft jene zum Irrealen hin verschwimmende Atmosphäre, die in noch höherem Maße für Laforgues Gedichtzyklus *L'imitation de Notre-Dame la Lune* kennzeichnend ist. Die Vestalinnen, aus deren Reihen Elsa ausgestoßen werden soll, sind dem Mondkult geweiht und enthüllen bei den großen Opferfesten rituell ihre Brüste, um sie den Liebkosungen des Mondlichts darzubieten. Bei Laforgue spielt das für alle Fassungen des Lohengrin-Stoffs zentrale Frageverbot keine Rolle. In ironischer Umdeutung läßt Laforgue seinen Lohengrin vor der besitzergreifenden Hingabewilligkeit Elsas und ihren allzu irdischen Ansprüchen die Flucht ergreifen: Das Kissen des Hochzeitsbetts, an das er sich klammert, verwandelt sich in den Schwan, der ihn zu den *»höheren Sphären der Metaphysik der Liebe«* emporträgt.

Daß *Salomé* mehr sein will als nur eine Parodie von FLAUBERTS historisierender Erzählung *Hérodias* (1877), beweist die Aufnahme eines zunächst separat erschienenen kurzen Prosastücks, *L'aquarium*, in die Buchfassung. Dieser poetische Niederschlag wiederholter Besuche Laforgues im Berliner Aquarium, der die sprachliche Dichte eines *poème en prose* hat, nimmt in Bildern vorweg, was Salome bei ihrem Auftritt *»im Namen des Unbewußten«* zu den

Klängen ihrer schwarzen Leier rezitiert: *»Werdet wieder zu Wesen, die von Sorglosigkeit befallen sind...«* Die Atonie und Entwicklungsfremdheit, die *»blinde Glückseligkeit«* der submarinen Welt (*»Kennst du das Land, wo das Schweigen blüht?«*) stehen für das nach der Rücknahme der Individuation sich selbst überlassene Unbewußte. Laforgues Salome findet offene Ohren für ihre Lehre auf den *»Inseln ohne Geschichte«*, wo sinnliches Raffinement und Langeweile (in den Kathedralen singt man den Choral *Taedium laudamus*) eine Art Dekadenzgefühl erzeugt haben. Die satirisch gezeichneten Besucher aus dem Norden, Vertreter einer autoritären, militaristischen Welt, aus der auch Jochanaan, der bebrillte, im Exil Broschüren verteilende Revolutionär, kommt, bekennen sich selbstverständlich zum Fortschritt.

In *Pan et la Syrinx ou L'invention de la flûte à sept tuyaux (Pan und Syrinx oder Die Erfindung der siebenrohrigen Flöte)* parodiert Laforgue durch die Tilgung aller sublimen Züge MALLARMÉS *Nachmittag eines Fauns* (vgl. *L'après-midi d'un faune*). Pan, leicht exaltiert in seinem Liebesverlangen, muß sich beim Blick in die Augen der Nymphe Syrinx als Gegenstand ihres »interesselosen Anschauens« – so beschrieb Schopenhauer am Modell der Kunst die erste Stufe der Selbstbefreiung des Menschen vom blinden Daseinsdrang – unverstanden fühlen und setzt zu jener Verfolgungsjagd an, die bis zum Abend dauert und an deren Ende ihm, gerade als er die Begehrte am Flußufer eingeholt zu haben meint, nichts in den Armen zurückbleibt als ein Büschel Schilfrohr. Während die zunichte gewordene Illusion der Glücksverheißung als atmosphärischer, flimmernder Glanz einer Flußlandschaft fortwirkt, schneidet sich Pan aus dem Schilfrohr eine siebenrohrige Flöte nach dem Motto: Die Kunst beginnt, wo die Frau aufhört.

Dem spöttischen Gelächter über den antiken Mythos, wie ihn Laforgue in den Singspielen Offenbachs vorfand, begegnet man in *Persée et Andromède ou Le plus heureux des trois (Perseus und Andromeda oder Der glücklichste von dreien)*. Der als »Operettenheld« geschilderte Perseus läßt sich kurz nach seiner Liebeserklärung von Andromeda beim Gähnen ertappen. Diese verzichtet daraufhin auf den natürlichen Abschluß des Befreiungswerks, und während Perseus achselzuckend auf seinem Pegasus zu den *»eleganten und seichten Ländern«* entschwebt, wirft sie sich verzweifelt über den Leichnam des Drachen, in den sie sich in der Zeit ihrer Gefangenschaft verliebte. Worte des Mitleids und der Liebe, die ihr zum erstenmal auf die Lippen kommen, rufen ihn ins Leben zurück und bewirken überdies, wie in *La belle et la bête*, seine Verwandlung in einen schönen Prinzen. – Allein in der letzten Erzählung, *Les deux pigeons (Die zwei Tauben)*, mäßigt der Autor seinen ironischen Stil: Die beiden Liebenden, die aufgrund ihrer Lebenserfahrung ihre Verbindung verweigern wollten, werden durch die Macht der Liebe und durch fatale Zufälle letztlich doch noch zusammengeführt.

Obwohl es kaum ein Thema der Literatur des 20. Jh.s gibt, das sich bei Laforgue nicht angeschlagen findet, war seine Nachwirkung nur im englischsprachigen Bereich bedeutend, wo T. S. ELIOT und E. POUND – von ihm stammt die Charakterisierung von Laforgues Verfahrensweise als »logopoetisch« im Gegensatz zur »phänopoetischen« RIMBAUDS – sich auf ihn beriefen. Besondere Bedeutung erlangt Laforgue in diesen Prosatexten durch die deutliche Vorwegnahme jener Reinterpretation, die einmal in der Nachfolge S. FREUDS die zentralen Mythen der Antike und der Neuzeit im Licht der Psychoanalyse als Manifestationen tieferliegender erotischer Strukturen deutet. Für Laforgues Interesse an der Psychologie war die Auseinandersetzung mit dem Werk E. von HARTMANNS besonders bedeutsam. Umgekehrt war Laforgue einer der ersten Autoren, die sich in Frankreich der Psychoanalyse zuwandten. Ebensowenig wie der spätromantischen Religion der Liebe verfällt Laforgue der Kunstreligion der Symbolisten, wenn er auch mit diesen die bewußte Abwendung vom Positivismus gemein hat (allerdings weiß er, daß Fortinbras mit seinen *»positivistischen Büros«* die Zukunft gehört). Als Dichter eines Zeitalters, von dem NIETZSCHE sagte, es sei *»vorbereitet, wie noch keine Zeit es war, zum Carneval großen Stils«*, und dem er *»Parodisten der Weltgeschichte und Hanswürste Gottes«* wünscht, entdeckte Laforgue in der Ironie, *»die ein angemessenes Spielfeld findet in der Spannung zwischen Illusion und deren Auflösung«* (B. Allemann), das ihm gemäße Stilmittel. Laforgues Ironie ist die Maske für eine Verzweiflung, die sich nicht zur Schau stellt und so auch der Desavouierung durch den ästhetischen Schein entgeht.

H.En.-KLL

AUSGABEN: Paris 1886 (in La Vogue; Ausz.). – Paris 1887 (in La Revue Indépendante, 3; enth. *Pan et la Syrinx*). – Paris 1887. – Paris 1902 [Vorw. C. Mauclair]. – Paris 1924 (in *Œuvres complètes*, 8 Bde., 1922 ff., 3). – Paris 1953 (in *Poésies complètes*, Hg. G. Jean-Aubry, 2 Bde.). – Brüssel 1958. – Paris 1964 (zus. m. *Les deux pigeons*). – Paris 1977, Hg. P. Pia (Folio). – Genf 1980, Hg. D. Grojnowski (krit.; TLF). – Lausanne 1986 (in *Œuvres complètes*, Hg. J.-L. Debauve).

ÜBERSETZUNG: *Sagenhafte Sinnspiele*, P. Wiegler, Stg. 1905 [Vorrede M. Maeterlinck; Einl. P. Wiegler]. – *Hamlet oder Die Folgen der Sohnesliebe. Und andere legendenhafte Moralitäten*, K. Ley, Ffm. 1981 (BS).

LITERATUR: E. Verhaeren, Rez. (in Art Moderne, 8. 1. 1888). – J. Pérès, *Anticipations des principes de la psycho-analyse dans l'œuvre d'un poète français* (in Journal de Psychologie Normale et Pathologique, 19, 1922, S. 921–927). – A. Sonnenfeld, *Hamlet the German and L.* (in YFS, 33, 1964, S. 92–100). – P. Moreau, *»Les moralités légendaires« de L. Égotisme et symbolisme* (in *Studi in onore di I. Siciliano*, Bd. 2, Florenz 1966, S. 863–873). – D. Grojnowski, *Moralité légendaire* (in Critique, 1978, Nr. 34,

S. 63–71). – M. Hannoosh, *L.'s Salomé and the Poetics of Parody* (in RR, 75, 1984, S. 51–69). – Dies., *The Poet as Art Critic. L.'s Aesthetic Theory* (in MLR, 79, 1984, S. 553–569). – J.-P. Giusto, *L'écriture et ses tréteaux. L. »Moralités légendaires«* (in J.-P. G., *Le champs clos de l'écriture*, Valenciennes 1985, S. 5–58). – R. Shewan, *The Artist and the Dancer in Three Symbolist »Salomé's«* (in Bucknell Review, 30, 1986, S. 102–130).

ALPHONSE DE LAMARTINE

* 21.10.1790 Mâcon
† 28.2.1869 Paris

LITERATUR ZUM AUTOR:
Biographien:
W. Fortescue, *L., a Political Biography*, NY u. a. 1983. – M. Toesca, *L. ou l'amour de la vie*, Paris 1983.
Gesamtdarstellungen und Studien:
P. Jouanne, *L'harmonie lamartinienne*, Paris 1926. – H. Guillemin, *L., l'homme et l'œuvre*, Paris 1940; ern. 1987. – L. Bertrand, *L.*, Paris 1940. – M.-F. Guyard, *L.*, Paris 1957. – W. Hirdt, *Studien zur Metaphorik L.s*, Mchn. 1967. – Europe, Juli–Aug. 1969, Nr. 483/484 [Sondernr. *L.*]. – C. Fournet, *Éloge de L.*, Genf 1970. – L. Fam, *L. prosateur. D'après le voyage en Orient*, Paris 1971. – C. M. Lombard, *L.*, NY 1973 (TWAS). – M. Hamlet-Metz, *La critique de L.*, Paris/Den Haag 1974. – N. Araujo, *In Search of Eden. L.'s Symbols of Despair and Deliverance*, Brooklyn/Mass. 1976. – M. Edery, *La pensée religieuse de L.*, Paris/Den Haag 1976. – C. Dédéyan, *L. et la Toscane*, Genf 1981. – M. E. Birkett, *L. and the Poetics of Landscape*, Lexington/Ky. 1982.

MÉDITATIONS POÉTIQUES

(frz.; *Poetische Betrachtungen*). Gedichtsammlung von Alphonse de LAMARTINE, anonym erschienen 1820. – Die Sammlung – sie umfaßte ursprünglich 24 Oden, Elegien und Episteln – wurde bis 1849 auf 41 Gedichte erweitert und mit – historisch nicht immer exakten – Kommentaren meist autobiographischen Inhalts versehen. Lamartines Erstlingswerk vereinigt Gedichte unterschiedlicher Inspiration, die während der politisch unsicheren Jahre 1815–1820 entstanden sind. Auf die allgemeine Unruhe einer Generation, die gerade die Niederlage Napoleons erlebt hatte, antwortet Lamartine mit einer Dichtung der Besinnung und inneren Einkehr. Neben Jugendgedichten (*Adieu; Hymne au soleil; Le golfe de Baïa* – Souvenir einer unbeschwerten Italienreise des Zwanzigjährigen) steht die philosophisch-religiöse Gedankenlyrik (*L'homme; A Lord Byron; L'immortalité; Le chrétien mourant*), überwiegend rationaldidaktische Dichtungen in der philosophischen Tradition des späten 18. Jh.s (ROUSSEAU, Bernardin de SAINT-PIERRE, CHATEAUBRIAND), die Lamartine in der späteren Gedichtsammlung *Harmonies poétiques et religieuses* (1830) verstärkt wiederaufnehmen sollte. Selbst in der lehrhaften Gedankenlyrik ist jenes *»Ich, das ausschließlich, in sich selbst zurückgezogene, geheimnisvolle Ich«* in seinem *»Alleinsein und Fremdsein der realen Welt gegenüber«* das eigentliche Thema Lamartines. Den großen Erfolg der *Méditations* begründeten jedoch die berühmten Gedichte *L'isolement, Le soir, Le vallon, Le souvenir, Le lac, L'invocation, Le temple, L'automne*. Sie entstanden in der tiefen seelischen Krise, in die der frühe Tod (1817) seiner Geliebten, Julie Charles (sie ist als »Elvire« in die Dichtung eingegangen), Lamartine stürzte. Mit wenigen Strichen vage angedeutete Naturbilder werden zu Symbolen der Melancholie und Trauer, der Todessehnsucht, aber auch einer mystischen Verklärung (Einflüsse von Edward YOUNG und James MACPHERSONS »Ossian«). Der Dichter wird nicht müde, die schmerzliche Erinnerung an die Geliebte in elegischen Versen zu beschwören. Dabei verbindet sich in Lamartines Sprache auf eigenartige Weise eine vielgerühmte, gesanghaft strömende Melodik mit klassizistischer Rhetorik; als hauptsächliches Versmaß dient der Alexandriner. Die Bildwelt Lamartines jedoch hat sich von den Beschränkungen der klassisch-mythologischen Tradition befreit. Ein neuartiges Naturgefühl speist die Dichtung, in der nun Landschaft als psychologisches Zeichensystem, als Seelenlandschaft aufgefaßt wird. Alle greifbaren Inhalte sind so weit unterdrückt, daß nur noch das lyrische Erlebnis, die Bewegtheit der Seele selbst, vermittelt wird. *»Ich bin der erste, der die Dichtung vom Parnaß herabgeholt hat und dem, was man die Muse nannte, statt einer Leier mit sieben konventionalen Saiten die Fibern des menschlichen Herzens selbst gab, die von den zahllosen Schwingungen der Seele und der Natur berührt und erregt werden«* (erstes Vorwort von 1849). Die Neuheit solcher unmittelbar sprechenden Dichtung und der durch nichts unterbrochene harmonische Fluß ihrer Verse sicherten dem Werk die enthusiastische Zustimmung der frühen Romantiker, die in den *Méditations* eine richtungweisende Verwirklichung ihrer literarischen Ziele begrüßten. Den Erfolg seines Erstlingswerks hat Lamartine nicht wiederholen können. *»Die ›Meditationen‹ sind das lyrische Hauptwerk der Frühromantik, und nur als Frühromantiker, als Expressionist der sehnsüchtigen und unsinnlichen Seele ist Lamartine einzigartig«* (V. Klemperer). K.En.-KLL

AUSGABEN: Paris 1820. – Paris 1823 (*Nouvelles méditations poétiques*). – Paris 1860 (in *Œuvres complètes*, 41 Bde., 1860–1866, 1). – Paris 1951 (*Nouvelles méditations*; Einl. J. Des Cognets). – Paris 1955 [Anm. H. Maugis]. – Lausanne 1963 [Einl. J. Vagne]. – Paris 1963 (in *Œuvres poétiques complètes*, Hg. u. Anm. M.-F. Guyard; ern. 1977; Pléiade). – Paris 1968, Hg. Letessier (ern. 1975; Class. Garn). – Paris 1969; ern. 1981, Hg. M.-F. Guyard.

ÜBERSETZUNGEN: *Auserlesene Gedichte*, G. Schwab, Stg./Tübingen 1826 [frz.-dt.]. – *Poetische Betrachtungen*, ders., Stg./Tübingen 1826 [frz.-dt.]. – *Ausgewählte Gedichte*, L. Korth u. A. Levy, Lpzg. o. J. [um 1880] (RUB).

LITERATUR: L. Thiesse, *»Méditations poétiques«* (in Revue Encyclopédique, 8, 1820, S. 72–83). – L. Séché, *Les sources littéraires des »Méditations«* (in MdF, 57, 1905, S. 116–181). – G. Lanson, *Le centenaire des »Méditations«* (in RDM, 56, 1920, S. 75–99). – G. Fréjaville, *Les »Méditations« de L.*, Paris 1931. – A. Tilley, *L.'s »Méditations poétiques«* (in MLR, 26, 1931, S. 288–314). – G. Assolant, *L. Premières »Méditations poétiques«*, Paris 1932. – G. Blaizot, *Flaubert et L.* (in Revue de la France, 5, 1937, S. 248–265). – O. Nadal, *»Le lac«* (in O. N., *A mesure haute*, Paris 1964, S. 109–117). – G. Rouger, *L'avant des »Méditations« (Élégies inédites)* (in *Sainte Beuve-L.*, Paris 1969, S. 114–122). – L. Brunet, *Des »Méditations« au »Cygne de Mantoue«* (in Défense de la langue française, 73, 1974, S. 121–138). – U. Mölk, *»Invocation«* (in *Die französische Lyrik*, Hg. H. Hinterhäuser, Bd. 1, Düsseldorf 1975, S. 239–249). – J. Schulze, *Von der erlebten Natur zur imaginierten Landschaft (»L'isolement«)* (in ZfrzSp, 91, 1981, S. 323–356). – E. Köhler, *»L'isolement«. Versuch einer sozio-semiotischen Interpretation* (in RZL, 5,1981, S. 129–150). – A. Kablitz, *L.s »Méditations poétiques«*, Wiesbaden 1985. – C. Scott, *Theme and Syllabic Position. L. »Méditations poétiques«* (in C. S., *A Question of Syllables*, Cambridge 1986).

COMTE DE LAUTRÉAMONT

d.i. Isidore Lucien Ducasse

* 4.4.1846 Montevideo / Uruguay
† 24.11.1870 Paris

LES CHANTS DE MALDOROR

(frz.; *Die Gesänge des Maldoror*). Prosagedicht in sechs Gesängen von Comte de LAUTRÉAMONT. – Der erste Gesang wurde als Einzelausgabe 1868 anonym veröffentlicht, die 1869 gedruckte Gesamtausgabe, in der der erste Gesang gegenüber der Einzelausgabe geringfügige Änderungen erfuhr, gelangte nicht in den Buchhandel. Der Verleger Lacroix hatte, wie der Autor in einem seiner wenigen erhaltenen Briefe (12. 3. 1870) andeutet, die Auslieferung verweigert, *»weil das Leben darin in zu herben Farben gemalt ist und weil er den Staatsanwalt fürchtete«*. Erst die postum erschienenen Ausgaben von 1874 (mit der von 1869 identisch) und 1890 (mit dem Faksimile von Lautréamonts Brief) machten ein Werk bekannt, von dessen Autor André GIDE in seinen *Éloges* (1948) behauptete, daß er *»mit Rimbaud, vielleicht sogar mehr als Rimbaud, der Schleusenmeister der Literatur von morgen«* sei. *»Meine Dichtkunst wird nur darin bestehen, den Menschen, dieses Raubtier, mit allen Mitteln anzugreifen und mit ihm den Schöpfer, der ein solches Ungeziefer nicht hätte erzeugen sollen. Bände auf Bände werden sich türmen bis ans Ende meines Lebens, und doch wird man darin immer nur diesen einzigen meinem Bewußtsein dauernd gegenwärtigen Gedanken finden.«* (2, 4) Dieser radikale Antrieb bewirkte die infernalische Grausamkeit der Bilderwelt dieser Gesänge. Ihr Held ist Maldoror; sein Name läßt verschiedene Deutungen zu: »die aufgehende Sonne des Bösen« *(l'aurore du mal)* oder »der Vergolder des Bösen«. (Auch das einem Romantitel von Eugène SUE, *Latréaumont*, durch Vokalumstellung nachgebildete Pseudonym des Autors hat apokalyptische Bedeutung: *l'autre Amon* – der andere Amon – der Engel des Bösen.)

Dieses sprechende, personale Ich der *Gesänge*, das sich hinter unzähligen, vielfältigen Gestalten und Masken verbirgt, ist die Verkörperung des absolut »Bösen«, negatives Gegenprinzip des »Schöpfers«, *»strenger Zensor«* der *»unlauteren Taten Gottes«*, der *»Vampir«*, *»Bruder des Blutegels«*, Herrscher über eine lemurenhaft-nächtliche Szenerie, in der Bilder aus dem animalischen Bereich vorherrschen, Phantom und räuberisches Ungeheuer zugleich, das sich mit Vorliebe in Kindern seine Opfer sucht, ein luziferischer Rebell. *»Ich bediene mich meines Geistes, um die Wonnen der Grausamkeit zu schildern, keine flüchtigen, künstlichen Wonnen, sondern solche, die mit dem Menschen begonnen haben, die mit ihm enden werden.«* (1, 4) Sein Haß auf den Menschen, diesen *»sublimen Affen«*, entlädt sich in einer Flut von archaischen, quälend-präzisen Bildern, deren Aggressivität alle literarischen Konventionen des 19. Jh.s sprengt. *»Ich habe das Leben wie eine Wunde empfangen und habe dem Selbstmord verboten, die Narbe zu heilen. Ich will, daß der Schöpfer in jeder Stunde seiner Ewigkeit den klaffenden Riß betrachte. Das ist die Sühne, die ich ihm auferlege.«* (3, 1)

Die sechs Gesänge bilden nur äußerlich eine Einheit. In zahlreiche selbständige Abschnitte (»Strophen«) gegliedert, verbinden sie die verschiedensten Elemente: flutende Hymnen wie die an die *»strenge Mathematik«* (2, 14), an die *»unbegreiflichen Päderasten«* (5, 5), an den Ozean (1, 9); dramatische Dialoge wie Maldorors Gespräch mit dem Totengräber (1, 10); lyrische »Nachtstücke« und traumhafte Visionen wie der Hermaphrodit (2, 6), Maldorors Traum, im Körper eines Schweines zu leben (4, 7); epische Kurzszenen wie Maldorors Kampf mit dem Drachen (3, 3); reflektierende Abschnitte mit exakter, nahezu sophistischer Rhetorik (Anfänge und Schlüsse der Gesänge), endlich sogar ausgearbeitete poetologische Essays, etwa eine Theorie der Metapher (4, 2). Hinzu kommt, daß sich das »Ich« der *Gesänge* keineswegs als kontinuierlich festgehaltene Perspektive bemerkbar macht, aus der alle Vorgänge wahrgenommen werden; vielmehr finden zwischen fast allen Strophen – und auch innerhalb vieler einzelner – sprunghafte Wechsel statt, so daß das »Er«, mit dem Maldoror häufig bezeichnet wird, sich übergangslos mit dem »Ich« des Autors mischt und oft beide »Ich« – das Maldorors und das der Rahmenstrophen der *Gesänge* – sich mit grotesker, überlegt eingesetzter Zweideutigkeit überschneiden. Dieses aufreizende Vexierspiel steht im Dienst der auf vollkommene Deformation, auf »Verrätselung« des Geschehenden und »Verwirrung« des Lesers gerichteten labyrinthischen Anlage eines Werkes, das eine mögliche – und vielleicht sogar gewünschte – Identität des Autors und seines Geschöpfes lauernd umkreist. Dieser methodischen Mimikry entspricht auf der anderen Seite die geringe »Festigkeit« der Dinge und Substanzen: Maldoror wechselt häufig die Gestalt und tritt als Krake, Adler, Taschenkrebs oder Hai auf; ein Haar, das Gott bei einem Besuch in einem irdischen Freudenhaus verlor (3, 5), *»groß wie ein Mann«*, beginnt einen langen Monolog usw. *»Gebe der Himmel, daß der Leser, erkühnt und augenblicklich von grausamer Lust gepackt gleich dem, was er liest, seinen abrupten und wilden Weg durch die trostlosen Sümpfe dieser finsteren und giftererfüllten Seiten finde, ohne die Richtung zu verlieren; denn wofern er nicht mit unerbittlicher Logik und einer geistigen Spannung, die wenigstens seinen Argwohn aufwiegt, an diese Lektüre geht, werden die tödlichen Emanationen dieses Buches seine Seele durchtränken wie das Wasser den Zucker.«* (1, 1)

Gegen die von einigen seiner ersten Interpreten (Léon Bloy und Remy de Gourmont) vertretene Auffassung, der Autor der *Chants de Maldoror* sei wahnsinnig gewesen, spricht allein schon die Tatsache, daß Syntax und Sprachstil des Werks eine extreme Bewußtheit in der Disposition der Mittel verraten. Es finden sich, besonders im dritten und vierten Gesang, Satzkonstruktionen von außerordentlicher Kühnheit und großer rhythmischer Intensität. Lautréamont, auf dessen Bedeutung für die moderne Literatur zuerst die Surrealisten – vor allem André Breton, Louis Aragon, Paul Éluard, Philippe Soupault und Pierre Reverdy – aufmerksam machten, hat eine metaphorische Originalität entwickelt, an die erst sehr viel später wieder angeknüpft werden sollte. Die beiden ersten Gesänge bieten zahllose Beispiele für Ketten von Bildern und Metaphern, deren entferntere Glieder immer mehr den Zusammenhang mit dem Ausgangspunkt verlieren. Hinzu tritt ein ironisches Bewußtsein, das die illusionistische Wirkung häufig zerstört: *»Wer ihr auch seid, entfernt euch; aber wenn ihr ein Zeichen von Schmerz oder Furcht auf meinem Hyänenantlitz zu sehen glaubt (ich benutze diesen Vergleich, obwohl die Hyäne schöner ist als ich und angenehmer zu betrachten), dann seht euren Irrtum ein: er trete näher.«* (1, 10) Die *Chants de Maldoror* entfalten im weiteren Verlauf geradezu exemplarisch die Elemente der »kühnen Metapher«: *»Zwei Pfeiler, die für Affenbrotbäume zu halten nicht schwierig und noch weniger unmöglich wäre, zeigten sich, größer als zwei Stecknadeln, im Tale.«* (4, 2) In zunehmendem Maße gebraucht Lautréamont Metaphern mit übermäßiger Bildspanne. Das bekannteste Beispiel – *»er* [Mervyn, ein junger Engländer] *ist schön wie die Einziehbarkeit der Raubvogelkrallen; oder auch wie die Unschlüssigkeit der Muskelbewegungen in den Wunden der Weichteile der hinteren Genicksgegend; oder vielmehr wie jene perpetuelle Rattenfalle, die, von dem gefangenen Tier selbst immer von neuem gespannt, allein und unaufhörlich Nagetiere fangen kann und die sogar unter Stroh versteckt arbeitet; und vor allem wie die unvermutete Begegnung einer Nähmaschine und eines Regenschirms auf einem Seziertisch«* (6, 1) – hat sowohl Reverdy als auch nach ihm Breton zu einer der grundlegenden theoretischen Forderungen des späteren Surrealismus angeregt: das Bild entstamme nicht dem Vergleich, *»sondern der Annäherung von zwei mehr oder weniger voneinander entfernten Wirklichkeiten. Je entfernter die Beziehungen dieser Wirklichkeiten zueinander sind, desto stärker wird das Bild sein«* (*Premier manifeste du surréalisme*, 1924). Im Gefolge dieser übermäßigen Bildspannen tritt auch die freigesetzte und damit austauschbare Metapher auf: so heißt Maldoror im sechsten Gesang in kurzen Abständen *»der Mensch mit den Jaspislippen«*, *»der Korsar mit den goldenen Haaren«*, *»der Mensch mit den Schwefellippen«* usw. Dennoch scheint es nicht zwingend, schon bei Lautréamont die später vom Surrealismus entwickelte *écriture automatique* verwirklicht zu sehen, wenn auch der sechste Gesang – und er allein – mit seinen freischwebenden Assoziationen stellenweise daran erinnert. Der hier versuchte Ausweg – Lautréamont plante anstelle von weiteren Gesängen eine Reihe von kleinen Romanen, ähnlich der im sechsten Gesang skizzierten »Geschichte« der Verführung eines jungen Engländers namens Mervyn durch Maldoror – ist ein Rückschritt, der wahrscheinlich auch jede Weiterarbeit an den *Gesängen* vereitelt hat. In den grauenhaften und monströsen Scheußlichkeiten der *Chants de Maldoror* macht sich eine alle Dämme sprengende, entfesselte Phantasie daran, ein Inferno zu gestalten, in das verdrängte, infantile Wunschvorstellungen des Autors ebenso eingehen wie die Ängste eines »kollektiven Unbewußten«, die sich in »grausame Lust« umsetzen und die klassische Hierarchie der Bewußtseinszustände umstülpen, aus der Traum und Vision bisher verbannt waren. Der französische Wissenschaftstheoretiker Gaston Bachelard hat darauf hingewiesen, in welchem Ausmaß amphibische, überhaupt tierische Monstrositäten (Hai, Krake, Taschenkrebs, Nacktschnecken, Kröte, Spinne, Laus, Nachtvögel, Glühwurm usw.) jene Aggressivität entwickeln, die der Autor als langjähriger Schüler von Internaten unterdrücken mußte – eine psychologische Erklärung, die durch zahllose Textstellen bestätigt wird. *»Ich warne den, der mich liest, davor, sich unklare und, mit noch besserem Grund, sich*

falsche Vorstellungen von der literarischen Schönheit zu machen, die ich in der äußerst schnellen Abwicklung meiner Sätze entblättere.«
Lautréamonts radikale Empörung gegen die *»Utopie der großen, universellen Menschheitsfamilie«* hat zwar literarische Vorbilder, vor allem BYRON und Edward YOUNG. (In den *Poésies*, einem Vorwort zu einem geplanten zweiten, den *Gesängen* vollkommen entgegengesetzten Werk, findet sich der Satz: *»Dante, Milton haben durch die hypothetische Schilderung der Höllentäler bewiesen, daß sie Hyänen erster Ordnung waren.«*) Aber wenn auch Motive romantischer Zeit- und Gesellschaftskritik bei ihm wiederkehren, ist er doch weniger als Vertreter einer »schwarzen Romantik« denn als Anreger für die literarische Generation zwischen den beiden Weltkriegen von hervorragender Bedeutung. *»Die Gesänge des Maldoror sind kein Blitz aus heiterem Himmel. Sie sind ein Sturzbach zerstörerischer Geständnisse, genährt ,aus drei Jahrhunderten eines schlechten literarischen Gewissens«* (Julien Gracq).
H.H.H.

AUSGABEN: Paris 1868 (*Chant premier*; anon.). – Paris 1869. – Paris 1874. – Paris 1890. – Paris 1920 [Einl. R. de Gourmont]. – Paris 1938 (in *Œuvres complètes*; Vorw. A. Breton). – Paris 1953; 1961 (in *Œuvres complètes*; Vorw. L. Genonceaux, R. de Gourmont, E. Jaloux, A. Breton, P. Soupault, M. Blanchot, J. Gracq u. R. Caillois). – Paris 1969 (GF). – Paris 1970 (in *Œuvres complètes*, Hg. P. O. Walzer; Pléiade). – Paris 1970, Hg. P. Juin [Faks. der Originalausg.]. – Paris 1973, Hg. ders. – Paris 1980 (in *Œuvres complètes: Rimbaud-Cros-Corbière-L.*, Hg. J. Bancilhon). – Paris 1987 (in *Œuvres complètes*, Hg. L. Genonceaux; Ill.).

ÜBERSETZUNGEN: *Aus den Gesängen des Maldoror*, W. Rüttenbauer u. a. (in Das Lot, 1947, S. 19–42; unvollst.). – *Kampf mit dem Engel*, F. Kemp (in Die Fähre, 2, 1947, S. 287–290; unvollst.). – *Die Gesänge des Maldoror*, R. Soupault (in *GW*, Heidelberg 1954; ern. Reinbek 1963; m. Nachw. u. Bibliogr.). – Dass., dies., Mchn. 1976 [m. 20 Gouachen v. G. Baselitz]. – Dass., dies., Mchn. 1981 (Heyne Tb). – Dass., W. Schmidt (in *Werke*, Bln. 1985). – Dass., R. Soupault (in *Das Gesamtwerk*, Reinbek 1988; m. Essay v. E. Lenk).

LITERATUR: R. de Gourmont, *La littérature »Maldoror«* (in MdF, Febr. 1891, S. 97–102; auch in R. de G., *Promenades littéraires*, Paris 1926). – A. Breton, *»Les chants de Maldoror«* (in NRF, 1. 6. 1920, S. 917–920). – Ders., *Les pas perdus*, Paris 1924. – P. Soupault, *Isidore Ducasse, Comte de L.* (in Revue Européenne, 24, 1926, S. 1–23). – A. Breton, P. Éluard u. L. Aragon, *L. envers et contre tout*, Paris 1927. – L. Pierre Quint, *Le comte de L. et Dieu*, Paris 1928; ern. 1967. – L. Aragon, *Contribution à l'avortement des études maldoriennes* (in *Le surréalisme au service de la révolution*, Bd. 2, 1931, S. 22–24). – P. Éluard, *L. et Vauvenargues* (in Minotaure, 10, 1937). – G. Bachelard, *L.*, Paris 1939. – H. Miller, *Let Us Be Content with Three Little New-Born Elephants* (in Accent, 5, 1944, 1, S. 45–48). – A. Artaud, *Lettre sur L.* (in Cahiers du Sud, 275, 1946, S. 6–11). – M. Blanchot, *L. et le roman*, Paris 1947. – A. Camus, *L. et la banalité* (in Cahiers du Sud, 33, 1951, S. 399–404; auch in A. C., *L'homme révolté*, Paris 1951; dt.: *Der Mensch in der Revolte*, Hbg. 1953). – V. Larbaud, *Isidore Ducasse, Comte de L.*, Lüttich 1957. – R. Soupault, *L. et le problème du mal d'Ernest Naville*, Paris 1961. – J. Gracq, *L. toujours* (in J. G., *Préférences*, Paris 1961, S. 105–131). – M. Blanchot, *L. et Sade, avec le texte intégral des »Chants de M.«*, Paris 1963. – P. Zweig, *L. ou les violences du Narcisse*, Paris 1964. – J. P. Soulier, *L., génie ou maladie mentale?*, Genf 1964; ern. Paris 1978. – L'Arc, 33, 1967 [Sondernr. *L.*]. – M. Pleynet, *L. par lui-même*, Paris 1967. – P. Nesselroth, *L.'s Imagery. A Stylistic Approach*, Genf 1969. – F. Caradec, *L.*, Paris 1970. – M. Philip, *Lectures de L.*, Paris 1971. – Entretiens, Jan.–März 1971, Nr. 33 [Sondernr. *L.*]. – R. Faurisson, *A-t-on lu L.?*, Paris 1972. – Ph. Fédy u. a., *Quatre lectures de L.*, Paris 1972. – J. Decottignies, *Prélude à Maldoror*, Paris 1973. – A. de Jonge, *Nightmare Culture. L. and »Les chants de Maldoror«*, Ldn. 1973. – R. Montal, *L.*, Paris 1973. – W. Fowlie, *L.*, NY 1973 (TWAS). – C. Bouche, *L. Du lieu commun à la parodie*, Paris 1974. – J. Kristeva, *La révolution du langage poétique*, Paris 1974. – RHLF, 74, Mai–Juni 1974 [Sondernr. *L.*]. – L. Deronne-Moisés, *»Les chants de Maldoror«*, Paris 1975. – D. Rieger, *Der Esel und die Feige. L.s literarische Quellen und die Inauthentizität der »Chants de Maldoror«* (in RF, 88, 1976, S. 43–56). – J. Peytard, *L. et la cohérence de l'écriture*, Paris 1977. – J. Lefrère, *Le visage de L.*, Paris 1977. – R. Jean, *Lectures du désir*, Paris 1977. – EsCr, 18, 1978 [Sondernr. *L.*]. – Et. litt, April 1978, Nr. 11 [Sondernr. *L.*]. – J. M. Olivier, *L., le texte du vampire*, Lausanne 1981. – O. Avni, *Tics, tics et tics. Figures, syllogismes, récit dans »Les chants de Maldoror*, Lexington/Ky. 1984. – M. Pierssens, *Éthique à Maldoror*, Lille 1984. – M. Blanchot, *Sur L.*, Brüssel 1987. – Europe, August–September 1987, Nr. 700/701 [Sondernr. *L.*].

PIERRE LOTI

d.i. Julien Viaud

* 14.1.1850 Rochefort
† 10.6.1923 Hendaye

LITERATUR ZUM AUTOR:
Zeitschriften:
Cahiers P. L., Paris 1952 ff. – Revue Loti, Rochefort 1980ff.

Gesamtdarstellungen und Studien:
K. G. Millward, *L'œuvre de P. L. et l'esprit ›fin de siècle‹*, Paris 1955. – F. le Targat, *À la recherche de L.*, Paris 1974. – C. Wake, *The Novels of P. L.*, Den Haag/Paris 1974. – M. G. Lerner, *P. L.*, NY 1974. – L. Blanch, *L. Portrait of an Escapist*, Ldn. 1982.

AZIYADÉ. Extrait des notes et lettres d'un lieutenant de la marine anglaise entré au service de la Turquie le 10 mai 1876, tué sous les murs du Kars, le 27 octobre 1877

(frz.; *Aziadeh. Auszug aus den Notizen und Briefen eines englischen Marineleutnants, der am 10. Mai 1876 in türkische Dienste trat und am 27. Oktober 1877 vor den Mauern von Kars den Tod fand*). Autobiographischer Roman von Pierre Loti, erschienen 1879. – Das langwierige Tauziehen zwischen Rußland und Österreich-Ungarn um die Vormachtstellung im Balkangebiet, die Unabhängigkeitsbestrebungen der einzelnen Balkanvölker und die schweren Fehler der türkischen Verwaltung führten in den Jahren zwischen 1876 und 1878 zu folgenschweren Ereignissen. 1876 schickten die Großmächte Flotteneinheiten in die türkischen Gewässer, um ihre nationalen Interessen zu sichern. Als französischer Marineoffizier nahm Loti zunächst in Griechenland, später in der Türkei an den blutigen Auseinandersetzungen teil. Im Mai 1876 erblickte er hinter den Gittern eines Haremsfensters das reizende Köpfchen einer Odaliske. Aus dieser Begegnung entspann sich eine Liebesgeschichte, die Loti in seinem Tagebuch festhielt und die zusammen mit den Kriegserlebnissen des Autors den Inhalt dieses Romans bildet.

Durch Vermittlung eines Schiffers namens Samuel kommt ein nächtliches Stelldichein auf dem Meer zwischen dem Offizier – im Roman ist er englischer Herkunft – und dem Mädchen, der Titelheldin Aziyadé, zustande. Dann bricht die Heereseinheit, zu der der Leutnant gehört, nach Konstantinopel auf. Dort verbringt der jäh von seiner Liebsten Getrennte mehrere Monate, und obwohl er sich, so sehr er kann, von der orientalischen Welt beeindrucken läßt, gelingt es ihm nicht, Aziyadé zu vergessen; die Erinnerung an sie wird durch die Gegenwart Samuels wachgehalten. Dann aber bringt ein glücklicher Zufall auch Aziyadé nach Konstantinopel. Noch ein Jahr lang können die Liebenden nächtlich heimlich beisammen sein, bis der Befehl zum Aufbruch den Helden den Armen Aziyadés und dem Zauber des Orients entreißt. Aziyadé stirbt vor Schmerz, und der Offizier findet bald darauf im Kampf für das Vaterland der Geliebten den nunmehr ersehnten Tod.

In diesem Schluß des Romans klingen Themen an, die dem Autor von jeher am Herzen lagen: Tod, Melancholie, das Verhängnis des Scheidenmüssens, der Adel des Leides. Dennoch erscheint hier sein Weltbild, insbesondere im Vergleich mit dem vorhergehenden Werk *Die Hochzeit Lotis (Le mariage de Loti)*, erheblich verdüstert. In der polynesischen Idylle gibt er sich jugendlich unerfahren, bebend vor Begierde nach den Genüssen des Lebens. *Aziyadé* hingegen schreibt er unter der Last unermeßlicher Verzweiflung. Seine religiöse Zuversicht ist der bitteren Skepsis gewichen, sein Vertrauen zum Leben ist durch die Einsicht in das Elend dieser Welt gebrochen. Die Unmöglichkeit, glücklich zu sein, erscheint ihm nunmehr als das einzig Gewisse. Er spielt mit Selbstmordgedanken und sucht vergeblich Trost und Ablenkung in sinnlichen Genüssen. – *Aziyadé* ist aus Lotis *Tagebuch* hervorgegangen; es wurden lediglich die Namen abgeändert. Einige wenige Stellen sind hinzugefügt, andere weggelassen oder überarbeitet, doch wurden alle diese Änderungen mehr aus Diskretion als aufgrund literarischer Erwägungen vorgenommen. J.H.K.

Ausgaben: Paris 1879. – Paris [2]1903–1911 (in *Œuvres complètes*, 11 Bde., 1). – Paris 1949/50 (in *Œuvres illustrées*, 10 Bde.). – Paris 1950 (in *Romans illustrés*, 10 Bde.). – Paris 1965. – Paris 1987 [Einl. R. Barthes].

Übersetzungen: *Die Ehe des Lieutenants Grant*, anon., Hagen 1886. – *Aziadeh*, R. Proelß, Stg. 1894. – *Aziyadé*, A. El Moulei-Semler, Ffm. 1982 (BS).

Literatur: R. Lefèvre, *Aziyadé* (in R. L., *La vie inquiète de P. L.*, Paris 1934, Bd. 4). – P. E. Briquet, *P. L. et l'orient*, Genf 1945. – R. Maurice, *En marge d'»Aziyadé«? L. et mon frère Yves*, Paris 1945. – L. Blanch, *Loti-land. L. et Istanbul* (in Cornhill Magazine, 168, 1956, S. 388–404). – R. Barthes, *Le nom d'Aziyadé* (in Critique, 28, 1972, S. 103 bis 117). – F. Fiorentino, *Sogno esotico e racconto onirico, »Aziyadé«* (in RLM, 26, 1983, S. 25–48). – A. Goubert, *Aziyadé est-elle en Asie?* (in Revue L., 4, 1983, S. 97–105). – R. Lefèvre, *Sur le nom d'Aziyadé* (ebd., S. 126). – S. Funaoka, *Les héros de L.* (ebd., 5, 1984, S. 27–34). – I. Szyliowicz, *Exotisme et érotisme dans »Aziyadé«* (ebd., 7, 1986).

PÊCHEURS D'ISLANDE

(frz.; *Ü: Islandfischer*). Roman in fünf Teilen von Pierre Loti, erschienen 1886. – Zentraler Schauplatz des Romans, der das harte und gefährliche Leben der *»islandais«* – der bretonischen Fischer, die im Frühjahr in isländische Gewässer fahren – schildert, ist der Hafen Paimpol in der Bretagne. Gaud, die Tochter eines reichen und angesehenen Händlers, die sich in Paris an das feinere städtische Leben gewöhnt hat, kehrt mit dem Vater in ihre bretonische Heimat zurück. An einem Festtag, dem *»pardon des Islandais«*, begegnet sie dort dem Fischer Yann Gaos, dem sie von da an von ganzem Herzen zugetan ist. Yann, ein eigenwilliger Charakter, entzieht sich ihr jedoch aus Eigensinn und Stolz, wohl wissend, daß sich seine Lebensverhältnisse mit den ihren nicht vergleichen lassen. Sylvestre Moan, der Verlobte von Yanns Schwester – auch er ein *»islandais«* –, wird während des französisch-chinesischen Kriegs (1884) in Tonking schwer verwundet und stirbt auf einem Lazarettschiff, das ihn nach Frankreich bringen sollte. Seine Großmutter, die alte Yvonne, trifft die Nachricht von seinem Tod schwer. Gaud, deren Vater plötzlich gestorben ist und sie ohne Vermögen zurückließ, widmet sich nun der alten Frau mit großer Fürsorge und findet sich tapfer in den neuen Verhältnissen zurecht. Da läßt auch Yann seine Bedenken fahren und hält um ihre Hand an. Doch das Glück der beiden ist nur von kurzer Dauer; die Schiffe fahren in der folgenden Woche wieder aus, und als die Fischer am Ende des Sommers heimkehren, ist Yann nicht unter ihnen. Er bleibt verschollen.

Der Autor, der alle Weltmeere kannte, Island aber nie gesehen hat, unternahm im Jahr 1870 eine Fahrt in norwegische Gewässer; detaillierte Auskünfte über die Islandfischer erhielt er von einem Kapitän aus Paimpol, M. Huchet du Guermeur, dessen Name auch im Roman auftaucht. – Loti, dem es nicht um die Analyse komplizierter Seelenvorgänge zu tun war, läßt die psychologischen Antriebe seiner Gestalten aus ihren Handlungen, ihren Gesprächen und kurzen Äußerungen sichtbar werden. Seine eigentliche Begabung entfaltet er in den Naturschilderungen. Erstmalig in der französischen Literatur wird das Meer zum aktiven Mittelpunkt der Handlung und spielt nicht mehr nur die Rolle eines zufälligen Dekors. Gestützt auf die unmittelbare, präzise Erfahrung und mit offenem Sinn für Nuancen und Harmonien, Töne und Farben, beschreibt Loti die Naturgewalt der Stürme wie die Ruhe der Windstille. Während das Meer – literarisches Thema seit der Romantik – in *Paul et Virginie* von BERNARDIN DE SAINT-PIERRE den Rahmen eines moralischen Gemäldes abgibt, während in MICHELETS *La mer vue du rivage* die Einbildungskraft die visuelle Anschauung zurückdrängt und auch in HUGOS *Les travailleurs de la mer* die gedankliche Konstruktion, mit wenigen Ausnahmen, den Vorrang hat *(»Die Religion, die Gesellschaft, die Natur; diese drei stellen die großen Gegner des Menschen dar«)*, beschränkt sich Loti auf die sinnenhafte Beschreibung des unmittelbar Elementaren. Die *»unendliche Vereinsamung der schwarzen und tiefen Wasser«* ist dabei eng verbunden mit dem Motiv des Todes, *»[das Meer] ist es, das, einem antiken Verhängnis vergleichbar, unbarmherzig die gesamte Handlung beherrscht ...«* (Victor Giraud). Lotis melancholisches Temperament, das ihn bestimmte, auch im fiktiven Bereich des Romans das *»heraklitische Weltgefühl«* (A. Hauser) von Wandel und Vergänglichkeit walten zu lassen, war neben seiner visuellen Begabung die Voraussetzung für die Aneignung impressionistischer Stilmittel. R.L.

AUSGABEN: Paris 1886 (in NRF, April–Juni). – Paris 1886. – Ldn. 1960, Hg. N. S. Wilson. – Paris 1967 (Poche). – Paris 1978. – Genf 1979. – Paris 1982. – Paris 1986.

ÜBERSETZUNGEN: *Islandfischer*, C. Sylva [d. i. Elisabeth, Königin v. Rumänien], Bonn 1888; 41895. – *Islandfahrer*, F. Dobbert, Halle 1897. – *Islandfischer*, P. Wüst, Wiesbaden 21948. – Dass., E. Bagge, Lpzg. 1950 (RUB). – Dass., U. Leippe, Hbg. 1973. – Dass., C. Silva, Hbg. 1985.

LITERATUR: L. Barthou, *»Pêcheurs d'Islande«. Étude et analyse*, Paris 1929. – A. Dupouy, *»Pêcheurs d'Islande«* (in A. D., *La poésie de la mer dans la littérature française*, Paris 1947, S. 157–164). – P. O. Codebo, *Introduction et notes à »Pêcheurs d'Islande«*, Turin 1949. – Y. Le Hir, *Le soleil dans »Les pêcheurs d'Islande«* (in LR, 18, 1964, S. 53–58). – H. Bolliger, *Au pays des »Pêcheurs d'Islande«* (in Cahiers L., Dez. 1968, Nr. 52, S. 34–36). – A. Moulis, *Echos d'une querelle (»Pêcheurs d'Islande«)* (ebd., Dez. 1971, Nr. 58, S. 18–25; Juni 1972, Nr. 59, S. 25–30; Dez. 1972, Nr. 60, S. 35/36; Dez. 1973, Nr. 62, S. 11–13). – M. G. Lerner, *L. as Dramatist. »Pêcheurs d'Islande«* (in StF, 17, 1973, S. 485–491). – Revue L., 7, 1986 [mehrere Beitr. zu *»Pêcheurs d'Islande«*].

PIERRE LOUŸS

eig. Pierre-Félix Louis

* 10.12.1870 Gent
† 4.6.1925 Paris

LITERATUR ZUM AUTOR:
E. Buenzod, *P. L., une époque littéraire, 1890–1910*, Neuchâtel 1941. – R. Cardinne-Petit, *P. L. intime*, Paris 1942. – G. Mirandola, *P. L.*, Mailand 1974. – Bull. des amis de P. L., Reims 1977ff. [Zs.]. – P. Clive, *P. L. 1870–1925. A Biography*, Oxford 1978. – G. Millan, *P. L. ou le culte de l'amitié*, Aix-en-Provence 1979. – M. di Maio, *P. L. e i miti decadenti*, Rom 1979. – D. J. Niederauer, *P. L. His Life and Art*, Ottawa 1981.

LES CHANSONS DE BILITIS

(frz.; *Ü: Die Lieder der Bilitis*). Sammlung lyrischer Gedichte in Prosa von Pierre LOUŸS, erschienen 1894, in erweiterter Fassung 1898. – Der Autor gab seine Prosagedichte als Übersetzungen aus dem Griechischen und Werke der Dichterin Bilitis, einer Schülerin der SAPPHO, aus. Dem Text schickte er eine kurze Biographie der vermeintlichen Dichterin voraus, die demzufolge im 6. Jh. v. Chr. gelebt habe, und stattete den Text mit gelehrten Fußnoten aus, die er noch um den Bericht der Auffindung von Bilitis' Grab vermehrte. Um das Spiel mit der kaschierten Autorschaft auf die Spitze zu

treiben, sandte er ein Exemplar dieser »Übersetzungen« einem zu dieser Zeit renommierten Altertumswissenschaftler zur Beurteilung, der den Schwindel von Louÿs, dem *enfant terrible* des Pariser Fin de Siècle, offenbar nicht durchschaute und eine ernstgemeinte Würdigung dieser Texte verfaßte, mit denen er sich *»bereits früher anhand des griechischen Originaltextes«* beschäftigt habe. Tatsächlich handelt es sich um Texte, die ihren Ursprung aus der Parnasse-Lyrik nicht verleugnen. So ist die neohellenistische Präsentationsform der *Chansons de Bilitis*, die an die durch Louÿs übertragenen altgriechischen Epigrammatiker der *Antologia Palatina* (Paulos von Silene und Meleagros von Gadara) denken läßt, zugleich Zeugnis einer immer wieder geäußerten Begeisterung für die griechische Poesie und eine dichterische Maskerade, die sich in die lange Tradition der antibourgeoisen Ästhetik einfügt. Louÿs, der mit Debussy, Gide, Valéry und Oscar Wilde im Kontakt stand, ist dem weiteren Umkreis des Spätsymbolismus zuzuordnen, dessen bürgerfeindliche Grundhaltung indirekt in den *Bilitis*-Gesängen thematisiert wird. Antike Sinnesfreude und unverkünstelt schrankenlose Erotik stehen hier im impliziten Kontrast zum sexuellen Viktorianismus und zur bürgerlichen Prüderie des ausgehenden 19. Jh.s. Zumal in seinen erzählerischen Werken hat Louÿs teils in der Manier des Rokoko *(Aphrodite)*, teils in humoristisch-satirischer Weise *(Manuel de civilité)*, sowohl in dekadent-spätsymbolistischer Form *(Astarté)* als auch eindeutig kommerziell-pornographisch *(Les trois filles de sa mère)* die Ausdrucksmöglichkeiten der erotischen Dichtung erprobt.
Hauptsächliches Thema der Gedichte ist die Liebe in ihren vielfältigen Erscheinungsformen. Wenngleich zunächst die Liebe zwischen Bilitis und dem jungen Lykas im Vordergrund steht, erstreckt sich die thematische Spannbreite der Sammlung auch auf die gleichgeschlechtliche Liebe: Hier kann Louÿs auf prominente Vorbilder in der romantischen Literatur zurückgreifen, wobei vor allem Giacomo Leopardi *(La morte di Saffo)*, Verlaine *(Les amies, Sappho, Ballade Sappho)*, Swinburne *(Anactoria, The Ballad of Melicertes)* und Baudelaire *(Les femmes damnées, Lesbos)* erwähnt werden sollen. Der Themenbereich der lesbischen Liebe, der sich in der Literatur des Fin de siècle großer Beliebtheit erfreut, taucht bei Louÿs bereits in den früheren Gedichten auf *(Les sœurs incestueuses)*.
Die Sammlung gliedert sich in drei Teile. Nach den *Bucoliques en Pamphilie* mit der Liebesgeschichte des Lykas folgt der Hauptteil, der die nach dem Vorbild altgriechischer Elegien gestalteten dreißig *Élégies de Mytilène* enthält. Ihr Thema ist Bilitis' homoerotische Liebe zu Mnasidika *Le vice idéal et pur (Das ideale und reine Laster)*, die mit dem Aufbruch Bilitis' nach Zypern endet. Die Liebesszenen- und Dialoge werden immer wieder von stärker deskriptiven Partien und mitunter fast gekünstelten Landschaftsdarstellungen unterbrochen. Der dritte Teil behandelt eine weitere Liebesepisode der Bilitis. Aus dieser biographischen Abfolge ergibt sich der erzählende, zyklische Charakter des Gesamtwerks. Dabei gehorchen Louÿs' Gedichte eigenen Formgesetzen, die sich nicht ohne weiteres aus der Tradition des Prosagedichts herleiten lassen: Wenn der Dichter den von Baudelaire in den *Fleurs du mal* besungenen modernen Liebesbegriff mit seiner Flüchtigkeit und das daraus resultierende neue Frauenbild aufnimmt, so obsiegt in den Elegien und Epigrammen doch immer wieder ein eigentümlicher Klassizismus, der es als ein besonders typisches, wenn nicht gar als das Hauptwerk der Parnasse-Dichtung ausweist.
Nur wenige Jahre nach dem Erscheinen der ersten Ausgabe vertonte C. Debussy zunächst drei Lieder aus der Sammlung. Später komponierte er zu dem gesamten Zyklus Zwischenmusiken und ließ sich durch Louÿs' Gedichte zur Komposition seiner *Six épigraphes antiques* inspirieren. G. Wil.

Ausgaben: Paris 1894. – Paris 1898 [erw.] – Paris 1929 (in *Œuvres complètes*, 13 Bde., 2; Nachdr. Genf 1973). – Paris 1960 (Poche). – Paris 1969.

Übersetzungen: *Die Lieder der Bilitis*, R. Dehmel (in Die Gesellschaft, 1896, S. 453–461). – Dass., ders., Bln. 1923. – *Lieder der Bilitis: Mytilenische Elegien*, M. L. Weißmann, Mchn. 1931. – Dass., R. Schacht, Bonn 1962. – Dass., Denklingen 1984 [Bibliophil. Ausg.; m. 11 Originalradierungen v. E. Weidenhaus].

Vertonungen: C. Debussy, *Trois chansons de Bilitis*, 1897. – Ders., *Les chansons de Bilitis*, 1900.

Literatur: U. v. Wilamowitz-Möllendorf, *Sappho und Simonides*, Bln. 1913, S. 63–78. – L. Deffoux, *Chanson de Bilitis* (in L. D., *La pastiche littéraire. Des origines à nos jours*, Paris 1932, S. 2; 13/14; 144).

Maurice Maeterlinck

* 29.8.1862 Gent
† 5.5.1949 Nizza

Literatur zum Autor:
Bibliographien:
R. Brucher, *L'œuvre et son audience. Essai de bibliographie, 1883–1960*, Brüssel 1972. – J. Warmoes, *La bibliographie de M. Complément à »L'Essai de bibliographie 1883–1960«* (in Annales de la Fondation M. M., 18, 1972, S. 33–66; 19, 1973, S. 51–65).
Zeitschrift:
Annales de la Fondation Maurice Maeterlinck, Gent 1945 ff.

Gesamtdarstellungen und Studien:
G. Compère, *Le théâtre de M. M.*, Brüssel 1955. – R. Bodart, *M. M.*, Paris 1962. – J. M. Andrieu, *M. M.*, Paris 1962. – *Le centenaire de M.*, Brüssel 1964. – M. Postic, *M. et le symbolisme*, Paris 1970. – H. W. Panthel, *Rainer Maria Rilke und M.*, Bln. 1973. – M. Hanak, *M.'s Symbolistic Thought*, Löwen 1974. – B. L. Knapp, *M. M.*, Boston 1975 (TWAS). – P. Gorceix, *Les affinités allemandes de M.*, Paris 1975. – B. Vedder, *Das symbolistische Theater M. M.s*, Ffm. u. a. 1978. – G. Benelli, *Le figure della ripetizione nella poesia di M.*, Ravenna 1984. – S. Gross, *M. oder der symbolistische Sadismus des Humors*, Ffm./Bern 1985. – *M. M. und die deutschsprachige Literatur*, Hg. ders., Mindelheim 1985. – M. Deschamps, *M.*, Brüssel 1986. – L. D. Konrad, *Modern Drama as Crisis. The Case of M.*, Ffm. u. a. 1986.

DAS LYRISCHE WERK (frz.) von Maurice MAETERLINCK (Belgien).

Trotz des weltweiten literarischen Ruhms, der Maeterlinck in seinen späteren Jahren mit der Verleihung des Nobelpreises (1911) zuteil wurde, bleiben im eigentlichen Sinne charakteristisch für ihn nicht die Texte aus jener Zeit, sondern seine Jugendwerke. Hat ihm auch sein erstes Theaterstück *La princesse Maleine* (1889) dank Octave MIRBEAUS enthusiastischer Kritik den bombastischen Titel eines »belgischen Shakespeare« eingebracht, ist die Bedeutung Maeterlincks als Lyriker für die Geschichte der modernen Literatur doch kaum geringer als die des Dramatikers: Seine beiden Lyrikbände *Serres chaudes*, 1889 (Treibhäuser), und *Quinze Chansons*, 1900 (Fünfzehn Lieder), insgesamt 48 Texte von höchster Intensität und Dichte, sind Kunstwerke von großer Sensibilität.

Gegenüber den ursprünglich vorgesehenen Titeln *Les symboliques* oder *Tentations* – letzterer ist bezeichnend für die innere Krise, in der sich der Dichter um das Jahr 1885 befand – hat sich Maeterlinck für den Titel *Serres chaudes* entschieden. Dieser bedeutungsschwere Titel verweist auf BAUDELAIRE und evoziert über die Metapher einer in künstlicher Abgeschlossenheit gehaltenen Pflanzenwelt die Geheimnisse der Seele und des Unbewußten, die Sehnsüchte und Ängste eines Ichs, das sich dem Unbekannten ausgeliefert sieht. Maeterlincks poetisches Verfahren in den *Serres chaudes* beruht auf der Analogie, ein Schlüsselwort, das gleich im ersten Gedicht der Sammlung erscheint: *»Et tout ce qu'il y a sous votre coupole! / Et sous mon âme en vos analogies!« (»Und alles, was sich unter eurem Dache findet, in meiner Seele hat es sein Widerspiel«)*. In Maeterlincks lyrischer Welt verbindet sich in unbestimmter Weise die Baudelaire- und HUYSMANS-Rezeption mit der fromm-religiösen Emotion, wie sie von den Altarbildern eines van Eyck, eines Memling oder eines Van der Weyden ausgeht. Hinzu kommen RUYSBROECK-Reminiszenzen, Verweise auf den mittelalterlichen flämischen Mystiker und Eremiten aus dem Wald von Soignes. Und Ruysbroeck wiederum evoziert die noch immer gegenwärtige Welt der Beguinenhöfe, jene abgeschiedenen Orte der Stille, der Sammlung und der Andacht inmitten der Städte. Erschüttert werden indes all diese in sich geschlossenen und geschützten Innenwelten von den bizarren Visionen Breughels oder den phantastischen Bildern einer verkehrten und verrückten Welt, wie sie Hieronymus Bosch in der »Versuchung des heiligen Antonius« gemalt hatte und die Maeterlinck so sehr bewunderte.

Die Sammlung *Serres chaudes* zählt 33 Gedichte, 25 im regelmäßigen Versmaß, acht in freien alternierenden Versen. Diese unterschiedlichen Formen verweisen auf zwei Entstehungszeiten (J. Hanse) und sind vermutlich auch Ausdruck zweier verschiedener Phasen der Maeterlinckschen Ästhetik. In den Gedichten im regulären Versmaß – in Quartette angeordnete Achtsilber, die zumeist den Regeln der traditionellen Prosodie folgen – überwiegt ein *»orthodoxer Mystizismus«* (van Nuffel), der von einer Melancholie durchzogen wird, die auf die Dekadenzliteratur verweist und die in konventionelle Allegorien gefaßt wird. Die in freien Versen geschriebenen Texte – sie entstanden in den Jahren nach 1888 – sind dagegen von ihrer Anlage her ganz entschieden modern. Sie sind bestimmt vom Verzicht auf alle metrischen Zwänge sowie von der Technik des bewußten Aneinanderreihens möglichst disparater Bilder. Gemeinsamer Nenner dieser beiden Stilistika ist die Suggestion des Rätselhaft-Unbegreiflichen. Der »Seelengrund« der Mystiker des Mittelalters, das »transzendentale Ich« oder das »Unendliche« der deutschen Romantiker, das »Unbewußte« – der zentrale Gedanke in dem späteren *Temple enseveli*, 1902 *(Der begrabene Tempel)*: all dies sind Maeterlinck vertraute philosophische Begriffe, die das sehnsüchtige Streben, sich in den Kreislauf der Gestirne einzufügen und im Kosmos aufzugehen, widerspiegeln. In *Le trésor des humbles* (1896) betont Maeterlinck noch einmal seine Auffassung von der Dichtung als Mittel zur Erkenntnis: *»Die Dichtung in ihrer höchsten Form ... hat kein anderes Ziel, als die Wege vom Sichtbaren zum Unsichtbaren offen zu halten.«* Auf dem Weg zu diesem seinem poetischen Ideal bewirkt Maeterlinck im Gefolge RIMBAUDS mit seiner Rehabilitierung der »Dunkelheit«, d. h. des dunklen Dichtens als positive künstlerische Kategorie, eine tiefgreifende Revolution in der Ästhetik. Zugleich vergrößert er damit die Distanz, die die allegorische Darstellungsweise von der symbolischen trennt.

In den Texten mit regelmäßigem Versmaß ist das Allegorisieren offensichtlich. Bild und Bedeutung, Begriff und Ausdruck werden geradezu mechanisch miteinander verbunden: *»Végétation de symboles, / Nénuphars mornes des plaisirs, / Palmes lentes de mes désirs, / Mousses froides, lianes molles« (»Sinnbildhaft ist seiner Blumen Zier: / Mancher Freuden düstre Wasserrose, / Palmen der Begier, / Weiche Schlinggewächse, kühle Moose«*; Übers. K. L. Ammer). Es fehlt auch nicht an expliziter Benennung des Gemeinten: *»Mes vagues douleurs abolies / S'immobilisent peu à peu: / Végétations de symboles«* (*»Unbestimmter vergangner Schmerz wird reglos mehr und mehr: Pflanzenreiche von Symbolen«)*. Hier reduziert sich das Gedicht zum allerdings noch gekonnten Spiel mit rein dekorativen Bildern, die allein zur Illustration von Begriffen dienen. Auch das Treibhaus, das mit der christlichen Vorstellung von der Versuchung verknüpft wird, unterscheidet sich zunächst nur wenig von der Allegorie. Als Allegorie steht es für die Abgeschlossenheit und Eingeschlossenheit des Schauenden, der vor den ihn bedrängenden Bildern, die aus der Außenwelt durch das graugrüne Glas des Treibhauses auf ihn eindringen, zur Passivität und zum Verzicht verdammt ist. Doch mit der Zeit verwandelt sich – im ganz konkreten Sinne – die Allegorie, und das Treibhaus wird zum Symbol, das eine Fülle von Bedeutungen und Beziehungen suggeriert. Das ursprüngliche Bild erzeugt dabei über Assoziationen von der Wasserwelt weitere Analogien wie das Aquarium, die Glasglocke, die Taucherglocke, usw., und gleiches gilt auch vom Bildbereich des Hospitals, einer Variante, die aus den Vorstellungen von Abgeschlossenheit und Verzicht erwächst. Es entsteht also auf diese Weise eine Fülle heterogener Bilder; der Text wird zum absichtsvollen Spiel absurder Oppositionen, zur bizarren Reihung einander ausschließender Möglichkeiten.

Maeterlinck, Surrealist *ante litteram*, hat erkannt, daß mit dem Aneinanderreihen disparater Bilder und mit der Technik, die entferntesten Bereiche der Wirklichkeit einander anzunähern, ein zweifacher psychologischer Effekt zu erzielen war, nämlich im diskursiven Denken einen Kurzschluß zu erzeugen, die Imaginationskraft des Lesers anzuregen und mit Hilfe dieser ein unendliches Beziehungsgeflecht zwischen den Dingen jenseits des kausalen Denkens zu suggerieren. In den Gedichten in freien Versen findet sich eine Vielzahl von Beispielen für diese Technik, die darauf abzielt, sich dem Unsagbaren anzunähern, wie z.B. in *Attouchements: »Musiques de cuivre sous l'orage! / Musiques d'orgues au soleil! / Tous les troupeaux de l'âme au fond d'une nuit d'éclipse / Tout le sel de la mer en herbe des prairies/ Et ces bolides bleus à tous les horizons!« »Trompetenschrillen im Wettersturm! / Und Orgelklang im Sonnenschein! / Alle Herden der Seele in lichtloser Nacht!/ Und alles Salz des Meeres im Gras der Wiesen! / Und diese blauen Meteore rings am Himmelkreis!«* (Übers.: K. L. Ammer). In all dem mag man nach Maeterlincks eigenen Worten ein Zeichen dafür sehen, daß *»die Dinge nicht an ihrem Platze sind«*, ein Signal für *»das Tragische im Alltäglichen«*, für die Brüche in der uns umgebenden Welt. Die dissonante, die »kühne« Metaphorik macht dies sichtbar. Maeterlincks Poetik ist ohne Zweifel innovativ. Der Verzicht auf jegliche Strophenform ist gleichbedeutend mit der künstlerischen Intention, sich in einer autonomen sprachlichen Welt bewegen zu wollen. Und diese Freiheit von allen Zwängen findet ihre Entsprechung wiederum in der Freiheit, auch ungehindert über die Welt der Träume verfügen zu wollen. Maeterlincks Texte sind vom Bild her strukturiert. In den *Serres chaudes* hat er sich für einen lyrischen Stil entschieden, der auf der semantischen Unbestimmtheit beruht, da er erkannt hatte, daß die rationale Struktur unserer Sprache sich nicht mit einer Evokation der *»unbegreiflichen Wirkungen«*, die das Universum durchziehen, vereinbaren läßt. (Diese Auffassung ist im übrigen auch Ausgangspunkt für die Revolution in der Dramentechnik seit dem Erscheinen der *Princesse Maleine*. Die Dialoge in diesem Stück verweisen auf bestimmte Versgruppen in den *Serres chaudes* zurück.) Dem Symbol, *»der Seele des Gedichts«*, diesem Symbol, das für ihn *»vielgestaltig, elastisch, unbestimmt«* (*»multiforme, élastique, indécis«)* sein muß, weist Maeterlinck eine doppelte Funktion zu: Es soll nicht nur die Sensibilität des Lesers anregen, sondern es soll ihn vor allem durch den Appell an die Imaginationskraft stärker am Schöpfungsprozeß beteiligen.

Die *Serres chaudes*, die in Frankreich von den Surrealisten wiederentdeckt worden sind, haben die Geschichte der modernen Lyrik weit stärker bestimmt, als gemeinhin angenommen wird. APOLLINAIRE, Blaise CENDRARS und André BRETON haben auf Maeterlincks Verstechnik Bezug genommen. Deutsche Symbolisten wie RILKE und HOFMANNSTHAL, Expressionisten wie TRAKL, HEYM oder BENN verdanken Maeterlinck nicht wenig. Die *Serres chaudes* zählen unbestritten zu den bedeutsamsten Texten der symbolistischen Literatur.

Maeterlincks zweite Lyriksammlung *Quinze Chansons* erschien erstmals in der Ausgabe der *Serres chaudes* vom Jahre 1900 als erweiterte Edition der ursprünglichen *Douze Chansons* aus dem Jahre 1896. Das Interesse an der Gattungsform des Liedes bestimmt Maeterlincks künstlerischen Werdegang schon seit 1891. Mit dreißig Jahren schrieb er *Neuf Chansons*, im Jahre 1932 verfaßte er die *Treize Chansons de l'âge mûr* (Titel von J. Hanse; *Dreizehn späte Lieder*). Schon die frühen Dramen enthalten lyrische Einlagen, ohne daß indes die Liedproduktion ausschließlich auf die Bühne ausgerichtet gewesen wäre. Dieses anhaltende Interesse an der Gattungsform »Lied« erklärt sich vor dem Hintergrund einer Zeit, die sich seit VERLAINE für die alten »Klagelieder« *(complainte)* begeisterte. Bei Maeterlinck kommen noch andere Faktoren hinzu: der seit den Tagen seiner Kindheit in Gent ihn prägende Einfluß der flämischen folkloristischen Traditionen und die Suche nach einer im Volk verwurzelten Kunstform, wie sie in der *Princesse Maleine* ihren ersten Ausdruck gefunden hat. Das Lied erfüllt Maeterlincks Forderungen nach einer nichtkonventionellen Sprache, die unmittelbare Gefühlsregungen, spontane, ja sogar unbewußte Regungen der Imagination darstellen kann. Entdeckt hat Maeterlinck diese Art von Volkstümlichkeit und Einfachheit in der Mystik Flanderns sowie in der deutschen Literatur, die für ihn den genauen Gegenpol zu einer Literatur bilden, die dem Regelkanon der französischen Klassik unterworfen ist, die der »Natur« Gewalt antut. Hält man sich dies

vor Augen, wird man in den Chansons wohl kaum nur eine Art *»Spiel mit klingenden Worten«* (G. Leblanc) sehen können.
Unter der Fassade der Bilder und unter einem Erzählmaterial, das sich an der Einfachheit des Volksliedes orientiert, hinter einem stereotypen Personal (Jungfrau, Liebhaber, blinde Schwestern), hinter einer Traumlandschaft, die ihrerseits wiederum Widerspiegelung seines Theaters ist (Grotten, Paläste, Türme, Wälder, Meer), erscheinen die existentiellen Themen, die Maeterlincks poetisches Universum bestimmen: das Geheimnisvolle, die Liebe, die Allgegenwart des Todes, die Angst und Verzweiflung vor dem Unbekannten, die Furcht vor dem Unsichtbaren. In all dem findet sich die durchgehende Grundstimmung, die die Chansons, die Maeterlinck ein Leben lang begleitet haben, auszeichnet. Auf der Basis einer Musikalität, die unmittelbar die Sinne anspricht, hat Maeterlinck eine Grundstimmung der Unbestimmtheit und der Fremdheit geschaffen, die unschwer beim Rezipienten ein Echo des Unendlichen widerklingen läßt. Schlüssel und Krone, Lampe und Tor, Fenster und Grotten, die Zahlen drei und sieben – all dies wird zum Symbol und zum magischen Zauber. Ja bis hin zu den Mineralien – sie begegnen allein in sieben Chansons – reicht die Welt der Symbole. Und unter den Mineralien steht vor allem das Gold als märchenhaftes Element der Träume im Vordergrund. Im Vergleich zu der komplexen Symbolik, mit der Maeterlinck in den *Serres chaudes* arbeitet, zeichnen die *Chansons* Unmittelbarkeit und Spontaneität aus. Wo Maeterlinck keine objektiven Zielsetzungen verfolgt, da schafft er ursprüngliche und unbewußte Symbole. Diese Symbole sind für ihn *»die Seele des Gedichtes«*. A. ARTAUD, für den der Theaterschriftsteller Maeterlinck als erster *»den vielfältigen Reichtum des Unbewußten in die Literatur eingeführt hat«*, sieht zu Recht in den *Douze Chansons »eine bewußte Erweiterung der symbolischen Weltsicht des Dichters«*. Über ihr poetisches Kolorit hinaus, das leicht faßbar ist, präsentieren die Chansons den Mikrokosmos der Maeterlinckschen Lebensphilosophie. P.Go.

AUSGABEN: *Serres chaudes. Poèmes*, Paris 1889. – *Douze chansons*, Paris 1896 [Ill. Ch. Doudelet]. – *Poésies complètes: Serres chaudes, Quinze chansons, Neuf chansons de la trentaine, Treize chansons de l'âge mûr*, Hg. J. Hanse, Brüssel 1965 [m. Einl.]. – *Serres chaudes, Quinze chansons, La princesse Maleine*, Hg. P. Gorceix, Paris 1983 [m. Vorw.].

ÜBERSETZUNGEN: *Pelleas und Melisande eingeleitet durch zwölf Lieder*, F. v. Oppeln-Bronikowski, Lpzg. 1902. – *Gedichte*, K.L. Ammer [d.i. K. Klammer] u. F. v. Oppeln-Bronikowski, Jena 1906. – *Melisandes Lieder*, S. Gross, Mindelheim 1985 [Ill. M. Hesse].

LITERATUR: R. Guiette, *Les chansons* (in *M.M. (1862–1962)*, Brüssel 1962). – J. Cassou, *Le poète* (ebd.). – J. Hanse, *De Ruysbroeck aux »Serres chaudes«* (in *Le centenaire de M. M.; 1862–1962*, Brüssel 1964). – P. Gorceix, *Les »Serres chaudes« de M. M., prélude à la poésie moderne* (in RHLF, 80, 1980). – Ders., *Le poème »Hôpital« de M. M.* (in Inf. litt, 1, 1980). – Ders., *M. symboliste. Le langage de l'obscur* (in *Lectures de M.*, Brüssel 1985, Textyles, 1).

LES AVEUGLES

(frz.; *Ü: Die Blinden*). Drama von Maurice MAETERLINCK (Belgien), Uraufführung: Paris, 7. 12. 1891, Théâtre d'Art. – Der belgische Literarhistoriker F. DESONAY hält dieses Stück für das bedeutendste und beste symbolistische Bühnenwerk Maeterlincks; niemals habe der Symbolismus mit größerer Kühnheit versucht, in Wort und Bild das Unsichtbare sichtbar zu machen. Zugleich stellt die Thematik des Stücks einen Vorgriff auf die nihilistische Hoffnungslosigkeit, auf die Welt KAFKAS und das Absurde dar; Sensibilität und Wahrnehmung, die Hauptthemen des Werks, dienen nur noch dazu, eine feindliche Umwelt und das aus ihr resultierende Unheil zu erkennen.
Zwölf blinde Männer und Frauen sind von einem Priester aus ihrem Hospital, das sich auf einer Insel befindet, in den angrenzenden Wald geführt worden. Irgendwann unterwegs hat sich ihr Begleiter in der Annahme, es sei nur für kurze Zeit, von ihnen getrennt. Nun warten sie in einer Waldlichtung auf seine Rückkehr. Der Priester aber ist vor Erschöpfung gestorben; sein Leichnam lehnt nur wenige Meter von ihnen entfernt an einem Baum. Die Blinden sind, auf diese Weise sich selbst überlassen, völlig hilflos. Sie wissen nicht, wo sie sich befinden, aus welcher Richtung sie gekommen sind, wohin der Priester gegangen ist und ob er wiederkommen wird. Tastend und fragend versuchen sie, sich über ihre Lage klarzuwerden und ihre Blindheit zu überwinden. Sie beschwichtigen ihre Sorge über das Fernbleiben des Priesters mit der Hoffnung, daß man sie im Hospital vermissen werde. Schließlich taucht der Hund des Hospitals auf, der den Ältesten der Blinden zur Leiche des Priesters führt. Voller Entsetzen werden sie sich ihrer völligen Verlassenheit bewußt. Der Hund, der sie hätte zu ihrer Heimstätte zurückleiten können, will nicht von dem Leichnam weichen. Die Nacht nähert sich. Es wird kälter, ein Schneesturm zieht herauf. Die Blinden rücken näher zusammen, um sich gegenseitig zu wärmen und wach zu halten. Ein junges Mädchen schürt mit seinen Worten die Hoffnung auf Rettung: Sie hört Schritte, die sich der Gruppe nähern. Doch nur ein Kind erkennt in dem Herannahenden den Tod. Der älteste Blinde bittet ins Dunkel: *»Erbarme dich unser.«*
Erst in diesem statischen, auf Handlung gänzlich verzichtenden Stück gelingt es Maeterlinck, das Ausgeliefertsein des Menschen an ein unbekanntes Schicksal in dem symbolischen Schwanken zwischen Angst und Hoffnungslosigkeit darzustellen. Während sein Interpret Desonay in der Hilflosigkeit der Blinden das Sinnbild ihres seelischen Ver-

sagens, ihrer inneren Unfähigkeit zur Kommunikation erblickt, sagt Maeterlinck selbst, seine Absicht sei es gewesen zu zeigen, daß alle Zärtlichkeit und Liebe, alles Mitleid unter den Menschen gegen das feindliche Dunkel, das sie umgibt, nichts vermögen. Als letzter und endgültiger Sieger, dem niemand entrinnen kann, erscheint am Ende der Tod. Diese pessimistische Botschaft hat, ungeachtet der formalen Qualitäten des Werks, seiner inneren Symmetrien und sprachlichen Strenge, dazu geführt, daß *Les aveugles* nur ein geringer Erfolg beschieden war. M.H.-KLL

Ausgaben: Brüssel 1890. – Mailand 1937, Hg. Scevola Mariotti [krit.]. – Genf 1979 (in *Théâtre*). – Brüssel 1980 (in *Œuvres*).

Übersetzungen: *Die Blinden*, L.v. Schlözer, Mchn. 1897; 21902. – Dass., F.v. Oppeln-Bronikowski (in *Drei Alltagsdramen*, Jena 1901). – Dass., S. Gross (in *Die frühen Stücke*, Hg. J. Drews u.a., Mchn. 1983).

Literatur: F. Desonay, *Le théâtre de M.* (in Europe, 1962, Nr. 399/400, S. 84). – T. Hadar, *L'angoisse métaphysique dans »Les aveugles« de M.* (in NCFSt, 2, 1973/74, S. 68–74). – B. L. Knapp, *M.'s »The Blind« or The Dying Complex* (in Yale Theatre, 5, 1974, Nr. 3, S. 79–86). – H. L. Sutcliffe, *M.'s »Les aveugles« and Beckett's »En attendant Godot«* (in EFL, 12, Nov. 1975, S. 1–21). – F. Bogaert, *»Les aveugles« de M. M. et »Les vieillards« de Ghelderode* (in Annales de la Fondation M.M., 26, 1980, S. 39–59). – H. Klosc, *»Les aveugles« de M. ou la théâtralité négative*, Diss. Paris-III 1980. – P. Gorceix, *»Hôpital«. »Les aveugles«* (in P. G., *Le symbolisme en Belgique*, Heidelberg 1982).

L'INTRUSE

(frz.; *Ü: Der Eindringling*). Einakter von Maurice Maeterlinck (Belgien), Uraufführung: Paris, 21. 5. 1891, Théâtre d'Art. – Anders als das erfolglose, aber für die Poetik des Symbolismus folgenreiche Erstlingswerk *La princesse Maleine* ist *L'intruse* in einer zwar auf quälende Weise traumhaften, jedoch nichtsdestoweniger realistischen Umgebung situiert. Um den Familientisch versammelt warten Großvater, Vater, Onkel und drei junge Mädchen spätabends auf die Ankunft einer Verwandten, der die Pflege der kranken Mutter anvertraut werden soll. Maeterlinck vermeidet alles, was die Aufmerksamkeit des Betrachters von der Situation des Wartens ablenken könnte. Besitzen die Figuren in *La princesse Maleine* noch eine gewisse Individualität, so sind die Personen hier lediglich durch ihre Stellung innerhalb der Familie gekennzeichnet; einzig die jungen Mädchen werden mit ihrem Vornamen angesprochen. Vergeblich versucht der Onkel, eine unbefangene Unterhaltung zustande zu bringen. Immer wieder unterbricht ihn der halbblinde Großvater, den die Sorge um seine kranke Tochter nicht zur Ruhe kommen läßt. Seine wachsende Angst überträgt sich im Lauf des Abends auch auf die andern Wartenden. Ihr Verhältnis zur Außenwelt verändert sich: Im Wind, im Singen der Nachtigallen, im Schlagen der alten Holländeruhr spüren sie eine unerkennbare und ungreifbare Bedrohung. Gegen Ende des Stücks nimmt die Angst des Großvaters die konkrete Form der Furcht vor dem Tod an, der, nur seinem inneren Ohr hörbar, in das Krankenzimmer eindringt. Geraume Zeit später bedeutet die Krankenschwester den Anwesenden schweigend, daß die Mutter gestorben sei. Stumm verläßt die Familie die Bühne bis auf den alten Mann, der mit dem Aufschrei: *»Sie haben mich allein gelassen ...«* im Dunkel zurückbleibt.

Die zeitweilige Rückkehr Maeterlincks zu einer stärker realistischen, atmosphärisch dichten Bühnenkunst sicherte *L'intruse* ein Ansehen, das nach dem Mißerfolg von *La princesse Maleine* den Durchbruch des Fin-de-siècle-Dramas bedeutete. Maeterlincks dramatischer Symbolismus läßt sich am Beispiel von *L'intruse* unschwer erkennen: Verzicht auf die Darstellung sozialer und psychologischer Konflikte; äußerste Reduktion der Handlung zugunsten einer von Angst durchdrungenen Atmosphäre. Maeterlinck vergegenwärtigt sie in abbrechenden Dialogen, in einem stockenden, irrationalen Monologisieren und mit Figuren, die für das Walten geheimnisvoller Kräfte besonders empfänglich sind. Bereits hier wird Maeterlincks intuitives Gespür für die sprachlich-dramatische Gestaltung seelischer Vorgänge im Zeitalter der entstehenden Psychoanalyse sichtbar: Die Diktion erlangt Qualitäten, die nicht ohne Einfluß auf den Expressionismus bleiben. Allerdings wird in *L'intruse* die Angst des Großvaters in einem solchen Grad psychologisch motiviert, daß sie kaum noch als symbolischer Ausdruck der Bedrohung durch unerklärliche Kräfte des Universums erscheint. Das deutet auf eine gewisse Inkonsequenz in der Verwirklichung einer dramatischen Konzeption hin, die Maeterlinck der vordergründigen Abspiegelung der Wirklichkeit im naturalistischen Theater entgegensetzen wollte. KLL

Ausgaben: Brüssel 1890 [zus. m. *Les aveugles*]. – Brüssel 1918 (in *Théâtre*, 3 Bde., 1; ern. 1929). – Paris 1924. – Genf 1979 (in Théâtre complet). – Brüssel 1980 (in *Œuvres*).

Übersetzungen: *Der Eindringling*, R. Fischer, Wien 1892. – *Der Ungebetene*, O.E. Hartleben, Bln. 1898. – *Der Eindringling*, F.v. Oppeln-Bronikowski (in *Dramatische Werke*, Bd. 2, Lpzg. 1901). – Dass., E. Soling, Lpzg. o.J. [1905] (RUB). – Dass., S. Gross (in *Die frühen Stücke*, Hg. J. Drews u.a., Mchn. 1983).

Literatur: J. Hanse, *La genèse de »L'intruse«* (in Bull. de l'Acad. Royale de Belgique, Classe des Lettres et des Sciences Morales et Politiques, 40, 1962, S. 161–186; ern. in *Le centenaire de M.*, Brüssel

1964, S. 177–202). – B. L. Knapp, *»L'intruse« de M.* (in Revue du Pacifique, 3, 1977, Nr. 1, S. 42–53). – H. Felten, *Überdetermination und Heterogenität im frühen Theater von M.* (in GRM, N. F. 36, S. 320–330).

PELLÉAS ET MÉLISANDE

(frz.; *Ü: Pelleas und Melisande*). Drama in fünf Akten von Maurice MAETERLINCK (Belgien), Uraufführung: Paris, 16. 5. 1893, Théâtre de Bouffes-Parisiens; als Oper (mit der Musik von Claude Debussy): Paris, 27. 4. 1902, Opéra Comique. – Das Werk, der ersten Schaffensperiode des Dichters zugehörend, in der er eine geschlossene Metaphysik nicht kennt, ist nach *Princesse Maleine* ein weiterer Höhepunkt der symbolistischen Dramatik Maeterlincks. Anders als *Princesse Maleine* wurde es bald nach seiner Veröffentlichung aufgeführt und hatte bereits im ersten Jahrzehnt nach seinem Erscheinen als Sprechdrama großen Erfolg, der dann durch die Musik Debussys, der den Text etwas kürzte, verstärkt worden ist. Die bedeutende Popularität des Werkes nutzend, gelang es Debussy dabei, zum Teil gegen Widerstände des Autors, eine spezifisch französische Form des Musikdramas zu schaffen, durch das die französische Oper zu Beginn des Jahrhunderts aus dem Bann WAGNERS befreit werden konnte. Für Maeterlinck wirkte sich dies derart aus, daß *Pelléas et Mélisande* heute eher mit Debussys Musik als mit dem symbolistischen Drama assoziiert wird. In theatertechnischer und psychologischer Hinsicht ist *Pelléas et Mélisande* um einige Grade realistischer als *Princesse Maleine*. Aber auch hier sind die dramatischen Entwicklungen insgesamt geheimnisvoll-unbestimmt, die Charaktere mit ihrem komplizierten Seelenhaushalt vieldeutig, ist die Sehnsucht nach der Nacht als chthonischem Refugium das beherrschende poetische Prinzip. Wieder wird das Geschehen durch die Angst vor irgendeinem entsetzlichen zukünftigen Ereignis bestimmt. Das Mysterium, das in *Pelléas et Mélisande* enthüllt werden soll, ist jedoch nicht wie in *Princesse Maleine* der Tod, sondern die gewöhnliche irdische Dimensionen übersteigende erotische Liebe. Durch diese Zielsetzung läßt sich *Pelléas et Mélisande* als – freilich weit lyrischeres – Gegenstück zu Wagners *Tristan und Isolde* begreifen.

Die geradlinige Handlung ist wenig ereignisreich: Prinz Golaud verirrt sich auf der Werbefahrt zu seiner ihm aus Gründen der Staatsräson bestimmten Braut und trifft in einer fast unzugänglichen Waldgegend auf die wunderschöne Mélisande, die nichts über ihre Herkunft weiß. Golaud nimmt sie zur Frau und bringt sie an den Hof seines Großvaters Arkel, der, obwohl ein Verhängnis ahnend, seinem Enkel das eigenmächtige Vorgehen verzeiht. Die Atmosphäre von Arkels Residenz, eines düsteren Wasserschlosses, bedrückt Mélisande schwer. Einziger Lichtpunkt ist ihre Beziehung zu Golauds Bruder Pelléas, zu dem sie sofort eine tiefe, ihr allerdings nur undeutlich bewußte Zuneigung gefaßt hat. Das Verhältnis zwischen Pelléas und Mélisande entwickelt sich in unschuldigem Spiel. Dennoch erregt es die Eifersucht Golauds, der seinen Verdacht bestätigt glaubt, besonders nachdem er seinen Sohn Yniold, ein unschuldiges Kind, darüber ausgefragt hat. Als Pelléas, der zu einer langen Reise aufbrechen soll, im Schloßgarten von Mélisande Abschied nimmt, wird er von Golaud erschlagen. Die Erschütterung über diese Tat aber führt nach einiger Zeit auch zum Tod Mélisandes. Golaud bittet die Sterbende um Verzeihung, fragt sie, da er die Dimension der Beziehung zwischen beiden nicht erfassen kann, aber dennoch, ob sie Pelléas geliebt habe. Mélisande dagegen versteht den Sinn dieser Frage und den Unterschied zwischen gesellschaftlich erlaubter und verbotener Liebe überhaupt nicht. Ihre Gedanken gelten nur noch ihrer gerade geborenen Tochter, die nun in dieser von Grauen erfüllten Welt leben muß.

Der überaus lyrische Charakter des Werks findet in der Musik Debussys sein vollkommenes Pendant. Dennoch ist *Pelléas et Mélisande* reicher an dramatischen Höhepunkten als die vorangegangenen Werke: Der Verlust von Mélisandes Trauring, der in einen Brunnen fällt, bereitet schon den tragischen Konflikt vor; ebenso ist das Verhör hervorzuheben, dem Golaud seinen Sohn Yniold unterzieht. Mélisande als reine Verkörperung der Liebe wie Pelléas als Verkörperung der Unschuld, Mélisandes nur kurzes Leben, die Vorahnung des Bösen durch das Kind Yniold, Golauds Irrfahrt, das düstere Wasserschloß, die lange Reise, die Pelléas antreten will, sind symbolistische Metaphern.

Die Überwindung des Absurden durch die Geduld der Liebe scheitert freilich: Insofern ist Maeterlincks Symbolismus ein getreues Bild der weltanschaulichen Situation am Ende des 19. Jh.s. Der Mensch als böses Naturwesen scheint zu siegen. Die moralischen Probleme der alle gesellschaftlichen Bindungen übersteigenden Liebeskraft einerseits, andrerseits die sozialen Probleme einer durch negative Kräfte und Wertvorstellungen bestimmten Welt sind von Maeterlinck nur gestreift, nicht aber in irgendeiner Weise gelöst. Dennoch deuten die verlöschende Liebe (Mélisande) und die resignierende Altersweisheit (Arkel) negativ auf das Bild einer Ordnung hin, die anders und besser sein könnte als die bestehende. Diese psychologische Komponente des Werks wurde vom zeitgenössischen Publikum indes übersehen in einer Epoche, in der das symbolistische Bühnenkonzept sich durchzusetzen begann. C.Sch.-KLL

AUSGABEN: Brüssel 1892. – Paris 1918 (in *Théâtre*, 3 Bände, 2; erneut 1929). – Brüssel 1944. – Paris 1968. – Genf 1979 (in *Théâtre complet*). – Brüssel 1984.

ÜBERSETZUNGEN: *Pelleas und Melisande*, G. Stockhausen, Bln. 1897. – Dass., F. v. Oppeln-Bronikowski (in *GW*, Bd. 4, Lpzg. 1902). – Dass., ders., Stg. 1972 (RUB). – Dass., S. Gross (in *Die frühen Stücke*, Hg. J. Drews u. a., Mchn. 1983).

VERTONUNG: C. Debussy, *Pelléas et Mélisande* (Oper; Urauff.: Paris, 27.4. 1902, Opéra Comique).

LITERATUR: M. Wood, *Les cheveux de Mélisande* (in Annales de la Fondation M. M., 4, 1948, S. 5–14). – R. Kemp, *»Pelléas et Mélisande«* (in R. K., *Vie du théâtre*, Paris 1956, S. 152–159). – R. Bodart, *M. M. ou L'absurde dépassé. »C'est Pelléas« par L. de Vilmorin*, Brüssel 1960. – A. de Kerchove, *Méditation sur »Pelléas et Mélisande«* (in Revue Générale Belge, Sept. 1962, S. 21–34). – G. Macchia, *Una rosa nelle tenebre [»Pelléas et Mélisande«]* (in G. M., *Il mito di Parigi*, Turin 1965, S. 200–205). – J. Pataky Kosove, *M.s »Pelléas et Mélisande«* (in RF, 40, 1966/67, S. 781–784). – R. Leibowitz, *»Pelléas et Mélisande« ou les fantômes de la réalité* (in Les Temps modernes, 27, 1971/72, S. 891–922). – M. Noyama, *La función de los símbolos en »Pelléas et Mélisande« de M., »Bodas de sangre« de Lorca y »Riders to the Sea« de Synge* (in REH, 9, 1975, S. 81–98). – S. Doreau, *Étude d'un drame lyrique. »Pelléas et Mélisande«* (in *Mythes, rites, symboles dans les littératures françaises et étrangères de la fin du 19e siècle à 1970*, Hg. G. Cesbron, Angers 1982, S. 22–36). – C. Soulier, *»Pelléas et Mélisande«, problèmes de mise en scène* (in *Hommage à J. Petit*, Hg. M. Malicet, 2 Bde., Paris 1985, S. 787–800). – D. Grayson, *The Libretto of Debussy's »Pelléas et Mélisande«* (in Music and Letters, 66, 1985, S. 34–50).

LA PRINCESSE MALEINE

(frz.; *Ü: Prinzessin Maleine*). Schauspiel in fünf Akten von Maurice MAETERLINCK (Belgien), erschienen 1889. – Maeterlincks erstes Bühnenwerk, das zugleich das erste symbolistische Drama überhaupt darstellt, ist ins Bewußtsein des bürgerlichen Theaterpublikums kaum eingedrungen, was zum Teil auf die bewußte, heute fast komisch wirkende Naivität mancher Szenen zurückzuführen ist. Auch in den späteren, vom Autor besorgten Editionen hat sich Maeterlinck geweigert, hier Konzessionen an das Publikum zu machen, dem die mystische, an RUYSBROECK orientierte Ideenwelt des Stückes fremd blieb. Das ändert jedoch nichts an der Bedeutung des Werks sowohl für die Geschichte des Symbolismus, der durch *La princesse Maleine* zu einer auch mystisches und präraffaelitisches Denken einbegreifenden Weltanschauung ausgeweitet wird, als auch für Maeterlincks eigene Entwicklung – sämtliche Konzeptionen des Dichters sind hier bereits im Kern enthalten, wie überhaupt seine erste, von 1890 bis etwa 1910 reichende Schaffensperiode, die *La princesse Maleine* eröffnet, seine wichtigste war. Die dramatische Technik des Stücks ist durch kurze Akte und häufigen Szenenwechsel bestimmt und, verglichen mit Shakespeare, von archaischer Einfachheit. Dieses zu einem nahezu statischen Theater führende Verfahren erlaubt vielfältige atmosphärische Differenzen und das Einfügen symbolkräftiger Elemente. Maeterlinck erstrebte nach seinen eigenen Worten, *»ein Stück im Geist Shakespeares für ein Marionettentheater zu schreiben«*.

Die äußere Handlungsführung ist durch das Grimmsche Märchen *Jungfrau Maleen* beeinflußt; sie wurde aber von Maeterlinck selbständig weiterentwickelt und zu einem anderen Ende geführt: Auch bei Maeterlinck wird die Prinzessin Maleine, nun Tochter eines holländischen Königs, Marcellus, von ihrem Vater in einen fensterlosen Turm gesperrt, weil sie ihrem Liebhaber, von Maeterlinck als Prinz Hjalmar eingeführt, nicht untreu werden will. Der Vater des Prinzen, König Hjalmar, verwüstet, beleidigt über die Abweisung seines Sohns, Marcellus' Reich. Als sich Prinzessin Maleine mit ihrer Amme aus dem Turmgefängnis befreit hat, wandert sie aus ihrer verödeten Heimat fort und gelangt an den Hof, an dem ihr Geliebter lebt. Als sie Prinz Hjalmar erklärt, wer sie ist, wird sie als Prinzessin aufgenommen. Ihre Ankunft paßt jedoch nicht in die Pläne der ebenfalls an König Hjalmars Hof lebenden Königin Anna von Jütland, die den König durch magische Künste beherrscht und ihre Tochter Uglyane an Prinz Hjalmar verheiraten will. In einer von Brand, Sturm und Meteoritenfall erfüllten Nacht vermag Anna den widerstrebenden König zu bewegen, gemeinsam mit ihr Maleine zu ermorden. Prinz Hjalmar tötet daraufhin Anna und dann sich selbst.

Das in einer *Hamlet*-Landschaft angesiedelte Drama spiegelt eine absurde, zeitlich kaum geordnete und kaum von einer eigentlichen Handlung erfüllte Traumwelt, sein Raum ist ein imaginärer, das Unsichtbare allgegenwärtig. Ein Dialog findet zwischen den Somnambulen gleichenden Personen kaum statt, unzählige Wendungen werden iteriert. Gerade diese Merkmale kennzeichnen für Maeterlinck aber die höhere Wirklichkeit, die hier auf intensivste Weise zur Darstellung gelangt. – Die Menschen in *La princesse Maleine* sind entweder böse Naturwesen (wie die Königin Anna) oder aber von der Angst vor irgendeinem unfaßbaren zukünftigen Geschehen beherrschte reine, engelhafte Puppen, die vor Liebe und Erstaunen (so Maleine) oder aus Überfülle des Wissens zur Handlung unfähig sind. Die zugleich unscharfen und komplizierten Charaktere erlauben dem Dichter aber, das Akzidentielle der menschlichen Seele im Hintergrund zu halten und auf ihre unterbewußten Schichten hinzudeuten.

Die zeitgenössische Kritik war über *Princesse Maleine* geteilter Meinung. Einerseits wurden Stimmen laut, die dem Werk kein Dutzend Aufführungen garantierten; andererseits rückten Kritiker wie O. MIRBEAU das Stück enthusiastisch in die Nähe WAGNERS. Maeterlincks hier ausgesprochene, von SWEDENBORG und NOVALIS angeregte Mystik vermochte nachhaltig auf verwandte Geister wie YEATS zu wirken. MALLARMÉ, VILLIERS DE L'ISLE-ADAM, HUYSMANS, VERLAINE und LAFORGUE haben Maeterlincks erstem bedeutendem Werk begeistert Beifall gezollt. Dennoch vermochte das Drama infolge der Zerbrechlichkeit seines Handlungsgefüges keine dauerhafte und breitere Wirksamkeit zu erlangen. C.Sch.-KLL

AUSGABEN: Gent 1889. – Paris 1918 (in *Théâtre*, 3 Bde., 1; ern. 1929). – Paris 1923. – Genf 1979 (in *Théâtre complet*). – Paris 1983, Hg. P. Gorceix [zus. m. *Serres chaudes* u. *Quinze chansons*].

ÜBERSETZUNGEN: *Prinzeß Maleine*, H. Hendrich, Bln. 1892. – *Prinzeß Maleen*, G. Stockhausen, Bln. 1902. – *Prinzessin Maleine*, F. v. Oppeln-Bronikowski, Lpzg. 1902. – Dass., S. Gross (in *Die frühen Stücke*, Hg. J. Drews u. a., Mchn. 1983).

LITERATUR: R. Simonson, *»La princesse Maleine«* (in Bulletin du Bibliophile, 3, 1953). – Ph. Jolivet, *La tragique et son expression dans les premiers drames de M. M. De la »Princesse Maleine« à »Sœur Béatrice«* (in Edda, 1, 1954). – I. Hanse, *Les premiers admirateurs de »La princesse Maleine«* (in Bulletin de l'Académie Royale, Brüssel 1958, S. 443–460). – P. Szondi, *»La princesse Maleine«* (in P. S., *Das lyrische Drama des Fin de Siècle*, Ffm. 1975, S. 351–358). – H. Felten, *Überdetermination und Heterogenität im frühen Theater von M.* (in GRM, 36, 1986, S. 320–330).

STÉPHANE MALLARMÉ

eig. Étienne Mallarmé

* 18.3.1842 Paris
† 10.9.1898 Valvins

LITERATUR ZUM AUTOR:
Bibliographie:
D. H. Morris, *S. M. – Twentieth Century Criticism (1901–1971)*, Univ. of Mississippi 1977.
Biographien:
H. Mondor, *Vie de M.*, Paris 1941. – *M. par lui-même*, Paris 1964. – *Documents S. M.*, Hg. C. P. Barbier u. a., bisher 7 Bde., Paris 1968–1980.
Gesamtdarstellungen und Studien:
A. Thibaudet, *La poésie de S. M.*, Paris 1912; ²1926. – W. Naumann, *Der Sprachgebrauch M.s*, Marburg 1936; ern. Darmstadt 1971. – A. R. Chisholm, *M.'s ›grand œuvre‹*, Manchester 1962. – K. Wais, *M.*, Mchn. 1938; rev. 1952. – E. Noulet, *L'œuvre poétique de S. M.*, Genf 1940 [Nachdr. Brüssel 1974]. – Ch. Mauron, *M. l'obscur*, Paris 1941; ern. 1968. – J. Scherer, *L'expression littéraire dans l'œuvre de M.*, Genf 1947 [ern. u. d. T. *Grammaire de M.*, Paris 1977]. – Ch. Mauron, *Introduction à la psychanalyse de M.*, Neuchâtel 1950; ²1968. – P. Valéry, *Écrits divers sur S. M.* (in NRF, 1951; ern. in P. V., *Œuvres*, Hg. J. Hytier, Bd. 1, Paris 1967, S. 619–710; Pléiade). – G. Michaud, *M., l'homme et l'œuvre*, Paris 1952; ern. 1971. – H. Friedrich, *Die Struktur der modernen Lyrik*, Reinbek 1956; ern. 1967, S. 72–106 (rde). – L. de Nardis, *Impressionismo di M.*, Rom 1957. – L. Cellier, *M. et la morte qui parle*, Paris 1959. – S. Bernard, *M. et la musique*, Paris 1959. – J. P. Richard, *L'univers imaginaire de M.*, Paris 1961. – A. Bird, *L'univers poétique de S. M.*, Paris 1962. – P.-O. Walzer, *Essai sur M.*, Paris 1963. – L. de Nardis, *L'ironia di M.*, Rom 1962. – H. M. Block, *M. and the Symbolist Drama*, Detroit 1963. – N. Paxton, *The Development of M.'s Prose Style*, Genf 1968. – H. P. Lund, *Itinéraire de M.*, Kopenhagen 1969. – F. C. St. Aubyn, *M.*, NY 1969 (TWAS). – F. Piselli, *M. e l'estetica*, Mailand 1969. – C. Abastado, *Expérience et théorie de la création poétique chez M.*, Paris 1970 (ALM). – T. A. Williams, *M. and the Language of Mysticism*, Athens 1970. – E. Schorn, *Zerstörte Wirklichkeit und absolutes Sein. Naturmotive in den Gedichten M.s*, Bonn 1973. – J. Kristeva, *La révolution du langage poétique*, Paris 1974. – Europe, 1976, Nr. 564/565 [Sondernr. *S. M.*]. – M. Bowie, *M. and the Art of Being Difficult*, Cambridge 1978. – G. Regn, *Konflikt der Interpretationen. Sinnrätsel und Suggestion in der Lyrik S. M.s*, Mchn. 1978. – H. Mehnert, *Melancholie und Inspiration. Begriffs- und wissenschaftsgeschichtliche Untersuchung zur poetischen Psychologie Baudelaires, Flauberts und M.s*, Heidelberg 1978. – A. Gill, *The Early M.*, 2 Bde., Oxford 1979–1985. – L. Bersani, *The Death of M.*, Cambridge 1982. – R. E. Goodkin, *The Symbolist Home and the Tragic Home. M. and Oedipus*, Amsterdam/Philadelphia 1984. – Lendemains, 10, 1985, Nr. 40 [Sondernr. *S. M.*]. – B. Marchal, *Lecture de M.*, Paris 1985. – J.-P. Sartre, *M. La lucidité et sa face d'ombre*, Paris 1986. – J. P. Houston, *Patterns of Thought in Rimbaud and M.*, Lexington/Ky. 1986. – L. W. Marvick, *M. and the Sublime*, Albany 1986. – B. Marchal, *La religion de M.*, Paris 1988. – G. Davies, *M. et la »couche suffisante d'intelligibilité«*, Paris 1988.

DAS LYRISCHE WERK (frz.) von Stéphane MALLARMÉ.
Das lyrische Werk Mallarmés umfaßt knapp 400 Gedichte, die zwei relativ klar voneinander zu unterscheidenden Schaffensperioden entstammen, wobei als Trennungslinie von der Übersiedlung des Dichters aus Avignon, wo er als Englischlehrer tätig war, nach Paris (Ende 1871) ausgegangen wird. Mallarmés Texte ab den achtziger Jahren des 19. Jh. sind durch hochgradige semantische und syntaktische Komplexität gekennzeichnet. Wegen der daraus resultierenden Unverständlichkeit wird die zweite Schaffensphase gemeinhin als »dunkle Phase« charakterisiert. In den sechziger Jahren veröffentlichte Mallarmé unter dem direkten Eindruck der Lektüre von BAUDELAIRES *Fleurs du mal* (1857) erste Gedichte in Zeitschriften, vornehmlich im ›Parnasse contemporain‹, so die berühmten Gedichte *L'azur, Les fenêtres* und *Soupir*. Zu dieser Zeit arbeitete der Dichter bereits an der Ekloge

L'après-midi d'un faune (1876) sowie an dem szenischen Gedicht *Hérodiade* (1871), die neben *Un coup de dés jamais n'abolira le hasard* (1897) als Mallarmés wichtigste Werke gelten. In den siebziger Jahren wandte sich Mallarmé erstmals der Gattung der *Tombeaux*, der Grabgedichte, zu – bekannt und zum Teil poetologischen Inhalts sind *Le tombeau d'Edgar Poe* (1877), *Le tombeau de Charles Baudelaire* (1893) und *Tombeau (de Verlaine)* (1897) – und verfaßte die ersten seiner berühmten Gelegenheitsgedichte, vornehmlich Preisgedichte auf bedeutende Schriftsteller und bildende Künstler seiner Zeit, die fast zwei Drittel seines lyrischen Gesamtwerks ausmachen. Im Vergleich zu den sehr produktiven achtziger und neunziger Jahren nimmt sich der Umfang der in den siebziger Jahren verfaßten Gedichte eher bescheiden aus. Mallarmé war zu dieser Zeit hauptsächlich mit der Herausgabe einer – allerdings sehr kurzlebigen – Modezeitschrift beschäftigt (›La dernière mode‹, 6.9.–20.12. 1874) und schrieb eine Studie über die englische Sprache (*Les mots anglais*, 1878), in der über anglistische Untersuchungen hinaus allgemeinere sprachphilosophische Überlegungen angestellt werden. Abgesehen von seiner erstmals 1888 in Brüssel erschienenen Übersetzung von Gedichten E.A. Poes *(Les poèmes d'Edgar Poe)*, der zweiten französischen Poe-Übersetzung nach derjenigen von Baudelaire, hat Mallarmé lediglich drei, insgesamt nur knapp 60 seiner 400 lyrischen Texte umfassende Gedichtsammlungen veröffentlicht: 1887 erschienen in einer Auflage von nur 40 Exemplaren die *Poésies* und das auch Prosagedichte enthaltende *Album de vers et de prose*. Erst 1893 folgte die Sammlung *Vers et prose*, in der ebenfalls lyrische und Prosatexte vereint sind. Eine Gesamtausgabe der Werke Mallarmés erschien erst 1945 in der *Bibliothèque de la Pléiade*.

Die in dieser Publikationslage erkennbare Zurückhaltung Mallarmés, die eigenen Werke einem breiten Leserpublikum zugänglich zu machen, wird im allgemeinen auf das isolationistische Literaturkonzept zurückgeführt, das Mallarmé in seinen poetologischen Schriften erläutert. In seiner Jugendschrift *L'art pour tous* (1862) charakterisiert er Dichtung als Kunst, die nur unter Poeten rezipiert werden kann und soll: *»Que les masses lisent la morale, mais de grâce ne leur donnez pas notre poésie à gâter. O poètes, vous avez toujours été orgueilleux; soyez plus, devenez dédaigneux!« («Die Massen können die Moral lesen, aber um Gottes willen, laßt sie nicht unsere Poesie verderben. Oh ihr Dichter, stolz wart ihr doch schon immer; seid noch mehr: werdet geringschätzig!«)* Das bei Mallarmé zum Ausdruck kommende Programm einer dem politisch-sozialen Leben entzogenen, letztlich zweckfreien Literatur brachte ihm die scharfe Kritik J.-P. Sartres, des Verfechters einer *littérature engagée*, ein (vgl. *L'engagement de Mallarmé*). Im Umkreis der durch gesellschaftlichen *ennui* gekennzeichneten *Décadence*-Bewegung traf Mallarmés elitäre Poetik indes auf Verständnis und Anerkennung. Im 14. Kapitel von J.-K. Huysmans Roman *A rebours*, 1884 *(Gegen den Strich)*, der als »Bibel« der Décadents bezeichnet werden kann, ist Mallarmé für den Protagonisten des Esseintes gerade wegen seines Rückzugs aus der gesellschaftlichen Wirklichkeit ein bevorzugter Autor: *»Er liebte die Werke dieses Dichters, der in der Zeit des allgemeinen Wahlrechts und der Gewinnsucht abseits von der Literatur lebte, von der ihn umgebenden Dummheit geschützt durch seine Verachtung; er fand, fern der Welt, Freude an den Überraschungen des Intellekts und den Visionen seines Hirns.«* Neben Huysmans würdigte auch P. Verlaine Mallarmé. Seine Untersuchungen über die *»verfemten Dichter«* (*Les poètes maudits* 1884/88) enthalten eine Studie über Mallarmé, die zusammen mit Huysmans Roman entscheidend zum Bekanntwerden des Dichters beitrug.

Mallarmé wird neben Verlaine als Vater der literarischen Strömung des Symbolismus angesehen. Er begann 1883 in seiner Pariser Wohnung in der Rue de Rome die legendären Dienstagstreffen *(»Les mardis«)* abzuhalten. Wöchentlich trafen sich an diesem *Jour fixe* dem Symbolismus verbundene Schriftsteller und bildende Künstler, um ihre Ästhetik zu diskutieren, unter ihnen S. George, A. Gide, G. Rodenbach, É. Verhaeren, Verlaine und J. McNeill Whistler. Im Jahr 1896 verliehen die Symbolisten Mallarmé den Ehrentitel *Prince des Poètes*. Der literarische Symbolismus stellt eine Gegenbewegung zur durch Th. Gautier, Th. de Banville und Ch. Leconte de Lisle vertretenen Parnaßlyrik dar. Das Verhältnis von poetischer Sprache und Wirklichkeit war bei den Parnassiens ein mimetisches gewesen: Gegenstände wurden in den sogenannten »parnassischen Beschreibungsgedichten« minutiös abgeschildert. Bei den Symbolisten steht dagegen nicht die ästhetische Qualität der Objekte im Vordergund, sondern die Zustände der Seele, die *»états d'âme«*, die mit Hilfe von Gegenständen beschrieben oder sogar hervorgerufen werden können. Um der komplexen Uneindeutigkeit der Seelenzustände gerecht zu werden, lehnen die Symbolisten die in der traditionellen Lyrik bevorzugte rhetorische Figur der Allegorie zugunsten des Symbols ab, da das Symbol im Gegensatz zur Allegorie nicht auf einer eindeutigen Entsprechung von Konkretum und Abstraktum basiert, sondern auf eine Vielzahl von Bedeutungen verweisen kann. Prägnant formuliert Mallarmé, wie dieses Konzept eng mit der Ablösung des mimetischen Bezugs zwischen poetischer Sprache und Gegenständen bei den Parnassiens durch *»allusive Objektvermittlung«* (G. Regn) zusammenhängt: *»Nommer un objet, c'est supprimer les trois-quarts de la jouissance du poème qui est faite de deviner peu à peu: le suggérer, voilà le rêve. C'est le parfait usage de ce mystère qui constitue le symbole: évoquer petit à petit un objet pour montrer un état d'âme, ou, inversement, choisir un objet et en dégager un état d'âme, par une série de déchiffrements« (»Einen Gegenstand zu benennen bedeutet, drei Viertel der Freude zu unterdrücken, die man aus einem Gedicht gewinnen kann und die aus dem schrittweisen Erraten des Gegenstandes entstehen würde: den Gegenstand* *nur zu suggerieren, darin besteht das Ziel. Der vollendete Gebrauch dieses Geheimnisses macht das Symbol aus: einen Gegenstand Stück für Stück darstellen, um einen Seelenzustand zu zeigen, oder, umgekehrt, ein Objekt wählen und über eine ganze Reihe von Entschlüsselungen einen Seelenzustand freisetzen«).*

In Mallarmés Gedichten immer wieder auftauchende Symbole sind »Fenster«, »Spiegel«, «Fächer«, »Schwan«, »Flügel«, »Haar«. Sein Verfahren zur Darstellung dieser Gegenstände – ihre Benennung ohne eindeutig herauszulesende Abgrenzung und räumliche bzw. sinnstiftende Bezüge – steht in Analogie zum Impressionismus in der Malerei. Auch in der impressionistischen Kunst entstehen so auf der Grundlage der empirischen Wirklichkeit neue, über diese Wirklichkeit hinausweisende Perspektiven. Mallarmé war mit impressionistischen Malern wie Édouard Manet, Berthe Morisot und James McNeill Whistler befreundet, denen er einige seiner Gedichte widmete, und verfaßte darüber hinaus die erst in der jüngeren Forschung berücksichtigte Studie *The Impressionists and Édouard Manet* (1876). Die Unverständlichkeit oder »Dunkelheit« der Gedichte Mallarmés, die auf das Konzept der allusiven Objektvermittlung zurückzuführen ist, seine Programmatik eines – wenn auch durch immer vorhandene Konstanten der Texte eingeschränkten – *»beliebigen Mitschwingens«* (H. Friedrich) möglicher Lesearten individueller Rezipienten, hat zu einer Aufspaltung der Literaturwissenschaft in zwei Forschungsrichtungen geführt: Von einer nicht aufzulösenden Geheimnishaftigkeit der Mallarméschen Texte geht die auf Autoren wie H. Friedrich, L. Spitzer und K. Wais aufbauende Richtung aus, während ein anderer Zweig die Gedichte Mallarmés als Rätsel ansieht, die, findet man nur den angemessenen interpretatorischen Ansatz, durchaus aufgelöst werden können.

Mallarmé beeinflußte französische Dichter wie A. Gide, M. Blanchot und vor allem P. Valéry, dessen Poetik explizit auf Mallarmé aufbaut. In Deutschland rezipierten R. M. Rilke und S. George, die beide durch Mallarmé-Übersetzungen hervorgetreten sind, seine Werke und begründeten den deutschen Symbolismus. Die *obscuritas* seiner Gedichte hat Mallarmé darüber hinaus zu einem Musterautor für Anhänger der poststrukturalen Texttheorie gemacht: Hervorzuheben ist insbesondere J. Kristéva mit *Sémanalyse et production du sens* (1972) und der hauptsächlich *Un coup de dés* berücksichtigenden Studie *La révolution du langage poétique* (1974). Die Möglichkeit eindeutiger Sinnzuweisung für einen Text wird im Rahmen dieser Theorie als grundsätzlich ideologisch fundiert abgelehnt. Propagiert wird ein alternatives, vermeintlich demokratischeres Konzept einer sinnoffenen Literatur, bei der jeder Leser die Verknüpfungen zwischen den nicht von vornherein systematisierten Elementen des Textes selbst vornehmen muß und so durch seine eigenen Assoziationen eine individuelle Sinnstiftung für den betreffenden Text leistet. T.T.

Ausgaben: *Poésies*, Paris 1887 [40 Ex.]. – *Album de vers et de prose*, Paris 1887. – *Vers et prose*, Paris 1893. – *Poésies*, Brüssel 1899. – *Œuvres complètes*, Hg. H. Mondor u. G. Jean-Aubry, Paris 1945; ern. 1951 (Pléiade). – *Poésies*, Paris 1969 [Vorw. J.-P. Sartre]. – *Poèmes. Anecdotes ou poèmes. Pages diverses*, Hg. D. Leuwers, Paris 1977 (Poche). – *Vers et prose*, Hg. J. Robichez, Paris 1977 (GF). – *Œuvres complètes*, Hg. C. P. Barbier u. Ch. G. Millan, Bd. 1: *Poésies*, Paris 1983 [krit.]. – *Œuvres*, Hg. Y.-A. Favre, Paris 1985 (Class. Garn). – *Poésies*, Hg. P. Citron, Paris 1986 [Ill. L. Fabre]. – *Poésies*, Hg. L. J. Austin, Paris 1989 (GF).

Übersetzungen: *Sämtliche Gedichte*, C. Fischer, Heidelberg 1957; [4]1984.

Literatur: H. Petriconi, *Das Meer und der Tod in drei Gedichten von M., Rimbaud, Claudel* (in RJb, 2, 1949, S. 282–295). – G. Davies, *Les »Tombeaux« de M.*, Paris 1950. – K. Wais, *Zwei Gedichte M.s und ihre Vorgänger* (in K. W., *Französische Marksteine*, Bln. 1958). – G. Davies, *M. et le drame solaire*, Paris 1959. – J. Pommier, *»Le tombeau de Charles Baudelaire«* (in J. P., *Dialogues avec le passé*, Paris 1967, S. 173–196). – E. Noulet, *Vingt poèmes de S. M.*, Paris/Genf 1967. – R. Dragonetti, *La littérature et la lettre. Introduction au »Sonnet en X« de M.* (in Lingua e stile, 4, 1969, S. 205–222). – H. Laitenberger, *M.s Gedicht »Le tombeau de Charles Baudelaire«* (in Neusprachl. Mitteilungen, 22, 1969, S. 79–89). – S. Agosti, *Il cigno di M.*, Rom 1969. – G. Austin, *M.'s Poem »La chevelure vol d'une flamme«*, Glasgow 1971. – W. Naumann, *Deutung eines Gedichtes von M.*, Darmstadt 1971. – H. Schleicher, *Die Struktur der »Tombeaux« von M.*, Diss. Köln 1971. – J. P. Verhoeff, *Anciens et modernes devant la »Prose pour des Esseintes«. Réexamen de quelques interprétations* (in RHLF, 71, 1971, S. 226–246). – G. Zayed, *Réflexions sur les variations d'»Aumône« e l'hermetisme mallarméen* (in RHLF, 72, 1972, S. 85–100). – C. Abastado, *Lecture inverse d'un sonnet nul* (in Littérature, 2, 1972, S. 78–85). – M. Schaettel, *Lecture d'un sonnet de M. (»Mes bouquins refermés sur le nom de Paphos«)* (in RSH, 38, 1973, S. 139–149). – D. Boulay, *L'obscurité esthétique de M. et la »Prose pour des Esseintes«*, Paris 1973. – G. Laflèche, *M. Grammaire générative des »Contes indiens«*, Montreal 1975. – J. Schulze, *Überlegungen zur inhaltlichen Kommentierung dunkler Gedichte (M. »À la nue accablante«)* (in Poetica, 8, 1976, S. 145–176). – D. J. Mossop, *»Le Tombeau de Charles Baudelaire«* (in FS, 30, 1976, S. 287–300). – U. Franklin, *An Anatomy of Poesis. The Prose Poems of M.*, Chapel Hill 1976. – J. Michon, *M. et »Les mots anglais«*, Montreal 1978. – J.-C. Carron, *»Sainte« de M., poétique de musique* (in KRQ, 26, 1979, S. 133–141). – P. Parker, *M.'s »Toast funèbre«. Some Contexts and a Reading* (in RomR, 71, 1980, S. 167–182). – M. Wroblewski, *M.'s »Hommage à Wagner«* (in KRQ, 27, 1980, S. 197–204). – R. G. Cohn, *Towards the Poems of M.*, Ldn. 1980. – P. E. Cranston, *›In hoc signo‹. An Explication of*

M.'s »Cygne« (in KRQ, 28, 1981, S. 43–48). – M. C. Olds, *Desire Seeking Expression. M.'s »Prose pour des Esseintes«*, Lexington/Ky. 1983. – J. Deldebat, *Exécution du »Tombeau d'Edgar Poe«* (in Littératures, 9/10, 1984, S. 172–184). – K. Stierle, *Hölderlin, M. und die Identität des Gedichts. Bemerkungen zu »À la nue accablante«* (in Lendemains, 10, 1985, Nr. 40, S. 1–18). – R. Lloyd, *M. »Poésies«*, Ldn. 1985. – R. G. Cohn, *M.'s Prose Poems. A Critical Study*, Cambridge 1987.

L'APRÈS-MIDI D'UN FAVNE

(frz.; *Der Nachmittag eines Fauns*). Ekloge von Stéphane MALLARMÉ, als zwölfseitiges Einzelwerk erschienen 1876. – Mallarmé hatte dieses Gedicht ursprünglich als Theaterstück *(Monologue du Faune, Dialogue de nymphes, Le réveil du Faune)* mit einem Umfang von etwa 400 Versen konzipiert, das jedoch im Sommer 1865 von der Comédie-Française abgelehnt wurde. Nach Umarbeitungen und Kürzungen legte der Dichter die Ekloge unter dem Titel *Improvisation d'un Faune* der Zeitschrift ›Le Parnasse contemporain‹ zur Veröffentlichung vor, deren Herausgeber Th. BANVILLE, F. COPPÉ und A. FRANCE das Manuskript jedoch nicht annahmen. Diese Fassung wurde erst 1948 in ›Le Figaro littéraire‹ abgedruckt.

Wie bereits die archaisierende Schreibweise (v statt u) signalisiert, stellt sich Mallarmé thematisch in die Tradition der antiken Bukolik. Diese literarische Gattungsform stellt indes lediglich die galante Grundsituation – eine erotische Begegnung des Fauns mit zwei Nymphen – zur Verfügung. Sie ist ansonsten nur als dekorierendes Landschafts- und Mythenzitat präsent. Mallarmé selbst charakterisiert den Text in einem Brief mit den Worten *»mon sujet est antique et un symbole« (»mein Sujet ist antikisierend und symbolisch«)*, d. h. die pastorale Idylle ist lediglich Chiffre für das eigentliche Zentralthema des Gedichts. *L'après-midi d'un faune* veranschaulicht die poetologischen und ontologischen Anliegen Mallarmés. Der Text ist ein lyrisch-metaphorisches Credo über den dichterischen Schaffensprozeß. Das Dingliche, die Realität muß in der Kunst der Sprache überwunden werden. Das Dichten versteht sich als ein *»Wegstreben aus der Realität«*, als *»Entrealisierung«* (H. Friedrich). An die Stelle der Unzulänglichkeit des Realen tritt nun aber nicht einfach ein (platonisch-transzendentes) Ideal, sondern das Nichts. Und dieses Nichts muß »zur Sprache gebracht« werden, transponiert werden in eine Sprache, die sich dann konsequenterweise durch syntaktische und semantische Polyvalenz am Rande der Unverständlichkeit bewegt.

Die Ekloge besteht aus 110 paarweise gereimten Alexandrinern; schon der erste Halbvers thematisiert die zentrale Problematik: *»Ces nymphes, je les veux perpétuer« (»Diese Nymphen, ich will sie verewigen«)*. Der Faun erstrebt eine Transposition seiner erotischen Begegnung auf die Ebene des Kunstideals, denn es ist sein Flötenspiel, das die Zufälligkeit und Flüchtigkeit der Realität auf die zeitlose Ebene der Kunst erheben soll. Der Gedanke stammt aus den *Carmina* (III, 30) von HORAZ *(»Exegi monumentum aere perennius« – »Ich schuf ein Kunstwerk, dauerhafter als Erz«)*, er wird von Mallarmé allerdings modifiziert und radikalisiert. Der Faun, zweifelnd an der Realität des erotischen Abenteuers, das auch einfach ein Traumbild seines Mittagsschlafs in glühender Hitze gewesen sein kann, sucht nach Zeichen der Vergewisserung. Aber weder die ihn umgebende Landschaft noch sein eigener Körper zeigen Spuren seines sexuellen Abenteuers. Der Faun erkennt nun einen Ausweg aus dieser Situation des Zweifels an der Realität in seiner Kunst: Mit Hilfe des Flötenspiels will er Sicherheit und Zeitlosigkeit erreichen. Soweit ergeben sich Parallelen zum Horazschen Gedankengang. Die entscheidende Modifikation liegt darin, daß der Künstler (der Faun) auch auf der Ebene der Kunst scheitert, denn selbst hier – in der Imagination – schlägt sein Abenteuer fehl. Der Künstler kann kein integrales Kunstwerk mehr entwerfen, er sieht sich dem Nichts gegenüber.

Der Faun verzweifelt indes nicht. Er wird, seiner naturgegebenen Disposition entsprechend, erneut erotische Abenteuer suchen und finden. Am selben Abend noch wird er Venus, die Königin aller Nymphen, besitzen. Zufrieden und erschöpft schläft der Faun erneut in der Nachmittagshitze ein. Für die Künstlerkonzeption Mallarmés bedeutet das: Der Künstler kann seiner existentiellen Berufung zum Künstlertum nicht entkommen; sie besteht darin, den Zweifel an der Realität der empirischen Erscheinungen in der Sprachkunst zu überwinden, selbst wenn er dabei immer wieder mit dem Nichts konfrontiert wird. – Claude Debussy ließ sich von diesem Werk zu seiner symphonischen Dichtung *Prélude à l'après-midi d'un faune* anregen. U.Pr.

AUSGABEN: Paris 1876. – Paris 1887 [recte 1886]. – Paris 1945 (in *Œuvres complètes*, Hg. H. Mondor u. G. Jean-Aubry; ern. 1951; Pléiade). – Paris 1969 (in *Poésies*, Hg. J.-P. Sartre). – Paris 1976, Hg. L. de Nardis. – Paris 1983 (in *Œuvres complètes*, Hg. C. P. Barbier u. Ch. G. Millan, Bd. 1: *Poésies*; krit.). – Paris 1985 (in *Œuvres*, Hg. Y.-A. Favre; Class. Garn). – Paris 1989 (in *Poésies*, Hg. L. J. Austin; GF).

ÜBERSETZUNGEN: F. v. Oppeln-Bronikowski (in *Das junge Frankreich. Eine Anthologie deutscher Übersetzungen*, Bln. 1908). – *Der Nachmittag eines Fauns*, E. Rieger, Wien 1920. – Dass., R. Netzer, Mchn. 1946 [frz.-dt.]. – *Nachmittagstraum eines Fauns*, Nachdichtung P. Zech, Bln. 1948 [frz.-dt.]. – *Der Nachmittag eines Fauns*, C. Fischer (in *Sämtliche Gedichte*, Heidelberg 1957; 41984; frz.-dt.). – *Eines Faunens Nachmittag*, Nachdichtung E. M. Landau, Ffm. 1979 (BS).

LITERATUR: H. Mondor, *Histoire d'un faune, avec un état inédit de »L'après-midi d'un faune«*, Paris 1948. – A. R. Chisholm, *M.'s »Après-midi d'un faune«*, Melbourne 1958 (frz. Brüssel 1974). – B. Weinberg, *»L'après-midi d'un faune«* (in B. W., *The Limits of Symbolism*, Chicago/Ldn. 1966, S. 127–169). – L. J. Austin, *»L'après-midi d'un faune« de S. M. Lexique comparé des trois états du poème* (in *Studi in onore di C. Pellegrini*, Turin 1963, S. 733–738). – W. J. Austin, *Claude Débussy. Prelude to »The Afternoon of a Faun«*, NY 1970. – H. J. Smith, *Hero or Anti-Hero?* (in RomR, 64, 1973, S. 111–124). – L. J. Austin, *L'après-midi d'un faune«. Exégèse et étude critique*, Brüssel 1974. – R. Cowley, *Towards the Poetics of Juxtaposition: »L'après-midi d'un faune«* (in YFS, 54, 1977, S. 33–44).

UN COUP DE DÉS JAMAIS N'ABOLIRA LE HASARD

(frz.; *Ein Würfelwurf niemals auslöschen wird den Zufall*). Lyrisches Werk von Stéphane MALLARMÉ, erschienen in zwei typographisch stark voneinander abweichenden Fassungen 1897 und 1914. – Den erstaunlichen Einfluß dieses hermetischen Werks auf Literatur und Malerei des 20. Jh.s begründete seine neue »Gestalt«: die herkömmliche, blockhafte Anordnung des Textes, die die Fläche (Buchseite) nur zu etwa einem Drittel ausnutzt, wird zugunsten einer freien Verteilung von Worten und Wortgruppen um einen *»latenten Leitfaden«* – den *»Titelsatz«* – aufgegeben. Für die erste Veröffentlichung des Gedichts (in der Zeitschrift ›Cosmopolis‹) legte Mallarmé noch die einzelne Seite als Leseeinheit zugrunde, für die zweite, postum erschienene, jedoch die Fläche zweier Seiten; zudem ordnete er verschiedene Wortkomplexe so an, daß sie über den Bund des Buches laufen. Diese Anlage will der Sprache Bildcharakter geben und inhaltliche Elemente des Textes optisch ausformen: *»Die Anordnung soll, genau gesetzmäßig und soweit es im Druck möglich ist, die schicksalhafte Erscheinung eines Sternbilds bieten ... Denn hier liegt der Blickpunkt (in einer Zeitschrift mußte ich darauf verzichten): erst dann bietet eine Satzaussage über ein Geschehen oder sogar über einen Gegenstand einen davon kündenden sinnvollen Rhythmus, sofern sie diesen Inhalt nachahmt«* (Brief an den jungen André GIDE). Der Titelsatz des Gedichts erscheint, in vier Bruckstücke aufgeteilt – UN COUP DE DÉS / JAMAIS / N'ABOLIRA / LE HASARD –, in Majuskeln; er wird syntaktisch zwar nicht angetastet, aber mit einer Vielzahl von Einschüben, Parenthesen und sich verselbständigenden Bildern umsponnen. *»Die Verschiedenheit der Drucktypen – je für das Hauptthema, ein Nebenthema und Angrenzendes – drückt deren Wichtigkeit für das laute Vorlesen aus, und die Stellung oben oder unten auf der Seite notiert sein Steigen oder Fallen der Tongebung«* (Vorbemerkung zu Fassung A). Aus den wechselnden Zeilenhöhen läßt sich zudem noch auf eine Nebenabsicht des Autors schließen, nämlich die Unbestimmtheit der »Leserichtung«. Sie erlaubt, besonders im vierten Abschnitt, verschiedene Möglichkeiten der Kombination von Wortkomplexen, wie überhaupt die syntaktische Freiheit innerhalb der einzelnen Abschnitte ein Netz von Bezügen und Verschränkungen schafft.

Hauptthema des Gedichts ist die Unmöglichkeit, das Absolute durch den Zufall zu bezwingen. Der »Meister«, eine rätselhaft-hamletische Gestalt mit eisgrauem Bart und schwarzem Barett, um Mitternacht an ein sturmgepeitschtes Riff gelehnt, zögert, den Würfel in der geballten Faust, den Wurf zu tun, der den tobenden Abgrund vor ihm erlöst durch die *»einzige zahl die jede andere ausschließt«* – *»Esprit / pour le jeter / dans la tempête / en reployer la division et passer fier« (»Geist / im wurf / gegen den sturm / zu glätten den zwist und kühn zu segeln«)*. *»Solcher sternenstunde höchste wahl«* wird ihm nicht vom persönlichen Willen, sondern von *»uralten erwartungen«* auferlegt. Damit er sie erfüllen könne, vermählte sich sein »Ahn« mit dem Meer, das jetzt – typographisch im Bilde des sich zur Seite neigenden Schiffes ausgedrückt – mit *»niedergebrochener schwinge«* ohnmächtig rast. Der »Meister« jedoch zaudert immer noch. Eine kleine Feder, *»une insinuation simple« (»ein schlichtes sinnbild«)*, taucht im zweiten Abschnitt auf und schwebt, ohne zu steigen oder zu fallen, über dem Abgrund, bis sich der »Meister« mit ihr schmückt. Aber seiner Unentschlossenheit wegen wird er mitsamt seinem Felsen *»qui /imposa une borne à l'infini« (»der / widerpart war wider das absolute«)* von einer aus dem Meer aufsteigenden sirenenhaften *»stature mignonne ténébreuse« (»mädchenhaft düsteren gestalt«)* – Symbol der auf ihn hoffenden Ahnen – vom Riff gepeitscht und zerstiebt im Nebel. Sein Zögern und Scheitern jedoch entstammte nicht der Schwachheit, es kam aus der Einsicht, daß selbst der glückhafte Würfelwurf als »Ausnahme« den Zufall nicht aufhebt, sondern nur bestätigt: das »Geheimnis« darf nicht erzwungen werden. Das abschließende Bild des Gedichts läßt als Zeichen der dem Zufall entrückten, zu sich selbst gekommenen »vollendeten Ordnung« das Siebengestirn des Großen Bären aufleuchten.

Die Esoterik dieses Gebildes setzt der Übertragung, zumal in den beiden Mittelabschnitten, ungewöhnliche Widerstände entgegen (alle deutschen Mallarmé-Übertragungen – NOBILING, VON SCHAUKAL, REIDEMEISTER, NETZER, USINGER, HAUSENSTEIN u. a. – lassen den *Coup de dés* außer acht, eine Ausnahme bildet die hier zitierte Übertragung von FISCHER, der dem Geist GEORGES verpflichtet ist). Sie läßt sich, wenn auch nur teilweise, von einem anderen Werk Mallarmés her erschließen, dem 1864–1869 entstandenen Prosafragment *Igitur ou La folie d'Elbehnon – Igitur oder Der Wahn der Elbehnon*. Das vierte Kapitel *(Le coup de dés – Au tombeau)* stellt den Helden Igitur vor dieselbe Entscheidung – einen *»Würfelwurf, der eine alte Prophezeiung erfüllt, von der das Leben eines Geschlechtes abhing«* zu tun. Und auch Igitur verschmäht es, zu würfeln – eine Parallele, auf die zuerst VALÉRY aufmerksam machte.

Mallarmés theoretische Bemerkungen über den

Coup de dés lassen erkennen, daß die neue Art des Lesens, die das Werk über die traditionelle typographisch-verbildlichende Dimension hinaus möglich machen soll, stark von musikalischen Vorstellungen beeinflußt ist: *»Schnell, gemäß der Beweglichkeit der Schrift, streicht das Dichterische um das stockende, bruchstückhafte Abrollen des schon vom Titel an eingeführten Grund-Satzes und verstreut sich ebenso rasch. Alles verläuft abgekürzt, hypothetisch; Erzählung wird vermieden. Zu ergänzen. Aus dieser Darbietung des Gedanklichen im Rohzustand mit allem Zurücknehmen, Hinausziehen, fugenartigen Entweichen ergibt sich für einen, der laut lesen mag, eine Partitur.«*
Diese späte Dichtung ist an den Grenzverschiebungen im Verhältnis zwischen Schrift und Bild innerhalb der modernen Kunst maßgeblich beteiligt. Beispiele dieser von Mallarmé angeführten Entwicklung sind neben den »Bild«-Gedichten in Apollinaires *Calligrammes* die Versuche der Futuristen und Dadaisten mit dem *poème objet* und der allerdings anderen Absichten folgende *Phantasus* von Arno Holz (besonders dessen typographisch interessanteste Fassung von 1916), auf der anderen Seite vor allem die kubistische Malerei, die immer häufiger Schrift- und Buchstabenspuren ins Bild brachte (so etwa Paul Klee mit Arbeiten wie *»E«. Fragmentarisches Aquarell*, 1918). *»Mallarmé, wie er mitten in der kristallinischen Konstruktion seines gewiß traditionalistischen Schrifttums das Wahrbild des Kommenden sah, hat zum ersten Male im* Coup de dés *die graphischen Spannungen der Reklame ins Schriftbild verarbeitet.«* (Walter Benjamin).

H.H.H.

Ausgaben: Paris 1897 (in Cosmopolis, 6, Mai 1897, H. 17, S. 417–427; Fassg. A). – Paris 1914; 21940 [Fassg. B]. – Lausanne 1945 (in *Poésies*, m. *Coup de dés* u. *Vers de circonstance*). – Paris 1945 (in *Œuvres complètes*, Hg. H. Mondor u. G. Jean-Aubry; ohne Fassg. A; ern. 1951; Pléiade). – Paris 1976 (in *Igitur. Divagations. Un coup de dés*, Hg. Y. Bonnefoy). – Paris 1980, Hg. M. Ronat u. T. Papp. – Paris 1985 (in *Œuvres*, Hg. Y.-A. Favre; Class. Garn).

Übersetzungen: *Ein Würfelwurf niemals auslöschen wird den Zufall*, C. Fischer (in *Sämtliche Gedichte*, Heidelberg 1957; 41984; frz.-dt.). – *Ein Würfelwurf hebt den Zufall nicht auf*, M. Erlenmeyer, Olten/Freiburg i. B. 1966.

Literatur: P. Valéry, *»Le coup de dés«. Lettres au directeur des ›Marges‹* (in Les Marges, 17, 15. 2. 1920, Nr. 70, S. 68–75; ern. in P. V., *Œuvres*, Hg. J. Hytier, Bd. 1, Paris 1957, S. 622–630). – W. Benjamin, *Vereidigter Bücherrevisor* (in W. B., *Einbahnstraße*, Bln. 1928; ern. Ffm. 1955; BS). – C. Soula, *La poésie et la pensée de S. M. »Un coup de dés«*, Paris 1931 [m. vollst. Abdruck der Fassg. A]. – W. Naumann, *»Un coup de dés«* (in RF, 52, 1938, S. 123–165). – C. Roulet, *Élucidation du »Coup de dés«*, Neuchâtel 1943. – R. G. Cohn, *M.'s »Un coup de dés«. An Exegis*, New Haven 1949 [m. vollst. Abdruck der Fassg. B]. – K. Wais, *Das tätige Ja. »Ein Würfelwurf« – »Hérodiade«* (in K. W., *M. Dichtung. Weisheit. Haltung*, Mchn. 21952, S. 572 bis 591). – G. Davies, *Vers une explication rationnelle du »Coup de dés«*, Paris 1953. – *Synthèse critique, éléments d'une théorie des variantes*, Neuchâtel 1956. – E. Fraenkel, *Les dessins extra-conscients de M. (à propos de la typographie de »Un coup de dés«)*, Paris 1960 [Vorw. E. Souriau]. – B. Weinberg, *»Un coup de dés«* (in B. W., *The Limits of Symbolism*, Chicago/Ldn. 1966, S. 236–321). – J. Kristeva, *Sémanalyse et production de sens* (in *Essais de sémiotique poétique*, Hg. A. J. Greimas u. a., Paris 1972, S. 207–234). – M. Kesting, *Im Kabinett der Sinnzeichen* (in M. K., *Auf der Suche nach der Realität*, Mchn. 1972, S. 21–26). – L. Cellier, *M., Redon et »Un coup de dés«* (in CAIEF, 27, 1975, S. 303–375). – F. Bruzzo, *L'archéologie scripturale (à propos d'un texte de M. »Un coup de dés«)* (in Annali della Facoltà di lettere e filosofia dell'Università di Padova, 4, 1979, S. 43–59). – J.-C. Lebenstein, *Note relative au »Coup de dés«* (in Critique, 36, 1980, S. 633–659). – F. Han, *Le »Coup de dés« maintenant* (in Europe, Aug./Sept. 1980, Nr. 616/617, S. 159–167). – M. Ronat, *Le »Coup de dés«, forme fixe* (in CAIEF, 32, 1980, S. 140–147). – E. Ramos Izquierdo, *L'espace textuel d'»Un coup de dés«* (in Cahiers de poétique comparée, 5, 1982, S. 103–129). – B. J. Isaac, *›Du fond d'un naufrage‹. Notes on Michel Serres and M.'s »Un coup de dés«* (in MLN, 96, 1981, S. 824–838). – P. Aron, *Note sur le »Coup de dés« de M.* (in StF, 27, 1983, S. 487–492). – R. Krüger, *Picasso liest M.s »Un coup de dés«* (in Lendemains, 10, 1984, Nr. 40, S. 38–46). – G. Goebel-Schilling, *Pour une lecture du »Coup de dés«* (ebd., S. 19–25). – V. A. La Charité, *The Dynamics of Space. M.'s »Un coup de dés jamais n'abolira le hasard«*, Lexington/Ky. 1987.

HÉRODIADE

(frz.; *Herodias*). Dramatisches Versfragment von Stéphane Mallarmé. Das Werk, dessen Entstehungszeit sich über mehr als dreißig Jahre erstreckte, besteht aus drei größeren Bruchstücken, von denen lediglich eines – die in der Mitte stehende *Scène: La nourrice – Hérodiade (Szene: Die Amme – Herodias)* – zu Lebzeiten des Autors veröffentlicht wurde, und zwar 1869 in der Zeitschrift ›Le Parnasse Contemporain‹ unter dem Titel *Fragment d'une étude scénique ancienne d'un poëme d'Hérodiade*. Der Eröffnungsmonolog der Amme der Herodias – *Ouverture. La nourrice (Incantation)* – entstand 1865/66 und wurde erst 1926 (in der Zeitschrift ›Nouvelle Revue Française‹) publiziert. Der Schlußteil – *Cantique de saint-Jean (Lobgesang Johannes des Täufers)*, erschienen 1913 in der von E. Bonniot edierten Ausgabe der *Poésies* – ist wahrscheinlich später als die beiden vorhergehenden zu datieren, war aber sicher schon um 1887 vollendet. Zahlreiche Skizzen und Varianten existieren zu allen drei Teilen; an einer von ihnen – *A quel psaume* (36 Verse) – arbeitete Mallarmé noch in seinem Todesjahr, nachdem er, wie die 1959 veröffentlichte kritische Ausgabe aller *Hérodiade*-Fragmente von G. DAVIES erweist, den ursprünglichen Plan einer dreiaktigen *tragédie* erweitert hatte, und zwar zugunsten eines fünfteiligen lyrisch-dramatischen Zyklus mit dem Titel *Les noces d'Hérodiade. Mystère (Die Hochzeit der Herodias. Mysterium)*.

Mallarmés Fassung des Salome-Motivs entfernt sich weit von den spektakulären literarischen Vorstellungen, mit denen in der zweiten Hälfte des 19. Jh.s Autoren wie CAZALIS, WILDE oder VILLIERS DE L'ISLE-ADAM den biblischen Salome-Johannes-Mythos für den Antagonismus von Sinnlichkeit und Asketismus aktualisiert hatten. Seine *Hérodiade* – die Figur der Salome wird mit der ihrer Mutter Herodias verschmolzen und die mythische Figuren- und Handlungskonstellation weitgehend ignoriert – hat sich der *»kalten Klarheit«* eines Ideals von körperloser, traumbildhafter Jungfräulichkeit verschrieben. Einer von Robert de MONTESQUIOU übermittelten mündlichen Äußerung des Autors aus den frühen siebziger Jahren zufolge sollte der eigentliche Konflikt des Werks aus der *»künftigen Verletzung von Herodias' geheimnisvollem Sein durch einen Blick des Johannes«* hervorgehen, *»der es bemerkt und allein wegen dieser Entweihung sein Leben einbüßt; denn die wilde Jungfrau wird sich erst dann wieder unberührt und völlig unversehrt fühlen, wenn sie in ihren Händen das abgeschlagene Haupt hält, in dem die Erinnerung, die Jungfrau flüchtig überrascht zu haben, fortzudauern wagte«*.

Die *Ouverture*, ein längerer Monolog der Amme der Herodias, beschwört in dunklen Bildern Anzeichen künftigen Unheils: das *»eisig keusche kind«* (Ü: C. Fischer), das sich in einen öden Turm inmitten verlassener Gärten zurückgezogen hat, um seiner Sehnsucht nach *»sternenfernem glanz und diamantnem sein«*, nach spröder, gläserner Unberührbarkeit, nachzugehen, wird mit einem sterbenden schwarzen Schwan verglichen, der, sein Haupt im Gefieder verbergend, seine Schwingen nicht mehr regt. Gespenstische Symbole einer schattenhaften Zurückgezogenheit – alte Säle mit heraldischem, verblaßtem Prunk, welkende Blumensträuße, die *»sinnlose faltenpracht«* verhängter Fenster – verdichten die Aura dieses unirdischen, in seiner Reinheit tödlichen Strebens nach einem leeren, nur im Untergang zu erreichenden Absoluten, das die Amme in einem düsteren Sinnbild heraufziehen sieht: An einem am Fenster erscheinenden drohenden Finger entzündet das heraufziehende Morgenrot ein steiles Kerzenflämmchen, das das *»wachs des leibes«* verzehrt.

Der zeitlich unmittelbar anschließende szenische Dialog zwischen Herodias und der Amme setzt diese Charakteristik der jungen Fürstin zunächst fort: Sie, deren Leib sogar vor der Berührung des eigenen Haars im Bad schaudert, weist herrisch die einschmeichelnde Vertraulichkeit der Amme zurück, die ihren Ring zu küssen, ihr Haar mit duftenden Essenzen zu salben und die verwirrten Flechten zu ordnen versucht. Gegen Ende der Szene erwacht jedoch, sich zunehmend verstärkend, in ihr das Bewußtsein der Unhaltbarkeit, der Grausamkeit ihres Ideals, als sie sich im Spiegel betrachtet – *»O klares glas! / Erstarrten leides flut vor deinem kalten eise / Wie lange stunden saß ich oft und weinte leise / In meine schwindenden erinnrungen die nun / Gleich welken blättern tief auf deinem grunde ruhn ...«* Einem erneuten verzweifelten Aufbäumen – *»Ich will . ein sternbild . nie an menschlichem mich freun«* – *»Ich blüh für mich allein als einsamste von allen!«* – folgt, als die Amme sie mit dem Hinweis auf die einmal doch unvermeidliche Hingabe an einen »Herrn« zu erweichen sucht, eine langsame Lösung, die undeutliche, lang bekämpfte Ahnung, daß ihr Trotz – als *»letzter und zerquälter schmerzensschrei der kindheit«* – an einem unbekannten Geheimnis werde brechen müssen.

Wie immer die von Mallarmé angedeutete Überraschung Herodias' durch Johannes in ihrem Schwächezustand dramaturgisch hätte gelöst werden mögen – und G. Davies rekonstruiert eine sie motivierende *Scène intermédiaire*, in der Herodias den Kopf des Heiligen fordert –: der abschließende *Cantique de saint-Jean*, ein siebenstrophiger Choral des Märtyrers im Augenblick seiner Enthauptung, bildet lediglich das lyrische Schlußstück einer nur angedeuteten Entwicklung. Sein Lobgesang preist demütig den großen *»sensenzug / Der in der großen ernte / Mit jähem schnitt entfernte / Die unvollkommenheit / Der leiblichkeit«* – Symbol eines erst im Untergang sein Ziel (die Heiligkeit) erreichenden Menschentums, dessen Ideal dieselbe absolute Reinheit ist wie die der Herodias. Ein letzter geplanter Monolog sollte das *»pourquoi de la crise«* durchsichtig machen und die mystische Verbundenheit von Herodias und Johannes in der einzigen Hochzeit – dem Tod – verdeutlichen, die die Unbedingtheit jenes Ideals nicht verletzt. H.H.H.

AUSGABEN: Paris 1869 (in Le Parnasse Contemporain, Ser. 11, 20. 3. 1869; enth. *Fragment d'une étude scénique ancienne d'un poème d'Hérodiade*). – Paris 1913 (in *Poésies*, Hg. E. Bonniot; enth. *Cantique de saint-Jean*; ern. 1945). – Paris 1926 (in NRF, 14, Nr. 158, S. 513–516; Sondernr. *M.*; enth. *Ouverture. La nourrice [Incantation]*). – Paris 1945 (in *Œuvres complètes*, Hg. H. Mondor u. G. Jean-Aubry; ern. 1951; enth. sämtl. bisher veröff. Texte; Pléiade). – Paris 1959, Hg. G. Davies *(Les noces d'Hérodiade. Mystère)*. – Paris 1969 (in *Poésies*, Hg. J.-P. Sartre). – Paris 1983 (in *Œuvres complètes*, Hg. C. P. Barbier u. Ch. G. Millan, Bd. 1: *Poésies*; krit.). – Paris 1985 (in *Œuvres*, Hg. Y.-A. Favre; Class. Garn). – Paris 1989 (in *Poésies*, Hg. L. J. Austin; GF).

ÜBERSETZUNGEN: *Herodias*, R. Schaukal (in R. S., *Das Buch der Seele*, Mchn./Lpgz. 1908; enth. Dialog Amme-Herodias). – *Herodias*, S. George (in S. G., *Zeitgenössische Dichter. Übertragungen*, Bd. 2, Bln. 1929; ern. in S. G., *Werke*, Hg.

R. Boehringer, Bd. 2, Mchn./Düsseldorf 1958; enth. Dialog Amme-Herodias). – *Lobgesang Johannes des Täufers*, R. Schaukal (in *Gedichte*, Freiburg i. B. o. J. [1947]; frz.-dt.). – *Herodias*, C. Fischer (in *Sämtliche Gedichte*, Heidelberg 1957; ⁴1984; frz.-dt.).

Literatur: *Towards »Hérodiade«. A Literary Genealogy*, Melbourne 1934. – Ch. Chadwick, *Autour d'»Hérodiade«* (in Ch. C., *M. Sa pensée dans sa poésie*, Paris 1962, S. 29–47). – A. R. Chisholm, *M.'s ›grand œuvre‹*, Manchester 1962, S. 66–78. – G. Davies, *The Prelude of »Les noces d'Hérodiade«* (in AJFS, 1, 1964, S. 71–95). – R. G. Cohn, *»Hérodiade«* (in R. G. C., *Towards The Poems of M.*, Berkeley/Los Angeles 1965, S. 52–90). – N. di Girolamo, *Cultura e coscienza critica nell'»Hérodiade«*, Bologna 1969. – E. S. Epstein, *»Hérodiade«* (in RSH, 35, 1970, Nr. 140, S. 579–592). – M. Danahy, *The Drama »Hérodiade«. Liturgy and Irony* (in MLQ, 34, 1973, S. 292–311). – H. O. Botrowitz, *Visions of »Salomé«* (in Criticism, 14, 1972, S. 12–21). – P. Szondi, *»Hérodiade«* (in P. S., *Das lyrische Drama des Fin de siècle*, Ffm. 1975, S. 31–138, stw). – L. de Nardis, *»Les noces d'Hérodiade«* (in RLM, 29, 1976, S. 258–280). – S. Huot, *Le mythe d'Hérodiade chez M.*, Paris 1977. – G. Davies, *M. et le rêve d'»Hérodiade«*, Paris 1978. – A. Fongaro, *»Hérodiade«, le cygne et le poète* (in StF, 23, 1979, S. 104–196). – R. G. Cohn, *New Approaches to »Hérodiade«* (in RomR, 72, 1981, S. 472–481). – W. Fowlie, *»Hérodiade«* (in *L'Henaurme siècle*, Hg. W. L. McLendon, Heidelberg 1984, S. 167–173). – M. E. Wolf, *Eros Under Glass. Psychoanalisis of M.'s »Hérodiade«*, Columbus/Oh. 1987.

IGITUR OU LA FOLIE D'ELBEHNON

(frz.; *Igitur oder der Wahnsinn Elbehnons*). Prosafragment von Stéphane Mallarmé, entstanden in den Jahren 1869/1870, erschienen 1925 in der Zeitschrift ›Nouvelle Revue Française‹. – Das Fragment, dem entscheidende Bedeutung als dramatisch-theatralischem Entwurf zukommt und dem sich Mallarmé in späteren Jahren – im selben Maße, wie sein Interesse für Theorie und Praxis des Dramas wuchs, also seit etwa 1886 – häufig wieder zuwandte, besteht aus vier bzw. sechs größeren Bruchstücken, deren Anordnung umstritten ist, wenn auch ein vom Autor selbst festgehaltener Plan *(Argument)* sie definitiv zu bestimmen scheint: *»4 morceaux: 1. Le minuit; 2. L'escalier; 3. Le coup de dés; 4. Le sommeil sur les cendres, après la bougie soufflée.«* Die kritische Ausgabe von E. Bonniot stellt diese vier Stücke unter Verwendung weiterer Skizzen und Fragmente des Nachlasses folgendermaßen zusammen: *Introduction [Ancienne étude] (Einleitung [Alter Entwurf]) – Le minuit (Die Mitternacht) – Il quitte la chambre et se perd dans les escaliers (Er verläßt das Zimmer und geht die Treppe hinab) – Vie d'Igitur [Schème] (Igiturs Lebensbericht [Skizze]) – Le coup de dés [Au tombeau] (Der Würfelwurf [Im Grab]) – Il se couche au tombeau (Er legt sich ins Grab)*. Eine endgültige Revision des Texts, wie sie etwa von G. Davies für Mallarmés *Hérodiade*-Fragment vorgenommen wurde, steht noch aus.

Die wenigen ausgeführten bzw. erhaltenen Bruchstücke, denen ein stimmiger Interpretationszusammenhang nur sehr schwer abzugewinnen ist, haben – als Momente eines »inneren Dramas« – deutlich szenischen Charakter, den verschiedene Randbemerkungen des Autors darüber hinaus explizit hervorheben, wenn er auch an »Aufführbarkeit«, ja an Eignung des Werks für das zeitgenössische Theater, schwerlich gedacht hat: *»Diese Erzählung wendet sich an das Verständnis des Lesers, das selber die Dinge in Szene setzt«* (Motto). Ein Brief des jungen Mallarmé an Cazalis (14. 11. 1869) erwähnt die im Entstehen begriffene Arbeit als eine *»Erzählung, durch die ich das alte Gespenst der Ohnmacht [impuissance] überwinden will«*. Ihr Held, der junge Igitur, letzter Nachfolger des alten Geschlechts der Elbehnon, einsamer Bewohner eines nur durch prunkvoll-verblichene Interieurs vage und geheimnisvoll zugleich angedeuteten Schlosses und Geistesverwandter des Shakespeareschen Hamlet, den Mallarmé als theatralisches Urbild bewunderte, ist durch eine krankhafte *»maladie d'idéalité« (»Drang zur Vollkommenheit«)* gefährdet, die ihn nach reinem, zeitlosem, absolutem Sein – nach *»Urreinheit«* – jenseits von Werden und Vergehen, Vergangenheit und Zukunft sich sehnen läßt. Die ihn umgebenden Zierfiguren und Vorhänge sind – wie der Spiegel, dessen er bedarf, um nicht an sich selbst zu zweifeln – Bilder und Symbole der aufbewahrten Zeit, in die sich *»die aus seinen Ahnen verstandene Vergangenheit, die als Gefühl des Endlichen auf ihm lastet«* geflüchtet hat. Wo aber Vergangenheit ist, die sich als verpflichtendes Erbe Anerkennung erzwingt und ihm die schattenhaften Zeichen früherer menschlicher Möglichkeiten und Einwirkungen ins Bewußtsein ruft, da ist auch ihr Gegenpol: *»l'accomplissement du futur« (»der Ablauf von Zukunft«)* und das leere, pendelschlagende Metrum der Uhr – ein Zirkel, aus dem Igitur verzweifelt herauszutreten sich bemüht, *»impuissant de l'ennui« (»unfähig zum Überdruß«)*. Die erste Szene – *Le minuit* – beschreibt eine nächtliche Meditation des Helden, der das Symbol der Mitternacht, der Zäsur zwischen dem Nicht-Mehr und dem Noch-Nicht des Tageszyklus, als unmittelbares Bild der Zeitabgelöstheit und damit die Vision eines zeitungebundenen Raums zugrunde liegt, in dem sich Igitur seines Ziels – des reinen, attributlosen Seins – bemächtigen könnte. Zwei weitere bezeichnende Symbole – die brennende Kerze und *»la pâleur d'un livre ouvert que présente la table« (»die Bleiche eines auf dem Tisch aufgeschlagenen Buches«)*, d. h. der von seinen Ahnen überkommenen Familienchronik, in der Igiturs Seite leer ist und, seinem Ideal entsprechend, auch leer bleiben soll – verdeutlichen die Bindung des Helden an jene Mächte, denen er als letztes Glied der Kette entkommen möchte, um eigenes, freies Selbst zu werden.

Die Szene *Le coup de dés* ist, wie sich erst nach der späten Veröffentlichung des Fragments erweisen konnte, die Keimzelle von Mallarmés ingeniösem Alterswerk *Un coup de dés jamais n'abolira le hasard (Ein Würfelwurf niemals auslöschen wird den Zufall)*. Igitur, in der Ahnengruft seines Geschlechts, dessen Weiterleben von einer alten Prophezeiung abhängt, zögert, den Zufall, *»diesen alten Feind, den Widerstreit von Finsternis und geschaffener Zeit«*, durch einen Würfelwurf zu überwinden, in der Einsicht, daß selbst die Annullierung des Zufalls durch den höchsten Wurf Zufall wäre. Das abschließende Bruchstück zeigt – ähnlich wie das *Hérodiade*-Fragment – die einzige Möglichkeit, in der sich Igiturs Sehnsucht nach dem Absoluten aufheben kann: den Tod. *»Auf den eingeäscherten Gestirnen, den Gestirnen seiner Ahnen, lag das beklagenswerte Opfer, das jenen Tropfen des Nichts getrunken hat, den kein Meer birgt.«* H.H.H.

AUSGABEN: Paris 1925 (in NRF, 13, Nr. 147). – Paris/Brügge 1925, Hg. E. Bonniot. – Paris 1945 (in *Œuvres complètes*, Hg. H. Mondor u. G. Jean-Aubry; ern. 1951; Pléiade). – Paris 1976 (in *Igitur. Divagations. Un coup de dés*, Hg. Y. Bonnefoy). – Paris 1985 (in *Œuvres*, Hg. Y.-A. Favre; Class. Garn).

ÜBERSETZUNG: *Igitur*, C. Fischer (in *Sämtliche Gedichte*, Heidelberg 1957; [4]1984; frz.-dt.).

LITERATUR: W. Fowlie, *M. as Hamlet. A Study of »Igitur«*, NY 1949. – M. Luzi, *Tra »Igitur« e il »Coup de dés«* (in Trivium, 9, 1951, S. 154–170). – M. Blanchot, *L'expérience d'»Igitur«* (in NNRF, 1, 1953, Nr. 6, S. 1075–1086). – Ch. Chassé, *Le thème de Hamlet chez M.* (in RSH, 1955, S. 157–169). – A. Gill, *Esquisse d'une explication de la »Vie d'Igitur«* (in SRLF, 2, 1961, S. 163–199). – K. Wais, *»Igitur«* (in ZfrzSp, 77, 1967, S. 296–331; ern. in K. W., *Europäische Literatur im Vergleich*, Tübingen 1983, S. 197–244). – R. G. Cohn, *Wherefore »Igitur«* (in RomR, 60, 1969, S. 174–177). – P. Rottenberg, *Une lecture d'»Igitur«* (in Tel Quel, Frühjahr 1969, Nr. 37, S. 74–94). – R. Stabel, *»Igitur«. M.s Erfahrungen der Literatur*, Mchn. 1976. – B. L. Knapp, *M. »Igitur or Elbehnons Folly«* (in B. L. K., *Dream and Image*, Troy/N.Y. 1977, S. 355 bis 400). – R.-G. Cohn, *M. »Igitur«*, Berkeley/Ldn. 1981. – M. Kesting, *M.s »Igitur«, ›drame de conscience‹* (in *Wege der Literaturwissenschaft*, Bonn 1985, S. 250–268).

VARIATIONS SUR UN SUJET

(frz.; *Variationen über ein Thema*). Elf Prosastücke von Stéphane MALLARMÉ, erschienen 1895/96 in der ›Revue Blanche‹ und in revidierter Fassung in dem 1896 veröffentlichten Prosaband *Divagations (Abschweifungen)*. – Das gemeinsame Thema dieser Prosatexte ist der spekulative Begriff einer »idealen« Kunst, die als reiner Ausdruck der sie konstituierenden Prinzipien verstanden wird. Zeitgenössische Kunstpraxis, ihre gesellschaftlichen Begleitphänomene und andere, auf die gedachte ideale Kunst beziehbare Erscheinungen (wie Staatsformen, religiöser Kult, Natur) werden zum Anlaß eines kritisch analysierenden und dichterisch interpretierenden Denkens, das sich einer vom Normalfranzösisch erheblich abweichenden, mit Symbolworten durchsetzten Individualsprache bedient und seine bisweilen verstiegen anmutenden Kühnheiten mit selbstironischen Akzenten versieht. Die schwierige Entschlüsselungsarbeit, die diese Texte fordern, ist zwar zum guten Teil geleistet, jedoch noch keineswegs abgeschlossen; sie ist insofern grundsätzlich unabschließbar, als die hier verwendete Sprache durch absichtsvolle Verständniserschwerungen und Mehrdeutigkeiten den Leser zum schöpferischen Mitvollzug zwingen will und somit schon zu verwirklichen sucht, wovon sie spricht: eine Kunst, die ihren Inhalt wesentlich im Prozeß ihres Werdens findet.

L'action (später: *L'action restreinte – Begrenztes Handeln)* und *La cour (Der Hof)* haben die äußeren und inneren Bedingtheiten künstlerischer Produktion und die gesellschaftsformende Macht von Kunstwerken zum Thema. In *Catholicisme (Katholizismus)* versucht Mallarmé, im Meßopfer konstitutive Züge einer zukünftigen Bühnenkunst zu ermitteln, zu der ihn die Beschäftigung mit dem Musikdrama WAGNERS, namentlich dem Bühnenweihfestspiel *Parsifal*, angeregt hat. *Sauvegarde (Schutz)* spricht über die mögliche Rolle der Académie-Française als einer Schutzmacht für Autoren, die mit der bestehenden Gesellschaft in Konflikt geraten. *Bucolique (Bukolik)*, einer der schönsten Prosatexte Mallarmés, ist eine Meditation über das Verhältnis von Kunst und Natur, unausgesprochen geleitet von der Frage, wie Dichtung gelingen kann. Im Anblick eines Sonnenuntergangs, dessen Licht alle Dinge aufflammen und hinübertreten läßt in einen Zustand des Sichzeigens und Sichentziehens, wird Natur erfahren als der Ort, an dem Transzendenz als *»tastbare Idee«* zur Erscheinung kommt und das Geheimnis aller Kunst sich entschleiert. Doch zeigt das Bild der vor ihm liegenden Landschaft dem Dichter zugleich, daß die Natur seiner nicht bedarf, um ihre Mannigfaltigkeit in der Einheit einer Buchseite geordnet zu sehen. Sie selbst ist *page rurale* (ländlicher Text), und die von der Natur erwirkte Evidenz übersteigt das, was poetische Sprache leisten kann. Dem dichterischen Akt bleibt nur, diesen Sachverhalt auszusprechen und darin zu potenzieren. Dichtung gelingt, indem sie ihr Versagen einbekennt. In *Le livre, instrument spirituel (Das Buch, geistiges Instrument)* umkreist Mallarmé den Gedanken eines Buches, das die Idee des Buches überhaupt verwirklichen würde, und versucht, dessen konstitutive Eigenschaften durch einen Vergleich zwischen Buch und Zeitung zu ermitteln. Von der Feststellung ausgehend, daß eine endliche Menge von Buchstaben – die des Alphabets – eine unendliche Menge von Worten zu bilden erlaube und das gedachte Buch sich als erweiterte Anwendung dieses gleichsam rituellen Werdevorgangs aller geschriebenen Sprache darstellen müsse, werden als wesentliche Merkmale genannt: eine das Sinngefüge der Sätze abbildende Typographie (statt der üblichen mechanischen Zeilenabfolge, die als Prinzip des Kolumnendrucks nur der Zeitung gemäß sei) und die »Rhythmisierung« des ganzen Textes durch die Seiten- bzw. Bogenlagenfolge des noch unaufgeschnittenen Bandes. J. L. BORGES greift später in seinen Essays und Erzählungen bewußt auf die hier entwickelten Ideen Mallarmés zurück.

Die Stellung des Dichters in der Gesellschaft haben insbesondere drei Texte dieser Serie zum Gegenstand: *Conflit (Konflikt)* und *Cas de conscience (Gewissensfrage*; später: *Confrontation – Konfrontation)* sind Meditationen über das Verhältnis zwischen Dichter und Proletarier; *Particularités (Besonderheiten*; später: *Solitude – Einsamkeit)* handelt von der notwendigen sozialen Isolierung der dichterischen Existenz. *Averses ou Critique (Regenschauer oder Kritik*; später eingearbeitet in *Crise de vers – Verskrise*) enthält eine sprachtheoretische Überlegung. Die Unvollkommenheit der Sprachen dieser Welt liege in ihrer Verschiedenheit; es fehle jene eine, höchste Sprache, deren Worte die wahren Namen der Dinge ausspräche. Für diese Unvollkommenheit zu entschädigen sei die Funktion des Verses.

In *Le mystère dans les lettres (Das Geheimnis im Schrifttum)* polemisiert Mallarmé gegen verständnislose Kritiker und Leser hermetischer Dichtung und rechtfertigt eine Sprache, die analog zur Musik das Gemeinte nicht einfachhin benennt, sondern erahnbar zu machen sucht. Als Mittel des angestrebten suggestiv-verschleiernden Stils werden genannt: ein gleichsam »stammelnder« Satzbau, der das Verstehen syntaktischer Strukturen in eine innere Nähe zu *»Urblitzen der Logik«* bringt, und die Isolierung von Einzelworten aus gewohnten Sprachzusammenhängen mit dem Ziel, ihnen neue Bedeutungsnuancen abzugewinnen. Das solcher Sprache angemessene Lesen wird charakterisiert als kreativer Vorgang, der den Text als bloße Gruppierung von Fragmenten versteht und die den Text begleitende weiße Fläche der Buchseite als *»unsichtbare Gegenwart der Idee«*. PROUST wird dieses Konzept einer kreativen Lektüre in seinem Romanzyklus *À la recherche du temps perdu (Auf der Suche nach der verlorenen Zeit)* weiterführen.

Überblickt man die ganze Textserie, so werden zwei einander ergänzende Gedankenbewegungen erkennbar. Die eine, analytisch-kritische, gibt dem Unbehagen des Künstlers in einer kunstfernen Zeit Ausdruck und weist auf die Ungemäßheiten in den bestehenden Beziehungen zwischen Kunst und Gesellschaft hin. Die zweite, synthetisch-utopische, deutet vor auf eine zutiefst ersehnte ideale Kunst, die aus reinen Vollzügen bestünde und gesellschaftsformende Wirkung hätte – doch im gleichen Augenblick, da sie sich verwirklichte, ihrem eigenen Anspruch, absolute Kunst zu sein, untreu werden mußte.

Das Verhältnis von Rezeption und Originalität in der Kunsttheorie Mallarmés ist von der literaturwissenschaftlichen Forschung bis heute noch nicht befriedigend geklärt. Die ersten und nachhaltigsten Impulse empfing er wohl durch das Werk BAUDELAIRES; einige gesellschaftsutopische Motive weisen auf Auguste COMTE; das durchgehend angewandte dialektische Denkschema läßt eine wenn auch summarische Kenntnis der Philosophie des deutschen Idealismus, insbesondere HEGELS, vermuten, der in Frankreich seit 1885 rezipiert wurde. – Zu den von Mallarmé beeinflußten Autoren gehört in erster Linie Paul VALÉRY, doch hat die ästhetische Theorie Mallarmés gerade in jüngster Zeit eine über den Bereich der Literatur hinausgehende neue Bedeutung für die zeitgenössische Kunstpraxis gewonnen. Durch die von J. SCHERER 1957 veröffentlichten Nachlaßnotizen wurde deutlich, daß Mallarmé seine Konzeption einer Kunst als Prozeß in Form eines (als Buch bzw. als Theaterspiel gedachten) Werks zu realisieren versucht hat, das aus einer augenblicksgebundenen Konstellation permutierbarer Teile hätte hervorgehen sollen. Unter dem Titel einer »aleatorischen« (zufallsgelenkten) Kunst sind diese Vorstellungen vor allem von modernen Komponisten wie Stockhausen, z. T. unter ausdrücklicher Berufung auf Mallarmé, verwirklicht worden. D.S.

AUSGABEN: Paris 1895/96 (in La Revue Blanche). – Paris 1896 (rev. Fassg. in *Divagations*). – Paris 1945 (in *Œuvres complètes*, Hg. H. Mondor u. G. Jean-Aubry; ern. 1951; Pléiade). – Paris 1976 (in *Igitur. Divagations. Un coup de dés*, Hg. Y. Bonnefoy). – Paris 1985 (in *Œuvres*, Hg. Y.-A. Favre; Class. Garn).

LITERATUR: L.-J. Austin, *M. et le rêve du livre* (in MdF, 1953, Nr. 317, S. 81–108). – H. R. Zeller, *M. u. das serielle Denken* (in Die Reihe, 6, 1960, S. 5–29). – D. Steland, *Dialektische Gedanken in S. M.'s »Divagations«*, Mchn. 1965. – P. Bürger, *Zum poème critique bei M.* (in RJb, 17, 1966, S. 150–154). – N. Paxton, *The Development of M.'s Prose Style, with the Original Texts of Twenty Articles*, Genf 1968.

GUY DE MAUPASSANT

* 5.8.1850 Schloß Miromesnil oder Fécamp
† 6.7.1893 Passy

LITERATUR ZUM AUTOR:
Bibliographie:
R. W. u. A. Artinian, *M. Criticism. A Centennial Bibliography 1880–1979*, Jefferson 1982.

Gesamtdarstellungen und Studien:
R. Dumesnil, *G. de M.*, Paris 1933; zul. 1988. – P. Morand, *Vie de M.*, Paris 1942. – J. Thoraval, *L'art de M. d'après ses variantes*, Paris 1950. – A. Vial, *G. de M. et l'art du roman*, Paris 1954. – L. Godefroy-Demombynes, *La femme dans l'œuvre de M.*, Kopenhagen/Paris 1954. – E. D. Sullivan, *M. the Novelist*, Princeton 1954. – G. Delaisement, *M. journaliste et chroniqueur*, Paris 1956. – H. Roch, *M. Ein Leben*, Dreieich 1959. – J. Halperin, *M. der Romancier*, Zürich/Stg. 1961. – E. D. Sullivan, *M. The Short Stories*, Ldn. 1962. – A.-M. Schmidt, *M. par lui-même*, Paris 1962. – H. Kessler, *M.s Novellen. Typus und Themen*, Braunschweig 1966. – P. Ignotus, *The Paradox of M.*, Ldn. 1966. – A. Lanoux, *M., le Bel Ami*, Paris 1967. – P. Cogny, *M., l'homme sans Dieu*, Brüssel 1968. – Europe 1969, Nr. 182 [Sondernr. *G. de M.*]. – D. Schurig-Geick, *Studien zum modernen ›conte fantastique‹ M.s und ausgewählten Autoren des 20. Jh.s*, Heidelberg 1970 [zugl. Diss. Göttingen 1967]. – C. Castella, *Structures romanesques et vision sociale chez M.*, Lausanne 1972. – R. W. Artinian, *La technique descriptive chez M.*, Saint-Pieters-Kapelle 1973. – A. H. Wallace, *G. de M.*, Boston 1973 (TWAS). – J. R. Dugan, *Illusion and Reality. A Study of Descriptive Techniques in the Works of G. de M.*, Den Haag/Paris 1973. – M. Besnard-Coursodon, *Le piège: Étude thématique et structurale de l'œuvre de M.*, Paris 1973. – A. Savinio, *M. e l'altro*, Mailand 1975 (dt. *M. und der andere*, Ffm. 1988; BS). – M. G. Lerner, *M.*, Ldn./NY 1975. – M.-C. Bancquart, *M. conteur fantastique*, Paris 1976 (ALM). – A. J. Greimas, *M., la sémiotique du texte*, Paris 1976. – A. u. M. Fratangelo, *G. de M., scrittore moderno*, Florenz 1976. – W. Hirdt, *Vom verborgenen Sinn der Novellen M.s* (in ZfrzSp, 90, 1980, S. 210–224). – H. Alvado, *M. ou l'amour réaliste*, Paris 1980. – Ph. Bonnefis, *Comme M.*, Lille 1981. – *Flaubert et M., écrivains normands*, Paris 1981. – N. A.-F. Schasch, *G. de M. et le fantastique ténébreux*, Paris 1983. – G. Delaisement, *M., le témoin, l'homme, le critique*, Orléans 1984. – J.-L. Douchin, *La vie érotique de M.*, Paris 1986. – M. Donaldson-Evans, *A Woman's Revenge. The Chronology of Dispossession in M.'s Fiction*, Lexington/Ky. 1986. – M. MacNamara, *Style and Vision in M.'s Nouvelles*, Bern u. a. 1986. – B. L. Ball, *Love and Nature, Unity and Doubling in the Novels of M.*, NY u. a. 1988.

BEL AMI

(frz.; *Bel Ami*). Roman von Guy de MAUPASSANT, erschienen 1885. – Mit der Geschichte des Verführers, dessen Spitzname »Bel Ami« sprichwörtlich geworden ist, hat Maupassant seinen literarischen Ruhm in der Welt begründet. Im Milieu der Presse und der Politik situiert der Autor die Geschichte vom erfolgreichen Journalisten George Duroy, *»das Leben eines Abenteurers, der all denen ähnlich ist, die wir täglich in Paris treffen und denen man in allen Berufen begegnet«*. Dabei habe er aus Gründen der besseren Analyse seinen »Schurken« in *»einem ihm würdigen Milieu entwickelt«* – ein Hinweis auf die Struktur eines Romans, in dessen Mittelpunkt mit zunehmender Deutlichkeit der einzelne Mensch als bestimmter Typ mit individuellen Zügen vor dem Relief des ihm eigentümlichen sozialen Hintergrundes steht. In der Tat beschreibt Maupassant hier einen Typus des Karrieremenschen, der keineswegs auf die französische Literatur beschränkt bleibt: Zumal in der Literatur des 20. Jh.s wird Bel Ami zum Archetyp des glatten und mit keinerlei Skrupeln ausgestatteten Parvenus. Der kühl-distanzierte Erzähler vergleicht ihn mit den Schurken aus dem Feuilletonroman. Von Typus des Don Juan hebt Bel Ami sich vor allem dadurch ab, daß er als »verbürgerlichter« Schürzenjäger erotische Abenteuer als notwendige Stufen auf seiner Karriereleiter in Kauf nimmt.

Noch steht er auf der untersten Stufe seiner Laufbahn, als er durch Vermittlung seines alten Freundes Forestier einen Journalistenposten bei der ›Vie Française‹ annimmt. Bedenkenlos setzt er nun seinen ganzen Charme und Instinkt ein, um zu den Schalthebeln des Machtinstrumentes Presse vorzudringen. Chef seiner Zeitung ist der südfranzösische Jude Walter, der das Blatt zur Unterstützung seiner Börsenspekulationen und anderer Geschäfte benutzt. Duroy, der nach dem Tode seines Freundes Forestier politischer Leitartikler wird und dessen schöne und kluge Witwe Madeleine heiratet, sie betrügt und gleichermaßen von ihr betrogen wird (er ertappt sie gerade zum richtigen Zeitpunkt *in flagranti* mit dem Minister des Äußeren, was dessen Sturz und die Scheidung seiner eigenen Ehe bewirkt), Duroy, der wohlüberlegt Walters verwöhnte junge Tochter entführt und sie sich dadurch samt ihrem unschätzbaren Erbe zur Ehe sichert, dieser Duroy entwickelt sich für Monsieur Walter zu einem immer brauchbareren Mann und wird als Schwiegersohn nicht ungern aufgenommen: *»Der Mann hat Zukunft. Er wird Abgeordneter und Minister werden.«* Das erscheint ihm als das begehrenswerteste Glück in seiner Welt der zweideutigen Spekulationen.

Erst im anonymen Getriebe von Paris, der *»Hauptstadt des 19. Jh.s«* (W. Benjamin), entfaltet Bel Ami seine kriminellen Fähigkeiten: Die Liebesabenteuer des Herzensbrechers markieren dabei seinen unaufhaltsamen Aufstieg. Es wäre falsch, den Roman als Angriff gegen die Pariser Presse deuten zu wollen, wie es bei seinem Erscheinen geschah, oder ihn nur als eine Sammlung einprägsamer Liebesabenteuer anzusehen, wie Generationen seitdem es taten. Für Duroy sind die Zeitung und seine Amouren lediglich Mittel auf dem Wege zu Macht, Erfolg und Reichtum. In der radikalen Kritik der journalistischen Praxis und ihrer Verflechtung mit dem korrupten Staatsapparat hat Maupassant zugleich ein brisantes Bild nicht nur von den politischen Zuständen seiner eigenen Epoche gezeichnet. Er entlarvt den Patriotismus als scheinheilige Maske und zeigt, wie hohle Phrasen der Journalisten und Politiker zur furchtbaren Waffe im Kampf um die

Macht werden. Bel Ami ist das, was BALZAC als *individualité typisée* oder *type individualisé* bezeichnet hatte, repräsentativer Vertreter seiner von Maupassant scharfsichtig durchschauten Welt: der korrupten Gesellschaft der dritten Republik. Seine Geschichte ist – wie in FLAUBERTS *Éducation sentimentale* – die eines jungen Mannes und seiner Ambitionen. Der Autor, der die Erzählung im Stil eines strengen, sorgfältigen Beobachters vorträgt, hat jedoch das pessimistische Sittenbild durch den leicht hingeworfenen Witz und die zündende Ironie seiner ungewöhnlichen, ja paradoxen Wortspiele so aufgelockert, daß die Handlung in eine mokante Heiterkeit getaucht erscheint. – Der Erfolg des Werks sicherte die Zukunft Maupassants, der fortan ein zumindest von äußerer Not freies Leben führen konnte. I.P.-KLL

AUSGABEN: Paris 1885 (in Le Gil Blas). – Paris 1885. – Paris 1908–1910 (in *Œuvres complètes*, Hg. L. Conard, 29 Bde., 13). – Paris 1959, Hg. G. Delaisement (ern. 1968; Class. Garn). – Paris 1959 (in *Romans*, Hg. A.-M. Schmidt). – Lausanne 1961/62 (in *Œuvres complètes*, Hg. G. Sigaux, 16 Bde., 6). – Paris 1976, Hg. J.-L. Bory (Folio). – Paris 1979 (Poche). – Paris 1979, Hg. M.-C. Bancquart. – Paris 1987 (in *Romans*, Hg. L. Forestier; Pléiade).

ÜBERSETZUNGEN: *Der schöne Georg*, M. Schönau, Bln. 1892. – *Der schöne Freund*, F. v. Oppeln-Bronikowski, Mchn. 1923. – Dass., ders., Mchn. 1956. – Dass., E. Marx, Lpzg. 1958; ern. Bln./Weimar 1984. – Dass., A. Wagenknecht, Hattingen 1961 (Ill. W. M. Busch; ern. Bln./DDR 1967; [9]1988; ern. Mchn. 1968; Heyne Tb). – Dass., J. Halperin, Zürich/Stg. 1963; ern. Mchn. 1974 (in *Romane*, 2 Bde., 1); ern. Ffm. 1977 (Insel Tb). – Dass., G. Goyert (in *GW*, 10 Bde., 9, Mchn. 1964; ern. 1987; Goldm. Tb). – Dass., H. v. Born-Pilsach, Karlsruhe 1968. – Dass., W. Cremer, Wiesbaden 1970. – Dass., W. Kappeler, Zürich 1982 [Nachw. F. Bondy].

LITERATUR: F. Brunetière, *Le pessimisme dans le roman »Bel ami«* (in RDM, 1. 7. 1885, S. 214–227). – A. Thibaudet, *»Bel ami«* (in Réflexions sur la littérature, Bd. 2, 1940, S. 223–228). – G. Delaisement, *Genèse, originalité et déstinée de »Bel ami«*, Diss. Lille 1954. – Ders., *»Bel ami« et les écrits antérieurs de M.* (in RSH, 1956, S. 195–228). – R. Bismut, *Quelques problèmes de création littéraire dans »Bel ami«* (in RHLF, 67, 1967, S. 577–589). – A. Lanoux, *M., le »Bel ami«*, Paris 1967. – E. Norreslet, *Analyse de »Bel ami«* (in RR, 6, 1971, S. 233 bis 242). – G. Delaisement, *»Bel ami« M., analyse critique*, Paris 1972. – M. G. Hydak, *Door Imagery in M.'s »Bel ami«* (in FR, 49, 1975/76, S. 337–341). – J. F. Hamilton, *The Impossible Return to Nature in M.'s »Bel ami«* (in North Carolina French Studies, 10, 1985, S. 326–339). – J. Haig, *The Mirror of Artifice. M.'s »Bel ami«* (in J. H., *The Madame Bovary Blues*, Baton Rouge 1987). – G. Prince, *Architecture et thématique dans »Bel ami«* (in Littérature, 71, Okt. 1988, S. 59–66).

BOULE DE SUIF

(frz.; *Fettkugel*). Novelle von Guy de MAUPASSANT, erschienen 1880. – Diese erste Novelle des Autors erschien in dem von ZOLA angeregten und als eine Art Kampfschrift der jüngeren Verfechter des Naturalismus gedachten erfolgreichen Sammelband *Les soirées de Médan*, der von Zola, H. CÉARD, L. HENNIQUE, J. K. HUYSMANS, P. ALEXIS und Maupassant gemeinsam herausgegeben wurde. Die Novelle über das Schicksal der Prostituierten »Boule de suif« machte den Autor über Nacht bekannt. In der gleichnamigen Novellensammlung sind außerdem noch die Stücke *Le mariage du lieutenant Laré*, *Les soirées de Médan*, *La main écorché* und *Le donneur d'eau bénite* enthalten.

Wie alle sechs Novellen der *Soirées de Médan* schildert auch diese eine Episode aus dem Deutsch-Französischen Krieg 1870/71. Maupassant gestaltete ein Erlebnis der Kurtisane Adrienne Legay aus Rouen, deren Spitznamen »Boule de suif« er für seine Heldin übernahm. – Diese geschwätzige und naive, aber impulsive und menschenfreundliche kleine Dirne befindet sich zur Zeit der preußischen Invasion auf einer Reise in der Gesellschaft von respektablen Bürgern und ihren Ehefrauen. Sie wird von ihnen zunächst ablehnend, ja feindselig behandelt, verschafft sich aber durch ihr freundliches Wesen allmählich einige Sympathien. Ein preußischer Offizier zwingt die Reisenden, die Fahrt zu unterbrechen und in einer düsteren Herberge abzusteigen. Sie sollen erst dann weiterreisen dürfen, wenn die Dirne dem Offizier ihre Gunst gewährt hat. Die patriotische junge Frau weigert sich anfangs, den Launen eines Feindes Folge zu leisten. Sie läßt sich jedoch von den Mitreisenden überreden, sich zu opfern. Am anderen Morgen kann die Gesellschaft weiterfahren. Der jungen Frau aber, die den ehrsamen Bürgern die Unannehmlichkeiten einer längeren Gefangenschaft erspart hat, begegnen diese von neuem mit größter Kälte und unverhohlener Verachtung.

Maupassants Kritik an der feigen und heuchlerischen »guten Gesellschaft« ist bis zur Derbheit deutlich und heftig. Die Dirne tritt als die einzige und allein achtbare Heldin auf, eine Sympathie, die Maupassant auch in zahlreichen anderen Novellen – etwa in *Mademoiselle Fifi* – zum Ausdruck bringt. Ehrbarer als die bürgerliche Gesellschaft, die sie verachtet, gilt ihr die Anteilnahme des Autors. In der künstlerischen Gestaltung hält sich der junge Erzähler an den Rat seines Lehrers FLAUBERT: *»Was man auch sagen will, es gibt nur ein Wort, es auszudrücken, nur ein Verb, es zu beseelen, und nur ein Adjektiv, es zu qualifizieren.«* Er gibt der Erzählung aber auch schon den ihm eigenen leichten, witzigen und spöttischen Ton; in den schlagenden Pointen kündigt sich seine spezifische Begabung an. Bereits diese erste Novelle zeigt eine artistische

Sicherheit, die Flaubert in Lobeshymnen ausbrechen ließ: *»Es drängt mich, Ihnen zu sagen, daß ich* Boule de suif *für ein Meisterwerk halte ... Nicht mehr, nicht weniger. Seien Sie sicher, diese kleine Geschichte wird bleiben.«* I.P.-KLL

AUSGABEN: Paris 1880 (in *Les soirées de Médan*). – Paris 1887. – Paris 1908–1910 (in *Œuvres complètes*, Hg. L. Conard, 29 Bde., 1). – Paris 1956/57 (in *Contes et nouvelles*, Hg. A.-M. Schmidt u. G. Delaisement, 2 Bde.). – Lausanne 1961/62 (in *Œuvres complètes*, Hg. G. Sigaux, 16 Bde., 1). – Paris 1971 (in *Boule de suif et autres contes normands*, Hg. M.-C. Bancquart; ern. 1986; Class. Garn). – Paris 1973, Hg. L. Forestier (Folio). – Paris 1974 (in *Contes et nouvelles*, Hg. L. Forestier, 2 Bde., 1974–1979, 1; Pléiade). – Paris 1984 (Poche).

ÜBERSETZUNGEN: *Dickchen*, G. v. Ompteda (in *GW*, 20 Bde., Bln., 1900; ern. 1919–1921). – *Schmalzküche*, O. Mittler, Mchn. 1919. – *Fettklößchen*, E. Sander, Lpzg. 1927; ern. Stg. 1968 (RUB). – *Die Flucht nach Dieppe*, T. A. Knust, Trossingen 1948. – *Fettklößchen*, E. Sander (in *GW*, 10 Bde., 1, Mchn. 1963; ern. 1986; Goldm. Tb). – Dass., H. Bartuschek u. K. Friese (in *Novellen*, 2 Bde., 1, Mchn. 1973; ern. 1986). – Dass., dies. (in *Pariser Abenteuer und andere Novellen*, Ffm. 1975; ern. 1982; Insel Tb). – Dass., Chr. Gersch (in *Novellen*, 6 Bde., 1, Bln./Weimar 1982; [2]1984).

VERFILMUNG: Frankreich 1945 (Regie: Christian-Jaque; Teil v. *Mademoiselle Fifi*).

LITERATUR: Th. de Banville, *»Boule de suif«* (in Gil Blas, 1. Juli 1883). – A. Moravia, *Prefazione a »Boule de suif«* (in A. M., *L'uomo come fine e altri saggi*, Mailand 1964, S. 109–114). – K. Bochmann, *Zur erzählerischen Funktion und semantischen Struktur sozialer Kategorien in M.s »Boule de suif«* (in WZHalle, 19, 1970, S. 177–188). – M. Donaldson-Evans, *The Decline and Fall of Elisabeth Rousset. Text and Context in M.'s »Boule de suif«* (in AJFS, 18, 1981, S. 16–34). – M. Bégin, *La tension narrative dans »Boule de suif«* (in Ét. litt., 16, Apr. 1983, S. 121–134). – R. Schober, *Warum M.s »Fettklößchen« ein Welterfolg wurde oder: Zur literarischen Qualität der »Abende von Médan«* (in R. Sch., *Vom Sinn und Unsinn in der Literaturwissenschaft*, Halle/Lpzg. 1988, S. 106–125).

FORT COMME LA MORT

(frz.; *Stark wie der Tod*). Roman von Guy de MAUPASSANT, erschienen 1889. – Der im Frühjahr 1888 begonnene, *»sehr schwierige«* Roman, der *»am Auge vorübergleiten«* sollte *»wie eine Vision des schrecklichen, holden und verzweifelten Lebens«*, entfaltet ein bereits in einigen früheren Novellen – *Adieu, Fini, Monsieur Jocaste* – auftauchendes Leitmotiv in größerem Zusammenhang: die schmerzhafte Erfahrung des Alterns. Bertin, ein Künstler von hoher technischer Meisterschaft, hat sich unter dem Einfluß seiner verheirateten adeligen Geliebten Any de Guilleroy, der er sich auch nach zwölf Jahren noch eng verbunden fühlt, zu einem bekannten Gesellschaftsmaler der eleganten Welt entwickelt, ohne sich doch, dem Bedürfnis nach leichten Erfolgen allzu widerstandslos erliegend, selbst im Alter von fünfzig Jahren über Wesen und Ziel seiner Kunst klargeworden zu sein: *»Seit zwölf Jahren betonte sie* [Any] *seine Neigung zur distinguierten Kunst; bekämpfte seine Rückfälle in die einfache Wirklichkeit und drängte ihn durch ihre Ansichten von mondäner Eleganz zu einem etwas manierierten und künstlichen Ideal von Grazie.«* Doch das Problem eines fragwürdigen und gebrochenen Künstlertums benutzt Maupassant lediglich als Hintergrund und Bedingung für die Tragödie des Alterns. Aus seinem beinahe glücklichen, an gesellschaftlichen Ehrungen reichen Dasein reißt Bertin die überraschende Ankunft der bei ihrer Großmutter erzogenen Tochter seiner Geliebten, der jungen Annette, die einem vor zwölf Jahren von ihm gemalten Porträt ihrer Mutter täuschend ähnlich sieht. Ohne daß er sich zunächst Rechenschaft darüber ablegt, gerät sein Gefühl für Vergangenheit und Gegenwart mehr und mehr in Verwirrung. Mutter und Tochter verschmelzen im Bilde der einen leidenschaftlich geliebten Frau seiner Jugend, die er, der Alternde, nicht missen kann. Any begreift schneller als er, was in ihm vorgeht, und zwingt ihn, selber bitter leidend, es zu erkennen. Bestürzt versucht er, seiner Leidenschaft Herr zu werden, doch es gelingt ihm nur äußerlich. Ein Gefühl unbestimmter Trauer über die Versäumnisse seiner Jugend, die Erkenntnis, daß er immer den mühelosen Erfolg gesucht hat, und ein immer deutlicheres Bewußtsein der eigenen Sterilität treiben ihn, sich an das Trugbild ewiger Jugend zu verlieren, an Eros, der stärker ist als Alter und Tod: *»Ich gehöre ihr, wie ein brennendes Haus dem Feuer gehört.«* Nur der vermutlich selbst herbeigeführte Unfalltod Bertins beendet die ausweglose Qual: Ziellos durch die Straßen irrend, wird er von einem Omnibus gestreift und stirbt an den Folgen kurz darauf.

Aus dem Schaffen Maupassants fällt der Roman dadurch heraus, daß er zahlreiche Themen vereint, die nicht dem Gesichtskreis des Realismus, sondern dem Umfeld der *Décadence*-Literatur entstammen. Die Problematik des Künstlertums in einer alternden Welt und die Geschichtsresistenz der Werke gegenüber dem physischen Altern variiert Maupassant dabei auf originelle Weise. Erst O. WILDES *The Picture of Dorian Gray* (1891) setzt in diesem Problemkreis abermals neue Akzente. Das mondäne Milieu der Pariser Aristokraten und gesellschaftlich arrivierten Künstler, wo die Lebensäußerungen zu stilisierten Gebärden erstarren, veranlaßte Maupassant, seiner Darstellung einen zweiten, aus dem eigentlichen Romangeschehen nicht zwingend hervorgehenden Aspekt hinzuzufügen – den einer differenzierten Gesellschaftskritik mit stellenweise komischen Effekten; durch ständig wiederkehrende Worte wie *insaisissable, imperceptible, inexprimable, inanalysable, inexplicable* wird die Unfaßbarkeit der Gefühle und Schwingungen zwischen den Menschen immer wieder betont, die am Ende des krisenreichen Jahrhunderts zum ausschließlichen, aber niemals faßbaren Thema der Fin-de-siècle-Literatur zählen. Gerade von diesem In-der-Schwebe-Belassen setzt sich der Autor jedoch ab: Der präzise, auf Genauigkeit und Prägnanz bedachte Stil des Werkes verrät die Sorgfalt, mit der Maupassant die Sprache behandelt. Es überrascht jedoch, daß dieser Meister der knappen Novelle sich von der größeren Erzählform dazu verführen ließ, die erzählenden Partien durch minuziös zergliedernde, oft gedanklich überbelastete analytische Abschnitte zu unterbrechen. I.P.-KLL

Ausgaben: Paris 1889. – Paris 1908–1910 (in *Œuvres complètes*, Hg. L. Conard, 29 Bde., 22). – Paris 1959 (in *Romans*, Hg. A.-M. Schmidt; definitive Ausg.). – Lausanne 1961/62 (in *Œuvres complètes*, Hg. G. Sigaux, 16 Bde., 11). – Paris 1972 (Poche). – Paris 1983, Hg. G. Delaisement (Folio). – Paris 1987 (in *Romans*, Hg. L. Forestier; Pléiade).

Übersetzungen: *Stark wie der Tod*, anon., Stg. 1894. – Dass., G. v. Ompteda (in *GW*, Bd. 11, Bln. 1900; ern. 1919). – Dass., F. Leppmann, Bln. 1924. – *Liebe*, F. Spiegelthal, Konstanz 1949. – *Stark wie der Tod*, C. Hoeppener (in *GW*, 10 Bde., 8, Mchn. 1964; ern. 1987; Goldm. Tb). – Dass., J. Halperin (in *Romane*, 2 Bde., 2, Mchn. 1974).

Literatur: J. Lemaître, *Portraits littéraires. »Fort comme la mort«* (in RB, 29. 6. 1889, S. 801–804). – E. Verhaeren, *»Fort comme la mort«* (in Art moderne, 25. 8. 1889). – A. Artinian, *Lettres de M. à Nicolas Brousse au sujet de »Fort comme la mort«* (in Opéra, 9. 8. 1950). – A. Zviguilsky, *M. et Tourgenev. La source de »Fort comme la mort«* (in RHLF, 73, 1973, S. 131–138). – R. Bismut, *»Fort comme la mort«* (in LR, 41, 1987, S. 311–318).

LE HORLA

(frz.; *Der Horla*). Novellensammlung von Guy de Maupassant, erschienen 1887. – Die Titelerzählung der Sammlung, *Le Horla*, gilt als eines der bemerkenswertesten und unheimlichsten Stücke der phantastischen Literatur in französischer Sprache. Struktural und inhaltlich zeigen sich Anklänge an die Welt E. T. A. Hoffmanns, der schon in Maupassants Epoche in Frankreich einer der meistgelesenen deutschen Autoren war. Wie Hoffmanns Nathanael (in der Erzählung *Der Sandmann*) in Form von Briefen dem Freund von seinem Kindheitstrauma und den daraus resultierenden Bewußtseinskrisen berichtet, so schreibt der anonyme Ich-Erzähler in *Le Horla* seine Krankengeschichte nieder: eine fortschreitende Persönlichkeitsspaltung, die schließlich zur Selbstzerstörung des Erzählers führt. Fieber und Depressionen suggerieren ihm, von einem übernatürlichen Wesen, einer Art Inkubus, beherrscht zu werden, dem er den Namen Horla gibt. Dieser Unsichtbare zwingt ihm seinen Willen auf, zerrüttet ihm die Sinne und saugt ihm wie ein Vampyr die Lebenskraft aus. In einem Anfall von Geistesgestörtheit legt der Gequälte Feuer an sein Haus in der Hoffnung, seinen Peiniger dadurch vernichten zu können. Doch nach dem Brand befallen ihn die Angstzustände von neuem. Mit der verzweifelten Feststellung *»Dann werde ich mich also umbringen müssen!«* enden die Aufzeichnungen.

Die Beschreibung dieser Halluzinationen ist so eindringlich, daß ihr zweifellos eigene qualvolle Erlebnisse Maupassants zugrunde liegen, wenn die Novelle auch einige Jahre vor Ausbruch seiner Geisteskrankheit entstand. Die »Nachtseiten« des Lebens, Psychosen, Schwermut, Traumata, Wahnsinn und alle Phänomene, die sich am Rande des Bewußtseins abspielen, haben ihn stets gefesselt und zu novellistischer Gestaltung gedrängt. Neben den literarischen Vorlagen, die sich mit den Grenzbereichen der menschlichen Psyche auseinandersetzen, muß außerdem auf die in den achtziger Jahren des 19. Jh.s verstärkt auftretende wissenschaftliche Auseinandersetzung mit neurologischen Phänomenen verwiesen werden, die vor allem in den damals vieldiskutierten Arbeiten J. M. Charcots und seiner Schule zum Ausdruck kam. – Die Erzählung *L'auberge (Die Herberge)* gehört ebenfalls in diesen Bereich. Ulrich, ein junger Schweizer Bergsteiger, muß mit seinem Gefährten Gaspard den Winter als Aufseher in einer Schutzhütte hoch in den Alpen verbringen. Von einem Jagdausflug kehrt Gaspard nicht zurück. Die lange Einsamkeit in Eis und Schnee verwirrt allmählich Ulrichs Sinne; er glaubt sich von Gaspards Seele verfolgt. Als man ihn im Frühjahr ablösen will, findet man einen weißhaarigen alten Mann vor, der verrückt geworden ist.

Die meisten Erzählungen sind amourösen Inhalts und nehmen häufig eine überraschende, pikante Wendung. Den Kern der Handlung bildet fast immer ein Ehebruch. In *Sauvé (Gerettet)* inszeniert die betrogene Ehefrau, um die Scheidung zu erzwingen, eine Situation, in der sie den Ehemann in flagranti ertappt. *Le signe (Das Zeichen)* schildert den erfolgreichen Versuch einer verheirateten jungen Frau, vom Fenster ihrer Wohnung aus wie eine Dirne Männer anzulocken. In *Joseph* machen sich zwei Damen der Aristokratie in angetrunkenem Zustand Geständnisse über ihre Liebesabenteuer, speziell mit dem Dienstpersonal. Andere Geschichten (z. B. *Le diable, Le vagabond, Une famille, Clochette*) spielen in ländlicher Umgebung unter Bauern, Soldaten und Kleinbürgern. Mit Ironie zeichnet Maupassant, der mit fast allen Bevölkerungsschichten und Berufen in Berührung gekommen ist, spießbürgerliche Ideale und typische Schwächen wie Hartherzigkeit, Geiz, Aberglauben, Heuchelei. – In *Le marquis de Fumerol* macht er sich über das tragikomische Ende eines alten Sünders lustig, dem schließlich die unerbetene Absolution aufgedrängt wird. *Les rois (Die Könige)* ist die einzige Kriegsgeschichte: Ein festliches Nachtessen im Felde wird unter den abenteuerlichsten Umständen arrangiert.

Amour und *Le trou (Das Loch)* sind formal die gelungensten Erzählungen des Bandes. Ausgehend von einer Zeitungsnotiz über den Mord und Selbstmord eines Liebespaares, beschreibt der Autor in *Amour* ein persönliches Jagderlebnis. Nachdem er eine Ente geschossen hat, sieht er den Erpel so lange klagend über der Abschußstelle kreisen, bis auch dieser von einer Kugel getroffen wird. – In *Le trou* wird ein Kriminalfall während einer Gerichtsverhandlung noch einmal aufgerollt. Renard, ein passionierter Sonntagsangler, findet seinen angestammten Uferplatz von einem anderen besetzt, der ihm die Fische vor der Nase wegfängt, worüber sich die Frauen der beiden Rivalen in die Haare geraten. Die Männer eilen ihren Frauen zu Hilfe, und dabei verteidigt sich Renard so heftig, daß sein Gegner ins Wasser fällt und ertrinkt.

Wie in den meisten seiner Erzählungen erweist sich Maupassant auch in diesen als glänzender Stilist, der, gemäß der Kürze der meisten Novellen, überaus ökonomisch mit seinen erzählerischen Mitteln verfährt: Deskriptionen bleiben auf die notwendigsten Striche reduziert. In knappen, klaren Sätzen schildert er die Menschen und Geschehnisse mit der Genauigkeit eines protokollierenden Beobachters und jener unbestechlichen *impassibilité* (Unparteilichkeit), die ihn FLAUBERT gelehrt hat.

J.G.-KLL

AUSGABEN: Paris 1887. – Paris 1908–1910 (in *Œuvres complètes*, Hg. L. Conard, 29 Bde., 18). – Paris 1956/57 (in *Contes et nouvelles*, Hg. A.-M. Schmidt u. G. Delaisement, 2 Bde.). – Lausanne 1961/62 (in *Œuvres complètes*, Hg. G. Sigaux, 16 Bde., 8). – Paris 1970, Hg. P. Cogny. – Paris 1976 (in *Le Horla et autres contes cruels et fantastiques*, Hg. M.-C. Bancquart; Class. Garn). – Paris 1979 (in *Contes et nouvelles*, Hg. L. Forestier, 2 Bde., 1974–1979, 2; Pléiade). – Paris 1984 (in *Le Horla et autres contes d'angoisse*, Hg. A. Fonyi; GF). – Paris 1984, Hg. P. Bonnefis (Poche). – Paris 1986 (Folio).

ÜBERSETZUNGEN: *Der Horla*, G. Ompteda (in *GW*, Bd. 7, Bln. 1899; ern. 1920). – *Der Horla. Der Schmuck. Der Teufel*, E. Sander, Lpzg. 1927 (RUB). – Dass., G. v. d. Vring (in *Novellen*, Wien 1936; ern. Zürich/Mchn. 1951). – Dass., N. O. Scarpi (in *Fünfzig Novellen*, Zürich 1963; [7]1985). – Dass., W. Widmer (in *Mamsell Fifi und andere Erzählungen*, Zürich 1963; ern. 1983; detebe). – Dass., E. Sander (in *GW*, 10 Bde., 1964; ern. 1987; Goldm. Tb). – Dass., H. Bartuschek u. K. Friese (in *Novellen*, 2 Bde., 2, Mchn. 1973). – Dass., Chr. Gersch, Bln./DDR 1989 [m. 30 Holzschnitten v. F. Masereel].

LITERATUR: A. H. Pasco, *The Evolution of the Supernatural Stories* (in Symposium, 23, 1969, S. 150–159). – P. Hamon, *»Le Horla« de M.* (in Littérature, 1, Dez. 1971, S. 31–43). – M.-C. Bancquart, *M., conteur fantastique*, Paris 1976 (ALM). – J. Neefs, *La représentation fantastique dans »Le Horla« de M.* (in CAIEF, 32, 1980, S. 231–245). – W. Trautwein, *Positivismus mit ungeahnten Abgründen. M.s »Le Horla«* (in W. T., *Erlesene Angst. Zur Schauerliteratur im 18. u. 19. Jh.*, Mchn. 1980, S. 201–225). – R. Chambers, *La lecture comme hantise: »Spirite« et »Le Horla«* (in RSH, 177, 1980, S. 105–117). – F. Collet, *Lecture comparée du début et la fin du »Horla«* (in L'École des Lettres, Jan. 1983, Nr. 74, S. 27–31). – R. Rachmul, *»Le Horla« et autres contes fantastiques. M. Analyse critique*, Paris 1983. – U. Döring, *Das Reich des Unsichtbaren* (in U. D., *Reisen ans Ende der Kultur*, Ffm. u. a. 1987, S. 453–515). – A. Schaffner, *Pourquoi »Horla« ou le passage du miroir* (in Les Temps Modernes, Febr. 1988, Nr. 499, S. 150–164).

MADEMOISELLE FIFI

(frz.; *Mamsell Fifi*). Novelle von Guy de MAUPASSANT, erschienen als Titelgeschichte einer gleichnamigen Novellensammlung 1882. – Wie Maupassants erste Erzählung *Boule de suif* schildert *Mademoiselle Fifi* eine Episode aus dem Krieg von 1870/71; wieder erweist sich ein Freudenmädchen aus der Provinz als patriotische Heldin. Da es sich bei Rachel um eine schwarzäugige, zierliche Jüdin handelt, liegt der sicherlich beabsichtigte Vergleich mit der biblischen Judith nahe: Auch Rachel wird im Verlauf der Erzählung von der Prostituierten zur Volksheiligen umstilisiert.

In der Normandie haben sich fünf preußische Offiziere in dem Schloß Uville festgesetzt. Das rüde Quintett – der hünenhafte Kommandant von Pfarlsberg, der rothaarige Hauptmann von Kelwingstein, der Oberleutnant von Großling, die beiden Leutnants Scheunaburg und von Eyrik (letzterer hat wegen seines femininen und gezierten Auftretens den Spitznamen »Mademoiselle Fifi« erhalten) – langweilt sich in dem kostbar eingerichteten, durch einen wochenlangen Regen von der Umwelt schier abgeschnittenen Gebäude fast zu Tode. Da der Protest und der Widerstand der Bevölkerung gegen die unbeliebte Besatzungsmacht sich darauf beschränken, daß sich der Pfarrer beharrlich weigert, die Glocken zu läuten, geht die blinde Zerstörungswut der untätigen und zumeist betrunkenen Militärs bereits die merkwürdigsten Wege. Wie in zahlreichen anderen Novellen Maupassants und seiner Zeitgenossen äußert sich hier der Abscheu vor der Barbarei der »teutonischen« Besatzer: Insbesondere der sadistisch veranlagte »Mamsell Fifi« macht sich ein Vergnügen daraus, den wertvollen Bildnissen an den Wänden des Schlosses die Augen auszuschießen und mit der von ihm erfundenen Methode des »Minen-Springenlassens« das erlesene Mobiliar der Prunkräume zu verwüsten. Um sich die Zeit zu vertreiben, holen sich die Soldaten fünf Mädchen aus dem Dorf, unter denen sich die hübsche Rachel befindet. Als diese das Opfer der tobsüchtigen Gewalttätigkeit von Fifi wird, weil sie die Ehre Frankreichs und seiner Männer verteidigen zu müssen glaubt, sticht sie ihm empört ein Obstmesser in die Kehle. Die blitzschnell in die Nacht Entschwindende kann trotz wilder Suchaktionen nicht mehr aufgespürt werden. Rachel hält sich nämlich im Glockenstuhl versteckt, wo sie von nun an das Geläute betätigt. Erst nach dem Abzug der deutschen Truppen wagt sie sich wieder hervor und heiratet in Ehren einen *»vorurteilslosen Patrioten«.*

Anders als in *Boule de suif* wird in erster Linie eine ganz bestimmte Art plump-preußischen Knobelbechertums kritisiert, das mit der exquisit schöngeistigen Atmosphäre dieses Schlosses zu konfrontieren für den Autor einen besonderen Reiz des Komischen gehabt haben mag. Im übrigen gilt sein Bekenntnis zum tendenzfreien Künstlertum *(»Der Schriftsteller schaut, er sucht Herz und Gemüt zu erfassen, ihre Hintergründe, ihre schmählichen oder edlen Neigungen, er sucht das ganze komplizierte Getriebe der menschlichen Motive zu verstehen«)* für diese meisterhafte Novelle, bei der Maupassants Kunst des ironisch-distanzierten Erzählens bereits bis in die kleinste stilistische Einzelheit hinein entwickelt ist.

Das wahre – psychologische – Interesse des Dichters hängt an der fast grotesken Gestalt des Titelhelden, den seine anerkennungssüchtige Männlichkeit in verzweifelte Anfälle von Sadismus treibt; seine ebenso lächerliche wie unmenschliche Veranlagung weist zu den Darstellungen der Nachtseiten der menschlichen Natur hinüber, die in Maupassants späterem Œuvre zunehmende Bedeutung erlangen. Daneben verdienen jedoch die mit besonderer Sorgfalt gezeichneten Details, die Intérieurs und das opulent ausgestattete Schloß besondere Beachtung: Die Detailtreue in den Objekten der französischen Kultur, vom Stuck über die Gemälde bis zum Tafelservice, kontrastiert mit einer ebenso differenzierten Darstellung der psychologischen Nuancen der Besatzer, deren Handlungen – zumal ihre wüsten Orgien – minutiös geschildert werden.

R.M.-KLL

AUSGABEN: Brüssel 1882. – Paris 1908–1910 (in *Œuvres complètes*, Hg. L. Conard, 29 Bde., 4). – Paris 1956/57 (in *Contes et nouvelles*, Hg. A.-M. Schmidt u. G. Delaisement, 2 Bde.). – Lausanne 1961/62 (in *Œuvres complètes*, Hg. G. Sigaux, 16 Bde., 2). – Paris 1972 (Poche). – Paris 1974 (in *Contes et nouvelles*, Hg. L. Forestier, 2 Bde., 1974–1979, 1; Pléiade). – Paris 1976, Hg. R. Bismut (GF). – Paris 1977, Hg. H. Juin (Folio).

ÜBERSETZUNGEN: *Fräulein Fifi*, G. v. Ompteda (in *GW*, Bd. 1, Bln. 1898; ern. 1919). – *Mamsell Fifi und andere Erzählungen*, W. Widmer, Zürich 1963; ern. 1983 (detebe). – *Fräulein Fifi*, I. Schauber u. E. Sander (in *GW*, 10 Bde., 2, Mchn. 1963; ern. 1987; Goldm. Tb). – Dass., H. Bartuschek u. W. Friese (in *Novellen*, 2 Bde., 2, Mchn. 1973). – *Mademoiselle Fifi und andere Novellen*, E. Wesemann, Lpzg. 1977 (IB). – *Fräulein Fifi*, Chr. Gersch (in *Novellen*, 6 Bde., 2, Bln./Weimar 1983; [2]1984).

VERFILMUNGEN: USA 1944 (Regie: R. Wise). – Frankreich 1945 (Regie Christian-Jaque; Teil v. *Boule de suif*). – USA 1948 (Regie: St. Rubin).

LITERATUR: G. Jollivet, *A propos de »Mademoiselle Fifi«* (in Gaulois, 16. 2. 1896). – G. Dauville, *»Mademoiselle Fifi«* (in MdF, März 1896, S. 415). – K. Zappel, *Vainqueurs et vaincus. La structure argumentative de »Mademoiselle Fifi«* (in OL, 43, 1988).

LA MAISON TELLIER

(frz.; *Das Haus Tellier*). Novelle von Guy de MAUPASSANT, erschienen 1881 als Titelgeschichte einer gleichnamigen Novellensammlung. – Der Ivan TURGENEV gewidmete erste Erzählungsband Maupassants – er enthält u. a. *En flamme, Le papa de Simon, Histoire d'une femme de ferme, La veillée, Confession d'une femme, Farce normande, Une passion, Une partie de campagne, La femme de Paul, Sur l'eau* – brachte dem Autor nach *Boule de suif* (1880) den endgültigen Durchbruch zu allgemeiner Anerkennung.

»Maison Tellier«, ein Provinzbordell im normannischen Fécamp, beherbergt im unteren Geschoß eine Matrosenkneipe, im oberen den »Jupitersalon«, wo sich die angesehensten Männer der Stadt allabendlich versammeln. »Madame« erfreut sich infolgedessen eines untadeligen Rufs und der allgemeinen Achtung. Mit Humor und Geschick hält sie ihre derzeit fünf Mädchen bei der Stange: die »üppige Blondine« Fernande, die »schöne Jüdin« Raphaële, Rosa, das »Roß«, sowie die »beiden Pumpen« Louise und Flora, die vornehmlich den gröberen »Dienst« in der Kneipe versehen. Eines Samstags unternimmt Madame mit der ganzen Belegschaft einen Eisenbahnausflug zu ihrer Nichte Constance Rivel, um an deren Erstkommunionsfeier teilzunehmen. Die naive Bewunderung, die man ihnen hier entgegenbringt, die heitere Landschaft, das sonnige Wetter und nicht zuletzt die rührselig-festliche Zeremonie, die sie an die eigene – noch unbescholtene – Kindheit zurückdenken läßt, versetzt die Mädchen in einen Rausch der Lebensfreude und des Herzensüberschwangs. Nach ihrer Rückkehr erlebt das Etablissement einen Abend von nie dagewesener Fröhlichkeit und Ausgelassenheit, bei dem die »Herren« den Sekt spendieren und die »Damen« ihre Liebesgunst freizügig verschenken. Madame schließt das rauschende Fest mit dem salomonischen Satz: *»Nicht alle Tage ist ein Festtag.«*

Das kuriose Schild an der Bordelltür mit der Aufschrift *»Wegen Erstkommunion geschlossen«* soll auf das Erlebnis eines Freundes von Maupassant zurückgehen. Glänzend trifft das Motiv den Kern der Novelle, die mit den landläufigen Begriffen von

Moral und Unmoral ein mutwillig schillerndes Spiel treibt. Gedeiht im Haus Tellier Ordnung in der Unordnung, Solidität in der Unsolidität, Respektabilität in der Verworfenheit, so ist die »geachtete« Welt selbst voll Ausschweifung und Anfechtung, wie die regelmäßigen Besuche der Honoratioren in dem Etablissement oder der Anschlag des betrunkenen Vater Rivet auf Rosa zeigen sollen. Der bewußte Verzicht auf eine moralische Betrachtung des Gegenstands mußte die Kritik eines TOLSTOJ herausfordern, den Turgenev 1881 vergeblich für das Werk Maupassants zu interessieren versuchte; in Wirklichkeit kündigt sich jedoch gerade darin das realistisch-naturalistische Programm an, das der Autor mit aller Konsequenz zu verwirklichen trachtet. Realistisch im Sinne der zeitgenössischen Kunsttheorie, mit der sich der Autor später auch in theoretischen Schriften wie *Le roman* auseinandersetzte, ist auch die sprachliche Gestaltung zu nennen: Bei größter Knappheit und Schmucklosigkeit des Ausdrucks fehlt es nicht an einer impressionistisch leuchtenden Farbigkeit und ironischen Durchsättigung der Details. Die fast klassisch-symmetrische Anlage der dreiteiligen Erzählung scheint den Idealen der realistischen Schule zunächst zu widersprechen, hebt indes die als strikten Ordnungsraum gesehene Bürger- und Halbwelt ebenso hervor wie die zeitliche Ordnung, von der das Bewußtsein der Bordellgesellschaft bestimmt wird. – M. Ophüls gelang eine kongeniale Verfilmung der Novelle. R.M.-KLL

AUSGABEN: Paris 1881. – Paris 1908–1910 (in *Œuvres complètes*, Hg. L. Conard, 29 Bde., 3). – Paris 1956/57 (in *Contes et nouvelles*, Hg. A.-M. Schmidt u. G. Delaisement, 2 Bde.). – Lausanne 1961/62 (in *Œuvres complètes*, Hg. G. Sigaux, 16 Bde., 1). – Paris 1973 (Poche). – Paris 1975 (in *Contes et nouvelles*, Hg. L. Forestier, 2 Bde., 1974–1979, 1; Pléiade). – Paris 1977, Hg. L. Forestier (Folio). – Paris 1980, Hg. P. Cogny (GF).

ÜBERSETZUNGEN: *Das Haus*, G. v. Ompteda (in *GW*, Bd. 4, Bln. 1898; ern. 1919). – *Das Haus Tellier – Die Ideen des Herrn Oberst*, G. v. d. Vring, Stg. 1948; ern. Zürich 1983 (detebe). – *Das Haus Tellier*, E. A. Greeven (in *Das Pariser Abenteuer*, Mchn. 1957). – Dass., E. Sander (in *GW*, 10 Bde., 1, Mchn. 1963; ern. 1986; Goldm. Tb). – Dass., H. Bartuschek u. W. Friese (in *Novellen*, 2 Bde., 1, Mchn. 1973; ern. 1986). – Dass., dies., Ffm. 1977; ^{3}1983 (Insel Tb). – Dass., Chr. Gersch (in *Novellen*, 6 Bde., 1, Bln./Weimar 1982; ^{2}1984).

DRAMATISIERUNG: H. Géroule u. L. Mayrargues, *La maison Tellier* (Urauff.: Paris 20. 2. 1933, Théâtre l'Ambigu).

VERFILMUNG: *Le plaisir*, Frankreich 1951 (Regie: M. Ophüls).

LITERATUR: É. Zola, *»La maison Tellier«* (in Figaro, 11. 1. 1881). – A. Marinoni, *»La maison Tellier«* (in MLN, März 1922). – A. Cali, *Figures narratologiques dans »La maison Tellier«*, Lecce 1981.

MONT-ORIOL

(frz.; *Mont-Oriol*). Roman in zwei Teilen von Guy de MAUPASSANT, erschienen in ›Le Gil Blas‹ 1886/87. – Maupassants dritter Roman, als *»eine sehr exaltierte, sehr glühende und sehr poetische Liebesgeschichte«* konzipiert, sollte sich zunächst von der zeitkritischen Tendenz des vorangegangenen *Bel Ami* deutlich abheben. Bald jedoch trat auch in der Geschichte des auvergnatischen Heil- und Modebades »Mont-Oriol« der gesellschafts- und zeitkritische Ansatz in den Vordergrund. Im Einklang mit der naturalistischen Forderung nach Lebenswahrheit vermeidet Maupassant indes jede Überzeichnung der zeittypischen Gestalten. *Mont-Oriol* wird von einem zweifachen Plan bestimmt, der aus dem Gegensatz zweier ideologischer Konzepte herrührt: Die bereits aus *Bel Ami* her bekannte Welt der Politik, der Hochfinanz und der Wirtschaft geht eine konfliktreiche Beziehung mit der Welt der Kreatürlichkeit, des Lebens und dem Geborenwerden ein.

Der jüdische Geschäftsmann und Großkapitalist William Andermatt, dessen junge, bisher kinderlose Frau Christiane, Tochter eines Marquis, sich in dem kleinen Thermalbad Enval zur Kur aufhält, wird Zeuge der zufälligen Freilegung einer neuen, ergiebigeren Quelle auf dem Weinberg des Großbauern Oriol und faßt den kühnen Entschluß, den Fund zur Grundlage eines kommerziellen Riesenunternehmens zu machen: der Errichtung eines modernen, luxuriös ausgestatteten Badezentrums, das der alten, längst vom Konkurs bedrohten Bädergesellschaft den Garaus machen soll. Während er mit unermüdlicher Tatkraft und geschäftlichem Instinkt seinen Plan verfolgt, verfällt Christiane einer romantisch-schwärmerischen Liebe zu dem reichen, exzentrisch veranlagten Paul Brétigny, der ein Freund ihres leichtfertigen, verschuldeten Bruders Gontran ist. Auf Spazierfahrten vertieft sich die jäh und stürmisch aufgeflammte Leidenschaft, die die von ihrem Gatten vernachlässigte Frau eine ihr bisher unbekannte Sehnsucht und Liebeskraft erfahren läßt. Als mit Beginn der nächsten Saison die neuen Anlagen und Gebäude festlich eingeweiht werden, erwartet Christiane von Paul ein Kind. Der nichtsahnende Andermatt führt sein vermeintliches Vaterglück auf die günstige Wirkung der Bäder zurück. Brétignys poetisch überspanntes Gefühl aber, das in der Schwangerschaft der Geliebten eine Entstellung ihrer Schönheit erblickt, erkaltet rasch. Mehr dem Zwang der Ereignisse folgend als aus Berechnung heiratet er eine der beiden Töchter Oriols. Grausam enttäuscht bringt Christiane ihr Kind zur Welt: Bei einer letzten Aussprache mit Paul entzieht sie es eifersüchtig seinem Blick.

Mit dieser Haupthandlung verflochten ist eine Reihe von locker verbundenen Episoden, die stark satirische Züge tragen. Ein komisches Begleitmoment des Aufstiegs von Mont-Oriol zum mondänen Badeort sind die Berufspraktiken der verschiedenen Kurärzte, deren Scharlatanerie mit Molièrescher Bissigkeit gezeichnet wird; hierher gehört auch eine burleske »Wunderheilung«, die an dem »lahmen« Vater Clovis, einem simulierenden »Tippelbruder«, zum Beweis der heilkräftigen Wirkung des Wassers vorgenommen wird.

Der weithin unterschätzte und zu wenig bekannte Roman spielt in der unmittelbaren Gegenwart des Autors, in der Zeit der Gründerjahre, der hemmungslosen Boden- und Börsenspekulation. Er liefert ein ungeschminktes Zeitbild, wenn er die geschäftlichen Aspekte der Fabel in den Vordergrund rückt und Hochfinanz, Großbauerntum und Adel zu einem unternehmerischen Dreibund zusammentreten läßt, neben dem die Wissenschaft in Gestalt der hochstaplerischen Ärzte und des wirklich fähigen Geologen Aubry-Pasteur nur eine zweitrangige Rolle spielt. Die Genauigkeit in der soziologischen Gruppierung der Romangestalten, die bewußte Häufung und detaillierte Beschreibung kommerzieller Handlungsmotivationen entspricht einer dichterischen Perspektive, die das Verhalten des Individuums aus seinen gesellschaftlichen Voraussetzungen heraus deutet.

Kompositionell zeigt sich die Verflechtung der privaten und öffentlichen Sphäre in der Parallelführung von Liebesgeschichte und geschäftlichem Projekt. Mit bitterer Ironie werden beide Bereiche in eins gefaßt, wenn der betrogene Andermatt stolz von seinen Quellen sagt: *»Ich selbst durfte ihre Wirkung an jemand erfahren, der mir sehr nahesteht, und wenn mein Geschlecht nicht erlischt, so verdanke ich das Mont-Oriol.«* Denn beides, die nüchterne Geschäftswelt Andermatts wie der überschwengliche, aber gefühlsleere Ästhetizismus des Dandy Paul, ist Gegenstand von Maupassants zeitkritischer Satire. Hier wie dort erblickt er unmenschliche Verirrungen und Verabsolutierungen, deren Opfer die wahrhaft menschliche, liebende Frau werden muß. Im Leid ihrer Verlassenheit enthüllt sich das Elend der hilflosen und schwachen Kreatur; Christianes Erfahrung der Einsamkeit ist elementar: *»Sie begriff, daß alle Menschen nebeneinander durch die Ereignisse gehen, ohne daß zwei Leben jemals wirklich eins werden ... Sie ahnte die ohnmächtige, unaufhörliche Anstrengung der Menschen seit den ersten Tagen der Welt, die unermüdliche Anstrengung, die Hülle zu zerreißen.«*

J. Halperin läßt dem Roman diese Würdigung zuteil werden: *»Dürfte man nur an einem einzigen Werk das ganze Vermögen des Dichters nachweisen, so müßte es an diesem geschehen ... Es ist – um ein Wort Maupassants selbst abzuwandeln – eine stete Zwiesprache zwischen dem Auge, das unerbittlich die Schwächen und Fehler, die Lächerlichkeiten und Roheiten, den Egoismus der Menschen erfaßt, und dem Herzen, das empfindet, sich sehnt und leidend sich erbarmt ...«* Andere Kritiker, wie E. D. Sullivan, halten den Roman für wenig bedeutend. Indes hat immerhin Th. Mann in seiner Novelle *Tristan* auf Motive und Figurenkonstellationen von *Mont-Oriol* zurückgegriffen. R.M.-KLL

Ausgaben: Paris 1886/87 (in Le Gil Blas, 23. 12. 1886–6. 2. 1887). – Paris 1887. – Paris 1908–1910 (in *Œuvres complètes*, Hg. L. Conard, 29 Bde., 17). – Paris 1959 (in *Romans*, Hg. A.-M. Schmidt). – Lausanne 1961/62 (in *Œuvres complètes*, Hg. G. Sigaux, 16 Bde., 9). – Paris 1975, Hg. A. Richter. – Paris 1976, Hg. M.-C. Bancquart (Folio). – Paris 1987 (in *Romans*, Hg. L. Forestier; Pléiade). – Paris 1988, Hg. Ph. Bonnefis (Poche).

Übersetzungen: *Mont-Oriol*, A. Schwarz, Budapest 1888. – Dass., G. v. Ompteda (in *GW*, Bd. 20, Bln. 1903; ern. 1919). – Dass., I. Havemann-Harnack (in *Gesammelte Romane*, Bln. 1955). – Dass., W. Widmer (in *GW*, 10 Bde., 10, Mchn. 1964; ern. 1987; Goldm. Tb). – Dass., J. Halperin (in *Romane*, 2 Bde., 2, Mchn. 1974).

Literatur: M. Gaucher, *»Mont-Oriol«* (in RB, 12. 2. 1887). – F. Brunetière, *Trois romans* (in RDM, 1. 3. 1887). – F. Sarcey, *»Mont-Oriol«* (in Nouvelle Revue, 1. 4. 1887). – A. Guérinot, *M. et la composition de »Mont-Oriol«* (in MdF, 15. 6. 1921). – E. Spalikowski, *»Mont-Oriol« et le philosophe Caro* (in Radical, 5. 9. 1925). – E. Cobos Castro u. D. Bravo Barnes, *»Mont-Oriol« de M.*, Córdoba 1983.

NOTRE CŒUR

(frz.; *Unser Herz*). Roman in drei Teilen von Guy de Maupassant, erschienen 1890 in der ›Revue des Deux Mondes‹. – Maupassants letzter vollendeter Roman erzählt die Geschichte der schmerzlichen Liebe des kunstliebenden Privatiers Mariolle zu einer mondänen, geistvollen jungen Witwe, die in Paris einen namhaften Künstlerkreis um sich versammelt hat. Mariolle verkörpert den Typ des Hagestolz, dessen Hochnäsigkeit gegenüber dem »schwachen Geschlecht« auf Schopenhauers Einfluß zurückverweist. Ungern folgt Mariolle der Einladung in den Salon der umschwärmten Michèle de Burne, in die sich der skeptische und schüchterne Junggeselle jedoch bald leidenschaftlich verliebt. Die Warnung des Literaten Lamarthe, sich nicht über das kokette Wesen der Angebeteten zu täuschen, bewirkt nur eine vorübergehende Ernüchterung. In der Tat erweist sich Michèle als Idealtyp einer unwiderstehlichen Schönheit, die ihrerseits jedoch zu menschlicher Wärme unfähig ist. Während eines Landaufenthalts in der Normandie findet seine Liebe zunächst Erfüllung. Die regelmäßigen Rendezvous in einem Pariser Vororthäuschen können seinem Glück jedoch nichts mehr hinzusetzen: Je mehr er die Geliebte »besitzt«, desto weniger kann er an ihre Liebe glauben. Als sie sich, an der eigenen Gefühlskälte leidend, seinen eifersüchtigen Forderungen zunehmend widersetzt, entschließt sich Mariolle, tief verwundet, endgültig zur Trennung. In der Abgeschiedenheit des Waldes von Fontainebleau sucht er Vergessen und Heilung. Die selbstlose Liebe der treuherzigen und hübschen Élisabeth beschert ihm eine Zeit idyllischen Glücks, bis die Sehnsucht nach der »anderen« wieder durchbricht. Er telegrafiert, und Michèle stattet ihm einen überraschenden Besuch ab. In einer klärenden Aussprache stellt sie fest: Die unwandelbare Anhänglichkeit und Zuneigung, die sie für Mariolle hege, seien zwar nicht die Liebe, wie er sie verstünde, doch immerhin *»auch etwas wert«*. Indem er ihrem Ruf nach Paris folgt, aber zugleich Élisabeth als Mätresse bei sich behält, fügt er sich der Wirklichkeit. Den Traum von einer Frau, die *»die Liebe der einen und den Zauber der anderen«* in sich vereint, hat er als Illusion erkannt.

Wie in *Fort comme la mort* ist eines der zentralen Motive des Romans die Ästhetik und der Einfluß, den die von der Kunst bestimmte Wirklichkeitssicht des Helden auf sein Seelenleben ausübt: Mariolle nimmt Michèle aus der Perspektive des Ästheten als lebendiges Kunstwerk wahr und verliebt sich so in sie. Zeittypisch wie das Thema selbst ist indes auch die Lösung, die dieser Konflikt in der Literatur des ausgehenden 19. Jh.s erfährt: Die Desillusionierung des Helden führt hier nicht zur zynischen Anpassung an eine Welt, die dem Skrupellosen Aufstiegschancen bietet, sondern endet in privater Resignation. Die Vergeblichkeit seiner mit einem unerfüllbaren Absolutheitsanspruch auftretenden Leidenschaft – kontrapunktisch gespiegelt an Élisabeths analogem Schicksal – läßt Mariolle die tiefe Vereinsamung des Individuums erfahren. Die *»armseligen Erfüllungen«* des Lebens, die das erwartete *»Ganz«* immer in das *»Beinah«* verkehren, lehren ihn die Grenzen sehen, die dem menschlichen »Herzen« in seinen Sehnsüchten und Träumen gesetzt sind. Im übrigen ist das Werk aber nicht frei von zeitkritischen Akzenten. Die Heldin repräsentiert eine Spielart des »modernen«, emanzipierten Frauentypus, der mit seiner geistigen und gesellschaftlichen Gewandtheit kokettiert. In polemischem Sinn verkörpert Frau de Burne eine der zeittypischen »Liebeskomödiantinnen« der höheren Gesellschaft. Sie, die weniger von dem *»alten zaubervollen und mächtigen Naturtrieb, der in früherer Zeit die Geschlechter zueinanderzog«*, als von einer übersteigerten Gefallsucht beseelt sind, geben sich mit »Komödianten« als Partner zufrieden, die *»ihren Part herunterlügen wie sie den ihren«*. – In der realistischen Zeichnung der Nebenfiguren und Zeitumstände bleibt *Notre cœur* hinter anderen Romanen des Verfassers zurück; in der psychologischen Durchdringung des Geschehens stellt das Werk mit seinen *»Zartheiten der Analyse im Detail«* (J. Halperin) jedoch auch im Gesamtwerk Maupassants einen Gipfel der Erzählkunst dar.

R.M.-KLL

AUSGABEN: Paris 1890 (in RDM, 15.5., 1. u. 15.6.). – Paris 1890. – Paris 1908–1910 (in *Œuvres complètes*, Hg. L. Conard, 29 Bde., 25). – Paris 1959 (in *Romans*, Hg. A.-M. Schmidt). – Lausanne 1961/62 (in *Œuvres complètes*, Hg. G. Sigaux, 16 Bde., 12). – Paris 1962, Hg. P. Cogny (krit.; Class. Garn). – Paris 1972 (Poche). – Paris 1976, Hg. M.-C. Bancquart (Folio). – Paris 1987 (in *Romans*, Hg. L. Forestier; Pléiade). – Paris 1988, Hg. Ph. Bonnefis (Poche).

ÜBERSETZUNGEN: *Unser Herz*, M. zur Megede, Stg. 1897. – Dass., G. v. Ompteda (in *GW*, Bd. 18, Bln. 1902; ern. 1920). – Dass., W. Cremer, Bln. 1924. – Dass., W. Wilhelm (in *Gesammelte Romane*, Bln. 1956). – Dass., ders. (in *GW*, 10 Bde., 10, Mchn. 1964; ern. 1987; Goldm. Tb). – *Unser einsames Herz*, J. Halperin (in *Romane*, 2 Bde., 2, Mchn. 1974). – Dass., ders., Ffm. 1979 (Nachw. D. Oehler; Insel Tb).

LITERATUR: A. France, *»Notre cœur«* (in Temps, 22. 6. 1890). – R. Doumic, *»Notre cœur«* (in Moniteur Universel, 27. 6. 1890). – B. Woolbridge, *»Notre cœur«* (in MLN, 3, 1921). – Auriant u. E. Quidat, *M., »Notre cœur« et Dumas fils* (in Marianne, 10. 5. 1939). – E. Sullivan, *Portrait of the Artist. M. and »Notre cœur«* (in FR, 22, 1948, S. 136–141). – R. J. Niess, *Autobiographical Symbols in M.'s Last Works* (in Symposium, 14, 1960, S. 213–220). – B. Grengsgaard, *En structurel analyse af en passage fra M.s roman »Notre cœur«* (in Publications, 21, 1976, S. 43–47).

PIERRE ET JEAN

(frz.; *Pierre und Jean*). Roman von Guy de MAUPASSANT, erschienen 1887/88 in ›La Nouvelle Revue‹. – Die beiden Titelfiguren Pierre Roland, der dunkle, hagere, nervöse und verschlossene »Doktor«, und sein um fünf Jahre jüngerer Bruder Jean, der gleichzeitig mit dem Bruder sein Rechtsstudium abgeschlossen hat, stehen im Zentrum dieses Romans, der in der französischen Provinz angesiedelt ist. Beide halten sich vorübergehend bei den Eltern auf, die hier im Kreis pensionierter Kapitäne und ausgedienter Matrosen ihren Lebensabend verbringen. Eines Abends, nach einer Angelausfahrt, erreicht sie eine notarielle Mitteilung: Léon Maréchal, ein fast vergessener Freund der Familie, ist gestorben und hat Jean zum Erben seines beträchtlichen Vermögens eingesetzt. Ein ungeheuerlicher Verdacht steigt in dem zurückgesetzten Bruder auf. Alles weist darauf hin, daß Maréchal der langjährige Liebhaber der Mutter und der wahre Vater des – so ganz anders gearteten – Jean war. Vergebens kämpft Pierre gegen die Befürchtung an, die sich immer hartnäckiger in ihm festsetzt; verbissen und selbstquälerisch stellt er Nachforschungen an, die seinen Argwohn alsbald bestätigen. Die Konfrontation mit der Mutter, die seine düsteren Gedanken längst ahnt, bleibt zwar aus, doch nach einer heftigen Auseinandersetzung der beiden Brüder gesteht Frau Roland Jean den Ehebruch. Sein optimistisches Naturell erleichtert es dem Jüngeren, über die fatalen Begleitumstände der Erbschaft hinwegzukommen und sich der materiellen Vorteile zu erfreuen. Als er die repräsentative Wohnung bezieht, in der Pierre seine zukünftige Praxis einrichten wollte, und auch die dreiundzwanzigjährige Kapitänswitwe Rosémilly erobert, der beide den Hof machten, reift in Pierre ein unwiderruflicher Entschluß: Er wird für mehrere Jahre als Schiffsarzt auf See gehen. Vater Roland, der, gänzlich von seiner Angelleidenschaft und einem fanatischen Seefahrtskult vereinnahmt, all diesen Vorgängen vollkommen ahnungslos gegenübersteht, unterstützt begeistert den mißverstandenen Plan des Sohnes.

Der *petit roman*, der als einziger von Maupassants Romanen nicht in der höheren Pariser Gesellschaft spielt, sondern in der Nachfolge von Balzacs *Skizzen aus dem Sittenleben der Provinz* das normannische Kleinstadtmilieu nachzeichnet, bezieht seine doppelsträngige Handlungsstruktur aus einer für den Autor typischen Antinomie: Die beiden Brüder repräsentieren die Polarität von romantischer und realistischer Welthaltung. Der steril-übersteigerten, an einem leeren Ideal genährten Liebe Pierres zu seiner Mutter, die in Wirklichkeit nichts als eine *»etwas zur Sentimentalität neigende, spießbürgerliche Hausfrau mit der zärtlichen Seele einer Kassiererin«* ist, steht die instinktiv-zärtliche Mutterliebe Jeans gegenüber.

Im Romanschaffen Maupassants bezeichnet *Pierre et Jean* den Schnittpunkt, an dem Sittenroman und psychologischer Roman sich eng berühren. Die Analyse der Charaktere, vor allem des »komplizierten«, skeptischen älteren Sohnes, der weder als Narr noch als Held erscheinen soll, orientiert sich an der realistischen Forderung nach Objektivität. So konzentriert sich der Erzähler auch ausschließlich auf die Deskription ihres Charakters, während die im Realismus so typischen Details und Intérieurs zurücktreten. Seelische Vorgänge werden stets in äußeres Geschehen umgesetzt. – Als Vorwort wurde dem Roman die für das Schaffen Maupassants aufschlußreiche theoretische Abhandlung *Le roman* beigegeben; in ihr nimmt Maupassant die realistische Schule gegen die vorwiegend klassizistisch eingestellte Kritik in Schutz. Er distanziert sich aber auch – darin mehr Flaubert als Zola folgend – von orthodoxen realistischen Programmen, die letztlich den Unterschied zwischen künstlerischer Wirklichkeitsgestaltung und der Wirklichkeit selbst aufheben wollen; denn *»das Talent rührt aus der Originalität, die eine besondere Art zu denken, zu sehen, zu verstehen und zu urteilen ist«.* R.M.-KLL

Ausgaben: Paris 1887/88 (in La Nouvelle Revue). – Paris 1888. – Paris 1908–1910 (in *Œuvres complètes*, Hg. L. Conard, 29 Bde., 19). – Paris 1959 (in *Romans*, Hg. A.-M. Schmidt). – Lausanne 1961/62 (in *Œuvres complètes*, Hg. G. Sigaux, 16 Bde., 10). – Paris 1982, Hg. B. Pingaud (Folio). – Paris 1984 (Poche). – Paris 1987 (in *Romans*, Hg. L. Forestier; Pléiade).

Übersetzungen: *Zwei Brüder*, E. Becher, Stg. 1889. – *Hans und Peter*, G. v. Ompteda (in *GW*, Bd. 13, Bln. 1900; ern. 1920). – *Pierre und Jean*, R. Schacht (in *Gesammelte Romane*, Bln. 1956). – Dass., E. Sander (in *GW*, 10 Bde., 9, Mchn. 1964; ern. 1987; Goldm. Tb). – Dass., J. Halperin (in *Romane*, 2 Bde., 1, Mchn. 1974). – *Die Brüder*, E. Weiss, Ffm. 1983 (Insel Tb).

Verfilmungen: Frankreich 1924 (Regie: Donatien). – Frankreich 1943 (Regie: A. Cayatte).

Literatur: A. Billy, *»Une vie« et »Pierre et Jean«* (in Œuvre, 24. 12. 1935). – R. J. Niess, *»Pierre et Jean«. Some Symbols* (in FR, 32, 1958/59, S. 511 bis 519). – M. Sachs, *The Meaning of M.s »Pierre et Jean«* (in FR, 34, 1960/61, S. 244–250). – E. Simon, *Descriptive and Analytical Techniques in M.'s »Pierre et Jean«* (in RomR, 51, 1960/61, S. 45–52). – R. W. Artinian, *›Then, Venom, to thy Work‹. Pathological Representation in »Pierre et Jean«* (in Modern French Studies, 18, 1972, S. 225–229). – D. Boak, *»Pierre et Jean«. The Banal as Tragic* (in EFL, 15, Nov. 1978, S. 48–55). – J.-M. Bailbé, *»Pierre et Jean«, symphonie bourgeoise* (in Études normandes, 1979, S. 169–183). – M. Donaldson-Adams, *M. ludens. A Re-Examination of »Pierre et Jean«* (in North Carolina French Studies, 9, 1980/81). – J. Grieve, *Intimations of Mortality. Another of the Meanings of M.'s »Pierre et Jean«* (in AJFS, 19, 1982, S. 133–147). – R. Lethbridge, *M., »Pierre et Jean«*, Ldn. 1985.

LES SŒURS RONDOLI

(frz.; *Die Schwestern Rondoli*). Titelnovelle einer gleichnamigen Erzählungssammlung von Guy de Maupassant, erschienen 29. 5. – 5. 6. 1884 in ›L'Écho de Paris‹. – Der erotische Kasus – die Abenteuer, die der Erzähler der witzigen Novelle mit den Schwestern Rondoli erlebt – ist durch einen offenen Erzählrahmen am Beginn des Textes raffiniert verborgen. In einer Diskussion mit einem unbekannten Gesprächspartner erläutert der Erzähler, daß es ihm zweimal nicht gelungen sei, bei einer Reise nach Italien über die Landesgrenze zu kommen. Welcher Art das Hindernis war, darüber wird der Leser erst aufgeklärt, nachdem er des Erzählers nicht gerade optimistische Vorstellungen über das Reisen im allgemeinen erfahren hat: endlose Nächte in der Bahn, Hotel-Trübsinn, Ekel vor der Masse, Einsamkeit in fremden Städten.

Der trüben Aussichten ungeachtet gelingt es ihm, seinen Freund Paul zu bewegen, ihn auf einer geplanten Italienreise zu begleiten. Ausschlaggebend für die Zustimmung des widerstrebenden Freundes sind schließlich die Liebesabenteuer, die der Erzähler ihm ausmalt. Noch in Frankreich steigt eine junge Dame ins Abteil, nicht aus bestem Hause, wie es scheint, aber äußerst reizvoll. Ihr Zauber erhöht sich in den Augen Pauls noch durch ihre Wortkargheit und anfänglich abweisende Haltung. Er sieht sich bereits als Liebhaber, muß sich aber auf die Mittlerdienste des Freundes verlassen, da die junge Schöne Italienerin ist und er selbst kein Wort Italienisch versteht. Den Erfolg aber hat nicht er, sondern der Erzähler, der langsam Spaß daran findet, die Dame mit allen möglichen Tricks zum Sprechen zu bewegen. Im noch grenznahen Genua, der ersten Station der Reise, erklärt sich Francesca plötzlich bereit, mit ins Hotel zu gehen. Sie wird die Geliebte des Erzählers, und Paul muß als geprellter Dritter zusehen, wie sein Freund die Freuden genießt, um derentwillen er überhaupt nur bereit war, die Reise mitzumachen. Vierzehn Tage lang werden die beiden in Genua festgehalten, bis Francesca eines Tages – ihre Adresse hinterlassend – unter geheimnisvollen Andeutungen verschwindet. Im Jahr darauf reist der Erzähler, von Unruhe gepackt, wieder nach Genua und sucht die Wohnung des Mädchens auf. Er erfährt von Francescas Mutter, daß die Tochter einen Monat lang auf ihn gewartet habe. Nun lebe sie in Paris mit einem Maler zusammen und sei sehr glücklich. Zum Trost stellt Mutter Rondoli dem Erzähler gleich ihre nächstjüngere Tochter vor, und wieder wird er vierzehn Tage lang in Genua festgehalten. In naher Zukunft will er einen weiteren Versuch machen, Italien kennenzulernen, doch schon jetzt ist er skeptisch, denn Signora Rondoli hat noch zwei jüngere Töchter.

Die Erzählung gehört zu den wenigen heiteren Novellen Maupassants. Trotz des pikanten Sujets (ungemein komisch wird die Düpierung Pauls dargestellt) wirkt die Erzählung eher distanziert und nüchtern. Eine strenge Form, Wiederholung des gleichen Motivs unter wechselnden Voraussetzungen, weist Maupassant als einen Meister der kleinen Erzählform aus. H.Bs.-KLL

AUSGABEN: Paris 1884 (in L'Écho de Paris, 29. 5. bis 5. 6.). – Paris 1908–1919 (in *Œuvres complètes*, Hg. L. Conard, 29 Bde., 9). – Paris 1956/57 (in *Contes et nouvelles*, Hg. A.-M. Schmidt u. G. Delaisement, 2 Bde.). – Lausanne 1961/62 (in *Œuvres complètes*, Hg. G. Sigaux, 16 Bde., 4). – Paris 1969 (Poche). – Paris 1979 (in *Contes et nouvelles*, Hg. L. Forestier, 2 Bde., 1974–1979, 2; Pléiade).

ÜBERSETZUNGEN: *Die Geschwister Rondoli*, L. Wechsler, Lpzg. 1892. – *Die Schwestern Rondoli*, G. v. Ompteda (in *GW*, Bd. 2, Bln. 1898; ern. 1919). – Dass., W. Zeleny, Wien 1953. – Dass., E. Sander (in *GW*, 10 Bde., 4, Mchn. 1963; ern. 1987; Goldm. Tb). – Dass., K. Bartuschek u. W. Friese (in *Novellen*, 2 Bde., 2, Mchn. 1973). – Dass., Chr. Gersch (in *Novellen*, 6 Bde., 4, Bln./Weimar 1986).

UNE VIE

(frz.; *Ein Leben*). Roman von Guy de MAUPASSANT, erschienen 1883. – Jeanne, das einzige Kind eines liberalen Landadligen aus der Normandie, kehrt 1819 aus dem Mädchenpensionat nach Hause zurück. Jung und unerfahren heiratet sie ihren ersten Verehrer, Julien de Lamare, einen mittellosen Edelmann. Auf das Glück der Hochzeitsreise folgen bald Einsamkeit und Enttäuschung; bittere Erfahrungen, Leid und Verzicht bestimmen fortan das Leben Jeannes. Die schweren Schicksalsschläge vermögen jedoch ihr im Grunde der Liebe und der Natur zugewandtes Wesen nicht zu zerstören. – Zu spät erkennt sie in ihrem Mann den rücksichtslosen Egoisten; die Entdeckung seines Verhältnisses mit ihrer Dienstmagd Rosalie trifft sie zutiefst. Erst durch die Geburt ihres Sohnes Paul, dem von nun an all ihre Liebe gehört, gewinnt ihr Leben neuen Sinn. Nach dem Tod ihres Mannes – Julien verunglückt tödlich mit seiner Geliebten, einer Baronin von einem benachbarten Gut – und ihres Vaters verliert Jeanne Vermögen und Landsitz, sie verarmt und vereinsamt. Dennoch unterstützt sie ihren Sohn, soweit sie es vermag, obwohl dieser sich früh der Fürsorge seiner Mutter entzogen hat und eigene Wege geht. Jeannes einziger Trost ist Rosalie, die schuldbewußt zu ihrer Herrin zurückgekehrt ist, und gemeinsam widmen sich die beiden Frauen der Erziehung von Pauls Tochter, deren Mutter gestorben ist.

»Das Leben ist niemals so gut, niemals so schlimm, wie man glaubt.« Mit dieser Erkenntnis endet der Roman – eine ernüchternde Lebensgeschichte, deren Höhepunkte weder die handelnden Personen noch den Leser erregen. Vor dem Hintergrund seiner eigenen Familie, seiner Heimat, seiner Zeit entwirft Maupassant das Porträt einer gewöhnlich-ungewöhnlichen Frau: Jeanne erfährt und erträgt ihr Leben ohne Sentimentalität, ohne Mitleid. Der Autor verhält sich zurückhaltend: Absicht und Plan des Ganzen bleiben verborgen, nichts wird verfremdet, gedeutet oder symbolisiert. Dennoch sind die Geschehnisse keineswegs kunstlos wiedergegeben. Zahlreiche Deskriptionen, wie sie in den Novellen so selten auftreten, dienen der erhellenden Charakterisierung von Personen und Vorgängen. Gerade diese Details sind immer wieder mit malerischen Techniken – etwa derjenigen Manets – verglichen worden.

In der Darstellung verfährt Maupassant ebenso wie sein Lehrer FLAUBERT. Beide lehnen das Moralisieren, das Psychologisieren ab. Die Suche nach Gründen und Ursachen scheint bedeutungslos angesichts von Fakten. Indem er sich an die Chronologie der Ereignisse hält, beschreibt und registriert Maupassant, was sinnlich erfahrbar ist, vor allem das, was er sieht und beobachtet; auf rationale Analyse verzichtet er. – *Une vie* ist ein Zeit-, ein Gesellschaftsroman, der autobiographische Züge enthält. Wie STENDHAL (vgl. Vorwort zu *Le rouge et le noir*) wollte Maupassant nur die Wahrheit beschreiben, wobei er Wahrheit als atmosphärisch dichte, komprimierte Spiegelung der Realität auffaßt. H.Mr.-KLL

AUSGABEN: Paris 1883. – Paris 1908–1910 (in *Œuvres complètes*, Hg. L. Conard, 29 Bde., 5). – Paris 1959 (in *Romans*, Hg. A.-M. Schmidt). – Lausanne 1961/62 (in *Œuvres complètes*, Hg. G. Sigaux, 16 Bde., 2). – Paris 1974, Hg. P. Cogny (GF). – Paris 1974 (Folio). – Paris 1983 (Poche). – Paris 1987 (in *Romans*, Hg. L. Forestier; Pléiade).

ÜBERSETZUNGEN: *Ein Leben*, W. Vollmann, Ffm. 1894. – Dass., G. v. Ompteda (in *GW*, Bd. 10, Bln. 1899; ern. 1920). – Dass., I. Havemann-Harnack (in *Gesammelte Romane*, Bln. 1956). – Dass., E. Sander (in *GW*, 10 Bde., Mchn. 1964; ern. 1987; Goldm. Tb). – Dass., J. Halperin (in *Romane*, 2 Bde., 1, Mchn. 1974). – Dass., H. Kauders, Ffm./Bln. 1981 (Nachw. H. Beese; Ullst. Tb).

LITERATUR: A. Vial, *La genèse d'»Une vie«, premier roman de M. avec de nombreux documents inédits*, Paris 1954. – E. M. Grant, *Imagery as a Means of Psychology. Revelation in M.'s »Une vie«* (in StPh, 60, 1963, S. 669–684). – C. C. de Coster, *M.'s »Une vie« and Pardo Bazán's »Los pasos de Ulloa«* (in Hispania, 56, 1973, S. 587–592). – C. Foucart, *»Une vie« de M. Un paysage* (in LWU, 7, 1974, S. 88–97; 154–163). – *Analyses et réflexions sur »Une vie« de M. et le pessimisme*, Hg. M. Desportes u. a., Paris 1979. – L. Anoli i Vendrell, *L'eau et la lumière dans »Une vie« de M.* (in Anuario de Filología, 7, 1981). – J. u. V. Ehrsam, *»Une vie«. M.*, Paris 1986.

YVETTE

(frz.; *Yvette*). Novelle von Guy de MAUPASSANT, erschienen 1884 in der Zeitung ›Le Figaro‹. – In Paris und der Campagne um Paris spielt die Novelle, in der Maupassant – wie in *La maison Tellier, Mademoiselle Fifi* oder *Boule de suif* – Prostituierte und Menschen im Bordell schildert. Wie in den genannten Werken versucht der Autor die Welt der Prostituierten ohne Vorurteile und frei von jeglicher moralischer Wertung zu sehen. Hauptperson ist die unschuldige und naive Yvette, Tochter einer Bordellwirtin. Obwohl die Mutter, Madame Obardi, noch von eindrucksvoller Schönheit ist, gilt Yvette als die Hauptattraktion des Etablissements, das sie selbst allerdings für ein anständiges Haus hält. Sie nimmt die Anträge und Huldigungen ihrer Verehrer mit viel Witz und Natürlichkeit hin, sie spielt mit allen, auch mit den Herren de Servigny und Saval. Ersterer, ein wohlhabender Pariser Lebemann, glaubt sich von Yvette bevorzugt und möchte um jeden Preis ihr Liebhaber werden, verkehrt jedoch nur auf einer oberflächlichen, bewußt stilisierten Ebene mit dem Mädchen, das sich seiner Bedeutung und der Absichten Servignys nicht bewußt wird. Saval, bürgerlicher Freund Servignys, gewinnt schnell die Gunst der Mutter. In Erwartung neuer Liebesstunden mietet Madame für mehrere Wochen ein Haus auf dem Lande, wo sie Servigny und Saval ungestört empfangen kann. In ländlicher Einsamkeit erfährt Yvette, was es mit dem Haus in Paris auf sich hat, und beginnt zu begreifen, daß Servigny ihre Liebe nur auf Zeit will. Die größten Seelenqualen aber bereitet ihr die Entdeckung, daß Saval der Liebhaber ihrer Mutter ist. Einen Augenblick lang ist Yvette von der moralischen Entrüstung wie besessen, sie will die Mutter von ihrem verwerflichen Tun abbringen oder sich von ihr trennen. Die Mutter versucht der Tochter begreiflich zu machen, daß Frauen ihres Standes nur mit der Liebe genug Geld für ein menschenwürdiges Dasein verdienen können. Yvette, in die tiefste Verwirrung gestürzt, beschließt in einem Rausch der Verzweiflung, in den Tod zu gehen. Nach einem wilden, ausgelassenen Fest auf dem Lande, zu dem alle Freunde von Madame geladen sind, betäubt sie sich mit Chloroform. Aber sie nimmt eine zu geringe Dosis. Als man ihre scheinbare Bewußtlosigkeit entdeckt, genießt sie das Entsetzen der anderen. Sie hat jetzt nur noch den Wunsch, *»glücklich zu sein, gleichgültig wie«*. Servigny hat sein Ziel erreicht, Yvette wird seine Geliebte werden.

In den Jahren 1883/84, als die Anzeichen der späteren Krankheit sich mehrten (Maupassant starb in geistiger Umnachtung an den Folgen der Syphilis), vollzog sich eine entscheidende Wandlung in der Haltung des Autors zu seinem Werk. Schrieb er bis zu diesem Zeitpunkt wie sein Vorbild FLAUBERT unter dem Blickwinkel der *impassibilité*, so ist in den späteren Werken ein deutliches Engagement spürbar – in dieser Erzählung Mitgefühl für die naive Yvette, die sich in einem Augenblick der Erkenntnis aufbäumt, aber sich dann in ihr Schicksal ergibt. Ausdruck der Anteilnahme sind die stärkere Psychologisierung der Personen und – ein klassisches Stilmittel – in die Handlung integrierte Naturschilderungen, die der Erhellung seelischer Situationen dienen. H.Bs.-KLL

AUSGABEN: Paris 1884 (in Le Figaro, 29. 8.–9. 9.). – Paris 1908–1919 (in *Œuvres complètes*, Hg. L. Conard, 29 Bde., 12). – Paris 1956/57 (in *Contes et nouvelles*, Hg. A.-M. Schmidt u. G. Delaisement, 2 Bde.). – Lausanne 1961/62 (in *Œuvres complètes*, Hg. G. Sigaux, 16 Bde., 5). – Paris 1970 (Poche). – Paris 1979 (in *Contes et nouvelles*, Hg. L. Forestier, 2 Bde., 1974–1979, 2; Pléiade).

ÜBERSETZUNGEN: *Yvette. Pariser Sittenbild*, H. Rose, Bln. o. J. [um 1894]. – Dass., J. J. Hegner, Bln. 1905. – *Yvette*, H. Harbeck, Hbg. 1948. – Dass., I. Schauber (in *GW*, 10 Bde., 5, Mchn. 1964; ern. 1987; Goldm. Tb). – Dass., H. Bartuschek u. K. Friese (in *Novellen*, 2 Bde., 2, Mchn. 1973). – Dass., Chr. Gersch (in *Novellen*, 6 Bde., 4, Bln./Weimar 1986).

VERFILMUNGEN: Frankreich 1928 (Regie: A. Cavalcanti). – Deutschland 1937/38 (Regie: W. Liebeneiner).

LITERATUR: T. W. Alexander u. W. Beatrice, *M.s »Yvette« and Schnitzler's »Fräulein Else«* (in Modern Austrian Literature, 4, 1971, S. 44–55).

HENRI MEILHAC
LUDOVIC HALÉVY

Henri Meilhac
* 21.2.1831 Paris
† 6.7.1897 Paris

Ludovic Halévy
* 1.1.1834 Paris
† 8.5.1908 Paris

LITERATUR ZU DEN AUTOREN:
J. H. Olander, *The M.-H. Libretti for Offenbach*, Diss. Wisconsin 1963 (vgl. Diss. Abstracts, 24, 1963/64, S. 2620A). – C. Hansen, *H. A Study of Frivolity and Fatalism in Nineteenth-Century France*, Lanham/Ldn. 1987. – S. Monnier Clay, *H. M. – L. H. Des bouffes-parisiens à l'Opéra-Comique*, Diss. Univ. of California, Davis 1988 (vgl. Diss. Abstracts, 49, 1988/89, S. 834A).

LA BELLE HÉLÈNE

(frz.; *Die schöne Helena*). »Opéra bouffe« (Operette) von Henri MEILHAC und Ludovic HALÉVY (Musik von Jacques Offenbach), Uraufführung: Paris, 17. 12. 1864, Théâtre des Variétés. – Émile ZOLA schildert in *Nana* (1880) die Premiere der Operette *La blonde Vénus*, die Handlungselemente aus *La belle Hélène* und aus anderen Operetten Offenbachs zusammenfaßt, und verdammt diese Kunstform ohne Einschränkung: *»Eine fieberhafte Respektlosigkeit erfaßte das gebildete Premierenpublikum; man trat die Legende mit Füßen und stürzte die alten Bilder.«*

La belle Hélène nimmt die allgemein bekannte Geschichte von Helenas Entführung durch Paris zum Anlaß, um ein wahres Feuerwerk parodistisch-komischer Einfälle abzubrennen: Im ersten Akt gelangt Paris, dem Venus die schönste Frau der Welt versprochen hat, nach Sparta; er siegt in einem von den Königen Menelaos und Agamemnon veranstalteten »Intelligenzwettstreit«, in dem sich die griechischen Könige ausnahmslos als Dummköpfe erweisen. Helena fühlt sich zu Paris hingezogen; der Oberpriester Calchas schickt ihren vertrottelten Ehemann Menelaos mittels eines »Orakels« für einen Monat nach Kreta. Damit scheint Paris fast am Ziel, aber der zweite Akt zeigt, daß Helena ihm widerstanden hat. Sie schaut den Königen beim »Gänsespiel« (einer Art Mensch-ärgere-dich-nicht) zu; als Calchas falsch spielt und mit dem Gewinn davonläuft, verfolgen ihn die Könige, Helena bleibt allein zurück. Paris nähert sich ihr, die Königin gibt endlich nach, aber im entscheidenden Moment kommt Menelaos zurück, Paris muß fliehen. Der dritte Akt zeigt Venus' Rache dafür, daß man sich ihren Plänen widersetzt: In ganz Griechenland sind Männer und Frauen einander untreu. Agamemnon und Calchas beschwören Menelaos, sich aufzuopfern und auf Helena zu verzichten; der widersetzt sich, er hofft auf den Oberpriester der Venus, den er ins Land gerufen hat. Dieser ist jedoch der verkleidete Paris, der Helena entführt.

Stilprinzip des Textbuchs ist der Anachronismus: Als Calchas einen Brief von Venus erhält, löst er die Briefmarke ab, um sie der kleinen Prinzessin Hermione für ihre Sammlung zu schenken; beim Intelligenzwettstreit ist in einer Scharade das Wort »Lokomotive« zu erraten. Vor allem wird der Mythos in die bürgerlichen Lebensverhältnisse des 19. Jh.s übersetzt: Agamemnons Sohn Orest ist ein junger Lebemann, die Hetären, mit denen er sich vergnügt, gleichen Kurtisanen des Zweiten Kaiserreichs; Helena denkt vor einem »Familienbild« ihrer Eltern – Leda mit dem Schwan – über ihre Lage nach. Zugleich wissen die Personen um ihre literarische Existenz: Menelaos will sich nicht beruhigen, als er Helena mit Paris antrifft, denn er ist kein gewöhnlicher, sondern ein epischer Ehemann; Achilleus mag Paris nicht, weil er eine Vorahnung hat: *»Es würde mich nicht wundern, wenn dieser Mensch mich eines Tages umbrächte!«* Wenn Helena in Paris' Nähe die Macht der »Fatalität« spürt, die ihr ganzes Leben bestimme, blickt sie voraus auf ihren eigenen Mythos, parodiert aber zugleich eine Vorstellung, die bei romantischen Dichtern wie Victor HUGO eine bedeutende Rolle spielt.

Sozialkritik ist mehr als nur implizit vorhanden: Calchas benutzt scheinbar göttliche Phänomene wie den Donner, dem angeblich nur Jupiter gebietet, um dem Volk Angst zu machen; die Könige verfügen skrupellos über das Eigentum ihrer Untertanen. Offenbachs Musik unterstreicht die Komik des Textes und fügt ihr eine neue Dimension hinzu, wenn etwa Helenas Ausruf, als Paris sich zu erkennen gibt: *»L'homme à la pomme«*, von Solisten und Chor wiederholt und zu einem großen, kunstvollen Ensemble ausgestaltet wird. Die Techniken, mit denen Meilhac und Halévy die klassische Antike parodieren, finden sich ähnlich noch heute in der Comic-Serie *Astérix le Gaulois* (vgl.) von R. GOSCINNY und A. UDERZO wieder. A.G.

AUSGABE: Paris 1900 (in *Théâtre*, 8 Bde., 1900–1902, 1).

ÜBERSETZUNGEN: *Die schöne Helena*, L. Fulda, Bln. 1928 [Text der Gesänge]. – Dass., E. Friedell u. H. Saßmann, Bln. 1932 [Text der Gesänge]. – Dass., E. Dohm, Zürich 1948.

LITERATUR: J. Lemaître, *Impressions de théâtre, Première série*, Paris o. J., S. 217–227. – H. J. Neuschäfer, *Die Mythenparodie in »La belle Hélène«* (in RZL, 5, 1981, S. 63–82).

LES BRIGANDS

(frz.; *Die Banditen*). »Opéra bouffe« (Operette) von Henri MEILHAC und Ludovic HALÉVY (Musik von Jacques Offenbach), Uraufführung: Paris, 10. 12. 1869, Théâtre des Variétés. – Das Autorentrio, das in früheren Werken z. B. die klassische Antike (*La belle Hélène*, 1864), die Parisbegeisterung der Ausländer (*La vie parisienne*, 1867 – *Pariser Leben*) oder das Militär aufs Korn genommen hatte (*La grande duchesse de Gerolstein*, 1867 – *Die Großherzogin von Gerolstein*), macht sich hier über die Räuberromantik lustig, die seit SCHILLERS Drama und Chr. VULPIUS' Roman *Rinaldo Rinaldini* (1798) auch in der französischen Literatur (z. B. Ch. NODIER, *Jean Sbogar*, 1818), im Drama (z. B. V. HUGO, *Hernani*) oder in der Oper (z. B. E. SCRIBE u. D. F. E. Auber, *Fra Diavolo*, 1830) um sich gegriffen hatte.

Die Leute des Räuberhauptmanns Falsacappa sind unzufrieden, weil sie nur wenig Beute machen; als Fragoletto, ein junger Pächter, der aus Liebe zu Falsacappas Tochter Räuber geworden ist, einen Kabinettskurier gefangennimmt, bietet sich die Möglichkeit zu einer lukrativen Unternehmung: Aus den Papieren des Kuriers erfährt Falsacappa, daß der Herzog von Mantua der Gesandtschaft, die ihm seine Braut, die Prinzessin von Granada, zuführt, drei Millionen zur Tilgung der Staatsschuld übergeben soll; die Räuber beschließen, die Gesandtschaft abzufangen, mit Falsacappas Tochter Fiorella als falscher Prinzessin nach Mantua zu ziehen und das Geld zu kassieren. Im Gasthof, der auf der Grenze zwischen den Territorien von Mantua und Granada liegt, nehmen die als Küchenjungen verkleideten Räuber zunächst das Empfangskomitee aus Mantua gefangen, dann schlüpfen sie mehr schlecht als recht in die Uniformröcke der Würdenträger und Soldaten, um die Prinzessin zu begrüßen. Die Spanier bemerken den Betrug, aber da die Carabiniers inzwischen den Weinkeller geplündert haben und kampfunfähig sind, bleiben die Räuber Herren der Lage. In Mantua nimmt der Herzog unterdessen Abschied von seinen zahlreichen Verehrerinnen; sein Kassierer versichert ihm, die drei Millionen an Granada zahlen zu können, obwohl er in Wirklichkeit den gesamten Staatsschatz mit Frauen durchgebracht hat. Als Falsacappa, der falsche Gesandte, auf die Zahlung drängt, versucht ihn der Kassierer mit den letzten 1000 Francs zu bestechen, die ihm geblieben sind; in den Skandal, den der Räuber verursacht, platzen die echten Spanier. Falsacappas Bande wird gefangengenommen, aber der Herzog erkennt in Fiorella die junge Frau wieder, die ihn, als er sich in den Bergen verirrt hatte, davor bewahrte, ausgeplündert zu werden; deshalb, und mehr noch, weil er von ihrer Schönheit beeindruckt ist, gewährt er eine Amnestie – die Räuber werden ehrlich.

Der dünne Handlungsfaden hat in erster Linie die Funktion, die zündenden Couplets miteinander zu verbinden: Falsacappa, Fiorella, die Abgesandten aus Mantua, die Spanier stellen sich jeweils in Musiknummern vor; die als Küchenjungen verkleideten Räuber malen sich aus, wie sie den Reisenden gegenübertreten würden ... Zwischen Text und Musik besteht oft eine gewollte Diskrepanz: Fiorella singt die Beschreibung des Fluchtweges, die sie dem Herzog gibt, auf eine lyrische Kantilene. Anspielungen z. B. auf die große Oper sind zahlreich: Die Prinzessin von Granada etwa mußte die Zeitgenossen an den Prinzen von Granada, den Rivalen Roberts in *Robert le Diable* von SCRIBE und G. Meyerbeer, erinnern; auch die aktuelle Politik kommt ins Spiel: Wenn der Kammerherr der Prinzessin rät, auch nach der Heirat Spanien als ihre wahre Heimat zu betrachten und die Spanier gegenüber den Italienern zu bevorzugen, denkt man an die Vorwürfe, die vormals gegen die »Österreicherin« Marie-Antoinette erhoben wurden; allerdings gilt es auch zu berücksichtigen, daß die Kaiserin Eugénie Spanierin (und aus Granada!) war. Vor allem allerdings soll – lange vor B. BRECHTS *Dreigroschenoper* (1928) – gezeigt werden, daß die Räuber nur die erfolgloseren Vettern der Reichen und Mächtigen sind: Die Geschichte von einem berühmten Dieb, die einer der Räuber erzählt, besteht nur aus einem einzigen Satz: *»Es war einmal ein großer Financier.«* Der Herzog wirft für seine Mätressen das Geld zum Fenster hinaus; der echte spanische Gesandte akzeptiert die Bestechung, die Falsacappa zurückgewiesen hatte. So erweist sich die scheinbar harmlose Operette einmal mehr als höchst doppelbödiger Spaß. A.Gi.

AUSGABE: Paris 1902 (in *Théâtre*, 8 Bde., 1900–1902, 7).

PROSPER MÉRIMÉE

* 28.7.1805 Paris
† 23.9.1870 Cannes

LITERATUR ZUM AUTOR:

Biographien:

P. Trahard, *Jeunesse de P. M. (1803–1834)*, 2 Bde., Paris 1925. – Ders., *P. M. de 1834 à 1853*, Paris 1928. – Ders., *La vieillesse de P. M. (1854–1870)*, Paris 1930. – R. Baschet, *Du romantisme au second Empire: M.*, Paris 1959. – A. W. Raitt, *P. M.*, Ldn./NY 1970. – J. Freustié, *P. M. (1803–1870)*, Paris 1982. – J. Autin, *M., écrivain, archéologue, homme politique*, Paris 1983. – J. Dutourd, *L'âme sensible*, Paris 1985 (Folio). – E. Morel, *M., l'amour des pierres*, Paris 1988.

Gesamtdarstellungen und Studien:

Ch. du Bos, *Réflexions sur M.*, Paris 1921. – P. Trahard, *P. M. et l'art de la nouvelle*, Paris 1923. – F. P. Bowman, *P. M.: Heroism, Pessimism and Irony*,

Berkeley 1962. – R.C. Dale, *The Poetics of P.M.*, Den Haag/Paris 1966. – M.A. Smith, *P.M.*, NY 1972 (TWAS). – E. Gans, *Un pari contre l'histoire. Les premières nouvelles de P.M.*, Paris 1972. – Europe, Sept. 1975, Nr. 557 [Sondernr. *P.M.*]. – G. Thieltges, *Bürgerlicher Klassizismus und romantisches Theater. Untersuchungen zu den frühen Dramen P.M.s*, Genf 1975. – F. Fiorentino, *I gendarmi della macchia. L'esotismo della narrativa di M.*, Padua 1978. – J. Birckmayer, *M. als Erzähler im Spiegel der Kritik*, Wien 1982. – G. Ramos González, *El género fantástico y España en P.M.*, Madrid 1982. – J. Chabot, *L'autre Moi. Fantastique et fantasme dans les nouvelles de M.*, Paris 1983. – K.-H. Bartsch, *Pushkin and M. as Short Story Writers*, Ann Arbor/Mich. 1983.

CARMEN

(frz.; *Carmen*). Novelle von Prosper MÉRIMÉE, erschienen 1845. – In Sevilla begegnet der geachtete baskische Dragonerkorporal Don José Lizzarrabengoa der stolzen, zügellosen Zigeunerin Carmen, die in einer Zigarrenfabrik arbeitet. Obwohl Carmen ihn davor warnt, ihr seine Liebe zuzuwenden, verfällt er ihr in unbezähmbarer Leidenschaft. José erhält den dienstlichen Befehl, Carmen wegen der mutwilligen Verletzung einer anderen Arbeiterin festzunehmen. Er führt diesen Auftrag zwar aus, läßt sich aber von Carmen überreden, ihr zur Flucht zu verhelfen, was seine Bestrafung und Degradierung zur Folge hat. Haltlos geworden, vom Dämon einer Leidenschaft besessen, die ihn immer wieder in die Nähe der geliebten Frau treibt, opfert er seine militärische Laufbahn und lebt als Schmuggler mit Carmens Zigeunern in den Bergen. Die gesellschaftliche Ächtung steigert seine Liebe und seine Eifersucht, und er fordert von Carmen, ihm allein zu gehören. Dieser nahezu psychopathische Anspruch auf ausschließlichen Besitz läßt in Carmen Kälte und Überdruß wachsen. Stolz und fatalistisch in ein dunkles, abergläubisch vorausgesehenes Schicksal ergeben, das ihr einen frühen Tod bestimmt hat, zeigt sie dem Mann, der verurteilt ist, sie zu lieben, ihre Abneigung immer offener. Als sie seine Entschlossenheit spürt, beginnt sie, ihn spielerisch herauszufordern. Nach dem Zigeunergesetz schon verheiratet, bevor sie José kennenlernte, lebt sie wieder mit ihrem eben aus dem Zuchthaus entlassenen Mann zusammen. José ersticht diesen und beschwört Carmen, mit ihm nach Amerika zu fliehen. Carmen lehnt ab, reizt José weiter, kokettiert mit dem Picador Lucas und täuscht ein Liebesverhältnis mit ihm vor. In plötzlich ausbrechender Wut bedroht José sie mit dem Tode. Sie weigert sich, zu ihm zurückzukehren, nicht, weil sie einen anderen Mann liebt, sondern weil sie ihre persönliche Ungebundenheit nicht aufgeben will. Carmens von ihr selbst vorausgesagtes Schicksal erfüllt sich: José tötet sie.

Den Romantiker Mérimée reizte an der Erzählung zum einen das exotische Kolorit. Das südliche Spanien galt seiner Epoche als Inbegriff der orientalisch geprägten Kultur; eine Auffassung, die sich in Mérimées Ausspruch widerspiegelt: *»Jenseits der Pyrenäen beginnt Afrika.«* Der Carmen-Stoff kam zum anderen der Vorliebe des Autors für gesellschaftliche Außenseiter entgegen. Das Bestreben Mérimées, den berichteten Vorgängen gegenüber ein Höchstmaß an Distanz zu bewahren, ließ ihn eine Rahmenhandlung erfinden: Er gibt vor, seine Hauptfiguren, Carmen und José, während einer archäologischen Studienreise in Spanien kennengelernt und von dem zum Tode auf dem Schafott verurteilten Banditen diesen tragischen Lebensbericht erhalten zu haben. Ohne pathetisch-romantische Arabesken erzählt Mérimée in einer nüchternen, präzisen Prosa, in die er zahlreiche Bildungsreminiszenzen einstreut; so bildet z.B. eine kurze Abhandlung über Geschichte und Lebensart der europäischen Zigeunerrassen den nüchternen Epilog zu der vorher erzählten Geschichte von Liebe und Leidenschaft.

Von eminenter literarhistorischer und geistesgeschichtlicher Bedeutung ist Mérimées Novelle durch die Schöpfung der Hauptfigur Carmen selbst, in deren Sinnlichkeit und Verführungskunst der Autor ein frühes Beispiel des Typus der »femme fatale« gezeichnet hat. Wie im Mittelalter der Artus- und der Gralsmythos und in der frühen Neuzeit die Mythen von Don Juan und Faust, so stellt *Carmen* den Urstoff für den Mythos des späten 19. und des gesamten 20. Jh.s bereit: Die destruktive Kraft der Hauptfigur, die den biblischen Typus der ersten Verführerin Eva aufnimmt, wird in der Folgezeit ein zentrales Thema, das den Konflikt von bürgerlichem Konformismus und nicht mehr kontrollierbarer Erotik in Werken F. WEDEKINDS *(Lulu)* und H. MANNS *(Professor Unrat)* ebenso auf vielfältigste Weise bricht und variiert wie in der amerikanischen *hard boiled novel* (vgl. D. HAMMETTS *The Maltese Falcon*). Daneben hat Mérimées *Carmen* auch als Quelle unterschiedlichster »direkter« Bearbeitungen gedient. Die Opernbearbeitung durch H. MEILHAC und L. HALÉVY mit der Musik Georges Bizets (1875) ist mittlerweile trotz anfänglicher Ablehnung durch das Publikum zum Inbegriff der französischen Oper aufgestiegen und wurde bereits mehrmals verfilmt. Daneben muß auf zahlreiche Verfilmungen von Mérimées Novelle aufmerksam gemacht werden, die bei unterschiedlicher Qualität und Originalität die Faszinationskraft des Carmenmythos belegen. Neben O. Premingers *Carmen Jones* (1954), einer Transposition der Handlung ins amerikanische Negermilieu der fünfziger Jahre, einer Adaptation als Italowestern von L. Bazzoni (*L'uomo, l'orgoglio, la vendetta*, 1967) sowie einer Transposition ins Milieu der Popszene von R. Metzger (*Carmen-Baby*, 1966) sind vor allem zwei Fassungen zu nennen: C. Sauras *Carmen* (1983) verlegt den Stoff ins Madrid der achtziger Jahre und verschmilzt in einer beeindruckenden Ballettversion Elemente des spanischen Flamenco mit Bizets Musik; J.-L. Godards *Prénom Carmen* (1983) löst sich dagegen vom bekannten Handlungsmuster, um in einer eigenwilligen und durchdachten Kombination von Klischees eine »postmoderne« Version des Stoffes vorzuführen, in der Mérimées Novelle neben Elementen des Hollywood-Kriminalfilms und des französischen *film noir* ebenso wie Bizets Musik neben Jazz und Beethovens Streichquartetten als Spielmaterial zur Erprobung von Möglichkeiten des filmischen Diskurses dient. Auf die Faszination des Stoffes gerade in den achtziger Jahren als Quelle für diese unterschiedlichen Adaptionen hat darüber hinaus Alexander Kluge in seiner Rede zur Verleihung des Kleist-Preises (1985) hingewiesen.

G.Wil.-KLL

Ausgaben: Paris 1845 (in Revue des Deux Mondes). – Paris 1846. – Paris 1946 [Ill. A. Clavé]. – Paris 1949 [Ill. P. Picasso]. – Paris 1967 (in *Romans et nouvelles*, Hg. M. Parturier, 2 Bde., 2; Class. Garn). – Paris 1974 (Folio). – Paris 1979 (in *Théâtre, Romans et Nouvelles*, Hg. J. Mallion u. P. Salomon; Pléiade). – Paris 1983 (Poche). – Paris 1983, Hg. J. Decottignies (GF). – Paris 1988 (in *Nouvelles*, Hg. M. Crouzet).

Übersetzungen: *Carmen*, H. Elsner u. K. Herrmann (in *Werke*, Bd. 6, Stg. 1846). – Dass., R. Schaukal (in *Ausgew. Novellen*, Bd. 2, Mchn./Lpzg. 1917). – Dass., F. Schnabel, Lpzg. 1918 u. ö. (IB). – Dass., A. Döppner, Bln. 1920 [Ill. W. Geiger]. – Dass., A. Mannheimer, Innsbruck 1948. – Dass., W. Widmer, Köln 1960. – Dass., W. Geist, Stg. 1963 (RUB). – Dass., F. Schnabel, Ffm. 1979 (Insel Tb). – Dass., W. Widmer (in *Samtl. Novellen*, Mchn. 1982). – Dass., A. Schurig, Zürich 1984 (detebe). – Dass., F. Hardekopf (in *Meisternovellen*, Zürich 51985; Nachw. Th. Spoerri). – Dass., W. Widmer (in *Carmen. Sämtl. Novellen*, Mchn. 1988).

Verfilmungen: USA 1915 (Regie: C. B. DeMille). – USA 1915 (Regie: R. Walsh). – Deutschland 1918 (Regie: E. Lubitsch). – *Trouble in Texas*, USA 1937 (Regie: K. N. Bradburry). – Frankreich 1945 (Regie: Christian-Jacque). – *The Loves of Carmen*, USA 1948 (Regie: C. Vidor). – *Carmen Proibita*, Italien 1953 (Regie: G. M. Scotese). – *Carmen Jones*, USA 1954 (Regie O. Preminger). – *Carmen de la Ronda*, Spanien 1959 (Regie: T. Demicheli). – *Un, deux, trois, quatre*, Frankreich 1960 (Regie: T. Young). – *Carmen-Baby*, USA 1966 (Regie: R. Metzger). – *L'uomo, l'orgoglio, la vendetta*, Italien/BRD 1967 (Regie: L. Bazzoni). – Frankreich/Italien 1983 (Regie: F. Rosi). – Spanien 1983 (Regie: C. Saura). – *La tragédie de Carmen, 1er part*, Frankreich 1983 (Regie: P. Brook). – *Prénom Carmen*, Frankreich 1983 (Regie: J.-L. Godard).

Literatur: M. L. Kaschnitz, *»Carmen«* (in Merkur, 16, 1962, S. 529–536). – P. Berglar, *Don Juan und Carmen* (in AfKg, 55, 1973, S. 166–189). – T. W. Elwert, *»Colomba« »Carmen«* (in *Die französische Novelle*, Hg. W. Krömer, Düsseldorf 1976, S. 133–149; 359/360). – M. Tilby, *Language and Sexuality in M.'s »Carmen«* (in FMLS, 15, 1979, S. 255–263). – Eidôlon, 25, Okt. 1984 [Sondernr. *»Carmen«*]. – G. Pichard, *»Carmen«*, Mchn. 1984 (Heyne Tb). – A. Fonyi, *»Carmen«* (in Récifs, 6, 1984, S. 39–56). – D. Maingueneau, *»Carmen«: Les racines d'un mythe*, Paris 1985. – C. W. Thomsen, *P. Brooks »La tragédie de Carmen« und C. Sauras Carmen-Film* (in *Studien zur Ästhetik des Gegenwartstheaters*, Heidelberg 1985, S. 150–169). – G. Horrocks, *A Semiotic Study of »Carmen«* (in NFSt, 25, 1986, S. 60–72). – D. Guichard, *M. »Carmen« (chap. III)* (in L'École des lettres, 77, 15. 6. 1986, Nr. 15, S. 25–37). – U. Herzog, *Wer ist Carmen?*, Mchn. 1987 (Knaur Tb). – N. Segal, *»Manon Lescaut« and »Carmen«* (in N. S., *Narcissus and Echo. Women in the French Récit*, Manchester 1988, S. 19–51; 225/226).

COLOMBA

(frz.; *Colomba*). Novelle von Prosper Mérimée, erschienen 1840. – Wie schon in *Mateo Falcone* greift Mérimée auf das in der Romantik als ausgesprochen exotisch empfundene Kolorit der korsischen Bauern- und Freischärlerwelt zurück; das oft verwendete Motiv der *vendetta*, der Blutrache, erfährt in *Colomba* eine leidenschaftslose Gestaltung, die diese »tragische Novelle« gemeinsam mit *Carmen* aus dem Erzählwerk Mérimées heraushebt.

Der irische Oberst Nevil und seine schöne Tochter Lydia lernen auf der Überfahrt nach Korsika den korsischen Leutnant Orso della Rebbia kennen, der, wie die Matrosen des Schiffes Lydia Nevil erzählen, vor allem deshalb nach langen Jahren der Abwesenheit in die Heimat zurückkehrt, weil er den an seinem Vater begangenen Mord rächen will. Dieses Mordes verdächtigt werden der Bürgermeister des Ortes, Barricini, und seine zwei Söhne, die seit langem mit den Rebbias verfeindet sind. Orso, der eine starke Zuneigung zu Lydia fühlt, unterbricht mit seinen neuen Bekannten die Fahrt für ein paar Tage in Ajaccio. Unterstützt von dem Präfekten des Ortes, gelingt es Lydia während dieser Zeit, ihm das Versprechen abzuringen, daß er sich nicht zur Blutrache hinreißen lassen werde, die auf der Insel Brauch ist. Doch da erscheint hoch zu Roß, mit einem Dolch bewaffnet, seine Schwester Colomba als düstere, in tiefe Trauer gekleidete *vocératrice* (Ruferin zur Rache). Sie ist dem Bruder entgegengeritten und geleitet nun ihn und die Nevils in ihr Heimatdorf, das ganz im Vorgefühl der erwarteten Vendetta lebt. Mit Entsetzen beobachtet Orso, daß seine Schwester Banditen in einem Unterschlupf außerhalb des Ortes mit Lebensmitteln und Waffen versorgt. Er ist nicht gewillt, einen Mord an Menschen zu rächen, deren Schuld noch gar nicht erwiesen ist. Aber Colomba zieht den widerstrebenden Bruder mit sich fort an das Grab des Vaters und stürzt ihn durch ihre leidenschaftliche Entschlossenheit, dem Toten Genugtuung zu verschaffen, in tiefe Verwirrung. Als sie bei einer Totenwache ihren Klageruf ausstößt, prallen die beiden feindlichen Parteien aufeinander, und nur die Anwesenheit des Präfekten zögert noch einmal die letztlich doch unvermeidliche Vendetta hinaus. Kurz darauf wird Orso bei einem Spaziergang aus dem Hinterhalt angeschossen und am Arm verletzt; dennoch gelingt es ihm, den Angriff zu erwidern und die beiden Brüder Barricini tödlich zu treffen. Orso flieht ins Dickicht zu den von Colomba geworbenen Banditen, kann jedoch zurückkehren, als sich herausstellt, daß er in Notwehr handelte. Er hat dem Rachedurst seiner Schwester und dem alten Brauch Genüge getan, ohne das Lydia gegebene Versprechen zu brechen. Er heiratet Lydia, und das junge Paar fährt, begleitet von Colomba, die ihre Waffen immer noch nicht ablegt, nach Italien. Der Zufall will es, daß sie mit dem todkranken alten Barricini zusammentreffen, der aus Schmerz über den Verlust seiner beiden Söhne den Verstand verloren hat. Colomba aber beharrt mitleidlos darauf, daß nur der Tod seiner Söhne ihr Genugtuung habe verschaffen können.

Mérimée, der als Kurator für Denkmalpflege 1839 in Korsika weilte, verarbeitet hier einen historischen Vorfall von 1830. In dem korsischen Ort Fozzano hatte Colomba Carabelli ihren Sohn Francis in einer Familienfehde gegen die Durazzos verloren; wenig später wurde in derselben Ortschaft Jérôme Roccaserra das Opfer eines ähnlichen Anschlags der mit seiner Familie verfeindeten Ortoli-Sippe. Mérimée veränderte das Rachemotiv, verband die Geschichte einer Blutrache mit der einer romantischen Liebe und fügte als Nebenhandlung eine Schilderung des Lebens der sympathisch gezeichneten Banditen ein. Diese drei geschickt miteinander verknüpften Parallelhandlungen, deren dramatischen Ablauf kein überflüssiger Gedanke, keine falsche Bewegung stört, machen *Colomba* zum kompliziertesten, aber auch zum kunstvollsten Werk des Erzählers. J.H.K.-KLL

AUSGABEN: Paris 1840 (in RDM, 23, 1.7. 1840, S. 55–117). – Brüssel 1840. – Paris 1841. – Paris 1934 (in *Tous les romans, contes et nouvelles*, Hg. H. Martineau). – Paris 1958, Hg. P. Josserand. – Paris 1962, Hg. M. Revon. – Paris 1964, Hg. P. Salomon (GF). – Paris 1967 (in *Romans et nouvelles*, Hg. M. Parturier, 2 Bde., 2; Class. Garn). – Paris 1976; ern. 1986 (Folio). – Paris 1979 (in *Théâtre, Romans et Nouvelles*, Hg. J. Mallion u. P. Salomon; Pléiade). – Paris 1988 (in *Nouvelles*, Hg. M. Crouzet).

ÜBERSETZUNGEN: *Colomba*, H. Elsner u. K. Herrmann (in *Werke*, Bd. 2, Stg. 1846). – *Kolomba*, A. Laun (in *GW*, Hg. A. Schurig, Bd. 1, Bln. 1924). – Dass., F. Neumann, Innsbruck 1948. – *Colomba*, O. Ebbecke, Mchn. 1957 (GGT). – Dass., R. Carstensen, Göttingen 1977. – Dass., A. Seifert, Lpzg. 1981 (RUB); ern. Bln./DDR 1987. – Dass., W. Widmer (in *Sämtl. Novellen*, Mchn. 1982). – Dass., F. Hardekopf (in *Meisternovellen*, Zürich [5]1985; Nachw. Th. Spoerri). – Dass., W. Widmer (in *Carmen. Sämtl. Novellen*, Mchn. 1988).

LITERATUR: R. Isay, *Une nouvelle interprétation de »Colomba«* (in RDM, Nov./Dez. 1953, S. 480–491). – T. W. Elwert, *»Colomba« »Carmen«* (in *Die französische Novelle*, Hg. W. Krömer, Düsseldorf 1976, S. 133–149; 359/360). – K. J. Crecelius, *Narrative as Moral Action in M.'s »Colomba«* (in NCFSt, 14, 1985/86, S. 225–237).

1572. Chronique du règne de Charles IX

[Quinze cent soixante douze] (frz.; *1572. Chronik der Zeit Karls IX.*). Historischer Roman von Prosper MÉRIMÉE, erschienen 1829. – Geschichtlicher Hintergrund und Höhepunkt des Romangeschehens ist der 24. August 1572, die Bartholomäusnacht, in der anläßlich der Hochzeit von Marguerite de Valois, der Schwester des Königs Karl IX., mit Heinrich von Navarra, dem späteren Heinrich IV., in der französischen Hauptstadt das Gemetzel ausbricht, bei dem zahllose Hugenotten umgebracht werden und in dessen Folge die Auseinandersetzung zwischen den religiösen Parteien zum offenen Krieg eskaliert. Kurz zuvor setzt das Geschehen ein.

Das Werk erzählt in einer lockeren Folge von zumeist pittoresken Szenen die Geschichte des jungen Calvinisten Bernard de Mergy, der in das von den Religionswirren geschüttelte Paris kommt, um sich Coligny und der von ihm angeführten Partei der Hugenotten anzuschließen. Er trifft dort seinen älteren Bruder George, der sich von der Reformation abgewandt hat und zum Freidenker geworden ist, formal aber den katholischen Glauben wieder angenommen hat. Durch ihn wird Bernard schnell in die politisch tonangebenden Kreise eingeführt. Bald ist er außerdem als derjenige bekannt, der in einem Duell den impertinenten Draufgänger Comminges getötet hat. Die schöne und vornehme Dame, in die er sich zuvor verliebt hat und die ihn dem aufdringlichen Comminges vorgezogen hat, ist die katholische Diane de Turgis. Sie versucht beharrlich, wenngleich bis zuletzt erfolglos, ihn zu ihrem Glauben zu bekehren. Allerdings entgeht er, als er sich zufällig zu einem galanten Treffen in ihrem Hause aufhält, den Greueln der Mordnacht, in der sich die fanatische Wut gegen die Hugenotten entlädt. Er rettet sich in die Festung La Rochelle, die von den bedrängten Anhängern der Reformation gehalten wird. Der Schluß des Romans zeigt ihn betroffen über den Tod seines Bruders, dessen aufrechte Haltung im Zusammenhang mit den Mordplänen des Königs gegen den Admiral Coligny zuvor berichtet worden ist. George, der trotz aller Enttäuschung im Heer des Königs geblieben ist, fällt vor La Rochelle bei der Abwehr eines Ausfallversuchs, den die Hugenotten unter dem Kommando Bernards gegen die Belagerer unternehmen. Im Augenblick der tödlichen Verletzung erkennen sich die Brüder. Die folgende Sterbeszene, in der George bis zuletzt seine gleichmütige Skepsis bewahrt, ist von ironischer Gegensätzlichkeit: Zwei Geistliche der einander bekämpfenden Konfessionen geraten in Streit über das Seelenheil dessen, der auf sein Ende wartet. Fiktionsironie enthalten auch die letzten Sätze des Werks, in denen mit der Erwartung des Lesers über die weitere Entwicklung des Helden und der von ihm geliebten Diane gespielt wird. Die Problematisierung der Erzählerrolle, von der das ganze Werk durchzogen ist, findet ihren deutlichsten Ausdruck in einem *Dialogue entre le lecteur et l'auteur*, der als eigenes Kapitel kurz vor der Romanmitte eingeschoben ist.

Gegenüber Mérimées frühem Roman ist lange die Meinung vertreten worden, er führe die Handlung nach konventionellen Mustern durch, reihe eher locker miteinander verbundene Tableaux aneinander und zeige somit die typischen Schwächen eines Jugendwerks. Wie kunstvoll aber die Erzählung tatsächlich strukturiert ist, hat man erst in letzter Zeit wahrgenommen. Dabei ist es wichtig, auch auf den literarischen Kontext hinzuweisen. Als das Werk 1829, wenige Wochen vor Balzacs *Le dernier chouan*, erschien, bestimmten Scotts historische Romane auf dem Kontinent die literarische Mode. In Frankreich hatte die neue Gattung bereits durch Vignys Roman *Cinq-Mars* (1826), einem großen Publikumserfolg, ihre erste nationale Ausprägung erfahren. Die Verbindung von Historie und Fiktion dient in Vignys Werk dem Zweck, seine Thesen zur Deutung der französischen Vergangenheit anschaulich zu machen. Von seiner Sinngebung der in dem Roman behandelten Epoche ist die Wahl der Personen und Ereignisse ebenso wie die Art ihrer Darstellung bestimmt. Folglich läßt er auch große historische Persönlichkeiten als handelnde Figuren in fiktiven Zusammenhängen der Erzählung auftreten. Gegen das von Vigny vertretene Programm, das dieser in den *Réflexions sur la vérité dans l'art*, einem theoretischen Nachtrag zu *Cinq-Mars* aus dem Jahre 1827, noch einmal präzisiert hatte, bezieht Mérimée mit seinem Werk eindeutig Position. Alle im Vordergrund des Romangeschehens stehenden Gestalten sind frei erfunden, und der Erzähler versagt sich jede eindeutige Festlegung des Sinngehalts der von ihm berichteten Ereignisfolge. Die Darstellung verzichtet auf ein geschlossenes Handlungsgefüge und grenzt sich so – häufig mit ironischem Bezug auf die Vorbilder Scott und Vigny – gegenüber der romantischen Konzeption einer Vermischung von Epos und Drama im Roman ab. Die Erzählung löst sich weitgehend in Episoden und Bilder auf, deren historische Glaubwürdigkeit zwar durch ausgiebiges Quellenstudium abgestützt ist und die daher auch in ihrem Zusammenhang einen Anspruch auf Wahrscheinlichkeit erheben können, die aber zugleich absichtsvoll die Antwort auf die Frage nach der geschichtlichen Wahrheit offenlassen. In dem Vorwort, das er dem Roman beigegeben hat, begründet Mérimée explizit seine Überzeugung von der Relativität allen historischen Wissens. Zugleich bekundet er darin sein Interesse an der Anekdote. Da sie wie der Splitter eines Spiegels für ihn die vergangene Zeit reflektiert, kann sie im aufmerksamen Betrachter sogar blitzartig ein Erkennen größerer Zusammenhänge aufleuchten lassen.

So will auch der Titel des Romans verstanden werden. Die Chronik reiht Ereignisse in bunter, noch ungeordneter und daher scheinbar sinnloser Abfolge aneinander, ohne jeden Anspruch, Werturteile zu fällen oder gar ein umfassendes Panorama bieten zu wollen. Die Deutung der Geschichte in ihrer Komplexität bleibt dem Leser überlassen. Deshalb wird auf Porträts oder ausführliche Verhaltensanalysen verzichtet, die Handlung ist weitgehend in Dialoge aufgelöst. Der Anstoß zur Reflexion soll der treffenden Beobachtung, dem bedeutungstragenden Detail entspringen, aus deren Reihung das Geschehen sich zusammensetzt. Aberglaube, religiöser Fanatismus, Rauflust, Machtgier, Betrügerei, Heroismus, Erotik, Nächstenliebe, die Konstanten menschlichen Verhaltens, erscheinen unter den besonderen Bedingungen einer von der Moderne in vielem unterschiedenen Zeit. So teilt sich eine zugleich fremde und doch auch Bekanntes erkennen lassende Welt mit. Kühle Objektivität der Darstellung, wie Mérimée als Vorläufer der großen Realisten sie in seinen Novellen einsetzt, ist auch hier schon das Hauptgebot des Erzählens. Der Freidenker George allerdings, ein Voltairianer »avant la lettre«, ist darin nicht nur ein Anachronismus; die Gestalt wird vom Erzähler unverkennbar mit besonderer Sympathie bedacht.

Mit der *Chronique* hat Mérimée im Rückgriff auf die große Erzähltradition der Aufklärung die modernere Alternative zum historischen Roman romantischer Prägung entworfen. – Das Libretto, das E. Scribe für Meyerbeers Oper *Die Hugenotten* verfaßt hat, ist zwar von Mérimées Roman angeregt worden, in der Behandlung des Stoffes weicht es aber ganz von der Vorlage ab. K.L.

Ausgaben: Paris 1829 (*1572. Chronique du temps de Charles IX*; anon.). – Paris 1832 *(1572. Chronique du règne de Charles IX)*. – Paris 1949 (*Chronique du règne de Charles IX*, Hg. M. Rat; krit.). – Paris 1960 (in *La carosse du Saint-Sacrement*, Hg. R. Auman). – Paris 1967 (in *Romans et nouvelles*, Hg. M. Parturier, 2 Bde., 1; Class. Garn). – Ldn. 1969, Hg. R. J. B. Clark. – Paris 1977, Hg. P. Josserand (Folio). – Paris 1979 (in *Théâtre, Romans et Nouvelles*, Hg. J. Mallion u. P. Salomon; Pléiade).

Übersetzungen: *Chronik der Zeit Karls IX. (1572). Vom Verfasser des »Theaters der Clara Gazul«*, anon., Stg. 1829. – *Die Bartholomäusnacht*, H. Elsner u. K. Herrmann (in *Werke*, Bd. 1, Stg. 1845/46). – Dass., G. Ouckama-Knoop, Lpzg. 1923. – Dass., A. Semerau, Zürich 1954.

Literatur: G. Dulong, *Introduction à »Chronique du règne de Charles IX«*, Paris 1933. – E. Balscheit-Osmer, *M. als Historiker*, Diss. Basel 1972. – R. Lebègue, *Le Saint-Barthélémy et la »Chronique du règne de Charles IX«* (in RHLF, 73, 1973, S. 876–881). – P. W. M. Cogman, *Historical and Moral Perspective in M.'s »1572«* (in FMLS, 10, 1974, S. 313–322). – R. Mathé, *L'illusion historique dans la »Chronique du règne de Charles IX«* (in Europe, 1975, Nr. 557, S. 38–46). – K. J. Crecelius, *Fictional History in M.'s »Chronique du règne de Charles IX«* (in *Historical Figures in French Literature*, Paris 1981, S. 31–42). – P. Brady, *Déguisement et déshabillage* (in Francofonia, 7, 1984, S. 73–81). – K. Leopold, *Meyer and M.* (in K. L., *Selected Writings*, Hg. M. Jurgensen, NY u. a. 1985, S. 51–68).

THÉÂTRE DE CLARA GAZUL, COMÉDIENNE ESPAGNOLE

(frz.; *Das Theater der spanischen Schauspielerin Clara Gazul*). Sammlung von sechs dramatischen Stücken von Prosper MÉRIMÉE, unter dem Pseudonym Joseph L'Estrange als angebliches Werk einer nach England geflüchteten spanischen Schauspielerin veröffentlicht, erschienen erstmals 1825, dann, um zwei weitere Stücke auf insgesamt acht ergänzt, 1830. In die dritte Ausgabe von 1842 nahm Mérimée zudem eine überarbeitete Fassung der bereits 1828 veröffentlichten Stücke *La Jacquerie* und *La famille de Carvajal* auf, in denen der Autor den damals vorherrschenden Geschmack an »gotischer« Literatur ironisch behandelt. – Typisch für diese frühe Sammlung Mérimées ist eine niemals aufdringliche, doch stets spürbare Tendenz zur Kritik gesellschaftlicher Zustände. In den Stükken werden heuchlerische Mönche und Priester ebenso kritisiert wie das Zölibat und geistliche Intoleranz. Der Sarkasmus, mit dem religiöse Themen bedacht werden, führt den Autor oft auch dazu, die durch den Realismus gesetzten Grenzen zu durchbrechen. Auch die Vorliebe des Publikums für blutrünstige Thematik und exotisches Kolorit wird durch Übertreibung des Dargestellten und Brüche der dramatischen Fiktion durch die Hinwendung zum Publikum ironisiert.

In *Les Espagnols en Danemarck (Die Spanier in Dänemark)* sind der Marquis de la Romana, General einer spanischen Division unter französischer Fahne, und Oberst Juan Diaz im Jahre 1808 auf der dänischen Insel Fünen stationiert und sinnen nach einer Möglichkeit, nach Spanien zurückzukehren, um dort für die Unabhängigkeit ihres Landes zu kämpfen. Zwei vornehme Französinnen, die sich Mme. de Tourville und Mme. de Coulanges nennen – in Wirklichkeit Mme. Leblanc und ihre Tochter Elisa –, kommen in Nyborg an, um im Dienst der französischen Armee die beiden Spanier zu bespitzeln. Ein englischer Gesandter kündigt für die nächsten Tage die Ankunft der englischen Flotte an, die den Abzug der spanischen Truppe aus dem Machtbereich des Napoleonischen Heeres decken soll. Zwischen Mme. de Coulanges und Juan Diaz bahnt sich eine Romanze an; sie warnt ihn vor der drohenden Entdeckung seiner Fluchtpläne. Juan bittet sie, seine Frau zu werden, und läßt sich selbst durch die Enthüllung ihrer Tätigkeit nicht davon abbringen. Unterdessen kommt Leutnant Charles Leblanc, Elisas Bruder, zum französischen Statthalter der Insel und befiehlt ihm, die Spanier zu einem Abendessen einzuladen, in dessen Verlauf sie verhaftet werden sollen. Die Ereignisse wenden sich jedoch zugunsten der Spanier, so daß sie ungehindert abziehen können.

In dem kurzen Stück *Une femme est un diable ou La tentation de saint Antoine (Die Frau ist ein Teufel oder Die Versuchung des heiligen Antonius)* erliegt der Mönch Antonio während einer Inquisitionssitzung der Schönheit der wegen Hexerei angeklagten Tänzerin Mariquita. Er entschließt sich, sein Seelenheil zu opfern und sie zu heiraten. Als er vom Mönch Rafael in Mariquitas Gefängniszelle überrascht wird, tötet er diesen.

L'amour africain (Afrikanische Liebe) behandelt einen tragischen Liebeskonflikt zwischen Freunden: Der Beduine Zein-Ben-Humeida hat seine gesamte Habe versetzt, um sich die bildhübsche Sklavin Mojana zu kaufen. Zwischen ihm und seinem Freund Hadji Nouman entsteht jedoch ein tödlicher Streit, als Zein bemerkt, daß dieser das Mädchen bereits erworben hat. Außer sich vor Schmerz tötet Nouman Mojana, der er die Schuld an Zeins Tod gibt.

Inès Mendo ou Le préjugé vaincu (Inès Mendo oder Das besiegte Vorurteil) stellt die tragischen Verwicklungen um eine Mesalliance dar. Inès Mendo, Tochter eines Bauern von Monclar, der in der Angst lebt, sein vom Vater ererbtes Scharfrichteramt eines Tages ausüben zu müssen, wird von Esteban de Mendoza, dem Sproß einer alten und mächtigen Adelsfamilie, zur Frau begehrt. Weder der Hinweis Mendos auf den Standesunterschied und die Gefahr einer Mesalliance noch Inès' Verzicht auf ihre Liebe, als sie vom Amt ihres Vaters erfährt, können Esteban von seinem Plan abhalten. Als ihn der Sohn des Bürgermeisters deswegen verspottet und damit prahlt, er werde das Mädchen verführen, tötet er ihn im Duell; er wird zum Tode durch das Beil des Henkers verurteilt. Um Esteban zu schonen, hackt sich Mendo, gerade als er zur Exekution schreiten soll, die rechte Hand ab. Der König erscheint als *deus ex machina*, adelt Mendo wegen seiner Tat und begnadigt Esteban unter der Bedingung, daß er Inès heiratet.

Inès Mendo ou Le triomphe du préjugé (Inès Mendo oder Der Triumph des Vorurteils) greift auf die Personen des vorherigen Stücks zurück, steigert jedoch den ironischen Widerspruch durch eine noch überraschendere tragische Wendung am Schluß. Die Herzogin Séraphine de Montalvan, eine frühere Geliebte Estebans, ist am Hof von Madrid in Ungnade gefallen und kommt auf der Flucht nach Portugal in das Schloß Mendoza. Esteban erliegt ihrem Charme und empfindet die gesellschaftliche Ungeschicklichkeit seiner Frau Inès um so stärker. Er ist entschlossen, für die Herzogin Heimat, Ehre und Frau zu opfern. Auf portugiesischem Boden wartet schon ein neuer Beschützer, Don César, auf

Séraphine, in dessen Auftrag sie den Befehl zur Übergabe der letzten spanischen Festung an die Portugiesen von Esteban erschmeichelt. Während Esteban nur noch an ein Leben mit ihr denkt – er hat auf Mendoza die Nachricht von seinem Tode verbreiten lassen –, verläßt ihn Séraphine, da er ihren ehrgeizigen Plänen am Hofe von Lissabon nur hinderlich ist. Voller Reue eilt Esteban in die Heimat, findet im Kloster seine Frau, die ihm sterbend verzeiht. Vater Mendo rächt seine Tochter und tötet Esteban.

Besonders gelungen sind die 36 »Feudalszenen« von *La Jacquerie*, in denen Mérimée den ersten großen Bauernaufstand der französischen Neuzeit nachbildet. Das ausgehende Mittelalter wird darin in mitleidslosem Realismus dargestellt.

Le ciel et l'enfer (Himmel und Hölle) enthält wiederum Mérimées Angriffe gegen Mönchtum und Inquisition. Bartolomé, der Beichtvater von Doña Urraca, fragt diese, ob ihr Liebhaber, der freidenkerische Don Pablo, der Autor eines Pamphlets gegen die Inquisition sei. Sie verneint zunächst, verrät ihn jedoch aus Eifersucht, als der Mönch scheinbar zufällig Pablos Porträt, das dieser einer anderen Dame gegeben haben soll, aus der Tasche zieht. Als Urraca von dem zum Tode verurteilten Pablo erfährt, daß sie einer Intrige des Mönchs erlegen ist, erdolcht sie diesen und entflieht mit ihrem Geliebten.

L'occasion (Die Gelegenheit) spielt in einem Kloster von Havanna und ist trotz der tragischen Handlungsfolge voll von beißender Ironie: Die junge Klosterschülerin Maria hat sich in den Geistlichen Eugenio verliebt und ist entschlossen, Selbstmord zu begehen, sollte der Priester ihre Zuneigung nicht erwidern. Da erfährt sie, daß ihre Freundin Francisca Eugenio liebt und von ihm wiedergeliebt wird. Sie ist bereit, die Flucht der beiden Liebenden mit ihrem Vermögen zu unterstützen, doch als sie von Francisca gebeten wird, ihnen ihren sicheren Alkoven zu überlassen, verwandelt sich der stille Schmerz in Haß. Durch einen Zufall trinkt Francisca von dem von der Freundin gerade für sich selbst bereitgestellten Gift und stirbt. Maria stürzt sich in den Klosterbrunnen.

La famille de Carvajal spielt in Südamerika: Don José vergiftet seine Frau, um so seine eigene Tochter verführen zu können. Als er sie zu vergewaltigen versucht, ersticht sie ihn und flüchtet in den Dschungel, wo sie den Raubtieren zum Opfer fällt. Auch hier macht sich Mérimée noch in der ironischen Schlußfloskel lustig: *»Le père est poignardé, la fille sera mangée« (Der Vater wird erdolcht, die Tochter gefressen«)*.

Obgleich *Le carrosse du saint-sacrement (Die Kutsche des heiligen Sakraments)* bei der Uraufführung 1850 in der Comédie-Française einen gesellschaftlichen Skandal verursachte und abgesetzt wurde, gehört es zu den bekanntesten und am meisten gespielten Stücken der Sammlung. Camila Perichole, Schauspielerin in Lima und Geliebte des Vizekönigs von Peru, deren Auftreten den Neid der Damen der Gesellschaft schon oftmals erregt und Anlaß zu Klatschgeschichten gegeben hat, erhält von ihrem Liebhaber dessen Prunkkarosse und läßt sich darin zur Empörung der ganzen Stadt in die Messe fahren. In einer Anwandlung von Frömmigkeit schenkt die Perichole die Karosse der Kirche, damit die Priester, die bisher zu Fuß die Sterbesakramente brachten, die letzte Wegzehrung in Zukunft mit der Kutsche rechtzeitig zu den Sterbenden bringen können. Das Stück hat Jacques Offenbach zu einer Buffo-Oper angeregt, und Jean Renoir hat es verfilmt (*La carrosse d'or*, 1953).

Mit der Bezeichnung der in Prosa geschriebenen Stücke als *comédie* folgt Mérimée dem Vorbild der spanischen *comedia* des Goldenen Zeitalters; es handelt sich also kaum um Komödien im herkömmlichen Sinn. Entsprechend sind die meisten Stücke in *journées (jornadas)*, nicht in Akte unterteilt, während für den Einakter *Le carrosse du saint-sacrement* die spanische Gattungsbezeichnung *saynète (sainete)* verwendet wird. Das spanische Vorbild zeigt sich auch in der Verwendung von Motti aus Calderón, Lope de Vega, Cervantes und im Rückgriff auf spanische Themen. Theoretische Grundlage, wie sie auch im Prolog zu *Les Espagnols en Danemarck* zum Ausdruck kommt, ist – zwei Jahre vor Victor Hugos *Cromwell* – das romantische Theaterkonzept Mérimées in Anlehnung an die Theorien Stendhals (vgl. *Racine et Shakespeare*), nämlich die Aufgabe der klassischen drei Einheiten, die Vorliebe für exotische und historische Stoffe und deren Lokalkolorit. Typisch romantisch ist nicht nur der abenteuerlich-geheimnisvolle Rahmen, in dem der sich hinter einem Pseudonym verbergende Mérimée sich nur als Entdecker und Übersetzer der in Wirklichkeit von ihm selbst verfaßten Werke hinstellt. Auch die Verspottung des Philistertums, die in der stereotyp wiederholten Wendung *»Excusez les fautes de l'auteur« (»Entschuldigen Sie die Fehler des Autors«)* am Ende jedes Stücks aufscheint, ist – ironisch und zugleich selbstironisch – auf Mérimées romantische Denkart zurückzubeziehen. C.Le.-KLL

Ausgaben: Paris 1825. – Paris [2]1830 [erw.]. – Paris [3]1842 [erw.]. – Paris 1927 (in *Œuvres complètes*, Hg. P. Trahard u. E. Champion, 9 Bde., 2). – Paris 1927, Hg. P. Trahard [krit.]. – Paris 1928, Hg. P. Martino (Einl. M. Revon; krit.). – Paris 1963 (in *Théâtre*; Vorw. u. Anm. G. Sigaux). – Paris 1968, Hg. P. Salomon (GF). – Paris 1979 (in *Théâtre, Romans et Nouvelles*, Hg. J. Mallion u. P. Salomon; Pléiade). – Paris 1985, Hg. P. Berthier (Folio).

Übersetzung: *Das Theater der spanischen Schauspielerin Clara Gazul*, H. Elsner (in *Werke*, Bde. 4/5, Stg. 1846).

Verfilmung: *La carrosse d'or*, Frankreich/Italien 1953 (Regie: J. Renoir).

Literatur: H. Meier, *M.-Interpretationen. »Le carrosse du St.-Sacrement«* (in RF, 54, 1940, S. 412 bis 424). – G. Hainsworth, *Autour du »Carrosse du*

St.-Sacrement« (in ZfrzSp, 82, 1972, S. 141–152). – K. Kajino, *L'ironie entre l'édification et la dégradation. Une croisée de M. et de Stendhal. »La famille de Carvajal« et »Les Cenci«* (in Études de langue et de littérature françaises, 18, Tokio 1971, S. 45–60).

LE VASE ÉTRUSQUE

(frz.; *Die etruskische Vase*). Novelle von Prosper MÉRIMÉE, erschienen am 14. 2. 1830 in der ›Revue de Paris‹; 1833 in den Sammelband *Mosaïque* aufgenommen, in den außerdem die Novellen *Mateo Falcone, Tamango, Vision de Charles XI* und *L'enlèvement de la redoute*, die sämtlich in den Jahren 1829–1833 entstanden, eingefügt wurden. – Auguste Saint-Clair ist ein junger Mann aus der gehobenen Pariser Gesellschaft, ein im Umgang mit anderen Menschen zu wenig Kompromissen geneigter, aufrichtiger und zugleich empfindsamer Charakter. Seit drei Monaten unterhält er eine heimliche Liebesverbindung mit der jungen, hübschen Mathilde de Coursy, die bereits verwitwet ist. Bei einem Umtrunk mit Kameraden spricht man auch von den Frauen und ihrer Liebe, die manchmal seltsame Wege geht. Alphonse de Thémines weiß zu berichten, daß die bildhübsche und geistreiche Madame de Coursy vor drei Jahren ein Verhältnis zu dem ebenso dummen wie langweiligen Buckligen Massigny unterhalten habe. Saint-Clair steigert sich in blinde Verzweiflung und Eifersucht auf den vermeintlichen Vorgänger hinein. Ihm reicht als Indiz für seine Vermutung, daß seine Geliebte eine etruskische Vase besitzt, die ihr Massigny aus Italien mitgebracht hat und an der sie offensichtlich sehr hängt. In seiner gespannten und gereizten Stimmung provoziert Saint-Clair Thémines durch eine Beleidigung zum Duell. Am Abend vor dem Zweikampf spricht er sich mit seiner Geliebten über Massigny aus; er erfährt dabei, daß an der ganzen angeblichen Affäre kein wahres Wort ist. Um ihre Liebe zu Saint-Clair zu beweisen, zerbricht die Komtesse die Vase. Ohne von dem bevorstehenden Duell zu erzählen, nimmt dieser Abschied. Am nächsten Morgen fällt er der Kugel Thémines' zum Opfer. Aus Kummer über den verlorenen Geliebten stirbt Madame de Coursy wenige Jahre später.

Le vase étrusque gilt als psychologische Novelle Mérimées. Sie schildert die Gefühlskrise eines jungen Mannes, dessen Grundtyp in der romantischen Dichtung der ersten Hälfte des 19. Jh.s immer wieder begegnet. Wie in *La double méprise* wird mit der für Mérimée besonders charakteristischen Mischung von Ironie und Leidenschaftslosigkeit das Aufbrechen der untergründigen Gefühle und der damit verbundene Verlust der rationalen Kräfte des Protagonisten analysiert. Saint-Clair ist Angehöriger einer Gesellschaftsschicht, deren Konventionen und Oberflächlichkeit er sich nur schwer anpassen kann; seine zur Schau getragene Kälte verbirgt nur eine lebhafte, selbstquälerische Phantasie und eine ausgeprägte Empfindsamkeit, die ihn am Ende gleichermaßen in der Liebe wie im Leben scheitern lassen. Das Pendant zur Außenseitererscheinung Saint-Clairs bildet in der Novelle die kritische Schilderung der jungen, beschäftigungslosen Oberschicht der französischen Hauptstadt um 1830, die ihre Leitbilder im zeitgenössischen England, besonders im Ideal des Dandy, sucht, die von exotischen Ländern schwärmt, von denen sie doch eine ganz wirklichkeitsfremde Vorstellung besitzt. Die Novelle ist formal in der Ichform gehalten; der Erzähler schildert gleichsam schlaglichtartig und scheinbar untereinander unverbunden die entscheidenden Szenen dieser Katastrophe. Mit dem Gefühlsübermaß des Helden kontrastiert – für Mérimées Erzählungen charakteristisch – die distanzierende Nüchternheit des Berichts, die durch wiederholte Leseranreden noch unterstrichen wird.

E.Le.-KLL

AUSGABEN: Paris 1830 (in Revue de Paris, 14. 2.). – Paris 1833 (in *Mosaïque*). – Paris 1927 (in *Œuvres complètes*, Hg. P. Trahard u. É. Champion, 12 Bde., 1927–1933, 2: *Premiers essais*). – Paris 1951 (in *Romans et nouvelles*, Hg. H. Martineau; Bibl. de la Pléiade). – Paris 1967 (in *Romans et nouvelles*, Hg. M. Parturier, 2 Bde., 1; Class. Garn). – Paris 1979 (in *Théâtre, Romans et Nouvelles*, Hg. J. Mallion u. P. Salomon; Pléiade). – Paris 1988 (in *Nouvelles*, Hg. M. Crouzet).

ÜBERSETZUNGEN: *Die etruskische Vase*, anon., Saarbrücken 1948 [zus. m. *Eine Partie Brett*]. – Dass., H. Bartuschek (in *Auserlesene Novellen*, Lpzg. 1951). – Dass., ders. (in *Carmen u. andere Novellen*, Köln 1960). – Dass., ders. (in *Sämtl. Novellen*, Mchn. 1982). – Dass., F. Hardekopf (in *Meisternovellen*, Zürich [5]1985; Nachw. Th. Spoerri). – Dass., H. Bartuschek (in *Carmen. Sämtl. Novellen*, Mchn. 1988).

LITERATUR: E. Gans, *Un pari contre l'histoire: Les premières nouvelles de M.*, Paris 1972.

LA VÉNUS D'ILLE

(frz.; *Die Venus von Ille*). Novelle von Prosper MÉRIMÉE, erschienen am 15. 5. 1837 in der ›Revue des Deux Mondes‹, 1841 in den Sammelband *Colomba* aufgenommen. – Nach den bereits früh ins Französische übertragenen Werken von E. T. A. HOFFMANN stellt *La Vénus d'Ille* einen bedeutenden eigenständigen Versuch dar, die schaurige Nachtseite der Romantik in der französischen Literatur zu etablieren. Mérimée greift dabei auf das Motiv des »Steinernen Gastes« zurück, dem der Held zum Opfer fällt; auf den Don-Juan-Mythos hatte der Autor bereits in seiner Erzählung *Les âmes du purgatoire* rekurriert.

Mit dem Empfehlungsschreiben eines Pariser Freundes kommt der Ich-Erzähler in den kleinen Ort Ille im Roussillon. Er will Monsieur de Peyrehorade aufsuchen, der ihn mit den zahlreichen Altertümern dieser Gegend vertraut machen kann. Auf seinem Anwesen ist kürzlich eine antike Venusstatue entdeckt worden, die von der Landbevölkerung mit abergläubischer Scheu als unglückbringend gemieden wird. Beim Eintreffen des Erzählers steht die Hochzeit von Peyrehorades Sohn Alphonse vor der Tür. Kurz vor der Trauung findet ein Ballspiel zwischen den Einheimischen und einigen spanischen Maultiertreibern statt. Dabei steckt Alphonse, um nicht behindert zu sein, den für seine künftige Frau bestimmten Diamantreif der Venusstatue an den Finger. Als er sich später, während der Festtafel und schon angetrunken, des Ringes entsinnt und ihn wieder an sich nehmen will, kann er ihn nicht abziehen; ihm scheint, als habe die Venus die Hand gekrümmt. – In der Hochzeitsnacht hört der Erzähler zweimal schwere, krachende Schritte. Nach unruhigem Schlaf wird er durch Schreie aufgestört: Der junge Ehemann liegt, offensichtlich eines gewaltsamen Todes gestorben, auf dem zertrümmerten Bett. Man verdächtigt zunächst einen am Ballspiel des Vorabends beteiligten Spanier, aber der kann seine Unschuld glaubhaft machen. Nicht glaubwürdig, sondern eher einem verwirrten Geist entsprungen scheint dem Staatsanwalt jedoch der Bericht, den die junge Witwe gibt: Danach habe sich zu nächtlicher Stunde die Venusstatue in das Brautgemach begeben, um mit Alphonse in tödlicher Umarmung Hochzeit zu feiern.

Mit dieser Novelle greift Mérimée ein seit dem 12. Jh. häufig gestaltetes literarisches Thema auf – das der Statuenverlobung. Zugleich behandelt er das ebenfalls im 12. Jh. gängige Motiv der »Rache eines Jenseitswesens«. Welches Werk ihm dabei zur Vorlage diente, läßt sich nicht sicher feststellen. Kennzeichnend für die Erzählung ist die bewußt erzeugte Unsicherheit, ob das Geschehen noch rational erklärbar sei oder nicht – ein typisches Element des *conte merveilleux*, der phantastischen Novelle, die Mérimée mit dieser Erzählung in Frankreich neu gestaltet. Das Schwanken zwischen Vernunft und Unerklärbarkeit bleibt eines der Wesensmerkmale der Gattung bis hin zu den Werken MAUPASSANTS. Der Glaubwürdigkeit des Berichts dienen einige offenkundig autobiographische Elemente (Mérimée war seit 1834 staatlicher Inspektor der historischen Denkmäler; es wird auch auf seine schriftstellerische Tätigkeit angespielt) und die planmäßige Doppelmotivierung des Geschehens: Alles, was im Zusammenhang mit der Statue geschieht und was in den Augen der Einheimischen unheimlich wirkt, findet auch eine natürliche Erklärung – bis auf den Tod des jungen Peyrehorade selbst, für den es kaum noch eine rationale Deutung gibt.

La Vénus d'Ille fand beim Erscheinen geteilte Aufnahme. In einer überlieferten Notiz lobte STENDHAL zwar die raffinierte Handlungsdarstellung, kritisierte aber zugleich das Fehlen individueller Charaktere. Auch schien ihm die planvolle Nüchternheit des Stils übertrieben. – Unter Anknüpfung an Mérimée gestaltete D'ANNUNZIO das Thema der Statuenhochzeit in dem französisch geschriebenen Bühnenspiel *La Pisanelle ou Le jeu de la rose et de la mort* (1913). E.Le.-KLL

AUSGABEN: Paris 1837 (in RDM, 15. 5.). – Paris 1841 (in *Colomba*). – Paris 1929 (in *Œuvres complètes*, Hg. P. Trahard u. É. Champion, 12 Bde., 1927–1933, 4: *Portraits historiques et littéraires*). – Paris 1951 (in *Romans et nouvelles*, Hg. H. Martineau; Bibl. de la Pléiade). – Paris 1967 (in *Romans et nouvelles*, Hg. M. Parturier, 2 Bde., 2; Class. Garn). – Paris 1969, Hg. P. Josserand. – Paris 1976 (Folio). – Paris 1979 (in *Théâtre, Romans et Nouvelles*, Hg. J. Mallion u. P. Salomon; Pléiade). – Paris 1982, Hg. A. Fonyi (GF). – Paris 1988 (in *Nouvelles*, Hg. M. Crouzet).

ÜBERSETZUNGEN: *Das Venusbild u. andere Erzählungen*, H. H. Reykers, Kempen 1948. – *Die Venus von Ille*, H. Bartuschek (in *Auserlesene Novellen*, Lpzg. 1951). – Dass., ders. (in *Carmen und andere Novellen*, Köln 1960). – Dass., ders. (in *Die Venus von Ille und andere Novellen*, Ffm. 1981; Insel Tb). – Dass., ders. (in *Sämtl. Novellen*, Mchn. 1982). – Dass., F. Hardekopf (in *Meisternovellen*, Zürich [5]1985; Nachw. Th. Spoerri). – Dass., A. Schurig (in *Die Venus von Ille und andere Novellen*, Zürich 1985; detebe). – Dass., H. Bartuschek (in *Carmen. Sämtl. Novellen*, Mchn. 1988).

LITERATUR: W. Pabst, *Venus und die mißverstandene Dido*, Hbg. 1955. – P.-G. Castex, *Le conte fantastique en France*, Paris 1962. – G. Lambrechts, *La source immédiate de la »Vénus d'Ille«* (in RLC, 42, 1968, S. 110–113). – M. Remacle, *Lecture expliquée. »La Vénus d'Ille« de M.* (in Cahiers d'analyse textuelle, 15, 1973, S. 28–44). – R. Caillois, *M. et le fantastique* (in RDM, Okt.–Dez. 1974, S. 20–27). – M. Guerrero, *»La Vénus d'Ille« ou le cryptogramme non déchiffré* (Europe, Sept. 1975, Nr. 557, S. 77–91). – O. Avni, *Et la chose fut. »La Vénus d'Ille« de M.* (in Poétique, 12, 1981, S. 156–170). – T. Siebers, *Narrative Unreliability and the Fantastic. The Case of M.'s »La Vénus d'Ille«* (in T. S., *The Romantic Fantastic*, Ithaca/London 1984, S. 57–77). – W. Imo u. M. Mehlis, *Présentation et analyse d'un conte fantastique: »La Vénus d'Ille« de M.* (in Neusprachliche Mitteilungen, 38, 1985, S. 93–98). – S. Carpentier, *Metaphor and Madness in M.'s »La Vénus d'Ille«* (in RoNo, 27, 1986/87, S. 75–80).

JULES MICHELET

* 21.8.1798 Paris
† 9.2.1874 Hyères

HISTOIRE DE LA RÉVOLUTION FRANÇAISE

(frz.; *Geschichte der Französischen Revolution*). Historisches Werk von Jules MICHELET, erschienen 1847–1853. – Michelet, seit 1831 Chef der historischen Sektion der Nationalarchive Frankreichs, machte die Möglichkeiten, die ihm diese Stellung bot, ohne Verzug seinem Plan einer universalen Geschichte Frankreichs dienstbar. Als Einführung dazu hatte er sich eine *Histoire romaine* gedacht, von der zwei Bände mit der Geschichte des republikanischen Rom 1831 erschienen. Die römische Kaiserzeit übersprang er, um sogleich die französische Geschichte zu behandeln. 1833 erschienen bereits der *Précis de l'histoire de France* und die ersten beiden Bände der *Histoire de France*. Wie Michelet im Vorwort zu Band 1 schreibt, wollte er die Geschichte in fünf Bänden bis *»in unsere Tage«* führen. Tatsächlich brauchte er aber allein sechs Bände und zehn Jahre hingebungsvoller Arbeit, um bis zum Ende der Regierungszeit Ludwigs XI. (1483) zu kommen. Noch immer war er mit seinem Geschichtswerk weit von der Gegenwart entfernt, als in den vierziger Jahren des 19. Jh.s das Herannahen einer politischen Umwälzung zu spüren war. Überzeugt, die Entwicklung durch die Darstellung der großen Revolution Frankreichs vorantreiben zu können, begann Michelet 1844 mit den Vorarbeiten zur *Histoire de la révolution française*, und 1847 erschienen die ersten Bände (*La prise de la Bastille* und *La Constituante et la Législative*). Doch als Michelet 1852 in Band 7 zur Darstellung des 9. Thermidor (27. 7. 1794) gelangte, waren durch die Kaiserkrönung Napoleons III. alle Hoffnungen, die sich an die Februarrevolution geknüpft hatten, bereits begraben. Michelet war seines Amtes enthoben worden, als er den Eid auf die Verfassung vom 14. 1. 1852 verweigerte. Die *Revolutionsgeschichte* blieb liegen, und er beschäftigte sich zum Broterwerb mit unterschiedlichen literarischen Themen. Schließlich füllte er die Lücke von dreihundert Jahren zwischen den vorliegenden sechs Bänden der *Histoire de France* und der *Histoire de la révolution française*: 1855–1867 erschienen elf Bände, die von Karl VIII. bis zum Ausbruch der Revolution reichen. Erschüttert über den Zusammenbruch Frankreichs im Deutsch-Französischen Krieg 1870/71, begann Michelet, obwohl nun ein alter Mann von hinfälliger Gesundheit, *»am Morgen nach dem Kriege«* (R. Kühn) die *Geschichte der Französischen Revolution* vom Untergang der Jakobiner an weiterzuführen bis zur Restauration 1815. Dieser oft unterbrochene Reifungsprozeß ist bezeichnend für das ganze Werk. Für Michelet war die Geschichte *»wie ein persönlicher Roman; sie ist die Vergangenheit im Spiegel einer Seele«*. Ihm galt als *»höchste Manifestation des französischen Geistes«* die große Revolution; alle sollten *»teilnehmen an der Begeisterung von 1792, an dem Ruhm des jungen Banners, dem Gesetz göttlicher Gerechtigkeit und Brüderlichkeit, das Frankreich verkündet und mit seinem Blut geschrieben hat«*. Michelet sieht in der Geschichte nicht eine Abfolge von Ereignissen, sondern die Entwicklung von Ideen, die er oft wie lebendige Personen apostrophiert. Er war das Genie der »École de l'imagination«, zu der u. a. auch Augustin THIERRY und Hippolyte TAINE gehörten. Doch darf nicht der Eindruck entstehen, daß er über den herausgearbeiteten Entwicklungstendenzen die Aufzeichnung der Tatsachen versäumt hätte. Er selbst legte den größten Wert auf sachliche Zuverlässigkeit. So studierte er für die *Geschichte der Französischen Revolution* alles Greifbare von den Akten der Ministerien bis zu den Verbrüderungsberichten, die von überallher an die Nationalversammlung geschickt worden waren, von den Akten der Clubs bis zu Briefen und Memoiren scheinbar unwichtiger Personen. Die Geschichte des Hofes hat in seinem Gesamtwerk kein größeres Gewicht als die Geschichte des Volkes, der Institutionen, der Bürger. Deren Lebensweise, Sitten, ja Kostüme werden bis ins einzelne beschrieben.

Michelets Stil ist deutlich von der Romantik beeinflußt. Taine schreibt bewundernd: *»Michelet ist ein Dichter, ein Dichter großen Ausmaßes. Er schreibt, wie Delacroix malt und wie Doré zeichnet.«* MONOD nennt Michelet und George SAND *»die beiden größten Lyriker in Prosa nach Chateaubriand, die das 19. Jh. hervorgebracht hat«*. Unparteilichkeit war nicht seine Stärke. Er war ganz besessen von dem Wunsch, seine Zeitgenossen für sein Ideal der Freiheit zu begeistern. Tatsächlich zog am Vorabend der Februarrevolution jung und alt mit den ersten Bänden der *Geschichte der Französischen Revolution* auf die Straßen und Plätze, um ganze Kapitel daraus laut vorzulesen. Michelet wurde einer der populärsten Männer in Paris. Nach der Enttäuschung des Jahres 1852 trat eine gewisse Änderung in seinem Stil ein. Sein Haß gegen die Tyrannen schien geschärft, sein Abscheu vor den Mächten der Kirche vertieft. Um so eindringlicher, aber auch um so schroffer wurde seine Darstellungsweise. – Die *Histoire de la révolution française*, für ihn selbst Quintessenz und Krönung aller seiner Arbeiten, ist durchaus als selbständiges Werk zu betrachten, zumal (in den Kapiteln *Von der Religion des Mittelalters* und *Von der alten Monarchie*) eine weit ausgreifende Ideengeschichte vorausgeschickt ist. E.Wa.

AUSGABEN: Paris 1847–1853, 7 Bde.; ³1869, 3 Bde. [durchges.]. – Paris 1897 (in *Œuvres complètes*, 40 Bde., 1893–1898, Bd. 17–23). – Paris 1961, Hg. G. Walter, 2 Bde. – Paris 1967, 5 Bde. – Paris 1976/77, Hg. G. Walter, 2 Bde. [hist.-krit.]. – Paris 1979, Hg. C. Mettra u. A. Ferrari, 3 Bde. [hist.-krit.]; ⁴1988. – Paris 1989, Hg. P. Petitier.

ÜBERSETZUNGEN: *Geschichte der Französischen Revolution*, Bd. 1: *Vom Sturm auf die Bastille bis zum Bundesfest*, R. Kühn, Mchn. 1914. – *Geschichte der Französischen Revolution*, R. Kühn u. F.M. Kircheisen, 10 Bde., Wien u. a. 1929/30. – Dass., Hg. J. Köhler, 5 Bde., Ffm. 1988 [hist.-krit.].

LITERATUR: G. Monod, *La vie et la pensée de J. M.*, 2 Bde., Paris 1875; ern. 1923. – D. Halévy, *J. M.*, Paris 1928; ern. 1947. – W. Alff, *M.s Ideen*, Genf/Paris 1966. – R. Barthes, *M. par lui-même*, Paris 1969. – *»Moi-Paris«. Centenaire de la mort de J. M. Catalogue de L'exposition organisée à la Bibliothèque historique de la ville de Paris*, Paris 1974. – R. Barthes, *M.*, Ffm. 1980; 21986. – O. A. Haac, *J. M.*, Boston 1982. – Th. Moreau, *Le sang de l'histoire. M., l'histoire et l'idée de la femme au XIXe siècle*, Paris 1982.

OCTAVE MIRBEAU

* 16.2.1850 Trevières / Calvados
† 16.2.1917 Paris

LITERATUR ZUM AUTOR:
E. Pilon, *O. M., biographie critique*, Paris 1903. – M. Revon, *O. M.*, Paris 1934. – T. Natanson, *O. M.*, Paris 1946. – C. Beuchat, *Histoire du naturalisme*, Bd. 2, Paris 1946. – M. Schwarz, *O. M. Sa vie et ses œuvres*, Paris 1966 [m. Bibliogr.]. – R. P. Carr, *M. and Anarchism*, Diss. Manchester 1971. – A. Grusinska, *La femme et ses ›paysages d'âme‹ dans l'œuvre de M.*, Diss. Pennsylvania 1974 (vgl. Diss. Abstracts, 35, 1974/75, 1656A–1657A). – Dies., *M. antimilitariste* (in NCFSt, 4, 1975/76, S. 394–403).

LES AFFAIRES SONT LES AFFAIRES

(frz.; *Geschäft ist Geschäft*). Komödie von Octave MIRBEAU, Uraufführung: Paris, 20. 4. 1903; deutsche Erstaufführung: Berlin und Wien, 2. 10. 1903. – Die Buchausgabe nennt das dreiaktige Stück eine Komödie, aber es enthält kaum eigentlich komische Szenen; dem Autor geht es darum, in der Gestalt des Protagonisten Isidore Lechat den Typus des gewissenlosen Geschäftemachers und Spekulanten karikierend zu entlarven.

Zu Beginn des ersten Akts warten Lechats Frau und seine Tochter Germaine vor der Kulisse des herrschaftlichen Landsitzes Vauperdu auf Lechats Rückkehr aus Paris. Aus ihren Gesprächen erfährt der Zuschauer, daß der große Financier (wie seine Frau, die sich in der neuen, luxuriösen Umgebung immer noch fremd fühlt) aus einfachen Verhältnissen stammt, zweimal Bankrott gemacht hat, jetzt aber ein riesiges Vermögen besitzt und durch die von ihm gegründete Zeitung politische Macht ausübt; in seinem übergroßen Selbstvertrauen verläßt er sich nur auf sein eigenes Urteil und stürzt sich z. B. in gewagte landwirtschaftliche Experimente (er will auf seinem Land Reis, Kaffee und Zuckerrohr anbauen), von denen ihm sogar der von ihm beschäftigte Chemiker abrät. Schließlich tritt Lechat selbst auf und gibt sich als extrovertierter, neureicher Parvenu zu erkennen, der sich in naivem Stolz seines Reichtums rühmt, seinen Intendanten (einen verarmten Adligen) demütigt, sich einen Demokraten nennt, aber die Armen verachtet; er kandidiert als Sozialist und Antiklerikaler für das Abgeordnetenhaus, ohne jedoch feste politische Überzeugungen zu haben. Der Aktschluß macht klar, daß Lechats Tochter Germaine den Chemiker Lucien Garraud liebt und mit ihm fortgehen will.

Der zweite Akt spielt am Morgen danach und besteht im wesentlichen aus zwei großen Szenen: Zuerst bedrängt Germaine Lucien, sofort mit ihr Lechats Haus zu verlassen. Die junge Frau, die das Leben und die Liebe kompromißlos idealistisch betrachtet, haßt ihren Vater seiner gewissenlosen Geschäftspraktiken wegen, mit denen er seine Gegner in den Ruin oder in den Selbstmord treibt; Lucien, der materielle Not aus eigener Erfahrung kennt, zögert zunächst, ist auch in seinem Urteil über Lechat weniger rigoros als Germaine, aber schließlich verspricht er, sie nach Paris zu begleiten. – Lechat verhandelt mit den beiden Ingenieuren Phinck und Gruggh, die ihm ein Geschäft vorgeschlagen haben (es geht um die Nutzung eines Wasserfalls zur Stromgewinnung); der Financier durchschaut sofort, daß die beiden ihn täuschen wollen, und diktiert ihnen seine Bedingungen, wobei er auch vor einer Erpressung nicht zurückschreckt. Zuletzt kommt Lechats Sohn Xavier in Vauperdu an, ein eleganter Sportsmann, der in den vornehmsten Kreisen verkehrt, was den Vater mit Stolz erfüllt; daß Xavier 200 000 Francs Spielschulden gemacht hat, betrachtet er als eine Bagatelle.

Der dritte Akt spielt nach dem Mittagessen: Lechat stellt seinem Sohn einen Chèque über die benötigte Summe aus, zugleich versucht er, über einen von Xaviers Freunden Einfluß auf den neuen Generalstabschef zu gewinnen, der ihm bei dem Geschäft mit Phinck und Gruggh nützlich sein könnte. – Lechats Nachbar, der Marquis de Porcelet, kommt, um ein Darlehen zu erbitten; da er bereits hohe Schulden bei dem Financier hat, droht dieser, ihn von seinem Besitz zu vertreiben, bietet dann aber einen Kompromiß an: Germaine und der Sohn des Marquis sollen heiraten. Nach einigem Zögern stimmt der Marquis zu, obwohl er Lechat nicht für einen Mann von Ehre hält; unter der Hand will er sogar Lechats Kandidatur um ein Abgeordnetenmandat unterstützen. Die Auseinandersetzung zwischen dem extrem konservativen Marquis und Lechat, der hier als Vertreter des Fortschritts argumentiert, kennt keinen klaren Sieger: Mirbeau, ein Mann der äußersten Linken, konnte nicht gut dem

Aristokraten recht geben. – Als der Financier Germaine über die geplante Verbindung informiert, bekennt sie vor dem Marquis, daß sie einen Liebhaber hat; es folgt eine heftige Szene zwischen Vater und Tochter. Ehe sie mit Lucien das Haus verläßt, versöhnt sich Germaine mit ihrer Mutter, von der sie sich vorher nie verstanden fühlte. Unmittelbar danach erfährt Lechat, daß Xavier bei einem Autounfall ums Leben gekommen ist; der Schmerz über den Verlust seiner beiden Kinder droht ihn zu überwältigen, aber als die beiden Ingenieure die Situation ausnutzen, um ihm Papiere zur Unterschrift vorzulegen, erkennt er, daß sie ihn betrügen wollen; in einer melodramatischen Schlußszene zwingt er sie, eine Klausel zu ergänzen.

Les affaires sont les affaires lebt ganz von der Figur Lechats; sein Charakter ist bewußt überzeichnet, dabei aber so komplex angelegt, daß er Interesse weckt. Bei einer Neuinszenierung 1983 hat das Stück seine Bühnenwirksamkeit unter Beweis gestellt. A.Gi.

AUSGABEN: Paris 1903. – Paris 1921/22 (in *Théâtre*, 3 Bde., 1). – Paris 1935 (in *Œuvres illustrées*, 9 Bde., 1934–1936, 5: *Théâtre*).

ÜBERSETZUNG: *Geschäft ist Geschäft*, M. Schoenau, Bln. 1903.

LITERATUR: S. J. Turcotte, *Les gens d'affaires sur la scène française de 1870 à 1914*, Paris 1936. – A.-M. Braun, *M. als Dramatiker*, Diss. Heidelberg 1944. – P. Dux, *M. et »Les affaires sont les affaires«* (in CRB, 1983, Nr. 107, S. 5–9).

LE CALVAIRE

(frz.; *Ein Golgatha*). Roman von Octave MIRBEAU, erschienen 1886. – Der Roman verarbeitet persönliche Erfahrungen des Autors und ist zugleich als Bilanz der um 1850 geborenen Generation anzusehen, die ihre Jugend in dem restriktiven Klima des Second Empire verlebt, das nur bürgerliche Anpassung und primitive Genüsse anstatt einer tatsächlichen Selbstverwirklichung erlaubt. *Le calvaire* ist das Resümee dieser jungen Männer, die alle Hoffnungen auf Verwirklichung ihrer Ideale mit dem Fiasko des Deutsch-Französischen Krieges verlieren. Der Unmittelbarkeit der ureigenen Erfahrungen Mirbeaus entspricht die autobiographische Inszenierung in Form einer Ich-Erzählung: Der junge Jean-François Mintié zieht die Bilanz seines bisherigen Lebens. Der Autor nimmt hier ein zentrales Motiv der realistischen französischen Erzählliteratur des 19. Jh.s auf, indem er, ähnlich wie STENDHAL (vgl. *Le rouge et le noir)* und FLAUBERT (vgl. *L'éducation sentimentale*), die Diskrepanz zwischen den hochgespannten Idealen der jugendlichen Helden und deren Scheitern an der Wirklichkeit aufdeckt.

Der Bericht von Jean-François' traurigem Schicksal setzt mit der Schilderung seiner nur anfangs unbeschwerten Kindheit ein. Als Kind eines französischen Provinznotars verliert er bald seine Mutter. An ihre Stelle tritt ein unnachgiebiger Hauslehrer, der dem melancholischen Kind Schranken setzt, ohne ihm eine Richtung weisen zu können. Ein Aufenthalt in der Weltstadt Paris hinterläßt in dem Jüngling einen tiefen Eindruck, ohne indes die Frage nach einem Ziel seines persönlichen Daseins zu beantworten. Jean-François tritt seinen Militärdienst an. Der Autor hat hier noch lange vor ZOLA (vgl. *La débâcle*) ein überaus kritisches Bild der Verhältnisse in der französischen Armee eingearbeitet, das dem Werk gerade bei seiner eigenen – auf den Schlachtfeldern von 1870 verratenen – Generation Anerkennung und Sympathie eingetragen hat. Auch Jean-François wird in die Kriegsereignisse von 1870/71 verstrickt. Voller Abscheu nimmt er an den Kampfhandlungen teil, erlebt die Absurdität des Krieges am eigenen Leib, als er – ohne Haß zu empfinden – einen gegnerischen Soldaten erschießt. Von diesem Erlebnis für sein weiteres Leben geprägt, versucht er den Sinn seiner Existenz im privaten Glück zu finden, indem er mit Juliette, einer Prostituierten, eine Liaison eingeht. Die Verbindung steht jedoch von vorneherein unter dem Fatum von Juliettes Vergangenheit und ihrem Charakter: Während sie Jean-François nicht liebt, sondern lediglich von seinen finanziellen Mitteln zehrt, unterhält sie zugleich Beziehungen mit anderen Männern. In einem Anfall von Eifersucht will Jean-François eines Tages Juliette erwürgen, die sich daraufhin davonmacht. Da er sie nicht vergessen kann, sucht er nach ihr und bemüht sich – freilich vergeblich –, die Frau, die sich Ausschweifungen mit ihren neuen Liebhabern hingibt, zur Rückkehr zu bewegen. Jean-François, finanziell wie seelisch von Juliettes zynischem Gebaren zerrüttet, macht sich nun ohne ein bestimmtes Ziel auf. Der Autor läßt das weitere Schicksal seiner Hauptfigur bewußt offen und bricht den Rückblick auf deren Leben an dieser Stelle ab.

Charakteristisch für die frühe Phase von Octave Mirbeaus Werk ist die deutliche Beziehung zum Schaffen des späten französischen Naturalismus. Mirbeau nimmt emphatisch dessen stilistische Eigenarten und die Kritik an den gesellschaftlichen Zuständen im Second Empire auf. Neben Zolas *Rougon-Macquart*-Zyklus, der allerdings Mirbeaus Werke an Gründlichkeit der sozialen Analyse wie auch an künstlerischer Eindringlichkeit deutlich übertrifft, muß hier vor allem die Romantrilogie *Jacques Vingtras* (1879–1886) von Jules VALLÈS genannt werden, dessen Konzept eines Bildungsromans mit gesellschaftskritischer Tendenz in *Le calvaire* aufgenommen wird: Die eingeschränkte Sichtweise der Ich-Erzähler und die biographischen Stationen, die Vallès' Held abschreitet – freudlose Kindheit, Widerspruch individueller und gesellschaftlicher Ansprüche, Scheitern hochgespannter Selbstverwirklichungsabsichten –, werden auch von Mirbeau aufgegriffen, ohne daß Jean-François in der Lage wäre, sich wie Jacques Vingtras zum Empörer gegen die Gesellschaft zu wan-

deln. Endet Jacques Vingtras' Rebellion mit der Niederschlagung der *Commune*-Herrschaft, so vermag auch die private Suche nach Authentizität in Jean-François' Liaison mit Juliette keine Zukunftsperspektive zu bieten. So stellt *Le calvaire* eine Form der Auseinandersetzung mit der Zerstörung einer Generation dar, deren Idealismus in die Katastrophen von Metz und Sedan führt. Den tiefgehenden Zweifel wird Mirbeau erst in den Werken seiner »dekadenten« Phase – *Le jardin des supplices* (1898) und *Les vingt et un jours d'un neurasthénique*, 1901 *(Die 21 Tage eines Neurasthenikers)* – in einer nicht unproblematischen Weise überwinden.
G.Wil.

Ausgaben: Paris 1886. – Paris 1934–1936 (in *Œuvres illustrées*, 10 Bde., 7). – Paris 1958.

Übersetzung: *Ein Golgatha*, T. Krüger, Lpzg./Mchn. 1896.

Literatur: G. Bauer, *Dans »Le Calvaire« M. a raconté le drame amoureux de sa jeunesse* (in Le Figaro Littéraire, 19. 7. 1958, S. 5/6). – A. Gruzinska, *De la réalité à la fiction. »Le Calvaire« de M.* (in Cahiers Naturalistes, 28, 1982, S. 131–143).

LE JARDIN DES SUPPLICES

(frz.; *Der Garten der Qualen*). Roman von Octave Mirbeau, erschienen 1899. – Mit diesem Werk eröffnet der Autor, der bereits in den achtziger Jahren mit *Le calvaire* (1887), *L'abbé Jules* (1888) und *Sébastien Roch* (1890) ein Korpus von Romanen veröffentlicht hatte, eine Gruppe von erzählerischen Arbeiten, die von der ersten durch einen deutlichen Einschnitt getrennt ist; ihn markiert die Dreyfus-Affäre, an der Mirbeau sich mit der publizistischen Unterstützung Zolas leidenschaftlich beteiligte. *Le jardin des supplices* ist der Einsatzpunkt einer neuen Entwicklung, die ihn einerseits zwar zu einem aktualitätsbezogenen politischen Journalismus vordringen läßt, andererseits jedoch zu einem romantischen Irrationalismus zurückführte.
Nach einer ironischen Widmung – *»Den Priestern, Soldaten, Richtern, den Menschen, die Menschen erziehen, leiten und beherrschen, widme ich diese Blätter, voll von Mord und Blut«* – setzt der Roman mit einer Art Rahmenhandlung ein: Ein Kreis von Schriftstellern, Philosophen und Politikern diskutiert über die von einem der Teilnehmer aufgestellte Behauptung, *»daß der Mord am meisten die Menschen in Anspruch nimmt und alle unsere übrigen Taten davon abzuleiten sind«*. Ein weiteres Mitglied der Runde entschließt sich endlich, mit der Erzählung seiner eigenen Lebensgeschichte diese Behauptung zu illustrieren und zu vertiefen. Der Erzähler, der im folgenden namenlos und anonym bleibt, hat nach einer gescheiterten Karriere als Politiker von einem Jugendfreund, der sich – im Gegensatz zu ihm – durch zynische Machenschaften bis zum Ministeramt hochgekämpft hat, die Leitung einer Forschungsexpedition übertragen bekommen, die in Ceylon Formen archaischen Lebens studieren soll. Ohne überhaupt Wissenschaftler zu sein, nimmt er den Auftrag lediglich an, um sich für ein oder zwei Jahre aus Paris zu entfernen und damit unauffindbar zu machen. Auf der Überfahrt lernt er eine junge Engländerin, Miss Clara, kennen, die nach einer ausgedehnten Europareise in ihr selbstgewähltes Exil – nach China – zurückkehrt und ihn bald veranlaßt, ihr zu folgen. Die zunächst eher zurückhaltende Geliebte entpuppt sich hier schnell als bizarre, grausamkeitslüsterne Megäre, die ihn auf eine *»fortgeschrittenere Stufe der Logik des Lebens«* zu erheben versucht, wie die Chinesen sie ihres Erachtens, fern allen Konventionen und sozialen Vorurteilen des verkümmernden Europa, verkörpern. Der »Garten der Qualen«, in den sie ihn führt, bietet ein infernalisches Kompendium von grausamen Strafen und exzentrischen Torturen an Häftlingen und zum Tode Verurteilten aller Art – einen hybriden Katalog von ausgeklügelten Foltermethoden, die – vor dem Hintergrund eines outrierten Blumen- und Schönheitskultes – nichts anderes zum Ziel haben als den möglichst langen und möglichst schmerzhaften Todeskampf des jeweiligen Delinquenten. Der gierige Voyeurismus angesichts der aufgehäuften Scheußlichkeiten verbindet sich bei Clara mit einer gesteigerten und exaltierten Sinnlichkeit, die erst, nach einem langen Tag in der pandämonischen Folterkammer, während einer abendlichen Orgie im Bereich des Gartens zur Ruhe kommt. Die Phantasmagorie des Schreckens, die der Erzähler ausgebreitet hat, entpuppt sich immer deutlicher als Allegorie auf das sterbende Europa: *»Der Garten der Qualen! Die Leidenschaften, der Appetit, die Interessen, der Haß, die Lüge, die Gesetze und die sozialen Einrichtungen und die Gerechtigkeit, die Liebe, der Ruhm, das Heldentum, die Religionen sind die scheußlichen Blumen und gräßlichen Werkzeuge des ewigen Menschenleides in diesem Garten ... Ich rufe Europa zu Hilfe und seine heuchlerische Civilisation und Paris ... Und es ist der Mensch als Einzelwesen und es ist der Mensch als Masse und es ist das Vieh, die Pflanze, die Elemente, kurz die ganze Natur, die von der weltumfassenden Kraft der Liebe getrieben sich dem Morde zustürzen, indem sie so außerhalb des Lebens eine Befriedigung und Besänftigung der wütenden Lebensgelüste zu finden glauben, der Gelüste, die sie verzehren und die aus ihnen als ein Auswurf schmutzigen Schaumes hervorquellen.«*
Der vage und summarische Zivilisationshaß, der sich hier zu einer Verklärung und Dämonisierung der archaischen menschlichen Erbschaft aufschwingt und zugleich verdünnt, verbleibt jedoch ganz und gar im Bereich eines pessimistischen Irrationalismus, mit jener Vorliebe für skandalöse sexuelle und sadistisch-brutale Anomalien, wie sie auch bei J.-K. Huysmans zu finden sind – einem Schriftsteller, in dessen nächster Nachbarschaft Mirbeau anzusiedeln ist.
KLL

Ausgaben: Paris 1899. – Paris 1902. – Paris 1923. – Paris 1957. – Paris 1986 (Vorw. H. Juin; 10/18).

ÜBERSETZUNGEN: *Der Garten der Qualen*, F. Hofen, Budapest 1901; ²1902. – *Der Garten der Foltern*, R. Palm, Bremen 1967.

DRAMATISIERUNG: P. Chaine, *Le jardin des supplices* (Urauff.: Paris, 29. 5. 1929, Théâtre Saint-Georges).

ALFRED DE MUSSET

* 11.12.1810 Paris
† 2.5.1857 Paris

LITERATUR ZUM AUTOR:
Biographien:
L. Séché, *A. de M. I. Les amis. II. Les femmes*, Paris 1907. – A. Adam, *Le secret de l'aventure vénitienne*, Paris 1938. – J. Pommier, *Autour du drame de Venise. George Sand et A. de M. au lendemain de »Lorenzaccio«*, Paris 1958. – G. Guillemin, *La liaison M.-Sand*, Paris 1972.
Gesamtdarstellungen und Studien:
J. Lafoscade, *Le théâtre d'A. de M.*, Paris 1901; ern. 1966. – W. A. Geyer, *A. de M. in seinem dramatischen Werk*, Gießen 1923. – Ph. van Tieghem, *M., l'homme et l'œuvre*, Paris 1944; ern. 1967. – J. Pommier, *Variétés sur A. de M. et son théâtre*, Paris 1947. – H. Lefebvre, *A. de M., dramaturge*, Paris 1955; ern. 1970. – J. Pommier, *A. de M.*, Oxford 1957. – Ph. Soupault, *A. de M.*, Paris 1957. – W. Bahner, *M.s Werk. Eine Verneinung der bürgerlichen Lebensform seiner Zeit*, Halle 1960. – RSH, 1962, Nr. 108 [Sondernr. *A. de M.*]. – A. Lebois, *Vues sur le théâtre de M.*, Avignon 1966. – H. S. Gochberg, *Stage of Dreams. The Dramatic Art of A. de. M., 1828–1834*, Genf 1967. – F. Tonge, *L'art du dialogue dans les comédies en prose d'A. de M.*, Paris 1967. – G. Kobow, *Absurdes Lebensgefühl und szenische Struktur im dramatischen Frühwerk (1833–1834) von A. de M.*, Bln. 1967. – S. Jeune, *M. et sa fortune littéraire*, Bordeaux 1970. – C. Affron, *A Stage for Poets*, Princeton 1971. – J. Lietz, *Studien zu den Novellen A. de M.s*, Diss. Hbg. 1971. – B. Guthmüller, *Die Rezeption M.s im Second Empire*, Ffm. 1973. – K. Kramer, *A. de M.s Stellung zur Romantik*, Göppingen 1973. – D. Sices, *Theater of Solitude*, Hannover/N.H. 1974. – E. L. Gans, *M. et le ›drame tragique‹*, Paris 1974. – J. Delais, *A. de M.*, Paris 1974. – M. Rees, *A. de M.*, NY 1974. – A. Fabig, *Kunst und Künstler im Werk M.s*, Heidelberg 1976. – E. de Domenico, *M. et l'Italie*, Turin 1976. – Europe, Nov./Dez. 1977, Nr. 583/584 [Sondernr. *A. de M.*]. – B. Masson, *Théâtre et langage. Essai sur le dialogue dans les comédies d'A. de M.*, Paris 1977. – D. R. Gamble, *The Evolution of the Poetry of M.*, Diss. Oxford 1977. – P.-G. Castex, *Études sur le théâtre de M.*, 2 Bde., Paris 1978/79. – P. J. Siegel, *A. de M. A Reference Guide*, Boston 1982. – L. Bishop, *The Poetry of M.*, NY u. a. 1987. – C. Malthus, *M. et Shakespeare*, NY u. a. 1988.

LES CAPRICES DE MARIANNE

(frz.; *Die launische Marianne*). Prosakomödie in zwei Akten von Alfred de MUSSET, erschienen 1833; Uraufführung (in revidierter Fassung): Paris, 14. 6. 1851, Comédie Française. – Was hier als Komödie bezeichnet wird, ist in Wahrheit eine tragische Liebesgeschichte, in deren Dialogen elegisch-lyrische Töne überwiegen. Die Handlung spielt zur Zeit der Renaissance in Neapel. Aus der wohlgeordneten Welt einer behüteten Jugend und einsamer Studien reißt den jungen Coelio die Liebe zu Marianne, die, kaum aus dem Kloster entlassen, dem alten Richter Claudio angetraut wurde und festen Willens ist, ihrem Gatten die Treue zu bewahren. Octave, der im Namen seines schüchternen Freundes um Mariannes Gunst wirbt, stößt auf Widerstand, gewinnt jedoch – szenisch überaus wirksam vergegenwärtigt im harmonischen Spiel von Rede und Gegenrede – seinerseits die Sympathie der jungen Dame. Während Coelios Mutter ihren eifersüchtig geliebten Sohn zu zerstreuen sucht, wobei sie ihn durch ihren Bericht vom tragischen Tod ihres ersten Verehrers nur an sein eigenes Unglück erinnert, sieht sich der alte Claudio wechselweise versucht, mit der Tugend seiner Frau zu prahlen oder aber ihrer Treue zutiefst zu mißtrauen. Nach dieser Exposition im ersten Akt spitzt sich die Handlung, vor allem in zwei weiteren Dialogen zwischen Octave und Marianne, rasch zu. So gut Octave auch für den Freund zu bitten weiß, muß er doch erkennen, daß er seine kühle, vorsichtige und doch bereits zum Nachgeben bereite Gesprächspartnerin wohl rühren könnte, bäte er für sich selbst. Dennoch schickt er Coelio zu dem von Marianne gewährten nächtlichen Rendezvous. Ein Warnbrief Mariannes erreicht Octave zu spät; sein Freund gerät in die Falle der von Claudio gedungenen Meuchelmörder. Eine Art Epilog vereint Marianne und Octave am Grabe Coelios, wo Octave das Angebot der jungen Frau, ihn mit ihrer Liebe über den Verlust des Freundes zu trösten, zurückweist mit jenem berühmt gewordenen, in seiner zusammenfassenden Prägnanz unübertrefflichen Schlußsatz: *»Je ne vous aime pas, Marianne; c'était Coelio qui vous aimait.« (»Ich liebe Sie nicht, Marianne, Coelio hat Sie geliebt.«)*

Trotz der romantischen Bühnenbilder – neapolitanische Schenke, Balkonszenerie, nächtlicher Park –, unbekümmerten Szenen- und Ortswechsels, großzügiger Behandlung der Einheit der Zeit und auffallender Unausgewogenheit zwischen den nur zwei Akten ist die Handlung von einer klassischen Schlichtheit, die der novellenartigen Struktur zuzuschreiben ist. Vorzüglich sind die einzelnen Gestalten charakterisiert; auch die nur flüchtig auftretenden Personen hat Musset zumindest mit einem unverwechselbaren Zug ausgestattet, der sie der stereotypen Gleichartigkeit von Randfiguren enthebt. Die aggressive und impulsive Marianne wirkt eher wie eine Pariserin aus der Zeit Mussets denn wie eine Neapolitanerin der Renaissance. Gemäß seinen eigenen Worten – »... *il y avait en moi deux hommes... Octave et Coelio*« – hat Musset in den beiden männlichen Hauptgestalten zwei Aspekte seines eigenen zwiespältigen Ich dargestellt. Octave schildert den toten Freund als reinen, zärtlichen, aufrichtigen, zwischen Furcht und Hoffnung, dem »*Wunsch geliebt zu werden und der Krankheit des Zweifels*« schwankenden Liebenden, den die trübe Vorahnung seines Unglücks, das schmerzliche Bewußtsein bitterer Einsamkeit nie verließen. Diese spezifisch romantische Gestalt besitzt sehr wohl persönliche Züge des Autors. Ihm gegenüber steht Octave als der skeptische Genießer, der begabte Spieler, Trinker und Liebhaber, an dem das Leben wie in einem Spiegel als ein launisches und zufälliges Spiel vorübergleitet. Dennoch verbergen sich hinter seiner Ironie Sensibilität und Hellsichtigkeit, die es auch ihm unmöglich machen, vorbehaltlos zu genießen. In ihm will Musset die andere Seite seines widersprüchlichen Wesens verkörpert wissen. Durch diese Art des persönlichen Engagements entstand ein völlig neuer lyrischer Dialogstil, der ein alltägliches Vokabular, aber auch gewagte Metaphern, Bilder und Vergleiche gebraucht, durch seine leichte Impertinenz eine Komik erzielt und durch Anklänge an das Couplet, durch Musikalität der Satzführung und eingestreute Alexandriner ausgewogenen dichterischen Schwung erreicht. I.P.-KLL

Ausgaben: Paris 1833 (in Revue des Deux Mondes). – Paris 1958; ern. 1968 (in *Œuvres complètes*, Hg. M. Allem, 3 Bde., 2: *Théâtre*; Pléiade). – Paris 1963 (in *Œuvres complètes*, Hg. Ph. van Tieghem). – Paris 1964 (in *Théâtre*, Hg. M. Rat, 2 Bde., 1; GF). – Paris 1978, Hg. P.-G. Castex. – Paris 1985 (in *Œuvres complètes*).

Übersetzungen: *Die Launen einer Frau*, G. Ritter, Lpzg. 1874. – *Die launische Marianne*, A. Neumann (in *GW*, Bd. 3, Mchn. 1925). – Dass., ders. (in *Dramen*, Mchn. 1981).

Literatur: S. Jeune, *Souffles étrangers et inspiration personelle dans »Les caprices de Marianne«* (in RSH, 1966, S. 81–96). – A. Ventura, *Autour des »Caprices de Marianne«* (in KRQ, 15, 1968, S. 179–194). – R. Amossy u. E. Rosen, *Carnaval et comédie dans »Les caprices de Marianne« d'A. de M.*, Paris 1977. – *Journées d'études sur A. de M. »Les caprices de Marianne« »Lorenzaccio«*, Clermont-Ferrand 1978. – B. Masson, *M. »Les caprices de Marianne« et le pouvoir des mots* (in Inf. litt, 30, 1978, S. 69–77). – J. L. Diaz, *Le corps et le signe* (in Littérature, Okt. 1978, Nr. 31, S. 43–63). – P.-G. Castex, *Études sur le théâtre de M., 1: »Les caprices de Marianne«*, Paris 1978.

LA CONFESSION D'UN ENFANT DU SIÈCLE

(frz.; *Die Beichte eines Kindes seiner Zeit*). Roman von Alfred de Musset, erschienen 1836. – Es handelt sich zwar um eine literarische Transposition eigenen Erlebens – die Verbindung mit George Sand und ihre unglückliche Trennung in Venedig –, die aber keineswegs die George Sand in mehreren Briefen angekündigte exakte und vollständige Beschreibung ihrer gemeinsamen Geschichte bietet. Der Held des Romans, Octave, ist geprägt von einer Epoche, die einer verlorenen großen Vergangenheit nachtrauert und auf eine Freiheit verheißende Zukunft nicht zu hoffen wagt, die einem teils frivolen, teils verzweifelten Skeptizismus verfallen und in ihrer Vitalität gelähmt ist. Obwohl die *Confession* keineswegs zu den Meisterwerken Mussets zu rechnen ist, kann der Roman dennoch ein vor allem geistesgeschichtliches Interesse beanspruchen. Denn der Autor analysiert in ihm die historischen und soziologischen Hintergründe des *mal du siècle* mit auf eigenen Erfahrungen beruhendem Einfühlungsvermögen und kritischem Verständnis.

Die Melancholie des Jahrhunderts erfaßt Musset als Erbe der napoleonischen Ära, deren Ende zugleich die Abkehr vom Heroismus und den revolutionären Idealen kennzeichnet. Die »Kinder des Zeitalters« gehen an diesem Verlust identitätsstiftender Ideale zugrunde. – Nach dem Verrat seiner Geliebten von der Liebe und den Frauen enttäuscht, führt Octave das Leben eines ausschweifenden, zynischen Dandys. Als er nach dem Tod seines Vaters eine Zeitlang auf dem Land lebt, begegnet er dort in Brigitte Pierson einer einige Jahre älteren Frau, die er wirklich zu lieben vermag. Er gewinnt ihre Zuneigung, doch nach einer kurzen Zeit des Glücks zeigt sich, daß er nicht mehr an eine menschliche Lauterkeit und Liebe glauben kann; mißtrauisch und eifersüchtig beginnt er, ihre Vergangenheit zu erforschen, ja er findet selbstquälerisches Vergnügen daran, sie überdies auch noch durch Erzählungen aus seinem eigenen wüsten Leben zu peinigen. Brigitte, die für ihn alles zu tun bereit ist, die seine Launen, seine Eifersucht, seine Zweifel hinnimmt, ihn bedauert und ihn von seinen selbstzerstörerischen Neigungen durch ihre Geduld zu heilen hofft, will sich zunächst nicht eingestehen, daß er ihre Gefühle zerstört. Doch wird die Geliebte schließlich von einem anderen Mann umworben, dessen höfliche, zurückhaltende Besorgtheit ihr wohltut. Er erringt ihre Liebe und ist auch in den Augen Octaves der Mann, der ihrer wahrhaft würdig ist. Seinen eigenen Schmerz über die ihm von George Sand zugefügte Enttäuschung sublimierend, läßt Musset seinen Helden sich zu einsichtigem Verzicht durchringen.

Anders als der Held seines autobiographischen Romans hat Musset freilich die Trennung nie wirklich überwunden. Früh vollendet, sollte Musset nach der *Confession* nur noch wenig Bedeutendes schaffen, um nach 1840, dem Alkoholismus verfallen, fast völlig zu verstummen. Der Roman, der eine Wende im Leben des Helden, die Bejahung des Stoizismus propagiert, artikuliert hier zugleich die Sehnsucht der romantischen Generation.

I.P.-KLL

AUSGABEN: Paris 1836, 2 Bde. – Paris 1926 [Vorw. E. Henriot]. – Paris 1958; ern. 1968 (in *Œuvres complètes*, Hg. M. Allem, 3 Bde., 3: *Œuvres en prose*; Pléiade). – Paris 1960; ern. 1977, Hg. ders. (Class. Garn). – Paris 1963 (in *Œuvres complètes*, Hg. Ph. van Tieghem). – Paris 1973 (Folio). – Paris 1985 (in *Œuvres complètes*).

ÜBERSETZUNGEN: *Beichte eines Kindes seiner Zeit*, H. Conrad, Lpzg. 1903. – *Bekenntnisse eines Kindes seiner Zeit*, M. Spiro, Bln. 1915. – *Bekenntnisse eines Liebenden*, F. L. Grauvogl, Konstanz 1949. – *Bekenntnisse eines Kindes seiner Zeit*, M. Spiro (in *Sämtl. Romane und Erzählungen*, Mchn. 1980).

LITERATUR: C. Maurras, *Les amants de Vénise*, Paris 21926. – J. Pommier, *Autour du drame de Vénise*, Paris 1958. – A. Poli, *Les amants de Vénise et Casanova* (in RHLF, 59, 1959, S. 1–12). – C. Mauriac, *M. »La confession d'un enfant du siècle«* (in C. M., *De la littérature à l'alittérature*, Paris 1969, S. 279–295). – Z. M. de Biasi, *Les figures de l'avenir dans le chapitre 2 de »La confession d'un enfant du siècle«* (in Littérature, Febr. 1975, Nr. 17, S. 43–55). – R. Amossy u. E. Rosen, *La fonction du cliché dans »La confession d'un enfant du siècle«* (in Europe, Nov.–Dez. 1977, Nr. 583/584, S. 135–146). – R. Ballel, *La confession politique des enfants malades du siècle* (ebd., S. 126–135). – M. Lehtonen, *Essai sur la »Confession d'un enfant du siècle«*, Helsinki 1982. – N. Segal, *»Mademoiselle de Maupin« and »La confession d'un enfant du siècle«* (in N. S., *Narcissus and Echo. Women in the French Récit*, Manchester 1988, S. 89–120; 229–231).

LORENZACCIO

(frz.; *Lorenzaccio*). Drama in fünf Akten von Alfred de MUSSET, erschienen 1834; Uraufführung: Paris, 3. 12. 1896, Théâtre de la Renaissance, in einer von Armand d'Artois auf sechs Bilder gekürzten Fassung, mit Sarah Bernhardt in der Titelrolle. – Die Anregung zu seinem Stück erhielt Musset durch George SANDS unveröffentlichten Dramenentwurf *Une conspiration en 1537 (Eine Verschwörung im Jahre 1537)* – er hat, wie *The Traytor* (1631) von James SHIRLEY, die in den *Storia fiorentina (Florentiner Chronik)* Benedetto VARCHIS (1503–1565) beschriebene mißglückte republikanische Verschwörung gegen Alexander von Medici zum Thema –, von dem der Autor aber kaum mehr als die Substanz einiger Teilszenen übernahm. Der Rückgriff auf die italienische Renaissance, im engeren Sinn die politischen Verhältnisse des Stadtstaates Florenz, die von der Auseinandersetzung zwischen der Despotie der Medici und dem Widerstand der republikanischen Strozzi bestimmt waren, entspricht dem Wunsch der französischen Romantik nach einer historischen Wahrhaftigkeit und Größe, wie sie erstmals der Engländer Sir Walter SCOTT (1771–1832), mit dessen Werken *Lorenzaccio* verglichen wurde, verwirklicht hat. Die regressive Sehnsucht der Romantik wendet sich hier nicht dem Mittelalter, sondern, wie wenig später bei Mussets Landsmann Joseph Arthur, Comte de GOBINEAU (1816–1882), der Renaissance zu.

Ähnlich den Helden des romantischen Künstlerdramas wird in der Titelfigur zugleich die Literarisierung und die daraus resultierende Entfremdung des romantischen Subjekts problematisiert. Dem in Szene gesetzten dramatischen Widerspiel vielfältiger politischer Aspirationen – der Gegensatz von Kaiser und Kurie spielt eine entscheidende Rolle – kommt aber nur eine zweitrangige dramatische Funktion zu, es dient als farbiger Hintergrund für die Charakteranalyse des Titelhelden, der mit dem Tyrannenmord wohl den entscheidenden Einsatz in diesem Spiel wagt, die Tat aber auf eigene Rechnung ohne politisches Kalkül unternimmt.

Lorenzo de Medici, verächtlich Lorenzaccio genannt, hatte, angeregt von der Lektüre antiker Schriftsteller, ursprünglich aus idealistischen Antrieben allen Tyrannen seinen Haß geschworen und die Rolle eines »Brutus moderne« gewählt. Die wachsende Erkenntnis aber, daß Lüge und Heuchelei das Zusammenleben der Menschen beherrschen, daß in einer von egoistischen Motiven bestimmten Gesellschaft kein Platz für altruistische Taten ist, führt ihn dazu, das Spiel der allgemeinen Verstellung mitzuspielen. Die Anziehungskraft des Bösen läßt ihn zum Günstling seines Vetters, des Herzogs Alexander, werden und dessen ausschweifendes Leben teilen. Hinter der Maske des gefühllosen Zynikers aber verbirgt er die Erfahrung einer tiefgreifenden seelischen Gespaltenheit, die er durch den wohlvorbereiteten Mord an Alexander zu überwinden hofft. Die Tat, in einem Augenblick unternommen, als die Situation für einen politischen Umsturz denkbar ungünstig ist, erscheint Lorenzo als die letzte Möglichkeit, sich seiner durch das Laster unkenntlich gewordenen Identität zu versichern. Der ermordete Despot wird jedoch alsbald durch einen neuen – Cosimo – ersetzt, Lorenzo aber von einem Häscher erschlagen.

Lorenzaccio ist nicht zu Unrecht das Hauptwerk der französischen Romantik, darüber hinaus auch heute noch eines der meistgespielten Werke Mussets und seiner Epoche. Trotz des historischen Kostüms und der romantisch-satanischen Züge, die Lorenzo der zeitgenössischen Wirklichkeit zu entrücken scheinen, vermag die Konfliktsituation, die ihn zur Abkehr von seinen Idealen bewegt, Hinweise auch zum Selbstverständnis der Generation Mussets zu geben. Die in ihrer Jugend Napoleon leidenschaftlich verehrt hatten und an den Anbruch eines heroischen Zeitalters glaubten, verschlossen sich zynisch, verbittert oder – wie die Helden STENDHALS – sich taktisch verstellend dem utilitaristischen, nüchternen Geist der Restauration.

Den Aufbau des überlangen Dramas, das als das kunstreichste der französischen Romantik gilt, kennzeichnet lockere, aber folgerichtige Durchführung mit reichem Szenenwechsel, so daß rein äußerlich die Wirkung einer dramatisierten Chronik entsteht. Selbst am Rande liegende, aber für die Atmosphäre wichtige Szenen fügen sich so nahtlos in die zentrale Handlung ein, daß mit Recht von einer klassischen Einfachheit des dramatischen Ablaufs gesprochen worden ist. Die Gestalt Lorenzaccios ist mit großem psychologischen Gespür und herausragender Individualität gezeichnet, wie hervorgehoben wurde. Jedoch handelt es sich hierbei nicht um eine objektive Psychologie im modernen Sinn, sondern um die Verkörperung eines spezifisch romantischen Ideals, der Sehnsucht nach Größe und Wahrhaftigkeit. KLL

Ausgaben: Paris 1834. – Paris 1958; ern. 1968 (in *Œuvres complètes*, Hg. M. Allem, 3 Bde., 2: *Théâtre*; Pléiade). – Paris 1963 (in *Œuvres complètes*, Hg. Ph. van Tieghem). – Paris 1963, Hg. D. P. Cogny [krit.]. – Paris 1964 (in *Théâtre*, Hg. M. Rat, 2 Bde., 1; GF). – Paris 1978 (Folio). – Paris 1978, Hg. A. Masson. – Paris 1985 (in *Œuvres complètes*). – Paris 1986, Hg. A. Ubersfeld (Poche). – Paris 1988, Hg. B. Masson (zus. m. *On ne badine pas avec l'amour*; GF).

Übersetzungen: *Lorenzaccio*, A. Neumann (in *GW*, Bd. 4, Mchn. 1925). – Dass., K. Hock, Hbg. 1957. – Dass., A. Neumann (in *Dramen*, Mchn. 1981). – Dass., H. Laube (in Theater heute, 26, Nov. 1985, H. 11, S. 36–57).

Literatur: P. Dimoff, *La genèse de »Lorenzaccio«*, Paris 1936; ern. 1966. – B. Masson, *»Lorenzaccio« ou La difficulté d'être*, Paris 1962. – J. v. Stackelberg, *M. »Lorenzaccio«* (in *Das frz. Theater vom Barock bis zur Gegenwart*, Hg. ders., Bd. 2, Düsseldorf 1968, S. 100–120; 376–378). – R. Horville, *»Lorenzaccio«, analyse critique*, Paris 1972. – R. Rütten, *Individuum und Gesellschaft in M.s »Lorenzaccio«* (in GRM, 23, 1973, S. 67–93). – B. Masson, *M. et le théâtre intérieur. Nouvelles recherches sur »Lorenzaccio«*, Paris 1974. – *Analyses et réflexions sur l'action politique dans »Lorenzaccio« de M.*, Paris 1975. – H. Mehnert, *»Lorenzaccio« und die psychologische Motivation des Dandy-Dichters* (in RJb, 26, 1975, S. 122–136). – A. Ubersfeld, *Révolution et topique de la cité* (in Littérature, 1976, Nr. 24). – W. Moser, *»Lorenzaccio«, le carnaval et le cardinal* (in Romantisme, 19, 1978). – B. Masson, *M. et son double, lecture de »Lorenzaccio«*, Paris 1978. – *»Lorenzaccio«. Mises en scène d'hier et d'aujourd'hui*, Avignon 1979. – J. Bem, *»Lorenzaccio« entre l'histoire et le fantasme* (in Poétique, 11, 1980, S. 451–461). – J. Roubine, *»Lorenzaccio« de M.*, Paris 1981. – C. Crossley, *»Lorenzaccio«*, Ldn. 1983. – J. Bedner, *»Lorenzaccio« ou Oedipe à Florence* (in Neoph, 67, 1983, S. 42–54). – J. Machabeïs, *Propositions sur la structure de »Lorenzaccio«* (in LR, 38, 1984, S. 99–116). – J. F. Hamilton, *Mimetic Desire in M.'s »Lorenzaccio«* (in KRQ, 32, 1985, S. 347–357). – J. M. Thomasseau, *M. »Lorenzaccio«*, Paris 1986. – J. N. Cox, *»Lorenzaccio«* (in J. N. C., *In the Shadows of Romance*, Athens/Oh. 1987, S. 197–224). – C. Diemer u. U. Prill, *Ein Medici im Inferno* (in Deutsches Dante Jb, 62, 1987, S. 95–116).

LES NUITS

(frz.; *Die Nächte*). Gedichte von Alfred de Musset. Die vier *Nuits*-Gedichte, die zuerst einzeln in der ›Revue des Deux Mondes‹ veröffentlicht wurden und ursprünglich nicht als Zyklus gedacht waren, erschienen im Jahre 1840 in den *Poésies nouvelles*. Diese Sammlung enthält außer *La nuit de mai* (1835), *La nuit de décembre* (1835), *La nuit d'août* (1836) und *La nuit d'octobre* (1837) auch die *Lettre à Lamartine* (1836), *L'espoir en Dieu* und *Souvenir*, Gedichte, die zwischen 1835 und 1840 entstanden. Die *Nächte* sind die ersten dichterischen Erzeugnisse nach dem Bruch mit George Sand. Unverlierbarer Gewinn der gemeinsam mit der Dichterin unternommenen romantischen Reise nach Venedig, die für Musset eine Zeit heftiger Leidenschaft und jäher Enttäuschungen brachte, war die Vertiefung seiner lyrischen Ausdruckskraft. Bereits Paul de Musset, der Bruder Alfreds, wies jedoch darauf hin, daß nicht alle Gedanken und Gefühle dieser Gedicht-Serie mit der Erinnerung an George Sand zu verknüpfen sind.

Die *Nuits*, in denen in alternierenden Gesängen nächtliche Zwiesprache mit der dichterischen Muse gehalten wird, haben die Grunderfahrung der Romantiker, den Konflikt zwischen Leben und Dichten, zum Thema, eine Spannung, die nur in der poetischen Verewigung schattenhaften, zerbrechlichen Glücks oder aber der Beschwörung einer reinen Phantasiewelt überwindbar schien. Der Gedichtzyklus faßt Mussets Gedanken über die Liebe, Religion, Dichtung und Ruhm poetisch zusammen. In dem Dialog des Dichters mit seiner Muse übernimmt diese die Rolle eines Seelenführers, der die positiven Eigenschaften Aktivität und Kreativität verkörpert.

Die *Nuit de mai*, nach dem Zeugnis von Paul de Musset in zwei Tagen und einer Nacht im Taumel dichterischer Begeisterung niedergeschrieben, ist der erste Dialog zwischen dem schöpferischen Genie des Dichters Musset und dem in der Liebe verratenen, von Schmerz durchdrungenen Menschen. *»Les plus désespérés sont les vers les plus doux« (»Die am meisten von Verzweiflung getragenen Lieder sind die süßesten«)*, lautet der berühmteste Vers dieses Gedichts. Er wird von der Muse gesprochen, die den Dichter vergeblich zur Überwindung des Leids durch neues Schaffen auffordert. Die Muse versucht, dem Dichter Schaffenskrisen als wichtigen Bestandteil der poetischen Inspiration zu vermitteln. Das aus der christlichen Kunst übernommene, von Napoleon aktualisierte Bild des Pelikans, eines Sinnbilds der Opferbereitschaft, wird in diesem Kontext zur Allegorie des Dichters, der um der

Kunst willen die Annehmlichkeiten des Lebens und die menschliche Gesellschaft entbehrt. Die sich anschließende *Nuit de décembre* setzt diese Ideen poetisch um. Hier tritt als halluzinatorischer Doppelgänger des Dichters die »Einsamkeit« auf, eine melancholische, in Schwarz gekleidete Gestalt. In der *Nuit d'août*, der unmittelbarsten Umsetzung des Konflikts zwischen Musset und Sand, wirft die Erscheinung ihm sein Schweigen, seinen Verzicht vor, das Unabänderliche im Wort zu bannen. Seine Antwort gibt der epikureischen Freude am Dasein und der Intensität des Erlebens – mit Einschluß der Schmerzen – den Vorzug. Im letzten Gedicht, der *Nuit d'octobre*, gelangt der Dichter zu einer Art Wiedergeburt an der Seite der Muse und damit zu erneuter kreativer Fähigkeit.
Der Konflikt zwischen Leben und Dichten war seit dem 18. Jh., seit der Entdeckung der Dichterpersönlichkeit in ihrer für die Menschheit stellvertretenden – weil geistig autonomen – Rolle, Konstante des literarischen Bewußtseins. Die gesuchte und genossene Erfahrung des Leids, Medium der Erkenntnis und »Adelsprädikat« der romantischen Seele (H. Friedrich), befähigt den sensiblen Dichter, sich als Märtyrer der Menschheit zu fühlen. – Hervorzuheben ist an den *Nuits* vor allem die untergründige Tendenz zur Zyklusbildung, in der Weltschmerz bewältigt werden soll. R.L.-KLL

AUSGABEN: Paris 1835–1837 (in RDM). – Paris 1840 (in *Poésies nouvelles*). – Paris 1905, Hg. L. Conard. – Paris 1958; ern. 1968 (in *Œuvres complètes*, Hg. M. Allem, 3 Bde., 1: *Poésies*; Pléiade). – Paris 1963 (in *Œuvres complètes*, Hg. Ph. van Tieghem). – Paris 1985 (in *Œuvres complètes*).

ÜBERSETZUNGEN: *Die Nächte*, I. Kafka, Wien 1920 [bearb.]. – Dass., A. Neumann (in *GW*, Bd. 5, Mchn. 1925). – Dass., F. Schäfer (in *Dichtungen*, Heidelberg 1960; m. frz. Text).

LITERATUR: E. Fors, *Die »Nuits« von A. de M.*, Bln. 1902. – J. Cassou, *»Les nuits« de M.*, Paris 1930. – M. Prella-Role, *»Les nuits«*, Vercelli 1940. – L. Spitzer, *»La nuit de mai«* (in L. S., *Interpretationen zur Geschichte der französischen Lyrik*, Heidelberg 1961, S. 108–126). – Ch. Fournet, *M., poète des »Nuits«* (in Ch. F., *Poètes romantiques*, Genf 1962, S. 77–97). – R. Jasinski, *Une source des »Nuits«* (in R. J., *A travers le 19e siècle*, Paris 1975, S. 107–112). – B. Masson, *Relire les »Nuits«* (in RHLF, 76, 1976, S. 192–210).

ON NE BADINE PAS AVEC L'AMOUR

(frz.; *Man spielt nicht mit der Liebe*). Komödie in drei Akten von Alfred de MUSSET, erschienen 1834; Uraufführung: Paris, 18. 11. 1861, Comédie Française. – Die Komödie wurde, wie die meisten Stücke Mussets, nicht für die Bühne geschrieben. Erst nach dem Tod des Dichters arbeitete sein Bruder Paul de MUSSET das Stück für die Uraufführung um; er schuf die Akteinteilung, nahm dramatische Eingriffe vor und entschärfte vor allem die religiösen Anspielungen. Camille Saint-Saëns (1917) und Arthur Honegger (1951) schrieben Szenenmusiken für *On ne badine pas avec l'amour*.
Der junge Perdican trifft nach Abschluß seiner Studien auf dem Schloß seines Vaters, des Barons, ein, gleichzeitig mit seiner Kusine Camille, deren klösterliche Erziehung ebenfalls beendet ist. Der Vater des jungen Mannes beabsichtigt, die beiden miteinander zu verheiraten, doch das stolze und gefühlvolle Mädchen sieht die Meinung ihrer Freundinnen, daß der Liebe und ihrer Unbeständigkeit zu mißtrauen sei, in Perdicans leichtlebigem Naturell bestätigt und begegnet dem insgeheim geliebten Jugendfreund mit abweisender Kühle. Sie schreibt an eine Freundin, Perdican sei verzweifelt, weil sie seine Gefühle nicht erwidert habe. Dieser fängt den Brief ab, beschließt, sich zu rächen, und macht der jungen Bäuerin Rosette den Hof. Camille erfährt jedoch, daß Perdican ihren Brief gelesen hat, verrät Rosette seine Absichten und arrangiert es, daß diese ein Gespräch zwischen ihr und Perdican belauscht. Rosette hört nun, daß Perdican von Camille darauf hingewiesen wird, daß es seine Pflicht sei, das Heiratsversprechen gegenüber Rosette einzulösen. Perdican ist zu diesem Schritt entschlossen, obwohl Rosette schon bereit ist, ihm sein Wort zurückzugeben. Als Camille und Perdican die Masken fallen lassen und einander ihre Liebe gestehen, ist Rosette wiederum Zeuge der Unterredung. Sie, die als einzige nicht spielte, bezahlt die Erkenntnis der Wahrheit mit dem Tod. Doch ihre Verzweiflungstat trennt auch die Liebenden, die sich ihrer Schuld bewußt werden, für immer.
Die *Comédies et proverbes* Mussets stehen in der Tradition der dramatischen Gattung des *proverbe*, die besonders im 18. Jh. in den preziösen Salons gepflegt wurde, zwischen 1820 und 1830 mit Théodore LECLERCQ (1777–1851) wieder auflebte und in Musset ihren entschiedensten Vertreter fand. Zwar folgte er mit diesem anmutigen Stück der literarischen Mode, insofern er damit eine moralische Redensart illustrierte, überschreitet aber formal und inhaltlich die Grenzen der überlieferten Muster (häufiger Szenenwechsel, Existenz einer irrealen Welt, tragischer Ausgang) und projiziert seine eigene Sensibilität in die frivole Welt dieses Genres. *On ne badine pas avec l'amour* ist von CARMONTELLE (1717–1806) beeinflußt, aber auch vom Theater MARIVAUX' und vor allem von SHAKESPEARE. Die Freiheiten der Form, die zwischen Schein und Wirklichkeit gelagerte Handlung und die komischen Figuren gehen auf das Shakespeareschen Theater, eines der großen Vorbilder der romantischen Dramatiker, zurück. In Perdicans Charakter spiegelt sich der Widerspruch zwischen totalem Skeptizismus und einem spontan hervortretenden Idealismus; ebenso wie Camille ist er sich der Beweggründe seines Handelns nicht bewußt und findet erst nach der Katastrophe zu sich selbst. R.L.

AUSGABEN: Paris 1834 (in RDM, 1.7.). – Paris/Ldn. 1834. – Paris 1853 (in *Comédies et proverbes*). – Paris 1958; ern. 1968 (in *Œuvres complètes*, Hg. M. Allem, 3 Bde., 2: *Théâtre*; Pléiade). – Paris 1963 (in *Œuvres complètes*, Hg. Ph. van Tieghem). – Paris 1963, Hg. M. Martin [krit.]. – Paris 1964 (in *Théâtre*, Hg. M. Rat, 2 Bde., 1; GF). – Paris 1976, Hg. A. Meyer u. M. A. Morel. – Paris 1979, Hg. P.-G. Castex. – Paris 1985 (in *Œuvres complètes*). – Paris 1988, Hg. B. Masson (zus. m. *Lorenzaccio*; GF).

ÜBERSETZUNGEN: *Spielt nicht mit der Liebe*, H. v. Löhner, Halle 1888. – *Man tändelt nicht mit der Liebe*, A. Neumann (in *GW*, Bd. 3, Mchn. 1925). – *Man spielt nicht mit der Liebe*, G. Blöcker, Köln o. J. [Bühnenms.]. – *Scherzt nicht mit der Liebe*, O. Gaillard, Bln. 1956 [Bühnenms.]. – Dass., A. Neumann (in *Dramen*, Mchn. 1981).

VERTONUNGEN: C. Nottara, *On ne badine pas avec l'amour* (Oper). – G. Pierné, *On ne badine pas avec l'amour* (Oper; Urauff.: Paris, 30. 5. 1910, Opéra-Comique).

VERFILMUNG: Frankreich 1924 (Regie: G. Ravel).

LITERATUR: J. Vier, *»On ne badine pas...«* (in J. V., *Littérature à l'emporte-pièce*, Paris 1958, S. 41–49). – S. Jeune, *»On ne badine pas...« et sa source impure* (in RHT, 18, 1966, S. 199–209). – L. C. Groag, *»On ne badine pas...« A Normative Analysis and Mise-en-scène*, Diss. Northwestern Univ. 1975 (vgl. Diss. Abstracts, 36, 1975/76, 7462A). – H. Rischbieter, *Mit M. lieben und leiden* (in Theater heute, 18, März 1977, H. 3, S. 15/16). – Ph. Sénart, *»On ne badine pas...«* (in RDM, Jan.–März 1978, S. 434–436). – P.-G. Castex, *Études sur le théâtre de M. 2: »On ne badine pas...«*, Paris 1979. – A. Vasak, *»On ne badine pas...«* (in NRF, Juni 1988, Nr. 425, S. 91–93). – M. Servin, *»On ne badine pas ...«* (in Les Temps Modernes, 43, April 1988, Nr. 501, S. 166–173).

GÉRARD DE NERVAL

d.i. Gérard Labrunie

* 22.5.1808 Paris
† 25.1.1855 Paris

LITERATUR ZUM AUTOR:
Bibliographien:
J. Senelier, *G. de N. Essai de bibliographie*, Paris 1959. – J. Villas, *G. de N. A Critical Bibliography 1900–1967*, Columbia/Miss. 1968. – J. Senelier, *Bibliographie nervalienne 1960–1967*, Paris 1968. – Ders., *Bibliographie nervalienne 1968–1980*, Paris 1982. – Ders., *Bibliographie nervalienne* (in OCrit, 13, 1988, H. 2, S. 117–134).
Zeitschriften:
Archives nervaliennes, Paris 1963 ff. – Cahiers Gérard de Nerval, Paris 1978 ff.
Biographien:
A. Marie, *G. de N. Le poète, l'homme*, Paris 1914; ern. Genf 1980. – R. Jean, *N. par lui-même*, Paris 1963; ern. 1976. – B. Sowerby, *The Disinherited. The Life of G. de N. 1808–1855*, Ldn. 1973. – P. Gascar, *G. de N. et son temps*, Paris 1981. – P. Petitfils, *N.*, Paris 1986.
Gesamtdarstellungen und Studien:
J. Richer, *G. de N.*, Paris 1950; ern. 1968. – A. Béguin, *G. de N.*, Paris 1956. – L. Cellier, *G. de N.*, Paris 1956; [3]1974. – C. Dédéyan, *G. de N. et l'Allemagne*, 3 Bde., Paris 1957–1959. – J. Richer, *N. Expérience et création*, Paris 1963; rev. 1970. – K. Schärer, *Thématique de N. ou le monde recomposé*, Paris 1968. – G. R. Humphrey, *L'esthétique de la poésie de G. de N.*, Paris 1969. – R. Chambers, *G. de N. et la poétique du voyage*, Paris 1969. – A. Lebois, *Fabuleux N.*, Paris 1972. – R. E. Jones, *G. de N.*, NY 1974. – J.-P. Richard, *Géographie magique de N.* (in J.-P. R., *Poésie et profondeur*, Paris 1976, S. 16–89). – R. Theis, *N. ›Orphée photographe‹ und ›Nouveau Roman‹ – Zum Problem der einfachen Formen als Vorform moderner Kunst* (in RF, 8, 1975, S. 268–294). – T. Todorov, *Introduction à la littérature fantastique*, Paris 1976. – M. Jeanneret, *La lettre perdue*, Paris 1978. – F. Constans, *G. de N. devant le destin. Études nervaliennes*, Paris 1979. – B. L. Knapp, *G. de N., the Mystic's Dilemma*, Alabama 1980. – *G. de N.*, Hg. J. Richer, Paris 1980 (Cahiers de l'Herne). – B. Tritsmans, *N. et l'indétermination textuelle* (in Poétique, 15, 1984, S. 423 bis 436). – Lendemains, 9, 1984, Nr. 33 [Sondernr. *G. de N.*]. – G. Malandain-Chamarat, *N. ou l'incendie du théâtre. Identité et littérature dans l'œuvre de prose de N.*, Paris 1986. – M.-F. Étienne, *N. Janus multiplié*, NY u. a. 1987. – K. Locke, *The Poet as a Social Visionary*, Lexington/Ky. 1987. – OCrit, 13, 1988 [Sondernr. *G. de N.*].

AURÉLIA OU LE RÊVE DE LA VIE

(frz.; *Aurelia oder Der Traum des Lebens*). Prosadichtung von Gérard de NERVAL, erschienen 1855. – *Aurélia*, zusammen mit den Sonetten der *Chimères* und dem Prosastück *Pandora* in der letzten Schaffensperiode Nervals entstanden, kann gleichsam als Vermächtnis des Autors gelten, der sich das Leben nahm, ohne die Endredaktion des Werks in der ›Revue de Paris‹ abzuschließen. *Aurélia* rekonstruiert den inneren Lebensweg dieses durch und durch romantischen Dichters seit der schicksalhaften Begegnung mit der Schauspielerin Jenny Colon (Aurélia) und beschreibt und deutet im einzelnen die visionären Bilder seiner Halluzinationen und Träume.
Wie schon in dem *Voyage en Orient* geht es dem Autor in *Aurélia* darum, das geheime Band zu fin-

den, das die innere Welt der Seele mit der äußeren Existenz zusammenhält. Autobiographische Erlebnisse, Halluzinationen und vor allem die Wirklichkeitsgestaltung des Traums ermöglichen es dem Ich-Erzähler, den Verlust der Geliebten wenn nicht zu bewältigen, so doch gleichsam in der literarischen Form einer fingierten »automatischen Niederschrift« zu sublimieren. Das Werk nimmt die Tradition der Unterweltsfahrten, wie sie im Orpheus-Mythos Gestalt gewinnt, auf, die jedoch im Sinne von Nervals romantischer Hypertrophie zur Suche nach dem eigenen Ich stilisiert wird: Von dieser romantischen Literarisierung, die den Text von einer platten Tagebuchfiktion abhebt, zeugen zahlreiche Anspielungen, die das Werk in ehrgeiziger Weise mit den prominentesten Vertretern der abendländischen Selbstanalyse typologisch verknüpfen. SWEDENBORGS *Memorabilia*, DANTES *Vita nova*, GOETHES *Faust* (den Nerval bereits 1826/27 ins Französische übersetzt hatte), die Unterweltfahrt in APULEIUS' *Goldenem Esel*, Die Orpheus-Mythologie, die *Apokalypse* des hl. JOHANNES und Ideen aus dem Werk von LUKREZ, die der Erzähler wie selbstverständlich in den Bericht einfließen läßt, sollen den Text als Nervals »Reise in die Unterwelt« der eigenen Seele ausweisen, die – wie in den früheren Werken des Autors – den Status eines autonomen Reichs jenseits der defizitär empfundenen Realität beansprucht. So kann der erste Satz des Textes gleichsam als Motto und Axiom der revolutionären Schreibweise in *Aurélia* stehen: *»Le rêve est une seconde vie« (»Der Traum ist ein zweites Leben«)*.

Durch eigene Schuld hat Gérard seine Geliebte verloren, deren Bild ihn bis in den Schlaf verfolgt und in einen Wahnsinnszustand versetzt, in dem sich Realität und Irrealität vermischen. In seinen Visionen findet er die Bestätigung für seinen Glauben, daß es jenseits dieser Wirklichkeit eine Welt gibt, in der sich die enttäuschten Hoffnungen erfüllen. Nachdem die wirkliche Aurélia gestorben ist, nimmt ihr Bild erst recht göttliche Gestalt an. In die Ewigkeit entrückt, wird Aurélia in Ewigkeit ihm gehören. Diese Gewißheit aber wird durch eine neue Bewußtseinskrise zerstört, in der Gérard seinen teuren Besitz durch einen Doppelgänger gefährdet sieht. Erst später erkennt er in dieser Gestalt den göttlichen Boten, der ihm Aurélia entführte, zur Strafe dafür, daß er sie zu seinem Götzenbild erhoben hat, anstatt sie in Gott zu lieben. Neue Visionen belehren ihn, daß Erkenntnis und Reue zu spät kamen, und so ist ihm Aurélia denn ein zweites Mal entrissen. Dann aber erscheint ihm eines Nachts in strahlender Gestalt die Göttin seiner Träume, in der sich in der für Nerval charakteristischen Weise Züge der christlichen Madonna, der antiken Euridice und der selbstbewußt modernen Schönheit seiner verlorenen Geliebten und der früh verstorbenen eigenen Mutter synkretistisch überlagern. *»Ich bin Aurélia und Maria, bin Maria und deine Mutter, bin die Frau, die du in allen Frauen liebtest. In all deinen Heimsuchungen habe ich von Mal zu Mal eine der Masken abgelegt, die meine wahre Gestalt verhüllen, und bald nun wirst du mich sehen, wie ich wahrhaft bin.«* Durch diese Offenbarung findet Gérard endlich Ruhe. In einem letzten Traum erscheint ihm die wiedergewonnene Aurélia als glanzvoller Stern am Horizont.

Als deutlich autobiographische Dichtung geplant, sollte *Aurélia* ursprünglich einen Teil der Briefe Nervals an die reale »Aurélia« Jenny Colon enthalten; doch fügten sich die Liebesbriefe nicht in das Konzept der visionären Dichtung. So wurden sie von GAUTIER und HOUSSAYE unter dem Titel *Lettres à Jenny* veröffentlicht und bilden eine wesentliche Hilfe zum Verständnis des Werks. Nervals Sprache entspricht jedoch nicht der poetischen und mythischen Größe seines Universums. Sein Wortschatz, die Bilder, die er verwendet, entstammen der literarischen Konvention seiner Zeit und sind oft in irreführender Weise vorbelastet. Seine Träume sind nicht mit der sentimentalen Schwärmerei einer bereits ausklingenden Romantik gleichzusetzen: In seinen Visionen offenbart sich ihm vielmehr das zweite, wahre Gesicht der Wirklichkeit; in der Durchdringung des Vordergründig-Sichtbaren berührt ihn der Hauch der Unendlichkeit. Die Widersprüche des Daseins lösen sich auf in der mystischen Vereinigung der sichtbaren und der unsichtbaren Welt. KLL

AUSGABEN: Paris 1855. – Paris 1959, Hg. M. Cornand u. J. Zeugschmitt [krit.; m. Bibliogr.]. – Paris 1960 (in *Œuvres*, Hg. A. Béguin u. J. Richer, 2 Bde., 1; Pléiade). – Paris 1971, Hg. P.-G. Castex [komm.]. – Paris 1972 (Folio). – Paris 1972 (in *Les filles du feu*, Hg. L. Cellier; GF). – Paris 1972, Hg. J. Richer [Faks. der Mss.]. – Paris 1978 (in *Œuvres*, Hg. H. Lemaître; Class. Garn). – Paris 1984 (Poche).

ÜBERSETZUNGEN: *Aurelia oder Der Traum und das Leben*, H. Kubin, Mchn./Lpzg. 1910 [Ill. A. Kubin]; ern. Ffm. 1961 (FiBü); ern. Mchn. 1979 (dtv). – Dass., A. Wolfenstein (in *Erzählungen*, 3 Bde., 2, Mchn. 1921). – *Aurelia*, E. Rechel, Zürich 1960. – Dass., E. Sander (in *Töchter der Flamme*, Mchn. 1960; GGT). – Dass., ders., Bln. 1970. – Dass., E. Wiegand-Junker, Stg. 1971 (RUB). – *Aurelia oder Der Traum und das Leben*, F. Hindermann, Zürich 1982. – Dass., F. v. Aigner-Dünnwald (in *Werke*, Hg. N. Miller u. F. Kemp, 3 Bde., 3, Mchn. 1986–1989).

LITERATUR: P. Audiat, *»Aurélia« et G. de N.*, Paris 1925. – J. Richer, *N. au royaume des archetypes*, Paris 1971. – L. Cellier, *De »Sylvie« à »Aurélia«*, Den Haag/Paris 1971. – J. S. J. Guillaume, *G. de N., »Aurélia«*, Namur 1972. – W. Beauchamp, *The Style of N.'s »Aurélia«*, Den Haag/Paris 1976. – L. M. Porter, *The Myth of Atonement in N.'s »Aurélia«* (in L. M. P., *The Literary Dream in French Romanticism*, Detroit 1979, S. 144–173). – W. Theile, *N., »Aurélia«* (in W. T., *Immanente Poetik des Romans*, Darmstadt 1980, S. 76–83). – J. S. J. Guillaume, *Aux origines de »Pandora« et d'Aurélia«*, Namur 1982. – B. Tritsmans, *Le discours du savoir dans »Aurélia«* (in Littérature, Mai 1985, Nr. 58, S. 19–28). – J. Huré, *»Aurélia«, deuxième voyage – et récit de voyage – de N. en Orient* (in *Métamorphoses du récit de voyage*, Hg. F. Moureau, Paris/Genf 1986, S. 52–60). – *Le rêve et la vie. »Aurélia«, »Sylvie«, »Les chimères« de G. de N.*, Hg. M. Bercot, Paris 1986.

LES CHIMÈRES

(frz.; *Die Chimären*). Zyklus von zwölf Sonetten von Gérard de Nerval, erschienen 1854 als Anhang zu der Novellensammlung *Les filles du feu*. – Der Zyklus umfaßt eine Gruppe schon früher gedruckter Sonette (*El desdichado, Myrtho, Delfica, Le Christ aux oliviers* [fünf Sonette], *Vers dorés*) und drei bis dahin noch nicht publizierte Dichtungen: *Horus, Antéros, Artémis*. In seinem Vorwort weist der Autor selbst auf das Fremdartig-Geheimnisvolle seiner Gedichte hin, die kaum weniger dunkel seien als die Metaphysik Hegels und die Visionen Swedenborgs und die ihres Zaubers beraubt wären, könnte und wollte man sie erklären. Zwar hat man in geduldiger Interpretationsarbeit mythologische, literaturgeschichtliche, philosophische und biographische Anspielungen in ihnen nachgewiesen; daneben sind zunehmend Referenzen aus der okkulten Literatur in den Texten zu finden, die in ihrem Hermetismus symbolistische Unauslotbarkeit und Dunkelheit vorwegnehmen; doch selbst moderne philologische Kommentare, die versuchen, den vielfältigen intertextuellen Beziehungen nachzuspüren, vermögen keine eindeutigen Interpretationen zu liefern: So markieren Nervals *Chimères* nach einhelliger Meinung den Anfang des »dunklen« Stils in der französischen Lyrik; auch wurden sie als Musterbeispiele »reiner« Poesie im Sinne Mallarmés oder der *»automatischen Niederschrift«* André Bretons, ja sogar als alchimistische Verschlüsselungen interpretiert, doch alle logisch-rationalistischen Versuche der Deutung und Klassifizierung führen über bloße Hypothesen nicht hinaus.

Analog zur Chiffrierungsweise des Unterbewußtseins im Traum lassen sich in den Texten anhand der erhaltenen Vorstufen gelegentlich die oft nur über Klangassoziationen gelenkten Schritte des Dichters bei der allmählichen Verschleierung des unmittelbar einsichtigen Sinns nachvollziehen. Oft verdanken die Gedichte ihre Entstehung der Lektüre literarischer Werke: So geht das Sonett *Christ aux oliviers* auf Jean Pauls *Rede des toten Christus* zurück und ist so eines der Zeugnisse für Nervals intensive Auseinandersetzung mit der deutschen Literatur. Zu dem nihilistischen Inhalt des *Christ aux oliviers* steht *Vers dorés* als Verherrlichung eines pythagoräisch beeinflußten Pantheismus in krassem Gegensatz. Diese synkretistische Weltsicht wird von den Gedichten *Myrtho* und *Delfica* zur pluralistischen Religion zwischen Christentum und Antike erweitert, während *Antéros* den biblischen Mythos von Kain evoziert. Charakteristisch für Nervals assoziativ-eklektische Schreibweise ist *Horus*, dessen synkretistische Gottheit aus ägyptischen, christlichen und hellenistischen Komponenten als Symbol für die komplexe Überlagerungstechnik in den *Chimères* stehen kann.

Die Vieldeutigkeit und Vielschichtigkeit der Gedichte ist vom Dichter beabsichtigt und schlägt sich bereits im Titel nieder, der das gebrochene Wirklichkeitsverständnis Nervals umschreibt: Ihm erschien auch die Wirklichkeit vieldeutig, und in seinem eigenen Leben waren Traum, Aberglaube und Realität seltsam vermischt. Geheimlehren aus Antike und Neuzeit, Orient und Okzident faszinierten ihn, die des Neuplatonismus so gut wie die Kabbala oder die in der Freimaurerei nachlebenden alten Initiationskulte. Die Zeugnisse dieses religiösen Synkretismus kristallisierten sich ebenso zu strenger, kunstvoll gebauter poetischer Form wie die Bilder aus der orientalischen Mythologie, wissenschaftliche Begriffe, alchimistische Formeln und persönliche Erfahrungen. Religiöse Intuition, Träume, Erinnerungen an exotische Länder, an Liebe und Enttäuschungen, an Krisen drohenden Wahnsinns – das alles verschmilzt in den Gedichten zu einer Einheit, die sich jeder Analyse entzieht, den Leser jedoch mit dem geheimnisvollen Wohllaut ihrer Sprache berückt. Elliptische Verkürzung und zugleich ein ins Extreme getriebener Anspielungsreichtum, wie er in dem einleitenden Sonett *El desdichado* immer wieder die Interpreten herausgefordert hat, machen *Les chimères* zu einem der vielschichtigsten und bedeutendsten Werke der französischen Lyrik. – In Nervals Nachlaß fanden sich u. a. noch neun weitere Sonette, die gelegentlich unter dem Titel *Autres chimères* als Fortsetzung des Zyklus betrachtet werden. Nach den Worten seines Zeitgenossen Théophile Gautier hat Nerval in den zwölf Sonetten der *Chimères* bereits den Symbolismus vorweggenommen: *»On entend déjà, sous ses doigts, vibrer le luth symboliste.«* KLL

Ausgaben: Paris 1854 (in *Les filles du feu*). – Paris 1960 (in *Œuvres*, Hg. A. Béguin u. J. Richer, 2 Bde., 1; Pléiade). – Genf 1966, Hg. J. Moulin (TLF). – Brüssel 1966, Hg. J. Guillaume [krit.]. – Paris 1972 (in *Les filles du feu*, Folio). – Paris 1972 (in *Les filles du feu*, Hg. L. Cellier; GF). – Paris 1978 (in *Œuvres*, Hg. H. Lemaître; Class. Garn). – Paris 1984 (Poche).

Übersetzungen: *Die Chimären*, W. Hausenstein u. a. (in *Töchter der Flamme*, Freiburg i. B. 1953). – *Chimären und andere Gedichte*, M. Krüger, St. Michael 1981.

Literatur: J. Moulin, *G. de N., »Les chimères«, exégèses*, Genf 1949. – L. Cellier, *Sur un vers des »Chimères«, N. et Shakespeare* (in Cahiers du Sud, 1952, Nr. 311, S. 146–153). – J. Richer, *Le luth constellé de N.* (ebd., 1955, Nr. 331, S. 373–389). – A. Lebois, *Vers une élucidation des »Chimères«* (in ALM, März 1957). – H. Meschonnic, *Essai sur la poétique de N.* (in Europe, 1958, S. 10–33; ern. in H. M., *Pour la poétique*, Bd. 3, Paris 1976). – M. Lecomte, *A propos des »Chimères«* (in Cahiers d'analyse textuelle, 4, 1962, S. 16–28). – P.-G. Castex, *Le conte fantastique en France de Nodier à Maupassant*, Paris 1962, S. 284–314. – K. Stierle, *Dunkelheit und Form in G. de N.s »Chimères«*, Mchn. 1967. – J. Geninasca, *Analyse structurale des »Chimères«*, Paris 1971. – Ders., *Les »Chimères« de N.*, Paris 1973. – R. Faurisson, *La clé des »Chimères« et »Autres chimères« de N.*, Paris 1977. – K. Schärer, *Pour une poétique des »Chimères« de N.*, Paris 1981. – D. Vouga, *N. et ses »Chimères«*, Paris 1981. – G. le Breton, *N., poète alchimique. La clef des »Chimères«*, Paris 1982. – J. Senelier, *Au pays des »Chimères«*, Paris 1985. – J. Guillaume, *Les »Chimères« et leur secret* (in *Du Romantisme au surnaturalisme. Hommage à C. Pichois*, Neuchâtel 1985, S. 121–125). – *La rêve et la vie. »Aurélia«, »Sylvie«, »Les chimères« de G. de N.*, Hg. M. Bercot, Paris 1986.

VOYAGE EN ORIENT

(frz.; *Reise in den Orient*). Reisebericht von Gérard de NERVAL, erschienen 1851. – 1843 unternahm Nerval zusammen mit dem Ägyptologen Théodore de Fonfrède von Marseille aus eine einjährige Orientreise, die ihn nach Ägypten, Syrien, Zypern, in die Türkei und auf der Rückreise nach Italien führte. Sein acht Jahre später vollendeter Reisebericht enthält in der Einleitung *(Vers l'Orient)* auch Erinnerungen an frühere Reisen nach Genf, München und Wien. Teile des Werks erschienen seit 1844 als Feuilleton-Artikel in Pariser Zeitschriften, später hat Nerval auch Zusammenfassungen größerer Abschnitte unter dem Titel *Scènes de la vie orientale. Les femmes du Caire* (1848) und *Scènes de la vie orientale II. Les femmes du Liban* (1850) in Buchform veröffentlicht. Erst in der definitiven und vollständigen Fassung des *Voyage en Orient* von 1851 sind Zusammenhang und künstlerische Absicht des Werks zu erkennen: die Umrisse eines Ich-Romans, in dem die realen Erlebnisse einer Orientreise als Station einer mythischen Suche nach der verlorenen religiösen Einheit erscheinen. Nerval, der sich selbst als *»voyageur enthousiaste«* kennzeichnet, folgt einer romantischen Neigung; schon für HUGO, CHATEAUBRIAND, LAMARTINE, GAUTIER, Maler wie Delacroix und Decamps und andere Zeitgenossen war der Orient exotischer Reiz, künstlerisches Motiv und oft auch Reiseziel gewesen – um so mehr für Nerval, der die Reise, wie schon die Anregungen der Deutschlandreisen zeigen, als Möglichkeit der Selbstverwandlung und als schöpferisches Prinzip noch intensiver empfinden konnte. Deutlicher als die Reiseberichte Gautiers läßt das Erfahrene jedoch *»früher oder später den defizitären Status der Wirklichkeit hervortreten«* (F. Wolfzettel). An die Stelle der exotisch empfundenen »anderen Welt«, die als poetisches Stimulans wirken kann, tritt die pessimistische Sicht einer Welt, die mit der subjektiven Wahrheit des Traumes nicht konkurrieren kann. Mit der platten Suche nach dem Romantisch-Pittoresken hat dies nichts mehr zu tun.

In *Voyage en Orient*, dem literarischen Zeugnis dieser Faszination, finden sich in lockerer Folge Tagebuchnotizen, Lektüre-Erinnerungen, Reportagen im Feuilletonstil, stilisierte Dialoge, wissenschaftliche oder poetische Exkurse, kulturgeschichtliche Anmerkungen, Märchen, Träume und Erlebnisberichte. Dem Anschein nach wie die Reise selbst ein Werk der Improvisation, wechselnder Neugierde und unbestimmter Planung, ist *Voyage en Orient* ein Bilderbuch, das Eindrücke von Schweizer Landschaften, von Wiener Theater- und Kaffeehausbesuchen und flüchtige Impressionen von griechischen Inseln vermittelt, das Kairoer Alltagsszenen, einen Haremsbesuch, die Besichtigung von Pyramiden und Beobachtungen in einem Haschisch-Café sowie beim Bazar- und Theaterbummel in Konstantinopel und anderes mehr schildert. Die verschiedenen Rollen des Erzählers, der sich als *»Heide in Griechenland, Muselman in Ägypten und Pantheist inmitten der Drusen«* fühlt und sich gern nach Landessitte kleidet, wirken zunächst wie ein komödiantisches Spiel. Auch der Kauf der javanischen Sklavin Zeylab in Kairo und das Intermezzo einer Verlobung mit Salema, der Tochter eines Drusen-Scheichs, dessen Gastfreundschaft Nerval gewann, lassen sich als Nachahmung orientalischer Märchen deuten. Schwerer wiegen dann die Enttäuschungen und die Trauer über die Unmöglichkeit, die Antizipationen der dichterischen Phantasie in der Wirklichkeit wiederzufinden. Literarische und mythologische Anspielungen unterstreichen die Motive des tragischen Verlusts oder Verzichts: Erinnerungen an Orpheus und Isis, den Venuskult der Insel Kythera, die Reiselektüre der *Hypnerotomachia Poliphili* (1499, platonisierender Roman von Francesco COLONNA), vor allem aber die eingeschobene Erzählung von Salomo, Adoniram und Balkis, der Königin von Saba (*Histoire de la reine du Matin* ...), in der auch die Vermischung antiker, biblischer und islamischer Mythen auffällt. Der Orient wird auch aus der ambivalenten Sicht des europäischen männlichen Reisenden zum Ort eines andersartigen Umgangs zwischen den Geschlechtern, als deren Chiffren die mythologischen Gestalten neu gedeutet werden. Dem entsprechen die Argumente für religiöse Toleranz (besonders in dem Kapitel über die Drusen und Maroniten) und die Aufnahme einiger Freimaurerideen. Es bleibt dem Leser überlassen, die mystischen Leitmotive der »Reise« – Initiation, Verwandlung und Einheit von Liebe und Tod – als Chiffren der dichterischen Existenz Nervals zu verstehen.

Der *Voyage en Orient* wurde lange Zeit als Reisetagebuch und autobiographisches Dokument nur oberflächlich gedeutet. Tatsächlich geht es dem Reisenden Nerval indes nicht um die essayistische Präsentation touristischer Höhepunkte, sondern er versucht, unter die Oberfläche der geschauten Dinge vorzudringen, in denen er sein eigenes Ich sucht: *»Das Ziel ist die Erkenntnis durch den Orient, nicht* *der Orient«* (F. Wolfzettel). – Mittlerweile gilt der Reisebericht in der neueren Forschung (H. Lemaître, G. Schaeffer) als erste bedeutende Prosadichtung Nervals, in der Thematik und nuancenreichen Stilisierung als Präfiguration der späteren Meisterwerke *Aurélia* und *Sylvie*. V. R.

Ausgaben: Paris 1851, 2 Bde. – Paris 1867 (in *Œuvres complètes*, 6 Bde., 1867–1877, 2). – Paris 1927, Hg. I. Chuzeville, 3 Bde. [krit.]. – Paris 1958 (in *Œuvres*, 2 Bde., 2; Einl. H. Lemaître). – Paris 1960 (in *Œuvres*, Hg. A. Béguin u. J. Richer, 2 Bde., 2; Pléiade). – Paris 1978 (in *Œuvres*, Hg. H. Lemaître; Class. Garn). – Paris 1980, Hg. M. Jeaumaret, 2 Bde. (GF). – Paris 1984 (in *Œuvres complètes*, Hg. J. Guillaume u. C. Pichois, 3 Bde., 2; Pléiade).

Übersetzungen: *Reisebilder aus dem Orient. Die Frauen von Cairo. Theater in Stambul*, A. Wolfenstein (in *Erzählungen*, Mchn. 1921; Ausz.). – *Reisen im Orient*, E. Sander, Freiburg i. B. 1953. – *Die Frauen von Kairo*, H. L. Teweleit, Ffm. 1973. – Dass., ders., Bln./DDR 1973. – *Reise in den Orient*, F. v. Aigner-Dünnwald (in *Werke*, Hg. N. Miller u. F. Kemp, 3 Bde., 1, Mchn. 1986–1989).

Literatur: G. Mermier, *La mort, fatalité et l'amour dans le »Voyage en Orient«* (in Le Bayou, 27, 1963, Nr. 93/94, S. 359–363). – G. Schaeffer, *Le »Voyage en Orient« de N. Étude et structures*, Neuchâtel 1967. – R. Chambers, *N. et la poétique du voyage*, Paris 1969. – G. Riegert, *Sources et ressources d'une île* (in RHLF, 81, 1981, S. 919–943). – E. Le Quire, *Le paradis artificiel du »Voyage en Orient«* (in *Du Romantisme au surnaturalisme. Hommage à C. Pichois*, Neuchâtel 1985, S. 113 bis 119). – M. Milner, *Religions et Religion dans le »Voyage en Orient« de N.* (in Romantisme, 50, 1985, S. 41–52). – F. Wolfzettel, *Ce désir de vagabonde cosmopolite: Wege und Entwicklung des französischen Reiseberichts im 19. Jh.*, Tübingen 1986, S. 292.

Charles Nodier

* 23.4.1780 Besançon
† 27.1.1844 Paris

Literatur zum Autor:

Bibliographien:

J. Larat, *Bibliographie critique des œuvres de Ch. N.*, Paris 1923. – E. J. Bender, *Bibliographie des œuvres de N.*, Lafayette 1969. – S. F. Bell, *N., His Life and Works. A Critical Bibliography 1923–1967*, Chapel Hill 1971.

Gesamtdarstellungen und Studien:

J. Larat, *La tradition et l'exotisme dans l'œuvre de Ch. N.*, Paris 1923. – W. Mönch, *Ch. N.*, Diss. Bln. 1931. – P.-G. Castex, *Le conte fantastique en France de N. à Maupassant*, Paris 1951; ⁵1974. – F. Bérance, *N. ou les sources de la poésie* (in F. B., *Grandeur spirituelle du 19e siècle français*, Paris 1958, S. 153–176). – R. Maixner, *N. et l'Illyrie*, Paris 1962. – A. R. Oliver, *Ch. N. Pilot of Romanticism*, Syracuse/N.Y. 1964. – J. Schulze, *Enttäuschung und Wahnwelt. Studien zu Ch. N.s Erzählungen*, Mchn. 1968. – H. Juin, *Ch. N. Un tableau synoptique de la vie et des œuvres et des principaux événements contemporains*, Paris 1970. – W. Engler, *Zur Biographie von Ch. N.* (in GRM, 20, 1970, S. 256–265). – H. Nelson, *Ch. N.*, NY 1972. – M. S. Hamanachem, *Ch. N. Essai sur l'imagination mythique*, Paris 1972. – R. A. G. Pearson, *Themes and Techniques in the Narrative Works of N.*, Diss. Oxford 1976. – K. Heitmann, *Vorbemerkungen zur phantastischen Literatur N.s* (in *Imago linguae. Beiträge zu Sprache, Deutung und Übersetzen. Fs. F. Paepcke*, Hg. H.-H. Bender, K. Berger u. M. Wandruszka, Mchn. 1978, S. 215–235). – H. P. Lund, *La critique du siècle chez N.*, Kopenhagen 1978. – R. Setbon, *Liberté d'une écriture critique, N.*, Genf 1979. – Europe, Jun./Juli 1980, Nr. 614/615 [Sondernr. *Ch. N.*]. – C. Leube, *N.* (in *Französische Literatur des 19. Jh.s*, Hg. W.-D. Lange, Heidelberg 1980, S. 176–191; UTB). – Lendemains, 1982, Nr. 25/26 [Sondernr. *Ch. N.*]. – B. Rogers, *N. et la tentation de la folie*, Genf 1985. – M. Wachs, *Die poetische Verwirklichung von N.s Konzept des ›fantastique vraisemblable‹*, Ffm. u. a. 1987.

SMARRA ou Les démons de la nuit. Songes romantiques

(frz.; *Smarra oder Die Dämonen der Nacht. Romantische Träume*). Erzählung von Charles Nodier, erschienen 1821. – Die in fünf Kapitel und einen »Anhang« gegliederte Erzählung, deren erstes *(Prologue)* und fünftes Kapitel *(Épilogue)* den Rahmen bilden, spielt am Lago Maggiore. Soeben ist Lorenzo mit seiner Freundin Lisidis von einem Ball heimgekehrt. Er spricht von den Alpträumen, die ihn in den letzten Nächten befallen haben und die er auf die Lektüre des *Goldenen Esels* von Apuleius zurückführt, eines Buchs, das seine Einbildungskraft lebhaft beflügelt. Der Leser wird nun Zeuge dieser Träume: Lorenzo hat sich in Lucius verwandelt, Schauplatz ist das antike, seiner Hexen wegen berüchtigte Thessalien. Chöre singender Mädchen rufen in dem am Peneios entlangreitenden Helden zunächst angenehme sinnliche Eindrücke hervor, die bald von Bildern des Schreckens abgelöst werden. Unter den Gespenstern, die die Gegend bevölkern, erkennt Lucius seinen Freund Polémon, der einst in einer Schlacht gefallen war; er erzählt ihm, wie ihn die Zauberin Méroé dem Dämon des Alptraums, Smarra, ausgeliefert hat. Lucius wird des Mordes an Polémon angeklagt, er wird Zeuge der

eigenen öffentlichen Enthauptung. Méroé und Smarra peinigen ihn. Da weckt Lisidis Lorenzo und befreit ihn von den Erinnerungen an seine schrecklichen Träume.
Trotz seines anfänglichen, von Nodier selbst bezeugten Mißerfolgs hat *Smarra* einen festen Platz in der französischen Literaturgeschichte. Es ist eins der ersten Werke, die die Eindrücke des Traums gleichberechtigt neben die des Wachseins stellen und die versuchen, das Hinübergleiten aus dem einen in den anderen Zustand dichterisch zu beschreiben. Die Schilderung des Alptraums rückt *Smarra* zugleich in die Nähe des 1803 veröffentlichten graphischen Zyklus *Caprichos* von Francisco de Goya. – Charakteristisch für Nodier ist der Rückgriff sowohl auf antike wie auch auf moderne Quellen. Die fünf Kapitel werden jeweils von einem Shakespeare-Zitat und Versen aus der lateinischen Dichtung eingeleitet. Deutlich ist die Inspiration durch Apuleius zu erkennen.
In der ersten Auflage behauptete der Autor, nur der Übersetzer des angeblich in serbokroatischer Sprache verfaßten Werks zu sein; er verzichtete aber bald auf diese Mystifikation. Auch seine im Vorwort zur Neuauflage von 1832 geäußerte Behauptung, *Smarra* sei nur ein Pastiche klassischer Autoren wie Homer, Theokrit, Vergil, Catull, Statius, Lukian, Dante, Shakespeare und Milton, sollte das Publikum in die Irre führen; sie hält der Überprüfung nicht stand.

Ausgaben: Paris 1821. – Paris 1832 (in *Œuvres complètes*, 12 Bde., 1832–1841, 3). – Paris 1961 (in *Contes*, Hg. P.-G. Castex; Class. Garn). – Paris 1980 (in *Contes*; Einl. J.-L. Steinmetz; GF). – Paris 1982 (zusammen mit *La fée aux miettes* und *Trilby*; Folio).

Übersetzung: *Smarra oder die Dämonen der Nacht*, H. Hofer (in *Die Krümelfee und andere Erzählungen*, Zürich 1979).

Literatur: W. Theile, »*Smarra*« (in W. T., *Immanente Poetik des Romans*, Darmstadt 1980, S. 68–76). – A. Monelon Dominguez, *En deça de l'écriture. »Smarra ou les démons de la nuit« de N.* (in Queste, 2, 1985, S. 145–154).

JAN GRAF POTOCKI

* 8.3.1761 Pików
† 2.12.1815 Uładówka

LE MANUSCRIT TROUVÉ À SARAGOSSE

(frz.; *Die Handschrift von Saragossa*). Roman von Jan Graf Potocki (Polen), entstanden 1797 bis 1815, auszugsweise erschienen 1805, vollständige Ausgabe 1847. – Im *Vorwort des Verfassers* läßt Potocki die leicht durchschaubare Fiktion entstehen, er habe den Text unter abenteuerlichen Umständen gefunden und sei nur der Herausgeber. Das tatsächliche Schicksal des Romans, dessen vollständiges Manuskript bis auf den heutigen Tag verschollen ist, übertrifft die fingierte Veröffentlichungsgeschichte an Abenteuerlichkeit bei weitem. Potocki, Kosmopolit polnischer Abstammung, der bis dahin nur durch wissenschaftliche Publikationen hervorgetreten war, begann 1804/05 in St. Petersburg mit der Drucklegung des ersten Teils des Romans (Tage 1–13), die aber bei der Herstellung der Korrekturbögen endete (zwei Exemplare in Leningrad und Paris erhalten). Eine deutsche Übersetzung des ersten Teils (erstes Dekameron) erscheint 1809 in Leipzig (herausgegeben von Friedrich Adelung) unter dem Titel *Abentheuer in der Sierra Morena, aus den Papieren des Grafen von ***. I. Band.* Als Fortsetzung des Petersburger Textes kommt 1813 in Paris ein zweiter Teil des Romans *Avadoro. Histoire espagnole par M. L. C. J. P.* [Monsieur le Comte Jan Potocki] heraus (Tage 1–10). 1814 – ob mit Zustimmung des Autors ist fraglich – eine zusammenfassende Ausgabe, teilweise gekürzt und teilweise ergänzt (um die *Histoire de Rébecca*) unter dem Titel *Les dix journées de la vie d'Alphonse van Worden* (in der definitiven Fassung ist Avadoros Erzählung, die fast die Hälfte des Ganzen ausmacht, auf die Tage 12–61 verteilt). Eine von Potocki zur Veröffentlichung nach Paris geschickte Handschrift des gesamten Romantextes bleibt unauffindbar trotz der von Aleksandr S. Puškin (nach Potockis Tod) veranlaßten Nachforschungen. Ohne Quellenangabe veröffentlichte Charles Nodier 1822 in seiner Geschichtensammlung *Infernaliana* den nur wenig veränderten Text des zehnten Tags aus Potockis Roman; 1834/35 gibt Maurice Cousin ganze Teile des Werkes u. a. als angebliche Memoiren Cagliostros heraus. Das Plagiat wird aufgedeckt und Potockis Autorschaft eindeutig belegt. Dennoch gilt Nodier, der dazu schweigt, zeitweilig als Autor des Romans. Ebenfalls ohne Quellenangabe (wohl irrtümlich) druckt Washington Irving noch 1855 einen Ausschnitt des Romans in seiner Erzählungssammlung *Wolfert's Roost and Other Stories* ab. 1847 erscheint eine polnische Übersetzung des vollständigen Textes in Leipzig unter dem Titel *Rękopis znaleziony w Sara* *gossie [Le manuscrit trouvé à Saragosse*; der Titel geht auf Potocki zurück], auf der verschiedene nachfolgende Ausgaben basieren. Heute sind fünf Handschriften von Teilen des Romans (darunter zwei Autographen von Potocki) bekannt; sie spiegeln verschiedene Stadien der Ausarbeitung wider, ergeben aber nicht den vollständigen Text, so daß die französische Neuausgabe von 1989 noch zu einem Sechstel des Textes auf die eher unsichere polnische Übersetzung von 1847 zurückgreifen muß.

In formaler Anlehnung an *Tausendundeine Nacht* und das *Decamerone* hat Potocki seinen Roman in die Erzählungen von 66 Tagen unterteilt, in denen Alphonse van Worden, ein junger Hauptmann der wallonischen Garden Philipps V., die Sierra Morena überquert, um in Madrid seinen Dienst anzutreten. Auf dem Weg, der normalerweise wenige Tage beansprucht, wird der Held in eine Reihe sinnverwirrender, schauerlicher Abenteuer gestürzt (zu Anfang wacht er am Morgen nach der Begegnung mit zwei jungen Frauen aus Tunis, seinen Verwandten, mit denen er später zwei Kinder zeugen wird, unter einem Galgen zwischen den Leichen von zwei Gehenkten auf), die er dank seines außerordentlichen Mutes, in den er alle Ehre setzt, erstaunlich gelassen übersteht. Während andere in den gleichen phantastischen Situationen – angesichts von Gespenster- und Geistererscheinungen, verkehrter Raum- und Zeitverhältnisse – den Verstand verlieren, weigert sich Alphonse beharrlich, an das Spiel überirdischer Mächte zu glauben. Tatsächlich enthüllt sich die Schreckensmaschinerie als das Machwerk der Gomelez, eines maurischen Geschlechts, das seit den Zeiten der arabischen Herrschaft über Spanien in den Bergen bei Granada lebt und ein unterirdisches islamisches Reich aufgebaut hat, um von hier aus die Welt zu erobern. Die Gomelez brauchen einen neuen Führer und hoffen, ihn in dem mit ihnen verwandten Alphonse zu finden, dessen Tauglichkeit sie auf die Probe stellen wollen. Diese Rahmenhandlung bildet das Gerüst für eine äußerst komplizierte Erzählkonstruktion ineinander verschachtelter Geschichten, die sich wie in einem Kaleidoskop unter strenger Gesetzmäßigkeit vervielfältigen und zu Mustern zusammentreten; die Erzähler sind u. a. ein Kabbalist, seine Schwester Rébecca, der Ewige Jude, der Räuber Zoto und vor allem Avadoro, das Oberhaupt einer Zigeunersippe. Während Potocki die Gespenstergeschichten, deren Arsenal er bis auf die Antike zurückgreifend ausschöpft, mit all ihren phantastisch ausstaffierten Gerippen, Sukkuben, Vampiren usw. als harmlos theatralisch entlarvt, setzt er an die Stelle dieser Ausgeburten des Aberglaubens eine Welt, die unheimlich geordnet erscheint. *»Was nicht geschehen kann, geschieht; was nur einmal geschehen kann, wiederholt sich. Beides fügt sich zusammen und führt eine schreckensvolle Art von Regelmäßigkeit herbei«* (Caillois). Das wahrhaft Furchterregende erscheint bei Potocki als ein Prinzip des Geistigen. Das unterscheidet Potockis Roman von der nachfolgenden Schauerromantik und findet eine echte Entsprechung erst in den Kurzgeschichten von Edgar Allan POE.

Der literaturhistorisch erst in den fünfziger Jahren wiederentdeckte und erst allmählich in seine geistesgeschichtlichen Zusammenhänge gestellte Roman läßt sich schwer einordnen. Wenn nicht von ihnen beeinflußt, ist Potocki den Enzyklopädisten des 18. Jh.s zumindest geistesverwandt. Was ihn aber von der Aufklärung unterscheidet und den Roman als ein frühes Werk der romantischen Literatur kennzeichnet, ist die Entdeckung des Phantastischen in der Rationalität, was eigentlich schon deren Überwindung bedeutet. Typologisch läßt sich das Werk vor allem vom spanisch-französischen Abenteuer- und Schelmenroman herleiten (aus dieser Tradition ist das Spiel mit dem übersteigerten ritterlich-soldatischen Ehrbegriff des Helden übernommen); daneben gibt es Beziehungen zum Schauerroman, zu Räubergeschichten, philosophischen und erotischen Erzählungen des 18. Jh.s, aber eher als in literarischen Traditionen finden sich Voraussetzungen für die Gestalt des Werkes in der Biographie des Autors. Potocki hatte das Leben eines Abenteurer-Forschers geführt, historische Studien u. a. auf dem Gebiet der Kabbalistik getrieben und mit besonderer Vorliebe an Konkordanztafeln europäischer und orientalischer Kulturen, die er weit in die Vergangenheit verfolgte, gearbeitet. Als synoptisch könnte man auch das Organisationsprinzip des Romans bezeichnen; in der vergleichenden Gegenüberstellung von Christentum und Islam und in der als roter Faden durchlaufenden verzweigten Genealogie der Gomelez wird es besonders deutlich, durchdringt aber die Komposition bis in die kleinsten Motive hinein (Zwillings-Motiv, Verdoppelungsmotiv). – Der Roman wird u. a. aufgefaßt als eine Art philosophischer Schrift gegen CHATEAUBRIANDS *Génie du christianisme* (so Kukulski; allerdings hat Potocki seinen Roman vor Erscheinen von *Le génie du christianisme*, 1802, begonnen). Jedenfalls entzieht Potocki der christlichen Religion ihre Offenbarungsgrundlage (*»Ich zog einige Dünste zusammen und bildete daraus einen Feuergeist ... Das ist ein Geheimnis, das in unserer Familie überliefert wird, und durch ein ähnliches Mittel gelang es Moses, dem richtigen Bruder meines dreiundsechzigsten Ahns, die Feuersäule zu bilden, welche die Israeliten durch die Wüste führte«*), indem er sie als Zauber ausgibt, ohne aber das Christliche völlig zu relativieren. Alphonse läßt sich nicht zum Islam bekehren, und die Gomelez sprengen am Ende ihr Reich in die Luft, da die Goldmine, der sie ihren Reichtum verdanken, erschöpft ist. K.N.-KLL

AUSGABEN: Petersburg 1805 [frz.; Ausz.]. – Paris 1813 (*Avadoro. Histoire espagnole par M. L. C. J. P.*, 2 Bde.; Tl. 2). – Paris 1814 (*Les dix journées de la vie d'Alphonse van Worden*; erw. um *Histoire de Rébecca*). – Paris 1822 (in Ch. Nodier, *Infernaliana*, Ausz.). – Lpzg. 1847 (*Rękopis znaleziony w Saragossie*; vollst.; ²1857). – Warschau 1956, Hg. L. Kukulski [krit.]. – Paris 1958, Hg. u. Nachw. R. Caillois. – Paris 1972 (Folio). – Paris 1989, Hg. R. Radrizzani [vollst.].

ÜBERSETZUNGEN: *Abentheuer in der Sierra Morena, aus den Papieren des Grafen von* ***, Hg. F. Adelung, Lpzg. 1809 [Tl. 1]. – *Die Handschrift von Saragossa*, L. Eisler-Fischer u. M. Reifenberg, Ffm. 1961 [Nachw. R. Caillois; ern. 1980, 2 Bde.; ern. 1988; Insel Tb]. – *Die Abenteuer in der Sierra Morena oder Die Handschriften von Saragossa*, W. Creutzinger, Hg. L. Kukulski, 2 Bde., Bln. ²1963 [Ill. B. Nast]. – Dass., dies., Zürich 1988.

VERFILMUNG: Polen 1964 (Regie: V. Has).

LITERATUR: R. Brulez, *Eros en Thanatos* (in Nieuw Vlaams Tijdschrift, 12, 1958, S. 977–981). – J. Roudaut, *Les demeures dans le roman noir* (in Critique, 15, 1959, S. 713–736). – Z. Markiewicz, *L'Espagne dans »Le manuscrit trouvé à Saragosse«* (in *Actes du 4e Congrès National de la Société Française de littérature comparée*, Paris 1961, S. 85–97). – K. M. Michel, *Rund um den Galgen von Los Hermanos oder Die schlimmen Geschichten des Grafen P.* (in FH, 17, 1962, S. 135–140). – E. Krakowski, *Un témoin de l'Europe des lumières, le comte P.*, Paris 1963. – T. Todorov, *Introduction à la littérature fantastique*, Paris 1970. – V. Neuhaus, *Die »Handschrift von Saragossa«* (in V. N., *Typen multiperspektivischen Erzählens*, Köln/Wien 1971). – N. Taillade, *La construction du »Manuscrit trouvé à Saragosse« de P. et sa portée* (in Littératures, 24, 1977, S. 7–37). – *P. et le manuscrit trouvé à Saragosse*, Hg. E. Grabska Wallis u. a., Warschau 1981 [Kongreßakten]. – D. Triaire, *L'histoire selon P.* (in RZL, 5, 1981, S. 443–453). – G. von Kirn, *P's »Die Abenteuer in der Sierra Morena«*, Diss. Hannover 1982. – D. Triaire, *Œuvre de J. P.: inventaire*, Genf 1985. – U. Döring, *Die Abgründe der Lust. P., »Manuscrit trouvé à Saragosse«* (in U. D., *Reisen ans Ende der Kultur. Wahrnehmung und Sinnlichkeit in der phantastischen Literatur Frankreichs*, Ffm. u. a. 1987, S. 116–125).

PIERRE-JOSEPH PROUDHON

* 15.1.1809 Besançon
† 19.1.1865 Passy (Paris)

LITERATUR ZUM AUTOR:
Bibliographie:
P.-Bibliogr., Hg. J. Hilmer u. L. Roemheld, Ffm. u. a. 1989.
Gesamtdarstellungen und Studien:
C.-A. Sainte-Beuve, *P.-J. P., sa vie et sa correspondance 1838–1848*, Paris 1872; ern. 1973. – K. Diehl, *P. J. P., seine Lehre u. sein Leben*, 3 Bde., Jena 1888–1896; Nachdr. Aalen 1968. – A. Desjardins, *P.-J. P., sa vie, ses œuvres, sa doctrine*, 2 Bde., Paris 1896. – H. Bourgin, *P.*, Paris 1901. – E. Droz, *P.-J. P. (1809–1865)*, Paris 1909. – A. Berthod, *P.-J. P. et la propriété: un socialisme pour les paysans*, Paris 1910. – C. A. Bouglé, *La Sociologie de P.*, Paris 1911. – G. Salomon, *P. u. der Sozialismus*, Bln. 1919. – J. Duprat, *P., sociologue et moraliste*, Paris 1929. – H. Bachelin, *P.-J. P., socialiste national (1809–1865)*, Paris ²1941. – J. Bourgeat, *P.-J. P., père du socialisme français*, Paris 1943. – M. Amoudruz, *P. et l'Europe*, Paris 1945. – G. Guy-Grand, *Pour connaître la pensée P.*, Paris 1947. – E. Dolléans, *P.*, Paris 1948. – M. Buber, *Pfade in Utopia*, Heidelberg 1950. – M. Dommanget, *P.*, Paris 1950. – P. Heintz, *Die Autoritätsproblematik bei P. Versuch einer immanenten Kritik*, Köln 1957. – P. Haubtmann, *La philosophie sociale de P.-J. P.*, Diss. Paris 1961; ern. Grenoble 1980. – S. R. Ghibaud, *P. e Rousseau*, Mailand 1965. – G. Gurvič, *P.: sa vie, son œuvre, avec un exposé de sa philosophie*, Paris 1965. – P. Ansart, *Sociologie de P.*, Paris 1967. – P. Haubtmann, *P. J. P.: genèse d'un antithéiste*, Paris 1969. – A. Ritter, *The Political Thought of P.-J. P.*, Princeton/N.J. 1969. – P. Ansart, *Naissance de l'anarchisme. Esquisse d'une explication sociologique du proudhonisme*, Paris 1970. – J. Bancal, *P., pluralisme et autogestion*, 2 Bde., Paris 1970. – P. Bécat, *L'anarchiste P. Apôtre du progrès social*, Paris 1971. – C. M. Hall, *The Sociology of P.-J. P.*, NY 1971. – R. Hoffmann, *Revolutionary Justice: The Social and Political Theory of P.-J. P.*, Urbana 1972. – B. Voyenne, *Le Fédéralisme de P.-J. P.*, Paris 1973. – K. Hahn, *Föderalismus – Die demokratische Alternative. Eine Untersuchung zu P.-J. P.s sozial-republikanisch-föderativem Freiheitsbegriff*, Stamsried 1975. – J. Langlois, *Défense et actualité de P.*, Paris 1976. – D. Guérin, *P., oui et non*, Paris 1978. – E. S. Hyams, *P.-J. P.: His Revolutionary Life, Mind, and Works*, Ldn. 1979. – G. D. Berti, *La dimensione libertaria di P.-J. P.*, Rom 1982. – V. García, *El pensiamento de P. J. P.*, Mexiko 1982. – P. Haubtmann, *P.-J. P.: sa vie et sa pensée (1809–1849)*, Paris 1982. – M. La Torre, *L'anarchismo giuridico di P.-J. P.*, Bologna 1982. – G. Manganaro Favaretto, *Possibilità e limiti nel socialismo scientifico di P.-J. P.*, Rom 1983. – P. Ansart, *P.*, Paris 1984. – K. S. Vincent, *P.-J. P. and the Rise of French Republican Socialism*, NY/Oxford 1984. – B. Voyenne, *P. et la révolution*, Paris 1986. – P. Haubtmann, *P.-J. P.: sa vie et sa pensée (1849–1865)*, Paris 1988.

QU'EST-CE-QUE LA PROPRIÉTÉ? ou Recherches sur le principe du droit et du gouvernement

(frz.; *Was ist Eigentum? Oder Untersuchungen über das Prinzip des Rechts und der Staatsgewalt*). Sozialkritische Denkschrift von Pierre-Joseph PROUDHON, erschienen 1840. – Es sind vor allem die unhinterfragten und als selbstverständlich geltenden

ökonomischen Positionen seiner Zeit, gegen die Proudhon in dieser frühen Schrift polemisiert, nicht zuletzt in der Absicht, die öffentliche Meinung der Julimonarchie bzw. des *juste milieu*, das sich die Maxime *»enrichissez-vous«* *(»bereichert euch!«)* zu eigen gemacht hatte, zu provozieren. Die Provokation gelang; seine Streitschrift machte ihn schlagartig bekannt, die Akademie von Besançon, der er sie widmete, entzog ihm daraufhin das bis dato bewilligte Stipendium. Der meistzitierte Satz dieser Schrift lautet: *»La propriété, c'est le vol!«* *(»Eigentum ist Diebstahl«)* – eine Herausforderung ersten Ranges für eine Gesellschaft, die das uneingeschränkte Recht auf Eigentum als Grundrecht in ihrer Verfassung verankert hatte. Proudhon, der sich hier offenbar auf J. P. Brissot de Warville (*Recherches philosophiques sur le droit de propriété et le vol*, 1780) bezieht, attackiert zunächst diejenigen, die Grund und Boden sowie Kapitalien besitzen und für deren Nutzung Abgaben verlangen, was dem Prinzip der Gerechtigkeit widerspreche.
Im Zentrum der Streitschrift steht der Angriff gegen das Recht auf ein Einkommen ohne Arbeit. Es sei unhaltbar, daß ein Grundbesitzer für die Nutzung seines Bodens Pachtzins verlangen könne, denn nicht der Grundbesitz sei produktiv, sondern ausschließlich die geleistete Arbeit. Die Grundbesitzer, die sich dergestalt ein imaginäres Produkt bezahlen ließen, verfügten willkürlich über die Arbeit, das heißt das Gut der anderen. Proudhon vertritt die (später von J. K. Rodbertus aufgegriffene) These, daß Produkte durch Arbeit geschaffen werden, während K. Marx, der sich mit Proudhons Position polemisch auseinandersetzte und sich von ihm distanzierte, davon ausging, daß aus Arbeit der Wert eines Produktes resultiere.
Während Proudhons Eigentumsbegriff insgesamt widersprüchlich bleibt (er unterscheidet zwischen *propriété* und *possession*), zeichnen sich bereits in dieser frühen Schrift die Grundgedanken ab, denen das umfangreiche Gesamtwerk des Sozialkritikers und Reformers verpflichtet ist: die soziale und wirtschaftliche Gerechtigkeit. Proudhon lehnt die kapitalistische Wirtschaftsform kategorisch ab und setzt ihr das Modell einer selbstverwalteten und auf gegenseitigen Dienstleistungen beruhenden Wirtschaftsordnung entgegen. Geld und Zinsen sollten abgeschafft, Eigentum (im Sinne von *possession*) nur durch Arbeit erworben und der gesamte Warenverkehr als Tauschgeschäft abgewickelt werden. Jeder einzelne sollte durch Arbeit in den Genuß der wirtschaftlichen Freiheit kommen, welche ihrerseits die Voraussetzung für die moralische Freiheit darstelle. Statt Konkurrenzkampf und Ausbeutung fordert Proudhon die Verwirklichung des Prinzips der Gerechtigkeit, die erst die uneingeschränkte Freiheit des einzelnen innerhalb der Gesellschaft ermögliche. Analog zur Kritik der *propriété*, die der Autor als absolutistisch, aristokratisch, feudal usw. brandmarkt, attackiert er die Regierung, die er als reine Interessenvertretung der Reichen auf Kosten der Armen betrachtet, und verwirft den Staat bzw. den Zentralstaat, der aufgrund seiner repressiven und autoritären Strukturen die von Proudhon propagierte Freiheitlichkeit verhindere. Mit der Vorstellung von einer universellen Selbstverwaltung, die die Kollektivierung der Produktionsmittel impliziert, geht unter anderem die Forderung einher, den Arbeitern das Recht auf Bildung und Ausbildung zuzugestehen, denn – so Proudhon – *»On ne nait pas associé, on le devient«*. KLL

Ausgaben: Paris 1840. – Paris 1867 (in *Œuvres complètes*, 26 Bde., 1867–1876, 1). – Paris 1926 (in *Œuvres complètes*, Hg. C. Bouglé u. H. Moysset, 15 Bde., 1923–1959, 4; Nachdr. Genf/Paris 1982). – Paris 1966 [Einl. E. James]. – Paris 1967 (in *Œuvres choisies*, Hg. J. Bancal).

Übersetzungen: *Was ist das Eigentum? Erste Denkschrift. Untersuchungen über den Ursprung und die Grundlagen des Rechts und der Herrschaft*, F. Meyer, Bern 1844. – Dass., F. A. Cohn, Bln. 1895; [2]1896. – *Was ist das Eigentum?*, ders. (in *AW*, Hg. u. Einl. Th. Ramm, Stg. 1963).

Literatur: Vgl. Literatur zum Autor.

ERNEST RENAN

* 27.2.1823 Tréguier
† 2.10.1892 Paris

Literatur zum Autor:
Zeitschriften:
Cahiers renaniens, Paris. – Études renaniennes, Paris. – Bull. des études renaniennes, Paris.
Biographien:
J. Pommier, *R. d'après des documents inédits*, Paris 1923. – H. Psichari, *R. d'après lui-même*, Paris 1937. – L. Dubreuil, *Rosmapamon, la vieillesse bretonne d'E. R.*, Paris 1945. – H. W. Wardman, *E. R., a Critical Biography*, Ldn. 1964.
Gesamtdarstellungen und Studien:
G. Sorel, *Le système historique de R.*, Paris 1905/06 [Nachdr. Genf 1971]. – L. Freeman Mott, *E. R.*, NY/Ldn. 1921. – W. Küchler, *E. R. Der Dichter und der Künstler*, Gotha 1921. – J. Pommier, *La pensée religieuse de R.*, Paris 1925. – P. van Tieghem, *R.*, Paris 1948. – L. Vie, *R., la guerre de 1870 et la ›Réforme‹ de la France*, Paris 1949. – A. Cresson, *E. R., sa vie, son œuvre*, Paris 1949. – J. Chaix-Ruy, *R., sa vie et son œuvre*, Lyon 1956. – J. Tielrooy, *R. Sa vie et ses œuvres*, Paris 1958. – G. Guisan, *E. R. et l'art d'écrire*, Genf 1962. – M. Chadbourne, *E. R.*, NY 1968. – H. Peyre, *Sagesse de R.*, Paris 1968. – Ders., *R.*, Paris 1969. – K. Gore, *L'idée du progrès dans la pensée de R.*, Paris 1970. – H. Gouhier, *R., auteur dramatique*, Paris 1972. – H. Peyre, *R. et la*

Grèce, Paris 1973. – R. Winling, *Peguy et R.*, Lille/ Paris 1975. – L. Rétat, *Religion et imagination religieuse: leurs formes et leurs rapports dans l'œuvre d'E. R.*, Paris 1977. – H. W. Wardman, *R. historien philosophe*, Paris 1979. – J.-F. Hugot, *Le dilettantisme dans la littérature française, de R. à Psichari*, Paris 1984.

LA VIE DE JÉSUS

(frz.; *Das Leben Jesu*). Theologische Schrift von Ernest RENAN, erschienen 1863. – Die bis dahin vorwiegend auf den Protestantismus beschränkte Leben-Jesu-Literatur trat mit Renans Werk auch in die katholische Welt. Das Buch war zudem als erstes dieser Gattung für das gebildete Bürgertum geschrieben – nicht nur für einen engeren Kreis von Theologen, den selbst D. F. STRAUSS außerhalb Deutschlands nicht zu durchbrechen vermocht hatte. Die Absicht des Autors verstand sich allerdings durchaus wissenschaftlich; das Werk eröffnete seine siebenbändige *Histoire des origines du christianisme* (1863–1883), in der er durchgehend die Grundsätze der positivistischen Geschichtsschreibung anwandte. Doch entstammt Renans *Leben Jesu*, das für breite Schichten – nicht nur in Frankreich – zur Sensation wurde, ebensosehr der Feder eines psychologisierenden Romanciers.

Sein Thema ist die Biographie Jesu, die er mit *»Anschaulichkeit, Seelenanalyse und Überzeugungskraft«* (E. Stauffer) gestaltete; so entsteht das *»Bild eines Menschen von überwältigenden Maßen«* (W. Küchler). Jesus, der junge Tischler, zieht zunächst als *»charmanter Prophet«* durch die idyllische Landschaft Galiläas und verkündet *»die köstliche Theologie der Liebe«*. Naive Fischer und schöne Galiläerinnen begleiten den sanften Schwärmer. Die Reise zum Passahfest nach Jerusalem bringt eine jähe Wende. Der von den Rabbinern abgelehnte Weltbeglücker wandelt sich nun zum fanatischen Eiferer; an die Stelle der natürlichen Moral, die er bisher predigte, tritt die Eschatologie. Da er sich in dieser Rolle auf die Dauer nicht behaupten kann, liefert er sich dem Martyrium aus. Jesu Ideal ist an der Wirklichkeit gescheitert; also bedeutet ihm der Tod das Ende einer unerträglichen Qual.

Unmittelbar angeregt wurde dieses Jesusbild durch eine Reise Renans nach Palästina; über den Eindruck, den die Landschaft dort auf ihn machte, schreibt er: *»Ich hatte ein fünftes Evangelium vor Augen, zerfetzt, aber noch lesbar, und von da an erblickte ich durch die Berichte des Matthäus und Markus hindurch statt eines abstrakten Wesens ... ein wunderbares Menschenantlitz mit Leben und Bewegung.«* Im übrigen ist diese »pastorale Idylle« Renans, der auf die Leben-Jesu-Forschung der vorausgehenden Jahrzehnte zurückgreifen konnte, eine souveräne Synthese verschiedener fortwirkender Auffassungen: der milde Heiland des die Schöpfung umarmenden FRANZ VON ASSISI, der reine Morallehrer des pädagogischen FRANZ VON SALES, der Herdersche Apostel der Humanität, der düster-schöne Ekstatiker der Romantik und schließlich der in Gethsemane verzweifelnde Christus VIGNYS. In seinem sentimentalen Synkretismus bildet dieses *Leben Jesu* ein hervorragendes Zeugnis für das pseudoreligiöse Bewußtsein des zeitgenössischen liberalen Bürgertums. C.Bt.

AUSGABEN: Paris 1863. – Paris 1949 (in *Œuvres complètes*, Hg. H. Psichari, 10 Bde., 1947–1961, 4). – Paris 1960. – Paris 1967. – Paris 1974 (Folio).

ÜBERSETZUNGEN: *Das Leben Jesu*, L. Eichler, Bln. 1863. – Dass., H. Helling, Lpzg. o. J. [1929] (RUB).

LITERATUR: J. Pommier, *La genèse de la »Vie de Jésus«: Étapes d'une pensée critique* (in RHLF, 64, 1964, S. 249–260). – H. Psichari, *La bataille de la »Vie de Jésus«* (in Bull. de la Faculté des Lettres de Strasbourg, 42, 1964, S. 245–250). – H. W. Wardman, *E. R.*, Ldn. 1964. – V. Gaigalas, *R. and His French Catholic Critics*, North Quincy 1972. – R. Molho, *Le Jésus de R. Un personnage romantique* (in Romantisme, 6, 1976, Nr. 11, S. 68–74). – G. Pholien, *Les deux »Vie de Jésus« de R.*, Paris 1983.

JULES RENARD

* 22.2.1864 Châlons-du-Mayne / Mayenne
† 22.5.1910 Paris

LITERATUR ZUM AUTOR:
H. B. Coulter, *The Prose Work and Technique of R.*, Washington 1935. – L. Guichard, *L'œuvre et l'âme de J. R., Paris* 1936. – P. Nardin, *La langue et le style de J. R.*, Genf 1942. – M. Pollitzer, *R., sa vie et son œuvre*, Paris 1956. – P. Schneider, *J. R. par lui-même*, Paris 1956. – L. Guichard, *R.*, Paris 1961. – R. Boylesve, *L'art de R.* (in R. B., *Profiles littéraires*, Paris 1962, S. 161–168). – S. Zeyons, *Monsieur Poil de Carotte*, Paris 1976. – M. Toesca, *R.*, Paris 1977. – M. Autrand, *L'humour de R.*, Paris 1978. – N. Thatcher, *Plot, Time and Space in R.'s Novels* (in NFSt, 21, Mai 1982, S. 26–36). – A. M. Balestrazzi, *R. Il mito personale e l'avventura letteraria*, Bari 1983. – H. Bouiller, *R., l'écrivain qui prit peur* (in RHLF, 83, 1983, S. 427–438). – P. Kyria, *R., procureur et bourreau de soi-même* (in Mag. litt, Apr. 1988, Nr. 252/253, S. 32–35).

JOURNAL 1887-1910

(frz.; *Tagebücher 1887–1910*). Autobiographische Aufzeichnungen von Jules RENARD, postum erschienen 1925–1927. – In den länger als zwanzig

Jahre mehr oder minder regelmäßig geführten Aufzeichnungen Renards verbinden sich Spontaneität und kunstvolle Ausarbeitungen zu einem vielseitigen diaristischen Werk, das J.-P. Sartre als *»Literatur des Schweigens«* bezeichnete. Es enthält zahlreiche Anekdoten über die intellektuelle Pariser Elite, denen Schilderungen über das Leben des Dichters und seiner Familie auf dem Lande gegenüberstehen. Den Ruf der Tagebücher als Renards Hauptwerk begründen aber in erster Linie die brillanten Aphorismen, die der Autor bereits 1889 zu veröffentlichen erwogen hatte und in folgende Kapitel einteilen wollte: *»Mann, Frau, Liebende, Literaten, Stadt, Land, Meer, Dichter, Freunde des Dichters, Gott, Politik und Ratschläge an Bouloulouum«* (der Kosename seines Sohnes). Die unter der Vorgabe *»getemperter Worte«* zu den einzelnen Bereichen entworfenen Detailstudien stellen seine scharfe Beobachtungsgabe, Interesse an seelischen Vorgängen und sprachliche Kunstfertigkeit unter Beweis. Weniger als auf spektakuläre Ereignisse richtet sich Renards Augenmerk auf unscheinbare Bilder, denen er mit wenigen Worten Sinn verleiht: *»Der Schnee auf dem Wasser: Stille auf Stille.«* Oft nehmen seine Momentaufnahmen eine überraschend witzige Wendung: *»Am Meer. Keine Badenden bei dieser Kälte. – Aber was ist mit den Leuten, die aus dem Wasser kommen? – Schiffbrüchige, vielleicht.«* Dieses literarische Verfahren faßt Sartre unter dem Begriff *»lakonisches Plaudern«* zusammen und stellt fest: *»Sein [Renards] gesamtes Werk ist ein Pointillismus.«*

Renard, der in seiner literarischen Produktion zuweilen nicht mehr als eine Flucht vor der zermürbenden Langeweile des Daseins (*»Die Furcht vor der Langeweile ist die einzige Rechtfertigung der Arbeit«*) und den Zwängen des Gesellschafts- und Familienlebens sah, erörtert in seinen Aufzeichnungen neben Aspekten des literarischen Schaffensprozesses auch die eigene Stellung als Schriftsteller, der er angesichts eines Balzac oder Flaubert recht zweifelnd gegenübersteht. Dem an der *»Krankheit des Skrupels«* leidenden Autor dienten die aphoristischen Aufzeichnungen als Medium, in dem er seinen Perfektionismus auf überschaubarem Raum realisieren konnte.

Neben den Schilderungen seiner Privatsphäre, die von selbstironischer Resignation geprägt sind, zeigen die Äußerungen über seine Tätigkeiten als Lokalpolitiker eine engagierte Sympathie für den Sozialismus und seine Skepsis gegenüber dem blinden Fortschrittsglauben seiner Zeit. Teil seiner pessimistischen, von bitterer Todesahnung gezeichneten Lebenshaltung ist die Überzeugung, daß das Leben eine in unerreichbare Ferne entrückte Utopie sei: *»Lebe nicht, finde dich damit ab, immer nur leben zu wollen.«* So wird auch seine Auffassung von Glück verständlich, das *»in der erinnerten Gegenwart«* besteht.

Die Wertschätzung – u. a. durch A. Gide, K. Tucholsky, J.-P. Sartre und S. Beckett – derer sich diese Tagebücher erfreuen, hängt nicht zuletzt mit ihrem geringen Umfang zusammen. Die Aufzeichnungen aus Jahren mit wenigen Eintragungen scheinen oftmals das Ergebnis eines strengen Auswahlprinzips zu sein. Die Knappheit und Prägnanz, die die Werke der französischen Moralisten des 18. Jh.s auszeichnen, dienten ihm hierbei als Vorbild: Alphonse Daudet sah in Renard einen modernen La Bruyère. E.Man.

Ausgaben: Paris 1925. – Paris 1927, Hg. H. Bachelin, 5 Bde. – Paris 1960, Hg. L. Guichard u. G. Sigaux.

Übersetzung: *Ideen, in Tinte getaucht. Aus dem Tagebuch von Jules Renard*, L. Ronte, Mchn. 1986 [Ausw.; m. Nachw.].

Literatur: J.-P. Sartre, *L'homme ligoté* (in *Situations*, Bd. 1, Paris 1947). – R. Michaelis, Rez. (in Die Zeit, 8. 8. 1986, S. 41).

JEAN NICOLAS ARTHUR RIMBAUD

* 20.10.1854 Charleville (heute Charleville-Mézières)
† 10.11.1891 Marseille

Literatur zum Autor:

Bibliographie:
P. Petitfils, *R. au fil des ans, 1854–1984. Bibliographie sélective*, Charleville-Mézières 1984.

Zeitschriften:
Rimbaud vivant, Paris 1973 ff. – Parade sauvage. Revue d'études rimbaldiennes, Charleville-Mézières 1984 ff.

Biographien:
D. A. De Graaf, *A. R., sa vie, son œuvre*, Assen 1960. – Y. Bonnefoy, *R. par lui-même*, Paris 1961 (dt. *A. R. in Selbstzeugnissen und Bilddokumenten*, Reinbek 1962; rm). – E. Starkie, *A. R.*, Ldn. 31961 (dt. *Das trunkene Schiff. Das Leben des A. R.*, Hbg. 1963). – P. Petitfils, *R.*, Paris 1982. – A. Borer, *R. en Abyssinie*, Paris 1984. – P. Zech, *R. Ein biographischer Essay und die szenische Ballade »Das trunkene Schiff«*, Hg. H. Haarmann, Rudolstadt 1986.

Gesamtdarstellungen und Studien:
P. Berrichon, *J. A. R., le poète (1854 à 1873)*, Paris 1912. – J. Rivière, *R.*, Paris 1930 (dt. *R.*, Freiburg i. B. 1968). – R. Étiemble u. Y. Gauclère, *R.*, Paris 1936; ern. 1966. – W. Küchler, *A. R.*, Heidelberg 1948. – P. Petitfils, *L'œuvre et le visage d'A. R.*, Paris 1949 [m. Bibliogr.]. – J.-P. Richard, *Poésie et profondeur*, Paris 1955. – H. Friedrich, *Die Struktur der modernen Lyrik*, Hbg. 1956. – H. Miller, *The Time of the Assassins. A Study of R.*, Norfolk 1956. – C. A. Hackett, *R.*, Ldn. 1957. – R. Chadwick, *Études sur R.*, Paris 1960. – W. M. Frohock, *R.'s Poetic*

Practice: Image and Theme in the Major Poems, Cambridge/Mass. 1963. – J. P. Houston, *The Design of A. R.'s Poetry*, New Haven u. a. 1963. – K. Stierle, *Möglichkeiten des dunklen Stils in den Anfängen moderner Lyrik in Frankreich* (in *Immanente Ästhetik – ästhetische Reflexion. Lyrik als Paradigma der Moderne*, Hg. W. Iser, München 1966, S. 157–194). – R. Kloepfer u. U. Oomen, *Sprachliche Konstituenten moderner Dichtung. Entwurf einer deskriptiven Poetik. R.*, Bad Homburg 1970. – J. Richer, *L'alchimie du verbe de R. ou les Jeux de Jean Arthur*, Paris 1972. – A. Kittang, *Discours et jeu – Essai d'analyse des textes d'A. R.*, Grenoble 1975. – J. M. Blanchard, *Sur le mythe poétique. Essai d'une sémiostylistique rimbaldienne* (in Semiotica, 16, 1976, S. 67–86). – J.-P. Giusto, *R. créateur*, Paris 1980. – P. Lapeyre, *Le vertige de R.*, Neuchâtel 1981. – *Lectures de R.*, Brüssel 1981. – C. A. Hackett, *R., a Critical Introduction*, Cambridge 1981. – E. Riedel, *Strukturwandel in der Lyrik R.s*, Mchn. 1982. – L. Aragon, *Réflexions sur R.*, Charleville-Mézières 1983. – P. Brunel, *A. R. ou l'éclatant désastre*, Champ Vallon 1983. – V. Braun, *R., ein Psalm der Aktualität*, Stg. 1984. – H. Miller, *Time of the Assassins. A Study of R.*, Ldn. u. a. 1984. – H. H. Wetzel, *R.s Dichtung, ein Versuch, die rauhe Wirklichkeit zu umarmen*, Stg. 1985. – P. Brunel, *R. – projets et réalisations*, Paris/Genf 1985. – A. Guyaux, *Poétique du fragment*, Lausanne 1985. – R. Étiemble, *R., système solaire ou trou noir?*, Paris 1984. – G. Bayo, *R. ou la révolte des limbes*, Charleville-Mézières 1985. – Ders., *R. et l'éveil des limbes*, Paris 1986. – D. Noguez, *Les trois R.*, Paris 1986. – G. Poulet, *Bestimmtheit und Unbestimmtheit bei R.* (in *Vermittlungen*, Hg. H. Helbling u. M. Meyer, Zürich 1986, S. 64–69). – *A. R., poesia e avventura*, Hg. M. Matucci, Pisa 1987 [Kongreßakten]. – *R. Le poème en prose et la traduction poétique*, Hg. S. Sacchi, Tübingen 1988. – *A. R.*, Hg. H. Bloom, NY u. a. 1988 [Aufsatzsammlung]. – F. C. Saint Aubyn, *A. R.*, Boston 1988 (TWAS).

LE BATEAU IVRE

(frz.; *Das trunkene Schiff*). Dichtung in 25 vierzeiligen Alexandrinerstrophen von Arthur RIMBAUD, entstanden 1871; von Paul VERLAINE in seiner Studie *Arthur Rimbaud* zum erstenmal veröffentlicht in der Zeitschrift ›Lutèce‹, November 1883. – Dieses lyrische Dokument eines frühreifen, sich selbst reflektierenden dichterischen Bewußtseins gilt in der Literaturgeschichte als ein Meilenstein: In den reißenden Bildkatarakten dieser poetischen Vision, die sich der strengen überlieferten Form nur mehr als eines wirkungsvollen Kontrastmittels bedient, bricht die Stimme der modernen surrealen Lyrik durch. Selbstbewußt, aber zugleich auch voller Resignation sagte der junge Dichter selber, er habe hier etwas geschrieben, das in der bisherigen Poesie nicht seinesgleichen habe (*»Oui, on n'a rien écrit de semblable, je le sais bien«)*. Ein Doppelton von Trauer und Eroberergefühl angesichts der von ihm erfahrenen und hier zu Sprache werdenden neuen Seelenräume, neuen Grenzenlosigkeiten, bestimmt das Gedicht, wenn sich in ihm das subjektive Ich des Autors auch nicht mehr aussprechen und als solches begreifen lassen will. Objektiviert erscheint es im Bild eines vagabundierenden Schiffes, eines der ältesten Symbole für die ausgesetzte menschliche Existenz, das in der unmittelbaren Konkretisierung dieses Gedichts jedoch kaum mehr Symbol ist, vielmehr allein sich selbst zu meinen scheint. Auch gibt Rimbaud dem alten Topos neue Qualitäten. Kein stolzes Segelschiff legt sich hier vor den Sturm, sondern eine verlassene Pinasse, deren Mannschaft niedergemacht wurde. Steuerlos und aller Fracht ledig – passiv und verantwortungsfrei – treibt das für den Ozean untaugliche Schiff die Flüsse hinab und aufs Meer hinaus, hingegeben einer Bewegung, die in Rausch und Vernichtung, Verzauberung und Entsetzen führt. Die Seelandschaften, die dabei durchfahren werden, entziehen sich jedem Vergleich sowohl mit der Realität wie mit literarischen Vorbildern (die man beispielsweise in COLERIDGES *Rhyme of the Ancient Mariner* glaubte finden zu können). Zwar wirken manche Details literarisch bekannt, und einzelne Bilder sind geradezu bedrängend »realistisch«, d. h. von höchster sinnlicher Anschaulichkeit; eine alle Schranken sprengende Phantasie kombiniert sie jedoch zu Angst- und Wunschhalluzinationen, zu chaotischen Urvisionen, in denen Meeresgrund und Firmament ineinanderzustürzen scheinen. Der trunkenen Entgrenzung folgt – ähnlich den Erlebnisabläufen mystischer Entrückungen – ein erschöpftes Zurücksinken: eine müde Sehnsucht nach Europas Begrenzungen steht am Schluß; eine Sehnsucht, die sich selbst aber als Wunsch nach einer traurigen, kleinen Kinder-Idylle durchschaut. (*»Si je désire une eau d'Europe, c'est la flache / Noire et froide où vers le crépuscule embaumé / Un enfant accroupi, plein de tristesse, lâche / Un bateau frêle comme un papillon de mai.« – »Such' ich Europens Wasser, ist es eine Lache, / Geschwärzt und kalt; im Duft der Dämmerung biegt / Der Trauer voll ein Kind sich nieder, seine schwache / Fregatte schwankt, wie wenn der Mai den Falter wiegt.«* Übers. W. Hausenstein)

Die *»absoluten Metaphern«* (H. Friedrich) dieses Gedichts wollen auf nichts übertragen werden und keine vergleichenden Bilder sein. Deutlich läßt sich aus dem *Bateau ivre* ein Vorgefühl des Scheiterns, eine frühe Ahnung von der Vergeblichkeit des Willens zum zutiefst Unvereinbaren lesen, einer Vergeblichkeit, die das Stigma der dichterischen Existenz Rimbauds werden sollte, der das Dichten aufgab, als er mit dem Mannesalter ein anderes Bewußtsein von Welt und Wirklichkeit erlangte.

AUSGABEN: 1883 (in Lutèce). – Paris 1884. – Maastricht 1931 (in *Œuvres complètes*, Hg. P. Pia; krit.). – Paris 1946 (in *Œuvres complètes*, Hg. R. de Reneville u. J. Mouquet; Bibl. de la Pléiade). – Paris 1957 (in *Œuvres*, Hg. R. Char). – Paris 1961 (in *Œuvres*, Hg. S. Bernard; Class. Garn). – Paris 1971 (in *Œuvres poétiques*, Hg. M. Décaudin; GF). – Paris 1972 (in *Œuvres complètes*, Hg. A. Adam; Pleiade). – Paris 1982 (in *Œuvres*). – Paris 1986 (in *Œuvres poétiques*, Hg. C. A. Hackett; Ill.). – Paris 1987 (in *Œuvres*, Hg. A. Guyaux; Class. Garn).

Übersetzungen: *Das trunkene Schiff*, K. L. Ammer (in Insel-Almanach auf das Jahr 1908). – *Trunkenes Schiff*, W. Hausenstein (in Die Wandlung, 1, 1945/46, S. 978–980; frz.-dt.). – *Das trunkene Schiff*, P. Zech (in Der Phoenix, 1947, Bln., S. 226–232; auch in *Sämtliche Dichtungen*, Mchn. 1963; dtv). – *Bateau ivre*, P. Celan, Wiesbaden 1958 [frz.-dt.]. – *Das trunkene Schiff*, W. Küchler (in *Sämtliche Dichtungen*, Heidelberg 1946; 61982). – Dass., F. v. Rexroth, Hbg. 1964. – Dass., H. Therre u. R. G. Schmidt (in *Poetische Werke*, 3 Bde., 2, Mchn. 1979/80; ern. 1988).

Literatur: H. Mondor, *Valéry et le »Bateau ivre«* (in Revue de Paris, 64, Febr. 1957, S. 3–23). – B. Weinberg, *The Limits of Symbolism*, Chicago/Ldn. 1966, S. 89–126. – R. Kloepfer, *»Das trunkene Schiff«. R., Magier der kühnen Metapher?* (in RF, 80, 1968, S. 147–167). – F. W. Müller, *A. R.: »Le Bateau ivre«* (in *Die französische Lyrik*, Hg. H. Hinterhäuser, Düsseldorf 1975, S. 99–114).

LES ILLUMINATIONS

(frz.; *Illuminationen*). Prosagedichte von Arthur Rimbaud. 1886 veröffentlichte ›La Vogue‹, die Zeitschrift der Symbolisten, 37 der insgesamt 44 unter dem Titel *Illuminations* bekannt gewordenen Prosagedichte Rimbauds. Im Vorwort zu einem im gleichen Jahr erschienenen Separatdruck teilte Verlaine mit, daß dieser Titel nicht in erster Linie im Sinne von »Erleuchtungen«, vielmehr in der englischen Bedeutung des Wortes als »Farbdrukke« zu verstehen sei. – Über die Entstehungszeit der Gedichte hat man bis heute noch keine restlose Klarheit gewonnen. Die Forschungsergebnisse Bouillane de Lacostes, nach denen nicht die *Saison en enfer*, 1873 *(Eine Jahreszeit in der Hölle)*, das letzte Werk des Dichters sein soll, sondern die *Illuminations*, blieben nicht unwidersprochen, doch nehmen die meisten Literaturwissenschaftler heute an, daß zumindest einige der Gedichte nach 1873 verfaßt wurden.

»Endlich kam ich los von dieser gräßlichen Welt Taines, Renans und der anderen Ungeheuer des 19. Jh.s, von ... diesem schrecklichen Mechanismus, der von völlig starren Gesetzen beherrscht wurde ... Ich erlebte die Offenbarung des Übernatürlichen.« Mit diesen Worten beschreibt Claudel in einem Brief an J. Rivière den Eindruck, den er von der Lektüre der *Illuminations* empfing. 1871 hatte Rimbaud in seinem in den *Voyant-Briefen* formulierten dichtungstheoretischen Programm dem positivistischen Determinismus die Konzeption einer der geläufigen Realität inkommensurablen, poetisch gestalteten Wirklichkeit entgegengestellt, eine Konzeption, die freilich nicht auf eine sinnerfüllte Transzendenz, vielmehr auf *»ein leeres Geheimnis, einen inhaltslosen Spannungspol«* (H. Friedrich) zielte. Nicht die Lust am Experiment, sondern existentielle Erfahrungen bestimmen Rimbaud – *»l'étranger de notre temps« (»einer, der unserer Zeit fremd gegenübersteht«)* –, in seiner mit den *Illuminations* einsetzenden zweiten Schaffensperiode rational nachvollziehbare und ihrem Inhalt nach beschreibbare Sinnzusammenhänge aus der Dichtung zu verbannen. Aussagen, wie die folgende: *»Dans une magnifique demeure, cernée par l'Orient entier j'ai accompli mon immense œuvre et passé mon illustre retraite« (»In einer prächtigen Bleibe, umringt von dem gesamten Orient, habe ich mein gewaltiges Werk vollendet und meine erlauchte Abgeschiedenheit verbracht«; Vies III – Leben III)*, liefern keine Information zur Biographie, sie weisen vielmehr auf die für modernes Dichten in der Nachfolge Rimbauds so bedeutsam gewordene Trennung der Person des Autors vom dichterischen Subjekt hin, das einem Seismographen gleich überindividuelle geistige und seelische Erfahrungen des modernen Menschen, sein von Grauen und Angst beschwertes Verhältnis zur Zivilisation, registriert. *»Aussi comme de ma fenêtre je vois des spectres nouveaux roulant à travers l'épaisse et l'éternelle fumée de charbon, – notre ombre des bois, notre nuit d'été ... – la Mort sans pleurs, notre active fille et servante, un Amour désespéré, et un joli Crime piaulant dans la boue de la rue« (»Ebenso wie, von meinem Fenster aus, ich neue Gespenster erblicke durch den dikken und ewigen Kohlerauch, – unser Schatten im Walde, unsere Sommernacht! ... – so den Tod ohne Tränen unsere geschäftige Tochter und Dienerin, einen verzweifelten Amor und ein hübsches Verbrechen, das im Straßenkot plärrt«; Ville – Stadt)*. – Aus der Auflehnung gegen eine mechanisierte und vordergründig allzu durchschaubar gewordene Realität erfolgt – in einem höchst bewußten dichterischen Akt – der Aufbruch in eine irreale Welt, in der die Abnormität zum Maßstab erhoben wird. *»En quelque soir ... que se trouve le touriste naïf retiré de nos horreurs économiques, la main d'un maître anime le clavecin des prés, on joue aux cartes au fond de l'étang« (»Wenn an irgendeinem Abend sich der unbefangene Reisende, entflohen unseren wirtschaftlichen Schrecken, irgendwo befinden mag, läßt die Hand eines Meisters das Klavier der Wiesen erklingen; man spielt Karten auf dem Grund des Teiches«; Soir historique – Historischer Abend)*. In der Verfremdung des Vertrauten und der Zerstörung des Etablierten gewinnt die dichterische Phantasie ihre größte Freiheit. *»... la crevaison pour le monde qui va. C'est la vraie marche« (»... das Zerbersten der Welt die besteht, das ist der wahre Marsch«; Démocratie)*. An die Stelle menschlicher, d. h. einfühlend nachvollziehbarer, Inhalte treten sprachliche Gebilde, in denen die Worte aus ihrer sinnstiftenden Funktion entlassen sind und zu Trägern einer von Baudelaire für die Moderne entdeckten künstlichen, anorganischen Schönheit werden. *»D'un gradin d'or, – parmi les cordons de soie, les gazes grises, les velours verts et les disques de cristal qui noircissent comme du bronze au soleil, – je vois la digitale s'ouvrir sur un tapis de filigranes d'ar-*

gent, d'yeux et de chevelures« (*»Von einer goldenen Stufe aus, – inmitten Seidenschnüren, grauen Schleiern, grünen Samten und kristallenen Scheiben, die in der Sonne zu Bronze schwärzen, – sehe ich, wie der Fingerhut sich öffnet auf einem Teppich von Filigran aus Silber, Augen und Haaren«; Fleurs – Blumen).* Die *»Vertreibung des Menschen aus der Kunst«* (Vgl. ORTEGA Y GASSET, *La deshumanización del arte*, 1925) ist vollzogen, Verstehbarkeit und Allgemeinverbindlichkeit haben aufgehört, Kriterien der künstlerischen Sprache zu sein. *»Ich bin ein Erfinder auf durchaus andere Weise verdienstlich als alle, die mir vorausgegangen sind«*, sagte Rimbaud von sich, wohl wissend, daß er eine dichterische Bewußtseinsstufe erreicht hatte, von der aus Anknüpfung an die Vergangenheit nur noch im Sinne radikaler Ablehnung möglich war. Die *Illuminations* gehören zu den traditionsstiftenden Dokumenten, auf die die Lyrik des 20. Jh.s sich beruft; sie sind *»das erste große Denkmal der absolut gewordenen modernen Phantasie«* (H. Friedrich). KLL

AUSGABEN: Paris 1886 (in La Vogue; Anm. P. Verlaine). – Paris 1886 [Einl. P. Verlaine]. – Paris 1946 (in *Œuvres complètes*, Hg. A. R. de Renéville u. J. Mouquet; Pléiade). – Paris 1961 (in *Œuvres*, Hg. S. Bernard; Class. Garn). – Genf 1967, Hg. A. Py (TLF). – Paris 1971 (in *Œuvres poétiques*, Hg. M. Décaudin; GF). – Paris 1972 (in *Œuvres complètes*, Hg. A. Adam; Pléiade). – Paris 1972 (Poche). – Paris 1973. – Paris 1982 (in *Œuvres*). – Paris 1984 (*Manuscrits autographes des Illuminations*, Hg. R. Pierrot). – Neuchâtel 1985, Hg. A. Guyaux. – Paris 1987 (in *Œuvres*, Hg. A. Guyaux; Class. Garn). – Paris 1989 (in *Œuvres*, Hg. J.-L. Steinmetz).

ÜBERSETZUNGEN: In K. L. Ammer, *A. R. Leben u. Dichtung*, Lpzg. 1907 [Einl. S. Zweig; Ausw.; [2]1921]. – *Erleuchtungen*, P. Zech, Lpzg. 1924. – *Aus den Illuminations. Neue Verse u. Lieder*, F. v. Rexroth (in *Gedichte*, Wiesbaden 1925, S. 77–100; ern. in *Das dichterische Gesamtwerk*, Wiesbaden 1954). – *Die Erleuchtungen*, W. Küchler (in *Sämtliche Gedichte*, Heidelberg 1946; [6]1982). – *Erleuchtungen*, P. Zech (in *Sämtliche Dichtungen*, Mchn. 1963). – *Illuminationen*, J. Mammen, Ffm. 1967 (IB). – *Licht-Spuren*, H. Therre u. R. G. Schmidt (in *Poetische Werke*, 3 Bde., 1, Mchn. 1979/80; ern. 1988).

LITERATUR: H. de Bouillane de Lacoste, *R. et le problème des »Illuminations«*, Diss. Paris 1949. – A. Adam, *L'énigme des »Illuminations«* (in RSH, 1950, S. 221–245). – E. Delahaye, *»Les illuminations« et »Une saison en enfer«*, Paris 1950. – P. Guiraud, *Index du vocabulaire du symbolisme. 4. Index des mots des »Illuminations« d'A. R.*, Paris 1954. – Ch. Chadwick, *La date des »Illuminations«* (in RHLF, 58, 1958, S. 489–509; 59, 1959, S. 50–70). – D. A. de Graaf, *R. et la fin de son activité littéraire. La publication préoriginale des »Illuminations« en 1886* (in StF, 6, 1962, S. 287–292). – A. Fongaro, *Les échos verlainiens chez R. et le problème des »Illuminations«* (in RSH, 1962, S. 263–272). – M. Got, *»Aube« de R.* (in La Table Ronde, 169, 1962, S. 39–52). – D. A. de Graaf, *Le texte définitif des »Illuminations«* (in Revue des Langues Vivantes, 30, 1964, S. 256–261). – W. Fowlie, *R.s »Illuminations«*, NY 1969. – N. Wing, *Present Appearances. Aspects of Poetic Structure in R.'s »Illuminations«*, Univ. of Mississippi 1974. – A. Felsch, *A. R. Poetische Struktur und Kontext. Paradigmatische Analyse einiger Illuminations*, Bonn 1978. – W. Hülk, *»Kindheit« eines Dichters. Ein Versuch* (in RZL, 8, 1984, S. 236–252). – R. Little, *R., »Illuminations«*, Ldn. 1984. – A. Fongaro, *Sur R., Lire »Illuminations«*, Toulouse 1985. – A. Guyaux, *Poétique du Fragment. Essai sur les »Illuminations« de R.*, Neuchâtel 1985. – *R., »Illuminations«. Table ronde organisé par la Societé d'Histoire littéraire de la France, Paris 7. 3. 1986*, Hg. L. Forestier (in RHLF, 87, 1987, S. 197–230).

LETTRES DU VOYANT

(frz.; *Briefe des Sehenden*). Zwei aus dem Jahre 1871 stammende Briefe – der eine (vom 13. Mai) an Georges Izambard, der andere (vom 15. Mai) an Paul Demeny –, in denen Arthur RIMBAUD seine revolutionäre Dichtungstheorie entwickelt. Die Briefe erschienen 1912 und 1926. – Rimbaud, der bereits vier Jahre später im Alter von zwanzig Jahren zu dichten aufhörte, gibt der dem Platonismus geläufigen Deutung des Dichters als eines von den Göttern begnadeten Sehers *(voyant)* eine neue Wendung. In kritischer Distanz zu allen »Verskünstlern« im Zeitraum zwischen Antike und Romantik, aber auch zur romantischen Konfessionslyrik, fordert er die Abschaffung des empirischen Ichs durch *»langes, grenzenloses, vernunftgelenktes Verwirren aller Sinne«*, um durch diesen Akt willentlicher Zerstörung der herkömmlichen dichterischen Kommunikationsmöglichkeiten *»kollektive Tiefenschichten«* (H. Friedrich) freizusetzen und der poetischen Imagination einen bisher unzugänglichen Wirklichkeitsbereich zu erschließen: *»Je est un autre« (»Ich ist ein Anderer«). – »Ich mache einen Strich mit dem Bogen: schon regt sich die Symphonie in der Tiefe. Es ist falsch, zu sagen: ich denke. Es müßte heißen: man denkt mich.«* Eingetreten in dieses chaotische Kräftefeld, erfährt der Dichter ein Geheimnis, das wohl mit der mystischen Erfahrung des Transzendenten zu vergleichen, aber im Gegensatz zu religiöser Erleuchtung als inhaltsleer zu beschreiben ist. *»Der Dichter definiert das Maß an Unbekanntem, das sich in der Allseele seiner Zeit regt ... und selbst wenn er seine eigenen Visionen schließlich nicht mehr begriffe, so hat er sie doch geschaut. Mag er zugrunde gehen an seinem riesigen Sprung durch die ungehörten und unnennbaren Dinge: andere furchtbare Arbeiter werden kommen und an jenen Horizonten anfangen, wo er selbst zusammengebrochen ist.«* Die Befreiung unbewußter Seelenmächte mit Hilfe einer vom Intellekt gesteuerten Phantasie ermöglicht durch bewußte Verkehrung aller natürlichen Ordnungsbezüge den Ausbruch ins *»Unsichtbare«, »Ungehörte«*. Diesen Ausbruch vermag nur eine *»universale Sprache«* zu beschreiben, die das *»Befremdende, Unergründliche, Widerliche und Entzückende«* dissonantisch durcheinanderwirft: Der Dichter erscheint als *»die zur Norm werdende Abnormität«*. Er ist *»der große Kranke, der große Verbrecher, der große Verfemte – und der höchste aller Wissenden«*.

Rimbaud übersetzt hier dichterische Verfahrensweisen und Intentionen Baudelaires, den er selbst für den bislang bedeutendsten *voyant* hielt, in verschärfter Form in die Theorie. Sie erhellt zentrale Formzüge in Rimbauds eigenem poetischem Werk und solche im Schaffen späterer Dichter; man denke an die Surrealisten, die in der bewußten Freisetzung des Unbewußten sich auf Rimbaud berufen konnten, oder an das Sprachverhalten modernen Dichtens insgesamt, das durch Verfremdung und schockierende Dissonanz dem allgemeinen Verständnis sich vorsätzlich entzieht. KLL

Ausgaben: Paris 1912, Hg. P. Berrichon (in NRF, 4, Nr. 46; Brief vom 15. 5. 1871). – Paris 1926, Hg. G. Izambard (in La Revue Européenne, 4, Okt.; Brief vom 13. 5. 1871). – Paris 1931 (in *Lettres de la vie littéraire d'A. R.*, Hg. J.-M. Carré). – Paris 1946 (in *Œuvres complètes*, Hg. R. de Renéville u. J. Mouquet; ern. 1963; Pléiade). – Paris 1961 (in *Œuvres*, Hg. S. Bernard; Class. Garn). – Paris 1972 (in *Œuvres complètes*, Hg. A. Adam; Pléiade). – Genf 1975, Hg. G. Schaeffer. – Paris 1982 (in *Œuvres*). – Paris 1987 (in *Œuvres*, Hg. A. Guyaux; Class. Garn).

Übersetzungen: *Zwei Briefe über Dichtung* (in *Briefe und Dokumente*, Hg. u. Erl. C. Ochwadt, Heidelberg 1961; ern. Reinbek 1964; RKl). – *Zwei Briefe zur Poesie*, H. Therre u. R. G. Schmidt (in *Poetische Werke*, Mchn. 1979/80; ern. 1988).

Literatur: R. de Renéville, *R. le voyant*, Paris 1947. – J. Gaulmier, *Est-ce Hugo et d'abord son »Homme qui rit« qui ont ouvert à R. le monde du voyant?* (in FL, 11, 1956, Nr. 533, S. 10). – D. A. de Graaf, *Musset et la »Lettre du voyant«* (in Levende Talen, 1957, S. 479–481). – L. Barjon, *Le monde du voyant. R.* (in L. B., *De Baudelaire à Mauriac*, Paris/Tournai 1962, S. 47–74). – G. Bays, *Culmination of the Doctrine: The »Voyant Letters«* (in G. B., *The Orphic Vision*, Lincoln 1964, S. 127–247). – M. L. Schoenfeld, *Sur l'inspiration de Rimbaud dans sa »Lettre du Voyant«* (in ZFrzSp, 83, 1973, S. 10–19). – P. Nykrog, *»Ça ne veut rien dire«. Sur la lettre de R. à G. Izambard 13 mai 1871* (in RomR, 74, 1983, S. 54–66).

UNE SAISON EN ENFER

(frz.; *Eine Zeit in der Hölle*). Neunteilige Prosadichtung von Arthur Rimbaud, entstanden von April bis August 1873. – Das einzige Werk, das Rimbaud selbst drucken ließ, kam im Oktober 1873 aus der Presse der belgischen Druckerei Poot et Cie. und blieb, da der Autor die Druckkosten nicht aufbringen konnte, dort gelagert, bis 1901 ein belgischer Gelehrter den Stoß von 500 Broschüren wiederentdeckte. Rimbaud erhielt nur einige Autorenexemplare; eines davon schickte er an Verlaine ins Gefängnis von Mons.

Das Buch sollte schicksalhafte Bedeutung gewinnen für den Menschen Rimbaud und seine künstlerische Entwicklung, wenn auch nicht im Sinn der von seiner Familie geschaffenen Legende, mit diesem Werk habe der zum rechten Glauben bekehrte Verfasser von der Dichtung endgültig Abschied genommen. Paul Claudels Charakterisierung: *»Arthur Rimbaud fut un mystique à l'état sauvage«* geht auf die gleiche familiäre Legende zurück. Die Niederschrift der *Saison en enfer*, eine Abrechnung mit der vorangehenden Epoche, führte ihren Autor über die Stufe der letzten Versdichtungen hinaus zur absoluten Meisterschaft in den Prosagedichten der *Illuminations*, die nach den Untersuchungen von Bouillane de Lacoste zum größten Teil 1874/75 entstanden sind. So wurde die *Saison en enfer* mit ihrem prophetischen *»Je ne sais plus parler«* zwar noch nicht Rimbauds Abschied von der Dichtung, gleichwohl bildete sie eine wichtige Etappe auf seinem Weg zum Schweigen: *»Werk und Briefe gehen in heimlicher Übereinstimmung auf ein Ziel zu, das beständig ihre allerdings nicht leicht aufzufindende verborgene Mitte bleibt: das Schweigen des Dichters«* (C. Ochwadt).

Nicht nur Seher des Unbekannten, sondern *»Autor, Schöpfer, Dichter«* mit demiurgischen Fähigkeiten, Magier, Prometheus und *»Vervielfältiger des Fortschritts«* suchte der sechzehnjährige Rimbaud *»durch eine lange, ungeheuere und systematische Entregelung aller Sinne«*, durch *»alle Formen von Liebe, Leiden, Wahnsinn«* zu werden *(Lettre du voyant)*. Die konsequente Anwendung seiner »Methode« führte ihn gut ein Jahr später in die erschöpfendste moralische und künstlerische Krise, an die Grenze von Verbrechen, Wahnsinn und Tod. Diese Krise zeichnete sich schon während des chaotischen Zusammenlebens mit Verlaine ab und fand ihren Höhepunkt, als dieser am 10. Juli 1873 zwei Schüsse auf den Freund abgab. Wie schon an Ostern des gleichen Jahres zog sich Rimbaud, gerade genesen, vom 20. Juli an wieder auf den Bauernhof seiner Familie in Roche bei Vouziers zurück. Er schloß sich auf dem Speicher ein und vollendete das bei dem ersten Aufenthalt (April/Mai 1873) begonnene Werk. *»Während der Arbeitsstunden hörte man durch die Decke hindurch immer wieder das Schluchzen, unterbrochen von Seufzern, Stöhnen, Kichern, Zornesschreien und Verwünschungen«*, erinnerte sich die Schwester Isabelle (nach P. Berrichon). Es entstand jene wütende, ergreifende, von Schreien der Verzweiflung oder Ekstase unterbrochene, mit Halluzinationen durchwobene lyrische Prosa, die persönliche Konfession und bewußt komponiertes, sorgfältig durchgearbeitetes Kunstwerk zugleich ist. Der Kunstcharakter des Werkes erhellt aus dem planvollen Aufbau, aus der Durchführung wichtiger Leitthemen in immer neuen Ansätzen und aus der sprachlichen Form. Der Vergleich mit den erhaltenen Entwürfen (zu *Mauvais sang*, *Nuit de l'enfer* und *Alchimie du verbe*) läßt eine Verdichtung der Aussage zu immer kürzeren, prägnanteren Sätzen erkennen. Stark rhythmisierte Wortfolgen, fremdartige Bilder und Chiffren kristallisieren sich um die ursprüngliche Idee, rätselhafte Verkürzungen und Überschneidungen, Gedankensprünge und Ellipsen erschweren das konkrete Verständnis des Textes.

Auf *»wenigen greulichen Blättern des Tagebuchs eines Verdammten«* bekennt der Autor in kaum verschleierter autobiographischer Form die Stationen seiner Irrtümer und »Verrücktheiten«: *»Es war wirklich die Hölle, die alte, deren Pforten des Menschen Sohn geöffnet hat!«* Als *»Sklave seiner Taufe«* muß er die Hölle erleiden, obgleich er, nun »Heide« und »Neger«, den Glauben der Kindheit längst abgetan hat. Parallel zum Thema der Verdammnis – *»Ich glaube an die Hölle, folglich bin ich darin« (Nuit de l'enfer – Höllennacht)* – wird das Thema eines subjektiven Unschuldbewußtseins durchgeführt. Die Erfahrungen der vergangenen Epoche aber werden verurteilt, so die Versuche mit Rauschgiften, die offensichtlich die grauenvollen Ängste und Halluzinationen der *Höllennacht* auslösten: *»Die Uhr des Lebens steht plötzlich still. Ich bin nicht mehr auf Erden. – Die Theologie ist ernst zu nehmen, die Hölle ist ganz sicher in der Tiefe – und der Himmel in der Höhe. – Verzückung, Albdruck, Schlaf in einem Nest von Flammen. Wieviel Bosheit steckt in der Aufmerksamkeit hier im Gefild ... Satan, Ferdinand, läuft umher mit den Samenkörnern des Unkrauts ... Jesus wandelt auf den purpurfarbenen Dornen, ohne sie niederzubiegen ...«* (Übers. W. Küchler)

Délires I ist der Rückblick auf die »seltsame Ehe« *(»drôle de ménage«)* zwischen Rimbaud und Verlaine. Rimbaud stilisiert diese Epoche zu einem Zusammenleben zweier Verdammter, der »törichten Jungfrau« (Verlaine) und ihres »höllischen Gemahls«. Dieser hat gleichwohl eine Zwischenstellung zwischen Dämon und neuem Messias inne, er quält und verzaubert die ihm ergebene Seele in einem *»Paradies der Traurigkeit«: »In den Schmutzhöhlen, in denen wir uns betranken, vergoß er Tränen beim Anblick der Menschen, die um uns herumstanden, elendes Viehzeug. Er hob die Betrunkenen in den Straßen auf.«* Aber auch die Nächstenliebe des Dämons Rimbaud – *la charité* ist ein Schlüsselwort der *Saison en enfer* – bringt keine Erlösung, denn sie ist verhext.

In der *Alchimie des Wortes (Délires II, Alchimie du verbe)* verurteilt Rimbaud die Epoche der *Voyance*, da ihn die *»systematische Entregelung der Sinne«* über »einfache Halluzinationen« in einen delirierenden Zustand nahe dem Tode gebracht hat. Ohne besondere Sorgfalt, gelegentlich Inhalte und Versrhythmen verstümmelnd, zitiert er die den einzelnen Stufen entsprechenden Dichtungen. Er beginnt mit der poetischen Theorie der *Voyelles* und seinen Versuchen, das »Unaussprechliche«, den »Taumel« wiederzugeben, gelangt dann zur »Halluzination der Worte«, um schließlich die den Augenblicken tiefer Niedergeschlagenheit oder delirierender Freude entsprechenden letzten »Romanzen« *(Éternité, Ô saisons, ô châteaux)* anzuführen. Die Schlußsätze des Entwurfes *»Ich hasse jetzt die mystischen Aufschwünge und die Bizarrerien des Stils. Jetzt kann ich sagen, daß die Kunst eine Torheit ist«* werden zu dem vieldeutigen *»Heute weiß ich die Schönheit zu grüßen«* im endgültigen Text.

In *L'impossible (Das Unmögliche)*, das von der Antithetik zwischen Verdammten und Auserwählten, zwischen Okzident und Orient – der Urheimat des Menschen, dem Garten Eden – beherrscht wird, erwacht sein Geist für wenige Minuten zur Erkenntnis der Wahrheit und der Reinheit, in *L'éclair (Der Blitz)* wird er in die düsteren Reflexionen zurückgeworfen. Endlich aber beruhigen sich die Seufzer, das Zähneknirschen und das Zischen des Feuers; am Ende der Niederschrift hat der Autor »seine Hölle« überwunden. Seine neue mystische Heilsgewißheit – *»und es wird mir gewährt sein, die Wahrheit in einer Seele und in einem Leibe innezuhaben«* (*Adieu*; Übers. C. Ochwadt) – verbindet sich mit dem schon in der *Lettre du voyant* angedeuteten sozialen Utopismus: *»Wann werde ich, über alle Gestade und Berge hinweg, die Geburt der neuen Arbeit grüßen, die neue Weisheit, die Flucht der Tyrannen und Dämonen, das Ende des Aberglaubens und anbeten – als erster! – Weihnachten auf Erden? Der Gesang der Himmel, der Marsch der Völker! Sind wir auch Sklaven, wollen wir doch nicht das Leben verwünschen«* (*Matin*; Übers. W. Küchler). – Diese unter dem Einfluß der Literatur des revolutionären Illuminismus formulierte Erwartung wird im letzten Text, *Adieu*, durch die vollkommen illusionslose Konfrontierung mit der bisher verachteten Wirklichkeit ergänzt: *»Ich! Ich, der ich mich Magier oder Engel genannt habe, frei von jeder Moral, ich bin der Erde wiedergegeben. Ich muß mir eine Pflicht suchen und die runzelige Wirklichkeit umarmen! Bauer!«* J.Ze.

AUSGABEN: Brüssel 1873. – Paris 1912 (in *Œuvres complètes*; Vorw. P. Claudel). – Paris 1922 (in *Œuvres complètes*, 3 Bde., 3). – Paris [7]1943, Hg. H. de Bouillane de Lacoste [krit.]. – Paris 1946 (in *Œuvres complètes*, Hg. R. de Renéville u. J. Mouquet; ern. 1963; Pléiade). – Paris 1954, Hg. E. Noulet [krit.]. – Paris 1961 (in *Œuvres*, Hg. S. Bernard; Class. Garn). – Paris 1972 (in *Œuvres poétiques*, Hg. M. Décaudin; GF). – Paris 1972 (in *Œuvres complètes*, Hg. A. Adam; Pléiade). – Paris 1972 (Poche). – Paris 1973. – Paris 1982 (in *Œuvres complètes*). – Paris 1987 (in *Œuvres*, Hg. A. Guyaux; Class. Garn). – Paris 1989 (in *Œuvres*, Hg. J.-L. Steinmetz).

ÜBERSETZUNGEN: *Ein Sommer in der Hölle*, P. Zech (in *Das Gesammelte Werk*, Lpzg. 1927). – *Eine Zeit in der Hölle*, W. Küchler (in *Sämtliche Dichtungen*,

Heidelberg 1946; [6]1982). – *Eine Jahreszeit in der Hölle*, F. v. Rexroth, Wiesbaden 1954. – *Ein Sommer in der Hölle*, P. Zech (in *Sämtliche Dichtungen*, Mchn. 1963). – *Eine Zeit in der Hölle*, W. Dürrson, Stg. 1970 (zul. 1988; RUB). – Dass., H. Therre u. R. G. Schmidt (in *Poetische Werke*, 3 Bde., 1, Mchn. 1979/80; ern. 1988).

Literatur: E. Delahaye, *»Les illuminations« et »Une saison en enfer« de R.*, Paris 1927; ern. 1950. – R. Clauzel, *»Une saison en enfer« et A. R.*, Paris 1931. – R. Artus, *Commentaire de la »Saison en enfer« d'A. R.*, Paris 1938. – A. Nisin, *L'œuvre poétique comme ensemble: »Une saison en enfer«* (in A. N., *La littérature et le lecteur*, Paris 1960, S. 139–175). – Y. Bonnefoy, *»Une saison en enfer«* (in Mercure, 341, 1961, S. 385–412). – R. A. Roach, *Index des mots de »Une Saison en enfer«*, Paris 1960. – M. Lobet, *La confession herméneutique de R.: »Une saison en enfer«* (in M. L., *La Ceinture de feuillage*, Brüssel 1966, S. 147–169). – W. Fowlie, *R.'s »Season«* (in W. F., *Climate of Violence*, NY 1967, S. 37–52). – A.-M. Lilti, *Essai d'analyse structurale d'»Une Saison en enfer« de R.* (in Langages, 8, 1973, Nr. 31, S. 112–126). – C. A. Hackett, *»Une Saison en enfer«: Frénésie et structure* (in RLMod, 1973, Nr. 370–373, S. 7–15). – M. Davies, *»Une saison en enfer« d'A. R.*, Paris 1975. – M. Eigeldinger, *Lumières du mythe*, Paris 1983, S. 127–143. – F. S. Eigeldinger, *Table de concordance rhythmique et syntactique d'»Une saison en enfer« d'A. R.*, Neuchâtel 1984. – Y. Nakaji, *Combat spirituel ou immense dérision? Essai d'analyse textuelle d'»Une saison en enfer«*, Paris 1985. – *Se dire et se taire. L'écriture d'»Une saison en enfer« de R.*, Neuchâtel 1988.

Georges Rodenbach

* 16.7.1855 Tournai
† 25.12.1898 Paris

Literatur zum Autor:
Ch. Guérin, *G. R.*, Paris 1894. – E. Revel, *G. R.*, Brüssel 1909. – J. Mirval, *Le poète du silence*, Brüssel 1940. – A. Bodson-Thomas, *L'esthétique de G. R.*, Brüssel 1942. – P. Maes, *G. R. (1855–1898)*, Brüssel 1952. – H. Juin, *Lecture de R.* (in Audace, 16, 1970, Nr. 1, S. 16–42). – T. Gastineau, *The Visionary World of R.*, Diss. Columbia Univ. 1978 (vgl. Diss. Abstracts, 41, 1980/81, S. 4054A). – P. Gorceix, *Le symbolisme en Belgique. Étude de textes*, Heidelberg 1982. – C. de Grève, *G. R.*, Brüssel 1988.

DAS LYRISCHE WERK (frz.) von Georges Rodenbach (Belgien).

Das umfangreiche lyrische Werk Georges Rodenbachs steht ganz im Schatten seiner Romane und insbesondere des Erfolgsromans *Bruges-la-Morte* (1892). Eine Vielzahl der großen Themen, Motive und Bilder, die diesen Roman bestimmen, prägen auch die lyrischen Texte Rodenbachs. Schon die Titel der insgesamt elf Gedichtbände – zu nennen sind aus dem Frühwerk: *Les tristesses* (1879) und *La mer élégante*, 1881 *(Elegante Gesellschaft am Meer)*; aus der mittleren Schaffensperiode: *La jeunesse blanche*, 1885 *(Frühe Kindheitsträume)*, und aus der Spätzeit: *Le règne du silence*, 1891 (*Reich der Stille), Les vies encloses*, 1896 *(Eingeschlossenes Leben)*, und *Le miroir du ciel natal*, 1898 *(Spiegel heimischen Himmels)* –, schon diese Titel evozieren die frequenten Themen, Motive, Bilder und Symbole, die Rodenbachs Lyrik konstituieren. Es sind dies die Topoi der französischen Romantik und die großen Themen Baudelaires wie Melancholie, Trauer, Schmerz, Einsamkeit des Ichs und Spleen, doch vor allem die Flandernthematik mit ihren Konnotationen hin zu einer stilisierten nordischen Landschaft und hin zu einer »Poesie des Christentums«, d. h. hier konkret, zur Welt der Beginenhöfe, der Kirchen, der Glocken, der Gebete, der Prozessionen. Zentrales Thema der späten Lyrik Rodenbachs ist indes das Thema des Eingeschlossenseins und der Abgeschiedenheit, ein Thema, dem Motive wie Wasser, Glas, Spiegel, Fenster, Aquarium, submarine Pflanzen- und Tierwelt sowie Komplementärthemen wie Krankheit, Stille und Tod zugeordnet sind. Ähnlich wie in M. Maeterlincks frühem lyrischen Werk *Serres chaudes* (1889) verweisen all diese Motive und Bilder aufeinander und werden zu Schlüsselsymbolen gesteigert.

Die Texte der Frühzeit gelten allgemein als konventionell und epigonal. Verweist doch schon ein Titel wie *Tristesses* auf die französische Romantik und ganz konkret auf A. Mussets berühmtes Sonett *Tristesse*, und *La mer élégante* ist letztlich nichts anderes als eine Sammlung von Verserzählungen zum Thema bürgerliche »Sommerfrische« aus der Perspektive eines jungen Dandy. Erst mit *La jeunesse blanche* – die Sammlung umfaßt an die 70 Texte – findet Rodenbach zu seinem eigenen Stil. Zwar sind nicht wenige der Gedichte vom *spleen baudelairien* mitgeprägt (vgl. z. B. die Schlußverse von *La pluie: »Notre âme, elle n'est plus qu'un haillon sans couleurs / Comme un drapeau mouillé qui pend contre sa hampe!« – »Unsere Seele ist nichts anderes mehr als farbloser Fetzen / Wie regennasse Fahne schlägt sie schlaff gegen den Mast!«*). Doch mit seiner Entdekkung der Analogie zwischen der seelischen Gestimmtheit des Ichs und der Welt Flanderns, eines Flanderns, das jenseits allen vordergründigen Lokalkolorits gleichsam zu einem nordischen und katholischen Mythos erhoben wird, setzt sich Rodenbach von der Tradition der französischen Lyrik ab. So heißt es z. B. in *Processions*, einem Text aus 16 Quartetten im klassischen Versmaß des Alexandriners: *»Blanches processions, si blanches, si gothiques, / Dans ma Flandre natale, au temps des Fêtes-Dieu! /*

Blanche comme on en voit, sous un ciel calme et bleu / Emplir de leur lenteur les lointains des triptyques ... Ainsi mon Ame! Ainsi mon Enfance perdue! / Mes amours, mes désirs avaient leurs reposoirs ...« (*»Weiße, helle Prozessionen, so weiß und so gotisch im heimischen Flandern an Fronleichnamsfesten!, so weiß und so hell, wie sie für Schauende unter stillem, blauem Himmelszelt gemessenen Schritts den Hintergrund weiter Altarbilder füllen ... Dahin meine Seele, meine Kindheit dahin! Leidenschaften und Triebe, Frieden fanden sie dort«*).

In dem späten Gedichtband *Les vies encloses* erreicht Rodenbachs lyrische Kunst mit ihrer Suche nach Bildern, die so weit wie möglich der jeweiligen lyrischen Gestimmtheit entsprechen wollen, und mit ihrer Technik der weitgespannten Analogien ihren Gipfelpunkt. Nicht von ungefähr rühmt MALLARMÉ in einem Brief an Rodenbach vom März 1896 dessen *Vies encloses* als Texte, die mit einer geradezu *»magischen Präzision«* (*»exactitude magique«*) vielfältige Möglichkeiten der Kunst der Analogie gestaltet haben. Zyklen wie *L'aquarium mental (Aquarium der Seele)* und *L'âme sous-marine (Seele am Seegrund)* oder wie *Le soir dans les vitres (Abend im Fensterglas)* und *Les malades aux fenêtres (Kranke am Fenster)*, die um das Thema der Eingeschlossenheit und Abgeschlossenheit zentriert sind, »suggerieren« geradezu die diesem Grundthema entsprechenden Bildfelder: das im Aquarium oder in stehenden Gewässern eingeschlossene Wasser, die blinden Fensterscheiben, die die Kranken von der Welt aussperren. Diese von der Grundthematik evozierten Bilder werden ihrerseits wiederum Ausgangspunkt für neue Bildsequenzen, die nach dem Prinzip der Analogie angelegt sind. So generiert z. B. das Bild des Wassers das des Glases und dieses wiederum das des Spiegels usw. Gemeinsamer semantischer Kern all dieser Bilder ist, daß sie zwar eine Transparenz zwischen einer Innen- und Außenwelt »suggerieren«, daß sie aber die Trennung von Innen- und Außenwelt, den Zustand der Eingeschlossenheit und Abgeschlossenheit, nicht aufbrechen wollen.

Das die Lyrik Rodenbachs letztlich konstituierende Schlüsselsymbol ist das Wasser (hierauf hat schon Gaston BACHELARD in *L'eau et les rêves* aufmerksam gemacht, und Einzeluntersuchungen haben diesen Befund immer wieder bestätigt). Das Wassersymbol hat in Rodenbachs Lyrik nicht nur eine generative Funktion als Auslöser weitverzweigter Bildsequenzen und ganzer Gedichtzyklen, sondern darüber hinaus auch eine gleichsam »existentielle« Bedeutung. Das in Aquarien und Kanälen eingeschlossene Wasser ist Symbol einer von außen nicht zu erschütternden Abgeschlossenheit von der Welt, einer Abgeschlossenheit, die um sich selber kreist und darin ihr Genügen findet: *»Elle est fermée au monde et se possède toute / Et nul vent ne détruit son fragile univers«* (*»Das Wasser ist der Welt abgeschlossen und besitzt sich selber ganz. Und kein Wind zerstört seine unfeste Eigenwelt«*), so heißt es programmatisch in den Schlußversen des ersten Gedichts aus dem Zyklus *Aquarium mental*. In diesem Kontext wird das *Aquarium mental* zum mystischen Symbol *»der Seele, die in sich selbst versunken ist«* (P. Gorceix).

Ein Rekurrieren auf die Wassermetaphorik ist in der Literatur des späten 19. Jh.s kein Zeichen ausgesprochener Originalität. Auch Maeterlinck in den *Serres chaudes* (1889) und J. LAFORGUE in den *Moralités légendaires* (1888) machen von diesem Bildbereich gern Gebrauch. Für die belgischen Symbolisten Rodenbach und Maeterlinck ist das Wasser indes nicht nur lyrisches Sprachmaterial, sondern *»magische Chiffre«* (Gorceix) und Symbol des Unterbewußten. E.Kle.

AUSGABEN: *Le foyer et les champs*, Paris/Brüssel 1877. – *Les tristesses*, Paris 1879. – *La Belgique (1830–1880)*, Brüssel 1880. – *La mer élégante*, Paris 1881. – *L'hiver mondain*, Brüssel 1884. – *La jeunesse blanche*, Brüssel 1885; erw. 1913. – *Du silence*, Paris 1888. – *Le règne du silence*, Paris 1891. – *Le voyage dans les yeux*, Paris 1893. – *Les vies encloses*, Paris 1896. – *Le miroir du ciel natal*, Paris 1898. – *Œuvres*, Paris 1923–1925 [Nachdr. Genf 1978].

ÜBERSETZUNG: In *Die Lyrik des heutigen Frankreich*, E. L. Schellenberg, Weimar 1912 [Nachdichtungen von 5 Gedichten].

LITERATUR: A. Corbineau-Hoffmann, *Aspekte der Literatur des fin-de-siècle in der Romania*, Tübingen 1983, S. 161–178. – Y.-A. Favre, *L'univers poétique de R.* (in La Licorne, 12, 1986, S. 63–73). – P. Gorceix, *Symbolisation, suggestion et ambiguïté. G. R., M. Elskamp, M. Maeterlinck* (in LR, 40, 1986, S. 211–226). – E. Klein, *G. R.s Vers d'amour im Verweisungszusammenhang mit religiösen Sprachmustern* (in *Littérature française de Belgique. Akten der Belgien-Sektion des Aachener Romanistentages 1989*, Hg. H. Felten u. H.-J. Lope, Ffm. 1990, S. 35–41).

BRUGES-LA-MORTE

(frz.; *Das tote Brügge*). Roman von Georges RODENBACH, erschienen 1892. – Rodenbach nennt *Bruges-la-Morte* im Vorwort eine *étude passionnelle*, eine Studie oder Versuchsanordnung also, die zugleich ein Leiden wie auch eine leidenschaftliche Liebe zum Gegenstand hat. Der Held des gattungstypologisch zwischen Novelle und Roman angesiedelten Textes, Hugues Viane, hat sich nach dem Tod seiner über alles geliebten Frau, deren Haar er in einem Reliquienschrein aufbewahrt, nach Brügge zurückgezogen, eine Stadt, die ihm mit ihren labyrinthischen Kanälen, dem Nebel und dem Regen als Spiegel seiner Melancholie erscheint.

Die ersten beiden Kapitel kreisen um die »mysteriöse Gleichung« zwischen der Psyche Hugues' und der Stadt. Rodenbach überträgt hier – wohl unter dem Einfluß BAUDELAIRES – das aus der Romantik (und von PETRARCA her) bekannte Schema der Projektion von Gefühlen in die Natur auf die Stadt Brügge, mit der seine seelische Befindlichkeit nahezu vollständig verschmilzt. Alles in dieser Stadtlandschaft wird ihm zur Chiffre seiner selbst, seiner Trauer, seiner Einsamkeit, seiner dekadenten Todessehnsucht.

Die Stimmung ändert sich schlagartig, als Hugues bei einem seiner abendlichen Spaziergänge eine Art Offenbarungserlebnis widerfährt: Er glaubt, der Toten begegnet zu sein. Von nun an ist er von einem *démon de l'analogie* besessen und sieht in Jane – sie verbirgt sich hinter der Erscheinung – eine Reinkarnation seiner geliebten Gattin, Hugues überträgt die kultische Verehrung der Toten auf Jane, deren vulgäres Benehmen er zunächst nicht bemerkt. Eines Abends folgt Hugues Jane und findet heraus, daß sie als Tänzerin arbeitet. Er erkennt von nun an immer deutlicher, wie unähnlich sich die beiden Frauen eigentlich sind, selbst die Kleidung der Toten, die er Jane anziehen läßt, verstärkt nur seine Erkenntnis der Ungleichheit. Der von Hugues in Gang gesetzte idealistische Mechanismus von Bild und Abbild versagt, Jane kann die Stelle der Toten nicht länger einnehmen. Als sie schließlich auch noch deren Reliquie, das Haar der Toten, »entweiht«, erdrosselt er sie mit eben diesem Haar und fällt in den Zustand der anfänglichen tiefen Melancholie zurück.

Dem Roman unterliegt ein im Grunde religiöses Existenzverständnis von Kult, Sündenfall und Läuterung, und in der Tat ist der Katholizismus in Gestalt der Haushälterin Barbe und auch in *»cette Bruges catholique«* mit den Beguinenhöfen als moralisches Regulativ ständig präsent. Von einem psychoanalytischen Interpretationsansatz her könnte man Brügge als das die Normen repräsentierende Über-Ich verstehen, zugleich weist die Stadt typische Züge der Großen Mutter auf, die gebiert und beschützt, aber auch straft und tötet. *Bruges-la-Morte* enthält, im Kontext der Literatur des Fin de siècle betrachtet, eine ganze Reihe typischer Themen und Motive der Décadence: der dandyhafte Melancholiker, die *femme fatale*, die Stimmung des *ennui*, die von der Philosophie SCHOPENHAUERS beeinflußte Todessehnsucht, natürlich der Fin-de-siècle-Topos von der Toten Stadt (man denke etwa an die Venedig-Literatur der Zeit) usw. Dennoch ist der Roman kein typischer Text der Décadence, denn Hugues bleibt ein dem Katholizismus verhafteter, zutiefst moralisch denkender Mensch. Die Lust des Dekadenten am Bösen, an der Sünde, fehlt ihm gänzlich. Er ist sich ganz im Gegenteil immer seines sündigen Handelns bewußt, und er leidet auch unter dieser Sünde – ein für den Décadent unvorstellbarer Charakterzug.

Der Text ist um ein zentrales Thema herum entworfen: die *ressemblance*, die Ähnlichkeit. Vor allem auf dem Hintergrund der von Baudelaire in seinem berühmten Sonett *Correspondances* entwikkelten Vorstellung von der gegenseitigen Durchdringung aller Sinneswahrnehmungen, der Synästhesie, spinnt Rodenbach ein ganzes Netz von Ähnlichkeits-Beziehungen, in dem sich die Figuren des Romans bewegen, in dem sie aber auch – das gilt in ganz besonderem Maße für Hugues – gefangen sind. Für Hugues gerinnt praktisch seine gesamte Umwelt zum Gleichnis der Toten, vor allem aber Brügge und Jane. Sein Scheitern kann von hierher auch verstanden werden als ein Scheitern an der Realität, die dem von Hugues entworfenen Idealbild nicht standhält, nicht standhalten kann. Seit MALLARMÉS lobenden Worten über den Text gilt *Bruges-la-Morte* als Gipfelpunkt symbolistischer Prosa. Das wiederum an Baudelaire gemahnende Bemühen um eine Mischform zwischen Lyrik und Prosa, um ein *poème en prose*, führt Rodenbach zur Verwendung von rhythmisch markierten Passagen, von kühnen Metaphern, die die Bildbereiche »Geliebte« und »Stadt« ineinanderfließen lassen, von einer verblosen und dadurch polyvalenten, oft verschachtelten Syntax, von Neologismen und von Präpositionalwendungen, die dem geläufigen französischen Gebrauch fremd sind und dadurch ebenfalls den Eindruck des Ungenauen und Schwebenden erzeugen (z. B. *»attiré à* [nicht »par«] *son visage«)*. – Rodenbach traf mit seinem zwischen Décadence und Symbolismus schwankenden Text sehr genau den Geschmack des zeitgenössischen Publikums, das *Bruges-la-Morte* zu einem wahren »Bestseller« der Jahrhundertwende machte. U.A.

AUSGABEN: Paris 1892. – Paris 1914. – Paris 1925 (in *Œuvres*; Nachdr. Genf 1978). – Brüssel 1977. – Paris 1978. – Brüssel 1986, Hg. C. Berg [m. Varianten].

ÜBERSETZUNGEN: *Das tote Brügge*, F. v. Oppeln-Bronikowski, Lpzg. 1903. – Dass., Karlsruhe 1911. – Dass., Lpzg. 1918. – Dass., ders., Stg. 1966; ern. 1986 (RUB). – Dass., ders. (in *Das tote Brügge und andere Erzählungen*, Bln. 1988; Nachw. J. Dovark). – *Brügge = Die Tote*, R. Kiefer u. U. Prill, Aachen 1991.

VERTONUNG: E. W. Korngold, *Die tote Stadt* (Oper; Urauff.: Hbg. 1920).

LITERATUR: K. Glaser, *G. R., der Dichter des »toten Brügge«* (in NSp, 25, 1918/19). – Des Ombriaux, *Les premiers romanciers nationaux de Belgique* (in La Renaissance Latine, 1919, S. 149–161). – P. Prist, *La légende de »Bruges-la-Morte«*(in Revue des Revues, 174, 1926, S. 148–154). – P. Gorceix, *»Bruges la morte«* (in P. G., *Le symbolisme en Belgique*, Heidelberg 1982, S. 59–82). – Ders., *»Bruges-la-Morte«, un roman symboliste* (in Inf. litt, 37, 1985, S. 205–210). – P. Décina Lombardi, *Bruges simulacro dell'ideale nella poetica di R.* (in Micromégas, 13, 1986, S. 13–26). – G. Michaux, *La logique du meurtre dans »Bruges-la-Morte« de R.* (in LR, 40, 1986, S. 227–233). – F. Clandon, *»Die tote Stadt«. Quelques questions comparatistes à propos d'un opéra* (in Revue de littérature comparée, 61, 1987, S. 377–387). – P. Joret, *»Bruges-la-Morte« ou la fêlure d'un idéalisme* (in Rbph, 66, 1988,

S. 502–534). – R. Kiefer u. U. Prill, *G. R.: »Bruges-la-Morte«. Die moralisierte Décadence?* (in *Literatur im französischsprachigen Belgien. Akten der Belgiensektion des Deutschen Romanistentages in Aachen (25.–27. 9. 1989)*, Hg. H. Felten u. H.-J. Lope, Ffm. u. a. 1990, S. 11–18).

CHARLES-AUGUSTIN DE SAINTE-BEUVE

* 23.12.1804 Boulogne-sur-Mer
† 13.10.1869 Paris

LITERATUR ZUM AUTOR:
Bibliographien:
J. Bonnerot, *Bibliographie de l'œuvre de S.-B.*, 4 Bde., Paris 1937–1952. – Ders., *Une demi-siècle d'études sur S.-B.*, Paris 1957.
Biographien:
V. Giraud, *La vie secrète de S.-B.*, Paris 1935. – A. Billy, *S.-B., sa vie et son temps*, 2 Bde., Paris 1952. – M. Allem, *Portrait de S.-B.*, Paris 1954.
Gesamtdarstellungen und Studien:
G. Michaut, *S.-B. avant les »Lundis«. Essai sur la formation de son esprit et de sa méthode critique*, Diss. Paris 1903. – L. F. Choisy, *S.-B., l'homme et le poète*, Paris 1921. – A. Bellesort, *S.-B. et le XIXe siècle*, Paris 1927. – R. Lalou, *Vers une alchimie lyrique. S.-B., Aloysius Bertrand, Gérard de Nerval*, Paris 1927. – C. Bo, *Delle immagini giovanili di S.-B.*, Florenz 1938. – M. Proust, *Contre S.-B.*, Paris 1954; ern. 1987. – M. Regard, *S.-B.*, Paris 1960. – P. Moreau, *La critique selon S.-B.*, Paris 1964. – R. E. Mulhauser, *S.-B. and Greco-Roman Antiquity*, Cleveland/Ldn. 1969. – F. Bartfeld, *S.-B. et Alfred de Vigny*, Paris 1970. – P. Bianchi, *All'ombra di S.-B.*, Mailand 1971. – F. Dehousse, *S.-B. ›Ancienne Littérature‹ (Partie médiévale)*, Paris 1971. – R. Fayolle, *S.-B. et le XVIIIe siècle ou comment les révolutions arrivent*, Paris 1972. – R. Molho, *L'ordre et les ténèbres ou la naissance d'un mythe du XVIIe siècle chez S.-B.*, Paris 1972. – *S.-B. et la critique contemporaine*, Paris 1972. – G. Corbière-Gille, *Aperçus de l'œuvre critique de S.-B.*, Paris 1973. – *The Legacy of S.-B.* (in EsCr, 14, 1974; Sondernr.). – R. Chadbourne, *S.-B.*, Boston 1978 (TWAS). – J. Thomas, *S.-B.* (in *Französische Literatur des 19. Jh.s, III: Naturalismus und Symbolismus*, Hg. W.-D. Lange, Heidelberg 1980, S. 23–42). – S. Glabischnig, *Der journalistische Aspekt im kritischen Werk S.-B.s*, Wien 1986 [Diss.]. – P. Ciureanu, *S.-B. e l'Italia*, Abano Terme 1987. – J. Cabanis, *Pour S.-B.*, Paris 1987. – G. Dotoli, *S.-B. critico moderno* (in Bérénice, 11, 1989, S. 207–229).

DAS LYRISCHE WERK (frz.) von Charles-Augustin de SAINTE-BEUVE.
Sainte-Beuve hat vier Gedichtbücher geschrieben, deren Gedichte seinen kritischen Arbeiten teils vorausliegen, teils deren Anfänge begleiten. Als Halbwaise bei seiner Mutter und einer Tante aufgewachsen, ein nervöses, frühreifes Kind, hatte er sich neunzehnjährig zu einem Medizinstudium entschlossen, das er jedoch nach sechs Semestern aufgab, um sich als Mitarbeiter an der 1824 gegründeten Tageszeitung ›Le Globe‹ der Literaturkritik zuzuwenden. Gleichzeitig entstanden die frühen Verse und Betrachtungen, die er 1829, ohne Nennung seines Namens, unter dem Titel *Vie, poésies et pensées de Joseph Delorme (Leben, Gedichte und Gedanken Joseph Delormes)* veröffentlichte. In einem längeren Vorwort wird ein jungverstorbener Freund, in dem man unschwer Sainte-Beuve selber erkennt, als der Verfasser dieser schwermütigen Gedichte und Betrachtungen in der Nachfolge Werthers und CHATEAUBRIANDS vorgestellt.
Entscheidende Anstöße für seine Poesie der Melancholie, des Zweifels und der Verzweiflung dürfte Sainte-Beuve vor allem von LAMARTINE und seinen 1820 erschienenen *Méditations poétiques* empfangen haben. Im Dezember desselben Jahres noch, in dem die Gedichte Joseph Delormes erschienen waren, veröffentlichte er einen zweiten Gedichtband, die im Verlauf von *»sechs himmlischen Monaten«* entstandenen *Les consolations (Die Tröstungen)*, die er Victor HUGO widmete. Im Januar 1827 hatte Sainte-Beuve Hugos *Odes et Ballades* im ›Globe‹ besprochen und den Dichter selber bald hernach kennengelernt. Seither gehört er zu dessen engsten Freunden und tritt bei jeder sich bietenden Gelegenheit als der Herold dieses jungen Löwen der Romantik auf. Neben Gedichten an andere literarische Freunde (DESCHAMPS, MÉRIMÉE, VIGNY) und einige Damen enthält dieser Band insgesamt vier längere Gedichte und ein Sonett an Victor Hugo und seine Frau.
Aus der intensiven Freundschaft mit Hugo und seiner Familie entwickelte sich im fast täglichen Umgang bei Sainte-Beuve eine anfangs verdeckt schwelende, bald jedoch kaum noch zu verheimlichende Leidenschaft für Hugos Frau, Adèle Foucher, die dieser 1822 geheiratet hatte. Adèle, Mutter von drei Kindern, war eine stattliche Erscheinung von ungewöhnlicher, südlicher Schönheit, ein wenig lässig, zerstreut, verträumt, die Sainte-Beuve erst dann größere Vertraulichkeiten gestattete, als ihr Gatte 1833 mit der Schauspielerin Juliette Drouet ein Verhältnis angeknüpft hatte, das bis 1883 neben seiner Ehe fortdauern sollte. In den Jahren 1831–1833 entstanden die meisten der Gedichte an Adèle, die Sainte-Beuve in einem *Livre d'amour* zusammenfaßte, das er 1843 in einer kleinen Auflage drucken ließ, das jedoch niemals in den Handel kam. Es enthält, vor allem in den eher erzählenden und schildernden Stücken, unzweifelhaft eine Fülle autobiographischer Details; doch wird man das Ganze eher als einen kleinen Roman in Versen verstehen dürfen. Da die zwischen Adèle

Hugo und Sainte-Beuve gewechselten Briefe größtenteils vernichtet wurden, dürfte es schwierig und nur selten erlaubt sein, hier, wie in dem gleichzeitig entstandenen Roman *Volupté*, aus dem vieldeutigen Gewebe der Einbildungskraft Rückschlüsse auf unverbürgte Fakten zu ziehen. Das erstaunlichste Stück der Sammlung ist wohl das »einundvierzigste und letzte« Gedicht: Ein wenig erschöpft, einer auf den andern sich stützend, gehen die beiden Liebenden im dunkelnden Abend eine Allee entlang dem Abschied entgegen: ihnen voraus unter einem großen Parasol Martine, die treue Dienerin. Wenn diese Straße, auf der sie, schmerzlos immer mehr ermüdend, fortwandern, doch niemals ein Ende nähme, unabsehbar sich hinzöge, bis, wie zwischen Zypressen, reine Alabastergräber in frischbegrünten Rasenflächen vor ihnen lägen! *»Jusqu'à ce que Martine y glissant la première, / Nous la suivions bientôt sur l'herbe sans poussière, / Inséparable couple, expirant et brisé, / Enchaînant dans nos bras le temps éternisé!« (»Bis wir hinter Martine, die dort als erste hingleitet, ihr nachfolgend bald im Grase wandern, das kein Staub bedeckt, ein unzertrennliches Paar, ersterbend und gebrochen, verewigt die Zeit in unsre Arme fesselnd!«)*

Zwischen 1830 und 1837 entstanden die Gedichte, die Sainte-Beuve in seinen vierten und letzten Gedichtband *Feuilles d'automne (Herbstblätter)* aufnahm. Sie zeigen ihn früh gealtert, sein Herz ist verbittert, seine Hoffnungen sind verblaßt, sein Glaube erloschen; als Zuflucht bleibt nur das »innere Kloster« oder – und hier dürfte die bis zum Überdruß abgebrauchte Formel herstammen – *la tour d'ivoire* (der Elfenbeinturm), in den Alfred de Vigny sich zurückgezogen hat *(A. M. Villemain)*. Ton und Haltung sind bewußt noch stärker als früher der Prosa angenähert; die Fanfaren des Rühmens sind verstummt; in mehreren Gedichten bekundet Sainte-Beuve seine tiefe Sympathie für das unscheinbare Leben einfacher, geringer Leute.

Sainte-Beuves Dichtung ist durchzogen und umgeben von einer Atmosphäre des Vagen, des Schwebenden und Verschwimmenden, aus dem doch immer wieder scharfgesehene, fast prosaisch genau beschriebene Einzelheiten auftauchen. Seine überzeugendsten Wirkungen erreicht er dort, wo Intimität sich mit sich selber sättigt: einer sitzt im gelben Abendschein am Fenster und liest in einem Buch (*Les rayons jaunes*, in *Joseph Delorme*); ein Liebender sieht im Spiegel, wie die Geliebte den Kamm aus ihrem Haar löst, das nun in seiner ganzen schwarzen Fülle auf ihre Schultern niederstürzt (in dem *Livre d'amour*, VIII *Récit*). In Joseph Delormes Gedichten scheut Sainte-Beuve auch das Widrige nicht; so, wenn ein Selbstmörder (in *Le creux de la vallée*) sich ausmalt, wie man ein Jahr später seinen halbverfaulten Leichnam aus dem Tümpel fischt und zum Kirchhof karrt. Auch sinnlich-laszive Schilderungen fehlen nicht, die bei den Zeitgenossen Anstoß erregten.

Sainte-Beuve bevorzugte Formen sind die paarweise gereimte Alexandriner-Epistel, anredende oder betrachtende Gedichte in strophischer Form und, in der Nachfolge der Dichter der Pléiade und der englischen Romantiker, das Sonett. Unter seinen Sonetten finden sich auch eine Reihe von Übertragungen, nach Wordsworth, Bowles, Lamb, nach Uhland, Kerner und Rückert. – Das Interesse, das nicht wenige seiner Gedichte wecken, beruht nicht auf der eher epigonalen Diktion oder hie und da einer wohlgeratenen Strophe; es entspringt vielmehr dem Umstand, daß wir Sainte-Beuves Verse, in Verbindung mit seiner Prosa, als Zeugnisse eines seiner Schwächen und Anfälligkeiten hochbewußten Geistes lesen, dessen kritisches Vermögen sich aus einer oft verletzten Sensibilität speist und verfeinert. F.Ke.

Ausgaben: *Vie, poésies et pensées de Joseph Delorme*, Paris 1829. – *Les consolations*, Paris 1830. – *Poésies. Joseph Delorme – Les consolations*, Brüssel 1834. – *Livre d'amour*, Paris 1834. – *Pensées d'août*, Paris 1837. – *Poésies complètes*, Paris 1840; erw. 1845. – *Poésies*, 2 Bde., Paris 1861–1863. – *Poésies complètes*, Paris 1869; ern. 1890. – *Œuvres – Poésies complètes*, 2 Bde., Paris 1879. – *Livre d'amour*, Hg. J. Troubat, Paris 1904.

Übersetzung: H. Helbling (in *Französische Dichtung*, Bd. 2. *Von Corneille bis Gérard de Nerval*, Mchn. 1990; Übers. von 5 Ged.).

CAHIERS

(frz.; *Hefte*). Literarische Aufzeichnungen von Charles-Augustin de Sainte-Beuve, entstanden 1834–1868, teilweise erschienen 1876. – Sainte-Beuve hat sein Leben lang sehr persönliche Überlegungen, Bemerkungen, Urteile, Anekdoten und Maximen in einzelnen Heften oder auf losen Blättern niedergeschrieben, die, soweit sie nicht allzu privat und unpublizierbar waren, gelegentlich in seinen kritischen Arbeiten Verwendung fanden. Ganze Bündel solcher Notizen und vor allem zwei umfangreiche Hefte *Observations et pensées de Sainte-Beuve*, ein grünes Heft aus den Jahren 1834–1847 und ein braunes Heft aus den Jahren 1847–1868, haben sich erhalten. Nach Sainte-Beuves Tod haben sein letzter Sekretär und andere Editoren ausgewählte und umgruppierte Auszüge aus diesen beiden Heften veröffentlicht. Nur das erste, das *Cahier vert*, liegt seit 1973 in einer ungekürzten kritischen und eingehend kommentierten Ausgabe vor.

Seinem eigenen Geständnis nach hat Sainte-Beuve diese Beobachtungen und Gedanken für sich allein geschrieben: *»Ich allein weiß, welchen Gebrauch man von dem, was hier steht, ohne Gefahr und ohne Verfälschung machen kann. Dieses Heft so, wie es vorliegt, zu veröffentlichen, heißt, mich zum Lügner machen und mich verleumden.«* Andernorts liest man: *»Diese Einfälle sind mir sehr nützlich, wenn ich meine zu verschiedenen Gelegenheiten empfangenen Eindrücke niederschreiben und kombinieren möchte. Dieses großen Nutzens wegen für jede meiner Arbeiten* *habe ich dieses Heft nicht vernichtet.«* Freilich blieb er sich bewußt, daß vieles nur verwertbar war, wenn er es *»mit Fleisch und Watte«* umkleidete.

Die erste Niederschrift des Grünen Heftes trägt das Datum des 31. Dezembers 1834. Sainte-Beuve ist dreißig Jahre alt. Sein größtes Abenteuer, die Liebe zu Adèle Hugo, liegt hinter ihm; er hat die Empfindung, daß es mit ihm bergab geht; sein Leben ist mißlungen, alles trägt nur noch den Stempel der Vergeblichkeit und des Nichts. *»Ich weiß es nur allzu gut: mir fehlt jede Größe, ich bin unfähig zu lieben und zu glauben. So suche ich mich denn selber zu täuschen durch die Sympathien, zu denen ich mich berede, und durch das rasche Begreifen aller Dinge. – Bald jedoch erkenne ich jede falsche Größe, und ich hasse sie.«* Andererseits liest man wenige Seiten vorher: *»Das zu untersuchen, was man kennt, die Menschen, die man liebt, wieder und wieder zu sehen – das sind die köstlichen Freuden des reifen Alters.«*

Schon als jungem Menschen haftet Sainte-Beuve etwas Ältliches an; dies zur vollen Reife der skeptischen Gelassenheit des Alters zu bringen, blieb sein heimliches Geschäft im Verlauf der immensen literarischen Tätigkeit, die er entfaltete. Über fast alle wichtigen Zeitgenossen im Bereich der Literatur finden sich scharfsichtige und scharfzüngige Bemerkungen in den *Observations et pensées*. Sainte-Beuve ist selber ein Autor geworden, der zählt, und ein Kritiker, mit dem man rechnet; er verkehrt in den besten Kreisen, den renommiertesten Salons. Bei aller Überzeugung von seiner Überlegenheit erscheint er jedoch oft verzagt, verklemmt, nachtragend, rachsüchtig und nicht ohne Bosheit, die er genießt. Ein eigenes Kapitel bleiben die Frauen: die Damen, um die er sich, meist erfolglos, bemüht; die Mädchen, die er aushält und die ihn langweilen. Im Dezember 1840 liest man, alles stünde nun zum besten: *»Ich habe meine Adèle und ihr Herz wiedergefunden, nur sie will ich fortan lieben.«* Ein späterer Zusatz berichtigt diese »Täuschung«: *»Ich habe sie abermals verloren, und ich hasse sie: sie hat kein Herz mehr, sie hat niemals Geist gehabt.«*

In ihrer abwechslungsreichen Vielfalt stellen Sainte-Beuves meist treffend und brillant formulierte Notizen auf ihre Art wirklich so etwas wie ein »intimes Tagebuch« dar; unschätzbar, weil sie uns einen der gescheitesten, einfühlsamsten Menschen mit all seinen Schwachheiten zeigen, und zugleich eine Fülle signifikanter Momente und Szenen seiner Zeit. Dabei geht es ihm um mehr als nur um die witzige Bemerkung, die amüsante Anekdote. Im Kleinen, im Einzelnen, im Flüchtigen will er der ganzen Wirklichkeit habhaft werden und diese festhalten. Was ihn nicht hindert, seine Niederschriften wiederholt zu verbessern, um das Gesagte deutlicher herauszuarbeiten. Diese Hefte sind kein »Werk«, sie sind eine unerschöpfliche Fundgrube. Man liest sich nicht satt daran, und wenn man sich in Abständen spazierengehender Weise in ihnen umgetan hat, darf man sicher sein, von dem geistigen Leben der Epoche wie aus unmittelbarer Anschauung mehr begriffen zu haben als durch die Lektüre dickleibiger Geschichtswerke. F.Ke.

AUSGABEN: Paris 1876, Hg. J. Troubat [Ausz.]. – Paris 1926 (*Mes poisons*, Hg. V. Giraud). – Paris 1973 (*Cahiers I, Le Cahier vert*, 1834–1847, Hg. R. Molho).

LITERATUR: R. Molho, *Les »Cahiers« de S.-B. ou le journal secret d'un critique* (in CAIEF, 17, 1965, S. 111–121).

CAUSERIES DU LUNDI

(frz.; *Montagsplaudereien*). Sammlung literaturkritischer Aufsätze von Charles-Augustin de SAINTE-BEUVE, erschienen 1851–1862 in fünfzehn Bänden und in revidierter Fassung 1857–1872. – Die Sammlung umfaßt die vom 1. Oktober 1841 bis 29. November 1852 im ›Constitutionnel‹ und vom 6. Dezember 1852 bis 26. August 1861 im ›Moniteur‹ veröffentlichten Artikel, in denen der große Literaturkenner Sainte-Beuve jeden Montag einem ständig wachsenden Leserkreis über die Autoren der Zeit und die wichtigsten Neuerscheinungen berichtete. Einigen Bänden hat er außerdem jeweils ein literaturtheoretisches Kapitel beigegeben, das dem Leser Aufschluß über die Maßstäbe seiner Kritik geben soll. Vor allem das Vorwort zur Sammlung läßt nicht nur den Kritiker, sondern auch den Schriftsteller von Rang erkennen, der sich, wie HUGO und LAMARTINE, für die romantische Richtung entschieden hat. Diese Position ist mitbestimmend bei seiner Verteilung von Lob und Tadel und erklärt manche seiner Wertungen, die uns heute als Fehlurteile erscheinen.

Das Werk präsentiert sich als eine Reihe von »Porträts«, neben zeitgenössischen Schriftstellern finden sich Dichter der Augusteischen Epoche ebenso wie mittelalterliche Chronisten. Die Analysen einzelner Werke werden zumeist ergänzt durch einen Blick auf die jeweiligen zeitgeschichtlichen Umstände und eine Charakteristik der Autoren. Viele Seiten verdienen als Beispiele einer überlegenen und eigenwilligen kritischen Meisterschaft hervorgehoben zu werden: Die Reihe des Mustergültigen reicht von den Artikeln über LAMARTINE, Madame RÉCAMIER, MUSSET und George SAND im ersten Band bis zu denen über Marceline DESBORDES-VALMORE, VILLON, TOCQUEVILLE oder BÉRANGER in den beiden letzten Bänden. Sainte-Beuve hält sich jedoch nicht nur an die großen Namen; auch Autoren minderen Ranges schenkt er sorgfältige Beachtung, spürt die Fragen auf, die sie zu lösen versuchten, und umreißt den ganzen Komplex der *»Bedingungen ihres Milieus«*. Hierüber vor allem hat er Untersuchungen geliefert, die gültig bleiben und wirkliche Entdeckungen enthalten, denn er brachte von seinen ausgedehnten literarischen Streifzügen auch Unveröffentlichtes, Briefe und jahrhundertelang vernachlässigte Werke mit. Aus seiner persönlichen Einstellung zu den zeitgenössischen Autoren macht Sainte-Beuve nirgends ein Hehl. Leitet ihn nicht eine ausgesprochene Sympathie, kann er scharf und beißend werden oder jene

Vorsicht üben, wie sie unter Rivalen üblich ist. Dieser Ton kennzeichnet etwa seine Kritiken über BALZAC und STENDHAL. Im übrigen scheint es, als habe er die Unabhängigkeit seines Urteils selbst kanonisierten Autoren gegenüber demonstrieren wollen.

Im Gesamtwerk Sainte-Beuves nehmen die *Causeries du Lundi* einen hervorragenden Platz ein; jede ihrer Deutungen bezeugt Kunstverstand und Gedankenschärfe. Gewiß kann man dem Autor vorwerfen, er habe den Auftrag des Kritikers verfehlt, da er gewisse persönliche Vorurteile hatte und seine Vorliebe für eine bestimmte literarische Richtung nicht verleugnen konnte. Solche Einwände werden dem Werk als Ganzem gegenüber jedoch hinfällig. Über die Tatsache hinaus, daß die Menge der hier gebotenen literarischen Fakten eine Fundgrube für den Literaturhistoriker darstellt, haben die Aufsätze dokumentarischen Wert als Spiegel der Individuen und der Gesellschaft ihrer Zeit. So konnte ein späterer Kritiker dieses Werk auch analog zu Balzacs *Comédie humaine* als eine *Comédie littéraire* bezeichnen; nicht weniger treffend war ein früherer Vergleich, der Sainte-Beuve als Moralist neben MONTAIGNE rückte und die *Lundis* die *Essais* des 19. Jh.s nannte. H.H.H.

AUSGABEN: Paris 1851–1862, 15 Bde. – Paris 1863–1870 (*Nouveaux Lundis*, 13 Bde.). – Paris 1857–1872, 15 Bde. [rev. u. verb.]. – Paris 1900, Hg. G. Lanson [Ausw.]. – Paris 1949 (in *Œuvres*, Hg. M. Leroy, 2 Bde., 1; Pléiade).

ÜBERSETZUNGEN: *Menschen des XVIII. Jh.s*, anon., Chemnitz 1880 [Ausz.]. – *Was ist ein Klassiker?*, P. M. Schon (in *Der Französische Geist. Die Meister des Essays von Montaigne bis zur Gegenwart*, Hg. G. R. Hocke, Lpzg. 1938, S. 142–145; Ausz.).

LITERATUR: M. Bonfantini, *S.-B. e i »Lundis«* (in Rivista d'Italia, 2, 1928, S. 441–465). – M. Allem, *Les grands écrivains français. Études des »Lundis« et des »Portraits« de S.-B.*, Paris 1929, 2 Bde. – J. Bonnerot, *Les trois éditions de »Causeries du Lundi«* (in Bull. du Bibliophile et du Bibliothécaire, 1959, S. 114–125). – R. Fayolle, *La méthode critique de S.-B. dans les »Lundis«* (in Inf. litt, 23, 1971, S. 7–10). – W. Weber, *S.-B.s »Lundis« über Fromentin* (in *Literary Theory and Criticism, Fs. R. Wellek*, Hg. J. P. Strelka, Bern u. a. 1984, Bd. 2, S. 1377–1403).

PORTRAITS LITTÉRAIRES

(frz.; *Literarische Portraits*). Essaysammlung von Charles-Augustin de SAINTE-BEUVE, erschienen 1836–1839. – Die Einsicht, daß sein begrenztes dichterisches Vermögen ihm Nachruhm nicht würde sichern können, ließ Sainte-Beuve zu einem der entscheidensten, aber auch problematischsten Literaturkritiker der modernen Literaturgeschichte werden. Sein umfassendes Wissen und seine formalen und stilistischen Fähigkeiten gehen in der von ihm geprägten essayistischen Kritik eine ideale Verbindung ein. Mit ihr hat Sainte-Beuve eine die Literaturwissenschaft vorbereitende Literaturkritik begründet, deren Kriterium nicht mehr Form- und Gattungsregeln sind. Seine Kritik soll vielmehr die Individualität des Künstlers aus seinem Werk und seiner Biographie erschließen: *»saisir, embrasser et analyser tout l'homme«* (*»den ganzen Menschen greifen, umfassen und analysieren«* – Porträt über P. CORNEILLE). – Den notgedrungen vollzogenen Verzicht auf eigene poetische Leistungen hat Sainte-Beuve in die ästhetische Absicht umgedeutet, daß die Kritik *»das zweite Antlitz und die notwendige zweite Phase für die meisten geistigen Erscheinungen«* ist. Zur Zeichnung seiner Porträts bedient sich Sainte-Beuve, wie nach ihm TAINE und RENAN, der Methoden des Positivismus. Aus akribisch zusammengetragenen Details baut er eine Charakteristik auf: Er verwendet biographische Daten, zitiert Zeitgenossen, flicht Anekdotisches ein und läßt das Ambiente der jeweiligen Epoche in brillanten Miniaturbildern wiedererstehen; er spürt Zusammenhänge auf und bindet Verwandtes über Jahrhunderte hinweg in klugen Synthesen. Der psychologische Ehrgeiz jedoch, bis in die tiefsten Geheimnisse der Persönlichkeit vorzudringen, *»wird bei ihm leicht zum Voyeurtum«* (S. Zweig). Er läßt sich kaum eine Gelegenheit entgehen, Indiskretionen über das Liebesleben des Porträtierten auszuplaudern. Aber nicht nur psychologisches Interesse, sondern auch charakterliche Veranlagung verleiten Sainte-Beuve häufig zu außerliterarischen Urteilen. Er hat die Dichter und Denker vergangener Jahrhunderte (u. a. Corneille, MOLIÈRE, PASCAL, LA BRUYÈRE, ROUSSEAU, DIDEROT, BEAUMARCHAIS, Madame de STAËL) zwar hoch gerühmt und in ihrer Bedeutung voll gewürdigt, er hat auch in Vergessenheit geratene Dichter wie RONSARD wieder in Erinnerung gebracht, unterwirft aber, Moralist, der er ist, das Genie oft einem engen, fast kleinbürgerlich zu nennenden Maßstab, der das literarische Urteil beeinträchtigt. Die drastische Eindeutigkeit einiger Ausdrücke in Rousseaus *Confessions* macht ihn *»moralisch frösteln«*. Die Vermutung eines Zeitgenossen, Molière habe gegen Ende seines Lebens homoerotische Beziehungen zu einem Baron unterhalten, weist er entschieden zurück: *»Wir denken unwillkürlich an gewisse Shakespearesonette. Aber gehen wir für Molière energisch über diese Hypothese hinweg; denn eine solche Beziehung straft schon sein ... freier Geist ... Lügen ...«*, und er fügt hinzu, *»daß man auch bei Shakespeare auf eine ehrbare Weise die Sache klären kann«*. Dichterische Größe und eine wie auch immer beschaffene Andersartigkeit sind für Sainte-Beuve nicht miteinander vereinbar. Weit bedenklicher jedoch als dieser moralische Rigorismus ist Sainte-Beuves Mißgunst gegenüber genialen Zeitgenossen (BALZAC, STENDHAL, FLAUBERT, NERVAL), bei denen er die schöpferische Kraft findet, die ihm selbst versagt ist. Entweder weicht er den großen Geistern seiner Zeit aus (BAUDELAIRE), oder seine Kritiken, von falschen Emotionen bestimmt, postulieren krasse Fehlurteile *(»[Stendhals Romane] sind einfach abscheulich«)*. Aus der vorwiegend rezeptiven und reproduzierenden Begabung Sainte-Beuves erklärt sich sein Haß auf das schöpferische Genie ebenso wie seine Vorliebe, Frauen zu schildern (Mme. SÉVIGNÉ, die Marquise DU DEFFAND, Mlle. LESPINASSE) oder Persönlichkeiten vergangener Epochen. *»Die großen Enttäuschungen, die kontemplativen Philosophen, die resignierten Naturen ... sie waren nicht seine glücklicheren Rivalen«* (S. Zweig). Aber trotz aller Voreingenommenheit seinen Zeitgenossen gegenüber hat Sainte-Beuves Kunstverstand gespürt, worin Flauberts Größe und das Neue seiner Kunst lag, hat er Balzacs *»gewaltiges Talent«* erkannt.

Wie umstritten Sainte-Beuves kritische Methode ist, zeigt etwa die Äußerung Gustave LANSONS, der ihm vorwirft, *»anstatt die Biografien zu verwenden, um die Werke zu erklären, hat er die Werke verwandt, um Biografien herzustellen«*. Marcel PROUST (in *Contre Sainte-Beuve*) spricht den gewichtigsten Einwand heutiger Literaturkritik aus, wenn er darauf verweist, daß *»un livre est le produit d'un autre ›moi‹ que celui que nous manifestons dans la société...« (»ein Buch ist das Produkt eines anderen Ich als desjenigen, das wir in der Gesellschaft darstellen...«)*.

M.Bs.

AUSGABEN: Paris 1836–1839 (in RDM). – Paris 1844, 2 Bde. – Paris 1846, 3 Bde. – Paris 1908, 3 Bde. – Paris 1949–1954 (in *Œuvres*, Hg. M. Leroy, 2 Bde.; Pléiade).

ÜBERSETZUNGEN: *Literarische Portraits aus dem Frankreich des XVII. bis XIX. Jh.s*, R. Auernheimer u. a., Hg. S. Zweig, 2 Bde., Ffm. 1925; ern. Calw 1947 [Ausw.]. – *Literarische Portraits*, R. Müller, Lpzg. 1958 [Ausw. u. Einl. K. Scheinfuss].

LITERATUR: M. Allem, *Les grands écrivains français. Études des »Lundis« et des »Portraits« de S.-B.*, 2 Bde., Paris 1929. – H. James, *S.-B.'s Portraits* (in H. J., *Literary Reviews and Essays*, NY 1957, S. 74–79). – L. R. Plazolles, *S.-B. et la critique littéraire* (in Anneé Propédeutique, 10, 1957/58, S. 401–412).

TABLEAU HISTORIQUE ET CRITIQUE DE LA POÉSIE FRANÇAISE ET DU THÉÂTRE FRANÇAIS AU 16e SIÈCLE

(frz.; *Historische und kritische Darstellung der französischen Lyrik und des französischen Theaters im 16. Jahrhundert*). Literaturkritische Schrift von Charles-Augustin de SAINTE-BEUVE; in Buchform erschienen 1828; in einer erweiterten Fassung 1843. – Sainte-Beuve wurde zu seiner ersten literarhistorischen Studie durch einen Aufsatzwettbewerb angeregt, den die Académie française 1826 ausschrieb, um dem wachsenden Interesse unter den jungen Romantikern an der vorklassischen Dichtung kritisch entgegenzutreten. Er konnte seine Arbeit nicht mehr rechtzeitig einsenden und wollte dies wohl gar nicht mehr: Zu interessant gestaltete sich seine Beschäftigung mit dieser Epoche und für zu gewagt hielt er seine Schlußfolgerungen.

Von den drei literarischen Gattungen, deren Entwicklung im 16. Jh. Sainte-Beuve chronologisch untersucht, gilt sein Hauptaugenmerk der Lyrik. Dem Drama und dem Roman schenkt er nur wenig Beachtung; seine Ausführungen hierüber bleiben oberflächlich und sind nur von geringem Interesse. Seine mit vielen Detailkenntnissen ausgestattete Abhandlung über die Lyrik gewinnt jedoch durch die Ablehnung des seit BOILEAUS *Art poétique* verbindlich gewordenen klassizistischen Dichtungsideals sowie durch die Rehabilitierung RONSARDS und der »Pléiade« ihre literaturgeschichtliche Bedeutung, ungeachtet manchen Fehlurteils – etwa über Maurice SCÈVE, den er als unlesbar abqualifiziert, oder über DU BARTAS, den er in die Ronsardnachfolge einreiht, oder über Mathurin REGNIER, den er als den »MONTAIGNE des 17. Jh.s« überbewertet. Die Lyrik durchläuft nach Sainte-Beuve in jenem Jahrhundert zwei Phasen: eine erste, die noch ganz unter dem Einfluß des *Rosenromans* und François VILLONS steht und die bis zur Pléiade andauert; ihr sind die Gruppe der »Rhétoriqueurs«, die »École Lyonnaise« und Clément MAROT zuzurechnen – und eine zweite, die plötzlich auftritt, sich stürmisch entwickelt und sowohl neue Formen als auch neue Inhalte bringt: die Pléiade. In ihr nimmt Ronsard eine überragende Stellung ein, ihrem Fortwirken wird erst durch MALHERBE Einhalt geboten.

Bei der Würdigung Ronsards und Malherbes versucht Sainte-Beuve stärker, als es bisher üblich war, zu differenzieren. Malherbes Verdienste um Sprache und Theorie der Poesie erkennt er durchaus an, rügt aber dessen Mängel an Originalität und dichterischer Kraft. Demgegenüber lobt er Ronsard als Schöpfer neuer lyrischer Gattungen und Rhythmen, *»wie sie erst wieder von den jungen Romantikern gepflegt werden«*. Der antikisierenden Dichtung Ronsards freilich kann er kein Verständnis entgegenbringen – er entschuldigt sie mit dem Hinweis auf den sich ständig wandelnden Geschmack der Zeit. Hier und stärker noch in den später der Studie angefügten Aufsätzen wird deutlich, daß es Sainte-Beuve vor allem darum ging, eine Verbindungslinie zwischen der Pléiade und der angefeindeten Schule der Romantiker herzustellen, die sich um Victor HUGO gebildet hat. In der neuen Rangfolge nationaler Dichtung, in der das klassizistische Ideal zugunsten des 16. Jh.s abgewertet wurde, konnte die romantische Dichtung den ihr gebührenden Platz einnehmen. In demselben Sinn wurde Sainte-Beuves Darstellung von den Romantikern verstanden und hochgeschätzt.

H.Häu.

AUSGABEN: Paris 1828, 2 Bde. – Paris 1843 [erw.].

LITERATUR: V. L. Saulnier, *La réputation de Ronsard au 18e siècle et le rôle de S.-B.* (in Revue Univers,

1947). – I. D. O. Arnold, *S.-B.'s »Tableau historique et critique de la poésie française au 16e siècle« and Cary's »Early French Poets«* (in *Studies in French Language Literature and History, Fs. für R. L. Graeme Ritchie*, Cambridge Univ. 1958, S. 1–8).

Saint-Pol-Roux

eig. Paul-Pierre Roux

* 15.1.1861 Saint-Henry bei Marseille
† 18.10.1940 Brest

Literatur zum Autor:
R. de Gourmont, *Le livre des masques*, Paris 1896. – A. Breton, *Hommage à S.-P.-R.* (in NL, 9. 5. 1925). – Th. Briant, *S.-P.-R.*, Paris 1952; 41989. – J. Schultz, *Der sanfte Avantgardist. Annäherungen an S.-P.-R.* (in Tabula Rasa. Literatur wider den korsettierten Geist, 3, Bln. 1984, Nr. 6, S. 167 bis 186). – Ders., *Ein vergessener Vorläufer. Zu S.-P.-R.' Stellung in der Literatur des 20. Jh.s* (in Neohelicon, 14, 1987, S. 67–88). – Ders., *S.-P.-R. und Deutschland. Etappen einer Begegnung* (in Lendemains, 13, 1988, Nr. 50, S. 93–100). – *S.-P.-R.; André Suarès*, Hg. P. Besnier (in Europe, Mai 1988, Nr. 709, S. 3–122; Sondernr.). – H.-J. Heinrichs, *S.-P.-R. Ein vergessener Vorläufer der modernen Literatur* (in H.-J. H., *Fenster zur Welt. Positionen der Moderne*, Ffm. 1989, S. 270–287). – J. Schultz, *Der Dichter ist radioaktiv. Anmerkungen zu S.-P.-R.* (in Akzente, 1991, Nr. 1).

LA DAME À LA FAULX

(frz.; *Die Dame mit der Sense*). Tragödie in fünf Akten und zehn Bildern von Saint-Pol-Roux, entstanden zwischen 1890 und 1898, erschienen 1899. – Dieses Versdrama von fast dreihundert Druckseiten ist, so schrieb Saint-Pol-Roux in seinem Vorwort, *»eine innere Tragödie, ein Schauspiel der gesamten Menschheit innerhalb des vielfältigen Konflikts zwischen dem Leben und dem Tod«*. Diese knappe Definition verweist auf das symbolistische Theater, zu dem Saint-Pol-Roux auch einige Einakter (»Monodramen«, wie er sie nennt) beigetragen hat. Abgesehen von den Stücken Maeterlincks ist das Theater des Symbolismus heute so gut wie vergessen, Saint-Pol-Roux' Tragödie ist aber einmal mit dem *Faust II* Goethes verglichen worden und gilt neben Villiers de l'Isle-Adams *Axel* als eine der wichtigsten dramatischen Schöpfungen dieser Zeit. Beim Erscheinen der Buchfassung erregte es einiges Aufsehen, viel Spott, aber auch die Begeisterung von André Gide und anderen jungen Dichtern, doch es ist nie aufgeführt worden, obwohl es der Verfasser mehrfach für die Bühne umgearbeitet hat. (Die letzte Fassung ist bei der Plünderung seines Hauses in Camaret in der Bretagne kurz vor seinem Tod von deutschen Soldaten vernichtet worden.)

Die Handlung spielt, wie viele dramatische Dichtungen des Symbolismus, in einem idealisierten Mittelalter und zeigt als zentralen Helden den Ritter Magnus, der – um seine Braut Divine heimführen zu dürfen – zuerst den Tod besiegen muß. Der Tod jedoch (im Französischen weiblich: *la mort*) ist eine verführerische *femme fatale*, eine *belle dame sans merci* (Mario Praz), die den Ritter dermaßen gefangennimmt, verzaubert, daß er Divine vollkommen vergißt. Im Verlauf einer großartigen Karnevalsszenerie (gemeint ist wohl auch das Paris im ausgehenden 19. Jh.) stirbt Divine, und Magnus folgt der »Dame mit der Sense«. Auch er muß sterben, denn der Tod ist nicht in der Lage, ihm ins Leben zu folgen. Doch das Stück endet versöhnlich: Das Kunstwerk – Magnus ist auch die Allegorie des Künstlers – wird den Tod überleben: *»Nein, Dichter, den Tod, den gibt es nicht, / denn dein Werk wird weiterleben.«*

In einer Szenenskizze gibt Saint-Pol-Roux an, wie die drei Hauptfiguren des Stückes zu verstehen sind. Sie (die Dame mit der Sense): Thema des Todes; Magnus: Thema der Menschheit; Divine: Thema des Lebens. Diese allegorische Grundkonzeption steht ganz im Zeichen des Symbolismus. Doch damit ist weder die beeindruckende Vielfalt des Stückes ausreichend beschrieben – neben achtzehn namentlichen benannten Personen soll gewissermaßen, in verschiedenen Gruppen und Chören, die gesamte Menschheit auf die Bühne gebracht werden –, noch ist auch nur angedeutet, inwieweit es sich um eine Vorwegnahme zahlreicher Aspekte der Moderne handelt. Wir finden Ideen des späteren Futurismus (Lobpreis des modernen Lebens), die Marinetti, der mit Saint-Pol-Roux um 1900 befreundet war, später radikal weitergeführt hat. André Breton, der Saint-Pol-Roux in seinen Manifesten mehrfach als Vorläufer des Surrealismus nennt, hat in Saint-Pol-Roux' »Ideorealismus« viele Anregungen für seinen Surrealismus gefunden. Der Künstler muß die hinter der Realität stehenden Ideen aufspüren und in seinem Werk Wirklichkeit werden lassen. Jean Cocteau hat Saint-Pol-Roux bewundert, und wenn man es recht besieht, liegt seinem Film *Orphée* die gleiche Struktur zugrunde: Der Dichter verläßt seine Frau/Geliebte, um »seinem« Tod (auch bei Cocteau eine betörende Frau) zu folgen.

Dieses Versdrama ist für den heutigen Leser an vielen Stellen überladen wie manche Gebäude der Gründerzeit, sein Pathos ist an einigen Stellen heute ebenso schwer zu ertragen wie das des deutschen Expressionismus. Andererseits hat sich Saint-Pol-Roux auch durch dieses monumentale Werk den Ruf eines *»unmittelbaren Anregers der beiden stärksten Avantgarden, Futurismus und Surrealismus«* (W. Pabst) verdient. Durch die modernen Mittel des heutigen Theaters wäre es jetzt aufführbar, aber vielleicht ist es auch nur ein vielstimmiges Gedicht und muß als solches betrachtet und gelesen werden. J.Schw.

AUSGABEN: Paris 1899. – Mortemart 1979 (Version théâtrale inédite).

LITERATUR: G. Marie, *Le théâtre symboliste*, Paris 1973, S. 140–147. – J. Burgos, *S.-P.-R. ou les exorcismes du verbe. Sur la convergence des schèmes de »La dame à la faulx«* (in J. B., *Pour une poétique de l'imaginaire*, Paris 1982, S. 283–315). – W. Pabst, *Französische Lyrik des 20. Jh.s Theorie und Dichtung der Avantgarden*, Bln. 1983, S. 214–223. – J. Burgos, *La vie et le verbe selon S.-P.-R.: »La dame à la faulx«* (in Europe, Mai 1988, Nr. 709, S. 30–39).

LES REPOSOIRS DE LA PROCESSION

(frz.; *Ü: Die Stationen der Prozession*). Gedichte in Prosa von SAINT-POL-ROUX, erschienen 1893 und 1901–1907. – Saint-Pol-Roux, der sich selber den Beinamen »le Magnifique« verlieh und seine ästhetische Doktrin zuerst 1885 in einem *Manifeste du magnificisme* verkündete, war aus Saint-Henry, einem Vorort Marseilles, gebürtig. Mit VILLIERS DE L'ISLE-ADAM und MAETERLINCK befreundet, von MALLARMÉ beeinflußt, Mitbegründer der symbolistischen Zeitschrift ›Mercure de France‹, Gründungsmitglied eines von Joséphin PÉLADAN gestifteten Rosenkreuzer-Ordens, hat er sich von früh an als Dichter im eminenten Sinne kosmischer Auserwähltheit und als eine Gestalt von legendärem Format begriffen. 1905 siedelte er mit seiner Familie in die Bretagne über und lebte seither auf Schloß Boultous – später von ihm, nach seinem im Ersten Weltkrieg gefallenen Sohn, »Manoir de Cœcilian« benannt – bei Camaret (Finistère). Er starb an den Folgen von Tätlichkeiten, die deutsche Soldaten im Juni 1940 an ihm verübt hatten; Schloß Boultous verbrannte 1944 nach einem Bombardement, mitsamt vielen der nachgelassenen Manuskripte des Dichters. – Neben drei dramatischen Dichtungen – der »Legende« *L'âme noire du prieur blanc*, 1893 *(Die schwarze Seele des weißen Priors)*, dem »Monodrama« *Les personnages de l'individu*, 1894 (*Die »Personen« des Individuums*, unter dem Pseudonym Daniel Harcoland), der »Tragödie in fünf Akten und zehn Bildern« *La Dame à la faulx* (1899) – und einer Sammlung früher Gedichte (*Anciennetés*, 1903) stellen die unter dem Titel *Les reposoirs de la procession* vereinigten Texte Saint-Pol-Roux' Hauptwerk dar, durch das er in der Geschichte des *poème en prose* als eine bemerkenswerte Figur fortlebt. Die *Reposoirs* erschienen zuerst in einem Bande, dann um zahlreiche Stücke erweitert in drei Bänden.

Saint-Pol-Roux' längere oder kürzere Prosagedichte – *»philosophische Themen, Symbole der Seele, jahreszeitliche Aufzeichnungen, Gemälde der Stunden, Zaubereien der Erscheinungen«* – sind Impressionen und Meditationen, Balladen und Parabeln, Selbstgespräche und Dialoge, ja bisweilen fast kleine Erzählungen in einem manieristischen Mischstil feierlicher und burlesker, esoterischer und alltäglicher, »poetischer« und »prosaischer« Elemente. In der Nachfolge Mallarmés bevorzugt er einen schwierigen Satzbau, unter reichlicher Verwendung von Archaismen und (oft wunderlichen, gelegentlich abscheulichen) Neuschöpfungen in der Wortwahl. Seine Diktion gewinnt dadurch etwas Hochartifizielles, Überbuntes, Verschraubtes, Närrisch-Gelehrtes. Auffällig sind eine starke Neigung zur Lautmalerei, zu refrainartigen Wiederholungen, zu allerlei tickhaften Techniken der rhythmischen Verschiebung und, vor allem, eine wuchernde, überkühne, das Absurde streifende Metaphorik. Mit Recht nennt ihn schon Remy de GOURMONT *»einen der fruchtbarsten und erstaunlichsten Erfinder von Bildern und Metaphern«*, den in den zwanziger Jahren der Surrealismus als einen seiner Vorläufer wiederentdecken sollte. Saint-Pol-Roux liefert das seltene Schauspiel eines preziösen Propheten, von dessen kultischem Tanzschmuck allerdings viele Kostbarkeiten glanzlos und brüchig geworden sind. Doch haben manche seiner jede Anschaulichkeit übersteigenden Bilder den Reiz des Märchenhaften, Magischen und Mystagogischen behalten.

Seine Grundüberzeugungen von der Sendung und Aufgabe des Dichters hat Saint-Pol-Roux in dem *Liminaire* (»Eingang«) der ersten Ausgabe der *Reposoirs* niedergelegt. Er entwickelt dort seinen platonisierenden, mit moderner Anmaßung versetzten *idéoréalisme*. Der Dichter, so verkündet dieses zweite Manifest, das in die dreibändige Ausgabe nicht aufgenommen wurde, ist ein prometheischer *»Idealanarchist«* und zugleich ein Seher, dem die Welt der sinnlichen Phänomene als eine *»stillstehende Katastrophe«*, eine *»latente Apokalypse«* erscheint. In dieser Welt des Sinnenspuks ist er der *»einzige wahrhaft Lebende«*, ein *»Zentrum der Ewigkeit«*. *»Die erste Regel des Dichters ist es, das Sinnliche zu* entmaterialisieren, *um zu dem Intelligiblen vorzudringen und die Idee zu erschauen, hat er diese Wesenheit erkannt, so ist die zweite Regel die, deren Geistformen, nach Lust und Maßgabe seiner Eigenheit, zu* vermaterialisieren. *Die gänzliche oder partielle Erneuerung des Antlitzes der Welt kennzeichnet das Werk des Dichters ... Jeder neue Dichter ist eine verbesserte und vermehrte Neuausgabe Gottes.«*

Für viele, später berühmte Vertreter der Moderne galt Saint-Pol-Roux, und insbesondere seine *Reposoirs*, lange Zeit als Geheimtip. Victor SEGALEN stellt ihn in seiner *Hommage à Saint-Pol-Roux* (1909) auf eine Stufe mit RIMBAUD und GAUGUIN und schreibt weiter: *»Während wir Rimbaud folgten, konnten meine Freunde und ich keinen besseren Schutz finden als bei diesen Reposoirs, deren Schritt so gravitätisch und gemessen ist.«* André SALMON, der Weggefährte Apollinaires, bezeichnet noch in seinen *Erinnerungen* (1955) die *Reposoirs* als eines der wenigen dauerhaften Werke des Symbolismus. APOLLINAIRE selbst forderte bereits 1917 das Kreuz der Ehrenlegion für Saint-Pol-Roux (das er 1932 erhielt). F.Kl.

AUSGABEN: Paris 1893 *(Les reposoirs de la procession I)*. – Paris 1901 *(Les reposoirs de la procession I, La rose et les épines du chemin, 1885–1900)*. – Paris 1904 *(Les reposoirs de la procession II, De la colombe au corbeau par le paon, 1885–1904)*. – Paris 1907 *(Les reposoirs de la procession III, Les féeries intérieures, 1885–1906)*. – Paris 1946 (*Anciennetés, suivi d'un choix des reposoirs de la procession*; Vorw. P. Éluard; Einl. A. Rolland de Renéville). – Mortemart 1980/81, 3 Bde.

ÜBERSETZUNG: *Die Stationen der Prozession I: Die Rosen und die Dornen auf dem Weg*, J. Schultz, Bln. 1991.

LITERATUR: R. Blin, *»La rose et les épines du chemin«, t.I des »Reposoirs de la procession«* (in NRF, 1. 1. 1981, Nr. 336, S. 117–120). – J. Schultz, *Keine Ruhaltäre. Zur Übersetzung von S.-P.-R.s »Reposoirs de la procession«* (in *Literarische Übersetzung*, Hg. W. Pöckl, Bonn 1990, S. 117–130).

GEORGE SAND

d.i. Armandine-Aurore-Lucile Dupin,
verehelicht Dudevant

* 1.7.1804 Paris
† 8.6.1876 Nohant

LITERATUR ZUR AUTORIN:
Bibliographien:
G. Colin, *Bibliographie des premières publications des romans de S.*, Brüssel 1965. – A. Poli, *S. vue par les Italiens (Essai de bibliographie critique)*, Florenz 1965.
Zeitschrift:
Présence de Sand, Echirolles 1976 ff.
Biographien:
A. Maurois, *Lélia ou la vie de G. S.*, Paris 1952; ern. 1985 (dt. *Das Leben der G. S.*, Mchn. 1985; dtv). – P. Salomon, *G. S.*, Paris 1953. – M. Toesca, *Le plus grand amour de S.*, Paris 1963; erw. 1980. – N. B. Gerson, *S. A Biography of the First Modern Liberated Woman*, NY/Ldn. 1972. – H. Guillemin, *La liaison Musset-S.*, Paris 1972. – P. Lacassagne, *Pierre Leroux et G. S.*, Paris 1973. – *Album S.*, Hg. G. Lubin, Paris 1973 (Pléiade). – C. Cate, *S. A Biography*, Ldn./Boston 1975. – E. Winegarten, *The Double Life of S., Woman, and Writer. A Critical Biography*, NY 1978. – H. Pirotte, *S.*, Paris 1980. – J. Barry, *G. S. ou le scandale de la liberté*, Paris 1982. – R. Wiggershaus, *G. S. In Selbstzeugnissen und Bilddokumenten*, Reinbek 1982 (rm). – C. Pulver, *S. Genie der Weiblichkeit. Eine Biographie*, Düsseldorf 1986. – G. Schlientz, *S. Leben und Werk in Texten und Bildern*, Ffm. 1987 (Insel Tb). – G. Schlientz, *›Ich liebe, also bin ich‹. Leben und Werk von S.*, Mchn. 1989.
Gesamtdarstellungen und Studien:
P. Vernois, *Le style rustique dans les romans champêtres après S.*, Paris 1963. – *Hommage à S.*, Hg. L. Cellier, Paris 1969. – J. Galzy, *S.*, Genf 1970. – A. Alquier, *S.*, Paris 1973. – C. Chonez, *S.*, Paris 1973. – A. Poli, *S. et les années terribles*, Bologna/Paris 1975. – C. Cate, *S.*, Ldn. 1975. – F. Maillet, *S.*, Paris 1976 (dt. *Die Muse der Republik*, Stg. 1979). – R. Jordan, *S.*, Ldn./NY 1976. – *G. S. Papers. Conference Proceedings 1976*, NY 1980 [Kongreßakten]. – P. G. Blount, *S. and the Victorian World*, Athens/Ga. 1978. – J. Dunilac, *S. sous la loupe*, Genf/Paris 1978. – RHLF, 78, 1978 [Sondernr. *G. S.*]. – Europe, März 1978, Nr. 587 [Sondernr. *G. S.*]. – H.-J. Lope, *Zwischen Emanzipation und Trivialität. S.* (in *Die französische Autorin vom Mittelalter bis zur Gegenwart*, Hg. R. Baader u. D. Fricke, Wiesbaden 1979, S. 199–212). – G. Thieltges, *S.* (in *Französische Literatur des 19. Jh.s*, Bd. 1: *Romantik und Realismus*, Hg. W.-D. Lange, Heidelberg 1979, S. 275–290). – F. Wolfzettel, *Das ›irdische Paradies‹ bei S.* (in Lendemains, 4, Mai 1979, Nr. 14, S. 91–102). – Ders., *S. Liebesroman, Sozialroman* (in RZL, 4, 1980, S. 36–62). – *West Virginia G. S. Conference Papers*, Hg. A. E. Singer u. a., Morgantown/W.Va. 1981. – G. Schaffer, *Espace et temps chez S.*, Neuchâtel 1981. – R. R. Grimm, *Probleme engagierter Literatur. Art social und Landroman bei S.* (in *Der französische Sozialroman des 19. Jh.s*, Hg. F. Wolfzettel, Darmstadt 1982, S. 213–242). – G. Steinwachs, *S. Eine Frau in Bewegung, die Frau von Stand*, Ffm./Bln. 1983 (Ullst. Tb). – *G. S.*, Paris 1983 (Colloque de Cérisy). – *G. S. Recherches nouvelles*, Hg. F. Van Rossum-Guyon, Groningen 1983. – M. P. Rambeau, *Chopin dans la vie et l'œuvre de S.*, Paris 1985. – G. Manifold, *S.'s Theatre Career*, Ann Arbor 1985. – *G. S. Collected Essays*, Hg. J. Glasgow, Troy/N.Y. 1985. – P. Vermeylen, *Les idées politiques et sociales de G. S.*, Brüssel 1985. – K. Wingård Vareille, *Socialité, sexualité et les impasses de l'histoire. L'évolution de la thématique sandienne d'»Indiana« (1832) à »Mauprat« (1837)*, Stockholm 1987. – D. Dickenson, *S. A Brave Man, the Most Womanly Woman*, Leamington Spa 1987. – M. Bossis, *A la recherche de S.*, Diss. Paris-IV 1987. – *G. S. Voyage et écriture*, Hg. J. Goldin (in EF, 14, Frühj. 1988; Sondernr.). – K. J. Crecelius, *Family Romances. S.'s Early Novels*, Bloomington/Ind. 1988. – A. Chevereau, *S., du catholicisme au paraprotestantisme?*, Paris 1988.

CONSUÉLO

(frz.; *Consuélo*). Roman von George SAND, erschienen 1843. – Der Roman, ein Hauptwerk der Autorin, erschien in Fortsetzungen ab Januar 1842 in der ›Revue indépendante‹ gleichzeitig mit dem ungleich populäreren Reisetagebuch *Un hiver à Majorque*, das den Mallorcaaufenthalt mit Frédéric Chopin (1838–39) beschreibt. Auch *Consuélo* entstand während George Sands Beziehung zu Frédéric Chopin und spielt in Musikerkreisen. Die Hauptgestalt trägt weitgehend die Züge einer damals berühmten Sängerin, Pauline Viardot, mit der die Autorin eng befreundet war. Die Handlung ist jedoch ins 18. Jh. verlegt, Schauplatz des ersten Teils ist Venedig.

Consuélo, eine kleine Bohemienne und Dienerin der leichten Muse, macht auf der venezianischen Opernbühne unvermutet Karriere. Ihre künstlerischen Erfolge bezahlt sie mit dem Verlust ihres einfachen Lebens. Ihr Bräutigam Anzoleto, ein venezianischer Fischer, der sich ebenfalls als Sänger versucht, aber erfolglos bleibt, quält sie und sich selbst mit Neid und Eifersucht und beschleunigt so die Trennung. Vom Theaterleben enttäuscht, verläßt Consuélo auf dem Höhepunkt ihrer Künstlerlaufbahn Venedig und übernimmt in Böhmen die Stelle einer Gesangslehrerin im Schloß des Grafen von Rudolstadt. Ihr Schüler, der junge Graf Albert, leidet unter Zwangsvorstellungen, in deren Bann er oft für mehrere Tage das Schloß verläßt und sich halb wahnsinnig in den Wäldern herumtreibt. In diesem Zustand wird er von Consuélo eines Tages in einer abgelegenen Gebirgshöhle aufgestöbert. Bei ihrem Anblick findet Albert zu sich selbst zurück, gesteht ihr seine Liebe und bittet sie um ihre Hand. Aber Consuélo hat nicht die Kraft, diesen Antrag anzunehmen; sie verläßt das Schloß und begibt sich nach Wien, wo sie der Kaiserin Maria Theresia vorgestellt und ans Hoftheater engagiert wird. An Alberts Sterbelager gerufen, kehrt sie für kurze Zeit ins Schloß Rudolstadt zurück und zieht nach dem Tod ihres Freundes einsam und ohne noch etwas vom Leben zu erwarten in die Welt hinaus.

Hervorzuheben ist an dem ansprechenden Werk das gut getroffene Kolorit des Musikmilieus. Der mit anspruchslosen Mitteln erzielte romantisch-sentimentale Reiz des Romans bewirkte seinen langwährenden Erfolg, an den die Autorin noch im selben Jahr mit einer Fortsetzung anzuknüpfen versuchte, wobei sie den Akzent in dem Romanmelodram *La comtesse de Rudolstadt* auf die sozialen Fragen legt. Vor allem die in die Erzählung eingeflochtenen, schwerfällig vorgetragenen menschheitsverbessernden Theorien des Sozialphilosophen Pierre LEROUX (1797–1871) verhindern, daß der zweite Teil die poetische Leichtigkeit von *Consuélo* erreicht. C.M.C.-KLL

AUSGABEN: Paris 1843, 8 Bde. – Paris 1845, 4 Bde. – Paris 1856, 3 Bde. – Paris 1882, 3 Bde. – Paris 1959, Hg. L. Cellier u. L. Guichard, 2 Bde. (Class. Garn). – Paris 1983, 3 Bde.

ÜBERSETZUNGEN: *Consuélo*, G. Julius (in *SW*, Bd. 7–15, Lpzg. 1843–1846). – Dass., G. Scherr, Stg. 1845. – Dass., W. Platschek, Bln. 1893.

LITERATUR: H. Babou, *Le roman social: »Consuélo«, de Sand* (in Revue de Paris, 23, 1943, S. 202–214). – Anon., *G. S.'s »Consuélo«* (in French Quarterly Review, 30, 1943, S. 226–234). – M.-Th. Rouget, *G. S., socialiste*, Lyon 1931. – R. Koskimies, *Le satanisme hussite dans »Consuélo« de S.* (in NphM, 70, 1969, S. 177–192). – *La Porporina. Entretiens sur »Consuélo«*, Hg. L. Cellier, Grenoble 1976. – B. Didier, *Sexe, société et création. »Consuélo« et »La comtesse de Rudolstadt«* (in Romantisme, 6, 1976, Nr. 13/14, S. 155–166). – L. Cellier, *L'occultisme dans »Consuélo«* (ebd., 7, 1977, Nr. 16, S. 7–19). – B. T. Cooper, *›L'envers du décor‹* (in RoNo, 24, 1983/84, S. 243–248). – L. Frappier-Mazur, *Code romantique et résurgences du féminin dans »La comtesse de Rudolstadt« (»Consuélo«)* (in *Le récit amoureux*, Hg. D. Coste u. M. Zéraffa, Seyssel 1984, S. 53–70). – F. Laforge, *Structure et fonction du mythe d'Orphée dans »Consuélo« de S.* (in RHLF, 84, 1984, S. 53–66). – P. Daly, *»Consuélo« et les contes de fées* (in *G. S. Collected Essays*, Hg. J. Glasgow, Troy/N.Y. 1985, S. 20–28). – E. Sourian, *Les opinions religieuses de S. Pourquoi Consuélo a-t-elle perdu sa voix?* (ebd., S. 127–138). – F. Escal, *La musique est un roman. »Consuélo« de S.* (in RSH, Jan.–März 1987, Nr. 205, S. 27–54). – G. Escomel, *Le voyage initiatique de Consuélo* (in EF, 14, Frühj. 1988, S. 57–69).

HISTOIRE DE MA VIE

(frz.; *Geschichte meines Lebens*). Memoiren von George SAND, erschienen 1854/55. – Das Werk wurde zunächst als Feuilleton in der Zeitschrift ›La Presse‹ publiziert. Die Hälfte der zwanzigbändigen Memoiren trägt den Titel sicherlich zu Unrecht, umfaßt sie doch lediglich die Vorgeschichte von George Sands Familie. Die Filiation erstreckt sich über den Urgroßvater der Autorin, König August II. von Polen, den Großvater, einen Marschall von Sachsen, und dessen Frau, Aurora von Königsmark, zu George Sands Vater Maurice Dupin de Francueil, der sich mit seiner Mutter überwirft, als er Sophie-Victoire Delaborde heiratet, die niederer Herkunft ist. George Sand, mit korrektem Namen Amandine-Aurore-Lucile Dupin, sieht sich nicht nur durch den Taufnamen mit ihrer Großmutter verbunden; vor allem mit der weltläufigen Kultiviertheit der Madame Dupin de Francueil, die einen eigenen Salon führt, vermag die emanzipatorisch bestrebte Autorin sich zu identifizieren. Maurice Dupin, von seiner Mutter verstoßen, stirbt an einem Reitunfall, so daß diese Aurore zu sich auf das Schloß Nohant im Berry nimmt. Dort verbringt Aurore Dupin ihre Jugendjahre und kommt so mit dem aristokratischen Geist des 18. Jh.s in Berührung, der bestimmend für die Entwicklung des intelligenten Mädchens sein wird. Nach einem kurzen Aufenthalt im Konvent der Englischen Fräulein (1818–1820) heiratet Aurore den Baron Casimir Dudevant, den sie nach wenigen Ehejahren verläßt, um künftig immer neue Verbindungen einzugehen, die sie zum Teil recht unverhüllt in ihren frühen autobiographisch gefärbten Romanen (vgl. *Lélia*) offengelegt hat. In den schon 1837 in der ›Revue des deux mondes‹ veröffentlichten *Lettres d'un voyageur (Briefe einer Reisenden)* beschreibt George Sand mit größerer Offenherzigkeit diesen Teil ihres abenteuerlichen Lebens, in dem sie Liszt, Chopin, Delacroix und Musset (in späteren Jahren Turgenev und Flaubert) kennenlernt. – So erweckte bereits die Ankündigung der Publikation ihrer Lebenserinnerungen großes Aufsehen, mußten doch zahlreiche Liebhaber und intime Bekannte der Autorin mit allzu aufrichtigen Offenbarungen rechnen, die indes in den Memoiren weniger gewichtig ausfielen als in den romanesken Werken und der später erschienenen Autobiographie *Elle et lui* (1859), die wie Mussets *Confession d'un enfant du siècle*, 1836 *(Bekenntnis eines Kindes seiner Zeit)*, ein Niederschlag der heftigen romantischen Beziehung zwischen Sand und dem gefeierten Dichter ist. So kommt es, daß, wie bereits Nietzsche, der vielleicht beharrlichste Verächter Sands, vermerkt, *»ihre Bücher nur eine kleine Zeit ernst genommen worden und schon heute unter die unfreiwillig komische Litteratur gerathen sind«*. Nietzsche kritisiert auch an anderer Stelle die von Rousseau (Sands großem Vorbild) herrührende allzu große Larmoyanz, wenngleich in der *Histoire* Kindheits- und Jugendeindrücke gegenüber den anderen Schriften der Autorin in den Hintergrund treten. Die Enttäuschung – und Erleichterung – der Zeitgenossen über die insofern belanglosen Erinnerungen eines ungleich aufregenderen Lebens lassen sich an dem Bonmot ablesen, das Werk sei die *»Geschichte ihres Lebens vor ihrer Geburt«* (tatsächlich wird der Bericht ab dem Zeitpunkt der Trennung von Baron Dudevant – der »Geburt« George Sands – auffallend lückenhaft). Aus heutiger Sicht kommt dem Werk in erster Linie ein dokumentarischer Wert zu: Neben Einblicken in George Sands Ideenwelt machen vor allem die detailreichen Milieuschilderungen und die Porträts bedeutender Zeitgenossen wie Chopin und Musset das Werk passagenweise als Schilderung eines bewegten Zeitalters lesenswert. G.Wil.

Ausgaben: Paris 1854/55, 20 Bde. – Paris 1876, 10 Bde. – Paris [9]1949, Hg. N. Roubaud [Vorw. J. u. J. Tharaud]. – Paris 1968; ern. 1985. – Paris 1978 (in *Œuvres autobiographiques*, Hg. G. Lubin, 2 Bde.; Pléiade).

Übersetzungen: *Geschichte meines Lebens*, C. v. Glümer (in *SW*, Bd. 24–35, Lpzg. 1855). – Dass., dies., 4 Bde., Lpzg. 1863. – *Meines Lebens Beichte*, R. Jolowicz, Bln. 1907 [Ausz.]. – *Geschichte meines Lebens*, R. Wiggershaus, Ffm. 1978 (Ausw.; Insel Tb).

Literatur: M. L. Pailleron, *G. S. Histoire de sa vie*, 2 Bde., Paris 1938–1942. – B. Didier, *Femme/Identité/Écriture. A propos de l'»Histoire de ma vie« de S.* (in RSH, 42, 1977, S. 561–576). – Y. Bozon-Scalzitti, *Vérité de la fiction et fiction de la vérité dans »Histoire de ma vie«* (in NCFSt, 12/13, 1984, S. 95–118). – T. Michaelis, *Die Kindheit des Dichters. S., »Histoire de ma vie«* (in T. M., *Der romantische Kindheitsmythos*, Ffm. u. a. 1986, S. 207–248). – B. Didier, *Femme, identité, écriture. A propos de l'»Histoire de ma vie« de S.* (in *Das Frauenbild im literarischen Frankreich vom Mittelalter bis zur Gegenwart*, Hg. R. Baader, Darmstadt 1988, S. 243 bis 262; WdF). – L. Frappier-Mazur, *Nostalgie, dédoublement et écriture dans »Histoire de ma vie«* (in NCFSt, 17, 1988/89, S. 265–275). – T. Jurgrau, *Autobiography in General and S.'s in Particular* (ebd., S. 196–207).

LÉLIA

(frz.; *Lelia*). Roman von George Sand, erschienen 1833, in neuer Fassung 1839. – Das Werk gehört gemeinsam mit *Indiana* (1832), *Valentine* (1832) und *Jacques* (1834) zur Reihe der frühen, autobiographisch getönten Romane der Autorin, in denen sie das Recht der Frau auf Leidenschaft mit besonderem Nachdruck verficht, und wurde ihr erster durchschlagender Publikumserfolg. Hierzu trug wesentlich das von Sainte-Beuve in Umlauf gesetzte Gerücht bei, es handle sich um einen Schlüsselroman. Tatsächlich sind Züge einzelner Liebhaber nachweisbar, jedoch miteinander kombiniert oder auf verschiedene Figuren verteilt. So ist auch Lélia selbst nicht ohne weiteres mit der Autorin zu identifizieren. Vielmehr sollen alle Romanfiguren zusammen ein Spektrum von Ich-Möglichkeiten ergeben. Skeptizismus, Naivität, Stoizismus und Sensualismus werden als Lebenshaltungen gegeneinandergestellt und am Phänomen »Liebe« auf ihre Tauglichkeit hin erprobt. George Sand versucht auf diese Weise die wiederholt gemachte Erfahrung enttäuschter Liebe auf eine metaphysische Gesetzlichkeit, den *»Antagonismus von Poesie und Zweifel«* zurückzuführen. Die klinisch exakte Analyse psychischer Extremvorgänge weist den Roman als wichtiges Zeugnis der zeitgenössischen Weltschmerzdichtung aus. Die resignierte Apologie von Schmerz und Tod spiegelt die wachsende Entfremdung des Individuums in einer durch die Probleme der materiellen Bedürfnisbefriedigung auch innerlich zerrissenen Gesellschaft.

Die äußerst komplizierte Handlung erzählt das Lebensschicksal einer Frau, die sich in dem quälenden Streben nach Selbsterkenntnis zermürbt. Die Erinnerung an eine unglückliche Jugendliebe überschattet Lélias Leben und versagt ihr die Verbindung mit dem jungen Dichter Stenio, der sie glühend verehrt (hinter ihm verbirgt sich der Gelehrte Ajasson, dessen Mätresse George Sand 1827 wurde). Zu Unrecht sieht er den Grund für Lélias Zurückhaltung in einer vermeintlichen Liebesbeziehung zu Trenmor, einem ehemaligen Galeerensträfling, der im Alter zu abgeklärter Lebensweisheit gefunden hat und zum geistigen Vorbild Lélias geworden ist. In ihrer Sehnsucht nach Ausgeglichenheit und Frieden zieht sich Lélia in ein Kloster zurück; bald wird sie dort Äbtissin. Stenio spürt sie nach langem Suchen auf und erhält nun endlich

Klarheit darüber, daß ihm Lélia keinesfalls indifferent gegenüberstand, sondern in Wahrheit eine leidenschaftliche Liebe zu ihm empfand, die sie nun Gott geopfert hat. Zutiefst erschüttert von dieser Erkenntnis nimmt sich Stenio das Leben. Der Eremit Magnus findet den Leichnam und lenkt den Verdacht auf Lélia, die er mit glühendem Fanatismus verfolgt, da sie eine heftige Leidenschaft in ihm entfacht hat. Das Urteil lautet auf lebenslängliche Gefangenschaft in einer Kartause. Nach ihrem Tod bestattet sie ihr alter Freund Trenmor am Ufer eines Sees, gegenüber dem Platz, an dem man Stenio begrub.

In der ursprünglichen Konzeption, die ihren Niederschlag in der Erstausgabe von 1833 gefunden hat, wird Lélia von Magnus getötet, ohne daß zuvor noch eine Aussprache mit Stenio stattfindet. Die weniger pessimistische Schlußwendung geht wohl auf den Einfluß des christlichen Sozialisten LEROUX zurück, mit dem zusammen Sand die ›Revue Indépendante‹ gegründet hatte. G.Sa.-KLL

AUSGABEN: Paris 1833, 2 Bde. – Paris 1839 [Neufassg.]. – Paris 1960, Hg. u. Anm. P. Reboul. – Paris 1976. – Paris 1986, Hg. P. Reboul (Class. Garn). – Paris 1987, Hg. B. Didier, 2 Bde. [Ill.].

ÜBERSETZUNGEN: *Lelia*, A. Braun, Lpzg. 1834. – Dass., F. Bremer, Lpzg. 1893. – *Lelia*, A. Wheill, Mchn. 1981. – Dass., dies., Ffm. 1983 (Insel Tb).

LITERATUR: M. Parturier, *Une expérience de »Lélia« ou Le fiasco du comte Gazul*, Paris 1932. – J. Brugger, *Frauentypen bei G. S.*, Diss. Würzburg 1934. – J. Pommier, *A propos d'un centenaire romantique. »Lélia«* (in Revue des Cours et Conférences, 35, 1934, 1, S. 221–237). – P. Reboul, *S.'s Thought in 1833* (in University of Toronto Quarterly, 25, 1955/56, S. 82–95). – Ö. Södergård, *Un problème d'interprétation de style dans le roman de »Lélia« de G. S.* (in Studia Neophilologica, 30, 1958, S. 96–106). – M. Rat, *»Lélia«, la mal-aimée ou Des clefs pour S.* (in FL, 24. 12. 1960, S. 11). – A. de Musset, *Fragment sur »Lélia«, présenté par P. Reboul* (in RSH, 1962, S. 651/652). – Ö. Södergård, *Essais sur la création littéraire de S., d'après un roman remanié »Lélia«*, Uppsala 1962 [Diss. Paris 1961]. – B. Didier, *Le corps féminin dans »Lélia«* (in RHLF, 76, 1976, S. 634–643). – E. B. Sivert, *»Lélia« and Feminism* (in YFS, 62, 1981, S. 45–66). – N. Schor, *»Lélia« and The Failures of Allegory* (in EsCr, 29, 1989, S. 76–83).

LA MARE AU DIABLE

(frz.; *Das Teufelsmoor*). Ländliche Erzählung von George SAND, erschienen 1846 in ›Le Courrier Français‹. – Held der fast nur in Dialogform geschriebenen bäuerlichen Idylle ist der *fin laboureur* Germain, ein junger, einfacher Landmann; aus seinem Mund will die Erzählerin die Geschichte seiner zweiten Eheschließung erfahren haben.

Als Witwer mit drei Kindern erhält Germain von seinem Schwiegervater Maurice den Rat, sich wieder nach einer Frau umzusehen, die ihm die Hauswirtschaft führen könne. Gehorsam folgt er dem Vorschlag, um die Hand einer ihm unbekannten wohlhabenden Witwe Cathérine anzuhalten, und macht sich auf die Reise in das Dorf der Auserwählten, begleitet von seinem jüngsten Kind und dem Mädchen Marie, das die Not zwingt, bei einer auswärtigen Familie in Dienst zu treten. Vor einem Unwetter suchen die drei Reisenden Unterschlupf in einer Waldschlucht, dicht neben dem »Teufelsmoor«. Die romantische Kulisse, die nächtliche Stille und das flackernde Lagerfeuer schaffen eine Atmosphäre inniger Vertraulichkeit, die in Marie und Germain eine uneingestandene Neigung füreinander weckt. Am Morgen trennen sie sich, treffen sich aber noch am gleichen Tag – Germain enttäuscht von der Leichtfertigkeit Cathérines, Marie auf der Flucht vor den Nachstellungen ihres Dienstherrn – in ihrem Heimatdorf wieder. Sie gestehen einander ihre Gefühle und feiern bald darauf Hochzeit.

La mare au diable leitet die dritte Schaffensphase George Sands ein. Nach ihrer von Schmerz und Unruhe erfüllten romantischen und der sozialengagiert humanitären Periode wendet sie sich jetzt dem Bauernroman zu, in den sie das folkloristische Kolorit ihrer ländlichen Heimat (das Landgut Nohant im mittelfranzösischen Berry) einbringt. Dennoch besteht ein innerer Zusammenhang mit den früheren Werken der Autorin: Weder sind die naivrustikalen Motive neu, noch wird das sozialkritische Engagement hier völlig aufgegeben. Die Darstellung des ländlichen Lebens soll vielmehr beim Leser in den Städten ein Gefühl der Sympathie mit diesen einfachen und aufrichtigen, aber gesellschaftlich diskriminierten Menschen hervorrufen. Die auf eine lange Tradition – von VERGIL *(Georgica)* und LONGUS *(Poimenikē kata Daphnin kai Chloēn)* bis zu d'URFÉ *(Astrée)* und GOLDSMITH *(The Vicar of Wakefield)* – zurückblickende Form der ländlichen Idylle dient dem Zweck, die einfache Schönheit und Wahrheit, die echte »Poesie« der bäuerlichen Wirklichkeit unter Beweis zu stellen. Schließlich war 1844 BALZACS Roman über das Landleben, *Les paysans*, erschienen, der – ganz im Geist der engagierten Autoren im Frankreich vor der Julirevolution – soziale Belange stärker hervorkehrte. Die Dichterin läßt sich indessen von einer die Natur *(»die Reize des primitiven Lebens«)* bewußt idealisierenden Tendenz leiten, so daß ihr Werk der biedermeierlichen Restauration des *juste milieu* enger verbunden ist als dem entstehenden naturalistisch-realistischen Roman: *»Die Kunst ist nicht eine Studie der erfahrbaren Wirklichkeit; sie ist vielmehr eine Suche nach der Wahrheit des Ideals« (L'auteur au lecteur)*. In dem gleichzeitig erschienenen, *»meinem Freund Frédéric Chopin«* zugeeigneten *Appendice. Les noces de campagne (Die Bauernhochzeit)* mündet die rousseauistische Naturverherrlichung in ein beinahe klassizistisches Tableau-Idyll. – Die Erzählung gehört, gemeinsam mit dem fast gleichzeitig entstandenen *François le Champi*, zu den Werken Sands, die heute noch gelesen werden. KLL

Ausgaben: Paris 1846 (in Le Courrier Français, 6. 2. – 3. 4.; zus. m. *Les noces de campagne*). – Paris 1846, 2 Bde. – Paris 1960, Hg. P. Salomon u. J. Mallion. – Paris 1965 (zus. m. *François le Champi*). – Paris 1973 (Folio). – Paris 1973 (Vorw. P. de Boisdeffre; Poche). – Paris 1975 (GF). – Paris 1981, Hg. P. Reboul (Class. Garn).

Übersetzungen: *Der Teufelssumpf*, anon., Stg. 1846. – *Die Teufelspfütze*, M. Etienne, Lpzg. 1847. – *Der Teufelssumpf*, L. Schneegans, Mchn. o. J. [1873]. – *Das Teufelsmoor*, H. u. H. Kühn, Lpzg. 1961 (zus. m. *Die kleine Fadette*; Slg. Dieterich, 216). – *Das Teufelsmoor*, H. u. H. Kühn, Lpzg. 1964. – *Der Teufelsteich*, G. Meister, Zürich 1980. – *Das Teufelsmoor*, H. u. H. Kühn, Ffm. 1986 (Insel Tb).

Dramatisierung: G. Sand, *La mare au diable* (Urauff.: Paris, 13. 9. 1919, Odéon).

Literatur: A. Sand, *Le Berry de G. S.*, Paris 1927. – R. T. Rouget, *Essai sur l'évolution psychologique et littéraire de G. S.*, Lyon 1939. – Th. Marix-Spire, *Vicissitude d'une opéra-comique »La mare au diable« de G. S. et de P. Viardot* (in RomR, 4, 1944, S. 125–146). – P. Salomon, *Les rapports de G. S. et de P. Leroux en 1845 d'après le prologue de »La mare au diable«* (in RHLF, 48, Okt. 1948, S. 352–358). – P. Reboul, *Documents inédits autour de »Mare au diable«* (in Studi Francesi, 2, 1958, S. 240–242). – P. Vernois, *Le style rustique dans les romans champêtres après S.*, Paris 1963. – R. Joly, *S. »La mare au diable«* (in Le Lingue straniere, 16, 1967, S. 30–48). – M. A. Barbéris, *»La mare au diable« de S.*, Paris 1977. – J. F. Hamilton, *From Art to Nature in S.'s »La mare au diable«* (in *French Literature and the Arts*, Hg. Ph. Crant, Univ. of South Carolina 1978, S. 179–182). – R. B. Grant, *S. »La mare au diable«* (in NCFSt, 13, 1984/85, S. 211–223). – B. Lane, *Voyage et initiation dans »La mare au diable«* (in EF, 24, Frühj. 1988, S. 71–83).

Marcel Schwob

* 23.8.1867 Chaville
† 12.2.1905 Paris

Literatur zum Autor:
P. Champion, *M. S. et son temps*, Paris 1927. – R. Goddard, *M. S., conteur et critique*, Paris 1950. – G. Tremblay, *M. S., faussaire de la nature*, Genf 1969. – E. Unglaub, *Beziehungen auf Umwegen. R. M. Rilke, O. J. Bierbaum, F. Blei u. S.* (in *Gallo-Germanica*, Hg. E. Heftrich u. J.-M. Valentin, Nancy 1986, S. 273–292). – P. Léautaud, *S.* (in Akzente, 34, 1987, S. 426–439). – B. Delvaille, *S. ou le réalisme irréel* (in Mag. litt, 151/152, 1979, S. 105/106). – H. Juin, *S., écrivain occulté* (in QL, 299, 1. 4. 1979, S. 4–5). – R. E. Ziegler, *S. and the Fin-de-siècle Flight from Time* (in FR, 56, 1982/83, S. 688–695).

LE LIVRE DE MONELLE

(frz.; *Das Buch Monelle*). Lyrische Prosa von Marcel Schwob, erschienen 1894. – Zeit und Ort des an der Grenze zwischen Wirklichkeit und einer symbolistischen Traumwelt angesiedelten, kaum recht faßbaren Geschehens um Monelle bleiben unbestimmt; lediglich Monelles Ideale und bestimmte historische Reminiszenzen sind ein Hinweis darauf, daß die Heldin der Erzählung – *»Sinnbild der idealen Hetäre ... eine Art dekadenter Beatrice«* (M. Praz), in der Schwob das Andenken an seine früh verstorbene Geliebte Louise wachhielt – dem europäischen 19. Jh. entstammt. Der Ich-Erzähler führt im ersten Teil des Werks, den *Paroles de Monelle (Leitsprüche Monelles)* sich selbst und die Titelheldin auf denkbar knappe und verschwebende Weise ein: *»Monelle me trouva dans la plaine où j'errais et me prit par la main« (»Monelle fand mich auf der weiten Ebene, wo ich herumirrte, und nahm mich bei der Hand«)*. In den *Paroles* berichtet Monelle dem Erzähler von kleinen Prostituierten, die in verschwindenden Augenblicken große Berühmte getröstet haben, so Bonaparte, den Opiumsüchtigen Thomas De Quincey oder den Sträfling Dostoevskij. Monelles Reden preisen die Hure: sie tröste, schenke sich und verschwinde wieder in der Namenlosigkeit. In einer stellenweise den *Evangelien* und Nietzsches *Zarathustra* nahekommenden Sprache verliert sich Monelle an so abstrakte Dinge wie Selbstvernichtung und Werden, die Götter und den Augenblick. Sie predigt, alles Feste müsse zerstört werden – auch die Götter und die eigene Persönlichkeit, um dem Werden Platz zu schaffen.
Im zweiten Teil, *Les sœurs de Monelle (Die Schwestern Monelles)*, folgt unvermittelt die Beschreibung von elf Charaktertypen in jeweils einer kurzen kennzeichnenden Geschichte: *Die Egoistin, Die Wollüstige, Die Betrogene, Die Wilde, Die Perverse, Die Treue, Die Erwählte, Die Träumerin, Die Erhörte, Die Kühle*, schließlich *Die Geopferte*. Alle diese Charaktere sollen wohl zum Porträt Monelles, dem Urbild der Hure, beitragen. – Im dritten Teil, *Monelle*, findet der Erzähler Monelle in einer nicht näher beschriebenen, unter dunklen Regenwolken liegenden Stadt als kleine Lampenverkäuferin. Ihre eigene Lampe hellt als einzige unter den vielen im Laden die Dunkelheit auf. Eines Tages verschwindet Monelle und taucht dann als kleine Prostituierte wieder auf. Sie berichtet dem Erzähler im Traum von einem *»weißen Königreich«*, aber den Schlüssel

zu jenen paradiesischen Gefilden weiß sie ihm nicht zu geben. Später tut sich der Erzähler mit Louvette, einer anderen Prostituierten, zusammen. Beide treffen auf freiem Feld inmitten einer Schar weißgekleideter Kinder eine Frau, die von sich sagt, sie sei die auferstandene Monelle. In dieser Schar sind Arbeit, Leid und Tod überwunden. Der Erzähler und Louvette aber, die auf wirkliche Liebe und das Leiden nicht verzichten wollen, verlassen Monelle. *Das Buch Monelle* – es wurde lange Zeit als das Hauptwerk Schwobs angesehen – stellt eine Verherrlichung der zum Mitleid gewandelten Liebe dar, der freilich ein für die Fin-de-siècle-Stimmung bezeichnender, unterschwelliger perverser Reiz anhaftet. Zugleich hat hier das von lebensphilosophischen Strömungen beeinflußte Dekadenzbewußtsein Schwobs Ausdruck gefunden, das ein allerdings sehr vereinfachtes Abbild der Philosophie Nietzsches darstellt. Der Gedankenwelt BERGSONS steht Schwob trotz seiner Verherrlichung des schöpferischen Werdens fern. Das Werk wurde durch seine absichtlich dunkle Sprache und seine Metaphorik zu einem bedeutenden Zeugnis symbolistischer Prosa, freilich auch einem der letzten: Es entstand, als der Symbolismus seinen Höhepunkt bereits weit überschritten hatte. CF.Sch.

AUSGABEN: Paris 1894. – Paris 1928 (in *Œuvres complètes*, 12 Bde., 1927–1930, 6; Nachdr. 1985). – Neuchâtel/Paris 1946. – Paris 1959. – Paris 1965. – Paris 1969 (Poche). – Paris 1979 (10/18).

ÜBERSETZUNG: *Das Buch von Monelle*, F. Blei, Lpzg. 1904. – *Das Buch Monelle*, ders., Hellerau 1925. – Dass., ders., Ffm. u. a. 1983 (Nachw. P. Krumme; Ullst. Tb).

LITERATUR: L. Estang, Rez. (in FL, 8.8. 1959). – R. Judrin, Rez. (in NRF, 14, 1959, S. 713/714). – P. Van Rutten, *Une querelle littéraire. »Les nourritures terrestres« et »Le livre de Monelle«* (in Revue de l'Université d'Ottawa, 37, 1967, S. 359–375). – F. Delay, *Vers le royaume blanc. Rencontre avec Monelle et S.* (in NL, 20.5. 1976, Nr. 2533, S. 16). – M. J. Viegnes, *De Monelle aux épouses masquées* (in RoNo, 27, 1986/87, S. 53–59).

EUGÈNE SCRIBE

* 24.12.1791 Paris
† 20.2.1861 Paris

LITERATUR ZUM AUTOR:
H.-G. Ruprecht, *Theaterpublikum und Theaterauffassung. Eine textsoziologische Studie zur Aufnahme u. Wirkung von S.s Theaterstücken im dt. Sprachraum*, Bern/Ffm. 1976. – K. Pendle, *S. and the French Opera of the Nineteenth Century*, Ann Arbor/Mich. 1979. – H. Koop u. R. Switzer, *S.*, Boston 1979. – D. E. Witt, *S. and Nineteenth-Century Theater*, Diss. George Washington Univ. 1986. – D. Cardwell, *The Role of Stage Properties in the Plays of S.* (in NCFSt, 16, 1987/88, S. 290–309). – L. Métayer, *Voyage en Scribie* (in *Commerce et commerçants en littérature*, Hg. J.-M. Thomasseau, Bordeaux 1989).

LA DAME BLANCHE

(frz.; *Die weiße Dame*). Libretto von Eugène SCRIBE zu der komischen Oper von François Adrien Boieldieu (1775–1834); Uraufführung: Paris, 10. 12. 1825, Opéra Comique. – An dem dauerhaften Erfolg von Boieldieus Werk hat Scribe mit seinem Textbuch entscheidenden Anteil. Die Wirkung des Stücks beruht darin, daß mit aufklärerischem Geist in spielerischer Leichtigkeit die Romantik als herrschende künstlerische Mode aufs Korn genommen wird. In den Phantasien und Träumereien, die das Bühnengeschehen zu bestimmen scheinen, vermag der gesunde Menschenverstand des aufmerksamen Beobachters immer die Oberhand zu behalten. Aller Eindruck von Unwirklichem und Irrationalem ist nur vorläufig; die Unordnung löst sich schließlich doch als witzig inszeniertes Spektakel auf, in dem mit praktischer Klugheit die Durchsetzung unehrenhafter Interessen vereitelt wird.

Die drei Akte des Stücks erzählen mit ironischem Grundton eine an romantischen Unwahrscheinlichkeiten reiche Familien- und Gespenstergeschichte. Die parodistische Absicht zielt unmittelbar auf den historischen Roman als die Gattung, die in Frankreich etwa seit 1820 den literarischen Geschmack bestimmte. Deshalb greift Scribe vornehmlich auf Motive und Themen aus dem Erzählwerk Walter SCOTTS zurück – aus *The Monastery* (1820) und *Guy Mannering* (1815) sowie aus *The Lady of the Lake* (1810). Ort des Geschehens ist das schottische Hochland; unter dudelsackpfeifenden Bauern setzt im Jahre 1759 die Handlung ein. Der ungetreue Verwalter Gaveston will den Stammsitz derer von Avenel, die in Kriegswirren nach Frankreich fliehen mußten und deren jüngster und einzig verbliebener Sproß verschollen ist, bei einer Versteigerung an sich bringen. Fest entschlossen, seinen Plan durch eine List zu vereiteln, sind aber Marguerite, die alte Amme, und Anna, die – als schutzlose Waise von niedriger Herkunft – noch von der letzten Schloßherrin aufgezogen worden war und nach deren Tod dem finsteren Verwalter als Mündel folgen mußte. Beide wollen dem jungen Grafen – er hat zusammen mit Anna die frühe Kindheit verbracht und ihm trauert das ganze Dorf immer noch nach – als dem rechtmäßigen Besitzer das Erbe erhalten. Zur Durchsetzung ihrer Absichten bedient sich Anna, die zur eigentlichen Drahtzieherin des folgenden Geschehens wird, eines alten Volksglaubens, wonach eine »weiße Dame«, deren Statue im Schloß aufbewahrt wird, über das Geschick der Herren von Avenel und ihres Besitzes wacht. Dem im Dorfe lebenden Pächter Dickson, den die Dame bereits früher einmal aus großer Not gerettet hat – nur Anna weiß, daß damals die alte Gräfin in diese Rolle geschlüpft war – läßt sie mitteilen, er solle in der Nacht vor der Versteigerung zu ihr ins Schloß kommen. Hier beginnt das verwirrende Quiproquo, das vor dem Finale zwar nicht die am Geschehen beteiligten Bühnengestalten ganz durchschauen, wohl aber das Publikum, das dank Scribes klarer Dramaturgie Schritt um Schritt die Entwicklung der Intrige vorhersehen kann. Der Geschehensablauf zielt nämlich deutlich auf ein reibungsloses Ineinanderfügen vorgegebener Versatzstücke, von denen jedes einzelne längst bekannt und seine Folgehandlung entsprechend festgelegt ist. Ein nicht geringes Maß an ästhetischem Vergnügen entspringt so dem Wiedererkennen von – hier vor allem romantischen – Klischees und darüber hinaus dem amüsierten Mitvollziehen ihrer Wirksamkeit.

Der ängstliche Dickson folgt nicht selbst dem Geheiß der »weißen Dame«, sondern läßt sich vertreten durch den draufgängerischen George Brown, einen jungen Offizier, der unerwartet im Dorf eingetroffen ist und der – was auch er selbst noch nicht weiß – niemand anderer als der verschollene Julien, der Erbe von Avenel, ist. Seine Erinnerung reicht zunächst nicht über das frühe Erlebnis einer Entführung hinaus. Erst im Schloß wird sich herausstellen, daß Anna nicht nur die Gespielin seiner Kindheit war, sondern daß sie unerkannt auch das engelgleiche Wesen gewesen ist, das ihm später in einer Schlacht das Leben gerettet hat und nach dem er seither voller Sehnsucht auf der Suche ist. Er also ist dem Ruf der »weißen Dame« gefolgt und wartet um Mitternacht im Schloß, wo sie ihm zur Geisterstunde entgegentritt. Sie nötigt ihm, der von ihrer Erscheinung entzückt ist, das Versprechen allzeitigen und unbedingten Gehorsams ab und stellt dafür ihre Hilfe bei der Suche nach der verehrten Retterin, der sie so täuschend gleicht, in Aussicht. Bereits bei der Versteigerung am nächsten Morgen erhält er von ihr, durch Anna vermittelt, den Befehl, Gaveston zu überbieten. Obwohl mittellos, gehorcht er und tritt als Käufer des Schlosses auf. Er erhält den Zuschlag und soll den hohen Kaufpreis, der sofort fällig ist, entrichten. Aus der finanziellen Zwangslage, in die der Mittellose so gerät und in der ihm das Gefängnis droht, rettet ihn gerade noch rechtzeitig der seit langem verschwundene Familienschatz. Nur Anna weiß, daß er in der Statue der »weißen Dame« verborgen ist. Über deren Verbleib – die Statue hat auf geheimnisvolle Weise ihren altgewohnten Platz verlassen – kann jedoch allein die treue Amme Auskunft geben. Jetzt erst lösen sich die Rätsel und Verwirrspiele auf.

Als die »weiße Dame« den wiedergefundenen Schatz herbeiträgt, reißt ihr Gaveston den Schleier herunter. Alle erfahren nun das, was der Zuschauer längst ahnte. Anna war in die Rolle geschlüpft, um die angestammten Rechte Juliens, des wahren Schloßherrn, zu verteidigen, dessen Identität zugleich aufgedeckt wird. Die Manöver des Verwalters dagegen, der ohnmächtig erkennen muß, wie seine Pläne durchkreuzt worden sind, werden öffentlich als üble Machenschaften entlarvt. Im allgemeinen Jubel nimmt der wiedergefundene Julien die angebetete Anna zur Frau. So siegt auf der ganzen Linie das Gute; die Retterin, obwohl von gemeiner Herkunft, wird zur Gräfin und Schloßherrin von Avenel – nicht anders als im Märchen.

Das augenzwinkernde Spiel mit dem Erwartbaren, das Jonglieren mit den Klischees, das im Libretto zur Erzeugung des Witzes angelegt ist, wird freilich erst durch die musikalische Kunst Boieldieus zu voller Wirkung gebracht. Entsprechend haben schon die zeitgenössischen Kritiker hervorgehoben, der Textdichter habe weniger ein eigenständiges Drama schaffen als vielmehr eine Abfolge von Situationen bereitstellen wollen, die die Musik zu praller Lebendigkeit erwecken könne. Weil es durch seine Anlage der Musik bereits unangefochten den Vorrang einräume, sei das Libretto überaus gelungen. – Während Scribe mit seinem effektvoll konstruierten Text endgültig zum gesuchten Textdichter der bedeutendsten Opernkomponisten aufrückte, bildet *La dame blanche* für Boieldieu den krönenden Abschluß einer dreißigjährigen Komponistenlaufbahn, deren großer Anfangserfolg *Le Calife de Bagdad* gewesen war, eine Märchenoper, in der auch schon das phantastische und das witzig-ironische Element eine wirkungsvolle Mischung eingegangen waren. Noch deutlicher als dieses Werk zeigt aber eine andere seiner frühen Schöpfungen, wie Boieldieu mit seiner Vorstellung von der *opéra-comique* unmittelbar an der Themenwahl von Scribes Libretto und so auch an dessen parodistischem Moment Anteil hatte: In der 1803 uraufgeführten komischen Oper *Ma tante Aurore ou le Roman Impromptu*, zu der Charles Longchamps das Libretto geschrieben hatte, wird – mit noch schlichten und daher eindeutigeren Mitteln – die damals modische Begeisterung für die *gothic novel*, den englischen Schauerroman in der Nachfolge der Ann Ratcliffe und des Horace Walpole, an dessen Stelle bald das von Scott gepflegte historische Genre treten sollte, verspottet. K.L.

Ausgaben: Paris 1825. – Paris 1877 (in *Œuvres complètes*, 1874–1880, Série A: *Opéras-comiques*, Bd. 2). – Paris 1925.

Übersetzungen: *Die weiße Frau*, J. B. Rousseau, Aachen 1827. – Dass., ders., Aachen 1837. – *Die weiße Dame*, Lpzg. 1878. – Dass., F. Ellmenreich, Hg. C. F. Wittmann, Lpzg. 1892 (RUB). – Dass., dies., Mchn. 1931.

LES HUGUENOTS

(frz.; *Die Hugenotten*). Libretto von Eugène Scribe zu der Oper gleichen Titels von Giacomo

Meyerbeer (1791–1864), Uraufführung: Paris, 29.2. 1836, Opéra. – Am 23. 10. 1832 schlossen Scribe und Meyerbeer mit dem Opernhaus in Paris einen Vertrag über eine fünfaktige Grand opéra, deren Sujet die historische Bartholomäusnacht (das vom französischen Königshaus initiierte Massaker an den protestantischen Hugenotten in der Nacht vom 23. zum 24. August 1572) bilden sollte: *Léonore ou La St. Barthélemy*. Da der erste Librettoentwurf dem Komponisten nicht zusagte (er vermißte an ihm die *»Couleur der gewählten Epoche«*) und eigene textliche und musikalische Milieustudien zu keinem befriedigenden Ergebnis führten, unterbrach er die Arbeit auf unbestimmte Zeit, um in Gesprächen mit dem von ihm geschätzten, aus früherer gemeinsamer Arbeit vertrauten Librettisten Gaetano Rossi ein dramaturgisches Modell für die ihm von Anfang an vorschwebende historische Oper neuen Typs zu entwickeln. Hauptsächliches Ergebnis der Diskussion mit Rossi und ein wichtiger Schritt auf dieses Ziel hin war die Einbeziehung des Luther-Chorals *Ein feste Burg* als musikalisch-textliches Epochenemblem und sein Bezug auf die Person des alten hugenottischen Kriegers Marcel, der zur eigentlichen Hauptrolle und zum Ideenträger des Stücks avancierte. Damit war die Umarbeitung des Textes jedoch noch lange nicht abgeschlossen: Rossis Entwürfe, bald darauf von Émile Deschamps ins Französische übersetzt, bildeten lediglich die Grundlage für einen neuerlichen, sich über fast zwei Jahre erstreckenden Umgestaltungsprozeß. Nicht Scribe, Rossi oder der zum offiziellen Koautor aufgestiegene Deschamps muß letztlich als Schöpfer des neuen Operntyps gelten, vielmehr Meyerbeer selbst, der zielbewußt die Umformung des Librettos vom historischen Intrigenstück, wie es Scribe zunächst entworfen hatte, zum historischen Ideendrama verfolgte und dem es sogar gelang, noch in der Schlußphase der Proben Auflagen der Zensur (Eliminierung der Rolle Katharinas de' Medici) und unabweisbare Kürzungen weitgehend bruchlos seiner Konzeption einzupassen. Aus den Quellen (handschriftliche Textentwürfe in der Bibliothèque Nationale Paris: *Papiers de Eugène Scribe*; in der Staatsbibliothek Preußischer Kulturbesitz Berlin: Kopistenabschrift des Librettos mit Notaten von Meyerbeer und Deschamps, Meyerbeers Briefwechsel und Tagebücher; autographe Partitur in der Biblioteka Jagiellońska Krakau; Text- und Musikdrucke) geht hervor, daß die Mitwirkung verschiedener Autoren am Text nicht das Ergebnis einer in der damaligen Librettistik verbreiteten arbeitsteiligen Produktionsweise war, vielmehr die Folge eines vom Komponisten selbst zielstrebig betriebenen Konzeptionsprozesses. Mit der Bartholomäusnacht griffen die Autoren ein Thema auf, das in den letzten Jahren der Restaurationsepoche mehrfach literarisch behandelt wurde. Das bekannteste dieser Werke, P. Mérimées *Mille cinq cent soixante-douze. Chronique du temps de Charles IX*, 1829 (vgl. dort), lieferte der Opernhandlung einige Motive; weitere entstammen historischen Quellen.

Marguerite von Valois, die Schwester des französischen Königs Charles IX., beabsichtigt, durch die Verheiratung ihrer Hofdame Valentine, einer Katholikin, mit dem protestantischen Edelmann Raoul von Nangis ein neuerliches Zeichen der Versöhnung zwischen den zerstrittenen religiösen Parteien zu setzen, nachdem sie selbst durch ihre bevorstehende Vermählung mit dem protestantischen König Henri von Navarra bereits ein Beispiel gegeben hat. Dabei ahnt sie nicht, daß ihre Heiratspolitik das private Glück Valentines und Raouls befördern würde, denn beide sind seit ihrer einzigen flüchtigen Begegnung, als der Ritter die ihm fremde Dame aus der Gewalt aufdringlicher Studenten befreit hatte, in leidenschaftlicher Liebe zueinander entbrannt, ohne sich indes näher zu kennen. Doch der Plan Marguerites ist zum Scheitern verurteilt. Als Valentine, die bereits dem Grafen von Nevers versprochen war, auf Geheiß Marguerites den Bräutigam bittet, sie freizugeben, muß Raoul, der aus der Ferne Zeuge des Gesprächs wird, seine Geliebte für die Mätresse des als Frauenheld bekannten Grafen halten. So weist er denn in Anwesenheit der katholischen und protestantischen Notabeln Valentines Hand in brüskierender Form zurück, womit er sich den tödlichen Haß von Valentines Vater Saint-Bris zuzieht, der Raoul zum Duell fordert und bei dieser Gelegenheit einen heimtückischen Anschlag auf dessen Leben plant. Valentine, die in die Ehe mit Nevers hat einwilligen müssen, obwohl sie Raoul noch immer liebt, vereitelt den Plan, indem sie ihn an Raouls Diener Marcel verrät. Erst jetzt, zu spät, begreift und bereut Raoul seinen Irrtum. Inzwischen hat sich auch die politische Situation gefährlich zugespitzt. Der schwelende Konflikt zwischen den religiösen Parteien spaltet die Bevölkerung der Stadt und droht sich immer wieder in offener Auseinandersetzung zu entladen. Bei Hofe sucht man diese Lage zum entscheidenden Schlag gegen die Hugenotten zu nutzen. Auf Drängen der fanatischen Katharina de' Medici plant man zunächst ein Attentat auf den protestantischen Führer Coligny und, als dieses scheitert, die Ermordung sämtlicher Hugenotten; mit der Organisation des Massakers wird Saint-Bris betraut. Raoul, der sich zu Valentine begeben hat, um ihre Verzeihung zu erbitten, wird im Haus ihres Vaters Zeuge der Verschwörung. Die Angst um Raouls Leben entlockt Valentine das Geständnis ihrer Liebe, das Raoul für einen Augenblick in den Zustand höchsten Glücks versetzt, bis Glokkengeläut, das vereinbarte Zeichen für den Beginn des Mordens, ihn an die Seite seiner Glaubensbrüder ruft. Später in der Nacht begegnen sich die Liebenden noch einmal. Als Raoul das Angebot Valentines, sich unter den Schutz der Königin zu stellen, zurückweist, entschließt sich Valentine, seinen Glauben anzunehmen, um mit ihm zu sterben. Raouls alter Diener Marcel, der sich vom haßerfüllten Streiter für den protestantischen Glauben zum väterlich Liebenden gewandelt hat, segnet das Paar und führt es in den gemeinsamen Märtyrertod. Alle drei fallen unter den Schüssen eines von Saint-Bris

befehligten Mördertrupps. Marguerite, die in einer Sänfte vorübergetragen wird, sucht vergeblich dem Morden Einhalt zu gebieten, das inzwischen die ganze Stadt erfaßt hat.
Nach anfänglicher Irritation aufgrund der ganz neuartigen dramatischen Gestalt des Werkes entwickelten sich *Les Huguenots* bald zu einem der größten Opernerfolge des 19. Jh.s, der wie nur wenige andere die Geschichte der Gattung beeinflußt hat. Selbst negative Kritikerstimmen leugneten nicht das revolutionär Neue des Werks, sondern mißbilligten lediglich seine Tendenz. In der Tat sind *Les Huguenots* die erste historische Oper in dem Sinne, daß hier die Geschichte nicht mehr nur den Rahmen für eine private Handlung, sondern selbst ihren Gegenstand bildet: Die Privathandlung (Marguerites scheiternde Heiratsintrige) ist durch den politischen Konflikt motiviert, nicht umgekehrt. Voraussetzung dafür war eine neuartige, epische Techniken einbeziehende Dramaturgie vor allem in den ersten drei Akten, auf die Meyerbeers Eingriffe in den Text von Anfang an abzielten. Die hier zu hoher Perfektion entwickelte Tableautechnik gestattete es dem Komponisten, traditionelle historische Genreszenen, wie sie Scribe ursprünglich entworfen hatte, zu historischen Panoramen umzugestalten, die den politisch-religiösen Konflikt in weiträumigen Gesellschafts- und Massenszenen unmittelbar aufscheinen lassen. Textlich-musikalische Konnotationen, deren nicht selten subtiler Charakter ihrer Entschlüsselung vielfach hinderlich war, offenbaren ein skeptizistisches Geschichtsbild: eine Parteinahme nicht für eine religiöse oder politische Richtung, sondern für das leidende Individuum. Die Massen, deren musikdramatische Präsentation, etwa in der Verschwörungsszene (Schwerterweihe) des IV. Aktes die Zeitgenossen überwältigte, agieren als anonyme Kollektive, quasi als »Bodensatz« gesellschaftlicher Prozesse. Als historische Oper neuen Typs entwickelten sich *Les Huguenots* trotz anfänglicher Behinderung durch die Zensur, die in katholischen Ländern Aufführungen vielfach nur in entstellten Bearbeitungen und Neutextierungen zuließ, zum Paradigma fortschrittlicher Musikdramatik, das bis zum Erscheinen des Wagnerschen Musikdramas in ganz Europa Geltung besaß. S.Dö.

Ausgaben: Paris 1836. – Paris 1875 (in *Œuvres complètes*, 1874–1880, 3/3, S. 75–172). – Paris 1965; ern. 1970.

Übersetzung: *Die Hugenotten*, I. F. Castelli, Lpzg. 1837. – Dass., ders., Hg. C. F. Wittmann, Lpzg. (um 1900; RUB). – Dass., B. Böhmel, Lpzg. 1979 [frz.-dt.].

Literatur: H. Berlioz, Rez. der Partitur (in Journal des Débats, 10. 11. u. 10. 12. 1836; auch in H. B., *Les Musiciens et la musique*, Paris [1903], S. 83–105; auch in H. B., *Cauchemars et passions*, Hg. G. Condé, Paris 1981, S. 317–331). – H. Heine, *Über die französische Bühne. Vertraute Briefe an August Lewald. Neunter Brief* [1837] (in *SS*, Hg. K. Briegleb, Mchn./Wien 1969 ff., Bd. 3, S. 332 bis 345). – G. Sand, *Lettres XI: À G. Meyerbeer* (in G. S., *Lettres d'un voyageur*, Brüssel 1837; ern. Paris 1971, S. 294–311). – R. Wagner, *Les Huguenots* [1840] (in R. W., *GS*, Hg. J. Kapp, Bd. 7, Lpzg. o. J., S. 48–58). – J. G. Prod'homme, *Die ›Hugenotten‹-Premiere* (in Die Musik, 3, 1903/04, S. 187–200). – *G. Meyerbeer*, Hg. H. Becker, *Briefwechsel u. Tagebücher*, Bd. 2 (1825–1836), Bln. 1970. – C. Frese, *Dramaturgie der großen Opern G. Meyerbeers*, Bln.-Lichterfelde 1970, S. 90–151. – M. Pospíšil, *Die Stellungnahmen zur Revolutionsproblematik, dargestellt an Wandlungen in der Auffassung des historischen Stoffes bei Chénier und Meyerbeer* (in Colloquia musicologica Brno, 11/12, 1976/77, Hg. R. Pečman, Brünn 1978, S. 498–505). – H. Becker, *›... der Marcel von Meyerbeer‹. Anmerkungen zur Entstehungsgeschichte der »Hugenotten«* (in Jb. des Staatl. Inst. für Musikforschung Preuß. Kulturbes. 1979/80, Bln. 1981, S. 79–100). – Ders., *Das Duett in der Oper* (in *Musik – Edition – Interpretation. Gedenkschrift G. Henle*, Hg. M. Bente, Mchn. 1980, S. 82–99). – S. Döhring, *G. Meyerbeer. Grand opéra als Ideendrama* (in Lendemains, 8, 1983, S. 11–22). – N. Miller, *Große Oper als Historiengemälde. Überlegungen der Zusammenarbeit von E. S. u. G. Meyerbeer (am Bsp. des I. Akts von »Les Huguenots«)* (in *Oper u. Operntext*, Hg. J. M. Fischer, Heidelberg 1985, S. 45–79). – M. Walter, *Zwei »Hugenotten«-Bearbeitungen des 19. Jh.s* (in Jb. für Opernforschung, Bd. 1, Ffm. 1985, S. 122–143). – Ders., *›Hugenotten‹-Studien*, Ffm. 1987. – M. Brzoska, *Historisches Bewußtsein u. musikalische Zeitgestaltung* (in AfMw, 45, 1988, S. 50–66). – M.-H. Coudroy, *La critique parisienne des »grands opéras« de Meyerbeer*, Saarbrücken 1988, Tl. 1, S. 107–217. – L'Avant-Scène, Opéra, Nr. 134, Paris 1990. – S. Döhring, *»Les Huguenots«* (in *Pipers Enzyklopädie des Musiktheaters*, Bd. 4, Mchn./Zürich 1991, S. 130–140).

ROBERT LE DIABLE

(frz.; *Robert der Teufel*). Libretto von Eugène Scribe zu der Oper gleichen Titels von Giacomo Meyerbeer (1791–1864), Uraufführung: Paris, 21. 11. 1831, Opéra. – Mit der mittelalterlichen Legende vom normannischen Ritter *Robert der Teufel*, der sich vom Frevler zum reuigen Büßer wandelt, hat das Opernlibretto nicht viel mehr gemeinsam als den Charakter des Titelhelden und das Motiv der moralischen Umkehr. Stoffvorlage war vornehmlich der Schauerroman *Das Petermännchen. Geistergeschichte aus dem dreizehnten Jahrhunderte* (1791) von Christian Heinrich Spiess, den das französische Publikum 1820 in der Übersetzung von Henri de Latouche als *Le Petit-Pierre ou Aventures de Rodolphe de Westerbourg* kennengelernt hatte: Ein böser (Peter) und ein guter Dämon (Mathilde, Peters frühere Frau) ringen um die Seele ihres charakterschwachen Nachfahren Rudolf, der einen Teufelspakt schließt und nach Ablauf der ihm gesetzten Frist als Sünder zur Hölle fährt. Die antithetische Struktur des Romans von bösem (männlichem) und gutem (weiblichem) Prinzip, die der Robert-Tradition gänzlich fremd ist, bestimmt auch die Opernhandlung, die erst mit dem Erlösungsschluß wieder an die Legende anknüpft. Darüber hinaus gab es für bestimmte Motive des Textes noch weitere literarische Vorbilder.

Die Handlung spielt in und bei Palermo während eines Tages. Ritter Robert aus der Normandie, wegen zahlreicher Freveltaten, die ihm den Beinamen »der Teufel« eintrugen, aus der Heimat verbannt, steht unter dem verderblichen Einfluß des dämonischen Bertram. Was niemand weiß: Bertram ist ein Diener Satans, dem er, um seine irdische Existenz zu erkaufen, fortlaufend neue Opfer zuführen muß, und er ist Roberts leiblicher Vater, der aus Liebe zu seinem Sohn alles daransetzt, diesen zum Bösen zu verführen, weil er nur in gemeinsamer Verdammnis mit ihm auf immer vereint sein kann. Aber es wacht über Robert auch ein guter Geist: seine verstorbene Mutter, die in ihrem Testament den Sohn ihrer himmlischen Fürbitte versicherte und vor den Nachstellungen des Verführers warnte. Ihm das Testament zu überbringen, schickte sie Roberts Milchschwester Alice, seinen *»guten Engel«*, als Botin aus, jedoch erklärt sich Robert zunächst für unwürdig, ihren letzten Willen entgegenzunehmen. Statt dessen verstrickt er sich ahnungslos immer weiter in den Machenschaften seines bösen Alter ego Bertram, dessen vordringliches Ziel es ist, Roberts Beziehung zur Prinzessin Isabelle, die er liebt und die seine Liebe erwidert, zu untergraben. Beim Turnier, auf dem Robert um ihre Hand streiten soll, gaukelt Bertram ihm als Phantomerscheinung einen Rivalen vor, den Prinzen von Granada, der Robert vom Kampfplatz fortlockt und an seiner Statt zum Sieger gekürt wird. Alicens frühzeitige Ahnung vom wahren Wesen Bertrams wird zur Gewißheit, als sie unfreiwillig seine Begegnung mit den Dämonen belauscht und erfährt, daß Satan von seinem Diener bis Mitternacht die Seele Roberts fordert. Der Triumph des Bösen scheint besiegelt, als Bertram Robert dazu bringt, aus einem verfallenen Nonnenkloster, das einst als Stätte der Ausschweifung berüchtigt war, einen magischen Zweig zu rauben, der ihm absolute Macht verleihen soll. Verführt von den Nonnen, die sich auf Bertrams Geheiß aus ihren Gräbern zu einem kurzen Scheinleben in einstiger Schönheit erheben, bricht Robert den Zweig. Mit seiner Hilfe versetzt er die um Isabelle versammelte Hochzeitsgesellschaft in Schlaf, um sich der Geliebten bemächtigen zu können. Als die entsetzte Isabelle für den Sünder die Gnade des Himmels erfleht, entsagt er der Macht des Bösen und zerbricht den Zweig. Auf der Flucht vor seinen Verfolgern findet er Schutz in der Kathedrale, wo zwischen Bertram und Alice im Wettlauf mit der Zeit der entscheidende Kampf um Roberts Seele entbrennt. Endlich enthüllt Bertram sein düsteres Geheimnis und appelliert an die Liebe des Sohnes, ihm in die Verdammnis zu folgen, während Alice das Testament der Mutter präsentiert und den Himmel um Beistand für den Zögernden anruft. Mit dem Schlag der Mitternachtsglocke erfüllt sich Bertrams Geschick: Er fährt zur Hölle. Dem begnadigten Robert winkt die Hand Isabelles, das in der Kirche versammelte Volk und Engelsstimmen preisen die göttliche Vorsehung.

Von der zunächst geplanten dreiaktigen *Opéra comique* (1826/27) bis zur fünfaktigen *Grand opéra* in den Druckausgaben der Partitur und des Klavierauszugs (1832) erfuhr das Libretto tiefgreifende Veränderungen. Die überlieferten Quellen – handschriftliche Textentwürfe (Bibliothèque Nationale Paris: *Papiers de Eugène Scribe*), Meyerbeers Briefwechsel und Tagebücher (vgl. Lit.), autographe Partitur (Biblioteka Jagiellońska Krakau) und andere autographe Materialien (Bibliothèque de l'Opéra Paris), Text- und Musikdrucke – dokumentieren einen vielschichtigen Entwicklungsprozeß des Textes über verschiedene Zwischenstufen mit einer Fülle von Varianten. Dabei tritt in der Frühphase der Theaterschriftsteller Germain Delavigne als Koautor, später der Komponist selbst als maßgeblicher Initiator der Gesamtkonzeption und der Dramaturgie in Erscheinung. Auch nach Beginn der monatelangen Proben, in deren Verlauf die Oper erst ihre endgültige Gestalt erhielt, erwies sich Meyerbeer als unangefochtener Spiritus rector auch in textlichen und szenischen Fragen, der es verstand, die Spitzenkräfte der Opéra auf seine künstlerischen Vorstellungen zu verpflichten und zu einer Ensembleleistung von bis dahin noch nicht gekannter Perfektion zu inspiriren. Zu Recht sahen denn auch die maßgebenden Kritiker in Frankreich und bald darauf im übrigen Europa in *Robert* den Beginn einer neuen Epoche der Oper, welche die vorausgehende, mit dem Namen G. Rossinis verbundene, ablöste und in der die Oper erstmals als Gattung in die Lage versetzt wurde, sich als Gesamt- und Ideenkunstwerk der großen Themen der Menschheit anzunehmen. In der Zerrissenheit der beiden Hauptcharaktere, des »leidenden Bösen« Bertram und des »schwankenden Helden« Robert, erblickte das Publikum der Julimonarchie, ungeachtet ihrer literarischen Traditionen, Verkörperungen der eigenen Existenz, in der phantasmagorischen Ritterwelt der Handlung das Abbild der gegenwärtigen Umbruchepoche.

Zu stärkster Wirkung gelangen diese stofflichen Momente freilich erst durch eine stringente Finaldramaturgie, die über den gewohnten Standard des *pièce bien faite* noch bedeutend hinausgeht. Voraussetzung war die nahezu vollständige Integration der Nummern in weiträumige Tableaustrukturen, die es ermöglichten, selbst ganze Akte als dramatische Einheiten zu gestalten. Den Höhepunkt erreicht die Technik im 2. Bild des III. Aktes, der legendären »Klosterszene«, durch das perfekte Zusammenspiel aller musiktheatralischen Wirkungsmittel, einschließlich Pantomime und Ballett. Wenn *Robert le diable* Opern- und Theatergeschichte machte, so ist dies allerdings weniger Scribes als Meyerbeers Verdienst, der nicht allein die Gesamtkonzeption entscheidend mitgestaltete, sondern durch Weiterentwicklung zahlreicher kompositorischer Verfahren (u. a. Instrumentation, Motivtechnik, Melodik) eine musikalische Sprache von unerhört neuartiger dramatischer Bildhaftigkeit schuf. Das Werk markiert einen Höhepunkt der romantischen Bewegung innerhalb der europäischen Oper, in der es die Brücke schlägt von C. M. v. Webers *Freischütz* (1821) zu R. Wagners *Fliegendem Holländer* (1843) und *Tannhäuser* (1845). S.Dö.

Ausgaben: Paris 1832. – Paris 1875 (in *Œuvres complètes*, 1874–1880, 3/2, S. 3–68).

Übersetzung: *Robert der Teufel*, Th. Hell [d. i. K. G. T. Winkler], Bln. 1832. – Dass., ders., Hg. C. F. Wittmann, Lpzg. (um 1895; RUB).

Literatur: J. d' Ortigue, *»Robert le diable«* (in *Le Balcon de l'Opéra*, Paris 1833, S. 114–137; Nachdr. Genf 1981). – H. de Balzac, *Gambara ou la Voix humaine* [1837] (in *La Comédie humaine*, Bd. 10: *Études philosophiques*, Paris 1979, S. 459–516; Pléiade). – F. Liszt, *S.'s und M.s »Robert der Teufel«* [1854] (in F. L., *SS*, Bd. 5, Hg. D. Redepenning u. B. Schilling, Wiesbaden 1989, S. 31–41). – M. Milner, *Le Diable dans la littérature française de Cazotte à Baudelaire 1772–1861*, Paris 1960, Bd. 1, S. 607–615. – A. S. Garlington, *The Concept of the Marvelous in French and German Opera, 1770–1840: A Chapter in the History of Opera Esthetics*, Diss. Univ. of Ill. 1965; Nachdr. Ann Arbor/Mich., S. 430–489. – I. Guest, *The Romantic Ballet in Paris*, Ldn. 1966; [2]1980, S. 109–112. – *Giacomo Meyerbeer, Briefwechsel und Tagebücher*, Hg. H. Becker, Bd. 2 (1825–1836), Bln. 1970. – C. Frese, *Dramaturgie der großen Opern G. Meyerbeers*, Bln.-Lichterfelde 1970, S. 25–89. – W. Keller, *Von M.s »Robert der Teufel« zum zweiten Aufzug »Parsifal«* (in Tribschener Blätter, 30, 1971, S. 6–12; auch als *Von »Robert der Teufel« zu »Parsifal«* in W. K., *Parsifal-Variationen. 15 Aufsätze über R. Wagner*, Tutzing 1979, S. 81–89). – C. Join-Diéterle, *»Robert le Diable«: le premier opéra romantique* (in Romantisme, 28/29, 1980, S. 147–166). – M. Brzoska, *»Mahomet« et »Robert-le-Diable«. L'estéthique musicale dans »Gambara«* (in Année Balzacienne, 1982, S. 51–78). – H. Hofer, *S., M. et la mise en scène du Moyen Age. Essai sur le diable à l'opéra en 1831* (in La Licorne. Publ. de la Faculté des Lettres et des Langues de l'Univ. de Poitiers 1, 1982, S. 65–87). – A. Hutchinson Guest, *A Trip to the Nunnery* (in The Musical Times, 75, 1984/85, S. 498 f.). – *»Robert le Diable«*, Hg. M. Kahane, Paris 1985 [Ausst.-Kat.]. – L'Avant-Scène, Opéra, Nr. 76, Paris 1985. – M.-H. Coudroy, *La critique parisienne des »grand opéras« de Meyerbeer*, Saarbrücken 1988, Tl. 1, S. 13–106. – S. Döhring, *»Robert le diable«* (in *Pipers Enzyklopädie des Musiktheaters*, Bd. 4, Mchn. 1991, S. 123–130).

Étienne Pivert de Senancour

* 16.11.1770 Paris
† 10.1.1846 Saint-Cloud

Literatur zum Autor:
B. Le Gall, *L'imaginaire chez S.*, Paris 1966. – M. Raymond, *S. Sensations et révélations*, Paris 1966. – J. Grenier, *S.*, Paris 1968. – J. Senelier, *Hommage à S.*, Paris 1971. – B. Didier, *S. romancier*, Paris 1985.

OBERMAN

(frz.; *Oberman*). Briefroman von Étienne Pivert de Sénancour, erschienen 1804. – Hatte Sénancour schon in seinem heute vergessenen idyllischen Roman *Aldomen ou Le bonheur dans l'obscurité*, 1795 *(Aldomen oder Das Glück im Verborgenen)*, die Unverdorbenheit des Menschen im Naturzustand der pervertierten modernen Zivilisation entgegengesetzt, so kehren in seinem einzigen auch heute noch gelesenen Roman *Oberman* rousseauistische Gedanken in verstärkt pessimistischer Ausprägung wieder. Das stark autobiographisch gefärbte Werk wurde bei seinem Erscheinen völlig übersehen (Sénancour schrieb den Mißerfolg verbittert dem Ruhm Chateaubriands zu); erst die von Sainte-Beuve besorgte Neuausgabe verschaffte dem Roman vorübergehenden Widerhall in einem exklusiven Kreis von Pariser Literaten.
Der nur in seiner Form noch dem empfindsamen Briefroman verpflichtete *Oberman* zählt zu den gewichtigsten Dokumenten der europäischen Romantik. Handlungsgefüge und Personen des traditionellen Romans fehlen; die rund neunzig Briefe des Titelhelden an verschiedene Adressaten, deren Entstehung aus tagebuchartigen Aufzeichnungen deutlich sichtbar ist, stellen den bekenntnishaften Monolog eines einsamen Ichs dar. Wie die Biographie des Autors führt der Weg Obermans von Paris in die Schweiz, von der Gesellschaft in die Natur. Das läuft allerdings nicht auf eine epigonale Inszenierung der Rousseauschen Anthropologie hinaus, sondern ergibt sich aus der komplexen Beschaffenheit von Sénancours Helden. *»Da wir durch die rasche Bewegung [der Liebe] fortgerissen und durch diese Energie, die uns alles verspricht und der wir noch nicht zu mißtrauen gelernt haben, verführt werden, so suchen, so fühlen, so lieben, so wollen wir alles, was die Welt für den Menschen enthält. Jedoch die Schwierigkeiten des Lebens drücken uns nieder und zwingen uns zum Rückzug in unser Inneres. Dabei geben wir die Dinge am Rande preis und sind mit dem Naheliegenden allein zufrieden. Nun haben wir den traurigen Punkt erreicht, wo der stille Schmerz unserem Herzen schon vor dem Tod ein Grab bereitet hat, in dem alles, was es an Unschuld, Anmut, Sehnsucht und natürli-*

cher Güte in sich schloß, eine Ruhestätte findet.« An der in Extremen verlaufenden Erlebniskurve des Briefschreibers – passive Aufnahmebereitschaft, hochfahrender Beginn, Griff nach dem All, erlöschender Wille, Flucht in die Innerlichkeit, Leere des isolierten Ichs – läßt sich die für eine bestimmte Gesellschaftsschicht repräsentative Situation des Autors ablesen: die geistige und soziale Heimatlosigkeit des gebildeten Sohnes aus großbürgerlichem Haus, der durch die Revolution jeden, auch den wirtschaftlichen Halt verloren hat. Heilung durch Natur ist für eine solche »Krankheit zum Tode« nicht möglich, obschon in *Oberman* die Begegnung des Menschen mit der Natur mit einer bis dahin in der französischen Literatur – trotz Bernardin de Sainte-Pierre – nicht gekannten Intensität geschieht. Sénancours Held gibt der Natur sein innerstes Wesen in einem mystischen Schauder hin. Nur für Augenblicke jedoch erfährt er das ersehnte Glück: *»Es gibt Augenblicke, in denen ich das Gefühl von Hoffnung und Freiheit habe, die Zeiten und die Dinge steigen in majestätischer Harmonie vor mir hernieder, und ich fühle mich glücklich...«* Immer stärker empfindet er die Unerfüllbarkeit seines Verlangens nach der Kommunikation von Ich und All; die Natur, deren Sprache er in genuin romantischer Weise als die eigentliche Sprache des Menschen erkennt, wird ihm zum Abbild seiner inneren Öde, zum *»Phantom der Langeweile«*. Gerade in dieser eindringlichen Beschreibung des *ennui*, die in vielen Details die Erfahrungen der Generation Kierkegaards und Baudelaires vorwegnimmt, liegt die Bedeutung des Werks. Für Oberman, der statt der Unendlichkeit das Nichts erfahren hat, bleibt nur noch die Resignation: *»Wenn ich... meinen Abschied von der Erde ... nehme, dann... soll mein Blick auf die stillen Maßliebchen fallen, damit mir noch etwas von der unendlichen Illusion vorschwebe...«* Der zur Bewältigung der großen Realitäten unfähige Romantiker weist also, um sich vor der letzten Konsequenz zu bewahren, die das Nichts verlangen würde, den Weg in das kleinbürgerliche Biedermeier. C.Bt.

Ausgaben: Paris 1804. – Paris 1833 [Vorw. Ch.-A. Sainte-Beuve]. – Paris 1840 [Vorw. G. Sand]. – Paris 1912/13, Hg. C. Michaut, 2 Bde. – Grenoble/Paris 1947 (*Oberman précédé du journal intime d'Oberman*, Hg. A. Monglod, 3 Bde.). – Paris 1965 (Vorw. G. Borgeaud; 10/18). – Paris 1980 [Vorw. A. Monglod]. – Paris 1984, Hg. J.-M. Monnoyer (Folio). – Paris 1984, Hg. B. Didier (Poche).

Übersetzungen: *Obermann*, L. Buhl, 2 Bde., Lpzg. 1844. – *Oberman. Roman in Briefen*, J. P. Walser, Ffm. 1982.

Literatur: J. Haas, *»Oberman« und »René«* (in ZfrPh, 49, 1926, S. 263–271). – I. Schärer, *»Oberman«, lettres publiées par E. P. de S. Versuch einer Analyse*, Diss. Zürich 1955. – R. Grimsley, *Reflection and Irony in »Oberman«* (in FS, 25, 1971, S. 411–426). – M. Sekrecka, *L'expérience de la solitude dans »Oberman« de S.* (in *Approches des Lumières. Mélanges J. Fabre*, Paris 1974, S. 447–457). – D. Bryant, *S.'s »Oberman« and the Autobiographical Tradition* (in Neoph, 61, 1977, S. 34–42). – M. N. Evans, *The Dream Sequences in S.'s »Oberman«* (in Symposium, 32, 1978, S. 1–14). – E. Wiecha, *Roman et histoire. La composition d'»Oberman«* (in Romantisme, 8, 1978, Nr. 19, S. 25–40). – A. Pizzorusso, *»Oberman« et la conscience du temps* (in Littératures, 13, Herbst 1985, S. 29–40). – Ders., *Ai margini dell'autobiografia*, Bologna 1986, S. 48 bis 66; 67–88. – J.-L. de Boissieu u. A.-M. Garagnon, *S., »Oberman«, lettre XXIV* (in J.-L. B. u. A.-M. G., *Commentaires stylistiques*, Paris 1987, S. 209–243). – *Autour d'»Oberman«* (in Recherches et Travaux, 33, Grenoble 1987; Sondernr.). – F. Marotin, *L'éditeur et l'annotation marginale dans »Oberman« de S.* (in *La Marge*, Hg. ders., Clermont-Ferrand 1988, S. 45–50; Kongreßakten). – A. Milecki, *Oberman – portrait explicite ou implicite du désespéré?* (in *Le portrait littéraire*, Hg. K. Kupisz u. a., Lyon 1988, S. 159–169; Kongreßakten).

GERMAINE NECKER, BARONNE DE STAËL-HOLSTEIN

gen. Madame de Staël

* 22.4.1766 Paris
† 14.7.1817 Paris

Literatur zur Autorin:
Zeitschrift:
Cahiers staëliens, N. F., Paris 1962 ff.
Biographien:
D. G. Larg, *Mme de S. La vie dans l'œuvre (1776 à 1800)*, Paris 1924. – Ders., *Mme de S., la seconde vie, 1800–1807*, Paris 1928; ern. Genf 1974. – A. Lang, *Une vie d'orages*, Paris 1958. – P. Corday, *Mme de S. et Benjamin Constant sur les bords du Léman*, Lausanne 1966. – Ders., *Mme de S. ou le deuil éclatant du bonheur*, Lausanne 1967. – B. d'Andlau, *La jeunesse de Mme de S., 1766–1786, avec des documents inédits*, Genf 1970. – C. Pulver, *Madame de S.*, Mchn. 1980.
Gesamtdarstellungen und Studien:
J. Ch. Herold, *G. N. de S.*, Paris 1962. – R. Luppé, *Les idées littéraires de Mme de S. et l'héritage des lumières (1795–1800)*, Paris 1969. – E. Souriau, *Mme de S. et Henri Heine. Les deux Allemagnes*, Paris 1974. – M. Gutwirth, *Mme de S., Novelist*, Urbana/Ill. 1978. – S. Balayé, *Mme de S. Lumières et liberté*, Paris 1979. – G. de Diesbach, *Mme de S.*, Paris 1983. – E. Fioroli, *Mme de S. et A. W. Schlegel. Il*

potere al femminile, Verona 1983. – P. Winterling, *Rückzug aus der Revolution. Eine Untersuchung zum Deutschlandbild und zur Literaturtheorie bei Madame de S. und Charles de Villiers*, Rheinfelden 1985.

CORINNE OU L'ITALIE

(frz.; *Corinna oder Italien*). Roman von Germaine Necker, baronne de STAËL-HOLSTEIN, erschienen 1807. – Lord Oswald Nelvil, seelisch und körperlich krank, reist im Winter 1794/95 nach Italien, um sich zu zerstreuen. Auf dem Kapitol in Rom macht er die Bekanntschaft Corinnes, einer berühmten Dichterin, und ist hingerissen von ihren glänzenden Gaben und ihrem persönlichen Charme. Auf gemeinsamen Streifzügen durch die Vergangenheit und Gegenwart Italiens kommen sie einander näher, was Corinne nicht davon abhält, alles, was sie sieht und erlebt, Kirchen, Monumente und Paläste, einen Ball oder eine Soirée, zum Anlaß zu nehmen, sich mit dem Charakter und den Sitten der Italiener, ihrer Literatur, Kunst, Philosophie und dem täglichen Leben zu befassen. Ihr Gefühl füreinander vertieft sich dennoch, und Oswald möchte Corinne heiraten; doch diese zögert. Sie gesteht ihm, daß sie englischer Abstammung ist, sich nach einem Familienkonflikt über die starren gesellschaftlichen Konventionen Englands hinweggesetzt hat und nun in Italien ihren künstlerischen Neigungen leben will. Hier endet der mit viel kulturhistorischen Exkursen durchsetzte erste Teil, und es beginnt die psychologisch analysierende Darstellung einer tragischen Liebe: Als Oswald von seinem Regiment nach England zurückgerufen wird, reist er ab mit dem Plan, Corinne mit ihrer Familie zu versöhnen, sie zu heiraten und in den Augen der Welt zu rehabilitieren. Doch im moralischen Klima seiner Heimat, fern von der geliebten Frau, erliegt er wieder dem ihm anerzogenen Respekt vor der Konvention und den gesellschaftlichen Vorurteilen. Obwohl er Corinne, die sich ohne sein Wissen gleichfalls in Schottland aufhält, immer noch liebt, neigt er mehr und mehr dazu, den Wunsch seines verstorbenen Vaters zu erfüllen und Corinnes liebenswürdige Halbschwester Lucile zu heiraten. Als Corinne gerüchtweise von der bevorstehenden Verlobung hört, schickt sie ihm seinen Ring zurück und erkrankt danach schwer. Erst Jahre später, in der Stunde ihres Todes, gelingt es Oswald, der nie aufgehört hat, sie zu lieben, zu ihr vorgelassen zu werden und ihre Verzeihung zu erlangen.

Der Roman, der seine Entstehung einer Italienreise und der Liebesbeziehung der Mme. de Staël zu dem jungen Diplomaten Pierre de Souza-Holstein verdankt, war für eine romantische und leidenschaftliche Generation das Buch einer idealen Liebe. Die Betrachtungen und Schilderungen Italiens brachten den Franzosen Vergangenheit und Gegenwart dieses Landes gerade in dem Augenblick nahe, als die Napoleonischen Eroberungen es ihnen erleichterten, die Halbinsel zu bereisen. Wenn Mme. de Staëls Urteile auch oft so oberflächlich und irrig sind, daß sie den Zorn FOSCOLOS hervorriefen, so vermitteln ihre Schilderungen doch einen starken Eindruck nicht nur von der Größe der italienischen Vergangenheit und der Melancholie der römischen Ruinen, sondern auch von der Eigenart eines Volkes, dessen vielseitige Kräfte sie mit bewunderungswürdiger Einfühlungsgabe erkannte. Der zweite Teil nimmt mit fast religiöser Inbrunst das Thema wieder auf, das die Autorin schon in *Delphine* entwickelt hatte: den Verzicht der liebenden Frau, die den Gesetzen der Gesellschaft zum Opfer fällt, obwohl sie dieser an Großherzigkeit und Genie weit überlegen ist. Beide Werke sind, zumindest in der Charakterisierung der Hauptperson, stark autobiographisch. Mme. de Staëls Darstellung der romantisch exaltierten weiblichen Gefühlswelt ergänzt im übrigen aufschlußreich das Bild der romantischen männlichen Psyche, das CHATEAUBRIAND in seinem *René* entworfen hatte. Auch auf die deutschen Romantiker machte das Werk Eindruck; es wurde unmittelbar nach Erscheinen von Dorothea SCHLEGEL übersetzt.

A.M.Sp.

AUSGABEN: Paris 1807. – Paris 1820/21 (in *Œuvres complètes*, 17 Bde., 9). – Paris 1931. – Paris 1985 (Folio).

ÜBERSETZUNGEN: *Corinna oder Italien*, D. Schlegel, Hg. F. Schlegel, Bln. 1807/08; Bln. 1852; Lpzg. ca. 1880 (RUB). – *Corinna*, M. Bock, Hildburghausen 1865. – *Corinne oder Italien*, F. Gleich, Lpzg. 1926. – Dass., D. Schlegel, Mchn. 1979; ern. 1985 (dtv).

LITERATUR: G. Gennari, *Le premier voyage de Mme de S. en Italie et la genèse de »Corinne«*, Paris 1947. – M. Levaillant, *Le secret de »Corinne«* (in RDM, Mai/Juni 1958, S. 476–485). – G. May, *Le Staëlisme de »Corinne«* (in Symposium, 12, 1958). – S. Balayé, *Fonction romanesque de la musique dans »Corinne«* (in Romantisme, 3, 1972, S. 17–32). – C. Pellegrini, *»Corinne« et son aspect politique* (in *Mme de S. et l'Europe*, Paris 1976, S. 265–272). – F. Simone, *La littérature italienne dans »Corinne«* (ebd., S. 289–300). – G. Poulet, *»Corinne« et »Adolphe«, deux romans conjugués* (in RHLF, 78, 1978, S. 580–596). – C. A. Holland, *Structures of the Feminine Imagination. Mme de S.'s »Corinne«, Sand's »Mademoiselle Merquem«*, Diss. Columbia Univ. 1983 (vgl. Diss. Abstracts, 46, 1985/86, S. 2312A). – S. Balayé, *»Corinne« et la ville italienne* (in *Mélanges F. Simone*, Bd. 3, Genf 1984, S. 33–50). – M. Burkhard, *Love, Creativity and Female Role. Grillparzer's »Sappho« and Mme de S.'s »Corinne« between Art and Cultural Norm* (in Jb. für internationale Germanistik, 16, 1984, Nr. 2, S. 128–146).

DE L'ALLEMAGNE

(frz.; *Über Deutschland*). Schrift von Germaine Necker, baronne de Staël-Holstein, erschienen 1810. Nachdem die 10 000 Exemplare des ersten Druckes auf Napoleons Geheiß vernichtet worden waren, erschien das Werk 1813 in London, wohin die Verfasserin hatte emigrieren müssen. – Dieses Buch, das für die Franzosen zur *»königlichen Zufahrtsstraße zu deutschem Wesen, Denken und Dichten«* (André Monchoux) wurde, gewann entscheidenden Einfluß auf die französische Romantik und wurde in allen europäischen Ländern berühmt. Auf Anregung von W. v. Humboldt und vorbereitet von A. W. Schlegel, der sie des öfteren auch begleitete, hatte Mme. de Staël auf zwei Deutschlandreisen – 1803/04 nach Weimar und Berlin, 1807/08 nach München und Wien – mit einer in ihrer Epoche einzigartigen Unvoreingenommenheit und Aufgeschlossenheit für die *»Volksindividualität«* (Klemperer) Kultur und Sitten des Landes kennengelernt und seine größten Geister besucht. Das Ergebnis war dieser in vier Teile gegliederte Bericht – *De l'Allemagne et des mœurs de l'Allemagne (Über Deutschland und die deutschen Sitten); De la littérature et des arts (Über Literatur und bildende Künste); La philosophie et la morale (Philosophie und Ethik); La religion et l'enthousiasme (Religion und Enthusiasmus)* –, die erste Kulturgeschichte der Goethezeit und darüber hinaus die erste Studie zur Soziologie der Literatur. Vorsichtiger zwar als in *De la littérature considérée dans ses rapports avec les institutions sociales*, 1800 *(Über die Literatur in ihrem Verhältnis zu den gesellschaftlichen Einrichtungen)*, arbeitet Mme. de Staël auch hier einen geistig-kulturellen Unterschied zwischen dem geselligen Süden und dem intellektuellen, ernsten Norden heraus, den sie in den verschiedenen literarischen Zeugnissen bekundet findet. Sie skizziert in großen Zügen den Zusammenhang der süddeutschen Kultur mit der christlich-romanischen und den des norddeutschen Geistes mit dem heidnisch-germanischen; der Norden hat nach ihrer Meinung das stärkere Naturgefühl, der Süden die feinere Zivilisation entwickelt. So wird Deutschland, das bis dahin für Frankreich kulturell beinahe eine *quantité négligeable* war, den zwei großen Einflußsphären der europäischen Kultur zugeordnet. Der größte Teil ihrer Studien ist jedoch der von ihr selbst erlebten Kulturepoche gewidmet. Die Betrachtung der deutschen Landschaft und Sitte, des deutschen Wesens und der Kunst wird gelegentlich auch von vergleichenden Seitenblicken auf Frankreich unterbrochen.

Der wohl wichtigste zweite Teil gibt eine nahezu vollständige Literaturgeschichte der Goethezeit, die stark gefärbt ist von Mme. de Staëls persönlicher Einstellung zu den Weimarer und Berliner Dichterkreisen, wobei die jungen Berliner Romantiker ihre besondere Zuneigung finden, was sicher dem Einfluß ihres Freundes und Reisebegleiters A. W. Schlegel zuzuschreiben ist. Sie unterscheidet in der deutschen Literatur eine »englische Schule« (mit Lessing als Kritiker, Haller und Klopstock als Dichtern) und eine »französische Schule« (mit Gottsched als Kritiker und Wieland als Dichter). Obwohl Französin und bei der Analyse der Einzelwerke französischen Geschmack verratend, bedauert sie nicht, daß der französische Einfluß in der neueren Zeit außer bei Wieland kaum noch nachwirkt; denn sie glaubt, daß eine Literatur nur Großes hervorbringt, wenn sie aus der eigenen nationalen Geschichte und Kultur schöpft. Winckelmann, Goethe, Schiller, Herder, Zacharias Werner und die Brüder Schlegel werden lebendig porträtiert und die wichtigsten ihrer Werke analysiert. Der Sturm und Drang, aber auch Hölderlin, Görres und Brentano werden kaum beachtet. Von erstaunlich detaillierter Kenntnis zeugt ihre Darstellung der deutschen idealistischen Philosophie, wobei sie den französischen Sensualismus zum Vergleich heranzieht. Erstmalig werden so ihren französischen Landsleuten Kant, Fichte, Schelling und vor allem F. H. Jacobi, dem sie selber nahestand, vorgestellt. Zum Abschluß behandelt sie das religiöse Leben in Deutschland, besonders den in Frankreich relativ unbekannten deutschen Protestantismus und Pietismus.

»Deutschland den Franzosen einprägen« (Renan) war die Absicht des Buches, das in Frankreich tatsächlich den Einfluß Englands, der durch ein ähnliches, allerdings historisch nicht so umfassendes und profundes Werk von Voltaire (in seinen *Lettres philosophiques sur les Anglais*, 1735) eingeleitet worden war, ablöste und eine tiefgreifende wechselseitige Befruchtung französischer und deutscher Romantik auslöste, die, gefördert durch Heines Essays und Pamphlete, über die Zeit des Jungen Deutschland hinaus bis 1870 andauerte. Darüber hinaus diente Mme. de Staël der Vergleich zwischen beiden Nationen dazu, der geistigen Dürre, die zu jener Zeit in Frankreich herrschte, den Reichtum an neuen, lebendigen Gedanken im politisch ungeeinten, unterjochten Deutschland gegenüberzustellen und den Franzosen auf diese Weise nicht nur die Augen für das unbekannte Nachbarland, sondern für die eigene Situation zu öffnen und liberalem Denken den Weg zu bahnen.

A.K.-KLL

Ausgaben: Paris 1810, 3 Bde. – Ldn. 1913, 3 Bde. [korr.]. – Paris/Straßburg/Ldn. 1820/21 (in *Œuvres complètes*, 17 Bde., 10/11). – Paris 1958–1960, Hg. S. Balayé, 4 Bde. (krit.; GF).

Übersetzungen: *Deutschland*, F. Buchholz, S. H. Catel u. E. Hitzig, Bln. 1814, 3 Bde. – *Über Deutschland*, P. Friedrich, Heidelberg 1947; ern. Ffm. 1985 (Insel Tb) [Ausz.]. – Dass., R. Hals, Hg. u. Einl. S. Metken, Stg. 1962 (RUB).

Literatur: A. Henning, *L'Allemagne de Mme de S. et la polémique romantique. Première fortune de l'ouvrage en France et en Allemagne, 1814–1830*, Paris 1930. – Comtesse Jean de Pange, *Le manuscrit du livre »De l'Allemagne«* (in *Actes du IVe Congrès International d'Histoire de la Littérature Moderne*, 1950). – R. Minder, *Quelques remarques sur S. et la circulation des thèmes littéraires entre l'Allemagne et la France* (in La Nouvelle Clio, 10, 1958–1960, S. 99–117). – M. Colleville, *S.s Entdeckung von Deutschland* (in *Unterscheidung und Bewahrung, Fs. H. Kunisch*, Hg. K. Lazarowicz u. W. Kron, Bln. 1961, S. 91–108). – R. Minder, *S. entdeckt Deutschland* (in R. M., *Kultur und Literatur in Deutschland und Frankreich*, Ffm. 1962, S. 94–105). – A. Fuchs, *Goethe und sein Werk in Mme. de S.s Deutschlandbuch* (in *Stoffe, Formen, Strukturen, Fs. H. H. Borcherdt*, Hg. A. Fuchs u. H. Motekat, Mchn. 1962, S. 206–226). – H. Plessner, *Ein Volk der Dichter und Denker? Zu einem Wort der S.* (in *Humanität und politische Verantwortung*, Hg. R. Reich, Erlenbach/Zürich 1964, S. 252–260). – S. Balayé, *Mme de S. et le gouvernement impérial en 1810, le dossier de la suppression de »De l'Allemagne«* (in Cahiers staëliens, 19, Dez. 1974, S. 3–77). – L. R. Forst, *»De l'Allemagne«* (in OL, 31, 1976, S. 43–58). – O. Reincke, *Mme de S.s Abhandlungen über Deutschland und die Auseinandersetzung mit dem deutschen Sentimentalismus* (in *Parallelen und Kontakte*, Hg. H. D. Dahnke, Bln./Weimar 1983, S. 140–173). – S. Balayé, *Pour une lecture politique de »De l'Allemagne« de Mme de S.* (in *Stendhal*, Hg. P. Berthier, Grenoble 1984, S. 129–143).

STENDHAL

d.i. Marie Henri Beyle

* 23.1.1783 Grenoble
† 23.3.1842 Paris

LITERATUR ZUM AUTOR:

Bibliographien und Forschungsberichte:
W. Krömer, *S.*, Darmstadt 1978 (EdF). – H. C. Jacobs, *S. und die Musik. Forschungsbericht und kritische Bibliographie 1900–1980*, Ffm. u. a. 1983.

Zeitschriften:
Stendhal-Club, Lausanne 1958/59 ff. [m. jährl. Bibliogr.]. – Stendhal-Hefte, Tübingen 1986 ff.

Sondernummern und Kongreßakten:
Europe, Aug./Sept. 1983, Nr. 652/653 [Sondernr. *S.*]. – L'Arc, 88, 1983 [Sondernr. *S.*]. – Mag. litt, Jan. 1983, Nr. 191 [Dossier *S.*]. – AJFS, 20, 1983 [Sondernr. *S.*]. – *S. Colloque de Cérisy-la-Salle*, Hg. P. Bertier, Paris 1984. – *S. L'écrivain, la société, le pouvoir*, Hg. ders., Grenoble 1984. – *S. et le romantisme*, Hg. V. Del Litto u. K. Ringger, Aran 1984. – *La création romanesque chez S.*, Hg. V. Del Litto, Genf 1985. – *S. Roma. L'Italia*, Hg. M. Colesanti u. a., Rom 1985. – *S. et l'Angleterre*, Hg. K. McWalters u. C. Thompson, Liverpool 1987. – *Écritures du romantisme 1: S.*, Hg. B. Didier u. J. Neefs, Vincennes 1989.

Biographien:
H. Martineau, *Le cœur de S.*, 2 Bde., Paris 1953. – V. Del Litto, *La vie de S.*, Paris 1965. – R. Kayser, *S. oder das Leben eines Egoisten*, Ffm. 1982. – B. Didier, *S. autobiographe*, Paris 1985. – R. Alter u. C. Cosman, *A Lion for Love. A Critical Biography of S.*, New Haven/Conn. 1986. – J. Bellemin-Noël, *Biographies du désir. S., Breton, Leiris*, Paris 1988.

Gesamtdarstellungen und Studien:
L. Blum, *S. et le beylisme*, Paris 1914; ern. 1983. – P. Jourda, *S., l'homme et l'œuvre*, Paris 1934. – Alain, *S.*, Paris 1935; ern. 1948. – H. Friedrich, *Die Klassiker des frz. Romans, S., Balzac, Flaubert*, Lpzg. 1939; ern. Ffm. 1960. – J. Prévost, *La création chez S.*, Marseille 1942; ern. Paris 1975. – M. Bardèche, *S. romancier*, Paris 1947; ern. 1983. – A. Caraccio, *S., l'homme et l'œuvre*, Paris 1951. – J.-P. Richard, *Littérature et sensation*, Paris 1954. – G. Blin, *S. et les problèmes du roman*, Paris 1954. – M. Alberès, *Le naturel chez S.*, Paris 1956. – Ders., *S. et le sentiment religieux*, Paris 1956. – G. Blin, *S. et les problèmes de la personnalité*, Paris 1958. – V. Del Litto, *La vie intellectuelle de S.*, Paris 1959; [2]1963. – F. Michel, *Fichier stendhalien*, Boston 1964. – C. G. Jones, *L'ironie dans les romans de S.*, Lausanne 1966. – H. Martineau, *L'œuvre de S.*, Paris 1966. – F. Rude, *S. et la pensée sociale de son temps*, Paris 1967. – V. Brombert, *S.*, NY 1968. – G. Genette, *S.* (in G. G., *Figures II*, Paris 1969). – M. Gutwirth, *S.*, NY 1971. – F. Michel, *Études stendhaliennes*, Paris [2]1972. – G. Strickland, *S., the Education of a Novelist*, Ldn. 1974. – R. Vigneron, *Études sur S. et sur Proust*, Paris 1978. – H. Boll-Johansen, *S. et le roman*, Aran 1978. – J. Attuel, *Le style de S.*, Bologna/Paris 1980. – M. Crouzet, *S. et le langage*, Paris 1981. – V. Del Litto, *Essais et articles stendhaliens*, Genf u. a. 1981. – F. Landry, *L'imaginaire chez S.*, Lausanne 1982. – D. Bideau, *Sur les pas de S.*, Lyon 1983. – P. Berthier, *S. et la sainte Famille*, Genf 1983. – M. Colesanti, *S., le regole del gioco*, Mailand 1983. – H. C. Jacobs, *S. und die Musik*, Ffm. u. a. 1983. – M. Crouzet, *Essai sur la genèse du romantisme. 1. La poétique de S.; 2: Le naturel, la grâce, le réel*, 2 Bde., Paris 1983–1986. – M. Crouzet, *Raison et déraison chez S.*, Bern 1984. – R. Warning, *Gespräch und Aufrichtigkeit. Repräsentierendes und historisches Bewußtsein bei S.* (in *Das Gespräch*, Hg. K. Stierle u. R. W., Mchn. 1984, S. 425–466). – J. Laurent, *S. comme S. ou le mensonge ambigu*, Paris 1984. – C. Weiand, *Die Gerade und der Kreis. Zeit und Erzählung in den Romanen S.s*, Ffm. 1984. – M. Bertelà, *S. et l'Autre*, Florenz 1985. – M. Crouzet, *Nature et société chez S., la révolte romantique*, Lille 1985. – E. J. Talbot, *S. and the Romantic Esthetics*, Lexington/Ky. 1985. – R. Trousson, *S. et Rousseau*, Köln 1986. – A. Collet, *S. et Milan*, 2 Bde., Paris 1986/87. – J. T. Day, *S.'s Paper Mirror*, NY u. a. 1987. – M. Albert, *Unausgesprochene Botschaften. Zur nonverbalen Kommunikation in den Romanen S.'s*, Tübingen 1987. – M. Crouzet, *Le héros fourbe chez S.*, Paris 1987. – J.-J. Hamm, *Le texte stendha-*

lien, Sherbrooke 1987. – A. Jefferson, *Reading Realism in S.*, Cambridge 1988. – R. Pearsson, *S.'s Violin. A Novelist and His Reader*, Oxford 1988.

LA CHARTREUSE DE PARME

(frz.; *Die Kartause von Parma*). Roman von STENDHAL, erschienen 1839. – Der Roman ist eine Synthese all jener Themen, Motive und Stilelemente, die Stendhal in den zwischen 1837 und 1839 erschienenen, unter dem Titel *Chroniques italiennes* zusammengefaßten Novellen erprobte. Zwar hat Stendhal eine romantische Entstehungsgeschichte des Romans erfunden und in einem Vorwort mitgeteilt; eine Randbemerkung in einem seiner italienischen Manuskripte verrät jedoch, wo der wahre Ursprung des Romans zu suchen ist: in dem kurzen und trockenen Bericht *Origine della grandezza della famiglia Farnese*, der bereits in groben Zügen die Figuren skizziert und die wesentlichen Begebenheiten erzählt. Ein besonderer Reiz ist die Mischung der Epochen: Menschen des »aufgeklärten« 19. Jh.s handeln mit der Leidenschaftlichkeit von Renaissancetemperamenten, lieben und morden wie die Borgia.

Da der Roman keinerlei Einheit der Komposition aufweist, kann er von sehr verschiedenen Aspekten her interpretiert werden; der sinnfälligste ist die Lebensgeschichte des Fabrice del Dongo. In einer Zeit, da Napoleon die Welt in Atem hält, wächst Fabrice als der jüngere Sohn des Marquis del Dongo heran. Früh distanziert er sich von seiner reaktionären, österreichtreuen Familie und schließt sich seiner jungen Tante, der Witwe eines napoleonischen Offiziers, an; Ginas stolze, zärtliche und melancholische Liebe wird ihn zeit seines Lebens beschützen und begleiten. Seine Teilnahme an der Schlacht von Waterloo führt zum endgültigen Bruch mit Vater und Bruder. Gina, die, um die Formen zu wahren, den alten Herzog Sanseverina geheiratet hat, dann aber die Geliebte des Grafen Mosca geworden ist, des mächtigen Ministers am nach wie vor absolutistischen Hof zu Parma, rät ihm, da die Zeit militärischen Glanzes vorbei ist, die geistliche Laufbahn einzuschlagen, nicht etwa, um ein vorbildlicher Priester zu werden, sondern um mit Hilfe des Grafen Mosca eines Tages als Erzbischof zu Macht und Ansehen zu gelangen. Als der junge Geistliche in politische Intrigen und Liebeshändel verwickelt, verhaftet und in der Zitadelle von Parma eingekerkert wird, vollzieht sich in ihm die entscheidende Wandlung: der leichtfertige, charmante, launenhafte junge Mann verliebt sich in Clelia Conti, die Tochter des Kerkermeisters. Diese große Leidenschaft wird von nun an das Leben der beiden bestimmen. Die schrankenlose Bewunderung der Gina Sanseverina für ihren schönen Neffen und die zärtlichen Gefühle des Grafen Mosca für Gina Sanseverina tragen dazu bei, daß Fabrice schließlich tatsächlich zu den höchsten geistlichen Würden gelangt. Clelia heiratet wider Willen eine versnobte Hofgröße. Sie empfängt Fabrice, den »Freund ihres Herzens«, nur in der Dunkelheit, da sie der Madonna gelobt hat, ihn nicht wiederzusehen. Ihre nächtliche Liebe bleibt völlig geheim. Doch als Fabrice, der einsame Priester, in einer unbesonnenen Anwandlung ihrer beider Sohn entführen will, bahnt sich ein von Clelia als Strafe Gottes empfundenes Unglück an: Der Knabe erkrankt und stirbt, und von Verzweiflung verzehrt, folgt ihm die Mutter in den Tod. Fabrice zieht sich in die Kartause von Parma zurück und stirbt selbst in Jahresfrist; die Herzogin Sanseverina überlebt ihn nur kurze Zeit.

Das Werk ist ein Zeugnis für Stendhals ausgeprägte und beständige Liebe zu Italien. Die italienische Wesensart, so wie er sie erfahren und immer wieder, besonders in *Rome, Naples et Florence* (1817), analysiert hat, kommt Stendhals Interpretation des Daseins als *»Jagd nach dem Glück«* im Zeichen einer ungebrochenen Willensstärke und Energie hier sehr entgegen. Seine italienischen Helden verlangen vom Leben mit hartnäckiger Leidenschaft ein Höchstmaß an Glück. Diesem Bedürfnis folgen sie bedingungslos ohne jede Rücksicht auf soziale und moralische Normen; sie leben gefährlich und skrupellos, fürchten weder den Tod noch die Notwendigkeit zu töten und sehen ihre Anmaßung durch das Risiko, das sie eingehen, gerechtfertigt. Die *Chartreuse de Parme*, die ihre Entstehung einem langen Reifeprozeß verdankt, ist eine glückliche Mischung aus Abenteuergeschichte, psychologischer Analyse und Dichtung. Sie ist geschrieben in einem Stil, der sich von der Knappheit des geschlosseneren *Le rouge et le noir* (1830) unterscheidet durch ausholende, überaus geschmeidige Satzfügung. BALZACS begeisterte Rezension in der ›Revue Parisienne‹ vom Oktober 1840 empfahl eine stilistische Überarbeitung und Straffung des Werkes, die Stendhal mit einiger Skepsis begann, jedoch nicht mehr vollendete. I.P.-KLL

AUSGABEN: Paris 1839, 2 Bde. – Paris 1927 (in *Œuvres*, Hg. H. Martineau, 54 Bde., 15; Nachdr. Nendeln 1968). – Paris 1960, Hg. ders. [krit.]. – Paris 1966, Hg. V. Del Litto [krit.]. – Paris 1968; ern. 1975 (GF). – Paris 1973; ern. 1978 (Folio). – Paris 1973, Hg. A. Adam (Class. Garn). – Paris 1973 (Poche). – Paris 1982 (in *Romans et nouvelles*, Hg. H. Martineau, 2 Bde., 2; Pléiade).

ÜBERSETZUNGEN: *Kerker und Kirche*, anon., 3 Bde., Dresden/Lpzg. 1845. – *Die Certosa von Parma*, E. Rieger (in *GW*, 2 Bde., Mchn. 1921). – *Die Kartause von Parma*, W. Widmer, Hbg. 1958 [m. Essay v. R. Baehr]. – Dass., ders., Mchn. 1967; ern. 1982. – Dass., ders., Ffm. 1978 (Insel Tb). – Dass., E. Rieger, Zürich 1981 (detebe). – Dass., E. u. M. Abranavel (in *Werke*, Hg. C.-P. Thiede, Bln. 1978).

VERFILMUNGEN: Frankreich 1947 (Regie: Christian-Jacque). – *Prima della rivoluzione*, Italien 1964 (Regie: B. Bertolucci).

Literatur: B. L. Foscolo, *La Parma di S.*, Florenz 1950. – K. Wais, *S.s italienischer Roman* (in K. W., *An den Grenzen der Nationalliteraturen*, Bln. 1958, S. 119–142). – P. Morand, *»La chartreuse de Parme«* (in NRF, 10, Febr. 1962, S. 250–260). – G. Durand, *Le décor mythique de la »Chartreuse de Parme«*, Paris 1961. – S. Gilman, *The Tower as Emblem*, Ffm. 1967. – P. Rey, *»La chartreuse de Parme« de S.*, Paris 1973. – V. Brombert, *La prison romantique*, Paris 1975. – C. W. Thompson, *Le jeu de l'ordre et la liberté dans »La chartreuse de Parme«*, Aran 1982. – A. Finch, *»La chartreuse de Parme«*, Ldn. 1984. – I. Brock-Sulzer, *S. »Die Kartause von Parma«* (in I. B.-S., *Der europäische Roman des 19. Jh.s*, Kilchberg am Zürichsee 1984, S. 242–260). – C. Schreiber, *S. et l'écriture de »La Chartreuse de Parme«*, Paris 1985 (ALM). – H. Meter, *Singularität* (in RF, 99, 1987, S. 169–197).

LUCIEN LEUWEN

(frz.; *Lucien Leuwen*). Unvollendeter Roman von Stendhal. – Die ersten Kapitel unter dem Titel *Le chasseur vert* erschienen 1855 in der Sammlung *Les nouvelles inédites*; eine umfassendere, aber die Manuskripte ungenau wiedergebende Ausgabe wurde 1894 veröffentlicht, eine weitere 1929 unter dem von Stendhal ebenfalls erwogenen Titel *Le rouge et le blanc*. Die zuverlässigste, auf sämtliche Manuskripte gestützte Ausgabe innerhalb von Stendhals *Romans et nouvelles* besorgte Henri Martineau 1947 für die »Bibliothèque de la Pléiade«. – Ein Manuskript mit dem Titel *Le lieutenant*, das Stendhal 1833 von Mme. Gaulthier, einer Freundin, zur Beurteilung erhielt und in dem er in Grundzügen die Handlung des ersten Teils des späteren *Lucien Leuwen* vorfand, gab ihm den endgültigen Anstoß zur Abfassung seines eigenen Romans. Wie aus seinem Essay *Racine et Shakespeare* ersichtlich wird, beschäftigte ihn dieser Plan bereits seit 1825. In den Jahren 1836–1839 entstand dann – nur unterbrochen durch die Arbeit an dem autobiographischen Werk *Vie de Henri Brulard* – die Geschichte des idealistischen, sensiblen Lucien Leuwen, wie *Le Rouge et le Noir* und *La chartreuse de Parme (Die Kartause von Parma)* ein Teil der großen Selbstdarstellung Stendhals.

Lucien Leuwen wird seiner republikanischen Gesinnung wegen *»an einem der berühmten Junitage«* des Jahres 1832 von der École Polytechnique relegiert und begibt sich wenig später, nachdem sein reicher Vater, ein Repräsentant des großbürgerlichen *juste milieu*, ihm ein Leutnantspatent verschafft hat, in die trostlos langweilige Garnisonsstadt Nancy. Hier entfaltet der Autor eine romanhafte Umsetzung der Theorie des Dandytums, jener Flucht in die Selbstzensur, wie sie für die Restaurationsphase typisch ist. Der tägliche Kontakt mit den selbstzufriedenen, geistig beschränkten Vertretern eines legitimistischen Bürgertums und einer Armee, die sich willig als Machtinstrument der Regierung mißbrauchen läßt, vermittelt dem noch Lebensunerfahrenen die exemplarische, den Entwicklungsgang aller Stendhalschen Helden entscheidend bestimmende Einsicht in die *»prästabilierte Disharmonie«* (H. Friedrich) von Mensch und Umwelt, die einerseits als Bedrohung der eigenen verletzlichen Persönlichkeit empfunden wird, andererseits aber gerade den sensibel und großherzig Veranlagten zur äußerlichen Anpassung an die Verhaltensnormen der Gesellschaft zwingt. Lucien wählt die schützende Maske der Verstellung und lernt mit überlegener Verachtung für seine durch Ehrgeiz und kleinliche materielle Interessen korrumpierte Umwelt, aber auch mit wachsender verzweifelter Resignation das Leben eines charmanten, von den Frauen bewunderten, von Kameraden und Vorgesetzten beargwöhnten reichen jungen Mannes führen. Auch das einzige echte Gefühl, das ihn an einen anderen Menschen bindet, die Liebe zu der verwitweten Mme. Chasteller, die ebenso klug und zartfühlend wie zur Heuchelei unfähig ist, wird durch mannigfache seelische Hemmungen belastet. Lucien war bei seiner Ankunft in Nancy vor ihren Augen vom Pferd gestürzt. Sein dadurch verletztes Selbstgefühl hindert die glückliche Entfaltung der gegenseitigen Liebe nicht weniger als Mme. Chastellers Anhänglichkeit an das Haus der 1830 aus der politischen Arena ausgeschiedenen Bourbonen. (Der geplante Titel *Le rouge et le blanc* sollte diesen Gegensatz verdeutlichen.) Durch eine Intrige – die Vortäuschung einer Entbindung von einem unehelichen Kind – wird die Beziehung jäh gestört. Lucien kehrt erschüttert Hals über Kopf nach Paris zurück und beginnt dort eine vielversprechende politische Karriere im Innenministerium. Auf einer Wahlkampfreise in die Provinz wird er – Opfer eines Mißverständnisses – von der aufgebrachten Volksmenge, die ihn als Polizeispitzel verdächtigt, mit Kot beworfen, ein Erlebnis, das ihn die Häßlichkeit der Realität unmittelbar fühlen läßt und so tief verstört, daß er erwägt, nach Amerika zu gehen. Statt dessen bricht er eines Tages nach Nancy auf, um Mme. Chasteller wiederzusehen, die seine plötzliche Abreise nicht hatte begreifen können. (Die Ereignisse während des zweiten Aufenthalts in Nancy fehlen im Manuskript. Einigen Notizen zufolge hatte Stendhal die Versöhnung der beiden geplant.) – Ein Nachtrag berichtet vom plötzlichen Tod des alten Leuwen, der seine Finanzen so ungeordnet hinterlassen hat, daß es zum Bankrott kommt. Lucien nimmt das gleichgültig hin, regelt die Erbangelegenheiten für seine Mutter, verzichtet selbst auf seinen Anteil und läßt sich als Botschaftssekretär nach Capel (vermutlich ist hiermit Rom gemeint) schicken, froh darüber, weit von Paris entfernt zu sein. Mit der Ankunft in Capel bricht der Roman ab.

Die Kritik an der bürgerlichen Mittelmäßigkeit der Restaurationsgesellschaft und ihrer Politik ist hier nicht weniger bitter als in *Le rouge et le noir*, obwohl Lucien als Sohn eines Millionärs nicht um seine soziale Anerkennung ringen muß. – Wie in allen Meisterwerken Stendhals ist der Stil von spröder Schmucklosigkeit. KLL

AUSGABEN: Paris 1855 (*Le chasseur vert*, in *Les nouvelles inédites*; unvollst.). – Paris 1894, Hg. u. Einl. J. de Mitty. – Paris 1926/27 (in *Œuvres complètes*, Hg. É. Champion u. P. Arbelet, 33 Bde., 1913–1934, 21–24, Hg. H. Debraye; Vorw. P. Valéry). – Paris 1929 (in *Œuvres*, Hg. H. Martineau, 54 Bde., 1927–1937, 20–22; Nachdr. Nendeln 1968). – Paris 1973 (Folio). – Paris 1973 (Poche). – Paris 1982. – Paris 1982, Hg. A.-M. Meininger (GF). – Paris 1982 (in *Romans et nouvelles*, Hg. H. Martineau, 2 Bde., 1; Pléiade).

ÜBERSETZUNGEN: *Lucien Leuwen*, E. Byk, Bln. 1921. – Dass., J. v. d. Goltz (in *GW*, Bd. 11, Mchn. 1922). – Dass., F. v. Oppeln-Bronikowski (in *GW*, Bd. 9, Mchn. 1923). – Dass., W. Widmer, Ffm./Hbg. 1960 (EC; Nachw. F. Schalk). – Dass., E. Nischwitz (in *Werke*, Hg. C.-P. Thiede, Bln. 1979). – Dass., J. v. d. Goltz, Zürich 1981 (detebe). – Dass., O. v. Taube, Ffm. 1984 (Insel Tb).

LITERATUR: P. Valéry, *A propos de »Lucien Leuwen«* (in Revue Politique et Littéraire, 65, 1927, S. 193–196). – L. Maranini, *Il »Lucien Leuwen« di S.* (in Belfagor, 11, 1956, S. 635–653). – C. Roy, *S. et »Lucien Leuwen«* (in C. R., *Descriptions critiques*, Bd. 5, Paris 1960, S. 103–122). – D. Place, *S.'s Rhetoric of Love in »Lucien Leuwen«* (in MLR, 74, 1979, S. 39–48). – C. Rauseo, *Morales de »Lucien Leuwen«*, Ffm. u. a. 1988. – K. Wais, *S. und sein »Lucien Leuwen«* (in K. W., *Europäische Literatur im Vergleich*, Hg. J. Hösle, Tübingen 1983, S. 130–168). – *»Lucien-Leuwen«, le plus méconnu des romans de S.*, Paris 1983. – M. Crouzet, *Quatre essais sur »Lucien Leuwen«*, Paris 1984. – M. Guérin, *Amour et politique dans »Lucien Leuwen«* (in Lendemains, 1987, Nr. 45, S. 71–84).

LE ROUGE ET LE NOIR. Chronique du XIXe siècle

(frz.; *Rot und Schwarz. Chronik des 19. Jahrhunderts*). Roman von STENDHAL, erschienen November 1830, entstanden zwischen 1828 und 1830 mit dem Arbeitstitel *Julien*. Die spätere Überschrift datiert vom Mai 1830. Nach der Interpretation Henri MARTINEAUS steht *rouge* für die republikanische Gesinnung der Hauptfigur Julien Sorel, *noir* für den Priesterstand, auf den Julien sich vorbereitet. – Dem berühmtesten Roman Stendhals liegt als Quelle neben einem Pariser Entführungsskandal ein Kriminalfall zugrunde, dessen Kenntnis der Autor der ›Gazette des Tribunaux‹ verdankte: die »Affäre Berthet«. Im Februar 1828 wurde Antoine Berthet, der gesellschaftlich arrivierte Sohn eines Hufschmieds aus der Dauphiné, wegen versuchten Mordes an Madame Michoud, in deren Familie er als Hauslehrer tätig war, zum Tode durch die Guillotine verurteilt. Die Gestalt des Emporkömmlings Berthet reizte Stendhal nicht nur wegen ihrer zeitgeschichtlichen Aktualität, sondern auch wegen der Übereinstimmung mit seiner *»persönlichen Ursituation«* des Widerstandes (Hugo Friedrich). Seine Geschichte war ihm der gegebene Rahmen, um einen ungewöhnlichen Menschen im Kampf gegen seine Zeit darzustellen.

Julien Sorel ist der Sohn eines wohlhabenden Zimmermanns in Verrières, einem kleinen Ort der Franche-Comté. Von Kindheit an steht er in Gegensatz zu seiner Umwelt. Hübsch und ungewöhnlich begabt, jedoch für alle körperlichen Arbeiten ungeeignet, ist er dem Spott und den Mißhandlungen seiner Familie ausgesetzt. Das Bewußtsein seiner Besonderheit in Verbindung mit äußerer Demütigung entwickelt in ihm grenzenlosen Ehrgeiz, den Wunsch nach Macht und gesellschaftlichem Aufstieg um jeden Preis. Menschliche Größe und die Überwindung gesellschaftlicher Schranken sieht er in seinem Idol Napoleon verkörpert, dessen *Mémorial de Sainte-Hélène* neben dem Bulletin der Großen Armee und den *Confessions* Rousseaus sein Weltbild bestimmt. In der nachnapoleonischen Ära gezwungen, seine Verehrung für Napoleon zu verheimlichen, lernt er schon früh die Kunst der Verstellung, die Waffe des Machtlosen.

Da gesellschaftlicher Aufstieg in einer Zeit übermächtiger klerikaler Einflüsse für den Bauern, den *roturier*, nur über den Priesterstand möglich ist, bereitet sich Julien, Frömmigkeit vortäuschend, bewußt auf diese Laufbahn vor. Seine hervorragenden Lateinkenntnisse verhelfen ihm zu einer Stelle als Hauslehrer bei Herrn de Rênal, dem konservativen Bürgermeister von Verrières, der ihn aus Prestigegründen einstellt. Das geldgierige und korrupte Provinzbürgertum, dem Julien in dieser Stellung begegnet, lernt er schnell zu verachten und auszunutzen. Kalt und berechnend ist auch sein Verhalten der schönen und sanften Frau de Rênal gegenüber, die sich trotz moralischer und religiöser Skrupel in Julien verliebt. Krampfhaftes Befolgen eines idealen Verhaltensmusters, das er sich auferlegt hat, um der Gefahr der Lächerlichkeit zu entgehen, und das Gefühl der Pflicht, das er mit der erotischen Unterwerfung einer Frau aus einer höheren Gesellschaftsschicht verbindet, verhindern indes jedes Glück. Die Liebe dient Julien zunächst lediglich zur Bestätigung seines sozialen Aufstiegs. Als seine Beziehung zu Frau de Rênal zum öffentlichen Skandal zu werden droht, begibt sich Julien in das Priesterseminar nach Besançon. Jesuitische Heuchelei, Dummheit und Gewinnsucht, denen Julien bei den Priesterzöglingen begegnet, werden von Stendhal mit einem Höchstmaß an Zynismus entlarvt. Julien, der durch Begabung und selbständiges Denken bei Lehrern und Mitschülern gleichermaßen verhaßt ist, macht weitere Fortschritte in der Taktik der Verstellung und führt fortan eine Art Doppelleben; nur in Monologen und Selbstreflexionen spricht er seine tatsächlichen Gedanken und Pläne aus.

Juliens väterlicher Freund, der als Jansenist von den Jesuiten verfolgte Abbé Pirard, vermittelt ihm eine Stellung als Sekretär im Hause des Marquis de la Mole in Paris. Damit erhält Julien Einblick in die Salons des Faubourg Saint-Germain. Er erwirbt sich das Vertrauen des Marquis in einem Maße, daß dieser ihm die Abwicklung schwieriger Geschäfte überläßt und ihn mit diplomatischen und politischen Missionen betraut. Nach anfangs linkischem Auftreten entwickelt sich Julien zum Weltmann und eleganten Dandy, der es sich erlauben kann, Liebe für die einflußreiche Marschallin de Fervaques vorzutäuschen. In der Tochter des Marquis de la Mole begegnet er einem Frau de Rênal entgegengesetzten Frauentyp, ihm selber an Hochmut und Willensstärke ebenbürtig. Von den Vertretern ihrer Gesellschaftsschicht gelangweilt und voller Widerwillen gegen das banale Glück, das sie in ihrer Stellung erwartet, träumt Mathilde de la Mole sich auf der Suche nach heroischen und leidenschaftlichen Taten ins 16. Jh. zurück, indem sie unter anderem einen phantastischen Totenkult mit einem ihrer Vorfahren treibt, der 1574 enthauptet worden war. In Julien sieht sie in erster Linie den Menschen, der sich von ihrer Umgebung unterscheidet und sie sogar zu verachten wagt. Sie erhofft in ihm einen neuen Danton, der ihr selber zu Größe und Beachtung verhelfen wird. Für Julien dagegen ist ihre Hörigkeit, die in dem Maße, in dem er sie zurückweist, zunimmt, allerdings zunächst nur Machtbeweis und Befriedigung seines gesellschaftlichen Ehrgeizes. Von diesen unterschiedlichen Voraussetzungen belastet, geht ihre Leidenschaft zeitweilig in Haß über und ähnelt auf weite Strekken einem gegenseitigen Machtkampf, aus dem Julien schließlich aufgrund einer genau berechneten Strategie als Sieger hervorgeht.

Als Mathilde ein Kind erwartet, erreicht sie von ihrem widerstrebenden Vater, daß er Julien zu Adel und militärischem Rang verhilft: Er wird Chevalier de la Vernaye und Husarenleutnant. Vom Gipfel seines äußeren Aufstiegs stürzt ihn ein Brief, den Frau de Rênal unter dem Zwang ihres Beichtvaters an den Marquis de la Mole geschrieben hat und der Julien als skrupellosen Emporkömmling bloßstellt. Außer sich vor Zorn und Enttäuschung, jagt Julien nach Verrières und feuert in der Kirche zwei Schüsse auf Frau de Rênal ab. Erst im Gefängnis wird Julien bewußt, daß er diese Frau liebt. Trotz ihrer Fürsprache (sie wurde nur leicht verwundet) und einem großangelegten Rettungsplan Mathildes wird Julien zum Tode verurteilt. Allzu empfindlich hatte er in seiner Verteidigungsrede die Standesinteressen der Geschworenen verletzt. Julien erlebt zusammen mit Frau de Rênal im Gefängnis nun, da Ehrgeiz und Machttrieb bedeutungslos geworden sind, die glücklichsten Augenblicke seines Lebens. Seine Hinrichtung geht *»einfach, schicklich und auf seiner Seite ohne Krampfhaftigkeit«* vor sich. Frau de Rênal stirbt drei Tage nach ihm. Das Schicksal Mathildes, die für eine pompöse Bestattung Juliens sorgt, bleibt ungewiß.

Stendhal folgt seiner Quelle in den Einzelheiten des äußeren Geschehens genau, doch gerade für den Handlungsablauf so entscheidende Momente wie der Mordversuch an Frau de Rênal oder die Hinrichtung Juliens werden äußerst nüchtern dargestellt. Nicht auf kriminelle Fakten richtete sich demnach das Interesse Stendhals. Im Mittelpunkt seines Romans stehen vielmehr Charakter und Entwicklung Julien Sorels, der wie die Helden seiner anderen Romane autobiographische Züge trägt. Vor allem Wesenszüge des jungen Stendhal spiegeln sich in Juliens revolutionärer Gesinnung, in seinem Widerstand gegen Zeit und Gesellschaft, die ihn zur Frömmelei zwingen, wie in seinem Haß gegen Klerus und Monarchie. Von daher ist auch die Ähnlichkeit vieler Szenen des Romans mit Begebenheiten der autobiographischen *Vie de Henri Brulard* zu erklären. Julien trägt jedoch vor allem auch durch seine Tendenz zur verdeckten Aufsässigkeit in einer von Anpassung dominierten Umgebung wunschbildhafte Züge seines Autors. Hierin ist Julien Ausdruck jener Lebensanschauung, die Stendhal selbst als »Beylisme« bezeichnet hat und die die »Jagd nach dem Glück«, die Erfüllung des Strebens nach Selbsterhaltung und Selbstverwirklichung großangelegter Naturen jenseits einengender moralischer Schranken postuliert. Einzige Kriterien sind der Grad der verwirklichten Energie und Leidenschaft sowie das dabei empfundene Glück des Ausnahmemenschen, des *homme supérieur*, der, durch Mut, Enthusiasmus und Willensstärke ausgezeichnet, hoch über allem Gewöhnlichen steht. Diesen bewunderten Menschentyp fand Stendhal in der Renaissance und im Italien der Carbonari verwirklicht. Die eigene verhaßte Gegenwart hingegen kennt, vom Geist der Restauration und des Juste-Milieu geprägt, Heldentum nur noch in der Perversion, in der zynischen Widerstandshaltung des leidenschaftlichen und idealistischen Menschen, dem zu seiner Selbstverwirklichung einzig der Weg der Berechnung und Verstellung übrigbleibt.

Im Gegensatz zu anderen Romanfiguren Stendhals (Lucien Leuwen, Fabrice del Dongo) stehen Julien Sorel als dem Niedriggeborenen nicht allein das Mittelmaß der Zeit, sondern auch die engen gesellschaftlichen Schranken seiner Epoche entgegen. Die Darstellung seines gesellschaftlichen Aufstiegs bietet Stendhal die Möglichkeit, die einzelnen Lebenskreise und sozialen Schichten, in die Julien eintritt, in ihren Schwächen sarkastisch zu beleuchten. Damit weitet sich der individualpsychologische in den zeitkritischen Roman aus. Die gesellschaftliche Wirklichkeit der Epoche wird durch die enge Verflechtung mit einem persönlichen Schicksal wie nie zuvor Gegenstand eines Romans, der somit seinen Untertitel zu Recht trägt. Stendhals Bemühungen richteten sich auf die Darstellung von Sachverhalten, die *»vor 1789 unmöglich gewesen«* wären. Erich Auerbach sieht in Stendhal deshalb den Begründer der *»modernen ernsten Realistik: Daß man die tragisch gefaßte Existenz eines Menschen niederen sozialen Ranges, wie hier die Julien Sorels, so konsequent und grundsätzlich in die konkreteste Zeitgeschichte einbaut und aus derselben entwickelt, das ist ein ganz neues ... Phänomen.«*

Der enge Bezug auf die Realität bestimmt auch den Stil Stendhals, der knapp und konzis den Sachverhalt nachzeichnet, die einzelnen Begebenheiten, zum Teil episodenhaft isoliert, gleichsam als psychologisches Belegmaterial zur Vervollständigung eines Charakterbildes aneinanderreiht und dabei auf Emphase und Pathos verzichtet, die Stendhal bei seinen Zeitgenossen so verabscheute. Sein Ideal war die Nüchternheit des *Code civil.* Die exakte Wiedergabe des Tatsächlichen, des »Wahren«, auf das es ihm ankam, rechtfertigte in seinen Augen auch stilistische Mängel. So begegnete er den kritischen Einwänden BALZACS gegen den Stil der *Chartreuse de Parme* mit den Worten: *»Ich sehe nur eine Regel: der Stil kann gar nicht klar und einfach genug sein.«* Die Hingabe an das »wahre« Faktum verhindert jedoch nicht die ständige persönliche Anwesenheit des Erzählers, der die Realien nicht nur auswählt und – meistens in Beziehung auf seinen Haupthelden – anordnet wie später FLAUBERT, sondern bald mit ironisierenden Kommentaren oder Leseranreden den episch objektivierten Geschehnisablauf durchbricht, bald durch seine aphoristischen Einlagen in der Tradition der französischen Moralistik (MONTAIGNE, LA BRUYÈRE, LA ROCHEFOUCAULD) analytisch durchdringt. Diese Qualitäten haben unter den späteren Lesern Stendhals gerade auch PROUST beeindruckt und angeregt.

Bei den zeitgenössischen Lesern stieß der Roman, den Stendhal den *happy few* gewidmet hatte, den einzigen, denen er Verständnis zutraute, vor allem seiner satirischen Züge wegen auf Ablehnung. Balzac, der in der *Chartreuse de Parme* ein Meisterwerk erkannt hatte, äußerte über *Le rouge et le noir: »Stendhal vient de froisser le cœur humain« (»er hat das menschliche Herz verletzt«).* Hippolyte TAINE war der erste, der 1865 in seinen *Nouveaux essais de critique et d'histoire* diesen Roman Stendhals im ganzen würdigte. In der Folgezeit wurde *Le rouge et le noir* dann zu einem der berühmtesten Romane der Weltliteratur. H.Ei.-KLL

AUSGABEN: Paris 1830. – Paris 1854 [endg. Ausg.]. – Paris 1923 (in *Œuvres complètes*, Hg. É. Champion u. P. Arbelet, 33 Bde., 1913–1940, 9/10, Hg. J. Marsan; Vorw. P. Bourget). – Paris 1927 (in *Œuvres*, Hg. H. Martineau, 54 Bde., 1927–1937, 11/12; Nachdr. Nendeln 1968). – Paris 1964; ern. 1975 (GF). – Paris 1969 (in *Romans*, Bd. 1). – Paris 1972 (Folio). – Paris 1972 (Poche). – Paris 1973, Hg. P.-G. Castex (Class. Garn). – Paris 1982 (in *Romans et nouvelles*, Hg. H. Martineau, 2 Bde., 1; Pléiade).

ÜBERSETZUNGEN: *Rot und Schwarz*, F. v. Oppeln-Bronikowski (in *AW*, Bde. 1–2, Lpzg./Jena 1901–1908). – *Rot und Schwarz. Eine Chronik der Zustände in Frankreich um 1830*, A. Schurig, Lpzg. 1913; ern. 1938. – *Rot und Schwarz. Chronik des 19. Jh.s*, O. Flake, Lpzg. 1925; ern. Mchn. 1976 (dtv). – *Rot und Schwarz*, W. Widmer, Mchn. 1945; ²1962; ern. Ffm. 1976 (Insel Tb). – Dass., R. Lewy, Potsdam 1948; ern. Zürich 1981 (detebe). – Dass., U. Mathis (in *Werke*, Hg. C.-P. Thiede, Bln. 1978).

VERFILMUNGEN: Italien 1920 (Regie: M. Bonnard). – *Der geheime Kurier*, Deutschland 1928 (Regie: G. Righelli). – *Il corriere del re*, Italien 1947 (Regie: G. Righelli). – Frankreich/Italien 1954 (Regie: C. Autant-Lara).

LITERATUR: A. Le Breton, *»Le rouge et le noir«*, Paris 1933. – G. De Sanctis, *Saggio sul »Rouge« di S.*, Città di Castello 1942. – O. Flake, *Versuch über S.*, Mchn. 1946. – A. Maurois, *»Le rouge et le noir«* (in A. M., *Lecture, mon doux plaisir*, Paris 1957, S. 157–181). – E. Auerbach, *Mimesis. Dargestellte Wirklichkeit in der abendländischen Literatur*, Bern ²1959. – J. Robichon, *»Le rouge et le noir«* (in J. R., *Le roman des chefs-d'œuvre*, Paris 1959, S. 7–49). – P.-G. Castex, *»Le rouge et le noir« de S.*, Paris 1967. – W. Killy, *Der Roman als Geschichte* (in W. K., *Romane des 19. Jh.s*, Göttingen 1967, S. 52–82). – R. Fontvielle, *Le véritable Julien Sorel*, Paris 1971. – G. Mouillard, *»Le rouge et le noir« de S.*, Paris 1973. – J. Mitchell, *»Le rouge et le noir«*, Ldn. 1973. – P. Bürger, *»Le rouge et le noir«* (in *Der französische Roman*, Hg. K. Heitmann, Bd. 1, Düsseldorf 1975, S. 274–292). – K. H. Bender, *Realität im Roman* (in ZfrzSp, 85, 1975, S. 193–210). – J. v. Stackelberg, *S., »Le rouge et le noir«* (in J. v. S., *Weltliteratur in deutscher Übersetzung*, Mchn. 1978, S. 169–183). – M. Naumann, *Wege zu S.s »Rot und Schwarz«* (in M. N., *Prosa in Frankreich*, Bln./DDR 1978, S. 11–104). – U. Mathis, *Wirklichkeitssicht und Stil in »Le rouge et le noir«*, Genf 1978. – H. M. Schuh, *»Le rouge et le noir«* (in *Einführung in das Studium der französischen Literatur*, Hg. W.-D. Lange, Hbg. 1979, S. 111–120). – C. Klein u. P. Lidsky, *S. »Le rouge et le noir«*, Ffm./Paris 1984. – C. A. Mossman, *The Narrative Matrix. S. »Le rouge et le noir«*, Lexington/Ky. 1984. – S. Bokobza, *Contribution à la titrologie romanesque. Variations sur le titre »Le rouge et le noir«*, Genf 1986. – A.-D. Lévy, *S. »Le rouge et le noir«*, Paris 1987. – H.-M. Gauger, *Der intensive Roman. S., »Le rouge et le noir«* (in H.-M. G., *Der Autor und sein Stil. 12 Essays*, Stg. 1988). – H. Gnüg, *S.s »Le rouge et le noir«, ein dialektischer Entwicklungsroman* (in H. G., *Kult der Kälte*, Stg. 1988, S. 126–177, 326–328). – S. Haig, *S. »The Red and the Black«*, Cambridge 1989.

SOUVENIRS D'ÉGOTISME

(frz.; *Erinnerungen aus dem Leben eines Egotisten*). – Autobiographische Aufzeichnungen von STENDHAL, entstanden im Sommer 1832, erschienen 1892. – Als Seitenstück zu den großen Romanen entfalten diese moralistischen Essays zusammen mit der Arbeit *De l'amour* ihre Wirkung im Fin de siècle; von besonderer Bedeutung sind sie als psychologisch-theoretische Auseinandersetzung mit dem Phänomen des *ennui*, der Melancholie oder Langeweile, die als das *mal de siècle* in der französischen Literatur des gesamten 19. Jh.s eine zentrale Stellung einnimmt. Vor die Notwendigkeit gestellt, der Langeweile seiner einsamen Abende in Civitavecchia zu begegnen, wo er seit April 1831 als französischer Konsul lebte, faßte Stendhal im Juni 1832 den Plan zu einer *»Gewissensprüfung mit der Feder in der Hand«*. Er wollte Erinnerungen an seinen Pariser Aufenthalt von 1821 bis 1830 aufzeichnen und sich auf diese Weise Klarheit darüber verschaffen, ob die *»Jagd nach dem Glück« (»chasse au bonheur«)*, unter deren Gesetz er sein Leben gestellt hatte, auch erfolgreich verlaufen war. Die spezifische Eigenart einer genauen Selbstanalyse, die er dabei vor Augen hatte, unterstrich er durch das englische Wort *egotism*, einen Ausdruck, den zum erstenmal Addison zur Charakterisierung von Montaigne verwendete und der die *»Manie, von sich selber zu sprechen«* bezeichnet.

So umfassen die *Souvenirs* nur die kurze Zeitspanne zwischen Stendhals Rückkehr nach Paris im Juni 1821, nachdem er Mailand aus politischen Gründen hatte verlassen müssen, und dem Sommer 1822, der ihn mit der Durchsicht der Korrekturfahnen zu *De l'amour* beschäftigt zeigt. In lockerer Folge skizziert der Dichter verschiedene Pariser Salons, in denen er bald nach seiner Rückkehr Stammgast wurde (so die Salons La Fayette, de Tracy, Daru, Edwards, Ancelot, D'Argoult, Delécluze), entwirft kleine, anekdotenartige Porträts seiner Freunde (De Mareste, Barot, Poitevin, Lingay, Mérimée, D'Argoult, Delécluze), berichtet über seinen Londoner Aufenthalt im Oktober und November 1821 sowie über die Pariser Theatersaison 1821/22, wobei er vor allem die Schauspieler Kean und Talma und die Sängerin Giuditta Pasta würdigt, mit denen er befreundet war. Trotz der Fülle der erwähnten Personen und Erlebnisse liegt das Schwergewicht der *Souvenirs* nicht in der Darstellung äußerer Fakten, denn, so reflektiert der Autor selber die Besonderheit seiner Erzählkunst, es langweile ihn, *»etwas anderes zu schreiben als die Analyse des menschlichen Herzens«*.

Im Fall der autobiographischen Aufzeichnung läßt ihn diese psychologische Neugierde selbst zum eigentlichen Gegenstand seiner Untersuchungen werden. Dabei überlagern immer wieder Kommentare, Reflexionen und Urteile des inzwischen um zehn Jahre gealterten Autors die Analyse des Menschen, der er in den Jahren 1821/22 war. Das Spannungsverhältnis zwischen autobiographischem und erzählendem Ich wird damit zum wichtigsten Strukturelement des Werks. Erst der zeitliche Abstand läßt Stendhal auch eine Erklärung für jenen seltsamen Widerspruch finden, der zwischen seinem Auftreten in der Pariser Gesellschaft als glänzender, für seine geistreichen Aperçus berühmter Causeur und der tiefen Schwermut und inneren Einsamkeit bestanden hat, von denen die ersten Jahre seines Pariser Aufenthalts überschattet waren: Seit der endgültigen Trennung von Métilde Dembowska mit dem Gedanken an Selbstmord vertraut, hatte ihn nur die Notwendigkeit, sein Leid vor der Umwelt zu verbergen, die Maske des geistreichen Zynikers und ungerührten Beobachters annehmen lassen, der er im Rückblick seine gesellschaftlichen Erfolge zuschreibt. Für Stendhal wird so die autobiographische Aufzeichnung zum Instrument der Selbsterkenntnis. Er analysiert sich unerbittlich, wie einen Fremden, denn einzig in rückhaltloser Aufrichtigkeit sah er einen Weg, jener im Egotismus liegenden Gefahr der Selbstgefälligkeit zu begegnen, die ihn – so etwa bei Chateaubriand – geradezu »anwiderte«. Den großen Moralisten des 17. und 18. Jh.s nahe, unterscheidet er sich durch diese Nüchternheit und Objektivität in der Selbsterforschung grundsätzlich von Anhängern eines narzißtischen *culte du moi* wie Maurice Barrès oder André Gide, die sich auf ihn als auf ihren Vorläufer berufen haben. H.Ei-KLL

Ausgaben: Paris 1892, Hg. C. Stryienski. – Paris 1927 (in *Œuvres*, Hg. H. Martineau, 54 Bde., 1927–1937, 26; Nachdr. Nendeln 1968). – Paris 1941, ern. 1950, Hg. u. Anm. ders. [1. vollst. Ausg.]. – Paris 1982 (in *Œuvres intimes*, Hg. V. Del Litto, 2 Bde., 1981/82, 2; Pléiade). – Paris 1983, Hg. B. Didier (Folio).

Übersetzungen: *Bekenntnisse eines Egotisten*, A. Schurig (in *AW*, Bd. 5, Lpzg. 1905). – *Bekenntnisse eines Ichmenschen*, F. v. Oppeln-Bronikowski (in *GW*, Bd. 7, Bln. 1923). – *Erinnerungen aus dem Leben eines Egotisten*, W. Widmer (in *Das Leben des Henry Brulard und andere autobiographische Schriften*, Mchn. 1956). – *Erinnerungen eines Egotisten*, K. Scheinfuß (in *GW in Einzelbänden*, Bd. 6, Bln. 1961). – *Autobiographische Schriften*, M. u. E. Abranavel (in *Werke*, Hg. C.-P. Thiede, Bln. 1980).

Literatur: G. May, *Préromantisme rousseauiste et égotisme stendhalien: Convergence et divergence* (in EsCr, 6, 1966, S. 97–107). – D. Moutote, *Égotisme français moderne*, Paris 1980.

VIE DE HENRY BRULARD

(frz.; *Das Leben des Henry Brulard*). Autobiographischer Roman von Stendhal, entstanden 1835/36, erschienen 1890. – Hatte Stendhal bereits im Sommer 1832 mit den *Souvenirs d'égotisme* (vgl. dort) den Versuch einer Selbstdeutung unternommen, so ließ ihn der immer heftigere Wunsch nach Selbsterkenntnis noch im Herbst des gleichen Jahres den Plan zur Niederschrift seiner Autobiographie fassen. Als Selbstdeutung seiner Kindheit beleuchtet das unvollendete, aber später nicht überarbeitete Werk mit großer Unmittelbarkeit nicht nur Stendhals Leben, sondern vor allem auch die Psyche seiner – stets autobiographisch konzipierten – Romanhelden. Vor allem von einer systematischen Aufzeichnung seiner Kindheitserinnerungen erhoffte sich der Dichter wichtige Aufschlüsse über seinen Charakter und die Motive für seine spätere Handlungsweise. Doch ließen ihm seine Amtsgeschäfte als französischer Konsul in Civitavecchia erst vom November 1835 an genügend

Zeit zur Niederschrift. Eines bevorstehenden Urlaubs in Paris wegen mußte er dann am 26. März 1836 seinen autobiographischen Roman mit dem Jahre 1800 abbrechen lassen.
Das Resultat seines schwierigen Unterfangens, sich weit zurückliegende Erlebnisse und Empfindungen ins Gedächtnis zurückzurufen und sie *»wirklich wahrheitsgemäß und den Tatsachen entsprechend«* darzustellen, sollte schon bald alle Erwartungen des Dichters übertreffen. So schildert Stendhal zunächst seine Kindheit in Grenoble, die sich nach dem frühen Tod der Mutter zu einer *»Zeit ununterbrochenen Unglücks«*, einer *»Folge von Haßgefühlen und immer ohnmächtigen Rachegelüsten«* gestaltet habe. Der Tyrannei seiner frömmelnden Tante Séraphie, einem pedantischen Vater und dem heimtückischen Abbé Raillane, seinem Hauslehrer, ausgeliefert, wächst der junge Stendhal in einer Widerstandshaltung gegen seine Umwelt auf; er wird *»finster, verschlossen, tückisch, mißvergnügt«*. Freundliche Eindrücke empfängt er nur von seinem Großvater mütterlicherseits, dem Doktor Gagnon, der seine Liebe zur Literatur und den schönen Künsten weckt, und von dessen Schwester Elisabeth, einer »spanischen Seele«, die ihm *»alles Ehrgefühl, alle hohen, ja verstiegenen Empfindungen der Familie«* vermittelt. Im November 1799 ebnet ihm seine Begabung für Mathematik den Weg nach Paris. Doch dieser ersehnte Ausbruch in die Freiheit wird zur großen Enttäuschung. Einsam und in seinen literarischen Ambitionen unverstanden, langweilt sich der junge Henry in den Salons, zu denen er durch seinen Vetter, den Kriegsminister Daru, Zugang erhalten hat. Auch die Bürotätigkeit im Kriegsministerium verabscheut er, und so fragt er bald schon ernüchtert: *»Paris ist also nichts weiter als das? ... Wo ist denn das Glück auf Erden?«* Diese »Jagd nach dem Glück«, die seine Handlungen zeitlebens bestimmen wird, findet bald darauf eine erste Erfüllung in Rolle, am Ufer des Genfer Sees, wo er im Mai 1800 auf seinem Weg nach Italien verweilt. In Begleitung des Rittmeisters Burelviller überquert er sodann den Sankt Bernhard, um sich dem sechsten Dragonerregiment Napoleons anzuschließen. Er erlebt am Fort Bard seine Feuertaufe und erreicht am 10. Juni 1800 Mailand, das für ihn fortan zur *»schönsten Stadt der Welt«* wird. Hier nimmt seine Begeisterung für die Musik ihren Anfang, und hier begegnet er mit Angela Pietragrua zum erstenmal der Liebe.
Schon während der Niederschrift seiner Autobiographie kann Stendhal feststellen, daß mit der Fülle der auf ihn einströmenden Erinnerungen auch die Einsicht in seinen eigenen, ihm bislang rätselhaften Charakter wächst. Er fühlt sich seinem Ziel nahe, aufgrund der planmäßigen Rekonstruktion der Vergangenheit zu einer umfassenden Selbstdeutung zu gelangen: *»Ich kenne diesen Charakter erst, seit ich ihn mit der Feder in der Hand mit dreiundfünfzig Jahren studiere ... mir ist, als mache ich Entdeckungen an einem andern.«* Durch diese Objektivität und kritische Distanz sich selbst gegenüber, die auch in der Wahl des Decknamens Brulard zum Ausdruck kommt, ist der Dichter ständig in zweifacher Weise gegenwärtig: als der junge Stendhal, dessen Erlebnisse und Seelenzustände den eigentlichen Gegenstand des Romans bilden, und als der gealterte, rückblickende Schriftsteller, der die erinnerten Begebenheiten kommentiert und sie aufgrund der inzwischen gewonnenen Übersicht beurteilen und einordnen kann. Um seinem Ideal rückhaltloser Offenheit und »Wahrheit« in der Selbstdarstellung nahezukommen, sucht Stendhal vor allem die »Schönfärberei« seiner literarischen Vorläufer zu vermeiden: Ihm geht es weder um den egozentrischen Anspruch ROUSSEAUS (vgl. *Les confessions*) noch um die Larmoyanz der melancholischen Selbstzerfaserung CHATEAUBRIANDS. Immer wieder weist er deshalb den Leser auf die möglichen Irrtümer hin, die ihm durch den großen zeitlichen Abstand, durch die Überlagerung der ursprünglichen Eindrücke mit späteren Eindrücken, vor allem aber durch die veränderte Gefühlslage unterlaufen sein können. So unterzieht er sein eigenes Erkenntnis- und Erinnerungsvermögen einer ständigen kritischen Kontrolle.
Stendhal wandte sich mit seinen Aufzeichnungen an den *»Leser von 1880«*, denn er war sich der völligen Neuartigkeit seines autobiographischen Verfahrens bewußt. Damit sagte er fast genau den Zeitpunkt der ersten Veröffentlichung des *Henry Brulard* voraus, der nach der begeisterten Aufnahme durch Paul BOURGET vor allem auf BARRÈS, GIDE und PROUST großen Einfluß ausübte.

H.Ei.-KLL

AUSGABEN: Paris 1890, Hg. C. Stryienski. – Paris 1913 (in *Œuvres complètes*, Hg. É. Champion u. P. Arbelet, 33 Bde., 1913–1934, 1/2, Hg. H. Debraye; 1. vollst. Ausg.). – Paris 1927 (in *Œuvres*, Hg. H. Martineau, 54 Bde., 1927–1937, 25; Nachdr. Nendeln 1968). – Paris 1966 (Class. Garn). – Paris 1973 (Folio). – Paris 1982 (in *Œuvres intimes*, Hg. V. Del Litto, 2 Bde., 1981/82, 2; Pléiade). – Grenoble 1988, Hg. P. Vaillant.

ÜBERSETZUNGEN: *Leben des Henri Brulard*, A. Schirmer (in *GW*, Hg. F. Blei u. W. Weigand, Bd. 12, Mchn. 1923). – *Das Leben des Henry Brulard*, W. Widmer, Mchn. 1956. – *Leben des Henri Brulard*, E. Schneider, Bln. 1961. – Dass., A. Schirmer, Zürich 1981 (detebe). – *Das Leben des Henri Brulard*, E. Schneider, bearb. M. Abranavel (in *Werke*, Hg. C.-P. Thiede, Bln. 1982).

LITERATUR: L. Marin, *La voix excommuniée*, Paris 1981. – M. Crouzet, *»La vie de Henry Brulard« ou l'enfance de la révolte*, Paris 1982. – L. Marin, *Images dans un texte autobiographique* (in SRLF, 23, 1984, S. 195–231). – G. Pascal, *La naissance d'»Henry Brulard« ou la recherche du moi perdu* (in Ét. litt, 17, 1984, S. 283–309). – J. E. Jackson, *»Henry Brulard« et les fondements subjectifs de l'écriture chez S.* (in Versants, 8, 1985, S. 59–76). – T. Michaelis, *Kindheit und politische Revolte. S. »La vie de Henry Brulard«* (in T. M., *Der romantische Kindheitsmy-*

thos, Ffm. u.a. 1986, S.125–155). – A. Jefferson, *Beyond Contract* (in Romance Studies, 9, 1986/87, S.53–59). – M. Sheringham, *Visual Autobiography* (in Paragraph, 11, 1988, S.249–273). – C. A. Mossman, *Death and Transfiguration in the »Vie de Henry Brulard«* (in Studies in Romanticism, 26, 1987, S.527–547). – V. Brombert, *»Vie de Henry Brulard«, Irony and Discontinuity* (in V.B., *The Hidden Reader*, Cambridge [Mass.]/Ldn. 1988, S.183–190).

EUGÈNE SUE

eig. Marie-Joseph Sue
* 26.1.1804 Paris
† 3.8.1857 Annecy

LITERATUR ZUM AUTOR:
N. Atkinson, *S. et le roman-feuilleton*, Paris 1929. – J.-L. Bory, *S. Dandy mais socialiste*, Paris 1973. – W. Hirdt, *S.* (in *Französische Literatur des 19. Jh.s I: Romantik und Realismus*, Hg. W.-D. Lange, Heidelberg 1979, S.291–304). – W. Hülk, *Als die Helden Opfer wurden. Grundlage und Funktion gesellschaftlicher Ordnungsmodelle in den Feuilletonromanen »Les mystères de Paris« und »Le juif errant« von S.*, Heidelberg 1985. – C. Striedter, *Melodramatik und Sozialkritik in Werken S.s*, Erlangen 1986.

LES MYSTÈRES DE PARIS

(frz.; *Die Geheimnisse von Paris*). Feuilletonroman von Eugène SUE, erschienen 1842/43. – Der Erfolg der *Mystères de Paris* übertraf alles in der kurzen Geschichte des Feuilletonromans (seit 1836) Dagewesene: Leser aus allen sozialen Schichten warteten voller Ungeduld auf jede neue Folge in der Tageszeitung ›Journal des Débats‹; angesichts des Andrangs erhöhten die Lektürekabinette ihre Preise (es gab noch keinen Straßenverkauf von Zeitungen, und Abonnements waren teuer); der Autor erhielt etwa 1100 Briefe von Lesern des Romans.

Zentrale Figur ist Rodolphe, der regierende Großherzog von Gerolstein. Als junger Mann ist er den Verführungskünsten einer adligen Abenteurerin aus Schottland erlegen, heimlich geht er die Ehe mit dieser Sarah Seyton ein, die keine anderen Gefühle kennt als ihren grenzenlosen Ehrgeiz. Als sie schwanger wird, spricht Rodolphe mit seinem Vater; in der folgenden Auseinandersetzung greift er ihn mit der Waffe an, sein Erzieher Murph verhindert Schlimmeres. Ein Brief Sarahs an ihren Bruder, der abgefangen wurde, überzeugt Rodolphe davon, daß sie ihn nicht liebt; er trennt sich von ihr, sie heiratet kurz darauf den Grafen Mac-Gregor. Rodolphes Kind, eine Tochter, gibt sie in Pflege; einige Jahre später teilt man ihr mit, das Mädchen sei gestorben, und sie übermittelt Rodolphe diese Nachricht. Um die Schuld gegenüber seinem Vater zu sühnen, erlegt dieser sich selbst die Verpflichtung auf, die Tugend zu belohnen und das Laster zu bestrafen, wo immer sich die Gelegenheit dazu bietet.

Die Romanhandlung setzt erst nach dieser Vorgeschichte, im Dezember 1838, ein: Rodolphe erfüllt sein Gelübde und tut viel Gutes, wählt dafür aber möglichst romanhafte Wege; er hat Gerolstein verlassen und lebt incognito in Paris, wo er, als Arbeiter verkleidet, durch das verrufene Viertel auf der Ile de la Cité streift. Eines Abends macht er die Bekanntschaft des *Chourineur* (in der Gaunersprache = Messerstecher), der als Soldat im Jähzorn einen Vorgesetzten getötet hat und nach Verbüßung seiner Strafe ehrlich geworden ist; außerdem trifft er Fleur-de-Marie, eine siebzehnjährige Prostituierte, die niemand anders ist als seine totgeglaubte Tochter. Der Notar Jacques Ferrand, in dessen Obhut man das Mädchen gegeben hatte, hat Fleurs Tod vorgetäuscht, um eine große Summe Geldes an sich zu bringen, die für ihren Unterhalt bestimmt war; Fleur-de-Marie kam zu einer bösartigen Alten, der *Chouette* (Eule), die sie so lange quälte, bis sie weglief; als »Vagabundin« wurde sie für mehrere Jahre ins Gefängnis gesteckt, mit sechzehn wurde sie entlassen und fand sich kurze Zeit später als Straßenmädchen wieder.

Alle Figuren der Geschichte stehen untereinander in schicksalhaften Verbindungen: Die *Chouette*, die Fleur-de-Marie zufällig wiedertrifft, ist mit dem *Maître d'École* (Schulmeister), einem entflohenen Sträfling, zusammen; dieser ist wiederum der Ehemann von Madame Georges, die Rodolphe aus einer Notlage befreit und zur Verwalterin eines Musterguts in Bouqueval bei Paris gemacht hat. Rodolphe suchte im Gaunermilieu etwas über den Sohn der Madame Georges zu erfahren, der ihr als Kind vom *Maître d'École* entrissen worden war. Dieser junge Mann, der sich Germain nennt, arbeitet in der Kanzlei von Jacques Ferrand; seine letzte bekannte Wohnung ist ein Haus in der Rue du Temple, aber er ist weggezogen, ohne eine Adresse zu hinterlassen, weil ihn Freunde seines Vaters zur Teilnahme an einem Verbrechen zwingen wollten. Rodolphe mietet Germains altes Zimmer, in der Hoffnung, den Aufenthaltsort des jungen Mannes zu erfahren; so macht er nicht nur die Bekanntschaft des Hausmeisterehepaars Pipelet, das für eine Reihe komischer Szenen sorgt, und der jungen Näherin Rigolette, er wird auch aufmerksam auf die verzweifelte Lage des Edelsteinschleifers Morel und seiner Familie. Morel ist ein weiteres Opfer Jacques Ferrands: Der Notar, der hinter der Maske strengster Redlichkeit Geilheit und Habgier verbirgt, hat ihm Geld geliehen, um Morels Tochter Louise erpressen zu können, die er in seinem Haushalt beschäftigt und der er nachstellt. Rodolphe kann nicht verhindern, daß Ferrand Germain (wegen eines angeblichen Diebstahls) und Louise (die schwanger geworden war, nachdem der Notar sie betäubt und vergewaltigt hatte; ihr Kind kam tot zur Welt) ins Gefängnis bringt, aber er schleust Cecily, eine schöne Kreolin, ins Haus des Notars ein; diese Femme fatale bringt Ferrand durch ihre Verführungskünste dazu, die Beweise für seine Verbrechen aus der Hand zu geben. So kann ihn Rodolphe dazu zwingen, sein Unrecht wiedergutzumachen und sein gesamtes Vermögen für einen wohltätigen Zweck zur Verfügung zu stellen. Das unbefriedigt bleibende Verlangen nach Cecily treibt Ferrand in den Wahnsinn; er stirbt unter entsetzlichen Qualen.

Rodolphe hat Fleur-de-Marie, an deren Schicksal er Anteil nimmt, ohne zu ahnen, daß sie seine Tochter ist, aus ihrer verzweifelten Lage befreit und auf sein Mustergut gebracht, wo sich Madame Georges ihrer annimmt; Sarah, die wie Rodolphe verwitwet ist und immer noch auf eine Verbindung mit dem Großherzog hofft, sieht in dem jungen Mädchen eine mögliche Rivalin und gibt den Auftrag, sie zu beseitigen. (Ebenso hatte sie versucht, die Comtesse d'Harville, die von ihrer boshaften Stiefmutter zur Ehe mit einem Epileptiker gezwungen worden war und Rodolphe, einen Freund ihres Mannes, heimlich liebt, ins Verderben zu stürzen, indem sie sie zum Ehebruch veranlaßte; Rodolphe, der die Gefühle der Comtesse erwidert, sich aber strengste Zurückhaltung ihr gegenüber auferlegt, konnte sie im letzten Augenblick vor der Entdekkung durch ihren Mann bewahren. Als dieser erkennt, daß seine Frau nur Mitleid, aber nicht Liebe für ihn empfinden kann, tötet er sich.) Die *Chouette* und der *Maître d'École*, den Rodolphe als Strafe für seine Verbrechen hatte blenden lassen, entführen Fleur-de-Marie aus Bouqueval und sorgen dafür, daß sie ins Gefängnis Saint-Lazare gebracht wird; als die *Chouette* Sarah berichtet, daß ihr Auftrag ausgeführt ist, erkennt die ehrgeizige Frau an verschiedenen Details in Fleur-de-Marie ihre Tochter. Sie triumphiert, denn sie weiß, daß Rodolphe sie heiraten wird, um die Geburt seines Kindes nachträglich zu legitimieren; aber die *Chouette* sticht sie nieder, um ihren kostbaren Schmuck zu stehlen. Kurz darauf wird die Alte vom *Maître d'École* getötet, den sie in ein Kellergewölbe eingesperrt hat, weil er seine Verbrechen zu bereuen beginnt.

Fleur-de-Marie ist von der Haushälterin Ferrands aus dem Gefängnis geholt und zu einer Insel in der Seine gebracht worden, wo die Witwe Martial (deren Mann auf der Guillotine gestorben ist) und zwei von deren Kindern auf sie warten, um sie im Auftrag Ferrands zu ertränken. Sie wird von einer ihrer Mitgefangenen aus Saint-Lazare gerettet, der *Louve* (Wölfin), die eben entlassen worden ist und ihren Geliebten, den ältesten Sohn der Witwe Martial, sucht; dieser, ein Wilderer, ist an den Verbrechen seiner Familie nicht beteiligt; weil seine Anwesenheit stört, haben seine Geschwister ihn in seinem Zimmer eingeschlossen, um ihn dort sterben zu lassen. Die *Louve* rettet auch ihn; unterdessen werden seine Geschwister und seine Mutter beim Versuch, einen Raubmord zu begehen, verhaftet; alle werden zum Tode verurteilt.

Rodolphe, der Fleur-de-Marie für tot hält, erfährt von Sarah, daß das junge Mädchen seine Tochter ist; seine Verzweiflung kennt keine Grenzen, aber die Comtesse d'Harville führt ihm kurz darauf die gerettete Fleur-de-Marie zu. Rodolphe heiratet Sarah, die unmittelbar darauf an den Folgen der Verletzung stirbt, die ihr die *Chouette* beigebracht hatte; der Großherzog kehrt mit Fleur-de-Marie und der Comtesse d'Harville nach Deutschland zurück. Er heiratet die Comtesse, die an der jetzt Prinzessin Amélie genannten Fleur-de-Marie Mutterstelle vertritt; aber das Mädchen kann die Schande ihrer Vergangenheit nicht vergessen. Sie fühlt sich nicht würdig, einen jungen Mann zu heiraten, der sie ehrlich liebt und dessen Gefühle sie auch erwidert; selbst in einem Kloster kann sie keinen Frieden finden, sie stirbt an dem Tag, an dem sie ihr Gelübde abgelegt hat.

Fleur-de-Marie sieht in ihrem Wohltäter Rodolphe, von dem sie noch nicht weiß, daß er ihr Vater ist, ein quasigöttliches Wesen; ähnlich empfinden es all jene, die er für ihre Redlichkeit belohnt oder vor Schaden bewahrt. Der *Chourineur*, dem Rodolphe durch ein paar gute Worte seine Selbstachtung zurückgegeben hat, möchte nichts weiter sein als der ›Wachhund‹ des Großfürsten: Als er ihm zum zweiten Mal das Leben rettet, wird er selbst tödlich verwundet, aber er stirbt zufrieden. – Die Macht, die Rodolphe über andere hat, macht ihn zum Übermenschen; er setzt sie ein, um dem Guten zum Sieg zu verhelfen, aber Karl Marx hat ihm zu Recht Heuchelei vorgeworfen: Rodolphes hehre Ziele verdecken persönliche Motive; indem er Ferrand oder den *Maître d'École* bestraft, nimmt er Rache für Verbrechen, die sich gegen ihn selbst richteten. Er genießt es, sich an die Stelle der göttlichen Vorsehung zu setzen und mehr oder weniger willkürlich zu entscheiden, wer seiner Wohltaten würdig ist; der Comtesse d'Harville gegenüber rühmt er die Unterstützung Bedürftiger als raffinierteste Form des Amusements.

Der Autor (der seit 1841 von sozialistischen Ideen fasziniert war) scheint mit Rodolphes Ansichten im wesentlichen übereinzustimmen: In der zweiten Hälfte des Romans fügt er etliche Szenen ein, die nur den Zweck haben, eine allgemeine Wahrheit zu illustrieren, und ruft auch explizit zu Veränderungen auf. Eine ausführliche Schilderung des Gefängnisalltags soll beweisen, daß nicht die Todesstrafe, sondern nur die Isolierung der Häftlinge in Einzelzellen eine abschreckende Wirkung ausübt; um gefährlichen Kriminellen jede Möglichkeit zur Flucht zu nehmen, wird von Sue die von seinem Helden am *Maître d'École* vollzogene Blendung empfohlen! Allgemein beklagt der Verfasser, daß die Gesellschaft zwar die Bösen straft, nicht aber die Guten belohnt; eine entsprechende Passage, die sich auf das Mustergut in Bouqueval bezog, zitiert er an einer späteren Stelle noch einmal und verweist mit Genugtuung darauf, daß eine philanthropische Gesellschaft es inzwischen unternommen hat, landwirtschaftliche Ausbildungsstätten für unbescholtene junge Leute zu gründen, wie er sie gefordert hatte. Allerdings geht es immer um Wohltätigkeit, nicht um soziale Gerechtigkeit: Ehrlichen Arbeitern, die durch Krankheit oder Verlust ihrer Beschäftigung in Not geraten, soll eine »Bank« zur Verfügung stehen, die zinslose Darlehen vergibt; eine ihr angegliederte Pfandleihe soll auf hohe Gebühren verzichten und ohne Profit arbeiten. Um in den Genuß dieser Einrichtungen zu kommen, ist ein Zeugnis des letzten Arbeitgebers als Nachweis des Wohlverhaltens erforderlich. Der Anspruch aller auf soziale Sicherung gerät nicht einmal ins Blickfeld.

Sue räumt (nicht ohne Koketterie) ein, daß sein Buch nach künstlerischen Kriterien schlecht sei, verweist aber auf den moralischen Nutzen seiner Geschichte. Nach den Briefen an den Autor zu urteilen scheint der Roman tatsächlich dazu beigetragen zu haben, das Bewußtsein der Besitzenden für das Elend des städtischen Proletariats zu schärfen. Vorrangig befriedigt die an den Handlungsmustern des Melodrams orientierte Geschichte freilich sentimentale Bedürfnisse der Leser, die über das Schicksal Fleur-de-Maries bittere Tränen vergossen; da Sue zwar einerseits scharf zwischen ehrlichen Arbeitern und Verbrechern trennt, andererseits aber die materielle Not als ständige Gefährdung für die Rechtschaffenheit der kleinen Leute darstellt und ein Milieu schildert, in dem Ehrliche und Unehrliche unterschiedslos zusammenleben, bestätigt er seine bürgerlichen Leser eher in ihren Vorurteilen, als sie aufzuklären. Auch in den häufigen Hinweisen auf das Wirken der göttlichen Vorsehung ist wohl eine Konzession an den Publikumsgeschmack zu sehen.

Nicht ganz bewältigt scheinen die technischen Probleme einer Romanform, die wegen der Veröffentlichung in Fortsetzungen viele möglichst verschiedene, jeweils einigermaßen in sich abgeschlossene Episoden aneinanderreihen muß, ohne daß der Leser das Ganze aus den Augen verliert: Sue sieht sich häufig genötigt, in Fußnoten an frühere Ereignisse zu erinnern. Die Chronologie des Geschehens bleibt unklar: Daß, wie aus dem Epilog hervorgeht, die Handlung nur etwa fünf Monate ausfüllen soll, scheint kaum vorstellbar. Schließlich leidet die Spannung darunter, daß der Leser spektakuläre Wendungen meist früher zu erkennen vermag als die handelnden Personen. Diese Schwächen hat Sue in seinem nächsten Erfolgsroman *Le juif errant* weitgehend vermieden. A.Gi.

Ausgaben: Paris 1842/43 (in Journal des Débats, Juni 1842–Okt. 1843). – Paris 1842/43, 10 Bde. – Paris 1845, 2 Bde. – Paris 1978, 4 Bde.

Übersetzungen: *Die Geheimnisse von Paris*, A. Diezmann, 9 Bde., Bln. 1843. – Dass., ders., 10 Bde., Lpzg. 1847. – *Die Geheimnisse von Paris*, W. Leu, 11 Bde., Grünberg 1843/44. – *Geheimnisse von Paris*, Quaglio, 2 Bde., Brünn 1867–1869. – *Die Geheimnisse von Paris*, L. Stöckmann, Bln. 1892; ern. 1927. – *Pariser Mysterien*, Ph. Wanderer, Bln. 1908. – *Die Geheimnisse von Paris*, B. Lietzmann, Bln. 1909; ern. Hellerau 1926 [bearb. B. Jolles]. – Dass., N. O. Scarpi [d. i. F. Bondy], Wädenswil/Zürich 1944. – Dass., H. Kossodo, 3 Bde., Ffm. 1988 (Insel Tb).

Verfilmungen: Frankreich 1912. – *The Mysteries of Paris*, USA 1913. – *The Secrets of Paris*, USA 1922 (Regie: K. Webb). – Frankreich/Italien 1957 (Regie: F. Cerchio u. G. Rivalta). – Frankreich/Italien 1962 (Regie: A. Hunebelle).

Literatur: J.-L. Bachelier, *Les combles du mélodrame. »Les mystères de Paris«* (in RSH, 1976, S. 205–218). – R. Schenda, *Leserbriefe an S.* (in *Literatur für viele, 2*, Hg. H. Kreuzer, Göttingen 1976, S. 73–104). – Ders., *Sozialproblematischer Erwartungsraum und Autorenlenkung. Der Rezeptionsprozeß des ideologiekonformen »populären« Romans* (in Zeitschrift für Volkskunde, 72, 1976, S. 62–73). – H. Grubitzsch, *Materialien zur Kritik des Feuilleton-Romans »Die Geheimnisse von Paris« von S.*, Wiesbaden 1977. – I. Pickup, *The Language of Crime in S.'s »Les mystères de Paris«* (in Degré second, 1, Juli 1977, S. 139–163). – V. Klotz, *»Les mystères de Paris«* (in RZL, 2, 1978, S. 175–196). – M. Angenot, *Roman et idéologie. »Les mystères de Paris«* (in *Der französische Sozialroman des 19. Jh.s*, Hg. F. Wolfzettel, Darmstadt 1982, S. 186–212). – R. Guise, *»Les mystères de Paris«* (in Bull. du bibliophile, 1982, S. 358–374). – J. S. Wood, *Situation des »Mystères de Paris«* (in Europe, Nov./Dez. 1982, Nr. 643/644, S. 31–36). – A.-M. Thiesse, *Écrivain/Public(s): les mystères de la communication littéraire* (ebd., S. 36–46). – B. Bellotto, *›La victime en pleurant dans l'ombre se débat‹. A propos de quelques lettres envoyés à S., auteur des »Mystères de Paris«* (in StF, 29, 1985, S. 46–57). – P. Heidenreich, *Textstrategien des französischen Sozialromans im 19. Jh. am Beispiel von S.s »Les mystères de Paris« und Victor Hugos »Les misérables«*, Mchn. 1987.

Sully Prudhomme

eig. René François Armand Prudhomme

* 16.3.1839 Paris
† 7.9.1907 Châtenay-Malabry

DAS LYRISCHE WERK (frz.) von Sully Prudhomme.

Das dichterische Werk Sully Prudhommes plaziert sich am Rande des durch die Entwicklung von Baudelaire über den Parnasse zum Symbolismus markierten »Höhenkamms« der französischen Lyrik der zweiten Hälfte des 19. Jh.s. Kann man Sully Prudhommes Werke der ersten Phase, also *Stances et poèmes* (1865), *Les épreuves* (1866), *Les solitudes* (1869) und *Les vaines tendresses* (1875), noch im Gravitationsfeld des Parnasse angesiedelt sehen, so stehen seine heute weitgehend vergessenen wissenschaftlich-philosophischen Lehrgedichte, *Les destins* (1872), *La justice* (1878), *Le prisme* (1886) und das Menschheitsepos *Le bonheur* (1888), denen eine Übersetzung des ersten Buches von Lukrezens *De rerum natura* (*De la nature des choses*, 1866–1868) vorausgegangen war und die viel zu seiner offiziellen Anerkennung beitrugen (Nobelpreis 1901), weitgehend allein im literarischen Kontext ihrer Epoche. Postum erschien noch die Sammlung *Épaves* (1909) mit Gedichten, die zwischen 1861 und 1900 entstanden waren.

Seine frühen Sammlungen, durch die er zum Parnasse stößt, in dessen drei Anthologien er vertreten ist (1866, 1869 und 1876), unterscheiden sich vom parnassischen Ideal durch die intensive Thematisierung von Gefühlen, z. B. im Ausdruck von Zärtlichkeit, Mitleid, verhaltener und nicht gestandener Liebe und in der Notierung subtiler Gefühlsnuancen, zu der bereits früh, trotz deklariertem Atheismus, die Suche nach metaphysischer Erfüllung des Daseins, nach Gott, tritt, wie sie in *Les vaines tendresses* explizit erscheint. Parnassisch sind Formwille und Formstrenge der Gedichte, sowie, als sehr kennzeichnender Stilzug, die Wahl gewisser Dingsymbole; Symbole, die freilich oft allegorisch, vergleichhaft, jedenfalls eindeutig auflösbar und in der Regel explizit gedeutet schon einen gewissen didaktischen Ansatz bei Sully Prudhomme erkennen lassen. Während etwa *Le cygne* in Eleganz und Ruhe ein ästhetisches Ideal evoziert, illustrieren *Les Danaïdes* oder *Le vase brisé* psychische Gegebenheiten, Mut und Mutlosigkeit bzw. unmerkliche Verletzungen einer Seele. Die einsam strahlenden Sterne des Nachthimmels erinnern an die Einsamkeit der Individuen *(La voie lactée)*, und die Augen – *»Blau oder schwarz, alle geliebt, alle schön«* – stehen für das verflossene Leben unzähliger Menschen, an dessen Ende der Dichter nicht glauben kann.

Sullys Gedichte *Le Zénith* (im dritten *Parnasse contemporain*, 1879), das die Tat der drei Ballonfahrer Sivel, Crocé-Spinelli und Tissandier feiert, die bei einem Aufstieg im April 1875 8600 m Höhe erreichten, ein Unternehmen, das nur Tissandier überlebte, kann als Übergang zur zweiten Phase, der der didaktisch-philosophischen Gedichte, gesehen werden. Sully Prudhommes naturwissenschaftliche Ausbildung, seine vorübergehende Tätigkeit als Ingenieur in Le Creusot, sein immerwährendes Interesse an der Wissenschaft bei deren expliziter Höherbewertung als die Literatur (Brief an Mme. Amiel, Dez. 1877), aber auch eine tiefgründige, wenn schon nicht originelle, epistemologische Reflexion (z. B. Vorwort zu *De la nature des choses*) machen ihn zu einem den außerliterarischen Interessen seiner Zeit verbundenen Dichter, stehen aber auch in ihrer positivistischen Ausrichtung in einem für Sully nicht lösbaren Gegensatz zu seiner subjektiv metaphysischen Spekulation als »Konflikt von Kopf und Herz«, dessen Emblemfigur für ihn zeitweilig B. PASCAL ist. In den Dichtungen der zweiten Phase werden Themen wie die Welt als Ergebnis des Widerstreits zwischen Gut und Böse und als ihr Kampfplatz, die Natur als Prinzip der Gewalt und des Unrechts, als das die Wissenschaft sie erkennt und das Herz sie ablehnt, die Frage nach der Erträglichkeit eines idealen Daseins angesichts des Leids der Welt, aber auch nach der Erlösbarkeit der Welt, abgehandelt. Die Skepsis Sullyscher Philosophie drückt sich nicht zuletzt in der häufig bemerkten Inkonsequenz aus, mit der das Gute, sei es als Stimme des Herzens, sei es als Erlösung, gegen die Logik des vorher ausgebreiteten Befundes durchgesetzt wird. Als Dichtung leiden die Werke der zweiten Phase, wenn sie auch, wie etwa *Le bonheur*, durchaus Lyrisches, Episches und Dramatisches enthalten, doch unter der didaktischen Intention, der Umsetzung von Philosophie in diskursive gereimte Verse unter Erscheinen traditioneller gattungsspezifischer Stilformen wie säuberlicher Antithesen und Periphrasen. Mit dieser Dichtung, die sich neben der zeitgenössischen Philosophie immer wieder u. a. auf Pascal, SPINOZA und KANT bezieht, schließt Sully Prudhomme wohl in Frankreich eine Tradition, in der ihm die Lehrgedichte A. CHÉNIERS, auf den er sich gelegentlich auch beruft, und in gewissem Sinn die philosophische Dichtung A. de VIGNYS, vorausgehen.

Das poetische Werk Sully Prudhommes, dessen Einheit bei aller Heterogenität vor allem durch die spezifische Verbindung von parnassischer Form, positivistischer Weltanschauung und ständiger metaphysisch orientierter Unruhe des »Herzens« gegeben ist, steht stilistisch wie philosophisch in einer auslaufenden Tradition. Es erfuhr schon in den letzten beiden Jahrzehnten des 19. Jh.s neben viel Anerkennung seitens der traditionellen Kritik auch recht abschätzige Qualifizierungen, vor allem seitens der Symbolisten. Die neuere Kritik sieht Sullys Dichtung im wesentlichen als historisches Dokument, etwa weltanschaulicher Beunruhigung im Bereich des Positivismus. Im Leserbewußtsein haben allenfalls einige Gedichte seiner ersten Phase durch ihren festen Platz im Lektürekanon der Schulen und ihre häufige Aufnahme in Anthologien überlebt. W.Kre.

AUSGABEN: *Stances et poèmes*, Paris 1865. – *Les épreuves*, Paris 1866. – *Les solitudes*, Paris 1869; ern. 1977. – *Les destins*, Paris 1872. – *La France*, Paris 1874. – *Les vaines tendresses*, Paris 1875. – *La justice*, Paris 1878. – *Le prisme*, Paris 1886. – *Le bonheur*, Paris 1888. – *Poésies (1865/66): Stances et poèmes*, Paris 1866. – *Poésies (1866–1872): Les épreuves, Les écuries d'Augias, Croquis italiens, Les solitudes, Impressions de la guerre*, Paris 1872; ^{2}1948. – *Poésies (1872–1878): Lucrèce, De la nature des choses I, La justice*, Paris 1880. – *Poésies (1879–1888): Le prisme, Le bonheur*, Paris 1888. – *Poésies: Épaves. Discours de réception à l'Académie française*, Paris 1908.

ÜBERSETZUNG: *Gedichte*, J. Schnitzler, Bln. 1903.

LITERATUR: C. Hémon, *La philosophie de S. P.*, Paris 1907. – E. Zyromski, *S. P.*, Paris 1907. – W. Brangsch, *S. P.s Philosophie und Dichtung*, Diss. Greifswald 1911. – E. P. Dargan, *The Poetry of S. P.* (in *Studies in Honor of E. M. Eliot*, Baltimore 1911). – M. Morice, *La poésie et l'esthétique de S. P.*, 2 Bde., Diss. Paris-Vannes 1920. – E. Estève, *S. P., poète sentimental et poète philosophe*, Paris 1925. – P. Flottes, *S. P. et sa pensée. Documents inédits*, Paris 1930. – E. Koll, *Der Zwiespalt im Denken und Dichten von S. P.*, Diss. Köln 1930. – E. Henriot, *S. P. et la poésie sèche* (in *Poètes français II*, Lyon 1946, S. 195–200). – L. Sorrento, *Dal Parnasso al simbolismo con particolare studio sulla poesia di S. P. e di Francis Jammes...*, Mailand 1952.

HIPPOLYTE (ADOLPHE) TAINE

* 21.4.1828 Vouziers / Ardennen
† 5.3.1893 Paris

LITERATUR ZUM AUTOR:
G. Barzellotti, *I. T.*, Rom 1895. – V. Giraud, *Essai sur T., son œuvre et son influence*, Paris 1902. – P. Lacombe, *T. historien et sociologue*, Paris 1909. – O. Engel, *Der Einfluß Hegels auf die Bildung der Gedankenwelt H. T.s*, Stg. 1920. – D. D. Rosca, *L'influence de Hegel sur T.*, Paris 1928. – A. Chevrillon, *T.: Formation de sa pensée*, Paris 1932. – K. de Schaepdryver, *H. T.: Essai sur l'unité de sa pensée*, Paris 1938. – G. La Ferla, *T.*, Mailand 1939. – G. Castiglioni, *T.*, Brescia 1945. – A. Cresson, *H. T., sa vie, son œuvre avec un exposé de sa philosophie*, Paris 1951. – C. Mongardini, *Storia e sociologia nell'opera di T.*, Mailand 1965 [m. Bibliogr.]. – A. Chevrillon, *Portrait de T.*, Paris 1958. – L. Wenstein, *T.*, NY 1972. – C. Evans, *T.: Essai de biographie intérieure*, Paris 1975. – F. Leger, *La jeunesse d'H. T.*, Paris 1980. – F. Armetta, *L'uomo come natura. L'antropologia nel pensiero di H. T.*, Palermo 1988.

DE L'INTELLIGENCE

(frz.; *Über das Erkenntnisvermögen*). Philosophisch-erkenntnistheoretische Untersuchung von Hippolyte TAINE, erschienen 1870. – Das Werk, dessen erste Ausgabe die zeitgenössischen Ergebnisse der sich im 19. Jh. langsam entwickelnden empirischen Psychologie zusammenfaßt und systematisiert – in den folgenden Auflagen (2–8) legt Taine größeres Gewicht auf erkenntnistheoretische Generalisierungen –, ist in erstaunlichem Maße den philosophischen Resultaten englischer und französischer Empiristen und Sensualisten, zumal denen CONDILLACS, A. COMTES, J. S. MILLS, A. BAINS und H. SPENCERS, verpflichtet. In den beiden großen Hauptteilen – *Die Elemente der Erkenntnis* und *Die verschiedenen Arten der Erkenntnis* – verfolgt der Autor entgegengesetzte Wege: Während er im ersten, von Reduktion zu Reduktion schreitend, zu den einfachsten Elementen der Erkenntnis, den sinnlichen Wahrnehmungen, und den physiologischen Veränderungen, auf die ihre Entstehung zurückzuführen ist, vordringt, untersucht er im zweiten die Mechanismen und die Gesamtfunktion ihres Zusammenwirkens und schreitet, unter Anwendung der aufgefundenen Gesetze, von der Analyse individueller bis zu der genereller »Gegenstände«, von speziellen Wahrnehmungen und Erinnerungen bis zu universellen Urteilen und Axiomen fort. Jede sinnliche Wahrnehmung reduziert sich für Taine auf eine Gruppe molekularer Bewegungen und Umlagerungen, auf das, *»was sich von einem Nervenende zum andern fortpflanzt...* [und] *schneller oder langsamer vor sich gehen, einfacher oder komplizierter sein kann«*. Diese mechanistische Theorie – der radikale Empirismus Taines findet am Ziel jeder Wissenschaft, die von »Körpern« handelt, immer nur die Mechanik – verlangt, daß jede sinnliche Wahrnehmung mit einem äußeren Faktum korrespondiert, das sie auslöst.

Den sinnlichen Wahrnehmungen gleichzustellen sind die sogenannten Erinnerungsbilder, die, als spontane Wiederaufnahme äußerer, sinnlicher Eindrücke, diese wiederholen und, indem sie Produkte derselben physischen Reize wie die Wahrnehmungen sind, sie ersetzen. Alle Perzeptionen, Erinnerungen und Bewußtseinsvorgänge sind jedoch von Natur aus halluzinatorisch bzw. nicht verschieden von halluzinierten Wahrnehmungen (ein realer Totenkopf bewirkt z. B. dieselbe sinnliche Wahrnehmung wie ein von einem Geisteskranken halluzinierter). *»Unsere Wahrnehmung ist daher nur ein Traum des Inneren, der sich mit den Außendingen in Einklang befindet; und anstatt zu sagen, die Halluzination sei eine falsche äußere Wahrnehmung, muß man sagen, die äußere Wahrnehmung ist eine wahre Halluzination.«* – Alle sinnlichen Eigenschaften der »Körperwelt« sind nichts anderes als deren Vermögen, Sinneswahrnehmungen wie die der Kälte, Wärme, Farbe, Festigkeit, Resistenz usw. zu erzeugen. So werden Phänomene wie das der Ausdehnung, des Raumes usw. durch Muskelkontraktionen beim Abtasten von Distanzen und die dabei auftretenden Empfindungen wahrgenommen. Alle »sinnlichen« Qualitäten, wie z. B. die Festigkeit eines Tisches, bestehen nicht an sich, sondern nur in dem Vermögen, entsprechende Sinneswahrnehmungen hervorzurufen. Dieses »Vermögen« wohnt dem Objekt jedoch nicht als Substanz bzw. Eigenschaft inne, sondern besteht darin, *»daß unter gewissen Bedingungen gewisse Empfindungen möglich, zukünftig, nahe bevorstehend, notwendig«* sind. Diese »Empfindungsmöglichkeiten« erst dürfen Substanzen genannt werden (hier schließt sich Taine besonders eng an Mill an). Materie wird so für den Autor definierbar als *»permanente Möglichkeit der Wahrnehmung«*. Diese *»permanente Möglichkeit der Wahrnehmung«* ist allgemeingültig, unabhängig von der Existenz eines Wahrnehmenden und intersubjektiv. Alle Wahrnehmung arbeitet jedoch mit illusionistischen Mitteln, mit einer durch Erfahrung erworbenen Disposition, die etwa die »Ausdehnung« und den »Zusammenhang« von Körpern als illusionistische Totalwahrnehmung zu perzipieren erlaubt, obwohl sie lediglich aus gleichzeitigen Einzelwahrnehmungen zusammengesetzt ist.

Hier hat nun der Autor einen Punkt erreicht, an dem er Begriffe wie »Ich«, »Person«, »Geist« usw. einführen und definieren kann. Was im Ich vorgeht und es konstituiert, ist *»eine Flut und ein Bündel von Wahrnehmungen und Impulsen«*, von Bildern, Begriffen, Vorstellungen, Gemütsbewegungen usw. Den für allen Empirismus schwierigen Übergang von singulären zu generellen Wahrnehmungen bewältigt Taine folgendermaßen: Alle »generellen« Dinge (bzw. Wahrnehmungen davon) sind mehreren Individuen oder Objekten gemeinsam und kehren an ihnen wieder oder wiederholen sie – es sind Merkmale von Gruppen. Jedes Wesen ist eigentlich *»eine Art besonderer Wirbel, seine fortwährende Wiederholung täuscht seine Dauer vor; in Wirklichkeit ist nichts dauernd an ihm, ausgenommen seine Form, d. h. die Gruppe der allen seinen Momenten gemeinsamen Merkmale«*. Entsprechend sind alle generellen, abstrakten Begriffe die *»bezeichnenden, resümierenden Namen für eine Reihe ähnlicher Fakta oder eine Klasse ähnlicher Individuen«*. Alle Naturgesetze werden durch Abstraktion aus Tatsachen und Sinneswahrnehmungen abgeleitet, und auch der Begriff der Kausalität wird induktiv aus ihnen geschlossen.

Die zentrale These der Erkenntnistheorie Taines, der den extremen empiristischen Positivismus Mills in Frankreich bekannt machte und ihn dogmatisierte, lautet etwa: Das gesamte menschliche Wissen und Erkennen besteht aus sinnlichen Wahrnehmungen, die mit ihren verschiedenen Substituten in verschiedener Weise assoziiert werden. Raum und Zeit sind relativ: *»Bewegungsbilder«* in Hinsicht auf sukzessive Muskel- und Tastempfindungen. Alles Werden und Geschehen ist Bewegung, also Modifikation, Formveränderung von Materie. – Die positivistisch-analytische Grundhaltung Taines, die auch sein kunsttheoretisches Hauptwerk, *Philosophie de l'art* (1881), kennzeichnet, ist für die Literatur des ausgehenden 19. Jh.s insofern von Bedeutung, als sich zunächst die französischen Naturalisten – vor allem É. ZOLA –, später auch die deutschen im Zuge ihrer antimetaphysischen Wissenschaftsgläubigkeit die Methodik seiner experimentellen Psychologie anzueignen und für sich praktikabel zu machen versuchten.

H.H.H.

AUSGABEN: Paris 1870 (in Revue des Cours Littéraires de la France et de l'Étranger, 7, 1870, 17 u. 18; Ausz.). – Paris 1870, 2 Bde. – Paris 1878, 2 Bde. [korr. u. erw.]. – Paris 1883 [korr. u. erw.]. – Paris 1948.

ÜBERSETZUNG: *Der Verstand*, L. Siegfried, 2 Bde., Bonn 1880.

LITERATUR: E. Renan, *»De l'intelligence«* (in Journal des Débats, 28. 3. 1870). – B. d'Aurevilly, *»L'intelligence«* (in Le Constitutionnel, 20. 4. 1870). – J. S. Mill, *On T.'s »De l'intelligence«* (in The Fortnightly Review, 14, 1870, S. 121–124). – Ch. Daremberg, *»De l'intelligence«* (in Journal des Débats, 4. 7. 1879). – É. Zola, *A propos de la réception de T.* (in Le Voltaire, 23. 6. 1880). – W. Hentschel, *H. T.s Erkenntnistheorie in »De l'intelligence«*, Rochlitz 1910. – R. Lenoir, *La psychologie de T.* (in Journal de Psychologie Normale et Pathologique, 1931, S. 769–804).

LES ORIGINES DE LA FRANCE CONTEMPORAINE

(frz.; *Die Ursprünge des zeitgenössischen Frankreich*). Historisches Werk von Hippolyte TAINE, erschienen in sechs Bänden 1875–1894. – Die ersten Entwürfe zu dem Werk fertigte der Autor unter dem schockierenden Eindruck der Pariser Kommune (1870) und erschüttert über den Ausgang des Deutsch-Französischen Kriegs (1870/71) an. Taine – neben E. RENAN eine der intellektuellen Leitfiguren zu Beginn der 3. Republik – spürt die Verpflichtung, die Ursachen des gegenwärtigen Übels und überhaupt der *»Krankheit des Jahrhunderts«* (d. h. der bequemen »Madame-Bovary-Stimmung« eines arrivierten und politisch gleichgültigen Bürgertums) in der Geschichte aufzusuchen, um womöglich mit der Diagnose die Voraussetzung für eine Therapie zu schaffen. In der Perspektive eines solchen Heilverfahrens weist die Untersuchung die Fehler der bisherigen Regierungsweise und Gesellschaftsordnung Frankreichs an einem langen historischen Faden nach, der sich vom Ancien régime über die Revolution, das Empire und die Restauration bis etwa zur Julimonarchie hinzieht.

Wenn auch der Autor mit seiner Historiographie politisch-pädagogische Ziele verfolgt, ist seine politische Gedankenwelt, wie sie hier zutage tritt, nicht als Reaktion auf die Ereignisse um 1870/71 zu verstehen, sondern stellt das Resultat einer langen eigenständigen Entwicklung dar. Aber auch geschichtsmethodologisch bleibt das Werk den schon ab 1850/51 allmählich entwickelten Grundkategorien des Autors treu. Methodisch hat er nur partiell Anleihen bei B. de SPINOZA, G. W. F. HEGEL, A. COMTE, J. S. MILL und H. SPENCER genommen, vor allem aber bei F. GUIZOT, T. CARLYLE, J. MICHELET und Ch.-A. SAINTE-BEUVE. Die Untersuchung besteht aus der Vernetzung einer statischen Analyse der Gesellschaftskonstituenten (wirtschaftliche Infrastruktur; Staat, Familie und

Sitten; Religion, Kunst, Philosophie und Wissenschaft) mit einer Analyse dynamischer Milieubedingungen (z. B. Eigentümlichkeiten des französischen Geistes), die in einer politischen Psychologie, sowohl auf individueller wie auch auf kollektiver Ebene, kulminiert. Durch Verbindung von positivistischer Methode, analoger Anwendung naturwissenschaftlicher Gesetze auf die Geschichte und historischem Einfühlungsvermögen versucht der Autor bis zu einer ursprünglichen und alles antreibenden *»Geistesform«* (eines Individuums oder einer Epoche) vorzudringen. Diese Methode zielt auf eine wissenschaftliche und nicht bloß chronographische Geschichtsschreibung Frankreichs.

Schon im vorrevolutionären Frankreich und nicht erst mit der Revolution selbst glaubt Taine (wie vor ihm A. de TOCQUEVILLE und J. A. de GOBINEAU) die Anfänge des langen Zersetzungsprozesses (des *»langen Selbstmords«*) seiner Heimat finden zu können. Den Nachweis dafür liefert er im 1. Teil seines Werks *(L'ancien régime)*: In der Konzentration der Adligen und der Geistlichen der Provinz am königlichen Hof und in der daraus resultierenden Zentralisierung liegt der Erbfehler Frankreichs. Die Monarchie gerät in einen gleichgültigen Absolutismus, der durch Gunst und Willkür herrscht; die intermediären Gruppen der Gesellschaftsformation (Adel/Geistlichkeit) geben ihre politischen und kulturellen Aufgaben auf, und das Volk, das im Verantwortungsbewußtsein der einst führenden Schichten ein sittliches Ideal manifestiert fand, verliert nun seine moralische Haltung; belastet durch Hungersnot, schlechte Ernten und unangemessene Steuern, verkommt es zu einer gleichförmigen und zum Aufstand neigenden Masse. Mit dem Volk koaliert das aufkommende Bürgertum, das sich gegenüber dem Adel benachteiligt fühlt. Die Revolution hätte – so Taine – durch eine innere Reform des Systems nach englischem Muster (Abschaffung der Privilegien und Gründung eines starken Parlaments) vermieden werden können. Aber auch die intellektuelle Prägung (die *»Geistesform«*) dieser Epoche war ein bestimmender Faktor für die Revolution. Im tatenlosen Hof- und Salonleben entstand der auf den experimentellen Naturwissenschaften basierende *»klassische Geist« (»esprit classique«)* der Aufklärung: Er war der »vernünftelnde« Förderer der Trennung von Theorie und praktischen Lebensbedingungen, der völligen Loslösung von der Tradition wie auch der Initiator des universalistischen Gesellschaftsvertrags der zukünftigen Revolutionäre, der den Menschen zu einem *»Stegreifautomaten«* reduziert. Taine unterzieht die philosophischen Väter dieses Geistes (VOLTAIRE, MONTESQUIEU, D. DIDEROT, J.-J. ROUSSEAU u. a.) der Kritik.

Nur E. BURKE hatte mit seiner Schrift *Reflections on the Revolution in France*, 1790, vor Taine eine vielleicht ebenso scharfe Kritik an der Französischen Revolution geübt, wie sie Taine im zweiten Teil seines Werks *(La Révolution)* darlegt. Sowohl in einer minutiösen ideologiekritischen Psychographie der Jakobiner wie auch in einer individuellen Porträtierung der Revolutionsführer (Marat, Danton, Robespierre u. a.) enthüllt der Autor die pathologische Psychologie des Revolutionärs überhaupt. Zum einen legt das revoltierende Frankreich wie ein *»sich häutendes Insekt«* seine eigene Geschichte ab, zum anderen führt die Revolutionsregierung die Zentralisierungsmethoden der Vergangenheit fort.

Der dritte Teil des Werks ist dem nachrevolutionären Frankreich gewidmet *(Le régime moderne)*. Der Autor zeigt eine gewisse Sympathie für Napoleon, der statt des abstrakten *»klassischen Geistes«* über den praktischen Geist eines Renaissancemenschen verfügt. Sein Egoismus führt ihn aber zu einer selbstbezogenen und zentralistischen Regierungsweise, welche die rechtlichen und kirchlichen Verhältnisse durch mechanische Regelungen (Code civile und Konkordat) weiter zerstört. Taine war gerade dabei, den Auswirkungen dieses langen Destruktionsprozesses sowohl auf das Frankreich seiner Zeit wie auch auf Europa nachzugehen, als ihn der Tod überraschte. Besonders hatten ihn die Ausdehnung des Staates auf alle die Gesellschaft formenden eigenständigen Kräfte und die damit zusammenhängende politische Trägheit des Bürgers beängstigt. Als Heilmittel gegen die *»Krankheit«* seiner Heimat hinterließ er die Hoffnung auf einen liberalen Staat als Garanten politischer Stabilität und individueller Freiheit.

Sowohl bei den Verfechtern wie auch bei den Gegnern der Revolution und des Empires rief das Werk schon bei seinem ersten Erscheinen heftige Kritik hervor, die bis heute andauert. Taine wurden eine unnötige Materialanhäufung, die Verwendung von zweifelhaften und tendenziös ausgewählten Quellen und seine pamphletische Diktion angelastet. Der Autor war nicht nur der Scharfrichter, sondern auch das Opfer des *»klassischen Geistes«*: Sein Unglaube an die menschliche Freiheit und sein antihumanistischer Szientismus sind unvereinbar mit seinem Appell zum Eingreifen des Menschen in den Geschichtsverlauf und führen letztlich zu einem Mißtrauen gegenüber der Wissenschaft als Mittel zur Besserung des Menschen. In seiner starren Geschichtsbetrachtung wird die Wirkung eines Charakters zwar logisch abgeleitet, ohne daß jedoch der Wirkungsprozeß geschildert wird. Die Herausstellung der historischen Faktoren wird durch das Untermischen von geschichtsphilosophischen, soziologischen und prophetischen Aussagen verdunkelt. Nicht selten setzt er naiv seine eigene Generation ins Zentrum der Geschichte und beurteilt die Ereignisse nach ihren zufälligen Folgen, die sie in der jüngsten Vergangenheit hatten. Er isoliert künstlich die Geschichte Frankreichs, indem er von der auswärtigen Politik und den internationalen Verhältnissen völlig absieht.

Dort aber, wo die Methode des Autors versagt, weiß sein die historische Einmaligkeit durchdringender Blick das Kontradiktorische ins Komplementäre zu verwandeln. Der Autor leistet nicht nur eine hochentwickelte Physiognomik der Hauptakteure der französischen Geschichte, sondern auch eine verfeinerte Massenpsychologie. Anders als die Dekadenzstimmung von G. FLAUBERT und Ch. BAUDELAIRE war sein Pessimismus nur das »Gegenmittel« zur romantischen Geschichtsschreibung, die alles historisch Gewordene gleich als solches glorifizierte. Seine hermeneutische Vorgehensweise, von den historischen Ereignissen zu ihren Akteuren aufzusteigen, greift ähnlichen Versuchen W. DILTHEYS vor, und seine regressive Geschichtsschreibung, die von der Gegenwart her die Vergangenheit zu verstehen versucht, nimmt die Geschichtstheorie der »Annales«-Schule (L. FEBVRE/ M. BLOCH) vorweg. Mit diesem Werk liefert Taine ferner den Beweis, daß die treibenden Kräfte der Geschichte vor allem geistiger Natur sind. Aber sein bedeutendstes Verdienst ist der Nachweis der Zerbrechlichkeit der durch die Institutionen erreichten Zivilisierung des Menschen und der verheerenden Rückwirkung der abstrakten aufklärerischen Institutionen auf die Lebenswelt. Das Werk fand Nachhall nicht nur bei dem Historiker A. SOREL und bei Schriftstellern wie M. BARRÈS und Ch. MAURRAS, sondern auch bei Soziologen wie G. MOSCA, V. PARETO und vermutlich auch bei É. DURKHEIM und M. WEBER. A.Pa.

AUSGABEN: Paris 1875–1894, 6 Bde.; Paris 1899, 12 Bde.

ÜBERSETZUNG: *Die Entstehung des modernen Frankreich*, L. Katscher, 3 Bde., Lpzg. 1877–1891; 21893/94, 3 Bde. in 6 Abt. [veränd.]; 31908–1925. – Dass., ders., Bln./Ffm. 1954 [Ausw.].

LITERATUR: A. Aulard, *T.: Historien de la Révolution française*, Paris 1907. – A. Chochin, *La crise de l'histoire révolutionnaire: T. et Aulard*, Paris 1909. K. Fritzsche, *Die Darstellung des Individuums in den »Origines de la France contemporaine« von T.*, Lpzg. 1910. – A. Petit, *Deux conceptions de l'histoire de la Révolution, T. et Aulard* (in RDM, 59, 1910, S. 77 ff.). – E. Fueter, *Geschichte der neueren Historiographie*, Mchn. 1936, S. 582 ff. – R. Stadelmann, *H. T. und das Problem des geschichtlichen Verfalls* (in HZ, 167, 1943, S. 116 ff.) – H. Aden, *Wesen und Unterschiede in der Darstellung der Französischen Revolution bei A. de Tocqueville und H. T.*, Diss. Erlangen 1959. – C. Mongardini, *Storia e sociologia nell'opera di T.*, Mailand 1965. – A. Gérard, *La Révolution française. Mythes et interprétations (1789–1970)*, Paris 1970, S. 61 ff. – G. Lefebvre, *La naissance de l'historiographie moderne*, Paris 1971, S. 233 ff. – A. Codazzi, *H. T. e il progetto filosofico di una storiografia scientifica*, Florenz 1985. – F. Leger, *T. historien. »Les origines de la France contemporaine«* (in Revue philosophique de la France et de l'Étranger, 112, 1987, S. 463–476).

ALEXIS DE TOCQUEVILLE

eig. Alexis Charles Henri Clérel, comte de Tocqueville

* 29.7.1805 Verneuil-sur-Seine / Dép. Yvelines
† 16.4.1859 Cannes

LITERATUR ZUM AUTOR:
R. P. Marcel, *Essai politique sur A. de T.*, Paris 1910. – N. P. Barth, *Die Idee der Freiheit u. der Demokratie bei A. de T.*, Aarau 1953 [zugl. Diss. Zürich]. – J.-P. Mayer, *A. de T.*, Paris 21955 (dt.: *A. de T. Analytiker des Massenzeitalters*, Stg. 31972). – O. Vossler, *A. de T. Freiheit u. Gleichheit*, Ffm. 1973. – D. Freund, *A. de T. und die politische Kultur der Demokratie*, Bern 1974. – K.-H. Volkmann-Schluck, *Politische Philosophie. Thukydides, Kant, T.*, Ffm. 1974. – *A. de T. – Zur Politik in der Demokratie. Symposion zum 175. Geburtstag von A. de T.*, Hg. M. Hereth u. J. Höffken, Baden-Baden 1981. – K. Pisa, *A. de T. Prophet des Massenzeitalters. Eine Biographie*, Ffm. 1984. – A. Jardin, *A. de T. Leben u. Werk*, Ffm. 1991.

L'ANCIEN RÉGIME ET LA RÉVOLUTION

(frz.; *Das alte Staatswesen und die Revolution*). Historisch-soziologische Untersuchung von Alexis de TOCQUEVILLE, erschienen 1856. – Das Werk ist nach *La démocratie en Amérique* (1835) das zweite bedeutende Werk Tocquevilles. Seine Grundthesen finden sich schon in dem 1836 erschienenen Aufsatz *État social et politique de la France avant et depuis 1789. L'ancien régime et la révolution*, das mit zwei weiteren Bänden, die aber nicht fertiggestellt wurden, eine umfassende Darstellung der Französischen Revolution leisten sollte, analysiert das Ancien régime besonders im Hinblick auf diejenigen Faktoren, die die Revolution vorbereiteten.

Nach Tocqueville bedeutete die Französische Revolution weniger einen Bruch als vielmehr weitgehend eine Fortsetzung vorgängiger Entwicklungen. Gleich einer religiösen Revolution von einem abstrakten Menschenbild ausgehend und sich rasch über nationale und soziale Grenzen verbreitend, traf sie überall auf das gleiche im Verfall begriffene System. Sie brach gerade in Frankreich aus, weil das Feudalsystem hier weitgehender als anderswo bereits durch ein hinter seiner Fassade etabliertes zentralistisches System ersetzt war, wobei der Widerspruch zwischen den beiden Systemen zu Kritik und Revolte herausforderte: Widerspruch zwischen einem persönlich freien grundbesitzenden Bauernstand und den noch auf seinem Boden lastenden alten Feudalrechten; Widerspruch zwischen einer durch die immer weiter zentralisierte staatliche Verwaltung bedingten politischen Funktionslosigkeit des Adels und seinem Weiterexistieren als materiell deutlich privilegierte, ihrer sozialen Verpflichtungen enthobene, sich immer weiter nach außen abschließende Kaste; Widerspruch zwischen der faktischen Gleichheit der Lebensverhältnisse der über dem Volk stehenden Klassen und ihrer scharfen Trennung voneinander. Eine wesentliche Rolle spielte die durch diese Absurditäten angeregte fast ausschließliche Beschäftigung der Literaten mit politischen Fragen, wobei als einziger gemeinsamer Nenner die Reduktion des »Gouvernement« auf möglichst einfache und abstrakte Grundbegriffe bestand und die theoretischen Konzepte dieser politischen Vordenker durch keine praktische Erfahrung korrigiert, nuanciert oder widerlegt werden konnten. Die Rolle der Kirche als Repräsentantin des verhaßten Systems und Haupthindernis für das Grundanliegen der Aufklärer, die Freiheit des Geistes, aber auch der ungetrübte Glaube an die Perfektibilität des Menschen führten zu allgemeiner Irreligiosität. Das Fehlen eines eigentlichen politischen Lebens bzw. von Institutionen, in denen die Gesellschaft sich hätte artikulieren können, erlaubte auch den an der Aufrechterhaltung des Systems Interessierten nicht, den wirklichen Grad seiner Zersetzung zu erkennen, und führte zu eklatanten Fehleinschätzungen.

Der Verlauf der Revolution ist geprägt durch die zunehmende Verstärkung von Reform- und Gleichheitsbestrebungen unter Hintanstellung der Freiheit. So kam es schließlich zu einer Herrschaftsform, die absolutistischer war als die Monarchie und die 1800 auch die Verwaltungsprinzipien wieder einführte, die die Revolution vorübergehend abgeschafft hatte.

In einer Denktradition, die seit MONTESQUIEU die Rolle der *»forces intermédiaires«* betont und die in deutlichem Bezug auf das nachrevolutionäre Frankreich literarisch auch von Alfred de VIGNY (1797–1863) vertreten wird (*Cinq Mars*, 1825), sieht Tocqueville den Adel in einer politischen Schlüsselstellung zwischen Volk und Monarchen, die er sich etwa in England erhalten konnte, während seine Ausschaltung und Entpolitisierung – wie auch die der kommunalen Selbstorganisationsformen – in Frankreich den Weg zu Revolution und neuem Despotismus freimachte. Nicht zuletzt wohl aus aristokratischer Familientradition resultiert Tocquevilles Ablehnung jeder Form von Zentralismus, dessen einebnenden Tendenzen er seinen Freiheitsbegriff entgegenstellt *(»Wer in der Freiheit etwas anderes sucht als sie selbst, ist zum Dienen geboren«)*. Die Anlage des Werks zielt auf eine Verlängerung der grundsätzlichen Entwicklungslinien bis in die fünfziger Jahre des 19. Jh.s ab (J.-P. Mayer). Der Parallelismus der Situation, aber auch der Hinweis, daß die Konzentration staatstragender Schichten auf Geschäftsbetrieb und Erwerbsstreben den Despotismus begünstige (vgl. Vorwort), darf als Hinweis auf das aktuelle Regime Napoleons III. verstanden werden, nach dessen Staatsstreich Tocqueville Frankreich verlassen hatte.

Wissenschaftsgeschichtlich darf das Werk als erste umfassende soziologische Untersuchung zum Ancien régime gelten. Sein dokumentarischer Befund wie auch seine Methode setzen es deutlich von der zeitgenössischen romantischen Historiographie (MICHELET u. a.) ab. Es wirkte u. a. auf TAINE (*Les Origines de la France contemporaine*, 1875–1893) und FUSTEL DE COULANGES (*La Cité antique*, 1864), außerhalb Frankreichs vor allem im angelsächsischen Raum. Erhellend wirken die in der sozialwissenschaftlichen Kritik häufig angestellten Vergleiche mit den politischen Analysen von Karl MARX. W. Kre.

AUSGABEN: Paris 1856. – Paris 1864–1867 (in *Œuvres complètes*, Hg. Mme. de Tocqueville, 9 Bde., 4; krit.). – Paris 1961, Hg. E. Pognon, J. Dumont, P. Gaxotte u. H. Decaux [krit.]. – Paris 1964, Hg. J.-P. Mayer (in *Œuvres complètes*). – Paris 1967.

ÜBERSETZUNGEN: *Das alte Staatswesen und die Revolution*, A. Boscowitz, Lpzg. 1857. – *Der alte Staat und die Revolution*, T. Oelck, Lpzg. 1867 (Bibl. der besten Werke d. 18. u. 19. Jh.s, 1). – Dass., J.-P. Mayer (in *Werke u. Briefe*, Hg. T. Eschenburg u. H. Zbinden, Bd. 3, Stg. 1963). – Dass., ders., Reinbek 1969. – Dass., ders., Mchn. 1989 (dtv).

LITERATUR: W. Andreas, *Jubiläum eines berühmten Buches: T.s »L'ancien régime et la révolution«* (in ZRG, 9, 1957, S. 232–245). – H. Aden, *Wesen u. Unterschiede in der Darstellung der Frz. Revolution bei A. de T. und Taine*, Diss. Erlangen 1959. – M. Reinhard, *T. historien de la Révolution* (in *T., Livre du centenaire*, Paris 1960, S. 171–180). – R. Herr, *T. and the Old Regime*, Princeton 1962. – K.-H. Volkmann-Schluck, *Bemerkungen zu T.s »Ancien régime«* (in *Fs. für F. Schalk*, Ffm. 1963, S. 422–433). – J.-P. Mayer, *Introduction. Matériaux pour une histoire de l'influence de »L'ancien régime«* (in A. de T., *L'ancien régime et la révolution*, Paris 1967, S. 9–42). – F. Furet, *T. est-il un historien de la Révolution francaise?* (in Annales, 25, 1970, S. 434–451). – A. Gérard, *La Révolution francaise. Mythes et interprétations, 1798–1970*, Paris 1970. – F. Linares, *Die Revolution bei T. und Marx*, Percha 1977.

DE LA DÉMOCRATIE EN AMÉRIQUE

(frz.; *Über die Demokratie in Amerika*). Historisch-politisches Werk von Alexis de TOCQUEVILLE, geschrieben nach einem einjährigen Amerikaaufenthalt (1831/32). Der erste Teil wurde 1835, der zweite 1840 veröffentlicht. – In der egalitären amerikanischen Demokratie seiner Zeit sah Tocqueville Tendenzen bereits verwirklicht, die sich damals auch in Frankreich schon abzeichneten und die seiner Ansicht nach in der Folgezeit für ganz Europa bestimmend sein würden. Vorzüge und Gefahren dieser Entwicklung anhand einer Analyse der durch die vorhergegangene Revolution geprägten Verfassungswirklichkeit in den USA (mit einem deutlichen Seitenblick auf die historisch ähnlich gelagerten Verhältnisse in Frankreich) darzustellen, ist Tocquevilles im Vorwort zum ersten Band erklärtes Programm.

Eingehend untersucht er die staatlich-rechtliche Struktur der Vereinigten Staaten. Grundlage des amerikanischen Staatslebens scheinen ihm die Prinzipien der Volkssouveränität und der Gleichheit sozialer Chancen zu sein, die dort in einem viel stärkeren Maß verwirklicht seien als in irgendeinem anderen Land der Erde. – Dank der Institution der Erbteilung, die Großgrundbesitz verhindert, und dank des Fehlens von Bildungsprivilegien gibt es in den USA keine Aristokratie; auch auf geistigem Gebiet hat sich ein gewisses mittleres Bildungsniveau entwickelt. Gegen die Gefahr der Ochlokratie bietet einerseits die Verfassung ausreichenden Schutz, andererseits die Befugnis des amerikanischen Richters, über die Verfassungswidrigkeit von Gesetzen zu urteilen. Wichtig für die amerikanische Demokratie ist ferner die in unbeschränktem Maß gegebene Vereinigungs- und Pressefreiheit. Daher gibt es in den Vereinigten Staaten zwar Parteien und Aufrührer, aber keine Geheimbünde und Verschwörer.

Diesen Vorzügen des freiheitlichen Staatswesens stehen nach Ansicht Tocquevilles die Gefahren einer Allmacht der Mehrheit gegenüber: Er sieht sie in der Chance für Demagogen, Gunst und Stimme der Massen zu erringen, und im Verzicht gerade großer Persönlichkeiten, die es ablehnen, sich beim Volk anzubiedern, auf eine politische Laufbahn. Der Wahlturnus erschwert zudem eine kontinuierliche Politik, insbesondere auf internationaler Ebene: *»Folgen die Wahlen sehr rasch aufeinander, so unterhält ihre Häufigkeit eine fieberhafte Erregung im Staate und schafft einen Zustand beständiger Unsicherheit der öffentlichen Angelegenheiten.«* Auch im geistigen Leben der Nation hat die Allmacht der Mehrheit negative Folgen: Die Vorstellung, eine Vereinigung vieler Menschen besitze mehr Bildung und Weisheit als der einzelne, und der Grundsatz, die Interessen der größeren Zahl gingen denen der kleineren vor, können leicht dazu mißbraucht werden, alle kritisch Denkenden zu zwingen, sich anzupassen oder zu schweigen. Tocqueville geht so weit zu behaupten, hierdurch sei die faktische geistige Unabhängigkeit und Diskussionsfreiheit in Amerika oft außerordentlich eingeengt.

In der Schlußbetrachtung zum ersten Teil sagt Tocqueville voraus, die demokratische Gesellschaftsordnung werde sich als ein ebenso starkes Band erweisen wie die Religion im Mittelalter. Die Angloamerikaner seien erst auf dem Weg zur Weltmachtstellung: *»Es gibt heute auf der Erde zwei große Völker, die – von verschiedenen Punkten ausgehend – zum selben Ziel vorzurücken scheinen: die Russen und die Angloamerikaner. Beide sind im verborgenen groß geworden; und während die Aufmerksamkeit der Menschen anderswo gefesselt war, sind sie plötzlich in die vorderste Reihe der Nationen getreten ... Beide schreiten rasch und leicht aus in einer Bahn, deren Ziel das Auge noch nicht zu erkennen vermag.«*

Im zweiten Teil seines Werkes nimmt Tocqueville Nordamerika zum Modell, um die künftige Entwicklung der Demokratie zu beschreiben. Er hält es für aussichtslos, das Heraufkommen der egalitären Demokratie in Europa zu bekämpfen; sie werde mit Sicherheit das politische Leben der kommenden Jahrhunderte bestimmen. Es gelte daher vielmehr, ihr Wesen und die Gefahren, die auch sie für die Freiheit mit sich bringen kann, zu erkennen. Tocqueville sieht eine allgemeine unmetaphysische Einstellung als eine der Folgen der Demokratie voraus. Die Rolle der alten Religionen werde der Glaube an die *»öffentliche Meinung«* übernehmen, *»deren Prophet die Majorität sein wird«*. Ebenso werde die Literatur demokratischer Jahrhunderte in Stil, Thematik und Verbreitung erhebliche Änderungen erfahren. Einer ständig wachsenden Leserschaft wird eine Literatur entsprechen, deren Gegenstand der durchschnittliche, in einer realen und sichtbaren Welt lebende Einzelmensch sein wird: *»Ein aristokratisches Volk wird immer geneigt sein, vermittelnde Mächte zwischen Gott und Mensch aufzustellen ... aber die* [demokratische] *Skepsis hat den Himmel entvölkert.«* Nach der Darstellung des demokratischen Individualismus, der zusammen mit der Idee des *»wohlverstandenen Interesses«* und den Institutionen der kommunalen Selbstverwaltung ein brauchbares politisch-moralisches Minimum ergebe, untersucht Tocqueville die aufkommende Industrie-Aristokratie, in deren Machtzuwachs er die Gefahr erneuter schwerwiegender Ungleichheit der gesellschaftlichen Bedingungen erblickt: *»Wenn die Aristokratie erneut ihren Einzug in die Welt hält, so kann man voraussagen, daß sie durch dieses Tor einmarschieren wird.«* In dem außerordentlich wichtigen vierten Band des zweiten Teils stellt Tocqueville jene Tendenzen dar, die in Zukunft die Erweiterung der Verwaltungsbefugnisse des Staates begünstigen werden. Im Gegensatz zu Marx, der das Absterben des Staates prophezeit, erkennt Tocqueville die zunehmende Allmacht des Staates und die Ausdehnung seines Verwaltungsapparats als Schicksal der künftigen Demokratien: Da der einzelne mit sich selbst und seinem wirtschaftlichen Fortkommen beschäftigt sein wird, müssen Aufgaben in zunehmendem Maß an den Staat delegiert werden, insbesondere solche, die zwar im gemeinsamen Interesse liegen, aber durch die zunehmende Industrialisierung eine derartige Konzentration an Kapital und Arbeitskräften erfordern, daß nur der Staat sie durchführen kann. Dadurch wächst der Einfluß des Staates progressiv. Presse und Justiz erhalten – nach Tocqueville – die Aufgabe, den Gefahren dieses neuen Despotismus der Verwaltungsallmacht vorzubeugen und Recht und Unabhängigkeit des einzelnen zu schützen, der sonst Gefahr läuft, übermächtigt und des Rechts auf freie Selbstbestimmung entwöhnt zu werden.

Die zukünftige demokratische Gesellschaft wird zwar, so schließt Tocqueville, verglichen mit der

vergangenen aristokratischen, ein Bild der universellen Einförmigkeit und der Mittelmäßigkeit bieten, doch *»die Gleichheit ist vielleicht weniger erhaben; aber sie ist gerechter, und ihre Gerechtigkeit macht ihre Größe aus und ihre Schönheit«.*
In Frankreich und England hatten schon Zeitgenossen Tocquevilles, z. B. Royer-Collard und John Stuart Mill, die Bedeutung seines Werks erkannt. In Deutschland sah Wilhelm Dilthey als erster in Tocqueville den *»Analytiker unter den geschichtlichen Forschern seiner Zeit, und unter allen Analytikern der politischen Welt den größten seit Aristoteles und Machiavelli«.* Tocquevilles Amerika-Werk wurde in der modernen Soziologie (Riesman, Gehlen) als erste glänzende Analyse der egalitären Massendemokratie gewertet, deren Prognosen sich zudem weitgehend bewahrheitet haben.

J.Dr.

Ausgaben: Paris 1835, 1. Tl., 2 Bde. – Paris 1840, 2. Tl., 2 Bde. – Paris 1864–1866 (in *Œuvres complètes*, Hg. Mme de Tocqueville, 9 Bde., 1–3). – Paris 1951 (in *Œuvres papiers, correspondances*, Hg. J. P. Mayer, Bd. 1). – Paris 1961 [Anm. A. Gain; Vorw. F. Roz].

Übersetzungen: *Über die Demokratie in Nordamerika*, F. A. Rüder, 2 Bde., Lpzg. 1836. – *Über die Demokratie in Amerika*, H. Zbinden (in *Werke u. Briefe*, Hg. J. P. Mayer u. T. Eschenburg, Bd. 1/2, Stg. 1959–1962). – Dass., ders., Zürich 1987.

Literatur: A. Chevrillon, F. Strowski u. F. Roz, *A. de T. et les États-Unis*, Paris 1936. – B. Fabian, *T.s Amerikabild. Genetische Untersuchungen über Zusammenhänge mit der zeitgenössischen, insbesondere der englischen Amerika-Interpretation*, Heidelberg 1957. – V. de Caprariis, *T. in America. Contributo allo studio della genesi di »La démocratie en Amérique«*, Neapel 1959. – J.-F. Suter, *T. et le problème de la démocratie* (in Revue Internationale de Philosophie, 13, 1959, S. 330–340). – K. G. Kiesinger, *Die Prognosen des Grafen A. de T. am Beginn des industriellen Zeitalters*, Karlsruhe 1961; ern. in K. G. K., *Ideen vom Ganzen*, Tübingen 1964. – F. Furet, *Naissance d'un paradigme: T. et la voyage en Amérique* (in Annales, 39, 1984, S. 225 ff.). – H. Wasser, *T.s Amerika u. die Vereinigten Staaten heute* (in Universitas, 41, 1986, S. 339).

Jules Vallès

* 11.6.1832 Le Puy
† 14.2.1885 Paris

JACQUES VINGTRAS

(frz.; *Jacques Vingtras*). Sozialkritischer Roman von Jules Vallès, in drei Teilen erschienen unter den Titeln *L'enfant*, 1879 *(Das Kind)*, *Le bachelier*, 1881 *(Der Baccalaureus)*, und *L'insurgé*, 1886 *(Der Rebell)*. – Diese Trilogie trägt ausgeprägte autobiographische Züge, die durchgehend die Grundlage für eine prononcierte Kritik an der französischen Gesellschaft des 19. Jh.s bilden. Im ersten, allen von ihren Eltern mißhandelten Kindern gewidmeten Teil schildert der Autor die freudlose Kindheit Jacques', die Prügel, den Hunger und den erzieherischen Zwang, dem er selbst während seiner frühen Jugend ausgesetzt war. Solches Unrecht führt nach seiner Ansicht lediglich zur Unterdrükkung der Schwachen, zu Trotz und Auflehnung der Starken.
Das dürftige Leben des Baccalaureus, der sich als Privatlehrer, Gelegenheitsjournalist und kleiner Angestellter durchschlägt, öffnet ihm (im zweiten Teil des Romans) bald die Augen für die sozialen Probleme. Obgleich er Napoleon III. und die Restauration von 1848 verabscheut, sieht er, daß der Tyrannenmord allein nicht zur Beseitigung der gesellschaftlichen Mißstände ausreicht. Was man töten müßte, grübelt er, ist all das Übel, das die soziale Frage hervorbringt. Er fühlt sich solidarisch mit den Armen, fühlt sich reif zur Rebellion und wird schließlich ein Hitzkopf, der nur auf seine Stunde wartet. Während dieses endlosen Wartens entdeckt er sein literarisches Talent, das sich in einem eigenwilligen, farbigen Realismus und einer lebensnahen Sprache zu verwirklichen trachtet.
Die romanhaften Züge treten im dritten Teil noch weiter zurück, die Ereignisse und die Zeit vom Ende der sechziger Jahre bis zum 28. Mai 1871, an dem der Aufstand der Pariser Kommune in blutigen Straßenkämpfen endgültig niedergeschlagen wird, sind fast ganz ohne dichterische Verkleidung, oft in einer an Tagebuchnotizen erinnernden Form, aufgezeichnet. Die impressionistische Darstellungskunst des Autors hat ihren Höhepunkt in der Schilderung der auflodernden Klassengegensätze, des politischen Umsturzes und Zusammenbruchs. Vallès' unbedingtes Engagement für die Kommune, die in der übrigen Literatur des 19. Jh.s kaum einmal Verständnis gefunden hat, läßt nie einen Zweifel an der Sache aufkommen. Doch muß der Held des Romans, der junge Revolutionär, schließlich fliehen. Ein letzter Blick auf den Himmel von Paris macht ihn betroffen: *»Man könnte ihn mit einem blutgetränkten Kittel vergleichen.«*
Manches in diesem Roman weist schon auf die an-

tibürgerliche sozialistische Literatur voraus, die sich später entfaltet hat. Vallès geht es hier nicht in erster Linie um die künstlerische Gestaltung des Milieus der Armen, Untergetauchten und Unterdrückten, sondern um die Hervorhebung der Mißstände in der damaligen Gesellschaft. Diese Aktualität verleiht dem Werk ebenso einen journalistischen Grundzug wie die leidenschaftliche, von einem objektiven Standpunkt weit entfernte Stellungnahme für die unteren Schichten. Doch bleibt der Autor im Rahmen seiner Gesellschaftskritik Individualist, der weder selbst umfassendere Verbesserungsvorschläge entwickelt noch sich irgendeiner anderen sozialistischen Lehrmeinung anschließt, gleichzeitig jedoch den einzelnen im Zusammenhang mit der Klasse sieht und wertet. Dabei verfügt er über eine ungewöhnliche sprachliche Ausdruckskraft, die an die der Brüder GONCOURT und ZOLAS erinnert: *»Man sieht die Menschen, die er schildert, vor sich mit ihren charakteristischen Gesichtszügen und Bewegungen, man hört den Ton ihrer Stimme, und für jede Nuance ihrer Erscheinung und ihres Wesens verfügt er unbekümmert über einen sprachlichen Reichtum sondergleichen, über das klassische Pathos, über die Worte des Alltags, über die Wendungen der verschiedenen Gesellschaftsschichten«* (V. Klemperer). KLL

AUSGABEN: *L'enfant*: Paris 1879. – Lausanne 1961. – Ldn. 1969, Hg. P. Carassus. – Paris 1983 (GF). – Tunis 1988, Hg. H. Ben Mansour. – Paris 1990. – *Le bachelier*: Paris 1881. – Paris 1937. – Paris 1970 (GF). – Ldn. 1972, Hg. E. D. Redfern. – Paris 1974 (Folio). – Paris 1985 (Poche). – *L'insurgé*: Paris 1886. – Paris 1935. – Paris 1985 (GF). – Paris 1986, Hg. R. Bellet (Poche). – Paris 1990. – *Jacques Vingtras*: Paris 1926–1931 (in *Ouvrages*, 5 Bde., 1914–1931, 3–5). – Paris 1964, Hg. L. Scheler, 3 Bde. – Paris 1969 (in *Œuvres complètes*, Hg. L. Scheler u. M.-C. Bancquart, Bd. 1). – Paris 1986 (in *Œuvres*, Hg. R. Bellet, 2 Bde.; Pléiade).

ÜBERSETZUNGEN: *Vingtras' junge Leiden*, bearb. K. Schneidt, Bln./Lpzg. 1895 [Ausz.]. – *Geschichte eines Insurgenten*, Th. W. Schlichtkrull, Hbg. 1951. – *Jacques Vingtras*, H. Wolf. – *Der Aufrührer*, Hg. R. Noack, Lpzg. 1971 (RUB).

LITERATUR: A. Zévaès, *J. V. et son œuvre*, Paris 1932. – G. Gille, *J. V.*, 2 Bde., Paris 1941. – M. L. Hirsch, *J. V. »L'insurgé«*, Paris 1948. – V. Klemperer, *Geschichte der französischen Literatur im 19. u. 20. Jh.*, Bd. 2, Bln. 1956, S. 305–311. – Europe, Juni/Aug. 1968, Nr. 470–472 [Sondernr. *J. V.*]. – G. Delfau, *V. L'exil à Londres (1871–1880)*, Paris 1971. – C. Bancquart, *V.*, Paris 1971. – H. Guillemin, *V. et sa trilogie* (in H. G., *Précisions*, Paris 1973, S. 259–330). – A. Münster, *Das Thema der Revolte im Werk von V.*, Mchn. 1974. – *Colloque J. V. 1975*, Lyon 1976 [Vorw. J.-R. Derré]. – R. Bellet, *V. journaliste*, Paris 1977. – W. Asholt, *Semantische Strukturen in »L'enfant« von V.*, Rheinfelden 1977. – Ders., *V. »Jacques Vingtras«* (in Lendemains, 4, Nov. 1979, Nr. 16, S. 99–112). – P. Cogny, *V. et son temps*, Paris 1980. – Ph. Bonnefis, *V.*, Lausanne 1983. – Les Amis de V. Revue des études vallésiennes, Saint Étienne 1984 ff. – H. Giaufret-Colombani, *Rhétorique de V.*, Genf 1984. – S. Disegni, *D'un brouillon autographe de »L'insurgé«* (in Micromégas, 12, Sept.–Dez. 1985, S. 59–82). – T. Michaelis, *Die Destruktion des romantischen Kindheitsmythos. V. »L'enfant«* (in T. M., *Der romantische Kindheitsmythos*, Ffm. u. a. 1986, S. 287–324). – C. Lloyd. *The Politics of Irony and Alienation. A Study of V.'s »Le bachelier«* (in Romance Quarterly, 39, 1987, S. 25–33). – P. M. Moores, *V. »L'enfant«*, Ldn. 1987. – *J. V. giornalista* (in Annali della Facoltà di scienze politiche dell'Università di Perugia, 22, 1987; Sondernr.). – Ch. J. Stivale, *Œuvre de sentiment, œuvre du combat. La trilogie de V.*, Lyon 1988.

ÉMILE VERHAEREN

* 21.5.1855 Saint-Amand bei Antwerpen
† 27.11.1916 Rouen

LITERATUR ZUM AUTOR:
J. de Smets, *É. V.*, 2 Bde., Brüssel 1921. – R. Golstein, *É. V. La vie et l'œuvre, l'évolution des idées*, Paris 1924. – L.-Ch. Baudouin, *Le symbole chez V.*, Genf 1924. – E. Starkie, *É. V. Sa vie et son œuvre, les sources du lyrisme*, Paris 1927. – P. Valéry, *Discours sur V.*, Brüssel 1928. – Ch. Brutsch, *Essai sur la poésie de V.*, Paris 1929. – E. Küchler, *Das Stadterlebnis bei V.*, Hbg. 1930. – A. Mabille de Poncheville, *Vie de V.*, Paris 1953. – L. Christophe, *É. V.*, Paris 1955. – P. M. Jones, *V.*, Ldn. 1957. – R. Simonson, *Œuvre de É. V.*, Brüssel 1959. – R. Bodart, *V. hier et aujourd'hui*, Tournai 1966. – S. I. Kalinowska, *Les motifs décadents dans les poèmes d'É. V.*, Warschau 1967. – H. Frets, *L'élément germanique dans l'œuvre de V.*, Genf 1975. – V. Nachtergaele, *Le monde imaginaire dans la trilogie des »Soirs« d'É. V.*, Löwen 1976. – F. Lapraz, *V., l'enfant de l'Escaut*, Brüssel 1976. – E.-K. Josefson, *La vision citadine et sociale dans l'œuvre de V.*, Lund 1982. – Ch. Maingon, *É. V., critique d'art*, Paris 1984. – *É. V. Poète, dramaturge, critique*, Hg. P.-E. Knabe u. R. Trousson, Brüssel 1984 [Kongreßakten Köln 1983]. – G. Van Grasdorff u. A. Antoine Plisnier, *Dites-nous… V.*, Brüssel 1986 [Vorw. J.-P. Fourcade].

LES HEURES CLAIRES

(frz.; *Ü: Lichte Stunden*). Lyriksammlung von Émile VERHAEREN (Belgien), erschienen 1896; zusammen mit den beiden später veröffentlichten

Zyklen *Les heures d'après-midi*, 1905 *(Die Nachmittagsstunden)*, und *Les heures du soir*, 1911 *(Die Abendstunden)*, bildet die Sammlung eine Trilogie, die der Autor seiner Frau Marthe Massin als lyrisches Epitaph seiner Dankbarkeit widmete. – Verhaeren, der bedeutendste belgische Dichter der Moderne, schloß sich, nach ersten poetischen Versuchen im Kreise der belgischen Symbolistengruppe »La Wallonie«, den in Paris um MALLARMÉ versammelten französischen Symbolisten an. Eine längere, tiefgreifende Krise hatte währenddessen die ebenfalls eine lyrische Trilogie bildenden Gedichtbände *Les soirs*, 1888 *(Die Abende)*, *Les débâcles*, 1888 *(Die Zusammenbrüche)*, und *Les flambeaux noirs*, 1891 *(Die schwarzen Fackeln)*, entstehen lassen, in denen als Grundstimmung eine an BAUDELAIRES *Spleen*-Gedichte und an die makabre Traumwelt der frühen Romane HUYSMANS' erinnernde introvertierte Melancholie und ein lastender Lebensekel vorherrschen. Auf diese Krise – als überwundenen, fernen Abgrund – beziehen sich zahlreiche Verse der *Heures claires*, einer Sammlung einfacher, schlichter und zarter Liebesgedichte, die ein verhaltenes, ruhiges Glück als Gegengewicht gegen die neue, heftige und oft hymnische Intensität des Welterlebens feiern, wie sie in den gleichzeitig und später entstehenden Gedichtbänden – *Les campagnes hallucinées*, 1893 *(Die geträumten Landschaften)*, *Les villes tentaculaires*, 1895 *(Die Polypen-Städte)* – und in dem Drama *Les aubes*, 1898 *(Die Morgenröte)*, mit einer an Walt WHITMAN erinnernden Gewalt zum Ausdruck kommt.

In die drei Bände der *Heures* gehen, in Analogie zu den schwindenden Stunden der Tageszeiten, Reflexe von nahezu zwanzig Jahren gemeinsamen Lebens ein, die im immer wieder beschworenen Bild eines blühenden Gartens und seiner jahreszeitlichen Metamorphosen – als einer Enklave privaten Glücks – spiegelbildlich aufgefangen werden. Der Autor entwickelte, wohl unter dem Einfluß René GHILS und seiner Theorie der *poésie scientifique* (die ihrerseits wieder auf Mallarmé zurückgeht, der sich Verhaeren aber nie bindend verpflichtete), eine neue Form des freirhythmischen, prosaähnlichen Verses von variabler Länge, eine Form, die ohne konventionelle metrische Schemata mit dem immanenten Rhythmus eines lyrischen »Sachverhalts« korrespondiert und – etwa in Gedichten aus *Les visages de la vie*, 1899 *(Die Gesichter des Lebens)* – Langzeilen von strömender Bewegtheit ermöglicht. Diese flutende Dynamik, die Verhaeren in Deutschland später als Vorläufer des Expressionismus erscheinen ließ, ist in *Les heures*, wenn auch zurückgedämmt, ebenfalls spürbar.

»Le beau jardin fleuri de flammes / Qui nous semblait le double ou le miroir / Du jardin clair que nous portions dans l'âme, / Se cristallise en gel et or, ce soir.« (»Der schöne Garten, in Flammen blühend, / Der uns erschien als Doppel oder Spiegel / Des hellen Gartens, den wir in der Seele trugen, / Verhärtet, diesen Abend, sich zu Frost und Gold.« XXIX) Diese wenigen Zeilen versammeln nahezu den ganzen Kanon von Bildern, Bildzusammenhängen und Stimmungen, dessen sich Verhaeren in *Les heures* bedient: die Blumen- und Pflanzensymbolik, die Symbolik organischen Wachstums überhaupt, wie sie der Symbolismus liebte; die schwebende, sensitiv erfühlte *»correspondance«* (Baudelaire) von Natur und Seele, die auf die Direktheit des expliziten Vergleichs zumeist verzichtet; die zumal in den beiden letzten Bänden stärker hervortretende Entsprechung von Tages- und Jahreszeiten und Lebensaltern; schließlich die intime Zärtlichkeit und die Dankbarkeit für die mütterliche Güte der Geliebten. Verhaerens bezeichnende Vorliebe für jene sanften Übergänge, für das dämmernde Zwielicht des Nicht-mehr und Noch-nicht der *Heures d'après-midi*, rückt die Sammlung in den Umkreis eines lyrischen Impressionismus.

Im letzten Band, den *Heures du soir*, überwiegen Bilder des sich schließenden Kreises von Wachstum und Verfall, die sich – vor dem Hintergrund unverminderter Zuneigung zu der geliebten Frau – an Stimmungen wie Resignation, Müdigkeit und Todessehnsucht sättigen: *»Und ich verstand: daß in dem müden Garten, / vor dem die Winterwinde drohend warten, / Ihn zu verheeren mit ihrem Wüten, / Du unsre Jugend, die dort verloht, / Zum Ring geschlossen, wie jene Blüten, / Weihtest dem Tod.«* (VII)

H.H.H.

AUSGABEN: Brüssel 1896 *(Les heures claires)*. – Brüssel 1905 *(Les heures d'après-midi)*. – Lpzg. 1911 *(Les heures du soir)*. – Paris 1923 [vollst. Ausg.]. – Brüssel 1947 [vollst. Ausg.].

ÜBERSETZUNGEN: *Lichte Stunden*, E. Rehwoldt, Stg. 1907 [enth. auch *Les heures d'après-midi*]. – *Die Stunden*, dies., Lpzg. 1912; ern. Bln. 1928 [enth. auch *Les heures d'après-midi* u. *Les heures du soir*]. – *Die lichten Stunden* u. *Die Abendstunden*, P. Zech (in Die weißen Blätter, 1, 1913/14, S. 234–236; S. 1205–1208; Ausz.). – *Die Abendstunden*, E. Martersteig, Lpzg. 1938. – In *Das Leben, das leise, das Leben, das wilde: Gedichte*, H. Werner, Lpzg. 1982 (Ausz.; RUB).

LES VILLES TENTACULAIRES

(frz.; *Die Verführung der Städte*). Gedichtsamlung von Émile VERHAEREN, erschienen 1895. – Zusammen mit *Les campagnes hallucinées*, 1893 *(Die geträumten Landschaften)*, und dem Drama *Les aubes*, 1898 *(Die Morgenröte)*, bildet dieser Band eine von Verhaeren selbst intendierte »soziale Trilogie«, die der etwa gleichzeitig entstandenen lyrisch-intimen Trilogie der *Heures* (vgl. *Les heures claires*) gegenübersteht und mit ihr zusammen die dichterische Spannweite Verhaerens auf dem Höhepunkt seines Schaffens bezeichnet. Die Behandlung der brennenden gesellschaftlichen Probleme – Landflucht und Proletarisierung – in einer bildstarken, visionär überhöhenden Verssprache verschaffte dem Werk jahrzehntelangen europäischen Erfolg.

Von BAUDELAIRE, HUGO, GHIL und WHITMAN ausgehend, erschien es kommunistischen und anarchistischen Dichtern in Rußland, deutschen Expressionisten, italienischen Futuristen, dem Unanimismus Jules ROMAINS' als fortschrittliches Dichtertum; aber auch MALLARMÉ schrieb schon bewundernd, er habe die Gedichte *»mit dem Ohr der Menge«* gelesen, so unendlich sei ihre Stimme. Henri de RÉGNIER hatte sich beim Anhören einiger Proben so beeindruckt gezeigt, daß Verhaeren ihm den Band zueignete.

Die Prägung *villes tentaculaires* – Riesenstädte, die mit Polypenarmen alles in sich hineinziehen – ging in die Allgemeinsprache ein. Die Vorstellung findet sich bei Verhaeren bereits in einem Bericht von einer 1891 unternommenen Reise durch norddeutsche Städte, die ihre Hafenanlagen *»wie ungeheure Arme vor sich ins Meer hinausschieben«. La ville*, das den *Campagnes hallucinées* vorangestellte Gedicht, wurde 1892 in London oder Liverpool geschrieben. Diese Reise und die seit 1886 verschärfte Wirtschaftskrise in Belgien wurden bestimmend für Verhaerens Annäherung an die sozialistische Bewegung. Die Anziehungskraft der Stadt – sein wichtigstes Vorbild ist Antwerpen, in dessen Nähe er aufwuchs – auf das verödende Land schildern Verse wie: *»... dort hinten in der Ferne, unter Himmeln schwer von fettem Ruß, Mit ihrer Stirn wie der Berg Thabor, Mit ihren schwarzen Saugern und ihrer roten Atemglut, ein Wahnbild und Magnet für alle Landbewohner ...« (Le départ – Der Auszug)*. *»Herb und tief«* wird die Stadt genannt in ihrer Sonnenferne. Schwefel, Ruß und Phosphor machen die Atmosphäre der proletarischen Arbeit aus, an der *»haßerfüllten Börse«* drängt sich der *»Großbürger von Gottes Gnaden«*. Dessen Statuen überragen draußen schon die des heiligen Stadtgründers und stehen herausfordernd inmitten der übrigen Massenhaftigkeit und Anonymität, deren Gesicht Verhaeren – als ob er der »Zola der Lyrik« werden wollte – zu gestalten unternimmt: Fabriken mit ewig schwarzen Fenstern, lärmerfüllte Vorstadtbasare, Massenandachten in Kathedralen, von vorbeiratternden Zügen überdonnert; *Die Revolte* – eine wilde Schlächterei, Music-halls: *»Alkohol für Blicke und Gedanken«*, Hafenbordelle *(Die Fleischbank)*, Museen: *»voll bleicher Herrscherköpfe«*. Der Tod, als allegorische Riesenfigur, fegt alles in ein Loch. Am Ende jedoch stehen die Allegorien des Fortschrittsglaubens: Die Ideen – Wissenschaft, Gerechtigkeit und Mitleid – schweben unsichtbar über der Stadt, ganz zuoberst die Schönheit. Dieser Hang zur abstrakten Anschauung und der Mangel an gedanklicher Tiefe und erneuter Deutbarkeit beeinträchtigen den künstlerischen Wert des Werkes. Seine Stärke liegt in der Intensität der Bilder (die Stefan ZWEIG nachdichtend noch zu überbieten trachtet) sowie in einem trotz weitgehender Verwendung von Reim und geradzahligen Versen originellen, suggestiven Rhythmus. H.Köh.

AUSGABEN: Brüssel 1895. – Paris 1913. – Paris 1982, Hg. M. Piron [zus. m. *Les campagnes hallucinées*].

ÜBERSETZUNGEN: *Die Großstadt lauert*, L. Scharf, Bln. 1921 [Ausz.]. – *Die Verführung der Städte*, S. Zweig (in *Ausgewählte Gedichte*, Nachdichtung v. S. Zweig, Lpzg. ³1923; Ausz.). – In *Das Leben, das leise, das Leben, das wilde: Gedichte*, H. Werner, Lpzg. 1982 (Ausz.; RUB). – *Die Fabriken*, E. Orthbrand (in *Französische Dichtung 3: Von Baudelaire bis Valéry*, Hg. F. Kemp u. H. T. Siepe, Mchn. 1990, S. 250–257; Übers. von *Les usines*).

LITERATUR: M.-H. Dozot, *La vision intensive dans »Les villes tentaculaires« de V.* (in Cahiers de littérature et de linguistique appliquée, Kinshasa, 1, Juni 1970, S. 24–37). – Ders., *Une édition critique des œuvres poétiques de V. Application au recueil »Les villes tentaculaires«* (ebd., 5/6, Juni–Dez. 1972).

PAUL VERLAINE

* 30.3.1844 Metz
† 8.1.1896 Paris

LITERATUR ZUM AUTOR:

Bibliographien:
G. A. Tournoux, *Bibliographie verlainienne*, Lpzg. 1912. – F. Montel, *Bibliographie de P. V.*, Paris 1925. – A. Fongaro, *Bibliographie de V. en Italie*, Paris ²1976.

Zeitschrift:
Cahiers des Amis de Paul Verlaine, Paris 1979 ff.

Biographien:
E. Delahaye, *V. Étude biographique*, Paris 1942. – *V. Documents iconographiques*, Genf 1947. – J. H. Bornecque, *V. par lui-même*, Paris 1966. – *Album V.*, Hg. P. Petitfils, Paris 1981 (Pléiade).

Gesamtdarstellungen und Studien:
S. Zweig, *V.*, Bln. 1905. – E. Lepelletier, *P. V., sa vie, son œuvre*, Paris 1907. – M. Coulon, *V., poète saturnien*, Paris 1929. – A. Adam, *Le vrai V. Essai psychanalytique*, Paris 1936 [Nachdr. Genf 1972]. – Ders., *V., l'homme et l'œuvre*, Paris 1953; ern. 1965. – J.-P. Richard, *Fadeur de V.* (in J.-P. R., *Poésie et profondeur*, Paris 1955, S. 163–185). – L. u. E. Hanson, *V.*, Ldn./NY 1957. – J. Richer, *V.*, Paris 1960; ern. 1980. – O. Nadal, *V. Essai critique*, Paris 1961. – C. Cuénot, *Le style de P. V.*, Paris 1963. – E. M. Zimmermann, *Magies de V.*, Paris 1967. – G. Zayed, *La formation littéraire de V.*, Paris 1970. – A. E. Carter, *V., a Study in Parallels*, Toronto 1970. – J. Richardson, *V.*, Ldn. 1971. – H. Maisongrande, *V.*, Paris 1972. – Ch. Chadwick, *V.*, Ldn. 1973. – Europe, Sept./Okt. 1974, Nr. 545/546 [Sondernr. *P. V.*]. – P. Stephan, *V.*

and the Decadence, Manchester 1974. – A. Vial, *V. et les siens*, Paris 1975. – R. Jasinski, *Lecture verlainiennes* (in R. J., *À travers le XIXe siècle*, Paris 1975, S. 403–446). – P. Soulié-Lapeyre, *Le vague et l'aigu dans la perspective verlainienne*, Paris 1975. – K. A. Knauth, *Die poetische Bedeutung der Farbe in V.'s Lyrik*, Bonn 1976. – L. Aguettant, *V.*, Paris 1978. – C.-L. Rogers, *À la recherche de V., ›poète maudit‹* (in TLL, 16, 1978, Nr. 2, S. 57–96). – P. Petitfils, *V.*, Paris 1980. – J. Robichez, *V. entre Rimbaud et Dieu*, Paris 1982. – OCrit, 9, 1984, Nr. 2 [Sondernr. *P. V.*]. – *P. V. en Ardennes*, Lyon 1985. – F. Eigeldinger u. a., *Table de concordances rhythmiques et syntaxiques des »Poésies« de V.*, Genf 1985. – J. Mourot, *V.*, Nancy 1988.

FÊTES GALANTES

(frz.; *Galante Feste*). Gedichtsammlung von Paul Verlaine, entstanden 1866–1868, erschienen 1869. Zehn der insgesamt zweiundzwanzig Gedichte wurden bereits 1867/68 in Zeitschriften veröffentlicht.

Die *Fêtes galantes*, eine der ersten Sammelpublikationen des Autors neben den *Poèmes saturniens*, 1866 *(Saturnische Gedichte)*, und dem Sonettzyklus *Les amies*, 1867 *(Die Freundinnen)*, der später in dem Band *Parallèlement*, 1889 *(Gleichlaufend)*, aufging, geben preziösen, melancholischen Stimmungen und Szenerien eines Bildern von Watteau, J.-B. Pater und Fragonard nachstilisierten bukolischen Rokoko Ausdruck, wobei der Autor sich zweifellos von kurz zuvor erschienenen Büchern, wie *Les peintres des fêtes galantes* (1864) von Charles Blanc oder *L'art au XVIIIe siècle* (1859) der Brüder Edmond und Jules de Goncourt, hat inspirieren lassen. Wie sehr diese eher äußerlichen Anregungen sich jedoch mit einer persönlichen Prädisposition des Autors zusammenfanden, zeigt der Zyklus *Paysages tristes (Traurige Landschaften)* in den *Poèmes saturniens* mit Titeln wie *Crépuscule du soir mystique, Promenade sentimentale, Chanson d'automne* und *L'heure du berger*. Besonders ein Gedicht – *Nuit de Walpurgis classique (Klassische Walpurgisnacht)* – entfaltet bereits alle jene landschaftlichen, stimmungshaften Elemente, die auch in den *Fêtes galantes* vorherrschen, und zwar in einem Maße, daß der spätere Zyklus aus ihm als seiner Keimzelle unmittelbar hervorgegangen zu sein scheint: Es beschwört einen Garten von Lenôtre, *»correct, ridicule et charmant« (»korrekt, lächerlich und reizend«)*, in dem – inmitten von sternartig ausstrahlenden, geraden Alleen, Plätzen mit rauschenden Fontänen und schachbrettartig mit Kastanien, triangelförmig gestutzten Eiben und Zwergrosenstöcken bepflanzten Rasenflächen – *»formes toutes blanches, diaphanes« (»bleiche, durchsichtige Gestalten«)* sich im fahlen Mondlicht umarmen und mit matten Gesten eines *»désespoir profond« (»tiefe Verzweiflung«)* die opalisierenden Meergötter, Marmorfaune und Venusstatuen umtanzen – *»fébriles fantômes« (»fiebergeborene Phantome«)*, die die heraufdämmernde Morgenröte wie Nebel zu zerstreuen beginnt.

An diese nächtliche, von »Tannhäuser«-Musik bizarr verfremdete Szenerie, die, im Sonnenlicht zerstiebend, als Traum, Wunschlandschaft oder *»Gewissensbiß«* des trunkenen Dichters gedeutet wird, knüpft auch das Anfangsgedicht des Bandes *Fêtes galantes – Clair de lune (Mondschein)* – an, allerdings mit einem bezeichnenden Unterschied: Das voll entfaltete Bild eines unter schlanken Springbrunnen langsam promenierenden Maskenzuges wird als seelische Landschaft ins sprechende lyrische Ich selbst zurückverlegt. *»Wie eine seltne Gegend ist dein Herz, / Wo Masken, die mit Bergamasken schreiten, / Zum Tanze spielen voll geheimem Schmerz / Im Truggewand, mit dem sie bunt sich kleiden / ... Im kalten Mondenschein, des trübe Pracht / Die Vögel träumen läßt auf ihren Zweigen ...«* (Ü: Wolf Graf v. Kalckreuth) Dieser stilisierte *»paysage choisi«* wird von ebenso stilisierten Gestalten belebt, den Schäfern Tircis und Aminte, Clitandre und Clymène, den Marionetten der *commedia dell'arte*, Scaramouche und Pulcinella, Pierrot und Colombine, von preziösen *»trompeurs exquis«* und *»coquettes charmantes«*, die, geschminkt und gekleidet wie zur Zeit der idyllischen Schäferspiele, sich zu zeremoniösen Gesprächen in kleinen Pavillons, unter ausladenden Bäumen versammeln. Über nahezu allen Gedichten aber liegt ein vager, melancholischer Hauch von Hinfälligkeit und Zerbrechlichkeit – maskenhafte Starrheit über einem Abgrund von *»sehnendem Schmerz«: »Obgleich in weichem Ton [sur le mode mineur] sie singen, wie / Der Liebe Sieg dem Lebensglück sich eine, / So glauben doch nicht an die Freude sie, / Und ihr Gesang fließt hin im Mondenscheine.«* Das berühmte Schlußgedicht der Sammlung – *Colloque sentimental (Wehmütiges Zwiegespräch)* – vertieft diesen Grundzug zu dem erstarrter Trauer: in einem alten, einsamen und verschneiten Park trennen sich zwei *»Gestalten«*, die sich vergangenen, unwiderruflich geschwundenen Liebesglücks zu erinnern suchten. *»Tot ist ihr Aug', von welken Lippen beben / Die leisen Worte, die in Nacht entschweben.«*

Die *Fêtes galantes* nehmen in Verlaines Gesamtwerk eine Sonderstellung ein. Der Autor hat an die traumhafte Melancholie der liedhaften Kurzstrophen dieses Frühwerks nie wieder angeknüpft. Die schwebende, weiche Musikalität seines Versstils hat erstaunliche Parallelen in der späteren Jugendlyrik Hofmannsthals und Schnitzlers. Einer der ersten Bewunderer Verlaines, der damals sechzehnjährige Rimbaud, erkannte instinktiv die Bedeutung der *Fêtes galantes*, wenn er an Georges Izambard schrieb: *»Ich habe die ›Fêtes galantes‹ von Paul Verlaine ... Das ist sehr bizarr, sehr schnurrig; wirklich, das ist bewundernswert.«* (20. 8. 1870)

H. H. H.

Ausgaben: Paris 1869. – Paris 1886. – Paris 1938 (in *Œuvres poétiques complètes*, Hg. Y.-G. Le Dantec; hist.-krit.; ²1962, rev. v. J. Borel; Pléiade). – Paris 1959/60 (in *Œuvres complètes*, Hg. H. de

Bouilliane de Lacoste u. J. Borel, 2 Bde.; Vorw. O. Nadal). – Paris 1969 (in *Œuvres poétiques*, Hg. J. Robichez; zul. 1987; Class. Garn). – Paris 1973. – Paris 1976, Hg. J. Gaudon (GF). – Paris 1981 (in *Poésies 1866–1880*, Hg. M. Décaudin).

ÜBERSETZUNGEN: *Saturnische Gedichte. Galante Feste*, O. Hauser, Weimar 1912 [Ausw.]. – *Galante Feste*, H. Hinderberger (in *Gedichte*, Heidelberg 1959; 41979; frz.-dt; Ausw.). – *Sechs Gedichte*, W. Graf v. Kalckreuth (in W. G. v. K., *Gedichte und Übertragungen*, Heidelberg 1962; enth. *Clair de lune, Le faune, Mandoline, À Clymène, En sourdine, Colloque sentimental*). – *Galante Feste* (in *Gedichte*, Hg. S. Hermlin, Lpzg. 1970; 21980; frz.-dt; Ausw.; RUB). – Dass., S. Löffler (in *Poetische Werke*, Lpzg. 1977; frz.-dt; Ausw.). – Dass., W. R. Berger, Mchn. 1980. – In *Französische Dichtung 3. Von Baudelaire bis Valéry*, Hg. F. Kemp u. H. T. Siepe, Mchn. 1990 [frz.-dt.; Ausw.].

LITERATUR: C. Bauer, *V.: »Poèmes saturniens«* (in NSp, 1957, S. 125–132). – H. Petriconi, *»Fêtes galantes«* (in *Libris et litteris, Fs. H. Tiemann*, Hg. Ch. Voigt u. E. Zimmermann, Hbg. 1959, S. 294–302). – G. Zayed, *La tradition des »Fêtes galantes« et le lyrisme verlainien* (in Aquila, 1, 1968, S. 213–246). – O. Bornecque, *Études verlainiennes 2: Lumières sur les »Fêtes galantes« de V.*, Paris 1969 [m. krit. Textausg.]. – K. R. Ireland, *Aspects of Cythera* (in MLR, 70, 1975, S. 721–730). – H. Hinterhäuser, *»Mon rêve familier«* (in *Die französische Lyrik*, Hg. ders., Düsseldorf 1975, Bd. 2, S. 65–74, 370–372). – G. Combet, *Un poème de l'attente frustrée. »Soleils couchants« de V.* (in Poétique, 11, 1980, S. 225–233). – K. Marcus, *La fête et ses plaisirs contre mélancholie et malheur dans »Fêtes galantes«* (in Constructions, 1984, S. 85–93). – P. Ronge, *Zu V.s Gedicht »Colloque sentimental«* (in *Text-Etymologie. Fs. H. Lausberg*, Hg. A. Arens, Stg./Wiesbaden 1987, S. 265–276). – C. Scott, *V., »Fêtes galantes« (1869)* (in C. S., *The Riches of Rhyme*, Oxford 1988, S. 237–265). – S. Taylor-Horrex, *V. »Fêtes galantes« and »Romances sans paroles«*, Ldn. 1988.

JADIS ET NAGUÈRE

(frz.; *Einst und jüngst*). Gedichtzyklus von Paul VERLAINE, erschienen 1885. – Die sehr heterogene, eher zufällig als bewußt geordnete Sammlung besteht aus zwei größeren, jeweils durch einen Prolog eröffneten Teilen mit den Titeln *Jadis* und *Naguère*, deren erster wiederum drei zusammenhängende Unterabschnitte mit den Titeln *Sonnets et autres vers, Vers jeunes* und *À la manière de plusieurs* bietet. Am Schluß der Gruppe *Sonnets et autres vers* steht ein als *comédie* bezeichnetes und Theodore de BANVILLE gewidmetes einaktiges Schäferspiel, *Les uns et les autres* (*Die einen und die anderen*, entstanden 1871; Uraufführung: Paris, 21. 5. 1891, Théâtre du Vaudeville). An einem Spätnachmittag *»dans un parc de Watteau«* spielend, nimmt es die schwerelose, graziöse Rokokoatmosphäre der Mitte des 18. Jh.s wieder auf, die Verlaine bereits in seinem zweiten Gedichtband – *Fêtes galantes*, 1869 *(Galante Feste)* – stilisiert hatte. Der weitaus größte Teil der insgesamt 43 Gedichte ist, ebenso wie das Schäferspiel, in den Jahren von 1866/67 bis 1873/74 entstanden und – von nur sechs Gedichten abgesehen – auch in verschiedenen Zeitschriften (›Le Parnasse Contemporain‹, ›Paris Moderne‹, ›Le Hanneton‹ usw.) veröffentlicht worden. Ein biographischer Bezug auf die eineinhalbjährige Haftzeit (Okt. 1873–Jan. 1875) Verlaines in Mons (Belgien), zu der er wegen zweier im Affekt auf seinen Freund RIMBAUD abgegebener Revolverschüsse verurteilt wurde, und seine damit verbundene Konversion ist zwar nachzuweisen; sie wird jedoch als Schwelle zwischen »einst« und »jüngst« – die in dem *Jadis et naguère* vorausgehenden Gedichtband *Sagesse*, 1881 *(Weisheit)*, als Wendepunkt eine so bezeichnende Rolle spielte – schon deshalb nicht deutlich, weil der Autor bei der hastigen Zusammenstellung des Bandes eher die zeitlich-chronologische Abfolge der Gedichte als ihre Gruppierung um die Bedeutungshöfe der beiden Titelbegriffe im Auge hatte. Und selbst diese chronologische Abfolge wird häufig genug durchbrochen; so etwa von dem im ersten Teil stehenden berühmtesten Gedicht der Sammlung, *Art poétique* (entstanden April 1874; gedruckt 1882 in der Zeitschrift ›Paris Moderne‹), dessen erste Zeile – *»De la musique avant toute chose« (»Musik muß sein vor allen Dingen«)* – die gesamte nachfolgende Generation der französischen Symbolisten sich bewundernd als Motto und Wahlspruch zueignete.

Das Gedicht beschreibt in der Tat alle wesentlichen Merkmale der symbolistischen Lyrik; es beschreibt sie jedoch nicht – wie es selbst noch die *Ars poetica* des HORAZ tut – in der Form eines didaktischen Traktats, sondern löst – als Gedicht – eben die Forderungen ein, die es an Gedichte stellt: *»Que ton vers soit la bonne aventure / Éparse au vent crispé du matin / Qui va fleurant la menthe et le thym … / Et tout le reste est littérature.« (»Dein Vers sei kühnes Wagnis nur, / Im krausen Morgenwind vertan, / Der Minze streift und Thymian … / Der Rest ist nichts als Literatur.«)* Besondere Attribute dieses seines Gedichts und des geforderten sind daher *»l'impair plus vague et plus soluble dans l'air« (»der unbestimmte Duft, verschwommen und ganz aufgelöst in Luft«)*, aber auch der »unpaarige«, d. h. ungeradzahlige, Vers, der mit andern asymmetrisch alterniert, die spezifische Mischung von *indécis* und *précis* (Ungefährem und Bestimmtem), die Bevorzugung der Nuance vor der Farbe (im Gegensatz zur parnassischen Lyrik), der Abscheu vor aller *éloquence*, vor allem deklamatorisch-pathetischen Stil, endlich Wachsamkeit und Mißtrauen angesichts allzu sorgloser Behandlung des Reims, dieses *»billigen Kleinods«*, an dessen Notwendigkeit Verlaine nichtsdestoweniger entschieden festhält, wie nicht nur seine späteren Gedichte, sondern auch theoretische Äußerungen wie die folgende zeigen: *»Unsere wenig akzentuierte Sprache kann den reimlosen Vers nicht*

zulassen ... Reimt schwach, schreibt Assonanzen, wenn ihr wollt, aber reimt oder schreibt Assonanzen – ohne das kein französischer Vers ... Der Reim ist ein notwendiges Übel« (Un mot sur la rime, in der Zeitschrift ›Le Décadent‹, März 1888).
Die Spannweite der Sammlung reicht von Gedichten wie *Pierrot* (datiert 1868, veröffentlicht 1882) und *Allégorie* (veröffentlicht 1868), die den *Fêtes galantes* nahestehen, über realistisch-dissonierende Großstadtbilder – *Sonnet boiteux*, 1873 *(Hinkendes Sonett)*, ein lyrischer Reflex des Londonaufenthalts von 1872 in Begleitung Rimbauds – bis zu jenem 1883 zuerst publizierten Gedicht *Langueur (Wehmut)*, das eine Zeitströmung vorwegnimmt, die sich bald darauf in zwei neu begründeten Zeitschriften – ›Le Décadent‹ (Hg. A. Baju) und ›La Décadence‹ (Hg. E.-G. Raymond) – Gehör verschaffte und einem erlesenen, morbiden Endzeitbewußtsein Ausdruck gibt: *»Je suis l'Empire à la fin de la décadence, / Qui regarde passer les grands Barbares blancs / En composant des acrostiches indolents / D'un style d'or où la langueur du soleil danse.« (»Ich bin das Reich am Ende mählichen Verfalls. / Barbaren gehen groß vorüber, monoton / und weiß, ich aber dichte ein Akrostichon, / goldprunkend, wie die späte Glut des Sonnenballs.«)* H.H.H.

Ausgaben: Paris 1884 [recte 1885]. – Paris 1938 (in *Œuvres poétiques complètes*, Hg. Y.-G. Le Dantec; hist.-krit.; [2]1962, rev. v. J. Borel; Pléiade). – Paris 1959/60 (in *Œuvres complètes*, Hg. H. de Bouilliane de Lacoste u. J. Borel, 2 Bde.; Vorw. O. Nadal). – Paris 1969 (in *Œuvres poétiques*, Hg. J. Robichez; zul. 1987; Class. Garn). – Paris 1975 (Poche). – Paris 1979, Hg. L. Forestier.

Übersetzungen: *Einst und jüngst* (in *GW*, Hg. S. Zweig, Bd. 1, Lpzg. 1922; Ausw.). – Dass., H. Hinderberger (in *Gedichte*, Heidelberg 1959; [4]1979; frz.-dt.; Ausw.). – Dass. (in *Gedichte*, Hg. S. Hermlin, Lpzg. 1970; [2]1980; frz.-dt.; Ausw.; RUB). – Dass., S. Löffler (in *Poetische Werke*, Lpzg. 1977; frz.-dt.; Ausw.). – In *Französische Dichtung 3. Von Baudelaire bis Valéry*, Hg. F. Kemp u. H. T. Siepe, Mchn. 1990 [frz.-dt.; Ausw.].

Literatur: P. Fortassier, *V. La musique et les musiciens* (in CAIEF, 12, 1960, S. 143–159). – C. Cesbron, *Analyse thématique »Kaléidoscope«* (in Humanités Modernes, 16, Mai 1972, S. 1–16). – K. Kalbheim, *Frankreich 1875. »Art poétique«* (in *Europa-Lyrik 1775 – heute*, Hg. K. Lindemann, Paderborn 1982, S. 239–255). – K. Ley, *Der Traum vom Ende des Reichs. Text und Kontext von V.s »Langueur«* (in *Aufstieg und Krise der Vernunft*, Hg. M. Rössner u. B. Wagner, Wien u. a. 1984, S. 205–219).

LES POÈTES MAUDITS

(frz.; *Die verfemten Dichter*). Sechs literarische Studien von Paul Verlaine, erschienen als Buchausgabe 1884 bzw. 1888. – Nachdem er im beruflichen wie im privaten Leben mehrfach gescheitert war, entschloß sich Verlaine Anfang der achtziger Jahre zur Karriere eines Literaten. Auch hierin war er nur zeitweise erfolgreich. Doch gerade seinen ersten Studien über noch wenig bekannte Dichter war eine äußerst folgenreiche Wirkung beschieden. Die ersten drei Aufsätze erschienen 1883/84 und stellten Tristan Corbière (1845–1875), Arthur Rimbaud (1854–1891) und Stéphane Mallarmé (1842–1898) dar. Sie wurden zunächst in der Zeitschrift ›Lutèce‹ veröffentlicht und 1884, ausgestattet mit den Porträts der Dichter, in Buchform herausgegeben. 1885–1887 folgten die Aufsätze über Marceline Desbordes-Valmore (1786–1859), Villiers de L'Isle-Adam (1838–1889) sowie eine Selbstdarstellung Verlaines. Auch sie wurden teilweise in Zeitschriften vorveröffentlicht.
Allen sechs Studien liegt eine ähnliche Konzeption zugrunde: Auf eine biographische Einleitung folgt jeweils eine chronologisch geordnete, nur kurz kommentierte Auswahl aus dem dichterischen Werk. Sechs Gedichte von Rimbaud erschienen hier zum erstenmal im Druck. – Eine besondere literarhistorische Relevanz sollte der Titel *Poètes maudits* erlangen. Er wurde zur Bezeichnung für jene Dichtergeneration, die sich seit Baudelaire, in der Nachfolge der deutschen Romantiker, als die »verfemte« begriff. Die Wortverbindung faszinierte, schien sie doch jene Selbstinterpretation des Künstlers zu enthalten, der um des Kunstideals willen in absolute Gesellschaftsferne, in Wahnsinns- und Todesnähe getrieben wird, dessen selbstauferlegte, allgemeine Entfremdung das poetische Schaffen zum Martyrium werden läßt. Verlaine selbst gab dem Titel jedoch keine präzise Bedeutung. Er beklagt in erster Linie das äußere Verkanntwerden der *poètes maudits* und bezeichnet sie deshalb auch als die *incompris* – die *Unverstandenen*. Diese Mißachtung legt er einem gebildeten, doch bornierten Publikum zur Last, dem *»gewöhnlichen Leser der gesellschaftlichen Elite«*. An anderer Stelle nähert aber auch er sich dem heutigen Wortverständnis. Er spricht von den *poètes absolus* – *»absolut durch die dichterische Einbildungskraft, absolut im Ausdruck«* (vgl. auch den Brief an Mallarmé vom 16. August 1882) – und erkennt in Mallarmés Gedicht *Le tombeau d'Edgar Poe (Das Grab von Edgar Poe)* ein schreckenerregendes Symbol für den Dichter. *»Konkretisiert es nicht die unvermeidliche Abstraktion unseres Titels? Ist es nicht, in eher sibyllinischen als lapidaren Wendungen, das einzige Wort, das zu diesem schrecklichen Gegenstand zu sagen ist?«*
In seiner nur leicht verfremdeten Selbstdarstellung, dem *Pauvre Lelian*, bekennt Verlaine, daß es sich in seinen Aufsätzen nicht um wirkliche Kritik, sondern vielmehr um exaltiertes Lob handelt. Er erfaßt die Qualität eines Autors eher intuitiv als daß er sie genau analysiert. Er begnügt sich mit begeisterten Ausrufen oder der Schmähung gegenteiliger Meinungen. Sein Stil, impulsiv, pathetisch oder nonchalant, ist stets Ausdruck des Verlaineschen Temperaments. Doch weiß er die dargestellten Autoren treffend zu charakterisieren: Er erkennt bei Rim-

baud die Verbindung von Anmut und Kraft, in die sich Fremdes und Bizarres mischen, er nennt das *Bateau ivre (Das trunkene Schiff)* »*ein Reich der glänzenden Gewaltsamkeit, in das der Zauberer einlädt*«; er findet bei Marceline Desbordes-Valmore eine starke, reine Leidenschaftlichkeit und, gleichsam als Bestätigung seines eigenen Stilideals, die glückliche Verwendung ungewohnter Rhythmen; der Vers Corbières »*lebt, lacht, weint nur wenig, spottet gut und scherzt noch besser*«, er ist »*bitter übrigens und salzig wie sein geliebter Ozean*«. – Verlaine hat zwar die poetischen Neuerungen dieser Lyriker kaum berührt, doch bleibt es sein Verdienst, als erster auf sie aufmerksam gemacht zu haben; denn unter ihnen befinden sich die größten der Epoche: Rimbaud und Mallarmé. J.Ze.

AUSGABEN: Paris 1884 (1. Ser.). – Paris 1888 (1. u. 2. Ser.). – Paris 1959/60 (in *Œuvres complètes*, Hg. H. de Bouilliane de Lacoste u. J. Borel, 2 Bde.; Vorw. O. Nadal). – Paris 1972 (in *Œuvres en prose complètes*, Hg. J. Borel; Pléiade). – Mailand 1977, Hg. G.-A. Bertozzi. – Genf 1979 [Vorw. R. Pierrot]. – Paris 1983, Hg. M. Decaudin.

ÜBERSETZUNGEN: *M. Desbordes-Valmore*, G. Etzel-Kühn (in S. Zweig, *M. Desbordes-Valmore. Das Lebensbild einer Dichterin*, Lpzg. 1920; Ausz.).

LITERATUR: A. Fongaro, *Sur V. et M. Desbordes-Valmore* (in StF, 2, 1958, S. 442–445). – F. F. Burch, *V.'s »Les poètes maudits«* (in MLN, 76, 1961, S. 752–755). – P. M. Jones, *V. and Rimbaud* (in P. M. J., *The Assault on French Literature*, Manchester 1963, S. 146–160).

ROMANCES SANS PAROLES

(frz.; *Lieder ohne Worte*). Gedichtsammlung von Paul VERLAINE, erschienen 1874. – Nicht die Themen und Gegenstände dieser Gedichte, wohl aber ihre autobiographischen Anlässe lassen sich auf eine Formel bringen: Sie entstanden in Verlaines abenteuerlichster Lebensphase, in den Jahren 1872 und 1873, kurz nachdem er seine Frau verlassen hatte, um mit seinem jungen Freund RIMBAUD durch England und Belgien zu ziehen; eine zweijährige Gefängnishaft – Verlaine hatte in betrunkenem Zustand zweimal mit einer Pistole auf Rimbaud geschossen – setzte diesem Abenteuer ein Ende. Die innere Situation Verlaines in dieser Zeit mag aus der Situation des lyrischen Ich der *Romances sans paroles* erschlossen werden: Mit einem Einschlag von Selbstmitleid besingt Verlaine seine Melancholie und seine Verlassenheit (eines seiner bevorzugten Verben ist *pleurer* – weinen). Das akzentuiert den für seine Dichtung charakteristischen, zwischen Intimität und differenzierter Monotonie spielenden Tonfall. Differenziert ist diese Monotonie, weil Verlaine – seinem theoretischen Postulat vom *vers impair* die Treue haltend – für seine Verse mit Vorliebe eine ungerade Anzahl von Silben (5, 7, 9 oder 11) verwendet und so die Vershälften zwanglos voneinander abheben kann; differenziert wird der schwerelose Fluß seiner Versmelodien auch durch die stete, sorgfältig durchgeführte Variation der Verseinschnitte, die des Lesers herkömmliche, fest eingeschliffene rhythmische Erwartungen durchbrechen und eine höchst subtile melodische Linienführung erzeugen, die noch die leisesten, unmerklichsten Impulse und Regungen des lyrischen Ich festhält. Diesen ausgesprochen musikalischen Charakter seiner Lyrik steigert Verlaine durch die leitmotivische Reprise von Reimen, durch ungewohnte Enjambements, Assonanzen und Binnenreime: ein ebenso berühmtes wie vollendetes Beispiel dafür ist das Gedicht »*Il pleure dans mon cœur / Comme il pleut dans la ville ...*«, in dem die Monotonie des Regens und die Melancholie der Seele in vierzeiligen Strophen sich niederschlagen, die jeweils durch den dreifachen Gleichlaut ihrer Reime und durch einen weichen gedämpften Binnenreim einen Klang grundloser, namenloser Trauer ergeben.

Das Gedicht entstammt dem ersten Teil der Sammlung, *Ariettes oubliées*, der ebenso wie der folgende – *Paysages belges* überschrieben – Verlaines dichterische Verfahrensweise am eindringlichsten demonstriert: subtile syntaktische Regelverletzungen, schwebende Konstruktionen und flüchtige Signalements von Impressionen erschaffen eine Welt der Nuancen und der zarten Übergänge, der verschwimmenden Konturen und der assoziativen Bezüge. Besonders die Momentaufnahmen belgischer Landschaften, jeweils Reihungen von Farbtupfen im Stile der impressionistischen Malerei, sparen konsequent logische Bindeglieder und rationale Verknüpfungspunkte zugunsten einer musikalischen Klanggebung aus, in die noch industrielle Details artistisch einkomponiert sind (*Charleroi* dürfte eines der ersten Gedichte von Rang sein, das die lyrische Perspektive auf eine Industrielandschaft erweitert). Wie flüchtig berührte Einzelheiten sich zu einem stimmungshaltigen und doch plastischen Ganzen zusammenschließen, zeigt *Chevaux de bois*, ein in dieser Sammlung einzigartiges Gebilde, weil es schon auf das sog. Dinggedicht vorausweist: Nicht zufällig übte es Einfluß auf Rilkes berühmtes *Karussell* aus.

Der naive und spontane Laut, den Verlaine dank seiner unauffälligen artistischen Meisterschaft erreicht (sogar die bezaubernde Schlichtheit mittelalterlicher Lyrik vermag er nachzuahmen in *O triste, triste était mon âme*), fehlt in den letzten beiden Teilen der Romanzen. Sowohl *Birds in the night* wie *Aquarelles* stellen sich fast durchweg als rhetorische, in Abstraktionen sich verflüchtigende Erinnerungsversuche an eine geliebte Frau dar. Verallgemeinernde Vergleiche, weithergeholte Metaphern und konventionelle Bilder reflektieren eine leicht narzißtische Sentimentalität (vgl. *Par instants, je suis le pauvre navire*), die gerade noch erträglich ist aufgrund Verlaines spezifischer, auch hier durchbrechender Qualität: »*De la musique avant toute chose*« – so lautet dafür die berühmte Formel in seiner kleinen versifizierten Poetik, und wie eindringlich die *Romances sans paroles* diese Formel entfalten, bezeugen u. a. die Vertonungen Debussys und Faurés. G.Sa.

Ausgaben: Paris 1874. – Paris 1938 (in *Œuvres poétiques complètes*, Hg. Y.-G. Le Dantec; hist.-krit.; ²1962, rev. v. J. Borel; Pléiade). – Paris 1959/60 (in *Œuvres complètes*, Hg. H. de Bouilliane de Lacoste u. J. Borel, 2 Bde.; Vorw. O. Nadal). – Paris 1964 (Poche). – Paris 1969 (in *Œuvres poétiques*, Hg. J. Robichez; zul. 1987; Class. Garn). – Paris 1973. – Ldn. 1976, Hg. D. Hillery. – Paris 1976, Hg. J. Gaudon (GF). – Paris 1981 (in *Poésies 1866–1880*, Hg. M. Décaudin).

Übersetzungen: *Lieder ohne Worte* (in *GW*, Hg. S. Zweig, Bd. 1, Lpzg. 1922; Ausw.). – Dass., H. Hinderberger (in *Gedichte*, Heidelberg 1959; ⁴1979; frz.-dt.; Ausw.). – Dass., G. von der Vring u. a. (in *Ausgewählte Gedichte*, Neuwied/Bln. 1968; Einl. J. Richer). – Dass. (in *Gedichte*, Hg. S. Hermlin, Lpzg. 1970; ²1980; frz.-dt.; Ausw.; RUB). – Dass., S. Löffler (in *Poetische Werke*, Lpzg. 1977; frz.-dt.; Ausw.). – In *Französische Dichtung 3. Von Baudelaire bis Valéry*, Hg. F. Kemp u. H. T. Siepe, Mchn. 1990 [frz.-dt.; Ausw.].

Literatur: A. Saffrey u. H. de Bouilliane de Lacoste, *V. et les »Romances sans paroles« (Rimbaud et V. à Bruxelles 1872-1873)* (in MdF, 327, 1956, S. 635–652). – D. A. Graaf, *L'apport de Rimbaud aux »Romances sans paroles«* (in Revue de Langues Vivantes, 26, 1960, S. 91–95). – E. M. Zimmermann, *Notes sur l'architecture des »Romances sans paroles« et de »Cellulairement«* (in RSH, 1965, S. 269–281). – G. Zayed, *Les »Romances sans paroles« ou la nostalgie du paradis perdu* (in L'Avant siècle, 1, 1975, S. 7–50). – P. Albouy, *Mythographies*, Paris 1976, S. 38–46. – J. Bellemin-Noël, *Vers l'inconscient du texte*, Paris 1979, S. 85–115. – K. Kloocke, *Zu V.s »Il pleure dans mon cœur ...«* (in *Romania cantat, Fs. G. Rohlfs*, Tübingen 1980, Bd. 2, S. 505/506). – *La petite musique de V. »Romances sans paroles«*, Hg. J. Beauverd, Paris 1982. – A. Disson, *Modernité de V. Un poème, »Charleroi«* (in Gallia, 24, 1984, S. 25–32). – D. Bandelier, *La prosodie des »Romances sans paroles« et des »Derniers Vers«* (in Versants, 9, 1986, S. 49–60). – M. Erman, *Explication de texte. V. »Spleen«* (in L'École des lettres, 77, 1. 1. 1986, S. 21–24).

SAGESSE

(frz.; *Weisheit*). Gedichtsammlung von Paul Verlaine, erschienen 1881. – Die in drei Teile gegliederte Sammlung bezieht sich fast ausschließlich auf die Bekehrung des Dichters, eine Rückkehr zum Glauben seiner Kindheit, die sich während seiner zweijährigen Gefängnishaft – durch zwei Pistolenschüsse hatte er Rimbaud daran hindern wollen, ihn zu verlassen – in Brüssel und in Mons (Juli 1873 bis Januar 1875) vollzog. Einige dieser Gedichte sind im Gefängnis, der größte Teil aber ist später entstanden, als Verlaine in immer neuen Ansätzen versuchte, ein untadeliges bürgerliches und christliches Leben zu führen. Der biographische Einschnitt bedeutet auch einen Wendepunkt im lyrischen Schaffen des Dichters: Das Absinken von der Höhe der *Romances sans paroles* (1874) zur Trivialpoesie seines Spätwerks: *»Religiöser, moralischer und staatsbürgerlicher Konformismus, Dichtung des vernünftig gewordenen Kindes, dem man vergeben soll, oder Lüsternheit des Greises: all das bildet das traurigste Geschwätz«* (Gaëtan Picon). Nur wenige Gedichte ragen noch aus seinen späten Sammlungen heraus, so das durch ein herbes Symbol eingeleitete Gebet *Agnus Dei* in den *Liturgies intimes* (1892). Verlaine selbst, der in seinem Spätwerk bewußt zwischen religiöser und weltlicher Thematik wechselt, sieht in der letztgenannten Sammlung den krönenden Abschluß eines fünfteiligen Glaubens-Zyklus, zu dem, ausgehend von *Sagesse*, das die Bekehrung darstellt, *Amour* (1888) – die Beständigkeit im Glauben, *Parallèlement* (1889) – die Beichte eines Rückfalls und *Bonheur* (1891) – eine letzte Glaubenströstung gehören. Literarische Relevanz besitzt nur noch die Sammlung *Sagesse*, in deren bedeutendsten Stücken sich zur Musikalität und Intimität der Verlaineschen Verskunst eine neue Dimension des Mystizismus gesellt.

Sagesse, d. h. die Umkehr, die Einsicht des Sünders, wird durch die allegorisierende Ballade *Bon chevalier masqué*, eine exaltierte Leidensdarstellung, eingeleitet. Der Ritter Unglück hat mit seiner Lanze das alte, sündige Herz des Dichters durchbohrt und dringt mit eiskaltem, eisenbewehrtem Finger in die Wunde ein. Ein reines, starkes und junges Herz erwächst durch diese Berührung in der Brust des Sünders. Noch mehrfach hat Verlaine in diesem ersten Teil, meist in allegorischer Form, den inneren Kampf gegen das Laster, das Ringen um die Bekehrung und die Angst vor einem Rückfall in die alten Versuchungen geschildert. Dem Eindringen epischer und didaktischer Elemente in seine Lyrik entspricht eine weitgehende Abkehr vom flexiblen und musikalischen *vers impair* und die Rückkehr zu traditionellen Formen: dem regelmäßigen Alexandriner, dem Sonett.

Ergreifend sind die 1878 entstandenen Gedichte, durch die er hoffte, seine Frau Mathilde Mauté – sie erreichte im April 1874 die Scheidung – wiederzugewinnen. In ihnen offenbart sich immer noch die subtile Musikalität, der melodische Ton der *Romances sans paroles*; Trauer und Hoffnung, pathetische Bitten und vertrauliches Werben drücken sich in diskreter, gedämpfter Weise aus.

Kernstück des zweiten Teils sind zehn Sonette, die einen Dialog zwischen der sündigen Seele und dem sie zur Liebe auffordernden Gott darstellen. Das mystische Zwiegespräch findet seinen Höhepunkt in den ekstatischen Ausrufen des vierten Sonetts, dessen demütige Unterwerfung bis an die Grenze der Blasphemie reicht: *»Was, ich, ich, Euch lieben können? Seid Ihr verrückt, Vater, Sohn und Heiliger*

Geist?« – Die ihrer Mutlosigkeit und Niedrigkeit bewußte Seele wird schließlich zum Wagnis der Hingabe geführt. Auffällig bleibt, trotz der mystischen Glut des Sprechers, die Abstraktheit und Vagheit der religiösen Vorstellungen in der ganzen Sammlung und besonders in diesem Zwiegespräch, dessen erster Vers: *»Jésus m'a dit: Mon fils il faut m'aimer...«* bezeichnenderweise in *»Mon Dieu m'a dit...«* abgeändert wurde.
Der dritte Teil enthält die am stärksten an die früheren Landschaftsgedichte der *Paysages belges* erinnernden Winter- und Abendlandschaften, deren gedämpfte, weiche Grundstimmung eine mystische Vertiefung erfährt. In impressionistischer Manier reiht das Gedicht *L'échelonnement des haies / Moutonne à l'infini* die sich in unendliche Weite gruppierenden Hecken, das helle Meer, leichte Windmühlen, Fohlen auf zartgrünen Wiesen unter einem milchweißen Himmel aneinander. – Aus dem Gefängnis in Brüssel stammt das in seiner Gefühlsstärke, Natürlichkeit und Melancholie unvergleichliche Gedicht *Le ciel est, par-dessus le toit, / Si bleu, si calme*, in dem der Gefangene aus seiner Zelle heraus auf den Himmel, einen Baum, einen Kirchturm blickt und Reue über die Verfehlungen seiner Jugend empfindet: *»Dis, qu'as-tu fait, toi que voilà, / De ta jeunesse?«* J.Ze.

AUSGABEN: Paris 1881. – Paris 1938 (in *Œuvres poétiques complètes*, Hg. Y.-G. Le Dantec; hist.-krit.; 21962, rev. v. J. Borel; Pléiade). – Paris 1959/60 (in *Œuvres complètes*, Hg. H. de Bouilliane de Lacoste u. J. Borel, 2 Bde.; Vorw. O. Nadal). – Paris 1964 (Poche). – Paris 1969 (in *Œuvres poétiques*, Hg. J. Robichez; zul. 1987; Class. Garn). – Paris 1973. – Paris 1976, Hg. J. Gaudon (GF). – Paris 1981 (in *Poésies 1866–1880*, Hg. M. Décaudin).

ÜBERSETZUNGEN: In *Nachdichtungen, V. – Hérédia*, R.v. Schaukal, Bln. 1906. – In *Französische Dichtung 3. Von Baudelaire bis Valéry*, Hg. F. Kemp u. H.T. Siepe, Mchn. 1990 [frz.-dt.; Ausw.].

LITERATUR: R. Clauzel, *»Sagesse« de P. V.*, Paris 1929. – C. Morotini, *Das Lebensgefühl P. V.s in »Sagesse«*, Diss. Münster 1938. – L. Morice, *V., le drame religieux*, Paris 1946. – G. Mexer, *La composition du premier livre de »Sagesse«* (in Humanités Modernes, 14, Mai 1971, S. 519). – R. Vivier, *»Sagesse«* (in *Approche de l'art*, Brüssel 1973, S. 145–151). – J. Robichez, *En marge de »Sagesse«* (in TLL, 12, 1974, Nr. 2, S. 69–77). – D. Guichard, *V., »L'échelonnement des haies ...«* (in L'École des lettres, 76, 1. 11. 1984, S. 21–29). – R. G. Cohn, *Rescuing a Sonnet of V. »L'espoir luit...«* (in RomR, 78, 1986).

JULES VERNE

* 8.2.1828 Nantes
† 24.3.1905 Amiens

LITERATUR ZUM AUTOR:
Bibliographien:
P. Gondolo della Riva, *Bibliographie analytique de toutes les œuvres de V.*, 2 Bde., Paris 1977–1985. – J.-M. Margot, *Bibliographie documentaire sur V.*, 2 Bde., Nyon 1977–1982. – E. Gallagher u. a., *V. A Primary and Secondary Bibliography*, Boston 1980 (TWAS).
Zeitschriften:
Bulletin de la Société Jules Verne, Paris 1967 ff. – Cahiers du centre d'études verniennes et du musée J. V., Nantes. – Revue des Lettres Modernes, Paris 1976 ff. [Reihe *J. V.*].
Sondernummern und Kongreßakten:
Arts et lettres, 15, 1949. – L'Arc, 29, 1966. – *J. V. et les sciences humaines*, Paris 1979. – *J. V.*, Hg. P.-A. Touttain, Paris 1974 (Cahiers de l'Herne). – Europe, Nov.–Dez. 1978, Nr. 595/596. – *J. V.*, Bd. 1: *Nouvelles recherches sur J. V. et le voyage*, Bd. 2: *Filiations, rencontres, influences*, Paris 1978–1980. – L'Écran fantastique, 9, 1979 [m. Filmographie]. – La Nouvelle Revue maritime, 1984, Nr. 386/387. – Textes et langages, 10, 1984. – *J. V.*, Hg. Chr. Robin, Nantes 1984. – *Modernité de J. V.*, Hg. J. Bessière, Paris 1988.
Biographien:
Catalogue du fonds J. V., Hg. F. Decré u. L. Courville, Nantes 1978 [Ikonographie]. – G. Prouteau, *Le grand roman de V. Sa vie*, Paris 1979. – V. Dehs, *V., mit Selbstzeugnissen und Bilddokumenten*, Reinbek 1986 (rm).
Gesamtdarstellungen und Studien:
M. Allotte de la Fuye, *J. V., sa vie, son œuvre*, Paris 1928; Neudr. 1953. – E. Marucci, *J. V. e la sua opera*, Rom 1930. – B. Frank, *J. V. et ses voyages d'après l'ouvrage bibliographique de M. Allotte de la Fuye et les documents fournis par les héritiers*, Paris 1941. – R. Escaich, *Voyage à travers le monde vernien, étude de l'œuvre de J. V.*, Brüssel 1951. – M. Moré, *Le curieux J. V.*, Paris 1960. – Ders., *Nouvelles explorations de J. V.*, Paris 1963. – M. Butor, *Le point suprême de l'âge d'or à travers de quelques œuvres de V.* (in M. B., *Essais sur les modernes*, Paris 1964, S. 35–94). – J. Chesneaux, *Une lecture politique de V.*, Paris 1971; ern. 1982. – Ch.-N. Martin, *V., sa vie, son œuvre*, Paris 1971. – J. Jules-Verne [sic!], *V.*, Paris 1973. – S. Vierne, *V. et le roman initiatique*, Paris 1973. – M. Serres, *Jouvences sur V.*, Paris 1974. – F. Raymond u. D. Compère, *Le développement des études de V.*, Paris 1976. – D. Compère, *Approche de l'île chez V.*, Paris 1977. – Ch.-N. Martin, *La vie et l'œuvre de V.*, Paris 1978. – P. Costello, *V. Inventor of Science Fiction*, Ldn. 1978 (dt. *J. V. Erfinder der Science fiction*, Aalen 1979). – *The J. V. Companion*,

Hg. P. Haing, Ldn. 1978. – M. Soriano, *V.*, Paris 1978. – Chr. Robin, *Un monde connu et inconnu, V.*, Nantes 1978. – B.-A. Lahalle, *V. et le Québec*, Sherbrooke 1979. – H.-J. Neuschäfer, *V.* (in *Französische Literatur des 19. Jh.s III*, Hg. W.-D. Lange, Heidelberg 1980, S. 275–289). – J.-Y. Tadié, *Le roman d'aventures*, Paris 1982, S. 69–112. – A. Martin, *The Knowledge of Ignorance. From Genesis to V.*, Cambridge 1985. – M. Salabert, *J. V., ese desconocido*, Madrid 1985. – *J. V. Anthologie*, Hg. F. Raymond, Paris 1986. – A. Evans, *V. Rediscovered*, Westport (Conn.)/Ldn. 1988. – O. Damas, *V.*, Lyon 1988. – R. E. Zimmermann, *Das Technikverständnis im Werk von V. und seine Aufnahme im Frankreich des 19. Jh.s*, Diss. TU Bln. 1988. – F. Wolfzettel, *V. Eine Einführung*, Mchn./Zürich 1988. – S. Vierne, *V., mythe et modernité*, Paris 1989.

DE LA TERRE À LA LUNE. Trajet direct en 97 heures 20 minutes

(frz.; *Von der Erde zum Mond, Direktflug in 97 Stunden 20 Minuten*). Phantastischer Roman von Jules VERNE, erschienen 1865. – Verne beschreibt in diesem Roman und in dessen Fortsetzung *Autour de la lune*, 1870 *(Um den Mond herum)*, die erste Expedition zum Mond, ein Unternehmen, das für die Leser seiner Zeit noch in den Bereich des unmöglich zu Realisierenden gehörte.

Am 5. Oktober eines Jahres kurz nach dem amerikanischen Sezessionskrieg macht Impey Barbicane, der Präsident des Gun-Clubs in Baltimore, einer Vereinigung von Artillerie-Veteranen, seinen sich im Frieden langweilenden Kameraden den Vorschlag, eine riesige Kanone zu bauen, um damit ein Geschoß zum Mond zu schießen. Die Klubmitglieder nehmen diese Idee mit großer Begeisterung auf. Man holt ein Gutachten über die physikalisch-astronomische Seite des Experiments beim Observatorium in Cambridge (Massachusetts) ein. Die Auskunft ist positiv, und so legt man in drei Vorstandssitzungen die technischen Einzelheiten fest. Eine weltweite Spendenaktion liefert die nötigen finanziellen Mittel. Als man gerade mit dem Guß der überdimensionalen Kanone begonnen hat, meldet sich ein Franzose namens Michel Ardan mit dem Vorschlag, das Geschoß zu bemannen, und stellt sich selbst zur Verfügung. »Präsident« Barbicane und sogar sein alter Widersacher Nicholl, ein erbitterter Gegner des ganzen Projekts, lassen sich zur Mitreise gewinnen. Durch Tierversuche wird festgestellt, daß auch Lebewesen den Abschuß überleben können. Das Mondfahrzeug, ein Mittelding zwischen Hohlgranate, plüschgepolstertem Eisenbahnwaggon und Arche Noah – sechs Hühner und zwei Hunde fliegen mit – wird mit Beleuchtung, Belüftung und Nahrungsmitteln versehen. Nach langwierigen, verblüffend an die Raketentests unserer Zeit erinnernden Vorbereitungen besteigen die drei »Raumfahrer« am 1. Dezember in Gegenwart einer unübersehbaren Zuschauermenge das Mondfahrzeug, das um 10 Uhr 46 Minuten 40 Sekunden abgeschossen wird, wobei eine erdbebenartige Explosion erfolgt. Das Projektil verläßt den Bereich der Erdanziehung; in 97 Stunden 20 Minuten soll es auf dem Mond landen. Aber es verfehlt sein Ziel, gerät in den Gravitationsbereich des Mondes und wird zu einem neuen Gestirn, das mit rasender Geschwindigkeit auf einer elliptischen Bahn um den Mond kreist.

Im Fortsetzungsband werden die kaltblütigen Versuche der Mondreisenden dargestellt, mit Hilfe von astronomischen Beobachtungen und Berechnungen ihrem Schicksal zu entgehen. Dieser Teil enthält ausführliche astronomische Dispute, die meistens durch die Fragen Ardans hervorgerufen werden, der weniger Naturwissenschaftler als Abenteurer ist. Schließlich gelingt es den Mondreisenden, wieder in den Bereich der Erdanziehung zu kommen und mit ihrem Projektil nahe der amerikanischen Westküste im Pazifik zu landen. Nach wenigen Tagen werden sie aus ihrer auf dem Wasser treibenden Kabine, in der sie sich die Wartezeit mit Kartenspielen vertreiben, geborgen. Es folgt ein Triumphzug durch die Vereinigten Staaten. Der erfolgreiche Flug läßt eine dauernde Verbindung zum Mond möglich erscheinen, für deren Einrichtung mit amerikanischem Geschäftssinn und Weitblick sogleich eine »Nationalgesellschaft der Verkehrsverbindung zwischen den Sternen« gegründet wird, an deren Spitze die drei ersten Mondfahrer stehen.

De la terre à la lune und *Autour de la lune* sind weit mehr als nur phantastische, die übertriebene Fortschrittsgläubigkeit des 19. Jh.s dokumentierende Abenteuerromane. Sie gelten als zwei der frühesten Beispiele der *science fiction*, sind also nicht nur zur Unterhaltung geschrieben, sondern sollen auch der Belehrung des Lesers dienen. Verne breitet eine erdrückende Fülle von Fakten aus den verschiedensten Wissensgebieten aus; er stellt die technische Seite des Unternehmens mit wissenschaftlicher Akribie dar und ersetzt die seiner Zeit mangelnden Kenntnisse durch unbekümmertes Fabulieren und kühne Hypothesen, die allerdings durch die reale Weltraumfahrt zum Teil bestätigt worden sind.

Die psychologische Vertiefung der handelnden Personen hat der Autor dagegen sehr vernachlässigt und sich damit begnügt, sie zu typisieren. Ihre menschlichen Schwächen, ihre kleinen Feindseligkeiten und Machenschaften bespöttelt er mit trokkenem Humor und verallgemeinert sie zu Klischees nationaler Eigentümlichkeiten (z. B. *»Wenn einem Amerikaner eine Idee im Kopf steckt, so sucht er einen zweiten Amerikaner, um sie zu teilen. Sind es ihrer drei, so wählen sie einen Präsidenten und zwei Sekretäre«*). – Die reizvolle Kombination von Elementen der technischen Utopie mit solchen des Abenteuer- und Reiseromans sicherte dem Werk einen bis in unsere Zeit anhaltenden Erfolg. KLL

AUSGABEN: Paris 1965. – Boston 1959, Hg. V. A. Warren u. W. C. Holbrook [m. Einl. u. Anm.]. – Paris 1962. – Montreal 1963. – Lausanne 1966 (in

Œuvres, Hg. G. Sigaux, 50 Bde., 3). – Paris 1979, Hg. S. Vierne (GF). – Paris 1987, Hg. J. de Miribel.

ÜBERSETZUNGEN: *Reise von der Erde zum Mond*, anon. (in *Bekannte und unbekannte Welten. Abenteuerliche Reisen*, Bd. 1, Wien 1873). – *Von der Erde zum Mond. Directe Fahrt in 97 Stunden 20 Minuten* (in *J. V.s Schriften*, M. Lion, K. Lanz, Reyer u. a., Bd. 1, Wien 1874). – *Von der Erde zum Monde. Directe Überfahrt in 97 Stunden 20 Minuten*, [P. u.] W. Heichen (in *Werke*, Bd. 2, Bln. 1901). – *Die Reise zum Mond. Direkte Fahrt in 97 Stunden 20 Minuten. Von der Erde zum Mond – Reise um den Mond*, Bearb. v. W. Heilmann, Mchn. 1958 (GGT). – *Die Reise zum Mond*, neubearb. P. Korn, Hbg. 1960. – *Von der Erde zum Mond*, J. Fischer (in *Werke*, 20 Bde., 2, Ffm. 1966). – Dass., W. Matheson, Zürich 1966; ern. 1986 (detebe). – Dass., ders., Ffm. 1968; ern. 1983 (FiTb).

LITERATUR: H. Schumacher, *Von vielen Büchern unter dem Mond* (in Du, 5, 1947).

LE TOUR DU MONDE EN QUATRE-VINGTS JOURS

(frz.; *Ü: Reise um die Welt in 80 Tagen*). Roman von Jules VERNE, erschienen 1872 als Fortsetzungsroman in ›Le Temps‹. – *»Die Welt ist groß«*, meint ein Mitglied eines vornehmen Londoner Klubs pessimistisch zu den Chancen, den Mann, der am 29. 9. 1872 die Bank of London ausgeraubt hatte, zu fassen. *»Das war einmal«*, antwortet Phileas Fogg und wettet, einer Rechnung des Morning Chronicle vertrauend, um die Hälfte seines Vermögens, daß er in achtzig Tagen, d. h. 115 000 Minuten, zur nächsten Runde Whist von einer Reise um den Erdball zurück sein werde. Die anderen 20 000 Pfund seines Vermögens stopft er in eine Tasche und macht sich zusammen mit seinem Diener Jean Passepartout zum Droschkenstandplatz an der Straßenecke auf. Diese plötzliche Abreise hält der englische Geheimagent Fix in Suez jedoch für eine geschickt getarnte Flucht vor der englischen Kriminalpolizei und fordert von London einen Haftbefehl. Fortan weicht Fix nur selten von Passepartouts Seite, denn der ist Franzose *»und deshalb wird er seinen Mund nicht halten können«*. Täglich viermal speisend und in der Zwischenzeit Whist spielend, läßt Fogg die Silhouetten der Städte an sich vorbeiziehen, denn *»Fogg machte keine Reise, sondern beschrieb nur als physikalische Masse, angestoßen von einer Wette, einen Kreis um den Erdball nach den Gesetzen der Mechanik«*. Aber es zeigt sich bald, daß auch *»unter Foggs kalter Hülle ein menschliches Herz schlägt«*. Sein Leben, zumindest aber die Wette aufs Spiel setzend, rettet Fogg die junge parsische Witwe Aouda vor dem Verbrennungstod. An Bord der »Henriette« erreichen sie schließlich gemeinsam Irland. Noch sechs Stunden bleiben ihnen von Liverpool nach London. Aber *»hier in Merry Old England, wo der Boden so englisch war wie nirgends auf der Welt, kam Fixens Stunde«*. Fogg wird verhaftet. Der peinliche Irrtum aber kann das gute Ende nicht aufhalten. Nichts ahnend hatten sie auf ihrer Fahrt nach Osten einen Tag gewonnen. Pfarrer Wilson, der den glücklichen Fogg mit der *»entzückendsten Frau der Welt«*, Aouda, traut, klärt sie über den rettenden Irrtum auf. Am 2. Dezember um 20.45 Uhr, *»die Uhr setzte zum Schlag an«*, erheben sich die Herren im Klub zur Begrüßung.

Die *Reise um die Welt in achtzig Tagen* gehört zu Vernes populärsten Romanen. Witz und Gesellschaftskritik treten hier deutlicher zutage, nicht zuletzt deswegen, weil der Leser nicht in eine staunenerregende Zukunftswelt geführt wird, sondern weil die stolze, noch kaum zu fassende Gegenwartstechnik von 1870 aus der Sicht eines Utopisten, der Jules Verne auch hier unausgesprochen ist, satirisch-humoristisch relativiert und überschritten wird: *» Wir hätten in 78 Tagen um die Erde reisen können«*, sagt am Ende Passepartout. *»Das fiel mir heute nacht auch ein«*, sagt – *»schon wieder leidenschaftslos«* – der frischvermählte Fogg. Eine besinnliche Bildungsreise war es ohnehin nicht, eine flinke, gelehrige Kuriositätenschau eher, ein Varietézauber, in dem die große kleine Welt dem anglofranzösischen Reisepaar vom Erzähler vorgeführt wird: nicht zur kritisch-vergnüglichen Analyse des Geschauten, sondern der Reisenden selbst.

G.K.

AUSGABEN: Paris 1872 (in Le Temps, 6. 11.–22. 12.). – Paris 1873. – Paris 1959 [Ill. H. Dimpre]. – Paris 1964 (in *Le grand J. V. illustré, texte intégral*, 19 Bde., 1960–1968, 12). – Paris 1967 (in *Œuvres*, Hg. G. Sigaux, 50 Bde., 11). – Paris 1977. – Paris 1978, Hg. S. Vierne (GF).

ÜBERSETZUNGEN: *Reise um die Welt in 80 Tagen*, anon. (in *Schriften*, Bd. 6, Wien/Pest/Lpzg. 1875). – Dass., anon., Lpzg. o. J. [1885] (RUB). – Dass., P. u. W. Heichen (in Werke, Bd. 1, Bln. 1901). – *In achtzig Tagen um die Welt*, P. Korn [d. i. R. Gööck], Berchtesgaden 1958. – *Reise um die Erde in 80 Tagen*, E. Fivian, Zürich 1966; ern. 1986 (detebe). – *In 80 Tagen um die Erde*, M. Doehlemann u. H.-J. Wagner (in *Werke*, 20 Bde., 6, Ffm. 1967). – Dass., dies., Ffm./Bln. 1968 (FiBü). – *Reise um die Welt in achtzig Tagen*, G. Geisler, Würzburg 1969 [Nachw. H. Küfner].

VERFILMUNGEN: *Round the World in 80 Days*, USA 1914. – *Die Reise um die Welt in 80 Tagen*, Deutschland 1918/19 (Regie: R. Oswald). – *Around the World in 80 Days*, USA 1956 (Regie: M. Anderson).

LITERATUR: *J. V. 1: »Le tour du monde en quatre-vingts jours«*, Hg. F. Raymond, Paris 1976 (RLM, 456–461). – G. Gauthier, *Image et récit* (in Fabula, 4, Lille 1984, S. 135–152).

VINGT MILLE LIEUES SOUS LES MERS

(frz.; *Ü: Zwanzigtausend Meilen unter den Meeren*). Roman von Jules VERNE, erschienen 1870. – Am 2.7. 1867 bekommt die »Abraham Lincoln« den Befehl, ein gigantisches und bislang noch unbekanntes Meeresungeheuer zu suchen und zu vernichten, das Handel und Verkehr empfindlich stört. An Bord befinden sich neben Kapitän Farragut der Erzähler Pierre Aronnax, Professor der Biologie am Pariser Museum, sein Diener Conseil und Ned Land, der »König der Harpuniere«. Als sie endlich auf das »gesuchte Ding« stoßen, werden sie durch zwei enorme Wasserstrudel ins Meer gespült, doch fassen sie alsbald auf einem kleinen »Inselchen« Fuß: auf dem metallischen, neunzig Meter langen Körper des Wundertiers, das die gesamte Gelehrtenwelt gefoppt hat. Nun gibt es kein Zurück mehr: Als gefangene Gäste der »Nautilus« genießen sie den ungeheuren Luxus, den dieses völlig durchtechnisierte, vom Land unabhängige U-Boot zu bieten hat, denn alles, was Mensch und Maschine brauchen, wird aus dem Meer gewonnen. Sie unterstehen aber dem Gesetz des faszinierend-grausamen Kapitäns Nemo, der *»nicht mehr den Regeln der Gesellschaft gehorcht, mit denen er gebrochen hat«*. Neun Monate lang durchfahren sie die Meere, tauchen unter der Meerenge von Suez durch, besuchen das untergegangene Atlantis, kämpfen mit Riesenpolypen und Pottwalen, jagen in den Meerwäldern und wohnen einem Begräbnis auf einem Korallenfriedhof bei. Sie erleben, wie Nemo einen Angriff der Papuas unblutig abwehrt, wie er einem indischen Perlentaucher das Leben rettet, ihn mit Perlen beschenkt und sich selbst mit den unterdrückten Indern identifiziert, denn – so stellt sich heraus – er ist selbst ein indischer Prinz, den die Engländer aus seinen Besitztümern verjagt haben. Sie erleben aber auch, wie Nemo das Kriegsschiff »Vengeur« in den Grund bohrt und, *»um das Schauspiel ganz auszukosten«*, mitsinkend den Tod der Menschen vom Salonfenster aus beobachtet. Nun ist auch für Professor Aronnax, der bisher sein Freiheitsbedürfnis über der Wissenschaft vergessen konnte, der Entschluß zur Flucht gefallen. Nemo, der gescheiterte Übermensch, läßt die Expeditionsgruppe, wie es scheint, ziehen. Durch ein Wunder gelangt sie nach Frankreich zurück, doch das weitere Schicksal Nemos bleibt unbekannt. *»Ob die Fluten eines Tages sein Manuskript anspülen und sein Geheimnis enthüllen? Ich weiß es nicht. Ich kann nur für ihn hoffen.«*

Vernes wissenschaftliche Phantasie basiert auf geradezu enzyklopädischer, wenngleich dilettantischer Kenntnis der zeitgenössischen Wissenschaften. Wissenschaftseuphorie, der Mythos der Maschine, der hier zum Substitut des Weiblichen wird, pansophistische Einflüsse (als *»diese Seele des Universums«* bezeichnet Verne in *Île à hélice* die Elektrizität, die hier quasi immaterieller Treibstoff der Nautilus ist) und der fast hymnische Ton, der auch lange Fakten- und Datenberichte durchzieht *(»O Meer, du 25000000 Quadratmeilen weites Wasser...«)*, machten den *»sehr merkwürdigen Jules Verne«* (MALLARMÉ) nicht nur zum berufenen Utopisten des 19. Jh.s. Sein Einfluß auf das Romanschaffen von Zeitgenossen, besonders von VILLIERS DE L'ISLE-ADAM, BLOY *(Le désespéré)* und HUYSMANS *(A rebours)* ist bis in Einzelheiten nachzuweisen.

G.K.

AUSGABEN: Paris 1870. – Paris 1960 (in *Le Grand J. V. illustré, texte intégral*, 19 Bde., 1960–1968, 2). – Paris 1960 [Ill. M. Bentegat]. – Lausanne 1966 (in *Œuvres*, Hg. G. Sigaux, 50 Bde., 5). – Paris 1977. – Paris 1977, Hg. S. Vierne (GF). – Paris 1978 (Vorw. J.-L. Curtis; Folio).

ÜBERSETZUNGEN: *Zwanzigtausend Meilen unterm Meer*, anon. (in *Schriften*, Bde. 4/5, Wien/Pest/Lpzg. 1875). – *Eine Weltreise unter dem Meer*, G. Hofmann, Lpzg. 1878. – *Zwanzigtausend Meilen unter'm Meer*, P. u. W. Heichen (in *Werke*, Bde. 6/7, Bln. 1901–1909). – Dass., anon., Wien 1947, 2 Bde. – *Zwanzigtausend Meilen unter dem Meer*, P. Laneus u. P. G. Hubler, Zürich 1966; ern. 1986 (detebe). – *Zwanzigtausend Meilen unter den Meeren*, J. Fischer (in *Werke*, 20 Bde., 4, Ffm. 1967). – Dass., ders., Ffm. 1986 (FiTb).

VERFILMUNGEN: Frankreich 1907 (Regie: G. Méliès). – *20000 Leagues under the Sea*, USA 1916 (Regie: S. Paton). – Dass., USA 1954 (Regie: R. Fleischer). – *Captain Nemo and the Underwater City*, England 1967 (Regie: J. Hill).

LITERATUR: A. Buisine, *Un cas limite de la description* (in *La description*, Lille 1974, S. 81–102). – M. Destombes, *Le manuscrit de »Vingt milles lieues sous les mers« de la Société géographique de Paris* (in Bull. de la Société J. V., 35/36, 1975, S. 59–70). – *J. V. et la mer* (in Nouvelle Revue maritime, Mai/Juni 1984, Nr. 386/387). – D. Ketterer, *Fathoming »Twenty thousand Leagues under the sea«* (in *The Scope of the Fantastic*, Hg. R. A. Collins u. H. D. Pearce, Westport/Ldn. 1985, S. 263–275).

ALFRED DE VIGNY

* 27.3.1797 Schloß Loches
† 17.9.1863 Paris

LITERATUR ZUM AUTOR:
Zeitschrift:
Bull. des Amis d'Alfred de Vigny, Paris 1968 ff.
Biographien:
P. Viallaneix, *V. par lui-même*, Paris 1964. – *A. de V. et les siens. Documents inédits*, Hg. M. Ambrière u. a., Paris 1989.

Gesamtdarstellungen und Studien:
P. Flottes, *La pensée politique et sociale d'A. de V.*, Paris 1927. – G. Bonnefoy, *La pensée religieuse et morale d'A. de V.*, Paris 1944. – P.-G. Castex, *V.*, Paris 1952; ern. 1969. – F. Germain, *L'imagination d'A. de V.*, Paris 1962. – B. de la Salle, *A. de V.*, Paris 1963. – M. Eigeldinger, *A. de V.*, Paris 1965 [m. Textausw.]. – J. Doolittle, *V.*, NY 1967. – G. Barbera, *V. théâtre*, Mailand 1967. – U. Nitschke, *Studium zum Schicksalsgedanken bei V.*, Hbg. 1969. – M. Toesca, *V. ou la passion de l'honneur*, Paris 1972. – P. Flottes, *V. et sa fortune littéraire*, Saint-Médard-en-Jalles 1976. – Europe, Mai 1978, Nr. 589 [Sondernr. *A. de V.*]. – A. Jarry, *Dossier V.* (in Romantisme, 1979, Nr. 25/26). – H. Mehnert, *A. de V.* (in *Französische Literatur des 19. Jh.s*, Bd. 1: *Romantik und Realismus*, Hg. W.-D. Lange, Heidelberg 1979). – R. T. Denommé, *Le comte V.*, NY 1983. – F. Bassan u. S. Chevalley, *V. et la Comédie Française*, Tübingen/Paris 1984. – J.-Ph. Saint-Gérand, *L'intelligence et l'émotion. Fragments d'une esthétique vignyenne*, Paris 1985. – H. F. Majewski, *Paradigm and Parody, Images of Creativity in French Romanticism – V., Hugo, Balzac, Gautier, Musset*, Charlotteville/Va. 1989.

DAS LYRISCHE WERK (frz.) von Alfred de VIGNY.

Mit 18 Jahren schrieb Vigny seine erste Lyrik *(La Dryade, Smétha)*. Das erste gedruckte Gedicht *(Le bal)* erschien 1820. Zwei Jahre später kam der Sammelband *Poèmes* heraus, der dann von Ausgabe zu Ausgabe erweitert wurde. Zunächst handelte es sich nur um das Gedicht in drei Gesängen *Héléna* und um *Poèmes antiques, Poèmes judaïques* und *Poèmes modernes*, die in der Ausgabe letzter Hand von 1837 mit zuvor einzelnen Werken zu einem welthistorischen Kompendium vereinigt wurden. Unter der Überschrift *Livre mystique* sammelte Vigny die Dichtungen *Moïse, Eloa* und *Le déluge*; unter *Livre antique* finden sich *La Dryade, Smétha, Le somnambule, Le bain d'une dame romaine, La fille de Jephté, La femme adultère* und *Le bain*; das *Livre moderne* vereinigt schließlich Schöpfungen mittelalterlicher Inspiration *(Le cor, La neige)*, Dichtungen im spanischen Dekor *(Dolorida, Le trappiste)* sowie Schilderungen zeitgenössischer französischer Begebenheiten *(La frégate »La Sérieuse«, Paris, Les amants de Montmorency)*.

Obwohl der Einfluß von André CHÉNIER, Lord BYRON und CHATEAUBRIAND in diesen Gedichten spürbar ist, haben sie eine spezifisch eigene Argumentationsstruktur: Ein »philosophischer« Gedanke wird in epischer oder dramatischer Weise inszeniert (vgl. Vigny selbst in der *Préface* von 1837). Die sog. philosophischen Gedanken selbst sind allerdings keine Reflexionen zu Sein, Seiendem und Erkenntnis, sondern pathetisch aufbereitete Fragen nach der Befindlichkeit des Menschen: echtes Mitleiden und Liebeskraft, die Einsamkeit des Genies, die Beziehung zwischen Gott und Menschheit, Zufall und Notwendigkeit. So erleidet Moses das Mysterium der göttlichen Gerechtigkeit; Eloa, die *»Schwester der Engel«* und aus einer Träne Christi geboren, verzehrt sich in Mitleid zu dem gefallenen Engel Luzifer, dessen Charme sie erliegt, bis er ihr die kalte Teufelsfaust entgegenstreckt. *Le déluge* orientiert sich stark an Lord Byrons *Heaven and Earth* (1823): Ein junges Paar wird Opfer zu großer Liebe und ertrinkt in den Fluten.

Das *Livre antique* war ursprünglich in *Poèmes antiques* (klassisch-antike Stoffe) und *Poèmes judaïques* (biblischer Inspiration) unterteilt und enthält heterogene Elemente. So ist *La Dryade* Bukolik in der Art des Theokrit-Imitators André Chénier, ein Dialog zweier Schäfer über ihre Geliebte. Wenn in *Smétha* ein Liebender den Schutz der Gottheiten für die Seefahrt seiner Geliebten von Athen nach Lesbos erfleht, ist der HORAZ-Imitator André Chénier präsent. In anderer Weise wandelt Vigny dann in den Gedichten *Le somnambule* und *Le bain d'une dame romaine* auf Chéniers Spuren. *La fille de Jephté, La femme adultère* und *Le bain* sind biblischer Thematik und mit der angemessenen sprachlichen Patina gestaltet.

Leichter zugänglich ist das balladenhafte *Livre moderne* mit den Gedichten über Rolands Horn *(Le cor)*, über die tragische Liebe Emmas, der Tochter Kaiser Karls des Großen *(La neige)*, über die melodramatische Geschichte einer eifersüchtigen Ehefrau *(Dolorida)*, über den fanatischen Royalismus eines spanischen Mönchs zur Zeit Ferdinands VII. *(Le trappiste)*, über das Schicksal der Fregatte »La Sérieuse«, die von den Engländern unter Admiral Nelson 1798 vor Abukir versenkt wurde, schließlich über den Selbstmord eines jungen Paares in Werther-Stimmung *(Les amants de Montmorency)*.

Vignys Nachruhm als Dichter gründete sich im wesentlichen auf die elf Stücke der 1864 von Louis RATISBONNE postum herausgegebenen Sammlung *Les destinées*, von denen sechs schon zu Lebzeiten Vignys in der ›Revue des Deux Mondes‹ erschienen waren. Das Gedicht *Les destinées* (der Herausgeber und nicht Vigny hat nach diesem die ganze Sammlung bezeichnet) stellt die impassiblen Schicksalsgöttinnen der Antike vor, die bei der Ankunft des Heilands in den Himmel zurückkehrten, aber durch das jansenistische Theorem der christlichen Gnadenwahl wieder ihren alten Platz im irdischen Getriebe einnehmen konnten. *La maison du berger* enthält eine Fülle von Themen, die ohne eindeutige logische Stringenz aneinandergereiht sind: Einer Einladung zum *otium cum dignitate*, zur würdevollen Muße, folgt eine Diatribe gegen die Eisenbahn als Symbol der materiellen Zivilisation, auf die Reflexion über das wahre Wesen der Dichtung jenseits von Galanterie und politischer Oberflächlichkeit ein Lob der Frau, unterbrochen durch einen Bannspruch gegen die Natur und gekrönt durch die Verherrlichung der Liebe. *Les oracles* wendet sich gegen politisches parlamentarisches Geschwätz in der Juli-Monarchie und verherrlicht die *»großen Seelen«*, die den *»Kristall«* und *»Diamant«* ihres Genies zu bewahren vermögen. In *La sauvage* wird den bei ROUSSEAU noch als edel qualifizierten

Wilden der Prozeß gemacht und die Humanität der christlichen Weltanschauung gefeiert. Eine von den Huronen ihres Stammes und ihrer Familie beraubte Indianerin findet Unterschlupf bei einem Quäker. In *La colère de Samson* rechnet Vigny auf dem Hintergrund der bekannten biblischen Geschichte mit der genuinen Untreue der Frauen ab. Das wohl populärste Gedicht der Sammlung *La mort du loup* verherrlicht die einsame Freiheit des Genies angesichts tödlicher Mediokrität, die ihn schicksalhaft bedrängt. *La flûte* ist eine Abhandlung über den Leib-Seele-Konflikt, über die Unzulänglichkeit irdischer Existenz, die die Entfaltung des Genies stört.

In *Le mont des oliviers* revoltiert Jesus gegen die Gleichgültigkeit und Antwortlosigkeit Gottes. Der Schwäche des christlichen Glaubens wird gegen Ende andeutungsweise die meditative Kraft orientalischer Religionen (besonders des Buddhismus) gegenübergestellt. *La bouteille à la mer* verkündet, daß Leben und Werk eines wahren Dichters Zukunftsperspektiven haben. *Wanda* erzählt vom Opfermut einer russischen Dame, die ihren vom tyrannischen Zaren verbannten Ehemann nach Sibirien begleitet. *L'esprit pur* schließlich berichtet von den Dichtern und Philosophen als Bürgern einer idealen Republik des Geistes, die alle existentiellen Frustrationen kompensiert und das Menschengeschlecht in eine glänzende Zukunft führt. Dieses einige Monate vor Vignys Tod (1863) konzipierte Gedicht gilt als sein geistiges Testament.

Wenn der Kulturphilosoph Benedetto Croce Vigny als den *»wahrscheinlich größten Dichter des 19. Jh.s«* bezeichnete, wollte er auf dessen Originalität hinweisen, mehr als alle anderen ein Denker gewesen zu sein. Mit Vigny löst sich die philosophische Poesie aus ihrer Unterordnung unter die didaktische und wird ein eigenständiges Genre. Vignys Philosophie ist ein reflektierter Pessimismus, der von der Einsamkeit besonders des ausgezeichneten Menschen in der Welt (vgl. *Moïse*), von seiner Naturferne (Gegensatz zu Lamartine; vgl. *La maison du berger*), der Flüchtigkeit der Affekte, besonders der weiblichen Liebe (vgl. *La colère de Samson*), schließlich von der göttlichen Impassibilität handelt, die den Menschen im Stich gelassen hat (vgl. *Le mont des oliviers*). Gegen Isolierung und Ohnmacht des Menschen setzt Vigny in *La mort du loup* eine stolze Resignation *(»Seul le silence est grand; tout le reste est faiblesse« – »Nur das Schweigen ist groß, alles übrige Schwäche«)* und in *La maison du berger* einen duldnerischen Stoizismus *(»J'aime la majesté des souffrances humaines« – »Ich liebe die Majestät der menschlichen Leiden«)*, nicht ohne auch ein Wort des Trostes für die Gramerfüllten und Verzweifelten zu haben *(La flûte, La sauvage, Les oracles, Wanda)* und das Licht der Hoffnung leuchten zu lassen *(La bouteille à la mer, L'esprit pur)*.

Gewiß sind Vignys Gedichte »erarbeitete Gedichte« (vgl. Horaz' Wort von den *»laboriosa carmina«*) und fließt seine sehr rhetorisch gefärbte Inspiration nicht so bilderreich wie die von Lamartine und Victor Hugo, aber er ist durchaus auch ein »geborener« Dichter, dem das poetische Handwerk selbstverständlich war. Zeugnis davon legen seine vielen Gelegenheitsgedichte ab. Vignys metrische Fähigkeiten sind beachtlich, und er sucht sie von Gedicht zu Gedicht zu variieren. In der Sammlung *Les destinées* verwendet er allerdings ausschließlich den Alexandriner, der in dem Gedicht *Les destinées* sogar zur strophischen Form der *terza rima* nach dem Vorbild Dantes gebündelt erscheint; in *La maison du berger* wählt er die ungewöhnliche siebenzeilige Strophe.

Vignys Sorgfalt bei der Ausarbeitung der Ausdrucksebene geht einher mit seiner Theorie des L'art pour l'art *avant la lettre* und der These von der *»vérité de l'art«*, die sich selbst genügen muß (vgl. seinen Roman *Stello*, Kap. 39). Zwar hat Vigny wohl als erster von der *»seelenbedrohenden Macht der Technik«* (in der *Maison du berger*) gedichtet, aber dieser Aspekt vom durch sein selbstgeschaffenes Werkzeug entmündigten Menschen bleibt als zukunftsträchtige Problemschau ephemer gegenüber einem sehr allgemeinen Schicksalsbegriff, den Vigny mit einer eklektischen Religionsphilosophie antiker, jüdischer und christlicher Provenienz untermauerte. Vigny war zu sehr Melancholiker aus Leidenschaft, als daß er unmittelbare Reflexe seiner Umwelt anders als im Lichte seiner Idiosynkrasien aufzunehmen vermochte. So verwundert es nicht, daß Vignys postume Renaissance als Dichter mit dem Aufstieg der Parnassiens begann und die fortschreitende Laizisierung des politischen Lebens den Agnostizismus des Dichters rehabilitierte. Daß sich seine dichterische Reputation gegenüber dem 19. erst im 20. Jh. um das Doppelte gesteigert hat, liegt dennoch wohl weniger an der Lebenskraft seiner Gedanken als an der veränderten Form des Literaturkonsums. Wegen seiner aus dem verallgemeinerbaren christlich-humanistischen Fundus geschöpften Gedanken wurde Vigny für lange Zeit ein Pfeiler des schulischen Literaturunterrichts.

H.Meh.

Ausgaben: *Poèmes*, Paris 1822 [erw. 1829]. – *Poèmes antiques et modernes*, Paris 1826 [erw. 1837]. – *Les destinées*, Hg. L. Ratisbonne, Paris 1864. – *Héléna*, Hg. E. Estève, Paris 1907. – *Poèmes antiques et modernes*, Hg. E. Estève, Paris 1931. – *Poèmes antiques et modernes*, Hg. V.-L. Saulnier, Genf 1947; ern. 1967 (TLF). – *Les destinées*, Hg. P.-G. Castex, Paris 1964. – *Œuvres complètes*, Hg. P. Viallaneix, Paris 1965. – *Poèmes antiques et modernes. Les destinées*, Hg. A. Jarry, Paris 1973; ^{2}1980. – *Œuvres poétiques*, Hg. J. Ph. Saint-Gérand, Paris 1978 (GF). – *Les destinées*, Hg. P. Viallaneix, Paris 1983 [krit.]. – *Poèmes antiques et modernes. Les destinées* (in *Œuvres complètes*, Hg. F. Germain u. A. Jarry, Paris 1986; Pléiade).

Übersetzung: *Das Horn, Der Schnee*, E. Geibel (in *Fünf Bücher französischer Lyrik*, Stg. 1862, S. 73–82). – *Ausgewählte Gedichte*, J. Karsten, Norden 1878. – *Eloa, die Schwester der Engel* (in H. Schack, *Anthologie abendländischer und morgen-*

ländischer Dichtungen in deutschen Nachbildungen, Stg. 1893, Bd. 2). – In *Französische Dichtung 2. Von Corneille bis Gérard de Nerval*, Hg. H. Helbling u. F. Hindermann, Mchn. 1991 [frz.-dt.; Ausw.].

LITERATUR: E. Asse, *A. de V. et les éditions originales de ses poésies*, Paris 1895. – P. Moreau, *»Les destinées« d'A. de V.*, Malfère 1936. – E. v. Richthofen, *V. als philosophisch-dichterischer Wegbereiter des Symbolismus* (in RF, 63, 1951, S. 125–161). – F. Bartfeld, *V. e la figure de Moïse*, Paris 1968. – M. Lentzen, *»L'esprit pur«* (in *Die französische Lyrik*, Hg. H. Hinterhäuser, Düsseldorf 1975). – P. Bénichou, *V. et l'architecture des »Destinées«* (in RHLF, 80, 1980, S. 41–64). – Y. Legrand, *Regards de V. sur les mythes d'Ophélie et de Narcisse* (in Eidôlon, 10, Mai 1980, S. 27–75). – *Relire »Les Destinées« de V.*, Paris 1980. – P.-G. Castex, *Le mythe d'Éva dans les »Destinées«* (in P.-G. C., *Horizons romantiques*, Paris 1983, S. 201–242). – K. Wren, *V. »Les destinées«*, Ldn. 1985. – Y. Legrand, *Sur le poème de V. »Paris«* (in Eidôlon, 27, 1986, S. 91–136).

CHATTERTON

(frz.; *Chatterton*). Prosadrama in drei Aufzügen von Alfred de VIGNY, Uraufführung: Paris, 12. 2. 1835, Théâtre Français. – Der achtzehnjährige Thomas Chatterton hat wunderschöne Dichtungen in altem Englisch verfaßt und hat sie als Werke eines Mönchs aus dem 15. Jh., den er Thomas Rowley nennt, veröffentlicht. Arm und verzweifelt lebt er unter einem falschen Namen in London bei dem reichen Kaufmann John Bell. Frau Kitty Bell liebt den jungen Mann insgeheim und versucht, ihm zu helfen. Ein Studienkamerad aus Oxford, Lord Talbot, erkennt Chatterton und sagt den Bells seinen wahren Namen, deutet dabei aber an, daß er sich inkognito in ihr Haus eingeschlichen haben könnte, um Kitty zu verführen. Die junge Frau ist entsetzt und läßt den Dichter ihr Mißtrauen fühlen. Dieser leidet darunter so sehr, daß er beginnt, sich mit Selbstmordgedanken zu tragen. Um ihn zu retten, verrät ihm ein mit den Bells befreundeter alter Quäker, der die Verhältnisse durchschaut, daß Kitty ihn in Wirklichkeit liebt. Chatterton will weiterleben, wenn der Lord-Mayor von London, für den Dichter der Repräsentant Englands *(»auf England zähle ich«)*, an den er sich gewandt hat, ihm Hilfe gewährt. Der Bürgermeister, der sich mit herablassender Anerkennung über die Dichtkunst im allgemeinen und die Werke Chattertons im besonderen äußert, deren gesellschaftliche Nutzlosigkeit er dem jungen Dichter vorhält, bietet ihm eine Stellung als erster Diener in seinem Hause an. Im gleichen Augenblick erhält der ohnehin schon tief gedemütigte Chatterton einen kritischen Artikel, der die Echtheit seiner Werke bezweifelt und sie einem gewissen Rowley zuschreibt, der tatsächlich gelebt hat. Nachdem er in tiefster Verzweiflung seine Manuskripte vernichtet hat, vergiftet er sich mit einer Überdosis Opium: Kitty stirbt vor Kummer in den Armen des Quäkers.

Das Stück behandelt ein Thema, das dem Autor besonders am Herzen lag und das er bereits in *Stello* bearbeitet hatte: die untergeordnete Stellung des Dichters in der Gesellschaft und sein daraus resultierendes Elend. Vigny hoffte, mit Hilfe des Theaters ein größeres Publikum zu erreichen, und das Drama beeindruckte tatsächlich die Öffentlichkeit und besonders die intellektuelle Jugend tief. Diese leidenschaftliche, romantische Verteidigung der Poesie gegen eine Welt, die nichts von ihr wissen will, ist eines der besten und erfolgreichsten Stücke des romantischen Theaters in Frankreich: die Sprache ist einfach und natürlich, der Stil von zurückhaltender Schlichtheit. In Kitty Bell, die von Marie Dorval, der Freundin des Dichters, wunderbar dargestellt wurde, hat Alfred de Vigny eine glänzende Verkörperung des gefühlvollen Frauenideals der Romantik auf die Bühne gebracht. KLL

AUSGABEN: Paris 1835. – Paris 1914 (in *Œuvres complètes*, Hg. F. Baldensperger, 7 Bde., 6). – Paris 1927 (in *Œuvres complètes, Théâtre*, Hg. ders., 2 Bde., 2; krit.). – Bologna 1962, Hg. L. Petroni [krit.]. – Paris 1965 (in *Œuvres complètes*, Hg. P. Viallaneix). – Paris 1968 (GF). – Paris 1986 (in *Œuvres complètes*, Hg. F. Germain u. A. Jarry, Bd. 1; Pléiade).

ÜBERSETZUNG: *Chatterton*, F. D. Fenner Frhr. v. Fenneberg, Mannheim 1880.

LITERATUR: H. Schnack, *A. de V.s »Stello« und »Chatterton«*, Rostock 1905. – A. Le Breton, *Le théâtre romantique de Dumas père à Dumas fils. »Chatterton«* (in Revue des Cours et Conférences, 23, 1921, S. 313–328). – H. Morel, *»Chatterton« ou le romantisme militaire* (in La Revue Universelle, 18, 1924, S. 322–330). – C. W. Bird, *»Chatterton«*, Los Angeles 1941. – H. Wolpe, *Thomas Chatterton, the Marvellous Boy* (in RLC, 37, 1963, S. 33–49). – D. Schlumbohm, *V. »Chatterton«* (in *Das französische Theater vom Barock bis zur Gegenwart*, Hg. J. v. Stackelberg, Düsseldorf 1968, Bd. 2, S. 121–138; 378–381). – H. Lamoine, *Thomas Chatterton dans l'œuvre de V. et dans l'histoire* (in DHS, 3, 1971, S. 317–330). – C. Wootton, *The Deaths of Goethe's »Werther« and V.'s »Chatterton«* (in RLC, 50, 1976, S. 295–305). – R. T. Denommé, *»Chatterton« ou le dilemme du héros dans un monde non-heroïque* (in CAIEF, 35, Mai 1983, S. 141–154). – V. Roloff, *»Torquato Tasso« »Chatterton« »Un auto de Gil Vicente«* (in Arcadia, 19, 1984, S. 34–51). – R. Buss, *»Chatterton«*, Ldn. 1984. – B. T. Cooper, *Exploitation of the Body in V.'s »Chatterton«* (in Theatre Journal, 36, 1987, S. 20–26).

CINQ-MARS OU UNE CONJURATION SOUS LOUIS XIII

(frz.; *Cinq-Mars oder Eine Verschwörung unter Ludwig XIII.*). Historischer Roman von Alfred de Vigny, erschienen 1826. – Der Titelheld, der junge Henri d'Effiat, Marquis de Cinq-Mars, geht aus Liebe zu der hochgeborenen Prinzessin Marie de Gonzague an den Hof Ludwigs XIII., um Karriere zu machen. Er rückt schnell zum besonderen Günstling des Königs auf und wird sein erster Stallmeister. Doch dadurch macht er sich den allmächtigen Kardinal Richelieu zum Feind. Als Richelieus Gegenspieler schließt er sich der um die Königin und den Bruder des Königs organisierten »Fronde« an. Weil er aber diesen mit den Waffen der Intrige und des Verrates ausgefochtenen Kampf an der Unentschlossenheit der anderen und der Treulosigkeit des unfähigen und ängstlichen Monarchen scheitern sieht, unternimmt er einen letzten verzweifelten Versuch, durch ein Bündnis mit Spanien Frankreich von Richelieu, seinem Tyrannen, zu befreien. Damit gibt er dem Kardinal die Möglichkeit, den Kopf des Landesverräters zu fordern; Cinq-Mars stirbt unter dem Schwert des Scharfrichters, während der triumphierende Sieger dem Hofe ein prächtiges Fest gibt und Marie de Gonzague zur Königin von Polen lanciert.

In diesem Klassiker unter den romantischen historischen Romanen gibt Vigny in der Geschichte einer Verschwörung die Atmosphäre einer ganzen Epoche wieder. Er zeigt große Kenntnisse der zeitgenössischen Quellen wie der Biographien, Prozeßakten und der Memoiren der Mme de Motteville, des Kardinals de Retz und Richelieus. Er macht sie allerdings zu Objekten seiner Kritik und seiner Vorurteile: Aus den Fakten zieht er eine Art idealistische höhere »Romanwahrheit«, die er in den seit 1827 dem Roman als Vorwort beigegebenen *Réflexions sur la vérité dans l'art* näher erläutert. Er jongliert mit Daten und Fakten und formt die Charaktere nach seiner Vorstellung, macht Richelieu zu einem ehrgeizigen und machtgierigen Gesinnungslumpen, den Père Joseph zu einer Karikatur des ordinären Zynismus und Atheismus und idealisiert den ungeschickten Verschwörer Cinq-Mars zu einem romantischen Helden. Diese deutliche Parteinahme geschieht nicht etwa aus ästhetischen Motiven, sie ist der Ausdruck ganz persönlicher Ideen und Leidenschaften des Menschen Vigny, über die auch sein Leben und seine anderen Werke Auskunft geben. Er überhöht seinen Cinq-Mars zum Symbol des Adels als der geistigen und moralischen Elite Frankreichs, er verleiht ihm den kritischen Geist der Voltairianer und unterstellt ihm ein an Montesquieu orientiertes politisches Konzept. Er benutzt die historische Gestalt zur Kritisierung der aktuellen Probleme des überlebten und seiner alten Bestimmung entfremdeten Restaurationsadels und hält, wie auch in *Stello, Chatterton* und *Servitude et grandeur militaires*, ein Plädoyer für die verkannte Elite der Gesellschaft.

Was dennoch Vigny vor dem Vorwurf bewahrt hat, die Geschichte bedenkenlos für den Roman auszuschlachten (wie er gegen Dumas erhoben wurde), sind seine künstlerischen Qualitäten: Der umfangreiche Stoff ist zu einer dramatischen Handlung geballt, sorgfältig psychologisch ausgearbeitet, so daß die einzelnen Kapitel spannende Akte werden. An Stelle deskriptiver Charakterisierung bevorzugt Vigny eine überaus lebendige Selbstoffenbarung der Personen in Dialog und Monolog, wobei jede ihre eigene, typische Sprache hat. Solche bis ins Detail reichende stilistische Nuancierung macht diesen historischen, ein wenig tendenziösen Roman zu einem großen Sprachkunstwerk. Die Wahl des historischen Stoffes zeigt Vignys Kenntnis des literarischen Geschmacks seiner Epoche; er schätzte Walter Scott über alles, hatte eine Vorliebe fürs melodramatische Genre und verschlang die Schauerromane der Anne Radcliffe und Maturins. Der Erfolg blieb auch nicht aus. *Cinq-Mars* wurde zum Bestseller dieses Genres und erreichte bis zu Vignys Tod ein Dutzend Auflagen. I.P.

Ausgaben: Paris 1826. – Paris 1949/50 (in *Œuvres complètes*, 2 Bde., 2). – Paris 1955. – Paris 1965 (in *Œuvres complètes*, Hg. P. Viallaneix). – Lausanne 1968. – Paris 1980, Hg. A. Picherot (Folio).

Übersetzungen: *Cinq-Mars oder Eine Verschwörung unter Ludwig XIII.*, C. Baron Gerolf, Lpzg. 1829. – *Cinq-Mars oder Eine Verschwörung gegen Richelieu*, J. Scherr, Halle 1911. – *Cinq Mars*, Alastair, Hbg. 1948. – Dass., N. O. Scarpi, Zürich 1969.

Literatur: J. Gillet, *Milton et le mot de la fin dans »Cinq-Mars«* (in RLC, 49, 1975, S. 235–248). – H. Businger-Cassot, *»Cinq-Mars« et »Le rouge et le noir«* (in Stendhal-Club, 22, 1979/80, S. 32–36). – K. Wren, *A Suitable Case for Treatment. Ideological Confusion in V.'s »Cinq-Mars«* (in FMLS, 18, 1982, S. 335–350).

SERVITUDE ET GRANDEUR MILITAIRES

(frz.; *Knechtschaft und Größe des Militärs*). Drei Novellen von Alfred de Vigny, erschienen 1835; Vorabdrucke erschienen in der ›Revue des Deux Mondes‹ unter den Titeln: *Laurette ou L'ordre cacheté (Laurette oder Der versiegelte Befehl)*, März 1833; *La veillée de Vincennes (Ein Abend zu Vincennes)*, April 1834; *La vie et la mort du capitaine Renaud ou La canne de jonc (Vom Leben und Tod des Hauptmanns Renaud oder Der Rohrstock)*, Oktober 1835. – Wie in *Stello* und *Chatterton*, 1835, der Dichter, so wird nun der Soldat als der andere große »Paria« der bürgerlichen Gesellschaft dargestellt. Vigny hat selbst auf die parallele Struktur von *Stello* und *Servitude et grandeur militaires* hingewiesen: *»Das eine Werk hat seine drei Soldaten wie das andere seine drei Dichter.«*

Persönliche Erfahrungen – von Vignys Gymnasiastenzeit unter Napoleon, die den Jugendlichen in eine besinnungslose Begeisterung für den Waffendienst hineintrieb, bis zu den Enttäuschungen, die ein aufopferungsvolles Leben ohne Hoffnung auf Ruhm, ohne Nutzen für die Gesellschaft und ohne Aussicht auf Belohnung mit sich gebracht hat – und Reflexionen über gefährliche Tendenzen in einer modernen Armee bilden einen lockeren Rahmen, der die Novellen um drei Soldatenschicksale verbindet. Unter dem zentralistischen Regime Ludwigs XIV. begann jene unheilvolle Entwicklung, die Bürger und Soldaten, Nation und Armee einander unwiderruflich entfremdet hat. Nun wird die Armee vom Prinzip eines blinden militärischen Gehorsams geleitet. Aufgrund ihrer Erziehung und Tradition erliegt sie nur zu leicht der Gefahr, ein willenloses Werkzeug in der Hand machtbesessener, eroberungstüchtiger Usurpatoren vom Schlage Napoleons zu werden. Fehlt der äußere Feind, ist sie widerspruchslos bei inneren Krisen einsetzbar. Ihre Hauptaufgabe wird immer mehr die Niederschlagung von Aufständen, sie wird Fremdkörper innerhalb der Nation, Staat im Staat.

Vignys Soldaten nehmen in leidendem Gehorsam ihre »Knechtschaft« auf sich, erfüllen ihre oft hassenswerte Pflicht bis zur Selbstverleugnung, verzichten auf Anerkennung und Ruhm und bewahren dadurch ihre menschliche Würde. Diese entsagungsvolle »Religion der Ehre«, die auf Joseph de Maistres Begriff der *obéissance passive* des Soldaten zurückgeht, kann nur im individuellen Bereich Erfüllung bringen. Wie der Dichter hat der Soldat auf jede gesellschaftliche Wirkung zu verzichten.

In *Laurette ou Le cachet rouge* zögert der Kommandant einer Kriegsbrigg keinen Augenblick, ein Todesurteil des Direktoriums zu vollstrecken: Er läßt auf hoher See einen Deportierten erschießen, dessen ganzes Verbrechen in einigen Spottversen auf die Regierung bestanden hatte. Der Kommandant nimmt daraufhin seinen Abschied bei der Marine; er führt, in das Landheer zurückgekehrt, in einem kleinen Wagen die während der Exekution wahnsinnig gewordene junge Frau des Delinquenten, mit dem er Freundschaft geschlossen hatte, auf allen Feldzügen Napoleons mit sich und pflegt sie wie eine Tochter. – Einem alten Zeugfeldwebel werden in *La veillée de Vincennes* Ehrgefühl und Pflichtbewußtsein zum Verhängnis. Immer wieder muß er seine Pulverfässer nachzählen, aus Sorge, es könnte eines gestohlen sein. Beim letzten, überflüssigen Kontrollgang vergißt er, die Sporen abzulegen, löst eine Explosion aus und verliert dabei sein Leben. – Beide, der Kommandant und der Feldwebel, sind schlichte, gutherzige, etwas kindliche Soldatengemüter. Anders Hauptmann Renaud in *La canne de jonc*, der die Fähigkeit zu reflektieren besitzt. Er lernt in dem gedemütigten Papst Pius VII. – siehe die berühmte Begegnung zwischen Napoleon und dem Papst in *Le dialogue inconnu* – und in dem englischen Admiral Collingwood, der als Staatsbürger seinem Vaterland freiwillig dient, wahre Größe kennen. Von seiner falschen Begeisterung für Napoleon, dessen Scharlatanismus er nun durchschaut, ist er endgültig geheilt. – Bei einem nächtlichen Überfall hat er einen vierzehnjährigen russischen Jungen getötet. An dieser Schuld leidet er schwer. Der Zufall will es, daß er durch die Pistolenkugel eines Dreizehnjährigen stirbt.

Vignys *Servitude et grandeur militaires* durchzieht eine wehmütige, ja pessimistische Stimmung, die nuancenreich Reflexionen, aphoristisch formulierte Erkenntnis und dramatische Handlung zu einem Ganzen fügt. Die einzelnen Teile werden durch eine meisterhaft gehandhabte Technik des Monologs und des Dialogs, in dem die einzelnen sich offenbaren, sowie durch die Präsenz des zuhörenden, kommentierenden und miterlebenden Erzählers zusammengehalten. Die Komposition des Werkes, seine klare, unsentimentale Sprache erweisen Vigny als einen *poète-penseur*, der an Antoine de Saint-Exupéry und Ernst Jünger denken läßt. – Zur Zeit der beiden Weltkriege gehörte die *Servitude et grandeur militaires* zur Lektüre eines großen Teils der gebildeten französischen Jugend. D.Lg.

Ausgaben: Paris 1835. – Paris 1838 (in *Œuvres*, 7 Bde., 1837/38, 4). – Paris 1929 (in *Œuvres complètes*). – Paris 1959 (in *Œuvres complètes*, Hg. F. Baldensperger, 2 Bde., 2; Pléiade). – Paris 1965 (in *Œuvres complètes*, Hg. P. Viallaneix). – Paris 1966, Hg. F. Germain (Class. Garn). – Ldn. 1966, Hg. J. Cruickshank. – Paris 1988, Hg. G. Vannier (Poche).

Übersetzungen: *Soldatenschicksal*, J. Karsten, Norden 1878. – *Sklaventum und Größe des Soldaten*, W. v. Alten, Freiburg i. B. 1925. – *Soldatenknechtschaft und Soldatengröße*, O. v. Taube, Merseburg 1936. – *Glanz und Elend des Militärs*, ders., Hbg. 1957 (RKl). – *Laurette oder das rote Siegel und andere Novellen*, F. R. Fries u. R. Müller, Lpzg. [3]1971. – *Fron und Größe des Soldaten*, G. Meister, Zürich 1975 [Nachw. E. Brock-Sulzer].

Literatur: P. Vandérem, *»Servitude et grandeur militaires« d'A. de V.* (in Bull. du Bibliophile, 1929, S. 191–195). – R. De Cesare, *Intorno a »Servitude et grandeur militaires«*, Arona 1949. – K. Wais, *Die drei Soldatengeschichten* (in K. W., *Französische Marksteine*, Bln. 1958, S. 191–208). – J. Vigón, *L'esprit militaire espagnol. À propos de »Servitude et grandeur militaires« d'A. de V.*, Paris 1961. – P.-G. Castex, *»Stello«, »Servitude et grandeur militaires«*, Paris 1963. – P. Angrand, *Le capitaine de V. dans la »Servitude militaire«* (in Europe, Nr. 426, 1964, S. 78–99). – V. S. Pritchett, *The Military Necessity* (in V. S. P., *The Living Novel*, NY 1964, S. 376–382). – S. Haig, *Conscience and Antimilitarism in V.'s »Servitude et grandeur militaires«* (in PMLA, 89, 1974, S. 50–56). – Ders., *The Grand Illusion. V.'s »Servitude et grandeur militaires«* (in S. H., *The Madame Bovary Blues*, Baton Rouge 1987, S. 43–60).

STELLO

(frz.; *Stello*). Roman von Alfred de VIGNY, erschienen 1832. – Mit diesem Roman, aus dem später sein Drama *Chatterton* (1835) hervorging, griff Vigny in die Diskussion um das politische Engagement des Dichters ein, wie es 1830 vor allem von HUGO und LAMARTINE gefordert wurde. Im Unterschied zu seinen ehemaligen Freunden wurde Vigny in seiner Haltung jedoch von einem wachsenden Pessimismus beherrscht, denn als einflußlos gewordener Adeliger und verabschiedeter Offizier sah er sich nach der Julirevolution in allen Lebenserwartungen enttäuscht. Unter dem Einfluß der Schriften von SAINT-SIMON und LAMENNAIS wandte er sich sozialen und humanitären Fragen zu; vor allem aber beschäftigte ihn die Situation jener von der Gesellschaft Deklassierten, die er aus eigener Erfahrung kannte: die des Soldaten, dessen Probleme er in *Servitude et grandeur militaires* (1835) darstellte, und die des Dichters, die er zum Thema des Romans *Stello* machte. *»Die Parias der Gesellschaft«*, so heißt es in einem Brief Vignys vom 30. März 1831, *»sind die Dichter, die überlegenen und achtungeinflößenden Menschen. Sämtliche Regierungen verachten sie, denn sie sehen in ihnen ihre Richter, die sie schon vor der Nachwelt verdammen.«*
Diese These sollen in *Stello* drei von einer Rahmenhandlung zusammengehaltene Erzählungen erhärten, während in den Rahmengesprächen selbst, die sich aus einer »Ersten Konsultation« des »Docteur Noir«, eines Pariser Psychiaters, bei dem »reinen Dichter« Stello entwickeln, das Verhältnis des Dichters zur Gesellschaft grundsätzlich erörtert wird.
Stello, der unter Migräneanfällen, den »Black-Devils«, leidet, teilt dem Schwarzen Doktor seinen unter dem Einfluß des »Spleen«, einer besonderen Art der Melancholie, gefaßten Plan mit, der Poesie entsagen und politische Schriften verfassen zu wollen. Um ihn von seiner »Krankheit« des Idealismus zu heilen, berichtet der Schwarze Doktor über das schmähliche Ende der drei Dichter Gilbert, Chatterton und Chénier, dem er jeweils als Augenzeuge beigewohnt hat. Mit seinen drei Erzählungen will er den Beweis dafür erbringen, daß jede Staatsform dem Dichter feindlich gesonnen sei und zu seinem Untergang beitrage.
Die absolute Monarchie fürchtet die satirische Feder des Dichters und sieht in den »Schöngeistern« ihre »natürlichen Feinde«. So lehnt Ludwig XV. jede Unterstützung des kranken Dichters Nicolas Gilbert (1751–1780) ab, während er gleichzeitig in einem frivolen Schäferstündchen mit einer Mätresse einem »tollwütigen Floh« nachjagt. Gilbert stirbt in tiefstem Elend. – Auch die konstitutionelle Monarchie Englands hat keinen Platz für den Dichter. Thomas Chatterton (1752–1770) begeht mit achtzehn Jahren Selbstmord, nachdem ihm der Lord-Mayor von London, den er halbverhungert um eine staatliche Unterstützung gebeten hatte, die gesellschaftliche Nutzlosigkeit seiner Gedichte vorgehalten und die Stelle seines Ersten Kammerdieners angeboten hat. – Die Republik aber sieht den Dichter seiner geistigen Überlegenheit wegen als den *»gefährlichsten Vaterlandsfeind«* an: Keine Rasse sei *»gefährlicher für die Freiheit und feindseliger gegenüber der Gleichheit als die Geistesaristokratie«*, behauptet Robespierre, auf dessen Betreiben hin André Chénier (1762–1794) noch drei Tage vor dem Ende der Schreckensherrschaft durch die Guillotine hingerichtet wird.
Der Dichter ist also einem *»ewigen Scherbengericht«* von seiten der Gesellschaft ausgesetzt, er hat *»einen Fluch auf seinem Leben und einen Segen auf seinem Namen«*. Verzweifelt sieht Stello die Unmöglichkeit einer Verbindung von dichterischer Existenz und politischem Engagement ein, wenn er aus den drei Erzählungen des Schwarzen Doktors das Fazit zieht: *»Von den drei möglichen Regierungsarten … fürchtet die ersterwähnte uns, schätzt die zweite uns gering als unnütze Leute, haßt uns die dritte und ebnet uns ein als aristokratisch überlegene Geister. Sind wir denn ewig die Heloten der Gesellschaft?«* Der Schwarze Doktor verschreibt Stello als »Rezept« die rigorose Trennung von poetischem und politischem Leben, da jede Gesellschaftsform auf einer Lüge, die Dichtung aber einzig auf der Wahrheit basiere. Die Mission des Dichters sei allein sein Werk, das er nur in der Einsamkeit schaffen könne und mit dem er zur rechten Zeit auch einen Einfluß auf die Gesellschaft ausüben werde.
Vigny gibt in seinem Roman also eine Existenzbestimmung des Dichters. Ihm kommt das Verdienst zu, das romantische Thema der Einsamkeit des Dichters, des großen Ausnahmemenschen, so verschärft dargestellt zu haben, daß die Reihe der *poètes maudits* des späten 19. Jh.s in ihm ihren Vorläufer sehen konnte. Die Freiheit jedoch, mit der Vigny um einer stichhaltigeren Beweisführung willen die historischen Fakten behandelt, läßt seine Thesen in vielem anfechtbar erscheinen. – Der erzählerische Reiz des Romans, der stilistische Einflüsse von RABELAIS, CERVANTES, STERNE, DIDEROT und HOFFMANN zeigt, resultiert aus der dialektischen Gegenüberstellung des enthusiastischen und empfindsamen Stello mit dem Docteur Noir, der alle Illusionen des Dichters durch seinen Zynismus und seine Skepsis zunichte macht. Vigny wollte in dem »erbarmungslosen« Seelenarzt die »urteilende Vernunft« und die trostlose Wirklichkeit des Lebens zu Worte kommen lassen, die im Widerstreit zu dem »Gefühl«, d. h. zu Stello, stehen, der all das verkörpern sollte, *»was die Poesie an Überlegenem über die schmerzliche Wirklichkeit hat«* (*Journal d'un poète*, 1832). H.Ei.

AUSGABEN: Paris 1832. – Paris 1838 (in *Œuvres*, 7 Bde., 1837/38, 7). – Paris 1929 (in *Œuvres complètes*). – Paris 1955 (in *Œuvres complètes*, Hg. F. Baldensperger, 2 Bde., 1; Pléiade). – Paris 1965 (in *Œuvres complètes*, Hg. P. Viallaneix). – Paris 1970, Hg. F. Germain (Class.Garn). – Paris 1984, Hg. M. Eigeldinger (GF). – Paris 1986, Hg. A. Prassoloff (m. Daphné; Folio).

ÜBERSETZUNG: Stello, O. v. Taube, Karlsruhe 1964.

LITERATUR: H. Schnack, *A. de V.s »Stello« und »Chatterton«*, Rostock 1905. – M. Masson, *Influence de Chénier sur V.* (in RHLF, 16, 1909, Nr. 1, S. 1–48). – P.-G. Castex, *»Stello«, »Servitude et grandeur militaires«*, Paris 1963. – I. Massey, *Variant Readings from the Manuscript of »Stello« by V.* (in Bull. of the New York Public Library, 69, 1965, S. 164–181; 259–272; 330–340). – Ders., *V. Notes for »Stello« in the Musée de Condé* (in MPh, 63, 1965/66, S. 246–251). – J. O. Lowrie, *The Structural and Ideological Significance of V.'s »Man of Destiny« in »Stello«* (in PMLA, 87, 1972, S. 278–283). – A. Wurmser, *»Stello«* (in A. W., *Conseils de révision*, Paris 1972, S. 80–107). – A. de Srabian de Fabry, *V. le rayon intérieur ou la permanence de »Stello«*, Paris 1978. – F. Bartfeld, *Le lecteur de »Stello« comme malade du bourreau* (in Romantisme, 23, 1979, S. 55–63). – R. Nugent, *V.'s »Stello« and Existential Freedom* (in NCFSt, 8, 1979/80, S. 37–46). – Y. Le Hir, *Sur les citations de V. dans »Stello XXXIV«* (in TLL, 20, 1982, Nr. 1).

PHILIPPE-AUGUSTE, COMTE DE VILLIERS DE L'ISLE-ADAM

* 7.11.1838 Saint-Brieuc
† 18.8.1889 Paris

LITERATUR ZUM AUTOR:
St. Mallarmé, *V. de l'I.-A.*, Brüssel 1890. – Chr. van der Meulen, *L'idéalisme de V. de l'I.-A.*, Paris/Amsterdam 1925. – R. Palgen, *V. de l'I.-A., auteur dramatique*, Paris 1925. – A. Lebois, *V. de l'I.-A., révélateur du Verbe*, Neuchâtel 1952. – A. W. Raitt, *V. de l'I.-A. et le mouvement symboliste*, Paris 1965. – J. P. Gourevitch, *V. de l'I.-A.*, Paris 1971. – H. Bornecque, *V. de l'I.-A. créateur et visionnaire*, Paris 1974 [erw.]. – W. T. Conroy, *V. de l'I.-A.*, Boston 1978 (TWAS). – A. W. Raitt, *The Life of V. de l'I.-A.*, Oxford 1981. – J. Decottignies, *V. de l'I.-A. le taciturne*, Lille 1983. – A. Néry, *Les idées politiques et sociales de V. de l'I.-A.*, Paris 1984. – A. Raitt, *V. de l'I.-A. exorciste du réel*, Paris 1987. – Ch. Schwinger, *Spielarten des Irrealen bei E. A. Poe und V. de l'I.-A.* (in C. Sch., *Wirklichkeit und Traumstruktur*, Würzburg 1988, S. 23–33).

AXËL

(frz.; *Axel*). Drama in vier Akten von Philippe-Auguste VILLIERS DE L'ISLE-ADAM, postum erschienen 1890; Uraufführung: Paris, Februar 1894. – Villiers arbeitete bis zu seinem Tod an dem Stück, das er wohl als das Gipfelwerk und die Synthese seines gesamten Schaffens ansah, so daß selbst die Veröffentlichung von 1890 noch nicht der vom Autor imaginierten Dramenfassung entsprechen dürfte.

Die Handlung des *Axël* – *»in einem gewissen Sinn ein Faust des Fin de siècle«* (E. Wilson) – ist um 1820 angesiedelt. Der erste Teil *(Le monde religieux)* spielt in einem Kloster in Flandern. Es ist Weihnachten. Sara, der letzte Sproß des Geschlechts derer von Maupers, soll gegen ihren Willen den Schleier nehmen und ihr großes Vermögen dem Kloster überlassen. Der zum Vollzug der Zeremonie angereiste Erzdiakon reflektiert über das Wappen der Familie Maupers (zwei goldene Sphingen vor einem Sternenhimmel mit geflügeltem Totenkopf), das identisch ist mit dem Wappen des Geschlechts derer von Auersperg, eine – wie sich herausstellen soll – signifikante Tatsache, die auf einen mittelalterlichen Zauberer namens Janus zurückzuführen ist. Die entscheidende Frage des Erzdiakons, ob Sara bereit sei, *»das Licht, die Hoffnung und das Leben anzunehmen und der Welt zu entsagen«*, beantwortet die widerspenstige Novizin zum Entsetzen aller mit Nein und flüchtet unter dramatischen Umständen durch ein Fenster.

Schauplatz des zweiten Aktes *(Le monde tragique)* ist – ebenso wie bei den noch folgenden – die abgelegene Burg Auersperg im Schwartzwald [sic!]. Trotz des unmittelbar bevorstehenden Osterfestes herrscht eine düstere, eisige Atmosphäre. Einleitend wird man Zeuge eines Gesprächs zwischen drei alten Dienern des jungen Axël von Auersperg, in dessen Verlauf man über die Familiengeschichte, Charaktereigenschaften Axëls, den Zauberer Janus und den weltmännischen Kommandeur Kaspar, einen Vetter Axëls, informiert wird. Gespannt hört Kaspar der sich nun anschließenden Erzählung des Schloßverwalters zu, der gegen den Willen Axëls von einem in der Nähe des Schlosses verborgenen immensen Schatz berichtet. Kaspar versucht Axël von dessen weltverneinendem Okkultismus und jugendzerstörender Passivität abzubringen und stilisiert zugleich sich und seinen eigenen Hedonismus zum Prinzip des *»wahren Lebens«*. Als er dann das Gespräch auf den Schatz bringt, verliert Axël die Contenance, desavouiert Kaspars Vorstellung vom Leben als *»ekelerregende Lust«*, dem er sein eigenes *»Recht auf Stille«* entgegensetzt, und tötet ihn schließlich in einem Duell mit dem Degen. Da erscheint im Bühnenhintergrund, von Blitz und Donner begleitet, der majestätische, zeitlos wirkende und geheimnisumwobene Magier Janus.

Zu Beginn des dritten Aktes *(Le monde occulte)* offenbart Axël, von der lebensbejahenden Philosophie Kaspars offensichtlich nicht unberührt geblieben, dem Zauberer, auch er wolle nun endlich leben. Janus sagt daraufhin die vorbereitete letzte und schwierigste Prüfung voraus. Die von ihm Erwählten, Sara und Axël, sollen nun bald zusammenkommen, *»auf daß durch die einfache und jungfräuliche Menschlichkeit der zweifache Wahn –*

GOLD und LIEBE – besiegt werde«. Axël soll den gefängnishaften Kreislauf von Werden und Vergehen durchbrechen und so, in vollkommener Isolation von der Welt, ein Gottwesen werden, das sich selbst und seine Welt schafft. Als Axël die schon Sara gestellte Frage mit einem pathetischen Nein beantwortet, erscheint, von Axël zunächst unbemerkt, die schwarz verschleierte Sara. Der Akt endet mit den bedeutungsschwangeren Worten des Janus: *»Schleier und Mantel, beide Verweigerer, kommen zusammen: das Werk wird vollendet.«*

Schauplatz des letzten Aktes ist die nur spärlich beleuchtete, reich geschmückte Familiengruft. Die Diener bereiten die Beisetzung Kaspars vor. Da geht Sara zielstrebig auf das an einer Wand angebrachte, beide Familien so eng verbindende Wappen zu, sticht mit einem Dolch zwischen die Augen des Totenkopfes, die Wand versinkt in der Erde und gibt den unermeßlichen Schatz frei, der die Frau wie ein Fluß aus Gold und Edelsteinen umflutet. Als Sara den sie beobachtenden Axël bemerkt, feuert sie aus zwei Pistolen auf ihn, verwundet ihn aber nur leicht. Wild entschlossen greift der von Saras Schönheit bereits verwirrte Axël die Frau mit einer Eisenkette an. Sara indes umarmt ihn leidenschaftlich, löst ihr Haar und macht ihm deutlich: *»Dies hier sind stärkere Ketten – und... nun bist du mein Gefangener.«* In einem langen lyrischen Monolog evoziert sie die Wonnen eines gemeinsamen Lebens in Reichtum. Doch all die *»Sternenträume«*, so Axëls Urteil, wozu sollen sie realisiert werden? Die banale Wirklichkeit würde sie nur zerstören: *»Leben? Das sollen die Dienstboten für uns besorgen.«* Auch Sara wird von dieser weltverneinenden Todessehnsucht erfaßt. Sie legt prächtigen Schmuck aus dem Schatz an, öffnet ihren Ring, der ein Gift enthält, das sie mit Tau benetzt. Beide trinken davon und sterben in höchster Verzückung.

Villiers Drama stellt zweifelsohne *»eine der klassischen Darstellungen des neuen Lebensgefühls«* des Fin de siècle dar (A. Hauser), das sich auszeichnet durch den gewollten Verzicht auf alles Natürliche. Die Künstlichkeit ist das eigentliche Signum des *décadent*, aus dem sich fast alle weiteren Phantasmagorien herleiten lassen. Axëls letzte Entscheidung, der Banalität der zeitgenössischen Welt und Gesellschaft zu entfliehen, sich nicht von der Sexualität an sie ketten zu lassen, seine zum quasi-religiösen Ideal stilisierte Verweigerung, seine Kontemplation, Passivität und Verfeinerung der Sinne in einem artifiziellen Universum – das alles macht *»Villiers' Superträumer [typisch] für alle Helden der Symbolisten seiner Zeit wie auch der unsrigen«* (Wilson).

Der dramatische Liebestod und das Schatzmotiv erinnern natürlich an Richard Wagners Opern *Rheingold* und *Tristan und Isolde*, und damit an eine weitere Konstante der Fin de siècle-Literatur, den sog. dekadenten Wagnerismus: eine spezifische Aneignung Wagnerscher Themen wie z. B. Liebestod als Ausdruck höchster Lust, Inzest *(Walküre)* oder die für die Erotik des *décadent* so überaus charakteristische Verquickung von Heiligem und Sexuellem *(Tannhäuser)*. Dazu kommt der zeitspezifische Hang zu Okkultismus (hier der Rosenkreuzer). Über allem schwebt der Geist Baudelaires, wobei etwa der lange Monolog Saras als eine ausschmückende Paraphrase von dessen Gedicht *Invitation au voyage* interpretiert werden kann. Ein weiteres Vorbild war zweifelsohne Mallarmé, dessen *Igitur* dann auch unübersehbare Spuren in Villiers Drama hinterlassen hat. Eher villierstypisch ist dagegen die Rezeption Victor Hugos, dessen *Burgraves* und *Les misérables* bei einigen Szenen des *Axël* Pate gestanden haben.

Die Reaktion auf die Uraufführung im Jahre 1894 war durchaus zwiespältig und reicht vom hymnischen Lob (W. B. Yeats, G. Kahn) bis hin zum spöttischen Verriß durch die Kritikerpäpste. Tatsächlich dürfte der *Axël* schon wegen seiner wagnerischen Aufführungsdauer von etwa fünf Stunden und seiner – im Gegensatz zu Wagner – nicht in Musik gesetzten endlosen Argumentationen und Monologe recht schnell zu Ermüdungserscheinungen beim Publikum und auch bei den Schauspielern führen. Dennoch darf Axël als *»Werk der integralen Verneinung«* (H. Hinterhäuser) zusammen mit *A rebours* (1884) von J. K. Huysmans und *Le crépuscule des dieux* (1884) von É. Bourges zu den paradigmatischen Zeugnissen des Fin de siècle gerechnet werden. U.A.

Ausgaben: Paris 1890. – Paris 1962. – Paris 1986 (in *Œuvres complètes*, Hg. P.-G. Castex u. A. Raitt, 2 Bde., 2; Pléiade).

Übersetzung: *Axel*, H. H. Ewers (in *GW*, Bd. 6, Mchn. 1914).

Literatur: G. Kahn, *V. de l'I.-A.* (in MdF, Juli/Aug. 1922). – E. Drougard, *Fragments manuscrits d'»Axël«* (in *Autour du symbolisme*, Hg. P.-G. Castex, Paris 1955). – Ders., *Documents relatifs à l'impression d'»Axël«* (in Bull. du Bibliophile et du Bibliothécaire, 1955, Nr. 2, S. 67–84). – M. J. Friedmann, *A Revaluation of »Axël«* (in MD, Febr. 1959, S. 236–243). – H. Hinterhäuser, *V. de l'I.-A., »Axël«* (in *Das französische Theater vom Barock bis zur Gegenwart*, Hg. J. v. Stackelberg, Düsseldorf 1968, Bd. 2, S. 165–186, 387–394). – E. Koppen, *Dekadenter Wagnerismus*, Bln./NY 1973. – H. Hinterhäuser, *Ein Liebestod* (in H. H., *Fin de siècle*, Mchn. 1977, S. 147–176). – B. L. Knapp, *Adam/Axël/Alchemy* (in EsCr, 18, 1978, S. 24–41). – A. Hauser, *Sozialgeschichte der Kunst und Literatur*, Mchn. 1978, S. 942 ff. – B. L. Knapp, *Axël. Mercury the Mediatrix* (in B. L. K., *Theatre and Alchemy*, Detroit 1980, S. 137–153). – S. M. Weber, *Das Unheimliche als dichterische Struktur. Freud, Hoffmann, V. de l'I.-A.* (in S. M. W., *Psychoanalyse und das Unheimliche*, Bonn 1981, S. 122–147). – A. Nagai, *Une réflexion sur l'imaginaire du double suicide d'»Axël« de V. de l'I.-A.* (in Recherches sur l'imaginaire, 13, 1985, S. 63–75). – U. Prill, *...sind das nicht Zeichen der décadence?*, Bonn 1988. – J.-H. Bornecque, *La valeur du suicide dans »Axël« et ses ré-*

sonnances spirituelles« (in A Rebours, 48, Sommer 1989, S. 91–124).

CONTES CRUELS

(frz.; *Grausame Geschichten*). Erzählungsband von Philippe-Auguste VILLIERS DE L'ISLE-ADAM, erschienen 1883. – Dies ist das bekannteste Werk des Autors, der seit 1859 eine große Zahl von Gedichten, Romanen, Dramen und Erzählungen veröffentlichte, seltsame Gebilde voll fremdartiger und sonderbarer Träume, die trotz ihres glänzenden Stils von der zeitgenössischen Leserschaft nicht beachtet wurden. Man hat Villiers de l'Isle-Adam mit den deutschen Romantikern und Edgar Allan POE verglichen. Einflüsse aus dieser Richtung sind zweifellos vorhanden, wenn auch Villiers' Werk damit allein nicht hinlänglich interpretiert werden kann. Auch im Rahmen der französischen Literatur ist er ohne Vergleich (unter seinen französischen Zeitgenossen steht ihm Gérard de NERVAL am nächsten). Villiers' Geschichten spielen insgesamt in einer bizarren, oft morbid erscheinenden Welt, wo Vision und Realität ineinander übergehen und das Jenseits mit geheimnisvollen Botschaften in das Diesseits eindringt. In der ersten Erzählung, *Véra*, ist der Traum stärker als die Wirklichkeit; denn die tote Véra wird in der Erinnerung ihres Geliebten weiterleben bis zu dem Tag, an dem er sie im Traum sterben sehen wird. Dieser Sieg des visionären über das faktische Sein ist symbolisch ausgedrückt in *L'inconnue*; die »Unbekannte« ist taub, um so besser aber versteht sie die Sprache der Seele. In *L'intersigne* nehmen die bedrohlichen Vorzeichen und Ahnungen, die dem Tod vorausgehen, so sehr die Züge des Lebens an, daß ungewiß bleibt, ob sie nicht selbst den Tod herbeiführen, den sie verkünden. Gerechtfertigt erscheint der Titel der Sammlung vor allem durch *Le convive des dernières fêtes*. Diese Geschichte schildert das krankhafte Vergnügen, das ein sadistischer großer Herr daran hat, bei öffentlichen Hinrichtungen die Rolle des Henkers zu spielen. *Les Demoiselles de Bienfilâtre* erzählt in teils ironischem, teils tragischem Ton vom Schicksal zweier Schwestern, die, um standesgemäß leben und ihre alten Eltern versorgen zu können, durch heimliche Nachtarbeit Geld verdienen. Eines Tages verliebt sich die eine, gibt sich dem Manne hin und begeht darauf Selbstmord, weil sie glaubt, ihre Pflicht vernachlässigt zu haben. Ähnliche zeit- und sittenkritische Tendenzen sind auch in anderen Erzählungen spürbar: *L'appareil pour l'analyse chimique du dernier soupir* ist eine Satire auf die Wissenschaft, *Vox populi* verhöhnt die Dummheit der Masse, *A s'y méprendre* handelt von der Tyrannei des Geldes, *Deux augures* vom Triumph der Mediokrität. Jedoch nicht nur durch diese Kritik an der Wirklichkeit, sondern durch die daraus resultierende Flucht in die Welt der Phantasie, der Visionen und Träume, deren den Leser wohl bewußt provozierende makabre Züge in den 1888 erschienenen *Nouveaux contes cruels* noch schärfer zutage treten, wurde Villiers zum Vorläufer der Symbolisten. KLL

AUSGABEN: Paris 1883. – Paris 1888 *(Nouveaux contes cruels)*. – Paris 1956, Hg. P.-G. Castex u. J. Bollery, 2 Bde. [krit.]. – Paris 1963 (*Contes cruels, suivis des Nouveaux contes cruels*, Hg. A. Lebois). – Paris 1968, Hg. P.-G. Castex (ern. 1989; Class. Garn). – Paris 1980 (GF). – Paris 1983 (Poche). – Paris 1983, Hg. P. Reboul (Folio). – Paris 1986 (in *Œuvres complètes*, Hg. P.-G. Castex u. A. Raitt, 2 Bde., 1; Pléiade).

ÜBERSETZUNGEN: *Grausame Geschichten*, M. Ewers, Bln. 1904 [Vorw. H. H. Ewers]. – Dass. (in *GW*, Hg. H. H. Ewers, Bd. 1, Mchn. 1909). – Dass., G. Goyert, Heidelberg 1948. – Dass., E. Sander, Mchn. 1962. – Dass., H. u. H. Kühn, Lpzg. 1981; [2]1984. – Dass., dies., Ffm. 1985 (st).

LITERATUR: T. Di Scanno, *La presenza dell'occultismo nei »Contes cruels« di V. de l'I.-A.* (in *Il superuomo e i suoi simboli nelle letterature moderne*, Florenz 1976, Bd. 3, S. 161–183). – A. Napoli, *La trasgressione nei »Contes cruels« di V. de l'I.-A.* (in Annali Sez. Romanza, 23, 1981, S. 671–681).

ÉMILE ZOLA

eig. Édouard Charles Antoine Zola

* 2.4.1840 Paris

† 29.9.1902 Paris

LITERATUR ZUM AUTOR:

Bibliographien und Forschungsberichte:
H. Mitterand u. H. Suwala, *Z. journaliste. Bibliographie chronologique et analytique*, 2 Bde., Paris 1968–1972. – F. Wolfzettel, *Zwei Jahrzehnte Z.-Forschung* (in RJb, 21, 1970, S. 152–180). – D. Baguley, *Bibliographie de la critique sur É. Z.*, 2 Bde., Toronto 1981. – B. Nelson, *É. Z. A Selected Analytical Bibliography*, Ldn. 1982.
Zeitschrift:
Les Cahiers Naturalistes, Hg. Société des Amis d'É. Z., Paris 1955 ff. [m. fortl. Bibliogr.].
Sammelbände, Sondernummern und Kongreßakten:
Europe, 1968, April/Mai. – *Les critiques de notre temps et Z.*, Hg. C. Becker, Paris 1972. – *Le naturalisme*, Hg. P. Cogny, Paris 1978 (Colloque de Cérisy; 10/18). – Mag. litt, Jan. 1978, Nr. 132. – *Critical Essays on É. Z.*, Hg. D. Baguley, Boston 1986. – *Z. et le naturalisme* (in EcLe, 15. 12. 1989).
Biographien:
M. Bernard, *É. Z. in Selbstzeugnissen und Bilddokumenten*, Reinbek 1959; zul. 1982 (rm). – H. Mitterand u. J. Vidal, *Album Z.*, Paris 1963. – F. W.

Hemmings, *É. Z.*, Oxford 1966 (dt. *É. Z. Chronist und Ankläger seiner Zeit*, Ffm. 1981). – K. Korn, *Z. in seiner Zeit*, Ffm. 1980. – V. Roth, *Z. um die Jahrhundertwende. Stationen eines kämpferischen Lebenslaufs*, Nördlingen 1987.
Gesamtdarstellungen und Studien:
E. Lepelletier, *É. Z.*, Paris 1908. – H. Mann, *Z. in Geist und Tat*, Bln. 1931. – H. Barbusse, *Z.*, Paris 1932. – J. Fréville, *Z., semeur d'orages*, Paris 1952. – G. Robert, *É. Z., principes et caractères d'une œuvre*, Paris 1952. – A. Wilson, *É. Z. An Introductory Study of His Novels*, NY 1952. – A. Lanoux, *Bonjour, monsieur Z.*, Paris 1954; ern. 1978. – J. H. Matthews, *Les deux Z., science et personnalité dans l'expression*, Genf 1957. – G. Walter, *É. Z., der Deuter des Fin de Siècle*, Mchn. 1959. – H. Guillemin, *Z., légende ou vérité. Essai*, Paris 1960. – R. Ternois, *Z. et son temps*, Paris 1961. – P. Walker, *É. Z.*, Ldn. 1969. – J. Borie, *Z. et les mythes ou De la nausée au salut*, Paris 1971. – J. Lapp, *Les racines du naturalisme. Z. avant »Les Rougon-Macquart«*, Paris 1972. – A. Dezalay, *Lectures de Z.*, Paris 1973. – A. de Lattre, *Le réalisme selon Z.*, Paris 1975. – M. Serres, *Feux et signaux de brume, Z.*, Paris 1975. – R. Daus, *Z. und der französische Naturalismus*, Stg. 1976. – H. Suwala, *Naissance d'une doctrine. Formation des idées littéraires et esthétiques de Z. (1859–1865)*, Warschau 1976. – H.-J. Neuschäfer, *Z. und die Mythen des Industriezeitalters*, Mchn. 1976. – Ch. Bertrand-Jennings, *L'Éros et la femme chez Z.*, Paris 1977. – P. Cogny, *Z. et son temps*, Paris 1978. – N. Schor, *Z.'s »Crowds«*, Baltimore 1978. – J. Allard, *Z. Le chiffre du texte*, Grenoble 1978. – B. L. Knapp, *Z.*, NY 1980. – P. Müller, *É. Z. Der Autor im Spannungsfeld seiner Epoche*, Stg. 1981. – Y. Chevrel, *Le naturalisme*, Paris 1982. – G. Wiese, *É. Z.*, Salzburg 1982. – J.-M. Guieu, *Le théâtre lyrique d'É. Z.*, Paris 1983. – Ph. Bonnefis, *L'innommable, essai sur l'œuvre d'É. Z.*, Paris 1984. – D. A. Signori u. D. E. Speirs, *É. Z. dans la presse parisienne (1882–1902)*, Toronto 1985. – É. Brunet, *Le vocabulaire de Z.*, 3 Bde., Genf/Paris 1985. – H. Mitterand, *Z. et le naturalisme*, Paris 1986. – J. Best, *Expérimentation et adaptation. Essai sur la méthode naturaliste de Z.*, Paris 1986. – Ch. Bertrand-Jennings, *Espaces romanesques, Z.*, Sherbrooke 1987. – A. Schom, *Z., A Bourgeois Rebel*, Ldn. 1987. – R. Sätzer, *Entwicklungslinien der deutschen Z.-Rezeption von den Anfängen bis zum Tode des Autors*, Bern u. a. 1988. – C. Seaussu, *Z., le réalisme symbolique*, Paris 1989.

L'ASSOMMOIR

(frz.; *Der Totschläger*). Siebter Roman des Zyklus *Les Rougon-Macquart* von Émile Zola, erschienen 1877. – Das sozialkritische Interesse wird in diesem repräsentativen Werk des französischen Naturalismus durch die formal-künstlerischen Aspekte der Darstellung beinah verdrängt. Die Welt des Pariser Proletariats, dessen Elend Zola darzustellen beabsichtigt, wandelt sich unter seiner Hand zum Mythos. Mit erstaunlichem Einfühlungsvermögen schildert er das Milieu der Taglöhner und Fabrikarbeiter, ein Reich, in dem Primitivität, Schmutz, Haltlosigkeit und gemeine Manieren herrschen. Mittelpunkt des Geschehens ist Gervaise, eine einfache Arbeiterfrau und Wäscherin. Von ihrem Liebhaber Lantier mit zwei Kindern sitzengelassen, heiratet sie den Zinkarbeiter Coupeau und erlebt zusammen mit ihm ein kurzes, von kleinbürgerlichen Idealen überstrahltes Glück. Dann aber läßt ein Unfall den Mann arbeitsunfähig, nervenkrank und zum Säufer werden. Lantier, der ehemalige Liebhaber und Vater ihrer Kinder, kehrt zu Gervaise zurück. Der dem Trunk verfallene Coupeau endet im – mit wissenschaftlich-unbarmherziger Exaktheit in seinen einzelnen Phasen beschriebenen – Delirium tremens. Durch diese Ereignisse innerlich gebrochen, ergibt sich die von Natur aus so fröhliche, fleißige und gutmütige Gervaise ihrerseits dem Alkohol, versucht sich einmal sogar als Straßendirne und vegetiert bis zu ihrem Tod halb wahnsinnig dahin.
Der Kühnheit des Themas entspricht die Darstellung; ihre Eigenart besteht in der Verwendung des zum Teil aus eigenen Kenntnissen stammenden, zum Teil in Alfred Delvaus *Dictionnaire de la langue verte* sorgfältig recherchierten Vokabulars des Pariser Argot, das nicht nur die direkten Reden, sondern – laut Zola *»aus Gründen des Gleichgewichts und der Harmonie«* – auch die rein deskriptiven und informierenden Passagen prägt. Zola war sich des experimentellen Charakters dieses Erzählstils bewußt, er bezeichnet sein Werk in diesem Zusammenhang als *»eine rein philologische Arbeit, die historisch und sozial von lebhaftem Interesse ist«*. Insbesondere an dem so wenig salonfähigen Wortschatz entzündete sich eine heftige Pressekampagne, die dem Roman einen großen Erfolg sicherte.
Im Rahmen der *Rougon-Macquart* ist *L'assommoir* durch die Kinder der Gervaise Macquart mit zwei anderen Romanen verbunden: Gervaises Tochter ist die spätere *Nana* (1879), ihr Sohn der geniale Maler Claude aus *L'œuvre* (1886). I.P.

Ausgaben: Paris 1877 (in *Les Rougon-Macquart*, 20 Bde., 1871–1893, 7). – Paris 1927 (in *Œuvres complètes*, Hg. M. Le Blond u. E. Fasquelle, 50 Bde., 1927–1929, 7). – Paris 1961 (in *Les Rougon-Macquart*, Hg. A. Lanoux u. H. Mitterand, 5 Bde., 1960–1967, 2; Pléiade). – Paris 1966–1970 (in *Œuvres complètes*, Hg. H. Mitterand, 15 Bde., 3). – Paris 1975 (Einl. J. Dubois; GF). – Paris 1978, Hg. H. Mitterand (Folio). – Paris 1984 (Poche).

Übersetzungen: *Der Totschläger*, W. König, Bln. 1880. – Dass., F. Blei (in *Die Rougon-Macquart*, Mchn. 1923–1925; Bd. 7). – *Die Giftschenke*, M. Fuchs, Bln. 1924. – *Die Schnapsbude*, A. E. Rutra, Mchn. 1927. – Dass., F. Blei [bearb. H. Rieger], Karlsruhe 1967. – *Der Totschläger*, G. Krüger (in *Die Rougon-Macquart*, 20 Bde., 7, Mchn. 1975; ern. 1981).

Dramatisierung: W. Busnach u. O. Gastineau, 1878.

Verfilmungen: *Les victimes de l'alcoolisme*, Frankreich 1902 (Regie: F. Zecca). – *Gervaise*, Frankreich 1956 (Regie: R. Clément).

Literatur: Deffoux, *»L'assommoir«*, Paris 1932. – R. Herneit, *Eine ideale Liebe in einem naturalistischen Roman* (in R. H., *Aufsätze zur Themen- und Motivgeschichte*, Hbg. 1965, S. 151–170). – J. Dubois, *»L'assommoir« de Z.*, Paris 1973. – C. Becker, *»L'assommoir«. Analyse critique*, Paris 1976. – Les Cahiers Naturalistes, 52, 1978. – J. Allard, *Z. ou le chiffre du texte, lecture de »L'assommoir«*, Grenoble/Montreal 1978. – H. Mitterand, *Programme et préconstruit génétiques. Le dossier de »L'assommoir«* (in *Essais de critique génétique*, Paris 1979, S. 193 bis 226). – R. J. Niess, *Some Notes on Authenticity. »L'assommoir«* (in KRQ, 26, 1979, S. 509–521). – D. Lee, *Gervaise as Phèdre* (in *Essays for P. Mayer*, Reading 1980, S. 69–92). – J. Dubois, *Z.s »L'assommoir«* (in *Der französische Sozialroman des 19. Jh.s*, Hg. F. Wolfzettel, Darmstadt 1982, S. 401–446). – J. Newton u. B. Jackson, *Gervaise Macquart's Vision* (in NCFSt, 1982/83, Nr. 11, S. 313–320). – A. Goldmann, *»L'assommoir«, la double exploitation* (in A. G., *Rêves d'amour perdus*, Paris 1984, S. 163–170). – R. M. Dineen, *»L'assommoir«* (in NZJFSt, 6, 1985, S. 39–62). – J. Stump, *De la répétition dans »L'assommoir«* (in Chimères, 19, 1988, S. 19–34). – M. Molinair u. F. La Breteque, *Avatars de l'énonciation. »L'assommoir« de Z., filmé et novellisé* (in *Art et littérature*, Aix-en-Provence 1988, S. 461–476). – P. A. Ifri, *L'ombre des ›jeunes filles en fleur‹ dans »L'assommoir«* (in RoNo, 29, 1988/89, S. 149–155). – P. Carles, *»L'assommoir«, une description impressionniste de l'espace descriptif* (in Les Cahiers Naturalistes, 63, 1989, S. 117–125).

LA BÊTE HUMAINE

(frz.; *Die Bestie im Menschen*). Siebzehnter Roman des Zyklus *Les Rougon-Macquart* von Émile Zola, erschienen 1890. – Auf Wissenschaftlichkeit versessen, bediente sich Zola in diesem Roman, der das Thema von *Thérèse Raquin* (1867) wiederaufnimmt, aller seiner Kenntnisse der Vererbungslehre, um der Hauptgestalt Jacques Lantier, dem erblich belasteten Sohn der Wäscherin Gervaise aus *L'assommoir* (1879), gerecht zu werden.
Die Handlung spielt im Milieu des nach seinen eigenen Gesetzen funktionierenden Eisenbahnbetriebes. Ausgangspunkt ist ein Verbrechen, dessen Zeuge Jacques zufällig wurde: Ein Gerichtspräsident, der die junge Sévérine verführt hat, ist von ihr und ihrem eifersüchtigen Gatten im Abteil eines Eisenbahnwagens umgebracht worden. Jacques, der Mitwisser, wird Sévérines Liebhaber und gerät damit, seiner ererbten Anlage nachgebend, selbst in den Bann des Verbrechens. Aus dem zuverlässigen Lokomotivführer, der seine Maschine »La Lison« zärtlich liebt und pflegt, bricht die Bestie hervor: *»Es gab in seinem Wesen plötzliche Verluste des Gleichgewichts, wie Bruchstellen, Löcher, durch die sein Ich entschlüpfte, mit einer Art großer Wolke, die alles deformierte. Er gehörte sich nicht mehr selbst an, er gehorchte seinen Muskeln, dem wütenden Tier ...«* Der Besitz der Frau, die eine Mörderin ist, weckt seine eigenen kriminellen Triebe, und er tötet sie. Dieser Mord ist zwar nicht das einzige Kapitalverbrechen, das in diesem Buch geschildert wird, unterscheidet sich jedoch von allen anderen durch die meisterhafte Motivierung der Tat aus der psychischen Struktur des Täters. Im sinnbildlich zu verstehenden Finale des Romans rast ein Truppentransportzug des Siebzigerkrieges infolge Trunkenheit des Lokomotivführers Jacques, der mit seinem Heizer kämpft, ins sichere Verderben.
Man hat diesen Roman wiederholt mit Dostoevskijs *Schuld und Sühne* verglichen. In Zolas Entwürfen ist auch tatsächlich zweimal von Dostoevskij die Rede, doch liegen die Unterschiede zwischen den beiden Werken auf der Hand: an die Stelle der metaphysisch-geistigen Thematik von *Schuld und Sühne* tritt bei Zola die rein naturalistische, soziologische und physiologische Argumentation. Sein Roman zeigt den Menschen in unbarmherziger Konsequenz als Maschine (Symbolwert der Lokomotive), die allein nach den Gesetzen ihres »Triebwerks« funktioniert und bei gegebener »Anlage« und entsprechend mangelnder Steuerung von außen mit der Folgerichtigkeit rein mechanischer Abläufe sich selbst zerstört. I. P.

Ausgaben: Paris 1890 (in *Les Rougon-Macquart*, 20 Bde., 1871–1893, 17). – Paris 1928 (in *Œuvres complètes*, Hg. M. Le Blond u. E. Fasquelle, 50 Bde., 1927–1929, 18). – Paris 1966–1970 (in *Œuvres complètes*, Hg. M. Mitterand, 15 Bde., 6). – Paris 1966 (in *Les Rougon-Macquart*, Hg. A. Lanoux u. ders., 5 Bde., 1960–1967, 4; Pléiade). – Paris 1972 (GF). – Paris 1976 (Poche). – Paris 1977, Hg. H. Mitterand (Vorw. G. Deleuze; Folio).

Übersetzungen: *Die Bestie im Menschen*, A. Ruhemann, Budapest 1890. – Dass., M. Pulver (in *Die Rougon-Macquart*, Mchn. 1923–1925; Bd. 17). – Dass., A. Schwarz, Wiesbaden/Bln. 1958. – *Das Tier im Menschen*, G. Krüger (in *Die Rougon-Macquart*, 20 Bde., 17, Mchn. 1977; ern. 1981).

Verfilmung: Frankreich 1939 (Regie: J. Renoir).

Literatur: A. Jagmetti, *»La bête humaine« d'É. Z.*, Genf 1955. – J. H. Mathews, *The Railway in Z.'s »La bête humaine«* (in Symposium, 14, 1960, S. 53–59). – M. Kanes, *Z.'s »la bête humaine«*, Berkeley/Los Angeles 1962. – M. Dentan, *À propos d'un chapître de »La bête humaine«* (in Étude de lettres, 10, Juli–Sept. 1977, S. 31–47). – M. Larkin, *»La bête humaine«* (in M. L., *Man and Society in Nineteenth-Century Realism*, Totowa/N.J. 1977,

S. 123–133). – E. Brock-Sulzer, *Z. »Die Bestie im Menschen«* (in E. B.-S., *Der europäische Roman des 19. Jh.s*, Kilchberg am Zürichsee 1982, S. 209 bis 225). – R. Ceserani, *»La bestia umana« di Z.*, Turin 1989. – R. Ceserani, *Der Raum als Strecke in Z.'s »Das Tier im Menschen« u. Aimatows »Der Tag zieht den Jahrhundertweg«* (in WB, 35, 1989).

LA CONQUÊTE DE PLASSANS

(frz.; *Die Eroberung von Plassans*). Vierter Roman des Zyklus *Les Rougon-Macquart* von Émile ZOLA, erschienen 1874. – Der Autor schildert in diesem Werk die französische Provinz während des Zweiten Kaiserreichs. Im Zentrum des Romans steht die Gestalt des Abbé Faujas. Persönlich von vorbildlicher Bedürfnislosigkeit und Selbstzucht, besitzt er trotz seiner Verschlossenheit eine Anziehungskraft, die ihn befähigt, Menschen suggestiv zu beherrschen. Nie läßt er sich durchschauen; die eigentlichen Motive seines Handelns bleiben im dunkeln. Zola interessiert an dieser bewundernswerten und zugleich verdächtigen Figur vornehmlich das ihr von Pariser Autoritäten übertragene Amt: Faujas ist geheimer Agent des kaiserlichen Regimes und soll die monarchistisch-legitimistische Provinzstadt mit ihrer geschwätzigen, vorsichtigen und altmodischen Bürgerschaft dem Bonapartismus zurückgewinnen. Zola durchleuchtet an diesem Beispiel die für seine Zeit in der Tat nicht zu unterschätzende Rolle eines politisch einflußreichen Klerus, auf dessen Loyalität die herrschende Macht zu bauen gezwungen war. Der Abbé Faujas ist von einer im gesamten Romanzyklus der *Rougon-Macquart* einmaligen Ansammlung von Priestern umgeben, die sich nach Überzeugung, Aussehen und Gebaren deutlich voneinander unterscheiden – *»Fénil est pour Rome, Faujas pour Paris, Bourrette pour Dieu et Surin pour rien«*, kommentiert der Autor in seinen Notizen. Da der Bischof Rousselot angesichts der Aussicht, Erzbischof zu werden, zurückhaltende Vorsicht übt, hat der politische Agent in der Soutane freies Spiel. Die Eroberung von Plassans ist nicht zu trennen von der Katastrophe, die sich für die bislang glückliche Familie Mouret mit dem Einzug des Abbé Faujas in ihr Haus anbahnt. Die Frau, Marthe, verfällt einer unglücklichen Neigung zu dem Priester. Die erotische Spannung verbirgt sich hinter Ausbrüchen von mystischer Frömmigkeit, die zunehmend den Charakter einer gefährlichen Psychose annehmen. Der Abbé weist die Frau brutal und verächtlich in ihre Schranken, nicht ohne jedoch ihre bedingungslose Liebe für seine politischen Zwecke zu mißbrauchen. Psychologisch durchaus wahrscheinlich, aber von Zola nur mangelhaft ausgearbeitet ist die Auswirkung dieses Verhältnisses auf den Ehemann Mouret, der in Depressionen verfällt und schließlich in die Irrenanstalt eingeliefert wird. Als Reaktion auf den Erfolg des Abbé Faujas bildet sich eine Gegenpartei, die dem schließlich tatsächlich wahnsinnig gewordenen Mouret die Flucht aus dem Irrenhaus und damit dem Roman einen überraschenden Schluß ermöglicht: Mouret setzt seine Villa in Brand und kommt samt dem Priester in den Flammen um. In derselben Nacht stirbt Marthe im Hause ihrer Mutter an Schwindsucht. Dieses Finale – ein detailliert geschilderter Exitus – hat Zola selbst wegen seiner Gesuchtheit und Unwahrscheinlichkeit später verworfen. FLAUBERT indessen sah darin *»un trait sublime«*.

In seinen Beschreibungen profitiert Zola von seiner genauen Kenntnis des Ortes Plassans und sorgfältigen Vorstudien, die ihm die detaillierte Darstellung des Milieus und interessante politisch-soziologische Einblicke erlauben. In diesem Punkt unterscheidet sich die *Conquête de Plassans* wesentlich von BALZACS *Curé de Tours*, der in der Gestalt des Vikars Troublet zunächst Parallelen bietet. I.P.

AUSGABEN: Paris 1874 (in Le Siècle, 24. 2. bis 25. 4.). – Paris 1874 (in *Les Rougon-Macquart*, 20 Bde., 1871–1893, 4). – Paris 1927 (in *Œuvres complètes*, Hg. M. Le Blond u. E. Fasquelle, 50 Bde., 1927–1929, 5). – Paris 1960 (in *Les Rougon-Macquart*, Hg. A. Lanoux u. H. Mitterand, 5 Bde., 1960–1967, 1; Pléiade). – Paris 1966–1970 (in *Œuvres complètes*, Hg. H. Mitterand, 15 Bde., 2). – Paris 1984 (Poche). – Paris 1985 (GF).

ÜBERSETZUNGEN: *Die Einnahme von Plassans*, F. Wohlfahrt [d. i. P. Heichen], Großenhain 1882. – *Die Eroberung von Plassans*, O. Schwarz, Budapest 1890. – Dass., A. Schwarz (in *Die Rougon-Macquart*, Bd. 4, Budapest 1893). – Dass., W. Printz (in *Die Rougon-Macquart*, Bd. 4, Mchn. 1923; ern. Mchn./Bln. 1927). – Dass., G. Schewe, Mchn. 1965 (GGT). – Dass., ders. (in *Die Rougon-Macquart*, 20 Bde., 4, Mchn. 1975; ern. 1981).

LITERATUR: D. Baguley, *Les paradis perdus. Espace et regard dans »La conquête de Plassans« de Z.* (in NCFSt, 9, 1980/81, S. 80–92). – N. Schor, *The Delusion of Interpretation. »The Conquest of Plassans«* (in N. Sch., *Reading in Detail*, NY/Ldn. 1981, S. 110–119; 163/164).

LA CURÉE

(frz.; *Die Beute*). Zweiter Roman des Zyklus *Les Rougon-Macquart* von Émile ZOLA, erschienen 1871. – Zu Anfang wurde *La curée* kaum beachtet; später jedoch verhalf das Aufsehen, das *L'assommoir* erregte, auch diesem Werk zum Erfolg: Es galt fortan als der beste der frühen Romane Zolas, als ein bleibendes Dokument der Zustände im Paris des Zweiten Kaiserreiches. Dem Glanz, Luxus und Reichtum des Empire stehen Korruption, Spekulation, Schwindelaffären und sittliche Verkommenheit gegenüber: *»Die Handvoll Abenteurer, die soeben einen Thron gestohlen hatten, brauchten auch eine abenteuerliche Regierung, anrüchige Geschäfte, feile Gewissen und käufliche Frauen.«*

Repräsentant dieser Gesellschaft ist der Grundstücksspekulant Aristide Rougon, der sich Saccard nennt und dessen Aufstieg aufs engste mit den umwälzenden Veränderungen des Stadtbildes von Paris unter Haussmann verbunden ist. Er ist als exemplarischer Emporkömmling dargestellt, trägt aber dennoch – wie alle Gestalten des Romans – daneben durchaus individuelle Züge. Was ihn treibt, ist nicht ausschließlich brutale Geldgier, sondern zugleich ein geradezu künstlerischer Sinn für die Abwicklung diffiziler Finanzmanöver. Weil aber dieses soziale Thema die von Zola geforderte *»leidenschaftlich bewegte Handlung«* allein nicht zu liefern vermag, koppelt es der Autor mit dem individuellen Drama einer Liebesaffäre zwischen Saccards aus Berechnung geheirateter reicher Frau Renée und deren Stiefsohn Maxime. Diese beiden Gestalten will Zola als Produkt und Opfer sowohl ihrer Erbanlagen als auch ihres sozialen Milieus verstanden wissen. Maxime ist der erblich belastete Nachkomme einer bereits dekadenten und zu Abnormitäten neigenden Familie, ein weichlicher und willenloser Genußmensch und blasierter, eleganter Dandy. Renée, schon von Natur äußerst nervös und reizbar, ist dem Einfluß des Milieus, in das sie gerät, noch stärker ausgesetzt.

Der Wechsel von der gutbürgerlichen, behüteten Welt ihres Elternhauses in den mondänen Trubel der Großstadt kommt einer verhängnisvollen, sozialen Entwurzelung gleich. Die ausführlich geschilderten Orgien, die sie, die eigentlich treibende Kraft des Verhältnisses, mit dem weibischen Maxime in ihrer luxuriösen Wohnung feiert – dieser halbe Inzest, durch Phädra-Anspielungen noch verstärkt –, erregen in ihr einen Schauer der Sünde, dessen Extravaganz ihre verwöhnte Genußsucht nur noch steigert. Doch unterscheidet Renée sich von den übrigen Vertretern ihrer Kreise dadurch, daß sie sich der Verderbtheit ihrer Umgebung und ihres eigenen Lebens bewußt wird: *»Da erwachte in ihr, angesichts der Ungeheuerlichkeiten ihres Lebens, das bürgerliche Blut ihres Vaters und empörte sich ... denn sie erkannte jetzt, daß Saccard sie nur als Spieleinsatz, als Betriebskapital benutzt und daß Maxime sich nur eingefunden hatte, um das Goldstück aufzulesen, das dem Spekulanten aus der Tasche gefallen war.«* Von den Details verdient vor allem die großartige Charakterisierung der beiden Dienstboten Erwähnung sowie die durchgängige Verwendung »interpretierender« Symbole – etwa das rosa Schlafzimmer und der exotische Wintergarten oder die Aufführung lebender Bilder usw.

Nach dem dramatischen Ende – dem Bruch zwischen Renée und Maxime – zeigt sich Zola als der souveräne Theoretiker des Naturalismus: Er fügt ein protokollarisches Kapitel an, das den Roman mit der Analyse des Geschehens und der nüchternen Mitteilung vom Tode Renées und der Bezahlung ihrer Schulden abschließt. Überdies verfaßte er 1887 aufgrund dieses Romans ein Drama, *Renée*, das als einer der gelungensten Versuche, dem Naturalismus auch die Bühne zu erobern, anzusehen ist. I.P.

AUSGABEN: Paris 1872 [1871] (in *Les Rougon-Macquart*, 20 Bde., 1871–1893, 2). – Paris 1927 (in *Œuvres complètes*, Hg. M. Le Blond u. E. Fasquelle, 50 Bde., 1927–1929, 3). – Paris 1960 (in *Les Rougon-Macquart*, Hg. A. Lanoux u. H. Mitterand, 5 Bde., 1960–1967, 1; Pléiade). – Paris 1966–1970 (in *Œuvres complètes*, Hg. dies., 15 Bde., 2). – Paris 1970 (GF). – Paris 1980, Hg. H. Mitterand (Vorw. J. Borie; Folio). – Paris 1984 (Poche). – Paris 1986, Hg. J. Noiray.

ÜBERSETZUNGEN: *Die Treibjagd*, A. Schwarz (in *Die Rougon-Macquart*, Bd. 2, Budapest 1892. – *Die Jagdbeute*, M. u. E. Brod (in *Die Rougon-Macquart*, Bd. 2, Mchn. 1923; ern. Mchn./Bln. 1927). – *Die Beute*, F. E. Stössinger, Zürich 1954. – *Pariser Beute*, I. Kollpacher, Wien 1970. – *Die Beute*, anon. (in *Die Rougon-Macquart*, 20 Bde., 2, Mchn. 1974; ern. 1981). – Dass., M. u. E. Brod, Mchn. 1981 (Knaur Tb).

VERFILMUNG: Frankreich/Italien 1966 (Regie: R. Vadim).

LITERATUR: E. M. Grant, *The Composition of »La Curée«* (in RomR, 45, 1954, S. 29–44). – J. C. Lapp, *The Watcher Betrayed and the Fatal Woman: Some Recurring Patterns in Z.* (in PMLA, 74, 1959, S. 276–284). – F. Wolfzettel, *Vertikale Symbolik in É. Z.'s »La Curée«* (in GRM, 19, 1969, S. 435 bis 443). – R. Bourneuf, *Retour et variation de formes dans »La curée«* (in RHLF, 69, 1969, S. 993 bis 1008). – S. Petrey, *Stylistics and Society in »La curée«* (in MLN, 89, 1974, S. 626–640). – B. Nelson, *Speculation and Dissipation: a Reading of Z.'s »La curée«* (in EFL, 14, 1977). – J. A. Allan, *Narcissism and the Double in »La curée«* (in SFR, 5, 1981, S. 295–312). – J.-L. Cabanès, *Le corps sensible et l'espace romanesque dans »La curée«* (in Littérature, 15, 1986, S. 143–154). – J. Noiray, *Une ›mise en abyme‹ de »La curée«* (in Littératures, 16, 1987, S. 69–77). – F. de Chalonge, *Espace, regard et perspectives* (in Littérature, Febr. 1987, Nr. 65, S. 58–69). – S. Capitano, *Les mécanismes métaphoriques dans »La curée«* (in Les Cahiers Naturalistes, 61, 1987, S. 181–193). – *»La curée« de Z. ou ›La vie à outrance‹*, Paris 1987 [Kongreßakten]. – E. Robert, *»La curée« de Z.* (in Littérature, 19, 1989, Nr. 75, S. 112–135). – J. Best, *Espace de la perversion et perversion de l'espace. La génération du récit dans »La curée«* (in Les Cahiers Naturalistes, 63, 1989, S. 109–115).

LE DOCTEUR PASCAL

(frz.; *Doktor Pascal*). Roman von Émile ZOLA, erschienen 1893. – *Le docteur Pascal* ist der letzte Roman des zwanzigbändigen Zyklus *Les Rougon-Macquart* und nach Ansicht Zolas *»das Resümee und der Abschluß«* des ganzen Werks. Im Mittelpunkt des Geschehens steht das Liebesverhältnis eines merkwürdigen, aber doch einander harmonisch ergänzenden Paares: des fast sechzigjährigen, weißhaarigen, doch an Körper und Geist jung gebliebenen Arztes Pascal Rougon und seiner vierundzwanzigjährigen Nichte Clotilde. Pascal hat sie seit ihrem achten Lebensjahr erzogen, und das intelligente und auch sehr weibliche Mädchen ist zu einer ihm geistig ebenbürtigen Partnerin geworden. Zola spielt mehrfach auf die Patriarchen des *Alten Testaments* an und gibt mit der Nennung von Namen wie Abraham und Agar, Boas und Ruth, David und Bathseba biblische Parallelen für sein *»blühende Jugend«* und *»reife Kraft«* vereinendes Paar. Docteur Pascal, bei Zola die Idealgestalt des Wissenschaftlers, ist so sehr der Wortführer der Gedanken seines Autors, daß sich kaum unterscheiden läßt, wer von beiden spricht. Er tritt auf als der Verfechter der auf die Lehren von Darwin, Haekkel, August Weismann und Eduard Lucas zurückgehenden »physiologischen« Theorien Zolas über Vererbung und Degeneration, die ein Leitmotiv des gesamten Romanzyklus sind. Hauptgegenstand der Studien Pascals ist der Stammbaum seiner eigenen Familie. In zahllosen Aktenbündeln hat er die verschiedenen Etappen ihrer Entartung und ihres geistigen Verfalls aufgezeichnet und kommentiert.

Aufschlußreich für Zolas Anschauungen sind die Gespräche, in denen Pascal sich mit Clotildes religiösen Ideen auseinandersetzt: Er lehnt das bewußte Nichtwissenwollen, den Rückzug auf ein jenseitiges Heil als geistige Trägheit ab. Er leugnet zwar nicht das Vorhandensein von Erkenntnisgrenzen, hofft aber darauf und arbeitet daran, daß diese Grenzen in Zukunft immer mehr erweitert werden können. Das junge Mädchen flüchtet aus der verwirrenden Fülle des als wirklich Erkannten zunächst in den Glauben. Den geduldigen Belehrungen des Forschers begegnet sie mit der lapidaren Behauptung: *»Es gibt keine Wirklichkeit.«* Durch das Erlebnis von Liebe, Schwangerschaft und Geburt indessen, diese der Frau ureigene Art der Wirklichkeitserfahrung, erkennt sie sich als ein Glied in der Entwicklung der Menschheit und begegnet in dieser Erkenntnis den Gedanken des geliebten Mannes. Am Schluß des Romans und damit am Ausgang dieser Serie »schwarzer« Romane steht ein versöhnliches Bild: eine Mutter, die ihr Kind nährt – *»ist das nicht das Bild einer dauernden und erlösten Welt?«* Der nach dem Tode Pascals geborene Sohn, dieses letzte Kind der schrecklichen Familie, öffnet den Blick in eine Zukunft, in der es dem Menschen vielleicht endlich gelingt, die Welt von Übel und Leid zu befreien.

Das Erscheinen des Romans trug seinem Verfasser angemessenes, aber kühles Lob ein. Obwohl *Le docteur Pascal* im Gesamtwerk eine Schlüsselstellung einnimmt, von starkem autobiographischen Interesse ist und eigenwillige künstlerische Qualitäten besitzt, hat das Buch nie die hohen Auflageziffern der anderen Romane Zolas erreicht. I.P.

Ausgaben: Paris 1893 (in *Les Rougon-Macquart*, 20 Bde., 1871–1893, 20). – Paris 1928 (in *Œuvres complètes*, Hg. M. Le Blond u. E. Fasquelle, 50 Bde., 1927–1929, 22). – Paris 1966–1970 (in *Œuvres complètes*, Hg. H. Mitterand, 15 Bde., 6). – Paris 1967 (in *Les Rougon-Macquart*, Hg. A. Lanoux u. H. Mitterand, 5 Bde., 1960–1967, 5; Pléiade). – Paris 1976 (Einl. R. Jouanny; GF). – Paris 1984, Hg. H. Mitterand (Folio).

Übersetzungen: *Doktor Pascal*, A. Schwarz (in *Die Rougon-Macquart*, Bd. 20, Budapest 1899). – Dass., R. Schapire (in *Die Rougon-Macquart*, Bd. 20, Mchn. 1925; ern. Mchn./Bln. 1927). – Dass., E. Hardt, Lpzg. 1925. – Dass., T. Fein, Zürich 1970. – Dass., H. Balzer u. E. Eichholz (in *Die Rougon-Macquart*, 20 Bde., 20, Mchn. 1977; ern. 1981). – Dass., R. Schapire, Mchn. 1982 (Knaur Tb).

Literatur: G. Pellissier, *»Docteur Pascal« de Z.* (in Revue Encyclopédique, 3, 1893, S. 793–800). – G. Lebedour, *Z.s »Doktor Pascal«* (in Freie Bühne für modernes Leben, 4, 1893, S. 1057–1061). – M. Butor, *Au feu des pages* (in Les Cahiers Naturalistes, 13, 1967, S. 101–113). – F. Wolfzettel, *»Le docteur Pascal« und seine Bedeutung für den »Rougon-Macquart-Zyklus« Z.s* (in NSp, 21, 1972, S. 148–160). – R. Schober, *Der Doktor Pascal oder Vom Sinne des Lebens* (in BRP, 12, 1973, S. 317–343). – D. Baguley, *Du naturalisme au mythe. L'alchimie du »Docteur Pascal«* (in Les Cahiers Naturalistes, 20, 1974, S. 141–167). – R. Schober, *»Le docteur Pascal«, un tournant dans la pensée théorique et dans la pratique littéraire de Z.* (in Crel, 1979, Fasz. 3, S. 84–96). – M. Granet, *Le temps trouvé par Z. dans son roman »Le docteur Pascal«*, Paris 1980. – F. Gaillard, *Genèse et généalogie. Le cas du »Docteur Pascal«* (in Romantisme, 31, 1984, S. 181–196). – S. Kellner, *»Le docteur Pascal«*, Lund 1988. – D. L. Schalk, *Tying Up the Loose Ends of an Epoch. Z.'s »Docteur Pascal«* (in French Historical Studies, 16, 1989, S. 202–216).

LA FAUTE DE L'ABBÉ MOURET

(frz.; *Die Sünde des Abbé Mouret*). Fünfter Roman des Zyklus *Les Rougon-Macquart* von Émile Zola, erschienen 1875. – Der im Jahre 1874 abgeschlossene Roman war schon vor der Buchveröffentlichung in der St. Petersburger Zeitschrift ›Vestnik Europy‹ (›Le Messager de l'Europe‹) erschienen. Er bildet das erste Beispiel in der Reihe von Werken, die sich – wie später vor allem *Le rêve* – nur mittelbar den aktuellen politischen Dimensionen des Zyklus *Les Rougon-Macquart* einfügen. Nach der ursprünglichen Konzeption sollte die Priesterthematik eingebunden werden in die Darstellung der religiösen Spannungen und Aufgeregtheiten, die die französische Gesellschaft im ausgehenden zweiten Kaiserreich um 1869 beschäftigten. Zola gliederte das Thema des bonapartistischen Klerikalismus jedoch aus und behandelte es – und zugleich damit die Vorgeschichte des Abbé Mouret – gesondert in

La conquête de Plassans. Im Mittelpunkt dieses Romans steht die mit François Mouret verheiratete Marthe Rougon, eine hysterisch veranlagte Frau, die in religiösen Wahnvorstellungen einen vorzeitigen Tod findet.

Durch die häuslichen Verhältnisse ist Marthes Sohn Serge, die Titelgestalt des zeitlich anschließenden Werks, bereits früh in seiner Hinwendung zum Glauben gefördert worden. Als Pfarrer der kleinen Landgemeinde »Les Artaud« lebt er in einer rückständigen Gegend der Provence. Das abgeschiedene Pfarrhaus bewohnt er mit seiner jüngeren Schwester Désirée, einem einfältigen Geschöpf, das im bäuerlichen Leben und im Umgang mit den Tieren aufgeht, während der Bruder sich ganz auf sein Seelenheil konzentriert. Bei der Verfolgung seiner mystischen Neigungen zeigt allerdings auch er eine schlichte Frömmigkeit, die seiner menschenfreundlichen Grundeinstellung und deren kindlicher Liebesbereitschaft entspringt. Sein Sündenverständnis, das sich nicht zuletzt in Nachsicht gegenüber den Pfarrkindern und ihrer ungebrochenen Triebhaftigkeit manifestiert, ist entsprechend – ganz im Gegensatz zu dem engstirnigen Rigorismus des ebenfalls im Dorf wohnenden Ordensbruders Archangias.

Das Seelendrama des jungen Abbé setzt ein, als er über seinen Onkel, den Doktor Pascal Rougon, in Kontakt kommt zu dem »Philosophen« Jeanbernat. Dieser aufklärerische Geist, ein entschiedener Anhänger materialistischen Denkens und zugleich ein misanthropischer Einzelgänger, lebt seit langem zurückgezogen auf einem Gut am Rande von »Les Artaud«. Zu dem Besitz gehört auch das »Paradou«, ein ausgedehnter verwilderter Garten, in dem Jeanbernat seine Nichte Albine aufwachsen läßt, ein blondes Wesen, das – den Zwängen der Zivilisation weitgehend entzogen – in noch ungebrochener Unschuld an der Schwelle zum Erwachsenenalter steht. Die unerwartete Begegnung mit ihr versetzt den Abbé Mouret, der gekommen ist, um ihren Onkel für den Glauben zurückzugewinnen, in eine tiefe Verwirrung. Wenig später befällt ihn ein gefährliches Fieber, von dem er sich nur langsam erholt. Um die Gesundung durch eine Auflockerung der strengen Lebensführung zu befördern, bringt ihn der Arzt Rougon in das »Paradou«, wo ihn Albine, das Naturkind, mit unbefangener Unschuld hingebungsvoll pflegt. Dort kommt es zum Sündenfall. Der Genesende, der während der Nervenkrise die Erinnerung fast ganz verloren hat, ist wie betört vom Zauber des Gartens. Nach seinem Erleben vermischt sich die sinnenstrotzende Natürlichkeit des »Paradou« mit den Reizen der erwachenden Frau. Die zarten Gefühle, die sich zwischen Serge und Albine entspinnen, schlagen bald in heftige Liebe um, die ihr kreatürliches Recht fordert und zur körperlichen Vereinigung der beiden führt. Das Glück, zu dem die Liebenden in der Abgeschlossenheit des Gartens gekommen sind, wird aber wenig später von außen gestört. Frère Archangias hält dem gefallenen Priester unerbittlich seine Verfehlung vor und bewegt ihn zum Verlassen des »Paradou«. Im verstärkten Einsatz für ein vollkommenes Priestertum, wodurch er später – wie in *Le docteur Pascal* berichtet wird – zu strenger Selbstverleugnung gelangt, bereut Serge seine Sünde. War sein früheres kindliches Gottvertrauen von der Liebe zu Maria getragen, so lebt er jetzt in der Nachfolge des Gekreuzigten. In einem Moment der Schwäche kehrt er zwar noch einmal in das »Paradou« zurück, sagt sich dort aber endgültig von Albine los. Sie, die ein Kind von ihm erwartet, stirbt von Todessehnsucht ergriffen in einem Meer von Blumen, die sie aus dem Garten in ihr Zimmer getragen hat. Bei ihrem Begräbnis waltet der Abbé Mouret erschüttert, aber im festen Vertrauen, richtig gehandelt zu haben, seines Amtes.

Zola hat in dem Roman Anregungen aus zeitgenössischen Werken, die den damals beliebten Themenkomplex bereits behandelt hatten, verarbeitet. Die Problematik von Zölibat und Priestertum wird aber übergeleitet zu der allgemeiner gefaßten Frage nach der Selbsterfahrung und -deutung des modernen Individuums. Der Ausgangspunkt von Zolas Priesterroman ist die Darstellung einer durch ihre Erziehung fehlentwickelten Persönlichkeit, die in geschlechtlicher Neutralität stehengeblieben ist. Im Alter von fünfundzwanzig Jahren macht der Retardierte sexuelle Erfahrungen und wird so zu einem liebenden Mann. Bedingt durch die Vorgeschichte erfolgt jedoch der Rückfall in die Geschlechtslosigkeit. In diesem Szenario wird nicht nur – Zolas evolutionstheoretischen Einsichten entsprechend – unvoreingenommen der Mensch mit seinen animalischen Seiten gezeigt; es geht zugleich um die Darstellung sozialpsychologischer Faktoren, die in die Entwicklung des einzelnen eingreifen und sein Erleben und Verhalten entscheidend mitbestimmen. Die mächtige bewußtseinsprägende Instanz, die Zola dazu gewählt hat, ist die Tradition des katholischen Glaubens mit seinem reichen Reservoir an suggestiven Vorstellungen und seinem nach wie vor großen Einfluß auf die öffentliche Moral. Bei der Auseinandersetzung von Körper und Geist, von sexueller Triebhaftigkeit und asketischer Selbstkontrolle, bleibt hinsichtlich des Ergebnisses im Ablauf des Romans eine bezeichnende Uneindeutigkeit – trotz der Entschiedenheit, mit der von seinem Ende her das Verhalten des Priesters als Verrat an der Menschlichkeit bloßgestellt erscheint. Schon bevor die Gemeinsamkeit des Paares zu dem abrupten Abbruch kommt, erweist sich das Liebesglück als flüchtig und instabil. Nicht anders als der Abbé ist auch die von religiösem Gedankengut weitgehend unbeeinflußt aufgewachsene Albine gegenüber dem Erleben der ersten Liebe und ihrer soeben erwachten Weiblichkeit gespalten. Die Frage nach dem Für und Wider von Trieb und Geist, von Natur und Religion, erweist sich so als nach wie vor unentschieden. Die beiden Liebenden erleben, jeweils der eigenen Vorstellungswelt gemäß, die Erfahrung der Sexualität als Sündenfall, als Wiederholung der Erkenntnis, die die Ureltern im Alten Testament gemacht haben. Auch für sie beginnt damit erst eigentlich die Suche – nach Gott, nach der Wahrheit. Zola hat deshalb sein Romangeschehen, wie schon das Spiel mit den sprechenden Namen zeigt, der Vorlage aus der Genesis nachgebildet. Archangias, dem Engel gleich, der Adam aus dem Garten Eden vertreibt, bringt den Abbé dazu, das »Paradou« zu verlassen. Dem vorgegebenen Ablauf des biblischen Dramas ist auch die dreiteilige Anlage des Werks, dessen Mitte der Verlust der anfänglichen Unschuld unter dem Baum der Erkenntnis bildet, angepaßt. Die Natur in der Gestalt des ungehemmt wuchernden Gartens ist hier jedoch selbst zum Versucher geworden, vor dessen Verführungskraft es kein Entrinnen gibt – es sei denn um den Preis des Verrats am Leben und seinen ungelösten Widersprüchen. Dessen macht sich nicht nur der Abbé Mouret schuldig, der Vorwurf trifft auch andere Romangestalten, bis hin zu Archangias, dem Inbegriff klerikaler Misogynie, und seinem Gegenbild, dem Misanthropen Jeanbernat.

Vor allem in orthodoxen Kreisen der zeitgenössischen Kritik war, wie ein aufgebrachter Artikel Barbey d'Aurevillys eindringlich belegt, die Reaktion auf das Werk heftig. Eine Anzeige wegen Verletzung von Anstand und Moral wurde aber nicht weiter verfolgt. Dagegen stellt der 1880 in seiner endgültigen Form erschienene Roman *O crime do Padre Amaro (Das Verbrechen des Pater Amaro)* von J. M. Eça de Queirós eine ganz andere Auseinandersetzung mit dem mythischen Anspruch von Zolas Werk dar. In dieser Überarbeitung der gleichfalls 1875 veröffentlichten Erstfassung reagierte der Portugiese durch Akzentuierung der sozialkritischen Aspekte auf den Plagiatvorwurf, den man ihm, wie er verdeutlichen wollte, zu Unrecht gemacht hatte. – Die Bearbeitung von *La faute* für das Theater erlebte 1907 im Pariser Odéon durch André Antoine ihre Uraufführung. Die Bühnenmusik stammte von Alfred Bruneau, für dessen Opern fast ausnahmslos Zola die Libretti verfaßt hatte. K.L.

Ausgaben: Paris 1875 (in *Les Rougon-Macquart*, 20 Bde., 1871–1893, 5). – Paris 1927 (in *Œuvres complètes*, Hg. M. Le Blond u. E. Fasquelle, 50 Bde., 1927–1929, 6). – Paris 1960 (in *Les Rougon-Macquart*, Hg. A. Lanoux u. H. Mitterand, 5 Bde., 1960–1967, 1; Pléiade). – Paris 1966–1970 (in *Œuvres complètes*, Hg. H. Mitterand, 15 Bde., 3). – Paris 1972; ern. 1990 (GF).

Übersetzungen: *Die Schuld des Pastor Mouret*, anon., Großenhain 1881. – *Die Sünde des Priesters*, O. Schwarz, Budapest 1888. – Dass., P. Heichen, Bln. 1888. – *Die Sünde des Abbé Mouret*, O. Schwarz (in *Die Rougon-Macquart*, Bd. 5, Budapest 1892). – Dass., Alastair [d.i. H.H. v. Voigt] (in *Die Rougon-Macquart*, Bd. 5, Mchn. 1922). – Dass., E. Eichholtz (in *Die Rougon-Macquart*, 20 Bde., 5, Mchn. 1975; ern. 1981).

Literatur: R. B. Grant, *Confusion of Meaning in Z.'s »La faute de l'abbé Mouret«* (in Symposium, 13, 1959, S. 284–289). – F. W. Hemmings, *The Secret Sources of »La faute de l'abbé Mouret«* (in FS, 13, 1959, S. 226–239). – C. S. Brown, *Parallel Incidents in E. Z. and Tomasi di Lampedusa* (in CL, 15, 1963, S. 193–202). – R. Ripoll, *Le symbolisme végétal dans »La faute de l'abbé Mouret«* (in CN, 31, 1966, S. 11–22). – A. A. Greaves, *Mysticisme et pessimisme dans »La faute de l'abbé Mouret«* (ebd., 36, 1968, S. 148–155). – B. Ormerod, *Z.'s Enclosed Gardens* (in EFL, 2, 1974, S. 35–46). – A. Musumeci, *Tasso, Z. and the Vicissitudes of Pastoralism* (in NCFSt, 4, 1975/76, S. 344–360). – J. del Prado, *Lectura de »La faute de l'abbé Mouret« de Z.* (in Filología Moderna, 17, 1976/77, Nr. 217–264). – F. Minogue, *Z.'s Mythology: ›That Forbidden Tree‹* (in FMLS, 14, 1978, S. 217–230). – S. Statello, *»O crime do Padre Amaro« di Eça de Queirós e »La faute de l'abbé Mouret« di Z.* (in Culture française, Bari, 25, 1978, S. 107–121). – A. H. Pasco, *Love à la Michelet in Z.'s »La faute de l'abbé Mouret«* (in NCFSt, 7, 1978/79, S. 232–244). – R. R. Grimm, *Entmythisierung und Remythisierung der Paradieserzählung. Zu Z.s »Paradou«* (in *Text und Applikation*, Hg. M. Fuhrmann u. a., Mchn. 1981, S. 73–96). – Ch. Bertrand Jennings, *Z. ou l'envers de la science. De »La faute de l'abbé Mouret« au »Docteur Pascal«* (in NCFSt, 9, 1980/81, S. 93–107). – M. Bal, *Quelle est la faute de l'abbé Mouret?* (in AJFS, 22, 1986, S. 149–168). – M. J. Hemingway, *Naturalism and Decadence in Z.'s »La faute de l'abbé Mouret« and Pardo Bazan's »La madre naturaleza«* (in RLC, 61, 1987, S. 31–46). – O. Got, *Z. et le jardin mythique* (in Les Cahiers Naturalistes, 62, 1988, S. 143–152).

LA FORTUNE DES ROUGON

(frz.; *Ü: Das Glück der Familie Rougon*). Erster Roman – zugleich Keimzelle – des Zyklus *Les Rougon-Macquart* von Émile Zola, erschienen 1870. – Dem Autor gelang in diesem Werk die bewundernswerte, in solchem Maße nicht wieder erreichte Vereinigung jener beiden Aspekte, die er im Untertitel des Zyklus angibt: *Natur- und Sittengeschichte einer Familie unter dem Zweiten Kaiserreich*. Die Schicksale der Familien Rougon-Macquart sind aufs engste mit den politischen Ereignissen ihrer Epoche verflochten. Die eigentliche, in dem knappen Zeitraum zwischen zwei Sonntagen sich abspielende Handlung steht in direktem Bezug zum Staatsstreich Louis Napoléons im Jahre 1851, denn die wichtigsten Mitglieder der in dem südfranzösischen Städtchen Plassans beheimateten Sippe treten zu diesem Zeitpunkt in entscheidender Weise politisch in Aktion. Die sieben Romankapitel erweitern in meisterhafter Konstruktion diesen festen zeitlichen Rahmen durch regelmäßige, raffiniert motivierte und übersichtlich bleibende Rückblenden auf die politische und familiäre Vorgeschichte, die das dramatisch sich entfaltende Ge-

schehen einer Woche als logische Folge der Vergangenheit begreiflich machen. Zola entwickelt, abwechselnd rückwärts und vorwärts blickend, die Genealogie der Familie.
Die Stammutter ist die reiche Bäuerin Adélaïde Fouque, die nach dem Tode ihres Mannes, des Gärtners Rougon, den Schmuggler und Trunkenbold Macquart zum Liebhaber nahm. Ihre Kinder sind Pierre Rougon und Antoine und Ursule Macquart. Zwischen dem legitimen Sohn, der die kindisch gewordene Alte skrupellos ausnutzt, und den von Pierre um ihr Erbe betrogenen illegitimen Kindern und ihren beiderseitigen Nachkommen herrscht eine Feindschaft, die mitbestimmend ist für die Vorgänge in diesem ersten Roman. Pierre Rougon und seine Familie – er ist mit der ehrgeizigen und begüterten Félicité Fuech verheiratet, mit der er fünf Kinder hat – gehören zur Partei Louis Napoléons, in dessen mit Hilfe des Adels und des Klerus geplantem Staatsstreich sie die Chance zum Geld und Macht bringenden sozialen Aufstieg sehen. Von ihrem Sohn Eugène, einem Anhänger Napoléons, der in Paris sein Glück zu machen sucht, werden sie über die politischen Vorgänge auf dem laufenden gehalten. In ihrem »gelben Salon« sammeln sie alle napoleonisch gesinnten Bürger von Plassans um sich und bereiten einen Umsturz in dem kleinen Städtchen vor. Die Macquarts hingegen stehen auf seiten der Republikaner. Besonders Antoine, ein Randalierer und Trinker, gebärdet sich als wütender Demokrat – allerdings mehr aus Haß gegen die Rougons als aus Überzeugung. Ursules Sohn Silvère hingegen ist ein naiver und reiner Idealist, auf den die großen Worte von Freiheit, Gleichheit und Brüderlichkeit eine solche Faszination ausüben, daß er dafür zu sterben bereit ist. Begeistert unterstützt er die Aufständischen, die sich den Absichten Louis Napoléons, sich zum Kaiser ausrufen zu lassen, widersetzen. Zusammen mit seiner noch kindlichen Freundin Miette macht er sich auf den Weg aus der Stadt. Als sie auf eine Gruppe der Aufständischen stoßen, schließen sie sich ihnen an, und Miette übernimmt die Fahne. Bald werden sie von Regierungstruppen umstellt und niedergeschossen. Silvère wird gefangengenommen und später als Rebell in Plassans vor den Augen seiner Großmutter, die darüber vollends wahnsinnig wird, standrechtlich erschossen. Pierre Rougon indessen hat auf die Nachricht vom geglückten Umsturz in Paris hin mit Hilfe des bestochenen Verräters Antoine Macquart die Gewalt in der Stadt an sich gerissen. Während die Rougons als siegreiche und Belohnung erwartende Retter der Stadt sich im gelben Salon versammeln, geistert ihr Opfer Silvère durch die irren Reden der Großmutter Adélaïde.
Zola verwirklichte im ersten Teil des Romans, der am Beispiel der Familie Rougon-Macquart die zunehmende Verbürgerlichung reichgewordener Bauern vom Ende des 18. Jh.s bis 1815 und ihren Kampf um Macht und Geld deutlich macht, sein Ziel, persönliche Schicksale zu sozialen Veränderungen in Beziehung zu setzen, am überzeugendsten. Den weiteren Verlauf der Handlung belasten die überaus komplizierten Familienverhältnisse und Zolas Neigung, charakterliche und soziale Gegensätze so zu überspitzen, daß sie konstruiert wirken. Wenn er darauf verzichtet, etwas zu demonstrieren, und z. B. die Liebe Silvères und Miettes oder den Kampf der Aufständischen gegen die Reaktionäre einfach schildert, entstehen die lebendigsten Episoden dieses Romans. I.P.-KLL

AUSGABEN: Paris 1870 (in Le Siècle). – Paris 1871 (in *Les Rougon-Macquart*, 20 Bde., 1871–1893, 1). – Paris 1927 (in *Œuvres complètes*, Hg. M. Le Blond u. E. Fasquelle, 50 Bde., 1927–1929, 2). – Paris 1960 (in *Les Rougon-Macquart*, Hg. A. Lanoux u. H. Mitterand, 5 Bde., 1960–1967, 1; Pléiade). – Paris 1966–1970 (in *Œuvres complètes*, Hg. H. Mitterand, 15 Bde., 2). – Paris 1969; ern. 1990 (GF). – Paris 1981, Hg. H. Mitterand (Folio).

ÜBERSETZUNGEN: *Das Glück des Hauses Rougon*, R. Rode, Großenhain 1881. – *Das Glück der Familie Rougon*, P. Heichen, Bln. 1890. – Dass., O. Schwarz (in *Die Rougon-Macquart*, Bd. 1, Budapest 1890). – Dass., H. Mache (in *Die Rougon-Macquart*, Bd. 1, Mchn. 1922). – Dass., R. Schober, Bln. 1953. – Dass., M. Le Blond (in *Die Rougon-Macquart*, 20 Bde., 1; Mchn. 1974; ern. 1981).

LITERATUR: H. Mitterand, *La publication en feuilleton de »La fortune des Rougon«* (in MdF, Nov. 1959). – R. Ricatte, *À propos de »La fortune des Rougon«* (in Les Cahiers naturalistes, 19, 1961/62, S. 97–106). – M. Agulhon, *Aux sources de »La fortune des Rougon«* (in Europe, April/Mai 1968, Nr. 468/469, S. 161–167). – N. Schor, *From Window to Window* (in YFS, 42, 1969, S. 38–51). – M. Kanes, *»La fortune des Rougon« and the Thirty-Third Cousin* (in EsCr, 11, 1971, S. 36–44). – A. Dezalay, *Ordre et désordre dans les »Rougon-Macquart«: l'exemple de »La fortune des Rougon«* (in TLL, 11, 1973, Nr. 2, S. 71–81). – O. Got, *L'idylle de Miette et Sylvère dans »La fortune des Rougon«* (in Cahiers naturalistes, 46, 1973, S. 146–164). – G. C. Gerhardi, *Z.'s Biological Vision of Politics: Revolutionary Figures in »La fortune des Rougon« and »Le ventre de Paris«* (in NCFSt, 2, 1974, S. 164–180). – G. Chaitin, *The Voices of the Dead: Love, Death, and Politics in Z.'s »Fortune des Rougon«* (in *Literature and Psychology*, 26, 1976). – N. Schor, *Mythes des origines, origine des mythes: »La fortune des Rougon«* (in Cahiers naturalistes, 52, 1978, S. 124–134). – S. Petrey, *From Cyclical to Historical Discourse: the »Contes à Ninon« and »La fortune des Rougon«* (in Revue de l'université d'Ottawa, 48, 1978, S. 371–381). – A. Belgrand, *Le couple Silvère-Miette dans »La fortune des Rougon«* (in Romantisme, 18, 1988, Nr. 62, S. 51–59).

GERMINAL

(frz.; *Germinal*). Dreizehnter Roman des Zyklus *Les Rougon-Macquart* von Émile Zola, erschienen 1885. – In *L'assommoir* hatte Zola die Lebensweise des Pariser Proletariats dargestellt; hier nun beschreibt er unter dem Eindruck des blutig niedergeschlagenen Bergarbeiterstreiks in Anzin (1884) das Leben der Mineurs und ihrer Familien in einem Kohlenrevier in Nordfrankreich, dem er den Namen Montsou gibt. Ohne sich als Erzähler unmittelbar einzuschalten, schildert er die Arbeits- und Lebensbedingungen, unter denen die Bergleute dahinvegetieren, ihre zunehmende Verzweiflung, die sie schließlich zur offenen Revolte treibt, aber nur in noch tieferes Elend zurücksinken läßt. *Germinal* – der »Keim-Monat« (21. 3.–19. 4.) des französischen Revolutionskalenders – deutet auf das im wörtlichen und übertragenen Sinne unterirdische Gären hin, den Anbruch einer sozialen Revolution, mit der der vierte Stand, das Proletariat, sich von der Unterdrückung durch die Bourgeoisie zu befreien sucht. Prophetisch lautet der Schlußsatz des Romans: *»... und bald würde dieses Keimen die Erde sprengen.«*

Im Mittelpunkt einer weitverzweigten Handlung steht der junge Mechaniker Étienne Lantier, dessen Herkunft allein diesen Roman mit der Familiengeschichte der Rougon-Macquart verknüpft: Er ist der uneheliche Sohn der Alkoholikerin Gervaise Macquart (vgl. *L'assommoir*). Im Zuge der Wirtschaftskrise wegen Aufsässigkeit gegenüber einem Vorgesetzten entlassen, irrt er hungernd und frierend durch das Land und findet schließlich in den Kohlengruben von Montsou Arbeit. Im Vordergrund der Handlung stehen neben Étienne die Bergarbeiterfamilie Maheu, bei der er später wohnt, das bürgerliche Heim des Grubendirektors Hennebeau und des Grégoires, eines Aktionärs der Grubengesellschaft, die Gastwirtschaft von Rasseneur, einem gemäßigten Sozialisten, und immer wieder die Gruben selbst, in die die Arbeiter, auch Frauen und Kinder, einfahren. Die fürchterliche Fron unter Tage in Hitze und stickiger Luft bringt trotz des Einsatzes aller auch nur halbwegs arbeitsfähigen Familienmitglieder nur eben so viel Lohn, daß man nicht verhungert. Das materielle und moralische Elend im Bergarbeiterdorf – die Männer ergeben sich erschöpft dem Spiel und Trunk und suchen, ebenso wie die Frauen und Mädchen, in der körperlichen Liebe Vergessen – bewegt Étienne zum Widerstand gegen die unsichtbare Macht, der sich diese Menschen ausgeliefert fühlen. Unter dem Einfluß des russischen Anarchisten Souvarine, der ihn mit den Ideen Bakunins bekanntmacht, liest er sozialistische Schriften und treibt unter den Arbeitern Propaganda. Er gründet eine gemeinnützige Hilfskasse und wird, als die Grubengesellschaft verschleiert eine Lohnminderung ankündigt, zum Organisator eines Streiks. Obwohl ihm die Ansicht Souvarines einleuchtet, die Gesellschaft warte nur auf eine Revolte der Arbeiter, um mit Gewalt eingreifen zu können, sieht Étienne doch in einem Ausstand der Grubenarbeiter die einzige Möglichkeit, ihre gerechten Forderungen durchzudrücken. Im Verlauf des ruhigen und disziplinierten Streiks gelingt es ihm, zehntausend Arbeiter geschlossen für den Beitritt zur Londoner Internationale zu gewinnen, in der Hoffnung, den Streik mit Unterstützungsgeldern aus dem Ausland fortsetzen zu können. Diese treffen zwar ein, reichen aber nicht lange aus. Hunger, die Unnachgiebigkeit der Grubengesellschaft und die Tatsache, daß auf einer benachbarten Grube noch gearbeitet wird, veranlassen die Streikenden zu schärferem Vorgehen. Es kommt zu Sabotageakten auf verschiedene Gruben in der Umgebung und zu einem Protestmarsch der Hungernden zum Haus des Grubendirektors.

Immer mehr Gruben müssen die Förderung einstellen. Die Verluste der Aktiengesellschaft steigen von Tag zu Tag, die Kohlenvorräte gehen zur Neige, die Förderschächte verfallen, die Maschinen rosten – schließlich werden belgische Grubenarbeiter als Streikbrecher eingesetzt und sollen unter Militärschutz einfahren. Dieses Vorgehen der Grubenleitung treibt die Verbitterung der Streikenden auf den Höhepunkt. Bei einem blutigen Zusammenstoß mit den Soldaten werden einige Männer und auch Frauen und Kinder getötet. In den Pariser Zeitungen wird dieser Vorfall als ein Massaker dargestellt, und die Bergwerksgesellschaft sieht sich gezwungen, *»diesen Streik zu beenden, dessen empörend lange Dauer eine soziale Gefahr zu werden droht«*. Die Belgier werden entlassen, das Militär wird zurückgezogen und die Zeche wieder geöffnet. Mit der vagen Versprechung, die Direktion werde *»mit Sorgfalt und Wohlwollen prüfen, inwiefern sich die Verhältnisse bessern lassen«*, fordert man die Streikenden auf, zu ihrem Arbeitsplatz zurückzukehren. Wieder unter Tage, werden die Bergarbeiter von einem Wassereinbruch überrascht, den der Anarchist Souvarine, getreu seinem zerstörerischen revolutionären Konzept, ausgelöst hat. Die meisten können sich zwar noch durch den zusammenstürzenden Hauptschacht retten, doch einige werden verschüttet. Nach fünfzehn Tagen ununterbrochener Suche wird als einziger Überlebender Étienne befreit. In seinen Armen hält er den Leichnam Cathérine Maheus, die angesichts des Todes seine Frau geworden ist. Nach seiner Genesung verläßt er Montsou, um in Paris die soziale Revolution vorbereiten zu helfen. Sein Abschied von den Bergleuten, die nach dem verlorenen Kampf der Grubengesellschaft bedingungslos ausgeliefert sind und noch mehr ausgebeutet werden als zuvor, wird zu einer stillen Demonstration ihres ungebrochenen Willens zum Widerstand. Bewußter als zuvor, geduldig und zäh werden sie auf den Tag ihrer Befreiung hinarbeiten.

Im Gegensatz zu zahlreichen Werken des Sozialistischen Realismus, der sich gern auf *Germinal* beruft, gibt Zola die Zustände im Kohlenrevier, fern jeder Schwarzweißmalerei, mit *»fast protokollarischer Sachlichkeit«* (E. Auerbach) wieder. So zeichnet er z. B. den Grubenbesitzer Deneulin, der durch den Streik ruiniert wird, als aktiven und aufgeschlossenen Unternehmer ohne jede schablonenhafte Ausbeutermentalität und verzichtet insbesondere auf eine Idealisierung der Arbeiter, deren Brutalität, Trunksucht und Neigung zum Kriminellen er als Folgeerscheinungen der sozialen Misere sieht. Wie schon nach der Veröffentlichung von *L'assommoir* warf man Zola allerdings auch diesmal vor, er verleumde die Arbeiter und gebe ein unzutreffendes, polemisch verzerrtes Bild von den Zuständen im Bergbau. Gegen diese böswilligen und herabsetzenden Behauptungen setzte sich Zola energisch zur Wehr: *»Ich habe nur den Wunsch gehabt, sie so zu zeigen, wie die Gesellschaft sie gemacht hat, und damit ein solches Mitleid, einen solchen Schrei nach Gerechtigkeit zu wecken, daß Frankreich endlich aufhört, sich von dem Ehrgeiz einer Handvoll Politiker verschlingen zu lassen, und sich um die Gesundheit und das Wohlergehen seiner Kinder kümmert.«* (Brief vom 4. 4. 1885)

Dank der kunst- und effektvollen Ausgewogenheit von epischer Breite und dramatischer Intensität wie auch der psychologisch ausgefeilten Darstellung individueller Schicksale und ihrer Verkettung mit der allgemeinen sozialen und wirtschaftspolitischen Situation Frankreichs Ende der sechziger Jahre gehört *Germinal* unbestritten zu den Meisterwerken des Realismus. Sein Einfluß zeigt sich nicht nur in den thematisch verwandten Werken von GOR'KIJ, Van der MEERSCH und HAUPTMANN. In der Diskussion über die Möglichkeiten einer »engagierten Literatur« spielt er von Heinrich MANN bis zu SARTRE eine bedeutende Rolle. KLL

AUSGABEN: Paris 1885 (in *Les Rougon-Macquart*, 20 Bde., 1871–1893, 13). – Paris 1928 (in *Œuvres complètes*, Hg. M. Le Blond u. E. Fasquelle, 50 Bde., 1927–1929, 13). – Paris 1964 (in *Les Rougon-Macquart*, Hg. A. Lanoux u. H. Mitterand, 5 Bde., 1960–1967, 3; Pléiade). – Paris 1966–1970 (in *Œuvres complètes*, Hg. H. Mitterand, 15 Bde., 5). – Paris 1975 (GF). – Paris 1978, Hg. H. Mitterand (Vorw. A. Wurmser; Folio). – Paris 1984. – Paris 1984, Hg. C. Becker.

ÜBERSETZUNGEN: *Germinal. Socialer Roman*, E. Ziegler, 2 Bde., Dresden 1885. – *Germinal*, A. Schwarz (in *Die Rougon-Macquart*, Bd. 13, Budapest 1895). – Dass., J. Schlaf (in *Die Rougon-Macquart*, Bd. 13, Mchn. 1923). – Dass., F. Hardekopf, Zürich 1947 [Ill. F. Masereel]. – Dass., A. Schwarz, Hg. W. Koeppen, Stg 1974 (RUB). – Dass., J. Schlaf (in *Die Rougon-Macquart*, 20 Bde., 13, Mchn. 1976; ern. 1981). – Dass., A. Schwarz, Ffm. 1983 (Insel Tb).

DRAMATISIERUNG: É. Zola, *Germinal*, Paris 1888.

LITERATUR: P. van Tieghem, *»Germinal«. Documents inédits de la Bibliothèque Nationale*, Paris 1954. – I.-M. Frandon, *Autour de »Germinal«*, Genf/Lille 1955. – E. M. Grant, *Z.'s »Germinal«*, Leicester 1962. – H. Psichari, *Anatomie d'un chef-d'œuvre. »Germinal«*, Paris 1964. – C. Abastado, *Z.'s »Germinal«, analyse critique*, Paris 1970. – R. M. Zakarian, *Z.'s »Germinal«*, Genf 1972. – M. Girard, *»Germinal« de Z.*, Paris 1973. – C. Smethurst, *»Germinal«*, Ldn. 1974. – H.-J. Neuschäfer, *»Germinal«* (in *Der französische Roman*, Hg. K. Heitmann, Düsseldorf 1975, Bd. 2, S. 9–37, 327). – D. Lindenberg u. a., *»Germinal«. Projet sur un roman*, Paris 1975. – A. Vial, *»Germinal« et le ›socialisme‹ de Z.*, Paris 1975. – Les Cahiers Naturalistes, 22, 1976. – U. Ricken, *Zur Lexik der Gesellschaftsbeschreibung im »Ventre de Paris« und in »Germinal«* (in BRP, 17, 1978, S. 185–191). – P. Lejeune, *»Germinal«, un roman antipeuple*, Paris 1978. – S. Petrey, *Sozialer Diskurs und Literatur in »Germinal«* (in *Der französische Sozialroman*, Hg. F. Wolfzettel, Darmstadt 1982, S. 461–489). – R. Schober, *Die Wirklichkeitssicht des »Germinal«* (ebd., S. 347–400). – C. Becker, *Z. »Germinal«. Bibliographie commentée et index thématique*, Paris 1984. – C. Abastado, *Z. »Germinal«*, Ffm./Paris 1984. – Ph. Walker, *»Germinal« and Z.'s Philosophical Thought and Religious Thought*, Amsterdam 1984. – *É. Z. La fabrique de »Germinal«. Dossier préparatoire de l'œuvre*, Hg. C. Becker, Lille 1986. – RHLF, 85, 1985, S. 387–474 [Sondernr.]. – V. Borsò-Borgarello, *Metaphorische, symbolische und mythische Prozesse. »Germinal« von Z.* (in V. B.-B., *Metapher*, Tübingen 1985, S. 146–180). – D. Bertrand, *L'espace et le sens. »Germinal« de Z.*, Amsterdam 1985. – P. Morel, *À propos de »Germinal« de Z.* (in LR, 43, 1989, S. 187–194). – H. Marcel, *»Germinal«. Une documentation intégrale*, Glasgow 1989.

J'ACCUSE ...! Lettre ouverte au Président de la République

(frz.; *Ü: Offener Brief an den Präsidenten der französischen Republik*). Offener Brief von Émile ZOLA, erschienen in der Tageszeitung ›L'Aurore‹ am 13. 1. 1898. – Den Anlaß zu dieser Kampfschrift gab die »Affäre Dreyfus«. Ein Kriegsgericht hatte den jüdischen Hauptmann Alfred Dreyfus Ende 1894 in einem Spionageprozeß degradiert und zu lebenslänglicher Deportation auf die Teufelsinsel verurteilt. Das von führenden Militärs beeinflußte Tribunal stützte sich dabei auf einige von den Generalstabsmitgliedern Henry und Walsin-Esterhazy gefälschte Dokumente und entsprach mit seiner Entscheidung überdies antisemitischen Tendenzen innerhalb der nationalistisch-klerikalen Rechten. Schon ehe Zolas *J'accuse* erschien, hatten sich Männer wie Picquart, Chef des Ermittlungsbüros, Senator Scheurer-Kestner, Bernard Lazare und Marcel Prévost für die Revision des Urteils eingesetzt, hatten damit jedoch nur erreicht, daß Picquart strafversetzt wurde, daß sie sich insgesamt gelenkte Pressekampagnen zuzogen und Esterhazy am 11. Januar 1898 durch ein anderes Kriegsgericht von jeder Schuld freigesprochen wurde. Dieses erneute Fehlurteil innerhalb »der Affäre« veranlaßte Zola, nachdem er schon in mehreren Zeitungsartikeln für Dreyfus eingetreten war, zur Abfassung seines offenen Briefs an den Präsidenten Faure. In diesem einzigartigen Pamphlet wird Zola nach den Worten von Anatole FRANCE *»für einen Augenblick das Gewissen der Menschheit«*.

In einem kühnen, aufrüttelnden, von leidenschaftlichem Engagement für das Recht durchglühten Plädoyer rollt er hier den Justizskandal auf, erweist die Nichtigkeit der belastenden Dokumente, durchleuchtet die zwielichtigen Verdächtigungen gegen den Angeklagten: *»Dreyfus beherrscht mehrere Sprachen: ein Verbrechen; man fand bei ihm nicht ein belastendes Schriftstück: ein Verbrechen; er reist hin und wieder in sein Geburtsland: ein Verbrechen; er ist arbeitsam und bemüht, alles zu wissen: ein Verbrechen.«*

Die Affäre war in den Augen Zolas ein *»Familienprozeß«* des Generalstabs, der ihn gewollt und – während die Regierung dies stillschweigend duldete – nach seinem Gutdünken entschieden hatte, ein Verfahren, motiviert und bestimmt durch niedrige Instinkte. Durch den geradezu kriminellen Freispruch Esterhazys, durch die Entfernung Picquarts aus dem Amt suche der Generalstab sein Verbrechen zu vertuschen, indem er von Stunde zu Stunde neue Vergehen auf sich lade. Zola beschränkt seinen Kampf nicht mehr nur auf anonyme Gruppen, die die Massen demagogisch irreleiten und auf die Barrikaden treiben, sondern stellt mit sensationellem Wagemut die sich allmächtig dünkenden Militärs vor das Gericht der Nation: *»Ich klage an den Oberstleutnant du Paty de Clam, der teuflische Urheber des Justizirrtums zu sein ... Ich klage an den General Mercier, sich, zumindest aus geistiger Schwäche, zum Komplizen einer der größten Ungerechtigkeiten des Jahrhunderts gemacht zu haben. Ich klage an den General Billot, die sicheren Beweise für Dreyfus' Unschuld in Händen gehabt und unterdrückt zu haben, sich dieses Verbrechens an Humanität und Gerechtigkeit schuldig gemacht zu haben um eines politischen Zwecks willen und um den kompromittierten Generalstab zu retten. Ich klage an den General de Boisdeffre und den General Gonse ... den General Pellieux ... Ich klage an die Kriegskanzleien, eine abscheuliche Pressekampagne ... entfacht zu haben, um die Meinung irrezuführen und ihre eigene Schuld zu verschleiern. Ich klage schließlich das erste Kriegsgericht an, das Recht verletzt zu haben, indem es einen Angeklagten aufgrund eines geheimgehaltenen Schriftstücks verurteilte, und ich klage das zweite Kriegsgericht an, diese Gesetzwidrigkeit gedeckt zu haben, indem es seinerseits im wissentlichen Freispruch eines Schuldigen ein Justizverbrechen beging.«*

Mit diesem Angriff Zolas wurde die Affäre Dreyfus sogleich wieder zum ersten politischen Ereignis Frankreichs. In wenigen Stunden waren 300 000 Exemplare der ›Aurore‹ verkauft. Die zuvor fast geschlossen gegen Dreyfus eingestellten Massen begannen sich zu spalten und stellten sich teilweise zusammen mit einzelnen Sozialisten und bürgerlichen Intellektuellen gegen die Anti-Dreyfusards. Es kam zu Unruhen in Nancy, Bordeaux, Lille und vor allem in Paris. Noch am Tag der Veröffentlichung beschloß das Parlament, Zola gerichtlich verfolgen zu lassen. Er verlor den ebenfalls manipulierten Prozeß, umging indes die Strafe durch seine Flucht nach England, bis etwa ein Jahr später der Schuldspruch wieder aufgehoben wurde. Das Urteil gegen Dreyfus wurde 1899 in eine zehnjährige Gefängnisstrafe mit Begnadigung umgewandelt und erst 1906 endgültig durch Freispruch und Rehabilitierung korrigiert. In diesen durch Zola forcierten innenpolitischen Kämpfen gewann der »Bloc républicain« der Radikalen und Sozialisten an innerer Festigkeit, so daß er schon 1899 die Leitung der französischen Politik übernehmen konnte. Der Prozeß, in seinem Verlauf durch Zolas Eingreifen entscheidend bestimmt, diente später H. J. REHFISCH und W. HERZOG in dem ebenso spannenden wie erfolgreichen Schauspiel *Die Affäre Dreyfus* (1929) als Sujet, um den Zusammenprall zerstörerisch-reaktionärer und fortschrittlicher Kräfte dramatisch darzustellen. A.U.

AUSGABEN: Paris 1898 (in L'Aurore, 13. 1. 1898). – Paris 1901 (in É. Z., *L'affaire Dreyfus, la vérité en marche*). – Paris 1929 (in *Œuvres complètes*, Hg. M. Le Blond u. E. Fasquelle, 50 Bde., 1927–1929, 7). – Paris 1950 [Vorw. E. Fasquelle]. – Paris 1957 [Faks. Ausg.]. – Paris 1966–1970 (in *Œuvres complètes*, Hg. H. Mitterand, 15 Bde.). – Brüssel 1988, Hg. H. Guillemin.

ÜBERSETZUNGEN: *Offener Brief an den Präsidenten der französischen Republik*, anon., Ffm. 1898. – *Brief an den Präsidenten der französischen Republik. Brief an den Kriegsminister Billot*, anon., Straßburg 1898.

LITERATUR: L. Bloy, *Je m'accuse*, Paris 1914. – A. Zévaès, *Le cinquantenaire de »J'accuse«*, Paris 1948. – W. Herzog, *Z.* (in W. H., *Die Affäre Dreyfus*, Ffm. 1956, S. 133–184). – S. Thalheimer, *Z.s Prozeß* (in S. T., *Macht und Gerechtigkeit. Ein Beitrag zur Geschichte des Falles Dreyfus*, Mchn. 1958, S. 294–375). – P. Boussel, *L'affaire Dreyfus et la presse*, Paris 1960. – F. Sieburg, *Z.s großer Augenblick (»J'accuse«)* (in F. S., *Lauter letzte Tage*, Stg. 1961, S. 157–167). – H. Mitterand, *Z. journaliste. De l'affaire Manet à l'affaire Dreyfus*, Paris 1962. – P. Cogny, *La rhétorique de la vérité dans »J'accuse«* (in Les Cahiers Naturalistes, 19, 1973, S. 130 bis 138). – L. L. Sneyder, *The Dreyfus Case. A Documentary History*, New Brunswick/N.J. 1973. – *Les écrivains et l'Affaire Dreyfus*, Hg. G. Leroy, Paris 1983 [Kongreßakten]. – J.-D. Bredin, *L'Affaire*, Paris 1983.

NANA

(frz.; *Ü: Nana*). Neunter Roman des Zyklus *Les Rougon-Macquart* von Émile ZOLA, erschienen 1879/80 in ›Le Voltaire‹. – Als »blonde Venus« in der gleichnamigen Operette erobert sich die junge Titelheldin, Tochter der Wäscherin Gervaise Macquart und des Trinkers Coupeau (vgl. *L'assomoir*, 1877), nach einem armseligen Straßendirnendasein einen Platz in der korrumpierten Pariser Gesellschaft des Zweiten Kaiserreichs. Den fast vollständigen Mangel an Talent macht sie mehr als wett mit der *»toute puissance de son sexe«*. Die magische Verführungskraft ihres Körpers, deren sie sich bewußt ist, läßt sie alsbald Macht über Minister, Aristokraten, Beamte und Journalisten gewinnen, von denen sie kostbare Geschenke annimmt. Ihr Wunsch und ihr Ziel sind es, reich zu sein und von der vornehmen Welt einmal als ihresgleichen respektiert zu werden. Doch bei einem Souper, das sie gibt, zeigt sich, daß eben diese Gesellschaft in ihr nur die lasterhafte Kokotte akzeptieren will, die ihrem Vergnügen dient. Sie ist nur allzu bereit, sich auf die Stufe von Nanas Niedrigkeit hinabziehen zu lassen, jedoch weder willens noch fähig, der Emporstrebenden eine Chance zu geben. Nana durchschaut die verlogene Lasterhaftigkeit der höheren Stände, die ihr noch schlimmer erscheint als ihre eigene naive, unverhüllte Verdorbenheit.

Die einträgliche Beziehung zu dem reichen Bankier Steiner sichert ihr u. a. den Besitz des Landguts Mignotte, wohin sie sich in einer Stimmung des Überdrusses zurückzieht. Eine gefühlvolle Affäre mit dem jungen, bürgerlichen Georges Hugon endet, als ihre früheren Verehrer eintreffen. Nach Steiners Bankrott und einer ersten Liaison mit dem jesuitisch streng erzogenen Comte Muffat, der ihr trotz religiöser Gewissensnöte verfällt, bezieht sie mit dem häßlichen Schauspieler Fontan eine ärmliche Behausung am Montmartre. Fontan erwidert ihre an Hörigkeit grenzende Liebe mit Härte und Schlägen. Als das Geld knapp wird, erliegt sie der Verführung ihrer lesbischen Freundin Satin und fällt, indem sie wieder auf die Straße geht, *»in den Schmutz des Anfangs«* zurück. In der äußersten Not kehrt sie in den Kreis ihrer Gönner zurück, erneuert ihr Verhältnis zu Muffat und übernimmt auf der Bühne die Rolle der *femme honnête*.

Ein mit impressionistischer Farbigkeit geschildertes Rennen, bei dem das siegende Pferd ihren Namen trägt, rückt sie von neuem in den Mittelpunkt der Gesellschaft. In dem Gefühl der Genugtuung, das sie sogar sich selbst Beifall spenden läßt, setzt sie sich über das Muffat gegebene Treueversprechen hinweg und verschenkt ihre Gunst gegen große und kleine Geldbeträge an alle Welt. *»Sie versengte die Erde, wo immer sie ihren kleinen Fuß hinsetzte.«* Überall verbreitet sie Zerstörung, Ruin und Tod. Gleich einem *»monstre antique«* blickt sie zuletzt auf ihr Vernichtungswerk herab: *»Sie hat ihre Welt, die Elenden und Verlassenen, gerächt.«* – Nach einem Auslandsaufenthalt erkrankt Nana an den Pocken. Während draußen die fanatisierte Menge *»Nach Berlin, nach Berlin!«* johlt, stirbt sie in einem Hotelzimmer. Ihr Tod weist auf das Ende der ganzen Epoche voraus, das mit dem Ausbruch und Ausgang des Deutsch-Französischen Krieges der Jahre 1870/71 gekommen war.

Nana gewinnt ihre Bedeutung aus der Funktion, die sie als exemplarische Figur ihrer Zeit in dem gesellschaftskritischen Roman einnimmt. An ihr spiegelt der Autor eine brüchige Gesellschaft, in Analogie zu der des römischen Kaiserreichs. Sowohl Nana als auch die »dekadente« Oberschicht sind von Grund auf verdorben und ziehen sich gegenseitig immer tiefer in den Schmutz. Nana, die heimtückische *»mouche d'or«* (Goldfliege), ist die Verkörperung der *»Fäulnis, die man im Volk gären läßt«* und die *»in ihrer Person aufsteigt und die Aristokratie verdirbt«*. Andrerseits scheitert ihr schablonenhaft und naiv geäußertes Streben nach einer tugendhaften und sinngetragenen Lebensführung gerade daran, daß sie sich an der nur geheuchelten Vorbildlichkeit einer Oberschicht orientiert. Gemäß der starren Klasseneinteilung ihrer Gesellschaft glaubt sie an eine doppelte Moral: Was sie sich und dem niederen Stand, dem sie entstammt, an Freiheiten und Lasterhaftigkeit notgedrungen zugestehen muß, läßt sie keinesfalls für die respektable große Gesellschaft gelten, zu der sie hinstrebt.

Gemäß der programmatisch-naturalistischen Darstellungsweise werden alle Schichten unter einseitiger Hervorkehrung des Häßlichen und Gemeinen betrachtet. Mit naturwissenschaftlicher Akribie registriert Zola die organischen Funktionen, Regungen und Reaktionen der Handelnden. Sorgfältige Milieustudien zeichnen die im Dirnen- und Zuhältermilieu des Montmartre spielenden Partien aus, in denen Zola mit ungemein derben Vulgarismen das besondere Argot zu treffen sucht. In den Massen- wie in den Einzelszenen dominiert eine moralistische, radikalsatirische Haltung; ohne daß sich der Erzähler selbst harmonisierend einschaltet, stellt sich diese Welt des Verfalls und der Triebhaftigkeit gewissermaßen selbst dar. Die Distanz zwischen realer und künstlerischer Wirklichkeit wird so auf ein Minimum reduziert und verwischt: Der naive Leser soll das eine für das andere nehmen. Die auffällige Stilisierung der Darstellungsmittel (Symbolzüge, Entsprechungen, Vor- und Rückdeutungen, dramatische Aufgipfelungen, Kontrastierungen und Extremwortschatz) sollen diesen Eindruck keineswegs abschwächen, sondern im Gegenteil plakativ unterstützen. R.M.

AUSGABEN: Paris 1879/80 (in Le Voltaire, 16. 10. 1879–5. 2. 1880). – Paris 1880 (in *Les Rougon-Macquart*, 20 Bde., 1871–1893, 9). – Paris 1928 (in *Œuvres complètes*, Hg. M. Le Blond u. E. Fasquelle, 50 Bde., 1927–1929, 9). – Paris 1966–1970 (in *Œuvres complètes*, Hg. H. Mitterand, 15 Bde., 4). – Paris 1961 (in *Les Rougon-Macquart*, Hg. A. Lanoux u. H. Mitterand, 5 Bde., 1960–1967, 2; Pléiade). – Paris 1977, Hg. H. Mitterand (Folio). – Paris 1982 (GF). – Paris 1984 (Vorw. J. Chessex).

ÜBERSETZUNGEN: *Nana*, A. Schwarz, Budapest 1881, 2 Bde. – Dass., ders. (in *Die Rougon-Macquart*, Bd. 9, Budapest 1894). – Dass., K. Lerbs, Lpzg. 1922. – Dass., L. v. Jacobi (in *Die Rougon-Macquart*, Bd. 9, Mchn. 1923). – Dass., W. Widmer, Mchn. 1959; zul. 1988; auch 1976 (dtv). –

Dass., E. Marx, Lpzg. 1962; ern. Ffm. 1979 (Insel Tb); ern. Mchn. 1985 (Goldm. Tb). – Dass., G. Krüger (in *Die Rougon-Macquart*, 20 Bde., 9, Mchn. 1975; ern. 1981). – *Nana*, L. von Jacoby, Mchn. 1988 [Ill. E. Göttlicher].

Verfilmungen: Dänemark 1912 (Buch: K. Lumbye). – Italien 1914 (Regie: C. de Riso). – Frankreich 1926 (Regie: J. Renoir). – USA 1933 (Regie: D. Arzner). – Mexiko 1943 (Regie: C. Gorostiza). – Frankreich/Italien 1955 (Regie: Christian-Jacque). – USA 1982 (Regie: D. Wolman).

Literatur: L. Auriant, *La véritable histoire de »Nana«*, Paris 1943. – J. Robichon, *»Nana«* (in J. R., *Le roman des chefs-d'œuvre*, Paris 1959, S. 211–260). – F. McNeely Leonard, *»Nana«, Symbol and Action* (in MFS, 9, 1963, S. 149–158). – Ch. Jennings, *Les trois visages de »Nana«* (in FR, 44, 1970/71, S. 117–128). – R. J. B. Clark, *»Nana« ou l'envers du rideau* (in Les Cahiers Naturalistes, 19, 1973, S. 50–64). – Ch. Jennings, *La symbolique de l'espace dans »Nana«* (in MLN, 88, 1973, S. 764–774). – J. Beizer, *Uncovering »Nana«* (in EsCr, 25, 1985, S. 45–56). – W. Hofmann, *Nana. Mythos u. Wirklichkeit*, Köln ²1986. – R. M. Schaper, *Eine Kurtisane in der Passage der Panoramen. Z.'s »Nana«* (in *Der gläserne Himmel*, Ffm. 1988, S. 75–86; 271–274). – P. Brooks, *Le corps-récit, ou »Nana« enfin dévoilée* (in Romantisme, 19, 1989, Nr. 63).

L'ŒUVRE

(frz.; *Ü: Das Werk*). Vierzehnter Roman des Zyklus *Les Rougon-Macquart* von Émile Zola, erschienen 1886. – Hauptfigur dieses Künstlerromans ist der Maler Claude Lantier. Seine Freunde, vor allem der Architekturstudent Dubuche und der Schriftsteller Sandoz, sehen in dem jungen, leidenschaftlichen Künstler das Haupt einer neuen Richtung, der Freilichtmalerei, heranwachsen, das Genie, das alle malerischen Bestrebungen des ausgehenden Jahrhunderts zusammenfaßt, *»auf eine Formel bringt«* und zum Höhepunkt führt. Einen Schatten auf diese Hoffnung wirft Lantiers Unausgeglichenheit, die sich nicht nur in jähen Zornesausbrüchen äußert, sondern auch im zeitweiligen Verlust seiner künstlerischen Fähigkeiten. In dem Bestreben, seine Bilder zu verbessern, zerstört er oft das, was seine Freunde schon für vollkommen halten. Auch die junge Waise Christine, ein schüchternes Mädchen aus der Provinz, das – obwohl zunächst von der glutvollen, drastischen Malerei Lantiers abgestoßen – seine Kameradin und Geliebte, später seine Frau wird, vermag seine Unausgewogenheit nicht zu mildern. Vom Kunstsalon immer wieder ausgeschlossen, von zunehmender finanzieller Not bedrängt und den enttäuschten Freunden immer unverständlicher erscheinend, treibt Claude in eine völlige Isolierung hinein. Zwischen der Gewißheit seines Genies und zerstörerischem Selbstzweifel aufgerieben, vernachlässigt er Frau und Kind, jahrelang besessen von der Arbeit an einem monumentalen Bild von Paris, das ihm endlich den öffentlichen Durchbruch verschaffen soll. In der Verzweiflung, das Bild nicht beenden zu können, erhängt sich Claude vor dem Werk. Er hinterläßt kein einziges fertiges Gemälde; das Leben von Frau und Kind hat er ruiniert.

Die Veröffentlichung des Romans führte zum endgültigen Bruch der Freundschaft zwischen Zola und Paul Cézanne. Der Maler hatte sich in Lantier wiedererkannt. Tatsächlich hat Cézanne nicht nur für Einzelzüge der Hauptfigur (die Unausgeglichenheit des Charakters, das ungestüme Temperament, die künstlerische Leidenschaft, die Realisationsschwierigkeiten) Modell gestanden. Zola hatte an Cézanne, den er nach Paris holte und immer wieder zu seiner Kunst ermutigte, ähnliche Hoffnungen geknüpft wie Sandoz an Lantier. Er war öffentlich zunächst für Manet und die Impressionisten eingetreten. Schließlich genügte ihm diese Malerei, die nur Ausschnitte aus der Natur wiedergab, nicht mehr. In Cézanne sah Zola wohl Ansätze zu einem Realismus, wie er ihn selbst in der Literatur vertrat und durchgesetzt hatte. Cézannes künstlerische Intentionen, vor allem seine Realisationsprobleme aber blieben für Zola, der sein monumentales Romanwerk ohne Krisen verwirklichte, im Grunde unverständlich.

Der Roman ist allerdings nicht am Verständnis oder Unverständnis Zolas für Cézanne und seine Kunst zu messen. Bedeutender als durch die Zeichnung eines Künstlerporträts erscheint *L'œuvre* als Darstellung der sozialen Verhältnisse, unter denen die Künstler leben und unter denen Kunst entsteht. Dazu gehört eine intensive Milieudarstellung, etwa bei dem begabten, aber unter erbärmlichen materiellen Verhältnissen lebenden Bildhauer Mahoudeau, bei dem talentlosen Architekten Dubuche, der von seinem Schwiegervater, einem zum reichen Geschäftsmann aufgestiegenen Maurer, tyrannisiert und erniedrigt wird, und bei dem Karrieremaler Fagerolles, der in der Nippeswerkstatt seines Vaters begonnen hat und es zum Publikumsliebling der Pariser Salons bringt. Köstliche Schilderungen gibt Zola von der Boheme des Montmartre und vor allem vom Kunstbetrieb, der in zunehmendem Maße von kapitalistischen Kunsthändlern großen Stils beherrscht wird. Zu den eindringlichsten Passagen des Romans gehört die Schilderung der berühmt gewordenen Pariser Kunstausstellung von 1863, in deren Rahmen ein »Salon des Refusés«, der Abgelehnten, eingerichtet wurde und wo die Impressionisten zum erstenmal vor ein breiteres Publikum traten. Zolas Schilderung – wie Flauberts berühmte Darstellung des ländlichen Gartenfestes in *Madame Bovary* ein Hauptstück französischer Prosaliteratur des späteren 19. Jh.s – entlarvt die Vermassung des Kunstbetriebs und das Kunstdiktat eines bornierten Bürgertums, das – ohne echtes künstlerisches Verständnis – einer seichten, konventionellen Malerei, Eintagstalenten, zujubelt und die Neuerer der Lächerlichkeit preisgibt.

Die dargestellten sozialen Verhältnisse geben nicht nur den Hintergrund für die Künstlerschicksale (vor allem das Claude Lantiers), sondern bestimmen sie entscheidend mit, ebenso wie die Veranlagung, die Erbmasse. Damit ist auch bezeichnet, was Lantiers Schicksal von dem Frenhofers in BALZACS Erzählung *Le chef-d'œuvre inconnu*, 1831 *(Das unbekannte Meisterwerk)*, unterscheidet. Auch Frenhofer scheitert an Realisationsproblemen, die aber von ästhetischen Grundgegebenheiten (Gegensatz zwischen Zeichnung, Linie und Malerei, Farbe) herrühren. Beide Maler enden im Wahnsinn. Mag darin bei Zola ein nicht überwundenes romantisches Relikt zu sehen sein – Cézanne soll den Schluß des Romans mit der Bemerkung kritisiert haben: *»Wie konnte er zu erzählen wagen, daß ein Maler Schluß macht, weil ihm sein Bild mißraten ist? Wenn ein Bild mißlungen ist, steckt man es in den Ofen und nimmt ein neues in Angriff«* –, so scheitert doch Lantier nicht an »ewigen Problemen«, sondern an erbbedingten und sozialen Gegebenheiten. Claude Lantier ist der älteste Sohn der Wäscherin Gervaise aus *L'Assommoir* und der Bruder von Étienne Lantier aus *Germinal*, *»ein Haltloser, der als Maler allenfalls zu genialen Ansätzen gelangt, mehr noch als an den Grenzen seines Talents an seinem labilen Charakter scheitert«* (M. Bernard). K.N.

AUSGABEN: Paris 1886 (in *Les Rougon-Macquart*, 20 Bde., 1871–1893, 14). – Paris 1928 (in *Œuvres complètes*, Hg. M. Le Blond u. E. Fasquelle, 50 Bde., 1927–1929, 14). – Paris 1966–1970 (in *Œuvres complètes*, Hg. H. Mitterand, 15 Bde., 5). – Paris 1966 (in *Les Rougon-Macquart*, Hg. A. Lanoux u. H. Mitterand, 5 Bde., 1960–1967, 4; Pléiade). – Paris 1975; ern. 1990 (Einl. A. Ehrard; GF). – Paris 1983, Hg. H. Mitterand (Folio).

ÜBERSETZUNGEN: *Aus der Werkstatt der Kunst*, E. Ziegler, Dresden 1886. – *Das Kunstwerk*, A. Schwarz (in *Die Rougon-Macquart*, Bd. 14, Budapest 1896). – *Das Werk*, J. Schlaf (in *Die Rougon-Macquart*, Bd. 14, Mchn. 1923). – Dass., ders., Lpzg. 1955. – Dass., H. Balzer, Mchn. 1967 (GGT). – Dass., ders. (in *Die Rougon-Macquart*, 20 Bde., 14, Mchn. 1976; ern. 1981).

LITERATUR: J. Rewald, *Cézanne et Z.*, Paris 1936. – R. J. Niess, *Another View of Z.'s »L'œuvre«* (in RomR, 39, 1948, S. 282–300). – E. Untersteiner, *»L'œuvre« e i suoi rapporti con Cézanne. Indicazioni bibliografiche*, Mailand 1957. – P. Brady, *»L'œuvre«, roman de Z.*, Diss. Paris 1960. – Ders., *Sources littéraires de »L'œuvre« de Z. (1885)* (in Revue de l'Université de Bruxelles, 16, 1963/64, S. 413–425). – Ders., *Les clefs de »L'œuvre« de Z.* (in AJFS, 1, 1964, S. 257–271). – R. J. Niess, *Antithesis and ›Reprise‹ in Z.'s »L'œuvre«* (in EsCr, 4, 1964, S. 68–75). – Ders., *Cézanne et Manet. A Study of »L'œuvre«*, Ann Arbor/Mich. 1968. – P. Brady, *»L'œuvre« de Z.*, Genf 1967. – R. Schober, *Z., sein Roman »Das Werk« und der französische Impressionismus* (in R. Sch., *Von der wirklichen Welt in der Dichtung*, Bln./Weimar 1970, S. 214–247; 432–437). – A. H. Pasco, *The Failure of »L'œuvre«* (in EsCr, 11, 1971, S. 45–55). – H. Olrik, *Œuil lésé, corps morcelé. Réflexions à propos de »L'œuvre« de Z.* (in RRo, 11, 1976, S. 334–357). – E. Van der Starre, *»L'œuvre« als Roman* (in Maatstaf, 11/12, Nov./Dez. 1985, S. 31–44). – *E. Z. and the Arts. Centennial of the Publication of »L'œuvre«*, Hg. J.-M. Guieu u. A. Hilton, Washington D.C. 1988.

POT-BOUILLE

(frz.; *Ü: Ein feines Haus*). Zehnter Roman des Zyklus *Les Rougon-Macquart* von Émile ZOLA, erschienen 1882. – Der französische Titel hat, wenn man eine wörtliche Übersetzung ins Deutsche sucht, kein genau entsprechendes Äquivalent. Von *pot* (Topf) und *bouillir* (kochen) abgeleitet, bezeichnet der dem Argot entstammende Ausdruck soviel wie Zusammengekochtes und in weiterem Sinne die Küche bzw. den Haushalt schlechthin. Beide Vorstellungen, die von etwas Durcheinandergemischtem und die von dem kleinlichen Alltag einer bürgerlichen Familie, fließen im Titel dieses Sittenromans, der das Leben und Treiben der Einwohner eines »feinen Hauses« in der Rue de Choiseul schildert, symbolisch zusammen.

Pot-bouille bildet gleichsam das Gegenstück zu *L'assommoir*, 1877 *(Der Totschläger)*, worin Zola den durch Unglück und Not bedingten moralischen Niedergang einer Pariser Arbeiterfamilie dargestellt hatte. *»Den ›Totschläger‹ hätte man ihm verziehen, ›Ein feines Haus‹ aber konnte man nicht ertragen«* (E. Herriot), denn hier ging es um die Darstellung des moralischen Verfalls der sogenannten »feinen Leute«.

Octave Mouret, der leichtlebige Sohn François Mourets und seiner Frau Marthe (aus *La conquête de Plassans*) ist durch Vermittlung der ihm bekannten Architektenfamilie Campardon als Untermieter in der Rue de Choiseul eingezogen. Anfangs schließt er von dem ehrfurchtgebietenden Äußeren der Wohnungen und des Treppenhauses auf die Ehrbarkeit der Bewohner. Später erkennt er die Scheinmoral und Skrupellosigkeit derer, die wie der Hausherr Vabre, seine Söhne Théophile und Auguste, sein Schwiegersohn, der Herr Appellationsgerichtsrat Duveyrier, die Campardons, in den unteren Etagen das gutsituierte Bürgertum repräsentieren, denen aber die Kleinbürger, wie die Familie des seinerseits grundanständigen Kassierers Josserand aus dem vierten Stock, in ihrem Streben nach gesellschaftlichem Aufstieg um jeden Preis in nichts nachstehen. Ob Ehe, Liebe, Freundschaft, politische Gesinnung oder familiäre Bindung: Jede persönliche Beziehung wird utilitaristisch geregelt, jede persönliche Haltung von Geldinteressen bestimmt. Die Sucht nach Vorteil und Gewinn steuert das Verhalten der agierenden Figuren. Wenn es um Geld geht, vergißt Campardon seine freigeistigen Anschauungen, um die lukrativen kirchlichen Aufträge zu erhalten, beruhigt Duveyrier sein Gewissen als Jurist, um sich das Erbe des alten Vabre zu erschleichen, vergißt Frau Josserand die nach außen vertretenen moralischen Grundsätze, um für ihre Kinder einträgliche Partien zu arrangieren. Die Ehe wird zu einem Geschäft wie jedes andere, Liebe und menschliche Werte spielen dabei keine Rolle. Der Ehebruch erscheint als normale Ergänzung solcher ehelichen Geschäftsbeziehungen: Duveyrier hält eine Geliebte aus, Campardon scheut sich nicht, seine Geliebte ins Haus zu bringen, der Onkel Bachelard hat sich praktisch ein junges Mädchen »gekauft«, Théophile Vabre und sein Sohn mißbrauchen dasselbe Dienstmädchen. Kein Wunder, daß in den Hinterhofgesprächen der Dienstboten der Pesthauch dieses Schmutzes wie aus einer Kloake aufsteigt.

Die Antithese Vorderhaus – Hinterhof ist ein Pfeiler der Gesamtkomposition, den zweiten ergibt das räumlich-hierarchische Gliederungsprinzip der Etagen des Treppenhauses. Der Gestalt Octaves, der aufgrund seiner Freundschafts- und Liebesbeziehungen mit fast allen Familien verbunden ist, kommt damit zugleich eine kompositionelle Hilfsfunktion zu. Sein eigener Aufstieg von einem kleinen Angestellten, dessen erotische Eskapaden die vornehmen Herrschaften scharf verurteilen, zu einem der Ihrigen gelingt, als er das Jawort der nicht mehr ganz jungen, aber wohlhabenden Geschäftsinhaberin Frau Hédouin, seiner früheren Chefin, erhält. Diese Karriere repräsentiert nicht nur die Verwirklichung aller Träume im Sinne Frau Josserands, sondern stellt zugleich eine bittere Kritik an den Maßstäben menschlicher Wertschätzung in den porträtierten Gesellschaftskreisen dar. Angesichts dieser Zustände erweist sich die Kumpanei der Duveyriers, Campardons, Vabres, Octaves als Politikum, als Zweckbündnis, wenn es gilt, die Forderungen des vierten Stands abzuwehren. *»Die müssen sich doch verstehen«*, sagt Lisa, die Zofe der Campardons am Schluß, *»sonst würde es nicht lange dauern und wir kämen an die Reihe.«*

Das Gros der zeitgenössischen Pressekritik war sich in der Verurteilung von *Pot-Bouille* als unmoralischer »Gossenliteratur« einig, ein Vorwurf, der Zolas Romane seit *Thérèse Raquin* wegen Stoff-, Themenwahl und Schreibweise immer wieder traf.

R.Scho.

Ausgaben: Paris 1882 (in Le Gaulois, Jan.). – Paris 1882 (in *Les Rougon-Macquart*, 20 Bde., 1871–1893, 10). – Paris 1928 (in *Œuvres complètes*, Hg. M. Le Blond u. E. Fasquelle, 50 Bde., 1927–1929, 11). – Paris 1966–1970 (in *Œuvres complètes*, Hg. H. Mitterand, 15 Bde., 4). – Paris 1964 (in *Les Rougon-Macquart*, Hg. A. Lanoux u. H. Mitterand, 5 Bde., 1960–1967, 3; Pléiade). – Paris 1969; ern. 1990 (GF). – Paris 1982, Hg. H. Mitterand (Folio). – Paris 1984 (Poche).

Übersetzungen: *Der häusliche Herd*, A. Schwarz, Budapest 1882. – *Vordertreppenroman*, W. Widmer, Freiburg i. B. 1955. – *Hahn im Korb*, ders., Karlsruhe 1963 [Vorw. R. Joly]. – *Ein feines Haus*, G. Krüger (in *Die Rougon-Macquart*, 20 Bde., 19, Mchn. 1976; ern. 1981).

Verfilmung: Frankreich 1957 (Regie: J. Duvivier).

Literatur: Ph. Harron, *Le personnage de l'abbé Mauduit dans »Pot-Bouille«, source et thèmes* (in Les Cahiers Naturalistes, 18, 1972, S. 201–211). – B. Nelson, *Black Comedy. Notes on Z.'s »Pot-Bouille«* (in RoNo, 17, 1975/76, S. 156–161). – Ders., *Z. and the Bourgeois. A Reading of »Pot-Bouille«* (in NFSt, 17, 1978, S. 58–70).

LES ROUGON-MACQUART. Histoire naturelle et sociale d'une famille sous le Second Empire

(frz.; *Die Rougon-Macquart. Natur- und Sozialgeschichte einer Familie unter dem Zweiten Kaiserreich*). Romanzyklus in zwanzig Bänden von Émile Zola, erschienen in der Reihenfolge: → *La fortune des Rougon* (1870), → *La curée* (1871), → *Le ventre de Paris* (1873), → *La conquête de Plassans* (1874), → *La faute de l'abbé Mouret* (1875), *Son excellence Eugène Rougon* (1876), → *L'assommoir* (1877), *Une page d'amour* (1878), → *Nana* (1880), → *Pot-Bouille* (1882), *Au bonheur des dames* (1883), *La joie de vivre* (1884), → *Germinal* (1885), → *L'œuvre* (1886), → *La terre* (1887), *Le rêve* (1886), → *La bête humaine* (1890), *L'argent* (1891), *La débâcle* (1892), → *Le docteur Pascal* (1893).

Seit seinem zwanzigsten Lebensjahr suchte Zola nach einem großen literarischen Projekt, das ihm den ersten Platz unter den zeitgenössischen Schriftstellern sichern sollte. Daß dieses Projekt nur die Schilderung der Gesellschaft seiner Zeit zum Gegenstand haben konnte, stand für ihn fest; was ihm noch fehlte, war die Kenntnis der inneren Gesetzmäßigkeit gesellschaftlicher Entwicklung, die allein seinem Werk eine einheitliche Anlage zu geben vermochte. In der positivistischen Philosophie und Gesellschaftstheorie Taines, in den Vererbungs- und Evolutionstheorien Darwins, in den medizinischen Traktaten von Dr. Lukas über die natürliche Vererbung und von Ch. Letourneau über die Physiologie der Leidenschaften glaubte Zola schließlich den Schlüssel zum Erfassen dieser Gesetzmäßigkeit gefunden zu haben. Gestützt auf die eigenen schriftstellerischen Erfahrungen und auf die Auseinandersetzung mit dem realistischen Erbe und mit der zeitgenössischen Literatur, ging er 1868/69 an die Ausarbeitung seiner Entwürfe zu den *Rougon-Macquart*. Den ersten auf zehn Bände berechneten Plan legte Zola 1869 dem Verleger Lacroix vor. Danach wollte er: *»In einer Familie die Fragen der Veranlagung und des Milieus studieren ... und zwar ... geleitet von den neuen physiologischen Entdeckungen, und zweitens: Das ganze Zweite Kaiserreich untersuchen ... und so die Ereignisse und Gefühle einer ganzen sozialen Epoche schildern«*, eine doppelte Aufgabenstellung also, wobei Zola glaubte, durch die Anwendung von Beobachtung und den Einsatz der *»neuen wissenschaftlichen Methoden«* die Familiengeschichte als Paradigma der Zeitgeschichte fassen zu können. Dahinter stand die aus der Wissenskonfiguration der Zeit geschöpfte Überzeugung, daß sich die Grundgesetze sozialer Prozesse auf biologische zurückführen lassen (H. U. Gumbrecht). *»Ich will«*, schrieb Zola in den Vorbemerkungen über den »Gang des Werkes«, *»am Beginn eines Jahrhunderts der Freiheit und der Wahrheit eine Familie beschreiben, die sich auf die nächsten Güter stürzt und durch eben diesen Aufschwung zerrüttet zurücksinkt... Zwei Elemente also. 1. das rein menschliche Element, das physiologische Element, ... mit den Verkettungen und Zwangsläufigkeiten der Abstammung; 2. die Auswirkung des modernen Augenblicks (moment) auf diese Familie, ihre Zerrüttung durch den Fieberhauch der Epoche, die soziale und physische Einwirkung der Milieus.«* Bei der praktischen Ausführung aber trat die diachronische Achse der erbbiologischen Verkettungen immer mehr in den Hintergrund, während die synchrone Ebene der »wirkenden Milieus« immer mehr in den Vordergrund rückte und damit gleichzeitig nicht nur die Zustände des inzwischen untergegangenen Kaiserreichs, sondern auch die der Schreibzeit der dritten Republik. Die Abrechnung mit der Vergangenheit wandelte sich immer mehr zu einer Anklage gegen die Gegenwart.

Aus den ursprünglich geplanten zehn Bänden wurden zwanzig, neue Wirklichkeitskomplexe kamen hinzu, wie das Warenhaus oder die Börse; der Stammbaum der Familie, den Zola 1878 als Dokument seiner »Plantreue« veröffentlicht hatte, mußte ergänzt werden. Fünf von den nach *Nana* publizierten elf Romanen wurden neu hinzugefügt: *Pot-Bouille, La joie de vivre, La terre, Le rêve, L'argent; Germinal* wurde gegenüber dem Entwurf im dritten Plan (denn dem ersten waren bis 1871 noch zwei weitere gefolgt) weitgehend verändert. Die ersten sieben Romane dagegen waren mit Ausnahme von *La faute de l'abbé Mouret*, die erst im zweiten Plan auftauchte, von Anfang an vorgesehen und hielten sich in der »Sozialgeschichte« streng an den zeitlichen Rahmen des Kaiserreichs, in der »Naturgeschichte« an die Generationenfolge der drei Familien der Rougon, Macquart und Mouret. Die Geschichte dieser Familien, in denen sich das *»Aufeinanderprallen der ehrgeizigen Süchte und Begierden«* der Zeit personifiziert, wird zum Spiegel der Ära des dritten Napoleon. Der Beginn der Familiengeschichte fällt mit dem Staatsstreich Napoleons im Dezember 1851 zusammen. Blutbefleckt wie die Herrschaft des Kaisers beginnt auch der Aufstieg der Rougon-Macquart, und an dieser Blutschuld sind die entscheidenden Repräsentanten der Familie beteiligt (vgl. *La fortune des Rougon*). Mit Napoleon kam eine *»geräuschvolle, anrüchige, plünderungslustige Bohème«* ans Ruder, die an den Hof, in die Ministerien, an die Spitze von Verwaltung und Armee drängte. Wie die Vertreter der herrschenden Clique trachten auch Zolas Rougon-Macquart danach, zügellos ihre Gelüste zu befriedigen, ob als Minister (Eugène) oder Grundstücksspekulant (Saccard), als Börsenmakler (Saccard) oder Großkaufmann (Octave), als Maler (Claude) oder Priester (Serge), als Zuhälterin (Sidonie) oder Dirne (Nana). Ihre Lebenswege führen in die verschiedensten Berufsgruppen und Gesellschaftsschichten, deren sozialtypische Verhaltensweisen ihre individuellen Schicksale verkörpern sollen. Mit Eugène *(Son excellence Eugène Rougon)* und Aristide *(La curée)* steigen die Rougon in die herrschenden großbürgerlichen Kreise auf, mit Lisa Quenu *(Le ventre de Paris)*, der Tochter Antoine Macquarts, und den Kindern Marthe Mourets etabliert sich der andere Zweig der Familie im Kleinbürgertum, während er mit Gervaise, der zweiten Tochter Antoine Macquarts, und deren Tochter Nana in die Halbwelt und mit ihren Söhnen Étienne und Jacques ins Proletariat zurücksinkt *(L'assommoir)*.

Mit dem Aufgreifen der *»Elendswelt des Proletariats«* als Stoffgebiet in *L'assommoir* und *Germinal* hat Zola die historischen Innovationsmöglichkeiten für den Roman seiner Zeit voll ausgeschöpft. Dabei erschütterte die Bilderfolge aus dem Pariser Arbeiterleben, die Zola an Hand der Geschichte von Gervaise und Coupeau *(L'assommoir)* als eine Art »Milieustudie« aufreihte, noch nicht die ideologischen Klischees, wie sie von jedem Lexikon kolportiert würden. In *Germinal* aber hat diese Not objektive Gründe. Mit diesem Roman überschritt Zola den bisher gängigen Wertungsstandpunkt in der Darstellung der unteren Schichten. Der Streik der Grubenarbeiter von Montsou ist eine Folge des realen *»Kampfes zwischen Kapital und Arbeit«* (Ausgangsthese im Entwurf von *Germinal*), den keine der beiden Seiten durch subjektives Ungenügen verschuldet hat. Dieser Streik ist keine individuelle, sondern eine kollektive Angelegenheit und wies auf die schwärende »soziale Frage« hin, so daß sich Zola von da an bei jedem neu auftauchenden gesellschaftlichen Problem *»am Sozialismus zu stoßen«* glaubte *(La terre)*. Zugleich warf der soziale Widerspruch in *Germinal* über den begrenzten Fall hinaus die Frage nach dem Gang der Universalgeschichte auf.

Diese dritte historische Kurve aber, die der Zyklus ebenfalls repräsentieren sollte, war entsprechend Zolas unerschütterlichem Fortschrittsglauben im Gegensatz zur Auf- und Abstiegskurve der Familien- und Zeitgeschichte eine aufsteigende. So steht am Ende der Niederlage der Grubenarbeiter das optimistische Bild von der keimenden Saat im Frühlingsmorgen, in den Étienne zu neuen Taten in das Land hinauszieht. Doch Zola kann diese Geschichtssicht, die im Widerspruch zu der dem Zyklus unterlegten Grundthese stand, nicht narrativ entwickeln, sondern nur symbolisch setzen und zugleich in einer Reihe von biologischen Kreislaufmetaphern, die die unterschiedlichen Entwicklungskurven zu einer Einheit verklammern sollen, suggestiv beschwören. Krank wie die von der Urmutter Adélaïde erblich belastete Familie war die ganze Epoche. Ihr Aufstieg und Niedergang vollzog sich mit der Notwendigkeit eines Naturgeset-

zes. In beiden wirkte der ewige Kreislauf von Leben und Sterben, von Keimen und Verwesen, von Zeugung und Tod, wie er in ständig wiederkehrenden Metaphern, Leitmotiven und Bildern als mythisches explikatives Substrat dem fiktiven Geschehen unterlegt wurde. Durch dieses Ausgeliefertsein der Menschen an die blind wirkenden Urgewalten der Natur, zu dem sich noch die unentrinnbare Milieudeterminiertheit gesellte, erhält die Familiengeschichte etwas von der Größe einer antiken Schicksalstragödie, wird der Fall des Kaiserreichs fast zur Präfiguration des Weltuntergangs, erinnert das in Feuergarben versinkende Paris der Commune an apokalyptische Bilder. Doch zugleich setzt Zola gerade in den beiden letzten Romanen, in denen er die Zeitgeschichte und die Familiengeschichte zu Ende führt, kontrapunktisch zu diesen Bildern des Untergangs und des Todes – das Kaiserreich stürzt mit der Niederlage von Sedan, Pascal stirbt, und Félicité vernichtet seine Studien zur Vererbungsgeschichte der Familie in einer Art Autodafé – Bilder des Lebens, des Optimismus.
Mit Jean Macquart, der das brennende Paris verläßt *(La débâcle)*, bricht der im »biologischen« Sinne »gesunde« Teil des Volkes in die Zukunft auf, und am Ende der Familiengeschichte *(Le docteur Pascal)* hält Clotilde ihr und Pascals Kind, das von der doppelten »Erbsünde« der *»lésion organique«* und der Blutschuld der Familie entsühnt ist, als das Unterpfand neuer Hoffnung wie einen *»kommenden Messias«* in die Höhe.
Zola wollte mit den *Rougon-Macquart* moderne wissenschaftliche Romane schreiben, die der Wahrheitserkundung und Aufklärung dienen sollten. Dazu bedurfte es nicht nur der Nutzung des zeitgenössischen Wissensstandes, sondern auch neuer Arbeitsweisen. Er war der erste, der konsequent für jeden Roman ein ganzes Dossier von Vorarbeiten anlegte und die Schauplätze seiner Romane wie ein Reporter mit dem Notizbuch in der Hand recherchierte. H. Mitterand hat aus diesen unveröffentlichten Skizzenbüchern ein faszinierendes dokumentarisches »Mosaik« der französischen Gesellschaft zusammengestellt. Die Romane konnten ihre aufklärerische Funktion aber nur erfüllen, wenn sie als Wirklichkeitsabbildungen gelesen wurden. Zur Erzielung dieses »Wirklichkeitseffekts« seiner fiktionalen Geschichten setzte Zola alle verfügbaren Mittel ein, wie Wahrscheinlichkeitsbeglaubigung durch Hinweise auf die Realgeschichte, Nennung authentischer historischer Protagonisten (Napoleon III.), Wahl realer Orte als Schauplätze der Handlung (Paris, die Hallen, die Beauce, das nordfranzösische Kohlengebiet usw.), nachprüfbare Sachinformationen (Gehaltsangaben der Kaufhausangestellten in *Au bonheur des dames*, Wäschereipreise in *L'assommoir*), vor allem aber auch verifizierbare dokumentarische Sachbeschreibungen. Der erstrebten Breitenwirkung willen stellte Zola zugleich die Erwartungen seines Publikums in Rechnung, verwandte gängige triviale Handlungsmuster, hielt sich an das Zeitkontinuum, bediente sich einer lesbaren, transparenten Schreibweise und einer eingängigen Kontrasttechnik.
Insgesamt jedoch hat Zola seine Romane ideell in neuer Weise fundiert, die Bedeutung der materiell-ökonomischen Grundlagen für das Schicksal seiner Menschen aufgewertet und die modernen sozialen Verschiebungen in der Gesellschaftsstruktur berücksichtigt. Er hat als erster die Masse als Masse dargestellt, die Eingrenzung des Menschen auf sein geistiges Sein überschritten und den Menschen in seiner bio-psycho-sozialen Einheit erfaßt, das Körperliche aufgewertet, Sexualtabus mißachtet und in dem blinden Durchbrechen vererbter atavistischer Triebe, wenn auch in simplifizierter Form, vor Freud das Wirken des Unbewußten in den menschlichen Handlungen sichtbar gemacht. Seine Beschreibungen erfassen die neuen Sachkomplexe des modernen Industrie- und Konsumzeitalters nicht nur in ihren partikularen konkreten Erscheinungsformen, sondern verwandeln sie durch Belebungen, Erotisierungen und Dämonisierungen in den *»Bilderschatz einer modernen Mythologie... All die zentralen Knotenpunkte des industriellen Kapitalismus wie der Großmarkt, Das Bergwerk, Die Mietskaserne, Die Börse, Das Warenhaus, Die Eisenbahn etc. ... haben erst mit dem Durchgang durch Zolas Werk so viel Allgemeinverständlichkeit erhalten, daß sie in den Rang neuer Mythologeme, neuer kollektiver Anschauungsmuster ... aufsteigen und die Anschauungsmuster der vorindustriellen Epochen ersetzen konnten«* (H. J. Neuschäfer).
Mit den Sittengeschichten der Rougon-Macquart hat Zola in bewußtem Wettbewerb mit Balzacs *Menschlicher Komödie* ein sozialkritisches »Monumentalgemälde« der französischen Gesellschaft im letzten Drittel des 19. Jh.s geschaffen. Die vehemente zeitgenössische Kritik und die literarische Nachwirkung dieses Romanzyklus in den meisten europäischen und vielen lateinamerikanischen Literaturen zeigt, wie stark die sozialkritische Note und das Brechen ideologischer Tabus als Innovation empfunden wurde. R.Scho.

Ausgaben: Paris 1871–1893, 20 Bde. – Paris 1927/28 (in *Œuvres complètes*, Hg. M. Le Blond u. E. Fasquelle, 50 Bde., 1927–1929, 7–26). – Paris 1960–1967, Hg. A. Lanoux u. H. Mitterand, 5 Bde. (Pléiade). – Paris 1966–1969 (in *Œuvres complètes*, Hg. H. Mitterand, 15 Bde.).

Übersetzungen: *Die Rougon-Macquart. Die Geschichte einer Familie unter dem 2. Kaiserreich*, A. Schwarz, 20 Bde., Budapest 1892–1899. – Dass., ders., 17 Bde., Bln. 1920–1926 [mehr nicht ersch.]. – Dass., 20 Bde., Mchn. 1923–1925; ern. Mchn./Bln. 1927. – *Die Rougon-Macquart. Natur und Sozialgeschichte einer Familie unter dem 2. Kaiserreich*, Hg. R. Schober, Bln. 1952–1976; ern. 1982/83. – Dass., dies., Mchn. 1974–1977; ern. 1981.

Literatur: J. G. Patterson, *A Z. Dictionary. The Characters of the »Rougon-Macquart« Novels*, Ldn.

1912. – H. Guillemin, *Présentation des »Rougon-Macquart«*, Paris 1964. – A. C. Proulx, *Aspects épiques des »Rougon-Macquart« de Z.*, Den Haag/Paris 1966. – G. Doisy, *Clés pour »Les Rougon-Macquart«*, Paris 1974. – N. de Faria, *Structures et unité dans les »Rougon-Macquart«*, Paris 1977. – H. U. Gumbrecht, *Z. im historischen Kontext. Für eine neue Lektüre des »Rougon-Macquart-Zyklus«*, Mchn. 1978. – L. Kamm, *The Object in Z.'s »Rougon-Macquart«*, Madrid 1978. – H. Mitterand, *Le discours du roman*, Paris 1980. – A. Dezalay, *L'opéra des »Rougon-Macquart«*, Paris 1983. – Ph. Hamon, *Le personnel du roman. Le système des personnages dans les »Rougon-Macquart« d'É. Z.*, Genf 1983. – M. van Buuren, *»Les Rougon-Macquart« de É. Z.*, Paris 1986. – G. M. Rochecouste, *The Role of Catamorphic Systems in the Structure of Z.'s »Rougon-Macquart«*, Hildesheim u. a. 1988. – S. Schmidt, *Die Kontrasttechnik in den »Rougon-Macquart«*, Ffm. u. a. 1988. – D. F. Bell, *Models of Power, Politics and Economics in Z.'s »Rougon-Macquart«*, Lincoln/Ldn. 1988. Vgl. auch Literatur zum Autor.

LA TERRE

(frz.; *Die Erde*). Fünfzehnter Roman des Zyklus *Les Rougon-Macquart* von Émile ZOLA, erschienen 1887. – Am Schicksal der Bauernfamilie Fouan aus Rognes in der Beauce werden das Elend, die Zwänge, die Atavismen und Grausamkeiten des Landlebens geschildert. Sie sind gleichsam Wucherungen der Erde, die wie ein mythischer Ur-Grund Mittelpunkt und unbewegter Beweger des Geschehens ist und die Menschen, die in ihr verwurzelt sind, zu Fall bringt.

Nach langem Sträuben haben sich der alte Bauer Fouan und seine Frau Rose entschlossen, den in Jahren harter Arbeit angesammelten Besitz auf ihre Söhne Buteau und Hyacinthe, der den Spitznamen Jesus Christus hat, überschreiben zu lassen. Als sie zur Untätigkeit verurteilt sind, beginnt der Zerfall der elterlichen Autorität. Die Mutter stirbt bald bei einer Auseinandersetzung, und Fouan wird oft genug die zugesprochene Rente vorenthalten. Während der versoffene und heruntergekommene Jesus sein Erbe gleich vertut, von Diebstählen und Wildereien lebt und einem vagen Sozialutopismus huldigt, ist Buteau, einem brutalen Egoisten, jedes Mittel recht, um seinen Besitz zu vermehren. Er heiratet seine Kusine Lise Mouche, die einen kleinen Sohn von ihm hat, nicht bevor sie ihr väterliches Erbe antreten kann. Da sie es mit ihrer halbwüchsigen Schwester Françoise teilen muß, kennen Lise und Buteau bald nur noch ein Ziel: den gesamten Besitz zu erwerben. Es kommt zum Bruch zwischen den bisher so befreundeten Schwestern. Sie spucken sich ins Gesicht und haben *»keine andere gegenseitige Bindung mehr als die feindliche Revolte ihres gleichen Blutes«*. Françoise drängt auf baldige Teilung, um mit ihrem Freund und späteren Mann Jean Macquart das Erbe allein zu bewirtschaften. Jean, den es nach zehnjährigem Aufenthalt bei den Kolonialtruppen in Italien, wo er in der Schlacht bei Solferino gekämpft hat, wieder zur bäuerlichen Arbeit gezogen hat, wird zum Hauptgegner Buteaus, der nun aus Gier nach dem Erbe und nach dem Mädchen zugleich, Françoise zu besitzen versucht. Schließlich ist es Françoise selbst, die Jean Macquart aus Plassans in der Provence, *»den Fremden«*, von dem sie ein Kind erwartet, auszuschalten versucht, um das Land rein und ganz der Familie zu bewahren. – Françoises Haß gegen ihre Schwester Lise, ihr atavistischer Besitzwille – sie hat auch das elterliche Haus ersteigert –, endlich der ungeborene Erbe veranlassen Lise und Buteau zum Handeln: Schon im Mutterleib muß das Kind getötet werden, nachdem alle Exorzismen Lises fehlgeschlagen sind. Von der alten Hexe La Sapin kennt sie noch ein anderes, wirksameres Mittel, für dessen Anwendung sich bald eine Gelegenheit bietet. Françoise, die zum Grünfuttermähen aufs Feld gegangen ist, trifft auf dem benachbarten Acker Lise und Buteau. Er drängt sie in eine Scheune, vergewaltigt sie unter dem Beistand seiner Frau. In einem *»Krampf von Glück«* vergißt er aber, die von der Hexe genannten Kreuzzeichen zu machen und das Ave rückwärts zu sprechen. Die *»Unbändigkeit dieser Liebesfreude«* macht Lise plötzlich klar, daß Françoise nie einen anderen als Buteau geliebt hat. Sie stößt ihre Schwester in die Sense, die aus einem Distelstrauch herausragt. Der senile und ausgestoßene Fouan aber, der im Stroh gegen die Kälte Schutz gesucht hatte, war zum Augenzeugen dieser Szene geworden. Sterbend stellt Françoise Jean, der die Wahrheit aus den Augen des alten Fouan ablesen konnte, alles als Unfall dar; auf alle Fragen Jean Macquarts wegen des Testaments gibt sie keine Auskunft, sie verweigert die Unterschrift: *»Sie vergaß in diesem Augenblick ihre Feindschaft mit der Schwester; vergaß den letzten furchtbaren Kampf: sie dachte an das Haus, an das Ackerland... Sie sollte es ihm lassen. Warum ihm? Was war er ihr? Was schuldete sie dem fremden Manne?«*

Nach ihrem Tod wird der *»Fremde«*, der *»Usurpator«*, vor die Tür gesetzt, der Haß der Dorfbewohner, die Mitwissende und Verschworene dieses offenkundigen Verbrechens sind, treibt ihn fort. – Fouans Zeugenschaft ist nicht unbemerkt geblieben, er hat Jean gegenüber geplaudert, ihn vor den *»Mördern«* gewarnt. Solange dieser Zeuge nicht stumm ist, sind Buteau und Lise in Gefahr. Eines Nachts töten sie ihn auf bestialische Weise: Buteau stürzt sich auf ihn, während Lise aufs Bett steigt und ihn mit *»ihrem nackten Pferdehintern einer wassersüchtigen Stute«* erdrückt. Als sie ihn anzünden, um einen Unfall vorzutäuschen, öffnet der halberstickte, brennende Mann noch einmal die Augen und schaut sie haßerfüllt an. Nach einem Besuch an Françoises Grab kehrt Jean Macquart der Gegend endlich den Rücken, resigniert und zugleich stolz darauf, der *»Fremde«* zu sein, nicht zu diesen *»Wilden«* zu gehören. Freiwillig zieht er wieder in den Krieg, der in diesen Tagen gegen Preußen erklärt worden ist. *»Da er in dieser Gegend, wo die Familien sich am Blut berauschten, den Frieden nicht gefunden*

hatte, so konnte er ebensogut wieder zum Massaker zurückkehren.«
Schon 1888, unmittelbar nach dem Erscheinen des Buches, distanzierten sich einige Schüler mit dem *Manifeste des cinq* von Zolas *»littérature putride«* (*»fauliger Literatur«*): Die Veröffentlichung von *La terre* hatte einen Sturm der Entrüstung hervorgerufen. – Von der wissenschaftlichen, naturalistischen Doktrin, die Zola selbst wortreich vorgetragen hatte, bleibt wenig übrig, will man es nicht mit einem simplen Vererbungsmechanismus abgetan sein lassen. Enzyklopädische Genauigkeiten, das Alles-Sagen-Wollen gehören eher zu den Schwächen dieses Romans. Seine Bedeutung liegt gerade im Gegenteil: in der archaischen Art der Darstellung, in der widersprüchlichen schwerlastenden mythischen Vision des Landlebens, in der Überzeichnung und Verdichtung der Handlung auf wenige dramatisch gegliederte Einheiten und Bildfolgen, in welche der Wust der Ereignisse zusammengeschoben und aufgegipfelt ist. Tod, Leben und Sexualität werden sich in der ewigen Wiederkehr ähnlich, sie sind nur noch ein stehendes, maskenhaftes Grinsen der Mutter Erde. G.K.

Ausgaben: Paris 1887 (in *Les Rougon-Macquart*, 20 Bde., 1871–1893, 15). – Paris 1929 (in *Œuvres complètes*, Hg. M. Le Blond u. E. Fasquelle, 50 Bde., 1927–1929, 15). – Paris 1966–1970 (in *Œuvres complètes*, Hg. H. Mitterand, 15 Bde., 5). – Paris 1966 (in *Les Rougon-Macquart*, Hg. A. Lanoux u. H. Mitterand, 5 Bde., 1960–1967, 4; Pléiade). – Paris 1973; ern. 1989, Hg. M. Girard (GF). – Paris 1980, Hg. H. Mitterand (Folio). – Paris 1984 [Vorw. P. Jakez Hélias; Poche].

Übersetzungen: *Mutter Erde*, A. Schwarz, Budapest 1888, 2 Bde. – Dass., ders. (in *Die Rougon-Macquart*, Budapest 1892–1899, Bd. 15). – *Die Erde*, W. Heichen, Bln. 1899. – *Mutter Erde*, J. Schlaf (in *Die Rougon-Macquart*, Bd. 15, Mchn. 1923–1925). – *Die Erde*, H. Balzer (in *Die Rougon-Macquart*, 20 Bde., 15, Mchn. 1976; ern. 1981).

Literatur: M. Le Blond, *La publication de »La terre«*, Paris 1937. – G. Robert, *»La terre« d'É. Z. Étude historique et critique*, Paris 1952. – L. E. Harwey, *The Cycle Myth in »La terre«* (in PQ, 38, 1959, S. 89–95). – G. Sutton, *Au pays de »La terre«* (in FR, 41, 1967/68, S. 232–242). – J. Viens, *»La terre« de Z. et »Trente arpents« de Ringuet*, Québec 1970. – R. Butler, *Z. »La terre«*, Ldn. 1984. – A. Tintner, *Millet and Z.'s »La terre«* (in Trivium, 21, 1986, S. 95–105). – J. J. Whitington, *Structures narratives de »La terre« et »I malavoglia« de Verga* (in Canadian Journal of Italian Studies, 9, 1986, Nr. 33, S. 111–134). – F. Roy, *L'inscription du littéraire dans les textes de fiction. L'écrit dans »La terre« de Z.* (in Francofonia, 9, Frühj. 1989, Nr. 16, S. 37–53).

THÉRÈSE RAQUIN

(frz.; *Ü: Therese Raquin*). Roman von Émile Zola, erschienen 1867. – Der Roman *Thérèse Raquin* ist die Ausarbeitung einer von Zola 1866 im ›Figaro‹ unter dem Titel *Un mariage d'amour* veröffentlichten Kurzgeschichte. Mit dem Werk, das er 1868, im Vorwort zur zweiten Auflage, als rein wissenschaftliche Analyse hinzustellen suchte, vollzog sich die Hinwendung des jungen, romantisch geprägten Autors zum Naturalismus. 1873 schrieb Zola eine Bühnenfassung seines Romans (Uraufführung: 11. 7. 1873), die 1878 erschien.
Um ihrem verwöhnten Sohn Camille zu Gefallen zu sein, hat sich Madame Raquin, eine alte Kurzwarenhändlerin aus der Provinz, in Paris niedergelassen, wo sie in einem lichtlosen, feuchten Laden in der düsteren Passage des Pont-Neuf ihren Handel treibt. Zusammen mit ihrem Sohn hat sie ihre verwaiste Nichte Thérèse aufgezogen, ein verschlossenes, doch leidenschaftliches Geschöpf, das gelernt hat, seine Gefühle hinter einer Maske von Gleichgültigkeit zu verbergen. Auf den Wunsch von Frau Raquin hat sie Camille geheiratet, ihren kränklichen, charakterschwachen Vetter, und bewohnt mit ihm und der alten Frau die bescheidenen Räume oberhalb des Ladens. Laurent, ein Freund aus der Kinderzeit, den Camille eines Abends mit nach Hause bringt, weiß bald die Gastfreundschaft der Familie auszunutzen. Zynisch, voll Vitalität und dennoch nur auf seine Bequemlichkeit bedacht, gibt er sich als gescheiterter Maler aus. Um noch mehr Vorteile von den Raquins zu haben, entschließt er sich, die unbefriedigte Thérèse zu seiner Geliebten zu machen. Wie zur höchsten Steigerung ihres Genusses betreiben sie den Ehebruch im ehelichen Schlafzimmer, während Frau Raquin unten den Laden besorgt. In ihrer plötzlich geweckten Leidenschaft haßt die junge Frau ihren Mann noch mehr als zuvor. Der Gedanke des Mordes reift in ihr und in Laurent, als sie durch äußere Umstände voneinander getrennt werden. Nachdem Laurent Camille während einer Bootsfahrt auf der Seine ertränkt hat, gelingt es dem Paar vollkommen, einen Unglücksfall vorzutäuschen und sich immer mehr in das Vertrauen der alten Frau Raquin einzuschleichen. Doch hat die Mordtat die beiden Komplicen in eine »Nervenkrise« gestürzt. Sie wagen es nicht mehr, sich zu sehen, und erleben allnächtliche Visionen des Ertrunkenen, dessen grauenhaft entstellte Leiche Laurent im Leichenschauhaus identifiziert hat. Als sie nach fünfzehn angsterfüllten Monaten heiraten, um ihren Schreckensvorstellungen ein Ende zu machen, sind sie einander fremd geworden. Sie verbringen die Nächte schlaflos; in einem Zustand ständiger Halluzination glauben sie den Leichnam Camilles zwischen sich liegen zu haben. Nur noch die Gesellschaft der alten Frau Raquin und die einiger Besucher verschafft ihnen Erleichterung. Als die Frau plötzlich von einer Lähmung befallen wird und nicht mehr sprechen kann, verraten sie sich unter dem Druck der Angst versehentlich vor ihr. Danach nehmen sie keine Rück-

sicht mehr vor der Bewegungslosen, sie beschuldigen sich gegenseitig und steigern sich in tätliche Auseinandersetzungen. Die Erkenntnis der Wahrheit stürzt die Tante Camilles in tiefste Verzweiflung. Eingemauert in ihren Haß, dem sie nur noch durch die Augen Ausdruck geben kann, ist sie den Mördern ihres Sohnes hilflos ausgeliefert; ihre Qual wird noch vergrößert, als Thérèse ihr unter tränenreichen Geständnissen alltäglich eine Komödie der Reue vorspielt, um ihre Gewissensqualen zu erleichtern. Als Frau Raquin bemerkt, daß die Krise der beiden Mörder auf ein gewaltsames Ende zusteuert, erwacht in ihr die Hoffnung, ihren Sohn noch vor dem eigenen Tod gerächt zu sehen. Thérèse und Laurent sind gleichzeitig auf den Gedanken gekommen, sich durch Mord von dem anderen zu befreien, gleichzeitig überraschen sie sich bei den Vorbereitungen zur Tat: In diesem Augenblick finden sie Erlösung in dem Gedanken an den Tod. Sie nehmen zusammen Gift und sterben vor den Augen der Gelähmten.

Das Verbrechen ist in *Thérèse Raquin* vom Vorsatz bis zu seinen Konsequenzen mit der Unerbittlichkeit einer Schicksalstragödie dargestellt. Den Rahmen des Geschehens bildet eine Szenerie der Armut und Niedrigkeit, wie sie die Schilderung der Passage des Pont-Neuf am Anfang des Romans in phantastischer Übertreibung evoziert, oder des Grausigen, wie es bis an die Grenze des Erträglichen bei den Besuchen Laurents in der Leichenhalle beschrieben ist. Die leidenschaftliche Intensität der Schilderung, die Feinheit der psychologischen Analyse und die dramatische Spannung des Vorgangs vermögen den offensichtlichen Widerspruch zu überdecken, daß Thérèse und Laurent – angeblich nur willenlose Tiere – doch am Bewußtsein ihres Verbrechens, an den Seelenqualen ihres Gewissens zugrunde gehen. Im Gegensatz zum Stil und Pathos des Erzählers steht ebenfalls Zolas Programm in der Vorrede: *»Ich habe in diesen Tieren Schritt für Schritt das dumpfe Wirken der Leidenschaften, das Drängen des Naturtriebes und die infolge einer Nervenkrisis eingetretenen Verwirrungen des Gehirns zu verfolgen versucht ... Ich habe einfach an zwei lebenden Körpern die zergliedernde Arbeit vorgenommen, welche Chirurgen an Leichen vornehmen.«* Gerade das, was Zola als wissenschaftliche Wahrheit zu vermitteln suchte, *»die Erforschung des Temperaments und der tiefgreifenden Veränderungen des Organismus unter dem Druck der Umwelt und der Verhältnisse«*, erscheint vom psychologischen Standpunkt aus oft unrealistisch und führt gelegentlich bis an die Grenze des Glaubwürdigen. Die bis in den Bereich der Abstraktheit gesteigerten Personenschilderungen, die symbolischen Verknüpfungen der Handlungszüge und das Pathos des Erzählvorganges legen es nahe, den Kunstcharakter des Werkes nicht allein in seinem »Naturalismus« zu suchen. J.Ze.

AUSGABEN: Paris 1866 (*Un mariage d'amour*, in Le Figaro, 24. 12). – Paris 1867 (*Un mariage d'amour*, in L'Artiste, Aug.–Okt.). – Paris 1867. – Paris 1928 (in *Œuvres complètes*, Hg. M. Le Blond u. E. Fasquelle, 50 Bde., 1927–1929, 34). – Paris 1966–1970 (in *Œuvres complètes*, Hg. H. Mitterand, 15 Bde). – Paris 1973; ern. 1989 (GF). – Paris 1979, Hg. H. Mitterand (Folio). – Paris 1984.

ÜBERSETZUNGEN: *Therese Raquin*, anon., Großenhain 1884. – Dass., P. Heichen, Lpzg. 1885. – Dass., W. Thal [d.i. W. Lilienthal], Bln. 1898. – Dass., anon., Bln. 1921. – *Thérèse Raquin*, E. Hardt, Ffm./Hbg. 1960 (Nachw. H. Petriconi; EC; ern. Ffm. 1989; Insel Tb). – Dass., E. Czapski, Lpzg. 1961; ern. Mchn. 1974 (GGT). – Dass., W. Blochwitz, Lpzg. 1973 (RUB; ern. Bln. 21988). – Dass., E. Sander, Stg. 1975 (RUB). – Dass., E. Czarpski, Mchn. 1982 (Nachw. R. Warning; dtv).

DRAMATISIERUNG: É. Zola, *Thérèse Raquin* (Urauff.: Paris, 11.7. 1873, Théâtre de la Renaissance).

VERFILMUNGEN: Deutschland 1923 (Regie: F. Carlsen). – Deutschland 1928 (Regie: J. Feyder). – Frankreich 1953 (Regie: M. Carné).

LITERATUR: H. Mitterand, *»Thérèse Raquin« au théâtre* (in RSH, 1961, S. 489–516). – R. Walter, *Z. à Bennecourt en 1867: Quelques aperçus nouveaux sur »Thérèse Raquin«* (in Les Cahiers Naturalistes, 11, 1965, S. 119–131). – M. Kanes, *Autor de »Thérèse Raquin«* (ebd., 13, 1966, S. 23–31). – M. Claverie, *»Thérèse Raquin« ou Les Atrides dans la boutique du Pont-Neuf* (ebd., 14, 1968, S. 138–147). – L. Furst, *»Thérèse Raquin«* (in Mosaic, 5, 1972, S. 189–202). – Ch. Jennings, *»Thérèse Raquin« ou le péché originel* (in Littérature, 6, 1976, Nr. 23, S. 94–101). – M. Coquillat, *»Thérèse Raquin«, la femme-corps* (in M. C., *La poétique du mâle*, Paris 1983, S. 346–355). – J. D. Kaminskas, *»Thérèse Raquin« et Manet, harmonie en gris* (in FR, 47, 1983/84, S. 309–355). – R. M. Schaper, *Die Atriden in der Passage du Pont Neuf. Z.s »Thérèse Raquin«* (in R. M. S., *Der gläserne Himmel*, Ffm. 1988, S. 95–106; 276–280). – J. J. Best, *De »Thérèse Raquin« à »L'œuvre« – retours, variations et expérimentation* (in NCFSt, 16, 1987/88, S. 141–153).

LE VENTRE DE PARIS

(frz.; *Ü: Der Bauch von Paris*). Dritter Roman des Zyklus *Les Rougon-Macquart* von Émile ZOLA, entstanden 1872, erschienen 1873. – Getreu seiner erst später im *Roman expérimental* (1880) festgelegten Romantheorie hat Zola durch eingehende Beobachtung und fachkundige Dokumentation dem Werk *»den Rang einer wissenschaftlichen Analyse«* verleihen wollen. Umfangreiche Notizen und Entwürfe, die den Verlauf der Handlung bis in alle Einzelheiten festhalten, gingen der Niederschrift voraus. Im Mittelpunkt steht Lisa Quenu aus dem Geschlecht der Macquart; sie ist der Inbegriff kleinbürgerlicher Ehrbarkeit *(honnêteté)*. Das »Drama« – so nennt der Autor den erfundenen Romankonflikt – rührt daher, daß Lisas Schwager, der Halbbruder ihres Mannes, Florent Quenu, die ehrbare Familie durch ein politisches Verbrechen kompromittiert. Er war bei dem Staatsstreich Napoleons III. irrtümlicherweise als Barrikadenkämpfer festgenommen und auf die Teufelsinseln zwangsverschickt worden. Als er nach einer abenteuerlichen Flucht heimlich nach Paris zurückkommt, findet er seinen jüngeren Bruder und dessen Frau Lisa als wohletablierte Inhaber einer Schweinemetzgerei im Hallenviertel wieder. Der Gegensatz zwischen den rechtschaffenen und konformistischen Geschäftsleuten und dem aus seiner Bahn geworfenen politischen Sträfling, der sich einer dilettantischen Verschwörergruppe anschließt, ist mehr künstlisch konstruiert als psychologisch überzeugend entwickelt. Nach der schematischen Kontrastzeichnung der Charaktere ist der Ausgang voraussehbar. Um nicht selbst in Verdacht zu geraten, denunziert Lisa ihren Schwager, der zum zweitenmal deportiert wird.

Diese schwache, manchmal ins Kitschige abgleitende Fabel ist für Zola nur der Rahmen zu einem Bildausschnitt aus der großen *»Natur- und Sozialgeschichte einer Familie unter dem Zweiten Kaiserreich«*. Die Staffage dieses Bildes sind die Markthallen, der »Bauch von Paris«. In der Schilderung der täglichen Aufspeicherung des »Bauches«, seiner Fülle, Vielfalt und Farbenpracht, zeigt sich das kompositorische Temperament des Dichters, durch das – nach Zolas Theorie – *»die Natur gesehen wird«*. Zwar verrät die unermüdliche Aufzählung der Feld- und Meeresfrüchte die naturalistische *»Lust am Objekt«*, doch werden die Gegenstände beseelt und in geradezu symbolistischer Manier alle Sinne angesprochen: *»... die Spinatbündel, die Artischockensträuße, die Bohnen- und Erbsenhaufen ... singen alle Noten des Grüns.«*

Bei der Personenbeschreibung geht der Autor sparsamer zu Werke; er urteilt stets vom allwissenden Standort aus, er kennt Herkunft, Schicksal, ja selbst die geheimsten Gedanken seiner Gestalten, und wie er sie reden und handeln läßt, sind sie doch mehr Marionetten in seiner Hand als lebende Wesen. Die gesellschaftlichen Verhältnisse, die Zola »naturhistorisch« erfassen wollte, sind unter dem Aspekt der TAINEschen Milieu- und der DARWINschen Vererbungstheorie gesehen. Am Beispiel der Hauptgestalt Lisa Quenu sollte das gesellschaftliche Verhalten des aufstrebenden Kleinbürgertums gezeigt und die »schuftige« Ehrbarkeit dieser so überaus selbstgerechten Klasse kritisiert werden. Zola glaubte, auf seine Weise die in der Gesellschaft wirkenden Mechanismen erforscht zu haben. Er verwechselt indes ein erdachtes Romangeschehen mit einem wissenschaftlichen Experiment.

J.Th.

AUSGABEN: Paris 1873 (in *Les Rougon-Macquart*, 20 Bde., 1871–1893, 3). – Paris 1927 (in *Œuvres complètes*, Hg. M. Le Blond u. E. Fasquelle, 50 Bde., 1927–1929, 3). – Paris 1960 (in *Les Rougon-Macquart*, Hg. A. Lanoux u. H. Mitterand, 5 Bde., 1960–1967, 1; Pléiade). – Paris 1966–1970 (in *Œuvres complètes*, Hg. H. Mitterand, 15 Bde., 2). – Paris 1979 (GF). – Paris 1979, Hg. H. Mitterand (Folio). – Paris 1984 (Poche).

ÜBERSETZUNGEN: *Im Bauch von Paris*, F. Wohlfahrt [d. i. P. Heichen], Großenhain 1882, 2 Bde. – *Der Bauch von Paris*, A. Schwarz (in *Die Rougon-Macquart*, Bd. 3, Budapest 1893). – Dass., A. E. Rutra (in *Die Rougon-Macquart*, Bd. 3, Mchn. 1923). – Dass., A. Schwarz, Bln. 1931. – Dass., F. Loesch u. H. Balzer, Mchn. 1959 (GGT). – Dass., dies. (in *Die Rougon-Macquart*, 20 Bde., 2, Mchn. 1974).

LITERATUR: J. H. Matthews, *L'impressionnisme chez Z.: »Le ventre de Paris«* (in Le Français Moderne, 29, Juli 1961, S. 199–205). – F. El Nagdi, *Étude sur le vocabulaire des sensations dans »Le ventre de Paris«*, Diss. Paris-IV 1974. – S. Petrey, *Historical Reference and Stylistic Opacity in »Le ventre de Paris«* (in KRQ, 24, 1977, S. 325–340). – U. Ricken, *Zur Lexik der Gesellschaftsbeschreibung im »Ventre de Paris« und in »Germinal«* (in BRP, 17, 1978, S. 185–191). – V. Borsò-Borgarello, *Die rhythmische Metaphorik bei Z. »Le ventre de Paris«* (in V. B.-B., *Metapher*, Tübingen 1985, S. 42–90). – I. Zarifopol-Johnston, *›Ceci tuera cela‹. The Cathedral in the Market-Place* (in NCFSt, 17, 1988/89, S. 355–358).

Die Verfasser der Beiträge

A.Bl.	Axel Blaeschke
A. de T.	Dr. Afonso de Toro
A.E.B.	Prof. Dr. Albin E. Beau
A.G.	Dr. Alfreds Gāters
A.Gi.	Prof. Dr. Albert Gier
A.K.	Prof. Dr. Alfred Karnein
A.Mar.	Dr. Annegret Martin
A.M.Sp.	Anna Maria Speckel
A.Pa.	Andreas Papachristos
A.R.	Dr. Albert Raffelt
A.U.	Dr. Alfons Uhl
B.L.	Prof. Dr. Brigitte Schlieben-Lange
B.R.	Brigitta Rambeck
B.We.	Dr. Brunhilde Wehinger
C.Bt.	Christian Barth
C.Dr.	Dr. Christoph Dröge
C.Le.	Dr. Christiane Leube
C.M.C.	Clara Mori Castelnuovo
C.Sch.	Christian Schäfer
D.B.	Prof. Dr. Dietrich Briesemeister
D.Lg.	Dieter Lang
D.S.	Dieter Steland
E.Ge.	Dr. Eberhard Geisler
E.Hö.	Dr. Eckhard Höfner
E.Kle.	Erwin Klein
E.Le.	Prof. Dr. Eberhard Leube
E.Man.	Ernst Mannheimer
E.Wa.	Dr. Elisabeth Wagner
F.Ke.	Dr. Friedhelm Kemp
F.Ki.	Prof. Dr. Fritz Peter Kirsch
G.Go.	Prof. Dr. Gerhard Goebel-Schilling
G.K.	Günter Karcher
G.Ka.	Dr. Gerd Kahle
G.M.	Dr. Gerhard Müller
G.Mü.	Dr. Gerhard Müller
G.P.	Dr. Gerhard Penzkofer
G.Sa.	Prof. Dr. Gert Sautermeister
G.Schi.	Dr. Gerhard Schindele
G.Scho.	Günther Scholz
G.Schw.	Dr. Gottfried Schwarz
G.Wil.	Dr. Gerhard Wild
G.Wo.	Gert Woerner
H.Bs.	Helgard Brauns M.A.
H.Ei.	Dr. Heide Eilert
H.En.	Horst Ensslen
H.Häu.	Dr. Heiner Häufle
H.H.H.	Hans-Horst Henschen
H.Hu.	Hans Hug
H.Köh.	Dr. Hartmut Köhler
H.Li.	Prof. Dr. Hermann Lindner
H.Meh.	Dr. Henning Mehnert
H.Mr.	Hildegard Müller
H.Sta.	Dr. Hubert Stadler
H.Ste.	Helmut Steinkogler
H.W.Br.	Prof. Dr. H. Wilfrid Brands
H.We.	Dr. Horst Weich
I.B.	Ilsi Berger
I.P.	Ingrid Peter
I.S.	Dr. Irene Schwendemann-Osterkamp
I.Sche.	Dr. Ingrid Scherf
J.Bu.	Johannes Bucej M.A.
J.Dr.	Prof. Dr. Jörg Drews
J.G.	Johanna Gees
J.H.K.	Judith H. Kaufmann
J.Schu.	Dr. Jochen Schultz
J.Th.	Dr. Josef Theisen
J.Ze.	Dr. Johanna Woltmann-Zeitler
K.Ba.	Klaus Babel
K.E.	Dr. Klaus Ensslen
K.En.	Klaus Engelhardt
K.L.	Prof. Dr. Klaus Ley
K.Rei.	Prof. Dr. Kurt Reichenberger
L.H.	Dr. Leonore Herbst
M.Bs.	Michael Basse
M.For.	Prof. Dr. Maximilian Forschner
M.G.D.	Monika Grünberg-Dröge M.A.
M.H.	Mechthild Heine
M.Li.	Prof. Dr. Max Liedtke
M.N.	Prof. Dr. Manfred Naumann
M.Sch.	Dr. Monika Schütz
M.Schö.	Michael Schönhals
M.W.	Prof. Dr. Martin Wierschin
P.Go.	Prof. Dr. Paul Gorceix
P.M.L.	Prof. Dr. Paul Michael Lützeler
P.Mo.	Dr. Paul Mog
R.B.	Prof. Dr. Rose Bachem-Alent
R.Br.	Renate Briesemeister
R.L.	Renate Luscher
R.Scho.	Prof. Dr. Rita Schober
S.Dö.	Prof. Dr. Sieghart Döhring
S.L.	Dr. Sabine Laußmann
T.T.	Tamara Trautner M.A.
U.A.	Ute Arnold
U.F.	Prof. Dr. Ulrich Fleischmann
U.H.	Dr. Ulrich Hubert
U.Pr.	Dr. Ulrich Prill
U.Wa.	Prof. Dr. Ulrich Wandruszka
V.R.	Prof. Dr. Volker Roloff
W.A.	Prof. Dr. Werner Arnold

W.E.	Dr. Wolfgang Eitel
W.Hk.	Werner Hupka
W.J.	Wolfgang Jeschke
W.Kr.	Prof. Dr. Werner Krauss
W.Kre.	Prof. Dr. Winfried Kreutzer
W.Pü.	Wolfgang Püschel
W.R.	Wolfgang Rössig M.A.

Abkürzungsverzeichnis

1. Allgemeine Abkürzungen

Abb.	Abbildung(en)
Abdr.	Abdruck
abgedr.	abgedruckt
Abh.	Abhandlung(en)
Abt.	Abteilung
Acad.	Académie
Akad.	Akademie
Ala.	Alabama
Alas.	Alaska
AlH	Ausgabe letzter Hand
allg.	allgemein
Anh.	Anhang
Anm.	Anmerkung
Ariz.	Arizona
Ark.	Arkansas
Art.	Artikel
AS	Ausgewählte Schriften
AT	Altes Testament
Aufl.	Auflage
Ausg.	Ausgabe
ausgew.	ausgewählt
Ausw.	Auswahl
Ausz.	Auszug
autor.	autorisiert
AW	Ausgewählte Werke
Bd.	Band
Bde.	Bände
Bearb.	Bearbeitung
bearb.	bearbeitet
Beih.	Beiheft
Beil.	Beilage
Ber.	Bericht
Bibl.	Bibliothek
Bibliogr.	Bibliographie
Biogr.	Biographie
Bln.	Berlin
Bull.	Bulletin
bzw.	beziehungsweise
ca.	circa
Calif.	Kalifornien
Cod.	Codex
Colo.	Colorado
Conn.	Connecticut
dass.	dasselbe
D.C.	District of Columbia
Del.	Delaware
ders.	derselbe
desgl.	desgleichen
d.i.	das ist
dies.	dieselbe, dieselben
Diss.	Dissertation
durchges.	durchgesehen
ebd.	ebenda
Ed.	editio, Edition, édition
Einf.	Einführung
Einl.	Einleitung
enth.	enthält
erg.	ergänzt
Erg.-H.	Ergänzungsheft
Erl.	Erläuterungen
ern.	erneut
erw.	erweitert
f., ff.	folgende
Faks.	Faksimile
fasc.	fasciculus
Ffm.	Frankfurt/Main
Fla.	Florida
Frft./Oder	Frankfurt/Oder
Frgm.	Fragment
Fs.	Festschrift
GA	Gesamtausgabe
Ga.	Georgia
geb.	geboren
Ges.	Gesellschaft
Gesch.	Geschichte
GG	Gesammelte Gedichte
GS	Gesammelte Schriften
GW	Gesammelte Werke
H.	Heft
Ha.	Hawaii
Hab. Schr.	Habilitationsschrift
Hbg.	Hamburg
Hg.	Herausgeber
hist.-krit.	historisch-kritisch
Hs.	Handschrift
Id.	Idaho
Ill.	Illinois
Illustr.	Illustration(en)
Ind.	Indiana
Inh.	Inhalt
Inst.	Institut
in Vorb.	in Vorbereitung
Jb.	Jahrbuch
Jg.	Jahrgang
Jh.	Jahrhundert
kaiserl.	kaiserlich
Kans.	Kansas
Kap.	Kapitel
kgl.	königlich
Kl.	Klasse
Komm.	Kommentar, Kommission

korr.	korrigiert
krit.	kritisch
Ky.	Kentucky
La.	Louisiana
Ldn.	London
Lex.	Lexikon
Lfg.	Lieferung
Lit.	Literatur
Lithogr.	Lithographie
Lpzg.	Leipzig
MA	Mittelalter
ma	mittelalterlich
Mass.	Massachusetts
Mchn.	München
Md.	Maryland
Me.	Maine
Mich.	Michigan
Minn.	Minnesota
Miss.	Mississippi
Mitt.	Mitteilung(en)
Mo.	Missouri
monatl.	monatlich
Mont.	Montana
Ms.	Manuskript
musikal.	musikalisch
Nachdr.	Nachdruck
Nachw.	Nachwort
NB	Nationalbibliothek
N.C.	North Carolina
N.D.	North Dakota
Nebr.	Nebraska
Neudr.	Neudruck
Nev.	Nevada
N.F.	Neue Folge
N.H.	New Hampshire
N.J.	New Jersey
Nlg.	Nachlieferung
N.Mex.	New Mexico
N.R.	Neue Reihe
Nr.	Nummer
N.S.	Neue Serie
NT	Neues Testament
NY	New York
N.Y.	New York (Staat)
Oh.	Ohio
o.J.	ohne Jahr
Okla.	Oklahoma
o.O.	ohne Ort
Oreg.	Oregon
Orig.	Original
Pa.	Pennsylvania
phil.	philosophisch, philologisch
Progr.	Programm
Pseud.	Pseudonym
publ.	publiziert
R.	Reihe
R.I.	Rhode Island
rev.	revidiert
Rez.	Rezension
S.	Seite
s.	siehe
sämtl.	sämtliche
S.C.	South Carolina
S.D.	South Dakota
selbst.	selbständig
Ser.	Serie
Sitzungsber.	Sitzungsberichte
s.o.	siehe oben
sog.	sogenannt
Sp.	Spalte
Stg.	Stuttgart
Str.	Strophe
SS	Sämtliche Schriften
s.u.	siehe unten
SU	Sowjetunion
Suppl.	Supplement
s.v.	sub verbo
SW	Sämtliche Werke
Tenn.	Tennessee
Tex.	Texas
theol.	theologisch
Tl.	Teil
Tle.	Teile
T.N.P.	Théatre National Populaire
Tsd.	Tausend
u.a.	und andere
UB	Universitätsbibliothek
u.d.T.	unter dem Titel
Ü	Übersetzung
Übers.	Übersetzung
umgearb.	umgearbeitet
Univ.	Universität
u.ö.	und öfter
unveränd.	unverändert
unvollst.	unvollständig
Urauff.	Uraufführung
Ut.	Utah
V.	Vers
Va.	Virginia
veränd.	verändert
verb.	verbessert
Verf.	Verfasser
verf.	verfaßt
Vergl.	Vergleich
verm.	vermehrt
veröff.	veröffentlicht
Verz.	Verzeichnis
vgl.	vergleiche
vollst.	vollständig
Vorw.	Vorwort
Vt.	Vermont
Wash.	Washington
Wb.	Wörterbuch
Wis.	Wisconsin
Wiss.	Wissenschaft(en)
wiss.	wissenschaftlich
W.Va.	West Virginia
Wyo.	Wyoming
zeitgen.	zeitgenössisch
Zs.	Zeitschrift
z.T.	zum Teil
Ztg.	Zeitung
zugl.	zugleich

2. Bücher, Zeitschriften und Reihen

ABAW	Abhandlungen der Bayerischen Akademie der Wissenschaften
ADAW	Abhandlungen der Deutschen Akademie der Wissenschaften
AGG	Abhandlungen der Gesellschaft der Wissenschaften in Göttingen
AHDLM	Archives d'Histoire Doctrinale et Littéraire du Moyen-Âge
AION	Annali dell'Istituto Orientale in Napoli
AJFS	Australian Journal of French Studies
ALM	Archives des Lettres Modernes
ASAW	Abhandlungen der Sächsischen Akademie der Wissenschaften zu Leipzig
ASSL	Archiv für das Studium der neueren Sprachen (und Literaturen)
BdHumR	Bibliothèque d'Humanisme et Renaissance
BRP	Beiträge zur Romanischen Philologie
BS	Bibliothek Suhrkamp
CAIEF	Cahiers de l'Association Internationale des Études Françaises
Ccm	Cahiers de Civilisation Médiéval
CFMA	Les Classiques français du moyen âge. Collection de textes français et provençaux antérieurs à 1500
CHF	Les Classiques de l'histoire de France au moyen-âge
CL	Comparative Literature
Class. Garn	Les Classiques Garnier
ConL	Contemporary Literature
CRB	Cahiers de la Compagnie Madeleine Renaud – Jean Louis Barrault
CREL	Cahiers Roumains d'Etudes Littéraires
Crit	Critique. Studies in Modern Fiction
detebe	Diogenes Taschenbuch
DHS	Dix-Huitième Siècle
DSS	Dix-Septième Siècle
dtv	Deutscher Taschenbuch Verlag
DVLG	Deutsche Vierteljahrsschrift für Literaturwissenschaft und Geistesgeschichte
EC	Exempla Classica
ECS	Eigtheenth-Century Studies
EdF	Erträge der Forschung
EF	Études françaises
EFL	Essays in Franch Literature
EL	Études de Lettres
EP	Les Études Philosophiques
es	Edition Suhrkamp
EsCr	L'Esprit Créateur
Et. litt	Études littéraires (Québec)
Euph	Euphorion. Zeitschrift für Literaturgeschichte
FAZ	Frankfurter Allgemeine Zeitung für Deutschland
FF	French Forum
FH	Frankfurter Hefte, Zeitschrift für Kultur und Politik
FiBü	Fischer Bücherei
FiTb	Fischer Taschenbuch
FL	Le Figaro Littéraire
FMLS	Forum for Modern Language Studies
Folio	Collection Folio (Tb.-Reihe)
FR	The French Review
FRs	Frankfurter Rundschau
FrMo	Le Français dans le monde
FS	French Studies
GF	Garnier-Flammarion (Tb.-Reihe)
GGT	Goldmanns Gelbe Taschenbücher
Goldm. Tb	Goldmann Taschenbuch
GRLMA	Grundriß der Romanischen Literaturen des Mittelalters
GRM	Germanisch-Romanische Monatsschrift
GröberG	*Grundriß der romanischen Philologie*, Hg. G. Gröber, 2 Bde., 4 Abt., Straßburg 1888–1902
IB	Insel Bücherei
Inf. litt	L'Information littéraire
Insel Tb	Insel Taschenbuch
KLFG	Kritisches Lexikon zur fremdsprachigen Gegenwartsliteratur
KLRG	Kritisches Lexikon der Romanischen Gegenwartsliteraturen
Knaur Tb	Knaur Taschenbuch
KRQ	Kentucky Romance Quarterly
KTA	Kröners Taschenausgabe
LangMod	Les Langues Modernes
LiLi	Zeitschrift für Literaturwissenschaft und Linguistik
LJb	Literaturwissenschaftliches Jahrbuch der Görres-Gesellschaft
LM	Lexikon des Mittelalters, Mchn. 1980 ff.
LNL	Les Langues Néo-Latines
LQ	Les lettres québécoises
LR	Les Lettres Romanes
MA	Le Moyen-Âge. Revue d'Histoire et de Philologie
MAevum	Medium Aevum
Mag. litt	Magazine littéraire
MD	Modern Drama
MdF	Mercure de France
MFS	Modern Fiction Studies
MLJ	Modern Language Journal
MLN	Modern Language Notes
MLQ	Modern Language Quarterly

MLR	Modern Language Review
MLS	Modern Language Studies
MPh	Modern Philology
MR	Marche Romane
NCF	Nineteenth-Century Fiction
NCFSt	Nineteenth-Century French Studies
NCL	Nineteenth Century Literature
Neoph	Neophilologus. Driemaandeliks tijdschrift voor de weetenschapelike beoefening van levende vreemde talen en van haar letterkunde
NFSt	Nottingham French Studies
NGG	Nachrichten von der Gesellschaft der Wissenschaften in Göttingen
NL	Les Nouvelles Littéraires, Artistiques et Scientifiques
NNRF	La Nouvelle Nouvelle Revue Française
NOAG	Nachrichten der Gesellschaft für Natur- und Völkerkunde Ostasiens
NphM	Neuphilologische Mitteilungen
NRF	La Nouvelle Revue Française. Revue mensuelle de littérature et de critique
NRs	Die Neue Rundschau
NSp	Die neueren Sprachen. Zeitschrift für Forschung und Unterricht auf dem Fachgebiet der modernen Fremdsprachen
NSRs	Neue Schweizer Rundschau
NZZ	Neue Zürcher Zeitung
OCrit	Œuvres et Critiques
PFSCL	Papers on French Seventeenth Century Literature
PhJb	Philosophisches Jahrbuch. Auf Veranlassung und mit Unterstützung der Görresgesellschaft
Pléiade	Bibliothèque de la Pléiade
PLL	Papers on Language and Literature
PMLA	Publications of the Modern Language Association of America
Poche	Le Livre de Poche (Tb.-Reihe)
PQ	The Philological Quaterly. A Journal Devoted to Scholarly investigation in the Classical and Modern Languages and Literatures
Praz	M. Praz, *Liebe, Tod und Teufel. Die schwarze Romantik*, München 1963
QFLR	Quaderni di filologia romanze
QL	La Quinzaine Littéraire
RAL	Research in African Literatures
RANL	Atti della (Reale) Accademia Nazionale dei Lincei. Rendiconti. Classe di scienze morali, storiche e filologiche
RB	La Revue Politique et Littéraire. Revue Bleue
Rbph	Revue belge de philologie et d'histoire
RCF	Revue of Contemporary Fiction
Rclc	Revue Canadienne de Littérature Comparée. Canadian Review of Comparative Literature
rde	Rowohlts Deutsche Enzyklopädie
RDM	La Revue des Deux Mondes
RF	Romanische Forschungen. Vierteljahresschrift für romanische Sprachen und Literaturen
RHeb	La Revue Hebdomadaire. Romans – histoire – voyages
RHLF	Revue d'Histoire Littéraire de la France
RHLQ	Revue d'histoire littéraire du Québec et du Canada Français
RHPhR	Revue d'Histoire et de Philosophie Religieuses
RHR	Revue d'Histoire des Religions
RHT	Revue d'Histoire du Théâtre
RJb	Romanistisches Jahrbuch
RKl	Rowohlts Klassiker
RLaR	Revue des Langues Romanes
RLC	Revue de la Littérature Comparée
RLI	La Rassegna della Letteratura Italiana
RLM	Rivista de Letterature Moderne (e comparate)
RLMod	Revue des Lettres Modernes
Rom	Romania. Revue trimestrielle consacrée à l'étude des langues et des littératures romanes
rm	Rowohlts Monographien
RomR	Romanic Review
RoNo	Romance Notes
rororo	Rowohlts Rotations Romane
RoSt	Romance Studies
RPh	Romance Philology
RRAL	Atti della Reale Accademia dei Lincei. Rendiconti. Classe di scienze morali, storiche e filologiche
RRo	Revue Romane
RSE	Rassegna di studi etiopici
RSH	Revue des Sciences Humaines
RUB	Reclams Universal-Bibliothek

RZL	Romanistische Zeitschrift für Literaturgeschichte
SATF	Société des anciens textes français
SAWH	Sitzungsberichte der Heidelberger Akademie der Wissenschaften
SBAW	Sitzungsberichte der (Kgl.) Bayerischen Akademie der Wissenschaften zu München
SchwRs	Schweizer(ische) Rundschau
SFR	Stanford French Review
SG	Sammlung Göschen
SLF	Studi di letteratura francese
SLu	Sammlung Luchterhand
SPAW	Sitzungsberichte der (Kgl.) Preußischen Akademie der Wissenschaften
SRLF	Saggi e ricerche di letteratura francese
st	Suhrkamp Taschenbuch
Stc	Strumenti critici
StF	Studi francesi
STFM	Société des textes français modernes
StPh	Studies in Philology
StTCL	Studies in Twentieth Century Literature
StV	Studies on Voltaire and the Eighteenth-Century
stw	Suhrkamp Taschenbuch Wissenschaft
SuF	Sinn und Form. Beiträge zur Literatur
SWAW	Sitzungsberichte der Wiener Akademie der Wissenschaften
SZ	Süddeutsche Zeitung
TCL	Twentieth-Century Literature
TDR	The Drama Review
TLF	Textes Littéraire Français
TLL	Travaux de linguistique et de littérature
TLS	Times Literary Supplement
TWAS	Twayne's World Authors Series
Ullst. Tb	Ullstein Taschenbuch
WB	Weimarer Beiträge. Zeitschrift für Literaturwissenschaft, Ästhetik und Kulturtheorie
WdF	Wege der Forschung
WZBln	Wissenschaftliche Zeitschrift der Humboldt-Universität in Berlin. Gesellschafts- und sprachwissenschaftliche Reihe
WZGreifswald	Wissenschaftliche Zeitschrift der Ernst-Moritz-Arndt-Universität Greifswald. Gesellschafts- und sprachwissenschaftliche Reihe
WZHalle	Wissenschaftliche Zeitschrift der Martin-Luther-Universität Halle-Wittenberg. Gesellschafts- und sprachwissenschaftliche Reihe
WZJena	Wissenschaftliche Zeitschrift der Friedrich-Schiller-Universität Jena. Gesellschafts- und sprachwissenschaftliche Reihe
WZLpzg	Wissenschaftliche Zeitschrift der Karl-Marx-Universität Leipzig. Gesellschafts- und sprachwissenschaftliche Reihe
WZRostock	Wissenschaftliche Zeitschrift der Universität Rostock. Gesellschafts- und sprachwissenschaftliche Reihe.
YFS	Yale French Studies
ZfrPh	Zeitschrift für romanische Philologie
ZfrzSp	Zeitschrift für französische Sprache und Literatur
ZNSL	Zeitschrift für neufranzösische Sprache und Literatur
10/18	Le monde en 10/18 (Tb.-Reihe)

Register der Autoren und Werke